Gerd Eidam
Unternehmen und Strafe

Unternehmen und Strafe

Vorsorge- und Krisenmanagement

von
Dr. iur. Gerd Eidam
Rechtsanwalt

3., neubearbeitete und erweiterte Auflage

Luchterhand 2008

Bibliografische Information der Deutschen Bibliothek

Die Deutsche Bibliothek verzeichnet diese Publikation
in der Deutschen Nationalbibliografie;
detaillierte bibliografische Daten sind im Internet über
http://dnd.ddb.de abrufbar.

ISBN 978-3-472-07168-6

www.luchterhand-fachverlag.de

Umschlag: Martina Busch, Grafikdesign, Fürstenfeldbruck
Satz: mediaTEXT Jena GmbH, Jena
Druck, Bindung: Druckerij Wilco b.v.,Amersfoort, Niederlande

∞ Gedruckt auf säurefreiem, alterungsbeständigen und chlorfreiem Papier.

Vorwort zur dritten Auflage

Die zweite Auflage von »Unternehmen und Strafe« ist schon seit geraumer Zeit vergriffen. Ein Nachdruck dieser Auflage in Broschur musste die Nachfrage vorübergehend befriedigen. Wenn dem so ist, werden sich die Leser fragen, warum ist dann diese, wiederum stark erweiterte Auflage nicht früher erschienen? Die Frage ist berechtigt. Der Verleger hat sie mir auch gestellt. Warum? Immer galt es meiner Ansicht nach – meist zu Recht, doch so manches Mal war die Behauptung, wie ich einräume, nach einem Blick in den vollen Terminplaner und auf den wohl belegten Schreibtisch auch bloße Ausflucht – neue einschlägige Gesetze, wichtige höchstrichterliche Entscheidungen und aktuelle Kommentierungen abzuwarten und zu verarbeiten.

Den Lippenbekenntnissen der Politiker, die gerne von einem Paragrafenabbau sprechen, zum Trotz: Die Anzahl der für die Unternehmen und ihre Belegschaften einschlägigen Gesetze hat in den letzten sechs Jahren deutlich zugenommen. Die starken Überarbeitungen und Ergänzungen im Bereich des strafrechtlichen Betriebsstättenrisikos, welche nicht nur die Vorschriften der Korruptionsdelikte und der Untreue betreffen, sprechen eine deutliche Sprache.

Viele Grundsatzentscheidungen des Bundesgerichtshofs ergingen. Natürlich sind nicht nur bekannte Urteile wie die im Wuppertaler Schwebebahn- (zur Garantenstellung), Kölner Müllskandal- (zu Amtsträgerhaftung und Gewinnabschöpfung) und Vodafone/Mannesmann-Fall (zur Untreue), um nur einige von vielen zu nennen, in dieser Auflage berücksichtigt. Fast in jedem der Strafverfahren aus dem Unternehmensbereich kommt es zur Durchsuchung von Geschäfts- und Privaträumen. Vor diesem Hintergrund ist eine Entscheidung des Bundesverfassungsgerichts vom 20. Februar 2001 (BVerfGE 103, 142 ff.) bei Durchsuchungsmaßnahmen von besonderer Bedeutung. Nachdem Staatsanwälte und – wie sie im Jahre der Entscheidung noch hießen – ihre Hilfsbeamte zuvor schon fast gewohnheitsmäßig auf die Einholung einer richterlichen Anordnung für eine solche Maßnahme »verzichtet« hatten, sorgen unsere höchsten Richter mit ihrer klaren Aussage zum Richtervorbehalt seither für eine bessere Beachtung unserer verfassungsmäßigen Durchsuchungsrechte. Die Ausführungen zu der viel gestellten Frage »Was tun, wenn der Staatsanwalt kommt?« sind erneut vertieft worden.

Wissen um das strafrechtliche Risiko als präventive Maßnahme tut zunehmend not, wie das nachstehende Beispiel eindrucksvoll verdeutlicht. Ein halbes Jahr, bevor Monika Harms das Amt der Generalbundesanwältin am Bundesgerichtshof am 1. Juni 2006 antrat, stand in zwei Urteilen des 5. Strafsenats des Bundesgerichtshofs, dessen Vorsitzende sie zuvor war, ein fast wortgleiches *obiter dictum*. Das besagt:[1]

> »*Nach der Erfahrung des Senats kommt es bei einer Vielzahl von großen Wirtschaftsstrafverfahren dazu, dass eine dem Unrechtsgehalt schwerwiegender Korruptions- und Steuerhinterziehungsdelikte adäquate Bestrafung allein deswegen nicht erfolgen kann, weil für die gebotene Aufklärung derart komplexer Sachverhalte keine ausreichenden*

---

1   Hier zitiert aus der so genannten Kölner Müll-Skandal-Entscheidung, Urteil v. 02. 12. 2005, BGHSt 50, 299 ff. [308 f.].

justiziellen Ressourcen zur Verfügung stehen. Die seit der Tat vergangene Zeit und auch die Dauer des Ermittlungs- und Strafverfahrens ... werden in vergleichbaren Verfahren häufig zu derart bestimmenden Strafzumessungsfaktoren, dass die Verhängung mehrjähriger Freiheitsstrafen oder – wie hier – die Versagung einer Strafaussetzung zur Bewährung nach § 56 Absatz 3 StGB namentlich wegen des Zeitfaktors ausscheidet. Dem in § 56 Absatz 3 StGB zum Ausdruck gekommenen Anliegen des Gesetzgebers, das Vertrauen der Bevölkerung in die Unverbrüchlichkeit des Rechts vor einer Erschütterung durch unangemessen milde Sanktionen zu bewahren, kann im Bereich des überwiegend tatsächlich und rechtlich schwierigen Wirtschafts- und Steuerstrafrechts nach Eindruck des Senats nur durch eine spürbare Stärkung der Justiz in diesem Bereich Rechnung getragen werden. Nur auf diese Weise – nicht durch bloße Gesetzesverschärfungen – wird es möglich sein, dem drohenden Ungleichgewicht zwischen der Strafpraxis bei der allgemeinen Kriminalität und der Strafpraxis in Steuer- und Wirtschaftsstrafverfahren entgegenzutreten und dem berechtigten besonderen öffentlichen Interesse an einer effektiven Strafverfolgung schwerwiegender Wirtschaftskriminalität gerecht zu werden.«

Diese überraschende Äußerung des Bundesgerichtshofs zieht zunächst drei Konsequenzen nach sich. Erstens: Die Staatsanwaltschaften sind an die Entscheidungen und Vorgaben des Bundesgerichtshofs gebunden. Zweitens: Die Justizverwaltungen der Länder müssen reagieren. Drittens: Die Entwicklung hin zu deutlich härteren Strafen im Bereich der Unternehmenskriminalität ist absehbar. Diese Tendenz hat zudem der 3. Strafsenat des Bundesgerichtshofs im August mit einem Vorlagebeschluss[2] beschleunigt. Der 3. Senat teilt mit, dass er – wie folgt – zu entscheiden beabsichtige:

»Ist der Abschluss eines Strafverfahrens rechtsstaatswidrig derart verzögert worden, dass dies bei der Durchsetzung des staatlichen Strafanspruchs unter näherer Bestimmung des Ausmaßes berücksichtigt werden muss, so ist der Angeklagte gleichwohl zu der nach § 46 StGB angemessenen Strafe zu verurteilen, zugleich ist in der Urteilsformel auszusprechen, das zur Entschädigung für die überlange Verfahrensdauer ein bezifferter Teil der verhängten Strafe als vollstreckt gilt.«

Der 3. Senat ist sich sehr wohl bewusst, dass die von ihm geplanten Vorgehensweise einen ‚Systemwechsel‘ darstellt, die ‚*eine völlige Abkehr von der bisherigen einhelligen Rechtsprechung*‘[3] bedeuten würde. Aus diesem Grund legt der Senat sein Anliegen dem elfköpfigen Großen Senat für Strafsachen des Bundesgerichtshofs vor, der auch für die Fortbildung des Rechts zuständig ist.[4]

Auf die sich deutlich abzeichnenden strengeren Konturen des Strafrechts müssen sich die Unternehmen und, als die strafrechtlich Betroffenen, Unternehmensleiter wie Belegschaftsangehörige durch Präventivmaßnahmen einstellen und vorbereiten. Dem dazu gehörenden Stichwort ‚Compliance‘ ist ein Abschnitt in dieser Auflage gewidmet.

---

2   Aktz.: BGH Beschl. v. 23. 08. 2007 – 3StR 50/07; siehe dazu auch FAZ, Nr. 267, v. 16. 11. 2007, S. 11: *BGH will härtere Strafen für Wirtschaftsdelikte.*

3   Wie zuvor, S. 3 f.

4   § 132 Abs. 4, 5 StPO.

Aus mehr als dreißig Jahren als Strafverteidiger sowie aus ungezählten Veranstaltungen in Unternehmen und mit Führungskräften weiß ich, wie groß die Unkenntnis der Verantwortungsträger über ihre persönliche strafrechtliche Verantwortlichkeit weiterhin ist. »Unternehmen und Strafe« soll diesem Personenkreis helfen, diesen, ihren weißen Fleck zu erkennen und die Lücke zu schließen. Nur wer das Risiko kennt, kann es in Sicherheit ummünzen. Die allermeisten Unternehmensvertreter sind Kaufleute und Techniker. Deshalb war ich bestrebt, mein Anliegen – das schon der ersten Auflage dieses Kompendiums zugrunde lag – beizubehalten, also ein rechtliches Thema, soweit dies mir möglich erschien, auch für den juristischen Laien lesbar zu gestalten.

Ich danke meinen Kolleginnen und Kollegen sowie – natürlich – den Mitarbeiterinnen der Kanzlei für Rücksicht und Hilfsbereitschaft, wenn ich in Sachen »Unternehmen und Strafe« immer mal wieder nicht gestört werden wollte. Mein besonderer Dank gilt Herrn Rechtsanwalt Cristoph Birk für sein stets bereites Zuarbeiten, ohne das die dritte Auflage noch länger auf ihr Erscheinen hätte warten müssen. Und, nicht oft genug kann ich es schreiben, danke ich meiner Frau Sigrid für ihr Verständnis, ihre Langmut und für noch Vieles mehr.

Burgwedel, im Januar 2008

Vorwort zur 1. Auflage

Nach unserem geltenden Recht kann ein Unternehmen nicht bestraft werden; selbst dann nicht, wenn es als reine Schwindelfirma gegründet wurde – ausschließlich um gutgläubige Kapitalanleger zu betrügen.

Nur der Mensch kann Schuld auf sich laden, deshalb ist nur der Mensch nach deutschem Recht straffähig. In den Unternehmen tragen die – selbstständigen bzw. angestellten – Unternehmensleiter und die weiteren Führungskräfte den Hauptteil an Verantwortung. Sie sind es aber auch, die in strafrechtlicher Hinsicht hauptsächlich haften. Sie sind die Hauptleidtragenden.

Die Kesseljagd ist gegen eine ganze Berufsgruppe eröffnet. Wenn z. B. einige Ärzte Krankenscheine fälschen, stempelt dies richtigerweise noch lange nicht alle Ärzte zu Betrügern. Doch wenn sich eine Hand voll Manager kriminell betätigt, dann gelten Manager offenbar generell als – zumindest potenzielle – Straftäter. So wird in einem monatelang auf der »SPIEGEL«-Bestsellerliste als Sachbuch aufgeführten Beitrag unseren Führungskräften »wachsende Kriminalisierung« vorgeworfen.[1] So spricht der Generalstaatsanwalt von Schleswig-Holstein von einem *»besonders gefährlichen Machtpotenzial«*, der *»Kriminalität der wirtschaftlich Mächtigen«*.[2] Sogar die Gründung eines Business Crime Control e.V. ist zu verzeichnen.[3]

Schwarze Schafe gibt es überall. Natürlich auch, und leider nicht zuletzt, im Wirtschaftsleben. Dieses Buch wurde aber nicht geschrieben für Berufskriminelle und solche Täter, die ihre Unternehmen mithilfe der von ihnen ausgeübten Machtstellung als persönlichen Selbstbedienungsladen missbrauchen. Täter also, die gegen die Interessen ihrer Unternehmen handeln. Trotzdem: Hinweise auf Delikte wie Unterschlagung, Untreue und Betrug konnten nicht ganz unterbleiben; denn nicht selten werden unschuldige Unternehmensvertreter dieser und ähnlicher Straftaten von böswollenden Konkurrenten, Kunden und ehemaligen Mitarbeitern bezichtigt.

Die folgenden Seiten sollen den Führungskräften anhand zahlreicher Fälle aus der Praxis einen Einblick geben in die strafrechtlichen Hauptrisikobereiche ihres Handelns für das Unternehmen. Die Darstellung kann nicht vollständig sein. Dazu sind die Straf- und Ordnungswidrigkeitenbestimmungen zu zahlreich. Der Dschungel einschlägiger Vorschriften für die ganze Bandbreite wirtschaftlichen Handelns ist mit zu vielen Fallstricken versehen.

Die Darstellung wendet sich an alle Unternehmensverantwortlichen, gleichermaßen an Kaufleute, Naturwissenschaftler, Techniker – und Juristen. Kein Student der Rechtswissenschaften, der eine berufliche Tätigkeit in einem Wirtschaftsunternehmen anstrebt, wird für diese Laufbahn detaillierte Kentnisse des Strafrechts für erforderlich halten. Und das Strafverfahrensrecht wird während der Ausbildungszeit nur rudimentär vermittelt.[4]

---

1   Ogger, Nieten in Nadelstreifen, Deutschlands Manager im Zwielicht, München 1992, S. 67.
2   Ostendorf, in: See/Schenk (Hrsg.), Wirtschaftsverbrechen, Köln 1992, S. 76.
3   »DER SPIEGEL«, Nr. 23 v. 3.6.1991, S. 8.
4   Elmar **Müller**, Strafverteidigung im Überblick, Heidelberg 1989, S. 3.

Unternehmen sind im juristischen Sinne nicht straffähig, schrieb ich eingangs. Aus dem betriebswirtschaftlichen Blickwinkel betrachtet stimmt diese Aussage nicht. Gesetzgeber, Rechtsprechung und Medien haben Strafverfahren für die Unternehmen zu einem bemerkenswerten Kostenfaktor werden lassen. Die Stichworte lauten hier weniger »Strafe« und »Buße«, sie heißen vielmehr »negative Publizität« sowie »Verlust an Akzeptanz, an Arbeitszeit und -kraft«.

Vornehmste Aufgabe des Unternehmers ist es, sein Unternehmen erfolgreich zu führen. Dazu gehört auch das Management des Unternehmensrisikos »Strafverfahren«. Den richtigen Umgang mit dem Strafrecht im Unternehmen will dieses Buch erleichtern.

Großburgwedel, im März 1993   Gerd Eidam

Inhaltsübersicht

Inhaltsverzeichnis

Abkürzungen

a.	auch
a. A.	anderer Ansicht
a.a.O.	am angegebenen Ort
AbfBetrV	Verordnung über Betriebsbeauftragte für Abfall
AbfVerbrG	Abfallverbringungsgesetz
AbfG	Abfallgesetz/Abfallbeseitigungsgesetz
AbfVO	Abfallverordnung
abl.	ablehnend
ABl	Amtsblatt
ABLEG	Amtsblatt der Europäischen Gemeinschaft
Abs.	Absatz
Abschn.	Abschnitt
Abtl.	Abteilung
AbwAG	Abwasserabgabengesetz
a. E.	am Ende
AE	Alternativentwurf
AEG	Allgemeines Eisenbahngesetz
AEntG	Arbeitnehmer-Entsendegesetz
a. F.	alte Fassung
AFG	Arbeitsförderungsgesetz
AG	Amtsgericht/Aktiengesellschaft
AG	Die Aktiengesellschaft, Zeitschrift für das gesamte Aktienrecht
AGB	Allgemeine Geschäftsbedingungen
AGBG	Gesetz zur Regelung des Rechts der Allgemeinen Geschäftsbedingungen
AktG	Aktiengesetz
allg.	allgemein
Alt.	Alternative
a. M.	am Main (Frankfurt a. M.)/anderer Meinung
AMG	Gesetz über den Verkehr mit Arzneimitteln (Arzneimittelgesetz)
and.	anders
Anm.	Anmerkung
AnwBl	Anwaltsblatt
AO	Abgabenordnung (AO 1977)
ArbeitsstoffVO	Arbeitsstoffverordnung
ArbSichG	Arbeitssicherheitsgesetz
Art.	Artikel
ASiG	Gesetz über Betriebsärzte, Sicherheitsingenieure und andere Fachkräfte für Arbeitssicherheit (Arbeitssicherheitsgesetz)
AT	Allgemeiner Teil
AtomG (AtG)	Gesetz über die friedliche Verwendung der Kernenergie und den Schutz gegen ihre Gefahren (Atomgesetz)

Aufl.	Auflage
AufzugsVO	Aufzugsverordnung
AÜG	Arbeitnehmerüberlassungsgesetz
AWG	Außenwirtschaftsgesetz
AWV	Außenwirtschaftsverordnung
Az.	Aktenzeichen
AZO	Arbeitszeitordnung
BAG	Bundesarbeitsgericht
BAG AP	Nachschlagewerk des Bundesarbeitsgerichts
BayObLG	Bayerisches Oberstes Landesgericht
BB	Der BetriebsBerater
BBG	Bundesbeamtengesetz
BBodSchG	Bundes-Bodenschutzgesetz
ber.	berichtigt
Bd.	Band
BDSG	Gesetz zum Schutz vor Mißbrauch personenbezogener Daten bei der Datenverarbeitung (Bundesdatenschutz)
Bearb.	Bearbeiter
BetrVG	Betriebsverfassungsgesetz
BFH	Bundesfinanzhof
BFHE	Sammlung der Entscheidungen des Bundesfinanzhofs
BGB	Bürgerliches Gesetzbuch
BGBl. I, II, III	Bundesgesetzblatt Teil I, Teil II, Teil III
BGH	Bundesgerichtshof
BGHSt	Entscheidungen des Bundesgerichtshofs in Strafsachen
BGHZ	Entscheidungen des Bundesgerichtshofs in Zivilsachen
BImSchG	Gesetz zum Schutz vor schädlichen Umwelteinwirkungen durch Luftverunreinigungen, Geräusche, Erschütterungen und ähnliche Vorgänge
BImSchV	Verordnung zur Durchführung des Bundes-Immissionsschutzgesetzes
BinSchStrO	Binnenschiffahrtsstraßenordnung
BKA	Bundeskriminalamt
BMU	Bundesministerium für Umwelt, Naturschutz und Reaktorsicherheit
BNatSchG	Gesetz über Naturschutz und Landschaftspflege – Bundesnaturschutzgesetz
BOKraft	Betriebsordnung Kraftverleiher
BörsenG	Börsengesetz
BOStrab	Straßenbahn-Bau- und Betriebsordnung
BRAGO	Bundesgebührenordnung für Rechtsanwälte
BRAK	Bundesrechtsanwaltskammer
BRAK-Mitt.	BRAK Mitteilungen, Herausgeber: Bundesrechtsanwaltskammer
BRAO	Bundesrechtsanwaltsordnung
BSeuchG	Bundes-Seuchengesetz
BSG	Bundessozialgericht

BStBl	Bundessteuerblatt
BT-Drucks.	Drucksache des Bundestages
BR-Drucks.	Drucksache des Bundesrates (die erste Zahl bezeichnet die Wahlperiode)
BVerfG	Bundesverfassungsgericht
BVerfGE	Entscheidungen des Bundesverfassungsgerichts
BZRG	Bundeszentralregistergericht
bzw.	beziehungsweise
bzgl.	bezüglich
ChemG	Gesetz zum Schutz vor gefährlichen Stoffen (Chemikaliengesetz
CIM	Computer integrated manufactoring
CSB	chemischer Sauerstoffbedarf
DampfkesselVO	Dampfkesselverordnung
DAR	Deutsches Autorecht
DB	Der Betrieb
ders.	derselbe
d. h.	das heißt
DIHT	Deutscher Industrie- und Handelstag
Diss.	Dissertation
DJ	Deutsche Justiz, Rechtspflege und Rechtspolitik
DJT	Deutscher Juristentag
DM	Deutsche Mark
D & O-Versicherung	Directors and officers liability insurance
DruckgasVO	Druckgasverordnung
DruckluftVO	Druckluftverordnung
DSchG	Denkmalschutzgesetz
EG	Europäische Gemeinschaft
EMAS	Eco-Management and Audit Scheme
EPS	Elektro-Pneumatische-Schaltung
e.V.	eingetragener Verein
EWG	Europäische Wirtschaftsgemeinschaft
EWGV	Vertrag zur Gründung der Europäischen Wirtschaftsgemeinschaft
EStG	Einkommensteuergesetz
ESUR	Entscheidungssammlung Umweltrecht
etc.	et cetera
EUBestG	EU Bestechungsgesetz
EuZW	Europäische Zeitschrift für Wirtschaftsrecht
EVO	Eisenbahn-Verordnung
erw.	erweitert
evtl.	eventuell
f.	folgende
FAZ	Frankfurter Allgemeine Zeitung
FCKW	Fluorchlorkohlenwasserstoff
Feb.	Februar
ff.	fortfolgende

Fn.	Fußnote
FPersG	Fahrpersonalgesetz
FPersV	Verordnung zur Durchführung des Fahrpersonalgesetzes
GA	Archiv für Strafrecht, begründet von Goltdammer
GAU	Größter Anzunehmender Unfall
GBefGG	Gesetz über die Beförderung gefährlicher Güter
GbV	Gefahrgutbeauftragtenverordnung
GebrMG	Gebrauchsmustergesetz
gem.	gemäß
GenG	Gesetz betreffend die Erwerbs- und Wirtschaftsgenossenschaften
GenStA	Generalstaatsanwalt(schaft)
GenTG	Gesetz zur Regelung von Fragen der Gentechnik
GeschMG	Gesetz betreffend das Urheberrecht an Mustern und Modellen – Geschmacksmustergesetz
Gewo	Gewerbeordnung
Gf./GF	Geschäftsführer
Gf.gremium	Geschäftsführungsgremium
GG	Grundgesetz für die Bundesrepublik Deutschland
ggf.	gegebenenfalls
GGVBinSch	Gefahrgutverordnung – Binnenschifffahrt
GGVE	Gefahrgutverordnung Eisenbahn
GGVS	Gefahrgutverordnung Straße
GGVSee	Gefahrgutverordnung Seeschifffahrt
GmbH	Gesellschaft mit beschränkter Haftung
GmbHG	Gesetz betreffend die Gesellschaft mit beschränkter Haftung
GüKG	Güterkraftverkehrsgesetz
GRuR	Gewerblicher Rechtsschutz und Urheberrecht
GVBl.	Gesetz- und Verordnungsblatt
GVG	Gerichtsverfassungsgesetz
GWB	Gesetz gegen Wettbewerbsbeschränkungen
GwG	Geldwäschegesetz
HAZ	Hannoversche Allgemeine Zeitung
HdWW	Handwörterbuch der Wirtschaftswissenschaft
HGB	Handelsgesetzbuch
h. M.	herrschende Meinung
Hrsg.	Herausgeber
hrsg.	herausgegeben
HypBankG	Hypothekenbankgesetz
i. d. F.	in der Fassung
i. d. R.	in der Regel
insbes.	insbesondere
IntBestG	Gesetz zur Bekämpfung internationaler Bestechung
i. S.	im Sinne
i. V. m.	in Verbindung mit

JBl	Justizblatt
Jhd.	Jahrhundert
JGG	Jugendgerichtsgesetz
jit	just-in-time
JR	Juristische Rundschau
JurBüro	Das juristische Büro
JuS	Juristische Schulung
Justiz	Die Justiz – Amtsblatt des Justizministeriums Baden-Württemberg
JZ	Juristen-Zeitung
JW	Juristische Wochenschrift
KG	Kommanditgesellschaft
KGaA	Kommanditaktiengesellschaft
KO	Konkursordnung
KonTraG	Gesetz zur Kontrolle und Transparenz im Unternehmen
KorrRBekG	Gesetz zur Bekämpfung der Korruption
KrW-/AbfG	Kreislaufwirtschafts- und Abfallgesetz
KWG	Kreditwesengesetz – Gesetz über das Kreditwesen
KWKG	Kriegswaffenkontrollgesetz
LadschlG	Ladenschlußgesetz
LG	Landgericht
lit.	litera (Buchstabe)
LK	Leipziger Kommentar, Strafgesetzbuch
LKW	Lastkraftwagen
LMBG	Lebensmittel- und Bedarfsgegenständegesetz
LPrG	Landespressegesetz
LuftBO	Betriebsordnung für Luftfahrtgeräte
LuftVG	Luftverkehrsgesetz
LuftVO	Luftverkehrsordnung
LuftVZO	Luftverkehrszulassungsordnung
MDR	Monatsschrift für Deutsches Recht
mind.	mindestens
Mio.	Millionen
Mrd.	Milliarden
MuSchG	Mutterschutzgesetz
m. w. N.	mit weiteren Nachweisen
neubearb.	neu bearbeitet
Nieders.	Niedersächsische
NJ	Neue Justiz
NJW	Neue Juristische Wochenschrift
Nr.	Nummer
NStE	Neue Entscheidungssammlung für Strafrecht
NStZ	Neue Zeitschrift für Strafrecht
NVwZ	Neue Zeitschrift für Verwaltungsrecht
NZA	Neue Zeitschrift für Arbeitsrecht
NZV	Neue Zeitschrift für Verkehrsrecht

öOGH	österreichischer Oberster Gerichtshof
OHG	Offene Handelsgesellschaft
OLG	Oberlandesgericht
OWiG	Gesetz über Ordnungswidrigkeiten
PatG	Patentgesetz
ParteienG	Gesetz über die politischen Parteien (Parteiengesetz)
PBefG	Gesetz über die Beförderung von Personen zu Lande – Personenbeförderungsgesetz
PCB	polychlorierte Biphenyle
PCP	Pentachlorphenol
PflSchG	Gesetz zum Schutz der Kulturpflanzen – Pflanzenschutzgesetz
PflVG	Gesetz über die Pflichtversicherung für Kraftfahrzeughalter
PHI	Produkthaftpflicht international
Pkt.	Punkt
ProdHaftG	Produkthaftungsgesetz
Prof.	Professor
RabattG	Gesetz über Preisnachlässe
RADG	Rechtsanwaltsdienstleistungsgesetz
Rdnr.	Randnummer
REACH	Registration, Evaluation and Authorisation of Chemicals
RG	Reichsgericht
RGBl.	Reichsgesetzblatt
RGSt	Reichsgericht – Rechtsprechung in Strafsachen
RGZ	Entscheidungen des Reichsgerichts in Zivilsachen
RICO-Gesetz	Racketeer Influenced and Corrupt Organisations Akt
RistBV	Richtlinien für das Strafverfahren und das Bußgeldverfahren
RöntgenVO	Röntgenverordnung
RPflEntlG	Gesetz zur Entlastung der Rechtspflege
RsprEinhG	Gesetz zur Wahrung der Einheitlichkeit der Rechtsprechung der obersten Gerichtshöfe des Bundes
RVO	Reichsversicherungsordnung
s.	siehe
S.	Seite/Satz
SchwbG	Schwerbehindertengesetz
SeemG	Seemannsgesetz
SeeSchStrO	Seeschifffahrtsstraßen-Ordnung
SGB	Sozialgesetzbuch
sog.	so genannt
s. o.	siehe oben
SoKo	Sonderkommission
Sp.	Spalte
SprAuG	Sprecherausschussgesetz
SprengstoffVO	Sprengstoffverordnung

StA	Staatsanwalt(schaft)
StGB	Strafgesetzbuch
StPO	Strafprozessordnung
StraFo	Strafverteidiger-Forum
StrlSchV	Strahlenschutzverordnung
st. Rspr.	ständige Rechtsprechung
StückAG	Gesetz zur Einführung der Stückaktie
StV	Strafverteidiger
StVÄG	Strafverfahrensänderungsgesetz
StVG	Straßenverkehrsgesetz
StVO	Straßenverkehrsordnung
StVZO	Straßenverkehrszulassungsordnung
s. u.	siehe unten
t	Tonne(n)
TDSV	Telekommunikations-Datenschutzverordnung
Teilbd.	Teilband
TREAD	Transportation Recall Enhancement, Accountability and Documentation (Rückruf-, Verbesserungs-, Haftungs- und Dokumentationsgesetz für das Transportwesen)
u.	und
u. a.	unter anderem
überarb.	überarbeitet
ULA	Union der Leitenden Angestellten
UmweltHG	Umwelthaftungsgesetz
UrhG	Gesetz über Urheberrecht und verwandte Schutzrechte – Urheberrechtsgesetz
UStG	Umsatzsteuergesetz
usw.	und so weiter
u. U.	unter Umständen
UVPG	Gesetz über die Umweltverträglichkeitsprüfung
UWG	Gesetz gegen den unlauteren Wettbewerb
v.	vom/von
VDE	Verband Deutscher Elektrotechniker
VDI	Verein Deutscher Ingenieure
VerpackVO	Verpackungsverordnung
VersR	Versicherungsrecht. Juristische Rundschau für die Individualversicherung
vgl.	vergleiche
VglO	Vergleichsordnung
VGT	Verkehrsgerichtstag
VO	Verordnung
Vor	Vorbemerkung
VRS	Verkehrsrechts-Sammlung
VwGO	Verwaltungsgerichtsordnung
VwVfG	Verwaltungsverfahrensgesetz
WHG	Wasserhaushaltsgesetz

WiKG	Gesetz zur Bekämpfung der Wirtschaftskriminalität
wistra	Zeitschrift für Wirtschaft, Steuer, Strafrecht
WM	Wertpapier-Mitteilungen
WpHG	Wertpapierhandelsgesetz
WZG	Warenzeichengesetz
z. B.	zum Beispiel
ZfS	Zeitschrift für Schadensrecht
ZfV	Zeitschrift für Versicherungswesen
ZfW	Zeitschrift für Wasserrecht
Ziff.	Ziffer
ZIP	Zeitschrift für Wirtschaftsrecht
ZRP	Zeitschrift für Rechtspolitik
ZSEG	Gesetz über die Entschädigung von Zeugen und Sachverständigen
ZStW	Zeitschrift für die gesamte Strafrechtswissenschaft
ZugabeVO	Verordnung des Reichspräsidenten zum Schutze der Wirtschaft – Erster Teil. Zugabewesen
ZUR	Zeitschrift für Umweltrecht
z. Zt.	zurzeit

Literaturverzeichnis

Achenbach, Hans	Ausweitung des Zugriffs bei ahndenden Sanktionen gegen die Unternehmensdelinquenz, in: wistra 2002, 441 ff.
ders.	Die Verselbständigung der Unternehmensgeldbuße bei strafbaren Submissionsabsprachen – ein Papiertiger?, in: wistra 1998, 168 ff.
ders.	Neuigkeiten im Recht der Kartellordnungswidrigkeiten, in: wistra 2006, 1 ff.
Achenbach, Hans/ Ransiek, Andreas	Handbuch Wirtschaftsstrafrecht, Heidelberg 2004 (zit. Achenbach, Ransiek, Sachbearbeiter)
Adam, Dirk H. V.	Die Begrenzung der Aufsichtspflichten in der Vorschrift des § 130 OWiG, in: wistra 2003, 285 ff.
Adams, Heinz W./Löhr, Volker	Paragraph 52 a Bundes-Immissionsschutzgesetz als Organisationsnorm, in: Adams, Heinz W./ Eidam, Gerd, Die Organisation des betrieblichen Umweltschutzes, Frankfurt a. M. 1991
Adler, Jens	Für die Zurückweisung eines anwaltlichen Zeugenbeistands wegen angeblicher Interessenkollision gibt es keine Rechtsgrundlage, in: StraFo 2002, 146 ff.
Ahlbrecht, Heiko	§ 34 Abs. 4 AWG – vom Verbrechens-tatbestand zum Vergehen, auch rückwirkend, in: wistra 2007, 85 ff.
Albers, Willi (Hrsg.)	Handwörterbuch der Wirtschafts-wissenschaft (HdWW), Stuttgart 1988, Bd. 6, 8
Alleweldt, Ralf	Zur Strafbarkeit der geduldeten Gewässerverunreinigung, in: NuR 1992, 312 ff.
Alt, Ralph	Unbewegliche Sachen als Abfall?, in: StraFo 2006, 441 ff
Amelung, Knut	Der Bundesgerichtshof als »Gesetzgeber« im Bereich des materiellen Strafrechts, in: Rechtsgestaltende Wirkung des Revisionsrechts, Schriftenreihe der Arbeitsgemeinschaften des Deutschen Anwaltsvereins, Arbeitsgemeinschaft Strafrecht, Bonn/Essen 1993
ders. (Hrsg.)	Individuelle Verantwortung und Beteiligungsverhältnisse bei Straftaten in bürokratischen Organisationen des Staates, der Wirtschaft und der Gesellschaft, Sinsheim 2000
Andrews, Kenneth R.	Moral fängt ganz oben an – Charakter und Wertsystem der Topmanager prägen gute wie schlechte Sitten im Betrieb, Havardmanager 1990, Nr. 2, S. 26 ff.

Anhalt, Peter	Die Haftung für fehlerhafte Produkte sowie für hierdurch verursachte Folgeschäden – Arbeitsunterlage zur Produkt- und Produzentenhaftung, 2003
Apitz, Klaas	Konflikte, Krisen, Katastrophen, Frankfurt/Wiesbaden, 1987
Arhold, Christoph	Das Geldbußenregime nach der Kartell-Verordnung, in: EuZW 1999, 165 ff.
Arloth, Frank	Die Ablehnung und der Ausschluss des Staatsanwaltes, in: NJW 1983, 207 ff.
Arzt, Gunther	Strafbarkeit juristischer Personen: Andersen, vom Märchen zum Alptraum, SZW/RSDA 4/2002, 226 ff.
Ax, Thomas/ Schneider, Matthias	Rechtshandbuch Korruptionsbekämpfung
Backes, Otto	Anonymes Anzeigesystem zur Korruptionsbekämpfung, in: StV 2006, 712 ff.
Balsen, Werner	Saftige Regresse gegen Korruption, in: Frankfurter Rundschau, Nr. 141, v. 21.06.2007, S. 20
Bannenberg, Britta	Korruption in Deutschland und ihre strafrechtliche Kontrolle: eine kriminologisch-strafrechtliche Analyse, Neuwied 2004
Bannenberg, Britta/ Schaupensteiner, Wolfgang J.	Korruption in Deutschland; Portrait einer Wachstumsbranche, 2. Aufl., München 2004
Bassen, Alexander/ Jastram, Sarah/ Meyer, Katrin	Corporate Social Responsibility. Eine Begriffserläuterung, in: Zeitschrift für Wirtschafts- und Unternehmensethik 2005, Heft 2, 231 ff.
Baumbach, Adolf (Begr.)/ Hueck, Alfred	GmbHG-Kommentar, fortgeführt von Lorenz Fastrich, 18.Aufl., München 2006 (zit.: Baumbach/Hueck/Sachbearbeiter)
Bayerlein, Walter	Praxishandbuch, Sachverständigenrecht, 3. Aufl., München 2002
Beger, Rudolf/Gärtner, Hans-Dieter/Mathes, Rainer	Unternehmenskommunikation, Wiesbaden/Frankfurt a. M. 1989
Behrens, Bolke	Zu wenige Gesichter, in: Wirtschaftswoche Nr. 46 v. 09. 11. 2000, S. 185 ff.
Berdrow, Wilhelm	Friedrich Krupp, der Erfinder und Gründer, Leben und Briefe, Berlin 1929
Beulke, Werner/ Bachmann, Gregor	Die »Lederspray-Entscheidung« – BGHSt 37, 106, in: JuS 1992, 737 ff.
Beulke, Werner/ Meininghaus, Florian	Anmerkung zu BGH StV 2007, 60 ff. (Online-Durchsuchung)

Bieneck, Klaus	Die Außenwirtschaftsstrafrechts-Novelle, in: NstZ 2006, 608 ff.
ders.	Gegenwärtige Lage und aktuelle Rechtsprobleme im Außenwirtschafts-strafrecht, wistra 2000, 441 ff.
Biletzki, Gregor	Strafrechtlicher Gläubigerschutz bei fehlerhafter Buchführung durch den GmbH-Geschäftsführer, in: NStZ 1999, 537 ff.
Bittner, Wolfgang	Unklare Signale – Wer ist schuld am Unglück von Brühl – die Bahn oder der Lokführer, in: DER SPIEGEL, Nr. 8 v. 21. 2. 2000, S. 100
Blickle, Gerhard	Kommunikationsethik im Management. Argumentationsintegrität als personal- und organisationspsychologisches Leitkonzept, Stuttgart 1994
Blüthmann, Heinz	Fahrt zur Hölle, in: DIE ZEIT, Nr. 44 v. 26. 10. 1990, S. 41 f.
Bockemühl, Jan (Hrsg.)	Der Rechtsanwalt als Strafverteidiger, Handbuch des Fachanwalts Strafrecht, 3. Aufl., Neuwied 2006 (zit.: Bockemühl/ Sachbearbeiter)
Böse, Martin	Die Garantenstellung des Betriebsbeauftragten, in: NStZ 2003, 636 ff.
Bottke, Wilfried	Standortvorteil Wirtschaftskriminalrecht: Müssen Unternehmen »strafmündig« werden? Bemerkungen zum Stand des Wirtschaftskriminalrechts in der Bundesrepublik Deutschland, in: wistra 1997, 241 ff.
Brammsen, Joerg	Bemerkungen zur mittelbaren Unterlassungstäterschaft – Eine Ergänzung zu BGHSt 40, 257 –, in: NStZ 2000, S. 337 ff.
Braun, Stefan	Vorschlag für eine Absracheregelung im Strafverfahren, in: StraFo 2001, 77 ff.
Brenner, Karl	Das Bruttoprinzip gilt für den Einzeltäter und für Unternehmen, nicht nur für den unschuldigen Täter oder Dritten, in: NStZ 2004, 256 ff.
ders.	Gewinnabschöpfung, das unbekannte Wesen im Owi-Recht, in: NStZ 1998, 558
ders.	Die wichtigsten Straf- und Ordnungswidrigkeitentatbestände im Bereich der Wirtschaftskriminalität, in: Poerting, Peter (Hrsg.), Wirtschaftskriminalität, Teil 2, BKA Wiesbaden 1985
Brenner, S. N./ Molander, E. A.	Is the ethics of business changing?, in: HARVARD BUSINESS REVIEW, Jan./Feb. 1977, S. 57–71
Brunn, Franz/ Fritz, Werner	Grundbegriffe des Steuerrechts, Bd. 1, Abgabenordnung, Stuttgart 1980

Brüssow, Rainer/ Gatzweiler, Norbert/ Krekeler, Wilhelm/ Mehle, Volkmar (Hrsg.)	Strafverteidigung in der Praxis, 3. Aufl., Bonn 2004
Buchter, Heike	Die USA gegen Siemens, in: Die Zeit, Nr. 19 v. 03. 05. 2007
Bundesinnenministerium (Hrsg.)	Die Kriminalität in der Bundesrepublik Deutschland - Die Polizeiliche Kriminalstatistik für das Jahr 2006 (PKS 2006), Mai 2007
Bundesministerien der Justiz und des Inneren (Hrsg.)	2. Periodischen Sicherheitsbericht v. 15. 11. 2006
Burhoff, Detlef	Hinterziehung und leichtfertige Verkürzung bei abweichender Rechtsauffassung, in: Praxis Steuerstrafrecht 2000, 24 ff.
ders.	Durchsuchung und Beschlagnahme – Bestandsaufnahme zur obergerichtlichen Rechtsprechung, in: StraFo 2005, 140 ff.
Burkhard, Jörg	Die Sperrwirkung des § 371 Abs. 2 Nr. 1a AO, in: wistra 1998, 216 ff. und 256 ff.
Bussmann, Karl Ferdinand	Das betriebswirtschaftliche Risiko, Meisenheim am Glan 1955
Claus, Frank (Hrsg.)	Handlungsempfehlungen zur Information der Öffentlichkeit (nach § 11 a Störfall-Verordnung), Berlin/ Dortmund 1999
Claussen, Hans Rudolf (Begr.)/ Ostendorf, Heribert	Korruption im öffentlichen Dienst – Ein Überblick, Köln/Berlin/Bonn/München 2. Aufl., 2002
Coing, Helmut	Grundzüge der Rechtsphilosophie, 4. Aufl., Berlin 1985
Conen, Stefan/ Tsambikakis, Michael	Strafprozessuale Wahrheitsfindung mittels Sachverständiger im Spannungsfeld zwischen Aufklärungspflicht und Beweisantragrecht, in: GA 2000, 373 ff.
Cramer, Peter	Zur Strafbarkeit von Preisabsprachen in der Bauwirtschaft (Der Submissionsbetrug), Heidelberg 1995
Cramer, Peter/ Berz, Ulrich/ Gontard, Alexander	Straßenverkehrs-Entscheidungen, Loseblattsammlung, München, Stand 1. September 2006 (37. EL)
Czychowski, Christian	Das Gesetz zur Regelung des Urheberrechts in der Informationsgesellschaft, in: NJW 2003, 2409 ff.
Dahnz, Werner	Manager und ihr Berufsrisiko, 2. Aufl., München 2002
Dahs, Hans	Zur strafrechtlichen Haftung des Gewässerschutzbeauftragten nach § 324 StGB, in: NStZ 1986, 97 ff.

ders.	Handbuch des Strafverteidigers, 7. Aufl., Köln 2005
ders.	Das Auskunftsverweigerungsrecht des § 55 StPO – immer wieder ein Problem, in: NStZ 1999, 386 ff.
Dahs, Hans/ Müssig, Bernd	Strafbarkeit kommunaler Mandatsträger als Amtsträger? in NStZ 2006, 191 ff
Dahs, Hans/Pape, Kay Artur	Die behördliche Duldung als Rechtfertigungsgrund im Gewässerstrafrecht, in: NStZ 1988, 393 ff.
De Doelder, Hans/ Tiedemann, Klaus (Hrsg.)	Criminal Liability of Corporations, La Criminalisation du Comportement Collectif, 1996, 289 ff.
Decker, Gerhard/ Kotz, Peter	Erfolg in Strafsachen durch aktive Verteidigerstrategien, Bd. I, Augsburg (Stand Nov. 1991)
Delmas-Marty, Mireille	Die Strafbarkeit juristischer Personen nach dem neuen französischen Code Penal, in: Madrid – Symposium für Klaus Tiedemann, Köln u.a. 1994
Demuth, Hennrich / Schneider, Tilmann	Die besondere Bedeutung des Gesetzes über Ordnungswidrigkeiten für Betrieb und Unternehmen, in: BB 1970, 642 ff.
Detzer, Kurt A./ Dietzfelbinger, Daniel / Gruber, A./ Uhl, W./ Wittmann	Nachhaltig Wirtschaften – Expertenwissen für umweltbewusste Führungskräfte in Wirtschaft und Politik, Augsburg 1999
Deumeland, Klaus Dieter	Die Strafbarkeit gewerbsmäßiger Urherberrechtsverletzungen in der BRD, in: StraFo 2006, 487 ff
Deutsch, Erwin	Das Organisationsverschulden des Krankenhausträgers, in: NJW 2000, 1745 ff.
Deutscher, Jörg / Körner, Peter	Die strafrechtliche Produktverantwortung von Mitgliedern kollegialer Geschäftsleitungsorgane (Teil 2), in: wistra 1996, 327 ff.
Diederichsen, Uwe	Ausbau des Individualschutzes gegen Umweltbelastungen als Aufgabe des bürgerlichen und des öffentlichen Rechts, Verhandlungen des 56. DJT, Bd. II, München 1986, L 48 ff.
Dierlamm, Alfred	Der faktische Geschäftsführer im Strafrecht – ein Phantom?, in: NStZ 1996, 153 ff.
Dippel, Karlhans	Die Stellung des Sachverständigen im Strafprozess, 1986
Dölling, Dieter (Hrsg.)	Handbuch der Korruptionsbekämpfung, München 2007
Dörner, Dietrich	Dominoeffekt, in: INNOVATIO 9./10. 1989, S. 52 ff.
Dumke, Wolfgang/ Marx, Thomas	Steuerstrafrecht, Hamburger Kompendium 1990, Freiburg 1990

Duttge, Gunnar	Rechtsprechungsübersicht zur (strafrechtlichen) Fahrlässigkeit – Kontinuität und Wandel seit der Jahrtausendwende –, in: NStZ 2006, 266 ff.
Ebenroth, Carsten Thomas/ Willburger, Andreas	Die strafrechtliche Verantwortung des Vorstands für Umweltstraftaten und gesellschaftsrechtliche Vermeidungs-strategien, in: BB 1991, 1941 ff.
Eidam, Gerd	Die Angst vor dem Risikofall, in: INNOVATIO, 5/90, S. 70 f.
ders.	Unternehmen, Umwelt und Strafe, in: Eidam/Leisinger/Rohlinger (Hrsg.), Umwelt, Aussagen zum strafrechtlichen Risiko der Unternehmen und ihrer Mitarbeiter, Broschüre der HRV HANNOVER RECHTSSCHUTZ Versicherungs-Aktiengesellschaft, Hannover 1990
ders.	Industrie-Straf-Rechtsschutzversicherung, Kommentar, Köln/Berlin/Bonn/München 1994
ders.	Unternehmenshaftung und Wirtschaftsethik – Rahmenbedingungen oder unternehmerische Handlungsgrundlage?, in: Investitionsgüter- und High-Tech-Marketing (ITM), Hofmaier, Richard (Hrsg.), 2. Auflage, Landsberg/Lech 1993
ders.	Straftäter Unternehmen, München 1997
ders.	Die strafrechtliche Verantwortung des Unternehmens und seiner Mitarbeiter, in: PHI 1991, S. 232 ff.
ders.	Der faktische Geschäftsführer und § 30 OWiG, in: StraFo 2003, 299
ders.	Industrie-Straf-Rechtsschutzversicherung, Kommentar, Köln/Berlin/Bonn/München 1994
ders.	Korruption als Betriebsmodus, in: Kriminalistik 1996, 543 ff.
ders.	Forms of Criminal Responsibility of Organisations: Aspects of Legal Practice in Germany
ders.	Die Straf- und Bußgeldbestimmungen des neuen Geräte- und Produktsicherheitsgesetzes, in: NJW 2005, 1021 ff.
ders.	Die Verbandsgeldbuße des § 30 Abs. 4 OWiG – eine Bestandsaufnahme, in: wistra 2003, 447 ff.
ders.	Ruhe bewahren... - Verhaltensregeln bei Durchsuchungen, in: ANWALT 7/2003, S. 8 ff.
Eidam, Lutz	Neuere Entwicklung um den Grundsatz der Selbstbelastungsfreiheit und das Rechtsinstitut der Selbstanzeige im Steuerstrafverfahren, in: wistra 2006, 11 ff.
Eilingsfeld, Heinrich	Der sanfte Wahn: Ökologismus total, Mannheim 1989

Eisele, Hans	»Kommunikation muss mehr als Kosmetik sein«, in: VDI- nachrichten v. 14. 10. 1988, 14
Eisenhardt, Ulrich	Gesellschaftsrecht, 12. Aufl., München 2005
Ek, Ralf	Haftungsrisiken für Vorstand und Aufsichtsrat, Berlin 2005
Emmerich, Volker/ Habersack, Mathias	Aktien- und GmbH-Konzernrecht, 4. Aufl., München 2005
Enders, Rainald/ Reiter, Birgit	Die Umwelthaftung im System des Umweltgesetzbuches, in: VersR 1991, 1329
Engisch, Karl	Untersuchungen über Vorsatz und Fahrlässigkeit im Strafrecht, Berlin 1930, Aalen 1964
ders.	Tun und Unterlassen, in: Festschrift für Gallas, Berlin/ New York 1973
Erbs, Georg/ Kohlhaas, Max (Begr.) Ambs, Friedrich (Hrsg.)	Strafrechtliche Nebengesetze, Kommentar 166. Ergänzungslieferung, Stand: Mai 2007
Ernst, Stefan	Hacker und Computerviren im Strafrecht, in: NJW 2003, 3233 ff.
Eser, Albin /Heine, Günther/ Huber, Barbara (eds.)	Criminal Responsibility of Legal and Collective Entities, Freiburg 1999
Eser, Albin/ Heine, Günther (Hrsg.)	Umweltstrafrecht in England, Kanada und den USA, Freiburg i. Br. 1994
Eser, Albin/ Huber, Barbara/ Cornils, Karin (Hrsg.)	Einzelverantwortung und Mitverantwortung im Strafrecht, Freiburg 1998
Fischer, Gabriele	Aufstieg der Nothelfer, in: manager magazin, 9/1991, S. 207 ff.
Fleck, Hans-Joachim	Zur Haftung des GmbH- Geschäftsführers, in: GmbH-Rundschau 1974, 224 ff.
Flore, Ingo	in: Flore/Dörn/Gillmeister, Steuerfahndung und Steuerstrafverfahren, 3. Aufl., Neuwied 2002
Franzen, Klaus/ Gast de Haan, Brigitte/ Joecks, Wolfgang	Steuerstrafrecht mit Zoll- und Verbrauchsteuerstrafecht, Kommentar, 6. Aufl., München 2005 (zit.: Franzen/Gast/Joecks)
Franzheim, Horst	Die Umgrenzung der wasserrechtlichen Einleitungserlaubnis als Rechtfertigungsgrund des Straftatbestandes der Gewässerverunreinigung, in: NStZ 1987, S. 437 ff.
ders.	Die Gewinnabschöpfung wegen Verstoßes gegen arbeitsrechtliche Vorschriften, in: Festschrift für Dieter Gaul, Dietrich Boewer/ Björn Gaul (Hrsg.), Neuwied/ Kriftel/Berlin 1992

ders.	Der Verfall in Umweltstrafsachen – sein Umfang und seine Berechnung, in: wistra 1989, 87
ders.	Überkriminalisierung durch Urheberrechts-novelle, in: Computer und Recht 1993, 101 ff.
Franzheim, Horst/ Pfohl, Michael	Umweltstrafrecht: Eine Darstellung für die Praxis, 2. Aufl., Köln/Berlin/Bonn/München 2001
Frenz, Walter	Kreislaufwirtschafts- und Abfallgesetz (Kommentar), 3. Aufl., Köln/Berlin/Bonn/München, 2002
Freier, Friedrich von	Kritik der Verbandsstrafe, Berlin 1998
Frerichs, Peter	Der Verteidiger aus der Sicht der Polizei, in: StraFo 1992, 67 ff.
Frese, Erich (Hrsg.)	Handwörterbuch der Organisation, Stuttgart 1992 (zit.: Frese/ Bearb.)
Freund, Georg	Anm. zu BGHSt 47, 224 ff. (Wuppertaler Schwebebahn), in: NStZ 2002, 424 ff.
Frisch, Wolfgang	Tatbestandsmäßiges Verhalten und Zurechnung des Erfolgs, Heidelberg 1988
Fritsch, Klaus	Das neue Kreislaufwirtschafts- und Abfallrecht, München 1996
Führ, Martin/ Lewin, Daniel/ Roller, Gerhard	EG-Umwelthaftungs-Richtlinie und Biodiversität, in: NuR 2006, 67 ff.
Fülbier, Andreas/ Aepfelbach, Rolf R.	GwG – Kommentar zum Geldwäschegesetz, 5. Aufl., Köln 2006
Gänßle, Peter	Das Antikorruptionsstrafrecht – Balsam aus der Tube der symbolischen Gesetzgebung? –, in: NStZ 1999, 543 ff.
Gast-de Haan, Brigitte	Formelle Verfassungswidrigkeit des § 370a AO n. F, in: DStR 2003, 12
Gebhardt, Hans-Jürgen	Das verkehrsrechtliche Mandat, Bd. 1, Verteidigung in Verkehrsstraf- und Ordnungswidrigkeitenverfahren, 5. Aufl., Bonn 2005
Geilen, Gerd	Aktienstrafrecht, Sonderausgabe aus Kölner Kommentar zum Aktiengesetz, Köln u. a. 1984
Geißler, Cornelia	Motivation – Frustfaktor Job, in: Harvard Business Manager 09/2006
Gemballa, Gero	Der dreifache Skandal, 30 Jahre nach Contergan, Düsseldorf 1993
Geppert, Klaus	Anmerkung zu OLG Stuttgart, NStZ 1990, 542 ff (Parteiverrat),
Gerling, Rolf/ Obermeier, Otto-Peter (Hrsg.)	Risiko-Störfall-Kommunikation 2, München 1995

Gerling, Rolf/ Obermeier, Otto-Peter (Hrsg.)	Risiko-Störfall-Kommunikation 1, München 1994
Giarini, Orio	Entwürfe zum »Reichtum der Nation«: Einige Kernpunkte und Definitionen zum Thema Dienstleistungswirtschaft, in: Sonderdruck aus: Perspektiven der Dienstleistungswirtschaft, Beiträge zu einem Internationalen Dienstleistungssymposium der Nieders. Landesregierung v. 13.–15. 05. 1985 in Hannover, Göttingen
Giarini, Orio	Die wirtschaftliche Funktion der Versicherung in der neuen Dienstleistungsökonomie«, Vortrag v. 18. 06. 1987 vor der 530. Mitgliederversammlung des Versicherungswissenschaftlichen Vereins Hamburg e.V.
Gmür, Rudolf	Grundriss der deutschen Rechtsgeschichte, Juristische Arbeitsblätter, Sonderheft 2, 4. Aufl., Frankfurt a.M. 1987
Goecke, Gerald	Der Polizeibeamte als Zeuge, in: StraFo 1990, 76 ff.
Göhler, Erich	Zur bußgeldrechtlichen Verantwortung der juristischen Person bei aufgespaltener Zuständigkeit ihrer Organe, in: wistra 1991, 207
Göhler, Erich (Begr.)/ König, Peter/ Seitz, Helmut	Gesetz über Ordnungswidrigkeiten, Kommentar, 14. , neu bearbeitete Aufl., München 2006 (zit.: Göhler/ Sachbearbeiter)
Gola, Peter/ Klug, Christoph	Entwicklung des Datenschutzrechts, in: NJW 2004, 2429 ff.
Görlitz, Axel (Hrsg.)	Handlexikon zur Rechtswissenschaft, Hamburg 1972
Greeve, Gina/ Leipold, Klaus	Handbuch des Baustrafrechts, München 2004 (zit. Greeve/Leipold/Sachbearbeiter)
Grefe, Christine/ Sontheimer, Michael	Es grünt so grün, in: DIE ZEIT, Nr. 19 v. 06. 05. 1988, S. 13
Groß, Wolfgang	Haftung für fehlerhafte oder fehlende Regel- oder Ad-hoc-Publizität, WM 2002, 477
Gruhl, Herbert	Ein Planet wird geplündert, Frankfurt a. M. 1992
Gübner, Ralph	Die Unterbrechung der Verfolgungsverjährung in Bußgeldsachen, in: NZV 1998, 230 ff.
Gutenberg, Erich	Unternehmensführung, Organisation und Entscheidungen, Wiesbaden 1962
Haas, Christof	Unsicherheit und Risiko in der Preisbildung, Köln 1965
Hagedorn, Axel	Die Bestellung des Sachverständigen im Strafverfahren wegen Wirtschaftskriminalität, in: StV 2004, 217 ff.

Hamm, Rainer	Geldwäsche durch die Annahme von Strafverteidiger-honorar? in: NJW 2000, 636 ff.
Hämmerle, Richard	Zum Einfluss des christlichen Glaubens auf das Arbeits- und Betriebsleben – Eine schriftliche Befragung von Führungskräften (Diss.), München 1972
Harbauer, Walter	Rechtsschutzversicherung, ARB-Kommentar, 7. Aufl., München 2004
Harenberg, Bodo (Begr.)	Harenberg Aktuell 2007. Das Jahrbuch. Daten. Fakten. Hintergründe. Dortmund 2006
Hartan, Cora Constanze	Unternehmensstrafrecht in Deutschland und Frankreich, Hamburg 2006
Harzer, Regina/ Vogt, Thomas	»Mitarbeit« von Banken an Steuer-hinterziehungen: Ein Problem der Beihilfekausalität, in: StraFo 2000, 39 ff.
Hassemer, Winfried	»Vorverurteilung durch die Medien?«, in: NJW 1985, 1921 ff.
ders.	Produktverantwortung im modernen Strafrecht, Heidelberg 1994
ders.	Anmerkungen zu BGH, Urt. v. 06. 07. 1990 (Erdal), in: JuS 1991, 253 ff.
Hauschka, Christoph	Compliance…:Eine geeignete Reaktion auf gestiegene Haftungsrisiken für Unternehmen und Management?, in: NJW 2004, 257 ff.
Hax, Karl	Grundlagen der Betriebsunterbrechungs-versicherung, Köln/Opladen 1949
Heghmanns, Michael	Die prozessuale Rolle der Staatsanwaltschaft, in: GA 2003, 433
ders.	Das Arbeitsgebiet des Staatsanwaltes, 3. Aufl., Münster 2003
Heine, Günter	Quasi-Strafrecht und Verantwortlichkeit von Unternehmen im Kartellrecht der EG und der Schweiz, in: ZStrR Band 125, Heft 2 2007
ders.	Die strafrechtliche Verantwortlichkeit von Unternehmen, Baden-Baden 1995
ders.	Kollektive Verantwortlichkeit, in: Eser, Albin/ Huber, Barbara / Cornils, Karin (Hrsg.), Einzelverantwortung und Mitverantwortung im Strafrecht, Freiburg 1998
ders.	Verwaltungsakzessorietät des Umweltstrafrechts. Rechtsvergleichende Funktionsanalysen – unbestimmte Rechtsbegriffe – Reichweite von Genehmigungen, in: Ökologie und Recht, Schulz, Lorenz (Hrsg.), Köln/ Berlin/ Bonn/ München 1991

ders.	Auswirkungen des Kreislaufwirtschafts- und Abfallgesetzes auf das Abfallrecht, in: NJW 1998, 3665 ff.
Heine, Günter/ Meinberg, Volker	Empfehlen sich Änderungen im strafrechtlichen Umweltschutz, insbesondere in Verbindung mit dem Verwaltungsrecht? In: Verhandlungen des 57. DJT 1988, Bd. I, Gutachten D 1 – D 171, München 1988
Heine, Günter/Waling, Cornélie	Die Durchsetzung des Umweltstrafrechts in den Niederlanden, in: JR 1989, 402 ff.
Heinz, Wolfgang	Sanktionierungspraxis in der Bundesrepublik Deutschland im Spiegel der Rechtspflegestatistiken, in: ZStW 111 (1999), 461 ff.
Helfer, Margareth	Die Stellung des Strafverteidigers in Italien, in: StV 2007, 326 ff.
Henn, Günter	Handbuch des Aktienrechts, 7. Aufl., Heidelberg 2002
Hennig, Albrecht	Empfiehlt sich eine Neuregelung der Verjährung von Wirtschaftsstraftaten?, in: wistra 2000, 321 ff.
Hermanns, Ferdinand/ Kleier, Ulrich	Grenzen der Aufsichtspflicht in Betrieben und Unternehmen, Köln/Berlin/Bonn/München 1987
Herzberg, Rolf Dietrich	Die Verantwortung für Arbeitsschutz und Unfallverhütung im Betrieb, Köln, Berlin, Bonn. München 1984
Herzler, Jürgen	Das Beschleunigte Strafverfahren – ein notwendiger Schritt auf dem richtigen Weg, in: Neue Justiz 2000, 399 ff.
Hettich, Richard	Produkthaftung – Haftungsumfang und Risikobegrenzung – 2. Aufl., München 1990
Hettinger, Michael	Das Strafrecht als Büttel? in: NJW 1996, 2263 ff.
ders. (Hrsg.)	Reform des Sanktionenrechts, Band 3: Verbandsstrafe, Baden-Baden 2002
Hilb, Martin (Hrsg.)	Innere Kündigung – Ursachen und Lösungsansätze, Zürich 1992
Hilbig, Siegfried	Der Erste Zugriff/Der Erste Angriff der Polizei, in: StraFo 1991, 72 ff.
Hild, Eckart C.	Die Gesetze zur Bekämpfung internationaler Bestechung (IntBestG) sowie das EU-Bestechungsgesetz (EUBestG), in: StraFo 2000, 221 f.
Hilf, Marianne	Verbandsverantwortlichkeitsgesetz (VbVG), Wien 2006
Hilgendorf, Eric	Zur Anwendbarkeit des § 5 TDG auf das Strafrecht, in: NStZ 2000, 518 ff.
ders.	Gibt es ein »Strafrecht der Risikogesellschaft? « – Ein Überblick – in: NStZ 1993, 10 ff.

ders.	Fragen der Kausalität bei Gremienentscheidungen am Beispiel des Lederspray-Urteils, in: NStZ 1994, 561 ff. (562)
Himmelreich, Klaus/ Halm, Wolfgang	Überblick über neue Entscheidungen in Verkehrsstraf- und -bußgeldsachen, in: NStZ 2006, 380
Hirsch, Günter/Schmidt-Didczuhn, Andrea	Gentechnikgesetz, München 1991 (1996)
Hirsch, Hans Joachim	Die Straffähigkeit von Personenverbänden, Opladen 1993
Höbermann, Frauke	Der Gerichtsbericht in der Lokalzeitung: Theorie und Alltag, Baden-Baden 1989
Hochreiter, Werner (Hrsg.)	Bestrafung von Unternehmen, Informationen zur Umweltpolitik Nr. 157, Wien 2003
Hoeren, Thomas	Virenscanning und Spamfilter – Rechtliche Möglichkeiten im Kampf gegen Viren, Spams & Co., in: NJW 2004, 3513 ff.
Hoffmann, Dietrich/ Liebs, Rüdiger (Hrsg.)	Der GmbH-Geschäftsführer: Handbuch des Unternehmers und Managers, 2. Aufl., München 2000
Hoffmann, Volker/ Mildeberger, Tobias	Korruption – ohne Ende? Zweifelsfragen bei der Beamtenbestechung, in: StV 2006, 665 ff.
Hoffmann-Becking, Michael (Hrsg.)	Münchner Handbuch des Gesellschaftsrechts, Band 4: Aktienrecht, 3. Aufl., München 2007 (zit.: Hoffmann-Becking/ Bearb.)
Hofmaier, Richard	Investitionsgüter und High-Tech-Marketing (ITM), 2. Aufl., Landsberg/ Lech 1992
Hohn, Kristian	Die Bestimmung des erlangten Etwas i. S. d. § 73 StGB durch den BGH, in: wistra 2003, 321 ff.
Holthausen, Dieter	Die Strafbarkeit von Auslandstaten Deutscher und das völkerrechtliche Interventionsverbot, in: NJW 1992, S. 214 ff.
Holtz, Günther	Aus der Rechtsprechung des Bundesgerichtshofes in Strafsachen, in: MDR 1983, 983 ff.
Hommelhoff, Peter / Hopt, Klaus J. / v. Werder, Axel (Hrsg.)	Handbuch Corporate Governance, Köln/ Stuttgart 2003
Hoppe, Werner/ Beckmann, Martin	Umweltrecht, 2. Aufl., München 2000
Hopt, Klaus	Amerikanisches Recht durch die Hintertür – Mit der Fusion von EuroNEXT und NEW YORK STOCK EXCHANGE wird aufsichtsrechtlich Neuland betreten, in: FAZ Nr. 262 v. 10. 11. 2006, S. 24

Horn, Heinz-Dieter	Sozial- und Wirtschaftsrisiken im Privatversicherungsrecht, Hamburg 1983
Hueck, Alfred/ Nipperdey, Hans-Carl	Lehrbuch des Arbeitsrechts, Bd. I, 7. Aufl., Berlin 1963, Bd. II, 7. Aufl., Berlin 1970
Hsü, Yü-hsiu	Garantenstellung des Betriebsinhabers zur Verhinderung strafbarer Handlungen seiner Angestellten? (Diss.), Pfaffenweiler 1986
Hüffer, Uwe	Aktiengesetz (Kommentar), 7. Aufl., München 2006
Ignor, Alexander / Rixen, Stephan (Hrsg.)	Handbuch Arbeitsstrafrecht, Stuttgart 2002
Jaeger	zitiert nach: Michael Hettinger (Hrsg.), Reform des Sanktionenrechts, Band 3: Verbandsstrafe, S. 300 Fn. 202 f.
Jäger, Markus	Anmerkung zu BGH vom 1. August 2000 – 5 StR 624/ 99 (LG Wuppertal), in: wistra 2000, 344 ff.
Jähnke, Burkhard (Hrsg.)/ Jescheck, Hans-Heinrich	Strafgesetzbuch, Leipziger Kommentar (LK-StGB), Bd. 1, 11. Aufl., Berlin 2003
Janker, Helmut	Straßenverkehrsdelikte: Ansatzpunkte für die Verteidigung, Köln 2002
Jarke, Annette	Anmerkung zum BGH-Urteil v. 19. 10. 1999, in: wistra 2000, 350 ff.
Jehle, Jörg-Martin	Strafrechtspflege in Deutschland (hrsg. vom BMJ), 4. Aufl., Berlin 2005
Jellinek, Georg	Die sozialethische Bedeutung von Recht, Unrecht und Strafe, 2. Aufl., Berlin 1908
Jescheck, Hans-Heinrich / Weigend, Thomas	Lehrbuch des Strafrechts: Allg. Teil, 5. Aufl., Berlin 1996
Jessnitzer, Kurt (Begr.)/ Frieling, Günter/ Ulrich, Jürgen	Der gerichtliche Sachverständige, 12. Aufl., Köln u.a. 2007
Jessnitzer, Kurt / Blumberg, Hanno	Bundesrechtsanwaltsordnung, Kommentar, 9. Aufl., Köln u. a. 2000
Joecks, Wolfgang	Strafgesetzbuch, Studienkommentar, 6. Aufl., München 2005
Joecks, Wolfgang/ Miebach, Klaus (Hrsg.)	Münchener Kommentar zum Strafgesetzbuch, München 2003 ff. (zit.: MünchKomm/Sachbearbeiter §)
Kalsbach, Werner	Bundesrechtsanwaltsordnung, Köln 1960
Karte, Wolfgang/ von Portatius, Alexander	Kriminalisierung des Kartellrechts, in: BB 1975, 1169 ff.
Kau, Wolfgang M. /Kukat, Klaus	Haftung von Vorstands- und Aufsichtsratsmitgliedern bei Pflichtverletzungen nach dem Aktiengesetz, in: BB 2000, 1045 ff.

Kaufmann, Armin	Anmerkungen zum Contergan-Verfahren, in: JZ 1971, 569 ff.
Kaufmann, F.-X./ Kerber, W. P./Zulehner, M. (Hrsg.)	Ethos und Religion bei Führungskräften, München 1986
Kay, Wolfgang/ Böcking, Reinhold	Polizeirecht Nordrhein-Westfalen, München 1992
Keding, M./ van Riesen, F./ Esch, B.	Der Zustand der öffentlichen Kanalisation in der Bundesrepublik Deutschland – Ergebnisse der ATV-Umfrage 1990, in: Korrespondenz Abwasser, 1990, 1148 ff.
Keller, Rolf	Empfehlen sich Änderungen im strafrechtlichen Umweltschutz, insbesondere in Verbindung mit dem Verwaltungsrecht?, in: Verhandlungen des 57. DJT, Mainz 1988, Bd. II, Sitzungsberichte Mainz 1988, L 7-35, München 1988
Kempf, Eberhard	Reform des strafrechtlichen Sanktionensystems, in: AnwBl. 2000, 601 ff.
Kempf, Eberhard	In: Strafverteidigung in der Praxis, Brüssow, Rainer/ Gatzweiler, Norbert/ Krekeler, Wilhelm/ Mehle, Volkmar (Hrsg.), 3. Aufl., Bonn 2004
Ketteler, Gerd	Grundzüge des neuen Umwelthaftungsgesetzes, in: AnwBl. 1992, S. 3 ff
Kiehl, Walter H.	Verwertungsverbot für Beschuldigten-vernehmung ohne vorherige Belehrung: Der BGH korrigiert sich – überzeugend? in: NJW 1993, 501 ff.
Kienapfel, Diethelm	Grundprobleme des Umweltstrafrechts , in: JBl. 1990, 463 ff.
Kilching, Michael	Was soll »Strafe«? – Diskussionsbericht, in: ZStW 111 (1999), 144 ff.
Kimminich, Otto (Hrsg.)	Handwörterbuch des Umweltrechts, 2. Aufl., Berlin 1996
Kindhäuser, Urs /Goy, Barbara	Zur Strafbarkeit ungenehmigter Drittmitteleinwerbung, in: NStZ 2003, 291 ff.
Kintzi, Heinrich	Die Tätigkeit des Ermittlungsrichters im Ermittlungsverfahren und Richtervorbehalt, in: DRiZ 2004, 83 ff.
Kissel, Otto Rudolf/ Mayer, Herbert	Gerichtsverfassungsgesetz, Kommentar, 4. Aufl., München 2005
Kister, Kurt	»Die Abschreckungskraft des zahnlosen Löwen«, SZ Nr. 208 v. 09. 09. 1988, S. 4
Klein, Franz (Begr.)/ Brockmeyer, Hans B.	Abgabenordnung: einschließlich Steuer-strafrecht, Kommentar, 9. Aufl., München 2006

Klindt, Thomas	Das neue Geräte- und Produktsicherheitsgesetz, in: NJW 2004, 465 ff.
Kloepfer, Michael/ Rehbinder, Eckard/ Schmidt-Aßmann, Eberhard/ Kunig, Philip	Entwurf eines Umweltgesetzbuches, Allgemeiner Teil, 1991; Besonderer Teil, 1994
Kloepfer, Michael/ Vierhaus, Hans-Peter	Umweltstrafrecht, 2. Aufl., München 2002
Knemeyer, Franz Ludwig/ Deubert, Michael	Kritische Überlegungen zum Verhältnis Staatsanwaltschaft-Polizei/Polizei-Staatsanwaltschaft, in: NJW 1992, 3131 ff.
Knemeyer, Franz-Ludwig	Polizei- und Ordnungsrecht, 10. Aufl., München 2004
Koch, Karl/ Scholtz, Rolf-Detlev (Hrsg.)	Abgabenordnung, Kommentar, 5. Aufl., Köln 1996
Koch, Karl-Heinz	Absprachen im Strafprozess, in: ZRP 1990, 249
Kögel, Andreas	Die Strafbarkeit des »Finanzagenten« bei vorangegangenem Computerbetrug durch »Phishing«, in: wistra 2007, 206 ff.
Köhler, Helmut	Das neue UWG, in: NJW 2004, 2121 ff.
Kohlmann, Günther	In: Risiko-Störfall-Kommunikation 1, (Hrsg.: Gerling, Rolf/ Obermeier, Otto-Peter), München 1994
König, Peter	Neues Strafrecht gegen die Korruption, in: JR 1997, 397 ff.
ders.	Aus der Rechtsprechung zum Gesetz über Ordnungswidrigkeiten, in: NStZ 1998, 450
ders.	Kampfansage an die Korruption, in: NJW 1997, 2556 ff.
ders.	Bekämpfung der Korruption und Schutz des freien Wettbewerbs mit den Mitteln des Strafrechts, in: NStZ 1997, 513 ff.
ders.	Der Einsatz des Strafrechts zur Bekämpfung der intern. Korruption, in: wistra 1999, 81 ff
Kracht, Michael	Gewinnabschöpfung und Wiedergut-machung bei Umweltdelikten, in: wistra 2000, 326 ff
Kramer, Bernhard	Ermittlungen bei Wirtschaftsdelikten: Rechtsfragen aus der Praxis des Wirtschaftsstrafverfahrens, Stuttgart/ Berlin/Köln/Mainz 1987
Kraus, Karl	Widerschein der Fackel, Glossen, 2. Aufl., München 1956
Krekeler, Wilhelm	Justiz und Medien aus der Sicht eines Anwalts, in: StraFo 1992, 28 ff. (29)

ders.	Beeinträchtigungen der Rechte des Mandanten durch Strafverfolgungsmaßnahmen gegen den Rechtsanwalt, in: NJW 1977, 1417 ff.
Krekeler, Wilhelm/ Schütz, Thomas	Die Durchsuchung von bzw. in Unternehmen, in: wistra 1995, 296 ff.
Kremers, Johannes/ Kutscher, Jan	Fahren bis zum Infarkt, in: DIE ZEIT, Nr. 46 v. 08. 11. 1991, S. 54 ff.
Kritz, Volker	Kommerzielle Kommunikation per E-Mail im neuen Telemediengesetz, in: Der Betrieb 2007, 385 ff.
Kroeschell, Karl	Deutsche Rechtsgeschichte (seit 1650), Opladen 1989
Kromarek, Pascale	Oberflächen und Grundwasserschutz, in: Europäisches Umweltrecht und europäische Umweltpolitik, hrsg. von Rengeling, Hans Werner, Köln u.a. 1988
Kruse, Michael	Urteilsabsprachen in der neuesten Rechtsprechung des BGH, in: StraFo 2000, 146 ff.
Kübler, Friedrich / Assmann, Heinz-Dieter	Gesellschaftsrecht, 6. Aufl., Heidelberg 2005
Kühl, Kristian	Strafrecht, Allgemeiner Teil, 5. Aufl., München 2005
Kuhlen, Lothar	Probleme des Umweltstrafrechts in der Binnenschifffahrt, in: Riedel, Eibe / Wiese, Günther (Hrsg.), Probleme des Binnenschifffahrtsrechts VIII, Mannheimer rechtswissenschaftliche Abhandlungen, Band 22, Heidelberg 1997
ders.	Fragen einer strafrechtlichen Produkthaftung, Heidelberg 1989
ders.	Strafhaftung bei unterlassenem Rückruf gesundheitsgefährdender Produkte, in: NStZ 1990, 566 ff.
Kühne, Hans-Heiner	Strafrechtlicher Gewässerschutz, in: NJW 1991, 3020 ff.
ders.	Strafbarkeit der Zugangsvermittlung von pornographischen Informationen im Internet, in: NJW 1999, 188 ff.
Kullmann, Hans Josef	Produkthaftungsgesetz, Kommentar, 5. Auflage, Berlin 2006
ders.	Die Rechtsprechung des BGH zum Produkthaftpflichtrecht in den Jahren 1998–2000, in: NJW 2000, 1912 ff.
Kunig, Philip / Paetow, Stefan/ Versteyl, Ludger-Anselm	Kreislaufwirtschafts- und Abfallgesetz, 2. Aufl., München 2003
Kuntz, Klaus	Rechtsprechung in Umweltsachen (Entscheidungssammlung, Loseblatt), Weinheim, seit 1995
Kunz, Stefanie	Durchsuchung und Beschlagnahme in Steuerstrafverfahren, in: BB 2000, 438 ff.

Küper, Wilfried	Strafrecht, BT, 5. Aufl., Heidelberg 2002
Küpper, Georg	Zur Entwicklung der erfolgsqualifizierten Delikte, in: ZStW 111 (1999), 785 ff.
Kurz, Felix/ Schmid, Barbara	Mentalität von Großwildjägern, in: DER SPIEGEL, Nr. 32 v. 07. 08. 2000, S. 44 ff.
Kust, Egon	Die Sorgfaltspflicht und Verantwortlichkeit eines ordentlichen und gewissenhaften Geschäftsleiters, in: WM 1980, 758 ff.
Lackner, Karl/ Kühl, Kristian	Strafgesetzbuch, Kommentar, 26. Aufl., München 2007
Laitenberger, Angelika	Beitragsvorenthaltung, Minijobs und Schwarzarbeitsbekämpfung, in: NJW 2004, 2703 ff.
Lambeck, Alfred	Die Krise bewältigen. Management und Öffentlichkeitsarbeit im Ernstfall. Ein praxisorientiertes Handbuch, Frankfurt a. M. 1992
Langsted, Lars Bo/ Garde, Peter/ Greve, Vagn	Criminal Law Denmark, 2. Aufl., Kopenhagen 2004
Le Bon, Gustave	Psychologie der Massen, 15. Aufl., Stuttgart 1982
Leisinger, Klaus	Biotechnologie, Ernährungssicherheit und Politik: zur »Politischen Ökonomie« der landwirtschaftlichen Biotechnologie für Entwicklungsländer, Basel 2001
ders.	Gentechnik für die Dritte Welt?: Hunger, Krankheit und Umweltkrise – Eine moderne Technologie auf dem Prüfstand entwicklungspolitischer Tatsachen, Basel/ Boston/ Berlin 1991
Lemme, Dirk	Apokryphe Haftgründe im Wirtschaftstrafrecht, in: wistra 2004, 288 ff.
Lersner, Heinrich von	Die abfallrechtliche Produktverantwortung, in: ZUR Sonderheft 2000, S. 105
Lilie, Hans	Verwicklungen im Ermittlungsverfahren – Überlegungen zur Stellung der Staatsanwaltschaft im Ermittlungsverfahren, in: ZStW 111 (1999), 807 ff.
ders.	Ist für die Strafjustiz ein dreigliedriger Justizaufbau, eine Reform des Rechtsmittelsystems und eine Aufgabenverlagerung auf außergerichtliche Verfahren zu empfehlen?, in: Verhandlungen des 63. DJT Leipzig 2000, Bd. I: Gutachten D 123, München 2000
Lippert, Hans-Dieter	Vorteilsnahme, Bestechlichkeit und die Einwerbung von Drittmitteln bei der Beschaffung von Medizinprodukten, in: NJW 2000, 1772 ff.
Locklair, Alfred	Das Management von Strafverfahren gegen Führungskräfte und Mitarbeiter, in: StraFo 2000, 37 ff.

Löffler, Martin/Ricker, Reinhart — Handbuch des Presserechts, 5. Aufl., München 2005 (zitiert: Löffler)

Löffler, Peter — Strafrechtliche Konsequenzen faktischer Geschäftsführung – Eine Bestandsaufnahme der neueren Rechtsprechung, in: wistra 1989, 121 ff.

Löhe, Martin G. (Red.) — Ressourcen der Korruptionsbekämpfung in Deutschland – Schwerpunktstellen bei Staatsanwaltschaften, Polizei und Verwaltung – Eine Dokumentation von Transparency International Deutschland e.V., vollständig überarbeitete Ausgabe, Berlin, Dezember 2006

Löwe, Ewald/ Rosenberg, Werner (Begr.)/Rieß, Peter (Hrsg.) — Die Strafprozessordnung und das Gerichtsverfassungsgesetz, Großkommentar, 25. Aufl., Berlin 2004

Ludovisy, Michael — Praxis des Straßenverkehrsrechts, 3. Aufl., Münster 2005 (zitiert: Ludovisy/Sachbearbeiter)

Lührs, Wolfgang — Subventionen, Subventionsvergabepraxis und Strafverfolgung – Rechtliche und tatsächliche Probleme in den Neuen Bundesländern, in: wistra 1999, 89 ff.

Lutter, Marcus/ Hommelhoff, Peter — GmbH-Gesetz, Kommentar, 16. Aufl., Köln 2004

Lutter, Marcus/ Ulmer, Peter/Zöllner, Wolfgang — Festschrift 100 Jahre GmbH-Gesetz, Köln 1992

Maier, Winfried — Ist ein Verstoß gegen das Parteiengesetz straflos?, in: NJW 2000, S. 1006 ff

Malitz, Kirsten — Die Berücksichtigung privater Interessen bei vorläufigen strafprozessualen Maßnahmen gemäß §§ 111b ff. StPO, in: NStZ 2002, 337 ff.

Marquardt, Klaus/ Göbel, Klaus — Strafprozess, 6. Aufl., München 2005

Martell, Manfred — Das neue Güterkraftverkehrsrecht – »Grundgesetz« des Straßengüterverkehrs, in: NJW 1999, 193 ff.

Martin, Jörg — Grenzüberschreitende Umweltbeeinträchtigungen im deutschen Strafrecht, in: ZRP 1992, 19 ff.;

Mast, Claudia — Kampf um Marktanteile auf dem »Markt der Meinungen«, in: Blick durch die Wirtschaft, Nr. 177 v. 13. 09. 1991, S. 7

Maurach, Reinhardt/ Schroeder,Friedrich-Christian/ Maiwald, Manfred — Strafrecht, Besonderer Teil, Bd. 1, 9. Aufl., Heidelberg 2003, Bd. 2, 9. Aufl., Heidelberg 2005

McLuhan, Marshall — Zurück ins Dorf, in: »DER SPIEGEL« , Nr. 46 v. 11. 11. 1968, S. 177 ff.

Meckel, Miriam/ Hoffmann, Christian	Wahrnehmung und Unternehmens-bewertung, FAZ Nr. 122 v. 29. 05. 2007, S. 22
Meier, Bernd-Dieter	Verbraucherschutz durch Strafrecht? Überlegungen zur strafrechtlichen Produkthaftung nach der »Leder-spray« - Entscheidung des BGH, in: NJW 1992, 3193 ff.
Meinberg, Volker/ Möhrenschlager,Manfred/ Link, Wolfgang	Umweltstrafrecht, Düsseldorf 1989
Meyer, Jürgen	Gewinnabschöpfung durch Vermögens-strafe?, in: ZRP 1990, 85 ff.
Meyer-Goßner, Lutz	Strafprozessordnung, 49. Aufl., München 2006
ders.	Theorie ohne Praxis und Praxis ohne Theorie im Straf-verfahren, in: ZPR 2000, 345 ff.
Meyer-Mews, Hans	Die »In-dubio-contra-reo«-Rechtsprechungspraxis bei Aussage-gegen-Aussage-Delikten, in: NJW 2000, 916 ff.
Michalke, Regina	Umweltstrafsachen, 2. Auflage, Heidelberg 2000
ders.	Anm. zu BGH NStZ 1994, 341 ff. (»Falisan«), in: StV 1995, 137
ders.	Die Strafbarkeit von Amtsträgern wegen Gewässerver-unreinigung (§ 324 StGB) und umweltgefährdender Abfallbeseitigung (§ 326 StGB) in neuem Licht, in: NJW 1994, 1693 ff.
Michalski, Lutz (Hrsg.)	Kommentar zum GmbHG, München 2002
Minoggio, Ingo	Firmenverteidigung, Bonn 2005
Möhrenschlager, Manfred	Berichte über die Entwicklung inländischen und euro-päischen Rechts, seit: wistra 2000 ff.
ders.	Criminal Responsibility of Legal and Collective Enti-ties, Eser, Albin /Heine, Günther/ Huber, Barbara (eds.), Freiburg 1999
ders.	Strafrechtliche Vorhaben zur Bekämpfung der Korrup-tion auf nationaler und internationaler Ebene, in: JZ 1996, 822
ders.	Revision des Umweltstrafrechts, in: NStZ 1994, 513 ff.
Molitoris, Michael	Praktische Erfahrungen und rechtliche Überlegungen zur Produktbeobachtungs-pflicht, in: PHI 1999, 214 ff. und 2000, 33 ff.
Montag, Hans Dieter	Die Anwendung der Strafvorschriften des GmbH-Rechts auf faktische Geschäftsführer, Berlin 1994
Montenbruck, Axel/ Kuhlmey, René/ Enderlein, Uwe	Die Tätigkeit des Staatsanwalts in Wirtschaftsstrafver-fahren – Einführung in die Probleme, in JuS 1987, 713 ff., 803 ff., 967 ff.

Moosmayer, Klaus	Anmerkung zu Biletzki: Strafrechtlicher Gläubigerschutz bei fehlerhafter Buchführung durch den GmbH-Geschäftsführer, NStZ 1999, 537, in: NStZ 2000, 295 f.
ders.	Die neuen Leitlinien der Europ. Kommission zur Festsetzung von Kartellgeldbußen, in: wistra 2007, 91 ff.
Müller, Ekkehard	Die Stellung der juristischen Person im Ordnungswidrigkeitenrecht, Schriften zum gesamten Wirtschaftsrecht, Bd. 10, Köln 1985
Müller-Gugenberger, Christian/ Bieneck, Klaus (Hrsg.)	Wirtschaftsstrafrecht : Handbuch des Wirtschaftsstraf- und –ordnungswidrigkeitenrechts, 4. Aufl., Köln 2006 (zitiert: Müller-Gugenberger/ Bieneck/ Sachbearbeiter)
Münker, Reiner / Kaestner, Jan	Das reformierte UWG im Überblick – Die Sicht der Praxis, in: BB 2004, 1689 ff.
Nappert, Thomas	Die strafrechtliche Haftung von Bürgermeistern und Gemeinderäten im Umweltstrafrecht (Diss.), Berlin 1997
Nehm, Kay	Die Strafbarkeit von Unternehmen, in: Geschäftsführerhaftung und Unternehmens-haftung (Gerling-Dokumentation), Köln 1997, S. 34 ff.
Neudecker, Gabriele	Die strafrechtliche Verantwortlichkeit der Mitglieder von Kollegialorganen. Dargestellt am Beispiel der Geschäftsleitungsgremien von Wirtschafts-unternehmen, Frankfurt a. M. 1995
Neumann, Jens	Die Rechtsabteilung im Unternehmen, in: AnwBl. 1991, 630 ff.
Neun, Andreas	Das Bundes-Bodenschutzgesetz, in: Neue Justiz 1999, 123 ff.
Niesel, Klaus (Gesamtred.)	Kasseler Kommentar Sozialversicherungs-recht (Loseblatt-Ausgabe, seit 1990)
Noé Martin / Schwarzer, Ursula	Halt die Presse – Wie Manager die Medien manipulieren – Lehren aus dem Fall Siemens, in: Manager Magazin 06/2007, S. 40ff.
Oberparleiter, Karl	Funktionen und Risiken des Warenhandels, Berlin/ Wien 1955
Ogger, Günter	Nieten in Nadelstreifen. Deutschlands Manager im Zwielicht, München 1996
Oldigs, Dirk	Die Strafbarkeit von Submissionsabsprachen nach dem neuen § 298 StGB – Notwendige Reform oder purer Aktionismus?, in: wistra 1998, 291 ff.
Ordeig, Enrique Gimbernat	Das unechte Unterlassungsdelikt, in: ZStW 111 (1999), 308 ff.

Ossola-Haring, Klaudia	GmbH-Geschäftsführer können persönlich haften – Schutz vor Pflichtverletzungen durch bessere Informationen, in: Blick durch die Wirtschaft, Nr. 184 v. 25. 09. 1986
Ostendorf, Heribert	Bekämpfung der Korruption als rechtliches Problem oder zunächst moralisches Problem?, in: NJW 1999, 615 ff. (615)
Otto, Harro	Wirtschaftskriminalität, Bd. 3, Die strafrechtliche Bekämpfung unseriöser Geschäftstätigkeit, Lübeck 1990
ders.	Wettbewerbsbeschränkende Absprachen bei Ausschreibungen, § 298 StGB, in: wistra 1999, 41 ff.
Palandt, Otto (Begr.)	Bürgerliches Gesetzbuch, Kommentar, 66. Aufl., München 2007 (zitiert: Palandt/ Bearb.)
Park, Tido	Kapitalmarktstrafrecht und Anlegerschutz, in: NStZ 2007, 369 ff.
ders.	Die Vermögensstrafe – ein Nachruf, in: StV 2002, 395
ders. (Hrsg.)	Kapitalmarkt-Strafrecht, Baden-Baden 2004 (zitiert: Park/ Sachbearbeiter)
Pawlik, Michael	Der Polizeibeamte als Garant zur Verhinderung von Straftaten, in: ZStW 111 (1999), 335 ff.
Peltzer, Martin	Deutsche Corporate Governance, München 2003
Pelz, Christian	Die Bekämpfung der Korruption im Auslandsgeschäft, in: StraFo 2000, 300 ff.
Petri, Dirk	Mobbing: Strafbarkeit eines Phänomens?, in: StraFo 2007, 221 ff.
Pfeiffer, Gerd (Hrsg.)	Karlsruher Kommentar zur Strafprozessordnung und zum Gerichtsverfassungsgesetz mit Einführungsgesetz, 5. Aufl., München 2003
Pfeiffer, Joachim	Die unbeschränkte Auskunft aus dem Bundeszentralregister und das Führungszeugnis, in: NStZ 2000, 402 ff.
Pfohl, Michael	Strafbarkeit von unerlaubten Einleitungen in öffentliche Abwasseranlagen, in: wistra 1994, 6 ff.
ders.	Artenschutz-Strafrecht, in: wistra 1999, 161 ff.
Piel, Hannah Milena	Strafbarkeit eines GmbH-Gesellschafters wegen Brandstiftung gem. § 306 StGB – Ausdehnung der Untreue-Rechtsprechung auf Eigentumsdelikte, in: NStZ 2006, 550 ff.
Pielorz, Michael / Sieg, Oliver	Die Haftung des Aufsichtsratsmitglieds – Keine bloße Theorie mehr, in: PHI 2000, S. 77 ff.

Pieth, Mark	Die strafrechtliche Verantwortung des Unternehmens, in: ZStrR (Schweizerische Zeitschrift für Strafrecht), Band 121/2003, S. 353 ff.
Platzgummer, Winfried	Grundzüge des österreichischen Strafverfahrens, 7. Aufl., Wien 1996
Poerting, Peter	Wirtschaftskriminalität, Teil 2, BKA Schriftenreihe, Wiesbaden 1985
Pohl-Sichtermann, Rotraut	Die von § 26 betroffenen Verbände und Personen, in: Zeitschrift für Verkehrs- und Ordnungswidrigkeitenrecht – VOR 1973, 411
Polle, Jaqueline	Versicherungsschutz für Umweltrisiken auf dem Gebiet der neuen Bundesländer, in: Volk/Wessing II, a. a. O., § 4, Rdnr. 1991, 95 ff.
Popp, Andreas	Von »Datendieben« und »Betrügern« – Zur Strafbarkeit des so genannten »Phishing«, in: NJW 2004, 3517 ff.
Popp, Ludwig	Pfisters Mühle, Schlüsselroman zu einem Abwasserprozess, in: Städtehygiene Heft 10, 21 (1959)
Posner, B. Z./ Schmidt, W. H.	Ethics in American Companies: A Managerial Perspective, in: Journal of Business Ethics (1987) 6, 383 ff.
dies.	Values an the American Manager: An Update, in: California Management Review (1992) 34, 80 ff.
Pötter, Bernhard	An der Klima-Bibel schreiben Hunderte mit, in: taz v. 03. 02. 2007, S. 3
Preuss, Joachim/ Kilz, Hans Werner	Flick: Die gekaufte Republik, Reinbek 1983
Priester, Hans-Joachim / Mayer, Dieter (Hrsg.)	Münchner Handbuch des Gesellschaftsrechts, Bd.3, GmbH, 2. Aufl., München 2003 (zitiert: Priester/ Mayer – Bearb.)
Prümm, Hans Paul	Umweltschutzrecht: eine systematische Einführung, Frankfurt a. M., 1989
Prütting, Hanns/Wegen, Gerhard/Weinreich, Gerd	BGB, Kommentar, 2. Aufl., Neuwied 2007
Puppe, Ingeborg	Anm. zum Erdal-Fall, in: JR 1992, 30 ff.
ders.	Anmerkung zu BGH NJW 1995, S. 2931 ff. (Holzschutzmittel), in: JZ 1996, 318
Raabe, Wilhelm	Pfisters Mühle, Ein Sommerferienheft, Stuttgart 1980
Rabe von Kühlewein, Malte	Normative Grundlagen der Richtervorbehalte, in: GA 2002, 637 ff.

Radtke, Henning/ Busch, Dirk	Transnationaler Strafklageverbrauch in der Europäischen Union – EuGH, Urt. V. 11.02.2003 - , in: NStZ 2003, 281 ff.
Raisch, Peter	Zu den grundsätzlichen Aufgaben der Rechtswissenschaft gegenüber dem neuen Aktiengesetz, in: JZ 1966, 549 ff
Randt, Karsten	Der Steuerfahndungsfall, München 2004
Ranft, Otfried	Wirtschaftsrechtliche Beratung, 1997
ders.	Betrug durch Verheimlichung von Submissionsabsprachen – Stellungnahme zu BGHSt 38, 186, in: wistra 1994, 41 ff.
ders.	Die Rechtsprechung zum so gen. Subventionsbetrug, in: NJW 1986, 3167 ff.
Ransiek, Andreas	Pflichtwidrigkeit und Beihilfeunrecht - Der Dresdner Bank Fall und andere Beispiele, in: wistra 1997, S. 41 ff.
ders.	Durchsuchung, Beschlagnahme und Verwertungsverbot, in: StV 2002, 565 ff.
Redlich, Fritz	Der Unternehmer: Wirtschafts- und sozialgeschichtliche Studien, Göttingen 1964
Reicherzer, Judith	Katastrophe nach Plan, Krisenmanagement: Erst die falsche Reaktion macht die Panne zum Skandal. Unternehmen wappnen sich mit ausgefeilten Notfallstrategien, in: DIE ZEIT, Nr. 34 v. 14. 08. 1992, S. 21
Rengeling, Hans Werner	Europäisches Umweltrecht und europäische Umweltpolitik, Köln u.a. 1988
Rengier, Rudolf	Die Brandstiftungsdelikte nach dem Sechsten Gesetz zur Reform des Strafrechts, in: JuS 1998, 397 ff.
ders.	Zur Bestimmung und Bedeutung der Rechtsgüter im Umweltstrafrecht, in: NJW 1990, 2506 ff.
ders.	Überlegungen zu den Rechtsgütern und Deliktgruppen im Umweltstrafrecht, in: Schulz, Lorenz (Hrsg.), Ökologie und Recht, Köln/Berlin/Bonn/München 1991
Reus	»Distanz mit Zusammenarbeit«, in: Futura 12/1988, 21 ff.
Reuter, Wolfgang	Gigantische Täuschung – Im Fall Holzmann ermitteln Staatsanwälte gegen Deutsche Bankvorstand Carl Boehm-Benzig – wegen Betrugs zum Nachteil der BRD, in: DER SPIEGEL Nr. 33 v. 14. 08. 2000, S. 83 f.
Richardi, Reinhard	Abschied von der gefahrgeneigten Arbeit als Voraussetzung für die Beschränkung der Arbeitnehmerhaftung, in: NZA 1994, 241 ff.

Richter II, Christian	Sockelverteidigung: Voraussetzung, Inhalte und Grenzen der Zusammenarbeit von Verteidigern verschiedener Beschuldigter, in: NJW 1993, 2152 ff
Riedel, Eibe/ Wiese, Günther (Hrsg.)	Probleme des Binnenschifffahrtsrechts VIII, Mannheimer rechtswissenschaftliche Abhandlungen, Band 22, Heidelberg 1997
Rieß, Peter	Die Polizei im Strafverfahren, in: StraFo 1991, 58 ff.
ders.	Das Gesetz zur Entlastung der Rechtspflege – Ein Überblick, in: AnwBl. 1993, 51 ff.
Rogall, Klaus	Die strafrechtliche Organhaftung, in: Amelung, Knut (Hrsg.), Individuelle Verantwortung und Beteiligungsverhältnisse bei Straftaten in bürokratischen Organisationen des Staates, der Wirtschaft und der Gesellschaft, Sinsheim 2000
ders.	Die Strafbarkeit von Amtsträgern im Umweltbereich, Berlin 1991
Röglin, Hans Christian	»Weg aus der Vertrauenskrise«, in: Management Wissen 1/1988, 30 ff.
Rohlinger, Rudolf	Schreiben oder Schweigen – Grenzen journalistischen Handelns, in: Eidam/Leisinger/Rohlinger (Hrsg.), Unternehmen und Strafrecht, Broschüre der HRV HANNOVER RECHTSSCHUTZ Versicherungs-Aktiengesellschaft, Hannover 1988
Römermann, Volker (Hrsg.)	Münchner Anwaltshandbuch GmbH-Recht, München 2002 (zitiert: Römermann/ Bearb.)
Rönnau, Thomas	Beitragsvorenthaltung in der Unternehmens-krise, in: wistra 2007, 81 ff.
ders.	Moderne Probleme der Steuerhehlerei, in: NStZ 2000, 513 ff.
ders.	Täuschung, Irrtum und Vermögensschaden beim Submissionsbetrug, in: JuS 2002, 545 ff.
Roßkopf, Dieter	Risiken des Berufskraftfahrers, Veröffentlichung des 27. Deutschen Verkehrsgerichtstages 1989, Hamburg 1989
Roßnagel, Alexander	Bundeszentrale für politische Bildung (Hrsg.), Datenschutz im 21. Jahrhundert, in: ApuZ 5-6/2006
Rotberg, Hans Eberhard	Für Strafe gegen Verbände!, Karlsruhe 1960
Roth, Günter H./ Altmeppen, Holger	Gesetz betreffend die Gesellschaften mit be-schränkter Haftung, (GmbHG), Kommentar, München 2005
Roth, Marcus	Unternehmerisches Ermessen und Haftung des Vorstandes (Diss.), München 2001

Rowedder, Heinz/ Schmidt-Leithoff, Christian	GmbHG-Kommentar, 4. Aufl., München 2002 (zit. Rowedder/ Schmidt-Leithoff/ Bearb.)
Roxin, Claus	Sinn und Grenzen staatlicher Strafen, in: JuS 1966, 377 ff.
ders.	Täterschaft und Tatherrschaft, 8. Aufl., Berlin 2006
ders.	Das Zeugnisverweigerungsrecht des Syndikusanwalts, in: NJW 1992, 1129 ff.
ders.	Strafrechtliche und strafprozessuale Probleme der Vorverurteilung, in: NStZ 1991, 153 ff.
ders.	Strafrecht, AT, Band II: Besondere Erscheinungsformen der Straftat, München 2003
ders.	Strafverfahrensrecht, 25. Aufl., München 1998
Rückel, Christoph	Strafverteidigung und Zeugenbeweis, Heidelberg 1988
Rudolph/Witten/Wellnitz	Zustand und Sanierungsbedarf der Abwasserkanäle in den neuen Bundesländern, in: Korrespondenz Abwasser, 2/91, S. 1625 ff.
Rudolphi, Hans-Joachim	Primat des Strafrechts im Umweltschutz, 1. Teil, in: NStZ 1984, 191 ff.
Rudolphi, Hans-Joachim/ Horn, Eckhard/ Samson, Erich/ Schreiber, Hans-Ludwig	Systematischer Kommentar zum Strafgesetzbuch (SK-StGB), Neuwied 2001
Ruter, Rudolf/ Sahr, Karin	Soziale Verantwortung – Ein Thema für den Aufsichtsrat?, in: Der Aufsichtsrat 04/2007, 54 f.
Rützel, Stefan	Der aktuelle Stand der Rechtsprechung zur Haftung bei Ad-hoc-Mitteilungen, in: AG 2003, 69
Sack, Hans-Jürgen	Das neue Umweltstrafrecht – Bewährung in der Praxis aus der Sicht der Staatsanwaltschaft, in: Günther Schulze/ Heinrich Lotz (Hrsg.), Polizei und Umwelt, BKA Schriftenreihe, Wiesbaden 1986
ders.	Anmerkung zum Urteil des BGH v. 26. 02 1991, in: JR 1991, 337 ff.
ders.	Anmerkung zum Urteil des OLG Stuttgart v. 04. 03. 1977, in: NJW 1977, 1406 f.
ders.	Umweltschutzstrafrecht, Loseblatt-sammlung (Stand: 29. Lief. 2006)
Salditt, Franz	Der Tatbestand der Geldwäsche, in: StraFo 1992, S. 121 f.
ders.	Die Hinterziehung ungerechter Steuern, in: Festschrift für Tipke, Köln 1995

Samson, Erich	Probleme strafrechtlicher Produkthaftung, in: StV 1991, 182 ff.
ders.	Gewässerstrafrecht und wasserrechtliche Grenzwerte, in: ZfW 1988, 201 ff.
Sanden, Joachim	Die Bodenverunreinigung, in: wistra 1996, 283 ff.
Satzger, Helmut	Die Anwendung des deutschen Strafrechts auf grenzüberschreitende Gefährdungs-delikte, in: NStZ 1998, 112 ff.
ders.	Chancen und Risiken einer Reform des strafrechtlichen Ermittlungsverfahrens, in: Verhandlungen des 65. DJT Bonn 2004, Bd. 1, C 95, München 2004
Schaefer, Hans / Missling, Patrick J.	Haftung von Vorstand und Aufsichtsrat, in: NZG 1998, 441 ff.
Schaefer, Hans Christoph	Kooperation im Ermittlungsverfahren, in: AnwBl. 1998, 67 f.
Schaefer, Hans Christoph/ Wittig, Günther	Geldwäsche und Strafverteidiger, in: NJW 2000, 1387 ff.
Schall, Hero	Die richterliche Zumessung der Geldbuße bei Verkehrsordnungswidrigkeiten, NStZ 1986, 1 ff.
ders.	Umweltschutz durch Strafrecht: Anspruch und Wirklichkeit, in: NJW 1990, 1263 ff.
ders.	Systematische Übersicht der Rechtsprechung zum Umweltstrafrecht, in: NStZ 1997, 462 ff. und NStZ-RR, 2006, 263 ff.
Schaller, Hans	Maßnahmen öffentlicher Auftraggeber zur Verhütung von Manipulationen im öffentlichen Auftragswesen, in: LKV 2000, 289 ff.
Schaub, Günter / Koch, Ulrich / Linck, Rüdiger	Arbeitsrechts-Handbuch, 11. Aufl., München 2005
Schellenberg, Frank	Die Hauptverhandlung im Strafverfahren, 2. Aufl., Köln/Berlin/Bonn/München 2000
Schiller, Friedrich von	Der Verbrecher aus verlorener Ehre, in: Deutsche Criminalgeschichten, Frankfurt a. M. 1985
Schlitt, Christian	Die strafrechtliche Relevanz des Corporate Governance Codex, in: Der Betrieb 2007, 326 ff.
Schlösser, Jan / Nagel, Michael	Werbung oder Korruption? – Über die Voraussetzungen der Unrechtsvereinbarung im Rahmen von Vorteilsannahme (§ 331 StGB) und Vorteilsgewährung (§ 333 StGB) –, in: wistra 2007, 211 ff.
Schmeken, Werner	Strafrechtliche Verantwortlichkeiten im Rahmen des Baus und Betriebs des kommunalen Kanalsystems, in: Steinzeuginformationen 1989, Verband der Steinzeugindustrie

ders.	Umweltstrafrecht in den Kommunen, Düsseldorf 1991
Schmid, Niklaus	Einige Aspekte der Strafbarkeit des Unternehmens nach dem neuen Allgemeinen Teil des Schweizerischen Strafgesetzbuchs, in: Neuere Tendenzen im Gesellschaftsrecht, Festschrift für Peter Forstmoser zum 60. Geburtstag, von der Crone/ Weber/ Zäch/ Zobl (Hrsg.), Zürich 2003, S.761 ff.
ders.	Strafbarkeit des Unternehmens: die prozessuale Seite, in: recht 2003, 201 ff.
Schmid, Wolfgang/ Winter, Michael	Vermögensabschöpfung in Wirtschaftsstrafverfahren – Rechtsfragen und praktische Erfahrungen -, in: NStZ 2002, 8 ff.
Schmidt, E.	Der Arzt im Strafrecht, Leipzig 1939, Neudruck Frankfurt a. M. 1970
Schmidt, Karsten	Handelsrecht, 5., neubearbeitete Aufl., Köln/Berlin/ Bonn/München 1999
ders.	Zur Verantwortung von Gesellschaften und Verbänden im Kartell-Ordnungswidrigkeitenrecht, in: wistra 1990, 131 ff.
Schmidt, Wilhelm	Gewinnabschöpfung im Straf- und Bußgeldverfahren : Handbuch für die Praxis, München 2006
Schmidt-Hieber, Werner	Absprachen im Strafprozess – Privileg des Wohlstandskriminellen?, in: NJW 1990, 1884 ff.
Schmidt-Leithoff, Christian	Die Verantwortung der Unternehmensleitung, Tübingen 1989
Schmidt-Salzer, Joachim	Entscheidungssammlung Produkthaftung, Strafrechtliche Entscheidungen, Bd. IV, München 1982
ders.	Kommentar zum Umwelthaftungsrecht, Heidelberg 1992
ders.	Massenproduktion, lean production und Arbeitsteilung – organisationssoziologisch und –rechtlich betrachtet, in: BB 1992, 1866 ff.
ders.	Strafrechtliche Produkthaftung – Das Erdal-Urteil des BGH, NJW 1990, 2966 ff.
ders.	Konkretisierung der strafrechtlichen Produkt- und Umweltverantwortung, in: NJW 1996, 1 ff.
ders.	Strafrechtliche Produkt- und Umweltverantwortung von Unternehmens-mitarbeitern: Anwendungskonsequenzen, in: PHI 6/90, 234 ff.
ders.	Strafrechtliche Unternehmens- und Mitarbeiterverantwortung: Das Zeebrügge-Strafverfahren, in: PHI 1991, 122 ff.

ders.	Umwelthaftpflicht und Umwelthaftpflicht-versicherung (III): Das Umwelthaftungsgesetz 1991, in: VersR 1991, 9 ff.
ders.	Umwelthaftpflicht und Umwelthaftpflicht-versicherung (II/2): Rechtstatsachen und Zusammenhänge, in : VersR 1990, 124 ff.
ders.	Produkthaftung, Bd. I: Strafrecht, 2. Aufl., Heidelberg 1988
ders.	Produkthaftung, Bd. II: Freizeichnungsklausel, 2. Aufl., Heidelberg 1985
ders.	Produkthaftung, Bd. III, Deliktsrecht/ Vertragsrecht, Teil 1: Deliktsrecht, 2. Aufl., Heidelberg 1990
Schnabl, Andrea	Strafbarkeit des Hacking – Begriff und Meinungsstand, in: wistra 2004, 211 ff.
Schneider, Uwe H.	Compliance als Aufgabe der Unternehmensleitung, in: ZIP 2003, 645 ff.
ders.	Die Wahrnehmung öffentlich-rechtlicher Pflichten durch den Geschäftsführer, in: Festschrift 100 Jahre GmbH-Gesetz, Lutter/Ulmer/Zöllner (Hrsg.), Köln 1992
Schönke, Adolf/Schröder, Horst	Strafgesetzbuch, Kommentar, 27. Aufl., München 2006
Schoreit, Armin	Bestimmtheit einer Durchsuchungsanordnung, in: NStZ 1999, 173 ff
Schroth, Hans-Jürgen	Der Regelungsgehalt des 2. Gesetzes zur Bekämpfung der Wirtschaftskriminalität im Bereich des Ordnungswidrigkeitenrechts, in: wistra 1986, 158 ff.
Schüler-Springorum, Horst	Kriminalpolitik für Menschen, Frankfurt a. M. 1991
Schulz, Lorenz (Hrsg.)	Ökologie und Recht, Köln/Berlin/Bonn/München 1991
Schulze, Günther / Lotz, Heinrich (Hrsg.)	Polizei und Umwelt, BKA Schriftenreihe, Wiesbaden 1986
Schulze-Fielitz, Helmuth	Theorie und Praxis parlamentarischer Gesetzgebung, Berlin 1988
Schumann, Helmut	§ 30 a AO – Schutz von Bankkunden, in: wistra 1995, 336 ff.
Schumann, Karl F.	Der Handel mit der Gerechtigkeit: Funktionsprobleme der Strafjustiz und ihre Lösungen – am Beispiel der amerikanischen *plea bargaining*, Frankfurt a. M. 1977
Schünemann, Bernd	Unternehmenskriminalität und Strafrecht, Köln, Berlin, Bonn, München 1979

ders.	Strafrechtsdogmatische und kriminalpolitische Grundfragen der Unternehmenskriminalität, in: wistra 1982, 41 ff.
ders.	Die Strafbarkeit von Amtsträgern im Gewässerstrafrecht, in: wistra 1986, 235 ff
ders.	Absprachen im Strafverfahren? Grundlagen, Gegenstände und Grenzen, in: Verhandlungen des 58. DJT in München, Bd. I, B 1 ff., München 1990
ders.	Strafrechtsdogmatische und kriminalpolitische Grundfragen der Unternehmenskriminalität, in: wistra 1982, 41 ff.
ders.	Die Strafbarkeit von Amtsträgern im Gewässerstrafrecht, in: wistra 1986, 235 ff.
ders.	Unternehmenskriminalität und Strafrecht, Köln u. a. 1979
ders. (Hrsg.)	Deutsche Wiedervereinigung, Arbeitskreis Strafrecht, Bd. III.: Unternehmenskriminalität, Köln/ Berlin/ Bonn/ München, 1997
Schüppen, Matthias / Schaub, Bernhard (Hrsg.)	Münchner Anwaltshandbuch Aktienrecht, München 2005
Schwaben, Sylvia	Die Bonusmeilenaffäre im Lichte der Untreue-Rechtsprechung des BGH, in: NStZ 2002, 636 ff.
Schwarz, Harald	Neuauflage eines alten Streits – Die Buchpreisbindung, in: SZ Nr. 178 v. 04. 08. 2000, S. 23
Schwenk, Walter	Zum Spannungsfeld zwischen Berufs- und Sportschifffahrt im Binnenschiffsverkehr, in: Veröffentlichungen des 28. Deutschen Verkehrsgerichtstages 1990, Hamburg 1990
Scriba, Jürgen	Spiel nach neuen Regeln, in: »DER SPIEGEL«, Nr. 8 v. 21. 02. 2000. S. 120 ff
See, Hans/ Schenk,, Dieter (Hrsg.)	Wirtschaftsverbrechen, Der innere Feind der freien Marktwirtschaft, Köln 1992
Seewald, Otfried	Zur Verantwortlichkeit des Bürgers nach dem Bundesseuchengesetz, in: NJW 1987, 2265 ff.
Senge, Lothar (Hrsg.)/ Boujong, Karl-Heinz (Begr.)	Karlsruher Kommentar zum Gesetz über Ordnungswidrigkeiten, 3. Aufl., München 2006
Sieber, Ulrich	Verantwortlichkeit im Internet, München 1999
Spiegel, Richard	Die Rechtsprechung des Bundesgerichtshofs in Verkehrsstraftaten und Bußgeldverfahren, in: DAR 1986, 186 ff.

Steindorf, Joachim	Umweltstrafrecht (Leipziger Kommentar), 2. Aufl., Berlin/New York 1997
Stelz, Herbert	Neue Waffen gegen Goliath, in: DIE ZEIT, Nr. 38 v. 11. 09. 1992, S. 26
ders.	Einfach weg damit – Ermittler haben den bislang größten deutschen Giftmüllskandal aufgedeckt, in: DIE ZEIT, Nr. 45 vom 01. 11. 1996, S. 16
Stöcker, Christian	Der gekaperte Computer ist der Albtraum jedes Unternehmens, in: Das Parlament Nr. 34-35 v. 21. 08. 2006
Stratenwerth, Günter/ Kuhlen, Lothar	Strafrecht, Allgemeiner Teil I: Die Straftat, 5. Aufl., Köln 2004
Streck, Michael / Spatscheck, Rainer	Die Steuerfahndung, 4. Aufl., Köln 2006 (zit.: Streck/ Spatschek)
Stuckenberg, Carl-Friedrich	Die normative Aussage der Unschuldsvermutung, in: ZStW 111 (1999), 421 ff.
Thies, Heinrich	Steuerfahndung, bitte öffnen – Albtraum Hausdurchsuchung, in: HAZ Nr. 54 v. 04. 03. 2000, S. 11
Thomsen, Claas	Tauchgang in der Pharmaküche, in: »DER SPIEGEL«, Nr. 8 v. 21. 02. 2000, S. 264 ff
Thümmel, Roderich	Haftung für geschönte Ad-hoc-Meldungen: Neues Risikofeld für Vorstände oder ergebnisorientierte Einzelfallrecht-sprechung?, in: DB 2001, 2331
Tiedemann, Klaus	Welche straferechtlichen Mittel empfehlen sich für eine wirksamere Bekämpfung der Wirtschaftskriminalität? Gutachten für den 49. Deutschen Juristentag 1972 in Düsseldorf, C 55, München 1972
ders.	Die Bebußung von Unternehmen nach dem 2. Gesetz zur Bekämpfung der Wirtschaftskriminalität, in: NJW 1988, 1169 ff.
ders.	Die Parteispendenentscheidung des BGH, in: NJW 1987, 1247 ff.
ders.	Kartellrechtsverstöße und Strafrecht, Köln u. .a. 1976
ders.	Wirtschaftsstrafrecht, Einführung und Allgemeiner Teil, Köln u. a. 2004
ders.	Welche strafrechtlichen Mittel empfehlen sich für eine wirksamere Bekämpfung der Wirtschaftskriminalität?, in: Verhandlungen des neunundvierzigsten Deutschen Juristentages, Band I (Gutachten), München 1972, Teil C, C 22
ders.	Multinationale Unternehmen und Strafrecht, Köln/ Berlin/Bonn/München 1980
Tipke, Klaus	Steuerrecht, 18. Aufl., Köln 2005

Többens, Hans W.	Wirtschaftsspionage und Konkurrenz-ausspähung in Deutschland, in: NStZ 2000, 505 ff.
ders.	Die Bekämpfung der Wirtschaftskriminalität durch die Troika der §§ 9, 130 und 30 OWiG, in: NStZ 1999, 1 ff.
Trescher, Karl	Strafrechtliche Aspekte der Berichterstattung des Aufsichtsrats, in: DB 1998, 1016 ff.
Tröndle, Herbert/ Fischer, Thomas	Strafgesetzbuch, Kommentar, 53. Aufl., München 2006
Ulsamer, Gerhard	Lexikon des Rechts, Strafrecht, Strafverfahrensrecht, 2. Aufl., Neuwied 1999
Ulsenheimer, Klaus	»Das Madaus-Urteil des Amtsgerichts Köln – Zeitpfad oder Irrweg im Dickicht der Parteispendenaffäre« ?, in: NJW 1985, S. 1929 ff.
Veith, Jürgen	Öffentlichkeit der Hauptverhandlung und üble Nachrede, in: NJW 1982, 2225 ff.
Versteyl, Anselm-Ludger	Anm. zu BGH NStZ 1994, 341 ff. »Falisan«, NJW 1995, 1071
ders.	Abfall und Altlasten, 2. Aufl., München 2002
Versteyl, Ludger-Anselm / Wendenburg, Helge	Änderungen des Abfallrechts: Aktuelles zum Kreislaufwirtschafts- und Abfallgesetz sowie dem untergesetzlichen Regelwerk, in: NVwZ 1996, 937 ff.
Vierhaus, Hans-Peter	Die neue GbV aus der Sicht des Straf-, Ordnungswidrigkeiten- und Umweltverwaltungsrechts, in: NStZ 1991, 466 ff.
Voet van Vormizeele, Philipp	Die neue Bonusregelung des Bundeskartellamtes, in: wistra 2006, 292 ff.
Vogel, Joachim	Fiktionen beim Betrug: Konkludente oder fingierte Täuschung, Gefährdungs-, Quoten- oder wirklicher Schaden?, Vortrag auf der 6. NStZ-Jahrestagung v. 22. 06. 2007
Vogelberg, Claus-Arnold/ Simon, Eberhard H.	Steuerstrafrecht, Stuttgart 2000
Volk, Hartmut	»Die Presse: Unkomplizierte Partner in Sachen Zukunftssicherung«, ZFV 14/1988, 358 ff.
Volk, Klaus	Zum Schaden beim Abrechnungsbetrug, in: NJW 2000, 3385
Volk, Klaus	Wirtschaftliches »Glatteis« für Unternehmer, in: BB Heft 25/2000 v. 22. 06. 2000, »Die erste Seite«
Volk, Klaus (Hrsg.)	Verteidigung in Wirtschafts- und Steuerstrafsachen, München 2006 (zitiert: Volk/ Sachbearbeiter)
Wagener, Martin	Produkthaftung Deutschland/USA von A bis Z, 1. Aufl., München 2005

Wagner, Joachim	Strafprozessführung über Medien, Baden-Baden 1987
Walkhoff, Gabriele	Eine offene Informationspolitik hilft im Ernstfall, in: Blick durch die Wirtschaft, Nr. 221 v. 30. 10. 1992, S. 7
Walther, Susanne	Was soll »Strafe«? – Grundzüge eines zeitgemäßen Sanktionensystems, in: ZStW 111 (1999), 123 ff.
Weber, Claus (Hrsg.)/ Guntz, Dieter	Creifelds Rechtswörterbuch, 19. Aufl., München 2007 (zit. Creifelds, S.)
Weber, Martin	Scalping – Erfindung und Folgen eines Insiderdelikts, in: NJW 2000, 562 ff.
Wegner, Carsten	Neue Fragen bei § 266a Abs. 1 StGB – eine systematische Übersicht, in: wistra 1998, 283
ders.	Ist § 30 OWiG tatsächlich der »Königsweg« in den Banken-Strafverfahren?, in: NJW 2001, 1979
ders.	Strafrecht für Verbände? Es wird kommen!, in: ZRP 1999, 186 ff.
ders.	Auswirkungen fehlerhafter Organisations-strukturen auf die Zumessung der Unternehmensgeldbuße, in: wistra 2000, 361 ff.
Wehnert, Anne	Die tatsächliche Ausgestaltung der Absprachepraxis in staatsanwaltschaftlichen Wirtschaftsermittlungsverfahren aus anwaltlicher Sicht, in: StV 2002, 219 ff.
Wehnert, Anne / Mosiek, Marcus	Untiefen der Vermögensabschöpfung in Wirtschafts-strafsachen aus Sicht des Strafverteidigers, in: StV 2005, 568
Weichert, Thilo	Datenschutzstrafrecht – ein zahnloser Tiger?, in: NStZ 1999, 490 ff.
Weiland, Bernd	Einführung in die Praxis des Strafverfahrens, 2. Aufl., München 1996
Weizsäcker, Carl Friedrich von	Das Ende der Geduld, München 1987
ders.	Bewusstseinswandel, München/Wien 1988
Werder, Axel von	Organisation der Unternehmensleitung und Haftung des Top-Managements, in: DB 1987, S. 2265 ff.
Werner, Elke	Der dienstleistende europäische Rechtsanwalt (auch als Strafverteidiger), in StraFo 2001, 221 ff.
Wessels, Johannes (Begr.)/ Beulke, Werner	Strafrecht, Allgemeiner Teil, 36. Aufl., Heidelberg 2006
Westphalen, Friedrich von (Hrsg.)/Goll, Eberhard/ Winkelbauer, Wolfgang/ Foerste, Ulrich	Produkthaftungshandbuch, Band 1: Vertragliche und deliktische Haftung, Strafrecht und Produkt-Haftpflichtversicherung, 2. Aufl., München 1997

Weyand, Raimund/ Diversy, Judith	Insolvenzdelikte – Unternehmenszusammenbruch und Strafrecht, 7. Aufl., Berlin 2006
Wicke, Lutz/ Haasis, Hans-Dietrich/ Schafhausen, Franzjosef/ Schulz, Werner	Betriebliche Umweltökonomie, München 1992
Widmaier, Gunter (Hrsg.)	Strafverteidigung, München 2006 (zitiert: Widmaier/ Sachbearbeiter)
ders.	Anmerkung zu BGH GSSt NStZ 2005 (»Deal«), 1440, NJW 2005, 1985
ders.	Gerechtigkeit – Aufgabe von Justiz und Medien?, in: NJW 2004, 399
Widmer, Ulrich	In: Risiko-Störfall-Kommunikation 2, Gerling, Rolf/ Obermeier, Otto-Peter (Hrsg.), München 1995
Wildemann, Horst (Hrsg.)	Lean Management, Frankfurt a. M. 1993
Wilmes, Frank	Krisen PR – Alles eine Frage der Taktik, Göttingen 2006
Windolph, Jürgen	Risikomanagement und Riskcontrol durch das Unternehmensmanagement nach dem Gesetz zur Kontrolle und Transparenz im Unternehmensbereich (KonTraG); ius cogens für die treuhänderische Sorge i. S. v. § 266 StGB – Untreue?, in: NStZ 2000, 522 ff.
Winkelbauer, Wolfgang	Die behördliche Genehmigung im Strafrecht, in: NStZ 1988, 201 ff.
Winkler, Ernst Günter	Bekämpfung der Geldwäsche, in: Versicherungswirtschaft 1992, 1238 f.
Wirtz, Markus M.	Die Aufsichtspflichten des Vorstands nach OWiG und KonTraG, WuW 2001, 342 ff.
Wittig, Petra	§ 299 StGB durch Einschaltung von Vermittlerfirmen bei Schmiergeldzahlungen, in: wistra 1998, 7 ff.
Wittmann, Waldemar	Unternehmung und unvollkommene Information, Köln/Opladen 1959
Wodicka. Josef M.	Anmerkung zu BGH 37, 226 ff. (Vollstreckungsvereitelung), in: NStZ 1991, 487 f.
Wöhe, Günter/ Döring, Ulrich	Einführung in die allgemeine Betriebswirtschaftslehre, 22. Aufl., München 2005
Wolff, Lutz-Christian	Die Verpackungsverordnung und das Bestimmtheitsgebot, in: NVwZ 1992, 246 f.
Wollweber, Harald	Anmerkung zu BGH wistra 2000, S. 92, in: wistra 2000, 338 f.

Womack, James P./ Jones, Daniel T./ Roos, Daniel	Die zweite Revolution in der Autoindustrie: Konsequenzen der weltweiten Studie aus dem Massachusetts Institute of Technology, 8. Aufl., Frankfurt a. M./New York 1994 (engl. The Machine That Changed the World, New York 1990)
Wossidlo, Peter Rütger	Unternehmenswirtschaftliche Reservierung, Berlin 1970
ders.	Eine rechtstheoretische praxeologische Untersuchung, Berlin 1970
Wulf, Martin	Steuererklärungspflichten und »nemo tenetur« – zur Strafbarkeit wegen Steuerhinterziehung bei Einkünften aus illegalem Verhalten, in: wistra 2006, 89 ff.
Wulf, Peter	Strafprozessuale und kriminalpraktische Fragen der polizeilichen Beschuldigtenvernehmung auf der Grundlage empirischer Untersuchungen, Heidelberg 1984
Zeder, Fritz	Entwurf für ein Bundesgesetz über die strafrechtliche Verantwortlichkeit juristischer Personen – Verpflichtungen nach dem EU-Recht und Stand der Umsetzung in Österreich, in: Bestrafung von Unternehmen, Werner Hochreiter (Hrsg.), Informationen zur Umweltpolitik Nr. 157, Wien 2003
ders.	Die strafrechtliche Verantwortlichkeit von Verbänden, in: Veranstaltung am 15. April 2005 im Bundesministerium für Justiz in Wien, Landesgruppe Österreich der Internationalen Strafrechtsgesellschaft (AIDP) und Österreichischer Juristenverband (Hrsg.), Wien 2005
Zeise, Lucas	Ethik für Anfänger, in: FTD v. 23. 01. 2007
Zimmer, Daniel	Das Gesetz zur Kontrolle und Transparenz im Unternehmensbereich, in: NJW 1998, 3521 ff.
Zuberbier, Gerhard	Einführung in die staatsanwaltliche Praxis, Stuttgart/München/Hannover 1991
Zuck, Rüdiger	Glanz und Elend der deutschen Justizberichterstattung, in: NJW 2001, 40 ff.

I. Unternehmen im Zeitalter der Dienstleistungswirtschaft

Unternehmen heute, das heißt zeitlich betrachtet, wirtschaftliche Aktivitäten zu 1
Beginn des einundzwanzigsten Jahrhunderts. Sachbezogen fällt der Blick auf
Hightech, Kern- und Gentechnologie, Automation, weltweit verbindende Infor-
mationssysteme.

Diese sich erst seit Anfang der Siebzigerjahre durchsetzenden Entwicklungen
haben unsere traditionellen Wirtschaftsstrukturen entscheidend verändert und
unternehmerisches Handeln in neue Bahnen gelenkt. Noch bis zur Mitte des 18.
Jahrhunderts waren die volkswirtschaftlichen Aktivitäten von der Landwirtschaft
bestimmt. In dieser Zeit der so genannten Primärwirtschaft zeigte sich der Erfolg
menschlicher Arbeitsleistung in der Produktion von Nahrungsmitteln. Natürliche
Gegebenheiten wie Witterung und Bodenbeschaffenheit beeinflussten das Pro-
duktions- und das Ernteergebnis. Sie waren auch die Hauptursachen für Missern-
ten. Um vor dem daraus resultierenden Risiko »Hunger« gewappnet zu sein,
betrieb die Agrargesellschaft Vorratswirtschaft, extensivierte den Ackerbau und
züchtete widerstandsfähige Pflanzen.

Die Abhängigkeit des Menschen von der Natur schwand scheinbar mit Anbruch
des industriellen Zeitalters vor rund zweihundert Jahren. Nach der Erfindung der
Dampfmaschine wurde die Produktion von Sachgütern in erster Linie von der
Maschinentauglichkeit beeinflusst. Gemessen an der relativ geringen Leistung
einer Maschine, ihrer simplen Technik und ihrer damit leichten Austauschbarkeit,
stellte das einzelne Gerät aber kein allzu großes Gefahrenpotenzial für die Volkswirtschaft dar. Die ökonomische Entwicklung zeigte eine recht überschaubare
Situation. Die Herstellung einfacher Gebrauchsgüter sowie deren Austausch auf
dem Markt gaben den Schlüssel zum wirtschaftlichen Erfolg. Der Verbrauchswert
der hergestellten Güter lag in dem Produkt selbst.

So mussten sich beispielsweise Werkzeugproduzenten über Gebrauchsanweisun-
gen für ihre Ware nicht den Kopf zerbrechen. Wie ein Hammer mechanisch zu
bedienen ist, sieht ihm der Benutzer praktisch an.

Heute dagegen ergibt sich der Verbrauchswert einer Sache häufig erst nach der
Zusammenführung von Produkt und dazugehörender Dienstleistung. Viele Sachgüter sind aufgrund ihrer technischen Ausgestaltung oft derart kompliziert in der
Anwendung, dass erst Dienstleistungen sie für den Verbraucher verfügbar
machen. So hat der Hersteller einer elektrischen Bohrmaschine seine Aufgaben
noch nicht damit erfüllt, dass er die fertige Maschine zum Verkauf anbietet.

Um die Einsatzfähigkeit seines Gerätes zu ermöglichen, muss er auch für eine
entsprechende Bedienungsanweisung sorgen. Das heißt, zu der eigentlichen Pro-
duktionsleistung kommt eine – schriftliche oder mündliche – Beratung über die
Inbetriebnahme und ordnungsgemäße Handhabung des Produktes.

Diese wird umso umfangreicher ausfallen müssen, je komplizierter das Sachpro-
dukt ist. Was wäre beispielsweise eine Druckmaschine oder eine Datenverarbei-

tungsanlage ohne eine für den Verwender geeignete Software, verständliche Bedienungsanleitungen und technischen Kundendienst?

Dienstleistungen sind zunehmend wichtige Voraussetzungen für den Ge- oder Verbrauchswert technischer Produkte. Verursacht nun aber die zu einem Produkt gehörende Dienstleistung erst einmal 50 % der Gesamtkosten, die bei der Herstellung des Produktes anfallen, dann ist für das erzeugende Unternehmen der Übergang in den Dienstleistungsbereich vollzogen.[1]

Diese Schwelle haben die meisten Industriestaaten zwischen den Jahren 1965 und 1970 überschritten. Nach Untersuchungen des Schweizer Forschungsinstituts Prognos aus dem Jahre 1987 waren Ende der Achtzigerjahre in den reichen Industrieländern bereits zwischen 55 und 75 % der Beschäftigten im tertiären Sektor der Wirtschaft, dem Dienstleistungsbereich, tätig.[2] Hatten Handel, Verkehr und sonstige Dienstleistungsunternehmen (einschl. Staat) in der alten Bundesrepublik des Jahres 1960 einen Anteil an der gesamtwirtschaftlichen Leistung von gerade mal 41 %, so waren es im Deutschland des Jahres 2003 bereits rund 70 %. Im selben Jahr entfielen ebenfalls etwa 70 % aller Arbeitsplätze auf den Dienstleistungsbereich.[3]

Nur noch rund 3 % der Beschäftigten arbeiten in der Landwirtschaft[4], und von den in der Industrie Tätigen sind rund die Hälfte keine reinen Produzenten mehr. Sie leisten so genannte »versteckte Dienstleistungen« zur Verarbeitung, zur Begleitung und zum Absatz der Unternehmensproduktion.[5] Der Dienstleistungssektor ist damit seit Längerem der wichtigste Träger des wirtschaftlichen Wachstums in Deutschland.[6]

Die Aufgaben des Dienstleistungsbereiches verlangen neben ausgeprägter Fachkenntnis, Lernbereitschaft und Flexibilität erhöhte Wachsamkeit.

Denn den auf hohem Grad technologischer Entwicklung beruhenden Systemen haftet der Nachteil zunehmender Störanfälligkeit an.[7] Dabei darf das Merkmal »Anfälligkeit« nicht als Überempfindlichkeit im biologischen Sinne einer überzüchteten Tierrasse missverstanden werden.

Vielmehr muss ein erhöhter Leistungsstandard konsequenterweise den erlaubten Fehlerspielraum, den ein funktionstüchtiges System verkraften kann, einschränken. Fehlverhalten in einem komplexen System bewirkt immer schadenträchtigere und kostspieligere Folgen. Während das überraschende Aufspringen der Tür

---

1   So schon Orio **Giarini**: Entwürfe zum »Reichtum der Nation«: Einige Kernpunkte und Definitionen zum Thema Dienstleistungswirtschaft, in: Sonderdruck aus: Perspektiven der Dienstleistungswirtschaft, Beiträge zu einem Internationalen Dienstleistungssymposium der Nieders. Landesregierung v. 13.–15. 05. 1985 in Hannover, Göttingen, S. 46.

2   Vgl. Monatsbericht der Deutschen Bundesbank, Heft 8/1988, 40 ff. (43).

3   Statistisches Bundesamt (Hrsg.), Datenreport 2004, Zahlen und Fakten über die Bundesrepublik Deutschland, 2., aktualisierte Auflage, S. 307

4   3 % männliche, 2 % weibliche Beschäftigte; so http://service.spiegel.de/digas/servlet/jahrbuch?L=DEU vom 20. 06. 2006.

5   Prognos Forum Zukunftsfragen 1987 nach VDI-nachrichten, Nr. 45 v. 13. 11. 1987

6   Vgl. Monatsbericht der Deutschen Bundesbank, Heft 8/1988, 40 ff.

7   Giarini, a.a.O., S. 47

einer fahrenden Postkutsche nicht unbedingt zu einem Unglück führen musste, kann der gleiche Vorgang bei einem Flugzeug die Katastrophe bedeuten.

Die Fortentwicklung der Technik bringt auch unternehmerische Abhängigkeiten von den geschaffenen technischen Instrumentarien mit sich.

– *Stichwort: Spezialisierung*

Bis zum Beginn der Industrialisierung gab es beispielsweise wohl in jedem Ort **2** Weber und Hufschmiede. Ihre Arbeitsleistungen genügten, um den Bedarf der Ortsansässigen zu decken.

Heute produzieren spezialisierte Großunternehmen als moderne Nachfolgebetriebe der Weber und Hufschmiede, um im gewählten Beispiel zu bleiben, an wenigen Standorten Stoffe bzw. Autoreifen. Tritt ein technischer Defekt an der Maschinenanlage eines solchen Großbetriebes auf oder wird eine Betriebsstätte durch Feuer zerstört, hat das erhebliche Produktionsausfälle zur Folge, und zwar nicht nur in dem vom Schaden betroffenen Unternehmen. Der Produktionsengpass geht vielmehr zulasten ganzer Industriezweige. Wird die Anlieferung von stoffbezogenen Sitzen oder von Autoreifen unterbrochen, ist die Fahrzeug-Endmontage nicht mehr möglich. Es sei denn, der Fahrzeughersteller betreibt eine ausgeprägte Lagerhaltung.

– *Stichwort: Just-in-time (j. i. t.)*

Immer mehr Unternehmen gehen aus Platzmangel, Wettbewerbsaspekten oder **3** sonstigen Kostengründen dazu über, die eigene Fertigungstiefe zu verringern und die Lagerhaltung auf das Nötigste zu beschränken. An die Stelle der früheren Eigenleistungen und einer aufwändigen Vorratshaltung treten j.i.t.-Verträge mit den Zubehörherstellern, in denen genaue Stückzahlangaben und Liefertermine festgeschrieben sind.

Beispiel:

> Ein Automobilhersteller verarbeitet pro Stunde 500 Reifen eines bestimmten Typs. Er vereinbart mit einem Reifenproduzenten Lieferung von jeweils 1.000 Reifen im 2-Stunden-Rhythmus. Der Automobilhersteller selbst beschränkt die Reifenlagerhaltung auf 2.000 Reifen, also seinen 4-Stunden-Bedarf.

Es versteht sich von selbst, dass die vorstehend beschriebene Verfahrensweise neben einer verlässlichen Technik ein hohes Maß an Flexibilität, eine ausgereifte Logistik und eine reibungslose Ablaufkoordination zwischen den Vertragspartnern (Wer ist für die Qualitätskontrolle zuständig?) voraussetzt. Damit diese wirtschaftlichen Prozesse funktionieren, muss der Mensch als Koordinator eine Vielzahl von Entscheidungen treffen. Ein Erfordernis, dem gerade in der modernen Organisationsstruktur »Lean Management« herausragende Bedeutung zukommt.[8] Seit einigen Jahren versuchen Hersteller wie z. B. Autohersteller die Schwächen der Just-in-time-Modelle durch so genannte **Industrieparks** auszuschließen. Dabei fabrizieren Zulieferer in unmittelbarer räumlicher Nähe des Herstellers Module des Endprodukts (u. a. komplette Armaturentafeln).

---

8   Zu dieser Organisationsform, vgl. die Ausführungen Rdn. 1083 ff.

– *Stichwort: Risiko*

4 Bevor der im Unternehmen Verantwortliche eine Entscheidung über ein bestimmtes Vorhaben trifft, muss er das Für und Wider prüfen. Daten, Fakten, eigene Erfahrungen und der Rat sachkundiger Dritter helfen ihm dabei.

Welche der denkbaren Alternativen aber für die Planausführung optimal geeignet ist, steht im Entscheidungszeitpunkt nicht fest. So können fehlende, unzulängliche oder falsche Informationen, häufig unter Zeitdruck eingeholt, das Zukunftsbild ebenso verzerren, wie unvorhersehbare Umstände den weiteren Handlungsverlauf beeinflussen können.

Auch wenn die allermeisten Entscheidungen, die tagtäglich in einem Unternehmen getroffen werden, problemlos, d. h. ohne Abweichung von der Erwartung, bleiben, so weiß der Entscheidungsträger doch nie mit Gewissheit im Voraus, ob die von ihm prognostizierten Erwartungen Wirklichkeit werden. Wird der neu eingestellte Mitarbeiter die in ihn gesetzten Erwartungen erfüllen? Wird der Markt das neue Produkt in dem erhofften Umfang annehmen? Sind die eingeleiteten Rationalisierungsmaßnahmen ausreichend, um wettbewerbsfähig zu bleiben? War die Entscheidung für den Erwerb des Großrechners X und nicht für den des Typs Y richtig?

5 Das selbst bei sehr gründlich vorbereiteten Entscheidungen verbleibende Quäntchen Ungewissheit wird Restrisiko genannt. Da der Begriff »*Risiko*« für die gesamte Abhandlung von Bedeutung ist, soll er bereits an dieser Stelle näher bestimmt werden.

›Risiko‹ ist ein Fremdwort. Es entstammt dem Wortschatz der römischen Seeleute und bedeutet soviel wie ›die Klippen umschiffen‹. Passend dazu verstehen die Wirtschaftswissenschaftler im Allgemeinen unter ›Risiko‹ die Gefahr des Misslingens eines Vorhabens, also die Möglichkeit, dass ein angestrebtes Ziel nicht ganz oder überhaupt nicht erreicht wird.[9]

Waldemar **Wittmann**[10] definiert Risiko als Gefahr einer Fehlentscheidung und Karl **Hax**,[11] der den Begriff unter dem Gesichtspunkt der Ausführung betrachtet, beschreibt Risiko als Gefahr des Misslingens einer geplanten Leistung.

Andere wiederum[12] stellen nicht auf die Risikoursachen, sondern auf die Risikofolgen ab. Risiko wird von ihnen als Gefahr eines Schadens, eines Verlustes, eines

---

9   Handwörterbuch der Wirtschaftswissenschaft (HdWW), Stuttgart 1988, Bd. 6, Stichwort: Risiko und Ungewissheit, vgl. weiter zu diesem Thema: **Haas**, Unsicherheit und Risiko in der Preisbildung, Köln 1965; **Wossidlo**, Unternehmenswirtschaftliche Reservierung, Berlin 1970; siehe zum Begriff »Risiko« auch die ausführliche Darstellung bei **Detzer/Dietzfelbinger/Gruber/Uhl/Wittmann**, Nachhaltig Wirtschaften – Expertenwissen für umweltbewusste Führungskräfte in Wirtschaft und Politik, Augsburg 1999, Abschnitt 4.1: Risikoanalyse.

10   Waldemar **Wittmann**, Unternehmung und unvollkommene Information, Köln/Opladen 1959.

11   Karl **Hax**, Die Betriebsunterbrechungsversicherung, Köln/Opladen 1949.

12   So z. B. Karl **Oberparleiter**, Funktionen und Risiken des Warenhandels, Berlin/Wien 1955 und Karl Ferdinand **Bussmann**, Das betriebswirtschaftliche Risiko, Meisenheim am Glan 1955.

Gewinnfortfalls oder einer Kapitalminderung erläutert, eben als Kostenfaktor für das Unternehmen.

Verbindet man die unterschiedlichen Betrachtungsweisen, wird der Begriff »Risiko« als Gefahr einer Fehlentscheidung mit der Folge eines Schadens definiert.[13] Das Risiko wird durch die Entscheidung begründet und tritt nach der Entscheidung als Problem auf. Die Entscheidung selbst muss dabei nicht ausschließlich in einem aktiven Handeln bestehen, sie kann auch passiv – durch unbewusstes Unterlassen – getroffen werden; so beispielsweise wenn ein betriebliches Risiko gänzlich oder in seiner vollen Dimension verkannt wird und aus diesem Grunde das eigentlich erforderliche Handeln unterbleibt. Dieser umfassenden Definition wollen wir folgen, da sie auch das strafrechtliche Risiko umfasst; denn »Fehlentscheidung« ist auch das fahrlässige oder vorsätzliche Fehlverhalten eines Mitarbeiters und »Schaden« im Sinne der vorgestellten Risikobeschreibung umfasst ebenfalls die objektiven Tatbestandsmerkmale der infrage kommenden Straf- und Ordnungswidrigkeitsnormen. Der Reduzierung von Risiken im Produktbereich dient die Qualitätssicherung mit ihren zahlreichen Kontrollen.

Jedes Qualitätselement des Kreises entspricht einem Risikoelement im Unternehmen.

QE = Qualitätselement aufgrund...

* Quelle: Qualität und Recht, DGQ-Schrift 19–30, Hrsg.: Deutsche Gesellschaft für Qualität e. V. Ffm., Berlin/Köln 1988

Von der Planungsphase über die Realisierungsphase zur Nutzungsphase eines Produkts sind viele Fehlerquellen denkbar, die u. U. weit reichende Folgen nach sich ziehen.

Mit der fortschreitenden Technisierung hat der Begriff »Risiko« zunehmende Bedeutung erlangt. Er charakterisiert nicht mehr nur das eigene, z. B. finanzielle Risiko beim Eingehen einer Geschäftsverbindung, das so genannte unternehmerische Risiko, sondern auch die Möglichkeit, dass Handlungen im Unternehmen

---

13   Vgl. HdWW, a.a.O., Bd. 6, S. 479.

Störfälle auslösen, die letztendlich außerhalb der betrieblichen Steuerungsmöglichkeiten liegen und die zu Katastrophen von ungeahntem Ausmaß führen können, das so genannte reine Risiko.[14] Der Kernreaktorunfall von Tschernobyl[15] und der **Brand des Sandoz-Chemielagers in Schweizerhalle bei Basel**[16] sollen hier exemplarisch genannt werden.

Neben unternehmerischen und reinen Risiken gibt es im allgemeinen Sprachgebrauch noch Konstellationen, die gleichfalls mit »*Risiko*« bezeichnet werden. Es handelt sich hierbei jedoch mehr um Situationen, in denen ein Unbehagen einzelner Personen oder Gruppen auf Informations- oder Wissensmangel zurückzuführen ist, wie das folgende Beispiel verdeutlicht:

> Während die Möglichkeit einer vermehrten Strahlenbelastung der Umwelt durch eine kerntechnische Wiederaufbereitungsanlage nach der Einschätzung eines Fachmannes wegen einer Wahrscheinlichkeit von 1:1.000.000 vernachlässigbar ist, empfindet das Risikobewusstsein des Laien dagegen das Verhältnis 1:1.000.000 als die Möglichkeit, dass schon morgen der Ernstfall eintritt.

Es stehen sich damit zwei Ansichten gegenüber, die eine lebt, als ob mit der Katastrophe nie zu rechnen sei, die andere, als ob das Ende der Welt bevorstünde. Oder wie es Obermeier überspitzt formuliert: »Der Laie, ein verängstigter, von den Medien aufgepeitschter Trottel? Der Experte, ein von der ›Zugehörigkeitsvoreingenommenheit‹ verblendeter Fachidiot?«[17]

In der weiteren Darstellung wird dieses Verständnis von »*Risiko*« vernachlässigt. Eine andere Risikoform aber zieht sich wie ein roter Faden durch dieses Buch. Risiko, das auf Leichtsinn, Gedankenlosigkeit, Gewohnheit oder Faulheit beruht und sich durch Verstöße gegen Gesetze, unbequeme Dienstvorschriften oder Auflagen von Berufsgenossenschaften äußert. Ein Risiko, das im Unternehmen wie eine Zeitbombe tickt. Immer wenn Mitarbeiter Aussagen treffen wie: »So machen wir das hier schon seit Jahren!« oder »Das machen hier alle so!« oder »Dabei ist noch nie etwas passiert!«, dann ist dieses Risiko nicht fern. Es liegt

---

14 Giarini, a.a.O., S. 40.

15 Vgl. »DER SPIEGEL«, Nr. 17 v. 23. 04. 1990 »Die Wahrheit über Tschernobyl«, S. 120 ff.

16 Vgl. SZ Nr. 265 v. 18./19. 11. 1986; S. 23; **Apitz**, Konflikte, Krisen, Katastrophen, Frankfurt/Wiesbaden, 1987, S. 154 ff.; Ulrich **Widmer**, Risikomanagement in der Praxis, in: Rolf **Gerling**/Otto-Peter **Obermeier** (Hrsg.), Risiko-Störfall-Kommunikation 2, München 1995, S. 90 ff. Dem Fall lag folgendes Geschehen zugrunde: Bei der Verschweißung von Chemikalien durch einen Lagerarbeiter entstand ein Glimmbrand, der ein Großfeuer auslöste. Bei den Löscharbeiten gelangten 30t Agro-Chemikalien in den Rhein, durch die Fischbestände und Kleinlebewesen auf einer Flusslänge von 300 km vernichtet und die Trinkwasserversorgung in den Anrainerstaaten gefährdet wurde. Mangels einer Schweizer Rechtsgrundlage bestand damals keine Möglichkeit, die Sandoz AG zur Verantwortung strafrechtlich zu ziehen. Lediglich der Leiter der Werksfeuerwehr der Sandoz AG wurde nach siebenjährigem Ermittlungsverfahren wegen Anordnung einer Gewässerverunreinigung zu einer Geldbuße von 200 SFr. verurteilt; siehe dazu Cora Constanze **Hartan**, Unternehmensstrafrecht in Deutschland und Frankreich, Hamburg 2006, S. 4 mit. Fn. 10. Nach Aufnahme der Unternehmensstrafbarkeit im Jahre 2003 in das Schweizer Strafgesetzbuch – vgl. dazu Rdn. 944 ff. – besteht heute eine andere Rechtslage.

17 Otto-Peter **Obermeier**, Risikoverständnis im Wandel, in: Rolf **Gerling**/Otto-Peter **Obermeier** (Hrsg.), Risiko-Störfall-Kommunikation, München 1994, S. 14 ff. (16).

nahe, dass ein Mitarbeiter, der so denkt, die ihm innerhalb seines betrieblichen Zuständigkeitsbereichs zumutbar obliegende Sorgfalt nicht walten lässt. Er wird selbst zum Risiko.

Das abschreckendste Beispiel einer solchen Denkweise bietet der Atom-GAU von Tschernobyl. Ein aus Wartungsgründen erforderliches Testprogramm wurde vom zuständigen Personal ohne Not verspätet gestartet. Lästige und zeitaufwendige Programmpunkte wurden alsdann unter Missachtung von Sicherheitsvorkehrungen durchgeführt. Bei früheren Wartungen war diese Vorgehensweise stets ohne negative Konsequenzen geblieben. Eine trügerische Sicherheit! Die Summe menschlicher Fehlentscheidungen und Verstöße, jeder einzelne für sich aus der vollen Überzeugung heraus begangen, gefahrlos und richtig zu handeln, führte zur Eskalation der folgenschweren Ereignisse im April 1986.[18]

Die Frage bleibt, ob der einzelne Mitarbeiter in Tschernobyl Verantwortung für sein Verhalten verspürte. In Unternehmen zeigt sich häufig, dass Menschen in der Gruppe risikobereiter sind als Einzelpersonen.[19] Dieses Phänomen bestätigt auch eine von **Brenner** und **Molander** im Jahre 1977 veröffentlichte Studie.[20] 43 % der befragten US-amerikanischen Führungskräfte gaben an, dass sie im Berufsleben Praktiken verwenden würden, die sie privat für anrüchig hielten. Sie würden ihre Vorgehensweisen nur anwenden, um den Fortbestand ihres Unternehmens – und damit die eigene Karriere – nicht zu gefährden.[21] Natürlich geraten auch deutsche Manager bei der Ausübung ihres beruflichen Tuns in moralische Konfliktsituationen. Im Jahre 1984 bestätigten knapp 50 % der befragten Manager, dass sie sich manchmal oder häufig zu Handlungsweisen gedrängt sahen, bei denen sie mit ihrem Gewissen in Konflikt gerieten.[22]

---

18 Dietrich **Dörner**, Dominoeffekt, in: INNOVATIO 9./10. 1989, S. 52 ff.

19 **Stoner**, zitiert nach Hofstätter, in: Gustave Le Bon, »Psychologie der Massen«, 15. Aufl., Stuttgart 1982, S. XXXII ff.

20 **Brenner/Molander**, Is the ethics of business changing?, in: HARVARD BUSINESS REVIEW, Jan./Feb. 1977, S. 57–71.

21 Die Anzahl an Managern, die bei ihrer beruflichen Tätigkeit Gewissensbisse empfanden, stieg allerdings in den Jahren 1981 bis 1991 von 29 % auf 38,6 %; siehe dazu die Untersuchungen von B. Z. **Posner** und W. H. **Schmidt**, Ethics in American Companies: A Managerial Perspective, in: Journal of Business Ethics (1987) 6, 383 ff. und dieselben, Values an the American Manager: An Update, in: California Management Review (1992) 34, 80 ff.

22 Vgl. dazu W. **Kerber**, Bewusstseins-Orientierung: Zur Begründung ethischer Normen in einer säkularisierten Gesellschaft, in: F.-X. **Kaufmann**, W. **Kerber** und P. M. **Zulehner** (Hrsg.), Ethos und Religion bei Führungskräften, München 1986, S. 121 ff. (197). Dort wurde die Frage gestellt: »Fühlen Sie sich in ihrem Beruf zu Handlungsweisen gedrängt, durch die Sie mit Ihrem Gewissen in Konflikte geraten?« Nicht ohne Nachdenklichkeit sei angemerkt, dass die selbe Frage im Jahre 1970 von mehr als 65 % der beteiligten Manager bejaht wurde (R. **Hämmerle**, Zum Einfluss des christlichen Glaubens auf das Arbeits- und Betriebsleben – Eine schriftliche Befragung von Führungskräften (Diss.), München 1972). Siehe dazu ausführlich: Gerhard **Blickle**, Kommunikationsethik im Management. Argumentationsintegrität als personal- und organisationspsychologisches Leitkonzept, Stuttgart 1994.

7 Die größere Risikobereitschaft der Mitarbeiter in der Gruppe kann darauf beruhen, dass das Unrechtsbewusstsein des Einzelnen schwindet, wenn sich viele fehlverhalten: »Wenn das alle so machen, kann es ja so falsch nicht sein!« Zum anderen wird darauf vertraut, dass das eigene Fehlverhalten im Gesamtgefüge des

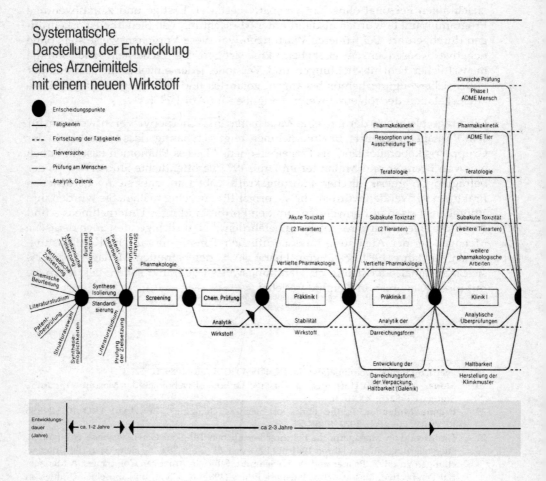

Systematische Darstellung der Entwicklung eines Arzneimittels mit einem neuen Wirkstoff

Unternehmens nicht aufgedeckt wird. Ein Trugschluss, wie die hohe Zahl strafrechtlicher Verfahren gegen Unternehmensmitarbeiter zeigt. Um diesen Risikofaktor zu mindern, gehen immer mehr Unternehmen dazu über, den Betriebsangehörigen verstärkt Verantwortung zu übertragen, und zwar kollektive

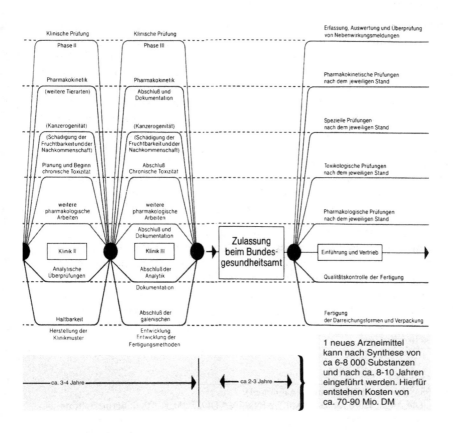

Quelle: »Roche von A–Z«, GS/Information der damaligen Hoffmann-La Roche AG, Grenzach-Wyhlen; freigegeben vom Bundesverband der pharmazeutischen Industrie e.V. am 11. Mai 1992.

Verantwortung in kleinen Mitarbeitergruppen.[23] Auf diese Weise soll der Einzelne das Endprodukt, an dem er mit seiner Arbeit beteiligt ist, nicht aus den Augen verlieren, und so die Folgen des eigenen Fehlverhaltens beobachten können.[24]

– *Stichwort: Leistungs- und Entscheidungsdruck*

8 Die technische Entwicklung, die weltweit kurze Informationswege geschaffen hat, lässt uns in einem »*Weltdorf*« leben, wie es der kanadische Medienphilosoph Marshall **McLuhan** in den Sechzigerjahren anschaulich genannt hat.[25]

Das Kommunikationsnetz ist so eng geworden, dass Daten und Fakten rund um den Erdball quasi simultan zur Verfügung stehen und Vertragsverhandlungen rund um die Uhr geführt werden können. Diese, wie es scheint, nicht mehr zu überbietende Beschleunigung des Informationstaktes[26] hat auch erhebliche Auswirkungen auf das Wirtschaftsleben. Die Abstände zwischen dem Anfall von Problemsituationen und dem Erfordernis nach Entscheidungen haben sich rasant verkürzt. Die Entscheidungsträger in den Unternehmen müssen immer schneller agieren und reagieren. Zudem werden die Entscheidungsprozesse mit fortschreitender Technik immer komplexer und in ihren Auswirkungen weit reichender. Das vorstehende Schaubild der Entwicklung eines Arzneimittels soll mit seiner Vielzahl von Schnittstellen, an denen jeweils Entscheidungen meist verschiedener Mitarbeiter – auch zur Minderung des Produktrisikos – Voraussetzung für das weitere Procedere sind, diese Komplexität beispielhaft verdeutlichen.

Allein schon der geschilderte zeitliche Leistungs- und Entscheidungsdruck und die Vielzahl an notwendigen Problemlösungen forciert das Risiko der Fehlentscheidung. Vielfach liegt das Risiko gerade in dem Verlust seiner individuellen Beherrschbarkeit, sodass als Schutzinstrumentarium in erster Linie die frühzeitige Gefahrerkennung und deren Vorbeugung, das so genannte Riskmanagement, übrig bleiben. Den Umfang des Riskmanagements schätzte Orio **Giarini**[27] bereits vor zwanzig Jahren glaubhaft auf 50 % aller von Führungskräften der Wirtschaft getroffenen Entscheidungen.

---

23 Vgl. Rdn. 1083 ff., Rdn. 1198 (Lean Management).

24 Gerd **Eidam**, Die Angst vor dem Risikofall, in: INNOVATIO, 5/90, S. 70 f.; Bernd **Schünemann**, Unternehmenskriminalität und Strafrecht, Köln, Berlin, Bonn, München 1979, weist unter der Überschrift »Die kriminogene Wirkung der Eingliederung in eine Organisation« (S. 18 ff.) darauf hin, dass natürlich nicht der Eintritt in ein Unternehmen als solcher schon kriminogen ist, dass aber dadurch eine solche Wirkung begünstigt werden kann, u. a. durch die Faktoren Rechtsgutferne (z. B. durch Verwendung abstrakter Gefährdungsdelikte, die der Laie nicht nachvollziehen kann), Abhängigkeit des Arbeitnehmers von seinem Arbeitsplatz, Arbeitsteilung und Informationskanalisierung im Unternehmen.

25 Marshall **McLuhan**, »Zurück ins Dorf«, in: »DER SPIEGEL«, Nr. 46 v. 11. 11. 1968, S. 177 ff.

26 Das menschliche Wissen verdoppelt sich derzeit alle fünf Jahre, vgl. SZ Nr. 33 v. 10. 02. 1993, Beilage »Jugend und Berufswahl«, S. XVI; ausführlich Rdn. 61 ff.

27 So Orio **Giarini**, »Die wirtschaftliche Funktion der Versicherung in der neuen Dienstleistungsökonomie«, Vortrag v. 18. 06. 1987 vor der 530. Mitgliederversammlung des Versicherungswissenschaftlichen Vereins Hamburg e. V.

Die Fortentwicklung der Technik, im eigentlichen Verständnis zur Entlastung des Menschen bestimmt, hat also für diesen Personenkreis eine bedenklich gegenteilige Wirkung entfaltet. Noch vor einhundert Jahren ließen die Unternehmen ihren Verantwortungsträgern genügend Zeit, Entscheidungen reifen zu lassen, und Muße, schöpferisch tätig zu werden. Auch der Blick über den Zaun in andere Lebensbereiche war üblich. Dafür ging der Werktag der Arbeitnehmer oft erst nach 14–16 Stunden zu Ende. Heute arbeitet der Unternehmenskopf unter hohem Leistungsdruck und erheblichem Zeitaufwand, während der Freizeitanteil für die Mitarbeiter in den Betrieben ständig steigt.[28]

– *Stichwort: Unternehmen und Gesellschaft*

Vor dem geschilderten Hintergrund agieren die Unternehmen. Einerseits müssen sie sich die Errungenschaften der wissenschaftlichen Disziplinen zu Eigen machen, um mit ihren Produkten wettbewerbsfähig zu bleiben, andererseits besteht ein enges Beziehungsgefüge zur Umwelt. Gesellschaftliche Interessen müssen beachtet werden, um marktfähig zu bleiben. Nur Unternehmen, die in ihrem Handeln gesellschaftliche Akzeptanz finden, können auf Abnehmer aus eben diesen gesellschaftlichen Kreisen hoffen.[29] Folglich müssen sich die Betriebe an den Umweltbedingungen und den Erwartungen der Gesellschaft orientieren.

Die Unternehmer William R. **Hewlett** und David **Packard** haben bereits vor rund 30 Jahren entsprechende Erfordernisse in ihren Unternehmenszielsetzungen fixiert. Darin heißt es:

> »*Wir sollen alle danach streben, die Umwelt, in der wir leben, zu verbessern. Als ein Unternehmensverband, der in vielen Staaten und Gemeinwesen der ganzen Welt tätig ist, müssen wir sicherstellen, dass wir zu deren Wohl beitragen. Dies bedeutet, dass wir unsere Interessen mit denjenigen des jeweiligen Gemeinwesens in Übereinstimmung bringen müssen.*«[30]

Um sich mit den gesellschaftlichen Zielen arrangieren zu können, muss sich ein Unternehmen nach außen öffnen. Mithin genügt es nicht, die Werkstore für Außenstehende aufzusperren.

---

28 Bereits im Jahre 1991 wusste das Statistische Bundesamt Deutschland (Statistisches Jahrbuch für das vereinte Deutschland, Statistisches Bundesamt (Hrsg.), Wiesbaden 1991) zu vermelden: »*Mehr als achtzig Prozent der Arbeitnehmer in der Bundesrepublik arbeiten schon weniger als vierzig Stunden pro Woche. Ende des vergangenen Jahres (1987) hatten erst rund 55 Prozent eine kürzere Arbeitszeit.*« Die in den 90er-Jahren vom DGB erhobene Forderung nach einer »35-Stunden-Woche« für seine Mitglieder wurde Ende des letzten Jahrzehnts – unter dem Eindruck der globalen Wettbewerbssituation wie auch der verschlechterten wirtschaftlichen Lage und der hohen Arbeitslosigkeit in Deutschland – nicht mehr mit gleicher Intensität wie zu Beginn verfolgt.

29 Wolfgang **Hilger**, damals Vorstandsvorsitzender der einstigen Hoechst AG (heute Teil der Aventis AG), erklärte anlässlich der 125-Jahr-Feier seines Unternehmens im Januar 1988, dass ein Unternehmen nicht nur Kompetenz, sondern auch Akzeptanz brauche, FAZ Nr. 26 v. 01. 02. 1988, S. 13.

30 Absatzwirtschaft, Zeitschrift für Marketing, 1/1988, »Welcher Führungsstil passt zum Marketing von heute«, 34 ff.

Die gewollte Interaktion lässt sich in erster Linie über die Betriebsangehörigen erreichen; denn ein Unternehmen kann auch als die Summe aller in ihm tätigen Einzelpersonen angesehen werden. Der Mitarbeiter wird somit zum Mittler zwischen Markt und Unternehmen. Er ist nun einmal nicht nur Betriebsangehöriger, sondern auch Anhänger anderer gesellschaftlicher Gruppen. In seiner Freizeit agiert er als Verbraucher, Familienvater, Sportwart, Naturfreund, Parteifunktionär usw.

Über diese gesellschaftlichen Verbindungen ihrer Mitarbeiter erhalten die Unternehmen einen gewichtigen Teil der für ihr betriebliches Handeln so notwendigen Hintergrundinformationen.

Mitarbeiter tragen häufig unbewusst gesellschaftliche Trends in den Betrieb, die die Unternehmensentwicklung beeinflussen.

Die Verwertung gesellschaftlicher Eindrücke ist umso stärker, je intensiver sich die Unternehmensleitung mit ihren Mitarbeitern beschäftigt. Ein Paradebeispiel für das gelungene Zusammenwirken von Unternehmens- und Gesellschaftskultur gibt der Textilhersteller *Esprit*. Das Modeunternehmen lebt quasi von dem Gespür für Markttendenzen. Über die Mitarbeiter wird die Wahrnehmung und Umsetzung des Zeitgeistes in Modeartikel umgesetzt.[31] Um Trendsetter zu sein, muss das Unternehmen besonders auf die Beobachtungsgabe und Kreativität seiner Designer, Schneider etc. Wert legen. Es fördert diese Eigenschaften, in dem es seit Jahren u. a. die gesellschaftlichen Kontakte der Mitarbeiter unterstützt. Sporteinrichtungen werden kostenlos zur Verfügung gestellt, der Besuch kultureller Veranstaltungen vom Pop-Konzert bis zum Opernabend gefördert.[32]

Über diesen Weg lassen sich Ideen und Denkanstöße ins Unternehmen tragen. Mitarbeiter bilden so das Bindeglied zwischen öffentlicher Meinung, Markt und Unternehmen.

Aufgabe des Unternehmens ist es nun, diese von den Mitarbeitern in das Unternehmen getragenen Ideen unverzüglich umzusetzen, mithin gewinnbringend fremden Bedarf individuell zu decken. Der Erfolg des wirtschaftlichen Einsatzes hängt dabei entscheidend von dem jeweiligen Reaktionsvermögen, also der Flexibilität im Unternehmen ab.[33] Was nützt die beste Idee, wenn sie zu spät realisiert wird? Am Faktor Zeit orientiert sich der Verfahrensablauf von der Planung über die Produktentwicklung und Produktion bis zum Vertrieb.

Wo aber unter Zeitdruck gearbeitet wird, kann der Eintritt von Fehlern nie hundertprozentig ausgeschlossen werden. Hinzu kommt, dass die immer komplexer

---

31 Gleiches gilt für Sportartikelhersteller wie adidas und Puma.

32 Absatzwirtschaft, Zeitschrift für Marketing, 1/1988, »Welcher Führungsstil passt zum Marketing von heute«, 34 ff.

33 Das Reaktionsvermögen eines Unternehmens wird aber bestimmt von Intelligenz, Kreativität, Einfühlungsvermögen und Motivation seiner Entscheidungsträger. Viele positive Ansätze und Ideen werden zögerlich – oder gar nicht – umgesetzt. Sie scheitern an hohen Klippen, die von Führungskräften errichtet werden und Namen wie Arroganz, Feigheit, Trägheit, Desinteresse, Betriebsblindheit tragen. Von Lew **Platt**, Hewlett Packard, stammt die hierzu passende Aussage: »*Wenn HP wüsste, was HP alles weiß, wären unsere Gewinne dreimal so hoch.*« (*Zitiert nach Motivation 4/2000, S. 12*).

werdenden Entscheidungs- und Handlungsabläufe die Wahrscheinlichkeit von Fehlleistungen und Fehlentscheidungen erhöhen. Damit aber lassen sich auch die strafrechtlichen Risiken eines Unternehmens, mit denen sich dieses Buch befasst, weder von einer Geschäftsleitung[34] noch von den Betriebsangehörigen von vornherein absehen und kalkulieren.

Bevor jedoch eine Darstellung der strafrechtlichen Gefahren, Taten und Haftungsverhältnisse erfolgen kann, bedarf es einer Beschreibung der »*Schauplätze*« und der »*handelnden und betroffenen Personen*«. Hiermit und mit der Erarbeitung geeigneter Definitionen befasst sich das nächste Kapitel.

---

34   *Die Ursachen für 90 % der untersuchten 130 schweren Industrieunfälle während der vergangenen zehn Jahre lägen in »organisatorischen Versäumnissen der Unternehmensführungen«, also beim Management,* so Europa Chemie Heft 11/1994, 10.

II. Die »Schauplätze«

1. Wirtschaft und Industrie

Aus der Betriebswirtschaftslehre wissen wir, dass »*Wirtschaft*« die Summe allen **10** organisierten menschlichen Handelns ist, das unter Beachtung von Rentabilitäts-gesichtspunkten[35] den Zweck verfolgt, die an den – praktisch unbegrenzten – Bedürfnissen von uns Menschen gemessene Knappheit an Gütern zu verringern.[36] »*Güter*« meint in diesem Kontext alle zur menschlichen Bedürfnisbefriedigung geeigneten Mittel.

Die praktische Umsetzung des wirtschaftlichen Handelns ist Aufgabe der **11** Industrie.

Carl Friedrich **von Weizsäcker** beschreibt den Begriff wie folgt:

> »*Industrie ist eine gesellschaftliche Erscheinungsform eines uralten menschlichen Ver-*
> *haltens, das wir Technik nennen können, eine Erscheinungsform, die im abendländi-*
> *schen 19. Jahrhundert groß geworden ist.*«[37]

Und er fügt hinzu: »*Technik bedeutet Bereitstellung von Mitteln für Zwecke.*«[38] Diese **12** Definition umfasst die gesamte fabrikationsgemäße Güterherstellung aller klassi-schen Produktionszweige, von der Eisen- und Stahlindustrie über die Chemische Industrie, die Textilindustrie etc. bis hin zur Papierindustrie.

Mit dem Wandel von der Industriegesellschaft zur Dienstleistungsgesellschaft **13** tauchen in unserem Sprachgebrauch aber verstärkt Begriffe wie Vergnügungs-,[39] Tourismus-, Reise- oder Freizeitindustrie auf.[40] Es sind Beschreibungen der orga-nisierten Freizeitgestaltung, die nicht nur durch die Bereitstellung von Sachgütern gewährleistet wird, sondern über Dienstleistungen wie Beratung, Betreuung und Animation ermöglicht wird. Selbst für reine Dienstleistungsbranchen wie das Ban-kengewerbe wird der Begriff »*Industrie*« eingesetzt.[41]

Diese Begriffsbildungen sind ein weiteres Indiz für die bereits geschilderten wirt- **14** schaftlichen und gesellschaftlichen Veränderungsprozesse.

---

35 Eine wertneutrale Aussage. Rentabel kann aus der Sicht des Handelnden das Streben nach Gewinnmaximierung ebenso sein wie das Bemühen um mehr gesellschaftlichen Einfluss oder der Wunsch, der Allgemeinheit zu dienen.

36 Siehe dazu Günter **Wöhe/Ulrich Döring**, Einführung in die Allgemeine Betriebswirt-schaftslehre, 22. Aufl., München 2005, S. 2.

37 Carl Friedrich **v. Weizsäcker**, Bewusstseinswandel, München/Wien 1988, S. 124

38 v. Weizsäcker, a.a.O., S. 125.

39 Vgl. »DER SPIEGEL«, Nr. 36 v. 05. 09. 1988, S. 160.

40 Für letzteren Begriff vgl. HdWW, a.a.O., Bd. 3, Stichwort: »Freizeit«, und »DER SPIEGEL«, Nr. 36 v. 05. 09. 1988, S. 160, der auch Wortbildungen wie »Barindustrie« kennt, vgl. a.a.O., S. 160.

41 Vgl. »DER SPIEGEL«, Nr. 34 v. 22. 08. 1988, S. 130.

Sie belegen, dass zu Beginn des Dienstleistungszeitalters nicht mehr ausschließlich die Sachleistungen produzierenden Wirtschaftszweige als »Industrie« verstanden werden. Der Sprachgebrauch hat sich angepasst.

15 »Industrie« ist *»eine gesellschaftliche Form von Technik«*, wie Carl Friedrich **von Weizsäcker** zutreffend formuliert.[42] Das griechische *»techne«*, von dem sich unser Wort *»Technik«* herleitet, bedeutet gleichermaßen *»Kunst«* und *»Handwerk«*, beschreibt also allgemein ein Können. Das Wort *»Technik«* umfasst somit die Fähigkeit, eine Ware herzustellen, ebenso wie die Geschicklichkeit, ein Instrument oder Gerät zu bedienen, wie auch das Wissen, wo z. B. freie Gelder möglichst ertragreich investiert werden können. Die Bezeichnung Dienstleistungsindustrie ist also keine gewaltsame Wortschöpfung. Sie ist vielmehr begriffsimmanent. Es kann deshalb festgehalten werden, dass nach dem heutigen Wortverständnis *»Industrie«* als ein gesellschaftliches Verhalten bezeichnet wird, das allgemein das Bereitstellenkönnen von Mitteln für Zwecke in großem Umfang bedeutet, wobei *»Mittel«* alle Sachgüter und Dienstleistungen umfasst. Es ist damit aber keine Aussage über die wirtschaftlichen Organisationsformen verbunden, mit deren Hilfe Dienstleistungen praktiziert werden.

2. Unternehmen und Betrieb

16 Für die mit der Produktion oder Bereitstellung, dem Vertrieb oder Verbrauch von Sachgütern und Dienstleistungen beschäftigten Wirtschaftseinheiten gibt es in unserer Alltagssprache zahlreiche Bezeichnungen.

Wir sprechen von Firma, Geschäft, Büro, Fabrik, Werk, Laden, Gesellschaft, Betrieb und – wie im Titel dieses Buches geschehen – von Unternehmen. Die meisten dieser Worte haben Pars-pro-toto-Funktion. So ist nach der Legaldefinition des Handelsgesetzbuches *»Firma«* allein der Handelsname eines Kaufmanns.[43]

Mit *»Geschäft«*, *»Büro«* und *»Laden«* verbinden sich Vorstellungen aus dem kaufmännischen Bereich, mit *»Fabrik«* und *»Werk«* solche von der Produktionsseite einer Wirtschaftseinheit.[44]

Dem Begriff *»Gesellschaft«* liegen Assoziationen an die Rechtsform einer Wirtschaftsorganisation zugrunde. Doch welche spezielle Gesellschaftsrechtsform gemeint ist, bleibt unklar: Handelt es sich um eine Aktiengesellschaft, eine Gesellschaft mit beschränkter Haftung, eine Kommanditgesellschaft, eine offene Handelsgesellschaft oder eine solche des bürgerlichen Rechts?

Die vorstehenden Worte werden, weil sie den Begriff der Wirtschaftseinheit nur unvollständig oder unpräzise umschreiben, in dieser Abhandlung künftig vernachlässigt.

---

42 v. Weizsäcker, a.a.O., S. 129.

43 § 17 Abs. 1 HGB; siehe Creifelds, Rechtswörterbuch, 18. Aufl., München 2004, Stichwort: Firma.

44 Siehe auch zu den Bezeichnungen *»Geschäft«*, *»Fabrik«* und *»Werk«* Wöhe/Döring, a.a.O., S. 13.

Es verbleiben die Bezeichnungen »Betrieb« und »Unternehmen« und die – in der Betriebswirtschaftslehre ebenso wie in der Rechtswissenschaft konträr diskutierte – Frage, in welchem Verhältnis beide Organisationsformen zueinander stehen. Die Antwort auf diese Frage kann Bedeutung für Zuordnung und Umfang der strafrechtlichen Verantwortung in Betrieb und Unternehmen haben, wie wir später sehen werden.[45]

a) Betriebswirtschaftliche Betrachtung

Nach dem Verständnis der Wirtschaftswissenschaften ist »Betrieb« eine planvoll **17** organisierte Wirtschaftseinheit, in der Sachgüter und Dienstleistungen erstellt und abgesetzt werden,[46] während das »Unternehmen« als eine Organisation beschrieben wird, deren Ziel es ist, Menschen auf der Grundlage freier Vertragsschließung mit Gütern und Dienstleistungen zu versorgen.[47]

Die hier wiedergegebene »Unternehmen«-Definition betont somit die Versorgung des Menschen als zentrale Aufgabenstellung, während die Umschreibung des Begriffes »Betrieb« mehr auf das Aufgabenfeld abstellt.[48] Wenn wir von diesen Unterscheidungsmerkmalen absehen, dann fällt eine Abgrenzung der beiden Organisationsformen schwer.

Aus diesem Grunde ist auch die Frage, in welchem *Verhältnis »Betrieb« und »Unternehmung«*, so die übliche Bezeichnung in der Betriebswirtschaftslehre für die Organisationsform »Unternehmen«, stehen, heftig umstritten. Es besteht keine Einigkeit, ob »Betrieb« oder »Unternehmung« die jeweils übergeordnete Einheit verkörpert oder ob beide gleichrangige Seiten der Produktionswirtschaft darstellen.[49] Auch wird die Ansicht vertreten, die Unternehmung sei lediglich eine historische Erscheinungsform des Betriebes. Danach ist jede Unternehmung Betrieb, aber nicht jeder Betrieb Unternehmung. Was wiederum den Schluss zulässt, dass nach dieser Theorie die Bezeichnung »Betrieb« umfassender ist als die Bezeichnung »Unternehmen«.[50]

Mehr als dieser knappe Hinweis auf die verschiedenen, in der Betriebswirtschaftslehre diskutierten Meinungen kann unterbleiben. Eine weitere Auseinandersetzung mit dem bestehenden Theorienstreit wäre lediglich von akademischem Reiz, für unsere Zwecke aber nutzlos. Für diese Darstellung interessiert vielmehr eine andere, die juristische Perspektive der beiden Organisationsformen; denn wie Günter **Wöhe** zurecht feststellt,[51] sind »Betriebe« und – wie ich hinzufügen darf – »Unternehmen« nicht nur wirtschaftliche, sondern auch durch die Rechtsordnung geregelte organisatorische Einheiten. Was also ist das rechtliche Begriffsverständnis und in welchem Verhältnis stehen »Betrieb« und »Unternehmen« zueinander?

---

45   Vgl. unten Rdn. 24.
46   Vgl. Wöhe/Döring, a.a.O., S. 2.
47   **Redlich**, Der Unternehmer: Wirtschafts- und sozialgeschichtliche Studien, Göttingen 1964, S. 299.
48   Das letztendlich natürlich auch dem Menschen zugute kommt.
49   Zur Meinungsvielfalt vgl. Wöhe/Döring, a.a.O., S. 12 f.
50   Diese Auffassung vertritt u. a. Wöhe/Döring, a.a.O., S. 6.
51   Siehe Wöhe/Döring a.a.O., S. 5.

b)   Juristische Betrachtung

18 Die juristische Umschreibung der planvoll organisierten Wirtschaftseinheit »*Betrieb*«[52] ist komplex und – nicht nur für den Rechtslaien – kompliziert. »*Betrieb*« wird danach definiert als eine, gleich in welcher Rechtsform auf Dauer angelegte, meist auch räumlich zusammengefasste organisatorische Einheit von Personen und Sachmitteln unter einheitlicher Leitung zu dem arbeitstechnischen, nicht notwendig gewinnorientierten Zweck, bestimmte Leistungen materieller oder immaterieller Art zu erzeugen oder zur Verfügung zu stellen.[53]

19 Zu dieser Bandwurm-Definition des Betriebes scheinen einige Anmerkungen zur Verdeutlichung angebracht:

- Da die Rechtsform einer organisierten Wirtschaftseinheit für deren Einstufung als Betrieb unerheblich ist,[54] kann sie sowohl juristische Person[55] als auch Personengesellschaft[56] sein.

Die Kanzlei eines Anwaltes zählt ebenso dazu wie die Praxis eines Arztes oder die Reparaturwerkstatt eines Handwerkers.[57] Ja, selbst Einzelpersonen, also Einmannbetriebe, werden von der Definition erfasst, das bedeutet, dass Mitarbeiter

---

52   Dazu die Anmerkungen auf den Rdn. 24 f..

53   Vom Ergebnis her ebenso **Schönke/Schröder-Lenckner/Perron**, Strafgesetzbuch, Kommentar, 27. Aufl., München 2006, (zitiert: Schönke/Schröder-Sachbearbeiter), § 14 Rn. 28/29; **Lackner/Kühl**, Strafgesetzbuch, 26. Aufl., München 2007, § 11 Rn. 15; **Tröndle/Fischer**, Strafgesetzbuch und Nebengesetze, 54. Aufl., München 2007, § 14 Rn. 8.

54   Vgl. Tröndle/Fischer, a.a.O., § 14 Rn. 8, Schönke/Schröder-Lenckner, a.a.O., § 14 Rn. 28/29.

55   Vgl. Schönke/Schröder-Lenckner/Perron, a.a.O., § 14 Rn. 28/29 **Juristische Person:** Juristische Personen sind alle sozialen Organisationen mit eigener Rechtspersönlichkeit (Schönke/Schröder-Lenckner/Perron, a.a.O., § 14 Rn. 15). Das heißt, sie besitzen eine eigene Rechtsfähigkeit und damit auch Parteifähigkeit im privatrechtlichen Bereich, nicht aber in strafrechtlicher Sicht. Wir unterscheiden juristische Personen des Privatrechts und des öffentlichen Rechts. Zu Ersteren zählen die Aktiengesellschaft, die GmbH, die Genossenschaft, die Kommanditgesellschaft auf Aktien, der eingetragene Verein und die rechtsfähige Stiftung. Bis auf die Stiftung als ein Zweckvermögen mit eigener Rechtspersönlichkeit sind die aufgezählten juristischen Personen des Privatrechts körperschaftlich, sprich mitgliedschaftlich organisiert (vgl. Creifelds, a.a.O., Stichwort: Juristische Person).Die juristischen Personen des öffentlichen Rechts sind Rechtssubjekte mit Rechtsfähigkeit auf öffentlichrechtlichem sowie auf privatrechtlichem Gebiet. Zu ihnen gehören die politischen Körperschaften (Gemeinden, Gemeindeverbände, Kreise, Länder), Anstalten (Bundesversicherungsanstalt, Landesversicherungsanstalten, Industrie- und Handelskammern) und Stiftungen des öffentlichen Rechts (vgl. Creifelds, a.a.O., Stichwort: Juristische Person). Sie dürfen sich selbst verwalten, stehen aber unter staatlicher Aufsicht.

56   Vgl. Schönke/Schröder-Lenckner/Perron, a.a.O., § 14 Rn. 28/29 **Personengesellschaften:** Zu den Personengesellschaften zählen die Gesellschaft des bürgerlichen Rechts (GbR), die offene Handelsgesellschaft (oHG), die Kommanditgesellschaft (KG) und die stille Gesellschaft. Diese Gesellschaften entstehen durch Zusammenschluss mehrerer Gesellschafter. Die Gesellschafter haften persönlich für die Schulden, die in der Gemeinschaft entstehen. Der Personengesellschaft selbst fehlt die Rechtsfähigkeit, wie sie die juristischen Personen im zivilrechtlichen Bereich innehaben.

57   Vgl. Tröndle/Fischer, a.a.O., § 14 Rn. 8; Schönke/Schröder-Lenckner, a.a.O., § 14 Rn. 28/29

keine zwingende Notwendigkeit für einen Betrieb sind. Der **private Haushalt** allerdings ist kein Betrieb, da mit ihm nur der Eigenbedarf gedeckt werden soll.[58]

- Es darf sich nicht nur um einen vorübergehenden Zusammenschluss handeln.[59] So lässt beispielsweise die Planung und Durchführung **eines** gemeinsamen Besuchs der Hannover Messe für Mitglieder eines Fachverbandes den eigens zu diesem Zweck eingesetzten Organisationsausschuss nicht zum Betrieb werden.
Nicht unbedingt erforderlich ist die gewinnorientierte Absicht, sodass auch karitative Einrichtungen Betrieb sein können.[60]

Nach diesen kurzen Hinweisen, was nach juristischem Verständnis unter »Betrieb« **20** zu verstehen ist, stellt sich die Frage, wie die Rechtslehre den Begriff »*Unternehmen*« definiert.

Eine gute Frage, die bedauerlicherweise aber unbeantwortet bleiben muss; denn bis zum heutigen Tage ist es der Rechtswissenschaft nicht geglückt, einen für unser ganzes Recht gültigen Unternehmensbegriff zu entwickeln.[61] So wird der Begriff »*Unternehmen*« weiter je nach Sinn und Zweck eines Gesetzes unterschiedlich gebraucht; denn einen allgemeinen Rechtsbegriff »Unternehmen« gibt es nicht.[62]

Im Arbeitsrecht zum Beispiel wird »*Unternehmen*« als die organisatorische Einheit **21** beschrieben, die durch den wirtschaftlichen oder ideellen Zweck bestimmt wird, dem ein Betrieb oder mehrere organisationsverbundene Betriebe desselben Unternehmens dienen.[63]

Im Steuerrecht[64] wird »*Unternehmen*« als die gesamte gewerbliche oder berufliche **22** Tätigkeit des Unternehmers definiert.

Danach kann ein Unternehmen gleich welcher Rechtsform zwar einkommensteuerrechtlich aus mehreren Betrieben bestehen, umsatzsteuerrechtlich aber nur ein Unternehmen sein. Die von mehreren Betrieben desselben Unternehmens untereinander erbrachten Leistungen werden deshalb als nicht versteuerbare Innenumsätze erfasst.[65]

---

58   Günter **Schaub/Ulrich Koch/Rüdiger Linck**, Arbeitsrechts-Handbuch, 11., neu bearb. Aufl., München 2005, (zitiert: Schaub/Sachbearbeiter), § 18 Rn 2.
59   Vgl. Schönke/Schröder-Lenckner, a.a.O., § 14 Rn. 28/29.
60   Erich **Göhler**, Gesetz über Ordnungswidrigkeiten, fortgeführt von **Peter König** und **Helmut Seitz**, 14., neu bearbeitete Aufl., München 2006, (zitiert: Göhler/Sachbearbeiter), Göhler/König, a.a.O., § 9 Rn. 43.
61   Peter **Raisch**, Zu den grundsätzlichen Aufgaben der Rechtswissenschaft gegenüber dem neuen Aktiengesetz, in: JZ 1966, 549 ff. (555).
62   So Karsten **Schmidt**, Handelsrecht, 5., neubearbeitete Aufl., Köln/Berlin/Bonn/München 1999, S. 63 ff. (63).
63   Schaub, a.a.O., § 18 Rn. 10; **Hueck-Nipperdey**, Lehrbuch des Arbeitsrechts, Bd. I, 7. Aufl., Berlin 1963, § 16 VI; § 2 Abs. 1 Satz 2 UStG.
64   § 2 Abs. 1 Satz 2 UStG.
65   Creifelds, a.a.O., Stichwort: Unternehmer.

23 Auch **im Aktienrecht**, in dem der Ausdruck »*Unternehmen*« in zahlreichen Vorschriften verwendet wird, hat der Begriff je nach Sinn und Zweck der einzelnen Norm einen anderen Inhalt.[66]

Bei näherer Betrachtung zeigen sich darüber hinaus bei einer Standortbestimmung der Organisationsformen »*Betrieb*« und »*Unternehmen*« die gleichen Abgrenzungsprobleme, wie wir sie bereits in der Betriebswirtschaftslehre angetroffen haben:[67] gleichgültig, ob das Unternehmen als Wirtschaftseinheit dem Betrieb über oder untergeordnet oder gleichgestellt ist, werden alle Auffassungen vertreten.[68] Diese Meinungsvielfalt findet ihren guten Grund wohl in der Tatsache, dass die rechtstheoretische Aufarbeitung der praktischen Handhabung folgt.

24 **Im Strafrecht** ist eine hierarchische Unterscheidung von Betrieb und Unternehmen unerheblich. Mehr noch: Die Regelung der strafrechtlichen Organhaftung[69] sieht sogar die Gleichstellung von Betrieb und Unternehmen ausdrücklich vor.[70] § 14 Absatz 2 Satz 2 StGB stellt ausdrücklich »Unternehmen« und »Betrieb« gleich, soweit es sich um Fälle der Beauftragtenhaftung des § 14 Absatz 2 StGB handelt.[71] An diesem Verständnis ändert auch die Formulierung des § 5 Nr. 7 StGB nichts,[72] der die strafrechtlichen Folgen einer Verletzung von Betriebs- und Geschäftsgeheimnissen im Ausland regelt. Hier wird nur auf den ersten Blick im Gesetzestext zwischen Betrieb und Unternehmen unterschieden.

So gilt das deutsche Strafrecht, unabhängig vom Recht des Tatorts, für die Verletzung von Betriebs- oder Geschäftsgeheimnissen eines im räumlichen Geltungsbereich dieses Gesetzes liegenden Betriebes, eines Unternehmens, das dort seinen Sitz hat, oder eines Unternehmens mit Sitz im Ausland, das von einem Unternehmen mit Sitz im räumlichen Geltungsbereich dieses Gesetzes abhängig ist und mit diesem einen Konzern bildet.

Dieses Nebeneinanderstellen von »*Betrieb und Unternehmen*« in § 5 Nr. 7 StGB ist nicht als rechtlich relevante Wortwahl zu verstehen. Es scheint vielmehr allein auf der Absicht des Gesetzgebers zu beruhen, eine zu häufige Wiederholung des Wortes »*Unternehmen*« zu vermeiden. Mit dieser Handhabung macht der Gesetzgeber aber gerade auch wieder deutlich, dass nach seinem Verständnis im Strafrecht keine Rangunterschiede zwischen »*Unternehmen*« und »*Betrieb*« bestehen. Diese

---

66 Dazu sei auf die ausführliche Kommentierung in **Geßler-Hefermehl-Eckardt-Kropff**, Aktiengesetz, Kommentar, Bd. I, München 1984, § 15 Rn. 6 ff. verwiesen.

67 Vgl. Ausführungen Rdn. 17.

68 Vgl. weitere Ausführungen bei Schönke/Schröder-Lenckner/Perron, a.a.O., § 14 Rn. 28/29; Tröndle/Fischer, a.a.O., § 14 Rn. 8; Göhler/König, a.a.O., § 9 Ren. 44.

69 § 14 Abs. 2 S. 2 StGB.

70 Und in § 130 Abs. 2 OWiG geht die Gleichstellung noch ein Stück weiter, wenn der Gesetzgeber dort betont: »*Betrieb und Unternehmen ist auch das öffentliche Unternehmen.*«.

71 Gleiches gilt für den Bereich des Ordnungswidrigkeitenrechts, siehe § 9 Abs. 2 S. 2 OWiG .

72 »*§ 5 StGB – Auslandstaten gegen inländische Rechtsgüter Das deutsche Strafrecht gilt, unabhängig vom Recht des Tatorts, für folgende Taten, die im Ausland begangen werden:...7. Verletzung von Betriebs- oder Geschäftsgeheimnissen eines im räumlichen Geltungsbereich dieses Gesetzes liegenden Betriebs, eines Unternehmens, das dort seinen Sitz hat, oder eines Unternehmens mit Sitz im Ausland, das von einem Unternehmen mit Sitz im räumlichen Geltungsbereich dieses Gesetzes abhängig ist und mit diesem einen Konzern bildet;*«.

Folgerung lässt sich auch aus § 11 Absatz 1 Nr. 6 StGB ziehen. Nach der Legaldefinition dieser Norm bedeutet »*Unternehmen*« im strafrechtstechnischen Sinne Versuch und Vollendung einer Tat.[73]

Nach meinem Sprachverständnis ist »**Unternehmen**« stets ein **Mehr** als »**Betrieb**« **25** gewesen, hat als die größere Wirtschaftseinheit immer die kleinere mit umfasst. Wir kennen den Handwerksbetrieb als die Unternehmung eines Handwerkmeisters mit Gesellen und Auszubildenden, aber nicht als dessen Handwerksunternehmen. Andererseits kann ein Unternehmen aus mehreren Produktionsbetrieben (-stätten oder -werken) bestehen. Zumindest sprachlich verkörpert »Unternehmen« den Überbau einer Mehrzahl kleinerer Organisationseinheiten.[74]

Wir sprechen beispielsweise von Unternehmenszielen, Unternehmenspolitik, Unternehmensforschung und Unternehmertum. Es handelt sich um Begriffe, die alle einen weiten, wirtschaftlichen Zweck betreffen. Dagegen richten sich Betriebsrat, Betriebsklima, Betriebsferien, Betriebsstätte und Betriebsunfall stärker an den internen Betriebsabläufen aus.

Vor diesem sprachlichen Hintergrund lässt es sich auch nachvollziehen, warum in der juristischen Kommentatur »*Betrieb*« als technisch-organisierte, »*Unternehmen*« aber als rechtlich-wirtschaftliche Einheit verstanden wird.[75]

So kann also ein Unternehmen aus mehreren produktionstechnischen Einrichtungen, sprich Betrieben, bestehen, nicht aber ein Betrieb aus mehreren Unternehmen.[76] Mehrere Unternehmen (nicht Betriebe) können wiederum zu einem Konzern zusammengefasst werden.[77]

---

73   In bestimmten Strafvorschriften (z. B. §§ 81, 82, 184 Abs. 1 Nr. 4, 8, 9, Abs. 3 Nr. 3, 357 StGB) ist der, der etwas »*unternimmt*«, einer Strafdrohung ausgesetzt. In diesen so gen. Unternehmenstatbeständen wird Vollendung einer Tat und deren Versuch gleichgestellt. Dies bedeutet, dass die Strafmilderungsmöglichkeit für den Versuch, § 23 Abs. 2 StGB, entfällt und auch das Rücktrittsprivileg, § 24 StGB, nicht greift; vgl. dazu Hans-Heinrich **Jescheck**/Thomas **Weigend**, Lehrbuch des Strafrechts: Allg. Teil, 5. Aufl., Berlin 1996, S. 267.

74   Schönke/Schröder-Lenkner/Perron, a.a.O. Rn. 28/29; Karlsruher Kommentar zum Gesetz über Ordnungswidrigkeiten, hrsg. von Lothar **Senge**, 3., neu bearbeitete Auflage, München 2006 (zit.: KK-OWiG-Sachbearbeiter, hier:) **Rogall**, § 14 Rn. 68

75   So auch mit weiteren Ausführungen Schönke/Schröder-Lenckner, a.a.O., § 14 Rn. 28/29 und Radtke, in: Münchner Kommentar zum Strafgesetzbuch, Hrsg. Joecks/Miebach, Band 1, §§ 1 – 51 StGB, München 2003 (künftig: MünchKomm/Bearbeiter), § 14 Rn. 87.

76   Dies folgt auch aus einer näheren **Betrachtung des Begriffs der Anlage,** die im Umweltrecht unterschiedlich definiert wird. Eine Legaldefinition enthält § 3 Abs. 5 BImSchG, der jedoch von drei verschiedenen Gruppen von Anlagen ausgeht. Gemeinsame Voraussetzung ist für alle Gruppen das Betreiben, also der Einsatz als technisches Hilfsmittel. Gegenstand der ersten Gruppe sind ortsfeste Einrichtungen, die umgangssprachlich als Fabrik, Werk, Anstalt oder Anlage bezeichnet werden. Die zweite Gruppe bezieht sich auf ortsveränderliche technische Einrichtungen (Maschinen, Geräte) und die dritte Gruppe auf Grundstücke, auf denen Stoffe gelagert oder abgelagert oder Arbeiten durchgeführt werden, die Emissionen verursachen können. Eigene Anlagenbegriffe enthalten z. B. das Wasserrecht und das Abfallrecht (**Sundermann**, in: Otto **Kimminich** (Hrsg.), Handwörterbuch des Umweltrechts, 2. Aufl. Berlin 1996). Mehrere Anlagen können Gegenstand eines Betriebes sein. Betrieb kann als eine Organisation bezeichnet werden, in der unter einheitlicher Leitung Personen in Dienst- oder Arbeitsverhältnissen und Sachen zusammengefasst sind.

26 Nach der **Legaldefinition des Begriffs »Konzern«** in § 18 Absatz 1 Satz 1 und Absatz 2 AktG ist von einem so genannten **Unterordnungskonzern** auszugehen, wenn ein herrschendes und ein oder mehrere abhängige Unternehmen unter der einheitlichen Leitung des herrschenden Unternehmens zusammengefasst sind. Das Merkmal der einheitlichen Leitung ist also konstituierend für die Annahme eines Konzerns.

27 Entsprechendes gilt für den **Gleichordnungskonzern** (§ 18 Absatz 2 AktG). Ein solcher liegt vor, wenn rechtlich selbstständige Unternehmen, ohne dass das eine von dem anderen Unternehmen abhängig ist, unter einheitlicher Leitung zusammengefasst sind. Während in einem Unterordnungskonzern die unter einheitlicher Leitung zusammengefassten Unternehmen im Sinne des § 17 AktG voneinander abhängig sind, fehlen in einem Gleichordnungskonzern solche Abhängigkeiten.[78]

28 Als ›Konzern‹ wird daher allgemein eine bestimmte Art der Verbindung von Unternehmen bezeichnet, die sich unter einheitlicher Leitung befinden. Daneben gibt es nach § 15 AktG weitere Arten der Unternehmensverbindung:

- Unternehmen, die im Verhältnis zueinander in Mehrheitsbesitz stehen (§ 16 AktG),
- Unternehmen, die voneinander abhängig sind oder einander beherrschen (§ 17 AktG),
- Unternehmen, die wechselseitig aneinander beteiligt sind (§ 19 AktG) und
- Unternehmen, die einen Unternehmensvertrag im Sinne der §§ 291, 292 AktG geschlossen haben.

29 Der **Begriff der einheitlichen Leitung** wird in § 18 Absatz 1 Satz 2 AktG dahingehend näher eingegrenzt, dass Unternehmen, zwischen denen ein **Beherrschungsvertrag** gemäß § 291 Absatz 1 Satz 1 AktG besteht oder von dem das eine in das andere gemäß § 319 AktG eingegliedert ist, als unter einheitlicher Leitung zusammengefasst anzusehen sind. Für den Fall der Abhängigkeit nach § 17 AktG wird sogar nach § 18 Absatz 1 Satz 3 AktG vermutet, dass das abhängige Unternehmen mit dem herrschenden Unternehmen einen Konzern bildet, wobei bei Mehrheitsgesellschaften nach § 16 AktG wiederum die Abhängigkeit nach § 17 Absatz 2 AktG vermutet wird. Liegt ein Konzern im Sinne des § 18 AktG vor, ist zwischen – so genannten – Vertragskonzernen und faktischen Konzernen zu unterscheiden.

30 Von einem **Vertragskonzern** spricht man, wenn Unternehmen aufgrund eines Beherrschungsvertrags nach § 292 Absatz 1 Satz 1 AktG oder durch Eingliederung gemäß §§ 319, 320 AktG verbunden werden. Lediglich der Abschluss eines

---

Es ist möglich, dass ein Betrieb aus mehreren Teilen (z. B. Anlagen) besteht, die auch räumlich voneinander getrennt sein können (Creifelds, a.a.O., Stichwort: Betrieb). Mehrere Betriebe können in einem Unternehmen zusammengefasst sein, wenn sie in der Hand einer natürlichen oder juristischen Person und in ihrer Zweckbestimmung miteinander verbunden sind (Creifelds, a.a.O., Stichwort: Betrieb).

77 Vgl. die aktienrechtliche Legaldefinition in § 18 AktG.

78 Dazu **Emmerich**, in: Emmerich/Habersack, Aktien- und GmbH-Konzernrecht, 4. Aufl.., 2005, § 18 Rn. 2 ff.

Beherrschungsvertrages vermag einen Vertragskonzern entstehen zu lassen. Die Begründung anderer Unternehmensverträge im Sinne der §§ 291, 292 AktG, z. B. eines reinen Gewinnabführungsvertrags, führt nicht zur Annahme eines Vertragskonzerns.

Alle anderen Konzerne bezeichnet man als **faktische Konzerne.** Diese unterteilt **31** man weiter in einfache und qualifiziert faktische Konzerne. Die Unterscheidung beruht auf dem jeweiligen Ausmaß der einheitlichen Leitung im Konzern.

3. Die Gerichte

Vordergründig markieren zwei Pole das Spannungsfeld, in dem ein unter Strafe **32** oder Buße gestelltes Fehlverhalten behandelt wird. Steht am Beginn als Ort der Tat im weitesten Sinne das Unternehmen, in dem oder für das ein Delikt begangen wurde oder begangen worden sein soll, so begrenzen auf der anderen Seite die Gerichte als Ort der Ahndung den Vorfall.

Welches Gericht sachlich zuständig ist, richtet sich nach der Bedeutung und dem Umfang des Tatvorwurfs, der im Einzelfall erhoben wird. Welcher Richter oder Spruchkörper die jeweilige Straf- oder Bußgeldsache innerhalb des zuständigen Gerichts zu bearbeiten und zu entscheiden hat, bestimmt ein vor Beginn eines jeden Jahres durch das Präsidium des Gerichts aufzustellender Geschäftsverteilungsplan. Auf diese Weise soll der rechtsstaatliche Grundsatz gewährleistet werden, dass das zur Entscheidung berufene Gericht ›neutral‹ ist, also niemand – ohne Ansehen der Person des oder der Angeklagten – seinem ›gesetzlichen Richter‹ entzogen wird. Das Gericht entscheidet nach seiner freien, aus der mündlichen Hauptverhandlung geschöpften Überzeugung. Es gilt der Grundsatz »Im Zweifel für den Angeklagten« (›in dubio pro reo‹). Dies bedeutet, ist das Gericht nicht von der Schuld eines Angeklagten überzeugt, so darf es ihn nicht verurteilen.

79,9 % aller Verurteilungen wegen Delikten nach dem allgemeinen Strafrecht (634.735 Personen, davon 18 % Frauen) führten im Jahre 2003 zu Geldstrafen, 20.1 % zu Freiheitsstrafen, von denen wiederum zwei Drittel zur Bewährung ausgesetzt wurden.[79]

a) Das Amtsgericht

Zuständig sind für Strafverfahren auf dem Gebiet der Bundesrepublik Deutsch- **33** land **grundsätzlich die Amtsgerichte**[80], sofern nicht im Einzelfall eine höhere Strafe als vier Jahre Freiheitsstrafe oder die Unterbringung in einem psychiatrischen Krankenhaus oder in Sicherungsverwahrung zu erwarten ist, oder die Staatsanwaltschaft wegen der besonderen Bedeutung des Falles Anklage beim

---

[79]   Siehe Jehle, Strafrechtspflege in Deutschland (hrsg. vom BMJ), 4. Auflage, Berlin 2005, S. 29 ff.

[80]   In der Schweiz und in Österreich in etwa mit dem dortigen Bezirksgericht vergleichbar.

Landgericht erhebt.[81] Die besondere Bedeutung ergibt sich aus dem Ausmaß der Rechtsverletzung und/oder ihrer erheblichen Folgen. Sie wurde unter anderem bei einer gefährlichen Körperverletzung mit erheblichen Folgen angenommen.[82] Außerdem wird sie bei allen Delikten, die in der Öffentlichkeit starke Beachtung gefunden haben, anerkannt.[83] In diesen Fällen sowie für bestimmte, abschließend aufgezählte Staatsschutz-, Jugendschutz- und insbesondere Wirtschaftsstrafsachen ist das Landgericht zuständig.[84]

Die **Zuständigkeit des Amtsgerichts** ist auch dann **ausgeschlossen**, wenn es sich um Schwurgerichtsdelikte handelt.[85] Schwurgerichtsdelikte sind Verbrechen, die in § 74 Absatz 2 GVG aufgezählt werden. Dazu gehören beispielsweise der Totschlag,[86] die Körperverletzung mit Todesfolge,[87] die besonders schwere Brandstiftung,[88] die Herbeiführung einer Explosion durch Kernenergie,[89] der Missbrauch ionisierender Strahlen gegenüber einer unübersehbaren Zahl von Menschen,[90] die Beschädigung wichtiger Anlagen mit Todesfolge.[91] Diese Delikte gehören vor die Landgerichte.

– *Stichwort: Strafrichter beim Amtsgericht*

34 *Ist eine Strafsache von geringer Bedeutung* und die Sach- und Beweislage klar, dann kann die Staatsanwaltschaft von einer Anklageerhebung beim Strafrichter oder beim Schöffengericht absehen und an deren Stelle den **Erlass eines Strafbefehls**[92] beantragen oder Antrag auf Aburteilung im beschleunigten Verfahren[93] stellen. Das **Strafbefehlsverfahren** ist als ein Verfahren ohne Hauptverhandlung ausgestaltet. Legt der Beschuldigte aber gegen einen Strafbefehl Einspruch ein[94] oder wird ein Antrag auf Strafverfolgung wegen eines Privatklagedeliktes gestellt, beispielsweise wenn nach einer Rauferei unter Belegschaftsangehörigen einer der Beteiligten Strafantrag wegen leichter Körperverletzung stellt, dann ist der Einzelrichter für Strafsachen beim Amtsgericht (kurz: Strafrichter) zuständig.[95] Dieser wird einen Hauptverhandlungstermin anberaumen. Endet das Verfahren mit einer Verurteilung des Angeklagten, dann ist der Richter nicht an die im Strafbefehl genannte Strafe gebunden; das Urteil kann also ungünstiger für den Angeklagten ausfallen.

---

81 § 24 Abs. 1 Nr. 3 GVG; BVerfGE 9, 223 ff. [229] = NJW 1959, 871 ff. [872].
82 Vgl. BGHSt 26, 29 ff. [34] = NJW 1975, 699 ff. [700].
83 Vgl. Otto Rudolf **Kissel**/Herbert **Mayer**, Gerichtsverfassungsgesetz, Kommentar, 4. Aufl., München 2005, § 24 Rn. 9 ff.
84 §§ 74ff. GVG.
85 § 24 Abs. 1 Nr. 1 GVG.
86 § 212 StGB.
87 § 227 StGB.
88 § 306 b StGB.
89 § 307 StGB.
90 § 309 StGB.
91 § 318 Abs. 4 StGB.
92 §§ 407 – 412 StPO.
93 §§ 417 – 420 StPO.
94 § 410 StPO; zum Strafbefehl vgl. auch Rdn. 3107 ff.
95 § 25 Nr. 1 GVG.

Im **beschleunigten Verfahren**[96] beraumt der Richter die Hauptverhandlung **35** sofort oder in möglichst kurzer Frist an.[97] Es findet kein Zwischenverfahren statt. Die Beweisaufnahme kann vereinfacht werden. Das beschleunigte Verfahren eignet sich somit für Ereignisse, bei denen der Sachverhalt einfach zu klären ist. Dies sind weniger die – meist komplexeren – Strafverfahren aus dem Unternehmensbereich, sondern mehr einfache Verstöße gegen das Ausländergesetz oder Diebstahldelikte.[98] Die Hauptverhandlung muss in einer Frist von maximal sechs Wochen nach der Straftat eröffnet werden. Lehnt der Richter eine Entscheidung im beschleunigten Vorgang z. B. ab, weil er die Beweislage für ein solches Verfahren für nicht klar genug erachtet, wird das Hauptverfahren wie gewohnt durchgeführt.

Der Einzelrichter hat auch über Vergehen zu entscheiden, in denen Geldstrafe **36** bzw. keine höhere Strafe als zwei Jahre Freiheitsentzug zu erwarten ist.[99] Ergibt die Hauptverhandlung, dass die Straftat eine Strafverschärfung erfordert, kann der Einzelrichter eine Freiheitsstrafe bis zu vier Jahren verhängen.[100] Ist ein Verbrechen (Mindeststrafe ein Jahr Freiheitsstrafe) oder ein Vergehen, für das im Falle der Verurteilung eine Freiheitsstrafe zwischen zwei Jahren und vier Jahren zu erwarten ist, angeklagt, dann ist das beim Amtsgericht angesiedelte Schöffengericht zuständig.[101]

– *Stichwort: Steuerstrafabteilung*

Für Strafverfahren wegen Steuerstraftaten gelten grundsätzlich die allgemeinen **37** Gesetze über das Strafverfahren, namentlich die Strafprozessordnung und das Gerichtsverfassungsgesetz.[102] Ist das Amtsgericht in Strafsachen wegen Steuerstraftaten sachlich zuständig, sollen diese Fälle einer Steuerstrafabteilung beim Amtsgericht zugewiesen werden.[103]

Für den Bereich des Steuerstrafrechts enthält § 391 Absatz 1 AO eine Regelung der örtlichen Zuständigkeit. Es ist jeweils das Amtsgericht örtlich zuständig, in dessen Bezirk das Landgericht seinen Sitz hat.

Ist es aufgrund der Größe eines Amtsgerichtsbezirkes nicht sachdienlich, eine eigene Abteilung für Steuerstrafsachen zu errichten, so kann die jeweilige Landesregierung durch Rechtsverordnung einem Amtsgericht für die Bezirke mehrerer Amtsgerichte die Entscheidung in bestimmten Strafsachen zuweisen.[104]

---

96 Dazu: Jürgen **Herzler**, Das Beschleunigte Strafverfahren – ein notwendiger Schritt auf dem richtigen Weg, in: Neue Justiz 2000, 399 ff.
97 § 418 StPO.
98 Siehe dazu Frank **Schellenberg**, Die Hauptverhandlung im Strafverfahren, 2., völlig überarbeitete und erweiterte Auflage, Köln/Berlin/Bonn/München 2000, S. 285 ff. [286].
99 § 25 Nr. 2 GVG.
100 § 24 Abs. 2 StPO; dazu BayObLG NJW 1986, 861 – der Strafrahmen von drei Jahren ist überholt.
101 §§ 24, 25 GVG.
102 § 385 Abs. 1 AO, mit Ausnahme der §§ 385–408 AO.
103 § 391 Abs. 3 AO (i. d. F. v. 10. 09. 1998 [BGBl. I S. 2322]).
104 § 58 Abs. 1 GVG.

– *Stichwort: Schöffengericht*

38 Beim Amtsgericht gibt es neben dem Einzel-Strafrichter ein Gericht höherer Ordnung, und zwar das Schöffengericht.[105] Es setzt sich aus einem Berufsrichter als Vorsitzenden und zwei Schöffen zusammen. Hier werden die Verfahren entschieden, in denen **nicht mehr als vier Jahre Freiheitsstrafe zu erwarten ist**.[106] Dieses Strafmaß grenzt die amtsgerichtliche Strafgewalt von vornherein ein. Bei der Eröffnung des Hauptverfahrens muss deshalb überschlägig prognostiziert werden, ob angesichts des bisherigen Ermittlungsergebnisses nach § 160 StPO und des zu erwartenden Strafmaßes das Amtsgericht überhaupt verhandeln darf.[107]

b) Das Landgericht

39 Beim Landgericht sind kleine und große Strafkammern sowie regelmäßig eine Strafkammer als Schwurgericht eingerichtet.

40 **Die kleine Strafkammer,** d. h. ein Berufs- und zwei Laienrichter,[108] entscheidet in der Hauptverhandlung dann, wenn die Staatsanwaltschaft oder der verurteilte Angeklagte mit einem Urteil des Einzelrichters oder des Schöffengerichts beim Amtsgericht nicht einverstanden ist und deshalb Berufung eingelegt hat.[109]

41 **Die große Strafkammer** wird in 1. Instanz tätig, wenn es sich um Verbrechen handelt, die nicht in den Zuständigkeitsbereich des Amtsgerichts oder des Oberlandesgerichts gehören. Nicht in die Zuständigkeit des Amtsgerichts fallen die Straftaten, in denen eine höhere Strafe als vier Jahre Freiheitsstrafe zu erwarten ist.

Auch ist die große Strafkammer für alle Vergehen und Verbrechen zuständig, die die Staatsanwaltschaft wegen ihrer Bedeutung zum Landgericht anklagt.

Bei Eröffnung der Hauptverhandlung beschließt die große Strafkammer, ob sie in der Hauptverhandlung mit zwei Richtern (einschließlich des Vorsitzenden) und zwei Schöffen oder wegen des Umfangs oder der Schwierigkeit des Falls mit drei Richtern und zwei Schöffen besetzt sein muss.[110] Dies gilt nicht für die Schwurgerichtskammer.

---

105 § 28 GVG.

106 §§ 28, 24 Abs. 1 Nr. 2 GVG. Um die Ausmaße dieses seit dem 1. 03. 1993 gültigen Strafrahmens zu verdeutlichen: Im Jahre 1988 entfielen 82,1 % aller Strafen auf Geldstrafen; lediglich 2,9 % der verhängten Freiheitsstrafen waren solche von mehr als drei Jahren.

107 Vgl. Karlsruher Kommentar zur Strafprozessordnung und zum Gerichtsverfassungsgesetz mit Einführungsgesetz, hrsg. von Gerd **Pfeiffer**, 5., neu bearb. Aufl., München 2003 (zitiert: KK-StPO-Sachbearbeiter, hier:), Tolksdorf, § 207 StPO Rn. 10; Lutz **Meyer-Goßner**, Strafprozessordnung, 50. Aufl., München 2007, § 207 Rn. 3.

108 Also eine dem Schöffengericht beim Amtsgericht vergleichbare Zusammensetzung (mit einer Majorität des Laienelements). Außerhalb der Hauptverhandlung entscheidet der Vorsitzende allein.

109 § 76 GVG, § 312 StPO, § 33 b Abs. 1 JGG. In Hauptverhandlungen gegen Entscheidungen des erweiterten Schöffengerichts ist ein zweiter Berufsrichter hinzuzuziehen.

110 § 76 Abs. 2 GVG. Bei Stimmengleichheit entscheidet Stimme des Vorsitzenden, § 196 Abs. 4 GVG. Doch vielfach Zweidrittelmehrheit erforderlich, § 263 StPO.

An den Landgerichten, in deren Bezirk ein Oberlandesgericht seinen Sitz hat, ist unter anderem eine kleine Strafkammer als 1. Instanz für Wirtschaftsdelikte zuständig.

Die Gerichte definieren die Zuständigkeit der Wirtschaftsstrafkammern über Verfahren, deren Durchführung wirtschaftliches Spezialwissen erfordern:[111] **42**

»... die Zuständigkeit der Wirtschaftsstrafkammer gem. § 74c Abs. 1 Nr. 6 GVG nur dann gegeben ist, wenn das Verfahren wegen wirtschaftlicher Zusammenhänge, die außerhalb der allgemeinen Erfahrung liegen, ein besonderes Spezialwissen erfordert. Das ist namentlich dann der Fall, wenn durch den Missbrauch komplizierter und schwer zu durchschauender Mechanismen des modernen Wirtschaftslebens Straftaten begangen werden.[112] Die Einrichtung besonderer Wirtschaftsstrafkammern soll nämlich dazu dienen, mit Hilfe der Spezialkenntnisse, die sich zumindest die Berufsrichter durch Zusatzschulungen oder ihre ständige Beschäftigung mit den Verfahrensweisen des Wirtschaftslebens erworben haben, eine bessere Sachaufklärung zu erreichen. Die Zuständigkeit der Wirtschaftsstrafkammer wird dagegen nicht bereits durch die Höhe des Schadensumfanges, die Zahl der Täter oder Geschädigten, die Stofffülle bzw. den Umfang oder die Schwierigkeiten der Ermittlungen begründet.[113] Zur Beurteilung der vorliegenden Straftaten sind spezielle Kenntnisse auf ökonomischem Gebiet im vorgenannten Sinne nicht erforderlich. Das wäre nur der Fall, wenn diese Straftaten Bereiche berührten, die nur mit Spezialkenntnissen überschaubar und überprüfbar wären. Um derartige Straftaten handelt es sich hier aber nicht. Dem Angeklagten wird Untreue durch Ausstellung von »Luftrezepten«, Betrug durch Abrechnung nicht erbrachter ärztlicher Leistungen sowie Beihilfe zu von einem anderen Arzt in gleicher Weise begangenen Straftaten vorgeworfen.

Zur Beurteilung dieser Sachverhalte sind zwar Kenntnisse des ärztlichen Gebühren- und Abrechnungswesens, aber keine Spezialkenntnisse über komplizierte, nur schwer zu durchschauende wirtschaftliche Zusammenhänge erforderlich.[114] Entgegen der Auffassung der Generalstaatsanwaltschaft begründet auch das Verständnis von der Funktionsweise des Apothekenwarenwirtschaftsprogramms kein derartiges Spezialwissen. Insoweit mögen über die bereits in der Anklageschrift verständlich und nachvollziehbar beschriebenen Abläufe hinausgehende – ggf. durch einen Sachverständigen zu vermittelnde – datenverarbeitungstechnische Kenntnisse erforderlich sein, nicht jedoch besondere Kenntnisse im Sinne des § 74c Abs. I Nr. 6 StPO.«

So werden der **Wirtschaftsstrafkammer**[115] beispielsweise Verfahren wegen Insolvenzdelikten, wegen Computer- oder Subventionsbetrugs, Straftaten nach dem **43**

---

111   So das nachstehende Zitat des Saarländisches OLG (Beschl. v. 19. 06. 2007 – 1 Ws 111/ 07) wistra 2007, 360
112   Vgl. OLG Koblenz NStZ 1986, 327; OLG München JR 1980,77; OLG Düsseldorf JMBPNRW 1990,155; Meyer-Goßner, a. a. O., Rdn 5 zu § 74c GVG
113   OLG München a. a. O.; Kissel, a. a. O., § 74c Rn. 5
114   Vgl. zum Fall des ärztlichen Abrechnungsbetruges OLG Düsseldorf JMBlNRW 1990, 155; OLG Köln wistra 1990, 79
115   Der in § 74c GVG genannte Katalog von Wirtschaftsdelikten eröffnet aber nur dann die Zuständigkeit der landgerichtlichen Strafkammer, wenn die Straftat von besonderer Bedeutung ist bzw. die Rechtsfolgenkompetenz des Amtsgerichts (§ 24 Abs. 2 GVG) nicht ausreicht; vgl. § 74c Abs. 1 GVG, dazu Meyer-Goßner, a.a.O., § 74c GVG Rn. 2.

Gesetz gegen den unlauteren Wettbewerb, nach anderen handelsrechtlichen Gesetzen (Aktiengesetz, GmbH-Gesetz, Genossenschaftsgesetz, Börsengesetz etc.), nach dem Wirtschaftsstrafgesetz, dem Außenwirtschaftsgesetz, nach dem Weingesetz[116] und dem Lebensmittelrecht, nach dem Steuer- und Zollrecht zugewiesen.[117] Für Letztere sind die Wirtschaftsstrafkammern zuständig seit Beseitigung der besonderen Steuerstrafkammern durch das am 1. Januar 1979 in Kraft getretene Strafverfahrensänderungsgesetz (StVÄG).[118]

Die Strafkammer für Wirtschaftssachen ist weiterhin zuständig für Fälle des Betrugs (auch des Computerbetrugs), der Untreue, Korruptionsdelikte (Bestechung und Bestechlichkeit im geschäftlichen Verkehr, Bestechung und Vorteilsgewährung) und des Wuchers zuständig, deren Beurteilung besondere wirtschaftliche Kenntnisse voraussetzt.[119]

44 Eine große Strafkammer ist als **Schwurgericht** zuständig, wenn besonders schwere Verbrechen zur Entscheidung anstehen. Drei Richter und zwei Schöffen entscheiden über Verbrechen wie Mord,[120] Totschlag,[121] Herbeiführung einer Explosion,[122] den Missbrauch ionisierender Strahlen[123] etc.

c)   Das Oberlandesgericht

45 Das Oberlandesgericht, in Berlin traditionell **Kammergericht** genannt, hierarchisch dem Landgericht übergeordnet, ist in Senate aufgegliedert.

46 In 1. Instanz werden in den zu verhandelnden **Staatsschutzsachen** wie Friedens-, Hoch- und Landesverrat, Attentate fünf Richter tätig.[124]

47 Schließlich ist das Oberlandesgericht in Strafsachen als **Rechtsmittelinstanz** für die **Revision** gegen die Berufungsurteile der großen und kleinen Strafkammern

---

116 Exemplarisch hierfür soll der **»Mainzer Weinpanscherprozess«** vor der 5. großen Strafkammer – Wirtschaftsstrafkammer – des Landgerichts Mainz im Jahre 1989 genannt werden. Am 11. 12. 1989 verurteilte das Landgericht drei Hauptangeklagte zu Freiheitsstrafen zwischen 6 $^1/_4$ und 7 $^1/_2$ Jahren wegen Betrugs und Beihilfe zum Betrug. Vier weitere Angeklagte erhielten wegen Beihilfe zum Betrug Haftstrafen bis zu zwei Jahren, die auf drei Jahre zur Bewährung ausgesetzt wurden. Die Wirtschaftsstrafkammer sah es als erwiesen an, dass die drei Hauptangeklagten zwischen 1978 und 1982 knapp 50 Mio. Liter Wein unter Zugabe von Zucker und Traubenmost verfälscht und verkauft hatten (vgl. FAZ Nr. 288 v. 12. 12. 1989, S. 11; SZ Nr. 285 v. 12. 12. 1989, S. 44; verletzte Strafnormen: §§ 263 StGB, 67, 68 Weingesetz).
117 § 74c GVG.
118 BGBl. I 1978, S. 1645; § 391 Abs. 3 AO 1977.
119 § 74c GVG in Verb. mit §§ 74abs. 1, 24 Abs. 1 Nr. 3, Abs. 2 GVG. Nur wenn eine Katalogtat von besonderer Bedeutung ist oder die Rechtsfolgenkompetenz des Amtsgerichts nicht ausreichend ist, gehört ein Verfahren vor die Wirtschaftsstrafkammer; OLG Stuttgart wistra 1986, 191 ff. [192].
120 § 211 StGB.
121 § 212 StGB.
122 §§ 307, 308 StGB.
123 § 309 StGB.
124 §§ 74a, 122 Abs. 2 GVG.

des Landgerichts zuständig. In diesen Verfahren sind die Senate mit drei Richtern besetzt.

Ferner werden beim Oberlandesgericht die mit der **Sprungrevision** angefochte- **48** nen Urteile des Strafrichters und des Schöffengerichts beim Amtsgericht entschieden.[125] Dieses Rechtsmittel heißt bezeichnenderweise Sprungrevision, weil mit ihm die zulässige Berufungsinstanz gegen das erstinstanzliche Urteil übersprungen wird.[126] Kommt es dem Beschwerdeführer nur darauf an, Rechtsfragen zu klären, akzeptiert er also die Tatsachenebene, dann soll ihm mit der Sprungrevision eine zweite Tatsacheninstanz erspart bleiben.[127]

Das Oberlandesgericht wird dann nicht tätig, wenn die Revision neben der Verlet- **49** zung von Landesgesetzen[128] auch auf die Verletzung von Bundesrecht gestützt wird. In diesen Fällen ist die Zuständigkeit des Bundesgerichtshofs begründet.

d)   Der Bundesgerichtshof

Am Bundesgerichtshof entscheiden derzeit fünf Senate über die vorgelegten Straf- **50** sachen. Die ersten vier Strafsenate des Bundesgerichtshofs haben ihren Sitz in Karlsruhe, der 5. Strafsenat sitzt seit dem Jahre 1997 in Leipzig. Jeder Strafsenat setzt sich aus jeweils fünf Berufsrichtern zusammen.[129]

Von diesem neben dem Bundesverfassungsgericht bekanntesten obersten Gericht der Bundesrepublik Deutschland werden nur **Revisionsverfahren** gegen erstinstanzliche Urteile der Oberlandesgerichte und der großen Strafkammern der Landgerichte sowie der Schwurgerichte in den Fällen, in denen ein Oberlandesgericht unzuständig ist, entschieden.[130] Nach dem Geschäftsverteilungsplan des Bundesgerichtshofs für das Geschäftsjahr 2006 waren u. a. zugewiesen die Revisionen in Strafsachen der Oberlandesgerichtsbezirke

- Bamberg, Karlsruhe, München, Nürnberg und Stuttgart dem 1. Strafsenat
- Frankfurt am Main, Jena, Koblenz und Köln   dem 2. Strafsenat
- Celle, Düsseldorf, Oldenburg und Schleswig   dem 3. Strafsenat
- Hamm, Naumburg, Rostock, Saarbrücken und Zweibrü- dem 4. Strafsenat
  cken
- Brandenburg, Braunschweig, Bremen, Dresden , Hamburg sowie des Kammergerichts in Berlin   dem 5. Strafsenat.

---

125   § 121 GVG.
126   § 335 StPO.
127   Vgl. BGHSt 2, 63 ff. [65]; BGHSt 5, 338 ff. [339].
128   »Landesgesetz« ist das von einem Land durch Gesetz oder Rechtsverordnung geschaffene Recht; vgl. BVerfGE 18, 407 = NJW 1965, 1371 f. [1372].
129   § 139 GVG.
130   §§ 135, 74 Abs. 1, 2 GVG.

51

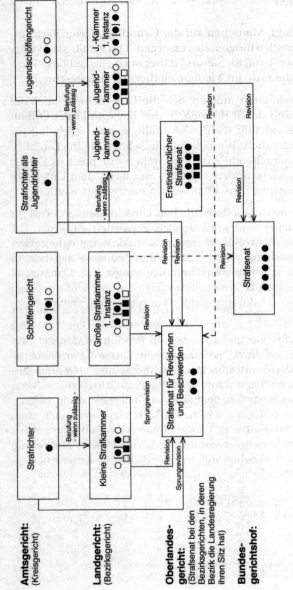

Amtsgericht:
(Kreisgericht)

Landgericht:
(Bezirksgericht)

**Oberlandes-
gericht:**
(Strafsenat bei den
Bezirksgerichten, in deren
Bezirk die Landesregierung
ihren Sitz hat)

**Bundes-
gerichtshof:**

● Berufsrichter

○ ehrenamtlicher Richter (Schöffe)

■ / □ Abweichende Besetzung in der ehemaligen DDR

(...) Abweichende Bezeichnung/Regelung in der ehemaligen DDR ohne Ostberlin

[ ] Besetzung nach Bedarf

4. Öffentlichkeit und Medien

Unternehmen sind darauf angelegt, Menschen auf der Grundlage freier Vertrags- **52** schließung mit Gütern und Dienstleistungen zu versorgen. Das heißt, sie existieren im und vom gesellschaftlichen Umfeld. Sie sind daher auch ein Teil des »Weltdorfs«, wie Marshall **McLuhan** die Erde im Medienzeitalter trefflich beschreibt.[131]

Als Part dieser dörflichen Gemeinschaft müssen sich die Unternehmer aber der **53** sozialen Kontrolle unterziehen und damit rechnen, in den Blickpunkt der Öffentlichkeit[132] zu geraten, wenn sie auffällig werden. Auffälligkeit als solche ist für ein Unternehmen noch nicht abträglich. Werbefachleute sehen sie buchstäblich herbei, so lange die mit ihr einhergehende Aufmerksamkeit nur positive Folgen für das Unternehmen verspricht. Ganz anders sieht das aus, wenn dem Unternehmen und seinen Mitarbeitern negative Verhaltensweisen nachgesagt werden.

Unternehmen agieren heute in einem gesellschaftlichen Umfeld, das fordernd bis **54** misstrauisch, oft aber nur unsicher und argwöhnisch geworden ist. Auch die jeweiligen Unternehmensmitarbeiter wollen überzeugt sein, dass ihr Arbeitgeber angesehen und vom Umfeld geschätzt wird.[133] Aufgrund teilweise aggressiver Darstellungen der Medien von z. B. Umweltskandalen, Angst vor Datenmissbrauch, Rationalisierung von Arbeitsplätzen etc. wird das moderne Unternehmen gut daran tun, sich auf potenzielle Diskussionsfelder vorzubereiten, anstatt abzuwarten, in die Schlagzeilen zu geraten.

Der Unternehmer wird sich mehr und mehr mit seinen Produkten der Art und **55** Weise seiner Produktion (Automatisierung, Sonntagsarbeit, Giftstoffe am Arbeitsplatz) und mit seinen Produktionsstandorten (Naturschutzgebiete, Niedriglohnländern etc.) auseinander zu setzen haben, um dem, teilweise durch die Medien entstandenen Druck der Öffentlichkeit entgegenzutreten. Hierbei ist ein offenes und klares Informationskonzept hilfreich, welches jedoch nicht erst nach dem negativen, Image schädigenden Ereignis vom Unternehmen veröffentlicht werden sollte. Aus eigener, leidvoller Unternehmenserfahrung berichtet Karl **Holoubek**, zur Zeit des Rosenmontag-Falls[134] Mitglied des Vorstands der Hoechst AG, von seiner einschlägigen Erfahrung:

> *»... wir hatten damals allein in den elektronischen Medien 36 Stunden Sendezeit mit über 1000 kritischen bis hochdramatischen Berichten. Unter Berücksichtigung der*

---

131 McLuhan, a.a.O., S. 177 ff.

132 Öffentlichkeit im Sinne des Begriffs »*Allgemeinheit*«, vgl. Brockhaus-Enzyklopädie in 24 Bänden, 19., völlig neu bearbeitete Auflage, 16. Band, Mannheim 1991, Stichwort: Öffentlichkeit.

133 Die Schweizer Prognos AG führte 1990 an deutschen Universitäten eine Befragung von 9000 Studenten der Wirtschaftswissenschaften durch. Auf die Frage, was ihnen bei der ersten Anstellung sehr wichtig sei, gaben 88 % den Spaß an der Arbeit, 67 % ein gutes Betriebsklima und 66 % eine sinnvolle Tätigkeit als wichtige Kriterien bei der Arbeitsplatzsuche an (Gerd **Eidam**, Unternehmenshaftung und Wirtschaftsethik – Rahmenbedingungen oder unternehmerische Handlungsgrundlage?, in: Investitionsgüter- und High-Tech-Marketing (ITM), Hrsg. Richard Hofmaier, 2. Auflage, Landsberg/Lech 1993, S. 589 ff. [613].

134 Siehe dazu die Falldarstellung auf Rdn. 672 f.

Einschaltquoten ergibt sich, dass jeder Deutsche im Alter von mehr als 6 Jahren im Verlauf von 6 Wochen 12,5 mal mit ausschließlich negativen Meldungen und Kommentaren über Hoechst konfrontiert wurde, die zahllosen Beiträge in den Printmedien nicht mitgerechnet. Hoechst war praktisch über Nacht in eine Kommunikationskrise geraten. Das Bild von Hoechst hat den ›Störfall als Prüfstein‹ nicht ohne schwere Beschädigung überstanden.«[135]

56 Die **Informationspolitik eines Unternehmens**, sowohl gegenüber den Mitarbeitern als auch gegenüber der Öffentlichkeit, ist – neben anderen Faktoren wie Qualität der Produkte, Produktivität und Rentabilität – eine langfristige Investition, die aber z. B. bei Störfällen ihre Rendite bringt.[136]

57 Eine wichtige Aufgabe für Unternehmer besteht u. a. darin, den Markt nicht nur in Bezug auf ihre Produkte zu sehen, sondern auch als Markt der Meinungen und Wertschätzung zu bearbeiten.[137] Hierbei ist es notwendig, eventuell gefestigten negativen Meinungen entgegenzutreten und durch Vertrauen und Glaubwürdigkeit einen Konsens herzustellen. Diese Notwendigkeit schien Josef **Ackermann**, der Vorstandsvorsitzende der Deutschen Bank, aus den Augen verloren zu haben, als er am 21. Januar 2005, dem ersten Verhandlungstag im so genannten Mannesmann-Prozess[138] vor dem Landgericht Düsseldorf die Finger hob und lächelnd hin zu dem Mitangeklagten Klaus **Esser** Churchills Siegesgeste, das V-Zeichen, machte. Es war wohl mehr eine Verlegenheitsgeste, in gänzlich fremder Umgebung gezeigt, sie ging aber in Windeseile als Zeichen der Arroganz und Respektlosigkeit um den Erdball.[139]

Welche Reaktionen ein Unternehmen, das in der Öffentlichkeit erst einmal negativ aufgefallen ist, erfahren kann, zeigt auch der nachstehende Abschnitt.

a) Öffentliche Reaktionen auf Ermittlungs- und Strafverfahren gegen Unternehmensangehörige

aa) Presseberichterstattung

58 In einem Gespräch sagte der ehemalige Wirtschaftsjournalist und Mitbegründer des Magazins »DER SPIEGEL« Leo **Brawand**: *»Ich sähe gern einen Manager wegen Umweltsünden im Gefängnis«.*[140] Ist dieser Wunsch Brawands einmalig, oder wird er allgemein von Journalisten geäußert? Versteckt sich hinter dieser Aussage eine generell ablehnende Haltung der Medien gegenüber den Unternehmen und ihren Mitarbeitern? Müssen die Betroffenen unter diesen Umständen damit rechnen,

---

135 Unternehmenspolitik und ihre Kommunizierbarkeit – der Störfall als Prüfstein, in: Risiko – Störfall – Kommunikation 1, Hrsg. Rolf **Gerling**/ Otto-Peter **Obermeier**, München 1994, S. 69 ff. [69].

136 Blick durch die Wirtschaft, Nr. 177 v. 13. 09. 1991, S. 7; dazu auch Judith **Reicherzer**, Katastrophe nach Plan, Krisenmanagement: Erst die falsche Reaktion macht die Panne zum Skandal. Unternehmen wappnen sich mit ausgefeilten Notfallstrategien, in: DIE ZEIT, Nr. 34 v. 14. 08. 1992, S. 21; vgl. auch Rdn. 3162 ff.

137 Blick durch die Wirtschaft, Nr. 177 v. 13. 09. 1991, S. 7

138 Siehe die Darstellung auf Rdn. 2102 ff..

139 Vgl. nur Rdn. 3367 f.

140 Vgl. Management Wissen 2/1987, 92 ff. [93].

im Falle bekannt gewordener betrieblicher Unregelmäßigkeiten von der Presse öffentlich angeprangert zu werden? Wir wollen diesen Fragen nachgehen. Was böte sich hierzu besser an, als die Berichterstattung über derartige Vorkommnisse einmal genauer zu betrachten.

Schlagzeilen wie

> »Die Verseucher des Rheins sollen bestraft werden«[141] oder»Vier Firmenchefs vergifteten eine bayerische Stadt«[142]

enthalten nicht gerade freundliche Töne. Vielmehr deuten die Formulierungen auf ein gespanntes Verhältnis, sogar auf ein Feindbild zwischen Unternehmen und Medien hin.

Wie kommt es dazu?

bb) Misstrauen gegenüber Fremden und Fremdem – Die Fremden

Ein Beispiel des Kommunikationsexperten Klaus *Apitz*[143] veranschaulicht die **59** gegenwärtige Situation der Unternehmen in der Öffentlichkeit.

Vor 100 Jahren begann ein Bastler mit Unternehmungsgeist, Bleistifte zu produzieren. In einem kleinen Schuppen hinter seinem Haus betrieb er gemeinsam mit einem Mitarbeiter eine Werkstätte. Die Nachbarn kannten die beiden Handwerker. Für einen kleinen Plausch zwischendurch waren alle gern bereit. Die Geschäfte florierten und bald schon konnte unser Kleinunternehmer expandieren. Er baute an und baute aus, stellte mehr und mehr Personal ein.

Heute steht eine große Fabrik dort, wo sich früher der kleine Schuppen im Garten befand. Schornsteine qualmen, Produktionsanlagen lärmen und eine hohe Mauer versperrt nicht nur den Einblick, sondern auch den Zutritt. Die Nachbarschaft steht außen vor. Was sich hinter den Fassaden abspielt, ist nicht bekannt. Wollten die Nachbarn hinein, wie einst ihre Großeltern, so müssten sie sich erst ausweisen und auf eine Besuchserlaubnis warten. Diese Szenerie wirkt befremdend. Neuigkeiten aus dem Bereich des Unternehmens erfährt die Umgebung nur noch aus zweiter Hand, aus den Medien.[144]

Die **Massenmedien** haben die **Aufgabe** übernommen, die **Öffentlichkeit herzu-** **60** stellen.[145] Sie ermöglichen Dritten, sich einander über ein Medium mitzuteilen. Daneben haben die Massenmedien eine Integrationsfunktion in der Gesellschaft.

Sie wecken das Interesse des Einzelnen nach Identifikation mit gemeinsamen Zielen. Ferner nehmen die Medien eine Kontrollfunktion im staatlich-gesellschaftlich-

---

141   HAZ Nr. 279 v. 01. 12. 1986, S. 2.

142   Münchener Abendzeitung, Nr. 260 v. 09. 11. 1988, S. 2.

143   Interview mit **Apitz**, »Feindbilder abbauen«, in: natur 9/1988, 25 f.

144   Medien: Sprachrohr der Öffentlichkeit, angefangen mit den öffentlichen Diskussionen in den Salons, Cafés etc. über Tages- und Zeitschriftenpresse, über Hörfunk, Fernsehen und Datenbankorganisationen (vgl. Meyers Enzyklopädisches Lexikon, Bd. 17, a.a.O., Stichwort: öffentliche Meinung, S. 576, Stichwort: Öffentlichkeit, S. 577).

145   Brockhaus Enzyklopädie, a.a.O., 16. Band, Schlüsselbegriff: öffentliche Meinung; **Reus**, »Distanz mit Zusammenarbeit«, in: Futura 12/1988, 21 ff. [22].

pluralistischen Gesamtsystem ein. Last, but not least – so die Idealvorstellung – kommt ihnen eine Bildungsfunktion zu. Kurz: Die Medien bereiten Informationen auf und vermitteln sie den Bürgern, damit diese eine Meinung entwickeln können.[146]

Über diese Medien wird also das Bild des Unternehmens, wie es in den Augen der Journalisten erscheint, in die Öffentlichkeit getragen.[147]

cc) Das Fremde

61 In Anbetracht ständig komplexer werdender Sachverhalte ist eine Schwemme von Informationen zusammenzufassen und verständlich zu präsentieren. Das ist bei der steigenden Informationsflut nicht einfach, wenn man sich vor Augen führt, dass sich das verfügbare Wissen der Menschheit bis zum heutigen Tag ungefähr so entwickelt hat:

* *1800–1900 Verdoppelung des menschlichen Wissens*
* *1900–1950 wiederum eine Verdoppelung*
* *1950–1960 eine erneute Verdoppelung*
* *1960–1966 nochmals eine Verdoppelung*
* *ab 1966 verdoppelt sich das Wissen im Fünfjahresrhythmus (mit zunehmender Geschwindigkeit).*[148]

62 Ungefähr 90 % aller Wissenschaftler, die je arbeiteten, forschen in der Gegenwart und produzieren in überschlägiger Betrachtung

* jede Minute eine neue chemische Formel,
* alle drei Minuten einen neuen physikalischen Zusammenhang.[149]

63 »Der Mensch wird von der Naturwissenschaft überfallen«, beklagt der Laborleiter einer Kosmetikfirma das Problem, das Journalisten wie Verbraucher plagt.[150] So musste ein Chemiker, der gewissenhaft auf dem neuesten Wissensstand seines Berufes sein wollte, bereits im Jahre 1987 530.000 Laborberichte, Doktorarbeiten und Fachzeitschriftenartikel lesen.[151]

64 Viele Journalisten, die Ökologiethemen bearbeiten, sind der Inflation von Umweltinformationen aller Art fachlich nicht gewachsen.[152] Die Inflation an Wissen lässt nicht nach. Nein, sie beschleunigt weiter. Zu Beginn des Jahres 2000 testeten beim Pharmakonzern Bayer AG Roboter im Rahmen des so genannten

---

146 Franke **Höbermann**, Der Gerichtsbericht in der Lokalzeitung: Theorie und Alltag, Baden-Baden 1989, S. 111 ff.

147 Vgl. Höbermann, a.a.O., S. 53 ff.

148 Siehe dazu http://de.wikipedia.org/wiki/Informationsexplosion.

149 Hartmut **Volk**, »Die Presse: Unkomplizierte Partner in Sachen Zukunftssicherung«, ZFV 14/1988, 358 ff. [359]; siehe auch Rdn. 8.

150 Vgl. **Grefe/Sontheimer**, »Es grünt so grün«, in: DIE ZEIT, Nr. 19 v.0 6. 05. 1988, S. 13.

151 »DER SPIEGEL«, Nr. 11 v. 12. 03. 1990, S. 98 ff. [98]; Gerd **Eidam**, Unternehmen, Umwelt und Strafe, in: Eidam/Leisinger/Rohlinger, Umwelt, Aussagen zum strafrechtlichen Risiko der Unternehmen und ihrer Mitarbeiter, Broschüre der HRV HANNOVER RECHTSSCHUTZ Versicherungs-Aktiengesellschaft, Hannover 1990, S. 14.

152 Vgl. Grefe/Sontheimer, a.a.O., S. 13.

Ultra-Hochdurchsatz-Screenings bis zu 300.000 Substanzen pro Tag. In den Siebzigerjahren bewältigten Wissenschaftler nicht mehr als hundert Tests dieser Art am Tage.[153]

Diese rasante Steigerung an Information kommt nicht von ungefähr. Sie geht mit **65** der zunehmenden Technisierung einher. Die neuen Medien haben die Welt, vor allem die Welt der Wirtschaft erobert, zumindest stehen sie kurz davor.[154] Immer schwieriger wird es deshalb auch für Fachleute, fremde Sachzusammenhänge zu erfassen und weiterzugeben.

Die Transparenz von wirtschaftlichen Verflechtungen und betrieblichen Vorgän- **66** gen wird auch dadurch erschwert, dass die Unternehmensangehörigen und die außenstehenden Beobachter nicht unbedingt ein und dieselbe Sprache sprechen.[155] Auf der einen Seite stehen die Technikorientierten, auf der anderen Seite die Geisteswissenschaftler (Kulturorientierten).

Weil die einzelnen Gruppen die jeweilige Fachsprache nicht verstehen, können sie auch kein Verständnis für die professionellen Zwänge und Schwächen der anderen Seite entwickeln.[156]

Ein effizienter Gedankenaustausch bleibt aus. Das erforderliche Vertrauen entsteht nicht, weil man die Beweggründe der anderen nicht nachvollziehen kann.[157] Oder, wie **Holoubek** seine Erkenntnis zusammenfasst:

> »*Kommunikation darf nicht in erster Linie einer Strategie der Selbstdarstellung folgen. Im Mittelpunkt muss die Beantwortung von Fragen aus dem Umfeld stehen und die Aufarbeitung von Problemen und Ängsten der Öffentlichkeit. Natürlich muss da viel Selbstdarstellung einfließen, aber eben nicht in erster Linie. Sonst kann es zu der grotesken Situation kommen, dass mit erheblichem Umfang Fragen beantwortet werden, die niemand stellt, während die Probleme der Menschen im Umfeld ohne schlüssige, verständliche und akzeptierbare Antworten bleiben.*«[158]

Das Misstrauen der Öffentlichkeit wächst noch, wenn ein Unternehmen aus **67** Angst, in der Öffentlichkeit falsch verstanden zu werden, sich abkapselt und nur scheibchenweise über einen Zwischenfall berichtet. Diese »*Wagenburg-Politik*« bewirkt nicht selten das Gegenteil vom Gewollten. Sie schafft einen breiten Raum

---

153 Nach Claas **Thomsen**, Tauchgang in der Pharmaküche, in: »DER SPIEGEL«, Nr. 8 v. 21. 02. 2000, S. 264 ff. [265].

154 Zitate aus Jürgen **Scriba**, Spiel nach neuen Regeln, in: »DER SPIEGEL«, Nr. 8 v. 21. 02. 2000. S. 120 ff.: »*Das Internet beflügelt die Wirtschaft. \u Der Cyberspace verkam zum Alltag. \u Auf dem Wirtschaftgipfel in Davos klagte (Bill) Gates über Info-Müll im Internet, als handele es sich um eine planetare Ökokatastrophe. \u Die Frage, ob und wann die Welt online geht, stellt schon lange keiner mehr. Die Frage ist nur noch, wer bis dahin die besten Claims im Datenland abgesteckt hat. \u Das neue Denken erfasst inzwischen auch die etablierten Industrien. \u*«.

155 Vgl. **Maucher**, zitiert in KARRIERE, Nr. 20 v. 13. 05. 1988, S. K 2.

156 Vgl. **Beger/Gärtner/Mathes**, Unternehmenskommunikation, Wiesbaden/Frankfurt a. M. 1989, S. 168.

157 **Röglin**, »Weg aus der Vertrauenskrise«, in: Management Wissen 1/1988, 30 ff. [33].

158 Unternehmenspolitik und ihre Kommunizierbarkeit – der Störfall als Prüfstein, in: Risiko – Störfall – Kommunikation 1, Hrsg. Rolf **Gerling**/ Otto-Peter **Obermeier**, München 1994, S. 69 ff. (88).

für Spekulationen.[159] Wenn sich dann später noch die eine oder andere Mutmaßung als gerechtfertigt erweist, schwindet das Vertrauen in das Unternehmen völlig. Wie die Glaubwürdigkeit eines Unternehmens aufgrund einer verfehlten Medienpolitik in Umweltsachen aufs Spiel gesetzt werden kann, belegt das Vorgehen der Sandoz AG im Rahmen des Brandes in Schweizerhalle bei Basel. Wochenlang lieferte das Unternehmen negative Schlagzeilen.[160] Oder aber, wenn ein Unternehmen vermeintlich Fakten verniedlicht oder Informationen verschleppt. Zitieren wir noch einmal aus dem Beitrag von **Holoubek,** hier zu den ausgetretenen chemischen Substanzen:

> *»Der Werksleiter von Griesheim hat völlig korrekt aus dem Sicherheitsdatenblatt, das nach DIN genormt ist, zitiert, dass ortho-Nitroanisol ›mindergiftig‹ sei. Dieser Ausdruck ist keine verharmlosende Hoechster Wortschöpfung, wie es später in der Presse dargestellt worden ist, sondern die offizielle, fachgerecht Klassifizierung der Substanz. In den Medien und in der Öffentlichkeit wurde das als ›Vertuschen durch Fachsprache‹ empfunden. ...*
>
> *Die Deutsche Presse-Agentur (DPA) versuchte, bei dem Würzburger Toxikologie-Professor Dietrich Henschler mehr über ortho-Nitroanisol zu erfahren. Dieser erklärte, der Stoff stünde in Verdacht, Krebs zu erregen. Um 15:55 Uhr ging eine entsprechende Agenturmeldung über die Fernschreiber. Hoechst konnte diese Meldung erst am nächsten Tag nach Überprüfung im eigenen Haus bestätigen, hat also nicht aktiv als erster informiert. Diese Kommunikationspanne hat natürlich das Vertrauen in die Hoechster Kommunikationspolitik schwer erschüttert. ...*
>
> *Man kann nachempfinden, was in den Menschen vorgeht, die einen Tag lang beim Autowaschen oder bei anderen Reinigungsarbeiten Kontakt mit dem Stoff hatten, von dem sie jetzt mit Verspätung erfuhren, dass er karzinogen ist. Später hat dann ein Gremium von namhaften Toxikologen ... festgestellt, dass ein reales Krebsrisiko praktisch nicht bestanden hat. Aber das spielt in diesem Zusammenhang keine Rolle.«[161]*

68 Empfindlich reagieren die Medien und damit auch die Öffentlichkeit auf Zwischenfälle im Unternehmen insbesondere deshalb, weil das Fehlverhalten häufig Breitenwirkung hat. Jeder Entschluss, jede Produktionsentscheidung hat gesellschaftliche Bedeutung.

Wenn aus einem Werk Chemikalien entrinnen, kann dadurch das Grundwasser verseucht werden und somit die Allgemeinheit schädigen. Vertreibt ein Automobilhersteller Pkws mit defekten Bremssystemen, werden dadurch die Straßenverkehrsteilnehmer in Gefahr gebracht.

dd) Information als Ware

69 Kriminalgeschichten haben ihren eigenen Reiz. Autoren wie Conan **Doyle,** Donna **Leon,** Raymond **Chandler** werden weltweit gern gelesen. Noch mehr faszinieren uns die wahren Kriminalfälle des Lebens. Auch ohne – wie Friedrich von **Schil-**

---

159 So der stellvertretende »Bild«-Chefredakteur **Mumme,** zitiert in: Eisele, »Kommunikation muss mehr als Kosmetik sein«, in: VDI-nachrichten v. 14. 10. 1988, 14.

160 **Wicke/Haasis/Schafhausen/Schulz,** Betriebliche Umweltökonomie, München 1992, S. 579.

161 Holoubek, a.a.O., S. 69 ff. (73 f.).

ler – nach dem »*Grund des Vergnügens an tragischen Gegenständen*« zu forschen, können wir an uns selbst beobachten, wie sehr uns Neugier und Sensationslust packen, wenn wir von derartigen Vorfällen Kenntnis nehmen.[162]

Zeitungsleser stimmen am Kiosk ab, was sie lesen wollen. Verleger und Journalis- **70** ten wissen das und richten sich danach. Gerade für Nachrichten aus der Wirtschaft gilt der altolympische Grundsatz: Schneller, höher, weiter.[163] Besonders begierig werden Ermittlungen und Strafverfahren gegen Unternehmensangehörige aufgegriffen. Hier kommt dann eins zum anderen. Politische, wirtschaftliche, soziale und moralische Konflikte treffen aufeinander. Beispielsweise ging es in der Flick- und Parteispendenaffäre nicht nur um die Klärung der Vorwürfe der Bestechung, der Bestechlichkeit und der Steuerhinterziehung, sondern auch um das Zusammenspiel von Kapital und Politik.[164] Noch dazu wurden in dieser Affäre Personen angegriffen, die in der Öffentlichkeit stehen. Persönlichkeiten, die für integer sowie unantastbar gehalten werden.

Die Spannung wird dadurch noch erhöht. Eine gewisse Portion Schadenfreude mischt sich häufig auch unter das Interesse, das wir derartigen Vorfällen widmen.

»*Die negative Seite ist doch nur was für die Medien. Das wollen die Leute doch lesen.* **71** «[165] Die Tatsache, dass bestimmte Berichte bevorzugt wahrgenommen werden, findet bei den Medien natürlich Berücksichtigung. Auch sie arbeiten nach marktwirtschaftlichen Grundsätzen. Ob sie nun privatrechtlich oder öffentlichrechtlich organisiert sind, sie selbst sind genauso Unternehmen wie diejenigen, von denen sie berichten.

Zeitungen sind Wirtschaftsgüter. Ihr wirtschaftlicher Erfolg wird in Auflagenhö- **72** hen beziehungsweise Einschaltquoten gemessen, und diese wiederum sind abhängig von der Aktualität und Brisanz ihrer Meldungen, Nachrichten, Berichte und Kommentare[166] oder anders formuliert, ihrer Ware.[167]

Unter dem Druck wirtschaftlicher Zwänge leidet nicht selten die Objektivität des Berichterstatters. Veröffentlichte Nachrichten werden zweckorientiert unter-

---

162 »In der ganzen Geschichte des Menschen ist kein Kapitel unterrichtender für Herz und Geist als die Annalen seiner Verirrungen.« Friedrich v. **Schiller**, Der Verbrecher aus verlorener Ehre, in: Deutsche Criminalgeschichten, Frankfurt a. M. 1985, S. 9 ff. (9).

163 Frank **Wilmes**, Krisen PR – Alles eine Frage der Taktik, Göttingen 2006 zitiert als treffendes Beispiel für die Leidenschaft von Journalisten, Geschichten interessanter zu machen, den ehemaligen Vorstandsvorsitzenden der Bayer AG: »*Wenn der Pförtner morgens fünf Minuten zu spät kommt, dann schreiben die Journalisten, dass ich meinen Laden nicht im Griff habe.*« Diese Übertreibung, so Wilmes, treffe den Kern.

164 Vgl. Joachim **Wagner**, Strafprozessführung über Medien, Baden-Baden 1987, S. 16.

165 »Am Stern wird net kratzt«, in: Capital Nr. 10/1988, 202 ff. Diese Einschätzung eines Mitarbeiters der – damaligen – Daimler-Benz AG auf die Frage nach möglichen Auswirkungen des Zusammenschlusses von Daimler-Benz und Messerschmidt-Bölkow-Blohm ist charakteristisch dafür, wie wir an Problemen anderer Gefallen finden.

166 Rudolf **Rohlinger**, Schreiben oder Schweigen – Grenzen journalistischen Handelns, in: Eidam/Leisinger/Rohlinger, Unternehmen und Strafrecht, Broschüre der HRV HANNOVER RECHTSSCHUTZ Versicherungs-Aktiengesellschaft, Hannover 1988, S. 42 ff. (50 f.).

167 Kurt **Kister**, »Die Abschreckungskraft des zahnlosen Löwen«, SZ Nr. 208 v. 09. 09. 1988, S. 4.

schiedlich gewichtet, Nichtigkeiten werden überbewertet, recherchierte Einzelheiten als Nonplusultra verkauft.[168]

73 Um die Berichterstattung aktuell zu halten, leistet die Presse obendrein eine nicht zu unterschätzende Detektivarbeit im Unternehmensbereich.

Zu den Trophäen ihrer Nachforschungen gehörte beispielsweise die Aufdeckung des **Neue-Heimat-Skandals**. Am 8. Februar 1982 berichtete »DER SPIEGEL« mit der Titelgeschichte »*Die dunklen Geschäfte von Vietor und Genossen*« erstmalig in der Presse. Es war der Anfang vom Ende des größten Wohnungsbaukonzerns in Europa. Millionenbeträge waren über Scheinfirmen und private Grundstücksspekulationen zum Nachteil des gemeinnützigen Unternehmens auf die Konten einiger Manager transferiert worden.[169]

b) Der Einfluss der Medien auf die Strafrechtspflege

74 Nicht nur das Verbraucherverhalten kann durch die Medien beeinflusst werden. Auch auf die Justiz können die Publizisten einwirken. Der Hamburger Oberlandesgerichtspräsident **Plambeck** konstatierte: »*Wir Richter können nicht wissen, wie stark die Medien beeinflussen, wie stark sie auf den Prozess durchschlagen.* « Wahrscheinlich tun sie es »*stärker, als man bisher denkt*«.[170] Weil es aber keine gesicherten empirischen Untersuchungen und Erkenntnisse zu diesem Problem gibt, verdrängen die meisten Richter und Staatsanwälte den Einfluss der Medien auf die Rechtsfindung.[171]

75 Robert **Wassermann**, ehemals Präsident des Oberlandesgerichts Braunschweig, kommentierte diesen Verdrängungsprozess mit den Worten:

> »*Wer diese Gefährdung richterlicher Unbefangenheit leugnet, verwechselt Sollen mit Sein. Die juristische Schulung, die die Berufsrichter erfahren haben, vermindert allenfalls die Gefahr, Beeinflussungen seitens Außenstehender zu erliegen, schließt sie aber keineswegs aus. Auch Berufsrichter nehmen wahr, was in der Öffentlichkeit vor sich geht, sie lesen Zeitungen, hören Rundfunk, sehen fern und sind damit in den Interaktionsprozess einbezogen, in dem sich öffentliche Kommunikation vollzieht. Selbst wenn ihr Bewusstsein dem entgegensteuert und Interventionen zurückweist, ist nicht auszuschließen, dass das Zurückgewiesene im Unterbewusstsein eine Rolle spielt*«.[172]

Wassermann verdeutlicht, dass die Justiz keinesfalls immun gegen gesellschaftlichen Einfluss ist und sich demzufolge mit ihm auseinander setzen muss.

76 Die Aufarbeitung der Parteispendenaffäre durch die Medien gab zu der öffentlichen Diskussion Anlass, ob die Medien die Spender meinungsbildend vorverurteilt haben und ob der Mediendruck zum Verlust an Glaubwürdigkeit und Ver-

---

168 Siehe dazu auch die Schlussbetrachtung.
169 Vgl. manager magazin 7/1988, 40.
170 Vgl. Wagner, a.a.O., S. 87.
171 Vgl. Wagner, a.a.O., S. 57.
172 Vgl. Wagner, a.a.O., S. 87.

trauen in die Justiz geführt hat.[173] Magazine wie »stern« und »DER SPIEGEL« hatten sich in der Flick- und Parteispendenaffäre auf die Seite der Staatsanwaltschaft gestellt.

Sie sorgten dafür, dass die strafrechtliche Verfolgung von prominenten Politikern und Managern publizistisch unterstützt wurde.[174]

Die Redaktionen der Magazine »DER SPIEGEL« und »stern« zitierten mitunter seitenlang wörtlich aus den Ermittlungsakten. »DER SPIEGEL«-Herausgeber Rudolf **Augstein** fand die »**Flick-Story**« derart *abenteuerlich*, *dass sie ohne Abdruck von Dokumenten niemand geglaubt hätte*.[175] »DER SPIEGEL« wie »stern« sind sich darin einig, dass sie eine Schlüsselrolle bei der Strafverfolgung in der Flick- und Parteispendenaffäre innehatten.

So waren »stern«-Chefredakteur **Bremer** wie »DER SPIEGEL«-Ressortleiter **Kilz** davon überzeugt, dass ohne ihre Veröffentlichungen die Strafverfahren gegen **von Brauchitsch, Graf Lambsdorff** und **Friderichs** nie eröffnet worden wären, weil eine Amnestie die Ermittlungen der Staatsanwaltschaft mit Sicherheit beendet hätte.[176]

Nicht wenige Journalisten, die über die Parteispendenaffäre berichteten, sind der Meinung, durch ihre Publikationen den in dieser Sache tätigen Strafverfolgungsbeamten politisch den Rücken freigehalten und Freiraum für ihre Untersuchungen geschaffen zu haben.[177]

Man kann diesem Eindruck kaum etwas entgegensetzen. Es darf aber nicht außer **77** Acht gelassen werden, dass im Grunde alle Verfahrensbeteiligten versuchten, Kontakt mit den Medien aufzubauen, um für ihre Auffassung durch öffentliche Darlegung Verständnis zu finden.

So kam es denn auch, dass aus den Anklagebehörden stammende Vermerke und Akten in die Redaktionen gelangten, weil einige Ermittlungsbeamten glaubten, den auf den Parteispendenverfahren lastenden politischen Druck ohne die Presse nicht standhalten zu können.[178]

Wenn auch ungewollt, sind die Medien dadurch zu »*informellen Verfahrensbeteilig-* **78** *ten*« geworden. Nur halten sie sich leider nicht unbedingt an die dafür vorgesehenen strafprozessualen Verfahrensnormen, sondern ziehen die eigenen Spielregeln vor, die sich zuvörderst an ökonomischen Interessen der Medien orientieren. Eine

---

173 Vgl. Wagner, a.a.O., S. 90. Auf die neue Parteispendenaffäre soll an dieser Stelle nicht eingegangen werden. (Siehe dazu Rdn. 1922 ff. und Winfried **Maier**, Ist ein Verstoß gegen das Parteiengesetz straflos?, in: NJW 2000, S. 1006 ff.) Die Darstellung der »alten« Parteispendenaffäre wird hier aus der ersten Auflage beibehalten, weil sich am Medienverhalten offensichtlich wenig verändert hat. Vgl. Winfried **Hassemer**, »Vorverurteilung durch die Medien?« NJW 1985, 1921 ff.; Wagner, a.a.O., S. 99.

174 Vgl. Wagner, a.a.O., S. 99; Klaus **Ulsenheimer**, »Das Madaus-Urteil des Amtsgerichts Köln – Zeitpfad oder Irrweg im Dickicht der Parteispendenaffäre«?, in: NJW 1985, S. 1929 ff. [1935].

175 Vgl. Wagner, a.a.O., S. 123.

176 Vgl. Wagner, a.a.O., S. 123.

177 Vgl. Wagner, a.a.O., S. 124.

178 Vgl. Wagner, a.a.O., S. 122.

strafprozessuale Verhaltensnorm ergibt sich aus § 161 StPO. Die Medien sind danach verpflichtet, die Aufklärung einer Straftat nicht zu beeinträchtigen. Gleichzeitig muss bei Berichten der Vorgang des Persönlichkeitsschutzes des Beschuldigten sowie der Grundsatz der Verhältnismäßigkeit berücksichtigt werden. Namensnennung, Abbildung oder sonstige Identifikation des Tatverdächtigen oder Täters sind nicht immer zulässig.[179]

79 Eine weitere Verhaltensnorm ergibt sich aus § 171 b GVG. Zum Schutz von Persönlichkeitsrechten kann die Öffentlichkeit während der Verhandlung ausgeschlossen werden. Berichten die Medien dennoch aufgrund von Angaben Dritter, die an der Verhandlung teilgenommen haben, von den schützwürdigen Interna, so ist dies nicht im Sinne des Gesetzes.

80 Um der heißen Story wegen kann manipuliert werden. Interna werden nach außen gegeben, Informationen nicht sinngemäß übermittelt, wenig Aufsehen Erregendes aufgebauscht. Ein Beispiel kann der Straftatbestand der Untreue sein. Begeht »*Otto Normal*« eine solche Tat, erscheint vielleicht eine Kurznotiz unter »*Vermischtes*« im Lokalteil. Dasselbe Delikt wird mit Gewissheit groß im Wirtschaftsteil oder auf der Titelseite gebracht, wenn folgende Schlagzeile entsteht:

81 »*Krupp-Manager verurteilt*«,[180] auch wenn sich aus dem folgenden Text ergibt, dass nicht von einem im Unternehmen aktiven Manager die Rede ist, sondern es sich um die Verurteilung eines ehemaligen Aufsichtsratsmitglieds handelt.[181]

82 Die Gefahr der Intervention durch die Medien besteht vor allem im strafrechtlichen Ermittlungsverfahren, in dem bekanntlich die Weichen für den Fortgang des Verfahrens gestellt werden.[182] In diesem Verfahrensabschnitt kann sich der Beschuldigte gegen die öffentliche Einflussnahme nur unzulänglich wehren, denn das Ermittlungsverfahren ist grundsätzlich nicht öffentlich. Zudem ist die Ermittlungsarbeit am Anfang noch breit angelegt, an einem klaren Konzept fehlt es der Staatsanwaltschaft zu diesem Zeitpunkt häufig noch. Nichtigkeiten können aus diesem Grunde überbewertet werden und zu falschen Verdächtigungen führen.[183] Und eins belegt die Praxis der Verteidiger in einschlägigen Ermittlungsverfahren

---

179 Meyer-Goßner, a.a.O., § 161 StPO Rn. 16; siehe dazu die Ausführungen Rdn. 3136 ff. (negative Publizität)

180 HAZ Nr. 65 v. 17. 03. 1990, S. 1.

181 HAZ Nr. 65 v. 17. 03. 1990, S. 1. Gleiches findet sich zehn Jahre später auf der Titelseite derselben Zeitung wieder: ›Schreiber und Thyssen-Manager sollen vor Gericht\[(HAZ Nr. 178 v. 02. 08. 2000, S. 1). Auch hier ergibt sich aus dem Text, dass es sich um ehemalige (»frühere«) Mitarbeiter des Unternehmens handelt.

182 Arbeitskreis Strafprozess-Reform, Die Verteidigung. Gesetzentwurf mit Begründung, 1979, S. 87 ff.

183 Hassemer, a.a.O., NJW 1985, 1927; Uwe H. **Schneider** bemerkt dazu zutreffend, in: Die Wahrnehmung öffentlich-rechtlicher Pflichten durch den Geschäftsführer – Zum Grundsatz der Gesamtverantwortung bei mehrköpfiger Geschäftsführung in der konzernfreien GmbH und im Konzern, in: Festschrift 100 Jahre GmbH-Gesetz/hrsg. von Marcus **Lutter**, Peter **Ulmer** und Wolfgang **Zöllner**, Köln 1992, S. 476 ff.: »*Strafanzeigen etwa wegen Verletzung des Umweltstrafrechts oder des Steuerstrafrechts eröffnen auch dann ohne große Schwierigkeiten den Weg in die Massenmedien, wenn tatsächlich der strafrechtliche Vorwurf haltlos ist. Es bleibt die verleumderische Wirkung, selbst wenn in der Folge das Ermittlungsverfahren eingestellt wird oder ein Freispruch erfolgt.*«

immer wieder: Wenn sich die Medien[184] eines (Verdachts-)Falles angenommen haben, beispielsweise, weil ein bekannter Unternehmensname involviert ist, und wenn die Generalstaatsanwaltschaft allein aufgrund dieses Medieninteresses regelmäßige Vorlage von Sachstandsberichten über den Fortgang der Ermittlungen vom zuständigen Staatsanwalt wünscht, dann zeigt sich mit Deutlichkeit die Macht der Medien. Eine, wie auch immer ausgestaltete Verfahrenseinstellung in einem vergleichbaren Fall – dieser aber ohne Medieninteresse – erzielbar, wird in dem Verfahren – mit Medieninteresse – problematisiert durch die Fragen: Was akzeptiert der Generalstaatsanwalt, und – vor allem – welchen Verfahrensausgang werden die Medien akzeptieren?

---

184 Und sei es auch nur eine lokale Zeitung.

III. Die Betroffenen im Unternehmen

1.   Unternehmer – Manager – Führungskräfte

»*Es gibt eine Tendenz, eine Selbsterhöhung über die Sprache zu betreiben, die ich gar nicht* **83**
mag. « Otto **Esser**, der ehemalige Präsident der Bundesvereinigung der Deutschen
Arbeitgeberverbände (BDA), sagte dies im Jahre 1981. Zu den Beispielen, die Esser
nannte, gehörte auch das Wort »*Manager*«, dem er keinen Geschmack abgewinnen
konnte. Den Begriff »*Unternehmer*« dagegen mochte er, weil dieser bildhaft
beschreibe, worum es geht.[185]

Das Verb »*to manage*« steht im Englischen u. a. für verwalten, erledigen, leiten.[186]
Ist Manager also nur ein Modewort, das genauso gut durch deutsche Worte wie
Verwalter, Betriebsleiter, einen, der Probleme meistert (oder ist das nun wieder
ein *troubleshooter*?), ersetzt werden könnte? Vielleicht belegt schon die Vielzahl
der Übersetzungsmöglichkeiten, dass die Bezeichnung »*Manager*« Unternehmensangehörige in den unterschiedlichsten Tätigkeitsbereichen und Verantwortungs-
funktionen erfasst, also quasi einen Oberbegriff verkörpert, für den es in der deutschen Sprache an einem geeigneten Pendant mangelt?

Im Folgenden werden die Begriffe »*Unternehmer*«, »*Manager*« und »*Führungskraft*«
erläutert und definiert. Auf diesen Begriffsbestimmungen beruhen die weiteren
Ausführungen zu dem in den Unternehmen strafrechtlich haftenden Personenkreis.

a)   Der historische Hintergrund

Erst in den letzten Jahren des 18. und den ersten des 19. Jahrhunderts erscheint **84**
das Hauptwort »*Unternehmer*« im deutschen Wortschatz. In Joachim Heinrich
**Campes »Wörterbuch zur Erklärung und Verdeutschung der unserer Sprache
aufgedrungenen fremden Ausdrücke«**, Braunschweig 1801, wird der Begriff
»*Unternehmer*« als Ersatz für das Fremdwort »*Entrepreneur*« empfohlen.[187] Das
Verb »*unternehmen*« diente bereits im Laufe des 18. Jahrhunderts neben »*entrepre-
nieren*« zur Bezeichnung gewerblichen Handelns. Es waren vor allem Kaufleute,
aus deren Reihen die Unternehmer hervorgingen. Als Kaufmann begann Friedrich
Harkort (1793 bis 1887) ein Industrieunternehmen aufzubauen und auch Friedrich
Krupp (1787 bis 1826) profitierte von seiner kaufmännischen Ausbildung und
familiärem Geschäftssinn.[188]

---

185   Aufsatz über **Esser**, Der sanfte Vordenker, in: Wirtschaftswoche, Nr. 48 v. 20. 11. 1981,
        S. 80 ff. [80].
186   Vgl. Duden Oxford, Großwörterbuch Englisch, 3. Aufl. Mannheim 2005.
187   Vgl. Redlich, a.a.O., S. 171.
188   Vgl. Redlich, a.a.O., S. 307.

85 Nährboden für Unternehmertum stellten aber auch die übrigen gesellschaftlichen Schichten,[189] so vor allem die traditionellen Handwerkerschaften. Handwerkliches Geschick, Erfahrungen in der Führung eines Handwerkbetriebs und das Vorhandensein der notwendigsten Betriebsmittel erleichterten ihnen den Aufbau von Industrieunternehmen. Dazu gehörten, um nur wenige zu nennen, die Schlosser Friedrich **Georg** (1793 bis 1819), Julius Conrad **Freund** (1801 bis 1877) und F. A. **Egells** (1788 bis 1854), die die Berliner Maschinenindustrie gründeten, oder der Färbermeister Johann Joseph **Leitenberger** (1730 bis 1802), Mitbegründer der böhmischen Textilindustrie.[190]

86 All diesen Persönlichkeiten ist gemein, dass sie Männer der ersten Stunde waren. Sie zeichneten sich in der frühkapitalistischen Phase[191] durch Entschlossenheit, Zähigkeit, Kühnheit und Rastlosigkeit mit einem ausgesprochenen Sinn für die materiellen Werte aus.[192] Ihnen folgten die Unternehmer des Hochkapitalismus. Ihnen wurden die Eigenschaften zugeschrieben: unermüdlich, flexibel, rege, rücksichtslos, konkurrierend, neuerungssüchtig zu sein. Ende des 19. Jahrhunderts folgt dann der spätkapitalistische Unternehmer, ein mehr Besitzstand wahrender, denn etwas riskierender Typus, mehr Bürokrat, als wendiger Kaufmann.[193]

87 Natürlich trafen nicht auf alle Unternehmer die aufgeführten Charaktermerkmale zu, wohl aber waren sie mehr oder weniger den Aktiven ihrer Zeit eigen. Der Wirtschaftswissenschaftler Joseph A. **Schumpeter** kennzeichnet den Unternehmer des 19. Jahrhunderts als jemand, der intensiv den eingespielten Kreislauf des Geschäftslebens verließ und Chancen wahrnahm, die allenfalls zu spüren waren.[194]

Schumpeters »Unternehmer« war ein außergewöhnlicher »*Macher*«, der nach neuen Taten drang.

88 Die meisten Unternehmen des 19. Jahrhunderts waren noch in den Händen von Eigentümer-Unternehmern.[195] Das heißt, sie befanden sich im Privateigentum der Unternehmer, die die direkte Kontrolle über das Unternehmen ausübten.

89 Die Eigentümer-Unternehmer trafen die strategischen Entscheidungen, durch die das Unternehmen geschaffen und erhalten wurde, selbst. Erst nachdem die Unternehmen eine erfolgreiche Karriere in privater Eigentümerhand durchlaufen hatten und weitere Expansionen nur über fremde Kapitalgeber und Risikostreuung möglich wurden, entschlossen sich die Eigentümer-Unternehmer zur Umwandlung der Unternehmen in Aktiengesellschaften.[196] Das war bei »*Meister, Lucius & Co.* « aus Hoechst (der späteren Hoechst AG) 1880,[197] ebenso wie bei Adolf **Müllers** Akkumulatoren Fabrik (später Varta AG) im Jahre 1890 der Fall.[198]

---

189   Vgl. Redlich, a.a.O., S. 327; Wilhelm **Berdrow**, Friedrich Krupp, der Erfinder und Gründer, Leben und Briefe, Berlin 1929, S. 14.
190   Vgl. Redlich, a.a.O., S. 307 m. w. N.
191   Ende des 18. Jahrhunderts bis 1830.
192   Redlich, a.a.O., S. 362 mit Hinweis auf Edgar Salin.
193   Redlich, a.a.O., S. 362 f.
194   Wirtschaftswoche, Nr. 21 v. 20. 05. 1988, S. 84 ff.
195   Redlich, a.a.O., S. 363 f.
196   Redlich, a.a.O., S. 305.
197   VDI-nachrichten, Nr. 20 v. 20. 05. 1988, S. 32.
198   HAZ Nr. 112 v. 14. 05. 1988, S. 5.

Mit dem Aufstieg der Aktiengesellschaft Ende des 19. Jahrhunderts, Anfang des **90** 20. Jahrhunderts, die eine Trennung von Eigentum und Kontrolle über die Produktionsmittel bewirkte, tritt ein anderer Unternehmertyp in den Vordergrund, der »*Angestellten-Unternehmer*«. Die Bezeichnung verdeutlicht, dass er Angestellter des Unternehmens ist. Dieser beauftragte Unternehmensleiter trifft Entscheidungen für das Unternehmen, ohne das damit verbundene finanzielle Risiko persönlich tragen zu müssen, wie es sein Vorgänger, der Eigentümer-Unternehmer zu verantworten hatte.[199]

Der Angestellten-Unternehmer arbeitet professionell, er erfüllt die ihm zuge- **91** schriebenen Funktionen und verwaltet das Unternehmen. Er ist jedoch nicht der Patriarch, wie es von vielen Eigentümer-Unternehmern berichtet wird. Anders als der klassische Unternehmer kann er jederzeit ersetzt werden, die Persönlichkeit des Unternehmenseigners wird damit durch die des Funktionärs verdrängt.[200]

Sucht man im Laufe des 20. Jahrhunderts nach dem zeitgemäßen Unternehmerty- **92** pus, der durch seine Entscheidungen das Unternehmen erhält und ausbaut, dann findet man eine Vielzahl unterschiedlichster Persönlichkeiten, die gemeinsam die Entwicklung eines Unternehmens bestimmen. Insbesondere über die Aktiengesellschaften ist der Weg zum Großunternehmen gebahnt worden. Diese funktionieren durch Teamfähigkeit und Delegation von Aufgabenbereichen und damit Teilung der Weisungsrechte.

An die Stelle einer oder weniger als Unternehmer handelnden Persönlichkeiten ist **93** in den Großunternehmen des 20. Jahrhunderts regelmäßig das Zusammenwirken vieler Einzelpersonen getreten.[201]

b) Wirtschaftliche Betrachtung

aa) Eigentümer-Unternehmung

Von einem Unternehmer spricht man immer dann, wenn der Unternehmenseigen- **94** tümer zugleich die Geschäfte des eigenen Betriebs führt.[202] Der Eigentümer trägt zum einen das finanzielle Risiko und zum anderen die gesamte Verantwortung für die wirtschaftliche Entwicklung des in Eigenregie geführten Unternehmens. Zusammen umschreiben diese beiden Aufgaben die den Unternehmer charakterisierenden Funktionen.[203] Der Unternehmer ist danach zugleich Eigentümer und Geschäftsführer eines oder mehrerer Betriebe. Beispielhaft für diese Eigentümer-Unternehmungen[204] sind die Einzelunternehmungen, die offene Handelsgesellschaft (OHG), bei der die Geschäftsführung – soweit vertraglich nichts anderes

---

199 Redlich, a.a.O., S. 364.
200 Redlich, a.a.O., S. 364.
201 Natürlich bestätigen auch hier Ausnahmen (Ausnahmepersönlichkeiten) die Regel.
202 Die Auffassung von Schaub, a.a.O., § 17 Rn. 8, »Unternehmer« sei der Inhaber oder verantwortlicher Leiter an der Spitze eines Unternehmens, ist in der ersten Alternative zu eng, in der zweiten zu weit gefasst.
203 Wöhe, /Döring a.a.O., S. 109.
204 Wöhe, /Döring a.a.O., S. 109; Erich **Gutenberg**, Unternehmensführung, Organisation und Entscheidungen, Wiesbaden 1962, S. 12.

vereinbart – allen Gesellschaftern gemeinsam zusteht, sowie die Einpersonen-Kapitalgesellschaften, deren Anteile in der Hand einer natürlichen Person vereinigt sind, die zugleich Geschäftsführer ist.

bb) Geschäftsführer-Unternehmung

95 Übernimmt der Anteilseigner eines Unternehmens allerdings nur das Kapitalrisiko, wie es bei den Kapitalgesellschaften, insbesondere den Aktiengesellschaften gang und gäbe ist, dann fehlt eines der charakteristischen Unternehmermerkmale. Da die beiden Unternehmerfunktionen Finanzierung und Leitung voneinander getrennt sind, werden die betroffenen Unternehmen auch »Geschäftsführer-(Manager-)Unternehmungen« genannt.[205] Diese Teilung der Funktionen zwischen Eigentümer und Geschäftsführern ist vor allem dadurch bedingt, dass die Unternehmen Finanzen benötigen, die eine Einzelperson oder eine kleine Gruppe nicht beschaffen kann. Erst die Kapitaleinlagen vieler Personen ermöglichen die Finanzierung.

Die Träger der Kapitalfunktion haben dann keine Geschäftsführungsbefugnisse, sondern lediglich anteilsmäßige Stimmrechte.

Auf der anderen Seite tragen die nicht Kapital gebenden, zur Geschäftführung bestellten Personen einer »*Geschäftsführer-Unternehmung*« keine Kapitalrisiken, wie es die Anteilseigner tun. Auch ihnen fehlt damit eine der zwei dargestellten Unternehmerfunktionen.

Fritz **Redlich** beschreibt den Unternehmer als denjenigen, der die Unternehmung als einen am Leben zu erhaltenden Organismus betrachtet, für den Manager sei sie ein Mechanismus, der in Gang gehalten wird.[206] Den Manager charakterisiert er als einen Maschinisten, der die Maschine »*Unternehmung*« möglichst reibungslos laufen lässt.[207]

c) Juristische Betrachtungsweise

aa) Unternehmer

96 Unternehmer ist, wer eine gewerbliche oder berufliche Tätigkeit selbstständig ausübt. Nachhaltiges Handeln, Beteiligung am allgemeinen wirtschaftlichen Verkehr und die Absicht, Einnahmen zu erzielen, bilden aus der Sicht des Umsatzsteuerrechts weitere Voraussetzungen eines Unternehmers.[208]

Im Grunde findet sich hier dieselbe Umschreibung, wie wir sie schon bei der Behandlung der juristischen Definition von Betrieb und Unternehmen kennen gelernt haben.[209] Es handelt sich um eine nüchterne, rein rechtliche Interpretation, die die hervorragende Bedeutung des Unternehmers als Menschen mit all seinen

---

205 Gutenberg, a.a.O., S. 12.
206 Redlich, a.a.O., S. 176, 360 f.
207 Redlich, a.a.O., S. 176, 360 f.
208 § 2 Abs. 1 UStG; dazu Creifelds, a.a.O., Stichwort: Unternehmer.
209 Vgl. Rdn. 18 ff..

Stärken und Schwächen nicht berücksichtigt. Gerade der menschliche Aspekt aber ist von erheblicher Bedeutung für das strafrechtliche Risiko in einem Unternehmen.

bb) Manager

Für den Begriff des »*Managers*« findet sich im Unterschied zu dem des Unternehmers keine gesetzliche Definition im deutschen Recht. Topmanager sind im Sinne meiner Unterscheidung von Eigentümer-Unternehmen und Angestellten- bzw. Organunternehmen die beauftragten Unternehmensleiter, dessen gesetzliche Vertreter. Sie stehen als Organmitglieder juristischer Personen, sofern sie nicht aufgrund maßgeblicher Kapitalbeteiligung das Unternehmen entscheidend beeinflussen und damit den Unternehmern zuzurechnen sind, soziologisch betrachtet, auf der obersten Stufe der Mitarbeiterpyramide. **97**

Da sich vielfach auch Angehörige der zweiten und dritten Unternehmensebene als Manager verstehen, ist zu prüfen, ob eine Zuordnung der Topmanager zu den leitenden Angestellten möglich ist. **98**

Ich meine nein; denn da die leitenden Angestellten eine Sondergruppe der Arbeitnehmerschaft darstellen, können Organmitglieder aufgrund der ihnen obliegenden Aufgaben und Kompetenzen keine leitenden Angestellten sein.[210] Die den Organen juristischer Personen zustehenden Weisungsrechte und deren Ausübung im Unternehmensinteresse führen häufig zu Interessenkollisionen mit der Arbeitnehmerschaft. Als Prinzipale der Gesellschaft können die Topmanager daher nicht zur Gruppe der leitenden Angestellten gehören.

Eine Zuordnung der Topmanager zu den leitenden Angestellten ist also aus den genannten Gründen nicht praktikabel. Sie sind die zur Unternehmensführung beauftragten Personen, die alle Unternehmerfunktionen – bis auf die der Kapitalgebung – innehaben, und keine Arbeitnehmer. Auch die herrschende Rechtsprechung versteht die gesetzlichen Vertreter (Topmanager) grundsätzlich nicht als Arbeitnehmer.[211] Allerdings hält der Bundesgerichtshof eine – analoge – Anwendung einzelner die Treue- und Fürsorgepflicht betreffenden Vorschriften des Arbeitsrechts auf das Dienstverhältnis des Organmitgliedes für geboten.[212]

d) Leitende Angestellte – Führungskräfte

In der Hierarchiestruktur sind die leitenden Angestellten unter denen das Unternehmen nach außen vertretenden Topmanagern angeordnet. Mit der Novellierung des Betriebsverfassungsgesetzes im Jahre 1972 wurde erstmals gesetzlich **99**

---

210 So auch die im juristischen Schrifttum herrschende Meinung: Hueck-Nipperdey, a.a.O., Bd. I, §§ 12 IV 4, 15; Arthur **Nikisch**, Arbeitsrecht, Bd. I, 3. Aufl., Tübingen 1961, § 17 II 1; Schaub, a.a.O., § 14 RN 4 ff.
211 BSG NJW 1961, 1134 f.; BGH NJW 1981, 1270; BGHZ 10, 187 ff. [191]; BGHZ 12, 1 ff. [8]; BGHZ 36, 142 ff. [143 f.]; BAG AP 1 zu § 197 BGB; BAG AP 1 zu § 38 GmbHG.
212 Schaub, a.a.O., § 14 RN 11.

definiert, wer leitender Angestellter ist.[213] Danach waren diejenigen Mitarbeiter leitend tätig, die

»... nach Dienststellung und Dienstvertrag

1. *zur selbständigen Einstellung und Entlassung von im Betrieb oder in der Betriebsabteilung beschäftigten Arbeitnehmern berechtigt sind, oder*
2. *Generalvollmacht oder Prokura haben, oder*
3. *im wesentlichen eigenverantwortlich Aufgaben wahrnehmen, die ihnen regelmäßig wegen der Bedeutung für den Bestand und die Entwicklung des Betriebes im Hinblick auf besondere Erfahrungen und Kenntnisse übertragen werden. «*

100 Diese funktionelle Definition führte in dem betroffenen Kreis zu Abgrenzungsschwierigkeiten.[214] So musste sich das Bundesarbeitsgericht wiederholt mit der Sonderstellung der leitenden Angestellten beschäftigen.

Es hat in der Folgezeit deren Verantwortungskatalog von der Treuepflicht[215] über Rechenschafts-,[216] Prüfungs-,[217] Warnungs-[218] bis hin zu den Überwachungspflichten[219] erheblich erweitert.

Mit der zum Jahresbeginn 1989 in Kraft getretenen Novellierung des § 5 Absatz 3 und 4 des Betriebsverfassungsgesetzes[220] ist die gesetzliche Definition des leitenden Angestellten präzisiert worden.[221] Die Neufassung sieht vor, dass sich Mitarbeiter dann als leitende Angestellte klassifizieren, wenn sie regelmäßig Aufgaben wahrnehmen, die für den Bestand und für die Entwicklung des Unternehmens besondere Erfahrungen und Kenntnisse voraussetzen. Dabei müssen sie die Entscheidungen im Wesentlichen frei von Weisungen treffen oder sie maßgeblich beeinflussen, was auch im Rahmen von Vorschriften oder anderen betrieblichen Vorgaben geschehen kann.

Bei den alternativen Voraussetzungen, »*zur selbstständigen Einstellung und Entlassung von Arbeitnehmern berechtigt zu sein*« oder »*Generalvollmacht oder Prokura zu haben*«, ist es geblieben.

101 Kommt es dennoch zu Abgrenzungsproblemen, hilft § 5 Absatz 4 des Betriebsverfassungsgesetzes weiter. In ihm werden folgende weitere Kriterien genannt:

---

213 Gesetz v. 15. 01. 1972 (BGBl. I S. 1) in der Bekanntmachung der Neufassung v. 23. 12. 1988 (BGBl. 1989 I S. 1) mit Berichtigung der Neufassung v. 26. 04. 1989 (BGBl. I S. 902); § 5 Abs. 3 Betriebsverfassungsgesetz.

214 Vgl. Schaub/Koch, a.a.O., § 212 RN 15.

215 BAG AP 53 zu § 626 BGB.

216 BAG AP 4, 32 zu § 611 BGB.

217 BAG AP 1 zu § 628, AP 60 zu § 611 BGB.

218 BAG AP 1 zu § 628, AP 60 zu § 611 BGB.

219 BAG AP 5 zu § 611 BGB.

220 Die Änderung stand in Zusammenhang mit der Einrichtung von Sprecherausschüssen für leitende Angestellte nach dem Sprecherausschussgesetz.

221 Zweifel an der Verfassungsmäßigkeit des § 5 Abs. 3 BetrVG wurden durch die Neufassung der Norm nicht verstärkt. Nach Auffassung des BVerfG erfüllte schon die alte Fassung des § 5 Abs. 3 Nr. 3 BetrVG mit seiner Umschreibung des Personenkreises der leitenden Angestellten das Bestimmtheitsgebot; siehe Schaub/Koch, a.a.O., § 212 RN 16.

Im Zweifel ist leitender Angestellter, wer

1. bereits bei der letzten Betriebsratswahl den leitenden Angestellten zugeordnet wurde (§ 5 Absatz 4 Nr. 1 BetrVG);
2. einer Leitungsebene angehört, auf der überwiegend leitende Angestellte vertreten sind (§ 5 Absatz 4 Nr. 2 BetrVG);
3. ein regelmäßiges Jahresarbeitsentgelt erhält, das für leitende Angestellte des Unternehmens üblich ist.[222] Bleiben Zweifel, soll ein regelmäßiges Jahresarbeitsentgelt, das das Dreifache der Bezugsgröße nach § 18 des Vierten Buches des Sozialgesetzbuches übersteigt,[223] ausschlaggebend sein.

Weil die meisten betroffenen Betriebsangehörigen mit der funktionalen Definition **102** im Betriebsverfassungsgesetz, an der auch die Neufassung nicht viel geändert hat, nicht einverstanden sind, haben sie sich mehr und mehr als Führungskräfte bezeichnet. Die Union der Leitenden Angestellten (ULA) beschreibt diejenigen Arbeitnehmer als Führungskräfte, die

- eigenverantwortlich Führungsaufgaben in den Unternehmen wahrnehmen,
- über eine hoch qualifizierte Berufsausbildung verfügen, in der Mehrzahl der Fälle über einen Hochschulabschluss,
- nicht den Regelungen der Arbeitszeitordnung unterliegen,
- einen nicht tarifbezogenen Einzelarbeitsvertrag besitzen und etwa das Anderthalbfache des Durchschnittseinkommens und mehr verdienen.

Von dem **Begriff** »*Führungskraft*« wird heutzutage im allgemeinen Sprachge- **103** brauch weit öfter Gebrauch gemacht als von der Bezeichnung »*leitender Angestellter*«. Häufig verwenden Unternehmen die Bezeichnung »*Führungskraft*« oder »*Angehöriger des inneren bzw. erweiterten Führungskreises*« für einen wesentlich größeren Mitarbeiterkreis, als eigentlich vom Betriebsverfassungsgesetz erfasst wird. Jeder, der für einen oder mehrere Arbeiter Verantwortung trägt, gilt (oder versteht sich) als Führungskraft. Das kann in Produktionsbetrieben schon der Vorarbeiter sein. In manchen Unternehmen beginnt die erste Führungsebene bereits bei den Meistern, in wieder anderen wird erst die zweite oder gar dritte Ebene der Abteilungsleiter als Führungskräfte bezeichnet.

Wenngleich es auch **noch keine gesetzliche Definition für Führungskräfte 104** gibt[224], so existiert doch eine amtliche Begriffsbestimmung. In den Grundsätzen zur Zusammenarbeit zwischen der Arbeitsverwaltung und Personalberatern ist

---

222 § 5 Abs. 4 Nr. 3 BetrVG. Sonderzulagen bleiben bei der Berechnung – im Gegensatz zu regelmäßig vom Arbeitgeber gezahlten Erfolgsbeteiligungen oder Tantiemen – unberücksichtigt. Vergleichsmaßstab ist das regelmäßige Jahresarbeitsentgelt im Unternehmen, nicht das in der Branche durchschnittlich gezahlte.

223 Im Jahre 2004 betrug die Bezugsgröße nach § 18 SGB IV 28.980 Euro jährlich für die Altbundesländer einschließlich Berlin-West und 24.360 Euro für die neuen Bundesländer; die Jahresgehaltsgrenze (das Dreifache der Bezugsgröße) lag somit 1999 bei 86.940 Euro (Altbundesländer einschl. Berlin-West) und 73.080 Euro (neue Bundesländer); siehe Schaub/Koch, a.a.O., § 212 Rn. 40.

224 Ebenso wenig gibt es eine allgemein verbindliche Definition des leitenden Angestellten; Schaub/Koch, a.a.O., § 212 Rn. 17.

festgelegt, dass die Privaten nur bei der Suche von Führungskräften behilflich sein dürfen. Von Amts wegen wird dieser Personenkreis wie folgt umschrieben:

>*Arbeitnehmer,*

– *die kraft besonderer Vertrauensstellung zum Arbeitgeber eine für Bestand und Entwicklung des Unternehmens entscheidende Schlüsselposition einnehmen, indem sie bedeutende Arbeitgeberfunktionen ausüben, z. B.: als Geschäftsführer, Vorstandsmitglied, Betriebsleiter, Prokurist, Betriebsabteilungsleiter etc. oder*
– *die hochqualifizierte Arbeit planender, prüfender, entwerfender, forschender oder beratender Art, in erster Linie auf eigener Entschlusskraft beruhend mit erhöhter Verantwortung ausführen.*«[225]

105 Nach Schätzungen der Zentralstelle für Arbeitsvermittlung gab es nach der vorstehenden Definition im Jahre 1988 in der alten Bundesrepublik Deutschland etwa 200.000 bis 220.000 Führungskräfte.[226] Die entsprechende Zahl dürfte gegenwärtig unter Berücksichtigung der neuen Bundesländer auf der einen Seite und dem im letzten Jahrzehnt erfolgten Abbau an Hierarchiestufen in den Unternehmen um die 450.000 Manager schwanken.

106 Die **Kriterien** »**entscheidende Schlüsselposition**«, »**bedeutende Arbeitgeberfunktion**« und »**hochqualifizierte Arbeit**« lassen den Rückschluss zu, dass die Arbeitsverwaltung unter »*Führungskraft*« nur Manager und leitende Angestellte der ersten Ebene versteht. Ein simpler Zahlenvergleich stützt diese Einschätzung. Der Anteil leitender Angestellter in der privaten Wirtschaft der Bundesrepublik Deutschland liegt bei 1,5 % der am Erwerbsleben beteiligten Personen.[227]

107 In strafrechtlicher Hinsicht ist nun der Kreis der Führungskräfte um ein Wesentliches größer, wie noch gezeigt werden wird.[228]

2. Aufsichtsrat

a) Der Aufsichtsrat der Aktiengesellschaft (AG)

108 Zum strafrechtlich haftenden Personenkreis zählt auch der Aufsichtsrat einer Aktiengesellschaft (AG).[229] Er ist in der, dem Aktienrecht zugrunde liegenden Konzeption das zur sachverständigen Kontrolle der Geschäftsleitung berufene Organ, wobei die dem Aufsichtsrat im Zuständigkeitsgefüge der AG zugewiesene Funktion durch seine wichtigsten Aufgaben bestimmt wird: Wahl,[230] Überwachung[231] und – falls erforderlich – Abberufung des Vorstands.[232]

---

225 Vgl. KARRIERE, Nr. 15/16 v. 15. 04. 1988, K 1.
226 Dazu KARRIERE, Nr. 15/16 v. 15. 04. 1988, K 1.
227 Vgl. Schaub, a.a.O., § 14 Rn. 1.
228 Vgl. Rdn. 151 ff.
229 Hans **Schaefer**/Patrick J. **Missling**, Haftung von Vorstand und Aufsichtsrat, in: NZG 1998, 441 ff.; Wolfgang M. **Kau**/Klaus **Kukat**, Haftung von Vorstands- und Aufsichtsratsmitgliedern bei Pflichtverletzungen nach dem Aktiengesetz, in: BB 2000; 1045.
230 § 84 Abs. 1 AktG.
231 § 111 Abs. 1, 2 AktG.
232 § 84 Abs. 3 AktG.

Die Überwachungspflicht des Aufsichtsrats ist im Jahre 1998 durch das Inkrafttre- **109**
ten des Mantelgesetzes zur Kontrolle und Transparenz im Unternehmensbereich[233], das so genannte **KonTraG**, deutlich verschärft worden. So ist das Aufsichtsgremium jetzt verpflichtet darauf hinzuwirken, dass der Vorstand
tatsächlich ein wirksames Risikomanagement-System für das Unternehmen ein-
richtet. Dabei bestimmt § 116 AktG, dass für die Sorgfaltspflicht und Verantwortlichkeit eines Aufsichtsratsmitglieds die Regelung für Vorstandsmitglieder (§ 93
AktG) entsprechend gilt. So haften die Aufsichtsratsmitglieder bei einer schuldhaften Sorgfaltspflichtverletzung für den eingetretenen Schaden.[234]

Als strafrechtliche Sanktionen gegen Aufsichtsratsmitglieder wegen schuldhafter **110**
Pflichtverletzung seien hier nur genannt:

- die unrichtige Darstellung der Gesellschaftsverhältnisse einschließlich ihrer
  Beziehung zu verbundenen Unternehmen;[235]
- Verletzung von Geheimhaltungspflichten;[236]
- falsche Darstellungen in Eröffnungsbilanzen, Jahresabschlüssen oder Lagebe-
  richten; ebenso unrichtige Auskünfte an den Wirtschaftsprüfer bzw.
  Abschlussprüfer;[237] – Verstöße gegen Bilanzierungs- oder Bewertungsvor-
  schriften wie z. B. die Vorschriften zur Aufstellung und Feststellung des Jahresabschlusses oder des Konzernabschlusses.[238]

Es ist zu unterscheiden zwischen der Aktiengesellschaft als solcher und der Akti- **111**
engesellschaft (AG) als Konzerngesellschaft. Während die AG als juristische Person eine Einrichtung ist, die von der Rechtsordnung als eigenständiges Rechtssubjekt mit Rechten und Pflichten ausgestattet wurde,[239] ist die AG als
Konzerngesellschaft ein verbundenes Unternehmen,[240] welches im Verhältnis zu
anderen Unternehmen des gleichen Konzerns durch Mehrheitsbeteiligungen[241]
oder durch Unternehmensvertrag[242] in Abhängigkeit und Beherrschung[243] stehen
kann.

Für die Mehrheitsbeteiligung einer »*abhängigen*« AG im Konzernverbund gilt, **112**
dass die AG im Mehrheitsbesitz eines anderen Unternehmens steht bzw. mit
Mehrheit an einem anderen Unternehmen, welches keine reine Kapitalgesellschaft
zu sein braucht, beteiligt ist. Es genügt hierbei die Kapital- oder die Stimmrechts-
mehrheit.[244]

---

233   seit 01. 05. 1998 (BGBl. I, 786); dazu unten Rdn. 555 ff.
234   §§ 116, 93, 117 Abs. 2, 318 Abs. 2, 317 AktG.
235   § 400 AktG (Freiheitsstrafe bis zu 3 Jahren oder Geldstrafe).
236   § 404 AktG (Freiheitsstrafe bis zu 1 Jahr oder Geldstrafe).
237   § 331 HGB (Freiheitsstrafe bis 3 Jahren oder Geldstrafe).
238   § 344 HGB (§ 344 Abs. 3 HGB, Ordnungswidrigkeiten, geahndet mit Geldbuße bis zu
      50.000 Euro).
239   Friedrich **Kübler/** Heinz-Dieter **Assmann**, Gesellschaftsrecht, 6. Aufl., Heidelberg 2005, § 4
      Abschn. IV.
240   Gemäß § 15 AktG.
241   § 16 AktG.
242   §§ 291, 292 AktG.
243   § 17 AktG.
244   Kübler/Assmann, a.a.O., § 29 Abschn. II.

113 Von besonderer Bedeutung ist die in § 17 AktG geregelte Abhängigkeit, wonach ein rechtlich selbstständiges Unternehmen (das herrschende Unternehmen) auf ein anderes beherrschenden Einfluss nehmen kann.[245] Die Abhängigkeit beruht zumeist auf Mehrheitsbeteiligungen.

114 Das Aktiengesetz stellt u. a. darauf ab, dass mehrere rechtlich selbstständige Unternehmen unter einheitlicher Leitung zusammengefasst sind, wobei auf Dauer mehrere Gesellschaften trotz ihrer rechtlichen Selbstständigkeit einer übergreifenden unternehmerischen Zielkonzeption unterworfen sind.[246] Hierbei ist jedoch zu unterscheiden zwischen dem Unterordnungskonzern[247] und dem Gleichordnungskonzern.[248] Bei dem **Unterordnungskonzern** wird die einheitliche Leitung durch ein herrschendes über ein oder mehrere abhängige Unternehmen ausgeübt, wobei der Unterschied zum Unternehmen gemäß § 17 AktG darin liegt, dass der beherrschende Einfluss tatsächlich ausgeübt wird. Beim **Gleichordnungskonzern** sind mehrere Unternehmen unter einheitlicher Leitung zusammengefasst, ohne dass eines vom anderen abhängig ist.[249] Gleichordnungskonzerne sind selten und liegen dort vor, wo eine ausländische Muttergesellschaft die Tätigkeit ihrer deutschen Töchter im Inland koordiniert (Beispiel: deutsche Nestlé-Gruppe).[250] Das Aktiengesetz definiert jedoch nicht, was unter »*einheitlicher Leitung*« zu verstehen ist. Indiz für eine wirtschaftliche Verflechtung kann daher die Zusammensetzung der Vorstände und Aufsichtsräte der beteiligten Unternehmen sein.

b) Das Aufsichtsorgan der GmbH

115 Bei allen Gesellschaften mit beschränkter Haftung, die regelmäßig weniger als 500 Arbeitnehmer beschäftigen, steht den Gesellschaftern frei, ob **im Gesellschaftsvertrag bestimmt** werden soll, dass ein dem Aufsichtsrat vergleichbares Gremium ernannt wird oder nicht.[251] Falls ein Aufsichtsrat vorgesehen ist, wird eine Reihe von Vorschriften des Aktienrechts entsprechend anwendbar sein, wenn im Gesellschaftsvertrag der GmbH nichts anderes vereinbart ist.[252] Lediglich die Publizitätspflicht (Bekanntmachung im Bundesanzeiger) oder in öffentlichen Blättern (Zeitungen) gemäß § 52 Absatz 2 GmbHG ist zwingendes Recht.

116 So ist jede **Veränderung des Gesellschaftsvertrags**, die durch Beschluss der Gesellschafter anlässlich der Gesellschaftsversammlung erfolgt, **zum Handelsregister anzumelden**, wobei nach vollzogener Änderung im Register die entsprechende Veränderung (z. B. Erhöhung des Stammkapitals, Geschäftsführerwechsel etc.) im Bundesanzeiger zu veröffentlichen ist.

---

245 Günter **Henn**, Handbuch des Aktienrechts, 7. Aufl., München 2002, § 10 Rn. 297 ff.
246 Henn, a.a.O., § 10 Rn. 297.
247 Gemäß § 18 Abs. 1 AktG.
248 § 18 Abs. 2 AktG.
249 Henn, a.a.O., § 10 Rn. 298.
250 Kübler/Assmann, a.a.O., § 28 Abschn. II.
251 Bei mehr als 500 Arbeitnehmern besteht die Pflicht gemäß § 77abs. 1 BetrVG; bei weniger Arbeitnehmern gilt § 52 GmbHG.
252 Über § 52 Abs. 1 GmbHG; dazu Ulrich **Eisenhardt**, Gesellschaftsrecht, 12. Aufl., München 2005 Rn. 718 ff.

Gemäß § 52 GmbHG ist § 105 AktG anwendbar, wonach ein Aufsichtsratsmit- **117** glied nicht zugleich auch Vorstandsmitglied bzw. Geschäftsführer der Gesellschaft sein kann. Unter das Gesellschaftsorgan des fakultativen Aufsichtsrats fallen alle Einrichtungen, die unter den Bezeichnungen »*Verwaltungsrat*«, »*Beirat*« oder »*Ausschuss*« aufsichtsratsähnliche Funktionen ausüben. Der Gesellschaftsvertrag bestimmt dabei, ob die im § 52 Absatz 1 GmbHG genannten Vorschriften des Aktienrechts anzuwenden sind.[253]

Demgegenüber steht der Aufsichtsrat in der mitbestimmten GmbH, der nach den **118** Vorschriften des Betriebsverfassungsgesetzes bei Gesellschaften mit beschränkter Haftung mit mehr als 500 Arbeitnehmern zwingend vorgeschrieben ist.

Das **Mitbestimmungsgesetz**, das Montanmitbestimmungsgesetz und das Mon- **119** tanmitbestimmungsergänzungsgesetz gelten für die GmbH grundsätzlich ebenso wie für die AG.[254] Diese Gesetze sollen sicherstellen, dass eine Mitbestimmung der Arbeitnehmer gewährleistet ist. Jedes Mitglied des Aufsichtsrats, dem nur natürliche, unbeschränkt geschäftsfähige Personen angehören dürfen, ist der AG (bzw. der GmbH) zur sorgfältigen und gewissenhaften Erfüllung der diesem Organ übertragenen Aufgaben verpflichtet und haftet bei Verletzung dieser Pflicht auf Schadenersatz.[255] Zu diesen Pflichten gehört u. a. auch die Überwachung der Geschäftsführung gemäß § 111 Absatz 1 AktG. Diese Kontrollfunktion bezieht sich jedoch nicht nur auf die formalen Pflichten des Vorstandes, wie z. B. die Rechtmäßigkeit seiner Beschlüsse oder die Beachtung der innergesellschaftlichen Zuständigkeitsordnung, sondern umfasst auch den Bereich seiner unternehmerischen Entscheidungstätigkeit und ihrer Folgen. Wenn z. B. der Aufsichtsrat begründeten Anlass hat, das Verhalten des Vorstandes zu beanstanden, kann er nicht nur die Vornahme bestimmter Geschäfte an seine Zustimmung binden, sondern auch die für die drohende oder eingetretene Fehlentwicklung verantwortlichen Vorstandsmitglieder abberufen.

3.   Betriebsbeauftragte

Aus dem Wort »*Betriebsbeauftragter*« lassen sich keine rechtlichen Rückschlüsse **120** ziehen, da es in Gesetzen und Vorschriften mit unterschiedlicher Bedeutung und Zielrichtung verwendet wird.[256] Die unterschiedlichen Beauftragten können aufgrund ihrer **Einsatzbereiche in drei Gruppen** eingeteilt werden. Es handelt sich um Beauftragte des Arbeitsschutzes, die für eine **körperliche Unversehrtheit der Arbeitnehmer** zu sorgen haben. Die zweite Gruppe, die Datenschutzbeauftragten, bemühen sich im Rahmen des allgemeinen Persönlichkeitsrechts um die **Wahrung des Rechts auf informelle Selbstbestimmung**. Die dritte Gruppe soll die **Rechts-**

---

253   Eisenhardt, a.a.O. Rn. 718 ff.
254   Eisenhardt, a.a.O. Rn. 721 ff.
255   Henn, a.a.O., § 35 Rn. 1181 ff.
256   Erich **Freese**/Christian **Schmidt-Leithoff**, in: Handwörterbuch der Organisation, Stuttgart 1992, S. 283.

güter der Allgemeinheit schützen, wie z. B. die Umwelt oder auch mittelbar die Unversehrtheit betriebsfremder Personen.[257]

121   Die Aufgabe eines »*Betriebsbeauftragten*« kann sowohl von Betriebsangehörigen als auch von Externen ausgeübt werden.[258] Von der Frage der Zugehörigkeit ist es auch abhängig, ob es sich um einen Arbeits- oder Geschäftsbesorgungsvertrag handelt. Fest steht aber in beiden Fällen, dass der Beauftragte nicht als Unternehmensorgan tätig wird, sondern nur als Beauftragter des Unternehmensträgers.

122   Die Betriebsbeauftragten unter die Kategorie der Führungskräfte einzuordnen, gelingt nicht immer. Zwar können sie im Unternehmen als Fachberater in Umweltfragen der Geschäftsleitung direkt unterstellt sein und mit außerordentlichen Weisungsrechten versehen werden. Es ist auch denkbar, dass sie den ausdrücklichen Auftrag haben, in eigener Verantwortung als Betriebsbeauftragte Aufgaben wahrzunehmen, die eigentlich dem Inhaber des Betriebs obliegen. So können sie beispielsweise berechtigt sein, einen zeitweisen Produktionsstopp zu verfügen.[259] Wenn ein Betriebsbeauftragter über solche Kompetenzen verfügt, dann wird er – quasi mit umgekehrten Vorzeichen – auch zur stellvertretenden strafrechtlichen Verantwortung herangezogen werden können.[260]

123   Wird die Bestellung zum Betriebsbeauftragten mit der betriebsinternen Übertragung von Entscheidungsbefugnissen verbunden, dann ist der Betriebsbeauftragte unabhängig von dieser Funktion u. U. auch als **Schutzgarant** zu behandeln.

124   Eine mit Weisungsrechten ausgestaltete Position ist aber nicht zwingend notwendig. Es kann durchaus sein, dass dem Betriebsbeauftragten nur unzulängliche Befugnisse eingeräumt werden, sodass er weder stellvertretend für Delikte aus dem Unternehmensbereich haftet, noch zu der Gruppe der Führungskräfte gezählt werden kann.

125   **Der Betriebsbeauftragte hat nur für die Erfüllung seiner Überwachungs-, Aufklärungs- und Initiativpflichten einzustehen** und ist nicht verpflichtet, den Eintritt bestimmter strafrechtlicher Erfolge zu verhindern, weil dies weder zu seinen gesetzlich definierten Aufgabenbereichen gehört, noch er die dafür erforderliche Entscheidungsbefugnis besitzt. Die Betriebsbeauftragten werden daher als »**Überwachungsgaranten**« im Gegensatz zu den oben beschriebenen »**Schutzgaranten**« angesehen.[261]

---

257   Freese/Schmidt-Leithoff, a.a.O., S. 283; zu den einzelnen Beauftragten, vgl. Freese/ Schmidt-Leithoff, a.a.O., S. 284.

258   Vgl. z. B. § 4 VO über Betriebsbeauftragte für Abfall – AbfBetrbV; § 5 Verordnung über Immissionsschutz- und Störfallbeauftragte – 5. BImSchV

259   Vgl. § 58 c Abs. 3 BImSchG, der ausdrücklich die Möglichkeit anspricht, dem Störfallbeauftragten Entscheidungsbefugnisse zu übertragen, und zwar »*für die Beseitigung und die Begrenzung von Störungen des bestimmungsgemäßen Betriebs, die zu Gefahren für die Allgemeinheit und die Nachbarschaft führen können oder bereits geführt haben*«.

260   Und zwar im Rahmen des § 14 Abs. 2 Nr. 2 StGB; siehe dazu die Ausführungen auf den Rdn. 710 ff.

261   Sehr ausführlich dazu auch Martin **Böse,** Die Garantenstellung des Betriebsbeauftragten, in: NStZ 2003, 636 ff.

Eine Verletzung ihrer Pflichten kann als Teilnahme an einem beispielsweise von 126
dem Leiter des Unternehmens begangenen Hauptdelikt strafbar sein, wenn der
Erfolgseintritt durch die gebotene Wahrnehmung der Kontroll-, Informations-
und Initiativpflichten abgewendet oder wenigstens erschwert worden wäre.[262] Es
handelt sich bei der »Tat« um ein unechtes Unterlassungsdelikt.

Der Betriebsbeauftragte reduziert die Verantwortlichkeit der Betriebsleitung nur 127
dann, wenn die Übertragungspflichten beachtet wurden. Diese sind die erforderlichen Auswahl-, Instruktions-, Kontroll- und Eingriffspflichten. Es muss dabei
beachtet werden, dass es nicht zu Interessenkonflikten kommt.

Sie würden z. B. vorliegen, wenn dem für die Produktion zuständigen Mitglied
der Geschäftsleitung die Aufgaben des Umweltschutzes zugeteilt würden. Der
Konflikt besteht in einem solchen Fall darin, dass eine optimale Beachtung des
Umweltschutzes bei gleichzeitiger maximaler Produktion nicht immer möglich
ist.[263]

Innerhalb der Unternehmen spielen die Umweltschutzbeauftragten, der Sicher- 128
heitsbeauftragte sowie der Datenschutzbeauftragte eine große Rolle.

a) Die Umweltschutzbeauftragten

Im Umweltbereich hat der Unternehmer unter bestimmten Voraussetzungen – 129
abhängig von einer bestimmten Betriebsgröße oder Art und Umfang der Emission – für die Bestellung von Betriebsbeauftragten und für die eigenverantwortliche Kontrolle von Grenzwerten zu sorgen. Es gibt drei Momente, die eine Ernen-
nung eines Betriebsbeauftragten bewirken.

Für einige Bereiche ist die Bestellung gesetzlich vorgeschrieben.[264] In diesen Fällen muss das Unternehmen der zuständigen Behörde den Namen des Beauftragten benennen und den genauen Aufgabenbereich festlegen. Für den Immissionsschutzbeauftragten ergibt sich diese Pflicht aus § 55 BImSchG,[265] für den
Abfallbeauftragten aus § 55 Absatz 3 KrW-/AbfG[266] und für den Gewässerschutzbeauftragten aus § 21 c WHG. Zulässig ist aber wohl auch die Bestellung
eines einheitlichen Umweltschutzbeauftragten.[267]

Ist ein Beauftragter nicht gesetzlich vorgeschrieben, so kann die Aufsichtsbehörde
die Bestellung anordnen.[268]

---

262   OLG Frankfurt NJW 1987, 2753 ff.; vgl. dazu im Folgenden Rdn. 129 ff.
263   So auch **Ebenroth/Willburger**, Die strafrechtliche Verantwortung des Vorstands für
      Umweltstraftaten und gesellschaftsrechtliche Vermeidungsstrategien, in: BB 1991,
      S. 1941 ff. (1943).
264   Z. B. § 53 Abs. 1 BImSchG in Verb. mit § 1 der 5. BImSchV; § 54 Abs. 1 KrW-/AbfG; § 21
      Abs. 1 WHG.
265   Bundes-Immissionsschutzgesetz in der Fassung der Bekanntmachung vom 26. 09. 2002
      (BGBl. I S. 3830), zuletzt geändert durch Art. 60 der VO v. 31. 10. 2006 (BGBl. I S. 2407).
266   Der § 55 BImSchG für entsprechend anwendbar erklärt.
267   Kloepfer/Vierhaus, a.a.O. Rn. 59.
268   § 53 Abs. 2 BImSchG; § 54 Abs. 2 KrW-/AbfG, § 21 a Abs. 2 WHG.

Ferner kann jedes Unternehmen aus Eigeninteresse einen Betriebsbeauftragten einsetzen.[269]

aa) Der Immissionsschutzbeauftragte

130 Wer einen Immissionsschutzbeauftragten zu bestellen hat, ergibt sich aus § 53 BImSchG und aus § 1 der Fünften Verordnung zur Durchführung des Bundesimmissionsschutzgesetzes (5. BImSchV). In dieser Verordnung sind im Anhang I allein 44 Varianten genehmigungsbedürftiger Anlagen vom Kraftwerk bis zur Fischmehlproduktionsstätte aufgeführt, in denen ein Immissionsschutzbeauftragter beschäftigt werden muss.

Darüber hinaus kann die Behörde Anlagebetreiber, die in der 5. BImSchV nicht erfasst sind, zur Bestellung eines Beauftragten verpflichten, wenn diese Tätigkeit wegen der von der Anlage ausgehenden Emissionen, Probleme der Emissionsbegrenzung oder der von den Erzeugnissen ausgehenden Umwelteinwirkungen erforderlich ist.

Zu den **Aufgaben des Immissionsbeauftragten** (§ 54 BImschG) zählt das Hinwirken auf Entwicklung und Einführung umweltfreundlicher Verfahren sowie umweltfreundlicher Erzeugnisse. Bei der Umsetzung der umweltorientierten Ziele hat er mitzuwirken, insbesondere durch die Begutachtung der Verfahren und Produkte. Ferner ist er ein Überwachungsorgan im Unternehmen, denn er hat die Pflicht, auf die Einhaltung der Bundesimmissionsschutzgesetzvorschriften und -verordnungen sowie die Erfüllung der dem Unternehmen erteilten Bedingungen und Auflagen zu achten. Die Betriebsstätte muss von ihm in regelmäßigen Abständen kontrolliert werden. Messungen von Emissionen und Immissionen gehören zu seinen Aufgaben.

Festgestellte Mängel und Verbesserungsvorschläge hat er an seine Vorgesetzten weiterzugeben. Jährlich erstattet der Beauftragte den Behörden einen Bericht über die Umweltmaßnahmen im eigenen Haus.

bb) Der Betriebsbeauftragte für den Abfallbereich

131 Die Beauftragung ist gemäß § 54 KrW-/AbfG[270] für die durch Rechtsverordnung festgelegten Anlagen erforderlich.

§ 1 der Verordnung über Betriebsbeauftragte für Abfall (AbfBetrbV)[271] enthält eine Liste der verpflichteten Betreiber. Ergänzungen kann die Behörde anordnen, wenn die Bestellung aus Abfallentsorgungsschwierigkeiten notwendig ist. Zu den **Aufgaben** (§ 55 KrW-/AbfG) des Beauftragten zählen die Überwachung der Abfallentstehung bis zu seiner Entsorgung und die Einhaltung der Vorschriften, die sich durch regelmäßige Kontrolle und Berichterstattung zeigt. Weiter klärt der

---

269 Freese/Schmidt-Leithoff, a.a.O., S. 284.
270 Gesetz v. 27. 09. 1994 (BGBl. I S. 2705).
271 VO v. 26. 10. 1977 (BGBl. I S. 1913) – Obwohl diese Verordnung noch immer nicht dem KrW-/AbfG angepasst wurde und noch auf dem Abfallbeseitigungsgesetz (AbfG) des Jahres 1972 basiert, ist sie nach wie vor gültig.

Beauftragte die Betriebsangehörigen über die Gefahren beim Umgang mit Abfällen auf.

Last, but not least ist es die Pflicht des Beauftragten, auf die Entwicklung und Einführung umweltfreundlicher Verfahren zur Abfallreduzierung, auf die schadlose Verwertung und ordnungsgemäße Entsorgung der im Betrieb entstehenden Reststoffe hinzuwirken. Auch der Abfallbeauftragte hat jährlich über die ihn betreffenden Aktivitäten im Unternehmen Bericht zu erstatten.

cc)   Der Gewässerschutzbeauftragte

Auf einen Gewässerschutzbeauftragten darf das Unternehmen dann nicht ver- **132** zichten, wenn es täglich mehr als 750 Kubikmeter Abwasser in Gewässer einleiten darf.[272] Es werden also nur die so genannten Direkteinleiter, nicht dagegen die Einleiter in Abwasseranlagen erfasst. Auch nach dem Wasserhaushaltsgesetz ist die Behörde berechtigt, den Bedarf an Betriebsbeauftragten auszudehnen.[273]

Das Tätigkeitsfeld des Gewässerschutzbeauftragten umfasst die Einhaltung der Vorschriften im Sinne des Gewässerschutzes, die Kontrolle der Abwasseranlagen, die Berichterstattung und das Hinwirken auf umweltfreundliche Verfahren im Betrieb. Die **Aufgaben** dieses Beauftragten sind wie in den Fällen zuvor katalogmäßig kodifiziert (§ 21b WHG). Der Beauftragte hat die Pflicht, Vorschläge und Bedenken unmittelbar der Geschäftsleitung vorzutragen.[274]

dd)   Der Strahlenschutzbeauftragte

Für den Strahlenschutz beim Umgang mit radioaktiven Stoffen und Kernbrenn- **133** stoffen sowie bei der Errichtung und dem Betrieb der Anlagen zur Erzeugung ionisierender Strahlen hat der Arbeitgeber einen Beauftragten zu bestellen (§ 31 ff. StrlSchV).[275] Der Beauftragte muss dafür sorgen, dass die Schutzvorschriften eingehalten werden. Ebenso wie die bereits vorgestellten Umweltschutzbeauftragten treffen ihn die üblichen **Hinwirkungs- und Informationspflichten** (§ 33 StrlSchV).

ee)   Der Störfallbeauftragte

Unter dem Eindruck der Betriebsstörungen, die die chemische Industrie in den **134** ersten Monaten des Jahres 1993 trafen, beschloss die Bundesregierung am 24. März 1993 eine geänderte Verordnung über Immissionsschutz- und Störfallbeauftragte.[276] Danach sind für die, die dem so genannten erweiterten Pflichtenkreis

---

272   § 21a Abs. 1 Wasserhaushaltsgesetz (WHG) in der Fassung der Bekanntmachung vom 19. 08. 2002 (BGBl. I S. 3245), zuletzt geändert durch Art. 2 des Gesetzes vom 25. 06. 2005 (BGBl. I S. 1746).

273   § 21a Abs. 2 WHG.

274   OLG Frankfurt, in: NStE § 324 Nr. 5.

275   StrahlenschutzVO vom 20. 07. 2001 (BGBl. I S. 1714, (2002, 1459)), zuletzt geändert durch Art. 2 § 3 Abs. 31 des Gesetzes v. 01. 09. 2005 (BGBl. I S. 2618).

276   Bundesministerium für Umwelt, Naturschutz und Reaktorsicherheit – Pressemitteilung 18/93 v. 24. 03. 1993, S. 1 f.; dazu § 5 Abs. 2 12. BImSchV.

nach der Störfall-Verordnung[277] zuzuordnen sind – rund 3000 Industrieanlagen in der Bundesrepublik Deutschland, für die nach der Störfall-Verordnung eine Sicherheitsanalyse vorgelegt werden muss – Störfallbeauftragte von hoher Zuverlässigkeit und Fachkunde zu bestellen.

Bei Anlagen, bei denen ein erhebliches Gefahrenpotenzial besteht, kann die Bestellung eines Störfallbeauftragten im Einzelfall angeordnet werden.

Der Störfallbeauftragte hat die Beachtung des Störfallrechts zu überwachen. Zu seinen Aufgaben gehört die Unterrichtung des Anlagenbetreibers über festgestellte Mängel und Unterbreitung von Verbesserungsvorschlägen zur Erhöhung der Anlagensicherheit.[278]

ff) Der Gefahrgutbeauftragte

135 Unternehmer und Inhaber eines Betriebes, die an der Beförderung gefährlicher Güter mit Eisenbahn-, Straßen-, Wasser- oder Luftfahrzeugen beteiligt sind, müssen einen Gefahrgutbeauftragten bestellen[279]. Eine Ausnahme von der Bestellpflicht besteht, wenn im Kalenderjahr nicht mehr als 50 t netto gefährliche Güter transportiert werden.

Den Beauftragten obliegt die Überwachung der Einhaltung der Vorschriften für die Gefahrgutbeförderung. Das umfasst die unverzügliche Anzeige von Transportsicherheitsmängeln an den Unternehmer, die Erstellung eines Jahresberichts sowie von Unfallberichten in einem eventuellen Schadensfall (§ 1c GbV).

Der Gefahrgutbeauftragte ist verpflichtet, Aufzeichnungen über seine Überwachungstätigkeit zu führen und diese Aufzeichnungen mindestens fünf Jahre lang aufzubewahren, Aufzeichnungen und Jahresbericht sind der Behörde auf Verlangen vorzulegen.

Zuverlässigkeit, Sachkunde sowie Kenntnis der maßgebenden Vorschriften sind die persönlichen Anforderungen, die an den Beauftragten gestellt werden. Entsprechende Schulungsnachweise müssen im Rahmen eines von der zuständigen Industrie- und Handelskammer anerkannten Lehrgangs erworben werden. Der Schulungsnachweis gilt fünf Jahre und wird nur nach Absolvierung entsprechender Fortbildungen verlängert[280].

136 Eine **Besonderheit der Regelungen über die Gefahrgutbeauftragten gegenüber den sonstigen Umweltschutzbeauftragten** besteht darin, dass die Pflichten des Gefahrgutbeauftragten zum Teil als selbstständige öffentlich-rechtliche Pflichten

---

277 StörfallVO in der Fassung der Bekanntmachung vom 08. 06. 2005 (BGBl. I S. 1598).

278 Zu seinen Aufgaben gehört insbesondere auch die Pflicht zur Erstellung eines Sicherheitsberichts sowie eines Alarm- und Gefahrenabwehrplanes, §§ 9, 10 StörfallV.

279 § 1 GbV – Gefahrgutbeauftragtenverordnung in der Fassung der Bekanntmachung vom 26. 03.1998 (BGBl. I S. 648), zuletzt geändert durch Art. 2 der VO v. 02. 11. 2005 (BGBl. I S. 3131); vgl. auch § 3 Abs. 1 GGBefG – Gefahrgutbeförderungsgesetz in der Fassung der Bekanntmachung vom 29. 09. 1998 (BGBl. I S. 3114), zuletzt geändert durch Art. 294 der VO v. 31. 10. 2006 (BGBl. I S. 2407).

280 §§ 2 bis 6 sowie die Anlagen 3 bis 5 GbV enthalten sehr detaillierte Vorgaben für die Schulungen.

ausgestaltet sind. Nach § 7 a Nr. 3 und Nr. 4 GbV handelt der Gefahrgutbeauftragte selbst ordnungswidrig, wenn er einen Jahresbericht nicht oder nicht rechtzeitig erstellt oder wenn er die Aufzeichnungen über seine Überwachungstätigkeit nicht, nicht richtig oder nicht vollständig führt. Ähnlich wie die Funktion des Strahlenschutzbeauftragten weist damit auch die Funktion des Gefahrgutbeauftragten über ein reines Innenorgan des Unternehmens hinaus. Anders als insbesondere Immissionsschutz-, Störfall-, Abfall- und Gewässerschutzbeauftragte ist der **Gefahrgutbeauftragte nicht allein dem Unternehmer bzw. dem Inhaber des Betriebes gegenüber verantwortlich**, sondern erhält über die bußgeldbewehrten Aufgaben hinaus **auch originäre öffentlich-rechtliche Pflichten**.

gg) Beauftragter für die Biologische Sicherheit

Betreiber von gentechnischen Anlagen oder Unternehmen, die gentechnische **137** Arbeiten oder Freisetzungen durchführen bzw. Produkte, die gentechnisch veränderter Organismen enthalten oder aus solchen bestehen, in Verkehr bringen, haben einen Beauftragten für die Biologische Sicherheit zu bestellen[281]. Der Beauftragte für die Biologische Sicherheit ist berechtigt und verpflichtet, die Erfüllung der auf die Sicherheit gentechnischer Arbeiten oder der Freisetzungen bezogenen Aufgaben des Projektleiters zu überwachen und den Betreiber, den Betriebs- oder Personalrat und die verantwortlichen Personen beim Umgang mit gentechnisch veränderten Organismen zu beraten. Der Beauftragte ist zur Kontrolle der gentechnischen Anlagen bzw. der Freisetzungsorte sowie zur Mitteilung festgestellter Mängel gegenüber dem Betreiber verpflichtet.

Allen Umweltschutzbeauftragten ist aufgabengemäß gemein, als Fachberater in **138** Umweltfragen zu handeln.

Nach einer Umfrage der Deutschen BP aus dem Jahre 1986, an der sich seinerzeit **139** 286 der insgesamt etwa 3.500 Beauftragten beteiligten,[282] gehörte bei 72,9 % die Beurteilung und Erfassung der Kosten des Umweltschutzes, die rechtliche Beurteilung von Umweltschutzvorschriften (71,8 %), Fragen der technischen Entwicklung (64,6 %), Fragen der Produktentwicklung (25,4 %), Fragen der Produkthaftung (19,7 %) und Forschungsfragen (19 %) zu den – heute weiterhin – Hauptaufgaben.[283] Der Beauftragte muss auf Widrigkeiten hinweisen und Verbesserungen empfehlen. Der Unternehmer wird durch den Umweltschutzbeauftragten, der Angestellter des Betriebs ist, nur beraten. Der Beauftragte hat in der Regel keine Entscheidungskompetenz. Die Verantwortung des Unternehmers gegenüber Staat und Öffentlichkeit wird nicht angetastet. Die Benennung eines Umweltschutzbeauftragten gegenüber der Behörde soll die Zusammenarbeit erleichtern und sicherstellen, dass der Betrieb seine gesetzlichen Verpflichtungen erfüllt. In dieser Konstellation sitzt der Betriebsbeauftragte unwillkürlich zwischen zwei Stühlen: Der Öffentlichkeit durch Gesetz verantwortlich, dem Arbeitgeber zur Loyalität verpflichtet, widerfahren ihn des Öfteren Gewissenskonflikte.

---

281   § 16 der Gentechnik-Sicherheitsverordnung vom 14. 03. 1995 (BGBl. I S. 297) in Verb. mit § 3 Nr. 11 Gentechnikgesetz vom 16. 12. 1993 (BGBl. I S. 2066).
282   Vgl. natur 9/1988, 23.
283   KARRIERE, Nr. 5 v. 29. 01. 1988, K 2; KARRIERE, Nr. 6 v. 05. 02. 1988, K 2.

140 Die **Deutsche BP** ließ von den Umweltschutzbeauftragten im Jahre 1988 auch die Frage beantworten, ob sie davon überzeugt seien, ihre Aufgaben gesetzesgemäß und unternehmensinteressengerecht zu erfüllen. Den internen Informationsfluss hatten weniger als ein Drittel zu bemängeln. 68,3 % fühlten sich über alle für den Umweltschutz relevanten Fragen ausreichend unterrichtet. 86,3 % erklärten, Gelegenheit zu haben, zu den umweltschutzrelevanten Entscheidungen rechtzeitig Stellung zu nehmen. 56 % berichteten, dass ihre Empfehlungen fast immer Berücksichtigung finden. Bei 34,2 % war dies häufig der Fall. Trotz allem bezeichnen 54,2 % ihren Einfluss auf Unternehmensentscheidungen für ausreichend groß, das bedeutet umgekehrt, 43,7 % waren von ihrer Einflussnahme nicht überzeugt. Die Umweltschutzbeauftragten beurteilten denn auch die Wirkung ihrer eigenen Aktivitäten noch überwiegend als korrigierend (61,3 %) und nur zu 19,0 % als prägend. Als »*unerheblich*« stuften nur 14,8 % der Beauftragten ihre Effizienz ein.[284]

141 Seit der BP-Umfrage des Jahres 1986 hat sich die betriebsinterne Akzeptanz der Umweltschutzbeauftragten deutlich verbessert. Und dennoch: In vielen – nicht nur mittelständigen – Unternehmen ist deren Funktion immer noch mit einem exotischen Flair behaftet, in manchen besitzt sie praktisch allein Feigenblatt-Funktion. Eine solche Einstellung beinhaltet für die betroffenen Mitarbeiter ein erhebliches strafrechtliches Risikopotential.

142 Der **Umfang strafrechtlicher Verantwortung des Umweltbeauftragten** ergibt sich aus den ihm vom Unternehmen erteilten Befugnissen. Zu unterscheiden ist dabei zwischen dem »Auch-Betriebsbeauftragten«, der zusätzlich zu seinen arbeitsvertraglichen Pflichten die vorgesehenen Rechte und Pflichten des Umweltbeauftragten übernimmt – und dem »Nur-Betriebsbeauftragten«, der eine betriebsfremde Person ist oder aber von seinen arbeitsvertraglichen Pflichten ansonsten befreit wurde.[285]

143 Ist er selbst befugt, im Rahmen zusätzlicher unternehmensleitender Aufgaben »**auch**« Widrigkeiten (z. B. Gewässerverschmutzung) zu verhindern und greift er nicht ein, dann wird er selbst zum Täter im Sinne des Strafgesetzbuchs. Die Täterschaft folgt dann aber nicht aus seiner Funktion als Umweltschutzbeauftragter.[286]

144 Sieht die betriebliche Stellenbeschreibung »**nur**« die Kontroll- und Informationspflichten gegenüber dem Vorgesetzten vor, dann ist im Fall der Unterlassung fraglich, ob der Umweltschutzbeauftragte im Rahmen der ihn treffenden Pflichten Garant ist und damit selbst zum Täter wird – oder ob er nur Beihilfe leistet. Nur fragt sich bei der Alternativlösung, wer den Täter stellt.

---

284 KARRIERE, Nr. 6 v. 05. 02. 1988, K 2.

285 Dazu Kloepfer/Vierhaus, a.a.O. Rn. 61 (»Auch«), 60 (»Nur«); ausführlich zum »Nur-Beauftragten« auch Böse, a.a.O., NStZ 2003, 636 ff.

286 Ebenso Kloepfer/Vierhaus, a.a.O. Rn. 61; auch Michalke, a.a.O., S. 61 Rn. 82, die aber im Übrigen jede strafrechtliche Verantwortlichkeit des »Nur-Beauftragten« (fälschlich) ablehnt.

In diesem Zusammenhang muss auf eine Entscheidung des Oberlandesgerichts **145** Frankfurts[287] eingegangen werden – soweit ersichtlich die einzige obergerichtliche Entscheidung zu diesem Themenkreis, der in der Praxis als bislang so gut wie unbeachtet gilt.[288] Das Verfahren richtete sich gegen den bis 1985 tätigen Werkleiter eines Unternehmens, den Gewässerschutzbeauftragten sowie den zuständigen Dezernenten beim Regierungspräsidenten.

Der Gewässerschutzbeauftragte musste die Einhaltung wasserrechtlicher Vorschriften und der Einleitebescheide überwachen und die Werksleitung hierüber informieren.

Der Dezernent war zuständig für die Ahndung von Ordnungswidrigkeiten im Wasserbereich, Angelegenheiten in Abwasserfragen sowie die Gewässeraufsicht für oberirdische Gewässer. 1979 legte er für das Werk neue Einleitewerte fest.

Der rechtskräftige Bescheid enthielt für einzelne Stoffe Höchstwerte, wobei 20 % der entnommenen Tagesproben höhere Werte enthalten durften, eine 100 %ige Überschreitung eines Werts aber als unbefugte Gewässerverunreinigung bewertet werden musste. Die Beschlagnahme von Unterlagen ergab, dass die im Bescheid festgelegten Werte von Ende 1979 bis Anfang 1983 in 127 Einzelfällen überschritten wurden, wobei ein Teil mehr als 100 % betrug.

Der strafrechtliche Anknüpfungspunkt beim ehemaligen Werksleiter war die Tatsache, dass unter seiner Verantwortung die Abwässer des Werks in den Main eingeleitet wurden.

»*Täter innerhalb eines Unternehmens ist der für den Gewässerschutz letztlich Verantwortliche oder die von ihm bevollmächtigte Person als so genannte entscheidende Stelle i. S. des § 21 e WHG. Dies bestimmt sich nach den allgemeinen Regeln, namentlich nach § 14 StGB.*«[289]

Als Leiter des Werks bestand für den Werkleiter gemäß § 14 Absatz 2 StGB eine Verantwortlichkeit für die Einleitung. Das Tatgericht hat es als bewiesen angesehen, dass eine Verunreinigung oder nachteilige Veränderung des Gewässers vorlag. Sollte die Tat nach § 324 StGB strafbar sein, musste als zweite Voraussetzung die Einleitung ohne behördliche Erlaubnis, also »unbefugt« erfolgt sein. Befugt ist eine Verschlechterung der Gewässereigenschaft, wenn sie ein objektives Unwerturteil nicht verdient, weil sie von der Rechtsordnung gestattet ist. Bei der behördlichen Gestattung kommt es allein auf formelle Wirksamkeit an.

»*Eine zu Unrecht ausgesprochene oder fehlerhaft gewordene Gestattung macht das Verhalten bis zur Rücknahme oder zum Widerruf grundsätzlich rechtmäßig.*«[290]

Dem Gewässerschutzbeauftragten konnte nur ein Unterlassen hinsichtlich der nachteiligen Veränderung des Gewässers vorgeworfen werden.

---

287 OLG Frankfurt, in: **Kuntz**, Entscheidungssammlung Umweltrecht, Frankfurt, Stand Feb. 1990, 2. Teil, Strafrechtliche Entscheidung (StPO), 1 ff. = NJW 1987, 2753 ff.

288 Als einzige weitere Rechtssprechung ist erkennbar AG Frankfurt a. M., NStZ 1986, 72.

289 OLG Frankfurt, a.a.O., S. 5.

290 OLG Frankfurt, a.a.O., S. 9. Zur Frage der hier angesprochenen Problematik der Verwaltungs-(akt-)akzessorietät im Umweltstrafrecht, vgl. unten Rdn. 1296 ff.

> *»Tauglicher Täter eines Unterlassungsdelikts ist gemäß § 13 StGB nur derjenige, der eine Garantenstellung hat, d.h. der aus Rechtsgründen dafür einstehen muss, dass der strafrechtlich missbilligte Erfolg nicht eintritt.«*[291] *»Im Regelfall ist davon auszugehen, dass sich der Pflichtenkreis des **Gewässerschutzbeauftragten** auf die gesetzlichen Anforderungen des § 21 b WHG beschränkt, d.h., dass er mit Blick auf das Gewässer nicht als so genannter ›Schutzgarant‹, sondern als **Überwachungsgarant** anzusehen ist. Er hat somit nicht für die Reinheit des Wassers, sondern nur für die **Erfüllung seiner gesetzlichen Kontroll-, Informations- und Initiativpflichten** einzustehen. Aus der gesetzlichen Regelung ergibt sich ferner, dass der Gewässerschutzbeauftragte keine Entscheidungsbefugnis bzw. Anordnungsbefugnis hat. Mangels Entscheidungsbefugnis kann ein Gewässerschutzbeauftragter daher in der Regel nicht als Täter angesehen werden. In diesen Fällen ist aber stets zu prüfen, ob nicht neben der Bestellung zum Gewässerschutzbeauftragten eine betriebsinterne Übertragung von Entscheidungsbefugnissen stattgefunden hat. Soweit ihm im Rahmen der Betriebsorganisation auch Entscheidungs- oder Anordnungsbefugnisse übertragen worden sind, die nicht auf seiner Stellung als Gewässerschutzbeauftragter beruhen, sondern primär einen Bezug auf Produktionssteuerung und Abwasseranfall haben, kann sich eine so genannte Beschützergarantenstellung ergeben, die zu einer Bestrafung als Täter führt.«*[292]

Liegt eine derartige Übertragung nicht vor, so ist eine Bestrafung als Teilnehmer in Betracht zu ziehen.

> *»Eine Teilnehmerverantwortlichkeit setzt voraus, dass der Gehilfe zu der nachteiligen Veränderung des Gewässers Hilfe geleistet hat, indem er pflichtwidrig als Garant seinen Kontroll-, Informations- und Initiativpflichten nicht nachgekommen ist, obwohl ihm das möglich und zumutbar war.«*[293] *»Eine Hilfeleistung durch Unterlassen ist jedoch nur dann anzunehmen, wenn die Verschmutzung oder nachteilige Veränderung des Mains durch die gebotenen Kontroll-, Informations- oder Initiativpflichten abgewendet oder zumindest die Vollendung oder Fortsetzung der strafbaren Handlung erschwert hätte.«*[294]

Hat der Gewässerschutzbeauftragte keine echte Chance gehabt, das Risiko des Gelingens der Haupttat zu verringern, so scheidet strafbare Beihilfe aus.

146 Zusammenfassend ist im Hinblick auf die Rechtsprechung des OLG Frankfurt und die derzeit herrschende Lehre festzuhalten, dass dem (»Nur«-) Umweltschutzbeauftragten eine Garantenpflicht im Rahmen seiner gesetzlich auferlegten Überwachungspflichten obliegt. Deshalb kann er sich als Betriebsbeauftragter nur strafbar machen, wenn er pflichtwidrig[295] gegen seine Kontroll- und Informations-

---

291 Vgl. Hans **Dahs**, Zur strafrechtlichen Haftung des Gewässerschutzbeauftragten nach § 324 StGB, in: NStZ 1986, 97 ff. (99).

292 OLG Frankfurt, a.a.O., S. 10.

293 OLG Frankfurt, a.a.O., S. 10.

294 OLG Frankfurt, a.a.O., S. 11.

295 Also wenn er es vorsätzlich oder fahrlässig unterlässt, seine Kontrollen durchzuführen oder die Unternehmensleitung zu unterrichten.

pflichten verstößt und die Umweltschädigung bei Hinzudenken seiner Pflichterfüllung vermieden worden wäre.[296]

Hat der Umweltschutzbeauftragte, wie im Organisationsplan vorgesehen, ord- **147**
nungsgemäß einen Störfall an die vorgesetzte Ebene gemeldet, ist er nach dem
heutigen Strafrechtsverständnis frei von weiterer Verantwortung. Handelt der
Vorgesetzte daraufhin nicht, bleibt der Beauftragte straffrei.

Bestrebungen, dem Umweltschutzbeauftragten Weisungskompetenzen zu geben **148**
und ihn neben der Geschäftsführung in Sachen Umweltschutz handeln zu lassen,
führen zu unübersehbaren Konflikten. Zum einen kann die Doppelverantwortung
wenig effizient sein, sie führt letztendlich zur Entscheidungslosigkeit. Zum anderen würde der dann weisungskompetente Beauftragte keine relevanten Informationen mehr erhalten. Alle die Geschäftstätigkeit berührenden Vorgänge würde
man ihm nicht länger offen legen.

b) Der Datenschutzbeauftragte

Im Datenschutzbereich ist das Unternehmen[297] verpflichtet, einen Datenschutzbe- **149**
auftragten zu bestellen, wenn es personenbezogene Daten automatisch verarbeitet
und mindestens fünf Arbeitnehmer ständig beschäftigt oder wenn personenbezogene Daten auf andere Weise verarbeitet werden sowie mindestens 20 Arbeitnehmer ständig beschäftigt sind. Der Gesetzgeber fordert die Bestellung der Betriebsbeauftragten immer dann, wenn von dem Unternehmen besondere Gefahren
ausgehen können.

Durch die interne Kontrolle der Fachleute sollen die Risiken vermindert werden.
Um ihrer Kontrollfunktion gerecht werden zu können, sind die Betriebsbeauftragten in der Regel der Geschäftsführung direkt unterstellt und weitgehend weisungsgebunden.

Aufgrund ihrer Stellung im Betrieb tragen sie ein hohes Maß an Verantwortung
für die in ihrem Zuständigkeitsbereich auftretenden strafbewehrten Rechtsverstöße. Nur bei pflichtgemäßer Anzeige von Missständen und frühzeitigem Hinweis auf Verfahrenssituationen an die Geschäftsleitung verlagert sich ihre Verantwortung auf die Geschäftsleitung.

c) Der Sicherheitsbeauftragte und Fachkräfte für Arbeitssicherheit

Unternehmen mit mehr als 20 Beschäftigten haben einen Sicherheitsbeauftragten **150**
zu bestellen.[298] Dessen Aufgabe ist es, den Unternehmer bei der Durchführung
des Unfall- und Gesundheitsschutzes zu unterstützen.

---

296   Ebenso Böse, a.a.O., NStZ 2003, 636 ff. (640, 641); Kloepfer/Vierhaus, a.a.O., Rn. 60;
      MünchKomm/Schmitz, a.a.O., Vor §§ 324 ff. Rn. 124; a. A. wohl Michalke, a.a.O., S. 60
      Rn. 79 ff., die sich in ihrer Darstellung aber selbst widerspricht.
297   Nach § 36 Abs. 1 Bundesdatenschutzgesetz.
298   § 22 SGB VII.

Der Beauftragte muss sich insbesondere von dem Vorhandensein und der ordnungsgemäßen Benutzung der vorgeschriebenen Schutzeinrichtungen und persönlichen Schutzausrüstung überzeugen und auf Unfall- und Gesundheitsgefahren für die Arbeitnehmer aufmerksam machen. Auch die Sicherheitsbeauftragten sind **grundsätzlich** auf eine **beratende Funktion** beschränkt. Weisungsbefugnisse haben Sie nur bei deren ausdrücklicher Übertragung durch den Unternehmer. Eine straf- oder zivilrechtliche Verantwortung folgt aus ihrer Funktion nicht. Die Unternehmerpflichten gehen hinsichtlich der Unfallverhütung nicht auf sie über.[299] **Zu unterscheiden** sind die **Sicherheitsbeauftragten** von den so genannten **Fachkräften für Arbeitssicherheit**.[300] Die Fachkräfte für Arbeitssicherheit haben gemäß § 6 ASiG die Aufgabe, den Arbeitgeber beim Arbeitsschutz und bei der Unfallverhütung in allen Fragen der Arbeitssicherheit einschließlich der menschengerechten Gestaltung der Arbeit zu unterstützen. Trotz der sich weitgehend überschneidenden Aufgabenkreise von Sicherheitsbeauftragten einerseits und Fachkräften für Arbeitssicherheit andererseits wird angenommen, dass vorhandene Sicherheitsfachkräfte nach dem ASiG die Bestellung von Sicherheitsbeauftragten wegen deren ergänzenden Funktionen nicht entbehrlich machen.[301] Neben der Beratung des Arbeitgebers, der sicherheitstechnischen Kontrollmaßnahmen sowie der Überwachung des Arbeitsschutzes und der Unfallverhütung besteht eine weitere wichtige Aufgabe der Fachkraft für Arbeitssicherheit in der Unterweisung der Arbeitnehmer in Fragen des Arbeitsschutzes und der Unfallverhütung. In diesem Zusammenhang ordnet das ASiG in § 6 Nr. 4 ausdrücklich an, dass die Fachkräfte für Arbeitssicherheit bei der Schulung der Sicherheitsbeauftragten mitzuwirken haben.

4. Zusammenfassung und strafrechtliche Würdigung

151 Beginnen wir mit den **Unternehmern**. Wenn in dieser Abhandlung vom Unternehmer die Rede ist, dann ist der Unternehmenseigner mit kapitalgebender Funktion gemeint. Nur wenige von ihnen konzentrieren auch die Unternehmensführung in den eigenen Händen. Heute trifft man die geschäftsführenden Unternehmer zumeist als Kaufleute von Einzelunternehmen und als Gesellschafter offener Handelsgesellschaften[302] sowie als Komplementäre von Kommanditgesellschaften[303] an. Einzelunternehmer können unmittelbar für ihre Straftaten belangt werden. Bei Personenhandelsgesellschaften ist dies nicht möglich, die vertretungsberechtigten Gesellschafter können nur in ihrer gesellschaftlichen Verbundenheit verpflichtet werden.[304]

---

299   **Ricke**, Kasseler Kommentar zum Sozialversicherungsrecht, Band II, § 22 SGB VII Rn. 6.
300   § 5 ASiG (= Gesetz über Betriebsärzte, Sicherheitsingenieure und andere Fachkräfte für Arbeitssicherheit) vom 12. 12. 1973 (BGBl. I S. 1885), zuletzt geändert durch Gesetz vom 19. 12. 1998 (BGBl. I S. 3843).
301   Ricke, a.a.O., Band II, § 22 SGB VII Rn. 2.
302   § 125 HGB.
303   §§ 161, 170 HGB.
304   § 14 Abs. 1 Nr. 2 StGB.

So können trotz interner Aufgabenteilung zwischen mehreren vertretungsberechtigten Gesellschaftern alle belangt werden. Vor diesem Hintergrund ist es denkbar, dass ein Gesellschafter für die Straftaten eines Mitgesellschafters mitverantwortlich ist.[305] **152**

Den Unternehmern folgen in der Unternehmenspyramide die **Manager**. Nach meinem Verständnis fallen hierunter die beauftragten Unternehmensleiter, die selbst zwar finanziell nicht maßgeblich am Unternehmen beteiligt sind, die aber zur Führung der Geschäfte des Unternehmens nach außen und innen bestellt sind. **153**

Infrage kommen die Vorstandsmitglieder eines rechtskräftigen Vereins, einer rechtskräftigen Stiftung, von Aktiengesellschaften und Genossenschaften,[306] die Geschäftsführer der Gesellschaften mit beschränkter Haftung[307] sowie die persönlich haftenden Gesellschafter von Kommanditgesellschaften auf Aktien.[308] Diese Manager tragen die strafrechtliche Verantwortung für die Handlungen ihres jeweiligen Unternehmens, die sie aufgrund ihrer besonderen Stellung zu vertreten haben.[309] **154**

Damit ist der Kreis der Unternehmensangehörigen, die strafrechtlich zur Verantwortung gezogen werden können, aber noch nicht vollständig aufgezeigt; denn alle Mitarbeiter, die eigenverantwortlich Aufgaben erfüllen, die mit einer für die Entwicklung des Unternehmens wichtigen Außenwirkung verbunden sind, rechnen hierzu. Natürlich wird zunächst vor allem an die **Führungskräfte** zu denken sein, die mit der Leitung eines Unternehmensbereichs betraut sind. **155**

Das Strafgesetzbuch versteht diese Mitarbeiter dann als Normadressaten der strafrechtlichen Verantwortung,[310] wenn sie von dem Inhaber[311] eines Unternehmens oder einem sonst dazu Befugten[312] beauftragt sind, den Betrieb ganz oder zum Teil zu leiten. Entscheidend ist also die tatsächliche berufliche Stellung des Mitarbeiters. Er muss nicht ausdrücklich mit der Wahrnehmung von Aufgaben des Inhabers betraut worden sein. Es genügt die tatsächliche Übernahme einer Tätigkeit mit den typischen Leitungsaufgaben und der dazugehörenden Entscheidungsbefugnis. **156**

Mit der Leitung eines Betriebsbereichs beauftragt sind die Mitarbeiter, wenn ihnen die damit verbundene Geschäftsführung nach innen und außen verantwortlich übertragen wurde und sie dem gemäß selbstständig handeln.[313] Beauftragt, einen Unternehmensbereich zu leiten, sind die Leiter von räumlich und organisatorisch abgegrenzten Betriebsstellen (z. B. Zweigstellenleiter, Leiter einer Neben- **157**

---

305 Vgl. Schönke/Schröder-Lenckner, a.a.O., § 14 Rn. 23, 19; siehe auch zur Frage der Generalverantwortung der Geschäftsleitung, S. 247 f.

306 Verein: §§ 26, 29 BGB; Stiftung: §§ 86, 88 BGB; Aktiengesellschaft: §§ 76, 85 AktG; Genossenschaft: § 24 GenG.

307 § 35 GmbHG.

308 § 278 AktG.

309 § 14 Abs. 1 Nr. 1 StGB; weitere Ausführungen unten, Rdn. 694 ff.

310 § 14 Abs. 2 Nr. 1 StGB.

311 Inhaber kann eine juristische Person, eine Personengesellschaft, aber auch eine Einzelperson sein; vgl. Schönke/Schröder-Lenckner, a.a.O., § 14 Rn. 28.

312 Vorstandsmitglieder, Geschäftsführer der GmbH, Gesellschafter.

313 Vgl. Schönke/Schröder-Lenckner, a.a.O., § 14 Rn. 31.

stelle, Werksleiter) sowie die Verantwortlichen für sachlich abgegrenzte, relativ selbstständige Teilbereiche innerhalb des Gesamtunternehmens.[314] Nur die alleinige Beaufsichtigung eines Betriebs berechtigt jedoch nicht zur Leitung desselben.[315]

158 Die Bezeichnung der Position des Betriebsleiters (Generalbevollmächtigter, Generaldirektor, Direktor usw.) ist gleichgültig.[316]

159 Zusammenfassend kann festgehalten werden:

Von dem Wort **Führungskräfte** wird in dieser Abhandlung als Oberbegriff für die Gruppe der Manager sowie für die Gruppe der leitenden Angestellten, die im Innenverhältnis des Unternehmens wirken, als auch für alle übrigen weisungsberechtigten Mitarbeiter (z. B. den Meister, der die Lehrwerkstatt führt) Gebrauch gemacht.

160 **Gemeinsames Merkmal aller Führungskräfte** sind die ihnen eigene Weisungsberechtigung im Unternehmen und die fehlende unternehmenspolitische Entscheidungsbefugnis. Das Weisungsrecht kann auf arbeits- bzw. dienstvertraglicher Grundlage beruhen, es kann aber auch auf gewohnheitsrechtlicher Übung im Unternehmen basieren. Selbst das Dulden der Anmaßung von Weisungsrechten durch dazu eigentlich nicht vorgesehene Mitarbeiter, die faktische Handhabung also, kann genügen. Weil also diese Weisungsbefugnis von unterschiedlichem Umfang ist, gibt es keine einheitliche Regelung der strafrechtlichen Verantwortlichkeit von Führungskräften.

161 Unterschiedlich ist auch die Ausgestaltung des strafrechtlichen Haftungsrahmens der Führungskräfte auf den verschiedenen Hierarchiestufen eines Unternehmens. Es sind jeweils die Aufgaben und Pflichten des übertragenen bzw. des geduldet eingenommenen Zuständigkeitsbereichs zu erfüllen. In dieser Funktion haftet die Führungskraft als Schutzgarant. Gegenüber den zuständigen Vorgesetzten besteht demgegenüber nur eine Überwachungsgarantie.[317] Die Führungskraft hat also – was eine Selbstverständlichkeit ist – seinen Tätigkeitsbereich zu kontrollieren und die Vorgesetzten zu informieren. Eine Beratungspflicht besteht nur auf Anforderung. Die Führungskraft kann darauf vertrauen, dass der mit Entscheidungspflicht und -befugnis ausgestattete Vorgesetzte verantwortlich handelt. Insoweit ist die von Knut **Amelung** getroffene Gleichstellung der Führungskraft mit einem De-facto-Betriebsbeauftragten zutreffend.[318]

---

314   Z. B. kaufmännischer Leiter oder technischer Leiter eines Betriebs, Hauptabteilungsleiter Vertrieb, Hauptabteilungsleiter Einkauf; vgl. dazu auch Schönke/Schröder-Lenckner, a.a.O., § 14 Rn. 32.

315   Vgl. Schönke/Schröder-Lenckner, a.a.O., § 14 Rn. 31.

316   Vgl. Göhler/König, a.a.O., § 9 Rn. 19.

317   Dazu die Ausführungen des Bundesgerichtshofs im Erdal-lederspray-Fall zur Rolle des leitenden Chemikers, BGH NJW 1990, 2560 ff. [2568 ff.].

318   Knut **Amelung**, Der Bundesgerichtshof als »Gesetzgeber« im Bereich des materiellen Strafrechts, in: Rechtsgestaltende Wirkung des Revisionsrechts, Schriftenreihe der Arbeitsgemeinschaften des Deutschen Anwaltsvereins, Arbeitsgemeinschaft Strafrecht, Bonn/Essen 1993, 64 ff. [73]; dazu auch Rdn. 120 ff.

Zu der besonderen Konstellation, in der Führungskräfte eines Unternehmens **162** zugleich als gesetzliche Vertreter einer Tochtergesellschaft tätig werden, darf ich auf die entsprechenden Ausführungen an späterer Stelle verweisen.[319]

Alle diejenigen Mitarbeiter, die mangels Weisungsbefugnis im Unternehmen **163** keine führende Funktion ausüben, und dabei handelt es sich um die überwiegende Anzahl der Beschäftigten, werden zu der **Belegschaftsgruppe der einfachen Arbeitnehmer** mit ausführender Tätigkeit gerechnet.

5. Spezialfall »Amtsträger«

a) Begriff

Die Frage nach der Amtsträgereigenschaft wird vor allem im Bereich des **Umwelt-** **164** **strafrechts** und bei den im 30. Abschnitt des Strafgesetzbuches (§§ 331 ff. StGB) geregelten **Amtsdelikten**, hier vor allem bei **Korruptionsdelikten** und Fällen der **Haushaltsuntreue,** relevant. Diesen Komplexen sind in diesem Werk eigene Kapitel gewidmet, so dass ich auf die dortigen Ausführungen verweisen darf.[320]

Strafrechtlich betrachtet ist der **Begriff »Amtsträger«** eine Eigenschaft des Täters **165** oder Verletzten, die die Strafbarkeit bestimmter Handlungen erst begründet (»echte« Amtsdelikte) oder, wie beispielsweise im Fall der Körperverletzung (im Amt), den Strafrahmen erhöht (»unechte«, gemischte Amtsdelikte).

Nach der **Legaldefinition** des § 11 Absatz 1 Nr. 2 StGB sind nach deutschem **166** Recht Amtsträger

- gemäß lit. a) Beamte und Richter, auch ehrenamtliche wie z. B. Schöffen, vgl. § 11 Absatz 1 Nr. 3 StGB;
- gemäß lit. b) weitere Personen, die in einem öffentlich-rechtlichen Amtsverhältnis stehen;[321]
- gemäß lit. c) solche Personen, die dazu bestellt sind, Aufgaben einer Behörde oder bei einer sonstigen Stelle Aufgaben der öffentlichen Verwaltung wahrzunehmen;
- gemäß lit. c) weiterhin solche Personen, welche im Auftrag einer Behörde oder einer sonstigen Stelle unbeschadet der zur Aufgabenerfüllung gewählten Organisationsform Aufgaben der öffentlichen Hand ausführen, § 11 Absatz 1 Nr. 4 StGB.

Auf eine prägnante Formel verkürzt bedeutet das: Amtsträger führen Amtsge- **167** schäfte aus. Der Begriff geht demnach über den Beamtenbegriff weit hinaus. **Amtsträger ist,** wer in einem bestimmten Anstellungs-, Auftrags-, Anvertrauens- oder Dienstverhältnis zu einer öffentlich-rechtlichen Behörde steht oder ein öffent-

---

319 Vgl. Rdn. 1143 ff..

320 Siehe zur Garantenpflicht Rdn. 628 ff., zur Sachverständigen-Entscheidung Rdn. 439 ff., zu den Umweltdelikten Rdn. 1203 ff., zur Haushaltsuntreue Rdn. 2110 ff. und zur Korruption Rdn. 1766 ff.

321 Soldaten sind – obwohl nicht Amtsträger im eigentlichen Sinne – nach § 48 WStG Amtsträgern dann teilweise gleichgestellt, wenn sie in staatlicher Funktion handeln.

liches Amt bekleidet. § 1 Absatz 4 VwVfG bestimmt, dass alle Stellen, die Aufgaben der öffentlichen Verwaltung wahrnehmen, **Behörden** sind. Die Tätigkeit kann hauptberuflich oder ehrenamtlich ausgeübt werden. Deshalb können grundsätzlich auch Personen in der Probezeit, Referendare oder Praktikanten Amtsträgerstatus besitzen.

168 Die an erster Stelle stehenden **Beamten** sind solche im staatsrechtlichen Sinne. Dazu zählt jeder, der nach den einschlägigen beamtenrechtlichen Vorschriften durch eine dafür zuständige Stelle in ein Beamtenverhältnis berufen ist. Unerheblich ist, ob es sich um einen unmittelbaren Bundes- oder Landesbeamten handelt oder nur um einen so genannten mittelbaren Beamten, der zu einer dem Staat nachgeordneten Gemeinde oder einer anderen juristischen Person des öffentlichen Rechts im Dienstverhältnis steht.[322]

169 Das **sonstige öffentlich-rechtliche Amtsverhältnis** setzt die Übertragung eines Geschäftskreises im Bereich der Verwaltung voraus, durch die ein beamtenähnliches Dienst- und Treueverhältnis begründet wird. Hierunter fallen zum Beispiel Notare als so genannte Beliehene,[323] Minister und Parlamentarische Staatssekretäre.[324]

170 **Andere Bestellte**, die bei einer Behörde oder sonstigen Stelle oder in deren Auftrag persönlich Aufgaben der öffentlichen Verwaltung wahrnehmen, können ebenso Amtsträger sein. Bei dieser Art der Amtsträgerschaft sind die Fälle der Wahrnehmung von Aufgaben der öffentlichen Verwaltung *bei* einer Behörde oder sonstigen Stelle oder *in deren Auftrag*, also durch eine behördenexterne Person, zu unterscheiden.

171 Unter **sonstigen Stellen** versteht man ohne Rücksicht auf ihre Organisationsform behördenähnliche Institutionen, die ohne Behörde zu sein gleichwohl rechtlich befugt sind, bei der Ausführung von Gesetzen mitzuwirken. Das sind namentlich Körperschaften oder Anstalten des öffentlichen Rechts.[325]

172 Die Tatsache, dass die öffentliche Verwaltung zunehmend dazu übergeht, ihr obliegende Aufgaben aus dem Bereich der Daseinsvorsorge durch private Unternehmen erfüllen zu lassen, war Grund für die Änderung des § 11 Absatz 1 Nr. 2 lit. c StGB, dass für die Amtsträgereigenschaft allein die Aufgabenart und nicht die Form der Aufgabenerfüllung maßgeblich ist. Das Gesetz[326] stellt heutzutage klar, dass es dabei nicht auf die Rechtsform ankommt, in deren Rahmen die Tätigkeit ausgeübt wird, sondern nur auf die Art der Tätigkeit selbst (funktionale Betrachtungsweise).[327]

---

322 Schönke/Schröder-Eser, a.a.O., § 11 Rn. 16.

323 Rechtsanwälte besitzen dagegen keine Amtsträgereigenschaft, obwohl sie nach § 1 BRAO *»freie Organe der Rechtspflege«* sind.

324 Lackner/Kühl, a.a.O., § 11 Rn. 5; Tröndle/Fischer, a.a.O., § 11 Rn. 16.

325 Tröndle/Fischer, a.a.O., § 11 Rn. 16 ff.; Lackner/Kühl, a.a.O., § 11 Rn. 8.

326 Diese Klarstellung erfolgte mit dem Gesetz zur Bekämpfung der Korruption v. 13. 08. 1997, BGBl. I 2038, bei welcher der Passus *»unbeschadet der zur Aufgabenerfüllung gewählten Organisationsform«* in § 11 Abs. 1 Nr. 2 c StGB eingefügt wurde.

327 Matthias **Korte**, Kampfansage an die Korruption, in: NJW 1997, 2556 ff. (2557); Tröndle/Fischer, a.a.O., § 11 Rn. 22; Lackner/Kühl, a.a.O., § 11 Rn. 9.

Diese Aufgaben müssen nach der überwiegenden Ansicht solche der Eingriffs-   **173**
und Leistungsverwaltung einschließlich der Daseinsvorsorge sein.[328] Nach einem
Urteil des Bundesgerichtshofs[329] soll ein privatrechtlich organisiertes **Unternehmen als »sonstige Stelle« einer Behörde gleichzusetzen** sein, wenn es bei seiner
Tätigkeit öffentliche Aufgaben wahrnimmt und dabei derart staatlicher Steuerung
unterliegt, dass es bei einer Gesamtbetrachtung der das Unternehmen kennzeich-
nenden Merkmale als »verlängerter Arm« des Staates erscheint. Diese Rechtsprechung kann als gefestigt bezeichnet werden.

Nach den Feststellungen des Landgerichts Bonn ließ sich der Geschäftsführer   **174**
der vom Rhein-Sieg-Kreis gegründeten R-S-A (RSAG) von dem gesondert Verfolgten **T** – einem vor allem im Rheinland tätigen und in diesem Zusammenhang auch in andere Bestechungsskandale[330] verstrickten Müllunternehmer –
mit umgerechnet 400.000 Euro und ca. 1 Million Euro dafür bestechen, dass
er pflichtwidrig dem Unternehmer **T** günstige Entscheidungen von erheblicher
wirtschaftlicher Bedeutung in dem von ihm geführten Unternehmen durch-
setzte.

Der Bundesgerichtshof hat die Revision des Angeklagten verworfen.[331] Die Entscheidung verweist auf die vorangehende Rechtsprechung und stützt sich auf
folgende Erwägungen:

> *»Die RSAG ist nach den Feststellungen des Landgerichts auf dem Gebiet der Müllent-
> sorgung und damit in einem Bereich der Daseinsvorsorge tätig; … Die Voraussetzung
> besonders intensiver staatlicher bzw. kommunaler Steuerung … zutreffend namentlich
> auf folgende Gesichtspunkte abgestellt: die Alleingesellschafterstellung des Rhein-Sieg-
> Kreises, die Entstehung der RSAG durch Umwandlung aus einem öffentlich-rechtli-
> chen Müllbeseitigungszweckverband, die Einbindung der RSAG in die Abfallpolitik
> des Rhein-Sieg-Kreises durch den Entsorgungsvertrag und die interne Beherrschung
> der Gesellschaft durch die öffentliche Verwaltung aufgrund entsprechender Gestaltung
> der GmbH-Satzung.«*

Der Einordnung der RSAG im Tatzeitraum als »sonstige Stelle« standen nach   **175**
Ansicht des Bundesgerichts auch nicht die Ausführungen des Senats im Fall des
so genannten »Kölner Müllskandals« zum Problem erwerbswirtschaftlicher Teilnahme der öffentlichen Hand auf privatisierten Feldern der Daseinsvorsorge entgegen. Die RSAG war im Tatzeitraum nicht wie andere rein private Marktteilnehmer ausschließlich erwerbswirtschaftlich tätig. Die Satzung der RSAG schrieb im
Tatzeitraum die Verfolgung rein gemeinnütziger Zwecke vor; Vermögen und Einnahmen der Gesellschaft durften nur für gemeinnützige Zwecke verwendet werden. Der Kreis erließ jährlich eine Gebühren- und Abfallentsorgungssatzung. Der
Umsatz der RSAG generierte sich zu ca. 70 % aus dem Gebührenbereich, in dem
die RSAG nur die zur Kostendeckung erforderlichen Aufwendungen ersetzt
bekam. Deshalb hatte der Kreis nicht einen Bereich der Daseinsvorsorge aus der

---

328   MünchKomm/Korte, a.a.O., § 331 Rn. 37.
329   BGH, NJW 1999, 2378.
330   Vgl. etwa zum **»Kölner Müllskandal«**, BGHSt 50, 299 sowie die Ausführungen auf
       Rdn. 1845 ff.
331   BGH NStZ 2007, 211 f. – 5 StR 70/06 – Beschluss vom 26. 10. 2006.

Hand gegeben und seine Erledigung einem privaten, marktwirtschaftlichen Unternehmen überlassen. Eine Gleichstellung mit rein gewinnorientierten privaten Unternehmen war unter Berücksichtigung dieser Umstände nicht möglich.

176 Ebenso als Amtsträger in Betracht kommen demnach zum Beispiel:[332]

- Angestellte von Universitäten,
- Angestellte in Behörden,
- Angestellte von kommunalen Eigenbetrieben,
- Leitende Angestellte von Überwachungsstellen wie dem TÜV,
- Vorstandsmitglieder einer Landesbank oder Kreissparkasse,
- Leiter und Angestellte von Kranken- und Ersatzkassen sowie Berufsgenossenschaften,
- Der Chefarzt eines Kreiskrankenhauses.

177 Der Geschäftsführer einer städtischen GmbH, deren wesentliche Tätigkeit die Versorgung der Einwohner mit Fernwärme ist, ist nach dem Bundesgerichtshof dann Amtsträger, wenn die Stadt die Geschäftstätigkeit der Fernwärme GmbH im öffentlichen Interesse steuert.[333]

178 Ein kommunaler Amtsträger, der vom öffentlichen Gesellschafter eines (teil-)kommunalen Unternehmens in dessen Aufsichtsrat berufen wird, ist dann Amtsträger, wenn das Unternehmen, in dessen Kontrollorgan er sitzt, eine ‚sonstige Stelle' gemäß § 11 Absatz 1 Nr. 2 c ist.[334] Eine rein privatrechtliche Beauftragung reicht jedoch für eine Bestellung zum Amtsträger nicht aus. **Erforderlich** für die Amtsträgerschaft nach § 11 Absatz 1 Nr. 2 c StGB ist eine **Bestellung**, d. h. eine nicht formgebundene Übertragung der Tätigkeit durch einen irgendwie gearteten öffentlich-rechtlichen Akt.[335]

179 **B** war seit 1996 bei der G. B. H. GmbH (GBH), einem 1927 gegründeten kommunalen Wohnungsunternehmen, als »technischer Bestandsbetreuer« für die Unterhaltung des Wohnungsbestandes. Die Stadt Hannover hielt fast 90 % der Gesellschaftsanteile an der GBH, im Übrigen war Anteilseignerin die Stadtsparkasse. Die Landeshauptstadt stellte gemäß der Satzung zwölf von 15 Aufsichtsratsmitgliedern, deren Amtszeit sich nach der Wahlperiode des Stadtrats bestimmte. Bei den ihr zugewiesenen Geschäften in der Wohnungswirtschaft hatte die GBH den »*Grundsatz sozialer Verantwortung für die sozial schwachen Schichten der Bevölkerung*« zu beachten. Der Angeklagte **B** war zunächst städtischer Angestellter und wurde nach BAT vergütet. Nach einer Umstrukturierung der GBH wurde er als »Bezirksleiter Technik« und stellvertretender Geschäftsstellenleiter nach einem Haustarif bezahlt. Aus Geldnot vereinbarte

---

332   Vgl. Schönke/Schröder-Eser, a.a.O., § 11 Rn. 22; Lackner/Kühl, a.a.O., § 11 Rn. 9.

333   BGH NJW 2004, 693.

334   Ausführlich dazu Andrè M. **Szesny**/Matthias **Brockhaus**, Die Pflichtenstellung kommunaler Mandatsträger in Aufsichtsräten öffentlicher Versorgungsunternehmen, in: NStZ 2007, 624 ff.

335   Lackner/Kühl, a.a.O., § 11 Rn. 6 und MünchKomm/Korte, a.a.O., § 331 Rn. 40; diese restriktive Auslegung des Begriffes – auch durch die Rechtsprechung – ist nicht unumstritten. Teilweise wird eine Ausweitung des Begriffes zur effektiven Korruptionsbekämpfung verlangt; vgl. im einzelnen Rdn. 1186 ff.

B ab 1999 mit dem ihm bekannten weiteren Angeklagten **G**, einem Malermeister, Rechnungen über tatsächlich nicht erbrachte Handwerksarbeiten bei der Kasse der GBH einzureichen, um anschließend den ausgezahlten Werklohn unter sich aufzuteilen. Insgesamt verursachte der Angeklagte **B** einen Schaden von rund 440.000 Euro zu Lasten der GBH.

In diesem Fall kam der Bundesgerichtshof[336] zu einer anderen Wertung der Stellung des Angeklagten. Demnach war das Landgericht Hildesheim richtig davon ausgegangen, dass der Angeklagte **B** als technischer Bestandsbetreuer schon objektiv nicht als Amtsträger anzusehen ist, weil er bei einer juristischen Person des Privatrechts beschäftigt ist, die keine Aufgaben der öffentlichen Verwaltung erledigt. Vielmehr stellt die GBH lediglich Teile ihres Wohnungsbestandes für den entsprechenden Begünstigtenkreis zur Verfügung. Insoweit unterscheidet sich deren Handeln nicht von demjenigen anderer Wohnungseigentümer, deren Wohnungen unter einem entsprechenden Belegungsrecht der Stadt Hannover stehen. Belegungsrechte der Stadt Hannover wurden dabei auch bei etwa 100 anderen Wohnungseigentümern begründet. Demnach besteht kein – für die Erledigung hoheitlicher Aufgaben typisches – Aufgabenfeld der Staatsverwaltung, das lediglich in einer privatrechtlichen Organisationsform abgewickelt wird. Vielmehr verschafft sich die Kommune in Erfüllung ihrer eigenen Sozialverpflichtung Wohnungen, wobei sie unter mehreren Wohnungsanbietern auswählen kann. Interessante Ausführungen enthält dieses Urteil des Bundesgerichthofes aber vor allem zur Frage der Sozialverantwortung und der Gewinnorientierung: **180**

> »Die soziale Zielsetzung der GBH, die in der Satzung niedergelegt ist, rechtfertigt kein anderes Ergebnis. Allerdings ist der Staatsanwaltschaft zuzugeben, dass diesem Umstand Indizcharakter für eine Aufgabe zukommen kann, die typischerweise durch die öffentliche Verwaltung wahrgenommen wird. Das Gewicht dieses Gesichtspunktes vermindert sich im vorliegenden Fall jedoch dadurch deutlich, dass die GBH nach den Feststellungen des Landgerichts erwerbswirtschaftlich tätig ist und auch tatsächlich erhebliche Gewinne erzielt hat. Weiterhin wurden in den Haushaltsplanungen der Stadt Hannover bis 2009 jährliche Gewinnerwartungen in Höhe von 4 % des Eigenkapitals eingestellt. Obwohl eine Gewinnerzielungsabsicht ebenso wenig wie tatsächlich erzielte Gewinne der Einstufung als öffentliche Aufgabe entgegenstehen (BGHSt 49, 214, 221; BGHR StGB § 11 Absatz 1 Nr. 2 Amtsträger 7), relativiert ihr Vorhandensein doch die in der Satzung festgelegte soziale Zweckbindung.«

Im Übrigen stellt der Bundesgerichtshof hier darauf ab, dass das Landgericht Hildesheim zutreffend in seine Gesamtbewertung einbezogen habe, dass die GBH von der Bevölkerung als eine von 100 Wohnungseigentümern und Anbietern auf dem Wohnungsmarkt, nicht aber als verlängerter Arm des Staates wahrgenommen wird. Schutzzweck der Amtsdelikte sei aber das Vertrauen der Allgemeinheit in die Integrität von Trägern staatlicher Institutionen. Werde das privatrechtlich strukturierte Unternehmen nicht als Teil der Staatsverwaltung erkannt, verliert sich vor dem Hintergrund des durch die Amtsdelikte verfolgten Strafzwecks das Bedürfnis nach einer diesbezüglichen Ahndung. **181**

---

336   BGH 5 StR 506/06 v. 18. 04. 2007.

182 Bei der 2. Alternative des § 11 Absatz 1 Nr. 2c StGB (**Handeln im Auftrag**), die die Einbeziehung verwaltungsexterner Personen ermöglicht, verlangt der 1. Strafsenat des Bundesgerichtshofs zudem, dass die Privaten eine vergleichbare Stellung haben müssen wie die Amtsträger nach § 11 Absatz 1 Nr. 2 a und b StGB, weshalb die Bestellung zu einer über einen einzelnen Auftrag hinausgehenden längerfristigen Tätigkeit führen müsse.[337]

> So wird beispielsweise vom Bundesgerichtshof für einen ortsansässigen Architekten, der in einer kleinen Gemeinde, die selbst kein Bauamt besitzt, dessen Aufgaben übernimmt, die Amtsträgereigenschaft bejaht.[338]

183 Diese Anknüpfung an das rein zeitliche Moment ist nicht unproblematisch,[339] aber zumindest deshalb zu begrüßen, da aufgrund der heute maßgeblichen, oben dargestellten rein funktionalen Betrachtungsweise der sehr weite Anwendungsbereich des Amtsträgerbegriffes zu Wertungsungerechtigkeiten führen könnte.

184 Für den **öffentlichen Dienst besonders Verpflichtete** sind zunächst Beschäftigte bei einer Behörde oder einer sonstigen Stelle, die Aufgaben der öffentlichen Verwaltung wahrnimmt, des Weiteren Personen, die bei einer sonstigen Institution, die für eine Behörde öffentliche Verwaltungsaufgaben ausführt, beschäftigt sind. Voraussetzung ist, dass die Person nicht schon Amtsträger im Sinne des § 11 Absatz 1 Nr. 2 StGB ist.[340] Außerdem ist erforderlich, dass diejenige Person auf die gewissenhafte Erfüllung ihrer Obliegenheiten förmlich verpflichtet wurde.[341] Rechtsgrundlage ist § 1 Verpflichtungsgesetz. Hier sind in erster Linie Schreib-, Büro- und Reinigungskräfte sowie Boten zu nennen, im zweiten Fall Gutachter und Mitglieder eines beratenden Ausschusses.[342]

185 Strafrechtlich Amtsträgern und Richtern gleichgestellt sind

- bei Bestechungsdelikten Mitglieder der EG-Kommission und des EG-Rechnungshofes, Gemeinschaftsbeamte, Richter eines EG-Gerichts sowie Amtsträger und Richter eines EU-Mitgliedstaates[343], Amtsträger und Richter ausländischer Staaten, Amtsträger internationaler Organisationen und Richter eines internationalen Gerichts[344], Beamte und förmlich Verpflichtete der NATO-Truppen[345],
- bei der Verletzung eines Berufsgeheimnisses oder Dienstgeheimnisses Organe und Bedienstete von Europol[346], wie auch Bedienstete des Statistischen Amtes der EG[347].

---

337 BGHSt 43, 96; BGH, NJW 1998, 2373.
338 BGH NJW 1998, 2373; NJW 2001, 3062; NJW 2004, 693.
339 Zur Kritik Lackner/Kühl, a.a.O., § 11 Rn. 6 m. w. N.
340 Schönke/Schröder-Eser, a.a.O., § 11 Rn. 34 ff.
341 Volk/Greeve/Dörr, a.a.O., § 19 Rn. 114.
342 MünchKomm/Korte, a.a.O., § 331 Rn. 49.
343 Art. 2 § 1 EU-BestechungsG vom 10. 09. 1998 (BGBl. II 2340).
344 Art. 2 § 1 Gesetz zur Bekämpfung internationaler Bestechung vom 10. 09. 1998 (BGBl. II 2327).
345 Art. 7 II Nr. 10 des 4. StRÄndG vom 11. 06. 1957 (BGBl. I 597).
346 § 8 EuropolG vom 16. 12. 1997 (BGBl. II 2150).
347 SAEG-ÜbermittlungsschutzG vom 16. 03. 1993 (BGBl. I 336).

b) Aktuelle Entwicklung

Nach dem Entwurf eines Zweiten Gesetzes zur Bekämpfung der Korruption, dass **186** das Bundesministerium der Justiz im Jahre 2006 vorgelegt hat,[348] sollen die Straftatbestände der Bestechlichkeit, § 332 StGB, und Bestechung, § 334 StGB, auch auf Taten von und gegenüber europäischen Amtsträgern und Mitgliedern von Gerichten der Europäischen Gemeinschaften ausgedehnt werden.[349] Zu diesem Zweck soll eine allgemeine Definition des »Europäischen Amtsträgers« in § 11 Absatz 1 Nr. 2a StGB aufgenommen werden[350]:

» § 11 – Personen und Sachbegriffe – **187**

Im Sinne des Gesetzes ist …

2a. Europäischer Amtsträger

wer

a) *Mitglied eines Gerichts, der Kommission oder des Rechnungshofes der Europäischen Gemeinschaften ist,*

b) *Beamter oder sonstiger Bediensteter der Europäischen Gemeinschaften oder einer auf der Grundlage des Rechts der Europäischen Union geschaffenen Einrichtung ist oder*

c) *mit der Wahrnehmung von Aufgaben der Europäischen Union oder einer auf der Grundlage der Europäischen Union geschaffenen Einrichtung beauftragt ist.«*

Wird der Regierungsentwurf Gesetz entfällt der bisherige Begriff »Gemeinschafts- **188** beamter«. Dies bedeutet, dass dann auch alle bei selbständigen Gemeinschaftseinrichtungen beschäftigten Personen erfasst werden, also auch Bedienstete von Europol und Eurojust. Die Auffangregelung des § 11 Absatz 1 Nr. 2a Buchstabe c StGB schließt im Rahmen von Werkverträgen beauftragte Personen im Sinne des Gemeinschaftsrechts ein und stellt sie funktionell Bediensteten gleich. Auch nicht bereits von Buchstabe a erfasste Mitglieder von europäischen Organen, wie z. B. die Mitglieder des Direktoriums der Europäischen Zentralbank, fielen dann unter den Europäischen Amtsträger-Begriff.

c) Exkurs: Amtsträger als Garant

Als einer besonderen Form der Garantenpflicht aus Gesetz ist der Amtsträger- **189** schaft eine herausragende Bedeutung zuzumessen. Deshalb will ich bereits an dieser Stelle auf die Amtsträgerschaft – insbesondere im Risikobereich des

---

348 Vgl. Bericht in: NJW spezial 2006, Heft 11; ausführlich dazu Manfred **Möhrenschlager**, Umsetzung internationaler Rechtsinstrumente zur strafrechtlichen Bekämpfung der Korruption; in: wistra Heft 4/2007, S. V ff. Mit dem Gesetzesvorhaben sollen a) strafrechtliche Regelungen in internationalen Rechtsinstrumenten zur Korruptionsbekämpfung in das nationale Recht und b) bisherige nebenstrafrechtliche Vorschriften zur Bekämpfung der internationalen Bestechung in das deutsche Strafgesetzbuch übernommen werden.
349 So Art. 1 Nr. 12 und 13 des Regierungsentwurfes.
350 Art. 1 Nr. 3 Regierungsentwurf.

Umweltstrafrechts – und die sich daraus ergebenden Problemstellungen näher eingehen.[351]

190 Die **Strafbarkeit von Amtsträgern** ist gerade **im Bereich des Umweltstrafrechts** zunehmend in die Diskussion geraten. Die früher angenommene »Scheu« von Staatsanwälten, gegen Bedienstete von Verwaltungsbehörden wegen Fehlverhaltens im Umweltbereich vorzugehen, ist heute nicht mehr feststellbar.[352] Im Rahmen des Gesetzgebungsverfahrens zum 31. Strafrechtsänderungsgesetz (2. Umweltkriminalitätsgesetz) vom 1. November 1994[353] wurde über eine Sonderregelung über die Strafbarkeit von Amtsträgern im Umweltbereich nachgedacht, die letztlich aber abgelehnt wurde, da der Gesetzgeber die bestehende Regelung als ausreichend ansah und er eine Verunsicherung der Verwaltungsbeamten vermeiden wollte.[354]

191 In der Frage der strafrechtlichen Haftung der Amtsträger von Erlaubnisbehörden der Umweltverwaltung ist zu unterscheiden zwischen Delikten, die von jedermann, also auch von Amtsträgern begangen werden können[355] und zwischen Sonderdelikten, die bestimmte Tätermerkmale wie das Betreiben bestimmter Anlagen[356] voraussetzen. Im letzteren Fall scheidet eine Strafbarkeit des Amtsträgers aus.[357] Gleiches gilt aufgrund der so genannten Verwaltungsakzessorietät[358] des Umweltstrafrechts in den Fällen, in denen der Amtsträger verwaltungsrechtlich rechtmäßig handelt.[359]

192 Unter besonderen Umständen ist auch bei unbefugtem Handeln die Amtsträgerstellung für die Annahme einer strafrechtlichen Garantenpflicht nicht ausreichend. Zusätzliches Erfordernis ist hier eine so genannte **Beschützergarantenstellung**.

193 Diese Garantenstellung hat das Landgericht Mannheim im so genannten **Stinkkanal-Fall**[360] so beschrieben:

> *»Den Wasserbehörden obliegt es kraft Gesetzes, die Gewässernutzung mittels Einleitung von Stoffen (§ 3)[361] durch die Festsetzung von Benutzungsbedingungen und Auflagen (§ 4 WHG), durch die Versagung von Erlaubnissen und Bewilligungen*

---

351 Zur Amtsträgerhaftung im Bereich des strafrechtlichen Umweltrisikos siehe auch Rdn. 1607 ff.
352 Regina **Michalke**, Umweltstrafsachen, 2. Auflage, Heidelberg 2000, Rz. 53 ff.
353 BGBl. I S. 1440.
354 Michalke, a.a.O., Rz. 53; Joachim **Steindorf**, Umweltstrafrecht, 2. Aufl., Berlin/New York 1997, Vor § 324 Rn. 49.
355 So genannte Allgemeindelikte, dies sind die §§ 324, 324 a, 326, 328 Abs. 1, 2 und 4, 329 Abs. 3 StGB.
356 §§ 325, 325 a, 327, 329 Abs. 1 und 2 StGB.
357 Tröndle/Fischer, a.a.O., Vor § 324 Rn. 6; Michalke, a.a.O., Rz. 54.
358 Dazu Tröndle/Fischer, a.a.O., Vor § 324 Rn. 4 b; Schönke/Schröder-Cramer, a.a.O., Vor § 324 Rn. 15 ff.; Steindorf, a.a.O., Vor § 324 Rn. 22 ff.
359 Tröndle/Fischer, a.a.O., Vor § 324 Rn. 6 b; Steindorf, a.a.O., Vor § 324 Rn. 51.
360 Vgl. NJW 1976, 585 ff. (587).
361 In diesem Fall noch nach WHG a. F.; Vgl. aktuell Wasserhaushaltsgesetz in der Fassung der Bekanntmachung vom 19. 08. 2002 (BGBl. I S. 3245), zuletzt geändert durch Art. 2 des Gesetzes vom 25. 06. 2005 (BGBl. I S. 1746).

(§ 6 WHG) und durch behördliche Überwachung (§ 21 WHG) unter Kontrolle zu halten. Das Gesetz räumt ihnen also Abwehr- und Gestaltungsbefugnisse ein, damit Dritte keine gemeinschädlichen Handlungen begehen. Sie sind als Überwachungsorgane auf diesem Gebiet geradezu auf Posten gestellt. Die ihnen eingeräumte Machtfülle, die dem Bürger fehlt, macht sie deshalb auch zu Garanten dafür, dass der in § 38 WHG[362] beschriebene schädliche Erfolg nicht eintritt.«[363]

Daraus ergibt sich: Wird eine wasserrechtliche Erlaubnis erteilt, die nicht mehr im Ermessens- und Beurteilungsspielraum der Verwaltung liegt, dann hat der zuständige Amtsträger unbefugt gehandelt. Das Oberlandesgericht Frankfurt hat dazu im Jahre 1987[364] ausgeführt: **194**

»Liegt (ein) unbefugtes Handeln des Amtsträgers vor, so ist er als mittelbarer Täter der Gewässerverunreinigung anzusehen, die er durch ein rechtmäßig handelndes Werkzeug herbeigeführt hat, da er durch das Öffnen der vor jeder Gewässerverunreinigung stehenden »Verbotsschranke« das Gesetz beherrscht ...«

Das Gericht hat in dieser Entscheidung klargestellt, dass die Mitarbeiter der Wasserbehörden eine Garantenstellung als so genannte Beschützergaranten haben, da sie als zuständige Amtsträger verpflichtet sind, Gewässerverunreinigungen durch Dritte zu verhindern.[365] **195**

Insbesondere der Tatbestand der fahrlässigen Gewässerverunreinigung durch Unterlassen, § 324 Absatz 3 StGB, hat zu einer breiten Diskussion der Frage der Strafbarkeit behördlicher Bediensteter geführt.[366] Dabei steht die Verantwortlichkeit kommunaler Repräsentanten[367] spätestens seit dem oben genannten Urteil des Oberlandesgerichts Frankfurt im Vordergrund. Insoweit trifft die strafrechtliche Verantwortung alle öffentlich Bediensteten, die kraft ihrer Zuständigkeit Garanten i. S. d. § 13 StGB sind. Im kommunalen Bereich sind dies beispielsweise die Mitarbeiter öffentlicher Anlagen wie Klärwerk und Stadtentwässerung[368] oder Abfalldeponie. **196**

Daneben kommt auch den Hauptverwaltungsbeamten und den Mitgliedern des Gemeinderats eine Garantenstellung zu,[369] weil sie im Rahmen des § 324 StGB die Tatherrschaft über das Rechtsgut »Grundwasser« innehaben. **197**

---

362 § 38 WHG a. F. (weggefallen).
363 Vgl. NJW 1976, 587.
364 Urteil v. 22. 05. 1987, NJW 1987, 2753 ff. [2757] zur Haftung eines Werksleiters und eines Gewässerschutzbeauftragten sowie eines Wasserrechtsdezernenten beim hessischen Regierungspräsidenten wegen Gewässerverunreinigung durch Überschreitung der zulässigen Abwässer-Einleite-Höchstwerte. S. dazu oben Rdn. 145
365 NJW 1987, 2753 ff. [2757].
366 Schönke/Schröder-Cramer/Heine, a.a.O., § 324 Rn. 29 ff.; **Meinberg/Möhrenschlager/ Link**, Umweltstrafrecht, Düsseldorf 1989, S. 39 m. w. N.
367 Ausführlich dazu Thomas **Nappert**, Die strafrechtliche Haftung von Bürgermeistern und Gemeinderäten im Umweltstrafrecht, Diss. Berlin 1997; **Schmeken**, Strafrechtliche Verantwortlichkeiten im Rahmen des Baus und Betriebs des kommunalen Kanalsystems, in: Steinzeuginformationen 1989, Verband der Steinzeugindustrie, S. 35 ff.
368 Schmeken, a.a.O., S. 39; Meinberg/Möhrenschlager/Link, a.a.O., S. 38.
369 Schmeken, a.a.O., S. 40; Meinberg/Möhrenschlager/Link, a.a.O., S. 39.

198 Soweit Ratsmitglieder in Kenntnis der dringenden Notwendigkeit der Sanierung undichter Abwasserkanäle, die das Grundwasser beeinträchtigen könnten, nicht unverzüglich Sanierungsmaßnahmen ergreifen, machen sie sich wegen Unterlassens selbst nach § 324 StGB strafbar.[370]

199 Eine **Garantenstellung der Mitarbeiter des öffentlichen Dienstes** ergibt sich darüber hinaus auch in einer Reihe anderer Bereiche.

- Gegen den zuständigen Beamten des Gewerbeaufsichtsamts wurde Anklage wegen fahrlässiger Körperverletzung durch Unterlassen erhoben, weil er nicht dafür gesorgt hatte, dass an der Anschlussleitung der Chlorumfüllanlage einer Papierfabrik Sicherheitsventile angebracht wurden, die von sicherer Stelle aus bedient werden konnten. Als ein Verbindungsschlauch platzte, konnten die Ventile nicht unverzüglich geschlossen werden, weil sich der mit dem Umfüllen beschäftigte Arbeiter erst einen Schutzanzug anziehen musste. Dadurch konnte so viel Chlor entweichen, dass sich eine Giftgaswolke nicht nur über dem Betriebsgelände, sondern auch über dem Stadtgebiet ausbreitete.[371]
- Gegenstand einer Entscheidung des Bundesgerichtshofs war die Strafbarkeit des Leiters des Abfalldezernats der Hessischen Landesanstalt für Umwelt, dessen Gutachten entscheidend zur Erteilung einer unberechtigten Genehmigung durch den Regierungspräsidenten und damit zu Umweltschäden führte.[372] Die Verurteilung des Dezernatsleiters aufgrund von § 326 Absatz 1 StGB wurde durch das Bundesverfassungsgericht nicht beanstandet.[373]
- In einem anderen Fall wurde ein Stadtdirektor zu einer Geldstrafe in Höhe von 5.600 DM (ca. 2.865 Euro) verurteilt. Ein sieben Jahre alter Junge war in einen ungesicherten historischen Brunnen gefallen und ertrunken. Der Rat der Stadt hatte den zuvor provisorisch installierten Zaun aus ästhetischen Gründen demontieren lassen.
- In einem Grundsatzurteil verurteilte der Bundesgerichtshof den ehemaligen Bürgermeister einer Gemeinde zu einer Geldstrafe in Höhe von 12.000 DM (rund 6.135 Euro) wegen Gewässerverunreinigung. Die Verurteilung wurde damit begründet, dass der Bürgermeister es unterlassen habe, dagegen vorzugehen, dass Grundstückseigentümer ihr Abwasser direkt in die Kanalisation leiteten. Durch die fehlenden Jauchegruben kam es jahrelang zu starken Grundwasserverunreinigungen, die auch von der Wasserbehörde festgestellt wurden. Obwohl der Bürgermeister aufgefordert wurde, die Verunreiniger zu ermitteln, blieb dieser untätig, da er den Einbau von Jauchegruben für unzumutbar hielt, weil eine Großkläranlage im Bau gewesen sei.[374]

200 Der Gedanke der »**Wächterrolle**« der zuständigen Umweltschutzbehörden und die daraus resultierende Garantenpflicht wird nunmehr tendenziell auch durch den durch die Grundgesetznovelle von 1994 neu eingefügten Art. 20 a des

---

370 Schmeken, a.a.O., S. 40.
371 HAZ Nr. 267 v. 14. 11. 1990, S. 4.
372 BGHSt 39, 381.
373 BVerfG NJW 1995, 186.
374 BGHSt 38, 325 ff.; siehe dazu auch die Bürgermeister-Entscheidung, Rdn. 288 ff.

Grundgesetzes, der den Umweltschutz zur Staatszielbestimmung erklärt, bekräftigt.[375]

Unter besonderen Umständen kann die sich aus der Amtsträgerstellung ergebende Garantenpflicht auch über den Rahmen der Dienstausübung des Amtsträgers hinausgehen und sogar in seiner Freizeit fortwirken. **201**

Zur Verdeutlichung der folgende Beispielsfall:

> Der Polizeibeamte **P** geht in seiner Freizeit mit Vorliebe an einem Fluss, der in einem Naturschutzgebiet gelegen ist, angeln. Seit einigen Wochenenden bemerkt er wiederholt bei seinen Angelausflügen einen weit reichenden Ölfilm auf der Wasseroberfläche, der – wie **P** richtig erkennt – aus dem einzigen am Ort ansässigen Industrieunternehmen gesetzeswidrig über einen Vorfluter in den Fluss eingeleitet wird. Dieses Unternehmen ist jedoch von großer wirtschaftlicher Bedeutung für den Ort, zudem arbeiten dort zwei seiner besten Freunde und sein Onkel. Trotz seiner Verärgerung über diese ungeheure Umweltverschmutzung bringt der Polizeibeamte aus diesem Grund seine Beobachtungen nicht zur Anzeige. In diesem Fall kommt eine Strafbarkeit des **P** wegen Strafvereitelung im Amt durch Unterlassen gemäß den §§ 258a, 13 StGB in Betracht. Der Bundesgerichtshof hält in derartigen Fällen eine Bestrafung für gerechtfertigt, wenn der Amtsträger zwar außerdienstlich Kenntnis von Straftaten erlangt, diese aber – wie Dauerdelikte oder auf ständige Wiederholung angelegte Handlungen – während seiner Dienstausübung fortwirken; dabei bedürfe es der Abwägung im Einzelfall, ob das öffentliche Interesse privaten Belangen vorgeht. Von entscheidender Bedeutung sei hierbei, ob durch die Straftat, die nicht angezeigt wird, Rechtsgüter der Allgemeinheit oder des Einzelnen betroffen sind, denen jeweils ein besonderes Gewicht zukommt.[376] Unter Berücksichtigung dieser Rechtsprechung und des großen Ausmaßes der durch das Industrieunternehmen verübten Gewässerverunreinigung lässt es sich gut vertreten, dass der Polizeibeamte sich einer Strafvereitelung im Amt durch Unterlassen schuldig gemacht hat. Für ein Überwiegen des öffentlichen Interesses gegenüber den privaten Belangen des Polizeibeamten spricht insbesondere, dass dem Umweltschutz durch die Verankerung in Art. 20 a des Grundgesetzes ein besonderes Gewicht verliehen ist.[377]

Nur in Einzelfällen berührt die gesetzliche Garantenstellung auch die im Unternehmen Verantwortlichen selbst. Hervorgehoben sei beispielhaft die durch Gesetz von der Gemeinde auf den Grundstückseigentümer übertragene öffentlich-rechtliche Streupflicht bei Schnee- und Eisglätte. Ein Verstoß hiergegen unterwirft die Grundstückseigentümer (bei Unternehmen wiederum deren Führungskräfte) **202**

---

375 Steindorf, a.a.O., Vor § 324 Rn. 56.
376 BGH, Urt. v. 03. 11. 1999 – 2 StR 326/99, abgedruckt in wistra 2000, S. 92, dazu Anmerkung von Harald **Wollweber**, wistra 2000, 338 f.
377 Ausführlich zu dieser Problematik Michael **Pawlik**, Der Polizeibeamte als Garant zur Verhinderung von Straftaten, in: ZStW 111 (1999), 335 ff.

nicht nur Schadenersatzpflichten, sondern auch den strafrechtlichen Verantwortlichkeiten.[378]

---

378 OLG Celle NJW 1961, 1939. Ist Grundstückseigentümer ein Unternehmen, trifft die strafrechtliche Verantwortung wieder die zuständigen Mitarbeiter.

IV. ... und Strafe

Auf den vorhergehenden Seiten war ich so wagemutig zu versuchen, in wenigen **203** Sätzen die Wirtschaftsformen »*Unternehmen*« und »*Betrieb*« im betriebswirtschaftlichen und juristischen Sinne zu definieren und voneinander abzugrenzen. Mir ist bewusst, dass dies in der gewählten Kürze nur ein knapper Überblick sein kann. Doch denke ich, dass diese Skizze ausreicht, um zu verdeutlichen, warum dieses Buch schon in seinem Titel von »*Unternehmen*« spricht.

Die folgenden Ausführungen behandeln ähnlich stichwortartig den Aspekt **204** »*Strafe*«. Viele Generationen von gelehrten Rechtswissenschaftlern bitte ich schon jetzt um Nachsicht, dass ich wesentliche Aspekte des Komplexes »*Tat, Täter, Schuld, Strafe und Sühne*«,[379] vernachlässige.

Es ist eben nicht meine Absicht, mit dieser Abhandlung ein neues wissenschaftli- **205** ches Werk zu verfassen, sondern es ist mein – schon im Vorwort der Erstauflage erklärtes – Ziel, den Praktikern der unterschiedlichsten Industriezweige, ob sie denn Kaufleute, Techniker, Wissenschaftler oder Juristen sind, einen Überblick zu geben über jenen Grenzbereich, in dem unternehmerisches Handeln, besser: solch ein Handeln im Unternehmen gegen Richtlinien (sprich: Normen) unserer Gesellschaft verstößt und ein solcher Verstoß mit Sanktionen geahndet wird.

Die folgenden Anmerkungen sollen den rechtlich nicht versierten Unternehmern **206** und ihren Führungskräften zu etwas Licht im Dunkel des strafprozessualen Regelwerks verhelfen; denn es gilt auch für die juristischen Laien unter den Unternehmern und Unternehmensangehörigen: »Unwissenheit schützt vor Strafe nicht« oder wie es das Bundesverfassungsgericht formuliert:

> »*Die Kenntnis der Regelungen im Strafgesetzbuch, das die wesentlichen Straftatbe-* **207** *stände zusammenfasst, darf im allgemeinen erwartet werden. Darüber hinaus ist von Betreibern gewisser technischer Anlagen zu verlangen, dass sie über die einschlägigen Vorschriften unterrichtet sind.*«[380]

---

379 Dies gilt auch für den wichtigen Themenkreis »Irrtum«, §§ 16, 17 StGB, der – wie die meisten Fragen, die sich mit den Grundlagen der Strafbarkeit einer Tat beschäftigen – in Rechtslehre und Rechtsprechung teilweise sehr konträr diskutiert wird. Beim Tataufbau folge ich dem von der Rechtsprechung bevorzugten Weg; vgl. **Wessels/Beulke**, Strafrecht, Allgemeiner Teil, 36. Auflage, Heidelberg 2006, § 18 II (S. 260).

380 BVerfGE, 75. Band, S. 329 ff.

1.   Zivilrecht – Strafrecht: Unterscheidungsmerkmale

208 Bevor auf die Straftat selbst eingegangen wird, erscheint es angebracht, für den juristischen Laien einige charakteristische Unterscheidungsmerkmale von Zivilrecht und Strafrecht/Ordnungswidrigkeitenrecht aufzuzeigen:[381]

– *Bestimmtheitsgebot und Vertragsfreiheit*

209 Als Grundlagen der Strafbarkeit unterliegen die einzelnen Vorschriften des Straf- und Ordnungswidrigkeitenrechts sowohl hinsichtlich ihres Tatbestands als auch hinsichtlich ihrer Rechtsfolgen dem Bestimmtheitsgebot, das im Grundgesetz verankert ist. In Art. 103 Absatz 2 GG, sowie – wortgleich – in **§ 1 StGB** heißt es:[382]

210 | *Eine Tat kann nur bestraft werden, wenn die Strafbarkeit gesetzlich bestimmt war, bevor die Tat begangen wurde.*

211 Der Gesetzgeber hat die Voraussetzungen für die Strafbarkeit einer Handlung so konkret zu umschreiben, dass die Tragweite und der Anwendungsbereich der einzelnen Straftatbestände zu erkennen sind oder sich zumindest doch durch Auslegung ermitteln lassen. Mit dieser Forderung bezweckt unsere Verfassung, dass jedermann – also nicht nur der Jurist – vorhersehen kann, welches Verhalten verboten und mit Strafe bedroht ist. Außerdem soll dadurch sichergestellt sein, dass der Gesetzgeber selbst generell abstrakt – also nicht erst im konkreten Fall – über die Strafbarkeit einer Tat entscheidet.

212 Art. 103 Absatz 2 GG enthält somit einen **Gesetzesvorbehalt**, wonach eine Strafe oder Buße nur aufgrund eines förmlichen Gesetzes oder einer Rechtsverordnung verhängt werden darf, die auf einer hinreichend konkretisierten Ermächtigung beruht. Jedoch muss dann die Ermächtigung zur Androhung der Sanktion durch Verordnung so genau umschrieben sein, dass die Voraussetzung der Sanktion und die Art der Strafe/Buße für jedermann schon aus der gesetzlichen Ermächtigung und nicht erst aus der auf sie gestützten Verwendung entnommen werden kann. Dies bedeutet also, dass Generalklauseln oder unbestimmte, wertausfüllungsbedürftige Begriffe verfassungsrechtlich dann nicht zu beanstanden sind, wenn die Bestimmung mithilfe der üblichen Auslegungsmethoden eine zuverlässige Grundlage für ihre Auslegung und Anwendung bietet oder wenn sie eine gefestigte Rechtsprechung übernimmt und daraus eine hinreichende Bestimmtheit gewinnt.

213 Dem Verordnungsgeber darf nur die Spezifizierung des Straftatbestands überlassen werden. Mittels solcher »**Blankett-Strafgesetze**« wird die nähere Spezifizierung des Straftatbestands durch den Gesetzgeber an den Verordnungsgeber dele-

---

381 Zu den Unterschieden Zivilrecht – Strafrecht siehe für den Bereich des Strafrechts die Darstellung bei Richard **Hettich**, Produkthaftung – Haftungsumfang und Risikobegrenzung – 2. Aufl., München 1990, S. 107 f.

382 Derselbe verfassungsrechtliche Grundgedanke gilt für das Ordnungswidrigkeitenrecht, § 1 OWiG, und dazu Göhler/König, a.a.O., Vor § 1 Rn. 10.

giert. (Sowohl Blankettstrafgesetz als auch *»blankettausfüllende Normen«* unterliegen dem Bestimmtheitsgebot.)

Diese vom Gesetzgeber gewählte Vorgehensweise, von der insbesondere im 214 Umweltstrafrecht Gebrauch gemacht wird, hat zur Folge, dass die Möglichkeit, die Strafbarkeit einer Tat vorauszusehen, zumindest wesentlich erschwert wird, wenn sie nicht ganz und gar entfällt.[383]

Da auch Verordnungen, die bußbewehrte Ordnungswidrigkeitentatbestände ent- 215 halten, dem verfassungsrechtlichen Bestimmtheitsgebot unterworfen sind,[384] ist der Verordnungsgeber verpflichtet, die Voraussetzungen für die Verhängung eines Bußgeldes so konkret zu umschreiben, dass die Tragweite und der Anwendungsbereich der Bußgeldtatbestände zu erkennen sind bzw. sich durch Auslegung ermitteln lassen.[385]

Führt dagegen erst eine über den erkennbaren Wortlaut einer Vorschrift hinausge- 216 hende Interpretation zu dem Ergebnis der Sanktion eines Verhaltens, so ist den Anforderungen des Bestimmtheitsgebots nicht Genüge getan.[386] Damit ist das Bestimmtheitsgebot, das Art. 103 Absatz 2 GG vorschreibt, verletzt.[387]

Im Zusammenhang mit dem Bestimmtheitsgebot kann die für die Gewässerunter- 217 suchung entwickelte **Überprüfung »vier-aus-fünf«** genannt werden.[388]

Das Landgericht Bonn hat in einer Entscheidung[389] ausgeführt, dass an der Prü- 218 fungsmethode verfassungsrechtliche Bedenken bestehen. Der Verstoß gegen das Grundgesetz ergebe sich daraus, dass eine Tat nur bestraft werden darf, wenn die Strafbarkeit gesetzlich bestimmt war, bevor die Tat begangen wurde.

Auf ein Beispiel übertragen bedeutet dies, dass die Strafbarkeit der ersten Probe 219 von den nächsten Proben abhängig ist. Die rechtfertigende Kraft einer Erlaubnis zur Einleitung würde entfallen, wenn der Überwachungswert im Mittel von fünf Proben nicht eingehalten worden ist.

Das würde bedeuten, dass die Strafbarkeit einer Gewässerverunreinigung davon 220 abhängt, ob die Überschreitung des Wertes bei der ersten Probe später bei den weiteren Proben ausgeglichen werden kann.

Die Bedenken des Landgerichts Bonn teilt auch Hans-Joachim **Rudolphi**.[390] Horst 221 **Franzheim** sieht weitere Probleme bei der tatsächlichen Probennahme. So ist gesetzlich nicht bestimmt, wann die einzelnen Proben genommen werden sollen.

Werden die Wasserproben z. B. in einer Kläranlage innerhalb weniger Tage 222 genommen, so ist bei einer Betriebsstörung eine Überschreitung des Mittelwerts

---

383 Vgl. BVerfG NJW 1987, 3175 f. [3175].
384 BVerfG NVwZ 1990, 751.
385 BVerfG, a.a.O.
386 BVerfG, a.a.O.
387 So auch Uwe H. Schneider, Die Wahrnehmung öffentlich-rechtlicher Pflichten durch den Geschäftsführer, a.a.O., S. 475 .
388 Zu den Einzelheiten, vgl. Rdn. 1329 ff.
389 LG Bonn NStZ 1987, S. 461.
390 ZfW 82, S. 197 ff. [207].

unvermeidbar. Werden die Proben hingegen im Abstand von einem Monat genommen, so ist ein Ausgleich der Werte möglich.[391]

– *Stichwort: Der unbestimmte Rechtsbegriff – die Technikstandards*

223 Einer Vielzahl von Rechtsvorschriften des Umweltrechts mangelt es an Rechtsklarheit. Dafür gibt es mehrere Gründe. Technik und Wissenschaft entwickeln sich permanent weiter. Um so aktuell wie möglich zu bleiben, wendet der Gesetzgeber einen Kunstgriff an. Er zieht so genannte unbestimmte Rechtsbegriffe in die Gesetzes- und Verordnungstexte ein und versucht damit, seine Reaktionszeit zu verkürzen. So entsprechen die in § 330d Nr. 1 StGB legaldefinierten Begriffe *»oberirdisches Gewässer«* und *»Grundwasser«* vollinhaltlich denen der §§ 1 Absatz 1 Nr. 1 und 2 WHG. Und das Wort *»Abfall«* in § 326 Absatz 1 StGB hat dieselbe Bedeutung wie in § 1 Absatz 1 AbfG. Aber nicht in jedem Falle besteht Sinnidentität.

So enthält z. B. der strafrechtliche Begriff der kerntechnischen Anlage, § 330d Nr. 2 StGB, nicht die Beschränkung *»ortsfest«* des Anlagenbegriffs in § 7 Absatz 1 AtG.

224 Andere unbestimmte Rechtsbegriffe müssen bei der Prüfung, ob eine Tat strafbar bzw. ob ein Täter schuldig ist, herangezogen und ausgefüllt werden. Typische ausfüllungsbedürftige Formulierungen sind beispielsweise: *»die allgemein anerkannten Regeln der Technik«* (§ 319 StGB – Baugefährdung). Was heißt *»allgemein«*? Was bedeutet: *»anerkannte Regeln der Technik«*, *»Stand der Technik«*[392] oder *»Stand von Wissenschaft und Technik«*?[393]

225 Aus dem Aufbau der geltenden Gesetze lässt sich Folgendes grundsätzliches Anforderungsschema erkennen:

1. Allgemein anerkannte Regeln der Technik
2. Stand der Technik
3. Stand von Wissenschaft und Technik

226 Die drei Standards lassen sich wie folgt abgrenzen: Die jeweils herrschende Meinung unter den technischen Praktikern bestimmt die schwächste Anforderungsstufe, die der **allgemein anerkannten Regeln der Technik**. Der Nachteil dieser Lösung ist vergleichbar dem des Gesetzgebers, der immer nur auf die gesellschaftlichen Stimmungen reagiert; denn die anerkannten Regeln hinken stets hinter der sich kontinuierlich weiterentwickelnden Technik her.

227 Die zweite Stufe, die des **Standes der Technik**, geht weiter. § 3 Absatz 6 BImSchG definiert *»Stand der Technik«* für den Bereich des Immissionsschutzes wie folgt:

> *»Stand der Technik im Sinne dieses Gesetzes ist der Entwicklungsstand fortschrittlicher Verfahren, Einrichtungen oder Betriebsweisen, der die praktische Eignung einer*

---

391 Horst **Franzheim**, Die Umgrenzung der wasserrechtlichen Einleitungserlaubnis als Rechtfertigungsgrund des Straftatbestandes der Gewässerverunreinigung, in: NStZ 1987, S. 437 ff. [437].

392 § 7 a Abs. 1 WHG / § 5 Abs. 1 Nr. 2 BImSchG.

393 § 7 Abs. 1 Nr. 3 AtG, § 6 Abs. 1 Nr. 5 Strahlenschutzverordnung (StrlSchV).

Maßnahme zur Begrenzung von Emissionen in Luft, Wasser und Boden, zur Gewähr-
leistung der Anlagensicherheit, zur Gewährleistung einer umweltverträglichen Abfall-
entsorgung oder sonst zur Vermeidung oder Verminderung von Auswirkungen auf
die Umwelt zur Erreichung eines allgemein hohen Schutzniveaus für die Umwelt
insgesamt gesichert erscheinen lässt. Bei der Bestimmung des Standes der Technik
sind insbesondere die im Anhang aufgeführten Kriterien zu berücksichtigen.«

Der höchste Anforderungsgrad, der **Stand von Wissenschaft und Technik**, ist in **228**
der Praxis nicht zu erfüllen. Mit dieser Formulierung soll sichergestellt werden,
dass Recht und Gesetz mit der wissenschaftlichen und technischen Entwicklung
Schritt halten.

Nach den beschriebenen Standards müsste, sobald irgendwo auf der Welt ein **229**
Wissenschaftler ein Problem erkennt oder nur schriftlich andenkt, dies von einem
Unternehmen beachtet und im täglichen Tun berücksichtigt werden.

Für das Element »*Wasser*« waren ehemals die drei Standards durchbrochen. Das **230**
Bundesverfassungsgericht hat in seinem so genannten **Nassauskiesungsbe-**
schluss[394] aber die Bedeutung der Reinheit von Wasser hervorgehoben. Bis zum
Inkrafttreten des Sechsten Gesetzes zur Änderung des Wasserhaushaltsgesetzes
(WHG) vom 11. 11. 1996 war gemäß § 7 a Absatz 1 S. 1 a. F. WHG bei der Mini-
mierung der Schadstoffe im Abwasser jedoch nur die allgemein anerkannten
Regeln der Technik, also die niedrigste Standardstufe, zu beachten.

Nunmehr wird einheitlich auf den Stand der Technik abgestellt, so dass § 7 a **231**
Absatz 5 WHG wieder fast wortgleich zu der entsprechenden Norm aus dem
BImSchG formuliert ist.

Um den Wirtschaftsstandort Deutschland zu sichern, wird auch auf die technische **232**
und wirtschaftliche Durchführbarkeit geachtet. Der Verhältnismäßigkeitsgrundsatz wird eine immer größere Rolle spielen. Aber schon zuvor hat es z. B. im
Bereich des Umweltstrafrechts eine Verknüpfung von Wissenschaft und Politik
gegeben. So verlangt konsequenterweise § 51 BImSchG bei der Festlegung eines
Anforderungsprofils auch den Beitrag der Wirtschaft und der betroffenen politischen Kreise. Wie aber sollen es die Unternehmen praktizieren, politische Stimmungen bei der täglichen Produktion ihrer Waren zu beachten?

Ein weiterer unbestimmter Rechtsbegriff im Umweltstrafrecht ist beispielsweise **233**
die nachteilige Veränderung der Gewässereigenschaften.[395] Wann ist eine Veränderung nachteilig? Die Hauptgruppe der nachteiligen Veränderungen ist die
Gewässerverunreinigung. Dazu folgende Anmerkung:

Alle Abwassereinleitungen, die vom natürlichen Urzustand eines Quellwassers
abweichen, stellen nach herrschender Meinung Gewässerverunreinigungen
dar.[396] So hat das Oberlandesgericht Frankfurt/M. 1987 in der so genannten Salz-
säure-Entscheidung[397] bemerkt:

---

394   BVerfG NJW 1982, 745 ff.
395   § 324abs. 1 S. 1 StGB.
396   Vgl. Horst **Franzheim**/Michael **Pfohl**, Umweltstrafrecht: Eine Darstellung für die Praxis, 2.
      Aufl., Köln/Berlin/Bonn/München 2001 Rn. 38 ff.; siehe auch Rdn. 1309 ff.
397   Kuntz, a.a.O., 2. Teil, Strafrechtliche Entscheidung (StPO), 1 ff.

»Es genügt, dass die Verschlechterung – wie auch immer geartete – Nachteile zur Folge haben kann. «

Also begeht jeder Mitarbeiter eines Unternehmens, das mit Grund- oder Oberflächenwasser in Berührung kommt, tagtäglich Gewässerverunreinigungen, sei es, dass aus betrieblichen Gründen Regenwasser, sei es, dass Rückspülwasser eingeleitet wird.

Die Rechtfertigung für dieses Tun des Betriebsführers kann auf einer behördlichen Genehmigung beruhen. Diese so genannten Einleiteerlaubnisse sind aber oft unklar formuliert.

Das ist einer der Hauptgründe dafür, dass ein Großteil der strafrechtlichen Ermittlungsverfahren die unbefugte Gewässerverunreinigung betrifft.

234 Im **Zivilrecht** gilt der **Grundsatz der Vertragsfreiheit.** Die Vertragspartner können über alles und jedes Verträge abschließen. Sie dürfen nur nicht sittenwidrig sein. Im Strafrecht dagegen gilt, wie gesehen,[398] das Bestimmtheitsgebot. Nur ein Tun oder ein spezielles Unterlassen, das zur Tatzeit unter Strafe oder Buße gestellt war, kann verfolgt werden.[399]

– *Leistung und Strafe*

235 Ein Beklagter kann zivilrechtlich u. a. dazu verurteilt werden, Ersatz für Personenschäden, Sachschäden, Vermögensschäden an den Kläger zu zahlen oder Eigentum herauszugeben (eine Wohnung zu räumen) oder einen Kaufvertrag zu erfüllen. Ausnahmsweise kann auch eine vereinbarte (!) Vertragsstrafe fällig werden.

Im Strafrecht dagegen wird der Angeklagte von Staats wegen zu Geld- oder/und Haftstrafe verurteilt. Auch eine Abschöpfung des erzielten Gewinns kann angeordnet werden[400] oder eine Einziehung der Tatwerkzeuge. Daneben kann der, der eine Ordnungswidrigkeit begeht, mit einer Geldbuße belegt werden.

– *Liberalitätsprinzip und Legalitätsprinzip*

236 Das zivilrechtliche Verfahren wird nur durchgeführt, wenn Klage erhoben wird, also wenn z. B. der Geschädigte seine Ansprüche einklagt und den erforderlichen Gerichtskostenvorschuss einzahlt. Im Strafrecht gilt das **Legalitätsprinzip**! Die Strafverfolgungsbehörde verfolgt grundsätzlich jede Tat, von der sie Kenntnis erlangt. Alle Umweltdelikte beispielsweise sind **Offizialdelikte**.

– *Faktor Zeit*

237 Zivilrechtliche Verfahren haben Zeit! Ihre weitere Entwicklung zeichnet sich meist erst im Verlauf der außergerichtlichen Korrespondenz und Gespräche ab. Auf das Geltendmachen der Einrede der Verjährung der erhobenen Ansprüche kann

---

398 Rdn. 208 ff.
399 Vgl. Rdn. 240 ff.
400 §§ 73 ff. StGB; wesentlich verschärft durch das Gesetz zur Änderung des Außenwirtschaftsgesetzes, des Strafgesetzbuches und anderer Gesetze v. 28. 02. 1992 (BGBl. I S. 372 ff. [374]).

verzichtet werden. Die strafrechtlichen Verjährungsfristen dagegen sind unabdingbar.[401] Und auch der Staatsanwalt kommt überraschend.[402]

– *Beweisführung*

In Zivilverfahren trägt grundsätzlich jede Partei die **Beweislast** für die Tatsachen, **238** auf die sie ihre Ansprüche stützt. Das Gericht darf bei der Entscheidungsfindung Fakten, die von den Parteien nicht vorgetragen sind, nicht berücksichtigen. Auch darf es grundsätzlich nicht von Amts wegen Beweis erheben, wenn keine der beteiligten Parteien einen entsprechenden Antrag gestellt hat. Es gilt der **Grundsatz der »formellen Wahrheit«.**

Im Strafverfahren dagegen müssen von den Strafverfolgungsbehörden alle – für und gegen eine Täterschaft sprechenden, also be- und entlastenden – Beweise gesichert werden. Vor dem Hintergrund dieser so genannten Untersuchungsmaxime gilt das **Prinzip der »materiellen Wahrheit«.** Der Staatsanwalt greift deshalb zumeist unerwartet ein, da das Überraschungsmoment ihre Chance vergrößert, Urkunden und unbeeinflusste Zeugen im Unternehmen vorzufinden.

– *Individuelle Haftung*

Im Zivilrecht haftet regelmäßig das Unternehmen für gegen seine Produkte erho- **239** bene berechtigte Ansprüche. Welcher Mitarbeiter den Mangel verursacht hat, ist für den Zivilrichter uninteressant. **Aufklärung aller Tateinzelheiten** heißt dagegen das Gebot im Strafverfahren, denn jeder denkbare Täter muss festgestellt werden. Dazu ein Beispiel:

> Sie erwerben einen Satz runderneuerte Reifen. Schon auf der ersten Fahrt löst sich bei einem Reifen der Mantel von der Karkasse. Ihr Fahrzeug schleudert gegen eine Mauer. Sie werden beim Aufprall verletzt.

Für die Geltendmachung Ihrer zivilrechtlichen (Personen-, Sach- und Vermögens-) Schäden genügt es, wenn Sie das Unternehmen verklagen, das Ihnen den Reifen verkauft hat. Um aber die Ihnen zugefügte Körperverletzung der gerechten Bestrafung zuführen zu können, muss die Staatsanwaltschaft alle Spuren ermitteln, alle denkbaren Tatbeteiligten feststellen, also die möglichen Ursachen und Verursacher der Körperverletzung quasi vom ersten Konzept für die Runderneuerung der Reifen bis hin zu deren Lagerhaltung und Auslieferung verfolgen; denn unser Strafrecht ist wie das Ordnungswidrigkeitenrecht auch **Individualstrafrecht.**

2. Die Straftat

Im weiteren Verlauf dieser Abhandlung wird immer wieder das Wort »*Straftat*« **240** benutzt. Was es aus juristischer Sicht bedeutet, soll deshalb vorab kurz erläutert werden.

---

401 Siehe dazu Rdn. 349 ff.
402 Dazu ausführlich Rdn. 3040 ff., Rdn. 3216 ff.

Als Straftaten werden menschliche Handlungen bezeichnet, die vom Staat mit Strafe verfolgt werden.[403] Unser Strafrecht ist also ein **Tatstrafrecht**.

Die Tat umfasst ein konkretes Vorkommnis, einen einheitlichen geschichtlichen Vorgang, der sich von anderen ähnlichen oder gleichartigen unterscheidet.[404] In diesen Vorgang fällt das gesamte Verhalten des Täters. Eine »*innere Verknüpfung*« zwischen den einzelnen Verhaltensabschnitten, die dem Täter vorgeworfen werden, ist insofern erforderlich, als ihre getrennte Aburteilung in verschiedenen erstinstanzlichen Verfahren als unnatürliche Aufspaltung eines einheitlichen Lebensvorgangs empfunden würde.[405] Da Abertausende von Tatvarianten denkbar sind, die von der Gemeinschaft missbilligt werden, ist es schwer, allen Fällen die gleiche Aufmerksamkeit zukommen zu lassen, sie gleichmäßig abzuwägen und auf ihre Strafbarkeit hin zu untersuchen.

Die Juristen haben sich daher eine eigene Systematik angeeignet, anhand der sie den einzelnen Fall auf seine strafrechtliche Relevanz überprüfen. Sie teilen die Straftat in drei Abschnitte ein, und zwar in den der tatbestandsmäßigen Handlung, den der Rechtswidrigkeit und den der Schuld. Somit wird als Straftat eine Handlung definiert, die einen gesetzlichen Straftatbestand erfüllt und zugleich rechtswidrig wie schuldhaft ist.[406]

a)　Der Aufbau der Strafvorschriften

241　Die einzelnen Vorschriften des Strafrechts lassen sich ihrem Aufbau nach in vier verschiedene Tatbestandsgrundstrukturen unterteilen:

aa)　Erfolgsdelikte

242　Der Tatbestand des Erfolgsdelikts verlangt einen Erfolg in Gestalt einer feststellbaren Beeinträchtigung bzw. Veränderung.[407]

Beispiele:

- Körperverletzung (§ 223 StGB)
- Betrug (§ 263 StGB)
- Untreue (§ 266 StGB)
- Wasserverunreinigung (§ 324 StGB)
- Beeinträchtigung wesentlicher Bestandteile eines schutzbedürftigen Gebiets (§ 329 Absatz 3 StGB)
- Brandstiftung (§ 306 StGB).[408]

403　Creifelds, a.a.O., Stichwort: Straftat
404　Vgl. BGHSt 22, 375 ff. (385); Meyer-Goßner, a.a.O., § 264 Rn. 2; vgl. OLG Köln DAR 1988, 428 f. m. w. N.
405　Vgl. BVerfGE 45, 434 ff. [435]; BVerfG NJW 1978, 414 f.
406　Vgl. Tröndle/Fischer, a.a.O., Vor § 13 Rn. 2.
407　Wessels/Beulke, a.a.O., § 1 Rn. 22 ff.
408　Rudolf **Rengier**, Die Brandstiftungsdelikte nach dem Sechsten Gesetz zur Reform des Strafrechts, in: JuS 1998, 397 ff.; siehe auch Georg **Küpper**, Zur Entwicklung der erfolgsqualifizierten Delikte, in: ZStW 111 (1999), 785 ff. [vor allem 787 ff.].

Im Fall einer Körperverletzung muss beispielsweise festgestellt werden, dass die Handlung des Täters für die eingetretene Verletzung ursächlich ist.[409]

Von den Erfolgsdelikten zu unterscheiden sind die Gefährdungsdelikte, bei denen bereits ein entsprechendes Verhalten wegen seiner Gefährlichkeit unter Strafandrohung gestellt ist.[410]

bb) Konkrete Gefährdungsdelikte

Der Tatbestand des konkreten Gefährdungsdelikts setzt voraus, dass eine Gefährdung eines Rechtsguts eingetreten ist. Es muss ein Zustand gegeben sein, bei dem die nicht fern liegende Möglichkeit der Verletzung eines konkreten Objekts besteht.[411] **243**

Beispiele:

- Gefährdung des Straßenverkehrs (§ 315 c StGB)
- Bei der Ausführung eines Baus wurde gegen die allgemein anerkannten Regeln der Technik verstoßen und dadurch Leib oder Leben eines anderen Menschen gefährdet (§ 319 StGB)
- Freisetzen von Giften unter Ingefahrbringen für Leib und Leben anderer (§ 330a StGB).

Im Fall der Gefährdung des Straßenverkehrs ist der Tatbestand bereits erfüllt, wenn jemand ein Fahrzeug fährt, obwohl er wegen Alkoholgenusses dazu nicht in der Lage ist und dadurch Leib oder Leben eines anderen oder fremde Sachen von bedeutendem Wert gefährdet. Allein die Gefahr einer Gefährdung ist bei konkreten Gefährdungsdelikten ausreichend. Die Gefahr selbst muss sich nicht noch verwirklichen.[412]

cc) Abstrakte Gefährdungsdelikte

Im Tatbestand des abstrakten Gefährdungsdelikts werden bestimmte Handlungen umschrieben, die typischerweise gefährlich sind und daher schon als solche verboten werden müssen. **244**

Im Unterschied zu den konkreten Gefährdungsdelikten muss kein bestimmtes Rechtsgut in seiner Existenz oder Sicherheit effektiv betroffen sein.[413]

Beispiele:

- Beteiligung an einer Schlägerei (§ 231 StGB)[414]
- Schwere Brandstiftung (§ 306 a StGB)

---

409 Vgl. nähere Ausführungen bei Jescheck/Weigend, a.a.O., S. 277.
410 Verwiesen sei nur auf die Darstellung bei Helmut **Satzger**, Die Anwendung des deutschen Strafrechts auf grenzüberschreitende Gefährdungsdelikte, in: NStZ 1998, 112 ff. [113 ff.].
411 Wessels/Beulke, a.a.O., § 1 Rn. 26 ff.
412 Vgl. die Darstellung bei Jescheck/Weigend, a.a.O., S. 264 f.
413 Wessels/Beulke, a.a.O., § 1 Rn. 29.
414 Der Gesetzgeber sieht bereits die Beteiligung an einer Schlägerei als gefährlich, und deshalb als strafwürdig an; vgl. Wolfgang **Joecks**, Strafgesetzbuch – Studienkommentar, 6. Aufl. München 2005, § 231 Rn. 2.

- Unerlaubtes Betreiben einer kerntechnischen Anlage (§ 327 StGB)
- Unerlaubter Umgang mit Kernbrennstoffen außerhalb einer dafür vorgesehenen kerntechnischen Anlage (§ 328 StGB)
- Gefährdung schutzbedürftiger Gebiete (§ 329 Absatz 1 und 2 StGB)
- Umweltgefährdende Abfallbeseitigung (§ 326 Absatz 1 Nr. 1 und 2 sowie § 326 Absatz 3 StGB).

Im Fall des unerlaubten Betreibens einer kerntechnischen Anlage ist der Tatbestand unabhängig von einer Gefährdung erfüllt, da eine gesetzliche Vermutung dafür spricht, dass das Betreiben leicht eine konkrete Gefahr auslösen kann.[415]

dd) Potenzielle Gefährdungsdelikte

245 Der Tatbestand des potenziellen oder auch konkret-abstrakten Gefährdungsdelikts erfordert die Herbeiführung eines Zustands oder einer Handlung, die geeignet ist, das jeweils geschützte Rechtsgut zu schädigen. Die generelle Gefährlichkeit einer konkreten Tat oder der Tatmittel gehört zum Tatbestand. Der Eintritt einer konkreten Gefahr ist aber nicht Tatbestandselement.[416]

Beispiele:

- Veränderungen der natürlichen Zusammensetzung der Luft, die geeignet sind, die Gesundheit eines anderen oder die Umwelt zu schädigen;[417]
- ebenso eine Lärmverursachung, die geeignet ist, die Gesundheit anderer zu schädigen;[418]
- wie auch die unbefugte Beseitigung von Abfällen, die nach Art, Beschaffenheit oder Menge geeignet sind, nachhaltig ein Umweltgut zu verunreinigen oder nachteilig zu verändern (§ 326 Absatz 1 Nr. 4 StGB).

Wegen der grundsätzlichen Bedeutung der potenziellen Gefährdungsdelikte für die Unternehmen im Umweltbereich, aber auch weil deren Ausgestaltung für den juristischen Laien in ihrer ganzen Tragweite schwer nachzuvollziehen sind, soll sie hier an einem ersten praktischen Beispiel ausführlich dargestellt werden.

ee) Exkurs zum potenziellen Gefährdungsdelikt: der »Schwarzer-Freitag-Fall«

246 Gesetzgebung und Rechtsprechung verschärfen stetig das unternehmerische Risiko. Je intensiver der Staat meint, sein Machtmonopol einbringen zu müssen, um gesellschaftliche Aufgaben wie Umwelt- und Bürgerschutz durchzusetzen, je länger sich die Auffassung hält, dass die Wirtschaftsunternehmen die Hauptgefahrenherde für die Rechtsgüter Leben und Gesundheit des einzelnen Menschen sowie den Umweltschutz insgesamt seien, desto stärker wird das Wirtschaftsstraf-

---

415   Vgl. die Darstellung bei Jescheck/Weigend, a.a.O., S. 264 f.
416   Tröndle/Fischer, a.a.O., Vor § 13 Rn. 13 a; vgl. nähere Ausführungen bei Jescheck/Weigend, a.a.O., S. 264 f.
417   § 325 StGB.
418   § 325a StGB; siehe auch die Darstellung des so genannten **Schwarzer-Freitag-Falls** auf den Rdn. 246 ff.

recht und die einschlägige Rechtsprechung zum betriebswirtschaftlichen Faktor in den Unternehmen werden.

Diese Entwicklung verdeutlicht eine Revisionsentscheidung des Obersten **247** Gerichtshofs der Republik Österreich (öOGH),[419] die auch mit zu den Verschärfungen des deutschen Umweltstrafrechts beigetragen hat und zum anderen einen juristischen Schlussstrich unter einen Vorfall zog, der als »*Schwarzer Freitag*« in die Geschichte der Stadt Linz/Oberösterreich eingegangen ist. Was war geschehen?

In den Stunden zwischen dem 10. Juli 1986, 12.30 Uhr und dem darauf folgen- **248** den Freitag, 15 Uhr, kam es beim Betrieb einer seit 30 Jahren fehlerfrei laufenden Gipsschwefelsäureanlage (einer sogen. Krebsanlage) der Chemie Linz AG zu einem Störfall, in dessen Verlauf Schwefeldioxid bis zum 50fachen des in einer behördlichen Genehmigung festgelegten maximalen Emissionswerts ausgestoßen wurde. Verletzt wurde niemand. Zwar gab es in dem Unternehmen einen Alarmplan für Brand- bzw. Explosionskatastrophen, jedoch keine Verhaltensrichtlinie für Störfälle der eingetretenen Art.

Die Staatsanwaltschaft erhob daraufhin gegen vier Schichtmeister, einen Werk- **249** meister, den Bereichschemiker, den Abteilungsleiter, den Bereichsdirektor und den gewerberechtlichen Geschäftsführer (der gleichzeitig Direktor der Betriebsleitstelle und Umweltschutzbeauftragter war) Anklage wegen eines Vergehens der fahrlässigen Gefährdung durch Verunreinigung der Luft,[420] begangen durch mangelhafte Sorgfalt und fehlende Aufmerksamkeit beim Betrieb der Anlage.[421]

Das Landgericht und das Oberlandesgericht Linz sprachen alle Angeklagten frei. **250** Sie stellten keine strafrechtliche Verantwortlichkeit des Abteilungsleiters fest, da er zur Zeit des Vorfalls im Urlaub und nicht im Werk war.

Auch der gewerbliche Geschäftsführer war strafrechtlich nicht verantwortlich, **251** weil er als Umweltbeauftragter keine Anordnungsbefugnisse, sondern nur beratende und koordinierende Funktionen gehabt hätte, denen er nachgekommen sei. Die übrigen Angeklagten wurden von dem Vorwurf, durch Nichterfüllung von Sorgfaltspflichten für das Schadensereignis mitursächlich zu sein, ebenfalls freigesprochen.

---

419   öOGH-Urteil v. 25. 06. 1991 – Az. 11 Os 61/91-6 – (nicht veröffentlicht).

420   § 180 Abs. 2 i. V. m. § 181 öStGB (a. F.) entspricht ab dem 01. 01. 1989 dem § 180 Abs. 1 öStGB (nF). Der **Schwarzer-Freitag-Fall** hat durch den **Rosenmontag-Störfall** – siehe die Schilderung auf Rdn. 1289 ff. – für die deutschen Unternehmen besondere Aktualität erhalten.

421   Zu bedenken ist bei dieser Fallschilderung, dass heute wohl auch gegen das Unternehmen selbst ermittelt werden würde, nachdem Österreich im Jahre 2006 die eigenständige Strafbarkeit von Unternehmen eingeführt hat; vgl. dazu Rdn. 910 ff.

252

```
┌─────────────────────────────────────────────────────────┐
│              Schwarzer-Freitag-Fall                       │
│  ┌─────────────────────────────────────────────────────┐ │
│  │          Direktor Betriebsleitstelle                  │ │
│  │          (gewerberechtl. Geschäftsführer)             │ │
│  │                      +                                │ │
│  │          Umweltschutzbeauftragter                     │ │
│  ├─────────────────────────────────────────────────────┤ │
│  │              Bereichsdirektor                         │ │
│  │              (Hauptabteilungsleiter)                  │ │
│  ├─────────────────────────────────────────────────────┤ │
│  │              Abteilungsleiter                         │ │
│  ├─────────────────────────────────────────────────────┤ │
│  │              Bereichschemiker                         │ │
│  ├─────────────────────────────────────────────────────┤ │
│  │          Vorgesetzter Werkmeister                     │ │
│  │  (Tagmeister der Zement- und Schwefelsäureproduktion) │ │
│  ├─────────────────────────────────────────────────────┤ │
│  │              Schichtmeister                           │ │
│  └─────────────────────────────────────────────────────┘ │
└─────────────────────────────────────────────────────────┘
```

253 Zur Begründung führten die Gerichte aus, es habe im Unternehmen die grundsätzliche Weisung bestanden, einen Störfall dem Vorgesetzten zu melden, der wiederum – wenn notwendig – Meldung zu erstatten hatte.

254 Obwohl der Oberste Gerichtshof der Republik Österreich diese vorinstanzlichen Gerichtsentscheidungen in wesentlichen Punkten nicht teilt, bleiben die Freisprüche unter dem Gesichtspunkt des so genannten Verschlimmerungsverbots nach österreichischem Strafverfahrensrecht bestehen.

255 Das Urteil des Obersten Gerichtshofes dient lediglich dazu, zukünftig Fehler in der Anwendung des Gesetzes zu verhüten und die Gleichmäßigkeit der Rechtspflege in Strafsachen sicherzustellen.[422]

256 Dieses aus der Sicht des Obersten Gerichtshofes sicherlich unerfreuliche Ergebnis darf nicht darüber hinwegtäuschen, dass die Urteilsbegründung des Obersten Gerichtshofs der Republik Österreich dennoch Ausführungen enthält, die auch für das deutsche Strafrecht und damit für Unternehmen in Deutschland von Bedeutung sind.

257 Der Straftatbestand der Gefährdung durch Verunreinigung der Luft war in Österreich in § 180 Absatz 1 öStGB a. F. geregelt,[423] der vom Norminhalt her viel mit § 325 des deutschen Strafgesetzbuches gemeinsam hat.

---

422 Vgl. Winfried **Platzgummer**: Grundzüge des österreichischen Strafverfahrens, 7. Aufl. Wien 1996.

423 Vgl. Rdn. 249 (FN. 420).

Beide Vorschriften stellten darauf ab, dass entgegen einer behördlichen oder ver- **258** waltungsrechtlichen Anordnung gehandelt wird; sie sind also verwaltungsakzessorisch, d. h. als strafrechtliche Normen abhängig von den Vorgaben des Verwaltungsrechts.

Das österreichische Strafrecht unterteilt ebenso wie das deutsche in konkrete und **259** abstrakte Gefährdungsdelikte. In den Entscheidungen der Vorgerichte zum **Schwarzer-Freitag-Fall** wie auch in der des Obersten Gerichtshof der Republik Österreich findet sich die Differenzierung des Begriffs »*abstraktes Gefährdungsdelikt*« in einerseits ein abstraktes (im eigentlichen Sinne) und andererseits ein potenzielles (abstrakt-konkretes) Gefährdungsdelikt.[424]

§ 180 Absatz 1 öStGB (a. F.) ist danach ebenso wie § 325 StGB ein potenzielles **260** Gefährdungsdelikt, für dessen Verwirklichung eine Handlung oder Unterlassung ausreicht, die bei abstrakter Betrachtung die – ernstliche und nicht völlig lebensfremde – Möglichkeit eines schädlichen Erfolgs eröffnete, wobei keine qualifizierte statistische Wahrscheinlichkeitsanalyse zu verlangen ist.[425]

Um es noch einmal deutlich zu machen; eine Strafbarkeit nach einem abstrakten **261** Gefährdungsdelikt kann bereits dann erfüllt sein, wenn keine konkrete Gefährdung oder gar tatsächliche Schädigung einer Person vorliegt.

Ein potenzielles Gefährdungsdelikt erfordert also nur die Herbeiführung eines **262** Zustands – hier Luftverschmutzung – der geeignet ist, ein geschütztes Rechtsgut – in diesem Fall die Gesundheit anderer – zu schädigen. In seiner Entscheidungsbegründung bringt der Oberste Gerichtshof dazu einen Aspekt ein, der Eingang in die deutsche Strafrechtskommentierung gefunden hat.[426]

Der Oberste Gerichtshof der Republik Österreich führt aus, dass die Prüfung aller **263** Gesichtspunkte sich in einer einheitlichen Art als »**Worst-case-Beurteilung**« der ernstlich möglichen Schadstoffbelastung und an den Auswirkungen dieser Belastung auf die menschliche Gesundheit im jeweils ungünstigsten Sinne, d. h. unter Mitberücksichtigung typischer, auch minimaler Erfolgseintrittschancen zu orientieren habe.[427]

> »*Der anzuwendende Gefahrenbegriff erfordert die Prüfung mehrerer Komponenten, die – begriffslogisch – einer einheitlichen Bewertung und Beurteilung zu unterziehen sind, bei der vom ungünstigsten Fall auszugehen ist.* «

Als Komponenten gibt der Oberste Gerichtshof der Republik Österreich Folgen- **264** des vor:

a) die medizinisch-toxikologischen Gefahrengrenze, d. h. die Möglichkeit,
   – dass sich Menschen zum Zeitpunkt der Tat im Emissionsbereich der verunreinigten Luft befinden könnten,

---

424 Vgl. Diethelm **Kienapfel**, Grundprobleme des Umweltstrafrechts, in: JBl. 1990, 463 ff. [466] m. w. N.
425 Siehe Rdn. 249 (FN 414, S. 8 des Urteils).
426 Siehe nur Schönke/Schröder-Stree/Heine, a.a.O., § 325 Rn. 18.
427 Siehe Rdn. 249 (FN 414, S. 6 des Urteils).

- dass es unter diesen Personen solche geben könnte, welche besonders anfälligen Risikogruppen angehören (z. B. schwer Asthmakranke, Säuglinge, alte Menschen) und
- dass Angehörige dieser Risikogruppen der verunreinigten Luft plötzlich in einer Weise ausgesetzt sein könnten, die überhaupt erst krankmachend wirkt.[428]

b) die Immissionssituation aufgrund der emittierten Schadstoffart und Schadstoffmenge, die Höhe der Emissionsstelle und die Ausbreitungsvarianten.

265 Dabei sei auf die nicht völlig irreale höchstmögliche Immission (Belastungsspitze) abzustellen, die sich aufgrund der vom Werksbetreiber verursachten überhöhten Emission bei abstrakter Betrachtung (rechnerischer Ermittlung) hätte ergeben können.

266 Ferner werden **nur konstante Faktoren** hinsichtlich der gesundheitsgefährdenden Immissionssituation berücksichtigt (die Höhe der Emissionsquelle (z. B. Schornstein), Lage der Anlage, Entfernung zu Wohngebieten, die besonderen geografischen Bedingungen (z. B. Beckenlage), **nicht jedoch variable Faktoren** wie die konkreten Wetterverhältnisse. Durch Berücksichtigung der beim Störfall herrschenden Wind- und Wetterverhältnisse würde bereits der abstrakte Gefahrenbereich verlassen und in die Prüfung einer konkreten Gefahrenlage eingegangen werden.

267 Es könne allenfalls bei der **meteorologischen Komponente** der Immissionssituation von den jahreszeitlich üblichen Witterungsverhältnissen ausgegangen werden.[429]

268 Dadurch wird auch bewirkt, dass nicht ein Zustand eintritt, der zur praktischen Unwirksamkeit einer Strafsanktion deswegen führt, weil in der Praxis Elemente des Tatbildes wie Wind- und Wetterverhältnisse zu einer bestimmten Zeit und an einem bestimmten Punkt nicht bewiesen werden können oder nicht beweisbar sind.[430]

269 Diese **Worst-case-Betrachtung**, die die Schwelle für die Annahme einer abstrakten Gefährdung erheblich absenkt, potenziert die Gefährlichkeit einer Anlage und erweitert das unternehmerische Umweltrisiko. Mit dieser Entwicklung in der Rechtsprechung geht einher, dass die Messlatte für die Erfüllung von Sorgfaltspflichten der Mitarbeiter eines Unternehmens immer höher gelegt wird.

270 Die **Worst-case-Betrachtung verlangt letztendlich bei der subjektiven Sorgfaltspflicht eine persönliche Höchstleistung der Mitarbeiter,** vor allem der Führungskräfte, wodurch der anzuwendende Sorgfaltsmaßstab bei der Auswahl und dem Arbeitseinsatz der Mitarbeiter eine immer größere Bedeutung erhält.

271 Die Frage spielte auch im geschilderten **Schwarzer-Freitag-Fall** der Chemie-Linz AG eine gewichtige Rolle, da dem Angeklagten im Wesentlichen vorgeworfen

---

428 Kienapfel, a.a.O., S. 466.
429 Kienapfel, a.a.O., S. 467.
430 Kienapfel, a.a.O., S. 467.

wurde, durch das Nichterfüllen von Sorgfaltspflichten für den Vorfall mitursächlich geworden zu sein.

Dem Bereichsdirektor und -chemiker wurde zur Last gelegt, sie hätten als Verant- **272** wortungsträger für die Anlage dem dort tätigen Personal für den Fall einer längeren Emissionsüberschreitung keine ausreichenden Instruktionen erteilt, insbesondere keine Alarmpläne erstellt, keine Warnsignale bei einem Vollanschlag des Schwefeldioxidemissionsmessgeräts installieren lassen und die Betriebsangehörigen über die Folgen einer Mehremission nur ungenügend unterrichtet.

Der Vorwurf gegen die übrigen Angeklagten lautete zusammengefasst, dass sie **273** die Anlage nicht rechtzeitig abgeschaltet bzw. den Störfall nicht oder nicht mit dem nötigen Nachdruck weitergemeldet hätten.

Da das Oberlandesgericht Linz die Angeklagten unter Hinweis auf angeblich feh- **274** lende subjektive Sorgfaltspflichtverletzungen freigesprochen hatte, sah sich der Oberste Gerichtshof der Republik Österreich in seiner Entscheidung veranlasst, insbesondere zu diesem Punkt kritisch Stellung zu nehmen. Der Oberste Gerichtshof führte dazu aus:

>*Nach dem auf die Person des Täters anzuwendenden »objektiviert-subjektiven« Maßstab kann sich jemand auf die Unkenntnis dessen, was zum allgemeinen Erfahrungs- und Wissensstand eines ordnungsgemäß ausgebildeten und verantwortungsbewussten Angehörigen seines Berufskreises oder Tätigkeitsbereiches – hier eines Mitarbeiters eines Chemieunternehmens – gehört, nicht berufen. Für einen akademisch graduierten Techniker bzw. Chemiker und für ausgebildete Werk- und Schichtmeister mit entsprechender Berufserfahrung konnte der Umstand, dass die Anlage etwa 30 Jahre lang störungsfrei gearbeitet hatte, nicht die Einsicht in eine mögliche Störanfälligkeit und damit verbundene, für die Umwelt gefährliche Folgen ausschließen. Es musste im Gegenteil – gerade weil nach der Art der Anlage die Emissionsmengen nicht (ohne weiteres) feststellbar waren – für das technisch adäquat ausgebildete Personal nahe liegen, dass durch die stundenlange Anschlagstellung des Messgerätes am Maximalmesspunkt ein nicht nur geringfügig, sondern erheblich darüber und bereits im Bereich (potenzieller) Gefährlichkeit für die Gesundheit von Menschen liegender Schadstoffausstoß indiziert sein konnte.«*[431]

Diese Aussage erinnert an die **Monza-Steel-Entscheidung** des Landgerichts Mün- **275** chen II aus dem Jahre 1978.[432] Das Gericht stellte damals zur strafrechtlichen Verantwortung des Leiters der Reifenentwicklungsabteilung fest, dass

>*»die Verpflichtung zur Vermeidung von Gefahren für strafrechtlich geschützte Rechtsgüter sich am Optimum dessen bestimmt, was in der konkreten Lebenssituation geleistet werden kann. Die subjektive Sorgfaltspflicht ... orientiert sich (vielmehr) daran, was ein Mensch eines bestimmten, durch Ausbildung und berufliche Kenntnisse erlangten Leistungsvermögens tun kann, um in der betreffenden Situation in optimaler Weise Gefahren für andere zu vermeiden«.*[433]

---

431 Vgl. öOGH-Urteil v. 25. 06. 1991, S. 10.
432 Siehe Rdn. 2441 ff.
433 LG München II, in: Schmidt-Salzer, Entscheidungssammlung Produkthaftung Strafrechtliche Entscheidungen Bd. IV, a.a.O., IV 28 (**Monza-Steel**).

276 In der **Erdal-Lederspray-Entscheidung** fordert der Bundesgerichtshof hingegen, dass der im Unternehmen Verantwortliche alles ihm Mögliche und Zumutbare zu leisten hat,[434] was einer Niedrigerlegung der vom Landgericht München höchstmöglich aufgelegten Messlatte (*»in optimaler Weise«*) gleichkommt.

277 Damit haben wir hier die **Schnittstelle zwischen dem Urteil im Schwarzer-Freitag-Fall und der Erdal-Lederspray-Entscheidung** des Bundesgerichtshofs erreicht. Man kann angesichts der in dieser Entscheidung ausgeführten Grundsätze sogar die These wagen, dass das freisprechende Urteil des Oberlandesgerichts nach deutschem Recht vom Bundesgerichtshof aufgehoben und zur Neuentscheidung an eine andere Kammer des Oberlandesgerichts verwiesen und die Angeklagten, insbesondere das Geschäftsleitungsmitglied, verurteilt worden wären. So ist es beispielsweise fraglich, ob der Geschäftsführer des Chemieunternehmens alles ihm Mögliche und Zumutbare unternommen hat, um durch geeignete Vorbeugemaßnahmen (z. B. Aufstellen von Verhaltensregeln und regelmäßige Kontrolle der immerhin schon 30 Jahre alten Krebsanlage) einen nicht auszuschließenden Störfall und die Folgen einer solchen Krise zu verhindern bzw. zu mindern.

b)   Die tatbestandsmäßige Handlung

278 Unter einer Handlung versteht das Gesetz jedes menschliche Verhalten. Es kann auf einem **aktiven Tun** genauso beruhen wie auf einem **Unterlassen**. Dabei ist mit Unterlassen keineswegs das bloße Nichtstun gemeint, sondern die Möglichkeit, dass der Unterlassende erwägt, etwas bewusst nicht zu unternehmen, wenn ein aktives Tun von ihm erwartet wird. Aus dieser Sicht wird deutlich, wie sehr der strafrechtliche Handlungsbegriff vom sozialen und normativen Sinngehalt geprägt ist.

279 Diejenigen menschlichen Verhaltensweisen, die so sozialethisch unrechtmäßig sind, dass man sie für strafwürdig hält, werden in gesetzlichen Tatbeständen abstrakt beschrieben und als Verbotsnormen geführt. Die konkrete Handlung des Einzelnen wird dann von der Justiz strafrechtlich eingeordnet. Dabei wird das Geschehene mit der Beschreibung des gesetzlichen Tatbestands verglichen, um festzustellen, ob die Handlung einem Tatbestand entspricht. Passt keine der gesetzlichen Beschreibungen auf die konkrete Handlung, dann ist sie keine Straftat; denn nach dem Rechtsgrundsatz *»nullum crimen sine lege«* (Keine Straftat ohne Gesetz) dürfen nur die Taten bestraft werden, die schon zur Zeit ihrer Ausführung mit Strafe bedroht waren.[435]

280 Als Anfang der Achtzigerjahre in zunehmendem Maß der Missbrauch mit der noch jungen elektronischen Datenverarbeitung deutlich wurde, mussten die Strafverfolgungsbehörden feststellen, dass ihnen das rechtliche Instrumentarium zum Eingreifen fehlte. Die **Computerkriminalität** wurde als solche nicht von den vorhandenen Straftatbeständen erfasst. Erst mit Inkrafttreten des Zweiten Gesetzes

---

434   Siehe Rdn. 2441 ff.

435   Art. 103 Abs. 2 GG, der wortgleich ist mit § 1 StGB; vgl. Tröndle/Fischer, a.a.O., § 1 Rn. 1; dazu oben Rdn. 209 ff.

zur Bekämpfung der Wirtschaftskriminalität[436] am 1. August 1986 wurden entsprechende Strafnormen ins Strafgesetzbuch aufgenommen[437] und diese Strafbarkeitslücken geschlossen.[438]

In einer vergleichbaren Situation befanden sich, um an dieser Stelle eine weitere **281**
Deliktgruppe zu nennen, die deutschen Strafermittlungsbehörden, als es um die
Verfolgung so genannter Geldwäsche-Delikte ging. Solange die Umwandlung
»*schwarzer*«, weil illegaler Gelder, die vor allem aus dem kriminellen Drogenhandel stammen, in Sachwerte oder »*sauberes*« Geld nicht unter Strafe gestellt war,
konnte und durfte eine Verurteilung der Täter nicht erfolgen. Ergibt die Überprüfung, dass die konkrete Verhaltensweise des Täters unter einen bestimmten Tatbestand fällt, dann liegt eine tatbestandsmäßige Handlung vor.[439]

– *Stichwort: Kausalität*

Verlangt der Straftatbestand außer der Handlung des Täters auch den Eintritt **282**
eines »*Erfolgs*« (z. B. bei fahrlässiger Tötung den Tod des Verletzten), so hat der
Täter für den Erfolg einzustehen, wenn seine Handlung ursächlich (kausal) für
den Erfolgseintritt war. Ein Kausalzusammenhang zwischen Handlung und
Erfolg ist dann gegeben, wenn die Handlung des Täters nicht »*hinweggedacht*«
werden kann, ohne dass der Erfolg entfiele.[440] Dabei sind alle den Erfolg bedingenden Handlungen gleichwertig, sodass es z. B. ohne Bedeutung ist, ob die kausale Handlung eine von mehreren Bedingungen ist.[441] Immer ist jedoch im konkreten Einzelfall für das Herstellen eines Kausalzusammenhangs von Handlung
und Erfolg erforderlich, dass naturwissenschaftliche Erkenntnisse oder allgemeine
Erfahrungssätze vorliegen, die besagen, dass eine bestimmte Bedingung einen
bestimmten Erfolg zeitigt.[442] Bei Unterlassungsdelikten lautet die Formel entsprechend: Ursächlich ist die unterlassene Handlung, die nicht »*hinzugedacht*« werden
kann, ohne dass der Erfolg entfiele.

Besondere Kausalitätsprobleme hat die **Erdal-Lederspray-Entscheidung**[443] auf- **283**
geworfen. Hier ging es u. a. um Fragen der strafrechtlichen Verantwortung der
Mitglieder eines Kollegiums, die eine erforderliche Beschlussfassung zum Rückruf
ihrer schädigenden Produkte unterließen. Zwei der sechs Geschäftsführer waren

---

436 2. WiKG v. 15. 05. 1986, (BGBl. I 1986, S. 721 ff.).
437 §§ 202a, 263 a, 269, 270, 303 a – 303 c StGB.
438 Siehe dazu die ausführliche Darstellung ab Rdn. 2283 ff.
439 Es müssen alle objektiven und subjektiven Tatbestandsmerkmale einer Strafnorm erfüllt
     sein. Beim Diebstahl, § 242 StGB, ist z. B. die Wegnahme eines Gegenstands durch den
     Dieb ein objektives Tatbestandsmerkmal, während die Zueignungsabsicht des Diebes ein
     subjektives Tatbestandsmerkmal darstellt.
440 Zu den verschiedenen Kausalitätsformen, die die Rechtslehre entwickelt hat, siehe den
     Überblick bei Joecks, a.a.O., Vor § 13 Rn. 21 ff.
441 Schönke/Schröder-Lenckner/Eisele, a.a.O., Vor § 13 ff. Rn. 76.
442 Joecks, a.a.O., Vor § 13 Rn. 21. Existieren entsprechende naturwissenschaftliche Kenntnisse nicht, kann ein Kausalzusammenhang nicht bejaht werden; vgl. bereits Armin **Kaufmann** JZ 1971, 569 ff. (Anmerkungen zum Contergan-Verfahren).
443 BGHSt 37, 106 ff. Ich verwende die Bezeichnung »**Erdal**-Entscheidung«, da alle großen
     Strafverfahren nach dem Namen des Produkts (Contergan, Monza-Steel) und nicht dem
     Verwendungszweck (Schlafmittel, Reifen und eben Lederspray) benannt werden; vgl. zum
     Holzschutzmittel-Verfahren, Rdn. 2485 ff.

an der Abstimmung nicht unmittelbar beteiligt gewesen. Sie billigten aber den gefassten Beschluss, einen Rückruf nicht durchzuführen.

284 Der Bundesgerichtshof hatte entschieden:

> »Jeder Geschäftsführer, der es trotz seiner Mitwirkungskompetenz unterlässt, seinen Beitrag zum Zustandekommen der gebotenen Rückrufentscheidung zu leisten, setzt damit eine Ursache für das Unterbleiben der Maßnahme. Dies begründet seine strafrechtliche Haftung auch dann, wenn er mit seinem Verlangen, die Rückrufentscheidung zu treffen, am Widerstand der anderen Geschäftsführer gescheitert wäre. «[444]

285 Ingeborg **Puppe**[445] kritisiert diese Entscheidung. Sie vertritt die Ansicht, die Stimmabgabe des einzelnen Kollegiumsmitglieds sei lediglich eine Einzelursache für das Zustandekommen des rechtswidrigen Beschlusses. Folgt man konsequent dieser Meinung, dann führt dies zu dem Ergebnis, dass sich kein rechtswidrig abstimmendes Gremiumsmitglied mehr mit entlastender Wirkung darauf berufen könnte, der rechtswidrige Beschluss wäre auch ohne seine Stimme zustande gekommen. Eine in manchen Unternehmen sehr glaubhafte Behauptung, berücksichtigt man die faktische Entscheidungsdominanz eines persönlich haftenden Gesellschafters oder Vorstandsvorsitzenden mit ausgeprägtem persönlichem Rückhalt im Aufsichtsgremium.

286 **Voraussetzung für die Kausalität ist** aber gerade, **dass die Mehrheit bei Stimmabgabe noch nicht feststeht.** Würden einzelne Gremiumsmitglieder erst befragt, nachdem die Mehrheit bereits zustande gekommen ist, so könnten deren Stimmen für die Entscheidung nicht mehr kausal werden.

287 Neben der Kausalität bedarf es – mit **Puppe** – der Neuentwicklung eines besonderen **Zurechnungsmodus**, der eine Zurechnung kraft Wahrnehmung gleichberechtigter rechtlicher Kompetenz und Verantwortung ermöglicht, um auch jenen Mitgliedern eines Geschäftsführungsgremiums die Folgen des rechtswidrigen Beschlusses zurechnen zu können, die ebenfalls rechtswidrig, aber erst nachdem die Mehrheit feststand, abgestimmt haben.

288 In diesem Zusammenhang ist auf eine Bürgermeister-Entscheidung des Oberlandesgerichts Saarbrücken hinzuweisen:

> Einem Bürgermeister wurde zur Last gelegt, ein Gewässer dadurch unbefugt verunreinigt zu haben, dass Abwässer der Gemeinde ohne Genehmigung in einen Vorfluter gelangten. Das geschah dadurch, dass ein Abwasserrohr der Kläranlage wegen nicht ausreichenden Querschnitts häufig verstopfte und sich so Rückstaus bei auftretendem Regen bildeten, sodass ungeklärte Abwässer in einen Altarm der Saar fließen konnten, was 1988 zu einem größeren Fischsterben führte.

289 In dieser Entscheidung geht es um die **Differenzierung** einer Gewässerverunreinigung durch **Handeln und Unterlassen**. Das Gericht ist der Ansicht, dass ein Handeln, also ein positives Tun, nicht vorliegt. Handeln setzt als konstitutives Element ein auf einem Willensentschluss beruhendes Eingreifen in die Außenwelt

---

444 BGHSt 37, 106 ff., Leitsatz 6.
445 Ingeborg **Puppe**, Anm. zum Erdal-Fall, in: JR 1992, 30 ff. [33 f.].

durch das **Auslösen einer Kausalkette** voraus, das heißt, die Veränderung eines zuvor bestehenden faktischen Zustands oder Geschehnisses.[446] Der Bürgermeister habe bei seinem Amtsantritt hinsichtlich der der Gemeinde obliegenden Verpflichtung zur Beseitigung der Abwässer eine konkrete und rechtliche Situation vorgefunden. Rechnet man ihm das Fortdauern des Einleitens als eigenes Handeln zu, so verwirklichte der Bürgermeister als Organ der Gemeinde ab seinem Amtsantritt den objektiven Tatbestand einer Gewässerverunreinigung gemäß § 324 StGB.

Hierbei ist die Gemeinde zunächst auf die vorhandene Kläranlage angewiesen, **290** die jedoch defekt war, sodass eine Gewässerverunreinigung zunächst notwendigerweise unvermeidbar war.

> Die Gemeinde bzw. der für sie handelnde Bürgermeister konnten sich ihrer gesetzlichen Abwasserbeseitigungspflicht gemäß § 18 a WHG jedoch nicht entziehen, auch wenn sich notwendigerweise ein Verstoß gegen § 324 StGB ergibt. Demzufolge fehlt es an dem auf **freier Willensentscheidung** beruhenden Entschluss zur Vornahme einer **Erfolg verursachenden Handlung**.[447] Zu ähnlichem Ergebnis führt auch eine wertende Beurteilung nach dem Schwerpunkt des Verhaltens: Lässt man den Dingen, wie man sie antrifft, ihren Lauf, handelt man nicht, tut man zunächst auch nichts, was gegebenenfalls ein Unterlassen darstellen kann.[448] Scheidet demzufolge Handeln aus, ist dem Bürgermeister auch kein Unterlassen vorzuwerfen.

Der Vorwurf, einen Tatbestand durch Unterlassen verwirklicht zu haben, setzt **291** die Nichtvornahme einer gebotenen, dem Handlungspflichtigen möglichen, zur Erfolgsverhinderung geeigneten Handlung voraus.[449]

Dem Bürgermeister war es nicht möglich, sofort nach Amtsantritt und der damit **292** vorgefundenen tatsächlichen Situation alles im Rahmen seiner tatsächlichen und rechtlichen Befugnisse zu tun, um weitere Gewässerverunreinigungen zu vermeiden. In der Folgezeit ließ er das Abwassersystem regelmäßig prüfen und reinigen. Eine Tatbestandsverwirklichung des § 324 StGB durch Unterlassen liegt somit nicht vor. Der Bürgermeister wurde freigesprochen. Anders lag der Tatbestand in einem anderen – vom Bundesgerichtshof entschiedenen – **Bürgermeister-Fall**.[450]

c) Die Rechtswidrigkeit und Rechtfertigungsgründe

Wer nun aber so handelt, wie im Tatbestand beschrieben, der handelt grundsätz- **293** lich rechtswidrig,[451] weil sein Verhalten im Widerspruch zu einer Norm und damit zur geltenden Rechtsordnung steht.

---

446 OLG Saarbrücken, NStZ 1991, 531 ff. [532].
447 Hans-Heiner **Kühne**, Strafrechtlicher Gewässerschutz, in: NJW 1991, 3020 ff.
448 BGHSt 6, 46 ff. [59].
449 Schönke/Schröder-Stree, a.a.O., Vor § 13 ff. Rn. 139.
450 Vgl. Rdn. 199.
451 RGSt 63, 215 ff. [218].

294 **Die Verwirklichung des Tatbestands** stellt ein Indiz für die Rechtswidrigkeit einer Handlung dar.[452] Ob jedoch die Tat letztendlich rechtswidrig ist, lässt sich erst dann sagen, wenn keine subjektiven oder objektiven Rechtfertigungsgründe vorliegen.

295 **Rechtfertigungsgründe** können sich aus dem Gesetz, Gewohnheitsrecht und aus allgemeinen Rechtsgrundsätzen ergeben.

296 Sie beschreiben allesamt Ausnahmesituationen, für die die Rechtsordnung durch Erlaubnis grundsätzliche Verbote aufhebt. Das wohl eindringlichste Beispiel im Strafrecht ist das **Notwehrrecht**.[453] Danach handelt derjenige, der bei der Abwehr eines Angreifers diesen beispielsweise verletzt, nicht rechtswidrig. Der Abwehrende macht sich insoweit keiner Körperverletzung strafbar.

297 Ein weiterer im Strafgesetzbuch geregelter Rechtfertigungsgrund ist der **rechtfertigende Notstand**.[454] Danach ist eine Tat bzw. Handlung dann nicht rechtswidrig, wenn eine Gefahr für ein schutzbedürftiges Rechtsgut besteht, wie dies beispielsweise die Aufrechterhaltung der Produktion oder die Erhaltung der Arbeitsplätze ist, und dieses geschützte Rechtsgut das beeinträchtigte Interesse an einem anderen Rechtsgut wesentlich überwiegt. Ein Beispiel:

298 Gefährdung des Arbeitsplatzes als notstandsähnliche Situation: Ein Berufsfahrer hatte entgegen der ihm von der Verwaltungsbehörde erteilten Auflage einen Schwertransport ohne Beifahrer geführt. Gegen ihn wurde deshalb wegen fahrlässigen Verstoßes gegen die in einer Ausnahmegenehmigung erteilten Auflagen eine Geldbuße festgesetzt. Hiergegen legte der Fahrer Beschwerde unter Berufung auf rechtfertigenden Notstand ein.[455] Das Oberlandesgericht Oldenburg erkannte die Gefährdung des Arbeitsplatzes durch zu befürchtende Maßnahmen des Arbeitgebers als notstandsähnliche Situation an.[456] Es stützt diese Entscheidung auf die Tatsache, dass die Arbeitgeberfirma des Berufsfahrers die Kosten für einen Beifahrer nicht tragen wollte und deshalb nicht bereitstellte. Das Gericht konnte nicht ausschließen, dass die Geschäftsleitung sich über die Einwendungen ihres Mitarbeiters, die behördlichen Auflagen hinsichtlich des vorgeschriebenen Beifahrers einzuhalten, hinweggesetzt hat oder hinweggesetzt haben würde, falls solche laut geworden wären. Demzufolge hätte ein Beharren auf diesen Forderungen mit arbeitsrechtlichen Konsequenzen für den Fahrer verbunden sein können.

299 Unter diesen Umständen konnte ein **rechtfertigender Notstand** vorliegen. Das erstinstanzielle Gericht hatte versäumt zu klären, ob der Fahrer bei einer Weigerung, während seiner Arbeit gegen die Auflagen zu verstoßen, den Verlust seines Arbeitsplatzes riskierte.

Auch hatte es keine Abwägung zwischen der Gefahr für den Arbeitsplatz und dem Gewicht der festzustellenden Ordnungswidrigkeit vorgenommen.

---

452 Vgl. Tröndle/Fischer, a.a.O., Vor § 13 Rn. 8, 27.
453 § 32 StGB, s. a. § 15 OWiG.
454 § 34 StGB, siehe auch § 16 OWiG.
455 § 16 OWiG.
456 Vgl. OLG Oldenburg NJW 1978, 1869.

Außerdem muss das eingesetzte **Mittel zur Gefahrenabwehr angemessen** sein. Die Voraussetzungen, die an den rechtfertigenden Notstand gebunden sind, unterliegen einem hohen Anforderungsmaßstab.

Anhand des so genannten **Mannheimer Stinkkanalfalls**[457] soll die erforderliche **300** Interessenabwägung der einzelnen Rechtsgüter dargestellt werden.

Ein Unternehmen der Zellstoffherstellung leitete seine bei der Produktion anfallenden Abwässer jahrelang über den Freirheinkanal in den Rhein ab. Die hierfür erforderlichen wasserrechtlichen Genehmigungen stammten noch aus den Jahren 1908 und 1921. Als im Jahre 1975 die Wasserschutzpolizei Wasserproben entnahm, wurde festgestellt, dass die Schadstoffmengen die vergleichbaren Höchstwerte erheblich überschritten. Nun wurde der technische Leiter des Produktionsbereichs »Zellstoff und Verpackungspapier«, der für das Kanalsystem des Gesamtunternehmens verantwortlich war, der Gewässerverunreinigung beschuldigt.[458] Er verteidigte sich gegen den Vorwurf, trotz Kenntnis der hohen Einleitemengen und der veralteten Genehmigungen nicht für eine Modernisierung der Abwässeranlage gesorgt zu haben, mit dem Argument, die bauliche Maßnahme hätte unweigerlich zu einer zeitweisen Stilllegung wesentlicher Betriebsteile geführt. Die Staatsanwaltschaft stand nun vor einer Güterabwägung. Können die Aufrechterhaltung der Produktion eines Unternehmens und die dadurch gewährleistete Sicherung von Arbeitsplätzen eine Gesundheitsschädigung der anwohnenden Bürger oder eine schwer wiegende Gewässergefährdung rechtfertigen?

Nach Abwägung der widerstreitenden Interessen hat die ermittelnde Behörde **301** diese Frage, wie ich meine, zu Recht verneint. Um die Produktion eines Unternehmens aufrechterhalten zu können und damit die Arbeitsplätze zu sichern, darf eine eklatante Gefährdung der Anwohner und der Umwelt nicht in Kauf genommen werden.[459] Zumindest die Rechtsgüter »*Leben*« und »*Gesundheit*« werden höher zu bewerten sein als die des Eigentums und der freien Berufsausübung.

Ein weiterer **Rechtfertigungsgrund** klang bereits im eben zitierten **Mannheimer 302 Stinkkanalfall** an. Auch **Genehmigungen** können rechtfertigend wirken.[460]

Verlass ist auf diese behördlichen Erlaubnisse aber nur dann, wenn sie erstens noch zeitgemäß, also noch nicht abgelaufen sind, wie es im bezeichneten Verfahren der Fall war.

Zweitens müssen sie verwaltungsrechtlich wirksam sein. Auf die materielle Richtigkeit des Verwaltungsakts kommt es nach herrschender Meinung nicht an.[461] Nur dann, wenn die wirksame, aber materiell rechtswidrige Erlaubnis von dem Berechtigten durch Täuschung, Drohung oder Bestechung, also missbräuchlich,

---

457 Vgl. Einstellungsverfügung der StA beim LG Mannheim NJW 1976, 585 ff.
458 Verstoß gegen § 38 WHG (a. F.) v. 27. 07. 1957 (BGBl. I S. 1110); §§ 14, 17, 34, 223 StGB.
459 Vgl. Einstellungsverfügung der StA beim LG Mannheim, a.a.O.
460 Lackner/Kühl, a.a.O., § 324 Rn. 9 ff.
461 Vgl. Lackner/Kühl, a.a.O., § 324 Rn. 10.

herbeigeführt wurde, entfällt verständlicherweise ihre rechtfertigende Wirkung.[462]

303 Ein weiterer **Rechtfertigungsgrund** kann sich aus einer behördlichen **Duldung** ergeben, auf die an späterer Stelle eingegangen wird.[463]

d) Die Schuld

304 Das verfassungsrechtliche Rechtsstaatsprinzip schreibt vor, dass keine staatliche Sanktion (Strafe/Buße) ohne Schuld verhängt werden darf **(Schuldmaxime)**[464]. »Schuld« im strafrechtlichen Sinne meint **persönliche Vorwerfbarkeit** eines gesetzlichen verbotenen Handelns. Dem Täter wird vorgeworfen, er habe rechtswidrig gehandelt, obwohl er in der Lage war, sich rechtmäßig zu verhalten.[465] Nur der Mensch ist fähig, das Unrecht einer Tat einzusehen und entsprechend rechtsgetreu zu handeln (Einsichts- und Steuerungsfähigkeit).[466] Juristischen Personen fehlt – nach dem in Deutschland noch vorherrschenden Rechtsverständnis – das **Unrechtsbewusstsein**. Sie können folglich keine Schuld auf sich laden und sind deshalb (grundsätzlich) nicht straffähig.[467]

305 Die Schuld des Täters ist Grundlage für die Zumessung der Strafe (§ 46 Absatz 1 StGB). Seine Persönlichkeit ist dabei zu berücksichtigen (§§ 46–51 StGB).

306 Von Schuldfähigkeit des Täters zu unterscheiden ist die Schuldform: Vorsatz oder Fahrlässigkeit. Der Schuldvorwurf lautet entweder »Du hast gewusst, was du tatest! « (Vorsatz) oder »Du hättest wissen müssen, was du tatest!« (Fahrlässigkeit).

aa) Vorsatz

307 *»Vorsatz ist Wille zur Verwirklichung eines Straftatbestandes in Kenntnis aller seiner Tatumstände. Tatumstände sind die Merkmale des im Strafgesetz umschriebenen Verhaltens, gegen das sich die Strafdrohung und durch sie das gesetzliche Verbot richtet.*

---

462 Hans-Joachim **Rudolphi**, Primat des Strafrechts im Umweltschutz, 1. Teil, in: NStZ 1984, 191 ff. (197); vgl. auch Wolfgang **Winkelbauer**, Die behördliche Genehmigung im Strafrecht, in: NStZ 1988, 201 ff. [204 f.]. Zum Thema Strafbarkeit und Verwaltungsakt; vgl. Ausführungen Rdn. 1296 ff.

463 Vgl. Rdn. 1321 ff.

464 Art. 20, 28 GG (nulla poena sine culpa).

465 Grundlegend zum Schuldgrundsatz BGHSt 2, 194 ff. [200]: *»Schuld ist Vorwerfbarkeit. Mit dem Unwerturteil der Schuld wird dem Täter vorgeworfen, dass er sich nicht rechtmäßig verhalten, dass er sich für das Unrecht entschieden hat, obwohl er sich rechtmäßig verhalten, sich für das Recht hätte entscheiden können. Der innere Grund des Schuldvorwurfs liegt darin, dass der Mensch auf freie, verantwortliche, sittliche Selbstbestimmung angelegt und deshalb befähigt ist, sich für das Recht und gegen das Unrecht zu entscheiden.«*; dazu auch Jescheck/Weigend, a.a.O., S. 404 ff. mit umfangreichem Literaturnachweis.

466 Die Schuldfähigkeit ist unter bestimmten Umständen ausgeschlossen (§§ 19 StGB: Kinder unter 14 Jahren; § 20 StGB: wegen seelischer Störungen) oder kann vermindert sein (§§ 3 S. 1, 1 Abs. 2 JGG: Jugendliche zwischen 14 und 18 Jahren; § 21 StGB: z. B. bei Tat unter Alkoholeinfluss).

467 Siehe dazu die Ausführungen auf den Rdn. 460.

Das Verbot selbst ist kein Tatumstand. Es gehört nicht zum Inhalt des Tatbestandes, sondern hat ihn zum Inhalt. «[468]

Der Vorsatz, das Wissen und Wollen der Tat(bestandsverwirklichung), tritt in drei **308** Abstufungen auf, die ich anhand eines unwahrscheinlichen Beispiels verdeutlichen will.

- **Absicht** (Der tatbestandsmäßige Erfolg ist das Ziel der Handlung) Geschäftsführer **A.** legt eine Bombe in den Dienstwagen seines Kollegen **B.**, um diesen zu töten. Die Bombe explodiert wie geplant.
- **Direkter Vorsatz** (Zweite Tatbestandsverwirklichung als notwendige Nebenfolge) Bei der Explosion kommt auch der Fahrer des Geschäftsführers **B.** ums Leben. **A.** wusste, dass sein Kollege zur Explosionszeit mit Fahrer unterwegs sein würde. Er nahm den Tod des Chauffeurs als notwendige Nebenfolge seines Handelns in Kauf.
- **Bedingter Vorsatz** (Der mögliche Erfolgseintritt wird in Kauf genommen) **A.** weiß nicht, ob sein Mitgeschäftsführer zum Zeitpunkt der Explosion mit Fahrer unterwegs ist. Er hält es aber für gut möglich und nimmt ein zweites Opfer seines Anschlags innerlich billigend in Kauf.[469]

Im letzten Fall liegt die Schnittstelle zur Fahrlässigkeitstat. Denkt der Täter beim **309** bedingten Vorsatz: »Na, wenn schon! «, sagt der bewusste Fahrlässigkeitstäter: »Es wird schon gut gehen! « Ein Unterschied, der in der Praxis oft von entscheidender Bedeutung ist.[470]

bb)   Fahrlässigkeit

Während vorsätzliches Handeln immer strafbar ist, wird Fahrlässigkeit nur ver- **310** folgt, wenn der Gesetzgeber dies ausdrücklich vorsieht.[471] Das ist beispielsweise bei der fahrlässigen Körperverletzung sowie bei allen Straftaten gegen die Umwelt der Fall.

Fahrlässigkeit lässt sich kurz als **pflichtwidrige Erfolgsverursachung bei indivi-** **311** **dueller Vorhersehbarkeit und Vermeidbarkeit** definieren.[472]

Im **Unterschied zum bürgerlichen Recht**, wo die Fahrlässigkeit an einem objekti- **312** ven Maßstab gemessen wird,[473] weil auf die Außerachtlassung der im Verkehr erforderlichen Sorgfalt abgestellt wird, **berücksichtigt das Strafrecht auch die individuellen Kenntnisse und Fähigkeiten des Täters.**

Schon das Reichsgericht hat entschieden, dass derjenige unbewusst fahrlässig **313** handelt, der die Sorgfalt, zu der er sowohl nach den gegebenen Umständen wie

---

468   BGHSt 19, 295 ff. [298]. Die herrschende Rechtsprechung versteht also im Unterschied zur h. M. in der Rechtslehre den Vorsatz als Tatvorsatz, der nur die Tatumstände umfasst.

469   BGHSt 14, 240 ff. [256]. »Billigen« meint in der Rechtssprache hier selbstverständlich nicht »gutheißen«.

470   OLG Hamm, Beschl. v. 09. 01. 2001, DAR 2001, 176 f.

471   Gemäß § 15 StGB.

472   RGSt 56, 343 ff. [349] und Tröndle/Fischer, a.a.O., § 15 Rn. 12 ff.

473   § 276 BGB.

auch nach seinen persönlichen Kenntnissen und Fähigkeiten verpflichtet und imstande ist, außer Acht lässt und infolgedessen den Erfolg, den er bei Anwendung der pflichtgemäßen Sorgfalt hätte vorhersehen können, nicht erkennt.[474] Derjenige aber, der unter den beschriebenen Umständen den Eintritt des Erfolgs zwar für möglich hält, aber darauf vertraut, er werde nicht eintreten, handelt bewusst fahrlässig.

314 Die entscheidenden Elemente der Fahrlässigkeit sind danach die **Pflichtwidrigkeit des Verhaltens** sowie die **Vorhersehbarkeit der Tatbestandsverwirklichung**.

315 Pflichtwidrig handelt, wer die **Sorgfaltspflichten**, ob sie nun aus einer Rechtsnorm, aus Vertrag, aus der beruflichen Tätigkeit des Täters oder aber aus dessen vorangegangenem Verhalten resultieren, nicht beachtet.[475] Sorgfaltspflichten ergeben sich im Hinblick darauf, dass die Gefahr für das geschützte Rechtsgut (sei es nun die Umwelt i. w. S. oder Leben und Gesundheit von Menschen) erkannt wird und auch darauf, sachgemäß, d. h. mit dem Ziel, den Eintritt der Rechtsgutverletzung zu vermeiden, zu handeln.[476]

316 Für die vom Handelnden zu fordernde Aufmerksamkeit ist ein **objektiviert-subjektiver Sorgfaltsmaßstab** anzulegen.[477] Danach »*bestimmt sich die Verpflichtung zur Vermeidung von Gefahren für strafrechtlich geschützte Rechtsgüter am Optimum dessen, was in der konkreten Lebenssituation hierzu geleistet werden kann.*«[478]

317 Zunächst ist jedermann verpflichtet, bei der Durchführung oder Übernahme einer Tätigkeit diejenige Sorgfalt aufzubieten, zu der ein »*einsichtiger Mensch in der Lage des Täters*« imstande ist.[479]

318 Die vorbestimmten »*Durchschnittsanforderungen*« haben insoweit Bedeutung, als sie das Mindestmaß dessen setzen, was jedermann an Sorgfaltspflicht zu erbringen hat, der ein bestimmtes riskantes Verhalten durchführt oder durchführen will.[480] Die Durchschnittsanforderungen orientieren sich an dem Maßstab eines gewissenhaften und besonnenen Menschen des Lebensbereichs (Berufs- oder Gewerbekreises), dem der Handelnde angehört.[481]

319 Während als Indiz für die Beachtung der objektiven Sorgfaltspflichten, z. B. die Ausrichtung eines Produktionsbetriebs nach den Technikstandards[482] gelten kann, verlangt der subjektive Sorgfaltsmaßstab, dass jedermann das Optimum

---

474 RGSt 56, 343 ff. [349].

475 Tröndle/Fischer, a.a.O., § 15 Rn. 16.

476 Jescheck/Weigend, a.a.O., S. 578.

477 Schönke/Schröder-Cramer/Sternberg-Lieben, a.a.O., § 15 Rn. 133; LG München II (Monza-Steel-Entscheidung) in: Joachim **Schmidt-Salzer**, Produkthaftung: Entscheidungssammlung Strafrechtliche Entscheidungen, Bd. IV, München 1982, Nr. IV. 28.

478 Schönke/Schröder-Cramer/Sternberg-Lieben, a.a.O., § 15 Rn. 131 ff.; LG München II, a.a.O.

479 Schönke/Schröder-Cramer/Sternberg-Lieben, a.a.O., § 15 Rn. 133.

480 Schönke/Schröder-Cramer/Sternberg-Lieben, a.. a. O., § 15 Rn. 134; LG München II, a.a.O.

481 RGZ 126, 329 ff. [331]; Schönke/Schröder-Cramer, a.a.O., § 15 Rn. 135. Siehe dazu Rdn. 136.

482 Ebenroth/Willburger, a.a.O., S. 1943.

dessen leistet, was er aufgrund seiner individuellen Anlagen sowie seines durch Ausbildung und berufliche Kenntnisse erlangten Leistungsvermögens zur Vermeidung von Gefahren zu leisten imstande ist. Oder mit anderen Worten: Es wird von jedem erwartet, dass er das tut, was er kann.[483]

Die Sorgfaltspflicht besteht im einfachsten Fall darin, von einer Handlung **320** Abstand zu nehmen, die geeignet ist, den Tatbestand einer fahrlässigen Straftat zu verwirklichen (**Sorgfalt als Unterlassung gefährlicher Handlungen**).[484] Wenn – wie im **Ziegenhaar-Pinsel-Fall**[485] – Rohstoffe trotz Desinfektion nicht gefahrlos verarbeitet werden können, muss ihre Verwendung unterbleiben. Eine Pflichtwidrigkeit kann auch schon darin liegen, dass sich der Täter auf Handlungen einlässt, die Gefahren mit sich bringen, denen er nicht gewachsen ist.[486]

Häufiger ist der Fall, dass die **gefahrgeneigte Handlung** an sich vorgenommen **321** werden darf, weil die moderne Industriegesellschaft auf diese nicht verzichten kann,[487] so z. B. der Einsatz von gefährlichen Maschinen oder der Umgang mit gefährlichen Chemikalien in der Industrie. Hier besteht die Sorgfaltspflicht darin, bei Ausführung der Handlung alle erforderlichen Vorsichts-, Instruktions-, Kontroll- und Überwachungsregeln anzuwenden, um die damit verbundenen Gefahren auszuschalten oder doch in Grenzen zu halten (**Sorgfalt als vorsichtiges Handeln in Gefahrsituationen**).[488]

Wird die vorgeschriebene Wartung von Maschinen unterlassen, so kann sich die **322** Unternehmensführung nicht mit der Begründung exkulpieren, dass eine Wartung die Einhaltung ihrer Termine gefährde, denn im Rahmen der Rechtsgüterabwägung tritt das Interesse des Unternehmers am uneingeschränkten Vertrieb seiner Produkte hinter der Gesundheitsbeeinträchtigung zurück.

Das Landgericht Aachen hat in seinem **Contergan-Beschluss**[489] festgestellt, dass **323** Arzneimittelherstellern eine Offenbarungspflicht gegenüber Ärzten und Verbrauchern obliegt, wenn für ein von ihm entwickeltes und vertriebenes Präparat schädliche Nebenwirkungen festgestellt worden sind. Darüber hinaus trifft den Hersteller die Offenbarungspflicht auch schon dann, wenn bei ihm Meldungen eingehen, in denen sein Präparat verdächtigt wird, schädliche Nebenwirkungen zu haben.[490] Im **Monza-Steel-Verfahren** waren Konstruktions- und Produktbeobachtungsfehler Grundlagen des strafrechtlichen Schuldvorwurfs wegen fahrlässi-

---

483   Schönke/Schröder-Cramer /Sternberg-Lieben, a.a.O., § 15 Rn. 138 ff. m. w. N.; LG München II, a.a.O., vgl. Rdn. 316 (Fn. 471).

484   Jescheck/Weigend, a.a.O., S. 580; vgl. Karl **Engisch**, Untersuchungen über Vorsatz und Fahrlässigkeit im Strafrecht, Berlin 1930, Aalen 1964, S. 273 ff.

485   RGSt 63, 211 ff. [214]; siehe die Darstellung Rdn. 2432.

486   Vgl. RGSt 59, 355 ff. [356]; 67, 12 ff.[20]; BGHSt 10, 133 ff. [134].

487   Jescheck/Weigend, a.a.O., S. 580.

488   Jescheck/Weigend, a.a.O., S. 580; vgl. Engisch, Untersuchungen über Vorsatz und Fahrlässigkeit im Strafrecht, a.a.O., S. 290 f.

489   LG Aachen JZ 1971, 507 ff. [514 f.]; siehe dazu Rdn. 2434 ff.

490   LG Aachen JZ 1971, 507 ff. [515 f.].

ger Tötung.[491] Der Reifenhersteller, der einen neuen Reifentyp entwickelte, hatte vor der Aufnahme der Serienproduktion nicht die erforderlichen Typenprüfungen durchgeführt. Trotz sich häufender Meldungen über Produktmängel der Verbraucher unterblieb eine allgemeine Vertriebssperre bzw. eine Rückrufaktion.

324 Im so genannten **Schwarzer-Freitag-Fall**,[492] in dem aus der Gipsschwefelsäurean-lage des Unternehmens ein Vielfaches der genehmigten Emission von Schwefeldi-oxid in die Luft abgegeben wurde, ist gegen Angehörige aller Hierarchiestufen Anklage wegen fahrlässiger Umweltgefährdung, begangen durch mangelnde Sorgfalt und fehlende Aufmerksamkeit beim Betrieb der Anlage, erhoben worden. Dem Bereichsdirektor wie dem Bereichschemiker wurde vorgeworfen, dem Perso-nal für Krisensituationen keine ausreichende Instruktion gegeben zu haben, insbe-sondere keine Alarmpläne erstellt bzw. Warnsignale installiert zu haben.[493]

325 Die erforderliche Sorgfalt kann ferner in der Erfüllung von Vorbereitungs- und Informationspflichten vor Ausführung der gefahrgeneigten Handlung bestehen **(Sorgfalt als Erfüllung einer Erkundigungspflicht)**.[494] Hier trifft den Handelnden die Pflicht, sich rechtzeitig die Kenntnisse zu verschaffen, ohne welche die Vor-nahme der Handlung wegen des damit verbundenen Risikos unverantwortlich wäre.[495] Die **Erkundigungspflicht** kann insbesondere darin bestehen, sich Kennt-nis von rechtlichen Bestimmungen und sonstigen Verhaltensnormen zu verschaf-fen, die für die Ausübung einer bestimmten Tätigkeit maßgeblich sind.[496]

326 **Voraussehbar ist die Tatbestandsverwirklichung**, wenn der Täter bei Anwen-dung der erforderlichen Sorgfalt in der Lage gewesen wäre, unter den konkret gegebenen Fallumständen, unter Berücksichtigung seiner persönlichen Kenntnisse und Fähigkeiten den weiteren Verlauf in Grundzügen abzusehen. Wird unge-schultes oder neu eingestelltes Personal eingesetzt, so ist die Rechtsgutsverletzung für den Verantwortlichen, der seine Aufsichts- oder Überwachungspflicht ver-letzt, vorhersehbar. Fehlt die entsprechende Unterrichtung und Weisung, wie eine Maschine zu bedienen ist, wird der Mitarbeiter zum Risikofaktor für das Unter-nehmen, deren Vorgesetzte sich die Folgen der Fehlbedienung zurechnen lassen müssen.

327 Werden Sicherheitsvorschriften verletzt, dann ist das ein **Indiz für die Voraussieh-barkeit**[497] einer Personen- oder Umweltschädigung. Denn **Sicherheitsstandards** sind das Ergebnis einer auf Erfahrung und auf Überlegung beruhenden Voraus-sicht möglicher Gefahren. So führt z. B. das Unterlassen der vorgeschriebenen

---

491 Anklageschrift der Staatsanwaltschaft bei dem Landgericht München II, in: Joachim **Schmidt-Salzer**, Entscheidungssammlung Produkthaftung: Strafrecht, Frankfurt 1988, Stand Dez. 1990, IV. 4.4.; vgl. dazu Rdn. 2441 ff.

492 öOGH, Urteil v. 25. 06. 1991 – Az. 11 Os 61/91-6 (nicht veröffentlicht); siehe auch Rdn. 246 ff.

493 Diethelm **Kienapfel**, Grundprobleme des Umweltstrafrechts, in: BI 1990, S. 463 ff. [467].

494 Jescheck/Weigend, a.a.O., S. 581 m. w. N.; vgl. Engisch, Untersuchungen über Vorsatz und Fahrlässigkeit im Strafrecht, a.a.O., S. 306 ff.

495 Jescheck/Weigend, a.a.O., S. 581.

496 Jescheck/Weigend, a.a.O., S. 581.

497 Vgl. Tröndle/Fischer, a.a.O., § 222 Rn. 6; BGHSt 4, 182 ff. [185]; 15, 110 ff. [112]; NJW 1957, 1526.

Wartung von Maschinen und Gerätschaften u. U. zu Rechtsgutsverletzungen, was für die Unternehmensverantwortlichen vorhersehbar ist.

Im Bereich der strafrechtlichen Produktverantwortung sind **Gefahren für** **328** **geschützte Rechtsgüter** insbesondere dann **vorhersehbar**, wenn das pflichtwidrige Verhalten darin besteht, dass eine Freigabe zur Aufnahme der Serienproduktion erfolgt, ohne dass der Prototyp ausreichend getestet worden ist. Grundsätzlich unterscheidet das Strafrecht nicht zwischen den verschiedenen Graden der Fahrlässigkeit. Lediglich bei der Strafzumessung kann der Grad fahrlässigen Verschuldens berücksichtigt werden. Das kann dazu führen, dass die unbewusste Fahrlässigkeit nicht so hart bestraft wird wie die bewusste.[498]

Allerdings darf nun nicht angenommen werden, die **unbewusste Fahrlässigkeit** **329** bedeute leichte Fahrlässigkeit und die bewusste Fahrlässigkeit decke sich mit der groben Fahrlässigkeit. Die unbewusste Fahrlässigkeit und die bewusste Fahrlässigkeit unterscheiden sich nach der Art der Erfolgsaussicht. Die **leichte Fahrlässigkeit** und die **grobe Fahrlässigkeit** unterscheiden sich nach der Intensität der Nachlässigkeit, so dass auch bei bewusster Fahrlässigkeit durchaus einmal nur leichte Fahrlässigkeit vorliegen kann. Umgekehrt kann sowohl bei bewusster als auch bei unbewusster Fahrlässigkeit grobe Fahrlässigkeit, sprich Leichtfertigkeit, gegeben sein. Hierbei handelt es sich um Fälle, in denen der Täter schon einen besonderen Grad an Nachlässigkeit gezeigt hat. Diese erhöhte Fahrlässigkeit kann in etwa mit der »*groben Fahrlässigkeit*« im Sinne des Zivilrechts verglichen werden.[499]

cc)   Leichtfertigkeit

Daneben kennt das Strafgesetz die Schuldform der **Leichtfertigkeit**, so in **330** bestimmten Fallkonstellationen des Subventionsbetrugs.[500] »Leichtfertig« handelt, wer aus besonderem Leichtsinn oder aus besonderer Gleichgültigkeit die nach den Umständen gebotene und ihm auch mögliche Sorgfalt außer Acht lässt und aus diesem Grunde mit der objektiv – und auch für ihn nach seinen persönlichen Kenntnissen und Fähigkeiten – zu erwartenden Tatbestandsverwirklichung nicht rechnet.[501]

e)   Strafe[502]

Wenn nach der juristischen Prüfung die Handlung des Täters einen gesetzlichen **331** Tatbestand erfüllt und sogleich rechtswidrig ist wie auch schuldhaft begangen wurde, bleibt die Frage offen, wie reagiert der Staat auf diesen Rechtsbruch. Der Rechtsstaat kontert mit Bestrafung des Täters. Mit der Strafe soll der Mensch in seiner geistigen Haltung getroffen werden. Er soll für das, was ihm vorgeworfen werden kann, aus sich gemacht oder nicht gemacht zu haben, mithin für seine

---

498   OLG Stuttgart NJW 1976, 1853 f. [1854].
499   Vgl. Tröndle/Fischer, a.a.O., § 15 Rn. 20; RGZ 71, 176; BayObLG NJW 1959, 734 f. [735].
500   § 264 Abs. 1 Nr. 1–3, Abs. 4 StGB.
501   So Joecks, a.a.O., § 251 Rn. 9; ähnlich BGHSt 33, 66 ff. (67).
502   Dazu Jescheck/Weigend, a.a.O., S. 60 ff. mit umfassendem Literaturverzeichnis.

Schuld einstehen. Die Schuld wird dadurch zur unabdingbaren Voraussetzung der Strafe. Das war in unserer Rechtsgeschichte nicht immer so.

332 Das Strafrecht, dieses wohl älteste und ursprünglichste Rechtsgebiet, lehnte sich in seinen Anfängen an das **Naturrecht** an. In der Natur gilt seit jeher das Gesetz des Einstehenmüssens für das eigene Sein. Die Welt muss ertragen werden, wie sie ist. Alle Lebewesen auf ihr müssen die Naturgegebenheiten, ob Sonne oder Regen, Hitze oder Kälte, Stärke oder Schwäche, hinnehmen, wie sie kommen. Ist beispielsweise ein Tier widerstandsfähig genug, um die Naturgewalten zu überstehen, dann hat es eine Überlebenschance, wenn nicht, wird es eingehen.

333 Auch der Mensch war dieser Naturgesetzgebung zunächst untergeordnet. Wer krank oder behindert war, hatte nicht die gleichen Entwicklungsmöglichkeiten wie ein Gesunder und war damit größeren Gefahren ausgesetzt. Um diesem existenziellen Risiko nicht länger schutzlos ausgeliefert zu sein, haben sich die Menschen zu einer sozialen Gemeinschaft zusammengefunden, in der sie einander unterstützen.

334 Diese **Abkehr von der Naturgesetzlichkeit** verlangte jedoch nach neuen, nach ethischen Regeln. Nur ein Verhaltenskodex, der bestimmt, was »*gut*« und was »*schlecht*« ist, und an dem sich alle orientieren, ermöglicht ein reibungsloses Zusammenleben in der Gemeinschaft. Die Menschen haben sich ein derartiges Regelwerk geschaffen, wobei das Strafrecht dazu dient, die Ordnung des Gemeinschaftslebens aufrechtzuerhalten, soweit der Schutz bedeutender Rechtsgüter gefährdet wird. Verstößt der Einzelne gegen **die von der Gemeinschaft gesetzten Ordnungsprinzipien**, dann soll er zur Rechenschaft gezogen werden. Er wird demzufolge für das bestraft, was ihm aus moralischer Sicht vorgeworfen werden kann, wobei natürlich die nicht Rechtsgüter verletzende Unmoral nicht strafbar ist.[503]

335 Es gibt in der Deutschland heute[504] **zwei Arten von Hauptstrafen**, und zwar die **Freiheitsstrafe**[505] sowie die **Geldstrafe**.[506]

336 Abgesehen von der lebenslänglichen Freiheitsstrafe, wie sie bei Mord angedroht wird,[507] ist die Freiheitsstrafe zeitig zwischen einem **Mindestmaß** von einem Monat und einem **Höchstmaß** von fünfzehn Jahren begrenzt.

337 Gemäß § 56 StGB besteht die Möglichkeit, **Freiheitsstrafe zur Bewährung** auszusetzen. Bei Verurteilung zu Freiheitsstrafe von nicht mehr als einem Jahr setzt das Gericht die Vollstreckung der Strafe zur Bewährung aus, wenn zu erwarten ist, dass der Verurteilte sich schon die Verurteilung zur Warnung dienen lassen und künftig auch ohne die Einwirkung des Strafvollzugs keine Straftaten mehr bege-

---

503 Vgl. Claus **Roxin**, Sinn und Grenzen staatlicher Strafen, in: JuS 1966, 377 ff. (381).
504 Ob das gültige Sanktionssystem noch zeitgemäß ist, wird zunehmend hinterfragt. Vgl. dazu nur Susanne **Walther**, Was soll »Strafe«? – Grundzüge eines zeitgemäßen Sanktionensystems, in: ZStW 111 (1999), 123 ff., Michael **Kilching**, Was soll »Strafe«? – Diskussionsbericht, in: ZStW 111 (1999), 144 ff. und Eberhard **Kempf**, Reform des strafrechtlichen Sanktionensystems, in: AnwBl. 2000, 601 ff.
505 §§ 38, 39 StGB.
506 §§ 40–43 StGB.
507 § 211 StGB.

hen wird. Unter den gleichen Voraussetzungen kann eine Freiheitsstrafe, die zwei Jahre nicht übersteigt, zur Bewährung ausgesetzt werden, wenn nach der Gesamtwürdigung von Tat und Persönlichkeit des Verurteilten besondere Umstände vorliegen. Im Jahre 1997 wurden 74,7 % der aussetzungsfähigen Freiheitsstrafen zur Bewährung ausgesetzt. Der Prozentsatz der Aussetzungen liegt bei kürzeren Freiheitsstrafen höher, aber auch bei Strafen zwischen einem und zwei Jahren die Regel (1997: 63,8 %).[508]

Die **Geldstrafe**[509] wird in **Tagessätzen** gemessen. Sie beträgt mindestens fünf und, **338** soweit das Gesetz nichts anderes vorsieht, höchstens 360 volle Tagessätze. Handelt es sich um eine Verurteilung von 90 oder mehr Tagessätzen, wird die Verurteilung in das Bundeszentralregister eingetragen.[510] Die Höhe des Tagessatzes variiert zwischen 1 Euro und höchstens 5.000 Euro.[511] Sie richtet sich nach den jeweiligen persönlichen wirtschaftlichen Verhältnissen (Einkommen, Vermögen etc.) des Täters. Es gilt das **Nettoeinkommensprinzip**, wobei Nettoeinkommen ein rein strafrechtlicher – also nicht steuerrechtlicher – Begriff ist.[512]

Rund 80 % aller Verurteilungen zu einer Geldstrafe erfolgen durch Strafbefehl.[513] **339** Ist eine verhängte Geldstrafe uneinbringlich, so wird gemäß § 43 StGB jeder Tagessatz in einen Tag Freiheitsstrafe umgewandelt. Die **Freiheitsstrafe** wird daher als **Rückgrat der Geldstrafe** bezeichnet.[514]

Gleich ob eine Strafe in der einen oder anderen Form verhängt wird, der Betrof- **340** fene wird sie in jedem Fall als Übel empfinden. Es bleibt also nicht aus, dass immer wieder nach der ethischen Rechtfertigung der Strafe gefragt wird. Im Verlauf der Geschichte haben sich bei der Beantwortung der Frage, worin denn nun der **Sinnzusammenhang zwischen Strafe und** der vom Staat missbilligten **Straftat** liegen soll, drei Richtungen aufgetan.

Das sind einerseits **die absoluten Straftheorien**, welche die Rechtfertigung der **341** Strafe allein darin sehen, dass eine Straftat begangen wurde, die nun Vergeltung oder Sühne erfordert.

So haben Immanuel **Kant** (1724–1804) und Georg W. F. **Hegel** (1770–1831) im **342** Sinne der Vergeltungslehre die Ansicht vertreten, das gerechte Erleiden des Strafübels sei der Beitrag des Täters zur Wiederherstellung der Rechtsordnung, die durch die Tat verneint wurde.[515]

---

508   Angaben nach Wolfgang **Heinz**, Sanktionierungspraxis in der Bundesrepublik Deutschland im Spiegel der Rechtspflegestatistiken, in: ZStW 111 (1999), 461 ff. (492).

509   *»Die Geldstrafe ist inzwischen die Hauptstrafe der Gegenwart. Seit der Strafrechtsreform von 1969 werden jährlich mehr als 80 % der Verurteilten lediglich noch zu Geldstrafe verurteilt; von den 1997 nach allgemeinem Strafrecht 692.723 Verurteilten waren es 565.714 (81,7 %).«* Zitat aus Heinz, a.a.O., S. 461 ff. (483).

510   § 32 Abs. 2 Nr. 5 a BZRG.

511   § 40 Abs. 2 Satz 2 StGB.

512   Zur Berechnung siehe Tröndle/Fischer, a.a.O., § 40 Rn. 7 ff.

513   Heinz, a.a.O., S. 461 ff. (475).

514   Tröndle/Fischer, a.a.O., § 43 Rn. 2. Trotz der Ratenzahlungsfreundlichkeit der Gerichte ist die Anzahl Ersatzfreiheitsstrafe verbüßender Geldstrafenschuldner in den letzten Jahren deutlich gestiegen. Sie lag 1996 schon über 8 %; vgl. Heinz, a.a.O., S. 461 ff. (485).

515   Helmut **Coing**, Grundzüge der Rechtsphilosophie, 4. Aufl. 1985, Berlin S. 247.

343 Heutige Vertreter der **absoluten Theorien** argumentieren, nicht in der Vergeltung, sondern in der Sühne liege das Wesen und die Rechtfertigung der Strafe. Unter Sühne verstehen sie die Versöhnung mit der Rechtsgemeinschaft und die sittliche Läuterung.

344 Mit dieser Auslegung versuchen sie die Kritik an den absoluten Theorien, sie seien nichts anderes als Verkleidungen von Racheinstinkten durch ein abstraktes Prinzip, auszuräumen.[516]

345 Der **Nachteil dieser Sühnetheorie** liegt in ihrer eigenen Begründung, die nicht mehr allein auf das begangene Verbrechen, sondern auf die positiven Konsequenzen der Strafe abstellt. Insoweit kann angezweifelt werden, ob gerade durch die Strafe ein Sühneerlebnis ausgelöst wird. Außerdem ist es ethisch bedenklich, einen Täter nur deshalb dem Strafübel auszusetzen, um ihm wieder ein reines Gewissen zu verschaffen.[517]

346 Die **relativen Theorien** rechtfertigen die Notwendigkeit der Strafe dagegen insbesondere wegen ihrer positiven Auswirkungen auf den Einzelnen.

347 Die wichtigste dieser Lehren, die **Theorie der Generalprävention**,[518] betrachtet Strafe als ein warnendes, ja abschreckendes Beispiel für die Allgemeinheit, das Recht zu brechen. Auch die Theorie der Spezialprävention stellt auf die heilsamen Folgen der Strafe für den Schutz der Rechtsgüter ab. Im Unterschied zur Theorie der Generalprävention ist sie auf den Täter ausgerichtet, der durch die Strafe von der Begehung neuer Taten abgehalten und resozialisiert werden soll.

348 Heute herrscht im Strafrecht eine dritte Gruppe von Straftheorien vor, und zwar die der **Vereinigungstheorien**. Bereits die Bezeichnung deutet darauf hin, dass hier ein Kompromiss aus absoluten und relativen Theorien vertreten wird. Danach soll die Strafe zum einen Vergeltung der Tatschuld sein, weiterhin andere von entsprechenden Tatbeständen abschrecken und letztlich den Täter selbst bessern.

f) Verjährung im Strafrecht; Bundes- und Gewerbezentralregister

349 Das Strafgesetzbuch unterscheidet zwischen **Verfolgungs- und Vollstreckungsverjährung**.[519] Die Einrichtung der Verjährung dient dem Rechtsfrieden und soll einer etwaigen Untätigkeit der Behörden in jedem Abschnitt eines laufenden Verfahrens entgegentreten.[520]

---

516 Vgl. Axel **Görlitz** (Hrsg.), Handlexikon zur Rechtswissenschaft, Bd. 2, Stichwort: Strafe.
517 Vgl. Görlitz, a.a.O., Stichwort: Strafe.
518 Begründet von Anselm **von Feuerbach** (1775–1833), dem bedeutendsten deutschen Strafrechtslehrer des 19. Jahrhunderts, der den Sinn der Strafandrohung hinterfragte und zu dem Ergebnis kam, diese solle die Gesamtheit der Bürger durch psychologischen Zwang von der Begehung der mit Strafe bedrohten Tat abhalten; siehe auch Rudolf **Gmür**, Grundriss der deutschen Rechtsgeschichte, Juristische Arbeitsblätter, Sonderheft 2, 4. Aufl., Frankfurt a. M. 1987 Rn. 344.
519 Die in den §§ 78 ff. StGB geregelt sind.
520 BGHSt 11, 393 ff.[396]; BGHSt 12, 335 ff. [337 f.]; dazu Albrecht **Hennig**, Empfiehlt sich eine Neuregelung der Verjährung von Wirtschaftstraftaten?, in: wistra 2000, 321 ff. (Der Autor verneint im Ergebnis seine Frage.).

Beide **Verjährungsarten** haben ihre eigene **Abgrenzung**. Während die Verfol- **350** gungsverjährung mit der Rechtskraft des Strafausspruchs oder der ergriffenen Maßnahme endet, beginnt die Vollstreckungsverjährung mit diesem Zeitpunkt.[521] Daraus folgt, dass nach den in §§ 78, 79 StGB genannten Fristen die Ahndung einer Tat bzw. die Anordnung einer Maßnahme gemäß § 11 Absatz 1 Nr. 8 StGB und die Vollstreckung rechtskräftig verhängter Strafen oder Maßnahmen ausgeschlossen sind. Unter Maßnahmen sind hier Führungsaufsicht und Unterbringung in einer Entziehungsanstalt zu verstehen.

aa) Die Strafverfolgungsverjährung

Diese Form der Verjährung beruht auf der strafprozessualen Erfahrung, dass mit **351** wachsendem zeitlichen Abstand des Strafverfahrens von der Tatbegehung die Beweisschwierigkeiten mehr und mehr zunehmen, sodass die Gefahr von Fehlurteilen immer größer wird.[522]

Die *Verjährung der Strafverfolgung beginnt*, sobald die Tat beendet ist[523], wobei **352** maßgebend nicht die Vollendung der Tat ist. Erst die Beendigung einer Straftat setzt den Eintritt des tatbestandsmäßigen Erfolgs voraus. Beendet ist die Tat also mit der Ausführung der zum Tatbestand gehörenden Handlungen,[524] bei Erfolgsdelikten mit dem Eintritt des zum Tatbestand gehörenden Erfolgs.[525] Für den Fall der Bestechung bedeutet dies, dass die Tat erst dann beendet ist, wenn der Beamte die Amtshandlung vollzogen hat und der ihm dafür versprochene Vorteil in seinem letzten Stück gewährt worden ist.[526] Beim Submissionsbetrug vollendet die letzte Zahlung die Tat. Als ein anderes Beispiel ist die fahrlässige Brandstiftung zu nennen, bei der die Verjährungsfrist mit dem Ausbruch des Brandes beginnt.[527]

Die **Dauer der Verjährungsfrist** richtet sich nach der Strafandrohung.[528] Hier **353** werden **fünf Stufen** genannt. Ist lebenslange Freiheitsstrafe angedroht, so beträgt die Verjährungsfrist der Strafverfolgung 30 Jahre. Hierbei sind jedoch die Sondervorschriften für einzelne Deliktgruppen zu beachten, wonach die Verjährung für Völkermord (§ 220 a StGB) und Mord (§ 211 StGB) ausgeschlossen ist.

Die **Verjährungsfrist** vermindert sich auf 20 Jahre bei Straftaten, die im Höchst- **354** maß mit mehr als zehn Jahren Freiheitsstrafe bedroht sind und auf zehn Jahre bei Taten mit einer Höchststrafe von mehr als fünf Jahren bis zu zehn Jahren. Eine fünfjährige Frist läuft bei Taten mit einer Höchststrafe von mehr als einem Jahr bis zu fünf Jahren. Alle übrigen Taten verjähren in drei Jahren.

§ 78c StGB regelt die **Unterbrechung der Verfolgungsverjährung** mit der Maß- **355** gabe, dass mit dem Tag der Unterbrechungshandlung – einen abschließenden

---

521 §§ 78b Abs. 3, 79 Abs. 6 StGB.
522 Jescheck/Weigend, a.a.O., S. 911.
523 § 78a Satz 1 StGB.
524 Vgl. BGHSt 24, 218 ff. (220); BGHR StGB § 78a Satz 1 – Abfalllagerung 1.
525 § 78a Satz 2 StGB.
526 BGHSt 11, 345 ff. (347); BGH wistra 1998, 222 ff. (223).
527 BGHSt 11, 119 ff. (121).
528 § 78abs. 3 StGB; Jescheck/Weigend, a.a.O., S. 914.

Katalog der Handlungen nennt § 78c StGB – eine neue Verfolgungsverjährung begründet wird. Die Verjährung kann wiederholt unterbrochen werden.[529] Um zu verhindern, dass mithilfe der Unterbrechungsmöglichkeiten die Verjährung überhaupt ausgeschlossen wird, ist bestimmt,[530] dass die Verfolgung spätestens dann verjährt, wenn seit dem Verjährungsbeginn nach § 78a StGB das Doppelte der gesetzlichen Verjährungsfrist verstrichen ist.

356 Das **Ruhen der Verfolgungsverjährung** gemäß § 78b StGB entfaltet seine Wirkung dahingehend, dass sie den Beginn der Verjährungsfrist hinausschiebt oder den Weiterlauf einer begonnenen Frist nennt. Zweck dieser Vorschrift ist die Verhinderung des Verjährungseintritts in den Fällen, in denen jede Verfolgungshandlung, auch die Verjährungsunterbrechung, rechtlich unmöglich ist.[531]

357 So ist der **Ablauf der Verjährungsfrist** grundsätzlich, wenn ein erstinstanzliches Urteil ergangen ist, bis zum rechtskräftigen Abschluss des Verfahrens gehemmt. Bei Delikten, die der fünfjährigen Verjährungsfrist unterliegen,[532] und für die das Gesetz strafverschärfend für besonders schwere Fälle mehr als fünf Jahre Freiheitsstrafe vorsieht[533], ruht die Verjährung schon ab Eröffnung des Hauptverfahrens vor dem Landgericht für maximal fünf Jahre ab dem Tage der Eröffnung des Hauptverfahrens.[534] Diese Regelung greift nicht, wenn das Hauptverfahren erstmals vor einem anderen Gericht eröffnet wird.

bb) Die Vollstreckungsverjährung

358 Diese Verjährungsform bewirkt, dass nach Ablauf der in § 79 StGB genannten Fristen die Vollstreckung rechtskräftig verhängter Strafen oder Maßnahmen ausgeschlossen ist.[535]

In den Fällen, in denen auf eine *lebenslange Freiheitsstrafe* erkannt worden ist, liegt eine **Unverjährbarkeit** vor, um zu verhindern, dass sich der Verurteilte der Vollstreckung durch Ablauf einer bestimmten Zeit entgeht.[536]

Die Verjährung beginnt mit der Rechtskraft der Entscheidung. Falls es zur Bildung einer nachträglichen Gesamtstrafe gemäß § 55 StGB bzw. § 460 StPO kommt, beginnt die Vollstreckungsverjährung mit Rechtskraft der die Gesamtstrafe festsetzenden Entscheidung.[537]

Ebenso wie bei der Strafverfolgungsverjährung werden bei der **Vollstreckungsverjährung** in § 79 Absatz 3 StGB **fünf Stufen der Verjährungsfrist** genannt.

---

529 Jescheck/Weigend, a.a.O., S. 915.
530 § 78c Abs. 3 S. 2 StGB.
531 Schönke/Schröder-Stree/Sternberg-Lieben, a.a.O., § 78b Rn. 1.
532 Also Taten, die im Höchstmaß mit Freiheitsstrafe bis zu fünf Jahre geahndet werden, § 78abs. 3 Nr. 4 StGB.
533 Wie beispielsweise bei Geldwäsche (§ 261 StGB), Subventionsbetrug (§ 264 StGB), Bankrott (§§ 283 f. StGB) und Steuerhinterziehung (§ 370 AO).
534 § 78b Abs. 4 StGB.
535 § 11 Abs. 1 Nr. 8 StGB; Jescheck/Weigend, a.a.O., S. 917 f.
536 Schönke/Schröder-Stree/Sternberg-Lieben, a.a.O., § 79 Rn. 2.
537 Schönke/Schröder-Stree/Sternberg-Lieben, a.a.O., § 79 Rn. 3; Jescheck/Weigend, a.a.O., S. 918.

Diese beträgt 25 Jahre bei Freiheitsstrafen von mehr als zehn Jahren. Sie verringert sich auf 20 Jahre bei Freiheitsstrafen von mehr als fünf Jahren bis zu zehn Jahren und auf zehn Jahre bei Freiheitsstrafen von mehr als einem Jahr bis zu fünf Jahren.

Die **Verjährung der Vollstreckung ruht bei Aufschub oder Unterbrechung** der Vollstreckung, bei Aussetzung der Freiheitsstrafe zur Bewährung und bei Bewilligung von Zahlungserleichterung.[538] Allerdings kann seitens der Gerichte, mit Zustimmung der Staatsanwaltschaft, die Verjährungsfrist um die Hälfte ihrer gesetzlichen Dauer verlängert werden, wenn sich der Verurteilte in einem Gebiet aufhält, aus dem seine Auslieferung oder Überstellung nicht erreicht werden kann.[539] Hierbei muss es sich um ein Gebiet handeln, das außerhalb der Bundesrepublik Deutschland liegt.[540]

cc)   Register: Eintrag und Tilgung

Das **Bundeszentralregister** wird vom Generalbundesanwalt in Berlin geführt. In **359** das Register trägt die Behörde u. a. alle Verurteilungen ein zu Strafen, Maßregeln der Besserung und Sicherung, Nebenstrafen und Nebenfolgen, die wegen einer mit Strafe bedrohten Handlung durch Urteil oder Strafbefehl eines deutschen Gerichts in Deutschland ausgesprochen worden sind.[541] Alle Gerichte und Behörden sind verpflichtet, dem Bundeszentralregister die einzutragenden Entscheidungen und sonstigen Tatsachen mitzuteilen.[542] Im **Bundeszentralregister werden eingetragen:**[543] Strafgerichtliche Verurteilungen, Entscheidungen von Verwaltungsbehörden und Gerichten, Vermerke über Schuldunfähigkeit, bestimmte Suchvermerke.[544] Die **Tilgung** der eingetragenen Strafen ist zeitlich gestaffelt. Die Länge der Tilgungsfrist beträgt nach § 46 BZRG zwischen 5 und 15 Jahren, bei lebenslanger Freiheitsstrafe erfolgt keine Tilgung. Es werden aus dem Register ausgetragen

nach fünf Jahren:

– Geldstrafen bis zu 90 Tagessätzen
– Freiheitsstrafen bis zu drei Monaten
– Jugendstrafen bis zu einem Jahr bzw. bis zu zwei Jahren bei Strafaussetzung
– eine befristete Entziehung der Fahrererlaubnis;

nach zehn Jahren:

– Geldstrafen bis 90 Tagessätze und Freiheitsstrafen bis zu drei Monaten,
– wenn das Register weitere Eintragungen von (Freiheits-)Strafen enthält,
– Freiheitsstrafen von mehr als drei Monaten bis zu einem Jahr, falls die Strafe zur Bewährung ausgesetzt wurde,

---

538   § 79 a StGB; Jescheck/Weigend, a.a.O., S. 918 ; Schönke/Schröder-Stree, a.a.O., § 79 Rn. 6.
539   Jescheck/Weigend, a.a.O., S. 918.
540   Schönke/Schröder-Stree/Sternberg-Lieben, a.a.O., § 79 b Rn. 2.
541   § 4 BZRG bestimmt, welche strafgerichtlichen Verurteilungen einzutragen sind.
542   § 20 BZRG.
543   § 3 BZRG, einschließlich des Tages ihres Ablaufs, § 8 BZRG.
544   § 3 BZRG.

– Jugendstrafen von mehr als einem Jahr, wenn im Register weitere (Freiheits-) Strafen eingetragen sind.

Nach 15 Jahren werden grundsätzlich alle übrigen Eintragungen getilgt mit Ausnahme folgender Fälle: Keine Tilgung wird vorgenommen bei lebenslangen Freiheitsstrafen, dauernder Entziehung der Fahrerlaubnis, Unterbringung in Sicherheitsverwahrung oder Einweisung in eine psychiatrische Anstalt.

360 Tilgungsreife Eintragungen dürfen dem Betroffenen weder vorgehalten noch zu seinem Nachteil verwendet werden.[545] Außerdem darf er sich als »nicht vorbestraft« bezeichnen und muss – z. B. bei einer Stellenbewerbung – den der Verurteilung zugrunde liegenden Sachverhalt nicht offenbaren. Letzteres gilt im Übrigen bereits dann, wenn die Verurteilung nicht mehr in ein Führungszeugnis aufzunehmen ist.[546] Getilgte Vorverurteilungen dürfen nicht als Beweisindiz gegen einen Angeklagten verwendet werden.[547]

361 Hinsichtlich der Auswirkungen einer Eintragung in das Bundeszentralregister ist zu unterscheiden zwischen denen für das polizeiliche **Führungszeugnis** und der unbeschränkten Auskunft aus dem Zentralregister.[548] Führungszeugnisse können von Betroffenen und von Behörden angefordert werden. Geringfügigere Strafen – z. B. Geldstrafen von weniger als 90 Tagessätzen – werden grundsätzlich (nicht generell!) nicht in das Führungszeugnis aufgenommen. Auch in einem solchen Fall kann sich ein Verurteilter als unbestraft bezeichnen. Das Bundeszentralregister erteilt Gerichten und Staatsanwaltschaften unbeschränkte Auskunft.[549]

362 Auch das wenig bekannte **Gewerbezentralregister** wird beim Bundeszentralregister geführt. Seit dem 1. Januar 1976 werden rechtskräftige Bußgeldentscheidungen, die bei oder im Zusammenhang mit der Ausübung eines Gewerbes oder dem Betrieb oder sonstigen wirtschaftlichen Unternehmungen begangen worden sind, eingetragen, wenn die Geldbuße **mehr als 200 Euro** beträgt.[550] Der Umfang der Auskunftserteilung sowie die Tilgung der Eintragungen aus dem Gewerbezentralregister ist vergleichbar der Handhabung des Bundeszentralregisters.[551] Da mehrere einschlägige Eintragungen die gewerberechtliche **Zuverlässigkeit** eines Unternehmens oder eines Betriebs infrage stellen können, was gerade bei Ausschreibungen der öffentlichen Hand von eminenter Bedeutung ist,[552] will vonseiten der Geschäftsführung wohl abgewogen sein, ob man den »lästigen« Bußgeld-

---

545   § 51 Abs. 1 BZRG.
546   § 53 BZRG.
547   BGH NJW 1990, 2264.
548   Siehe dazu die Darstellung von Joachim **Pfeiffer**, Die unbeschränkte Auskunft aus dem Bundeszentralregister und das Führungszeugnis, in: NStZ 2000, 402 ff.
549   Den §§ 41–43 BZRG.
550   § 149 Abs. 3 GewO.
551   §§ 150 ff. GewO.
552   Das Stichwort hierzu lautet »Schwarze Liste«. So werden auch, um ein weiteres Anwendungsfeld dieser »Listen« zu nennen, Unternehmen, die der Korruption überführt bzw. hinreichend verdächtig sind, von der Vergabe öffentlicher Aufträge ausgeschlossen; vgl. dazu Manfred **Möhrenschlager**, JZ 1996, 822 ff., auch z. B. Runderlass der Hessischen Landesregierung v. 16. 02. 1995 (StAnZ. Nr. 17/1995, 1308) sowie das Korruptionsbekämpfungsgesetz des Landes Nordrhein-Westfalen, siehe Rdn. 1939.

bescheid über 200 Euro einfach bezahlt oder nicht besser den Vorgang einem fachkundigen Rechtsanwalt überträgt.

dd) Freistellung von Geldstrafe

Die Bereitschaft von Unternehmen, ihre gesetzlichen Vertreter und Führungs- **363** kräfte durch entsprechende **Freistellungserklärungen** oder entsprechendes Handeln von den finanziellen Risiken eines strafrechtlichen Handelns für das Unternehmen zu bewahren, ist weit verbreitet. Meist geschieht dies mittlerweile hinsichtlich der Verfahrenskosten durch den Abschluss entsprechender Versicherungen, so vor allem durch eigens dafür geschaffene **Straf-Rechtsschutzversicherungen**,[553] in vielen Fällen aber immer noch durch Zahlungen aus der berühmten schwarzen »Portokasse« oder in Form von offiziellen Sonderzahlungen, die aus steuerlichen Gründen höher ausfallen als die tatsächlichen Kosten des Strafverfahrens bzw. die Geldstrafe.[554] Die Absicht des Unternehmers, im Falle der Verurteilung eines Mitarbeiters zu einer Geldstrafe, diese dann zu übernehmen, wenn der Verurteilte die Tat in Ausübung seiner beruflichen Tätigkeit begangen hat, ist rechtlich nicht unbedenklich.

---

553 Bekannt als Industrie-Straf-Rechtsschutzversicherung, Spezial-Straf-Rechtsschutzversicherung für Unternehmen, Unternehmen-Straf-Rechtsschutzversicherung usw. Auch in Versicherungsprodukten wie Top-Manager-Rechtsschutz oder Manager-Rechtsschutzversicherung sind die Leistungen der Straf-Rechtsschutzversicherung regelmäßig enthalten. **Beim Abschluss einer solchen Versicherung sollte bedacht werden:** Seit wenigen Jahren schließen die deutschen Haftpflichtversicherer in manche Vermögensschaden-Haftpflichtversicherungen für Mitglieder gesetzlicher Gremien von juristischen Personen (häufig bekannt als D & O – Directors and Officers – Versicherungen) ebenfalls einen Kostenschutz für Strafverfahren der versicherten Personen ein. Dieser umfasst jedoch grundsätzlich nicht den Kreis der weiteren Führungskräfte und die Belegschaftsangehörigen des Unternehmens. Es bestehen wegen der möglichen Interessenkollision erhebliche Bedenken gegen den gemeinsamen Abschluss von D & O – und Straf-Rechtsschutz-Versicherung in der Hand eines Versicherers. Die D&O-Versicherung schließt nämlich regelmäßig Haftpflichtansprüche, die auf einer wissentlichen bzw. vorsätzlichen Pflichtverletzung beruhen, vom Versicherungsschutz aus, während die Rechtschutzversicherung die Verteidigung gegen den Vorwurf der vorsätzlichen Verletzung von Vergehen bis zur rechtskräftigen Verurteilung des versicherten Topmanagers abdeckt. In der Praxis kann der Versicherer, der beide Versicherungen hält, schon aufgrund der gemeinsamen Vertragsverwaltung trotz der vorgeschriebenen getrennten Schadensbearbeitung als Haftpflichtversicherer Kenntnis von dem Strafvorwurf erlangen und gegen den Versicherten verwerten. Da nach dem aktuellen Rechtszustand in Deutschland nur der Mensch strafrechtlich verantwortlich für ein bestimmtes Tun oder Unterlassen sein kann, stellt die Straf-Rechtsschutzversicherung eine persönliche Leistung für den jeweilig versicherten Personenkreis dar. Dies hat auch die Folge, dass bei einem Einschluss von Vorstands- und Aufsichtsratsmitgliedern als Mitversicherte in die Straf-Rechtsschutzversicherung oder D&O-Versicherung des Unternehmens wegen des Insichgeschäftscharakters (§ 181 BGB) dieser Versicherung die Zustimmung des jeweils vorgesetzten Unternehmensorgans (Aufsichtsrat bzw. Hauptversammlung) aus Wirksamkeitsgründen einzuholen sein wird. Zur Straf-Rechtsschutzversicherung für Unternehmen siehe Gerd **Eidam**, Industrie-Straf-Rechtsschutzversicherung, Kommentar, Köln/Berlin/Bonn/München 1994.

554 Zum steuerlichen Aspekt vgl. Eidam, Industrie-Straf-Rechtschutzversicherung, a.a.O. Rn. 0.5.0 ff.

364 Die **Leistungspflicht des Verurteilten ist höchstpersönlich**. Sie ergibt sich aus dem **Sanktionsprinzip des Strafgesetzes**. Den eigentlichen Strafcharakter verliert demzufolge die Sanktion dann, wenn die Einbuße eigener finanzieller Mittel fremdem Vermögen überbürdet wird. Es sollte daher eigentlich nicht statthaft sein, dass ein anderer die Geldstrafe des Verurteilten bezahlt, die Mittel für die Begleichung schenkungshalber bereitstellt oder eine freiwillige Bürgschaft übernimmt; denn durch solche Handlungsweisen wird grundsätzlich der Tatbestand der Vollstreckungsvereitelung nach § 258 Absatz 2 StGB erfüllt.[555] Folgerichtig waren bis zum Urteil des Bundesgerichtshofs vom 7. November 1990[556] diese Vorgehensweisen für den Bereich der Geldstrafen grundsätzlich nicht zulässig. Der Bundesgerichtshof entschied dann aber, dass **die Bezahlung einer Geldstrafe durch Dritte keine Vollstreckungsvereitelung** darstelle.

365 Der Entscheidung des Bundesgerichtshofs lag folgendes Geschehen zugrunde:[557]

366 Der Vorsteher eines Abwasserverbands, einer Körperschaft des öffentlichen Rechts, bewirkte, dass der Verband die Geldstrafen, Gerichts- und Anwaltskosten in Höhe von 42.285,24 DM (ca. 21.620 Euro) bezahlte für den Betriebsleiter des Verbands und dessen Stellvertreter, die sich bei Reinigungsarbeiten an einer Kläranlage der vorsätzlichen Gewässerverunreinigung strafbar gemacht hatten. Nach der Verurteilung durch das Amtsgericht war sich der Vorstand des Verbands einig gewesen, dass das Strafverfahren bis zur letzten Instanz durchgeführt werden solle. Berufung und Revision wurden auf Betreiben des Vorstands eingelegt und zurückgenommen. Der später angeklagte Verbandsvorsteher führte die entsprechenden Beschlüsse des Vorstands und der Verbandsversammlung herbei und verfügte die Überweisung des genannten Geldbetrags an die Gerichtskasse und die Verteidiger. Der Verbandsvorsteher wurde vom Tatgericht wegen Untreue, § 266 StGB, verurteilt, vom Vorwurf der Vollstreckungsvereitelung, § 258 Absatz 2 StGB, aber freigesprochen. Der Bundesgerichtshof bestätigte das Urteil.[558]

367 Die Zwangsbeiträge, die eine öffentlich-rechtliche Körperschaft (hier: Abfallverband) einnimmt, sind zweckgebunden, so dass eine mit diesen Mitteln vorgenommene Zahlung einer Geldstrafe als Vermögensnachteil im Sinne von § 266 StGB anzusehen ist. Diese Zweckgebundenheit der Mittel besteht in privaten Unternehmen nicht. Es entstünde nach Auffassung des Bundesgerichtshofs somit die **Gefahr der Ungleichbehandlung**, wenn Mitarbeiter von öffentlich-rechtlichen Körperschaften ihre Geldstrafe selbst zahlen müssten, während vergleichbare Mitarbeiter von privaten Unternehmen faktisch »straffrei« ausgingen, da ihre Geldstrafe ohne Verstoß gegen Strafvorschriften vom Unternehmen übernommen werden kann.[559]

---

555 Ablehnend Tröndle/Fischer, a.a.O., § 258 Rn. 16.

556 BGHSt 37, 226 ff.

557 BGHSt 37, 226 ff. [227].

558 Vgl. BGH NJW 1991, 990 ff. (für den Entscheidungteil »Verurteilung wegen Untreue«; insoweit nicht in BGHSt 37, 226 ff. abgedruckt).

559 So richtig Knut **Amelung**, Der Bundesgerichtshof als »Gesetzgeber« im Bereich des materiellen Strafrechts, in: Rechtsgestaltende Wirkung des Revisionsrechts: Schriftreihe der Arbeitsgemeinschaften des Deutschen Anwaltsvereins, Arbeitsgemeinschaft Strafrecht, Bonn/Essen 1992, S. 64 ff. [75 ff.].

Die Korrektur der vorstehend geschilderten Ungleichbehandlung im Auge wen- **368** det sich der Bundesgerichtshof sodann gegen die bis dato überwiegend vertretene Ansicht, dass eine Strafvollstreckungsvereitelung nur derjenige begeht, der die Geldstrafe direkt für den Verurteilten zahlt oder ihm den entsprechenden Betrag **vor der Zahlung** schenkt. Eine **Strafvollstreckungsvereitelung liegt** nach dem BGH-Urteil **dagegen nicht vor, wenn** dem Verurteilten ein entsprechender **Betrag nachträglich erstattet oder** ein ihm in Hinblick auf die Geldstrafe vorher gegebe- nes Darlehen **erlassen wird**. Das Verbot jeglicher finanzieller Zuwendung an einen zur Geldstrafe Verurteilten, also auch das Verbot einer nachträglichen Schenkung, greift nach Ansicht des Bundesgerichtshofs in einer nicht mehr trag- baren Weise in private Beziehungen ein und begründet die Gefahr, dass ein sozial adäquates Verhalten unter Strafe gestellt wird. Bei Verurteilung des Angeklagten zu einer Geldstrafe hat dieser einen bestimmten Geldbetrag – eine austauschbare (vertretbare) Sache – zu zahlen; die Vollstreckungsbehörden haben ganz formal die Zahlung der Geldstrafe durchzusetzen. Nur gegen diesen äußeren Ablauf kann sich dem Bundesgerichtshof zufolge daher die Vollstreckungsvereitelung richten. Dagegen vereitelt ein Dritter nicht den staatlichen Strafausspruch, wenn er nur dazu beiträgt, dass der Verurteilte nicht oder weniger »*persönlich betroffen*« ist von seiner Geldstrafe.

> »*Gemessen an den mit der Bestrafung verfolgten Zwecken macht es keinen Unter- schied, ob ein Dritter eine Geldstrafe sogleich bezahlt, sie dem Verurteilten später erstattet oder ob er ein Darlehen gewährt, dessen Rückzahlung er erlässt. Eine Inter- pretation, die das eine erlauben und das andere verbieten will, läuft auf eine ›Privile- gierung von Komödien‹[560] hinaus. Sie trifft nur den ungeschickten Täter, der es unter- lässt oder nicht versteht, seine Zuwendungen an den Verurteilten so zu etikettieren, dass sie nicht als tatbestandsmäßige Handlung erscheint, obwohl sie der Sache nach Abwendung der unmittelbar fühlbaren Auswirkungen des Strafübels vom Verurteilten ist.*«[561]

Der Bundesgerichtshof geht bei seiner Argumentation also nicht von teleologisch- **369** kriminalpolitischen Gesichtspunkten aus, sondern er führt eine reine Gerechtig- keitsargumentation, um zu dem – so hat es den Anschein – angestrebten Ergebnis, Nichtanwendbarkeit des § 258 Absatz 2 StGB, zu gelangen. Die Entscheidung ist auf starke Kritik gestoßen, die bis heute nicht verklungen ist.[562]

Nach Bekanntwerden der Entscheidung des Bundesgerichtshofs wurde die **370** Befürchtung laut, nunmehr bestünde zumindest für den Bereich der Wirtschafts- unternehmen die Gefahr, dass die strafrechtlichen Verbote an Beachtung verlieren könnten, wenn die Geldstrafenandrohungen zu bloßen Kostenfaktoren abgewer- tet würden.[563] Dies hätte die Folge, dass die Gerichte, um eine tatsächliche Strafe zu verhängen, dann wieder auf Freiheitsstrafen zurückgreifen müssten, obwohl doch gerade die Kurzfreiheitsstrafe durch die Möglichkeit der Geldstrafe ver- drängt werden sollte. Diese Befürchtung hat sich bis heute nicht bestätigt.

---

560 So Engels, Jura 1981, 581 ff. (Angabe nach BGHSt 37, 226 ff.).
561 BGHSt 37, 226 ff. [231].
562 Siehe die Nachweise bei Tröndle/Fischer, a.a.O., § 258 Rn. 16.
563 Vgl. Josef M. **Wodicka**, Anmerkung zu BGH 37, 226 ff. in: NStZ 1991, 487 f. [488].

371 Zusammenfassend bleibt jedoch festzustellen, dass trotz der Entscheidung des Bundesgerichtshofs **weiterhin umstritten** ist, ob die Bezahlung einer Geldstrafe aus dem Vermögen eines Dritten (Unternehmen!) unmittelbar an die Gerichtskasse oder mittelbar durch Erstattung bzw. Kreditgewährung an den Verurteilten den Tatbestand einer Strafvereitelung gemäß § 258 Absatz 2 StGB erfüllt. Die Zahlung von Geldstrafen von verurteilten Mitarbeitern und gesetzlichen Vertretern durch das Unternehmen ist somit weiter risikobehaftet. Auf jeden Fall ist zu berücksichtigen, dass die Übernahmezahlung im Interesse des Unternehmens liegt, da ansonsten unabhängig von der Frage der Vollstreckungsvereitelung eine Untreue zu Lasten des Verbandes in Frage kommt.[564] Mit dem Argument des Verbandsinteresses hat im Übrigen der Bundesgerichtshof im obigen Fall des Wasserverbandes die Verurteilung wegen Untreue bestehen lassen.

372 Das Problem der Strafvollstreckungsvereitlung, wie zuvor für den Fall der Geldstrafe dargestellt, kennt das Ordnungswidrigkeitenrecht hingegen nicht. Es enthält keine § 258 Absatz 2 StGB entsprechende Vorschrift.

373 Während die Frage der Übernahme von Geldstrafen durch das Unternehmen letztlich noch nicht in aller Konsequenz entschieden ist, ist die Frage hinsichtlich der in einem Strafverfahren anfallenden Verfahrenskosten wenigstens teilweise geklärt. Demnach hat mit der oben besprochenen Entscheidung des Bundesgerichtshofes der Arbeitgeber zumindest das **Recht,** diese Kosten zu übernehmen.[565] Ob der Arbeitgeber auch dazu verpflichtet ist, hatte das Gericht nicht zu entscheiden.

374 Das tat im Jahre 1995 das Bundesarbeitsgericht (BAG). Es wurde entschieden, dass der Arbeitgeber seinem **Arbeitnehmer** unter bestimmten Umständen und in bestimmtem Umfang **von den Verfahrenskosten eines Strafverfahrens freizustellen** hat.[566] Die Entscheidung, welche auf der Fürsorgepflicht des Arbeitgebers basiert[567], befriedigt nur begrenzt.

375 Der Arbeitnehmer, ein Kraftfahrer, wurde im Juli 1991 während einer Dienstfahrt mit einem betriebseigenen Lkw in einen Verkehrsunfall verwickelt. Der LKW überrollte einen anderen Verkehrsteilnehmer, der unvermutet die Fahrbahn betrat. Der Fußgänger verstarb einige Tage später an den Folgen seiner Verletzung. Die Staatsanwaltschaft leitete gegen den Arbeitnehmer ein Ermittlungsverfahren wegen fahrlässiger Tötung ein. Dieser beauftragte einen Rechtsanwalt mit seiner Verteidigung. Es wurde eine Gebührenvereinbarung mit einem Stundenhonorar von damals 150,00 DM (rund 75 Euro) geschlossen. Im weiteren Verlauf stellte die Staatsanwaltschaft das Ermittlungsverfahren wegen fehlendem Anfangsverdacht (§ 170 Absatz 2 StPO) ein. Der Arbeitgeber weigerte sich, die für die Verteidigung des Arbeitnehmers angefallenen Verfahrenskosten zu erstatten. Das Bundesarbeitsgericht verurteilte den Arbeitgeber dazu, seinem Arbeitnehmer, dem Kläger, die Verfahrenskosten – allerdings lediglich in Höhe der gesetzlichen Gebühren – zu erstatten.

---

564 So auch Minoggio, a.a.O., S. 310 Rn. 36.
565 BGH NJW 1991, 990 ff.
566 Urteil v. 16. 03. 1995 (AZ: 8 AZR 260/94).
567 Hier: Aufwendungsersatzanspruch des Arbeitnehmers.

In seinen Leitsätzen stellt das Bundesarbeitsgericht (BAG) fest: **376**

> *»Verursacht ein Berufskraftfahrer in Ausübung seiner betrieblichen Tätigkeit unverschuldet einen schweren Verkehrsunfall und wird wegen dieses Unfalls gegen ihn ein staatsanwaltschaftliches Ermittlungsverfahren eingeleitet, hat ihm der Arbeitgeber die erforderlichen Kosten der Verteidigung zu ersetzen. Erforderliche Kosten der Verteidigung sind grundsätzlich die gesetzlichen Gebühren. Arbeitsrechtlich ist ein Berufskraftfahrer ohne besondere Vereinbarung und Vergütung nicht zum Abschluss einer Rechtsschutz-Versicherung verpflichtet. «*

Die Formulierung des Bundesarbeitsgerichts – *»in Ausübung seiner betrieblichen*   **377** *Tätigkeit unverschuldet«* – eröffnet für Betriebsangehörige einen Freistellungsanspruch von Strafverfahrenskosten allgemein, also nicht nur in Fällen von Verkehrsdelikten von Kraftfahrern. Denn es ist nicht erkennbar (und es wäre auch anders nicht nachvollziehbar), dass das oberste Arbeitsgericht die Grundsätze der Schadens- bzw. Aufwendungsteilung bei deliktischem Verhalten, die es ersichtlich in Anlehnung an die inzwischen aufgegebene Rechtsprechung zur gefahrgeneigten Tätigkeit[568] seiner Entscheidung zugrunde legt, auf andere Bereiche eines Handelns für das Unternehmen nicht anwenden wollte.

Voraussetzung ist nach der BAG-Entscheidung aber, dass ein Ermittlungsverfah-   **378** ren wegen fehlendem Tatverdacht eingestellt wird. Hier muss die Kritik ansetzen. Wer die Praxis der Staatsanwaltschaften kennt, weiß, dass diese Ermittlungsverfahren bevorzugt nach § 153 a StPO, also wegen geringen Verschuldens, einstellen. In einem solchen Fall dem betroffenen Mitarbeitnehmer den Ersatz der aufgewendeten Verfahrenskosten zu verweigern, wäre unbillig.

Nicht nachzuvollziehen ist die Entscheidung, wenn sie **lediglich die gesetzlichen**   **379** **Gebühren** als für eine Verteidigung gegen den Vorwurf der fahrlässigen Tötung als erstattungsfähig ansieht, und nicht eine der heute weit verbreiteten Gebührenvereinbarungen. Das Rechtsanwaltsvergütungsgesetz (RVG)[569] mit seinen Betragsrahmengebühren für die Verteidigung in Straf- und Bußgeldverfahren gemäß dem Vergütungsverzeichnis (VV, siehe Anlage 1 zu § 2 Absatz 2 RVG) ist nur begrenzt zeitgemäß, auch wenn dieses Vergütungsrecht selbst erst 3 Jahre alt ist. Die Bundesarbeitsgerichtsentscheidung (allerdings noch zur überholten BRAGO) verkennt, dass ein Strafverteidiger nur in ganz einfach gelagerten Fällen zu den gesetzlichen Gebührensätzen wird kostendeckend arbeiten können.[570] Gerade an diesem Umstand hat das neue RVG nichts geändert.

Der Bundesgerichtshof hat dies bereits im Jahre 1980 anerkannt und – mehr als   **380** ein Jahrzehnt vor dem Bundesarbeitsgericht – erklärt, dass *»fast das Zehnfache des gesetzlichen Gebührensatzes«* nicht in jedem Fall *»unangemessen«* sein muss.[571] Im der Entscheidung des Bundesarbeitsgerichts zugrunde liegenden Fall lag die Gebührenvereinbarung mit 150,00 DM pro Stunde jedoch am untersten Rand

---

568   Vgl. dazu Rdn. 591 ff.
569   Rechtsanwaltsvergütungsgesetz v. 05. 05. 2004 (BGBl. I S. 718, 788), zuletzt geändert durch Art. 3 Abs. 3 des Gesetzes v. 26. 03. 2007 (BGBl. I S. 370).
570   Ebenso Minoggio, a.a.O., S. 311 Rn. 41.
571   BGH NJW 1980, 1962 ff.; vgl. wiederum BGH NJW 1991, 1990; zur Honorarvereinbarung siehe Eidam, Industrie-Straf-Rechtsschutzversicherung, a.a.O.; Rn. 2.2.122 ff.

einer solchen Vereinbarung. Zusätzlich gestand das Gericht dem in dem entschiedenen Fall klagenden Arbeitnehmer nicht einmal die gesetzliche Höchstgebühr zu – trotz des gravierenden Vorwurfs der fahrlässigen Tötung und einer fast halbjährigen Verfahrensdauer.

g) Verlauf eines Strafverfahrens

381

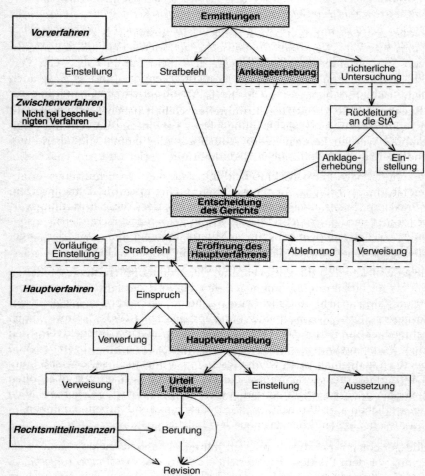

3. Ordnungswidrigkeitenverfahren

a) Darstellung

>*»Gegen eine wegen einer Ordnungswidrigkeit verhängte Geldbuße kann man sich* **382**
>*bekanntlich vor Gericht wehren, und zwar – nach Abgabe des Falles durch die Polizei*
>*an die Staatsanwaltschaft (§ 69 OWiG) – vor dem Strafrichter (§ 69 OWiG; §§ 13,*
>*27 GVG). Mit dieser Querverbindung zwischen der behördlichen Ahndung von Ver-*
>*waltungsunrecht und der Gewährung strafgerichtlichen Rechtsschutzes dagegen ist*
>*das deutsche Recht einen im Ausland teils bewunderten, teils dort schwer verständlich*
>*zu machenden Sonderweg gegangen. Denn ›kriminell‹ sind Ordnungswidrigkeiten*
>*gerade nicht, und dennoch haftet ihnen spätestens vor Gericht ein halbkriminelles*
>*Odium an.* «[572]

Neben dem Strafverfahren kennt das Recht das Ordnungswidrigkeitenverfahren, **383**
in dem **Rechtsverstöße**, die **keinen kriminellen Gehalt** haben und daher nicht
mit einer Strafe bedroht sind, als Ordnungs- bzw. Verwaltungsunrecht mit Geldbuße geahndet werden können. Jeder Autofahrer, der einmal mit überhöhter
Geschwindigkeit in eine polizeiliche Radarkontrolle geriet oder im Parkverbot
aufgeschrieben wurde, kennt dieses Verfahren.

In einem Ordnungswidrigkeitenverfahren nach dem Gesetz über Ordnungswid- **384**
rigkeiten (OWiG)[573] wird geprüft, ob der Betroffene eine rechtswidrige und vorwerfbare Handlung begangen hat, deren Ahndung mit Geldbuße (nicht: Geldstrafe) im Gesetz zugelassen ist – nicht wie bei einer Straftat: vorgeschrieben ist.
Die Geldbuße ist daher eine Unrechtsfolge. Sie darf jedoch nicht als Strafe missverstanden werden, denn ihr fehlt das mit der *»Kriminalstrafe notwendigerweise*
verbundene Unwerturteil«.[574]

Mit der Buße wird nicht bezweckt, eine Tat zu sühnen, um einen Ausgleich für **385**
sozialethische Schuld zu erlangen. Ihre Funktion ist es, ein bestimmtes Ordnungs-
prinzip durchzusetzen,[575] z. B. das der Straßenverkehrsordnung[576] oder – für den
Bereich der Kartellordnungswidrigkeiten – das der Rechtsordnung, die Gegenstand der Wirtschaftsaufsicht ist.[577] Als **Tat** definiert die Rechtsprechung[578] den
im Bußgeldbescheid bezeichneten Lebensvorgang, aus dem sich die Berechtigung
zur Verhängung einer Geldbuße herleiten lässt. Er umfasst alle mit dem Tatvorwurf zusammenhängenden Vorkommnisse, auch wenn sie im Bußgeldbescheid
selbst nicht ausdrücklich erwähnt sind. So bedarf es auch zur Verhängung von
Sanktionen des Verwaltungsunrechts (Ordnungswidrigkeitenrechts) eines Schuld-

---

572 Horst **Schüler-Springorum**, Kriminalpolitik für Menschen, Frankfurt a. M. 1994, S. 100 f.

573 Göhler/König, a.a.O., Vor § 1 Rn. 9.

574 Göhler/König, a.a.O., Vor § 1 Rn. 9.

575 Vgl. Hero **Schall**, Die richterliche Zumessung der Geldbuße bei Verkehrsordnungswidrigkeiten, in: NStZ 1986, 1 ff. (6).

576 §§ 24, 24 a StVG; § 49 StVO.

577 Dazu Karsten **Schmidt**, Zur Verantwortung von Gesellschaften und Verbänden im Kartell-
Ordnungswidrigkeitenrecht, in: wistra 1990, 131 ff. (137).

578 Vgl. z.B. BGH NStZ 1994, 346 f. (346) für den Fall einer Geldbuße gegen eine juristische
Person.

nachweises.[579] Während im deutschen Kriminalrecht die Kernthese lautet, dass nur der Mensch schuldig werden kann (»societas delinquere non potest«, wie die Juristen sagen), gilt diese Aussage nicht für den Bereich des Verwaltungsunrechts:

386 Das **Ordnungswidrigkeitenverfahren** richtet sich nicht nur gegen Einzelpersonen, sondern ist ebenso **für Unternehmen von Bedeutung**, da es im Unterschied zum Strafverfahren gegen natürliche **und** juristische Personen durchgeführt werden kann.[580] Für das Ordnungswidrigkeitenverfahren ist **primär die Verwaltungsbehörde zuständig**, die mit der Überwachung des Gesetzes, gegen das verstoßen wurde, betraut ist.

387 Das können beispielsweise bei Verkehrsordnungswidrigkeiten[581] in Niedersachsen die Landkreise und die kreisfreien Städte sein, bei Ordnungswidrigkeiten nach dem Wasserhaushaltsgesetz[582] die **unteren Wasserbehörden** der Landkreise und der kreisfreien Städte für die Gewässeraufsicht oder bei ordnungswidriger Abfallentsorgung[583] die jeweils zuständigen Verwaltungsbehörden für Abfallbeseitigung. Auch **Arbeitsämter** können zuständige Behörden für Ordnungswidrigkeitenverfahren sein. Als Beispiel kann die Einleitung eines Verfahrens wegen Verstoßes gegen das Arbeitnehmerüberlassungsgesetz genannt werden. Ein Verdacht könnte darin bestehen, dass von einem Verleiher ohne Erlaubnis überlassene Leiharbeitnehmer eingesetzt wurden.

388 Erhält die zuständige Verwaltungsbehörde Kenntnis von einem möglichen Verstoß, beginnt sie, den Sachverhalt aufzuklären. Im Gegensatz zum Strafverfahren gilt hier das **Opportunitätsprinzip**, d.h. die Behörde entscheidet nach pflichtgemäßem Ermessen, ob das öffentliche Interesse eine Ahndung erfordert.[584]

389 Ferner wird der **Untersuchungsgrundsatz** angewendet, wonach die Behörden den gesamten Sachverhalt auch zugunsten des Betroffenen zu erforschen hat.[585]

Die Behörde führt die Ermittlungen selbst oder mithilfe der Polizei durch[586] und stützt sich dabei auf die gleichen Rechte, wie sie der Staatsanwaltschaft im Ermittlungsverfahren zustehen.

Das Vorverfahren in einer Bußgeldangelegenheit ist von daher dem Ermittlungsverfahren vergleichbar. Ergeben die Ermittlungen eine bußgeldbewehrte Tat, erlässt die Behörde einen Bußgeldbescheid.[587]

390 Als **Rechtsfolge** einer Ordnungswidrigkeit sieht das Gesetz in erster Linie die **Geldbuße** vor. Für deren Bemessung sind nach § 17 OWiG maßgebliche Faktoren

---

579 BVerfG 9, 167 ff. [170]; 20, 323 ff. [333].
580 Siehe die Ausführungen zu § 30 OWiG Rdn. 771 ff.
581 § 26 StVG, VO v. 20. 01. 1981 (GVBl. S. 5), geändert durch VO v. 22. 12. 1989 (GVBl. S. 429).
582 § 41 WHG.
583 § 61 KrW-/AbfG.
584 § 47 OWiG.
585 § 46 Abs. 1 OWiG.
586 Die auch ohne verwaltungsbehördlichen Auftrag tätig werden kann.
587 § 65 OWiG.

die Bedeutung der zu ahndenden Ordnungswidrigkeit, der Vorwurf, der den Täter trifft und die wirtschaftlichen Verhältnisse des Täters.

Die **Höhe des Bußgelds** richtet sich weiter nach dem für die jeweilige Ordnungs-   **391** widrigkeit gegebenen Bußgeldrahmen. Dieser beträgt in der Regel zwischen 5 bis 1.000 Euro. Er kann aber im Regelhöchstfall auch auf 1 Million Euro lauten.[588]

Da die Geldbuße ein dem Täter zugeflossenes Entgelt oder seinen eventuellen Gewinn aus der Tat übersteigen soll, kann das gesetzliche Höchstmaß überschritten werden.[589]

Aufgrund dessen konnte beispielsweise das Bundeskartellamt schon im Jahre 1989 gegen elf süddeutsche Zementhersteller wegen verbotener Quotenabsprachen Bußgelder von insgesamt 224 Millionen DM (umgerechnet rund 114,5 Millionen Euro) verhängen.[590]

Darüber hinaus können beispielsweise für Ordnungswidrigkeiten nach dem Arbeitnehmerüberlassungsgesetz oder dem Gesetz gegen Wettbewerbsbeschränkungen Bußgelder bis zu einer Million Euro verhängt werden.

Akzeptiert der Betroffene die Entscheidung der Behörde, wird der Bußgeldbe-   **392** scheid rechtskräftig.[591] **Die Anerkennung der Buße** wird auch dann unterstellt, wenn der Betroffene nicht innerhalb von zwei Wochen das **Rechtsmittel des Einspruchs** einlegt.[592] Wendet er sich hingegen innerhalb der Vorlagefrist gegen den Bußgeldbescheid, muss die Behörde ihre Entscheidung erneut prüfen.

Kommt sie zu dem Ergebnis, dass der Einspruch gerechtfertigt ist, nimmt sie den Bußgeldbescheid zurück und stellt das Verfahren ein.[593]

Hält die Behörde an ihrer Entscheidung fest, übergibt sie die Akten der **Staatsan-**   **393** **waltschaft**,[594] die den Vorgang erneut prüft. Die Staatsanwaltschaft kann entweder das Verfahren einstellen oder den Vorgang dem Amtsgericht zur weiteren Entscheidung vorlegen. Dieses entscheidet wie im Strafprozess aufgrund einer gerichtlichen Hauptverhandlung durch ein Urteil oder einen Beschluss. Es kann auf Freispruch, Bußgeldfestsetzung oder Einstellung erkennen.[595] Für das gerichtliche Verfahren gelten gem. § 71 OWiG die Vorschriften über das Verfahren nach einem Strafbefehl. Daraus folgt, dass vom Bußgeldbescheid auch zum Nachteil des Betroffenen abgewichen werden kann.

Gem. § 73 OWiG ist der Betroffene grundsätzlich zum Erscheinen in der Haupt-   **394** verhandlung verpflichtet. Von dieser Pflicht kann der Betroffene jedoch – im Ausnahmefall – entbunden werden. Dann, aber nur dann, gilt gem. § 72 OWiG das Verschlechterungsverbot, darf vom Bußgeldbescheid also nicht zum Nachteil des

---

588   §§ 30 Abs. 2 S. 1 Nr. 1, 130 Abs. 3 S. 1 OWiG.
589   § 17 OWiG.
590   Vgl. SZ Nr. 157 v. 12. 07. 1989, S. 1, 23.
591   § 66 OWiG.
592   § 67 OWiG.
593   § 69 Abs. 2 OWiG.
594   § 69 Abs. 3 OWiG.
595   §§ 71 ff. OWiG.

Betroffenen abgewichen werden. Das Gericht entscheidet in diesem Fall durch Beschluss und nicht durch Urteil. Die Staatsanwaltschaft kann im Einzelfall entscheiden, ob sie an der Verhandlung mitwirken will. Wegen ihrer besonderen Sachkunde kann die Verwaltungsbehörde an jeder Verhandlung teilnehmen. Regelmäßig erfolgt dies in Umweltverfahren.

395 Gegen die Entscheidung des Amtsgerichts kann der Betroffene dann **Beschwerde** einlegen, wenn die verhängte Geldbuße die Summe von 250 Euro übersteigt.[596] Ist die Beschwerdesumme nicht erreicht, kann das Amtsgericht die Beschwerde aufgrund besonderer Umstände zulassen. Ist ein Bußgeldbescheid rechtskräftig geworden oder hat das Gericht rechtskräftig entschieden, schließt dies eine erneute Verfolgung wegen der Tat selbst dann aus, wenn sie sich später als Straftat herausstellen sollte.

b) Verjährung im Ordnungswidrigkeitenrecht

396 Auch für Ordnungswidrigkeiten wird die Verfolgungs- und Vollstreckungsverjährung von verschiedenen Voraussetzungen abhängig gemacht. Wie auch im Strafrecht sind beide Verjährungsformen hintereinander geschaltet.

aa) Verfolgungsverjährung

397 Gemäß § 31 Absatz 3 OWiG beginnt die Verjährung der Verfolgung einer Ordnungswidrigkeit mit der Beendigung der Handlung; also erst mit Verwirklichung sämtlicher Tatbestandsmerkmale. So ist die **leichtfertige Steuerverkürzung**, § 378 Abgabenordnung (AO) beispielsweise erst beendet, wenn die Veranlagung durchgeführt und ein Steuerbescheid zugestellt worden ist oder es im regelmäßigen Geschäftsgang worden wäre.[597] **Bei einer unzulässigen Preisabsprache** ist nach der Rechtsprechung[598] die Zuwiderhandlung[599] erst beendet, wenn die Verträge erfolgreich abgewickelt sind, also nicht vor Erteilung der Schlussabrechnung. Eine Aufsichtspflichtverletzung gemäß § 130 OWiG beginnt nicht zu verjähren vor Beendigung der letzten Zuwiderhandlung, durch die in dem betroffenen Unternehmen betriebsbezogene Pflichten verletzt werden.[600]

398 Verwirklichen **mehrere Verstöße** ein und dieselbe Bußgeldvorschrift, so beginnt die Verjährung erst in dem Zeitpunkt, in dem die letzte Zuwiderhandlung gegen eine betriebsbezogene Pflicht beendet ist.

399 Mehrere Zuwiderhandlungen, die in einem engen zeitlichen und räumlichen Zusammenhang stehen, werden durch das Gesetz[601] zu einer »**Bewertungsein-**

---

596 § 79 OWiG.
597 Göhler/König, a.a.O., § 31 Rn. 8; BGH NStZ 84, 414.
598 BGHSt 32, 389 ff. (392); wistra 1991, 309; so auch Göhler/König, a.a.O., § 31 Rn. 8; a. A. Dannecker, in: Dannecker/Fischer-Fritsch, Das EG-Kartellrecht in der Bußgeldpraxis, 1989: Zuwiderhandlung ist in dem Zeitpunkt beendet, in dem die abgesprochenen Angebote dem Ausschreibenden bekannt werden.
599 Nach § 81 GWB.
600 BGHSt 32, 390 = wistra 1985, 77; dazu Göhler/König, a.a.O., § 130 Rn. 30.
601 § 19 OWiG.

heit« verbunden. Beispiel: das mehrfache Hinwegsetzen über die Unwirksamkeit einer Kartellabsprache. Wie der Bundesgerichtshof in seinem Beschluss vom 19. Dezember 1995 ausdrücklich erklärt hat,[602] widerspricht diese Ansicht nicht seiner höchstrichterlichen Entscheidung zur Aufgabe der fortgesetzten Handlung:[603]

> *»Für die Zusammenfassung mehrerer Einzelakte, von denen jeder ein Sich-Hinwegsetzen über die Unwirksamkeit eines nach § 1 GWB unwirksamen Vertrages darstellt, aber jeweils der Durchführung derselben Kartellvereinbarung dient, bedarf es der Rechtsfigur der fortgesetzten Handlung nicht. Der weit gefasste Begriff des Sich-Hinwegsetzens über die Unwirksamkeit einer verbotenen Kartellabsprache (...)[604] schließt sämtliche Handlungen ein, die der Kartellvereinbarung Geltung verschaffen sollen. Die auf dieselbe Rechtsgutverletzung gerichteten Handlungen, die im Einzelfall auch Beihilfecharakter haben können, stellen keine mehrfache Verletzung desselben Tatbestandes dar; vielmehr werden sie schon vom gesetzlichen Tatbestand selbst in dem pauschalierenden, verschiedene Tätigkeiten zusammenfassenden Begriff des Sich-Hinwegsetzens über die Unwirksamkeit oder Nichtigkeit eines Vertrages oder Beschlusses zu einer Bewertungseinheit verbunden....*
>
> *Betrifft das Sich-Hinwegsetzen dagegen verschiedene Kartellvereinbarungen, so besteht zwischen den einzelnen Tathandlungen ungeachtet eines kriminologisch fassbaren Zusammenhanges grundsätzlich Tatmehrheit.* «

Dies gilt auch für die Aufsichtspflichtverletzung, die sich auf diese Verstöße bezieht.[605] Eine Aufsichtspflicht ist solange nicht beendet, wie nach einer bestimmten Zuwiderhandlung gegen betriebsbezogene Pflichten weitere Verstöße dieser Art für die nächste Zeit konkret zu befürchten sind.[606] **400**

> *»Sind einzelne Zuwiderhandlungen, die aus einer andauernden Aufsichtspflichtverletzung herrühren, als Ordnungswidrigkeiten verjährt, so kann die Abschöpfung des wirtschaftlichen Vorteils gemäß § 17 Absatz 4 OWiG im Rahmen der Geldbuße gegenüber der juristischen Person bzw. Personenvereinigung nur auf die nicht verjährten Zuwiderhandlungen gestützt werden.«[607]*

In den verschiedenen Verfahrensabschnitten wirkt sich der Eintritt oder die Feststellung der **Verfolgungsverjährung** wie folgt aus: **401**

Ist für die Polizei oder Verwaltungsbehörde offensichtlich, dass zu dem Zeitpunkt, in dem sie von der Ordnungswidrigkeit Kenntnis erlangt hat, die Verfolgung verjährt ist, darf der Anzeige keine Folge geleistet werden, sodass keine Ermittlungstätigkeit entfaltet wird.[608] **402**

---

602   Abgedruckt in wistra 1996, 180 ff. (182).
603   Beschluss des Großen Senats für Strafsachen v. 03. 05. 1994 (BGHSt 40, 138 ff.).
604   Noch zum GWB a. F. (damals § 38 GWB).
605   Göhler/König, a.a.O., § 130 Rn. 30.
606   BGHSt 32, 389 ff. (392).
607   BayObLG wistra 1999, 71 f.
608   KK-OWiG/Weller, a.a.O., § 31 Rn. 13.

403 Im amtsgerichtlichen Verfahren hat das Gericht das Verfahren einzustellen, wenn zwischenzeitlich nach Einspruch gegen den Bußgeldbescheid festgestellt wird, dass die Verjährung eingetreten ist.[609]

404 Die **Verfolgung** von Ordnungswidrigkeiten **verjährt**, wenn das Gesetz nichts anderes bestimmt, in drei Jahren bei Ordnungswidrigkeiten, die mit Geldbuße im Höchstmaß von mehr als 15.000 Euro bedroht sind, in zwei Jahren bei Ordnungswidrigkeiten, die mit Geldbuße im Höchstmaß von mehr als 2.500 – 15.000 Euro bedroht sind, in einem Jahr bei Ordnungswidrigkeiten, die mit Geldbuße im Höchstmaß von mehr als 1.000 – 2.500 Euro bedroht sind und in sechs Monaten bei den übrigen Ordnungswidrigkeiten.[610]

405 Handelt es sich jedoch um Ordnungswidrigkeiten in Straßenverkehrssachen, so verjähren diese bis zum Erlass des Bußgeldbescheids bereits nach drei Monaten,[611] solange wegen der Handlung weder ein Bußgeldbescheid ergangen noch öffentliche Klage erhoben worden ist. Eine Ausnahme innerhalb der Straßenverkehrssachen bilden allerdings die Ordnungswidrigkeiten wegen Genusses von Alkohol oder berauschenden Mitteln.[612] In diesen Fällen gilt wieder die Verfolgungsverjährung gemäß § 31 OWiG. Allen Fällen des Ordnungswidrigkeitenrechts ist gemeinsam, dass spätestens mit Eintritt der absoluten Verjährung eine Tat nicht mehr verfolgt und eine Nebenfolge nicht mehr angeordnet werden kann. Bei Ordnungswidrigkeiten im Straßenverkehrsbereich[613] beträgt diese zwei Jahre. In allen anderen Fällen gilt ein Zeitraum, der das Doppelte der gesetzlichen Verjährungsfrist, mindestens aber zwei Jahre beträgt.[614]

406 Ausnahmsweise kann die Verjährung nach Rechtskraft einer Bußgeldentscheidung erneut beginnen, wenn das Gericht dem Betroffenen wegen eines von diesem unverschuldeten Versäumnisses Wiedereinsetzung in den vorigen Stand gewährt.[615]

407 Eine **Unterbrechung der Verfolgungsverjährung**[616] tritt nach dem Gesetz[617] unter anderem ein durch

- die erste Vernehmung des Betroffenen
- die Bekanntgabe, dass gegen ihn Ermittlungen eingeleitet wurden
- die Beauftragung eines Sachverständigen
- jede Beschlagnahme- oder Durchsuchungsanordnung
- die vorläufige Einstellung des Verfahrens wegen Abwesenheit des Betroffenen
- Ersuchen zur Vornahme einer Untersuchungshandlung im Ausland

---

609 KK-OWiG/Weller, a.a.O., § 31 Rn. 14.
610 § 31 Abs. 2 OWiG.
611 § 26 Abs. 3 StVG.
612 § 24 a StVG.
613 Im Sinne von § 24 StVG.
614 § 33 Abs. 3 S. 2 OWiG.
615 KK-OWiG/Weller, a.a.O., § 31 Rn. 37.
616 Siehe dazu ausführlich zum Bereich der Verkehrsordnungswidrigkeiten Ralph **Gübner**, Die Unterbrechung der Verfolgungsverjährung in Bußgeldsachen, in: NZV 1998, 230 ff.
617 § 33 Abs. 1 OWiG zählt enumerativ 16 Unterbrechungsmöglichkeiten auf, wobei die **Verjährungsunterbrechung im selbstständigen Verfahren** für Unternehmen in der Ausgestaltung einer juristischen Person oder Personenvereinigung von besonderem Gewicht ist.

- die gesetzlich bestimmte Anhörung einer anderen Behörde
- Abgabe der Sache durch die Staatsanwaltschaft an die Verwaltungsbehörde
- Erlass des Bußgeldbescheids
- Erhebung der öffentlichen Klage.

Die gegen einen Betriebs- oder Unternehmensinhaber und ihm gleichgestellten **408** Personen[618] vorgenommene Unterbrechungshandlung wegen einer Zuwiderhandlung wirkt jeweils gegen sie zugleich unter dem Gesichtspunkt der Aufsichtspflichtverletzung.[619]

Im Übrigen wird zum Ruhen und Unterbrechen der Verfolgungsverjährung bei Ordnungswidrigkeiten auf die Ausführungen zur Verfolgungsverjährung im Strafrecht verwiesen.[620]

bb)   Die Vollstreckungsverjährung

Nach § 34 OWiG umfasst diese Verjährungsform die Vollstreckung von Geldbu- **409** ßen und Nebenfolgen, sofern dem Betroffenen eine Geldbuße auferlegt wurde.[621] In dieser Norm ist – anders als im Strafrecht – im Absatz 4 das Ruhen der Verjährung mitgeregelt.[622]

Die **Vollstreckungsverjährung** tritt nach Ablauf der in § 34 OWiG genannten Fristen ein und schließt quasi nahtlos an die Verfolgungsverjährung an. Von diesem Zeitpunkt an darf eine rechtskräftig festgesetzte Geldbuße nicht mehr vollstreckt werden.[623] Die Verjährungsfrist beträgt fünf Jahre bei einer Geldbuße von mehr als 1.000 Euro, drei Jahre bei einer Geldbuße bis zu 1.000 Euro und beginnt zu laufen, wenn die Rechtsbehelfsfrist, in welcher der Betroffene oder die Staatsanwaltschaft auf Einlegung eines Rechtsmittels verzichtet haben, verstrichen ist. Eine Verlängerungsmöglichkeit der Vollstreckungsverjährung hat der Gesetzgeber im Ordnungswidrigkeitenrecht – anders als im Strafrecht[624] – nicht vorgesehen.

Das **Ruhen der Verjährung** bewirkt, dass die Vollstreckungsverjährungsfrist zum Stillstand kommt und der Eintritt der Vollstreckungsverjährung hinausgeschoben wird.[625]

Ein **gesetzliches Vollstreckungshindernis** liegt dann vor, wenn kraft Gesetzes der Ablauf von Verjährungsfristen ausgeschlossen ist oder sich der Betroffene im Ausland aufhält und der betreffende Staat bei der Vollstreckung keine Rechts- oder Amtshilfe leistet.[626]

---

618   Dies ist der in § 9 OWiG genannte Täterkreis; vgl. Göhler/König, a.a.O., § 130 Rn. 4 ff.
619   Göhler/König, a.a.O., § 130 Rn. 30.
620   Vgl. Rdn. 349 ff.
621   KK-OWiG/ Weller, a.a.O., § 34 Rn. 1.
622   § 34 Abs. 4 OWiG.
623   KK-OWiG/ Weller, a.a.O., § 34 Rn. 6.
624   § 79 b StGB.
625   Göhler/König, a.a.O., § 34 Rn. 3.
626   § 34 Abs. 4 Nr. 1 OWiG; Göhler/König, a.a.O., § 34 Rn. 3 m. w. N.

c) **Der Verlauf eines Ordnungswidrigkeitenverfahrens (Bußgeldverfahren)**

410

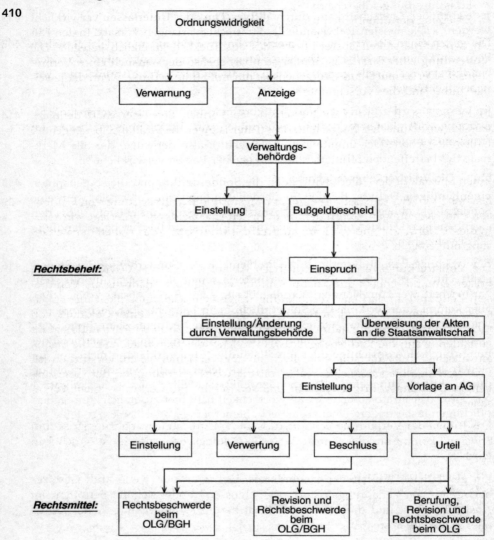

Rechtsbehelf:

Rechtsmittel:

4. Die Täter

411 Es stellt sich die Frage, wer sich in einem Unternehmen überhaupt strafbar machen kann. Die Antwort lautet: Prinzipiell jedermann. Doch in welchen Beteiligungsformen? Die nachstehenden Anmerkungen sollen einen Überblick vermitteln.

a) Unter dem Oberbegriff der »Beteiligung« wird im Strafgesetzbuch zwischen **Täterschaft und Teilnahme** unterschieden.[627] **412**

Jede Form der Täterschaft kann durch **aktives Tun** oder **Unterlassen** verwirklicht werden.[628] Die meisten Tatbestände des Strafrechts verlangen Vorsatz. In den Fällen, wo Fahrlässigkeit ausreicht, ist dies ausdrücklich gesetzlich geregelt. Die **Vollendung** einer Straftat ist immer strafbar, ebenso der **Versuch** eines Verbrechens.[629] Der Versuch eines Vergehens ist nur mit Strafe bedroht, wenn der jeweilige Tatbestand dies vorschreibt.[630] **413**

b) In § 25 StGB werden die verschiedenen Formen der Täterschaft definiert. Danach wird zunächst klargestellt, dass **Täter** ist, wer die Straftat selbst begeht[631] (Alleintäterschaft oder unmittelbare Täterschaft), also derjenige, der alle Merkmale des betreffenden Straftatbestands in eigener Person verwirklicht.[632] **414**

Einen Spezialfall der Täterschaft bilden die **Sonderdelikte** und die so genannten **eigenhändigen Delikte**. Bei den Sonderdelikten kann nur Täter sein, wem eine Sonderpflicht obliegt[633] (z. B. Arzt[634], Amtsträger[635] oder Aufsichtsrat[636]). Bei den eigenhändigen Delikten muss der Täter die im Tatbestand beschriebene Handlung selbst vollziehen.[637] **415**

Eine wichtige Bedeutung erlangt die Problematik der **Sonderdelikte im Steuerstrafrecht**.[638] So kann sich wegen einer **unterlassenen** Steuererklärung nur strafbar machen, wer zum Handeln verpflichtet ist,[639] vgl. § 370 Absatz 1 Nr. 2 AO. Hier kommt in erster Linie der **Steuerpflichtige** in Betracht, aber auch Personen wie gesetzliche Vertreter, Vermögensverwalter und Verfügungsberechtigte, vgl. §§ 34, 35 AO. Zu beachten ist dann allerdings, dass Täter einer Steuerhinterziehung durch eine **unrichtige** oder **unvollständige Steuererklärung** nicht nur der Steuerpflichtige sein kann, sondern im Grunde **jeder**, da die Steuerhinterziehung **durch aktives Tun** gerade kein Sonderdelikt darstellt,[640] vgl. § 370 Absatz 1 Nr. 1 AO. Die strafrechtliche Verantwortlichkeit trifft hier zusätzlich zum Steuerpflichtigen insbesondere Finanzbeamte[641], Steuerberater oder Bankangestellte[642]. **416**

---

627 Vgl. § 28 Abs. 2 StGB.
628 Tröndle/Fischer, a.a.O., § 25 Rn. 2.
629 §§ 23 Abs. 1, 12 Abs. 1 StGB.
630 §§ 23 Abs. 1, 12 Abs. 2 StGB.
631 § 25 Abs. 1, 1. Alt. StGB.
632 Tröndle/Fischer, a.a.O., § 25 Rn. 3; Schönke/Schröder-Cramer, a.a.O., § 25 Rn. 2.
633 Schönke/Schröder-Cramer/Heine, a.a.O., vor § 25 Rn. 84 f.; Lackner, a.a.O.; vor § 13 Rn. 33.
634 § 203 StGB.
635 §§ 11 I Nr. 2, 331 ff StGB; siehe dazu Rdn. 168 ff.
636 § 81a GmbHG.
637 Schönke/Schröder-Cramer/Heine, a.a.O., vor § 25 Rn. 86.
638 Einzelheiten zum Steuerstrafrecht siehe Rdn. 1985 ff.
639 BGH, wistra 1987, S. 147.
640 BGH, wistra 1986, S. 189; BGH, NJW 2003, S. 2924 ff.
641 BGH, wistra 1987, S. 27; BGH wistra, 1998, S. 64.
642 Diese beiden Berufsgruppen werden aber im Wesentlichen erst im Rahmen von Mittäterschaft und Beihilfe bedeutsam, siehe dort Rdn. 2028.

417 Relevant wird der § 25 StGB aber vor allem dann, wenn mehrere Personen an einem Delikt beteiligt sind. Hier unterscheidet das Gesetz zwischen mittelbarer Täterschaft und Mittäterschaft.

418 **c) Mittelbarer Täter** ist, wer die Tat durch einen anderen begehen lässt.[643] Der mittelbare Täter verwirklicht den objektiven Tatbestand nicht selbst, sondern er bedient sich eines Tatmittlers als »Werkzeug«. Kennzeichnend sind die beherrschende Stellung des mittelbaren Täters kraft überlegenen Wollens oder Wissens und die untergeordnete Rolle des Tatmittlers, der niemals selbst Täter oder Mittäter sein kann.[644] Dazu kann das folgende Beispiel zur Erläuterung dienen:[645]

> Der Steuerpflichtige **S** legt seinem Buchhalter **B** falsche Belege vor. Aufgrund der falschen Belege erstellt der Buchhalter gutgläubig eine falsche Umsatzsteuervoranmeldung und gibt diese beim Finanzamt ab. **S** hat sich somit wegen Steuerhinterziehung in mittelbarer Täterschaft strafbar gemacht. **B** bleibt straflos, da ihm der nötige Vorsatz fehlte.

419 An Fällen wie diesem wird erkennbar, dass die mittelbare Täterschaft bei Steuerdelikten, die durch den Steuerpflichtigen begangen werden, eine maßgebliche Rolle spielt. Umgekehrt ist allerdings genauso denkbar, dass der Buchhalter als mittelbarer Täter mit Vorsatz handelt und den unwissenden Steuerpflichtigen als Tatmittler einsetzt.

420 **Ausgeschlossen** ist die mittelbare Täterschaft hingegen bei den schon angeführten Sonderdelikten, wenn dem Veranlasser die notwendige Sondereigenschaft fehlt, sowie bei den eigenhändigen Delikten.[646]

421 Eine Spezialform der mittelbaren Täterschaft hat der Bundesgerichtshof im so genannten »Sondennahrungsfall« seiner Entscheidung zugrunde gelegt, die **mittelbare Unterlassungstäterschaft**.[647]

> Die Angeklagten, ein Arzt und ein Betreuer eines Pflegeheims, wiesen das Pflegepersonal schriftlich an, die unheilbar erkrankte und seit Jahren künstlich ernährte Mutter des Betreuers nur noch mit Tee zu ernähren, um ihr Leiden zu beenden. Wider alle Erwartung der beiden befolgte das Personal die Anweisung nicht. Die Mutter verstarb erst später an einem Lungenödem.

422 Der Bundesgerichtshof hat zunächst festgestellt, dass die beiden Angeklagten eine gemeinsame Garantenstellung innehatten. In dem Verstoß gegen diese Verpflichtung sah das Gericht den eigentlichen Unwert ihres Verhaltens. »*Nicht die schriftliche Anordnung (also das vorgeschaltete aktive Tun) und noch weniger die Verabreichung von Tee ... waren das Mittel zum Zweck, sondern die Nichtvornahme der gebotenen (künstlichen) Ernährung.* «[648] Das garantenpflichtwidrige Unterlassen erfülle »die

---

643 § 25 Abs. 1, 2. Alt. StGB.

644 Kristian **Kühl**, Strafrecht, Allgemeiner Teil, 5. Aufl., München 2005, § 20 Rn. 38 ff.

645 Vgl. **Scheurmann-Kettner** in: **Koch/Scholtz**, Abgabenordnung, Kommentar, 5. Aufl., Köln 1996, § 369 Rn. 42.

646 Tröndle/Fischer, a.a.O., § 25 Rn. 6; Schönke/Schröder-Cramer/Heine, a.a.O., § 25 Rn. 44 ff.

647 BGHSt 40, 257 ff. = NJW 1995, S. 204 ff. = NStZ 1995, S. 80 ff.

648 BGHSt 40, 257 ff. (266).

von der Rechtsprechung geforderten Voraussetzungen für die Strafbarkeit des (untauglichen) Versuchs eines unechten Unterlassungsdelikts in mittelbarer Täterschaft«. Der BGH definiert dann, was er unter dieser Täterform versteht:

>»Mittelbarer Täter ... ist ... jedenfalls derjenige, der mit Hilfe des von ihm bewusst hervorgerufenen Irrtums das Geschehen gewollt auslöst und steuert, so dass der Irrende bei wertender Betrachtung als ein, wenn auch – wegen der Vermeidbarkeit des Irrtums – (noch) schuldhaft handelndes ›Werkzeug‹ anzusehen ist. «[649]

d) Mittäterschaft liegt vor, wenn mehrere eine Straftat gemeinschaftlich begehen.[650] Die Mittäter wirken bewusst und gewollt zusammen. Kennzeichnend für die Mittäterschaft ist das Prinzip der Arbeitsteilung: Auf der Grundlage eines gemeinsamen Tatentschlusses wird jedem Mittäter eine bestimmte Funktion bei der Tatbegehung zugewiesen.[651] Voraussetzung ist neben dem gemeinschaftlichen Entschluss ein objektiver Tatbeitrag von nicht bloß untergeordneter Bedeutung, der für die Tatbestandsverwirklichung mitursächlich ist. Auch ein Tatbeitrag im Vorbereitungsstadium kann ausreichend sein, wenn er wesentlich für die spätere Ausführung der Straftat ist.[652] Jedem Mittäter werden die Tatbeiträge des bzw. der anderen so zugerechnet, als habe er sie eigenhändig verwirklicht (so genannte **wechselseitige Zurechnung**).[653] Bei Beteiligungen mehrerer Personen als Mittäter an einer Deliktserie muss nach der ständigen Rechtsprechung des Bundesgerichtshofes[654] für jeden der Beteiligten gesondert geprüft werden, ob die einzelnen straftaten tateinheitlich oder tatmehrheitlich zusammentreffen. Deshalb gilt: Hat ein Mittäter, der an der unmittelbaren Ausführung der Taten nicht beteiligt ist, aber einen alle Einzelheiten fördernden Tatbeitrag bereits im Vorfeld erbracht, dann werden ihm die Taten der übrigen Mittäter als tateinheitlich begangen zugerechnet, ganz unabhängig von deren eigener konkurrenzrechtlicher Beurteilung.[655]

423

Die Firma **F** produziert und vertreibt ein Körperpflegemittel, über das seit geraumer Zeit Meldungen eingehen, dass es nach dessen Verwendung zu Hautreizungen und Atembeschwerden gekommen sei. Daraufhin wird der Vertrieb eingestellt. In einer Geschäftsführersitzung der zwei Geschäftsführer, die jeweils für die Bereiche Produktion und Vertrieb verantwortlich sind, bestätigt ein Sachverständiger, dass das Körperpflegemittel ursächlich für diese Geschehnisse sei. Dennoch beschließen die Geschäftsführer, weiter nichts zu unternehmen. Der für den Vertrieb verantwortliche Geschäftsführer veranlasst sogleich die Fortführung des Vertriebs, woraufhin es zu weiteren Vorfäl-

---

649 BGHSt 40, 257 ff. (267). Die BGH-Entscheidung ist im Schrifttum umstritten; vgl. dazu
      Joerg **Brammsen**, Bemerkungen zur mittelbaren Unterlassungstäterschaft – Eine Ergänzung zu BGHSt 40, 257 –, in: NStZ 2000, S. 337 ff.
650 § 25 Abs. 2 StGB.
651 Schönke/Schröder-Cramer, a.a.O., § 25 Rn. 61; Kühl, a.a.O., § 20 Rn. 98 ff.
652 Schönke/Schröder-Cramer, a.a.O., § 25 Rn. 63 ff.
653 Kühl, a.a.O., § 20 Rn. 100.
654 Siehe z. B. BGH (Beschl. v. 10. 11. 2006) wistra 2007,100 ff. (102)
655 Dazu Hans **Achenbach**, Aus der 2006/2007 veröffentlichten Rechtsprechung zum Wirtschaftsstrafrecht, in: NStZ 2007, 566 ff. (567)

len kommt. Die beiden Geschäftsführer haben sich somit der gemeinschaftlichen Körperverletzung schuldig gemacht.[656]

424 Gerade die Mittäterschaft erlangt auch bei den **Steuerdelikten** eine erhebliche Bedeutung, da – im Gegensatz zur mittelbaren Täterschaft – oft erst durch das bewusste und gewollte Zusammenwirken von **Steuerpflichtigem** und einem Dritten (**Steuerberater, Buchhalter, Bankangestellter**) der gewünschte tatbestandliche Erfolg erzielt werden kann. Die Möglichkeit der Mittäterschaft von nicht steuerpflichtigen Dritten ergibt sich hier wieder daraus, dass die Steuerhinterziehung durch aktives Tun kein Sonderdelikt ist.[657]

Beispiel:

Der Steuerpflichtige **S** gibt unrichtige Steuererklärungen ab. Nachdem dieser die Einkommensteuer zu niedrig angesetzt wird, findet eine Betriebsprüfung statt. Daraufhin erfährt der Steuerberater **B** des **S** von den unrichtigen Angaben. **B** beschließt, die drohende Neufestsetzung zu verhindern, obwohl er diese für berechtigt hält. Mit falschen Angaben tritt er den Nachkalkulationen der Betriebsprüfung entgegen. Diese Manipulation wirkt sich auf das Ergebnis der Neufestsetzung zugunsten des **S** aus. **S** und **B** haben sich wegen gemeinschaftlicher Steuerhinterziehung strafbar gemacht.[658]

425 Anderes gilt wiederum für die strafbar **unterlassene Steuererklärung**. Hier kann nicht jeder Dritte Mittäter sein, sondern nur der, der selbst verpflichtet ist, die notwendigen steuerlich erheblichen Tatsachen aufzuklären,[659] wobei hier jeder Unterlassungstäter schon aufgrund seiner pflichtwidrigen Handlung als Täter anzusehen ist.[660]

426 Die gleichen Grundsätze gelten auch hier für die übrigen Sonderdelikte und die eigenhändigen Delikte.[661]

427 **e)** Von der Täterschaft abzugrenzen ist die **Teilnahme**. Teilnahme bedeutet die Beteiligung an einer fremden Tat. Für die Abgrenzung zwischen den beiden Beteiligungsformen Täterschaft und Teilnahme sind in Rechtsprechung und Literatur verschiedene Kriterien entwickelt worden.[662] Nach der von der Rechtsprechung vertretenen subjektiven Theorie,[663] die auf die Vorstellungen des Beteiligten abstellt, ist Täter, wer mit Täterwillen (*animus auctoris*) handelt und die Tat als eigene will. Teilnehmer ist, wer mit Teilnehmerwillen (*animus socii*) handelt und die Tat als fremde lediglich veranlassen oder fördern will. Dabei soll es nach der neueren Rechtsprechung[664] auch auf die Tatherrschaft oder zumindest den Willen zur Tatherrschaft ankommen, sodass mittlerweile eine Annäherung an die von

---

656 Vgl. BGHSt 37, 106, 114.
657 vgl. Rdn. 2019 ff.
658 Angelehnt an BGH, wistra 1993, S. 302 f.
659 vgl. Rdn. 2023 ff.
660 Schönke/Schröder-Cramer/Heine, a.a.O., § 25 Rn. 79.
661 Tröndle/Fischer, a.a.O., § 25 Rn. 15, 16b; Lackner, a.a.O., § 25 Rn. 9.
662 Überblick bei Schönke/Schröder-Cramer, a.a.O., Vorbem. §§ 25 ff. Rn. 51 ff.; Tröndle/Fischer, a.a.O., Vor § 25 Rn. 2 ff.
663 BGHSt 3, 350; 8, 73; 13, 162; 16, 14.
664 BGH StV 1994, S. 241.

der Literatur vertretene so genannte **Tatherrschaftslehre**[665] stattgefunden hat. Eine Abgrenzung von (Mit-) Täterschaft und Teilnahme nimmt die Rechtsprechung mittlerweile über folgende Kriterien vor: Grad des eigenen Interesses am Erfolg der Tat; Umfang der Tatbeteiligung; Tatherrschaft oder zumindest der Wille dazu.[666]

Bei der Teilnahme wird zwischen **Anstiftung** und **Beihilfe** differenziert. Beide **428** Beteiligungsformen sind akzessorisch, d. h., sie verlangen immer die vorsätzliche und rechtswidrige Haupttat eines anderen. Diese muss jedoch nicht schuldhaft begangen sein, deswegen spricht man auch von »**limitierter Akzessorietät**«. Kennzeichnend für die Anstiftung und Beihilfe ist zudem der so genannte Doppelvorsatz, d. h., der Teilnehmer muss den Vorsatz zum einen hinsichtlich der Teilnahmehandlung, zum anderen hinsichtlich der Haupttat des anderen besitzen.

aa) Anstifter ist dabei, wer einen anderen zu dessen vorsätzlich begangener und **429** rechtswidriger Tat bestimmt hat.[667] Bestimmen zur Tat meint das Hervorrufen des Tatentschlusses beim Haupttäter.[668]

Beispiel:

> Der Angestellte **A** eines Pharmakonzerns sagt in einem vertraulichen Gespräch zu dem für die Produktion verantwortlichen **P**, er könne doch für die Tablettenproduktion statt des teuren Wirkstoffs den wesentlich preisgünstigeren, dafür jedoch gesundheitsschädliche Nebenwirkungen hervorrufenden Wirkstoff verwenden. **P** befolgt den Vorschlag des **A**. Der **A** hat sich damit der Anstiftung zu der von **P** begangenen Körperverletzung schuldig gemacht.

Anstifter einer Tat kann grundsätzlich jeder sein. Einen Spezialfall bilden auch in **430** diesem Zusammenhang die Sonderdelikte. Da tauglicher Täter dieser Delikte nur derjenige ist, dem die Sonderpflicht obliegt, ist er stets als Täter zu werten, egal, wie sein Tatbeitrag sich nach den allgemeinen Kriterien darstellen würde.[669] Demnach kann sich auch der Steuerpflichtige nicht einer Anstiftung zu einer **unterlassenen** Steuererklärung strafbar machen, da er bei einer bewusst pflichtwidrig unterlassenen Aufklärung immer selbst Täterschaft innehat – unabhängig davon, wer letztlich die gebotene Aufklärung praktisch unterlässt (z. B. Steuerberater).

Umgekehrt kommt bei den Sonderdelikten **nur Anstiftung** in Betracht, wenn dem **431** Veranlasser die Sonderpflicht nicht obliegt, wohl aber dem Handelnden.[670]

---

665 Vgl. Lackner, a.a.O., Vor § 25 Rn. 4 ff. m. w. N. Danach ist Täter, wer die Tat beherrscht, sie nach seinem Willen hemmen oder ablaufen lassen kann und damit als Zentralgestalt des Geschehens bei der Tatbestandsverwirklichung fungiert.
666 BGH, wistra 2001, S. 420 ff. m. w. N.
667 § 26 StGB.
668 Tröndle/Fischer, a.a.O., § 26 Rn. 3.
669 Schönke/Schröder-Cramer/Heine, a.a.O., vor § 25 Rn. 84.
670 Schönke/Schröder-Cramer/Heine, a.a.O., vor § 25 Rn. 84.

Beispiel:

Der Angestellte **A** überredet den Geschäftsführer **G** der X-GmbH, dem die Vermögensbetreuungspflicht obliegt, der Gesellschaft Geld zu entziehen. **G** erklärt sich einverstanden und übergibt **A** das Geld in bar. **A** versteckt das Geld. **G** hat sich der Untreue strafbar gemacht.[671] Nach den allgemeinen Regeln wäre **A** als Mittäter zu bestrafen.[672] Da ihm jedoch keine Vermögensbetreuungspflicht obliegt, scheidet er als Täter aus und ist somit nur Anstifter hinsichtlich der Untreue des **G**.[673]

432 Zu beachten ist, dass die versuchte Anstiftung zur Steuerhinterziehung straflos, zur schweren Steuerhinterziehung jedoch strafbar ist.[674]

433 **bb) Gehilfe** ist, wer einem anderen zu dessen vorsätzlich begangener und rechtswidriger Tat Hilfe geleistet hat.[675] **Hilfeleisten bedeutet jegliche Förderung der Haupttat.**[676] Dies kann durch Rat (psychische Beihilfe) und Tat (physische Beihilfe) geschehen.[677] Tauglicher Täter auch der Beihilfe ist generell jeder. Doch hinsichtlich der Sonderdelikte gilt bei dieser Teilnahmehandlung das zur Anstiftung Erläuterte entsprechend. Ein Beispiel:[678]

Bankkaufmann B ist in der Wertpapierabteilung einer Bank tätig. In dieser Funktion »anonymisiert« er die Kapitaltransfers eines vorher gezielt beratenen Kunden nach Luxemburg, sodass das Entdeckungsrisiko der später vom Kunden begangenen Steuerhinterziehung deutlich verringert wird. B hat sich dadurch wegen Beihilfe zur Steuerhinterziehung strafbar gemacht.

434 Es ist ausreichend, dass der Gehilfe die Herbeiführung der Haupttat im Vorbereitungsstadium objektiv fördert, ohne dass seine Hilfeleistung für den Erfolg selbst ursächlich sein muss.[679] Das Besondere des vorstehenden Falles liegt aber darin, dass der Bankangestellte sich bei der »Anonymisierung« der Kapitaltransfers im Rahmen seines berufstypischen Aufgabenbereichs bewegt. So wird teilweise in der Literatur die Auffassung vertreten, dass so genanntes berufstypisches Verhalten grundsätzlich sozial adäquat oder als »professionelle Adäquanz« nicht tatbe-

---

671 § 266 StGB.
672 Siehe dort Rdn. 423 ff.
673 Lackner, a.a.O., § 266 Rn. 2; Tröndle/Fischer, a.a.O., § 266 Rn. 79 f.
674 §§ 12 Abs. 1, Abs. 2, 30 StGB.
675 § 27 Abs. 1 StGB; vgl. Urs **Kindhäuser**, Zum Begriff der Beihilfe, in: Festschrift für Harro Otto (hrsg. v. Gerhard Dannecker, Winrich Langer, Otfried Ranft, Roland Schmitz und Joerg Brammsen), Köln/Berlin/München 2007, S. 355 ff.
676 BGH NStZ 1985, S. 318; NStZ 1995, S. 28.
677 Joecks, StGB, a.a.O., § 27 Rn. 5; Kühl, a.a.O., § 20 Rn. 223; Tröndle/Fischer, a.a.O., § 27 Rn. 6, 7.
678 Angelehnt an das Urteil des LG Wuppertal, wistra 1999, S. 473 ff.; bestätigt vom BGH am 01. 08. 2000 – 5 StR 624/99; allerdings hat der BGH die Strafandrohung des LG gem. § 59 StGB in eine Geldstrafe in Höhe von 7.500 DM umgewandelt. Die weitergehende Strafforderung der Staatsanwaltschaft in der Revision lehnte der BGH unter Hinweis auf die im entschiedenen Fall gegebenen Besonderheiten ab; vgl. wistra 2000, S. 340 ff. mit Urteilsanmerkung von Markus **Jäger**, wistra 2000, S. 344 ff.; die Entscheidung wurde im Grundsatz bestätigt vom BGH, NStZ 2004, S. 41 ff.
679 Schönke/Schröder-Cramer, a.a.O., § 27 Rn. 13; BGH wistra 2000, S. 340 ff. (341).

standsmäßig im Sinne des § 27 StGB sei.[680] Das Bundesverfassungsgericht hält dagegen eine Einschränkung der Beihilfestrafbarkeit in solchen Fällen nicht für erforderlich.[681] Auch in der Literatur wird eine Einschränkung durch »berufstypisches Verhalten« abgelehnt,[682] da als objektiver Tatbeitrag grundsätzlich jedes Verhalten in Betracht komme. Zudem sei der Haupttäter hier auf das Sonderwissen und die berufliche Stellung des Gehilfen angewiesen, um sein Vorhaben risikoarm durchführen zu können. Der Bundesgerichtshof hat sich in seiner Beihilfe durch Bankmitarbeiter-Entscheidung ausführlich mit den unterschiedlichen Auffassungen auseinander gesetzt und dazu erklärt:[683]

> »Zielt das Handeln des Haupttäters ausschließlich darauf ab, eine strafbare Handlung zu begehen, und weiß dies der Hilfeleistende, so ist sein Tatbeitrag als Beihilfehandlung zu werten. ... In diesem Fall verliert sein Tun stets den »Alltagscharakter«; es ist als »Solidarisierung« mit dem Täter zu deuten ... und dann auch nicht mehr als sozialadäquat anzusehen. ... Weiß der Hilfeleistende dagegen nicht, wie der von ihm geleistete Beitrag vom Haupttäter verwendet wird, hält er es lediglich für möglich, dass sein Tun zur Begehung einer Straftat genutzt wird, so ist sein Handeln regelmäßig noch nicht als strafbare Beihilfehandlung zu beurteilen, es sei denn, das von ihm erkannte Risiko strafbaren Verhaltens des von ihm Unterstützten war derart hoch, dass er sich mit seiner Hilfeleistung »die Förderung eines erkennbar tatgeneigten Täters angelegen sein« ließ. Diese Grundsätze sind auch auf den Straftatbestand der Steuerhinterziehung und auf das berufliche Verhalten von Bankangestellten anzuwenden. Eine generelle Straflosigkeit von »neutralen«, »berufstypischen« oder »professionell adäquaten« Handlungen kommt dagegen nicht in Betracht. Weder Alltagshandlungen noch berufstypische Handlungen sind in jedem Fall neutral. Fast jede Handlung kann in einen strafbaren Kontext gestellt werden. ... Die genannten Begriffe sind daher für sich allein nicht geeignet, strafbare Beihilfe von erlaubtem Handeln eindeutig abzugrenzen. «

Aber selbst wenn man – entgegen der Entscheidung des Bundesgerichtshofs – der **435** Auffassung folgte, dass »**berufstypisches Verhalten**« eine Beihilfe ausschließe, kann dies den B im vorstehenden Beispielsfall nicht entlasten, da er aufgrund der gezielten Beratung des Kunden die Schwelle des »berufstypischen Verhaltens« deutlich überschritten hat. Auch der Umstand, dass das Verhalten des B von der Leitung der Bank geduldet wurde, führt zu keiner anderen Beurteilung. Hinsichtlich der technischen Abwicklung der Einzahlung war zwar seine Entscheidungsfreiheit als »einfacher Angestellter« eingeschränkt, aber keineswegs insgesamt aufgehoben, so dass von B – wie von jedem Bürger – erwartet werden kann, dass er sich nicht mit bedingtem Vorsatz an Straftaten beteiligt.[684] B hat sich also wegen Beihilfe zur Steuerhinterziehung strafbar gemacht.

---

680   **Wolsfeld/Karpinski**, PStR 1999, S. 12; **Werner**, PStR 1999, S. 50; Andreas **Ransiek**, wistra 1997, S. 41.
681   BVerfG, wistra 1994, S. 221; wistra 1995, S. 139.
682   Otfried **Ranft**, Wirtschaftsrechtliche Beratung 1997, 1131; Claus-Arnold **Vogelberg**, Steuerstrafrecht, Stuttgart 2000, S. 8.
683   BGH wistra 2000, S. 340 ff. (342).
684   So im Ergebnis auch das LG Wuppertal, wistra 1999, S. 473 ff.

436 Hinzuzufügen bleibt, dass der Versuch auch bei der Beihilfe zur Steuerhinterziehung straflos, aber zur schweren Steuerhinterziehung strafbar ist.

437 Die **Strafe** für den Teilnehmer richtet sich nach der Strafandrohung für den Haupttäter, im Gegensatz zur Anstiftung ist bei der Beihilfe jedoch zwingend eine Strafmilderung vorgesehen.[685] Die im Strafgesetzbuch vorgenommene Differenzierung zwischen Täterschaft und Teilnahme ermöglicht es, jeden Tatbeitrag so zu erfassen, wie es seinem sachlichen Gewicht und seinem besonderen Verhaltensunwert entspricht.

438 Im Unterschied zum Strafrecht gilt im **Ordnungswidrigkeitenrecht**[686] aus Vereinfachungsgründen das **Einheitstäterprinzip**, wonach jeder, der einen ursächlichen Beitrag zur Tat geleistet hat, ohne Rücksicht auf das sachliche Gewicht seines Tatbeitrags als Täter angesehen wird. Art und Bedeutung des Tatbeitrags kommen hier erst im Rahmen der Strafzumessung zur Geltung.[687]

f) Exkurs: Die Sachverständigen-Entscheidung[688]

439 Die Sachverständigen-Entscheidung des Bundesgerichtshofs, die unter der Überschrift »Umweltgefährdende Abfallbeseitigung durch Amtsträger« veröffentlicht wurde, ist für Kommunen und Unternehmen gleichermaßen von großer Bedeutung.

> Ein hessisches Unternehmen betrieb eine Eigendeponie für Sonderabfälle. Als diese Deponie reparaturbedürftig wurde, beantragte es beim Regierungspräsidenten die (nach dem Hessischen Abfallgesetz erforderliche) Zustimmung zur Umlagerung des Abfalls auf eine Hausmülldeponie der Stadt Frankfurt a. M. Diese hatte sich unter der Voraussetzung zur Annahme der Abfälle einverstanden erklärt, dass es sich um Abfälle der Kategorie I des Hessischen Abfallkatalogs handele. Der Regierungspräsident bat die Hessische Landesanstalt für Umwelt (HLfU) als Fachbehörde um Stellungnahme. Der dortige Gruppenleiter bestimmte den Angeklagten zum zuständigen Dezernenten für die Bearbeitung der Anfrage. Nach einem Ortstermin war dem Angeklagten klar, dass ein größerer Teil der Abfallstoffe der Kategorie II zuzurechnen, eine eindeutige Trennung in die Kategorien I und II infolge der Vermengung der abgelagerten Abfälle aber nicht möglich war. Gleichwohl befürwortete er die Umlagerung und schlug dem Regierungspräsidenten vor, bei Zweifeln an der Beschaffenheit des Abfalls ein bestimmtes Untersuchungsverfahren durchzuführen. Dieses war jedoch für das vorliegende Umlagerungsvorhaben, wie der Angeklagte wusste, ungeeignet. Auf der Grundlage dieser Stellungnahme stimmte der Regierungspräsident, der sich insoweit mangels eigener Sachkunde allein auf die Fachbehörde verließ, der Umlagerung (unter Anordnung der vom Angeklagten vorgeschlagenen Untersuchungsmethode) zu. In der Folgezeit wurden daher weit überwiegend Abfälle der Kategorie II auf die Hausmülldeponie verbracht.

---

685 Vgl. § 27 Abs. 2 StGB.
686 Vgl. § 14 OWiG.
687 Vgl. Wessels/Beulke, a.a.O. Rn. 505 f.
688 BGHSt 39, 386 ff. = NJW 1994, S. 670 ff.

Der Bundesgerichtshof bestätigte die erstinstanzliche Verurteilung des Angeklag- **440**
ten wegen vorsätzlicher umweltgefährdender Abfallbeseitigung.[689] Der Schwerpunkt der Vorwerfbarkeit liege jedoch entgegen der Ansicht des Landgerichts
Darmstadt nicht in einem Unterlassen (… die notwendigen Schutzvorkehrungen
zu treffen), sondern in einem **positiven Tun** (Abgabe der materiell fehlerhaften
Stellungnahme).

Der Angeklagte hat insoweit die ihm obliegende **Qualitätssicherungspflicht** ver- **441**
letzt. Sein Verhalten war für den Eintritt des tatbestandlichen Erfolgs auch **kausal**.
Der Angeklagte kann sich insbesondere nicht darauf berufen, er sei lediglich in
beratender Funktion tätig geworden. Der Bundesgerichtshof führt diesbezüglich
aus:

> »Für die strafrechtliche Beurteilung entscheidend ist der tatsächliche Einfluss, den der
> Angeklagte auf den Geschehensablauf hatte. Nach den Feststellungen des Landgerichts
> folgte der Regierungspräsident seinen Vorschlägen ohne weitere Prüfung, und dies
> war ihm bekannt. «

Der eingetretene Erfolg fällt daher nicht ausschließlich in den Verantwortungsbe- **442**
reich dritter Personen (Regierungspräsident, Unternehmen). Er ist dem Angeklagten somit zuzurechnen.

Der Angeklagte handelte ferner **vorsätzlich**. Er kann sich seiner strafrechtlichen **443**
Verantwortung insbesondere nicht mit dem Hinweis entziehen, in den damals
geltenden technischen Richtlinien werde für Untersuchungen von Materialien im
Zusammenhang mit der Abfallbeseitigung nur das von ihm vorgeschlagene Verfahren erörtert. In der BGH-Entscheidung heißt es dazu:

> »… dass durch derartige allgemeine Hinweise nicht die Notwendigkeit ausgeschlossen
> wird, bei außergewöhnlichen und offensichtlich besonders gefahrenträchtigen Abfallbe-
> seitigungsverfahren zusätzliche Untersuchungsmethoden anzuwenden.«

Dem Angeklagten war aufgrund eigener Inaugenscheinnahme bewusst, dass es **444**
sich vorliegend um einen solchen Fall handelte. Gleichwohl befürwortete er die
Verbringung des Sonderabfalls auf die Hausmülldeponie und nahm daher die
umweltgefährdende Abfallbeseitigung zumindest **billigend in Kauf**.

Nach Ansicht des Bundesgerichtshofs ist der Angeklagte **Täter** des § 326 **445**
Absatz 1 Nr. 3 StGB a. F. Er haftet je nach Fallgestaltung als Mittäter oder mittelbarer Täter.

Wussten die Verantwortlichen des Unternehmens, dass das Vorhaben nicht **446**
durchführbar war, hat sich der Angeklagte als **Mittäter** gemäß § 25 Absatz 2
StGB strafbar gemacht. Dem steht nicht entgegen, dass er an der eigentlichen
Tathandlung nicht beteiligt war, da bei entsprechender Willensrichtung auch eine
bloße Vorbereitungshandlung Mittäterschaft begründen kann. Nach der von der
Rechtsprechung vertretenen subjektiven Theorie reicht insoweit (objektiv) jeder
die Tatbestandsverwirklichung fördernde Beitrag, sofern nur der Täter (subjektiv)
den Willen zur Tatherrschaft besitzt. Indizien für einen derartigen Willen sind

---

689   § 326 Abs. 1 Nr. 3 StGB a. F.

der Umfang der Tatbeteiligung, der Grad des eigenen Interesses am Erfolg, die Tatherrschaft und der Wille zur Tatherrschaft.

447 Vorliegend war der Beitrag des Angeklagten von entscheidender Bedeutung, weil es ohne seine befürwortende Stellungnahme nicht zur Zustimmung des Regierungspräsidenten gekommen wäre. Der Angeklagte hatte auch ein eigenes Interesse am Erfolg, da er bestrebt war, seinem Ruf als effizienter und unbürokratisch arbeitender Abfallmanager gerecht zu werden.

448 Nahmen die Verantwortlichen der Unternehmen dagegen die Umlagerung des Abfalls in gutem Glauben an die Rechtmäßigkeit des Genehmigungsbescheids vor, war der Angeklagte **mittelbarer Täter** im Sinne des § 25 Absatz 1 2. Alternative StGB. Der Bundesgerichtshof folgt insoweit der herrschenden Meinung, die bei Erteilung einer zwar materiell fehlerhaften, aber verwaltungsrechtlich gültigen Genehmigung den unmittelbar Ausführenden als Werkzeug des genehmigenden Amtsträgers ansieht. Die erforderliche Tatherrschaft des Angeklagten ergibt sich aus dem Umstand, dass bei wertender Betrachtung der Umweltverstoß als »sein Werk« erscheint. Der Angeklagte war infolge der ausschließlich von seiner Stellungnahme abhängigen Genehmigung die Zentralgestalt des Geschehens. Darüber hinaus wäre er aufgrund seines rechtswidrigen Vorverhaltens verpflichtet gewesen, auf Rücknahme der Genehmigung hinzuwirken (Täter durch Unterlassen).

449 Das Urteil des obersten deutschen Strafgerichts hat erhebliche Bedeutung für die Praxis; denn der Bundesgerichtshof bestätigt mit seiner Entscheidung zur Strafbarkeit eines Amtsträgers im Umweltbereich die sich seit längerem abzeichnende **Tendenz** der Rechtsprechung, das **Bestrafungsrisiko für öffentliche Bedienstete zu vergrößern**. So soll ein **Amtsträger auch dann** als **Täter** eines Umweltvergehens bestraft werden können, **wenn** er **nur im Vorfeld** einer fehlerhaften Entscheidung der eigentlich zuständigen Behörde **beratend tätig** geworden ist. Der 2. Strafsenat des Bundesgerichtshofs behandelt in dem entschiedenen Fall den Bediensteten der am Genehmigungsverfahren beteiligten Fachbehörde rechtlich so, als habe dieser »eigenhändig« die Zustimmung erteilt. In dem Urteil heißt es insoweit:

> »... dass der Angeklagte als Angestellter einer Fachbehörde und nicht als Bediensteter des Regierungspräsidenten gehandelt hat, ist rechtlich ohne Bedeutung. ...Ebenso ist ohne Belang, dass die Aufgabe der Fachbehörde im organisationsrechtlichen Sinne auf die Beratung beschränkt war; für die strafrechtliche Beurteilung entscheidend ist allein der tatsächliche Einfluss, den der Angeklagte auf den Geschehensablauf hatte.«

450 Die Bundesrichter stellen folglich weniger darauf ab, wer (letztendlich) **formell** die Entscheidung trifft, als darauf, wem sie **faktisch** zuzurechnen ist. Dies ist gewöhnlich die mit der Erstellung des Gutachtens betraute Fachbehörde. Nur sie allein verfügt in der Regel über die zur Beurteilung der Anfrage erforderliche Sachkunde. Die Stellungnahme der Fachbehörde bewirkt daher zumindest in tatsächlicher Hinsicht eine Art »**Quasi-Bindung**« der nicht sachverständigen Genehmigungsbehörde.

Die rechtliche Gleichstellung beider Behörden führt zu einem absurden Ergebnis: **451**
Immer dann, wenn sich die Genehmigungsbehörde dem Rat der Fachbehörde
anschließt, entscheidet quasi die Fachbehörde und nur dann, wenn die Genehmigungsbehörde von der Empfehlung der Fachbehörde abweicht, entscheidet sie
selbst.[690] Diese Kritik verkennt nicht, dass eine Fachbehörde regelmäßig nur dann
um Stellungnahme gebeten wird, wenn der Genehmigungsbehörde mangels eigener Sachkunde eine verlässliche Entscheidungsgrundlage fehlt. Die Außenwirkung der letztlich getroffenen Entscheidung aber verursacht die genehmigende
Behörde. Sie hat deshalb auch die Verantwortung für ihre Entscheidung zu
tragen.

Die Entscheidung des Bundesgerichtshofs vergrößert im Ergebnis das Bestra- **452**
fungsrisiko für Bedienstete einer Fachbehörde zumindest in den Fällen, in denen
sich die Genehmigungsbehörde allein auf die Stellungnahme einer Fachbehörde
verlässt.

Durch die vorliegende Entscheidung bestätigt der Bundesgerichtshof ferner seine **453**
bisherige Rechtsprechung zur Frage der **Täterschaft bei Handlungen lediglich
im Vorbereitungsstadium**.

Für das Umweltstrafrecht bedeutet dies, dass sich der am Genehmigungsverfah- **454**
ren beteiligte Bedienstete einer Fachbehörde zu seiner Entlastung grundsätzlich
nicht darauf berufen kann, er sei lediglich im Vorfeld der eigentlichen Tatbestandsverwirklichung tätig geworden. Nach der von der Rechtsprechung vertretenen subjektiven Theorie kann nämlich bei entsprechender Willensrichtung (!)
auch eine bloße Vorbereitungshandlung täterschaftsbegründenden Charakter
haben. Objektiv reicht danach jeder die Tatbestandsverwirklichung fördernde Beitrag, sofern nur der Täter **subjektiv** den **Willen zur Tatherrschaft** besitzt. **Indizien** für einen derartigen Willen sind der **Umfang der Tatbeteiligung**, der Grad
des eigenen Interesses am Erfolg, die Tatherrschaft und der Wille zur Tatherrschaft.

Die Rechtsprechung wird den tatbeherrschenden Beitrag des Amtsträgers wohl **455**
auch in Zukunft regelmäßig darin sehen, dass es ohne seine befürwortende Stellungnahme weder zur Zustimmung der Genehmigungsbehörde noch zur späteren Umweltgefährdung kommt.

Es wäre aber engstirnig gedacht, wenn man in der Sachverständigen-Entschei- **456**
dung des Bundesgerichtshofs lediglich eine **Risikoverschärfung kommunaler
Amtsträger** sähe. Natürlich ist der Entscheidungskern auch **auf privatwirtschaftliche Unternehmungen transponierbar**. Die gutachtliche Stellungnahme z. B. der
Rechtsabteilung, der Steuerabteilung, aber auch der Qualitätskontrolle, die die
Geschäftsleitung – gestützt auf die Sachkunde des Mitarbeiters – zu einer rechtswidrigen Entscheidung mit Außenwirkung veranlasst, kann im Ergebnis nicht
anders gesehen werden. Die **Strafbarkeit** ist hier eine **Folge fehlender Zivilcourage des Täters**: Wissen um die fehlerhafte Auskunft, fehlende Bereitschaft, den
Fehler zuzugeben, zu korrigieren, deshalb vehementes Vertreten der mangelhaften Auskunft. Gerade solche Eingangsfehler, Fehler in der Planungs- und Ent-

---

690 So u. a. auch Michalke, NJW 1993, S. 1694 ff. (1697).

wicklungsphase eines Produkts, können über den Dominoeffekt der Folgeentscheidungen zu einer Risikoeskalation führen. Hier ist die über die Delegation der Aufgabe akzeptierte Verantwortung durch den sachkundigen Mitarbeiter zu Recht auch strafrechtlich relevant.

457 Die **Grenzen der Zumutbarkeit** einer strafrechtlichen Haftung des Mitarbeiters hat der Bundesgerichtshof in der Erdal-Lederspray-Entscheidung[691] am Fall des seinerzeit mit angeklagten Chefchemikers aufgezeigt. Dieser Mitarbeiter wurde mit der Begründung freigesprochen, er habe die Geschäftsführer jeweils richtig und vollständig über alle Fakten und deren sachverständige Beurteilung unterrichtet. Damit habe er seiner Pflicht in vollem Umfang genügt: Als Nichtmitglied der Geschäftsleitung sei er für den Rückruf der Lederspray-Produkte nicht verantwortlich gewesen.

458 Im Gegensatz zum kommunalen Bereich entstehen für den Delegierenden im **Unternehmen regelmäßig** mit Übertragung einer Aufgabe **Auswahl-, Instruktions- und Kontrollpflichten**. Die Verletzung dieser Pflichten kann daher zu einer strafrechtlichen Haftung auch des Delegierenden führen. Hat dieser dagegen sämtliche ihm obliegende Pflichten erfüllt, darf er grundsätzlich auf die ordnungsgemäße Ausführung der Aufgaben vertrauen (und gegebenenfalls deren Ergebnisse ohne eigene Prüfung übernehmen). Die **Grenze dieses Vertrauensgrundsatzes** ist jedoch erreicht, wenn sich aus **konkretem Anlass (Störfall, Krisenfall)** die Verpflichtung zum eigenen Tätigwerden, zur eigenen Prüfung und Kontrolle ergibt. In einer derartigen Ausnahmesituation liegt dann ein Fall ressortübergreifender Verantwortung vor.

459 Zusammenfassend bleibt festzuhalten, dass sich durch die Sachverständigen-Entscheidung des Bundesgerichtshofs das Strafbarkeitsrisiko der von Kommunen und Unternehmen beauftragten externen sachverständigen Gutachter und Berater (so auch beispielsweise das der Wirtschaftsprüfer) wesentlich erhöht hat. Hierzu zählen beispielsweise die Frage nach dem Eintritt einer möglichen fahrlässigen oder vorsätzlichen Verletzung der Bilanzpflicht eines Wirtschaftsprüfers wie auch die, ob es in den Pflichtenkreis eines Wirtschaftsprüfers fällt, Bilanzierungsdelikte des gesetzlichen Vertreters eines Unternehmens, welches ihm Prüfungsauftrag erteilt hat, aufzudecken.[692]

---

691 BGHSt, 37, 106 ff.; siehe dazu Rdn. 2450 ff.
692 Siehe dazu Ute **Göggelmann**, in: FTD v. 12. 12. 2007, S.19: *‚Sachsenring-Prozess zieht sich in die Länge* – *Der Prozess um die möglicherweise vorsätzliche Verletzung der Bilanzpflicht eines Wirtschaftsprüfers der Sachsenring AG wird sich mindestens bis März 2008 hinziehen. »Es sind noch mehrere Unabwägbarkeiten aufgetaucht, die aufgearbeitet werden müssen«, sagte ein Sprecher des Landgerichts Chemnitz gestern. Der Prozess gegen Wirtschaftsprüfer Klaus Haarmann von Ernst & Young hatte Anfang November begonnen und sollte heute enden. Es seien nun die ursprünglich erhobenen Vorwürfe teils fraglich, dafür aber neue Ungereimtheiten in der Bilanz aufgetaucht, sagte der Sprecher. In dem Prozess geht es um die möglicherweise wissentlich falsch testierten Bilanzen der Jahre 1998 und 1999 bei dem Nachfolgeunternehmen des Trabi-Herstellers. Erstmals befinden Richter, ob es zu den Pflichten eines Wirtschaftsprüfers gehört, kriminelle Machenschaften eines Vorstands aufzudecken.'*

V. Die zivil- und strafrechtliche Verantwortlichkeit im Unternehmen

In der Bundesrepublik Deutschland sind **Unternehmen**, auch wenn es sich um juristische Personen handelt, gegenwärtig **nicht straffähig**.[693]   **460**

Weder Personenhandelsgesellschaften[694] einschließlich der Mischformen, beispielsweise der GmbH & Co. KG, **noch juristische Personen** können persönliche und individuelle Schuld auf sich laden, wie sie für die Strafzumessung erforderlich ist. Dies kann nach unserem gültigen Rechtsverständnis nur der Mensch.[695] Eine Kriminalstrafe gegen Personenverbände passt daher nicht zu dem im deutschen Recht entwickelten sozialethischen Schuld- und Strafbegriff.   **461**

Gegen ein Unternehmen kann nach gegenwärtigem Recht allenfalls **eine Geldbuße festgesetzt werden**,[696] deren Zweck es aber nicht ist, einen Ausgleich für sozialethische Schuld herbeizuführen, sondern die staatliche Ordnung einzuhalten. **Voraussetzung dafür** ist, dass ein vertretungsberechtigtes Organ – Vorstand bzw. Geschäftsführer eines Unternehmens – eine Straftat oder Ordnungswidrigkeit begangen hat, durch die entweder eine das Unternehmen treffende Pflicht verletzt wurde,[697] oder wenn durch die Tat des gesetzlichen Vertreters eine Bereicherung des Unternehmens eingetreten bzw. erstrebt worden ist.   **462**

---

693   Dazu ausführlich Günter **Heine**, Die strafrechtliche Verantwortlichkeit von Unternehmen, Baden-Baden 1995; ders., Kollektive Verantwortlichkeit, in: Albin **Eser**/Barbara **Huber/Karin Cornils** (Hrsg.), Einzelverantwortung und Mitverantwortung im Strafrecht, Freiburg 1998, S. 95 ff.; Andreas **Ransiek**, Unternehmensstrafrecht, Heidelberg 1996; Wilfried **Bottke**, Standortvorteil Wirtschaftskriminalrecht: Müssen Unternehmen »strafmündig« werden? Bemerkungen zum Stand des Wirtschaftskriminalrechts in der Bundesrepublik Deutschland, in: wistra 1997, 241 ff.; Gerd **Eidam**, Straftäter Unternehmen, München 1997 sowie Friedrich **von Freier**, Kritik der Verbandsstrafe, Berlin 1998; Schönke/Schröder-Cramer, a.a.O., Vor § 25 Rn. 99, und unten Rdn. 830 ff., vor allem Rdn. 891 ff. mit FN 1309.
694   OHG, KG sowie der nichtrechtsfähige Verein; Göhler/König a.a.O., § 30 Rn. 3, 4.
695   Schönke/Schröder-Cramer, a.a.O., Vor § 25 Rn. 99; Tröndle/Fischer, a.a.O., Vor § 13 Rn. 33 f.
696   § 30 OWiG; vgl. Göhler/König a.a.O., Vor § 1 Rn. 9; Karsten Schmidt, a.a.O., S. 131 ff. (133 f.), der auch die Gesellschaft bürgerlichen Rechts unter § 30 OWiG fallen lassen will, und unten Rdn. 771 ff.
697   Für Ordnungswidrigkeitenverfahren nach § 130 OWiG sind Verstöße gegen das Kartellrecht, insbesondere wegen Zuwiderhandlungen gegen das Verbot des Zusammenschlusses oder wegen wettbewerbsbeschränkender Verhaltensweisen nach § 38 Nr. 8 GWB, beispielhaft. So verhängte das Bundeskartellamt gegen 33 Unternehmen der Betontransportbranche wegen verbotener Quotenabsprachen über die Lieferung von Transportbeton für Bauunternehmen und Bauprojekte (Vgl. HAZ Nr. 258, v. 04. 11. 1999, S. 9: »*300 Millionen Bußgeld für Betonbranche – Bisher größtes Kartellverfahren/Fast alle wichtigen Firmen der Branche behinderten den Wettbewerb. Im Zuge weiterer Ermittlungen könne die Summe der Bußgelder mehr als 300 Millionen DM übersteigen, berichtete der Präsident des Kartellamts, Dieter Wolf. In dem vor zwei Jahren aufgedeckten Kartell in der Starkstrombranche seien Bußgelder in Höhe von 280 Millionen DM verhängt worden, sagte Wolf. Die Bußgelder sollen die mit den Absprachen erzielten Mehrerlöse abschöpfen.*«).

463 Die Tat eines anderen Mitarbeiters im Unternehmen konnte bis zur Einführung des 31. Strafrechtsänderungsgesetzes vom 27. Juni 1994 nicht zu unternehmensbezogenen Sanktionen führen.[698] Eine Regelung, die in der Literatur umstritten war.

464 So hat Klaus **Tiedemann** bereits in seinem Gutachten für den 49. Deutschen Juristentag 1972 in Düsseldorf darauf hingewiesen,[699] dass die Arbeitsteilung der modernen Wirtschaft einerseits zwar kriminelle Manipulationen erschweren kann, andererseits aber

> »wirkt sich die mit der vertikalen Arbeitsteilung notwendigerweise verknüpfte und im Grundsatz angemessene Delegation von Verantwortung strafrechtlich dahin aus, dass im Ermittlungsverfahren häufig die Tatverantwortung auf die in der Unternehmenshierarchie an unterer und unterster Stelle Stehenden abgeschoben wird: typisch sind auch gegenseitige Belastungen einzelner höhere Verantwortlicher (mit der regelmäßigen Folge der Verfahrenseinstellung) sowie die Einlassung, persönlich unterschriebene Schriftstücke infolge Arbeitsüberlastung inhaltlich nicht zur Kenntnis genommen oder infolge der Arbeitsteilung inhaltlich nicht überprüft zu haben. Diesem aus der Arbeitsweise der heutigen Wirtschaft notwendig entstehenden Beweisnotstand ist das Strafrecht bisher nicht entgegengetreten.«

465 Dieser Möglichkeit, dass ein Unternehmen seine gesetzlichen Vertreter durch Delegation von Verantwortung der berechtigten Sanktion entzieht, wollte der Gesetzgeber mit der im Jahre 1994 vollzogenen Änderung des § 30 OWiG unterbinden.[700] Bis zur Gesetzesänderung konnten die Taten eines Prokuristen, eines Handlungsbevollmächtigten oder eines sonstigen gewillkürten Vertreters nicht Grundlage für die Festsetzung einer Geldbuße gegen das Unternehmen sein. § 30 OWiG knüpfte ausschließlich an die formelle Rechtsstellung des Täters an und rechnete der juristischen Person allein das deliktische Verhalten ihrer Organe, Gesellschafter und Vorstandsmitglieder zu. Auf die Funktion des Handelnden kam es nicht an. Die Neufassung des § 30 Absatz 1 Nr. 4 OWiG sieht nun unternehmensbezogene Sanktionen auch vor für die Taten von Generalbevollmächtigten sowie Prokuristen und Handlungsbevollmächtigten in leitender Stellung. Durch die Einbeziehung weiterer Führungskräfte (Generalbevollmächtigte, Prokuristen, Handlungsbevollmächtigte) sollte eine Umgehung des mit der Vorschrift beabsichtigten Zwecks verhindert werden, dass nämlich die gesetzlichen Vertreter – um eine Ahndung des Unternehmens zu vermeiden – nur mit Repräsentationsaufgaben betraut werden, die wahre Geschäftsführung, und damit die Verantwortung für das Unternehmen, aber Mitarbeitern übertragen wird.[701] Durch die Ausweitung des Tatbestands ist das Sanktionsrisiko der juristischen Person selbst wesentlich erhöht worden.[702]

---

698 **Eidam**, Straftäter Unternehmen, a.a.O., S. 83.
699 **Tiedemann**, Welche strafrechtlichen Mittel, a.a.O., C 55.
700 BGBl. 1994, 1440 (2. Gesetz zur Bekämpfung der Umweltkriminalität vom 27. 06. 1994.); dazu die Ausführungen Rdn. 771 ff. zu § 30 OWiG.
701 Vgl. BT-Drucks. 12/376.
702 Zu weiteren Einzelheiten vgl. Rdn. 771 ff.

A. Zivilrechtliche Verantwortlichkeit im Unternehmen

1.   Die Haftung des Unternehmens

Strafrechtliche und zivilrechtliche Haftung des Unternehmens gleichen zwei Paar **466** Stiefeln, die für zwei Menschen gänzlich verschiedener Statur maßgeschneidert wurden. Im Unterschied zum Strafrecht kann ein **Unternehmen zivilrechtlich direkt in Anspruch** genommen werden. Gläubiger können bei Verbindlichkeiten der Gesellschaft auf das Gesellschaftsvermögen zurückgreifen.[703] Dritte können vertragliche Ansprüche gegen das Unternehmen geltend machen, die aus Rechtsgeschäften mit den Stellvertretern des Unternehmens resultieren.[704] Das Unternehmen haftet Dritten gegenüber weiter für die Pflichtverletzung ihrer Organe, die diese in Ausübung ihrer beruflichen Tätigkeit begehen.[705] Dieser Haftungsregelung liegt der Gedanke zugrunde, dass die Handlungen, die ein Organ im Rahmen der ihm übertragenen Geschäfte vornimmt, der juristischen Person dienen, und damit dem Unternehmen selbst zuzurechnen sind.

Wird nun durch eine derartige Handlung ein Dritter geschädigt und hat das **467** Organ dabei schuldhaft gehandelt, dann muss sich das Unternehmen auch dieses Verschulden wie eigenes zurechnen lassen.[706] Diese in § 31 BGB vollzogene Verantwortlichkeit der juristischen Person wird unter anderem damit begründet, dass derjenige, der den guten Tropfen genießt, den bitteren Tropfen nicht ausschlagen darf. Schließlich verschaffen ihre Repräsentanten der juristischen Person durch die Teilnahme am Rechtsverkehr auch alle Rechtsvorteile.

Diese **Zurechnung gilt für alle zum Schadenersatz verpflichtenden Handlungen**, **468** egal ob sie rechtlich als Vertragsverletzungen, Verschulden bei Vertragsschluss, unerlaubte Handlungen, Gefährdungshaftung etc. gewürdigt werden. In diesen Fällen kann der Geschädigte nicht nur vom handelnden Organ, sondern auch von dem Unternehmen, für das es gehandelt hat, Schadenersatz verlangen.

Damit das schadenverursachende Handeln oder Unterlassen dem Unternehmen **469** angerechnet werden kann, muss das Handeln bzw. Unterlassen objektiv innerhalb des Wirkungskreises des betreffenden Organs der juristischen Person liegen.[707] Handlung ist jedes Tun, das falsch oder pflichtwidrig oder unter inhaltlicher Überschreitung der übertragenen Befugnisse vorgenommen wird. Eine Unterlassung liegt dann vor, wenn ein Unternehmensorgan die ihm zukommende satzungsmäßige Aufgabe nicht oder nicht gehörig wahrnimmt oder erfüllt.[708]

---

703   § 1 Abs. 1 S. 2 AktG, § 13 Abs. 2 GmbHG.
704   § 78aktG, § 35 GmbHG, § 164 BGB.
705   § 31 BGB.
706   Vgl. **Prütting/Wegen/Weinreich**, BGB, 2. Aufl., Neuwied 2007, § 31 Rn. 1 ff. (6 ff.).
707   BGHZ 49, 19 ff. (23).
708   Palandt/Heinrichs, a.a.O., § 31 Rn. 1 ff. (10).

470 Ferner hat das Unternehmen Dritten gegenüber das Verschulden seiner übrigen Mitarbeiter, deren es sich zur Erfüllung seiner Verbindlichkeiten bedient, bzw. die es zur Verrichtung seiner Aufgaben bestellt hat, zu vertreten.[709]

471 Neben der Haftung der Körperschaft können aber auch die Vertreter und Mitarbeiter der Unternehmen zivilrechtlich zur Verantwortung gezogen werden.

2. Haftung des Vorstands einer Aktiengesellschaft gegenüber dem Unternehmen

472 Der Vorstand übt in der Aktiengesellschaft die eigentliche unternehmerische Funktion aus. Er leitet die Gesellschaft unter eigener Verantwortung und ist zu ihrer Geschäftsführung und Vertretung berechtigt und verpflichtet.[710] Er ist unabhängig von Aufsichtsrat und Hauptversammlung,[711] also nicht weisungsgebunden.

a) Haftungsgrundlage

473 Das Aktienrecht schreibt die **Schadenersatzpflicht von Vorstandsmitgliedern**, die bei Ausübung ihrer Geschäftsführung nicht die Sorgfalt eines ordentlichen und gewissenhaften Geschäftsleiters anwenden, fest. Vorstandsmitglieder, die durch pflichtwidriges, schuldhaftes Handeln der Gesellschaft einen Schaden zugefügt haben, der das Gesellschaftsvermögen schmälert, sind zum Ersatz dieses Schadens verpflichtet.[712]

474 Grundlage einer Haftung ist § 93 AktG. Diese gesetzliche Bestimmung ist **zwingendes Recht**, kann also durch Satzung oder Anstellungsvertrag nicht gemildert werden. Die Haftung entsteht hier **allein aus der Organstellung** der Vorstandsmitglieder in der Aktiengesellschaft und ist grundsätzlich zu unterscheiden von der Haftung aus dem mit der Gesellschaft geschlossenen Anstellungsvertrag.[713]

475 Sie gilt für alle Vorstandsmitglieder, einschließlich der stellvertretenden und gerichtlich bestellten, von der konkreten Annahme des Amtes[714] bis zur tatsächlichen Beendigung der Vorstandstätigkeit. Schadenersatzansprüche verjähren in fünf Jahren.[715]

---

709 § 278 bzw. § 831 BGB.

710 § 76 ff. AktG.

711 Siehe auch Ralf **Ek**, Haftungsrisiken für Vorstand und Aufsichtsrat, Berlin 2005, S. 10.

712 § 93 Abs. 2 S. 1 AktG; dazu Uwe **Hüffer**, Aktiengesetz, 7. Aufl. München 2006 § 93 Rn. 11 ff.; siehe auch Wolfgang M. **Kau**/Klaus **Kukat**, Haftung von Vorstands- und Aufsichtsratsmitgliedern bei Pflichtverletzungen nach dem Aktiengesetz, in: BB 2000, S. 1045 ff.

713 Oliver **Tomat** in: Matthias **Schüppen**/Bernhard **Schaub** (Hrsg.), Aktienrecht, München 2005, § 24 Rn. 1 m. w. N.

714 RGZ 144, 348 ff.; eine förmliche Bestellung durch das dazu berufene Gesellschaftsorgan ist demnach nicht notwendig, vgl. Dahnz, a.a.O., S. 100; also haftet auch das fehlerhaft bestellte Vorstandsmitglied.

715 § 93 Abs. 6 AktG.

Die Haftung betrifft nur die Verletzung von Pflichten, die dem Vorstand gegen- **476** über der Aktiengesellschaft obliegen. Also können **nur** der **Aktiengesellschaft** aus entsprechenden Pflichtverletzungen **Ansprüche** nach § 93 Absatz 2 AktG zustehen.[716]

b) Überblick

Das Gesetz unterscheidet zwischen den allgemeinen Sorgfaltspflichten des § 93 **477** Absatz 1 AktG[717] und den besonderen Sorgfaltspflichten. Absatz 1 enthält neben der Generalklausel ausdrücklich nur die Pflicht zur Verschwiegenheit. Über vertrauliche Angaben und Geheimnisse der Gesellschaft (hervorgehoben sind Betriebs- oder Geschäftsgeheimnisse), die den Vorstandsmitgliedern durch ihre Tätigkeit im Vorstand bekannt geworden sind, haben sie Stillschweigen zu bewahren.

Besonders wichtige Haftungsfälle sind in § 93 Absatz 3 AktG aufgeführt. Eine **478** Ersatzpflicht tritt demnach ein, wenn entgegen der Vorschriften des Aktiengesetzes

- Einlagen an die Aktionäre zurückgewährt werden,
- den Aktionären Zinsen oder Gewinnanteile gezahlt werden,
- eigene Aktien der Gesellschaft oder einer anderen Gesellschaft gezeichnet, erworben, als Pfand genommen oder eingezogen werden,
- Aktien vor der vollen Leistung des Ausgabebetrags ausgegeben werden,
- Gesellschaftsvermögen verteilt wird,
- Zahlungen geleistet werden, nachdem die Zahlungsunfähigkeit der Gesellschaft eingetreten ist oder sich ihre Überschuldung ergeben hat,
- Vergütungen an Aufsichtsratsmitglieder gewährt werden,
- Kredit gewährt wird,
- bei der bedingten Kapitalerhöhung außerhalb des festgesetzten Zwecks oder vor der vollen Leistung des Gegenwerts Bezugsaktien ausgegeben werden.

Bei diesen speziell geregelten Pflichten sind die Vorschriften des Aktiengesetzes **479** strikt einzuhalten, es besteht diesbezüglich grundsätzlich kein Ermessensspielraum für die Unternehmensleitung. Gleiches gilt für die Gesellschaft schädigende Gesetzesverstöße insgesamt.

Abgesehen von diesen besonderen Pflichten hat die Rechtsprechung in erster **480** Linie den **Grundsatz einer organschaftlichen Treuepflicht** herausgearbeitet: Die Vorstandsmitglieder haben eine treuhänderische Stellung, die sie verpflichtet, ein Maß von Loyalität zur Gesellschaft zu beweisen, das über das zwischen Vertragsparteien normalerweise Übliche hinausgeht.[718] Der Vorstand darf seine persönli-

---

716 Vgl. Schüppen/Schaub/Tomat, a.a.O., § 24 Rn. 2.
717 Nach h. M. hat § 93 Abs. 1 S. 1 AktG eine Doppelfunktion, die einerseits allgemeine Verhaltenspflichten in Form einer Generalklausel bezeichnet, andererseits den Verschuldensmaßstab umschreibt; dazu Hüffer, a.a.O., § 93 Rn. 5, § 84 Rn. 3. Die gegenteilige Auffassung wird ebenfalls vertreten (nur Verschuldensmaßstab), wobei die Diskussion wenig praktische Bedeutung hat.
718 Hüffer, a.a.O., § 93 Rn. 5, § 84 Rn. 9 m. w. N.

chen Interessen nicht über den Umfang dessen hinaus durchsetzen, was ihm die Gesellschaft aus eigenem Interesse gewähren würde.[719] Als Organ der Aktiengesellschaft sind die Vorstandsmitglieder zur Wahrnehmung der durch Aktienrecht, Satzung und Geschäftsordnung festgelegten Organfunktionen verpflichtet und müssen deren Grenzen verbindlich einhalten.

481 Um der Leitungsaufgabe umfassend gerecht werden zu können, ist den handelnden Personen aber bei **unternehmerischen Entscheidungen**[720] ein nur beschränkt justiziabler Freiraum (*Safe Harbour*)[721] zugestanden. Das hat zur Folge, dass die Vorstandsmitglieder zum Erreichen der unternehmerischen Ziele auch Wagnisse eingehen dürfen. Ohne einen unternehmerischen **Ermessensspielraum** wäre eine effektive Planung kaum denkbar.[722] Deshalb ist bei der Feststellung, ob eine Pflichtverletzung vorliegt, die Frage nach der **Abgrenzung zu bloßen Fehlschlägen und Irrtümern** entscheidend. Verstöße des Vorstands gegen die Sorgfaltspflicht werden erst dann zu einer Haftung gemäß § 93 Absatz 2 AktG führen, wenn das Vorstandshandeln geradezu unvertretbar ist, also bei evidentem Verfehlen der aus dem Unternehmensinteresse abzuleitenden Ermessensgrenzen.[723] Dieser Haftungsfreiraum ist seit dem Jahre 2005 als so genannte *Business Judgement Rule*[724] gesetzlich festgeschrieben.[725]

> »*Eine Pflichtverletzung liegt nicht vor, wenn das Vorstandsmitglied bei einer unternehmerischen Entscheidung vernünftigerweise annehmen durfte, auf der Grundlage angemessener Information zum Wohle der Gesellschaft zu handeln.*«[726]

482 Ein solcher Haftungsfreiraum folgt zu allererst aus dem Interesse des Unternehmens, da sonst die Gefahr besteht, dass Manager zwar keine Risiken eingehen würden, gleichzeitig aber auch Chancen nicht wahrgenommen würden. Deshalb ist grundsätzlich von einem weit reichenden Ermessen auszugehen.[727] Dabei ist zu berücksichtigen, dass der Ermessensspielraum je nach Aufgabe unterschiedlich weit gefasst sein kann.[728] In Betracht kommt eine Abgrenzung zwischen originärer Unternehmensleitung und reiner Geschäftsführung.

483 Einen besonderen Fall fehlender Pflichtverletzung, den der **Verletzung der Insolvenzantragspflicht**, hat der Bundesgerichtshof erst jüngst entschieden.[729] Der 2. Senat führt in dem ihm vorgelegten Fall aus:

---

719 So schon RG JW 1928, S. 397 f.

720 Dies schließt Gesetzesverstöße und Verstöße gegen die Treuepflicht schon rein logisch aus!

721 Vgl. Ek, a.a.O., S. 3.

722 Vgl. Peter **Hommelhoff**/ Klaus J. **Hopt**/ Axel **v. Werder**, Handbuch Corporate Governance, Köln/Stuttgart 2003, S. 756.

723 BGH NJW 1997, 1926; BGH NZG 2002, 195 ff. [196].

724 Der Begriff stammt aus dem US-amerikanischen Recht; dazu Marcus **Roth**, Unternehmerisches Ermessen und Haftung des Vorstandes, München 2001, § 1, S. 44 ff.

725 § 93 Abs. 1 S. 2 AktG.

726 Näher unten, Rdn. 554 ff. (Stichwort Corporate Governance).

727 Grundlegend zum unternehmerischen Ermessen Roth, a.a.O., § 1, S. 49 ff.

728 Zu den Ermessensgrenzen auch Hommelhoff/Hopt/v. Werder, a.a.O., S. 757 und Roth, a.a.O., § 1, S. 54 ff. m. w. N.

729 BGH (Urt. v. 14. 05. 2007 – II ZR 48/06) wistra 2007, 347 ff. Das nachfolgende Zitat findet sich a. a. O., S. 349.

»2. Eine Haftung des Beklagten scheidet auch deshalb aus, weil er eine – möglicherweise bestehende Insolvenzantragspflicht nicht schuldhaft verletzt hat. Er hat zu der Frage, ob sich die Schuldnerin in einer Situation befand, in der er zur stellung des Insolvenzantrags verpflichtet war, unabhängigen, fachlich qualifizierten Rat eingeholt mit dem Ergebnis, dass eine derartige Pflicht für ihn nicht bestand. Auf diesen Rat durfte er sich verlassen.

a) Die Haftung des Vorstands wegen Verletzung der Insolvenzantragspflicht nach §§ 92, 93 AktG setzt eben so wie die Haftung des GmbH-Geschäftsführers nach § 64 Abs. 2 GmbHG eine schuldhafte Verletzung der Insolvenzantragspflicht voraus ... Für die Haftung des Vertretungsorgans reicht die Erkennbarkeit der Insolvenzreife aus; das Verschulden des Vorstands/Geschäftsführers wird vermutet...Den Vorstand/ Geschäftsführer trifft die Darlegungs- und Beweislast dafür, dass er seineInsolvenzantragspflicht nicht schuldhaft verletzt hat.

b) Diesen Anforderungen, d.h. dem Nachweis seines mangelnden Verschuldens als Organmitglied, hat der Beklagte genügt. Von dem organschaftlichen Vertreter wird erwartet, dass er sich über die wirtschaftliche Lage der Gesellschaft stets vergewissert. Hierzu gehört insbesondere die Prüfung der Überschuldung und der Zahlungsunfähigkeit. Er handelt daher fahrlässig, wenn er sich nicht rechtzeitig die erforderlichen Informationen und die für die Insolvenzantragspflicht erforderlichen Kenntnisse verschafft. ... Dabei muss sich der organschaftliche Vertreter, sollte er nicht über ausreichende persönliche Kenntnisse verfügen, ggf. extern beraten lassen. ... Dafür reicht selbstverständlich eine schlichte Anfrage bei einer von dem organschaftlichen Vertreter für fachkundig gehaltenen Person nicht aus. Erforderlich ist vielmehr, dass sich das Vertretungsorgan unter umfassender Darstellung der Verhältnisse der Gesellschaft und Offenlegung der erforderlichen Unterlagen von einem unabhängigen, für die zu klärenden Fragestellungen fachlich qualifizierten Berufsträger beraten lässt...«.

c)   Haftungsmaßstab

Haftungsmaßstab ist dabei die **Sorgfalt eines ordentlichen und gewissenhaften 484 Geschäftsleiters**. Diese Gesetzesformulierung »verobjektiviert«: Es wird nicht nach den persönlichen Fähigkeiten und Kenntnissen gefragt, sondern der Vorstand wird danach beurteilt, wie die von ihm geleitete Gesellschaft unter Berücksichtigung ihrer Art und Größe sowie der Ressortaufteilung zu leiten wäre.[730]

Das bedeutet, dass Vorstandsmitglieder dafür einzustehen haben, über das zur ordentlichen und gewissenhaften Geschäftsführung notwendige Know-how zu verfügen. Sie können sich zur Haftungsfreizeichnung also nicht auf ihre nach dem geforderten Standard ungenügende Qualifikation zur Bewältigung der von ihnen verlangten Tätigkeiten berufen.[731]

---

[730] Schüppen/Schaub/Tomat, a.a.O., § 24 Rn. 9; Ek, a.a.O., S. 81 u. S. 108 ff.

[731] Hüffer, a.a.O., § 93 Rn. 14; siehe dazu schon **v. Werder**, Organisation der Unternehmensleitung und Haftung des Top-Managements, in: DB 1987, S. 2265 ff. (2269) m. w. N.

d)   Gesamtschuldnerische Haftung

485 Die Vorstandsmitglieder haften als **Gesamtschuldner**.[732] Wenn also mehrere für eine Pflichtverletzung verantwortlich sind, haftet jeder der Gesellschaft gegenüber auf den vollen Schaden. Dies kann eine »*ressortübergreifende Haftung*« auch in den Fällen einer Arbeitsteilung durch Satzung, Vertrag oder Geschäftsordnung bedeuten: Prinzipiell ist zwar jeder für seinen Aufgabenbereich verantwortlich; sobald jedoch besondere Anhaltspunkte dafür vorliegen, dass ein Kollege in seinem Bereich nicht einwandfrei arbeitet, muss jedes Vorstandsmitglied eingreifen. Alle Vorstandsmitglieder haben die Pflicht, die Gesetzes- und Zweckmäßigkeit des Geschäftsbetriebs zu überwachen. Das ergibt sich aus dem Grundsatz der **haftungsrechtlichen Gesamtverantwortung** und der **allgemeinen Aufsichtspflicht** im Sinne der Leitungspflicht gemäß § 76 Absatz 1 AktG.[733]

e)   Beweislastumkehr

486 Eine **Verschärfung** der Haftung folgt aus § 93 Absatz 2 Satz 2 AktG: Danach muss das Vorstandsmitglied im Falle einer Schädigung der Gesellschaft seinerseits beweisen, keine Pflichtverletzung begangen zu haben.

Anders als im bürgerlichen Recht sonst üblich ist also die Gesellschaft bei einem Prozess nur verpflichtet, einen Schaden darzulegen und darüber hinaus zu beweisen, dass der Schaden auf ein bestimmtes Verhalten eines Vorstandsmitglieds zurückzuführen ist.[734] Der Vorstand muss sich dann entlasten und beweisen, weder eine Pflicht verletzt noch gar schuldhaft gehandelt zu haben. Gelingt ihm im Prozessverlauf diese Beweisführung nicht zur Überzeugung des Gerichts, verliert er allein schon aus diesem Grund.

3.   Haftung des Geschäftsführers einer GmbH gegenüber dem Unternehmen

487 Während die Anzahl deutscher Aktiengesellschaften erst in den letzten Jahren einen überproportionalen Zuwachs erhielt,[735] stieg die Zahl der GmbH-Gesellschaften in der Bundesrepublik Deutschland vor allem wegen ihrer gesellschafts-, haftungs- und steuerrechtlichen Vorzüge kontinuierlich rasant auf gegenwärtig (2005) rund 975.000 Unternehmen an.[736]

488 Die **Organisation einer GmbH** ist grundsätzlich einfach gestrickt: In der Regel gibt es nur zwei Organe, den Geschäftsführer und die Gesellschafterversamm-

---

732 §§ 421 ff. BGB.
733 So auch Schüppen/Schaub/Tomat, a.a.O., § 24 Rn. 8 und Hüffer, a.a.O., § 93 Rn. 13 und 13 b.
734 Ek, a.a.O., S. 110 f.; Hüffer, a.a.O., § 93 Rn. 16 m. w. N.
735 1998: 4.548; 2003: 15.105; siehe Schüppen/Schaub/Schüppen, a.a.O., § 1 Rn. 1 ff. (4).
736 Vgl. Roth/Altmeppen, a.a.O., Einleitung Rn. 6 m. w. N. und einer ausführlichen Erläuterung zur statistischen Erfassung.

lung. Die Gesellschafterversammlung ist dem Geschäftsführer übergeordnet, das heißt, der Geschäftsführer ist weisungsabhängig.

Trotz der einfachen Grundstruktur heißt es bereits in einem Aufsatz von Klaudia **489** Ossola-Haring,[737] der zutreffend das rechtliche Risiko des Unternehmensleiters schildert: »*GmbH-Geschäftsführer leben gefährlich*«.

> »*Für einen GmbH-Geschäftsführer genügt es nicht, ein ausgeprägtes Rechtsbewusstsein zu haben, das ihn wie einen normalen Staatsbürger in aller Regel daran hindert, mit dem Gesetz in Konflikt zu kommen; die Fußangeln sind geschickter gestellt.*«[738]

Das besondere Haftungsrisiko des GmbH-Geschäftsführers resultiert zum einen **490** aus seiner widersprüchlichen Positionierung in »seiner« Gesellschaft: Zum einen ist er der gesetzliche Vertreter[739] der juristischen Person *GmbH* und hat damit die Pflicht, deren Geschäftsinteressen optimal wahrzunehmen. Er ist also eigentlich Unternehmer. Zum anderen aber verwaltet er auch fremdes Vermögen und ist an Weisungen der Gesellschafter gebunden.[740] Damit hat er faktisch zusätzlich eine Arbeitnehmerfunktion, was seine Stellung insgesamt problematisch macht.

Aber nicht nur die Stellung im Unternehmen geriert Haftungsrisiken. Wie Vor- **491** stände, persönlich haftende Gesellschafter, Aufsichts- und Beiratsmitglieder steht auch jeder der weit über eine Million GmbH-Geschäftsführer vor einem unüberschaubaren Panorama für ihn einschlägiger Vorschriften. Von A (wie Abgabenordnung) bis Z (wie Zwangsvollstreckung) spannt sich der Pflichtenkatalog des Unternehmensleiters. Aktiengesetz, Bürgerliches Gesetzbuch, GmbH-Gesetz, Handelsgesetzbuch, Insolvenzordnung, Kapitalerhöhungsgesetz, Steuerrecht, Strafgesetzbuch und Umwelthaftpflichtgesetz sind nur wenige herausragende nationale Gesetzeswerke, mit denen sich ein Geschäftsführer befassen muss. »*Muss*«, denn ganz gleich, ob der Geschäftsführer Jurist, Kaufmann[741] oder Techniker ist, die Rechtsprechung erwartet von ihm, dass er um seine Pflichten weiß und diese auch erfüllt,[742] wenn er die Position annimmt.

Und noch etwas sollte der GmbH-Geschäftsführer wissen, so **Ossola-Haring**: **492**

> »*Keine Entschuldigung für einen Geschäftsführer ist, wenn bei mehreren Geschäftsführern ein anderer für die Steuerangelegenheiten der GmbH verantwortlich zeichnet.*«

Eine Schlussfolgerung, die der verantwortungsbewusste GmbH-Geschäftsführer **493** aus der bestehenden Rechtslage ziehen kann, heißt: Der GmbH-Geschäftsführer

---

737 Vgl. **Ossola-Haring**, GmbH-Geschäftsführer können persönlich haften – Schutz vor Pflichtverletzungen durch bessere Informationen, in: Blick durch die Wirtschaft, Nr. 184 v. 25. 09. 1986, S. 4.

738 Vgl. Ossola-Haring, a.a.O., S. 4. Nach einer – in Hoffmann/Liebs, a.a.O., S. 2 f. zitierten – Untersuchung von **Hucke**, in: (Aktiengesellschaft (AG) 1994, S. 397 ff.) bestritten 50 % der befragten Geschäftsführer, dass sie aus haftungsrechtlicher Sicht gefährlich lebten. 40 % sahen in den mit der Geschäftsführertätigkeit verbundenen Haftungsrisiken keine Beeinträchtigung ihrer Funktion.

739 § 35 Abs. 1 GmbHG.

740 § 37 Abs. 1 GmbHG.

741 Die Mehrzahl der GmbH-Geschäftsführer sind Kaufleute.

742 Ossola-Haring, a.a.O., S. 4.

sollte außergewöhnliche Geschäftsvorgänge stets und wichtige Vorkommnisse grundsätzlich vom Experten – Rechtsanwalt, Notar, Steuerberater – überprüfen lassen.[743]

494 Gerade Geschäftsführern von Tochtergesellschaften in Großunternehmen ist häufig unklar, welcher Verantwortungs- und Pflichtenkatalog mit ihrem Amt verbunden ist.

495 Den Geschäftsführern der Tochtergesellschaft wurde in der – strafrechtlichen – **Erdal-Entscheidung** des Bundesgerichtshofs unter anderem vorgeworfen, dass sie den durch die Muttergesellschaft gefassten Beschluss, das schädigende Produkt nicht zurückzurufen, widerspruchslos hingenommen hatten. Der Bundesgerichtshof stellte in diesem Zusammenhang weiterhin fest, dass die gesetzlichen Vertreter der Tochtergesellschaften faktisch eher eine Gleichstellung mit den Abteilungsleitern der Obergesellschaft erfahren als mit deren Führungsspitze.[744]

496 Die Quintessenz dieser Ausführungen lautet: Wer entscheidet, trägt ein nicht unerhebliches Risiko. Die Manager von Aktiengesellschaften und GmbHs müssen mit ansehen, wie ihr Pflichtenkatalog drastisch anschwillt. Mit der **Zunahme der Haftungsverantwortung** schwindet das Selbstbewusstsein. Die Führungskräfte vertrauen nicht mehr auf ihr eigenes Rechtsbewusstsein, auf ihre eigene Leistungsfähigkeit. Hilflosigkeit macht sich breit, da der Pflichtenkatalog nicht mehr zu durchschauen ist. Die Abhängigkeit von Dritten verunsichert eben. Führungskräfte sind aufgrund dieses ausgeprägten Rechtsrisikos häufig nur noch bereit, (auch Alltags-)Entscheidungen für ihr Unternehmen zu treffen, wenn diese juristisch abgesichert sind. Die Angst vor einer Fehlentscheidung, die Angst, in eine »Fußangel« zu geraten, ist groß, manchmal übertrieben groß.

497 Die Haftung des GmbH-Geschäftsführers bestimmt sich in erster Linie nach § 43 GmbHG. Diese Norm ist der aktienrechtlichen Regelung nachgebildet, sodass im Grundsatz auf die vorstehenden Ausführungen zur Haftung des Vorstands der Aktiengesellschaft verwiesen werden kann.[745] Allerdings ergeben sich Besonderheiten.

a)   Zwingendes Recht des § 43 GmbHG?

498 Die gesetzlich vorgeschriebene Haftung von Vorstandsmitgliedern einer Aktiengesellschaft kann nicht ausgeschlossen und nicht gemildert werden. Ob die Haftungsregelung des § 43 Absatz 1 GmbHG ebenfalls zwingendes Recht darstellt oder ob sie durch Gesellschaftsvertrag, Gesellschafterbeschluss oder im Anstellungsvertrag des Geschäftsführers abgeschwächt werden kann, ist in der Literatur umstritten.[746]

---

743   Ossola-Haring, a.a.O., S. 4.
744   Vgl. dazu Rdn. 1097 ff.
745   Vgl. dazu Rdn. 472 ff.
746   Dazu **Baumbach/Hueck/Zöllner**, GmbHG-Kommentar, 18. Aufl., München 2006, § 43 Rn. 4 ff.; **Rowedder/Schmidt-Leithoff/Koppensteiner**, GmbHG-Kommentar, 4. Aufl. 2002, § 43 Rn. 4, Lutter/Hommelhoff, a.a.O., § 43 Rn. 37 ff.

Die Rechtsprechung hat sich – so weit erkennbar – noch nicht festgelegt. Es muss jedoch einkalkuliert werden, dass sie die Grundsätze des Aktienrechts entsprechend anwenden wird; denn auch der Geschäftsführer einer GmbH ist Verwalter fremden Vermögens. Daher kann er nicht durch eine Abbedingung im Anstellungsvertrag ex ante von einer Haftung befreit werden.[747]

b) Haftungsmaßstab

Die gesetzliche Anforderung an Qualifikation und Tätigkeit des Geschäftsführers, **499** die *»Sorgfalt eines ordentlichen Geschäftsmanns«*, entspricht der aktienrechtlichen Regelung.[748]

Der Geschäftsführer ist seiner Gesellschaft zum Schadenersatz verpflichtet, wenn er eine **Sorgfaltspflicht verletzt**, die ihm persönlich gegenüber der Gesellschafter obliegt, diese Pflichtverletzung zu einem **Vermögensschaden** bei der **Gesellschaft** geführt hat und der Geschäftsführer bei der Pflichtverletzung schuldhaft gehandelt hat.[749] Betroffen sind auch im Falle des Geschäftsführers allgemeine und besondere Sorgfaltspflichten. Hervorzuheben ist hier wiederum die organschaftliche Treuepflicht sowie die ausdrücklich festgehaltene Pflicht zur Erhaltung des Stammkapitals.

> Besonders bedeutsam ist das Verbot der verdeckten Gewinnausschüttung. **500** Dem Geschäftsführer sind Zahlungen an die Gesellschafter aus dem zur Erhaltung des Stammkapitals erforderlichen Vermögen untersagt, wenn die Zahlungen der Bestimmung des § 30 GmbHG widersprechen. Dasselbe gilt für Eigenkapital ersetzende Darlehen.[750]

Wie bei den Vorständen von Aktiengesellschaften ist der **Verschuldensmaßstab** **501** für GmbH-Geschäftsführer weitgehend **verobjektiviert**. Auch sie können sich also nicht darauf berufen, den ihnen übertragenen Aufgaben aus Unerfahrenheit, Alter oder Unwissenheit nicht gewachsen[751] oder von den Gesellschaftern schlecht ausgewählt bzw. ungenügend überwacht gewesen zu sein.[752]

Ein Unterschied in den Sorgfaltspflichten des GmbH-Geschäftsführers im Gegen- **502** satz zu denen der AG-Vorstandsmitglieder ergibt sich aus der Weisungsgebun-

---

747 Roth/Altmeppen, a.a.O., § 43 Rn. 5; Rowedder/Schmidt-Leithoff/Koppensteiner, a.a.O., § 43 Rn. m.w.N.; a. A. **Marsch-Barner/Diekmann** in: Hans-Joachim **Priester**/Dieter **Mayer** (Hrsg.), Münchner Handbuch des Gesellschaftsrechts, 2. Aufl., München 2003, Bd. 3 GmbH, § 46 Rn. 4 unter Hinweis darauf, Abs. 1 und 2 dienten in erster Linie dem Schutz der Gesellschaft.

748 § 93 Abs. 1 AktG, Rowedder/Schmidt-Leithoff/Koppensteiner, a.a.O., § 43 Rn. 7; Baumbach/Hueck/Zöllner, a.a.O., § 43 Rn. 7; siehe auch Egon **Kust**, Die Sorgfaltspflicht und Verantwortlichkeit eines ordentlichen und gewissenhaften Geschäftsleiters, in: WM 1980, S. 758 ff.

749 Siehe ausführlich Dahnz, a.a.O., S. 25 ff.

750 §§ 30 ff., 43 Abs. 3 GmbHG; ausführlich zu den strafrechtlichen Zusammenhängen Rdn. 2123 ff.

751 BGH NJW 1971, 1548 ff.; OLG Celle, NZG 2000, 1178 f.; vgl. auch Priester/Mayer – Marsch-Barner/Diekmann, a.a.O., § 46 Rn. 13.

752 BGH NJW 1983, 1856 f.

denheit des Geschäftsführers. Der Geschäftsführer hat **wirksame Weisungen** der Gesellschafter auszuführen, also solche nicht im Widerspruch zu Gesetz und Satzung stehen. Er haftet also der Gesellschaft gegenüber dann nicht, wenn die Ausführung dieser Weisungen die Gesellschaft schädigen[753] – selbst dann nicht, wenn dieser Schaden absehbar war.[754]

503 Eine vom Geschäftsführer pflichtwidrig veranlasste oder beeinflusste Weisung (z.B. durch Falschinformation) entlastet diesen natürlich nicht. Auch darf der Gesellschafterbeschluss nicht nichtig sein, wenn er etwa gegen ein Gesetz verstößt, weil er den Geschäftsführer dann von vornherein nicht binden kann. War die Nichtigkeit nicht erkennbar, kann es jedoch am Verschulden fehlen.[755]

c) Gesamtschuldnerische Haftung

504 Auch bei der GmbH gilt der **Grundsatz der Gesamtverantwortung**. Wie die Vorstandsmitglieder einer Aktiengesellschaft haften mehrere Geschäftsführer einer GmbH als Gesamtschuldner,[756] sofern jedem individuell ein Schuldvorwurf zu machen ist.[757]

505 Hieran ändert auch ein wirksam bestehender Geschäftsverteilungsplan nichts. Bei einer durch Satzung oder Gesellschafterbeschluss bestimmten **Geschäftsverteilung auf mehrere Geschäftsführer** trägt jeder **grundsätzlich** nur für die seinem Ressort zugeteilten Aufgaben Handlungsverantwortung (**Ressortverantwortlichkeit**). Daneben besteht aber für ihn weiter eine **Überwachungspflicht seiner Geschäftsführungskollegen**. Liegen also Anhaltspunkte für die Fehlleistung eines Kollegen vor, dann muss er eingreifen,[758] denn jedem Geschäftsführer in einem Kollegialgremium obliegt eine Kontrollpflicht des Mitgeschäftsführers. Diese ist unabdingbar.

> »Auch Ratschläge von Beirat oder Aufsichtsrat der GmbH oder vom Steuerberater entlasten den Geschäftsführer nicht.«[759]

506 Diese Überwachungspflicht darf nicht mit dem Motto **Lenins** (»Vertrauen ist gut, Kontrolle ist besser!«) verwechselt werden. Wenn keine ernsthaften Anhaltspunkte bestehen, kann der Geschäftsführer davon ausgehen, dass seine Kollegen pflichtbewusst handeln. Seiner Informations- und Kontrollpflicht genügt der Mitge-

---

753 BGH NJW 2000, 1571; zustimmend **Terlau** in Volker **Römermann** (Hrsg.), Münchner Anwaltshandbuch GmbH-Recht, München 2002, § 9 Rn. 38 ff.

754 BGH NJW 1960, 285.

755 Roth/Altmeppen, a.a.O., § 43 Rn. 7 und 87 m.w.N.

756 § 43abs. 2 GmbHG: »Geschäftsführer, welche ihre Obliegenheiten verletzen, haften der Gesellschaft solidarisch für den entstandenen Schaden.«. vgl. Lutter/Hommelhoff, a.a.O., § 43 Rn. 1.

757 Hoffmann/Liebs, a.a.O. Rn. 806 ff.; Baumbach/Hueck/Zöllner, a.a.O., § 43anm. 16 ff. (20); instruktiv: **Fleck**, Zur Haftung des GmbH-Geschäftsführers, in: GmbH-Rundschau 1974, 224 ff. (226).

758 Vgl. **Haas** in Lutz **Michalski** (Hrsg.), Kommentar zum GmbHG, München 2002, Bd. II, § 43 Rn. 155 ff.; Rowedder/Schmidt-Leithoff/Koppensteiner, a.a.O., § 43 Rn. 9 m.w.N.

759 Ossola-Haring, a.a.O., S. 4; ist kraft Gesellschaftsvertrag der Aufsichtsrat der GmbH weisungsbefugt, so entlasten auch dessen Weisungen den Geschäftsführer, Roth/Altmeppen, a.a.O., § 43 Rn. 86 m.w.N.

schäftsführer, wenn er sich im Gesamtkollegium regelmäßig über unternehmenswesentliche Vorgänge in den anderen Ressorts unterrichten lässt. Demnach haftet der Geschäftsführer **nicht für fremdes Verschulden**, dass ihm auch nicht im Rahmen der Überwachungs- und Kontrollpflichten zugerechnet werden kann.

Eine nicht mit den Gesellschaftern abgestimmte interne (faktische, gewachsene oder gelebte) Arbeitsteilung hingegen lässt die Gesamtverantwortlichkeit der Gesellschafter unberührt. Es gilt in diesem Fall der Grundsatz der Gesamtgeschäftsführung.[760]

d) Beweislast

Der GmbH-Geschäftsführer muss bei einer Schädigung seines Unternehmens **507** beweisen, dass er den ihm obliegenden Pflichtenkatalog beachtet hat.

Zwar kennt § 43 GmbHG keine § 93 Absatz 2 S. 2 AktG, § 34 Absatz 2 GenG entsprechende Klausel, die die **Umkehr der Beweislast** reglementiert, jedoch wird ganz überwiegend[761] die Auffassung vertreten, dass die aktienrechtliche Handhabung auch auf die Rechtsbeziehung der GmbH zu ihren Geschäftsführern entsprechend anwendbar ist. Erforderlich ist jedoch, dass die Gesellschaft einen Sachverhalt vorträgt, aus dem sich **zumindest die Möglichkeit einer Pflichtverletzung** durch das Organ ergibt,[762] da andernfalls eine Klage schon unschlüssig wäre.[763]

4. Haftung von Vorstand bzw. Geschäftsführer gegenüber Dritten

Die Vorschriften der § 93 AktG und § 43 GmbHG regeln die Ersatzansprüche **508** der Gesellschaften gegenüber ihren Leitungsorganen. Diese Normen berechtigen aber nicht – und dies ist wohl einhellige Meinung –, die Gläubiger der Unternehmen (im Juristendeutsch schlicht »Dritte« genannt) zur unmittelbaren Inanspruchnahme der gesetzlichen Unternehmensvertreter.[764]

Der **Geschäftsführer** einer GmbH haftet nicht persönlich gegenüber Dritten, also **509** insbesondere nicht gegenüber Gläubigern der Gesellschaft. Im Verhältnis zwischen Gläubigern und der GmbH haftet nach § 31 BGB die Gesellschaft, da das Handeln des Geschäftsführers der Gesellschaft unmittelbar zugerechnet wird.

---

760 Rowedder/Schmidt-Leithoff/Koppensteiner, a.a.O., § 43 Rn. 12: zur strafrechtlichen Gesamtverantwortung von Kollegialgeschäftsführungsgremien, vgl. unten Rdn. 1176 ff. und Lutter/Hommelhoff, a.a.O., § 37 Rn. 27 ff.
761 BGH NJW 2003, 358; Roth/Altmeppen, a.a.O., § 43 Rn. 75 ff.; Lutter/Hommelhoff, a.a.O., § 43 Rn. 3.
762 BGHZ 152, 280 ff. [284].
763 Roth/Altmeppen, a.a.O., § 43 Rn. 75.
764 Die genannten Vorschriften sind also auch keine Schutzgesetze zugunsten einzelner Gesellschaftsgläubiger z. B. im Sinne des § 823 Abs. 2 BGB; ganz herrschende Meinung, siehe Hüffer, a.a.O., § 93 Rn. 19 m. w. N.

510 Auch **Vorstandsmitglieder** haften zunächst nicht im Außenverhältnis, Gesellschaftsgläubiger sind nur berechtigt, Ansprüche gegenüber der Aktiengesellschaft als juristischer Person geltend zu machen.[765]

Das Risiko einer Inanspruchnahme der Vorstands- und Geschäftsführungsmitglieder durch Dritte besteht aber unter folgenden Gesichtspunkten:

a) Verschulden bei Vertragsschluss

511 In der Praxis gibt es Ausnahmen von dem Grundsatz, dass der GmbH-Geschäftsführer oder der AG-Vorstand Dritten gegenüber nicht persönlich haftet.

Selten, aber ausnahmsweise ist nach der bisherigen Rechtsprechung eine Inanspruchnahme der Führungskraft unter dem Gesichtspunkt des *»Verschuldens bei Vertragsschluss«* möglich. Dieses Rechtsinstitut sanktioniert ein Fehlverhalten der gesetzlichen Unternehmensleiter vor oder bei Geschäftsabschlüssen – ohne dass es zu einem Vertragsschluss kommen muss. Seit der Schuldrechtsmodernisierung 2002 ist die *»culpa in contrahendo«* gesetzlich geregelt.[766] Zuvor war diese seit langem als Gewohnheitsrecht anerkannt.

512 Schadenersatzansprüche Dritter gegen die Leitungsorgane der Gesellschaft aus diesem Rechtsinstitut kommen in Betracht, wenn die Führungskraft das besondere Vertrauen eines Verhandlungspartners in ihrer Person benutzt, um einen Vertragsschluss zu Gunsten der Gesellschaft zu erreichen.[767]

513 Unter dem Stichwort der **Eigenhaftung des Vertreters** gibt es einschlägige Fälle:[768]

- Verletzung von Aufklärungspflichten gegenüber künftigen Vertragspartnern bei mangelnder Liquidität des Unternehmens oder drohender Insolvenz;[769]
- Abschluss eines Vertrages für das Unternehmen ohne entsprechende Vertretungsmacht;
- Wenn das Organ bei wirtschaftlicher Betrachtungsweise an dem Geschäft gleichsam in eigener Sache beteiligt ist.

514 Auch wenn nach diesem Muster ein Ersatzanspruch des geschädigten Dritten gegen den Vorstand einer Aktiengesellschaft grundsätzlich in Betracht kommt[770] – die in der Praxis bekannten Fälle sind GmbH-spezifisch.[771] Anders kann es jedoch sein, wenn ein Vorstand zugleich Aktionär der Gesellschaft in nennenswertem Umfang ist.

---

765 Ausnahmen finden sich in § 93 Abs. 5 AktG für den Fall der Zahlungsunfähigkeit der Gesellschaft sowie in § 117 AktG für den Sonderfall der Benutzung von Einfluss auf die Gesellschaft, der diese schädigt.

766 Culpa in contrahendo (c. i. c.), §§ 241 Abs. 2, 280 Abs. 1, 311 Abs. 2 BGB. Dazu ausführlich: Lutter/Hommelhoff, a.a.O., § 43 Rn. 50 ff.

767 Vgl. Hüffer, a.a.O., § 93 Rn. 21; Schüppen/Schaub/Tomat, a.a.O., § 24 Rn. 32.

768 Nach Hoffmann/Liebs, a.a.O. Rn. 833.1 f und Dahnz, a.a.O., S. 52.

769 Zu Haftung, Darlegungs- und Beweislast des Geschäftsführers vgl. BGH wistra 2007, 347 ff., teilweise zitiert oben Rdn. 482.

770 Ek, a.a.O., S. 32.

771 So auch Hüffer, a.a.O., § 93 Rn. 21.

Der Bundesgerichtshof hat auch an die eigene (und zusätzliche) Haftung des **515** Geschäftsführers **hohe Anforderungen** gestellt.[772] Das Interesse des Geschäftsführers am Erfolg seines Unternehmens begründet noch keine Eigenhaftung.[773] Als Repräsentant für die Gesellschaft nimmt er in der Regel nur normales Verhandlungsvertrauen in Anspruch,[774] sogar dann, wenn er den Verhandlungspartner durch positiv enttäuschendes Verhalten schädigt.[775] Eine eigene Haftung kommt demnach nur in Betracht, wenn der Geschäftsführer ein besonderes persönliches Vertrauen für sich in Anspruch nimmt und dadurch eine in die Nähe einer selbstständigen Garantie rückende Gewähr für den Bestand und die Erfüllung des in Rede stehenden Geschäfts übernimmt, die für den Willensentschluss des Vertragspartners bedeutsam ist.[776] Das in Anspruch genommene Vertrauen muss also erheblich über das normale Verhandlungsvertrauen hinausreichen, der Geschäftsführer deutlich über seine bloße Geschäftsführertätigkeit hinausgehen.[777]

b) Deliktisches Schuldrecht

Ansprüche von Gesellschaftsgläubigern gegen Führungskräfte kommen in den **516** Fällen deliktischer Schädigung in Betracht.[778]

Begeht ein Geschäftsführer in Ausübung seiner Geschäftsführertätigkeit eine **unerlaubte Handlung** und wird dadurch ein Dritter geschädigt, so haftet der **Geschäftsführer persönlich.**

Verletzen **Vorstandsmitglieder** schuldhaft Sorgfaltspflichten, so können auch die **517** Aktionäre, Gläubiger oder sonstige Dritte einen Schaden erleiden. Die solchermaßen Verletzten können grundsätzlich **ähnlich den Regelungen im GmbH-Recht** Ansprüche aus Delikt geltend machen.

Dazu ist in **§ 823 Absatz 1 BGB** geregelt: **518**

> »Wer vorsätzlich oder fahrlässig das Leben, den Körper, die Gesundheit, die Freiheit, **519** das Eigentum oder ein sonstiges Recht eines anderen widerrechtlich verletzt, ist dem anderen zum Ersatz des daraus entstehenden Schadens verpflichtet.«

Deshalb kommt eine Haftung von Führungspersonen in Betracht, wenn sie **520** Gegenstände veräußern, die im Eigentum eines Dritten stehen oder eine solche Veräußerung veranlassen.[779] Zu beachten ist, das den Anteilseignern einer Aktiengesellschaft unmittelbare Ansprüche aus § 823 Absatz 1 BGB nicht zu stehen, sofern es sich um Schäden an ihrem Vermögen hinsichtlich eines Wertverlustes

---

772 Heute ständige Rechtsprechung und h. M. Grundlegend BGHZ 126, 181, 183 ff. = BGH NJW 1994, 2220; vgl. Hoffmann/Liebs, a.a.O. Rn. 834.
773 BGH NJW 1990, 389.
774 BGH NJW 1994, 2220.
775 BGH NJW-RR. 1991, 1314.
776 Dazu BGH NJW-RR 2001, 1611 und OLG Köln GmbHR 1996, 767.
777 Vgl. Lutter/Hommelhoff, a.a.O., § 43 Rn. 36.
778 §§ 823 ff. BGB.
779 Lutter/Hommelhoff, a.a.O., § 43 Rn. 56.

der Aktien handelt.[780] Das Vermögen an sich ist kein über diese Norm geschütztes absolutes Rechtsgut.[781]

521 Eine direkte Haftung von Geschäftsführer oder Vorstandsmitglied kommt deshalb hauptsächlich über **§ 823 Absatz 2 BGB** in Betracht. Bei Verletzung eines Schutzgesetzes ist auch das Vermögen geschützt:

522 *»Die gleiche Verpflichtung trifft denjenigen, welcher gegen ein den Schutz eines anderen bezweckendes Gesetz verstößt. Ist nach dem Inhalt des Gesetzes ein Verstoß gegen dieses auch ohne Verschulden möglich, so tritt die Ersatzpflicht nur im Falle des Verschuldens ein.«*

523 Als Schutzgesetz kommt eine Vielzahl von **Normen** in Betracht, die auf einen **Drittschutz** von Personen außerhalb eines Unternehmens hin ausgelegt werden können. Hier seien die Wichtigsten genannt:[782]

- § 263 StGB (Betrug)
- § 266 StGB (Untreue)
- § 264 StGB (Subventionsbetrug)
- § 266 StGB (Kapitalanlagebetrug)
- § 266a StGB (Vorenthalten und Veruntreuen von Arbeitsentgelt)

524 Darüber hinaus gibt es noch einige **spezialgesetzlichen Vorschriften** aus dem GmbH-Gesetz sowie dem Aktiengesetz:

- § 41 GmbHG (Buchführungspflicht)
- § 84 GmbHG (Unterrichtungspflicht bei Stammkapitalschwund)
- § 399 AktG (Falsche Angaben)
- § 400 AktG (Unrichtige Darstellung)
- § 401 AktG (Pflichtverletzung bei Verlust, Überschuldung oder Zahlungsunfähigkeit)
- § 403 AktG (Verletzung der Berichtspflicht)
- § 404 AktG (Verletzung der Geheimhaltungspflicht)

525 In der Literatur heftig umstritten ist, ob es sich bei der Insolvenzantragspflicht des § 64 GmbHG um ein Schutzgesetz im Sinne von § 823 Absatz 2 BGB handelt.[783] Die Rechtsprechung nimmt in einem solchen Fall die Direkthaftung des Geschäftsführers an,[784] unterscheidet aber zwischen Alt- und Neugläubigern, Vertragsgläubigern und solchen, die nur gesetzliche Ansprüche haben.

---

780 Vgl. Dahnz, a.a.O., S. 117.

781 Allgemeine Auffassung, vgl. nur **Palandt**/Sprau, Bürgerliches Gesetzbuch, Kommentar, 66. Aufl., München 2007, § 823 Rn. 11.

782 Diese Normen erlangen naturgemäß im Abschnitt über die strafrechtliche Verantwortlichkeit eine größere Bedeutung und werden dort eingehend gewürdigt.

783 Ablehnend Roth/Altmeppen, a.a.O., § 43 Rn. 47 und § 64 Rn. 61 ff. m. w. N.; zustimmend Lutter/Hommelhoff, a.a.O., § 64 Rn. 35 ff.

784 Siehe nur BGH NJW 1994, 2220.

In einem der bedeutendsten Sachverhalte aus dem Bereich des Kapitalmarktrechts **526** kam der 2. Zivilsenat des Bundesgerichtshofes zu einer Ablehnung einer Haftung aus § 823 Absatz 2 BGB.

Das ehemals als Hoffnungsträger am Neuen Markt gehandelte Unternehmen **Infomatec** hatte 1999 mehrere falsche Ad-hoc-Mitteilungen herausgegeben. Es wurde dort unter anderem der Abschluss eines Großauftrags vermeldet. Es handelte sich jedoch nur zu einem geringen Teil um einen Geschäftsabschluss, zum weit überwiegenden Teil um bloße unverbindliche Absichtserklärungen des Geschäftspartners.

Am 19. Juli 2004 wurden in **drei Schadensersatzverfahren**[785] gegen ehemalige **527** Vorstandsmitglieder der Infomatec AG die Urteile verkündet. Der Bundesgerichtshof entschied, dass Vorstände, die wissentlich falsche Ad-hoc-Meldungen herausgeben, im Grundsatz auf Schadensersatz nach **§ 826 BGB** haften. Die Norm bestimmt:[786]

> »Wer in einer gegen die guten Sitten verstoßenden Weise einem anderen vorsätzlich **528** Schaden zufügt, ist dem anderen zum Ersatz des Schadens verpflichtet.«

Ansprüche der Anleger unter anderen Gesichtspunkten schieden nach Auffas- **529** sung des Bundesgerichtshofes aus:[787]

> »§ 15 WpHG a. F. ist kein Schutzgesetz i. S. von § 823 Absatz 2 BGB. Normzweck des § 15 WpHG a. F. ist nach den Gesetzesmaterialien nicht der Schutz der Individualinteressen der Anleger, sondern ausschließlich die im öffentlichen Interesse liegende Sicherung der Funktionsfähigkeit des Kapitalmarktes...[788] Dementsprechend stellt § 15 Absatz 6 Satz 1 WpHG a. F. ausdrücklich klar, dass Verstöße gegen § 15 Absatz 1 bis 3 WpHG a. F. keine Schadensersatzpflicht des Emittenten auslösen. Das schließt eine Schutzgesetzeigenschaft des § 15 WpHG a. F. aus ....«[789]

Das Urteil enthält noch weitere wichtige Ausführungen zu möglichen Schutzge- **530** setzverletzungen:

> »Der Senat hat bislang die Frage, ob § 88 Absatz 1 Nr. 1 BörsG a. F. Schutzgesetz i. S. von § 823 Absatz 2 BGB ist, offen gelassen ... Er verneint sie nunmehr in Übereinstimmung mit der Rechtsprechung des Bundesverfassungsgerichts und der

---

785 BGH v. 19. 07. 2004 – II ZR 217/03 (Zurückverweisung), 218/03 (Obsiegen der Beklagten wegen mangelnden Kausalitätsnachweises) u. 402/02 (Obsiegen der Kläger, Kausalität nachgewiesen).

786 Siehe auch Roth/Altmeppen, a.a.O., § 43 Rn. 59.

787 BGH– v. 19. 07. 2004- II ZR 402/02 = NJW 2004, 2664 ff.

788 Insbesondere: BT-Drucks. 12/7918, S. 96, 102.

789 H. M., vgl. BVerfG, Urt. v. 24. 09. 2002 – 2 BvR 742/02, ZIP 2002, 1986, 1988; Stefan **Rützel**, Der aktuelle Stand der Rechtsprechung zur Haftung bei Ad-hoc-Mitteilungen, in: AG 2003, 69, 72; Roderich **Thümmel**, Haftung für geschönte Ad-hoc-Meldungen: Neues Risikofeld für Vorstände oder ergebnisorientierte Einzelfallrechtsprechung? in: DB 2001, 2331, 2332; Wolfgang **Groß**, Haftung für fehlerhafte oder fehlende Regel- oder Ad-hoc-Publizität, WM 2002, 477, 482.

herrschenden Meinung ....[790] *Nach den Gesetzesmaterialien*[791] *ist über § 88 BörsG a. F. ein Schutz des einzelnen Anlegers nicht gewollt. ...*

Zwar ist die Strafvorschrift des § 400 Absatz 1 Nr. 1 AktG Schutzgesetz i. S. von § 823 Absatz 2 BGB ....[792] *§ 400 Absatz 1 Nr. 1 AktG soll das Vertrauen potentieller Anleger und gegenwärtiger Aktionäre der Gesellschaft in die Richtigkeit und Vollständigkeit bestimmter Angaben über die Geschäftsverhältnisse schützen. Die Beklagten haben jedoch durch die beiden Ad-hoc-Mitteilungen nicht die Verhältnisse der Gesellschaft ›in Darstellungen oder Übersichten über den Vermögensstand‹ ... unrichtig wiedergegeben.«*

531 Schließlich heißt es zum tatsächlichen Schadensersatzanspruch der Kläger:

»Gemäß § 15 Absatz 6 Satz 2 WpHG a. F. bleiben jedoch ausdrücklich – schon bezogen auf den Emittenten – Schadensersatzansprüche, die auf anderen Rechtsgrundlagen beruhen, unberührt.

Die Veröffentlichung der Mitteilung vom 20. Mai 1999 als Ad-hoc-Mitteilung setzte bereits nach dem Gesetz (§ 15 Absatz 1 WpHG a. F.) voraus, dass die mitgeteilte neue Tatsache ›geeignet ist, den Börsenpreis der zugelassenen Wertpapiere erheblich zu beeinflussen‹. Da dies ohne Kauf- und Verkaufsentscheidungen von individuellen Marktteilnehmern als zu erwartender Reaktion auf die Mitteilung der meldepflichtigen Tatsache nicht möglich ist, wissen die verantwortlichen Vorstände, dass es infolge der fehlerhaften Ad-hoc-Information zu entsprechenden Anlageentscheidungen kommen wird ... . Kennen sie die Unrichtigkeit der Ad-hoc-Mitteilung, so wissen sie auch, dass deshalb Wertpapierkäufe auf fehlerhafter Tatsachengrundlage getätigt werden. Da beide Beklagten die Bedeutung der konkreten Ad-hoc-Mitteilung und deren Unrichtigkeit kannten, ist – wie die Revision zutreffend geltend macht – schon nach der Lebenserfahrung davon auszugehen, dass die unrichtige Meldung keinen anderen Zweck hatte, als dem Börsenpublikum einen gestiegenen Unternehmenswert vorzuspiegeln und den Börsenpreis positiv zu beeinflussen.«

c) Weitere persönliche Haftungsgründe

532 Vorstandsmitglieder bzw. Geschäftsführer haften auch **gegenüber Fiskus und Sozialversicherungsträgern**. Zu den Aufgaben eines Geschäftsführers zählt die Erfüllung der steuerlichen Pflichten der GmbH.[793] Werden Steuern nicht ordnungsgemäß abgeführt oder Steuererklärungen verspätet eingereicht, so haftet der Geschäftsführer persönlich, wenn ein schuldhaftes Verhalten vorliegt.[794] Gleiches gilt für die Vorstandsmitglieder einer Aktiengesellschaft.

---

790 BVerfG ZIP 2002, 1986, 1988 m. w. N.
791 BT-Drucks. 10/318, S. 44.
792 Einhellige Meinung: vgl. nur BGHZ 149, 10 ff. [20].
793 § 34 AO.
794 § 69 AO.

5. Die Haftung des Aufsichtsrats gegenüber der eigenen Gesellschaft

a) Grundlage

Der Aufsichtsrat ist das Kontrollorgan der Kapitalgesellschaft. Die Einrichtung eines Aufsichtsrates ist durch das Aktiengesetz[795] für Aktiengesellschaften, Kommanditgesellschaften auf Aktien und bestimmte Genossenschaften vorgeschrieben. **533**

Teilweise wird ein Aufsichtsrat per Satzung oder Gesellschaftsvertrag vereinbart und kann somit auch bei einer GmbH eingerichtet werden. Dann gelten die Vorschriften des Aktiengesetzes entsprechend.[796] **534**

Dem Kontrollgremium kommt vorrangig die Aufgabe zu, die Gesellschaft vor Schäden durch ein mögliches Fehlverhalten seitens der Geschäftsleitung zu bewahren. Damit ist der **Aufsichtsrat in erster Linie zur Überwachung der Geschäftsführung verpflichtet.**[797] Zur Wahrnehmung dieser Aufgabe ist er mit weit reichenden Informationsrechten ausgestattet. Der Aufsichtsrat kann die Geschäftsbücher einsehen, prüfen oder kontrollieren lassen. Er kann des Weiteren den Vorstand bestellen und abberufen.[798] **535**

Den Informationsrechten des Aufsichtsrats steht eine umfassende Berichtspflicht des Vorstands oder der Geschäftsführung gegenüber, § 90 AktG. Der Vorstand hat dem Aufsichtsrat zu berichten über: **536**

> »1. *die beabsichtigte Geschäftspolitik und andere grundsätzliche Fragen der Unternehmensplanung (insbesondere die Finanz-, Investitions- und Personalplanung), wobei auf Abweichungen der tatsächlichen Entwicklung von früher berichteten Zielen unter Angabe von Gründen einzugehen ist;*
> 2. *die Rentabilität der Gesellschaft, insbesondere die Rentabilität des Eigenkapitals;*
> 3. *den Gang der Geschäfte, insbesondere den Umsatz, und die Lage der Gesellschaft;*
> 4. *Geschäfte, die für die Rentabilität oder Liquidität der Gesellschaft von erheblicher Bedeutung sein können…«*

Durch das Zusammenspiel von Informationsrecht und Berichtspflicht wird die **Überwachungspflicht des Aufsichtsrats** ausgefüllt. **537**

b) Haftungsmaßstab

Seinen Pflichten wird der Aufsichtsrat aber nur dann gerecht, wenn er den Vorstand sorgfältig auswählt und dessen Geschäftsführung ausreichend kontrolliert. **538**

Als Haftungsmaßstab finden die **Sorgfaltsanforderungen** Anwendung, die von einem ordentlichen und gewissenhaften Geschäftsleiter bei seiner Aufgabenwahr- **539**

---

795   §§ 95 bis 116 AktG.
796   § 52 GmbHG.
797   § 111 Abs. 1 AktG.
798   § 84 AktG.

nehmung verlangt werden.[799] Diese Formulierung ist nicht unbekannt. Sie entspricht sinngemäß dem Haftungsmaßstab der Vorstandsmitglieder.[800]

540 Der sinngemäße Haftungsmaßstab bedeutet jedoch nicht, dass die Haftung von Leitungsorgan und Kontrollorgan auch inhaltlich identisch ist. Es gibt einen wesentlichen Unterschied zu den Sorgfaltspflichten der Vorstandsmitglieder. Diese haben sich grundsätzlich um alle Angelegenheiten der Gesellschaft zu kümmern. Aufsichtsratsmitglieder haben die ihnen obliegende Sorgfalt aber **nicht bei der Geschäftsführung, sondern bei der ihm obliegenden Überwachung anzuwenden**.[801]

541 Soweit es um die Sorgfaltspflicht als **Verschuldensmaßstab** geht, ist die Leitfigur des ordentlichen Geschäftsleiters gegen die **des ordentlichen Aufsichtsratsmitglied** auszutauschen. Der Bundesgerichtshof fordert zu Recht,[802] dass jedes Aufsichtsratsmitglied gewisse Grundkenntnisse und -fähigkeiten besitzen muss, die zum Verständnis oder zur Beurteilung von normalen Geschäftsvorgängen erforderlich sind. Dieser **typisierte Mindeststandard** gilt grundsätzlich für alle Aufsichtsratsmitglieder in gleichem Maße.[803] So können auch die Arbeitnehmervertreter im Aufsichtsrat in die Pflicht genommen werden, die selten über die Insiderkenntnisse verfügen wie ihre Kollegen auf der Aktionärsseite.[804] Für einzelne Mitglieder des Aufsichtsrats können jedoch höhere Anforderungen gelten als für die Übrigen, wenn besonders anspruchsvolle Funktionen übernommen wurden.[805] Ein taugliches Kriterium für die konkrete Ausprägung des Mindeststandards stellt die **Art und Größe des Unternehmens** dar.[806]

542 Verletzen Aufsichtsratsmitglieder ihre Pflichten, sind sie der Gesellschaft zum Ersatz des daraus entstehenden Schadens verpflichtet.[807] Es gilt die gleiche Beweislastregel wie für den Vorstand.[808] Der **Schadenersatzpflicht** können die Aufsichtsratsmitglieder nur entgehen, wenn sie nachweisen können, dass sie kein Verschulden am entstandenen Schaden trifft. Diese Beweislastumkehr erschwert die eigene Entlastung vom Schuldvorwurf. Haftungsverschärfend wirkt sich obendrein aus, dass die Organvertreter sich bereits für leichte Fahrlässigkeit zu verantworten haben.

---

799 Zum Thema siehe die Darstellung von Michael **Pielorz**/Oliver **Sieg**, Die Haftung des Aufsichtsratsmitglieds – Keine bloße Theorie mehr, in: PHi 2000, S. 77 ff.

800 §§ 116, 93 Abs. 1 AktG, sowie die Ausführungen auf Rdn. 484.

801 Gegenstand der Überwachungsaufgabe des Aufsichtsrates ist die Geschäftsführung durch das Leitungsorgan Vorstand, dazu gehören eine vergangenheits- und zukunftsbezogene Kontrolle der Geschäftstätigkeit, deren Wirtschaftlichkeit, Recht- sowie Zweckmäßigkeit, aber auch die Geltendmachung von Schadenersatzansprüchen gegen den Vorstand, der sorgfaltswidrig handelt; vgl. BGHZ 135, 244 ff.

802 BGH NJW 1983, 991.

803 Wie hier Hüffer, a.a.O., § 116 Rn. 1 m. w. N.; a. A. Dahnz, a.a.O., S. 149.

804 Heute herrschende Meinung, vgl. Hüffer, a.a.O., § 116 Rn. 2 m. w. N.

805 Vgl. Schüppen/Schaub/Tomat, a.a.O., § 24 Rn. 45.

806 Der »Aufsichtsrat einer Großbank muss anderen Anforderungen genügen als derjenige eine Regionalbrauerei«, so treffend Hüffer, a.a.O., § 116 Rn. 3.

807 §§ 116, 93 Abs. 2 AktG.

808 § 93 Abs. 2 S. 2, dazu oben Rdn. 486.

Ein Eindruck vom möglichen Haftungsrisiko lässt sich am besten anhand praktischer Fälle vermitteln.

- Eine Pflichtverletzung liegt vor, wenn ein Aufsichtsratsmitglied dem Vorstand den Abschluss eines für die Aktiengesellschaft **schädlichen Rechtsgeschäfts** ohne rechtliche oder kaufmännische Rechtfertigung nahe legt.[809]
- **Untätigkeit** gegenüber einer ungewöhnlich **leichtfertigen Maßnahme des Vorstands** kann eine Haftung auslösen.[810]
- Die Hinnahme **einer unzulässigen Verzögerung** der Stellung des **Insolvenzantrages** durch den Vorstand trotz Kenntnis der Überschuldung stellt eine Pflichtverletzung dar.[811]
- Pflichtwidrig ist die Zustimmung zu einer **erheblich unter Preis liegenden Veräußerung von Eigentum der Gesellschaft**, wenn der höhere Wert leicht hätte festgestellt werden können.[812]
- Die Gesellschaft kann Schadenersatz fordern, wenn im Aufsichtsrat über die Gewährung eines ungesicherten Darlehens an ein anderes Unternehmen beraten wird und einem Aufsichtsratsmitglied Informationen über eine negative Geschäftsentwicklung bei dem Darlehensnehmer zugegangen sind, er diese Nachrichten aber nicht weiterleitet.[813]

c) Gesamtschuldnerische Haftung

Der Bundesgerichtshof hat entschieden[814], dass der Aufsichtsrat die Tätigkeit des **543** Vorstands zu überwachen und zu kontrollieren hat und dass für ihn die Pflicht besteht, das Bestehen von Schadenersatzansprüchen der Aktiengesellschaft gegenüber pflichtwidrig handelnden Vorstandsmitgliedern eigenverantwortlich zu prüfen. Dabei hat er zu berücksichtigen, dass dem Vorstand für die Leitung der Geschäfte der AG ein weiter Handlungsspielraum zugebilligt werden muss, ohne den unternehmerisches Handeln schlechterdings nicht denkbar ist.

---

809   BGH NJW 1980, S. 1629 f.
810   BGH NJW 1977, 2311.
811   BGH NJW 1979, 1823.
812   LG Stuttgart AG 2000, 237 ff.
813   LG Hamburg, AG 1982, S. 51; vgl. auch Synopse der Chubb-Versicherungsgruppe, »*Die Haftung der Vorstände von Aktiengesellschaften, Geschäftsführern von Gesellschaften mit beschränkter Haftung und Aufsichtsräten gegenüber ihren Gesellschaften und deren Versicherung*«, Pkt. IV, S. 2.
814   Urteil vom 21. 04. 1997, BGHZ 135, 244 ff. (so gen. **ARAG/Garmenbeck – Entscheidung**): Das Landgericht Stuttgart (Urteil v. 29. 10. 1999, DB 1999, 2462 ff.) verurteilte ein Aufsichtsratsmitglied zur Zahlung von 9 Mio. DM Schadensersatz nach § 111 Abs. 1 AktG, da er durch Zustimmung zu einem erkennbar nachteiligen Grundstückskaufvertrag gegen seine Sorgfaltspflichten verstoßen habe. Im so gen. **Balsam-Fall** (LG Bielefeld, Urteil v. 16. 11. 1999, ZIP 2000, 20 ff. mit zustimmender Anmerkung **Westermann**, ebenso zustimmend **Thümmel**, BB 1999, 2630) hat das Landgericht ein Aufsichtsratsmitglied zu 5 Mio. DM Schadensersatz verurteilt, weil dieser seiner Überwachungspflicht gemäß § 111 Abs. 1 AktG nicht mit der erforderlichen Sorgfalt eines ordentlichen und gewissenhaften Aufsichtsratsmitglieds nachgekommen sei.

544 Die nach § 147 Absatz 1 AktG bestehende **Möglichkeit der Hauptversammlung,** eine **Rechtsverfolgung zu beschließen**, berührt diese Pflicht nicht. Kommt der Aufsichtsrat zu dem Ergebnis, dass sich der Vorstand schadenersatzpflichtig gemacht hat, muss er aufgrund einer sorgfältigen und sachgerecht durchzuführenden Risikoanalyse abschätzen, ob und in welchem Umfang die gerichtliche Geltendmachung zu einem Ausgleich des entstandenen Schadens führt. Gewissheit, dass die Schadenersatzklage zum Erfolg führen wird, kann nicht verlangt werden.

545 Stehen der Aktiengesellschaft nach dem Ergebnis dieser Prüfung durchsetzbare Schadenersatzansprüche zu, hat der Aufsichtsrat diese Ansprüche grundsätzlich zu verfolgen. Davon darf er nur dann ausnahmsweise absehen, wenn überwiegende oder zumindest gleichwertige Gründe des Gesellschaftswohls dagegen sprechen. Anderen, außerhalb des Unternehmenswohls liegenden, die Vorstandsmitglieder persönlich betreffenden Gesichtspunkten darf der Aufsichtsrat nur in Ausnahmefällen Raum geben.[815]

546 Die **Überwachungs- und Prüfungsaufgaben** nimmt der Aufsichtsrat in der Regel in seiner Gesamtheit wahr. Das Kollegialsystem erfordert, dass Entscheidungen durch Beschluss getroffen werden.[816] Hier kommt, ebenso wie im Falle der Vorstandsmitglieder, der **Grundsatz der Gesamtverantwortung** zum Tragen.

547 Dem Gremium ist es dabei möglich, einzelne Aufsichtsratsmitglieder mit der Einsichtnahme in die Bücher und Schriften der Gesellschaft sowie der Prüfung derselben zu beauftragen.[817]

- Wenn ein Aufsichtsratsmitglied bei Erledigung der ihm zugewiesenen Aufgaben die Sorgfaltspflichten verletzt, haftet dieses Mitglied in Fällen schuldhafter Missachtung.
- Erlangt ein Mitglied von irgendeiner Seite die Gesellschaft betreffende Informationen, welche für die Aufgabenwahrnehmung des Aufsichtsorgans bedeutsam sind, weil sie den Themenkatalog des § 90 AktG berühren, hat es diese Informationen unverzüglich dem Gesamtgremium zur Verfügung zu stellen.[818]

548 Die übrigen Aufsichtsratsmitglieder sind in einem solchen Fall ausnahmsweise nicht für die Sorgfaltspflichtverletzung des beauftragten Mitglieds verantwortlich; es sei denn, sie wussten, dass er seine Pflichten nicht ordnungsgemäß wahrnehmen würde. Das Gesamtorgan muss sich jedoch davon überzeugen, dass das Mitglied ordnungsgemäß arbeitet, ansonsten wird der Aufsichtsrat seiner der Gesamtverantwortung nicht gerecht.[819]

---

815 BGH, NJW 1997, S. 1926 ff.

816 § 108 Abs. 1 AktG.

817 § 111 Abs. 2 S. 2 AktG.

818 Pielorz/Sieg, a.a.O., S. 84 unter Hinweis auf den Balsam-Fall, in dem ein Aufsichtsratsmitglied sein Sonderwissen dem Plenum verschwieg und dadurch die rechtzeitige Einleitung notwendiger Maßnahmen unmöglich gemacht hatte. Das LG Bielefeld verurteilte das Aufsichtsratsmitglied zu Schadenersatz, siehe Rdn. 543 (Fn. 814).

819 Dazu Hüffer, a.a.O., § 117 Rn. 9, unter Hinweis auf die gleichen Grundsätze, die für Ausschüsse gelten, an denen nicht alle Aufsichtsratsmitglieder mitwirken.

Werden mehreren oder dem Gesamtaufsichtsrat Pflichtverletzungen zum Schaden **549** der Gesellschaft vorgeworfen, dann haften die einzelnen Mitglieder untereinander als **Gesamtschuldner**. Beim internen Ausgleich unter den schadenersatzpflichtigen Aufsichtsratsmitgliedern müssen jedoch die Qualifikationen und der Wissensstand jedes Einzelnen beachtet werden. Sie geben Anhaltspunkte für den Grad des persönlichen Verschuldens und mithin für den Haftungsumfang im Verhältnis zu den übrigen Schuldnern. Diese Differenzierung ist notwendig, um nicht zu ungerechten Ergebnissen zu kommen.[820]

6. Die Haftung des Aufsichtsrats gegenüber Dritten

Pflichtverletzungen des Aufsichtsrats oder einzelner Aufsichtsratsmitglieder **550** gefährden nicht nur die Gesellschaftsinteressen. Häufig zeigen diese Verstöße auch **Drittwirkung**.

Wenn beispielsweise der Aufsichtsrat eine ausreichende Kontrolle des Vorstands unterlässt, obwohl dieser die Geschäftsführung so vernachlässigt, dass die Aktien an Wert verlieren, dann werden davon auch die Aktionäre betroffen.

Ebenso müssen die Gläubiger der Gesellschaft eventuell damit rechnen, dass ihre **551** Chancen, Rückgriff auf das Gesellschaftsvermögen zu nehmen, sinken. Die betroffenen Gläubiger können dann, sofern ihre berechtigten Forderungen gegen die Gesellschaft nicht beglichen werden, gegen die Aufsichtsratsmitglieder vorgehen.[821] Die Aufsichtsratsmitglieder können aber nur dann zu Ersatzleistungen an die Gläubiger der Gesellschaft verpflichtet werden, wenn sie die Sorgfalt eines ordentlichen und gewissenhaften Geschäftsleiters gröblich verletzt haben, also zumindest grob fahrlässig gehandelt haben.

Den betroffenen Aktionären bleibt unter den gegebenen Umständen, wie allen **552** übrigen Dritten, nur der Weg einer Schadenersatzklage aus unerlaubter Handlung offen, weil sie in keinem Rechtsverhältnis zu den Aufsichtsratsmitgliedern stehen.[822]

Da sich die geltend gemachten Ersatzansprüche gewöhnlich auf Vermögensschä- **553** den beziehen, sind die Schadenersatzklagen auf die Fälle beschränkt, in denen den Aufsichtsratsmitgliedern vorgeworfen wird, sie hätten in einer gegen die guten Sitten verstoßenden Weise andere (Aktionäre) geschädigt[823] oder sie hätten Schutzgesetze,[824] insbesondere Strafvorschriften wie die Untreue,[825] Falschangabe

---

820 Natürlich kann eine Schadenersatzpflicht nur das Aufsichtsratsmitglied treffen, das zum Zeitpunkt der Pflichtverletzung bereits dem Gremium angehörte; §§ 116, 93 Abs. 2 S. 1 AktG. Seine Bestellung zum Aufsichtsratsmitglied muss also bereits wirksam gewesen sein, §§ 101, 104 AktG.
821 Vgl. §§ 117 Abs. 5, 116, 93 Abs. 2, 5 AktG.
822 Siehe oben Rdn. 473 ff.
823 § 826 BGB.
824 § 823 Abs. 2 BGB.
825 § 266 StGB.

der Geschäftsdaten,[826] oder unrichtige Darstellungen des Vermögensstands der Gesellschaft[827] verletzt.

7. Stichwort: Corporate Governance

554 Im letzten Jahrzehnt des vergangenen Jahrhunderts forcierten spektakuläre Verfahren[828], denen Aufsichtsschwächen und Kontrollversäumnisse bzw. unternehmerisches Fehlverhalten zugrunde lagen, die schon lange im Schrifttum geführten Auseinandersetzungen um die **richtige Ausgestaltung der Organhaftung** und auch um die rechte **Kunst der Unternehmensführung** im allgemeinen.[829] Hinzukam die Diskussion über die **soziale Verantwortung** von Unternehmen, welche das Augenmerk verstärkt auf die Überwachungsorgane der Unternehmen richtete; denn die Gesellschaft interessierende Gesichtspunkte, wie ökologische und ethische Fragestellungen, werden zunehmend in Verbindung gebracht mit der Frage nach einer nachhaltigen Verantwortlichkeit von Wirtschaftsunternehmen im Rahmen allgemeiner Gesellschaftsbelange, was ›neudeutsch‹ auch gerne als *Corporate Social Responsibility* bezeichnet wird,[830] welche wiederum Teil der so genannten *Corporate Governance*-Debatte ist. Auch medienwirksame Strafverfahren wie *Infomatec, EM.TV*[831] und *Comroad*[832] haben in den zurückliegenden Jahren ihren Teil dazu beigetragen, die Organe Vorstand und Aufsichtsrat der juristischen Person Aktiengesellschaft mehr in den Mittelpunkt des öffentlichen Interesses zu rücken. Die Thematik *Corporate Governance* ist und bleibt aktuell.

555 Der Bundestag verabschiedete am 5. März 1998 ein Bündel gesetzlicher Neuregelungen. Dieses Mantelgesetz wurde unter der Kurzbezeichnung **KonTraG**[833] bekannt. Das Gesetz zur Kontrolle und Transparenz im Unternehmensbereich ist am 1. Mai 1998[834] in Kraft getreten.

556 Die Regelungen des KonTraG haben zunächst die **Aufgabe**, das deutsche Aktienrecht zu modernisieren, internationalen Maßstäben anzupassen und stärker auf eine Wertsteigerung für die Anteilseigner hin zu orientieren. Zum anderen sollen durch die Vorschriften des Gesetzepakets aufgetretene Mängel des Aktienrechts behoben werden. Dabei handelt es sich zum Beispiel um die Überwachung der Vorstandtätigkeit durch den Aufsichtsrat sowie um die **Verbesserung der unter-**

---

826   § 399 AktG.

827   § 400 AktG.

828   So Metallgesellschaft, ARAG/Garmenbeck,und Balsam/Procedo.

829   Siehe auch **Zimmer**, Das Gesetz zur Kontrolle und Transparenz im Unternehmensbereich, in: NJW 1998, 3521 ff. (3521).

830   Dazu Rudolf **Ruter**/Karin **Sahr**, Soziale Verantwortung – Ein Thema für den Aufsichtsrat?, in: Der Aufsichtsrat 04/2007, 54 f.

831   Siehe Rdn. 2078.

832   Vgl. BGH v. 26. 06. 2006 – II ZR 153/05; OLG Frankfurt a.M. ZIP 2005, 710; OLG München v. 28. 04. 2005 – 23 U 4675/04; Ursula **Schwarzer,** Was macht eigentlich …Bodo Schnabel?, in: managermagazin 7/2006, S. 178.

833   Gesetz zur Kontrolle und Transparenz im Unternehmensbereich. Zu dem Gesetzesbündel gehörte aber auch das Gesetz zur Einführung der Stückaktie (StückAG).

834   BGBl. I 1998, S. 786 ff.

nehmensinternen Kontrollmechanismen, um Fehlentscheidungen rechtzeitig vorbeugen zu können.[835]

Die Berichtspflicht des Vorstands[836] wurde präzisiert. Diese erstreckt sich nun **557** unmissverständlich nicht nur auf Fragen der Geschäftsführung, sondern auch auf grundsätzliche Fragen der Unternehmensplanung, wie die Finanz-, Investitions- und Personalplanung. Die Normenänderungen und -ergänzungen sollen die entwickelte Rechtsprechung gesetzlich festschreiben und klarstellen, dass die im Aktienrecht geforderte Kontrolle des Vorstands durch den Aufsichtsrat nicht ausschließlich retrospektiv, sondern ebenso präventiv und damit zukunftsorientiert ausgerichtet ist.[837]

Auch die Änderungen des § 91 AktG dienten der Klarstellung. Die Organisations- **558** verpflichtung des Vorstands, im Rahmen seiner Generalverantwortung und Allzuständigkeit für das Unternehmen für ein angemessenes Risikomanagement und für angemessene interne Revision zu sorgen, ist verschärft worden. Nach der Neuregelung ist der Vorstand gehalten, **geeignete Frühwarnmaßnahmen** im Unternehmen zu schaffen und insbesondere ein Überwachungssystem einzurichten, damit den Fortbestand der Gesellschaft gefährdende Entwicklungen früh erkannt werden können. Auch müssen Tätigkeit und Verantwortungsrahmen von unternehmenseigener Revision und Controlling sowie deren Überwachung durch den Vorstand ausreichend schriftlich dokumentiert und abgegrenzt werden. Oft sind die genannten Kontrollbereiche – gerade in alten Unternehmen – im Laufe der Jahrzehnte in ihre Aufgabenfelder hineingewachsen, was nach dem neuem Rechtsverständnis nicht mehr als ordnungsgemäße Organisationsform verstanden wird.

Aus der Formulierung des § 91 Absatz 2 AktG und aus der Begründung zu die- **559** ser Vorschrift folgt nun, dass sich ein vom Vorstand einzurichtendes **Risikomanagementsystem** aus einem internen Überwachungssystem, aus einem Controlling und aus einem Frühwarnsystem zusammenzusetzen hat. Die Einrichtung dieser Überwachungssysteme gehört künftig zusätzlich zu den zwingenden Leitungsaufgaben eines Vorstands. Die Aufgabe betrifft das Organ Vorstandsgremium und ist nicht als Individualverpflichtung seiner einzelnen Mitglieder anzusehen.

Die Einrichtung eines geeigneten Risikomanagements stellt eine wegen ihrer **560** besonderen Bedeutung vom Gesetzgeber bewusst herausgehobene Leitungsaufgabe des Vorstands dar (§§ 76, 91 Absatz 2 AktG) und ist schon aus diesem Grunde als treuhänderische Sorge in Sinne des § 266 StGB zu verstehen. Führt also eine vorsätzliche Verletzung dieser Sorgfaltspflicht (diese kann auch in einer absichtlichen Missachtung bestehen) zu einer Gefährdung bzw. Benachteiligung des Gesellschaftsvermögens, ist Strafbarkeit gegeben.[838]

---

835 Vgl. dazu die gründliche Darstellung von Michael Pielorz/Oliver Sieg, a.a.O., PHi 2000, S. 77 ff. (Zur Geltendmachung von Schadenersatzansprüchen gegen Aufsichtsratsmitglieder siehe vor allem Rdn. 542 ff.).

836 § 90 Abs. 1 AktG.

837 Zimmer, a.a.O., 3524.

838 Siehe dazu Jürgen **Windolph**, Risikomanagement und Riskcontrol durch das Unternehmensmanagement nach dem Gesetz zur Kontrolle und Transparenz im Unternehmensbe-

561 Handelt es sich um börsennotierte Aktiengesellschaften, so muss ein **Abschluss-prüfer** beurteilen, ob das geforderte Risikomanagementsystem vom Vorstand in geeigneter Form eingerichtet wurde.[839] Der Abschlussprüfer erhält sein Mandat nicht mehr vom Vorstand, sondern vom Aufsichtsrat. Durch diese Regelung soll der Eindruck vermieden werden, dass der Kontrollierte seinen Kontrolleur selbst wählt. Der Abschlussprüfer hat die Prüfung so vorzunehmen, dass Unrichtigkeiten und Verstöße bei gewissenhafter Berufsausübung erkannt werden.[840]

562 Sofern die Verschärfung und Klarstellung der bisherigen Regelungen lediglich als Belastung empfunden werden sollten, darf nicht unterschätzt werden, dass die Kommunikation mit der Öffentlichkeit, den Analysten und Investoren ein wichtiges Instrument für die Glaubwürdigkeit des Unternehmens in der Außenwirkung darstellt.[841]

563 Das **Haftungsrecht der Aufsichtsräte** wurde in materieller Hinsicht nicht verschärft, weil schon durch das bisher geltende Recht die Haftung von pflichtwidrig handelnden Aufsichtsräten geregelt wurde. So reichte für den Eintritt der Haftung auch nach dem alten Recht der Nachweis der Pflichtwidrigkeit. Kausalität und Verschulden als weitere Haftungsvoraussetzungen müssen seitens des Klägers nicht bewiesen werden. Dabei gilt für das Verschulden nicht die subjektive Einsichtsfähigkeit und Erfahrung des Aufsichtsrats, sondern ein objektiver Maßstab der Professionalität gleichmäßig für alle Aufsichtsräte. Haftungsbegründend sind Pflichtverletzungen[842] bei allen unternehmerischen Entscheidungen, wie z. B. bei der Bestellung eines Vorstandsmitglieds oder bei der Feststellung des Jahresabschlusses.

564 Bislang bestand diese Haftungsregel jedoch weitgehend nur auf dem Papier, weil nach § 147 AktG alter Fassung nur der Vorstand und eine Minderheit von mindestens zehn Prozent des Grundkapitals klageberechtigt waren. Ersterer ist vom Aufsichtsrat abhängig und damit zumeist ein ungeeigneter Anspruchsteller. Für den Minderheitenanspruch war nach Ansicht des Gesetzgebers das Aktionärsquorum mit zehn Prozent zu hoch angesetzt. Deshalb kam es in der Praxis bislang kaum zu Haftungsfällen von Aufsichtsräten.

565 Um diese fehlende Rechtsverfolgung zu erleichtern, wurde durch das KonTraG eine neue Alternative für die **Geltendmachung von Haftungsansprüchen** eingeführt. Das Quorum der Anspruch stellenden Aktionäre wurde gesenkt. Die Durchsetzung der Haftung der Organmitglieder wird für die Aktionäre nunmehr dadurch erleichtert, dass zunächst gemäß § 147 Absatz 2 AktG neuer Fassung ein besonderer Vertreter zur Geltendmachung der Haftungsansprüche gegenüber Vorstand und Aufsichtsrat gerichtlich bestimmt werden kann, wenn Aktionäre mit Beteiligungen von mindestens zehn Prozent der Grundkapitals oder einem

---

reich (KonTraG); ius cogens für die treuhänderische Sorge i. S. v. § 266 StGB – Untreue?, in: NStZ 2000, 522 ff.; der richtigerweise die geschilderte strafrechtliche Folge auch für die GmbH-Geschäftsführer anwendet.

839 § 317 Abs. 4 HGB.
840 § 317 Abs. 1 S. 3 HGB.
841 Ebenso Ruter/Sahr, a.a.O., Der Aufsichtsrat 04/2007, 54 f. (55).
842 Nach §§ 116, 93 Abs. 1 S. 1 AktG.

Nennbetrag von mindestens 1 Million Euro dies verlangen. Den Ersatzanspruch hat der vom Gericht auf Antrag der Aktionäre bestellte Vertreter geltend zu machen.

Mit dieser Regelung hat der Gesetzgeber bei der Vorstandshaftung den Einwand **566** berücksichtigt, dass der Aufsichtsrat seiner Aufgabe, Schadenersatzansprüche gegen den Vorstand geltend zu machen, häufig nicht nachkommen werde, da er selbst in die Gefahr der Haftung gerate. Der Bundesgerichtshof hat jedoch in dem bereits genannten Urteil[843] eine sehr weitgehende Pflicht des Aufsichtsrats zur Inanspruchnahme des Vorstands statuiert. Kommt der Aufsichtsrat dieser Verpflichtung nicht nach, macht er sich selbst bereits aus diesem Grunde haftbar.

Zusammengefasst: Ziel des KonTraG war und ist es, die *Corporate Governance* in **567** deutschen Unternehmen zu verbessern.

Doch dieses Gesetz sollte nicht die einzige und letzte Maßnahme sein. So wurde **568** vom Bundesministerium der Justiz im September 2001 die »*Regierungskommission Deutscher Corporate Governance Kodex*« eingesetzt.[844] Diese, nach ihrem Vorsitzenden auch Cromme-Kommission genannt, hat der Bundesregierung den von ihr erarbeiteten **Deutschen Corporate Governance Kodex (DCGK)** überreicht, der im November 2002 im Bundesanzeiger veröffentlicht wurde.[845]

Die Regierungskommission blieb auch nach der Veröffentlichung des Kodex **569** bestehen und beobachtet die Entwicklung in Gesetzgebung und Praxis. Der Kodex wird mithin ständig überprüft und wurde zuletzt am 12. Juni 2006 angepasst.[846]

Der Kodex beschreibt wesentliche Grundsätze zur Unternehmensführung deut- **570** scher börsennotierter Aktiengesellschaften. Somit soll der Deutsche Corporate Governance Kodex den Unternehmen einen Rahmen von Normen und Werten für eine gute und verantwortungsvolle Unternehmensführung vorgeben (Stichwort: *Best Practice*).[847] Gleichzeitig wird Investoren und Aktionären die Möglichkeit eröffnet, anhand festgehaltener Kriterien eine Beurteilung der jeweiligen Unternehmensführung vorzunehmen.

Die rechtliche Bedeutung des Kodex ist weiterhin umstritten. In Gestalt der **571** Regeln des Corporate Governance Kodex hat das deutsche Recht eine neue Gattung von Normen erhalten, die zum Teil als *Soft Law* bezeichnet wird: Der Kodex gibt zwar Bestimmungen wieder, die Gesetzesrecht darstellen. Soweit der Kodex aber zwingendes Gesetzesrecht enthält, liegt dessen Geltungsgrund nicht im

---

843   ARAG/Garmenbeck-Urteil; vgl. Rdn. 543 (FN 803).
844   Zur Historie Martin **Peltzer**, Deutsche Corporate Governance, München 2003, Einleitung Rn. 1 ff.
845   Zur strafrechtlichen Bedeutung des DCGK siehe auch die Ausführungen im Abschnitt über die Vermeidung von strafrechtlichen Risiken (Compliance), Rdn. 1936 ff.; vgl. Christian **Schlitt**, Die strafrechtliche Relevanz des Corporate Governance Codex, in: Der Betrieb 2007, 326 ff.
846   Der aktualisierte Deutsche Corporate Governance Kodex mit den am 12. 06. 2006 von der Regierungskommission beschlossenen Änderungen wurde am 24. 07. 2006 durch das Bundesministerium der Justiz im elektronischen Bundesanzeiger bekannt gemacht; vgl. www.corporate-governance-code.de/index.html.
847   Vgl. Schlitt, a.a.O., Der Betrieb 2007, 326 ff. (326).

Kodex, sondern im entsprechenden Gesetz.[848] Darüber hinaus enthält das Regelwerk aber auch Vorgaben, die lediglich als Empfehlungen (Soll-Vorschriften) oder Anregungen (Kann-Vorschriften) zu bewerten sind. Deren Befolgung ist freiwillig. Die Vorschriften des Kodex können keine eigene Gesetzeskraft entfalten.

572 Deshalb erging parallel zur Entstehung des Kodex ein weiteres Gesetzeswerk, das **Transparenz- und Publizitätsgesetz** (TransPuG) zur Reform des Aktien- und Bilanzrechts, welches am 26. Juli 2002 in Kraft getreten ist.[849] Durch dieses Gesetz erhielt der Corporate Governance Kodex seine rechtliche Relevanz.

573 Der durch das TransPuG eingeführte § 161 AktG verpflichtet Vorstand und Aufsichtsrat, für jedes Geschäftsjahr eine so genannte **Entsprechenserklärung** abzugeben, das heißt eine Erklärung darüber, ob die *Empfehlungen* des Deutschen Corporate Governance Codex beachtet werden.[850] Es besteht jedoch keine rechtliche Verpflichtung, den Kodex zu befolgen. Ebenso wenig existiert eine Erklärungsverpflichtung, ob das Unternehmen die *Anregungen* des Kodex befolgt.[851] Die erklärungspflichtigen Organe einer jeden Gesellschaft können also durchaus frei entscheiden, ob sie den Empfehlungen und Anregungen des Kodex folgen oder nicht und in welchem Umfang sie dies tun. Sie müssen ihre Vorgehensweise lediglich wahrheitsgemäß offen legen. Eine Begründung für das Verhalten des Unternehmens muss nicht erfolgen.[852]

574 Aufgrund der Unverbindlichkeit ist der Kodex zahlreicher **Kritik** ausgesetzt. Dabei muss man jedoch beachten: Hält ein Leitungsorgan eine Empfehlung des Regelungswerkes nicht ein und entsteht dadurch der Gesellschaft ein Schaden, können die Empfehlungen des Kodex einen Anhaltspunkt geben, was Bestandteil einer ordnungsgemäßen Geschäftsführungen sein muss. Aus der Nichtbefolgung der Empfehlungen kann sich daher umgekehrt der Schluss ergeben, dass keine ordnungsgemäße Geschäftsführung vorgelegen hat. Dies kann in Zusammenhang mit den §§ 93, 116 AktG[853] Auswirkungen auf **eventuelle Schadensersatzverpflichtungen** von Vorstand und Aufsichtsrat haben.[854]

575 Folgt man diesem Gedanken, kommt man zu dem Schluss, dass der Kodex nicht nur Auswirkungen auf die Aktiengesellschaften hat, sondern das von dessen Empfehlungen auch die anderen Kapitalgesellschaften, insbesondere die GmbH, betroffen sein können. Auch dort spielt die **ordnungsgemäße Geschäftsführung** eine entscheidende Rolle für die Haftung der Geschäftsführer gegenüber der Gesellschaft.[855] Der Kodex enthält insgesamt in weiten Teilen allgemeingültige Standards guter Unternehmensführung. In der Präambel wird deshalb auch nicht börsennotierten Unternehmen die Beachtung empfohlen.

---

848   Ebenso Hommelhoff/Hopt/v. Werder, a.a.O., S. 54.
849   Dazu auch Rdn. 1941.
850   Peltzer, a.a.O., Einleitung Rn. 5.
851   Siehe Hommelhoff/Hopt/v. Werder, a.a.O., S. 54.
852   Schlitt, a.a.O., Der Betrieb 2007, 326 ff. (327).
853   Siehe oben Rdn. 487 ff.
854   So auch Schlitt, a.a.O., Der Betrieb 2007, 326 ff. (327); a. A. wohl noch Hommelhoff/Hopt/
       v. Werder, a.a.O., S. 57.
855   § 43 GmbHG, siehe Rdn. 498 ff.

Die Tatsache sollte nicht unterschätzt werden, dass das Regelwerk ein **rechtlicher** 576 **Steuerungseffekt** immanent ist. Die *invisible hands* von Adam Smith lassen grüßen. Wenn Vorstand oder Aufsichtsrat einer Aktiengesellschaft beispielsweise erklären, die Unternehmensführung entspräche einer bestimmten Kodexregel nicht, so werden sie nachteilige Reaktionen des Marktes zu befürchten haben. Faktisch stehen die Organe damit vor der Wahl, ob sie den Kodex befolgen oder den bestehenden und potentiellen **Anlegern den »Verstoß« erklären**. Das ist mit dem Risiko verbunden, dass die Begründung für die Abweichungen am Kapitalmarkt nicht nachvollzogen wird. Die Nachteile einer solch negativen Publizität brauchen nicht näher erläutert werden. Noch schlimmer ist es jedoch, wenn erklärt wird, bestimmte Empfehlungen des Kodex würden nicht eingehalten, ohne dies zu begründen. Auch wenn die Verpflichtung nicht besteht, Abweichungen von den Empfehlungen zu erläutern: eine solche Vorgehensweise ist nicht zu empfehlen, da deren Außenwirkung verheerend sein kann.[856]

Nach dem Transparenz- und Publizitätsgesetz ist ein weiterer Schritt zur Umset- 577 zung der Vorschläge der Regierungskommission Corporate Governance erfolgt: Im **Gesetz zur Unternehmensintegrität und Modernisierung des Anfechtungsrechts (UMAG)**[857] geht es um die Haftung der Organe und die Anfechtungsklage in der Hauptversammlung.

Primäres Regelungsziel dieses Gesetzes ist dabei keine Haftungsverschärfung, 578 sondern eine **Erleichterung der Klagedurchsetzung** durch Aktionärs-Minderheiten. Gegenüber dem alten Recht fand eine deutliche Herabsetzung des Quorums statt. Nunmehr können Aktionäre, deren Anteile im Zeitpunkt der Antragstellung zusammen ein Prozent des Grundkapitals oder einen Nennbetrag von 100.000 Euro erreichen, den Anspruch der Gesellschaft gegen die Organe einklagen.[858] Die Klage bedarf aber eines **gerichtlichen Zulassungsverfahrens** zur Vermeidung missbräuchlicher Rechtsverfolgung. Zuständig für die Klagezulassung ist das Landgericht des Gesellschaftssitzes. Das Gericht lässt die Haftungsklage nur zu, wenn

- die antragstellenden Aktionäre die Aktien schon länger halten als sie Kenntnis von den behaupteten Pflichtverstößen und Schäden haben konnten,
- sie die Gesellschaft vergeblich aufgefordert haben, selbst Klage zu erheben,
- sie Tatsachen bewiesen haben, die den Verdacht rechtfertigen, dass der Gesellschaft durch Unredlichkeit oder grobe Rechtsverletzung ein Schaden entstanden ist,
- und keine gewichtigen Gründe des Gesellschaftswohls entgegenstehen.

Ferner sieht das Gesetz die Schaffung eines Aktionärsforums für klagewillige 579 Kleinaktionäre im elektronischen Bundesanzeiger vor. Über dieses Forum können Aktionäre Mitstreiter für das Erreichen gesetzlicher Quoren und zur Stimmrechtsausübung suchen und sie zum Mitmachen aufrufen.

---

856   Zur Steuerungswirkung des Kodex vgl. Hommelhoff/Hopt/v. Werder, a.a.O., S. 58.
857   Vom 22. 09. 2005 (BGBl. I, 2802).
858   § 148 AktG.

580 Ist die Klage einmal zugelassen, so trägt die Gesellschaft die Kosten des weiteren Verfahrens. Die Kosten des Zulassungsverfahrens bekommen die Kläger von der Gesellschaft jedoch nur erstattet, wenn die Klage zugelassen wird.

581 Das abgesenkte Quorum von 1 % Kapitalanteil oder 100.000 Euro Nennbetrag wurde auch für die Sonderprüfung eingeführt.[859] Eine solche Prüfung ist oft erforderlich, um Tatsachen für eine spätere Haftungsklage aufzudecken. Damit werden die Voraussetzungen für die Sonderprüfung und die Haftungsklage vereinheitlicht. Auch bei der Sonderprüfung haften die Kläger aber bei durch unrichtigen Vortrag erschlichener Prüfer-Bestellung für die verursachten Kosten.

582 Gewissermaßen als Gegengewicht zur Erleichterung der Haftungsklage ist die schon angesprochene *Business Judgement Rule* in § 93 Absatz 1 Satz 2 AktG aufgenommen worden.[860] Dazu der Gesetzgeber:[861]

> *»Die Regelung geht von der Differenzierung zwischen fehlgeschlagenen unternehmerischen Entscheidungen einerseits und der Verletzung sonstiger Pflichten andererseits (Treuepflichten; Informationspflichten; sonstige allgemeine Gesetzes- und Satzungsverstöße) aus. Ein Verstoß gegen diese letztere Pflichtengruppe ist von der Bestimmung nicht erfasst. Die unternehmerische Entscheidung steht im Gegensatz zur rechtlich gebundenen Entscheidung. Für illegales Verhalten gibt es keinen »sicheren Hafen« im Sinne einer haftungstatbestandlichen Freistellung, es kann hier im Einzelfall aber am Verschulden fehlen.*
>
> *Die Vorschrift soll den Bereich unternehmerischen Handlungsspielraums ausgrenzen aus dem Tatbestand der Sorgfaltspflichtverletzung nach Satz 1. Diese Tatbestandseinschränkung setzt fünf – teils implizite – Merkmale voraus: Unternehmerische Entscheidung, Gutgläubigkeit, Handeln ohne Sonderinteressen und sachfremde Einflüsse, Handeln zum Wohle der Gesellschaft und Handeln auf der Grundlage angemessener Information. ...«*

583 Die Politik hat bei ihrer Entscheidung, die von der Praxis seit langem geforderte Regelung[862] umzusetzen, noch weitere Erwägungen herangezogen:[863]

> *»Das Gesetz möchte den Mut zum unternehmerischen Risiko nicht nehmen, zugleich aber Unbesonnenheit und Leichtsinn auf Kosten der Kapitalgeber und der Arbeitnehmer keinen Vorschub leisten. Darauf nimmt das Tatbestandsmerkmal ›angemessene Information‹ Rücksicht. ...*
>
> *Das individuell angemessene Informationsniveau beurteilt sich bei jedem einzelnen Vorstandsmitglied zudem ressortabhängig. Da der Haftungsfreiraum des Satzes 2 als Ausnahme und Einschränkung gegenüber Satz 1 formuliert ist, liegt die Darlegungs- und Beweislast für das Vorliegen der Tatbestandsmerkmale beim betroffenen Organ. Der Grundgedanke eines Geschäftsleiterermessens im Bereich unternehmerischer Ent-*

---

859   § 142 Abs. 4 AktG.
860   Siehe oben Rdn. 477 ff.
861   BT-Drucks. 15/5092, S. 12 f.
862   Vgl. Roth, Unternehmerisches Ermessen und Haftung des Vorstandes , a.a.O., S. 46 f. 6. w. N.; ders. , a.a.O., Einleitung, S. 1, nennt das unternehmerische Ermessen gar den Schwerpunkt des gesellschaftlichen Interesses.
863   BT-Drs. 15/5092, S. 13.

scheidungen ist nicht auf den Haftungstatbestand des § 93 AktG und nicht auf die Aktiengesellschaft beschränkt, sondern findet sich auch ohne positivrechtliche Regelung in allen Formen unternehmerischer Betätigung. Das für das Aktiengesetz zu § 93 gefundene Regelungsmuster und die Literatur und Rechtsprechung dazu können aber als Anknüpfungs- und Ausgangspunkt für die weitere Rechtsentwicklung dienen.«

Es ist das Anliegen des Gesetzgebers, *Corporate Governance* eine Breiten- und Tiefenwirkung zu verschaffen. Dies belegen auch zwei weitere Beispiele:

- Gesetz über die Offenlegung der Vorstandsvergütungen (VorstOG)[864]
- Kapitalanleger-Musterverfahrensgesetz (KapMuG)[865]

Das Recht der Kapitalgesellschaften, insbesondere das Aktienrecht, befindet sich **584** in einem Prozess des permanenten Wandels. Es ist verstärkt mit gesetzgeberischen Einflüssen zu rechnen, aber auch die Rechtsprechung wird dazu beitragen, dass die Haftung von Organen auch in Zukunft einen Bedeutungszuwachs erhält.

Für das Reputations- und Risikomanagement wird der Aufsichtsrat immer wichti- **585** ger. Ziel muss sein, Unternehmensentscheidungen transparenter zu machen und dabei zu verdeutlichen, inwiefern man einen bestimmten Qualitätslevel erreicht hat und sich somit von der Konkurrenz unterscheidet. *Corporate Governance* und insbesondere *Social Responsibility* werden sich, richtig umgesetzt und glaubwürdig kommuniziert, als erheblicher strategischer Vorteil bei der Platzierung am Markt herausstellen.[866]

Deshalb sollte speziell der Deutsche Corporate Governance Kodex nicht als Bedro- **586** hung gewertet werden, sondern als unternehmerische Chance. Schließlich liegt die Beachtung eines Regelwerkes, das als *best practice* bezeichnet wird, erkennbar im Interesse eines jeden Unternehmens.

Zu hoffen bleibt, dass auch in Zukunft den Führungsverantwortlichen genügend **587** Raum für unternehmerische Entscheidungen gelassen wird. Eine Überregulierung hilft genauso wenig wie eine Deregulierung, eine gesunde Entwicklung des Wirtschaftslebens zu gewährleisten.[867] *Corporate Governance* darf nicht zum Selbstzweck mutieren.

Fest steht, dass es für die Manager immer wichtiger wird, die eigenen Rechte **588** und Pflichten zu kennen. Nur so lassen sich die zunehmenden Haftungsrisiken beherrschen. Dabei ist besonderes Augenmerk auf die Rechtsentwicklung zu richten. Nur wer sich beständig anpasst, wird sein Haftungsrisiko zumindest minimieren können.

---

864 Vorstandsvergütungs-Offenlegungsgesetz vom 03. 08. 2005 (BGBl. I, 2267).
865 Vom 16. 08. 2005 (BGBl. I, 2437).
866 Siehe auch Ruter/Sahr, a.a.O., Der Aufsichtsrat 04/2007, 54 f. (55).
867 Ebenso Ek, a.a.O., Vorwort.

8. Die Haftung leitender Angestellter gegenüber ihrem Unternehmen

a) Grundlage

589 Die Haftung der leitenden Angestellten eines Unternehmens unterscheidet sich grundsätzlich von der Haftung der Organe: Sie haften nur wie **normale Arbeitnehmer**. Zwischen Ihnen und Ihrer Gesellschaft besteht kein Organ- sondern ein **Arbeitsverhältnis**. Daher werden Streitigkeiten zwischen diesen Angestellten und den Organen vor den Arbeitsgerichten ausgetragen.[868]

590 Auch der Arbeitnehmer haftet unter dem Gesichtspunkt der **positiven Vertragsverletzung** seinem Arbeitgeber gegenüber für Schlechtleistung.[869] Der Umfang der ihm obliegenden Pflichten ergibt sich aus dem Arbeitsvertrag und seiner Stellung im Unternehmen. Für Arbeitnehmer in exponierten Vertrauensstellungen, also gerade für leitende Angestellte,[870] gelten besondere Auskunfts- und Überwachungspflichten.[871]

591 Die Haftung tritt (wie üblich) bei schuldhaftem (auch fahrlässigem) Handeln des Arbeitnehmers ein – Sorgfaltsmaßstab ist § 276 BGB.

592 Der wesentliche Unterschied zwischen Organhaftung und Haftung der Arbeitnehmer liegt darin, dass für Letztere **arbeitsrechtliche Haftungsmilderungen** gelten. Diese Haftungsprivilegierung galt früher nur für die so genannte gefahrgeneigte Arbeit, was aber durch eine Grundsatzentscheidung des Bundesarbeitsgerichtes geändert wurde:

> *»Die Grundsätze über die Beschränkung der Arbeitnehmerhaftung gelten für alle Arbeiten, die durch den Betrieb veranlasst sind und aufgrund eines Arbeitsverhältnisses geleistet werden, auch wenn diese Arbeiten nicht gefahrgeneigt sind.«*[872]

593 Das Bundesarbeitsgericht ging schon vor dieser Entscheidung in ständiger Rechtsprechung davon aus,[873] dass Arbeitnehmer für Schäden, die sie bei der Verrichtung gefahrgeneigter Arbeit fahrlässig verursachen, ihrem Arbeitgeber nur nach folgenden Grundsätzen haften: Bei **grober Fahrlässigkeit** hat der Arbeitnehmer in aller Regel den gesamten Schaden zu tragen, bei **leichter Fahrlässigkeit** haftet er dagegen nicht. Bei mittlerer – »**normaler**« – **Fahrlässigkeit** wird der Schaden in aller Regel zwischen Arbeitgeber und Arbeitnehmer quotal verteilt, wobei die Gesamtumstände von Schadensanlass und -folgen nach Billigkeitsgrundsätzen und Zumutbarkeitsgesichtspunkten gegeneinander abzuwägen sind.

---

868 Ebenso Dahnz, a.a.O. S. 156.

869 §§ 280, 281 BGB; dazu Schaub, a.a.O., § 52 Rn. 3, 4.

870 Siehe dazu Rdn. 97 ff.

871 BAG AP Nr. 5 zu § 611 BGB (Treuepflicht).

872 BAG, Beschluss vom 27. 09. 1994 – GS 1/89 = NJW 1995, 210; historisch BAG NJW 1993, 1732 ff. sowie BGH NJW 1994, 856 ff.; dazu **Riccardi** NZA 1995, 241 ff.

873 Grundsatzentscheidung: BAG NJW 1958, 235; auch BAG AP Nr. 4 zu §§ 898, 899 RVO; BAG AP Nr. 26 und 78 zu § 611 BGB (Haftung des Arbeitnehmers).

Demnach haftet nur der vorsätzlich handelnde Arbeitnehmer voll für Schäden, **594** die er bei Verrichtung seiner Arbeit verursacht hat. Diese Regeln der Haftungsbegrenzung gelten für alle Arbeitnehmer, also auch für leitende Angestellte.[874]

b) Haftung gegenüber Dritten

Hat der Arbeitnehmer durch eine schädigende Handlung – neben dem Arbeitge- **595** ber oder allein – einen betriebsfremden Dritten geschädigt (was bei jedem Verkehrsunfall geschehen kann), so haftet er diesem, sofern ein haftungsbegründender Tatbestand vorliegt, nach den allgemeinen Grundsätzen des Zivilrechts. Die von der Rechtsprechung erarbeiteten Grundsätze der besonderen Haftungsbeschränkungen gelten nur im Verhältnis des Arbeitgebers zum Arbeitnehmer; im Außenverhältnis haftet der Arbeitnehmer dagegen unbeschränkt.[875]

Mit dieser Skizzierung der zivilrechtlichen Verantwortung von gesetzlichen Ver- **596** tretern und Mitarbeitern der Unternehmen hat es hier seine Bewandtnis. Eine Darstellung aller in der Praxis denkbaren Fälle einer Verletzung der Pflichten durch diesen Personenkreis und der daraus resultierenden Haftungsfragen gegenüber Dritten würde den Rahmen dieses Buches sprengen.

---

874 So auch Schaub, a.a.O., § 52 Rn. 54 m. w. N.
875 BAG AP Nr. 35 zu § 611 BGB (Haftung des Arbeitnehmers).

B. Strafrechtliche Verantwortlichkeit im Unternehmen

597 Da ein **Unternehmen als juristische Person oder Personengesellschaft nach dem deutschen Strafrecht keine Straftat begehen** kann,[876] sondern nur die einzelne, natürliche Person deliktsfähig ist, trägt jeder Mitarbeiter persönlich die strafrechtliche Verantwortung für sein Handeln im Zusammenhang mit der Berufsausübung.[877] Während der einfache Mitarbeiter nur für seinen Verantwortungsbereich einzustehen hat, trifft die Führungskräfte, primär aber die Mitglieder von Kollegialorganen in der Unternehmensleitung, ein erhöhtes Maß an Haftungsverantwortung[878] in Form von Auswahl-, Kontroll- und Organisationspflichten.

598 Bereits im Rahmen der Änderung des Bundesimmissionsschutzgesetzes vom 14. Mai 1990,[879] das in der Zwischenzeit immer mehr zu einem Anlagensicherungsgesetz geworden ist, wurde die Verantwortung der Geschäftsführer und Vorstandsmitglieder für den Umweltbereich durch den mit Wirkung vom 1. September 1990 eingefügten § 52 a BImSchG verstärkt.[880] Danach werden Kapital- und Personengesellschaften, die eine nach dem Bundesimmissionsschutzgesetz genehmigungspflichtige Anlage betreiben und bei denen das vertretungsberechtigte Organ aus mehreren Mitgliedern besteht bzw. mehrere vertretungsberechtigte Gesellschafter vorhanden sind, verpflichtet, der zuständigen Behörde einen von ihnen als für die Wahrnehmung der Betreiberpflichten Verantwortlichen zu benennen. Die Gesamtverantwortung aller Organmitglieder oder Gesellschafter wird von dieser Regelung jedoch nicht berührt.[881]

599 Der Betreiber oder die anzuzeigende Person haben der zuständigen Behörde nach – der nicht straf- und bußgeldbewehrten Vorschrift[882] – des § 52 a Absatz 2 BImSchG mitzuteilen, auf welche Weise sichergestellt ist, dass die gesetzlichen Vorschriften und Anordnungen beim Betrieb beachtet werden.[883] Dabei genügt es, wenn ein Organigramm vorgelegt wird, aus dem sich der hierarchische Aufbau des Unternehmens ergibt. Eine namentliche Nennung der auf den einzelnen Verantwortungsstufen tätigen Unternehmensangehörigen ist nicht erforderlich.

---

876 Schönke/Schröder-Cramer/Heine, a.a.O., Vor § 25 Rn. 118 ff.; vgl. auch Rdn. 304.

877 Vgl. BAG BB 1988, 2391: Das Risiko einer strafrechtlichen Verfolgung ist Teil des allgemeinen Lebensrisikos und ist somit vom Arbeitnehmer zu tragen.

878 Vgl. Joachim **Schmidt-Salzer**, Kommentar zum Umwelthaftungsrecht, Heidelberg 1992 Rn. 134; siehe auch Gabriele **Neudecker**, Die strafrechtliche Verantwortlichkeit der Mitglieder von Kollegialorganen. Dargestellt am Beispiel der Geschäftsleitungsgremien von Wirtschaftsunternehmen, Frankfurt a. M. 1995.

879 BGBl. 1990, Teil I, S. 880 ff.

880 Siehe auch § 29 StrSchV.

881 § 52 a Abs. 1 BImSchG.

882 § 52 a ist in § 62 BImSchG nicht genannt.

883 **Adams/Löhr**, Paragraph 52 a Bundes-Immissionsschutzgesetz als Organisationsnorm, in: Adams/Eidam, Die Organisation des betrieblichen Umweltschutzes, Frankfurt a. M. 1991, S. 130 ff. (133).

Die pönalisierte Mitarbeiterhaftung lässt sich in folgende Fallgruppen einteilen: **600**

- echte Delikthaftung
- Unterlassungsdelikte
- so genannte Vertreter- und Beauftragtenhaftung
- eigenständige, mit Buße belegte Aufsichtspflichtverletzungen.

Auf diese Haftungsarten soll nachstehend näher eingegangen werden.

601

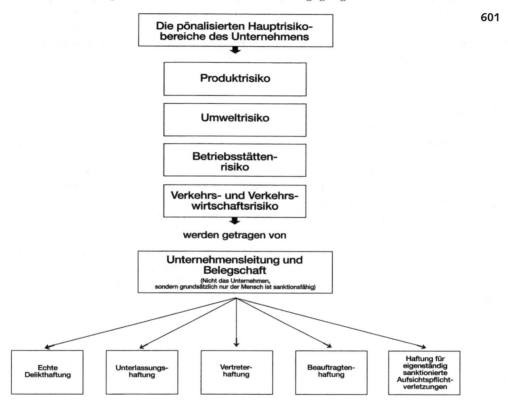

1. Die echte Delikthaftung

Hierunter fallen diejenigen **Strafvorwürfe, die durch eigenes Handeln unmittel-** **602** **bar verwirklicht werden**. Dabei kann es sich im Sinne dieser Darstellung nur um Delikte handeln, die unmittelbar oder mittelbar *»für das Unternehmen«* begangen wurden.

Straftaten von Unternehmensangehörigen, welche sich gegen das Unternehmen **603** richten und diesem oft auch einen großen Ansehensverlust in der Öffentlichkeit durch die Darstellung in den Medien verursachen, sollen hier nicht näher verfolgt werden. Zu diesen Taten zählen Unterschlagung und Untreuedelikte[884] ebenso wie der Warendiebstahl (z. B. durch Kaufhauspersonal oder Lageristen) oder das vorsätzliche Vorenthalten von Sozialversicherungsbeiträgen der Arbeitnehmer durch den Geschäftsführer einer GmbH.[885]

604 In Betracht kommt nicht nur eine Reihe von Tatbeständen des Strafgesetzbuches, z. B. Meineid, falsche Versicherung an Eides Statt, Bestechung, Körperverletzung, Brandstiftung sowie die Umweltstraftaten der §§ 324 ff. StGB, sondern auch die in strafrechtlichen Nebengesetzen enthaltenen Tatbestände wie z. B. Verstöße gegen das Außenwirtschaftsgesetz (Giftgasfabrik in Libyen), Entleihung nicht-deutscher Arbeitnehmer ohne Arbeitserlaubnis nach § 15 a Arbeitnehmerüberlassungsgesetz (AÜG), unbefugte Übermittlung, Veränderung oder Abrufung gesetzlich geschützter, personenbezogener Daten nach § 43 Bundesdatenschutzgesetz (BDSG), Steuerhinterziehung nach § 370 Abgabenordnung (AO) etc[886].

605 Bei den **echten Begehungsdelikten** ergeben sich für Führungskräfte und Belegschaftsangehörige von Wirtschaftsunternehmen keine rechtlichen Besonderheiten gegenüber »*normalen*« Dritten. Ungeachtet dessen sind die an exponierter Stelle in den Unternehmen Tätigen im besonderen Maße der Gefahr ausgesetzt, strafrechtlich zur Verantwortung gezogen zu werden. Sie können von ehemaligen Mitarbeitern, unzufriedenen Kunden oder bösartigen Konkurrenten fälschlich bezichtigt und anonym angezeigt werden. Die Staatsanwaltschaft muss dann diesen Beschuldigungen nachgehen. Mögen sie noch so haltlos sein, für eine Rufschädigung der betroffenen Führungskraft »taugen« diese Anzeigen allemal.

606 Neben den echten Begehungsdelikten sind im Unternehmensstrafrecht die so genannten Unterlassungsdelikte von besonderer Bedeutung, und hierbei wiederum die Gruppe der unechten Unterlassungs«taten«, ein ausnehmend schwieriges Rechtskonstrukt, auf das im folgenden Abschnitt näher eingegangen wird.

---

884 Eine Geschäftsführertätigkeit ist u. a. im Sinne des § 266 StGB dann missbräuchlich, wenn der gesetzliche Vertreter Vermögen der GmbH mit Zustimmung der Gesellschafter eigennützig oder willkürlich für Dritte verschiebt; wenn er die Verschiebung pflichtwidrig (§ 41 GmbHG) verschleiert und wenn die Zustimmung des Oberorgans durch Missbrauch der Gesellschafterstellung erfolgt; vgl. BGH NJW 1988, 1397 ff. In diesem Fall lag eine Unternehmenskonstellation (Ehefrau Alleingesellschafterin, Ehemann Alleingeschäftsführer) zugrunde, die oftmals von Wirtschaftskriminellen planmäßig missbraucht wird. Bei öffentlich-rechtlichen Unternehmen zählt zu diesem Deliktsbereich auch der Tatbestand der Haushaltsuntreue, vgl. »DER SPIEGEL«, Nr. 40 v. 28. 09. 1992, S. 73 ff. (Stuttgarter Theater).

885 § 266a StGB. Dazu Carsten **Wegner**, Neue Fragen bei § 266a Abs. 1 StGB – eine systematische Übersicht, in: wistra 1998, 283; zum Begriff des Vorenthaltens vgl. BGH ZIP 1991, 1511 ff.; siehe ausführlich Rdn. 1689 ff.

886 Siehe dazu im Einzelnen im Abschnitt ›Strafrechtliches Betriebsstättenrisiko‹ Rdn. 1639 - Rdn. 2396.

2. Unterlassungsdelikte

a) Unterscheidung

Seit jeher unterscheiden Rechtsprechung und Literatur und seit der Strafrechtsno- **607** velle aufgrund des zweiten Strafrechts-Reformgesetzes[887] auch der Gesetzgeber zwischen echten und unechten Unterlassungsdelikten.[888]

---

§ 13 StGB – Begehen durch Unterlassen **608**

(1) Wer es unterlässt, einen Erfolg abzuwenden, der zum Tatbestand eines Strafgesetzes gehört, ist nach diesem Gesetz nur dann strafbar, wenn er rechtlich dafür einzustehen hat, dass der Erfolg nicht eintritt, und wenn das Unterlassen der Verwirklichung des gesetzlichen Tatbestandes durch ein Tun entspricht.

(2) Die Strafe kann nach § 49 Absatz 1 gemildert werden.

- **Echte Unterlassungsdelikte** sind solche, deren Tatbestand das Unterlassen einer rechtlich gebotenen Handlung in speziellen Strafrechtsnormen ausdrücklich beschreibt. Jedermann kann zur Vornahme dieser erwarteten Handlung verpflichtet sein. Das wohl bekannteste Unterlassungsdelikt ist die unterlassene Hilfeleistung nach § 323 c StGB.
- **Unechte Unterlassungsdelikte** sind solche, bei denen eine Handlungspflicht zur Vornahme einer bestimmten Handlung nur diejenigen Personen trifft, die zu dem gefährdeten Rechtsgut in so enger Schutzverbindung stehen, dass die Nichtvornahme der schützenden Handlung einer Rechtsgutverletzung durch aktives Tun gleichkommt.[889] Sie sind, weil sie sich alle an einem Begehungsmuster ausrichten, im Allgemeinen Teil des Strafgesetzbuchs in § 13 StGB normiert.

---

887 Gesetz v. 04. 07. 1969 (BGBl. I S. 717 ff.).
888 Dazu Jescheck/Weigend, a.a.O., S. 605 ff.
889 Dazu in seiner letzten Veröffentlichung sehr lesenswert Otfried **Ranft**, Bemerkungen zu Täterschaft und Teilnahme durch garantiepflichtiges Unterlassen, in: Festschrift für Harro Otto, a.a.O., S. 403 ff.

609

Organisation Strafrecht

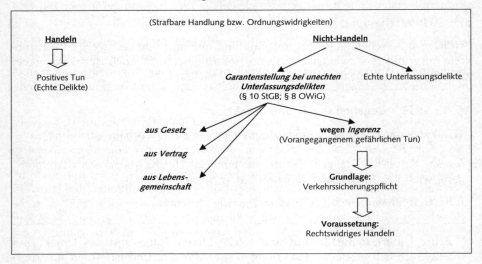

b)   Echte Unterlassungsdelikte

610 Die Zahl der bei dieser Themenstellung interessierenden Vorschriften ist gering. Dazu zählen § 283 Absatz 1 Nr. 7 lit. b StGB (Verletzung der rechtzeitigen Bilanzierungspflicht)[890] § 283b StGB (Verletzung der Buchführung) und §§ 401 AktG, 84 Absatz 1 GmbHG (Unterlassene Insolvenzantragstellung). Beispielhaft soll hier der Fall des § 264 Absatz 1 Nr. 2 StGB **(Subventionserschleichung)** hervorgehoben werden.[891]

Nach dieser im Jahre 1976 eingeführten Vorschrift[892] wird bestraft, wer den Subventionsgeber entgegen den Rechtsvorschriften über die Subventionsvergabe über subventionserhebliche Tatsachen[893] in Unkenntnis lässt. Dies kann nur durch denjenigen geschehen, der Mitteilungen unterlässt, zu deren Angabe er durch eine besondere gesetzliche Vorschrift verpflichtet ist.

---

890   Das KG hat in seinem Beschluss vom 18. 07. 2007 [(4) 1 Ss 261/06 (147/07)] bekräftigt, dass § 283 I Nr. 7 lit b StGB ein echtes Unterlassungsdelikt ist. Aus diesem Grunde entfällt eine Strafbarkeit, wenn der Täter aus fachlichen oder finanziellen Gründen zur Erstellung einer Bilanz nicht in der Lage war (BGH NStZ 2003, 546; KG wistra 2002, 313); denn die rechtliche oder tatsächliche Unmöglichkeit des rechtzeitigen Handelns lässt bei Unterlassungsdelikten die Tatbestandsmäßigkeit entfallen.

891   Siehe auch § 283abs. 1 Nr. 5 StGB (Nichtführen von Handelsbüchern), § 84 GmbHG (Unterlassen der Insolvenzanmeldung).

892   BGBl. I S. 2034.

893   Die Legaldefinition der *Subvention* findet sich in § 264 Abs. 7 StGB. Die *subventionserheblichen* Tatsachen nennt § 264 Abs. 8 StGB, siehe Rdn. 2194.

Zu den Rechtsvorschriften, auf die § 264 Absatz 1 Nr. 2 StGB Bezug nimmt, **611** gehören in erster Linie diejenigen des gleichfalls 1976 in Kraft getretenen Subventionsgesetzes.[894]

In dessen § 3 Absatz 1 sind die **Mitteilungspflichten** für den Subventionsnehmer normiert. Wenn dies ein Betrieb oder Unternehmen ist, richtet sich die strafrechtliche Haftung von gesetzlichen Vertretern und leitenden Angestellten nach § 14 StGB;[895] denn die Eigenschaft als Subventionsnehmer ist ein besonderes persönliches Merkmal im Sinne dieser Vorschrift.[896]

Wie weit die Strafbarkeit hier gehen kann, sei an einer Entscheidung des Bayerischen Obersten Landesgerichtes vom 30. Oktober 1981[897] erläutert: **612**

> Das Arbeitsamt hatte einem Unternehmen Zuschüsse nach einem arbeitsmarktpolitischen Programm der Bundesregierung für Regionen mit besonderen Beschäftigungsproblemen bewilligt. Die Bescheide enthielten den Hinweis, dass gewährte Leistungen in dem Umfang zurückzuzahlen wären, in dem die »subventionierten« Arbeitnehmer nicht mehr beschäftigt würden. Die Angeklagte unterließ es, Kündigungen der Arbeitnehmer dem Arbeitsamt gegenüber anzuzeigen.

Das Bayerische Oberste Landesgericht hob das die Angeklagte freisprechende **613** Urteil des Schöffengerichts auf und führte zur Begründung aus:

> »Dem **Subventionsnehmer** würde allein durch die Gewährung eine **umfassende Offenbarungspflicht** ganz allgemein bei der Inanspruchnahme von Subventionen auferlegt. Generell hätte er den Subventionsgeber über alle zur Rückforderung berechtigenden Umstände zu informieren, wenn er seinerseits darauf hingewiesen würde.«

Nach § 2 Absatz 1 Nr. 2 Subventionsgesetz ergäben sich die für die Rückforde- **614** rung von Subventionen bedeutsamen Tatsachen nicht nur aus dem Gesetz, sondern insbesondere auch aus Rechtsvorschriften, Verwaltungsvorschriften[898] und Richtlinien über die Subventionsvergabe sowie aus den sonstigen Vergabevoraussetzungen. Zu den eine Offenbarungspflicht begründenden Rechtsvorschriften im Sinne von § 264 Absatz 1 Nr. 2 StGB gehörten somit auch die Richtlinien für die Vergabe.[899]

c) Die so genannten unechten Unterlassungsdelikte

Dabei handelt es sich um die Fälle, in denen sich jemand dadurch strafbar macht, **615** dass er es unterlässt, den Eintritt eines tatbestandsmäßigen Erfolgs eines Begehungsdelikts, also z. B. einer Körperverletzung, abzuwenden.[900]

---

894 BGBl. I S. 2037.
895 Siehe dazu unten »Vertreterhaftung«, Rdn. 694 ff.
896 Tröndle/Fischer, a.a.O., § 264 Rn. 28.
897 NJW 1982, 2202 f. (2202).
898 Ob Richtlinien der Verwaltung den Täter zur Aufklärung verpflichten können, erscheint zweifelhaft; vgl. dazu BayObLG NJW 1982, 2202 f.; BGH wistra 1999, 142; **Ranft** NJW 1986, 3170 f.
899 Zum Subventionsbetrug vgl. Rdn. 2188 ff.
900 § 13 StGB; vgl. Enrique Gimbernat **Ordeig**, Das unechte Unterlassungsdelikt, in: ZStW 111 (1999), 308 ff.

616 Damit das Unterlassen einem positiven Tun gleichgesetzt werden kann, muss der Täter aufgrund besonderer Umstände rechtlich dazu verpflichtet sein, die erforderliche Rettungshandlung vorzunehmen, d. h., er muss eine Garantenstellung innehaben. Die Garantenstellung kann auf dreierlei Weise begründet werden: durch Gesetz, Vertrag oder durch faktisches Handeln.

617 Die strafrechtliche Vorgehensweise bei unechten Unterlassungsdelikten lässt sich am besten an einem Beispiel aufzeigen, das wir den **Bus-Bremsen-Fall** nennen wollen:

> Ein Reiseunternehmen schickt einen Bus, in den ein bestimmtes Bremssystem eingebaut ist, vollbesetzt auf Tour. Der Busfahrer fährt mit hoher Geschwindigkeit. Auf einer Gefällstrecke kann er das Fahrzeug nicht mehr abbremsen. Schaltung und Bremssystem fallen aus. Der Bus rast in eine Ortschaft, gegen ein Haus und explodiert. Es gibt Tote und Verletzte. Die Ermittlungen der Staatsanwaltschaft richten sich zunächst gegen den Busfahrer und gegen seinen Arbeitgeber, den Inhaber des Reiseunternehmens, u. a. wegen fahrlässiger Tötung und fahrlässiger Körperverletzung. Beide Beschuldigte verteidigen sich gegen den erhobenen Schuldvorwurf mit der Begründung, die Bremsen hätten versagt.[901]

618 Nun muss die Staatsanwaltschaft auch diese Hinweise überprüfen. Denn kommen mehrere Ursachen und Täter für eine strafbare Handlung in Betracht, muss die ermittelnde Behörde allen nachgehen.

619 Ist also die Bremsanlage im konkreten Fall für das Unfallereignis von Bedeutung, dann werden die Ermittlungen auch auf den Bremsenproduzenten und den Bushersteller ausgedehnt. In der Praxis heißt das für das die Bremsen herstellende Unternehmen: Alle Stationen der Bremsanlage, quasi vom ersten Gedanken an das Produkt bis zum Produktionsstopp, vielleicht sogar bis zu einem möglichen Rückruf der Ware, werden von der Ermittlungsbehörde auf fehlerhaftes und damit rechtswidriges Verhalten aller infrage kommenden Mitarbeiter überprüft.

620 Bei den Ermittlungen im herstellenden Unternehmen stellt sich heraus, dass nach der erfolgreichen Markteinführung mehrfach Kundenreklamationen wegen plötzlichen Ausfallens des Bremssystems eingingen. Das Unternehmen prüfte diese Störfälle. Eine Fehlerquelle konnte aber nicht festgestellt werden. Die Produktion und der Vertrieb der Bremsanlagen für Reisebusse wurden deshalb unverändert fortgesetzt. Erst zwei Jahre später, nach weiteren Mängelrügen und acht Wochen vor dem tragischen Unfall, führte das Unternehmen serienmäßig eine technische Veränderung an dem Bremssystem ein.

621 Die Staatsanwaltschaft wirft nun den für Entwicklung, Produktion und Vertrieb zuständigen Managern vor, nach Bekanntwerden der Störfälle nicht rechtzeitig die erforderlichen Gegenmaßnahmen ergriffen zu haben. Sie hätten sich daher wegen fahrlässiger Tötung, Körperverletzung und Brandstiftung schuldig gemacht.

---

901 Dieses Beispiel ähnelt nur zufällig dem **Herborner Tanklastzug-Fall**; LG Limburg, Urteil v. 17. 01. 1990 – 3 Js 6536.5/87; dazu Rdn. 2729 ff.

Zur Fallbearbeitung rufe man sich die drei Grundvoraussetzungen zur Verwirklichung einer Straftat ins Gedächtnis: **622**

1. Bestimmte objektive und subjektive Tatbestandsmerkmale müssen erfüllt sein.[902]
2. Die Rechtswidrigkeit darf nicht fehlen.[903]
3. Die Schuld des Täters muss gegeben sein.[904]

Im ersten Teil der Prüfung, des Vorliegens der objektiven Tatbestandsmerkmale, bedeutet dies für das Delikt *»Körperverletzung«*:[905] **623**

Jemand muss einen anderen körperlich misshandeln oder an der Gesundheit beschädigt haben.

Die Frage, die sich daraus spontan ergibt, lautet: Wie ist es möglich, durch Nichtstun eine fahrlässige Tötung, eine Körperverletzung, eine Brandstiftung begehen zu können? Die Manager haben doch an keines der Opfer selbst Hand angelegt! Sie haben keinen Körper verletzt. Wie ist dieser Vorwurf trotzdem zu rechtfertigen?

Die rechtliche Konstruktion dieses Bestrafungsmodells, das da juristisch schön und klar – für den Rechtslaien jedoch höchst unverständlich – als unechtes Unterlassungsdelikt bezeichnet wird, soll mit folgendem Beispiel verdeutlicht werden: **624**

> Schlägt und verletzt Vater Müller sein dreijähriges Kind, dann ist klar, dass er normwidrig und strafbar fremdes Leben beschädigt hat. Er hat eine Körperverletzung (§ 223 StGB) begangen. Was aber ist, wenn Vater Schmidt sein dreijähriges Kind im Garten auf das, wie er weiß, leere Schwimmbecken zugehen sieht und den Sturz des Kindes nicht verhindert?

Es leuchtet ein, wenn gesagt wird, Vater Schmidt hat vermeidbar das Rechtsgut *»Gesundheit«* seines Kindes durch Nichtstun verletzt. Vater Schmidt muss sich in diesem Fall genauso wegen Körperverletzung verantworten wie Vater Müller, der sein Kind geschlagen und verletzt hat. **625**

Das Gebot zur Achtung des Rechtsguts *»Gesundheit«* kann also auf zweifache Weise verletzt werden – einmal aktiv durch Schlagen, zum anderen aber passiv durch Unterlassen. Damit treffen wir zum ersten Mal in diesem Zusammenhang auf das Stichwort *»Ethik«*.[906] Das ethische Gebot in unserem Fall lautet: **»Du sollst die körperliche Unversehrtheit menschlichen Lebens achten.«** Die rechtsgutbeeinträchtigende Handlung (Schlagen) ist verboten, während umgekehrt die rechtsgutbewahrende Handlung (Helfen) geboten ist. Das heißt, von der Strafnorm *»Körperverletzung«* gehen sowohl Verbote als auch Gebote aus. **626**

Nun kann aber natürlich nicht jedermann in der weiten Welt zur Rettung aller gefährdeten Menschen verpflichtet sein. **627**

---

902   Vgl. Rdn. 278 ff.
903   Vgl. Rdn. 293 ff.
904   Vgl. Rdn. 304 ff.
905   § 223 StGB.
906   Siehe oben Rdn. 331 ff.

aa) Garantenpflicht aus Gesetz

628 Für die Garantenstellung aus Gesetz steht das eben skizzierte Vater-lässt-Kind-in-Swimmingpool-stürzen-Beispiel, denn Eltern sind ihren Kindern zur Pflege und Obhut gesetzlich verpflichtet.[907]

Eine **Rechtspflicht zur Abwendung von Gefahren** kann sich des Weiteren daraus ergeben, dass der Täter es übernommen hat, für den Schutz eines Rechtsgutes zu sorgen. So haben beispielsweise Arzt oder Krankenpfleger Rechtspflichten zum Schutze ihrer Patienten. Eine solche Übernahme, die nur tatsächlich und nicht auch rechtlich gegeben sein muss, erfolgt regelmäßig freiwillig. Der Bundesgerichtshof[908] hat eine Pflicht zur Erfolgsverhinderung z. B. darin gesehen, dass es der Täter übernommen hatte, den nachfolgenden Verkehr vor einer Gefahrenquelle zu warnen. Dieser hätte sich sozusagen selbst »auf Posten stellen« lassen.[909]

629 Nur in Einzelfällen berührt die gesetzliche Garantenstellung auch die im Unternehmen Verantwortlichen selbst. Hervorgehoben sei beispielhaft die durch Gesetz von der Gemeinde auf den Grundstückseigentümer übertragene öffentlich-rechtliche Streupflicht bei Schnee- und Eisglätte. Ein Verstoß hiergegen unterwirft die Grundstückseigentümer (bei Unternehmen wiederum deren Führungskräfte) nicht nur Schadenersatzpflichten, sondern auch den strafrechtlichen Verantwortlichkeiten.[910]

630 Schließlich können sich **Schutzpflichten** aus einer mit einem besonderen Pflichtenkreis verbundenen Stellung **als Amtsträger**[911] **oder als Organ einer juristischen Person** ergeben.[912]

bb) Garantenpflicht aus Vertrag

631 Durch Vertrag wird eine Garantenpflicht beispielsweise im Arbeitsrecht begründet. **Jeder Arbeitgeber ist vertraglich zur Fürsorge für Leben und Gesundheit seiner Arbeitnehmer verpflichtet.**[913] Er hat rechtlich dafür einzustehen, dass seine Mitarbeiter bei der Arbeitsausführung nicht verletzt oder gar getötet werden. Die zahlreichen privat- und öffentlichrechtlichen Arbeitsschutzvorschriften

---

907 Art. 6 Abs. 2 GG, § 1626 Abs. 2 BGB.
908 BGH VRS 17, 424.
909 Vgl. Schönke/Schröder-Stree, a.a.O., § 13 Rn. 10.
910 OLG Celle NJW 1961, 1939. Ist Grundstückseigentümer ein Unternehmen, trifft die strafrechtliche Verantwortung wieder die für die Immobilienverwaltung zuständigen Mitarbeiter.
911 Zur Garantenstellung des Amtsträgers siehe ausführlich oben Rdn. 189 ff.
912 Wessels/Beulke, a.a.O., § 16 II 5 d.
913 §§ 617, 618 BGB; Schaub, a.a.O., § 108 III. Die heute herrschende Meinung vermeidet die Bezeichnung »Garantenstellung aus Vertrag« weitgehend mit der Begründung, diese Garantenpflicht sei nicht das Ergebnis einer zivilrechtlichen Verpflichtung, sondern das der faktischen Übernahme einer Schutz- oder Gefahrenverhütungsposition, also öffentlich-rechtlicher Natur; vgl. Wessels/Beulke, a.a.O., S. 230. Richtig ist sicher, dass die strafrechtlichen Handlungspflichten des Arbeitgebers durch (vertragliche) Vereinbarungen grundsätzlich nicht beschnitten werden können. Begründet wird die Handlungs- und Verantwortungspflicht aber durch die Vereinbarung des Arbeitsverhältnisses. Aus diesem Grund bevorzuge ich weiterhin die Bezeichnung »Garantenstellung aus Vertrag«.

muss er einhalten.[914] Unterlässt er die notwendigen Schutzmaßnahmen, kann das nicht nur arbeitsrechtliche Erfüllungs- und Schadenersatzansprüche sondern auch öffentliche Zwangsmittel zur Konsequenz haben. Zudem kann er sich einer Straftat durch Unterlassen schuldig machen.[915] Zur Veranschaulichung schildere ich eine der ersten Entscheidungen zur vertraglichen Garantenpflicht: den **Ziegen-haar-Fall** aus dem Jahre 1929.[916]

> Damals gab der Inhaber einer Pinselfabrik seinen Arbeitern zur Weiterverarbeitung chinesische Ziegenhaare. Die erforderliche Desinfektion der Ziegenhaare hatte er nicht vorgenommen. Bei Verarbeitung der Haare infizierten sich daraufhin Arbeiterinnen mit Milzbrand. Vier der Erkrankten starben.

Wären die Ziegenhaare desinfiziert worden, dann wäre mit an Sicherheit grenzender Wahrscheinlichkeit die Infektion mit Milzbrandbazillen und der tödliche Verlauf der Erkrankung entfallen. Deshalb ist das Nichtstun, das Nichtdesinfizieren, für die fahrlässige Tötung der Arbeiterinnen ursächlich.

Der Inhaber der Pinselfabrik hatte nach Auffassung des Reichsgerichts als Arbeitgeber dafür einzustehen, dass seine Mitarbeiter bei der Arbeit unversehrt blieben.

Aus dem Arbeitsverhältnis oblag ihm deshalb die Rechtspflicht zur Erfolgsabwendung. Dieser Garantenpflicht kam er nicht nach, sodass er wegen fahrlässiger Tötung in vier Fällen, begangen durch Unterlassen, verurteilt wurde.

cc) Garantenpflicht aus faktischem Tun

Infrage kommt in unserem Beispielsfall[917] also nur die dritte Möglichkeit, »Handlungspflicht aus faktischem Tun«: **632**

Danach ist derjenige, der eine **Gefahrenquelle** schafft, auch zur Gefahrenabwendung verpflichtet. Es ist ständige höchstgerichtliche Rechtsprechung, dass derjenige, der irgendeine Gefahrenquelle schafft, auch grundsätzlich verpflichtet ist, die notwendigen und zumutbaren Vorkehrungen zu treffen, welche die Schädigung eines anderen möglichst verhindern. Geboten sind danach solche *»Maßnahmen, die ein umsichtiger und verständiger, in vernünftigen Grenzen vorsichtiger Mensch für notwendig und ausreichend hält, um andere vor Schäden zu bewahren.«*[918] Diese

---

914 Z. B. Arbeitsstättenverordnung; § 2 Mutterschutzgesetz; § 3 DruckgasVO; § 6 VO über brennbare Flüssigkeiten; § 6 DampfkesselVO; § 3 AufzugsVO; § 17 DruckluftVO; § 13 ArbeitsstoffVO; §§ 57, 58 StrahlenschutzVO; §§ 16, 17 RöntgenVO; § 2 SprengstoffVO.

915 Im Sinne des § 13 StGB; hierzu Tröndle/Fischer, a.a.O., § 13 Rn. 12a; siehe auch die Ausführungen zum Bereich des strafrechtlichen Betriebsstättenrisikos, Rdn. 1639 ff.

916 RGSt 63, 211 ff.; vgl. Exner in: Festgabe für v. Frank, Bd. 1, Tübingen 1930, S. 569 ff. (586); E. **Schmidt**, Der Arzt im Strafrecht, Leipzig 1939, Neudruck Frankfurt a. M. 1970, S. 79 ff. (85); h. M. nimmt dagegen Begehungsdelikt an, weil das Schwergewicht auf dem Erfolg verursachenden aktiven Tun (= Ausgabe nicht desinfizierter Ziegenhaare) liege und das sog. »Unterlassungsmoment« der Fahrlässigkeitstat insoweit nur eine wesensnotwendige Modalität des Handlungsvollzuges sei; vgl. Wessels/Beulke, a.a.O., § 16 I 2; siehe auch Karl **Engisch**, Tun und Unterlassen, in: Festschrift für Gallas, Berlin/New York 1973, S. 163 ff. (184).

917 Rdn. 617.

918 BGH VersR 2006, 233 ff. [234] m. w. N.; vgl. auch BGH v. 06. 02. 2007 – VI ZR 274/05 –

Verkehrssicherungspflicht »*kann sich auch auf Gefahren erstrecken, die erst durch den unerlaubten und schuldhaften Eingriff eines Dritten entstehen.*«[919] Diese Handlungspflicht kann auf drei verschiedenen Fallgestaltungen beruhen:

1. Sie leitet sich aus der Pflicht des Prinzipals ab, Straftaten seiner Arbeitnehmer im Rahmen ihrer betrieblichen Tätigkeit zu verhindern.
2. Sie ergibt sich aus den Verkehrssicherungspflichten des Halters/Betreibers einer Gefahrenquelle.
3. Sie lässt sich schließlich aus einem vorangegangenen, Gefahr bringenden Verhalten herleiten.

633 Doch nicht für jede abstrakte Gefahr gibt es präventive Verhinderungsmaßnahmen, wie der 6. Zivilsenat des Bundesgerichtshofs praxisnah feststellt[920]: »*Ein allgemeines Verbot, andere nicht zu gefährden, wäre utopisch. Eine Verkehrssicherung, die jede Schädigung ausschließt, ist im praktischen Leben nicht erreichbar. Haftungsbegründend wird eine Gefahr daher erst dann, wenn sich für ein sachkundiges Urteil die nahe liegende Möglichkeit ergibt, dass Rechtsgüter anderer verletzt werden.... Deshalb muss nicht für alle denkbaren Möglichkeiten eines Schadeneintritts Vorsorge getroffen werden. Es sind vielmehr nur die Vorkehrungen zu treffen, die geeignet sind, die Schädigung anderer tunlichst abzuwenden. ... Der im Verkehr erforderlichen Sorgfalt (§ 276 Absatz 2 BGB) ist genügt, wenn im Ergebnis derjenige Sicherheitsgrad erreicht ist, den die in dem Bereich herrschende Verkehrsauffassung für erforderlich hält. Daher reicht es anerkanntermaßen aus, diejenigen Sicherheitsvorkehrungen zu treffen, die ein verständiger, umsichtiger, vorsichtiger und gewissenhafter Angehöriger der betroffenen Verkehrskreise für ausreichend halten darf, um andere vor Schäden zu bewahren, und die ihm den Umständen nach zuzumuten sind. ... Kommt es in Fällen, in denen hiernach keine Schutzmaßnahmen getroffen werden mussten, weil eine Gefährdung anderer zwar nicht völlig ausgeschlossen, aber nur unter besonders eigenartigen und entfernter liegenden Umständen zu befürchten war, ausnahmsweise doch einmal zu einem Schaden, so muss der Geschädigte – so hart dies im Einzelfall sein mag – den Schaden selbst tragen.*« Die vorstehend genannten zivilrechtlichen Anforderungen an die Verkehrssicherungspflicht des Verursachers einer Gefahrenlage und deren Grenzen werden auch in strafrechtlicher Hinsicht zu beachten sein.

aaa) Garantenstellung des Prinzipals

634 Schon früh entschied das Reichsgericht, dass dem Inhaber eines Unternehmens aufgrund seiner tatsächlichen Leitungsfunktion eine Garantenstellung und damit eine **Erfolgsabwendungspflicht** zukommt. Im Rahmen dieser Verpflichtung müssen der Inhaber wie auch die von ihm zur Leitung und Aufsicht bestellten Organe das Personal ständig regel- und planmäßig überwachen, um die Verletzung von Straftatbeständen zu verhindern.[921]

635 Bereits in einer ersten Entscheidung aus dem Jahre 1889[922] hat das Reichsgericht ausgeführt, ein Bauunternehmer habe bei der Auswahl von – auch selbstständig tätigen – Subunternehmern die erforderliche Sorgfaltspflicht anzuwenden sowie

---

919   So BGH v. 06. 02. 2007 – VI ZR 274/05 –
920   Wie zuvor.
921   RGSt 41, 326 ff.; 47, 151 f.; 75, 296 ff.
922   RGSt 19, 294 ff. (296).

»sachgemäße Aufmerksamkeit walten zu lassen, wenn im Hinblick auf die Beschaffenheit der betreffenden Arbeiten während der Ausführung nach den konkreten Umständen Veranlassung zur Kontrolle und Nachprüfung«

bestehe.

636 Das Reichsgericht bejaht in dieser Entscheidung also nicht nur eine Garantenstellung des Unternehmers,[923] sondern darüber hinaus auch eine Aufsichtspflicht des Unternehmers im Verhältnis zu seinem selbstständigen Subunternehmer.

637 Diese weitgehende Auffassung ist zwar später aufgegeben worden. Auf der Basis der vorgenannten Entscheidung hat sich das Reichsgericht dennoch stets auf den Standpunkt gestellt, jeder Betriebsinhaber sowie seine Leitungs- und Aufsichtsorgane hätten die Rechtspflicht zur Verhinderung solcher Straftaten, die die im Betrieb beschäftigten Personen in Ausübung ihrer Tätigkeit begehen.

638 In einer weiteren grundlegenden Entscheidung vom 28. März 1924[924] verwies das Reichsgericht hierzu auf die allgemeinen Regeln des unechten Unterlassungsdelikts und begründete die Erfolgsabwendungspflicht des Betriebsinhabers sowie der Leitungs- und Aufsichtsorgane schlicht mit deren *»Stellung im Betrieb«*, wobei die Garantiepflichten der Aufsichtspersonen auf eine Analogie zu § 141 Absatz 1 Satz 2 der damals gültigen Gewerbeordnung gestützt wurden.

639 Der Bundesgerichtshof ist in seiner Rechtsprechung zur Garantenstellung bei den unechten Unterlassungsdelikten weitgehend der Auffassung des Reichsgerichts gefolgt und hat sie fortgeführt. Exemplarisch sei auf zwei Entscheidungen verwiesen:

640 In seinem Grundurteil vom 21. April 1964, dem so genannten **Bauherren-Urteil**,[925] beschäftigte sich der Bundesgerichtshof mit der strafrechtlichen Verantwortlichkeit der am Bau Beteiligten. Es handelte sich um folgenden Fall:

> Ein Bauherr hatte die Durchführung seines Bauvorhabens in Auftrag gegeben und einen Dritten als Statiker und »Oberleiter« beauftragt. Beim Ausschachten der Baugrube stürzte infolge nicht rechtzeitigen Anbringens einer Abstützung das neben der Grube stehende Haus ein. Dadurch kamen zwei Bauarbeiter und ein Hausbewohner zu Tode, zwei weitere Hausbewohner wurden verletzt.

641 Der Bundesgerichtshof hob das den Oberbauleiter wegen fahrlässiger Tötung und fahrlässiger Körperverletzung für schuldig befindende Urteil des Landgerichts auf und verwies die Angelegenheit zurück. Er führte dazu aus:

> *»Grundsätzlich hätte der derart neben dem Bauunternehmer bestellte Oberbauleiter keine Garantenstellung. Verantwortlich sei allein der Bauunternehmer. Dieser übernähme mit dem Auftrag vom Bauherren auch die Haftung nach den Grundsätzen der Verkehrssicherungspflicht und damit auch die strafrechtliche Verantwortlichkeit. Es wären allerdings Fälle denkbar, in denen daneben der Bauherr strafrechtlich verant-*

---

923 Gleiches gilt auch für die zuständigen Führungskräfte.
924 RGSt 48, 130 ff. (132 ff.).
925 BGHSt 19, 286 ff.

wortlich bliebe; denn ihn träfe die Verantwortung bei der Auswahl des beauftragten Unternehmens.[926] Der Bauherr dürfe nicht untätig bleiben, wenn er wahrnähme, dass der Bauunternehmer nachlässig arbeitet oder eine Gefahrenquelle entsteht, welcher der Bauunternehmer möglicherweise nicht gewachsen ist.«

642 Gerade im Bereich der Bauindustrie haftet also die Führungskraft des den Auftrag erhaltenen Bauunternehmens aus eigener Verkehrssicherungspflicht und damit aus eigener Garantenstellung. Diese stellt aber nach Ansicht des Bundesgerichtshofs den Bauherren nicht stets frei. Bei nachlässig arbeitendem Unternehmer oder bei Entstehen einer neuen Gefahrenquelle, der der Bauunternehmer nicht gewachsen zu sein scheint, bleiben der Bauherr bzw. dessen Führungskräfte selbst Garanten.

bbb) Garantenstellung aufgrund Sachherrschaft über eine gegenständliche Gefahrenquelle

643 Jeder, der Inhaber einer besonderen Herrschaft über eine potenziell gefährliche Sache ist, hat die daraus resultierenden Gefahren zu verantworten. Dies gilt selbstverständlich auch für den Bereich des *riskmanagements*. Verletzt der Verantwortliche seine **Pflicht zur Gefahrenabwehr**, so unterliegt er einer besonderen strafrechtlichen Verantwortung. Die Rechtsprechung hat dies in Sonderheit für Bauunternehmer sowie Betreiber von Skiliften und -abfahrten entschieden, wie die nachstehenden Beispiele belegen.

(1) Baustellen-Urteil

644 Da ist zunächst das so genannte **Baustellen-Urteil** des Oberlandesgerichts Karlsruhe,[927] dem folgender Sachverhalt zugrunde lag:

Der Angeklagte war verantwortlicher Bauleiter auf einer Baustelle. Er hatte nicht dafür gesorgt, dass ein Schacht durch Ummauerung, Geländer oder Abdeckung ausreichend gesichert wurde und wusste, dass die Arbeiter zur Verfügung gestellte Sicherheitsgurte nicht benutzten. Er wurde wegen fahrlässiger Tötung verurteilt.

645 Das Oberlandesgericht Karlsruhe wiederholt in dieser Entscheidung die bereits zitierten,[928] von der Rechtsprechung aufgestellten **Grundsätze der Verkehrssicherungspflicht** für Bauunternehmer und deren Angestellte. Ergänzend führt es aus, dass auch der **Generalunternehmer** verantwortlich bleibt, selbst wenn er sich eines Subunternehmers bedient und der Unfall in dessen Aufgabenbereich entsteht. Dies gelte selbst dann, wenn der Subunternehmer vertraglich zur Sicherung der Baustelle verpflichtet wäre.

(2) Skilift-Urteil

646 In seinem **Skilift-Urteil**[929] legte der Bundesgerichtshof dem Betreiber eines Skilift-Unternehmens eine Garantenstellung für die Benutzer seiner Skilifte auf.

---

926 Auswahlhaftung gemäß § 831 BGB.
927 OLG Karlsruhe NJW 1977, 1930.
928 BGHSt 19, 286 ff.; vgl. oben Rdn. 634 ff.
929 Entscheidung v. 13. 11. 1970; NJW 1971, 1093 ff. (1095).

Unser oberstes Gericht hat diese Garantenstellung aus der Verkehrssicherungspflicht abgeleitet, die der den Lift betreibenden Aktiengesellschaft oblag. Nach
seiner Auffassung **folgt aus der Verkehrssicherungs- eine Vorwarnungspflicht**
hinsichtlich der gefährlichen Abschnitte der Anlage; sollte diese Warnungspflicht
verletzt werden, korrespondiere damit gleich die strafrechtliche Verantwortlichkeit. Im entschiedenen Fall wurde diese Verantwortung ohne weitere Begründung
dem technischen Leiter der Aktiengesellschaft zugeschrieben.

(3)   Skiabfahrts-Urteil

Die eine strafrechtliche Haftung begründenden Argumente konnte der Bundesge-   **647**
richtshof bereits kurze Zeit später, im Jahre 1973, im Rahmen seines so genannten
Skiabfahrt-Urteils vortragen.[930]

Diese dritte Entscheidung, die hier Erwähnung finden soll, beruhte auf nachste-
hendem Vorfall:

> Der Angeklagte war verantwortlicher Betriebsleiter eines Seilbahnunterneh-
> mens. Die beförderten Skifahrer nutzten zur Abfahrt durch das Unternehmen
> festgelegte Pisten. Aufgrund Wetterumschwungs änderten sich die Schneever-
> hältnisse und zwei Skifahrer verletzten sich nach Stürzen in einer extrem ver-
> eisten Mulde tödlich. Der Angeklagte wurde wegen fahrlässiger Tötung verur-
> teilt.

Der Bundesgerichtshof führt zunächst aus, dass der eine **potenzielle Gefahren-**   **648**
quelle (z. B. Skiabfahrten) eröffnende und überwachende Unternehmer die Verantwortung dafür übernähme, dass den Benutzern keine überraschenden und
unvermeidbaren Gefahren begegnen, die nicht dem Sport als solchem eigen
wären.

Darüber hinaus war der Angeklagte auch wegen Verletzung der ihm obliegenden
Pflicht strafbar, nach der er dafür Sorge zu tragen hatte, dass er immer rechtzeitig
über den jeweiligen Zustand der Abfahrtstrecken unterrichtet war. Zwar hätte er
einige Kontrollen und Tests veranlasst und durchgeführt, aber nicht alle Erkennt-
nismöglichkeiten ausgeschöpft.

(4)   Die aktuellste Entscheidung zu Verkehrssicherungspflicht und Garantenstellung[931]:

Dem Urteil des Bundesgerichtshofs lag folgender Sachverhalt zugrunde: **649**

> Die H GmbH führte auf einer Baustelle Verschalungsarbeiten auf dem Dach
> eines Gebäudeteils aus. Am Ende des Arbeitstags wurde eine Teilfläche nicht
> verschlossen, weil die erforderlichen Schalungsbretter fehlten. Die Stelle
> wurde lediglich mit Dachpappe abgedeckt. Warnhinweise oder Sicherungen
> wurden nicht angebracht. Am darauf folgenden Tag nahm die Fa. Z als Subun-
> ternehmerin der Fa. D GmbH Abriss- und Entkernungsarbeiten an der Dach-
> fläche des benachbarten Hauses auf. Ihr Mitarbeiter L ging über die nicht ver-
> schlossene Dachfläche, um Material zu holen. Dabei stürzte er durch die

---

930   NJW 1973, 1379 ff. (1380).
931   Urteil vom 13. 03. 2007, Aktenzeichen: VI ZR 178/05 Verkehrssicherungspflicht.

Dachpappe etwa 4,45 m hinab und erlitt schwere Verletzungen. Der Insolvenzschuldnerin war als Architektin die Bauleitung mit den gesamten Grundleistungen für das Leistungsbild 8 der HOAI, also Objektüberwachung und Bauüberwachung, übertragen. Sie hatte zum Zeitpunkt des Unfalls die Zeugin S als Bauleiterin eingesetzt. Diese war von einem Mitarbeiter der H GmbH am Vortage des Unfalls darüber informiert worden, dass auf dem Dach eine Lücke bleiben werde. Frau S hatte daraufhin der H GmbH eine 2 Tage-Frist zur Fertigstellung der Schalungsarbeiten gesetzt. Zuvor jedoch hatte sie der D GmbH mitgeteilt, dass die Abbrucharbeiten am Nachbarhaus ab demselben Tag beginnen könnten.

650 Aus den Urteilsgründen:

»Der Bundesgerichtshof hat wiederholt entschieden, dass eine Haftung des mit der örtlichen Bauaufsicht bzw. Bauleitung beauftragten Architekten wegen einer Verletzung von Verkehrssicherungspflichten (§ 823 Absatz 1 BGB) in Betracht kommt. Mit der Übernahme einer solchen Aufgabe trifft auch den Architekten die Pflicht, nicht nur seinen Auftraggeber, sondern auch Dritte vor Schäden zu bewahren, die im Zusammenhang mit der Errichtung des Bauwerks entstehen können[932]. Im Regelfall braucht der Architekt zwar nur diejenigen Verkehrssicherungspflichten zu beachten, die dem Bauherrn als dem mittelbaren Veranlasser der aus der Bauausführung fließenden Gefahren obliegen. In erster Linie ist der Unternehmer verkehrssicherungspflichtig. Er hat für die Sicherheit der Baustelle zu sorgen; Unfallverhütungsvorschriften wenden sich nur an ihn[933].

Selbst verkehrssicherungspflichtig wird der mit der örtlichen Bauaufsicht bzw. Bauleitung oder Bauüberwachung beauftragte Architekt aber, wenn Anhaltspunkte dafür vorliegen, dass der Unternehmer in dieser Hinsicht nicht genügend sachkundig oder zuverlässig ist, wenn er Gefahrenquellen erkannt hat oder wenn er diese bei gewissenhafter Beobachtung der ihm obliegenden Sorgfalt hätte erkennen können. Er muss auf Gefahren achten und darf seine Augen nicht verschließen, um auf diese Weise jeglichem Haftungsrisiko aus dem Wege zu gehen[934].

Neben dieser so genannten »sekundären« Verkehrssicherungspflicht, die sich grundsätzlich darauf beschränkt, erkannte oder erkennbare baustellentypische Gefahrenstellen zu beseitigen[935], treffen den bauleitenden Architekten »primäre« Verkehrssicherungspflichten, wenn er selbst Maßnahmen an der Baustelle veranlasst, die sich als Gefahrenquelle erweisen können, sei es, dass die Auftragserteilung schon unmittelbar

---

932 Vgl. BGHZ 68, 169 ff.[175].

933 Vgl. Senatsurteile vom 26. 10. 1956 – VI ZR 163/54 – VersR 1956, 31, 32; vom 19. 01. 1962 – VI ZR 111/61 – VersR 1962, 358 ff. [360]; ebenso BGHZ 68, 169 ff.[175].

934 Vgl. Senatsurteil vom 20. 09. 1983 – VI ZR 248/81 – VersR 1983, 1141 ff.[1142]; BGH, BGHZ 68, 169 ff. [175 f].; OLG Hamm BauR 1980, 378 ff. [379]; OLG Düsseldorf NJW-RR 1995, 403 ff. [404]; OLG Stuttgart NJW-RR 2000, 752 ff. [754]; OLG Schleswig VersR 2000, 1118 ff. [1119] mit Nichtannahmebeschluss des Senats vom 04. 05. 1999 – VI ZR 268/98 – ; OLG Frankfurt NZBau 2006, 185 ff. [186].

935 Vgl. Senatsurteil vom 20. 09. 1983 – VersR 1983, 1141 ff..; OLG Schleswig VersR 2000, 378 ff.

Gefahren für andere begründen kann oder dass solche Gefahren nicht von vornherein ausgeschlossen sind[936]. ...«

ccc) Garantenstellung aus vorangegangenem, Gefahr bringendem Verhalten (Ingerenz)

Jeder, der durch ein objektiv pflichtwidriges Tun oder Unterlassen die nahe **651** Gefahr eines Schadeneintritts bewirkt hat, soll zur Abwendung des tatbestandlichen Erfolgs verpflichtet sein. Die **heute herrschende Meinung** nimmt eine **Garantenpflicht aus vorangegangenem Gefahr** bringenden Verhalten also nur dann an, wenn sich der Garant zuvor rechtswidrig verhalten hat.[937]

Im **Erdal-Lederspray-Fall**[938] sah der Bundesgerichtshof dieses pflichtwidrige Vor- **652** Verhalten durch das Inverkehrbringen der gesundheitsschädlichen Ledersprays, Verstoß gegen § 30 Nr. 2 Lebensmittel- und Bedarfsgegenstände-Gesetz (a. F.), als gegeben an.[939]

Als Kriterien für die strafrechtliche Haftung einer Führungskraft als Garant kann **653** also festgehalten werden: Solange das Vorverhalten pflichtgemäß, verkehrsgerecht oder rechtmäßig ist, dabei aber ein Dritter zu Schaden kommt, begründet das vorangegangene Tun keine Garantenstellung, sondern allenfalls eine Hilfspflicht.[940] Wenn demzufolge etwa ein Pkw-Fahrer trotz fehlerfreier, verkehrsgerechter Fahrweise einen Verkehrsteilnehmer verletzt, kann der Fahrer nicht wegen Körperverletzung bestraft werden.

Die Kompetenz der Führungskraft *und* ihre Möglichkeit zur Vornahme einer Ver- **654** hinderungshandlung sind zwei zwingende Voraussetzungen für die Strafbarkeit einer Führungskraft wegen Unterlassens.

Weitere Voraussetzung ist die entsprechende strafrechtliche Pflicht der Führungs- **655** kraft zum Handeln. **Beide** Voraussetzungen müssen vorliegen. Sie müssen getrennt von einander geprüft werden. Die **Handlungsmöglichkeit** der Führungskraft **reicht allein** zur Begründung einer strafrechtlichen Handlungspflicht

---

936 Vgl. Senatsurteile vom 10. 06. 1975 – VI ZR 131/73 – VersR 1975, 949, 950; vom 20. 09. 1983 – VI ZR 248/81 – VersR 1983, 1141 ff.

937 Vgl. z.B. BGH NStZ 1998, 83 ff. (84); NJW 1999, 69 ff. (71 f.); StraFo 2000, 314 f. (314): *»pflichtwidriges Vorverhalten begründet nur dann eine Garantenstellung, wenn es die nahe Gefahr des Eintritts des konkreten tatbestandsmäßigen Erfolges verursacht.«* Im Schrifttum wird teilweise die Tragfähigkeit der Begründung einer Garantenstellung mit Ingerenz für den Bereich der strafrechtlichen Produkthaftung bezweifelt. Diese Meinungen stützen die Garantenstellung auf a) Sachherrschaft (welche dann allerdings nicht zu einer Schutzgaranten-, sondern zu einer Überwachungsgarantenstellung führt, so Kühl, StGB, a.a.O., § 13 Rn. 13; ders., Strafrecht, AT, a.a.O., § 18 Rn. 110 [639f.] m. w. N., oder auf b) die überlegene Sachkenntnis des Herstellers, welche diesen zur Übernahme einer Schutzgarantenposition gegenüber dem auf die Kompetenz des Produzenten vertrauenden und an dessen Kompetenz angewiesenen Kunden/Käufer/Verbraucher verpflichtet (so vor allem Claus **Roxin**, Strafrecht, AT, Band II: Besondere Erscheinungsformen der Straftat, München 2003, § 32, Rz. 210 ff.

938 BGHSt 19, 152 ff. (154 ff.); 25, 218 ff. (221 ff.).

939 BGHSt 37, 106 ff. (117 ff.).

940 Beispielsweise aus § 323 c StGB.

nicht aus. Wenn die **Verhinderung des schädigenden Erfolges nicht möglich** ist, kann die Führungskraft **nicht für den Eintritt des Erfolges verantwortlich** gemacht werden, auch dann nicht, wenn er als Garant zum Eingreifen verpflichtet war.

656 Auf den einleitenden Bus-Bremsen-Fall bezogen muss deshalb jetzt die Frage gestellt werden: War die Produktion und der Vertrieb der Bremsanlagen pflichtwidrig?

Dazu ist Folgendes festzuhalten:

Zunächst einmal waren unbestreitbar die Herstellung und der Verkauf der Produkte rechtmäßig. Vom Zeitpunkt der ungeklärten Kundenreklamationen an, lässt sich eine eingeschränkte Gebrauchstauglichkeit der Bremsen jedoch nicht mehr von der Hand weisen. Das heißt, nachdem die Verantwortlichen des Bremsenherstellers wiederholt von Zwischenfällen Kenntnis erhielten, wussten sie, mussten sie wissen, dass von ihren Produkten möglicherweise Gefahren ausgehen können. Gefahren, welche die Verletzung fremder Rechtsgüter – Gesundheit, Leben, Eigentum – zur Folge haben konnten.

657 Nun ist offensichtlich der Bundesgerichtshof nicht kategorisch der Ansicht, dass im Unternehmensbereich zur Haftung wegen eines unechten Unterlassungsdelikts stets ein pflichtwidriges Vorverhalten gehört. So meinte unser oberstes Gericht in der **Erdal-Lederspray-Entscheidung**, dass zur Begründung einer Haftung aus vorangegangenem Tun die rechtliche Missbilligung des Gefährdungserfolgs genüge.[941]

658 Im **Erdal-Lederspray-Fall** oblag den Verantwortlichen des Herstellerunternehmens von Lederpflegesprays aus dem Gesichtspunkt der Verkehrssicherungspflicht die Verpflichtung, alles in ihren Kräften Stehende und ihnen Zumutbare zu tun, um Gefahren für die Gesundheit der Verbraucher ihrer Produkte abzuwenden.[942]

659 Der Bundesgerichtshof stützt seine Entscheidung dabei auf die in der Rechtsprechung anerkannte Verpflichtung jedes Warenherstellers, seine Produkte für alle voraussehbaren Verwendungszwecke und für alle in Betracht kommenden Benutzer im Rahmen des Möglichen und Zumutbaren fehlerfrei, insbesondere frei von Gefahren für die Gesundheit der Anwender, zu gestalten.[943] Zu den Pflichten des Herstellers gehört auch die **Produktbeobachtungspflicht** nach Inverkehrbringen der Ware. Während der Bundesgerichtshof in seiner **Erdal-Lederspray-Entscheidung** darauf hinwies, dass die zivilrechtlichen (Produkt-) Haftungsprinzipien

---

941 BGHSt 37, 106 ff. (119); positiv zum Verzicht auf das Kriterium »*pflichtwidriges Vorverhalten*« im Bereich der strafrechtlichen Produkthaftung Amelung, a.a.O., S. 73.

942 Vgl. BGH, NStZ 1990, 588 ff. (589).

943 Vgl. BGH BB 1970, 1414; LG Mainz NJW 1997, 2217; BGHZ 80, 186 ff.; LG Aachen JZ 1971, 507 ff. (516). Gleiches gilt selbstverständlich für die übrigen Risikobereiche. So hat die Geschäftsleitung die Betriebsabläufe so zu organisieren, dass Straftaten gegen die Umwelt möglichst ausgeschlossen sind. Zur Erfüllung dieser Auflage wird gefordert, bei einem Mitglied der Geschäftsleitung das Ressort »Umweltcontrolling« in Verbindung mit einem innerbetrieblichen Überwachungssystem anzusiedeln; hierzu Ebenroth/Willburger, a.a.O., 1943.

nicht unbesehen auf das Strafrecht zu übertragen sind[944], hatte das Landgericht Mainz als erstinstanzielles Tatgericht in diesem Verfahren die strafrechtliche Haftung der angeklagten Geschäftsführer gerade aus der zivilrechtlichen Produktbeobachtungspflicht abgeleitet. Diese Handhabung kritisiert mit Recht Bernd-Dieter **Meier**. Er ist der Ansicht, dass der Anknüpfungspunkt für die Ingerenz fehlt, wenn zur Zeit des Inverkehrbringens des Produkts dessen Gefährlichkeit objektiv noch nicht erkennbar war. Ein Täter wird im Rahmen seiner strafrechtlichen Unterlassungshaftung doch gerade dann z. B. wegen einer Körperverletzung zur Rechenschaft gezogen, wenn er pflichtwidrig die Grenzen des ihm erlaubten Handelns verletzt hat.[945] Wie soll aber »*dem Täter*« ein schuldhaftes Vor-Verhalten vorgeworfen werden können, wenn bei seiner »*Tat*« – dem Inverkehrbringen – die Gefährlichkeit des Produkts objektiv noch gar nicht erkennbar war? Einen Lösungsansatz für diese Problemstellung bietet die **Lehre vom gesteigert riskanten Verhalten**.[946] Danach soll der Garant aus Ingerenz sein, der eine besondere Gefahrenlage für ein Rechtsgut (Leben, Gesundheit usw.) schafft. Indizien für eine solche »*deutlich herausgehobene Verantwortung*«[947] der Unternehmen für das Inverkehrbringen besonders riskanter Produkte ergeben sich aus Gesetz (Produkthaftungs-, Arzneimittel-, Atomgesetz usw.) und Rechtsprechung (z. B. Produktbeobachtungspflicht).

Das Landgericht Mainz berief sich in diesem Zusammenhang auf die Einstel-   **660**
lungsverfügung im **Contergan-Verfahren**. In ihr wird ausgeführt, dass, wenn die Gesundheit oder die körperliche Unversehrtheit von Menschen von einem Produkt bedroht wird, der Hersteller schon dann Gefahrenabwehrmaßnahmen treffen muss, wenn aufgrund eines zwar nicht dringenden, aber ernst zu nehmenden Verdachts zu befürchten ist, dass Gesundheitsschäden entstehen können, und nicht erst dann, wenn der gegen das Produkt erhobene Verdacht wissenschaftlich feststeht.[948]

Die Manager des Bremsenherstellers in unserem Beispielsfall haben die Produk-   **661**
tion und den Vertrieb der Bremsanlagen ungeachtet der Störfallmeldungen nahezu zwei Jahre lang unverändert fortgesetzt. Wenn das so zu verstehen ist, dass sie Schäden in Kauf genommen haben, dann ist ihr Verhalten in diesen zwei Jahren schon als solches zu missbilligen. Schließlich hat es dazu geführt, dass

---

944 BGHSt 37, 106 ff. (114 ff.).
945 Bernd-Dieter **Meier**, Verbraucherschutz durch Strafrecht, in: NJW 1992, 3193 ff. (3196).
946 Meier, a.a.O., 3196 m. w. N.; auch **Risikoerhöhungslehre** genannt, siehe Amelung, a.a.O., S. 70. Der BGH hat die Anwendbarkeit dieser Lehre im **Erdal-Lederspray-Fall** ausdrücklich abgelehnt; BGHSt 37, 106 ff. (127). In seinem Beschluss v. 23. 05. 2000 führt der BGH jedoch in einem Strafverfahren wegen gefährlicher Körperverletzung und Totschlag aus (StraFo 2000, 314 f.): »*Allerdings hat das LG nicht – wie es erforderlich gewesen wäre – geprüft und erörtert, ob die Schläge des Angeklagten oder sein sonstiges der Tötung vorausgegangenes Verhalten eine Gefahrerhöhung für das Opfer dadurch bewirkten, dass die anderen in ihrem zum Tod führenden Vorgehen bestärkt wurden, und hierdurch eine Garantenstellung des Angeklagten begründet wurde.*«
947 Lothar **Kuhlen**, Strafhaftung bei unterlassenem Rückruf gesundheitsgefährdender Produkte, in: NStZ 1990, 566 ff. (568).
948 Vgl. LG Aachen, JZ 1971, 507 ff. (516); dazu Rdn. 2434 ff.

infolge des weiteren Einsatzes der Bremsanlagen die künftige Gefährdung von Menschenleben im Straßenverkehr nicht verhindert wurde.

662 Damit wurden die Normen zum Schutz der körperlichen Unversehrtheit missachtet. Die unveränderte Aufrechterhaltung der Produktion und des Vertriebs der Bremsen war daher rechtswidrig.

663 Nun stellt sich die Frage: Welche Handlungspflichten hatten die Manager als Garanten? Was hatte ein ordentlicher und gewissenhafter Hersteller von Bremsanlagen aus damaliger Sicht zu tun, wenn aufgrund von – möglicherweise ganz entfernten – Verdachtsmomenten die Möglichkeit bestand, dass ein Produkt seines Unternehmens eine unerträgliche Gefahrenlage schafft?

664 In der **Erdal-Lederspray-Entscheidung** heißt es dazu:

>*Art und Umfang der zu treffenden Gegenmaßnahmen werden dabei wesentlich durch das jeweils gefährdete Rechtsgut bestimmt und sind vor allem von Art und Größe der Gefahr abhängig. Sie können sich insbesondere bei drohenden gesundheitlichen Schäden nur daran orientieren, ob durch sie eine ausreichende Gewähr für die Verhinderung weiterer Gesundheitsschäden zu erreichen ist. Insbesondere bei Gegenständen des täglichen Bedarfs, die in Massen hergestellt sind, wird, sofern sich aus der Analyse von Schadenfällen zumindest der ernsthafte Verdacht dafür ergibt, dass das Produkt zu schweren Personenschäden führen kann, die Durchführung einer Warn- oder Rückrufaktion und, sofern die eigentliche Ursache der aufgetretenen Schadenfälle noch ungeklärt ist, ein Vertriebsstopp bis zur genauen Klärung und Beseitigung der Schadenursache geboten sein.*«[949]

665 Die Antwort könnte also lauten: Der Hersteller hat zur Gefahrabwendung die **Maßnahmen Warenrückruf, Vertriebs- und Fabrikationsstopp** zu ergreifen. Dass diese Forderungen nicht übertrieben sind, belegt ansatzweise die Rechtsprechung zum **Contergan-Verfahren**.

666 So erwähnt das Landgericht Aachen im **Contergan-Einstellungsbeschluss**[950] unter anderem die Möglichkeit, dass vom Hersteller in strafrechtlicher Sicht auch dann »*die Zurückziehung eines Mittels vom Markt*« verlangt werden kann, wenn

- zwar ein Konstruktions- oder Konzeptionsverschulden entfällt,
- sich aber aus der Analyse von Schadensfällen die Gewissheit oder zumindest der ernsthafte Verdacht dafür ergibt, dass das Produkt zu schweren Personenschäden führen kann.[951]

667 Das bedeutet in unserem Beispiel, die Verantwortlichen des Bremsenproduzenten könnten dann zu **Rückrufaktionen etc.** verpflichtet sein, wenn hierdurch die Gefährdung Dritter hätte vermieden werden können. Eine Strafbarkeit wegen Unterlassens kommt aber nur dann in Betracht, wenn durch das – unterlassene – Eingreifen des Verantwortlichen der Tod oder die Körperverletzung Dritter mit

---

949   Vgl. LG Mainz, Akt.Z. 8 Js 3708/84 W, 184 f. (185).
950   LG Aachen, 18. 12. 1970, in: Schmidt-Salzer, Entscheidungssammlung Produkthaftung: Strafrecht, Abschn. IV. 4.1. (Contergan); siehe auch Rdn. 2434 ff.
951   Schmidt-Salzer, Produkthaftung, Bd. I: Strafrecht, a.a.O. Rn. 1.475.

an Sicherheit grenzender Wahrscheinlichkeit verhindert worden wäre; denn nur dann könnte das Unterlassen für den Erfolgseintritt ursächlich geworden sein.[952]

Möglicherweise hätten zwar nicht alle Benutzer der Bremsanlagen über Rückruf- **668** aktionen weltweit erreicht werden können.[953] Mit Sicherheit aber einige. Und das ist ausreichend; denn für den Kausalzusammenhang von unterlassener Handlung (kein Rückruf) und Schädigung genügt es – nach unserer Rechtsprechung –, dass die Chance bestand, teilweise Abhilfe zu schaffen.[954]

Wäre zudem ein Fabrikations- bzw. Vertriebsstopp kurzfristig durchgeführt wor- **669** den, wären ab dem Einstellungszeitpunkt keine weiteren gefährlichen Bremssysteme ausgeliefert worden, also keine weiteren gefährlichen Gefahrenquellen geschaffen worden.

Das Management des Bremsenunternehmens in dem Beispielsfall hat sich aber **670** trotz Kenntnis der Störanfälligkeit ihres Produkts zu keiner dieser Maßnahmen durchgerungen. Die Verantwortlichen im Unternehmen haben es deshalb pflichtwidrig unterlassen, die Gefährdung Dritter zu unterbinden. Sie haben somit ihre Garantenpflicht aus faktischem Tun verletzt.

Für die **Strafzumessung** ist nun bedeutend, ob dieses **Verhalten** als **fahrlässig** **671** **oder vorsätzlich** einzustufen ist.

Fahrlässig handelt – kurz gesagt –, wer die **verkehrsmäßige Sorgfalt** außer Acht **672** lässt, ohne dies zu wollen oder zu erkennen. Als Beispielfall kann der an anderer Stelle[955] ausführlich dargestellte so genannte **Rosenmontag-Fall** herangezogen werden.

Neben den Vorgängen, die zu der Explosion des Reaktors und dem Austritt **673** zahlreicher Chemikalien in erheblichem Umfang führten, untersuchte die Staatsanwaltschaft bei dem Landgericht Frankfurt am Main auch die mögliche Strafbarkeit von Verantwortlichen des Unternehmens wegen einer verspäteten und falschen, weil verharmlosenden Information der betroffenen Bevölkerung

---

952   BGHSt 43, 381 ff. (397) m. w. N.
953   Nach den Erfahrungswerten haben Rückrufaktionen eine durchschnittliche Resonanz von 50 %.
954   Schmidt-Salzer, Produkthaftung, Bd. I, a.a.O. Rn. 1.476. Kritisch dazu Ingeborg **Puppe**, JR 1992, 30 ff., die einen strikten Kausalzusammenhang verneint, wenn, wie im **Erdal-Fall**, der Rückruf nicht allein vom Hersteller des Produkts, sondern vom Verhalten der jeweiligen Verkäufer/Händler abhängt: Ob eine Rückrufaktion in den Einzelfällen, in denen es zu weiteren Körperschäden bei den Benutzern der Ledersprays gekommen ist, diese verhindert hätte, sei davon abhängig gewesen, dass die Händler dem Rückruf Folge geleistet hätten. Puppe (31 f.) sieht eine Möglichkeit, die fehlenden Kausalgesetze für das Hinzutreten weiteren menschlichen Verhaltens dadurch zu ersetzen, dass von der Vermutung ausgegangen wird, dass der Drittbeteiligte sich pflichtgemäß verhalten hätte, wenn er Gelegenheit dazu bekommen hätte. Voraussetzung für diese Zurechnung seien jedoch zum einen existente Rechtsregeln für das Verhalten des Dritten, sodass dessen Willkür ausgeschlossen ist, zum anderen dürfe im Einzelfall der Dritte nicht tatsächlich diese Regeln missachtet haben.
955   Siehe Rdn. 1289 ff.

und eventuell daraus resultierende Körperverletzungen.[956] Nach den Feststellungen der Ermittlungsbehörden trat der Störfall morgens um 4.14 Uhr ein. Aufgrund von Meldungen über starke Schiffsverunreinigungen im Bereich einer benachbarten Schleuse (zwischen 5.30 und 6.30 Uhr) beauftragte der Werksleiter vom Dienst um 6.15 Uhr einen Mitarbeiter des unternehmensinternen Sicherheitsdienstes mit der Feststellung eventueller Schäden auf dem südlichen Mainufer. Um diese frühe Stunde war es draußen noch stockdunkel. Gegen 6.45 Uhr kehrte der Mitarbeiter zurück und teilte mit, er habe keine Verschmutzungen im südlichen Uferbereich feststellen können. Diese Auskunft wurde gegen 7.20 Uhr ohne Überprüfung an die Medien weitergegeben. Erst als die Werksfeuerwehr eine weitere Überprüfung des Schleusenbereichs und des südlichen Flussufers beschloss, wurde zwischen 9.45 Uhr und 11.30 Uhr der tatsächliche Umfang der Verunreinigung erkannt. In der Pressekonferenz (9.15 Uhr) teilte der Werksleiter den Medienvertretern lediglich mit, dass das südliche Mainufer kontrolliert würde, obwohl er bereits wusste, dass eine Verschmutzung des Uferstreifens gegeben war. Gegen 10.15 Uhr wurde die Presse durch den Leiter der Berufsfeuerwehr von der Verschmutzung unterrichtet und darauf hingewiesen, dass die Betroffenen die Verunreinigungen nicht selbst beseitigen sollten. Um 10.20 Uhr beschloss das Unternehmen die Verteilung eines ersten Flugblatts. Dieses wurde ab 11.30 Uhr verteilt. Ein weiteres Informationsblatt folgte ab 14.00 Uhr. Die warnenden Lautsprecherdurchsagen der Polizei begannen gegen 11.00 Uhr. In allen Erklärungen und Veröffentlichungen des Unternehmens ab 6.40 Uhr wurde das bei dem Störfall ausgetretene ortho-Nitroanisol (von den weiteren ausgetretenen Stoffen wurde nicht gesprochen) als »mindergiftig« bezeichnet. Erst am Folgetag erfuhren die Verantwortlichen des Unternehmens Kenntnis von einer amerikanischen Studie, die die genannte Chemikalie als karzinogen einstufte. Mindestens 153 Passanten und Anwohner des kontaminierten Bereichs erlitten Gesundheitsschäden. Die Staatsanwaltschaft ermittelte gegen den Leiter der Werksfeuerwehr den Vertreter Sicherheitsdienst Chemie den Werksleiter vom Dienst den Betriebsführer der Anlage den Werksleiter, ob dieser Kreis von Verantwortlichen des Unternehmens belangt werden könne wegen fahrlässiger Körperverletzung durch Unterlassen. Die Ermittlungen gegen den Leiter der Werksfeuerwehr, den Vertreter Sicherheitsdienst Chemie und den Werksleiter vom Dienst wurde mangels Tatverdacht (§ 170 Absatz 2 StPO) eingestellt, da den Beschuldigten nicht nachgewiesen werden konnte, notwendige Informationen in ihrem Zuständigkeitsbereich unterlassen zu haben. So hatte der verantwortliche Werksleiter vom Dienst die Untersuchung des südlichen Mainufers eingeleitet, nachdem ihm bekannt geworden war, dass das nördliche Ufer und Schiffe in einer Flussschleuse kontaminiert waren. Die weiteren Entscheidungen nach Eingang der falschen Information, das südliche Mainufer sei nicht betroffen, wie auch die spätere Informationspolitik oblag dem ab 6.30 Uhr anwesenden Werksleiter in Absprache mit dem Betriebsleiter,

---

956 Vgl. Schlussvermerk der Staatsanwaltschaft in Akt.Z. 65 Js 9496.3/93 vom 14. 11. 1996, S. 25 ff.

»der als sachnächster Verantwortlicher das umfangreichste Fachwissen über den Pro-
duktionsablauf, den Umfang des Störfalles sowie der ausgetretenen Stoffe hatte und
somit für die Einschätzung des Schadenumfanges am sachkompetentesten war.«[957]

Hinsichtlich des verantwortlichen Werksleiters und des Betriebsleiters als **674**
sachkompetentester Berater sah die Staatsanwaltschaft (und diesem folgend
das zuständige Strafgericht) einen hinreichenden Tatverdacht einer fahrlässigen Körperverletzung durch Unterlassen gemäß § 230 StGB a. F., § 13 StGB
in 153 Fällen. Die beiden Beschuldigten hätten sich nicht auf die oberflächliche,
höchstens 15 Minuten dauernde Überprüfung des Mitarbeiters, der im Schleu-
senbereich und auf dem südlichen Mainufer keinen Niederschlag festgestellt
haben wollte, verlassen dürfen. Gegen die Richtigkeit dieser Darstellung hätten »ins Auge springende Indizien« gesprochen, nämlich die Verschmutzung
des nördlichen Flussufers und zweier Schiffe in der Schleuse. Auch hätten die
Explosion, ihr Wissen um die vermutlich ausgetretenen Stoffe und die herrschenden Windverhältnisse die beiden Beschuldigten zu umfangreichen Scha-
denserfassungsmaßnahmen veranlassen müssen; denn »in Störfällen dieses
Umfangs müssen die Verantwortlichen in ihrem Warnverhalten vom ›worst
case‹ ausgehen«.[958] Dies insbesondere, da »Verantwortliche einer Störfallan-
lage auch Garanten für die infolge des Störfalles eingetretenen Folgen«
sind. Die Staatsanwaltschaft kam vor dem geschilderten Hintergrund zu dem
Ergebnis, dass den Beschuldigten eine »deutlich schnellere und vorsichtigere
Information der Bevölkerung möglich und zumutbar gewesen« wäre.[959] Und
dass sie durch das Unterlassen diese, ihnen gegenüber Behörden und Öffentlichkeit obliegende unverzügliche und umfassende Informationspflicht verletzt hatten. Das Strafverfahren wurde letztendlich eingestellt, und zwar gegen
Zahlung von Geldbußen in Höhe von damals noch 150.000 DM[960] (Betriebsleiter) und 300.000 DM[961] (Werksleiter). Die doppelt so hohe Geldbuße begründete die Staatsanwaltschaft mit der höheren Verantwortlichkeit des letztendlich entscheidenden Werksleiters.

Vorsätzlich unterlässt die gebotenen Maßnahmen, wer die tatbestandsmäßige **675**
Situation kennt, aus der seine Pflicht zum Eingreifen resultiert, und dabei weiß,
dass er mit der von ihm erwarteten Handlung den Erfolg abwenden könnte.

Der Bundesgerichtshof nimmt **Vorsatz** aber **nur** dann an, wenn der Verpflichtete **676**
in dem Bewusstsein, die erwartete Handlung werde den Erfolg mit an Sicherheit
grenzender Wahrscheinlichkeit verhindern, nichts getan hat. Zusätzlich muss sich
der Unterlassungstäter nach der herrschenden Meinung der konkreten Abwehr-
maßnahme bewusst sein.

Hält der Unterlassende die Tatbestandsverwirklichung, also beispielsweise die **677**
Gesundheitsschädigung Dritter bei Inverkehrbringen seiner Produkte, für möglich, und nimmt er diese Gesundheitsschädigung aus Gleichgültigkeit in Kauf, ist

---

957   So der Schlussvermerk der Staatsanwaltschaft, a.a.O., S. 41.
958   Siehe dazu die Ausführungen zum so gen. Schwarzer-Freitag-Fall auf Rdn. 246 ff.
959   Schlussvermerk, a.a.O., S. 44.
960   Rund 76.690 Euro.
961   Ca. 153.390 Euro.

bedingter Vorsatz gegeben. Das Fazit in unserem erfundenen Bus-Bremsen-Fall[962] lautet also:

678 Der Vorwurf der fahrlässigen Tötung, der fahrlässigen, möglicherweise der vorsätzlichen Körperverletzung und Brandstiftung durch Unterlassen ist wohl nicht unberechtigt. Entscheidend ist bei alledem aber die richtige Erfassung der tatsächlichen Geschehnisse, eben des Sachverhalts, den das Gericht rechtlich zu würdigen hat.

679 Am Ende dieses Abschnitts über die Unterlassungsdelikte stellt sich die – meines Erachtens rhetorische – Frage: Basieren nicht alle strafbaren Handlungen, die im Namen eines arbeitsteilig organisierten Unternehmens begangen werden, letztendlich auf irgendeiner Form pflichtwidrigen Unterlassens? Dies kann ebenso auf »organisierter Unverantwortlichkeit« beruhen (keiner im Unternehmen fühlt sich für einen bestimmten Vorgang bzw. eine bestimmte Person zuständig/verantwortlich) wie auf einem bloßen Organisationsverschulden oder auf der Nichtausübung der bestehenden Aufsichtspflichten. Wem aber ist ein solches organisiertes Nichtstun/Unterlassen in dem Zahnradwerk Unternehmen zuzurechnen? Einzelnen Personen oder dem Unternehmen als solchen? Und – vor allem – wo, wann entfällt und wie endet eine Garantenstellung?

680 Eine – vielleicht vorläufige – Antwort auf Umfang und Grenzen der **Garantenpflicht bei arbeitsteiliger Beseitigung einer Gefahrenquelle** gab der Bundesgerichtshof in seiner so genannten **Wuppertaler Schwebebahn-Entscheidung** im Jahre 2002.[963] Der Fall:

> Am 12. April 1999 stürzte bei dem schwersten Unfall in der Geschichte der Wuppertaler Schwebebahn einer der 22 Tonnen schweren Gelenkwaggons in die Wupper. Fünf Menschen starben, 45 wurden zum Teil schwer verletzt. Eine 100 Kilogramm schwere Sicherungskralle war im Stahlgerüst vergessen worden. Die Staatsanwaltschaft erhob Anklage wegen fahrlässiger Tötung und fahrlässiger Körperverletzung gegen acht Mitarbeiter einer Augsburger Stahlbaufirma, der Stadtwerke und der Schwebebahn. In der am 23. August 2000 eröffneten Hauptverhandlung vor dem Landgericht Wuppertal beteuerten vier leitende Mitarbeiter, ihren Pflichten nachgekommen zu sein, die anderen Angeklagten schwiegen. Schon im Ermittlungsverfahren hatten sich sowohl die Vertreter der Stadtwerke als auch der beauftragten Baufirma »wenig auskunftsfreudig« gezeigt.[964]

681 Für den Unfall war nach den gerichtlichen Feststellungen das Fehlverhalten mehrerer Personen mitursächlich: Vor Beginn der Bauarbeiten waren im Bereich der Stütze 206 in beiden Fahrtrichtungen an den T-Trägern des Traggerüstes so genannte Dilatationsüberbrückungen angebracht worden. Hierzu wurden an jedem der T-Träger vor und hinter der Dilatation jeweils mit sechs Schrauben »Krallen« befestigt, die aus zweihälftigen etwa 50 cm hohen, etwas mehr als 40 cm breiten und 2 cm starken Stahlplatten bestanden. Zwischen die

---

962 Rdn. 617.
963 Urteil vom 31. 01. 2002 – BGHSt 47, 224 ff.
964 (Was natürlich ihr gutes Recht war.) HAZ Nr. 86 v. 14. 04. 1999, S. 8.

Stahlkrallen wurde eine Hub-Druck-Zylinderkonstruktion gesetzt und so eine starre Verbindung hergestellt. Ebenso wie der Anbau dieser Hilfskonstruktionen lag deren Abbau im Verantwortungsbereich der Firma **A**, für die in der Nacht zum 12. April 1999 der Angeklagte **F** die Bauleitung hatte. Diesem wurde, obwohl eine der Stahlkrallen in Fahrtrichtung Oberbarmen nicht abgebaut worden war, sondern »noch vollständig und fest« mit sechs Schrauben an dem T-Träger montiert war, von einem der mit den Abbauarbeiten befassten Angeklagten **L**, **S**, **W** oder **I** der vollständige Abbau der Dilatationsüberbrückungen im Bereich der Stütze 206 gemeldet.

Der von den Wuppertaler Stadtwerken zum Betriebsleiter bestellte Angeklagte **682** **B** hatte von dem Ingenieur, den er mit der Leitung des Bereichs »bauliche Anlagen« betraut hatte, ein Sicherheitskonzept für die Durchführung der geplanten Baumaßnahme ausarbeiten lassen. Nach diesem Regelwerk hatten vor der Freigabe der Strecke und der Wiederaufnahme des Fahrbetriebs unabhängig voneinander sowohl die Bauleitung, als auch die bahntechnische Aufsicht und die Bauüberwachung die Kollisionsfreiheit des Fahrbereichs zu überprüfen. Weder der Angeklagte **F**, der in der Unfallnacht die Bauleitung hatte, noch der Angeklagte **E**, der die bahntechnische Aufsicht führte, noch der Angeklagte **P**, der für die Bauüberwachung zuständig war, nahmen jedoch die vorgesehenen Kontrollen im Bereich der Stütze 206 vor der Freigabe der Strecke mit der gebotenen Sorgfalt vor.

Das Landgericht Wuppertal sprach am 29. September 2000[965] die Angeklagten **683** **F**, **E** und **P** jeweils wegen fahrlässiger Tötung in fünf rechtlich zusammentreffenden Fällen in Tateinheit mit fahrlässiger Körperverletzung in 37 rechtlich zusammentreffenden Fällen schuldig. Es hat den angeklagten Bauleiter **F**, insoweit ist das Urteil rechtskräftig, zu einer Geldstrafe von 14.400 DM, den Angeklagten **E** zu einer Freiheitsstrafe von acht Monaten und den Angeklagten **P** zu einer Freiheitsstrafe von einem Jahr und acht Monaten sowie Geldauflagen von damals 10.000 bzw. 3.000 DM verurteilt und die Vollstreckung der Freiheitsstrafen zur Bewährung ausgesetzt. Die beiden Arbeiter hatten die Aufsicht an der Baustelle und die Strecke wieder freigegeben. Dem für die bautechnische Bauüberwachung zuständigen Schlosser warf – nach der Presseberichterstattung – das Gericht mangelnde Zivilcourage vor. Er habe »*nicht das Rückgrat*« besessen, die Freigabe der Strecke zu verweigern. Die vier Arbeiter **L**, **S**, **W** und **I**, welche die Sicherungskralle in dem Stahlgerüst vergessen hatten, sprach das Landgericht Wuppertal ebenso frei wie den angeklagten Betriebsleiter der Schwebebahn **B**.

Die Revision gegen die Freisprüche der Angeklagten **L**, **S**, **W** und **I** hatten im **684** Wesentlichen Erfolg.[966] Die Leitsätze der BGH-Entscheidung lauten:

Maßgebend für die Begründung einer Garantenstellung ist allein die **tatsächli-** **685** **che Übernahme des Pflichtenkreises.**

---

965   HAZ Nr. 299 v. 30. 09. 2000, S. 10.

966   Vgl. zum Wuppertaler Schwebebahn Fall BGH, Urteil vom 31. 01. 2002 , BGHSt 47, 224 ff. = NZV 2002, S. 274 ff.

»Ihre Garantenstellung wurde durch die tatsächliche Übernahme des ihnen von dem Angeklagten F erteilten Auftrags begründet.[967] Der Auftrag bezog sich auf die gezielte Beseitigung einer offenkundig hochbrisanten Gefahrenquelle für den Fahrbetrieb. Die tatsächliche Übernahme der Ausführung dieses Auftrags begründete deshalb die Schutzfunktion der Angeklagten gegenüber den Benutzern der Schwebebahn. … Maßgebend für die Begründung einer Garantenstellung ist allein die tatsächliche Übernahme des Pflichtenkreises, nicht (auch) das Bestehen einer entsprechenden vertraglichen Verpflichtung.[968]«

686 Die sich aus der Garantenstellung ergebenden **Garantenpflichten** finden ihr **Ende erst** dann, **wenn der Garant die übernommene Schutzaufgabe vollständig erfüllt hat**.

»Durch das Hinzutreten der »hilfswilligen« Angeklagten L und S wurden die Angeklagten W und I aus ihrer Garantenstellung in Bezug auf den Abbau der vierten Kralle nicht entlassen. Selbst wenn W und I – wie zu ihren Gunsten festgestellt – geglaubt haben, der Bauleiter F habe L und S ausdrücklich beauftragt, am Abbau der Dilatationsüberbrückung an der Stütze 206 mitzuwirken, war ein solcher Auftrag ersichtlich nicht dahin zu verstehen, dass nunmehr vom Bauleiter eine Trennung der Aufgaben- und Verantwortungsbereiche vorgenommen worden wäre. Eine solche, angesichts einer einheitlichen Gefahrenquelle, die es zu beseitigen galt, ohnehin denkbar fern liegende Möglichkeit kam hier schon deshalb nicht in Betracht, weil der Bauleiter nicht vor Ort und damit über den Stand der bereits ausgeführten und der noch zu erledigenden Arbeiten nicht informiert war.

Scheidet jedoch die Beendigung der Garantenstellung durch eine den ursprünglichen Auftrag ganz oder teilweise zurücknehmende Weisung des Auftraggebers aus, finden die sich aus der Garantenstellung ergebenden Garantenpflichten ihr Ende erst dann, wenn der Garant die übernommene Schutzaufgabe vollständig erfüllt hat.[969] Die hier allein in Betracht kommende Mitübernahme der Pflichten der ursprünglichen Garanten durch Dritte – die Angeklagten L und S – lässt die Garantenstellung der bisherigen Garanten grundsätzlich unberührt.[970] Sie kann aber zu einer Modifizierung der auf die vollständige Erfüllung der übernommenen Schutzaufgabe gerichteten Garantenpflichten[971] und der sich daraus ergebenden Sorgfaltspflichten[972] führen.«

687 Der **ursprüngliche Garant kann** die übernommene Gefahrenbeseitigung **ganz oder arbeitsteilig** dem zur Übernahme bereiten **Dritten überlassen**.

---

967 Vgl. BGH, VRS 17, 424 [428]; OLG Celle, NJW 1961, 1939 [1940]; Schönke/Schröder-Stree, a.a.O., § 13 Rn. 26; Jescheck, in: LK-StGB, a.a.O., § 13 Rn. 27.

968 Vgl. Jescheck, in: LK-StGB, a.a.O., § 13 Rn. 27; Schönke/Schröder-Stree, a.a.O., § 13 Rn. 26.

969 Vgl. RudolPHi, in: SK-StGB, § 13 Rn. 63; Stree, in: Festschrift für H. Mayer, 1966, S. 145, [161 f.].

970 Zum Fortbestehen von Sicherungspflichten der ursprünglichen Garanten bei Übernahme von Sicherungspflichten durch eine weitere Person vgl. BGH, VRS 17, 424 [427 f.].

971 Vgl. BGHSt 19, 286 [288 f.] = NJW 1964, 1283; Jescheck, in: LK-StGB, § 13 Rn. 28.

972 Vgl. Jescheck, in: LK-StGB, Vorb. § 13 Rn. 97.

»So muss der ursprüngliche Garant die übernommene Gefahrenbeseitigung nicht mehr notwendig eigenhändig durchführen, sondern kann sie ganz oder arbeitsteilig dem zur Übernahme bereiteten Dritten überlassen.«[973]

(= Weitergabe der – teilweisen – Garantenstellung durch Delegation an Gleichgestellten; hier Arbeiter an Arbeiter. Auf welcher Rechtsgrundlage?)

»In Betracht kommt aber auch eine freiwillige Beteiligung an den noch ausstehenden Arbeiten. Erfolgt die – auch konkludent mögliche – Mitübernahme einer Pflicht gegenüber Personen, die, wie die Angeklagten W und I, ihrerseits Garanten sind, so rückt der Übernehmende in vollem Umfang in die Garantenstellung ein.[974] *Allerdings reicht hierfür nicht jedes allgemein gehaltene, ersichtlich unverbindliche Hilfsangebot aus. Erforderlich ist vielmehr, dass durch die Wahrnehmung bestimmter Aufgaben in zurechenbarer Weise das Vertrauen der übrigen Garanten in die verantwortliche Mitwirkung des Hilfswilligen bei der Gefahrabwendung begründet wird.«*[975]

(= Garantenstellung durch eindeutig erkennbare [faktische] Übernahme der Verantwortung)

»Auch für die Angeklagten L und S kann eine Garantenstellung mit der sich daraus ergebenden Pflicht zur Beseitigung der Kralle als Gefahrenquelle im Schienenverkehr entstanden sein, insbesondere dann, wenn sie es auf Weisung des Angeklagten F übernommen hätten, die bei ihrem Eintreffen an der Stütze 206 noch nicht erledigten Arbeiten gemeinsam mit den Angeklagten W und I auszuführen. …«

(= klassischer Fall der Verantwortungsweitergabe im Ober-/Unterordnungsverhältnis)

»Sofern die Angeklagten L und S nach diesen Grundsätzen eine Garantenstellung hatten, steht einer Verurteilung der Angeklagten nicht entgegen, dass nicht geklärt werden kann, wer als letzter die Arbeitsbühne verließ. Hatte derjenige Angeklagte, der die Arbeitsbühne als vorletzter verließ, ohne weiteres auf einen ordnungsgemäßen Abbau der Kralle durch den auf der Arbeitsbühne verbliebenen Angeklagten vertraut, so gelten für ihn die gleichen Erwägungen wie für die Angeklagten W und I.....«

Welche **Sorgfaltspflichten den ursprünglichen Garanten** in diesem Fall treffen, richtet sich nach den **Umständen des Einzelfalls**. **688**

Von Bedeutung sind nach der Entscheidung des Bundesgerichtshofes[976] besonders **689**

- das **Ausmaß der Gefahr**, für deren Beseitigung der (ursprüngliche) Garant einzustehen hat,
- die **Zuverlässigkeit der** an der Beseitigung der Gefahrenquelle **beteiligten übrigen Garanten**.

---

973   BGH NStZ 2002, 421 ff. [423].

974   Schönke/Schröder-Stree, a.a.O., § 15 Rn. 26, 30.

975   Vgl. BGH, NJW 1993, 2628 [2629]; Stree, in: Festschrift für H. Mayer, 1966, S. 145, [155 f., 158].

976   Wie zuvor.

»Schon im Blick auf die außerordentlich hohe Gefährlichkeit der Kralle im Schienenbe-
reich der Schwebebahn[977] *traf die Angeklagten* **W** *und* **I** *jedenfalls die Verpflichtung,*
sich durch geeignete Maßnahmen zu vergewissern, ob auch **L** *und* **S** *die ihnen nach*
den bisher getroffenen Feststellungen im Wege interner Arbeitsteilung überlassene
Entfernung der vierten Kralle ordnungsgemäß vorgenommen hatten. Verblieb nämlich
die Kralle auf der Schiene, so gingen von ihr bei Wiederaufnahme des Fahrbetriebs
Gefahren für Leib und Leben einer Vielzahl von Personen aus. Den besonderen Sorg-
faltspflichten, die bei der Beseitigung von Hindernissen aus dem Bereich eines schie-
nengebundenen Verkehrsmittels für jeden bestehen, der es übernommen hat, an der
Gefahrenbeseitigung mitzuwirken, trägt denn auch die Dienstanweisung 33 Rech-
nung, über die nach den Feststellungen alle auf der Baustelle Beschäftigten bei Unter-
weisungen durch die Baufirma und die Wuppertaler Stadtwerke zu informieren waren.
Danach muss sich jeder Beschäftigte bei Arbeitsunterbrechung und nach beendeter
Arbeit davon überzeugen, dass die Strecke betriebssicher ist....«

690 Die Entscheidung des Bundesgerichtshofs ist berechtigt auf Kritik gestoßen.[978]
Mir scheint sie nur bedingt berechtigt. Wenn das Urteil lediglich als ein »Weg,
das prozessuale Beweisproblem durch überzogene Verhaltensanforderungen zu
umgehen«[979], gewählt wäre, also als Arbeitshilfe für eine vom Ergebnis her
gewünschte Einzelfall-Entscheidung, dann wäre sie zu kritisieren. Doch eine solche Berechtigung zur Rüge ist nicht erkennbar. Das Urteil des Bundesgerichtshofs
hebelt die heutzutage übliche, (auch bei höchsten Gerichten) arbeitsteilig organisierte Arbeitswelt nicht aus. Richtig ist, was wohl von niemand bestritten wird:
Damit die Arbeitswelt funktionsfähig bleibt, bedarf es einer für alle von ihr betroffenen Personen – solche die bereits Verantwortung tragen, aber auch diejenigen,
die künftig Verantwortung übernehmen sollen – nachvollziehbaren, also verständlichen und eindeutigen Organisationsstruktur sowie klarer Delegationsvor-
gaben. Richtig ist weiter: Das ganze betriebliche Räderwerk aus Pflichten und
Rechten, welches von vielen Menschen betätigt wird, kann nur dann zuverlässig
funktionieren, wenn sich Verantwortungsbewusstsein, Vertrauen und Aufsicht in
einem gesunden, aufeinander abgestimmten Verhältnis befinden.[980] Wie soll in
einem Team, das nach den Regeln des Lean Managements – also gleichberech-
tigt – Vertrauen und nicht Misstrauen entstehen, wenn jeder auf jeden in der

---

977   Zur Abhängigkeit zwischen dem Maß der Gefahr und Sorgfaltspflicht vgl. auch BGHSt 37,
       184 [187] = NJW 1991, 501 = NStZ 1991, 30.

978   Siehe Anmerkung Georg **Freund** NStZ 2002, 424 ff.

979   Freund, a.a.O., NStZ 2002, 425.

980   »Es versteht sich von selbst, dass bei einem derartigen Großprojekt ohne Hierarchie und
       Arbeitskontrolle nicht auszukommen ist. Wie immer man auch versuchen mag, möglichst
       viele Schädigungsmöglichkeiten auszuschließen – ein Risikomanagement ohne Arbeitstei-
       lung und Delegation bei der Erfüllung einzelner Aufgaben ist undenkbar. Wenn jeder
       immer für alles verantwortlich wäre; würde das zu einer Überforderung des einzelnen
       und zu einem auch und gerade unter Sicherheitsaspekten kontraproduktiven Qualitätsver-
       lust in Bezug auf die Erfüllung der übernommenen Teil-Aufgabe führen. Das Vertrauen-
       Dürfen darauf, dass andere das tun, was sie versprochen haben, schafft überhaupt erst
       den für die ordnungsgemäße Erfüllung der übernommenen eigenen Aufgabe notwendigen
       Freiraum«, so Freund, a.a.O., S. 424.

Arbeitsgruppe aufzupassen hat? Teamwork setzt Vertrauen voraus.[981] Wenn in einer festgefügten Gruppe jeder jeden beobachtet und dessen Arbeitsleistung kontrolliert, dann wächst Argwohn und Misstrauen, dann wird aus einer überschaubaren Gefahrenquelle ein unkalkulierbares Risikomanagement. Das ist gewiss alles richtig. Doch im Wuppertaler Schwebebahn-Fall gab es gerade kein Team, keine eingespielte Arbeitsgruppe, vielmehr herrschte Heteroarchie.[982] Es kam zu einer spontanen, selbst- oder fremdveranlassten Zusammenarbeit von vier Arbeitern, welche die eigentlich hierarchisch angelegte Organisationsstruktur der Reparaturarbeiten verdrängte. In einer solchen Konstellation aber multipliziert sich das strafrechtliche Risiko des Einzelnen in der Gruppe entsprechend der Anzahl der Gruppenangehörigen. Jeder hat jeden zu kontrollieren.

»Zumutbarkeitsgesichtspunkte standen einer solchen Verpflichtung der Angeklagten I und W zur Kontrolle nach den bislang getroffenen Feststellungen schon deshalb nicht entgegen, weil die vier Angeklagten am selben Ort arbeiteten und der jeweilige Stand der Arbeiten für alle gleichermaßen leicht zu überschauen (auch zu hören) gewesen wäre. Ein umfassender Vertrauensschutz in die ordnungsgemäße Erfüllung der von einem anderen arbeitsteilig übernommenen Aufgabe [wie er insbesondere im Bereich der ärztlichen Heilbehandlung für Ärzte unterschiedlicher Fachrichtungen und damit klar abgegrenzter Aufgaben anerkannt ist][983] kam hier von vornherein nicht in Betracht....«

ddd) Keine Garantenstellung bei eigenverantwortlicher Selbstgefährdung eines Dritten

Auch eigenverantwortliche Selbstgefährdung kann eine eigentlich bestehende **691** Garantenpflicht beenden. Diese Tatsache wird nicht in jedem Fall vom entscheidenden Gericht erkannt, wie das nachstehend geschilderte Verfahren zur straf-

---

981 Freund, a.a.O, S. 425: »Keine Zustimmung verdient jedoch die Annahme des BGH, ›schon wegen der außerordentlich hohen Gefährlichkeit der Kralle im Schienenbereich der Schwebebahn‹ habe eine Vergewisserung in Bezug auf die ordnungsgemäße Erledigung der übernommenen Aufgabe erfolgen müssen. Nur unter ›besonderen Umständen‹ – die der BGH allerdings nicht näher spezifiziert – ›sei von einem Vertrauen-Dürfen auf die ordnungsgemäße Erledigung auszugehen. Ein umfassender Vertrauensschutz ... komme hier nicht in Betracht‹, und zwar nach Auffassung des BGH wohl deshalb nicht, weil eine einheitliche Gefahrenabwendungsaufgabe vorliege, die lediglich in verschiedene Arbeitsschritte eingeteilt worden sei. Von dieser Aufteilung soll die Gesamtverantwortung aller unberührt bleiben. Insoweit ist dem BGH zu widersprechen. Der postulierte Gegensatz zwischen dem arbeitsteiligen Tätigwerden etwa von Ärzten mit klar abgegrenzten Aufgabenbereichen, bei dem ein umfassender Vertrauensgrundsatz gelten soll, und der Arbeitsteilung im konkreten Fall der Montagearbeiter mit nicht weniger klar abgegrenzten Teilaufgaben im größeren Zusammenhang einer Beseitigung mehrerer einzelner Gefahrenquellen besteht nicht. Einen solchen Gegensatz gäbe es nur, wenn Unklarheiten darüber bestanden hätten, wer was genau zu tun hatte. Nur unter dieser – hier durch Feststellungen in keiner Weise gestützten – Voraussetzung wäre von einer diese Möglichkeit eines Missverständnisses ausschließenden Vergewisserungspflicht auszugehen. Im Übrigen wäre einer solchen Vergewisserungspflicht jedoch ohne weiteres durch eine entsprechend klare Absprache im Vorfeld Genüge getan. Eine Kontrollpflicht ließe sich so ebenfalls nicht herleiten.

982 Siehe dazu unten Rdn. 1194.

983 Vgl. dazu BGH, NJW 1980, 650; Schönke/Schröder-Cramer/Sternberg-Lieben a.a.O., § 15 Rn. 151; Schroeder, a.a.O., in: LK-StGB, 11. Aufl., § 16 Rn. 176.

rechtlichen Verantwortlichkeit des Bauherrn für Schäden der am Bau beschäftigten Arbeiter, wenn deren Arbeitgeber, das Bauunternehmen, auch für einen Laien
erkennbare Sicherheitserfordernisse nicht beachtet, belegt. Das Oberlandesgericht
Stuttgart hatte folgenden Sturz durch nicht durchtrittfestes Dach-Fall zu entscheiden:

> Der spätere Angeklagte **W**, ein Winzer, hatte eine Halle gekauft, welche er
> demontieren und auf seinem Weingut wieder aufbauen lassen wollte. Das fast
> flache Dach der Halle war mit etwa dreißig Jahre alten, nicht durchtrittsfesten
> Wellasbestplatten belegt. Das zuständige Bauamt hatte die Demontage unter
> der Bedingung genehmigt, das der Abbau des Daches nur durch ein dafür
> zugelassenes Spezialunternehmen erfolgten durfte. Die Fa. **A**, Demontage und
> Sanierung, sicherte dem Winzer nach einigem Hin und Her zu, selbst ein grö-
> ßeres Gerüst und ein Fangnetz mitzubringen. Sie erhielt den Auftrag. Darauf
> hin beauftragte die Fa. **A** den ebenfalls angeklagten **D** mit der Durchführung
> der Arbeiten. Am Tag der Demontage erschien **D** mit vier Leiharbeitern eines
> Personalleasingunternehmens und vier Laufdielen, aber ohne Sicherheitsge-
> rüst und Fangnetz. Auf die Frage des **W** nach dem Verbleib der Sicherheitsein-
> richtungen erklärte ihm **D**, diese würden nicht benötigt. Er arbeite immer so.
> Damit gab sich **W** zufrieden. Am Nachmittag desselben Tages versuchte der
> Arbeiter **N** eine der Dachplatten anzuheben, dabei verlor er das Gleichgewicht,
> trat neben die Laufplatte und stürzte sieben Meter tief auf den Betonboden
> der Halle. **N** verstarb noch am Unfallort. **W** wie **D** wurden wegen fahrlässiger
> Tötung verurteilt. Die Revision des **W** wurde vom OLG Stuttgart verworfen.[984]

692 Entgegen der vom Oberlandesgericht Stuttgart in der Sturz durch nicht durchtrittfestes Hallendach – Entscheidung vom 5. April 2005 vertretenen Ansicht kann
eine Garantenpflicht dann nicht vorliegen, wenn jemand, der eine eigenverantwortlich gewollte (erstrebte, als sicher vorausgesehene oder in Kauf genommene)
und verwirklichte Selbstgefährdung lediglich veranlasst, ermöglicht oder fördert.[985] Grundsätzlich besteht für den Bauherrn keine Überwachungspflicht des
von ihm ausgewählten Bauunternehmens, solange ihm keine konkreten Anhaltspunkte für Mängel in der Bauausführung bekannt sind.[986] Gewiss ist ebenfalls
richtig, eine Eingriffspflicht des Bauherrn dann anzunehmen, wenn dieser feststellt, dass der Bauunternehmer nachlässig arbeitet. Zweifel bestehen jedoch an
der Richtigkeit der Ansicht des Oberlandesgerichts, wenn dieses kategorisch
erklärt:

> Der Bauherr »*wird (wieder) selbst verkehrssicherungspflichtig, wenn er Gefahren-
> quellen erkennt oder erkennen müsste und Anhaltspunkte dafür vorliegen, dass der
> von ihm Beauftragte im Hinblick auf die Einhaltung der Verkehrssicherheit nicht*

---

984 NJW 2005, 2567 f.

985 BGHSt 46, 279 ff. [288]; Gunnar **Duttge**, Rechtsprechungsübersicht zur (strafrechtlichen)
Fahrlässigkeit – Kontinuität und Wandel seit der Jahrtausendwende –, in: NStZ 2006,
266 ff. [270 ff.].

986 Marga **Henke**, Anmerkung zum Beschluss des OLG Stuttgart vom 11. 09. 1984, in: NStZ
1985, 124 f.

genügend zuverlässig ist und den auch einem Laien einsichtigen Sicherheitserfordernissen nicht in ausreichender Weise Rechnung trägt.«[987]

Im Grundsatz kann der Aussage des OLG Stuttgart beigepflichtet werden. Im Fall **693** selbst greift der eine Zurechnung verhindernde **Aspekt der eigenverantwortlichen Selbstgefährdung** zugunsten des Bauherrn ein; denn der tödlich verunglückte Arbeiter hätte selbst die für ihn brisante Gefahrenlage erkennen können, richtig einschätzen und vermeiden müssen. Ein weiterer Aspekt der eigenverantwortlichen Selbstgefährdung ist in der Aussage des Unternehmensverantwortlichen[988] zu sehen, der den ausdrücklichen Hinweis auf die notwendigen Sicherheitseinrichtungen leichtfertig abgetan hat.[989]

3. Die so genannte Vertreterhaftung

> ### § 14 StGB – Handeln für einen anderen **694**
>
> *(1) Handelt jemand*
>
> *1. als vertretungsberechtigtes Organ einer juristischen Person oder als Mitglied eines solchen Organs,*
>
> *2. als vertretungsberechtigter Gesellschafter einer Personenhandelsgesellschaft oder*
>
> *3. als gesetzlicher Vertreter eines anderen, so ist ein Gesetz, nach dem besondere persönliche Eigenschaften, Verhältnisse oder Umstände (besondere persönliche Merkmale) die Strafbarkeit begründen, auch auf den Vertreter anzuwenden, wenn diese Merkmale zwar nicht bei ihm, aber bei dem Vertretenen vorliegen.*
>
> *(2) Ist jemand von dem Inhaber eines Betriebs oder einem sonst dazu Befugten*
>
> *1. beauftragt, den Betrieb ganz oder zum Teil zu leiten, oder*
>
> *2. ausdrücklich beauftragt, in eigener Verantwortung Aufgaben wahrzunehmen, die dem Inhaber des Betriebs obliegen,*
>
> *und handelt er auf Grund dieses Auftrags, so ist ein Gesetz, nach dem besondere persönliche Merkmale die Strafbarkeit begründen, auch auf den Beauftragten anzuwenden, wenn diese Merkmale zwar nicht bei ihm, aber bei dem Inhaber des Betriebs vorliegen. Dem Betrieb im Sinne des Satzes 1 steht das Unternehmen gleich. Handelt jemand auf Grund eines entsprechenden Auftrags für eine Stelle, die Aufgaben der öffentlichen Verwaltung wahrnimmt, so ist Satz 1 sinngemäß anzuwenden.*

---

987   OLG Stuttgart NJW 2005, 2567 f. [2568] mit Verweis auf OLG Düsseldorf, NJW-RR 1999, 318.

988   Der in einem weiteren Verfahren ebenfalls wegen fahrlässiger Tötung verurteilt worden war: *»Der Senat verkennt nicht, dass die Verantwortlichkeit des früheren Mitangeklagten D für die fahrlässige Tötung im Vergleich zu der des Angeklagten größer ist. Dieser Umstand hätte eine strengere Bestrafung des D, gegen den ebenfalls (nur) eine Geldstrafe in Höhe von 120 Tagessätzen ausgesprochen wurde, nahe gelegt.«.*

989   So auch Duttge, a.a.O., S. 266 ff. [271f.].

> (3) *Die Absätze 1 und 2 sind auch dann anzuwenden, wenn die Rechtshandlung, welche die Vertretungsbefugnis oder das Auftragsverhältnis begründen sollte, unwirksam ist.*

695 Die komplizierte Regelung des § 14 StGB[990] lässt sich wohl am leichtesten anhand eines Beispiels darstellen.

Ein Unternehmer vertraut seinem Kreditinstitut, einer GmbH, 100.000 Euro mit der Weisung an, den Betrag mündelsicher anzulegen. Der Geschäftsführer der Bank aber nutzt die Geldsumme auftragswidrig zu Spekulationsgeschäften. Ein Großteil der Gelder geht dabei verloren.

696 Früher[991] wäre der Geschäftsführer einer Bestrafung wegen Veruntreuung[992] entgangen, da strafrechtlich verantwortlich im eigentlichen Sinne die Bank war. Doch diese als juristische Person (GmbH) war – und ist – deliktrechtlich nicht belangbar, da sich nur die natürliche Person, der Mensch, schuldig machen kann.[993] Die unbefriedigende Folge dieser Rechtslage war also: Die Veruntreuung blieb strafrechtlich ungesühnt. Diese Strafbarkeitslücke sollte[994] § 14 StGB mittels der so genannten Organ-, Vertreter- und Beauftragtenhaftung schließen, und zwar für Delikte, die ein besonderes Tätermerkmal voraussetzen.

697 Nach § 14 Absatz 1 Nr. 1 StGB können die vertretungsberechtigten Organe juristischer Personen bzw. deren Mitglieder – also die Vorstandsmitglieder von Aktiengesellschaften, die GmbH-Geschäftsführer – strafrechtlich in die Pflicht genommen werden für Straftaten ihrer Unternehmen, wenn sie in ihrer Organ-Eigenschaft gehandelt haben, und zwar dann, wenn **besondere persönliche Merkmale nach einer Strafnorm Voraussetzung der Strafbarkeit** sind, und diese beim Unternehmen gegeben sind. Diese besonderen persönlichen Merkmale finden sich in einigen Paragraphen des Strafgesetzbuchs und – häufiger – im Nebenstrafrecht.[995] Der Gesetzgeber hat für besondere Sachgebiete Strafbestimmungen geschaffen, die ihrer Natur nach nur die Angehörigen bestimmter Personenkreise[996] verletzen können.

---

990 Fast wortgleich § 9 OWiG für den Ordnungswidrigkeitenbereich; vgl. unten Rdn. 709 ff.

991 Die Vorschrift befindet sich seit 1968 (zunächst als § 50 a) im Strafgesetzbuch.

992 § 266 StGB.

993 Vgl. oben Rdn. 304 ff.

994 »Soll«: § 14 StGB ist von seiner Einführung an hinsichtlich Notwendigkeit, Ausgestaltung, Konzeption und Klarheit umstritten; vgl. Schönke/Schröder-Lenckner/Perron, a.a.O., § 14 Rn. 1 ff. Zur Schwierigkeit der Beweisführung Dagmar **Bandemer**, Die Zentralgestalt des Täters bei § 14 StGB: Eine Darstellung der gedanklichen Assoziation von Zurechnung und Beweismaß: An der Schallmauer, in: JurBüro 1993, 70 ff.

995 Z. B. §§ 266 ff. (Treupflichtiger), §§ 283 ff. und § 288 (Schuldner), § 290 (Pfandleiher), § 319 (Bauleiter) StGB. Wer als Geschäftsführer einer GmbH die der Gesellschaft drohende Zwangsvollstreckung durch Beiseiteschaffen von Vermögensgegenständen vereitelt, konnte früher nicht nach § 288 StGB bestraft werden, weil nicht er, sondern die GmbH Schuldner war (RGZ 16, 21 ff. (24); 60, 234).

996 Jescheck/Weigend, a.a.O., S. 230; Beispiele: Arbeitgeber, § 266a StGB; Unternehmer, § 64 BSeuchenG; Kaufmann, § 34 DepotG; Gewerbetreibender, § 18 UnedelMetG.

Für die vertretungsberechtigten Gesellschafter einer Personenhandelsgesellschaft **698** (OHG, KG) gilt nach § 14 Absatz 1 Nr. 2 StGB dasselbe wie für die Organvertreter der juristischen Personen, obwohl bei ihnen in der Regel die besonderen persönlichen Eigenschaften, Verhältnisse oder Umstände, von denen die Strafbarkeit abhängt, ohnehin vorliegen.[997]

Das **Strohfrau-Urteil** des Bundesgerichtshofs vom 22. September 1982[998] verdeut- **699** licht den komplizierten Inhalt des § 14 StGB (und des wortgleichen § 9 OWiG) und die Grenzen der Strafnorm:

> Der Angeklagte war wegen seines früheren Konkurses und der in diesem Zusammenhang abgegebenen eidesstattlichen Versicherung gehindert, Geschäftsführer einer GmbH zu sein. Diese Organstellung übertrug er seiner Ehefrau (»*Strohfrau*«). Er wurde angeklagt, bei Zahlungsunfähigkeit der GmbH nicht die Erfüllung des Konkursverfahrens beantragt zu haben.[999] Der Bundesgerichtshof hob das freisprechende Urteil des Landgerichts auf.

In den Entscheidungsgründen hielt der Bundesgerichtshof fest, dass der Ange- **700** klagte nach außen stets als Inhaber des Unternehmens auftrat und alle wesentlichen Verhandlungen selbst führte. Er – und nicht seine Ehefrau – war die treibende Kraft der Gesellschaft. Verpflichtet zum Handeln für die Gesellschaft war deshalb nicht allein die Ehefrau als diejenige, der die Geschäftsführer-Stellung förmlich übertragen war, sondern ebenso der Angeklagte.

Entscheidendes Kriterium war also **die tatsächliche Verfügungsmacht** des Ange- **701** klagten, der im Anstellungsvertrag mit der GmbH lediglich als Bote und Hausmeister bezeichnet worden war. Aufgrund seiner tatsächlichen Stellung als »Boss« machte er sich jedoch als »*faktischer Geschäftsführer*« verantwortlich.

Wie der Bundesgerichtshof ausdrücklich betont, handelt es sich im vorliegenden **702** **Strohfrau-Fall** nicht um eine Vertreterhaftung, da ein persönliches Merkmal im Sinne des § 14 StGB, das von der Gesellschaft auf den Geschäftsführer übertragen wurde, nicht vorlag. § 84 Absatz 1 Nr. 2 GmbHG dagegen war direkt auf den faktischen Geschäftsführer anwendbar.[1000]

Die Bestimmung des § 14 StGB erhält also eine **abschließende Regelung** des **703** Handels für einen anderen.[1001]

Das **Strohfrau-Urteil** wird ungeachtet dessen auch im Zusammenhang mit § 14 **704** StGB von Bedeutung sein; denn es weitet die Verantwortung über die organschaftlich bestellten Vertreter hinaus aus. Nach den Entscheidungsgründen wird eine organschaftlich (noch) nicht bestellte Person dann verantwortlich sein und bleiben, wenn sie tatsächlich wie ein organschaftlicher Vertreter auftritt und handelt.

---

997 Vgl. Schönke/Schröder-Lenckner/Perron, a.a.O., § 14 Rn. 20 ff.
998 BGHSt 31, 118 ff.
999 §§ 64 Abs. 1 (jetzt Insolvenzverfahren), 84 Abs. 1 Nr. 2 GmbHG; dazu Rdn. 2123 ff.
1000 Siehe dazu unten Rdn. 2148 ff.
1001 Schönke/Schröder-Lenckner/Perron, a.a.O., § 14 Rn. 4.

705 Nach der Kommentatur[1002] kann sich der organschaftliche Vertreter nur sehr beschränkt darauf berufen, nach Geschäftsordnung und internen Geschäftsverteilung im Führungsorgan nicht verantwortlich zu sein. Jedenfalls ist das Mitglied eines Führungsorgans strafrechtlich zur Verantwortung zu ziehen, wenn es intern nicht verantwortlich ist, aber erkennt, dass das intern zum Handeln verpflichtete Mitglied untätig bleibt.

706 Die Verantwortung für die Fehler anderer (Untergebener) bleibt stets bestehen, wenn in einem Betrieb keine klare Verantwortungsverteilung (auch von »oben nach unten«) vorgenommen wird. Dies belegt der **Drei-Brüder-Beschluss:**[1003]

> Drei Brüder betrieben eine Spedition in der Rechtsform der OHG. Nach der internen Aufgabenverteilung hatte sich der eine Bruder um den 15 Fahrzeuge umfassenden Fuhrpark zu kümmern, zu dessen Wartung außerdem ein Kraftfahrzeugmeister angestellt war. Bei einer Überprüfung eines der OHG gehörenden Lkws wurden erhebliche, die Verkehrssicherheit beeinträchtigende Mängel festgestellt. Alle Brüder wurden als Halter gemäß § 31 Absatz 2 StVZO mit einer Geldbuße belegt.

707 Das Oberlandesgericht hob den Beschluss des Amtsgerichts auf und verwies die Angelegenheit mit folgender Begründung zur erneuten Entscheidung zurück:

> Auch die betroffenen Gesellschafter wären Halter im Sinne der StVZO. Bei der Frage, ob sie durch den Betrieb des nicht verkehrssicheren Lkws ihre Halterpflichten verletzt hätten, käme es auf Folgendes an: Die Pflicht zur Verhinderung der Inbetriebnahme eines verkehrsunsicheren Fahrzeugs brauche nicht höchstpersönlich erfüllt zu werden. Vielmehr reiche aus, wenn in einem Betrieb eine klare Verteilung der Verantwortlichkeit vorgenommen werde. Dann wäre die Halterverantwortlichkeit der nicht speziell zuständigen Gesellschafter zwar nicht beseitigt, aber doch stark gemindert. Der »zuständige« Gesellschafter/Geschäftsführer bliebe aber verantwortlich, wenn er die speziell beauftragten Untergebenen nicht in ausreichender Weise auswählt bzw. überwacht habe.

708 Unabhängig vom Spezialfall des § 130 OWiG[1004] folgt aus dem **Drei-Brüder-Beschluss** auch eine strafrechtliche Haftbarkeit der intern zuständigen Führungspersonen stets dann, wenn er sich bei der tatsächlichen Ausführung der Arbeiten eines Dritten (Untergebenen) bedient, bei dessen Auswahl und/oder Überwachung aber Fehler geschehen.[1005]

1002 Tröndle/Fischer, a.a.O., § 14 Rn. 5; Schönke/Schröder-Lenckner/Perron, a.a.O., § 14 Rn. 18 f.
1003 OLG Hamm NJW 1971, 817 f.
1004 Siehe Rdn. 726 ff.
1005 Vgl. § 831 BGB.

4. Die so genannte Beauftragtenhaftung

---

§ 9 OWiG – Handeln für einen anderen[1006]   **709**

(1) Handelt jemand

1. als vertretungsberechtigtes Organ einer juristischen Person oder als Mitglied eines solchen Organs,

2. als vertretungsberechtigter Gesellschafter einer Personenhandelsgesellschaft oder

3. als gesetzlicher Vertreter eines anderen,

so ist ein Gesetz, nach dem besondere persönliche Eigenschaften, Verhältnisse oder Umstände (besondere persönliche Merkmale) die Möglichkeit der Ahndung begründen, auch auf den Vertreter anzuwenden, wenn diese Merkmale zwar nicht bei ihm, aber bei dem Vertretenen vorliegen.

(2) Ist jemand von dem Inhaber eines Betriebes oder einem sonst dazu Befugten

1. beauftragt, den Betrieb ganz oder zum Teil zu leiten, oder

2. ausdrücklich beauftragt, in eigener Verantwortung Aufgaben wahrzunehmen, die dem Inhaber des Betriebes obliegen,

und handelt er auf Grund dieses Auftrages, so ist ein Gesetz, nach dem besondere persönliche Merkmale die Möglichkeit der Ahndung begründen, auch auf den Beauftragten anzuwenden, wenn diese Merkmale zwar nicht bei ihm, aber bei dem Inhaber des Betriebes vorliegen. Dem Betrieb im Sinne des Satzes 1 steht das Unternehmen gleich. Handelt jemand auf Grund eines entsprechenden Auftrages für eine Stelle, die Aufgaben der öffentlichen Verwaltung wahrnimmt, so ist Satz 1 sinngemäß anzuwenden.

(3) Die Absätze 1 und 2 sind auch dann anzuwenden, wenn die Rechtshandlung, welche die Vertretungsbefugnis oder das Auftragsverhältnis begründen sollte, unwirksam ist.

Über die im vorgehenden Abschnitt beschriebene strafrechtliche Vertreterhaftung **710** hinaus sieht das Strafrecht auch eine besondere Verantwortung des Personenkreises in Betrieben, Unternehmen und öffentlichen Verwaltungen vor, der mit speziellen Aufgaben betraut ist.[1007]

Der Grund zu dieser Ausweitung der Tatbestände durch eine **Generalklausel 711** liegt darin, dass es in einer modernen arbeitsteiligen Wirtschaft und Verwaltung für den Betriebsinhaber bzw. den Leiter einer Verwaltungsstelle unerlässlich ist, die Verantwortung für die Erfüllung strafrechtlich sanktionierter Pflichten zu delegieren.[1008]

1006 Fast wortgleich mit § 14 StGB; vgl. oben Rdn. 694 ff.
1007 § 14 Abs. 2 Nr. 1 und 2 StGB. Vergleichbares gilt über § 9 OWiG für das Ordnungswidrigkeitenrecht.
1008 Jescheck/Weigend, a.a.O., S. 231.

712 Der **Betriebsinhaber bleibt auch nach der Delegation** betrieblicher Pflichten zur eigenverantwortlichen Wahrnehmung auf einen Beauftragten im Sinne des § 9 Absatz 2 Satz 1 Nr. 2 OWiG **grundsätzlich Normadressat** der entsprechenden Bußgeldvorschrift. Doch ist er bei einer solchen Übertragung betrieblicher Pflichten im Rahmen des ihm Möglichen und Zumutbaren gehalten, die Tätigkeit des Beauftragten zu überwachen (**Aufsichtspflicht**) und sich durch Stichproben von der ordnungsgemäßen Erfüllung der übertragenen Aufgaben durch den Beauftragten zu vergewissern (**Kontrollpflicht**).[1009] Erkennt der Betriebsinhaber – oder hätte er bei voller Ausschöpfung seiner Sorgfaltspflichten dies erkennen müssen – , dass der von ihm Beauftragte einer bestimmten Pflicht nicht nachkommt, diese Pflicht missachtet oder gar verletzt, dann muss er selbst eingreifen.[1010]

713 **Verantwortungsträger** im Sinne dieser Beauftragtenhaftung sind diejenigen,

- die in Bevollmächtigung des Unternehmensinhabers oder dessen Vertreter den Auftrag haben, einen Betrieb ganz oder teilweise zu leiten (z. B. Prokuristen, Filialleiter);
- die derart beauftragt sind, in eigener Verantwortung betriebsbezogene Aufgaben oder dienstliche Pflichten wahrzunehmen, die als solche dem Betriebsinhaber oder dem Leiter obliegen.

714 Zu dem angesprochenen Personenkreis gehören neben den »*Betriebsleitern*« auch **sämtliche Vorgesetzte** in Abteilungen des Betriebs als einer Unterorganisation des Unternehmens,[1011] beispielsweise Einkaufs- und Personalleiter, Obermeister und Vorarbeiter, nach einer Entscheidung des Oberlandesgerichts Stuttgart[1012] sogar ein Wiegemeister.[1013]

715 Die genannten Personen haften aber nur dann, wenn sie mit der eigenverantwortlichen Wahrnehmung von Aufgaben beauftragt sind, die dem Betriebsinhaber obliegen. Dabei muss die **Beauftragung ausdrücklich** erfolgen, sodass die bloß tatsächliche Wahrnehmung fremder Aufgaben nicht ausreicht.[1014]

716 Andererseits bedarf es des Ausdrucks »*Auftrag*« ebenso wenig wie einer schriftlichen Beauftragung; es reicht, wenn dem Beauftragten die **Aufgabe eindeutig übertragen** wird und er eine klare Vorstellung von deren Art und Umfang hat.[1015] Letztlich ist die Verantwortlichkeit des Beauftragten auf diejenigen Fälle beschränkt, in denen er eigenverantwortlich solche Tätigkeiten ausübt, die dem Betriebsinhaber obliegen und in dessen Verantwortungsbereich und aufgabenspezifischen Pflichtenkreis der Beauftragte einrückt.[1016]

1009 Göhler/König, a.a.O., § 9 Rn. 37; OLG Düsseldorf wistra 1996, 35 ff. (36).
1010 Siehe dazu die Ausführungen zur Delegation, unten Rdn. 1097 ff.
1011 Schönke/Schröder-Lenckner/Perron, a.a.O., § 14 Rn. 28 ff.
1012 Justiz 1980, S. 419.
1013 Zur Beauftragtenhaftung immer noch höchst lesenswert (wenn auch teilweise von Gesetzgeber und Rechtsprechung überholt) Rolf Dietrich **Herzberg**, Die Verantwortung für Arbeitsschutz und Unfallverhütung im Betrieb, Köln, Berlin, Bonn. München 1984, vor allem S. 83 ff.
1014 OLG Hamm NJW 1969, 2211 ff.
1015 Tröndle/Fischer, a.a.O., § 14 Rn. 12.
1016 Tröndle/Fischer, a.a.O., § 14 Rn. 13.

Bei einem Unternehmen waren zahlreiche mit dem Gefahrstoff Zinkoxyd H **717** gefüllte Säcke bei der Beladung eines Lastzuges undicht, ohne dass die Verpackungsmängel beseitigt wurden, mit der Folge, dass Zinkoxyd austrat. Gegen den Leiter der Fracht- und Versandabteilung **A** des Unternehmens wurde daraufhin vom Amtsgericht wegen einer fahrlässigen Zuwiderhandlung gegen § 4 Absatz 4 Satz 2 Gefahrgutverordnung Straße (GGVS) ein Bußgeld festgesetzt. Das Oberlandesgericht Düsseldorf hat dieses Urteil aufgehoben,[1017] da das Amtsgericht zu Unrecht eine entsprechende Verantwortlichkeit des **A** aus seiner Stellung als Leiter der Fracht- und Versandabteilung hergeleitet hatte. Zunächst ist festzuhalten, dass **Verlader** nach der Legaldefinition des § 2 Absatz 2 Nr. 4 GGVS derjenige ist, wer als unmittelbarer Besitzer das Gut dem Beförderer zur Beförderung übergibt oder es selber befördert. Unmittelbarer Besitzer des Zinkoxyd H war somit nicht **A**, sondern das Unternehmen, das – handelnd durch seine Mitarbeiter – das mit der Beladung des Lastzuges das Gefahrgut zur Beförderung übergeben hat. Die Verantwortlichkeit für die nicht beseitigten Verpackungsmängel kann das Unternehmen nun auf den **A** delegiert haben.[1018] Verantwortlich für die nicht beseitigten Verpackungsmängel wäre **A** nur dann, wenn er innerbetrieblich befugt gewesen wäre, den Transport des mangelhaft verpackten Zinkoxyd H zu unterbinden. Dies könnte dadurch geschehen sein, dass er beauftragt worden ist, die für den Versand zuständige Abteilung des Unternehmens selbstständig zuleiten, oder dass er ausdrücklich beauftragt worden ist, die eigentlich dem Unternehmen bei der Erledigung der Versandgeschäfte obliegenden Aufgaben in eigener Verantwortung wahrzunehmen. War **A** aber lediglich für die büromäßige Abwicklung der Transporte verantwortlich, muss er nicht für die Verladung des Gefahrstoffs zuständig gewesen sein. Es kommt also entscheidend auf die Organisation des Unternehmens und der dem **A** im Einzelnen übertragenen Aufgaben an.

Die im Sinne des § 14 StGB[1019] **Beauftragten haften** darüber hinaus **auch für** **718** **die Taten ihrer Untergebenen**. Selbst wenn die Untergebenen beauftragt sind, Aufgaben des Inhabers in eigener Verantwortung zu erfüllen, ergibt sich für den Vorgesetzten zwar eine Reduzierung der Überwachungspflichten gegenüber dem Beauftragten; bezüglich der Sorgfalt bei der Auswahl sind jedoch umso strengere Anforderungen zu stellen.[1020]

§ 14 Absatz 2 StGB bestimmt, dass auch derjenige, der vom Betriebsinhaber oder **719** einem sonst dazu Befugten mit der Leitung des Betriebs oder eines Betriebsteils oder der eigenverantwortlichen Wahrnehmung von Aufgaben des Betriebsinhabers beauftragt ist, als Täter bestraft werden kann, wenn die besonderen persönlichen Merkmale zwar nicht bei ihm, aber bei dem Inhaber vorliegen. Entsprechen-

---

1017 OLG Düsseldorf NJW 1990, 3221 f.
1018 Gemäß § 9 Abs. 2 Nr. 1 bzw. Nr. 2 OWiG in Verb. mit § 4 Abs. 4 S. 2 GGVS.
1019 Nach § 14 Abs. 2 Nr. 1 und 2 StGB.
1020 Schönke/Schröder-Lenckner/Perron, a.a.O., § 14 Rn. 40.

des gilt auch im Ordnungswidrigkeitengesetz.[1021] Daraus ist zu schließen, dass der Beauftragte in seinem Zuständigkeitsbereich die eigentlich vom Unternehmer mit Straf- oder Bußgelddrohung geforderten Maßnahmen, die ihm übertragen sind, nicht nur treffen darf, sondern zu treffen hat. Diese Tatsache unterstützt auch die »Durchführungsanweisung« in der Sammlung der Einzel-Unfallverhütungsvorschriften der gewerblichen Berufsgenossenschaften (VBG), wo es in **§ 12 VBG 1** heißt:

---

720 | *Vorgesetzte und Aufsichtführende sind aufgrund ihres Arbeitsvertrages verpflichtet, im Rahmen ihrer Befugnis die zur Verhütung von Arbeitsunfällen erforderlichen Anordnungen und Maßnahmen zu treffen und dafür zu sorgen, dass sie befolgt werden. Insoweit trifft sie eine … strafrechtliche Verantwortlichkeit. Diese besteht unabhängig von einer Verantwortung aus § 9 Absatz 2 Nr. 2 OWiG.*[1022]

---

721 In Betracht kommen u. a. die Tatbestände des Vereitelns der Zwangsvollstreckung,[1023] des Vorenthaltens und Veruntreuens von Arbeitsentgelt,[1024] der Verstoß gegen Sonn- und Feiertagsarbeit, die Gefährdung von Arbeitnehmern in Arbeitskraft oder Gesundheit oder die Vornahme von Rechtsgeschäften im Außenwirtschaftsverkehr, die die Sicherheit der Bundesrepublik Deutschland beeinträchtigt.[1025]

722 **Beispielhaft: §§ 16 Absatz 1, 18 Nr. 12 Makler- und Bauträgerverordnung**[1026]

»Nach § 144 Absatz 2 Nr. 1 Gewerbeordnung (GewO)[1027] *handelt u. a. ordnungswidrig, wer vorsätzlich oder fahrlässig einer aufgrund des § 34 c Absatz 3 GewO erlassenen Rechtsverordnung zuwiderhandelt, so weit sie für einen bestimmten Tatbestand auf diese Bußgeldvorschrift verweist. Die Ordnungswidrigkeit nach § 144 Absatz 4 GewO kann mit einer Geldbuße bis zu fünftausend Deutsche Mark geahndet werden. Die Makler- und Bauträgerverordnung ist eine solche nach § 34 c GewO erlassene Rechtsverordnung. Nach § 18 Nr. 12 MaBV handelt u. a. ordnungswidrig im Sinne des § 144 Absatz 2 Nr. 1 GewO, wer entgegen § 16 Absatz 1 MaBV der zuständigen Behörde den Prüfungsbericht nicht, nicht vollständig oder nicht rechtzeitig erteilt. Durch § 16 Absatz 1 Satz 1 MaBV wird bestimmt, dass Gewerbetreibende im Sinne des § 34 c Absatz 1 GewO, also Makler, Bauträger und Baubetreuer auf ihre Kosten die Einhaltung der sich aus den §§ 2 bis 14 MaBV ergebenden Verpflich-*

1021 OWiG in der Fassung der Bekanntmachung vom 19. 02. 1987 (BGBl. I S. 602), zuletzt geändert durch Artikel 3 Abs. 6 des Gesetzes vom 12. 07. 2006 (BGBl. I S. 1466); § 9 Abs. 2 OWiG.

1022 Vgl. Herzberg, a.a.O., S. 87, der zu Recht darauf hinweist, dass mit »insoweit« in § 12 VBG 1 nur die Vorsorgeverantwortung des Arbeitgebers gemeint sein kann.

1023 § 258 StGB.

1024 § 266a StGB.

1025 §§ 33, 34 Außenwirtschaftsgesetz.

1026 Makler- und Bauträgerverordnung in der Fassung der Bekanntmachung vom 07. 11. 1990 (BGBl. I S. 2479), zuletzt geändert durch Art. 10 des Gesetzes vom 21. 06. 2005 (BGBl. I S. 1666).

1027 Jetzt in der Fassung der Bekanntmachung vom 22. 02. 1999 (BGBl. I S. 202), geändert am 24. 03. 1999 (BGBl. I S. 385).

tungen für jedes Kalenderjahr durch einen geeigneten Prüfer prüfen lassen und der zuständigen Behörde den Prüfungsbericht bis spätestens zum 31. Dezember des darauf folgenden Jahres zu übermitteln haben. Diese Verpflichtung besteht nach Sinn und Zweck der Regelung unabhängig davon, ob in dem betreffenden Zeitraum eine prüfungspflichtige Tätigkeit ausgeübt worden ist, solange der Gewerbetreibende sein Gewerbe fortführen will und es noch nicht bei der zuständigen Behörde abgemeldet hat. Zwar bleibt der Betriebsinhaber auch nach einer Übernahme betrieblicher Pflichten zur eigenverantwortlichen Wahrnehmung im Sinne von § 9 Absatz 2 Satz 1 Nr. 2 OWiG grundsätzlich Normadressat der entsprechenden Bußgeldvorschrift; er ist jedoch in einem solchen Fall nur im Rahmen des Möglichen und Zumutbaren verpflichtet, die Tätigkeit des Beauftragten zu überwachen und sich z. B. durch Stichproben von der Aufgabenerfüllung durch ihn zu überzeugen.«[1028]

Auch in der vorstehenden Entscheidung ist die Bezugnahme des Gerichts auf das bereits mehrfach genannte Urteil im Erdal-Lederspray-Fall[1029] – *»Mögliche und Zumutbare«* – unverkennbar. **723**

Der Entwurf des Strafrechtsänderungsgesetzes vom August 1989 sah vor, dass § 14 Absatz 2 Satz 1 StGB geändert werden sollte. Es war geplant, die Norm auch dann eingreifen zu lassen, wenn es sich nicht um eine ausdrückliche Beauftragung handelt. Begründet wurde die geplante Reform damit, dass häufig bei Tatbeständen, die an eine Verletzung verwaltungsrechtlicher Pflichten anknüpfen, weder der Normadressat noch der für ihn Handelnde verantwortlich gemacht werden konnte: Der Adressat nicht, da eine Handlung fehlte, der Handelnde nicht, weil er nicht der direkte Normadressat war.[1030] **724**

Die geplante Änderung wurde jedoch verworfen. Der Industrie- und Handelstag kritisierte, dass wesentlich mehr Mitarbeiter davon ausgehen müssten, dass sie Beschuldigte sein können, da nicht endgültig feststand, wen die Pflicht traf, bestimmte strafrechtliche Erfolge zu vermeiden. Auch verlange der **Bestimmtheitsgrundsatz**, dass der Betroffene anhand eines klar umrissenen Verantwortungsbereichs Grund und Grenzen einer Strafbarkeit im Vorhinein erkennen kann.[1031] **725**

5. Die eigenständigen, mit Buße belegten Aufsichtspflichtverletzungen

Die letzte Fallgruppe, als Unternehmensangehöriger dem Risiko einer Ahndung ausgesetzt zu sein, umfasst die Inanspruchnahme von Führungskräften allein aufgrund von Aufsichtspflichtverletzungen. Als eine besondere Bußgeldnorm regelt **726**

1028 Zitiert aus: OLG Düsseldorf, Beschluss vom 19. 06. 1995, wistra 1996, 35 ff. (36).
1029 BGHSt 37, 106 ff.; siehe auch Rdn. 2450 ff.
1030 Entwurf des Bundestags zum Zweiten Gesetz zur Bekämpfung der Umweltkriminalität, S. 43 f.
1031 Deutscher Industrie- und Handelstag (DIHT), Stellungnahme v. 25. 10. 1989 zum Entwurf eines Zweiten Gesetzes zur Bekämpfung der Umweltkriminalität, S. 5; zum Bestimmtheitsgrundsatz siehe die Ausführungen Rdn. 209 ff.

nämlich § 130 des Ordnungswidrigkeitengesetzes (OWiG) die Verantwortlichkeit des Geschäftsherrn im Fall der Verletzung seiner Aufsichtspflicht.

a)   Die gültige Regelung – § 130 OWiG

---

727   **§ 130 OWiG – Verletzung der Aufsichtspflicht in Betrieben und Unternehmen**

(1) 1. Wer als Inhaber eines Betriebes oder Unternehmens vorsätzlich oder fahrlässig die Aufsichtsmaßnahmen unterlässt, die erforderlich sind, um in dem Betrieb oder Unternehmen Zuwiderhandlungen gegen Pflichten zu verhindern, die den Inhaber treffen[1032] und deren Verletzung mit Strafe oder Geldbuße bedroht ist, handelt ordnungswidrig, wenn eine solche Zuwiderhandlung begangen wird, die durch gehörige Aufsicht verhindert oder wesentlich erschwert worden wäre. 2. Zu den erforderlichen Aufsichtsmaßnahmen gehören auch die Bestellung, sorgfältige Auswahl und Überwachung von Aufsichtspersonen.

(2) Betrieb oder Unternehmen im Sinne des Absatzes 1 ist auch das öffentliche Unternehmen.

(3) 1. Die Ordnungswidrigkeit kann, wenn die Pflichtverletzung mit Strafe bedroht ist, mit einer Geldbuße bis zu einer Million Euro geahndet werden. 2. Ist die Pflichtverletzung mit Geldbuße bedroht, so bestimmt sich das Höchstmaß der Geldbuße wegen der Aufsichtspflichtverletzung nach dem für die Pflichtverletzung angedrohten Höchstmaß der Geldbuße. 3. Satz 2 gilt auch im Falle einer Pflichtverletzung, die gleichzeitig mit Strafe und Geldbuße bedroht ist, wenn das für die Pflichtverletzung angedrohte Höchstmaß der Geldbuße das Höchstmaß nach Satz 1 übersteigt.

---

728 **Ziel der Vorschrift** ist, dass das Unternehmen **Vorkehrungen** trifft **gegen** die **Verletzung betriebsbezogener Pflichten** wie z. B. die Meldung betrieblicher Störfälle an die zuständige Behörde. Der Gesetzgeber unterstellt dabei, dass der Unternehmenseigner die hierzu nötigen Aufgaben an Mitarbeiter delegiert. **Der Inhaber eines Betriebs oder Unternehmens** handelt nun ordnungswidrig,[1033] wenn er

---

1032   Seit dem 11. 08. 2007 geltender Gesetzestext. Geändert durch Art. 2 des 41. StRÄndG zur Bekämpfung der Computerkriminalität vom 07. 08. 2007, mit dem die Worte ‚als solche‘ in § 130 Abs. 1 S. 1 OWiG gestrichen wurden, um klarzustellen, dass die Vorschrift nicht nur die Begehung von Sonderdelikten, sondern auch Allgemeindelikte erfasst. Der deutsche Gesetzgeber entspricht mit dieser Änderung EU-Vorgaben (wie z.B. Art. 12 II EuRat-Übereinkommen), welche wirkungsvollere Sanktionen bei Aufsichtspflichtverletzungen von Allgemeindeliktstatbeständen (wie z.B. Bestechungsdelikte, Geldwäsche, Computerbetrug, Fälschung von Zahlungsmitteln etc.) verlangen; vgl dazu Manfred **Möhrenschlager**, in: Dieter Dölling (Hrsg.), Handbuch der Korruptionsprävention, München 2007, Kap. 8 Rn. 263.

1033   § 130 Abs. 1 OWiG; zur Bedeutung des § 130 OWiG in der Praxis bereits Ferdinand **Hermanns/**Ulrich **Kleier**, Grenzen der Aufsichtspflicht in Betrieben und Unternehmen, Köln/Berlin/Bonn/München, 1987, S. 9 ff.

a) vorsätzlich oder fahrlässig (!) die erforderlichen Aufsichtsmaßnahmen zur Verhinderung von Zuwiderhandlungen gegen Pflichten unterlässt, die den Inhaber als solchen treffen und mit Strafe oder Geldbuße bedroht sind, und wenn

b) dadurch in dem Unternehmen Zuwiderhandlungen begangen werden, die durch gehörige Aufsicht verhindert oder erschwert worden wären.

Eine betriebsbezogene Pflicht besteht unabhängig von einer besonderen Normie- **729** rung und ergibt sich aus der **garantenähnlichen Stellung**, die dem **Inhaber** zugeschrieben wird. Aus dieser Zielsetzung folgt wiederum, dass nur solche Aufsichtsmaßnahmen getroffen werden müssen, die tatsächlich geeignet sind, Zuwiderhandlungen gegen betriebsbezogene Pflichten zu verhindern.

Auch nach der Änderung des Wortlauts des § 130 Absatz 1 Satz OWiG – Strei- **730** chung der Worte ‚als solche' – bleibt die Vorschrift eine Sondervorschrift für Unternehmen und Betriebe. Es entfällt allein die Verantwortungsbegrenzung auf **Sonderdelikte.** Nunmehr haben Unternehmens leiter wie Führungskräfte auch die (Aufsichts-, Organisations-, Sorgfalts- etc.)-Pflicht zu verhindern, dass in EU-Instrumentarien und deutschen Gesetzen enthaltene allgemeine Straftatbestände betriebsbezogen im Interesse des Unternehmens begangen werden. Jedes strafbare Handeln zugunsten des Unternehmens unterfällt somit § 130 OWiG. Oder anders formuliert: Für die Aufsichtspflichtigen eines Unternehmens besteht auch die Pflicht, alles ihnen Mögliche und Zumutbare zu tun sowie alle erforderlichen Maßnahmen zu ergreifen, auf dass keine Delikte, seien diese allgemeiner oder besonderer Natur, aus dem Unternehmen heraus zum Vorteil des Unternehmens begangen werden. Anderenfalls greifen die Sanktionen der §§ 130, 30 und 9 OWiG.[1034]

Täter kann sein neben dem Unternehmensinhaber der gesetzliche Vertreter, der **731** beauftragte Betriebsleiter oder speziell aufsichtspflichtige Personen anstelle des Inhabers. Tragen in einem Unternehmensorgan bzw. -gremium mehrere Personen als Aufsichtspflichtige die Verantwortung, so können gegen jeden Verantwortlichen gesonderte Verfahren durchgeführt und Geldbußen festgesetzt werden. Die Regelung des § 130 OWiG gilt auch für öffentliche Unternehmen.

Lässt sich der Inhaber bei der Erfüllung seiner Pflichten vertreten, was heute im **732** Rahmen der Aufgaben- und Arbeitsteilung allgemein üblich ist, so könnte eine entsprechende Bußgeldrohung dadurch umgangen werden, dass der handelnde Vertreter nicht der Normadressat ist und der vertretene Normadressat nicht handelt.[1035] Dieses Problem gibt es insbesondere bei juristischen Personen, da sie zwar Träger von Rechten und Pflichten sein können, aber selbst nicht handeln können, sondern hierfür ihre Organe benötigen. Liegt z. B. eine tatbestandsmäßige Handlung des Geschäftsführers einer GmbH vor, dann kann weder die nicht handelnde GmbH noch der Geschäftsführer, der nicht Normadressat ist, rechtlich belangt werden. Diese **Umgehungsmöglichkeit** wird durch § 9 OWiG **beseitigt.**[1036] Besondere

---

1034 Dazu wie zuvor Möhrenschlager, in Dölling, a.a.O., Kap. 8, Rn. 263.
1035 Hans W. **Többens**, Die Bekämpfung der Wirtschaftskriminalität durch die Troika der §§ 9, 130 und 30 OWiG, in: NStZ 1999, 1 ff. (2).
1036 Többens, a.a.O., NStZ 1999, 2.

persönliche Merkmale können aufgrund dieser Vorschrift vom Normadressaten auf die handelnde natürliche Person übertragen werden. Dies können z. B. Funktionen als Arbeitgeber, Unternehmer, Bauleiter, Kfz-Halter und Betreiber einer Anlage sein.[1037] Nicht übertragen werden lediglich besondere persönliche Eigenschaften und Verhältnisse wie z. B. körperliche Merkmale oder das Alter eines Menschen.

733 Das **Gesetz unterscheidet zwischen Vertretern** (Organhaftung, § 9 Absatz 1 OWiG) **und Beauftragten** (Beauftragten- oder Substitutenhaftung, § 9 Absatz 2 OWiG), wenn es um die Zurechnung der persönlichen Merkmale des Normadressaten geht. § 9 Absatz 1 OWiG betrifft nur vertretungsberechtigte Organe einer juristischen Person (Geschäftsführer einer GmbH), Mitglieder eines solchen Organs (Vorstandsmitglied einer AG), vertretungsberechtigte Gesellschafter einer Personenhandelsgesellschaft (Gesellschafter einer OHG) sowie gesetzliche Vertreter eines anderen (Insolvenzverwalter). Für diese Personengruppe ist eine Merkmalsübertragung jedoch nur möglich, wenn sie in ihrer Eigenschaft als Vertreter und nicht ausschließlich eigennützig gehandelt haben und das besondere persönliche Merkmal zwar nicht bei ihm, wohl aber bei dem Vertretenem vorliegt.

734 Bei der Beauftragten- oder Substitutenhaftung, § 9 Absatz 2 OWiG, wird der Anwendungsbereich von Bußgeldvorschriften auf Beauftragte in Betrieben, in Unternehmen und in öffentlichen Verwaltungen ausgedehnt. Voraussetzung ist, dass die Beauftragten die Einrichtung ganz oder zum Teil leiten (Filialleiter, Betriebsleiter einer OHG) oder ausdrücklich beauftragt sind, in eigener Verantwortung Aufgaben wahrzunehmen, die dem Inhaber obliegen (z. B. Leiter des Fuhrparks eines Baugeschäfts).

735 Diese **Erweiterung der Vorschrift** führt, wie vorgehend dargestellt, dass die bußgeldrechtliche Verantwortung auch auf die Personen ausgedehnt wird, die den Betriebsinhaber mit eigener Entscheidungskompetenz vertreten. Die Handlung des Beauftragten muss aufgrund des Auftrags erfolgt sein und sie muss sich innerhalb dessen Rahmens befinden und nicht bei Gelegenheit der Aufgabenwahrnehmung oder im eigenen Interesse erfolgt sein.

736 Die Übertragung der Merkmale führt nicht zu einer Entlastung des vertretenen Merkmalträgers § 9 OWiG ermöglicht nur einen kumulativen und keinen befreienden Pflichtenübergang.

737 Verantwortlich sind nicht nur die Angehörigen der obersten Hierarchiestufe, sondern vielmehr **alle, die** im Rahmen der betriebsinternen Organisation und Aufgabenverteilung **an verantwortlicher Stelle tätig** sind.[1038]

738 Wie bei § 14 StGB sind hier auch solche Gesellschafter bzw. Vorstandsmitglieder mitverantwortlich, die nach internen Absprachen oder Geschäftsverteilungsplänen für den betreffenden Sachbereich nicht zuständig sind. Dies gilt jedenfalls dann, wenn der Gesellschafter oder das Vorstandsmitglied Kenntnis von dem Unterlassen der Aufsicht durch den anderen hat oder haben könnte.[1039]

1037 Göhler/König, a.a.O., § 9 Rn. 6.
1038 Betriebsdirektor, Hauptabteilungsleiter, Abteilungsleiter, Betriebsbereichsleiter, Obermeister und Vorarbeiter, vgl. Göhler/König, a.a.O., § 9 Rn. 21.
1039 Vgl. zu § 14 StGB Rdn. 694 ff.

Mit der Regelung des § 130 OWiG ist zweierlei beabsichtigt: **Zum einen** soll mit 739
ihr als **Auffangtatbestand** eine Lücke geschlossen werden. Die Vorschrift greift
nicht, wenn der Angehörige des genannten Personenkreises die ihm obliegenden
Pflichten selbst missachtet, also als Täter (§§ 25 ff. StGB), Teilnehmer (§§ 26 f.
StGB) oder Beteiligter (§ 14 OWiG) gehandelt hat. **Zum zweiten** soll über die
Bemessungsmöglichkeiten des Bußgelds der wirtschaftlich Stärkere getroffen
werden. Der Vorgesetzte kann mit einer erheblichen Geldbuße belangt werden,
gegen den »echten« Täter wird hingegen häufig nur eine Geldstrafe von 20–30
Tagessätzen ausgesprochen.[1040] Der **Strafrahmen des § 130 Absatz 3 OWiG** sieht
eine **Geldbuße bis zu 1 Million Euro** vor, wenn die Pflichtverletzung mit Strafe
bedroht ist. Ist lediglich eine Geldbuße vorgesehen, so bestimmt sich das Höchstmaß der Geldbuße wegen der Aufsichtspflichtverletzung nach dem für die
Pflichtverletzung angedrohten Höchstmaß der Geldbuße. Kann die Pflichtverletzung gleichzeitig mit Strafe und Geldbuße belangt werden, so ist das Höchstmaß
der Geldbuße heranzuziehen, wenn dies höher als 1 Million Euro ist.[1041]

§ 130 OWiG führt zu einer ganz erheblichen **Ausdehnung der Haftungsgefahr** 740
von Führungskräften. Die **Ahndung jeder Verletzung der Aufsichtspflicht** läuft
darauf hinaus, dass die betroffenen Personen für Aufsichtspflichtverletzungen
möglicherweise strenger haften, als wenn sie die Straftat selbst begangen hätten.
Hinzu kommt: Wenn sie die Erfüllung der im Einzelfall verletzten betriebsbezogenen Pflicht nicht delegiert, sondern in eigenen Händen behalten hätten, wäre ihre
Fahrlässigkeit bei der Pflichterfüllung möglicherweise mangels Existenz eines entsprechenden Fahrlässigkeitstatbestands hinsichtlich des »*Hauptdelikts*« unschädlich.[1042]

Die **Tathandlung** besteht allein in dem **vorsätzlichen oder fahrlässigen Unterlas-** 741
sen der erforderlichen und zumutbaren Aufsichtsmaßnahme, um Zuwiderhandlungen gegen betriebs- und unternehmensbezogene Pflichten zu verhindern. Es
geht darum, dass Verstöße unterbunden werden sollen, die sich gerade aus dem
Betrieb ergeben können, die also eine typische Realisierung der jeweiligen
Betriebsgefahr darstellen. Dass im Betrieb eine Pflichtverletzung begangen wird,
ist nur eine Bedingung der Ahndung.[1043]

Sämtliche objektiv erforderlichen und zumutbaren Aufsichtsmaßnahmen[1044] sind 742
gefordert. Welche dies sind, hängt jeweils vom Einzelfall ab. So sind z. B. Größe,
Organisation und Betätigungsfeld des Betriebs oder die unterschiedlichen Über-
wachungsmöglichkeiten von Bedeutung. Die Aufsicht muss so ausgeübt werden,
dass die betriebsbezogenen Pflichten aller Voraussicht nach eingehalten werden.

1040 Gerd **Eidam**, Die strafrechtliche Verantwortung des Unternehmens und seiner Mitarbeiter,
in: PHi 1991, S. 232 ff. (235 f.).
1041 § 130 Abs. 3 OWiG.
1042 Wegen der in diesem Wertungswiderspruch liegenden Verletzung des Schuldprinzips
bestehen verfassungsrechtliche Bedenken gegen die Regelung des § 130 OWiG; so Schünemann, Grundfragen, a.a.O., S. 49.
1043 Göhler/König, a.a.O., § 130 Rn. 9.
1044 Dazu gehört auch die sorgfältige Bestellung, Auswahl und Überwachung.

743 Zu den notwendigen Aufsichtsmaßnahmen, wozu sämtliche objektiv erforderlichen und zumutbaren Maßnahmen gezählt werden, **gehören** neben der Pflicht zur sorgfältigen Auswahl der Mitarbeiter auch die Bestellung sowie die sorgfältige Auswahl und Überwachung von Aufsichtspersonen,[1045] darüber hinaus

- die fortlaufende Unterrichtung der Betriebsangehörigen über die einzuhaltenden gesetzlichen Bestimmungen (je geringer deren Kenntnisse, desto größer die Unterrichtungspflicht),
- die präzise Aufklärung über den jeweiligen Aufgabenbereich,
- die regelmäßige, nicht nur gelegentliche Kontrolle der Mitarbeiter und der Betriebsvorgänge (Stichproben!).

744 Auch die Sorgfalt, dass Arbeitsgeräte und technische Einrichtungen den jeweils gültigen Vorschriften entsprechen, gehört in den Katalog der Aufsichtspflichten **(Investitionspflicht)**.[1046] Für den ordnungsgemäßen Zustand der sachlichen Betriebsmittel gilt der Grundsatz: Der Aufsichtspflichtige ist gehalten, die sachlichen Betriebsmittel in einem funktionstüchtigen Zustand zu versetzen *und* in diesem Zustand zu erhalten, auf dass es den Belegschaftsangehörigen möglich ist, die ihnen obliegenden Pflichten zu erfüllen.[1047] Beispielhaft für Investitionspflichtverletzungen können aus dem so genannten Rosenmontag-Fall[1048] nach Presseberichten genannt werden:

- Es war kein Ventil vorhanden, das Zugabe von Chemikalien bei Stillstand des Rührwerks verhinderte[1049];
- keine Alarmglocke wies auf das Stehen des Rührwerks hin[1050].

745 Ein Fall, der ebenfalls im weitesten Sinne zu den Investitionspflichtverletzungen zu zählen ist, führte zu zahlreichen Körperverletzungen von Außenstehenden, verursacht durch einen erheblichen Schadstoffaustritt:

746 Während der Inbetriebnahmephase eines Großkraftwerkes wurde eine Anlage mehrere Monate rund um die Uhr in drei Schichten bedient. Aus Kostengründen gab es – ein Unding – aber nur einen aufsichtführenden Schichtleiter – für alle drei Schichten. Arbeiter einer bestimmten Nachtschicht »nutzten« die Abwesenheit des Schichtleiters und ruhten sich irgendwo in der Anlage aus, statt auf der Warte ihren Kontrollaufgaben nachzukommen. Ein technisches Problem führte zu einem Schadstoffaustritt, den die Arbeiter erst nach Eintritt der Morgendämmerung bemerkten.

747 Der Rechtsprechung ist zu entnehmen, dass der Umfang der betrieblichen Aufsichts- und Überwachungsmaßnahmen eine der Hauptfehlerquellen ist, die zu

---

1045 § 130 Abs. 1 S. 2 OWiG.

1046 Vgl. BGHSt 25, 158 ff. (163); instruktiv Hennrich **Demuth**/Tilmann **Schneider**, Die besondere Bedeutung des Gesetzes über Ordnungswidrigkeiten für Betrieb und Unternehmen, in: BB 1970, 642 ff. (648).

1047 Demuth/Schneider, Die besondere Bedeutung des Gesetzes über Ordnungswidrigkeiten für Betrieb und Unternehmen, BB 1970, 642 ff. [648]; Hans Eberhard **Rotberg**, Ordnungswidrigkeitengesetz, 5. Aufl., München 1975, § 130 Rn. 5.

1048 Siehe Schilderung Rdn. 1289 ff., Rdn. 673 ff.

1049 DIE ZEIT vom 05. 03. 1993, S. 25; SZ vom 06. 03. 1993, S. 13.

1050 FAZ vom 01. 03. 1993, S. 1.

einer Verantwortlichkeit unter dem Gesichtspunkt der Aufsichtspflichtverletzung führen.

In den Fällen, in denen eine **Kontrollperson im Lebensmittelbereich** überfordert 748 ist, die notwendigen Kontrollen hinreichend wahrzunehmen, muss der Aufsichtspflichtige durch einen vermehrten Personaleinsatz dafür Sorge tragen, dass die Vorschriften des Lebensmittelrechts eingehalten werden. In solchen Fällen kann im Übrigen nicht nur der Tatbestand der Aufsichtspflichtverletzung gegeben sein, sondern auch der einer fahrlässigen oder sogar vorsätzlichen Tatbegehung: Wer sich um die Einhaltung der bestehenden gesetzlichen Bestimmungen bewusst nicht kümmert und es unterlässt, die erforderlichen und geeigneten Maßnahmen zur Gewährleistung derer Einhaltung zu treffen, nimmt in Kauf, wenn ihm der Verstoß im Einzelfall vor seiner Begehung nicht zur Kenntnis gelangt.[1051]

Eine **Pflicht zu gesteigerten Aufsichtsmaßnahmen** besteht für Unternehmenslei- 749 ter und Führungskräfte immer dann, wenn es in dem Betrieb bereits früher zu Unregelmäßigkeiten gekommen ist oder wenn wegen besonderer Umstände in der Zukunft mit Schwierigkeiten zu rechnen ist, so z. B. bei der saisonbedingten Beschäftigung neuer oder wenig erprobter Personen.[1052] Ist es dem Betriebsinhaber nicht möglich, die Aufsichtsmaßnahmen selbst durchzuführen, so muss er eine vertrauenswürdige Person damit beauftragen. Diese Person muss über Inhalt und Umfang ihrer Pflichten exakt aufgeklärt werden und die Tätigkeit überwacht werden. Kommt der Arbeitgeber dieser ihm obliegenden Organisationspflicht nicht nach, begeht er eine Aufsichtspflichtverletzung in der Form eines Organisationsmangels.[1053]

Die Pflichtverletzung muss vorsätzlich oder fahrlässig erfolgt sein. Dies bezieht 750 sich nur auf die Vernachlässigung der Aufsichtsmaßnahme und nicht auf die dadurch zu verhindernde Zuwiderhandlung; denn die Zuwiderhandlung im Rahmen des § 130 OWiG stellt nur eine objektive Bedingung der Ahndung dar.[1054]

> »Handelt der Zuwiderhandelnde fahrlässig, weil gutgläubig, so kommt schon eine mittelbare Täterschaft des Geschäftsherrn in Betracht, so dass der Auffangtatbestand des § 130 OWiG schon deshalb ausscheidet. Im Übrigen kann aber auf die vorsätzliche Begehungsweise durch den Zuwiderhandelnden nicht verzichtet werden, weil sonst wiederum der Aufsichtspflichtige, der nicht selbst an der Zuwiderhandlung beteiligt ist (§ 14 OWiG), schlechter gestellt würde, als wenn er selbst die Tat fahrlässig begehen würde. «[1055]

Die Aufsichtspflichtverletzung kann nur bestraft werden, wenn in dem Unterneh- 751 men eine mit Strafe oder Geldbuße bedrohte Zuwiderhandlung gegen betriebsbezogene Pflichten begangen wurde und diese durch gehörige Aufsicht hätte verhindert oder wesentlich erschwert werden können.

1051 OLG Düsseldorf v. 25. 07. 1989, 5 Ss – OWi 263/89.
1052 Erbs/Kohlhaas/Senge, Strafrechtliche Nebengesetze, Bd. III, a.a.O., § 130 OWiG, RZ 18.
1053 Többens, a.a.O., NStZ 1999, 4.
1054 Göhler/König, a.a.O., § 130 Rn. 17. Die Anforderungen an den subjektiven Tatbestand der Zuwiderhandlung sind umstritten; vgl. Göhler, a.a.O., § 130 Rn. 21. So wie hier auch KK-OWiG-Cramer, a.a.O., § 130 Rn. 84 ff.
1055 BayObLG wistra 1999, 71 ff. (73).

752 Erforderlich ist ein **Kausalzusammenhang zwischen der Aufsichtspflichtverletzung und der Verletzung einer betriebsbezogenen Pflicht durch den Untergebenen**. Darunter fallen sämtliche Pflichten, deren Verletzung mit Strafe oder Geldbuße bedroht ist; auch wenn der Betriebsangehörige, der sie begeht, nicht strafbar ist oder mit einer Geldbuße belegt werden kann.[1056]

753 **Betriebsbezogen** ist in erster Linie eine Pflicht, die nach verwaltungsrechtlichen Gesetzen im Zusammenhang mit dem Wirkungskreis des Unternehmens besteht und es als Normadressaten trifft.[1057] Darüber hinaus können für jedermann geltende Pflichten das Unternehmen speziell treffen und derart betriebsbezogen sein.[1058] Es ist nicht erforderlich, dass die Zuwiderhandlung im räumlichen Bereich des Betriebs begangen wird.

754 Verletzter der betriebsbezogenen Pflicht muss nicht ein Betriebsangehöriger sein, in Betracht kommen auch Pflichtverletzungen freier Mitarbeiter oder solcher Personen, denen sich das Unternehmen gelegentlich bedient (Sachverständige).[1059]

755 Die Feststellung eines bestimmten, die Zuwiderhandlung begehenden Täters ist nicht notwendig.[1060] Anderenfalls würden Betriebsinhaber, deren Betriebe die Täterfeststellung unmöglich machende Organisationsmängel aufweisen, ungerechtfertigt bevorzugt.

756 Pflichten, die den Betriebsinhaber als solchen treffen und deren Verletzung eine Straftat oder Ordnungswidrigkeit darstellt, sind u. a. die Verkehrssicherungspflicht eines Kaufhauses gegen Unfälle,[1061] die Produktbeobachtungspflicht des produzierenden Unternehmens,[1062] die Verantwortlichkeit für die Einhaltung der Lenk- und Ruhezeiten gemäß Fahrpersonalgesetz (FPersG) sowie sämtliche weiteren betriebsbezogenen Pflichten, deren Nichtbeachtung strafbar ist oder mit einer Geldbuße geahndet werden kann.

757 Aus dieser weiten Beschreibung der betriebsbezogenen Pflichten sowie des sie treffenden Täterkreises folgt, dass eine auch **nur annähernd erschöpfende Aufzählung unmöglich** ist. Praktisch besteht eine Verantwortlichkeit wegen Aufsichtspflicht-Verletzung stets dann, wenn ein im weitesten Sinne »Untergebener« gegen irgendeine vorhandene Norm des Straf- oder Ordnungswidrigkeitenrechts verstößt.

758 Wie groß die Gefahr einer Inanspruchnahme wegen Verletzung von Aufsichtspflichten ist, soll an einem (nicht veröffentlichten) **Fall aus dem Arbeitnehmerüberlassungsrecht** erläutert werden.

1056 Erbs/Kohlhaas/Senge, a.a.O., § 130 OWiG, Rz. 20.
1057 Z.B. Arbeitgeber, Gewerbetreibender, Unternehmer, Veranstalter, Eigentümer einer Anlage, Halter von Fahrzeugen, Einführer oder Ausführer, Erzeuger und Verteiler einer Ware, Inhaber einer Verkaufsstelle, Auskunfts- und Meldepflichtiger usw., vgl. Göhler/König, a.a.O., § 130 Rn. 18.
1058 Erbs/Kohlhaas/Senge, a.a.O., § 130 OWiG, RZ 21.
1059 Erbs/Kohlhaas/Senge, a.a.O., § 130 OWiG, RZ 23; Göhler/König, a.a.O., § 130 Rn. 19.
1060 Demuth/Schneider, a.a.O., S. 648.
1061 Göhler/König, a.a.O., § 130 Rn. 18.
1062 Dazu Michael **Molitoris**, Praktische Erfahrungen und rechtliche Überlegungen zur Produktbeobachtungspflicht, in: PHi 1999, 214 ff. und 2000, 33 ff.

Problemstellung:[1063] Nach § 1 des Arbeitnehmerüberlassungsgesetzes (AÜG) **759** bedürfen Arbeitgeber, die Dritten Leiharbeitnehmer gewerbsmäßig zur Arbeitsleistung überlassen wollen, einer Erlaubnis. Nach § 16 Ziffer 1 a AÜG handelt ordnungswidrig, wer einen ihm vom Verleiher ohne dementsprechende Erlaubnis überlassenen Leiharbeitnehmer tätig werden lässt.

> Der Vorstand eines Unternehmens beschloss, alle nur möglichen Schritte zu einer Personalkostenminderung einzuleiten. Der Personalleiter wurde angewiesen – und gab es an seine untergeordneten Mitarbeiter weiter –, dies in die Tat umzusetzen. Diese Mitarbeiter kamen auf die Idee, dazu bei der Errichtung eines neuen Betriebs anzusetzen und dafür kein Personal für den Werkschutz, die Reinigung und den Kantinenbetrieb einzustellen, diese Arbeitskräfte vielmehr zu entleihen. Sie verfolgten damit auch den Zweck, die dadurch entstehenden (geringeren) Kosten nicht über »Personal«, sondern über »Werkvertrag« zu buchen, um somit beim Vorstand einen durchschlagenden Erfolg vorweisen zu können. Man geriet dabei an ein Unternehmen, das die nach § 1 AÜG erforderliche Erlaubnis nicht besaß. Die Sache kam heraus und das Unternehmen selbst wurde über § 30 Absatz 4 OWiG mit einem Bußgeldbescheid bedacht. Dieser belief sich auf 300.000 DM (ca. 153.390 Euro), da nach den Grundsätzen der Arbeitsverwaltung durch die Höhe des Bußgeldes der wirtschaftliche Erfolg »aus illegaler Arbeitnehmerüberlassung« abgeschöpft werden soll. Zusätzlich erhielt auch das für Personalfragen zuständige Vorstandsmitglied einen Bußgeldbescheid in einer erheblichen Quote des gegenüber dem Unternehmen ergangenen Bescheids wegen Verletzung der Aufsichtspflicht. Auch dieser zweite Bußgeldbescheid wurde nach anwaltlicher Beratung akzeptiert. Das Vorstandsmitglied musste sich vorwerfen lassen, es hätte bei einer auch nur überschlägigen Kalkulation der Personalkosten für das neue Werk sicher darauf kommen müssen, dass hier etwas nicht mit rechten Dingen zuging. Bereits dieses Kalkulationsversäumnis war für die Arbeitsverwaltung Veranlassung, eine Verletzung der Aufsichtspflicht zu unterstellen; obwohl weder bei der Auswahl noch Überwachung der untergebenden Mitarbeiter im Übrigen dem Vorstandsmitglied irgendein Vorwurf gemacht werden konnte. Die Bußgeldbescheide blieben nur deshalb so »niedrig«, weil das Unternehmen bei der Aufklärung kooperativ mit der Arbeitsverwaltung zusammengearbeitet hat und dieser dadurch ein immenser Verwaltungsaufwand bei den Detailrecherchen erspart wurde. (In einem vergleichbaren Fall hat die Arbeitsverwaltung ausermittelt und einen abzuschöpfenden Vorteil in Millionenhöhe festgestellt.)

Dieses Beispiel zeigt, dass selbst bei sorgfältiger Auswahl und Überwachung der **760** Mitarbeiter Führungskräften Risiken aus dem Vorwurf der Aufsichtspflichtverletzung drohen, an die sie bei der – wir unterstellen – unternehmerisch berechtigten Entscheidung nicht in Ansätzen denken. Dieses Beispiel zeigt auch, wie wichtig die sofortige Einschaltung eines Verteidigers sein kann, um durch die richtigen Maßnahmen letztlich doch noch ein vertretbares Ergebnis für das Unternehmen und – vor allem – die betroffenen Führungskräfte zu erzielen.

1063 Siehe auch Rdn. 1662 ff.

761 In einem Beschluss hat das Oberlandesgericht Hamm zu der Frage Stellung bezogen, ob sich die Inhaberin eines Betriebs der Verantwortung nach § 130 OWiG mit der Begründung entziehen kann, dass sie lediglich eine »**Strohfrau**« sei und die Geschäfte faktisch von ihrem Ehemann geführt würden. Das Gericht sah in diesem Vorbringen **keine Befreiung von der Aufsichtspflicht**. Es bestünde sonst die Gefahr, dass sich ein Unternehmer der vom Gesetz gewollten Verantwortlichkeit auch in sanktionsrechtlicher Hinsicht entziehen könnte.[1064] Dieser Entscheidung ist mit Matthias **Korte** zuzustimmen, der auch zu Recht eine gegenteilige Entscheidung des Oberlandesgerichts Naumburg kritisiert. Dieses Gericht hat sowohl eine unmittelbare Verantwortlichkeit der – sich bereits vor 13 Jahren aus der aktiven Mitarbeit im Betrieb zurückgezogenen – Geschäftsführerin für das Unterlassen der gebotenen Pflichten[1065] als auch eine Verletzung der Aufsichtspflicht[1066] verneint. Der Beschluss wurde von dem Oberlandesgericht damit begründet, ein unzuständiges Unternehmensorgan dürfe sich im Falle einer Aufgabenteilung grundsätzlich darauf verlassen, dass die (ressort-) zuständigen Unternehmensvertreter die ihnen obliegenden Pflichten erfüllen. Eine allgemeine gegenseitige Überwachungspflicht ohne besondere Veranlassung existiere nicht.

762 Bei seiner Entscheidung hat das Oberlandesgericht die »faktische Betrachtungsweise« des Ordnungswidrigkeiten- und Strafrechts nicht berücksichtigt. Sie dient gerade dazu, die Verantwortlichkeit eines nicht formell bestellten Organs, welches de facto die Aufgaben eines Organs wahrnimmt, zu konstituieren. Es geht dagegen nicht darum, die Verantwortlichkeit eines wirksam bestellten Organs auszuschließen. Selbst das Argument, die Geschäftsführerin habe sich de facto bereits seit 13 Jahren aus der aktiven Unternehmensführung zurückgezogen, kann eine Verantwortlichkeit nach § 130 OWiG nicht ausschließen.[1067]

763 Seit einigen Jahren sind vor allem große Unternehmen bestrebt, mit Hilfe von **Compliance-Programmen** Verhaltenskodici einzuführen, welche die Belegschaftsangehörigen über ein regelkonformes Verhalten informieren, Anreize zu deren Befolgung geben, aber auch Sanktionen für bei Regelverletzungen vorsehen. Es liegt auf der Hand, dass **Sinn und Zweck, aber auch Ziel** dieser Compliance-Programme neben der **Verhinderung von Zuwiderhandlungen** zugleich das Bemühen ist um **Entlastung der Unternehmensleitung** vom Vorwurf der Aufsichtspflichtverletzung gamäß § 130 OWiG[1068] im Falle einer bekannt werdenden Regelverletzung.

764 Doch das Vorhandensein von Compliance-Systemen in einem Unternehmen bildet lediglich einen Anhaltspunkt für dessen ordnungsgemäße Führung; denn es darf die Tatsache nicht aus den Augen verloren werden, dass nach ständiger Rechtsprechung **Prüfungsmaßstab für eine korrekte Ausübung der Aufsichtspflichten** grundsätzlich allein die Frage ist: Sind im zu prüfenden Einzelfall alle

---

1064 OLG Hamm NStZ 1997, 476.

1065 Nach dem Bußgeldtatbestand in Verb. mit § 9 Abs. 1 Nr. 1 OWiG.

1066 Gemäß § 130 OWiG.

1067 Matthias **Korte**, Aus der Rechtsprechung zum Gesetz über Ordnungswidrigkeiten, in: NStZ 1998, 450.

1068 Für den Bereich des Kartellrechts ist wesentliche Verbotsnorm § 1 GWB.

erforderlichen und zumutbaren Maßnahmen[1069] beachtet und ergriffen worden? Daraus folgt: Allgemeine Hinweise auf die Pflicht zur Einhaltung rechtlicher Bestimmungen genügen allein nicht!

Fraglich ist ebenfalls, ob allein die innerbetriebliche Beachtung der im September **765** 2006 vom Bundeskartellamt gemäß § 81 Absatz 7 GWB herausgegebenen Buß-geldleitlinien, nach denen ein Bußgeld in einem zweistufigen kartellrechtlichen Verfahren ermittelt werden soll, anders – als zuvor für allgemeine Compliance-Programme ausgeführt – als mildernden Umstand bei der Bußgeldbemessung im Rahmen von Kartellverfahren zu berücksichtigen ist. Eine solche Minderung der Buße hätte den Anschein, als wäre rechtskonformes Verhalten nicht selbstver-ständlich, sondern belohnenswert.[1070]

Effektiv dagegen, und dies auch im Hinblick auf die Erfordernisse nach § 130 **766** OWiG, ist die Verwendung von EDV-Programmen zur Korruptionsbekämpfung, wie sie die Fa. Siemens AG gegenwärtig einführt:[1071]

>*Siemens will alle Projektgeschäfte auf das Risiko von Korruption prüfen. Im Zuge eines neuen Genehmigungsprozesses (‚Limits of Authority Process', LoA) müssen die verantwortlichen Manager jedes Anlagengeschäft in einer zentralen Datenbank unter Antikorruptionsaspekten erfassen, wie es in einem Schreiben von Finazvorstand Joe Kaeser und Rechtsvorstand Peter Solmssen an die Siemens-Führungskräfte heißt... Die interne Revision werde darüber wachen, dass die Melderegeln eingehalten wer-den.... Die Verantwortlichen müssen in ein Computersystem Daten wie Auftragsvolu-men, Ort oder Auftraggeber eingeben. Das System vergibt dann eine ‚Korruptionsri-skoklasse' in Form eines Ampelsignals. Bei rotem Licht darf der Projektleiter das Geschäft nicht weiter verfolgen, bei Grün bestehen nur geringe Korruptionsgefahren.«*

b) Die Strafbarkeit von Aufsichtspflichtverletzungen – eine Frage der Zeit?

Bereits der Referentenentwurf für die Reform des Umweltstrafrechts der 11. Legis- **767** laturperiode sah einen Straftatbestand vor, der die Verletzung der Aufsichtspflicht in Betrieben und Unternehmen unter Strafe stellte.

Es sollte sich derjenige strafbar machen, »*wer vorsätzlich oder leichtfertig als Inhaber* **768** *eines Betriebes oder Unternehmens die Aufsichtsmaßnahmen unterlässt, die erforderlich*

1069 Die da nach § 130 OWiG u. a. sind: Regelmäßigkeit von Schulungen, Schriftlichkeit der Belehrung, stichprobenartige Kontrollen, Herausgabe unternehmensspezifischer Compli-ance-Richtlinien und Androhung von Sanktionen; siehe dazu Rdn. 1930 ff.

1070 Dazu Gunnar **Pampel**, Die Bedeutung von Compliance-Programmen im Kartellordnungs-widrigkeitenrecht in: BB 2007, 1636 ff., der auf die Praxis der Europäischen Kommission und des Bundeskartellamts verweist, im Falle von ‚*Hardcore-Kartellen*' nach, aber auch vor der Verletzungshandlung eingeführte Compliance-Programme nicht als mildernden Umstand für die Bußgeldbemessung zu behandeln. Anders die Handhabung der USA, welche nach den ‚*Federal Sentencing Guidelines*' Compliance-Programme eines Unterneh-mens als mildernden Faktor berücksichtigten.

1071 Siehe FTD v. 19. 11. 2007, S. 8: ‚*Siemens setzt Datenbank gegen Korruption ein*'.

sind, um ... Verstöße gegen Pflichten zu verhindern, die den Inhaber als solchen treffen und deren Verletzung mit Strafe bedroht ist«.[1072]

769 Dieser Vorschlag eines neuen Tatbestands der Aufsichtspflichtverletzung wurde jedoch von Bundesregierung und Bundestag abgelehnt.[1073] Die Kritik galt insbesondere der Konstruktion eines Tatbestands, der zwei abstrakte Gefährdungen kombinierte. So führte der Deutsche Industrie- und Handelstag, der sich seinerzeit auch gegen den neuen Straftatbestand verwahrte, kritisierend aus, die Pflichtverletzung des Beaufsichtigten sei häufig für sich gesehen nur eine abstrakte Gefährdung eines Rechtsguts. Aus diesem Grund erschien es dem Deutschen Industrie- und Handelstag zweifelhaft, die abstrakte Gefahr der Erzeugung einer abstrakten Gefahr als kriminelles Unrecht einzustufen[1074]. Der Kritik, dass dort, wo sich Organisationsmängel in strafbarem Handeln auswirken, bereits ausreichend andere Möglichkeiten der Zurechnung über die Regeln der Tatbeteiligung und den weiter gültigen § 130 OWiG bestehen, ist in der 11. Legislaturperiode entsprochen worden.

770 Die Erwartung seit der ersten Auflage, dass es sich *»angesichts der Stimmungslage in der Bevölkerung gegenüber Verantwortungsträgern in den Unternehmen und der daraus resultierenden Handlungsbereitschaft in den gesetzgebenden Gremien ... nunmehr wohl nur noch eine Frage der Zeit bis zur Einführung einer Strafnorm ›Aufsichtspflichtverletzung im Unternehmen‹ handele«,* hat sich bisher nicht bewahrheitet.

6.   § 30 OWiG, die so genannte Verbandsgeldbuße[1075]

771 **§ 30 OWiG – Geldbuße gegen juristische Personen und Personenvereinigungen**

(1) Hat jemand

1. als vertretungsberechtigtes Organ einer juristischen Person oder als Mitglied eines solchen Organs,

2. als Vorstand eines nicht rechtsfähigen Vereins oder als Mitglied eines solchen Vorstandes,

---

1072 Entwurf eines Strafrechtsänderungsgesetzes – Zweites Gesetz zur Bekämpfung der Umweltkriminalität – vom August 1989, § 261 (§ 261 wird immer noch als »Arbeitsnorm« verwendet, obwohl dieser Paragraph mittlerweile besetzt ist (Geldwäsche, vgl. Rdn. 2364 ff.)

1073 In einer Stellungnahme zu dem von der Bundesregierung in der 12. Legislaturperiode eingebrachten 2. Gesetz zur Bekämpfung der Umweltkriminalität sprach sich der Bundesrat dafür aus, dass der Straftatbestand »Verletzung der Aufsichtspflicht in Betrieben und Unternehmen« mit in den Gesetzesentwurf aufgenommen werden sollte (BT-Drucks. 12/192 v. 05. 03. 1991, Anlage 2, S. 38). Die Bundesregierung lehnte dies ab, da sie (ich meine mit Recht) der Ansicht war, dass der neue Tatbestand in einem größeren Zusammenhang geprüft werden müsste, der über den des Umweltstrafrechts hinausgeht (BT-Drucks. 12/192 v. 05. 03. 1991, Anlage 3, S. 43).

1074 Vom 27. 06. 1994 (BGBl. I S. 1440)

1075 Zur Entstehungsgeschichte KK-OWiG-Rogall, a.a.O., § 30 Rn. 22 – 29.

3. als vertretungsberechtigter Gesellschafter einer rechtsfähigen Personengesellschaft,

4. als Generalbevollmächtigter oder in leitender Stellung als Prokurist oder Handlungs-bevollmächtigter einer juristischen Person oder einer in Nummer 2 oder 3 genannten Personenvereinigung oder

5. als sonstige Person, die für die Leitung des Betriebs oder Unternehmens einer juristi-schen Person oder einer in Nummer 2 oder 3 genannten Personenvereinigung verant-wortlich handelt, wozu auch die Überwachung der Geschäftsführung oder die sonstige Ausübung von Kontrollbefugnissen in leitender Stellung gehört,

eine Straftat oder Ordnungswidrigkeit begangen, durch die Pflichten, welche die juris-tische Person oder die Personenvereinigung treffen, verletzt worden sind oder die juris-tische Person oder die Personenvereinigung bereichert worden ist oder werden sollte, so kann gegen diese eine Geldbuße festgesetzt werden.

(2) Die Geldbuße beträgt

1. im Falle einer vorsätzlichen Straftat bis zu einer Million Euro,

2. im Falle einer fahrlässigen Straftat bis zu fünfhunderttausend Euro.

Im Falle einer Ordnungswidrigkeit bestimmt sich das Höchstmaß der Geldbuße nach dem für die Ordnungswidrigkeit angedrohten Höchstmaß der Geldbuße. 3 Satz 2 gilt auch im Falle einer Tat, die gleichzeitig Straftat und Ordnungswidrigkeit ist, wenn das für die Ordnungswidrigkeit angedrohte Höchstmaß der Geldbuße das Höchstmaß nach Satz 1 übersteigt.

(3) § 17 Absatz 4 und § 18 gelten entsprechend.

(4) Wird wegen der Straftat oder Ordnungswidrigkeit ein Straf- oder Bußgeldverfahren nicht eingeleitet oder wird es eingestellt oder wird von Strafe abgesehen, so kann die Geldbuße selbständig festgesetzt werden.

Durch Gesetz kann bestimmt werden, dass die Geldbuße auch in weiteren Fällen selb-ständig festgesetzt werden kann. Die selbständige Festsetzung einer Geldbuße gegen die juristische Person oder Personenvereinigung ist jedoch ausgeschlossen, wenn die Straftat oder Ordnungswidrigkeit aus rechtlichen Gründen nicht verfolgt werden kann; § 33 Absatz 1 Satz 2 bleibt unberührt.

(5) Die Festsetzung einer Geldbuße gegen die juristische Person oder Personenvereini-gung schließt es aus, gegen sie wegen derselben Tat den Verfall nach den §§ 73 oder 73a des Strafgesetzbuches oder nach § 29a anzuordnen.

Am 30. August 2002 ist ein Artikelgesetz[1076] in Kraft getreten, dessen monströser **772** Name[1077] nicht einmal einer Abkürzung zugänglich war. Mit dem Gesetz sind

---

1076 Gesetz zur Ausführung des Zweiten Protokolls vom 19. 06. 1997 zum Übereinkommen über den Schutz der finanziellen Interessen der Europäischen Gemeinschaften, der Gemeinsamen Maßnahme betreffend die Bestechung im privaten Sektor vom 22. 12. 1998 und des Rahmenbeschlusses vom 29. 05. 2000 über die Verstärkung des mit strafrechtli-chen und anderen Sanktionen bewehrten Schutzes gegen Geldfälschung im Hinblick auf die Einführung des Euro v. 29. 08. 2002 (BGBl. I , 3387).

1077 Vgl. Hans **Achenbach**, Ausweitung des Zugriffs bei ahndenden Sanktionen gegen die Unternehmensdelinquenz, in: wistra 2002, 441 ff.

auch erhebliche Erweiterungen und Verschärfungen des für Unternehmen bedeutsamen Instituts der Verbandsgeldbuße wirksam geworden.[1078]

773 § 30 OWiG ist dem Opportunitätsprinzip des Ordnungswidrigkeitenrechts unterworfen, das heißt, die Anwendung dieser Norm steht im pflichtgemäßen Ermessen der zuständigen Verfolgungsbehörde.[1079] Zweck der Vorschrift ist es einerseits, die Vorteile abzuschöpfen, die einer Organisation durch eine zu ihren Gunsten begangene Straftat oder Ordnungswidrigkeit zugeflossen sind, andererseits, die gesetzlichen Vertreter der betroffenen Organisation dazu anzuhalten, dafür zu sorgen, dass es künftig nicht zu erneuten Rechtsverstößen der Organisation kommt. Insofern sind die Sanktionszwecke der Vorschrift repressiver wie auch präventiver Natur.[1080]

774 Um dieses Ziel zu erreichen, wird in § 30 OWiG eine **Verbandstäterschaft** reglementiert, indem die Norm dem Verband auf dem Wege eines so genannten Verwaltungsunrechts nicht Haftung zurechnet, sondern diesem die Verantwortlichkeit für ein einem seiner Organvertreter oder einer Führungskraft vorgeworfenes Verhalten anlastet. Damit stellt die Verbandsgeldbuße des § 30 OWiG im geltenden deutschen Straf- und Ordnungswidrigkeitenrecht einen dogmatischen Fremdkörper dar, einen halbherzigen Schritt auf dem Weg zur Einführung der Straffähigkeit von Unternehmen – **keine Nebenfolge** deliktischen Verhaltens,[1081] sondern eine **selbstständige Sanktion** eigener Art.[1082]

775 »Die erste Strafe für den Elektrokonzern Siemens in der Korruptionsaffäre steht fest. Das Landgericht München hat gegen das Unternehmen eine Geldbuße von 201 Millionen Euro verhängt, wie Siemens am Donnerstag bekanntgab. Der Münchner Konzern akzeptiert nach eigenen Angaben die Entscheidung. Die Ermittlungen der Münchner Staatsanwaltschaft in der ehemaligen Konzernsparte Telekommunikationstechnik (Com) gegen die Siemens AG seien damit beendet, berichtete das Unternehmen. Gegen ehemalige Siemens-Manager wird hingegen weiter ermittelt. Die Anklage gegen einen ersten von ihnen wurde in der vergangenen Woche erhoben.

Am 15. November des vergangenen Jahres war der Korruptionsskandal mit einer Großrazzia von Polizisten, Staatsanwälten und Steuerfahndern in München und Erlangen sowie in Österreich bekannt geworden. Die Geldbuße von 201 Millionen

---

1078 So hat das LG Bielefeld im Jahre 1999 gegen zwei Banken Geldbußen in Höhe von 5 Mio. DM bzw. 3 Mio. DM festgesetzt, das AG Düsseldorf gegen eine andere Bank 37 Mio. DM; vgl. Carsten **Wegner**, Ist § 30 OWiG tatsächlich der »Königsweg« in den Banken-Strafverfahren?, in: NJW 2001, 1979.

1079 Vgl. **Göhler**/Peter **König**, Ordnungswidrigkeitengesetz, 14. Aufl., München 2006, § 30 Rn. 35.

1080 KK-OWiG-Rogall, a.a.O., § 30 Rn. 16 ff.; Göhler/König, a.a.O., Vor § 29a Rn. 8 ff.

1081 Siehe dazu Achenbach, a.a.O., wistra 2002, 441 ff. (444).

1082 Göhler/König, a.a.O., § 30 Rn. 34 f., weist richtig auf die systemwidrigen Verfahrensabläufe hin, die der Gesetzgeber zur Stützung seiner Rechtskonstruktion schaffen musste. So hat beispielsweise die Kartellbehörde nach § 82 Abs. 1 Satz 1 GWB nunmehr die ausschließliche Zuständigkeit für solche Fälle, denen eine Straftat zugrunde liegt, die – wie beim Submissionsbetrug, § 298 StGB – zugleich den Tatbestand des Kartellverstoßes gemäß § 81 Abs. 1, 2 Nr. 1 und Abs. 3 verwirklicht, oder eine Aufsichtspflichtverletzung, bei der eine strafrechtliche Pflichtverletzung auch den Tatbestand einer Kartellordnungswidrigkeit erfüllt.

Euro setzt sich nach Angaben eines Siemens-Sprechers aus 200 Millionen Euro für eine so genannte Gewinnabschöpfung wegen Bestechung und 1 Million als dem in einem solchen Fall möglichen Höchstbetrag für eine Sanktion zusammen....«[1083]

a) Voraussetzungen der Verbandsgeldbuße

Eine Geldbuße gegen eine juristische Person bzw. einer gleichgestellten Personen- **776** vereinigung kann lediglich unter drei Voraussetzungen festgesetzt werden, wenn nämlich

- einer der in Absatz 1 genannten Repräsentanten[1084] des Verbands (Unternehmen, Betrieb, Verein, Partei usw.) eine Straftat oder Ordnungswidrigkeit begangen hat
- **und** durch diese Vortat eine den Verband treffende Pflicht verletzt oder für den Verband eine Bereicherung eingetreten oder eine solche Bereicherung angestrebt worden ist,[1085]
- **aber** wegen der Vortat kein Verfahren gegen den Repräsentanten eingeleitet, das Verfahren eingestellt oder von Strafe abgesehen wurde oder wenn ein Gesetz bestimmt, dass eine Geldbuße gegen den Verband selbstständig festgesetzt wird.

b) Normadressaten

aa) Betroffene Verbände

Als die Organisationsformen, gegen die die Festsetzung einer Geldbuße ausdrück- **777** lich zulässig ist, bezeichnet das Gesetz die **juristische Person**[1086], den **nicht rechtsfähigen Verein**[1087] und die **rechtsfähige Personengesellschaft**[1088]. Dieser letzte Begriff umfasst auch **BGB-Außen-Gesellschaften** und **Partnerschaftsgesellschaften**.[1089]

1083 Zitiert nach FAZ, Nr. 231 v. 05. 10. 2007, S. 17: »Korruption kostet Siemens hohe Strafe«.

1084 Der Gesetzgeber hält grundsätzlich weiterhin an einer Aufzählung konkreter Personenkreise im Interesse einer besseren Bestimmbarkeit fest, so Manfred **Möhrenschlager**, Bericht über Rechtsentwicklungen auf nationaler und EU-Ebene, in: wistra 7/2002, V ff. (VI); zu beachten ist, dass der neue Abs. 1 Nr. 5 zuweilen als Generalklausel bezeichnet wird, dazu Volk/Britz, a.a.O., § 5 Rn. 12.

1085 Dazu OLG Düsseldorf wistra 1996, 77; siehe auch BGH wistra 1994, 232; BayObLG wistra 1995, 278.

1086 § 30 Abs. 1 Nr. 1 OWiG.

1087 § 30 Abs. 1 Nr. 2 OWiG.

1088 § 30 Abs. 1 Nr. 3 OWiG. Die beiden letzt genannten Organisationsformen fasst das Gesetz auch unter der Bezeichnung »Personenvereinigung« zusammen (§ 30 Abs. 1 Nr. 4, Abs. 4 und 5 OWiG).

1089 Nach der Begründung des Gesetzgebers (BT-Drucks. 14/8998, S. 8) sollen mit dieser Wortwahl vor allem die *»Personengesellschaften, die positiv-rechtlich mit der Fähigkeit ausgestattet sind, Rechte zu erwerben und Verbindlichkeiten einzugehen, worunter neben den Personenhandelsgesellschaften insbesondere auch die Partnerschaftsgesellschaft fällt ... aber auch die am Rechtsverkehr teilnehmende Gesellschaft bürgerlichen Rechts«* erfasst werden. Es wird damit – wie bei § 14 Abs. 1 StGB – auf die in § 14 Abs. 2 BGB definierte rechtsfähige Personengesellschaft abgestellt.

778 Eine dieser Gesellschaften, die auf einer rechtlich mangelhaften Rechtsgrundlage beruht, aber dennoch (fälschlich) in Vollzug gesetzt wurde, kann wie eine gültig eingerichtete Gesellschaft (»faktisch«) von den Folgen des § 30 OWiG betroffen sein.[1090] Auch die Verhängung von Geldbußen gegen **Vorgesellschaften**[1091] ist möglich, wenn deren Struktur einer der aufgeführten Verbandsformen entspricht.[1092] Gegen **Einzelkaufleute** können weiterhin **keine Geldbußen** festgesetzt werden, wenn ein Arbeitnehmer eine Zuwiderhandlung zugunsten deren Unternehmung begeht.[1093]

779 Umstritten ist, ob **juristische Personen des öffentlichen Rechts** (Körperschaften, selbständige Anstalten und Stiftungen) **zum Kreis der sanktionsfähigen Organisationen** gehören. Nach der zutreffenden **herrschenden Meinung**[1094] fallen auch diese unter den Anwendungsbereich des § 30 OWiG.[1095] Die von einer Mindermeinung angeführten Gegenargumente – Verletzung des Gewaltenteilungsprinzips durch hoheitliche Eingriffe in den Bereich der öffentlichen Verwaltung[1096] bzw. der Hinweis auf die Funktionsverteilung innerhalb der Staatsgewalt[1097]– überzeugen nicht. Gerade im Hinblick auf die Tatsache, dass juristische Personen des öffentlichen Rechts bei der Wahrnehmung der ihnen übertragenen Aufgaben der Daseinsvorsorge tätig sind und in direktem Wettbewerb zu privaten Wirtschaftsunternehmen stehen, verlangt eine Gleichbehandlung aller Verbände.[1098] Auch das Kartellrecht unterscheidet nicht zwischen privat- und öffentlich-rechtlichen Unternehmen[1099], eben so wenig wie das Zwangsvollstreckungsrecht.[1100] Beschränkungen der Sanktionsfähigkeit öffentlich-rechtlicher Verbände dürften sich allerdings aus Natur der Sache ergeben. So scheint eine Bestrafung des Bundes und der Länder allein deshalb ausgeschlossenen, weil diese Träger der Strafgewalt und nicht deren Unterworfene sind.[1101]

780 **Einfluss** auf die Folge der Haftung nach § 30 OWiG kann ein **Unternehmenswechsel** haben. Ein Unternehmenswechsel liegt nicht vor, wenn sich lediglich der Gesellschafter einer juristischen Person oder einer Personenvereinigung

---

1090 Nur Vorgründungsgesellschaften einer juristischen Person oder Personengesellschaft, die sich als GbR darstellen, die am Rechtsverkehr teilnimmt, vgl. §§ 705 ff., 14 Abs. 2 BGB. Die so genannte Außen-GbR ist nämlich rechts- und parteifähig, BGH NJW 2001, 1056; BGH NJW 2002, 1207.

1091 Zu den Vorgesellschaften und faktischen Gesellschaften siehe die Darstellung der »Problemfälle« bei Karsten **Schmidt**, Zur Verantwortung von Gesellschaften und Verbänden im Kartell-Ordnungswidrigkeitenrecht, in: wistra 1990, 131 ff. (134) sowie Erich **Göhler**, Zur bußgeldrechtlichen Verantwortung der juristischen Person bei aufgespalteter Zuständigkeit ihrer Organe, in: wistra 1991, 207.

1092 Göhler/König, a.a.O., § 30 Rn. 7.

1093 KK-OWiG-Rogall, a.a.O., § 30 Rn. 30.

1094 Göhler/König, a.a.O., § 30 Rn. 2; KK-OWiG-Rogall, a.a.O., § 30 Rn. 32 ff.

1095 Siehe dazu auch Wabnitz/Janovsky/Danneker, a.a.O., K 1 Rn. 115.

1096 Vgl. Hans Joachim **Hirsch**, Die Straffähigkeit von Personenverbänden, Opladen 1993, S. 23.

1097 Vgl. Rotraut **Pohl-Sichtermann**, Die von § 26 betroffenen Verbände und Personen, in: Zeitschrift für Verkehrs- und Ordnungswidrigkeitenrecht – VOR 1973, 411.

1098 So wie sie der Gesetzgeber in § 130 Abs. 2 OWiG anordnet.

1099 §§ 97 ff. GWB.

1100 BGHSt 38, 237 ff. (244).

1101 Vgl. insgesamt Hettinger/Bundesjustizministerium, a.a.O., S. 165 f. 5. w. N.

ändert.[1102] Auch der Wechsel der Firmenbezeichnung hat keine Identitätsveränderung zur Folge, welche die Anwendbarkeit des § 30 OWiG ausschließen würde.[1103]

Eine Änderung der Rechtsform des Verbandes nach erhobenem Vorwurf gegen **781** einen seiner Repräsentanten hat grundsätzlich keine Konsequenzen für die Festsetzung von Geldbußen.[1104] Entscheidend ist, dass der Verband der Sache nach dasselbe geblieben ist.[1105] Mithilfe der **wirtschaftlichen Betrachtungsweise** ist zu prüfen, ob die **Identität der Unternehmen vor und nach dem Wechsel** zu bejahen ist.[1106]

Die Übernahme eines Unternehmens durch ein anderes muss nicht den Übergang **782** der Ahndungsgefahr auf den neuen Verband haben. Die Möglichkeit ist jedoch nicht ausgeschlossen. Entscheidend ist mit der Ansicht des Bundesgerichtshofes[1107], ob das haftende Vermögen weiterhin wie bisher oder zumindest in ähnlicher Form eingesetzt wird bzw. in dem juristisch neu entstandenen Unternehmen einen wesentlichen Anteil am Gesamtvermögen darstellt. Kein Übergang der Haftung im Sinne des § 30 OWiG kann erfolgen,[1108] wenn schon keine Gesamtrechtsnachfolge gegeben ist.

bb) Vertretungsberechtigte Repräsentanten

Zu den **Normadressaten** (mit den jeweils zugehörigen Vertretern) zählen **783** zunächst

- bei den juristischen Personen die Aktiengesellschaft (**AG**), die nach außen regelmäßig von ihrem **Vorstand** vertreten wird,[1109]
- die Gesellschaft mit beschränkter Haftung (**GmbH**) mit ihren vertretungsberechtigten Organen (**Geschäftsführer**[1110] sowie Stellvertreter[1111]),
- die Kommanditaktiengesellschaft (**KGaA**), vertreten durch deren persönlich haftenden Gesellschafter als **Vorstandsmitglieder**.[1112]

1102 Göhler/König, a.a.O., § 30 Rn. 38.
1103 Göhler/König, a.a.O., § 30 Rn. 38 a; BGH wistra 1986, 221.
1104 Im Einzelnen dazu Göhler/König, a.a.O., § 30 Rn. 38 ff.
1105 BGH wistra 1986, S. 221f. zur Frage der Identität beider Unternehmen (Nicht amtlicher Leitsatz): »Aus einem mit der Umwandlung eines Unternehmens verbundenen Vermögensübergang allein folgt noch nicht automatisch, dass ein gegen die erloschene juristische Person eingeleitetes Bußgeldverfahren gegen ihre Rechtsnachfolgerin fortgeführt und diese dann mit einer Geldbuße als Nebenfolge belegt werden kann. Auf der anderen Seite ist das aber auch nicht generell ausgeschlossen. Nach dem damals gültigen Gesetzeswortlaut des § 30 OWiG wurde die Verbandsbuße rechtlich noch als Nebenfolge eingestuft.
1106 BGH wistra 1986, 221 f.; vgl. die Beispiele bei Göhler/König, a.a.O., § 30 Rn. 38 b.
1107 BGH wistra 1986, 221 f.
1108 BGH NJW 2005, 1381.
1109 §§ 78, 82 AktG. Auch das stellvertretende Vorstandsmitglied; § 94 AktG, ist ordentliches Mitglied des Vorstands; ebenso das gerichtlich bestellte Vorstandsmitglied, § 85 AktG. Bei Auflösung der AG treten die Abwickler an die Stelle des Vorstands (§§ 265, 269 AktG).
1110 §§ 6, 35 GmbHG. Wird die GmbH aufgelöst, treten die Liquidatoren an die Stelle der Geschäftsführer (§§ 66 ff., 70 GmbHG).
1111 § 44 GmbHG.
1112 §§ 282, 283 AktG.

784 Die **eingetragene Genossenschaft** vertritt deren **Vorstand.**[1113] Bei der **GmbH & Co. KG** handelt nach der ergebnisorientierten Rechtsprechung[1114] der (einzelver-tretungsberechtigte) **Geschäftsführer** der GmbH organschaftlich für die Gesell-schaft. Die Aufnahme **sonstiger Personen** in den Gesetzestext, die für einen Betrieb oder ein Unternehmen verantwortlich handeln oder in ihm sonstige Kon-trollbefugnisse in leitender Position ausüben, soll nach dem Willen des Gesetzge-bers eine an Sinn und Zweck orientierte Auslegung erleichtern.[1115] Somit ist seit 2002 die Streitfrage[1116] hinsichtlich der GmbH & Co. KG dahingehend erledigt, dass § 30 Absatz 1 Nr. 5 OWiG deren Geschäftsführer nun im Sinne der Recht-sprechung behandelt und dessen Fehlverhalten dem Unternehmen zugerechnet wird.

785 Bei juristischen Personen des öffentlichen Rechts (Körperschaften, selbstständige Anstalten, Stiftungen)[1117] ergibt sich die Organ- und Vertreterstellung aus der jeweiligen Organisationsform, die in Gesetz, Satzung oder der Verfassung festge-legt ist.[1118]

786 **Eingetragene**[1119] und **wirtschaftliche Vereine**[1120] werden durch den **Vorstand**[1121] und – eventuell – durch **besondere Vertreter**[1122] vertreten. Bei einem **nicht rechts-fähigen Verein**[1123] kann der besondere Vertreter nach dem Wortlaut des § 30 Absatz 1 Nr. 1 OWiG nicht Täter einer Anknüpfungstat sein.[1124] In einem solchen Fall ist jedoch stets zu prüfen, ob die Voraussetzungen des Absatz 1 Nr. 4 oder Nr. 5 auf diesen besonderen Vertreter zutreffen. Ansonsten können bei nicht rechtsfähigen Vereinen lediglich der Vorstand und die einzelnen Vorstandsmit-glieder taugliche Täter sein. Bei einer **privatrechtlichen Stiftung**[1125] hat der **Vor-stand**[1126] die Stellung des gesetzlichen Vertreters inne.

1113 § 24 GenG. Der Vorstand setzt sich aus ordentlichen und stellvertretenden Mitgliedern zusammen; § 35 GenG.

1114 BGH NStE Nr. 1 zu § 30 OWiG unter Berufung auf den Grundgedanken des § 30 OWiG; siehe die Rechtsprechungsübersicht bei KK-OWiG-Rogall, a.a.O., § 30 Rn. 64.

1115 Nach der Gesetzesbegründung (BT-Drucks. 14/8998, S. 11) soll der »*Geschäftsführer der GmbH in einer GmbH & Co KG gleich dem vertretungsberechtigten Gesellschafter der Kommandit-gesellschaft*« behandelt werden.

1116 KK-OWiG-Rogall, a.a.O., § 30 Rn. 64.

1117 Siehe dazu oben Rdn. 779.

1118 OLG Koblenz wistra 1999, 199 (Zur fehlenden Verantwortlichkeit eines Bürgermeisters für Verstöße gegen das Eichgesetz im Rahmen eines von der Kommune getragenen Elektrizi-tätsversorgungsunternehmens: »*Der Ortsbürgermeister der Betroffenen war nicht dazu ver-pflichtet, die Einhaltung der Eichgültigkeit der Stromzähler zu überwachen. Diese Verpflichtung traf vielmehr die Verbandsgemeindeverwaltung.*«).

1119 § 21 BGB.

1120 § 22 BGB.

1121 § 26 BGB. Bei Auflösung des Vereins tritt der Liquidator an die Stelle des Vorstands; § 48 BGB.

1122 § 30 BGB; BGH wistra 1989, 144 f.

1123 § 54 BGB.

1124 Auch im Sinne des Verwaltungsrechts sind nicht rechtsfähige Personenverbände (oHG, KG, GbR, nicht rechtsfähiger Verein) nicht Gewerbetreibende, sondern nur deren Gesell-schafter, die zur Geschäftsführung befugt sind (VGH München NJW 1992, 1644).

1125 § 86 BGB. Nach § 88 BGB gelten die für den rechtsfähigen Verein gültigen Regeln entspre-chend.

1126 § 26 Abs. 2 S. 1 BGB.

Die Vertretungsverhältnisse der Personenhandelsgesellschaften stellen sich wie **787** folgt dar: Bei der offenen Handelsgesellschaft (**OHG**) ist allen **Gesellschaftern** Vertretungsmacht eingeräumt.[1127] Gleiches gilt für die **Gesellschafter** der BGB-Gesellschaft (**GbR**) und die **Partner** der **Partnerschaftsgesellschaft**. Im Einzelfall kann es jedoch sein, dass die Regeln im Gesellschafts- bzw. im Partnerschaftsvertrag etwas anderes vorsehen. Die Kommanditgesellschaft (**KG**) wird ausschließlich durch deren **persönlich haftende Gesellschafter** vertreten.[1128]

cc) Sonderproblem: der faktische Geschäftsführer

Nach gefestigter Rechtsprechung des Bundesgerichtshofs wird als Geschäftsfüh- **788** rer nicht nur der in diese Position formell einwandfrei Berufene angesehen. **Auch derjenige, der zwar mit Einverständnis der Gesellschafter, aber ohne förmliche Bestellung tatsächlich die Geschäftsführung übernimmt und ausübt ist (faktischer) Geschäftsführer.**[1129] Hauptsächlich betroffen sind davon die Fälle, in denen eine Bestellung zum Unternehmensleiter einer juristischen Person zivilrechtlich unwirksam ist, aber der so (falsch) Bestellte trotzdem Geschäftsführungsaufgaben wahrnimmt. Eine solche Konstellation kommt häufig vor, ohne dass den Gesellschaftern des Unternehmens die Nichtigkeit der Bestellung bekannt ist, etwa weil eine frühere, einschlägige Verurteilung oder ein Berufsverbot[1130] vom Bestellten verschwiegen wurde.[1131]

Von einem faktischen Geschäftsführer wird im Einzelfall nach einer differenzier- **789** ten Gesamtbetrachtung[1132] dann zu sprechen sein, wenn von dieser Person überwiegend **alle betrieblichen Dispositionen**[1133] ausgehen und daneben auf **sämtliche Geschäftsvorgänge bestimmender Einfluss** ausgeübt wird.[1134] Neben der Voraussetzung, dass die Geschäftsführung nicht einseitig angemaßt, sondern mit dem Einverständnis der Gesellschafter[1135] erfolgt sein muss, ist im Falle einer Mit-

---

1127 § 125 Abs. 1 HGB.
1128 §§ 161, 125 HGB.
1129 Für den Bereich des Zivilrechts: BGHZ 41, 282 ff. (287), 104, 44 ff. (46); für den Bereich des Strafrechts, und dort für die echten Sonderdelikte der §§ 64 Abs. 1, 82 Abs. 1 Nr. 1 und Nr. 3, 84 Abs. 2 Nr. 2 GmbHG): BGHSt 3, 32 ff. (37), 31, 118 ff. (122 f.).
1130 Also ein Ausschlussgrund nach § 6 Abs. 2 GmbHG entgegensteht. § 6 Abs. 2 S. 3 und 4 GmbHG lautet: »*Wer wegen einer Straftat nach den §§ 283 bis 283d des Strafgesetzbuches verurteilt worden ist, kann auf die Dauer von fünf Jahren seit der Rechtskraft des Urteils nicht Geschäftsführer sein; … Wem durch gerichtliches Urteil oder durch vollziehbare Entscheidung einer Verwaltungsbehörde die Ausübung eines Berufs, Berufszweiges, Gewerbes oder Gewerbezweiges untersagt worden ist, kann für die Zeit, für welche das Verbot wirksam ist, bei einer Gesellschaft, deren Unternehmensgegenstand ganz oder teilweise mit dem Gegenstand des Verbots übereinstimmt, nicht Geschäftsführer sein.*«
1131 Zu weiteren Fallgestaltungen siehe Hans Dieter **Montag**, Die Anwendung der Strafvorschriften des GmbH-Rechts auf faktische Geschäftsführer, Berlin 1994, S. 22 ff.
1132 BGHZ 104, 44 ff. (48).
1133 Montag, a.a.O., S. 123 f. hält das Auftreten im Geschäftsverkehr als prinzipielle Voraussetzung für die Annahme einer faktischen Geschäftsführung für entbehrlich, da konstituierend für das Einrücken in die Organstellung nur die Bestellung selbst als gesellschaftsinterner Akt sei.
1134 BGHSt 31, 118 ff. (121 f.).
1135 Was als eine konkludente Bestellung zu werten ist; vgl. BGH NStZ 2000, 34 ff.

geschäftsführung Erfordernis, dass der faktische gegenüber dem formell rechtmäßig bestellten[1136] Geschäftsführer in der GmbH die überragende Stellung einnimmt[1137] oder – zumindest – ein deutliches Übergewicht in der Geschäftsleitung des Unternehmens besitzt.[1138]

790 Die Rechtsprechung hat bestimmte Kriterien entwickelt, bei deren Vorliegen von einer faktischen Geschäftsführung auszugehen ist. Hierzu zählt neben dem tatsächlichen Handeln im Einverständnis der Gesellschafter des Unternehmens das dominierende Tätigwerden, welches sich im **Vorliegen von mindestens sechs von acht typischen Geschäftsführermerkmalen** äußert. Das Bayerische Oberlandesgericht hat die Anforderungsmerkmale in einem Satz zusammengefasst[1139]:

> »Selbst nach strenger Auffassung ist die Stellung des faktischen Geschäftsführers dann überragend, wenn er von den acht klassischen Merkmalen im Kernbereich der Geschäftsführung (Bestimmung der Unternehmenspolitik, Unternehmensorganisation, Einstellung von Mitarbeitern, Gestaltung der Geschäftsbeziehungen zu Vertragspartnern, Verhandlung mit Kreditgebern, Gehaltshöhe, Entscheidung der Steuerangelegenheiten, Steuerung der Buchhaltung) mindestens sechs erfüllt.«

791 Eine Stellung als faktischer Geschäftsführers ergibt sich also nicht aufgrund besonderer Ausstrahlung oder Persönlichkeit[1140], sondern als **Folge** der von den Gesellschaftern **ausdrücklich übertragenen oder geduldeten Macht**.[1141] Eine faktische Geschäftsführung kommt auch dann noch in Betracht, wenn mit Innenwirkung die Machtbefugnisse schon aufgehoben wurden, der ehemalige Geschäftsleiter aber nach außen weiterhin als solcher auftritt und die Gesellschafter dieses Verhalten kennen und über einen nicht unerheblichen Zeitraum dulden.[1142] Indiz für einen solchen Sachverhalt kann die Nichtanmeldung der Abberufung zum

---

1136 Also dem eingetragenen Geschäftsführer, auch der, der lediglich »Strohmann« ist.

1137 BGHSt 31, 118 ff. (121 f.).

1138 BGH wistra 1990, 97 f., vgl. auch Peter **Löffler**, Strafrechtliche Konsequenzen faktischer Geschäftsführung – Eine Bestandsaufnahme der neueren Rechtsprechung, in: wistra 1989, 121 ff. sowie Alfred **Dierlamm**, Der faktische Geschäftsführer im Strafrecht – ein Phantom?, in: NStZ 1996, 153 ff.

1139 BayObLG NJW 1997, 1936 f. (1936); vgl. dazu auch BGH NJW 1996, 66 f. (67) und Dierlamm, a.a.O., NStZ 1996, 156.

1140 So ist es für die Gesamtabwägung unbeachtlich, wenn die Belegschaftsangehörigen den tatsächlichen Geschäftsführer als »ihren Chef« angesehen haben, OLG Düsseldorf NStZ 1988, 369 ff.

1141 Siehe dazu Klaus Rogall, Die strafrechtliche Organhaftung, in: Knut **Amelung** (Hrsg.), Individuelle Verantwortung und Beteiligungsverhältnisse bei Straftaten in bürokratischen Organisationen des Staates, der Wirtschaft und der Gesellschaft, Sinsheim 2000, S. 145 ff. (160 ff.).

1142 So auch Dierlamm, a.a.O., NStZ 1996, 157: »Die Dauer des Organhandelns ist ebenso wie dessen Außenwirkung notwendige Voraussetzung der Faktizität und Wesensmerkmal jeder Geschäftsführungstätigkeit.«

Handelsregister[1143] und die gesetzeswidrige Weiterangabe des abberufenen Unternehmensleiters in Geschäftsbriefen[1144] sein.

Ob ein nach den voranstehenden Grundsätzen bestimmter **faktischer Geschäfts-** **leiter zu dem in § 30 Absatz 1 Nr. 1 OWiG** enumerativ genannten Personenkreis zählt, war lange **umstritten.** **792**

Während im Strafrecht die faktische Betrachtungsweise des Tatbestandsmerkmals **793** »als Geschäftsführer«[1145] – ohne Verstoß gegen das Analogieverbot und auch ohne Verletzung des verfassungsrechtlich verankerten Grundsatzes der Tatbestandsbestimmtheit[1146] – genutzt wird, ergibt sich für das Ordnungswidrigkeitenrecht etwas anderes.

Da der **Gesetzeswortlaut** die **Vertretungsberechtigung** der Verbandsorgane **794** betont, stellte sich die Frage nach der Tragweite dieses Begriffes. So will **König** in »vertretungsberechtigt« lediglich eine nähere Kennzeichnung der Stellung des Organs und deren Abgrenzung zur Stellung anderer Organe[1147] des Verbandes sehen. Nach dieser Auffassung ist die fehlerhafte zivilrechtliche Bestellung eines Geschäftsführers unbeachtlich[1148] und der so rein faktische Geschäftsführer schon seit jeher nach Absatz 1 Nr. 1 der Norm Täter einer tauglichen Anknüpfungstat. **Rogall** stimmt der Auslegung des Begriffes *»vertretungsberechtigt«* grundsätzlich zu,[1149] sieht allerdings eine Grenze der faktischen Betrachtungsweise im **Analogieverbot** für den Fall, dass förmliche Vertretungsberechtigung von vornherein ausscheidet. Letzterem ist zuzustimmen. Der Gesetzgeber hat für den Fall des § 30 Absatz 1 Nr. 1 OWiG, der keine den §§ 9 Absatz 3, 29 Absatz 2 OWiG[1150] entsprechende Erweiterung erfährt, seinerzeit ganz bewusst auf eine wirksam

---

1143 §§ 10 Abs. 1, 39 Abs. 1 GmbHG. Der oft mehrere Monate dauernde Prüfungsvorgang durch das Gericht bis zur Eintragung in das Handelsregister und bis zur Bekanntmachung der Bestellungsbeendigung können dagegen den Anmeldeverpflichteten nicht angelastet werden.

1144 § 35a Abs. 1 GmbHG; vgl. dazu Rowedder/Schmidt-Leithoff/Koppensteiner, a.a.O., § 35a Rn. 8. Die kurzzeitige Weiterverwendung von Briefbögen, in dem der ehemalige Geschäftsführer eingedruckt ist, also das übliche »Aufbrauchen«, sollte unschädlich sein.

1145 Siehe z. B. § 64 Abs. 1 GmbHG.

1146 Zur Verfassungskonformität dieser Auslegung vgl. BGHSt 31, 118 ff. (122) und BGH, Strafverteidiger Forum (StraFo) 2000, 351 f. (352).

1147 Göhler/König, a.a.O., § 30 Rn. 12b m. w. N., meint damit z. B. Mitgliederversammlung und Aufsichtsrat.

1148 Göhler/König, a.a.O., § 30 Rn. 14; dazu auch Dietrich **Quedenfeld**/Hans **Richter**, Handbuch des Fachanwalts Strafrecht / hrsg. von Jan **Bockemühl**: 3. Aufl. Neuwied 2006 Rn. 87 ff.

1149 KK-OWiG-Rogall, a.a.O., § 30 Rn. 69; a. A. Wegner, a.a.O., NJW 2001, 1979 (1980): eine faktische Betrachtungsweise des Wortes »vertretungsberechtigt« lasse das Analogieverbot nicht zu. Ebenso Gerd **Eidam**, Der faktische Geschäftsführer und § 30 OWiG, in: StraFo 2003, 299.

1150 Nach § 9 Abs. 3 OWiG haftet der Vertreter- bzw. Beauftragte auch dann, *»wenn die Rechtshandlung, welche die Vertretungsbefugnis oder das Auftragsverhältnis begründen sollte, unwirksam ist.«* § 29 Abs. 2 OWiG verweist für die Regelung der Einziehung (§§ 22 – 25 und § 28 OWiG) auf § 9 Abs. 3 OWiG.

begründete Organstellung des Geschäftsführers abgestellt. § 30 Absatz 1 Nr. 1 OWiG[1151] (»*vertretungsberechtigt*«) fordert die rechtlich wirksame Begründung einer Organstellung.

795 Die Diskussion um die Reichweite des Absatz 1 Nr. 1 dürfte überholt sein – das **Problem** »*faktischer Geschäftsführer*« hingegen **besteht weiter**. Der Streit hat sich aber auf den 2002 neu in § 30 OWiG aufgenommenen Absatz 1 Nr. 5 verlagert. Durch die Vorschrift sind nunmehr auch sonstige Leitungsperson oder Führungskräfte erfasst, die sich ebenfalls in verantwortlicher Position befinden, aber keine organschaftlichen oder rechtsgeschäftlichen Vertretungs- oder Geschäftsführungsbefugnisse innehaben.[1152] Als ausdrückliche Unterfälle dieser verantwortlichen Positionen nennt das Gesetz Personen mit Überwachungs- und Kontrollbefugnissen.

796 Zuzugeben ist den Vertretern der faktischen Betrachtungsweise,[1153] dass der Gesetzgeber durch die Änderung erkennbar darauf abzielte, das Abstellen auf rein tatsächliche Kriterien im Rahmen des § 30 OWiG zu fördern. Die Ergänzung soll – so die Begründung des Gesetzesentwurfs[1154]– »*Lücken schließen, wobei aus Gründen der Rechtsklarheit die beiden skizzierten Fallkonstellationen (Überwachung der Geschäftsleitung; Ausübung sonstiger Kontrollbefugnisse in leitender Stellung) explizit im Gesetzestext genannt werden sollen.*«

797 Die Wirkung der Ergänzung des § 30 OWiG durch Absatz 1 Nr. 5 sollen aber noch wesentlich weitergehen:

> »*Darüber hinaus wird diese Ausdehnung auf Leitungspersonen mit Kontrollbefugnissen zum Anlass genommen, den Personenkreis des § 30 Absatz 1 generell auf solche Personen zu erstrecken, die zum Kreis der für die Leitung des Betriebs oder Unternehmens verantwortlich handelnden Personen gehören.*
>
> *Mit einer solchen allgemeinen Formulierung können ... auch solche Fallkonstellationen erfasst werden, in denen – auch aufgrund bewusster Umgehungsstrategien – die Straftat oder Ordnungswidrigkeit von einer Leitungsperson des Unternehmens begangen wird, die nicht die in § 30 Absatz 1 aufgezählte formelle Position innehat (z. B. Organstellung, Generalbevollmächtigter;...).*
>
> *Gleichzeitig erleichtert und sichert diese Ausdehnung die bereits bislang – teilweise auch über eine »faktische Betrachtungsweise« – anerkannte Praxis einer an Sinn und Zweck orientierten Auslegung des vom geltenden Recht erfassten Personenkreises, die z. B. dazu führt, den Geschäftsführer der GmbH in einer GmbH & Co KG gleich dem vertretungsberechtigten Gesellschafter der Kommanditgesellschaft zu behandeln (vgl. BGH NStZ 1986, 79; OLG Hamm, NJW 1973, 1581, 1582; Göhler, a.a.O., § 30 Rn. 12a).*
>
> *Dass diese Ausdehnung mit diesem Entwurf aufgegriffen wird, beruht auch darauf, dass eine exakte Definition der auf Kontrollbefugnissen beruhenden Leitungspersonen*

1151 Gleiches gilt für den vertretungsberechtigten Gesellschafter einer Personenhandelsgesellschaft, § 30 Abs. 1 Nr. 3 OWiG.

1152 Siehe auch Volk/Britz, a.a.O., § 5 Rn. 12.

1153 So auch KK-OWiG-Rogall, a.a.O., § 30 Rn. 70.

1154 BT-Drucks. 14/8998, S. 11.

mangels entsprechender Formalpositionen – abgesehen von der Mitgliedschaft in einem Aufsichtsrat – nicht möglich ist. Gleichzeitig kann im Einzelfall die Unterscheidung zwischen Personen, deren leitende Stellung aus Vertretungs- und Entscheidungsbefugnissen abgeleitet wird, und solchen, bei denen diese auf Kontrollbefugnissen beruht, Probleme bereiten. Durch die generelle Ausdehnung auf Leitungspersonen wird somit gewährleistet, dass beide Arten von Leitungspersonen grundsätzlich im gleichen Umfang, nämlich ohne Beschränkung auf die Innehabung einer formalen Rechtsposition, erfasst werden und damit in der Praxis auch mögliche Umgehungsanreize vermieden werden.«[1155]

Nach diesen Ausführungen des Gesetzgebers könnte man verleitet sein, vorschnell den Schluss zu ziehen, dass nunmehr auch der faktische Geschäftsführer vom Tatbestand des § 30 Absatz 1 OWiG erfasst ist.[1156] Eine solche Auslegung macht es sich allerdings zu einfach. Denn der Gesetzentwurf der Bundesregierung verwendet selbst **Umgehungsstrategien**. Mit **verklausulierten Formulierungen** wird der Begriff »faktischer Geschäftsführer« vermieden, um nicht eindeutig Stellung zu dem Problem beziehen zu müssen. Das kommt auch in der sehr **zaghaften Argumentation** zum Ausdruck. Deshalb bleibt lediglich festzustellen: Der Gesetzgeber will den faktischen Geschäftsführer wahrscheinlich in den Tatbestand einbezogen sehen, scheut sich aber, dies **absolut eindeutig zum Ausdruck** zu bringen. **798**

Hinzu kommt, dass im Übrigen der Wille allein nicht zählen kann. Eine solche Willensbekundung, sei sie gar noch so eindeutig formuliert, muss auch im Gesetzestext zum Ausdruck kommen. Mit dem Willen allein lässt sich nicht über das Analogieverbot hinweg argumentieren – es bedarf immer noch der bestimmenden Kodifizierung. **799**

Die hat indes auch mit § 30 Absatz 1 Nr. 5 OWiG noch nicht stattgefunden. Aus den Begriffen »sonstige verantwortlich handelnde Person« lässt sich weder eine rein faktische Lesart noch die völlige Aufgabe von an formale Rechtspositionen gebundenen Beurteilungskriterien direkt entnehmen. Aufgrund der Tatsache, dass § 29 Absatz 1 OWiG einen dem § 30 Absatz 1 OWiG fast gleich lautenden Wortlaut aufweist, § 30 OWiG hingegen einer Regelungen, wie sie in § 29 Absatz 2 und § 9 Absatz 3 OWiG enthalten ist, weiterhin entbehrt, **werden auch künftig einem Unternehmen Fälle,** in denen die Anknüpfungstaten von einem faktischen Geschäftsführer begangen wurden, **nicht zugerechnet werden können.** Dem § 30 OWiG fehlt nämlich der ausdrückliche Zusatz: »*Die Absätze 1 und 2 sind auch dann anzuwenden, wenn die Rechtshandlung, welche die Vertretungsbefugnis oder das Auftragsverhältnis begründen sollte, unwirksam ist.*« **800**

1155 Der Gesetzgeber hielt die geltende Kasuistik zum erfassten Personenkreis, ergänzt um eine Fallgruppe, mit der Begründung bei, die konkrete Aufzählung wie auch die Ausfüllung des unbestimmten Rechtsbegriffs der »sonstigen Leitungspersonen« im Unternehmen würde die Rechtsanwendung erleichtern wie auch die Bestimmtheit der Norm erhöhen; siehe BTag-Drucks. 14/8998, S. 11.

1156 So geschehen im Falle Göhler/König, a.a.O., § 30 Rn. 14.

801 Deshalb stellt auch heute noch[1157] die Einbeziehung des faktischen Geschäftsführers in den Anwendungsbereich der Verbandsgeldbuße einen **Verstoß gegen das Bestimmtheits- und das Analogieverbot** dar. Dies wird von den Vertretern der rein faktischen Lehre[1158] verkannt, auch wenn sie die Legislative auf ihrer Seite haben. Rechtsprechung zu diesem Problem lässt allerdings, soweit ersichtlich, noch auf sich warten.

802 **Ausnahmen** bildeten ehemals Gesetze, welche ausdrücklich eine andere, den Personenkreis erweiternde Regelung trafen, wie dies für die nicht vertretungsberechtigten Geschäftsführer im Bankenbereich der Fall war. Durch die Einfügung des § 30 Absatz 1 Nr. 5 OWiG, der nunmehr alle für die Leitung verantwortlich handelnden Personen erfasst, wurden diese Spezialvorschriften entbehrlich[1159] oder wurden der aktuellen Gesetzeslage angeglichen.[1160] Sofern also nach der alten Rechtslage in diesen speziellen Fällen auch ein faktischer Geschäftsführer tauglicher Täter einer Anknüpfungstat sein konnte,[1161] ist dies wohl mit **Wegfall ebendieser Spezialregelungen** hinfällig.

dd) Sonstige Repräsentanten

803 Der Täterkreis des § 30 Absatz 1 OWiG wurde 1994 im Rahmen des Zweiten Gesetzes zur Bekämpfung der Umweltkriminalität auch auf **Generalbevollmächtigte, Prokuristen und Handlungsbevollmächtigte in leitender Stellung** ausgedehnt. Durch die Einbeziehung weiterer Führungskräfte wurde seinerzeit zumindest ein Schlupfloch gestopft. Diese Veränderung soll die heute in den Unternehmen übliche Arbeitsteilung – Delegation von Aufgaben sowie Trennung der Funktionen Verantwortung, Entscheidung und Handeln – besser berücksichtigen.[1162]

804 Wenn auch die Tragweite der schon dargestellten weiteren Ergänzung durch § 30 Absatz 1 Nr. 5 OWiG nicht so erheblich war wie vielleicht gewünscht, so hat auch die Gesetzesänderung 2002 eine **Erweiterung des tauglichen Täterkreises** zur Folge gehabt. Vor der Aufnahme der Nr. 5 in § 30 Absatz 1 OWiG wurden Handlungen von Führungskräften einer juristischen Person, die keine Vertretungs- bzw. Geschäftsführungsbefugnisse für das Unternehmen besaßen, sondern

---

1157 Ebenso KK-OWiG-Rogall, § 30 Rn. 70; zumindest nicht ablehnend Volk/Britz, a.a.O., § 5 Rn. 13

1158 Göhler/König, a.a.O., § 30,Rn. 13 f.; ähnlich, aber nicht so eindeutig Achenbach/Ransiek/Achenbach, a.a.O., K I 2 Rn. 10

1159 § 39 HypBG und § 40 SchBKG

1160 § 59 KWG; dazu BT-Drucks. 14/8998, S. 12

1161 So Wegner, a.a.O., NJW 2001, 1980: § 59 KWG, § 39 HypBKG und § 40 SchBKG erklärten § 30 OWiG auch für einen Geschäftsführer für anwendbar, »*der nicht nach Gesetz, Satzung oder Gesellschaftsvertrag*« zur Vertretung des Kreditinstituts berufen war. In diesen drei Fällen war der Täterkreis der Vor- oder Anknüpfungstat weitergefasst. Er schloss den faktischen Geschäftsführer, der nicht gesetzlicher Vertreter ist, ein; es handelt sich um Personen, die nicht unter § 14 Abs. 1 bzw. § 9 Abs. 1 OWiG fallen, sondern dem Kreis der Beauftragten in § 14 Abs. 2 StGB bzw. § 9 Abs. 2 OWiG zuzurechnen sind.

1162 Hans W. **Többens**, Die Bekämpfung der Wirtschaftskriminalität, a.a.O., NStZ 1999, 1 ff. (6)

denen unternehmensintern lediglich bestimmte Kontrollrechte zustanden, nicht von § 30 OWiG erfasst.

> *»Die fehlende gesetzliche Regelung führte in der Praxis auch zum bewussten Missbrauch, indem gezielt Straftaten von Führungskräften begangen wurden, die nicht die hierarchische Stellung einer der in § 30 Absatz 1 Nr. 1 – 4 OWiG enumerativ aufgeführten Personen innehatten. Die Gesetzeslücke soll durch die generelle Erstreckung auf solche Unternehmensangehörigen, die zum Kreis der für die Leitung des Betriebes oder Unternehmens verantwortlich handelnden Personen gehören, in § 30 Absatz 1 Nr. 5 OWiG geschlossen werden, wobei es das besondere Anliegen des Gesetzgebers war, im Interesse der Rechtsklarheit die beiden Fallkonstellationen – Überwachung der Geschäftsleitung und Ausübung sonstiger Kontrollbefugnisse in leitender Stellung – expressis verbis im Gesetzestext zu nennen.«[1163]*

Zu den **Leitungspersonen mit Kontrollbefugnissen** in führender Position sind **805** vor allem die Aufsichtsratsmitglieder einer Aktiengesellschaft und die Mitgliedern des Verwaltungsrates einer GmbH[1164] zu rechnen. Von solchen Organmitgliedern begangene Straftaten und Ordnungswidrigkeiten zählen zu den eine Verbandsgeldbuße ermöglichenden Anknüpfungstaten. Dabei ist zunächst an Verstöße von dem Aufsichtsrat originär obliegenden Aufsichts- und Kontrollpflichten zu denken, aber auch an Fälle,[1165] in denen ein Angehöriger des Kontrollgremiums selbst eine Straftat zugunsten der juristischen Person begeht.

c) Weitere Voraussetzungen

Die Verhängung einer Verbandsbuße setzt zunächst eine **besondere Vortat**[1166] **806** eines Verbandsrepräsentanten voraus.[1167] Eine solche Vortat kann eine Straftat oder Ordnungswidrigkeit sein, wobei die Feststellung ausreicht, dass einen Verantwortlicher im Sinne von § 30 OWiG die Zuwiderhandlung begangen hat. Die **exakte Zuordnung** der Tat zu einem bestimmten Täter ist demnach **nicht notwendig**:[1168]

> *»Die Verhängung einer Geldbuße gegen eine juristische Person oder Personenvereinigung gemäß § 30 OWiG hängt nicht davon ab, dass festgestellt wird, welcher von mehreren in Frage kommenden Verantwortlichen die Aufsichtspflicht nicht erfüllt hat. Notwendig ist allein die Feststellung, dass ein im Sinne von § 30 OWiG Verantwortlicher die Zuwiderhandlung vorwerfbar begangen hat. «*

Doch muss der taugliche Täter bei Tatbegehung eine **betriebsbezogene Pflicht 807 verletzt** haben oder eine **(beabsichtigte) Bereicherungen** der Verbands Personen gegeben sein.

1163 So die ausdrückliche Begründung des Gesetzgebers (BTag-Drucks. 14/8998, S. 11)
1164 Soweit dieser vorhanden ist, vgl. § 52 GmbHG
1165 In seiner Begründung der Gesetzesänderung (BTag-Drucks. 14/9889, S. 10) nennt der Bundestag als Beispiel von praktischer Bedeutung die Bestechungshandlung zugunsten der juristischen Person durch ein Aufsichtsratsmitglied selbst.
1166 Auch Organ-, Anknüpfungs-, Bezugs- oder Anlasstat genannt
1167 Többens, a.a.O., NStZ 1999, 1 ff. (5 f.)
1168 BGH NStZ 1994, 346; siehe Göhler/König, a.a.O., § 30 Rn. 40 m. w. N.; Carsten **Wegner**, Strafrecht für Verbände? Es wird kommen!, in: ZRP 1999, 186 ff. (186)

233

808 Straftat ist nach der gebräuchlichen Definition eine tatbestandsmäßige, rechtswidrige und schuldhafte Handlung[1169] hinsichtlich eines Gesetzes, das ein Tun – oder ein dem aktiven Tun gleichgestelltes Unterlassen[1170] – mit Strafe sanktioniert.

809 Eine Ordnungswidrigkeit ist eine rechtswidrige und vorwerfbare Handlung,[1171] die den Tatbestand eines Gesetzes verwirklicht, das die Ahndung mit einer Geldbuße zulässt. Eine mit Geldbuße bedrohte Handlung ist eine rechtswidrige Handlung, die den Tatbestand eines Gesetzes im vorgenannten Sinne verwirklicht, auch wenn sie nicht vorwerfbar begangen ist.[1172]

810 Die **Unternehmens-, Betriebs- oder Verbandspflichten** werden zumeist durch Normen des Straf- bzw. des Ordnungswidrigkeitenrechts abgesichert. »Betriebsbezogen« sind vor allem die Pflichten, welche nach verwaltungsrechtlichen Bestimmungen für den Wirkungskreis einer juristischen Person oder Personenvereinigung bestehen,[1173] also das Unternehmen als solches in Form von **Ge- bzw. Verboten** treffen.[1174] Allgemeindelikte, wie z. B. die fahrlässige Körperverletzung oder die fahrlässige Tötung, welche grundsätzlich von jedermann begangen werden können[1175], zählen nach Auffassung des Gesetzgebers nicht grundsätzlich zu den betriebsbezogenen Pflichten.[1176] Aber auch solche Pflichten können infrage kommen, wenn sie in einem unmittelbaren sachlichen Zusammenhang mit der Tätigkeit der Unternehmung stehen.[1177]

811 Zum Kreis der unternehmensbezogenen Pflichten gehört **insbesondere die Aufsichtspflichtverletzung.**[1178] Dazu zählen alle Leitungs-, Koordinierungs-, Organisations-, Sorgfalts-, Kontroll- und Investitionspflichten, die von einer »gehörigen Aufsicht«[1179] des Unternehmens im Rahmen des Zumutbaren zu erwarten sind.

812 Abgesehen von der Pflichtverletzung kann auch eine Zuwiderhandlung zur **(beabsichtigten) Bereicherung der Unternehmung** als Anknüpfungstat infrage kommen. Im diesem Fall ist Ziel der Verbandsgeldbuße, die **Gewinne abzuschöpfen**, welche Verbänden durch Delikte (z. B. Bestechung, Betrug) ihrer Repräsen-

---

1169 Tröndle/Fischer, a.a.O., Vor § 13 Rn. 1;

1170 Dazu Tröndle/Fischer, a.a.O., Vor § 13 Rn. 3a

1171 Jede willensgetragene Handlung, gleich ob sie in einem Tun oder Unterlassen besteht; vgl. Göhler/König, a.a.O., Vor § 1 Rn. 11

1172 So die Legaldefinition des § 1 OWiG.

1173 KK-OWiG-Rogall, a.a.O., § 30 Rn. 74; Göhler/König, a.a.O., § 30 Rn. 19.

1174 Diese Pflichten treffen den Verband in seiner Eigenschaft als Warenproduzent, Arbeitgeber, Auskunfts- und Meldepflichtiger, Anlagenbetreiber, Halter von Kraftfahrzeugen, als Kommissionär hinsichtlich seiner Pflicht zur Vermögensbetreuung und so weiter; vgl. die Fallbeispiele bei Göhler/König, a.a.O., § 30 Rn. 20, KK-OWiG-Rogall, a.a.O., § 30 Rn. 74.

1175 Aus diesem Grunde werden sie häufig als ›Jedermannstaten‹ bezeichnet; vgl. KK-OWiG-Rogall, a.a.O., § 30 Rn. 72.

1176 Vgl. EGWiG BT-Drucks. V/1269, S. 60.

1177 Volk/Britz, a.a.O., § 5 Rn. 17; So ist der Arbeitgeber beispielsweise verpflichtet, seine Arbeitnehmer vor gesundheitlichen Schäden am Arbeitsplatz zu schützen. Ebenso trifft den Hersteller einer Ware die Pflicht, die Käufer seines Produktes vor Gefährdungen durch seine Ware zu schützen.

1178 § 130 OWiG; dazu KK-OWiG-Rogall, a.a.O., § 30 Rn. 75 und § 130 Rn. 37 ff.

1179 § 130 Abs. 1 S. 1 OWiG.

tanten zu Unrecht zugeflossen sind[1180] oder zufließen sollten. Eine tatsächliche Bereicherung des Unternehmens ist nicht erforderlich.[1181] Demnach sind also Versuchskonstellationen in die Bebußbarkeit von Verbänden mit einbezogen. Dabei muss aber zum Tatzeitpunkt die Erwartung eines wirtschaftlichen Erfolges vorhanden und realistisch gewesen sein.

Weitere Voraussetzung für eine Verbandsgeldbuße ist, dass der Zuwiderhan- **813** delnde der Vortat in **Wahrnehmung der Angelegenheiten des Unternehmens** als Organ, Vertreter, Bevollmächtigter oder Leitungsverantwortlicher gehandelt hat.[1182] Er muss also in Ausübung seiner Tätigkeit für den Verband handeln und nicht bei Gelegenheit.[1183] Der Täter der Zuwiderhandlung muss, damit eine Verbandsgeldbuße in Frage kommen kann, zweierlei erfüllen: Zwischen seiner Tat und seinem Aufgabenkreis im Unternehmen muss ein **funktionaler Zusammenhang** bestehen,[1184] und der Täter muss **Verbandsinteressen** verfolgen.[1185]

Unerheblich für die Möglichkeit einer Verbandsgeldbuße ist, ob die Anknüp- **814** fungstat vom Zuwiderhandelnden unter Verletzung des internen Geschäftsverteilungsplanes oder Überschreitung des eigenen Aufgabenbereiches begangen wird.[1186] Sind mehrere Verbandsrepräsentanten an der Anknüpfungstat beteiligt, kann lediglich eine Verbandsgeldbuße verhängt werden, weil nur ein sanktionswürdiger Verstoß vorliegt. Im anderen Fall – ein Repräsentant begeht in Realkonkurrenz mehrere Straftaten oder Ordnungswidrigkeiten – können dann aber auch mehrere Geldbußen gegen den Verband verhängt werden Im Unterschied zum Strafrecht kennt das Ordnungswidrigkeitenrecht keine Gesamtgeldbuße.[1187]

d) Festsetzung der Geldbuße im verbundenen oder selbständigen Verfahren

Die Geldbuße gegen den Verband kann in einem einheitlichen Verfahren festge- **815** setzt werden, wenn wegen der entsprechenden Zuwiderhandlungen ein Bußgeld- oder Strafverfahren gegen die Leitungsperson durchgeführt wird.[1188] Es kommt aber auch ein selbstständiges Verfahren gegen das Unternehmen an sich nach § 30 Absatz 4 OWiG in Frage, wenn (und in der Regel auch nur dann)[1189] das

---

1180 Dieser Teil der Regelung in § 30 OWiG ist eigentlich überflüssig; denn die Gewinnabschöpfung ist bereits in § 29a Abs. 2 OWiG geregelt; siehe dazu KK-OWiG-Rogall, a.a.O., § 30 Rn. 80.

1181 Göhler/König, a.a.O., § 30 Rn. 22.

1182 KK-OWiG-Rogall, a.a.O., § 30 Rn. 89 ff.; Göhler/König, a.a.O., § 30 Rn. 24.

1183 Der Betrug des Geschäftspartners bei den Vertragsverhandlungen geschieht anlässlich der Berufsausübung, der Diebstahl des silbernen Feuerzeugs des Vertragspartners im Rahmen der Vertragsgespräche erfolgt bei Gelegenheit.

1184 So genannte Funktionstheorie, dazu KK-OWiG-Rogall, a.a.O. Rn. 90 ff.; Göhler/König, a.a.O., § 30 Rn. 25 ff.

1185 So genannte Interessentheorie, dazu KK-OWiG-Rogall, a.a.O., § 30 Rn. 93 ff.

1186 KK-OWiG-Rogall, a.a.O., § 30 Rn. 96 f.

1187 Wabnitz/Janovsky/Dannecker, a.a.O., Kapitel 1 Rn. 122.

1188 So genannte *kumulative Verbandsbuße*, vgl. KK-OWiG-Rogall, a.a.O., § 30 Rn. 100.

1189 Zum Grundsatz des einheitlichen Verfahrens Volk/Britz, a.a.O., § 5 Rn. 28 ff. und Achenbach/Ransiek/Achenbach, a.a.O., K I 2 Rn. 16.

betreffende Individualverfahren eingestellt oder gar nicht erst eingeleitet wird oder von Strafe abgesehen wird.

816 Darüber hinaus ist ein selbstständiges Verfahren auch dann zulässig, wenn bei einer Aufsichtspflichtverletzung gemäß § 130 OWiG nicht ermittelt werden kann, welcher gesetzliche Vertreter eigentlich zuständig gewesen wäre und auf welchem Organisationsmangel genau diese Pflichtverletzung beruhte. Die Organisationspflicht obliegt dabei der Geschäftsleitung insgesamt. Eine fehlerhafte Unternehmensorganisation fällt in den Bereich der Generalverantwortung und Allzuständigkeit der gesamten Geschäftsleitung. Daraus folgt, dass jedes Mitglied des Organs ›Vorstand‹ bzw. ›Geschäftsführung‹ für den Organisationsmangel verantwortlich zeichnet,[1190] was dem Unternehmen zugerechnet werden kann. Der Mangel an sich muss allerdings nachgewiesen werden.[1191]Das Kammergericht hat die Voraussetzungen für einen Nachweis der angeblichen Aufsichtspflichtverletzung im Sinne von § 130 OWiG in seinem Beschluss vom 8. April 1998 auf den Punkt gebracht:

> »Bei einer Verurteilung wegen Verletzung der Aufsichtspflicht sind in der gerichtlichen Entscheidung die zur Verantwortlichkeit des Betriebsinhabers entscheidungserheblichen Feststellungen sowie die dazu gehörende Beweiswürdigung in einer für das Rechtsbeschwerdegericht nachprüfbaren Weise anzuführen. Insoweit müssen die mit der Zuwiderhandlung im Zusammenhang stehende Betriebsorganisation, die Abgrenzung der Verantwortlichkeit, die tatsächlichen Betriebsabläufe, die getroffenen und unterlassenen Aufsichtsmaßnahmen, deren Veranlassung und Wirksamkeit sowie deren Kausalzusammenhang mit der Zuwiderhandlung ermittelt und angegeben werden.«[1192]

817 Die **Möglichkeit der selbstständigen Festsetzung einer Geldbuße** gegen eine juristische Person oder eine Personenvereinigung entfällt, wenn die Straftat oder Ordnungswidrigkeit aus rechtlichen Gründen nicht verfolgt werden kann (z. B. bei Verjährung oder Verhandlungsunfähigkeit).[1193] Die Verjährungsverhinderung der Verbandshaftung ist an die für die Anknüpfungstat maßgeblichen Verjährungsvorschriften gekoppelt.[1194]

818 Ein selbstständiges Verfahren kann jedoch eingeleitet werden, wenn das Verfahren wegen der Anknüpfungstat gegen die Leitungsperson eingestellt wird. Das gilt natürlich nicht für Einstellungen wegen der schon angesprochenen Verfolgungshindernisse wie für Einstellungen nach § 170 Absatz 2 StPO wegen mangelndem Tatverdacht.

1190 Siehe auch Achenbach/Ransiek/Achenbach, a.a.O., K I 2 Rn. 18.

1191 Hierfür sind ausreichende Feststellungen erforderlich; OLG Hamburg NStZ-RR 1998, 370 = wistra 1998, 278.

1192 KG NStZ 1999, 346.

1193 § 30 Abs. 4 S. 3 OWiG.

1194 BGH wistra 2001, 180 ff. = NJW 2001, 1436 (Leitsatz: »Löst eine Straftat oder eine Ordnungswidrigkeit einer natürlichen Person die Haftung einer juristischen Person nach § 30 OWiG aus, so gelten im Verfahren gegen die juristische Person die für die Tat der natürlichen Person maßgeblichen Vorschriften über die Verjährung.«).

Deshalb kommt eine selbstständige Verbandsgeldbuße nur im Falle der so **819** genannten Opportunitätseinstellungen infrage, wovon die §§ 154, 154a StPO[1195] nicht betroffen sind.

Erfolgt eine Einstellung des Ermittlungsverfahrens gegen die Leitungsperson **820** wegen eines Vergehens[1196] gemäß § 153a StPO, ist eine selbständige Verbandsgeldbuße ebenfalls nicht möglich, da es an dem erforderlichen Nachweis der Vortat mangelt.[1197] Anderes gilt im Falle einer Einstellung nach § 153 StPO. § 153a StPO (Einstellung nach Erfüllung von Auflagen) erlaubt nämlich die Einstellung des Verfahrens trotz hinreichenden Tatverdachts, nicht trotz feststehender Schuld. Die Regelung setzt im Unterschied zu § 153 StPO (Einstellung wegen Geringfügigkeit) nicht voraus, dass die Sache »durchermittelt« ist[1198] und dass die Schuld zur vollen Überzeugung von Staatsanwaltschaft und Gericht feststeht:[1199] »*Die Unschuldsvermutung nach Artikel 6 Absatz 2 MRK ist nicht widerlegt.*«[1200] Demnach kommt ein selbstständiges Bußgeldverfahren gegen den Verband nur bei Verfahrenseinstellung gegen die Leitungsperson gemäß § 153 StPO und § 47 OWiG[1201] in Betracht.

Ein weiteres Problem stellt das Strafbefehlsverfahren dar. § 407 Absatz 2 Nr. 1 **821** StPO sieht die Möglichkeit vor, eine Geldbuße gemäß § 30 OWiG im Wege eines solchen Verfahrens zu verhängen. Die Straffestsetzung erfordert dabei nicht unbedingt, dass die Schuld des Täters zur Überzeugung des Gerichts feststeht. Es wird vertreten dass – wie im Fall des § 153a StPO – auch hier ein hinreichender Tatverdacht ausreicht.[1202] Sofern man dieser Auffassung folgt, sind jedoch die gleichen Bedenken zu berücksichtigen wie für den zuvor besprochenen Fall des § 153a StPO. Etwas anderes kann nur gelten, wenn man mit der herrschenden Meinung davon ausgeht,[1203] dass der Erlass eines Strafbefehls tatrichterliche Überzeugung von der Schuld der Leitungsperson erfordert.

Deutlich geworden ist, dass die Struktur des verbundenen und des selbstständi **822** gen Verfahrens im Zusammenhang mit der Unternehmensgeldbuße komplex ist. Das sollte die Betroffenen jedoch nicht verleiten, ohne weiteres den Weg des ver-

---

1195 Siehe KK-OWiG-Rogall, a.a.O., § 30 Rn. 151.

1196 Auf Ordnungswidrigkeiten ist § 153a StPO nicht anwendbar; siehe § 47 Abs. 3 OWiG. Treffen in einem Verfahren Vergehen und Ordnungswidrigkeit zusammen und wird die Straftat gem. § 153a StPO eingestellt, scheidet eine Weiterverfolgung der Ordnungswidrigkeit aus aufgrund der Rechtskraftwirkung der Verfahrenseinstellung; Göhler/König, a.a.O., § 21 Rn. 29.

1197 So auch Wegner, a.a.O., NJW 2001, 1981; jetzt wohl auch KK-OWiG-Rogall, a.a.O., § 30 Rn. 149.

1198 A. A. KK–StPO-Schoreit, a.a.O., § 153a Rn. 10.

1199 BVerfG StV 1996, 163 f. (164): »*Das Gesetz verlangt in § 153a StPO die Zustimmung des Betroffenen, weil er bereit sein muss, die Auflagen und Weisungen anzunehmen und zu erfüllen. Im Übrigen setzt die Einstellung lediglich das Bestehen eines hinreichenden Tatverdachts voraus; sie stützt sich gerade nicht auf die Gewissheit über die Schuld.*«

1200 BVerfG MDR 1991, 891 f. (892); auch Lutz Meyer-Goßner, a.a.O., Vor § 407 Rn. 1 m. w. N.

1201 Wenn nicht die Unschuld des Betroffenen bestimmend für die Einstellung ist, vgl. KK-OwiG-Rogall, a.a.O., § 30 Rn. 152.

1202 Meyer-Goßner, a.a.O., § 153a Rn. 2.

1203 Siehe Wegner, a.a.O., NJW 2001, 1981 m. w. N.

meintlich geringsten Widerstands zu wählen. Die Entscheidung, strafrechtliche Verstrickungen außerhalb eines gerichtlichen Verfahrens durch Leistung einer Geldbuße zu beenden, kann für ein Unternehmen trotz der erheblichen finanziellen Konsequenzen verlockend sein, um negative Publizität zu vermeiden. Hier ist jedoch mit Bedacht vorzugehen. Dieser »Königsweg«[1204] birgt nicht selten versteckte Fallstricke. Dazu zählt der mögliche Eintrag in das Gewerberegister oder eine andere der so genannten schwarzen Listen.[1205]

823 Darüber hinaus hat die Verbandsgeldbuße aber eine weitere Konsequenz: Nach deren Festsetzung kann jedenfalls kein Verfall mehr nach dem Strafgesetzbuch bzw. dem Ordnungswidrigkeitengesetz gegen das Unternehmen angeordnet werden.[1206]

e) Höhe der Verbandsgeldbuße

824 Die Höhe der Verbandsgeldbuße berechnet sich nach der in § 30 Absatz 2 OWiG. Die Höchstgrenze der Geldbuße gegen einen Verband beträgt **1 Million Euro**[1207] bei der vorsätzlich begangenen Straftat eines Repräsentanten, bei Fahrlässigkeit **500.000 Euro**.[1208]

825 Liegt der Geldbuße gegen das Unternehmen eine Ordnungswidrigkeit als Anknüpfungstat zugrunde, dann darf die Unternehmensbuße die für diese Ordnungswidrigkeit vorgesehene Höchstgeldbuße nicht übersteigen. Eine Überschreitung des gesetzlich vorgesehenen Höchstmaßes ist dann möglich, wenn nur auf diese Weise der wirtschaftliche Vorteil, der aus der Ordnungswidrigkeit gezogen wurde, übertroffen werden kann.[1209]

826 Bei der Festsetzung der Höhe der Geldbuße kann so der **wirtschaftliche Vorteil** aus einer Tat ohne Höchstgrenze abgeschöpft werden,[1210] da der Verband seine Aufsichtsorgane dazu anhalten soll, sich künftig rechtstreu zu verhalten.[1211] Dabei bietet der Gewinn dann die Mindestsumme der Geldbuße (**Abschöpfungsgedanke**), der um einen weiteren Betrag zu erhöhen ist (**Ahndungsgedanke**).

1204 So bezeichnet es Ingo **Flore**, in: Flore/Dörn/Gillmeister, Steuerfahndung und Steuerstrafverfahren, 3. Aufl., Neuwied 2002

1205 Wegner, a.a.O., NJW 2001, 1981.

1206 § 30 Abs. 5 OWiG.

1207 § 30 Abs. 2 Nr. 1 OWiG.

1208 § 30 Abs. 2 Nr. 2 OWiG. Zur Begründung der seit 2002 verdoppelten Höchstgrenzen wurden u. a. die aktuelle Entwicklung der Geldbußen im Nebenstrafrecht (vgl. §§ 60 WpHG, 59 BörsenG) genannt. Dadurch steigt die Gefahr, dass eine Verbandsgeldbuße bei Ordnungswidrigkeiten als Anknüpfungstaten einen höheren Bußgeldrahmen eröffnet als bei einer Straftat. Gegen eine noch höhere Obergrenze – z. B. auf 1,5 Mio. Euro bei Vorsatztaten – hatte der Gesetzgeber Bedenken, da anderenfalls eine Geldbuße den Höchstbetrag für Geldstrafen (maximal 1,8 Mio. Euro) hätte erreichen können (BT-Drucks. 14/8998, S. 11).

1209 § 30 Abs. 3 OWiG verweist auf § § 17 Abs. 4 und 18 OWiG.

1210 § 17 Abs. 4 OWiG; dazu die ausführliche Darstellung von Carsten **Wegner**, Auswirkungen fehlerhafter Organisationsstrukturen auf die Zumessung der Unternehmensgeldbuße, in: wistra 2000, 361 ff. (362 ff.) m. w. N.

1211 Többens, a.a.O., NStZ 1999, 7; dazu OLG Hamm wistra 2000, 433 f.

Streitig ist der Begriff des wirtschaftlichen Vorteils.[1212] Nach ganz herrschender 827
Meinung erfordert dessen Bestimmung eine Saldierung, dass heißt, dass von den
durch die Anknüpfungstat erlangten Zuwächsen die Kosten und sonstigen Aufwendungen des Betroffenen abzuziehen wären. Das bedeutet, dass nach herrschender Auffassung im Rahmen des § 30 OWiG das so genannte »**Nettoprinzip**«
anzuwenden ist. Dies bildet einen Gegensatz zum »**Bruttoprinzip**«, das gegenwärtig – nicht unumstritten, aber in gängiger Praxis – auf den Verfall angewendet
wird und bei dem das gesamte »erlangte Etwas« abgeschöpft werden kann, ohne
dass etwaige Verluste des Betroffenen gegen gerechnet werden können.[1213]

Die herrschende Meinung kann sich im Wesentlichen auf den Wortlaut des Geset- 828
zes stützen, der bei § 30 i. V. m. § 17 Absatz 4 OWiG eben nicht den Begriff des
»erlangten Etwas«, sondern den Begriff des »Vorteils« enthält. In diesem Zusammenhang erlangt besondere Bedeutung, dass der Gesetzgeber bei Einführung des
Bruttoprinzips bei den Verfahrensvorschriften die Vorschrift des § 17 Absatz 4
OWiG unangetastet gelassen hat.[1214] Dieser Auffassung ist indessen entgegen zu
halten, dass diese Vorgehensweise erhebliche Wertungswidersprüche zwischen
den Konsequenzen eines Verfalls und einer Verbandsgeldbuße heraufbeschwören
kann.[1215] Der Streit ist – so weit erkennbar – noch nicht in der Rechtsprechung
entschieden worden. Sofern jedoch beachtliche Argumente für die Anwendung
des Bruttoprinzips auch bei der Verbandsgeldbuße bestehen, ist dieser Meinung
wiederum das Analogieverbot entgegenzuhalten. Auch an dieser Stelle hilft es
nicht, auf den Willen des Gesetzgebers zu verweisen, der eine Anpassungen des
§ 17 Absatz 4 OWiG an den Wortlaut der Verfallsvorschriften für entbehrlich, da
mit dem Wortlaut vereinbar hielt.[1216] Wiederholt ist darauf hinzuweisen: Der
Wille des Gesetzgebers muss sich auch im Wortlaut des Gesetzes niederschlagen.

Abschließend muss erwähnt werden, dass unabhängig vom Brutto- oder Netto- 829
prinzip die verhängte Verbandsgeldbuße steuerlich nicht zugunsten des betroffenen Verbandes berücksichtigt werden darf (Abzugsverbot),[1217] auch wenn bei
Anwendung des Nettoprinzips eventuell auf den Gewinn gezahlte Steuern vom
wirtschaftlichen Vorteil in Abzug zu bringen wären. Hier sollte es nicht zu Ver-
wechselungen kommen.

1212 Karl **Brenner**, Das Bruttoprinzip gilt für den Einzeltäter und für Unternehmen, nicht nur
      für den unschuldigen Täter oder Dritten, in: NStZ 2004, 256 ff.
1213 Zur Gewinnabschöpfung mittels der Instrument des Verfalls siehe das folgende Kapitel,
      Rdn. 833 ff.
1214 Siehe KK-OwiG-Rogall, a.a.O., § 30 Rn. 122.
1215 Vgl. Göhler/König, a.a.O., § 17 Rn. 38 ff. mit ausführlichen Beispielen; drohende Wider-
      sprüche sieht auch KK-OWiG-Rogall, a.a.O., § 30 Rn. 122.
1216 Dazu Göhler/König, a.a.O., § 17 Rn. 38a.
1217 § 4 Abs. 5 S. 1 Nr. 8 S. 1 und 4 EStG; dazu ausführlich KK-OWiG-Rogall, a.a.O., § 30
      Rn. 137 ff.

7. Straftäter Unternehmen[1218]

a) Die gültige Handhabung

830 Noch ein Damoklesschwert hängt drohend über den deutschen Unternehmen. Seit dem 1. Januar 1993 ist der Europäische Binnenmarkt Wirklichkeit. Während nach dem Grundgedanken unseres deutschen Schuldstrafrechts nur das Fehlverhalten eines Individuums als sittlich verwerflich bestraft werden kann, kennen fast alle anderen EU-Staaten die strafrechtliche Verantwortlichkeit von Verbänden bereits, teilweise seit geraumer Zeit.[1219]

831 Die Strafbarkeit von Organisationen ist dem deutschen Strafrecht fremd. Nur derjenige kann strafrechtlich belangt werden, der sich schuldig machen kann. Um Schuld auf sich laden zu können, bedarf es der Fähigkeit, zwischen gut und böse differenzieren zu können, also eines Gewissens. Dieses besitzt nur der Mensch, nicht aber eine Organisation in Gestalt eines Verbands, eines Unternehmens oder einer Partei. So kennt also unser Schuldstrafrecht keine Haftung für Organisationsformen. Ganz im Unterschied zum Zivilrecht, wo z. B. der Hersteller eines fehlerhaften Produkts (also das Unternehmen als solches) für die daraus folgenden Schäden zu haften hat. Diese weit aufklaffende Schere – zivilrechtliche Haftung des Unternehmens ja, strafrechtliche Haftung des Unternehmens nein – ist nicht nur für Nichtjuristen schwer zu verstehen.[1220] So heißt es zum Beispiel im Schlussvermerk der Staatsanwaltschaft bei dem Landgericht Frankfurt am Main im so genannten **Rosenmontag-Fall**[1221] wörtlich:

>*Ein Organisationsverschulden seitens des Unternehmens bzgl. der Störfallverursachung kann nicht festgestellt werden, sodass eine Verantwortlichkeit gemäß § 325 entfällt.* «

832 Ein Organisationsverschulden kann also höchstens zu einer Verbandsbuße gemäß den Regeln des § 30 OWiG führen. Aber niemals zu einer Strafbarkeit?

b) Gewinnabschöpfung als Nebenstrafe

833 Neben der Festsetzung einer Geldbuße gegen ein Unternehmen sieht das Strafgesetzbuch und das Ordnungswidrigkeitengesetz die Möglichkeit vor, den **Verfall und die Einziehung durch die Tat erlangter Vermögensvorteile oder Gegen-**

1218 Dazu die ausführliche Darstellung in Gerd **Eidam**, Straftäter Unternehmen, München 1997. Zum Schrifttum auch Rdn. 460 und Rdn. 892.

1219 Göhler/König, a.a.O., Vor § 29a Rn. 15 a–17; Müller, Die Stellung der juristischen Person, a.a.O., S. 1 f.; auch **Schroth**, Der Regelungsgehalt des 2. Gesetzes zur Bekämpfung der Wirtschaftskriminalität im Bereich des Ordnungswidrigkeitenrechts, in: wistra 1986, 158 ff. (162).

1220 Noch deutlicher wird die Diskrepanz, wenn man berücksichtigt, dass das öffentliche Recht, dem das Strafrecht systematisch im weiteren Sinne zuzurechnen ist, die »Bestrafung« von Unternehmen kennt, und zwar in Form von Tätigkeitsbeschränkungen und – verboten; vgl. nur §§ 20, 25 BImSchG, §§ 16, 17 GaststG, § 35 bzw. §§ 25, 51 GewO, § 16 Abs. 3 HandwO. Die Auflösung einer juristischen Person sieht auch § 396 AktG, § 62 GmbHG, § 35 Abs. 2 Nr. 1, Nr. 4a KWG i. V. m. § 33 Abs. 1 Nr. 2 KWG vor.

1221 Der auf Rdn. 672 ff. und Rdn. 1289 ff. ausführlich dargestellt wird.

stände anzuordnen, ohne dass es der Beteiligung des Bereicherten an dem ahndungswürdigen Tun bedürfte.

In diesem Zusammenhang hat eine auf den ersten Blick eher unscheinbare Gesetzesänderung Anfang der Neunzigerjahre deutliche Folgen für Unternehmen entfaltet. Unter dem Eindruck der Verstöße gegen das Außenwirtschaftsgesetz im zeitlichen Umfeld des Golfkriegs und der immer umfangreicher werdenden Geldwäscheaktionen aus der Rauschgift- und Mafiaszene trat das Gesetz zur Änderung des Außenwirtschaftsgesetzes, des Strafgesetzbuchs und anderer Gesetze vom 28. Februar 1992 in Kraft.[1222] Durch dieses Gesetz wurde der in den **§§ 73 ff. StGB und § 29a OWiG geregelte Verfall** wesentlich verschärft. Die Neuregelung war und ist vor allem für die Unternehmen von besonderer Bedeutung, denn Vorteile, die auf mit einem Unternehmenshandeln verbundenen Straftaten oder Ordnungswidrigkeiten beruhen, kommen regelmäßig dem Unternehmen zugute und können aus diesem Grund auch beim Unternehmen abgeschöpft werden.[1223]

834

Das allgemein als **Gewinnabschöpfung**[1224] bezeichnete Institut des Verfalls war bis zur Gesetzesänderung als rein zivilrechtlicher Vermögensausgleich konzipiert.[1225] Der Täter sollte in seinen Vermögensverhältnissen nach vollzogener Gewinnabschöpfung so dastehen, als wenn er die Straftat/Ordnungswidrigkeit nicht begangen hätte. Bis 1992 hatten also die Strafverfolgungsorgane nach dem **Nettoprinzip** zunächst festzustellen, dass der Tatbeteiligte durch eine vermutlich begangene Straftat etwas erwirtschaftet hatte. Danach jedoch musste zusätzlich umständlich ermittelt werden, ob im Zuge der Vorbereitung oder Begehung der Tat Kosten aufgewendet worden waren, die vom Bruttoerlös abzuziehen waren, um den **tatsächlichen Gewinn** zu erhalten.[1226] Nur dieser unterlag dem Verfall.

835

Die besagte Gesetzesänderung 1992 betraf lediglich ein Wort – aus »*Vermögensvorteil*« wurde das heutige »*Etwas*«. Damit gilt aktuell für den Verfall das Bruttoprinzip, d.h. der Zugriff erfolgt nicht mehr nur auf Tatgewinne, sondern auf das Erlangte an sich.[1227] Nun kann der Täter seine für Tat und Tatvorteil eingesetzten Aufwendungen nicht mehr vom finanziellen Tatererfolg – quasi in Form einer Gewinn-und-Verlust-Rechnung – abziehen. Dies bedeutet: Je höher der Kostenaufwand des Verfallsadressaten für die begangene Tat, desto höher die vom Gesetzgeber geforderte spätere Vermögensabschöpfung.

836

1222 BGBl. 1992 I S. 372.

1223 Ransiek, Unternehmensstrafrecht, a.a.O., S. 121.

1224 Ingo Minoggio, Firmenverteidigung, a.a.O., S. 62 Rn. 7 spricht von der **Vermögensabschöpfung** als Oberbegriff für die Rechtsinstitute Einziehung, Verfall, Wertersatzverfall und erweiterter Verfall.

1225 So auch Horst **Franzheim**, Die Gewinnabschöpfung wegen Verstoßes gegen arbeitsrechtliche Vorschriften, in: Festschrift für Dieter Gaul, hrsg. von Dietrich **Boewer**/Björn **Gaul**, Neuwied/Kriftel/Berlin 1992, S. 142 m.w.N.; a.A. wohl Schönke/Schröder-Eser, a.a.O., Vorbem § 73 Rn. 19, wo im Einzelfall schon für die alte Rechtslage ein Strafcharakter angenommen wird.

1226 Siehe Volk/Rönnau, a.a.O., § 12 Rn. 42.

1227 So auch Tröndle/Fischer, a.a.O., § 73 Rn. 3.

837 Deshalb wird dieses Prinzip seit seiner Einführung von der juristischen Literatur heftig kritisiert. Es ist ein wesentliches Verdienst von Horst **Franzheim**, auf die ungerechten Ergebnisse des so genannten Bruttoprinzips hingewiesen zu haben.[1228] So steht bei Anwendung dieser Gewinnabschöpfung z. B. der illegale Arbeitnehmerüberlasser, der seine Arbeitskräfte schlecht entlohnt, besser da als der Täter, der seine Leiharbeitnehmer korrekt bezahlt. Des Weiteren wird der Maßnahme des Brutto-Verfalls vorgeworfen, einen **Verstoß** gegen das **Schuldprinzip** und die **Unschuldvermutung** darzustellen, da lediglich eine rechtswidrige, nicht notwendig schuldhafte Tat vorausgesetzt wird.[1229] Zudem sei durch die Anwendung des Prinzips eine Änderung im Rechtscharakter des Verfalls vorgenommen worden, so dass das ehemals quasi-konditionelle Rechtsinstitut[1230] nunmehr eine **eindeutige Prägung als Nebenstrafe** erhalten habe.[1231]

838 Die Kritik an der Anwendung des Bruttoprinzips war jedoch bisher keinesfalls geeignet, in der Praxis die Rechtsprechung zu überzeugen. Der Bundesgerichtshof wendet das Prinzip unangefochten an,[1232] und sogar das Bundesverfassungsgericht teilte nicht die zuvor dargelegten Bedenken.[1233] Unter dem Gesichtspunkt einer Erfolg versprechenden Verteidigung werden deshalb die dogmatischen Bedenken gegen den Verfall in seiner aktuellen Form wenig Bedeutung haben. Das Brutto-Prinzip ist mittlerweile als Routine bei den Strafverfolgungsorganen zu bezeichnen, so dass die wesentlichen Grundzüge dieses Rechtsinstituts im Folgenden darzulegen sind.

c) Verfall und Wertersatzverfall

»Ist eine rechtswidrige Tat begangen worden und hat der Täter oder Teilnehmer für die Tat oder aus ihr etwas erlangt, so ordnet das Gericht dessen Verfall an.«[1234]

839 Der Verfall hat zunächst folgende Bedeutung: Der Täter oder Teilnehmer muss eine (lediglich) rechtswidrige Tat begangen haben, die Gegenstand einer Anklage ist. Hat einer der genannten Betroffenen für diese oder aus dieser Tat etwas erlangt, dann muss das Gericht den Verfall grundsätzlich anordnen.[1235] Soweit der **Verfall eines bestimmten Gegenstandes** wegen der Beschaffenheit des Erlangten oder aus einem anderen Grunde nicht möglich ist ordnet das Gericht den **Verfall eines Geldbetrags** an, der dem Wert des Erlangten entspricht, also **Wertersatzverfall**.[1236]

840 Die Unterscheidung »für die Tat« oder »aus der Tat« ist wichtig, da gemäß § 73 Absatz 1 Satz 2 StGB der Verfall nicht anzuordnen ist, soweit dem Verletzten aus

---

1228 Franzheim, Die Gewinnabschöpfung, a.a.O., S. 143 f.
1229 Volk/Rönnau, a.a.O., § 12 Rn. 48 m. w. N., a. A. Wilhelm **Schmidt**, Gewinnabschöpfung im Straf- und Bußgeldverfahren Rn. 433 ff. (436).
1230 Im Sinne einer zivilrechtlich ausgeprägten Ausgleichsmaßnahme.
1231 Dazu Schönke/Schröder-Eser, a.a.O., Vorbem § 73 Rn. 18, 19.
1232 St. Rspr., vgl. nur BGHSt 47, 369; BGH NJW 1995, 2235.
1233 BVerfG NJW 2004, 2073; BVerfG StV 2004, 409.
1234 § 73abs. 1 Satz 1 StGB.
1235 Tröndle/Fischer, a.a.O., § 73 Rn. 5.
1236 § 73a StGB.

der Tat ein Anspruch erwachsen ist, dessen Erfüllung dem Täter oder Teilnehmer den Wert des aus der Tat Erlangten entziehen würde. **Aus der Tat erlangt** sind alle Vermögenswerte, die dem Verfallsbetroffenen unmittelbar aus der Tatbegehung in irgendeiner Tatphase zufließen,[1237] insbesondere die Beute oder der Gewinn. **Für die Tat** ist **etwas, das sich als Entgelt oder Gegenleistung darstellt,** aber nicht als direktes Resultat aus der Tatbestandverwirklichung hervorgeht,[1238] also beispielsweise Lohn oder Provision.

Der Begriff »etwas« erfasst, wie schon dargestellt, heute die Gesamtheit des durch **841** die Tat Erlangten.[1239] In seiner **Grundsatzentscheidung vom 21. August 2002** hat der 1. Strafsenat die zu diesem Prinzip ergangene ständige Rechtsprechung des Bundesgerichtshofes zusammengefasst.

> Eine Papierfabrik hatte Tabakpapier an eine Firma in Serbien geliefert. Die Angestellten befürchteten Umsatzverluste und Kurzarbeit. Sie entschlossen sich deshalb, das Bosnienkriegs-Embargo zwischen 1992 und 1995 durch Einschaltung anderer Firmen zu umgehen. Die Geschäftsführer billigten dies, so dass bis Ende des Embargos Verkaufserlöse in Höhe von seinerzeit 7,9 Mio. DM erzielt werden konnten. Dieser Betrag, rund 4 Millionen Euro, war Gegenstand der Verfallsanordnung des Landgerichts Mannheim. Die Firma (als Verfallsbeteiligte) hatte Revision eingelegt und wollte insbesondere ihre Kosten in Abzug bringen.

Der Bundesgerichtshof hat die Revision verworfen,[1240] da das Landgericht zu **842** Recht nach dem Bruttoprinzip vorgegangen sei. **Bruttoprinzip** bedeutet demnach, dass grundsätzlich alles abzuschöpfen ist, was der Täter für die Tat oder aus ihr erlangt hat. Entscheidend sei, was dem Verfallsbetroffenen gerade durch die Straftat zugeflossen ist oder was er durch diese erspart hat. Nach Auffassung des Bundesgerichtshofs ist der Verfall auch unter diesen Gesichtspunkten **keine Strafe oder strafähnliche Maßnahme.** Die Abschöpfung des über den Nettogewinn hinaus Erlangten verfolge primär einen Präventionszweck durch das Resultat, dass auch die Aufwendungen nutzlos waren. Würde lediglich der aus der Straftat gezogene Gewinn abgeschöpft, so würden sich die bewusst aus finanziellen Interessen begangenen Straftaten als wirtschaftlich risikolos darstellen und geradezu als Tatanreiz für ähnliche Straftaten wirken. Diese Grundsätze gelten im Übrigen auch für die Anordnung des Verfalls gegen die Firma, für die die Angestellten gehandelt haben (Drittbegünstigte nach § 73 Absatz 3 StGB).[1241]

Der Verfallsbeteiligte muss **das »Etwas« aber,** unter Umständen auch über eine **843** dritte Person, **unmittelbar erlangt** haben.[1242]

1237 St. Rspr., zuletzt BGH NJW 2006, 2500; vgl. auch BGHR § 73erlangtes 4 (Flowtex) m. w. N.
1238 BGHR § 73erlangtes 4 (Flowtex).
1239 Dazu Schönke/Schröder-Eser, a.a.O., § 73 Rn. 17.
1240 BGHSt 47, 369, hier lediglich dargestellt hinsichtlich der Revision der Verfallsbeteiligten; die Entscheidung enthält auch Aussagen zur Revision der Staatsanwaltschaft.
1241 Kritisch zu dieser Entscheidung insgesamt Kristian **Hohn**, Die Bestimmung des erlangten Etwas i. S. d. § 73 StGB durch den BGH, in: wistra 2003, 321 ff.
1242 Tröndle/Fischer, a.a.O., § 73 Rn. 10.

Ein Angeklagter hatte durch Zahlung von Bestechungsgeldern erreicht, dass ein bestimmter Bebauungsplan in Kraft getreten ist. Vorher hatte er die entsprechenden Grundstücke als Bauerwartungsland erheblich billiger erworben. Sein Vorteil bestand damit in der Möglichkeit, einen erheblichen Spekulationsgewinn zu realisieren. Das Landgericht hatte als Wertersatz[1243] um die 6,5 Mio. DM (ca. 3,3 Mio. Euro) für verfallen erklärt, indem es von dem Verkaufspreis der später als Bauland ausgewiesenen Grundstücke deren Anschaffungskosten in Abzug gebracht hat.

844 Der Bundesgerichtshof folgte der Auffassung des Landgerichts.[1244] Die Abschöpfung muss demnach spiegelbildlich dem Vermögensvorteil entsprechen, den der Täter aus der Tat gezogen hat. Dies setzte eine unmittelbare Kausalbeziehung zwischen Tat und Vorteil voraus. Das Gesetz unterscheide dabei zwischen dem eigentlichen »Etwas«, das der Täter aus der Tat erlangt hat und den mittelbaren Tatvorteilen, die nach Absatz 2 dem Verfall unterworfen werden. Dies spräche dafür, zur Erfüllung des § 73 Absatz 1 Satz 1 StGB als ungeschriebenes Tatbestandsmerkmal »Unmittelbarkeit« zu verlangen. Unmittelbar durch die Bestechung erlangt habe der Angeklagte aber nicht die Endverkaufspreise. Hierfür waren vielmehr weitere vermittelnde Handlungen erforderlich, nämlich der An- und Verkauf der Grundstücke. Der Hinweis der Staatsanwaltschaft auf das Bruttoprinzip überzeugte den Bundesgerichtshof in diesem Fall also nicht. Das Bruttoprinzip sei nicht heranziehbar für die Frage, worin der Vorteil besteht. Die Bestimmung des Vorteils wäre nämlich der Bestimmung seines Umfangs[1245] logisch vorgelagert.[1246] Somit hat der Bundesgerichtshof lediglich den Verfall des Spekulationsgewinnes gebilligt. Nicht unmittelbar erlangt wurde jedoch der übrige Verkaufserlös.

845 Seine Auffassung, dass auch das Bruttoprinzip das Tatgericht nicht davon entbindet, das erlangte Etwas zu bestimmen, bevor dessen Umfang unter Anwendung dieses Prinzips ermittelt wird, hat der 5. Senat des Bundesgerichtshof in seiner Entscheidung zum so genannten **Kölner Müllskandal**[1247] bestätigt.[1248] Das höchste deutsche Strafgericht[1249] hat klargestellt, dass ein Unternehmer unmittelbar aus einer Bestechung bei der Auftragsvergabe lediglich die Auftragserteilung – also den Vertragsschluss – selbst, nicht hingegen den vereinbarten Werklohn erlangt.[1250] Strafrechtlich bemakelt sei lediglich die Art und Weise, wie der Auftrag erlangt ist, nicht, dass er ausgeführt wird. In diesem Punkt unterscheide

---

1243 Zum Wertersatz siehe unten Rdn. 1838 ff.
1244 BGHR § 73 erlangtes 2.
1245 Hierfür gilt das Bruttoprinzip!
1246 Insoweit zustimmend Hohn, a.a.O., wistra 2003, 321 ff. der allerdings dem BGH vorwirft, seine eigene Erkenntnis hinsichtlich von Zinsaufwendungen für Fremdmittel nicht konsequent angewendet zu haben.
1247 Dieser Skandal findet auch eine Würdigung im Rahmen der Korruptionsdelikte, siehe Rdn. 1845 ff.
1248 Ebenso Volk/Rönnau, a.a.O., § 12 Rn. 38.
1249 BGH NStZ 2006, 210.
1250 A. A. OLG Köln, ZIP 2004, 2013; OLG Thüringen, wistra 2005, 114.

sich der Fall einer Auftragserlangung durch Bestechung von verbotenen Betäubungsmittelgeschäften oder Embargoverstößen.[1251]

Zur Ermittlung des **Umfanges des Etwas** bei auf Bestechung beruhenden Aufträgen führt der Senat Folgendes aus:[1252] **846**

>*»Der wirtschaftliche Wert des Auftrags im Zeitpunkt der Auftragserlangung bemisst sich vorrangig nach dem zu erwartenden Gewinn. Aussagekräftiges Indiz hierfür wird regelmäßig die Gewinnspanne sein, die der Auftragnehmer in die Kalkulation des Werklohns hat einfließen lassen. Fehlen hierfür Anhaltspunkte, kann u. U. auch ein branchenüblicher Gewinnaufschlag Grundlage einer Schätzung (§ 73b StGB) sein. Mit dem zu erwartenden Gewinn wird in aller Regel der wirtschaftliche Wert des durch Bestechung erlangten Auftrags und damit das »Erlangte« im Sinne von § 73 Absatz 1 Satz 1 StGB hinreichend erfasst.*

>*Im Einzelfall können darüber hinaus konkrete Anhaltspunkte für weitergehende wirtschaftliche Vorteile bestehen, die durch den Vertragsschluss als solchen erlangt wurden (vgl. Sedemund DB 2003, 323, 328; vgl. zum Begriff des wirtschaftlichen Vorteils auch § 17 Absatz 4 Satz 1 OWiG). Hierzu zählen mittelbare Vorteile wie etwa die konkrete Chance auf Abschluss von Wartungsverträgen für eine errichtete Anlage oder von sonstigen Folgegeschäften durch Aufbau einer Geschäftsbeziehung, die Chance zur Erlangung weiterer Aufträge für vergleichbare Anlagen, die Steigerung des wirtschaftlich werthaltigen »Goodwill« eines Unternehmens durch Errichtung eines Prestigeobjekts für einen renommierten Auftraggeber, die Vermeidung von Verlusten durch Auslastung bestehender Kapazitäten oder die Verbesserung der Marktposition durch Ausschalten von Mitwettbewerbern (vgl. BayObLG wistra 1998, 199, 200; König in Göhler, OWiG, 13. Aufl. § 17 Rn. 41; Lemke/Mosbacher, OWiG, 2. Aufl. § 17 Rn. 38). Solche Vorteile hat auch das Landgericht bei der LCS durch den Vertragsschluss festgestellt (UA S. 78).*

>*Bestehen im Einzelfall hinreichende Anhaltspunkte für derartige weitere konkrete wirtschaftliche Vorteile, kann deren Wert, wenn der konkrete Sachverhalt eine tragfähige Grundlage dafür bietet (hierzu BGHR StGB § 73b Schätzung 1, 2), nach § 73b StGB geschätzt werden. Gegebenenfalls wird sich hierfür die Hinzuziehung von Sachverständigen anbieten (vgl. Tröndle/Fischer, StGB, 53. Aufl. § 73b Rn. 5).*

>*Ein tragfähiger Anhaltspunkt im Rahmen der Bestimmung eines solchen über den kalkulierten Gewinn hinausgehenden Werts eines Auftrags kann u. U. auch der Preis sein, den für die Auftragsvergabe zu zahlen der Auftragnehmer bereit ist. Wird ein Auftrag durch Bestechung (im geschäftlichen Verkehr) erlangt, wird die Bestechungssumme allerdings nur dann ein aussagekräftiges Indiz für eine Art »Marktpreis« der Auftragsvergabe jenseits des kalkulierten Gewinns sein, wenn der Auftragnehmer selbst die Bestechungssumme aufbringt und nicht – wie hier – in korruptivem Zusammenwirken mit den Verantwortlichen des Auftraggebers der Auftragssumme aufschlägt, so dass sie aus seiner Sicht einen bloßen Durchlaufposten bildet.*

1251 Kritisch dagegen auch Schmidt, Gewinnabschöpfung, a.a.O. Rn. 424 a. E., wo wesentliche Teile der Entscheidung abgedruckt sind.

1252 Die Entscheidungsgründe drücken Maßgebliches aus und sind deshalb ausführlich wörtlich dargestellt.

Ist der Wert des durch Bestechung erlangten Auftrags im Zeitpunkt der Auftragsvergabe auf diese Weise – ggf. mit sachverständiger Hilfe und mittels Schätzung nach § 73b StGB – ermittelt worden, folgt aus dem Bruttoprinzip, dass etwaige für den Vertragsschluss getätigte Aufwendungen (wie insbesondere eine vom Auftragnehmer gezahlte Bestechungssumme) nicht weiter in Abzug gebracht, sondern allenfalls im Rahmen von § 73c StGB berücksichtigt werden können.«[1253]

847 Zusammenfassend bleibt nach alledem zunächst festzuhalten, dass (neben den Betäubungsmittelstraftaten) die Bestechungsdelikte und Embargoverstöße wichtige Anwendungsbereiche des Bruttoprinzips sind. Auch bei Steuerdelikten ist die Verfallsanordnung in Betracht zu ziehen, wenn nicht Steueransprüche des Fiskus in Frage stehen.[1254]

848 Gerade bei letzteren Straftaten ist also § 73 Absatz 1 Satz 2 StGB zu berücksichtigen. Diese **Ausnahmeregel** soll eine doppelte Inanspruchnahme des Täters verhindern und die Schwierigkeiten vermeiden, die bei einer Konkurrenz zwischen staatlichem Rückerstattungs- und zivilrechtlichem Schadensersatzanspruch entstehen können.[1255] Deshalb ist der Verfall dessen ausgeschlossen, **was aus der Tat erlangt** wurde, wenn ein Anspruch eines Verletzten rechtlich existiert – unabhängig davon, ob der Verletzte diesen auch geltend macht.[1256] Das gilt seit 01. Januar 2007 auch für den erweiterten Verfall,[1257] auf den die Ausschlussregel bisher nicht anwendbar war.

849 Diese Ausnahmeregelung gilt sogar, ohne dass es darauf ankommt, ob der Verletzte bekannt ist, er den Täter oder Teilnehmer tatsächlich in Anspruch nimmt oder hiermit zumindest noch zu rechnen ist.[1258] Soweit demgegenüber teilweise vertreten wird, der Ausschlusstatbestand des § 73 Absatz 1 Satz 2 StGB finde jedenfalls dann keine Anwendung, wenn der (bekannte) Verletzte, obwohl er von dem laufenden Verfahren unter Sicherstellung von zumindest Teilen der Tatbeute weiß, über einen längeren Zeitraum keine Anstalten trifft, seine Ansprüche gegen den Täter geltend zu machen, folgt dem der Bundesgerichtshof richtigerweise nicht.[1259] Allerdings trifft es mit dem obersten Gericht zu, dass § 73 Absatz 1 Satz 2 StGB der Anordnung des Verfalls dann nicht entgegensteht, wenn der Verletzte ausdrücklich auf seine Ersatzforderung verzichtet, denn in diesem Fall kann davon ausgegangen werden, dass weder dem Verletzten durch die Anordnung des Verfalls eine Ersatzmöglichkeit entzogen wird noch umgekehrt dem Angeklagten eine doppelte Inanspruchnahme droht.

1253 So auch Anne **Wehnert**/ Marcus **Mosiek**, Untiefen der Vermögensabschöpfung in Wirtschaftsstrafsachen aus Sicht des Strafverteidigers, in: StV 2005, 568 (574 f.).

1254 Dazu grundsätzlich BGH NStZ 2001, 155.

1255 So Tröndle/Fischer, a.a.O., § 73 Rn. 11.

1256 Tröndle/Fischer, a.a.O., § 73 Rn. 11a, m. w. N.

1257 Siehe § 73d Abs. 1 S. 3 StGB i. d. F. der Änderung durch das Gesetz zur Stärkung der Rückgewinnungshilfe und der Vermögensabschöpfung bei Straftaten vom 24. 10. 2006, BGBl. I 2006, 2350.

1258 St. Rspr., zuletzt BGH StV 2006, 524 m. w. N.

1259 BGH wie zuvor; die Gegenmeinung ist mit dem eindeutigen Wortlaut des Gesetzes nicht vereinbar, vgl. Minoggio, a.a.O. Rn. 28.

Die bisherige Darstellung hat offenbart, dass der eigentliche Verfall hinsichtlich **850** des erlangten Tatvorteils aus bestimmten Gründen oft nicht möglich ist,[1260] so dass in vielen Fällen der **Wertersatzverfall gemäß § 73a StGB** zur Anwendung kommt.

Abgesehen von der Unmöglichkeit der Durchführung müssen alle Vorrausetzun- **851** gen eines Verfallstatbestandes vorliegen.[1261] Deshalb spielt der Wertersatzverfall eine wesentliche Rolle bei den Umweltdelikten. Das hat seinen Grund in der Tatsache, dass der Täter in diesen Fällen in der Regel keinen Gegenstand oder die Verfügungsmöglichkeit über einen solchen erlangt, sondern nur einen unkörperlichen Gebrauchs- oder Nutzungsvorteil.[1262]

> Ein Unternehmer entsorgt Industriemüll für 10 Euro pro Kubikmeter auf einer Bauschuttdeponie. Eine ordnungsgemäße Entsorgung hätte 100 Euro pro Kubikmeter gekostet.[1263]

Soweit es sich bei dieser Tat um einen Fall des unerlaubten Umgangs mit gefährli- **852** chen Abfällen[1264] handelt, wird als Folge des Bruttoprinzips gegen den Verfallsbetroffenen Wertersatzverfall in Höhe von 100 Euro pro nachgewiesenem unerlaubt abgeladenem Kubikmeter angeordnet. Das entspricht dem Erlangten in Höhe der durch die Tat unmittelbar ersparten Aufwendungen.[1265] Die getätigten Aufwendungen für die illegale Müllentsorgung können nicht in Abzug gebracht werden. Die gleichen Grundsätze gelten im Übrigen für die unterlassene Investition in langlebige Umweltschutzmaßnahmen. Noch nicht geklärt scheint dabei jedoch die Frage, ob der **hypothetische Wertverlust** z. B. einer Kläranlage, die pflichtwidrig nicht gebaut wurde, zugunsten des Verfallsbeteiligten berücksichtigt wird.[1266] Gemäß den Grundprinzipien des Bruttoverfalls spricht vieles dafür,[1267] dass in der Praxis der Rechtsprechung das Wertverlustrisiko zu Lasten des Verfallsbeteiligten gehen würde.

Gerade im Bereich der Umweltdelikte wird das Verfallsrisiko deutlich,[1268] dass **853** für Unternehmen dadurch droht, dass ein Unternehmensangehöriger einen Straftatbestand verwirklicht, dessen Vorteil dem Unternehmen zufließt.

1260 Zur Undurchführbarkeit der Verfallsanordnung eines bestimmten Gegenstands Schmidt, Gewinnabschöpfung, a.a.O. Rn. 91 f.

1261 Dazu auch übersichtlich Schönke/Schröder-Eser, a.a.O. § 73a Rn. 2 ff.

1262 Siehe Volk/Rönnau, a.a.O., § 12 Rn. 62.

1263 Der Fall ist angelehnt an ein Beispiel von Horst **Franzheim**, Der Verfall in Umweltstrafsachen – sein Umfang und seine Berechnung, in: wistra 1989, 87 (88); der Aufsatz enthält grundlegende Ansichten, ist aber noch am Netto-Prinzip orientiert.

1264 § 326 StGB; ausführlich zum im Rahmen der Umweltstraftaten, siehe Rdn. 1203 ff.

1265 Vgl. dazu OLG Düsseldorf, wistra 1999; AG Köln, NStZ 1988, 274.

1266 Bejahend noch bei Geltung des Netto-Prinzips AG Gummersbach, NStZ 1988, 460; immer noch für eine Berücksichtigung des Wertverlustes spricht sich wohl Volk/Rönnau, a.a.O., § 12 Rn. 68 aus.

1267 Wie hier Tröndle/Fischer, a.a.O., § 73a Rn. 3.

1268 Ausführlich dazu Michael **Kracht**, Gewinnabschöpfung und Wiedergutmachung bei Umweltdelikten, in: wistra 2000, 326 ff., der eine verstärkte Anwendung der Verfallsregeln fordert (a.a.O., 333).

Der Geschäftsführer einer GmbH entsorgt im Unternehmen entstandene Abfälle, die geeignet sind, das Grundwasser zu verunreinigen, vorsätzlich außerhalb einer dafür zugelassenen Anlage, um nicht dafür bezahlen zu müssen. Dadurch werden Aufwendungen erspart, die ansonsten aus dem Kapital der GmbH zu decken gewesen wären.[1269]

854 Das Unternehmensrisiko besteht in diesen Fällen in Form des **Verfalles gegen Drittbegünstigte** gemäß § **73 Absatz 3 StGB:**

855 »*Hat der Täter oder Teilnehmer für einen anderen gehandelt und hat dadurch dieser etwas erlangt, so richtet sich die Anordnung des Verfalls nach den Absätzen 1 und 2 gegen ihn.*«

856 Diese Art des Verfalls wurde in der Vergangenheit wenig beachtet, gewinnt jedoch im Bereich der Unternehmensverantwortlichkeit stetig an Bedeutung dadurch, dass der Verfall an sich als Instrument immer öfter angewandt wird und dass zusätzlich die Wirtschaftskriminalität mehr und mehr in den Focus der Strafverfolgungsbehörden gerät. Das wurde schon durch die bisherigen Beispiele deutlich. Grundlegende Konturen hat der Kasuistik aber eine Entscheidung des Bundesgerichtshofes von 1999 gegeben.[1270]

Die Angeklagten hatten eine GbR gegründet, um Bauprojekte durchzuführen. Um finanzielle Engpässe zu beheben, machten sie beim Finanzamt mit gefälschten Bauhandwerker-Rechnungen Vorsteuererstattungen geltend. Auf diese Weise erreichten sie, dass unberechtigte Vorsteuererstattungen in Höhe von 930.000 DM (um die 475.500 Euro) auf ein Konto bei der Deutschen Bank – das als Firmenkonto diente – überwiesen wurden. Von diesem Konto überwies einer der Angeklagten später einen Betrag in Höhe von 20.000 DM (etwas mehr als 10.000 Euro) an die Sparkasse. Rechtsgrund der Zahlung war die Erfüllung eines zwischen dem Angeklagten und der Sparkasse geschlossenen Vergleichs.

857 Die Voraussetzungen des Verfalls gegen den Drittbegünstigten lagen nach Auffassung des Bundesgerichtshofes hier nicht vor, da es sich um einen so genannten Erfüllungsfall handelte. Der Gerichtshof sah sich gezwungen, den Anwendungsbereich des § 73 Absatz 3 StGB auszulegen. Dadurch wurden die **drei wichtigsten Fallgruppen** herausgebildet: **Vertretungsfälle**, **Verschiebungsfälle** und besagte **Erfüllungsfälle**, wovon nur die ersten beiden den Verfall rechtfertigen.

858 Zu den Vertretungsfällen im engeren Sinne gehört zunächst das Handeln als Organ, Vertreter oder Beauftragter im Sinne des § 14 StGB. Vertretungsfälle im Weiteren kann man bei sonstigen Angehörigen einer Organisation annehmen, die im Organisationsinteresse tätig werden. Fließt in solchen Fällen dem Dritten der Vorteil zu, so hat der Täter oder Teilnehmer für den Dritten gehandelt und dieser dadurch den Vorteil erlangt. Der Täter hat zumindest faktisch auch in dessen

---

1269   Ähnlich OLG Düsseldorf, wistra 1999.
1270   BGH NJW 2000, 297.

Interesse gehandelt. Der Bereicherungszusammenhang ist durch das (betriebliche) Zurechnungsverhältnis gegeben.

Eine andere Fallgestaltung liegt im **Verschiebungsfall** vor, bei dem der Täter dem **859** Dritten die Tatvorteile unentgeltlich oder aufgrund eines jedenfalls bemakelten Rechtsgeschäftes zukommen lässt, um sie dem Zugriff des Gläubigers zu entziehen, oder um die Tat zu verschleiern. Hier wird der Täter regelmäßig die Tat und auch die (spätere) Vermögensverschiebung primär im eigenen Interesse und allenfalls faktisch (auch) im Interesse des Dritten begehen.

Davon zu unterscheiden ist der **Erfüllungsfall**. Er ist dadurch gekennzeichnet, **860** dass der Täter oder Teilnehmer einem gutgläubigen Dritten Tatvorteile zuwendet, und zwar in Erfüllung einer nicht bemakelten entgeltlichen Forderung, deren Entstehung und Inhalt in keinem Zusammenhang mit der Tat stehen. Beim Erfüllungsfall kommt der Unmittelbarkeit im Sinne von dazwischen geschalteten Rechtsgeschäften entscheidende Bedeutung zu; auch das Argument, die rechtswidrige Tat dürfe nicht völlig außerhalb des Einflussbereichs des Dritten liegen, hat hier Gewicht.[1271]

Im Rahmen der Frage nach der Unternehmensverantwortlichkeit werden im **861** Wesentlichen die so genannten Vertretungsfälle von Bedeutung sein:[1272] Der Geschäftsführer oder aber auch nur ein einfacher Angestellter einer GmbH hat in strafbarer Weise für diese (»einen anderen) gehandelt, so dass der Gesellschaft der Vorteil zugeflossen ist.

Im Übrigen kommt es auf Bösgläubigkeit des Dritten nicht an. Entstehende Härten – insbesondere zu Lasten des gutgläubigen Dritten – können lediglich über **862** § 73c Absatz 1 Satz 1 StGB berücksichtigt werden.[1273] Demnach darf der Verfall nicht angeordnet werden, wenn er ungerecht wäre und das Übermaßverbot verletzt würde.[1274] Das ist etwa dann der Fall, wenn der Drittbegünstigte (bei der juristischen Person oder Personenvereinigung das Organ) absolut gutgläubig war, das Erlangte ohne Gegenleistung weitergegeben hat oder die Verfallsanordnung die Existenz des Unternehmens gefährden würde.[1275] Neben diesen obligatorischen Ausschlussgründen sieht § 73c Absatz 1 Satz 2 StGB weitere fakultative Ausnahmefälle vor, die in das pflichtgemäße Ermessen des Richters gestellt sind, woraus sich zugleich ergibt, dass das Nichtmehrvorhandensein des Vorteils allein keine unbillige Härte sein kann.[1276]

1271 Auch diese Grundsatzentscheidung des BGH hat heftige Kritik heraufbeschworen; dazu Tröndle/Fischer, a.a.O., § 73 Rn. 24 f.; zustimmend Schmidt, Gewinnabschöpfung, a.a.O. Rn. 278.

1272 Ebenso Müller-Gugenberger/Bieneck/Niemeyer, a.a.O., § 21 Rn. 73.

1273 Siehe Minoggio, a.a.O., S. 63 Rn. 16 ff.

1274 Vgl. nur BGH NStZ-RR 2002, 7.

1275 Schönke/Schröder-Eser, a.a.O., § 73c Rn. 2; Minoggio, a.a.O., S. 63 Rn. 16, jeweils m. w. N.

1276 Dazu Tröndle/Fischer, a.a.O., § 73c Rn. 2.

d) Verfall und Strafverteidigung

863 Aufgrund der Tatsache, dass die Vermögensabschöpfung sich im Bereich der Wirtschaftskriminalität weitgehend etabliert hat, steigt auch die Bedeutung dieses Instrumentes in der Praxis des Strafverteidigers. An dieser Stelle sollen überblicksartig einige grundsätzliche Hinweise zu Verfahrensfragen gegeben werden.

864 Zumeist spielt bereits im **Ermittlungsverfahren** der Verfall eine große Rolle, und zwar in Form von vorläufigen Sicherungsmaßnahmen zur Durchsetzung der späteren Anordnung.[1277] In diesem frühen Stadium des Zugriffs auf Vermögenswerte genügt der einfache Verdacht, dass eine Straftat begangen worden ist und der mutmaßliche Tatbeteiligte oder ein Dritter im Zusammenhang mit dieser Tat etwas erlangt hat.[1278] Das setzt die Zulässigkeitsschwelle auf das Niveau des so genannten Anfangsverdachts[1279] herab und hat die problematische Folge, dass nicht selten sehr (zu?) früh Vermögenswerte sichergestellt werden, da die übrigen Voraussetzungen – Arrestgrund und Verhältnismäßigkeit – oft ungeprüft bejaht werden.[1280] Sind nämlich Gründe für die Annahme vorhanden, dass die Voraussetzungen des Verfalls von Wertersatz oder der Einziehung von Wertersatz vorliegen, kann zu deren Sicherung nach § 111d StPO der dingliche Arrest angeordnet werden.[1281] Bei beweglichen Sachen besteht die Möglichkeit der Beschlagnahme.[1282]

865 Das hat für die betroffenen Unternehmen zum Teil **dramatische Konsequenzen**. Aufgrund dieser einfachen Verdachtslage können diesen sofort sämtliche Vermögenswerte entzogen werden. Da hilft es oft nur noch wenig, wenn nach Monaten die Mittel wieder frei gegeben werden sollten. Nicht selten sind die Beteiligten bis dahin, obwohl der Tatverdacht sich als unzutreffend erwiesen hat, ruiniert.[1283] Dabei ist erst Anfang des Jahres 2007 eine zusätzliche **Verschärfung** des § 111b StPO in Kraft getreten.[1284] **Liegen dringende Gründe nicht vor, so muss das Gericht die Anordnung der genannten Maßnahmen eigentlich spätestens nach sechs Monaten aufheben.** Begründen jedoch bestimmte Tatsachen den Tatverdacht und reicht die Frist wegen besonders schwierigen oder umfangreichen Ermittlungen oder wegen eines anderen wichtigen Grundes nicht aus, so kann das Gericht auf Antrag der Staatsanwaltschaft die Maßnahme auf zwölf Monate verlängern. Hier galt bisher die Höchstgrenze von neun Monaten. Bei Vorliegen

---

1277 Minoggio, a.a.O., S. 62 Rn. 11.

1278 Volk/Rönnau, a.a.O., § 12 Rn. 5.

1279 Vgl. § 111b StPO: »Gründe für die Annahme«; ähnlich § 152 Abs. 2 StPO: »sofern zureichende tatsächliche Anhaltspunkte vorliegen.«.

1280 Wehnert/Mosiek, a.a.O., StV 2005, 568 ff.

1281 § 111b Abs. 2 StPO i. V. m. § 917 ZPO: »Der dingliche Arrest findet statt, wenn zu besorgen ist, dass dessen Verhängung die Vollstreckung des Urteils vereitelt oder wesentlich erschwert werden würde«.

1282 § 111c StPO: »Die Beschlagnahme einer beweglichen Sache wird in den Fällen des § 111b dadurch bewirkt, dass die Sache in Gewahrsam genommen oder die Beschlagnahme durch Siegel oder in anderer Weise kenntlich gemacht wird.«.

1283 Minoggio, a.a.O., S. 225 f. Rn. 537.

1284 Siehe oben Rdn. 848 (FN 1240).

dringender Gründe darf die Maßnahme sogar über zwölf Monate hinaus, ohne weitere zeitliche Begrenzung, aufrechterhalten werden.

Zu der **Anordnung der Beschlagnahme und des Arrestes** ist grundsätzlich **nur** 866 **das Gericht**, bei Gefahr im Verzug auch die Staatsanwaltschaft befugt. Hat die Staatsanwaltschaft die Beschlagnahme oder den Arrest angeordnet, so beantragt sie innerhalb einer Woche die gerichtliche Bestätigung der Anordnung. Dies gilt nicht, wenn die Beschlagnahme einer beweglichen Sache angeordnet ist. Der Betroffene kann in allen Fällen jederzeit die Entscheidung des Gerichts beantragen.[1285]

In diesem Zusammenhang ist in einem Punkt ein **Einschreiten des Strafverteidi-** 867 **gers dringend geboten**. So gibt es offensichtlich Tendenzen bei den Strafverfolgungsbehörden, aus den »einfachen Gründen«, die noch den Erstzugriff rechtfertigen konnten, in der Folge »dringende Gründe« zu konstruieren, ohne das sich die Verdachtslage tatsächlich geändert hat.[1286] Somit soll die Dauer der Maßnahme ungerechtfertigt verlängert werden. Allerdings nähren Anhaltspunkte die Annahme, dass schon der Erstzugriff eher mit dem Vorliegen eines dringenden Verdachts begründet wird.[1287] Deshalb besteht die Möglichkeit, dass Verteidigungsmaßnahmen in Fällen der vorläufigen Vermögensabschöpfung zunächst wenig fruchten. Trotzdem darf der Verteidiger nicht untätig bleiben – dringende Gründe können auch nachträglich wegfallen, was dann herausgearbeitet werden muss, wenn das Gericht nicht von Amts wegen darauf stößt.

Ein spezieller Problembereich der Vermögensabschöpfung ist die so genannte 868 »**Zurückgewinnungshilfe**«. Nach § 73 Absatz 1 Satz 2 StGB ist von der Anordnung des Verfalls abzusehen, wenn dem Verletzten aus der Tat ein Anspruch erwachsen ist, dessen Erfüllung dem Täter oder Teilnehmer den Wert des aus der Tat Erlangten entziehen würde. Nach § 111b Absatz 5 StPO sind dennoch die Beschlagnahme eines Gegenstandes oder der dingliche Arrest von Vermögenswerten möglich, um die Durchsetzung der Ansprüche des Verletzten gegen den Täter zu erleichtern.[1288] Diese Möglichkeit der Sicherstellung trifft auf Bedenken, weil sie den Strafverfolgungsbehörden die vor allem im Ermittlungsverfahren schwierige Prüfung erspart, ob die Ausnahmeregel des § 73 Absatz 1 Satz 2 StGB eingreift.[1289] Es droht Missbrauch, wenn die Staatsanwaltschaft im Rahmen ihres Ermessens allzu sehr auf eigene Interessen bedacht sein sollte oder (angebliche) Geschädigte versuchen, das Risiko für die vorläufige Vermögenssicherung beim Staat zu belassen und so Kosten in eventuellen Zivilverfahren einzusparen.

Deshalb muss die Strafverteidigung einer Sicherstellung im Rahmen der Zurück- 869 gewinnungshilfe mit deren zunehmenden Dauer entgegentreten.[1290] Ob es dabei

---

1285 § 111e StPO; Zur Anordnung der Beschlagnahme einer beweglichen Sache (§ 111c Abs. 1) sind bei Gefahr im Verzug auch die Ermittlungspersonen der Staatsanwaltschaft (§ 152 des Gerichtsverfassungsgesetzes) befugt.

1286 So Wehnert/Mosiek, a.a.O., StV 2005, 568 ff. (570); auch Volk/Rönnau, a.a.O., § 12 Rn. 17.

1287 Volk/Rönnau, a.a.O., § 12 Rn. 17.

1288 Wehnert/Mosiek, a.a.O., StV 2005, 568 ff. (571).

1289 Dazu Meyer-Goßner, StPO, a.a.O., § 111b Rn. 5 f.

1290 Ebenso **Widmaier**/Lammer, Strafverteidigung, a.a.O., § 19 Rn. 64.

tatsächlich eine Entwicklung gibt, dass eine Aufhebung der Maßnahmen zumindest dann vorzunehmen ist, wenn die mutmaßlich Geschädigten trotz Benachrichtigung über die erfolgte Sicherung ihre vermeintlichen Ersatzansprüche über Monate hinweg nicht geltend machen,[1291] bleibt abzuwarten. Die Hinweise dahingehend, vor allem in der Rechtsprechung,[1292] sind vorhanden, aber bisher spärlich.

870 An diesem Punkt kann trotzdem eine **Unternehmensverteidigung** ansetzen, wenn die Geschädigten trotz der Information der Staatsanwaltschaft über die Sicherung von Vermögenswerten nicht reagieren und zivilrechtliche Ansprüche über einen längeren Zeitraum nicht geltend machen.[1293] Den Regelungen der §§ 111b und 111d StPO ist bei Vorliegen dringender Gründe zwar eine zeitliche Beschränkung des dinglichen Arrestes nicht zu entnehmen. Dies darf jedoch nicht dazu führen, dass der strafprozessuale dingliche Arrest regelmäßig parallel zur Dauer des Ermittlungs- oder Strafverfahrens bis zu dessen Abschluss bestehen bleibt. Die Sicherungsmaßnahmen sind vielmehr nicht nur dann aufzuheben, wenn deren Voraussetzungen in Wegfall geraten sind, sondern auch dann, wenn das Verhältnismäßigkeitsprinzip einer weiteren Aufrechterhaltung der Maßnahme entgegensteht.[1294]

871 Die bisherige Exklusivität[1295] von Verfall und Rückgewinnungshilfe ist ebenfalls einer Gesetzesverschärfung zum Opfer gefallen. Mit Inkrafttreten des Gesetzes[1296] zur **Stärkung der Rückgewinnungshilfe** und der Vermögensabschöpfung wurde § 111i StPO dahingehen geändert, dass eine Verlängerung der Sicherungsmaßnahmen für die Dauer von drei Jahren möglich ist, soweit der Geschädigte noch nicht im Wege der Zwangsvollstreckung vorgegangen ist. Nach Fristablauf entsteht ersatzweise ein Zahlungsanspruch des Staates. Damit ist ein Auffangrechtserwerb des Staates eingerichtet worden, der die vormals bestehende Lücke zwischen der Rückgewinnungshilfe zu Gunsten Geschädigter und Verfall (oder Wertersatzverfall) zu Gunsten des Staates geschlossen hat, falls der Geschädigte untätig bleibt.[1297] Die Regelung, die hauptsächlich fiskalische Hintergründe haben dürfte, ist nicht unumstritten.[1298] Sofern bereits Tendenzen bestehen, unter Verstoß gegen die dargestellten Grundsätze die Rückgewinnungshilfe im Rahmen des Strafverfahrens als Druckmittel gegen den Beschuldigten zu missbrauchen,[1299] besteht nunmehr die Gefahr, dass sich diese Problematik verschärft. Dies ist umso bedenklicher, als die praktische Bedeutung der Rückgewinnungshilfe in den letzten Jahren erheblich zugenommen hat. Nach einer bundeseinheitlichen Statistik über die Vermögensabschöpfung aus dem Jahr 2002 entfielen 55 % der vorläufig

---

1291 So Minoggio, a.a.O., S. 229 Rn. 549 m. w. N.
1292 LG Düsseldorf, StV 2001, 446; OLG Düsseldorf, StV 2003, 547.
1293 Widmaier/Lammer, Strafverteidigung, a.a.O., § 19 Rn. 64.
1294 LG Landshut, wistra 2003, 199.
1295 Dazu auch Kirsten **Malitz**, Die Berücksichtigung privater Interessen bei vorläufigen strafprozessualen Maßnahmen gemäß §§ 111b ff. StPO, in: NStZ 2002, 337 ff.
1296 Siehe bereits oben Rdn. 848.
1297 Vgl. Minoggio, a.a.O., S. 231 Rn. 560 f.
1298 Die Regelung wurde jedoch im Vorfeld begrüßt von Widmaier/Lammer, Strafverteidigung, a.a.O., § 19 Rn. 29.
1299 So Wehnert/Mosiek, a.a.O., StV 2005, 568 ff. (572).

sichergestellten Vermögenswerte, das entspricht 162 Millionen Euro, auf die Rückgewinnungshilfe.[1300] Die tatsächlichen praktischen Konsequenzen der erneuten Gesetzesverschärfung werden sich in der Praxis aber erst noch herausstellen müssen.

Einen zusätzlichen **Konfliktbereich in Zusammenhang mit der Zurückgewinnungshilfe** stellen ferner **Übersicherungen** dar, wenn weit mehr Vermögen blockiert wird als dem Sicherungsinteresse des Staates und der angeblichen Geschädigten entspricht.[1301] Führt man sich vor Augen, dass im Ermittlungsverfahren zwangsläufig Unsicherheiten darüber bestehen, ob, in welcher Höhe und durch wen etwas erlangt wurde, erscheint eher ein Sicherheitsabschlag als eine Übersicherung angebracht, da es sich bei der vorläufigen Sicherung um einen schwerwiegenden Eingriff in das Vermögen des Beschuldigten bei bloßer Verdachtslage handelt.[1302] Deshalb hat das Bundesverfassungsgericht zutreffend beschlossen, dass an die Zumutbarkeit und an das Verfahren des dinglichen Arrestes und der Beschlagnahme besondere Anforderungen zu stellen sind. Es bedarf in diesem Zusammenhang der besonders sorgfältigen Prüfung und einer eingehenden Darlegungen der maßgeblichen tatsächlichen und rechtlichen Erwägungen der Anordnungen unter Berücksichtigung des Verhältnismäßigkeitsgebotes.[1303]

Insgesamt lässt sich damit Folgendes feststellen: Angesichts der momentanen Tendenz der Strafverfolgungsbehörden und der Legislative, die Vermögensabschöpfung verschärft zu betreiben und zusätzlich die Regeln zu verschärfen, ist eine Unternehmensverteidigung gegenwärtig in der Praxis eher darauf beschränkt, die schlimmsten Härten abzumildern[1304] und die Einhaltung der gesicherten Grundsätze streng zu kontrollieren.

Dabei hat sich der Verteidiger an der dargestellten Rechtsprechung des Bundesgerichtshofes zu orientieren. Die grundsätzliche dogmatische Kritik an der Justizpraxis ist wenig Erfolg versprechend, unabhängig von ihrer eventuellen Berechtigung. Deshalb gilt es, stets genau zu prüfen, worin der Umfang des unmittelbar Erlangten besteht. Wird danach auf dieser Basis anhand des Bruttoprinzips der Verfall berechnet, ist auf eventuelle ungerechte Ergebnisse im Einzelfall hinzuweisen, da dieses Prinzip wie gezeigt in einigen Konstellationen dazu neigt, systemwidrige Resultate zu erzielen.[1305]

Besonderes Augenmerk hat der Verteidiger dabei auf die Entwicklung zu richten, die die bisherigen Regelverschärfungen zur Folge haben werden. Zudem ist damit zu rechnen, dass zukünftig weitere Verschärfungen zu Lasten von Wirtschaftsunternehmen und ähnlichen Verbänden drohen.

872

873

874

875

1300 Volk/Rönnau, a.a.O., § 12 Rn. 222.
1301 Ausführlich Minoggio, a.a.O., S. 232 Rn. 562 ff.
1302 Ebenso Wehnert/Mosiek, a.a.O., StV 2005, 568 ff. (573).
1303 Vgl. die ausführliche Darstellung der Beschlüsse des BVerfG (StV 2004, 409 f. und 410 ff.) bei Minoggio, a.a.O., S. 232 Rn. 566 ff.
1304 Minoggio, a.a.O., S. 237 Rn. 583 f.
1305 Volk/Rönnau, a.a.O., § 12 Rn. 49.

e) Vermögensstrafe und erweiterter Verfall

876 Mit dem Gesetz zur Bekämpfung der Organisierten Kriminalität traten im Jahre 1992 auch zwei Änderungen des Strafgesetzbuchs in Kraft, die für die Frage der Strafbarkeit von Unternehmen von maßgeblicher Bedeutung sind: die so genannte Vermögensstrafe[1306] nach § 43a StGB und der erweiterte Verfall nach § 73d StGB.

877 Durch Entscheidung des Bundesverfassungsgerichts vom 20. März 2002[1307] ist die **Vermögensstrafe** des § 43a StGB wegen Verstoßes gegen das Bestimmtheitsgebot des Artikel 103 Absatz 2 GG **verfassungswidrig** und **nichtig** erklärt worden.

878 Die Regelung über den **erweiterten Verfall** nach § 73d StGB stand ebenso heftig in der Kritik[1308] wie die Vermögensstrafe. Trotzdem wurde dieses Rechtsinstitut vom Bundesverfassungsgericht für **verfassungsgemäß** erklärt.[1309] Die Anordnung des erweiterten Verfalls ermöglicht dem Gericht, bei einem Beschuldigten aufgefundene Vermögensgegenstände abzuschöpfen, obwohl der Nachweis, dass die Gegenstände aus einer rechtswidrigen Tat stammen,

- nicht geführt worden ist,
- die vermutete Tat noch nicht einmal angeklagt ist,
- der Gegenstand möglicherweise einem vollständig unbeteiligten Dritten gehört.

879 Erforderlich dagegen ist, dass eine **Tat von der Anklage umfasst ist, die auf § 73d StGB verweist**. Nach dem Gesetzentwurf der Bundesregierung zur weiteren Verfall sollte die Verweisung auf § 73d StGB ursprünglich nur für Drogendelikte gelten. Im Gesetzgebungsverfahren wurde dann der Anwendungsbereich auf Straftaten, die banden- oder gewerbsmäßig begangen werden, erstreckt. Die Anwendung des erweiterten Verfalls kommt demnach nur bei Taten in Betracht, denen ein **schwer wiegendes Element innewohnt**.[1310]

880 Das Gesetz verlangt für die Anordnung erweiterten Verfalls lediglich, dass Umstände die Annahme rechtfertigen, dass diese Gegenstände für rechtswidrige Taten oder aus ihnen erlangt worden sind. In einer Grundsatzentscheidung hat der vierte Strafsenat des Bundesgerichtshofs jedoch höhere Anforderungen aufgestellt. Er hat die Norm für verfassungskonform auslegungsbedürftig und –fähig erklärt mit der Maßgabe, dass die **Anordnung des erweiterten Verfalls die uneingeschränkte tatrichterliche Überzeugung von der deliktischen Herkunft der Gegenstände voraussetzt**. Dieser Rechtsprechung sind die anderen Strafse-

---

1306 Dazu – rechtshistorisch – Jürgen **Meyer**, Gewinnabschöpfung durch Vermögensstrafe?, in: ZRP 1990, 85 ff.; siehe auch die Erklärungen des Strafrechtsausschusses des Deutschen Anwaltvereins (AnwBl. 1990, 247 ff. sowie StV 1992, 29, 32 f.), der sich mit verfassungsrechtlicher Begründung gegen die Gesetzentwürfe zur Einführung der Vermögensstrafe und des erweiterten Verfalls aussprach und -spricht (AnwBl. 2000, 604).

1307 BVerfG NJW 2002,1779; dazu Tido **Park**, Die Vermögensstrafe – ein Nachruf, in: StV 2002, 395.

1308 Zu den verfassungsrechtlichen Bedenken ausführlich Schmidt, Gewinnabschöpfung, a.a.O. Rn. 59 ff.

1309 BVerfG NJW 2004, 2073.

1310 Vgl. Schmidt, Gewinnabschöpfung, a.a.O. Rn. 99.

nate des Bundesgerichtshofes ebenso gefolgt wie das Bundesverfassungsgericht.[1311]

Auch wenn das Bundesverfassungsgericht seine Absolution erteilt hat – die ver- **881** fassungsrechtlichen Bedenken[1312] am Rechtsinstitut des erweiterten Verfalls konnten zum Großteil nicht ausgeräumt werden. Trotzdem ist derzeit weniger denn je davon auszugehen, dass diese Bedenken in der Praxis durchgreifen. Deshalb ist von einer uneingeschränkten Anwendung des erweiterten Verfalls durch die Strafverfolgungsorgane auszugehen ebenso wie von einer Zunahme der Bedeutung des erweiterten Verfalls parallel zur Entwicklung beim »normalen« Verfall. Dabei darf jedoch nicht vergessen werden, dass der erweiterte Verfall gegenüber dem einfachen Verfall streng subsidiär ist.

Als größter Mangel wird die Tatsache angesehen, dass der erweiterte Verfall keine **882** Ausschlussregelungen wie der einfache Verfall bietet, sollten Ansprüche eines Geschädigten aus der Tat bestehen. Dieser systematische Fehler ist wohl dem Gesetzgebungsverfahren geschuldet, das die Struktur des Rechtsinstituts weitgehend den Drogendelikten angepasst hat. Forderungen einer Schließung dieser Lücke wurden bisher nicht erfüllt. Zweifelhaft erscheint auch der erneute Verweis auf die Härteklausel des § 73c StGB, die an dieser Stelle wiederholt als Auswegargument für die Ungereimtheiten der Vorschriften über die Vermögensabschöpfung insgesamt herangezogen wird.[1313]

Aus Sicht des Strafverteidigers ergeben sich bis auf die hier angesprochenen **883** Unterschiede wohl keine neuen Aspekte gegenüber dem, was an Grundsätzen schon für den einfachen Verfall aufgezeigt wurde. Bereits das Vortragen nahe liegender Alternativen zu einer deliktischen Herkunft der Vermögensgegenstände kann aber die erforderliche Überzeugung des Tatgerichts erschüttern und damit erweiterten Verfall verhindern.

f)   Einziehung

Die Einziehung (§§ 74ff. StGB) spielt im hier behandelten Zusammenhang ›Unter- **884** nehmen und Strafe‹ eine eher untergeordnete Rolle und soll nur kurz angesprochen werden.[1314]

Die **Einziehung von Gegenständen** hat zur Voraussetzung, dass diese durch eine **885** vorsätzliche Straftat hervorgebracht oder zu ihrer Begehung oder Vorbereitung gebraucht worden oder bestimmt gewesen sind. Dazugehören zum Beispiel gefälschte Urkunden oder Falschgeld, Kraftfahrzeuge oder Mobiltelefone, aber auch Geld, das für die Tatausführung bereitgestellt wurde. Nicht erfasst sind solche Objekte, die gerade Gegenstand der Tat waren ohne als Mittel zur Tat eingesetzt worden zu sein. Die Gegenstände müssen entweder dem Täter oder dem

---

1311 Siehe Tröndle/Fischer, a.a.O., § 73d Rn. 5.
1312 Eine eingehendere Untersuchung dieser Problematik kann an dieser Stelle nicht erfolgen. Ausführlich Schönke/Schröder-Eser, a.a.O., § 73d Rn. 2 m.w.N.
1313 Vgl. insgesamt Volk/Rönnau, a.a.O., § 12 Rn. 420 ff. m.w.N.
1314 Vgl. insgesamt Müller-Gugenberger/Bieneck/Niemeyer, a.a.O., § 21 Rn. 83 ff.

Teilnehmer gehören oder allgemein gefährlich sein.[1315] Die Einziehung von Gegenständen, die nicht diese Voraussetzungen erfüllen, ist nur sehr eingeschränkt möglich.[1316]

886 Für das **Wirtschaftsstrafrecht** ist § 75 StGB zu beachten. Diese Bestimmung bewirkt, dass auch juristische Personen oder vergleichbare Personenvereinigungen von einer Einziehung betroffen sein können. Voraussetzung ist, dass ihre Organe oder leitenden Mitarbeiter für sie gehandelt haben.

---

§ 75 StGB - Sondervorschrift für Organe und Vertreter

»Hat jemand

1. als vertretungsberechtigtes Organ einer juristischen Person oder als Mitglied eines solchen Organs,

2. als Vorstand eines nicht rechtsfähigen Vereins oder als Mitglied eines solchen Vorstandes,

3. als vertretungsberechtigter Gesellschafter einer rechtsfähigen Personenhandelsgesellschaft,

4. als Generalbevollmächtigter oder in leitender Stellung als Prokurist oder Handlungsbevollmächtigter einer juristischen Person oder einer in Nummer 2 oder 3 genannten Personenvereinigung oder

5. als sonstige Person, die für die Leitung des Betriebs oder Unternehmens einer juristischen Person oder einer in Nummer 2 oder 3 genannten Personenvereinigung verantwortlich handelt, wozu auch die Überwachung der Geschäftsführung oder die sonstige Ausübung von Kontrollbefugnissen in leitender Stellung gehört,

eine Handlung vorgenommen, die ihm gegenüber unter den übrigen Voraussetzungen der §§ 74bis 74c und 74 f StGB die Einziehung eines Gegenstandes oder des Wertersatzes zulassen oder den Ausschluss der Entschädigung begründen würde, so wird seine Handlung bei Anwendung dieser Vorschriften dem Vertretenen zugerechnet, ...«

---

887 Ein entscheidender Unterschied der Einziehung im Verhältnis zum Verfall ist, dass Erstere je nach Sachverhalt als Nebenstrafe eingestuft werden kann.[1317] Das hat zur Folge, dass sie im Rahmen der Strafzumessung mildernd zu berücksichtigen ist.[1318]

g)   Ordnungswidrigkeiten und Vermögensabschöpfung[1319]

888 Als Rechtsfolge eines Verstoßes gegen Ordnungswidrigkeitentatbestände sieht das Gesetz in erster Linie Geldbußen vor. Für **Ordnungswidrigkeiten** des **Wirtschaftsrechts** ist § **17 Absatz 4 OWiG** von besonderer Bedeutung. Mit dem **Ziel**

1315 § 74abs. 2 StGB.
1316 Vgl. § 74a StGB.
1317 Zum Mischcharakter der Norm Tröndle/Fischer, a.a.O., § 74 Rn. 2.
1318 So BGH NStZ 2001, 312.
1319 Umfassend dazu: Schmidt, Gewinnabschöpfung, a.a.O., Rn. 1241 – 1469.

der **Gewinnabschöpfung** soll die Geldbuße den wirtschaftlichen Vorteil, den der Täter aus der Ordnungswidrigkeit gezogen hat, übersteigen. Zu diesem Zweck kann sogar das gesetzliche Höchstmaß der Geldbuße überschritten werden, wenn dieses nicht ausreicht. Dabei umfasst der Begriff »wirtschaftlicher Vorteil«[1320] nicht nur Geldgewinn, sondern auch andere durch die Ordnungswidrigkeit erlangte Vorteile wie Verbesserung der Marktposition oder die Ersparnis von Aufwendungen. Getätigte Aufwendungen allerdings sind von dem Vorteil in Abzug zu bringen.

Neben der wichtigen Regelung des schon ausführlich behandelten § 30 OWiG **889** kann Folge einer Ordnungswidrigkeit auch die Einziehung von Gegenständen sein.[1321] Ebenfalls möglich ist die Anordnung des Verfalls unter den Voraussetzungen des **§ 29a OWiG**. Diese Vorschriften des Ordnungswidrigkeitenrechts stimmen im Wesentlichen mit den Regeln des Strafgesetzbuches überein und sollen an dieser Stelle nicht vertiefend besprochen werden.

Beachtet werden muss jedoch, dass die Anordnung des Verfalls nur in Frage **890** kommt, **sofern keine Geldbuße in der gleichen Sache verhängt** worden ist, § 29a Absatz 1 OWiG. Ein zusätzlicher Unterschied zum Kriminalstrafrecht ist, dass die Anordnung des Verfalls nicht zwingend vorgeschrieben ist, sondern dem **pflichtgemäßen Ermessen** der zuständigen Stelle überlassen bleibt. Dieses im Ordnungswidrigkeitenrecht geltende **Opportunitätsprinzip** ermöglicht eine flexible und dem **Schuldprinzip angemessene Handhabung** des Verfalls und kann somit Ungerechtigkeiten, die im Kriminalstrafrecht durch das Bruttoprinzip zu entstehen drohen, von vornherein vermeiden.[1322]

h)   Entwicklung und aktueller Stand

Die Vermögensabschöpfung hat sich im Bereich der Unternehmens-, vor allem **891** im Bereich der Wirtschaftskriminalität als fester Bestandteil der Strafverfolgung etabliert. Sie ist in praxi Strafe, auch wenn die Rechtsprechung sich scheut, das Kind beim Namen zu nennen, um mit Zirkelschlussargumenten den Strafcharakter der entsprechenden rechtlichen Instrumente zu verleugnen.

Strafrecht für Verbände[1323] – dieses Thema beschäftigt schon lange die Literatur. **892** Bereits Hans Eberhard Rotberg hat darauf hingewiesen, dass der vielfach geleistete Widerstand gegen die Einführung einer Verbandsstrafe weit mehr aus dem Unbehagen, welches mit der dann erforderlichen neuen Systematik des deutschen

---

1320   Siehe dazu bereits die Ausführungen bei der Verbandsgeldbuße, Rdn. 839 ff.

1321   §§ 22 – 29 OWiG.

1322   Karl **Brenner**, Gewinnabschöpfung, das unbekannte Wesen im Owi-Recht, in: NStZ 1998, 558

1323   Ansätze, Unternehmen für bestrafbar zu erklären, gab es in der deutschen Rechtsgeschichte schon wiederholt. Der 40. Deutsche Juristentag hat im Jahre 1953 allerdings einstimmig beschlossen, die Einführung von Kriminalstrafen gegen juristische Personen oder andere Personenverbände nicht zu empfehlen, weil eine solche Strafbarkeit nicht im Einklang stünde mit den Sinn- und Wesenselementen der Strafe, wie sie sich nach bundesdeutschem Verständnis herausgebildet hätten; vgl. Verhandlungen des 40. Deutschen Juristentag, Hamburg 1953, Bd. II (Sitzungsberichte), Tübingen 1954, E 84–E 87.

Strafrechts einhergeht, als etwa aus der Verneinung des praktischen Bedarfs einer solchen Regelung zu erklären ist.[1324] Macht man sich den Vorschlag von Joachim Schmidt-Salzer zu Eigen, sich ein arbeitsteilig organisiertes Unternehmen als »*geschlossenes Rechtssubjekt*«, also wie einen Menschen vorzustellen,[1325] dann wird die Idee, eine Strafbarkeit der Unternehmen – selbstständiger Natur oder neben der strafrechtlichen Haftung der deliktisch handelnden Betriebsangehörigen (Mitarbeiter bzw. gesetzliche Vertreter) – zu fordern, immer einleuchtender.[1326] Die weit zurückreichende Debatte über die Bestrafung von Unternehmen in Deutschland, welche seit etwa Mitte der achtziger Jahre des 20. Jahrhunderts neue Nahrung bekam, erhielt die bisher stärksten Impulse Ende der neunziger Jahre.

893 Zunächst unterbreitete der Arbeitskreis »Strafrecht – Deutsche Wiedervereinigung« einen Vorschlag unter dem Arbeitstitel »Entwurf eines Gesetzes zur Bekämpfung der Unternehmenskriminalität«.[1327] Der Entwurf hatte folgenden Inhalt:

> »*§ 30 a OWiG-E*
>
> *Begeht ein Unternehmensangehöriger, der dem Leitungsbereich des Unternehmens angehört, für das Unternehmen eine Straftat oder eine Ordnungswidrigkeit, und besteht die Gefahr weiterer Zuwiderhandlungen, kann das Unternehmen unter Kuratel gestellt werden. Die Gefahr ist in der Regel zu bejahen, wenn die begangene Zuwiderhandlung nach dem Ausmaß der Pflichtverletzung oder des angerichteten Schadens*

1324 Hans Eberhard **Rotberg**, Für Strafe gegen Verbände! Einige Grundsatzfragen, in: Hundert Jahre Deutsche Rechtslehre, Festschrift zum Hundertjährigen Bestehen des Deutschen Juristentages 1860 – 1960, Band II, S. 193 ff. (217). Siehe dazu auch die Literaturhinweise oben Rdn. 460.

1325 So in: Konkretisierungen der strafrechtlichen Produkt- und Umweltverantwortung, NJW 1996, 1 ff. (3).

1326 Die gegen eine Straffähigkeit juristischer Personen vorgetragenen Argumente überzeugen wenig; vgl. aus jüngster Zeit Generalbundesanwalt Kay **Nehm**, Die Strafbarkeit von Unternehmen, in: Geschäftsführerhaftung und Unternehmenshaftung, Dokumentation, Köln 1997, S. 34 ff. (45 f.): »*bei der Verfolgung und Ahndung unternehmerischen Fehlverhaltens keine derartige Defizite, dass eine Einführung der Unternehmensstrafe geboten wäre. Im Gegenteil, eine Verlagerung in eine strafrechtliche Unternehmenshaftung erscheint kontraproduktiv. Die Strafbarkeit des Unternehmens führt letztlich nur zur Anonymisierung und zur Dämonisierung.*«; ähnlich Strafrechtsausschuss des Deutschen Anwaltvereins, u. a. AnwBl. 2000, 604 (»*Das geltende Strafrecht erlaubt bereits heute die Ahndung des verantwortlichen Mitarbeiters eines Unternehmens für Straftaten, die im Rahmen und zugunsten des Unternehmens begangen worden sind; Lücken der Beweisführung bestehen nicht.*«) sowie Regina **Harzer**/Thomas **Vogt**, »Mitarbeit« von Banken an Steuerhinterziehungen: Ein Problem der Beihilfekausalität, in: StraFo 2000, 39 ff. (47 f.), in dem die Behauptung aufgestellt wird, es sei »*absolut nichts zu halten von einer gesetzlichen Regelung zur Strafbarkeit von Unternehmen und Unternehmensträgern. Aus rechtsstaatlichen Gründen nicht und aus Gründen, die wirtschaftspolitisch fatale, nachteilige Folgen haben könnten. Ebenso wenig wie wir eine »Staatsstrafbarkeit« in Form von »gesetzgeberischer kollektiver Schuld« gesetzlich festlegen können, muss »Unternehmensstrafbarkeit« eine für ein rechtsstaatliches Strafrecht auszuschließende Möglichkeit bleiben.*« Die Darstellung der Handhabung der Unternehmensstrafbarkeit in den USA und EU-Staaten, Rdn. 909 ff., widerlegt die Richtigkeit der von Harzer/Vogt aufgestellten These.

1327 Nach Bernd **Schünemann** (Hrsg.), Deutsche Wiedervereinigung, Arbeitskreis Strafrecht, Bd. III – Unternehmenskriminalität, Köln/Berlin/Bonn/München, 1997, S. 146 f.

> *erheblich ist. Die Mindestdauer der Unternehmenskuratel beträgt ein Jahr, ihre Höchstdauer bei der erstmaligen Anwendung drei Jahre, bei einer wiederholten Anordnung fünf Jahre. Die Fristen laufen vom Amtsantritt des Kurators an. Bei der Verurteilung zur Unternehmenskuratel von nicht mehr als drei Jahren setzt das Gericht die Vollstreckung der Maßnahme zur Bewährung aus, wenn zu erwarten ist, dass sich die verantwortlichen Personen des Unternehmens schon die Verurteilung zur Warnung dienen lassen und künftig auch ohne die Beaufsichtigung durch den Kurator keine Straftaten oder Ordnungswidrigkeiten mehr begehen werden.«*

Ferner sah der **Entwurf der Arbeitsgruppe** die Einführung einer strafrechtlichen 	**894**
Unterlassungshaftung von aufsichtspflichtigen Personen nach dem Prinzip der Risikoerhöhung (§ 13 a StGB-E), die Reform des § 130 OWiG und eine Erweiterung der Vertreterhaftung im Straf- und Ordnungswidrigkeitenrecht vor:

> *»§ 130 OWiG n. F.*
>
> *Wer eine mit Strafe oder Geldbuße bedrohte Handlung in einem Betrieb oder Unternehmen dadurch ermöglicht oder erleichtert, dass er seine Aufsichtspflichten entsprechend § 13 a StGB bzw. 8 a OWiG fahrlässig in einer Weise vernachlässigt, die zur Ermöglichung weiterer Straftaten oder Ordnungswidrigkeiten geeignet ist, handelt ordnungswidrig.*
>
> *§ 14 StGB n. F.*
>
> *Knüpft das Gesetz die Strafbarkeit an eine mit der Wahrnehmung bestimmter Funktionen verbundene Rechtsstellung, so ist als Träger auch verantwortlich, wer die Wahrnehmung der Funktionen für den im Gesetz bezeichneten Täter übernommen hat und die im Tatbestand bezeichnete Handlung selbst oder durch einen anderen ausführt.*
>
> *§ 9 OWiG n. F.*
>
> *Knüpft das Gesetz die Möglichkeit der Ahndung an eine mit der Wahrnehmung bestimmter Funktionen verbundene Rechtsstellung, so ist als Täter auch verantwortlich, wer die Wahrnehmung der Funktionen für den im Gesetz bezeichneten Täter übernommen hat und die um Tatbestand bezeichnete Handlung ausführt oder sich daran beteiligt.«*

Einen weiteren **Diskussionsentwurf** hatte das **Land Hessen** im August 1997 zur 	**895**
Vorbereitung auf eine entsprechende Bundesratsinitiative der am 11./12. August 1997 in Saarbrücken tagenden 68. Justizministerkonferenz vorgelegt.[1328] Der hessische Entwurf wollte durch Aufnahme entsprechender Vorschriften in das Strafgesetzbuch (§§ 76 b ff. StGB) juristische Personen und Personenvereinigungen dem Strafrecht unterstellen. Der Entwurf sah Verbandsstrafen und Maßregelungen vor – bis hin zur »Todesstrafe« für ein straffälliges Unternehmen, der Verbandsauflösung. Im Einzelnen lauteten die Vorschläge:

1328 Diese hessische Gesetzesinitiative wurde allerdings nach dem Regierungswechsel auf Landesebene im Jahre 1999 zurückgezogen.

896

»§ 76 b StGB-E

Ist in dem Betrieb einer juristischen Person oder einer Personenvereinigung (nicht rechtsfähiger Verein oder Personenhandelsgesellschaft) eine Straftat begangen worden, durch die Pflichten, welche die juristische Person oder die Personenvereinigung treffen, verletzt worden sind, so wird auch eine Verbandsstrafe verhängt oder eine Verbandsmaßregel angeordnet, wenn der Täter in Ausführung der ihm zustehenden Verrichtungen gehandelt hat. Wird wegen der Straftat ein Strafverfahren nicht eingeleitet oder wird es eingestellt oder wird von Strafe abgesehen, so ist auf Verbandsstrafe oder Verbandsmaßregel selbstständig zu erkennen. Dies gilt jedoch nicht, wenn die Straftat aus rechtlichen Gründen nicht verfolgt werden kann; § 78a Absatz 1 Satz 2 bleibt unberührt.

§ 76 c StGB-E

(1) Verbandsstrafen sind: die Verbandsgeldstrafe, die Verbandsauflösung.

(2) Verbandsmaßregel sind die Erteilung von Weisungen, die Anordnung der Zwangsaufsicht.

§ 76 d StGB-E

Das Gericht kann mit der Verhängung einer Verbandsgeldstrafe die Anordnung einer Verbandsmaßregel verbinden.

§ 76 e StGB-E

Für die Verbandsgeldstrafe gelten §§ 40 und 42 entsprechend. Ein Tagessatz wird auf mindestens zehn- und auf höchstens hunderttausend Deutsche Mark festgesetzt.

§ 76 f StGB-E

Auf eine Auflösung der juristischen Person oder der Personenvereinigung ist nur zu erkennen, wenn deren Zwecke oder deren Tätigkeit darauf gerichtet sind, Straftaten zu begehen.

§ 76 g StGB-E

(1) Weisungen sind Gebote und Verbote, welche bei der juristischen Person oder der Personenvereinigung ordnungsgemäße Betriebsabläufe regeln sollen, um weitere Straftaten zu verhindern. Dabei dürfen an die Betriebsabläufe keine unzumutbaren Anforderungen gestellt werden. Das Gericht kann die juristische Person oder Personenvereinigung insbesondere anweisen,

1. bestimmte Tätigkeiten nicht auszuüben, die nach den Umständen zu Straftaten missbraucht werden können, oder

2. sich zu bemühen, einen Ausgleich mit dem Verletzten zu erreichen oder sonst den durch die Tat verursachten Schaden wieder gutzumachen.

Das Gericht hat in seiner Weisung das verbotene oder verlangte Verhalten genau zu bestimmen.

(1) Das Gericht bestimmt die Laufzeit der Weisung; die Laufzeit darf zwei Jahre nicht überschreiten. Es kann die Weisung ändern oder von ihr befreien.

(2) Kommt die juristische Person oder Personenvereinigung einer Weisung nicht nach, so kann ein Ordnungsgeld bis zu einer Million Deutsche Mark festgesetzt werden. Der Festsetzung muss eine entsprechende Anordnung vorausgehen.

§ 76 h StGB-E

(1) Das Gericht kann die juristische Person oder die Personenvereinigung für die Dauer von bis zu fünf Jahren der Aufsicht eines von ihm zu bestellenden Treuhänders unterstellen.

(2) Die Aufsicht kann nur angeordnet werden, wenn Weisungen nicht als ausreichend erscheinen, der Begehung weiterer Straftaten in dem Betrieb der juristischen Person oder Personenvereinigung vorzubeugen.«

Die große Anfrage der damals oppositionellen SPD-Fraktion vom 15. Januar 1998[1329] und der Beschluss der 69. Justizministerkonferenz vom 17./18. Juni 1998, die »Sanktionsmöglichkeiten gegen juristische Personen wirksam zu verbessern«, führten zur Einsetzung der »Kommission zur Reform des strafrechtlichen Sanktionensystems«, die im März 2000 ihren Abschlussbericht vorlegte. Die Kommission lehnte darin die Aufnahme einer Strafbarkeit von Unternehmen in das Strafgesetzbuch prinzipiell ab; denn ein »strafrechtliches Regelungsmodell werfe erhebliche Bedenken hinsichtlich des Schuldprinzips auf«. Auch sei – ein eigenartiges Argument – unser Strafrecht ohnehin überlastet und echte Sanktionslücken bestünden nur in Einzelfällen. Ein Verbesserungsbedarf wurde lediglich hinsichtlich einer Verschärfung der §§ 30, 130 OWiG gesehen.[1330] **897**

Im Zusammenhang mit den Überlegungen, ob eine Strafbarkeit der juristischen Person in das deutsche Strafrecht aufgenommen werden soll, kann auch das am 19. Juni 1997 von den Mitgliedstaaten der Europäischen Gemeinschaft in Brüssel unterzeichnete **Zweite Protokoll zum Übereinkommen über den Schutz der finanziellen Interessen der Europäischen Gemeinschaften** nicht unberücksichtigt bleiben,[1331] das die folgenden sanktionsrechtlich relevanten Bestimmungen enthält: **898**

»*Art. 3. (Verantwortlichkeit von juristischen Personen)* **899**

(1) Jeder Mitgliedstaat trifft die erforderlichen Maßnahmen, um sicherzustellen, dass eine juristische Person für den Betrug, die Bestechung und die Geldwäsche, die zu ihren Gunsten von einer Person begangen werden, die entweder allein oder als Teil eines Organs der juristischen Person gehandelt hat und die eine Führungsperson inner-

---

1329 BT-Drucks. 13/9682 (Kernaussage: Mit dem geltenden Strafrecht könne die von juristischen Personen und Personenvereinigungen zu verantwortende Kriminalität nicht wirksam bekämpft werden).

1330 Kommission zur Reform des strafrechtlichen Sanktionensystems, Abschlussbericht, Hrsg. Bundesministerium der Justiz, S. 199 ff.

1331 BT-Drucks. 13/11425, S. 3.

halb der juristischen Person aufgrund– der Befugnis zur Vertretung der juristischen Person oder– der Befugnis, Entscheidungen im Namen der juristischen Person zu treffen, oder– einer Kontrollbefugnis innerhalb der juristischen Person innehat, sowie für die Beihilfe oder Anstiftung zu einem solchen Betrug, zu einer solchen Bestechung oder einer solchen Geldwäsche oder der versuchten Begehung eines solchen Betrugs verantwortlich gemacht werden kann.

(2) Neben den in Absatz 1 bereits vorgesehenen Fällen trifft jeder Mitgliedstaat die erforderlichen Maßnahmen, um sicherzustellen, dass eine juristische Person verantwortlich gemacht werden kann, wenn mangelnde Überwachung oder Kontrolle seitens einer in Absatz 1 genannten Person die Begehung eines Betrugs, einer Bestechungshandlung oder einer Geldwäschehandlung durch einer dieser unterstellten Person zugunsten der juristischen Person ermöglicht hat.

(3) Die Verantwortlichkeit der juristischen Person nach den Absätzen 1 und 2 schließt die strafrechtliche Verfolgung natürlicher Personen als Täter, Anstifter oder Gehilfe in dem Betrugs-, Bestechungs- oder Geldwäschefall nicht aus.

Art. 4. (Sanktion für juristische Personen)

(1) Jeder Mitgliedstaat trifft die erforderlichen Maßnahmen, um sicherzustellen, dass gegen eine im Sinne des Artikels 3 Absatz 1 verantwortliche juristische Person wirksame, angemessene und abschreckende Sanktionen verhängt werden können, zu denen strafrechtliche oder nichtstrafrechtliche Geldsanktionen gehören und andere Sanktionen gehören können, beispielsweise:

a) Maßnahmen des Ausschlusses von öffentlichen Zuwendungen oder Hilfen

b) Maßnahmen des vorübergehenden oder ständigen Verbots der Ausübung einer Handelstätigkeit;

c) Richterliche Aufsicht;

d) Richterlich angeordnete Auflösung.

(2) Jeder Mitgliedstaat trifft die erforderlichen Maßnahmen, um sicherzustellen, dass gegen eine im Sinne des Artikels 3 Absatz 2 verantwortliche juristische Person wirksame, angemessene und abschreckende Sanktionen oder Maßnahmen verhängt werden können.«

900 Ein weiterer Vorstoß für die Einführung einer Strafbarkeit juristischer Personen auf europäischer Ebene ging von Dänemark aus.[1332] Danach soll in den Fällen einer – **im dänischen Vorschlag** definierten – schweren Umweltkriminalität u. a. möglich sein[1333]

1332 »*Initiative des Königreichs Dänemark im Hinblick auf die Annahme eines Rahmenbeschlusses des Rates zur Bekämpfung der schweren Umweltkriminalität*« (ABl. EG C 39 v. 11. 02. 2000, S. 4; siehe dazu Manfred **Möhrenschlager**, Bericht über Entwicklungen inländischen und europäischen Rechts, in: wistra 2000, V ff. (VII).
1333 Im Folgenden zitiert nach Möhrenschlager, S. VII, a.a.O., wie zuvor.

- die Beschlagnahme und Einziehung von »Ausrüstungsgütern«, Erträgen, Vermögensgegenständen;
- bei Verurteilung Ausschluss von der Aufnahme einer Tätigkeit, für die eine amtliche Genehmigung oder Zulassung erforderlich ist; Recht zur Ausübung der Tätigkeit wird abgesprochen, wenn sich aus dem festgestellten Sachverhalt ein eindeutiges Risiko ergibt, dass Position oder Tätigkeit missbraucht werden kann;
- nach Verurteilung unter besonders zwingenden Umständen Entziehung des Rechts, eine andere Tätigkeit auszuüben oder Gründe oder Mitglied des Mittel-/Topmanagements einer GmbH, einer Gesellschaft oder Vereinigung, die einer besonderen amtlichen Genehmigung bedarf, oder einer Stiftung zu sein.

Trotz der nicht zu bestreitenden erheblichen Einflüsse, die vom europäischen **901** Recht und ausländischen Rechtsordnungen ausgehen, hat die Debatte um die Bestrafung von Unternehmen oder die Unternehmenstäterschaft bislang in Deutschland keine Resultate gezeigt. Die Empfehlungen der »*Kommission zur Reform des strafrechtlichen Sanktionensystem*« haben zudem etwas Ruhe in die Reihen der widerstreitenden Gruppen der Gesellschaft gebracht.

Zu Zeit bleibt als Fazit daher lediglich festzuhalten, dass juristische Personen oder **902** Personenvereinigungen in Deutschland nach wie vor nach ganz herrschender Auffassung im **strafrechtlichen Sinne nicht delikts- beziehungsweise schuldfähig** sind und deshalb nicht mit Strafen belegt werden können. Sofern also nach aktuellem Recht von der Sanktionierung von Unternehmen gesprochen wird, bildet das dargestellte **Nebenstrafrecht** das einzige Mittel, mit der Vorschrift des § 30 OWiG, der mittlerweile **eigenständige Bedeutung** erlangt hat.[1334] Mit einem Bedeutungszuwachs dieser zentralen Norm ist weiterhin zu rechnen.

8. Die Strafbarkeit von Unternehmen – Ein internationaler Überblick

a) Deutschland – Eine Zusammenfassung

An dieser Stelle soll im Interesse der Vergleichbarkeit mit anderen Rechtsstaaten **903** noch einmal ein **kurzer Überblick** über die zuvor ausführlich dargestellte Situation in der Bundesrepublik geboten werden.

Das deutsche Strafrecht kennt im Unterschied zum Zivilrecht **grundsätzlich keine** **904** **Strafbarkeit von Unternehmen**, auch nicht im Bereich der Produkthaftung. Es entspricht dem Grundgedanken des geltenden Schuldstrafrechts, dass nur das Fehlverhalten einer natürlichen Person als sittlich verwerflich bestraft werden kann, nicht aber das einer juristischen Person. Diese besitzt kein Gewissen. Sie kann deshalb auch keine Schuld auf sich laden. Mit den Rechtsinstituten »Einziehung«, einer echten Nebenstrafe, und »Verfall« enthält das aktuelle Strafgesetzbuch[1335] dennoch Sanktionsmöglichkeiten gegenüber Unternehmen. Weiter erlauben es zahlreiche spezialgesetzliche Bußgeldvorschriften, ein Unternehmen im

---

1334 Zu dem selben Schluss gelangt Volk/Britz, a.a.O., § 5 Rn. 1 – 3.
1335 § 11 Abs. 1 Nr. 8 StGB.

Fall einer Straftat oder Ordnungswidrigkeit eines Organs oder einer anderen in der einschlägigen Norm genannten Führungskraft auf dem Wege des so genannten »Verwaltungsrechts« mit einer Geldbuße zu belegen. Hinzu kommen die gerade erst verschärften Sanktionsmöglichkeiten[1336] der Verbandsgeldbuße gemäß § 30 OWiG und von Gesetzesverstößen, die auf Grund einer mangelhaften Aufsicht im Unternehmen eingetreten sind, § 130 OWiG. Nicht zu vergessen die nicht unbeachtliche Anzahl verwaltungsrechtlicher Ahndungsmöglichkeiten, die vom Widerruf einer bereits erteilten Erlaubnis[1337] bis hin zur Zwangsauflösung und Löschung eines Unternehmens im Handelsregister[1338] reichen.

905 Der Gesetzgeber verschließt sich diesem Verlangen u. a. mit den Argumenten, dass die Strafbarkeit von juristischen Personen und Personen einerseits mit der Dogmatik des bestehenden Schuldstrafrechts nicht vereinbar sei, und andererseits die vorhandenen Instrumentarien für eine Belangung von Unternehmen ausreichend seien. So hat die vom damaligen Bundesjustizminister Schmidt-Jortzig im Januar 1998 eingesetzte Kommission zur Reform des strafrechtlichen Sanktionensystems in ihrer Sitzung vom 29./30. November 1999 die Einführung einer Unternehmensstrafbarkeit im Bereich des klassischen Kriminalrechts abgelehnt.[1339]

906 Zur Diskussion und Begründung der Entscheidung heißt es im **Abschlussbericht der Kommission zur Reform des strafrechtlichen Sanktionensystems**:[1340]

907 *»Die Unterarbeitsgruppe behandelte das Thema »Unternehmensstrafbarkeit« in drei Schritten:*

Gesetzgeberischer Handlungsbedarf auf strafrechtlichem Gebiet

Mögliche strafrechtliche Sanktionsmodelle

Mögliche Sanktionen.

Ein Votum hat die Unterarbeitsgruppe nicht abgegeben. Bereits der gesetzgeberische Handlungsbedarf auf strafrechtlichem Gebiet wurde äußerst kontrovers gesehen. Einigkeit bestand darin, dass internationale und supranationale Regelungen die Einführung einer strafrechtlichen Unternehmenssanktionierung in Deutschland nicht zwingend gebieten und dass die Einführung strafrechtlicher Unternehmensverantwortlichkeit als »ein Weg in ein anderes Strafrecht« bezeichnet werden kann, welcher vielschichtige Probleme verfassungsrechtlicher, strafrechtlicher und strafverfahrensrechtlicher Art aufwerfen würde.

Die Befürworter einer strafrechtlichen Unternehmenssanktionierung beriefen sich zur Begründung ihrer Position auf einen internationalen Trend zur Einführung einer Strafbarkeit von Unternehmen, die Funktion des Strafrechts für den Schutz vor Gefahren für das zukünftige Zusammenleben, Zurechnungs- und Beweisprobleme bei der

---

1336 In Kraft seit dem 30. 08. 2002.

1337 Nach § 35 GewO.

1338 So §§ 61 f. GmbHG bzw. § 396 AktG .

1339 Ausführlich dazu **Hettinger** (Hrsg.), Reform des Sanktionenrechts, Band 3: Verbandsstrafe, Baden-Baden 2002; Gerd **Eidam**, Straftäter Unternehmen, München 1997; KK OWiG/ Rogall, a.a.O., § 30 Rn. 229 ff. – alle mit weiteren Nachweisen.

1340 Hettinger, a.a.O., S. 199 ff. Der Abschlussbericht wurde im März 2000 vorgelegt.

Strafverfolgung von Individuen im Zusammenhang mit Verbandskriminalität und den nicht hinreichenden Schutz kollektiver Rechtsgüter (z. B. Umwelt) durch andere Rechtsgebiete (insbesondere des Zivilrechts).

Die Gegner verwiesen hingegen auf ein breites Spektrum bestehender Verbandssanktionen (vor allem §§ 30, 130 OWiG und verwaltungsrechtliche Maßnahmen, ferner aber auch Einziehung und Verfall, welche bereits im StGB geregelt sind) und sahen kein Bedürfnis für eine Übertragung in das Strafrecht. Zurechnungs- und Beweisprobleme hinsichtlich des Individualtäters träten allenfalls in Ausnahmefällen auf. Schließlich äußerten sie auch verfassungsrechtliche Bedenken, vornehmlich im Hinblick auf das Schuldprinzip und den Verhältnismäßigkeitsgrundsatz.

Die in der Arbeitsgruppe diskutierten Modelle waren:

ein Zurechnungsmodell (nach welchem die nach herkömmlichen Kriterien bemessene Individualschuld über bestimmte Kriterien dem Unternehmen, zugerechnet wird, um dieses so strafrechtlich zur Verantwortung zu ziehen),

ein Modell der originären Verbandshaftung (nach dem auf eine unmittelbare Betriebsführungsschuld des Unternehmens abgestellt wird),

ein Maßnahmenmodell (welches die Zweispurigkeit des Strafrechts heranzieht, auf eine Bestrafung – die Schuld erfordern würde – verzichtet und nur die Verhängung von neu zu schaffenden Maßregeln gegen Unternehmen vorsieht).

Schließlich diskutierte die Arbeitsgruppe mögliche Unternehmenssanktionen anhand der Empfehlung des Ministerkomitees des Europarates (R 88/17). Dabei wurde festgestellt, dass der überwiegende Teil der dort genannten Sanktionen in Deutschland zwar nicht im Strafrecht, wohl aber im Ordnungswidrigkeitenrecht und vor allem im Verwaltungsrecht bereits existent ist.

12.2 Diskussion und Beschlüsse

Die Kommission folgte in ihrer Diskussion dem Aufbau des Arbeitsgruppenberichtes, so dass zunächst die Frage nach dem gesetzgeberischen Handlungsbedarf auf strafrechtlichem Gebiet erörtert wurde.

12.2.1 Handlungsbedarf auf strafrechtlichem Gebiet

Die Befürworter strafrechtlicher Unternehmenssanktionen sahen vor allem folgende Argumente als entscheidend an:

Das Strafrecht hat sich in den letzten 15-20 Jahren erheblich verändert. Eine Diskussion der Verbandsstrafe auf der Grundlage von Argumenten aus den 50er Jahren ist daher nicht angezeigt. Tatsächlich ist die Verantwortung von Unternehmen größer als die von Einzelpersonen. Die Rechtsprechung der Strafgerichte ist jedoch umgekehrt. Dem Individuum werden fast nicht mehr erfüllbare Pflichten auferlegt, um zu einer Sanktionierung gelangen zu können. Letztendlich führt die Schwierigkeit des Nachweises einer Pflichtverletzung dann zur Praxis der Absprachen. Die Pflichtverletzung sollte daher wieder bei der Stelle geahndet werden, wo die Pflicht eigentlich angesiedelt ist, nämlich beim Unternehmen.

Das Individualstrafrecht hat sich übernommen. Es will eigentlich nicht mehr bestrafen, sondern Probleme lösen.

Das gegenwärtige Individualstrafrecht ist bei Unternehmenskriminalität dort zu weitgehend, wo es um die individuelle Verantwortlichkeit geht (»Ledersprayentscheidung«), andererseits dort zu eng, wo es Beweisprobleme wegen der Undurchschaubarkeit von Unternehmensstrukturen gibt oder organisierte Unverantwortlichkeit vorliegt.

Ein Unternehmensstrafrecht könnte und müsste stärker präventiv ausgerichtet sein und – wegen möglicherweise jahrelanger Fehlentwicklungen – auf eine Verbesserung der Unternehmensstruktur ausgerichtet sein.

Zivilrechtliche »Sanktionen« reichen dort nicht aus, wo es um den Schutz von kollektiven Rechtsgütern geht.

Die Mehrheit der Kommission trat dem mit folgenden Argumenten entgegen:

Der Nachweis von Sanktionslücken, von eventuellen Einzelfällen abgesehen, ist nicht dargetan. Organisierte Unverantwortlichkeit ist kein allgemeines Phänomen.

Das bestehende Instrumentarium (§§ 30, 130 OWiG) reicht zur Unternehmenssanktionierung aus. Dies gilt um so mehr, als bei einer Geldbuße nach §§ 30, 130 OWiG ein namentlich bekannter Individualtäter nicht ermittelt sein muss. Probleme organisierter Unverantwortlichkeit stellen sich in der Praxis kaum. Ferner steht im Wettbewerbsrecht ein umfangreiches Sanktionierungsinstrumentarium zur Verfügung, welches auch äußerst effektiv angewandt wird. Verwaltungsrechtliche Steuerungsmöglichkeiten (wie z. B. § 35 GewO, §§ 20, 21 BImSchG, §§ 35 ff. KWG etc.) runden das Bild bestehender Unternehmenssanktionen ab.

Das Strafrecht ist ohnehin schon überlastet. Es würde durch eine Unternehmensstrafbarkeit weiter überfrachtet werden.

Die Einführung der Unternehmensstrafe würde nicht nur ein neues – anderes – Strafrecht, sondern auch die Schaffung eines neuen – anderen – Strafprozessrechts erforderlich machen.

Das Strafrecht kann – wenn überhaupt – nicht dort wirken, wo ein Unternehmen von vorne herein auf kriminelles Handeln angelegt ist. Da ein solches Unternehmen nach der Tat verschwindet, muss man hier auf jeden Fall auf die Individualtäter, die dahinter stehen, zugreifen.

Die Strafjustiz kann nicht die Aufgabe haben, gesellschaftliche Entwicklungen zu steuern.

Sie kann auch nicht die notwendigen Kapazitäten stellen, um in großem Umfang Betriebsabläufe nachzuvollziehen, Wirtschafsunternehmen zu überwachen bzw. sie zu liquidieren.

Ein strafrechtliches Regelungsmodell wirft erhebliche Bedenken hinsichtlich des Schuldprinzips auf. Dies gilt sowohl hinsichtlich der Schuldfähigkeit von Personenverbänden als auch hinsichtlich der Bestrafung »Unschuldiger« (d. h. dem Betroffensein von Anteilseignern).

Die Argumentation mit einem internationalen Trend eine strafrechtliche Unternehmenssanktionierung einzuführen, ist verfehlt. So ist beispielsweise im angloamerikanischen Bereich das Verwaltungsrecht eher »unterentwickelt«, so dass dort das Strafrecht Sachverhalte erfasst, die in Deutschland in anderen Rechtsbereichen geregelt sind. Auch kennen viele Staaten die Zweiteilung in Strafrecht und Ordnungswidrigkeitenrecht nicht.

Die Diskussion erbrachte folgendes Ergebnis:

Die Kommission lehnt die Einführung einer Unternehmenssanktionierung im Bereich des klassischen Kriminalstrafrechts ab.

Beschluss 12-1 (zur Einführung einer Verbandsstrafe im Bereich des klassischen Kriminalrechts)

12.2.2 Handlungsbedarf im Übrigen

Die Kommission versteht ihren Arbeitsauftrag so, dass über die Grenzen des klassischen Strafrechts hinaus geprüft wird, ob eine Unternehmenssanktionierung in anderen Rechtsgebieten sinnvoll und angezeigt ist. Sie beschränkt sich dabei wegen der Nähe zum Strafrecht nahezu ausschließlich auf eine Erweiterung des ordnungswidrigkeitenrechtlichen Instrumentariums. Es wurde aufgezeigt, dass § 30 OWiG der Anpassung an internationale Rechtsinstrumente bedarf, nämlich dem Zweiten Protokoll zum Übereinkommen über den Schutz der finanziellen Interessen der Europäischen Gemeinschaften vom 19. Juni 1997 (ABl. EG Nr. C 221/11) hinsichtlich »Kontrollpersonen« und – sofern kein Vorbehalt von deutscher Seite eingelegt wird – dem Europaratsübereinkommen über den Schutz der Umwelt durch das Strafrecht vom 04. 11. 1998 hinsichtlich »Vertretern«.

Teilweise wurde die Auffassung vertreten, dass ein Modell der originären Haftung (entsprechend dem von Heine für das Strafrecht entwickelten) im OWiG Lücken schließen könne, die die §§ 30, 130 OWiG ließen (z. B. bei organisierter Unverantwortlichkeit). Die Individualanknüpfung im OWiG hat, aufgrund der Formulierung von Pflichten für den Personenkreis nach § 130 OWiG durch die Rechtsprechung, wiederum Rückwirkungen auf das Individualstrafrecht im Bereich der Unterlassungsdelikte. Da die Pflichten oft überdehnt werden, um eine Unternehmenssanktionierung im OWiG zu erreichen, wäre eine originäre Unternehmensverantwortlichkeit insoweit vorzugswürdig, um diese Rückwirkung zu vermeiden.

Dem wurde von anderen entgegengetreten: Lücken in den §§ 30, 130 OWiG seien praktisch nicht vorhanden. Das gegenwärtige Instrumentarium habe kaum zu Problemen geführt. Allenfalls wären geringfügige Erweiterungen des Tatbestandes von § 30 OWiG angezeigt (z. B. Streichen von »in leitender Stellung«), um auf diese Weise von § 130 OWiG den Druck zur Ausweitung individueller Verantwortlichkeit zu nehmen. Neben §§ 30, 130 OWiG soll kein weiterer Ordnungswidrigkeitentatbestand, der auf dem Modell einer originären Verbandshaftung von Professor Dr. Heine beruht, in das OWiG aufgenommen werden.

Beschluss 12-2 (zu OWi-Tatbestand entsprechend originärer Verbandshaftung)

Angesprochen wurden außerdem mögliche Lücken des bestehenden Ordnungswidrigkeitenrechts bei der Erfassung von Auslandstaten (beispielsweise bei Taten ausländi-

scher Mitarbeiter eines deutschen Unternehmens im Ausland). Die Anwendbarkeit von § 30 OWiG auf Auslandstaten ist zu überprüfen.

Beschluss 12-3 (Überprüfung der Anwendbarkeit von § 30 OWiG auf Auslandstaten)

Auch die Überprüfung weiterer Sanktionsmöglichkeiten im Ordnungswidrigkeitenrecht wurde als sinnvoll erachtet. Gegenwärtig besteht nur die Möglichkeit der Verhängung von Geldbußen gegen juristische Personen. In diesem Zusammenhang wurde auf die Aufzählung denkbarer Sanktionen nach der Empfehlung des Ministerkomitees des Europarates (R 88/17) eingegangen. Einige der dort genannten Sanktionen kommen möglicherweise auch (ergänzend) als ordnungswidrigkeitenrechtliche Sanktionen in Betracht. Ferner wurde die Stimmigkeit der gegenwärtigen Obergrenzen von Geldbußen gegen juristische Personen in § 30 OWiG im Verhältnis zu den Geldbußenrahmen für Individualtäter angesprochen.

Zu überprüfen ist die Erweiterung der Sanktionsmöglichkeiten im Ordnungswidrigkeitenrecht über die Geldbuße hinaus, entsprechend der Empfehlung des Ministerkomitees des Europarates (R 88/17) sowie den fakultativen Möglichkeiten, die in den EU-Rechtsinstrumenten genannt werden.

Beschluss 12-4 (Überprüfung der Sanktionsmöglichkeiten im OWiG über die Geldbuße hinaus)

Ebenfalls zu überprüfen sind die Obergrenzen der Geldbußen gegen Unternehmen im Hinblick auf ihre Stimmigkeit im Verhältnis zu den Geldbußenrahmen für Individualtäter. (einstimmig)

Beschluss 12-5 (Überprüfung der Obergrenze der Geldbußen gegen Unternehmen)«

908 In Rechtslehre[1341] und Praxis wird trotz der Beschlüsse der Schmidt-Jortzig-Kommission weiterhin verstärkt die Einführung der Strafbarkeit von Unternehmen gefordert.[1342]

b) Europäische Staaten

909 Ein relativ aktueller Überblick über den Stand der Strafbarkeit von Organisationen und juristischen Personen findet sich in der Begründung für das österreichische Verbandsverantwortlichkeitsgesetz. Daraus sei zitiert:[1343]

1341 Kathleen **Mittelsdorf**, Neue Entwicklungen zum Unternehmensstrafrecht, in: Forum Wirtschaftsethik, 9. Jahrgang/Nummer 2 (Juli 2001), stimmt der Reform-Kommission im Ergebnis zu, nicht jedoch den wesentlichen Argumenten, mit denen diese ihre Ablehnung begründet.

1342 So sprach sich im Juni 2007 der Frankfurter Oberstaatsanwalt Schaupensteiner, kurz vor seinem Wechsel als Compliance Officer zur Deutsche Bahn AG, gegenüber Presse und Rundfunk entschieden für die Einführung einer Strafbarkeit juristischer Personen aus; siehe dazu Werner **Balsen**, Saftige Regresse gegen Korruption, in: Frankfurter Rundschau, Nr. 141, vom 21. 06. 2007, S. 20.

1343 Gekürzte Fassung des Aufsatzes Gerd Eidam, Strafbarkeit von Unternehmen im ausländischen Recht (Teil 2) – Österreich, in: PHi 2007, 148 ff.

»Anders als in den Staaten des angelsächsischen Rechtskreises, war die Bestrafung juristischer Personen bis vorkurzem in den kontinentaleuropäischen Staaten weithin unbekannt, sieht man von den Niederlanden ab, die bereits 1950 für einzelne Delikte und 1976 uneingeschränkt eine Strafbarkeit juristischer Personen einführten. Erst in den letzten Jahren hat sich eine breite Tendenz ergeben, eine Verantwortlichkeit juristischer Personen einzuführen: Portugal (1984), Schweden (1986), Norwegen (1991), Island (1993), Frankreich (1994), Finnland (1995), Spanien (1995), Dänemark (1996), Belgien (1999), Slowenien (1999), Italien (2000/2001), Griechenland(2001), Ungarn (2001), Estland (2001), Polen (2002), Malta (2002), Kroatien (2003) und die Schweiz (2003) haben entsprechende Gesetze erlassen; in Luxemburg, Tschechien, der Slowakei, in Litauen und Lettland sind diesbezügliche Bestimmungen in Vorbereitung, sodass davon ausgegangen werden kann, dass binnen kurzem alle EU-Mitgliedstaaten eine Verantwortlichkeit juristischer Personen vorsehen werden. In fast allen angeführten Staaten ist die Verantwortlichkeit juristischer Personen im gerichtlichen Strafrecht verankert. ... lediglich die in Griechenland bestehende Regelung [kann]als eindeutig verwaltungsrechtlich angesprochen werden. In einigen Staaten bestehen Modelle, die keine klare Zuordnung zulassen: Deutschland, Italien und Spanien.«

c)   Österreich[1344]

Am 1. Januar 2006 ist das **Bundesgesetz über die Verantwortlichkeit von Verbänden für Straftaten, kurz: Verbandsverantwortlichkeitsgesetz (VbVG)**, in Kraft getreten. Hinter diesem voluminösen Titel verbirgt sich nichts Anderes als die Einführung der Strafbarkeit von Organisationen in das österreichische Strafrecht, also auch die von Wirtschaftsunternehmen. Unmittelbar ausgelöst wurde das österreichische Bundesgesetz durch Verpflichtungen, welche das »**Zweite Protokoll zum Übereinkommen über den Schutz der finanziellen Interessen der Europäischen Gemeinschaften**« vom 19. Juli 1997[1345] den einzelnen Mitgliedsstaaten auferlegt.   910

Mit dem Verbandsverantwortlichkeitsgesetz öffnet sich der österreichische Gesetzgeber Sachlichkeits- und Präventionserwägungen, die eine Gleichbehandlung von natürlichen und juristischen Personen auch in strafrechtlicher Hinsicht fordern.[1346] Adressaten des VbVG sind neben den juristischen Personen des priva-   911

1344 Fritz **Zeder**, Entwurf für ein Bundesgesetz über die strafrechtliche Verantwortlichkeit juristischer Personen – Verpflichtungen nach dem EU-Recht und Stand der Umsetzung in Österreich, in: Bestrafung von Unternehmen (Hrsg. Werner Hochreiter), Informationen zur Umweltpolitik Nr. 157, Wien 2003, S. 13 ff. [14 ff.]; im folgenden kurz: Zeder, Bestrafung von Unternehmen, Seite zitiert.

1345 ABl. EG Nr. C 221/11. (künftig kurz »Zweites Protokoll« genannt). Das »Zweite Protokoll« führte in Deutschland zu Änderungen und Ergänzungen des § 30 OWiG (Geldbuße gegen juristische Personen und Personenvereinigungen), z. B. zur Einführung des Abs. 1 Nr. 5, durch den der Kreis verantwortlich für das Unternehmen handelnder Personen erweitert wurde; vgl. dazu Eidam, wistra 2003, 447 ff., ders., StraFo 2003, 299 ff.

1346 Die Frage, wo die Sanktion juristischer Personen im österreichischen Recht eingebettet werden soll – in das Zivilrecht bzw. ins Verwaltungs(Straf)recht, oder in Gestalt eines Ordnungswidrigkeitenrechts wie in Deutschland durch § 30 OWiG? –, wurde mit einer Einordnung in das Strafrecht beantwortet.

ten wie des öffentlichen Rechts ebenfalls Personengesellschaften wie offene Handelsgesellschaften und Kommanditgesellschaft, aber auch die Europäische Wirtschaftliche Interessenvereinigung (EWIV) oder die Eingetragene Erwerbsgesellschaft (EEG). Nicht in den Kreis der Normadressaten aufgenommen wurden Organisationsausgestaltungen von hoheitlichen und seelsorgerischen Tätigkeiten.[1347] Folgerichtig spricht das Gesetz nicht von Unternehmen, sondern es verwendet den Überbegriff »Verband«.

912 Der Tatsache, dass auch in unserem Nachbarland das Strafrecht vom Schuldprinzip bestimmt wird, nach dem sich lediglich die natürliche Person schuldig machen kann, versuchte der österreichische Gesetzgeber gerecht zu werden, in dem er in seinem Verbandsstrafrecht beispielsweise nicht von Strafe, sondern von »Buße« spricht. Ebenso konsequent ist, dass Worte wie »Strafbarkeit« und »Bestrafung« vermieden werden.[1348] Ein Verband macht sich eben nicht strafbar und wird nicht bestraft, sondern er ist »für eine Straftat verantwortlich« und wird dafür bebüßt. Das Abweichen von der reinen Lehre des Schuldstrafrechts wird mit praxisnahen, präventiven Effekten begründet: Der Normgeber erwartet vom Inkraftsetzen des Gesetzes, dass sich die angesprochenen Verbände der speziellen Risikofelder ihrer Tätigkeit bewusst werden und zur deren Verhinderung ein geeignetes Risikomanagement einführen.[1349]

913 Hinsichtlich der zu wählenden Sanktionen galt es die vom Europäischen Gerichtshof (EuGH) entwickelte Rechtsprechung, welche Aufnahme in zahlreiche EU-Rechtsakte gefunden hat, zu beachten. Danach muss der nationale Gesetzgeber gegen juristische Personen »wirksame, angemessene und abschreckende« Sanktionen vorsehen.[1350]

914 Die beiden Hauptabschnitte des 30 Paragrafen umfassenden Gesetzes enthalten materiellrechtliche Bestimmungen der Verbandsverantwortlichkeit (§§ 3 – 12 VbVG) bzw. zahlreiche Vorschriften für das Verfahren gegen Verbände (§§ 13 – 27 VbVG). Vorausgestellt sind im ersten Abschnitt »Anwendungsbereich und Begriffsbestimmungen« Definitionen für den im Gesetz verwendeten Begriff »Verband« (§ 1 Absatz 2 und 3 VbVG)[1351] sowie für die Personengruppen »Entscheidungsträger« (§ 2 Absatz 1 VbVG) und »Mitarbeiter« (§ 2 Absatz 2 VbVG). Bei seiner Definition von Führungspersonen und Mitarbeitern hat sich das Gesetz erkennbar von den internationalen Vorgaben leiten lassen.[1352]

915 **Zweck und Ziele des VbVG** heißen **Prävention, Sanktion, Diversion, Restoration.** Der österreichische Gesetzgeber bezweckt mit dem neuen Gesetz zweierlei

---

1347 Wie Kirchen jeder Konfession, Religionsgesellschaften und religiöse Bekenntnisgemeinschaften.

1348 Marianne **Hilf**, Verbandsverantwortlichkeitsgesetz (VbVG), Wien 2006, S. 13. Siehe dazu aber auch § 14 VbVG – Anwendung der Bestimmungen über das Strafverfahren.

1349 Fritz **Zeder**, Die strafrechtliche Verantwortlichkeit von Verbänden, in: Veranstaltung am 15. April 2005 im Bundesministerium für Justiz in Wien, Landesgruppe Österreich der Internationalen Strafrechtsgesellschaft (AIDP) und Österreichischer Juristenverband (Hrsg.), Wien 2005, 63 ff. (70 f.).

1350 Dazu Zeder, Die strafrechtliche Verantwortlichkeit von Verbänden, a.a.O., S. 64.

1351 Siehe dazu Rdn. 911 (mit FN 1330).

1352 Wie unter Rdn. 917 ff.

Ziele – zum einen die Eindämmung bzw. die Verhinderung von Verbandskriminalität jeder Art und zum anderen – falls die Präventionsmaßnahmen versagt haben, es also zu einer Straftat gekommen ist – die Restoration, d. h. die Wiedergutmachung des Schadens unter Berücksichtigung der Interessen der Geschädigten.[1353] Wichtigste Präventionsmaßnahme ist die Einführung eines effektiven Risikomanagements, mit dessen Hilfe ein Vorwarnsystem im Verband installiert werden soll zur Minimierung einschlägiger Gefahren. Weitere präventive Wirkungen werden von der gegen eine wirtschaftlich handelnden Unternehmung oder einem zumindest rationalen Überlegungen gegenüber aufgeschlossenen Verband ausgesprochenen Sanktion erwartet, dies vor allem dann, wenn die Verbandsgeldbuße ganz oder auch teilweise verbunden wird mit technischen, organisatorischen oder personellen Maßnahmen gegenüber der Organisation, den so genannten »Weisungen«.

Als Sanktionsmöglichkeiten stehen der Justiz nach dem VbVG neben der Verbandsgeldbuße und den zuvor erwähnten Weisungsvarianten der Diversion[1354] die Mittel Abschöpfung der Bereicherung, Verfall und Einziehung zur Verfügung. Ein Rückgriff des betroffenen Verbandes auf die für ihn handelnden Entscheidungsträger und Mitarbeiter ist expressis verbis (§ 11 VbVG) ausgeschlossen, ebenso die steuerliche Absetzbarkeit der Verbandsgeldbuße.[1355] **916**

Im Verlauf des Gesetzgebungsverfahrens wurden zahlreiche Rechtsakte der EU, ähnliche Verpflichtungen in völkerrechtlichen Übereinkommen, strafrechtliche Übereinkommen des Europarats, drei UNO-Übereinkommen und die vierzig FATF-Empfehlungen[1356] analysiert, in denen die einzelnen Mitgliedstaaten verpflichtet werden, eine Verantwortlichkeit juristischer Personen für eine bunte Palette von Straftaten einzuführen. Die Überprüfung der genannten Rechtsakte[1357] ergab[1358] genauere Anhaltspunkte, unter welchen Voraussetzungen eine juristische Person Verantwortung trägt und zur Art der Sanktionierung. Es lassen sich zwei Grundtypen unterscheiden, in denen von Verbandsangehörigen begangene Straftaten der juristischen Person zuzurechnen sind: **917**

1353 Vgl. ausführlich Hilf, a.a.O., S. 16 ff.

1354 Der Rücktritt von der Verfolgung (§ 19 VbVG – Diversion) setzt zwingend eine vollständige Wiedergutmachung des durch die strafbare Handlung entstandenen Schadens im Opferinteresse voraus. Nach § 19 Abs. 1 Ziff. 1 – 3 VbVG gibt es drei Formen der Diversion: a) Zahlung eines Geldbetrages, b) Probezeit in Verbindung mit Maßnahmen, die nach § 8 Abs. 3 VbVG Gegenstand einer Weisung sein können und c) Erbringung gemeinnütziger Leistungen; dazu Hilf, a.a.O., S. 103 ff.

1355 Siehe dazu §§ 20 Abs. 1 Ziff. 5 EStG; 12 Abs. 1 Ziff. 4 KStG.

1356 Betreffend Geldwäsche und Terrorismusfinanzierung. Das von den G7-Staaten und der EU-Kommission erteilte Mandat an die FATF (*Financial Action Task Force on Money Laundering*) läuft bis zum 31. 12. 2012. Hauptziel der FATF ist die Entwicklung und Förderung von Grundsätzen zur Bekämpfung der Geldwäsche und der Terrorismusfinanzierung.

1357 Ausführlich dargestellt von Fritz **Zeder**, Entwurf für ein Bundesgesetz über die strafrechtliche Verantwortlichkeit juristischer Personen – Verpflichtungen nach dem EU-Recht und Stand der Umsetzung in Österreich, in: Bestrafung von Unternehmen (Hrsg. Werner Hochreiter), Informationen zur Umweltpolitik Nr. 157, Wien 2003, S. 13 ff. [14 ff.]; im folgenden kurz: Zeder, Bestrafung von Unternehmen, Seite zitiert.

1358 Besonders aus der Analyse der EU-Rechtsakte; z. B. Art. 3 und 4 des »Zweiten Protokolls«.

- **Grundtyp 1**: Begehung der Tat durch eine Führungskraft (»**Person in Führungsposition**«, deren strafbares Handeln mit einer Geldsanktion zu ahnden ist);
- **Grundtyp 2**: Begehung durch einen sonstigen Belegschaftsangehörigen (»**Unterstellte Person**« genannt), wobei dessen Tat erst durch eine Aufsichtspflichtverletzung einer Person in Führungsposition ermöglicht wurde.

918 In beiden vorgenannten Alternativen werden Straftaten[1359] dann der juristischen Person zugerechnet, wenn die strafbare Handlung zu deren Gunsten begangen wurde.[1360] Vom VbVG erfasst werden alle gerichtlich strafbaren Handlungen.[1361, 1362] Verwaltungsübertretungen dagegen fallen nicht unter das Gesetz.

919 **Entscheidungsträger** sind die gesetzlichen Vertreter juristischer Personen, Prokuristen und solche Personen, welche aufgrund organschaftlicher oder rechtsgeschäftlicher Vertretungsmacht in einer vergleichbaren Weise befugt sind, den Verband nach außen hin zu vertreten[1363]; alle Mitglieder von Aufsichtsorganen sowie die Personen, welche sonst Kontrollbefugnisse in leitender Stellung[1364] oder sonst maßgeblichen Einfluss auf die Geschäftsführung des Verbandes[1365] ausüben. Entscheidungsträger kann nur ein Mensch, also keine juristische Person sein.

920 **Mitarbeiter** im Sinne des VbVG ist, wer Arbeitsleistungen für den Verband erbringt auf der Basis

- eines Arbeits-, Lehr- oder sonstigen Ausbildungsverhältnisses[1366];
- eines dem österreichischen Heimarbeitsgesetz unterliegenden oder eines arbeitnehmerähnlichen Verhältnisses[1367];

1359 Nach § 1 Abs. 1 VbVG ist unter Straftat lediglich eine »nach einem Bundes- oder Landesgesetz mit gerichtlicher Strafe bedrohte Handlung« zu verstehen, eine tatsächliche Tatbegehung mit Verwirklichung aller Tatbestandsmerkmalen und etwaiger sonstiger Strafbarkeitsvoraussetzungen durch eine Person ist nicht erforderlich. Auch Versuch und Anstiftung werden erfasst, vgl. Hilf, a.a.O., S. 49 (zu § 3 VbVG). Anstelle des Wortes ›Straftat‹ wird deshalb auch von ›Anlasstat‹ gesprochen.

1360 Nach § 3 Abs. 1 Ziff. 1 VbVG fallen unter die Umschreibung »zu Gunsten« nicht nur alle Taten, durch welche der Verband tatsächlich bereichert wurde oder nach der Planung der die Tat begehenden Person bereichert werden sollte, sondern auch die, durch welche der Verband einen Aufwand tatsächlich erspart hat oder hätte einsparen sollen; siehe Hilf, a.a.O., S. 50.

1361 Österreich hat sich also nicht wie die Schweiz für eine Unternehmensstrafbarkeit von lediglich enumerativ genannten Katalogtaten entschieden; vgl. dazu *Eidam*, Schweiz, a.a.O., PHi 2006, 154 ff.

1362 Gemäß § 1 Abs. 1 Satz 2 VbVG ist das Gesetz auf Finanzvergehen »nur insoweit anwendbar, als dies im Finanzstrafgesetz … vorgesehen ist.« Das Abgabenänderungsgesetz 2005 (BGBl. I 161/2005) sieht für sämtliche Finanzvergehen die VbVG-Anwendbarkeit vor.

1363 Nach § 2 Abs. 1 Ziff. 1 VbVG.

1364 § 2 Abs. 1 Ziff. 2 VbVG.

1365 § 2 Abs. 1 Ziff. 3 VbVG. Daraus folgt, dass auch ein faktischer Geschäftsführer Entscheidungsträger sein kann.

1366 Nach § 2 Abs. 2 Ziff. 1 VbVG.

1367 § 2 Abs. 2 Ziff. 2 VbVG.

- eines Dienst- oder eines besonderen öffentlich-rechtlichen Rechtsverhältnisses[1368] bzw.
- als überlassene Arbeitskraft[1369].

Auf den Punkt gebracht lässt sich sagen: **Mitarbeiter** im Sinne des Gesetzes ist **jede Person, die zu Handlungen im Rahmen der Tätigkeit des Verbandes eingesetzt wird.**[1370] Auch ein Entscheidungsträger wird dann als Mitarbeiter zu verstehen sein, wenn er eine Arbeitnehmertätigkeit für den Verband ausübt.[1371] Angehörige von Zulieferern, ausgegliederten Unternehmensbereichen oder von sonstigen Subunternehmen sind nicht erfasst, da sie nur die strafrechtliche Verantwortlichkeit des Verbandes auslösen können, dem sie angehören.[1372] **921**

Kernvorschrift des neuen österreichischen Gesetzes ist § 3 VbVG. Diese Vorschrift nennt die Voraussetzungen, bei deren Vorliegen die Verantwortlichkeit eines Verbandes für eine Straftat gegeben ist. Erforderlich sind danach, dass **922**

- in Verbandsverantwortlichkeit **Alternative 1** (Entscheidungsträger begeht die Tat)[1373]
  - die Tat der Sphäre des Verbandes zuzurechnen ist;
  - eine strafbare Handlung vorliegt, welche von einem Entscheidungsträger begangen worden ist;
- in Verbandsverantwortlichkeit **Alternative 2** (Mitarbeiter begeht die Tat)[1374]
  - die Tat der Sphäre des Verbandes zuzurechnen ist,
  - ein Mitarbeiter der Täter ist, aber
  - mangelnde Überwachung oder Kontrolle dessen strafbare Handlung erleichtert hat. **923**

Wichtig ist bei den **zwei Alternativen einer Verbandsverantwortlichkeit (§ 3 VbVG)** zu bedenken, dass für das Gesetz nach der Definition des § 1 Absatz 1 VbVG als »*Straftat*« allein (!) die »*mit gerichtlicher Strafe bedrohte Handlung*«, **die so genannte Anlasstat**, gilt. Diese ist aber keinesfalls gleichbedeutend mit der im Schuldstrafrecht sonst grundsätzlich üblichen Anforderung, dass eine Person alle Strafbarkeitsvoraussetzungen (Tatbestand, Rechtswidrigkeit, Schuld, ggf. weitere Voraussetzungen) erfüllt haben muss, soll ihr eine Tatbegehung angekreidet werden können. Die strafbare Handlung im Sinne des VbVG muss tatbestandsmäßig und rechtswidrig sein. Rechtfertigungs-, Schuldausschließungs- oder Entschuldigungsgründe dürfen nicht vorliegen. Ob der Mitarbeiter schuldhaft gehandelt hat, bleibt außer Betracht. Aber: Hat ein Entscheidungsträger ein Vorsatzdelikt begangen, ist auch der Verband wegen Vorsatz verantwortlich, wird dem Entscheidungsträger Fahrlässigkeit vorgeworfen, hat sich auch der Verband wegen Fahrlässigkeit zu verantworten.[1375] **924**

1368 § 2 Abs. 2 Ziff. 4 VbVG.
1369 § 2 Abs. 2 Ziff. 3 VbVG.
1370 So auch Zeder, Bestrafung von Unternehmen, a.a.O., S. 38.
1371 Hilf, a.a.O., S. 46 (Anm. 3 zu § 2): »*Für die Verantwortlichkeit des Verbandes ist allerdings die Frage entscheidend, in welcher Funktion der Entscheidungsträger (bzw. der Mitarbeiter) handelt.*«
1372 Hilf, a.a.O., S. 46 (Anm. 6 zu § 2).
1373 § 3 Abs. 2 VbVG.
1374 § 3 Abs. 3 Ziff. 1 und 2 VbVG.
1375 Zeder, Bestrafung von Unternehmen, a.a.O., S. 37 f.

925 Eine strafbare Handlung im Sinne des VbVG kann auch durch mehrere Entscheidungsträger bzw. Mitarbeiter begangen werden.

926 Nach § 3 Absatz 1 Ziff. 1 VbVG fallen unter die Umschreibung »zu Gunsten« nicht nur alle Taten, durch welche der Verband tatsächlich bereichert wurde oder nach der Planung der die Tat begehenden Person bereichert werden sollte, sondern auch die, durch welche der Verband einen Aufwand tatsächlich erspart hat oder hätte einsparen sollen.[1376] Nicht erfasst werden Taten, die Verbandsangehörige auf eigene Rechnung (wie Betrug, Untreue) begehen oder welche sich unmittelbar gegen die Interessen des Verbandes richten.[1377]

927 Nach § 3 Absatz 2 VbVG – **Verbandsverantwortlichkeit Variante 1** – kann ein Verband nur belangt werden, wenn ein **Entscheidungsträger in Ausübung seiner leitenden Funktion**[1378] gehandelt hat. Die »Tat« kann unmittelbar oder mittelbar begangen worden sein. Sie kann auch in einem Unterlassen von obliegenden Garantenpflichten bestehen. Selbst der **Tatversuch ist ausreichend**.[1379] Der den Verband treffende Vorwurf besteht nicht darin, dass eine für ihn tätige Leitungsperson die Tat begangen hat, sondern vielmehr in dem Vorhalt, dass der Verband eine nach den Umständen gebotene und zumutbare Sorgfaltspflicht vernachlässigt, insbesondere Maßnahmen zur Verhinderung solcher Taten unterlassen hat. Es werden dem Verband also **Organisationspflichtverletzungen in Gestalt von Kontroll- und Überwachungspflichten** vorgeworfen. Die Zurechenbarkeit des – für den Verband begangenen – strafbaren Tuns (oder Unterlassens) eines Entscheidungsträgers resultiert auf der Tatsache, dass ein Verband nur durch seine Entscheidungsträger tätig werden kann. Jedem illegalen Handeln für den Verband durch eine Führungsperson ist somit eine Organisationspflichtverletzung des Verbandes immanent.[1380]

928 Die **Verbandsverantwortlichkeit Variante 2** gemäß § 3 Absatz 3 VbVG verlangt das Vorliegen von **zwei Voraussetzungen**:

929 Zunächst wird vorausgesetzt, dass ein oder mehrere Mitarbeiter[1381] einen »*Sachverhalt verwirklicht haben, der einem gesetzlichen Tatbild entspricht*«.[1382] Es muss also eine objektiv tatbestandsmäßige und rechtswidrige Tatbegehung vorliegen. Dafür reicht aus, dass mehrere Mitarbeiter Teilhandlungen setzen, welche insgesamt das Tatbild erfüllen. Das namentliche Bekanntsein der Teilhandlungstäter ist nicht erforderlich.[1383] Der Verband ist für eine Vorsatztat nur dann verantwortlich, wenn ein Mitarbeiter vorsätzlich gehandelt hat.[1384] Im Falle einer Fahrlässigkeits-

---

1376 Siehe Hilf, a.a.O., S. 50
1377 Zeder, Bestrafung von Unternehmen, a.a.O., S. 37; Hilf, a.a.O., S. 58 (Anm. 6: »*So genannte (aus der Sicht des Verbandes) ›Exzesstaten‹, die also im ausschließlichen Eigeninteresse einzelner Personen begangen werden.*«).
1378 Siehe die Definition in § 2 Abs. 1 VbVG und oben Rdn. 919.
1379 Hilf, a.a.O., S. 59 (Anm. 10).
1380 Dazu Hilf , a.a.O., S. 52 f.
1381 Zum Mitarbeiter-Begriff siehe oben II. B. 3.
1382 Diese Formulierung lehnt sich an § 5 Abs. 1 ÖStGB an.
1383 Zeder, Bestrafung von Unternehmen, a.a.O., S. 38: »*Dadurch soll der arbeitsteiligen Organisation von Verbänden (bzw. der diesen zugeordneten Unternehmen) Rechnung getragen werden.*«.
1384 § 3 Abs. 3 Ziff. 1 1. Alt. VbVG.

tat zeichnet sich der Verband nur dann verantwortlich, wenn Mitarbeiter die nach den Umständen gebotene Sorgfalt außer Acht gelassen haben.[1385]

Eine **weitere Voraussetzung zur Verwirklichung der Verbandsverantwortlichkeit Alternative 2** (Mitarbeiter begeht Tat) fordert, dass ein Entscheidungsträger die nach den Umständen gebotenen[1386] und zumutbaren Vorkehrungen zur Verhinderung solcher Taten unterlassen hat.[1387] Mit welcher Schuld (vorsätzlich, fahrlässig, nicht schuldhaft) die erforderlichen Vorkehrungen unterlassen hat, ist belanglos; denn allein entscheidender Maßstab für die Frage, welche Präventivmaßnahmen der Verband zu treffen hatte, ist der Verband als solcher, nicht einer seiner Entscheidungsträger. Die Unterlassung der Vorkehrungen muss zudem die Begehung der Tat durch den/die Mitarbeiter zumindest erleichtert haben. Die Staatsanwaltschaft muss also nicht den (regelmäßig schweren) Beweis dafür antreten, das gebotene Vorkehrungen die Tatverhindert hätten.[1388]   930

§ 3 Absatz 4 VbVG erklärt eindeutig, dass »*die Verantwortlichkeit eines Verbandes für eine Tat und die Strafbarkeit von Entscheidungsträgern oder Mitarbeitern wegen derselben Tat*« einander nicht ausschließen. Das Gesetz sieht somit weder eine Subsidiarität der Verbandsverantwortlichkeit noch eine solche der Strafbarkeit von Entscheidungsträgern und Mitarbeiter vor. Das Vorliegen einer denkbaren Doppelbestrafung wird unter Hinweis auf die Unterschiedlichkeit von Subjekt und Vorwurf verneint.[1389]   931

Die Verbandsgeldbuße und ihre Bemessung   932

---

§ 4 Absatz 1 und 2 Satz 1 VbVG lauten: 933

»*Ist ein Verband für eine Straftat verantwortlich, so ist über ihn eine Verbandsgeldbuße zu verhängen.*

Die Verbandsgeldbuße ist in Tagessätzen zu bemessen.«

1385 So der Wortlaut von § 3 Abs. 3 Ziff. 1 2. Alt. VbVG.

1386 Wiederholt die aus § 6 Abs. 1 öStGB bekannte Umschreibung der objektiven Sorgfaltswidrigkeit.

1387 Mit dieser Wortwahl präzisiert der österreichische Gesetzgeber das in Art. 3 Abs. 2 des Zweiten Protokolls enthaltene Kriterium der »*mangelnden Überwachung oder Kontrolle*«.

1388 Damit greift Österreich das so genannte Prinzip der Risikoerhöhung auf, welches der deutsche Gesetzgeber seit dem Jahre 1994 (31. StrafÄndG – 2. UKG BGBl. I 1994, 1440) bei Aufsichtspflichtverletzungen nach § 130 OWiG anwendet (Ersatz der Worte: »*hätte verhindert werden können*« durch »*verhindert oder wesentlich erschwert worden wäre*«). Siehe dazu Zeder, Bestrafung von Unternehmen, a.a.O., S. 39.

1389 Zeder, Bestrafung von Unternehmen, a.a.O., S. 39; Hilf, a.a.O., S. 56 (Zu § 3 Abs. 4) und S. 60 (Anm. 21 zu § 3 Abs. 4): »*In einem konkreten Fall kann es zur Bestrafung sowohl einzelner Mitarbeiter und Entscheidungsträgern als auch zur Bebußung des Verbandes oder bloß zur Verurteilung eines oder mehrerer der genannten Sanktionsadressaten kommen. Alle Kombinationen sind denkbar; das Ergebnis eines Falles hängt ausschließlich von der Beweislage ab.*«

934 Die **Verbandsgeldbuße ist im engeren Sinne die einzige selbständige Sanktion gegen einen Verband.**[1390] Das VbVG hat das im Individualstrafrecht bewährte **Tagessatzsystem** übernommen. Die Anzahl der Tagessätze ist nach Schwere des Tatvorwurfs abgestuft und beträgt im Extremfall 180 (§ 4 Absatz 3 1. Spiegelstrich: »wenn die Tat mit lebenslanger oder Freiheitsstrafe bis zu zwanzig Jahren bedroht ist«). Die **Höhe des Tagessatzes bemisst sich nach der Ertragslage des Verbandes** unter Berücksichtigung von dessen sonstiger wirtschaftlicher Leistungsfähigkeit.[1391]

935 Für die richtige Bemessung der Tagessatzhöhe nennt das VbVG in § 5 **Erschwerungs**[1392]**- und Milderungsgründe**[1393], welche das Gericht bei seiner Entscheidungsfindung gegeneinander abzuwägen hat. Überschreitet die Verbandsgeldbuße nicht die Anzahl von 70 Tagessätzen, dann kann sie quasi zur Bewährung ausgesetzt werden (§ 6 VbVG – **Bedingte Nachsicht**), und zwar unter Bestimmung einer Probezeit von mindestens einem und maximal drei Jahren, gegebenenfalls unter Erteilung von Weisungen nach § 8 VbVG. Voraussetzungen für eine Nachsicht ist zum einen die Erwartung, dass der Verband von der Begehung weiterer Taten aus seinem Verantwortungsbereich abgehalten wird und zum anderen, dass es nicht der Vollstreckung der Geldbuße bedarf, um der Begehung von Taten durch andere Verbände entgegenzuwirken.[1394]

936 Die **maximale Verbandsgeldbuße beträgt 1.8 Mio. €.**[1395] Ziel der Bebußung ist, dem Verband Überschüsse zu entziehen, ohne durch diese Maßnahme den Bestand des Verbandes zu gefährden.[1396]

937 Anmerkungen zum Verfahrensrecht

938 Grundsätzlich war es das Bestreben des österreichischen Gesetzgebers, die Verfahren gegen Entscheidungsträger und Mitarbeiter wie das gegen den Verband nach den Regeln der geltenden Strafprozessordnung zu betreiben. So enthält der verfahrensrechtliche Teil des VbVG (§§ 13 – 27) lediglich wenige verbandsspezi-

---

1390 Hilf, a.a.O., S. 68 (1. Anm. zu § 4): »*Die Erteilung von Weisungen ist vom Ausspruch der Verbandsgeldbuße (bedingt oder teilbedingt) abhängig* [siehe § 8 VbVG]. *Ein Freiheitsstrafensurrogat (wie z. B. Verbandskuratel, Tätigkeitsverbote oder Betriebs[teil]schließung) sieht das VbVG als eigenständige Sanktion nicht vor.*«

1391 § 4 Abs. 4 VbVG, dort Satz 2: »*Er ist mit einem Betrag festzusetzen, der dem 360. Teil des Jahresertrages entspricht oder diesen um höchstens ein Drittel über- oder unterschreitet, mindestens jedoch mit 50 und höchstens mit 10.000 Euro.*«

1392 § 5 Abs. 2 VbVG: je höher je größer die Schädigung oder Gefährdung, die der Verband zu verantworten hat bzw. je höher der vom Verband erlangte Vorteil bzw. je mehr gesetzwidriges Verhalten von Mitarbeitern geduldet oder gar begünstigt wurde.

1393 § 5 Abs. 3 VbVG, wenn es sich z. B. lediglich um Straftaten von Mitarbeitern handelt oder der Verband die Folgen der Tat gutgemacht hat oder sich ernstlich um Schadensgutmachung bemüht hat.

1394 Dabei sind nach § 6 Abs. 1 Satz 2 VbVG zu berücksichtigen: die Tatart, das Gewicht der Pflichtverletzung oder des Sorgfaltsverstoßes, frühere Verurteilungen des Verbandes, die Verlässlichkeit der Entscheidungsträger sowie nach der Tat vom Verband gesetzte Maßnahmen.

1395 Lässt man die Möglichkeit einer Strafverschärfung im Wiederholungsfall (bei hilfsweiser Anwendung des § 39 öStGB) außer Betracht.

1396 So die Begründung des Gesetzesentwurfs; vgl. Hilf, a.a.O., S. 64 f.

fische Bestimmungen. Diese befassen sich u. a. neben Fragen der Zuständigkeit, Vertretungs- und Vernehmungsregeln auch mit verbandsgeeigneten Formen der Diversion.[1397] Dieses Instrument ist bei hinreichend aufgeklärtem Sachverhalt zum einen durch Zahlung eines Geldbetrages und zum anderen durch Bestimmung einer Probezeit von bis zu drei Jahren verbunden mit der Erfüllung von Pflichten[1398] möglich.[1399]

Eine Verfahrensvorschrift des Gesetzes besitzt einen – hoffentlich unberechtig- **939** ten – Beigeschmack: § 18 VbVG (**Verfolgungsermessen**). Die Norm räumt der Anklagebehörde die Befugnis ein, abzuwägen[1400], ob ein Verband verfolgt werden soll oder nicht; dies unter Verzicht auf den im österreichischen Individualstrafrecht geltenden Anklagezwang. Liegt hierin nicht ein Verstoß gegen das Gleichbehandlungsprinzip? Denn für die strafrechtliche Verfolgung der Entscheidungsträger und Verbandsmitarbeiter findet weiterhin das Legalitätsprinzip Anwendung.

Bei ihrer **Ermessensentscheidung** hat die **Staatsanwaltschaft** zu prüfen, ob der **940** Ermittlungsaufwand verhältnismäßig ist gemessen an der Bedeutung der Sache oder im Hinblick zur zu erwartenden Strafe. Bei der Prüfung der Bedeutung der Sache sollen alle Umstände der Tat beachtet werden, im Besonderen deren Folgen, die dadurch entstandene Sozialstörung, aber auch die Schwere der Sorgfaltsverstöße. Bei der Abschätzung der Sanktionen ist zu prüfen, ob eine zu verhängende Verbandsgeldbuße überhaupt eingetrieben werden könnte (§ 18 Absatz 1 VbVG).[1401]

§ 18 Absatz 2 VbVG nennt **drei Fälle, bei deren Vorliegen kein Verzicht auf** **941** **eine Strafverfolgung möglich** ist:

- Wegen einer vom Verband ausgehenden Gefahr der Begehung einer Tat mit schweren Folgen, für die der Verband verantwortlich sein könnte,
- um der Begehung von Taten im Rahmen der Tätigkeit anderer Verbände entgegenzuwirken,
- wegen des besonderen öffentlichen Interesses.

Welche Fallkonstellationen im Einzelnen von den zahlreichen unbestimmten **942** Rechtsbegriffen des § 18 Absatz 2 VbVG umfasst werden, diese Frage zu beantworten, bleibt künftiger Rechtsprechung vorbehalten.

Da die Fakten- und Beweislage gegen die beschuldigten Entscheidungsträger **943** oder/und Mitarbeiter weitgehend mit der gegen den »belangten«[1402] Verband

---

1397 §§ 90a ff. öStPO, vor allem § 90a Abs. 1 öStPO. Siehe dazu auch oben Rdn. 915 (FN 1337).

1398 z. B. durch Erbringung gemeinnütziger Leistungen; vgl. *Hilf*, a.a.O., S. 108.

1399 § 19 VbVG– Rücktritt von der Verfolgung (Diversion).

1400 Zeder, Bestrafung von Unternehmen, a.a.O., S. 47 spricht von »Opportunitätserwägungen«. Hilf, a.a.O., S. 103, aus deren Anmerkungen ebenfalls eine gewisse Nachdenklichkeit gegenüber diesem Verfahrensinstrument der Ermittlungsbehörden zu klingen scheint, verweist auf § 14 VbVG und die Möglichkeit der Subsidiaranklage.

1401 Beispiele: Der Verband ist mittellos, in Insolvenz, ohne zahlungsfähigen Rechtsnachfolger.

1402 Mit dieser Wortwahl will der Gesetzgeber einen Konflikt mit dem Schuldprinzip vermeiden; Hilf, a.a.O., S. 26.

identisch ist, sind die **beiden Strafverfahren gemeinsam zu führen.**[1403] **Das für die natürlichen Personen zuständige Gericht begründet auch die Zuständigkeit für das Verbandsstrafverfahren.**[1404] In der Hauptverhandlung ist zunächst nur über Schuld und Strafe der natürlichen Personen zu entscheiden. Vom Ausgang dieses Verfahrens hängt dann ab, auf welche Weise das Verfahren gegen den belangten Verband fortzusetzen ist. Im Falle eines Schuldspruchs gegen beschuldigte Verbandsangehörige wird die Hauptverhandlung gegen den Verband fortgesetzt, im Falle eines Freispruchs hat die Staatsanwaltschaft innerhalb von drei Tagen zu erklären, ob in einem selbständigen Verfahren über die Verhängung einer Geldbuße gegen den Verband entschieden werden soll. Aus dieser Regelung erklärt sich auch das Recht des belangten Verbandes, ein Urteil gegen natürliche Personen bekämpfen zu dürfen, »*soweit daraus eine Voraussetzung seiner Verantwortlichkeit abgeleitet wird*«.[1405]

d)   Schweiz[1406]

944   Bis zum 30. September 2003 kannte das schweizerische Recht lediglich im Verwaltungsstrafgesetz eine subsidiäre Regelung für Unternehmensdelikte, welche Strafen in Gestalt von Bußen bis zu 5.000 SFR vorsahen. Im Übrigen galt – wie in Deutschland – der alte Rechtsgrundsatz ›*societas delinquere non poftest*‹, wonach nur natürliche Personen schuld- und damit straffähig sein können.[1407]

945   Auslöser für die Überlegungen des schweizerischen Gesetzgebers, eine strafrechtliche Unternehmenshaftung einzuführen, war die bekannte Umweltkatastrophe vom 30. November 1986, als es in einem chemischen Werk der Fa. Sandoz in Schweizerhalle bei Basel zu einem Brand kam, der zu einer erheblichen Verschmutzung des Rheins führte.[1408] Den letzten, ergänzenden Anstoß gaben die terroristischen Anschläge auf die beiden Türme des World Trade Centers in New York am 11. September 2001.[1409] Am 1. Oktober 2003 trat dann mit den

---

1403 § 15 Abs. 1 S. 2 VbVG.

1404 § 15 Abs. 1 S. 1 VbVG.

1405 Dazu Hilf, a.a.O., S. 26 f.

1406 Siehe auch Gerd **Eidam**, Strafbarkeit von Unternehmen im ausländischen Recht – Teil 1: Schweiz, in: PHi 2006, 154 ff.

1407 Vgl. u. a. Niklaus **Schmid**, Einige Aspekte der Strafbarkeit des Unternehmens nach dem neuen Allgemeinen Teil des Schweizerischen Strafgesetzbuchs, in: »Neuere Tendenzen im Gesellschaftsrecht«, Festschrift für Peter Forstmoser zum 60. Geburtstag (Hrsg. von der Crone/Weber/Zäch/Zobl, Zürich 2003, S. 761 ff. (762); Mark **Pieth**, Die strafrechtliche Verantwortung des Unternehmens, ZStrR (Schweizerische Zeitschrift für Strafrecht), Band 121/2003, S. 353 ff. (354 ff.).

1408 Dazu die im Jahre 1999 veröffentlichte Botschaft zur Änderung des Schweizerischen Strafgesetzbuches (Allgemeine Bestimmungen, Einführung und Anwendung des Gesetzes …) vom 21. 09. 1998, Separatausgabe S. 158 ff. (159).

1409 Botschaft des Bundesrates betreffend die Internationalen Übereinkommen zur Bekämpfung der Finanzierung des Terrorismus und zur Bekämpfung terroristischer Bombenanschläge sowie der Änderung des Strafgesetzbuches … vom 26. 06. 2002, BBl 2002 IV 5390, 5437 ff.; dazu Günter **Heine**, Das kommende Unternehmensstrafrecht (Art. 100[quater] f.) – Entwicklung und Grundproblematik, ZStrR, Band 121/ 2003, S. 24 ff.

Art. 100^{quater} und Art. 100^{quinquies} Schweizerisches Strafgesetzbuch eine allgemeine Regelung der Strafbarkeit von Unternehmen in Kraft.[1410]

Die materiell-rechtliche Vorschrift des **Artikel 100^{quater} Schweizerisches Strafgesetzbuch** lautet[1411]:

946

---

(1) Wird in einem Unternehmen in Ausübung geschäftlicher Verrichtung im Rahmen des Unternehmenszwecks ein Verbrechen oder Vergehen begangen und kann diese Tat wegen mangelhafter Organisation des Unternehmens keiner bestimmten natürlichen Person zugerechnet werden, so wird das Verbrechen oder Vergehen dem Unternehmen zugerechnet. In diesem Fall wird das Unternehmen mit Busse bis zu 5 Millionen Franken bestraft.

947

(2) Handelt es sich dabei um eine Straftat nach den Art. 260ter, 260^{quinquies}, 305bis, 322ter, 322^{quinquies} oder 322^{septies}, so wird das Unternehmen unabhängig von der Strafbarkeit natürlicher Personen bestraft, wenn dem Unternehmen vorzuwerfen ist, dass es nicht alle erforderlichen und zumutbaren organisatorischen Vorkehren getroffen hat, um eine solche Straftat zu verhindern.

(3) Das Gericht bemisst die Busse insbesondere nach der Schwere der Tat und der Schwere des Organisationsmangels und des angerichteten Schadens sowie nach der wirtschaftlichen Leistungsfähigkeit des Unternehmens.

(4) Als Unternehmen im Sinne dieses Artikels gelten:

a. juristische Personen des Privatrechts;

b. juristische Personen des öffentlichen Rechts mit Ausnahme der Gebietskörperschaften;

c. Gesellschaften;

d. Einzelfirmen.

Grundidee der Vorschrift des Artikel 100^{quater} StGB, so legt es deren Wortlaut[1412] nahe, ist für den Gesetzgeber die Ahndung von betrieblichen Organisationsmängeln, denen er ein besonderes Gefährdungspotential zuschreibt, und welche die Deliktszuschreibung zu einem bestimmten Unternehmensangehörigen verhindern (Absatz 1) bzw. eine spezielle Katalogtat ermöglichen (Absatz 2). Die Ausgestaltung des unbestimmten Rechtsbegriffs der »mangelhaften Organisation« wird

948

1410 Bundesgesetz über die Änderung des Strafgesetzbuches und des Bundesgesetzes betreffend die Überwachung des Post- und Fernmeldeverkehrs (Finanzierung des Terrorismus) , Änderung vom 21. 03. 2003, AS 2003, 3043 ff. Schon vor seiner endgültigen Verabschiedung hat die Einführung der Unternehmensstrafbarkeit zu einer umfangreichen wissenschaftlichen Diskussion geführt; siehe dazu die Auflistung bei Niklaus **Schmid**, Strafbarkeit des Unternehmens: die prozessuale Seite, recht 2003 (Heft 6), 203 ff. (204, Fußnote 16).

1411 Regelt das materielle Recht. Die das Verfahrensrecht regelnde Norm findet sich in Art. 100^{quinquies} StGB.

1412 Der Gesetzgeber spricht hinsichtlich des gerügten Organisationsverschuldens von einem »Vorwurf eigener Prägung« oder nennt es – so in BBl. 1999 IV 2142 – »eigenständiges aliud«; vgl. G. Heine, a.a.O., S. 29.

der Rechtsprechung überlassen. Die Norm selbst nennt keine Kriterien, die es von einer korrekten, untadeligen Organisation erwartet. Für die Unternehmen bleibt die Regelung schon aus diesem Grunde ein Hort der Unsicherheit.[1413, 1414] Sie, die vor allem Wirtschaftsunternehmen sind, reagieren vor diesem Hintergrund auf die Strafnorm verständlich[1415] verstärkt präventiv mit Compliance-Modellen, Codes of Conduct und Corporate Governance-Regeln.

aa) Subsidiäre Strafbarkeit des Unternehmens nach Art. 100[quater] Absatz 1 StGB

949 Nach dem Willen des Gesetzgebers soll ein Unternehmen[1416] lediglich dann strafrechtlich zur Verantwortung herangezogen werden können, wenn ein Handeln für das Unternehmen strafrechtlich als Straftat[1417] zu werten ist, dieses aber »*wegen mangelnder Organisation des Unternehmens keiner bestimmten natürlichen Person zugerechnet werden kann*«. Die **strafrechtliche Unternehmenshaftung** des **Art. 100[quater] Absatz 1 StGB** ist grundsätzlich **subsidiärer.** Die Norm beinhaltet ausschließlich eine **Auffanghaftung.** Dem **Unternehmen** wird **keine Mitschuld an der Straftat** vorgeworfen, **sondern** eine **Mitverantwortlichkeit** an der Tatsache, dass der Staat die tatsächlich verantwortliche natürliche Person nicht ausfindig machen kann. Der Gesetzgeber schließt somit generell eine eigene Unfähigkeit der zuständigen Strafermittlungsbehörde bei der Feststellung des Täters aus zu Lasten eines unterstellten Organisationsmangels des Unternehmens, mag dieser sich in einer von den Ermittlungspersonen bemängelten fehlenden Transparenz der Unternehmensstruktur äußern oder im – tatsächlichen bzw. behaupteten – Fehlen der Kooperationsbereitschaft auf Seiten des Unternehmens.

950 **Weitere Voraussetzung für eine Unternehmensbestrafung** ist, dass die **Anlasstat** »*in Ausübung geschäftlicher Verrichtung im Rahmen des Unternehmenszwecks*« begangen worden ist. Wesentliche Bedeutung kommt also den **Tatbestandsmerkmale »in Ausübung geschäftlicher Verrichtung« und »im Rahmen des Unternehmenszwecks«** zu.

1413 Heine (a.a.O., S. 38 f.) weist zu Recht darauf hin, dass die vom Gesetzgeber gewählte Vorgehensweise zu einem Zuwachs an »Auslegungsmacht für die Strafverfolgungsorgane« führt. So hat das Bundesgericht im Von-Roll-Entscheid (Fall: Lieferung von dual use-Produkten durch die Fa. Von Roll an den Irak) – BGE 125 IV 267, 127 IV 78 – kritisiert, getroffene Vorkehrungen seien nicht ausreichend gewesen, aber die nach seiner Ansicht erforderlichen Maßnahmen nicht konkretisiert.

1414 Zudem enthält Art. 100[quater] Abs. 3 StGB noch den unbestimmten Begriff der »*Schwere des Organisationsmangels*«.

1415 Ist doch jedes Strafverfahren, in das ein Unternehmen involviert ist, für dieses mit negativer Publizität verbunden.

1416 Art. 100[quater] StGB liegt ein wirtschaftlicher Unternehmensbegriff zugrunde. Dies ergibt sich auch aus dem Wortlaut »geschäftliche Verrichtung«. Welche Organisationsformen im Sinne des Gesetzes als ›Unternehmen‹ zu verstehen sind, nennt die Legaldefinition des Abs. 4 des Artikels.

1417 Und zwar als Verbrechen oder Vergehen (Art. 3 StGB), eine Übertretung (Art. 101 StGB) genügt also nicht. ›Verbrechen‹ sind Straftaten mit Zuchthaus als Höchststrafe, ›Vergehen‹ sind Delikte, auf die im Höchstfall Gefängnisstrafe steht. ›Übertretungen‹ sind Straftaten, welche mit Buße bedroht sind.

Drei Fallkonstellationen entziehen sich somit der Norm: 951

- **Handlungen gegen das Unternehmen** können nach dem Wortlaut der Bestimmung nicht Gegenstand des Straftatbestandes sein. Es wäre auch schwer nachvollziehbar, wenn das Opfer zum Täter hochstilisiert würde.
- Gleichfalls nicht dem Unternehmen zurechenbar nach Art. 100^{quater} Absatz 1 StGB sind die Fälle einer eindeutigen **Eigenbereicherung des Täters**, also die Taten, welche von irgendeinem Betriebsangehörigen im eigenen kriminellen Interesse begangen werden.
- Letztlich können **bei Gelegenheit eines organisierten Handelns begangene Delikte** nicht Normgegenstand sein. Anderenfalls müsste – ein Unding – jede organisierte Tätigkeit verboten werden; denn unter dem Dach einer jeden Organisation – je größer diese ist, um so schneller – wird sich irgendwann ein Schwarzes Schaf tummeln. Dagegen ist kein Unternehmen gefeit, sei seine Organisation auch noch so sorgfältig und durchdacht.

Mangels gesetzgeberischer Kriterien hinsichtlich des unbestimmten Begriffs »*in* 952 *Ausübung geschäftlicher Verrichtung im Rahmen des Unternehmenszwecks*« wird das Auftreten von **Abgrenzungsschwierigkeiten** nicht ausbleiben.[1418]

Zwei Voraussetzungen müssen erfüllt sein: 953

- Der Täter der Anlasstat kann nicht ermittelt werden und
- dieses Ermittlungsmanko ist auf die Organisation des Unternehmens zurückzuführen.

Es bedarf also des Vorliegens einer mangelhaften Organisation des Unterneh- 954 mens.

Täter im Sinne des Art. 100^{quater} StGB kann jeder Unternehmensangehörige sein, 955 schließt also die gesetzlichen Organvertreter ebenso ein wie die Angestellten und Beauftragten, denen z.B. im Wege des Outsourcings Unternehmensaufgaben und – pflichten übertragen worden sind.[1419] Es ist nicht zu erwarten, dass Art. 100^{quater} Absatz 1 StGB eine große Bedeutung entfalten wird.[1420]

Die Anlasstat ist dem Unternehmen als solchem nur dann zurechenbar, wenn alle 956 Tatbestandsmerkmale der Vorschrift des Art. 100^{quater} Absatz 1 StGB vorliegen. Diese Tatbestandsvoraussetzungen sind:

In einem Unternehmen wird

- in Ausübung einer geschäftlicher Verrichtung,
- im Rahmen eines Unternehmenszweckes,
- ein Verbrechen oder Vergehen begangen,
- welches wegen einer mangelhaften Unternehmensorganisation,
- keiner bestimmten natürlichen Person im Unternehmen zurechenbar ist.[1421]

1418 Siehe dazu beispielhaft G. Heine, a.a.O., S. 34 ff. und M. Pieth, ZStrR, a.a.O., S. 361 f.
1419 Siehe M. Pieth, ZStrR, a.a.O., S. 359 f.
1420 So auch M. Pieth, ZStrR, a.a.O., S. 365.
1421 Es drängt sich die Vermutung auf, dass die neue Vorschrift wegen der Vielzahl an Voraussetzungen in der Praxis nur ein stumpfes Schwert sein wird.

957 Lediglich in einem solchen Fall kann das betroffene Unternehmen mit einer ›Buße‹ genannten **Strafe in Höhe von bis zu 5 Mio. SFR belangt werden**.

bb) Die originäre Unternehmenshaftung des Art. 100^{quater} Absatz 2 StGB

958 Die für seriöses Wirtschaftsunternehmen gewichtigere Norm des neuen schweizerischen Unternehmensstrafrechts ist gewisslich die Vorschrift des Art. 100^{quater} Absatz 2 StGB, der **Vorwurf des Organisationsmangels**. Der **Tatbestand beruht auf vier Säulen**: Der Täter – ein oder mehrere Unternehmensangehörige(r) – muss

- in Ausübung seiner Tätigkeit für das Unternehmen,
- eine festgestellte Katalogstraftat begehen und
- selber als Täter dafür aber nicht verurteilt worden sein, und diese Verhinderung der Ahndung des Handlungstäters wurde möglich, weil
- die Organisationspflichten im Unternehmen nicht beachtet wurden oder mangelhaft ausgestaltet sind.

959 Anders als im Fall des Art. 100^{quater} Absatz 1 StGB sind nicht personelle Zuständigkeiten zu garantieren, sondern das **Unternehmen hat als Überwachungsgarant** umfassende, organisatorische Vorkehrungen zu treffen, um den Eintritt einer Katalogstraftat zu verhindern.

960 Wird einer oder mehrere von **sechs enumerativ genannten Straftatbeständen**[1422] dem Unternehmen vorgeworfen, wird dieses unmittelbar und unabhängig von der Strafbarkeit einer natürlichen Person belangt, wenn es versäumt hat, alle erforderlichen und zumutbaren organisatorischen Maßnahmen (»*Vorkehren*«) zu treffen, um eine solche Straftat zu verhindern. Bei diesen Katalogtaten, allesamt Verbrechen oder Vergehen nach schweizerischem Recht, handelt es sich im Einzelnen um Art. 260ter StGB (kriminelle Organisation)[1423], Art. 260^{quinquies} StGB (Finanzierung des Terrorismus), Art. 305bis StGB (Geldwäscherei), Art. 322ter StGB (Bestechung schweizerischer Amtsträger), Art. 322^{quinquies} StGB (Vorteilsgewährung) und Art. 322^{septies} StGB (Bestechung fremder Amtsträger).

961 Es liegt in diesen Fällen **eine originäre**, und nicht nur – wie in der Konstellation des ersten Absatzes – eine subsidiäre **Verantwortlichkeit des Unternehmens** vor. Die Haftung besteht unabhängig von der Verantwortlichkeit eines oder mehrerer Belegschaftsangehöriger. Man kann also auch von einer kumulativen Unternehmensstrafbarkeit sprechen. Ganz zu Recht wird aber in der einschlägigen Literatur warnend darauf hingewiesen, dass sich – siehe USA – schnell aus der kumulati-

---

1422 Zur Entwicklung des schweizerischen Kartellrechts im Wechselspiel mit dem EU-Kartellrecht siehe den höchst informativen und aktuellen Aufsatz von Günter **Heine,** Quasi-Strafrecht und Verantwortlichkeit von Unternehmen im Kartellrecht der Europäischen Gemeinschaften und der Schweiz, in: Schweizerische Zeitschrift für Strafrecht (ZStrR), Band 125/2007, S. 105 ff.

1423 Ausführlich dazu Günter **Heine**, Schweiz, in: Walter **Gropp**/Arndt **Sinn** (Hrsg.), Organisierte Kriminalität und kriminelle Organisationen – Präventive und regressive Maßnahmen vor dem Hintergrund des 11. September 2001, Baden-Baden 2006, S. 351 ff.

ven Strafbarkeit eine primäre Unternehmensstrafbarkeit entwickeln kann; dies dann nämlich, wenn der für die Anlasstat verantwortliche Mitarbeiter eine Chance sieht (oder ihm eine solche offeriert wird), selbst glimpflich davon zu kommen, so er das Unternehmen kräftig anschwärzt.[1424]

Was ist nun der Inhalt dieser Organisationspflichten? Die Vorschrift gibt keine 962 klare Antwort. »*Erforderlich*« und »*zumutbar*« sind unbestimmte Rechtsbegriffe, die gewisslich je nach Art und Größe der Gefahrenquelle, welche von einer Unternehmung ausgehen, also im Rahmen der jeweiligen Verkehrssicherungspflicht produkt-, betriebs- oder branchenspezifisch ausgestaltet werden müssen. Die Gesetzgebung überlässt es aber einmal mehr der Rechtsprechung, für geeignete Sorgfalts- und Organisationsprinzipien zu sorgen. Es ist jedoch fest davon auszugehen, dass – wie im deutschen § 130 OWiG – unternehmensseitig generell die drei Hauptorganisationspflichten (Auswahl-, Instruktions- und Kontrollpflicht) beachtet werden müssen.[1425] Allerdings zeigen die Begriffe »*erforderlich*« und »*zumutbar*« eine Haftungsbegrenzung auf. Nicht die optimale Sorgfalt wird verlangt, sondern die nach dem Betriebsrisiko erwartbare Anstrengung des Unternehmens. Damit scheidet leichte Fahrlässigkeit aus. Es verbleiben die Fälle des gravierenden Organisationsversagens, des fehlerhaften Managements der Organisation.[1426]

Wie für die Fälle des Art. 100^{quater} Absatz 1 StGB beträgt wohl auch für Straftaten 963 nach Art. 100^{quater} Absatz 2 StGB eine **Buße von 5 Mio. SFR die Höchststrafe**.[1427] Bei der Strafbemessung hat das Gericht die Schwere der Tat und des Organisationsmangels, wie den angerichteten Schaden und die wirtschaftliche Leistungsfähigkeit des Unternehmens zu berücksichtigen.[1428]

cc) Die verfahrensrechtliche Regelung des Art. 100^{quinquies} StGB

Im Falle eines Prozesses wird das Unternehmen durch einen gesetzlichen Vertre- 964 ter, der identisch ist mit dem zivilrechtlichen Organ, vertreten.[1429] Werden gegen diesen Prozessvertreter wegen einer einschlägigen betrieblichen Straftat Strafuntersuchungen eröffnet (Ermittlungen eingeleitet), bestellt das Gericht nötigenfalls eine geeignete Person.

Art. 100^{quinquies} Absatz 2 Satz 1 StGB räumt dem **Prozessvertreter des Unterneh-** 965 **mens** die **gleichen Rechte** ein **wie** dem **Beschuldigten**. Die Auswirkungen dieser Rechtsposition bedürfen noch der Klärung, insbesondere hinsichtlich des Problems der Informationsgewinnung (**Schweigerecht!**) und der Frage, inwieweit der

---

1424 Siehe dazu ausführlich Gunther **Arz**t, Strafbarkeit juristischer Personen: Andersen, vom Märchen zum Alptraum, SZW/RSDA 4/2002, 226 ff. (228 ff.).

1425 Vgl. M. Pieth, ZStrR, a.a.O., S. 363f.

1426 An die Stelle der Quasi-Kausalität des Individualstrafrechts tritt eine verbandsspezifische Risikoerhöhungstheorie, so G. Heine, a.a.O., S. 40.

1427 Das »*dabei*« in Art. 100^{quater} Abs. 2 StGB wird als Verweis auf Art. 100^{quater} Abs. 1 Satz 2 StGB zu verstehen sein.

1428 Art. 100^{quater} Abs. 3 StGB.

1429 Art. 100^{quinquies} Abs. 1 StGB.

nemo tenetur-Grundsatz, also das Recht, sich nicht selbst belasten zu müssen, auch für Unternehmen im Strafverfahren gilt.

966 Die **absolute Garantie des Aussageverweigerungsrechts** darf in der Schweiz auch nicht im Rahmen des Unternehmensstrafrechts angetastet werden. So ist in der Sache auch ein **Unternehmen vor Selbstbelastung geschützt**.[1430] Kritische Stimmen[1431] weisen darauf hin, dass ein beschuldigtes Unternehmen seine Aussagepflicht manipulieren könne, indem es gerade dem Organ die Prozessvertretung erteile, das über belastendes Wissen verfüge. Wenn der Prozessvertreter dann von seinem Schweigerecht Gebrauch mache, sei das Unternehmen selbst vor Nachteilen geschützt.

e) Frankreich

967 Art. 121 des neuen Code pénal (NCP) regelt seit 1994 die strafrechtliche Verantwortlichkeit juristischer Personen.[1432] Von dieser strafrechtlichen Verantwortlichkeit ausgenommen sind nur der Staat selbst sowie die regionalen Gebietskörperschaften.[1433] Alle übrigen juristischen Personen des privaten und öffentlichen Rechts, also insbesondere die Kapitalgesellschaften, Verbände und Vereinigungen, politische Parteien, Gewerkschaften und öffentlich-rechtliche Anstalten, sind somit nach französischem Recht straffähig.[1434] Die Regelung gilt grundsätzlich auch für ausländische juristische Personen, sofern das französische Strafrecht nach seinen allgemeinen Regeln Anwendung findet. Soweit diese allerdings keine Niederlassung in Frankreich haben, laufen allerdings zahlreiche im Gesetz vorgesehene Sanktionen leer.[1435]

968 **Regelstrafe ist die Geldstrafe** (Art. 131 NCP). Es können Geldstrafen ausgeurteilt werden, die sich auf den fünffachen Satz der Geldstrafe für eine natürliche Person belaufen. Ferner sind u. a. die Auflösung der Gesellschaft, ein umfassendes oder partielles Berufsverbot oder die Schließung von Betriebsstätten vorgesehen. In der französischen Strafprozessordnung wurde ferner die Einführung eines Strafregisters für juristische Personen vorgesehen.

969 Die **juristische Person haftet** im französischen Strafrecht **nur für das Handeln ihrer Organe und Vertreter**, und zwar nach herrschender Auffassung unabhängig

---

1430 Siehe G. Heine, a.a.O., S. 43.

1431 Arzt, a.a.O., S. 234.

1432 Nach Cora Constanze **Hartan**, Unternehmensstrafrecht in Deutschland und Frankreich, Hamburg 2006, S. 210 ff. ergingen es zwischen 1994 und Ende 1997 100, meist erstinstanzielle Urteile gegen juristische Personen, davon 35 % wegen Schwarzarbeit, 27 % wegen fahrlässiger Tötung bzw. Körperverletzung, 13 % Verkäufe ohne Rechnung bzw. unregelmäßige Abrechnungen u. ä., 11 % wegen Umweltdelikte; im Zeitraum 1998 bis 06/2002 führen weiter Schwarzarbeitsdelikte vor fahrlässiger Tötung bzw. Körperverletzung. An die dritte Stelle haben sich wettbewerbswidrige Kartellabsprachen geschoben.

1433 Letztere allerdings nur hinsichtlich solcher Delikte, die bei der Erfüllung nicht übertragbarer Verwaltungsaufgaben begangen worden sind.

1434 Unklar ist hingegen, ob auch Personenmehrheiten, die nach französischem Recht als solche keine Rechtsfähigkeit besitzen, von der Regelung erfasst werden, und ob juristische Personen auch in der Gründungs- oder Abwicklungsphase bestraft werden können.

1435 Siehe auch Michael Hettinger (Hrsg.), a.a.O., 286 ff.

davon, ob die deliktische Handlung eine Überschreitung der Vertretungsmacht dieser Personen darstellt. Voraussetzung für die Strafbarkeit einer juristischen Person (*»personne morale«*) ist danach, dass die Straftat durch ein Organ der juristischen Person oder einen ihrer Vertreter »auf ihre Rechnung« (*»pour leur compte«*) begangen worden ist und dass der jeweilige Straftatbestand die Verbandsstrafbarkeit ausdrücklich vorsieht.[1436] Eine strafrechtliche Haftung der juristischen Person für das Verhalten anderer natürlicher Personen, insbesondere für einfache Mitarbeiter eines Unternehmens, scheidet hingegen aus, es sei denn, die juristische Person hat ihre Aufsichtspflicht verletzt.

Die Kausalität zwischen Aufsichtspflichtverletzung und Zuwiderhandlung muss nach französischem Recht nicht nachgewiesen werden. Vielmehr wird bei Begehung einer Straftat durch einen Mitarbeiter die Aufsichtspflichtverletzung widerlegbar vermutet und die juristische Person muss den Exkulpationsbeweis führen. **970**

Die Strafbarkeit des Verbandes lässt die strafrechtliche Verantwortung der als Organe oder Vertreter handelnden natürlichen Personen unberührt. Diese bleiben neben der juristischen Person als Mittäter strafbar (Art. 121-2). **971**

Der Code Pénal sieht die Strafbarkeit juristischer Personen bei zahlreichen Tatbeständen vor, so unter anderem für fahrlässige Tötung (Art. 221-6), fahrlässige Körperverletzung (Art. 222-19 und 222-20), Betrug und betrugsähnliche Handlungen (Art. 313-1 bis 313-4) sowie Untreue und Bestechung. Daneben ist die Strafbarkeit von juristischen Personen bei zahlreichen Tatbeständen außerhalb des Code Pénal von Bedeutung, so etwa im Umweltstrafrecht sowie im Arbeits-, Sozial- und Wirtschaftsstrafrecht. **972**

> Im Juli 2001 kam es im Verlauf eines Open-Air-Konzerts in einem Park der Stadt Straßburg zu einem schweren Unglücksfall. Eine Sturmböe riss eine alte Plantane aus dem Erdreich. Der Baum stürzte auf Musiker und Konzertbesucher. 13 Menschen starben, rund 100 Personen wurden verletzt. Im März 2007 wurde die Stadt, die wegen vielfacher fahrlässiger Tötung und Körperverletzung angeklagt war, zu einer Geldstrafe in Höhe von 150 000 Euro verurteilt. Nach den Feststellungen des Straßburger Landgerichts hätten die zuständigen städtischen Behörden angesichts der Sturm- und Tornadowarnungen das Open-Air-Konzert absagen müssen.[1437]

Im Code Pénal ist die **Geldstrafe als Regelstrafe** für Verbrechen und Vergehen (»crimes et délits«) juristischer Personen vorgesehen (Art. 131-37 Nr. 1). Die Höhe der Geldstrafe beläuft sich maximal auf das Fünffache des für die entsprechende Straftat einer natürlichen Person vorgesehenen Betrages (Art. 131-39), bei Rückfalldaten auf das Zehnfache (Art. 132-12). Die Strafe kann auch zur Bewährung ausgesetzt werden. Neben der Geldstrafe können auch Verfügungen und Auflagen verhängt werden, wie neben der öffentlichen Bekanntmachung der Verurteilung die Schließung von Betriebsstätten, die Untersagung bestimmter Aktivitäten, die Verpflichtung, bestimmte Betriebsmittel zu verwenden, bis hin zur Liquidation des Unternehmens. **973**

1436 Art. 121-2.
1437 Siehe HAZ Nr. 74, v. 28. 03. 2007, S. 12.

f) Niederlande

974 Bis 1976 war die Strafbarkeit juristischer Personen allein im Nebenstrafrecht verankert. Zuvor[1438] anerkannte lediglich das Wirtschaftsstrafrecht eine Strafverfolgung von Unternehmen, wenn eine Wirtschaftsstraftat durch natürliche Personen »im Einflussbereich« des Unternehmens begangen worden war (Art. 15 Wet op de Economische Delicten). Dann wurde die Strafbarkeit von Unternehmen in Art. 51 Absatz 1 des niederländischen Strafgesetzbuch (Wetboek van Strafrecht) aufgenommen.[1439] Strafbar sind danach neben öffentlich-rechtliche Körperschaften alle juristische Personen des Privatrechts und Personenvereinigungen ohne Rechtsfähigkeit.[1440] Sanktionen können sich entweder gegen betroffene Unternehmen bzw. dessen tatbeteiligten Mitarbeiter oder gegen beide gemeinsam richten. Die Strafbemessung für juristische Personen kann gegenüber dem Strafrahmen für natürliche Personen erhöht werden. Auch können einem straffälligen Unternehmen Vorteile (z. B. Steuerermäßigung oder Subventionen) und Rechte – bis hin zum Entzug der Betriebskonzession – genommen werden.[1441]

975 Die Strafbarkeit eines Unternehmens setzt nach niederländischem Recht voraus, dass die strafbare Handlung nach ihrem sozialen Sinngehalt als eine solche der juristischen Person erscheint. Dass die handelnden natürlichen Personen in einer rechtlichen Beziehung zu dem Verband stehen, kann hierfür ein Indiz sein, ist aber nicht unbedingt erforderlich. Insbesondere bedarf es zur Begründung der Strafbarkeit keiner Handlung eines Unternehmensorgans.[1442] Das Unternehmen muss lediglich eine konkrete Einwirkungsmöglichkeit auf die unmittelbar handelnde Person und Kenntnis von der Straftat gehabt haben. Nach der Rechtsprechung hat eine juristische Person allerdings bereits dann Kenntnis erlangt, wenn sie ähnliche Vorfälle bereits in der Vergangenheit geduldet hatte.[1443]

976 Grundsätzlich können nach niederländischem Recht alle Straftaten auch durch Unternehmen begangen werden. Nur wenn es offensichtlich ist, dass sich das in einem Straftatbestand enthaltene Ver- oder Gebot ausschließlich an eine natürliche Person richten kann, scheidet eine Strafbarkeit aus.[1444]

977 Folgende Sanktionen können nach niederländischem Recht gegen Unternehmen verhängt werden:

- Geldstrafen;
- öffentliche Bekanntmachung der Verurteilung;
- Verfall von illegal erzielten Gewinnen und Beschlagnahme bestimmter Gegenstände sowie
- Wiedergutmachung des angerichteten Schadens.

1438 Seit 1951.
1439 Vgl. Hettinger, a.a.O., S. 293 ff.; KK-OWiG-Rogall, a.a.O., § 30 Rn. 240.
1440 Von der Verbandsstrafbarkeit ausgenommen ist lediglich das »Ein-Mann-Unternehmen«.
1441 Heine/Waling, JR 1989, S. 402 ff. (408); vgl. auch die Darstellung von J. F. Nijboer, in: Eser/Heine/Huber (eds.), Criminal Responsibility of Legal and Collective Entities, Freiburg 1999, S. 303 ff.
1442 Hettinger, a.a.O., S. 295.
1443 Hettinger, a.a.O.
1444 De Doelder, a.a.O., S 300.

Wegen der Begehung von Wirtschaftsstraftaten nach dem Wirtschaftsstrafgesetzbuch können außerdem folgende Sanktionen belegt werden:

- vollständige oder teilweise Tätigkeitsbeschränkungen;
- Einsetzung eines gerichtlichen Verwalters und öffentliche Bekanntmachung dieser Entscheidung und
- Erteilung von Auflagen hinsichtlich des künftigen Verhaltens des Verbandes.

Im Zusammenhang mit der strafrechtlichen Verfolgung kann seitens der Staatsanwaltschaft bei der hierfür zuständigen Handelskammer auch die Auflösung einer juristischen Person beantragt werden. **978**

g)   Belgien

Nachdem Belgien die Einführung einer Unternehmensstrafe analog dem niederländischen Beispiel in der Vergangenheit stets abgelehnt hatte, kam es im Jahre 1999 recht unerwartet zu einer Aufnahme der Strafbarkeit von Unternehmen in das belgische Strafgesetzbuch.[1445] Die strafrechtliche Unternehmenshaftung schließt grundsätzlich eine solche Haftung von Unternehmensangehörigen aus. **979**

Der Entwurf eines flämischen Umweltdekrets aus dem Jahr 1991 enthält in seinem Artikel 19 eine Regelung, nach der juristische Personen bestraft werden können, wenn einer ihrer Vertreter »im Rahmen des Geschäftszweckes« oder »zur Wahrung der Verbandsinteressen« eine Umweltstraftat begangen oder die Begehung durch einen untergeordneten Mitarbeiter veranlasst oder zugelassen hat. Nach dem Entwurf müssen Unternehmen des Weiteren für bestimmte Organisationsmängel strafrechtlich einstehen.[1446] **980**

Dem belgischen Senat ist am 2. Juli 1993 ein Gesetzentwurf unterbreitet worden, der allgemein die Strafbarkeit juristischer Personen vorsieht. Danach soll künftig jede Straftat gleichermaßen von natürlichen wie von juristischen Personen begangen werden können. Die Strafbarkeit einer juristischen Person hätte dabei die gleichen Voraussetzungen wie nach dem oben erwähnten flämischen Umweltdekret. Als Strafen sind Geldstrafe, Einziehung bzw. Verfall, Betriebsschließung, öffentliche Bekanntmachung der Verurteilung und Auflösung der juristischen Person vorgesehen. **981**

h)   Luxemburg

Dem luxemburgischen Strafrecht ist die strafrechtliche Verantwortlichkeit von juristischen Personen oder anderen Personenvereinigungen unbekannt.[1447] Es folgt dem Prinzip der individuellen Verantwortlichkeit jeder natürlichen Person.[1448] **982**

1445 Siehe Nachtrag zu Faure, Criminal Responsibilities of Legal and Collective Entities: Developments in Belgium, in: Eser/Heine/Huber (eds.), Criminal Responsibility of Legal and Collective Entities, Freiburg 1999, S. 105 ff. (111); KK-OWiG-Rogall, a.a.O., § 30 RdNr. 234.
1446 Eidam, S. 44.
1447 Dazu Hettinger, a.a.O., S. 300.
1448 Jaeger, S. 347.

i)   Dänemark

983 Seit 1996 kennt das dänische Strafgesetzbuch eine strafrechtliche Verantwortlichkeit juristischer Personen (§§ 25–27 DänStGB in Verbindung mit etwa 200 Regelungen des dänischen Nebenstrafrechts). Die Strafvorschriften für juristische Personen sehen lediglich Geldstrafen als Sanktionen vor.[1449]

984 Das dänische Strafrecht kennt schon seit längerem die Strafbarkeit juristischer
Personen. Zunächst war die Verbandsstrafbarkeit allerdings nicht im Strafgesetzbuch, sondern in ca. 200 nebenstrafrechtlichen Sondervorschriften normiert.[1450]

985 1996 wurde die Verbandsstrafbarkeit im Allgemeinen Teil des dänischen Strafgesetzbuches in den §§ 25-27 neu geregelt. Danach sind die strafrechtlichen Bestimmungen grundsätzlich auf alle juristischen Personen anwendbar (§ 26 Absatz 1),
also insbesondere auf Aktiengesellschaften, Gesellschaften mit beschränkter Haftung, Handelsgesellschaften, Genossenschaften, Vereine und Fonds. Die »Ein-
Mann-Gesellschaft« ist straffähig, wenn sie nach ihrer Größe und Organisation
den vorstehend genannten juristischen Personen vergleichbar ist (§ 26 Absatz 2).
In Dänemark unterliegt das hoheitliche Handeln öffentlich-rechtlicher Verbände
nicht der Strafbarkeit.

986 Die Strafbarkeit einer juristischen Person nach dänischem Recht setzt voraus, dass
innerhalb ihrer betrieblichen Tätigkeit eine Gesetzüberschreitung »durch die juristische Person« begangen wurde. Verstöße von Angestellten der juristischen Personen werden ihr als eigenes Fehlverhalten zugerechnet (§ 27 Absatz 1).[1451] Dabei
bedarf es nicht des Nachweises, welche der vom Verband beschäftigten natürlichen Personen die strafbare Handlung ausgeführt hat. Für die Strafbarkeit der
juristischen Person reicht es vielmehr aus, wenn die Tat von irgendeiner natürlichen Person innerhalb des Verbandes begangen worden ist.

987 Darüber hinaus haftet die juristische Person auch für Organisationsfehler in ihrem
Bereich, die zur Begehung einer Straftat geführt haben.[1452]

988 Die Tatbestände, wegen derer juristische Personen verurteilt werden können,
ergeben sich ausschließlich aus ca. 200 Bestimmungen des Nebenstrafrechts, die
bis zur Regelung der Verbandsstrafbarkeit im dänischen Strafgesetzbuch als alleinige Grundlage der Bestrafung juristischer Personen galten.[1453] Hier kommen
insbesondere Verstöße gegen die Straßenverkehrsordnung sowie gegen arbeits-
schutz- und sozialrechtliche Vorschriften sowie gegen das Umweltschutzge-
setz[1454] in Betracht.

Die einzige Sanktion, die nach dänischem Recht gegen juristische Personen verhängt werden kann, ist die Geldstrafe (§ 25). Die Verurteilung der juristischen

---

1449 Wegner, a.a.O., S. 189; vgl. **Langsted/Greve/Garde**, Criminal Law in Denmark, Kopenha-
gen 1998, S. 48 f.; KK-OWiG-Rogall, a.a.O., § 30 Rn. 325.

1450 Eidam, a.a.O., S. 44.

1451 Eidam, S. 45.

1452 Eidam, S. 45.

1453 Eidam, S. 44.

1454 Eidam, S. 45.

Person schließt dabei die Verhängung einer Sanktion auch gegen den Individualtäter nicht aus.

j)   Schweden

Schweden kennt keine generelle Strafbarkeit juristischer Personen.[1455] Allerdings **989** können juristische Personen unter bestimmten Voraussetzungen mit einer Verbandsgeldstrafe belegt werden.[1456] So gibt es seit 1981 eine Sanktion mit strafähnlichem Charakter speziell für Umweltdelikte, die auch gegen Unternehmen verhängt werden kann. Durch diese »verwaltungsrechtliche Sanktion mit moralbildender Wirkung« können juristische Personen mit Umweltschutzabgaben belegt werden. Die Höhe der Sanktion orientiert sich an dem erlangtem wirtschaftlichen Vorteil (§ 54 des schwedischen Umweltgesetzes).[1457]

Weiter besteht seit 1986 nach Kapitel 36 § 7 des schwedischen Strafgesetzbuches **990** die Möglichkeit der Ahndung von Unternehmen mittels einer Geldsanktion, wenn eine Aufsichtspflichtverletzung der betroffenen juristischen Person das Fehlverhalten eines Mitarbeiters begünstigt hat.[1458] Trotz des Standorts der Regelung im Strafgesetzbuch wird diese Geldsanktion in Schweden als »nicht strafrechtlich« angesehen.

Die vom Schwedischen Justizministerium eingesetzte Reformkommission legte im **991** Oktober 1997 eine Studie vor, nach der juristische Personen für Straftaten, die von einer natürlichen Person im Zusammenhang mit Unternehmensaktivitäten begangen werden, haftbar gemacht werden können. Allerdings soll, so die Studie, die strafrechtliche Haftung juristischer Personen auf bestimmte, enumerativ genannte Straftaten beschränkt werden, wobei es sich ganz überwiegend um Wirtschaftsdelikte handelt.

Als Sanktion werden ausschließlich Geldstrafen empfohlen mit einem Strafrah- **992** men zwischen 5.000 und 5 Millionen Kronen, bei Taten von geringerer Schwere bis zu 500.000 Kronen.

k)   Finnland

Das geltende finnische Strafrecht kennt keine Strafbarkeit juristischer Perso- **993** nen.[1459] Das finnische Verwaltungsrecht kennt jedoch das Rechtsinstitut der so genannten »bedingten Geldbuße«, welche sich auch gegen einen Verband richten kann. Danach kann eine Behörde, die eine Gesetzesverletzung feststellt, gegen die betreffende Person eine »bedingte Geldbuße« verhängen. Kommt es zu einem erneuten Verstoß, wird diese Geldbuße durch gerichtlichen Beschluss für fällig erklärt. Die Sanktion ist nur anwendbar, wenn dies gesetzlich ausdrücklich vorgesehen ist. Wie dies insbesondere im Umweltrecht der Fall ist.

1455   Hettinger, a.a.O., S. 309 ff. und KK-OWiG-Rogall, a.a.O., § 30 Rn. 243.
1456   Eidam, S. 45 ff.
1457   Eidam, S. 46.
1458   Eidam, S. 45.
1459   Möglicherweise überholt. Dazu ausführlich Hettinger, a.a.O., S. 312 ff.

994 Die finnische Regierung hat dem Parlament im Juni 1993 eine Ergänzung des Strafgesetzbuches vorgeschlagen, mit der die Strafbarkeit von juristischen Personen im finnischen Recht eingeführt werden soll. Nach dem vorgelegten Gesetzesentwurf sollen künftig alle juristischen Personen den hierfür neu zu schaffenden strafrechtlichen Vorschriften unterliegen. Der Begriff der »juristischen Person« ist nach dem finnischen Recht sehr weit gefasst. So werden neben Gesellschaften mit beschränkter Haftung, Genossenschaften, Stiftungen und Partnerschaften auch nicht rechtsfähige Vereinigungen und Gesellschaften als »juristische Personen« angesehen.

995 Der Entwurf sieht weiter vor, dass juristische Personen nur wegen bestimmter Katalogstraftaten verfolgt werden können. (Kap. 9 Absatz 1 Nr. 2).[1460]

996 Als einzige Sanktion gegen juristische Personen nennt der Entwurf die Geldstrafe, wobei eine Mindeststrafe von 5.000 FM und eine Höchststrafe von 5 Millionen FM vorgeschlagen wird. (Kap. 9 Absatz 5).

l)   United Kingdom

997 *»Londons Polizei verurteilt – Ein britisches Geschworenengericht hat die Londoner Polizei im Falle des Brasilianers schuldig gesprochen, der zwei Wochen nach dem Terroranschlag in der Londoner U-Bahn vom 7. Juli 2005 als mutmaßlicher Terrorist erschossen wurde.. Die Polizei muss umgerechnet etwa 250.000 Euro Strafe zahlen. Die Polizei habe sich schwerwiegender Sicherheitsverfehlungen schuldig gemacht, hieß es zur Begründung. Mit dem Schuldspruch wurden keine einzelnen Polizisten belastet. Vielmehrwurde der Einsatz als Kollektivversagen gewertet. Die Einsatzleiterin wurde explizit von individueller Schuld freigesprochen.«*[1461]

998 Auch nach dem englischen Recht kann nur der schuldig werden, dessen innere Einstellung schuldhaft ist.[1462] Grundsätzlich schließt dieses Schuldverständnis – wie im deutschen Strafrecht – eine strafrechtliche Verantwortlichkeit juristischer Personen aus. Die moderne englische Strafjustiz denkt jedoch pragmatischer als die deutsche. Sie berücksichtigt auch gesellschaftliche Aspekte (öffentliche Sicherheit, Ordnung und Wohlfahrt) bei ihren Überlegungen.[1463] Daraus resultieren im Unternehmensstrafrecht die Rechtsformen der *strict liability*, der Strafbarkeit ohne Verschulden, und der *vicarious liability*, der stellvertretenden strafrechtlichen Verantwortlichkeit des Geschäftsherren für das rechtswidrige Verhalten ihrer Gehilfen im Rahmen der Dienstausübung. Die *strict liability* ermöglicht auch eine verschuldensunabhängige Strafbarkeit bei Delikten, die in öffentlichem Interesse verfolgt werden oder eine schweren gesellschaftliche Schaden auslösen können. Auf der strafprozessualen Seite findet dabei folgende Faustregel Anwendung: Je schwieriger in bestimmten Bereichen die Ermittlung der Wahrheit, desto eher wird angenommen, dass der Gesetzgeber eine Strafbarkeit ohne Verschulden

---

1460 Eidam, S. 45.
1461 Frankfurter Allgemeine Zeitung, Nr. 255, Freitag, 02. 11. 2007, S. 7
1462 Siehe auch Hettinger, a.a.O., S. 259 ff. und KK-OWiG-Rogall, a.a.O., § 30 Rn. 236.
1463 Dazu ausführlich Gerd **Eidam**, Straftäter Unternehmen, a.a.O., S. 30 ff. (30); **ders.**, Industrie-Straf-Rechtsschutzversicherung, Köln/Berlin/Bonn/München 1994 Rn. 1.1.51.

schaffen wollte. So wird es möglich, dass bei verschuldensunabhängigen Delikten schon die Straftat eines einfachen Mitarbeiters zur Bestrafung des Unternehmens führen kann.[1464]

Die verschuldensabhängige Haftung von Unternehmen existiert bei *Mens-rea*-Delikten nach der so genannten Identifikationstheorie *(alter-ego-doctrine)*,[1465] wenn eine der Personen, die als »Kopf und Hirn« *(heads and minds)* einer Organisation angesehen werden können, den objektiven und subjektiven Straftatbestand eines Delikts zugleich verwirklicht. Zu den Köpfen *(brains)* zählen die Direktoren und verantwortliche Organe eines Unternehmens. Objektive und subjektive Tatseite samt der psychischen Fähigkeiten einer Leitungsperson gelten danach als eigenes verantwortliches Fehlverhalten des Unternehmens.[1466] **999**

Neben der eigenen strafrechtlichen Verantwortung juristischer Personen[1467], die sich aus dem gesetzwidrigen Handeln einer mit ihr zu identifizierenden Person der *brain area* ableitet, kann eine stellvertretende Verantwortung des Unternehmens für andere Mitarbeiter in Frage kommen. Bei dieser Haftungsform muss die juristische Person den objektiven Tatbestand eines Delikts nicht als Täter verwirklichen. Ihr wird der *actus reus* eines beliebig im Unternehmen Beschäftigten zugerechnet. Dieser muss aber als Gehilfe der juristischen Person schuldhaft gehandelt haben. Ähnlich dem deutschen Recht[1468] kann sich das Unternehmen durch den Nachweis hinreichender Aufsicht und Kontrolle entlasten. Eine Bestrafung der juristischen Person verhindert nicht die zeitgleiche strafrechtliche Verfolgung des rechtswidrig handelnden Mitarbeiters. **1000**

Die englische Unternehmensstrafbarkeit steht unter folgender Einschränkung: Es können dem Unternehmen grundsätzlich nur solche Delikte vorgeworfen werden, die mit Geldstrafe geahndet werden. Ausgeschlossen ist eine Unternehmensbestrafung weitgehend bei Straftaten, welche die Anwendung körperlicher Gewalt (Körperverletzung, Totschlag usw.) voraussetzen. Seit dem Unglücksfall der englischen Kanalfähre »Herold of Free Enterprise« vor Zeebrügge im Jahre 1987, bei deren Untergang 193 Menschen ums Leben kamen. 1990 wurde die Reederei wegen fahrlässiger Tötung *(corporate manslaughter)* angeklagt. Zwar wurden das Unternehmen und alle ebenfalls angeklagten Mitarbeiter freigesprochen, aber die britische Justiz anerkannte durch dieses Strafverfahren die grundsätzliche Möglichkeit einer Unternehmensbestrafung auch bei Delikten, welche die Anwendung **1001**

1464 **Lomas**, in Eser/ Heine (Hrsg.), Umweltstrafrecht in England, Kanada und den USA, Freiburg i. Br. 1994; **Delmas-Marty**, Die Strafbarkeit juristischer Personen nach dem neuen französischen Code pénal, in: Bausteine des europäischen Wirtschaftsstrafrechts, Madrid-Symposium für Klaus Tiedemann, Köln/Berlin/Bonn/München 1994, S. 305 ff. (308).

1465 Dazu Heine, Die strafrechtliche Verantwortlichkeit von Unternehmen, a.a.O., S. 217 mit Fn. 14; Eidam, Straftäter Unternehmen, a.a.O., S. 31 f. mit Darstellung des Tesco Supermarkets Ltd. V. Natrass – Falles 1972 (AC 153), mit dem das House of Lords die Identifikationstheorie anerkannt hat.

1466 Vgl. Eidam, Industrie-Straf-Rechtsschutzversicherung, a.a.O. Rn. 1.1.50 Fn. 35.

1467 Durch den Interpretation Act von 1978 wurde klargestellt, dass nicht nur juristische Personen, also rechtsfähige Verbände, sondern auch nicht rechtfähige Personenvereinigungen straffähig sind.

1468 § 130 OWiG.

körperlicher Gewalt voraussetzen.[1469] Aktuelle Reformbestrebungen gehen noch weiter. Sie sehen geringere Voraussetzungen für Verbandsstrafbarkeit bei fahrlässiger Tötung (»corporate killing«) vor.[1470]

m) Irland

1002 Wie im Vereinigten Königreich kennt man auch in der Republik Irland die Strafbarkeit von Unternehmen. Wie dort steht der Präventivgedanke im Mittelpunkt von Rechtsprechung und herrschender Lehre. Durch die Verhängung hoher Geldstrafen erwünscht man sich eine abschreckende Wirkung.[1471]

n) Italien

1003 In Umsetzung des ›Zweiten Protokolls‹ wurde mit dem Gesetzesdekret Nr. 231 vom 8. Juni 2001 erstmals eine direkte strafrechtliche Verantwortung von Unternehmen in die italienische Rechtsordnung eingeführt.[1472] Es handelt sich um ein im Mantel des Verwaltungsrechts (Dekret) auftretendes Quasi-Strafgesetz. Das Dekret, das aus einem materiell-rechtlichen und einem verfahrensrechtlichen Teil besteht, sieht die Bestrafung von Kapitalgesellschaften für die Delikte »Vorteilsgewährung/Bestechung«, »Betrug und Unterschlagung« sowie für die »Mittäterschaft bzw. Beihilfe oder Anstiftung zur Gebührenüberhebung«, »Vorteilsannahme/Bestechlichkeit‹ oder zur »Unterschlagung im Amt« vor, sofern diese Delikte im Interesse und zum Vorteil der handelnden Kapitalgesellschaft von deren Geschäftsführern, leitenden Angestellten und Mitarbeitern verübt worden.

1004 Die strafrechtliche Verantwortung von Unternehmen wird durch ein **zweigleisiges Sanktionssystem** geregelt, das sowohl **Geldstrafen** als auch Verbote vorsieht. Die Geldstrafe für durch Geschäftsführer, leitende Angestellte und Belegschaftsangehörige begangene Straftaten im Korruptionsbereich kann einen **Höchstbetrag von 1.5 Mio. €** erreichen. Die **Gesellschaft haftet für die Zahlung der Geldstrafen** mit ihrem eigenen Vermögen.

1005 Wenn das Strafgericht[1473] feststellt, dass das Unternehmen aus der Tat einen Gewinn in beachtlichem Umfange erwirtschaftet hat, kann es aus präventiven Erwägungen (Minderung der Wiederholungsgefahr) **Nebenstrafen** verhängen. So z. B. den Ausschluss des Unternehmens für drei Monate bis zu zwei Jahre von öffentlichen Ausschreibungen, oder Widerruf von Genehmigungen oder Lizenzen, welche für betriebliche Aktivitäten erforderlich sind. Bei besonders gravierenden Straftaten kann, wie in den Niederlanden, die »Todesstrafe« verhängt werden, sprich dem Unternehmen die Konzession vollständig entzogen werden. Eine strafrechtliche **Exkulpation des Unternehmens** ist dann möglich, wenn es belegen kann, dass es bereits vor der Tat seinen Überwachungs- und Kontrollpflichten

---

1469 Schmidt-Salzer, PHi 1991, S. 122 ff. (124 f.).

1470 Bericht Nr. 237 der Law Commission vom März 1996.

1471 Eidam, IndustrieStraf-Rechtsschutzversicherung, a.a.O. Rn. 1.1.55.

1472 KK-OWiG-Rogall, a.a.O., § 30 Rn. 238.

1473 Zum Anwalt als Strafverteidiger siehe Margareth **Helfer**, Die Stellung des Strafverteidigers in Italien, in: StV 2007, 326 ff.

nachgekommen war, indem es innerbetriebliche Organisations- und Compliance-Instrumentarien installiert hatte, die vom Grunde her als interne Präventivmaßnahmen geeignet waren, die Begehung von Straftaten zu verhindern.

o)   Polen

In Vorbereitung des Beitritts zur Europäischen Union am 1. Mai 2004 hat die **1006** Republik Polen auch ihr Strafrecht an die EU-Standards[1474] angepasst. So sind seit Inkrafttreten des **Gesetzes über die Haftung von »Sammelsubjekten« für Straftaten** im November 2003 Unternehmen direkt strafrechtlich verantwortlich. Von dem Gesetz werden alle Organisationsformen – mit Ausnahme von Zentralstaat, Woiwodschaften und Kommunalbehörden – erfasst, also juristische Personen ebenso wie Personengesellschaften und Tochtergesellschaften, Niederlassungen, Vertretungen ausländischer Unternehmen usw. Der Unternehmenssitz als solcher ist grundsätzlich bedeutungslos für eine Strafbarkeit nach polnischem Recht.

Die **Unternehmensstrafbarkeit ist subsidiärer Natur**. Erst das Vorliegen eines **1007** rechtskräftigen Urteils gegen eine natürliche Person (Unternehmensangehörigen) schafft die Möglichkeit gegen die Gesellschaft vorzugehen. Das Vorliegen von **vier Voraussetzungen** ist dazu erforderlich: Die Führungskraft/der Mitarbeiter muss bei Begehung der Straftat entweder im Namen oder im Interesse der Gesellschaft gehandelt haben oder dessen Tat muss aufgrund eines Organisationsverschuldens der Gesellschaft ermöglicht worden sein. Drittens muss die Gesellschaft durch die Straftat der verurteilten Führungskraft oder des Belegschaftsangehörigen einen irgendwie gearteten wirtschaftlichen Vorteil – und sei dieser auch nur von immaterieller Natur – erzielt haben. Viertens enthält das polnische Strafgesetz einen **abschließenden Katalog von Straftaten**, für der Verletzung die Organisationen strafrechtlich verantwortlich gemacht werden können. Hierzu zählen: Straftaten gegen den Wirtschaftsverkehr, devisenrechtliche Straftaten, Eigentums- und Vermögensstraftaten, Verstöße gegen die Regeln des unlauteren Wettbewerbs, Straftaten gegen geistiges Eigentum, Steuerstraftaten, Subventionsbetrug und Außenwirtschaftsstraftaten.

Die durch das Gesetz bestimmten Delikte werden vornehmlich mit **Geldstrafen** **1008** geahndet. Für ein Unternehmen, dessen Letztjahresumsatz wenigstens 1 Mio. PLN (*neue Złoty*) betrug, kann dies gleichbedeutend sein mit einer **Geldstrafe von bis zu zehn Prozent dieses Umsatzes**. Angedrohte **Nebenstrafen** sind insbesondere das Verbot der Inanspruchnahme von Zuschüssen oder Subventionen, Ausschluss von öffentlichen Ausschreibungen, sowie das Verbot der Ausübung einer bestimmten Geschäftstätigkeit.

1474   Siehe das Übereinkommen über den Schutz der finanziellen Interessen der EU (›Zweites Protokoll‹ von 1997; dazu KK-OWiG-Rogall, a.a.O., § 30 Rn. 242 und 252) eine eigene Bestrafung juristischer Personen, insbesondere für Subventions- und andere Betrugsstraftaten, zum Nachteil der EU in allen Mitgliedstaaten eingeführt; vgl. die Ausführungen oben ›Österreich‹.

p) Kanada

1009 In Anlehnung an das englische Recht kennt das geltende kanadische Strafrecht die Strafbarkeit von Unternehmen.[1475] So sieht der kanadische »Criminal Code« vor, dass eine Straftat auch von einer Unternehmung, gleich, ob in der Rechtsgestalt einer juristischen Person oder einer Personenvereinigung, begangen werden kann, sofern sich die Tat auf eine Handlung bezieht, die von dem Unternehmen selbst vorgenommen werden kann bzw. auf Gegenstände, die es selbst besitzen kann. Die einzige Sanktion ist die Geldstrafe, deren Höhe allein im Ermessen des Gerichts steht. Dieses muss allerdings bei der Strafzumessung Kriterien beachten, die von der Rechtsprechung entwickelt worden sind.[1476]

1010 Bei verschuldensunabhängigen Delikten wird die juristische Person wie eine natürliche Person behandelt. Die Verwirklichung des »actus reus« durch einen beliebigen Unternehmensangehörigen führt zur strafrechtlichen Verantwortlichkeit des Unternehmens. Im Bereich der verschuldensabhängigen Delikte, die »mens rea« voraussetzen, wendet die kanadische Rechtsprechung die englische »Identifikationstheorie« mit Abweichungen an. So kann ein Unternehmen nur dann verurteilt werden, wenn sein Mitarbeiter, dessen Tat dem Unternehmen zugerechnet werden soll, nicht wegen dieser Tat freigesprochen worden ist.[1477]

1011 Ein vom kanadischen Justizministerium vorgelegter Gesetzesentwurf 1993 sieht eine erhebliche Ausweitung der Unternehmensstrafbarkeit vor. So soll sowohl bei den »mens rea« – Delikten wie auch bei Fahrlässigkeitstaten die Unternehmensstrafbarkeit jeweils durch unterschiedliche natürliche Personen verwirklicht werden können.[1478]

q) Australien

1012 Das australische Strafrecht hat die gleichen Wurzeln wie das englische Recht.[1479] Auch in Australien ist die Strafbarkeit von Unternehmen Recht. Alle Unternehmensformen, unabhängig von ihrer Rechtsfähigkeit, können für Straftaten, die nicht ausschließlich mit Freiheitsstrafe bedroht sind, belangt werden.[1480] Für staatliche Organisationsformen gilt diese Regelung allerdings nur, wenn ein Gesetz die Strafbarkeit ausdrücklich vorsieht. Auch hat die vom englischen House of Lords entwickelte »Identifikationstheorie«, durch die australische Rechtsprechung Modifikationen erlebt. So müssen nicht alle objektiven und subjektiven Elemente der Straftat durch ein und dieselbe Person erfüllt werden. Das US-amerikanische ›vicarious liability‹-Konzept hingegen fand down under keinen Anklang.

1475 Siehe dazu auch Hettinger, a.a.O., S. 283 ff.

1476 So z.B. Grad der Verantwortlichkeit des Unternehmens, dessen Vermögensverhältnisse, Höhe des aus der Straftat gezogenen Vorteils für das Unternehmens.

1477 Dawson Vity Hotels (1986) 1 Y.R.3 (C.A.).

1478 Minister of Justice (Canada), Propsals to Amend the Criminal Code (General Principles), 26. 06. 1993.

1479 Dazu Hettinger, a.a.O., S. 279 ff.

1480 Anders die Criminal Code Bill von 1994, die die Strafbarkeit juristischer Personen wegen jedweder Straftat ermöglichen soll.

In Australien hat die Bedeutung der Strafbarkeit juristischer Personen in den ver- **1013** gangenen Jahren erheblich zugenommen, insbesondere im Bereich des Umwelt- strafrecht, bei Verstößen gegen wettbewerbs- und verbraucherschutzrechtlichen Bestimmungen sowie im Bereich des Arbeitsschutzes. Die am häufigsten gegen Unternehmen verhängte Strafe ist die Geldstrafe, wobei sich eine deutliche Ten- denz zu höheren Strafdrohungen gegenüber juristischen Personen abzeichnet. Neben der Geldstrafe können nach australischem Recht gegen juristische Perso- nen auch andere Sanktionen wie der Ausschluss von öffentlichen Aufträgen, die Bekanntmachung der Verurteilung und die Auflösung verhängt werden. Auch die Bewährungsstrafe (»corporate probation«) ist nach dem Crimes Act von 1914 grundsätzlich zulässig.

Die von der australischen Rechtsprechung vertretene »Identifikationstheorie« ist **1014** Kritik ausgesetzt. Dieser Kritik haben sich auch die australischen Generalstaatsan- wälte in ihrem im Dezember 1992 vorgelegten Entwurf eines »Model Criminal Code« angeschlossen, der Grundlage des im Juni 1994 als Criminal Code Bill in den australischen Senat eingebrachten Gesetzentwurfes wurde. Danach soll das Gesetz gleichermaßen auf natürliche wie auf juristische Personen anwendbar sein, wobei eine juristische Person wegen jeder Straftat für schuldig befunden worden kann, auch wegen einer solchen, die nur mit Freiheitsstrafe bedroht ist.[1481] Juristi- schen Personen werden die objektiven Merkmale der Tat zugerechnet, wenn die Handlung von einem ihrer Mitarbeiter oder Vertreter oder einem ihrer Organe begangen worden ist, wobei es nicht auf die Stellung dieser natürlichen Personen innerhalb des Unternehmens ankommen soll.[1482] Auf der subjektiven Tatseite erfolgt keine Zurechnung, vielmehr erfüllt die juristische Person das »mens rea«- Element in eigner Person, wenn sie die Tatbegehung ausdrücklich, stillschwei- gend oder konkludent gebilligt oder erlaubt hat.[1483]

r) Vereinigte Staaten von Amerika[1484]

Seit Beginn des 20. Jahrhunderts gelten Unternehmen in den USA als straffä- **1015** hig.[1485] Die Rechtsprechung übernahm den für das zivile Haftungsrecht (Haftung aus unerlaubter Handlung) entwickelten »respondent superior«-Grundgedanken in das Strafrecht. Danach sind Wirtschaftsunternehmen für alle Handlungen ihrer Arbeitnehmer verantwortlich, die diese in Ausübung ihrer Tätigkeit für das

---

1481 Gemäß Artikel 12.1 Criminal Code.
1482 Nach Artikel 12.2.
1483 Artikel 12.3 (1).
1484 KK-OWiG-Rogall, a.a.O., § 30 Rn. 246; Hettinger, a.a.O., S. 264 ff.
1485 Grundsätzlich nur rechtsfähige Zusammenschlüsse (»corporations«); nicht Personenvereini- gungen ohne eigene Rechtsfähigkeit (»unincorporated associations«). Zum Teil sehen einzelne Gesetze Abweichungen vor. Vgl. dazu auch Eidam, Straftäter Unternehmen , a.a.O., S. 34 ff. (34) mit Darstellung der Grundsatzentscheidung des Supreme Court im Fall New York Central and Hudson River Railroad v. United States (212 U.S. 481, 4 95 – 96 (909) aus dem Jahre 1909.

Unternehmen begehen.[1486] Mit der Anwendung des eigentlich für die zivilrechtliche Haftung aus unerlaubter Handlung entwickelten **»*respondeat superior*«-Grundsatzes auf das Strafrecht war ein Abschreckungseffekt** bezweckt. Die Unternehmen sollen vor künftigem Fehlverhalten zurückschrecken und zu einer Verbesserung des betrieblichen Arbeitsschutzes und der internen Aufsichtsmaßnahmen angehalten werden. Dies gilt auch für die Handhabung, dass das Strafverfahren grundsätzlich Vorrang vor einem Zivilprozess besitzt. Einem Unternehmen können grundsätzlich alle Straftaten vorgeworfen werden, insbesondere auch Tötungsdelikte.[1487] Die Strafbarkeit juristischer Personen ist auch im amerikanischen Schrifttum im Grundsatz weitgehend unumstritten.

1016 Zur Verstärkung des Abschreckungseffekts wurde zudem die Möglichkeit in das US-amerikanische Zivilprozessrecht eingeführt, Strafgelder (»*punitive damages*«) zu verhängen, wenn eine Führungskraft die schadenverursachende Handlung selbst begangen oder sie gebilligt hat oder wenn der die schadenverursachende Handlung begehende Mitarbeiter für die Tätigkeit nicht geeignet (Auswahlverschulden) oder vom Arbeitergeber zur Tat angehalten worden war. »*Punitive damages*«, auch »*exemplary damages*« genannt, ist eine Schadenersatzform mit Straf- und Präventionscharakter. Bei gravierenden Delikten sehen einschlägige Gesetze[1488] auch »*triple damages*« vor, d. h. die Gerichte haben den Strafschadensersatz in dreifacher Höhe festzusetzen. Dem in Frage kommenden Täterkreis soll das Instrument der »*punitive damages*« deutlich machen, dass der Versuch nicht lohnt, sich auf Kosten anderer Menschen, deren Gesundheit oder Sicherheit bereichern zu wollen. Die Höhe der »*punitive damages*« wird im Zivilverfahren durch deren *jury* festgelegt. Schäden Dritter dürfen bei der Festsetzung nicht berücksichtigt werden[1489]. Die Entschädigung fließt dem Kläger und nicht der Staatskasse zu.

1486 Allerdings gilt in 21 US-Bundesstaaten der Standard des Model Penal Code, wonach nur die Mitwirkung von Angehörigen des höheren Managements eine strafrechtliche Haftung des Unternehmens begründet; vgl. Thaman, in: Eser/Heine (Hrsg.), Umweltstrafrecht in England, Kanada und den USA, a.a.O., S. 506 ff.

1487 Ausgeschlossen sind nur Doppelehe, Meineid und Vergewaltigung (str.).

1488 Hierzu zählen beispielsweise das Antitrust Law und der Racketeer Influenced Corrupt Organizations Act (RICO).

1489 Das Berufungsgericht für den 9th Circuit hat im Verfahren White v. Ford Motor Company (Urteil vom 30. 08. 2007, No. 05-15655) entschieden,, dass bei der Festsetzung von »*punitive damages*« Schäden unbeteiligter Dritter nicht anspruchserhöhend berücksichtigt werden dürfen. Eine defekte Handbremse in einem Ford Lieferwagen hatte in diesem Fall zum Tod eines dreijährigen Jungen geführt. Die Eltern hatten den Fahrzeughersteller auf Zahlung von Schadensersatz verklagt. Das Berufungsgericht entschied, dass die Jury bei der Bestimmung der Höhe der »*punitive damages*« eventuell die Schäden von nicht am Verfahren beteiligten Dritten einbezogen habe, was unzulässig sei, und verwies das Verfahren an das Ausgangsgericht zurück. Es stützte sich hierbei auf die Entscheidung des U.S. Supreme Court im Fall Philip Morris v. Williams (s. hierzu PHi 2007, 95). Derzufolge hätte im vorliegenden Fall eine entsprechende Instruktion der Jury durch das Gericht erfolgen müssen. Insgesamt waren in erster Instanz USD 2,3 Mio. kompensatorischer Schadensersatz ausgeurteilt worden. Die »*punitive damages*« wurden von ursprünglich USD 151 Mio. vom District Court auf USD 69 Mio. reduziert , da die Strafgelder nach dem Recht des Staats Nevada nicht höher als das 30-Fache des kompensatorischen Schadensersatzes sein dürften. Der Fall ist noch nicht ausgestanden. Sollte sich herausstellen, dass Ansprüche von Dritten unberechtigterweise einbezogen wurden, ist möglicherweise auch diese Summe

Bei der strafrechtlichen Sanktion von Unternehmen verlangt die US-amerikanische Rechtsprechung im Grundsatz ein schuldhaftes Fehlverhalten des beteiligten Betriebsangehörigen. Sie kennt aber auch einen starken Trend hin zu einer objektivierten Erfolgshaftung und damit einer Kollektivverantwortung des Unternehmens. So kann nach der von vielen Bundesgerichten vertretenen Lehre (»*collective knowledge*«-Doktrin) ein Unternehmen auch dann verurteilt werden, wenn kein einziger Belegschaftsangehöriger die gesetzlich geforderte Kenntnis besaß. Dies ist z. B. dann der Fall, wenn aufgrund der dezentralen Unternehmensorganisation das notwendige subjektive Element (Wissen) auf verschiedene Personen gesplittet ist.[1490] Eng einher geht diese Rechtsprechung mit dem Ausschluss des von Seiten des Unternehmens vorgetragenen Verteidigungsarguments, da es alle ihm möglichen Aufsichts- und Kontrollpflichten wahrgenommen habe, sei die Tat unvermeidbar gewesen.[1491] Hinter dem Ausschluss dieses Einwands steht die Absicht der Rechtsprechung, effektiv auf das »Gewissen« (»*corporate conscience*«) des Unternehmens einwirken zu wollen. Hierauf zielen auch die verhängten Strafen ab, die das Ansehen des Unternehmens in der Gesellschaft (»*corporate image*«) in Mitleidenschaft ziehen.[1492] Selbst die ursprünglichen Voraussetzungen der Unternehmensbestrafung – die Tat eines Mitarbeiters, begangen im Rahmen seiner arbeitsvertraglichen Pflichten und zum Vorteil des Unternehmens – wurden durch zahlreiche Gerichtsentscheidungen erheblich gelockert. So muss beispielsweise das Unternehmen selbst durch die Straftat keinen tatsächlichen Vorteil erzielt haben. Nein, seine strafrechtliche Verantwortlichkeit greift selbst dann, wenn es einen Schaden erlitten hat.[1493] Eine Bestrafung des Unternehmens ist selbst dann möglich, wenn es keine Kenntnis von den Taten des Mitarbeiters besaß und dessen Handeln gegen Unternehmensanweisungen verstieß.[1494] Und eine Unternehmensbestrafung kann selbst für den Fall nicht ausgeschlossen werden, dass der beschuldigte Mitarbeiter freigesprochen wird.[1495] **1017**

Mittlerweile ist die strafrechtliche Haftung von juristischen Personen für das Tun einer anderen Person auch ohne eigenes Verschulden in der US-amerikanischen Gesetzgebung und Rechtsprechung fest verankert. **1018**

Berühmtheit errang ein Gesetz des US-Bundesstaats Indiana (*reckless homicide and reckless conduct statutes*) kurz nach seinem Inkrafttreten im August 1978 durch den so genannten Ford Pinto Fall. Bei einem Verkehrsunfall platzte der Tank des beteiligten Ford Pinto. In dem brennenden Fahrzeug starben drei junge Frauen. Die Staatsanwaltschaft erhob gegen den Fahrzeughersteller, die Ford Motor Company, Anklage wegen dreifacher leichtfertiger Tötung (*reckless homicide*). Es war das erste Strafverfahren in den USA, in dem ein Unternehmen wegen Tötung **1019**

überzogen. Darüber hat das Jury-Gericht – diesmal unter Berücksichtigung der zwischenzeitlich ergangenen Philip Morris v. Williams-Entscheidung – erneut zu entscheiden (Quelle: Product Safety & Liability, 24. September 2007, 884).

1490 U.S. v. Bank of New England, N.A., 821 F. 2 d, 844; siehe auch Barrett/Clarke, 59 George Washington Law Review 888 (1991).
1491 Heine, a.a.O., S. 231, 392.
1492 Thaman, in: Eser/Heine, Umweltstrafrecht in \u, a.a.O., S. 507, 586 ff. m. w. N.
1493 Standard Oil Company v. United States 307 F. 2 d 120, 128 f. (9th Cir. 1962).
1494 United States v. Asic Constructions Co. 711 F. 2 d 507, 573 (4th Cir. 1960).
1495 United States v. Hilton Hotels Corp. 467 F. 2 d 108 (9th Cir. 1972).

durch ein mangelhaftes Produkt angeklagt wurde.[1496] Das Unternehmen wurde freigesprochen.[1497] Mit entscheidend hierfür war, dass die Staatsanwaltschaft nicht über die finanziellen Mittel verfügte, das Strafverfahren voranzutreiben.

1020 Als Nachklang zu diesem Strafverfahren trat am 1. Januar 1991 im US-Staat Kalifornien der *California Criminal Liability Act of 1990 (Pinto Bill)* in Kraft. Dieses Gesetz verpflichtet Unternehmen und verantwortliche Führungskräfte, die Kenntnis von einer ernsten verborgenen Gefahr in ihrem Unternehmen (»*serious concealed danger*«) erlangen, diese innerhalb von fünfzehn Tagen der zuständigen Bundesbehörde zu melden und die betroffenen Mitarbeiter schriftlich von der bestehenden Gefahr zu unterrichten. Bei Nichtbefolgen des Gesetzes drohen hohe Strafen.[1498]

1021 Zur Art und Höhe der Sanktionen, die gegen ein Unternehmen verhängt werden können, sei exemplarisch nur auf die Bestrafungsrichtlinien für Kapitalgesellschaften hingewiesen. Die Richtlinien listen Straftaten auf, für die ein bestimmter Strafrahmen vorgesehen ist. Die Strafen sind stets höher als der durch die Tat erzielte Gewinn.[1499]

1022 Die **United States Securities and Exchange Commission** (SEC) in Washington, die in Strafsachen tätige Abteilung der US-amerikanischen Börsenaufsicht, wird mit ihren 3100 Anwälten, Buchprüfern und Fahndern auch gegen deutsche Unternehmen tätig, die ihre Aktien auch an der New Yorker Börse notieren lassen, so die Siemens AG seit dem Jahre 2001. Diese Tatsache bildet die Grundlage für folgende Ermittlungen in der so genannten Korruptionsaffäre des Konzerns:

1023 Die SEC interessiert sich weniger für die Korruptionsvorwürfe an sich als dafür, ob sich die damit im Zusammenhang stehenden Transaktionen auf die Geschäftsergebnisse des Unternehmens auswirken. Ein solcher Zusammenhang ist aber schnell hergestellt. Werden Bestechungsgelder etwa als Beratungshonorare ausgewiesen, verfälscht das die Bilanzen und täuscht die Investoren. Ein Fall für die SEC. Siemens hat eingeräumt, dass die SEC Ende März 2007 eine formale Untersuchung eingeleitet hat. Zunächst hatte die US-Behörde eine informelle Untersuchung wegen der Korruptionsvorwürfe geführt. Eine förmliche Untersuchung gibt den Fahndern der SEC zum Beispiel das Recht, Dokumenteneinsicht von Banken und Telefongesellschaften zu fordern und Beteiligte zu einer Befragung vorzuladen.

1024 Um die Korruptionsaffäre selbst kümmert sich das US-amerikanische Justizministerium. Es prüft das Vorliegen einschlägiger Straftatbestände ab. Das Recht hierzu gibt dem Ministerium der **Foreign Corrupt Practices Act** (FCPA) aus dem Jahre 1977. Dieses Gesetz verbietet es Unternehmen, für ihre internationalen Geschäfte Schmiergeld zu bezahlen. Das FCPA gilt seit 1998 auch für ausländische Unternehmen, die aus den USA heraus operieren oder an einer US-Börse notiert sind.

1496 Siehe Joachim **Schmidt-Salzer**, Produkthaftung, Band I: Strafrecht, 2. Aufl., Heidelberg 1988 Rn. 2.330 ff.

1497 Pulaski Circuit Court, Cause No. 11 – 431 (Pinto) v. 13. 03. 1980.

1498 Eidam, Industrie-Straf-Rechtsschutzversicherung, a.a.O. Rn. 1.1.91. Siehe auch zum TREAD Act Rdn. 2542 ff.

1499 Vgl. Eidam, Straftäter Unternehmen, a.a.O., S. 38 m. w. N.

Es drohen einem überführten Unternehmen eklatante Strafen von Bußgeldern bis hin zu Gefängnis für die verantwortlichen Führungskräfte.

Das Gesetz ist Folgeprodukt des Watergate-Skandals. Dessen Nachermittlungen **1025** ergaben, dass 400 US-amerikanische Unternehmen in den siebziger Jahren des letzten Jahrhunderts rund 300 Millionen Dollar Bestechungsgeld an ausländische Politiker, Funktionäre und Verhandlungspartner gezahlt hatten. Wirtschaftsvertreter klagten, ohne das Schmiergeld gegenüber Wettbewerbern aus anderen Ländern ins Hintertreffen zu geraten. Auf Forderung der USA kam daraufhin im Jahr 1998 kam das OECD-Antikorruptionsabkommen zustande, das mittlerweile 35 Länder, darunter Deutschland, unterzeichnet haben.

Die USA bekämpften Korruptionsdelikte im eigenen Land lange Zeit zurückhal- **1026** tend. Dies änderte sich Ende der neunziger Jahre des letzten Jahrhunderts nach Aufdeckung der Milliardenskandale um den Energiekonzern Enron und den Telekomkonzern Worldcom. Zunächst verschärfte der Kongress mit dem Sarbanes-Oxley Act die Bilanzierungsregeln. Schwarze Auslandskonten und Transaktionen unter dem Tisch waren danach keine Kavaliersdelikte mehr. Zudem gerieten internationale Geldtransfers nach den Terroranschlägen vom 11. September 2001 ins Visier der US-amerikanischen Ermittlungsbehörden, wie unter anderem Topmanager des Telekomausrüsters Lucent, des Agro-Chemiekonzerns Monsanto und des Mischkonzerns Halliburton erfahren mussten. Während im Jahr 2002 lediglich sieben neue Verfahren eröffnet wurden, waren es 2004 schon 19 und Ende des Jahres 2006 bereits 43 laufende Verfahren. Die Strafen sind beträchtlich.

So verzichtete der Rüstungskonzern Lockheed Martin auf den betriebenen Kauf **1027** des Kommunikationsspezialisten Titan, nachdem bei diesem erhebliche Korruptionsgeschäfte in Benin aufgedeckt wurden. Titan zahlte eine Strafe von über 28 Millionen Dollar, die bisher höchste, die unter dem FCPA-Gesetz verhängt wurde. In einem jüngst von SEC und Bundesjustizministerium gegen Baker Hughes, einem auf die Förderung von Erdöl spezialisierten Konzern, betriebenen Korruptionsverfahren wurden gegen das Unternehmen gar Strafen von 21 Millionen US-Dollar sowie die Abgabe von Gewinnen in Höhe von 23 Millionen Dollar verhängt.

Doch auch gegen ausländische Konzerne ermitteln die beiden US-Behörden; so **1028** bereits seit zwei Jahren gegen DaimlerChrysler. In dem noch laufenden Verfahren behauptet ein ehemaliger Chrysler-Buchhalter, das Unternehmen habe in mehreren Ländern schwarze Konten unterhalten, um ›Offizielle‹ zu bestechen. In Presseberichten werden Summen von bis zu 500 Millionen Dollar Schwarzgeld genannt. Im März 2006 hat der Konzern unzulässige Zahlungen eingeräumt und erklärte, mehrere Mitarbeiter entlassen zu haben.[1500]

s) Japan[1501]

Japan hat zu Beginn des letzten Jahrhunderts das deutsche Strafgesetzbuch eins **1029** zu eins übernommen und – mit wesentlich weniger Änderungen als das Ursprungsland – bis heute beibehalten. Vor diesem Hintergrund ist die Behand-

---

1500 Darstellung nach Heike **Buchter,** Die USA gegen Siemens, in: Die Zeit, Nr. 19 v. 03. 05. 2007.
1501 Vgl. KK-OWiG-Rogall, a.a.O., § 30 Rn. 239; Hettinger, a.a.O., S. 316 ff.

lung der Strafbarkeit von juristischen Personen und anderen Organisationen beachtenswert. Mit dem Gesetz zur Verhinderung der Kapitalflucht ins Ausland von 1932 wurden die bis dahin geltenden Grundsätze erstmals durchbrochen und die Strafbarkeit juristischer Personen für diesen Bereich eingeführt. Zugleich wurde die »stellvertretende Haftung« des Unternehmensleiters als mit dem Schuldprinzip unvereinbar abgeschafft.[1502] Aus dieser Gesetzgebung, deren Grundgedanken auch durch angloamerikanische Einflüsse nach dem Zweiten Weltkrieg unterstützt wurden,[1503] entwickelte sich die bis heute in Japan allgemein anerkannte **Rechtsregel des »Ryobatsu-Kitei«, der »zweiseitigen Bestrafung«**. Danach ist in den Fällen, in denen ein Organ, ein Vertreter, Angestellter oder eine sonstige natürliche Person im Dienst einer juristischen Person eine verbotene Handlung begangen hat, nicht nur der unmittelbar handelnde Täter zu bestrafen, sondern es ist auch die juristische Person mit einer Geldstrafe zu belegen. Einem Verband wird so die Begehung einer Straftat durch einen seiner Mitarbeiter zugerechnet, wenn die Tat in Beziehung zu dem Pflichtenkreis der betreffenden Person steht.[1504] Der Individualtäter muss hierzu nach überwiegender Meinung genau identifiziert werden.[1505] Taten untergeordneter Mitarbeiter führen nur dann zur strafrechtlichen Verbandshaftung, wenn die Straftat durch eine sorgfältige Auswahl des Mitarbeiters vermieden worden wäre. Ein solches Auswahlverschulden wird jedoch nach der japanischen Rechtsprechung vermutet;[1506] der hiergegen an sich zulässige Entlastungsbeweis ist praktisch schwer zu führen.[1507] Umgekehrt ermöglicht es dieser Grundsatz in Fällen, in denen ein Gesetz nur einer juristischen Person eine Rechtspflicht auferlegt, auch den Individualtäter wegen der verbotenen Handlung zu bestrafen.[1508]

1030 Die Regel des »Ryobatsu-Kitei« ist allerdings nur anzuwenden, wenn ein Gesetz es ausdrücklich vorsieht.[1509] Dies ist bisher nur im Bereich des Nebenstrafrechts der Fall. So sehen insbesondere einige Bestimmungen im Bereich des Wirtschaftsrechts, wie z. B. das Antimonopolgesetz, das Devisenkontrollgesetz, das Außenhandelskontrollgesetz, das Finanzkontrollgesetz und das Subventionsgesetz die Strafbarkeit juristischer Personen vor.[1510] Die Rechtsregel kann überdies nur bei solchen Tatbeständen zur Anwendung gelangen, die die Verhängung von Geldstrafen erlauben.[1511]

1031 Diese Vorschriften gelten nach allgemeiner Auffassung gleichermaßen für private juristische Personen wie für Unternehmen in Staatsbesitz.

1502 Kyoto, s. 275 f., hier u. im Folgenden zitiert nach Bundesjustizministerium (Referat II A1), in: Hettinger (Hrsg.), a.a.O., S. 316 ff.
1503 Eidam, S. 47.
1504 Kyoto, S. 283; Eidam, S. 47.
1505 Kyoto, S. 284
1506 Kyoto, S. 284
1507 Eidam, S. 47 f.
1508 Kyoto, S. 276
1509 Kyoto, S. 276
1510 Eidam, S. 47.
1511 Kyoto, S. 277

Ungeklärt ist bis heute die Frage, ob neben den juristischen Personen auch nicht **1032** rechtsfähige Personenvereinigungen der Strafbarkeit unterliegen.[1512]

Neben den strafrechtlichen Maßnahmen gibt es in Japan auch **verwaltungsrechtli-** **1033** **che Sanktionen** gegen Unternehmen, so etwa den Entzug der Erlaubnis zur geschäftlichen Tätigkeit (»Menkyo-Teishi-Shobun«), Tätigkeitsverbote (»Eigyo-Teishi-Shobun«) und auch Geldsanktionen (»Karyo«), von denen die beiden zuletzt genannten häufig verhängt werden.

Bis in die neunziger Jahre galt der Grundsatz, dass die Höhe der gegen eine juris- **1034** tische Person verhängten Geldstrafe das für natürliche Personen geltende Straf-maß nicht übersteigen dürfe.

Durch den **Securities Exchange Act** von 1992 und den **Antimonopoly Act** von **1035** 1993 wurde erstmals mit diesem Prinzip gebrochen. Diese Gesetze sehen eine besondere, erhöhte Strafandrohung für juristische Personen vor.

1512 Kyoto, S. 280

VI. Organisation und Delegation im Unternehmen – Formen und Auswirkungen

Spätestens seit Einführung des § 52 a BImSchG sind aus den nach der Volksmei- **1036** nung undurchsichtigen Trutzburgen der Unternehmenszentralen Glaspaläste geworden, zumindest hinsichtlich der Verantwortungsstrukturen; denn nach der genannten Norm muss zum einen der zuständigen Verwaltungsbehörde der für Umweltfragen im Unternehmen Verantwortliche benannt werden, zum anderen muss der Behörde mitgeteilt werden, auf welche Weise im Unternehmen sicherge-stellt ist, dass die dem Schutz vor schädlichen Umwelteinwirkungen dienenden Vorschriften beachtet werden (§ 52 a Absatz 2 BImSchG). Die Behörde verlangt also die Vorlage eines Organigramms, zumindest des für sie relevanten Aus-schnitts aus dem unternehmenseigenen Organisationsschema.

Auch den Ermittlungsbehörden und Strafgerichten dient der **Organisationsplan 1037 bzw. Geschäftsverteilungsplan** des Unternehmens als **Nachweis der individuel-len Verantwortung** für ein bestimmtes Handeln.

In der Rechtsprechung gilt die Auffassung, jeder Mitarbeiter von der Geschäftslei- **1038** tung bis zur Gruppenleitung sei dazu verpflichtet, seinen Verantwortungsbereich so zu organisieren, dass die Gefährdung deliktrechtlich geschützter Rechtsgüter Dritter vermieden werde. Der Verantwortungsbereich darf dabei nicht abstrakt verstanden werden, sondern muss vor dem Hintergrund des konkreten betriebli-chen Kontextes gesehen werden.[1513]

In diesem Zusammenhang hat das Oberlandesgericht Koblenz ausgeführt: **1039**

> »Jeder Bauausführende ist nur im Rahmen der ihm zugewiesenen Tätigkeit und im Rahmen der ihm eingeräumten Bewegungsfreiheit für die Beobachtung der allgemein anerkannten Regeln der Baukunst verantwortlich.«[1514]

Die Organisation des Unternehmens gibt Aufschluss über die unmittelbaren **1040** Handlungspflichten des Letztverursachers, über die Leitungs- und Kontroll-pflichten der zwischengeschalteten mittleren Führungskräfte bis hin zu den Orga-nisationspflichten des oberen Managements.

Grundsätzlich gilt für alle Unternehmen, dass die Unternehmensleitung ihren aus **1041** der Organisationsherrschaft erwachsenen Pflichten dann gerecht wird, wenn sie derart organisiert, dass der interne Kontrollmechanismus der im Verkehr erfor-derlichen Sorgfalt entspricht. Die allermeisten Unternehmen sind arbeitsteilig organisiert. Die Arbeitsteilung aber ist ein steter Quell besonderer Gefahren. Um diese Tatsache wissend liegt es in der Verantwortung der Unternehmensleitung,

---

1513 Rechtsprechung zum Baurecht, OLG Koblenz GA 1974, 87 f.; ebenso RGSt DJ 1940, 707 ff. (708).
1514 GA 1974, 87 f.; ebenso RG DJ 1940, 707 ff. (708).

der Gefahr von Kommunikations- und Koordinationsmängeln entgegenzuwirken.[1515]

1042 Primäraufgabe der Leitung eines jeden Unternehmens ist also die erforderliche Organisation der typischen Betriebsabläufe zu schaffen und durch geeignete Aufsichts- und Kontrollmaßnahmen die Einhaltung dieser Organisation zu sichern. Neben der Organisation und Überwachung des Normalbetriebs obliegt der Geschäftsleitung eine Eingriffsverpflichtung bei Geschehen im Unternehmen, die nicht alltäglich sind und somit nicht Gegenstand der allgemeinen Planung sein können (Stör- und Krisenfälle).

1043 Die Unternehmensleitung ist somit verpflichtet, die jeweils erforderlichen Maßnahmen zu veranlassen und die Effektivität der eigenen Anordnung zu überprüfen. Daneben hat die obere Führungsebene geeignete Mitarbeiter des Mittelmanagements auszuwählen, die ihrerseits die ordnungsgemäße Durchführung der Maßnahmen gewährleisten. Die mittleren Führungskräfte sind verpflichtet, ausreichend qualifizierte und zuverlässige Mitarbeiter auszuwählen und für die jeweilige Auftragsausführung anzuleiten. Sie sind darüber hinaus gehalten, ihre Vorgesetzten über etwaige Gefahrensituationen zu unterrichten, auch wenn die Risiken nicht ihrem eigenen Arbeitsbereich angehören. Der zuletzt verursachende Mitarbeiter (der so genannte Handlungstäter) trägt die strafrechtliche Verantwortung für die fehlerlose Ausführung der seinem Arbeitsbereich zugewiesenen angemessenen Arbeiten.

1044 In der Praxis oft verkannt, besonders in ihrer strafrechtlichen Tragweite häufig unterschätzt, stellt die **innerbetriebliche Pflichtenübertragung** einen ernst zunehmenden Risikofaktor dar. Wer Pflichten überträgt, überträgt regelmäßig auch Rechte. Und wer Pflichten weitergibt, schafft – auch für sich selber – neue Pflichten. Da, wo Menschen mit anderen Menschen zusammenarbeiten, bedurfte es immer der Strukturierung der anfallenden Tätigkeiten in einer zuschaffenden Organisation. Nicht einer kann alles, keiner verfügt über alle erforderlichen Fähigkeiten. Die innerbetriebliche Pflichtenzuweisung, die Delegation, ist von grundlegender Bedeutung für eine Unternehmung. Ihr ist das folgende Kapitel gewidmet.

1.   Gelebte Organisation

1045 Ein Unternehmen kann seine innere Struktur individuell, auf seine Bedürfnisse zugeschnitten gestalten. Seine durch Gesetz, Satzung oder Geschäftsordnung festgeschriebene Verfassung berührt lediglich die obersten Leistungs- und Kontrollorgane sowie die Mitbestimmungsrechte.[1516]

1046 So kann ein **patriarchalisch geführtes Kleinunternehmen** noch improvisatorisch auf die sich verändernden Ansprüche der Situationen eingehen.[1517] Die **Entscheidungskompetenz** für Produkte, Produktionsablauf und Personalbedarf liegt **in**

1515 Wolfgang **Frisch**, Tatbestandsmäßiges Verhalten und Zurechnung des Erfolgs, Heidelberg 1988, S. 210 f.
1516 HdWW, a.a.O., Stichwort: Organisation, S. 139.
1517 HdWW, a.a.O., Stichwort: Organisation, S. 139.

einer Hand. Doch diese Unternehmensform wird in unserer hoch spezialisierten, regelmäßig arbeitsteilig organisierten Wirtschaftswelt immer seltener.

Je stärker das Unternehmen expandiert, sich evtl. zu einem modernen **Großunter-nehmen** entwickelt, desto **vielfältiger und komplexer** werden die Führungsaufgaben und die Koordinationsprobleme. Auch Führungsaufgaben müssen dann zunehmend arbeitsteilig vollzogen werden. Beginnend mit der Einführung der Position des Arbeitsdirektors in den Mitbestimmungsgesetzen, also eines für das Personalwesen der Aktiengesellschaft zuständigen Vorstandsmitglieds, haben sich im Laufe der letzten Jahrzehnte verschiedene Modelle der Geschäftsverteilung für Unternehmensleitungsgremien entwickelt. Bei juristischen Personen sind Geschäftsführungskollegien die Regel.[1518] (Die so genannte Ich AG bedarf in diesem Zusammenhang nur der scherzhaften Erwähnung.) Durchgesetzt hat sich bei Großunternehmen hauptsächlich die **Leitungsform der funktionalen bzw. divisionalen Organisation.** **1047**

Die funktionale Vorstandsorganisation, nach der die Ressorts den Hauptaufgabengruppen des Unternehmens entsprechen (z. B. Forschung und Entwicklung, Einkauf/Beschaffung, Produktion, Vertrieb/Verkauf, Finanzen/Vermögensverwaltung, Personalwesen und Soziales), ist die traditionelle und wohl bekannteste Struktur. Daneben ist – besonders im Ausland – die Zuständigkeit einzelner Vorstandsmitglieder für eine Division, Branche, einen Bereich oder eine Marke oder Sparte verbreitet. Bei diesem Modell sieht die Vorstandsorganisation die ergebnisverantwortliche Zuständigkeit eines Vorstandsmitglieds[1519] für alle Funktionen eines Unternehmensbereichs vor, so kann beispielsweise im Vorstand eines Automobilkonzerns ein Markenvorstand für alle Aufgabenstellungen (Einkauf, Verkauf, Produktion etc.) einer bestimmten Fahrzeugmarke oder in einem Chemie-Konzern ein Divisionsvorstand für den Bereich Agrarchemie und dessen Funktionen zuständig sein. Natürlich sind, wie überall im Leben, auch Mischformen von divisionaler Struktur und funktionaler Aufgabenverteilung möglich und in der Praxis anzutreffen. Eine spezielle Ausgestaltung der divisionalen Organisation stellt die so genannte **virtuelle Holding** dar. Hier teilt sich ein Konzern organisatorisch in mehrere Unternehmensbereiche auf, denen jeweils Bereichsvorstände vorstehen, die jedoch neben einem »echten« Vorstandsmitglied mehrheitlich mit Führungskräften der zweiten Ebene besetzt sind. Gegen alle Modelle der Vorstandsorganisation bestehen keine Bedenken, solange der Grundsatz der Generalverantwortung und Allzuständigkeit des Vorstandes Beachtung findet. Echte Führungsentscheidungen der gesetzlichen Vertretung einer juristischen Person können nicht delegiert werden.[1520] **1048**

Für **das gewachsene Unternehmen** wird eine stabile innere Struktur unerlässlich, nach der Stellen, Instanzen und Abteilungen definiert und Prozessabläufe geregelt werden. **1049**

1518 Wie selbstverständlich spricht schon § 91 AktG in seiner Überschrift von Organisation (des Vorstands).

1519 Wenn es die Größe des Bereichs erforderlich macht auch mehrerer »Bereichs«vorstände.

1520 Münchner Handbuch des Gesellschaftsrechts Band 4: Aktienrecht, 3. Auflage, München 2007/Wiesner § 22 Rn. 12 ff.

1050 Die Organisation dient der Klarheit von Aufgabenverteilung, Zuständigkeiten und Verantwortung sowie zur Orientierung der Mitarbeiter und bildet somit ein System der Weisungsbefugnisse.

1051 Sie bedeutet einerseits Strukturierung aller betrieblichen Maßnahmen und andererseits die Handhabung der entwickelten Regeln.

1052 Die Regeln stellen Anweisungen der Betriebsführung sowie ihrer Organe dar und bilden den Inhalt der Betriebsorganisation. Regeln können Tatbestände generell ordnen. Wiederholen sich bestimmte Vorgänge in vergleichbarer Weise, werden allgemeine Regeln getroffen. Das hat eine Einschränkung der Entscheidungsfreiheit der ausführenden Mitarbeiter zur Folge. Existieren keine allgemein gültigen Regeln, ist fallspezifisch zu entscheiden. Dem Bearbeiter der dispositiven Aufgaben wird ein größerer Ermessensspielraum zugebilligt. Ausschlaggebend für die Aufgabenverteilung ist die Stellenbeschreibung. Sie gibt die Eingliederung der Stelle in die Organisationsstruktur und ihre Funktionen wieder.

1053 **Aus der Stellenaufgabe leitet sich die Kompetenz und die Verantwortung des Stelleninhabers ab**. **Kompetenz** bedeutet in der Organisationslehre **die dem Stelleninhaber ausdrücklich zugeteilten Rechte oder Befugnisse**. Im Gegenzug hat der Stelleninhaber die entsprechenden Pflichten oder Verantwortungen zu übernehmen.[1521]

1054 In diesem Sinn wird **Verantwortung** als die Pflicht einer Person, für die zielentsprechende Erfüllung einer Aufgabe persönlich Rechenschaft abzulegen, definiert.[1522]

1055 Nach **Hauschild** setzt Verantwortung Beziehungen zwischen mindestens zwei Stellen voraus,[1523] und zwar einer auftraggebenden und einer auftragnehmenden Stelle. Zwischen den Stellen wird durch die Erteilung von Kompetenzen und Verantwortung ein Regelkreis gebildet. Ist der Auftrag erfüllt, soll über die Durchführung Rechenschaft abgelegt werden. Verantwortung meint jetzt die Pflicht zur Antwort auf die Frage, ob die gestellte Aufgabe zielentsprechend ausgeführt wurde. Kann die Frage bejaht werden, wird der Ausführende entlastet. Wurde die Aufgabe erfolglos, schadenbewirkend oder gar nicht ausgeführt, hat der Stelleninhaber mit Sanktionen zu rechnen. Er wird zur Verantwortung gezogen.

1056 **Aufgabe der Unternehmensleitung ist es**, die vorhandenen Stellen nach sachlichen und formalen Gegebenheiten, also nach Objekt- und Rangbezogenheit in ein Leitungssystem zu gliedern. Dies geschieht durch die Gruppierung in Instanzen, d. h. Stellen, die Leitungsaufgaben für rangniedere Stellen übernehmen. Eine Instanz und die ihr untergeordneten Stellen bilden eine Abteilung. Dabei ist auf eine optimale Leitungsspanne zu achten. Sie hängt von Art und Inhalt der der Abteilung zugewiesenen Aufgaben und von den Kommunikations- und Kontrollmöglichkeiten ab. Die Instanz muss in der Lage sein, ihre Abteilung zu steuern und

---

1521 Vgl. Freese/Ullrich, in: Handwörterbuch der Organisation, a.a.O., Stichwort: Kompetenzen, Spalte 852.

1522 Freese/Hauschild, in: Handwörterbuch der Organisation, a.a.O., Stichwort: Verantwortung, Spalte 1.693.

1523 Freese/Hauschild, a.a.O., Stichwort: Verantwortung, Spalte 1.693.

zu kontrollieren. Die Art der in der Abteilung zu bewältigenden Aufgaben ist für die Führung von entscheidender Bedeutung. Handelt es sich um vorgeregelte, einfache Arbeiten und treten damit wenig sachliche Probleme auf, wird die Instanz in dieser Hinsicht entlastet. Sie kann deshalb eine größere Anzahl von Stelleninhabern betreuen.

Entscheidend für eine **reibungslose Aufgabenbewältigung** ist, dass die der Instanz übertragenen Aufgaben mit den ihr zukommenden Kompetenzen übereinstimmen. Sind die Kompetenzen nicht eindeutig abgegrenzt, kann es zu Überschneidungen und Konfliktsituationen kommen. **1057**

Sind die Kompetenzen zu stark eingegrenzt, so dass die übergeordnete Instanz eingreifen kann, trägt die untergeordnete Instanz nicht die volle Verantwortung für die Aufgabenausführung. **1058**

Jede Stellengliederung des Betriebes, aus der ersichtlich ist, welche Stellen geschaffen werden und welche Beziehungen zwischen ihnen bestehen, enthält auch ein Leitungssystem. Es stellt das hierarchische Gefüge dar, in dem die einzelnen Stellen unter dem Gesichtspunkt der Weisungsbefugnis miteinander verbunden sind. **1059**

2.   Organisationsformen

Im Folgenden werden einige idealtypische Systeme von Weisungsbefugnissen dargestellt. **1060**

a)   Das Leitungssystem (Einliniensystem)

1061

307

1062 Das Liniensystem ist wohl **die am strengsten aufgegliederte Organisationsform eines Betriebs**. Eine Instanz darf nur von einer übergeordneten Instanz Anweisungen erhalten. Sämtliche Abteilungen sind nur in einen einheitlichen Instanzenweg eingebunden. Eine klare Linie der Weisungsbefugnis und Verantwortung zieht sich von der Geschäftsführung bis zur untersten Stelle. Die Einheitlichkeit der Leitung soll verhindern, dass eine untergeordnete Stelle von verschiedenen Seiten Order bekommt.

1063 Im Liniensystem muss der Dienstweg deshalb nicht nur von unten nach oben, sondern auch von oben nach unten eingehalten werden. Gleichgestellte Instanzen dürfen nicht direkt miteinander korrespondieren, sondern müssen sich über die nächsthöhere in Verbindung setzen. **Nachteilig ist das Einliniensystem für Großbetriebe**. Die Einhaltung des Dienstwegs kann hier zu erheblicher Arbeitsbelastung der Zwischeninstanzen und Zeitverzögerungen führen. Dynamisches Handeln wird durch die äußerst langen Korrespondenzwege erschwert.

1064 **Die Vorteile des Systems** liegen in der Schaffung klarer, übersichtlicher Befehlsverhältnisse und der damit verbundenen eindeutigen Abgrenzung. Verläuft in diesem System auch die Informationsweitergabe linear, dann ist die Einheitlichkeit von Entscheidungszuständigkeit und Informationsweg gewährleistet. Aus strafrechtlicher Sicht handelt es sich um ein System, das leicht Einblick ermöglicht und schnell die verantwortlichen Stelleninhaber ermittelt. Die strafrechtliche Verantwortung lässt sich hier am deutlichsten erfassen. Dieses **Einliniensystem** hat in gewisser Weise **Bilderbuchcharakter.**

1065 Mit Rücksicht auf die Länge und Schwerfälligkeit des klassischen Einliniensystems hat diese Struktur für die meisten Unternehmen jedoch nur noch **geringe praktische Bedeutung**. Mehr und mehr sind die Unternehmensverantwortlichen dazu übergegangen, dezentralere Organisationsformen einzuführen.

b)   Das Funktionssystem (Mehrliniensystem)

1066 Zu den dezentralen Systemen zählt das Funktionssystem. Aufträge, Weisungen, Mitteilungen gehen nicht den Instanzenweg, sondern werden von der Art der betreffenden Aufgabe geleitet. Der Arbeiter erhält seine Anweisungen nicht von einem ihm übergeordneten Meister, sondern von verschiedenen spezialisierten Aufgabenträgern. Nach dieser Konstellation ergibt beispielsweise die Summe der Anleitungen des Vorrichtungsmeisters, Geschwindigkeitsmeisters, Prüfmeisters, Instandhaltungsmeisters etc. die Gesamtaufgabe des ausführenden Sachbearbeiters.

1067

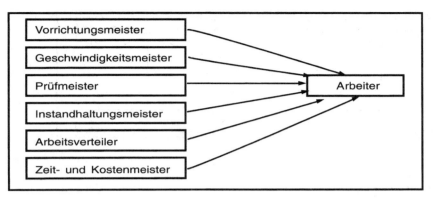

Kommt es zu einem strafbewehrten Zwischenfall, ist zu klären, wer den Rechts- **1068** verstoß zu verantworten hat. Obwohl theoretisch für jeden Funktionsbereich ein Meister zuständig ist, lassen sich ihre Kompetenzen in der Praxis nicht so scharf trennen, dass Überschneidungen völlig obsolet wären.

Der **Verlust von Einheitlichkeit der Leitung und des Auftragsempfangs** kann **1069** im strafrechtlichen Bereich zu Zuordnungsschwierigkeiten führen.

Wer hat die Ursache für einen schadenbewirkenden Mangel gesetzt? Um die Ver- **1070** antwortlichkeit für einen Fehler ermitteln zu können, muss jede einzelne Anleitung aller an der Gesamtaufgabe Beteiligten auf ihre Richtigkeit überprüft werden. Liegt die Fehlerursache bei einem der beteiligten Spezialisten, schließt sich die Frage an, ob die übrigen Aufgabenträger den Mangel hätten erkennen können und deshalb mitverantwortlich sind.

Ist die Fehlerursache aber nur darauf zurückzuführen, dass für sich allein betrach- **1071** tet korrekte Einzelanweisungen im Zusammenhang ein Gefahrenpotenzial bilden, dann werden alle Beteiligten mitverantwortlich.

c) Das Liniensystem mit Querfunktion

Im Liniensystem mit Querfunktion wird der Instanzenweg grundsätzlich beibe- **1072** halten. Allerdings werden die sich auf den gesamten Betrieb beziehenden Funktionen, wie Personalwesen, Rechnungswesen, Entwicklung, Arbeitsvorbereitung als weisungsberechtigte Funktionsbereiche ausgegliedert. So werden Kompetenzen für bestimmte Vorgänge in der Weise geteilt, dass der Leiter einer Linieninstanz, z. B. der Leiter der technischen Betriebsabteilung und der Leiter der Funktionsstelle, z. B. der Entwicklungschef, ein gemeinsames Entscheidungsrecht bei der Aufnahme eines neuen Produkts in die Produktpalette haben. **Die Verantwortlichkeit mehrerer Beteiligter aus Stab und Linie** liegt dann möglicherweise einer strafrechtlichen Überprüfung zugrunde. Abgrenzungsprobleme sind nicht hundertprozentig zu vermeiden. Auch hier taucht wieder die Frage auf, wer den schadenbewirkenden Mangel zu vertreten hat, sei es, dass er selbst die Ursache gesetzt oder aber aus weiteren Pflichtverletzungen mitzuverantworten hat.

1073

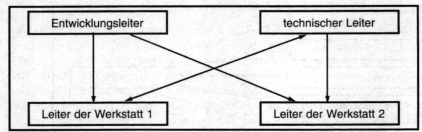

d)   Matrixorganisation

1074 Innovativ in betrieblicher Sicht, aber kompetenzüberschneidend und damit unübersichtlich aus strafrechtlicher Perspektive ist auch die Matrixorganisation. Sie entsteht durch die Überlagerung von funktions- und objektorientierten Organisationsstrukturen.

1075 Der **Vollzug der Matrixorganisation** geschieht wie folgt:

1076 In einem Industrieunternehmen wird die Betriebsleistung in den Abteilungen Konstruktion, Fertigung und Entwicklung erbracht. Diese Abteilungen arbeiten ohne Einschaltung der übergeordneten Betriebsleitung mit den Abteilungen Einkauf, Material und Personal zusammen. Jede Abteilung hat auf ihrem Gebiet Entscheidungsvollmacht, sodass direkt agiert werden kann.

1077

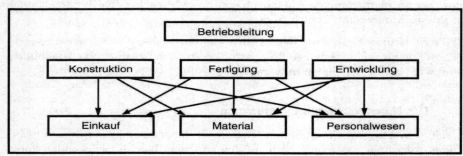

1078 Produktmanager tragen für die Koordination aller erforderlichen Maßnahmen der Bereiche Produktion und Absatz Sorge. Die Leiter der Funktionsbereiche sind für die reibungslose Produktdurchführung verantwortlich.

1079 Es bleibt nicht aus, dass Produktmanager und Leiter die ihnen zustehende Autorität teilen müssen. Eine gute Zusammenarbeit ist hierfür unerlässlich. Schwierigkeiten bereitet die Zuweisung strafrechtlich relevanten Fehlverhaltens, wenn beispielsweise fehlerhafte Produkte zu Verbraucherschädigungen führen.

e) Matrixorganisation bei Produktmanagement

Fällt die Mängelursache in einen Bereich, auf den Produktmanager und Fachabtei- **1080**
lungsleiter gleichermaßen Einfluss nehmen, stellt sich die Frage nach der konkreten Verantwortung. Normalerweise tragen dann beide die strafrechtliche Verantwortung für den schadenverursachenden Mangel. In diesem Fall dürfte den
beiden Entscheidungsträgern die eigene Entlastung nur unter außerordentlichen
Anstrengungen gelingen. Durch die Zusammenarbeit erhalten nämlich beide derart viele Hintergrundinformationen über das von ihnen zu produzierende und zu
vermarktende Produkt, dass auch beide die von dem Produkt ausgehenden
Gefahren erkennen müssen.

1081

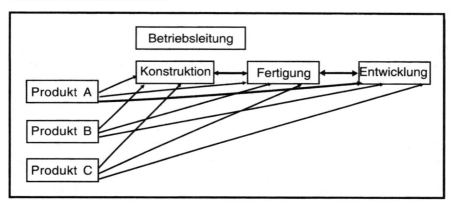

Die dargestellten arbeitsteilig ausgerichteten Organisationen verdeutlichen, dass **1082**
ein klares abgrenzbares Nebeneinander von autonomen Pflichten und Verantwortungsbereichen nahezu nicht realisierbar ist. Innerhalb der hierarchischen Strukturen bestehen Über- und Unterordnungsverhältnisse sowie sich ergänzende und
überschneidende Pflichtenbereiche. Aufgabenteilung führt dabei häufig zur Vervielfältigung der strafrechtlichen Verantwortung. Ein Netz von Wechselwirkungs-
verhältnissen umspannt die einzelnen Bereiche. Es soll daher nicht verkannt werden, dass es nicht immer gelingt, klare Linien zu erkennen und zu verfolgen. Die
Ermittlung und Abgrenzung der jeweiligen individuellen Verantwortungsbereiche erfordert deshalb in vielen Fällen sehr viel Zeit. So ist es denn zu erklären,
warum die Ermittlungen in Unternehmen außerordentlich lang andauern können.
Die Aufklärung der individuellen Verantwortung ist aber unerlässlich, da das
deutsche Strafrecht nun einmal von dem Prinzip der Individualschuld gesteuert
wird.

f)   Die Organisationsform des Lean Managements[1524]

1083   Im Jahre 1990 vorgestellte Untersuchungsergebnisse des Massachusetts Institute of Technology (M.I.T.)[1525] lösten in der westlichen Industriewelt ein Umdenken aus. Die M.I.T.-Studie belegte, dass die amerikanischen und – vor allem – europäischen Automobilproduzenten wesentlich mehr Zeit für die Herstellung eines Autos benötigten als ihre japanische Konkurrenz.[1526] Andererseits lag die Fehlerquote in den amerikanischen und europäischen Montagewerken wesentlich höher als in vergleichbaren japanischen Betrieben. Auch die Vergleiche der Verbesserungsvorschläge, Fehl- und Einarbeitungszeiten fielen eindeutig zugunsten der Japaner aus. Bei der Analyse der M.I.T.-Studie erregte der hohe Grad an Gruppenarbeit in den japanischen Unternehmen Aufmerksamkeit.

1084   Für die amerikanischen und europäischen Autobauer, die sich in den letzten Jahrzehnten von der Vision menschenleerer, weil roboterbestückter Betriebe mit hochintegrierten Material- und Informationsflüssen hatten führen lassen, kam diese Erkenntnis einem schweren Schock gleich. Ein Umdenken und Handeln setzte ein.[1527] Die Zauberworte hießen plötzlich nicht mehr wie seit **Henry Ford** üblich »*Taylorismus*«, »*Massenproduktion*« und »*Fließbandtechnik/Automation*«, sondern lauten nun »*Total Quality Control (TQC)*« und »*Lean Management*«.[1528]

1085   Obwohl die M.I.T.-Forschungsergebnisse ausschließlich auf Erkenntnissen in der Automobilindustrie beruhten, konnten ihre Grundzüge auf jeden anderen Industriezweig übertragen werden.[1529] Diese Grundgedanken der »*schlanken Produktion*« lassen sich im Unterschied zur herkömmlichen Massenproduktion wie folgt skizzieren:

1524   **Vgl. Joachim** Schmidt-Salzer, **Massenproduktion, lean production und Arbeitsteilung – organisationssoziologisch und -rechtlich betrachtet, Betriebs-Berater 1992, 1866 ff.; Horst** Wildemann **(Hrsg.), Lean Management, Frankfurt a. M. 1993**

1525   James P. **Womack**; Daniel T. **Jones**; Daniel **Roos**, Die zweite Revolution in der Autoindustrie: Konsequenzen der weltweiten Studie aus dem Massachusetts Institute of Technology, 8. Aufl., Frankfurt/Main; New York 1994 (engl. The Machine That Changed the World, New York 1990).

1526   Womack, Jones, Roos, a.a.O., S. 97: Produktivität (Wie viele Std. pro Montage eines Auto) a) japanische Werke in Japan: 16,8; b) japanische Werke in Nordamerika: 21,2; c) amerikanische Werke in Nordamerika: 25,1; d) alle europäischen Werke: 36,2; Qualität (Montagefehler je 100 Autos): a) 60,0; b) 65,0; c) 82,3; d) 97,0; wie viel % der Arbeitskräfte in Teams: a) 69,3 %; b) 71,3 %; c) 17,3 %; d) 0,6 %; Ausbildungszeit neuer Arbeiter in der Produktion in Stunden: a) 380,3; b) 370,0; c) 46,4; d) 173,3.

1527   Vgl. SZ v. 12. 08. 1991, S. 18: »*Von der japanischen Produktionsweise lernen*«; DER SPIEGEL, Nr. 32/1991, S. 92 ff.: »*Wahrhaft Revolutionäres geschieht direkt in allen deutschen Opel-Werken. Der Konzern führt als erstes deutsches Automobilunternehmen Gruppenarbeit ein.*«; FAZ v. 07. 09. 1991: »*VW und Ford bauen die Autofabrik von morgen – Die neue Fabrik wird eine neue Arbeits- und Produktionsweise praktizieren.*«; Allgäuer Zeitung v. 28. 05. 1992: »*Autofabrik der Zukunft … Die Mercedes Benz AG hat gestern … ihr neues Personenwagen-Montagewerk im badischen Rastatt in Betrieb genommen. Erstmals werde in Rastatt flächendeckend die Gruppenarbeit eingeführt, die stark auf die Eigenverantwortlichkeit der Mitarbeiter setze. Dazu gehört auch eine flachere Führungsorganisation, wie es mit dem ersatzlosen Abbau von drei der bisher sieben Hierarchiestufen geplant sei.*«

1528   Oft auch Lean production oder Lean concept genannt

1529   James P. Womack u. a., a.a.O., S. 13 f.

- Die Gruppe, das Team als kleinster organisatorischer Baustein anstelle des »*Ein Mann – ein Job*«-Organisationsprinzips in der Massenproduktion;
- Gruppen-, Teamarbeit in allen Bereichen des Unternehmens anstelle der bisher üblichen funktionalen Arbeitsteilung im Produktions- und Entwicklungsbereich;
- kollektive Verantwortung der Gruppe anstelle der begrenzten individuellen Verantwortung;
- Selbstkontrolle statt Fremdkontrolle;
- offener Informationsfluss statt gefilterter Information;
- Mitsprache und -entscheidung anstatt Nichteinmischung »*von unten*«;
- frühzeitige Problemerkennung und -lösung anstelle fortwährender Änderungen und Nacharbeiten;
- funktionale Zusammenarbeit (Vernetzung) anstelle eines egoistischen Bereichsdenkens;
- flache Hierarchie (Shop-floor-Organisation) statt ausgeprägter Hierarchie.

Die Strukturveränderungen zwischen Massenproduktion und Lean Management **1086** lassen sich auch am folgenden einfachen Beispiel verdeutlichen:

1087

Konventionelle Organisation (6 Hierarchiestufen)

GF Produktion
Produktions- leiter Werksleiter
Fertigungs- leiter
Abteilungsleiter
Schichtmeister
Werker   Einrichter

Lean Management (4 Hierarchiestufen)

GF = Geschäftsführung

GF Produktion
Leiter der Einheit "Produkt"
Meister
Instandhalter/Werker/Einrichter

Der einzelne Mitarbeiter ist nicht nur für eine bestimmte Tätigkeit verantwortlich, **1088** sondern er arbeitet in einem Team, das gemeinsam für einen Tätigkeitsbereich zuständig ist. Bei der Fahrzeugmontage z. B. ist ein Mitarbeiter nun nicht mehr allein mit dem Einsetzen der Seitenscheiben (links oder rechts) beschäftigt, sondern gemeinsam mit seinen Teamkollegen ist er für den gesamten Ausbau der Fahrgastzelle zuständig. Jeder Mitarbeiter wird so ausgebildet, dass er alle anfallenden Arbeiten des Moduls selbst durchführen kann und nicht nur – wie bisher – für ein oder zwei Handgriffe verantwortlich ist. Innerhalb des Teams herrscht Gleichberechtigung. Die Aufgabenverteilung wird (täglich) jeweils nach Absprache festgelegt. Es ist in der Gruppe – tatsächlich und übertragen – ein Arbeiten der kurzen Wege.

1089 Diese Form der Arbeitsorganisation hat erhebliche Auswirkungen auf die Motivation der Mitarbeiter. Traten früher Fehler auf oder entstanden Probleme, so gab es Äußerungen wie: »*Ich habe meine Bedenken zum Ausdruck gebracht, aber …*« oder »*Für die Entscheidung war ich nicht zuständig, also habe ich mich herausgehalten*«. Im Lean Management sind Ausreden dieser Art nicht möglich, denn jeder Mitarbeiter ist für jeden »*Handgriff*« verantwortlich.

1090 Also wird jedes Teammitglied bemüht sein, die Fehlerquote gering zu halten und über seine ursprüngliche Tätigkeit hinaus Anregungen für Vereinfachungen in das Team einzubringen. Lean-Management-Organisation wird durch ihre »*tief greifende Wirkung auf die menschliche Gesellschaft die Welt verändern*«, behaupten die Autoren der M.I.T.-Studie.[1530] Auch wenn diese Behauptung gewiss überzogen ist, so lässt sich doch feststellen:

1091 Die Veränderung hat nicht nur für den tatsächlichen Arbeitsablauf **Auswirkungen** mit sich gebracht, sondern auch in strafrechtlicher Hinsicht. Konnten bei einer strikten Arbeitsteilung, die mit einer notwendigen Teilung der Verantwortung verbunden war, noch unterschiedliche Verantwortungsstufen festgestellt werden, so entfallen diese bei der Organisationsform des Lean Managements innerhalb des Teams. Es gibt grundsätzlich keine Einzelentscheidungen und -weisungen mehr, sondern nur noch Kollektiventscheidungen der gesamten Gruppe.[1531]

3. Verantwortung kraft speziellem Organisationsplan

1092 Den Ermittlungsbehörden und Strafgerichten dient der Organisationsplan bzw. der Geschäftsverteilungsplan des Betriebs als Nachweis der individuellen Verantwortung für ein bestimmtes Handeln. In der Rechtsprechung gilt die Auffassung, jeder Mitarbeiter von der Geschäftsleitung bis zur Gruppenleitung sei dazu verpflichtet, seinen Verantwortungsbereich so zu organisieren, dass die Gefährdung deliktrechtlich geschützter Rechtsgüter Dritter vermieden werde. Der Verantwortungsbereich darf dabei nicht abstrakt verstanden werden, sondern muss vor dem Hintergrund des konkreten betrieblichen Kontextes gesehen werden. In diesem Zusammenhang kann erneut auf die **Baukunst-Entscheidung** des Oberlandesgerichts Koblenz hingewiesen werden.[1532]

1530 James P. Womack u. a., a. a. O., S. 14.
1531 Zur strafrechtlichen Verantwortung bei Kollegialentscheidungen in der Geschäftsleitung, vgl. Rdn. 1176 ff.. Die meisten rechtlichen Aspekte treffen auch für die Verantwortung der Gruppe und ihre Angehörigen zu.
1532 Rechtsprechung zum Baurecht, OLG Koblenz GA 1974, 87 f.; ebenso RGDJ 1940, 707 ff. (708); auch Rdn. 1039.

TOP-DOWN-ERMITTLUNGSMETHODE 1093

(Staatsanwaltliche Ermittlungen beginnen bei der Unternehmensspitze)

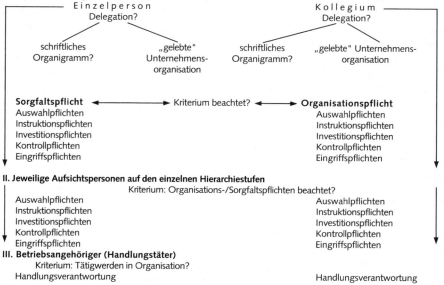

Ausgangspunkt: Grundsätzlich Gesamtverantwortung und Altzuständigkeit mit Delegationsrecht der Geschäftsleitung

I. Geschäftsleitung

Einzelperson — Delegation?

Kollegium — Delegation?

schriftliches Organigramm?

„gelebte" Unternehmensorganisation

schriftliches Organigramm?

„gelebte" Unternehmensorganisation

Sorgfaltspflicht ←→ Kriterium beachtet? ←→ **Organisationspflicht**

Auswahlpflichten
Instruktionspflichten
Investitionspflichten
Kontrollpflichten
Eingriffspflichten

Auswahlpflichten
Instruktionspflichten
Investitionspflichten
Kontrollpflichten
Eingriffspflichten

II. Jeweilige Aufsichtspersonen auf den einzelnen Hierarchiestufen

Kriterium: Organisations-/Sorgfaltspflichten beachtet?

Auswahlpflichten
Instruktionspflichten
Investitionspflichten
Kontrollpflichten
Eingriffspflichten

Auswahlpflichten
Instruktionspflichten
Investitionspflichten
Kontrollpflichten
Eingriffspflichten

III. Betriebsangehöriger (Handlungstäter)

Kriterium: Tätigwerden in Organisation?

Handlungsverantwortung

Handlungsverantwortung

Ergebnis: Wenn kein Fehlverhalten feststellbar, ist ausreichende Unternehmensorganisation nachgewiesen.

4. Die strafrechtliche Verantwortung der Mitarbeiter anhand des Unternehmensorganigramms – Beispiel

Im so genannten **Salzsäure-Fall**[1533] wurde das Ermittlungsverfahren wegen uner- 1094
laubter Gewässerverunreinigung (§ 324 StGB) gegen den letztverursachenden
Arbeiter betrieben, der für die umweltschädigende Handlung verantwortlich war.
Er ließ 30.000 Tonnen Salzsäure in den Main abfließen. Der Leiter der Abteilung
»Reinhaltung Wasser und Luft«, in dessen Zuständigkeit die Gewässerverunreinigung fällt, musste sich eine Aufsichtspflichtverletzung zurechnen lassen. Der vorgesetzte Betriebsleiter wurde beschuldigt, der ihm obliegenden konkreten Organisationsverantwortung nicht ausreichend gerecht geworden zu sein. Er habe seinen
Abteilungsleiter nicht hinreichend kontrolliert. Das zuständige Vorstandsmitglied
und der Vorsitzende des Vorstands wurden wegen nachlässiger Ausübung ihrer
allgemeinen Organisationsverantwortung angeklagt.

In der Einstellungsverfügung des Landgerichts Frankfurt am Main vom 9. Februar 1095
1981 heißt es:[1534]

1533 Natur + Recht 1983, 114 ff.
1534 Natur + Recht 1983, 114 ff.

»Die Ermittlungen gegen die Beschuldigten A (Vorsitzender des Vorstandes der AG), C (zuständiges Vorstandsmitglied) sowie B und E als Leiter des »Unternehmens im Unternehmen« und gegen D (Leiter der Abteilung Reinhaltung von Wasser und Luft, RWL) führten mit Zustimmung der zuständigen Strafkammer des Landgerichtes Frankfurt am Main gemäß § 153 a StPO zu der staatsanwaltlichen Entscheidung, von der Erhebung der öffentlichen Anklage vorläufig abzusehen, sofern die Beschuldigten binnen zwei Monaten folgende Zahlungen leisten: Der Beschuldigte A (Vorstandsvorsitzender) eine Geldbuße von 250.000 DM und der Beschuldigte C (Vorstandsmitglied) eine Geldbuße von 750.000 DM an eine gemeinnützige Einrichtung (Deutsche Forschungsgemeinschaft), der Beschuldigte B (Vorstand Tochtergesellschaft) eine Geldbuße von 80.000 DM der Beschuldigte D (Leiter RWL) eine Geldbuße von 30.000 DM der Beschuldigte E (Vorstand Tochtergesellschaft) eine Geldbuße von 70.000 DM an die Staatskasse.«

1096

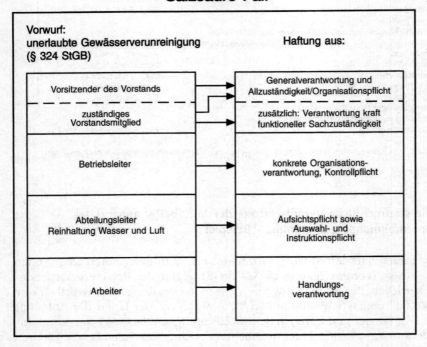

Salzsäure-Fall

5. Delegation

1097 Für die oberste Leitungsinstanz eines Unternehmens ist es in der Praxis nicht durchführbar, alle nachgeordneten Entscheidungsträger ausschließlich an genau bestimmte, explizite Verhaltensnormen zu binden. Auch diese Entscheidungsträger müssen mit Entscheidungskompetenzen ausgestattet werden, Sie benötigen einen Verantwortungsspielraum.

In einem solchen Fall erfolgt eine Delegation von Entscheidungen, d. h., der Entscheidungsträger erhält keine dezidierten Handlungsanweisungen für alle möglichen Eventualitäten, sondern hat einen Ermessensspielraum für die Erreichung des vorgegebenen Ziels. Delegation von Entscheidungskompetenzen zieht sich durch alle Hierarchiestufen, die unterste ausgenommen. **1098**

Trotz Delegation bleibt der Übertragende in der Verantwortung. Seine strafrechtliche Verantwortung knüpft grundsätzlich an den von ihm betreuten Geschäfts- und Verantwortungsbereich an.[1535] **1099**

Ein innerhalb des Betriebs aufgetretener Fehler kann die Verantwortungsbereiche mehrerer Beteiligter auf horizontaler Ebene wie auch in der Hierarchiestruktur des Unternehmens betreffen. Die **Verantwortungskette** kann sich von dem letztverursachenden Sachbearbeiter über mittlere Führungskräfte bis hin zur Geschäftsleitung ziehen. **1100**

Soweit sich der Übertragende auf die Pflichterfüllung des Übernehmenden verlassen kann, hat er seine Pflicht erfüllt.[1536] **1101**

Den **Übertragenden treffen verschiedene Pflichten**: So muss er den Delegierten nach dessen Fachkundigkeit und Zuverlässigkeit auswählen **(Auswahlpflicht)**.[1537] Dessen Einweisung/Unterrichtung muss eindeutig, klar und lückenlos erfolgen **(Instruktionspflicht)**. Der Delegierende muss den Delegierten überwachen und sich ständig von dessen Fachkundigkeit und Zuverlässigkeit überzeugen **(Überwachungs- und Kontrollpflicht)**. **1102**

Für folgenden zivilrechtlichen Sachverhalt aus dem Bereich des verkehrsrechtlichen Unternehmensrisikos hat das Oberlandesgericht Hamm die **Kriterien einer sorgfältigen Überwachung** genannt:[1538] **1103**

> Bei einem Verkehrsunfall wurde eine Radfahrerin schwer verletzt, als sie von dem vom Fahrer eines Fuhrunternehmens gelenkten Sattelschlepper überholt wurde und zu Fall kam. Der Geschäftsführer haftet für den Fahrer seines Fahrzeugs (§ 831 BGB), wenn nicht ein verkehrsgerechtes Verhalten des Fahrers nachgewiesen werden kann.

Das Oberlandesgericht Hamm entschied: **1104**

> *»An den Beweis einer ausreichenden Auswahl und Überwachung eines angestellten Kraftfahrers sind im Interesse der Verkehrssicherheit strenge Anforderungen zu stellen. Der Nachweis einer sorgfältigen Überwachung ist nur bei der Durchführung fortdauernder, planmäßiger, auch unauffälliger Überwachungen mit unerwarteten Kontrollen geführt. «*

Außerdem treffen den Übertragenden **Eingriffspflichten**, wenn der Delegierte Fehler begeht. Der Delegierende ist aus den Sorgfaltspflichten nicht entlassen, wenn der Übernehmende nicht qualifiziert ist, nachlässig arbeitet, nicht die Mög- **1105**

1535 BGH NStZ 1990, 588 ff. (591); zur Ressortzuständigkeit eingehender Rdn. 1125 ff.
1536 BGHSt 19, 286 ff. (288).
1537 Die zivilrechtlichen Kriterien einer sorgfältigen Auswahl des Fahrers durch den Fahrzeughalter hat der BGH in r+s 1997, 364 festgelegt.
1538 OLG Hamm DAR 1998, 392.

lichkeit zur Pflichterfüllung hat oder eine unvorhersehbare Situation (z. B. ein Störfall) eintritt. Bei der Übertragung von Aufgaben an Subunternehmer hat der Delegierende dessen Qualifikation, Zuverlässigkeit und Betriebsausstattung zu prüfen. In einer Zeit, in der das **Outsourcing**, das Auslagern, Übertragen unternehmenseigener Tätigkeiten und Pflichten[1539] also auf externe Unternehmen (Tochtergesellschaften, Fremdunternehmen) in der deutschen Wirtschaft wie im Bereich der öffentlichen Hand vermehrt üblich wird, kommen den Organisationsverpflichtungen des Übertragenden (Delegierenden) wachsende Bedeutung zu.

1106 Zu erwähnen sind in diesem Zusammenhang auch die so genannten **Industrieparks**, Ansiedlungen der unterschiedlichsten eigenverantwortlich tätigen Eigen- und Fremdunternehmen auf engem Raum, die vom Standortbetreiber (gern InfraServ-Gesellschaft genannt) angebotene Einrichtungen gemeinsam nutzen. Dabei handelt es sich regelmäßig um die von einer Kommune gegründete Betreibergesellschaft in der Rechtsform der GmbH, welche als Standortinhaberin des Industrieparks – die Genehmigung eines Industrieparks ist inhaberabhängig – für die Infrastruktur der Anlage und die Einhaltung der Verkehrssicherungspflichten Sorge zu tragen hat. Die aus der Anlage erwachsenden Pflichten für Infrastruktur, Ent- und Versorgung, Brandschutz usw. verbleiben jedoch grundsätzlich beim **Standortbetreiber**, auch wenn dieser sie als Verpächter über entsprechende Regelung in den Pachtverträgen teilweise auf die Industrieparknutzer übertragen kann, gilt doch auch hier die allgemeine Regel, dass der, welcher eine Gefahrenquelle eröffnet, für den Schutz Dritter haftet. Im groben Raster lässt sich also hinsichtlich der zivil- und strafrechtlichen Haftungsausgestaltung die Organisation eines Industrieparks mit der betrieblichen Organisation eines Wirtschaftskonzerns vergleichen. Trotz der Selbstständigkeit der pachtenden Unternehmen ist eine gemeinsame »Hausordnung« für alle Nutzer und den Standortinhaber erforderlich, in der die Rechte und Aufgaben des für die Koordination im Industriepark zuständigen Standortleiters genauso geregelt und festgeschrieben sind wie die Handhabung der jeweilig selbst genutzten Standortanteile und der gemeinsam genutzten Anteile.[1540]

1107 In seiner **Falisan-Entscheidung** hat sich der Bundesgerichtshof ausführlich mit den **Sorgfaltskriterien** auseinander gesetzt, die ein Unternehmen **bei der Auswahl** eines Entsorgers, also des mit der Abfallbeseitigung beauftragten **Subunternehmens**, zu beachten hat.[1541] Das ausgewählte Unternehmen muss bestimmte Zuverlässigkeitskriterien erfüllen. Zunächst der Fall:

> Ein GmbH-Geschäftsführer verpflichtete per Vertrag sein Unternehmen, rund 38 t Quecksilberbeize, so genanntes Falisan, von einem anderen Unternehmen zu übernehmen und nach einer entsprechenden Behandlung einer den gesetzlichen Vorgaben gemäßen Verwertung zuzuführen. Die tatsächliche Verwertung jedoch bestand darin, dass der Geschäftsführer das Falisan »zur entspre-

---

1539 Beispielhaft seien hier nur die unternehmenseigenen Dienstleistungsbereiche genannt: Datenverarbeitung, Rechts-, Steuer- bzw. Versicherungsabteilung.

1540 Noch gibt es zur Problematik »Industriepark« und »Durchgriffshaftung« keine Rechtsprechung und kaum Literatur.

1541 BGHSt 40, 86 ff. (= NStZ 1994, 341 ff.) mit Anm. Regina **Michalke** StV 1995, 137 und Anselm-Ludger **Versteyl** NJW 1995, 1071.

chenden Behandlung und Verwertung gemäß den gesetzlichen Bestimmungen« an ein Drittunternehmen, welches als Abfallbeseitigungs-GmbH firmierte, weitergab. Dieses Drittunternehmen wiederum aber veräußerte die Beize – was der Angeklagte nicht wusste – an einen Import-/Exportkaufmann, der den umweltgefährdenden Stoff nach einer Zwischenlagerung in einem deutschen Schweinestall schließlich nach Polen verbrachte, wo das Falisan in einem ehemaligen Hühnerstall »entsorgt« wurde. Das Landgericht Köln sprach den GmbH-Geschäftsführer vom Vorwurf der fahrlässigen umweltgefährdenden Abfallbeseitigung nach § 326 Absatz 1 Nr. 2 StGB a. F. frei,[1542] da dem Angeklagten die Zwischenlagerung in Deutschland ebenso wie die Endlagerung in Polen nicht zugerechnet werden könnten. In der Weitergabe des Falisans an das Drittunternehmen sah das Gericht keine Sorgfaltspflichtverletzung, da dieses Unternehmen Mitglied des einschlägigen Fachverbands war und von einem Sachverständigen für Chemie empfohlen worden sei. Bei dieser Sachlage habe für den GmbH-Geschäftsführer grundsätzlich keine Verpflichtung bestanden, weitere Erkundigungen über die Drittfirma einzuholen bzw. sich zu erkundigen, auf welche Weise diese den Abfall beseitigen wolle. Dies gerade auch vor dem Hintergrund, dass der Angeklagte keine Anhaltspunkte dafür besaß, das Falisan solle ins Ausland exportiert werden.

Der Bundesgerichtshof hob das Urteil des Landgerichts auf. Er sah in dem Verhalten des GmbH-Geschäftsführers den Tatbestand des § 326 Absatz 1 Nr. 2 StGB a. F. verwirklicht. Dieser habe die **erforderliche Sorgfaltspflicht bei der Auswahl des Subunternehmers** nicht walten lassen: **1108**

>*Der Auftraggeber genügt dieser (seiner Sorgfalts-)Pflicht nicht schon dadurch, dass er mit der Entsorgung ein Unternehmen betraut, das überhaupt Abfallbeseitigung gewerblich betreibt, also »zur Branche gehört«, die nachgesuchte Leistung anbietet und in allgemeiner Form – ohne nähere Angaben – ordnungsgemäße Erledigung zusagt. Ihn trifft vielmehr eine darüber hinausgehende Erkundigungspflicht: Er hat sich davon zu überzeugen, ob das in Aussicht genommene Unternehmen zu der angebotenen Abfallentsorgung tatsächlich imstande und rechtlich befugt ist.«*

Allein die Tatsache, dass er sich als Auftraggeber davon überzeugt hat, dass ein Unternehmen dem entsprechenden Fachverband angehört und von einem Sachverständigen empfohlen worden ist, reiche nicht aus. Vielmehr habe der Auftraggeber sich davon zu überzeugen, dass das entsorgende Unternehmen zu der angebotenen Entsorgung tatsächlich imstande und rechtlich befugt ist **(aktive Erkundigungspflicht)**. **1109**

Die Sorgfaltspflicht des Auftraggebers entsteht nach der Entscheidung des Bundesgerichtshofs auch nicht erst dann, wenn ihm Anhaltspunkte für eine unvorschriftsmäßige Entsorgung vorliegen. Vielmehr sieht das oberste Strafgericht eine **Kontrollpflicht des Auftraggebers**, die ihm aufgibt, sich auch ohne Verdachtsmomente die **positive Gewissheit zu verschaffen**, dass eine ordnungsgemäße Entsorgung garantiert ist. So hätte der Angeklagte im Falisan-Verfahren beispielsweise Vertreter der Drittfirma fragen müssen, ob sie die für die Entsorgung **1110**

1542 Siehe dazu BGH wistra 1994, 247 ff.

notwendigen Anlagen und Einrichtungen besitze. Er musste von dem beauftragten Subunternehmer den Nachweis oder zumindest die verbindliche und überprüfbare Bestätigung einholen, dass die Entsorgung des Falisans in einer – und in welcher – geeigneten und behördlich zugelassenen Anlage erfolgt.[1543]

a)   Die Generalverantwortung der Geschäftsleitung

1111   Betriebs- bzw. Unternehmensinhaber sowie die vertretungsberechtigten Organe juristischer Personen und darüber hinaus jede Führungskraft, die beauftragt ist, einen Betrieb ganz oder zum Teil zu leiten, sehen sich einer **Generalverantwortung und Allzuständigkeit** ausgesetzt.

1112   Ihnen kommt aufgrund ihrer **tatsächlichen Leitungsfunktion** eine Garantenstellung zu und damit eine Erfolgsabwendungspflicht, d. h., sie müssen das Personal ständig regel- und planmäßig überwachen, um Straftaten zu verhindern.[1544] Soweit sie im Unternehmen weisungsbefugt sind, üben sie die »*Herrschaft*« **über eine tatsächliche Gefahrenquelle** aus.[1545]

1113   Strafrechtlich ist es nun die **Verkehrssicherungspflicht des Garanten**, also vor allem der Geschäftsführung und der Führungskräfte, Gefahrenquellen zu beseitigen. **Typische Gefahrenquellen eines Unternehmens** sind:

- das Unternehmen als solches
- seine Produktionsstätten
- die Produktion fehlerhafter Waren
- der gesamte Bereich des Personen- bzw. Gütertransports
- seine steuerlichen Pflichten[1546]

1114   Hinzukommen als Beispiele für vorhersehbare betriebliche Gefahrenquellen:

- nicht geschultes oder falsch ausgewähltes (ungeeignetes) Personal
- fehlender oder unzureichender Einsatz von fachkundigen Mitarbeitern
- fehlende Automatisierung bei hohem Gefährdungspotential
- nicht nachgewiesene, aber erforderliche Fachkenntnis eines Mitarbeiters
- falsche Betriebsanweisungen (Schriftform ist nicht erforderlich)
- gefährliche Anlagenkonstruktion
- Verfahren entspricht nicht den Sicherheitsstandards

1543   In einer weiteren Entscheidung zum Falisan-Fall beschäftigte sich der BGH mit der Strafbarkeit der Vertreter der Drittfirma (wistra 1994, 226 ff.). Er bestätigte das Urteil der Vorinstanz (Unbefugte Abfallbeseitigung im Ausland wird nicht vom Schutzzweck des § 326 StGB a. F. erfasst – seit 1994 fällt der so gen. Mülltourismus jedoch unter § 326 Abs. 2 StGB n. F.) und stellte klar, dass unter den Begriff »*Lagern*« jede vorübergehende Aufbewahrung, insbes. die Zwischenlagerung mit dem Ziel anderweitiger Beseitigung falle; vgl. dazu Rdn. 1441 ff.

1544   RGSt 19, 204 ff. (206), RGSt 41, 326 ff.

1545   BGH NJW 1971, 1093 ff. (1095).

1546   Der BGH hat in seinem Urteil v. 10. 11. 1999, 5 StR 221/99 ausdrücklich betont, dass auch bei Berufung mehrerer Geschäftsführer die steuerlichen Pflichten der Gesellschaft einen jeden Geschäftsführer im Rahmen seiner Gesamtverantwortung (§§ 114 HGB, 34 AO) in eigener Person treffen.

- fehlende Redundanzen
- im Verhältnis zum Gefährdungspotential unzulängliches Material

Dies vor allem dann, wenn Unternehmensleiter und Führungskräfte den ihnen **1115** obliegenden Sorgfalts- bzw. Organisationspflicht- und Aufsichtspflichtverletzungen nicht nachkommen.[1547] Das ist dann der Fall, wenn sie nicht dafür sorgen, dass in ihrem Zuständigkeitsbereich alle zumutbaren und möglichen Sicherheitsvorkehrungen zur Schadenabwehr getroffen sind und eingehalten werden.[1548] Zu einer korrekten Aufsicht gehören Leitungs-, Koordinations-, Organisations- und Kontrollpflichten, insbesondere:

- eine sorgfältige Mitarbeiterauswahl
- eine sachgerechte Organisation und Aufgabenverteilung
- eine angemessene Instruktion und Aufklärung der Mitarbeiter über Aufgaben und Pflichten
- die ausreichende Kontrolle und Überwachung der Mitarbeiter
- die Pflicht, die sachlichen Betriebsmittel in einem funktionstüchtigen Zustand zu versetzen *und* in diesem Zustand zu erhalten
- die Pflicht des Aufsichtspflichtigen gegen Verstöße einzuschreiten, wobei Sanktionen anzudrohen, ggf. zu verhängen sind.

Die betriebliche Organisation, richtig gehandhabt, gleicht einem vollständigen **1116** Puzzle. Alle Aufsichtspflichten bilden einen einheitlichen Komplex, hängen vielfach von einander ab und ergänzen sich im Einzelfall.[1549] Die Rede ist von der so genannten **Interdependenz der Aufsichtspflichten**. Je nach Sachlage kommt es zu einer Intensivierung der Aufsichtspflichten. Im Wesentlichen gilt:

aa) Auswahlpflicht

Zu den **notwendigen Aufsichtsmaßnahmen** gehört zunächst die Auswahl geeig- **1117** neten Personals. Hierbei reicht nicht aus, dass der Betriebsinhaber für allgemeine Organisationsanordnungen und genaue Verantwortungsverteilung sorgt. Eine Pflichterfüllung des Betriebsinhabers liegt nur vor, wenn er die von ihm nicht wahrnehmbaren Aufsichtsmaßnahmen lückenlos verteilt und den Aufsichtspersonen Inhalt und Umfang ihrer Pflichten exakt mitteilt (soweit er nicht entsprechende Kenntnisse der Aufsichtspersonen voraussetzen kann). Es genügt nicht, wenn der Betriebsinhaber für allgemeine Organisationsanordnungen und eine genaue Verantwortungsverteilung sorgt, aber nicht für ausreichend Personal sorgt. Beispiele:

- Während der Inbetriebnahmephase rund um die Uhr wird eine Anlage in drei Schichten bedient. Es gibt aber nur einen Schichtleiter.
- Bei größeren Betrieben wird regelmäßig die Einrichtung einer Revisionsabteilung nötig sein, die personell so auszustatten ist, dass sie häufiger die einzelnen Betriebsabteilungen unangemeldet überprüfen kann.[1550]

1547 § 130 OWiG; dazu oben Rdn. 727 ff.
1548 Siehe dazu Göhler/König a.a.O., § 130 Rn. 10 ff.
1549 KK-OWiG-Rogall, a.a.O., § 130 Rn. 40.
1550 BGH wistra 1982, 34; OLG Köln wistra 1994, 315.

1118 Weitere notwendige Organisationspflichten sind neben der Pflicht zur sorgfältigen Auswahl der Mitarbeiter ebenso

- die fortlaufende Unterrichtung der Betriebsangehörigen über die einzuhaltenden gesetzlichen Bestimmungen;
- die präzise Aufklärung über den jeweiligen Aufgabenbereich;
- die regelmäßige Kontrolle der Mitarbeiter und der Betriebsvorgänge.

bb) Aufklärungs-, Unterrichtungs- oder Instruktionspflicht

1119 Der Betriebsinhaber hat die Pflicht, die Mitarbeiter *fortlaufend* über die gesetzlichen Vorschriften zu unterrichten, die in dem jeweiligen Betrieb zu beachten sind.[1551] Die einmalige Unterrichtung über die für Unternehmen/Betrieb geltenden Vorschriften – z.B. bei der Einstellung – ist nicht stets ausreichend. Bei betriebssicherheitsrelevanten Betriebsbereichen muss mehrfach auf geltende Bestimmungen hingewiesen werden.[1552] Diese Pflicht besteht nur gegenüber Personen, die für Pflichtverstöße in Betracht kommen. Kennt der Betriebsinhaber die einschlägigen Vorschriften nicht oder versteht er sie nicht, hat er sich selber kundig zu machen bzw. ein sachkundiges internes Kontrollsystem einzurichten und/bzw. externen Rat einzuholen.[1553] Eine allgemeine Belehrung, dass jeder Mitarbeiter verpflichtet ist, die geltenden Rechtsvorschriften einzuhalten, genügt regelmäßig nicht. Ebenso wenig genügt eine allgemeine Belehrung, dass die Verletzung von gesetzlichen Vorschriften untersagt ist. Auch der Hinweis, dass Verstöße gegen Bestimmungen von Strafgesetzen oder von Straßenverkehrsvorschriften oder von Kartellvorschriften untersagt sind, ist unzureichend. Ebenfalls genügt nicht, sich vom Mitarbeiter bestätigen zu lassen, dass er die für seinen Aufgabenbereich geltenden Regeln kennt.

cc) Überwachungs- und Kontrollpflichten

1120 **Ziel der Organisationsvorgabe »Überwachungspflicht«** ist die Verhinderung von Missständen im Unternehmen.[1554] Einschlägige Vorschriften zur Erreichung dieses Ziels sind u.a. § 130 OWiG, aber auch § 91 Absatz 1 AktG, welcher die Pflicht des Vorstandes zur Einrichtung eines Überwachungssystems reglementiert. Der Umfang der Überwachungs- und Kontrollpflichten richtet sich nach der Gefahrgeneigtheit der Tätigkeit und dem Gewicht der zu beachtenden Vorschriften. Doch darf sich die Überwachung nicht – halbherzig – auf gelegentliche Prüfungen beschränken. Einer **besonders gründlichen Überwachung** bedürfen verständlicherweise neu eingestelltes Personal sowie die Belegschaftsangehörigen in bekanntermaßen gefährdeten Unternehmensbereichen. Hierzu zählen die Mitarbeiter aus Einkauf/Beschaffung und Vertrieb, soweit sie in absprachegefährdeter Position tätig sind.

1551 **Wirtz**, Die Aufsichtspflichten des Vorstands nach OWiG und KonTraG, WuW 2001, 342 ff.
1552 **Senge, in: Erbs/Kohlhaas**, Strafrechtliche Nebengesetze, Loseblattlieferung, München, August 2007, O 187 (OWiG) § 130 Rn. 14.
1553 OLG Stuttgart NJW 1977, 1410.
1554 BayObLG wistra 2001, 479.

Stellt sich ein Unternehmen die Frage: Beachten wir die erforderliche Sorgfalt bei **1121** der Durchführung der uns obliegenden Überwachungspflicht? Dann hat erstes Prüfungskriterium zu sein: Besitzt unser Unternehmen eine betriebliche Organisation mit eindeutigen, präzise formulierten Strukturen und einer so klaren Regelung der jeweiligen Zuständigkeiten, dass die Gefahr der Verletzung betrieblicher Pflichten soweit wie möglich vermieden wird.[1555] Über die allgemeine Überwachung hinaus ist die Aufsicht so zu führen, dass betriebliche Unregelmäßigkeiten oder Unachtsamkeiten auch ohne ständige Überwachung – normalerweise – nicht vorkommen. Um diesem Anspruch gerecht zu werden, hat der Aufsichtspflichtige regelmäßige Stichproben vorzunehmen.[1556] Die Stichproben sind, soweit zumutbar, überraschend bzw. unangemeldet durchzuführen. Ziel und Zweck von Kontrolle und Kontrollpflicht ist der Präventionsgedanke. Die Kontrolle muss aus diesem Grunde so gehandhabt werden, dass der gegen ein Verbot vorsätzlich verstoßende – und auch der ein solches Vorhaben in Erwägung ziehende – Mitarbeiter ernsthaft mit seiner Entdeckung und den daraus resultierenden Konsequenzen rechnen muss und von der Tat zurückschreckt.

Sind in einem Unternehmen bereits Missstände vorgekommen, gilt eine gesteigerte Überwachungs- und Kontrollpflicht.[1557] Wesentlichen Kriterien für eine solche **1122** gesteigerte Aufsichtspflicht sind insbesondere: die absolute Zahl bekannter Verstöße gemessen an der Größe des Unternehmens und dessen Geschäftsumfang; ein konkreter Verdacht, dass Verstöße geplant sind bzw. durchgeführt werden; konkrete Zweifel an der fachlichen Eignung bzw. Zuverlässigkeit eines Mitarbeiters; falls wichtige Vorschriften in Frage stehen[1558] sowie das Vorliegen schwieriger Rechtsfragen[1559] Kein Kriterium dagegen ist das Vorliegen einer Abmahnung durch eine staatliche Stelle, da sich diese an das Unternehmen als solches richtet.

dd) Die Investitionspflicht

Auch die Sorgfalts- bzw. Organisationspflicht, dass Arbeitsgeräte und technische **1123** Einrichtungen den jeweils gültigen Vorschriften entsprechen, zählt zu dem Katalog der Aufsichtspflichten.[1560] Es ist die Rede vom Stichwort: **Investitionspflicht.** Damit gemeint ist der ordnungsgemäße Zustand der sachlichen Betriebsmittel. Hierbei gilt der **Grundsatz:** Der Aufsichtspflichtige ist im Rahmen des ihm Möglichen und Zumutbaren gehalten, die sachlichen Betriebsmittel in einem funktionstüchtigen Zustand zu versetzen *und* in diesem Zustand zu erhalten, auf dass es den Belegschaftsangehörigen möglich ist, die ihnen obliegenden Pflichten zu

---

1555 Zudem ausführlich KK-OWiG-Rogall, a.a.O., § 130 Rn. 59.
1556 BGHSt. 9, 319 ff. [323]; 25, 158 ff. [163]; OLG Köln wistra 1994, 115.
1557 BGH NStE Nr. 10 zu § 130 OWiG; BayObLG wistra 2001, 478; **Adam**, Die Begrenzung der Aufsichtspflichten in der Vorschrift des § 130 OWiG, in: wistra 2003, 285 ff.; KK-OWiG-Rogall, a.a.O., § 130 Rn. 64 ff.
1558 OLG Koblenz VRS 65, 457 ff.
1559 BGHSt. 27, 196 ff. [202] = NJW 1977, 1784.
1560 BGHSt 25, 158 ff. (163); Demuth/Schneider, a.a.O., in: BB 1970, 642 ff. (648).

erfüllen.[1561] Als typisches Beispiel für betriebliche Investitionsverschulden kann der Rosenmontag-Fall herangezogen werden[1562]: Wenn eine Alarmglocke, die aber nicht vorhanden war,[1563] auf das Stehen des Rührwerks hingewiesen hätte, oder wenn wenigstens ein Ventil vorhanden gewesen wäre, das die Zugabe von Chemikalien bei Stillstand des Rührwerks verhindert hätte[1564], dann wäre der Störfall in der Nacht des Rosenmontags 1993 wohl nicht eingetreten.

Des Weiteren sind die Vertreter juristischer Personen nach den Regeln der Vertreterhaftung des § 14 Absatz 1 StGB und nach § 9 Absatz 1 OWiG verantwortlich.[1565]

1124 Die Erfüllung betrieblicher Sorgfaltspflichten kann zwar innerhalb der Betriebshierarchie auf Mitarbeiter übertragen werden, damit ist jedoch keine Haftungsbefreiung verbunden; denn die strafrechtliche Verantwortung im Unternehmen ist grundsätzlich nicht delegierbar oder teilbar. Im Gegenteil: **Die strafrechtliche Verantwortung im Unternehmen multipliziert sich durch Weitergabe auf nachgeordnete Mitarbeiter**. Delegation schützt nicht vor Strafe!

b) Verantwortung kraft funktioneller Sachzuständigkeit

1125 Wenn der Organisationsplan oder eine Regelung bezüglich des individuellen strafrechtlich relevanten Verhaltens fehlen, dann wird die strafrechtliche Verantwortung am Sachzusammenhang ermessen.

1126 Unternehmen, die in einer technischen Branche tätig sind, unterscheiden regelmäßig zwischen dem technischen/produzierenden und dem kaufmännischen/verwaltenden Bereich. Auch in den Geschäftsführungen wird – zumeist – klar getrennt zwischen dem technischen und dem kaufmännischen Ressort. Gegen eine Aufgabenteilung im normalen Geschäftsbetrieb ist rechtlich nichts einzuwenden.[1566] Eine solche **Kompetenzverteilung** verpflichtet die Amtsinhaber zur gegenseitigen Information. Dieser Nachrichtenaustausch dient insbesondere dazu, ressortübergreifende, das Unternehmen allgemein angehende Probleme zu besprechen und zu lösen.

1127 Die **gegenseitige Informationsverpflichtung** ist aber auch Ausfluss der Grundidee der Generalverantwortung aller Mitglieder eines Geschäftsleitungskollegiums. Aus der Gesamtverantwortlichkeit des einzelnen gesetzlichen Vertreters folgt auch, dass er die ressortbezogene Tätigkeit der anderen Organmitglieder beobachtend kontrollieren muss, ohne dass allerdings jede Handlung des Kollegen in dem Geschäftsführungsgremium umfassend überwacht werden muss.

1561 **Demuth/Schneider**, Die besondere Bedeutung des Gesetzes über Ordnungswidrigkeiten für Betrieb und Unternehmen, BetriebsBerater 1970, 642 ff. [648]; **Rotberg**, Ordnungswidrigkeitengesetz, 5. Aufl., 1975, § 130 Rn. 5.
1562 Siehe dazu Rdn. 1289 ff.
1563 FAZ vom 01. 03. 1993, S. 1.
1564 DIE ZEIT vom 05. 03. 1993, S. 25; SZ vom 06. 03. 1993, S. 13.
1565 Rdn. 694 ff.
1566 BayObLG wistra 1993, 237 ff. (238).

Allerdings verschärft sich die Kontrollpflicht in Krisensituationen des Unternehmens.[1567]

Die **primäre – strafrechtliche – Verantwortung des jeweiligen Ressortchefs** für   **1128**
seinen Bereich wird durch den Grundsatz »*Generalverantwortung und Allzuständigkeit der Geschäftsleitung für die ordnungsgemäße Organisation der betrieblichen Abläufe*«, der sich aus dem deutschen Gesellschaftsrecht immanenten **Prinzip der originären Gesamtverantwortung aller Mitglieder eines Geschäftsleitungskollegiums** herleitet, aber nicht aufgehoben.[1568]

Ressortzuständig für den technischen Ablauf im Unternehmen ist also bei einem   **1129**
Zweiergremium der Leiter der technischen Abteilung; für den kaufmännischen Bereich besteht die Zuständigkeit des Leiters der Abteilung Verwaltung.

Im Stahlgürtel-Hochgeschwindigkeitsreifenprozess (so genannter **Monza-Steel-**   **1130**
Fall) hat das Landgericht München II argumentiert, so weit durch eine Feldanalyse ernsthafte Hinweise auf konstruktive Mängel erkennbar gewesen seien, läge es in der Natur der Sache, dass der Konstruktionschef auch nach der Konstruktionsphase die Pflicht gehabt habe, diesen Anhaltspunkten nachzugehen und weitere Maßnahmen zu veranlassen.[1569]

Auch im Strafprozess um die gesundheitsschädlichen Lederspray-Pflegemittel   **1131**
(Erdal-Fall) sah der Organisationsplan des Unternehmens keine konkrete Zuständigkeit für eine umfassende Rückrufaktion vor, die mit einem eventuellen Produktions- und Vertriebsstopp der im Handel befindlichen schadhaften Produkte verbunden war. Hierbei handelte es sich um ein **ressortüberschreitendes Problem.**[1570]

Es betraf das Ressort »*Vertrieb und Marketing*«, zu dem auch die Tochtervertriebs-   **1132**
gesellschaften zählten, das Ressort »*Spedition/Lagerung*«, den »*Chemiebereich*« sowie wegen der finanziellen Auswirkungen eines Rückrufs das Ressort »*Finanz- und Rechnungswesen*«. Unter diesen Umständen begründeten nach Ansicht des

---

1567   Siehe dazu auch Lutter/Hommelhoff, a.a.O., § 37 Rn. 32.

1568   § 14 Abs. 1 StGB. Dies hat der BGH in seiner **Erdal-Lederspray-Entscheidung** (BGHSt 37, 106 ff.) ausdrücklich betont. Dort heißt es: »*Die … Pflichtstellung des Geschäftsführers* (knüpft) *im Allgemeinen an den von ihm betreuten Geschäfts- und Verantwortungsbereich an. Doch greift der Grundsatz der Generalverantwortung und Allzuständigkeit der Geschäftsleitung ein, wo* (bei der Bewältigung eines ressortüberschreitenden Problems…. *das Unternehmen als Ganzes betroffen ist* (BGHSt 37, 106 ff. (123).… *Auch eine unternehmensinterne Organisationsstruktur, die auf der Ebene der Geschäftsleitung gesellschaftsübergreifende Vorgesetzten-Untergebenen-Verhältnisse schafft, ändert grundsätzlich nichts an der mit der Geschäftsführerrolle verbundenen Verantwortung…*« (BGHSt 37, 125) »*War der einzelne Geschäftsführer nicht berechtigt, aus eigener Machtvollkommenheit den in Rede stehenden Rückruf anzuordnen, so änderte dies zwar nichts am Fortbestand seiner umfassenden, zur Schadenabwendung verpflichtenden Garantenstellung; wohl aber erfahren dadurch seine aus dieser Garantenstellung fließenden, konkreten Handlungspflichten eine Begrenzung. Jeder war hiernach nur dazu verpflichtet, unter vollem Einsatz seiner Mitwirkungsrechte das ihm Mögliche und Zumutbare zu tun, um einen Beschluss der Gesamtgeschäftsführung über Anordnung und Vollzug des gebotenen Rückrufs zustande zu bringen…* «(BGHSt 37, 126).

1569   LG München II, in: Schmidt-Salzer, Produkthaftung: Entscheidungssammlung Strafrechtliche Entscheidung, Bd. IV, a.a.O., Abschn. IV 4.4.

1570   BGH NJW 1990, 2560 ff. (2565); vgl. dazu auch Rdn. 1136 ff.

Bundesgerichtshofs das Ausmaß und die Bedeutung des erforderlichen Rückrufs eine Generalverantwortung der gesamten Geschäftsführung der Muttergesellschaft.[1571] Daneben wurde die Verantwortlichkeit der Geschäftsleiter der Vertriebstöchter festgestellt.[1572]

c) Verantwortung kraft tatsächlichen Handelns

1133 Genauso wichtig wie der Organisationsplan ist die tatsächliche Stellung im Unternehmen. Hat ein Mitarbeiter über die planmäßige Kompetenz hinaus in tatsächlicher Sicht bereichsübergreifende Entscheidungsverantwortung, dann ist er strafrechtlich auch für den tatsächlich in Anspruch genommenen Tätigkeitsbereich verantwortlich.

1134 Im **Monza-Steel-Fall**[1573] musste sich der Entwicklungsleiter für Fabrikationsfehler verantworten, da seine Kompetenz kraft tatsächlichen Handelns bereichsüberschreitend auch in die Arbeitsgebiete Fabrikation und Qualitätssicherung hineinreichte.

1135 Tatsächliches Handeln als Zurechnungsgrund strafrechtlicher Verantwortung nahm auch der Bundesgerichtshof im **Brückeneinsturz-Fall** an.[1574] Mangelhafte Statikarbeiten musste sich nicht nur der Inhaber des im Briefkopf erscheinenden Statikbüros, sondern auch der tatsächlich mit den Statikarbeiten beschäftigte Mitarbeiter der Baufirma anrechnen lassen.

d) Verantwortung aus besonderem Anlass in Ausnahmesituationen

1136 **Grundsätzlich darf der Ausführende auf** die Ordnungsmäßigkeit der von seinem Vorgesetzten erhaltenen **Anweisung vertrauen**. Zur Überprüfung der ihm erteilten Order ist er in der Regel weder verpflichtet noch berechtigt.[1575] Faktisch ist es ihm auch selten möglich, den Hintergrund einer Entscheidung seines Vorgesetzten zu erfassen, weil ihm durch die Arbeitsteilung nur noch Teilbereiche der Gesamtaufgabe bekannt werden. Strafrechtlich zur Verantwortung gezogen werden kann er nur dann, wenn die Anordnung seines Vorgesetzten unübersehbar fehlerhaft ist und sich die Rechtswidrigkeit der Ausführung solcher Order aufdrängt.[1576]

1137 In diesem Fall wird vom Letztverursacher Gefahrenabwehr verlangt. Er muss in dieser Situation seinem Vorgesetzten die Bedenken mitteilen.

1571 BGH NJW 1990, 2560 ff. (2564).
1572 BGH NJW 1990, 2560 ff. (2565).
1573 LG München II, in: Schmidt-Salzer, Produkthaftung, Entscheidungssammlung Strafrecht, a.a.O., Abschn. IV. 4.4.
1574 BGH MDR 1978, 504 ff.
1575 Vgl. BGH NJW 1954, 1536 ff.; Schönke/Schröder-Cramer, a.a.O., § 15 Rn. 153.
1576 So auch Jörg **Deutscher**/Peter **Körner**, Die strafrechtliche Produktverantwortung von Mitgliedern kollegialer Geschäftsleitungsorgane (Teil 2), in: wistra 1996, 327 ff. (330). Achtung! Siehe aber die BGH-Entscheidung im Wuppertaler Schwebebahn-Fall, oben Rdn. 680 ff.

Ebenso wenig kann sich der nach außen als Verantwortungsträger auftretende **1138** unmittelbare Vorgesetzte seinerseits mit dem Hinweis, es handele sich im Innenverhältnis um die Arbeit eines Mitarbeiters, seiner Verpflichtung entziehen.[1577]

Schließlich sind auch die übergeordneten mittelbaren Vorgesetzten nicht frei von **1139** Verantwortung.

Werden Risiken bekannt, die eine Verletzung deliktrechtlich geschützter Rechts- **1140** güter Dritter befürchten lassen, müssen sie eingreifen. Die Verantwortung dürfen sie in außergewöhnlichen Situationen (Störfall, Krisenfall) nicht den üblicherweise damit Beauftragten allein überlassen. Hier ist das Unternehmen als solches betroffen; folglich ist die Interventionspflicht der Unternehmensleitung insgesamt gefordert. Die außergewöhnliche Unternehmenssituation stellt sich als Fall ressortübergreifender, nicht delegierbarer Verantwortung dar.

Im **Erdal-Lederspray-Fall**[1578] hat der Bundesgerichtshof festgestellt, dass erstens **1141** aufgrund der zahlreichen Verbraucherbeschwerden eine außergewöhnliche Situation für das betroffene Unternehmen als Ganzes vorlag, in der zweitens eine ressortübergreifende Gesamtentscheidungspflicht für alle Geschäftsführer bestand, da keiner von ihnen – mangels einer solchen Regelung im Gesellschaftsvertrag – allein zur Anordnung der erforderlichen Maßnahmen (Produktionsstopp, Rückruf) berechtigt war.

So hätten auch die zwei **Geschäftsführer der Vertriebsgesellschaften**, GmbH- **1142** Unternehmen, in Kenntnis der Tragweite einer Entscheidung der Geschäftsleitung ihres Mutterhauses unter vollem Einsatz ihrer Mitwirkungsrechte das ihnen Mögliche und Zumutbare tun müssen, um einen Beschluss der Gesamtgeschäftsführung über Anordnung und Vollzug des gebotenen Rückrufs der Produkte zustande zu bringen.[1579] Ihre Pflichtenstellung sei nicht dadurch beseitigt worden, dass sie dem Geschäftsführer der Muttergesellschaft (Geschäftsbereich Absatzwesen) untergeordnet waren.[1580]

Die in der **Erdal-Entscheidung** des Bundesgerichtshofs enthaltene **differenzierte** **1143** **Beurteilung und Gewichtung** des Handelns von Führungskräften, die **Abteilungsleiter** und **Geschäftsführer einer Tochtergesellschaft zugleich** sind, folgt aus unserem Gesellschaftsrecht. Die Wertung entspricht aber nicht der üblichen praktischen Handhabung in den Konzernen.

Dort werden die gesetzlichen Vertreter der Tochtergesellschaften faktisch zumeist **1144** mit den Abteilungsleitern der Obergesellschaft gleichgestellt. Die Gleichbehandlung einer Tochtergesellschaft mit einer Abteilung der Muttergesellschaft setzt rechtlich unrichtige Akzente für die betroffenen Mitarbeiter in Ober- und Untergesellschaft. Es gibt eben rechtlich keine »Pro-forma«-Bestellung einer Führungskraft der Muttergesellschaft zu Vorstand oder Geschäftsführer einer Konzerntochtergesellschaft. Die Gerichte müssen bei ihrer Entscheidungsfindung die gesetzlichen Bestimmungen neben dem strengen Verantwortungs- und Haftungsmaßstab, der

---

1577 BGH MDR 1978, 504 ff.
1578 Siehe dazu oben Rdn. 1128 (FN 1550). und die Fallschilderung unten Rdn. 2450 ff.
1579 BGH NJW 1990, 2560 ff. (2565).
1580 BGH NJW 1990, 2560 ff. (2565).

mit einer Organstellung verknüpft ist, beachten.[1581] Die tatsächliche Handhabung im Konzern kann allein bei der Bestimmung des Strafmaßes im Einzelfall Berücksichtigung finden.

1145 Klaffen gesetzliche Vorgabe und praktische Umsetzung faktischer Machtverhältnisse in der Konzernstruktur eines Unternehmens auseinander, erhöht dies das Risiko des betroffenen Führungskreises. Der Vergleich mit einer tickenden Zeitbombe ist angebracht.[1582]

1146 Uwe H. **Schneider** unterscheidet in seinem grundlegenden Aufsatz zur Haftung von Unternehmensleitern in einem Konzern (Mutter- und Tochtergesellschaften)[1583] vier Fallgruppen.

1. Fälle, in denen das herrschende Unternehmen die Rechtsverletzung durch Weisungen veranlasst oder sich an der Rechtsverletzung durch das beherrschte Konzernunternehmen beteiligt hat. In diesen Fällen haben die geschäftsführenden Organmitglieder des herrschenden Unternehmens auch für die Folgen einzustehen.[1584]
2. Die zweite Fallgruppe behandelt die Haftungsverteilung in einem Vertragskonzern bzw. einem qualifizierten faktischen Konzern.[1585]
3. Die dritte Gruppe umfasst die Fälle, in denen ein einfacher faktischer Konzern vorliegt und die Rechtsverletzung in einem Bereich (z. B. Finanz- und Rechnungswesen) erfolgt, auf den sich zwar die Konzernleitung bezieht, der konkrete Vorgang jedoch nicht durch eine Einzelweisung beeinflusst wurde.[1586]
4. Die vierte und letzte Fallvariante greift, wenn in einem Bereich (z. B. Personal), auf den sich die Konzernleitung nicht bezieht, eine Rechtsverletzung erfolgt ist.

1147 Wie in der ersten Fallgruppe ist die Haftungsfrage auch in den Fallgestaltungen zwei und drei unproblematisch. Wird eine Tochtergesellschaft wie »*eine eigene Betriebsabteilung*«[1587] geleitet, so ergeben sich daraus für das herrschende Unternehmen und seine Organmitglieder selbstverständlich auch entsprechende rechtliche Pflichten.[1588]

1148 Wer die Leitung übernommen hat, der muss ordnungsgemäß organisieren und überwachen und darf sich nicht an rechtswidrigen Handlungen beteiligen. So kommt es auch nicht darauf an, ob der konkrete Vorgang durch eine Einzelweisung beeinflusst wurde. Es ist sogar unerheblich, ob die Organmitglieder des herrschenden Unternehmens von dem speziellen Vorgang Kenntnis hatten. Für die

---

1581   Vgl. Eidam, Die strafrechtliche Verantwortung des Unternehmens und seiner Mitarbeiter, in: PHI, a.a.O., 232 ff. (233 ff.).
1582   Eidam, in: Adams/Eidam, a.a.O., S. 147 ff. (156).
1583   Schneider, a.a.O., S. 494 ff.
1584   Schneider, a.a.O., S. 495.
1585   Schneider, a.a.O., S. 496.
1586   Schneider, a.a.O., S. 496.
1587   Vgl. Eidam in: Adams/Eidam, a.a.O., S. 156.
1588   Schneider, a.a.O., S. 496.

Frage der Haftung ist allein entscheidend, ob die einschlägigen Pflichten erfüllt wurden.[1589]

Mit **Schneider**[1590] halte ich eine einmal übernommene Leitung für nicht teilbar. Sind die Voraussetzungen für eine »*Konzernleitung*« gegeben, so kann die Leitung später nicht aufgeteilt werden. Wenn aber die Konzernleitung nicht teilbar ist, so gilt dies ebenfalls für die sich daraus ergebenden Verantwortlichkeiten – mit allen Konsequenzen – auch in strafrechtlicher Hinsicht. **1149**

Auf den Erdal-Lederspray-Fall übertragen zeigt sich nun aber Folgendes: Die vier Abstimmungsbeteiligten waren nicht nur Geschäftsführer der Muttergesellschaft, sondern sämtlich auch in beiden Tochtergesellschaften in dieser Funktion tätig.[1591] Die Tochtergesellschaften wurden also erkennbar wie eigene Betriebsabteilungen der Muttergesellschaft geleitet. Allein dieser Umstand berechtigt die Verantwortung des Mutterunternehmens für das rechtmäßige Handeln der für den Vertrieb der Unternehmensprodukte zuständigen Tochtergesellschaften. Aus der **Dominanz der Muttergesellschaft erwächst die strafrechtliche Haftung der Konzern-Geschäftsführer**. **1150**

Die dominierende Stellung der Muttergesellschaft verhinderte nicht, dass der Bundesgerichtshof auch die beiden **Geschäftsführer der Tochtergesellschaften** für strafrechtlich verantwortlich hielt. Dies ist nach unserem geltenden Strafrecht nicht zu beanstanden; denn deren Verantwortung wurde nicht dadurch beseitigt, dass sie dem Geschäftsführer für das Ressort Absatzwesen der Muttergesellschaft untergeordnet waren.[1592] Eine interne Organisationsstruktur, die auf der Ebene der Geschäftsleitung gesellschaftsübergreifende Vorgesetzten-/Untergebenenverhältnisse schafft, beseitigt oder mindert grundsätzlich nicht die mit einer Geschäftsführung verbundene Verantwortung.[1593] Gleiches gilt für die **Dominanz eines geschäftsführenden Gesellschafters**, der den Kreis der Geschäftsführer dergestalt beherrscht, dass gegen sein Votum keine Entscheidung gefällt werden kann. **1151**

Zu der Betrachtungsweise des Bundesgerichtshofs in der Erdal-Lederspray-Entscheidung ist kritisch anzumerken, dass er den strafrechtlich relevanten Besonderheiten zu wenig Beachtung schenkt, sich dafür vorrangig an gesellschaftsrechtlichen, also zivilrechtlichen Kriterien ausrichtet. So lässt er sich methodisch nicht vom Schaden, sondern von den Organisationsstrukturen des Unternehmens, dem Pflichten- und Zuständigkeitsplan leiten. Das Gericht setzt also bei der Prüfung der Verantwortlichkeit – entgegen aller herkömmlichen Strafrechtsdogmatik – nicht beim Tatnächsten bzw. beim Primärverstoß an, sondern wesentlich später.[1594] Grundsätzlich ist gegen diesen Methodenwechsel nichts einzuwenden, kommt er doch der modernen Tatherrschaftslehre und deren Wertungsansatz ent- **1152**

1589 Schneider, a.a.O., S. 496.
1590 Schneider, a.a.O., S. 497 f.
1591 BGHSt 37; 106 ff. (130).
1592 BGH NJW 1990, 2560 ff. (2565).
1593 BGHSt 37, 106 ff. (125).
1594 Winfried **Hassemer**, Produktverantwortung im modernen Strafrecht, Heidelberg 1994, S. 64.

gegen: Entscheidend ist danach die zentrale Person; derjenige, der die Fäden zieht, der nach der Macht des Faktischen über die Steuerungsmacht verfügt, und nicht unbedingt der unmittelbar Handelnde. Aber: Während im Strafrecht der entscheidende Richter mit tatbezogenen, die Einzelheiten der Handlungssituation beachtenden Kriterien operieren muss, gewichtet das Gesellschaftsrecht Handlungs- und Unterlassungspflichten nach völlig anderen, handelsrechtlichen Zielen.[1595] Diese Diskrepanz hat der Bundesgerichthof bei seinem Bestreben eine geeignete Entscheidung im Erdal-Lederspray-Fall zu finden, nicht beachtet.

e) Gegenseitiges Vertrauen im Unternehmen

1153 **Führungskräften** obliegt eine **doppelte Informationspflicht**. Zum einen haben sie im Rahmen der Wahrnehmung ihrer Sorgfaltspflichten gegenüber dem Unternehmen alle Fakten, Erkenntnisse, Informationen zu sammeln und zu verwerten, die von Bedeutung für den Betrieb sein können. Zum anderen ist Teil des betriebsorganisatorischen Maßnahmenkatalogs die Verpflichtung der Führungskräfte zur konkreten Information und Anleitung der ihnen unterstellten Betriebsangehörigen.

1154 Im Hierarchiegefüge des Unternehmens baut eine Tätigkeit auf der anderen auf. Aus der Arbeitsteilung ergeben sich deshalb **Bereiche des Vertrauens**.[1596] Innerhalb dieser Vertrauensbasis findet eine Überprüfung der vom zuständigen Mitarbeiter ergriffenen Maßnahme durch den Vorgesetzten, Kollegen oder Mitarbeiter nicht mehr bzw. erneut statt. In einem Geschäftsführungsgremium können die anderen Unternehmensleiter solange auf die ordnungsgemäße Ressortführung eines Kollegen vertrauen, wie keine berechtigten Zweifel an der Qualifikation und/oder Seriosität des Ressortinhabers bestehen.[1597]

1155 Dieses »*Prinzip Vertrauen*« greift dann nicht, bietet also auch in einem Strafverfahren keinen geeigneten Aktivposten für die eigene Verteidigung mehr, wenn Fakten bekannt sind, die auf Fehler in der ordnungsgemäßen Ressortleitung hinweisen und von den Kollegen in der Geschäftsführung nichts zur Aufklärung der Vorgänge unternommen wurde.

1156 Die Mitarbeiter des Unternehmens müssen auf die Richtigkeit der Anweisungen ihrer Vorgesetzten vertrauen können, es sei denn, die Anordnung ist für den Mitarbeiter erkennbar rechtswidrig.

1157 Vor diesem Hintergrund hat das Landgericht Kleve 1980 folgerichtig den so genannten **Glyzerinwasser-Fall**[1598] entschieden. Dem Urteil lag folgender Sachverhalt zugrunde:

> Das bei der Herstellung von Fettsäure anfallende Glyzerinwasser wurde von dem betroffenen Unternehmen in einem Tank gesammelt, dann in einen Großlagertank gepumpt, dort gereinigt und anschließend in das städtische Kanali-

---

1595 Siehe Hassemer, Produktverantwortung, a.a.O., S. 65 f.
1596 Schmidt-Salzer, Produkthaftung, Bd. I, a.a.O. Rn. 1. 182.
1597 Siehe dazu BGH wistra 2000, 305 ff. und unten Rdn. 1169 ff.
1598 LG Kleve NStZ 1981, 266 f.

sationsnetz abgelassen. Als das Großtanklager repariert werden musste, ordnete der Produktionsmeister an, das Glyzerinwasser vom ersten Tank direkt in die Kanalisation einzuleiten. Auf Anweisung des Schichtführers öffnete daraufhin der Schichtarbeiter das Tankventil zur Bodenablassleitung. Diese, seit Jahren unbenutzt, hatte aber keinen Anschluss zum kommunalen Kanalisationsnetz. Diese Tatsache war aber keinem der vier beteiligten und später angeklagten Betriebsangehörigen bekannt. Das Glyzerinwasser floss ungereinigt in den Rhein.

Der Produktionsleiter und der Produktionsmeister wurden wegen fahrlässiger **1158** Gewässerverunreinigung verurteilt, der Schichtführer und der Schichtarbeiter freigesprochen. In der Urteilsbegründung heißt es:

> »*Vor der Benutzung dieser seit langem nicht mehr genutzten Rohrleitung hätten sie* (Anmerkung: Produktionsleiter und Produktionsmeister) *sich deshalb in geeigneter Weise vom tatsächlichen Leitungsverlauf überzeugen müssen. Dies haben sie in vorwerfbarer Weise nicht getan. ...Sie* (Anmerkung: Schichtführer und Schichtarbeiter) *erhielten von dem Angeklagten (Anmerkung: Produktionsmeister) die Anweisung. ... Es wäre eine Überforderung der an sie zu stellenden Sorgfaltspflichten, wenn man ihnen eine Überprüfung der ihnen erteilten Anordnung in diesem Fall auferlegen würde. Sie konnten und durften sich darauf verlassen, dass die Angeklagten als verantwortliche Produktionsleiter bzw. Produktionsmeister rechtmäßige Anweisungen erteilt hatten. Anhaltspunkte dafür, dass diese Anordnungen rechtswidrig waren, hatten sie nicht. Anhaltspunkte in dieser Richtung mussten sich ihnen auch nicht aufdrängen. ...*«[1599]

Im so genannten **Bienenstich-Fall**[1600] wurden die beiden Geschäftsführer wegen **1159** mehrfacher vorsätzlicher Körperverletzung in Tateinheit mit vorsätzlichem Inverkehrbringen verdorbener Lebensmittel zu Geldstrafen verurteilt. Ihnen wurde ein pflichtwidrig unterlassener Produktrückruf vorgeworfen. Dem in der Unternehmensleitung dominierenden Gesellschafter/Geschäftsführer wurde vorgeworfen, dass er die Entscheidung gegen eine Warn- und Rückrufaktion getroffen hatte. Dem zweiten Geschäftsführer wurde angelastet, dass er diese Entscheidung schweigend durch pflichtwidriges, mit der Eigenverantwortlichkeit eines Geschäftsführers nicht vereinbares Untätigbleiben mitgetragen hatte. Die beiden Führungskräfte – Leiter Einkauf und Vertrieb – wurden freigesprochen. Sie hatten den Ermittlungspersonen dartun können, dass das Unternehmen benachrichtigt worden war, sie Sperrung und Vernichtung der noch im Lager vorhandenen Ware veranlasst und die Geschäftsleitung über die Gefahrenmeldung unverzüglich informiert hatten. Auch wussten sie mitzuteilen, dass die Geschäftsleitung aber die erforderliche Warnung der Kunden unterlassen habe, weil sie einen Umsatzrückgang aufgrund der negativen Publizität befürchtet hätten.

Der Bundesgerichtshof begründete sein Urteil hinsichtlich der Führungskräfte **1160** damit, die beiden hätten mit der Information der Geschäftsleitung **alles ihnen Mögliche und Zumutbare** getan:

1599 LG Kleve NStZ 1981, 266 f. (267); dazu auch Rdn. 1043.
1600 BGH, Urteil v. 04. 05. 1988 – NStE Nr. 5 zu § 223 StGB; siehe dazu Rdn. 2448.

>»Mehr war den Angeklagten, die nicht der Geschäftsführung angehörten und deren Weisungsbefugnis unterstanden, nicht zuzumuten. Insbesondere waren sie nicht verpflichtet, die von ihnen befürwortete Maßnahme gegen den erklärten Willen der Geschäftsführung selbst durchzuführen.«

Kurz: Die beiden angestellten Führungskräfte konnten darauf vertrauen, dass die Geschäftsleiter ihren rechtlichen Pflichten nachkommen würden.

1161 Ein Vertrauensverhältnis ähnlicher Art bestand im **Erdal-Lederspray-Verfahren** zwischen der Geschäftsleitung und dem Chemiker, der durch das Urteil des Bundesgerichtshofs freigesprochen wurde.[1601] Er war zwar der Leiter des Zentrallabors der Firmengruppe und nahm damit als Chefchemiker eine herausgehobene Position ein, gehörte aber nicht der Geschäftsleitung an, sondern unterstand als Angestellter der Geschäftsführung insbesondere dem für den Sachbereich A (Chemie) zuständigen Geschäftsführer. Aus den Urteilsgründen geht hervor, dass er in den Geschäftsführerbesprechungen, in denen es um die durch das Produkt entstandenen Schadensfälle ging, den Sachstand und die vorgenommenen Untersuchungen auf toxische Bestandteile des Produkts gegenüber den Geschäftsführern zutreffend und vollständig referiert hatte, und diese auf das Ergebnis vertrauen konnten.

1162 Im Gegensatz zum **Erdal-Lederspray-Fall** hatten die Chemiker und Mediziner im **Contergan-Fall**[1602] eine andere Position im Unternehmen: Dessen Organisation und Zielrichtung wies wissenschaftlichen Mitarbeitern und medizinischen Gesichtspunkten eine nachgeordnete Rolle zu. Die Möglichkeit, ärztliche Erwägungen durch Hinweis auf gesetzliche Bestimmungen und staatliche Kontrollen und die daraus resultierende Gefahr auch wirtschaftlicher Nachteile gewichtiger zu machen, fehlte fast völlig. Das Landgericht hat in dem Fall gerügt, dass auf der Ebene der rein kaufmännisch geprägten Geschäftsleitung kein Fachmann (Chemiker/Mediziner) Einfluss nehmen konnte.

1163 Zur Verantwortungslage von naturwissenschaftlich gebildeten Führungskräften – wie dem Chefchemiker im **Erdal-Lederspray-Verfahren** – gegenüber einer nicht spezialisierten Geschäftsleitung ist anzumerken, dass nach Ansicht des Bundesgerichtshofs gerade im Lederspray-Fall alle Geschäftsführer aus dem vorgelegten »Chemiebericht« selbst den Schluss ziehen konnten, dass eine Klärung der Schadensursache nicht möglich war. Der Bundesgerichtshof stellte nur darauf ab, ob zwischen dem Fachmann und den Mitgliedern des Gremiums ein **Informationsgleichstand oder** ein **Informationsgefälle** vorlag.

1164 Führt man sich den üblichen Betriebsablauf vor Augen und berücksichtigt man weiter, wie Entscheidungsprozesse bei hierarchisch strukturierten Unternehmen ablaufen, dann kann man realistisch nicht von einer Vergleichbarkeit der Tatsacheninformation bei **Fachleuten und Nichtfachleuten** sprechen.

1165 Die Gewichtung ist das Problem![1603] Dem Erkennen, Verstehen und Einschätzen einer Problemlage auf der einen Seite, sowie den daraus abzuleitenden (und zu

---

1601 Vgl. Ausführungen Rdn. 457 f. und Rdn. 2450 ff.
1602 LG Aachen JZ 1971, 507 ff. (519); siehe Falldarstellung Rdn. 2434 ff.
1603 Joachim **Schmidt-Salzer**, Strafrechtliche Produkthaftung – Das Erdal-Urteil des BGH, NJW 1990, 2966 ff. (2971).

ziehenden!) Konsequenzen andererseits, kommen« somit bei der Beurteilung des Risikos durch einen Fachmann regelmäßig andere Stellenwerte zu, als dies bei der Entscheidungsfindung durch einen Laien der Fall sein wird. So wird das kaufmännische Mitglied in einer Geschäftsleitung, das keine eigenen Fachkenntnisse, z. B. auf dem Gebiet der organischen Chemie besitzt, bei seiner Urteilsfindung Vortrag und Votum eines Experten berücksichtigen müssen.

Für die **Verantwortung eines Fachmanns** gegenüber den von ihm zu informieren- **1166** den Nichtfachleuten (Vorgesetzten) bedeutet das, dass ein nacktes Vorlegen bzw. Referieren einiger Daten nicht genügt. Es muss eine eindeutige und zutreffende Darstellung eines Sachverhalts mit seinen positiven und negativen Aspekten vermittelt werden, damit sich der Informierte ein möglichst genaues Bild der Situation machen kann. So muss der kaufmännische Geschäftsführer im Rahmen seines Horizonts als Nichttechniker vom Techniker verlangen, dass dieser verständliche Berichte und transparente Entscheidungsgrundlagen vorlegt.

Die **Verpflichtung zur eigenen Meinungsbildung** des Nichtfachmanns macht es **1167** bei einer in sich nicht schlüssigen Darstellung durch den Experten notwendig, dass der Laie nachfasst und auf einer Klarstellung des Sachverhalts und einer eindeutigen Beurteilung besteht. Wenn beispielsweise der Jurist aus der Rechtsabteilung oder der Experte aus der Konzessionsabteilung der für die Produktion zuständigen Führungskraft erklärt, deren Abteilung dürfe die Emissionskapazität erhöhen, dann kann sich dem Laien die Frage aufdrängen, ob diese Entscheidung z. B. mit der Behörde abgestimmt wurde bzw. in welcher Konzession dies nachzulesen ist. Grundlage für diese Pflichtenkonkretisierung des Nichtfachmanns ist die praktische Erfahrung, dass Vertrauen auf die Richtigkeit unbelegter Behauptungen Dritter allein nicht ausreichend ist.

Das Vertrauen des Vorgesetzten in den Mitarbeiter und umgekehrt muss nach **1168** Lage des Sachverhaltes im gegebenen Zeitpunkt berechtigt gewesen sein. Einem nicht schlüssigen Sachverhaltsvortrag des Spezialisten darf niemand »berechtigter-maßen« vertrauen.[1604] Dies hat der Bundesgerichtshof wiederholt bestätigt.[1605] In diesem **Umsatzsteuer-Fall** war Folgendes geschehen:

> Eine OHG, die Ferienwohnungen vertrieb, wurde von zwei Geschäftsführern – A und B – geleitet. A, der Kaufmann, war in der Geschäftsleitung u. a. für Fragen des Steuerrechts verantwortlich; Geschäftsführer B, im Steuerrecht unerfahren, zeichnete für den Außendienst verantwortlich. In einer steuerrechtlichen Zweifelsfrage der Gesellschaft holte A das Gutachten einer Steuerkanzlei ein, welches zu dem Ergebnis kam, dass in dem vorgelegten Fall »mit an Sicherheit grenzender Wahrscheinlichkeit« keine Umsatzsteuerpflicht der OHG bestünde. Trotz dieser Experteneinschätzung ging A bei den nachfolgenden Steuervoranmeldungen von steuerpflichtigen Umsätzen aus. B, über das Gutachten der Steuerkanzlei von seinem Kollegen A unterrichtet, zeichnete die Steuervoranmeldungen teilweise mit ab, obwohl er die steuerrechtliche Problematik nicht überschaute. Das Erstgericht hatte A wegen Steuerhinterziehung und versuchter Steuerhinterziehung verurteilt, B hingegen freigespro-

---

1604 Schmidt-Salzer, Produkthaftung, Bd. I, a.a.O. Rn. 1.101.
1605 Urteil v. 10. 11. 1999, 5 StR 221/99.

chen. Der Bundesgerichtshof wies die Revision des A zurück und hob den Freispruch des B teilweise auf, da er nicht ausschließen konnte, dass B leichtfertig im Sinne des § 378 AO gehandelt habe.

1169 Die **Kontrollpflicht des Mitgesellschafters** verlangt, dass er sich bei ressortübergreifenden Unternehmenspflichten (z. B. Steuerfragen der Gesellschaft) **im Rahmen des ihm Möglichen und Zumutbaren** davon vergewissert, ob die Person, der eine bestimmte Aufgabe übertragen worden ist, diese Aufgabe ordnungsgemäß ausführt. Dazu gehört auch die Vergewisserung, dass diese Person genügend zuverlässig und sachkundig für die Umsetzung der übertragenen Aufgabe ist. Diese Kontrollpflicht besteht auch, wenn es sich bei der beauftragten Person um einen Mitgeschäftsführer handelt.

1170 Sieht sich der Kontrollpflichtige zu einer Prüfung nicht in der Lage, weil ihm die erforderliche Sachkunde fehlt, muss er einen Experten hinzuziehen, der ihm als zuverlässig und erfahren bekannt ist.[1606] Er darf sich in einem solchen Fall aber nicht völlig auf den Beauftragten verlassen. Leichtfertiges Handeln eines im Steuerrecht unerfahrenen Geschäftsführers kann nämlich auch dann nicht ausgeschlossen werden, wenn er sich nicht hinreichend mit dem von einer Steuerkanzlei eingeholten Gutachten befasst. Eine nur oberflächliche Beschäftigung mit der Expertise eines Sachverständigen reicht nicht aus, um den Verdacht der Leichtfertigkeit auszuschließen. **Wer etwas nicht versteht, muss es sich erklären lassen**, entweder vom Gutachter oder von einem weiteren Sachverständigen.[1607]

1171 Es ist menschlich verständlich, dass in Strafverfahren beschuldigte Angehörige verschiedener Hierarchiestufen sich oft mit dem Hinweis auf den Vertrauensgrundsatz zu exkulpieren versuchen. So wies im **Monza-Steel-Verfahren** das Vorstandsmitglied »Vertrieb« zu seiner Verteidigung darauf hin, dass er seinem Leiter der Abteilung »Reifentechnische Entwicklung«, einem qualifizierten und zuverlässigen Mitarbeiter, und dessen Freigabeentscheidung für den Hochgeschwindigkeitsreifen »Monza Steel« habe vertrauen können. Der Abteilungsleiter trug zur Begründung seiner fehlenden Verantwortlichkeit vor, dass er Entscheidungen nur vorbereiten durfte, die Freigabe selbst sei stets Sache des zuständigen Vorstandsmitglieds gewesen.

1172 Das Verteidigungsvorbringen von Vorstandsmitglied und Abteilungsleiter im **Monza-Steel-Fall** – jeweils der andere trage die alleinige strafrechtliche Verantwortung – konnte vor diesem Hintergrund die Strafverfolgungsbehörde nicht überzeugen. Sie erhob Anklage. Das Landgericht München II hat in seiner Entscheidung vom 21. April 1978[1608] dann den Abteilungsleiter ›Technische Entwicklung‹ zu einem Jahr Freiheitsstrafe auf Bewährung verurteilt. In der Begründung stellte das Gericht auf die Charaktereigenschaft »**Individuelles Pflichtbewusstsein**« ab und führte aus:

1606 Vgl. BGHSt 7, 336 ff. (352).
1607 So auch Detlef **Burhoff**, Hinterziehung und leichtfertige Verkürzung bei abweichender Rechtsauffassung, in: PStR 2000, 24 ff. (26).
1608 Schmidt-Salzer, Produkthaftung, Bd. I, a.a.O. Rn. 1.101; siehe auch die Darstellung auf Rdn. 2441 ff.

*»Die subjektive Sorgfaltspflicht ... orientiert sich vielmehr daran, was ein Mensch eines bestimmten, durch Ausbildung und berufliche Kenntnisse erlangten Leistungsvermögens tun kann, um in der betreffenden Situation **in optimaler Weise Gefahren für andere zu vermeiden.«***

Mit der Formel ›in optimaler Weise‹ legte das Gericht die Verantwortlichkeits-Mess-latte für Führungskräfte sehr hoch. Es dauerte zehn Jahre, bis der BGH zunächst mit seiner Bienenstich-, und dann im Jahre 1990 in der Erdal-Lederspray-Entscheidung die Anspruchshürde durch die Kriterien »das Mögliche und Zumutbare« auf ein praktikables Maß absenkte. **1173**

Das Beispiel belegt anschaulich, dass in unserer überwiegend arbeitsteilig organisierten Wirtschaftswelt einsame Entscheidungen Einzelner die Ausnahme sind. Entscheidungen in Unternehmen sind regelmäßig trotz vielstufiger Hierarchie und ausgeprägter Über-/Unterordnungsverhältnisse Gemeinschaftsentscheidungen zahlreicher Mitarbeiter. Tätigkeiten, Anregungen, Informationen und Erkenntnisse einzelner Belegschaftsangehöriger oder – als Zwischenergebnisse – ganzer Abteilungen verbinden sich zu der Unternehmensentscheidung. So wie sich **Verantwortung und Vertrauen auf Können und Zuverlässigkeit anderer durch Delegation vervielfältigen**, so verdichtet sich das Mitwirken vieler in der Entscheidung. **1174**

Es bleibt zu hoffen, dass *»der vom BGH* [im Wuppertaler Schwebebahn-Fall[1609]] *gewählte Weg, das prozessuale Beweisproblem durch überzogene Verhaltensanforderungen zu umgehen«*,[1610] ein – missverstandener – Einzelfall bleibt. **1175**

f) Strafrechtliche Verantwortung bei Kollegialentscheidungen in der Geschäftsleitung

Beschlüsse der Geschäftsleitung oder der darunter angesiedelten Führungsebene beruhen in der Regel auf Kollegialentscheidungen mehrerer Personen. **1176**

Haben alle Beteiligten einer strafbewehrten Kollegialentscheidung zugestimmt, so ist jeder Einzelne von ihnen verantwortlich. Alle Stimmen, die zusammengenommen die Entscheidung ausmachen, werden auch zusammen für den Erfolg als kausal angesehen. Der einzelne Stimmberechtigte kann sich deshalb nicht darauf berufen, dass auch ohne seine Stimme eine Mehrheitsentscheidung mit dem strafbewehrten Erfolg eingetreten wäre. **1177**

Für Kollektiventscheidungen ist typisch, dass im Zweifel die Einzelstimme sich immer wegdenken lässt, ohne dass der Erfolg entfällt.[1611]

Neben der Einstimmigkeit bei Kollegialentscheidungen sind vier weitere Möglichkeiten denkbar. Eine Unterwerfung unter den Mehrheitsbeschluss, eine Enthaltung, die Ablehnung und die Nichtteilnahme an einer Sitzung sind die weiteren Stimmmöglichkeiten, die ein Mitglied des Kollegiums hat. **1178**

1609 Siehe die Falldarstellung und Anmerkung Freund Rdn. 680 ff.
1610 Freund, a.a.O., NStZ 2002, 425.
1611 Vgl. OLG Stuttgart NStZ 1981, 27 f. (28).

1179 Bei **Einstimmigkeit** und **Unterwerfung** sind alle Stimmen für die getroffene Entscheidung kausal.[1612] Bei **Enthaltung** und **Ablehnung** kommt es bei der Frage, ob ein strafbares Verhalten vorliegt, entscheidend darauf an, ob das überstimmte Mitglied die Rechtsgutverletzung verhindern konnte und entsprechend gehandelt hat.[1613]

1180 In einer neuen Entscheidung aus dem Bankenbereich hat der Bundesgerichtshof dem **Vertrauensgesichtspunkt auch bei Kollegialentscheidungen** Gewicht beigemessen:[1614]

> »Wird die Entscheidung über eine Kreditvergabe wie hier von einem mehrköpfigen Gremium getroffen, kommen auch für den Fall des Einstimmigkeitsprinzips unterschiedliche Verantwortlichkeiten der Beteiligten in Frage. So wird sich der Vorstandsvorsitzende, es sei denn, es gehe um besonders hohe Risiken, auf den Bericht des Kreditsachbearbeiters und des Kreditvorstandes verlassen dürfen. Nur wenn sich daraus Zweifel oder Unstimmigkeiten ergeben, ist Rückfrage oder eigene Nachprüfung geboten. Das gleiche gilt für weitere Beteiligte wie die Mitglieder eines Kreditausschusses.«[1615]

1181 Fehlt eine Mitwirkung an einer Entscheidung, so wird nach der **Erdal-Lederspray-Entscheidung**[1616] die strafrechtliche Verantwortung unter Umständen auch auf diejenigen Mitglieder der Geschäftsleitung ausgedehnt, die sich ihrer Stimme enthalten oder die Entscheidung ablehnen. Es stellt sich hierbei wiederum die **Frage der ressortübergreifenden Verantwortung**.[1617]

1182 Im **Erdal-Lederspray-Fall** ging es unter anderem um die Frage, ob die Geschäftsführer zweier Tochtervertriebsgesellschaften des Unternehmens für die auf einer Sondersitzung der Geschäftsleitung der Muttergesellschaft gefallene Entscheidung mitverantwortlich sind.

1183 In dieser Sitzung hatten die vier Geschäftsführer der Muttergesellschaft beschlossen, für schadenbehaftete Ledersprays, deren Mangelursache unbekannt war, keinen Rückruf und vorerst keinen Vertriebsstopp durchzuführen. Die beiden angeklagten Geschäftsführer der Tochtergesellschaften wurden im Anschluss an die Sitzung umfassend informiert und machten sich die in der Sitzung getroffene Entscheidung jeweils für ihren Verantwortungsbereich zu Eigen.

1612 OLG Stuttgart, NStZ 1981, 37 f.

1613 BGHSt 9, 216.

1614 BGH wistra 2000, 305 ff.; Siehe auch oben Rdn. 1153 ff.

1615 BGH wistra 2000, 305 ff. (307). Die Entscheidung wirft neue Fragen auf: Was sind besonders hohe Risiken? Warum formuliert der BGH im Konjunktiv? (*So wird sich der Vorstandsvorsitzende … verlassen dürfen.*) Was ist ein Zweifel? Wie erheblich muss er sein? Der letzte zitierte Satz ist in seiner Bedeutung unklar. Ist damit gemeint, dass alle weiteren an einer Kreditvergabe oder alle an Gremiumsentscheidungen Beteiligten gleich dem Vorstandsvorsitzenden vertrauen dürfen? Oder bedeutet dieser Satz, dass Beteiligte (an der Sitzung oder an der Entscheidungsfindung?), wenn sie Zweifel haben oder sich Unstimmigkeiten ergeben, rückzufragen haben (bei wem?) oder Nachprüfungen anstellen müssen?

1616 BGH NStZ 90, 588 ff., dazu unten Rdn. 2450 ff.

1617 Siehe auch oben Rdn. 1172 ff.

Obwohl sie also an der Entscheidung nicht mitgewirkt haben, sollen sie den **1184** getroffenen Entschluss mitgetragen haben und mitverantwortlich sein, denn

> »*jeder Geschäftsführer, der es trotz seiner Mitwirkungskompetenz unterlässt, seinen Beitrag zum Zustandekommen der gebotenen Rückrufentscheidung zu leisten, setzt dadurch eine Ursache für das Unterbleiben der Maßnahme. Dies begründet seine strafrechtliche Haftung auch dann, wenn er mit seinem Verlangen, die Rückrufentscheidung zu treffen, am Widerstand der anderen Geschäftsführer gescheitert wäre*«.[1618]

Der Bundesgerichtshof begründet seine Entscheidung damit, dass die beiden **1185** Geschäftsführer sich mit ihrer Billigung dem einstimmigen Votum derer angeschlossen hätten, die nicht nur in der Muttergesellschaft, sondern – neben ihnen – zugleich in den beiden Vertriebsgesellschaften Geschäftsführer waren. **Von der strafrechtlichen Mitverantwortung wären sie nur befreit, wenn sie unter vollem Einsatz ihrer Mitwirkungsrechte alles ihnen Mögliche und Zumutbare getan hätten**, um den gebotenen Beschluss zu erwirken.[1619]

Ob auch den Stimmberechtigten einer Kollegialentscheidung Sorgfaltspflichten **1186** treffen, wenn er gegen die strafbeladene Maßnahme gestimmt hat oder sich der Entscheidung enthalten hat, ist fraglich. Das Oberlandesgericht Stuttgart führt in seiner Entscheidung vom 1. September 1980 aus, dass es dem Wesen einer Unterwerfung unter die Kollektiventscheidung widerspräche, wenn man sich der damit übernommenen Mitverantwortung durch Gegenstimmen entziehen könnte.[1620]

Bereits aus der **Teilnahme an der Kollegialentscheidung** und der damit einherge- **1187** henden Unterwerfung unter die Mehrheitsmeinung resultiere die Mitverantwortlichkeit für den Entscheid. Tritt der Neinstimmende nach außen für den Mehrheitsbeschluss ein, sei er auf jeden Fall mitverantwortlich. Unbeantwortet lässt das Oberlandesgericht die Version des ausdrücklichen Distanzierens von der Mehrheitsentscheidung.

Mit Recht hält Joachim **Schmidt-Salzer** diese Ausführungen für zu allgemein.[1621] **1188** Er differenziert deshalb nach dem individuellen strafrechtlichen Verantwortungsbereich und dem kollektiven, d.h. den die Eingliederung in das Unternehmen und die Gemeinschaft ergebenden Verantwortungsbereich.

Aus der Organisation des Unternehmens ergibt sich die Pflicht der überstimmten **1189** Führungskraft, sich dem Gesamtinteresse der Mehrheit unterzuordnen und die Entscheidung auch im eigenen Arbeitsbereich umzusetzen, selbst wenn er ein Gegner der beschlossenen Maßnahme ist. Unter diesen Umständen sollte die persönliche Haltung berücksichtigt werden.

Die Gründe, die zur Ablehnung der Mehrheitsentscheidung angeführt wurden, **1190** sind für die Verschuldensfeststellung von entscheidender Bedeutung. Um die eigene strafrechtliche Verantwortung zu verhindern, muss der Gegner einer Kollegialentscheidung seine Ablehnung mit der Darlegung der möglichen Gefahren-

---

1618 BGH NStZ 1990, 588 ff. (588) Leitsatz 6, = BGHSt 37, 106 ff.
1619 BGH NStZ 1990, 588 ff. (591) = BGHSt 37, 106 ff.
1620 Vgl. OLG Stuttgart NStZ 1981, 27 f. (28).
1621 Vgl. Schmidt-Salzer, Produkthaftung, Bd. IV, a.a.O., Einleitung Rn. 82.

situation begründet haben. Hat der Neinstimmende beispielsweise lediglich kostenbewusst, also gefahrenunabhängig argumentiert, trägt auch er Schuld an der durch die Kollegialentscheidung ermöglichten Gefährdung, denn auch er hat die Gefahr nicht beachtet.

1191 Strafbar ist die **Unterordnung unter eine Mehrheitsentscheidung** auch dann, wenn der Gegenstimmende die Rechtswidrigkeit des Gesamtbeschlusses erkennen musste und eine Schädigung Dritter absehbar war. Bei Kollegialentscheidungen ist im Rahmen der Strafbarkeit eines Einzelnen zu klären, ob den Überstimmten eine Garantenpflicht zur Verhinderung der Gefahrensituation trifft. Dabei darf nicht außer Acht gelassen werden, inwiefern es dem Gegenstimmenden überhaupt möglich und zumutbar war, die Rechtsgutverletzung zu vermeiden.[1622]

1192 Bei Kollegialentscheidungen auf Vorstandsebene kann das unterlegene Vorstandsmitglied durchaus verpflichtet sein, den Aufsichtsrat seines Unternehmens einzuschalten. Wenn bei richtiger Güterabwägung allgemeine Interessen die Unternehmensinteressen überwiegen, ist die außerordentliche Unterrichtung des Aufsichtsrats über die umstrittene Mehrheitsentscheidung und die davon ausgehenden Gefahren angemessen.

1193 Selbst der gefürchtete Schritt, mit dem Problem an die Öffentlichkeit zu gehen, kann, wenn sich auf andere Weise die Gefahren für geschützte Rechtsgüter (Leben, Gesundheit) nicht abwenden lassen, verhältnismäßig und erforderlich sein. Die **Niederlegung oder Rückgabe eines Mandats** als persönliche Extremmaßnahme eines Unternehmensleiters hat nur befreiende Wirkung für die Zukunft. Natürlich kann sie Indiz für die Ernsthaftigkeit sein, mit der er alles in seiner Macht Stehende und ihm daher Mögliche unternommen hat, die Gefahren für die Rechtsgüter Dritter zu verhindern oder wenigstens zu verringern.

1194 Die zuvor aufgezeigten **Regeln der Verantwortung bei Kollegialentscheidungen in der Geschäftsführung** finden **entsprechende Anwendung** bei nach den Grundprinzipien des Lean Managements organisierten Unternehmensstrukturen; denn, wie wir festgestellt haben, gibt es ohne Hierarchie und Delegation von Verantwortung und Haftung keine Enthaftung der Unternehmensleitung. So gelten für die einzelnen **Arbeitsgruppen (Teams) im Rahmen einer Lean-Management-Organisation** die Aussagen zu Kollegialentscheidungen der Geschäftsleitung (Allzuständigkeit und Gesamtverantwortung im Rahmen der übertragenen Aufgaben, aber »Ressort«-Zuständigkeit des einzelnen Mitarbeiters) entsprechend, wie im Abschnitt zuvor dargelegt wurde. Herrscht somit in einem Unternehmen(sbereich) **Heteroarchie**, das meint, eine spontane, selbst initiierte Zusammenarbeit, welche die eigentlich hierarchische Unternehmensstruktur überlagert, dann multipliziert sich das strafrechtliche Risiko des Einzelnen in der Gruppe entsprechend der Anzahl der Gruppenangehörigen. (Beispiel: Wuppertaler Schwebebahn-Fall[1623]). Ähnliche Gefahren sind bei Unternehmensfusionen für die Mitarbeiter zu vermuten, die an den Schnittstellen der fusionierenden Unternehmensteilen zunächst heteroarchisch tätig werden.

1622 Vgl. dazu Schmidt-Salzer, Produkthaftung, Bd. IV., a.a.O., Einleitung Rn. 82.
1623 Siehe dazu oben Rdn. 680 ff.

6.   Die Bedeutung klarer Strukturen für das Unternehmen im Strafverfahren

Das Unternehmen selbst sollte durch präzise Stellenbeschreibungen und ein ein-   **1195**
deutiges Organigramm für klare Strukturen im Betrieb sorgen.[1624]

Kommt es im Unternehmen zu strafrechtlichen Ermittlungen, dient das Organi-   **1196**
gramm den Strafverfolgungsbehörden als Beleg für die strafrechtliche Verantwortung der Mitarbeiter.

Wird der **Organisationsplan innerbetrieblich eingehalten**, scheiden Mitarbeiter,   **1197**
die nach dem Organisationsgefüge nicht mit dem strafbewehrten Vorfall in Verbindung gebracht werden können, als Verantwortliche aus.

Fehlt aber ein Organigramm oder wird das Einmischen in andere Bereiche gedul-   **1198**
det oder wird von »*oben durchregiert*«, die Schwäche Nr. 1 deutscher Unternehmer
und Manager, dann besteht Verantwortung kraft tatsächlicher Handhabung.
Dann besteht aber auch Verunsicherung! Denn wird ein Unternehmensorgani-
gramm nur einmal verletzt, kann die Staatsanwaltschaft im Ermittlungsverfahren
unterstellen, dass dies auch in dem von ihr zu prüfenden Fall geschehen ist. Strafrechtlichen Ermittlungen nach den Aufsichts- und Kontrollverantwortlichen sind
damit bis in die Führungsspitze des Unternehmens hinein keine Grenzen
gesetzt.[1625] Eine Problemstellung, die gerade bei einer Organisationsform wie
»*Lean Management*« mit flacher Hierarchiestruktur von gravierender Bedeutung
ist.[1626]

1624   Es ist mir bewusst, wie schwierig es für Unternehmen sein kann, diese Anforderungen
       umzusetzen. Dies gilt vor allem in betrieblichen Expansions-, Fusions- und Sanierungspha-
       sen. Jeder Unternehmensleiter kann wohl ein Klagelied über die Schwierigkeit (Unmöglich-
       keit?) singen, eine klare betriebliche Struktur zu erarbeiten bei gleichzeitiger Neuorganisa-
       tion des Unternehmens, die regelmäßig einhergeht mit dem Abbau eines Großteils der
       vorhandenen Arbeitsplätze.
1625   Dazu unten Rdn. 3216 ff.
1626   Rdn. 1083 ff.

VII. Die vier strafrechtlichen Hauptrisikobereiche des Unternehmens

1.   Beispiele

Im betrieblichen Alltag ereignen sich häufig Fälle der folgenden Art: **1199**

a)   Bei einem Chemieunternehmen wird eine »*Überproduktion*« bestimmter chemischer Stoffe festgestellt, d. h. die Herstellung chemischer Produkte über die nach § 4 Bundesimmissionsschutzgesetz (BImSchG) erforderliche und erteilte Genehmigung hinaus. Die Staatsanwaltschaft ermittelt gegen den Werksleiter wegen unerlaubten Betreibens von Anlagen gemäß § 327 StGB.

b)   Im Betrieb eines Stahl- und Leichtmetall verarbeitenden Unternehmens muss ein Elektroofen gereinigt werden. Aufgrund eines Bedienungsfehlers beim Abfüllen in einen Tankwagen gelangt das dabei anfallende Schmutzwasser in den öffentlichen Regenwasserkanal und damit in den Vorfluter. Gegen den Emissionsschutzbeauftragten wird ein Ermittlungsverfahren wegen des Verdachts der Gewässerverunreinigung gemäß § 324 StGB eingeleitet.

c)   Arbeitnehmer eines Unternehmens, das Industrieanlagen wartet, haben im Betrieb einer Kundin Maschinen gereinigt und dabei verschiedene Putzmittel verwendet. Nachdem die Arbeiten beendigt sind, werfen sie die gebrauchten Putztücher in eine Abfalltonne, statt sie gemäß den Unfallverhütungsvorschriften aus der Halle zu entfernen. Aus ungeklärter Ursache entzünden sich die Abfälle, sodass ein Feuer in der Fabrik ausbricht. Die Staatsanwaltschaft ermittelt gegen die Arbeiter wegen fahrlässiger Brandstiftung gemäß § 306 d StGB.

d)   Der Betriebsrat eines Unternehmens beantragt beim Regierungspräsidenten eine Anzeige wegen Verstoßes gegen § 121 Betriebsverfassungsgesetz (BetrVG). Er wirft der Geschäftsleitung vor, ihn über geplante organisatorische Veränderungen und personelle Maßnahmen vorsätzlich zu spät unterrichtet zu haben, sodass er seine Rechte nach dem BetrVG nicht mehr habe wahrnehmen können.

e)   Ein Fahrzeugbauunternehmen stellt u. a. Tiefladeanhänger her. Beim Hochklappen der Rampen an einem dieser Tieflader wird ein Arbeiter von einem plötzlich hochschnellenden Rampenheber getroffen und tödlich verletzt. Den verantwortlichen Mitarbeitern des Unternehmens wird vorgeworfen, die Erwerber der Tieflader nicht genügend auf die Gefahren beim Bedienen der Rampen hingewiesen und eine Rückrufaktion mangelhaft durchgeführt zu haben. Es wird ein Ermittlungsverfahren wegen fahrlässiger Tötung gemäß § 222 StGB eingeleitet.

f)   Einem Unternehmen, das u. a. Papiertüten für die Verpackung von Lebensmitteln herstellt, wird vorgeworfen, die für den Aufdruck verwendete Farbe entspreche nicht den Empfehlungen des Bundesgesundheitsamts. Sie gehe im Test auf feuchtsaure und fettende Lebensmittel über. Wegen eines Verstoßes gegen § 31 Absatz 1 des Lebensmittel- und Bedarfsgegenständegesetzes wird ein Ermittlungsverfahren gegen den für die Beachtung lebensmittelrechtlicher Vorschriften verantwortlichen Mitarbeiter eingeleitet.

g) In einem Unternehmen, das Spezialtransporte giftigen Sondermülls durchführt, wird u. a. ein Tanksattelfahrzeug eingesetzt, dessen Zulassung unter der Auflage erfolgt ist, dass der Tank nach jeder Benutzung gereinigt und vor der erneuten Befüllung auf Schäden untersucht werden muss. Sinn und Zweck dieser Auflage ist es, eventuelle chemische Reaktionen verschiedener Stoffe, die nacheinander in dem Tank transportiert werden, zu verhindern. Bei einer Polizeikontrolle wird festgestellt, dass das Unternehmen keine Tankreinigung vornehmen lässt, wenn in kurzen Zeitabständen nacheinander gleiche Stoffe zu transportieren sind. Gegen den Sicherheitsbeauftragten wird ein Bußgeldverfahren wegen Zuwiderhandlung gegen die Auflage gemäß § 10 Gefahrgutgesetz eingeleitet.

1200 Die genannten Beispiele aus der Praxis lassen sich im Wesentlichen vier Hauptfallgruppen zuordnen, in denen sanktionierte Verantwortlichkeit im Unternehmen relevant werden kann:

- dem Umweltbereich (a. und b.)
- dem Betriebsstättenrisiko (c. und d.)
- dem Produktrisiko (e. und f.)
- dem Verkehrs- und Verkehrswirtschaftsbereich (g.).

1201 Bei dieser Einteilung ist allerdings zu berücksichtigen, dass ein Sachverhalt fast immer mehrere Risikobereiche berührt.[1627] Verstöße gegen die »Gefahrgut-Verordnung Straße« betreffen z. B. sowohl das Umweltrisiko als auch das Verkehrs- bzw. Verkehrswirtschaftsrisiko; ein Betriebsunfall, bei dem giftige Chemikalien austreten, fällt ebenso unter das Betriebsstättenrisiko wie unter das Umweltrisiko.

1202 Die Abgrenzung von Gefahrenbereichen bietet jedoch gleichwohl die Möglichkeit, die Haftungsrisiken eines Unternehmens genauer einzuschätzen und dementsprechend u. a. auch den erforderlichen **Versicherungsbedarf** festzulegen.[1628]

2. Die erste Hauptfallgruppe: das strafrechtliche Umweltrisiko

1203 In seiner Ansprache zur Eröffnung der 53. Internationalen Automobil-Ausstellung stellte der damalige Bundespräsident Richard **von Weizsäcker** bereits am 14. September 1989 fest:

> »Ein Industriestaat wie die Bundesrepublik Deutschland wird Umweltschutz nur mit der Technik verwirklichen können, und niemals gegen sie.«

1204 Eine solche Einschätzung der Umwelt und ihrer Schutzbedürftigkeit ist erst jüngeren Datums, und doch scheinen seither Jahrzehnte vergangen zu sein. Die Gesellschaft hat wie im Rausch die Ökobewegung erlebt, aber es kam wie so häufig: Die Diskussion erreichte ihren Höhepunkt, nur um danach nahezu gänzlich abzu-

---

1627 Siehe dazu auch Rdn. 2720 ff.
1628 Dazu Gerd **Eidam**, Industrie-Straf-Rechtsschutzversicherung, Kommentar, Köln/Berlin/ Bonn/München 1994.

ebben. Mitte der neunziger Jahre schien fast die gesamte Welt in eine Art Dornröschenschlaf zu fallen. Vorbei waren die Zeiten, in denen die Medien und Umweltschützer mit drastischen Klimamodellen polarisieren konnten.[1629]

Der Weckruf erfolgte im neuen Millennium. Seit dem Jahr 2003 häuft sich die **1205** Anzahl der Wetterphänomene derart, dass schon von Klimaextremen gesprochen wird. 2005 war das wärmste Jahr seit Beginn der Temperaturaufzeichnungen. Die Eisfläche der Arktis war so klein wie nie zuvor gemessen. 2005 und 2006 litt Europa erst unter massiven Überschwemmungen, dann unter extremen Wintereinbrüchen.[1630] Eine noch nie gekannte Hurrikan-Saison suchte u. a. die Vereinigten Staaten von Amerika heim und vernichtete fast eine gesamte Küstenregion einschließlich der Metropole New Orleans.

2006 war ebenfalls kein durchschnittliches Klimajahr, auch nicht in Deutschland. **1206** Passend zu den herbstlichen Temperaturen Mitte Dezember flammte die hitzige Debatte um den **Klimawandel** erneut auf.[1631] Der milde Winter zu Beginn des Jahres 2007 hat sein übriges dazu beigetragen, dass das Wort *Klimakatastrophe* erneut zumindest in aller Munde ist. Doch das Thema ist umstritten wie eh und je. Wieder rufen die aktuellen Schreckensszenarien nicht wenige Skeptiker auf den Plan, obwohl mittlerweile feststehen dürfte, dass die globale Erwärmung heute real existiert – und dass der Mensch dafür verantwortlich ist. Der aktuellste Bericht der UNO macht dies deutlich und zeichnet zugleich ein dramatisches Bild von der Zukunft.[1632]

Die aktuelle Entwicklung der Umweltdebatte lässt mutmaßen, es habe eine **1207** Wende im Verständnis der Bedrohung stattgefunden. Fakt ist, dass Strategien gegen den und zum Schutz vor dem Klima-GAU derzeit ganz oben auf der Tagesordnung stehen. Nicht nur aus ökologischen, sondern aus ökonomischen Gründen schwenken dabei große Teile in Industrie, Politik und Gesellschaft auf einen neuen Kurs ein. Kein Wunder: Auf 5,5 Billionen Euro wird nüchtern der Schaden geschätzt, der ohne tatsächlichen Sinneswandel in den nächsten Jahren auf die Weltwirtschaft zukommen könnte.[1633] Im Gegensatz dazu lässt sich nicht verkennen, dass mit Umweltschutztechnologien Geld zu verdienen ist. Klimaschutz kann sich also auch finanziell lohnen. Vom Nutzen für das Wohl der Allgemeinheit ganz zu schweigen.

1629 Erinnert sei an das Titelbild einer DER SPIEGEL-Ausgabe im August 1986, welches einen überfluteten Kölner Dom zeigte – Titel: »*Die Klima-Katastrophe*«.
1630 Harenberg, Aktuell 2007, S. 468.
1631 »*Achtung Weltuntergang*« – so DER SPIEGEL, Nr. 45 v. 06. 11. 2006.
1632 Vgl. *Climate Change 2007: The Physical Science Basis* – Summary for Policymakers Contribution of Working Group I to the Fourth Assessment Report of the Intergovernmental Panel on Climate Change (IPCC) v. Februar 2007; dieser zwischenstaatliche Ausschuss für Klimaänderungen wurde 1988 vom Umweltprogramm der Vereinten Nationen UNEP und der Weltorganisation für Meteorologie WMO ins Leben gerufen. Das der Klimarahmenkonvention (UNFCCC) beigeordnete Panel hat die Hauptaufgabe, Risiken des Klimawandels zu beurteilen und Vermeidungsstrategien zusammenzutragen. Dazu Bernhard **Pötter,** An der Klima-Bibel schreiben Hunderte mit, in: taz v. 03. 02. 2007, S. 3.
1633 Dazu DER SPIEGEL Nr. 45 v. 06. 11. 2006, S. 3, 78 ff.

1208 Doch genauso wenig wie es möglich ist, einzelne Wetterphänomene dem Klimawandel konkret anzulasten, ist nicht absehbar, inwiefern ein neuer Trend zum notwendigen Umschwung führen kann.

1209 Eingriffe des Menschen in die Natur hat es zu allen Zeiten gegeben.[1634] Umfang und Auswirkungen der Umweltschädigungen potenzierten sich aber zunehmend seit Beginn des industriellen Zeitalters Mitte des 18. Jahrhunderts. Immer mehr hatten sich Umwelt und Mensch der Maschine, wenn sie denn einmal genehmigt war, unterzuordnen. Deutlich wird diese Einstellung beispielsweise aus den stenografischen Berichten zu den Beratungen des Norddeutschen Reichstags im Jahre 1869 zu einer Gewerbeordnung:

> »Ich gebe dem Abgeordneten Dr. Bähr das Wort. Abgeordneter Dr. Bähr: Meine Herren! Soll das Gewerbe von den Fesseln frei werden, welche dasselbe noch hie und da gefangen halten, so müssen wir auch einen Blick auf das Gebiet des Privatrechts werfen, wo Bestimmungen bestehen, welche bisher störend in den Gewerbebetrieb eingegriffen haben. Diesem Zwecke folgt der von mir gestellte Antrag. ...Ich kann Ihnen ein lebendiges Beispiel ... anführen, das in Kurhessen vorgekommen ist. Es bestand dort eine Glasfabrik, welche viele Hunderte von Arbeitern beschäftigte. Der Rauch von dieser Fabrik drang auf ein benachbartes Grundstück, wo er nach Urtheil Sachverständiger Bäume beschädigte. Der Eigenthümer dieses Grundstücks klagte in der gedachten Weise auf Unterlassung dieser ihm benachtheiligenden Einwirkung, und erlangte in allen Instanzen eine Verurtheilung. Wäre das Urtheil vollzogen worden – die Sache ist glücklicherweise nachträglich verglichen – so würde dieses Urtheil bis zur Einstellung des Fabrikbetriebes geführt haben. Es ist dieses Urtheil der Gerichte vielfach getadelt worden. ...Präsident: Die Diskussion ... ist geschlossen und wir kommen zur Abstimmung. ... Der Abgeordnete Dr. Weigel schlägt vor, zwischen § 25 und 26 zu inseriren, was folgt:»Ist eine Anlage nach Beobachtung dieses Verfahrens von der zuständigen Verwaltungsbehörde genehmigt und unter Beachtung der dabei gestellten Bedingungen ausgeführt worden, so kann von den Gerichten später wegen Belästigung oder beeinträchtigter Nutzbarkeit fremden Eigenthums nicht mehr auf Änderung oder Beseitigung der Anlage, sondern nur auf Entschädigung erkannt werden.« Diejenigen Herren, die diese Einfügung zwischen § 25 und 26 nach dem Vorschlage des Abgeordneten Dr. Weigel vornehmen wollen, bitte ich, sich zu erheben. (Geschieht.)Das ist die große Majorität des Hauses und damit der Antrag Dr. Bähr erledigt.«[1635]

1210 Spuren der geschilderten Denkart finden sich selbst in der Literatur der damaligen Epoche. In seinem Roman »*Pfisters Mühle*«[1636] schildert Wilhelm **Raabe** im Jahre 1884 die Zerstörung eines Gewässers im Braunschweigischen durch eine Zuckerfabrik und deren Abwässer. Pfister, der Müller, kann seine Mühle aufgrund der

---

1634 Vgl. Handelsblatt, Nr. 190 v. 02. 10. 1989, S. 8: Griechen, Karthager und Römer opferten unzählige Wälder der Mittelmeerküste dem Schiffbau. Durch die Abholzung kam es zu einer Verkarstung ganzer Landstriche, wodurch Klimaveränderungen ausgelöst wurden. Von diesem Problem der Antike können Parallelen zur Abholzung des tropischen Regenwaldes gezogen werden.

1635 Zitiert nach Karl **Kroeschell**, Deutsche Rechtsgeschichte (seit 1650), Opladen 1989, S. 177 ff.

1636 Wilhelm **Raabe**, Pfisters Mühle, Ein Sommerferienheft, Stuttgart 1980.

starken Algenbelastung nicht mehr betreiben. In seiner Existenz bedroht verklagt er die Zuckerfabrik. Die Erzählung beruht auf einem tatsächlichen Ereignis. Sie hat aber einen großen Fehler: Raabe beendet sie noch vor der tatsächlichen Urteilsverkündung am 12. Mai 1885 durch das Reichsgericht.[1637] Dieses sprach den beiden klagenden Müllern zwar eine Entschädigung zu, aber nur mit der Begründung, dass

»… *die Zuckerfabrik … die Verunreinigung … fortzusetzen gedenke, beziehungsweise nicht zu verhindern in der Lage sei.*«[1638]

Dieser Gedanke spiegelt sich auch in den folgenden Fällen wider. Anfang der Dreißigerjahre wurde der Berliner Villenvorort Dahlem vom regen Durchgangsverkehr zweigeschossiger Omnibusse erschüttert. Das Reichsgericht entschied 1931 über die Klage der Anlieger: **1211**

»*Ist ein bestimmter Stadtteil zunächst durch besondere Ruhe von anderen unterschieden, so kann er sich deswegen doch nicht dem sich aus seiner Lage oder in der Nähe einer Großstadt ergebenden Schicksal entziehen, in den Allgemeinverkehr hineinzuwachsen. Es geht nicht an, dass sich bestimmte Gegenden oder einzelne Straßen, um sich die ursprüngliche Eigenart zu erhalten, als Hindernisse der notwendigen Verkehrsentwicklung einschieben.*«[1639]

Diese Auffassung hat das Reichsgericht durch seine beiden »Gutehoffnungshütte-Entscheidungen« den Dreißigerjahren erhärtet, als es erklärte, die Umgebung habe sich der Industrie anzupassen.[1640] Noch im Jahre 1967 hat sich der Bundesgerichtshof in seiner »**Bergnase-Entscheidung**« die Begründung des Reichsgerichts zu Eigen gemacht. Danach trägt nicht derjenige, der den technischen Fortschritt herbeiführt, die damit verbundene Belastung, sondern die Umwelt.[1641] **1212**

Aus diesen Entscheidungen und Zitaten spricht der positivistische Fortschrittsglaube der Gesellschaft in die Technik. **1213**

In seinem 1989 erschienenen Buch »*Der sanfte Wahn*« schreibt Heinrich **Eilingsfeld**, Leiter der Forschungsabteilung eines Chemie-Konzerns: **1214**

»*Wir können anstehende Probleme nicht anders anpacken, als wir das bisher getan haben, nämlich durch Weiterentwicklung des Wissens und Auswahl geeignet erscheinender Techniken: Nicht Umdenken, nicht eine neue Umweltethik, permanent neue*

1637 Ludwig **Popp**: Pfisters Mühle, Schlüsselroman zu einem Abwasserprozess, in: Städtehygiene 10, 21 (1959).

1638 Popp, a.a.O., 10, 21.

1639 RGZ 133, 152 ff. (155); RG JW 1931, 3354 ff. (3355).

1640 RGZ 154, 161 ff.

1641 BGHZ 49, 148 ff. (151): »Das hat seinen Grund darin, dass dort in der Regel von vornherein mit Steigerungen des Verkehrs und mit verstärkten unvermeidlichen Beeinträchtigungen gerechnet werden muss und dass diese Steigerungen mit der technischen Entwicklung in modernen Staaten zwangshäufig verbunden sind und der Bevölkerung, darunter auch den Anliegern, neben Nachteilen auch Vorteile bringen, denen die Gleichwertigkeit nicht ohne weiteres abgesprochen werden kann; die in dieser Hinsicht vom Reichsgericht für die Autobahn entwickelten Gedankengänge (RGZ 159, 129, (139/141)) können in ihrem sachlichen Kern auch heute noch in mindestens gleichem Maß für Straßen im allgemeinen Geltung beanspruchen«.

> *Gesetze und Umerziehung eines ganzen Volkes können helfen, sondern nur die Fort-*
> *setzung des bisherigen Weges ...Um diesem Ziel (Existenzsicherung der Menschheit)*
> *näher zu kommen, müssen Risiken akzeptiert werden. Neue ethische Forderungen und*
> *der Vorwurf, nicht verantwortungsbewusst zu handeln, verunsichern viele in Indust-*
> *rie und Technik Tätige.«*[1642]

1215 Diesem unbedingten Vertrauen in eine Zukunft durch Technik stand und steht die Angst vor der unkalkulierbaren Technik gegenüber, die Angst um die Zukunft der Erde, die Angst vor der Unzulänglichkeit des Menschen. Aus diesem Konflikt wuchs auch das Interesse an einer technikunabhängigen Umwelt. Erst etwa 30 Jahre ist diese Entwicklung alt. Tankerunglücke, Chemieunfälle, der Bau von Atomkraftwerken und die beobachtete zunehmende Luft- und Gewässerver- schmutzung sowie Entsorgungsprobleme sensibilisierten immer weitere Bevölke- rungskreise.

1216 Direktbetroffene wie die Weinbauer von Wyhl im Badischen wurden aufmerk- sam. Sie wurden mit dem Slogan »*Lieber aktiv als radioaktiv*« bekannt, als sie 1973 gegen den Bau eines Kernkraftwerks auf ihrem Grund protestierten.[1643]

1217 Neben den unmittelbar Betroffenen machten sich alternative und studentische Kreise den Umweltgedanken zu Eigen. Im Europäischen Naturschutzjahr 1970 erhielt der Deutsche Naturschutzring als Dachorganisation zahlreicher Natur- schutz- und Umweltverbände den Untertitel »*Bundesverband für Umweltschutz*«. Bürgerinitiativen schlossen sich im Juni 1972 zu einem »*Bundesverband Bürgerini- tiativen Umweltschutz*« zusammen oder traten den Deutschen Lebensschutzver- bänden bei.[1644] Dass sich allerdings diese »*grüne*« Bewegung letztendlich durch- setzen würde, ist wesentlich auf ein anderes Ereignis zurückzuführen. Im Jahr 1975 erschien die erste Auflage von »*Ein Planet wird geplündert*«.[1645] Der Autor dieses Buches, Herbert **Gruhl**, Mitglied der CDU-Bundestagsfraktion, übernahm die Argumentation der linken Gruppen und machte sie damit auch in konservati- ven Kreisen hoffähig.

1218 Innerhalb der Gesellschaft nahm die Umweltproblematik eine immer größere Rolle ein. Auch die Legislative beschäftigte sich 1971 mit dem Thema. Die dama- lige sozialliberale Regierungskoalition legte ein Umweltprogramm vor.

1219 1972 wurde durch eine Änderung des Grundgesetzes dem Bund die Zuständig- keit für die Bereiche Abfallbeseitigung, Luftreinhaltung und Lärmbekämpfung übertragen.[1646] Von diesem Zeitpunkt an kam es zur Verabschiedung einer Viel- zahl von Gesetzen, angefangen vom Abfall-, Bundesimmissionsschutz- bis hin zum neuen Umwelthaftungsgesetz, dessen Auslöser die Umweltschädigungen von Tschernobyl und Sandoz im Jahre 1986 waren.[1647]

1642 Heinrich **Eilingsfeld**, Der sanfte Wahn: Ökologismus total, Mannheim 1989, S. VII, VIII, X.
1643 Vgl. Lexikon 2000, Weinheim 1984, S. 4934–6.
1644 Vgl. Brockhaus Enzyklopädie, 22. Bd., 19. Aufl., Wiesbaden 1993, S. 612.
1645 Herbert **Gruhl**, Ein Planet wird geplündert, Frankfurt a.M. 1992.
1646 Art. 74 Nr. 24 GG.
1647 Gerd **Ketteler**, Grundzüge des neuen Umwelthaftungsgesetzes, in: AnwBl. 1992, S. 3 ff. (3).

Es darf nicht unerwähnt bleiben, dass der Umweltschutz als Staatsziel in **1220** Art. 20 a des Grundgesetzes verankert wurde.[1648] Durch das 2. Umweltkriminalitätsgesetz[1649] hat der Gesetzgeber im Jahre 1994 unter Beibehaltung der Verwaltungsakzessorietät die Umweltstraftatbestände grundlegend überarbeitet. Eine weitere Reform für das Umweltstrafrecht ist seit dem 1. April 1998 in Kraft.[1650] Der Entwurf für ein Umweltgesetzbuch liegt bereits seit über einem Jahrzehnt vor.[1651] Dazu führte der ehemalige Bundesumweltminister Klaus **Töpfer** in seiner Rede anlässlich der 15. Jahrestagung der Gesellschaft für Umweltrecht aus:

>*»Ich halte das Umweltgesetzbuch für notwendig. ... Ich bin der Auffassung, dass eine funktionierende Marktwirtschaft einen stabilen umweltrechtlichen Rahmen braucht. ... Das Umweltgesetzbuch soll das bislang weit verzweigte Umweltrecht in sich schlüssig und widerspruchsfrei verzahnen. Das Umweltgesetzbuch und die damit verbundenen Regelungen sind für mich kein ›abgehobenes Fernziel‹, sondern eine unmittelbare Verpflichtung zu politischem Handeln. «[1652]*

Am 9. September 1997 hat die unabhängige Sachverständigenkommission den **1221** Entwurf eines einheitlichen Umweltgesetzbuches an das Bundesumweltministerium übergeben.[1653] Doch das Gesetzeswerk lässt immer noch auf sich warten. Nach Angaben von Bundesumweltminister Sigmar **Gabriel** ist nunmehr geplant, bis 2009 die wesentlichen Bestandteile des Umweltgesetzbuches in Absprache mit den Ländern zusammenzustellen. Dennoch ist unwahrscheinlich, dass bis dahin alle notwendigen Beratungen abgeschlossen sein werden, da die Materie von den Verantwortlichen als komplex und der Zeitraum als knapp bemessen bezeichnet wird.[1654] Dieser Umgang der Politik mit dem Umweltgesetzbuch dokumentiert eindrucksvoll das ambivalente Verhältnis zum Umweltschutz in der Gesellschaft insgesamt.

Die gegenwärtig in allen Gesellschaftskreisen geführte »Umwelt«-Diskussion hat **1222** Züge eines modernen Glaubenskrieges. Noch als Ministerpräsident des Landes Niedersachsen kritisierte der spätere Bundeskanzler Gerhard **Schröder** in einer aktuellen Stunde im Landtag einen administrativen Overkill in der Umweltpolitik, er sagte:

>*»Es ist nicht länger hinnehmbar, dass bei neuen Technologien immer erst lang und breit über Risiken diskutiert wird und die Chancen vielleicht noch als Anhängsel zur Kenntnis genommen werden. Es muss umgekehrt sein.«[1655]*

Zwei gegenläufige Strömungen treffen – wie bereits angedeutet – aufeinander: **1223** Technikgläubigkeit hier, Technikfeindlichkeit da. In einer Zeit, in der die Produkte

---

1648 Grundgesetznovelle vom 27. 10. 1994.
1649 2. UKG v. 27. 06. 1994, BGBl. I S. 1440; ber. 20. 02. 1995 (BGBl. I S. 249).
1650 6. StrRG v. 26. 01. 1998, BGBl. I S. 164; ber. 03. 04. 1998 (BGBl. I S. 702).
1651 **Kloepfer/Rehbinder/Schmidt-Voßmann/Kunigk**: Entwurf eines Umweltgesetzbuches, Allgemeiner Teil, 1991; Besonderer Teil, 1994.
1652 Information des Bundesministers für Umwelt, Naturschutz und Reaktorsicherheit, Umwelt Nr. 1/92, S. 7.
1653 Abfallwirtschaftlicher Informationsdienst, Nr. 7/1997, S. 1.
1654 Sigmar **Gabriel** in der FAZ Nr. 271 v. 21. 11. 2006, S. 14.
1655 HAZ Nr. 141 v. 19. 06. 1997, S. 1.

der Mitbewerber einer Branche immer vergleichbarer werden, hat das Unternehmen die Nase vorn, das von seiner Zielgruppe Kompetenz (auch in Umweltfragen) zugebilligt erhält und deshalb akzeptiert wird.

1224 Ein Unternehmen kann es sich schon aus diesem Grunde heutzutage nicht leisten, wegen angeblicher oder gar tatsächlicher Umweltverstöße ins Gespräch zu kommen. Dies würde sich unmittelbar und nachteilig auf seinen Stellenwert im Markt auswirken. So haben Millionen von Autofahrern die Tankstellen von Shell boykottiert, als Shell die Absicht geäußert hatte, die Ölplattform Brent Spar im Atlantik zu versenken.[1656] Auf der anderen Seite sammelt ein Unternehmen »*Pluspunkte*«, wenn es aus eigenem Antrieb die Umwelt weniger belastet, als die aktuelle Gesetzeslage fordert. Neben der stetig wachsenden Bedeutung der **Umweltschutzindustrie**[1657] liegt hier ein weiteres Argument für die Unternehmen, das Thema »*Umweltschutz*« ernst zu nehmen.

1225 Am Jahresende 1995 regelten 8260 Bundes- bzw. Landesgesetze und Verordnungen (800 Bundesgesetze, 2770 Verordnungen des Bundes und der Länder, 4690 Verwaltungsvorschriften) den Umweltschutz. Nur vier Jahre zuvor, 1991, waren es lediglich 7005 Vorschriften gewesen (1034 Bundes- und 5971 Ländernormen).[1658] Insgesamt ist die Zahl der Normen im Umweltrecht in den letzten Jahrzehnten geradezu sprunghaft angestiegen.

1226 Schon entbrennt eine weitere Diskussion in der Gesellschaft. Industrienahe Organisationen beklagen eine überbordende Bürokratie, die massiv zum Nachteil des Standortes Deutschland wirke – Umweltorganisationen befinden sich dagegen in einer Krise und kritisieren den schleichenden Rückbau umweltschützender Instrumente insgesamt.[1659]

1227 Problematisch ist die Regelungsdichte des Gesetzgebers, nicht zuletzt im Umweltrecht, allemal. Fest steht aber auch, dass die Vielzahl der Gesetze bisher die weitere Zerstörung der Umwelt nicht hat verhindern können. Der ehemalige Bundesjustizminister Hans A. **Engelhard** kritisierte so denn auch das Niveau unserer Gesetze mit folgenden Worten:

»*Die Gesetzesproduktion muss, ähnlich wie die Industrieproduktion, noch stärker als bisher einer Qualitäts-, Erforderlichkeits- und Erfolgskontrolle unterworfen werden.*«

1228 Hinter der regen gesetzgeberischen Tätigkeit steht die Absicht der Bundesregierung, die Umwelt mittels eines dualen Systems zu schützen. Zum einen soll durch ein marktwirtschaftliches Instrumentarium der Umweltschutz gefördert werden, umweltwidriges Verhalten eines Unternehmens durch Auflagen und Abgaben aber zu Wettbewerbsnachteilen führen. Auf der anderen Seite wird durch ein

---

1656 HAZ Nr. 25 v. 30. 01. 1998, S. 1, 2.
1657 1994 waren fast eine Million Arbeitsplätze direkt oder indirekt vom Umweltschutz abhängig. Der tatsächliche Wert dürfte höher sein, da in der Studie der Begriff der Umweltschutzmaßnahmen besonders eng ausgelegt wurde. Laut HAZ Nr. 236 v. 08. 10. 1997, S. 1. 2002 arbeiteten schon 1,5 Millionen Menschen im Bereich Umweltschutz, vgl. Harenberg, Aktuell 2007, S. 477.
1658 Nach letzter Auskunft des Umweltbundesamts (Umweltrechtsdatenbanken).
1659 Harenberg, Aktuell 2007, S. 476 f.

strenges Ordnungs- und Polizeirecht eine abschreckende Wirkung auf alle potenziellen Umweltsünder erwartet.

Fast alle Umweltgesetze betreffen direkt oder indirekt die deutschen Wirtschaftsunternehmen. Deshalb wird nachstehend das betriebliche Umweltrisiko ausführlicher dargestellt. **1229**

a) Das zivilrechtliche und verwaltungsrechtliche Umweltrisiko

Das Zivilrecht eignet sich nur bedingt zum Umweltschutz, da es vom Prinzip her **1230** zur Regelung individueller Rechtsbeziehungen konzipiert ist. Der Rechtsgüterschutz, vor allem im Rahmen des Eigentumsschutzes, ist auf die Schadensverhütung und den Ausgleich individuell erlittener Schäden ausgerichtet. Beeinträchtigungen an Allgemeingütern wie die Klimaveränderung durch die steigende Verwertung fossiler Brennstoffe in Industrie, Haushalt und Straßenverkehr (Treibhauseffekt) mit all seinen Folgen,[1660] die globale Verschmutzung der Luft und der Gewässer, die Verursachung des Ozonlochs durch Fluorchlorkohlenwasserstoffe (FCKWs)[1661] können – noch – nicht mit dem personen- und rechtsgüterbezogenen Zivilrecht reguliert werden.[1662]

Die zivilrechtliche Verantwortung für Beeinträchtigungen der Umwelt – auch der **1231** Unternehmen – ergibt sich hauptsächlich aus dem Umwelthaftungsgesetz (UmweltHG), das am 1. Januar 1991 in Kraft getreten ist.

Bis zu diesem Zeitpunkt stützte sich das Umwelthaftungsrecht auf die einschlägi- **1232** gen Bestimmungen des Bürgerlichen Gesetzbuchs,[1663] des Bundes-Immissionsschutzgesetzes[1664] und des Wasserhaushaltsgesetzes.[1665] Schadenersatzansprüche konnte der Geschädigte nach den Regeln der unerlaubten Handlung[1666] begründet geltend machen, wenn er einen widerrechtlichen und schuldhaften Eingriff in sein Recht oder Rechtsgut nachwies.[1667]

1660 Vgl. schon den Bericht der Enquête-Kommission, »Schutz der Erdatmosphäre«, in: Klimaänderung gefährdet globale Entwicklung, Bonn 1992; Neuen Daten des Umweltbundesamtes zufolge könnten die jährlichen Durchschnitts-Temperaturen in Deutschland bis zum Jahr 2100 um 1,5 bis 3,7 Grad steigen, verglichen mit den Verhältnissen zwischen 1961 und 1990. Am wahrscheinlichsten ist den beteiligten Wissenschaftlern zufolge eine Erwärmung um zwei bis drei Grad. Die Folgen könnten dramatisch sein: Von einem Rückgang der Niederschläge um bis zu 30 Prozent ist die Rede. Zugleich aber werde es öfter zu extremen Wetterphänomenen kommen; vgl. SPIEGEL ONLINE v. 17. 10. 2006.

1661 »DER SPIEGEL«, Nr. 7 v. 10. 02. 1992, S. 202 ff.; »Time«, Nr. 7 v. 17. 02. 1992, S. 28 ff.

1662 Uwe **Diederichsen**, Verhandlungen des 56. DJT, Bd. II, München 1986, Thema: Ausbau des Individualschutzes gegen Umweltbelastungen als Aufgabe des bürgerlichen und des öffentlichen Rechts, L 48 ff.

1663 §§ 823 ff., 906 BGB.

1664 § 19 BImSchG; in den fünf neuen Bundesländern gilt das BImSchG seit dem 01. 09. 1990 (Polle, a.a.O., S. 95).

1665 § 22 WHG; in den fünf neuen Bundesländern gilt das WHG seit dem 01. 07. 1990 (Polle, a.a.O., S. 95).

1666 §§ 823 ff. BGB.

1667 Rainald **Enders**/Birgit **Reiter**, Die Umwelthaftung im System des Umweltgesetzbuches, in: VersR 1991, 1329.

1233 Diese Haftungsregelung wurde wiederholt kritisiert, da selbst bei gefährlichen Anlagen ein menschliches Fehlverhalten Voraussetzung und eine Exkulpation der Unternehmen für das Fehlverhalten ihrer Mitarbeiter[1668] möglich war.

1234 Im Fall der **verschuldensunabhängigen Haftung**[1669] bestand häufig das Problem, dass der Geschädigte nicht in der Lage war, den Beweis dafür anzutreten, dass eine beeinträchtigende Immission auf seinem Grundstück von einem bestimmten Unternehmen verursacht wurde. Dieses Problem tritt auch bei den nachbarrechtlichen Ansprüchen auf.[1670] Die Norm gibt dem Geschädigten die Möglichkeit, unabhängig vom Verschulden nach dem reinen Verursacherprinzip beim schädigenden Grundstückseigentümer Ausgleichsansprüche geltend zu machen.

1235 § 22 WHG war die vierte Bestimmung, auf der bis zum 1. Januar 1991 das Umwelthaftungsrecht beruhte. Es handelt sich um eine reine Gefährdungshaftung, die für den Bereich des Wasserrechts eine Haftung ohne Verschulden enthält.

1236 Diese wasserrechtliche Vorschrift ist durch das Umwelthaftungsrecht ausgedehnt worden. Für Personen- und Sachschäden, die durch Umwelteinwirkungen im Bereich des Bodens, der Luft oder des Wassers entstanden sind, gilt eine **anlagenbezogene Gefährdungshaftung**. Eine Haftung ist unabhängig davon, ob nach dem Stand von Wissenschaft und Technik im Zeitraum der Umwelteinwirkung die Gefährlichkeit einer Emission von Stoffen der fraglichen Art in der Menge, über einen längeren Zeitpunkt oder in Verbindung mit Emissionen Dritter bekannt war. Auch kommt es nicht mehr darauf an, ob es überhaupt möglich war, die Emission zu vermeiden und welcher finanzielle Aufwand erforderlich gewesen wäre.

1237 Nach § 6 Absatz 1 UmweltHG wird vermutet, dass ein Personen- oder Sachschaden durch ein der in Anhang 1 zum Gesetz genannten Anlagen verursacht wurde, wenn diese Anlage geeignet war, den Schaden zu verursachen. Es kommt im Gegensatz zu einer Haftung aus §§ 823 ff. BGB nicht mehr auf eine Kausalbeziehung zwischen dem Schaden und der Umweltbeeinträchtigung an. Aufgrund der generellen Kausalität wird die individuelle Kausalität vermutet. Keine Anwendung findet die Vermutung dann, wenn die Anlage bestimmungsgemäß betrieben worden ist und keine Betriebsstörung vorliegt.[1671]

1238 Ein bestimmungsgemäßer Anlagenbetrieb liegt vor, wenn die besonderen Betriebspflichten, die sich aus verwaltungsrechtlichen Zulassungen, Auflagen, vollziehbaren Anordnungen und Rechtsvorschriften ergeben (§ 6 Absatz 3 UmweltHG), eingehalten werden. Hat nun ein Unternehmen die zuständigen Behörden um ausreichende Auflagen und Kontrollen ersucht und diese auch umgesetzt bzw. beachtet, dann kann sich dies im Falle einer Betriebsstörung auch strafrechtlich entlastend auswirken (»Wir haben doch alles getan, was die Behörden wollten!«).

1668　§ 831 BGB.
1669　§ 906 Abs. 2 BGB.
1670　§ 14 BImSchG.
1671　§ 6 Abs. 2 UmweltHG.

Spricht eine Vermutung gegen den Inhaber einer Anlage, so kann er sie entkräf-   **1239**
ten, wenn er einen Umstand beweisen kann, der ebenfalls zum Herbeiführen des
Schadens geeignet erscheint.[1672]

Durch die Regelung des § 16 UmweltHG, nach welcher der Schädiger zur Wie-   **1240**
derherstellung des vorherigen Zustands auch über den Wert der Sache hinaus
verpflichtet ist, wenn zugleich eine Beeinträchtigung der Natur oder der Landschaft verursacht wurde, erhielten Natur und Landschaft im Zivilrecht erstmals
einen selbstständigen Wert.

Eine Besonderheit des UmweltHG ist darin zu sehen, dass dem Geschädigten   **1241**
sowohl gegenüber dem mutmaßlich schädigenden Anlageninhaber als auch der
die Anlage genehmigenden Behörde Auskunftsansprüche zustehen. Gleichzeitig
hat aber auch der mögliche Schädiger einen Auskunftsanspruch gegenüber dem
Geschädigten und anderen Anlageninhabern. Im Gegensatz zu § 22 WHG sieht
das UmweltHG keine unbeschränkte Haftung vor. § 15 UmweltHG enthält für
Personen- und Sachschäden **jeweils** eine **Haftungshöchstbegrenzung von 85 Millionen Euro je Schadenfall**, wenn es sich um Schäden einer einheitlichen
Umwelteinwirkung handelt.

Für besonders gefährliche Anlagen, die in Anhang 2 zum Umwelthaftungsgesetz   **1242**
aufgelistet sind, ist eine **Haftpflichtversicherung bzw. Deckungsvorsorgepflicht**
eingeführt worden. Diese ist in § 19 UmweltHG geregelt.

§ 18 UmweltHG regelt, dass neben einer Haftung nach dem Umwelthaftungsge-   **1243**
setz die bisherigen Haftungsbestimmungen herangezogen werden können.

Die Zielrichtung des künftigen Umwelthaftungsrechtes für Schäden an natürli-   **1244**
chen Ressourcen zeichnet sich (auf europäischer Ebene) schon seit dem Jahr 2000
ab, erst 2006 nimmt das gesetzgeberische Vorhaben in Deutschland Gestalt an:

> *»Kabinett beschließt Gesetzentwurf zur Umwelthaftung (…). Künftig wird auch den
> Umweltverbänden das Recht eingeräumt, Sanierungsmaßnahmen vor Gericht durch-
> setzen zu können. Bisher haben nur Privatpersonen ein solches Klagerecht. Mit dem
> neuen Umweltschadensgesetz[1673] wird die EU-Richtlinie[1674] über die Umwelthaftung
> in deutsches Recht umgesetzt. Dem Gesetz muss noch der Bundestag zustimmen.«*[1675]

Die **angeführte europäische Umwelthaftungsrichtlinie** soll dazu beitragen, in der   **1245**
gesamten Union ein einheitliches und gleich hohes Umweltschutzniveau durch
Schaffung eines Ordnungsrahmens zur Vermeidung und Sanierung von Umweltschäden sicherzustellen. Die Richtlinie sieht vor, dass bis spätestens 30. April 2007
eigentlich die Umsetzung ins deutsche Recht erfolgt sein musste.[1676] Tatsächlich

---

1672 § 7 UmweltHG.

1673 Vgl. den Entwurf eines Gesetzes zur Umsetzung der Richtlinie des Europäischen Parlaments und des Rates über die Umwelthaftung zur Vermeidung und Sanierung von
Umweltschäden, BT-Drs. 1638/06 v. 13. 12. 2006 (Umweltschadensgesetz).

1674 Richtlinie 2004/35/EG des Europäischen Parlaments und des Rates vom 21. 04. 2004 über
Umwelthaftung zur Vermeidung und Sanierung von Umweltschäden [Amtsblatt L 143
vom 30. 04. 2004], basierend auf dem »Weißbuch zur Umwelthaftung«.

1675 Pressemitteilung des Bundesumweltministeriums Nr. 235/06 v. 20. 09. 2006.

1676 So die Begründung zum Gesetzesentwurf, BT-Drs. 1638/06 v. 13. 12. 2006, S. 21 f.

aber ist das neue Umweltschadensgesetz (USchadG) erst am 14. 05. 2007 verkündet[1677] worden und am 14. 11. 2007 in Kraft getreten.

>>*Das Gesetz legt Mindestanforderungen für die Vermeidung und Sanierung von erheblichen Schädigungen von geschützten Lebensräumen und Arten sowie von Gewässern und Böden fest. Es betrifft damit nicht den zivilrechtlichen Ausgleich von Individualschäden, das heißt den Anspruch auf Schadenersatz bei Schäden an persönlichem Eigentum und der Gesundheit. Der richtet sich in Deutschland unter anderem nach dem Umwelthaftungsgesetz.*<<[1678]

1246 Schutzgüter von Richtlinie und Gesetzentwurf sind also Gewässer, Boden sowie die biologische Vielfalt auf der Erde und deren natürliche Lebensräume (so genannte Biodiversität). Den Verantwortlichen eines Umweltschadens bzw. der Gefahr eines Umweltschadens trifft eine Informations-, Gefahrenabwehr- und eine Sanierungspflicht.[1679] Des Weiteren haben die wesentlichen Begriffe – z. B. der des Umweltschadens – eine Definition erhalten und die behördlichen Durchsetzungsbefugnisse werden geregelt.[1680] Zuletzt sind Kostentragungsgrundsätze sowie Beteiligungsrechte erfasst.[1681]

>>*Jeder, der eine Tätigkeit ausübt, bei der zum Beispiel durch Unfälle die Umwelt erheblich beeinträchtigt werden kann, ist zur Schadensvermeidung verpflichtet. Diese Tätigkeiten sind im Einzelnen in der Richtlinie festgelegt; darunter gehört der Betrieb von Chemiefabriken, die Beförderung von Gefahrgütern auf der Straße und dem Wasser oder der Einsatz gentechnisch veränderter Organismen. Wird durch solche Tätigkeiten ein Umweltschaden verursacht, steht nach dem Gesetz der Schadensverursacher in der Pflicht, die geschädigten Umweltgüter zu sanieren.*<<[1682]

1247 Im Anhang der Richtlinie und des Gesetzesentwurfes sind besonders gefahrgeneigte Berufe abschließend aufgezählt, deren Ausübung einer verschuldensunabhängigen Haftung unterliegt, da diese schon per se eine Umweltgefährdung darstellt.

>>*Für erhebliche Schädigungen von Lebensräumen und Arten greift eine erweiterte Verantwortung. Hier ist jeder zur Sanierung verpflichtet, der durch sein eigenes Verschulden den Schaden durch seine berufliche Aktivität verursacht hat. Dass die Verursacher ihre Pflichten erfüllen, wird von den Behörden überwacht.*<<[1683]

1248 Für weitere Umweltschäden durch sonstige berufliche Tätigkeiten ist demnach eine Haftung vorgesehen, sofern diese vorsätzlich oder fahrlässig verursacht wurden. Der nationale Gesetzentwurf hat diesen Mischtatbestand aus Gefährdungs- und Verschuldenshaftung aus der Richtlinie übernommen, was eine wenig stringente Regelungsstruktur zur Folge haben wird. Diese sehr umfassende und kom-

---

1677 Siehe zum USchadG beispielsweise nur Lars **Diederichsen**, Grundfragen zum neuen Umweltschadensgesetz, NJW 2007, 3377 ff. m.w.N.
1678 Pressemitteilung des Bundesumweltministeriums Nr. 235/06 v. 20. 09. 2006.
1679 §§ 4 – 6 Umweltschadensgesetz (Entwurf).
1680 §§ 2, 7, 8 Umweltschadensgesetz (Entwurf).
1681 §§ 8 – 11 Umweltschadensgesetz (Entwurf); zu den entsprechenden Regelungen in der Umwelthaftungsrichtlinie Führ/Lewin/Roller, a.a.O., NuR 2006, 67.
1682 Pressemitteilung des Bundesumweltministeriums Nr. 235/06 v. 20. 09. 2006.
1683 Pressemitteilung des Bundesumweltministeriums Nr. 235/06 v. 20. 09. 2006.

plizierte Fassung des Tatbestandes ist bedenklich[1684] wenn man den Schutzweck der Umwelthaftung betrachtet. Denn die europäische Umwelthaftungsrichtlinie ist hauptsächlich eine Reaktion auf einige der gravierendsten Umweltkatastrophen der letzten Jahrzehnte:

- Bei der Produktion von Trichlorphenol wird am 10. Juli 1976 in Seveso (Italien) das extrem giftige Dioxin freigesetzt. Tausende Vögel und Kleintiere sterben, ca. 220.000 Menschen müssen ärztlich behandelt werden. Es gibt fast 200 Fälle von Chlorakne (Hautverätzung). 40 Häuser müssen abgerissen werden, eine Abtragung der oberen Bodenschichten ist notwendig. Die Kosten für Wiedergutmachung und Entschädigung betragen bisher rund 150 Millionen Euro.[1685]
- Am 01. November 1986 gelangen durch einen Großbrand in einer Chemiefabrik in Basel (Schweiz) ca. 30 Tonnen quecksilberhaltige Fungizide in den Rhein, was ein Fischsterben im Fluss auf einer Länge von 100 Kilometern zur Folge hat. Sanierungs- und Entschädigungskosten: etwa 90 Millionen Euro.[1686]
- Ein Bedienungsfehler ließ am 22. Februar 1993 in Frankfurt am Main 10 Tonnen Chemikalien auf dicht besiedeltes Gebiet nieder. 153 Personen wurden verletzt, eine Fläche von 30.000 Quadratmetern musste saniert werden. Dies und die Entschädigung kostete 18 Millionen Euro, zusätzlich wurden 500.000 Euro an Geldstrafen und –auflagen fällig.[1687]
- Am 24. September 2001 kam es in Toulouse (Frankreich) zu einem besonders schweren Vorfall. Als 300 Tonnen Ammoniumnitrat in einer Chemiefabrik explodieren, sterben 30 Menschen – bis zu 2.500 Personen werden verletzt. Die Explosion zerstört 2 Fabrikgebäude und reißt einen Krater von 50 Metern Durchmesser und 10 Metern Tiefe. Entschädigungsforderungen von bis zu 1,8 Milliarden Euro wurden gefordert, mindestens 300 Millionen Euro hat der Konzern seinerzeit selbst als Schaden ermittelt.[1688]

Es erscheint fraglich, ob die Umwelthaftungsrichtlinie und der auf ihr basierende Gesetzentwurf zum Umweltschadensgesetz dem in sie gesetzten Anspruch gerecht werden, in Zukunft vor solchen Unglücksfällen zu schützen oder – wenigstens – angemessene Nachsorge zu gewährleisten. **1249**

Der komplizierte Aufbau beider Regelwerke erschwert deren Verständnis. Zudem ist vielfach von der Verschuldensunabhängigkeit abgewichen worden, so dass im Einzelfall ein Schuldnachweis zu führen sein wird. Auch hängt die Haftung nicht selten vom Nachweis einer bestehenden Gefahrenlage ab, was ebenfalls zu Beweisschwierigkeiten führen kann.[1689] **1250**

1684 Ebenso Martin **Führ**/Daniel **Lewin**/Gerhard **Roller**, EG-Umwelthaftungs-Richtlinie und Biodiversität, in: NuR 2006, 67 ff.

1685 Vgl. SZ Nr. 154 v. 06. 07. 1996, S. 3: »20 Jahre Seveso – Leben nach dem Urknall«; SZ Nr. 158 v. 11. 07. 1996, S. 23: »Nachhall eines Chemieunfalls«.

1686 Dazu SZ Nr. 251 v. 30. 10. 1996, S. 32: »Sandoz hat aus dem Desaster vor 10 Jahren Lehren gezogen«.

1687 Über die Kommunikationsstrategie des Konzerns in der Folge der Krise SZ Nr. 245 v. 25. 10. 1995, S. 50: »Hoechst harmonisch«.

1688 Vgl. SZ Nr. 219 v. 22. 09. 2001, S. 12; SZ Nr. 236 v. 13. 10. 2001, S. 12; SZ Nr. 299 v. 29. 12. 2001, S. 12.

1689 Ähnlich Führ/Lewin/Roller, a.a.O., NuR 2006, 67 ff.

1251 Problematisch ist zudem, dass beide Regelwerke zu viele Ausnahmefälle zulassen. Der oben angesprochene Haftungsausschluss für Personenschäden, Schäden an Privateigentum und wirtschaftliche Verluste führt zu einer Zerfaserung des Umwelthaftungsrechts, die nicht zu dessen Effizienz beiträgt. Warum ausgerechnet Umweltschäden, die durch Atomanlagen verursacht werden, ausgenommen sind, bleibt rätselhaft.

1252 Es bleibt abzuwarten, ob die Ende Dezember 2006 erarbeitete Fassung des **Umweltschadensgesetzes** tatsächlich in Kraft treten wird, da das deutsche Umweltrecht zum Großteil Angelegenheit der Bundesländer ist. Dies könnte noch dazu führen, dass ein einheitliches Umweltschadensgesetz an föderalen Kompetenzstreitigkeiten scheitert. Die Folge wäre eine Zersplitterung der Rechtslage.[1690] Ein solches Scheitern des Gesetzesvorhabens ist keinesfalls wünschenswert. Wünschenswert dagegen wäre eine erneute Überarbeitung des vorliegenden Entwurfs durch den nationale Gesetzgeber. Dabei könnten in gewissem Rahmen Unklarheiten der europäischen Richtlinie im deutschen Recht vermieden werden, die jetzt noch undifferenziert im Entwurf enthalten sind. Die Trennung der Umwelthaftung aber in Verwaltungsrecht (Entwurf des Umweltschadensgesetzes) und Zivilrecht (Umwelthaftungsgesetz) wird sich aufgrund des Rechtscharakters der europäischen Richtlinie nicht mehr ändern lassen.

1253 Das Beispiel der Umwelthaftungsrichtlinie (nebst Umweltschadensgesetzentwurf) zeigt deutlich, wie groß der Einfluss der Europäischen Union mittlerweile auf das nationale Umweltrecht geworden ist.

1254 Ein weiteres Exempel für diese Entwicklung stellt die **EG-Umwelt-Audit-Verordnung (EMAS II)**[1691] dar. Zur wirksamen Durchführung dieser Verordnung wurde das nationale **Umwelt-Audit-Gesetz** (UAG)[1692] erlassen. Es ist nicht dem Zivilrecht, sondern wie das Umweltschadensgesetz dem Verwaltungsrecht zuzurechnen.

1255 **Ziel der Verordnung ist ein System zur Bewertung und Verbesserung des betrieblichen Umweltschutzes.**[1693]

1256 EMAS[1694] ist die Kurzbezeichnung für *Eco-Management and Audit Scheme*. EMAS-registrierte Organisationen müssen die einschlägigen Umweltrechtsvorschriften

---

1690 Vgl. Führ/Lewin/Roller, a.a.O., NuR 2006, 67 ff.

1691 Nach mehrjähriger Überarbeitung der EG-Öko-Audit-Verordnung von 1993 (ABl. EG Nr. L 168 S. 1, ber. ABl. EG 1995 Nr. L 203 S. 17) ist am 27. 04. 2001 die neue EG-Verordnung Nr. 761/2001 des Europäischen Parlaments und des Rates über die freiwillige Beteiligung von Organisationen an einem Gemeinschaftssystem für das Umweltmanagement und die Umweltbetriebsprüfung (EMAS II) in Kraft getreten (ABl. EG Nr. L 114 S. 1, berichtigt ABl. EG Nr. L 327 S. 10 v. 04. 12. 2002). 2001, 2003 und 2006 wurden Leitlinien der EU-Kommission zur Anwendung der Verordnung veröffentlicht, die teilweise bindenden Charakter haben (ABl. EG 2001 Nr. L 247 S. 1 ff, 24 ff., 2003 Nr. L 184 S. 19, 2006 Nr. L 70 S. 63).

1692 Gesetz zur Ausführung der VO (EG) Nr. 761/2001, Umweltauditgesetz in der Fassung der Bekanntmachung vom 04. 09. 2002 (BGBl. I S. 3490), zuletzt geändert durch Art. 8 Abs. 1 des Gesetzes vom 04. 12. 2004 (BGBl. I S. 3166)«.

1693 Siehe Müller-Gugenberger/Bieneck/Pfohl, a.a.O., § 54 Rn. 12 m. w. N.

1694 Vgl. insgesamt das Hintergrundpapier »Die neue EG-Öko-Audit-Verordnung« des **Umweltbundesamtes**, Stand: August 2006.

einhalten. EMAS II präzisiert die Anforderungen an die Rechtskonformität registrierter Organisationen. Diese müssen im Rahmen einer Umweltbetriebsprüfung die Einhaltung bestimmter Rechtsvorschriften feststellen. Spätestens alle drei Jahre müssen sämtliche Aktivitäten der Organisation von einem Umweltgutachter erneut überprüft werden. Zudem ist die Einhaltung der Rechtsvorschriften im Rahmen des Aufsichtsverfahrens über den **Umweltgutachter** von der **Aufsichtsbehörde** zu prüfen. Die Mitgliedsstaaten haben zu gewährleisten, dass Umweltgutachter entsprechend den Zulassungsvoraussetzungen der Verordnung zugelassen und beaufsichtigt werden. Dies nimmt in Deutschland die Deutsche Akkreditierungs- und Zulassungsgesellschaft für Umweltgutachter mbH (DAU) als Beliehene nach dem Umweltauditgesetz wahr.

Besonders wichtig bei der Neufassung der Verordnung war die Erweiterung des Anwendungsbereichs von **ehemals gewerblichen Unternehmen auf Organisationen**. Nunmehr teilnahmeberechtigt sind Gesellschaften, Körperschaften, Betriebe, Unternehmen und **Behörden**, also Gefüge mit oder ohne Rechtspersönlichkeit, egal ob öffentlich oder privat. **1257**

Gleichzeitig mit der Ausdehnung des möglichen Teilnehmerkreises wurde der **Katalog der zu prüfenden Umweltaspekte** erweitert. Zu ermitteln sind jetzt sowohl direkte als auch indirekte Umweltaspekte von Tätigkeiten, Produkten und Dienstleistungen, z. B.: **1258**

- produktbezogene Auswirkungen (Design, Entwicklung, Verpackung, Transport, Wiederverwertung und Entsorgung von Abfall),
- Kapitalinvestitionen, Kredite und Versicherungen,
- die Umweltleistung und das Umweltverhalten von Vertragspartnern,
- Planungs- und Verwaltungsentscheidungen.

EMAS II verzichtet im Gegensatz zu der alten Verordnung auf eigene Regelungen für die Anforderungen an ein Umweltmanagementsystem und verweist stattdessen auf Abschnitt 4 der weltweit verfügbaren Umweltmanagementnorm EN ISO 14001:1996. Organisationen, die bereits ein ISO 14001-Zertifikat besitzen, können dies ohne weiteres als Ausgangspunkt für eine EMAS-Teilnahme verwenden. Die Vereinbarkeit beider Systeme ist gewährleistet.[1695] **1259**

Die neue Verordnung formuliert deutliche Anforderungen an die Umweltleistung einer Organisation. Diese wird definiert als Ergebnis des Managements der Organisation. Zu den Pflichten einer registrierten Organisation gehört es, in einen Dialog mit allen interessierten Kreisen zu treten. Wichtigstes Instrument hierzu ist die zu verfassende Umwelterklärung, die nach der Standorteintragung **1260**

- öffentlich zugänglich zu machen,
- jährlich zu aktualisieren
- und alle drei Jahre in einer gedruckten aktualisierten Form vorzulegen ist.[1696]

1695 Die ISO 14001 wurde 2004 geändert. Der novellierte Abschnitt 4 wurde mit VO der EU-Kommission vom Februar 2006 in EMAS Anhang I übernommen (ABl. Nr. L 32 S. 4 v. 04. 02. 2006).
1696 Neben der Veröffentlichung als Druckversion kann diese nunmehr auch im Internet oder mit anderen modernen Medien erfolgen..

1261 Die Aktualisierungen müssen in der Regel vom Umweltgutachter jährlich überprüft und für gültig befunden werden (Validierung).

1262 Ein Ziel der Neufassung der Verordnung, EMAS als ein **Markenzeichen für vorschriftsmäßigen betrieblichen Umweltschutz** in der Öffentlichkeit stärker zu etablieren, soll auch durch die Schaffung eines neuen Logos erreicht werden, mit dem sich die entsprechende Organisation unter bestimmten Voraussetzungen auszeichnen kann.[1697] Als weiteres wichtiges Instrument sieht die Verordnung nunmehr die Einbeziehung der Arbeitnehmer, z. B. in Form von Umweltarbeitskreisen oder betrieblichen Vorschlagswesen, vor.

1263 EMAS I trat mit Inkrafttreten der EMAS II-Verordnung außer Kraft. Jedoch gehen Standorte, die bis dahin registriert waren in das EMAS II Register über.

b) Das strafrechtliche Umweltrisiko

1264 Lange vor der Neuregelung des zivil- und verwaltungsrechtlichen Umwelthaftungsrechts wurde das Umweltstrafrecht neu geordnet. Mit Wirkung vom 1. Juli 1980 wurden im Rahmen des 18. Strafrechtsrahmengesetzes einschlägige Strafbestimmungen aus verschiedenen Umweltgesetzen als 29. Abschnitt »*Strafbestimmungen zum Schutz der Umwelt*« (§§ 324–330 d StGB) **im Strafgesetzbuch** zusammengefasst.[1698]

1265 Bei dieser Zusammenfassung handelt es sich nicht um eine enumerative Aufzählung aller Strafvorschriften zum Schutz der Umwelt. Weitere Tatbestände, die den Schutz der Umwelt betreffen, enthält das Strafgesetzbuch an anderen Stellen.[1699] Daneben gibt es Straftatbestände u. a. im **Bundesnaturschutzgesetz** (Schutz von Tieren und Pflanzen),[1700] **Pflanzenschutzgesetz** (Schutz von Pflanzen vor Schadorganismen)[1701] sowie einer Reihe von bundes- und landesgesetzlichen **Bußgeldvorschriften.** Auch das eigentlich zivilrechtlich ausgeprägte UmwHG weist Straf- und Bußgeldnormen auf.[1702]

1266 Ferner enthält das **Chemikaliengesetz** bezüglich des Herstellens, Inverkehrbringens oder Verwendens bestimmter Chemikalien Strafvorschriften,[1703] die neben dem Produktrisiko dem Umweltbereich zugerechnet werden können.

1697 Nach Art. 8 i. V. m. Anh. IV, Anh. III 3.5 der VO sowie der Leitlinie der EU-Kommission »für die Verwendung des Zeichens in oder auf Werbung mit der Beteiligung der Organisation an dem System (Art. 8 Abs. 2 Buchstabe d) der Verordnung (EG) Nr. 761/2001)«.

1698 Dazu Werner **Hoppe**/Martin **Beckmann**, Umweltrecht, 2. Aufl. München 2000, § 2 Rn. 11 ff.

1699 Z. B. in §§ 304, 307, 309 ff. StGB.

1700 § 66 Bundesnaturschutzgesetz.

1701 § 39 Pflanzenschutzgesetz.

1702 §§ 21, 22 UmwHG.

1703 § 27 Chemikaliengesetz.

Exkurs: REACH

Die Verordnung der Europäischen Gemeinschaft zur Registrierung, Bewertung, **1267** Zulassung und Beschränkung chemischer Stoffe[1704] dient der **Reform des europäischen Chemikalienrechts**. Nach Inkrafttreten gilt die **Verordnung verbindlich** als unmittelbares Recht in jedem Mitgliedstaat. Das Europaparlament hat am 13. Dezember 2006 nach jahrlangen Auseinandersetzungen einem Kompromiss zugestimmt. Der Ministerrat hat am 18. Dezember 2006 die Verordnung ebenfalls beschlossen. Damit wurde das Verfahren zu Ende geführt. Die Verordnung ist **am 1. Juni 2007 in Kraft getreten**.

Künftig dürfen nur noch Stoffe in Verkehr gebracht werden, zu denen ausrei- **1268** chende Daten vorliegen. Gefordert werden diese Daten für alle Stoffe, die in einer Menge von 1 Tonne pro Jahr in der EU produziert oder in die EU importiert werden. Nach dem **Prinzip der Beweislastumkehr** überträgt REACH die Verantwortung für die Überprüfung der Chemikaliensicherheit auf die Hersteller und Importeure. Sie müssen darstellen, dass ihre Produkte sicher sind und weder die Gesundheit der nachgeschalteten Verwender oder Verbraucher noch die Umwelt belasten. Ihre Informationen geben Hersteller und Importeure an alle Abnehmer weiter.

Dabei fällt die Unterscheidung zwischen Alt- und Neustoffen weg. **Altstoffe** sind **1269** Chemikalien, die schon vor September 1981 auf dem Markt waren und bisher ohne behördliche Prüfung hergestellt und verwendet werden durften. **Neustoffe** mussten bereits bisher bei den Behörden angemeldet werden, verbunden mit relativ aufwändigen und teuren Prüfungen. Das erschwerte deren Vermarktung, so dass alte – auch problematische – Stoffe Marktvorteile genossen. **Künftig gelten gleiche Regeln für alle Substanzen**. REACH wird ca. 30 000 im Handel erhältliche Stoffe erfassen, bis zu 1.500 besonders besorgniserregende Stoffe werden zulassungspflichtig durch die Europäische Kommission.[1705]

Die **Verordnung ist nicht unumstritten**,[1706] was sich auch in der Dauer des Ver- **1270** fahrens widerspiegelt. Umweltschützer waren enttäuscht, da das Regelwerk zu kurz greife – die Industrie sah untragbare Kosten bei wenig praktischem Nutzen der erhobenen Daten auf sich zukommen.[1707] Die aktuelle Version des Kompromisses wurde entschärft und versetzte deshalb vor allem die »grünen« Kritiker in Aufruhr, die in der Verordnung sowieso nur ein »hohles Gerippe« sahen.[1708]

Zu kritisieren ist jedenfalls, dass mit der Verordnung in ihrer jetzigen Form nur **1271** ein Grundgerüst für das Chemikaliengesetz besteht. *REACH* wird erst voll zum Tragen kommen und in den Folgen abschätzbar werden, wenn ein augenblicklich **schier unüberschaubares Regelwerk an Leitlinien und Umsetzungshilfen** handhabbar gemacht wurde. Praktische Hinweise für überforderte Unternehmen, die

---

1704 Englisch: *REACH – Registration, Evaluation and Authorisation of Chemicals.*

1705 Vgl. insgesamt das Internetportal des Umweltbundesamtes zu *REACH,* www.reach-info.de.

1706 Zu den Kritikpunkten, aber grundsätzlich positiv äußert sich das Umweltbundesamt, Presse-Information 078/2006 v. 12. 12. 2006.

1707 Siehe SZ Nr. 261 v. 12. 11. 2005, S. 7.

1708 Dazu SZ Nr. 288 v. 14. 12. .2005, S. 19.

sich frühzeitig hinsichtlich der neuen Verordnung orientieren und informieren sollten, werden bereits angeboten.[1709]

1272 *REACH* enthält mit Art. 126 eine Ermächtigung für Sanktionsnormen bei Verstößen.

> »Die Mitgliedstaaten legen für Verstöße gegen die Bestimmungen dieser Verordnung Vorschriften über Sanktionen fest und treffen alle zu ihrer Anwendung erforderlichen Maßnahmen. Die vorgesehenen Sanktionen müssen wirksam, angemessen und abschreckend sein.«

1273 Diese Ermächtigung wird ihre Wirkung erst noch entfalten und damit die jüngste Ausprägung im Bereich der **umweltstrafrechtlichen Sanktionsnormen** darstellen.

1274 Dieses Strafrecht befindet sich aber schon seit langem in der Entwicklung. Mit der Reform des Umweltstrafrechts sollte das Bewusstsein der Öffentlichkeit für die Sozialschädlichkeit bestimmter Umweltbelastungen geschärft werden.[1710] Zuletzt haben das 31. Strafrechtsänderungsgesetz – Zweites Gesetz zur Bekämpfung der Umweltkriminalität[1711] sowie das 6. Strafrechtsreformgesetz vom 1. April 1998 zahlreiche Veränderungen gebracht.

1275 Weitere Reformmaßnahmen stehen vor dem Hintergrund der **Europäisierung des Umweltstrafrechts** bevor.[1712] Die Europäische Kommission legte am 9. Februar 2007 einen »*Vorschlag für eine Richtlinie des Europäischen Parlaments und des Rates über den Schutz der Umwelt durch Strafrecht*«[1713] vor.

1276 Die vorgeschlagene **Richtlinie** enthält eine Mindestzahl schwerer Umweltdelikte, die in der gesamten Gemeinschaft als strafbar eingestuft werden sollen, sofern sie vorsätzlich oder zumindest grob fahrlässig begangen wurden. Die Beihilfe und die Anstiftung zu solchen Taten sollten ebenfalls als Straftat eingestuft werden.[1714] Der **Umfang der Haftung juristischer Personen wird ausführlich geregelt**.

1277 Gegen natürliche Personen sind bei Umweltdelikten wirksame, angemessene und abschreckende strafrechtliche Sanktionen vorgesehen, während gegen juristischen Personen strafrechtliche oder nichtstrafrechtlich Sanktionen verhängt werden können. Bei Straftaten, die unter bestimmten erschwerenden Umständen begangen werden, soll das Mindeststrafmaß für natürliche und juristische Personen ebenfalls harmonisiert werden.

1278 Demnach enthält die Richtlinie Regelungen über die Verantwortlichkeit juristischer Personen, die für Unternehmen auch in Deutschland zukünftig von erheblicher Bedeutung sein können:

> » …sollten die Mitgliedstaaten sicherstellen, dass juristische Personen zur Verantwortung gezogen werden können, wenn bestimmte Personen, die im Namen der Person

---

1709 Dazu die Datenbank Wikipedia, http://de.wikipedia.org/wiki/REACH; weiterhin www.reach-helpdesk.info.
1710 Schönke/Schröder-Cramer, a.a.O., Vor §§ 324 ff. Rn. 2.
1711 31. StrÄndG – 2 UKG v. 27. 06. 1994.
1712 Vertiefend zur Entwicklung Manfred **Möhrenschlager** , wistra 03/2007, V. ff.
1713 Abgedruckt in BR-Drucks. 128/07 v. 15. 02. 2007.
1714 Nachzulesen bei Möhrenschlager, a.a.O., wistra 03/2007, V. ff. (VI f.).

handeln, Straftaten zu ihren Gunsten begangen haben oder wenn mangelnde Überwachung oder Kontrolle die Handlungen dieser Personen ermöglicht hat.

Es wird nicht präzisiert, ob eine strafrechtliche Haftung der juristischen Personen gegeben sein muss. Daher sind Mitgliedstaaten, die in ihrer Rechtsordnung die strafrechtliche Haftung juristischer Personen nicht anerkennen, nicht verpflichtet, ihr nationales System zu ändern.«

Das bedeutet aber für den deutschen Rechtsraum, dass durch die vorgeschlagene EU-Direktive **keine strafrechtliche Haftung von Verbänden** vorgeschrieben werden soll. Die Regelung des § 30 OWiG würde genügen. Durch das Instrument der Richtlinie ist den Staaten ausdrücklich ein Spielraum bei der Umsetzung in ihr nationales Strafrecht gelassen.[1715] Im Einzelnen enthält die Richtlinie folgende Regelungen für die Verbände: **1279**

---

*»**Artikel 6 Haftung juristischer Personen**   **1280**

1. Die Mitgliedstaaten tragen dafür Sorge, dass eine juristische Person für die in Artikel 3 genannten Straftaten haftbar gemacht werden kann, wenn eine solche Straftat zu ihren Gunsten von einer Person begangen wurde, die entweder allein oder als Teil eines Organs der juristischen Person gehandelt hat und die eine leitende Stellung innerhalb der juristischen Person innehat aufgrund*

(a) der Befugnis zur Vertretung der juristischen Person oder

(b) der Befugnis, Entscheidungen im Namen der juristischen Person zu treffen, oder

(c) einer Kontrollbefugnis innerhalb der juristischen Person.

Die Mitgliedstaaten tragen außerdem dafür Sorge, dass eine juristische Person für die Beihilfe oder Anstiftung zu einer der in Artikel 3 genannten Straftaten haftbar gemacht werden kann.

2. Die Mitgliedstaaten tragen dafür Sorge, dass eine juristische Person haftbar gemacht werden kann, wenn mangelnde Überwachung oder Kontrolle durch eine unter Absatz 1 fallende Person die Begehung einer der in Artikel 3 genannten Straftaten zugunsten der juristischen Person durch eine ihr unterstellte Person ermöglicht hat.

3. Die Haftung einer juristischen Person nach den Absätzen 1 und 2 schließt die strafrechtliche Verfolgung natürlicher Personen als Täter, Anstifter oder Gehilfen bei einer in Artikel 3 genannten Straftat nicht aus.«

Des Weiteren sind verschiedene Sanktionen vorgesehen: **1281**

---

*»**Artikel 7 Sanktionen gegen juristische Personen**   **1282**

1. Jeder Mitgliedstaat trägt dafür Sorge, dass gegen eine im Sinne von Artikel 6 haftbare juristische Person wirksame, angemessene und abschreckende Sanktionen ver-*

1715   BR-Drs. 128/07, S. 6 f.

> *hängt werden können, zu denen strafrechtliche oder nichtstrafrechtliche Geldstrafen gehören. ...«*

1283 Die Geldstrafen gemäß Artikel 7 Absatz 1 können sich auf bis zu 1,5 Millionen Euro belaufen, was sich nach Art. 7 Absatz 2 richtet. Die Mitgliedstaaten können eine Regelung anwenden, bei der die Geldstrafe im Verhältnis zum Umsatz der juristischen Person, zu dem durch Begehung der Straftat erzielten oder angestrebten finanziellen Vorteil oder zu jedem anderen Wert steht, der ein Indikator für die Finanzlage der juristischen Person ist. Zusätzlich zu den in diesem Artikel vorgesehenen Sanktionen können weitere Sanktionen verhängt oder Maßnahmen getroffen werden, vgl. Art. 7 Absatz 4:

1284 »*(a) die Verpflichtung, den ursprünglichen Zustand der Umwelt wiederherzustellen,*

(b) der Ausschluss von öffentlichen Zuwendungen oder Hilfen,

(c) das vorübergehende oder ständige Verbot der Ausübung einer Gewerbe- oder Handelstätigkeit,

(d) richterliche Aufsicht,

(e) die richterlich angeordnete Auflösung,

(f) die Verpflichtung, spezielle Maßnahmen zu ergreifen, um die Folgen zu beseitigen, die die strafrechtlich geahndete Tat verursacht hat,

(g) die Veröffentlichung der richterlichen Entscheidung im Zusammenhang mit der Verurteilung oder mit etwa verhängten Strafen oder getroffenen Maßnahmen.«

1285 Dieser neue **Richtlinien-Vorschlag** ist ein vorläufiger Schlusspunkt der schon seit über 30 Jahren anhaltenden Diskussion über ein einheitliches europäisches Umweltstrafrecht. Die weitere Entwicklung bleibt abzuwarten.

1286 Eine der möglichen Konsequenzen der Umsetzung der Richtlinie für die Mitgliedstaaten könnte darin bestehen, dass die Zahl der Strafverfahren und strafrechtlichen Ermittlungen wieder steigt.[1716] Die **Zahl der polizeilich registrierten Umweltstraftaten** hat sich in der Bundesrepublik Deutschland in der Zeit zwischen 1973, dem Jahr ihrer erstmaligen Erfassung, und 1998 von 2.321 Verfahren auf 41.381 erhöht.[1717] 1998 markierte dabei einen Höhepunkt, denn neuere Erhebungen belegen einen stetigen Rückgang der erfassten Verstöße. 2006 ist durch einen Tiefpunkt mit 17.305 Fällen gekennzeichnet.[1718]

1287 Ähnliches belegte bereits eine Studie des Umweltbundesamtes: Wurden für das Jahr 2002 noch 33.385 Straftaten gegen die Umwelt registriert, ging diese Zahl im

---

1716 Vgl. BR-Drs. 128/07, S. 6.

1717 Bulletin des Presse- und Informationsamtes der **Bundesregierung**, Nr. 29 v. 25. 05. 1999 a.a.O., S. 273 ff. (300).

1718 **Bundesinnenministerium** (Hrsg.), Die Kriminalität in der Bundesrepublik Deutschland – Die Polizeiliche Kriminalstatistik für das Jahr 2006 (PKS 2006), Mai 2007. 2005 betrug die entsprechende Zahl noch 18.376 Delikte.

Jahr 2003 auf 31.696 zurück. Die Aufklärungsquote für Umweltdelikte lag 2003 mit 61,8 Prozent deutlich über dem Wert für die Gesamtkriminalität (53,1 Prozent). Haftstrafen für Umweltstraftaten gab es nur selten: Lediglich in 76 Fällen verhängten Gerichte bei einem nachgewiesenen Verstoß gegen umweltschutzrelevante Vorschriften des Strafgesetzbuches (StGB) eine Freiheitsstrafe.[1719]

Vorsätzliche Umweltbeeinträchtigungen der Großindustrie sind nur **sehr selten** zu beobachten. Bekannt gewordene Fälle betreffen in der Regel technische Fehler oder menschliches Versagen.

    1288

Ein Beispiel hierfür ist der so genannte **Rosenmontag-Fall**.[1720]

    1289

> Ein Unternehmen der chemischen Industrie stellt u. a. Farben her. Zur Produktion werden in einer Reaktoranlage, die gemäß § 16 BImSchG a. F. betrieben wird, bei eingeschaltetem Rührwerk Methanol mit Chlornitrobenzol gemischt. Die Betriebsbeschreibung, die dem verwaltungsrechtlichen Genehmigungsbescheid zugrunde liegt, sieht vor, dass der »*gesamte Prozess unter ständigem Rühren zu erfolgen hat*«. Am Vorabend des Rosenmontag 1993 erfolgte die Übergabe des angesetzten Reaktors von der Tagesschicht auf die Nachtschicht mit nicht eingeschaltetem Rührer. Der Rührer wurde – nach den Feststellungen der Staatsanwaltschaft – auch anschließend, bis zum Schadenseintritt am 22. Februar 1993, gegen 3.55 Uhr, nicht mehr eingeschaltet. Nach Schichtwechsel um 18.00 Uhr heizte der neue Apparatefahrer den Reaktor planmäßig auf 80° C auf. Das Rührwerk aber wurde – Fehler Nr. 1 – nicht in Betrieb genommen.[1721] Zwischen 21.00 Uhr und 2.00 Uhr morgens gab der Arbeiter methanolische Natronlauge hinzu. Ein reaktionsfähiges Gemisch entwickelte sich. Kurz vor Schadeneintritt entnahm der Apparatemann dem Reaktor getreu den Vorschriften eine Stoffprobe. Diese unterschied sich deutlich von den sonst üblichen Proben. Der Schichtführer Nacht, von seinem Apparatemann unterrichtet, zog darauf hin eine weitere Probe, die ebenfalls auffällige Abweichungen in der Farbe zeigte. Anschließend überprüften beide – Schichtführer und Apparatefahrer – die Anlage, dabei stellte der Schichtführer fest, dass das Rührwerk nicht lief. Er ließ daraufhin die Mantelkühlung des Reaktors öffnen. Ausdrücklich wies der Schichtführer den Apparatefahrer an, das Rührwerk nicht einzuschalten. Erst jetzt – zehn Stunden nach dem Schichtwechsel – erkannte der Apparatefahrer, dass das Rührwerk stand. Er schaltete es entge-

---

1719 Dies ist ein Ergebnis der Studie »Umweltdelikte 2003« des **Umweltbundesamt** (UBA). Grundlagen der UBA-Studie waren Statistiken des Bundeskriminalamtes, der Landeskriminalämter, des Statistischen Bundesamtes sowie der Landesstatistikämter; vgl. UBA Pressemitteilung 0115/2004 v. 30. 11. 2004. Demnach war der unerlaubte Umgang mit gefährlichen Abfällen auch 2003 das am häufigsten verzeichnete Delikt – 17.039 Fälle. Danach folgen Delikte der Gewässerverunreinigung mit 4.415 Fällen und Bodenverunreinigung mit 1.720 Fällen. Ansonsten wurden 41 umweltrelevante Straftaten nach sonstigen Vorschriften des StGB sowie 7.082 Straftaten nach dem so genannten Umweltnebenstrafrecht bekannt.

1720 Dargestellt nach dem vom ZDF am 05. 03. 1993 veröffentlichten Havarieprotokoll.

1721 Laut dem – unrichtigen – Fahrprotokoll des Apparatefahrers Nachtschicht wurde von 20.00 – 21.00 Uhr bei 80 Grad Celsius eine Stunde nachgerührt; so der Schlussvermerk der Staatsanwaltschaft bei dem Landgericht Frankfurt a. M. vom 14. 11. 1996 (65 Js 9496.3/93).

gen der Weisung ein. Dies war Fehler Nr. 2. Das plötzliche Durchmischen löste eine heftige chemische Reaktion mit hohem Temperaturanstieg (von 96° C auf 156° C) aus. Dann sank die Temperatur abrupt bei gleichzeitigem Druckanstieg auf 16 bar. Die Sicherheitsventile öffneten sich. Zehn Tonnen der Reaktormasse, darunter zwei Tonnen ortho-Nitroanisol, wurden um 4.14 Uhr am frühen Rosenmontagmorgen innerhalb von nur drei Minuten über Dach in Gestalt einer gelben Wolke abgeblasen und gingen als Regen auf bewohnte Stadtteile nieder.[1722]

1290 Die Staatsanwaltschaft ermittelte wegen des unmittelbaren Geschehens gegen Schichtführer und Apparatefahrer Tagschicht sowie gegen Schichtführer und Apparatefahrer Nachtschicht. Das Verfahren gegen die beiden Arbeiter der Tagschicht wurde gemäß § 170 Absatz 2 StPO eingestellt. In ihrem Schlussvermerk[1723] führt die Staatsanwaltschaft zur Begründung der Einstellung aus:

>»Aufgrund des vorgenannten Sachverhalts besteht gegen die Beschuldigten zwar der Verdacht zur Verwirklichung der Luftverunreinigung …, da sie entgegen der Betriebsbeschreibung den Lauf des Rührers nicht kontrollierten bzw. nicht auf den ausgeschalteten Zustand des Rührwerks hinwiesen. Dieses Unterlassen … war äquivalent kausal für den Störfall und die damit verbundenen erheblichen Sach- und Personenschäden … Das Unterlassen allein hat jedoch nicht zu dem Schadstoffaustritt geführt. Da hierzu des Weiteren Versäumnisse des Nachtschichtpersonals hinzukommen mussten, liegt ein Fall kumulativer Kausalität durch mittelbare Risikoschaffung vor. Der konkrete Erfolgseintritt ist jedoch den Beschuldigten nicht zuzurechnen. Dies bestimmt sich grundsätzlich nach dem Verantwortungsprinzip, nach dem keine Haftung für fremdes Verhalten besteht (Vertrauensgrundsatz).… Die Gefahr für die konkrete Rechtsgutsbeeinträchtigung entstand erst durch das Aufheizen unter weiterer Zuführung von Chemikalien. … Die Beschuldigten der Tagschicht durften hier darauf vertrauen, dass beim Übergang von reinen Vorbereitungshandlungen zu solchen, die die im Reaktor ablaufenden Reaktionen unmittelbar herbeiführten, die Verantwortlichen der Nachtschicht die nunmehr in ihrer Zuständigkeit liegenden Kontrollpflichten wahrnehmen. Der dann eingetretene Schaden liegt nicht mehr in der Sphäre der Beschuldigten. …«

1291 Auch die Ermittlungen gegen den Schichtführer Nachtschicht wurden eingestellt, jedoch nur gemäß § 153 a StPO (geringes Verschulden). Nach Zahlung eines Bußgeldes in Höhe von 50.000 DM (ca. 25.600 Euro) wurde das Verfahren mangels öffentlichen Interesses eingestellt. Die Staatsanwaltschaft hatte zuvor auf hinreichenden Tatverdacht wegen Luftverunreinigung gemäß § 325 Absatz 1 Nr. 1 StGB a. F. und wegen fahrlässiger Körperverletzung gemäß § 230 StGB a. F. erkannt, da er es unter Verstoß gegen die verwaltungsrechtlichen Pflichten im Genehmigungsbescheid, die Teil der Betriebsanleitung des Reaktors waren, unterlassen hatte, als verantwortlicher Schichtführer den Lauf des Rührers bei Schichtbeginn und im weiteren Verlauf der Schicht zu kontrollieren. Damit aber habe

---

1722 FAZ Nr. 46 v. 24. 02. 1993, S. 1.
1723 Schlussvermerk, a.a.O., S. 19 f.

der Beschuldigte zumindest grob sorgfaltswidrig und somit fahrlässig gehandelt. Die Staatsanwaltschaft beim Landgericht begründete ihren Vorwurf wie folgt:[1724]

> *»Der Beschuldigte muss sich den Erfolg seines kumulativ kausal wirkenden Verhaltens auch zurechnen lassen. Es liegt ein Fall der mittelbaren Risikoschaffung vor: Der Beschuldigte kann sich auch als Garant für den ordnungsgemäßen Betrieb der Anlage nicht auf den Vertrauenssatz berufen. Als gegen 4 Uhr festgestellt wurde, dass das Rührwerk nicht lief, musste dem Schichtführer klar gewesen sein, dass der Apparatemann unzuverlässig war, da ihm über Stunden das ausgestellte Rührwerk nicht aufgefallen war. Unabhängig davon erfolgt eine Zurechnung grundsätzlich dann, wenn aus besonderen Gründen, wie hier wegen der besonderen Gefährlichkeit der Gefahrenquelle, der Kontrollverantwortliche auch für das Verhalten des unmittelbar Handelnden einzustehen hat. Gerade dieses Gefahrenrisiko, das der Beschuldigte als Schichtführer zu überwachen hatte, hat sich auch im Schadensereignis realisiert.«*

1292 Der Apparatefahrer Nachtschicht wurde im Wege des Strafbefehlverfahrens zu einer Freiheitsstrafe von sechs Monaten, die zur Bewährung ausgesetzt wurde, wegen Luftverunreinigung (§ 325 Absatz 1 Nr. 1 StGB a. F.) und fahrlässiger Körperverletzung (§ 230 StGB a. F.) verurteilt.[1725]

> *»Durch die unterlassene Kontrolle und vor allem durch die anweisungswidrige Inbetriebnahme des Rührwerks der Anlage verursachte der Beschuldigte unmittelbar den Störfall und daraus resultierend die Luftverunreinigung und die Gesundheitsschäden bei Teilen der Bevölkerung.«*[1726]

1293 Obwohl die Staatsanwaltschaft auch auf zahlreiche strukturelle und organisatorische Mängel im Sicherheits- und Störfallmanagement hinwies, wurden die Verfahren gegen den Leiter des Werks und den Betriebsführer gegen Zahlung von 300.000 DM (153.400 Euro) und 150.000 DM (76.700 Euro) eingestellt. Nach eigenen Angaben hat das Unternehmen die Geldbuße übernommen und noch eine Spende über 500.000 DM (ca. 255.700 Euro) an eine gemeinnützige Einrichtung geleistet. Der Bundesverband Bürgerinitiative Umweltschutz erstattete »wegen des Verdachts der fahrlässigen Körperverletzung« Strafanzeige gegen den Konzernvorstand.[1727]

3. Entwicklung der Umweltdelikte

1294 Eine Erklärung für die nicht vorhersehbare positive Veränderung, die im schon dargestellten Rückgang der erfassten Umweltstraftaten zu sehen ist, liegt noch nicht vor. Die Entwicklung der nächsten Jahre bleibt abzuwarten. Wie der plötzliche Rückgang der erfassten Umweltdelikte seit dem Höhepunkt 1998 gewiss nicht auf einem deutlich umweltbewussteren Verhalten beruht, so ist der zuvor zu beobachtende stetige Anstieg mit Gewissheit nicht darauf zurückzuführen, dass

---

1724 Schlussvermerk, a.a.O., S. 21 f.
1725 Frankfurter Rundschau v. 05. 04. 1997.
1726 Siehe dazu Schlussvermerk, a.a.O., S. 23 f.
1727 DER SPIEGEL Nr. 9 v. 01. 03. 1993, S. 18 ff. (22).

es in der Zeit von 1973 bis 1998 erheblich mehr Verfehlungen gegen die Umwelt gegeben habe. Das Gegenteil dürfte der Fall sein. Gründe für den Rückgang der registrierten Umweltstraftaten liefert auch die oben angesprochene Studie des Umweltbundesamtes nicht. **Ob die Zahl der Straftaten seit 1998 tatsächlich kontinuierlich zurückgegangen ist, lässt sich nicht sagen**. Möglich ist auch, dass die Bereitschaft in der Öffentlichkeit, Umweltvergehen anzuzeigen, rückläufig ist oder dass die Sensibilität für Umweltschäden nachgelassen hat.[1728]

a) Anstieg der Umweltschutzvorschriften

1295 Es wurde bereits auf den erheblichen Anstieg der Anzahl umweltrechtlicher Gesetze, Verordnungen und Vorschriften hingewiesen, der als umgekehrt reziprok zu der Entwicklung bei den Zahlen registrierter Umweltkriminalität bezeichnet werden darf.[1729] Die im Strafgesetzbuch festgelegten Umweltdelikte betreffen den Schutz von Gewässern, der Luft und des Bodens, ferner den Schutz vor Lärm und vor radioaktiven und anderen Strahlen.[1730] Dabei handelt es sich einesteils um Erfolgsdelikte, für die eine Strafe nur dann angedroht ist, wenn eine Umweltschädigung tatsächlich eingetreten ist,[1731] anderenteils um Gefährdungsdelikte, die solche Handlungen mit Strafe bedrohen, die die Umwelt nur gefährden.[1732]

b) Verwaltungsrechtsakzessorietät/Verwaltungsaktakzessorietät des Umweltstrafrechts

1296 Das im Strafgesetzbuch geregelte Umweltstrafrecht verbietet – mit wenigen Ausnahmen – nicht bestimmte Einwirkungen auf die Umwelt absolut, sondern es werden Schädigungen und andere Eingriffe in die Natur sowie Gefährdungen der Umwelt nur für den Fall mit Strafe bedroht, dass durch sie gegen verwaltungsrechtliche Vorschriften verstoßen wurde.

1297 Das **Umweltstrafrecht** ist insofern **in erheblichem Maße vom Umweltverwaltungsrecht abhängig**. Zur Klarstellung sei hier auf die in diesem Zusammenhang verwendete Terminologie eingegangen, die diese Abhängigkeit beschreibt: Verwaltungsrechtsakzessorietät – im Unterschied zur Verwaltungsaktakzessorietät – ist gegeben, so weit das Strafgesetz auf verwaltungsrechtliche Normen verweist.[1733]

1728 UBA Pressemitteilung 0115/2004 v. 30. 11.2004.

1729 Zu dieser »rastlosen Tätigkeit« des Gesetzgebers und dem daraus resultierenden Vollzugsdefizit Müller-Gugenberger/Bieneck/Pfohl, a.a.O., § 54 Rn. 8; siehe auch Rdn. 1224.

1730 Zu den umweltstrafrechtlichen Nebenbestimmungen, vgl. enumerative Aufzählung bei Meyer-Goßner, a.a.O., Anh 12, RiStBV, Nr. 268.

1731 Z. B. § 324 StGB: Gewässerverunreinigung; § 325 StGB: Luftverunreinigung und § 325a StGB: Verursachung von Lärm.

1732 Z. B. § 326 StGB: unerlaubter Umgang mit gefährlichen Abfällen, § 327 StGB: Unerlaubtes Betreiben von Anlagen; vgl. dazu oben Rdn. 243 ff.

1733 Franzheim/Pfohl, Umweltstrafrecht, a.a.O., S. 3 Fn. 5; dazu auch Günter **Heine**, Verwaltungsakzessorietät des Umweltstrafrechts. Rechtsvergleichende Funktionsanalysen – unbestimmte Rechtsbegriffe – Reichweite von Genehmigungen, in: Ökologie und Recht, Lorenz Schulz (Hrsg.), Köln/Berlin/Bonn/München 1991, S. 55 ff. (67 ff.).

Diese Akzessorietät des Umweltstrafrechts vom Umweltverwaltungsrecht zeigt **1298** sich auch in Formeln, die Teil einzelner Vorschriften des Umweltstrafrechts sind. So beispielsweise:

- »*unbefugt*«, in: §§ 324 Absatz 1; 326 Absatz 1 StGB;
- »*unter Verletzung verwaltungsrechtlicher Pflichten*«, in: § 325 Absatz 1 StGB;
- »*ohne die ... erforderliche Genehmigung*«, in: §§ 327 Absatz 1 und 2; 328 Absatz 1 StGB;
- »*entgegen einer ... erlassenen Rechtsvorschrift*«, in: § 329 Absatz 2 und 3 StGB;
- »*einer ... erlassenen Rechtsvorschrift*«, in: §§ 326 Absatz 2; 329 Absatz 1 StGB;
- »*entgegen einer vollziehbaren Untersagung*«, in: §§ 327 Absatz 1(ähnlich § 327 Absatz 2 StGB); § 328 Absatz 1; 329 Absatz 3 StGB;
- »*Die im Strafgesetz angelegte Verwaltungsrechtsakzessorietät steigert sich unter den Voraussetzungen eines Verwaltungsrechtsvollzugs seitens der Behörden durch Verwaltungsakte (z. B. Genehmigungen, Untersagungen, Auflagen etc.) begrifflich notwendigerweise zu einer Verwaltungsaktakzessorietät.*«[1734]

Die Strafbarkeit einer Umweltbelastung ist also von der Existenz eines sie geneh- **1299** migenden Verwaltungsakts abhängig. Grundsätzlich ist seine **Bestandskraft** und nicht die materielle Richtigkeit **der behördlichen Entscheidung maßgebend**. Das Oberlandesgericht Frankfurt a. M. hat diese Abhängigkeit des Strafrechts 1987 wie folgt formuliert:

> »*Insoweit entspricht es auch ganz herrschender Meinung, dass es bei der behördlichen Gestattung alleine auf die verwaltungsrechtliche (formelle) Wirksamkeit ankommt; eine zu Unrecht ausgesprochene oder fehlerhaft gewordene Gestattung macht das Verhalten bis zur Rücknahme oder zum Widerruf grundsätzlich rechtmäßig.*«[1735]

Begründet wird dies damit, dass im Falle von Widersprüchen zur Rechtsordnung **1300** so weit wie möglich einheitlich reagiert werden soll. Außerdem soll das **Gebot der Kompetenz- und Verfahrensklarheit** eingehalten und dem Grundsatz der Vermutung der Gültigkeit von Staatsakten Rechnung getragen werden.[1736]

Anders ist die Rechtslage natürlich, wenn die Genehmigung durch Drohung, **1301** Bestechung, Kollusion oder Täuschung erschlichen wurde, § 330d Nr. 5 StGB.[1737]

Bei belastenden Untersagungen, Anordnungen, Auflagen o. ä. führt die Akzesso- **1302** rietät dazu, dass eine Strafbarkeit selbst dann eintritt, wenn der zugrunde liegende Verwaltungsakt materiell falsch ist und bei richtiger Grundlage kein Straftatbestand erfüllt wäre;[1738] denn auch **rechtswidrige Verwaltungsakte** sind, sofern sie nicht nichtig sind, von den Betroffenen prinzipiell zu beachten.[1739]

1734 **Papier**, in: Verhandlungen des 57. DJT, Bd. II, Sitzungsberichte, a.a.O., L 102; Volk/Leipold/Engel, a.a.O., § 28 Rn. 8 f.

1735 OLG Frankfurt NJW 1987, 2753 ff. (2756); Gleiches gilt heute immer noch; dieser Grundsatz ist nicht unproblematisch – zu den Auswirkungen auf das Strafrecht: Müller-Gugenberger/Bieneck/Pfohl, a.a.O., § 54 Rn. 115 ff., insb. Rn. 126 ff.

1736 Günter **Heine/Meinberg**, in: Verhandlungen des 57. DJT, a.a.O., Bd. I, D 49, Fn. 102 m. w. N.

1737 Diese Norm hat einen erheblichen Meinungsstreit beendet.

1738 Hero **Schall**, Umweltschutz durch Strafrecht: Anspruch und Wirklichkeit, in: NJW 1990, 1263 ff. (1265); Volk/Leipold/Engel, a.a.O., § 28 Rn. 27.

1739 Heine/Meinberg, Verhandlungen des 57. DJT, a.a.O., Bd. I, D 49.

1303 Die **Verwaltungsrechtsakzessorietät** des Umweltstrafrechts wird heute allgemein anerkannt. Sie ist unvermeidlich, wenn es darum geht, einerseits unersetzbare natürliche Ressourcen zu schützen, deren Ge- und Verbrauch andererseits lebensnotwendig ist.

1304 In der Diskussion hingegen war die **Verwaltungsaktakzessorietät**. Unbefriedigende Ergebnisse erhält man dabei jedoch lediglich, wenn gleiche Sachverhalte von den Behörden ungleich behandelt werden. Vielfach wurde die mangelnde Effizienz des Umweltstrafrechts darauf zurückgeführt und die Abhängigkeit des Strafrechts von Einzelfallentscheidungen kritisiert, die aufgrund eines dem Amtsträger eingeräumten Ermessens- oder Beurteilungsspielraums ergehen.[1740] Die **uneinheitliche Verwaltungspraxis** ging zulasten eines tragfähigen Rechtsbewusstseins[1741] und zulasten einer gebotenen Rechtsklarheit.[1742] Diesem Problem kann nur durch eindeutige Vorgaben der Legislative sowie ein konsequent gleichförmiges Verwaltungshandeln abgeholfen werden.[1743]

4. Die einzelnen umweltrechtlichen Straf- und Ordnungswidrigkeitentatbestände

a) Gewässerverunreinigung – § 324 StGB

1305 Die Gewässerverunreinigungen (§ 324 StGB) stellen nach den Abfalldelikten konstant den zweitgrößten Tatenkreis der erfassten Umweltverstöße dar.[1744]

1306 Die Vorschrift wurde ins Strafgesetzbuch aufgenommen, um so eine Vielzahl von Normen zusammenzufassen, die in unterschiedlichen Gesetzen enthalten waren.[1745] Dem Gesetzgeber ging es nicht darum, die Gewässer um ihrer selbst willen zu schützen. Auch sollten Gegenstand des Normzwecks nicht die Individualrechtsgüter des Menschen wie Leben und Gesundheit sein. Vielmehr ist Ratio der Vorschrift die Sicherung und Erhaltung humaner Lebensbedingungen für gegenwärtige und künftige Generationen, denn die Umwelt als Lebensbedingung des Menschen ist von ihm abhängig.[1746] Die persönlichen Rechtsgüter des Menschen werden lediglich mittelbar durch § 324 StGB geschützt.[1747] Die Nutzungsmöglichkeiten der Gewässer im Sinne des Wasserhaushaltsgesetzes scheiden als

---

1740 **Keller**, in: Verhandlungen des 57. DJT, a.a.O., Bd. II, Referat L 19; Schall, a.a.O., NJW 1990, 263 ff.; Heine/Meinberg, 57. DJT, a.a.O., Bd. I, D 55.

1741 Keller, a.a.O., L 19.

1742 Heine/Meinberg, a.a.O., D 127.

1743 Müller-Gugenberger/Bieneck/Pfohl, a.a.O., § 54 Rn. 117.

1744 PKS 2006, S. 45: Erfasste Fälle 2005 – 3759; 2006 – 3791.

1745 Vgl. Hans-Jürgen **Sack**, Das neue Umweltstrafrecht – Bewährung in der Praxis aus der Sicht der Staatsanwaltschaft, in: Günther **Schulze**/ Heinrich **Lotz** (Hrsg.), Polizei und Umwelt, BKA Schriftenreihe, Wiesbaden 1986, S. 375 ff. (380 ff.).

1746 Schönke/Schröder-Cramer, a.a.O., Vor §§ 324 ff. Rn. 8.

1747 Rudolf **Rengier**, Zur Bestimmung und Bedeutung der Rechtsgüter im Umweltstrafrecht, in: NJW 1990, 2506 ff. (2515).

unmittelbares Schutzgut ebenfalls aus. Dieses ist allein der absolute Schutz der Gewässer in ihrem naturgegebenen Zustand.[1748]

Ausgehend von dieser Bestimmung könnte es im Verhältnis zum Wasserhaushaltsgesetz zu Problemen kommen. § 1 a WHG legt als Schutzzweckbestimmung fest, dass Gewässer so zu bewirtschaften sind, dass sie dem Wohl der Allgemeinheit und im Einklang mit ihm dem Nutzen Einzelner dienen und jede vermeidbare Beeinträchtigung zu unterbleiben hat. Auch wenn es somit innerhalb der dem Gewässerschutz dienenden Vorschriften unterschiedliche Rechtsgüter gibt, so führt dies nicht zu unlösbaren Problemen. Sinn des § 324 StGB ist es, die Voraussetzungen dafür zu schaffen und zu erhalten, dass die Wasserbehörden ihren Auftrag zur Bewirtschaftung der Gewässer in optimaler Weise erfüllen können.[1749] Dieser Umstand ist von erheblicher Bedeutung, denn Gewässerverunreinigungen, die mit behördlicher Erlaubnis erfolgen, sind strafrechtlich nicht verboten.[1750] **1307**

Der Tatbestand des § 324 StGB enthält die Merkmale »Gewässer« und »Verunreinigung bzw. nachteilige Veränderung«. Was unter einem **Gewässer** zu verstehen ist, wird in § 330d Nr. 1 StGB definiert. Es werden oberirdische Gewässer, das Grundwasser und die Meere erfasst. Damit ist der im Wasserhaushaltsgesetz erfasste Gewässerbegriff erweitert auf fremde Küstengewässer und die hohe See sowie auf ausländische Flüsse. Nicht erfasst ist jedoch weiterhin Wasser, dass sich in Leitungen oder anderen Behältnissen befindet, denen ein Gewässerbett fehlt.[1751] **1308**

Wann eine **Verunreinigung** vorliegt, hängt jeweils vom Einzelfall ab. Dabei ist zunächst auf den Naturzustand der Gewässer abzustellen. Handelt es sich um ein bereits verschmutztes Gewässer, so ist bei einer relativen Verschlechterung seiner Eigenschaften eine Strafbarkeit jedoch nicht ausgeschlossen.[1752] **1309**

Entscheidend ist eine Veränderung des »*Status quo*« des Gewässers:[1753] Grundsätzlich kann dann eine Gewässerverunreinigung angenommen werden, **wenn das äußere Erscheinungsbild des Gewässers nach dem Eingriff des Täters weniger rein ist als zuvor.**[1754] Dies ist zum Beispiel bei Trübung, Schaumbildung oder Verfärbung gegeben. In dem bis zum Inkrafttreten des § 324 StGB geltenden § 38 Absatz 1 WHG a. F. war eine »*schädliche Verunreinigung*« erforderlich. Die an diesen Begriff gestellten Anforderungen waren sehr hoch, sodass er nicht in das StGB übernommen wurde.[1755] Durch den Wegfall des Wortes »*schädlich*« kommt es **1310**

1748 Hans-Joachim **Rudolphi**, Primat des Strafrechts im Umweltschutz – 1. Teil –, in: NStZ 1984, 193 ff. (194).

1749 GenStA Hamm, Bescheid v. 23. 08. 1983; NStZ 1984, 219 f. (219); Rudolphi, a.a.O., NStZ 1984, 193 ff. (195).

1750 Rudolphi, NStZ 1984, 193 ff. (195).

1751 Tröndle/Fischer, a.a.O., § 324 Rn. 2a, b.

1752 Joachim **Steindorf**, Umweltstrafrecht, Leipziger Kommentar, 2. Aufl., Berlin 1997, § 324 Rn. 28; Müller-Gugenberger/Bieneck/Pfohl, a.a.O., § 54 Rn. 153.

1753 GenStA Celle, Beschwerdebescheid, NJW 1988, 2394 ff. (2394); Volk/Leipold/Engel, a.a.O., § 28 Rn. 112 ff.

1754 Schönke/Schröder-Cramer, a.a.O., § 324 Rn. 8.

1755 Schönke/Schröder-Cramer, a.a.O., § 324 Rn. 8; BT-Drucks. 8/2382 S. 14.

trotzdem nicht dazu, dass bereits jede geringfügige Verunreinigung den Tatbestand des § 324 StGB erfüllt, da die Verunreinigung der nachteiligen Veränderung gleichgestellt ist.[1756] Knapp formuliert: Eine Gewässerverunreinigung setzt ein Minus in der Qualität des Wassers im Verhältnis zum Zustand vor dem Eingriff voraus.[1757]

1311 **Beispiele:**

- Bei einem Stahl und Leichtmetall verarbeitenden Unternehmen musste ein Elektroofen gereinigt werden. Aufgrund eines Bedienungsfehlers beim Abfüllen in einen Tankwagen gelangte das dabei anfallende Schmutzwasser in den öffentlichen Regenwasserkanal und verunreinigte damit den Rhein. Gegen den Emissionsschutzbeauftragten wurde ein Ermittlungsverfahren eingeleitet.
- Ein Unternehmen stellte auf dem Betriebsgebäude einen mit demontierten Heizungsteilen beladenen Anhänger ab. Durch starken Regen wurden die auf den Teilen befindlichen Ölreste abgewaschen und gelangten in den Regenwasserkanal, der unmittelbar in einen Fluss mündete. Gegen den verantwortlichen Mitarbeiter wurde wegen des Verdachts der Gewässerverunreinigung ein Ermittlungsverfahren eingeleitet.
- Beim Bau eines Tunnels wurden 1400 Tonnen eines hochgiftigen Dichtungsmittels eingesetzt. Es wurde festgestellt, dass der Gehalt von Acrylamid dreimal höher war, als bei der Lieferung angegeben wurde. Der Stoff, der Schäden am Nervensystem verursacht sowie für genetische Schäden verantwortlich gemacht wird, gilt ferner als hochgradig krebserzeugend. Über das Grundwasser gelangte der Stoff in einen Bach und ins Grundwasser. Kühe, die aus dem Bach getrunken hatten, mussten notgeschlachtet werden. Polizei und Staatsanwaltschaft haben Ermittlungen gegen den Bauherren und den Lieferanten des Dichtungsmittels eingeleitet.[1758]

1312 Eine wesentlich größere und auch selbstständige Rolle kommt dem Tatbestandsmerkmal »**nachteilige Veränderung eines Gewässers**« zu, dem die Verunreinigung als Unterfall zugeordnet wird.[1759] Unter den Begriff der nachteiligen Veränderung fallen die Beeinträchtigungen, die nicht als Verunreinigung erkannt werden können, aber eine Verschlechterung der physikalischen, chemischen, thermischen oder biologischen Beschaffenheit des Wassers bewirken.[1760]

1313 Wirkt sich eine Handlung überhaupt nicht auf die Eigenschaften aus oder ist das wieder eingeleitete Wasser gegenüber dem zuvor entnommenen gar verbessert, so ist das Tatbestandsmerkmal nicht erfüllt. Treten allerdings schädliche Nebenwirkungen trotz der Qualitätsverbesserung auf, so liegt dennoch eine nachteilige Veränderung der Gewässereigenschaften vor.[1761] Eine **schädliche Nebenwirkung** ist in dem folgenden Beispiel gegeben:

1756 Schönke/Schröder-Cramer, a.a.O., § 324 Rn. 8.
1757 Müller-Gugenberger/Bieneck/Pfohl, a.a.O., § 54 Rn. 155.
1758 Frankfurter Rundschau, Nr. 240 v. 16. 10. 1997, S. 36.
1759 Franzheim/Pfohl, Umweltstrafrecht, a.a.O., Rn. 49; BT-Drucks. 8/2382, S. 14.
1760 BGH NStZ 1987, 323; NStZ 1991, 232.
1761 Steindorf, a.a.O., § 324 Rn. 27.

Ein Unternehmen entnimmt aus dem Vorfluter regelmäßig Wasser und führt eine chemische Neutralisation durch, um es für den Betrieb nutzen zu können. Bei der rückführenden Einleitung liegt eine verbesserte Qualität, aber gleichzeitig eine Erwärmung um 15°C vor. Diese höhere Temperatur führt zu einer Sauerstoffverringerung des im Gewässer verbliebenen Wassers, sodass trotz verbesserter Qualität eine nachteilige Veränderung im Sinne von § 324 StGB vorliegt.

Tatbestandsvoraussetzung ist nicht der Eintritt eines konkreten Schadens wie z. B. **1314** eines Fischsterbens. Es reicht im Einzelfall schon aus, das die Veränderung konkret geeignet ist, einen solchen Schaden herbeizuführen.[1762] Eine Verschlechterung wird angenommen, wenn Nachteile zu befürchten oder möglich sind.[1763] Dabei muss aber eine Erheblichkeitsschwelle überschritten werden, die im Einzelnen an der Größe und Tiefe des Gewässers, der Fließgeschwindigkeit, der Wasserführung und der Art und Gefährlichkeit des eingebrachten Stoffes zu bemessen ist.[1764] Man muss beachten, dass in diesem Zusammenhang auch die eventuell kumulative Einbringung geringfügiger Mengen nicht außer Acht gelassen werden darf.[1765] In den folgenden Beispielen aus der Praxis wird deutlich, wann die Erheblichkeitsschwelle jedenfalls überwunden ist:

- Bei einem Unternehmen ist ein Gleitmittelverdampfungskessel übergekocht. Die übergekochte Flüssigkeit ist über die Dachentwässerungsanlage in einen Fluss gelangt und hat ein Fischsterben verursacht.
- Bei Revisionsarbeiten innerhalb eines Kraftwerks kam es zu unerlaubt hohen bzw. niedrigen pH-Werten im Brauchwasser, das in einen Bach zurückgeführt wurde. Gegen den Leiter des Kraftwerks wurde ein Ermittlungsverfahren eingeleitet. Er habe es unterlassen, so der Vorwurf, die zuständige Wasser- und Umweltbehörde zu unterrichten bzw. geeignete Maßnahmen zur Behebung der Störung einzuleiten, obwohl das Alarmierungssystem die veränderten pH-Werte akustisch angezeigt habe.
- Der Fahrer eines Tanklastzugs ließ im Januar 1990 auf einem kleinen Rastplatz an der Autobahn zwischen Hamburg und Lübeck ca. 5.000 Liter der hochgiftigen Chemikalie Kresol ab. Diese Restmenge war versehentlich bei der vorhergehenden Anlieferung nicht entleert worden. Die Folgen dieser rücksichtslosen Handlung waren verheerend. Wegen akuter Gesundheitsgefährdung mussten umliegende Anwohner ihre Häuser verlassen, der Fischbestand der umliegenden Flüsse wurde in seiner Gesamtheit vernichtet, 6.000 m[1766] verseuchter Erde mussten abgetragen und als Giftmüll deponiert werden. Der Fahrer wurde vom Schöffengericht wegen Gewässerverunreinigung, umwelt-

---

1762 Schönke/Schröder-Cramer, a.a.O., § 324 Rn. 9.
1763 OLG Stuttgart NJW 1977, 1406 f.
1764 Allgemeine Auffassung; vgl. nur Volk/Leipold/Engel, a.a.O., § 28 Rn. 112 ff. Nicht strafbar ist demnach etwa das folgenlose Einfärben von Wasser oder eine Trübung durch Sand oder Lehm – auch nicht die »berüchtigte« Flasche Salatöl, deren Inhalt versehentlich in der Donau landet.
1765 Müller-Gugenberger/Bieneck/Pfohl, a.a.O., § 54 Rn. 156.
1766 Schall, a.a.O., NJW 1990, 1263 ff.

gefährdender Abfallbeseitigung, Körperverletzung und Sachbeschädigung zu einer Freiheitsstrafe von drei Jahren verurteilt.

1315 Die abstrakte Möglichkeit, dass eine Gewässerverunreinigung von einem bestimmten Stoff hervorgerufen werden kann, genügt nicht für den prozessualen Nachweis einer nachteiligen Veränderung. Zu diesem Thema hat sich das OLG Frankfurt a. M. geäußert:[1767]

> Von zwei Wohnhäusern einer Gemeinde wurden mehr als zehn Jahre lang unentdeckt Toilettenabwässer in einen Weiher eingeleitet. Nach Feststellung dieses Zustands erließ die Gemeinde verwaltungsrechtliche Anordnungen, die die beiden Hauseigentümer verpflichteten, die Fehlanschlüsse auf ihren Grundstücken auf eigene Kosten zu beseitigen. Dem ersten Stadtrat der Gemeine wurde von der Staatsanwaltschaft vorgeworfen, dass gegen die Hauseigentümer keine Zwangsmaßnahmen veranlasst wurden und dadurch die Anschlüsse erst viereinhalb bzw. acht Monate verspätet erneuert wurden.

1316 Im Revisionsverfahren hat das OLG das Urteil des Landgerichts aufgehoben. Allein die Tatsache, dass es sich um Toilettenabwasser gehandelt hat, reicht nicht ohne weiteres aus, um den Taterfolg anzunehmen. Die nachteilige Veränderung eines Gewässers ist an dem Unterschied zu messen, den die Tathandlung im Verhältnis zum »Status quo« des Gewässers herbeigeführt hat. Da bereits über zehn Jahre Toilettenabwasser in den Weiher geleitet wurden, hätte nur ein Sachverständiger feststellen können, ob die Verzögerung überhaupt zu einer weiteren Verschlechterung geführt hat.

1317 Bei den vorgenannten Beispielen handelt es sich sowohl um solche, in denen der Tatbestand durch ein aktives Verhalten erfüllt wurde, als auch um solche, in denen das Unterlassen einer Handlung ursächlich war.

1318 Allein dadurch, dass eine Verunreinigung oder nachteilige Veränderung der Gewässereigenschaften vorliegt, ergibt sich noch keine Strafbarkeit des Verursachers. Bei allen Straftaten muss dem Täter je nach Gesetzeswortlaut **Vorsatz oder Fahrlässigkeit** nachgewiesen werden.[1768] § 324 StGB enthält – wie alle im Strafgesetzbuch geregelten Umweltstrafnormen – sowohl das Vorsatz- als auch das Fahrlässigkeitsmoment.

- Der für die Sicherung einer Baustelle verantwortliche Schachtmeister hatte es unterlassen, ein teilweise gefülltes 200 Liter Dieselöl fassendes Metallfass, das ungesichert an einem nicht befestigten, dem allgemeinen Verkehr zugänglichen Weg abgestellt worden war durch eine Absperrung zu sichern oder auf andere Weise vor einer Beschädigung zu schützen. Das Fass wurde von einem unbekannt gebliebenen Verursacher so beschädigt, dass ca. 90 Liter austraten und über einen Drainageschacht in einen kleinen Bach gelangten.[1769]
- Das Oberlandesgericht Düsseldorf hat einen Berufskraftfahrer, der Gefahrgüter beförderte, verurteilt, da er entgegen den Sorgfaltsanforderungen des

---

1767 OLG Frankfurt, NStZ-RR 1996, 103 ff.
1768 Dazu Rdn. 304 ff.
1769 Hero **Schall**, Systematische Übersicht der Rechtsprechung zum Umweltstrafrecht, in: NStZ-RR 1998, 354.

§ 19 i WHG a. F. Heizöltanks befüllte, sodass Heizöl in ein Gewässer abfloss. Das Gericht kam zu einer Verurteilung, da der Befüller i. S. v. § 19 i WHG a. F. die gesetzliche Sorgfaltspflichten des Wasserhaushaltsgesetzes hätte kennen und sich entsprechend verhalten müssen.[1770]

- In einem Unternehmen, das in einem Tank Wasser gefährdende Flüssigkeiten gelagert hatte, kam es zu einer Gewässerverunreinigung, da ein Tank ein Leck hatte. Der Betreiber der Anlage verteidigte sich gegen den Vorwurf der Gewässerverunreinigung damit, dass er auf die Schlussabnahme des Tanklagers mit der fristgerechten Beauftragung eines Sachverständigen zur turnusmäßigen Überprüfung der Tanks alles Erforderliche veranlasst habe. Es kam zu einem Freispruch, da der Anlagenbetreiber aufgrund der ihm vorgelegten Prüfbescheinigungen des Sachverständigen und augenscheinlich fehlender Mängel von einem ordnungsgemäßen Zustand der Anlage ausgehen konnte.[1771]

Was ist **unbefugt**? Allein aufgrund der Erfüllung der Tatbestandsmerkmale muss es sich noch nicht um eine strafbare Handlung oder Unterlassung handeln. Es besteht grundsätzlich die Möglichkeit, dass eine **Rechtfertigung** bezüglich einer Straftat gegeben ist, sodass die für eine Verurteilung erforderliche Rechtswidrigkeit entfällt. Bei Gewässerverunreinigungen kann die Rechtswidrigkeit aufgrund einer Duldung, behördlich erteilten Erlaubnis, Bewilligung, Zulassung nach dem Wasserhaushaltsgesetz sowie wegen allgemeiner Rechtfertigungsgründe des Strafrechts entfallen. **1319**

Der **rechtfertigende Notstand** des § 34 StGB (allgemeiner Rechtfertigungsgrund) findet allerdings nur in besonderen Konfliktsituationen Anwendung. Ein solcher Fall wird in erster Linie in Betracht kommen, wenn der Täter bei zwei ihm möglichen Verhaltensweisen, insbesondere in Eilfällen, nicht umhin kann, die Umwelt zu beeinträchtigen, egal, wie er sich entscheidet.[1772] Wird vom Täter vorgebracht, aus Kostengründen gehandelt zu haben, um dem Verlust von Arbeitsplätzen vorzubeugen, so schließt das einen rechtfertigenden Notstand nicht per se aus. Allerdings lässt sich in der Praxis des Einzelfalls dieser Einwand meist schnell ausräumen – gehandelt wird häufig nicht zum Schutz von Arbeitsplätzen, sondern zur Gewinnmaximierung.[1773] Ausgeschlossen werden soll ein Rückgriff auf die Vorschrift jedenfalls dann, wenn die Behörde das infrage stehende Verhalten bereits untersagt hat oder wenn eine behördliche Erlaubnis zu erlangen wäre.[1774] **1320**

Ein weiterer Rechtfertigungsgrund kann eine **behördliche Duldung** sein.[1775] Wann das allerdings der Fall sein soll, ist äußerst umstritten und höchstrichterlich noch nicht entschieden. Auch an dieser Stelle muss einzelfallbezogen abgegrenzt **1321**

1770 OLG Düsseldorf, NJW 1993, 1408.
1771 OLG Karlsruhe, ZfW 92, 520.
1772 Franzheim/Pfohl, Umweltstrafrecht, a.a.O., Rn. 108.
1773 Ausführlich: Michalke, a.a.O., Rn. 104 ff. mit mehreren Beispielen.
1774 Meinberg/Möhrenschlager/Link, a.a.O., S. 44 f.
1775 Vgl. Ralf **Alleweldt**, Zur Strafbarkeit der geduldeten Gewässerverunreinigung, in: NuR 1992, 312 ff.

werden.[1776] Sicher ist, dass nicht jede Duldung einer Einleitung, Verunreinigung oder sonstige wesentliche Veränderung der Eigenschaften eines Gewässers eine rechtfertigende Wirkung entfalten kann.[1777]

1322 Von der vereinzelten neueren Rechtsprechung und einem Teil der Literatur wird lediglich **einer aktiven/qualifizierten Duldung** einer Einleitung oder Verunreinigung durch die Behörde eine **rechtfertigende Wirkung** zuerkannt.[1778]

1323 Andere Stimmen sehen in der Unterscheidung zwischen »aktiv« und »passiv« keinen praktikablen Lösungsansatz, um zu einer rechtfertigenden Duldung zu gelangen. Hier soll eine bloße Kenntnisnahme der Behörde von der Gewässerverunreinigung und eine darauf beruhende Entscheidung ausreichen – auch wenn sie dem Anlagenbetreiber gar nicht mitgeteilt wird.[1779]

1324 In der jüngeren Literatur bildet sich die Auffassung heraus, die fordert, dass eine Duldung meist nur dann rechtfertigend wirken kann, wenn sie dem Betreiber in schriftlicher Form mitgeteilt wurde. Dies wird begründet mit den strengen Vorschriften über Genehmigungsverfahren, wie sie z. B. das Wasserhaushaltsgesetz, das Bundesimmissionsschutzgesetz und das Kreislaufwirtschafts-/ Abfallgesetz enthalten. Diese Vorschriften dürften im Lichte der Rechtssicherheit nicht durch »informelles« Verwaltungshandeln unterlaufen werden. Nur in den (seltenen) verbleibenden Fällen, in denen ein Genehmigungsverfahren nicht vorgesehen ist, soll ein mündlicher Verwaltungsakt gemäß § 37 Absatz 2 3. Alt. VwVfG ausreichen können.[1780]

1325 Von einer gesicherten Rechtsprechung kann also nicht gesprochen werden, und auch die sehr zahlreiche Literatur ist sich nicht einig. Deshalb wird man der letzten Auffassung den Vorzug geben müssen, um Ungleichbehandlungen und Missverständnisse zu vermeiden. Dafür spricht im Übrigen, dass die angeführten Umweltgesetze Normen enthalten, die vorläufige Genehmigungen vorsehen und somit ein regulatives Moment bereithalten, das ein schnelles und flexibles Verwaltungshandeln ermöglicht. Ähnlich sieht es mittlerweile auch ein Erlass des Umweltministeriums von Baden-Württemberg vor, der für eine rechtfertigende Duldung im wesentlichen fordert, dass

- die Behörde den Sachverhalt kennt, aber aus nicht von ihr zu vertretenden Gründen noch nicht entscheiden kann, aber eine vorläufige Abwassereinleitung vertretbar ist;
- die Duldung schriftlich erfolgt ist;

1776 Müller-Gugenberger/Bieneck/Pfohl, a.a.O., § 54 Rn. 139 ff. unter Hinweis auf OLG Celle ZfW 1987, 126 ff. und LG Bonn NStZ 1988, 224 f.; dazu siehe auch Hans **Dahs/Pape**, Die behördliche Duldung als Rechtfertigungsgrund im Gewässerstrafrecht, in: NStZ 1988, 393 ff.

1777 Heinz-Dieter **Horn**, Sozial- und Wirtschaftsrisiken im Privatversicherungsrecht, Hamburg 1983, S. 1 § 324.

1778 Dahs/Pape, a.a.O., in: NStZ 1988, 393 ff. (395); Michalke, a.a.O., Rn. 94 ff.

1779 Dahs/Pape, a.a.O., in: NStZ 1988, 393 ff. (395).

1780 Müller-Gugenberger/Bieneck/Pfohl, a.a.O., § 54 Rn. 142.

- festgelegt ist, welche Maßnahmen der Betreiber in welchem Zeitraum noch zu treffen hat.[1781]

Häufigster und bedeutsamster Rechtfertigungsgrund für die Gewässerverunreinigung ist die **wasserrechtliche Erlaubnis** der zuständigen Behörde.[1782]   **1326**

Liegt eine wirksame Erlaubnis vor, bestimmt sich ein unbefugtes Handeln danach, ob der Erlaubnisinhaber die Bedingungen und Auflagen der Genehmigung einhält.   **1327**

Die zulässige Schadstoffkonzentration wird durch Höchst- oder Überwachungswerte begrenzt. Höchstwerte werden bereits überschritten, wenn das eingeleitete Abwasser einen höheren Schadstoffgehalt hat als das Wasser des Vorfluters. Bereits der einmalige Verstoß kann zu einer Strafbarkeit der Mitarbeiter des Unternehmens führen.[1783]   **1328**

Für die Unternehmen sind die **Überwachungswerte** von wesentlich größerer Bedeutung, wenn kein Höchstwert festgesetzt ist. Dabei gibt es zwei Formen von Überwachungswerten, solche der »arithmetischen Mittelkonzentration« einerseits und »4 von 5«-Werte andererseits.   **1329**

Kommt es im ersten Fall zu einer einzelnen Grenzwertüberschreitung, so ergibt sich daraus noch keine Rechtswidrigkeit der Einleitung. Der Überwachungswert gilt als eingehalten, wenn das **arithmetische Mittel** der Ergebnisse aus den letzten **fünf** im Rahmen der staatlichen Gewässeraufsicht durchgeführten Untersuchungen den Wert nicht überschreitet.[1784] Eine unbefugte Einleitung liegt vor, wenn bereits ein Wert die Grenze überschreitet. Eine Strafbarkeit lässt sich jedoch erst begründen, wenn der Mittelwert höher als der Grenzwert liegt.[1785] Eine Überprüfung des arithmetischen Mittels erfolgt nur, wenn die letzte Messung den Überwachungswert nicht einhält.[1786]   **1330**

Zur Verdeutlichung soll das folgende **Beispiel** herangezogen werden: **1331**

Ein Unternehmen hat eine Einleitungserlaubnis erhalten, darf aber den CSB-Gehalt (chemischer Sauerstoffbedarf) von 100 mg/l nicht im Überwachungswert überschreiten.

Die Gewässerbehörde hat folgende Werte ermittelt:[1787]   **1332**

Datum	Wert		Datum	Wert		**1333**
1.2.	80		20.2.	90	(–)
5.2.	120	(–)	25.2.	90	(–)
10.2.	100	(–)	1.3.	130	
15.2.	110	(+)	10.3.	110	

1781 Der Erlass ist wiedergegeben bei Franzheim/Pfohl, a.a.O., Rn. 107.
1782 Franzheim/Pfohl, Umweltstrafrecht, a.a.O., Rn. 68.
1783 Müller-Gugenberger/Bieneck/Pfohl, a.a.O., § 54 Rn. 134.
1784 OVG Lüneburg, ZfW 1998, 380.
1785 Tröndle/Fischer, a.a.O., § 324 Rn. 7a.
1786 Meinberg/Möhrenschlager/Link, a.a.O., S. 41.
1787 (–) = keine Überschreitung (+) = Überschreitung.

1334 Die am 5. 02. und 15. 02. ermittelten Werte führen nicht zu einer Überschreitung der Überwachungswerte, da die fünfte Probe am 20. 02. innerhalb des zulässigen Wertes liegt. Die Probe vom 1. 03. führt zu einer Überschreitung, da das Mittel der Proben vom 10. 02., 15. 02., 20. 02., 25. 02. und 1. 03. über 100 liegt. Die Probe vom 10. 03. führt nicht zu einer Überschreitung der Überwachungswerte, da das Mittel unter 100 liegt.

1335 In neuerer Zeit richten sich Überwachungswerte für Erlaubnisbescheide in der Regel allerdings nach § 7a WHG i. V. m. § 6 Abwasserverordnung[1788]. Bei der Einleitung von Abwässern durch Kläranlagen erfolgt demnach eine Überwachung nach der **Methode** »*Vier-von-Fünf-Wert mit Höchstwert.* «[1789] Der Überwachungswert gilt als eingehalten, »*wenn die Ergebnisse dieser und der vier vorangegangenen staatlichen Überprüfungen in vier Fällen den jeweils maßgebenden Wert nicht überschreiten und kein Ergebnis den Wert um mehr als 100 % übersteigt.*«

1336 Entgegen einer verbreiteten Meinung sind derartige Überwachungswerte nicht nur verwaltungsrechtlich von Bedeutung, sondern sind auch im Strafverfahren als Kriterium für die Befugtheit heranzuziehen. Bei einem solchen Vorgehen wird auch kein Verstoß gegen das Rückwirkungsverbot anzunehmen sein.[1790]

1337 Ausgehend von einer Einleitungserlaubnis, die eine Untersagung von CSB-Werten über 100 mg/l enthält, lässt sich folgendes Beispiel erstellen:[1791]

1338

Datum	Wert		Datum	Wert	
1.2.	80		15.3.	80	
5.2.	120	(–)	20.3.	80	
15.2.	90	(+)	25.3.	210	
20.2.	110		30.3.	90	
25.2.	90		5.4.	80	(–)
1.3.	110		10.4.	70	
5.3.	80		15.4.	90	
10.3.	90	(+)	20.4.	200	

1339 Die Messtabelle erlaubt folgende Aussagen:

Die Probe vom 25. 02. führt nicht zu einer Überschreitung, da sich die letzte Probe innerhalb des erlaubten Wertes befindet. Die Probe vom 1. 03. führt zu einem Verstoß, da drei Werte über 100 liegen. Der Wert vom 25. 03. liegt mehr als 100 % über dem erlaubten Wert, sodass ein Verstoß vorliegt. Die am 20. 04. durchgeführte Probe führt dagegen nicht zu einer Rechtswidrigkeit, da vier Werte unter 100 sind und kein Wert über 100 % des zulässigen Wertes liegt.

1788 AbwV i. d. F. d. Bekanntmachung vom 17. 06. 2004 (BGBl. I S. 1108, 2625).

1789 So schon: BVerwG UPR 1999, 147 ff. (Sog. »vier-aus-fünf-Regelung« bei Abwasserabgabe).

1790 Ausführlich Franzheim/Pfohl, Umweltstrafrecht, a.a.O., Rn. 81 ff.; A.A. Michalke, a.a.O., Rn. 100 ff. m. w. N.

1791 (+) = Überschreitung; (–) = keine Überschreitung.

b) Bodenverunreinigung – § 324a StGB

§ 324a StGB wurde im Jahr 1994 neu in das Strafgesetzbuch aufgenommen.[1792] **1340**
Vor diesem Zeitpunkt war der strafrechtliche Bodenschutz nicht in einem besonderen Tatbestand zum Schutze des Bodens – und daher lückenhaft – geregelt.[1793]
So waren nur die nachhaltig bodengefährdende Abfallbeseitigung außerhalb zugelassener Anlagen oder abweichend von zugelassenen Verfahren sowie der illegale Abbau von Bodenbestandteilen in Schutzgebieten unter Strafe gestellt. Lediglich in den neuen Bundesländern galt aufgrund des Einigungsvertrags § 191a StGB DDR weiter, der die Bodenverunreinigung unter Strafe stellte. Die Vorschrift trat am 31. Oktober 1994 außer Kraft.

Der Begriff »Boden« wird im Strafgesetzbuch nicht definiert. Nachdem am 1. **1341**
März 1999 das **Bundes-Bodenschutzgesetz** in Kraft getreten ist, kann auf die dort (§ 2 BBodSchG) enthaltene **Legaldefinition des Begriffs** »*Boden*« zurückgegriffen werden, sodass zur Begriffsbestimmung nicht mehr auf den allgemeinen Sprachgebrauch abgestellt werden muss. »**Boden**« ist die obere Schicht der Erdkruste, soweit sie Träger der Bodenfunktion ist. Eingeschlossen sind ihre flüssigen und gasförmigen Bestandteile, ausgeklammert sollen dagegen die Gewässerbetten und das Grundwasser sein.[1794] Eine Bodenbedeckung, etwa der Bewuchs oder die Teerdecke einer Straße, unterfällt nicht dem Bodenbegriff, wohl aber deren Untergrund. Zum Boden zählen jedenfalls nicht aufstehende Gewässer oder die Luft, soweit sie spezielle Schutzobjekte der §§ 324, 325 StGB sind.[1795] Auch bewegliche Gegenstände, die auf dem Boden abgelagert sind, ohne mit ihm in einem ökologischen Sachzusammenhang zu stehen, sind nicht von § 324a StGB erfasst. Zum Boden gehört aber das Bodenwasser, soweit es nicht ein Gewässer im Sinne des § 324 StGB bildet, indem es etwa als Sickerwasser dem Grundwasser zuzuordnen ist.[1796]

§ 324a Absatz 1 StGB stellt die **nachteilige Einwirkung auf den Boden durch** **1342**
Stoffe unter Strafe. Der Begriff der Stoffe ist weit auszulegen. Er umfasst alle organischen oder anorganischen körperlichen Substanzen, unabhängig davon, ob sie chemisch, chemisch-physikalisch, mechanisch, thermisch oder in sonstiger Weise wirken. Sie müssen allerdings in der Lage sein, die Bodenbeschaffenheit nachteilig zu verändern.[1797] Den Tatbestand erfüllt nicht der Einsatz von Strahlen oder andere nicht stoffliche Einwirkungen auf den Boden, insbesondere die Herbeiführung von Bodenerosionen.[1798]

Stoffe, die eine schädigungsgeeignete Bodenverunreinigung oder eine solche in **1343**
bedeutendem Umfang bewirken können, sind nicht nur, aber **vor allem Gifte**

1792 Durch das 31. StRÄndG 2. UKG.
1793 LG Bad Kreuznach NJW 1993, 1725; 1994, 1887.
1794 Andreas **Neun**, Das Bundes-Bodenschutzgesetz, in: Neue Justiz 1999, 123 ff. (124); Schönke/Schröder-Heine, a.a.O., § 324a Rn. 3; a. A. Franzheim/Pfohl a.a.O., Rn. 158; MünchKomm/Alt, a.a.O., § 324a Rn. 11, die aus dem Wortlaut des § 324a Abs. 1 Nr. 1 auch den Gewässerbodenschutz ableiten.
1795 Steindorf, a.a.O., § 324a Rn. 10.
1796 Zusammenfassend zum Bodenbegriff: Volk/Leipold/Engel, a.a.O., § 28 Rn. 137, 138.
1797 MünchKomm/Alt, a.a.O., § 324a Rn. 15.
1798 Steindorf, a.a.O., § 324a Rn. 26; Volk/Leipold/Engel, a.a.O., § 28 Rn. 142.

jeder Art. Der Hinweis auf Gifte ergibt sich aus der Gesetzesbegründung des Gesetzgebers, der auf den Stoffbegriff des § 229 a. F. (§ 224 I Nr. 1) StGB verwiesen hat. Gifte sind solche organischen oder anorganischen Stoffe, die unter bestimmten Bedingungen durch chemische oder chemisch-physikalische Wirkung die Gesundheit beeinträchtigen können.[1799] Als Bestandteil des durch den Täter veränderten Bodens können Gifte vor allem über die Nahrungskette in den menschlichen Körper gelangen und dort ihre für die Gesundheit zerstörerische Wirkung entfalten. Stoffe, die in geringer Konzentration sogar ökologische Funktionen des Bodens unterstützen, können in überhöhter Konzentration toxische Wirkung entfalten. So werden etwa Stickstoffe, die von Pflanzen nicht benötigt werden, durch Sickerwasser ins Grundwasser abgegeben und können dadurch ein Gewässer verunreinigen. Auch die in der Landwirtschaft anzutreffende Überdüngung ist ein Problem, da es zu einer Sättigung des Bodens mit Schwermetallen kommt. Gleiches gilt für den übermäßigen Einsatz von Pestiziden, Herbiziden und Insektiziden. Die Liste lässt sich noch erweitern auf Chemikalien allgemein.

> Der Fahrer eines Gefahrguttransportes ist zu einer Strafe von 1.800 Euro verurteilt worden. Das Gericht befand den 51-Jährigen der fahrlässigen Körperverletzung und der Bodenverunreinigung für schuldig. Der Angeklagte war mit seinem Lastwagen samt elf Tonnen Gefahrgut in Fässern ins Schleudern geraten. Bei dem Unfall waren ätzende und gesundheitsgefährdende Stoffe ins Erdreich gesickert, mehrere Feuerwehrleute verletzten sich. Auf einer Länge von 180 Metern musste die verseuchte Erde des Seitenstreifens der Autobahn abgetragen werden. Die Kosten der Sanierung beliefen sich auf mehrere 100.000 Euro.

1344 Bis zur Einführung des § 324a StGB konnten Fälle des unsachgemäßen Umgangs mit Chemikalien nur strafrechtlich belangt werden, wenn der Nachweis einer Gewässerverunreinigung oder einer umweltgefährdenden Abfallbeseitigung gelang. Heute werden Fälle des Auslaufenlassens von flüssigen Chlorkohlenwasserstoffen[1800], Dioxin und Getriebe- oder Hydrauliköl aus Fahrzeugen[1801] von § 324a StGB erfasst.

> Ein Amtsrichter stellte ein Verfahren wegen fahrlässiger Gewässer- und Bodenverunreinigung gegen eine Geldbuße von 400 Euro ein. Die Staatsanwaltschaft warf einem 52-jährigen Landwirt vor allem vor, das Stallgebäude, in dem der Angeklagte seine 1000-Liter-Tankanlage aufgestellt hatte, nicht vorschriftsgemäß umgebaut zu haben. Der Boden des Abfüllplatzes hätte für mehr Flüssigkeit undurchlässig sein müssen. Durch Risse im Tankschlauch konnten ungehindert rund 50 Liter Dieselkraftstoff in den Boden versickern. Erst eine Lehmschicht stoppte den Kraftstoff und leitete ihn in einen Bach weiter. Um diesen säubern zu können, musste die Feuerwehr mehrere Ölsperren einrichten und Bindemittel ausbringen. Mehr als ein Kubikmeter ver-

---

1799 Schönke/Schröder/Stree, a.a.O., § 324a Rn. 5, § 224 Rn. 2b, c.
1800 BGH, NJW 1992, 122.
1801 OLG Zweibrücken, NJW 1992, 2841.

schmutztes Erdreich musst ausgebaggert und auf eine Deponie gebracht werden, was den Angeklagten rund 1.000 Euro kostete.[1802]

Allerdings hat das Oberlandesgericht Celle bei einer Ablagerung von Putenmist, die zu einer nicht unwesentlichen Erhöhung von Stickstoffwerten im Boden geführt hatte, sich aber weder auf das Grundwasser noch das Erdreich nachteilig auswirkte, von einer Verurteilung abgesehen.[1803] **1345**

Die **Tathandlung** begeht, wer Stoffe in den Boden einbringt, eindringen lässt oder sie freisetzt. **Einbringen** ist der finale Stoffeintrag durch unmittelbar auf den Boden einwirkendes positives Tun, z. B. Ausschütten oder Ablassen flüssiger Schadstoffe auf den unbefestigten Boden.[1804] **1346**

Als echtes Unterlassungsdelikt ist die Alternative **Eindringenlassen** zu verstehen.[1805] Voraussetzung ist das pflichtwidrige Nichtverhindern des Eindringens der Stoffe in den Boden. Ein breites Anwendungsfeld findet das Unterlassungsdelikt bei den Fällen des Unterlassens einer **Altlastensanierung.** Sanierungspflichten ergeben sich aus dem Bundesbodenschutzgesetz. Es soll die Garantenstellung des Verantwortlichen, also meist des Zustandsstörers, begründen, da der Handlungsstörer, der für sein positives Tun haften würde, oft nicht mehr feststellbar ist oder nicht zur Verantwortung gezogen werden kann.[1806] **1347**

Bei Altlasten findet § 324a StGB nur insoweit Anwendung, als nach dem 1. November 1994 eine weitere Einwirkung auf den Boden vorgenommen wird, die im Zusammenwirken mit den Altlasten einen neuen tatbestandsmäßigen Erfolg verursacht. Sonst gilt für Altlasten strafrechtlich nur das zur Tatzeit geltende Recht, so weit es gegenüber dem neuen Tatbestand günstiger ist. Berücksichtigt werden muss auch die Verjährung von strafbaren Altlasteinträgen, da die Tat nicht selten sehr lange zurückliegt. Die Frist beträgt fünf Jahre[1807] und beginnt zu laufen, wenn die Verunreinigung oder nachteilige Veränderung des Bodens eingetreten ist. Eine strafrechtliche Altlastenverantwortlichkeit wird demnach nur in seltenen Fällen anzunehmen sein. In Betracht kommen aber Konstellationen, in denen der Verantwortliche es unterlässt, Altlasten zu erkunden oder zu entsorgen, so dass deren Behältnisse verrotten und sich neue Bodenverunreinigungen ereignen.[1808] **1348**

Freisetzen bedeutet, dass eine Lage geschaffen wird, in der sich der Stoff ganz oder teilweise unkontrollierbar in der Umwelt ausbreiten kann. Dies kann durch »wilde« Ablagerungen von Schadstoffen auf dem Boden oder das Emittieren in **1349**

1802 Nordbayerische Nachrichten v. 23. 12. 2004.
1803 OLG Celle, NuR 1998, 331 ff.
1804 Steindorf, a.a.O., § 324a Rn. 32; Franzheim/Pfohl, a.a.O., Rn. 165.
1805 Str.; wie hier Franzheim/Pfohl, a.a.O., Rn. 164; a. A. MünchKomm/Alt, a.a.O., § 324a Rn. 17 m. w. N., der ein unechtes Unterlassensdelikt annimmt, die Diskussion aber für praktisch nicht relevant hält, da der Adressat einer verwaltungsrechtlichen Pflicht ohnehin Garant ist.
1806 Steindorf, a.a.O., § 324a Rn. 34 f.
1807 Gemäß § 78abs. 3 Nr. 4 StGB, Michalke, a.a.O., Rn. 122; A.A. Kloepfer/ Vierhaus, a.a.O., Rn. 110: 3 Jahre gemäß Nr. 5.
1808 Ausführlich zur Problematik der Altlastenfälle: Franzheim/Pfohl, Umweltstrafrecht, a.a.O., Rn. 172 ff.

Luft oder Wasser geschehen, woraus der Schadstoff dann wiederum unkontrolliert zum Boden gelangt.[1809]

1350 Eine **Verunreinigung** oder sonstige **nachteilige Veränderung** des Bodens liegt dann vor, wenn der Boden hinsichtlich einer seiner ökologisch-anthropozentrischen Funktionen verschlechtert wird.[1810] Feststellungsprobleme bereiten, wie schon bei der Gewässerverunreinigung, Fälle der Kumulation, Summation oder synergetischen Wirkung verschiedener Handlungen. In solchen Fällen reicht sowohl das bewusste und gewollte Zusammenwirken mehrerer Verursacher einer Bodenveränderung als auch das »schubweise« Handeln eines Verursachers als Tathandlung aus.

1351 **Nebentäterschaft** kommt gleichfalls in Betracht, sodass der eigenverantwortlich handelnde Mitverursacher strafrechtlich für seinen Anteil an einer Bodenverunreinigung haftet. Wie schon bei der Gewässerverunreinigung kann auch ein vorgeschädigter Boden weiter verschlechtert werden. Der Istzustand des Bodens vor und nach der Verunreinigung dient dabei als Vergleichsmaßstab. Nicht tatbestandsmäßig sind wertneutrale oder verbessernde Bodenveränderungen.

1352 Verunreinigung ist erneut jede sichtbare Veränderung, die sich ökologisch nachteilig auswirkt. Sonstige nachteilige Veränderungen sind die nicht sichtbaren Beeinträchtigungen.

1353 Die **Schädigungseignung**[1811] liegt bereits dann vor, wenn eine **generelle Möglichkeit** dafür besteht, dass die Bodenverunreinigung Schäden an der menschlichen Gesundheit oder Tieren, Pflanzen oder Sachen von bedeutendem Wert verursacht.[1812] Der tatsächliche Schadenseintritt oder eine konkrete Gefährdung sind nicht erforderlich. Erfasst werden auch potenziell zu Kombinationseffekten führende und mittelbar schädliche Bodenverunreinigungen, z. B. mittelbar über die Nahrungskette mögliche Gesundheitsschädigungen. Die Feststellung einer potenziellen Schädigungseignung kann an wissenschaftliche Erfahrungssätze anknüpfen. Es genügt, wenn die konkrete Bodenveränderung nach derzeitiger gesicherter naturwissenschaftlicher Erfahrung generell schädliche Auswirkungen auf die in Absatz 1 Nr. 1 genannten Rechtsgüter mit hinreichender Wahrscheinlichkeit erwarten lässt.[1813] Heutzutage kann dabei auf die Maßnahmewerte des § 2 Absatz 7, 8 BBodSchG i. V. m. der BBodSchV zurückgegriffen werden.[1814]

1354 Durch das Erfordernis der Eignung der Bodenveränderung zur Gesundheitsschädigung soll die Verursachung bloßer Belästigungen oder Störungen des Menschen von der Strafbarkeit ausgeschlossen werden. Erforderlich ist eine potenzielle Beeinträchtigung der Gesundheit eines anderen im Sinne des strafrechtlichen Gesundheitsbegriffs.[1815]

1809 Steindorf, a.a.O., § 324a Rn. 36; Volk/Leipold/Engel, a.a.O., § 28 Rn. 139.
1810 Grundlegend: Joachim **Sanden**, Die Bodenverunreinigung, in: wistra 1996, 283 ff. (284).
1811 § 324a Abs. 1 Nr. 1 StGB.
1812 Müller-Gugenberger/Bieneck/Pfohl, a.a.O., § 54 Rn. 180; Schönke/Schröder-Heine, a.a.O., § 324a Rn. 11.
1813 MünchKomm/Alt, a.a.O., § 324a Rn. 37.
1814 Franzheim/Pfohl, a.a.O., Rn. 170.
1815 § 223 StGB.

Die Eignung der Bodenverunreinigung zur Schädigung eines Gewässers ist in **1355** das Gesetz aufgenommen worden, weil Fälle der Gewässergefährdung auch dann erfasst werden sollen, wenn eine Bodenverunreinigung vorliegt, die als solche nicht nachhaltig im Sinne von Absatz 1 Nr. 2 ist.[1816]

Eine nachteilige Veränderung des Bodens in **bedeutendem Umfang** Absatz 1 **1356** Nr. 2 ist alternativ zur Schädigungseignung ausreichend.

Die **Verletzung verwaltungsrechtlicher Pflichten** ist eine weitere die Strafbarkeit **1357** eingrenzende Tatbestandsvoraussetzung[1817] der Bodenverunreinigung. In § 330d Nr. 4 StGB wird dies allgemein definiert. Danach können die verwaltungsrechtlichen Pflichten aus Rechtsvorschriften, gerichtlichen Entscheidungen, vollziehbaren Verwaltungsakten, vollziehbaren Auflagen oder öffentlich-rechtlichen Verträgen mit Begründung von Pflichten, die auch durch Verwaltungsakt hätten geschaffen werden können, abgeleitet werden. Die Pflicht muss dabei erkennbar zumindest auch dem Schutz des Bodens dienen.[1818] Als Rechtsnormen, an die anzuknüpfen ist, kommen neben dem Bodenschutzgesetz u. a. §§ 7, 23 Bundesimmissionsschutzgesetz mit den darauf beruhenden Verordnungen und § 17 Chemikaliengesetz in Verbindung mit der Gefahrstoffverordnung in Betracht.[1819]

Die vorsätzliche Bodenverunreinigung setzt wissentliches und zielgerichtetes Tun **1358** voraus, das sich auf die nachteilige Bodenveränderung durch Einwirken mittels Stoffen, deren potenzielle Gefährlichkeit für eines der in Absatz 1 Nr. 1 genannten Rechtsgüter oder ihren bedeutenden Umfang nach Absatz 1 Nr. 2 und die Verletzung verwaltungsrechtlicher Pflichten beziehen muss. Sowohl der Versuch, als auch die fahrlässig begangene Tat ist strafbar.

Täter der Bodenverunreinigung kann jeder Verursacher sein, der gegen eine ver- **1359** waltungsrechtliche Pflicht verstößt. Bei einer Bodenverunreinigung durch die Mitarbeiter eines Betriebs ist daher zu prüfen, wer innerbetrieblich für die Erfüllung der verwaltungsrechtlichen Pflichten verantwortlich ist. Delegation ist auch hier möglich. Personen, die nicht selbst oder als mittelbare Täter durch einen anderen verwaltungsrechtliche Pflichten verletzen, können nur Teilnehmer der Bodenverunreinigung sein.

Die Polizeiliche Kriminalstatistik des Jahres 1994 wies 13 Ermittlungsverfahren **1360** aus. 1995 waren es bereits 1.632 Verfahren.[1820] Erstaunlich ist, dass die Statistik seit dem Jahr 2004 keine Einzelaussage mehr zu dieser Vorschrift trifft.[1821] Diese Tatsache verwundert, da die Bodenverunreinigung mit 1.720 erfassten Fällen im

---

1816 Manfred **Möhrenschlager**, Revision des Umweltstrafrechts, in: NStZ 1994, 513 ff. (517).
1817 Anders als das »unbefugt« in § 324 StGB – dort handelt es sich um eine Merkmal der Rechtswidrigkeit.
1818 Schönke/Schröder-Heine, a.a.O., § 324a Rn. 14.
1819 Des Weiteren (vgl. § 3 Abs. BBodSchG) Normen aus dem Abfallrecht, Pflanzenschutzrecht, Wasserrecht, Gefahrgutrecht, Naturschutzrecht. Im Einzelnen MünchKomm/Alt, a.a.O., § 324a Rn. 20.
1820 Joachim **Sanden**, Die Bodenverunreinigung (§ 324a StGB), in: wistra 1996, 283 ff. (283).
1821 Vgl. PKS 2006, S. 45, wo § 324a StGB nicht extra aufgeführt ist (Ebenso bereits PKS 2005, S. 60).

Jahre 2003 noch den dritten Rang unter den Umweltdelikten belegte.[1822] Auch 2006 bildete sich ein Umweltskandal im Bereich des Bodenrechtes heraus, dessen Ausmaß noch ebenso schwer abschätzbar ist wie eventuelle strafrechtliche und gesundheitliche Konsequenzen:[1823]

> Das Wasser von Ruhr und Möhne wurde mit möglicherweise sehr gefährlichen »**Perf**luorierten Organischen **T**ensiden« (PFT)[1824] verseucht. Auch Trinkwasser, Weidegras und Fische waren danach belastet. Forscher der Universität Bonn hatten die Tenside zufällig im Rheinwasser gefunden. Unter anderem ist der Schadstoff von einem Acker bei Brilon in die Flüsse gelangt. Dieser Acker war mit Düngemittel der Firma GW-Umwelt gedüngt worden. Die Firma behauptete, sie hätte den Dünger aus Rückständen der Lebensmittel-Industrie hergestellt.

1361 Wahrscheinlich ist, dass mehrere Firmen aus Belgien und den Niederlanden für die PFT-Belastung mitverantwortlich sind, die angeblichen Klärschlamm aus der Nahrungsmittel-Industrie nach Borchen geliefert haben. Der Verdacht besteht, dass die Abfälle falsch deklariert wurden. Anfang Oktober 2006 wurde der Geschäftsführer der GW-Umwelt festgenommen. Die Staatsanwaltschaft Paderborn bestätigte Hinweise darauf, dass Bauern eine Prämie dafür kassiert haben, dass der GW-Umwelt-Dünger auf ihren Feldern verteilt wurde.[1825] Das Ausmaß der Verseuchung ist erheblich, denn der belastete Dünger ist bundesweit ausgeliefert und auf etwa 1.000 Feldern auch in Niedersachsen und Hessen aufgebracht worden. Die gemessenen PFT-Konzentrationen haben zur Folge, dass durch Abtragen der oberen Bodenschicht das Problem nicht zu lösen ist.

- Ein Wasserwerk hat offenbar über längere Zeit belastetes Trinkwasser abgegeben. Mit dem aufbereiteten Oberflächenwasser aus dieser Anlage werden 37.000 Menschen im Raum Arnsberg versorgt. Immerhin enthielt das Trinkwasser 560 Nanogramm PFT pro Liter. Das Umweltbundesamt empfiehlt als Höchstgrenze 300 Nanogramm.
- Ein weiteres Wasserwerk in Lippstadt wurde vom Netz genommen, weil das Wasser zu stark belastet war. Dieses Werk hat Grundwasser aufbereitet – die Chemikalien sind also offenbar schon in größere Tiefen vorgedrungen.
- Auch im Weidegras der bearbeiteten Äcker wurden Schadstoffe nachgewiesen, ebenso in Forellen aus einem nahe gelegenen Teich sowie in Fischen aus dem Möhnesee. Der Fisch war 40- bis 60-mal mehr belastet als die empfohlene Obergrenze.

1822 Siehe UBA, Pressemitteilung 0115/2004 v. 30. 11. 2004.

1823 Vgl. DER SPIEGEL, Nr. 41 v. 09. 10. 2006, S. 44.

1824 Die Industriechemikalien werden u. a. bei der Herstellung von wasserabweisenden Textilien und Teflon verwendet. Sie stehen im Verdacht, Erbgut zu verändern und Krebs zu verursachen..

1825 Der Umweltschutzminister von NRW, Bericht an den Ausschuss für Umwelt und Naturschutz, Landwirtschaft und Verbraucherschutz des Landtags NRW zur Sitzung am 23. 08. 2006: PFT-Belastungen in NRW – Befunde und Auswirkungen, Maßnahmen und erste Schlussfolgerungen.

Wenn die Tenside ins Trinkwasser gelangt sind und sich sogar im Gras und in **1362** Fischen anreichern, dann werden sie wahrscheinlich auch beim Menschen nachzuweisen sein. Die Hinweise darauf verdichten sich.[1826]

c) Luftverunreinigung – § 325 StGB

Das in § 325 StGB unter Strafe gestellte Delikt der Luftverunreinigung verzeich- **1363** net in der Polizeilichen Kriminalstatistik des Jahres 1999 355 einschlägige Fälle.[1827] 2006 schlug die Luftverschmutzung mit 195 Fällen zu Buche, 2005 gab es 176 erfasste Fälle.[1828]

§ 325 a. F. StGB wurde 1980 für den bis dahin geltenden § 64 BImSchG in das **1364** Strafgesetzbuch eingefügt.[1829] Der **Normzweck** dieser Vorschrift war, eine Beeinträchtigung der menschlichen Gesundheit und der menschlichen Umwelt durch Luftverunreinigung bzw. Lärm zu verhindern. Durch das 31. Strafrechtsänderungsgesetz/2. Umweltkriminalgesetz wurde am 1. November 1994 die Vorschrift des § 325 StGB a. F. geteilt und für die Bereiche Luft bzw. Lärm (§ 325a StGB) eigene Tatbestände geschaffen. Ferner wurde der Tatbestand »Luftverunreinigung« durch Schaffung eines weiteren Absatzes differenziert in einen Immissionstatbestand (Absatz 1), ausgestaltet als potenzielles Gefährdungsdelikt, und einen Emissionstatbestand (Absatz 2), ein abstraktes Gefährdungsdelikt.[1830] Jede Immission (Eintrag) ist die Folge einer vorhergehenden Emission (Austrag).

aa) Immissionstatbestand

Die in § 325 Absatz 1 StGB geregelte Luftverunreinigung setzt eine **Veränderung** **1365** **der Luft** voraus. Bei der Frage, ob eine solche vorliegt, muss nicht von der naturgemäßen Luft ausgegangen werden, sondern von der jeweils in der Natur **vorhandenen** Luft (status quo), die möglicherweise bereits Verschmutzungen aufweist.[1831] Die Luft muss infolge der Einwirkung des Täters so verunreinigt sein, dass sie generell geeignet erscheint, die im Gesetz im Einzelnen genannten Güter zu schädigen.[1832] Dabei ist jede nachteilige Veränderung der Luft tatbestandsmäßig, also Temperaturveränderungen, Sauerstoffentzug und alle anderen Arten, die die chemische, physikalische oder biologische Beschaffenheit negativ beeinflusst. Dabei können die Regelbeispiele des § 325 a. F. StGB einen Anhaltspunkt geben (Staub, Gase, Dämpfe, Geruch).[1833]

1826 Vgl. DER SPIEGEL, Nr. 41 v. 09. 10. 2006, S. 44; Der Umweltschutzminister von NRW, a.a.O.
1827 Bulletin Nr. 29, a.a.O., S. 315.
1828 PKS 2006, S. 45.
1829 Schulze/Lotz/Sack, Das neue Umweltstrafrecht, a.a.O., S. 385 ff.
1830 Franzheim/ Pfohl, a.a.O., Rn. 200, 201; Lackner-Kühl, a.a.O., § 325 Rn. 1.
1831 Steindorf, a.a.O., § 325 Rn. 3; Kloepfer/Vierhaus, a.a.O., Rn. 112; die Worte »*natürliche Zusammensetzung*« wurden deshalb aus dem Tatbestand entfernt.
1832 OLG Karlsruhe, ZfW 1996, 406 f.
1833 Volk/Leipold/Engel, a.a.O., § 28 Rn. 150.

1366 Der Tatbestand des **Absatz 1** ist nicht erst dann erfüllt, wenn eine Schädigung eingetreten ist. Bereits eine **Schädigungseignung reicht** aus.[1834] Mit dieser Vorverlagerung umgeht der Gesetzgeber die Schwierigkeiten, die auftreten würden, wenn dem Täter die Ursächlichkeit seines Verhaltens für den Schaden nachgewiesen werden müsste.

1367 Die Luftverunreinigung muss »**beim Betrieb einer Anlage**« verursacht werden. Dieses Tatbestandsmerkmal wird sehr weit ausgelegt, sodass jede auf **gewisse Dauer** angelegte und als Funktionseinheit organisierte Einrichtung von nicht ganz unerheblichen Ausmaßen als Anlage zu betrachten ist, wobei der Zweck beliebig sein kann, es insbesondere auf eine gewerbliche Nutzung nicht ankommt.[1835] Anlagen sind also **Betriebsstätten** und ähnliche ortsfeste Einrichtungen sowie ortsfest eingebaute **Maschinen**, ferner technische Einrichtungen, Maschinen und Geräte, die ortsveränderlich einsetzbar sind. **Fahrzeuge** können unter den Begriff fallen, soweit sie nicht von § 38 BImSchG[1836] erfasst sind und gemäß § 325 Absatz 5 StGB von der Strafbarkeit befreit sind.[1837] Als Beispiele können industrielle Werke, handwerkliche Betriebsstätten, Klärwerke und Kompostieranlagen herangezogen werden. Grundstücke, auf denen Stoffe gelagert, abgelagert oder emissionsträchtige Arbeiten durchgeführt werden, zählen ebenfalls zu den Anlagen. Es muss sich dabei nicht um die überwiegende Art der Nutzung handeln.

1368 Gelegentliche Tätigkeiten wie das Verbrennen von Gartenabfällen oder das Düngen eines Ackers führen noch nicht dazu, dass das Grundstück als Anlage zu werten ist.[1838] Zusätzlich ergibt sich aus § 325 Absatz 5 StGB, dass **Kraftfahrzeuge, Schienen-, Luft- und Wasserfahrzeuge nicht Anlagen im Sinne der Vorschrift** sind.

1369 Betrieben wird eine Anlage in der Zeit vom Ingangsetzen bis zur gänzlichen Stilllegung, wobei dies nicht nur auf den unmittelbaren, sondern auch auf dem mittelbaren Gebrauch wie Belastungsprüfung, Wartung oder Reparaturen bezogen ist.[1839] Nicht zum Betrieb zählt die gesamte Errichtungsphase. In diesem Zeitpunkt werden Zuwiderhandlungen als Ordnungswidrigkeiten eingestuft.[1840]

1370 Die **Luftverunreinigung** muss **unter Verletzung verwaltungsrechtlicher Pflichten** erfolgt sein. Alles, was im Einklang mit dem zugrunde liegenden Umweltverwaltungsrecht steht, scheidet als nicht tatbestandsmäßig aus.[1841]

1371 § 330d Nr. 4 StGB enthält eine Rahmenregelung zur Klärung des Begriffs »verwaltungsrechtliche Pflicht«.[1842] Die verwaltungsrechtliche Pflicht kann sich aus fünf verschiedenen Bereichen ergeben, wobei die Pflicht in allen Fällen dem

---

1834 Schönke/Schröder-Stree, a.a.O., § 325 Rn. 1; Volk/Leipold/Engel, a.a.O., § 28 Rn. 150.
1835 Franzheim/Pfohl, a.a.O., Rn. 204.
1836 Bundesimmissionsschutzgesetz i. d. F. d. Bekanntmachung v. 26. 09. 2002 (BGBl. I S. 3830), zuletzt geändert durch Art. 1 d. Gesetzes v. 25. 07. 2005 (BGBl. I S. 1865).
1837 MünchKomm/Alt, a.a.O., § 325 Rn. 11, 12 mit vielen Beispielen.
1838 Schönke/Schröder-Stree, a.a.O., § 325 Rn. 4.
1839 Schönke/Schröder-Stree, a.a.O., § 325 Rn. 6; Volk/Leipold/Engel, a.a.O., § 28 Rn. 150.
1840 Steindorf, a.a.O., § 325 Rn. 25; MünchKomm/Alt, a.a.O., § 325 Rn. 17.
1841 Steindorf, a.a.O., § 325 Rn. 26.
1842 Lackner-Kühl, a.a.O., § 330d Rn. 4.

Schutz vor schädlichen Umwelteinwirkungen, hier speziell dem Schutz vor Luft-verunreinigungen, dienen muss.[1843]

Der **Verstoß gegen Rechtsvorschriften** wurde durch das 2. UKG in den Katalog **1372**
der verwaltungsrechtlichen Pflichten aufgenommen. Rechtsvorschriften müssen
hinreichend bestimmt sein, damit sie zur Konkretisierung einer Pflicht tauglich
sind und somit unmittelbar die an den Anlagenbetreiber gestellten Anforderun-gen erkennen lassen. Dies ist eine Rechtsvorschrift z. B. dann, wenn eine Pflicht
in einer immissionsschutzrechtlichen Rechtsverordnung im Sinne von §§ 17
Absatz 3, 20 Absatz 1 BImSchG abschließend bestimmt ist. Für genehmigungsbe-dürftige Anlagen werden diese Anforderungen durch Verordnungen nach § 7
BImSchG, für nicht genehmigungsbedürftige durch Verordnungen nach § 23
BImSchG konkretisiert.[1844] Nicht ausreichend bestimmt sind allgemeine Rege-lungen für Anlagenbetreiber, wie sie in den §§ 5 und 22 BImSchG zu finden
sind.[1845] Hingegen können gemeindliche Satzungen, die im Rahmen von Art. 28
Absatz 2 GG ergangen sind, geeignete Rechtsvorschriften darstellen.[1846] Auch aus
einer gerichtlichen Entscheidung kann sich eine verwaltungsrechtliche Pflicht
ergeben, so z. B. aus einer rechtskräftigen einstweiligen Anordnung nach § 123
Absatz 1 S. 2 VwGO.[1847]

Ferner können sich verwaltungsrechtliche Pflichten aus vollziehbaren Verwal-**1373**
tungsakten ergeben. Dies sind vollziehbare Anordnungen, Untersagungen und
Auflagen, § 330d Nr. 4 lit. d StGB. **Auflagen** sind Nebenbestimmungen, die
neben einer Genehmigung stehen und ein bestimmtes Tun, Dulden oder Unterlas-sen vorschreiben.[1848]

Ein Verstoß gegen eine vollziehbare Anordnung oder Auflage muss nicht aus-**1374**
schließlich den Schutz vor schädlichen Umwelteinwirkungen zum Inhalt haben.
Es muss sich allerdings um eine Vorschrift handeln, die zum **Schutz der Allge-meinheit** und nicht nur der innerbetrieblichen Sicherheit dient.[1849] Wann eine
Anordnung oder Auflage vollziehbar ist, richtet sich nach dem Verwaltungsrecht.
In diesem Zusammenhang zeigt sich erneut die Abhängigkeit des Umweltstraf-rechts vom Umweltverwaltungsrecht.[1850] Zurückkommend auf den Begriff »voll-ziehbare Anordnung oder Auflage« soll noch darauf hingewiesen werden, dass es
sich dabei um nicht mehr anfechtbare oder gemäß § 80 Absatz 2 Verwaltungsge-richtsordnung sofort vollziehbare Anordnungen oder Auflagen handeln muss, die
überhaupt nicht, fehlerhaft, unvollständig oder nicht fristgemäß eingehalten
wurden.

Seit dem 2. UKG ist zudem möglich, dass sich eine verwaltungsrechtliche Pflicht **1375**
aus einem öffentlich-rechtlichen Vertrag[1851] ergeben kann.[1852] Dies gilt jedoch nur

---

1843 Lackner-Kühl, a.a.O., § 325 Rn. 6.
1844 MünchKomm/Alt, a.a.O., § 325 Rn. 35 f.
1845 Lackner-Kühl, a.a.O., § 325 Rn. 6; MünchKomm/Alt, a.a.O., § 325 Rn. 35.
1846 Tröndle/Fischer, a.a.O., § 330d Rn. 6.
1847 Lackner-Kühl, a.a.O., § 325 Rn. 6.
1848 § 36 Abs. 2 Nr. 4 VwVfG; Steindorf, a.a.O., § 325 Rn. 50.
1849 Schönke/Schröder-Stree, a.a.O., § 325 Rn. 8.
1850 Vgl. Rdn. 1296 ff.
1851 §§ 54 ff. VwVfG.
1852 § 330d Nr. 4 e StGB.

für solche Verträge, deren Pflicht auch durch Verwaltungsakt hätte erlassen werden können.[1853]

1376 Verursacht ein Betreiber pflichtwidrig eine Luftverunreinigung, so muss diese geeignet[1854] sein, die Gesundheit eines anderen, Tiere, Pflanzen oder andere **Sachen von bedeutendem Wert** zu schädigen. Eine Gesundheitsbeschädigung ist in diesem Zusammenhang bereits dann anzunehmen, wenn Hustenreizungen oder Atembeschwerden in nicht unerheblichem Maß auftreten.[1855] Eine **Schädigung von Tieren und Pflanzen** wird angenommen, wenn diese eingehen oder verkümmern.

1377 Wie schon bei der Gewässerverunreinigung sind auch bei § 325 Absatz 1 StGB Vorsatz bzw. Fahrlässigkeit und Rechtswidrigkeit erforderlich, damit von einer strafbaren Handlung gesprochen werden kann.

1378 **Beispiele für Luftverunreinigung**:

- In einem Unternehmen der Chemiebranche fällt während des Produktionsprozesses u. a. Bleilauge an, die chemisch gebundenes Chlor enthält. Um das Chlor zurückzugewinnen, wird die Lauge langsam in verdünnte Schwefelsäure gegeben. Bei Überprüfung dieser Reaktion stellte ein Mitarbeiter einen zu hohen pH-Wert fest. Statt die Zugabe der Lauge zu verringern, führte er als Gegenmaßnahme Salzsäure zu. Die folgende heftige Reaktion beschädigte den Behälter und es trat eine größere Menge Chlor aus. Wegen des Verdachts einer Luftverunreinigung wurde gegen den Arbeiter ein Ermittlungsverfahren eingeleitet.
- Bei Reparaturarbeiten hat ein Unternehmen der Zementindustrie es nicht verhindert, dass größere Mengen Steinmehl austreten konnten.

1379 Weitere Exempel für Luftverunreinigungen findet man häufig in den Tageszeitungen, wie z. B.: »*Rauch aus Kuwait verfinstert die Region*«[1856] oder »*Staub und Krach durch ein Sägewerk*«[1857] oder »*Farbwolke über Fluss und Straße in Frankfurt*«.[1858]

1853 Lackner-Kühl, a.a.O., § 325 Rn. 7; Müller-Gugenberger/Bieneck/Pfohl, a.a.O., § 54 Rn. 197.

1854 Der Umfang der Tatbestandsvoraussetzung »Geeignetheit« in § 325 StGB ist geringer als in § 3 Abs. 1 BImSchG, da § 325 StGB nur die Gefahr von Schädigungen von bedeutendem Wert erfasst, während die BImSchG-Norm bereits Schutz vor erheblichen Beeinträchtigungen gewährleisten will; vgl. schon Hans-Joachim **Rudolphi**, Primat des Strafrechts im Umweltschutz?, in: NStZ 1984, 248 ff.

1855 Michalke, a.a.O. Rn. 190; siehe dazu die Schwarze-Freitag-Entscheidung, Rdn. 246 ff.; vgl. auch Franzheim/Pfohl, a.a.O., Rn. 225 ff. zum Problem der Körperverletzung durch Emissionen.

1856 Handelsblatt, Nr. 50 v. 12. 03. 1991, S. 6.

1857 SZ Nr. 61 v. 13. 03. 1991, S. 28.

1858 HAZ Nr. 45 v. 23. 02. 1993, S. 12.

bb) Emissionstatbestand

§ 325 Absatz 2 StGB enthält den Emissionstatbestand. Dabei handelt es sich um **1380** ein abstraktes Gefährdungsdelikt. Bei Betrieb einer Anlage müssen unter grober Verletzung verwaltungsrechtlicher Pflichten **Schadstoffe in bedeutendem Umfang in die Luft** außerhalb des Betriebsgeländes freigesetzt worden sein.

Die **Schädigungseignung** ist hier **rein abstrakt** zu betrachten und es muss nicht **1381** wie in Fällen des Absatz 1 nach weiteren konkreten Umständen am jeweiligen Handlungsort ermittelt werden.[1859] Der Begriff des Schadstoffes hat in Absatz 4 eine Legaldefinition erfahren. Dabei ergeben sich durchaus Parallelen zu der oben abgehandelten schädlichen Luftveränderung.

Das Tatbestandsmerkmal »**Freisetzen**« liegt vor, wenn die Kontrolle über Stoffe **1382** bewusst aufgegeben wird oder dem bisherigen »Beherrscher« unbewusst entgleitet, sodass sich die Stoffe unkontrolliert ausbreiten können[1860]. Die Schadstoffe müssen in bedeutendem Umfang freigesetzt worden sein. Dabei müssen Art, Beschaffenheit und Menge des Schadstoffs in Relation gebracht werden,[1861] um den Ausschluss unbeachtlicher Mengen zu erreichen. Das Freisetzen in die Luft muss (ebenso wie der mögliche Schadenseintritt bei Absatz 1) **außerhalb des Betriebsgeländes** erfolgen. Eine Luftverunreinigung allein innerhalb der Anlage führt daher nicht zu einer Strafbarkeit gemäß § 325 Absatz 2 StGB. Betriebsangehörige können daher nur durch die Vorschriften des Arbeitsschutzes Schutz erlangen.[1862]

Eine Abweichung zum Immissionstatbestand ist darin zu sehen, dass der Tatbe- **1383** stand des Absatzes 2 verlangt, dass der Täter unter **grober Verletzung verwaltungsrechtlicher Pflichten** gehandelt haben muss. Grob pflichtwidriges Handeln wird angenommen, wenn die Pflicht in besonders schwerem Maß verletzt wird oder sich der Verstoß gegen eine besonders wichtige Pflicht richtet.[1863]

Ein Beispiel könnte wie folgt aussehen: **1384**

- Ein Unternehmen erhält eine Betriebserlaubnis, die mit der Auflage versehen ist, dass die staubförmigen Emissionen im Abgas 50 mg/m nicht überschreiten dürfen. Diese Vorgabe hält das Unternehmen nicht ein und produziert Abgase mit 90 mg/m staubförmigen Emissionen.
- Einem Unternehmen wurde die Auflage erteilt, seine Emissionen unterhalb eines bestimmten Wertes zu halten. Dieser Auflage kam das Unternehmen nicht nach, sodass bis zur Erfüllung ein Betreiben untersagt, aber nicht vom Unternehmen eingehalten wurde.

1859 Steindorf, a.a.O., § 325 Rn. 55; Volk/Leipold/Engel, a.a.O., § 28 Rn. 156.
1860 MünchKomm/Alt, a.a.O., § 325 Rn. 65; Steindorf, a.a.O., § 325 Rn. 56.
1861 Lackner-Kühl, a.a.O., § 325 Rn. 14; Franzheim/Pfohl, a.a.O. Rn. 220.
1862 Steindorf, a.a.O., § 325 Rn. 59; Michalke, a.a.O., Rn. 192.
1863 BT-Drucks 8/2382, S. 1 ff. (16); Kloepfer/Vierhaus, a.a.O., Rn. 118.

cc) Bewertung

1385 Für Luftverunreinigungen beider Absätze des § 325 StGB gilt, dass die Tatbestände sowohl vorsätzlich als auch fahrlässig verwirklicht werden können.[1864] Hinsichtlich des Strafmaßes sehen beide Tatbestandsalternativen Freiheitsstrafen bis zu fünf Jahren oder Geldstrafe vor.

1386 Die Luftverschmutzungsdelikte haben jedoch immer noch keine tatsächliche praktische Bedeutung erlangt. Die fast einhellig begrüßte Reform des misslungenen § 325 a. F. StGB hat nicht die erhofften Effekte gezeigt. So wird auch der reformierten Fassung der Norm weitestgehend Praktikabilität und Bedeutung abgesprochen.[1865] Das liegt zum einen daran, dass der Begriff der Anlage »uferlos weit« gefasst ist[1866], andererseits aber der Tatbestand unnötig viele Einschränkungen enthält.[1867] Zudem bestehen weiterhin Nachweisschwierigkeiten, die bei Tatverdacht die Einholung von bis zu **drei Sachverständigengutachten** notwendig macht.[1868] Im Zweifel wird das auch in Zukunft dazu führen, dass – wie bisher – eine Strafverfolgung im Bereich der Luftverschmutzung wenig effektiv bleiben und Rechtsprechung dazu kaum stattfinden wird.

1387 Der Hauptgrund aber dafür, dass das Strafrecht nicht in der Lage ist, die Umwelt und den Menschen vor der massiven Luftverschmutzung zu schützen, besteht in § 325 Absatz 5 StGB. Dieser Absatz führt dazu, das bis zu **80 %** aller schädlichen Stoffe **straflos** in die Luft entlassen werden dürfen[1869] – diesen Anteil haben nämlich **Verkehrsmittel** an der Verunreinigung der Atmosphäre. Ob erneute Reformüberlegungen und vor allem Vorgaben auf europäischer Ebene Konsequenzen haben werden, die u. a. die Einschränkung der Ausschlussklausel für Fahrzeuge umfassen,[1870] wird sich noch herausstellen.

d) Verursachen von Lärm, Erschütterungen und nicht ionisierenden Strahlen – § 325a StGB

1388 Die in § 325a StGB enthaltenen Straftatbestände finden in der Polizeilichen Kriminalstatistik des Jahres 1999 mit 44 erfassten Fällen ihren Niederschlag.[1871] Auch in den Jahren 2005 und 2006 schlägt das Delikt lediglich mit 45 bzw. 64 erfassten Fällen zu Buche.[1872]

1389 Die Vorschrift wurde mit dem 1. November 1994 neu in das Strafgesetzbuch aufgenommen. Bis zu diesem Zeitpunkt war der Lärmschutz eine Tatbestandsalternative des § 325 StGB a. F.

1864 § 325abs. 3 StGB.
1865 Franzheim/Pfohl, a.a.O., Rn. 199 ff.; Steindorf, a.a.O., § 325 Rn. 1, 66.
1866 Volk/Leipold/Engel, a.a.O., § 28 Rn. 153.
1867 Michalke, a.a.O., Rn. 211.
1868 Müller-Gugenberger/Bieneck/Pfohl, a.a.O., § 54 Rn. 193, 196, 201.
1869 Steindorf, a.a.O., § 325a Rn. 1.
1870 Müller-Gugenberger/Bieneck/Pfohl, a.a.O., § 54 Rn. 204, 356; zusammenfassend zur kriminalpolitischen Bedeutung MünchKomm/Alt, a.a.O., § 325 Rn. 6.
1871 Bulletin Nr. 29, a.a.O., S. 315.
1872 PKS 2006, S. 45.

Die alte Regelung ist in § 325a Absatz 1 StGB übernommen worden und stellt **1390** ein **potentielles Gefährdungsdelikt** dar.[1873] Eine Tat im Sinne dieser Vorschrift liegt vor, wenn beim Betrieb einer Anlage unter Verletzung verwaltungsrechtlicher Pflichten Lärm verursacht wird, der geeignet ist, außerhalb des zur Anlage gehörenden Bereichs die Gesundheit eines anderen zu schädigen.

Unter **Lärm** versteht man Geräusche, die geeignet sind, einen normal lärmemp- **1391** findlichen Menschen zu **belästigen**.[1874] Seit Ende der sechziger Jahre gibt es die TA-Lärm[1875], die als reine Verwaltungsvorschrift zwar im Strafrecht nicht direkt anwendbar ist[1876], aber eine wichtige Auslegungshilfe bietet.[1877]

Die Schädigungswirkung muss außerhalb des zur Anlage gehörenden Bereichs **1392** eintreten können[1878] und sie muss beim bestimmungsgemäßen Betrieb der Anlage entstanden sein, nicht nur in zufälligem Zusammenhang damit stehen.[1879] Auch im Rahmen dieser Vorschrift ist der Begriff, ähnlich wie bei der Luftverunreinigung, recht weit auszulegen. So fallen z. B. auch Lautsprechereinrichtungen, Glockentürme, Musikinstrumente oder Presslufthämmer unter diesen Begriff, aber bloßes menschliches Verhalten reicht nicht aus.[1880] Aufgrund der Regelung in § 325a Absatz 4 StGB fallen Kraftfahrzeuge, Schienen-, Luft- oder Wasserfahrzeuge hier ebenfalls nicht unter den Anlagenbegriff.

Die **Lärmverursachung**, die auch in einer Unterlassung der Schalldämpfung **1393** bestehen kann, muss verwaltungsrechtliche Pflichten[1881] verletzen. Die Pflichten können aber nur dann herangezogen werden, wenn sie zumindest auch dem Schutz vor gesundheitsschädlichem Lärm dienen, so weit dieser sich außerhalb des zur Anlage gehörenden Bereichs auswirkt.[1882]

Neu in das Gesetz aufgenommen wurde mit § 325a Absatz 2 StGB ein konkretes **1394** Gefährdungsdelikt. Beim Betrieb einer Anlage muss unter Verletzung verwaltungsrechtlicher Pflichten eine konkrete Gefahr für die Gesundheit eines anderen Menschen, dem Täter nicht gehörende Tiere, wozu auch wild lebende Tiere zählen, oder fremde Sachen von bedeutendem Wert verursacht worden sein.[1883]

In der Praxis der Gerichte spielt der Lärmschutztatbestand eine eher unbedeu- **1395** tende Rolle. Nur wenige Urteile wurden bislang veröffentlicht. Eine Geldstrafe wegen vorsätzlicher Lärmverursachung verhängte das Amtsgericht Dieburg.[1884]

1873 Steindorf, a.a.O., § 325a Rn. 2.
1874 Lackner-Kühl, a.a.O., § 325a Rn. 5.
1875 TA-Lärm in der Neufassung v. 11. 08. 1998, GMBl. 1998, 503.
1876 Vgl. den Wortlaut des § 330d Nr. 4 StGB: »Rechtsvorschrift«; solche hält bisher wohl nur das BImSchG bereit.
1877 Franzheim/Pfohl, a.a.O., Rn. 235.
1878 Steindorf, a.a.O., § 325a Rn. 8.
1879 Steindorf, a.a.O., § 325a Rn. 10.
1880 Steindorf, a.a.O., § 325a Rn. 11, 13; MünchKomm/Alt, a.a.O., § 325a StGB Rn. 9, 10.
1881 Definition, vgl. § 330d Nr. 4 StGB, S. 315.
1882 Steindorf, a.a.O., § 325a Rn. 20.
1883 Volk/Leipold/Engel, a.a.O., § 28 Rn. 171; Steindorf, a.a.O., § 325a Rn. 21, 23.
1884 NStZ-RR 1998, 73.

Ein Mieter produzierte in den Kellerräumen des Hauses mit Industrienähmaschine und Hammer (dies wurde als Anlage gewertet) Ledermappen. Durch diese Tätigkeit störte er die Feiertags- und Nachtruhe seiner Mitbewohner erheblich.

1396 Neben der geforderten konkreten Gefahr ist eine Besonderheit des Absatzes 2 im Vergleich zu Absatz 1 darin zu sehen, dass neben Lärmschutzregelungen auch Vorschriften, die den Schutz vor Erschütterungen bezwecken oder dem Schutz vor nicht ionisierenden Strahlen dienen, als verwaltungsrechtliche Pflichten herangezogen werden können. Unter **Erschütterungen** werden stoßhaltige, periodische oder regellose Schwingungen verstanden (z. B. Sprengung in Steinbrüchen).[1885] Spezielle Vorschriften zum Schutz vor Erschütterungen sind derzeit ebenso wenig zusammengefasst wie die zum Schutz vor nicht ionisierenden Strahlen.[1886] Für diesen Bereich sind die beim Mobilfunk oder bei Richtfunkübertragungen verwendeten elektrischen und magnetischen Wellen sowie Radarstrahlen denkbar.

1397 Für die gesamte Vorschrift gilt, dass sie sowohl **vorsätzlich als auch fahrlässig** begangen werden kann. Der Versuch wurde entgegen der alten Fassung nicht unter Strafe gestellt. Eine Straftat gemäß § 325a Absatz 1 StGB kann mit Freiheitsstrafe bis zu drei Jahren oder mit Geldstrafe geahndet werden. Bei Taten gemäß Absatz 2 können sogar Freiheitsstrafen bis zu fünf Jahren verhängt werden.

1398 Die praktische Bedeutung dieser Strafvorschrift hingegen ist wiederum sehr gering,[1887] da die Hauptursachen des Lärms wie schon bei der Luftverschmutzung von der Strafbarkeit ausgenommen sind: Verkehrsmittel aller Art.

e) Umweltgefährdender Umgang mit Abfall – § 326 StGB[1888]

aa) Einleitung

1399 Es zeichnet sich immer deutlicher ab, dass neben der Luftverschmutzung das Themenfeld »Abfall, Müll, Abwässer, Altlasten« eines der Umwelthauptprobleme darstellt. Die **3-V-Formel** (**vermeiden, verringern, verwerten**) umschreibt die Strategie, mit der man der Abfallflut Herr werden will. Das Strafrecht soll nach dem Willen des Gesetzgebers diese Strategie flankierend unterstützen.[1889]

1400 Die im Jahr 1994 erfolgte Neuordnung des Umweltstrafrechts hat die Struktur des alten § 326 StGB im Grundsatz beibehalten. Die wichtigste Änderung der Bestimmung stellt der neue Absatz 2 dar, der den Zweck verfolgt, den Abfalltourismus zu bekämpfen. Es geht darum, dass gefährliche Sonderabfälle möglichst in dem Staat entsorgt werden sollen, in dem sie erzeugt worden sind.

1885 Steindorf, a.a.O., § 325a Rn. 29; MünchKomm/Alt, a.a.O., § 325a StGB Rn. 23.
1886 Volk/Leipold/Engel, a.a.O., § 28 Rn. 170; Steindorf; a.a.O., § 325a Rn. 30.
1887 Franzheim/Pfohl, a.a.O., Rn. 241; MünchKomm/Alt, a.a.O., § 325a StGB Rn. 4.
1888 Zur Entstehung der Vorschrift des § 326, **vgl. Schulze/Lotz/Sack**, Das neue Umweltstrafrecht, a.a.O., S. 388 ff.
1889 Vgl. zur Abfall-Problematik die praxisnahe Darstellung von Ludger-Anselm **Versteyl**, Abfall und Altlasten, 2. Aufl., München 2002.

Die in § 326 StGB geregelte umweltgefährdende Abfallbeseitigung machte im **1401** Jahr 1998 – ohne den Abfalltourismus[1890] – innerhalb der Umweltkriminalität mit 30.898 erfassten Fällen (64,29 %) die **größte Deliktgruppe** aus. Aufgeklärt wurden 53,2 % der Fälle. Auch wenn die Deliktgruppe aktuell wesentlich weniger Verstöße aufweist, dominieren die Abfallstraftaten immer noch die Statistik der Umweltdelikte. 2005 wurden 11.802 Straftaten bekannt, für das Jahr 2006 sind 10.689 Verstöße erfasst.[1891]

Der weitgreifende Normzweck der Vorschrift zielt auf den Schutz von Gewässern, **1402** Luft, Boden sowie Tieren und Pflanzen, aber auch der menschlichen Gesundheit. Eine Verletzung oder konkrete Gefährdung der Schutzgüter ist nicht Voraussetzung des Tatbestands, da es sich um ein abstraktes Gefährdungsdelikt handelt.[1892]

Erhebliches Kopfzerbrechen bereitet scheinbar weiterhin die **Definition des Tat- 1403 bestandsmerkmals »Abfall«**. Eine eigene Definition für diesen Begriff enthält § 326 StGB nicht. Bis zum 6. Oktober 1996 – mithin bis zum Inkrafttreten des Kreislaufwirtschafts- und Abfallgesetzes (KrW-/AbfG)[1893] – wurde zur strafrechtlichen Definition des Abfall-Begriffs getreu der verwaltungsrechtlichen Akzessorietät des Umweltstrafrechts das verwaltungsrechtliche Abfallgesetz herangezogen. Der Bundesgerichtshof hat erkennen lassen, dass er dieser Auffassung folgt. In seiner als »**Pyrolyse-Urteil**« bekannt gewordenen Entscheidung hat er dann aber den Abfallbegriff des Abfallgesetzes unter Berücksichtigung abweichender EG-Maßgaben modernisiert.[1894] Das Abfallverwaltungsrecht ist sehr stark von EG-Recht geprägt, was demnach Auswirkungen auf den strafrechtlichen Abfallbegriff haben musste.[1895]

Exkurs: Der aktuelle strafrechtliche Abfallbegriff – ein Überblick **1404**

Eine Grundlage für die Begriffsbestimmung enthält § 3 Absatz 1 des Kreislauf- **1405** wirtschafts- und Abfallgesetzes (KrW-/AbfG). Danach sind Abfälle *»alle beweglichen Sachen, die unter die in Anhang I aufgeführten Gruppen fallen und deren sich ihr Besitzer entledigt, entledigen will oder entledigen muss«.*

Der Schlüsselbegriff des Abfalls wurde im KrW-/AbfG in Anlehnung an das euro- **1406** päische Recht kodifiziert.[1896] Das Merkmal der »*beweglichen Sachen*« jedoch wurde aus § 1 Absatz 1 AbfG a. F. übernommen. **Sachen** sind körperliche, also im Raum abgrenzbare Gegenstände, unabhängig von ihrem Aggregatzustand (fest, flüssig, gasförmig). Nicht darunter fällt nach bisher einhelliger Auffassung verseuchter Boden.[1897] Dieser wird jedoch dann zu Abfall, wenn er ausgekoffert wird.[1898]

1890 1998: 274 erfasste Fälle.
1891 PKS 2006, S. 45.
1892 Franzheim/Pfohl, a.a.O., Rn. 247.
1893 Kreislaufwirtschafts- und Abfallgesetz vom 27. 09. 1994 (BGBl. I S. 2705), zuletzt geändert durch Art. 68 der VO v. 31. 10. 2006 (BGBl. I S. 2407).
1894 BGHSt 37, 333.
1895 Ebenso MünchKomm/Alt, a.a.O., § 326 Rn. 9, unter Verweis vor allem auf die Richtlinie des Rates v. 25. 07. 1975 über Abfälle Nr. 75/442/EWG.
1896 Dazu auch Müller-Gugenberger/Bieneck/Pfohl, a.a.O., § 54 Rn. 52.
1897 Lackner/Kühl, a.a.O., § 326 Rn. 3.
1898 BGH NJW 1992, 122 f. (123); PHilip **Kunig**/Stefan **Paetow**/Ludger-Anselm **Versteyl**, Kreislaufwirtschafts- und Abfallgesetz, 2. Aufl. München 2003, § 3 Rn. 11, die aber ausdrücklich noch von einem nicht entgegenstehenden europäischen Abfallbegriff ausgehen, siehe die folgende Entscheidung des EuGH.

1407 Durch die **Begrenzung auf bewegliche Sachen** besteht seit 2004 ein **Unterschied zwischen dem nationalen und dem europarechtlichen Abfallbegriff**, der bis dahin nicht offensichtlich geworden war.[1899] Nach einem Urteil des EuGH ist auch verschmutztes, nicht ausgehobenes Erdreich als Abfall im Sinne der europäischen Abfallrahmenrichtlinie 75/442/EWG zu bewerten.[1900] Es ist davon auszugehen, dass aufgrund der eindeutigen Regelungen zur Altlastenproblematik und dem ausdrücklichen Wortlaut des § 3 KrW-/AbfG die Auffassung des Europäischen Gerichts nur bedingt auf nationales Recht übertragbar ist.[1901] Dafür spricht auch, dass eine nicht (oder nicht exakt) in nationales Recht umgesetzte Richtlinie nach ständiger Rechtsprechung des Europäischen Gerichtshofes[1902] keine Verpflichtungen für einen Einzelnen begründen kann und diese daher nicht als solche gegenüber dem Betroffenen in Anspruch genommen werden darf. Entsprechend verliert nach geltendem nationalem Recht ein flüssiger Stoff dann seine Abfalleigenschaft, wenn er im Erdboden versickert.[1903]

1408 Eine weitere Voraussetzung dafür, dass eine Sache als Abfall eingestuft wird, ist, wenn sie einer der unter Anhang I KrW-/AbfG aufgeführten Gruppen unterfällt. Der **Katalog des Anhangs I** ist jedoch insofern nicht abschließend, als dass man stoffbezogen am Gesetz ablesen könnte, was Abfall sein kann und was nicht.[1904] Dies ergibt sich schon aus der Tatsache, dass die Abfallgruppe Q 16 als Auffanggruppe fungiert, da sie »*Stoffe und Produkte aller Art, die nicht einer der oben erwähnten Gruppen angehören*« umfasst. Den Abfallgruppen Q 1 bis Q 15 kommt daher lediglich eine Indizwirkung zu.[1905]

1409 Besondere Bedeutung hat nach wie vor das Verhalten des Abfallbesitzers. Eine Sache ist nur dann als Abfall zu qualifizieren, wenn der Besitzer sich ihrer entledigt oder entledigen will (so genannter **gewillkürter Abfall**) oder entledigen muss (so genannter **Zwangsabfall**).

1410 Eine Entledigung liegt vor, »*wenn der Besitzer bewegliche Sachen einer Verwertung (…) oder einer Beseitigung(…) zuführt oder die tatsächliche Sachherrschaft über sie unter Wegfall jeder weiteren Zweckbestimmung aufgibt*«.[1906] Da der Wille des Besitzers als subjektives Merkmal schwer festzustellen ist, nennt § 3 Absatz 3 KrW-/AbfG Konstellationen, bei denen ein Entledigungswille anzunehmen ist, wobei die Auffassung des Besitzers unter Berücksichtigung der Verkehrsanschauung heranzuziehen ist.[1907] Einfacher ist die Feststellung beim Zwangsabfall. Unter diesen **objektiven Abfallbegriff** fallen alle Sachen, die »*bezogen auf ihren ursprünglichen*

1899 Dazu Ralph **Alt**, Unbewegliche Sachen als Abfall?, in: StraFo 2006, 441 ff.
1900 EuGH NVwZ 2004, 1341.
1901 Müller-Gugenberger/Bieneck/Pfohl, a.a.O., § 54 Rn. 52.
1902 EuGH C-304/94, Urteil vom 25. 06. 1997 m. w. N.
1903 Ebenso Alt, a.a.O., StraFo 2006, 441 (443) für § 326 StGB.
1904 Allgemeine Auffassung, vgl. nur Kunig/Paetow/Versteyl, a.a.O., § 3 Rn. 17.
1905 Steindorf, a.a.O., § 326 Rn. 20; vgl. auch Ludger-Anselm **Versteyl**/Helge **Wendenburg**, Änderungen des Abfallrechts: Aktuelles zum Kreislaufwirtschafts- und Abfallgesetz sowie dem untergesetzlichen Regelwerk, in: NVwZ 1996, 937 ff. (939).
1906 § 3 Abs. 2 KrW-/AbfG.
1907 Zum Entledigungswillen Franzheim/Pfohl, a.a.O., Rn. 258 ff.

Verwendungszweck, ausgedient haben und die wegen ihres Gefahrenpotentials einer abfallrechtlich geregelten Entsorgung zugeführt werden müssen«.[1908]

Zwar haben sich der strafrechtliche und der verwaltungsrechtliche Abfallbegriff **1411** nach einigem Hin und Her letztlich doch stark angenähert, dennoch bleibt der **Abfallbegriff im Strafrecht selbstständig** zu bestimmen.[1909] Trotz aller Verwaltungsrechtsakzessorietät kann also eine gewisse Abnabelung des Umweltstrafrechts vom Verwaltungsrecht festgestellt werden. In seiner so genannten »Pyrolyse«-Entscheidung[1910] wich der Bundesgerichtshof im Jahre 1991 von dem damals im Verwaltungsrecht herrschenden subjektiven Abfallbegriff – bei dem es dem Willen des Besitzers überlassen blieb zu bestimmen, was als Abfall anzusehen war – dahingehend ab, dass er auf Grundlage der europäischen Verwaltungsrechtslage eine Sache – im vorliegenden Fall »Pyrolyseöl« –, die zur Wiederverwertung vorgesehen war, als Abfall ansah. Mit Umsetzung der EU-Richtlinien in das deutsche Abfallrecht hat sich der verwaltungsrechtliche Abfallbegriff dem strafrechtlichen wieder angenähert. Auch wenn das heutige Kreislaufwirtschafts- und Abfallgesetz eine Unterscheidung zwischen »Abfällen zur Verwertung« und »Abfällen zur Beseitigung« macht (§ 3 Absatz 1 Satz 2 KrW-/AbfG), ist klargestellt, dass es sich in beiden Fällen um »Abfall« handelt. Damit ist zumindest die sprachliche Verwirrung um die früher relevante Differenzierung zwischen Wertstoff, Wirtschaftsgut, Reststoff, Rückstand und Sekundärstoff grundsätzlich beseitigt.[1911] Heute soll nur noch zu unterscheiden sein zwischen **Abfall** und **Produkt**.[1912]

Dass sowohl »Abfall zur Verwertung« als auch »Abfall zur Beseitigung« unter **1412** den strafrechtlichen Abfallbegriff fallen, hat der Gesetzgeber durch die Abänderung der Überschrift des § 326 StGB von »Umweltgefährdende Abfallbeseitigung« in »Unerlaubter Umgang mit gefährlichen Abfällen« geklärt,[1913] nachdem wegen der Wortwahl »Abfallbeseitigung« Stimmen laut geworden waren, welche »Abfälle zur Verwertung« nicht als Abfälle im Sinne des § 326 StGB verstanden wissen wollten.[1914]

Dass allerdings eine Umtitulierung eines Straftatbestandes nicht ausreichend sein **1413** könnte, wenn der Tatbestand selbst unverändert bleibt, macht der Bundesgerichtshof deutlich.[1915] In der **Entscheidung über Schredderrückstände**,[1916] die zwar nach Inkrafttreten des Kreislaufwirtschafts- und Abfallgesetzes, aber wegen

1908 Günter **Heine**, Auswirkungen des Kreislaufwirtschafts- und Abfallgesetzes auf das Abfallrecht, in: NJW 1998, 3665 ff. (3668).
1909 BGH NStZ 1997, 544 f.
1910 BGH NJW 1991, 1621; dazu auch Klaus **Fritsch**, Das neue Kreislaufwirtschafts- und Abfallrecht, München 1996 Rn. 833.
1911 Kloepfer/Vierhaus, a.a.O., S. 111 Rn. 128.
1912 Tröndle/Fischer, a.a.O., § 326 Rn. 2a; krit. Schönke/Schröder-Lenckner/Heine, a.a.O., § 326 Rn. 2b, 2f, die durch reine Begrifflichkeiten das Problem an sich noch nicht beseitigt sehen, nämlich das der Abgrenzung im Einzelfall.
1913 BT-Drucks. 13/7164, S. 52.
1914 Ausführlich begründet seine Ansicht Steindorf, a.a.O., § 326 Rn. 16 ff. (18), indes erfolgte diese Betrachtung vor der Änderung der Überschrift.
1915 Dazu Michalke, a.a.O., § 326 Rn. 253.
1916 BGH NStZ 1997, 544 f. (**Schredderrückstände-Entscheidung**).

des Tatzeitpunkts noch aufgrund des ehemaligen Abfallgesetzes (AbfG) erging, bezog sich der Bundesgerichtshof wieder vermehrt auf den subjektiven Abfallbegriff, also den Willen des Besitzers. Er unterschied dabei, ob der Besitzer sich von einem Stoff befreien will oder ob dieser als Wirtschaftsgut neuen Aufgaben dienen soll. So handelt es sich um Abfall im Sinne des § 326 StGB, *»wenn die Verwertung durch andere nur vorgeschoben ist«*, das tatsächliche Interesse des Abfallbesitzers jedoch vorrangig darauf ausgerichtet ist, den Stoff *»loszuwerden«*.

1414 Eine Beantwortung der Frage: »Liegt Abfall im strafrechtlich relevanten Sinne vor oder nicht? « muss weiterhin anhand der subjektiven und der objektiven Betrachtungsweise erfolgen.[1917] **Entscheidend bleibt, ob sich der Besitzer einer Sache entledigen will oder muss.** Letztendlich ausschlaggebend soll stets die Gesamtwürdigung des zu entscheidenden Einzelfalls sein.[1918] Das führt aber zu der Annahme, dass die Diskussion um einen Unterschied zwischen verwaltungsrechtlichen und einem strafrechtlichen Abfallbegriff weitgehend überflüssig ist. Schließlich enthält auch § 3 Absatz 1 KrW-/AbfG eine subjektive und eine objektive Komponente.

1415 Als Ergebnis ist festzuhalten, dass es eines unterschiedlich behandelten Abfallbegriffs im Verwaltungsrecht und im Strafrecht nach meiner Ansicht nicht mehr bedarf.[1919] Es ist **zu trennen** zwischen dem **Begriff des Abfalls** und einer **tauglichen Tathandlung** im Sinne des § 326 StGB, die zur Strafbegründung führt. Dabei handelt es sich um verschiedene Tatbestandsmerkmale.[1920] Das Vorliegen von Abfall *an sich* kann niemals strafbar sein. Entscheidend ist immer der unerlaubte Umgang damit. Die strafrechtlich eigenständige Begriffsbildung kann nur dazu dienen, eine Loslösung von den verwaltungsrechtlichen Anwendungsbeschränkungen zu erreichen.[1921] Trotzdem muss davon ausgegangen werden, dass die Diskussion um den strafrechtlichen Abfallbegriff noch nicht zu Ende geführt ist.

Exkurs Ende

bb) Einzelfälle

1416 Der **strafrechtliche Abfallbegriff** ist **gesetzlich** weiterhin **nicht definiert** und bestimmt sich – wie vorstehend ausgeführt – eigenständig, aber in enger Anlehnung an den verwaltungsrechtlichen Begriff.[1922] Von der beseitigungsorientierten Strafvorschrift sind die in § 3 KrW-/AbfG definierten »Abfälle zur Verwertung« mit umfasst. **Abfall** muss immer eine **bewegliche Sache** sein, die zunächst auch

---

1917 Michalke, a.a.O., § 326 Rn. 252 unter Hinweis auf vorstehende BGH-Entscheidung.

1918 Heine, a.a.O., NJW 1998, 3665 ff. (3668).

1919 Auch Müller-Gugenberger/Bieneck/Pfohl, a.a.O., § 54 Rn. 221 ff. geht offensichtlich von einem einheitlichen Abfallbegriff aus und befasst sich erst überhaupt nicht mit der Diskussion.

1920 Wie hier Kloepfer/Vierhaus, a.a.O., S. 111 Rn. 128a; im Übrigen benutzt Michalke, a.a.O., § 326 Rn. 253 die gleiche Argumentation, kommt aber wohl zu dem umgekehrten Schluss: diese Begründung unterstelle geradezu eine Differenzierung der beiden Abfallbegriffe im Strafrecht und im Öffentlichen Recht.

1921 Ebenso Alt, a.a.O., StraFo 2006, 441 ff.

1922 Allgemeine Auffassung, vgl. Heine, a.a.O., NJW 1998, 3665 ff.; Kloepfer/Vierhaus, a.a.O., S. 108 Rn. 127 m. w. N.

herrenlos sein kann. Von unbeweglichen Sachen gelöste Teile werden erst mit der Trennung bewegliche Sachen.[1923]

Hat ein Tankwagen z. B. aufgrund eines Unfalls Öl verloren, so ist das verseuchte **1417** Erdreich erst dann als Abfall anzusehen, wenn es ausgehoben wurde.[1924]. Damit steht auch der nationale strafrechtliche Abfallbegriff in Widerspruch der oben angesprochenen Entscheidung des Europäischen Gerichtshofes. Ein deutsches Gericht hat den Abfallbegriff aber im Sinne der Abfallrichtline 75/442/EWG auszulegen, wobei die Rechtsprechung des europäischen Gerichtes mit zu berücksichtigen ist.[1925] Grundsätzlich darf sich national der strafrechtliche Abfallbegriff aber nicht verschärfen, solange § 3 KrW-/AbfG nicht geändert wird, da diese Vorschrift hinsichtlich ihrer Beschränkung auf bewegliche Sachen nicht auslegungsfähig ist. Strafbarkeitslücken entstehen im Übrigen wegen den §§ 324, 324a StGB nicht.[1926]

Das Oberlandesgericht Koblenz hat Pferdemist, den der Besitzer zur Düngung **1418** verwenden wollte, der aber durch die länger andauernde Ablagerung bereits den darunter liegenden Boden nachhaltig verunreinigt hatte, als Abfall eingestuft.[1927] Eine einmal begründete Verpflichtung zur Beseitigung von Abfällen endet nicht dadurch, dass diese inzwischen mit dem Grundstück verwachsen sind.

Gasförmige Stoffe fallen nicht unter den Abfallbegriff, da sie keine bewegliche **1419** Sache sind.[1928] Befinden sich die Gase jedoch in abgeschlossenen Behältnissen, so sind diese möglicherweise Abfall. Ebenfalls nicht als bewegliche Sache wird auch das auf dem Wasser treibende Öl verstanden.

Solange der **Besitzer** die **tatsächliche Sachherrschaft** noch innehat und lediglich **1420** beabsichtigt, sich der Sache zu entledigen, ist sie noch nicht Abfall. Zu Abfall wird die Sache erst durch die nach außen erkennbare Betätigung des entsprechenden Besitzerwillens. Eine ausdrückliche wörtliche Erklärung ist nicht erforderlich. Ein schlüssiges Verhalten (z. B. Bereitstellung zur Müllabfuhr) reicht aus.[1929] Nicht ausreichend ist dagegen das langjährige Liegenlassen von Bauschutt auf dem eigenen Grundstück,[1930] es sei denn, dieser stammt komplett aus dem Abriss eines Hauses und birgt aufgrund seiner Unsortiertheit eine Belastungsgefahr (objektiver Abfallbegriff/Zwangsabfall).[1931]

Bei dem **Entledigungswillen** muss es sich um eine rechtlich wirksame Willenser **1421** klärung handeln.[1932] Der Geisteskranke, der sich seiner Sammlung alter holländischer Meister entledigen will, vermag mit dieser Willensäußerung die Abfalleigenschaft nicht zu begründen. Ein Entledigungswille wird unter Bezugnahme auf

1923 BGHSt 37, 21.
1924 Meinberg/Möhrenschlager/Link, a.a.O., S. 53.
1925 MünchKomm/Alt, a.a.O., § 326 Rn. 9; zu dieser Problematik siehe bereits oben Rdn. 1407.
1926 Ebenso MünchKomm/Alt, a.a.O., § 324 Rn. 13, 9; Alt, a.a.O., StraFo 2006, 441 ff.
1927 OLG Koblenz NStZ-RR 1997, 363.
1928 OLG Karlsruhe ZfW 1996, 406 ff. (408).
1929 MünchKomm/Alt, a.a.O., § 326 Rn. 18.
1930 BVerwG NVwZ 1994, 897.
1931 BVerwGE 92, 353.
1932 MünchKomm/Alt, a.a.O., § 326 Rn. 18.

das Kreislaufwirtschafts- und Abfallgesetz aber auch angenommen, wenn die ursprüngliche Zweckbestimmung aufgegeben wird, ohne dass ein neuer Verwendungszweck unmittelbar an dessen Stelle tritt.[1933] Ob diese Annahme zulässig ist, ist umstritten.[1934] Im Ergebnis ist davon auszugehen, dass in diesen Fällen ein Indiz für einen Entledigungswillen vorliegt, die Vermutung für sich gesehen aber nicht strafbegründend wirken darf. Im Übrigen wird in Fällen der Aufgabe der ursprünglichen Zweckbestimmung der objektive Abfallbegriff eingreifen können, da strafrechtlich hier lediglich die Konstellation erheblich sein kann, dass der Abfall aufgrund seines Zustandes geeignet ist, das Wohl der Allgemeinheit zu gefährden und eine andere als die ordnungsgemäße Entsorgung nicht in Frage kommt.[1935]

1422 Was unter dem **Wohl der Allgemeinheit** zu verstehen ist, muss im Einzelfall durch Konkretisierung des Begriffs unter Abwägung der Interessen der Allgemeinheit gegenüber denen des Einzelnen festgelegt werden. Die in § 10 Absatz 4 S. 2 Nr. 1–6 KrW-/AbfG aufgezählten Beeinträchtigungen sind dabei mit zu berücksichtigen.[1936] **Altöl** ist z. B. unabhängig von der Absicht späterer Verwendung **Zwangsabfall**, wenn die zum Schutz der Allgemeinheit notwendige Entsorgung nicht durchgeführt wird.[1937]

1423 In der gesetzlichen Formulierung wird auf die **Eignung zur Gefährdung** abgestellt. Dadurch wird deutlich, dass eine akute konkrete Gefahr nicht vorliegen muss. Es soll bereits präventiv eingeschritten werden können. Es reicht aus, dass die gegenwärtige Aufbewahrung der Sache und ihre künftige Verwendung oder Verwertung nach Art oder Verfahren aufgrund allgemeiner Erfahrungen oder wissenschaftlicher Erkenntnisse typischerweise zu einer Gemeinwohlgefährdung, insbesondere zu Umweltgefahren führen können. Allerdings reicht eine bloße Vermutung nicht aus. In der konkreten Situation muss eine **potenzielle Gefahrenquelle** angelegt sein.[1938] Dies ist z. B. gegeben, wenn eine Lagerung von Sachen eine Gefahr für die öffentliche Reinheit oder Gesundheit mit sich bringt. Dies können eine Ansammlung von Ungeziefer (Ratten)[1939], eine Brandgefahr oder eine erhebliche Geruchsbelästigung sein. Auch die Beeinträchtigung des Orts- oder Landschaftsbildes kann unter dem Gesichtspunkt der Wahrung des Wohls der Allgemeinheit die Beseitigung gelagerter Gegenstände als Abfall erforderlich

---

1933 Franzheim/Pfohl, a.a.O., Rn. 260.

1934 Ablehnend Schönke/Schröder-Lenckner/Heine, a.a.O., § 326 Rn. 2g, wonach die abfallrechtlichen Fiktionen nicht zu einer Erweiterung der Strafbarkeit führen dürfe, da ansonsten diese Vermutung im Strafrecht selbst verortet sein müsste; anders – und nachvollziehbar – Müller-Gugenberger/Bieneck/Pfohl, a.a.O., § 54 Rn. 223, der in § 3 Abs. 3 KrW-/AbfG lediglich eine Auslegungshilfe für das Merkmal des Entledigungswillens sieht und keine Strafbarkeitsbegründung sieht, so dass es letztlich dahinstehen könne, ob es sich um eine Fiktion handelt; zur Problematik auch Heine, a.a.O., NJW 1998, 3665 ff. (3667).

1935 Dazu Franzheim/Pfohl, a.a.O. Rn. 262; ausführlich zur Entledigungsfiktion Kunig/Paetow/Versteyl, a.a.O., § 3 Rn. 33 ff.

1936 MünchKomm/Alt, a.a.O., § 326 Rn. 22.

1937 OLG Oldenburg, wistra 1996, 116 f.

1938 MünchKomm/Alt, a.a.O., § 326 Rn. 22; vgl. auch Müller-Gugenberger/Bieneck/Pfohl, a.a.O., § 54 Rn. 228.

1939 VGH Kassel NuR 1996, 262.

machen.[1940] In derartigen Fällen muss festgestellt werden, ob die Beeinträchtigung erheblich ist. Dazu sind nähere Darlegungen hinsichtlich der Umstände der Örtlichkeit erforderlich.[1941]

Zu beachten ist, dass § 2 Absatz 2 KrW-/AbfG bestimmte Bereiche vorsieht, für **1424** die die Vorschriften des Gesetzes nicht gelten. Nach der ganz herrschenden Auffassung hat diese Einschränkung der Gesetzeswirkung im öffentlichen Abfallrecht aber für das Strafrecht keine Auswirkungen.[1942] Demnach kann z. B. auch die verbotene Entsorgung von Abwasser und von Tierkadavern vom Tatbestand des § 326 erfasst sein.[1943]

cc) Qualität der Abfälle

In § 326 Absatz 1 StGB ist eine Einschränkung enthalten. Der Tatbestand erfasst **1425** nur **besonders gefährliche Abfälle**. Diese besonders gefährlichen Abfälle sind in vier Gruppen unterteilt.

Verzeichnet sind zunächst solche Abfälle, die Gifte oder Erreger von auf Men- **1426** schen oder Tiere übertragbaren gemeingefährlichen Krankheiten enthalten oder hervorbringen können.[1944]

Unter **Giften** werden all solche Stoffe verstanden, die unter bestimmten Bedin- **1427** gungen durch chemische oder chemisch-physikalische Einwirkung nach ihrer Beschaffenheit und Menge generell geeignet sind, die Gesundheit von Menschen zu zerstören.[1945] Unter 'Abfälle' im Sinne des Absatz 1 fallen Abfälle, die **Erreger gemeingefährlicher Krankheiten** enthalten oder hervorbringen können. Hierzu können insbesondere nach dem Infektionsschutzgesetz[1946] und Tierseuchengesetz meldepflichtige Erkrankungen[1947] – und über diese meldepflichtigen Erkrankun-

---

1940 VGH Mannheim, NuR 1995, 409.
1941 Zum Stichwort »Naturgenuss« MünchKomm/Alt, a.a.O., § 326 Rn. 23, 25.
1942 Vgl. nur Schönke/Schröder-Lenckner/Heine, a.a.O., § 326 Rn. 2g m. w. N.; a. A. offensichtlich Heine, a.a.O., NJW 1998, 3665 (3668), der davon ausgeht, dass bei Abfällen, die unter § 2 Abs. 2 fallen, die Vorschriften des KrW-/AbfG nicht gelten sollen und somit ein Verstoß gegen das staatliche Abfallregime entfalle, aber die Schutzrichtung des § 326 StGB eine Gefährdung dieses Abfallregimes ebenso erfordere. Dem ist nicht zu folgen. § 326 StGB schützt in erster Linie die Umwelt und das Gemeinwohl, siehe schon oben Rdn. 1402.
1943 Eine umfassende Rechtsprechungsübersicht zum Abfallbegriff bietet Steindorf, a.a.O., § 326 Rn. 69.
1944 § 326 Abs. 1 Nr. 1 StGB; seit dem »**Hundekot-Fall**« (OLG Düsseldorf NStZ 1991, 335) ist klargestellt – insofern dem eindeutigen Wortlaut entsprechend –, dass die Merkmale ›gemeingefährlich‹ und ›übertragbar‹ kumulativ vorliegen müssen, vgl. bereits Hero **Schall**, Systematische Übersicht der Rechtsprechung zum Umweltstrafrecht, in: NStZ 1997, 462 ff. (464).
1945 Der Giftbegriff ist demnach erneut dem des § 224 StGB gleichzustellen, vgl. Franzheim/Pfohl, a.a.O. Rn. 266
1946 §§ 2, 6, 7 IfSG, vom 20. 07. 2000 (BGBl. I S. 1045), zuletzt geändert durch Art. 57 der VO v. 31. 10. 2006 (BGBl. I S. 2407); das IfSG hat zum 01. 01. 2001 das Bundesseuchengesetz und das Geschlechtskrankheitengesetz abgelöst.
1947 § 10 TierseuchenG.

gen[1948] hinaus – auch Geschlechtskrankheiten und nichtanzeigepflichtige Tierkrankheiten zählen.[1949]

1428 Gemäß § 7 Absatz 3 Infektionsschutzgesetz (IfSG) unterliegt auch das HI-Virus einer nichtnamentlichen Meldepflicht (dass Übertragbarkeit und Gemeingefährlichkeit vorliegt, sollte unbestritten sein), so dass folgendes Beispiel denkbar ist:

> Ein Kreiskrankenhaus hat mit Aids infizierte Einwegspritzen nicht gesondert entsorgt, sondern sie in den allgemeinen Hausmüll geworfen.

1429 Unter den Tatbestand des § 326 Absatz 1 StGB entfallen auch krebserzeugende, fruchtschädigende und erbgutverändernde Abfälle.[1950] Dies sind Abfälle, die Stoffe enthalten oder hervorbringen können, die eine der bezeichneten negativen Wirkungen zu entfalten drohen. Die Begriffe sind mittlerweile in der Gefahrstoffverordnung gesetzlich definiert.[1951] Tatbestandlich ist

- *ein Stoff, der die in Anhang VI der Richtlinie 67/548/EWG genannten Kriterien für die Einstufung als krebserzeugender, erbgutverändernder oder fruchtbarkeitsgefährdender Stoff erfüllt,*
- *eine Zubereitung, die einen oder mehrere der in Nummer 1 genannten Stoffe enthält, sofern die Konzentration eines oder mehrerer der einzelnen Stoffe die Anforderungen für die Einstufung einer Zubereitung als krebserzeugend, erbgutverändernd oder fruchtbarkeitsgefährdend erfüllt. Die Konzentrationsgrenzen sind festgelegt: in Anhang I der Richtlinie 67/548/EWG oder in Anhang II der Richtlinie 1999/45/EG, sofern der Stoff oder die Stoffe in Anhang I der Richtlinie 67/548/EWG nicht oder ohne Konzentrationsgrenzen aufgeführt sind,*
- *ein Stoff, eine Zubereitung oder ein Verfahren, die in einer Bekanntmachung des Bundesministeriums für Wirtschaft und Arbeit nach § 21 Absatz 4 als krebserzeugend, erbgutverändernd oder fruchtbarkeitsgefährdend bezeichnet werden.*

1430 **Krebserzeugende** Abfälle liegen vor, wenn die Stoffe durch Einatmen, Verschlucken oder bei Aufnahme Krebs hervorrufen oder die Krebshäufigkeit erhöhen können.[1952]

1431 Als **fruchtschädigend** werden die Abfälle eingestuft, die für nicht vererbbare Schäden der Nachkommenschaft ursprünglich sein können.[1953] **Erbgutverändernd** sind Stoffe dann, wenn sie beim Inhalieren, Schlucken oder nach Hautkontakt vererbbare genetische Schäden zur Folge haben oder deren Häufigkeit erhöhen können.[1954]

1948 Dazu Tröndle/Fischer, a.a.O., § 326 Rn. 3.
1949 Schönke/Schröder-Lenckner/Heine, a.a.O., § 326 Rn. 4, indes noch unter Hinweis auf das seit 2001 abgeschaffte BundesseuchenG.
1950 § 326 Abs. 1 Nr. 2 StGB.
1951 § 3 Abs. 2 GefStoffV; GefahrstoffVO v. 23. 12. 2004 (BGBl. I S. 3758, 3759), geändert durch Art. 2 der VO v. 11. 07. 2006 (BGBl. I S. 1575).
1952 MünchKomm/Alt, a.a.O., § 326 Rn. 31.
1953 Steindorf, a.a.O., § 326 Rn. 81.
1954 Kloepfer/Vierhaus, a.a.O., S. 114 Rn. 130.

§ 326 Absatz 1 enthält noch weitere Abfälle, die zu einer Strafbarkeit führen kön- **1432** nen.[1955] **Besonders gefährlich** sind **Abfälle, wenn sie explodieren können.**[1956] Von **selbstentzündlichen Stoffen** spricht man, wenn sie sich unter den von der Natur gegebenen Bedingungen ohne besondere Zündung erhitzen und schließlich entzünden können. Die in Fotolaboren verwendeten leicht entzündlichen Entwicklerflüssigkeiten können als Beispiel herangezogen werden.

Ein Labor entsorgte die Flüssigkeit nur in einer Flasche über den Hausmüll. Auf der Deponie zerbrach die Flasche. Aufgrund starker Sonneneinstrahlung entzündete sich die Flüssigkeit und rief einen Großbrand hervor.

Nicht nur geringfügig radioaktive Abfälle sind kernbrennstoffhaltige Abfälle **1433** und solche, die radioaktive Stoffe enthalten, die spontan ionisierende Strahlen aussenden.[1957] Damit erfasst Absatz 1 auch ionisierende Abfälle, die nicht unter § 326 Absatz 3 StGB fallen, weil sie die Freigrenzen der Strahlenschutzverordnung nicht überschreiten und nicht nach § 9a Atomgesetz ablieferungspflichtig sind, jedoch trotzdem die Geringfügigkeitsgrenze des § 2 Absatz 2 Atomgesetz überschreiten.[1958]

Dem in § 326 Absatz 1 Nr. 4 StGB geregelten Tatbestand kommt die größte **1434** Bedeutung zu. Die Vorschrift erfasst all die **Abfälle, die für die Umwelt von besonderer Gefährlichkeit** sind. Dabei ist nicht nur an Abfälle zu denken, die auf **Sondermülldeponien** zu entsorgen sind. So hat der Bundesgerichtshof den Tatbestand bereits als erfüllt angesehen, wenn große Mengen organischer Abfälle auf einer Erdaushub- und Bauschuttdeponie abgelagert werden.[1959]

Gegen den Geschäftsführer und den Abfallbeauftragten einer Ölverwertungsgesellschaft wurde ein Verfahren wegen Verstoßes gegen § 326 Absatz 1 Nr. 1 und 4 a, Absatz 2 StGB eingeleitet. Ihnen wurde vorgeworfen, 2,7 Tonnen hochgradig mit Kohlenwasserstoff kontaminierten stichfesten Schlamm angenommen zu haben, obwohl nach ihnen vorliegenden Analyseergebnissen die Schadstoffwerte zum Teil erheblich über den von der Umweltbehörde genehmigten Annahmerichtwerten lagen und stichfester Schlamm für eine Verwertung in der vorhandenen Behandlungsanlage ungeeignet war. Aus diesem Grund wurde lediglich eine Vermischung mit anderen Schlämmen vorgenommen, für die die erforderliche Genehmigung der Umweltbehörde nicht erteilt war. In der Hauptverhandlung wurden die Verfahren wegen Geringfügigkeit gemäß § 153 Absatz 2 StPO eingestellt.

1955 § 326 Abs. 1 Nr. 3 StGB.
1956 Michalke, a.a.O., S. 155 Rn. 257 m.w.N., hat Bedenken hinsichtlich der Bestimmbarkeit des Begriffes der Explosionsgefährlichkeit. Eine solche Stoffeigenschaft kann sich aus dem Sprengstoffgesetz (§ 2 Abs. 6 S. 3 SprengG), dem Chemikaliengesetz (§ 3a Abs 1 Nr. 1 ChemG) und § 4 S. 2 Nr. 1 GefStoffVO ergeben.
1957 Schönke/Schröder-Lenckner/Heine, a.a.O., § 326 Rn. 5.
1958 Siehe auch Schönke/Schröder-Lenckner/Heine, a.a.O., § 326 Rn. 5; Steindorf, a.a.O., § 326 Rn. 85; MünchKomm/Alt, a.a.O., § 326 Rn. 32; ausführlich zu dieser schwer überschaubaren Einzelfrage ist die Darstellung bei Kunig/Paetow/Versteyl, a.a.O., § 2 Rn. 26 ff.;
1959 BGHSt 34, 211 ff. (214); dazu auch Rudolf **Rengier**, Überlegungen zu den Rechtsgütern und Deliktgruppen im Umweltstrafrecht, in: Lorenz Schulz (Hrsg.), Ökologie und Recht, a.a.O., S. 33 ff. (46 ff.).

1435 Die Abfälle müssen geeignet sein, eine nachhaltige Verunreinigung oder Veränderung von Gewässer, Luft oder Boden hervorzurufen. »*Nachhaltig*« ist die Verunreinigung/Veränderung dann, wenn es bei den Umweltgütern nach Intensität und Dauer zu größeren Schäden kommen kann. Fälle nur vorübergehender oder länger dauernder, aber in der Intensität nur unerheblicher Schäden fallen nicht unter § 326 Absatz 1 Nr. 4 StGB. Nicht erforderlich ist, dass die Verunreinigung tatsächlich eintritt. Es kommt nur auf die generelle Eignung nach Art, Beschaffenheit oder Menge im konkret festgestellten Fall an.[1960].

1436 Unter den Schutz dieser Tatbestandsalternative fällt nach der Reform auch der **Bestand von Tieren und Pflanzen.** Unter dem Begriff »Bestand« wird entsprechend § 39 Pflanzenschutzgesetz eine Tier- oder Pflanzenpopulation in einem bestimmten Gebiet verstanden.[1961] Auch diese Tatbestandsalternative stellt lediglich auf eine Eignung zur Gefährlichkeit ab. Problematisch ist, dass in diesem Fall keine Nachhaltigkeit gefordert ist. Dadurch erfolgt eine Strafverlagerung, die bei der Unschärfe der Tatbestandsalternative (es ist nicht einmal ein bestimmtes Ausmaß erkennbar) so wohl kaum gewollt sein kann.[1962] Das dürfte ein Grund für die Bagatellklausel[1963] des § 326 Absatz 6 StGB sein, der eine Strafbarkeit auf Nutztiere und Haustiere beschränkt.

dd) Tathandlungen

1437 Neben einem dieser vorstehend beschriebenen, alternativen Tatbestandsmerkmale muss eine Tathandlung vorliegen, die aus **Behandeln, Lagern, Ablagern, Ablassen oder sonstiger Beseitigung** besteht. »**Beseitigen**« wird zum Teil immer noch als Oberbegriff verstanden, die genannten Alternativen sind nicht als abschließend zu verstehen.[1964] In der neueren Literatur wird jedoch mehr und mehr nach den einzelnen Alternativen deutlich differenziert.[1965] Aufgrund der Entwicklung des Abfallrechts spricht vieles dafür, der zweiten Auffassung zu folgen, da heutzutage der Begriff der Abfallentsorgung die Verwertung und die Beseitigung mit einschließt.[1966] Dies ist auch im Lichte der schon dargestellten Rechtsprechung zu betrachten, die klargestellt hat, dass sowohl Abfall zur Verwertung als auch zur Beseitigung Abfall im strafrechtlichen Sinne sein kann.[1967]

1438 Sobald die **Eigenschaft einer Sache als Abfall** bejaht wird, hat der Erzeuger oder unmittelbare Besitzer nach gesetzlicher Regelung diesen schadlos und ordnungs-

---

1960 MünchKomm/Alt, a.a.O., § 326 Rn. 33 f.; Schall, a.a.O., NStZ 1997, 462 (465). Auch der BGH geht vom einem abstrakten Gefährdungsdelikt aus, vgl. BGH NStZ 1997, 189 m. w. N.
1961 BT-Drs. 12/ 192, S. 20.
1962 Ebenso Franzheim/Pfohl, a.a.O., § 326 Rn. 95; Michalke, a.a.O., S. 158 Rn. 262.
1963 Kritisch dazu MünchKomm/Alt, a.a.O., § 326 Rn. 38, der das natürliche Gleichgewicht insgesamt geschützt sehen will.
1964 Schönke/Schröder-Lenckner/Heine, a.a.O., § 326 Rn. 9, f., Michalke, a.a.O., S. 158 Rn. 263.
1965 MünchKomm/Alt, a.a.O., § 326 Rn. 39 ff., Müller-Gugenberger/Pfohl, a.a.O., § 54 Rn. 231.
1966 Z. B. § 3 Abs. 7 KrW-/AbfG.
1967 Zu der – überflüssigen – Diskussion siehe oben, Rdn. 1411 ff.

gemäß zu verwerten[1968] oder diesen Abfall dem zur Entsorgung Verpflichteten zu überlassen, wenn eine Verwertung nicht möglich oder beabsichtigt ist.[1969] Die Abfallentsorgung ist den Privatpersonen weitgehend aus der Hand genommen und öffentlich-rechtlichen Körperschaften übertragen worden. Die öffentlich-rechtlichen Entsorgungsträger haben die in ihrem Gebiet angefallenen und über-lassenen Abfälle aus privaten Haushaltungen und Abfälle zur Beseitigung aus anderen Herkunftsbereichen nach Maßgabe der §§ 4 bis 7 KrW-/AbfG zu verwer-ten oder nach Maßgabe der §§ 10 bis 12 KrW-/AbfG zu beseitigen.[1970]

Eine Tathandlung im Sinne des § 326 Absatz 1 StGB muss immer im Zusammen-hang mit dem weiteren gesetzlichen Erfordernis gesehen werden, dass dies entge-gen den verwaltungsrechtlichen Vorschriften, also unbefugt und außerhalb einer dafür zugelassenen Anlage oder unter wesentlicher Abweichung von einem vor-geschriebenen oder zugelassenen Verfahren geschieht. **1439**

Schon das **Behandeln** der gefährlichen Abfälle, kann die in ihnen ruhende Schäd-lichkeit freisetzen. Beim **Umschmelzen** von Abfällen können z. B. Giftgase entste-hen. Gleiches gilt für das **Aufbereiten**, **Zerkleinern**, **Kompostieren**, **Entgiften** oder **Verbrennen** von Abfällen. Unter Behandeln wird ferner jedes sonstige Ein-wirken auf die Beschaffenheit des Abfalls verstanden (z. B. verdichten oder ent-wässern), so auch das Vermischen von kontaminiertem Erdreich mit unbelastetem Material. Entsprechend der hier vertretenen Auffassung ist dabei auch das Behan-deln von Abfall erfasst, wenn damit der Zweck der wirtschaftlichen Verwertung erreicht werden soll.[1971] **1440**

Lagern ist das vorübergehende Zwischenlagern von Abfällen. Erfasst werden grundsätzlich sämtliche Formen der kurzfristigen Aufbewahrung zur weiteren Verwertung oder endgültigen Beseitigung,[1972] womit aber das bloße Bereitstellen zur Abholung durch den Beseitigungspflichtigen nicht gemeint ist. **1441**

Für die Frage, wo die Grenze zwischen **Bereitstellung** und **Lagerung** zu ziehen ist, hat die Rechtsprechung folgende Kriterien herangezogen: Neben der Dauer der Aufbewahrung der Abfallstoffe ist es auch von Bedeutung, ob bereits ein Abnehmer oder Entsorgungspflichtiger vorhanden ist, dessen Erscheinen alsbald gesichert ist.[1973] Überschritten ist die Grenze des Bereitstellens z. B. dann, wenn der Inhaber eines Speiselokals etwa 6 m Küchen-, Papier- und Pappabfälle über einen Zeitraum von etwa drei Wochen lose auf seinem Grundstück anhäuft.[1974] In diesem Fall hat der Inhaber des Speiselokals seine Überlassungspflicht dadurch verletzt, dass er nichts veranlasst hat, um die gewöhnlich bei Bedarf mehrmals in der Woche tätig werdende Müllabfuhr zu benachrichtigen. **1442**

1968 § 5 Abs. 2, 3 KrW-/AbfG.
1969 § 13 Abs. 1–3 KrW-/AbfG.
1970 § 15 Abs. 1 KrW-/AbfG.
1971 So auch Schönke/Schröder-Lenckner/Heine, a.a.O., § 326 Rn. 10a; MünchKomm/Alt, a.a.O., § 326 Rn. 40; a. A. wohl noch Michalke, a.a.O., S. 159 Rn. 264.
1972 Müller-Gugenberger/Pfohl, a.a.O., § 54 Rn. 232; Tröndle/Fischer, a.a.O., § 326 Rn. 7a.
1973 BGH NJW 1991, 1621 ff. (1622).
1974 OLG Düsseldorf, MDR 1982, 868.

1443 Der **Einwand der Wiederverwertung** ist ebenfalls nur beachtlich, wenn bereits eine konkrete **alsbaldige Verwertungsmöglichkeit** vorhanden ist,[1975] wobei zu berücksichtigen ist, ob aufgrund der Gefährlichkeit des Abfalls die sofortige ordnungsgemäße Entsorgung geboten wäre.[1976]

1444 **Ablagern** ist das endgültige Ablegen von Abfall mit dem Ziel der Dauerentledigung.[1977] Unterscheidungsmerkmal zum bloßen Lagern ist also die Endgültigkeit im Verhältnis zur Zeitweiligkeit.

1445 Die **Tatbestände des Lagerns und Ablagerns können auch durch Unterlassen erfüllt werden.**[1978] Die Garantenstellung kann durch bewusste Eröffnung einer abfallrechtlichen Gefahrenquelle begründet werden und eine Rechtspflicht zur Erfolgsabwendung auslösen. Gleiches kann durch vorangegangenes rechtswidriges Tun ausgelöst werden. Unter den Begriff des Lagerns in der Form des Unterlassens fällt auch das Liegenlassen von Abfall entgegen einer Erfolgsabwendungspflicht.[1979] Deshalb kann der Eigentümer oder unmittelbare Besitzer eines Grundstückes unter Umständen **Garant** für auf diesem von einem Dritten unbefugt abgelagerten Abfall sein.[1980] Eine allgemeine Pflicht, fremden Abfall einzusammeln, besteht jedoch nicht. Man wird darauf abstellen müssen, ob derjenige, der die tatsächliche Sachherrschaft über das Grundstück ausübt, in irgendeiner objektiv zurechenbaren Weise zu der Entstehung der durch den lagernden Abfall entstandenen Gefahrenquelle beigetragen hat. Dies kann z. B. durch sichtbares eigenes, anreizend wirkendes Lagern nutzloser Dinge auf dem Grundstück oder auch durch mangelnde Einfriedung geschehen, falls entsprechende Ablagerungen bereits vorgekommen sind.[1981]

1446 **Ablassen** bezieht sich auf Flüssigkeiten und rieselfähige Stoffe und bezeichnet deren Ausfließen ohne Rücksicht auf die Ursache.[1982] Das **Abklappen** von Dünnsäure ins Meer ist eine Form des Ablassens.[1983] Auch das Einleiten von Cyanid und anderen Schadstoffen aus einem Galvanisierbetrieb in die Kanalisation ist ein Beispiel.[1984]

1447 Als Auffangtatbestand erfasst das **sonstige Beseitigen** alle weiteren Handlungen, die den namentlich aufgeführten Tatmodalitäten gleichstehen, also auch einen Verstoß gegen das staatliche Abfallregime verwirklichen und deshalb aufgrund ihrer Unkontrollierbarkeit eine Gefahr darstellen.[1985] Ein Hauptanwendungsfall

---

1975 MünchKomm/Alt, a.a.O., § 326 Rn. 41.
1976 Schönke/Schröder-Lenckner/Heine, a.a.O., § 326 Rn. 10a unter Verweis auf die vergleichbare Sachlage bei der Abgrenzung zwischen Lagerung und Bereitstellung zur Abholung i. S. v. BGHSt 37, 333 ff. (337).
1977 Schönke/Schröder-Lenckner/Heine, a.a.O., § 326 Rn. 10 a.
1978 Franzheim/Pfohl, a.a.O. Rn. 286.
1979 Steindorf, a.a.O., § 326 Rn. 105 f.
1980 Schönke/Schröder-Lenckner/Heine, a.a.O., § 326 Rn. 11; vgl. zu diesen so genannten »wilden« Müllablagerungen auch Michalke, a.a.O., S. 160 Rn. 270.
1981 Steindorf, a.a.O., § 326 Rn. 106.
1982 Vgl. Schönke/Schröder-Lenckner/Heine, a.a.O., § 326 Rn. 10a.
1983 Kloepfer/Vierhaus, a.a.O., Rn. 99.
1984 LG Frankfurt NStZ 1983, 171.
1985 MünchKomm/Alt, a.a.O., § 326 Rn. 46; Kloepfer/Vierhaus, a.a.O., Rn. 133a.

dieser Variante dürfte das Versenken von Abfall im Meer sein,[1986] aber auch das Überlassen von sonderpflichtigen Abfällen an jemanden, der dafür nicht die Erlaubnis zur Entsorgung innehat.[1987]

ee) Tatbestandsalternativen

Strafbar sind die zuvor dargestellten Tatmodalitäten hinsichtlich des Umgangs mit Abfällen nur, wenn sie außerhalb einer zugelassenen Anlage oder unter wesentlicher Abweichung von einem vorgeschriebenen oder zugelassenen Verfahren erfolgen. **1448**

Anlage im Sinne von § 326 StGB sind nicht nur die Abfallbeseitigungsanlagen,[1988] sondern auch Tierkörperbeseitigungsanlagen,[1989] Abwasserbehandlungsanlagen[1990] sowie Anlagen zur Zwischen- und Endlagerung von Atommüll.[1991] **1449**

Zugelassen sind die Anlagen dann, wenn eine bestandskräftige Planfeststellung oder eine wirksame Genehmigung vorliegt oder es sich um eine nach sonstigen Rechtsvorschriften zulässige oder nicht ausdrücklich verbotene Anlage handelt.[1992] Als Beispiel für die letztgenannte Alternative können fahrbare Häcksler herangezogen werden. Zu beachten ist, dass die Anlage gerade »dafür« zugelassen sein muss, das heißt, dass die Zulassung sich nach Art und Menge auf die jeweilige Sorte Abfall beziehen muss.[1993] Deshalb darf z. B. die Beseitigung von Lack- und Farbschlamm nicht über einen Altölentsorger erfolgen.[1994] **1450**

Ein Verstoß gegen § 326 StGB liegt auch dann vor, wenn es **für die konkrete Abfallart keine Entsorgungseinrichtung** gibt. Beispiele für solche Abfallarten sind Gülle, Jauche und Silagesickersaft aus Futtermieten, die in keiner Abwasser- oder Abfallbehandlungsanlage entsorgt werden können. Neben diesen landwirtschaftlichen Beispielen ist auch an die nach dem Unglück von Tschernobyl verstrahlte Molke zu denken, für die es zunächst keine geeignete Entsorgungsanlage gab. **1451**

Die zweite Alternative des § 326 Absatz 1 StGB setzt bei der Abfallbeseitigung eine **wesentliche Abweichung vom vorgeschriebenen oder zugelassenen Verfahren voraus.** **1452**

1986 Tröndle/Fischer, a.a.O., § 326 Rn. 7d; Steindorf, a.a.O., § 326 Rn. 109, jeweils mit weiteren Beispielen.
1987 Kloepfer/Vierhaus, a.a.O., Rn. 133a; Schönke/Schröder-Lenckner/Heine, a.a.O., § 326 Rn. 11.
1988 Vgl. §§ 9 ff, 27 KrW-/AbfG.
1989 § 7 Abs. 4 TierNebG – Tierische Nebenprodukte-Beseitigungsgesetz vom 25. 01. 2004 (BGBl. I S. 82), zuletzt geändert durch Art. 16b des Gesetzes vom 13. 04. 2006 (BGBl. I S. 855); bis zum 28. 11.2004 Tierkörperbeseitigungssgesetz; vgl. § 16 TierNebG.
1990 § 18b WHG.
1991 § 9a Abs. 3 AtG.
1992 Volk/Leipold/Engel, a.a.O., § 28 Rn. 191.
1993 Schönke/Schröder-Lenckner/Heine, a.a.O., § 326 Rn. 12.
1994 Franzheim/Pfohl, a.a.O., Rn. 296.

1453 Es kommt in dieser Tatbestandsvariante nicht darauf an, ob die Abfallbeseitigung innerhalb oder außerhalb einer dafür zugelassenen Anlage geschieht.[1995] In beiden Fällen muss es sich um eine wesentliche Abweichung handeln, was je nach Einzelfall zu beurteilen ist, wobei die einschlägigen Rechtsvorschriften und Verwaltungsakte als Maßstab zu gelten haben.

1454 Wesentlich ist eine Abweichung nicht schon deshalb, weil sie gegen zwingende Vorschriften verstößt. Vielmehr ist erforderlich, dass die Gefährlichkeit des Abfalls wegen der Reststoffe nicht im Wesentlichen ausgeschaltet wird oder wenn mit dem Verhalten eine Umweltgefährdung verbunden ist, die bei Einhaltung des Verfahrens vermieden worden wäre.[1996]

> Einem Unternehmen der Maschinenindustrie wurde vorgeworfen, an eine Altölaufbereitungsanlage Altöle mit einem unzulässig hohen PCB-Anteil geliefert zu haben. Wegen der äußerst umweltgefährdenden Höhe des Stoffes wurde gegen den Umweltbeauftragten ein Ermittlungsverfahren eingeleitet und die Durchsuchung der Geschäftsräume, des Firmengeländes sowie der Firmenfahrzeuge angeordnet.

ff)   Abfallverbringung

1455 Unter **Mülltourismus** versteht man die strafrechtlich relevante illegale Verbringung von Abfall an Orte mit dem Ziel der Einsparung von Entsorgungskosten. Beispiel: quecksilberhaltige Saatgutbeize, die nach der Wiedervereinigung Deutschlands im Gebiet der früheren DDR nicht mehr verwendet werden durfte, gelangte über Umwege nach Polen.[1997] § 326 Absatz 2 StGB[1998] sanktioniert diesen Mülltourismus, dass heißt die **verbotene und ungenehmigte grenzüberschreitende Abfallverbringung.**

1456 Im Bereich der illegalen Mülltransporte werden die Behörden häufig gleichzeitig in mehreren Bundesländern aktiv. Ein Zweckverband für Abfallwirtschaft bestätigte, dass gegen über tausend Firmen, darunter auch zahlreiche Transportunternehmen, wegen des Verdachts der Müllschiebereien Untersuchungen vorgenommen würden. Die Transportunternehmen hatten wiederholt durch Zeitungsanzeigen oder Faxmitteilungen auf ihre angeblich günstigen Entsorgungsmöglichkeiten aufmerksam gemacht. Neben einem Bußgeldverfahren droht der Entzug der Lizenz.[1999]

1457 In einem von den Medien zum größten Umweltstrafverfahren in der deutschen Geschichte hochstilisierten Prozess hatte die Staatsanwaltschaft beim Landgericht Frankfurt a. M. Anklage wegen der Gründung einer kriminellen Vereinigung und

---

1995   Tröndle/Fischer, a.a.O., § 326 Rn. 9; a. A. Michalke, a.a.O., Rn. 275 m . w. N., die entgegen dem Wortlaut und der ratio legis annimmt, eine Verfahrensverletzung innerhalb einer zugelassenen Anlage sei nicht tatbestandsgemäß.

1996   Schönke/Schröder-Lenckner, a.a.O., § 326 Rn. 12; Kloepfer/Vierhaus, a.a.O., Rn. 137.

1997   BGHSt 36, 255 (Falisan-Entscheidung); siehe oben Rdn. 1107 ff.

1998   Bis zum Inkrafttreten des 2. UKG am 01. 11. 1994 war der unerlaubte Abfallexport lediglich ordnungswidrig.

1999   HAZ Nr. 279 v. 26. 11. 1996, S. 8.

schwerer umweltgefährdender Abfallbeseitigung erhoben. Zwischen den Firmen der Müll-Mafia wurden Entsorgungsgebühren kassiert, der Müll dann hin- und hergeschoben und zuletzt illegal beseitigt, gepanscht oder die Herkunft verschleiert.[2000]

Tatmittel des Absatzes 2 sind die besonders gefährlichen Abfälle wie in Absatz 1.[2001] Die Regelung wird von dem Grundsatz beherrscht, dass gefährliche Abfälle regelmäßig in ihrem Entstehungsland zu entsorgen sind. Unter Verbringen in den, aus dem oder durch den Geltungsbereich des Strafgesetzbuches versteht man Einfuhr, Ausfuhr und Durchfuhr. **1458**

Ausfuhr meint das Verbringen von Abfall aus dem deutschen Wirtschaftsgebiet in ein anderes Wirtschaftsgebiet. Täter kann jeder Ausführende sein. Bezüglich des Versuchsbeginns ist erforderlich, dass die Ware auf ihrem Beförderungsweg ins Ausland schon in unmittelbare Grenznähe gelangt sein muss. **1459**

Der **Unterschied zwischen Durchfuhr und Einfuhr** besteht darin, dass bei der Durchfuhr eines Gegenstands dieser während des Transports im Inland zu keiner Zeit der freien Disposition des Durchführenden oder einer anderen Person unterliegen darf und der zur Beförderung notwendige Aufenthalt im Inland auf die Zeit beschränkt ist, die zur Durchfuhr erforderlich ist. Besteht im Inland dagegen die Möglichkeit der Verfügung über den Gegenstand, so liegt Einfuhr vor, hinter der der Tatbestand der Durchfuhr zurücktritt. **1460**

Absatz 2 stellt generell die Ausfuhr, Einfuhr und Durchfuhr von gefährlichen Abfällen unter Strafe, sofern sie entgegen einem Verbot oder ohne die erforderliche Genehmigung bewirkt werden.[2002] **1461**

Vollendet ist die Tat des Absatzes 2 in den Formen der Ein- oder Ausfuhr, wenn es jeweils zur Überschreitung der staatlichen Grenze gekommen ist. Die Durchfuhr ist ein Dauerdelikt, das erst mit dem nochmaligen Überschreiten der Grenze sein Ende findet. **1462**

gg) § 326 Absatz 3 StGB

§ 326 Absatz 3 StGB enthält einen zweiten, selbstständigen Tatbestand, der bei **gesetzwidriger Nichtablieferung radioaktiver Stoffe** erfüllt ist. Die Vorschrift ersetzt § 45 Absatz 2 Nr. 3 AtG,[2003] der zuvor eine Strafandrohung enthielt. **1463**

2000 HAZ Nr. 257 v. 01. 11. 1997, S. 10. Das Verfahren hielt im Ende nicht das, was sich die Medien (und wohl auch die Staatsanwaltschaft) von ihm versprochen hatten.

2001 Das Verbringen von Abfällen, die nicht unter § 326 Abs. 2 fallen, ist ordnungswidrig gem. § 14 AbfVerbrG – Abfallverbringungsgesetz vom 30. 09. 1994 (BGBl. I S. 2771), zuletzt geändert durch Art. 63 der VO v. 31. 10. 2006 (BGBl. I S. 2407).

2002 Der Grundsatz der Verwaltungsakzessorietät sorgt in diesem Fall für Komplikationen – Die Verbotsnormen und das Genehmigungsverfahren sind unübersichtlich und schwer nachzuvollziehen. Das Verfahren ist fehleranfällig. Vgl. hierzu Michalke, a.a.O., S. 165 Rn. 278 ff.; ausführlicher Franzheim/Pfohl, a.a.O. Rn. 317.

2003 Atomgesetz in der Fassung der Bekanntmachung vom 15. 07. 1985 (BGBl. I S. 1565), zuletzt geändert durch Art. 161 der VO v. 31. 10. 2006 (BGBl. I S. 2407).

1464 Grundlage für die gesetzwidrige Nichtablieferung ist § 9 a Absatz 1 AtG, wonach derjenige, der radioaktive Abfälle besitzt, diese an eine Anlage nach § 9 a Absatz 3 AtG (Landessammelstelle für Zwischenlagerung, Bundesanlage zur Sicherstellung und Endlagerung) abliefern muss. Auch wenn § 326 Absatz 3 StGB keinen Zeitpunkt für die Ablieferung vorsieht und er sich nicht aus dem AtG ergibt, so ist sie dennoch unverzüglich vorzunehmen. Begründen lässt sich dies aus der Gefährlichkeit der Stoffe sowie dem beabsichtigten Schutz der Umwelt.[2004]

hh)   Strafbarkeit

1465 Auch bei § 326 Absatz 1 StGB muss der Täter **unbefugt** handeln. Das Merkmal ist wie bei § 324 StGB[2005] ein allgemeines Rechtswidrigkeitsmerkmal,[2006] erlangt aber nur eine geringe Bedeutung, da schon im Rahmen des objektiven Tatbestandes die Merkmale »außerhalb einer dafür zugelassenen Anlage« oder »unter wesentlicher Abweichung von einem vorgeschriebenen oder zugelassenen Verfahren« zu prüfen sind.[2007]

1466 Wie bei den obigen umweltstrafrechtlichen Normen kann die umweltgefährdende Abfallbeseitigung **sowohl fahrlässig als auch vorsätzlich** begangen werden. Neben den allgemeinen Rechtfertigungsgründen liegt ein weiterer **Strafausschließungsgrund in § 326 Absatz 6 StGB**. Die Tat ist danach nicht strafbar, wenn schädliche Einwirkungen auf die Umwelt wegen der geringen Abfallmenge offensichtlich ausgeschlossen sind. In diesem Zusammenhang ist auf die Entscheidung des Bundesgerichtshofs vom 3. November 1993 hinzuweisen:[2008]

> Der Leiter des Abfalldezernats einer Fachbehörde, also ein Amtsträger, wurde wegen vorsätzlicher umweltgefährdender Abfallbeseitigung zu einer Freiheitsstrafe auf Bewährung verurteilt. Das Regierungspräsidium hatte ihn mit einer Stellungnahme zu einer von einem Unternehmen geplanten Umlagerung von Abfall beauftragt. Der Amtsträger erstellte ein Gutachten, in dem er die Auffassung vertrat, dass einer Trennung des Abfalls zugestimmt werden könne. Später stellte sich heraus, dass eine Abfalltrennung so nicht möglich war und Sonderabfälle auf einer Hausmülldeponie abgelagert wurden. Die Verurteilung des Amtsträgers erfolgte, da er gewusst habe, dass die von ihm vorgeschlagene Untersuchungsmethode zur Verhinderung einer Vermischung der beiden Abfallarten ungeeignet war und ihm außerdem bekannt gewesen sei, dass der Regierungspräsident als die zuständige Genehmigungsbehörde seiner

---

2004   Schönke/Schröder-Lenckner, a.a.O., § 326 Rn. 13 – Die Vorschrift des § 326 Abs. 2 StGB gewinnt an Bedeutung, bedenkt man den aufkommenden Schmuggel radioaktiven Materials; vgl. schon »DER SPIEGEL«, Nr. 42 v. 12. 10. 1992, S. 149; aktuell bereitet insbesondere die Entwicklung ausländischer Nuklearschwarzmärkte Sorgen: »*Tödlicher Aufschwung – Der internationale Handel mit gestohlenen Nuklearstoffen blüht*«, SZ Nr. 270 v. 20. 10. 2004, S. 10 oder »*Plutonium vom Schwarzmarkt – Nukleares Material frei verfügbar*«, SZ Nr. 100 v. 02. 05. 2005, S. 2.

2005   Siehe Rdn. 1319 ff.

2006   MünchKomm/Alt, a.a.O., § 326 Rn. 92.

2007   Ebenso Franzheim/Pfohl, a.a.O., Rn. 299.

2008   Dazu die ausführliche Darstellung oben Rdn. 439 ff.

Empfehlung ohne weitere Prüfung folgen würde. In diesem Verhalten des Amtsträgers hat der Bundesgerichtshof eine umweltgefährdende Abfallbeseitigung gesehen, die durch aktives Tun wahlweise entweder als Mittäter bei kollusivem Zusammenwirken mit dem Unternehmen oder als mittelbarer Täter bei Gutgläubigkeit des Unternehmens begangen wurde.[2009]

Das Strafrechtsänderungsgesetz hat seinerzeit den Strafrahmen der Norm erweitert. Geldstrafen oder Freiheitsstrafen von bis zu fünf Jahren können verhängt werden. Handelt es sich um eine fahrlässig begangene Tat, so ist die Höchstfreiheitsstrafe drei Jahre. Die Erhöhung gilt jedoch nicht für den Tatbestand der Nichtablieferung radioaktiver Stoffe, hier ist für die fahrlässige Tat auch weiterhin als Höchststrafe die einjährige Freiheitsstrafe vorgesehen. Auch die Vorsatztat im Sinne des § 326 Absatz 3 StGB hat einen niedrigeren Strafrahmen – Freiheitsstrafe bis zu drei Jahren. **1467**

f) Unerlaubtes Betreiben von Anlagen – § 327 StGB

Im Jahre 2002 erregte ein besonders spektakulärer Fall[2010] von Umweltkriminalität das Aufsehen der Öffentlichkeit:[2011] **1468**

>*Ein Landwirt aus dem mittelfränkischen Neuendettelsau sitzt in Untersuchungshaft, weil er riesige Mengen hochgiftiger Chemikalien auf seinen Feldern entsorgt hat. Das Gift sickerte ins Grundwasser, das Erdreich wurde verseucht. Das Umweltministerium spricht von einem »bislang beispiellosen Fall« im Freistaat. (…) Unter den Giftstoffen waren so gefährliche Substanzen wie das Krebs erregende Lösemittel Toluol und das Herz schädigende Pyridin, außerdem Hexan, Anilin, Benzol und Naphtalin. Auf dem Bauernhof wurden außerdem große Behälter mit weiteren gefährlichen Chemikalien gefunden. Offenbar sollte sie der 35-Jährige im Auftrag noch unbekannter Firmen beseitigen. Experten vermuten, es werde Millionen kosten, die Schäden zu beseitigen. (…) Auf dem Bauernhof wurden Behälter mit einem Fassungsvermögen von mehr als einer Million Liter gefunden, die großteils mit Chemikalien gefüllt waren. Allein ihre Entsorgung kostet 350 000 Euro. (…) ›Keine Gefährdung der Bevölkerung‹ sieht das örtliche Gesundheitsamt. ›Das Zeug ist durch die enorme Verdünnung verflogen‹ (…) Unklar ist aber noch, was sich im Boden abspielt, der womöglich einige Meter tief abgegraben werden muss (…).«[2012]*

Der Angeklagte wurde zu einer Freiheitsstrafe von fünf Jahren verurteilt, doch die juristische Aufarbeitung zieht sich nach aktuellem Kenntnisstand immer noch dahin, vor allem, weil auch den beteiligten Behörden schwere Versäumnisse zum Vorwurf gemacht wurden: **1469**

>*Außer dem Landwirt aus dem mittelfränkischen Neuendettelsau, der Tausende Tonnen Giftmüll auf seine Felder gekippt haben soll (…) müssen sich auch zwei leitende Mitarbeiter eines hessischen Abfallmaklers wegen schwerer Umweltstraftaten verant-*

2009 BGH wistra 1994, 101 ff.
2010 Vgl. auch den ähnlichen Fall, in dem so genannte PFT-Abfälle auf Felder aufgebracht wurden, siehe oben Rdn. 1360 ff.
2011 Vgl. SZ Nr. 166 v. 21. 07. 2004, S. 44.
2012 SZ Nr. 123 v. 31. 05. 2002, S. 56.

worten. Die Staatsanwaltschaft Ansbach erhob Anklage gegen die Männer, die billigend in Kauf genommen hätten, dass der Landwirt die Chemikalien illegal entsorgt. Ihnen sei bekannt gewesen, dass er auf seinem Hof lediglich eine kleine Biogasanlage betrieb. Tatsächlich landeten dort zum Teil hochgiftige Substanzen (...). Die Staatsanwaltschaft sieht darin eine gemeinschaftliche vorsätzliche **Bodenverunreinigung** *in einem besonders schweren Fall. Das Ganze in Tateinheit mit vorsätzlicher* **Gewässerverunreinigung** *sowie vorsätzlichem* **unerlaubten Betreiben von Anlagen.** *Das hessische Unternehmen lieferte zwischen März 2000 und April 2002 mindestens 2970 Tonnen Industrieabfälle und Deponieabwässer an den Bauern, darunter mehr als 1200 Tonnen besonders überwachungsbedürftiger Stoffe.«*[2013]

1470 Das in § 327 StGB geregelte Delikt »*unerlaubtes Betreiben von Anlagen*« stellte im Jahr 1999 innerhalb der Umweltkriminalität mit 1.056 (1998: 1247) Fällen die drittgrößte Deliktgruppe der eingeleiteten Umweltstrafverfahren.[2014] Auch bei dieser Umweltstraftat hat sich im neuen Jahrtausend eine erhebliche Verminderung der Zahlen der erfassten Fälle ergeben: 2006 waren es 551, nach 559 solcher Fälle 2005.[2015]

1471 § 327 StGB wurde 1980 in das Strafgesetzbuch aufgenommen, um unterschiedliche Regelungen zu ersetzen, die in § 63 BImSchG und § 16 AbfG zu Zweifeln und Missverständnissen Anlass gaben.[2016]

1472 Die Norm umfasst in Absatz 1 den Betrieb von sowie den sonstigen Umgang mit strahlenschutzrechtlich relevanten Anlagen.

aa)   § 327 Absatz 1 StGB

1473 Nach der in § 330d Nr. 2 StGB enthaltenen Begriffsbestimmung, die für § 327 StGB gilt, sind **kerntechnische Anlagen** solche, die zur Erzeugung, Bearbeitung, Verarbeitung oder Spaltung von Kernbrennstoffen oder zur Aufbereitung bestrahlter Kernbrennstoffe dienen.

1474 Nicht unter § 327 Absatz 1 StGB fallen Anlagen zur Kernvereinigung,[2017] zur Lagerung,[2018] zur Verwertung radioaktiver Reststoffe oder zur Beseitigung radioaktiver Abfälle.[2019] Im Gegensatz zum Verwaltungsrecht umfasst der Begriff der kerntechnischen Anlage im Strafrecht nur die nuklearspezifischen Anlagenteilbereiche[2020] – so werden deren Bürogebäude und solche Werkstätten, die mit den

---

2013 SZ Nr. 257 v. 08. 11. 2003, S. 55.

2014 PKS 1999 v. 11. 05. 2000 bzw. PKS 1998, dazu: Bulletin Nr. 56, a.a.O., S. 525 ff. (545). Das Errichten einer Anlage ohne Genehmigung wird als Ordnungswidrigkeit behandelt; z. B. § 62 Abs. 1 S. 1 BImSchG.

2015 PKS 2006, S: 45.

2016 Vgl. Hans-Jürgen **Sack**, Umweltschutzstrafrecht, Loseblattsammlung, 29. Lief. 2006, § 327 Rn. 1 ff.

2017 §§ 9, 26 AtG.

2018 §§ 5 f. AtG.

2019 §§ 9 b, 9 c AtG.

2020 MünchKomm/Alt, a.a.O., § 327 Rn. 6; Schönke/Schröder-Cramer/Heine, a.a.O., § 327 Rn. 3.

typischen Atomgefahren nicht in Verbindung stehen, nicht als kerntechnische Anlage im Sinne von § 327 StGB angesehen.

Betrieben wird eine kerntechnische Anlage nur, wenn sie für ihren bestimmungs- **1475** gemäßen Zweck genutzt wird.[2021] Der Zeitraum beginnt mit dem Ingangsetzen und endet mit der vollständigen Stilllegung.[2022]

Innehabung einer Anlage ist das tatsächliche Herrschaftsverhältnis (Besitz und **1476** Gewahrsam) über sie. Diese Variante des zweiten Tatbestandsmerkmals wurde in die Vorschrift aufgenommen, da auch eine nicht betriebene, aber betriebsbereite oder bereits stillgelegte Anlage radioaktiv sein kann. Dieses Strahlenrisiko muss im Einzelfall aber noch konkret bestehen.[2023]

Der **Abbau einer Anlage** erfordert einen Eingriff in die Sachsubstanz der Einrich- **1477** tung[2024] und wird vom Tatbestand erfasst, um die mit dem Abbau verbundenen Strahlenrisiken strafrechtlich abzusichern.

Eine weitere alternative Variante des Tatbestandsmerkmals ist die wesentliche **1478** Veränderung von Anlage oder Betrieb.

Veränderungen einer Anlage sind z. B. Änderungen der technischen oder bauli- **1479** chen Apparaturen und Schutzeinrichtungen, die in der Form einer Entfernung vorliegen können.[2025]

Unter **Veränderungen des Betriebs** fallen beispielsweise die Erhöhung techni- **1480** scher Leistungen des Reaktors oder die Verwendung anderer Brennelemente.[2026]

Ob es sich um eine **wesentliche Veränderung** handelt, ist **nach den Umständen** **1481** **des Einzelfalls** zu beurteilen. Es muss dabei jeweils geprüft werden, ob die Verän- derung auf die für die Genehmigungspflicht maßgebenden Gesichtspunkte Ein- fluss hat. Wesentlich ist die Änderung, wenn sie nach Art und Umfang geeignet scheint, dass von der Anlage im Genehmigungsbescheid zugrunde gelegte Gefah- renpotential zu erhöhen und deshalb eine Neubeurteilung der Genehmigung not- wendig wäre. Eine bauliche Veränderung, die z. B. lediglich eine Verstärkung der bisher schon vorhandenen Sicherheitseinrichtungen darstellt, kann nach dem Schutzzweck der Norm nicht wesentlich sein.[2027]

§ 327 Absatz 1 Nr. 2 StGB[2028] stellt die wesentliche Veränderung einer Betriebs- **1482** stätte, in der Kernbrennstoffe verwendet werden, oder eine wesentliche Änderung deren Lage unter Strafe. Nachdem Brennelementfabriken der Anlagengenehmi- gung nach § 7 AtG unterstellt worden sind, beschränkt sich der Anwendungsbe-

---

2021 Volk/Leipold/Engel, a.a.O., § 28 Rn. 210.
2022 Steindorf, a.a.O., § 327 Rn. 6.
2023 MünchKomm/Alt, a.a.O., § 327 Rn. 8; Schönke/Schröder-Cramer/Heine, a.a.O., § 327 Rn. 7.
2024 Vgl. Michalke, a.a.O., S. 177 Rn. 307.
2025 Dazu Sack, a.a.O., § 327.
2026 Vgl. Sack, a.a.O., § 327.
2027 Allgemeine Auffassung, vgl. nur Schönke/Schröder-Cramer/Heine, a.a.O., § 327 Rn. 10; Michalke, a.a.O., Rn. 308.
2028 Bis zum 31. StRÄndG – 2. UKG war die Regelung in § 328 Abs. 1 Nr. 1 StGB a. F. ent- halten.

reich auf den experimentellen Umgang mit Kernbrennstoffen zu Forschungszwecken.[2029]

1483 Die dargestellten Tathandlungen müssen entweder ohne die erforderliche Genehmigung oder entgegen einer vollziehbaren Untersagung erfolgt sein.

1484 Ob eine Genehmigung erforderlich ist, richtet sich nach § 7 AtG. Eine Genehmigung ist für all solche ortsfesten und ortsveränderlichen Anlagen notwendig, die zur Erzeugung, Bearbeitung, Verarbeitung oder zur Spaltung von Kernbrennstoffen oder zur Aufarbeitung bestrahlter Kernbrennstoffe errichtet, betrieben oder innegehabt werden oder wenn eine wesentliche Veränderung der Anlage oder ihres Betriebs erfolgen soll.

1485 Es kommt allein auf die **formelle Genehmigung** an und nicht darauf, ob eine Genehmigungsfähigkeit besteht. Liegt keine formelle Genehmigung vor, so ist das Tatbestandsmerkmal bereits erfüllt.[2030]

> Zwei Geschäftsführer der Alkem GmbH waren wegen des unerlaubten Betreibens einer Anlage angeklagt worden; drei Sachbearbeiter der Genehmigungsbehörde wegen Beihilfe zum ungenehmigten Ändern einer kerntechnischen Anlage. Alle fünf Angeklagten wurden freigesprochen.

1486 Das Landgericht Hanau hat im **Alkem-Prozess** entschieden, dass der rechtswidrige, aber bestandskräftige Gestattungsakt der Verwaltung für die verantwortlichen Angeklagten der Alkem GmbH einen Rechtfertigungsgrund darstellte.[2031]

> Die Alkem GmbH, die Kernbrennelemente fertigte, verfügte seit 1964 über jeweils beschränkte Betriebsgenehmigungen nach § 9 AtG (alte Fassung). Nach der Gesetzesänderung 1975[2032] erloschen befristete Genehmigungen zum 1. Januar 1976, wenn der Genehmigungsinhaber nicht rechtzeitig einen Neuantrag nach dem geänderten § 7 AtG gestellt hatte. Das Genehmigungsverfahren nach der Änderung ist weitaus aufwendiger und sieht unter anderem die Auslegung der entsprechenden Unterlagen zur Öffentlichkeitsbeteiligung vor. Alkem stellte insgesamt sechs solcher Anträge. Die Behörde prüfte diese zwar materiellrechtlich korrekt, hielt jedoch weder die Form- noch die Verfahrenserfordernisse ein, bevor sie die »Vorabzustimmungsbescheide« erteilte.

1487 Diese Bescheide wurden als rechtswidrig, nicht jedoch als nichtig eingestuft, da sie weder gegen die guten Sitten verstießen noch unter grober Außerachtlassung elementarer Grundsätze eines Verwaltungsverfahrens erlassen wurden.[2033]Den Beamten konnte nicht nachgewiesen werden, dass sie im konkreten Fall die Notwendigkeit der Öffentlichkeitsbeteiligung erkannt und dennoch ihre Genehmigungspraxis fortgesetzt hatten.[2034] Den angeklagten Geschäftsführern wurde zugute gehalten, dass ihnen die Rechtswidrigkeit der Verwaltungsakte nicht

---

2029 Steindorf, a.a.O., § 327 Rn. 10a; MünchKomm/Alt, a.a.O., § 327 Rn. 13 f.
2030 Tröndle/Fischer, a.a.O., § 327 Rn. 5; Schönke/Schröder-Cramer/Heine, a.a.O., § 327 Rn. 12.
2031 LG Hanau NJW 1988, 571 ff.
2032 3. Gesetz zur Änderung des AtG v. 15. 07. 1975.
2033 LG Hanau NJW 1988, 576 f.
2034 LG Hanau NJW 1988, 576.

bewusst gewesen sei und sie sich deshalb aufgrund Vertrauensschutzes nicht strafbar gemacht hätten.[2035]

Das Alkem-Verfahren hat gezeigt, dass die Strafbehörden auch gegen Amtsträger **1488** ermitteln. Trotz des Freispruchs in diesem Verfahren kann die Garantenstellung der Verwaltung in der Praxis diverse negative Auswirkungen haben. Die Verwaltung wird möglichst schnelle Entscheidungen anstreben, um von den Ermittlungsbehörden nicht wegen Duldung von Umweltschädigungen oder wegen Untätigkeit zur Verantwortung gezogen zu werden. Diese Einstellung, verbunden mit mangelnder fachlicher Qualifikation, kann zu einer hohen Fehlerquote führen, die wiederum Ursache für Verfahren wegen rechtswidrigen Ermessensmissbrauchs sein kann. Um auch diesen Risikofaktor möglichst gering zu halten, werden die Verwaltungsbehörden durch restriktive Gesetzesauslegung versuchen, die ihnen zur Verfügung stehenden Ermessensspielräume in möglichst geringem Umfang auszuschöpfen. Aus diesem Grund können viele Genehmigungen für den Umweltbereich hohe, technisch kaum und finanziell nicht zu realisierende Auflagen enthalten.

Unterstellt die Strafverfolgungsbehörde, da das Genehmigungsverfahren noch **1489** nicht beendet ist, in einem Ermittlungsverfahren eine Entscheidung der Verwaltungsbehörde, kann dadurch die spätere Verwaltungsentscheidung vorbestimmt werden. Es ist wahrscheinlich, dass Verwaltungsbeamte die Ergebnisse des Ermittlungsverfahrens bei ihrer Entscheidungsfindung berücksichtigen, um sich nicht der Gefahr der Einleitung eines Strafverfahrens wegen rechtswidrigen Ermessensmissbrauchs auszusetzen.

bb)   § 327 Absatz 2 StGB

§ 327 Absatz 2 StGB regelt das Betreiben von Anlagen im Sinne des Bundesim- **1490** missionsschutzgesetzes, Rohrleitungsanlagen nach dem Wasserhaushaltsgesetz und Abfallentsorgungsanlagen nach dem Kreislaufwirtschafts- und Abfallgesetz.[2036]

Ob eine **Anlage im Sinne des Bundesimmissionsschutzgesetzes** vorliegt, richtet **1491** sich nach § 3 Absatz 5 dieses Gesetzes, dessen Inhalt bereits bei der Definition des Begriffs »*Unternehmen*« wiedergegeben wurde.[2037]

Die Verfassungsmäßigkeit des § 327 Absatz 2 StGB a. F. war bis zur Bestätigung **1492** der Norm durch das Bundesverfassungsgericht[2038] umstritten. Da diese **Containeranlage-Entscheidung** für das gesamte Umweltstrafrecht von grundsätzlicher Bedeutung ist, soll hier näher auf sie eingegangen werden.

> In dem zugrunde liegenden Fall hatte der angeklagte Unternehmer Gurtbandabfälle in einem oben offenen Container verbrannt, um die in den Gurten eingebetteten Kupfernadeln zu gewinnen. Das Amtsgericht Nördlingen sah

---

2035   LG Hanau NJW 1988, 576 f.
2036   Volk/Leipold/Engel, a.a.O., § 28 Rn. 208 f.; MünchKomm/Alt, a.a.O., § 327 Rn. 5.
2037   Siehe Rdn. 25 (FN 76)
2038   BVerfGE 75, 329 ff.

den Angeklagten als schuldig an, vorsätzlich eine genehmigungsbedürftige Anlage im Sinne des Bundesimmissionsschutzgesetzes ohne die gesetzlich erforderliche Genehmigung betrieben zu haben, hielt aber § 327 Absatz 2 Nr. 1 StGB für eine verfassungswidrige Blankettstrafnorm..

1493 Das Bundesverfassungsgericht hat diese Zweifel nicht geteilt. Es erklärte:

»§ 327 Absatz 2 Nr. 1 StGB ... legt Art und Maß der Strafe fest und umschreibt ... hinreichend bestimmt den Straftatbestand, der das Betreiben einer genehmigungsbedürftigen Anlage i. S. des Bundes-Immissionsschutzgesetzes ohne die nach diesem Gesetz erforderliche Genehmigung erfassen soll. Welche Anlagen genehmigungspflichtig sind, regelt die Strafbestimmung zwar nicht selbst ...Es liegt in der Gestaltungsfreiheit des Bundesgesetzgebers, ob er Strafsanktionen für Verstöße gegen Bundesgesetze im jeweiligen Fachgesetz, d. h. im Nebenstrafrecht, oder etwa zur Betonung ihrer besonderen Bedeutung für das Wohl der Allgemeinheit (wie vorliegend) im StGB vorsieht.«[2039]

1494 Diese Entscheidung ist für die Unternehmen und ihre Mitarbeiter wegen der folgenden Sätze von besonderer Bedeutung. Durch ihre Aussage wird das strafrechtliche Risiko wesentlich erhöht.

»Die Kenntnis der Regelungen im StGB, das die wesentlichen Straftatbestände zusammenfasst, darf im Allgemeinen erwartet werden. Darüber hinaus ist von Betreibern gewisser technischer Anlagen zu verlangen, dass sie über die einschlägigen Vorschriften unterrichtet sind. In Grenzfällen wird die strafrechtliche Irrtumsregelung angemessene Lösungen ermöglichen ...«[2040]

1495 In einer anderen Entscheidung hat das Bundesverfassungsgericht seinen Standpunkt noch präzisiert:

»Von den Normadressaten kann in der Regel erwartet werden, dass sie aufgrund der für den Betrieb der betreffenden Anlagen erforderlichen Fachkenntnisse und der breiten Ökologiediskussion in der Öffentlichkeit die Bedeutung der von ihren Einrichtungen ausgehenden Emissionen für den Menschen und die Umwelt erkennen und sich in Zweifelsfällen hinsichtlich der Genehmigungsbedürftigkeit sachkundig machen.«[2041]

1496 Wie schwierig es aber für einen – besonders für den rechtsunkundigen – Unternehmer sein kann, sich sachkundig zu machen und wie weit der Weg zu einer korrekten Bestimmbarkeit der Umweltstraftaten im Sinne unseres Grundgesetzes tatsächlich noch ist, hat das Bundesverfassungsgericht in seiner **Containeranlage-Entscheidung** – wohl unbewusst – selbst beschrieben, indem es die Aufgabenstellung des Strafrichters schildert:

»Die Strafgerichte werden nicht unter Verstoß gegen den Gewaltenteilungsgrundsatz (Art. 20 Absatz 2 GG) an Entscheidungen der Verwaltung gebunden. ... Die Pflicht des Strafrichters, erteilte Genehmigungen jedenfalls grundsätzlich als gegeben hinzunehmen, folgt bereits aus der Formulierung des gesetzlichen Tatbestandes. Allerdings können sich aufgrund der Eigengesetzlichkeiten und Regelungsziele des Verwaltungs-

---

2039   BVerfGE 75, 329 ff. (343).
2040   BVerfGE 75, 329 ff. (343).
2041   BVerfGE 48, 48 ff. (57).

rechts einerseits und des Strafrechts anderseits im Einzelfall für die Anwendung der Strafvorschrift Probleme stellen, so z. B. hinsichtlich der strafrechtlichen Auswirkungen einer erteilten, jedoch mit schweren Mängeln behafteten Genehmigung, hinsichtlich einer behördlichen Duldung einer nicht genehmigten Anlage nach § 20 Absatz 2 BImSchG oder hinsichtlich solcher Verwaltungsentscheidungen, die mit vom Strafgericht für unzutreffend gehaltener Begründung bestimmte Anlagen als nicht genehmigungsbedürftig ausweisen. Derartige Auslegungsschwierigkeiten können und müssen jedoch von den Gerichten mit den im Strafrecht und Strafprozessrecht zur Verfügung stehenden Möglichkeiten bewältigt werden. ...Der Gesetzgeber kann die Gefahr unterschiedlicher behördlicher Entscheidungen nicht ausschließen. Beruht die abweichende Entscheidung verschiedener Behörden oder Gerichte zu denselben Rechtsvorschriften auf einer verschiedenartigen Rechtsauslegung, so liegt darin grundsätzlich noch keine Verletzung des Grundrechts der Gleichheit vor dem Gesetz.«[2042]

Unser oberstes Verfassungsgericht bescheinigt also dem Strafrichter, dass die **1497** Bestimmbarkeit einer Umweltstrafnorm im konkreten Einzelfall problematisch sein kann, verlangt aber zugleich vom Unternehmer, dass er in seinem speziellen Fall – auch wenn er selbst Rechtslaie ist – die einschlägigen Rechtsvorschriften sachkundig kennt. Ein **Anforderungsprofil von höchster Qualität**, welches das Bundesverfassungsgericht hier anwendet.

Dieser Verantwortungsmaßstab wird auch nicht in seiner Tragweite durch den – **1498** bereits zitierten – Satz reduziert: »*In Grenzfällen wird die strafrechtliche Irrtumsregelung angemessene Lösungen ermöglichen*«.[2043] Die Verfassungsrichter denken bei »*angemessenen Lösungen*« wohl an die Möglichkeiten, mit denen ein Strafverfahren enden kann: mindere Strafe, Verfahrenseinstellung oder Freispruch. Allen prozessualen Abschlussvarianten ist aber die – für ein Wirtschaftsunternehmen als solches schon negative – Tatsache immanent, dass zunächst ein Strafverfahren eingeleitet worden ist.

In das Gesetz aufgenommen wurde im Jahr 1994 auch **§ 327 Absatz 2 Nr. 2** **1499** **StGB**. Diese Vorschrift erweitert den Tatbestand auch auf genehmigungsbedürftige oder anzeigepflichtige **Rohrleitungsanlagen** zum Befördern wassergefährdender Stoffe im Sinne des Wasserhaushaltsgesetzes. Gemeint sind Pipelines, die den Bereich eines Werksgeländes verlassen und nicht Zubehör einer Anlage zum Lagern solcher Stoffe sind.[2044] Die brennenden Ölleitungen in Sibirien 1995 haben gezeigt, dass es beim Betrieb derartiger Leitungen ein erhebliches Risiko gibt. § 19a WHG enthält die Genehmigungsvorschrift zum Betreiben solcher Anlagen und bezeichnet in Absatz 2, was unter wassergefährdenden Stoffen zu verstehen ist (insbesondere Treibstoffe aller Art).[2045]

§ 327 Absatz 2 Nr. 3 StGB beschäftigt sich mit **Abfallentsorgungsanlagen** im **1500** Sinne des **Kreislaufwirtschafts- und Abfallgesetzes**. Nach herrschender Auffassung sind nur Anfallbeseitigungsanlagen (Deponien) im Sinne von § 27 Absatz 1 S. 1 KrW-/AbfG von § 327 Absatz 2 Nr. 3 StGB erfasst, da andere Anlagen zur

---

2042 BVerfGE 75, 329 ff. (346).
2043 BVerfGE 75, 329 ff. (343).
2044 Steindorf, a.a.O., § 327 Rn. 15 b.
2045 Dazu auch Franzheim/Pfohl, a.a.O. Rn. 401; Michalke, a.a.O., S. 181 f. Rn. 319 ff.

Abfallentsorgung einer immissionsrechtlichen Genehmigung bedürfen und somit § 327 Absatz 2 Nr. 1 StGB unterfallen – das Kreislaufwirtschafts- und Abfallgesetz kennt den Begriff Abfallentsorgungsanlage gar nicht.[2046] § 27 Absatz 1 S. 1 KrW-/AbfG legt fest, dass Abfälle zur Beseitigung nur in den dafür zugelassenen Anlagen behandelt, gelagert oder abgelagert werden dürfen.[2047]

1501 Eine Anlage wird zur **Deponie** durch jede Form des Beseitigens das durch **Endgültigkeit** geprägt ist[2048] – also insbesondere Ablagern, Ablassen, aber nicht Lagern und Behandeln. Deshalb kommen auch Grundstücke als Abfallentsorgungsanlage im Sinne des § 327 Absatz 2 Nr. 3 in Betracht, wenn der Nutzungsberechtigte sie zur Ablagerung von Abfällen bestimmt hat und diese zeitlich unbegrenzte Lagerung ein typisches Merkmal des Grundstücks ist, wobei auch die Art und Menge des Abfalls eine Rolle spielt.[2049] Zu beachten ist, dass die zahlreiche ergangene Rechtsprechung zu Autowracklagern, Sondermüllanlagen und Hausmülldeponien[2050] heute unter dem Vorbehalt der geänderten immissionsrechtlichen Genehmigungslage zu betrachten[2051] sind und nur noch bedingt Aussagen zur aktuellen Strafbarkeit nach Absatz 2 Nr. 3 zulassen.[2052]

1502 Alle in der Norm erfassten Anlagearten müssen betrieben werden, um eine Strafbarkeit begründen zu können. Der **Betrieb beginnt mit dem Ingangsetzen und endet mit der vollständigen Stilllegung**.[2053]

1503 In allen Tatbestandsalternativen muss dies ohne Genehmigung bzw. Planfeststellung erfolgt sein. Für die Anlagen nach dem BImSchG besteht eine **Genehmigungspflicht**,[2054] wenn die Anlage in besonderem Maße geeignet ist, schädliche Umwelteinwirkungen hervorzurufen. Besteht die Möglichkeit, dass die Allgemeinheit oder Nachbarschaft in anderer Weise gefährdet, erheblich benachteiligt oder belästigt wird, so ist ebenfalls eine Genehmigung erforderlich. Für nicht gewerblich genutzte Anlagen gilt dies – mit Ausnahme von Abfallentsorgungsanlagen – nur, wenn sie in besonderem Maße geeignet sind, schädliche Umwelteinwirkungen durch Luftverunreinigungen oder Geräusche hervorzurufen.[2055]

1504 Ein **Betreiben ohne Genehmigung** liegt vor, wenn sie entweder nicht erteilt oder nachträglich wirksam wieder zurückgenommen worden ist. Bei diesem Tatbestand kommt es nicht darauf an, ob die Genehmigung erteilt werden durfte,[2056] so dass sich der Betreiber in jedem Fall auf seine Betreibergenehmigung berufen kann.

2046 Wie hier Kloepfer/Vierhaus, a.a.O. Rn. 142; Franzheim/Pfohl, a.a.O., Rn. 403; a. A. Michalke, a.a.O., S. 184 Rn. 325 ff., die mit ausführlicher Begründung den Tatbestand des Abs. 2 Nr. 3 am liebsten aus der Welt schaffen würde.
2047 Steindorf, a.a.O., § 327 Rn. 16a.
2048 MünchKomm/Alt, a.a.O., § 327 Rn. 19; Steindorf, a.a.O. Rn. 16c.
2049 Schönke/Schröder-Cramer/Heine, a.a.O., § 327 Rn. 17.
2050 Dazu eine Zusammenfassung bei Steindorf, a.a.O., § 327 Rn. 19 f.
2051 Die Fälle sind demnach in der Regel Abs. 2 Nr. 1 zuzuordnen.
2052 Ebenso Franzheim/Pfohl, a.a.O., Rn. 403.
2053 Siehe Sack, a.a.O., § 327.
2054 § 4 Abs. 1 BImSchG.
2055 Sack, a.a.O., § 327 Rn. 51, 52.
2056 So auch Steindorf, a.a.O., § 327 Rn. 22; Kloepfer/Vierhaus, a.a.O. Rn. 144.

Ein **Betreiben entgegen vollziehbarer Untersagung** ist gegeben, wenn eine 1505
Auflage oder Anordnung oder Pflicht nicht erfüllt wurde und die Behörde nach
§ 7 BImSchG den Betrieb bis zur Erfüllung untersagt hat.[2057] Ein Verstoß liegt
vor, wenn trotz Auflagen, Bedingungen oder Befristungen erhebliche Beeinträchtigungen des Wohls der Allgemeinheit nicht beachtet werden und die Anordnungen der Behörde unanfechtbar geworden sind. Gleiches gilt, wenn bei Einlegung
eines Rechtsmittels die sofortige Vollziehung angeordnet worden ist (§ 80
Absatz 2 Nr. 4 VwGO).[2058]

Für Abfallentsorgungsanlagen ist eine **Planfeststellung oder Genehmigung** erfor- 1506
derlich. Die Planfeststellung soll durchgeführt werden, um so den vielen Einzelin-
teressen gerecht zu werden, die durch die Anlage berührt sein könnten. Das Tatbestandsmerkmal »*ohne Planfeststellung oder Genehmigung*« ist erfüllt, wenn das
Feststellungsverfahren nicht durchgeführt und eine Genehmigung nicht erteilt
oder nachträglich wieder wirksam zurückgenommen worden ist.[2059]

Wie schon bei den vorherigen Strafrechtstatbeständen kann § 327 StGB sowohl 1507
vorsätzlich als auch fahrlässig begangen werden. Beispiele für § 327 Absatz 2
Nr. 1 StGB:

- Ein Chemieunternehmen hat chemische Stoffe über die nach dem BImSchG
  erforderliche und erteilte Genehmigung hinaus hergestellt. Gegen den Werksleiter wurde aus diesem Grund ein Ermittlungsverfahren wegen unerlaubten
  Betreibens von Anlagen eingeleitet.
- Ein Unternehmen beantragte beim Regierungspräsidenten die Genehmigung
  zur Errichtung und zum Betrieb einer Anlage, mit der Polyurethanformteile
  hergestellt werden sollten. Die Anlage wurde schon vor Erteilung der Genehmigung in Betrieb genommen. Gegen die beiden Geschäftsführer des Unternehmens wurde ein Ermittlungsverfahren eingeleitet.

Für die Frage, wann ein unerlaubtes Betreiben einer Anlage vorliegt, spielt die 1508
Genehmigung eine sehr große Rolle, denn kein seriöses Unternehmen betreibt
eine Anlage ohne eine solche. Häufig wird aber übersehen, dass Änderungen vorgenommen wurden, die vom Genehmigungstext abweichen. Ohne erforderliche
Planfeststellung oder Genehmigung handelt auch, wer die Anlage oder den
Betriebsablauf wesentlich ändert und ohne Neuzulassung weiter betreibt.[2060] Eine
wesentliche Änderung kann vorliegen, wenn mit anderen Stoffen umgegangen
wird, wenn sich die Menge der betreffenden Stoffe erhöht, das Betriebsgelände
erweitert oder in seinen technischen Einrichtungen verändert wird. Unwesentli-
che Abweichungen sind strafrechtlich unbeachtlich.[2061] Für die Beurteilung der
Frage, wann eine Genehmigungspflicht entfällt, kann die folgende **Faustregel**
herangezogen werden:

Bei allen apparativen Änderungen, die die Emissionsverhältnisse um 10 % ver- 1509
schlechtern **oder (!)** verbessern, liegt eine wesentliche Änderung im Sinne des

---

2057 Vertiefend Sack, a.a.O., § 327.
2058 MünchKomm/Alt, a.a.O., § 326 Rn. 31.
2059 Vgl. Sack, a.a.O., § 327 Rn. 94, 95.
2060 MünchKomm/Alt, a.a.O., § 327 Rn. 23 ff.
2061 Steindorf, a.a.O., § 327 Rn. 21.

Strafgesetzbuchs vor. Gerade im Falle einer Verbesserung wird dies häufig übersehen und kann zu einer Strafbarkeit wegen Betreibens einer Anlage ohne Genehmigung führen.

> Der Staatsanwalt ermittelt wegen einer betrieblichen Umweltstörung. Er prüft die Genehmigungsunterlagen und stellt fest, dass die Betriebsstörung als solche nicht gravierend ist, aber dass der ganze Anlagenbetrieb nicht so verläuft, wie nach der Genehmigung erlaubt. Die Folge: Das Ermittlungsverfahren nimmt für das betroffene Unternehmen eine überraschende Wende.

1510 Für Taten gemäß § 327 Absatz 1 StGB können Freiheitsstrafen bis zu fünf Jahren verhängt werden. Für Taten gemäß § 327 Absatz 2 StGB sind Freiheitsstrafen von bis zu drei Jahren oder Geldstrafe vorgesehen. Bei Fahrlässigkeitstaten nach § 327 Absatz 1 StGB beträgt die Höchststrafe drei Jahre, bei denen nach § 327 Absatz 2 StGB zwei Jahre.

g) Unerlaubter Umgang mit radioaktiven Stoffen und anderen gefährlichen Stoffen und Gütern – § 328 StGB

1511 § 328 StGB regelt den unerlaubten Umgang mit radioaktiven Stoffen und anderen gefährlichen Stoffen und Gütern. Im Jahre 1999 wurden 142 Fälle bekannt.[2062] 2005 schlägt das Delikt mit 115 vermerkten Fällen zu Buche, für das Jahr 2006 sind 140 Taten vermerkt.[2063]

1512 Unter unerlaubtem Umgang ist oberbegrifflich das irgendwie geartete **Befördern, Aufbewahren, Abgeben und Behandeln** gefahrträchtiger (speziell radioaktiver) Stoffe entgegen der verwaltungsrechtlichen Vorschriften zu verstehen. Etwas unpassend macht sich in diesem Zusammenhang Absatz 2 Nr. 3 und 4 aus, die die täterschaftliche Herbeiführung einer Nuklearexplosion oder die Beteiligung daran sanktionieren.

1513 Ziel der Norm war zunächst der Schutz des Menschen und seiner Umwelt vor dem Missbrauch von Kernbrennstoffen durch unzuverlässige Personen. Ursprünglich war der Normzweck in § 45 Absatz 1 Nr. 1–3, 5 AtG geregelt.[2064] Die Reform des Umweltstrafrechts 1994 hat den Tatbestand erweitert und den strafrechtlichen **Schutz gegen die Gefährdung von Rechtsgütern bei gefahrträchtigen Verletzungen von Sicherheits- und Kontrollvorschriften** eingefügt. Den zuständigen Mitarbeitern in den Unternehmen soll nach dem Willen des Gesetzgebers die Verschärfung verdeutlichen, welche Bedeutung einer sorgfältigen Vorgehensweise und der Einhaltung verwaltungsrechtlicher Pflichten beigemessen wird.[2065]

1514 Absatz 3 Nr. 2 wurde eingefügt, um pflichtwidrige Verstöße auf dem Gebiet des **Transports von gefährlichen Gütern** mit den Mitteln des Strafrechts wirksamer bekämpfen zu können. Die Einfügung erfolgte unter dem Druck der Öffentlich-

---

2062 Bulletin, Nr. 29, a.a.O., S. 315.
2063 PKS 2006, S. 45.
2064 Sack, a.a.O., § 328 Rn. 1.
2065 BT-Drucks. 12/192 v. 05. 03. 1991, S. 22.

keit, nachdem spektakuläre Fälle gezeigt hatten, welche schwer wiegenden Risiken für Menschen und Umwelt mit solchen Transporten verbunden sein können.[2066] Als Beispiel sei an den Unfall von Herborn erinnert.[2067] Zwei weitere Fälle verdeutlichen die Gefährdung:

- 50 fabrikneue Brennstäbe waren in einem als leer deklarierten Transportbehälter bei der Eingangskontrolle in einem hessischen Brennelementewerk entdeckt worden. Diese Stäbe stammten aus diesem Unternehmen und waren an ihrem Bestimmungsort nicht entladen, sondern als »Leergut« zurück an den Ausgangsort transportiert worden. Dieser »Rücktransport« war nicht geplant, daher auch nicht gekennzeichnet und angemeldet, Kontrollvorschriften waren nicht beachtet worden.[2068]
- Gegen den Geschäftsführer eines Unternehmens wurde ein Ermittlungsverfahren eingeleitet, in dessen Verlauf es zur Durchsuchung der Geschäftsräume kam. Der Vorwurf bestand darin, dass ohne behördliche Erlaubnis Mäusevernichtungsmittel gewerbsmäßig verkauft wurden. Dies verstoße gegen das Chemikaliengesetz, die Gefahrstoffverordnung und § 328 Absatz 3 StGB.

Das Strafgesetzbuch definiert den Begriff des **Gefahrstoffes** nicht. Deshalb muss **1515** § 19 Absatz 2 ChemG[2069] hinzugezogen werden.[2070] Erfasst vom Tatbestand sind deshalb schädigende Materialien die insbesondere explosionsfähig, umweltgefährdend oder krankheitserzeugend sind.[2071] **Gefährliche Güter** definiert § 330d Nr. 3 StGB i. V. m. § 2 Absatz 1 GGBefG.[2072]

h) Gefährdung schutzbedürftiger Gebiete – § 329 StGB

§ 329 StGB hat die Gefährdung schutzbedürftiger Gebiete zum Inhalt. Auf diese **1516** Norm entfielen 47 aller 1999 erfassten Umweltdelikte.[2073] Die Strafbestimmung entfaltet also seit jeher kaum kriminalpolitische Bedeutung, was sich bis heute nicht geändert hat: 2006 gab es 24 bekannt gewordene Fälle, 2005 wurden sogar nur 15 solcher Taten erfasst.[2074]

Die drei Absätze dieser Strafnorm beinhalten unterschiedliche Tatbestände – **1517** einen immissionsrechtlichen, einen wasserrechtlichen und einen naturschutzrechtlichen.[2075] Deshalb sind auch die geschützten Rechtsgüter nicht identisch,

---

2066 BT-Drucks. 12/192 v. 05. 03. 1991, S. 24.

2067 Vgl. die ausführliche Darstellung des Herborner Tanklastzug-Falls Rdn. 2712 und Rdn. 2729 ff.

2068 Siehe FAZ Nr. 43 v. 21. 02. 1992, S. 2; SZ Nr. 47 v. 28. 02. 1992, S. 6.

2069 Chemikaliengesetz in der Fassung der Bekanntmachung vom 20. 06. 2002 (BGBl. I S. 2090), zuletzt geändert durch Art. 231 der VO v. 31. 10. 2006 (BGBl. I S. 2407).

2070 Volk/Leipold/Engel, a.a.O., § 28 Rn. 213; eine Übersicht findet man bei Franzheim/Pfohl, a.a.O. Rn. 436.

2071 Näher Schönke/Schröder-Cramer/Heine, a.a.O. Rn. 16.

2072 Gefahrgutbeförderungsgesetz in der Fassung der Bekanntmachung vom 29. 09. 1998 (BGBl. I S. 3114), zuletzt geändert durch Art. 294 der VO v. 31. 10. 2006 (BGBl. I S. 2407); dazu Volk/Leipold/Engel, a. a: O., § 28 Rn. 213, 95 f.

2073 PKS 2000.

2074 PKS 2006, S. 45.

2075 MünchKomm/Alt, a.a.O., § 326 Rn. 1.

wobei alle drei Tatbestände doch ein jeweils besonders schutzbedürftiges Gebiet betreffen.

aa) § 329 Absatz 1 StGB

1518 Das Tatbestandsmerkmal »*schutzbedürftige Gebiete*« im 1. Absatz der Norm meint zum einen luftreinhaltungs- und geräuschfreihaltungsbedürftige Gebiete im Sinne von § 49 Absatz 1 BImSchG und zum anderen so genannte Smoggebiete im Sinne von § 49 Absatz 2 BImSchG.

1519 Die Schutzgebiete nach § 49 Absatz 1 BImSchG setzen formell voraus, dass sie **durch Länderrechtsverordnungen als solche Gebiete ausgewiesen** sind.[2076] Da es entsprechende Ländervorschriften bisher noch nicht gibt, ist der normierte Strafrechtsschutz insoweit bedeutungslos.[2077]

1520 Auch für die **so genannten Smoggebiete** im Sinne von § 49 Absatz 2 BImSchG sind formell Rechtsverordnungen der Länder erforderlich.[2078] Die Länder müssen die austauscharme Wetterlage durch die zuständige Behörde bekannt geben.[2079]

1521 Um einen Verstoß gemäß § 329 Absatz 1 StGB verwirklichen zu können, muss die Anlage – anders als in den anderen Fällen – innerhalb des Schutzgebietes betrieben werden, welches eindeutig definiert sein muss.[2080]

1522 **Verbotswidrig wird eine Anlage[2081] betrieben**, wenn dies entgegen einer **einschlägigen Rechtsverordnung**[2082] oder einer darauf gestützten vollziehbaren Einzelanordnung erfolgt.[2083] Eine Ausnahmeregelung enthält Absatz 1 für Kraft-, Schienen-, Luft- oder Wasserfahrzeuge.

bb) § 329 Absatz 2 StGB

1523 Der Tatbestand des § 329 Absatz 2 StGB soll nicht nur die Güte des Wassers, sondern auch die Menge und Abflussverhältnisse des Wassers schützen, wie sich aus § 19 WHG ergibt. Geschützt ist also das Wasservorkommen des jeweiligen Schutzgebietes in seiner Gesamtheit. Diese Gebiete müssen förmlich als **Wasserschutzgebiete** festgesetzt werden und genau bezeichnet sein.[2084]

1524 Für **Heilquellenschutzgebiete** gilt Entsprechendes. Sie müssen durch die Landeswassergesetze oder entsprechende Verordnungen festgesetzt und genau bezeich-

---

2076 Schönke/Schröder-Eser/Heine, a.a.O., § 329 Rn. 4.

2077 Steindorf, a.a.O., § 329 Rn. 4; MünchKomm/Alt, a.a.O., § 326 Rn. 8.

2078 Tröndle/Fischer, a.a.O., § 326 Rn. 3.

2079 Michalke, a.a.O., S. 205 Rn. 378.

2080 MünchKomm/Alt, a.a.O., § 326 Rn. 11.

2081 Es gilt wegen der Beschränkung auf RVOen nach § 49 BImSchG der Anlagenbegriff des § 3 Abs. 5 BImSchG (BT-Drucks 8/3633, S. 31), siehe schon Rdn. 1367.

2082 Die Rechtsverordnung darf lediglich den Schutz vor Luftverschmutzung oder Lärm bezwecken.

2083 Schönke/Schröder-Eser/Heine, a.a.O., § 329 Rn. 10.

2084 Steindorf, a.a.O., § 329 Rn. 15.

net werden.[2085] Eine **Festsetzung** ist möglich, wenn in dem Gebiet natürlich zutage tretende oder künstlich erschlossene Wasser- oder Gasvorkommen ihrer Heilwirkung wegen schutzbedürftig sind.[2086]

Innerhalb der Wasserschutz- oder Heilquellenschutzgebiete muss entsprechend §329 Absatz 2 Nr. 1 StGB eine »betriebliche«[2087] Anlage im Sinne von § 19 g WHG betrieben werden. Dies wird angenommen, wenn Anlagen zum Herstellen, Lagern, Abfüllen, Behandeln oder Umschlagen **wassergefährlicher Stoffe** dienen. Was unter diesen Stoffen zu verstehen ist, ergibt sich aus § 19 g Absatz 5 WHG. Danach handelt es sich um **feste, flüssige oder gasförmige Stoffe**, die geeignet sind, nachhaltig die physikalische, chemische oder biologische Beschaffenheit des Wassers zu verändern.[2088] Diese Festlegung setzt eine Langzeitwirkung sowie einen gewissen Umfang der drohenden Beeinträchtigung voraus. **1525**

Eine Tatbestandsverwirklichung kann durch das Lagern wassergefährlicher Stoffe erfolgen. »*Lagern*« setzt voraus, dass eine nochmalige gezielte menschliche Einwirkung auf den Stoff beabsichtigt ist, wobei es gleichgültig ist, ob es sich um Verarbeitung, Gebrauch oder Verbringung an einen anderen Ort handelt.[2089] **1526**

Beispiel:

> Auf einem unbefestigten Grundstück wird Streusalz für den Winterdienst gelagert, das aufgrund von Niederschlägen in das Erdreich eindringt und Verunreinigungen hervorruft.

»**Abfüllen**« ist das Überleiten eines Stoffes in ein Behältnis. Dabei ist es nicht zwingend, dass der Stoff aus einem Behältnis kommt und in ein anderes abgefüllt wird. Sinn dieser Vorschrift ist, dass die besondere Gefährlichkeit während der Übergangsstadien ausreichend beobachtet werden soll. Beispiele für diese Tatbestandsalternative sind das Umfüllen von Benzin in den Fahrzeugtank, von Kühlmitteln in ein Kühlsystem oder von Hydraulikflüssigkeiten in Hebelvorrichtungen.[2090] **1527**

»**Umschlagen**« ist der ständige Wechsel von Zu- und Abgang des betroffenen Stoffes mit dem daraus resultierenden Risiko.[2091] Als Beispiel können Pipelines oder Förderbänder angesehen werden. **1528**

Behandeln meint jedes physikalische, chemische oder biologische Einwirken auf den Stoff, **Herstellen** ist das Gewinnen oder Erzeugen von Materialien.[2092] **1529**

In **§ 329 Absatz 2 Nr. 2 StGB** wird das **Betreiben von Rohrleitungsanlagen** unter Strafe gestellt. Erweitert wurde die Vorschrift um die Tatbestandsalternative **1530**

2085 Franzheim/Pfohl, a.a.O. Rn. 450.
2086 Schönke/Schröder-Eser/Heine, a.a.O., § 329 Rn. 13.
2087 Damit scheidet lediglich die gänzlich privat betriebene Anlage aus, vgl. MünchKomm/Alt, a.a.O., § 329 Rn. 17; Franzheim/Pfohl, a.a.O. Rn. 452.
2088 Steindorf, a.a.O., § 329 Rn. 17a.
2089 Schönke/Schröder-Eser/Heine, a.a.O., § 329 Rn. 18.
2090 MünchKomm/Alt, a.a.O., § 326 Rn. 21.
2091 Steindorf, a.a.O., § 329 Rn. 22.
2092 MünchKomm/Alt, a.a.O., § 326 Rn. 22; Steindorf, a.a.O., § 329 Rn. 22a, b.

des reinen Beförderns der Stoffe. Begründet wurde dies mit zahlreichen Unfällen von Tanklastzügen.[2093]

1531 **Rohrleitungsanlagen** sind zunächst solche, in denen durch einen umschlossenen Raum ein Stoff fließen kann. Die Gefahr besteht darin, dass die Leitungen undicht werden können.

1532 In aller Regel wird die Durchleitung einer Rohranlage durch ein geschütztes Gebiet nicht genehmigt,[2094] sodass es nur wenige Problemfälle geben kann. **Zur Rohrleitungsanlage zählen** nicht nur die reinen Rohrleitungen, sondern **auch** die zur Beförderung erforderlichen technischen Einrichtungen wie z. B. Pump- und Verteilerstationen.[2095]

1533 Eine wesentliche Unterscheidung zu § 329 Absatz 2 Nr. 1 StGB ergibt sich aus der **Definition des Begriffs »wassergefährdende Stoffe«**. Für Rohrleitungsanlagen enthält § 19 a Absatz 2 WHG die Definition und fordert nicht, dass die Stoffe die Eignung zu einer nachhaltigen Verschlechterung der Gewässereigenschaften haben müssen. Entgegen der für Nr. 1 maßgeblichen Regelung des § 19 g WHG enthält § 19 a Absatz 2 WHG eine abschließende Auflistung der wassergefährlichen Stoffe.[2096]

1534 Das **Befördern** von wassergefährdenden Stoffen durch Wasserschutz- oder Heilquellenschutzgebiete außerhalb einer Rohranlage – egal in welcher Form – ist dann strafbar, wenn der Täter gegen eine Schutzvorschrift verstößt.

1535 § 329 Absatz 2 Nr. 3 StGB stellt den **gewerblichen Abbau fester Stoffe** unter Strafe. Durch diese Vorschrift soll verhindert werden, dass Grundwasser oder geschützte Quellen in größerem Umfang schädlichen Einflüssen ausgesetzt werden.[2097]

1536 Unter »*Abbau*« wird **jede Tätigkeit** verstanden, **die auf Förderung oder Gewinnung fester Stoffe gerichtet ist**.[2098] Es müssen aus einer festen unbeweglichen Sache feste bewegliche gewonnen, gefertigt oder hergestellt werden. Beispiele sind der Torfabbau und die Materialgewinnung in Steinbrüchen.

> Ein Unternehmen betreibt Grundwassergewinnungsanlagen zur Trinkwasserversorgung. Stromoberhalb einer dieser Anlagen befindet sich ein Quellgebiet mit künstlich angelegten Teichen. Darin bildete sich durch den Eintrag organischer Stoffe eine Schlammschicht, die aufgrund biochemischer Reaktionen Säuren freisetzte. Diese wiederum gelangten in den Grundwasserstrom und verursachten einen hohen Schadstoffgehalt in dem geförderten Trinkwasser. Um die weitere Verunreinigung des Wassers zu unterbinden, ließ das Versorgungsunternehmen die Schlammschicht in den Teichen ausheben und abtransportieren. Wegen des Verdachts der Gefährdung schutzwürdiger Gebiete im Sinne des § 329 StGB, begangen durch Ausbaggern und Abtransport von

---

2093 Dazu Tröndle/Fischer, a.a.O., § 329 Rn. 8.
2094 Steindorf, a.a.O., § 329 Rn. 26.
2095 Tröndle/Fischer, a.a.O., § 329 Rn. 8.
2096 Steindorf, a.a.O., § 329 Rn. 28.
2097 Steindorf, a.a.O., § 329 Rn. 29.
2098 Siehe auch Michalke, a.a.O., S. 207 Rn. 389.

Quellmoor, wurde gegen die Verantwortlichen des Unternehmens ein Ermittlungsverfahren eingeleitet.

Da es sich um einen **gewerblichen Abbau** handeln muss, ist das rein private **1537** Abbauen noch nicht strafbar. Dies wird damit begründet, dass der private Abbau in der Regel noch keine abstrakte Gefahr für das Grundwasser oder geschützte Quellen verursacht.[2099] Gewerblich ist nach der allgemeinen Definition jede auf Gewinn ausgerichtete, für eine gewisse Dauer betriebene, selbständig und erkennbar am Erwerbsleben teilhabende Tätigkeit.[2100] Der Abbau muss auch in diesem Fall entgegen einer Schutzanordnung erfolgt sein.

Gleichzeitig mit einer dieser Tathandlungen oder im Rahmen einer dieser Tatmo- **1538** dalitäten muss ein **Verstoß gegen eine gebietsschützende Rechtsvorschrift oder eine vollziehbare Untersagung** vorliegen.

cc)   § 329 Absatz 3 StGB

In § 329 Absatz 3 StGB ist der dritte Tatbestand zum Schutz vor Gefährdung **1539** schutzbedürftiger Gebiete enthalten. Schutzgut dieser Vorschrift sind **Naturschutzgebiete**[2101] und **Nationalparks**.[2102] Beispiele sind der Nationalpark Bayerischer Wald und das Wattenmeer.

§ 329 Absatz 3 StGB soll die **besonders schutzbedürftigen Gebiete** gerade in **1540** ihrer einmaligen Ausgestaltung schützen. Aus diesem Grund sind sowohl Vertiefungen (Abgrabungen) als auch Erhöhungen (Aufschüttungen) des Bodenniveaus nicht erlaubt, etwa das Anlegen von Sand- oder Kiesgruben,[2103] wobei eine zeitliche Konstanz und ein technischer Mindeststandard erforderlich sind.[2104]

Einen über die Bodenflächen hinausgehenden Schutz enthält § 329 Absatz 3 **1541** Nr. 3 StGB, der Gewässer vor Eingriffen schützt. Gemeint sind nicht nur allgemein sichtbare Eingriffe, sondern auch solche, die sich auf den **Grundwasserstand** auswirken. Beispiele sind der Bau einer Talsperre, eines Kanals, die Begradigung eines fließenden Gewässers oder dessen Verrohrung.[2105]

§ 329 Absatz 3 Nr. 4 StGB schützt darüber hinaus die **Feuchtgebiete**. Diese bie- **1542** ten anderswo nicht lebensfähigen Pflanzen und Tieren einen Lebensraum, der z. B. in Bayern in den letzten 200 Jahren zu 90 % zerstört wurde. Es ist daher unter dem Begriff »*Entwässerung*« jede Form der Ableitung des im Feuchtgebiet vorhandenen Wassers zu verstehen. Beispiele sind die Abtorfung oder Trockenle-

---

2099   Schönke/Schröder-Eser/Heine, a.a.O., § 329 Rn. 33.
2100   Näher MünchKomm/Alt, a.a.O., § 329 Rn. 27; a. A. Steindorf, a.a.O., § 329 Rn. 31, der den Wortlaut der Norm für zu eng hält und auch nicht gewinnorientierte Unternehmungen wie Maßnahmen der Verwaltung erfasst wissen will.
2101   Schönke/Schröder-Eser/Heine, a.a.O., § 329 Rn. 36; Naturschutzgebiete i. S. v. § 13 Abs. 1 BNatSchG.
2102   § 14 Abs. 1 BNatSchG.
2103   Steindorf, a.a.O., § 329 Rn. 40.
2104   Schönke/Schröder-Eser, a.a.O., § 329 Rn. 39.
2105   Steindorf, a.a.O., § 329 Rn. 41.

gung sowie das Verlegen von Entwässerungsrohren oder die Schaffung von Entwässerungsgräben.[2106]

1543 Die in § 329 Absatz 3 Nr. 5 StGB enthaltene Tathandlung der **Waldrodung** stellt das über das Abholzen hinausgehende Beseitigen des unterirdischen Wurzelwerks unter Strafe, wenn wesentliche Bestandteile des Naturschutzgebietes beeinträchtigt werden.[2107] Das Tatbestandsmerkmal der **wesentlichen Beeinträchtigung** soll eine besondere Prüfung sein, ob die Kriminalitätsschwelle überschritten wurde. Liegt eine effektive Störung vor, die nicht nur unerheblich oder vorübergehend ist und das Eintreten konkreter Gefahren für das in der Schutzvorschrift näher beschriebene Gut wahrscheinlich macht, ist eine Überschreitung gegeben.[2108]

1544 Mit § 329 Absatz 3 Nr. 8 StGB soll erreicht werden, dass die Präsenz der Menschen in den geschützten Gebieten auf ein Maß beschränkt wird, das nicht zu einer Störung des Schutzzwecks führen kann.[2109]

i) Schwere Umweltgefährdung – § 330 StGB

1545 § 330 Absatz 1 StGB enthält **vier Regelbeispiele**,[2110] die im Falle einer vorsätzlichen Tat gemäß §§ 324–329 StGB einen besonders schweren Fall einer Umweltstraftat begründen und eine Freiheitsstrafe von 6 Monaten bis zu 10 Jahren zur Folge haben können.

1546 Das **erste Regelbeispiel** ist erfüllt, wenn ein **Gewässer**, der **Boden** oder ein Schutzgebiet derart schwerwiegend beeinträchtigt wird, dass die Beeinträchtigung gar nicht, mit nur außerordentlichem Aufwand oder erst nach längerer Zeit in der Weise beseitigt werden kann, die die frühere Nutzung wieder ermöglicht.

1547 Im **zweiten Regelbeispiel** geht es darum, dass der Täter die öffentliche **Wasserversorgung** gefährdet, wobei die private oder die betriebliche Eigenversorgung nicht gemeint sind.

1548 Das **dritte Regelbeispiel** schützt den Bestand von Tieren und Pflanzen der vom Aussterben bedrohten Arten. Das Beispiel ist erfüllt, wenn die Arten nachhaltig geschädigt werden.

1549 Hat der Täter aus **Gewinnsucht** gehandelt, so ist das **vierte Regelbeispiel** erfüllt.

1550 § 330 Absatz 2 StGB enthält **Qualifikationen**,[2111] die als Verbrechenstatbestände ausgestaltet sind. Für Nr. 1 ist Voraussetzung, dass durch eine vorsätzliche Tat nach §§ 324 ff. StGB ein anderer Mensch in die Gefahr des Todes oder einer schweren Gesundheitsbeschädigung gebracht wurde oder eine große Zahl[2112] von

---

2106 Steindorf, a.a.O., § 329 Rn. 42.
2107 Steindorf, a.a.O., § 329 Rn. 44.
2108 Franzheim/Pfohl, a.a.O. Rn. 457 fordert demnach eine gewisse Eingriffsintensität.
2109 BT-Drucks. 12/192 v. 05. 03. 1911, S. 26.
2110 Näher Kloepfer/Vierhaus, a.a.O. Rn. 161 f.
2111 Dazu Franzheim/Pfohl, a.a.O. Rn. 460 f.; Kloepfer/Vierhaus, a.a.O. Rn. 162a.
2112 Die erforderliche Zahl ist umstritten und variiert je nach Auffassung zwischen 14 und 50, vgl. dazu Tröndle/Fischer, a.a.O., § 330 Rn. 8 m. w. N.

Menschen in die Gefahr einer Gesundheitsschädigung gelangt sind. Die konkrete Gefahr muss jeweils nachgewiesen werden.

Die Qualifikation der Nr. 2 ist erfüllt, wenn durch die vorsätzliche Begehung **1551** einer der in den §§ 324 ff. StGB festgeschriebenen Tatbestände der Tod eines anderen Menschen herbeigeführt wurde.

§ 330 Absatz 3 StGB regelt den minder schweren Fall des § 330 Absatz 2 StGB **1552** und setzt den Strafrahmen von ein bis zehn Jahren Freiheitsstrafe bei einer Tat gemäß § 330 Absatz 2 Nr. 1 auf sechs Monate bis fünf Jahre fest. Bei einer Tat gemäß § 330 Absatz 2 Nr. 2 StGB wird der Strafrahmen von einer Freiheitsstrafe nicht unter drei Jahren auf ein bis zehn Jahre festgelegt.

j) Schwere Umweltgefährdung durch Freisetzen von Giften

Von allen erfassten Umweltdelikten des Jahres 1999 entfielen 59 auf den Straftat- **1553** bestand des § 330a StGB.[2113] Hier schlägt sich der allgemeine Zahlenrückgang bei den Umweltdelikten nicht nieder: 2005 sind immer noch 50, 2006 dann sogar 243 Fälle aktenkundig geworden.[2114]

Gifte sind all solche **Stoffe, die geeignet sind, die Gesundheit zu zerstören**. Der **1554** Giftbegriff ist derselbe wie bei § 326 bzw. 224 StGB.[2115] Entgegen dem Wortlaut der Norm reicht die Verwendung bereits eines einzelnen Giftes auch schon in geringer Menge aus. Es ist gleichgültig, ob der Stoff die Eigenschaft selbst besitzt oder ob er sie erst durch chemische Reaktion mit Luft, Wasser oder anderen Stoffen nachträglich erhält.[2116]

Unter **Verbreiten und Freisetzen giftiger Stoffe** wird nicht nur das zielgerichtete **1555** und kalkulierte, sondern gerade auch das unkontrollierte oder nicht mehr kalkulierbare Entweichenlassen in die Umwelt verstanden.[2117]

Durch die Tathandlung muss ein Erfolg herbeigeführt werden, nämlich die kon- **1556** krete Gefahr des Todes oder einer schweren Gesundheitsschädigung eines anderen oder die Gefahr einer Gesundheitsbeschädigung einer großen Zahl von Menschen. Es reicht aus, wenn die Gefahr dabei fahrlässig verursacht wird.[2118] Die Tathandlung muss aber zumindest leichtfertig begangen werden.[2119] Die häufigen Fälle des fahrlässigen Absonderns von Gift werden deshalb nicht von dieser Norm erfasst.[2120] Unter anderem auch dadurch bleibt die Bestimmung praktisch nahezu ohne Bedeutung.[2121] Als Fallkonstellation ist das Vergiften von Lebensmit-

---

2113 Bulletin Nr. 29, a.a.O., S. 315.
2114 PKS 2006, S. 45.
2115 Siehe zu § 326 StGB schon Rdn. 1427.
2116 Steindorf, a.a.O., § 330a Rn. 3 f.; MünchKomm/Alt, a. a.. O., § 330a Rn. 7.
2117 Tröndle/Fischer, a.a.O., § 330a Rn. 3; Michalke, a.a.O., S. 223 Rn. 418.
2118 § 330a Abs. 4 StGB.
2119 § 330a Abs. 5 StGB; für Abs. 1 ist Vorsatz erforderlich.
2120 Dazu Franzheim/Pfohl, a.a.O. Rn. 464.
2121 MünchKomm/Alt, a.a.O., § 330a Rn. 3.

teln und das wider besseres Wissen unsachgemäße Versprühen von Insekten-schutzmitteln denkbar.[2122]

1557 Die Freiheitsstrafe nach dieser Norm beträgt grundsätzlich 1 Jahr bis zu 10 Jahren. Verursacht der Täter durch die Tat den Tod eines anderen Menschen, so ist eine Freiheitsstrafe nicht unter drei Jahren zu verhängen.[2123] Absatz 3 sieht in minder schweren Fällen eine Reduzierung des Strafrahmens vor.

k) Beschädigung und Zerstörung von Naturdenkmälern

1558 In § 304 StGB wird u. a. die Beschädigung oder Zerstörung von Naturdenkmälern unter Strafe gestellt.[2124]

1559 Naturdenkmäler sind Einzelschöpfungen der Natur, die aus wissenschaftlichen, naturgeschichtlichen oder landeskundlichen Gründen oder wegen ihrer Selten-heit, Eigenart oder Schönheit rechtsverbindlich aufgrund gesetzlicher Vorschriften als Naturdenkmäler ausgewiesen sind.[2125] Einzelschöpfungen sind nicht nur Bäume, Felsen usw., sondern auch flächenhafte Naturdenkmale wie z. B. kleine Wasserflächen, Moore, Laich- und Brutgebiete usw.[2126] Beispiele: der 1000-jährige Rosenstock in Hildesheim oder die Externsteine bei Detmold.

l) Herbeiführung einer Explosion durch Kernenergie

1560 § 307 StGB[2127] stellt die Herbeiführung einer Explosion durch Kernenergie unter Strafe. Im Jahr 1999 wurde von der Polizei kein Strafverfahren eingeleitet. Das hat sich bis heute nicht geändert.[2128] **Schutzobjekt** der Vorschrift ist **der Mensch und das Eigentum**.[2129] Die Tat ist nach Absatz 1 vollendet, wenn der Versuch unter-nommen worden ist, durch Freisetzung von Kernenergie eine Explosion herbeizu-führen. Anderes gilt im Falle des Absatzes 2 – hier ist die tatsächliche Herbeifüh-rung der Explosion notwendig.[2130] **Kernenergie** ist die in Atomkernen gebundene Energie, die durch Kernspaltungs- oder Vereinigungsvorgänge freigesetzt wird.[2131]

2122 Kloepfer/Vierhaus, a.a.O. Rn. 160.
2123 § 330a Abs. 2 StGB.
2124 Die Beschädigung oder Zerstörung von Denkmälern steht im Übrigen unter der Bedro-hung mit Strafe oder Bußgeld entsprechend den Denkmalschutzgesetzen der Bundeslän-der. So sieht das Denkmalschutzgesetz von Rheinland-Pfalz (Denkmalschutz- und -pfle-gegesetz – DSchPflG Vom 23. 03.1978, GVBl 1978, S. 159, zuletzt geändert durch Gesetz vom 28. 09. 2005, GVBl. 2005, S. 387) Bußgelder bis zu 1 Mio. Euro vor.
2125 Schönke/Schröder-Stree, a.a.O., § 304 Rn. 4.
2126 Hoppe/Beckmann, a.a.O., § 18 Rn. 88.
2127 Zuvor § 310b StGB a. F.
2128 PKS 2006, S. 44.
2129 Tröndle/Fischer, a.a.O., § 307 Rn. 1 – »*Leben, Gesundheit und Sachwerte*«.
2130 Schönke/Schröder-Cramer/Heine, a.a.O., § 307 Rn. 5, 8.
2131 Tröndle/Fischer, a.a.O., § 307 Rn. 2.

m)   Missbrauch ionisierender Strahlen

Eine weitere zum Umweltstrafrecht zu zählende Vorschrift ist in § 309 StGB[2132] **1561** enthalten. Der Missbrauch ionisierender Strahlen wird nach dieser Norm bestraft, wenn es sich um **Strahlungen** handelt, die von **natürlichen oder künstlichen radioaktiven Stoffen** ausgehen. Im Jahr 1999 wurden laut der Polizeilichen Kriminalstatistik zwei Strafverfahren eingeleitet und aufgeklärt. 2006 gab es 3 solcher Fälle, 2005 wurde hingegen keine entsprechende Tat bekannt.[2133]

Zu denken ist bei dieser Straftat an Röntgenstrahlen oder die bei Spaltung von **1562** Kernbrennstoffen entstehenden Neutronenstrahlen, aber auch an die Strahlung, die von natürlich oder künstlich entstandenen Stoffen ausgeht.[2134]

Diesen Strahlen muss jemand ausgesetzt werden. Dies kann durch eine aktive **1563** Handlung, aber auch durch Unterlassung erfolgen. In beiden Fällen müssen die Strahlen geeignet sein, die **Gesundheit des Angegriffenen zu schädigen**. Die Beurteilung dieser Frage richtet sich jeweils nach den Umständen des Einzelfalls, wobei Art und Intensität der Strahlung sowie die körperliche Konstitution des Opfers zu berücksichtigen sind.[2135] Eine Strafbarkeit nach Absatz 1 tritt bereits dann ein, wenn der Versuch unternommen wurde, das Opfer der Strahlung auszusetzen.

Die in § 309 Absatz 2 StGB enthaltene Qualifizierung fordert, dass **eine unüber-** **1564** **schaubare Zahl von Menschen** betroffen ist. Die Qualifizierung tritt ein, wenn die Zahl der Betroffenen auch für einen objektiven Beobachter nicht ohne weiteres zu bestimmen ist.[2136]

Die Freiheitsstrafe gemäß Absatz 1 der Norm beträgt grundsätzlich 1 Jahr bis zu **1565** 10 Jahren. Absatz 3 sieht für Taten gemäß Absatz 1 eine Freiheitsstrafe von nicht unter zwei Jahren vor, wenn durch die Tat eine schwere Gesundheitsschädigung eines anderen Menschen oder eine Gesundheitsschädigung einer großen Zahl von Menschen verursacht wurde. Absatz 4 bestimmt als Strafrahmen für Taten, die wenigstens leichtfertig den Tod eines anderen Menschen verursacht haben, eine lebenslange Freiheitsstrafe oder Freiheitsstrafe nicht unter zehn Jahren. In Absatz 5 der Vorschrift wird der Strafrahmen für minderschwere Fälle reduziert.

§ 309 **Absatz 6** StGB enthält einen **eigenen Tatbestand**. Der Täter muss fremde **1566** Sachen von bedeutendem Wert Strahlen ausgesetzt haben, die geeignet sind, die Sachen zu beeinträchtigen. Es ist schon ausreichend, dass die **Sache radioaktiv** wird, da sie dann trotz ihrer Unversehrtheit nicht mehr genutzt werden kann. Auch der Versuch der Beeinträchtigung der Sache ist strafbar, der beginnt, wenn die Sache der Strahlung ausgesetzt wird. Im Gegensatz zu den meisten Umweltstraftaten ist hier ein vorsätzliches Handeln erforderlich.

2132 Zuvor § 311a StGB a. F.
2133 PKS 2006, S. 44.
2134 MünchKomm/Krack, a.a.O., § 309 Rn. 3.
2135 Schönke/Schröder-Cramer/Heine, a.a.O., § 309 Rn. 4.
2136 Tröndle/Fischer, a.a.O., § 309 Rn. 3.

n)   Vorbereitung eines Explosions- oder Strahlungsverbrechens

1567 Im Jahr 1999 wurden 18 Verstöße gegen § 310 StGB[2137] registriert. Bei diesem Delikt hat die Zahl der erfassten Fälle in den letzten Jahren zugenommen. 2004 mussten 22 Taten festgestellt werden, 2005 sogar 32. Die Vorschrift stellt Vorbereitungshandlungen zu den §§ 307 Absatz 1, 309 Absatz 2, 308 Absatz 1 StGB unter Strafe.

1568 Erfasst werden neben den Vorbereitungshandlungen des Täters **auch Verhaltensweisen Dritter** wie z. B. das Überlassen von Sprengstoff oder dessen Verwahrung für einen anderen, wenn die geplante Tat in ihren Grundzügen bereits festliegt.[2138]

o)   Freisetzung ionisierender Strahlen

1569 1999 wurden zehn Strafverfahren gemäß § 311 StGB[2139] geführt.[2140] Das Vorkommen von solchen Straftaten tendiert gegen 0 (im Jahre 2005), 2006 wurden lediglich 2 Fälle verzeichnet.[2141] Ein solches Delikt liegt vor, wenn unter Verletzung verwaltungsrechtlicher Pflichten ionisierende Strahlen freigesetzt oder Kernspaltungsvorgänge bewirkt werden, die geeignet sind, Leib oder Leben oder fremde Sachen von bedeutendem Wert zu schädigen.[2142]

p)   Fehlerhafte Herstellung einer kerntechnischen Anlage

1570 Die letzte Straftat wegen fehlerhafter Herstellung einer kerntechnischen Anlage, § 312 StGB,[2143] wurde im Jahr 1998 gemeldet.[2144]

1571 Der Tatbestand setzt das fehlerhafte Liefern oder Herstellen von kerntechnischen Anlagen oder Gegenständen voraus, die zur Errichtung oder zum Betrieb einer solchen Anlage bestimmt sind. Die Fehlerhaftigkeit muss so ausgeprägt sein, dass eine **Gefahr für Leib oder Leben eines anderen oder für fremde Sachen von bedeutendem Wert** herbeigeführt wird. Die Gefahr muss mit der Wirkung eines Kernspaltungsvorgangs oder der Strahlung eines radioaktiven Stoffes zusammenhängen.[2145]

1572 Die Tat kann **nur vorsätzlich** begangen werden und wird mit Freiheitsstrafe von 3 Monaten bis zu 5 Jahren bestraft. Nach Absatz 3 dieser Vorschrift ist eine Freiheitsstrafe von einem Jahr bis zu zehn Jahren möglich, wenn durch die Tat eine schwere Gesundheitsschädigung eines anderen Menschen oder eine Gesundheitsschädigung einer großen Zahl von Menschen verursacht wurde. Absatz 5 mildert für minderschwere Fälle den Strafrahmen.

2137   § 311b StGB a. F.
2138   MünchKomm/Krack, a.a.O., § 310 Rn. 7 f.
2139   § 311d StGB a. F.
2140   1998: 8; Bulletin Nr. 29, a.a.O., S. 314.
2141   PKS 2006, S. 44.
2142   Tröndle/Fischer, a.a.O., § 311 Rn. 2 ff.
2143   § 311e StGB a. F.
2144   Bulletin Nr. 29, a.a.O., S. 314; vgl. auch PKS 2006, S. 44.
2145   Tröndle/Fischer, a.a.O., § 312 Rn. 2 ff.

q)   Herbeiführung einer Überschwemmung

§ 313 StGB[2146] hat die Herbeiführung einer **Überschwemmung als Tathandlung**   **1573**
zum Gegenstand. Überschwemmungen können sich in erheblichem Umfang auf
die Umwelt auswirken, sodass die Vorschriften im weiteren Sinne zu den
Umweltdelikten zu zählen sind. Zur Tatbestandsverwirklichung muss die **konkrete Gefahr für Menschenleben oder Sachen** gegeben sein.

r)   Verkehrsdelikte

Die §§ 315–316 StGB (Verkehrsdelikte) können Auswirkungen auf die Umwelt   **1574**
haben. Gleichzeitig können die Vorschriften für den Verkehrs- und Betriebsstät-
tenbereich von erheblicher Bedeutung sein. Es handelt sich also um Fallgruppen
übergreifender Normen, die im Bereich des Verkehrsrisikos näher erläutert
werden.[2147]

Eine solche Straftat ist beispielsweise gegeben, wenn der Fahrer eines Gefahrgut-   **1575**
fahrzeugs aufgrund überhöhter Geschwindigkeit oder wegen Alkoholgenusses
einen Unfall verursacht und die geladenen Chemikalien in das Grundwasser
gelangen.

s)   Gemeingefährliche Vergiftung

Die in § 314 StGB[2148] geregelte gemeingefährliche Vergiftung muss auch inner-   **1576**
halb des Umweltrisikos genannt werden, obwohl es sich nicht um eine reine
Umweltschutzvorschrift handelt.

Das Umweltrisiko ist z. B. immer dann betroffen, wenn ein Brunnen vergiftet   **1577**
wurde, sodass eine Gefahr für das Grundwasser entstehen kann.

t)   Strafrechtliche Nebenbestimmungen

Neben den in das Strafgesetzbuch aufgenommenen Straftatbeständen enthalten   **1578**
zahlreiche andere Gesetze Straftatbestände zum Schutz der Umwelt.

§ 39 des Pflanzenschutzgesetzes stellt das Verbreiten von Schadorganismen   **1579**
unter Strafe, wenn Bestände besonders geschützter Pflanzen oder fremde Pflanzenbestände von bedeutendem Wert oder Pflanzenbestände von bedeutendem
Wert für Naturhaushalt oder Landschaftsbild gefährdet sind.

Schadorganismen sind Tiere (Feldmäuse, Insekten, Milben), **Pflanzen** (Pilze,   **1580**
Unkräuter, die an ihrem Fundort unerwünscht sind) **und Mikroorganismen** (Bak-
terien, Viren) in allen Entwicklungsstadien, die erhebliche Schäden an Pflanzen
oder Pflanzenerzeugnissen verursachen können, sowie der **Bisam**.[2149] Viren und

---

2146   §§ 312, 313, 314 StGB a. F.
2147   Vgl. Rdn. 2621 ff.
2148   § 319 StGB a. F.
2149   Näher Sack, a.a.O., A 13.

ähnliche Krankheitserreger werden den Mikroorganismen und nicht durch Schadorganismen verursachte Krankheiten den Schadorganismen gleichgestellt.

1581 Unter Verbreiten wird jedes Verhalten verstanden, durch das ein räumliches Umsichgreifen des Schädlings bewirkt wird.

1582 Bei der ausgehenden Gefährdung muss es sich um eine konkrete Gefahr handeln, die nachweisbar ist. Allein eine abstrakt gefährliche Tathandlung reicht nicht aus, da der Eintritt des Schadens wahrscheinlicher sein muss als dessen Ausbleiben. Die Tathandlung muss vorsätzlich begangen worden sein.

1583 **§ 17 des Tierschutzgesetzes** stellt das **Töten eines Wirbeltieres** ohne vernünftigen Grund sowie das Zufügen von erheblichen Schmerzen oder Leiden aus Rohheit und das länger anhaltende oder sich wiederholende Zufügen von Schmerzen und Leiden unter Strafe.

1584 Geschütztes Rechtsgut der Vorschrift ist der **Schutz des Lebens und Wohlbefindens des Tieres** sowie die sittliche Ordnung in den Beziehungen zwischen Mensch und Tier.[2150]

1585 Eine Strafvorschrift zum Schutz der Natur enthält § 66 BNatSchG.[2151] Es handelt sich um eine Qualifikation des § 65 BNatSchG, wenn der Täter gewerbs- oder gewohnheitsmäßig handelt.

1586 § 65 BNatSchG schützt u. a. **wild lebende Tiere** vor dem Fang, Verletzen, Töten und Zerstören ihrer Nist-, Brut-, Wohn- oder Zufluchtsstätte; **wilde geschützte Pflanzen** vor dem Abschneiden, Abpflücken, Ausgraben, Beschädigen oder Vernichten; geschützte Tiere und Pflanzen vor dem Verkauf oder der Beförderung; der Aus- oder Einfuhr ohne die vorgeschriebenen Dokumente aus einem Drittland.

1587 **Gewerbsmäßig** handelt ein Täter, wenn er die ausgeübte Tätigkeit planmäßig und mit der Absicht, Gewinne zu erzielen, fortsetzt.[2152]

1588 **Gewohnheitsmäßig** handelt, wer einen durch Übung erworbenen, ihm selbst unbewussten Hang zur Tatwiederholung besitzt.[2153] Die Tat kann sowohl vorsätzlich als auch fahrlässig begangen werden.

u)   Umweltrelevante Ordnungswidrigkeiten

1589 Neben diesen rein strafrechtlichen Vorschriften nehmen die Bußgeldvorschriften eine große Rolle ein. Bedauerlicherweise gibt es keine der Polizeilichen Kriminalstatistik entsprechende Statistik für den Bereich der Umweltordnungswidrigkeiten. Doch wird deren Zahl nicht unter der der erfassten Umweltstraftaten liegen.

2150 Erbs/Kohlhaas/Lorz, a.a.O., T 95 Anm. 4 C e.

2151 Bundesnaturschutzgesetz vom 25. 03. 2002 (BGBl. I S. 1193), zuletzt geändert durch Art. 40 des Gesetzes vom 21. 06. 2005 (BGBl. I S. 1818); dazu im Vorfeld zur Angleichung deutschen Rechts an EU-Recht Michael **Pfohl**, Artenschutz-Strafrecht, in: wistra 1999, 161 ff.

2152 Meinberg/Möhrenschlager/Link, a.a.O., S. 137.

2153 Dazu Sack, a.a.O., A 20, § 30a BNatSchG.

Im Zusammenhang mit dem Gewässerschutz ist an **§ 41 WHG** zu denken. Diese **1590** sehr umfangreiche Vorschrift legt in den folgenden Fällen das Vorliegen einer Ordnungswidrigkeit fest:

- nicht erlaubte Benutzung von Gewässern;
- Verstöße gegen vollziehbare Auflagen oder Anordnungen;
- Verstöße gegen Rechtsverordnungen;
- Verstöße gegen Pflichten im Zusammenhang mit Errichtung oder Betrieb von Rohrleitungsanlagen oder von Auflagen zum Lagern oder Abfüllen wassergefährdender Stoffe;
- Verstöße gegen Auskunfts- oder Duldungspflichten;
- Verstöße gegen Vorschriften über die sonstige Reinhaltung von Gewässern;
- ungenehmigter oder vom Plan abweichender Ausbau eines Gewässers.

Die vorstehenden Alternativen der Ordnungswidrigkeit können sowohl vorsätz- **1591** lich als auch fahrlässig begangen werden. Das Wasserhaushaltsgesetz enthält z. B. für das Befüllen und Entleeren von Tankanlagen besondere Pflichten.[2154]

So hat derjenige, der eine Anlage zum Lagern Wasser gefährdender Stoffe befüllt, **1592** diesen Vorgang zu überwachen und sich vor Beginn der Arbeiten vom ordnungsgemäßen Zustand der erforderlichen Sicherheitseinrichtungen zu überzeugen. Ein schuldhafter Verstoß gegen diese Vorschrift stellt eine Ordnungswidrigkeit dar.[2155] Auch beim Befüllen von Öltanks sind strenge Sorgfaltspflichten zu beachten, da in beiden Fällen das Öl in Erdreich und Grundwasser gelangen und erhebliche Schäden hervorrufen kann. Der Unternehmer muss sich daher beim Verfüllen von Tankanlagen selbst im zumutbaren Rahmen davon überzeugen, dass Restöle nicht mehr in der Anlage vorhanden sind.[2156] Kommt er dieser Verpflichtung nicht nach, kann es zu einer Verurteilung wegen einer Straftat bzw. Ordnungswidrigkeit kommen.

Ordnungswidrigkeiten sieht auch die **Verpackungsverordnung** vor.[2157] So han- **1593** delt beispielsweise ordnungswidrig im Sinne von § 61 Absatz 1 Nr. 5 KrW-/ AbfG,[2158] wer vorsätzlich oder fahrlässig als Hersteller oder Vertreiber seinen Entsorgungspflichten nicht nachkommt, indem er Transportverpackungsmaterial nach Gebrauch nicht zurücknimmt, oder – als ein anderes Beispiel – Sammelgefäße nicht oder nicht in der vorgeschriebenen Weise bereithält.[2159]

Auch **§ 61 Kreislaufwirtschafts- und Abfallgesetz** enthält Bußgeldtatbestände, **1594** die mit Geldbußen zwischen 10.000 Euro (Absatz 2) und 50.000 Euro (Absatz 1) geahndet werden.[2160]

2154 § 19k WHG.
2155 §§ 19k, 41 Abs. 1 Nr. 6 lit. d WHG.
2156 OLG Düsseldorf, in: Kuntz, a.a.O., (WHG 1 ff.); OLG Hamm, IBR 1992, 360.
2157 VerpackV vom 21. 08. 1998 (BGBl. I S. 2379), zuletzt geändert durch Art. 1 der VO
      v. 30. 12. 2005 (BGBl. 2006 I S. 2).
2158 Vgl. § 15 VerpackV.
2159 §§ 15 Nr. 4 i. V. m. § 5 Abs. 3 VerpackV.
2160 Zu den Einzelheiten vgl. Walter **Frenz**, Kreislaufwirtschafts- und Abfallgesetz, Kommentar, § 61, 3. Aufl., Köln/Berlin/Bonn/München, 2002 sowie Kunig/Paetow/Versteyl,
      a.a.O., § 61.

1595 Weitere **Bußgeldtatbestände** sind **in § 62 BImSchG** enthalten. In Absatz 1 der Vorschrift werden illegale Handlungen sanktioniert, deren abstrakter Gefährdungsgrad sich einerseits von den Strafvorschriften abhebt, andererseits aber über das bloße Ordnungsinteresse des Absatzes 2 hinausgeht. **Das unerlaubte Errichten einer genehmigungsbedürftigen Anlage** wird so als **Ordnungswidrigkeit**[2161] eingestuft, während der **ungenehmigte Betrieb derselben Anlage** als **Straftat**[2162] geahndet würde.

1596 **§ 62 Absatz 2 BImSchG sanktioniert** insbesondere **das Unterlassen oder die fehlerhafte Ausführung von Mitteilungs-, Anzeige- und Auskunftspflichten.** Es handelt sich um die Durchsetzung präventivpolizeilicher Interessen, gegen die zum Beispiel verstoßen wird, wenn eine gesetzlich vorgeschriebene Emissionserklärung fehlerhaft abgegeben wird.

1597 **Bußgeldtatbestände** sind auch **in den verschiedenen Bundesimmissionsschutzverordnungen** enthalten. Als Beispiele sollen hier nur das Unterlassen der Mitteilung eines Störfalls[2163] und das Überschreiten von Grenzwerten beim Betrieb von Großfeuerungsanlagen[2164] genannt werden.

1598 Die auszugsweise dargestellten Straf- und Ordnungswidrigkeittatbestände aus dem Bereich des Umweltrechts sollen aufzeigen, wie erheblich und stetig wachsend das Umweltrisiko der Unternehmen und ihrer Mitarbeiter heute ist, in ein Straf- bzw. Ordnungswidrigkeitenverfahren verwickelt zu werden.

1599 Es ist daher sowohl zur Einhaltung der bestehenden Instruktions- und Informationspflichten des Unternehmens wie auch aus dem allgemeinen Fürsorgegedanken des Arbeitgebers heraus erforderlich, dass alle Mitarbeiter regelmäßig zumindest über die für das Unternehmen sowie ihre Tätigkeit einschlägigen Umweltvorschriften und Maßnahmen unterrichtet werden. Die Beachtung der Umweltvorgaben hat der zuständige Vorgesetzte zu überwachen.

v) Konkurrenzen; Rechtsfolgen; Nebenfolgen

1600 Ohne in die Tiefe gehen zu wollen – die Darstellung der Umweltdelikte hat gezeigt, dass die Grenzen zwischen den einzelnen Tatbeständen nicht starr, sondern fließend sind. Oft sind von einer Tathandlung verschiedene Delikte betroffen.

1601 **Tateinheit,** dass heißt die Verwirklichung mehrerer Tatbestände gleichzeitig, ist deshalb möglich, in vielen Fällen unvermeidlich. So ist zum Beispiel bei § 324 StGB Tateinheit vorstellbar mit §§ 307 ff., 324a, 325, 326 Absatz 1, 327, 329 Absatz 2, 330a StGB.[2165]

1602 Neben den einzeln aufgeführten Strafen – Freiheits- oder Geldstrafe – des jeweiligen Deliktes kann eine Umweltstraftat noch **weitere Rechtsfolgen** zeitigen.

2161 § 62 Abs. 1 Nr. 1 BImSchG.
2162 § 327 Abs. 2 Nr. 1 StGB.
2163 § 13 Nr. 1 Störfall-VO i. V. m. § 62 Abs. 1 Nr. 2 BImSchG.
2164 § 35 Nr. 1 GroßfeuerungsanlagenVO i. V. m. § 62 Abs. 1 BImSchG.
2165 MünchKomm/Alt, a.a.O., § 324 Rn. 116 ff.

Zunächst erwähnt sei die Möglichkeit der Aussprechung eines **Berufsverbotes** 1603
gegenüber dem Täter.[2166] Dies ergibt aus **§ 70 Absatz 1** StGB und kann bis zu 5
Jahren, in Ausnahmefällen auch unbegrenzt festgesetzt werden.[2167]

Des Weiteren kann der aus einer Umweltstraftat erwachsene Vermögensvorteil 1604
nach den Vorschriften über den **Verfall** (§ 73 ff. StGB) abgeschöpft werden.[2168]
Bei Umweltdelikten erlangt der Täter dabei in der Regel Gebrauchs- oder Nut-
zungsvorteile (ersparte Aufwendungen in Form von Investitionen oder Gebühren), so dass der Verfall von **Wertersatz** in Höhe der jeweiligen Einsparung in
Betracht zu ziehen ist.[2169]

Eine weitere Sanktionsmöglichkeit bei Umweltstraftaten ist die **Verbandsgeld-** 1605
buße gemäß **§ 30 OWiG** gegen das Unternehmen als juristische Person, aus dessen Pflichtenkreis der Täter stammen muss.[2170]

Abschließend ist noch auf die Gefahr einer **Geldbuße gemäß § 130 Absatz 1** 1606
OWiG hinzuweisen, wenn der Inhaber eines Betriebes oder Unternehmens
zumindest fahrlässig seine **Aufsichtspflichten verletzt** hat und daraus ein strafrechtlich erhebliches Verhalten resultiert, dass somit dem Pflichtigen zuzurechnen
ist.[2171]

w) Strafbarkeit von Amtsträgern[2172] im Umweltrecht

1981 war es noch eher unwahrscheinlich, dass Amtsträger wegen einer Umwelt- 1607
straftat verurteilt wurden. Dies zeigt ein Beispiel des Landgerichts Bremen aus
diesem Jahr.

> Der Leiter des Wasserwirtschaftsamts wurde angeklagt, da er vorsätzlich
> durch Unterlassen ein Gewässer verunreinigt habe, indem er eine Firma mit
> der Betreibung eines Entölbootes beauftragte, obwohl ihm bekannt war, dass
> von diesem Schiff eine vollständige Entölung nicht geleistet werden konnte.
> Das Landgericht kam zu einem Freispruch, da zur Tatzeit keine technische
> Möglichkeit bestanden habe, die vollständige Entölung zu erreichen.[2173]

In der Zwischenzeit mehren sich die Stimmen, die fordern, dass auch Beamte der 1608
Umweltbehörden strafrechtlich verfolgt werden müssen. Die zuletzt durchgeführten Reformen haben **keine selbstständigen Tatbestände** über die Strafbarkeit von
Amtsträgern im Umweltbereich eingeführt. Für die Tatbestände §§ 324, § 326,
328 Absatz 1, 2 und 4, 329 Absatz 3 StGB ist jedoch von einer Anwendbarkeit
auf Amtsträger auszugehen, da diese Delikte von jedermann begangen werden

---

2166 MünchKomm/Alt, a.a.O., § 324 Rn. 121.
2167 Näher Franzheim/Pfohl, a.a.O. Rn. 617 ff.
2168 Zum Verfall siehe ausführlich Rdn. 839 ff.; vgl. auch Franzheim/Pfohl, a.a.O. Rn. 620 ff.
2169 Beispielhaft MünchKomm/Alt, a.a.O., § 324 Rn. 122 ff. m. w. N.
2170 Zur Verbandsgeldbuße siehe ausführlich Rdn. 771 ff. Ein kurzer Überblick findet sich bei
      Michalke, a.a.O., S. 246 f. Rn. 465 ff.
2171 § 130 OWiG wird näher erläutert auf Rdn. 727 ff.; vgl. auch MünchKomm/Alt, a.a.O.,
      § 324 Rn. 126 m. w. N.
2172 Zum Amtsträgerbegriff allgemein siehe oben Rdn. 164 ff.
2173 LG Bremen, NStZ 1982, 164 f.

können. Sie sind **keine Sonderdelikte**, die bestimmte Tätermerkmale erfordern, etwa das Betreiben bestimmter Anlagen oder die Verletzung verwaltungsrechtlicher Pflichten.[2174]

1609 Obwohl der Bundesgerichtshof in zwei Entscheidungen[2175] eine Amtsträgerstrafbarkeit bejaht hat und dies sogar vom Bundesverfassungsgericht[2176] bestätigt wurde, herrscht weiterhin keine Einigkeit über entscheidende Fragen der strafrechtlichen Verantwortlichkeit von Amtsträgern bei Umweltdelikten.[2177] Gegenwärtig ist aber nicht ersichtlich, dass die seit mehr als 20 Jahren geführte Diskussion um diesen Teilbereich der Amtsträgerhaftung neue Erkenntnisse zu Tage gebracht hat. In der Rechtsprechung fand eine Problematisierung soweit ersichtlich seit mehr als 10 Jahren nicht mehr statt. Aktuell scheint ein übermäßiges oder besonderes Risiko für Amtsträger, sich einer Strafbarkeit wegen eines Umweltdeliktes auszusetzen, nicht zu bestehen, auch wenn die Entwicklung Mitte der neunziger Jahre anderes befürchten ließ.[2178]

Exkurs: Der Amtsträger als Unternehmer

1610 Eine Amtsträgerstrafbarkeit ergibt sich nach alledem grundsätzlich aus den allgemeinen Regeln, im Umweltrecht jedoch eingeschränkt durch die Verwaltungsrechtsakzessorietät und Tatsache, dass bestimmte Tatbestände nur vom Emittenten selbst verwirklicht werden können. Der **Amtsträger** kommt demnach als Täter einer Umweltschutzstraftat nur bei den Allgemeindelikten in Frage, es sei denn, er ist **selbst verantwortlicher Emittent**. Dann gelten alle Tatbestände der §§ 324 ff. StGB unmittelbar für ihn, es ergeben sich eigentlich keine spezifischen Probleme.[2179]

1611 Angesprochen sind damit alle Fälle, in denen eine **öffentliche Körperschaft oder Anstalt des öffentlichen Rechts eine Anlage betreibt**. In diesen Fällen sind die für die Anlage verantwortlichen **Amtsträger ebenso Normadressaten** z. B. des § 324 StGB **wie die Verantwortlichen eines privaten Unternehmens**, wenn ihr Verhalten für eine Gewässerverunreinigung ursächlich ist. Eine strafrechtliche Verantwortlichkeit des Amtsträgers im Bereich der Umweltdelikte ergibt sich somit insbesondere im Rahmen kommunaler Eigenbetriebe (Schlachthof, Schwimmbad, Kläranlagen, Mülldeponien, Müllverbrennungsanlagen.)[2180]

1612 Die **fünf typischen Sachverhaltsvarianten** dieser Risikogruppe sind:

2174 Tröndle/Fischer, a.a.O., Vor §§ 324 Rn. 14.

2175 BGH NJW 1992, 3247 ff.; BGH NJW 1994, 670 ff.

2176 Siehe BVerfG, NJW 1995, 186 f.

2177 So auch Schönke/Schröder-Cramer/Heine, a.a.O., Vorbem §§ 324 ff. Rn. 29a.

2178 Dazu Regina **Michalke**, Die Strafbarkeit von Amtsträgern wegen Gewässerverunreinigung (§ 324 StGB) und umweltgefährdender Abfallbeseitigung (§ 326 StGB) in neuem Licht, in: NJW 1994, 1693 ff.

2179 MünchKomm/Schmitz, a.a.O., Vor §§ 324 ff. Rn. 93, 94.

2180 Schönke/Schröder-Cramer/Heine, a.a.O., Vorbem §§ 324 ff. Rn. 41; MünchKomm/Schmitz, a.a.O., Vor §§ 324 ff. Rn. 94.

- Einleitung von Abwässern aus kommunalen Kläranlagen in den Vorfluter, wobei der zulässige Höchstwert[2181] überschritten wird;
- Überschreitung der durch Einleitungserlaubnis festgesetzten Werte bei Regenüberläufen;
- Nichteinhaltung von Sanierungserlaubnissen und Abwasserbeseitigungskonzepten;
- Unzureichende Kontrolle und unterlassene Sanierung undichter Kanalsysteme;
- Überschreitung der Einleitungserlaubnisse durch Nichtbeachtung der Bestimmungen derjenigen Stoffe, die in einer Kläranlage entsorgt werden dürfen.

Bei den vorstehend genannten Begehungsalternativen handelt es sich **nicht um** **1613** Fälle einer **echten Amtsträgerhaftung**,[2182] da auch private Unternehmen betriebseigene Kanalsysteme unterhalten, also die **Taten nicht nur von Amtsträgern** begangen werden können.

Im ersten Beispielfall liegt eine Gewässerverunreinigung vor, wenn die durch **1614** wasserrechtliche Erlaubnis festgelegten Werte überschritten werden. Durch eine Überschreitung der Werte verliert die Einleitungsbefugnis ihre rechtfertigende Wirkung, sodass sich die Verantwortlichen für die Kläranlage wegen rechtswidriger Gewässerverunreinigung zu verantworten haben.

Das fünfte Beispiel stellt einen Fall des umweltgefährdenden Umgangs mit Abfall **1615** dar, die dann gegeben ist, wenn Öl-Wasser-Gemische, Kunststoff-, Farb- oder Sedimentationsschlämme aus der Metallindustrie zur Entsorgung in eine Kläranlage eingeleitet werden. Auf die Diskussion über die unterschiedlichen Abfallbegriffe wird in diesem Zusammenhang nicht eingegangen.[2183] Die Verantwortlichen einer Kläranlage begründen daher den Tatbestand der umweltgefährdenden Umgangs mit Abfall, wenn unzulässige Stoffe in die Anlage gelangen. Dies gilt selbst dann, wenn die Werte der Einleitungserlaubnis eingehalten werden.

Ein umweltgefährdender Umgang mit Abfall liegt auch vor, wenn **Abwasser aus** **1616** **undichten Kanälen** in größeren Mengen in das um den Kanal gelegene Erdreich gelangt.

Dieser Bereich ist wegen der hohen Schadhaftigkeit der Kanalisation für die Kommunen von besonderer Bedeutung. Im Jahr 1991 waren in den neuen Bundesländern von den 36.150 km Kanal knapp 50 %[2184] und in den alten Bundesländern von 285.000 km Kanal[2185] 22 %[2186] defekt. Nach Informationen des Bundesverbandes der Entsorgungswirtschaft bestand auch 2006 noch ein akuter Sanierungsbedarf bei 20 % der Kanalisation. Diese **schadhaften Kanäle** können zu einer **1617**

2181 Vgl. oben Rdn. 1326 ff.
2182 Zur Amtsträgerhaftung siehe Rdn. 164 ff.; vgl. auch Rdn. 1203 ff.
2183 Siehe Rdn. 1404 ff.
2184 **Rudolph/Witten/Wellnitz**, Zustand und Sanierungsbedarf der Abwasserkanäle in den neuen Bundesländern, in: Korrespondenz Abwasser, 2/91, S. 1625 ff.
2185 Keding/von Riesen/Esch, Der Zustand der öffentlichen Kanalisation in der Bundesrepublik Deutschland – Ergebnisse der ATV-Umfrage 1990, in: Korrespondenz Abwasser, 1990, S. 1148 ff.
2186 Rudolph/Witten/Wellnitz, a.a.O., S. 1625 ff. (1626).

strafrechtlichen Haftung der Verantwortlichen der Kommune führen. Die Strafbarkeit kann sich daraus ergeben, dass die Feststellung schadhafter Stellen nicht an die zuständigen Stellen weitergeleitet wird, sodass eine Schadenbehebung unterbleibt. Als Strafnormen kommen §§ 324, 326 StGB in Betracht. Eine Gewässerverunreinigung ist in der Praxis jedoch nur sehr schwer nachzuweisen, da äußerst selten ausgeschlossen werden kann, dass eine festgestellte Verunreinigung des Grundwassers von anderen Verunreinigern stammt.

1618 Die Hauptgemeindebeamten und die technischen Beigeordneten sind nun aber verpflichtet, dem Rat die erforderlichen Beschlüsse über die Kanalsanierung oder die Erweiterung der Kläranlage vorzulegen. Der Stadtrat oder die Stadtverordnetenversammlung tragen die Verantwortung für die Erfüllung der kommunalen Abwasserbeseitigungspflicht. Allein sie sind strafrechtlich verantwortlich, wenn sie trotz der Hinweise und Vorlagen der Kommunalverwaltung die Sanierung der Kanäle und Abwasseranlagen nicht beschließen oder die Durchführung durch Sperrung der Haushaltsmittel verhindern. Der Hinweis auf mangelnde finanzielle Mittel kann beispielsweise von den Ratsmitgliedern nicht zur Verteidigung herangezogen werden, denn die Sanierungskosten müssen aufgrund der Tatsache, dass die Abwasserentsorgung dem Gebührenhaushalt unterliegt, von den Grundstückseigentümern bezahlt werden. Lehnt der Stadtrat rechtswidrig die Sanierung der kommunalen Abwasseranlagen ab, so müssen der Bürgermeister oder der Hauptverwaltungsbeamte die Ratsbeschlüsse beanstanden und der Kommunalaufsicht die Möglichkeit zum Einschreiten geben.[2187]

1619 Für **Amtsträger als Aufsichts- und Genehmigungsbehörden** kommt eine Straftat wegen einer Beeinträchtigung der Umwelt in Betracht, wenn diese auf fehlerhafte verwaltungsrechtliche Gestattungen oder dem Unterlassen einer solchen Gestattung zurückzuführen ist. Dies ist jedoch nur bei den Umweltnormen möglich, die in ihrem Tatbestand nicht auf die Verletzung verwaltungsrechtlicher Pflichten abstellen. Die verwaltungsrechtlichen Pflichten richten sich allein an den Bürger und können daher nicht von dem genehmigenden Amtsträger verletzt werden. Auch ein Fall im Sinne des § 327 Absatz 2 StGB ist nicht denkbar, denn die Amtsträger der Genehmigungs- und Überwachungsbehörde betreiben selbst keine Abfallbeseitigungsanlage, sondern sie überwachen lediglich den Betreiber solcher Anlagen. Der Vorwurf, ein Amtsträger sei Teilnehmer der Haupttat eines dieser Sonderdelikte führt auch nicht zu einer Strafbarkeit. Wurde vom Amtsträger eine rechtswidrige Genehmigung erteilt, so ist diese nach dem Verwaltungsverfahrensrecht dennoch wirksam erteilt worden. Der Anlagenbetreiber verstößt somit nicht gegen verwaltungsrechtliche Pflichten, sodass eine Teilnahme des Amtsträgers ausscheidet, da es schon keine Haupttat gibt. Lediglich auf einen nichtigen Verwaltungsakt kann sich der Anlagenbetreiber nicht berufen.[2188]

1620 § 330d StGB regelt ferner die Fälle, in denen sich jemand nicht auf eine Genehmigung berufen kann. In dem oben geschildertem Alkem-Prozess wäre es auch nach neuem Recht zu einem Freispruch gekommen, da der Nachweis eines kollusiven

---

2187 Franzheim/Pfohl, Umweltstrafrecht, a.a.O. Rn. 558 ff.; Werner **Schmeken**, Umweltstrafrecht in den Kommunen, Düsseldorf 1991, S. 64; s. auch Rdn. 189 ff.

2188 Vgl. Kloepfer/Vierhaus, a.a.O. Rn. 50 ff.

Zusammenwirkens zwischen Unternehmer und Behörde nicht hätte erbracht werden können. Die Neuregelung des § 330d StGB durchbricht erstmalig das Prinzip der Verwaltungsakzessorietät des Umweltstrafrechts. Es sind heute Fälle denkbar, in denen der Strafrichter von einem Handeln ohne Genehmigung ausgeht, obwohl ein Verwaltungsakt vorliegt.

Infrage gestellt wurde auch, ob Ermessensentscheidungen eines Amtsträgers zu **1621** dessen Strafbarkeit führen können. Ist die Entscheidung zwar fehlerhaft, aber gerade noch innerhalb des Ermessensspielraums vertretbar, so ist sie strafrechtlich unbeachtlich. Strafbar kann nicht sein, was verwaltungsrechtlich erlaubt oder geboten ist. Eine fehlerhafte Ermessensentscheidung ist daher erst dann strafrechtlich zu beachten, wenn ein Verwaltungsgericht die materielle Rechtswidrigkeit rechtskräftig festgestellt hat. Das Oberlandesgericht Frankfurt hat entschieden, dass der Strafrichter seine eigene Zweckmäßigkeitserwägungen keineswegs an die Stelle der des Amtsträgers setzen dürfe.[2189]

Um eine Ermessensentscheidung ging es auch im nachfolgenden Fall: **1622**

> Der Wasserrechtsdezernent, der zugleich auch für die Verhängung von Bußgeldern zuständig war, machte keine Mitteilung an die Beamten der Strafverfolgungsbehörde, obwohl ihm von einem industriellen Einleiter eine Grenzwertüberschreitung gemeldet wurde. Der Beamte wurde freigesprochen. Er musste den Verdacht einer Gewässerverunreinigung nicht der Staatsanwaltschaft mitteilen, da er nicht deren Hilfsbeamter war. Es lag allein im Ermessen des Dezernenten, ob er die Ordnungswidrigkeit verfolgen wollte.[2190]

Ob der Amtsträger für eine Umweltstraftat als Unterlassungstäter einzustehen hat **1623** richtet sich nach den allgemeinen Grundsätzen danach, ob ihn eine Garantenpflicht zum Handeln trifft. Soweit die Entscheidung zum Handeln im Ermessen des Amtsträgers steht, tritt eine solche Garantenpflicht nicht ein.[2191] Nach den Grundsätzen der Zumutbarkeit ist die Garantenstellung sogar dahingehend begrenzt, dass nicht einmal Ermessensfehler eine Strafbarkeit begründen können, es sei denn, es wurde die einzig mögliche Entscheidung nicht getroffen (»Ermessensreduzierung auf Null«).[2192]

Deshalb ist festzustellen, dass vor 20 Jahren wie auch heute das tatsächliche Risiko **1624** einer strafrechtlichen Verurteilung wegen eines Umweltdelikts für Amtsträger als gering einzustufen ist.[2193]

2189 OLG Frankfurt, NStZ-RR 1996, 103 f.

2190 OLG Frankfurt, NJW 1987, 2753 ff.

2191 Hero **Schall**, Systematische Übersicht der Rechtsprechung zum Umweltstrafrecht, in NStZ-RR 2006, 263 ff.

2192 Tröndle/Fischer, a.a.O., Vor § 324 Rn. 17 f.

2193 So schon Hero **Schall**, Systematische Übersicht der Rechtsprechung zum Umweltstrafrecht, in: NStZ 1992, 265 ff. (268); siehe auch Tröndle/Fischer, a.a.O., Vor § 324 Rn. 17.

Exkurs: Mitarbeiter – Straftaten im Ausland[2194]

1625 Die bisherige Beschreibung möglicher Umweltrisiken und die damit einhergehende strafrechtliche Verantwortlichkeit von Unternehmensmitarbeitern bezog sich auf solche Taten, die in der Bundesrepublik Deutschland begangen wurden.

1626 Am Beispiel grenzüberschreitender Umweltbeeinträchtigungen soll an dieser Stelle auf die Möglichkeit hingewiesen werden, dass Umweltverschmutzungen, die im Ausland begangen worden sind und sich im Inland aktualisieren, durchaus dem deutschen Strafrecht unterliegen können. Aus deutscher Unternehmenssicht kann dieser Umstand dann relevant werden, wenn beispielsweise **Produktionsstätten in Form einer Tochtergesellschaft ins Ausland** verlagert werden, um gegebenenfalls kostengünstiger fertigen zu können.

1627 Sofern die dortige Betriebsstätte Stoffe emittiert, die geeignet sind, Gesundheitsgefährdungen hervorzurufen, könnte gegen den Betriebsleiter auch von deutschen Behörden ermittelt werden, wenn nicht nur im Ausland, sondern auch im Inland die Gefahr eintritt.

1628 Diese zunächst überraschende Feststellung wird in der Rechtswissenschaft noch unterschiedlich diskutiert.[2195]

1629 Ausgangspunkt des Streites ist die Regelung des § 9 Absatz 1 StGB. Gemäß **§ 9 Absatz 1 3. Alt. StGB** ist eine **Straftat an dem Ort begangen, an dem der zum Tatbestand gehörende Erfolg eingetreten ist**. Aus dieser Formulierung wird deutlich, dass der Ort der Handlung und der des Erfolgs unterschiedlich sein können.[2196] Folgendes »*grenzüberschreitendes Beispiel*« mag das verdeutlichen: An der deutsch-französischen Grenze schießt der Täter von der französischen Seite auf das Opfer, welches sich auf bundesdeutschem Gebiet befindet. Die Handlung wurde im Ausland begonnen, der Erfolg (die Tötung eines Menschen) trat in der Bundesrepublik ein.[2197] Hier ist der Täter wegen der Regelung des § 9 Absatz 1 StGB auch nach deutschem Strafrecht zu belangen. Für Erfolgsdelikte[2198] ist dieses unproblematisch.

1630 **Schwierig** wird die Frage **bei den so genannten abstrakten Gefährdungsdelikten**. Bei diesen Delikten wird schon eine Handlung, die geeignet ist, eine Gefahr mit sich zu bringen, unter Strafe gestellt. Einer tatsächlichen Beeinträchtigung eines geschützten Rechtsgutes bedarf es hingegen nicht.[2199]

2194 Vgl. dazu grundlegend Klaus **Tiedemann**, Multinationale Unternehmen und Strafrecht, Köln/Berlin/Bonn/München 1980.

2195 Jörg **Martin**, Grenzüberschreitende Umweltbeeinträchtigungen im deutschen Strafrecht, in: ZRP 1992, 19 ff.; demgegenüber (allerdings zum Kriegswaffenkontrollgesetz): Dieter **Holthausen**, Die Strafbarkeit von Auslandstaten Deutscher und das völkerrechtliche Interventionsverbot, in: NJW 1992, S. 214 ff.

2196 Vgl. Tröndle/Fischer, a.a.O., § 9 Rn. 3 f.

2197 Vgl. Joecks, a.a.O., § 9 Rn. 2.

2198 Wie z. B. § 212 StGB: Totschlag; vgl. dazu oben Rdn. 242.

2199 Siehe dazu oben Rdn. 244.

Im Umweltrecht sind zahlreiche Strafnormen als abstrakte bzw. konkret-abstrakte **1631** (potenzielle) Gefährdungsdelikte konstruiert (z. B. §§ 325, 326 StGB).[2200] Bei solchen Straftatbeständen, bei denen Tatbegehung und Taterfolg zusammenfallen,[2201] stellt sich die Frage, wo der jeweilige Erfolg im Sinne des § 9 Absatz 1 StGB eintritt.

Mit Jörg **Martin** ist aus der Erkenntnis, dass mit dem Eintritt der abstrakten **1632** Gefahr zeitgleich auch der Erfolg des abstrakten Gefährdungsdeliktes eintritt, zu folgern, dass eine im Ausland verursachte abstrakte Gefahr, die in die Bundesrepublik »*hineinwirkt*«,[2202] eine im Inland begangene Straftat darstellt. Es liegt also ein Inlandstatort gemäß § 9 Absatz 1 3. Alt. StGB vor. Der Begriff »*Erfolg*« im Sinne des § 9 Absatz 1 StGB ist also weit auszulegen.[2203]

Der Geltungsbereich der §§ 324 ff. StGB erstreckt sich also auf **sämtliche** **1633** **Umweltbeeinträchtigungen, deren Erfolg im Inland eintritt**, unabhängig davon, ob die Tathandlung im Inland oder im Ausland begangen wurde, denn auch die abstrakten Gefährdungsdelikte setzten einen tatbestandsmäßigen Erfolg voraus, an den § 9 Absatz 1 3. Alt. StGB dem Wortlaut gemäß allein anknüpft.[2204]

Zur Verdeutlichung folgender Fall: **1634**

Ein deutsches Unternehmen baut im Elsass eine Anlage für die Herstellung chemischer Produkte. Durch einen Fehler im Betriebssystem werden vorübergehend gesundheitsgefährdende Stoffe freigesetzt. Es bildet sich eine Gaswolke, welche durch Westwinde in die Bundesrepublik getragen wird. Gegen den Werkleiter wird auch von der deutschen Staatsanwaltschaft ermittelt.[2205]

Für die §§ 324 ff. StGB ergibt sich in diesem Zusammenhang aber ein weiteres **1635** Problem. Werden inländische Rechtsgüter durch eine im Ausland begangene Tat beeinträchtigt, ist fraglich, ob für deren Rechtfertigung[2206] das in- oder das ausländische Verwaltungsrecht maßgeblich ist.[2207]

Die Betriebskonzession einer Anlage beispielsweise erteilt die jeweilig zuständige **1636** nationale Behörde. Wenn nun die Anlage im Ausland von den dortigen Behörden genehmigt worden ist, also nach nationalem Recht legal betrieben wird, dann stellt sich folgerichtig die Frage, ob bundesdeutsche Staatsanwaltschaften bei der Prüfung des jeweiligen Tatbestands diese ausländische Genehmigung als Rechtfertigungsgrund anzunehmen haben oder aber ob sie prüfen müssen, inwieweit dieselbe Anlage unter Berücksichtigung deutscher Grenzwerte bzw. technischer Standards nicht genehmigt worden wäre – mit der Folge der Bejahung des Straf-

---

2200 Schönke/Schröder-Stree/ Heine, a.a.O., § 325 Rn. 1; Tröndle/Fischer, a.a.O., § 326 Rn. 1.
2201 So auch Martin, a.a.O., S. 20, m. w. N. (Fn. 17) zum Stand der Diskussion; BGH NStZ 1990, 36 f. (37) bezüglich § 326 StGB: »*Mit der Begehung tritt zugleich der Erfolg der Tat ein.*«
2202 Martin, a.a.O., S. 20.
2203 Schönke/Schröder-Stree, a.a.O., § 13 Rn. 3.
2204 MünchKomm/Schmitz, a.a.O., Vor § 324 ff. Rn. 132 m. w. N.
2205 Ggf. wird auch gegen die Geschäftsleitung des deutschen Mutterunternehmens unter dem Gesichtspunkt der Teilnahme, § 9 Abs. 2 S. 2 StGB, ermittelt.
2206 Z. B. Genehmigung einer Anlage als Rechtfertigungsgrund im Rahmen der Verwaltungsrechtsakzessorietät, vgl. Rdn. 1296 ff.
2207 Siehe MünchKomm/Schmitz, a.a.O., Vor §§ 324 ff. Rn. 134.

tatbestandes.[2208] Dieser Problemkreis ist in seiner Handhabung umstritten, hat jedoch in der Strafrechtspraxis so weit ersichtlich noch keine Wirkung entfaltet[2209]. Gesichert ist die Erkenntnis, dass eine Strafbarkeit in Deutschland auch bei Vorliegen einer ausländischen Genehmigung nicht ausgeschlossen sein muss. Es erscheint jedoch nicht sinnvoll, denjenigen, der eine solche Erlaubnis innehat, nach deutschem Umweltstrafrecht zu verfolgen.[2210]

1637 **Probleme grenzüberschreitender**[2211] **Umweltbeeinträchtigungen** können auch entstehen, wenn die jeweiligen Rollen vertauscht werden. Zu denken ist an den Fall, dass eine ausländische Behörde gegen Mitarbeiter deutscher Unternehmen ermittelt, weil sich das Unternehmen gegebenenfalls einer Gewässerverunreinigung schuldig gemacht hat, die eine Verschmutzung in dem ausländischen Staat verursachte. Dabei ist zu berücksichtigen, dass eine solche Tat sich gemäß der herrschenden Auffassung nach deutschem Strafrecht verfolgen lässt, wenn die Tathandlung in diesem Land begangen wurde, der Taterfolg jedoch lediglich im Ausland eintritt.[2212]

1638 Es muss abgewartet werden, ob unter den genannten Aspekten die Zahl der Ermittlungsverfahren mit Auslandsberührung künftig steigen wird.

5. Die zweite Hauptfallgruppe: das strafrechtliche Betriebsstättenrisiko

a) Definition

1639 **Die Betriebsstätte ist eine Geschäftseinrichtung**, in der Erzeugnisse, Waren oder Dienstleistungen hergestellt, angeboten oder erbracht werden.[2213] Das damit einhergehende »strafrechtliche« Betriebsstättenrisiko umfasst die Gefahren, die mit dem Betreiben eines Unternehmens entstehen, wenn dieses oder dessen Mitarbeiter im Rahmen ihrer Tätigkeit für das Unternehmen gegen Rechtspflichten verstoßen und sich daraus für sie straf- bzw. ordnungswidrigkeitsrechtliche Sanktionen ergeben können.

1640 Immer dann, wenn bei einem Betriebsunfall Mitarbeiter oder Dritte (Kunden, Zulieferer, sonstige Besucher) schwerwiegend verletzt oder gar getötet werden, erscheint die Polizei auf dem Firmengelände. Diese Tatsache aber ist gleichbedeu-

---

2208 In diese Richtung argumentierend: Martin, a.a.O., S. 22, 26 mit Hinweisen auf die »Völkerrechtsakzessorietät« (S. 23); zur Frage, ob grenznahe Kernkraftwerke völkerrechtswidrig sind, vgl. die Nachweise bei Martin, a.a.O., S. 24 (Fn. 53).

2209 Ebenso Schönke/Schröder-Eser, a.a.O., Vorbem §§ 3-7 Rn. 24 m. w. N.; siehe auch MünchKomm/Schmitz, a.a.O., Vor §§ 324 ff. Rn. 134.

2210 Vgl. aber MünchKomm/Schmitz, a.a.O., Vor §§ 324 ff. Rn. 134 m. w. N. zu anderen Rechtsgebieten.

2211 Zum Mülltourismus vgl. Rdn. 1455 ff.

2212 MünchKomm/Schmitz, a.a.O. Vorbem §§ 324 ff. Rn. 131-133.

2213 Zur Definition »Betriebsstätte« siehe auch Rdn. 1640 und Rdn. 1646 f.

tend mit der Aufnahme strafrechtlicher Ermittlungen. Da die Polizei grundsätzlich von der Anforderung eines Rettungsfahrzeugs informiert wird, sind solche Ermittlungen aufgrund der hohen Anzahl an Arbeitsunfällen verhältnismäßig häufig der Fall.

Aber auch Unfälle außerhalb des eigentlichen Betriebsgeländes[2214] und ohne Verstoß gegen betriebliche Unfallverhütungsvorschriften gehören zum Betriebsstättenrisiko und führen zu Ermittlungen der Staatsanwaltschaft. Die Zahl der tödlichen Arbeitsunfälle wird für das Jahr 2004 mit 949 Fällen angegeben, ein Weniger von 80 betrieblichen Unglücksfällen gegenüber dem Vorjahr. Meldepflichtige Arbeitsunfälle ereigneten sich insgesamt 1.089 Millionen. In der gewerblichen Wirtschaft vermeldeten die Zahlen für das Folgejahr 2005 einen weiteren Rückgang auf 811.060 meldepflichtige Arbeitsunfälle. Die Zahl der Wegeunfälle belief sich auf 151.632. Es waren 590 Arbeitsunfälle mit tödlichem Ausgang zu verzeichnen.[2215] Der rückläufige Trend bei den Arbeitsunfällen in der gewerblichen Wirtschaft hat sich somit weiter fortgesetzt.[2216] Eine positive Tendenz, die nicht zuletzt auf die Tätigkeit und Anregungen der betrieblichen Arbeitssicherheit zurückzuführen ist. **1641**

Eines der bedeutendsten Strafverfahren aus dem Bereich des betrieblichen Risikos ist der so genannte **Düsseldorfer Flughafenbrand-Fall**. **1642**

Am 11. April 1996 kamen bei einem durch Schweißarbeiten ausgelösten Brand auf dem Rhein-Ruhr-Flughafen in Düsseldorf 17 Menschen ums Leben, mehr als hundert wurden verletzt.[2217] Der Brand wurde bei Schweißarbeiten an der 270 Meter langen Dehnungsfuge der Vorfahrtsstraße oberhalb der Ankunftshalle des Flughafens ausgelöst. Glühende Schweißperlen fielen in die Fuge, entzündeten Wasserleitbänder aus brennbarem Gummi. Das Feuer griff auf ebenfalls brennbares Dämmmaterial (Polystyrolplatten) über, die beim Verbrennen in giftigen Rauch aus Kohlenmonoxid und Blausäure aufgingen.[2218] Acht Menschen erstickten allein in einer VIP-Lounge, weil bei deren Bau eine Brandschutztür vergessen worden war. Fünf weitere Flughafenbesucher starben in Fahrstühlen. Nach dem Unglück wurden in den Medien schwere Vorwürfe erhoben: Dreieinhalb Jahre nach der Brandkatastrophe am 15. Dezember 1999 begann der Strafprozess vor dem Düsseldorfer Landgericht. Die 749

2214 Creifelds, a.a.O., Stichwort: Arbeitsunfall.

2215 Harenberg, Aktuell 2007, S. 75.

2216 Im Jahr 1998 wurden noch 1.198.608 Arbeitsunfälle erfasst, von denen 948 tödlich verliefen. (BG, Die gewerblichen Berufsgenossenschaften, Halbjahresbilanz der Berufsgenossenschaften vom 28. 10. 1999).

2217 Brockhaus Enzyklopädie, Jahrbuch 1996, Leipzig – Mannheim 1997, S. 26.

2218 SZ Nr. 290 v. 15. 12. 1999 (Zeitbombe aus 12.336 Kilogramm Schaumstoff); FAZ Nr. 293 v. 16. 12. 1999, S. 13 (Im Mittelpunkt das brennbare Dämmmaterial) mit Chronologie des Unglücksfalls; dazu auch: Pöstchen, Cliquen und Versager, in: FOCUS Nr. 17 v. 22. 04. 1996, S. 30 f.; Die Welt v. 05. 04. 1997 (Flughafen Düsseldorf verklagt – Versicherer bemängeln »grobe Fahrlässigkeit« bei den Brandschutzvorkehrungen); SZ Nr. 83 v. 11. 04. 1997, S. 10 (Vorwürfe gegen Architekten); FAZ Nr. 84 v. 11. 04. 1997, S. 11 (Schwelbrand ging auf rechtswidrig eingebaute Polystyrolplatten über); HAZ v. 16. 09. 1998 (Grobe Baumängel führten zu Feuer).

Seiten starke Anklageschrift[2219] warf zehn der elf Angeklagten vor, »fahrlässig eine Räumlichkeit, welche zeitweise zum Aufenthalt von Menschen dient, in Brand gesetzt und hierdurch den Tod von siebzehn Menschen verursacht zu haben«. Dem elften Angeklagten wurde der Vorwurf gemacht, »gegen die allgemein anerkannten Regeln der Technik« verstoßen und dadurch Leib und Leben anderer gefährdet zu haben.[2220]

1643 Welches Fehlverhalten warf die Staatsanwaltschaft nach ihren Ermittlungen den einzelnen Angeklagten vor? Die Schuldvorwürfe, Unterlassen von notwendigen Maßnahmen, glichen einem Zahnradwerk, einzelne kleine und größere Rädchen, zufällig zusammengesteckt, griffen ineinander, die Maschinerie begann – nach den Erkenntnissen der Anklage – am frühen Nachmittag des 11. April 1996 zu laufen und löste die Katastrophe aus. So wurde

- den beiden Schweißern des Bauunternehmens der Vorwurf gemacht, mit der Arbeit an der Dehnungsfuge begonnen zu haben, ohne weder die schriftliche Schweißerlaubnis abzuwarten und ohne Sicherheitsvorkehrungen getroffen zu haben;
- ihrem Vorgesetzten, einem Bauleiter, angekreidet, weder die Umgebung der Schweißarbeiten eingehend untersucht, noch den Arbeitern eine Einweisung in die unterhalb der Straße liegende Deckenkonstruktion gegeben, noch die Feuerwehr des Flughafens von den Schweißarbeiten unterrichtet zu haben. Gleiches wurde dem Inhaber des Bauunternehmens vorgeworfen;
- dem Leiter der Bauabteilung des Flughafens angelastet, von den brennbaren Dämmstoffen gewusst zu haben, aber das ausführende Unternehmen nicht davon in Kenntnis gesetzt zu haben;
- dem in den Siebzigerjahren für die Planung der Ankunftshalle A zuständigen Architekten und einem inzwischen pensionierten Geschäftsführer und technischen Leiter des Flughafens vorgeworfen, sie hätten es aus Kostengründen zugelassen, dass brennbares Dämmmaterial verbaut wurde, obwohl sie um dessen Brennbarkeit wussten. Bei einem früheren Brand habe die Feuerwehr festgestellt, dass sich Flammen über Dehnungsfugen ausbreiten können und eine Schutzummantelung der Fugen gefordert, die aber von der Flughafenleitung abgelehnt worden sei. Zusammen mit dem Leiter der Bauabteilung hätten die Angeklagten auch gegen Auflagen der Baugenehmigung verstoßen;
- dem für die Errichtung der VIP-Lounge zuständigen Architekten den Vorwurf gemacht, bei dem Bau dieses Warteraums die Fluchttür vergessen zu haben, deshalb hätten sich acht Fluggäste nicht auf das Dach retten können und seien erstickt;
- weiteren Mitarbeitern der Berufsfeuerwehr vorgeworfen, sie hätten 13 Jahre lang keine Brandschau auf dem Flughafen durchgeführt, obwohl diese alle fünf Jahre vorgeschrieben sei. Auch habe der Chef der Flughafenfeuerwehr zusammen mit dem Leiter der Bauabteilung bei Tests festgestellt, dass die verwendeten Polystyrolplatten trotz eines Schutzanstrichs brennbar waren.[2221]

2219 HAZ v. 16. 09. 1998.
2220 FAZ Nr. 293 v. 16. 12. 1999, S. 13.
2221 Die vorstehende Aufstellung der einzelnen Vorwürfe beruht auf den in Rdn. 1642 (mit FN 2201) genannten Zeitungsartikeln.

Das Strafverfahren in Sachen Flughafenbrand wurde – nachdem aufgrund eines **1644** Verfahrensfehlers ein erneuter Prozess erforderlich geworden war – im Oktober 2001 eingestellt. Mit Ausnahme der Opferanwälte waren sich alle beteiligten Verfahrensparteien (Gericht, Staatsanwaltschaft und Verteidiger) einig, dass den einzelnen Angeklagten jeweils eine geringe Schuld zukam und die verheerenden Folgen des Brandes niemandem einzeln zuzuordnen seien. Den Angeklagten wurden Geldbußen von bis zu 20.000 Euro auferlegt.[2222] Die Erwartungen der Rechtslehre an dieses Strafverfahren wurden nicht erfüllt. Die erhofften grundlegenden Aussagen zu Fragen der Kausalität, des Organisationsverschuldens (vor allem zu der bisher noch stiefmütterlich behandelten Form des Investitionsverschuldens) und der Delegation von Pflichten blieben unbeantwortet.

Die **Definition des pönalisierten Betriebsstättenrisikos geht vom Regelfall aus,** **1645** der Tatsache, dass sich die Unternehmen grundsätzlich seriöser Geschäftsgebaren befleißigen.[2223] Sie will sich aber nicht vor solchen Rechtsverstößen, die von Mitarbeitern aus Unkenntnis der Rechtslage, aus Fahrlässigkeit oder im vermeintlichen Interesse des Unternehmens begangen werden, verschließen. Sie erfasst somit in begrenztem Umfang **Situationstäter** (die aus wirtschaftlicher Not oder aus Gewinnstreben den Boden seriösen Geschäftsverhaltens verlassen) und **Gelegenheitstäter** (die lediglich vereinzelt aus Gewinnsucht kriminelle Straftaten begehen, sich sonst aber im Rahmen der Gesetze verhalten), nicht aber **Berufstäter** (die sich überwiegend aus rein egoistischen Motiven unter Ausnutzung des Unternehmens betätigen, oft mithilfe von so genannten Schwindelfirmen).[2224]

b)   Betriebsstätte

Als **Betriebsstätte** gelten nicht nur das Gebäude und die Geschäftsräume des **1646** betreffenden Unternehmens, sondern auch

- Arbeitsplätze auf dem Betriebsgelände im Freien,
- Baustellen,
- Verkaufsstände im Freien, die im Zusammenhang mit Ladengeschäften stehen,
- Wasserfahrzeuge und schwimmende Anlagen auf Binnengewässern sowie alle Einsatzorte der Betriebsangehörigen im In- und Ausland.

2222   In anhängig gemachten Zivilverfahren fällten die Richter Urteile zu Lasten der Flufhafengesellschaft, die zur Zahlung von mehr als 20 Millionen Euro Schadensersatz verurteilt wurde; vgl. OLG Düsseldorf 15 U 212/99, rechtskräftig durch BGH Beschl. v. 11. 11. 2006 nach Nichtannahme der Revision.

2223   Auch der Gesetzgeber unterstellt den Regelfall des ehrbaren Kaufmanns, selbst in den Gesetzen zur Bekämpfung der Wirtschaftskriminalität. Ob dieser Ausgangspunkt auf Dauer haltbar ist, wird diskutiert; vgl. Harro **Otto**, Wirtschaftskriminalität, Bd. 3, Die strafrechtliche Bekämpfung unseriöser Geschäftstätigkeit, Lübeck 1990, S. 14 f.

2224   Die Typisierung der Tätergruppen habe ich von Klaus **Tiedemann**, Welche strafrechtlichen Mittel empfehlen sich für eine wirksamere Bekämpfung der Wirtschaftskriminalität?, in: Verhandlungen des neunundvierzigsten Deutschen Juristentages, Band I (Gutachten), München 1972, Teil C, C 22 übernommen.

c) Risikobeispiele

1647 Innerhalb einer Betriebsstätte gehen von Maschinen und Geräten ständig Gefahren aus, wie die nachfolgenden Beispiele von Betriebsunfällen verdeutlichen. In allen Fällen wurden staatsanwaltliche Ermittlungsverfahren eingeleitet.

- In den Brennkammern eines Hochofens kamen bei einem Gichtgasunfall sechs Arbeiter ums Leben, weitere wurden verletzt. Gichtgas entsteht normalerweise beim Hochofenprozess. In diesem Fall wurde das Gas über ein zentrales Rohrleitungssystem, an das mehrere Hochöfen angeschlossen waren, abgesaugt. Da der Hochofen schon längere Zeit vor dem Unfall stillgelegt war, konnte das Gas nur über das Leitungssystem, an dem zur Zeit des Unfalls gerade Wartungsarbeiten vorgenommen wurden, in den Ofen gelangt sein. Die Staatsanwaltschaft versiegelte die Anlage und nahm die Ermittlungen wegen fahrlässiger Tötung und fahrlässiger Körperverletzung auf. Ein Strafverfahren mit der Verurteilung von zwei Angeklagten zu Freiheitsstrafen von acht und sechs Monaten mit Bewährung sowie Geldbußen von 3.000 und 4.000 DM schloss sich an.[2225]

- Bei einer Verpuffung innerhalb eines Chemieunternehmens wurden zwölf Arbeiter zum Teil schwer verletzt. Die Explosion zerstörte den Großteil einer Fabrikhalle. Im anschließenden Strafverfahren verurteilte das Gericht den verantwortlichen Betriebsleiter wegen fahrlässiger Körperverletzung zu einer empfindlichen Geldstrafe.

- Gegen den Monteur einer Kfz-Reparaturwerkstatt wurde ein Strafverfahren eingeleitet, da er bei dem Versuch, einen Bodenzug einzufädeln, durch kräftige Zieh- und Schubbewegungen ein aufgebocktes Fahrzeug zum Schaukeln gebracht hatte, und dieses von den Unterstellböcken auf den unter dem Fahrzeug liegenden Kollegen fiel, der dadurch schwere Quetschverletzungen erlitt. Das Strafverfahren wegen fahrlässiger Körperverletzung wurde gegen Zahlung einer Geldauflage eingestellt.

- Zwei Mitarbeiter transportierten Stahlträger mithilfe eines Brückenlaufkrans zum Lager und stapelten sie auf. Die Transportketten wurden gelöst und nach oben gezogen. Dabei verhakte sich eine Kette an dem zuletzt abgelegten Träger, sodass einer der beiden Arbeitnehmer zwischen den Stahlträgern eingeklemmt wurde und tödliche Verletzungen erlitt. Gegen den Mitarbeiter, der den Kran bedient hatte, wurde ein Ermittlungsverfahren wegen fahrlässiger Tötung eingeleitet.

- In einer Betonbaufirma wurde ein Arbeiter getötet. Er war bei Wartungsarbeiten in eine rotierende Mischmaschine gefallen und erlag noch am Unfallort seinen Verletzungen.[2226]

- Bei dem Transport von flüssigem Stahl verkantete sich die Pfanne des Krans in der Stranggussanlage. Ein Teil des Stahls schwappte über, wodurch fünf Arbeiter verletzt wurden. Gegen einen Mitarbeiter wurden Ermittlungen wegen fahrlässiger Körperverletzung eingeleitet.

- Bei der Montage eines Schaufelradbaggers stürzten fünf Arbeiter aus einem nicht fertig gestellten Hängegerüst ab und erlitten dabei tödliche Verletzun-

---

2225 Ca. 1.500 und 2.000 Euro. SZ Nr. 38 v. 15. 02. 1984, S. 13.
2226 SZ Nr. 42 v. 20. 02. 1992, S. 22.

gen. Die beiden verantwortlichen Mitarbeiter wurden vom Landgericht zu erheblichen Geldstrafen verurteilt.

- Eine Radfahrerin kam auf dem mit Zementstaub verschmutzten Radweg vor dem Unternehmen zu Fall und zog sich schwere Verletzungen zu. Gegen den Geschäftsführer wurde wegen fahrlässiger Körperverletzung ermittelt.

- Ein Abteilungsleiter des städtischen Amtes für Straßen- und Verkehrstechnik wird in seinem Büro verhaftet. Er soll Unternehmen Scheinrechnungen über 550.000 DM (ca. 281.200 Euro) abgezeichnet haben. Zehn Prozent der Summe soll er von den Unternehmen dafür in bar erhalten haben.

- Ein Unternehmen stellt Drucker her, die nach etwa 15.000 gedruckten Seiten für den Laien unwiderruflich ihren Dienst einstellen. Die erforderliche Wartung des Gerätes sollte 145 Euro kosten. Die Staatsanwaltschaft ermittelte gegen das Unternehmen wegen des Verdachts der Nötigung.[2227]

d)   Die einschlägigen Rechtsvorschriften

Wegen der fast unüberschaubaren Gefahren, die von einer Betriebsstätte ausgehen, hat der Gesetzgeber eine Vielzahl von Gesetzen und Verordnungen erlassen, um das Risiko – das Produkt aus Eintrittswahrscheinlichkeit und Schadenausmaß – je nach Lage des Einzelfalles mit allen geeigneten und nach dem Grundsatz der Verhältnismäßigkeit entsprechenden Maßnahmen abzuwehren bzw. so gering wie möglich zu halten.[2228]   **1648**

Für den Arbeits- und Gesundheitsschutz der Arbeitnehmer in Unternehmen gibt es zwei **Arten von Rechtsvorschriften:**   **1649**

- die staatlichen Vorschriften (Gesetze und Verordnungen); hier sind insbesondere
  - die Arbeitsstättenverordnung[2229]
  - das Arbeitssicherheitsgesetz[2230]
  - das Arbeitszeitgesetz[2231]
  - das Geräte- und Produktsicherheitsgesetz[2232]
  - die Gewerbeordnung[2233]
  zu nennen sowie

2227 Siehe HAZ Nr. 191 v. 17. 08. 2000, S. 1 .

2228 Vgl. Karl **Brenner**, Die wichtigsten Straf- und Ordnungswidrigkeitentatbestände im Bereich der Wirtschaftskriminalität, in: **Poerting (Hrsg.)**, Wirtschaftskriminalität, Teil 2, BKA Wiesbaden 1985, S. 243 ff. (245 ff.); die folgenden Darstellungen enthalten nicht sämtliche Straf- und Ordnungswidrigkeitennormen, die in dem Bereich der Betriebsstätte von Bedeutung sein können.

2229 ArbStättV 2004 vom 12. 08. 2004 (BGBl. I S. 2179).

2230 Vom 12. 12. 1973 (BGBl. I S. 1885; III 805–2); zuletzt geändert durch Art. 178 der VO v. 25. 08. 2003 (BGBl. I S. 2304).

2231 Vom 06. 06. 1994 (BGBl. I S. 1170); zuletzt geändert durch Art. 5 und 6 des Gesetzes vom 14. 08. 2006 (BGBl. I S. 1962).

2232 Vom 06. 01. 2004 (BGBl. I S. 2219); zuletzt geändert durch Art. 3 Abs. 3 des Gesetzes vom 07 .07. 2005 (BGBl. I S. 1970).

2233 Vom 21. 06. 1969 i. d .F. der Bekanntmachung vom 22. 02. 1999 (BGBl. S. 202); zuletzt geändert durch Art. 3° des Gesetzes vom 06. 09. 2005 (BGBl. S. 2725).

- die Unfallverhütungsvorschriften und Einzelanweisungen der jeweiligen Berufsgenossenschaften.

1650 Die berufsgenossenschaftlichen Vorschriften, die Verordnungen und allgemeinen Verwaltungsvorschriften enthalten detaillierte Angaben darüber, wie die in den Gesetzen festgelegten Schutzziele zu erfüllen sind. Zu allen neueren Unfallverhütungsvorschriften sind zusätzlich **Durchführungsanweisungen** erlassen worden, die für die Einhaltung der sicherheitstechnischen Anforderungen sorgen sollen.

1651 **Die allgemeinen Verwaltungsvorschriften und Durchführungsanweisungen** sind zwar keine Gesetze im materiellen Sinn und daher nur für die technischen Aufsichtsbeamten rechtlich verbindlich, tatsächlich haben sie jedoch erhebliche Bedeutung für alle am technischen Arbeitsschutz Beteiligten. Für den Unternehmer, der als Garant für die Sicherheit seiner Mitarbeiter einzustehen hat bzw. für diejenigen Führungskräfte, denen Entscheidungskompetenz und Überwachungsaufgaben übertragen wurden, setzen diese Anweisungen Maßstäbe für den Arbeitsschutz. Durch die bundeseinheitliche Anwendung seitens der Aufsichtsbehörden rücken sie in die Nähe von Rechtsvorschriften.

1652 **Die staatlichen Gesetze, Verordnungen, allgemeinen Verwaltungsvorschriften und Durchführungsanweisungen** regeln die sicherheitstechnischen Anforderungen nicht immer in allen Einzelheiten. Häufig verweisen sie auf DIN-Normen, VDE-Bestimmungen und sonstige technische Richtlinien, die Spezifizierungen durch allgemein anerkannte sicherheitstechnische, medizinische, hygienische Regeln und Arbeitsvorschriften erhalten.

1653 Das hat zur Folge, dass diese Regeln vom Erfüllungspflichtigen im Arbeitsschutz ebenso wie die auf sie hinweisenden Vorschriften einzuhalten sind – es sei denn, dass die gleiche oder eine höhere Sicherheit auf andere Weise gewährleistet werden kann. Die Nichtbeachtung dieser Regeln kann auf verschiedene Weise sanktioniert werden.

1654 Die **berufsgenossenschaftlichen Unfallverhütungsvorschriften** verweisen regelmäßig auf § 209 SGB VII.[2234] Danach können Verstöße gegen Unfallverhütungsvorschriften, die ein Mitglied oder Versicherter der Berufsgenossenschaft vorsätzlich oder fahrlässig begeht, mit einer Geldbuße bis zu 10.000 Euro geahndet werden.

1655 Kommt es zu einem Unfall innerhalb der Betriebsstätte, der auf die Nichtbeachtung von Unfallverhütungsvorschriften zurückzuführen ist, kann der Unternehmer gemäß § 640 Absatz 2 RVO den berufsgenossenschaftlichen »*Versicherungsschutz*« verlieren. Der Unternehmer haftet dem Träger der Sozialversicherung dann auch für die Aufwendungen, die dieser nach Gesetz oder Satzung infolge des Unfalls gegenüber dem Verunglückten aufwenden muss.

2234 Sozialgesetzbuch VII – Gesetzliche Unfallversicherung vom 07. 08. 1996 (BGBl. I S. 1254); zuletzt geändert durch Art. 6 des Gesetzes vom 24. 04. 2006 (BGBl. I S. 926).

e) Arbeitszeitgesetz

Das **Arbeitszeitgesetz** (ArbZG)[2235] dehnt die öffentlich-rechtlichen Vorschriften **1656** über den Arbeitsschutz auf **alle Arbeitnehmer** und **Beschäftigungsbereiche** aus.[2236] Ausgenommen sind leitende Angestellte, Chefärzte und Behördenleiter.[2237] Für bestimmte Berufsgruppen gelten Sondervorschriften (z. B für Bäckereien, in der Luftfahrt, für Kraftfahrer, in der Seeschifffahrt). Für Beamte und ähnliche Beschäftigte gelten andere Regeln.[2238] Ziel des Gesetzes ist, die **Sicherheit** und den **Gesundheitsschutz** der Arbeitnehmer bei der Arbeitszeitgestaltung zu gewährleisten, die Rahmenbedingungen für **flexible Arbeitszeiten** zu verbessern sowie den **Sonntag** und die **staatlich anerkannten Feiertage** als Tage der Arbeitsruhe und der seelischen Erhebung der Arbeitnehmer zu **schützen**.[2239]

Das Arbeitszeitgesetz regelt die **Höchstdauer der täglichen Arbeit**,[2240] die erfor- **1657** derlichen **Ruhepausen**[2241] und die **Ruhezeit** nach Beendigung der Arbeit.[2242]. Nacht- und Schichtarbeit ist im Interesse des Schutzes der Arbeitnehmer nur eingeschränkt zulässig; sie ist durch entsprechende freie Tage oder Lohnzuschlag auszugleichen.[2243] An Sonn- und Feiertagen dürfen Arbeitnehmer grundsätzlich nicht beschäftigt werden,[2244] wobei notwendigerweise bereits zahlreiche Ausnahmen[2245] bestehen, insbesondere. für Not- und Rettungsdienste, Krankenhäuser, Gaststätten, Verkehrs- und Energiebetriebe. Für danach zulässige Sonntagsarbeit ist ein angemessener Ausgleich zu gewähren; mindestens 15 Sonntage im Jahr müssen beschäftigungsfrei bleiben.[2246] In vielen Fällen sind abweichende und ergänzende Regelungen durch Tarifvertrag oder Betriebsvereinbarung zulässig.[2247] Bei Überschreiten der Höchstgrenzen besteht jedoch auch hier eine Ausgleichspflicht in Freizeit oder Geld.

Um den Schutzzweck des Gesetzes zu erreichen, hat der Gesetzgeber je eine Straf- **1658** und Bußgeldnorm in das Gesetz mit aufgenommen.

Die Vergehensnorm des § 23 ArbZG bezieht sich dabei auf den **Ordnungswidrig- 1659 keitentatbestand** des **§ 22 ArbZG**. Der wiederum sanktioniert Verstöße gegen die oben dargestellten Vorschriften zu Arbeits- und Ruhezeiten.[2248] Die anderen

---

2235 Arbeitszeitgesetz vom 06. 06. 1994 (BGBl. I S. 1170, 1171), zuletzt geändert durch Artikel 229 der VO v. 31. 10. 2006 (BGBl. I S. 2407).
2236 Das Gesetz gilt nicht für Personen in einem besonderen öffentlich-rechtlichen Dienstverhältnis, also Beamte, Richter, Soldaten, vgl. Alexander **Ignor**/Stephan **Rixen**/**Schlottfeld**, Handbuch Arbeitsstrafrecht, 1. Aufl., Stuttgart 2002, S. 477 Rn. 779.
2237 § 18 ArbZG.
2238 Erbs/Kohlhaas/Ambs, a.a.O., A 185, Vorb. Rn. 1.
2239 § 1 ArbZG.
2240 8, ausnahmsweise 10 Stunden, § 3 ArbZG, auch bei so genannten Bereitschaftsdiensten, vgl. EuGH NZA 2000, 1227.
2241 Mindestens 30 Minuten, § 4 ArbZG.
2242 Mindestens 11 Stunden, § 5 ArbZG.
2243 § 6 ArbZG.
2244 § 9 ArbZG.
2245 § 10 ArbZG.
2246 § 11 ArbZG.
2247 §§ 7, 12 ArbZG.
2248 Dazu sehr ausführlich: Ignor/Rixen/Schlottfeld, a.a.O., S. 483 ff. Rn. 787 ff.

Verstöße des § 22 ArbZG betreffen hauptsächlich Organisations- und Aufzeichnungspflichten. Die Ordnungswidrigkeiten können mit Bußgeld bis zu einer Höhe von 15.000 Euro belegt werden.[2249]

1660 § 23 ArbZG ermöglicht die Bestrafung dessen mit **Freiheitsstrafe** bis zu einem Jahr oder mit **Geldstrafe**, der vorsätzlich gegen die einzelnen Arbeitszeitvorschriften verstößt und dadurch die **Gesundheit oder Arbeitskraft** eines Arbeitnehmers **gefährdet** oder **Verstöße** gegen die Arbeitszeitvorschriften **beharrlich wiederholt**. Gesundheit ist der unversehrte körperliche, geistige oder seelische Zustand eines Menschen. **Es genügt die konkrete Gefährdung**, wobei Arbeitskraft und Gesundheit ineinander übergehen – das eine beinhaltet in der Regel das andere.[2250] Ein beharrliches Wiederholen liegt vor, wenn mehrere (mindestens zwei, in der Regel jedoch mehr als zwei) Verstöße gegen die in Absatz 1 genannten Vorschriften vorkommen und dies von einer Missachtung oder Gleichgültigkeit geprägt ist.[2251] Dabei ist umstritten, ob der Verstoß gegen jeweils verschiedene Vorschriften ausreicht.[2252]

1661 Diesen Sanktionsnormen ist in der Praxis soweit erkennbar noch nicht viel Bedeutung zugekommen – obwohl solcherlei Verstöße tatsächlich häufig sein dürften.

f)   Arbeitnehmerüberlassungsgesetz

1662 Illegale Beschäftigung ist kein modernes Problem. Neben unlauteren Versuchen einer Gewinnmaximierung um jeden gesetzwidrigen Preis stehen die ebenfalls sanktionablen Bemühungen von Unternehmen, sich über dem Weg der illegalen Beschäftigung in einem verschärften Ausschreibungswettbewerb gegen Mitbewerber zu behaupten. Zwei Vorgänge aus zwei völlig verschiedenen Branchen, die sich in einem zeitlichen Abstand von vierzehn Jahren zugetragen haben, sollen dies veranschaulichen:

- »Gegen illegal Beschäftigte sind bei einer bundesweiten Aktion 115 Polizisten, Zöllner und Fahnder von Landesarbeitsämtern vorgegangen. In Essen wurde eine Großbaustelle abgeriegelt. Ein Sprecher des Landesarbeitsamtes in Düsseldorf teilte mit, nur jeder vierte der 145 befragten Bauarbeiter habe einen Sozialversicherungsausweis bei sich getragen. Dutzende illegal beschäftigte Ausländer und schwarzarbeitende Deutsche hätten Hammer und Kelle abgeben müssen.«[2253]
- »Mit einer bundesweiten Großrazzia in mehr als 110 Eiscafés haben Polizei und Zoll am Sonntag eine internationale Schleuser- und Schwarzarbeiterbande zerschlagen. Die aus Italien und Rumänien stammenden vier mutmaßlichen Bandenchefs wurden verhaftet. Zugleich stellten die mehr als 1800 Einsatzkräfte bei den Durchsuchungen in sechs Bundesländern und insgesamt 55 Städten umfangreiches Material fest, wie die Staatsanwaltschaft Bielefeld mitteilte. Die Tatverdächti-

---

2249 § 22 Abs. 2 ArbZG.

2250 Erbs/Kohlhaas/Ambs, a.a.O., A 185, § 23 Rn. 3, 6.

2251 Ignor/Rixen/Schlottfeld, a.a.O., S. 540 Rn. 895.

2252 So Erbs/Kohlhaas/Ambs, a.a.O., A 185, § 23 Rn. 7; a. A. Ignor/Rixen/Schlottfeld, a.a.O., S. 540 Rn. 895, der einen Verstoß gegen immer die selbe Regel fordert, um Beharrlichkeit annehmen zu können.

2253 HAZ Nr. 282 v. 03. 12. 1992, S. 18.

gen – zwei 46-jährige Italiener, eine 27 Jahre alte Rumänin und ein 41-jähriger Rumäne – sollen mehrere tausend Menschen vor allem in Osteuropa und anderen Nicht-EU-Staaten im Ausland angeworben, nach Deutschland eingeschleust und dort als Billigarbeiter an Eisdielen vermittelt haben. Die illegalen Arbeitnehmer seien in der Regel sechs bis sieben Tage pro Woche zu Stundenlöhnen von 1,50 bis 2,00 Euro beschäftigt worden, teilweise auch als Reinigungs- und Haushaltshilfen, berichtete die Staatsanwaltschaft.«[2254]

Um kurzfristige Personalengpässe zu überbrücken, bedienen sich Unternehmen seit einigen Jahren zunehmend so genannter »Leiharbeiter«. Das Gesetz zur Regelung der gewerbsmäßigen Arbeitnehmerüberlassung **(Arbeitnehmerüberlassungsgesetz, AÜG)**[2255] **regelt den Einsatz dieser betriebsfremden Arbeitnehmer in einem Unternehmen.**[2256] Arbeitnehmerüberlassung zeichnet sich dadurch aus, dass ein Unternehmer (der Verleiher) einem anderen (dem Entleiher) Arbeitskräfte für den Einsatz in dessen Betrieb zur Verfügung stellt. Ziel des Gesetzes ist es vor allem, unseriöse Vermittlungen zu unterbinden, die arbeits- und sozialversicherungsrechtlichen Interessen der Leiharbeitnehmer sowie das Vermittlungsmonopol der Bundesagentur für Arbeit zu schützen.[2257] **1663**

Durch andere Gesetze, wie dem Gesetz zur Bekämpfung der Schwarzarbeit,[2258] dem SGB III mit den Regelungen zur Arbeitsförderung,[2259] dem Ausländergesetz,[2260] der Abgabenordnung (§ 370 AO) und dem Strafgesetzbuch (§ 266a StGB) wird das AÜG auf die gewerbsmäßige Arbeitnehmerüberlassung beschränkt. **1664**

Es sind im Wesentlichen zwei Kernpunkte, die die Regelungen des Arbeitnehmerüberlassungsgesetzes ausmachen: die **Gewerbsmäßigkeit** der Arbeitnehmerüberlassung und deren **behördliche Erlaubnis**.[2261] **1665**

Im Gesetz sind jedoch auch Ausnahmefälle vorgesehen, in denen das AÜG nicht zur Anwendung[2262] kommt oder in denen die Erlaubnispflicht entfällt.[2263] **1666**

Trotz der umfassenden gesetzlichen Regelungen fällt es **im Einzelnen schwer**, die Arbeitnehmerüberlassung von anderen Arten des drittbezogenen Personaleinsat- **1667**

2254 Die Welt v. 06. 08. 2006.

2255 V. 12. 08. 1972 i. d. F. d. Bekanntmachung vom 03. 02. 1995 (BGBl. I S. 158), zuletzt geändert durch Art. 6 des Gesetzes v. 14. 03. 2005 (BGBl. I S. 721).

2256 Erbs/Kohlhaas/Ambs, a.a.O., A 184 Vorbemerkung Rn. 1.

2257 Erbs/Kohlhaas/Ambs, a.a.O., A 184 Vorbemerkung Rn. 4; vgl. dazu auch oben Rdn. 758 ff.

2258 SchwarzArbG i. d. F. v. 2004 v. 23. 07. 2004 (BGBl. I S. 1842), zuletzt geändert durch Art. 6 des Gesetzes vom 24. 06. 2005 (BGBl. I S. 1841).

2259 Durch das Arbeitsförderungsreformgesetz vom 23. 03. 1997 (BGBl. I S. 564) wurde mit Wirkung vom 01. 01. 1998 das Arbeitsförderungsgesetz abgelöst, an dessen Stelle trat das Sozialgesetzbuch III (SGB III) vom 24. 03. 1997 (BGBl. I S. 594); zuletzt geändert durch Art. 3 Abs. 8 des Gesetzes vom 14. 08. 2006 (BGBl. I S. 1897).

2260 AufenthG 2004 v. 30. 07. 2004 (BGBl. I S. 1950), zuletzt geändert durch Art. 23 des Gesetzes vom 21. 06. 2005 (BGBl. I S. 1818).

2261 § 1 Abs. 1 S. 1 i. V. m. § 2 AÜG.

2262 § 1 Abs. 1 S. 1 i. V. m. § 2, § 1 Abs. 3 AÜG; Beachte auch die spezialgesetzlichen Ausschlussregelungen im: GHBG, § 5 Abs. 5 AsylVfG, PBefG, GüKG, § 34a GewO.

2263 § 1a AÜG.

zes **abzugrenzen**. Es kommt häufig vor, dass Verträge, die nach der Vorstellung der Vertragsparteien Dienst-, Werk- oder Subunternehmerverträge sein sollen, aus Sicht der Arbeitsverwaltung tatsächlich die gewerbliche Überlassung von Arbeitnehmern zum Gegenstand haben, denn maßgeblich ist allein, welcher Vertragstyp der Sache nach vorliegt. Über die rechtliche Einordnung eines Vertrags entscheidet der Geschäftsinhalt und nicht die von den Parteien gewünschte Rechtsfolge oder eine Bezeichnung, die dem Geschäftsinhalt tatsächlich nicht entspricht. Eine **Abgrenzungshilfe** können dabei die **Unterscheidungskriterien der Rechtsprechung** bieten. Typisch für die Arbeitnehmerüberlassung ist danach, dass der Verleiher Arbeitskräfte zur Verfügung stellt, die voll in den Betrieb des Entleihers eingegliedert sind und dort Arbeiten nach dessen Weisungen ausführen. Die Tätigkeit des Verleihers erschöpft sich also darin, Arbeitskräfte zur Verfügung zu stellen; für die weitere Beschäftigung ist der Entleiher verantwortlich. Er ist auch gegenüber den Arbeitskräften des Verleihers weisungsbefugt und bestimmt über Arbeitsort und Zeit.[2264]

1668 Die **Schwerpunkte der illegalen Ver- und Entleihe von Arbeitskräften** liegen neben dem Bau-[2265] und Baunebengewerbe hauptsächlich in der Gebäude- und Industriereinigung, dem Personen- und Gütertransport, der Nahrungs- und Genussmittelherstellung, dem Gartenbau und den Ingenieur-, Konstruktions- und Datenverarbeitungsdienstleistungsunternehmen.[2266]

1669 Mit Hilfe des – am 1. Juli 1991 eingeführten – **Sozialversicherungsausweises** sollen derartige Fälle bekämpft werden.[2267] Der Einsatz von Detektiven und Fahndern zur Vermeidung von derartigen Verstößen gilt inzwischen als normal.[2268] Trotz aller Bemühungen muss das »Geschäft« mit der illegalen Arbeitnehmerüberlassung mittlerweile als massives Phänomen – auch zum erheblichen Nachteil seriöser Unternehmen – auf dem deutschen Arbeitsmarkt bezeichnet werden. Die Vorgehensweise der Täter lassen dabei Taktiken erkennen, die nur mit großem Ermittlungsaufwand erkennbar und aufklärbar sind.[2269]

1670 Die **häufigste Form der Umgehung** des Arbeitnehmerüberlassungsgesetzes geschieht unter der Benutzung von **Scheinwerkverträgen**. Diese Verträge lassen die Annahme werkvertraglicher Regeln zu, die fraglichen Vereinbarungen, die eine Arbeitnehmerüberlassung zum Inhalt haben, erfolgen mündlich. Da in diesen Fällen eine Überprüfung der Vertragsverhältnisse praktisch unmöglich ist, erfolgen Kontrollen zunehmend über eine Überprüfung der tatsächlichen Arbeitsver-

---

2264 Ausführlich zur Frage der Abgrenzung: BAG v. 15. 03. 2006 – 7ABR 39/05 m. w. N.; BAG 06. 08. 2006 7 AZR 180/03.

2265 In dem für gewerbliche Tätigkeiten ein gesetzliches Arbeitnehmerüberlassungsverbot besteht, § 1b Satz 1 AÜG; welche Betriebe zum Baugewerbe gehören ergibt sich aus § 1 BaubetriebeVO.

2266 Hans **See**, Illegale Beschäftigungsverhältnisse, in: Hans **See**/Dieter **Schenk**, Wirtschaftsverbrechen, Der innere Feind der freien Marktwirtschaft, Köln 1992, S. 160 ff. (163); Das Parlament Nr. 28-29 v. 11. 07. 2005.

2267 Sozialversicherungsausweisgesetz v. 6. 10. 1989 (BGBl. I S. 1822), §§ 95–113 Sozialgesetzbuch IV; Schaub, a.a.O., § 33 I 1 b.

2268 HAZ Nr. 215 v. 12. 09. 1996; HAZ Nr. 57 v. 08. 03. 1997, S. 1; HAZ Nr. 127 v. 03. 06. 1998, S. 1.

2269 Vgl. zum Ganzen: BT-Drucks. 15/5934 v. 20. 07. 2005 S. 43 ff.

hältnisse vor Ort. Besonders beliebt scheint diese Vorgehensweise bei Unternehmen mit mittel- und osteuropäischem Bezug.[2270]

Auch die Benutzung von **Scheinselbstständigen** ist eine zunehmend gängige **1671** Methode, die Regeln des Arbeitnehmerüberlassungsgesetzes auszuhebeln.

>*Nicht nur im Grenzbereich zu den Niederlanden, sondern überregional treten wie in den vergangenen Berichtszeiträumen niederländische Scheinfirmen als Verleiher auf (Koppelbaas-Szene). Zur Tarnung werden dabei kostengünstig Mäntel deutscher Gesellschaften mbH gekauft, ohne einen eigenen Geschäftsbetrieb zu unterhalten. Formell haben die Verleiher ihren Sitz bei Büro-Service-Unternehmen, die ihre Anschrift, ihr Telefon sowie ihr Telefax zur Verfügung stellen. Von diesen wird die eingehende Post weitergeleitet; die Telefone sind in der Regel über Rufumleitungen in die Niederlande geschaltet. Teilweise werden einige Arbeitnehmer und Arbeitnehmerinnen gezielt zur Sozialversicherung angemeldet und für sie wurden Lohnsteuern abgeführt, um eine Unbedenklichkeitsbescheinigung zu erlangen. Mit dieser haben die Scheinfirmen die Möglichkeit, bei deutschen Geschäftspartnern einen seriösen Eindruck zu erwecken. Kommt es zu einem Vertragsschluss, so wird jedoch tatsächlich bzw. gleichzeitig eine Vielzahl nicht angemeldeter Leiharbeitnehmer verliehen. Als weitere Variante fielen auch Unternehmen als Briefkastenfirmen auf, die ein Gewerbe ordnungsgemäß angemeldet hatten, aber allenfalls ein unbesetztes Büro aufwiesen. Deren Geschäftsaktivitäten wurden aus den Niederlanden oder aus Großbritannien gelenkt und über Telefon oder Telefax abgewickelt.«*[2271]

Zur Bekämpfung von Missständen enthält das **Arbeitnehmerüberlassungsgesetz 1672 Straf- und Ordnungswidrigkeitenvorschriften**, wobei § 15 AÜG den Verleiher und § 15a AÜG den Entleiher unter den entsprechenden Voraussetzungen mit Strafe bedroht. Die mit Bußgeld bewehrten Ordnungswidrigkeiten des § 16 AÜG gelten für beide Unternehmerparteien gleichermaßen.[2272] Nach § 15 und § 15a AÜG sind nur solche Taten strafbar, welche vorsätzlich begangen werden, wo hingegen in den Fällen des § 16 AÜG fahrlässiges Handeln ausreicht.

Der **gewerbsmäßige Verleih von ausländischen Arbeitnehmern ohne die erfor- 1673 derlichen Genehmigungen**[2273] wird mit Freiheitsstrafe bis zu drei Jahren, in besonders schweren Fällen bis zu fünf Jahren bestraft, sofern der Verleiher keine Erlaubnis der Agentur für Arbeit besitzt.[2274]

Die **Verleiherlaubnis**, die von der Bundesagentur für Arbeit erteilt wird, ist nach **1674** § 1 Absatz 1 AÜG für Arbeitgeber, die anderen Unternehmen »*Leiharbeitnehmer*« gewerbsmäßig zur Arbeitsleistung überlassen, grundsätzlich vorgeschrieben.[2275]

2270 Vgl. etwa: Landessozialgericht Nordrhein-Westfalen vom 17. 01. 2005, L 2 B 9/03 KR ER; Das Parlament Nr. 28-29 v. 11. 07. 2005.
2271 BT-Drucks. 15/5934 v. 20. 07. 2005 S. 43 ff. (47).
2272 Danach liegt beispielsweise auch eine Ordnungswidrigkeit vor, wenn ein Arbeitnehmer zwar eine allgemeine Arbeitserlaubnis für den verleihenden Betrieb besitzt, aber ohne Verleiherlaubnis verliehen wird.
2273 § 284 Abs. 1 S. 1 SGB III; Duldung oder Aufenthaltsgestattung mit Beschäftigungsberechtigung; Aufenthaltstitel gem. § 4 Abs. 3 AufenthG.
2274 § 15 Abs. 1 und 2 AÜG.
2275 Zu den Ausnahmeregeln siehe Rdn. 1666.

Nach dem Territorialprinzip benötigen auch ausländische Arbeitnehmerüberlasser eine Erlaubnis der Bundesagentur, sogar selbst dann, wenn sie in ihrem Heimatland eine solche besitzen oder diese dort gar nicht gefordert wird.[2276]

1675 Der **Entleiher** macht sich lediglich **strafbar**, wenn er einen ausländischen Arbeitnehmer ohne Arbeitserlaubnis tätig werden lässt und ein auffälliges Missverhältnis zwischen den Arbeitsbedingungen ausländischer im Verhältnis zu deutschen Arbeitnehmern besteht. Zusätzlich kann derjenige Entleiher bestraft werden, der illegale Ausländer im Übermaß beschäftigt oder nachhaltig gegen die Vorschriften des AÜG verstößt.[2277]

1676 Anzumerken bleibt, dass § 15a AÜG nicht zur Anwendung kommt, wenn der Verleiher keine Verleiherlaubnis besitzt. Dann wird der Entleiher Arbeitgeber der illegalen ausländischen Arbeitnehmer.[2278] In diesem Fall greifen die Vorschriften § 10 und § 11 SchwarzArbG.[2279]

1677 Während die Straftatbestände des AÜG nur die rechtswidrige Überlassung von Ausländern sanktionieren, richten sich die **Ordnungswidrigkeitentatbestände** zusätzlich gegen die unrechtmäßige Arbeitnehmerüberlassung von Deutschen.[2280]

1678 Ein Verstoß des **Verleihers** wird mit einer Geldbuße von bis zu 25.000 Euro geahndet.[2281] So wird der Verleih von Arbeitnehmern sanktioniert, die eine Arbeitserlaubnis besitzen, deren Verleiher aber ohne die Genehmigung der Arbeitsagentur handelt.[2282] Ebenfalls gegen den Verleiher richten sich verschiedene weitere Ordnungswidrigkeitentatbestände, die im Wesentlichen die Durchführung und Kontrolle erlaubter Arbeitnehmerüberlassung betreffen.[2283]

1679 Dem **Entleiher** droht beispielsweise dann eine **Geldbuße von bis zu 500.000 Euro**, wenn er einen Arbeitnehmer ohne die erforderliche Arbeitserlaubnis beschäftigt und der Verleiher die Genehmigung der Arbeitsagentur nicht besitzt.[2284] Liegt eine Arbeitserlaubnis vor oder ist diese nicht nötig, hat der Verleiher jedoch trotzdem keine Verleiherlaubnis, kann gegen den **Entleiher** immer noch eine **Geldbuße bis zu 25.000 Euro** verhängt werden.[2285] Der Entleiher muss sich also jeweils von dem Vorhandensein der erforderlichen Erlaubnis überzeugen.

1680 In der Vergangenheit haben Verstöße im Bereich der illegalen Beschäftigung zur **Verhängung immenser Bußgelder** geführt. Beachtenswert ist in diesem Zusam-

---

2276 BayObLG, wistra 1999, 277 f.
2277 § 15a AÜG.
2278 Über die Fiktion der §§ 9, 10 AÜG. Demnach behandelt § 15a AÜG eigentlich nicht den Fall der unerlaubten Arbeitsüberlassung, sondern der illegalen Ausländerbeschäftigung in einem Leiharbeitsverhältnis.
2279 Müller-Gugenberger/Bieneck/Bieneck, a.a.O., § 37 Rn. 89.
2280 Die OWi-Tatbestände sind für Ver- und Entleiher zusammengefasst in § 16 AÜG. Wer als tauglicher Täter in Frage kommt, ist dem jeweiligen Tatbestand zu entnehmen.
2281 § 16 Abs. 2 AÜG.
2282 § 16 Abs. 1 Nr. 1 AÜG.
2283 § 16 Abs. 1 Nr. 3–5, Abs. 2 AÜG.
2284 § 16 Abs. 1 Nr. 2, Abs. 2 AÜG.
2285 § 16 Abs. 1 Nr. 1 lit. a, Abs. 2 AÜG.

menhang, dass nach Intention des Gesetzgebers die Höhe des verhängten Bußgeldes jeweils den vom betroffenen Unternehmen gezogenen wirtschaftlichen Vorteil übersteigen soll.[2286] Außerdem droht den betroffenen Unternehmen der Verfall erzielter Vermögensvorteile zu Gunsten der Arbeitsagenturen.[2287]

Zu dieser staatlichen Wertschöpfungsmöglichkeit »Verfall« hat auch die verwirrende Rechtslage gerade in den Abgrenzungsfragen beigetragen, wobei der Takt, in dem Änderungen in das AÜG einfließen, zuzunehmen scheint. Ob die zunehmende Legalisierung und Verbreitung der Leiharbeit zu einer Reduzierung der illegalen Arbeitnehmerüberlassung beitragen kann, bleibt abzuwarten.[2288] Zumindest was die festgesetzten Bußgelder betrifft, so sind deren Höhe stark rückläufig – bei nur geringfügigen Schwankungen hinsichtlich der Fallzahlen.[2289]   **1681**

Unabhängig davon zeigen gerade die Erfahrungen auf dem Gebiet der Arbeitnehmerüberlassung, wie wichtig es für ein Unternehmen sein kann, sich rechtzeitig von einem fachkundigen Rechtsanwalt beraten und – wenn nötig – vertreten zu lassen.   **1682**

g) Gesetz zur Bekämpfung der Schwarzarbeit und der illegalen Beschäftigung

Nach Prognosen des Instituts für angewandte Wirtschaftsforschung (IAW) in Tübingen hat sich das **Volumen der Schattenwirtschaft** 2006 auf 345,4 Milliarden Euro belaufen. Schattenwirtschaft ist die Bezeichnung für alle wirtschaftlichen Aktivitäten innerhalb einer Volkswirtschaft, die nicht im offiziellen Bruttosozialprodukt erfasst werden. Im engeren Sinne umfasst der Begriff die Schwarzarbeit und den Schwarzmarkt, aber auch weitere wirtschaftliche Kriminalität (z. B. illegaler Waffenhandel, Schmuggel). Im weiteren Sinne zählen der Haushaltssektor und der informelle Sektor (z. B. Nachbarschaftshilfe) dazu.   **1683**

- Laut IG-Bau Niedersachsen-Mitte haben die Ermittler des Hauptzollamtes Hannover in der ersten Jahreshälfte 2006 Betrug mit einem Schaden in Höhe von 4,43 Millionen Euro aufgedeckt, der in Zusammenhang mit illegaler Beschäftigung steht. Das bedeutet eine Zunahme von fast einer Million Euro im Vergleich zum ersten Halbjahr 2005. Insgesamt wurden 1855 Verfahren wegen Steuerhinterziehung und nicht gezahlten Sozialabgaben eingeleitet.
- Unregelmäßigkeiten wurden auch bei der Kontrolle einer Bäckerei entdeckt. Ein Bäcker aus dem Nahen Osten war dort angestellt, ohne eine Arbeitserlaubnis zu besitzen, ein Kollege war in der Bäckerei tätig, obwohl er noch Geld von der Arbeitsagentur bezog.[2290]

2286 § 17 Abs. 4 OWiG.

2287 Gem. § 29a OWiG. Zu dieser Thematik siehe Franzheim, Die Gewinnabschöpfung, a.a.O., S. 138 ff. m. w. N.

2288 Diese Hoffnung vermeint Alexander **Ignor** zu erkennen, in: (Ergänzte) Stellungnahme zur öffentlichen Anhörung des Finanzausschusses des Deutschen Bundestages am 24. 03. 2004 zum Entwurf eines Gesetzes zur Intensivierung der Bekämpfung der Schwarzarbeit und damit zusammenhängender Steuerhinterziehung (Drucks. 15/2573).

2289 BT-Drucks. 15/5934 v. 20. 07. 2005 S. 43, 46 ff. für den Zeitraum 2000 – 2003.

2290 Beide Beispiele entstammen der HAZ Nr. 222 v. 22. 09. 2006, S. 17.

1684 Der Anteil an **Schwarzarbeit** am Gesamtvolumen der Schattenwirtschaft lässt sich für Deutschland kaum zuverlässig beziffern, dürfte aber wesentlich sein.[2291] Es liegen nur Schätzungen vor. Besonders weit verbreitet sind nicht offiziell erfasste Wirtschaftsleistungen demnach in der Dienstleistungsbranche und im Handwerk. Mit rund 38 % bzw. 131 Milliarden Euro des schattenwirtschaftlichen Volumens stehen diese Branchen an der Spitze. Andere Gewerbe und Industriebetriebe (Kfz-Gewerbe, Maschinenbau) sowie das Hotel- und Gaststättengewerbe tragen je 58,7 Milliarden Euro (17 %) bei. Gefolgt von sonstigen Dienstleistungen – wie beispielsweise Nachhilfe oder Babysitten – mit insgesamt 51,8 Milliarden Euro (15 %).

1685 Schlagzeilen, wie »*Schwarzarbeit auf dem Vormarsch*«,[2292] »*wegen illegaler Arbeit 110 Millionen DM Geldbußen verhängt*«[2293] oder »*Schaden durch illegale Beschäftigung*«[2294] sind schon lange keine Seltenheit mehr. Nach Angaben der damaligen Bundesanstalt für Arbeit wurden im Jahre 1999 bundesweit Bußgelder in einer Gesamthöhe von 124,25 Millionen Euro verhängt.[2295] Staat und Sozialversicherung gehen jährlich ca. 64 Milliarden Euro an Steuern und Beiträgen verloren. Ferner stehen regelmäßig bis zu 500.000 Arbeitsplätze aufgrund von Schwarzarbeit dem allgemeinen Arbeitsmarkt nicht zur Verfügung.[2296] Die Schwarzarbeit wurde schon Ende des letzten Jahrtausends sarkastisch als die größte deutsche Wachstumsbranche bezeichnet.[2297] Eine aktuelle Initiative der Bundesanstalt für Arbeit, Regionaldirektion Sachsen-Anhalt-Thüringen legt nahe, dass etwa die Hälfte aller Erwerbslosen der Schwarzarbeit verdächtigt werden müsse: Alle arbeitslosen Bauarbeiter, Verkäufer und Reinigungskräfte der Region waren zu einer ganzwöchigen Pflichtveranstaltung geladen worden, um ihre Verfügbarkeit zu testen. Daraufhin hätten 47 % der Eingeladenen die Teilnahme verweigert und sich lieber aus der Arbeitslosigkeit abgemeldet – mutmaßlich, um Schwarzarbeit nachgehen zu können.[2298]

> »*Man muss den Schwarzarbeitern die Ressource Zeit nehmen, das ist das Einzige, was hilft.*«[2299]

1686 Dies sind bisher die ersten gesicherten Erkenntnisse über Schwarzarbeit unter Arbeitslosen. Es ergibt sich ein alarmierendes Bild. Eine Verbesserung der Situation ist insgesamt schwer erkennbar. Allerdings gibt es optimistische Berichte, welche für eine Abnahme der Schwarzarbeit sprechen:

2291 BT-Drucks. 15/5934 v. 20. 07. 2005, S. 12.
2292 HAZ Nr. 185 v. 09. 08. 1997, S. 19.
2293 HAZ Nr. 57 v. 08. 03. 1997, S. 1.
2294 HAZ Nr. 56 v. 07. 03. 2000, S. 3.
2295 HAZ Nr. 203 v. 31. 08. 2000, S. 1 .
2296 HAZ Nr. 56 v. 07. 0 3. 2000, S. 3.
2297 BT-Drucks. 12/7563, S. 7.
2298 So die FAZ Nr. 126 v. 02. 06. 2007, S. 13.
2299 Rainer **Bomba**, Geschäftsführer der BA Regionaldirektion SAT, zitiert in FAZ Nr. 126 v. 02. 06. 2007, S. 13

»Wissenschaftliche Studien zeigen aber auch, dass der Umfang der Schwarzarbeit in den letzten Jahren abgenommen hat.«[2300]

Dabei wird es sich jedoch lediglich um einen geringfügigen Rückgang handeln, wie das Gesamtvolumen der Schattenwirtschaft zeigt.[2301] So wurden auch im Jahr 2003 **Bußgelder** und **Verfallsbeträge** in Höhe von **117 Millionen Euro** verhängt.[2302] Selbst wenn sich vielleicht dadurch positive Tendenzen ergeben, dass der wirtschaftliche Aufschwung für einen erheblichen Rückgang der Arbeitslosigkeit sorgt: Im Jahre 2007 ist aufgrund der Mehrwertsteuererhöhung um drei Prozent auf 19 % mit einer erneuten Zunahme an Schwarzarbeit zu rechnen. Es ist daher nicht verwunderlich, dass der Bekämpfung der Schwarzarbeit bereits in der Vergangenheit das besondere Augenmerk des Gesetzgebers galt und das weitere Gesetzesvorhaben geplant sind. Das bisher letzte Ergebnis dieser Initiative ist das **Gesetz zur Bekämpfung der Schwarzarbeit und der illegalen Beschäftigung – Schwarzarbeitsgesetz**.[2303] Dieses Gesetz enthält neben den schon vorhandenen Bußgeldtatbeständen einige neue Straftatbestände. Allerdings regelt das Gesetz weiterhin nur einen Teilbereich der Sanktionierung von Schwarzarbeit. Es gibt immer noch eine Vielzahl anderer relevanter Normen, die über eine breite, sich nicht leicht erschließende Palette von Gesetzen verteilt ist.[2304]

1687

Deshalb bedroht das Schwarzarbeitsgesetz im Wesentlichen Verstöße gegen Organisations- und Meldepflichten im Zusammenhang mit Dienst- und Werkleistungen,[2305] das Erschleichen von Sozialleistungen (sofern kein Betrug vorliegt)[2306] sowie die umfangreiche oder nachhaltige Beschäftigung von Ausländern, denen Arbeit nicht gestattet ist.[2307]

1688

- Ein Bauunternehmen musste ca. 324.000 Euro Geldstrafe zahlen, da es 15 Facharbeiter angeblich als Praktikanten beschäftigte und ihnen nur ein Viertel des gesetzlichen Mindestlohns zahlte.[2308]
- Rund 1.300 Euro musste der Betreiber einer Erdbeerplantage bezahlen, dem befreundete Polen nur für Unterkunft und Verpflegung aushalfen.[2309]

2300 REGIERUNG online v. 01. 06. 2006, wobei die Bundesregierung den 2005 durch Schwarzarbeit entstandenen Schaden mit 563 Mio. Euro ansetzt, was der Höhe nach dem nachträglich wieder durch Bußgelder und Verfallsbeträge ausgeglichenen Schaden entspricht.

2301 BT-Drucks. 15/5934 v. 20. 07. 2005 S. 12.

2302 BT-Drucks. 15/5934 v. 20. 07. 2005 S. 12. In den Jahren davor beliefen sich die entsprechenden Beträge auf: (2002) 122 Mio. Euro; (2001) 213 Mio. DM; (2000) 309 Mio. DM.

2303 SchwarzArbG 2004 v. 23. 07. 2004 (BGBl. I 1842), zuletzt geändert durch Art. 6 des Gesetzes vom 24. 06. 2005 (BGBl. I S. 1841). Dieses Gesetz hat das »Gesetz zur Bekämpfung der Schwarzarbeit« (SAG) abgelöst und ist Teil eines mehrschichtigen Maßnahmenpakets, die im » Gesetz zur Intensivierung der Bekämpfung der Schwarzarbeit und damit zusammenhängender Steuerhinterziehung« zusammengefasst sind. Zur vor 2004 geltenden Rechtslage, vgl. die 2. Auflage.

2304 Z. B. AO; StGB, SGB III; AÜG; AEntG.

2305 § 8 SchwarzArbG.

2306 § 9 SchwarzArbG.

2307 §§ 10, 11 SchwarzArbG.

2308 HAZ Nr. 146 v. 25. 06. 1998, S. 1, 13.

2309 HAZ Nr. 137 v. 14. 06. 1997, S. 17. Siehe zur Problematik ›Einsatz ausländischer Arbeitnehmer in der deutschen Wirtschaft den Aufsatz von Robert **Jofer**/Harald **Weiß**, Risiken und Grenzen der Strafbarkeit beim Einsatz ausländischer Arbeitskräfte im Rahmen von

- Ein Maurer und Betonbauer erhielt einen Bußgeldbescheid in Höhe von 20.000 Euro, da er trotz fehlender Eintragung in die Handwerksrolle sechsstellige Umsätze erzielt hatte.[2310]
- Jeweils 25.000 Euro Bußgeld wurden gegen einen Optiker und seine ihn unterstützende Frau verhängt, da er trotz Gewerbeuntersagung weiterarbeitete und handwerkliche Umsätze im sechsstelligen Bereich erwirtschaftet hatte.[2311]
- In einer von den Regierungsvertretungen koordinierten Aktion sind Fahnder im April 2007 erstmals in ganz Niedersachsen zeitgleich gegen Schwarzarbeit und illegale Beschäftigung vorgegangen. Insgesamt waren 344 Fahnder im Einsatz, 2509 Personen wurden überprüft. Ein Schwerpunkt der Kontrollen lag dabei auf Baustellen und Handwerksbetrieben, aber auch auf Gaststätten sowie Taxi- und anderen Dienstleistungsbetrieben. Somit konnten 473 mutmaßliche Verstöße festgestellt werden. Solcherlei Kontroll-Tage sollen in Zukunft ein fester Bestandteil der Strategie gegen Schwarzarbeit sein. Konzertierte Aktionen von Kommunen, Zoll und Polizei sind notwendig, um aufgrund unterschiedlicher Zuständigkeiten gemeinsam wirkungsvoll gegen illegale Beschäftigung vorzugehen.[2312]

h) Sozialversicherungsbetrug – § 266a StGB

1689 Im Rahmen der Bemühungen, der Schwarzarbeit entschiedener entgegenzutreten, wurde auch der Sozialversicherungsbetrug im StGB neu geregelt.[2313]

1690 Die Vorschrift sanktioniert seit 1986[2314] das **Vorenthalten und Veruntreuen von Arbeitnehmerbeiträgen** zur Sozialversicherung mit Freiheitsstrafen bis zu fünf Jahren oder mit Geldstrafen. Mit der Neuregelung[2315] steht nun erstmals auch die Vorenthaltung der **Arbeitgeberbeiträge** unter Strafe:[2316]

1691

> **§ 266a StGB – Vorenthalten und Veruntreuen von Arbeitsentgelt**
>
> *(1) Wer als Arbeitgeber der Einzugsstelle Beiträge des Arbeitnehmers zur Sozialversicherung einschließlich der Arbeitsförderung, unabhängig davon, ob Arbeitsentgelt gezahlt wird, vorenthält, wird mit Freiheitsstrafe bis zu fünf Jahren oder mit Geldstrafe bestraft.*
>
> *(2) Ebenso wird bestraft, wer als Arbeitgeber*

Werkverträgen mit Subunternehmern – Aktuelle Fragen im Zusammenhang mit der »E 101-Rechtsprechung« des BGH [Urt. v. 24. 10. 2006, NStZ 2007, 218 ff. = NJW 2007, 233 ff.], in: StraFo 2007, 277 ff.

2310 DHZ online v. 12. 05. 2006.
2311 DHZ online v. 07. 07. 2006.
2312 Presseinformation des Nds. Ministeriums für Wirtschaft, Arbeit und Verkehr v. 26. 04. 2007.
2313 BGBl. I 1842; vgl. Rdn. 1687 (mit FN 2286).
2314 2. WiKG v. 15. 05. 1986 (BGBl. I 721).
2315 Durch Gesetz v. 23. 07. 2004 (BGBl. I S. 1842).
2316 § 266a Abs. 2, 3 StGB wurde neu gefasst.

1. der für den Einzug der Beiträge zuständigen Stelle über sozialversicherungsrechtlich erhebliche Tatsachen unrichtige oder unvollständige Angaben macht oder

2. die für den Einzug der Beiträge zuständige Stelle pflichtwidrig über sozialversicherungsrechtlich erhebliche Tatsachen in Unkenntnis lässt

und dadurch dieser Stelle vom Arbeitgeber zu tragende Beiträge zur Sozialversicherung einschließlich der Arbeitsförderung, unabhängig davon, ob Arbeitsentgelt gezahlt wird, vorenthält.

(3) 1Wer als Arbeitgeber sonst Teile des Arbeitsentgelts, die er für den Arbeitnehmer an einen anderen zu zahlen hat, dem Arbeitnehmer einbehält, sie jedoch an den anderen nicht zahlt und es unterlässt, den Arbeitnehmer spätestens im Zeitpunkt der Fälligkeit oder unverzüglich danach über das Unterlassen der Zahlung an den anderen zu unterrichten, wird mit Freiheitsstrafe bis zu fünf Jahren oder mit Geldstrafe bestraft. 2Satz 1 gilt nicht für Teile des Arbeitsentgelts, die als Lohnsteuer einbehalten werden.

(4) 1 In besonders schweren Fällen der Absätze 1 und 2 ist die Strafe Freiheitsstrafe von sechs Monaten bis zu zehn Jahren. 2 Ein besonders schwerer Fall liegt in der Regel vor, wenn der Täter

1. aus grobem Eigennutz in großem Ausmaß Beiträge vorenthält,

2. unter Verwendung nachgemachter oder verfälschter Belege fortgesetzt Beiträge vorenthält oder

3. die Mithilfe eines Amtsträgers ausnutzt, der seine Befugnisse oder seine Stellung missbraucht.

(5) Dem Arbeitgeber stehen der Auftraggeber eines Heimarbeiters, Hausgewerbetreibenden oder einer Person, die im Sinne des Heimarbeitsgesetzes diesen gleichgestellt ist, sowie der Zwischenmeister gleich.

(6) 1 In den Fällen der Absätze 1 und 2 kann das Gericht von einer Bestrafung nach dieser Vorschrift absehen, wenn der Arbeitgeber spätestens im Zeitpunkt der Fälligkeit oder unverzüglich danach der Einzugsstelle schriftlich

1.die Höhe der vorenthaltenen Beiträge mitteilt und

2.darlegt, warum die fristgemäße Zahlung nicht möglich ist, obwohl er sich darum ernsthaft bemüht hat.

2 Liegen die Voraussetzungen des Satzes 1 vor und werden die Beiträge dann nachträglich innerhalb der von der Einzugsstelle bestimmten angemessenen Frist entrichtet, wird der Täter insoweit nicht bestraft. 3 In den Fällen des Absatzes 3 gelten die Sätze 1 und 2 entsprechend.

Damit wurde das geschützte Rechtsgut erweitert, so dass nunmehr das **Interesse** **1692** **der gesamten Solidargemeinschaft an der Sicherstellung des Aufkommens der Mittel für die Sozialversicherung** herausgestellt ist.[2317] Absatz 3 der Strafnorm schützt in seiner aktuellen Form zusätzlich das Vermögen des Arbeitnehmers.

2317 Tröndle/Fischer, a.a.O., § 266a Rn. 2.

1693 **Gegenstand der Tat** sind die Beiträge, die zur Sozialversicherung (Kranken-, Pflege- und Rentenversicherung) und zur Bundesagentur für Arbeit abgeführt werden müssen.[2318] Selbst im Falle einer so genannten **Nettolohnabsprache** zwischen Arbeitgeber und Arbeitnehmer, also der Abrede, den vereinbarten Lohn ohne jeglichen Abzug an den Arbeitnehmer auszuzahlen, bleibt der Arbeitgeber Schuldner des vollen Sozialversicherungsbeitrags und der vollen Lohnsteuer. Beide Abgaben, Steuer- wie Beitragsanteil, werden im Falle einer erkannten Nettolohnabrede dem an den Arbeitnehmer ausgezahlten Lohn hinzuaddiert. Die Lohnsteuer fällt folglich höher aus.[2319]Der Tatbestand des seit dem Jahre 2004 geltenden § 266a StGB erfasst auch betrugsähnliche Begehungsweisen, sodass die Vorenthaltung von Arbeitnehmer- wie Arbeitgeberanteilen dem Betrug als lex specialis vorgeht.[2320]

1694 Im **Jahr 2006** wurden von den Ermittlungsbehörden **23.458 neue Strafverfahren** wegen Sozialversicherungsbetrugs eingeleitet.[2321] Beachtenswert ist dabei, dass bei gleichzeitigem Vorenthalten von Sozialversicherungsbeiträgen für mehrere Arbeitnehmer gegenüber derselben Einzugsstelle nur eine Tat anzunehmen ist.[2322] Da es sich bei § 266a StGB um ein **Sonderdelikt** handelt, kann die Tat nur von einem Arbeitgeber, d. h. von demjenigen, dem der Arbeitnehmer Dienste leistet und von dem er persönlich abhängig ist, begangen werden[2323] – oder von einer der in § 266a StGB ausdrücklich erfassten Personen. Der strafrechtlichen Haftung unterliegen also bei juristischen Personen die gesetzlichen Vertreter. Bei Kollegialgremien haftet vorrangig der Ressortzuständige. Allerdings können sich die anderen Angehörigen des Gremiums weder durch Zuständigkeitsregelungen noch durch Delegation der Erfüllung dieser ihnen obliegenden öffentlich-rechtlichen Pflicht entziehen. Es wandelt sich lediglich ihre Handlungspflicht in eine Kontrollpflicht um.[2324]

1695 Gerät ein Unternehmen in eine wirtschaftliche Schieflage, so müssen die Verantwortlichen beachten, dass sie auch im finanziellen Krisenfall **vorrangig** die **Arbeitnehmeranteile zur Sozialversicherung oder zur Bundesagentur für Arbeit abzuführen** haben, bevor sie den Nettolohn an die Arbeitnehmer auszahlen, wollen sie sich nicht der Gefahr eines Strafverfahrens wegen Vorenthaltens von Arbeitnehmeranteilen zur Sozialversicherung im Sinne von § 266a StGB aussetzen.[2325] Dabei bestimmt das Gesetz neuerdings, dass eine Strafbarkeit auch nicht davon abhängt, ob **überhaupt Lohn gezahlt** wurde.[2326]

2318 Der überarbeitete Absatz 3 hingegen betrifft das heimliche Nichtweiterleiten von Arbeitnehmer-Sparzulagen oder von an Direktversicherungen und Pensionskassen zu zahlenden Beiträgen.

2319 BGHSt 30, 266 ff.

2320 Siehe dazu BGH (Beschl. v. 24. 04. 2007 – 1 StR 639/06) wistra 2007, 307.

2321 PKS 2006, S. 42; 2005 – 26.567 Fälle.

2322 BGH wistra 2007, 307.

2323 Lackner/Kühl, a.a.O., § 266a Rn. 2 ff.

2324 Tröndle/Fischer, a.a.O., § 266a Rn. 5.

2325 Schönke/Schröder-Lenckner/Perron, a.a.O., § 266a Rn. 10.

2326 § 266a Abs. 1, 2 StGB: «...*unabhängig davon, ob Arbeitsentgelt gezahlt wird*,...«. Durch diese Kodifizierung wurde ein Meinungsstreit erledigt. Zuvor war in der Rechtsprechung umstritten ist, ob ein Geschäftsführer strafrechtlich im Sinne des § 266a Abs. 1 StGB für die unterlassene Abführung von Arbeitnehmerbeiträgen zur Sozialversicherung verant-

Die **Beitragsvorenthaltung in der Unternehmenskrise** ist aber einer der proble- **1696**
matischen Aspekte des Tatbestandes. Es herrscht ein Meinungsstreit zwischen den
Senaten des Bundesgerichtshofes über die Berechtigung der These vom Vorrang
der Beitragsabführungspflicht:

> *»Der Senat vermag auch der Auffassung nicht zu folgen, dass der sich aus § 64*
> *Absatz 2 GmbHG ergebende Grundsatz der Massesicherung die strafbewehrte Pflicht*
> *zur Abführung der Arbeitnehmerbeiträge zeitlich unbegrenzt aufheben soll. Wird das*
> *Unternehmen insolvenzreif, obliegt es der Geschäftsführung, spätestens innerhalb von*
> *drei Wochen Insolvenzantrag zu stellen (§ 64 Absatz 1 GmbHG). Nur innerhalb*
> *dieses Zeitraums ist die Pflicht zur Abführung der Arbeitnehmerbeiträge suspendiert.*
> *Lässt der Geschäftsführer trotz fortbestehender Insolvenzreife diese Frist verstreichen,*
> *ist im Hinblick auf die Strafvorschrift des § 266a Absatz 1 StGB der Rechtfertigungs-*
> *grund entfallen, der sich aus der innerhalb der Insolvenzantragsfrist vorzunehmenden*
> *Prüfung der Sanierungsfähigkeit ergibt. Nach diesem Zeitpunkt hat er dann aus den*
> *ihm zur Verfügung stehenden Mitteln vorrangig die Beiträge im Sinne des § 266a*
> *Absatz 1 StGB zu erbringen (BGHSt 48, 307, 313).«*[2327]

Dieser Beschluss ist **Teil einer gefestigten Rechtsprechung** der Strafgerichte, die **1697**
aber im Widerspruch zu der Auffassung der Zivilsenate des Bundesgerichtshofes
stand[2328].

> *»Entgegen der Auffassung des II. Zivilsenats kollidieren nicht zwei (gleichwertige)*
> *zivilrechtliche Ansprüche (§ 64 Absatz 2 GmbHG einerseits und § 823 Absatz 2*
> *BGB i.V.m. § 266a Absatz 1 StGB andererseits). Es mag schon zweifelhaft sein, ob*
> *eine etwaige zivilrechtliche Ersatzpflicht nach § 64 Absatz 2 GmbHG nicht durch die*

---

wortlich ist, wenn die von ihm geführte GmbH die Löhne für den maßgeblichen Zeitraum
nicht ausgezahlt hat. Das Oberlandesgericht Naumburg hat die strafrechtliche Haftung
des GmbH-Geschäftsführers unter Hinweis auf den Schutz der Solidargemeinschaft als
vorrangigen Schutzzweck des § 266a Abs. 1 StGB bejaht. Danach erfülle das schlichte
Nichtzahlen der Arbeitnehmeranteile schon den Tatbestand der Norm (OLG Naumburg
GmbHR 1999, 1028 ff.; dass. GmbHR 2000, 558 f.) Dagegen hat das Oberlandesgericht
Hamm die strafrechtliche Verantwortlichkeit des GmbH-Geschäftsführers verneint, da es
den untreueähnlichen Charakter des § 266a Abs. 1 StGB höher gewichtete (OLG Hamm
NStZ 2000, 261). Die Schutzzweckargumentation des Oberlandesgerichts Naumburg
erschien überzeugender.

2327 BGH wistra 2006, 17.

2328 Vgl. BGH wistra 2005, 339: »Entgegen der Auffassung des II. Zivilsenats kollidieren nicht
zwei (gleichwertige) zivilrechtliche Ansprüche (§ 64 Absatz 2 GmbHG einerseits und
§ 823 Absatz 2 BGB i.V.m. § 266a Absatz 1 StGB andererseits). Es mag schon zweifelhaft
sein, ob eine etwaige zivilrechtliche Ersatzpflicht nach § 64 Absatz 2 GmbHG nicht durch
die strafbewehrte Pflicht nach § 266a Absatz 1 StGB überlagert wird und dies bei dem
Geschäftsführer, der diesem strafrechtlichen Normbefehl folgt, das für die Ersatzpflicht
notwendige Verschulden entfallen ließe. Selbst die Annahme einer Ersatzpflicht nach § 64
Absatz 2 GmbHG stünde einer Strafbarkeit nach § 266a Absatz 1 StGB nicht entgegen.
Eine unabwendbare Pflichtenkollision ist hier nämlich schon deshalb nicht gegeben, weil
sich der Geschäftsführer diesen widerstreitenden Pflichten jederzeit entziehen könnte,
indem er einen Insolvenzantrag stellt. Hat aber der Täter selbst vorwerfbar die Pflichtenkollision herbeigeführt, kann er hieraus keinen Rechtfertigungsgrund ableiten.« (BGH
wistra 2006, 17)

strafbewehrte Pflicht nach § 266a Absatz 1 StGB überlagert wird und dies bei dem Geschäftsführer, der diesem strafrechtlichen Normbefehl folgt, das für die Ersatzpflicht notwendige Verschulden entfallen ließe. Selbst die Annahme einer Ersatzpflicht nach § 64 Absatz 2 GmbHG stünde einer Strafbarkeit nach § 266a Absatz 1 StGB nicht entgegen. Eine unabwendbare Pflichtenkollision ist hier nämlich schon deshalb nicht gegeben, weil sich der Geschäftsführer diesen widerstreitenden Pflichten jederzeit entziehen könnte, indem er einen Insolvenzantrag stellt. Hat aber der Täter selbst vorwerfbar die Pflichtenkollision herbeigeführt, kann er hieraus keinen Rechtfertigungsgrund ableiten.«[2329]

1698 Dieser Meinungsstreit zwischen den Senaten des Bundesgerichtshofs hatte zu einer großen Verunsicherung in der Praxis geführt.[2330] Seinem Haftungsdilemma könnte der Unternehmer nämlich auch dadurch nicht entgehen, dass Beitragszahlungen in der Unternehmenskrise als Sorgfaltspflichterfüllung eines ordentlichen Geschäftsmannes im Sinne des § 64 GmbHG anzusehen waren.[2331] Den Meinungsstreit hat der 2. Zivilsenat des Bundesgerichtshofs jetzt beendet und damit bestehende Unsicherheiten gerade im Interesse der Unternehmensführer[2332] beseitigt. Die Leitsätze der Entscheidung[2333] lauten:

> »a) *Ein organschaftlicher Vertreter, der bei Insolvenzreife der Gesellschaft den sozial- oder steuerrechtlichen Normbefehlen folgend Arbeitnehmeranteile der Sozialversicherung oder Lohnsteuer abführt, handelt mit der Sorgfalt eines ordentlichen und gewissenhaften Geschäftsleiters und ist nicht nach § 92 Absatz 3 AktG oder § 64 Absatz 2 GmbHG der Gesellschaft gegenüber erstattungsfähig (- insoweit – Aufgabe von BGH, Urt. vom 8. Januar 2002 – I ZR 88/99, BGHZ 146, 264; Urt. vom 18. April 2005 – II ZR 61/03, ZIP 2005, 1026).*
>
> b) *Ein organschaftlicher Vertreter einer Gesellschaft verletzt seine Insolvenzantragspflicht nicht schuldhaft, wenn er bei fehlender Sachkunde zur Klärung des Bestehens der Insolvenzreife der Gesellschaft den Rat eines unabhängigen, fachlich qualifizierten Berufsträgers einholt, diesen über sämtliche für die Beurteilung erheblichen Umstände ordnungsgemäß informiert und nach eigener Plausibilitätskontrolle der ihm daraufhin erteilten Antwort dem Rat folgt und von der Stellung eines Insolvenzantrags absieht.«*

1699 Der Tatbestand des § 266a StGB in seiner aktuellen Gestalt erfasst auch die Fälle der geringfügigen Beschäftigung (§§ 8, 8a SGB IV) im gewerblichen Bereich, wobei die so genannten **Minijobs** im Privathaushalt immer noch lediglich als Ordnungswidrigkeiten geahndet werden können.[2334]

2329 BGH wistra 2006, 17.
2330 Siehe Thomas **Rönnau**, Beitragsvorenthaltung in der Unternehmenskrise, in: wistra 2007, 81 ff.
2331 BGHSt 48, 307 ff. (310); BGH wistra 2005, 339 ff. (341).
2332 Rönnau, a.a.O., wistra 2007, 81 ff. (84 f.).
2333 BGH (Urt. v. 14. 05. 2007 – II ZR 48/06) wistra 2007, 347 ff.
2334 §§ 111 SGB IV, 209 SGB VII; Vgl. zu den Neuerungen insgesamt: Angelika **Laitenberger**, Beitragsvorenthaltung, Minijobs und Schwarzarbeitsbekämpfung, in: NJW 2004, 2703 ff.

i) Schwerbehindertenschutz

Das frühere Gesetz zur Sicherung der Eingliederung **Schwerbehinderter** in Arbeit, Beruf und Gesellschaft (Schwerbehindertengesetz – SchwbG)[2335] sollte allen erheblich Behinderten die Eingliederung in Arbeit, Beruf und Gesellschaft ermöglichen. Im Jahre 2001 wurden die Regelungen dieses Gesetzes in das Sozialgesetzbuch IX aufgenommen.[2336] Nach § 156 SGB IX begeht der Unternehmer eine Ordnungswidrigkeit, der z. B. Schwerbehinderte nicht nach dem durch das Landesarbeitsamt festgelegten Pflichtsatz einstellt. Der Pflichtsatz richtet sich nach der Größe des Betriebs bzw. der Anzahl der vorhandenen Arbeitsplätze.[2337] Die weiteren Tatbestände dienen hauptsächlich der Überwachung und Organisation der Schwerbehindertenbeschäftigung. Ein Verstoß gegen diese Pflichten kann mit einer Geldbuße bis zu 10.000 Euro geahndet werden.[2338]

1700

Nicht zu den Ordnungswidrigkeiten zählt dagegen die Verpflichtung des Unternehmers, den Arbeitsplatz eines Behinderten entsprechend einzurichten und ihn mit den eventuell erforderlichen technischen Arbeitshilfen auszustatten.[2339]

1701

Das SGB IX enthält einen **Straftatbestand**, der den Verrat persönlicher und betrieblicher Geheimnisse durch den Vertrauensmann im Betrieb beschäftigter Schwerbehinderter sanktioniert.[2340]

1702

j) Bundesdatenschutzgesetz

Das **Bundesdatenschutzgesetz** (BDSG)[2341] wurde mit dem **Ziel** erlassen, die **Persönlichkeitsrechte der Menschen zu schützen**, die von der Speicherung oder Verarbeitung personenbezogener Daten betroffen sind.[2342] **Personenbezogene Daten** im Sinne des BDSG sind Einzelangaben über persönliche oder sachliche Verhältnisse einer bestimmten oder bestimmbaren natürlichen Person.[2343] Das Gesetz soll den Betroffenen vor Handlungen genau definierter öffentlicher und nicht-öffentlicher Stellen schützen.[2344]

1703

2335 Gesetz i. d. F. v. 26. 08. 1986 (BGBl. I S. 1421, 1150), letztmals geändert durch Gesetz v. 19. 12. 1997 (BGBl. I S. 3158).

2336 SGB IX v. 19. 06. 2001 (BGBl. 1046) zuletzt geändert durch Art. 3 des Gesetzes v. 14. 08. 2006 (BGBl. I S. 1897).

2337 § 156 Abs. 1 Nr. 1 SGB IX.

2338 § 156 Abs. 2 SGB IX.

2339 Erbs/Kohlhaas/Ambs., a.a.O., Bd. III, 10 S. 109, § 81 Rn. 8.

2340 § 155 SGB IX.

2341 Dieses Gesetz ist aufgrund einer Entscheidung des Bundesverfassungsgerichts v. 15. 12. 1983 zum Volkszählungsgesetz aufgehoben und durch das neue Bundesdatenschutzgesetz v. 20. 12. 1990 (BGBl. I S. 2954) ersetzt worden, das am 01. 06. 1991 in Kraft getreten ist. Nach der »Europäischen Datenschutzrichtlinie« erfolgte eine weitere Novellierung v. 18. 05. 2001 (BGBl. I 904). Nunmehr existiert das Gesetz i. d. F. der Bekanntmachung v. 14. 01. 2003 (BGBl. I S. 66), zuletzt geändert durch Art. 1 d. Gesetzes v. 22. 08. 2006 (BGBl. I S. 1970).

2342 § 1 Abs. 1 BDSG.

2343 § 3 Abs. 1 BDSG.

2344 §§ 1 Abs. 2 i. V. m. 2 BDSG.

1704 Die grundlegende Umgestaltung des Gesetzes seit dem Jahre 2001 hat mit § 43 BDSG zu einer umfassenden Regelung für **Ordnungswidrigkeiten** geführt.

1705 § 43 Absatz 1 bedroht Verstöße gegen bestimmte Verfahrensvorschriften (Aufzeichnungs-, Melde-, Benachrichtigungs-, Übermittlungs-, Auskunftspflichten) mit einer Buße von bis zu 25.000 Euro. Hierunter fällt unter anderem die Pflicht des Unternehmens, einen Beauftragten für Datenschutz zu bestellen[2345] oder den Betroffenen zu benachrichtigen, wenn seine Daten ohne seine Kenntnis verarbeitet werden.[2346]

1706 Wesentlich schärfer können Sanktionen nach § 43 Absatz 2 BDSG ausfallen. Mit bis zu 250.000 Euro Bußgeld kann z. B. belegt werden, wer **unbefugt personenbezogene Daten**, die nicht allgemein zugänglich sind, **erhebt oder verarbeitet**.[2347] Alle weiteren Tatbestände betreffen ebenfalls den unbefugten Umgang mit solcherlei Daten, wie Bereithaltung mittels eines automatisierten Verfahrens, Erschleichung, Abruf und Verschaffung an Dritte. Nicht allgemein zugänglich sind diese Daten, wenn sie nicht von jedermann ohne oder nach Anmeldung, Zulassung oder Zahlung eines Entgeltes nutzbar sind.[2348] Unbefugtes Handeln ergibt sich aus dem grundsätzlichen Verbot der Datenverarbeitung[2349] mit dem Vorbehalt, unter bestimmten Vorraussetzungen doch zulässig zu sein, etwa, wenn der Betroffene zustimmt.[2350]

1707 Verwirklicht der Täter einen der Bußgeldtatbestände des § 43 Absatz 2 BDSG, so kann ein solches Handeln gemäß § 44 Absatz 1 BDSG sogar zur **Straftat** werden, wenn der Täter zusätzlich gegen **Entgelt**, mit **Bereicherungs–** oder **Schädigungsabsicht** handelt. Die Tat kann nur auf Antrag verfolgt werden.[2351]

- Die Staatsanwaltschaft ermittelte gegen eine leitende Personalsachbearbeiterin, die persönliche Daten von Unternehmensmitarbeitern gegen Entgelt an eine Werbefirma weitergegeben haben soll. Das Verfahren wurde gegen Zahlung einer Geldbuße eingestellt.
- Über mehrere Jahre hindurch gab ein Unternehmen die Daten ihrer Fremdfirmenmitarbeiter zur Fahndungsüberprüfung an die Polizei. Begründet wurde das Verhalten damit, dass die Mitarbeiter der Fremdfirmen häufig wechselten und überdurchschnittlich oft an im Unternehmen festgestellten Delikten beteiligt seien. Die Staatsanwaltschaft nahm in diesem Fall die Ermittlungen mit der Begründung auf, dass ein solcher allgemeiner Verdacht nicht Vorrang vor dem Schutz von Namen und persönlichen Daten haben könne.[2352]

1708 Insbesondere bei der **Personalaktenführung** mittels EDV sind die Datenschutzgesetze von Bedeutung. Aber auch die Einhaltung der gemäß § 43 Absatz 1 BDSG

2345 § 43 abs. 1 Nr. 2 i. V. m. § 4f BDSG.
2346 § 43 abs. 1 Nr. 8 i. V. m. § 33 BDSG.
2347 § 43 abs. 2 Nr. 1 BDSG.
2348 § 10 Abs. 5 BDSG.
2349 § 5 BDSG.
2350 § 4 BDSG.
2351 § 44 Abs. 2 BDSG. Antragsberechtigt sind der Betroffene sowie die in Abs. 2 S. 2 genannten Stellen.
2352 DIE ZEIT, Nr. 10 v. 28. 02. 1992, S. 23.

mit Bußgeld bedrohten Vorschriften für Verwaltungsarbeiten beschäftigt den betrieblichen Datenschutz. Dabei hinkt die **Effektivität des Datenschutzes** – in der Gegenüberstellung mit staatlichen Sicherheitsinteressen, privaten ökonomischen Erwägungen und der rasenden technischen Entwicklung – ständig **der Realität hinterher.**[2353] Datenschutzgerechtes Marketing, Scoring, RFID, Videoüberwachung, elektronische Kommunikation am Arbeitsplatz, die Homepage des Unternehmens, sichere Benutzung von W-LAN und USB-Sticks: All das sind Belege für die nicht nur ungeahnten Möglichkeiten der Nutzung, sondern auch der Fallstricke im multimedialen Zeitalter.[2354]

Das Datenschutzstrafrecht ist ein besonderer Problemfall, da es kaum mit der tatsächlichen Entwicklung mithalten kann.[2355]   **1709**

> Mangels bezifferbarer Schäden wurde ein Ermittlungsverfahren gegen die Veröffentlicher eingescannter Telefonbücher eingestellt. Gegen ein Berliner Auskunfteibüro, welches sich 13,8 Millionen vertraulicher Datensätze illegal beschafft hatte, wurde lediglich eine Geldbuße von 6.900 Euro verhängt.[2356]

Die geringe Anzahl verfolgter Delikte (2006: 414 Fälle nach 211 Verfahren im Jahre   **1710**
2005)[2357] legt die Forderung an den Gesetzgeber nahe, auf das zur Zeit verlangte Strafantragsverfahren zu verzichten; denn häufig ist die dreimonatige Antragsfrist abgelaufen, bevor ein Betroffener von der Datenschutzbehörde die seine Vermutung bestätigende Mitteilung erhält, dass das von ihm bemängelte Verhalten eines Unternehmens unzulässig ist.[2358] So gestaltet sich die rechtliche Überprüfung von Fällen wie den nachstehenden regelmäßig als schwierig bis unmöglich:

> Eine Handelskette vertreibt eine Vielzahl von Produkten, u. a. über einen Online-Shop. In Prospekten und im Internet bekundete das Unternehmen ehemals: »Alle persönlichen Daten werden vertraulich behandelt.« und »Die Weitergabe Ihrer im Internet eingegebenen persönlichen Daten an unberechtigte Dritte außerhalb des Unternehmens ist grundsätzlich ausgeschlossen.« Gegenteiliges verrieten Prospekte einer anderen Unternehmensgesellschaft: »Sie suchen Postkäufer, die bei ihrer Bestellung auf starke Marken ebenso viel Wert legen wie auf ein gutes Preis-Leistungs-Verhältnis? Sie benötigen Anschriften von Familien, die beim Einkauf auf die Vielfalt und Qualität eines Angebotes achten? Sie brauchen Adressen von Personen, die häufig und spontan Produkte für sich und ihre Familie per Katalog bestellen? Dann ist der Kundenstamm von X genau richtig für Sie.« Dieses Unternehmen hatte eine genaue Übersicht über die Kunden der Handelskette. Diese umfassten demografische

---

2353   So auch Alexander **Roßnagel**, Bundeszentrale für politische Bildung (Hrsg.), Datenschutz im 21. Jahrhundert, in: APuZ 5-6/2006.

2354   Vgl. zum Ganzen: **Gola**, Peter/ **Klug**, Christoph, Entwicklung des Datenschutzrechts, in: NJW 2004, 2429 ff. – Ein Beitrag, der sich ständig fortsetzt, zuvor NJW 2003, 2420 ff.

2355   So schon Thilo **Weichert**, Datenschutzstrafrecht – ein zahnloser Tiger?, in: NStZ 1999, 490 ff. (492) woran sich trotz der Reformen seit 2001 wenig geändert hat. Insbesondere gilt das Antragserfordernis weiter fort, das in Zeiten milliardenfacher EDV-Prozesse pro Tag als anachronistisch bezeichnet werden muss.

2356   Weichert, a.a.O., NStZ 1999, 492.

2357   PKS 2006, S. 46.

2358   Weichert, a.a.O., NStZ 1999, 492.

und geografische Angaben genauso wie Hinweise darauf, wie diese Kunden wohnen, ob sie dazu neigen, im Versandhandel einzukaufen und wie hoch ihre Kaufkraft ist. Im Prospekt der Handelskette (aber nicht Online) stand in kaum lesbarer, 1 mm großer, weißer Schrift: »Gelegentlich geben wir die Anschriften unserer Kunden an Unternehmen weiter, deren Produkte für Sie von Interesse sein könnten. Bitte teilen Sie uns mit, falls Sie das nicht möchten.«[2359]

k) Betriebsverfassungsgesetz

1711 Das Betriebsverfassungsgesetz (BetrVG)[2360] stellt in § 119 Absatz 1 verschiedene Handlungen im Unternehmen unter Strafe, die sich gegen den Betriebsrat richten. Wer die Wahl des Betriebsrats behindert oder beeinflusst,[2361] die Tätigkeit des Betriebsrates behindert oder beeinflusst[2362] oder einzelne Mitglieder aufgrund ihrer Stellung im Betriebsrat benachteiligt oder begünstigt, kann zu einer Geldstrafe oder Freiheitsstrafe bis zu einem Jahr verurteilt werden.[2363] Diese **Strafvorschrift richtet sich** nicht nur gegen den Unternehmer als Arbeitgeber oder dessen Vertreter, sondern **gegen jedermann, der auf den Betriebsrat oder dessen Mitglieder einwirkt.**

1712 Das Betriebsverfassungsgesetz enthält **noch weitere Sanktionsnormen.** § 120 BetrVG ermöglicht die Bestrafung von Geheimnisbruch durch Mitglieder der Betriebsverfassungsorgane oder anderer mit der Betriebsverfassung befasster Personen.

1713 Eine Ordnungswidrigkeit nach § 121 Absatz 1 BetrVG können dagegen nur der Arbeitgeber oder die von ihm beauftragten Personen[2364] begehen, da sie allein die Unterrichtungspflichten gegenüber dem Betriebsrat treffen. Bei einem Verstoß droht eine Geldbuße bis zu 10.000 Euro.[2365]

1714 So ist z. B. der Arbeitgeber nach § 90 Absatz 1 BetrVG verpflichtet, den Betriebsrat über die Planung in Angelegenheiten, die sich auf die technische und organisatorische Gestaltung der Arbeitsplätze, des Arbeitsablaufs und der Arbeitsumgebung auswirken können, zu unterrichten. Der Unternehmer hat die vorgesehenen Maßnahmen so rechtzeitig mit dem Betriebsrat zu erörtern, dass dieser etwaige Änderungswünsche bei der Verwirklichung einbringen kann.

- Ein Unternehmer wurde von dem Betriebsrat beim Regierungspräsidenten angezeigt, weil der Betriebsrat über geplante organisatorische Veränderungen und personelle Maßnahmen zu spät unterrichtet worden war. Deshalb konnte

---

2359 Das Parlament Nr. 34 – 35 v. 21. 08. 2006; vgl. auch die Website www.bigbrotherawards.de – eines Vereins, der sich der jährlichen Bloßstellung von »Datenkraken« widmet und einschlägige Beispiele auflistet.

2360 I.d.F der Bekanntmachung v. 25. 09. 2001 (BGBl. I S. 2518), zuletzt geändert durch Art. 3 Abs. 3 des Gesetzes v. 14. 08. 2006 (BGBl. I S. 1897).

2361 § 119 Abs. 1 Ziff. 1 BetrVG.

2362 § 119 Abs. 1 Ziff. 2 BetrVG.

2363 § 119 Abs. 1 Ziff. 3 BetrVG.

2364 § 9 Abs. 2 OWiG.

2365 § 121 Abs. 2 BetrVG.

der Betriebsrat seine Mitwirkungsrechte nicht wahrnehmen. Das eingeleitete Bußgeldverfahren wurde eingestellt.

- Bei einer Betriebsratswahl wurden die Stimmen nicht sofort ausgezählt, sondern – wie zuvor vereinbart und angekündigt – erst am Folgetag. Ein Kandidat, der sich schlechte Chancen bei dieser Wahl ausrechnete, öffnete die mit vom Wahlvorstand mit einem Klebestreifen verschlossenen Wahlurne heimlich zwischen dem Wegschluss der Urne und der Auszählung und tauschte eine Anzahl der Stimmzettel, auf denen er nicht gewählt worden war, gegen eine gleiche Anzahl mitgebrachter Stimmzettel aus, auf denen er seinen Namen angekreuzt hatte. Die Auszählung ergab die Wahl der Kandidaten, der das Wahlergebnis manipuliert hatte. Der Wahlvorstand akzeptierte das Ergebnis zunächst.[2366]

l) Gesetz gegen den unlauteren Wettbewerb

Das Gesetz gegen den unlauteren Wettbewerb (**UWG 2004**)[2367] hat einige besonders schwer wiegende bzw. den Wettbewerb besonders gefährdende Formen unerlaubter Handlungen zusätzlich zu zivilrechtlichen Abwehransprüchen mit Strafandrohung belegt. Dies ist unter anderem die an die irreführende Werbung[2368] anknüpfende strafbare Werbung, die mit Geldstrafe oder Freiheitsstrafe bis zu zwei Jahren bedroht ist.[2369] **1715**

Das Gesetz ist im Jahre 2004 grundlegend reformiert worden.[2370] Die Gründe hierfür lagen in einer **Liberalisierung und Europäisierung des Lauterkeitsrechts**. Ebenso sollten Verbraucherschutzrechte und Transparenz gestärkt werden. Auf die Strafnormen hatte dies weniger praktische Auswirkungen, lediglich Inhalte wurden präzisiert. Weggefallen ist allerdings der Verleumdungstatbestand des § 15 UWG a. F., da insoweit § 187 StGB ausreichen soll.[2371] **1716**

§ 16 UWG schützt sowohl die **Mitbewerber** am Markt als auch die **Verbraucher** und sonstige **Teilnehmer am Markt**.[2372] Zusätzlich ist erstmals im Wortlaut **1717**

2366 Durch sein Verhalten hat sich der Mitarbeiter der Behinderung einer Betriebsratswahl nach § 119 Abs. 1 Nr. 1 BetrVG sowie einer Sachbeschädigung nach § 303 StGB schuldig gemacht; LG Braunschweig, Urteil v. 28. 04. 1999, NStZ-RR 2000, 93 f.: »Da der Begriff *Wahl* in § 119 BetrVG nicht zwischen verschiedenen Wahlphasen unterscheidet, während § 107 StGB einerseits die Wahl und andererseits die Feststellung ihres Ergebnisses betrifft, ist der Versuch, das Wahlergebnis durch den Austausch von Wahlunterlagen zu beeinflussen, als Behinderung anzusehen, obwohl der Wahlvorgang als solcher nicht betroffen ist.« (Red. Leitsatz).

2367 UWG 2004 v. 03. 07. 2004 (BGBl. I S. 1414), geändert durch Art. 165 des Gesetzes v. 19. 04. 2006 (BGBl. I S. 866).

2368 § 5 UWG 2004.

2369 § 16 UWG 2004.

2370 Dazu Reiner **Münker**/ Jan **Kaestner**, Das reformierte UWG im Überblick – Die Sicht der Praxis, in: BB 2004, 1689 ff.

2371 Helmut **Köhler**, Das neue UWG, in: NJW 2004, 2121 ff. (2121).

2372 § 1 S. 1 UWG 2004. Der Verbraucherbegriff ist neu eingefügt und drückt im Wesentlichen die Annäherung an Rechtsprechung von BGH/BVerfG zum Schutzzweck des UWG aus: BGH GRUR 2001, 1181 f.; BVerfG GRUR 2003, 965 f.

erfasst, dass auch der Schutz der Allgemeinheit vor unlauterem Wettbewerb zum Schutzzweck gehört.[2373] Täter kann jeder sein. Die strafbare Werbung ist kein Sonderdelikt. Somit kann sowohl der Unternehmer selbst, aber auch ein außerhalb stehender Dritter (z. B. der Verantwortliche in einer von einem Unternehmen beauftragten Werbeagentur) Täter sein.[2374] Der Unternehmer kann sich zudem wegen irreführender Werbung durch Unterlassen strafbar machen (aufgrund seiner Garantenstellung), wenn von ihm Beauftragte Tathandlungen nach § 16 UWG begehen und er wissentlich nichts dagegen unternommen hat.[2375]

1718 Gegenstand der strafbaren Werbung sind **unwahre Angaben über geschäftliche Verhältnisse**, die sich nicht auf das eigene Geschäft beziehen müssen; es kann sich auch um die Verhältnisse eines Dritten (z. B. Konkurrenten) handeln.[2376] Diese mit der objektiven Wahrheit nicht übereinstimmenden Angaben müssen **zur Irreführung geeignet** sein[2377] und sich an einen grundsätzlich unbegrenzten Personenkreis wenden (öffentliche Bekanntmachung).[2378] Durch das Merkmal der Unwahrheit unterscheidet sich der § 16 UWG von der zivilrechtlichen Anspruchsgrundlage des § 5 UWG.

1719 Die Eignung zur Irreführung ist aus der Sicht des von der Werbung angesprochenen Kunden und von seinem Verständnis her zu beurteilen.[2379] Dabei genügt die Gefahr der Irreführung. Ob das Publikum wirklich irregeführt wird, ist unerheblich.[2380]

- Auf dieser Grundlage basiert die Entscheidung des Landgerichts Köln gegen einen französischen Autohersteller, der einen PKW mit der zu unterlassenden irreführenden Werbung »*Sauber, sauber. Schont die Umwelt*« angeboten hatte.[2381]
- Der Geschäftsführer einer GmbH schaltete eine Werbeanzeige, deren Text lautete »*Kostenlos! Zum Zwecke der Werbung unserer Telefongesellschaft bieten wir Ihnen an, die Qualität der neuen Telefonleitungen zu testen. Wählen Sie .... Achtung! Die Gesprächsdauer ist auf 10 Minuten eingeschränkt und nur bis zum 31. Mai gültig.*« Vertikal zu dieser farbig gestalteten Anzeige wurde am rechten oberen Rand in der Schriftgröße Nr. 7 folgender Text abgedruckt: »*Kostenlos die ersten 2 Minuten. Danach 20 Euro pro Verbindung zzgl. 2,49 Euro/Min.*«. Die Werbung suggeriert: Zehn Minuten lang ist das Telefonieren über diese Leitungen in der Zeit bis zum 31. Mai kostenlos. Das ist aber objektiv nicht wahr. Vielmehr

---

2373 § 1 S. 2 UWG 2004; vgl. auch Rdn. 1861 ff.
2374 Erbs/Kohlhaas/Diemer, a.a.O., U 43, § 16 Rn. 96; Müller-Gugenberger/Bieneck/Gruhl, a.a.O., § 60 Rn. 10.
2375 Müller-Gugenberger/Bieneck/Gruhl, a.a.O., § 60 Rn. 11.
2376 Müller-Gugenberger/Bieneck/Gruhl, a.a.O., § 60 Rn. 19, 21.
2377 Erbs/Kohlhaas/Diemer, a.a.O., U 43, § 16 Rn. 29.
2378 Müller-Gugenberger/Bieneck/Gruhl, a.a.O., § 60 Rn. 30.
2379 BGHSt 2, 139 ff. (145); BGH GRUR 2002, 715 ff. (716).
2380 Müller-Gugenberger/Bieneck/Niemeyer, a.a.O., § 60 Rn. 31, 35; Erbs/Kohlhaas/Diemer, a.a.O., U 43, § 16 Rn. 29.
2381 LG Köln v. 05. 11. 1991 – Az. 31 O 413/91 – (nicht veröffentlicht).

sollten nur die ersten zwei Minuten kostenfrei sein. Es wird also in wirtschaftlicher Hinsicht ein besonders günstiges Angebot vorgetäuscht.[2382]

Bis zur Änderung des UWG durch das Gesetz zur Bekämpfung der Korruption im Jahre 1997 stellte § 12 UWG a. F. das »*Schmieren*«, d. h. die Vorteilsnahme bzw. die Vorteilsgabe außerhalb des öffentlichen Dienstes unter Strafe.[2383] Die so genannte **Angestelltenbestechung** ist nun Gegenstand spezieller Normen des Strafgesetzbuches (§§ 299–303 StGB).[2384] In deren Zusammenhang werden auch die weiteren Straftatbestände der §§ 17-19 UWG erläutert, auf die hier nur hingewiesen wird.[2385] **1720**

m) Urheberrecht

Nach einer Umfrage des Verbandes Deutscher Maschinen- und Anlagenbau (VDMA) fühlen sich zwei Drittel der Mitgliedsunternehmen von Produkt und Markenpiraterie betroffen. In einem Großteil der festgestellten Fälle wurden komplette Maschinen nachgebaut, es gibt aber auch den Fall des Nachbaus von Ersatzteilen oder von Komponenten. Die Befragung machte deutlich, dass immerhin 51 % der befragten Firmen Plagiate eigener Waren auf Messen aufspüren. Ausstellungen sind also ein geeigneter Ort, Produktpiraten zu erkennen. Doch es wird immer schwieriger, Plagiate ausfindig zu machen.[2386] **1721**

Im Jahr 1999 wurden insgesamt 5.444 Ermittlungsverfahren wegen Verletzungen von Urheberrechtsbestimmungen eingeleitet.[2387] 2006 waren es schon 20.943 erfasste Fälle.[2388] Dabei ist zu berücksichtigen, dass das Strafrecht im Bereich der Ahndung von Patent- oder Musterrechtsverletzungen bisher eher eine geringe Rolle spielt.[2389] Hier besitzt (noch?) die Geltendmachung zivilrechtlicher Schadensersatzforderungen weitaus größere Bedeutung. Eine andere Entwicklung gilt für die Branchen der Unterhaltungsindustrie. Hier sehen sich Software-, Musik- und Filmpiraten einem massiven Verfolgungsdruck ausgesetzt, auch wenn die Zahl der Ermittlungsverfahren in Deutschland in den letzten Jahren mit ca. 3.000 Fällen annähernd gleich geblieben ist.[2390] **1722**

Dem Schutz vor Marken- und Produktpiraterie dient das Urheberrecht im weiteren Sinne. **1723**

2382 OLG Celle, NStZ-RR 2005, 25 f.

2383 Siehe »Korruptionsdelikte«, Rdn. 1859 ff.

2384 Siehe dazu Tröndle/Fischer, a.a.O., § 299 Rn. 2, **Hoffmann/Liebs**, Der GmbH-Geschäftsführer: Handbuch des Unternehmers und Managers, 2. Aufl., München 2000, Rn. 869 und unten Rdn. 1856 ff.; dort auch zu § 17 UWG, siehe Rdn. 1892 ff.

2385 Siehe Rdn. 1892 ff.

2386 Dazu FAZ Nr. 89 v. 17. 04. 2007, S. 17: »*Piratenjäger auf der Messe*«.

2387 PKS 1999 .

2388 PKS 2006, S. 45; 2005 waren es 20.065 Fälle.

2389 Achenbach/Ransiek/Kouker, a.a.O., XI 2, S. 850 Rn. 2; Müller-Gugenberger/Bieneck/Gruhl, a.a.O., § 55 Rn. 49.

2390 PKS 2006, S. 45; vgl. auch **Gesellschaft zur Verfolgung von Urheberrechtsverletzungen (GVU)**, Jahresbericht 2005.

aa)   Urheberrechtsgesetz

1724 Das Gesetz über Urheberrecht und verwandte Schutzrechte (Urheberrechtsgesetz – UrhG)[2391] schützt das eigentumsähnliche Recht des Werkschöpfers (Urhebers) an seinem **individuellen geistigen Werk**[2392] oder an einem Geschmacksmuster.[2393] Ein geistiges Werk ist z. B. eine Komposition, ein Roman oder ein Gemälde.[2394] Das Gesetz schützt weiterhin andere geistige Leistungen und Rechte,[2395] die mit dem Urheberrecht verwandt sind, z. B. die des ausübenden Künstlers, des Herstellers von Bauträgern usw. Geschützte Werke können auch Skulpturen[2396] oder Film- und Fernsehwerke sein.[2397]

1725 **Besondere Bestimmungen für Computerprogramme** enthält das Urheberrechtsgesetz seit dem 1. Januar 1993.[2398] Die Gesetzesänderung erfolgte zur Umsetzung der EG-Richtlinie[2399] über den Schutz von Computerprogrammen. Aufgrund der Änderung ist es möglich, dass sowohl gegen die Hersteller von Raubkopien als auch gegen die Benutzer dieser Software vorgegangen werden kann.

1726 Die Strafbarkeit im Zusammenhang mit digitalen Medien ist mit der letzten Änderung des Urheberrechts durch das Gesetz zur Regelung des Urheberrechts in der Informationsgesellschaft[2400] noch erweitert worden. Dieses Gesetz geht wiederum auf eine Richtlinie der EU[2401] zurück und soll Problemen abhelfen, die hinsichtlich des Urheberrechtschutzes durch die Massenverbreitung von Personal-Computern und Internetanschlüssen aufgekommen sind.[2402] Nach den ergangenen Veränderungen des Urheberrechtsgesetzes[2403] ist nunmehr die illegale **Vervielfältigung** einer großen Anzahl von digitalen Medien **mit Strafe bedroht** (Musik, Filme, Software), unabhängig von der Form ihrer Verbreitung (Diskette, CD, DVD, Internet).[2404]

1727 Die **strafrechtlichen Vorschriften** des Urheberrechtsgesetzes,[2405] die unerlaubtes Verwerten urheberrechtlich geschützter Werke, unzulässiges Anbringen der

---

2391 Gesetz v. 09. 09. 1965 (BGBl. I S. 1273); zuletzt geändert durch das Gesetz vom 10. 11. 2006 (BGBl. I S. 2587).

2392 Creifelds, a.a.O., Stichwort: Urheberrecht.

2393 § 1 Geschmacksmustergesetz (GeschmMG) v. 11. 01. 1876 (RGBl. I S. 7 i. d. F. des Änderungsgesetzes v. 18. 12. 1986 (BGBl. I S. 2501) mit späteren Änderungen).

2394 § 2 UrhG zählt auf, was insbesondere zu den geschützten Werken zählt.

2395 §§ 70– 94 UrhG; vgl. Walter **Harbauer**, Rechtsschutzversicherung, ARB-Kommentar, 7. Aufl., München 2004, § 4 ARB 75 Rn. 35.

2396 Creifelds, a.a.O., Stichwort: Urheberrecht.

2397 §§ 87, 88 – 90 UrhG.

2398 §§ 69a ff. UrhG; eingefügt aufgrund des Zweiten Gesetzes zur Änderung des Urheberrechtsgesetzes.

2399 Richtlinie 91/250/EWG des Rates v. 14. 05. 1991 über den Rechtsschutz von Computerprogrammen.

2400 V. 10. 09. 2003, (BGBl. I 1774) i. V. m. § 137j UrhG.

2401 Richtlinie 2001/29/EG.

2402 Christian **Czychowski**, Das Gesetz zur Regelung des Urheberrechts in der Informationsgesellschaft, in: NJW 2003, 2409 ff.

2403 So genannter »1. Korb« der Urheberrechtsnovelle – Für die nahe Zukunft sind weitere Änderungen zu erwarten.

2404 Müller-Gugenberger/Bieneck/Gruhl, a.a.O., § 55 Rn. 116.

2405 §§ 106–108b UrhG.

Urheberbezeichnung, unerlaubtes Eingreifen in verwandte Schutzrechte und gewerbsmäßige unerlaubte Verwertung unter Strafe stellen, legen bei Zuwiderhandlungen **Geldstrafen oder Freiheitsstrafen bis zu drei Jahren**, bei gewerbsmäßiger unerlaubter Verwertung Geldstrafen oder Freiheitsstrafe bis zu fünf Jahren fest.

Es ist schwer überschaubar, was noch zulässig ist und was schon eine illegale **1728** Vervielfältigung darstellt. Das liegt mitunter an unbestimmten Rechtsbegriffen wie »*offensichtlich rechtswidrige Vorlage*«.[2406] Zudem hat es der Gesetzgeber bisher unterlassen, die Problematik der Erlaubnis zur Privatkopie einer endgültigen Lösung zuzuführen. Neu ist die Aufnahme von technischen Schutzmaßnahmen in das Gesetz. So steht zumindest fest, dass eine solche Kopie dann nicht erlaubt ist, wenn sie unter Umgehung eines »*wirksamen technischen*« Kopierschutzes geschieht (ein weiterer auslegungsbedürftiger, weil unbestimmter Rechtsbegriff).[2407] Allerdings macht man sich nur zivilrechtlich haftbar, wenn man den **Kopierschutz für eine Privatkopie** umgeht. Eine Strafbarkeit entsteht erst bei einem Gebrauch über den privaten Bereich hinaus.[2408] Hiervon können insbesondere wieder Unternehmer betroffen sein.

Die **Kopierschutzregeln** sollen für Computerprogramme nicht gelten[2409] – hier ist **1729** eine Kopie (außer einem so genannten Backup)[2410] gänzlich unerlaubt.[2411] §§ 69 a-g UrhG beschränken das unerlaubte Kopieren von Programmen grundsätzlich stärker als bei anderen Medien. So macht sich zum Beispiel schon der Unternehmensleiter strafbar, der eine so genannte »Einzelplatz-Lizenz« erworben hat, diese aber auf alle PCs seines Betriebes aufspielt.[2412]

Der in § 69c UrhG enthaltene Begriff »**Vervielfältigung**« ist im deutschen Recht **1730** bisher noch nicht definiert. Der Gesetzgeber hat dies bewusst in Kauf genommen, um »*einen möglichst vollständigen Einklang mit der künftigen europäischen Rechtsentwicklung sicherzustellen*«.[2413] Aufgrund der zurzeit immer noch fehlenden Bestimmtheit ist es schwer einschätzbar, wann eine Straftat gemäß § 106 UrhG vorliegt.[2414]

> Gegenwärtig macht sich der Manager, der vor Antritt einer Geschäftsreise ein Programm von seinem während seiner Abwesenheit nicht genutzten PC auf sein Notebook überspielt und das ergänzte Programm nach der Rückkehr wieder auf den PC überträgt, zweier Straftaten schuldig.

2406 Czychowski, a.a.O., NJW 2003, 2409 ff. (2411).
2407 §§ 95a, 108b UrhG.
2408 § 108b Abs. 1 UrhG.
2409 § 69a Abs. 5 UrhG.
2410 § 69d UrhG regelt die Ausnahme für diese notwendige Sicherheitskopie.
2411 Müller-Gugenberger/Bieneck/Gruhl, a.a.O., § 55 Rn. 125.
2412 Müller-Gugenberger/Bieneck/Gruhl, a.a.O., § 55 Rn. 125.
2413 BR-Drucks. 629/92, S. 25 f.; kritisch dazu schon Horst **Franzheim**, Überkriminalisierung durch Urheberrechtsnovelle, in: Computer und Recht 1993, 101 ff.
2414 Vgl. Erbs/Kohlhaas/Kaiser, a.a.O., U 180, § 16 Rn. 8; U 180, § 106 Rn. 12, 13 zu der auch aktuell noch umstrittenen Frage, wann die Vervielfältigung eines Computerprogramms gegeben sein soll.

1731 Da es an einer strafrechtlichen Definition des Begriffes »*Vervielfältigung*« fehlt und damit das **Bestimmtheitsgebot verletzt** wird, ist § 106 UrhG i. V. m. § 69 c UrhG verfassungswidrig. Eine Nachbesserung der Gesetzeslage ist derzeit nicht in Sicht, obwohl gerade das Informations- und Kommunikationsrecht einem ständigen Wandel unterliegt.[2415]

1732 Deshalb ist auch § **108a UrhG**[2416] zu beachten, der bestimmt, dass der Täter, wenn er in Fällen der §§ 106 bis 108 **gewerbsmäßig**, mit Freiheitsstrafe bis zu fünf Jahren oder Geldstrafe zu bestrafen ist.

1733 Letztlich kann für ein Unternehmen auch die Kenntnis der neuen **Ordnungswidrigkeitenvorschrift** des § 111a UrhG nützlich sein. Danach kann mit Bußgeld bis zu einer Höhe von 50.000 Euro derjenige belegt werden, wer Gerätschaften oder Software zur Umgehung von technischen Kopierschutzeinrichtungen in irgendeiner Form gewerblich anbietet. Damit ist auch die Erbringung von eventuellen Dienstleistungen gemeint, die mit der Entfernung technischer Sicherheitsmaßnahmen in Verbindung stehen.[2417]

bb)   Geschmacksmustergesetz

1734 Das **Ziel des Gesetzes** betreffend das Recht an Mustern und Modellen (Geschmacksmustergesetz – GeschmMG 2004)[2418] besteht darin, die **ausschließliche Befugnis des Urhebers** zu schützen, das Geschmacksmuster (z. B. Kleiderschnitte, Tapetenmuster, Vasen etc.) nachzubilden oder zu verbreiten. Geschützt ist damit also das äußere Erscheinungsbild und Design eines Produktes, das neu ist und Eigenart hat.[2419]

1735 Auch das Geschmacksmustergesetz wurde aufgrund europarechtlicher Vorgaben[2420] neu gefasst. Das ursprüngliche Gesetz war an den Urheberrechtsgedanken geknüpft, wovon man es nunmehr gelöst hat.[2421] Zudem wurde der Schutz von typographischen Schriftzeichen in das neue Gesetz übernommen, der ehemals in einem eigenen Gesetz geregelt war.[2422]

1736 **Geschützt** ist nunmehr der **Entwickler eines neuen Musters mit Eigenart**, der sein Produkt in das zentrale **Register beim Deutschen Patent- und Markenamt** in München hat eintragen lassen.[2423] Relevant ist somit nicht mehr die persönliche

---

2415 Siehe auch Rdn. 61 ff.

2416 Dazu Klaus Dieter **Deumeland**, Die Strafbarkeit gewerbsmäßiger Urherberrechtsverletzungen in der BRD, in: StraFo 2006, 487 ff.

2417 § 111a i. V. m. § 95a Abs. 3 UrhG.

2418 GeschmMG 2004 v. 12. 03. 2004 (BGBl. I S. 390), zuletzt geändert durch Art. 7 des Gesetzes v. 21. 06. 2006 (BGBl. I S. 1318); dieses löst das alte Gesetz v. 11. 01.1876 (RGBl. S. 11) ab; zur alten Rechtslage vgl. noch die 2. Auflage.

2419 §§ 1, 2 GeschmMG 2004.

2420 Richtlinie zum rechtlichen Schutz v. Mustern u. Modellen v. 13. 10. 1998 (ABl EG L 289, 28); EG-VO zum Gemeinschaftsgeschmackmuster v. 12. 12. 2001 (ABl EG 2002 L 3,1).

2421 Müller-Gugenberger/Bieneck/Gruhl, a.a.O., § 55 Rn. 73.

2422 § 1 Nr. 2 GeschmMG 2004.

2423 §§ 11, 19 GeschmMG 2004; zum gesamten Anmeldeverfahren vgl. §§ 11-26 GeschmMG 2004.

Leistung der Erschaffung eines Produktes (urheberrechtlicher Ansatz), sondern allein dessen Registrierung. Der Schutz beginnt mit dem Tag der Eintragung und währt 25 Jahre ab dem Tag der Anmeldung.[2424]

Neben zahlreichen zivilrechtlich ausgeprägten Ansprüchen[2425] des Rechteinhabers enthält das Gesetz auch eine Strafnorm. Eine **Straftat** kommt demnach in Frage, wenn jemand einen **Verstoß gegen das ausschließliche Nutzungsrecht des Inhabers**[2426] begeht, ohne dazu ermächtigt zu sein, § 51 GeschmMG. Diese Verstöße könne insbesondere in der Herstellung oder im Inverkehrbringen liegen und werden mit Geldstrafe oder Freiheitsstrafe bis zu 3 Jahren, bei Gewerbsmäßigkeit bis zu 5 Jahren, bestraft. **1737**

Neuerdings tritt zum deutschen Geschmacksmuster das europäische Gemeinschaftsgeschmacksmuster hinzu.[2427] Die Regelungen betreffen den Schutz von Geschmacksmustern auf europäischer Ebene, haben aber inhaltlich dieselbe Bedeutung. Zuständig ist das Harmonisierungsamt für den Binnenmarkt im spanischen Alicante. **1738**

cc) Gebrauchsmustergesetz

Als **Gebrauchsmuster** ist eine Erfindung nach dem Gebrauchsmustergesetz (GebrMG)[2428] dann geschützt, wenn sie auf einem **erfinderischen Schritt beruht, neu und gewerblich anwendbar** ist.[2429] Darunter fallen z. B. Arbeitsgeräte, Spielsachen oder Werkzeug. Ausdrücklich geregelt ist, was nicht Gebrauchsmuster sein kann.[2430] Die Sachen müssen einen wirtschaftlich nutzbaren Zweck haben und dürfen nicht zum bisherigen Stand der Technik gehören.[2431] Auch die Neuerung eines Gebrauchsmusters kann dieses schutzfähig machen, wenn z. B. eine erkennbare Verschiedenheit zum bisher bekannten Gegenstand besteht oder ein anderes Material im neuen Muster verwendet wurde.[2432] **1739**

Das Gebrauchsmuster weist eine **gewisse Nähe zum Patent**[2433] auf, ist im Vergleich dazu aber gekennzeichnet durch eine geringere Erfindungshöhe und einen minderen Fortschritt, also etwas, das **keine** über die erfinderische Leistung von Alltagserfindungen hinausgehende **Genialität** aufweist.[2434] Andererseits bietet das **vereinfachte Anmeldeverfahren** Vorteile gegenüber einer Patentanmeldung.[2435] Ähnlich wie das Geschmacksmuster kann auch das Gebrauchsmuster **1740**

2424 § 27 GeschmMG 2004.
2425 §§ 42 – 50 GeschmMG 2004.
2426 Siehe im Einzelnen: § 38 Abs. 1 GeschmMG 2004.
2427 Vgl. Rdn. 1746 f.
2428 Gesetz v. 28. 08. 1986 (BGBl. I S. 1455 mit Änderungen); zuletzt geändert durch Art. 4 des Gesetzes v. 21. 06. 2006 (BGBl. I s. 1318).
2429 § 1 Abs. 1 GebrMG; Creifelds, a.a.O., Stichwort: Gebrauchsmuster.
2430 § 1 Abs. 2 GebrMG.
2431 § 3 GebrMG.
2432 Creifelds, a.a.O., Stichwort: Gebrauchsmuster; vgl. Harbauer, a.a.O., § 4 ARB 75 Rn. 38.
2433 Siehe dort Rdn. 1750 ff.
2434 Achenbach/Ransiek/Kouker, a.a.O., XI 2 Rn. 60; Müller-Gugenberger/Bieneck/Gruhl, a.a.O., § 55 Rn. 67.
2435 § 4 GebrMG.

beim Patentamt angemeldet werden. Anders als beim Patent (aber ebenso wie beim Geschmacksmuster) erfolgt zunächst keine materielle Prüfung der Schutzfähigkeit. Diese Prüfung findet erst später im Rahmen eventueller zivil- oder strafrechtlicher Verfahren statt.[2436] Mit der Eintragung in die Gebrauchsmusterrolle und der Bekanntgabe im Patentblatt[2437] steht allein dem Inhaber das Recht zu, den Gegenstand des Gebrauchsmusters unmittelbar herzustellen bzw. in Verkehr zu bringen.[2438]

1741 Das **Gesetz** stellt die **vorsätzliche rechtswidrige Benutzung**[2439] eines **eingetragenen Gebrauchsmusters ohne Erlaubnis** unter **Strafe**, wonach bei Zuwiderhandlung eine Geldstrafe oder eine Freiheitsstrafe bis zu drei Jahren in Betracht kommt, bei gewerbsmäßigen Verstößen sogar bis zu fünf Jahren.[2440] Die Tat wird nur auf Strafantrag verfolgt, wenn es sich nicht um einen Fall der Gewerbsmäßigkeit handelt oder das besondere öffentliche Interesse an der Verfolgung besteht.[2441]

dd)   Markengesetz

»Dem Hamburger Zoll ist mit dem Rekordfund von 160.000 Paaren geschmuggelter Sportschuhe ein Schlag gegen die Markenpiraterie gelungen. Bei der im Hafen beschlagnahmten Ware handelt es sich um gefälschte Produkte der Firma Nike, die in 19 Containern hinter Billigschuhen versteckt waren. ›Es handelt sich um die größte Menge, die jemals in Deutschland beschlagnahmt wurde‹, teilte das Zollfahndungsamt am Freitag in der Hansestadt mit. Es sei ein wirtschaftlicher Schaden von mehr als 20 Millionen Euro verhindert worden.«[2442]

1742 In den Bereich des Rechtes der Urheber fällt weiterhin das Markengesetz,[2443] welches nicht nur die Vorgabe der EG-Markenrechtsrichtlinie in nationales Recht umgesetzt hat, sondern gleichzeitig die bisherigen Vorschriften über den **Schutz von Warenzeichen und sonstigen Kennzeichen** vereinheitlicht.[2444] Geschützt werden Marken, geschäftliche Bezeichnungen und geografische Herkunftsangaben (§ 1 MarkenG).

1743 *»Das Phänomen Markenpiraterie ufert zunehmend aus«*[2445] – der einleitend geschilderte Fall scheint nur die Spitze eines Eisberges gewesen zu sein. In einer groß angelegten Aktion, die von August bis November 2006 andauerte, ist dem Hamburger Zoll der wohl bisher weltgrößte Schlag gegen die Produktpiraterie gelungen. Insgesamt 117 Schiffscontainer mit gefälschten Sportschuhen, Uhren und

---

2436 Achenbach/Ransiek/Kouker, a.a.O., XI 2 Rn. 60.

2437 § 8 GebrMG.

2438 Creifelds, a.a.O., Stichwort: Gebrauchsmuster.

2439 § 25 Abs. 1 GebrMG; der Begriff der Benutzung ist in § 11 GebrMG geregelt.

2440 § 25 Abs. 1, 2 GebrMG.

2441 § 25 Abs. 4 GebrMG.

2442 HAZ Nr. 205 v. 02. 09. 2006.

2443 Gesetz vom 25. 10. 1994, (BGBl. I S. 3082), zuletzt geändert durch Art. 5 des Gesetzes vom 21. 06. 2006 (BGBl. I S. 1318).

2444 Creifelds, a.a.O., Stichwort: Marken.

2445 Horst **Kallenbach**, Präsident Oberfinanzdirektion Hamburg, in: SPIEGEL ONLINE v. 14. 11. 2006.

Spielzeug mit einem Originalwert von mindestens 383 Millionen Euro konnten so beschlagnahmt werden. Die Plagiate wurden alle aus einem bestimmten asiatischen Land verschifft, wobei Hersteller und Drahtzieher meist nicht ermittelt werden können.[2446] Die **wirtschaftlichen Schäden**, die Marken- und Produktpiraten verursachen, sind enorm. Schätzungen gehen davon aus, dass durch Ideenklau und Abkupfern von Markenartikeln allein in Deutschland bis zu 70.000 Arbeitsplätze potenziell gefährdet sind. Bei seinen Einfuhrkontrollen beschlagnahmte der Zoll im Jahr 2006 in 9.164 Fällen (2005: 7.217) gefälschte Marken oder Produkte, wobei sich der Wert der beschlagnahmten Waren mit fast 1,2 Milliarden Euro (2005: 213,4 Millionen Euro) mehr als verfünffacht hat.[2447]

Als **Marke** können z. B. alle Zeichen, Wörter, Abbildungen, Buchstaben, Hörzeichen und dreidimensionale Gestaltungen, aber auch die Form oder Verpackung einer Ware oder sonstige Aufmachungen in Form oder Farbe sowie mögliche Werbeslogan anerkannt werden, wenn sie dazu dienen, die Marken eines Gewerbetreibenden von denen anderer zu unterscheiden.[2448] Sie können aus **Wort**– (z. B. BMW, Coca-Cola) oder **Bildzeichen** (z. B. ein Stern) oder aus einer **Kombination von Wort und Bild** bestehen. **1744**

Soweit das Markengesetz geographische Herkunftsangaben schützt, sind damit Namen von Orten, Gegenden, Gebieten oder Ländern sowie sonstige Angaben oder Zeichen gemeint, die im geschäftlichen Verkehr zur Kennzeichnung der Herkunft von Waren oder Dienstleistungen benutzt werden.[2449] **1745**

Wer sich einer Marke bedienen will, kann dieses durch Eintragung in die Markenregister des Patentamts anmelden.[2450] Der Markenschutz entsteht aber auch für eine benutzte Marke mit Verkehrsgeltung oder eine Marke mit notorischer Bekanntheit.[2451] Seit Mitte der Neunziger Jahre des letzten Jahrhunderts gibt es zudem die Gemeinschaftsmarke, die einen einheitlichen Markenschutz innerhalb der EU ermöglicht, sofern eine Anmeldung beim **Harmonisierungsamt für den Binnenmarkt in Alicante (Spanien)** stattgefunden hat.[2452] Zusätzlich gewährleisten mehrere internationale Abkommen den Markenschutz weltweit.[2453] Mit der Entstehung des Markenrechts steht dem Inhaber damit das ausschließliche Recht zu, Marken der angemeldeten Art gemäß der bestimmten Klasse[2454] im Geschäftsverkehr warenzeichenmäßig zu verwenden.[2455] Der Schutz ist demnach nur gewährt hinsichtlich gleichartiger Waren oder Dienstleistungen, da es nur in diesem Zusammenhang um Unterscheidbarkeit gehen kann. **1746**

2446 Pressemitteilung des **Bundesministeriums für Finanzen (Hrsg.)** v. 13. 03. 2007; SPIEGEL ONLINE v. 14. 11. 2006; zuvor schon DER SPIEGEL, Nr. 41, v. 09. 10. 2006.

2447 Pressemitteilung des Bundesministeriums für Finanzen (Hrsg.) v. 13. 03. 2007; »*Mehr Drogen, mehr Plagiate, mehr Schwarzarbeit*«, so SPIEGEL ONLINE v. 13. 03. 2007.

2448 § 3 MarkenG.

2449 § 126 MarkenG.

2450 § 4 Nr. 1 MarkenG.

2451 § 4 Nr. 2 und Nr. 3 MarkenG.

2452 §§ 125 a-i MarkenG.

2453 Müller-Gugenberger/Bieneck/Gruhl, a.a.O., § 60 Rn. 52, dort Fn. 111.

2454 Warenklasseneinteilung gem. § 14 Abs. 2 MarkenG.

2455 Creifelds, a.a.O., Stichwort: Markenartikel.

1747 Im Gegensatz zu den bisher besprochenen Schutzrechten prüft das Patentamt materiell, ob die Voraussetzungen für eine Eintragung tatsächlich vorliegen.[2456] Die Schutzdauer für ein angemeldetes Markenzeichen beträgt **zehn Jahre ab Anmeldung** und kann beliebig oft um weitere zehn Jahre verlängert werden.[2457]

1748 Das **Gesetz enthält Strafvorschriften,** welche die widerrechtliche Zeichennutzung (national und international) sowie unrechtmäßige geographische Herkunftsangaben sanktionieren. Danach kann derjenige mit Geldstrafe oder Freiheitsstrafe bis zu drei Jahren, bei gewerbsmäßiger Handlung mit Geldstrafe oder Freiheitsstrafe bis zu fünf Jahren, belegt werden, der **im geschäftlichen Verkehr** Waren, Verpackungen, Preislisten usw. mit einem geschützten Markenzeichen versieht oder in Verkehr bringt.[2458] Wenn gefälschte Markenprodukte in einer Vielzahl von Einzelakten veräußert werden, liegt dann nur eine Tat im Rechtssinne (§ 143 MarkenG) vor, wenn der Täter sich die Produkte entweder zuvor in größerer Menge verschafft oder aber selbst hergestellt hat.[2459]

1749 Weiterhin wird mit Geld- oder Freiheitsstrafe bis zu zwei Jahren bestraft, wer durch falsche geografische Angaben auf Waren einen Irrtum erregt oder die so bezeichneten Waren anbietet oder die irreführenden Angaben auf Geschäftspapieren anbringt.[2460] Der Versuch ist strafbar.[2461]

ee) Patentrecht

1750 Das **Patentgesetz (PatG)**[2462] regelt die einem Erfinder oder dessen Rechtsnachfolger vom Staat erteilte ausschließliche, aber **zeitlich begrenzte Befugnis**, eine neue, gewerblich verwertbare Erfindung zu nutzen.[2463] Es schützt die Erfindungen, für die ein Patent beantragt oder erteilt ist.[2464] Davor gelten die Regeln des allgemeinen Erfinderrechts, welches bereits aufgrund der Urheberschaft mit der Fertigstellung bzw. der Verlautbarung einer Erfindung in der Person des Erfinders **als Recht an der Erfindung** entsteht und Schutz gegen sonstige Beeinträchtigungen gewährt.

1751 Vor der Anmeldung fällt eine Erfindung nicht in den Bereich des Patentgesetzes, sondern zählt zum sonstigen Recht an geistigem Eigentum.

1752 Das Patent hat eine **Schutzdauer von maximal zwanzig Jahren.**[2465] Zusätzlich zum Schutz im Inland existiert über das Europäische Patentübereinkommen ein

---

2456 § 36 MarkenG.
2457 § 47 MarkenG.
2458 §§ 143, 143a MarkenG.
2459 LG Mühlhausen vom 13. 11. 2007, 610 Js 63537/05-9Kls (zu § 143 MarkenG)
2460 § 144 MarkenG unter Verweis auf §§ 127, 126 MarkenG.
2461 §§ 143 Abs. 3, 144 Abs. 3 MarkenG.
2462 Patentgesetz i. d. F. d. Bekanntmachung v. 16. 12. 1980 (BGBl. 1981 I S. 1) zuletzt geändert durch Art. 1 des Gesetzes vom 21. 06. 2006 (BGBl. I S. 1318).
2463 Creifelds, a.a.O., Stichwort: Patent; Harbauer, a.a.O., § 4 ARB 75 Rn. 34.
2464 Harbauer, a.a.O., § 4 ARB 75 Rn. 34.
2465 § 16 PatG.

Patent, das in den Vertragsstaaten nach nationalem Recht wirkt und vom Europäischen Patentamt in München erteilt wird.[2466]

Das Patentgesetz stellt die ohne die erforderliche Zustimmung des Patentinhabers **1753** vorgenommenen Handlungen unter Strafe, deren Gegenstand ein patentiertes Erzeugnis oder ein patentiertes Verfahren ist.[2467] Die Tat wird auf Strafantrag verfolgt;[2468] das Strafmaß reicht von einer **Geldstrafe bis zu einer Freiheitsstrafe bis zu drei Jahren**.[2469] Tritt beim Täter gewerbsmäßiges Handeln hinzu, entfällt das Strafantragserfordernis. Zusätzlich erweitert sich der Strafrahmen auf Freiheitsstrafe von bis zu fünf Jahren.[2470]

ff) Sortenschutzgesetz

Das Sortenschutzgesetz (SortSchG)[2471] stellt eine Sonderregelung zum Schutz von **1754** Züchtungserfolgen bei Pflanzen für Nutzpflanzensorten dar, die in einem Artenverzeichnis aufgeführt sind.[2472] Sortenschutz wird für eine Pflanzensorte eingeräumt, wenn diese neu und hinreichend homogen ist.

Der Züchter bzw. Entdecker einer neuen Pflanzensorte erwirbt mit der Eintragung **1755** in die Sortenrolle **(beim Bundessortenamt in Hannover)** ein ausschließliches Nutzungsrecht, dessen Verletzung mit der gleichen Strafe bedroht ist wie im Fall einer Patentrechtsverletzung.[2473]

Die fehlende, unrichtige oder verwechslungsfähige Sortenbezeichnung wird als **1756** Ordnungswidrigkeit mit einem Bußgeld bis zu 5.000 Euro bedroht.[2474]

n) Fahrlässige Brandstiftung[2475]

Durch das Sechste Gesetz zur Reform des Strafrechts[2476] wurde im Jahr 1998 auch **1757** die Brandstiftung neu gestaltet. Die Neufassung der einschlägigen Vorschriften ist wegen mehrerer Unklarheiten unbefriedigend ausgefallen.[2477] Die Ungenauigkeiten sind für die produzierenden Unternehmen gewichtig, da sie überwiegend den Bereich der fahrlässigen Brandstiftung, § 306 d StGB, treffen und von einer

---

2466 Achenbach/Ransiek/Kouker, a.a.O., XI 2, S. 851 Rn. 7; Müller-Gugenberger/Bieneck/ Gruhl, a.a.O., § 55 Rn. 52.
2467 § 142 PatG.
2468 § 142 Abs. 4 PatG.
2469 § 142 Abs. 1 PatG.
2470 § 142 Abs. 2 PatG.
2471 Sortenschutzgesetz v. 19. 12. 1997 (BGBl. I S. 3164), zuletzt geändert durch Art. 3 des Gesetzes v. 21. 01. 2005 (BGBl. I S. 146).
2472 Vgl. Müller-Gugenberger/Bieneck/Gruhl, a.a.O., § 45 Rn. 43; § 55 Rn. 86.
2473 § 39 SortSchG.
2474 § 40 SortSchG.
2475 Zur vorsätzlichen Brandstiftung siehe Hannah Milena **Piel**, Strafbarkeit eines GmbH-Gesellschafters wegen Brandstiftung gem. § 306 StGB – Ausdehnung der Untreue-Rechtsprechung auf Eigentumsdelikte, in: NStZ 2006, 550 ff.
2476 Vom 26. 01. 1998 (BGBl. I S. 164); berichtigt am 03. 04. 1998 (BGBl. I S. 702).
2477 Lackner, a.a.O., Vor § 306 Rn. 1.

Betriebsstätte übergreifende Brände nie ganz auszuschließen sind.[2478] § 306 d Absatz 1 StGB umfasst verschiedene Tatbestände:

1758 Die **fahrlässige Inbrandsetzung** oder Zerstörung von solchen Gegenständen, die in den §§ 306 Absatz 1 oder § 306 a Absatz 1 StGB genannt sind. Zu diesen Tatobjekten zählen u. a. nach § 306 Absatz 1 Nr. 1: Gebäude und Hütten; nach Nr. 2: Betriebsstätten, technische Einrichtungen (namentlich Maschinen); nach Nr. 3: Warenlager oder Warenvorräte; sowie nach Nr. 4: Motorfahrzeuge zu Lande, zu Wasser und in der Luft.

1759 Tatobjekt im Sinne des § 306 a Absatz 1 StGB ist jede Räumlichkeit, die der Wohnung von Menschen dient (namentlich nennt der Gesetzgeber in Absatz 1 Nr. 1: Gebäude, Hütte und Schiff); nach Nr. 2: Kirchen und andere der Religionsausübung dienende Gebäude; nach Nr. 3: jede Räumlichkeit, »*die zeitweise dem Aufenthalt von Menschen dient, zu einer Zeit*, in der Menschen sich dort aufzuhalten pflegen.«

1760 **Gebäude** ist ein durch Wände und Dach begrenztes, mit dem Erdboden fest – wenn auch nur durch die eigene Schwere – verbundenes Bauwerk, das den Eintritt von Menschen gestattet und das Unbefugte abhalten soll.[2479] **Hütte** ist ein Gebäude in kleinerem Maßstab.[2480]

1761 Was der Gesetzgeber unter einer **Betriebsstätte** versteht, erläutert er nicht.[2481] Nach allgemeinem Verständnis fallen darunter alle baulichen Anlagen inkl. Inventar, die einem gewerblichen Betrieb dienen; dabei ist es gleichgültig, ob sich die Betriebsstätte in einem Gebäude oder unter freiem Himmel befindet. Sie muss nur verschließbar sein.[2482] **Technische Einrichtungen** sind nach dem Gesetzeswortlaut vor allem Maschinen, also Gerätschaften, die im Rahmen der Betriebsstätte einer betrieblichen Tätigkeit dienen. Eine Differenzierung zwischen Produktions- und Verwaltungstätigkeit lässt sich dabei nicht aus dem Gesetzeswortlaut herleiten; entscheidend ist allein, dass der Gegenstand die Eigenschaft einer Einrichtung besitzt.[2483]

1762 Mit **Warenvorräten** sind **bewegliche Sachen** nicht unerheblichen Umfangs gemeint, die zum künftigen gewerblichen Umsatz bestimmt sind. Ein **Warenlager** ist ein umschlossener Raum, der in der Lage ist, betriebliche Waren von größerem Wert und Umfang für längere Zeit zu bergen.[2484]

1763 Tathandlung ist das **Inbrandsetzen** eines der in § 306 StGB genannten Gegenstände. Dabei ist erforderlich, dass zumindest ein nach der Verkehrsanschauung

---

2478 Siehe dazu oben Rdn. 1642 ff. die Darstellung des Düsseldorfer Flughafenbrand-Falls, in dem gegen elf Angeklagte wegen fahrlässiger Brandstiftung mit Todesfolge und fahrlässiger Körperverletzung (nach dem z. Z. des Brandes gültigen Strafrecht) vor dem LG Düsseldorf verhandelt wurde; vgl. auch HAZ v. 16. 09. 1998, FAZ Nr. 293 v. 16. 12. 1999, S. 13.

2479 So die Definition des Großen Senats des BGH, BGHSt 1, 163.

2480 RGSt 32, 128; dazu Tröndle/Fischer, a.a.O., § 306 Rn. 3.

2481 Joecks, a.a.O., § 306 Rn. 7.

2482 Tröndle/Fischer, a.a.O., § 306 Rn. 4.

2483 Tröndle/Fischer, a.a.O., § 306 Rn. 5.

2484 RGSt 13, 407; Joecks, a.a.O., § 306 Rn. 10; Tröndle/Fischer, a.a.O., § 306 Rn. 6.

wesentlicher Teil des Gegenstands so vom Feuer erfasst wird, dass dieser aus eigener Kraft weiter brennt.[2485] Tathandlung ist nach § 306 StGB aber auch die **völlige oder teilweise Zerstörung durch Brandlegung.**[2486]

Die Tat kann nicht nur durch **aktives Tun,** sondern auch durch **Unterlassen** **1764** begangen werden, so z. B. von einem Schornsteinfeger, der den vorschriftswidrigen Zustand eines Kaminabzugs nicht beanstandet.[2487] Das Strafmaß liegt zwischen Geldstrafe und Freiheitsstrafe bis zu fünf Jahren. Typisch für Ermittlungsverfahren wegen fahrlässiger Brandstiftung sind folgende Beispielsfälle:

- Bei Reinigungsarbeiten wurden öldurchtränkte Putzlappen in eine Mülltonne geworfen. Eine hinzugeworfene Zigarettenkippe löste einen Brand aus, sodass mehrere Mitarbeiter Rauchvergiftungen und Brandverletzungen erlitten und eine Halle abbrannte.

- Durch Schweißarbeiten war in einem Lager ein Feuer ausgebrochen, das das gesamte Betriebsgelände des Unternehmens zerstörte. Zwei Arbeiter mussten mit Rauchvergiftungen stationär behandelt werden.

Wer durch Fahrlässigkeit etwas im Sinne der §§ 306 ff. StGB in Brand setzt, kann **1765** im Übrigen als Garant wegen vorsätzlicher Brandstiftung durch Unterlassen strafbar sein, wenn er mit Absicht nichts unternimmt, um das entzündete Feuer wieder zu löschen.[2488] Dann beträgt die Freiheitsstrafe ein Jahr bis zu zehn Jahre.[2489]

o)   Korruptionsdelikte

»Korruption spielt sich hauptsächlich im Verborgenen ab. Anzeigen sind selten. Denn bestechliche Mitarbeiter und bestechende Firmenangehörige verbindet ein gemeinsames Geheimhaltungsinteresse. Geber und Nehmer ziehen jeweils ihre Vorteile aus der Tat. Niemand kommt unmittelbar zu Schaden. Deshalb ist es für Staatsanwaltschaft und Polizei schwierig, den notwendigen Verdacht zu schöpfen und anschließend erfolgreiche Ermittlungen zu führen. ... Korruption muss durch konsequente Strafverfolgung und Abschöpfung der unrechtmäßig erlangten Vermögensvorteile verhindert und das Dunkelfeld aufgehellt werden. Vor fünf Jahren wurde die erste Schwerpunktabteilung für die Verfolgung von Korruption bei der Staatsanwaltschaft Hannover ... gebildet. Speziell ausgebildete Staatsanwältinnen und Staatsanwälte haben dort engagiert den Kampf gegen Korruption in Behörden und Wirtschaft aufgenommen. Die guten Erfahrungen ... haben dazu veranlasst, das System der Schwerpunktstaatsanwaltschaften gegen Korruption auszudehnen ... ›Durch die Schaffung der zusätzlichen Schwerpunktstaatsanwaltschaft in Verden können wir künftig Korruptionskriminalität effizienter und flächendeckender verfolgen. Korruption darf sich nicht lohnen!‹, betont Niedersachsens Justizministerin Elisabeth Heister-Neumann.«[2490]

2485 Tröndle/Fischer, a.a.O., § 306 StGB Rn. 14 mit BGH-Rechtsprechung.
2486 Tröndle/Fischer, a.a.O., § 306 StGB Rn. 15.
2487 Vgl. Schönke/Schröder-Cramer, a.a.O., § 306 d Rn. 4.
2488 Joecks, a.a.O., § 306d Rn. 4.
2489 § 306 Abs. 1 StGB.
2490 Presseinformation des Nds. Justizministeriums v. 21. 08. 2006

aa) Begriffsbestimmung

1766 Ebenfalls dem Betriebsstättenrisiko zuzurechnen sind die **Korruptionstatbestände des Strafgesetzbuches.**[2491] Auffällig ist zunächst, dass das Gesetz den Begriff der Korruption nicht kennt.[2492] Das liegt daran, dass es keine einheitliche Verwendung des Wortes gibt und jede genauere Definition umstritten ist.[2493] Der Begriff entstammt dem lateinischen Wort »corrumpere«, was als »verderben, untergraben, bestechen« zu verstehen ist.[2494] Der Gesetzgeber in Deutschland hat sich damit begnügt, die aus seiner Sicht strafwürdigen Handlungsweisen der Korruption zu sanktionieren, in dem er diese Handlungen genau bezeichnet – ohne dabei den kontroversen Oberbegriff zu benutzen. Der strafrechtliche Korruptionsbegriff kann demnach als im einzelnen Tatbestand verhältnismäßig präzise bezeichnet werden.[2495]

1767 Die Kategorie der Korruptionsdelikte umfasst zunächst eine mehr **passive** Begehungsform – **Vorteilsannahme, Bestechlichkeit** – sowie die **aktive** Form – **Vorteilsgewährung, Bestechung.** Dabei handelt es sich um Amtsdelikte, bei denen auch ein besonders schwerer Fall der Begehung möglich ist, § 335 StGB. Des Weiteren fällt auch der Tatbestand der **Angestelltenbestechung/-bestechlichkeit** (§§ 299, 300 StGB) unter die Korruptionsdelikte. Erwähnt werden muss zudem die – in der Praxis nicht sehr bedeutende – **Wähler- und Abgeordnetenbestechung** (§§ 108b, 108e StGB).

1768 Problematisch bei der Aufspaltung der strafrechtlich erfassten Korruption insbesondere in unterschiedliche Bereiche des öffentlichen Lebens – Amtswesen, Wettbewerb, Politik – ist nicht, dass ein einheitlicher Korruptionsbegriff kaum gefunden werden kann. Die Schwierigkeiten beginnen damit, dass eine Schutzgutbestimmung schwer fällt und somit eine **Ungleichbehandlung** von **eigentlich identischen Sachverhalten** danach droht, **aus welchem Lebensbereich** dieser entstammt.[2496]

1769 Mithin gelangt man zunächst nur zu einer sehr weitläufigen Bestimmung des **Schutzgutes der Korruptionsdelikte.** Umfasst ist das Vertrauen der Bürger in das ordnungsgemäße Verhalten der Repräsentanten des Staates[2497] und das Vertrauen von Unternehmern in die Integrität der mit der öffentlichen Auftragsvergabe

---

2491 Neu geregelt durch das Gesetz zur Bekämpfung der Korruption (Korruptionsbekämpfungsgesetz – KorrbekG) vom 13.08. 1997 (BGBl. I S. 2038); LK-Jescheck/Weigend, a.a.O., Vor § 331 Rn. 17 m. w. N.

2492 Ausführlich auch Dieter **Dölling** (Hrsg.), Handbuch der Korruptionsbekämpfung, München 2007, K 1 Rn. 1 f.

2493 Britta **Bannenberg**, Korruption in Deutschland und ihre strafrechtliche Kontrolle: eine kriminologisch-strafrechtliche Analyse, Neuwied 2004 , S. 11 ff. mit einer ausführlichen Darstellung zu Definitionen und Deutungen aus unterschiedlichen Wissenschaftsbereichen.

2494 Klaus **Volk** (Hrsg.)/Greeve/Dörr, Verteidigung in Wirtschafts- und Steuerstrafsachen, München 2006 § 19 Rn. 14.

2495 Bannenberg, a.a.O., S. 13.

2496 Bannenberg, a.a.O., S. 14 f.

2497 Schönke/Schröder-Heine, a.a.O., Vorbem. §§ 331 ff. Rn. 1.

befassten Personen einerseits, aber auch das Vertrauen in eine nach den Regeln des Marktes und des Wettbewerbs funktionierende Wirtschaft.[2498]

Einem **Korruptionsbegriff**, der all dies berücksichtigt, kommt folgende **Defini- 1770 tion** am nächsten:

>*»Korruption ist Machtmissbrauch von Angehörigen besonderer Macht, die sich aufgrund einer Einflussnahme mit an einer manipulierten Leistung Interessierten über sachwidrige Vorteile einig werden.«*[2499]

Diese Definition ist weiter gefasst als die bereits existierenden Tatbestände des **1771** Strafrechts, aber notwendig, um eine effiziente Korruptionsbekämpfung auf allen Ebenen zu ermöglichen.[2500]

- Ein Mitarbeiter der Kraftfahrzeug-Zulassungsstelle soll für ein gestohlenes Auto einen Ersatzbrief ausgestellt haben.[2501]
- Gegen vier zum Teil ranghohe Bedienstete aus dem Justizvollzug wurde ein Ermittlungsverfahren wegen Bestechlichkeit eingeleitet. Ihnen wurde zur Last gelegt, gegen Entgelt Informationen abgegeben zu haben, die die Befreiung eines in U-Haft sitzenden mutmaßlichen Drogendelinquenten ermöglichte. Zudem wurde vermutet, dass weitere Gefängnisbeamte das Einschmuggeln von Mobiltelefonen und anderen unerlaubten Gegenständen geduldet haben.[2502]
- Der ehemalige Leiter des Stadtplanungs- und des Hochbauamts der Stadt Gaggenau hatte den beiden Mitangeklagten, die ein Ingenieurbüro führten, den Abschluss von Verträgen über Planungsarbeiten zu Bauvorhaben der Stadt angetragen. Den Abschluss machte er davon abhängig, dass sie das Unternehmen seines Sohnes, der ebenfalls ein Ingenieurbüro betrieb, als Subunternehmer beauftragten. In der Folgezeit kam es zu entsprechenden Ergänzungsaufträgen in einem Gesamtvolumen von ca. 1,2 Millionen DM, das entspricht rund 613.500 Euro.[2503]
- Die Stadt Hildesheim verkaufte 25, 2 Prozent ihrer Stadtwerke-Anteile an die Energieversorger Thüga und Ruhrgas. Bei Gesprächen vor dem Vertragsschluss schilderte Oberbürgermeister Machens die finanziellen Probleme von Einrichtungen der Stadt, worauf die Unternehmen 470.000 € für wohltätige Zwecke spendeten. Um die Unternehmen nicht als Spender in Erscheinung treten zu lassen, gründeten die Angeklagten einen Verein, dem sie den Namen »pecunia n. o.« (= pecunia non olet – Geld stinkt nicht) gaben. Ein Teilbetrag wurde von diesem satzungsgemäß an kulturelle Einrichtungen weitergereicht. Den Freispruch des Landgerichts Hildesheim hat der Bundesgerichtshof aufgehoben.[2504] Am 12. 07. 2007 verurteilte das Landgericht Göttingen Machens wegen Untreue zu sechs Monate Freiheitsstrafe auf Bewährung und einer

---

2498 Müller-Gugenberger/Bieneck/Blessing, a.a.O., § 53 Rn. 1.
2499 Bannenberg, a.a.O., S. 16.
2500 Bannenberg, a.a.O., S. 16.
2501 HAZ Nr. 290 v. 11. 12. 1999, S. 20, mit weiteren Beispielen aus den Neunzigern.
2502 FAZ v. 05. 10. 2001.
2503 BGH, Urteil vom 15. 06. 2005 – 1 StR 491/04.
2504 BGH, Urteil v. 11. 05. 2006 – 3 StR 389/05.

Geldstrafe von 5.000 €, weil er u. a. dem Verwaltungsausschuss der Stadt Hildesheim die Spende nicht angetragen habe.[2505]

bb) Ursache

1772 Die **Ursache für die Existenz von Korruption** empirisch festzulegen ist derzeit noch nicht möglich. Sie im Streben nach Gewinn zu suchen, ist berechtigt, allein greift dieser Ansatz zu kurz.

1773 In vielen Fällen ist es **auf Seiten des Gebers** die reine **Angst um die wirtschaftliche Existenz**, die ihn antreibt. Wer als Unternehmer keine Chance mehr erhält, sich ohne korruptives Verhalten erfolgreich am Markt halten zu können, wird auf Dauer zur Korruption greifen, sofern sich eine entsprechende Kultur in seinem Wirtschaftsraum etabliert hat.[2506] Diese Tendenz verstärkt sich, wenn der Staat in seinem Willen zur Einzelfallregelung sich immer mehr zum Kontrollorgan wirtschaftlicher Tätigkeit durch eine steigende Anzahl von Gesetzen und anderen Normen macht. Dann kann korruptives Verhalten sogar als nötig empfunden werden, um überhaupt wirtschaftlich tätig werden zu können, zum Beispiel, um eine Genehmigung zu erlangen.[2507] Hinzu kommt, dass eine Einflussnahme auf Machtinhaber – über den reinen Lobbyismus hinaus – unter Umständen notwendig gesehen wird, um eine Rechtslage aufrechtzuerhalten, dass heißt, sich weiterhin im bisherigen Maße betätigen zu können. Dabei spielt eine erhebliche Rolle, dass die öffentliche Hand zu einem der wichtigsten Auftraggeber geworden ist. In Zeiten eines massiven globalen Wettbewerbs kann ein öffentlicher Auftrag einen wichtigen Vorteil im Kampf nicht nur um das wirtschaftliche Überleben eines Unternehmens darstellen. Damit ist aber auch indiziert, dass das ehemals gepflegte Bild vom korruptionsfreien Deutschland wahrscheinlich unzutreffend ist. Korruption wird tatsächlich häufig strategisch und auf Dauer angelegt als notwendig betrachtete Geschäftspolitik genutzt.[2508]

1774 **Auf der Seite des Machtinhabers**, der sich beeinflussen lässt, werden in erster Linie **finanzielle Vorteile** den Ausschlag für die Entscheidung geben, sich korrumpieren zu lassen. Allerdings treten auch hier noch andere Faktoren hinzu. Nachvollziehbar ist, dass der geringverdienende Machtinhaber empfänglicher für Vorteile aller Art ist, so dass es hier um die Herstellung eines gehobeneren Lebensstandards geht. In einer gesamtgesellschaftlichen Situation, in der die emotionale Bindung von Entscheidungsträgern – gleich welcher Hierarchiestufe – an Arbeitsplatz und Arbeitgeber angeblich nachlässt,[2509] liegt der Schluss nahe, dass die Hemmschwelle für korrumpierendes Verhalten immer niedriger wird.[2510] So ist es möglich, dass sich eine Korruptionskultur etabliert, die mit zunehmender

2505 Michael . B. Berger, »Kungeln ist dem Rechtsstaat fremd«, in : HAZ, Nr. 161, v. 13. 07. 2007, S. 9.
2506 Thomas **Ax**/Matthias **Schneider**, Rechtshandbuch Korruptionsbekämpfung Rn. 33.
2507 Ähnlich Ax/Schneider, a.a.O., Rn. 33.
2508 Ebenso Wabnitz/Janovsky/Bannenberg, a.a.O., K 10 Rn. 4.
2509 SPIEGEL ONLINE v. 31. 08. 2006 unter Bezugnahme auf eine Umfrage der Gallup-Organisation, einem internationalen Beratungsunternehmen; vgl. Rdn. 3125.
2510 Ax/Schneider, a.a.O., Rn. 33.

Dauer eskaliert – der einmal erreichte Lebensstandard soll gehalten werden, der zuvor unerreichbare Luxus ist zur Gewohnheit geworden.

cc) Ausprägungen

Zu **Beginn eines korruptiven Verhältnisses** steht oft keine eindeutige willentliche **1775** Entscheidung.[2511] Häufig baut sich die Abhängigkeit langsam auf, was verharmlosend als »**Anfüttern**« oder »**Klimapflege**« bezeichnet wird. Darunter sind anfangs kleinere, sich in Häufigkeit und Wert steigernde Zuwendungen zu verstehen, die zunächst als Mittel der Kontaktpflege aufgefasst werden.[2512] Danach nimmt das begründete Verhältnis unterschiedliche Verläufe, wobei im Wesentlichen zwischen drei Ausprägungen zu unterscheiden ist, wie Britta **Bannenberg**[2513] richtig herausgearbeitet hat:

- Zu **Typ 1** zählen die Fälle der Einzelfall- und Gelegenheitskorruption, die in der Regel aus einer spontanen, ungeplanten Reaktion auf ein Verhalten des Zuwendungsempfängers resultiert.[2514] Meist handelt es sich dabei um Fälle minderer Bedeutung, also **Bagatellfälle**.
- Im Unterschied zur Bagatellkorruption erfasst **Typ 2** die Straftäter, welche langfristig »zusammenarbeiten«. Diese »**gewachsenen Beziehungen**« stellen regelmäßig ein personell wie regional begrenztes Phänomen dar. Ziel der Täter auf der Geberseite ist der Aufbau langfristiger Beziehungen zu Amtsträgern in einem begrenzten Wirkungsbereich zur Erlangung rechtswidriger Diensthandlungen oder Ermessensentscheidungen durch unlautere Einflussnahme. Korruptive Beziehungen dieses Typus sind oft von langer Dauer, zum Teil bestehen sie über Jahrzehnte. Auf Seiten der Nehmer erscheinen in Strafverfahren regelmäßig Zweige der öffentlichen Verwaltung (Baubehörden, Erschließungs- und Zulassungsämter), und zwar solche, die für die Vergabe öffentlicher Aufträge (z. B. Bauleistungen) zuständig sind.[2515]
- **Typ 3** ist **korrumptiven Netzwerken** vorbehalten, welche regelmäßig dem zuzurechnen sind, was organisierte Wirtschaftskriminalität genannt wird.[2516] Im kriminalistischen Schrifttum wird beispielhaft auf die Vorgehensweise von großen Baukonzernen bei der Bildung von Baukartellen und dem damit einhergehenden Einsatz von Korruptionstaten verwiesen.

dd) Wirkung

Die jährlich durch Korruption entstehenden **Schäden für die Bundesrepublik** **1776** **sind enorm.** Eine exakte Einschätzung der tatsächlichen materiellen Schäden kann jedoch schwerlich abgegeben werden.[2517] Sie gehen in die Milliarden. Entspre-

---

2511 Ax/Schneider, a.a.O., Rn. 33.
2512 Volk/Greeve/Dörr, a.a.O., § 19 Rn. 18.
2513 Bannenberg, a.a.O., S. 97 ff.
2514 Siehe auch Bundeskriminalamt (Hrsg.), Bundeslagebild Korruption 2004 v. 14. 11. 2005, S. 1.
2515 Vgl. zusätzlich Britta **Bannenberg**/Wolfgang **Schaupensteiner**, Korruption in Deutschland: Porträt einer Wachstumsbranche, 2. Aufl., München 2004, S. 31.
2516 So auch Wabnitz/Janovsky/Bannenberg, a.a.O., K 10 Rn. 5 ff.
2517 BKA, Bundeslagebild Korruption 2004, S. 8, 46.

chend hoch ist Zahl der einschlägigen Veröffentlichungen über Korruptionsfälle in den Medien. Presse, Funk und Fernsehen versorgen den Bürger nahezu täglich mit Berichten zu bekannten oder neu aufgedeckten Korruptionsverfahren, was zu einer Wahrnehmungsverschiebung führen kann. Es besteht die Gefahr, dass in der Öffentlichkeit ein übersteigertes Bild der Korruptionskriminalität entsteht, das mit der Wirklichkeit wenig gemein hat.[2518]

1777 Dass das Phänomen der Korruption in den **Focus des öffentlichen Interesses** geraten ist, zeigt sich auch daran, dass diesem Bereich vonseiten der Strafverfolgungsbehörden in Deutschland immer größeres Augenmerk geschenkt wird. Die Zahlen der Ermittlungsverfahren und abgeschlossenen Strafverfahren sind allerdings insgesamt nicht sehr hoch. Zudem unterliegt das **Lagebild erheblichen Schwankungen**.[2519] Der Bereich der Wettbewerbs-, Korruptions- und Amtsdelikte in der **Kriminalstatistik** umfasste für das Jahr 1999 6.589 neue Fälle[2520] (1998: 7.330 Strafverfahren[2521]). 2006 ließen sich 6.027 Fälle vermelden, nachdem im Jahr zuvor die Zahl bei 5.532 lag.[2522] Der Anteil der Korruptionsdelikte an den Verfahren soll dabei ca. ein Fünftel betragen.[2523]

1778 Versucht man, bezüglich der dargestellten Lage eine Zwischenbilanz zu ziehen, erhält man ein **widersprüchliches Gesamtbild**. Die Diskussion um Korruption in der Gesellschaft wird häufiger und nachdrücklicher denn je geführt, was auch an spektakulären Einzelfällen liegt.[2524] Andererseits drückt sich ein Anstieg der Korruptionskriminalität in den Statistiken kaum aus oder lässt sich daraus nicht ableiten.[2525]

1779 Zuverlässige Aussagen über das tatsächliche Ausmaß an Korruptionsdelikten lassen sich also kaum treffen.[2526] Nicht belegbar ist zum Beispiel, ob Schwankungen in den Statistiken tatsächliche Änderungen in der Häufigkeit von Korruption darstellen oder lediglich die Intensivität von Strafverfolgungsmaßnahmen belegen.[2527] Hinzu kommt, dass die **Deliktsstruktur** der Korruption als »**heimliche Tat**« per se ein großes Dunkelfeld zur Folge hat. Es gibt nur Täter, keine Opfer aus Fleisch und Blut.[2528] Überwiegend wird deshalb angenommen, dass das Dunkelfeld den Anteil an erfassten Taten (Hellfeld) bei weitem übersteigt.[2529] Berücksichtigt man all diese unsicheren Faktoren, muss man für die Korruptionsdelikte

---

2518 Ax/Schneider, a.a.O. Rn. 33.

2519 Vgl. die Gesamtschau bei MünchKomm/Korte, a.a.O., § 331 Rn. 12 – 15.

2520 PKS 1999 v. 11. 05. 2000, 5.8: Wettbewerbs-, Korruptions- und Amtsdelikte.

2521 Bulletin der BuReg. v. 25. 05. 1999, Nr. 29, S. 313.

2522 PKS 2006, S. 43 f.

2523 Bundeskriminalamt (Hrsg.), Bundeslagebild Korruption 2005, pressefreie Kurzfassung Juli 2006, S. 2: Zahl d. gemeldeten Verfahren: 2005 – 1.649; 2004 – 1.207; 2003 – 1.100; 1999 – 1.034; 1998 – 1.072.

2524 Volk/Greeve/Dörr, a.a.O., § 19 Rn. 5.

2525 Bundeslagebild Korruption 2005, S. 3, 14.

2526 Vgl. Dölling, a.a.O., K 1 Rn. 33 ff.

2527 MünchKomm/Korte, a.a.O., § 331 Rn. 16.

2528 Michael **Hettinger**, Das Strafrecht als Büttel? in: NJW 1996, 2263 ff. (2264).

2529 Es gibt Schätzungen, die von einem Dunkelfeld von 95 % oder gar 99 % ausgehen, vgl. Bannenberg/Schaupensteiner, a.a.O., S. 37 f.; eine Übersicht über derartige Schätzungen bietet Wabnitz/Janovsky/Bannenberg, a.a.O., K 10 Rn. 13 ff. (19 ff.).

zu dem Ergebnis gelangen, dass weder zum Ausmaß noch zu den verursachten Schäden verwertbare Untersuchungen vorliegen. Alle in diesem Zusammenhang getroffenen Aussagen beruhen auf unzureichenden Statistiken[2530] oder sind Schätzungen am Rande der Spekulation.

Mit Sicherheit feststellen lässt sich demnach nur, dass es in Deutschland Korruption gibt, deren Ausmaß nicht unterschätzt werden darf.[2531] Diese Betrachtungsweise wird unterstützt durch eine Meinungsumfrage des Instituts *Forsa*.[2532] Demnach hat jeder siebte der befragten Unternehmer (14 %) schon einmal »Gefälligkeiten« erwiesen oder Bestechungsgeld gezahlt, um einen Auftrag zu erhalten. Je ein Viertel der Befragten zahlte dafür eine Summe bis 1.000 Euro bzw. 10.000 Euro, bei jeweils 3 % der Interviewten lag die Summe über 10.000 Euro und unter 100 Euro.[2533] Darüber hinaus haben 54 % der Unternehmer angegeben, schon einmal einen Auftrag verloren zu haben – aufgrund der Weigerung, Schmiergelder zu zahlen. **1780**

ee) Einzelaspekte

Einer der größten Problembereiche im Deliktsfeld Korruption soll die **öffentliche Bauvergabe** sein. Es gibt tatsächlich Expertenschätzungen, die davon ausgehen, dass mittlerweile 90 % aller Bauvorhaben, die durch die öffentliche Hand vergeben werden, durch Bestechung und Preisabsprachen beeinflusst sind. Dadurch allein würden Bund, Ländern und Gemeinden Schäden von bis zu 10 Milliarden Euro pro anno entstehen.[2534] Andere Annahmen gehen von zumindest 5 Milliarden Euro jährlich aus.[2535] Zur begrenzten Aussagefähigkeit derartiger Schätzungen gilt wiederum das im vorigen Abschnitt Gesagte.[2536] **1781**

In der mittelständischen Bauwirtschaft geht – unabhängig von jeder Statistik – ein fast schon geflügeltes Wort um: *»Entweder ins Gefängnis oder in den Konkurs«*.[2537] Diese Aussage weist zum einen auf die schon angesprochene gegenwärtig bestehende Abhängigkeit des Baugewerbes von ihrem größten Auftraggeber, der öffentlichen Hand, hin, sie gibt aber auch einen Hinweis auf eine – nicht nur – latent bestehende Korruptionsbereitschaft in der Bevölkerung. Einerseits wird mit dem Finger auf Wirtschaftsführer und Politiker gezeigt, die der Korruption verdächtigt oder überführt wurden, andererseits jedoch waren nach einer Umfrage **1782**

2530 Zu den Fehlerquellen bei der statistischen Erfassung der Korruption: Bannenberg, a.a.O., S. 58 ff.

2531 MünchKomm/Korte, a.a.O., § 331 Rn. 17; gleiches gilt demnach für die so genannten Länder-Rankings, die Korruption in einem internationalen Vergleich bewerten sollen.

2532 Unternehmermagazin Impulse, Titel »150.000 Unternehmer gestehen – Ich habe bestochen«, Juni 2002, S. 36 ff.

2533 44 % machten keine Angaben zu dieser Frage.

2534 Bannenberg, a.a.O., S. 367, m. w. N.

2535 So schon Heribert **Ostendorf**, Bekämpfung der Korruption als rechtliches Problem oder zunächst moralisches Problem? in: NJW 1999, 615 ff. (615).

2536 Gina **Greeve**/ Klaus **Leipold**, Handbuch des Baustrafrechts, München 2004, § 18 Rn. 30.

2537 Schleswig-Holsteinische Landeszeitung v. 11. 05. 1996; Ostendorf, a.a.O., NJW 1999, 615 .

im Jahre 1995 47 % der Deutschen bereit, Schmiergelder zu zahlen, wenn dies für sie von Vorteil gewesen wäre.[2538] Eine doppelte Moral.

1783 Das am 20. August 1997 in Kraft getretene **Gesetz zur Bekämpfung der Korruption** (KorrBG)[2539] soll dieser schizoiden Einstellung durch hohe Strafandrohungen präventiv entgegenwirken.[2540] *»Die Verwaltungsbehörden haben das Thema Vorteilsnahme in der Vergangenheit zu lax angefasst«*, kommentierte Bert **Strebe**.[2541] Seiner – gewiss von vielen geteilten – Ansicht nach war der öffentliche Dienst zu sehr darauf bedacht, sich nach außen vor die Mitarbeiter zu stellen, und vergaß darüber nach innen deutlich zu machen, dass jeder Korruptionsfall streng verfolgt würde.[2542]

Bei Angehörigen mancher Branchen scheint es zur inoffiziellen Geschäftsstrategie zu gehören, Amtsträgern so genannte »Provisionen« zur Erlangung von öffentlichen Aufträgen in Aussicht zu stellen und zu zahlen. Gleiches gilt für die oben mit »**Anfüttern**« umschriebene Vorgehensweise. Beginnend nach dem Motto »Kleine Geschenke erhalten die Freundschaft« werden Angehörige des öffentlichen Dienstes[2543] oft über Jahre hinweg mit sich im Wert steigernden Zuwendungen (Zigaretten, Bier, Einladungen zum Essen oder ins Bordell, vergünstigte Einkaufsmöglichkeiten, Vermittlung von Arbeits- und Studienplätzen für Kinder und andere Angehörige, kostspielige Geschenke aus Anlass von Feiertagen, Familienfeiern und zum Geburtstag, gemeinsame Reisen mit den Ehepartnern, Bargeld usw.) eingestimmt, bis der »Angefütterte« die vom »Fütternden« (Schmierenden) erbetene Gefälligkeit nicht mehr ausschlagen kann, sei es aus Freundschaft, Höflichkeit oder nur, um die lieb gewonnenen Zuwendungen auch in Zukunft nicht missen zu müssen.

1784 Solche Korruptionsstrategien finden sich nahezu **in allen Wirtschaftsbranchen**, nicht nur im Bereich des Baugewerbes.[2544] Derzeit stellt dabei der Handel mit

---

2538 Kieler Nachrichten v. 22. 08. 1995; dazu passt die Schlagzeile: »Das wäre immerhin gut angelegtes Schmiergeld – Leuna, Buna, Bitterfeld: Im alten Chemiedreieck um Halle zählen Arbeitsplätze mehr als die Affären um Korruption und Subvention. Die Raffinerie von ELF-AQUITAINE hat einer Region Hoffnung auf bessere Zeiten zurückgegeben«, in: HAZ Nr. 77 v. 31. 03. 2000, S. 3.

2539 BGBl. I S. 2038.

2540 Michael Hettinger, a.a.O., NJW 1996, 2263 ff. (2264).

2541 In der HAZ v. 11. 12. 1999, S. 20 hinsichtlich des Baudezernats der niedersächsischen Landeshauptstadt, nachdem die Staatsanwaltschaft gegen fast ein Drittel der Bauprüfer im städtischen Bauordnungsamt wegen Korruption ermittelte.

2542 Dazu siehe die höchst informative Darstellung von Hans Rudolf **Claussen (Begr.)**/Heribert **Ostendorf**, Korruption im öffentlichen Dienst – Ein Überblick, Köln/Berlin/Bonn/München 2. Aufl. 2002.

2543 Auch in der freien Wirtschaft ist das »Anfüttern« nicht selten. Als Zielobjekte gefährdet sind dort z. B. Mitarbeiter aus dem Unternehmensbereich »Einkauf«, Schadensachbearbeiter von Versicherungsgesellschaften sowie Angehörige des Finanz- und Kapitalanlagebereichs. Bestechlichkeit und Bestechung im geschäftlichen Verkehr stehen unter Strafandrohung, früher durch § 12 UWG, seit Inkrafttreten des Gesetzes zur Bekämpfung der Korruption durch §§ 299 ff. StGB; siehe dazu Rdn. 1859.

2544 Bannenberg/Schaupensteiner, a.a.O., S. 43 ff.; siehe dazu auch Gerd **Eidam**, Korruption als Betriebsmodus, in: Kriminalistik 1996, 543 ff.; **ders.**, Forms of Criminal Responsibility of Organisations: Aspects of Legal Practice in Germany, a.a.O., S. 59 ff.

einem Anteil von 69,1 % den größten Anteil auf Seiten der Korrumpierer dar, gefolgt von Angehörigen der Baubranche mit 9,2 % und der Dienstleistungsbranche mit 6,0 %.[2545] Weitere Beispiele:

- Im Kfz-Zulassungsgewerbe zahlten einige Firmen Gelder an Mitarbeiter der Zulassungsstellen, um Original-HU-Plaketten und gefälschte HU-Stempel zu erlangen. Diese Materialien wurden dazu benutzt, Kunden gefälschte Eintragungen und Zulassungen zur Erhöhung des Wiederverkaufswertes von Gebrauchtwagen zu verschaffen. Somit konnten die korrumpierenden Firmen sich außerdem zu Wettbewerbsvorteilen in ihrem Marktsegment verhelfen.[2546]
- Ein für die Ausstellung von Führerscheinen zuständiger Behördenangestellter hatte sich ein komplexes System aufgebaut, um Originalführerscheine an Interessenten zu verkaufen, die bereit waren, für die Erweiterung ihrer Fahrerlaubnis auf andere Klassen (Motorrad oder LKW) ohne entsprechende Prüfung zu bezahlen.[2547]

Das Gesetz zur Bekämpfung der Korruption hat neben einer Ergänzung des **1785** Amtsträgerbegriffs[2548] durch die Einfügung des 26. Abschnitts »**Straftaten gegen den Wettbewerb**« zu einer deutlichen Veränderung der Amtsdelikte in den §§ 331 ff. StGB geführt. So wurden die Anforderungen an die Unrechtsvereinbarung gelockert und die Strafandrohungen angehoben. Für besonders schwere Fälle der Bestechung und Bestechlichkeit wurde § 335 StGB neu eingefügt.[2549] Auch wurde die so genannte **Angestelltenbestechung** im Strafgesetzbuch verankert.[2550]

ff) Amtsträger im Korruptionsrecht

Die materiell-rechtlichen Korruptionsvorschriften umfassen zunächst die klassi- **1786** schen Straftaten im Zusammenhang mit Amtsträgern, Beamten und sonstigen für den öffentlichen Dienst besonders Verpflichteten.

Der **Begriff des Amtsträgers**[2551] und derjenige des für den öffentlichen Dienst **1787** besonders Verpflichteten wird strafrechtlich in § 11 Absatz 1 Nr. 2 und Nr. 4 StGB sowie durch die Durchführungsverordnung zum EUBestG und zum IntBestG festgelegt.[2552]

2545 Weitere Branchen: Banken/Finanzen 3,1 %; Handwerk 2,6 %; Konsumgüter 2,4 %; Technologie 1,9 %; Pharma/Gesundheit, Entsorgung, Medien und Automobil je 0,7 %; siehe Bundeslagebild Korruption 2005, pressefreie Kurzfassung, S. 10.
2546 Bundeslagebild Korruption 2004, S. 26.
2547 Bannenberg/ Schaupensteiner, a.a.O., S. 132.
2548 In § 11 Abs. 1 Nr. 2 c StGB; dazu oben Rdn. 164 ff.
2549 § 335 StGB enthält sowohl für Fälle der Bestechlichkeit als auch die der Bestechung eine Strafverschärfung. Besonders schwere Verstöße gegen 332 StGB und § 334 StGB werden mit Freiheitsstrafe von einem Jahr bis zu zehn Jahren bestraft. Bei § 332 Abs. 2 StGB ist sogar eine Freiheitsstrafe von nicht unter zwei Jahren festgelegt.
2550 §§ 299–302 StGB. Der früher das »Schmieren« ahndende § 12 UWG wurde aufgehoben.
2551 Ausführlich zur Strafbarkeit des Amtsträgers siehe Rdn. 164 ff. m.w.N.
2552 Schönke/Schröder-Heine, a.a.O., Vorbem §§ 331 ff. Rn. 2.

1788 Der »**Spezialfall Amtsträger**« wurde schon in einem eigenen Abschnitt umfassend besprochen. Auf die dortigen Ausführungen sei verwiesen.[2553] An dieser Stelle gehe ich daher nur auf einige Besonderheiten im Zusammenhang mit den Korruptionsdelikten ein.

1789 Die Frage, ob eine Amtsträgereigenschaft vorliegt oder nicht, ist nicht immer leicht zu beantworten, wie das Beispiel **kommunale Mandatsträger** verdeutlicht: Mitglieder kommunaler Selbstverwaltungsorgane (Gemeinde- und Stadträte, Mitglieder von Kreistagen) sind nach der in der juristischen Literatur vorherrschenden Meinung Amtsträger, soweit sie Verwaltungstätigkeiten ausüben; dagegen sollen Tätigkeiten im Rahmen der kommunalen Rechtsetzung (Erlass von Satzungen) keine Aufgaben der öffentlichen Verwaltung sein.[2554] Im Gegensatz zur in der Lehre vertretenen Ansicht gehen viele Gerichte[2555] in Entscheidungen davon aus, dass kommunale Mandatsträger immer Amtsträger sind.

1790 In dieser umstrittenen Frage hat erstmals der Bundesgerichtshof in der so genannten »**Wuppertaler Korruptionsaffäre**« entschieden, dass die vom Landgericht festgestellten Geldflüsse und Interessenverquickungen nicht nach den nur für Amtsträger geltenden Bestechungsdelikten abgeurteilt werden dürfen, sondern allenfalls nach dem Straftatbestand der **Abgeordnetenbestechung**. Mitglieder kommunaler Volksvertretungen sollen jedenfalls dann keine Amtsträger sein, wenn sie nicht zusätzlich zu ihrer Abgeordnetentätigkeit mit der Erledigung konkreter Verwaltungsaufgaben betraut sind.[2556] Diese Entscheidung wurde erheblich kritisiert, da erhebliche Lücken bei der Erfassung von Korruptionstaten entstehen können.[2557]

1791 Wie weit die Wirkung des Urteil reichen wird, steht noch aus, doch schon hat es eine Folgeentscheidung gegeben. Der Bundesgerichtshof hat im »**Kölner SPD-Fall**« die Verurteilung des ehemaligen Vorsitzenden und Geschäftsführers der SPD-Fraktion im Kölner Stadtrat wegen Bestechlichkeit aufgehoben und die Sache an das Landgericht Köln zurückverwiesen.

> Der Angeklagte hatte auf Wunsch des damaligen Oberstadtdirektors **Dr. H**, der sich bei der Kommunalwahl 1999 um das Amt des Oberbürgermeisters bewarb, den Unternehmer **T** um eine Spende zur Finanzierung des Wahlkampfes gebeten. Die von **T** an den Angeklagten in bar übergebenen 150.000 DM, fast 77.000 Euro, leitete dieser über von ihm verwaltete »schwarze« Kassen der Kölner SPD zu und wurden für den Wahlkampf des **Dr. H** verwendet. Dabei war dem Angeklagten bewusst, dass T mit der Zahlung die Erwartung verband, dass der Angeklagte und **Dr. H** die SPD-Fraktion

---

2553 Siehe Rdn. 164 ff.

2554 Schönke/Schröder-Eser, a.a.O., § 11 Rn. 23; a. A. Hans **Dahs**/ Bernd **Müssig**, Strafbarkeit kommunaler Mandatsträger als Amtsträger?, in NStZ 2006, 191 ff.: Demnach sollen kommunale Mandatsträger strafrechtlich immer als Abgeordnete zu behandeln sein, nicht als Amtsträger.

2555 Vgl. statt vieler LG Köln, StraFo 2003, 278 ff.

2556 BGH v. 09. 05. 2006 – 5 StR 453/05.

2557 MünchKomm/Korte, a.a.O., § 331 Rn. 45.

im Kölner Stadtrat in der Frage der Privatisierung der städtischen Abfallwirtschaft in seinem Sinne beeinflussen würden.

Der Bundesgerichtshof als höchstes deutsches Strafgericht[2558] hat sich wie schon **1792** zuvor gegen die Amtsträgerschaft entschieden. Zwar sei die Tätigkeit der kommunalen Vertretungen nicht dem Bereich der Gesetzgebung, sondern dem der Verwaltung zuzuordnen. Soweit die gewählten Volksvertreter aber ihr freies Mandat wahrnehmen, sind sie nicht wie Staatsbedienstete in eine behördliche Organisations- und Weisungsstruktur eingebunden.

Alle Korruptionsdelikte der §§ 331 ff. StGB setzen die **Amtsträgerschaft** zum **1793** **Zeitpunkt der Tatbegehung** voraus.[2559] Dabei ist im Grundsatz davon auszugehen, dass diese Eigenschaft zu jedem Zeitpunkt vorliegen muss.[2560] Inwieweit daraus ein Problem auf der Tatbestandseite entstehen soll, wenn zum Beispiel ein Amtsträger die Zuwendung erst nach Ausscheiden aus dem Amtsverhältnis erhält,[2561] ist meines Erachtens nicht nachvollziehbar. Dabei handelt es sich nicht um eine Frage des Tatbestands, sondern vielmehr des Beweises. Denn in diesen Fällen kann es nur darum gehen, ob die Zuwendung, die nach Ablauf der Amtsträgereigenschaft getätigt wurde, schon zu deren Zeiten gefordert oder versprochen wurde.[2562]

gg) Unrechtsvereinbarung

Wesentliches Element aller Korruptionsdelikte ist eine **Unrechtsvereinbarung**. **1794** **Geber und Nehmer eines Vorteils** müssen sich ausdrücklich oder konkludent **einig** sein, dass dieser Vorteil als Gegenleistung für die Dienstausübung oder eine Dienst- oder Geschäftshandlung gewährt wird.[2563]Die Anforderungen an die Unrechtsvereinbarung wurden durch das Korruptionsbekämpfungsgesetz zwar gelockert, doch liegt die Messlatte bei den jeweiligen Tatbestandsausgestaltungen unterschiedlich hoch.[2564] Auf den Grad der Verknüpfung von Zuwendung und Dienstausübung/ -handlung wird aus diesem Grunde bei den einzelnen Delikten näher einzugehen sein.

Eine grundsätzliche Gleichbehandlung erfahren die Korruptionsstraftaten auf der **1795** Ebene des **Zivilrechts**, doch sind viele zivilrechtliche Problempunkte dieser Deliktgruppe erst umrissartig geklärt.[2565]

Soweit aber in der **Korruptionsvereinbarung** ein **Rechtsgeschäft** zu sehen ist, **1796** wird für einen solchen Vertrag **allgemein Nichtigkeit angenommen**. Korruptive Abreden, die einen Straftatbestand erfüllen, sind nach § 134 BGB in Verbindung

---

2558 BGH, Urteil v. 12. 07. 2006 – 2 StR 557/05.
2559 Schönke/Schröder-Heine, a.a.O., Vorbem §§ 331 ff. Rn. 3.
2560 BGH NStZ 2004, 564.
2561 Diesem »Problem« widmen sich ausgiebig Volker **Hoffmann**/ Tobias **Mildeberger**, Korruption – ohne Ende? Zweifelsfragen bei der Beamtenbestechung, in: StV 2006, 665 ff.
2562 Im Ergebnis ebenso BGH NStZ 2004, 564 (565).
2563 Müller-Gugenberger/Bieneck/Blessing, a.a.O., § 53 Rn. 24.
2564 Joecks, a.a.O., Vor §§ 331 ff. Rn. 2, 4.
2565 Volk/Greeve/Dörr, a.a.O., § 19 Rn. 383 mit einem kurzen Überblick über die möglichen Anspruchsgrundlagen der einzelnen Beteiligten.

mit der jeweiligen Strafnorm nichtig. Außerdem kann eine solche Vereinbarung nach § 138 BGB nichtig sein (Sittenwidrigkeit), wenn der Handelnde diese mit einem Dritten unter Unwissen des Geschäftsherren trifft, da eine Interessenkollision zwischen Täter und Geschäftsherr besteht.[2566]

hh) Vorteilsannahme – § 331 StGB

1797 Unter Strafe gestellt ist das Fordern, Sichversprechenlassen oder Annehmen eines Vorteils durch eine als Amtsträger bezeichnete Person für eine nicht pflichtwidrige Handlung, die im Rahmen dessen liegen muss, was zum Aufgabenbereich des Amtsträgers gehört.

1798 Die Zahl einschlägiger Straftaten schwankt stark. Im Jahr 1998 entfielen laut der Polizeilichen Kriminalstatistik auf die Vorteilsannahme 1.746 erfasste Verfahren.[2567] Die Erhebungen für das Jahr 1999 wiederum verzeichnete eine Abnahme um 48,2 % auf 905 Fälle.[2568] Mitte des laufenden Jahrzehnts hat sich die Zahl zunächst annähernd stabilisiert: 2005 gab es 718, 2006 695 Ermittlungsverfahren.[2569]

1799 **Geschützt** ist das Vertrauen in die Unkäuflichkeit von Trägern staatlicher Funktionen und damit zugleich in die Sachlichkeit staatlicher Entscheidungen. Während Absatz 2 der Vorschrift auf Richter und Schiedsrichter als mögliche Täter abstellt, fallen unter Absatz 1 Amtsträger und für den öffentlichen Dienst besonders Verpflichtete.[2570] **Tathandlung** ist das **Fordern**, **Sichversprechenlassen** oder **Annehmen eines Vorteils** für sich oder für einen Dritten für eine geschehene oder künftige **Diensthandlung** (Unrechtsvereinbarung). Der Nachweis einer hinreichend bestimmten Diensthandlung als Gegenleistung ist nicht mehr erforderlich. Es ist nunmehr die dienstliche Tätigkeit im Allgemeinen gemeint. Die Tätigkeit muss aber zu den Obliegenheiten des Amtsträgers gehören und den Dienstpflichten entsprechen.[2571] Durch diese Lockerung der Unrechtsvereinbarung soll erreicht werden, dass es auch in den Fällen zu einer Strafbarkeit kommt, in denen der Nachweis, dass der Vorteil als Gegenleistung für eine hinreichend bestimmte Diensthandlung gefordert wird, nicht erbracht werden kann.[2572]

1800 **Vorteil** ist jede (materielle oder immaterielle) Zuwendung, auf die die Amtsperson oder der begünstigte Dritte keinen Rechtsanspruch hat und die ihre wirtschaftliche, rechtliche oder auch nur persönliche Lage objektiv messbar verbes-

---

2566 Ax/Schneider, a.a.O., Rn. 65 ff., insb. 69 f.

2567 Bulletin Nr. 29 a.a.O., S. 313.

2568 PKS 1999 v. 11. 05. 2000, Schlussbemerkung: »*Die statistische Entwicklung bei den Korruptionsdelikten ist uneinheitlich und durch größere Ermittlungskomplexe mit vielen Einzelfällen beeinflusst. Sie spiegelt mehr die behördlichen Bekämpfungsaktivitäten als tatsächliche Tendenzen wider.*«

2569 PKS 2006, S. 43 wobei dort die »Aspekte einzelner Kriminalitätsbereiche«, S. 5 ff. (8) ausdrücklich auf das vielfache Dunkelfeld hinweist.

2570 § 11 Abs. 1 Nr. 2 lit. c StGB; siehe dazu Rdn. 164 ff.

2571 Lackner/Kühl, a.a.O., § 331 Rn. 8; Müller-Gugenberger/Bieneck/Blessing, a.a.O., § 53 Rn. 27.

2572 Matthias **Korte**, Bekämpfung der Korruption und Schutz des freien Wettbewerbs mit den Mitteln des Strafrechts, in: NStZ 1997, 513 ff. (514); Bannenberg; a.a.O., S. 19 f.

sert.[2573] Die Begünstigung Dritter wurde bei der Neufassung des Straftatbestands mit aufgenommen, da auch in diesen Fällen das geschützte Rechtsgut verletzt wird.[2574]

Der **materielle Vorteil** spielt dabei die **praktisch bedeutsamste Rolle** (Bargeld, **1801** Rabatte, Schuldenerlass, Darlehensgewährung). Hierzu zählen auch die Übernahme von Flugkosten für eine Urlaubsreise oder die kostenlose Überlassung von Karten zu kulturellen oder sportlichen Veranstaltungen. Die im Volksmund gerne »**Schmiergelder**« genannten materiellen Vorteile müssen aber nicht unbedingt aus geldwerten Leistungen bestehen. Es können auch andere Sachvorteile gewährt werden wie Dienst- oder Werkleistungen.[2575]

Als »klassische« Ausprägungen der Zuwendungen an Amtsträger gelten: **1802**

- der Briefumschlag mit Geld
- gemeinsames Einkaufen
- Geburtstags- und Weihnachtspräsente
- das kostenlose oder verbilligte Zur-Verfügung-Stellen eines Fahrzeugs
- Beschäftigung von Angehörigen des Amtsträgers

Ein erheblicher Anteil des Gesamtaufkommens an Zuwendungen geschieht **1803** zudem in Form von Bewirtungen, Feiern und Reisen.

> So ermitteln z. B. die Staatsanwaltschaften Köln und Darmstadt seit mehreren Jahren gegen einige Energiekonzerne sowie hunderte Aufsichtsräte kommunaler Energieunternehmen. Die Verantwortlichen bei den Energieversorger stehen im Verdacht der Vorteilsgewährung, da sie die Kommunalpolitiker und leitenden Rathausbeamten, zum Teil nebst Begleitung, zu luxuriösen Reisen eingeladen haben sollen, bei denen ein dienstlicher Zweck nur vorgetäuscht worden sein soll (Vorteilsannahme). Als Motiv für die finanzierten Reisen kommt »**politische Klimapflege**« in Betracht.[2576]

Bei immateriellen Leistungen muss in irgendeiner Form messbar sein, weshalb **1804** eine Besserstellung des Amtsträgers vorliegt.[2577] Dies ist bei der unentgeltlichen Gewährung von sexuellen Kontakten der Fall,[2578] bei Wissenschaftlern soll dies sogar die Steigerung der Reputation sein können.[2579]

> Die Staatsanwaltschaft Wuppertal durchsuchte im Januar 2007 die Büroräume der Gebühreneinzugszentrale (GEZ), da Führungspersonal der Einkaufssparte und andere »Leute von Rang und Namen« sich mutmaßlich mit Bordellbesuchen, Einladungen in Spitzenrestaurants, zu Formel-1-Rennen und Spielen der

---

2573 BGHSt 31, 264 ff. (279); BGHSt 47, 295 (304); Schönke/Schröder-Heine, a.a.O., § 331 Rn. 17.
2574 BT-Drucks. 13/5584 S. 16 ff.
2575 MünchKomm/Korte, a.a.O., § 331 Rn. 62.
2576 Vgl. SZ v. 21. 05. 2007; zum Zeitpunkt des Redaktionsschlusses dieser 3. Aufl. war noch nicht absehbar, zu welchem Ergebnis die Ermittlungsverfahren geführt haben.
2577 Schönke/Schröder-Heine, a.a.O., § 331 Rn. 19; Joecks, a.a.O., § 331 Rn. 5.
2578 BGH wistra 2002, 428.
2579 OLG Hamburg, StV 2001, 284, 285; Offengelassen, aber eher ablehnend dazu BGHSt 47, 295 (304).

Fußball-Bundesliga haben bestechen lassen. Es soll auch Geld geflossen sein, so z. B. 12.000 Euro in Form einer Vereinsspende. Die GEZ zieht die Gebühren für die öffentlich-rechtlichen Fernseh- und Radiosender ein. Der Verkäufer einer Wuppertaler Computerfirma habe sich durch die Zuwendungen einen Auftrag der GEZ in Millionenhöhe gesichert.[2580]

1805 Mangels Messbarkeit wohl nicht als immaterieller Vorteil gilt die Befriedigung von Eitelkeit, Ehrgeiz oder Geltungsbedürfnis. Unter den Begriff »Vorteil« fallen weiter nicht die aufgrund eines Werkvertrages erbrachten Leistungen, wenn der Empfänger lediglich das erhält, worauf er nach dem entgeltlichen Vertrag einen Anspruch besitzt. Umstritten ist, ob strafbarer Vorteil auch so genannte **sozialadäquat erbrachte Leistungen sind**, also Leistungen, die nur der Höflichkeit oder einer Gefälligkeit entsprechen und gewohnheitsrechtlich anerkannt sind, wie beispielsweise Aufmerksamkeiten aus Anlass von Jubiläen oder persönlichen Feiertagen des Empfängers.[2581] Dagegen spricht, dass das Gesetz für eine solche Annahme keinen Raum lässt.[2582] Auf den Wert der Zuwendung kommt es nach dem Wortlaut der Norm nicht an.[2583]

So wurde gegen den Vorstandsvorsitzenden des Energiekonzerns EnBW wegen des Vorwurfs der **Vorteilsgewährung** ermittelt.[2584] Grundlage des Vorwurfs war, dass er in seiner Funktion als Vorstandsvorsitzender des Energiekonzerns Weihnachtskarten unter anderem an fünf Minister und den Regierungschef der Landesregierung von Baden-Württemberg sowie an einen Staatssekretär der Bundesregierung übersandt und diesen jeweils einen Gutschein über Karten für ein Spiel der **Fußballweltmeisterschaft 2006** beigefügt hatte.

Das Landgericht Karlsruhe hatte durch Beschluss vom 7. November 2006 die Anklage der Staatsanwaltschaft lediglich insoweit zugelassen, als es den Vorwurf der Vorteilsgewährung an den Staatssekretär der Bundesregierung betrifft. Hinsichtlich der weiteren Vorwürfe lehnte die Strafkammer die Eröffnung des Hauptverfahrens ab, weil ein strafrechtlich relevanter Bezug zur Dienstausübung der anderen Personen nicht bestanden habe, sondern die Einladungen der Mitglieder der Landesregierung aufgrund deren Repräsentationsfunktion im Rahmen des Sponsoringkonzepts der EnBW für die WM 2006 erfolgt seien.

Auf die dagegen gerichtete Beschwerde der Staatsanwaltschaft hatte der 1. Strafsenat des Oberlandesgerichts Karlsruhe die erfolgte Teilablehnung der Anklage aufgehoben, seine Entscheidung aber lediglich auf prozessuale Gründe gestützt. Das dem Angeklagten vorgeworfene Verhalten erschöpfe sich auf einen örtlich, zeitlich und situativ eng begrenzten Sachverhalt, nämlich der Versendung von Weihnachtskarten mit beigelegten WM-Gutscheinen

---

2580 HAZ Nr. 20 v. 24. 01. 2007, S. 1.
2581 Dafür spricht sich Tröndle/Fischer, a.a.O., § 331 Rn. 25 aus, m. w. N.; a. A. MünchKomm/Korte, a.a.O., § 331 Rn. 63.
2582 Joecks, a.a.O., § 331 Rn. 17.
2583 MünchKomm/Korte, a.a.O., § 331 Rn. 63.
2584 Dazu FAZ Nr. 262 v. 10. 11. 2006.

an einem Nachmittag im Dezember 2005. Dieses Verhalten stelle sich bei natürlicher und objektiver Betrachtung aber als ein einheitliches geschichtliches Vorkommnis dar. Da die Strafkammer die Anklage bezüglich des Vorwurfs der Vorteilsgewährung an einen Staatssekretär der Bundesregierung aber zugelassen und insoweit das Hauptverfahren eröffnet hatte, muss sie wegen der Einheitlichkeit des Geschehens in ihre Urteilsfindung nunmehr den gesamten Prozessstoff mit einbeziehen.[2585]

Am 28. November 2007 sprach die große Strafkammer des Landgerichts Karlsruhe den früheren Vorstandsvorsitzenden der EnBW vom Verdacht der Vorteilsgewährung frei. Das Gericht sah es als nicht erwiesen an, dass sich der Angeklagte mit der Versendung von Ticket-Gutscheinen für Spiele der Fußball-Weltmeisterschaft 2006 an Politiker der Vorteilsgewährung schuldig gemacht habe. Die Einladungen seien Teil des Unternehmensengagements als offizieller Sponsor der Weltmeisterschaft gewesen. Die Politiker seien als Repräsentanten des Staates eingeladen worden. Die Staatsanwaltschaft hatte eine Verurteilung wegen Vorteilsgewährung (§ 333 StGB) in sieben Fällen und eine Geldstrafe in Höhe von 450.000 € gefordert. Sie ging von einem Wert eines Logenplatzes für den Spielort Stuttgart in Höhe von € 2.111,00 und € 2.600,00 für Berlin aus und sprach von verbotener 'Klimapflege'. Die per Weihnachtspost verschicken Ticket-Gutscheine hätten die Amtsträger, welche teilweise als Aufsichtsbehörde für die vom Unternehmen betriebenen Kernkraftwerke tätig waren, in dienstlichen Angelegenheiten beeinflussen sollen.[2586]

Der vorstehende Fall belegt beispielhaft: Die Vorteilannahme allein ist nicht ausreichend. Es bedarf zudem einer Unrechtsvereinbarung. Erhalten kleine Geschenke oder eine Einladung zum Essen lediglich die Freundschaft, ohne dass dafür nach objektiven Gesichtspunkten eine Gegenleistung irgendeiner Art erbracht werden soll, ist von **nicht strafbarem Verhalten** auszugehen.[2587] Auf die Definition des strafbaren Vorteils an sich kann dies aber keinen Einfluss haben. **1806**

Für diese Sichtweise spricht unter anderem **§ 78 des Niedersächsischen Beam-** **1807** **tengesetzes**[2588] nebst der dazugehörigen Verwaltungsvorschrift:[2589]

1. Beamtinnen und Beamte müssen jeden Anschein vermeiden, sie seien käuflich und **1808** *orientierten sich im Rahmen ihrer Amtsführung nicht ausschließlich an sachlichen*

2585 OLG Karlsruhe, Beschl. v. 08. 06. 2007 – 1 Ws 260/06 –; vgl. auch die Pressemitteilung des OLG v. 08. 06. 2007.

2586 So www.n-tv.de. 06. 11. 2007: »*Anklage ist absurd – Ex-EnBW-Chef vor Gericht*« und Spiegel Online vom 28. 11. 2007: »*Gericht spricht Ex-EnBW-Chef Claassen frei*«; s.a. FAZ, Nr. 278; v. 29. 11. 2007, S. 13. Die Entscheidung ist nicht rechtskräftig. Die Staatsanwaltschaft hat gegen das landgerichtliche Urteil Revision zu BGH angekündigt; so FAZ, Nr. 280, v. 01. 12. 2007, S. 15.

2587 So auch BGHSt 39, 46 (47 f.); ähnlich Joecks, a.a.O., § 331 Rn. 17.

2588 NBG in der Fassung vom 19. 02. 2001, zuletzt geändert durch Art. 1 des Gesetzes v. 19. 12. 2005 (Nds.GVBl. Nr. 29/2005 S. 426).

2589 VV zum NBG, gem. RdErl. d. MI, d. StK u. d. übr. Min. v. 25. 11. 1992 in der Fassung vom 30. 04. 1997 (MBl. 21/1997 S. 778), zuletzt geändert durch RdErl. v. 15. 03. 2000 (Nds.MBl. S. 258; SVBl. 7/2000 S. 240) und 07. 02. 2006 (Nds.MBl. Nr. 9/2006 S. 147).

> *Erwägungen. Deshalb dürfen Beamtinnen und Beamte, auch nach Beendigung des Beamtenverhältnisses, keine Belohnungen oder Geschenke in Bezug auf ihr Amt anneh-men (§ 78). Etwas anderes gilt nur, wenn die Zustimmung der zuständigen Behörde vorliegt. (...)*

1809 Weiter heißt es:

1810 *3.1 Die nach Nr. 2 des Gem. RdErl. vom 20. 02. 1998 zuständigen Behörden dürfen Zustimmungen oder Genehmigungen zur Annahme von Belohnungen oder Geschen-ken bis zu einem Wert von 100 DM [50 Euro, Anm. d. Verf.] je Einzelfall erteilen. In besonderen Ausnahmefällen können die obersten Dienstbehörden Abweichungen von Satz 1 zulassen.*

3.2 Eine Zustimmung wird allgemein erteilt für

– *die Annahme von nach allgemeiner Auffassung nicht zu beanstandenden gering-wertigen Aufmerksamkeiten (z. B. Massenwerbeartikel – wie Kugelschreiber, Kalen-der, Schreibblocks –, soweit deren Wert insgesamt 20 DM [10 Euro, Anm. d. Verf.] nicht übersteigt) sowie von Geschenken aus dem dienstlichen Umfeld (z. B. Mitarbeiterkreis der Beamtin oder des Beamten oder Klassenschülerschaft einer Lehrkraft aus Anlass eines Geburtstages, Dienstjubiläums oder einer Verabschie-dung) im herkömmlichen und angemessenen Umfang,*
– *die übliche Bewirtung bei allgemeinen Veranstaltungen, an denen die Beamtin oder der Beamte im Rahmen ihres oder seines Amtes, im dienstlichen Auftrag oder mit Rücksicht auf die durch das Amt auferlegten gesellschaftlichen Verpflichtungen teilnimmt (z. B. Einführung und Verabschiedung von Amtspersonen, offizielle Empfänge, gesellschaftliche Veranstaltungen, die der Pflege dienstlicher Interessen dienen, Jubiläen, Grundsteinlegungen, Richtfeste, Einweihungen, Eröffnungen und Ausstellungen sowie Sitzungen von Organen wirtschaftlicher Unternehmungen, an denen die öffentliche Hand beteiligt ist); die Vertretung einer Behörde bei gesell-schaftlichen Anlässen beschränkt sich auf die Behördenleitung und die von ihr beauftragten Beamtinnen und Beamten,*
– *die Teilnahme an üblichen Bewirtungen aus Anlass oder bei Gelegenheit dienstli-cher Handlungen, Besprechungen, Besichtigungen und dergleichen, wenn sie üblich und angemessen sind, oder wenn sie ihren Grund in den Regeln des Ver-kehrs und der Höflichkeit haben, denen sich auch eine Beamtin oder ein Beamter nicht entziehen kann, ohne gegen gesellschaftliche Formen zu verstoßen. Entspre-chendes gilt auch für die Annahme von Vorteilen, die die Durchführung eines Dienstgeschäftes erleichtern oder beschleunigen (z. B. die Abholung einer Beamtin oder eines Beamten mit einem Kraftfahrzeug vom Bahnhof oder Flughafen). Geneh-migungen entbinden nicht von Angaben nach reisekostenrechtlichen Vorschriften.*

1811 Als rechtlich problematisch haben sich insbesondere die Fälle des so genannten **Sponsorings**[2590] erwiesen, wenn der Amtsträger uneigennützige Einwerbung von

---

2590 Welche ja auch im zuvor geschildertem WM-Ticket-Fall von Bedeutung ist. Zur Drittmittel-Problematik insgesamt: Bannenberg, a.a.O., S. 404 ff.

Drittmitteln betreibt.[2591] Der Bundesgerichtshof hat **grundsätzlich** zu diesem Thema im **Vorteilsannahme durch Hochschullehrer-Fall** entschieden:

»Fälle der vorliegenden Art, die im wesentlichen die Einwerbung von Drittmitteln für Forschung und Lehre im Bereich des Gesundheitswesens zum Gegenstand haben, stehen bei der strafrechtlichen Würdigung als Korruptionsdelikte weitgehend in einem Spannungsfeld: einerseits können Amtsträger hier sie beeinflussende Vorteile von Unternehmen erfahren, die an ihrer Amtsausübung wirtschaftlich interessiert sind; andererseits können sie im Rahmen ihrer Amtsausübung zur Einwerbung derartiger Vorteile gehalten sein .... Von den vom Bundesgerichtshof aus diesem Bereich jüngst grundsätzlich entschiedenen Fällen[2592] ..., in denen es zu Schuldsprüchen gegen leitende Ärzte an Universitätskliniken, namentlich wegen Vorteilsannahme, gekommen ist, unterscheidet sich der vorliegende Fall unter anderem maßgeblich dadurch, dass hier in keinem der Einzelfälle eine Abhängigkeit der Höhe der Vorteilsgewährung von dem durch Diensthandlungen des Empfängers beeinflussten Absatzumfang zugunsten des Zuwendenden festzustellen war.

Die Drittmittelkonten des Angeklagten waren der Universitätsverwaltung bekannt, sie bewilligte den Einsatz dort eingezahlter Mittel und erteilte Spendern Quittungen. Auch sonst sind keine Anhaltspunkte erkennbar, dass der Angeklagte generell bestrebt gewesen wäre, seine Praxis, von mit medizin-technischer Herstellung befassten Unternehmen fortbildungs- und forschungsfördernde Mittel anzunehmen, etwa – was die Beurteilung der Sachlage zu seinem Nachteil erheblich verschlechtert hätte ... – generell, insbesondere gegenüber den Verantwortlichen des Universitätskrankenhauses, zu verschleiern.[2593]

In diesem Fall wurde die Verurteilung wegen Vorteilsnahme aufgehoben. Eine **1812** abweichende Bewertung ist je nach Einzelfall möglich. **In einer anderen Entscheidung** kam es darauf an, dass der Tatbestand für den Bereich der hochschulrechtlich geregelten Einwerbung von Drittmitteln für Forschung und Lehre zwar grundsätzlich einschränkend ausgelegt werden müsse. Die Tatbestandsmäßigkeit entfalle aber nicht bereits deshalb, weil die Mittel in die Forschung flössen. Vielmehr komme es darauf an, ob die Einwerbung gegenüber den im Drittmittelrecht vorgesehenen Instanzen offen gelegt wird, um **Transparenz** und **Kontrollmöglichkeiten** zu gewährleisten. Da der Angeklagte die Mitteleinwerbung in diesem Fall nicht offen gelegt hatte, sei zu Recht angenommen worden, dass das vom Tatbestand vorausgesetzte Beziehungsverhältnis gegeben war.[2594]

Im Verhältnis zu den Drittmitteln ähnlich gelagert sind die Fälle, die sich im **1813** Bereich der **Wahlkampfspenden** abspielen, was sich im weiteren Sinne ebenfalls dem Begriff Sponsoring zuordnen lässt, wie der so genannte **Kremendahl-Fall** belegt:

Ein ortsansässiger Bauunternehmer der beabsichtigte, in der Stadt ein Factory-Out-Cut-Center zu bauen, hatte dem Oberbürgermeister der Stadt Wuppertal,

---

2591 Bannenberg, a.a.O., S. 19, 407 ff.; Müller-Gugenberger/Bieneck/Blessing, a.a.O., § 53 Rn. 32 ff.
2592 BGH v. 23. 10 2002 – 1 StR 541/01, wistra 2003, 59.
2593 BGH v. 25. 02. 2003 – 5 StR 363/02, wistra 2003, 303.
2594 BGH v. 23. 05. 2002 – 1 StR 372/01, NStZ 2002, 648.

Kremendahl, im Jahre 1999 finanzielle Unterstützung für dessen nächsten Wahlkampf angeboten. Er wollte, dass der Oberbürgermeister seine Politik nach den Wahlen fortsetzen konnte. Dieser erklärte während des gesamten Strafverfahrensdauer, er habe sich nicht um die Spendenakquisitionen seiner Partei gekümmert, auch sei er von einer allgemeinen Unterstützung seines Wahlkampfs ausgegangen.[2595]. Der Bauunternehmer zahlte 500.000 DM (mehr als eine Viertelmillion Euro) an die SPD. Er wollte, dass der Oberbürgermeister die Spende als Gegenleistung für dessen von ihm geschätzte Amtsführung verstand.[2596]

1814 Grundsätzlich ist davon auszugehen, dass dieses Verhalten den Tatbestand der Vorteilsannahme bzw. -gewährung erfüllt. Dies setzt nicht mehr voraus, dass Vorteile für eine bestimmte Diensthandlung angenommen bzw. gewährt werden. Es genügt, wenn die Vorteilsgewährung der allgemeinen »Klimapflege« dient. Für die **Fälle von Wahlkampfspenden müssen die Tatbestände jedoch einschränkend ausgelegt werden**. Dies folgt aus dem Gesichtspunkt der passiven Wahlgleichheit. Ansonsten wäre der Amtsträger, der sich um seine Wiederwahl bewirbt und dem § 331 StGB die Entgegennahme von Wahlkampfspenden unter Strafandrohung untersagt, gegenüber einem Mitbewerber, der als (Noch-) Nicht-Amtsträger diesem Verbot nicht unterworfen ist, in verfassungsrechtlich nicht hinnehmbarer Weise benachteiligt. Deshalb können Spenden, mit denen der Amtsträger wegen seiner allgemeinen politischen Ausrichtung unterstützt wird, nicht als tatbestandsmäßig angesehen werden. Die Grenze zur strafbaren Vorteilsannahme wäre aber überschritten, wenn der Amtsträger durch die Entgegennahme der Spende den Eindruck der Käuflichkeit in seiner Amtsführung nach Wiederwahl erweckt.[2597] In seiner zweiten Entscheidung zum Kremendahl-Fall hat der Bundesgerichtshof am 28. August 2007 den Freispruch des ehemaligen Wuppertaler Oberbürgermeisters durch das Landgericht Dortmund im März 2006 bestätigt, da dessen Urteil keine Rechtsfehler enthielt.[2598]

1815 Die dargestellten Urteile dürften nicht nur in den betroffenen Bereichen, sondern in allen vergleichbaren Gebieten Bedeutung für das Tatbestandsmerkmal des Vorteils und der damit verbundenen Unrechtsvereinbarung haben, auch wenn es sich

---

2595 In der FAZ, Nr. 200, v. 29. 08. 2007, S. 4 heißt es dazu: »*So viel Blauäugigkeit, sagte der Vorsitzende Richter in Karlsruhe, traue er dem Oberbürgermeister einer deutschen Großstadt kaum zu.*«

2596 Vgl. BGH v. 28. 10. 2004 3 StR 301/03. Siehe dazu auch die zweite BGH-Entscheidung v. 28. 08. 2007 (3 StR 212/07) = NJW 2007, 3446 ff.

2597 BGH v. 28. 10. 2004 3 StR 301/03. Vgl. dazu auch Jan **Schlösser**/Michael **Nagel**, Werbung oder Korruption? – Über die Voraussetzungen der Unrechtsvereinbarung im Rahmen von Vorteilsannahme (§ 331 StGB) und Vorteilsgewährung (§ 333 StGB) –, in: wistra 2007, 211 ff.

2598 Siehe NJW 2007, 3446 ff. mit Leitsatz 2 der Redaktion: »*Die Entgegennahme von Wahlkampfspenden ist nicht erst dann eine Vorteilsnahme, wenn die Spenden im Hinblick auf eine konkrete Amtshandlung erfolgen. Die Grenze zur Strafbarkeit ist vielmehr schon überschritten, wenn Spender und Amtsträger davon ausgehen, dass der Amtsträger im Laufe der künftigen Amtszeit mit Entscheidungen zu einem Vorhaben des Spenders befasst sein wird und der unbeteiligte Betrachter den Eindruck gewinnt, dass dieser mit der Spende Einfluss auf anfallende Entscheidungen nehmen will.*«

teilweise noch um die Bewertung nach altem Recht handelt.[2599] Dabei ist im Fall der Wahlkampfspenden problematisch, dass der Bundesgerichtshof die Anwendung des Tatbestandes der Vorteilsnahme wieder auf die Fassung vor dem Korruptionsbekämpfungsgesetz zurückgestellt hat – mit der Folge, dass es insbesondere wieder zu Beweisschwierigkeiten hinsichtlich der Unrechtsvereinbarung kommen kann.

Ein Vorteil wird **gefordert**, wenn es sich um ein einseitiges Verlangen handelt **1816** und der Täter ausdrücklich oder durch konkludentes Handeln zu erkennen gibt, dass er ernsthaft einen Vorteil für seine Dienstausübung begehrt. Dabei kommt es nicht auf den Wortlaut der Äußerung an, sondern entscheidend ist, dass die Forderung des Vorteils als Ausdruck eines ernsthaften, auf den Abschluss einer Unrechtsvereinbarung gerichteten Willens verstanden wird.[2600] Das Verlangen muss zur Kenntnis des Aufgeforderten gelangt sein. Es kommt nicht darauf an, dass dieser den Sinn der Forderung versteht oder gar seine Zustimmung erteilt.[2601]

Das Tatbestandselement des **Sichversprechenlassens** ist die Annahme eines auch **1817** nur bedingten Angebots einer späteren Zuwendung, wobei Angebot und Annahme wiederum konkludent stillschweigend erklärt werden können.[2602] Ob der Vorteil letztendlich gewährt wird, ist dabei ohne Relevanz. Erforderlich ist lediglich, dass der Empfänger den objektiven Sinn des Angebots versteht und es mit dem Willen annimmt, den Vorteil später entgegenzunehmen oder durch einen Dritten entgegennehmen zu lassen.[2603] So ist bereits die irrtümliche Annahme des Amtsträgers ausreichend, es sei ein solches Versprechen abgegeben worden.[2604]

Annehmen ist **das tatsächliche Empfangen des angebotenen Vorteils** mit dem **1818** Willen der Ausnutzung im eigenen Interesse oder mit dem Willen, Dritten einen Vorteil zukommen zu lassen. Die Freiwilligkeit des Angebots ist bei der Vorteilsannahme nicht erforderlich.[2605]

Nach § 331 Absatz 2 wird die Vorteilsannahme durch Richter und Schiedsrichter **1819** bestraft. Den Begriff des Richters regelt § 11 Absatz 1 Nr. 3 StGB, der Schiedsrichter ist in den Strafgesetzen nicht geregelt. Schiedsrichter ist, wer aufgrund eines Schiedsvertrages, durch Satzung oder durch ein Rechtsgeschäft damit betraut ist, einen Rechtsstreit zu entscheiden.[2606] Die Vorschrift bezieht sich auf Tätigkeiten, die in den Bereich derjenigen Pflichten fallen, die der richterlichen Unabhängigkeit unterliegen. Kein Schiedsrichter im Sinne dieses Tatbestandes

---

2599 So auch Müller-Gugenberger/Bieneck/Blessing, a.a.O., § 53 Rn. 34.
2600 Tröndle/Fischer, a.a.O., § 331 Rn. 18.
2601 Lackner/Kühl, a.a.O., § 331 Rn. 7.
2602 MünchKomm/Korte, a.a.O., § 331 Rn. 54.
2603 MünchKomm/Korte, a.a.O., § 331 Rn. 54 f.; Wilfried **Küper**, Strafrecht, BT, 5. Aufl., Heidelberg 2002, S. 409
2604 A.A. Tröndle/Fischer, a.a.O., § 331 Rn. 19: dann soll nur die Alternative des »Forderns« in Betracht kommen können, da »Sichversprechenlassen« zwei übereinstimmende Willenserklärungen erfordere.
2605 Lackner/Kühl, a.a.O., § 331 Rn. 7.
2606 MünchKomm/Korte, a.a.O., § 331 Rn. 113 unter Hinweis auf BT-Drucks. IV/650, S. 13.

sind deshalb Sportschiedsrichter.[2607] Dieser Umstand hat durch den **Wettskandal um den Bundesliga-Schiedsrichter Robert Hoyzer** dazu geführt, dass aktuell die Einführung von Tatbeständen wie »Bestechung und Bestechlichkeit im sportlichen Wettkampf«, »Wettbewerbsverfälschung im Sport« sowie »Sportbetrug« lebhaft diskutiert wird.[2608]

1820 Der **Strafrahmen** des § 331 Absatz 2 ist **höher als bei Amtsträgern**, zudem ist der Versuch strafbar. Ansonsten bestehen Unterschiede zur einfachen Vorteilsannahme nur noch in Bezug auf die Unrechtsvereinbarung: Im Unterschied zu Absatz 1 wird in Absatz 2 der Vorschrift gefordert, dass die Vorteilsgewährung »als Gegenleistung dafür« erbracht wird. Der **Tathandlung muss ein Beziehungsverhältnis zugrunde liegen**, aus dem sich ergibt, dass der Vorteil dem Empfänger um einer bestimmten geschehenen oder künftigen Diensthandlung willen zugute kommen soll.[2609] Begleitumstände der Diensthandlung wie z. B. ein höfliches Verhalten des Richters oder Schiedsrichters reichen nicht aus. An die Bestimmtheit der Diensthandlung sind keine überhöhten Anforderungen zu stellen. Zwar muss die Diensthandlung noch nicht in allen Einzelheiten konkretisiert sein, aber die Umrisse müssen erkennbar sein. Es muss feststehen, dass die Person innerhalb eines bestimmten Aufgabenbereichs in einer bestimmten Richtung tätig werden soll.[2610] Dieses ist z. B. dann nicht gegeben, wenn eine Zuwendung nur allgemein mit Rücksicht auf die Dienststellung der Amtsperson oder nur aus Anlass oder bei Gelegenheit einer Diensthandlung gemacht wird.[2611]

1821 Die **Vorteilsannahme** kann **nur vorsätzlich** begangen werden. Neben den allgemeinen Rechtfertigungsgründen ist ein weiterer in § 331 Absatz 3 StGB enthalten. Danach entfällt die Strafbarkeit, wenn die zuständige Behörde im Rahmen ihrer Befugnisse entweder die Annahme vorher genehmigt hat oder der Täter unverzüglich bei ihr Anzeige erstattet und sie die Annahme genehmigt. Durch diese Regelung soll z. B. bei einem Neujahrsgeschenk an den Postboten oder bei einer Dankesbekundung für eine Lebensrettung durch einen Polizisten die Strafbarkeit entfallen.[2612]

1822 Problematisch ist dabei der Widerspruch zu geltenden beamtenrechtlichen Vorschriften. Die **Genehmigungsfähigkeit** der Annahme eines Vorteils durch einen Amtsträger richtet sich grundsätzlich nach dem geltenden öffentlichen Dienstrecht,[2613] denn § 331 Absatz 3 StGB stellt nach dem Willen des Gesetzgebers keine eigenständige Rechtsgrundlage für diese Fähigkeit dar. Nach § 43 BRRG aber kann eine Annahme von Vorteilen durch einen Amtsträger ausschließlich

---

2607 So konnte beispielsweise auch im Fall des Fußballschiedsrichters Hoyzer keine Verurteilung wegen Bestechung und Bestechlichkeit erfolgen; siehe dazu Rdn. 2248 ff.

2608 Dazu Joachim **Vogel**, Fiktionen beim Betrug: Konkludente oder fingierte Täuschung, Gefährdungs-, Quoten- oder wirklicher Schaden? Vortrag auf der 6. NStZ-Jahrestagung v. 22. 06. 2007, S. 13.

2609 BGH NStZ 1994, 488 ff. mit Anm. Manfred **Maiwald** (weitgehend zustimmend); Münch-Komm/Korte, a.a.O., § 331 Rn. 119.

2610 BGH NStZ 1994, 488 ff.; BGH NStZ 1989, 74.

2611 BGHSt 39, 45 ff.

2612 Vgl. oben die Ausführungen zum NBG, Rdn. 1807.

2613 §§ 70 BBG, 43 BRRG bzw. die jeweiligen landesrechtlichen Vorschriften.

mit **vorheriger Zustimmung** erfolgen. Eine nachträgliche Genehmigung liegt nicht »im Rahmen der Befugnisse« des Vorgesetzten. Allerdings gilt im deutschen Recht das Prinzip der Einheit der Rechtsordnung und der strafrechtliche Grundsatz der ultima-ratio. Demnach dürfen entgegenstehende öffentlich-rechtliche Vorschriften strafrechtlich nicht zu Lasten des Betroffenen gehen, was eine Genehmigungsfähigkeit von Vorteilen betrifft.[2614] Um **sicher** zu gehen, sollte der Amtsträger sich jedoch immer eine **Erlaubnis** des Dienstherren einholen, **bevor** er eine Zuwendung empfängt oder sich versprechen lässt. Für die geforderte Zuwendung gilt Absatz 3 ohnehin nicht.

Der Strafrahmen der Vorschrift des § 331 Absatz 1 StGB beträgt Freiheitsstrafe bis zu drei Jahren oder Geldstrafe. In der verschärften Alternative des Absatz 2 kann die Freiheitsstrafe bis zu fünf Jahren betragen. **1823**

ii) Bestechlichkeit – § 332 StGB

Bestechlichkeit stellt den **Qualifikationstatbestand** zur Vorteilsannahme (§ 331 StGB) dar.[2615] Die dortigen Ausführungen finden daher auch für die Bestechlichkeit Anwendung.[2616] Als weiteres Tatbestandselement kommt aber noch hinzu, dass der Täter durch die Dienst- bzw. richterliche Handlung seine Dienstpflichten bzw. richterlichen Pflichten verletzt hat oder verletzen würde.[2617] Im Gegensatz zur reinen Dienstausübung bei der Vorteilsannahme muss es sich bei der Diensthandlung dabei um einen bestimmten oder bestimmbaren Akt handeln[2618], der als **Gegenleistung für den Vorteil** erbracht wird.[2619] **1824**

Von einer **Verletzung der Dienstpflichten** muss gesprochen werden, wenn die Diensthandlung selbst gegen ein auf Gesetz, Dienstvorschrift oder Einzelanordnung beruhendes Gebot oder Verbot verstößt.[2620] Eine Verletzung der Dienstpflicht liegt z. B. vor, wenn ein Pfleger den Insassen einer Entziehungsanstalt pflichtwidrig alkoholische Getränke besorgt.[2621] Hingegen liegt noch **keine Dienstpflichtverletzung** vor, wenn eine bevorzugte schnelle Erledigung erfolgt oder die Bearbeitung durch eine nach der Geschäftsverteilung unzuständige Amtsperson vorgenommen wird. Anders kann es wiederum sein, wenn dadurch andere ungerechtfertigt benachteiligt werden. **Ermessensfehler** sind im Übrigen stets pflichtwidrig.[2622] Eine Ermessenshandlung ist eine Diensthandlung, bei deren Vornahme oder Unterlassung der Amtsperson ein Spielraum für die pflichtmäßige Wahl zwischen verschiedenen sachlichen Möglichkeiten eingeräumt ist.[2623]

2614 Im Ergebnis ebenso, mit ähnlicher Begründung: Joecks, a.a.O., § 331 Rn. 22.
2615 BGH NStZ 1984, 24.
2616 Vgl. oben, Rdn. 1797 ff.
2617 Lackner/Kühl, a.a.O., § 332 Rn. 2.
2618 Tröndle/Fischer, a.a.O., § 332 Rn. 3; Joecks, a.a.O., § 332 Rn. 4.
2619 § 332 Abs. 1 StGB; vgl. auch die Ausführungen zuvor zu § 331 Abs. 2 StGB – Richter und Schiedsrichter.
2620 BGHSt 15, 88 ff. (92); MünchKomm/Korte, a.a.O., § 332 Rn. 23 m. w. N.
2621 BGH NJW 1983, 462.
2622 Müller-Gugenberger/Bieneck/Blessing, a.a.O., § 53 Rn. 41.
2623 BGH wistra 1998, 108; BGH NStZ-RR 1998, 269.

1825 § 332 Absatz 3 StGB stellt klar, dass bereits dann eine Unrechtsvereinbarung vorliegt, wenn die Amtsperson sich dem Partner gegenüber ausdrücklich oder stillschweigend äußerlich bereit zeigt, bei Vornahme einer künftigen Diensthandlung ihre Pflichten zu verletzen oder im Falle von Ermessenshandlungen dem Vorteil Einfluss auf die Ermessensausübung einzuräumen. **Vollendet ist die Tat** bereits **mit dem Eingehen der Unrechtsvereinbarung** oder dem Stellen einer darauf zielenden **Forderung**.[2624] Die Ausführung der künftigen pflichtwidrigen Handlung ist daher nicht mehr Tatbestandselement. Auch kommt es nicht darauf an, ob die Diensthandlung später wirklich vorgenommen wird und ob die Amtsperson überhaupt willens oder fähig ist, die Diensthandlung vorzunehmen.[2625]

1826 Der Tatbestand ist auch dann erfüllt, wenn nur die Amtsperson, nicht aber der Vorteilsgeber die Pflichtwidrigkeit der Diensthandlung erkannt hat.[2626]

> Der Baudirektor bei einem Landratsamt ließ seine Gartenterrasse von einem Bauunternehmer erneuern. Auf Betreiben des Baudirektors reichte der Bauunternehmer eine fingierte Rechnung über angebliche Entwässerungsarbeiten für den Landkreis beim Landratsamt ein, wo der Baudirektor wider besseres Wissen die sachliche Richtigkeit bescheinigte und die Auszahlung veranlasste.[2627]

1827 Im Bereich der Korruptionsdelikte machten in den vergangenen Jahren oft pharmazeutische Unternehmen und Hersteller von medizintechnischen Apparaturen Schlagzeilen, die sich durch direkte oder indirekte »Begünstigungen« ihre Klientel in den Krankenhäusern gewogen hielten.

> Ein Medizintechnik- und Pharmahersteller geriet in die Schlagzeilen, als gegen sieben seiner Manager, darunter der vierköpfige Vorstand des Unternehmens, Strafbefehl wegen Vorteilsgewährung erging.[2628] Sie wurden verdächtigt, über einen Zeitraum von mehreren Jahren einer Vielzahl von Bediensteten öffentlich-rechtlicher Krankenhäuser[2629] Gelder gezahlt zu haben, damit diese unter dem Gesichtspunkt der Umsatzsicherung ihre Produkte bezogen. Bei den Geldempfängern handelte es sich um Beamte oder sonstige Amtsträger, darunter Chef- und Oberärzte, Apotheker, aber auch Pfleger, Techniker und sonstige Einkäufer von Krankenhäusern, die alle, wenn auch in unterschiedlichem Maße, Einfluss auf die Bestellung der Produkte nehmen konnten und auch tatsächlich nahmen.

1828 Auch im Zusammenhang mit dem so genannten **Herzklappen-Skandal** wurden zahlreiche Ermittlungsverfahren eingeleitet. Dies war die erste Entscheidung des Bundesgerichtshofs aus dem Bereich des Fehlverhaltens bei der Beschaffung von Medizinprodukten:[2630]

2624 BGHSt 15, 239 ff.; BGH NStZ-RR 2002, 272 (274).
2625 BGHSt 15, 88 ff.; 18, 263 ff.; BGHSt 48, 44 (46).
2626 BGHSt 15, 352 ff.; BGHSt 48, 44 (46).
2627 BGH wistra 1994, 146 f.
2628 WirtschaftsWoche, Nr. 47 v. 17. 11. 1989, 246 f.
2629 Dazu die zivilrechtliche Darstellung von Erwin **Deutsch**, Das Organisationsverschulden des Krankenhausträgers, in: NJW 2000, 1745 ff.
2630 NStZ 2000, 90. Der Entscheidung v. 19. 10. 1999 liegt noch das alte Recht zugrunde, das bei den Amtsdelikten den Bezug der Unrechtsvereinbarung zwischen Geber und Nehmer auf eine bestimmte dienstliche Handlung forderte; vgl. Schönke/Schröder-Heine, a.a.O., § 331 Rn. 7 m. w. N

Ein Oberarzt war in einem kommunalen Krankenhaus für die Beschaffung von Herzschrittmachern zuständig. Er ließ sich von dem Lieferanten 15 % der Bestellsumme (umgerechnet 94.300 Euro) auszahlen. Weiter machte er zusammen mit seiner Ehefrau u. a. aufwendige Reisen auf Kosten des Lieferanten. Der Bundesgerichtshof sah in den Einladungen und den darauf folgenden Bestellungen von Herzschrittmachern den Tatbestand der Bestechlichkeit als erfüllt an.[2631]

Der Strafrahmen für Bestechlichkeit ist im Verhältnis zur reinen Vorteilsannahme **1829** erweitert und beträgt in einfachen Fällen Geldstrafe oder Freiheitsstrafe von sechs Monaten bis zu fünf Jahren. Ist ein Richter oder Schiedsrichter Täter einer richterlichen Dienstpflichtverletzung, beträgt die Freiheitsstrafe mindestens ein Jahr und kann sogar bis zu zehn Jahren ausgesprochen werden.

jj) Vorteilsgewährung – § 333 StGB

Bei dieser Vorschrift handelt es sich um das **spiegelbildliche Gegenstück zur** **1830** **Vorteilsannahme** gemäß § 331 StGB.[2632] Die dortigen Ausführungen gelten entsprechend.[2633] Täter kann jedermann sein, also auch ein anderer Amtsträger.

Das Tatbestandselement **Anbieten** entspricht dem Fordern. Gefordert wird eine **1831** auf Abschluss einer Unrechtsvereinbarung gerichtete ausdrückliche oder stillschweigende Erklärung, die auch in vorsichtig formulierten Fragen und Sondierungen bestehen kann. Die Elemente Versprechenlassen und Annehmen werden bei der Vorteilsgewährung durch **Versprechen** und **Gewähren** ersetzt.[2634]

Beziehungsobjekt der Tathandlung können zurückliegende oder künftige Dienst- **1832** ausübungen sein, für die dem Amtsträger oder einem Dritten ein Vorteil angeboten wurde bzw. wird.

So ermittelte die Staatsanwaltschaft Dresden gegen Mitarbeiter von verschiedenen Handelsketten. Dabei ging es um den Verdacht der Vorteilsgewährung. Es gab Hinweise, dass einem ehemaligen sächsischen Wirtschaftsminister nach dessen Ausscheiden aus dem Parlament ein lukrativer Beratervertrag aus dem Management der Unternehmen angeboten worden war – im Gegenzug dafür, dass dieser für die Interessen des Entsorgungsunternehmens *Duales System Deutschland* eingetreten war, deren Mitgesellschafter die betreffenden Handels-

---

2631 Ausführlich zu dieser Problematik der Drittmitteleinwerbung siehe bei der Vorteilsannahme Rdn. 1811 ff.; vgl. auch: Hans-Dieter **Lippert**, Vorteilnahme, Bestechlichkeit und die Einwerbung von Drittmitteln bei der Beschaffung von Medizinprodukten, in: NJW 2000, 1772 f.: »… *das gut gefüllte Drittmittelkonto galt und gilt in diesem Bereich immer noch als besonderer Leistungsnachweis, an dem sich auch die interne Vergabe von Haushaltsmitteln unter den Einrichtungen der Klinika orientiert. Das führt in praxi dazu, aus jeder möglichen Drittmittelquelle zu schöpfen, auch auf die Gefahr hin, sich strafrechtliche Konsequenzen einzuhandeln.*«; weiterhin: **Kindhäuser/Goy**, Zur Strafbarkeit ungenehmigter Drittmitteleinwerbung, in: NStZ 2003, 291 ff.

2632 Seit der Neufassung im Rahmen des KorrBG; König, JR 1997, 397; MünchKomm/Korte, a.a.O., § 333 Rn. 3.

2633 Vgl. Rdn. 1797 ff.

2634 Lackner/Kühl, a.a.O., § 333 Rn. 3.

unternehmen sind. Der Minister war unter anderem als erklärter Gegner des Dosenpfandes bekannt gewordenen.[2635]

1833 § 333 Absatz 3 StGB enthält auch für diese Vorschrift einen speziellen Rechtfertigungsgrund. Ist die Vorteilsannahme wirksam genehmigt, so ist auch die Tat gemäß § 333 StGB gerechtfertigt.

kk) Bestechung – § 334 StGB

1834 Der Tatbestand der Bestechung bildet das Gegenstück zur Bestechlichkeit (§ 332 StGB). Es kann daher auf die dortigen Ausführungen verwiesen werden.[2636]

1835 Durch das Korruptionsbekämpfungsgesetz wurden zusätzlich die Fälle der besonders schweren Bestechlichkeit und Bestechung in das StGB aufgenommen.[2637] Für die dort genannten Regelbeispiele (**großes Ausmaß**,[2638] **fortgesetzte Annahme**,[2639] **gewerbs- oder bandenmäßige Begehung**[2640]) wurde der Strafrahmen der Bestechung auf Freiheitsstrafe zwischen einem und zehn Jahren erhöht. Die Aufzählung der Beispiele ist jedoch keinesfalls abschließend. Ein sonstiger schwerer Fall kann vorliegen, wenn es zu groben Pflichtverletzungen des Amtsträgers kommt oder dieser eine Zwangslage beim Vorteilsgewährenden ausnutzt.[2641]

ll) Unterlassen der Diensthandlung – § 336 StGB

1836 Diese Vorschrift dient nur der **Klarstellung**, denn es ist wohl unumstritten, dass eine **Diensthandlung auch** im **Unterlassen** einer solchen Handlung bestehen kann.[2642]

mm) Schiedsrichtervergütung – § 337 StGB

1837 Die zuvor aufgeführten Tatbestände ergänzt diese Norm dahingehend, dass für den **Vorteilsbegriff bei Schiedsrichtern** eine Auslegungsregel gegeben ist. Vergütung sind alle Vorteile, die als Gegenleistung für die Schiedsrichtertätigkeit gewährt werden. Diese besondere Regelung war erforderlich, da Schiedsrichter meist für ihre Tätigkeit von den Parteien entschädigt werden. Strafbarkeit ist daher nur gegeben, wenn die Vergütung ohne Wissen der anderen Partei und mit dem Willen erbracht wird, diese zu hintergehen.[2643]

2635 DER SPIEGEL Nr. 3 v. 15. 01. 2007, S. 19; FTD v. 15. 01. 2007.

2636 Vgl. Rdn. 1824 ff.

2637 § 335 StGB.

2638 Nicht unter 10.000 Euro (gar 25.000 Euro): Tröndle/Fischer, a.a.O., § 335 Rn. 6 m. w. N.

2639 BT-Drucks. 13/5584, S. 17: für die Fälle »*in denen ein Amtsträger sich aus eigenem Antrieb ständig für die Verletzung von Dienstpflichten bezahlen lässt...*«.

2640 Für Fälle fortgesetzter Begehung für eine nicht nur vorübergehende Einnahmequelle oder die Begehung durch mindestens drei Personen: Tröndle/Fischer, a.a.O., § 335 Rn. 10 f.

2641 MünchKomm/Korte, a.a.O., § 335 Rn. 17.

2642 BGH NStZ 1998, 194; BGH NStZ 2000, 318 f.

2643 Lackner/Kühl, a.a.O., § 337 Rn. 1 f.

nn) Vermögensstrafe und erweiterter Verfall – § 338 StGB

Diese Norm regelt, dass bei Bestechlichkeit (§ 332 StGB) und Bestechung (§ 334 **1838** StGB) in einem besonders schweren Fall (§ 335 StGB) der erweiterte Verfall des erzielten Vermögensvorteils (§ 73d StGB) bzw. im Falle der Bestechung in einem besonders schweren Fall zusätzlich die Verhängung einer Vermögensstrafe möglich sein soll.

Die Rechtsgestalt des Verfalls wird an anderer Stelle ausführlich besprochen.[2644] **1839** Hier sei ein kurzer Überblick geboten.[2645]

Die Verweisung auf § 43a StGB (Verhängung einer Vermögensstrafe) ist seit dem **1840** 20. März 2002 obsolet, nachdem das Bundesverfassungsgericht diese Norm für verfassungswidrig und nichtig erklärt hat.[2646]

Der **erweiterte Verfall** ist anzuordnen, wenn der Täter gewerbsmäßig oder als **1841** Mitglied einer Bande handelt, die sich zur fortgesetzten Begehung von Taten im eingangs aufgeführten Sinne verbunden hat. Er dient der Gewinnabschöpfung.

Das Gesetz verlangt für die Anordnung des erweiterten Verfalls bloß, dass **1842** Umstände die Annahme rechtfertigen, dass Gegenstände für oder aus rechtswidrigen Taten erlangt worden sind. Der erweiterte Verfall bezieht sich dabei auf nicht abgeurteilte Taten und ist somit ausgeschlossen, wenn die Voraussetzungen für den »normalen« Verfall oder Wertersatzverfall (§§ 73, 73a StGB) gegeben sind.[2647] Vor Anwendung des § 73d muss deshalb unter Anwendung aller prozessualen Mittel ausgeschlossen werden, dass die Anwendung der §§ 73, 73a StGB möglich wäre.[2648] Weiterhin hat der Bundesgerichtshof § 73d dahingehend verfassungskonform ausgelegt, dass eine uneingeschränkte tatrichterliche Überzeugung von der deliktischen Herkunft der Gegenstände vorliegen muss.[2649]

In der Regel ist bereits nach § 73 Absatz 1 Satz 1 StGB der Verfall hinsichtlich des **1843** Bestechungslohns anzuordnen, wenn diese Tat nachgewiesen wurde. Erweiterter Verfall wäre insofern nur möglich, wenn beim Täter noch andere Gegenstände gefunden werden, die die Annahme rechtfertigen, dass diese aus einer anderen rechtswidrigen Tat stammen.[2650] Bei dem Zuwendungsgewährenden ist erweiterter Verfall zudem meist ausgeschlossen, da der Täter aus oder für die Tat selten Gegenstände erlangen wird.[2651] Deshalb wird dem erweiterten Verfall im Bereich der Korruptionsdelikte die praktische Relevanz abgesprochen.[2652] Außerdem enthält § 73d Absatz 2 eine Härteregelung für den Fall der Unbilligkeit der Anordnung oder für den Fall der Entreicherung.

2644 Vgl. dazu Rdn. 876 ff.
2645 Eine umfassende Darstellung bieten auch: Wolfgang **Schmid**/Michael **Winter**, Vermögensabschöpfung in Wirtschaftsstrafverfahren – Rechtsfragen und praktische Erfahrungen –, in: NStZ 2002, 8 ff.
2646 BVerfG, NJW 2002, 1779 ff.
2647 Tröndle/Fischer, a.a.O., § 73d Rn. 9.
2648 St. Rspr., vgl. nur BGH NStZ 2003, 422 f. m.w.N.
2649 St. Rspr. seit BGHSt 40, 373.
2650 MünchKomm/Korte, a.a.O., § 338 Rn. 6.
2651 MünchKomm/Korte, a.a.O., § 338 Rn. 6.
2652 Bannenberg, a.a.O., S. 300 f.

1844 Maßgeblicher ist der schon angesprochene »**normale**« **Verfall**.[2653] Er ist zur Abschöpfung des Erlangten und mittelbarer Tatvorteile (Nutzungen, Surrogate) dessen anzuordnen, das der Täter oder Teilnehmer für eine rechtswidrige Tat oder aus einer solchen erhalten hat, soweit dadurch nicht Ansprüche des Verletzten aus der Tat beeinträchtigt werden. Ist das durch die Tat Erlangte nicht greifbar, ist Verfall des Wertes anzuordnen. Es gilt das **Bruttoprinzip**, wonach nicht nur der Gewinn, sondern grundsätzlich alles, was der Täter für die Tat oder aus ihr erlangt hat,[2654] also der gesamte Bruttoerlös ohne Abzug von Unkosten, Gegenleistungen oder Aufwendungen, dem Verfall unterliegt. Bei der **Gewinnabschöpfung** findet das Bruttoprinzip auch für **Unternehmen** Anwendung, wenn sich beispielsweise einer der Unternehmensangehörigen strafbar gemacht hat. Der Bundesgerichtshof ist der Ansicht, dass der Verfall keine Strafe, sondern eine vom Schuldprinzip unabhängige strafähnliche Maßnahme eigener Art sei.[2655]

1845 In der Entscheidung des Bundesgerichtshofes[2656] zum so genannten »**Kölner Müllskandal**« hat das Gericht sich genauer damit befasst, was als »das Erlangte« zu sehen ist. Das Urteil enthält darüber hinaus wichtige Grundsätze, wann eine Amtsträgerschaft (nicht) vorliegt. Beurteilt wurde die Frage, welcher Vermögenswert bei Korruptionsdelikten durch Anordnung des Verfalls bei dem begünstigten Unternehmen abgeschöpft werden kann. Hier war nicht der gesamte vereinbarte Werklohn in Höhe von ca. 800 Millionen DM (entspricht annähernd 410 Millionen Euro), sondern bloß der gesamte wirtschaftliche Wert des durch Bestechung erlangten Auftrags im Zeitpunkt des Vertragsschlusses anzusetzen. Es ging um Zahlungen in Höhe von über 20 Millionen DM (rund 10,5 Millionen Euro), bezogen auf den Bau einer 410 Millionen Euro teuren Müllverbrennungsanlage.

> Das Landgericht hatte den Geschäftsführer der Abfallverwertungsgesellschaft, die den Bau einer Müllverbrennungsanlage in Auftrag gegeben hatte, wegen Untreue, Bestechlichkeit im geschäftlichen Verkehr und Steuerhinterziehung zu drei Jahren und neun Monaten Freiheitsstrafe verurteilt. Gegen den Geschäftsführer der mit der Erbauung der Anlage beauftragten Firma hat es wegen Beihilfe zur Untreue und Bestechung im geschäftlichen Verkehr eine zur Bewährung ausgesetzte zweijährige Freiheitsstrafe sowie Geldstrafe verhängt; vom Vorwurf der Steuerhinterziehung hat es diesen Angeklagten freigesprochen, zudem den Kölner Kommunalpolitiker R. von sämtlichen Anklagevorwürfen. Den Angeklagten W. hat das Landgericht gesondert wegen Beihilfe zur Untreue zu einer Freiheitsstrafe von zwei Jahren zur Bewährung verurteilt und von weiteren Vorwürfen freigesprochen.

1846 Der Bundesgerichtshof hat die Revisionen der Angeklagten verworfen und klargestellt, dass die Vereinbarung eines Schmiergeldaufschlags regelmäßig zu einem als Untreue strafbaren Nachteil für das beauftragende Unternehmen in Höhe des vereinbarten Schmiergelds führt und dieser Nachteil nicht durch eine sonst günstige Vertragsgestaltung ausgeglichen werden kann. Zudem wurde deutlich

---

2653 Beachte die gelungene Zusammenfassung bei Volk/Greeve/Dörr, a.a.O., § 19 Rn. 360 ff. sowie Wabnitz/Janovsky/Bannenberg, a.a.O., K 10 Rn. 94 ff.
2654 Grundsätzlich BGH NStZ 2003, 37 ff.
2655 BGH wistra 2004 ff.; vgl. auch das Urteil des BVerfG NJW 2004, 2073 ff.
2656 BGH, Urteile vom 02. 12. 2005 – 5 StR 119/05 und 268/05.

gemacht, dass Bestechungsgelder der Summe nach gegenüber dem Finanzamt anzugeben sind. Wer solche Einnahmen hat, darf nicht etwa die steuerrechtlich vorgeschriebene Erklärung dieser Beträge unter Berufung auf den Grundsatz, dass er nicht zu seiner eigenen Überführung beitragen muss, gänzlich verweigern.

Das höchste deutsche Strafgericht hat weiterhin entschieden, dass eine auf dem **1847** Gebiet der Daseinsvorsorge (Müllentsorgung, Energieversorgung etc.) tätige Gesellschaft im Mehrheitsbesitz der öffentlichen Hand, an der ein Privater in maßgeblichen Umfang beteiligt ist, nicht wie eine Behörde zu behandeln ist. Dies traf auf die Abfallentsorgungsgesellschaft zu, an der eine Gesellschaft des gesondert verfolgten Müllunternehmers Trienekens mit einer Sperrminorität in Höhe von 25,1 % beteiligt war.

oo) Weitere Korruptionsvorschriften

Die Sphäre der Korruptionsmöglichkeiten endet nicht an den deutschen Grenzen. **1848** Soll die Korruption wirksam bekämpft werden, dann muss gegen sie auf internationaler Ebene in Staaten übergreifender Koordination vorgegangen werden.[2657] Dieser – nahe liegenden – Erkenntnis folgend hat die Bundesrepublik Deutschland als Dritter von 34 Zeichnerstaaten bereits am 10. November 1998 **das OECD-Übereinkommen über die Bekämpfung der Bestechung ausländischer Amtsträger** im internationalen Geschäftsverkehr unterzeichnet.[2658] Kurz zuvor – am 27. Januar 1999 – hatte die Bundesrepublik Deutschland als einer der ersten Staaten das **Strafrechtsübereinkommen über Korruption des Europarats (GRECO)** in Straßburg unterzeichnet, mit dem ein Mindeststandard bei der Bekämpfung von Bestechung und Bestechlichkeit auf nationaler wie internationaler Ebene erreicht werden soll.[2659] Es bleibt weiterhin abzuwarten, ob die Einhaltung der Verpflichtungen in allen Zeichnerstaaten mit gleicher Ernsthaftigkeit betrieben wird, oder ob nicht gerade wieder Wettbewerbsverzerrungen – die man mit den Übereinkommen einzudämmen hofft – auftreten, weil einige Staaten die Umsetzung der Pflichtenkatalogs rigider betreiben als andere. Dabei ist zu befürchten, dass die von Gänßle aufgestellte Frage, ob das Antikorruptionsstrafrecht lediglich Balsam aus der Tube der symbolischen Gesetzgebung sei,[2660] mittlerweile mit ja beantwortet werden muss. Die Korruption sowohl im privaten als auch im öffentlichen Sektor floriert, das Strafrecht findet kaum Mittel dagegen. Das liegt nicht zuletzt an dem sich verschärfenden internationalen Wettbewerb, dem aber nicht einmal ansatzweise homogene Strukturen der Bekämpfung von Wirtschaftskriminalität gegenüberstehen. Alle Bemühungen können bisher lediglich als hilflos gewertet werden.

2657 Ausführlich dazu Christian **Pelz**, Die Bekämpfung der Korruption im Auslandsgeschäft, in: StraFo 2000, 300 ff.

2658 Künftig kurz: OECD-Übereinkommen v. 17. 12. 1997; in Kraft getreten am 15. 02. 1999, Wortlaut siehe BR-Drucks. 269/98.

2659 ZRP 1999, 352.

2660 Peter **Gänßle**, Das Antikorruptionsstrafrecht – Balsam aus der Tube der symbolischen Gesetzgebung? –, in: NStZ 1999, 543 ff.

1849 Mit Artikel 2 § 1 Absatz 1 EuBestG wird der Versuch unternommen, die grenzüberschreitende Korruption einzudämmen. Auf EU-Ebene werden ausländische mit inländischen Amtsträgern für den Bereich der Bestechung und Bestechlichkeit gleichgestellt.[2661]

1850 Eine weitere Ausdehnung der Antikorruptionsmaßnahmen auf die internationale Ebene enthält Artikel 2 § 1 IntBestG, der ebenfalls die Gleichbehandlung von ausländischen mit inländischen Amtsträgern bei aktiven Bestechungshandlungen vorsieht.[2662] Anders als beim EuBestG stellt das IntBestG aber nur das Anbieten von Zuwendungen für **pflichtwidrige** Diensthandlungen unter Strafe.[2663]

1851 Der **Kreis der Amtsträger** bzw. der ihnen gleichgesetzten Personen ist weiter gesteckt als in den einschlägigen Bestimmungen des Strafgesetzbuchs,[2664] wobei das IntBestG noch weiter greift als das EuBestG; denn das IntBestG stellt nicht nur Zuwendungen an Amtsträger und Richter von Zeichnerstaaten des OECD-Abkommens unter Strafe, sondern es ahndet das maßgebliche Verhalten eines Angehörigen eines Vertragsstaats unabhängig davon, ob der Adressat der gewährten Zuwendung Angehörigen des Vertragsstaats ist oder nicht.[2665]

1852 Das **EU-Bestechungsgesetz** hingegen wirkt nur zwischen den EU-Mitgliedstaaten und pönalisiert Bestechungshandlungen von und gegenüber EU-Beamten.[2666] Diese Regelung hat die seltsame, weil unverständliche Konsequenz, dass die **Vorteilsgewährung und -annahme** im Hinblick auf die Vornahme **pflichtgemäßer** Diensthandlungen an bzw. von EU-Beamten im Sinne der §§ 331, 333 StGB weiterhin **straflos** ist.[2667]

1853 Nach Artikel 2 § 4 des Gesetzes zur Bekämpfung internationaler Bestechung (IntBestG) macht sich einer **Straftat der Geldwäsche**[2668] schuldig, wer einen aus einer Bestechung ausländischer Amtsträger herrührenden Gegenstand verbirgt, dessen Herkunft verschleiert oder die Ermittlungen der Herkunft, das Auffinden, den Verfall, die Einziehung oder Sicherstellung eines solchen Gegenstandes vereitelt oder gefährdet.

1854 Bereits jetzt kündigt sich an, dass der Bund die Korruption international stärker bekämpfen wird. Das Vorhaben des »**Zweiten Gesetzes zur Bekämpfung der Korruption**« wurde auf den Weg gebracht und am 30. Mai 2007 vom Kabinett

---

2661 Lackner/Kühl, a.a.O., Anhang V.

2662 Gesetz zur Bekämpfung internationaler Bestechung – IntBestG v. 10. 09. 1998 (BGBl. II S. 234), in Kraft seit dem 15. 02. 1999.

2663 Vgl. Korte, a.a.O., NJW 1997, 2556 ff. (2558); **ders.**, Der Einsatz des Strafrechts zur Bekämpfung der intern. Korruption, in: wistra 1999, 81 ff.; Gänßle, a.a.O., NStZ 1999, 543 ff. (546).

2664 §§ 332, 334–336, 338 StGB.

2665 Art. 2 § 3 IntBestG.

2666 Die Bestechung von Abgeordneten des Europäischen Parlaments stellt § 108e StGB unter Strafe; vgl. Gänßle, a.a.O., NStZ 1999, S. 543 ff. (546) m. w. N.

2667 Gänßle, a.a.O., wie zuvor. Zusätzlich weist noch Eckart C. **Hild** – Die Gesetze zur Bekämpfung internationaler Bestechung (IntBestG) sowie das EU-Bestechungsgesetz (EUBestG), in: StraFo 2000, 221 f. (221) – darauf hin, dass nach den Bestimmungen in zwei Zusatzprotokollen eine Strafbarkeit dann entfalle, wenn die Höhe der Zuwendung als sozialadäquat angesehen wird oder die Zuwendung nach nationalem Recht ausdrücklich erlaubt ist.

2668 § 261 Abs. 1 Satz 2 Nr. 2 lit. a StGB.

gebilligt.[2669] Mit dem Gesetz soll die Bestechung von ausländischen Amtsträgern insgesamt für strafbar erklärt werden. Die Regeln des bisherigen Nebenstrafrechts sollen in das Strafgesetzbuch integriert werden.[2670]

Geplant ist zudem eine Verschärfung der Bestrafung der Angestelltenbestechung sowie der Abgeordnetenbestechung:[2671] **1855**

- Im **Geschäftsverkehr** sollen Bestechung und Bestechlichkeit in Zukunft auch strafbar sein, wenn dies mit einer Pflichtverletzung gegenüber dem Unternehmen verbunden ist. Bisher knüpft die Strafbarkeit an eine Bevorzugung im Wettbewerb wegen unlauterer Vorteile.
- Der **Vortatenkatalog** für **Geldwäsche** wird um Abgeordnetenbestechung, Bestechlichkeit und Bestechung im öffentlichen und geschäftlichen Bereich erweitert.
- Zur Gleichbehandlung **in- und ausländischer Amtsträger** wird der Begriff des Amtsträgers, insbesondere des »europäischen Amtsträgers« präzisiert. Vor allem Betrug und Steuerhinterziehung in Europa sollen so erfasst werden. Neben Bestechung wird Bestechlichkeit ausländischer und internationaler Amtsträger einschließlich leichterer Fälle strafbar.
- Die **extraterritoriale Wirkung deutschen Strafrechts** wird erweitert. Noch gilt es nur für bestimmte im Ausland begangene Straftaten. Künftig werden alle Korruptionstaten im Ausland mit Bezug zu Deutschland einbezogen, desgleichen bei der Abgeordnetenbestechung auch Täter, die zur Tatzeit Mitglied einer deutschen Volksvertretung sind.
- Eine Erweiterung des Verbots der **Abgeordnetenbestechung** selbst hängt vom Verlauf des Gesetzgebungsverfahrens ab. Noch liegt keine Formulierung vor.

Insbesonders **§ 299 StGB** soll nach dem bisherigen **Entwurf** in Zukunft neu gefasst werden:[2672] **1856**

---

(1) Wer als Angestellter oder Beauftragter eines Unternehmens im geschäftlichen Verkehr einen Vorteil für sich oder einen Dritten als Gegenleistung dafür fordert, sich versprechen lässt oder annimmt, dass er bei dem Bezug von Waren oder Dienstleistungen **1857**

1. einen anderen im inländischen oder ausländischen Wettbewerb in unlauterer Weise bevorzuge oder

2. seine Pflichten gegenüber dem Unternehmen verletze,

wird mit Freiheitsstrafe bis zu drei Jahren oder mit Geldstrafe bestraft.

(2) Ebenso wird bestraft, wer im geschäftlichen Verkehr einem Angestellten oder Beauftragten eines Unternehmens einen Vorteil für diesen oder einen Dritten als Gegenleistung dafür anbietet, dass er bei dem Bezug von Waren oder gewerblichen Leistungen

---

2669 So die FAZ Nr. 124 v. 31. 05. 2007, S. 13.
2670 Dazu ausführlich Manfred **Möhrenschlager**, in: wistra 4/2007, S. V ff.
2671 FAZ Nr. 124 v. 31. 05. 2007, S. 13; Status: Recht Nr. 7 v. 29. 06. 2007, S. 213; Möhrenschlager, a.a.O., wistra 4/2007, S. V ff.;
2672 Vgl. auch Gesetzentwurf der Bundesregierung zum Zweiten Gesetz zur Bekämpfung der Korruption v. 19. 06. 2006.

> 1. *ihn oder einen anderen im inländischen oder ausländischen Wettbewerb in unlauterer Weise bevorzuge oder*
>
> 2. *seine Pflichten gegenüber dem Unternehmen verletzte.*

1858 Auch eine Wiedereinführung der 1999 abgeschafften strafgesetzlichen Kronzeugenregelung wird diskutiert, die auch bei Korruptionsstraftaten greifen soll. Die Einführung wird meist kritisch beurteilt.[2673]

pp) Die so genannte Angestelltenbestechung und –bestechlichkeit, §§ 299 ff. StGB

1859 In der jüngsten Vergangenheit gerieten immer häufiger die großen und bekannten Unternehmen in die Schlagzeilen, da im Zusammenhang mit deren Auftreten am Markt Unregelmäßigkeiten ans Tageslicht gekommen waren, die nicht selten Ermittlungsverfahren nach sich gezogen haben.

- *»Autokonzerne im Visier der Ermittler: Bei der Korruptionsaffäre geht es um Schmiergeldzahlungen für bevorzugte Auftragsvergaben durch den französischen Zulieferer Faurecia – Dem Unternehmen wird zur Last gelegt, ... Schmiergelder von zuletzt 600.000 bis 800.000 Euro jährlich an mehrere Mitarbeiter der Einkaufsabteilungen von deutschen Automobilkonzernen gezahlt zu haben.«*[2674]
- *»Schmieren und schmieren lassen: In die Korruptionsaffäre in der deutschen Autoindustrie sind weitaus mehr Zulieferer verwickelt, als bisher angenommen. Insgesamt werde nun gegen elf Zulieferbetriebe ermittelt ...«*[2675]
- *»VW knöpft sich korrupte Mitarbeiter vor: Erste Schadensersatzansprüche erfolgreich geltend gemacht«*[2676]
- *»Erste Anklage im BMW-Skandal: Lob für Mithilfe durch BMW.«*[2677]

1860 Es scheint, dass langsam zur Routine wird, was bis vor kurzem noch schwer vorstellbar war: Staatsanwälte rücken mit Durchsuchungsbeschlüssen in die Chefetagen renommierter Firmen ein. Dabei ist keinesfalls nur die Automobilbranche betroffen. Ermittlungsverfahren ziehen sich mittlerweile ohne Ausnahme durch **alle Wirtschaftszweige**.

aaa) Überblick

1861 Bis zum Inkrafttreten des Korruptionsbekämpfungsgesetzes am 13. August 1997 war der Tatbestand der Angestelltenbestechung in § 12 UWG geregelt. Der Gesetzgeber hat ihn in das Strafgesetzbuch übernommen. In seiner aktuellen Fassung des § 299 StGB lautet der Tatbestand:

2673 Zur ähnlichen Problematik im Kartellrecht siehe Rdn. 2277 ff.
2674 SPIEGEL ONLINE v. 24. 07. 2006.
2675 SPIEGEL ONLINE v. 28. 07. 2006.
2676 HAZ Nr. 176 v. 31. 07. 2006.
2677 SPIEGEL ONLINE v. 25. 08. 2006.

---

§ 299 StGB – Bestechung und Bestechlichkeit im geschäftlichen Verkehr   1862

(1) Wer als Angestellter oder Beauftragter eines geschäftlichen Betriebes im geschäftlichen Verkehr einen Vorteil für sich oder einen Dritten als Gegenleistung dafür fordert, sich versprechen lässt oder annimmt, dass er einen anderen bei dem Bezug von Waren oder gewerblichen Leistungen im Wettbewerb in unlauterer Weise bevorzuge, wird mit Freiheitsstrafe bis zu drei Jahren oder mit Geldstrafe bestraft.

(2) Ebenso wird bestraft, wer im geschäftlichen Verkehr zu Zwecken des Wettbewerbs einem Angestellten oder Beauftragten eines geschäftlichen Betriebes einen Vorteil für diesen oder einen Dritten als Gegenleistung dafür anbietet, verspricht oder gewährt, dass er ihn oder einen anderen bei dem Bezug von Waren oder gewerblichen Leistungen in unlauterer Weise bevorzuge.

(3) Die Absätze 1 und 2 gelten auch für Handlungen im ausländischen Wettbewerb.

Es soll dadurch »das Bewusstsein der Bevölkerung geschärft werden, dass es sich   1863
auch bei der Korruption im geschäftlichen Bereich um eine Kriminalitätsform handelt, die nicht nur die Wirtschaft selbst betrifft, sondern Ausdruck eines allgemein sozialethisch missbilligten Verhaltens ist. «[2678]

Angesichts der oben nur beispielhaft dargestellten Meldungen erscheint es mehr   1864
als fraglich, ob das Ziel, das Allgemeininteresse an einem freien, lauteren Wettbewerb zu schützen,[2679] auf diesem Weg erreicht werden kann. Die Frage scheint mir nicht zu lauten: »Wer ist das schwarze Schaf in der Herde? «, sondern vielmehr: »Wie viele weiße Schafe gibt es noch in der Herde? « Dass das Phänomen Korruption sich vielleicht ausbreitet oder zumindest verstärkt wahrgenommen wird, beweist gerade der Sommer des Jahres 2006:

- Vier Abteilungsleiter der Sport-Sparte eines Handelsunternehmens wurden entlassen, da sie mit Lieferanten überhöhte Preise ausgehandelt hatten, nachdem man gemeinsame Urlaubsreisen verbracht hatte.[2680]
- Zwei leitende Mitarbeiter einer Discount-Kette flogen auf, weil sie fingierte Rechnungen von Maklern unterschrieben hatten und dafür »Provisionen« kassierten. Dem Unternehmen entstand dadurch ein Schaden in Millionenhöhe.[2681]
- Mehr als 100 Mitarbeiter eines Elektro-Herstellers und der Holding einer Elektronikmarkt-Kette gerieten unter Verdacht, weil aus dem Herstellerkonzern Prämien angeboten worden waren, die an ein bestimmtes Auftragsvolumen von Seiten der Märkte gebunden waren.[2682]
- Gegen ca. 50 Verdächtige wird im Zusammenhang mit Unregelmäßigkeiten bei der Bauvergabe hinsichtlich mehrerer Inneneinrichtungs-Märkte ermittelt, wobei u. a. Mitarbeiter der bekannten Kette Bauleistungen an Privathäusern

---

2678 BT-Drucks. 13/6424 S. 7.
2679 Lackner/Kühl, a.a.O., § 299 Rn. 1.
2680 SPIEGEL ONLINE v. 30. 07. 2006.
2681 HAZ Nr. 177 v. 01. 08. 2006.
2682 SPIEGEL ONLINE v. 23. 08. 2006.

über den Konzern und Bestechungsgelder über Scheinfirmen abgerechnet haben sollen.[2683]

1865 In allen Fällen zeichneten sich die **Unternehmen** durch die Tatsache aus, sich sofort **aktiv an der Bekämpfung der Missstände beteiligt** zu haben. Trotzdem: Die Problemstellung ist eng verknüpft mit Begriffen wie Motivation mündiger Mitarbeiter, Vorbildfunktion der Führungsebene, gelebte Unternehmenskultur. Je schlechter das Betriebsklima in einem Unternehmen, je spannungsgeladener das Verhältnis zwischen Vorgesetzten und Mitarbeitern, je schwächer der Informations- und Kommunikationsfluss zwischen Oben und Unten, desto fruchtbarer ist im Unternehmen der Boden bestellt für betriebsschädliche Verhaltensweisen wie innerbetriebliche Kündigung, Intrigen, **Mobbing**[2684], **Stalking**[2685], Schlamperei – und Korruption. In einer Zeit, in der die Gewinne vieler Firmen steigen, sich aber die Stimmung der Mitarbeiter auf einen Tiefpunkt befindet, wächst die Zahl derer, die aktiv gegen die Interessen des eigenen Unternehmens arbeiten. Neuen Studien zufolge soll der Anteil dieser Mitarbeiter mittlerweile bei bis zu zwanzig Prozent liegen.[2686]

1866 Eine wichtige Rolle spielt dabei, dass die Unternehmen selbst dafür gesorgt haben könnten, dass Angestellte derzeit kaum eine oder gar keine emotionale Bindung mehr zu ihrem Arbeitgeber aufbauen können.

1867 Wie die Praxis zeigt, sind es häufig nicht die so genannten Kleinen in den Unternehmen, die der Versuchung erliegen, sondern Entscheidungsträger, die sich für getätigte Geschäftsabschlüsse vom Vertragspartner Provisionen oder Anerkennungshonorare zahlen lassen oder mit dem künftigen Vertragspartner des Unternehmens Rückzahlungen – die so genannten **Kick-backs** – vereinbaren.[2687]

1868 Mehr als die Hälfte aller Wirtschaftsdelikte werden von Mitarbeitern der geschädigten Unternehmen begangen. 75 % der Täter sind bei Tatbegehung schon länger als zwei Jahre, 55 % gar fünf Jahre oder mehr im Unternehmen beschäftigt.[2688] Zu den von Mitarbeitern begangenen Delikten zählt neben den klassischen Straf-

---

2683 HAZ Nr. 201 v. 29. 08. 2006.

2684 Zum Thema ›Mobbing‹ siehe Dirk **Petri**, Mobbing: Strafbarkeit eines Phänomens?, in: StraFo 2007, 221 ff. und Dorothea **Bieszk**/Susanne **Sadtler**, Mobbing und Stalking: Phänomene der modernen (Arbeits-) Welt und ihre Gegenüberstellung, in: NJW 1007, 3382 ff. Zum Stalking Andreas **Mosbacher**, Nachstellen – § 238 StGB, in: NStZ 2007, 665 ff.

2685 Das Phänomen ist jetzt (seit dem 01. 04. 2007) unter der Bezeichnung »Nachstellen« nach § 238 StGB strafbar; Gesetzestext siehe Lackner/Kühl, a.a.O., § 238 StGB. Zur rechtlichen Beurteilung der Problematik des Stalkings Lidia **Smischek**, Stalking, Eine strafwissenschaftliche Untersuchung, Europäische Hochschulschriften, Reihe II, Bd. 4380, Frankfurt a.M. 2006. Niedersachsens Justizministerin Elisabeth Heister-Neumann lobte den neuen Stalking-Paragrafen, für den sich das Land eingesetzt habe und der seit März 2007 im Strafgesetzbuch (StGB) steht. Landesweit wurden in Niedersachsen 1.107 Ermittlungsverfahren eingeleitet (Pressemitteilung des niedersächsischen Ministeriums der Justiz v. 05. 12. 2007).

2686 Vgl. Rdn. 3125

2687 PWC-Studie »Wirtschaftskriminalität 2005«: In Deutschland wird jede dritte Straftat in einem Unternehmen von einem Angehörigen des Top-Managements begangen. Vgl. dazu auch Rdn. 3279.

2688 PWC-Studie »Wirtschaftskriminalität 2005«.

taten wie Unterschlagung, Untreue und Betrug auch die Bestechlichkeit. Der **durch Mitarbeiterkriminalität verursachte Schaden** ist erheblich. Allein die erfassten Schmiergeldzahlungen verursachten einen jährlichen Schaden von 5,8 Milliarden Euro.[2689]

Dass es sich bei dem Deliktsfeld Korruption auch in der Privatwirtschaft um ein **1869** größeres Problem handeln könnte als bisher angenommen, kommt auch in der Entwicklung der Ermittlungsverfahren wegen Bestechlichkeit, § 299 Absatz 1 StGB, bzw. wegen (aktiver) Bestechung im geschäftlichen Verkehr, § 299 Absatz 2 StGB, zum Ausdruck. Nach eher geringen Werten Ende des letzten Jahrtausends[2690] wurden 2005 246 Fälle registriert, 2006 schon 409.[2691] Die Dunkelziffer ist vermutlich hoch. Dem Bund Deutscher Kriminalbeamter (BDK) zufolge werden bestenfalls zwei Prozent der Korruptionsfälle aufgedeckt.

Die **Verfolgung** der wirtschaftlichen Bestechungsdelikte geschieht **grundsätzlich 1870 nur auf Antrag**,[2692] es sei denn die Staatsanwaltschaft bejaht ein besonderes öffentliches Interesse an der Strafverfolgung.[2693] **Antragsberechtigt** sind neben dem unmittelbar Verletzten – Geschäftsherr oder Mitbewerber – z. B. die Wettbewerbszentralen, die Industrie- und Handelskammern und der Deutsche Schutzverband gegen Wirtschaftskriminalität.[2694]

bbb) Tatbestände

Geschützes Rechtsgut der Strafvorschrift ist nach herrschender Meinung **der 1871 faire und redliche Wettbewerb**. Daneben sollen die Mitbewerber in ihrer Chancengleichheit und ihren Vermögensinteressen mitgeschützt sein. Weiterhin wird auch der Geschäftsherr von diesem Rechtsschutz umfasst.[2695] Aus diesem Schutzanspruch heraus lässt sich nachvollziehen, warum Mitbewerber und Geschäftsherr als Verletzte im Sinne der Bestimmung auch Strafantragsberechtigte sind. Der Begriff des Wettbewerbs ist mit Rücksicht auf die Zielsetzung der Strafnorm weit auszulegen. Der Bundesgerichtshof nimmt schon dann eine Wettbewerbsgefährdung an, wenn im Rahmen eines betriebsinternen, dem eigentlichen Vergabeverfahren vorgeschalteten Zulassungsverfahren Zuwendungen erfolgen.[2696]

Tathandlung ist eine Vorteilsannahme bzw. Vorteilsgewährung als **Gegenleis- 1872 tung** für eine **zukünftige unlautere Bevorzugung** beim Bezug von Waren oder gewerblichen Leistungen. Gegenstand des § 299 StGB ist (aktiv und passiv) die

---

2689 ›stern‹ v. 11. 02. 2005.

2690 1999: 62 Fälle.

2691 PKS 2006, S. 44.

2692 Wobei Bestechung in der Wirtschaft tendenziell intern geahndet wird, ohne das die Strafverfolgungsbehörden eingeschaltet werden, was umso mehr auf ein immenses Dunkelfeld hinweist; vgl. BKA Bundeslagebild Korruption 2005, S. 31.

2693 § 300 Abs. 1 StGB.

2694 All die in § 13 Abs. 2 Nr. 1, 2 und 4 UWG bezeichneten Verbände, so § 301 Abs. 2 StGB. Die Verbraucherverbände haben kein Antragsrecht.

2695 MünchKomm/Diemer/Krick, a.a.O., § 299 Rn. 2.

2696 BGH NJW 2004, 3129 ff.

Forderung, das **Sichversprechenlassen** oder **Annehmen** von **Vorteilen**.[2697] **Unlauter** ist die Bevorzugung, wenn sie gegen die guten Sitten im Sinne von § 1 UWG verstößt und somit sachfremd eine Entscheidung zwischen mindestens zwei Wettbewerbern beeinflusst wird.[2698] Dabei muss das unlautere Verhalten des Angestellten nicht einmal eine Pflichtwidrigkeit gegenüber dem Geschäftsführer darstellen oder heimlich erfolgen, um strafbar zu sein.

1873 **Täter** des Tatbestandes der **Bestechlichkeit**, § 299 Absatz 1 StGB, können **nur Angestellte oder Beauftragte eines geschäftlichen Betriebs** sein (Sonderdelikt).[2699] Der Begriff ist weit auszulegen.

1874 **Angestellter ist**, wer, wenn auch nur kurzfristig oder vorübergehend, in einem Arbeits-, Dienst-, Werks- oder Auftragsverhältnis zum Geschäftsinhaber steht. Hierzu zählen auch die gesetzlichen Vertreter von juristischen Personen und Beamte bei Geschäftsbetrieben öffentlich-rechtlicher Körperschaften,[2700] bei einer Aktiengesellschaft also auch die Mitglieder des Vorstands. Entscheidendes Kriterium ist somit zweierlei. Es muss ein **Abhängigkeitsverhältnis zum Geschäftsherrn** bestehen und das Vertragsverhältnis muss schon begründet sein und noch bestehen.

1875 **Beauftragter ist** weiter, wer nicht Betriebsinhaber oder Angestellter ist, durch seine Position im Unternehmen aber befugt, berechtigt und verpflichtet ist, für das Unternehmen zu handeln, und zwar in der Form, dass er auf die betrieblichen Entscheidungen über den Bezug von Waren oder gewerblichen Leistungen Einfluss nehmen kann.[2701] Nach dieser Definition ist **der so genannte faktische Geschäftsführer** Beauftragter, nicht aber der Vermittler einer Strohfirma, da Letzterer nicht befugtermaßen handelt.[2702] Anders gelagert ist folgende Fallkonstellation:

> Angestellte eines Unternehmens gründeten selbstständige Gesellschaften, die von Lieferanten »Vermittlungsprovisionen« in Höhe von 5 % forderten. Bei den Strohfirmen Angestellte brüsteten sich – wahrheitsgemäß – ihrer guten Kontakte zu den für die Auftragsvergabe maßgeblichen Mitarbeitern im Unternehmen. Da die Mitarbeiter der Strohfirmen selbst keine Angestellten oder Beauftragten des geschädigten Unternehmens waren, findet keine der beiden Alternativen des § 299 StGB unmittelbar auf ihr Handeln Anwendung. Jedoch wird ihr Tun als Beihilfe zur passiven wirtschaftlichen Bestechung, §§ 299 Absatz 1, 27 StGB, zu würdigen sein.[2703]

2697 Diese »Unrechtsvereinbarung« weist keine Unterschiede zu den amtlichen Korruptionsdelikten auf, vgl. im einzelnen dort; zu beachten ist jedoch, dass die Unrechtsvereinbarung sich nur auf zukünftige Handlungen beziehen kann, um strafbar zu sein.

2698 Lackner/Kühl, a.a.O., § 299 Rn. 5.

2699 Zusammenfassend Wabnitz/Janovsky/Bannenberg, a.a.O., K 10 Rn. 101.

2700 Lackner/Kühl, a.a.O., § 299 Rn. 2 m. w. N.

2701 BGHSt 2, 396 ff. (401 ff.), MünchKomm/Diemer/Krick, a.a.O., § 299 Rn. 5.

2702 BGHSt 37, 206 ff.

2703 Dazu **Wittig**, § 299 StGB durch Einschaltung von Vermittlerfirmen bei Schmiergeldzahlungen, in: wistra 1998, 7 ff., der eine analoge Anwendung der BGH-Rspr. zu §§ 331 ff. StGB fordert.

Selbständige (außerhalb eines Auftragsverhältnisses) und der Betriebsinhaber **1876** sind nach herrschender Ansicht keine im Sinne der Vorschrift tauglichen Täter.[2704]

Täter des Tatbestandes der **Bestechung**, § 299 Absatz 2 StGB, kann **jeder** sein, **1877** der einem Angestellten oder Beauftragten eines geschäftlichen Betriebes einen Vorteil anbietet, verspricht oder gewährt. Tauglicher Täter ist jedermann, der im geschäftlichen Verkehr und zu Wettbewerbszwecken handelt,[2705] hier kommt also auch ein Betriebsinhaber in Betracht.

Geschäftlicher Betrieb meint jede **auf gewisse Dauer außerhalb des Privatbe-** **1878** **reichs betriebene Tätigkeit** durch Teilnahme am Wirtschaftsleben.[2706] Ein Austausch von Leistung und Gegenleistung ist erforderlich. Handeln im geschäftlichen Verkehr ist weit auszulegen. Der Begriff umfasst **jede Tätigkeit und Maßnahme, die auf die Förderung eines beliebigen Geschäftszwecks gerichtet** ist, und bei der die Teilnahme am Wettbewerb irgendwie zum Ausdruck kommt.[2707] Einer Gewinnerzielungsabsicht bedarf es nicht. Wohltätige und soziale Zwecke, soweit wirtschaftliche Tätigkeiten mit ihnen verbunden sind, fallen gleichfalls unter die Strafbestimmung des § 299 StGB.[2708] Dazu gehören private Krankenhäuser und andere medizinische Einrichtungen. Auch freiberufliche Tätigkeiten sind Geschäftsbetriebe im Sinne der Bestimmung.[2709] Ausgenommen von der Strafbarkeit ist rein hoheitliches Handeln von Behörden. Diese nehmen allerdings am Geschäftsverkehr teil, soweit sie wirtschaftlich tätig werden.[2710]

Der **Vorteilsbegriff** ist mit demjenigen der Amtsdelikte identisch.[2711] Auf die dor- **1879** tigen Ausführungen wird verwiesen. Zu beachten ist, dass das Gesetz – im Gegensatz zum früheren § 12 UWG – nunmehr uneingeschränkt Vorteile erfasst, die Dritten gewährt werden.

Der Vorteil muss als Gegenleistung **für** eine künftige unlautere Bevorzugung **1880** gewährt werden (Unrechtsvereinbarung). Hier ist erkennbar, dass die Lockerung der Unrechtsvereinbarung bei den §§ 331, 333 StGB keine Entsprechung bei § 299 StGB gefunden hat. Die Angestelltenkorruption ist eher den Delikten der Bestechung und Bestechlichkeit nachgebildet.

Eine **Bevorzugung** ist jede intendierte Besserstellung des Täters oder eines von **1881** ihm begünstigten Dritten, auf die er oder der Dritte keinen Anspruch hat.[2712] Von einer **unlauteren** Bevorzugung wird dann ausgegangen, wenn eine Entscheidung

---

2704 Da geschütztes Rechtsgut des § 299 StGB das Allgemeininteresse an einem freien und lauteren Wettbewerb ist, also auch den Schutz der Mitbewerber umfasst, kann man diese Ausnahme anzweifeln. Zu berücksichtigen ist aber, dass der Geschäftsherr in seiner Entscheidung über den Bezug von Waren und gewerblichen Leistungen grundsätzlich frei ist, so dass er sich auch von sachfremden Erwägungen leiten lassen kann; vgl. Schönke/Schröder-Heine, a. a., O., § 299 Rn. 7.
2705 Tröndle/Fischer, a.a.O., § 299 Rn. 19.
2706 MünchKomm/ Diemer/Krick, a.a.O., § 299 Rn. 7.
2707 Müller-Gugenberger/Bieneck/Blessing, a.a.O., § 53 Rn. 70.
2708 Achenbach/Ransiek/Ebert-Weidenfeller, a.a.O., S. 73 Rn. 5.
2709 Schönke/Schröder-Heine, a.a.O., § 299 Rn. 9.
2710 MünchKomm/ Diemer/Krick, a.a.O., § 299 Rn. 8.
2711 Achenbach/Ransiek/Ebert-Weidenfeller, a.a.O., S. 72 Rn. 6.
2712 Schönke/Schröder-Heine, a.a.O., § 299 Rn. 18.

zwischen mindestens zwei Mitbewerbern zugunsten von einem der beiden aus-
fällt,[2713] wenn diese auf unsachlichen oder sachfremden Kriterien basiert. Gemessen an den Grundsätzen des redlichen Wettbewerbs muss sich die Entscheidung
zumindest auch durch die Berücksichtigung des zugewendeten Vorteils erklären
lassen.[2714]

1882 Die Bevorzugung hat sich dabei auf den Bezug von **Waren** oder **gewerblichen
Leistungen** zu beziehen. Waren sind alle wirtschaftlichen Güter, die Gegenstand
des Handelns sein können – gewerbliche Leistungen umfassen alle geldwerten
Leistungen des geschäftlichen oder gewerblichen Lebens (auch der freien Berufe).
Der Begriff **Bezug** wiederum ist weit auszulegen und umfasst den gesamten wirtschaftlichen Vorgang von der Bestellung über die Lieferung bis hin zur Bezahlung.[2715]

> Der in leitender Stellung eines Unternehmens tätige Angeklagte zahlte dem
> bereits rechtskräftig verurteilten Mitangeklagten L, der bei der Deutschen
> Bahn AG die Position des Hauptabteilungsleiters für den Bereich Einkauf,
> Logistik, Oberbaumaterial innehatte, insgesamt 240.00 DM (ca. 120.000 Euro)
> unter anderem dafür, dass dieser zusagte, sich bei den verantwortlichen Ent-
> scheidungsträgern für die **bahninterne Zulassung** der Produkte des Unterneh-
> mens einzusetzen. Diese bahninterne Zulassung war Voraussetzung für die
> Bewerbung um einen Auftrag im Vergabeverfahren. L, ein Beamter der frühe-
> ren Bundesbahn, hatte sich im Zuge der Bahnreform 1994 dienstlich beurlau-
> ben lassen, um einen Anstellungsvertrag mit der neu gegründeten Deutsche
> Bahn AG zu schließen.

1883 In diesem Fall ist eine äußerst umstrittene Entscheidung des Bundesgerichtshofes
ergangen:[2716]

> »Bevorzugung in diesem Sinne bedeutet dabei die sachfremde Entscheidung zwischen
> zumindest zwei Bewerbern, setzt also Wettbewerb und Benachteiligung eines Konkur-
> renten voraus. Hierbei genügt es, wenn die zum Zwecke des Wettbewerbs vorgenom-
> menen Handlungen nach der Vorstellung des Täters geeignet sind, seine eigene Bevor-
> zugung oder die eines Dritten im Wettbewerb zu veranlassen. Der Vorstellung eines
> bestimmten verletzten Mitbewerbers bedarf es nicht ...«

1884 Diese Entscheidung kann in Zukunft unerwünschte **Auswirkungen auf das Ausmaß der Strafbarkeit** im Rahmen der Angestelltenbestechung haben:

> »... am Vorliegen einer Wettbewerbslage (bestehen) keine Bedenken. Dem steht nicht
> entgegen, dass die insoweit von dem Mitangeklagten erwartete Hilfe sich auf die bahn-
> interne Zulassung der Produkt ... bezog und das Zulassungsverfahren für sich gese-
> hen nicht durch eine Wettbewerbssituation gekennzeichnet ist ... die Zulassung (ist)

2713 Tröndle/Fischer, a.a.O., § 299 Rn. 14.
2714 MünchKomm/ Diemer/Krick, a.a.O., § 299 Rn. 19.
2715 Schönke/Schröder-Heine, a.a.O., § 299 Rn. 22.
2716 BGHR StGB § 299 Geschäftlicher Verkehr 1 = BGH NStZ 2004, 678 ff.; Die BGH-Entscheidung enthält im Übrigen auch Aussagen dazu, dass ein beurlaubter Bahnbeamter, der
einen privatrechtlichen Anstellungsvertrag mit der DB AG geschlossen hat, kein Amtsträger sein soll, da die DB AG keine sonstige Stelle i. S. d. § 11 Abs. 1 Nr. 2 lit. c StGB sei.

unabdingbare Voraussetzung für die Bewerbung um einen Auftrag der Deutschen Bahn AG. Ihr Zweck ist es gerade, den potentiellen Anbieterkreis einzugrenzen. Unmittelbare Folge der Zulassung ist daher die Verbesserung der Wettbewerbssituation des Anbieters der zugelassenen Produkte und zwar nicht nur gegenüber anderen Konkurrenten … deren Wettbewerbssituation sich durch das Hinzutreten eines weiteren Konkurrenten mit zugelassenen Produkten verschlechterte.… Dass aber bereits in der Aufnahme in den Kreis der möglichen Auftragnehmer eine Bevorzugung im Wettbewerb im Hinblick auf das Vergabeverfahren zu sehen ist, zeigt etwa der denkbare Fall, dass der Auftrag gerade demjenigen erteilt wird, der die Zulassung mit unlauteren Mitteln erlangt hat. Dass damit andere Konkurrenten benachteiligt würden, liegt auf der Hand. Dem kann deshalb auch nicht entgegengehalten werden, dass die Zulassung eines weiteren Anbieters nicht zu weniger, sondern zu mehr Wettbewerb führt. Dies träfe nur dann zu, wenn dieser Anbieter seine Position nicht auf unlautere Weise erreicht hätte …«.

Die **Entscheidung** des Bundesgerichtshofs muss in diesem Punkt als **unrichtig** **1885** bezeichnet werden. Es steht schon der Wortlaut des § 299 Absatz 2 StGB entgegen, der den Waren**bezug** fordert. Ein Zulassungsverfahren ist aber gerade noch nicht als Vorgang der Bestellung, Lieferung oder Bezahlung zu verstehen, sondern dem Bezug/Vergabeverfahren vorgeschaltet. Ebenso hätte berücksichtigt werden müssen, dass begrifflich die *Bevorzugung zum Zwecke eines künftigen Wettbewerbs* zu unterscheiden ist von der *künftigen Bevorzugung im Wettbewerb.* Des Weiteren ist zu wiederholen, dass der Bundesgerichtshof selbst in einer anderen Entscheidung[2717] davon ausgeht, dass die sachfremde Entscheidung zwischen zwei Mitbewerbern getroffen werden muss.

Ähnlich wie bei den amtlichen Korruptionsdelikten erlangt **auch im Bereich der** **1886** **geschäftlichen Bestechungsdelikte** der Begriff der **sozialadäquaten Zuwendung** Bedeutung. So ist auch hier festzuhalten, dass allgemein anerkannte Höflichkeitsgesten wie geringfügige (Werbe-) Geschenke, kleine Gefälligkeiten und die Einladung zu einem Geschäftsessen straflos sind.[2718] Im geschäftlichen Verkehr sind dabei nicht so enge Grenzen zu ziehen wie bei der öffentlichen Verwaltung.[2719] Zu berücksichtigen ist ebenso das, was in dem betroffenen Geschäftsbereich üblich ist, wie die Stellung und die Lebensumstände der Beteiligten.[2720] Entscheidend kann nur die Beurteilung im Einzelfall sein, ob die Zuwendung ungeeignet ist, geschäftliche Entscheidungen unsachlich zu beeinflussen[2721] und somit eine außerhalb eine wettbewerbsverträglichen Rahmens liegende Unrechtsvereinbarung zu begründen.

Die für den Bereich der öffentlichen Verwaltung geltenden Grundsätze, die teil- **1887** weise kodifiziert wurden, sollten als Anhaltspunkte für die Bewertung aber nicht außer Betracht gelassen werden.[2722] Wenn 62 % der Teilnehmer einer Umfrage unter Unternehmern davon ausgehen, dass Korruption mit **jeder** Geld- oder Sach-

---

2717 BGH wistra 2003, 385 ff. (386).
2718 MünchKomm/ Diemer/Krick, a.a.O., § 299 Rn. 20.
2719 Müller-Gugenberger/Blessing, a.a.O., § 53 Rn. 56.
2720 Tröndle/Fischer, a.a.O., § 299 Rn. 16.
2721 Schönke/Schröder-Heine, a.a.O., § 299 Rn. 20.
2722 Siehe Rdn. 1807 ff.; insbesondere § 78 NBG nebst Verwaltungsvorschrift.

leistung beginnt,[2723] gibt das Auskunft über eine bestimmtes Unrechtsempfinden. Das soll kein Argument für die Strafbarkeit einer jeden Zuwendung darstellen, jedoch deutlich machen, dass auch im Geschäftsleben der Wert eher gering anzusetzen sein sollte, bei dem eine Unrechtsvereinbarung auszuschließen ist.

1888 Der Strafrahmen bei Bestechlichkeit und Bestechung im geschäftlichen Verkehr sieht Freiheitsstrafe bis zu drei Jahren oder Geldstrafe vor, § 299 Absatz 1 StGB, bei besonders schweren Fällen Freiheitsstrafen von drei Monaten bis zu fünf Jahren, § 300 StGB. Für die Regelbeispiele der besonders schweren Fälle werden die gleichen Maßstäbe anzusetzen sein wie bei den Amtsdelikten.[2724] Die Tat wird nur auf Antrag verfolgt, es sei denn, es wird das besondere öffentliche Interesse an der Strafverfolgung bejaht (§ 301 StGB), was insbesondere in den besonders schweren Fällen von Bedeutung ist.

1889 Zudem kommt die Gewinnabschöpfung durch Anordnung des Verfalls sowie des erweiterten Verfalls in Betracht.[2725]

1890 Absatz 3[2726] des § 299 StGB stellt klar, dass die Norm auch im ausländischen Wettbewerb gilt.

qq) Begleitdelikte

1891 Korruptionsstraftaten werden in der Regel nicht isoliert begangen, sondern sollen andere Straftaten ermöglichen bzw. verdecken. Bei den so genannten **Begleitdelikten** handelt es sich um Straftaten, die in direktem Zusammenhang mit der jeweiligen Korruptionsstraftat stehen. In Betracht kommen insbesondere **Geheimnisverrat, Untreue, Steuerhinterziehung, (Submissions-) Betrug,**[2727] Urkundenfälschung, Strafvereitelung, Falschbeurkundung im Amt, Verletzung des Dienstgeheimnisses und Verstöße gegen strafrechtliche Nebengesetze.[2728]

aaa) Geheimnisverrat

1892 Im Zusammenhang mit der Bestechlichkeit und Bestechung im geschäftlichen Verkehr ist zunächst die Vorschrift des § 17 UWG – **Geheimnisverrat** – zu nennen.[2729] Ein Delikt, dessen Begehung mit Freiheitsstrafe bis zu drei Jahren oder mit Geldstrafe sanktioniert wird. In besonders schweren Fällen (Gewerbsmäßigkeit, Verwertungshandlung mit Auslandsbezug) ist Freiheitsstrafe bis zu fünf Jahren möglich.

2723 Unternehmermagazin Impulse, Juni 2002, S. 36 ff.

2724 Siehe dort Rdn. 1835.

2725 §§ 73 – 73c, 302, 73d StGB; es gelten die im Rahmen der Amtsdelikte gemachten Ausführungen, siehe dort Rdn. 839 ff. und Rdn. 1838 ff.

2726 In Kraft getreten am 31. 10. 2002 (BGBl. I 3387).

2727 Dem Betrugstatbestand kommt insbesondere im Kartellrecht (Ausschreibungsbetrug) Bedeutung zu. Eine ausführliche Betrachtung erfolgt dort, Rdn. 2227 ff.

2728 Bundeslagebild Korruption 2004, S. 14.

2729 Ausführlich zu den einschlägigen Sanktionsnormen (vor allem §§ 17, 18 und 20 UWG) Hans W. **Többens**, Wirtschaftsspionage und Konkurrenzausspähung in Deutschland, in: NStZ 2000, 505 ff.

Der bekannteste einschlägige Fall einer Industriespionage des vergangenen Jahrzehnts ist die so genannte López-Affäre. José Ignacio López war im Dezember 1996 von der Staatsanwaltschaft Darmstadt angeklagt worden, weil er und weitere Mitarbeiter bei einem Wechsel von General Motors in Detroit zur Volkswagen AG in Wolfsburg geheime Opel-Unterlagen mitgenommen haben sollen. Das Landgericht Darmstadt stellte das Strafverfahren gegen López und drei seiner früheren Mitarbeiter wegen Unterschlagung und Verrat von Betriebsgeheimnissen im Juli 1998 gegen Zahlung von insgesamt 590.000 DM, rund 302.000 Euro, ein.[2730]

§ 17 Absatz 1 UWG **schützt aussschließlich den Inhaber des Geschäftsbetriebs,** **1893** bei dem die Person, welche das Geschäfts- oder Betriebsgeheimnis verrät, beschäftigt ist.[2731] An den Geheimhaltungswillen des Inhabers dürfen keine überzogenen Anforderungen gestellt werden.[2732] Der Tatbestand erfasst dagegen **nicht Kundengeheimnisse.**[2733]

Ausgeschiedene Mitarbeiter, die keinem Wettbewerbsverbot unterliegen, können **1894** Kenntnisse aus ihrer aktiven Arbeitszeit im Unternehmen, welche sie in ihren Gedächtnis bewahrt haben, verwerten. Geschäfts- oder Betriebsgeheimnisse dagegen, die dem ehemaligen Mitarbeiter nur noch bekannt sind, weil er sich vor seinem Ausscheiden Aufzeichnungen gemacht oder Unterlagen jedwelcher Form mitgenommen hat, unterfallen als »verschafft« dem Tatbestand des § 17 Absatz 2 Nr. 2 UWG.[2734]

Der Bundesgerichtshof hat darauf hingewiesen,[2735] dass § 17 Absatz 2 Nr. 2 **1895** UWG eine **zweiaktige Straftat** darstellt, bei dem die **unbefugte Erlangung** eines Betriebs- oder Geschäftsgeheimnisses der **unbefugten Verwertung** desselben **vorgelagert** ist. Dieses Urteil des Bundesgerichtshofes ist insbesondere auch für die Fälle wirtschaftlicher Korruption interessant: »Durch eine öffentliche Ausschreibung erlangte Angebote sind für den ausschreibenden Unternehmer ein Geschäftsgeheimnis«. Damit wird deutlich, dass die Preisgabe solcher Angebote aufgrund einer Angestelltenbestechung zugleich den Tatbestand des Geheimnisverrates verwirklichen kann.

Taugliche Verräter sind nach § 17 Absatz 1 UWG **Angestellte, Arbeiter oder** **1896** **Auszubildende** eines Geschäftsbetriebs.[2736]

Nach Absatz 2 der Vorschrift wird derjenige bestraft, der sich ein Betriebs- oder **1897** Geschäftsgeheimnis unbefugt verschafft oder sichert oder ein unlauter erlangtes Geheimnis unbefugt verwertet oder jemandem mitteilt. Nicht jede Form des **Aus-**

2730 HAZ Nr. 174 v. 28. 07. 1998, S. 8.
2731 BGHZ 166, 84 ff. (104 f.)
2732 BGHSt 41, 140 ff. (142)
2733 A.A. Klaus **Tiedemann**, Wirtschaftsstrafrecht Besonderer Teil, Köln/Berlin/München 2006, S. 109 f. (Rn. 237 f.), der entgegen der vom BGH vertretenen Auffassung in das Bankgeheimnis auch den Schutz der Bankkunden einbezogen sieht.
2734 BGH GRUR 2003, 454 (»Verwendung von Kundenlisten«)
2735 BGH NJW 1995, 2301 f.
2736 Der Täterkreis ist also gegenüber § 299 StGB kleiner, da die »Beauftragten« in § 17 Abs. 1 UWG nicht genannt sind.

spähens ist nach § 17 UWG strafbar. Eine der in § 17 Absatz 2 Nr. 1 UWG genannten Voraussetzungen muss vorliegen, wie z. B. durch Anwendung technischer Mittel oder das Beschaffen durch Herstellung einer verkörperten Wiedergabe des Geheimnisses (Fotokopie, Fotografie, Tonbandaufzeichnung u. a.) oder durch Wegnahme einer das Geheimnis verkörpernden Sache. Das Ausspähen eines Geheimnisses ist auch dann strafbar, wenn es anschließend nicht verwertet wird.

1898 Ein Geheimnisverrat kann unter Umständen auch gemäß § 203 StGB sanktioniert werden. Mit Freiheitsstrafe bis zu einem Jahr oder mit Geldstrafe wird bestraft, wer unbefugt ein fremdes Geheimnis offenbart.

1899 Ausdrücklich genannt sind Geheimnisse des persönlichen Lebensbereiches sowie **Betriebs- oder Geschäftsgeheimnisse. Darunter fällt nach der ständigen Rechtsprechung**[2737]:

> *»Jede im Zusammenhang mit einem Betrieb stehende Tatsache, die nicht offenkundig, sondern nur einem begrenzten Personenkreis bekannt ist und nach dem bekundeten Willen des Betriebsinhabers geheim gehalten werden soll.«*

1900 Das Geschäftsgeheimnis muss keinen Vermögenswert besitzen. Es genügt, wenn die Tatsache, dass Dritte davon Kenntnis erlangt haben, für den Betriebsinhaber nachteilig ist.[2738]

1901 Ein Geheimnisverrat kann unter Umständen auch gemäß § 203 StGB sanktioniert werden. Mit Freiheitsstrafe bis zu einem Jahr oder mit Geldstrafe wird bestraft, wer unbefugt ein fremdes Geheimnis offenbart.

1902 Als Täter kommen zunächst **Berufsgeheimnisträger** in Betracht (Ärzte, Rechtsanwälte, Berater in Gesundheits-, Rechts-, und Finanzfragen usw.).[2739] Aber auch **Amtsträger**[2740] sowie andere **Mitglieder** der **Verwaltung und Gesetzgebung** können sich strafbar machen.[2741]

Der Rechtsanwalt R und der Bundesgrenzschutzpolizist S vereinbarten, unter Ausschöpfung der dienstlichen Möglichkeiten des S, dem R Wohnanschriften bzw. Aufenthaltsorte von Schuldnern oder Prozessgegnern zu beschaffen. Für entsprechende Informationen versprach R dem S geringfügige Geldbeträge von umgerechnet jeweils wenigstens 2,50 Euro. In der Folgezeit kam es in mehreren Fällen zu Ermittlungen von Wohnanschriften, Aufenthaltsorten und anderen persönlichen Verhältnissen von Schuldnern oder gegnerischen Par-

---

2737 BGH (Urt. v. 27. 04. 2006 – I ZR 126/03) wistra 2007, 147.

2738 Bejahend für Kundenlisten BGHSt 41, 140 ff. (142), dazu Hans **Achenbach**, Aus der 1995/1996 veröffentlichten Rechtsprechung zum Wirtschaftsstrafrecht, in: NStZ 1996, 533 ff. (538).

2739 § 203 Abs. 1 StGB.

2740 Aber »Ein Amtsträger, der ein Geheimnis durch eine eigene Entscheidung erst schafft, erfüllt bei einem Offenbaren dieses Geheimnisses nicht den objektiven Tatbestand des § 353b Abs. 1 StGB, weil ihm das Geheimnis weder 'anvertraut' worden noch 'sonst bekannt geworden' ist.« (OLG Dresden, Beschl. v. 11. 09. 2007 – 2 Ws 163/07, in: NJW 2007, 3509).

2741 § 203 Abs. 2 StGB.

teien. Diese Informationen entnahm S seinem Dienst-Computer, auch durch so genannte Zevis-P-Anfragen oder durch Auskünfte über den Betreiber eines Mobilfunknetzes.[2742]

Eine Verurteilung des Polizisten wegen § 203 Absatz 2 StGB schied nur aus, da **1903** der erforderliche **Strafantrag** eines Verletzten fehlte, § 205 Absatz 1 StGB. Eine **Verurteilung wegen Bestechung erfolgte** trotz des geringen Gewinnes, der aber dafür sorgte, dass zumindest die Annahme des besonders schweren Falles der fortgesetzten Begehung entgegen der Regel nicht angenommen werden durfte.

bbb) Untreue – § 266 StGB

Der **Untreuetatbestand** wird als **Grundtyp der Unternehmenskriminalität** aufge- **1904** fasst.[2743] Bei nahezu jedem wirtschaftlichen Handeln, dass als strafwürdig emp- funden werden könnte, wird eine strafbare Untreue zumindest diskutiert.[2744] Das liegt auch daran, dass die Untreue im Vergleich zu anderen Tatbeständen relativ unbestimmt gefasst ist und daher hochgradig abhängig ist von Auslegung und Wertung. Deshalb ist eine Strafbarkeit gemäß § 266 StGB im Zusammenhang mit vielen anderen Straftaten denkbar. Im Kontext mit den Korruptionsdelikten kommt dem Tatbestand der Untreue eine wesentliche Bedeutung zu, da Mitarbei- ter (öffentlich und privat), die sich durch Zuwendungen von außen beeinflussen lassen, häufig das ihnen anvertraute Vermögen durch rechtlich nachteilige Verfü- gungen schädigen.

Das charakteristische Handlungsunrecht bei den Untreue-Delikten liegt im **Fehl- 1905 gebrauch** der eingeräumten **Entscheidungsmacht** bzw. der **Verfügungsbefugnis** über fremdes Vermögen. Eine Untreue kann theoretisch jeder begehen, der fak- tisch die Möglichkeit besitzt, über fremdes Vermögen zu verfügen. Das Vermögen ist das schützenswerte Rechtsgut des Untreue-Straftatbestands.[2745]

Der Straftatbestand der Untreue kann in **zwei Konstellationen** erfüllt sein. Man **1906** unterscheidet zwischen **Missbrauchstatbestand und Treubruchstatbestand**:

---

§ 266 – Untreue

1907

(1) Wer die ihm durch Gesetz, behördlichen Auftrag oder Rechtsgeschäft eingeräumte Befugnis, über fremdes Vermögen zu verfügen oder einen anderen zu verpflichten, missbraucht oder die ihm kraft Gesetzes, behördlichen Auftrags, Rechtsgeschäfts oder eines Treueverhältnisses obliegende Pflicht, fremde Vermögensinteressen wahrzuneh- men, verletzt und dadurch dem, dessen Vermögensinteressen er zu betreuen hat, Nach- teil zufügt, wird mit Freiheitsstrafe bis zu fünf Jahren oder mit Geldstrafe bestraft.

(2) § 243 Abs. 2 und die §§ 247, 248a und 263 Abs. 3 gelten entsprechend.

2742 BGH 5 StR 268/99 – Urteil v. 22. 06. 2000.
2743 Die Untreue erlangt auch im Rahmen der strafrechtlichen Würdigung von GmbHG und AktG Bedeutung, siehe dort Rdn. 2096 ff. (AG) sowie Rdn. 2126 ff. (GmbH).
2744 Vgl. Achenbach/Ransiek/Seier, a.a.O., Rn. 1, 19.
2745 Schönke/Schröder-Lenckner/Perron, a.a.O., § 266 Rn. 1.

1908   Der **Missbrauchstatbestand** ist erfüllt, wenn der Täter die ihm im Innenverhältnis zum Vermögensinhaber eingeräumte Befugnis, über fremdes Vermögen[2746] im Außenverhältnis zu verfügen, missbraucht.[2747] Dies ist dann der Fall, wenn der Täter diese eingeräumten Befugnisse dazu benutzt, die für ihn im Innenverhältnis zum Vermögensinhaber bestehenden Beschränkungen zu überschreiten und diesen – unerlaubt – wirksam zu verpflichten.

1909   Der **Treubruchstatbestand** ist erfüllt, wenn der Täter eine ihm im Innenverhältnis obliegende Treuepflicht verletzt. Den Täter muss eine besondere Pflicht treffen, gerade auch Vermögensinteressen des Vermögensinhabers zu schützen.[2748] Dieser Tatbestand kann durch eine Vielzahl von Handlungen verwirklicht werden. Für diese **sehr weit gefasste Alternative** ist demnach lediglich maßgeblich, dass der Täter diese Vermögensfürsorgepflicht vorsätzlich verletzt und dadurch demjenigen, dessen Vermögensinteressen er wahrzunehmen hat, einen Nachteil zufügt.

1910   Nach Rechtsprechung und herrschender Lehre **erfordern beide Tatbestände** die **Vermögensbetreuungspflicht**.[2749] Dieser Sichtweise ist zuzustimmen, was sich schon aus dem Wortlaut des Relativsatzes »*dem, dessen Vermögensbetreuungspflicht er verletzt*« ergibt, der unzweifelhaft für beide Alternativen gelten muss. Schutzrichtung der Norm ist das Vermögen des Treugebers, dessen Schutzbedürfnis sich daraus ergibt, dass er Dritten die Möglichkeit der Verfügung über sein Vermögen ermöglicht, insbesondere, wenn ansonsten eine sinnvolle wirtschaftliche Betätigung nicht möglich wäre.

1911   Bei **Amtsträgern** folgt die **Vermögensbetreuungspflicht** meist aus Gesetz oder durch behördlichen Auftrag, wobei der **Bestellungsakt** entscheidender Anknüpfungspunkt ist.[2750] **Angestellten** obliegt die Pflicht meist aufgrund einer ausdrücklichen Regelung in ihrem **Arbeitsvertrag** oder wegen einer konkreten **Vollmacht**. Weiterhin ergeben sich solche Pflichten für bestimmte Personen im Unternehmen aus dem **Gesetz**, beispielsweise für Prokuristen, Vorstände, geschäftsführende Gesellschafter und Geschäftsführer.[2751] Erforderlich ist jedoch, dass wesentlicher Gegenstand des pflichtbegründenden (Rechts-) Verhältnisses gerade die Wahrnehmung fremder Vermögensinteressen ist, diese also eine **Haupt**– und **nicht nur eine Nebenpflicht** darstellt.[2752]

1912   Bei beiden Begehungsformen muss hinzukommen, dass der Täter demjenigen, dessen Vermögensinteressen er zu betreuen hat, einen **Nachteil** zufügt. Als Nachteil ist jeder durch die Tathandlung verursachter **Vermögensschaden** zu verstehen, wobei auch die konkrete, wirtschaftlich zu einer Minderbewertung führende **Vermögensgefährdung** ausreicht.[2753] Ein Nachteil tritt ein, wenn das treuwidrige

---

2746   Hier i. d. R.: des Arbeitgebers
2747   Joecks, a.a.O., § 266 Rn. 12.
2748   Tröndle/Fischer, a.a.O., § 266 Rn. 29.
2749   MünchKomm/Dierlamm, a.a.O., § 266 Rn. 21; str.
2750   Volk/Greeve/Dörr, a.a.O., § 19 Rn. 272 f.
2751   Volk/Greeve/Dörr, a.a.O., § 19 Rn. 274 f.; vgl. §§ 48 ff. HGB, 78 AktG, 714 BGB, 125 f., 161 Abs. 2, 125, 170 HGB, 35 GmbHG.
2752   Lackner/Kühl, a.a.O., § 266 Rn. 11 ff. m. w. N. und vielen Beispielen.
2753   Joecks, a.a.O., § 266 Rn. 30, der auf den identischen Schadensbegriff des Betruges, § 263 StGB, verweist.

Verhalten zu einer nicht durch Zuwachs ausgeglichenen Minderung des wirtschaftlichen Gesamtwertes führt. Der Gesamtwert des Vermögens ergibt sich aus der Summe der wirtschaftlichen Güter einer Person, soweit sie unter dem Schutz der Rechtsordnung stehen.[2754]

Der Bundesgerichtshof hat mehrfach klargestellt, dass **keine spezifische Treue-** 1913 **pflicht** hinsichtlich der Herausgabe des unlauter Erlangten besteht, wenn es sich dabei um **reine Zuwendungen** an den Beamten oder Angestellten handelt, die in keinem Verhältnis zum Dienst- oder Geschäftsherrn stehen. Zwar kann es zu den Pflichten des Zuwendungsempfängers gehören, Haushalts- oder Betriebsmittel zu verwalten, und insoweit trifft ihn dann auch eine Vermögensbetreuungspflicht. Davon nicht umfasst sind allerdings die reinen Zuwendungen.[2755]

> Der Geschäftsführer des Blutspendedienstes (BSD) des Bayrischen Roten Kreuzes forderte Zahlungen von einer Geschäftspartnerin. Die Firma ging darauf ein. Nicht zu klären war die Frage, ob für den Angeklagten insoweit günstigere Preise für den BSD erzielbar gewesen wären.

Nach gefestigter Auffassung des Bundesgerichtshofes muss sich nicht jede 1914 Schmiergeldzahlung an einen Angestellten bei dessen Arbeitgeber als Schaden auswirken.[2756] Solche Zahlungen können auch im Hinblick auf noch unbestimmte zukünftige Geschäftsbeziehungen erfolgen oder allgemein der Kundenpflege dienen. Deshalb bedarf es im Einzelfall, je geringer der Umsatzanteil und je niedriger die Beträge in ihrer absoluten Höhe sind, umso gewichtigerer Anhaltspunkte dafür, dass die Schmiergeldzahlungen in die Kalkulation des Bestechenden eingestellt waren. Nur dann könnten sie sich als Nachteil zum Schaden des Geschäftsherrn auswirken.

Die teils als Angestelltenbestechung abgeurteilten Taten dürfen demnach nicht 1915 reflexhaft auch als Untreue bestraft werden. In anderen unabhängigen Fällen war ein Schmiergeldanteil von fünf Prozent bis über zehn Prozent des Umsatzes gegeben. Dann läge es nahe, dass diese Beträge in die Preisbildung eingegangen sind, die der Geschäftsherr mitfinanzieren muss. In Anbetracht eines sich über fünf Jahre verteilenden Umsatzvolumens von wenigstens 60 Millionen DM (mehr als 30 Millionen Euro) lag es vorliegend aber nicht nahe, die Zahlungen an den Angeklagten in der Größenordnung der 220.000 DM (ca. 112.000 Euro) automatisch als Schaden des BSD anzusehen. Die Leistungen machten einen Umsatzanteil von weniger als 0,5 Prozent aus. Nicht als Untreue zu werten war auch, dass der Angeklagte die Schmiergelder nicht an seinen Dienstherrn weitergeleitet hat. Zwar wäre der Angeklagte gemäß den §§ 681 Satz 2, 687 Absatz 2 in Verbindung mit § 667 BGB insoweit zur Herausgabe verpflichtet. Eine Verletzung dieser Pflicht stellt jedoch keine Untreue dar, weil sich die Vermögensbetreuungspflicht des Angeklagten nicht auf die Abführung dieser Zahlungen bezieht.[2757]

2754 So genannter juristisch-ökonomischer Vermögensbegriff, vgl. MünchKomm/Dierlamm, a.a.O., § 266 Rn. 180.

2755 BGH NStZ 2002, 648 ff.; vgl. oben die Ausführungen zu den Drittmitteln/Sponsoring, Rdn. 1811 ff.

2756 Vgl. auch BGH NStZ 1995, 233, 234.

2757 BGHR StGB § 266 abs. 1 Nachteil 49 = BGH, Urt. v. 15. 03. 2001 – 5 StR 454/00.

1916 In Betracht kommen Untreue-Straftaten bei der Korruption deshalb eher dann, wenn es sich um so genannte »**Kick-Back«-Zuwendungen** handelt. Das bedeutet, dass dem Zuwendungsempfänger als Gegenleistung für seine Dienst- oder Geschäftshandlung (Hinwirkung auf einen Vertragsschluss) eine Rückvergütung zugute kommt, die sich aus einem entsprechend überhöht vereinbarten Preis amortisiert, der zu Lasten des Vermögens des Dienst-/ Geschäftsherrn geht.[2758] Nach der Rechtsprechung des Bundesgerichtshofs liegt bei der Vereinbarung von **Schmiergeldzahlungen** in Form eines prozentualen Preisaufschlags regelmäßig ein Nachteil im Sinne des § 266 Absatz 1 StGB vor.[2759] Dem liegt die Erwägung zugrunde, dass mindestens der Betrag, den der Vertragspartner für Schmiergelder aufwendet, auch in Form eines Preisnachlasses dem Geschäftsherrn des Empfängers hätte gewährt werden können.[2760] Bei Untreue-Straftaten im Zusammenhang mit Korruptionsdelikten bildet deshalb der Überhöhungsbetrag des Preises, der lediglich der Finanzierung der Zuwendung dient, regelmäßig die Mindestsumme des beim Dienst-/ Geschäftsherren entstandenen Vermögensnachteils:[2761]

> *»Eine Vermögensbetreuungspflicht gebiete es dann, dass der Treupflichtige die Möglichkeit des vorteilhaften Vertragsschlusses im Interesse des betreuten Vermögens nutzt und den Vertrag zum günstigeren Preis abschließt. Es läge regelmäßig auf der Hand, dass das Geschäft auch für einen um den aufgeschlagenen Schmiergeldanteil verminderten Preis abgeschlossen worden wäre, wenn das Schmiergeld einen bloßen Durchlaufposten darstellt. Inwieweit andere Anbieter noch teurere Angebote eingereicht haben, bleibt demgegenüber unerheblich.*
>
> *Der Schwerpunkt der Vorwerfbarkeit läge in solchen Fällen im Abschluss des um den Schmiergeldanteil überteuerten Vertrages und in der damit einhergehenden Verlagerung der Schmiergeldzahlungen zugunsten des Geschäftsführers auf die vertretene Gesellschaft durch Vereinbarung entsprechend überhöhter Zahlungsverpflichtungen mit Dritten. Der Abschluss des überteuerten Vertrages hindere gleichzeitig den Abschluss eines um den Schmiergeldanteil verminderten günstigeren. Zudem stehe der eingegangenen Zahlungsverpflichtung in Höhe des vereinbarten Schmiergelds keinerlei Gegenleistung gegenüber.«*[2762]

1917 In der Privatwirtschaft kann man eine Vermögensbetreuungspflicht in diesem Zusammenhang nur dann annehmen, wenn der Zuwendungsempfänger gerade mit dem Aushandeln von Verträgen oder einer ähnlich herausgestellten Position betraut ist. Nach den oben dargestellten Grundsätzen wird für die Begründung einer solchen Pflicht lediglich ein Arbeitsvertrag nicht ausreichen. Dabei ist die

---

2758 Sylvia **Schwaben**, Die Bonusmeilenaffäre im Lichte der Untreue-Rechtsprechung des BGH, in: NStZ 2002, 636 ff.

2759 BGHSt 47, 295, 298 f.; 49, 317, 332 f.

2760 Wabnitz/Janovsky/Raum, a.a.O., K 4 Rn. 169 f.

2761 Ablehnend MünchKomm/Dierlamm, a.a.O., § 266 Rn. 232, der in dieser Relativierung (»regelmäßig«) die zuvor, wie in der **Blutspende-Affäre**, aufgestellten Grundsätze gefährdet sieht, indem eine Art Beweislastumkehr dafür geschaffen wird, wann Provisionen als in den Preis miteinbezogen gesehen werden dürfen – dies sei mit dem Zweifelssatz nicht vereinbar.

2762 BGHR StGB § 266abs. 1 Nachteil 60 Schmiergeldaufschlag = BGH, Urt. v. 02. 12. 2005 – 5 StR 119/05.

Pflichtverletzung – und der Schaden – nicht in der unterlassenen Auskehrung der Provisionen an den eigentlichen Vermögensinhaber, sondern in der Vereinbarung eines überhöhten Preises zu sehen.[2763] In diesem Zusammenhang ist noch das »**System Schreiber**« beachtlich:[2764]

> Die Angeklagten waren innerhalb des Thyssen-Konzerns maßgeblich an einem für den Konzern sehr lukrativen Geschäftsabschluss beteiligt. Der Konzern verkaufte Panzerfahrzeuge zu einem Gesamtpreis von 446 Millionen DM (mehr als 228 Millionen Euro) nach Saudi-Arabien und erhielt für die Panzer vom Typ »Fuchs« (tatsächlicher Wert umgerechnet ca. 15 Millionen Euro) einen Kaufpreis in Höhe von 227 Millionen DM, daneben eine weitere Zahlung von 219 Millionen DM für ein »Logistikpaket«, das tatsächlich nahezu vollständig der Zahlung von Provisionen und Schmiergeldern diente. Karlheinz Schreiber, der an dem Zustandekommen des Panzergeschäfts mitgewirkt hatte, erhielt hieraus in mehreren Raten insgesamt 28 Millionen DM, die er sich größtenteils auf die in der Schweiz geführten Konten der Tochtergesellschaft einer von ihm beherrschten Liechtensteiner Briefkastenfirma überweisen ließ. In der Folgezeit richtete er Unterkonten, so genannte Rubrikkonten ein. Von diesen Konten tätigte Schreiber Bargeldabhebungen, die er an die Angeklagten aushändigte.

Das Landgericht hatte das Verhalten der Angeklagten als Untreue gewertet. Hätte man innerhalb Thyssens gewusst, dass die Beträge an die Angeklagten zurückflössen, wären diese Gelder nicht in die Provisionen eingerechnet worden. Der Bundesgerichtshof hat dem Urteil des Landgerichts weitgehend zugestimmt. **1918**

Im Rahmen der Schadenssaldierung ist zu prüfen, ob nicht eine **Schadenskompensation** dadurch eingetreten ist, dass die Nachteile, die durch das untreue Verhalten entstanden sind, durch etwaige erlangte Vorteile ausgeglichen sind. **1919**

> Nach einem Urteil des Landgerichts hatte der Angeklagte im Jahre 1989 als Oberbürgermeister für die Stadt Bingen den Zwischenerwerb eines Grundstücks und dessen »altlastenfreie« Weiterveräußerung an ein Industrieunternehmen veranlasst. Dem Angeklagten war vorgeworfen worden, dass der für die Grundstückssanierung den Entscheidungsgremien mitgeteilte Kostenrahmen von 5 Millionen DM (ca. 2,6 Millionen Euro) bei weitem überschritten worden sei und der Angeklagte dies vorhergesehen und verheimlicht habe.

Der Bundesgerichtshof hat das Verfahren eingestellt.[2765] Der Tatrichter sei von einem unzutreffenden Verständnis des Begriffs des Vermögensnachteils ausgegangen. Er hat ihn zwar richtig in der Übernahme der Altlasten gesehen. Es bestand aber zugleich eine begründete Aussicht auf Vermögenszuwachs der Gemeinde durch zu erwartende Gewerbesteuereinnahmen, Rettung und Schaffung von Arbeitsplätzen, Stärkung von Kaufkraft usw., was genauso schon als Vermögensvorteil anzusehen sei wie die übernommene Verpflichtung zur altlastenfreien Übergabe bereits einen Vermögensnachteil darstellt. **1920**

2763 Volk/Greeve/Dörr, a.a.O., § 19 Rn. 281; BGH NJW 2005, 300 ff.
2764 BGH NJW 2005, 300 ff.
2765 BGH v. 02. 07. 1997 – 2 StR 228/97 = wistra 1997, 301.

1921 Eine Kompensation kommt demnach in Betracht, wenn der Geschäftsherr durch die Untreuehandlung für seinen Vermögensverlust direkt eine **gleichwertige Gegenleistung** erhält, er von einer zumindest gleichwertigen **Verbindlichkeit befreit** wird.[2766]

1922 Eine ähnliche Gefahr wie das Vereinbaren von Kick-Backs beinhalten die Fallkonstellationen, in denen es um so genannte »**Schwarze Kassen**« geht. Hier werden Geldmittel des Treuegebers dem gewöhnlichen Geldkreislauf entzogen und außerhalb dieses Kreislaufs Konten, Kassen oder Treuhändern zugeführt.[2767] Der Bildung von »Schwarzen Kassen« kommt im Bereich der öffentlichen Haushalte ebenso vor wie in der Privatwirtschaft, wobei diese Sachverhalte im Bereich der Unternehmen häufiger anzutreffen sein dürften.[2768] Mehr **Aufmerksamkeit** hingegen erlangen diese Delikte meist im Rahmen von **Parteispendenaffären**.[2769]

> Kanther war von 1970 bis 1998 erst Landesgeschäftsführer, dann Landesvorsitzender der CDU Hessen. Nach den Feststellungen des Landgerichts Wiesbaden besaß der Landesverband im Jahr 1983 22 Millionen DM (ca. 11,25 Millionen Euro), die in dem offiziellen Rechnungswerk der Partei nicht enthalten waren. Um es vor dem staatlichen Zugriff wegen der »Flick-Spenden-Affäre« zu schützen und dem Verband zu erhalten, übermittelten Kanther und Weyrauch in Zusammenarbeit mit dem Schatzmeisters das Vermögen heimlich auf ein Schweizer Treuhandkonto. Auf jeweilige Anforderung von Kanther transferierte Weyrauch große Beträge auf CDU-Konten zurück, indem er sie bar abhob und über verschleierte Drittkonten überwies. K setzte dieses Geld sodann nach seinem Ermessen ein, insbesondere zur Finanzierung von Wahlkämpfen und sonstigen politischen Kampagnen. 1993 überführte Weyrauch mit Wissen von Kanther dann die restlichen Schweizer Guthaben an die zu diesem Zweck gegründeten Stiftung »Zaunkönig« in Liechtenstein, da beide aufgrund des 1994 reformierten Parteiengesetzes verschärfte Kontrollen des Rechnungswerks der Parteien befürchteten.

1923 Nach Ansicht des Landgerichts traf Kanther eine Vermögensbetreuungspflicht gegenüber der Partei. Durch die pflichtwidrige Verschleierung des Parteivermögens vor den Organen der Partei sei dem Landesverband Hessen und dem Bundesverband der CDU ein **Nachteil im Sinne eines Gefährdungsschadens** entstanden. Weyrauch, den selbst keine Vermögensbetreuungspflicht traf, habe hierzu Beihilfe geleistet.

1924 Der Bundesgerichtshof hat das Urteil teilweise aufgehoben und zurückverwiesen, im Übrigen aber die Revisionen als unbegründet verworfen.[2770] Demnach sei das Landgericht zutreffend davon ausgegangen, dass die Verbringung der Parteigel-

---

2766 So auch MünchKomm/Dierlamm, a.a.O., § 266 Rn. 181 m. w. N.

2767 MünchKomm/Dierlamm, a.a.O., § 266 Rn. 211.

2768 Tröndle/Fischer, a.a.O., § 266 Rn. 46.

2769 Wie die CDU-Parteispendenaffäre, vgl. LG Bonn NStZ 2001, 375 (Fall Kohl); LG Wiesbaden NJW 2002, 1510 (Fall Kanther, Ablehnung der Eröffnung des Hauptverfahrens); OLG Frankfurt a. M., NJW 2004, 2029 (Beschluss zur Eröffnung des Hauptverfahrens); LG Wiesbaden v. 18. 04. 2005 – 6 Js 320.4/00 – 16 KLs (Verurteilung wegen Untreue).

2770 BGH, Urteil vom 18. 10. 2006 – 2 StR 499/05.

der auf Schweizer Konten im Jahre 1983, ihre Überführung in das Vermögen der Zaunkönig-Stiftung und ihre fortlaufende Verheimlichung gegenüber der CDU Hessen eine Untreue zum Nachteil des Landesverbandes darstelle, die erst mit der Rückführung der Gelder im Jahre 2000 beendet war. Der **Vermögensnachteil** liegt nach Ansicht des 2. Senats in einer **konkreten Vermögensgefährdung**, die durch Bildung einer »Schwarzen Kasse«, verbunden mit der Intention der Angeklagten, zwar im Interesse der Partei, letztlich aber nach eigenem Gutdünken hierüber zu verfügen, eingetreten ist.

Jedoch hat das Landgericht nach Ansicht des 2. Strafsenats den Vorsatz der Ange- **1925** klagten nicht rechtsfehlerfrei bejaht, indem es aus dem Wissen um die Möglichkeit des Verlustes staatlicher Parteienfinanzierung – ohne weiteres – auf eine entsprechende Billigung geschlossen hat. Die Angeklagten wollten den Eintritt eines Verlustes offensichtlich aber unbedingt vermeiden. **Eine Billigung des Schadenseintritts, die der Senat bei Untreue durch Vermögensgefährdung für erforderlich hält, läge daher nicht vor.**

»**Schwarze Kassen**« können aus mehreren Gründen und zu mehreren Zwecken **1926** eingerichtet werden. Im Zusammenhang mit Korruption kommt es insbesondere zur Anlage von Geld, um dieses **für eigene Schmiergeldzahlungen** vorzuhalten – oder die Kasse dient dazu, **empfangene Schmiergelder** heimlich verwalten zu können.[2771]

Die **rechtliche Einordnung** der Bildung »Schwarzer Kassen« ist **unklar und 1927 umstritten.**[2772] Handelt es sich um einen Fall aus der Privatwirtschaft, wird der Problembereich in der Regel unter dem Gesichtspunkt der Treuepflichtverletzung diskutiert. Geschieht die Einrichtung eines Sonderkontos für spezielle Aus- und Aufgaben mit – auch stillschweigendem – Einverständnis des Treuegebers, soll eine Pflichtverletzung ausgeschlossen sein – und zwar sogar dann, wenn diese Gelder für Schmiergeldzahlungen vorgesehen sind.[2773] Anders wird die Lage beurteilt, wenn es sich um einen Sachverhalt aus dem Bereich der öffentlichen Haushalte handelt. Hier besteht die Tendenz, die Einrichtung von »Schwarze Kassen« grundsätzlich als zum Nachteil des Treuegebers zu werten.[2774] Ein Schaden käme demnach in Betracht, wenn die Mittel zwar im allgemeinen Interesse des Vermögensinhabers eingesetzt würden, dieser Einsatz jedoch Verwendungen darstellt, die der Treuegeber nicht hätte vornehmen dürfen – wie z. B. Schmiergeldzahlungen.[2775] Weitgehend Einigkeit besteht insoweit, als dass keine strafbare Untreue vorliegt, wenn die den »Schwarzen Kassen« zugeführten Mittel zweckentsprechend im Interesse des Geschäftsherrn verwendet werden sollen und

---

2771 MünchKomm/Dierlamm, a.a.O., § 266 Rn. 211.

2772 So auch das LG Bonn NStZ 2001, 375 (376 f.) in seiner – an sich nicht vorgesehenen – Begründung für die Erteilung der Zustimmung zur Einstellung des Strafverfahrens wegen Untreue gegen Helmut Kohl.

2773 Achenbach/Ransiek/Seier, a.a.O., S. 338 Rn. 181; MünchKomm/Dierlamm, a.a.O., § 266 Rn. 211.

2774 BGH NStZ 1984, 549 m. w. N.

2775 Volk/Greeve/Dörr, a.a.O., § 19 Rn. 285; Tröndle/Fischer, a.a.O., § 266 Rn. 71, die allerdings an anderer Stelle in einem solchen Fall ebenso eine Treuepflichtverletzung verneinen, § 266 Rn. 46.

diesem hierdurch Aufwendungen in Höhe der entzogenen Mittel erspart bleiben.[2776]

1928 Dieser Überblick demonstriert den Wildwuchs an Meinungen, die zum **Problemkreis »Schwarze Kassen«** anzutreffen sind.[2777] Daraus lassen sich allgemein gültige Grundsätze kaum ableiten. Deshalb ist in Übereinstimmung mit einem Teil des Schrifttums und der Rechtsprechung eine Untreue auf jeden Fall dann in Betracht zu ziehen, wenn die ursprüngliche Zweckbindung der fehlgeleiteten Mittel vollständig aufgehoben wird und der Täter nach seinem Gutdünken eigenmächtig und unkontrolliert über sie verfügt und sie zeitweise als geheime, keiner Zweckbindung unterliegende Sondermittel nutzt.[2778]

1929 Die **Bildung »Schwarzer Kassen«** kann im Einzelfall zu einer Verurteilung wegen Untreue führen. Das gilt insbesondere dann, wenn durch den Treuepflichtigen Gelder für Zuwendungen an Dritte vorgehalten werden und dies ohne Einwilligung des Geschäftsherrn geschieht. Das zeigt auch aktuell die so kolportierte **»Siemens-Affäre«**:

- Im November 2006 wurde öffentlich behauptet, dass im Siemens-Konzern seit längerem schwarze Kassen geführt würden. Die damit verbundenen Vorwürfe bezogen die zweite Hierarchieebene des Unternehmens ein.[2779] Im Rahmen einer Großrazzia untersuchten fast 300 Polizisten, Steuerfahnder und Staatsanwälte rund 30 Unternehmensstandorte.[2780]
- Der vermutete Schmiergeldskandal soll nicht allein, wie eingangs angenommen, auf die Telekommunikationssparte beschränkt sein. Bei internen Untersuchungen wurden auch in der Verkehrstechniksparte Transportation Systems, bei der Kraftwerksparte und der IT-Tochtergesellschaft verdächtige Zahlungen gefunden. Der Siemens-Konzern geht derzeit zweifelhaften Zahlungsflüssen in dreistelliger Millionenhöhe nach, von denen 80 bis 90 Prozent auf die Com-Sparte, der Rest auf andere Geschäftsbereiche entfallen sollen. Siemens-Mitarbeiter werden verdächtigt, über Jahre hinweg Millionensummen des Konzerns veruntreut und über »schwarze Kassen« und Scheinfirmen zur Bestechung von Auftraggebern eingesetzt zu haben. Die Ausweitung der Untersuchungen wirft erneut die Frage auf, ob hohe Konzernmanager von den Vorfällen im Konzern gewusst haben. Bei den unklaren Geldflüssen handelt es sich um Zahlungen für Beraterverträge, bei denen Empfänger und Höhe der Summe dubios seien.[2781]

2776 MünchKomm/Dierlamm, a.a.O., § 266 Rn. 211; Volk/Greeve/Dörr, a.a.O., § 19 Rn. 285; BGHSt 40, 287 (295 ff.); a. A. wohl noch BGH NStZ 1986, 455 f.: diese »Schadenswiedergutmachung« lasse nicht die Strafbarkeit entfallen.

2777 Dazu Frank **Saliger**, Parteienuntreue durch schwarze Kassen und unrichtige Rechenschaftsberichte, NStZ 2007, 545 ff.

2778 BGHSt 40, 287 ff.; Tröndle/Fischer, a.a.O., § 266 Rn. 71; MünchKomm/Dierlamm, a.a.O., § 266 Rn. 212 unter Hinweis auf die Rechtsprechung; im Ergebnis auch Achenbach/Ransiek/Seier, a.a.O., S. 338 Rn. 183.

2779 FAZ Nr. 268 v. 17. 11. 2006, S. 18.

2780 HAZ Nr. 271 v. 20. 11. 2006, S. 23.

2781 FTD v. 09. 02. 2007.

- Nach Bekanntwerden der Affäre wurde von der Unternehmensleitung ein externer Ombudsmann berufen, der weitere Hinweise aus dem Unternehmen über Missstände entgegen nehmen soll. Zudem wurde die Überprüfung der unternehmensinternen Kontrollen (Compliance-Programm)[2782] auf Schwachstellen angekündigt.[2783] Im Zuge der Ermittlungen entstand der Verdacht, Angehörige der Anti-Korruptionsabteilung des Konzerns könnten von den »Schwarzen Kassen« gewusst haben.[2784]
- Insgesamt ist deutlich erkennbar, dass sich das Unternehmen als geschädigt sieht, großes Interesse an der Aufklärung zeigt und die Ermittlungen unterstützt.[2785] Die Staatsanwaltschaft geht immer noch von mindestens 200 Millionen Euro Schaden für Siemens aus. Siemens selbst hat ca. 420 Millionen Euro an dubiosen Zahlungsflüssen ausgemacht. Weiterhin unklar ist, wie hoch hinauf die Kenntnis von den illegalen Kassen reicht. Haben Konzernvorstände davon gewusst oder haben »nur« die Kontrollen versagt?[2786] Durch die Festnahme eines Mitgliedes des Zentralvorstands des Unternehmens Ende März 2007[2787] gerieten die Unternehmensorgane Aufsichtsrat und Vorstand unter Druck.

Untreue ist ein Vorsatzdelikt. Die Rechtsprechung hat recht hohe Anforderungen an die Festsstellung des Vorsatzes:

>*Der weite Rahmen des objektiven Tatbestandes der Untreue macht es erforderlich, strenge Anforderungen an den Nachweis der inneren Tatseite zu stellen. Das gilt vor allem dann, wenn – wie hier hinsichtlich des Schadens – lediglich bedingter Vorsatz in Betracht kommt und der Täter nicht eigensüchtig gehandelt hat (BGH, Urteil vom 18. November 1986 – 1 StR 536/86 = BGHR StGB § 266 Absatz 1 Vorsatz 1; BGH, Beschluss vom 2. Juli 1997 – 2 StR 228/97). Der Täter muss sich nicht nur der Pflichtwidrigkeit seines Tuns, sondern auch des dadurch bewirkten Vermögensnachteils bewusst sein.«*

Untreue-Delikte werden mit **Freiheitsstrafe bis zu 5 Jahren oder mit Geldstrafe** geahndet. Handelt es sich um einen besonders schweren Fall[2788] der Untreue, ist eine Freiheitsstrafe von 6 Monaten bis zu 10 Jahren möglich. Ein besonders schwerer Fall liegt in der Regel dann vor, wenn der Täter gewerbs- oder bandenmäßig oder mit dem Ergebnis einer Vermögensschädigung großen Ausmaßes gehandelt hat. **1930**

ccc) Steuerhinterziehung – § 370 AO[2789]

Wenn es um Schmiergeldzahlungen geht, begehen Empfänger und Leistender in der Regel auch eine Steuerhinterziehung, wenn **verauslagte bzw. vereinnahmte Schmiergelder in der Steuererklärung nicht korrekt angegeben werden.** Die **1931**

2782 Darauf wird noch ausführlich eingegangen, siehe unten Rdn. 1936 ff.

2783 FAZ Nr. 269 v. 18. 11. 2006, S. 19.

2784 Siehe auch FAZ Nr. 36 v. 12. 02. 2007, S. 14.

2785 FAZ Nr. 267 v. 16. 11. 2006, S. 11.

2786 Zur Aktionärshauptversammlung in Zeiten der Krise die HAZ Nr. 20 v. 24. 01. 2007, S. 13.

2787 HAZ Nr. 76 v. 30. 03. 2007, S. 11.

2788 § 266 abs. 2 i. V. m. § 263 abs. 3 StGB.

2789 Auf die Steuerdelikte wird an anderer Stelle noch ausführlich eingegangen, siehe Rdn. 1985 ff.

Steuerhinterziehung setzt voraus, dass vom »Nehmer« der Zuwendung gegenüber den Finanzbehörden über steuerlich erhebliche Tatsachen unrichtige oder unvollständige Angaben gemacht werden bzw. die Finanzbehörden pflichtwidrig über steuerlich erhebliche Tatsachen in Unkenntnis gelassen werden und dadurch Steuern verkürzt werden oder der Betreffende für sich oder einen anderen nicht gerechtfertigte Steuervorteile erlangt.

Ein kommunaler Eigenbetrieb zur Energieversorgung (Stadtwerk) bezieht Strom bei einem privaten Energieversorgungsunternehmen. Der Geschäftsführer des kommunalen Eigenbetriebes lässt sich als »Gegenleistung« für die Verlängerung des Stromliefervertrages eine Urlaubsreise versprechen, die ihm anschließend auch durch das Energieversorgungsunternehmen gewährt wird. Eine Angabe der Vermögenszuwendung in der Steuererklärung, und im Ergebnis damit eine Versteuerung als Einnahme, unterbleibt jedoch.

1932 Schmiergelder konnten bis zum Jahresende 1995 noch generell als Betriebsausgaben abgesetzt werden.[2790] Diese **Abzugsfähigkeit von Bestechungsgeldern** wurde durch das Jahressteuergesetz 1996, also ab dem 1. Januar 1996, unterbunden für die drei Fallgruppen – rechtskräftige Verurteilung nach einem Strafgesetz, Verfahrenseinstellung gemäß §§ 153 ff. StPO, rechtskräftige Verhängung eines Bußgelds.[2791] Mit dem Steuerentlastungsgesetz 1999/2000/2002 traten für Bestechungsdelikte weitere Verschärfungen ein.[2792] Nunmehr ist eine **rechtskräftige Verurteilung nicht mehr erforderlich**, vielmehr reicht die Verwirklichung eines Straftatbestands oder ein Gesetzesverstoß aus, der mit einer Geldbuße geahndet werden kann. Auch entscheidet die Finanzbehörde und nicht der Strafrichter, ob ein Straftatbestand als verwirklicht anzusehen ist. Ein tatsächliches Verschulden muss dem Steuerpflichtigen nicht mehr nachgewiesen werden.[2793] Diese Handha-

---

2790 Der Begriff »Schmiergeld« war nicht eindeutig definiert. Zudem fielen als Schmiergeldzahlung bezeichnete Zuwendungen, die gezahlt wurden, um einen bestimmten Auftrag zu erhalten, nicht unter »Geschenke« im Sinne des § 4 Abs. 5 Nr. 1 EStG. Siehe dazu die Vorauflage, S. 265 f.

2791 § 4 Abs. 5 S. 1 Nr. 10 EStG. Durch dessen Satz 2 wurden die Finanzbehörden unter Außerachtlassung des in § 30 AO festgeschriebenen Steuergeheimnisses – verfassungswidrig (?) – verpflichtet: »*Die Finanzbehörde teilt Tatsachen, die den Verdacht einer Tat im Sinne des Satz 1 begründen, der Staatsanwaltschaft oder der Ordnungsbehörde mit.*« Aufgrund dieser Mitteilung konnte (kann) z. B. die Staatsanwaltschaft ein Strafverfahren einleiten, wenn dieser Maßnahme nicht § 393 Abs. 2 Satz 1 AO entgegenstand bzw. entgegensteht. Nach dieser Vorschrift darf die Staatsanwaltschaft (oder später das zuständige Gericht) Tatsachen oder Beweismittel aus den Steuerakten nicht zur Strafverfolgung wegen nicht steuerlicher Delikte verwenden, wenn der Steuerpflichtige diese Tatsachen bzw. Beweismittel in Erfüllung seiner steuerlichen Pflichten offenbart hat, und zwar vor Einleitung oder in Unkenntnis der Einleitung des Strafverfahrens. Das Verwertungsverbot greift indes nicht, wenn ein zwingendes öffentliches Interesse an der Strafverfolgung besteht (§ 30 Abs. 4 Nr. 5 lit. a–c AO in Verb. mit § 393 Abs. 2 S. 2 AO).

2792 Siehe dazu »DER SPIEGEL«, 1999, Nr. 44 v. 01. 11. 1999, S. 78 ff.

2793 § 4 Abs. 5 EStG lautet nun: »*Die folgenden Betriebsausgaben dürfen den Gewinn nicht mindern: 10. (1) Zuwendung von Vorteilen sowie damit zusammenhängende Aufwendungen, wenn die Zuwendung der Vorteile eine rechtswidrige Handlung darstellt, die den Tatbestand eines Strafgesetzes oder eines Gesetzes verwirklicht, das die Ahndung einer Geldbuße zulässt. (2) Gerichte, Staatsanwaltschaften oder Verwaltungsbehörden haben Tatsachen, die sie dienstlich erfahren und die den Verdacht einer Tat im Sinne des Satzes 1 begründen, der Finanzbehörde für den Zwecke des*

bung wie die in § 4 Absatz 5 Ziffer 10 Satz 2 – 4 EStG vorgeschriebenen **gegenseitigen Anzeigen von Finanzbehörden, Staatsanwaltschaften und Gerichten** sind meines Erachtens nicht mit dem in § 30 AO normierten Steuergeheimnis vereinbar und daher verfassungswidrig.[2794]

Auch macht die Anzeigeregelung das **strafrechtliche Schweigerecht eines Täters** zur **Makulatur**. Der Unternehmer, der Steuerehrlichkeit beweist und in seiner Steuererklärung Provisionen ausweist, setzt sich dann des Verdachts der Steuerhinterziehung aus, wenn die Finanzbehörde die ausgewiesene Provision als steuerlich nicht abzugsfähiges Bestechungsgeld bewertet. Auf diesem Weg wird das besondere Vertrauensverhältnis zwischen Finanzbehörde und Steuerpflichtigem verletzt, welches in § 30a AO seinen Niederschlag gefunden hat und im Rang dem Interesse des Staates an der Besteuerung vorgeht.[2795]

1933

Die Finanzämter sind angewiesen, nach überhöhten Provisionszahlungen zu fahnden, in denen sich Schmiergelder verstecken könnten.

1934

Die Steuerhinterziehung wird mit Freiheitsstrafe bis zu 5 Jahren oder mit Geldstrafe, in besonders schweren Fällen mit Freiheitsstrafe von 6 Monaten bis zu 10 Jahren geahndet.

1935

Exkurs: »Compliance« – Weg zur Vermeidung betrieblicher Straftaten

a) Einleitung

Compliance umschreibt das Bestreben von Unternehmensleitungen, durch vorbeugende organisatorische Maßnahmen alle denkbaren zivil- und strafrechtlichen Risiken soweit wie möglich zu minimieren.[2796] Um wirksam zu sein, müssen diese Maßnahmen sowohl den Schutz vor strafbaren Schädigungen an sich als auch den Schutz vor Strafverfolgung umfassen. Zusätzlich sind Instrumente zur Schadensbegrenzung notwendig.

1936

Der Grund hierfür ist einfach zu erklären. Die Berichterstattung über Zuwendungen an Politiker oder an Unternehmensmitarbeiter durch andere Unternehmen sowie die medienwirksame Darstellung von Gerichtsverfahren gegen Führungskräfte und Aufsichtsräte wegen der Auszahlung hoher Vergütungen demonstriert, dass die **Gefahr von strafrechtlichen Konsequenzen** im Zusammenhang mit Zuwendungen häufig **unterschätzt** wird. Die Erwähnung von Unternehmensangehörigen in den Medien im Zusammenhang mit Wirtschaftskriminalität ist zudem gleichbedeutend mit negativer Publizität für das betroffene Unternehmen.

1937

Besteuerungsverfahrens und zur Verfolgung von Steuerstraftaten und Steuerordnungswidrigkeiten mitzuteilen. (3) Die Finanzbehörde teilt Tatsachen, die den Verdacht einer Straftat oder einer Ordnungswidrigkeit im Sinne des Satzes 1 begründen, der Staatsanwaltschaft oder Verwaltungsbehörde mit. (4) Diese unterrichten die Finanzbehörde von dem Ausgang des Verfahrens und den zugrunde liegenden Tatsachen.«

2794 Dazu Schumann, § 30a AO – Schutz von Bankkunden, in: wistra 1995, 336 ff. m. w. N.

2795 BVerfGE 65, 1 ff. (45); BFH DB 1998, 172

2796 So auch Christoph **Hauschka**, Compliance…: Eine geeignete Reaktion auf gestiegene Haftungsrisiken für Unternehmen und Management?, in: NJW 2004, 257 ff.

1938 Wirtschaftskriminalität verursacht wie schon dargestellt jährlich Schäden, durch die die betroffenen Unternehmen in ihrer Rentabilität erheblich beeinträchtigt werden. Den Unternehmensverantwortlichen ist bewusst, dass kein Geschäftsbetrieb – trotz aller Aufklärung und Kontrolle – zur Gänze ausschließen kann, dass Mitarbeitern Zuwendungen von Dritten angeboten werden oder dass Personen, die nicht Mitarbeiter sind, Zuwendungen fordern. Hier gilt es anzusetzen, denn der Schutz des Unternehmens vor internen und externen Wirtschaftsstraftätern und die Bekämpfung von Wirtschaftskriminalität muss ein wesentliches Anliegen aller sein, die unternehmerisch tätig sind. Dabei ist zu berücksichtigen, dass kriminelles Verhalten oft nicht auf einem tatsächlichen Willensentschluss von im Einzelnen Verantwortlichen beruht, sondern dass strafrechtliche Risiken bereits aus der wirtschaftlichen Tätigkeit per se erwachsen, aus der Teilnahme am Wettbewerb und der Erforderlichkeit, kaufmännische und technische Risiken einzugehen.[2797]

b) Sachlage

1939 Im Rahmen der Diskussion, welche Maßnahmen zur Verhinderung und Bekämpfung von Wirtschaftskriminalität, insbesondere der Korruption, zu ergreifen sind, steht immer wieder die weitere **Verschärfung des Strafrechts** im Vordergrund. Bereits heute können Rechtsverstöße in Unternehmen oder von Unternehmensmitarbeitern neben einer Bestrafung des einzelnen Täters auch Folgen für das Unternehmen und dessen Führungsebene nach sich ziehen. Dazu zählen Strafen und Bußgelder gegen Unternehmensleiter, Eintragungen in das Bundes- oder Gewerbezentralregister, Geldbußen gegen das Unternehmen als solches und der Ausschluss von der öffentlichen Auftragsvergabe. Ein solcher Ausschluss ist in Nordrhein-Westfalen[2798] selbst dann möglich, wenn bei einer einschlägigen Verfehlung eines Unternehmensangehörigen das Ermittlungsverfahren wegen Geringfügigkeit und Zahlung einer Geldauflage eingestellt wird.[2799] Es steht jetzt schon fest, dass diese – ist sie verfassungsgemäß? – gesetzliche Bestimmung von weiteren Bundesländern übernommen wird.[2800]

1940 Dass das Strafrecht nur ein teilweise Erfolg versprechendes Mittel zur Eindämmung der Wirtschaftskriminalität darstellt, ist deutlich geworden.[2801] Deshalb werden vermehrt **Forderungen nach präventiven Maßnahmen** laut.[2802] Das – eigentlich selbstverständliche – Verlangen von Gesellschaft, Gesetzgeber und Gerichten nach zuverlässigen, verantwortungsbewussten und ethisch sauber handelnden Wirtschaftsunternehmen wird zunehmend dringlicher.

2797 Vgl. Ingo **Minoggio**, Firmenverteidigung, a.a.O., S. 316 Rn. 8.

2798 Nach dem am 01. 03. 2005 in Nordrhein-Westfalen in Kraft getretenen Korruptionsbekämpfungsgesetz – KorruptionsbG NW.

2799 § 5 Abs. 2 Ziff. 5 KorruptionsbG NW.

2800 Obwohl das Bundesverfassungsgericht schon früher bekräftigt hat, dass eine solche Verfahrensbeendigung wegen Geringfügigkeit (§ 153a StPO) eine Unschuldsvermutung zugunsten des Beschuldigten beinhaltet; vgl. BVerfG StV 96, 163; NJW 91, 1530.

2801 Ein weitergehendes Gesamtkonzept fordert auch Dölling, a.a.O., K 1 Rn. 54 ff.

2802 Bannenberg, a.a.O., S. 446, mit Hinweisen zu unterschiedlichen Ansätzen.

Dabei ist der Druck sowohl auf die Unternehmen an sich als auch auf deren **1941** Organe im Einzelnen erhöht worden.[2803] Auch als Folge einer Entscheidung des Bundesgerichtshofes[2804] kam es zur derzeit geltenden Verschärfung der Sorgfalts-, Kontroll- und Darlegungspflichten der Unternehmensorgane Vorstand und Aufsichtsrat. Hierzu hat das **Gesetz zur Kontrolle und Transparenz im Unternehmensbereich** – KonTraG[2805] – ebenso beigetragen wie das **Transparenz- und Publizitätsgesetz** – TransPuG[2806] – mit der damit verbundenen Einführung des **Deutschen Corporate Governance Kodex (DCGK)**.[2807]

Der **Deutsche Corporate Governance Kodex** soll nur für börsennotierte Unter- **1942** nehmen gelten (vgl. § 161 AktG), aber schon die Präambel des Kodex empfiehlt die Beachtung auch den nicht börsennotierten Gesellschaften. Eine Abweichung von Vorgaben des DCGK kann im Fall des Eintritts eines – zivil- oder strafrechtlichen – Schadensfalles zu einer Darlegungs- und Beweislastverpflichtung des zuständigen Ressortvorstands führen.[2808] Dabei ist die rechtliche Bedeutung des Kodex nach wie vor umstritten, ebenso wie die Frage, inwieweit er die Rechtsprechung beeinflussen wird. Dies bedeutet jedoch nicht, dass dem Kodex rechtlich keine Bedeutung zukäme.[2809] Justiz und Strafermittler neigen dazu, Vorgänge nur aus Sicht des eingetretenen Schadens zu betrachten. Was zu dem Schaden hinführte, wie der zugrunde liegende Entscheidungsvorgang oder die Voraussehbarkeit des Schadenseintritts, wird selten berücksichtigt. Diese Sichtweise kann bei Nichtbeachtung des Kodex – da nach deutschem Recht Unternehmen als solche nicht straffähig sind – die Folge eines **gesteigertes Haftungsrisiko** von **Vorstand und Geschäftsführung** haben, wenn aus der Nichtberücksichtigung der Empfehlungen des Kodex auf ein strafrechtlich relevantes Fehlverhalten geschlossen werden kann.

In diesem Zusammenhang ist noch eine zusätzliche Risikoerweiterung für Unter- **1943** nehmen und Unternehmensverantwortliche zu nennen.[2810] Am 30. Juli 2002 wurde der *Sarbanes Oxley Act* **(SOA)** in den USA in Kraft gesetzt.[2811] Das Gesetz berührt verschiedene Bereiche der Unternehmensführung, wie Corporate Governance, Compliance und die Berichtspflichten von Publikumsgesellschaften. Die Vorschriften des SOA sollen im Wesentlichen die Anleger vor Bilanzmanipulationen bei Börsenunternehmen schützen, indem sie umfassende Offenlegungs- und

---

2803 Hauschka, a.a.O., NJW 2004, 257 f.

2804 BGH NJW 1997, 1926 – so gen. ARAG/Garmenbeck-Fall: Ein Vorstandsmitglied und ein externer Finanzmakler schädigten bei nicht ausreichender Kontrolle durch den Aufsichtsrat eine Aktiengesellschaft um mehr als 50 Millionen Euro.

2805 Vom 05. 03. 1998 (BGBl. I 786).

2806 BGBl. I 2681.

2807 Diese Normen spielen auch bei der zivilrechtlichen Haftung eine bedeutsame Rolle, vgl. dort Rdn. 554 ff.

2808 Vgl. Christian **Schlitt**, Die strafrechtliche Relevanz des Corporate Governance Kodex, in: DB 2007, 326 ff.

2809 Ebenso Schlitt, a.a.O., DB 2007, 326.

2810 Siehe auch Klaus **Hopt**, Amerikanisches Recht durch die Hintertür – Mit der Fusion von EuroNEXT und NEW YORK STOCK EXCHANGE wird aufsichtsrechtlich Neuland betreten, in: FAZ Nr. 262 v. 10. 11. 2006, S. 24.

2811 Der Text ist einsehbar unter http://www.law.uc.edu/CCL/SOact/soact.pdf.

Prüfungspflichten vorschreiben. Das Gesetz betrifft alle Firmen, die verpflichtet sind, bei der *Securities and Exchange Commission* (SEC)[2812] Bericht zu erstatten. Für deutsche Unternehmen gelten deshalb Teile dieser Vorschriften, wenn ihre Aktien an US-Börsen gehandelt werden[2813] oder wenn sie eine bestimmte Anzahl an US-amerikanischen Aktionären haben.[2814] Das US-Gesetz ist in verschiedene Abschnitte (*sections*) unterteilt, denen wiederum einzelne Kapitel (*titles*) untergeordnet sind. Einige Kapitel regeln dabei neue oder erweiterte Strafvorschriften, etwa die Haftung für Täuschungen[2815] und die Verschärfung der Strafen für Wirtschaftsverbrechen,[2816] wo unter anderem eine Haftstrafe von bis zu 20 Jahren oder/und Geldstrafen bis zu 5 Millionen US-Dollar für den Fall vorgesehen sind, dass wissentlich und absichtlich gegen Zertifizierungspflichten hinsichtlich der Unternehmensbilanzen verstoßen wird.[2817]

1944 Der Sarbanes Oxley Act enthält demnach Regelungen, die sich in vergleichbarer Form nunmehr auch im deutschen Recht finden (KonTraG, TransPuG, DCGK, darüber hinaus in den §§ 331 HGB, 400 AktG) – allerdings mit einem weit über die deutschen Regelungen hinausgehenden Pflichtenkreis und drastischeren Strafandrohungen.[2818] In Zeiten der Globalisierung erlangt der SOA ebenso wie die SEC auch für deutsche Unternehmen eine verstärkte Bedeutung. Die streitbare amerikanische Börsenpolizei ist mittlerweile auf der ganzen Welt gefürchtet. Auch in der so genannten *Siemens*-Affäre hat die SEC ein Verfahren gegen den Konzern eingeleitet.[2819]

c) Compliance – Systeme

1945 Unternehmen sind also einem zunehmend anwachsenden Pflichtenprogramm unterworfen, das in seiner Gesamtheit von den Betroffenen nur noch schwer überschaubar ist. Hinzu kommt, dass dort, wo viele Menschen zusammenarbeiten, der Eintritt von Schadensfällen niemals gänzlich ausgeschlossen werden kann, auch wenn das Unternehmen grundsätzlich im Einklang mit den Gesetzen geführt wird.[2820]

1946 Deshalb gilt es, den Eintritt von Schadensfällen bestmöglich zu unterbinden und sich gegen das **Restrisiko** auf geeignete Weise zu **wappnen**. Dies geschieht durch die Einführung spezieller, unternehmensinterner Risikomanagement-Systeme, mit deren Hilfe menschlichem Fehlverhalten aktiv und möglichst präventiv begegnet

---

2812 Die SEC ist für die Kontrolle des Wertpapierhandels in den Vereinigten Staaten zuständig.

2813 Müller-Gugenberger/Bieneck/Schmid, a.a.O., § 27 Rn. 77.

2814 Volk/Verjans, a.a.O., § 8 Rn. 41.

2815 TITLE VIII — CORPORATE AND CRIMINAL FRAUD ACCOUNTABILITY.

2816 TITLE IX — WHITE-COLLAR CRIME PENALTY ENHANCEMENTS.

2817 TITLE IX – Sect 906 SOA/ § 1350 United States Code; vgl. auch Müller-Gugenberger/ Bieneck/Schmid, a.a.O., § 27 Rn. 77.

2818 Vgl. insgesamt Volk/Verjans, a.a.O., § 8 Rn. 42 f.

2819 Vgl. FAZ Nr. 98 v. 27. 04. 2007, S. 19: »*Die Schlüsselrolle der amerikanischen Börsenaufsicht SEC*« und HAZ Nr. 287 v. 08. 12. 2007, S. 13: »*Siemens hofft auf neue Hinweise … Der Konzern unterliegt seit der Notierung an der New Yorker Börse im März 2001 der dortigen Aufsicht. In Aufsichtsratskreisen werde eine Geldstrafe in Milliardenhöhe befürchtet.*«.

2820 Dazu auch Dölling, a.a.O., K 2, 155 ff.

wird, die aber auch Strategien zur Schadensbegrenzung bereithalten, wenn die Prävention versagt.

In US-amerikanischen Unternehmen sind solche Systeme seit langem üblich. Auch **1947** einige deutsche Wirtschaftsunternehmen haben ähnliche Programme erfolgreich installiert (u. a. Deutsche Bahn AG[2821], BASF[2822], Volkswagen). Allerdings wird in Deutschland der Bereich des – insbesondere strafrechtlichen – Risikomanagements immer noch vernachlässigt.[2823]

Das **Unternehmensinstrumentarium Compliance** hat sich als probates Mittel des **1948** Risikomanagements erwiesen. Sofern der Begriff **Vermeidungsstrategien hinsichtlich jeglichen Unternehmensrisikos** umfasst, wird im Folgenden hauptsächlich auf den Bereich der Wirtschaftskriminalität eingegangen. Und die guten Gründe, weshalb diese Kriminalität entschieden bekämpft werden muss, liegen auf der Hand:

- zur Verhinderung von betrieblichen Schäden
- zur Vermeidung von negativer Unternehmenspublizität
- zur Geltendmachung von Schadensersatz
- zur Unterstützung der Ermittlungsbehörden
- zum Schutz der ehrlichen Mitarbeiterinnen und Mitarbeitern
- zur Schaffung eines antiwirtschaftskriminellen Bewusstseins
- zur Abschreckung
- im Übrigen wieder: zur Sicherstellung, nicht selbst in die Verantwortung genommen zu werden[2824]

Der Aufwand von Einführung und Aufbau eines Compliance-Systems lohnt sich **1949** also. Compliance setzt früher an als die Instrumente Controlling und Revision, denn es sollen bereits im Vorfeld Fehler verhindert werden. Man sollte nicht erst aus begangenen Unternehmensfehlern lernen müssen.[2825]

Ein erster Schritt auf diesem Weg ist die Zuweisung des neuen **Aufgabenberei- 1950 ches** an den Inhaber einer **Führungsposition**. Durch die unmittelbare Zuordnung des Compliance-Bereiches zur Führungsebene wird das oben beschriebene Haftungsrisiko der Unternehmensleitung im Normalfall begrenzt.[2826] Der Vorstand oder die Geschäftsführung wird bei Einhaltung eines geordneten und entsprechend dokumentierten regelmäßigen Berichtswesens belegen können, dass er zur Schadenverhinderung alles ihm Mögliche und Zumutbare veranlasst und getan hat. Anderes gilt nur im Falle einer existenzgefährdenden Bedrohung für das

---

2821 www.db.de/site/bahn/de/unternehmen/investor_relations/corporate_governance/cor-porate_governance.html.
2822 www.corporate.basf.com/de/ueberuns/vision/compliance.
2823 Ebenso: Volk/Verjans, a.a.O., § 8 Rn. 8.
2824 Allerdings ist die Auswirkung von Compliance-Programmen im Hinblick auf § 130 OWiG (Exculpation bei Aufsichtspflichtverletzungen) im Bereich der EU begrenzt; siehe dazu eben Rdn. 727 ff.
2825 Minoggio, a.a.O., S. 318 Rn. 22.
2826 Minoggio, a.a.O., S. 318 Rn. 20.

Unternehmen. Dann setzt die so genannte Allzuständigkeit der Organe ein, die alle zu Handlungspflichtigen macht.[2827]

1951 Aufgabe des **Compliance-Beauftragten** wird zunächst die Erstellung von Compliance-Programmen sein. Dafür gibt es keinesfalls eine Patentlösung. Das Programm muss **speziell auf Unternehmen und Branche abgestimmt** sein, wobei unter anderem die Betriebsgröße und die Qualifikation der Mitarbeiter eine Rolle spielen.[2828]

1952 Gerade für Großunternehmen wird es sich empfehlen, dem Compliance-Beauftragten mehrere **Ombudsmänner** zu unterstellen, einen **für jeden Risikobereich** (z. B. Umwelt, Arbeitsicherheit, Wirtschaftskriminalität).[2829] Bei kleineren Betrieben ist eventuell eher eine Betreuung des Systems von externen Spezialisten angebracht.[2830] Grundsätzlich empfehle ich, einen Fachmann in Person eines spezialisierten Anwalts für Wirtschaftsstrafrecht als Ombudsmann einzusetzen, was bei mehreren DAX-geführten Unternehmen bereits geschehen ist.

1953 Ist ein System von mit der Compliance befassten Personen installiert, muss eine konsequente Strategie verfolgt werden, die sich mit einer Bestandsaufnahme und der Reaktion auf die gefundenen Ergebnisse zu befassen hat.

aa) Bestandsaufnahme

1954 Zunächst muss eine **Prüfung der Unternehmensstruktur** stattfinden, die Risikobereiche aufdeckt.[2831] Berücksichtigt werden muss, dass es deliktsgefährdete Schlüsselpositionen gibt, die sich besonders im Bereich des Geld- und Warenverkehrs finden lassen.[2832] Es sind vor allem Arbeitsgebiete gefährdet, in denen Zugang zu vertraulichen Informationen besteht, Aufträge aller Art erteilt und Verträge geschlossen werden, Verfügungsberechtigung über Finanzen und häufige Außenkontakte bestehen.[2833]

1955 **Nach Untersuchung der Risikobereiche** sind Tätergruppen zu identifizieren.[2834] Beachtet werden muss, dass es charakteristische Täterprofile kaum geben wird.[2835] Allerdings gibt es **Warnhinweise**, denen nachgegangen werden sollte, sofern sie bekannt geworden sind. Bei unternehmensschädigenden Handlungen sind als Motive finanzielle Probleme oder andere persönliche Krisen bekannt, allerdings auch eventuelle berufliche Rückschläge, die als ungerecht empfunden werden (Nichtbeförderung, Umsetzung, Verantwortungskürzung).[2836] Bei Taten, die eigentlich dem Unternehmen dienen sollen, sind Erfolgseifer, Umsatzdruck

---

2827 Hauschka, a.a.O., NJW 2004, 257 ff. (259).
2828 Minoggio, a.a.O., S. 318 Rn. 23; Hauschka, NJW 2004, 257 ff. (259).
2829 Hauschka, a.a.O., NJW 2004, 257 ff. (259).
2830 Minoggio, a.a.O., S. 318 Rn. 24.
2831 Volk/Verjans, a.a.O., § 8 Rn. 46.
2832 Minoggio, a.a.O., S. 328 Rn. 11.
2833 Ax/Schneider, a.a.O., S: 26 Rn. 3; die dort – mit weiteren Beispielen – genannten Bereiche beziehen sich auf Korruptionsdelikte, lassen sich aber in den hier ausgewählten Formen ohne weiteres auf die Wirtschaftskriminalität allgemein übertragen.
2834 Volk/Verjans, a.a.O., § 8 Rn. 48.
2835 Minoggio, a.a.O., S. 328 Rn. 9.
2836 Minoggio, a.a.O., S. 328 Rn. 10; Volk/Verjans, a.a.O., § 8 Rn. 48.

sowie schlichte Unkenntnis der Rechtswidrigkeit von Handlungen als Ursachen zu nennen.[2837]

Ein Mittel der Bestandsaufnahme – aber auch der zukunftsbezogenen Kriminalitätsbekämpfung – ist die Spezialisierung eines der schon angesprochenen Ombudsmänner auf die Betreuung einer **Hotline**[2838] und eines »**Kummerkastens**« für anonyme Anzeigen. Eine zusätzliche Hotline kann eingerichtet werden, bei der die Mitarbeiter Rat ersuchen können[2839] (»**Helpline**«) – es sollte aber auf jeden Fall eine separate Leitung existieren, die **ausschließlich der Entgegennahme anonymer Eingaben** dient: Rund 50 % aller entdeckten Straftaten im Unternehmensbereich sind auf Tipps von aktiven oder ehemaligen Mitarbeitern zurückzuführen.[2840]   **1956**

Die **Installation von Meldeeinrichtungen** ermöglicht das so genannte *Whistleblowing*.[2841] Unter *Whistleblowern* versteht man grundsätzlich Personen, die aus ethischen oder moralischen Gründen Missstände oder illegale Praktiken aus geschlossenen Organisationen bekannt machen, die intern wegen mangelnder Kontrolle oder Beteiligung von Führungskräften nicht aufgedeckt werden.[2842] *Whistleblower* sind also Dissidenten aus Gewissensgründen, die unlautere Machenschaften von Regierungen, Verwaltungen oder Unternehmen offenbaren, um diese zu unterbinden. Wer diese Kriterien nicht erfüllt, ist kein Whistleblower, sondern ein *Denunziant*.   **1957**

Es besteht immer die Gefahr, dass Meldeeinrichtungen aus Scherz oder Rache, zum eigenen Karriereschub oder zum Mobbing zweckentfremdet werden. Das hat leider zur Folge, dass der *Whistleblower* oft automatisch als Denunziant gesehen wird. Wahre *Whistleblower* setzen so nicht selten ihren Arbeitsplatz[2843] und ihr soziales Ansehen aufs Spiel.[2844] Sie werden häufig Opfer von **Mobbing**[2845] und anderen teils kriminellen Angriffen. Die Gründe hierfür können psychologischer   **1958**

2837 Volk/Verjans, a.a.O., § 8 Rn. 48.

2838 Wie z. B. der Baukonzern Hochtief AG; dazu Ruth **Vierbuchen**, Viele Unternehmen gehen mit Bestechung sorglos um, in: HANDELSBLATT v. 03. 08. 2005.

2839 Volk/Verjans, a.a.O., § 8 Rn. 45.

2840 PWC, Wirtschaftskriminalität 2005, S. 38 (43 %); die KPMG-Studie 2006 zur Wirtschaftskriminalität in Deutschland, dort S. 15, nennt als Ergebnis auf die Frage »Wodurch sind Sie auf die in Ihrem Unternehmen begangenen wirtschaftskriminellen Handlungen erstmalig aufmerksam geworden?«(Mehrfachnennung möglich): 1. Sonstige Hinweise durch Unternehmensinterne 60 %, 2. Zufall 59 %, 3. Hinweise aus interner Routineprüfung (z. B. durch interne Revision) 59 %.

2841 Englisch: das Verraten, Verpfeifen; ausführlich zum Begriff Bannenberg, a.a.O., S. 375 f., zur Historie diess. S. 376 ff.

2842 Bannenberg, a.a.O., S. 375.

2843 Siehe auch Peter **Gänßle,** Der Whistleblower im Spannungsfeld zwischen Korruptionsbekämpfung und arbeitsrechtlichen Pflichten, in: KJ 2007, 265 ff. zum Spannungsverhältnis zwischen dem Wunsch nach Korruptionsbekämpfung und dem Arbeitsrecht.

2844 Zum Schutz der Whistleblower gibt es in den USA seit dem Jahre 1978 eine eigene Gesetzgebung. Dazu Christopher **Schwarz**, Verratene Verräter, in: WirtschaftsWoche Nr. 38 v. 11. 09. 2003, S. 128 ff.

2845 **Mobbing** (engl. mobbing; mob: *Meute, Gesindel, Pöbel, Bande*; oder to mob: *anpöbeln, angreifen, über jemanden herfallen*) ist Schikane, Intrige und Psychoterror in Organisationen, insbesondere am Arbeitsplatz und in Schulen.

Natur sein – Missstände werden lieber übersehen, um sich nicht, schon gar nicht öffentlich, damit auseinander setzten zu müssen. Vor allem in Deutschland spielt vielleicht auch die Historie eine große Rolle bei der negativen Einordnung von Hinweisgebern.[2846]

1959 Zur Eindämmung von Wirtschaftskriminalität und zur Sicherung des sozialen Friedens in deutschen Unternehmen und Behörden werden deshalb *Whistleblower*-Schutzgesetze angeregt.[2847] Ein Gesetz zum Schutze von Hinweisgebern gibt es in Deutschland nämlich noch nicht. Anders in den Vereinigten Staaten. Um das Vertrauen eines Insiders zu gewinnen, ihm die Angst vor Repressalien zu nehmen, hat man in den USA im Rahmen des oben angeführten *Sarbanes-Oxley Act* ein umfangreiches Schutzprogramm für Informanten in den Betrieben geschaffen.[2848]

1960 Ein solches Gesetz erscheint zumindest diskussionswürdig; denn die Problematik wird zum Großteil lediglich unter arbeitsrechtlichen Gesichtspunkten diskutiert[2849] – und zwar, inwiefern sich der Hinweisgeber gegenüber seinem Unternehmen illoyal verhält.[2850] **Gerichtsurteile zum *Whistleblowing*** haben fast immer gefordert, dass zunächst alle internen Abhilfemöglichkeiten hinsichtlich eines Mangels genutzt werden, also der **Dienstweg eingehalten** wird. Ansonsten verstößt der Arbeitnehmer unter Umständen gegen seine **arbeitsvertragliche Loyalitätspflicht**.[2851] Fraglich ist allerdings, inwieweit diese Auffassung dem Arbeitnehmer zumutbar ist, weil Vorgesetzte oder Unternehmensleitung für derlei Informationen nicht zugänglich – oder gar selbst davon betroffen sind.[2852]

1961 Wie sich zeigt, lebt der *Whistleblower* nicht ungefährlich. Die Angst vor dem Risiko ist jedoch weitgehend unbegründet; denn der redliche Hinweisgeber, und nur dieser ist schutzwürdig,[2853] will in der Regel sein Unternehmen und die Gesellschaft vor Schaden bewahren. Die Einrichtung eines internen Meldewesens bietet demnach Chancen, birgt aber auch Risiken. Durch ein Verfahren, das Anonymität garantiert, könnte die Zahl aufgedeckter Delikte stark ansteigen, ohne das gleich eine Strafanzeige an die Behörden erfolgt. Ist die Anonymität allerdings

---

2846 Bannenberg, a.a.O., S. 377 ff.; erinnert sei insoweit an Organisationen wie Gestapo oder Stasi.

2847 Bannenberg, a.a.O., S. 392 f. (Fazit), S. 382 ff. (Darstellung des Diskussionsganges).

2848 Vgl. Otto **Backes**, Anonymes Anzeigesystem zur Korruptionsbekämpfung, in: StV 2006, 712 ff. (712).

2849 Siehe z. B. die Entscheidung des BAG v. 16. 05. 2006 zur Verjährung von Ansprüchen wegen Mobbings, wonach auch länger zurückliegende Vorfälle dann zu berücksichtigen sind, wenn diese in einem Zusammenhang stehen mit späteren Mobbing-Handlungen. Zwar ist die BAG-Entscheidung vor Inkrafttreten des Allgemeinen Gleichbehandlungsgesetzes (AGG) ergangen, das Anspruchstellern aufgibt, ihre Ansprüche innerhalb von 2 Monaten nach Kenntnis einer Benachteiligung geltend zu machen; es ist aber davon auszugehen, dass die Grundsätze in der BAG-Entscheidung Bestand haben werden.

2850 Für den Fall der Strafanzeige durch Arbeitnehmer Minoggio, a.a.O., S. 307 f. Rn. 19 ff.

2851 BAG NJW 2004, 1547: Kündigung nach den Umständen im Einzelfall zulässig; anders noch BVerfG NJW 2001, 3474: regelmäßig keine Kündigung gerechtfertigt, außer bei wissentlich oder leichtfertig falschen Angaben.

2852 Ebenso Minoggio, a.a.O., S. 308 Rn. 24 f.

2853 Bannenberg, a.a.O., S. 384.

nicht gewährleistet, drohen Nachteile sowohl für den Hinweisgeber als auch das Unternehmen. Anders gesagt: Die **Garantie der Anonymität** ermöglicht gefahrlos den von der Rechtsprechung geforderten internen Abhilfeversuch, ohne das der *Whistleblower* gezwungen ist, die Staatsanwaltschaft einzuschalten oder an die Öffentlichkeit zu gehen.

Deshalb ist Folgendes unbedingt zu berücksichtigen: **1962**

- Bei dem **Ombudsmann**, der für Hinweise in jeglicher Form zuständig ist, sollte es sich um eine Person handeln, die weder der Unternehmensleitung noch den Strafverfolgungsbehörden gegenüber zur Offenlegung der Daten des Hinweisgebers verpflichtet ist (Zeugnisverweigerungsrecht gemäß § 53 StPO).[2854]
- Der Ombudsmann hat den Compliance-Beauftragten unverzüglich von den Hinweisen in Kenntnis zu setzen. Dieser leitet die erforderlichen Maßnahmen ein. Dabei ist die Wahrung der Anonymität des Hinweisgebers oberste Priorität. Mittlerweile konnte auch den Ermittlungsbehörden der Vorteil dieser Vorgehensweise nahe gebracht werden.
- Ist der Ombudsmann zur Entpersonalisierung der Daten des Hinweisgebers verpflichtet, erleichtert das die persönliche Kontaktaufnahme zum Hinweisgeber. Das trägt zur Sicherheit hinsichtlich der Seriosität des Hinweises bei.[2855] Aber auch von Beginn an anonyme Hinweise sind ernst zu nehmen. Allerdings birgt ein absolut anonymisiertes Verfahren die größte Missbrauchsgefahr.
- Durch den mit Zeugnisverweigerungsrecht ausgestatteten Ombudsmann sind sofort unternehmensinterne Ermittlungsmaßnahmen durchzuführen. In einem eventuellen späteren offiziellen Ermittlungsverfahren kann sich dieser auf die Schweigepflicht berufen.
- Interne Ermittlungen haben den Vorteil der Unauffälligkeit, vor allem, wenn sich der Verdacht als unbegründet erweist. Hat man aber erst die Ermittlungsbehörden im Haus, wird man diese so schnell nicht wieder los – mit allen positiven und negativen Konsequenzen.[2856]

Nur durch Beachtung dieser Hinweise kann ein System des *Whistle-Blowing* sinn-   **1963** voll und behutsam genutzt werden. Aber anonyme Anzeigesysteme ziehen auch **Kritik** auf sich. Es wird die Meinung vertreten, dass dadurch Grundregeln der Strafprozessordnung außer Kraft gesetzt werden können und vorsätzlichen Falschverdächtigungen Tür und Tor geöffnet würden.[2857]

Neben dem internen Meldewesen gibt es noch einige weitere Instrumente zur   **1964** Bestandsaufnahme, bei denen sich eine wiederholende Anwendung ebenso empfehlen kann. Zu nennen sind **verdachtsunabhängige Kontrollen** von Personen und Daten, insbesondere durch den kosten- und mühelosen **Einsatz von EDV**.[2858] Der kaum nachweisbare Einsatz von Prüfsoftware ist im Übrigen eine besonders schonende Methode der Überwachung. Denn ein Gesichtspunkt darf nicht unter-

---

2854 Volk/Verjans, a.a.O., § 8 Rn. 49, 85, 86.
2855 Volk/Verjans, a.a.O., § 8 Rn. 85.
2856 Minoggio, a.a.O., S. 332 Rn. 30 ff., nennt es treffend »das Zauberlehrling-Syndrom«.
2857 So Backes, a.a.O., StV 2006, 712 ff. (718 f.).
2858 Minoggio, a.a.O., S. 328 ff. Rn. 12, 17 ff.

schätzt werden: das **Risiko der Vergiftung des Betriebsklimas** durch eine Kultur des Misstrauens und der Angst davor, angeschwärzt oder permanent überwacht zu werden.

bb) Reaktion

1965 Nach der Bestandsaufnahme ist für die **Einführung des Compliance-Programmes** auf allen Ebenen zu sorgen.

1966 Dazu bedarf es zunächst der Formulierung einer Unternehmenspolitik und einer **Unternehmensethik**.[2859] Beides muss uneingeschränkt rechtlichen und ethischen Grundsätzen entsprechen und kann unter dem Oberbegriff Unternehmensleitbild zusammengefasst werden.[2860] Dieses Unternehmensleitbild ist für alle Mitarbeiter verbindlich festzuschreiben. Dazu gehören die Schaffung von **Verhaltensrichtlinien** und die **entsprechende Schulung** der Mitarbeiter. Unbedingt erforderlich ist, dass sich die **Unternehmensleitung** ihrer **Vorbildfunktion** bewusst ist und das Leitbild nach innen und außen kommuniziert und vorlebt.[2861] Danach müssen geeignete Kontrollinstrumente sowie die Möglichkeit firmeninterner Sanktionen geschaffen werden.[2862]

Ein Beispiel aus der Praxis in Auszügen:[2863]

1967 *»Die Richtlinie definiert ... das Verhalten im internationalen Geschäftsverkehr, den Umgang mit Interessenkonflikten, Fragen der Gleichbehandlung, die Rolle der internen Kontrollsysteme sowie den Anspruch auf Einhaltung gesetzlicher Normen und sonstiger interner und externer Regelungen. Dazu zählen auch die geltenden Kartellgesetze sowie die entsprechenden Gesetze zur Preisbildung, zum Wettbewerbsrecht und zum Verbraucherschutz.*

Hinweise auf vermutete Verstöße oder Unregelmäßigkeiten nehmen die Büros unseres Business Practices Office (BPO) ... entgegen. Aufgabe des BPO ist es, Informationen über mögliche Verstöße gegen gesetzliche oder unternehmensinterne Richtlinien anzunehmen, sie anonymisiert zu dokumentieren, erforderliche Untersuchungen zu initiieren und zu koordinieren sowie vierteljährlich über deren Ergebnisse gegenüber dem Prüfungsausschuss des Aufsichtsrats Bericht zu erstatten. DC informiert alle Beschäftigten weltweit über die Aufgaben des BPO und die Rahmenbedingungen für die Eingabe und Prüfung von Beschwerden. Dabei wird deutlich gemacht, dass absolute Vertraulichkeit gewährleistet wird. Es bleibt den Mitarbeitern unbenommen, sich mit ihren Hinweisen direkt an den Prüfungsausschuss des Aufsichtsrats zu wenden.

2859 Allgemein zum Begriff Bannenberg, a.a.O., S. 465 ff.
2860 Volk/Verjans, a.a.O., § 8 Rn. 53 f.
2861 Vgl. **ICC Deutschland** (Hrsg.), ICC-Verhaltensrichtlinien zur Bekämpfung der Korruption im Geschäftsverkehr, Köln, v. August 1998, S. 9; Minoggio, a.a.O., S. 318 ff. Rn. 21, 30.
2862 Ax/Schneider, a.a.O., S. 36 f.; ICC Deutschland, a.a.O., S. 19.
2863 Die DaimlerChrysler-Verhaltensrichtlinie (Integrity Code) gilt seit 1999, wurde im Jahr 2003 überarbeitet, erweitert und stellt einen verbindlichen Handlungsrahmen für alle Beschäftigten weltweit dar. Ein Verstoß kann zu arbeitsrechtlichen Maßnahmen, zu einer Beendigung des Arbeitsverhältnisses und zu weiteren rechtlichen Schritten führen.

DC duldet keine ethisch bedenklichen oder korrupten Praktiken durch Mitarbeiter oder seitens der Geschäftspartner. Ebenso verbietet das Unternehmen jede Beteiligung an oder Duldung von Bestechung. Auch dies ist in unserem Integrity Code festgelegt. Unsere Geschäftspolitik, die für jeden einzelnen Mitarbeiter verbindlich ist, unterstützt jegliche Anstrengungen, geschäftliches Handeln an den höchsten ethischen Normen auszurichten. In den kommenden Jahren werden wir zusätzliche Ressourcen bereitstellen, um mögliche Schwachstellen der internen Kontrolle zu entdecken und zu beheben. Führungskräfte und Aufsichtspersonen haben dafür zu sorgen, dass jeder Mitarbeiter die Richtlinien des Integrity Code kennt und beachtet.«

Ziele und Maßnahmen zur Bekämpfung von Korruption und Bestechung sind: 1968

- *Vorbildliches Verhalten des Managements auf Basis klarer Richtlinien (Integrity* 1969 *Code, Code of Ethics for Senior Financial Officers)*
- *Relevante rechtliche Länderbestimmungen sind bekannt und werden befolgt*
- *Null-Toleranz*
- *Systematische Überwachung (Konzernrevision, Vorstand, Prüfungsausschuss)*
- *Konsequente Ahndung von Verstößen*
- *Sensibilisierung der Beschäftigten durch umfassende Kommunikation*
- *Einrichtung des Business Practices Office (BPO)*
- *Aufbau und Erweiterung interner Kontrollsysteme (in wesentlichen Bereichen des Finanz-Reportings bereits 2004 umgesetzt)*
- *Präventive Steuerung der Mitarbeiterauswahl (Screening)*
- *Überwachung des internen Kontrollsystems*
- *Systematische Nachprüfung von Transaktionen in kritischen Bereichen bzw. Geschäftsprozessen*
- *Systematische und umfassende Untersuchung aller im BPO eingegangenen Hinweise*
- *Überprüfung der Einhaltung der internen Richtlinien durch die Konzernrevision.*

Das angeführte Beispiel deckt lediglich einen Teilbereich des **Gesamtkomplexes** 1970 **Compliance** ab.[2864] Wirtschaftskriminalität ist nur ein – wenn auch ein kräftiger – Farbklecks auf der bunten **Palette betrieblicher Haftungsrisiken.** Deshalb ist es wichtig, die Gesamtschau nicht zu vernachlässigen und die einzelnen Haftungsrisiken zusammengefasst in einem Gesamtkonzept unter Kontrolle zu halten. Dies getan ist es sträflich, sich auf den erreichten Lorbeerblättern auszuruhen. **Ein einmal im Unternehmen installiertes System ist nicht dauerhaft ausreichend.** Die Compliance des Unternehmens muss leben, sie muss auch selbst ständig hinterfragt und überprüft und den aktuellen Gegebenheiten angepasst werden, um nicht zur bloßen Augenwischerei zu verkommen.[2865] Dabei sind die hier genannten Ansätze eines **Leitfadens** den jeweiligen unternehmensspezifischen Bedürfnissen anzupassen.

2864 Siehe www.daimlerchrysler.com unter dem Stichwort »*Nachhaltigkeit*«.
2865 Ebenso Ruter/Sahr, Soziale Verantwortung – Ein Thema für den Aufsichtsrat, a.a.O., Der Aufsichtsrat 2007, 54 f. (55).

1971 Besonderes Augenmerk ist der **betriebsinternen Antikorruptions-Richtlinie** zu widmen. Eine Vielzahl von Unternehmen und Behörden haben inzwischen den Umgang mit Zuwendungen verbindlich in schriftlicher Form geregelt. Regelmäßig gilt Folgendes:

- Geld, Sachgeschenke oder sonstige Vergünstigungen dürfen grundsätzlich nicht angenommen werden.
- Ausnahmen können bei Werbegeschenke gemacht werden, und zwar dann: Werbegeschenke dürfen gewährt oder angenommen werden, wenn sie geringwertig sind und in keiner Weise den Anschein von Unredlichkeit, Inkorrektheit oder verpflichtender Abhängigkeit entstehen lassen. (Stichwort: Massenartikel)
- Bei Aufwendungen und Aufmerksamkeiten im Rahmen des sozial Üblichen ist bei einer nicht eindeutigen Trennbarkeit zwischen Geschäftlichem und Privatem im Zweifel die Zuwendung bzw. die Annahme zu unterlassen.[2866]
- In jedem Zweifelsfall, also auch bei geringen Zweifeln, ist immer die Entscheidung des Vorgesetzten einzuholen.
- Es dürfen keine Zuwendungen an Mitarbeiter von Behörden, kommunalen Betrieben, öffentlichen Institutionen etc. als Gegenleistung für einen Vorteil (z. B. Vertragsabschluss etc.) gewährt werden.
- Sollen Zuwendungen an Mitarbeiter in Behörden, kommunalen Betrieben, öffentlichen Institutionen etc. ohne Gegenleistung erfolgen, ist der jeweils Begünstigte auf die erforderliche Erlaubnis des Vorgesetzten bzw. der übergeordneten Behörde hinzuweisen und um Vorlage der Genehmigung zu bitten, sofern ein Zusammenhang mit der Dienstausübung des Begünstigten besteht.
- Gerade die Bereiche Sponsoring, Beitreibung von Drittmitteln sowie die Praxis im Umgang mit Spenden sollten ausdrücklich schriftlich geregelt sein, um Missbrauch und Missverständnisse zu vermeiden.

1972 Damit **alle Mitarbeiter** eines Unternehmens eine eigene Einschätzung zur Einhaltung der Verhaltensgrundsätze und der vorgenannten Empfehlungen vornehmen können, ist vom Compliance-Beauftragten ein **Fragenkatalog** auszuarbeiten, der in schriftlicher Form den Richtlinien beizufügen ist. In dem Katalog sollten nachstehende Fragen enthalten sein:

- Welche Absicht verfolge ich mit der Zuwendung? Handelt es sich um eine normale Aufmerksamkeit oder könnte die Objektivität des Empfängers der Zuwendung beeinflusst werden?
- Kann sich aus Wert und/oder Häufigkeit der von mir gemachten Zuwendungen für den Empfänger eine – auch moralische – Verpflichtung ergeben?
- Besteht Gewissheit, dass die Annahme oder Gewährung der Zuwendung im Einklang mit den Gesetzen erfolgt?
- Ist dem Empfänger von Zuwendungen die Entgegennahme von Zuwendungen erlaubt? Hier gilt besondere Vorsicht im Umgang mit öffentlich Bediensteten.

2866 Vgl. FTD v. 10. 10. 2006, »*Pommes ja, Shrimps nein – Wer sich zu opulenten Abendessen einladen lässt, gerät schnell in den Verdacht der Korruption*«; bei einer Einladung zum Abendessen soll die Obergrenze an Zuwendung bei 50 Euro pro Person liegen.

- Erfüllen die Umstände/ Rahmenbedingungen der Zuwendung die Anforderungen der gebotenen Transparenz? Wäre es Ihnen peinlich, wenn Dritte von der Zuwendung erführen? Dann bestehen unter Umständen Zweifel an der Angemessenheit der Zuwendung.

Nicht vergessen werden sollte, dass einige der Maßnahmen in der **praktischen Anwendung** zu Problemen führen können. Wird etwa zur Vermeidung der »Verfilzung« von Strukturen ein **Jobrotation-System** für deliktssensible Posten eingeführt, so kann das bei Mitarbeitern Motivationsverlust und Frust durch häufige Umsetzungen zur Folge haben.[2867] Auch das grundsätzlich zu empfehlende »**Vier-Augen-Prinzip**« führt nicht selten bei Arbeitnehmern zu Vertrauensverlust in die eigenen Fähigkeiten und dem Gefühl permanenter Überwachung.[2868] Vor einem Klima des gegenseitigen Misstrauens wurde schon gewarnt. Wichtig ist, die **richtige Balance** zwischen Überwachung einerseits sowie notwendigem Vertrauen und Handlungsfreiheit andererseits zu finden.[2869]   **1973**

Diese **Implementationsprobleme** zeigen: Es gibt keine allumfassende Schutzmöglichkeit, Zielobjekt strafrechtlicher Verfolgungsmaßnahmen zu werden. Selbst wenn sich alle Mitarbeiter eines Unternehmens zu einhundert Prozent korrekt verhalten würden, ist man nicht vor einem Strafverfahren gefeit. Für ein solches reicht nämlich schon ein Anfangsverdacht, dessen Schwellenwert schnell erreicht wird. Zudem stellt die unbegründete Strafanzeige mittlerweile ein beliebtes Mittel von missgünstigen Wettbewerbern sowie unzufriedenen Kunden und Mitarbeitern dar, den Ruf unliebsamer Unternehmen schädigen zu können.[2870]   **1974**

Exkurs: Abschluss von Versicherungen – Teil des Riskmanagements

Als weitere Maßnahme des Risikomanagements kommt deshalb der Abschluss von geeigneten Versicherungen in Frage.[2871] Zunächst ist an eine **D&O-Versicherung**[2872] zu denken, die mittlerweile wohl zum **Standard von Unternehmen** gehört.[2873] Diese deckt Vermögensschäden ab, die Organmitglieder oder leitende Angestellte in Ausübung ihrer Tätigkeit bei Pflichtverletzungen ihrem Unternehmen oder Dritten zufügen.[2874] Dabei handelt es sich um eine kombinierte Rechtsschutz/ Haftpflichtversicherung,[2875] wobei vorsätzliche und wissentliche Pflichtverletzungen in der Regel ausgeschlossen sind.[2876] Darüber hinaus gibt es die **Vertrauensschadenversicherung**, die eintritt, wenn eigene Mitarbeiter dem Unternehmen durch deliktisches Verhalten einen Schaden zufügen.[2877]   **1975**

2867 Bannenberg, a.a.O., S. 460 ff.
2868 Volk/Verjans, a.a.O., § 8 Rn. 96
2869 Ebenso Ax/Schneider, a.a.O., S. 275 Rn. 243.
2870 Minoggio, a.a.O., S. 318 Rn. 2 ff.
2871 Vgl. insgesamt Eidam, Industrie-Strafrechtschutzversicherung, a.a.O.
2872 Directors and officers liability insurance.
2873 Vgl. Minoggio, a.a.O., S. 322 Rn. 45.
2874 Widmaier/von Dalwigk, Strafverteidigung, a.a.O., § 42 Rn. 15.
2875 Werner **Dahnz**, Manager und ihr Berufsrisiko, a.a.O., S. 268.
2876 Dazu Widmaier/von Dalwigk, a.a.O., § 42 Rn. 15.
2877 Minoggio, a.a.O., S. 323 Rn. 49.

1976 Die reine **Vermögensschaden-Rechtsschutz-Versicherung** deckt im Gegensatz zur D&O-Versicherung lediglich die Abwehr unberechtigter Forderungen.[2878]

1977 Zu empfehlen ist auch der Abschluss einer **Unternehmens-Straf-Rechtsschutz- versicherung** durch das Unternehmen, dies kann in Kombination mit einer D& O-Versicherung, aber auch separat geschehen.[2879] Die Straf-Rechtsschutzversiche- rung sollte aus Gründen der Gleichbehandlung nicht auf bestimmte Hierarchie- ebenen begrenzt sein, sondern alle unternehmensnahen Personen, also auch ehe- malige Mitarbeiter einschließen.

1978 Versicherungsschutz besteht regelmäßig für die Kosten der Verteidigung des Unternehmens wie der beschuldigten Mitarbeiter, also für Anwalts-, Gerichts- und Sachverständigenkosten. Bei Verteidigern und Sachverständigen ist hierbei die Übernahme der nach besonderen, dem Fall angemessenen Gebührensätzen berechneten Vergütungen üblich. Da Strafverteidiger in Wirtschaftsstrafsachen regelmäßig auf einem Stundenhonorarbasis abrechnen, ist für einschlägige Ver- fahren der Abschluss einer allgemeinen Rechtsschutzversicherung unzureichend, da diese Kostenschutz lediglich im Rahmen des Rechtsanwaltsvergütungsgesetzes (RVG) vorsehen.

1979 Ein weiterer Vorteil der Unternehmens-Straf-Rechtsschutzversicherung ist die **zeitliche Festlegung des Versicherungsfalles** auf den Zeitpunkt der Einleitung des Ermittlungsverfahrens. Demhingegen ist Versicherungsfall in den üblichen ARB der tatsächliche oder behauptete Tatzeitpunkt, also ein deutlich früherer Zeitpunkt. Beispiel: Ein platzender Autoreifen führt zum Tod eines Fußgängers. Die Ermittlungen der Staatsanwaltschaft führen zu dem Ergebnis, dass das Plat- zen des Reifens die Folge eines fünf Jahre zurückliegenden Entwicklungsfehlers ist, den ein bestimmter Konstrukteur zu verantworten hat. Nach den Allgemeinen Rechtsschutzbedingungen (ARB) ist Versicherungsfall der fünf Jahre zurücklie- gende Konstruktionsfehler, nach den Regeln der Unternehmens-Straf-Rechts- schutzversicherung ist die Aufnahme der Ermittlungen gegen den Konstrukteur das maßgebliche Ereignis für die Bestimmung des Versicherungsfalls.

1980 Ein weiterer gravierender Unterschied zwischen der allgemeinen und der beson- deren Rechtsschutzversicherung ist, dass nach den ARB nur Deckungsschutz für Vergehen besteht, die fahrlässig wie vorsätzlich begehbar sind, und bei denen es nicht zu einer Verurteilung wegen Vorsatzes kommt. Im Rahmen der ARB besteht also kein **Kostenschutz für Vorsatztaten**, also für eine Verteidigung wegen des Vorwurfs des Betrugs, der Untreue, der Unterschlagung, der Bestechung usw. Die Unternehmens-Straf-Rechtsschutzversicherung umfasst auch Versicherungs- schutz für ausschließlich vorsätzlich begehbare Delikte. Allerdings entfällt der Kostenschutz bei einer rechtskräftigen Verurteilung wegen Vorsatzes rückwir- kend; es sei denn, es handelt sich um eine Verurteilung durch Strafbefehl.[2880]

1981 Ebenfalls anmerkenswerte Unterscheidungen sind im Vergleich zur ARB-Rechts- schutzversicherung, u.a.:

2878 Siehe auch Dahnz, a.a.O., S. 276.
2879 Minoggio, a.a.O., S. 324.
2880 Minoggio, a.a.O., S. 324 Rdnr. 53, 51 f.

- Erstattung der Kosten, welche durch die Hinzuziehung privater – also nicht von einem Gericht bestellter – Gutachter zur Rechtsverteidigung,
- die anwaltliche Erstellung von so genannten Firmenstellungnahmen in den frühen Verfahrensabschnitten 'Ermittlungen gegen Unbekannt' und/oder 'Ermittlungen genen Verantwortliche der Fa.' zur Eingrenzung des Verfahrens,
- die Kostenübernahme für Zeugenbeistände[2881], die anwaltliche Betreuung und Beratung von Zeugen.

Ausgeschlossen ist auch im Rahmen der Unternehmens-Straf-Rechtsschutzversicherung eine Versicherbarkeit von Geldbußen und –strafen sowie naturgemäß der Freiheitsstrafe.[2882] **1982**

Insgesamt ist zu betonen, dass Versicherungen nicht über den Preis abgeschlossen werden sollten, sondern über die angebotenen **Serviceleistungen**. Zudem sollten Erkundigungen über das **Regulierungsverhalten** der einzelnen Versicherer eingeholt werden.[2883] **1983**

Die nicht selten geäußerte Vermutung, der Abschluss der genannten Versicherungen könnten dazu dienen, die Versicherten zu strafbarem Verhalten zu verleiten, ist unbegründet. Schon der vorstehende Compliance-Exkurs sollte deutlich machen, dass die überwiegende Mehrzahl deutscher Unternehmen keinen ihrer Angehörigen, ob Mitarbeiter, ob Vorstandsmitglied, zu einem strafbaren Handeln für ihre Gesellschaft anhalten will, sondern eher bereit ist, alles für eine Vermeidung von Krisen- und Schadensfall zu tun.[2884] Da dies nie völlig möglich sein wird, bilden Versicherungen ein kaufmännisch korrektes Mittel sowie ein der Fürsorgepflicht gegenüber der Belegschaft dienliches Instrumentarium, um Haftungs- und Kostenrisiken überschaubar zu halten und um eigene Rufschädigungen zu minimieren. **1984**

p) Steuergesetze

Das Steuerstraf- und Ordnungswidrigkeitenrecht ist in der Abgabenordnung (§§ 369 bis 412 AO) geregelt. Soweit dort keine Spezialregelungen getroffen worden sind, gelten die allgemeinen Bestimmungen, insbesondere das Strafgesetzbuch, die Strafprozessordnung und das Gesetz über Ordnungswidrigkeiten. **1985**

Bei den Sanktionsnormen handelt es sich also um **Blankettgesetze**, die durch das materielle und prozessuale Steuerrecht ausgefüllt werden.[2885] Die Voraussetzun- **1986**

2881 Siehe BVerfGE 38, 105 ff.

2882 Doch auch in dieser Hinsicht sind Aufweichungstendenzen erkennbar. Unter der Überschrift 'Wenn schon U-Haft, dann gut versichert' teilt die FTD v. 07. 12. 2007, S. 20 mit: *»Werden Führungskräfte im Zusammenhang mit ihrer beruflichen Tätigkeit inhaftiert, bekommen sie ein »U-Haft-Tagegeld« und können im In- und Ausland Dienstleistungen abrufen. Der Anbieter benachrichtigt etwa Familienmitglieder und Botschaften. Der Verträge werden nur als Zusatz zu einer Strafrechtsschutzpolice angeboten.«*

2883 So auch Dahnz, a.a.O., S. 293 und Minoggio, a.a.O., Rn. 59 ff.

2884 Vgl. Minoggio, a.a.O., S. 322 ff. Rn. 43, 46, 51.

2885 Franzen/Gast/Joecks, a.a.O., Einleitung Rn. 5.

gen der Strafbarkeit müssen im Hinblick auf den Bestimmtheitsgrundsatz (Art. 103 Absatz 2 GG) im Blankettstrafgesetz oder in den steuerlichen **Ausfüllungsbestimmungen** hinreichend umschrieben sein.[2886]

1987 Aus § 2 Absatz 1 StGB ergibt sich der zeitliche Geltungsbereich der Steuergesetze. Grundsätzlich ist das zur Tatzeit geltende Gesetz maßgeblich, bei Dauerdelikten dasjenige, das bei Tatbeendigung gilt. Wird ein Gesetz zwischen Beendigung und Aburteilung geändert, ist das mildere Gesetz anzuwenden.[2887] Die steuerlichen Ausfüllungsbestimmungen stellen in der Regel **Zeitgesetze**[2888] dar. **Maßgeblich** ist deshalb das für den **jeweiligen Veranlagungszeitraum gültige Recht.**[2889]

1988 Das geschützte Rechtsgut des Steuerstrafrechts ist nach der herrschenden Meinung der **Anspruch des Steuergläubigers (Staat)** auf den vollen und rechtzeitigen Ertrag aus jeder einzelnen Steuer.[2890] Einen neueren Ansatz zur Rechtsgutbestimmung formuliert Salditt,[2891] der nicht die öffentlichen Kassen durch § 370 AO geschützt wissen will, sondern das Interesse an einer gleichmäßigen Lastenverteilung als Individualrecht des einzelnen Bürgers. Die besondere Konsequenz dieser Ansicht ist, dass im Falle der Hinterziehung verfassungswidriger Steuern eine Bestrafung zu unterbleiben hätte. Diese beachtenswerte Auffassung hat bisher keine Konsequenzen gezeigt, es gibt keine Anhaltspunkte für ein Umdenken. Im Gegenteil: immer weiter entfernt sich das Steuerrecht vom Gleichbehandlungsgrundsatz mit der Folge, dass auch das Steuerstrafrecht hauptsächlich diejenigen trifft, die nach dem Gleichberechtigungsgesichtspunkten sowieso schon benachteiligt sind.[2892]

1989 Soweit man mit **Salditt** der Meinung ist, dass man das Strafrecht endlich von seiner fatalen Abhängigkeit vom Steuergesetzgeber befreien müsse – um wenigstens auf dem Gebiet der Sanktionen Gerechtigkeit herzustellen, wenn diese schon nicht hinsichtlich der Steuerpflichten geschaffen wird – kann bezweifelt werden, dass sich diese Einsicht durchsetzt. Solange rein fiskalpolitische Interessen das Steuerrecht beherrschen, wird das Steuerstrafrecht als Mittel zu deren Durchsetzung gebraucht werden[2893] – losgelöst von Gerechtigkeitsgesichtspunkten.

2886 Volk/Lohr, a.a.O., § 29 Rn. 30 ff.

2887 § 2 Abs. 3 StGB; vgl. Volk/Lohr, a.a.O., § 29 Rn. 25.

2888 §§ 2 Abs. 4 StGB, 4 Abs. 4 OWiG.

2889 vgl. Volk/Lohr, a.a.O., § 29 Rn. 27; Kohlmann, a.a.O., § 370 AO 1977 Rn. 53.

2890 Dazu instruktiv **Brunn/Fritz**, Grundbegriffe des Steuerrechts, Bd. 1, Abgabenordnung, Stuttgart 1980, S. 66; siehe auch Müller-Gugenberger/Bieneck/Muhler, a.a.O., § 44 Rn. 2.

2891 Franz B. **Salditt**, Die Hinterziehung ungerechter Steuern, in: Festschrift für Tipke, Köln 1995, S. 475 ff. (S. 479); ders., Steuergerechtigkeit als Thema der Strafverteidigung, in: PStR 1999, 255 ff.

2892 Volk/Lohr, a.a.O., § 29 Rn. 3 unter Hinweis auf das Strafbefreiungserklärungsgesetz, dass ohne sachliche Rechtfertigung eine pauschale Geringbesteuerung für offen gelegte Schwarzgelder vorsieht und somit eine Ungerechtigkeit z. B. für den ehrlichen Steuerpflichtigen schafft.

2893 Ebenso Volk/Lohr, a.a.O., § 29 Rn. 3.

aa)   Allgemeines

§ 369 AO gliedert die Steuerstraftaten auf in   **1990**

1.   Taten, die nach den Steuergesetzen strafbar sind,
2.   Bannbruch,
3.   die Wertzeichenfälschung und deren Vorbereitung, soweit die Tat Steuerzeichen betrifft,
4.   die Begünstigung einer Person, die eine Tat nach den Nr. 1–3 begangen hat.

Die Vorschrift bezweckt mit der Einführung und Verwendung des Sammelbe-   **1991**
griffs »*Steuerstraftaten*« eine Vereinfachung der Gesetzestechnik und bringt eine
klare Abgrenzung zu den nur mit Geldbuße bedrohten Steuerordnungswidrigkeiten. So stellt § 369 Absatz 1 Nr. 1 AO allein darauf ab, in welchem Gesetz der
Tatbestand des Delikts einschließlich der dazugehörigen Strafandrohung aufgeführt ist.

Nach § 369 Absatz 2 AO gelten für Steuerstraftaten die Vorschriften des Straf-   **1992**
rechts, soweit die Strafvorschriften der Steuergesetze nichts anderes bestimmen.
Die **Legaldefinition** des Begriffs »**Steuern**« ist in § 3 Absatz 1 AO beschrieben,
die des Steuerpflichtigen in § 33 AO. Mit der Schaffung des EG-Binnenmarktes
zum 1. Januar 1993 wurde § 370 Absatz 6 AO erheblich umgestaltet[2894]. Seitdem
wird auch die Hinterziehung ausländischer Eingangsabgaben und Umsatzsteuern
aus dem EG-Bereich unter Strafe gestellt. Voraussetzung ist, dass zur Tatzeit auch
in dem jeweils anderen EG-Staat eine gleichwertige strafrechtliche Regelung
besteht.[2895] In Anwendung des § 370 Absatz 7 AO können so in Deutschland
auch Taten verfolgt werden, die im Ausland begangen wurden, soweit eine der
vorgenannten Abgaben oder Steuern betroffen ist.

Die wichtigsten Sanktionsbestimmungen sind:[2896]   **1993**

Straftaten:

- § 370 AO: vorsätzliche Steuerverkürzung (Steuerhinterziehung),
- § 370a AO: gewerbsmäßige/ bandenmäßige Steuerhinterziehung[2897],
- § 26c UStG: gewerbsmäßige/ bandenmäßige Schädigung des Umsatzsteueraufkommens.

Ordnungswidrigkeiten:

- § 378 AO: leichtfertige Steuerverkürzung,
- § 130 OWiG: vorsätzliche/ fahrlässige Verletzung der Aufsichtspflicht in Betrieben und Unternehmen,
- § 380 AO: vorsätzliche/ leichtfertige Gefährdung von Abzugssteuern,

---

2894 USt-BinnenmarktG v. 25. 08. 1992 (BGBl. I 1992, S. 1548).
2895 § 370 Abs. 6 S. 3 AO.
2896 Daneben kennt die AO noch die Straftat bestände des Bannbruchs (§ 372), des Schmuggels
(§ 373) und der Steuerhehlerei (§ 374). Nach den Steuerstraf- und Bußgeldsachenstatistiken der Bundeszollverwaltung der Jahre 1995 bis 1998 kam es jährlich zu 8.000 bis 11.000
rechtskräftigen Urteilen und Strafbefehlen nach diesen Vorschriften; siehe zu § 374 AO
Thomas **Rönnau**, Moderne Probleme der Steuerhehlerei, in: NStZ 2000, 513 ff.
2897 Ab 24. 07. 2002 i. d. Fassung v. 23. 07. 2002.

- § 26b UStG: Schädigung des Umsatzsteueraufkommens,
- § 379 AO: Steuergefährdung.

1994 Nach Art. 106 Absatz 6 GG können die Kommunen örtliche Verbrauchs- und Aufwandsteuern selbst festsetzen und erheben. Der Rahmen dafür wird von den **Ländern** in den **Kommunalabgabengesetzen** festgelegt. Diese enthalten eigene Straf- und Ordnungswidrigkeitentatbestände hinsichtlich Abgabenverkürzungen.[2898]

1995 Die Zuständigkeiten für Steuern sind in zwei Teilbereiche zu unterteilen: die Verwaltungszuständigkeit und die Verfolgungszuständigkeit. In der vorliegenden Betrachtung wird nur der zweite Bereich von Bedeutung sein. Aber die **Verfolgungszuständigkeit** stimmt prinzipiell mit der Verwaltungszuständigkeit überein.

1996 Die **Finanzämter** haben eigene Straf-, Bußgeldsachen- und Steuerfahndungsstellen. Diese sowie die **Hauptzoll-** und **Zollfahndungsämter** sind grundsätzlich für die Verfolgung von Steuerstraftaten und Steuerordnungswidrigkeiten zuständig, §§ 386, 409 AO.[2899] Dies gilt auch für eine Ordnungswidrigkeit nach § 130 OWiG[2900]. Kommt allerdings ein **Allgemeindelikt** (z. B. Bestechlichkeit) hinzu, verbleibt die Zuständigkeit bei den **Staatsanwaltschaften**.[2901] Diese können ein Strafverfahren im Übrigen jederzeit an sich ziehen und auch wieder abgeben.[2902]

1997 Die **Kommunen** sind nur für die Verfolgung von Ordnungswidrigkeiten bei Kommunalabgaben zuständig. Straftaten hat die Staatsanwaltschaft zu verfolgen.

1998 Im **Ermittlungsverfahren** (z. B. für Durchsuchungs- und Beschlagnahmebeschlüsse) ist das örtliche Amtsgericht zuständig.[2903] Bei Maßnahmen in mehr als einem Amtsgerichtsbezirk ist zuständig das Amtsgericht, an dessen Sitz sich die Ermittlungsbehörde befindet.[2904]

1999 Im **Erkenntnisverfahren** ist erstinstanzlich das am Sitz des Landgerichtes befindliche Amtsgericht oder das Landgericht zuständig.[2905]

bb) Selbstbelastungsfreiheit

2000 Aufgrund der **Doppelzuständigkeit** vor allem der Finanzbehörden für **Verwaltung und Verfolgung** wird im eventuell parallel laufenden Besteuerungs- und Strafverfahren der Sachverhalt von derselben Behörde ermittelt.[2906] Dies führt

---

2898 Z. B. Art. 14 – 17 Bayerisches Kommunalabgabengesetz (KAG) i. d. F. der Bekanntmachung vom 04. 04. 1993 (GVBl 1993, S. 264), zuletzt geändert am 26. 07. 2004 (GVBl 2004, S. 272).
2899 Dazu Rdn. 37.
2900 § 131 Abs. 3 OWiG.
2901 § 386 Abs. 2 AO.
2902 § 386 Abs. 4 AO.
2903 §§ 162 Abs. 1 S. 1 StPO, 46 Abs. 1 OWiG.
2904 § 162 Abs. 1 S. 2 StPO.
2905 §§ 391, 410 Abs. 1 Nr. 2 AO, § 24 Abs. 2 GVG.
2906 Franzen/Gast/Joecks, a.a.O., § 393 Rn. 4.

automatisch zu Konflikten, obwohl § 393 Absatz 1 AO beide Verfahren zunächst voneinander abgrenzt.[2907] Das Besteuerungsverfahren steht jedoch mit seinen umfassenden Mitwirkungspflichten in erheblichem Gegensatz zu dem Grundsatz des Strafverfahrens, dass sich niemand selbst belasten muss.[2908] Diese schwer in Einklang zu bringende Ungleichheit hat eine immer noch andauernde Diskussion ausgelöst.[2909]

Dabei sind zwei Problemkonstellationen zu unterscheiden. Für die **Fälle der** **2001** **Selbstbelastung** wegen einer vorangegangen Steuerstraftat hat der **Bundesgerichtshof** ein differenziertes Modell entwickelt[2910] und seit 2001 mehrmals seine Rechtsprechung zum **nemo-tenetur-Grundsatz** konkretisiert:

> Verbucht ein Unternehmer in seinen Umsatzsteuervoranmeldungen Umsätze nicht und wird vor Jahresende gegen ihn deswegen ein Ermittlungsverfahren eingeleitet, begründet die unterlassene Umsatzsteuerjahreserklärung keine Strafbarkeit nach § 370 Absatz 1 Nr. 2 AO.[2911]

Im diesem Fall stand einer Verurteilung das in § 393 Absatz 1 S. 2 AO normierte **2002** **Zwangsmittelverbot** entgegen. Zwangsmittel im Besteuerungsverfahren sind unzulässig, wenn der Steuerpflichtige dadurch gezwungen wäre, sich selbst wegen einer von ihm begangenen Steuerstraftat oder Steuerordnungswidrigkeit zu belasten. Der Beschuldigte musste sich durch die an sich nach § 18 Absatz 3 UStG abzugebende Jahreserklärung nicht belasten. Entscheidend war, dass die Voranmeldungen und die Jahreserklärung die gleiche Steuerart betrafen und damit in der Erklärungspflicht inhaltlich teilidentisch waren.

Der Bundesgerichtshof war aber auch der Ansicht, die Rechtsordnung beinhalte **2003** **kein ausnahmsloses Gebot**, dass niemand zu Auskünften gezwungen werden darf, durch die er eine von ihm begangene strafbare Handlung offenbaren muss.

> Hat der Steuerpflichtige in zurückliegenden Veranlagungszeiträumen Einkünfte nicht ordnungsgemäß angegeben und wird ihm deshalb die Einleitung eines Ermittlungsverfahrens eröffnet, so kann er wegen Steuerhinterziehung bestraft werden, sofern er nach dieser Bekanntgabe für andere Zeiträume in der gleichen Weise wie zuvor falsche Angaben macht.[2912]

Abweichend vom ersten Fall sei hier zwar die gleiche Steuerart, jedoch ein unter- **2004** schiedlicher Veranlagungszeitraum betroffen. Selbst wenn der **Steuerpflichtige in** **einer Konfliktsituation** gestanden habe, durch ordnungsgemäße Erklärungen die zuvor gegen ihn erhobenen Vorwürfe für die zurückliegenden Jahre zu bestätigen, so rechtfertige dieser Konflikt nicht, neues Unrecht zu schaffen. Diese Entschei-

---

2907 Vgl. Volk/Lohr, a.a.O., § 29 Rn. 10.

2908 »Nemo tenetur se ipsum accusare« – im Folgenden nemo-tenetur-Grundsatz.

2909 Lutz **Eidam**, Neuere Entwicklung um den Grundsatz der Selbstbelastungsfreiheit und das Rechtsinstitut der Selbstanzeige im Steuerstrafverfahren, in: wistra 2006, 11 ff.

2910 Martin **Wulf**, Steuererklärungspflichten und »nemo tenetur« – zur Strafbarkeit wegen Steuerhinterziehung bei Einkünften aus illegalem Verhalten, in: wistra 2006, 89 ff.

2911 BGH wistra 2001, 341.

2912 BGH wistra 2002, 149.

dung hat das Gericht später noch einmal grundsätzlich bestätigt, jedoch einschränkend hinzugefügt:[2913]

> »Allerdings besteht auch für den Steuerpflichtigen, gegen den bereits wegen zurückliegender Besteuerungszeiträume oder anderer Steuerarten des gleichen Besteuerungszeitraumes ein Strafverfahren eingeleitet wurde, durch die Pflicht zur Abgabe von wahrheitsgemäßen Steuererklärungen für die nachfolgenden Besteuerungszeiträume eine Konfliktsituation. Kommt er seiner Verpflichtung nicht nach oder macht er erneut falsche Angaben, begeht er gegebenenfalls eine weitere Steuerhinterziehung. Erklärt er nunmehr vollständig und wahrheitsgemäß, besteht die Möglichkeit, dass seine Angaben Rückschlüsse auf die tatsächlichen Besteuerungsgrundlagen für die strafbefangenen Besteuerungszeiträume zulassen. Dies kann dazu führen, dass der Steuerpflichtige sich mittelbar selbst belastet....
>
> Gleichwohl führt diese das Zwangsmittelverbot tangierende Situation nicht zur Suspendierung strafbewehrter steuerlicher Pflichten....
>
> Das Persönlichkeitsrecht des betroffenen Steuerpflichtigen wäre jedoch dann unverhältnismäßig beeinträchtigt, wenn die unter Zwang herbeigeführten (mittelbaren) Selbstbezichtigungen für andere Zwecke verwendet würden als für diejenigen, die die Auskunftspflicht rechtfertigen....
>
> Die Erfüllung der steuerrechtlichen Offenbarungspflichten ist dem Steuerpflichtigen nur dann zumutbar, wenn die – im Besteuerungsverfahren erzwingbaren – Angaben in einem Strafverfahren nicht gegen ihn verwendet werden dürfen .... Das Verbot des Selbstbelastungszwanges führt daher dazu, dass die Erklärungen eines Beschuldigten, die er in Erfüllung seiner weiter bestehenden steuerrechtlichen Pflichten für nicht strafbefangene Besteuerungszeiträume und Steuerarten gegenüber den Finanzbehörden macht, allein im Besteuerungsverfahren verwendet werden dürfen. Für das laufende Strafverfahren dürfen diese Informationen soweit sie unmittelbar oder auch mittelbar zum Nachweis einer Steuerhinterziehung für die zurückliegenden Steuerjahre führen können, nicht herangezogen werden.«

2005 Diese Rechtsprechung des Bundesgerichtshofes in diesem Bereich kann zumindest als konsequent fortgeführt sowie gefestigt gelten und ist auch schon ausreichend diskutiert worden,[2914] so dass eine weitere Vertiefung hier unterbleibt.

2006 Weitaus problematischer und in Literatur und Rechtsprechung noch immer **heftig umstritten** sind aber die Fälle der zweiten Konstellation, die die **Offenbarung von außersteuerlichen Straftaten im Steuerverfahren** betrifft.

2007 Ausgangspunkt für den Streit ist die Vorschrift des § 393 Absatz 2 AO. Dieser regelt ein **Verwendungsverbot** für Erkenntnisse der Ermittlungsbehörden im Steuerstrafverfahren, die diese **hinsichtlich anderer Straftaten** erlangen, die nicht dem Steuerrecht zuzuordnen sind. Dem liegt § 40 AO zugrunde, der regelt, dass

---

2913 BGH wistra 2005, 148 ff.

2914 Ebenso Wulf, a.a.O., wistra 2006, 89 ff. m. w. N.; a. A. wohl L. Eidam, a.a.O., wistra 2006, 11 ff., der eine weitere Entscheidung des BGH als dringend fordert: Ein Verstoß gegen die Belehrungspflichten gemäß § 393 Abs. 1 S. 4 AO hat ein Verwertungsverbot zur Folge hinsichtlich der Aussagen, die der Beschuldigte deshalb noch tätigt, weil er nicht über laufende Ermittlungen aufgeklärt wurde, BGH wistra 2005, 381.

auch strafbares Verhalten der Besteuerung unterliegt.[2915] Somit enthält das Verwendungsverbot einen Schutzmechanismus hinsichtlich einer Selbstbezichtigung bei Angabe von steuerlichen Tatbeständen, die im Zusammenhang mit anderen Straftaten sind. Diese Tatbestände müssen zwar steuerlich gemeldet werden und die Angaben können auch erzwungen werden – dürfen aber grundsätzlich nicht in einem Verfahren wegen der anderen Straftaten verwendet werden.[2916]

Das Problem der Norm stellt aber Absatz 2 Satz 2 dar, der die Verwendung der **2008** eigentlich geschützten **Informationen ausnahmsweise doch erlaubt**, wenn an der Verfolgung der Nicht-Steuerstraftat ein zwingendes öffentliches Interesse besteht.[2917] Zum Vorliegen dieses **zwingenden öffentlichen Interesses** nennt das Gesetz drei Fallgruppen, namentlich Straftaten gegen höchste Rechtsgüter, Wirtschaftsstraftaten von erheblicher Bedeutung und die Erforderlichkeit zur Richtigstellung unwahrer Behauptungen – im wesentlichen sind damit Taten gemeint, die die Rechts- und Wirtschaftsordnung oder das Vertrauen in diese erheblich beeinträchtigen.

Dieses Interesse mag ja verständlich sein – präzise definiert hingegen ist es **2009** nicht.[2918] Bei den ausdrücklich benannten Taten handelt es sich um eine Aneinanderreihung unbestimmter Rechtsbegriffe. Zudem stellen diese nur Regelbeispiele dar, die lediglich als Auslegungshilfe dienen.[2919] Die gesetzliche Regelung ist also keinesfalls abschließend.[2920] Zusätzlich verpflichten die §§ 31a, b AO und § 4 Absatz 5 Nr. 10 EStG die Finanzbehörden, bei Verdacht von **Geldwäsche**, **Schwarzarbeit** oder **Korruptionsdelikten**, die Erkenntnisse an die Ermittlungsbehörden weiterzugeben.

Diese unklare Rechtslage führt aus unterschiedlichen Gesichtspunkten zu unbe- **2010** friedigenden Ergebnissen. Weder ist gewährleistet, dass die in wahrheitsgemäßer Erfüllung der steuerlichen Erklärungspflicht offenbarten Informationen nicht zur Einleitung oder Durchführung eines Verfahrens wegen einer Nicht-Steuerstraftat benutzt werden,[2921] noch kann der Steuerpflichtige das tatsächliche **Risiko**, sich selbst der Strafverfolgung auszusetzen, **verlässlich abschätzen**. Andererseits sind die Finanzbeamten überfordert mit Auslegung und Berichtspflichten, so dass ängstliche Beamte lieber Verdachtsmomente oder Zweifel für sich behalten und somit hochgradig kriminelle Wirtschaftsstraftäter durch das Netz schlüpfen.[2922] Das hat zur Folge, dass sich der Steuerpflichtige im Einzelfall einer großen Gefahr

---

2915 Zu dieser Problematik siehe auch schon bei den Korruptionsdelikten, oben Rdn. 1916 f.

2916 **Franzen/Gast/Joecks**, Steuerstrafrecht mit Zoll- und Verbrauchsteuerstrafecht, Kommentar, 6. Auflage, München 2005, § 393 Rn. 53.

2917 Unter Verweis auf § 30 Abs. 4 Nr. 5 AO, der die allgemeine Regelung zur Durchbrechung des Steuergeheimnisses darstellt.

2918 Franzen/Gast/Joecks, a.a.O., § 393 Rn. 71, 78.

2919 Wulf, a.a.O., wistra 2006, 89 ff., 90; dazu auch Wabnitz/Janovsky/Kummer, a.a.O., K 18 Rn. 227 ff.: Es genügt nicht ein Wirtschaftsdelikt, das gem. § 74c GVG vor das Landgericht gehört, vielmehr müssten die besonderen Voraussetzungen des § 30 AO Abs. 4 Nr. 5 vorliegen; die Finanzbeamten sind mit der Auslegung allein gelassen – und einer fehlerhaften Auslegung sind keine Grenzen gesetzt.

2920 Franzen/Gast/Joecks, a.a.O., § 393 Rn. 78.

2921 Wulf, a.a.O., wistra 2006, 89 ff., 90 f.

2922 Wabnitz/Janovsky/Kummer, a.a.O., K 18 Rn. 228.

hinsichtlich einer Strafverfolgung aussetzt, obwohl er sich zumindest entsprechend der Steuergesetze verhalten will – bei tatsächlich wenig praktischem Nutzen der Offenbarungspflicht im Allgemeinen.

2011 Aus diesem Grunde herrscht in der neueren **Literatur** die Meinung vor, dass die Ausnahmeregelung des § 393 Absatz 2 Satz 2 AO **verfassungswidrig** ist, da sie einen **Verstoß gegen den nemo-tenetur-Grundsatz** darstelle, der selbst Verfassungsrang genieße.[2923] Dieser Meinung ist zuzustimmen. Fraglich ist, welche Konsequenzen diese Verfassungswidrigkeit zeitigt. Da es sich um nachkonstitutionelles Recht handelt, muss es durch die Behörden und nicht zuletzt bei der Rechtsprechung zwingend angewendet werden,[2924] und zwar solange, bis das Bundesverfassungsgericht die Norm für verfassungswidrig erklärt. Für eine Vorlage bei diesem Gericht gemäß Art. 100 GG bedarf es allerdings auch der Entscheidungserheblichkeit der jeweiligen Norm.[2925]

2012 Demnach ist nach bisher geltendem Recht der Steuerpflichtige unter Straf- und Zwangsmittelandrohung verpflichtet, im Rahmen der Steuererklärung das aus Straftaten Erlangte anzugeben und sich somit dem Risiko auszusetzen, dass aufgrund dieser Angaben gegen ihn ermittelt wird. Im Zweifelsfall ist ihm sogar anzuraten, die Quelle der Einkünfte anzugeben und somit das Strafverfolgungsrisiko theoretisch zu erhöhen – um nicht praktisch einen Verdacht zu erregen, der erst Recht Ermittlungen zur Folge hat.

2013 Der vom Bundesgerichtshof letzthin vorgeschlagene Weg, rechtswidrig erlangte Einkünfte zwar offenbaren zu müssen, diese aber in der Steuerklärung hinsichtlich der Herkunft nicht zu konkretisieren,[2926] ist ein lediglich in einfachen Fällen denkbarer Weg. Spätestens bei regelmäßigen Einkünften oder bei Geltendmachung von Werbungskosten oder Betriebsausgaben wird der auskunftswillige Steuerpflichtige das Finanzamt auf die Idee bringen, Nachforschungen anzustellen.[2927] Der Vorschlag, die zu erklärenden Steuertatbestände zu verheimlichen (Unterlassenstat) und sich im eventuellen späteren Verfahren auf die Unzumutbarkeit normgemäßen Verhaltens zu berufen, ist nicht zu empfehlen.[2928] Nach der Rechtssprechung wird diese Vorgehensweise in einem Strafprozess wegen Steuerhinterziehung wohl nicht zu einem Freispruch führen.

2923 Franzen/Gast/Joecks, a.a.O., § 393 Rn. 72; Wulf, a.a.O., wistra 2006, 89 ff., 91 f.; a. A. wohl Wabnitz/Janovsky/Kummer, a.a.O., K 18 Rn. 232, m. w. N. – trotz der geäußerten Zweifel zu § 30 AO.

2924 Wulf, a.a.O., wistra 2006, 89 ff., 91 m. w. N.

2925 Franzen/Gast/Joecks, a.a.O., § 393 Rn. 77.

2926 BGH wistra 2004, 391; BGH, Urt. v. 02. 12. 2005 – 5 StR 119/05=BGHR AO § 393 Abs. 1 Erklärungspflicht 6.

2927 Ebenso Wulf, a.a.O., wistra 2006, 89 ff., 94, 95, obwohl dort die falsche Schlussfolgerung gezogen wird.

2928 Zu diesem Schluss kommt aber Wulf, a.a.O., wistra 2006, 89 ff., 96.

cc) Die Steuerhinterziehung

Die Vorschrift des § 370 AO über die Steuerhinterziehung ist die **zentrale Norm** **2014** **des Steuerstrafrechts.**

Wegen Steuerhinterziehung wird nach § 370 AO derjenige mit Geldstrafe oder **2015** Freiheitsstrafe bis zu fünf Jahren bedroht, der den Finanzbehörden oder anderen Behörden über steuerlich erhebliche Tatsachen unrichtige oder unvollständige Angaben macht,[2929] die Finanzbehörden pflichtwidrig über steuerlich erhebliche Tatsachen in Unkenntnis lässt[2930] oder pflichtwidrig die Verwendung von Steuerzeichen oder Steuerstemplern unterlässt.[2931]

Es gibt demnach **drei unterschiedliche Begehungsformen** der Steuerhinterzie- **2016** hung:

- Steuerhinterziehung durch Handeln,
- Steuerhinterziehung durch Unterlassen,
- Steuerhinterziehung durch Nichtverwenden von Steuerzeichen und Steuerstemplern.

Das zu sanktionierende Handlungsunrecht liegt dabei in der Verletzung steuerli- **2017** cher Erklärungspflichten – die bloße Nichtzahlung einer Steuer stellt also noch keine Steuerhinterziehung dar.[2932] Allen drei strafrechtlich erheblichen Verhaltensweisen ist gemeinsam, dass ein ganz **bestimmter Erfolg** herbeigeführt wird, nämlich dass **Steuern verkürzt** oder **ungerechtfertigte Steuervorteile** erlangt werden.

Der Versuch ist strafbar.[2933] **2018**

dd) Steuerhinterziehung durch Handeln

Nach § 370 Absatz 1 Nr. 1 AO begeht derjenige eine Steuerhinterziehung, der **2019** diesen Taterfolg dadurch herbeiführt, dass er Finanzbehörden oder andere Behörden über steuerlich erhebliche Tatsachen **unrichtige** oder **unvollständige** Angaben macht. Das heißt, die Angaben, die der Täter in schriftlicher oder mündlicher Form oder auch durch konkludente Erklärungen abgibt, müssen sich auf Ereignisse, Vorgänge oder Zustände beziehen, die auf Entstehung, Höhe, Fälligkeit oder Verwirklichung eines Steueranspruches Einfluss haben.[2934] Die Unterscheidung von unrichtigen und unvollständigen Angaben ist praktisch ohne besondere Bedeutung.[2935]

2929 § 370 Abs. 1 Ziff. 1 AO – Ob der Tatbestand dieser Norm die Unkenntnis der Finanzbehörde von den tatsächlichen Besteuerungsgrundlagen voraussetzt, ist höchstrichterlich weitgehend offen gelassen und in der Literatur umstritten; dazu z. B. BGH wistra 2000, 63 f. (m. w. N.) mit Anmerkung von Annette **Jarke**, wistra 2000, 350 ff.; zuletzt BFH, Urteil vom 25. 10. 2005, VII R 10/04.

2930 § 370 Abs. 1 Ziff. 2 AO.

2931 § 370 Abs. 1 Ziff. 3 AO.

2932 Kohlmann, a.a.O., § 370 AO 1977 Rn. 201, 210.

2933 § 370 Abs. 2 AO.

2934 Müller-Gugenberger/Bieneck/Muhler, a.a.O., § 44 Rn. 8.

2935 Auch Kohlmann, a.a.O., § 370 AO 1977 Rn. 247, bezeichnet es lediglich als »Klarstellung«.

Ein Unternehmer gibt für die Monate Januar bis Juli zutreffende Voranmeldungen nach § 18 UStG ab. Für den Zeitraum von August bis Dezember gibt er keine Voranmeldungen ab. In seiner Steuererklärung für das Kalenderjahr führt er seine Umsätze ab August nicht an, sondern berechnet die Steuer nur nach den vorangemeldeten Umsätzen bis Juli. Die Angabe über die erklärten Umsätze sind unvollständig, da nicht alle relevanten Umsätze enthalten sind. Nun könnte man argumentieren, die gemachte Steuererklärung sei richtig, da zutreffende Voranmeldungen angegeben wurden. Eine solche Differenzierung[2936] ist indes wohl überflüssig: Die Steuererklärung beinhaltet die Erklärung, die Summe der erklärten Umsätze stimme mit der Wirklichkeit überein, was objektiv jedoch falsch ist.[2937]

2020 Es gibt vielfältige Erscheinungsformen der Steuerhinterziehung durch unterschiedlichste Manipulationen. Ergebnis ist jedoch fast immer die Angabe zu niedriger Einkünfte oder Umsätze. Das geschieht durch das Verkürzen von Betriebseinnahmen oder das Vortäuschen erhöhter Betriebsausgaben. Der Hauptfall der Steuerhinterziehung ist die unzutreffende Steuererklärung oder –anmeldung, wobei der Gebrauch von gefälschten Belegen aufgrund des technischen Fortschritts zum immer größeren Problem wird.[2938]

- Ein Geschäftsführer reicht dem Finanzamt Rechnungen mit überhöhten Beträgen über die steuerwirksame Modernisierung der betrieblichen Heizungsanlage ein und macht somit unrichtige Angaben.
- Im Bereich der Einkommensteuervorauszahlungen kann nach einem Urteil des Bundesfinanzhofs[2939] der Tatbestand der Steuerhinterziehung bereits dann erfüllt sein, wenn der Steuerpflichtige durch unrichtige Angaben in der Jahressteuererklärung bewirkt, dass neben der Jahreseinkommensteuer für den vergangenen Veranlagungszeitraum auch die Einkommensteuervorauszahlungen für einen nachfolgenden Zeitraum von der Finanzbehörde nicht in voller Höhe festgesetzt werden.

2021 Ein Sonderproblem stellen die Fälle dar, in denen Angaben des Erklärenden eine abweichende Rechtsauffassung zugrunde liegt.[2940] Nach der – äußerst umstrittenen –[2941] Rechtsprechung des Bundesgerichtshofes trifft den Steuerpflichtigen »eine Offenbarungspflicht für diejenigen Sachverhaltselemente, deren rechtliche Relevanz objektiv zweifelhaft ist. Dies ist ... der Fall, wenn die ... vertretene Auffassung ... von der Rechtsprechung, den Richtlinien der Finanzverwaltung oder der regelmäßigen Verwaltungspraxis abweicht.«[2942]

2022 Diese Auffassung ist nicht unproblematisch, da oft eine einheitliche Rechtsprechung oder Verwaltungspraxis nicht erkennbar ist. Die Rechtsprechung des Bun-

---

2936 Kohlmann, a.a.O., § 370 AO 1977 Rn. 247, der trotz seiner Auffassung wie zuvor eine Unterscheidung vornimmt.
2937 Müller-Gugenberger/Bieneck/Muhler, a.a.O., § 44 Rn. 12.
2938 Vgl. Wabnitz/Janovsky/Kummer, a.a.O., K 18 Rn. 17, 19, 21.
2939 BFH-Urteil v. 15. 04. 1997, VII R 74/96, BFH/NV 1997, R 369 ff.
2940 Ausführlich zur Diskussion insgesamt: Volk/Lohr, a.a.O., § 29 Rn. 118.
2941 A.A. etwa Franzen/Gast/Joecks, a.a.O., § 370 Rn. 126 ff.
2942 BGH wistra 2000, 137 ff.

desgerichtshofes ist also mit guten Gründen ablehnbar. Die damalige Vorsitzende des 5. Senats des Bundesgerichtshofes Monica **Harms** sah sich deshalb selbst zu einer Klarstellung veranlasst. Demnach sei dem Steuerpflichtigen auf jeden Fall zu raten, zumindest bei einer steuerlichen Gestaltung, die von allen gängigen Meinungen abweicht, dies der Finanzverwaltung mitzuteilen.[2943] Dieser Lösungsweg ist vorzuziehen – im Gegensatz zu der zu strengen Formel des Bundesgerichtshofes und der zu völliger Unkontrollierbarkeit führenden Gegenauffassung. Auch Joachim **Kummer** weist darauf hin, dass in Zweifelsfällen der Sachverhalt dem Finanzamt gegenüber umfassend aufzudecken sei, um Strafbarkeitsrisiken zu vermeiden.[2944]

ee) Steuerhinterziehung durch Unterlassen

Nach § 370 Absatz 1 Nr. 2 AO begeht derjenige eine Steuerhinterziehung, der **2023** die Finanzbehörde **pflichtwidrig über steuerlich erhebliche Tatsachen in Unkenntnis lässt** und dadurch Steuern verkürzt oder nicht gerechtfertigte Steuervorteile erlangt. Das strafrechtlich erhebliche Verhalten des Täters besteht in einem pflichtwidrigen Unterlassen.[2945] Die Unterscheidung des Tatbestandes von der Form der Begehung durch unvollständige Angaben (auch dort wird etwas »unterlassen« im Wortsinne) erfolgt darüber, dass nach Absatz 1 Nr. 1 überhaupt irgendwelche Angaben gemacht wurden, nach Absatz 1 Nr. 2 solche aber gänzlich ausgeblieben sind:

- Der Steuerpflichtige unterlässt die Anmeldung seines Gewerbebetriebs, um sich der Besteuerung zu entziehen und gibt auch keine Steuererklärung ab.
- In einem Unternehmen wird die einbehaltene Lohnsteuer nicht an das Finanzamt abgeführt.
- Der Arbeitgeber unterlässt die Lohnsteueranmeldung, weil er von seinen Arbeitnehmern keine Lohnsteuer einbehält.
- Der Steuerpflichtige erkennt nachträglich vor Ablauf der Festsetzungsfrist, dass eine von ihm abgegebene Steuererklärung unrichtig oder unvollständig ist. Er unterlässt jedoch, die nach § 153 AO (besondere Garantenpflicht) gebotene unverzügliche Berichtigung seiner Erklärung.

Der Täter des Unterlassensdeliktes muss pflichtwidrig handeln, d. h. ihm muss **2024** eine **Rechtspflicht zur Offenbarung** steuererheblicher Tatsachen obliegen, die sich aus den Steuergesetzen ergibt.[2946] Als steuerliches Fehlverhalten kommt also in Frage:[2947]

- **Nichtabgabe oder verspätete Abgabe** von Steuererklärungen, Steuervoranmeldungen oder sonstigen Anmeldungen (**Hauptfall** der Steuerhinterziehung durch Unterlassen)
- Nichterfüllung von Erfassungspflichten
- Nichtanzeige zweckwidriger Verwendungen

2943   Dazu Kohlmann, a.a.O., § 370 AO 1977 Rn. 237; Volk/Lohr, a.a.O., § 29 Rn. 121.
2944   Wabnitz/Janovsky/Kummer, a.a.O., K 18 Rn. 18.
2945   Franzen/Gast/Joecks, a.a.O., § 370 Rn. 161 ff.
2946   Volk/Lohr, a.a.O., § 29 Rn. 131.
2947   Vgl. Kohlmann, a.a.O., § 370 AO 1977 Rn. 271.

- **Unterlassene Berichtigung** von Erklärungen

2025 Der letzte Fall der unterlassenen Anzeige und Richtigstellung gemäß § 153 AO ist in der Praxis erheblich. Erkennt der Steuerpflichtige nachträglich, dass seine Steuererklärung falsch war, ist er unverzüglich zur Korrektur verpflichtet.[2948] Auch wenn nach dem Wortlaut des § 153 AO nur der Steuerschuldner selbst der Berichtigungspflicht unterliegt, hat die Rechtsprechung die Verpflichtung auch auf denjenigen (Steuerberater o. ä.) erweitert, der die steuerlichen Angelegenheiten des Steuerpflichtigen wahrnimmt,[2949] allerdings nur, wenn derjenige selbst unterschrieben hat. Die nachträgliche Kenntnis von Falschangaben allein reicht wegen der Verschwiegenheitspflicht nicht aus.[2950]

ff) Steuerhinterziehung durch Nichtverwenden von Steuerzeichen und Steuerstemplern

2026 Gemäß § 370 Absatz 1 Nr. 3 AO begeht eine Steuerhinterziehung, wer in Kenntnis der Steuerpflicht pflichtwidrig die Verwendung von Steuerzeichen oder Steuerstemplern unterlässt[2951] und dadurch Steuern verkürzt.

2027 Diese Begehungsform wurde in das Gesetz aufgenommen, weil die in § 370 Absatz 1 Nr. 1 und 2 AO geregelten Tatbestände ein Tun oder Unterlassen gegenüber den Finanzbehörden oder anderen Behörden voraussetzen und somit die Steuerverfehlungen im Zusammenhang mit den Steuerzeichen nicht erfasst worden wären. Nr. 3 hat heute nur noch Bedeutung für die Tabaksteuer. § 12 TabStG schreibt die Verwendung von Tabaksteuerbanderolen vor.[2952]

gg) Täterschaft

2028 Täter der Steuerhinterziehung kann nicht nur der **Steuerschuldner selbst** sein, sondern **auch ein Dritter**, der die tatbestandlichen Voraussetzungen erfüllt,[2953] so z. B. ein **Amtsträger.** In Betracht kommt auch der **Steuerberater**[2954], der im Interesse seines Mandanten eine Steuerhinterziehung begeht. Er muss alles tun, um den Steuerpflichtigen von einer steuerunehrlichen Handlung abzuhalten. Gelingt ihm dies nicht, muss er das Mandat niederlegen. Der Steuerberater ist jedoch in erster Linie Helfer des Steuerpflichtigen, nicht Sachbearbeiter des Finanzamts, und somit gegenüber seinem Mandanten nicht zu besonderem Misstrauen verpflichtet. Allerdings hängt seine strafrechtliche Verantwortung von der Kenntnis

---

2948   Ebenso Wabnitz/Janovsky/Kummer, a.a.O., K 18 Rn. 27.

2949   OLG Koblenz, wistra 1983, 270.

2950   Dazu Volk/Lohr, a.a.O., § 29 Rn. 145; BGH NStZ 1996, 184 ff.; a.A. Kohlmann, a.a.O., § 370 AO 1977 Rn. 346.

2951   Franzen/Gast/Joecks, a.a.O., § 370 Rn. 196.

2952   Zum organisierten Zigarettenschmuggel: BGH wistra 1999, 386.

2953   BGHSt 23, 322; zur Täterschaft bei den Steuerdelikten vgl. insgesamt die Ausführungen im Kapitel »Täterschaft und Teilnahme«, Rdn. 411 ff.

2954   Ausführlich zu den Strafbarkeitsrisiken von Steuerberatern vgl. BGH, Die Steuerberatung (Stbg) 1996, 410.

der Umstände, die den Vorwurf gegen seinen Mandanten begründen, und vom Inhalt und Umfang des ihm erteilten Auftrags ab.[2955]

hh)   Taterfolg

Steuern sind dann verkürzt, wenn sie nicht, nicht in voller Höhe oder nicht recht- **2029** zeitig festgesetzt werden, so dass das vollständige, rechtzeitige Steueraufkommen vereitelt wird.[2956] Das gilt auch für vorläufig oder unter Vorbehalt festgesetzte Steuern und für Steueranmeldungen.[2957] Die **Höhe der Steuerverkürzung** ergibt sich aus einem Vergleich zwischen der aufgrund der unrichtigen Angaben des Steuerpflichtigen festgesetzten Steuer und der gesetzlich geschuldeten Steuer bei Kenntnis des wahren Sachverhalts.[2958] Das zuständige Gericht ist gehalten, die Berechnung der jeweils hinterzogenen Steuern nach Art und Höhe nachvollzieh- bar und so genau wie möglich darzustellen.[2959] Es muss deshalb eine wenn auch kurze Darstellung der tatsächlichen Grundlagen des materiellen Steueranspruchs verfassen.

Wer dagegen unrichtige oder unvollständige Angaben bei der Finanzbehörde **2030** berichtigt, ergänzt oder unterlassene Angaben nachholt, wird gemäß § 371 AO straffrei.

Das Delikt der Steuerhinterziehung gemäß § 370 AO ist vollendet, wenn der im **2031** Tatbestand beschriebene Erfolg eingetreten ist: die Verkürzung von Steuern oder die Erlangung nicht gerechtfertigter Steuervorteile. Der Eintritt des Erfolges ent- scheidet dabei über die Bestrafung wegen Versuch oder Vollendung sowie die Möglichkeit eines Rücktritts – oft ist die strafbefreiende Selbstanzeige gemäß § 371 AO unter den dortigen verschärften Vorraussetzungen der letzte Ausweg.[2960]

Auch bei der Steuerhinterziehung gibt es im Übrigen den besonders schweren **2032** Fall der Begehung. Wer aus **grobem Eigennutz** in großem Ausmaß Steuern ver- kürzt, nicht gerechtfertigte Steuervorteile erlangt, seine Befugnisse oder seine Stel- lung als Amtsträger missbraucht oder die Mithilfe von Amtsträgern ausnutzt, um ungerechtfertigte Steuervorteile zu erlangen oder durch nachgemachte oder ver- fälschte Belege nicht gerechtfertigte Steuervorteile erlangt, wird mit **Freiheits- strafe von sechs Monaten bis zu zehn Jahren** bedroht.[2961]

Zusätzlich wurden durch das **Steuerverkürzungsbekämpfungsgesetz – StVBG –** **2033** [2962] die Fälle der gewerbs- oder bandenmäßigen Steuerhinterziehung neu in die Abgabenordnung aufgenommen, § 370a AO. Hier beträgt die Freiheitsstrafe min- destens ein Jahr, maximal zehn Jahre. Strafbar macht sich, wer in den Fällen des

---

2955   OLG Karlsruhe, wistra 1986, 189.
2956   Erbs/Kohlhaas/Senge, a.a.O., § 370 Rn. 35 ff.; Volk/Lohr, a.a.O., § 29 Rn. 165 ff.
2957   Wabnitz/Janovsky/Kummer, a.a.O., K18 Rn. 30.
2958   Vgl. BGHSt 7, 336 ff. (345); OLG Saarbrücken, wistra 2000, 38 f.
2959   Müller-Gugenberger/Bieneck/Muhler, a.a.O., § 44 Rn. 41.
2960   Franzen/Gast/Joecks, a.a.O., § 370 Rn. 35.
2961   § 370 Abs. 3 AO.
2962   BGBl. I 2001 S. 3922.

§ 370 AO **gewerbs- oder bandenmäßig** solche Taten begeht und **in großem Ausmaß** Steuern verkürzt.

2034 Der Tatbestand der gewerbsmäßigen oder bandenmäßigen Steuerhinterziehung hatte in seiner ersten Fassung für massive Kritik sowohl in der Praxis als auch der Wissenschaft gesorgt und zahlreiche Befürchtungen geweckt. So bestand die Gefahr, dass die »normale« Steuerhinterziehung zum Ausnahmefall geworden wäre, da die herkömmliche Definition des Bundesgerichtshofes für das Wort »gewerbsmäßig«[2963] auf fast alle Begehungsformen der Steuerhinterziehung gepasst hätte.[2964] Zudem wurde befürchtet, dass der **»normale« steuerunehrliche Täter** übermäßig kriminalisiert und in den Bereich der **Organisierten Kriminalität** gedrängt werde , weil eine Tat nach § 370a AO zum Vortatenkatalog der Geldwäsche[2965] gehört.[2966] Der ursprüngliche Gesetzestext wurde schon nach sieben Monaten wieder geändert.[2967]

2035 Doch auch die Neufassung ist nicht gelungen. Sie gilt seit dem 1. Juli 2002. Davor galt dennoch nicht der ursprüngliche § 370a AO; denn es ist der Grundsatz der Rückwirkung des mildesten Gesetzes anzuwenden. Im Gegensatz zu den Ausfüllungsnormen, für die maßgeblicher Zeitpunkt die Tatbegehung darstellt,[2968] gilt für die Blankettgesetze hier § 2 Absatz 3 StGB. Denn bei den Blankettgesetzen handelt es sich, anders als bei den ausfüllenden Normen, nicht um Zeitgesetze.[2969]

2036 Indes wirft auch die **aktuelle Fassung** des Straftatbestandes **erhebliche Probleme** auf. Die Selbstanzeige ist jetzt zwar auch bei Fällen des § 370a AO möglich. Diese führt aber nicht mehr zur Strafbefreiung, sondern nur dazu, dass ein minder schwerer Fall vorliegt, der mit Freiheitsstrafe von drei Monaten bis fünf Jahren bestraft wird.[2970]

2037 **Hauptkritikpunkt** hinsichtlich des neueren § 370a AO bleibt weiterhin der Vorwurf, diese Norm ist schlicht verfassungswidrig. Dies zum Teil schon aus formellen Gründen,[2971] überwiegend aber, weil ein **Verstoß gegen das Bestimmtheitsgebot** des Art. 103 Absatz 2 GG vorliegt; denn bei dem Tatbestandsmerkmal des »großen Ausmaßes« handelt es sich um ein konturloses Kriterium. Zudem lässt § 370a AO eine taugliche Abgrenzung zu § 370 Absatz 3 Nr. 1 AO vermissen.[2972]

2963 »*Absicht, sich durch wiederholte Begehung von Straftaten (…) eine fortlaufende Einnahmequelle von einigem Gewicht zu verschaffen*«, vgl. grundlegend BGHSt 1, 383.

2964 Müller-Gugenberger/Bieneck/Muhler, a.a.O., § 44 Rn. 184 f.; Kohlmann, a.a.O., AO 1977, § 370a Rn. 4.

2965 § 261 StGB.

2966 Kohlmann, a.a.O., AO 1977, § 370a Rn. 4.

2967 BGBl. I 2002 S. 2715; zum Verlauf des Gesetzgebungsverfahrens: Wabnitz/Janovsky/Kummer, a.a.O., K 18 Rn. 87.

2968 Siehe oben, Rdn. 602 ff.

2969 Vgl. Lackner/Kühl, a.a.O., § 2 Rn. 8, 4.

2970 § 370a S. 2, S. 3 AO.

2971 So Brigitte **Gast-de Haan**, Formelle Verfassungswidrigkeit des § 370a AO n. F, in: DStR 2003, 12.

2972 Kohlmann, a.a.O., § 370a AO 1977 Rn. 7; Müller-Gugenberger/Bieneck/Muhler, a.a.O., § 44 Rn. 187 m. w. N., 188.

Dieser sanktioniert – vom Wortlaut her ähnlich – besonders schwere Fälle der Steuerhinterziehung, ist indes nur als Vergehen ausgestaltet.

Der Bundesgerichtshof teilt die Bedenken hinsichtlich der Verfassungswidrigkeit **2038** des § 370a AO.[2973] Eine Vorlage vor das Bundesverfassungsgericht ist bisher jedoch unterblieben, da der Bundesgerichtshof bisher immer die Entscheidungsrelevanz des Verbrechensmerkmals »in großem Ausmaß« verneint hat – die Anwendbarkeit des § 370a AO wurde aus anderen Gründen abgelehnt. Diese Ausweichtaktik wird jedoch nicht auf Dauer funktionieren. Früher oder später wird eine Entscheidung fallen müssen.[2974] Deshalb ist es müßig, darüber zu diskutieren, wann ein solches großes Ausmaß vorliegt.[2975]

So lange eine Entscheidung ausbleibt, ist von Folgendem auszugehen:[2976]   **2039**

- Gewerbsmäßigkeit liegt vor, wenn die Täter in der »*Absicht, sich durch wiederholte Begehung von Straftaten ... eine fortlaufende Einnahmequelle von einigem Gewicht zu verschaffen*« handeln.[2977]
- Bandenmäßigkeit erfordert das willentliche, auf eine gewisse Dauer angelegte Zusammenwirken von mindestens drei Personen hinsichtlich künftiger Straftaten des im Gesetz genannten Deliktstyps.

ii) Parteispendenprozesse/ Korruption

Anfang der Achtzigerjahre des vorigen Jahrhunderts rückten im Rahmen des **2040** strafrechtlichen Betriebsstättenrisikos die so genannten **Parteispendenprozesse** in den Blickpunkt der Öffentlichkeit, die durch die Ende 1999 aufgedeckte **CDU-Parteispendenaffäre**[2978] wieder in Erinnerung gerufen wurden.

Zahlreiche Unternehmen hatten seinerzeit teilweise erhebliche Geldbeträge an so **2041** genannte staatsbürgerliche Vereinigungen gezahlt, die die erhaltenen finanziellen Mittel an Parteien weitergaben. Die Geldbeträge wurden jeweils als unbegrenzt abziehbare Betriebsausgaben geltend gemacht, während direkte Geldspenden an Parteien nur bis zu einem gewissen Höchstbetrag steuerlich abzugsfähig waren.

> 1990 sprach das Landgericht Stuttgart gegen einen Manager wegen fortgesetzter Hinterziehung von Körperschafts- und Gewerbesteuern in Höhe von seinerzeit rund 1,5 Millionen DM (ca. 766.000 Euro) eine Verwarnung mit Strafvorbehalt aus und erließ die Auflage, an drei gemeinnützige Einrichtungen umgerechnet je 300.000 Euro zu zahlen. Der Manager war von 1971 bis 1981 in seinem Unternehmen dafür verantwortlich, dass in Steuererklärungen gut 6 Millionen DM (rund 3,07 Millionen Euro) als Mitgliedsbeiträge an Berufsver-

---

2973 BGH 5 StR 276/04 – Urteil vom 28. 11. 2004; BGH 5 StR 85/04 – Beschluss vom 22. 07. 2004.

2974 Dazu auch Kohlmann, a.a.O., § 370a AO 1977 Rn. 7.1.

2975 Ebenso Volk/Lohr, a.a.O., § 29 Rn. 343.

2976 Vgl. Wabnitz/Janovsky/Kummer, a.a.O., K 18 Rn. 91 f.; Volk/Lohr, a.a.O., § 29 Rn. 344 ff.

2977 Siehe oben Rdn. 2034 (mit FN 2924).

2978 Vgl. zu deren Chronik nur »DER SPIEGEL«, Nr. 30 v. 24. 07. 2000, S. 32 ff.

bände ausgewiesen und als Betriebsausgaben abgesetzt wurden, obwohl es sich erkennbar um nicht steuerbegünstigte Parteispenden handelte.[2979]

2042 In vergleichbaren Verfahren sind über 100 Strafbefehle und zahlreiche Urteile gegen Unternehmer ergangen.[2980] »1860 Verfahren gegen Großindustrielle, Manager und führende Politiker wegen Verdachts auf Bestechung und Bestechlichkeit im Zusammenhang mit illegalen Parteispenden versetzten die Republik in Unruhe.«[2981]

2043 Welche persönlichen und beruflichen Konsequenzen mit solchen Verfahren verbunden sein können, haben diese Prozesse hinreichend belegt.[2982] Nach Bekanntwerden der so genannten **Flick-Affäre**[2983] wurden diverse Versuche unternommen, die durch den Parteispendenskandal entstandenen Probleme zu lösen.

2044 Das Bundesverfassungsgericht hat zwar entschieden, dass die nachträglich beschlossenen Änderungen des Parteiengesetzes und des Körperschaftsteuergesetzes nicht verfassungsgemäß sind, jedoch im Wege vorläufiger Steuerfestsetzung Ausgaben zur Förderung staatspolitischer Zwecke bis 100.000 DM (ca. 51.000 Euro) als abzugsfähig eingestuft.[2984]

2045 Der **Konflikt zwischen strafrechtlicher und finanzrechtlicher Würdigung der Parteispenden** konnte dadurch jedoch nicht gelöst werden. Die steuerrechtliche Einordnung der den Verfahren zugrunde liegenden Sachverhalte obliegt grundsätzlich den Finanzgerichten.[2985]

2046 Ist ein finanzrechtliches Problem für eine strafrechtliche Entscheidung erheblich, kann das Strafverfahren gemäß § 396 AO bis zur Entscheidung des Finanzgerichts ausgesetzt werden.[2986] Nun hat der **Bundesgerichtshof die steuerrechtliche Problematik der Parteispenden selbst geklärt.**[2987] Dieser weit reichende Eingriff eines Strafgerichts in das Steuerrecht hat die Frage der Anrufung des Gemeinsamen Senats der obersten Gerichtshöfe aufgeworfen.[2988] Letztlich hat sich der Bundesfinanzhof weitgehend der Ansicht des Bundesgerichtshofs angeschlossen,[2989] sodass dieser Schritt unterbleiben konnte. Beide Gerichtsentscheidungen differenzieren im Ergebnis zwischen Spenden und Betriebsausgaben in Form von freiwilligen Geldzahlungen ohne Gegenleistung, wobei jeweils auf den Beweggrund des

2979 »DER SPIEGEL«, Nr. 46 v. 12. 11. 1990, S. 34 f.

2980 »DER SPIEGEL«, 1987, Unternehmen, Märkte, Manager, Hamburg 1987, S. 284 f.

2981 »DER SPIEGEL«, Nr. 40 v. 02. 10. 2000, S. 23.

2982 Vgl. z. B.: DIE ZEIT, Nr. 8 v. 13. 02. 1987, S. 8 f.; FAZ Nr. 71 v. 25. 03. 1987, S. 11; »DER SPIEGEL«, Nr. 48 v. 23. 11. 1987, S. 52 ff.

2983 Siehe dazu: **Preuß/Kilz**, Flick: Die gekaufte Republik, Reinbek 1983.

2984 BVerfG NJW 1986, 2487 ff. (2487). Zu den Grundsätzen der Parteifinanzierung, vgl. BVerfG, Urteil v. 09. 04. 1992, NJW 1992, 2545 ff.

2985 Finanzgerichtsordnung (FGO) v. 06. 10. 1965 (BGBl. I S. 1477); zuletzt geändert durch Gesetz v. 18. 06. 1997 (BGBl. I S. 1430, 1442).

2986 BVerfG NJW 1985, 1950.

2987 BGH NJW 1987, 1273 ff.

2988 Gesetz zur Wahrung der Einheitlichkeit der Rechtsprechung der obersten Gerichtshöfe v. 19. 06. 1968 (BGBl. I S. 661); Klaus **Tiedemann**, Die Parteispenden-Entscheidung des BGH, in: NJW 1987, 1247 ff. (1247).

2989 BFH NJW 1987, 1110 ff.

Zahlenden abgestellt würde.[2990] Auch heutzutage sind die Gerichte immer wieder mit ähnlichen Fällen befasst.[2991]

jj) Steuerordnungswidrigkeiten

Der Gesetzgeber hat versucht, die in den Steuergesetzen statuierten Pflichten nicht nur mit Zwangsmitteln durchzusetzen[2992] und deshalb gravierende Pflichtverletzungen pönalisiert und weniger schwere zu Ordnungswidrigkeiten deklariert. Die Fälle der §§ 378 bis 383 AO sind wegen der geringen Bedeutung des zu schützenden Rechtsguts und wegen der lediglich abstrakten Gefährlichkeit der Tat als Ordnungswidrigkeiten eingestuft worden. **2047**

Die **leichtfertige Steuerverkürzung nach § 378 AO** ist in der Praxis die bedeutendste Steuerordnungswidrigkeit. Sie entspricht hinsichtlich Tathandlungen und Erfolg dem objektiven Straftatbestand der Steuerhinterziehung nach § 370 AO. **2048**

Wer als Steuerpflichtiger oder bei Wahrnehmung der Angelegenheiten eines Steuerpflichtigen eine der in § 370 Absatz 1 AO bezeichneten Taten »*leichtfertig*«, also gerade noch fahrlässig, begeht, handelt ordnungswidrig.[2993] Als Täter kommt im Gegensatz zu § 370 AO nur derjenige in Betracht, der als **Steuerpflichtiger oder bei Wahrnehmung der Angelegenheiten eines Steuerpflichtigen Steuern verkürzt oder für sich oder einen anderen nicht gerechtfertigte Steuervorteile erlangt**.[2994] Amtsträger können nach herrschender Meinung nicht nach § 378 AO belangt werden.[2995] Bei der Frage, ob dem Täter leichtfertiges Handeln zur Last gelegt werden kann, ist immer auf die besonderen Umstände des Einzelfalls abzustellen.[2996] **2049**

Eine Geldbuße wird nicht festgesetzt, wenn der Täter unrichtige oder unvollständige Angaben bei der Finanzbehörde berichtigt oder ergänzt oder unterlassene Angaben nachholt, bevor ihm oder seinem Vertreter die Einleitung eines Straf- oder Bußgeldverfahrens wegen der Tat bekannt gegeben wird.[2997] Die leichtfertige Steuerverkürzung kann mit einer Geldbuße bis zu 50.000 Euro geahndet werden. **2050**

Einen weiteren Bußgeldtatbestand enthält § 26b Absatz 1 **Umsatzsteuergesetz** (UStG). Demnach handelt ordnungswidrig, wer die in einer Rechnung auszuweisende[2998] Umsatzsteuer nicht oder nicht vollständig zum gesetzlichen Fälligkeitszeitpunkt[2999] entrichtet. **2051**

2990 BGH NJW 1987, 1273 ff. (1274).
2991 Vgl. den Komplex Bestechlichkeit, Rdn. 1771 (pecunia non olet).
2992 §§ 249 ff., 328 AO.
2993 § 378 Abs. 1 AO; Erbs/Kohlhaas/Senge, a.a.O., § 378 Rn. 1.
2994 § 378 Abs. 1 AO; vgl. auch die Ausführungen im Kapitel Täterschaft und Teilnahme, Rdn. 411 ff.
2995 Franz **Klein** (Begr.), Abgabenordnung, 7. Aufl., München 2000, § 378 Anm. 2.
2996 Zur Frage der Kontrollpflicht unter Mitgeschäftsführern bei der Erfüllung steuerlicher Unternehmenspflichten und der Frage, wie weit ein Geschäftsführer einem Mitgeschäftsführer vertrauen kann, ohne sich einer leichtfertigen Steuerverkürzung schuldig zu machen; vgl. BGH, Urteil vom 10. 11. 1999–5 StR 221/99 – und oben Rdn. 1168 ff.
2997 § 378 Abs. 3 AO; § 371 Abs. 3 und 4 AO gilt entsprechend.
2998 § 14 UStG.
2999 I. d. R. der 10. des Folgemonats, § 18 Abs. 1 S. 3 UStG.

2052 Handelt der Täter gewerbsmäßig oder als Mitglied einer Bande zur fortgesetzten Begehung solcher Taten,[3000] ist sogar wieder ein **Straftatbestand** gegeben. Hiermit sollen vor allem so genannte **Umsatzssteuerkarusselle**[3001] bekämpft werden, die sich bilden, um Vorsteuer auszuweisen und anzumelden, im Rahmen von Veräußerungsketten diese aber nicht abführen – der erstveräußernde Empfänger kassiert den Vorsteuerabzug, der am Ende der Kette stehende Verpflichtete ist zu diesem Zeitpunkt schon verschwunden und führt die Steuer nicht ab.

kk) Praktische Aspekte zum Steuerstrafverfahren

2053 Nach diesen rechtstheoretischen Ausführungen stellt sich die Frage, wie es überhaupt zur Einleitung von Steuerstraf- bzw. Steuerordnungswidrigkeitenverfahren kommt. Häufig ergeben sich im Rahmen der regelmäßigen **Betriebsprüfungen**[3002] der Finanzämter gewisse Anhaltspunkte oder Verdachtsmomente für ein gesetzwidriges Handeln. Steuerverfahren werden weiterhin vielfach aufgrund der **Aktenlage** eingeleitet, zum Beispiel bei **Nichtabgabe** von Steuererklärungen oder Umsatzsteuervoranmeldungen.

2054 Auch der Eingang von **Kontrollmaterial** (zum Beispiel Mitteilungen von Grundstücksverkäufen und -schenkungen), das von den Veranlagungs- und Außenprüfungsstellen versandt wird, kann zu Steuerverfahren führen.

2055 In der Praxis kommen gerade bedeutende Steuerverfahren oft durch anonyme Hinweise in Gang. Zur Behandlung **anonymer Anzeigen** besagt **Nr. 8 der Richtlinien für das Straf- und Bußgeldverfahren (RiStBV)**:[3003]

2056 »*Auch bei namenlosen Anzeigen prüft der Staatsanwalt, ob ein Ermittlungsverfahren einzuleiten ist. Es kann sich empfehlen, den Beschuldigten erst dann zu vernehmen, wenn der Verdacht durch andere Ermittlungen eine gewisse Bestätigung gefunden hat.*«

2057 Es wäre weder zulässig noch gerechtfertigt, wenn die Steuerstrafverfolgungsbehörden anonyme Anzeigen grundsätzlich unbeachtet ließen (Legalitätsprinzip).[3004] Oft enthalten diese Hinweise besonders detaillierte Angaben, die nur Insider kennen können, gelegentlich ergibt sich der Umstand der Anonymität aus einer gewissen Zwangslage heraus, z. B. wenn der Anzeigende als Arbeitnehmer des Angezeigten zur Mitwirkung an Steuerstraftaten angehalten wurde.

2058 Beim Umgang mit derartigen Anzeigen müssen die Ermittler also berücksichtigen, dass sich der Hinweisgeber durch das Verheimlichen seiner Identität einer eige-

---

3000 Zur Definition vgl. die Ausführungen zu § 370a AO, Rdn. 2033 ff.

3001 Diese können über § 370 AO nicht erfasst werden, da die Tat hier lediglich im Nichtbezahlen der Steuer besteht, vgl. Müller-Gugenberger/Bieneck/Bender, a.a.O., § 44 Rn. 194.

3002 Siehe allgemeine Verwaltungsvorschrift für die Betriebsprüfung – Betriebsprüfungsordnung – v. 15. 03. 2000 (BStBl. 2000, Teil I, S. 368 ff.) und: Mitwirkungspflichten bei der Betriebsprüfung (BStBl. 1989, Teil I, S. 122 ff.).

3003 Meyer-Goßner, a.a.O., Anhang A 12.

3004 § 152 Abs. 2 StPO.

nen strafrechtlichen Verantwortung sowie unter Umständen, wenn die Vorwürfe unberechtigt sind, einer strafrechtlichen Ermittlung wegen des Verstoßes gegen § 164 StGB (falsche Verdächtigung) entzieht. **Potentielle Anzeiger** können Angestellte (Sekretärinnen), Geschäftspartner, Wettbewerber, Ehegatten oder Geliebte sein. Nicht selten geht einer solchen Anzeige ein Streit voraus.[3005]

> So wandte sich ein unberücksichtigter Erbe, dem von anderen Erben Angaben über die genaue Höhe des Nachlasses vorenthalten wurden, an den über die erheblichen Vermögenswerte des Erblassers nicht informierten Fiskus, um mit dessen Unterstützung Informationen über den Nachlass zu erhalten.

Presseveröffentlichungen (zum Beispiel Verkaufsanzeigen von teuren Segeljachten, Oldtimern oder Immobilien)[3006] können ebenfalls zu strafrechtlichen Ermittlungen führen. **2059**

Für die Einleitung eines Steuerstraf- oder Steuerordnungswidrigkeitenverfahrens ist der so genannte **einfache Verdacht (Anfangsverdacht) erforderlich und ausreichend**. Dieser Anfangsverdacht liegt vor, wenn »*zureichende tatsächliche Anhaltspunkte*« für eine Steuerstraftat oder Steuerordnungswidrigkeit vorliegen.[3007] **2060**

Die Formulierung »zureichende Anhaltspunkte« stellt eine **Abgrenzung zur bloßen** Vermutung, zu Mutmaßungen oder Argwohn dar. Der Finanzbeamte beginnt daher zunächst immer die Vorprüfung mit der Frage nach dem Vorliegen eines Anfangsverdachts, d. h. ob ein Sachverhalt, soweit bereits bekannt, strafrechtlich überhaupt relevant ist. In diesem Rahmen wird nur auf die materiellrechtlichen Tatbestände abgestellt. Dabei verfügt der Beamte bei der Feststellung, ob zureichende tatsächliche Anhaltspunkte vorliegen, über einen **Beurteilungsspielraum**: **2061**

> »*Die Anwendung dieses unbestimmten Rechtsbegriffs erfordert im Einzelfall die Abwägung aller für die Entscheidung wesentlich be- und entlastenden Umstände in Gestalt einer Gesamtschau. Deren Ergebnis hängt maßgeblich davon ab, welche Umstände der Staatsanwalt für wesentlich hält und welches Gewicht er den in die Abwägung einfließenden Sachverhaltselementen in ihrem Verhältnis zueinander beimisst. Diese die Gesamtschau prägenden Akzentuierungen ergeben sich nicht allein aus der Natur der Sache, sondern beruhen regelmäßig auch auf subjektiven, nicht näher verifizierbaren Wertungen des Abwägenden, wobei verschiedene Betrachter, ohne pflichtwidrig zu handeln, durchaus zu unterschiedlichen Lösungen gelangen können.*«[3008]

Ein Anfangsverdacht für eine Steuerhinterziehung wird regelmäßig **bei folgenden Fallkonstellationen** angenommen: **2062**

- Während einer Betriebsprüfung wird festgestellt, dass die Kassenführung im Jahre 2003 erhebliche Mängel aufweist; der Steuerpflichtige hat die Betriebseinnahmen nicht täglich aufgezeichnet und die Originalaufzeichnungen der Kasseneinnahmen vernichtet. Auch für die Jahre 2002 und 2001 können keine Auf-

---

3005 **Streck/Spatscheck**, Die Steuerfahndung, 4. Aufl. Köln 2006 , S. 49 Rn. 168.
3006 Vgl. BFH BStBl. 1988, Teil II, S. 359 f.
3007 § 152 Abs. 2 StPO.
3008 BGH NJW 1989, 96 ff. (97).

zeichnungen vorgelegt werden. Der ausgewiesene Rohgewinn für die Prüfungsjahre liegt deutlich unter den Richtsätzen. Eine durchgeführte Nachkalkulation führt zur Feststellung von erheblichen Mehrerlösen.

- Bei einer anderen Betriebsprüfung wird festgestellt, dass kein Kassenbuch geführt wird und die Eintragungen in das Wareneingangsbuch nicht vollständig sind. Das Betriebsergebnis liegt 20 % unter dem Richtsatz. Der Warenverderb wird vom Steuerpflichtigen mit 30 % angegeben. Nach den Berechnungen der Betriebsprüfer ergibt sich ein Mehrumsatz von 350.000 Euro bis 400.000 Euro.
- Ein Steuerpflichtiger gibt die Einnahmen aus einem von ihm vermieteten Ferienhaus und aus Kapitalvermögen nicht an.
- Ein Unternehmer setzt seine Arbeitnehmer auf privaten Baustellen (Erstellung einer Reithalle und einer Jagdhütte) ein und bucht die entsprechenden Kosten als betrieblichen Aufwand.

Exkurs: Die Selbstanzeige

2063 Eine maßgebliche Rolle für die Einleitung von Steuerstrafverfahren stellt die schon kurz angesprochene Selbstanzeige gemäß § 371 AO – oder § 378 für Ordnungswidrigkeiten – dar. Diese Selbstanzeigen führen fast immer zu Fahndungsmaßnahmen. Eine Richtigkeit der Anzeige wird selten angenommen.[3009]

2064 Das Instrument der Selbstanzeige hinsichtlich einer begangenen oder versuchten Steuerhinterziehung stellt aber einen **persönlichen Strafaufhebungsgrund** dar. Die steuerlichen Folgen der Tat bleiben bestehen.[3010] Der Gesetzgeber verfolgt mit diesem Institut, einer einzigartigen Erscheinung im deutschen Strafrecht, das Ziel, verborgene Steuerquellen zu erschließen und so das Steueraufkommen zu vermehren.[3011]

2065 Die Selbstanzeige bedarf keiner vorgeschriebenen Form, sollte allerdings aus **Beweisgründen schriftlich abgefasst und quittiert** werden.[3012] Der Inhalt sollte so formuliert sein, dass die Behörde ohne eigene Nachforschungen in kurzer Zeit eine steuerliche Würdigung vornehmen kann.[3013] Nicht erforderlich hingegen ist, dass man sich selbst einer Straftat bezichtigt, wie der Wortlaut der Vorschrift schon ergibt – lediglich die Angabe der steuererheblichen Tatsachen ist notwendig.

2066 Allerdings bedarf es für die strafbefreiende Wirkung der Selbstanzeige einiger **Voraussetzungen**. Zunächst gilt sie nicht für die Steuerhinterziehung im besonders schweren Fall. Dort bewirkt sie lediglich den »minder« schweren Fall.[3014] Die Anzeige setzt weiterhin voraus, dass unrichtige oder unvollständige Angaben berichtigt oder unterlassene Angaben nachgeholt werden, § 371 Absatz 1 AO.

3009 Streck/Spatscheck, a.a.O., S. 49 Rn. 166.
3010 Müller-Gugenberger/Bieneck/Muhler, a.a.O., S. 1298 Rn. 119.
3011 Franzen/Gast/Joecks, a.a.O., § 371 Rn. 11.
3012 Streck/Spatscheck, a.a.O., S. 49 Rn.n 204, 206.
3013 Volk/Lohr, a.a.O., § 29 Rn. 382.
3014 § 371a S. 3 AO.

Außerdem müssen die hinterzogenen Steuern innerhalb einer von der Finanzbehörde bestimmten Frist entrichtet werden, § 371 Absatz 3 AO.

Die Straffreiheit ist jedoch ausgeschlossen, wenn die Sperrwirkung des § 371 **2067** Absatz 2 AO eintritt. Das ist zum einen der Fall, sofern ein **Prüfer** der Finanzbehörde **beim Steuerpflichtigen** erscheint, wobei Erscheinen im allgemeinen Wortsinne gemeint ist.[3015] Das Erscheinen des Prüfers wegen bloßer Vorbereitungshandlungen oder gar nur die telefonische Ankündigung einer Prüfung reicht nicht aus – der Prüfer muss mit dem Willen, eine steuerliche Prüfung oder eine Ermittlung durchzuführen, erscheinen.[3016] Adressat des Erscheinens ist grundsätzlich nur der Täter oder Beteiligte, in dessen Sphäre der Prüfer getreten ist, außenstehende Dritte sind zunächst nicht betroffen.[3017] Entdeckt der Prüfer die Tat nicht, so lebt die Möglichkeit zur Selbstanzeige wieder auf, wenn das Prüfungs- oder Ermittlungsverfahren abgeschlossen ist.[3018]

Die Strafbefreiung ist ebenfalls ausgeschlossen, wenn dem Täter bereits die Einlei- **2068** tung eines Straf- oder Bußgeldverfahrens bekannt gegeben wurde. Zeitlich entscheidend ist die **Bekanntgabe**, inhaltlich bezieht sich die Sperrwirkung auf den Umfang der Tat, wie sie in der Einleitungsverfügung umschrieben ist.[3019]

Der dritte Fall der Unmöglichkeit der Strafbefreiung tritt ein, **wenn die Tat schon** **2069** **zum Teil oder umfassend entdeckt wurde und der Täter dies weiß oder hätte** **wissen müssen.** Ein bloßer Verdacht oder Anfangsverdacht reicht hier für die Sperrwirkung nicht aus, es müssen schon Anhaltspunkte bekannt sein, die eine Bewertung der Tat im Sinne eines verurteilenden Erkenntnisses möglich machen.[3020] Die neuere Rechtssprechung verlangt dabei zusätzlich, dass auch der Täter identifizierbar ist.[3021] Demnach bedeutet die Entdeckung das Vorliegen eines hinreichenden Tatverdachts, wie er auch für die Eröffnung des Hauptverfahrens erforderlich ist.[3022] Welche Behörde die Tat entdeckt, spielt im Übrigen keine Rolle, unter Umständen können sogar dritte Privatpersonen in Betracht kommen.[3023] Entscheidend ist dabei nach dem BGH, dass damit zu rechnen sein muss, dass der Tatentdecker seine Kenntnisse an die zuständige Verfolgungsbehörde weitergibt.[3024] Wenn die Entdeckung der Tat allerdings ohne strafrechtliche Konsequenzen bleibt, ist auch in diesem Fall das Wiederaufleben der Selbstanzeigemöglichkeit gegeben, wobei sich im Zweifel Gedanken über den genauen Zeit-

---

3015 Vgl. die praktischen Fallbeispiele bei **Burkhard**, Die Sperrwirkung des § 371 Abs. 2 Nr. 1a AO, wistra 1998, 216 ff. und 256 ff.
3016 Streck/Spatscheck, a.a.O., S. 49 Rn. 255.
3017 Volk/Lohr, a.a.O., § 29 Rn. 434; auf diese kann sich aber natürlich der Verdacht erweitern, sie können somit später Fahndungsziel werden.
3018 So die – nicht unumstrittene – h. M.: Müller-Gugenberger/Bieneck/Muhler, a.a.O., S. 1298 Rn. 148; Gleiches gilt für Abs. 2 Nr. 2.
3019 BGH wistra 2000, 219 (226).
3020 BGH NStZ 1983, 415; st. Rspr., vgl. Erbs/Kohlhaas/Senge, a.a.O., § 371 AO Rn. 34 m. w. N.
3021 BGH wistra 2000, 219 ff.
3022 Volk/Lohr, a.a.O., § 29 Rn. 468 mit vielen Beispielen aus der Praxis.
3023 Franzen/Gast/Joecks, a.a.O., § 371 Rn. 192, 193.
3024 BGH wistra 1987, 293; BGH wistra 1988, 308.

punkt gemacht werden müssen, dessen Bestimmung insbesondere dann schwierig ist, wenn kein Ermittlungsverfahren eingeleitet wurde.[3025]

2070   Das Gericht hat den persönlichen Strafaufhebungsgrund der Selbstanzeige von Amts wegen zu berücksichtigen. Ob die zuständige Finanzbehörde diese richtig erkannt hat, ist unerheblich.[3026] Demnach tritt Straffreiheit ein, wenn die Anzeige zulässigerweise erfolgt ist und die Nachzahlung innerhalb der gesetzten Frist geleistet wurde.[3027]

q)   Strafrechtliche Würdigung des Aktiengesetzes

2071   **Die Straf- und Bußgeldtatbestände des Aktiengesetzes** (AktG)[3028] sollen sicherstellen, dass die Vorschriften des Gesetzes zum Schutz der Aktionäre, der Gläubiger oder anderer an der Gesellschaft tatsächlich oder rechtlich interessierter Personen eingehalten werden. Die Aktiengesellschaft haftet als juristische Person nur mit ihrem Gesellschaftsvermögen.[3029] Den sich daraus für das Wirtschaftsleben ergebenden Risiken versucht das AktG mit einer Fülle von Schutzvorschriften entgegenzuwirken.

2072   Die in den §§ 399 – 406 AktG enthaltenen Tatbestände kann man als »Aktienstrafrecht im engeren Sinne« betrachten, denn tatsächlich umfassen auch die für eine Aktiengesellschaft relevanten Strafnormen das gesamte Wirtschaftstrafrecht, insbesondere den Untreuetatbestand.[3030]

2073   Täter der Straf- und Bußgeldtatbestände können in vielen Fällen nur Personen sein, denen besondere Eigenschaften z. B. als Vorstands- oder Aufsichtsratsmitglieder, Aktionäre oder Prüfer zukommen. Insoweit handelt es sich um **echte Sonderdelikte**.

2074   Andererseits kennt das Aktienrecht auch Tatbestände, die von jedermann begangen werden können.[3031] Bei den meisten Straf- und Bußgeldnormen handelt es sich um Blankettvorschriften, die ihre eigentliche Bedeutung erst aufgrund anderer Bestimmungen des Aktiengesetztes gewinnen.

aa)   § 399 AktG

2075   § 399 Absatz 1 AktG stellt bei der Eintragung der Gesellschaft, der Übernahme der Aktien, der Einzahlung auf die Aktien, der Verwendung der eingezahlten Beträge, dem Ausgabebetrag der Aktien sowie bei Sondervorteilen, Gründungs-

---

3025 Streck/Spatscheck, a.a.O., S. 49 Rn. 280.

3026 Erbs/Kohlhaas/Senge, a.a.O., § 371 AO Rn. 40.

3027 Volk/Lohr, a.a.O., § 29 Rn. 499.

3028 Gesetz v. 06. 09. 1965 (BGBl. I S. 1089, zuletzt geändert durch Art. 6 d. G. vom 08. 07. 2006 (BGBl. I S. 1426).

3029 Zu den Grundbegriffen Kübler/Assmann, a.a.O., § 14 I.

3030 Matthias **Schüppen**/Bernhard **Schaub**, Münchner Anwaltshandbuch Aktienrecht, München 2005, § 24 Rn. 57.

3031 Z. B. §§ 399 Abs. 1 Nr. 3, 402, 405 Abs. 3 AktG; grundlegend Gerd **Geilen**, Aktienstrafrecht, Köln/Berlin/Bonn/München 1984.

aufwand, Sacheinlagen und den Sachübernahmen falsche Angaben oder das Verschweigen erheblicher Umstände von Gründern, Mitgliedern des Vorstands und des Aufsichtsrats unter Strafe.[3032]

> Der Angeklagte hatte bei der Anmeldung der Gesellschaft in das Handelsregister versäumt, die nach § 37 Absatz 1 AktG erforderliche Aufschlüsselung der Gründungskosten beizufügen. Diese Aufschlüsselung reichte er auf Anforderung des Registergerichts zwar nach; dabei unterließ er jedoch anzugeben, dass er seit der ursprünglichen Anmeldung erhebliche Verfügungen zu Lasten des Grundkapitals der Aktiengesellschaft vorgenommen hatte, nämlich an sich und den Mitvorstand sowie als Darlehen an eine GmbH. Bei dieser Sachlage hätte der Angeklagte bei seiner ergänzenden Anmeldung die zwischenzeitlich getroffenen Verfügungen über das Grundkapital der Aktiengesellschaft angeben müssen.[3033]

Nach § 399 Absatz 2 AktG werden Mitglieder des Vorstands oder des Aufsichtsrats ebenfalls bestraft, wenn sie die zum Zweck der **Eintragung einer Erhöhung des Grundkapitals erforderliche Erklärung der Wahrheit zuwider** abgeben. Gleiches gilt für die Mitglieder des Vorstands bei der Erklärung zum Zweck der Eintragung einer Umwandlung der Gesellschaft in eine GmbH. **2076**

Alle Alternativen des § 399 AktG stellen nur die vorsätzliche Begehung unter Strafe. Das setzt voraus, dass der Täter mit seinen Falschangaben gerade die Eintragung erreichen will.[3034] Der Strafrahmen liegt zwischen einer Geldstrafe und einer Freiheitsstrafe von drei Jahren. **2077**

bb) § 400 AktG

Das **Strafmaß** des § 400 AktG entspricht dem der vorherigen Norm. Mitglieder des Vorstands, des Aufsichtsrats oder Abwickler[3035] machen sich strafbar, wenn sie unrichtige oder verschleierte Darstellungen der Verhältnisse der Gesellschaft machen, wie das **EM.TV-Verfahren** belegte. **2078**

> Gegenstand der Verurteilung der Gebrüder Haffa zu Geldstrafen wegen »Unrichtiger Darstellung« war die Bekanntgabe von Halbjahreszahlen der EM.TV & Merchandising AG. Die Bekanntgabe erfolgte durch eine Ad-hoc-Meldung und eine dazu veröffentlichte Pressemitteilung. Die Angeklagten hatten die falschen Zahlen bekannt gegeben, um den Kurs der EM.TV-Aktien positiv zu beeinflussen. Der Bundesgerichtshof war der Ansicht, dass das Merkmal des § 400 AktG »Darstellungen oder Übersichten über den Vermögensstand« mehr als eine Einzelinformation voraussetzt. Die Darstellung oder Übersicht muss ein Gesamtbild über die wirtschaftliche Lage des Unternehmens ermöglichen und den Eindruck der Vollständigkeit erwecken. Diese Voraussetzung wäre ohne weiteres erfüllt. Quartalsberichte über Umsatzerlöse

---

3032 Vgl. den Abriss bei Günter **Henn**, Handbuch des Aktienrechts, 7. Aufl., München 2002 Rn. 1199 ff.

3033 BGH wistra 1993, 225.

3034 Müller-Gugenberger/Bieneck/Schmid, a.a.O., § 27 Rn. 193.

3035 Abwickler werden tätig, wenn es zu einer Auflösung der Gesellschaft kommt.

und die Ertragslage (§§ 53, 54 BörsZulV) können Darstellungen oder Übersichten über den Vermögensstand sein. Die Revision wurde verworfen.[3036]

2079 Das **Bilanzstrafrecht** ist insgesamt von erheblicher Bedeutung für die Aktiengesellschaft. Hier spielt auch § 331 HGB eine zentrale Rolle. Demnach werden Mitglieder des vertretungsberechtigten Organs oder des Aufsichtsrates einer Kapitalgesellschaft sanktioniert, die deren Verhältnisse in den Bilanzen[3037] oder im Konzernabschluss unrichtig wiedergeben oder verschleiern.

2080 § 400 AktG ist subsidiär zu § 331 HGB, allerdings ist der Anwendungsbereich von ersterem weiter.[3038] Denn § 400 AktG erfasst auch alle sonstigen Darstellungen oder Übersichten über den Vermögensstand, zusätzlich sind nach § 400 Absatz 1 Nr. 1 AktG **unrichtige bzw. verschleiernde Angaben des Aufsichtsrats** einer Aktiengesellschaft im Rahmen einer Hauptversammlung strafbar, da sie gegen die Berichtspflicht (§ 171 AktG) verstoßen. Dies gilt vor allem hinsichtlich der Erklärungen des Aufsichtsrats zu der ihm gesetzlich vorgeschriebenen Überwachung des Vorstands. Die Hauptversammlung darf annehmen, dass die Berichte des Aufsichtsrats der Wahrheit entsprechen. Das Straftatbestandsmerkmal »*unrichtige Wiedergabe*« des § 400 Absatz 1 Nr. 1 AktG kann auch durch Unterlassen – z. B. keine Angaben zum Umfang seiner Prüfung des Jahresabschlusses, des Lageberichts des Vorstands oder des unterbreiteten Gewinnvorschlags durch den Aufsichtsrat – erfüllt sein. Die Delegation einzelner Prüfungsaufgaben auf vom Aufsichtsrat gebildete Ausschüsse (z. B. Wirtschaftsausschuss) befreit den Gesamtaufsichtsrat nicht von seiner strafrechtlichen Haftung. Es kann insoweit nichts anderes gelten, wie für das Gesellschaftsorgan Vorstand in dessen Verantwortungssphäre gilt, nämlich Gesamtverantwortung und Allzuständigkeit. Somit ist auch bei **Verletzung der Vermögensbetreuungspflicht durch Mitglieder des Aufsichtsrats** neben der strafrechtlichen Verletzung des § 400 Absatz 1 Nr. 1 AktG sehr wohl auch eine Verletzung der Untreue-Vorschrift des § 266 StGB denkbar.[3039]

cc) § 401 AktG

2081 Unterlassen die Vorstandsmitglieder oder der Abwickler es, bei **Verlust des Grundkapitals** die ihnen vorgeschriebenen Anzeigen an die Hauptversammlung oder bei **Zahlungsunfähigkeit oder Überschuldung** die Beantragung des Insolvenzverfahrens vorzunehmen, können sie bereits bei Fahrlässigkeit mit Geldstrafe oder Freiheitsstrafe von bis zu einem Jahr, bei vorsätzlicher Tatbegehung mit einer Freiheitsstrafe von bis zu drei Jahren bestraft werden.[3040]

3036 BGH Urteil v. 16. 12. 2004 – 1 StR 420/03.
3037 Das sind Eröffnungsbilanz, Jahresabschluss, Lagebericht oder Zwischenabschluss, vgl. § 331 Nr. 1, 2 und 3 HGB.
3038 Schüppen/Schaub, a.a.O., § 24 Rn. 59.
3039 Dazu auch **Trescher**, Strafrechtliche Aspekte der Berichterstattung des Aufsichtsrats, in: DB 1998, 1016 ff.
3040 § 401 AktG.

Die Begriffe Zahlungsunfähigkeit und Überschuldung sind erstmals in den §§ 17 **2082** und 19 InsO beschrieben. Seit der Änderung der InsO 1999 sind allerdings einige Fragen noch weitgehend ungeklärt.

Zahlungsunfähig ist nach der **Insolvenzordnung,** wer nicht mehr in der Lage ist, **2083** seine fälligen Zahlungspflichten zu erfüllen.[3041] Die Legaldefinition ist an Stelle der bisherigen Definition der Rechtsprechung getreten. Die Diskussion um bisher strittige Fragen konnte das Gesetz indes nicht beenden.[3042] Grundsätzlich ist zunächst davon auszugehen, dass prinzipiell ein stichtagsbezogenes Liquiditätsdefizit ausreicht, das durch den reinen Umstand des Nichtbezahlenkönnens einer beliebig hohen Geldverbindlichkeit mangels bereiter Mittel ausreicht, wobei es auf eine Wesentlichkeit oder Dauer des Defizits nicht ankommen soll.[3043] Allerdings muss nach weit verbreiteter Auffassung zumindest für den Bereich des Strafrechts eine Bagatellregelung gefunden werden.[3044] Deshalb sei die **Zahlungsunfähigkeit abzugrenzen von der Zahlungsstockung** – lediglich ganz kurz andauernde Zahlungsdefizite dürften nicht als relevant betrachtet werden.[3045]

Die Abgrenzungsvorschläge hinsichtlich Dauer und Wesentlichkeit der Liquidi- **2084** tätslücke sind lediglich willkürlich. Das Gesetz sieht ähnliches nicht mehr vor – die Rechtsprechung hat sich zumindest strafrechtlich noch nicht geäußert. Das aktuellste Urteil des 9. Zivilsenates des Bundesgerichtshofes[3046] gibt einen **Zeitraum von drei Wochen** vor, um die Stockung von der Unfähigkeit der Zahlung abzugrenzen. Zusätzlich geht das Gericht davon aus, das die **Liquiditätslücke 10 %** der fälligen Gesamtverbindlichkeiten betragen muss.[3047] Allerdings ist die 10%-Regel nicht starr. Es reicht zur Annahme der Zahlungsunfähigkeit dann ein niedrigerer Prozentsatz aus, wenn absehbar ist, dass die Liquiditätslücke in absehbarer Zeit mehr als zehn Prozent betragen wird. In umgekehrter Richtung findet die 10%-Regel jedoch auch Anwendung: Ist mit an Sicherheit grenzender Wahrscheinlichkeit der (fast) vollständige Abbau der Liquiditätslücke für die nächste Zukunft zu erwarten und ist ein Zuwarten den Gläubigern im Einzelfall zuzumuten, liegt kein Fall der Zahlungsunfähigkeit vor. Dass diese Maßstäbe auch auf das Strafrecht angewendet werden könnten, beginnt sich abzeichnen. Der 1. Strafsenat des Bundesgerichtshofs hat inzwischen den neuen, restriktiven Ansatz aufgegriffen,[3048] und sich damit in Widerspruch zum 5. Strafsenat gesetzt, der aus-

---

3041 § 17 Abs. 2 InsO; vgl. auch MünchKomm/Radtke, a.a.O., Vor §§ 283 ff. Rn. 73 ff.

3042 Vgl. Volk/Leipold, a.a.O., § 18 Rn. 72 ff.

3043 Müller-Gugenberger/Bieneck/Bieneck, a.a.O., § 76 Rn. 56 unter Hinweis auf den klaren Wortlaut des § 17 InsO.

3044 MünchKomm/Radtke, a.a.O., Vor §§ 283 ff. Rn. 78 f.; Wabnitz/Janovsky/Beck, a.a.O., K 6 Rn. 72, 78.

3045 Müller-Gugenberger/Bieneck/Bieneck, a.a.O., § 76 Rn. 56 m.w.N.; a.A. Volk/Leipold, a.a.O., § 18 Rn. 81 ff., wonach der eindeutige Gesetzestext eine solche Bagatellgrenze nicht zulasse.

3046 BGH BB 2005, 1787.

3047 Nach der vor dem 01. 01. 1999 – also z.Z. des Konkursstrafrechts – geltenden Rechtsprechung (z.B. BayObLG wistra 1988, 363; OLG Düsseldorf NJW-RR 1998, 1256) war eine strafrechtlich relevante Zahlungsunfähigkeit erst anzunehmen, wenn 25% der offenen Forderungen ungedeckt waren.

3048 Vgl. BGH PStR 2007, 253; zuvor schon befürwortend Müller-Gugenberger/Bieneck/Bieneck, a.a.O., § 76 Rdnr. 56a f.; im Ergebnis ebenso Volk/Leipold, a.a.O., § 18 Rdnr. 84 f.

drücklich in einem Insolvenz-Fall nach der alten, für den Täter günstigeren Rechtsprechung zur Konkursordnung entschieden hat.[3049]

2085 Zur Feststellung der Zahlungsunfähigkeit[3050] hat die Rechtsprechung die **betriebswirtschaftliche** und die **wirtschaftskriminalistische Methode** zugelassen.[3051]

2086 Bei der betriebswirtschaftlichen Methode kommt es zu einer stichtagsbezogenen Gegenüberstellung der liquiden Mittel und der Verbindlichkeiten. Liegt eine Unterdeckung auf Seiten der liquiden Mittel vor, gibt es eine Liquiditätslücke, die im Rahmen einer Prognoseentscheidung dahingehend geprüft werden muss, ob nicht lediglich eine **Zahlungsstockung**[3052] vorliegt. Diese Methode erfordert in aller Regel ein betriebswirtschaftliches Sachverständigengutachten und ist mit einigem Aufwand verbunden.[3053]

2087 Liegt keine geordnete Buchführung vor, so wird die wirtschaftskriminalistische Methode angewendet. Aus **Krisenwarnzeichen** (Indizien) wie z. B.

- Zahlungsrückständen bei betriebsnotwendigen Aufwendungen wie z. B. Miete, Telefon, Steuern, Sozialabgaben, Löhne;
- Gehäuften Mahnungen von Gläubigern;
- Zahlung erst nach Mahn- und Vollstreckungsbescheid oder Versäumnisurteil;
- Fruchtlos verlaufener Vollstreckung, wobei die Anzahl der fruchtlos verlaufenen Maßnahmen und die Höhe der titulierten Verbindlichkeiten entscheidend sind;
- Ladung zur Abgabe der eidesstattlichen Versicherung;
- Konkursanträgen von Gläubigern, selbst wenn diese später nach Vergleich wieder zurückgenommen werden;
- Wechsel- und Scheckprotesten

2088 kann im Rahmen einer Gesamtbetrachtung auf den Eintritt der Zahlungsunfähigkeit geschlossen werden.[3054]

2089 Bei der **Überschuldung** ist von einer rechtlichen Bewertung auszugehen, wobei das Gesetz ausdrücklich von einem zweistufigen Überschuldungsbegriff ausgeht.[3055]

3049 BGH (Urt. v. 19. 04. 2007, 5 StR 505/06) wistra 2007, 308 f., dagegen BGH (Beschl. v. 23. 05. 2007, 1 StR 88/07) wistra 2007, 312: »*Denn davon, dass der 5. Senat die alte Rechtsprechung trotz der neuen Legaldefinition des § 17 Abs. 2 InsO für den Bereich des Strafrechts – unter Hintanstellung der Zivilrechtsakzessorietät der Strafnorm – perpetuieren und sich so über die – ältere – Rechtsprechung des IX. Zivilsenats des Bundesgerichtshofs aus dem Jahre 2005 (BGH wistra 2005, 432) hinwegsetzen wollte, kann nicht ausgegangen werden.*«; dazu auch PStR 2007, 253.

3050 MünchKomm/Radtke, a.a.O., Vor §§ 283 ff. Rn. 81 ff.

3051 Wabnitz/Janovsky/Beck, a.a.O., K 6 Rn. 79 ff.

3052 Eine Zahlungsstockung soll nur dann vorliegen, wenn die bestehende Illiquidität nicht den Zeitraum von 3 Wochen überschreitet. Diese Frist wird als ausreichend für eine kreditwürdige Person angenommen, um sich die benötigten Mittel zu leihen.

3053 Volk/Leipold, a.a.O., § 18 Rn. 89 ff.

3054 BGH wistra 1992, 145 (146); BGH NStZ 2003, 546.

3055 § 19 Abs. 2 InsO.

Demnach ist rechnerisch die Überschuldung unter Zugrundelegung von Liquida- **2090**
tionswerten zu prüfen. Diese liegt vor, wenn die Passiva die Aktiva übersteigen,
das Vermögen also nicht mehr die Schulden abdecken kann.[3056] Ergeben sich
somit Anzeichen einer Überschuldung, ist zu fragen, ob die Fortführung des
Unternehmens wahrscheinlicher ist als die Stilllegung.[3057] Dann sind nämlich die
Fortführungswerte mit in Ansatz zu bringen.[3058]

Auch die Kriterien, an denen die Feststellung der eingetretenen Überschuldung **2091**
zu bemessen ist, sind umstritten.[3059] Für das Strafrecht hat das die Konsequenz,
dass von einer Überschuldung nur dann ausgegangen werden kann, wenn alle
anerkannten Beurteilungsmaßstäbe zum Ergebnis der Überschuldung führen.[3060]

Im Falle der Zahlungsunfähigkeit oder Überschuldung gilt gemäß §§ 92 **2092**
Absatz 2, 268 Absatz 2 AktG eine maximale **Antragsfrist** für die Stellung des
Insolvenzantrages.

dd) Weitere Tatbestände des Aktiengesetzes

Kommt es gemäß § 402 AktG zu einer falschen Aufstellung oder Verfälschung **2093**
von Hinterlegungsbescheinigungen[3061] oder werden solche zur Ausübung des
Stimmrechtes genutzt, liegt das Strafmaß zwischen Geldstrafe und einer Freiheitsstrafe bis zu drei Jahren.[3062]

Dieser Strafrahmen liegt auch § 403 AktG zugrunde. Diese Vorschrift dient der **2094**
Sicherung der **Korrektheit des Abschlussprüfungsberichts**[3063] **und des Berichts
des Sonderprüfers;**[3064] sie stellt die vorsätzliche Verletzung der Berichtpflicht
unter Strafe. Nicht nur der Prüfer, auch seine Gehilfen können den Tatbestand
erfüllen.

Die letzte Strafvorschrift des AktG enthält § 404 AktG. Danach ist die vorsätzliche **2095**
Verletzung der **Geheimhaltungspflicht** strafbar. Voraussetzung ist ein Strafantrag
der Gesellschaft. Täter können Mitglieder des Vorstands, des Aufsichtsrats sowie
Abschluss- und Sonderprüfer mit ihren Gehilfen sein, die bei Verletzung der
Norm mit Geldstrafe oder Freiheitsstrafe bis zu einem Jahr rechnen müssen.

ee) Untreue zu Lasten der Vermögensinteressen der Aktiengesellschaft

**Einen besonderen aktienrechtlichen Untreuetatbestand kennt das Aktiengesetz 2096
nicht.** Nach Auffassung des Gesetzgebers war eine solche Spezialbestimmung im
Aktiengesetz nicht erforderlich, da diese Handlungen von Vorstands- oder Auf-

---

3056 Schönke/Schröder-Stree/Heine, a.a.O., § 283 Rn. 51.
3057 Erbs/Kohlhaas/Schaal, a.a.O., G 131, § 84 Rn. 17b.
3058 Wabnitz/Janovsky/Beck, a.a.O., K 6 Rn. 96.
3059 Vgl. MünchKomm/Radtke, a.a.O., Vor §§ 283 ff. Rn. 62; Volk/Leipold, a.a.O., § 18
      Rn. 51 ff.
3060 Statt vieler Schönke/Schröder-Stree/Heine, a.a.O., § 283 Rn. 51.
3061 § 123 Abs. 3 AktG.
3062 § 402 AktG.
3063 § 321 HGB.
3064 §§ 145 Abs. 4, 259 Abs. 1, 315 AktG.

sichtsratsmitgliedern durch den allgemeinen Untreuetatbestand des § 266 StGB erfasst werden.[3065]

2097 Nach § 266 StGB liegt Untreue z. B. dann vor,

- wenn sich ein Vorstandsmitglied ein unangemessen hohes, der wirtschaftlichen Lage der Gesellschaft nicht entsprechendes Gehalt vom Aufsichtsrat bewilligen lässt, sich mehr Dividende gutschreiben lässt, als es zu beanspruchen hat;
- wenn ein Vorstandsmitglied ein von ihm als Einlage bei Gründung der Gesellschaft eingebrachtes Grundstück vor der Auflassung (Einigung zwischen Veräußerer und Erwerber) für die Gesellschaft mit einer Hypothek belastet;
- wenn ein Vorstandsmitglied es unterlässt, über einen die Gesellschaft benachteiligenden bestimmten Bilanzansatz aufzuklären.[3066]

2098 **Vorstands- und Aufsichtsratmitglieder sind vermögensbetreuungspflichtig** gegenüber der Aktiengesellschaft. Der Pflichtinhalt ergibt sich dabei aus dem Gesellschaftsrecht.[3067] Der Aufsichtsrat hat dabei die Geschäftsführung durch den Vorstand zu überwachen.[3068] Doch nicht jeder Verstoß gegen Unternehmenspflichten stellt auch eine strafbare Untreue dar. Die Rechtsprechung zieht die zivilrechtlichen Maßstäbe **»Unternehmensinteresse« und »Ermessensspielraum bei betrieblichen Entscheidungen«** bei der strafrechtlichen Entscheidungsfindung heran.[3069] Der Bundesgerichtshof hat der **Unternehmensleitung** einen **weiten Handlungsspielraum** zugebilligt. Ohne diesen Spielraum sei eine unternehmerische Tätigkeit schlechterdings nicht denkbar:

> *»Dem Vorstand ist damit in der Frage, welchen Aufwand er für soziale Zwecke treibt, auf welche Gewinne er aus ethischen Gründen verzichtet und für welche sozialen, politischen und kulturellen Zwecke er Mittel der Gesellschaft einsetzt, ein breiter Ermessensspielraum zuzuerkennen ....*
>
> *Zu erwarten ist (allerdings), dass der Vorstand auch soziale Entscheidungen mit der Sorgfalt eines pflichtbewussten Unternehmers trifft und Vermögensopfer mit der Sorgfalt eines pflichtbewussten Treuhänders erbringt, der über Geld verfügt, das ihm nicht gehört, sondern der juristischen Person. ...*
>
> *Vergibt der Vorstand einer Aktiengesellschaft aus deren Vermögen Zuwendungen zur Förderung von Kunst, Wissenschaft, Sozialwesen oder Sport, genügt für die Annahme einer Pflichtwidrigkeit im Sinne des Untreuetatbestandes des § 266 StGB nicht jede gesellschaftliche Pflichtverletzung; diese muss vielmehr gravierend sein.«*[3070]

3065 Ein Teil der Untreue-Fallkonstellationen wurde bereits im Zusammenhang mit den Korruptionsdelikten besprochen, siehe dort, Rdn. 1904 ff.
3066 Erbs/Kohlhaas/Fuhrmann, a.a.O., A 116, Vor § 1 AktG.
3067 §§ 93, 116 AktG.
3068 § 111 AktG.
3069 BGHSt 47, 148 ff. (Sparkasse Mannheim); BGHSt 47, 187 ff. (SSV Reutlingen); zur zivilrechtlichen Haftung s. bereits Rdn. 472 ff.
3070 BGHSt 47, 187 ff.

Ob eine **Pflichtverletzung** so **gravierend** ist, dass sie strafrechtlich relevant wird, **2099** entscheidet die Gesamtschau des Falles. Hierbei sind nach der Rechtsprechung **bedeutsame Kriterien**:

- eine (fehlende) Nähe der Vermögenszuwendung zum Unternehmensgegenstand,
- eine Unangemessenheit hinsichtlich Ertrags- und Vermögenslage des Unternehmens,
- die (fehlende) innerbetriebliche Transparenz,
- das Vorliegen sachwidriger Beweggründe,
- die Verfolgung rein persönlicher Präferenzen – und
- die Schädigung der Gesellschaft.

Diese Grundsätze wurden auch in einem weiteren Fall angewendet, der negative **2100** Schlagzeilen gemacht hat, dem **Kinowelt-Verfahren**:

> Der Angeklagte war Gründungsaktionär und späteres Vorstandsmitglied der Kinowelt Medien AG, zugleich Gründer und Geschäftsführer der Sportwelt Beteiligungs-GmbH. Der Aufsichtsrat der Kinowelt Medien AG stimmte im Januar 2000 dem Kauf der Sportwelt Beteiligungs-GmbH zu; die förmliche Übernahme wurde verschoben. Im Frühjahr 2001 geriet die Kinowelt Medien AG nach dem Crash am Neuen Markt in finanzielle Notlage. Obwohl im August 2001 Rettungsbemühungen endgültig scheiterten, überwies der Angeklagte zwischen September und November 2001 von einem Konto der Kinowelt Medien AG drei Geldbeträge in einer Gesamthöhe von umgerechnet rund einer halben Million Euro an die Sportwelt Beteiligungs-GmbH.

Der Bundesgerichtshof[3071] hat betont, dass dem Angeklagten bei der Leitung der **2101** Aktiengesellschaft ein weiter unternehmerischer Handlungsspielraum zugestanden habe, der auch Zuwendungen an die GmbH im Hinblick auf deren beabsichtigte Übernahme einschloss. Weitere Zahlungen seien aber nicht mehr zu rechtfertigen gewesen, nachdem die Aktiengesellschaft in eine solche **Krise** geraten war, dass Zukäufe weiterer Unternehmen ersichtlich ausschieden.

Von diesen durch den Bundesgerichtshof herausgearbeiteten Prinzipien ging auch **2102** das **Landgericht Düsseldorf** in dem Fall aus, der in diesem Bereich das meiste **Aufsehen** der letzten Jahre erregt hat – das **so genannte Mannesmann/Vodafone** – Verfahren.

> Die Mitglieder des Aufsichtsratspräsidiums der Mannesmann AG **F**, **A** und **Z** beschlossen nach der Übernahme durch das britische Unternehmen Vodafone, freiwillige Anerkennungsprämien (zusätzlich zu vertraglichen Ansprüchen) auszuschütten: An den Vorstandsvorsitzenden **E** in Höhe von ca. 16 Millionen Euro, an vier weitere Vorstandsmitglieder insgesamt über 5 Millionen Euro. Weiterhin entschied das Präsidium, dem früheren Vorstandsvorsitzenden **F** eine freiwillige Zahlung in Höhe von ca. 3 Millionen Euro zuzuwenden, wobei der Grund allein dessen Wunsch war, wie die aktiven Vorstandsmitglieder eine Anerkennungsprämie zu erhalten. Außerdem beschloss das Aufsichtsratspräsidium auf Vorschlag von **F**, die Ansprüche von 18 Pensionären auf Zah-

---

3071   BGH Urteil vom 22. 11. 2005 – 1 StR 571/04.

lung der so genannten Alternativpension mit über 32 Millionen Euro abzufinden, obwohl sie erkannten, dass diese langfristig ihren wirtschaftlichen Wert verlieren würde.

2103 Die Freisprüche des Landgerichts wurden aufgehoben und das Verfahren zurückverwiesen. Zu den **Anerkennungsprämien** hat der Bundesgerichtshof[3072] ausgeführt, dass die Mitglieder des Präsidiums die Pflicht haben, sich auch bei Entscheidungen über die Bezüge von Vorstandsmitgliedern ausschließlich am Unternehmensinteresse zu orientieren. Diese Vermögensbetreuungspflicht haben sie in der Übernahmesituation durch die Bewilligung der Zahlungen im Sinne des Untreuetatbestandes verletzt, weil diese der Aktiengesellschaft keinen Vorteil brachten und die honorierten Leistungen bereits durch die vertraglichen Vergütungen abgegolten waren. Weiter führte das höchste Gericht aus:

»*Soweit die Strafkammer meint, bei risikoreichen unternehmerischen Entscheidungen setze die Annahme einer tatbestandsmäßigen Untreue zusätzlich eine »gravierende« Pflichtverletzung voraus, die hier nach einer Gesamtschau vor allem im Hinblick auf die gute Ertrags- und Vermögenslage der Mannesmann AG, die Wahrung innerbetrieblicher Transparenz, die ausreichende Kenntnis der Präsidiumsmitglieder von den maßgeblichen Entscheidungsgrundlagen sowie auf das Fehlen sachwidriger Motive zu verneinen sei, kann dem nicht gefolgt werden.*«

2104 Der Bundesgerichtshof hat Bezug genommen auf die zuvor angesprochenen Grundsätze und Urteile:

»*Unabhängig davon, ob die Urteile des 1. Strafsenats in dem vom Landgericht und Teilen der Literatur angenommenen Sinn verstanden werden könnten, bieten sie für eine Verneinung des objektiven Tatbestandes hier keine Grundlage. Die Entscheidung zur Unternehmensspende betrifft einen in keiner Weise vergleichbaren Sachverhalt. Gegenstand des Urteils zur Kreditvergabe ist ausschließlich eine risikobehaftete unternehmerische Prognoseentscheidung. In diesem Fall hatten die Entscheidungsträger die Aussicht auf den möglichen Nutzen und Vorteil der Maßnahme für das Unternehmen mit dem Risiko eines Nachteils – Ausfall des Kredits – abzuwägen. Die Unwägbarkeiten dieser Entscheidung sind der Grund für die Anerkennung eines Handlungsspielraums, dessen Betonung und Ausgestaltung Anliegen des 1. Strafsenats war.*

Demgegenüber standen die Angeklagten Prof. Dr. Funk, Dr. Ackermann und Zwickel nicht in der Situation einer in dem beschriebenen Sinne risikobehafteten Entscheidung, (…). Die Zuerkennung der Prämien hatte – wie dargelegt – für das zu betreuende Vermögen der Mannesmann AG ausschließlich nachteilige Wirkungen. Ein im Übrigen auch nicht angestrebter, irgendwie gearteter Vorteil für die Gesellschaft konnte unter den gegebenen Umständen – ersichtlich – nicht eintreten. Damit bestand für die Präsidiumsmitglieder kein Handlungsspielraum. Für solche Fallgestaltungen steht auch nach der Rechtsprechung des 1. Strafsenats außer Frage, dass die Entscheidungsträger die ihnen obliegende Vermögensbetreuungspflicht im Sinne des § 266 Absatz 1 StGB verletzen, ohne dass dem Merkmal einer »gravierenden« Pflichtverletzung irgendeine Bedeutung zukommen kann.«

3072 BGH, Urteil vom 21. 12.2005 – 3 StR 470/04.

Keinen Bestand hatte auch die Auffassung des Landgerichts, die Angeklagten **2105** hätten sich bei der Bewilligung der gezahlten Anerkennungsprämie in einem unvermeidbaren Verbotsirrtum befunden. Denn die Rechtswidrigkeit einer willkürlichen Sonderzahlung in Millionenhöhe allein aufgrund des Wunsches des Begünstigten musste sich ihnen als offensichtlich aufdrängen.

Das Strafverfahren vor dem Landgericht Düsseldorf wurde am 1. November 2006 **2106** wieder aufgenommen. Der brisante Prozess wurde nach der klaren Ansage aus Karlsruhe mit Spannung erwartet und verfolgt. Es wurden hohe Erwartungen an **Erkenntnisse zur subjektiven Tatseite** bei der Untreue erwartet. Wussten die Angeklagten wirklich, dass sie die Millionen nicht hätten verteilen dürfen? Hätten Sie es wissen können oder wissen müssen?[3073]

Doch auch dieses Strafverfahren enttäuschte die hohen Erwartungen. Am **2107** 29. November 2006 hat die 10. große Wirtschaftsstrafkammer des Landgerichts Düsseldorf das Mannesmann-Verfahren durch Beschluss – vorläufig – eingestellt.[3074] Damit ist den Anträgen der sechs Angeklagten gefolgt worden, denen zuvor bereits die Staatsanwaltschaft zugestimmt hatte. Mit der Einstellung war die Auflage verbunden, dass die Angeklagten insgesamt 5,8 Millionen Euro an Geldauflagen zu zahlen haben. Davon entfielen auf **A** 3,2 Millionen, auf **E** 1,5 Millionen und auf **F** eine Million Euro.

Diese zweite Entscheidung des Düsseldorfer Landgerichts über die Einstellung **2108** der Verfahren ist umstritten. In der Tat ist die Begründung des Vorsitzenden Richters in Anbetracht des Urteils des Bundesgerichtshofes schwer nachzuvollziehen: Es bestehe nach dem jahrelangen Rechtsstreit um die Mannesmann-Übernahme kein öffentliches Interesse mehr an der Fortsetzung des Verfahrens. Der Richter betonte dabei, dass die Bedeutung der Bundesgerichtshof–Entscheidung keineswegs infrage gestellt werden solle. Diese richtungsweisende Entscheidung hätte durchaus relevante Rechtsfragen beantwortet, bezüglich des Mannesmann/ Vodafone-Prozesses jedoch Fragen offen gelassen, die nicht innerhalb eines überschaubaren Zeitraums zu klären gewesen wären. Zudem stünde die Klärung dieser Punkte nicht im Interesse der Öffentlichkeit, da sie nicht von allgemeiner Bedeutung seien.[3075]

Eine Auswirkung hat das Mannesmann/Vodafone-Verfahren auf jeden Fall. Es **2109** ist zu erwarten, dass Prämien an gesetzliche Unternehmensvertreter in Zukunft grundsätzlich von vornherein vertraglich festgehalten werden.[3076] Dadurch können die Fallstricke des Strafrechts in vergleichbaren Fällen vermieden werden.

ff) Exkurs: Kommunale Haushaltsuntreue

Untreue ist auch bei Verstößen gegen haushaltsrechtliche Vorgaben oder Prinzi- **2110** pien möglich.[3077] Nicht zuletzt in Zeiten der ungebremsten Verwendung von Steuermitteln durch öffentlich-rechtliche Entscheidungsträger und der darüber

---

3073 Dazu DER SPIEGEL 44/ 2006, S. 120 f.
3074 Inzwischen ist die Einstellung endgültig.
3075 Siehe insgesamt die Stellungnahme des LG Düsseldorf v. 29. 11. 2006, übermittelt durch den Pressedezernenten des Landgerichts, Dr. Thole.
3076 So auch DER SPIEGEL Nr. 44/2006, S. 121.
3077 Vgl. MünchKomm/Dierlamm, a.a.O., § 266 Rn. 219 m. w. N.

alljährlich neu aufkommenden Debatte über die Steuerverschwendung (Stichwort: Schwarzbuch des Bundes der Steuerzahler)[3078] ist dieser Spezialbereich der so genannten »**Haushaltsuntreue**« von einer permanenten Brisanz geprägt.

2111 Hinterfragt wird, ob das **öffentlich-rechtliche Sparsamkeitsgebot** mit strafrechtlichen Mitteln durchgesetzt werden sollte – oder vielleicht sogar muss?

> Nach den Feststellungen des Landgerichts Schwerin war der Verwaltungsjurist A als Angestellter der Stadt Wuppertal beschäftigt und wurde aufgrund entsprechender Verträge im Rahmen der engen Städtepartnerschaft mit der Stadt Schwerin dorthin als Berater entsandt. Vereinbarungsgemäß bezahlte die Stadt Wuppertal auch weiterhin das Gehalt, erhielt aber von der Landeshauptstadt Schwerin dafür eine Vergütung, solange seine Dienste dort in Anspruch genommen wurden. Da der angeklagte Oberbürgermeister der Stadt Schwerin jedoch seit 1995 den A nicht mehr für die Stelle geeignet hielt, die Stadt Wuppertal aber zu erkennen gab, für A keine passende Einsatzmöglichkeit zu haben, kam es schließlich zu einer Vereinbarung, nach der die Stadt Wuppertal bei einer vorzeitigen Versetzung des A in den Ruhestand sämtliche Versorgungslasten übernahm und die durch den Angeklagten vertretene Stadt Schwerin sich zur Zahlung von 175.000,- DM als Abfindung verpflichtete.

2112 Der 4. Strafsenat des Bundesgerichtshofs[3079] hat die Revision der Staatsanwaltschaft verworfen und im Ergebnis die Auffassung des Landgerichts bestätigt, dass der Angeklagte in Anbetracht der gegebenen besonderen Umstände nicht pflichtwidrig gehandelt hat:

> »*Ihm oblag es gemäß § 43 Absatz 1 Satz 1 Kommunalverfassung Mecklenburg-Vorpommern die Haushaltswirtschaft nach den Grundsätzen der Wirtschaftlichkeit und Sparsamkeit zu führen. Diese Grundsätze sind ... als rechtliche Steuerungsnormen dazu bestimmt, einen äußeren Begrenzungsrahmen für den gemeindlichen Entfaltungs- und Gestaltungsspielraum dahin gehend zu bilden, solche Maßnahmen zu verhindern, die mit den Grundsätzen vernünftigen Wirtschaftens schlechthin unvereinbar sind ....[3080] Ein Verstoß gegen diesen Grundsatz führt zur Nichtigkeit von Verträgen, die eine Zuwendung an Private ohne Gegenleistung zum Gegenstand haben und unter keinem Gesichtspunkt als durch die Verfolgung legitimer öffentlicher Aufgaben im Rahmen einer an den Grundsätzen der Rechtsstaatlichkeit orientierten Verwaltung gerechtfertigt angesehen werden können .... Strafrechtlich gilt insoweit kein anderer Maßstab (vgl. BGH NJW 1999, 1489, 1490).*«[3081]

2113 Eine **strafrechtlich relevante pflichtwidrige Schädigung der zu betreuenden Haushaltsmittel**, welche dann vorliegt, wenn ohne entsprechende Gegenleistung Zahlungen erfolgen, auf die im Rahmen vertraglich geregelter Rechtsverhältnisse ersichtlich kein Anspruch besteht, lag nach Auffassung des Bundesgerichtes jedoch nicht vor. Von den Verantwortlichen der Stadt Schwerin musste damit

---

3078 Siehe www.steuerzahler.de. Das Schwarzbuch wird unter dem Titel »Die öffentliche Verschwendung« veröffentlicht.

3079 BGH v 09. 12. 2004 – 4 StR 294/04.

3080 OVG Rheinland-Pfalz DVBl. 1980, 767, 768; vgl. auch BVerwGE 59, 249, 252 f.; OVG Münster ZMR 1981, 224; OVG NRW DÖV 1991, 611 f.

3081 Vgl. BGH NStZ-RR 2002, 237 f.

gerechnet werden, dass nach den damals geltenden Bestimmungen des Arbeitnehmerüberlassungsgesetzes und der hierzu ergangenen arbeitsgerichtlichen Rechtsprechung ein Arbeitsverhältnis zwischen der Stadt Schwerin und A bejaht worden wäre, mit der Folge, dass die Stadt Schwerin unter Umständen zu sehr viel höheren Zahlungen als der geleisteten Abfindung verpflichtet gewesen wäre. In Anbetracht dieses Risikos lag die Zahlung der Abfindung noch im Rahmen des dem Angeklagten als Oberbürgermeister der Stadt Schwerin zustehenden Beurteilungsspielraums.

An dieser Entscheidung des Bundesgerichtshofes zeichnet sich die Tendenz der **2114** Rechtsprechung ab, bei dem **Verstoß gegen Haushaltsvorschriften** nur in seltenen Fällen den Tatbestand der Untreue als gegeben zu werten. Ein solcher Fall lag folgender Entscheidung zu Grunde:

> Das Landgericht Potsdam hatte den Angeklagten **Z**, einen früheren Minister für Ernährung, Landwirtschaft und Forsten des Landes Brandenburg, und den Angeklagten **D**, einen früheren Referatsleiter im brandenburgischen Landwirtschaftsministerium, vom Vorwurf der Untreue und des Betruges freigesprochen. Die Angeklagten waren im Jahre 1997 zugunsten eines Subventionsantrags des Fördervereins Dahme/ Mark e. V. tätig geworden. Dem Verein wurde ein Betrag von rund 500.000 DM (eine Viertelmillion Euro) zugewendet. Mit der Subvention sollte ein Projekt auf dem bäuerlichen Anwesen der Familie des Angeklagten **Z** gefördert werden. Die Angeklagten hatten den Subventionsantrag und eine schriftliche Genehmigung zum vorzeitigen Beginn mit der zu fördernden Maßnahme zurückdatiert, weil nach den Verwaltungsvorschriften zur Landeshaushaltsordnung Zuwendungen nur für solche Projekte bewilligt werden durften, die noch nicht begonnen worden waren. Das Landgericht hatte die entgegenstehende Einlassung des Angeklagten **D** insbesondere aufgrund der Zeugenaussagen einer Sekretärin und einer Registratorin im Ministerium als widerlegt angesehen, es jedoch für möglich gehalten, dass **Z** statt einer schriftlichen eine mündliche Genehmigung zum vorzeitigen Maßnahmebeginn erteilt hatte.

Auf die Revisionen der Staatsanwaltschaft hat der Bundesgerichtshof[3082] das **2115** Urteil aufgehoben.[3083] Die Beweiswürdigung des Landgerichts sei nicht tragfähig gewesen, weil mehrere Umstände, die gegen das Vorliegen einer mündlichen Genehmigung sprachen unberücksichtigt geblieben waren. Ferner sei der für die Annahme einer Strafbarkeit wegen Untreue und Betruges erforderliche Vermögensschaden nicht dadurch ausgeschlossen, dass Fördermittel für das Projekt auch bei ordnungsgemäßer Verfahrensweise möglicherweise hätten bewilligt werden können.

In dieser Entscheidung kommt zum Ausdruck, worauf nach der höchstrichterli- **2116** chen Rechtsprechung auch in Fällen der Haushalts- oder Amtsuntreue nicht verzichtet werden darf, wollte man eine Untreuestrafbarkeit des jeweiligen Amtsträgers annehmen. § 266 StGB schützt allein das **Vermögen des Geschäftsherren**,

---

3082 BGH 5 StR 448/02 v. 08. 04. 2003.
3083 Diese Entscheidung als zu weitgehend empfindet MünchKomm/Dierlamm, a.a.O., § 266 Rn. 223, mit interessanter Begründung.

nicht dessen Dispositionsbefugnis.[3084] Dies hat der Bundesgerichtshof schon in einer sehr frühen Entscheidung zum Ausdruck gebracht:[3085]

> *»Die ›Fehlleitung‹ öffentlicher Gelder ist für die Körperschaft, die sie verwaltet, dann ein Vermögensvorteil, wenn sie dazu führt, dass die Aufwendungen für die Körperschaft nutzlos sind, d. h. nicht deren Aufgaben dienen. …*
>
> *Werden die Gelder aber entgegen ihrer eigentlichen Bestimmung für Zwecke verwendet, die die Körperschaft ebenfalls zu erfüllen hat, und werden dadurch die für diese Aufgabe im Haushaltsplan vorgesehenen Mittel gespart, so bedeutet die Fehlleitung allein noch nicht ohne weiteres einen Vermögensnachteil.*
>
> *Das Vermögen des Staates … wird durch den Haushaltsplan nicht in mehrere rechtlich selbstständige Zweckvermögen aufgespalten, die jedes für sich allein geschädigt werden könnten … Das ganze Vermögen bleibt vielmehr auch rechtlich eine Einheit.«*

2117 Demnach bedarf es für eine Untreuestrafbarkeit immer eines Vermögensschadens (*»Nachteil zufügt«*). Unter bestimmten Voraussetzungen reicht zwar schon eine schadensgleiche Vermögensgefährdung aus, die jedoch konkret sein muss. Dies wird man aber bei der Haushaltsuntreue lediglich in den Fällen der **»Schwarzen Kassen«** annehmen können.[3086]

2118 Dieser Sichtweise entspricht auch ein weiteres freisprechendes Urteil durch den Bundesgerichtshof:[3087]

> Die Staatsanwaltschaft hatte gegen einen ehemaligen Staatssekretär sowie eine Abteilungsleiterin und einen Referatsleiter des Ministeriums für Arbeit, Soziales, Gesundheit und Frauen des Landes Brandenburg Anklage erhoben. Im Wesentlichen hatte sie den Angeklagten zur Last gelegt, Fördermittel für »Betreuungsdienste chronisch Kranker« den jeweiligen sozialen Trägern ohne einen entsprechenden aktuellen Bedarf zugewendet zu haben, weil die Mittel zu verfallen drohten. Tatsächlich seien die Fördermittel später benötigt worden, aber für das Folgejahr im Haushaltsplan kein entsprechender Titel mehr vorhanden gewesen, wodurch der Haushalt des Landes Brandenburg um 6,26 Millionen DM (entspricht ca. 3,3 Millionen Euro) geschädigt worden sein sollte. Dem angeklagten Staatssekretär wurde vorgeworfen, es unterlassen zu haben die Gelder vollständig zurückzufordern, nachdem er von diesen Vorgängen Kenntnis erlangt hätte. Daneben seien die Angeklagten für den Erlass eines Bewilligungsbescheides über die Gewährung einer Subvention für ein »Gesundheitshaus« verantwortlich, deren Bewilligungsvoraussetzungen nicht vorgelegen hätten, da der erforderliche Umbau des Gesundheitshauses nicht im Förderungszeitraum hätte vorgenommen werden können.

2119 Der Bundesgerichtshof hat im Ergebnis das Urteil des Landgerichts Potsdam bestätigt. Dem Land sei weitgehend kein Vermögensnachteil entstanden, da für die vorgenommenen Zahlungen Gegenleistungen erbracht wurden, die dem

---

3084 So auch MünchKomm/Dierlamm, a.a.O., § 266 Rn. 219.
3085 BGH 5 StR 161/53 v. 03. 11. 1953; bestätigt von BGHSt 40, 287.
3086 Ausführlich dazu Rdn. 1922 ff.; vgl. auch Lackner/Kühl, a.a.O., § 266 Rn. 17 a.
3087 BGH v. 14. 12. 2000 – 5 StR 123/00 = wistra 2001, 146.

ursprünglich vom Haushaltsgesetzgeber verfolgten Zweck entsprochen hätten. Demnach wird hier betont, dass der Verstoß gegen rein sachliche oder zeitliche haushaltsrechtliche Beschränkungen nicht ausreicht. Im Übrigen war der Bundesgerichthof der Auffassung, die Annahme des Landgerichts sei rechtlich nicht zu beanstanden, dass die Angeklagten von der haushaltsrechtlichen Zulässigkeit ihres Tuns ausgegangen seien.

Trotzdem gilt, dass ungeachtet der Gleichwertigkeit von Leistung und Gegenleistung Haushaltsuntreue in Betracht zu ziehen ist, wenn durch die Haushaltsüberziehung eine wirtschaftliche gewichtige Kreditaufnahme erforderlich wird, wenn die Dispositionsfähigkeit des Haushaltgesetzgebers in schwerwiegender Weise beeinträchtigt wird und er durch den Mittelaufwand insbesondere in seiner politischen Gestaltungsbefugnis beschnitten wird.[3088]   **2120**

Insgesamt bleibt damit festzuhalten, dass sich die (höchstrichterliche) Rechtsprechung mit der Annahme einer Haushaltsuntreue sehr zurückhält. Damit scheint vor allem in jüngerer Zeit eine recht konsequente Anwendung verbunden, die Tendenzen einen Riegel vorschiebt, mit Mitteln des Strafrechtes solches Verhalten justiziabel zu machen, dass emotional als ungerecht empfunden wird, bei dem aber die eigentlich einschlägigen Instrumente vermeintlich versagen.   **2121**

Im Hinblick auf die Gewaltenteilung scheint es logisch, das staatliche Haushaltsrecht vorrangig mit öffentlich-rechtlichen Vorgaben zu steuern und nicht mit strafrechtlichen Mitteln durchsetzen zu wollen. Doch wie würde dem leichtfertigen Umgang mit öffentlichen Mitteln Paroli geboten, wenn keine Sanktionen drohten. Die Rechtsprechung hat einen gangbaren Weg zwischen strafbarem Verhalten einerseits und notwendiger Entscheidungs- und Betätigungsfreiheit der verantwortlichen Amtsträger andererseits aufgezeigt. Wenn denn nicht der Gesetzgeber künftig exaktere Vorgaben entwickelt, wird die Rechtsprechung sicherlich die entscheidenden Kriterien herausarbeiten.   **2122**

r)   Strafrechtliche Würdigung des GmbH-Gesetzes

Die GmbH ist eine mit Rechtspersönlichkeit ausgestattete Personengemeinschaft, bei der die Gesellschaft unbeschränkt haftet, während die Gesellschafter lediglich für die Einzahlung ihrer Einlagen gegenüber der Gesellschaft einzustehen haben.[3089] Das GmbHG regelt nur einen Teil der Straftaten, die im Zusammenhang mit einer GmbH begangen werden können.[3090] Auch hier gilt, dass diese Gesellschaftsform anfällig für die gesamte Bandbreite an Unternehmensstraftaten ist. Die Straftatbestände des GmbH-Gesetzes (GmbHG) sollen in erster Linie **den Schutz der Gläubiger** und das **Vertrauen** in die **Richtigkeit** der gegenüber dem **Handelsregister** und der **Öffentlichkeit** abgegebenen Erklärungen sicherstellen.[3091]   **2123**

3088   BGH 1 StR 273/97 v. 04. 11. 1997 (Stuttgarter Theaterintendant) sowie BGH 5 StR 448/02 v. 08. 04. 2003.
3089   Ulrich Eisenhardt, a.a.O., Rn. 672.
3090   §§ 82, 84, 85 GmbHG.
3091   Roth/Altmeppen, GmbHG, a.a.O., § 82 Rn. 2.

2124 Die GmbH ist eine in Deutschland sehr **beliebte Rechtsform**, wobei die statistischen Zahlen zu unterschiedlichen Ergebnissen kommen – die Zahl dürfte zwischen 750.000 und 1.000.000 Gesellschaften liegen.[3092] Unter Einbeziehung der GmbH & Co. KG entfallen auf Unternehmen in der rechtlichen Ausgestaltung der GmbH rund 50 % aller bekannt gewordenen Wirtschaftsstraftaten.[3093] Dies belegt die spezielle Strafverfolgungsstatistik des Statistischen Bundesamts ebenso wie – seit dem Jahre 1992 – die Polizeiliche Kriminalstatistik. Dabei ist die **hohe Deliktsanzahl aus den Branchen Bau, Handel und Immobilienwesen auffällig**. Eine gewichtige Rolle spielen hierbei die Insolvenzverfahren. Diese Tatsache führte bereits im Jahre 1967[3094] zu der Einführung einer Benachrichtigungspflicht für die – seinerzeit so genannten – Konkurs- und Vergleichsrichter, die zuständige Staatsanwaltschaft von jeder Eröffnung (oder Ablehnung der Eröffnung mangels Masse) eines Konkurs- bzw. Anschlusskonkursverfahrens zu unterrichten. Entsprechendes gilt heute für die **Insolvenzverfahren**.

2125 In der Bundesrepublik Deutschland werden jährlich Zehntausende von Strafanzeigen gegen Unternehmensleiter erstattet. Auf die GmbHs entfällt ein Großteil dieser Anzeigen.[3095]

aa)   Begleitdelikte

2126 Ein besonders drastischer Fall erschütterte Anfang 2006 den deutschen Wirtschaftsraum:

> Gegen Verantwortliche der Fa. Nordcash Geldbearbeitungs GmbH wurde wegen des Verdachts der **Untreue** und **Unterschlagung** ermittelt. Die Firma gehört zur HEROS-Unternehmensgruppe. Zusammen mit verschiedenen Tochtergesellschaften nahm die HEROS-Gruppe alle Geld- und Sicherheitsdienste ihrer Kunden wahr. Im Laufe der letzten Jahre soll es zu Entnahmen von Kundengeldern für private Zwecke gekommen sein. Im Verlauf der Ermittlungen zeigte sich, dass neben Privatentnahmen in ganz erheblichem Umfang Kundengelder zur Aufrechterhaltung des Geschäftsbetriebes entnommen worden sind, insgesamt ca. 300 Millionen Euro.[3096]
>
> Der Firmengründer und Hauptverantwortliche wurde am 23 Mai 2007 vom Landgericht Hildesheim zu einer Freiheitsstrafe von zehn Jahren wegen Untreue in einem besonders schweren Fall und Bankrott verurteilt. Zwei Niederlassungsleiter und ein Prokurist erhielten Haftstrafen von sechseinhalb bis acht Jahren.[3097] Die HEROS-Manager mussten sich seit November 2006 vor Gericht verantworten. Sie haben nach Überzeugung des Gerichts über Jahre

---

3092 Ausführlich zu diesen Zahlen: Roth/Altmeppen, a.a.O., § 82 Rn. 2; Eisenhardt, a.a.O., Rn. 674.

3093 Vgl. Volk/Leipold, a.a.O., § 18 Rn. 3.

3094 BAnz. Nr. 218 vom 18. 11. 1967.

3095 Hoffmann/Liebs, Der GmbH-Geschäftsführer: Handbuch für die Praxis des Unternehmens und Managers, 2. Aufl., München 2000 Rn. 856.

3096 Gemeinsame Pressemitteilung der Staatsanwaltschaft Mönchengladbach und des Landeskriminalamtes NRW v. 20. 02. 2006.

3097 Das Urteil ist bei Redaktionsschluss nicht rechtskräftig.

hinweg mindestens 270 Millionen Euro an Kundengeldern veruntreut. Dabei steckten sie Millionen in die eigenen Taschen. Zudem wurden mit einem Schneeballsystem seit Anfang der 90er Jahre mit Kundengeldern Rechnungen beglichen und Löcher in der eigenen Firmenbilanz geschlossen. Als die Straftaten im Februar 2006 bekannt wurden, brach die HEROS-Unternehmensgruppe zusammen. Der Zerfall von HEROS verursachte bei etwa 1.800 Firmenkunden des Unternehmens einen Gesamtschaden von 400 Millionen Euro. Die Staatsanwaltschaft hatte für die Manager Gefängnisstrafen zwischen siebeneinhalb und elf Jahren gefordert.[3098]

Verletzt der Geschäftsführer einer GmbH die ihm obliegende Vermögensbetreuungspflicht hinsichtlich des Vermögens der Gesellschaft, kann eine Untreuehandlung vorliegen. Der **Treuebruchtatbestand kann durch Verletzung der Pflicht des Geschäftsführers erfüllt sein, die GmbH vor Schaden zu bewahren.**[3099] Der Fall HEROS zeigt die Nähe von gesellschaftsbezogenen Untreuehandlungen zu einem anderen erheblichen Bereich auf. Im Zusammenhang mit einer **Unternehmenskrise** erfolgt Untreue in der Regel dadurch, dass die Geschäftsführer der GmbH Vermögenswerte entziehen. Zeichnet sich Insolvenz ab, erfolgen diese Handlungen meist in der Absicht der persönlichen Bereicherung.[3100]   **2127**

Typische Untreuehandlungen im Zusammenhang mit einer Krise der GmbH stellen dabei folgende Konstellationen dar:[3101]   **2128**

- Entwendung von gesellschaftseigenen Gegenständen oder Ware im eigenen Interesse,
- unberechtigte Entnahme von Barmitteln,
- Aushöhlung von Gesellschaftsvermögen durch Verursachung überhöhter Kosten (auch: Gehaltszahlungen und Kapitalausschüttungen) oder unberechtigter Zahlungen.

Zu berücksichtigen ist bei den Untreue-Delikten, dass ein die Strafbarkeit ausschließendes Einverständnis der Gesellschafter vorliegen kann. Im Grundsatz ist der Tatbestand der Untreue ausgeschlossen, wenn alle Berechtigten mit der Vermögensschädigung einverstanden sind.[3102] Die Frage nach der Wirksamkeit der Zustimmung ist allerdings umstritten.[3103]   **2129**

Eine Auffassung geht soweit, dass jede Einwilligung oder Weisung der Gesellschafter hinsichtlich der Vermögensschädigung tatbestandsausschließend sein soll.[3104] Die herrschende Meinung und Rechtsprechung dagegen schließt die Wirksamkeit der Zustimmung dann aus, wenn es um existenzgefährdende Maß-   **2130**

3098 Vgl. SPIEGEL ONLINE v. 23. 05. 2007, sueddeutsche.de v. 23. 05. 2007, HANDELS-BLATT v. 07. 11. 2006; HAZ Nr. 220 v. 20. 09. 2006; HAZ Nr. 187 v. 12. 08. 2006.
3099 Tido Park (Hrsg.)/Zieschang, Kapitalmarkt-Strafrecht, a.a.O., S. 142 Rn. 28 ff.
3100 Volk/Böttger, a.a.O., § 18 Rn. 231.
3101 Volk/Böttger, a.a.O., § 18 Rn. 239.
3102 BGHSt 3, 23.
3103 Vgl. Park/Zieschang, a.a.O., S. 155 Rn. 81 ff.
3104 Schönke/Schröder-Lenckner/Perron, a.a.O., § 266 Rn. 21, insb. 21b; zustimmend Roth/Altmeppen, GmbHG, a.a.O., § 43 Rn. 129 f. 9. w. N.

nahmen geht oder das Stammkapital[3105] geschädigt wird.[3106] Mit Rücksicht auf die Tatsache, dass der Schutzbereich des § 266 StGB nicht die Gläubigerinteressen hinsichtlich des Gesellschaftsvermögens der GmbH schützt und das Vermögen an sich gänzlich zur Disposition des Vermögensinhabers (der Gesellschafter) stehen muss, ist die herrschende Ansicht zu verneinen.[3107] Es sei aber darauf hingewiesen, dass im Falle einer Anklage auch mit einer Verurteilung zu rechnen ist, da die vorherrschende Auffassung als zunächst gefestigt angesehen werden muss.

2131   Diese Grundsätze sollen auch auf die Einmann-GmbH anzuwenden sein.[3108] Bei **Alleingesellschafter-Geschäftsführern** kommt es deshalb häufig zu einer Untreue[3109] zum Nachteil der eigenen GmbH. Die GmbH ist eine eigene juristische Person und nur diese ist rechtlich die Inhaberin des Gesellschaftsvermögens. Der Alleingesellschafter-Geschäftsführer betreut lediglich fremdes Vermögen und kann daher eine Untreue zum Nachteil der GmbH begehen, wenn er etwa die **im Außenverhältnis unbeschränkte Vertretungsmacht**[3110] **pflichtwidrig zum Nachteil der GmbH ausnutzt** (Missbräuchliches Handeln).[3111] Das kann z. B. bei Einsatz von Gesellschaftsmitteln zugunsten gesellschaftsfremder oder eigener Zwecke der Fall sein, so bei Überweisungen auf das eigene oder auf Konten Dritter oder durch Ausstellen und Einreichen von Schecks zu Lasten der Gesellschaft in gesellschaftsfremden Angelegenheiten.[3112]

2132   Wird durch derartige Untreuehandlungen eine Unternehmenskrise ausgelöst oder verstärkt, eröffnet sich ein weiterer Problemkreis. Häufig wird der **Antrag auf Eröffnung des Insolvenzverfahrens** erst zu spät gestellt. Die Insolvenzgerichte sind – wie schon ausgeführt – verpflichtet, die zuständige Staatsanwaltschaft von beantragten Insolvenzverfahren zu informieren. Aus den vorliegenden Unterlagen prüft die Staatsanwaltschaft, ob ein Anfangsverdacht auf Verschleppung des Antrags[3113] vorliegt und ob der Geschäftsführer seiner Verpflichtung zur rechtzeitigen Bilanzaufstellung nachgekommen ist.

> »Insolvenzantrag verschleppt? – Gegen die Verantwortlichen des Bremer Billigstromanbieters und Internet-Providers Vossnet wird nicht nur wegen Betrugsverdachts, sondern auch wegen angeblicher Insolvenzverschleppung ermittelt. Der zuständige Staatsanwalt sagte, das Unternehmen sei schon Anfang 1999 überschuldet gewesen

---

3105   Vgl. 30 GmbHG.

3106   Park/Zieschang, a.a.O., S. 155 Rn. 84 m. w. N.; BGH NJW 2004, 2248 (Bremer Vulkan); BGH NJW 2003, 2996 ff. (2998).

3107   Ebenso Roth/Altmeppen, a.a.O., § 43 Rn. 129, 130; a. A. MünchKomm/Dierlamm, a.a.O., § 266 Rn. 136 f.

3108   Park/Zieschang, a.a.O., S. 156 Rn. 84.

3109   Zur Untreue siehe auch bei den Korruptionsdelikten Rdn. 1904 ff. sowie beim AktG Rdn. 2096 ff.

3110   § 37 Abs. 2 GmbHG.

3111   Roth/Altmeppen, a.a.O., § 43 Rn. 119 f.

3112   Volk/Böttger, a.a.O., § 18 Rn. 239.

3113   § 84 Abs. 1 Nr. 2 GmbHG, dazu ausführlich unten, Rdn. 2148 ff.

und habe sich seitdem weiter so durchgewurstelt, obwohl eigentlich innerhalb von drei Wochen ein Insolvenzantrag hätte gestellt werden müssen.«[3114]

Wurden noch Lieferungen und Leistungen bestellt, obwohl von einer Krisensituation auszugehen war, so besteht der Anfangsverdacht eines Betrugs. Wurden kurz vor Antragstellung noch Vermögensübertragungen vorgenommen, so liegt der Verdacht eines Bankrottdeliktes nahe. **2133**

Hat sich für die Staatsanwaltschaft ein Verdacht bestätigt, so folgt meist eine Durchsuchung des Betriebes und den Privaträumen des Beschuldigten. Die hierbei gefundenen Unterlagen werden auf alle möglichen Straftaten (z. B. Nichtzahlung von Sozialversicherungsbeiträgen) hin überprüft.[3115] **2134**

Bei den möglichen Delikten muss zwischen **Geschäftsführungsdelikten** (Täter kann nur ein Geschäftsführer sein) und **Organhaftungsdelikten** (Täter ist eigentlich die GmbH) unterschieden werden. **2135**

Soll jemand aufgrund seiner **Geschäftsführereigenschaft** strafrechtlich zur Verantwortung gezogen werden, so ist dies nicht von einer Eintragung in das Handelsregister abhängig. Entscheidend ist, dass der Betreffende seine Bestellung angenommen hat und tätig geworden ist. Die strafrechtliche Verantwortlichkeit endet mit Aufgabe des Amtes durch Abberufung oder durch Amtsniederlegung. Für Vorgänge, die in seiner Amtszeit lagen, bleibt der ehemalige Geschäftsführer aber auch weiterhin verantwortlich.[3116] Gleiches gilt auch für den so genannten **faktischen Geschäftsführer**, wenn er zumindest im stillschweigenden Einverständnis aller Gesellschafter tätig geworden ist.[3117] **2136**

3114 HAZ Nr. 17 v. 21. 01. 2000, S. 13; Der Chef des einstigen **Stromanbieters Vossnet** wurde am 09. 07. 2001 vom LG Bremen in erster Instanz wegen Betruges und Insolvenzverschleppung zu vier Jahren Haft verurteilt. Das Gericht hielt es für erwiesen, dass die »finanziell völlig marode Firma« von wechselwilligen Stromkunden jeweils 60 Mark Anmeldegebühr kassiert habe, ohne überhaupt liefern zu können. Das günstige Stromlieferangebot sei erst gar nicht auf Rentabilität und Durchführbarkeit geprüft worden. Vossnet habe weder die vom Energiewirtschaftsgesetz vorgeschriebene Genehmigung für den Stromhandel besessen noch einen Stromlieferanten in der Hinterhand gehabt. Der Verurteilte hatte eine Revision angekündigt.

3115 Hoffmann/Liebs, a.a.O. Rn. 856.2

3116 Hoffmann/Liebs, a.a.O. Rn. 858.

3117 Die von Biletzki – zumindest für den Bereich der fehlerhaften Buchführung (§§ 283abs. 1 Nr. 5, 7 a; 283b StGB) – vertretene Auffassung, der faktische GmbH-Geschäftsführer unterliege nicht der Strafbarkeit (Es sei denn, sein Handeln beruhe auf einem zivilrechtlich unwirksamen Bestellungsakt.), weil er in der enumerativen Auflistung der Täter in § 14 StGB nicht genannt werde, eine rein zweckorientierte, faktische Betrachtungsweise sei aber aus verfassungsrechtlichen Gründen nicht zulässig, ist nicht haltbar. (Siehe Gregor **Biletzki**, Strafrechtlicher Gläubigerschutz bei fehlerhafter Buchführung durch den GmbH-Geschäftsführer, in: NStZ 1999, 537 ff. (538)) Wer im Innenverhältnis die Gesellschaft tatsächlich leitet, sei es allein oder tatsächlich durch Dominanz der weiteren Geschäftsführer bzw. sich nach außen als vertretungsberechtigter Geschäftsführer darstellt, kann dies nicht ohne – zumindest duldende Zustimmung – der Gesellschafter. Es wird deshalb regelmäßig bei einer faktischen Geschäftsführung ein Fall des § 14 Abs. 3 StGB vorliegen; siehe dazu: Klaus **Moosmayer**, Anmerkung zu Biletzki: Strafrechtlicher Gläubigerschutz bei fehlerhafter Buchführung durch den GmbH-Geschäftsführer, NStZ 1999, 537, in: NStZ 2000, 295 f.; Schönke/Schröder-Lencker, a.a.O., § 14 Rn. 17, Tröndle/Fischer, a.a.O., 14 Rn. 18 und vor

2137 In einer mehrköpfigen Geschäftsführung müssen die Zuständigkeiten unter den Geschäftsführern klar geregelt werden. Werden bestimmte Aufgaben auf die nachgeordnete Führungsebene delegiert, so kann sich der Geschäftsführer vor der strafrechtlichen Verantwortung schützen, in dem er befähigte Personen mit der Wahrnehmung bestimmter Aufgaben beauftragt und die Ausführung angemessen kontrolliert. Eine **Überwachungspflicht** bleibt aber bestehen. Bei Angelegenheiten, die das Unternehmen als Ganzes oder gar in seiner Existenz betreffen, ist jeder Geschäftsführer auch einzeln zum Handeln verpflichtet.[3118] Eine Delegation ist in diesen Fällen nicht möglich.

bb) Gründungs- und Kapitalerhöhungsschwindel

2138 Der Geschäftsführer kann gemäß § 82 GmbHG u. a. dann zu einer Geldstrafe oder einer Freiheitsstrafe bis zu drei Jahren verurteilt werden, wenn er bei der Eintragung der Gesellschaft oder der Anmeldung von Kapitalerhöhungen bzw. Herabsetzungen des **Stammkapitals** wahrheitswidrige Angaben über die Vermögensverhältnisse der Gesellschaft abgibt.[3119]

2139 ### § 82 GmbHG

(1) Mit Freiheitsstrafe bis zu drei Jahren oder mit Geldstrafe wird bestraft, wer

1. als Gesellschafter oder als Geschäftsführer zum Zweck der Eintragung der Gesellschaft über die Übernahme der Stammeinlagen, die Leistung der Einlagen, die Verwendung eingezahlter Beträge, über Sondervorteile, Gründungsaufwand, Sacheinlagen und Sicherungen für nicht voll eingezahlte Geldeinlagen,

2. als Gesellschafter im Sachgründungsbericht,

3. als Geschäftsführer zum Zweck der Eintragung einer Erhöhung des Stammkapitals über die Zeichnung oder Einbringung des neuen Kapitals oder über Sacheinlagen,

4. als Geschäftsführer in der in § 57i Abs. 1 Satz 2 vorgeschriebenen Erklärung oder

5. als Geschäftsführer in der nach § 8 Abs. 3 Satz 1 oder § 39 Abs. 3 Satz 1 abzugebenden Versicherung oder als Liquidator in der nach § 67 Abs. 3 Satz 1 abzugebenden Versicherung falsche Angaben macht.

(2) Ebenso wird bestraft, wer

1. als Geschäftsführer zum Zweck der Herabsetzung des Stammkapitals über die Befriedigung oder Sicherstellung der Gläubiger eine unwahre Versicherung abgibt oder

2. als Geschäftsführer, Liquidator, Mitglied eines Aufsichtsrats oder ähnlichen Organs in einer öffentlichen Mitteilung die Vermögenslage der Gesellschaft unwahr darstellt

---

allem Hans Dieter **Montag**, Die Anwendung der Strafvorschriften des GmbH-Rechts auf faktische Geschäftsführer, Berlin 1994 mit zahlreichen Fallbeispielen. Auch: BGH, Urteil v. 10. 05. 2000, wistra 2000, 307 ff.: geeigneter Täter des § 82 Abs. 1 Nr. 1 und Nr. 3 GmbHG ist auch der faktische Geschäftsführer.

3118 Hoffmann/Liebs, a.a.O. Rn. 859.

3119 Der Strafrahmen gilt auch für § 84 GmbHG.

> *oder verschleiert, wenn die Tat nicht in § 331 Nr. 1 oder Nr. 1a des Handelsgesetz-*
> *buchs mit Strafe bedroht ist.*

Alle Tatbestände sind echte **Sonderdelikte**, d. h. es kommen jeweils nur die explizit im Gesetzestext genannten Personen in Betracht.[3120] **2140**

Damit sind zunächst **falsche Angaben** der Gesellschafter oder des Geschäftsführers unter Strafe gestellt, die gemacht werden, um die Eintragung der Gesellschaft in das Handelsregister zu erreichen – der so genannte Gründungsschwindel.[3121] Ein Schritt auf dem Weg zur Eintragung ist dabei die Anmeldung beim zuständigen Registergericht, der die wesentlichen Unterlagen über die Gesellschaft beizufügen sind.[3122] Ein Verstoß gegen § 82 GmbHG besteht in erster Linie, wenn falsche Angaben und Versicherungen über Tatsachen gemacht werden, die gerade Gegenstand dieser Anmeldung sind.[3123] Motivation der Tat ist meist das zum Gründungszeitpunkt fehlende Barvermögen. Zu den unwahren Darstellungen zählen falsche Angaben über die Übernahme der Stammeinlagen, die Leistung der Einlagen, die Verwendung eingezahlter Beträge, über den Gründungsaufwand oder die Sacheinlagen.[3124] **2141**

- Es wird Barzahlung angegeben, obwohl nur eine Sacheinlage vorhanden ist.
- Eine Bareinzahlung wird lediglich vorgetäuscht, da in Wahrheit der Barbetrag nur geliehen war und schon die Rückzahlung vereinbart wurde.[3125]

Des Weiteren als Gesellschafter ist mit Strafe bedroht, wer im **Sachgründungsbericht** falsche Angaben macht. Inhaltlich hat der Sachgründungsbericht eine Beurteilung der Angemessenheit der Leistungen für Sacheinlagen und eine Bewertung der Leistungen zu ermöglichen.[3126] Hier besteht eine hohe **Gefahr von Gläubigergefährdung**, wenn mangelhafte, wertlose oder überbewertete Gegenstände als Sacheinlage eingebracht werden und somit das tatsächliche Stammkapital weit unter dem Wert des erforderlichen liegt.[3127] **2142**

Ferner wird bestraft, wer über seine Eignung zum Geschäftsführer täuscht, d. h. wer fälschlich gegenüber dem Handelsregister versichert, dass er nicht wegen Bankrotts, Gläubiger- oder Schuldnerbegünstigung oder Buchhaltungs- oder Bilanzdelikten[3128] bestraft ist.[3129] Liegt eine derartige Bestrafung vor, so ist die Person gemäß § 6 Absatz 2 GmbHG zum Amt des Geschäftsführers oder Liquidators unfähig. **2143**

3120 Lutter/Hommelhoff, a.a.O., GmbH-Gesetz, § 82 Rn. 2; auch der faktische Geschäftsführer kann geeigneter Täter des § 82 Abs. 1 Nr. 1 und Nr. 3 GmbHG sein; BGH, Urteil v. 10. 05. 2000 – 3 StR 101/00.

3121 § 82 Abs. 1 Nr. 1 GmbHG.

3122 §§ 7, 8 GmbHG.

3123 Ausführlich zu den falschen Angaben Roth/Altmeppen, GmbHG, a.a.O., § 82 Rn. 6 ff.

3124 Park/Südbeck, a.a.O., S. 397 Rn. 15 mit ausführlichen Beispielen.

3125 Müller-Gugenberger/Bieneck/Schmid, a.a.O., § 27 Rn. 172, 173.

3126 Park/Südbeck, a.a.O., S. 403 Rn. 40.

3127 Müller-Gugenberger/Bieneck/Schmid, a.a.O., § 27 Rn. 178.

3128 §§ 283 – 283d StGB.

3129 § 82 Abs. 1 Nr. 5 GmbHG i. V. m. § 8 Abs. 3 und § 6 Abs. 2 GmbHG.

2144 Neben dem Gründungsschwindel kann gemäß § 82 GmbHG auch der **Kapitaler-höhungsschwindel** bestraft werden.[3130] Hiervon sind Taten des Geschäftsführers erfasst, bei denen es um die Erhöhung des Stammkapitals einer bereits bestehenden GmbH geht.[3131] Es handelt sich um Falschangaben, wenn bei der gemäß § 57i Abs. 1 S. 2 GmbHG zu machenden Erklärung die zur Umwandlung in Nennkapital vorgesehenen Beträge nicht mehr in ausreichendem Maß zur Verfügung stehen.[3132]

2145 Der Geschäftsführer oder Liquidator kann weiterhin bestraft werden, wenn er in einer öffentlichen Mitteilung[3133] unrichtige Darstellungen über die Vermögenslage abgibt, sofern die Tat nicht nach § 331 HGB mit Strafe bedroht ist.[3134] In Betracht kommen deshalb insbesondere Zwischenabschlüsse.[3135] Die Eröffnungs- und Jahresbilanz sowie der Lagebericht sind durch die Norm des Handelsgesetzbuches (HGB) abgedeckt. Auch die Mitglieder des Aufsichtsorgans der GmbH können sich wegen falscher Angaben strafbar machen. Sehr weit gefasst ist der Begriff der Vermögenslage. Damit sind nicht nur alle **Aktiva** und **Passiva** gemeint, sondern **auch stille Reserven sowie Umsatz- und Kostenfaktoren** (auch »Know-How«, Fusionsabsichten, Vertragsabschlüsse etc.)[3136]

2146 Ebenfalls strafbar ist die Kapitalherabsetzungstäuschung zum Registergericht.[3137] Das ist dann der Fall, wenn der Geschäftsführer eine falsche Versicherung gemäß § 58 Abs. 1 Nr. 4 GmbHG darüber abgibt, einzelne Gläubiger, die der Herabsetzung widersprochen haben, befriedigt oder sichergestellt zu haben, um damit eine Herabsetzung des Stammkapitals zu erreichen.[3138]

2147 **Ordnungswidrig** handelt der Geschäftsführer, wenn er gemäß § 334 HGB gegen bestimmte Vorschriften des Handelsgesetzbuchs bei der Aufstellung des Jahresabschlusses oder des Lageberichts verstößt.[3139]

cc) Unterlassene Kapitalschwundanzeige und Insolvenzverschleppung

§ 84 GmbHG soll die Vermögensinteressen der Gesellschaftsgläubiger und aller anderen dritten Personen schützen, die rechtliche oder wirtschaftliche Beziehungen zu der Gesellschaft unterhalten. Die Tatbestände **stellen jeweils auf ein bestimmtes Unterlassen ab**.

3130 § 82 Abs. 1 Nr. 3 und Nr. 4 GmbHG.
3131 Erbs/Kohlhaas/Schaal, a.a.O., G 131, § 82 Rn. 33.
3132 Müller-Gugenberger/Bieneck/Schmid, a.a.O., § 50 Rn. 33.
3133 Zur Öffentlichkeit Park/Südbeck, a.a.O., S. 501 Rn. 11 ff.
3134 § 82 Abs. 2 Nr. 2 GmbHG.
3135 Zu § 331 HGB siehe die Ausführungen beim AktG, Rdn. 2079 ff.; Roth/Altmeppen, a.a.O., § 82 Rn. 34.
3136 Park/Südbeck, a.a.O., S. 502 Rn. 14 Roth/Altmeppen, a.a.O., GmbHG, § 82 Rn. 28.
3137 § 82 Abs. 2 Nr. 1 GmbHG.
3138 Lutter/Hommelhoff, a.a.O., § 82 Rn. 18.
3139 Erbs/Kohlhaas/Schaal, a.a.O., G 131, Vor § 1 GmbHG Rn. 9.

> ### § 84 GmbHG
>
> *(1) Mit Freiheitsstrafe bis zu drei Jahren oder mit Geldstrafe wird bestraft, wer es*
>
> *1. als Geschäftsführer unterlässt, den Gesellschaftern einen Verlust in Höhe der Hälfte des Stammkapitals anzuzeigen, oder*
>
> *2. als Geschäftsführer entgegen § 64 Abs. 1 oder als Liquidator entgegen § 71 Abs. 4 unterlässt, bei Zahlungsunfähigkeit oder Überschuldung die Eröffnung des Insolvenzverfahrens zu beantragen.*
>
> *(2) Handelt der Täter fahrlässig, so ist die Strafe Freiheitsstrafe bis zu einem Jahr oder Geldstrafe*

2148

Nach § 84 Absatz 1 Nr. 1 GmbHG macht sich der Geschäftsführer strafbar, wenn **2149** er den Verlust in Höhe der Hälfte des Stammkapitals nicht anzeigt. Nach dem Wortlaut und der Gesetzessystematik der Vorschrift ist es – umstritten – nicht erforderlich, dass sich der Kapitalschwund aus einer Bilanz ergeben muss.[3140] § 84 Abs. 1 Nr. 1 verweist nämlich gerade nicht auf § 49 Abs. 3 GmbHG und enthält auch sonst keinen Hinweis auf die Notwendigkeit einer Bilanz. Die Anzeigepflicht entfällt allerdings, wenn die Gesellschafter Kenntnis von dem Vermögensverlust erlangt haben bzw. von dritter Seite über diesen Umstand unterrichtet worden sind.[3141] Verzichten können die Gesellschafter auf die Mitteilungspflicht nicht.[3142]

Der Tatbestand des § 84 Absatz 1 Nr. 2 GmbHG ist erfüllt, wenn der Geschäfts- **2150** führer oder der mit der Abwicklung einer aufgelösten GmbH beauftragte Liquidator es unterlässt, die **Eröffnung des Insolvenzverfahrens** zu beantragen, obwohl die GmbH **zahlungsunfähig** oder **überschuldet** ist.

Die Vorschrift verweist unmittelbar auf § 64 Abs. 1 GmbHG. Der **Insolvenzan-** **2151** **trag** muss deshalb unverzüglich, spätestens aber **innerhalb von drei Wochen** **gestellt werden**. Der Insolvenzantrag muss gestellt werden, sobald die Überschuldung oder Zahlungsunfähigkeit der GmbH eingetreten ist und der Geschäftsführer hiervon Kenntnis hat oder Kenntnis haben konnte.[3143] Wird dies auch nur fahrlässig unterlassen, so ist dennoch eine Straftat gegeben. Jeder Geschäftsführer, auch der faktische,[3144] ist verpflichtet, den Insolvenzantrag zu stellen. Bei mehreren Geschäftsführern ist jeder für sich unabhängig von der internen Geschäftsverteilung verpflichtet, den Insolvenzantrag zu stellen. Für die Straffreiheit reicht es für alle Geschäftsführer aus, wenn einer von ihnen den Insolvenzantrag gestellt

---

3140 Roth/Altmeppen, a.a.O., § 84 Rn. 14; Müller-Gugenberger/Bieneck/Schmid, a.a.O., § 40 Rn. 68 m. w. N.
3141 Erbs/Kohlhaas/Schaal, a.a.O., G 131, § 84 Rn. 8.
3142 Lutter/Hommelhoff, a.a.O., § 84 Rn. 7.
3143 Roth/Altmeppen, a.a.O., § 84 Rn. 24 ff.
3144 So zumindest die Praxis, vgl. Roth/Altmeppen, a.a.O., § 84 Rn. 4 ff; die Begründung dieser Strafbarkeit ist hingegen in der Theorie umstritten; dazu Müller-Gugenberger/Bieneck/Schmid, a.a.O., § 84 Rn. 12 m. w. N.

hat. Auch bei aussichtsreichen Sanierungsversuchen muss die Dreiwochenfrist der Antragstellung eingehalten werden, um eine Strafbarkeit zu vermeiden. Die Strafbarkeit endet erst, wenn der Antrag gestellt ist, das Gericht über den Antrag eines Gläubigers entschieden hat oder wenn die Krisensituation beseitigt ist.[3145]

2152 Die Begriffe Zahlungsunfähigkeit und Überschuldung sind in den §§ 17 und 19 InsO beschrieben. Zu den Voraussetzungen und zur Praxis gilt das schon im Rahmen des Aktiengesetzes Gesagte entsprechend. Auf die dortigen Ausführungen wird verwiesen.[3146]

2153 Das Bundesjustizministerium (BMJ) hat am 23. Mai 2007 den **Regierungsentwurf des Gesetzes zur Modernisierung des GmbH-Rechts und zur Bekämpfung von Missbräuchen (MoMiG)** veröffentlicht.[3147] Das Gesetz soll die Rechtsform der GmbH für den deutschen Mittelstand attraktiver machen und so den Wirtschaftsstandort Deutschland stärken.

2154 Wenn das MoMiG wie geplant in der ersten Hälfte 2008 in Kraft tritt, soll es die bisher umfassendste Reform des GmbH-Gesetzes sein. Das Gesetz belässt es nicht bei punktuellen Änderungen, sondern ist eine in sich geschlossene Novellierung. Diese soll an den Maximen der Flexibilisierung und Deregulierung auf der einen Seite sowie der Bekämpfung der Missbrauchsgefahr auf der anderen orientiert sein. Vorgesehen ist beispielsweise ein Mustergesellschaftsvertrag für unkomplizierte GmbH-Standardgründungen. Wird er verwendet, muss der Gesellschaftsvertrag nicht mehr notariell beurkundet werden. Eine neue GmbH-Variante, die ohne Mindeststammkapital auskommt, erleichtert Gründungen zusätzlich. Um die Eintragung von GmbHs in das Handelsregister zu beschleunigen, wird diese auch dann erfolgen können, wenn staatliche Genehmigungen für den geplanten Gewerbebetrieb (noch) nicht vorliegen. Ergänzt wurden außerdem Vorschläge zur praxistauglichen Ausgestaltung des Rechts der Kapitalaufbringung. Schließlich werden ungeeignete Personen noch leichter von der Bestellung zum Geschäftsführer ausgeschlossen werden können.[3148]

2155 In der Presseerklärung des Bundesjustizministeriums 23. Mai 2007 wird zu den Straftatbeständen vermeldet:

»3. Bekämpfung von Missbräuchen

2156 *Die aus der Praxis übermittelten Missbrauchsfälle im Zusammenhang mit der Rechtsform der GmbH sollen durch verschiedene Maßnahmen bekämpft werden:*

- *Die Rechtsverfolgung gegenüber Gesellschaften soll beschleunigt werden. Das setzt voraus, dass die Gläubiger wissen, an wen sie sich wegen ihrer Ansprüche wenden können. Deshalb muss zukünftig in das Handelsregister eine inländische Geschäfts-*

3145 Hoffmann/Liebs, a.a.O. Rn. 864, 864.1; Roth/Altmeppen, a.a.O., § 84 Rn. 28. Nach der herrschenden Meinung muss der Gläubigerantrag innerhalb der Dreiwochen-Frist gestellt sein. Nimmt der Gläubiger den Antrag zurück, lebt die Pflicht des Geschäftsführers wieder auf.

3146 Siehe das Kapitel zuvor, Rdn. 2081 ff.

3147 Vgl. Presseerklärung des BMJ v. 23. 05. 2007: Reformen für Gründer – das MoMiG.

3148 Siehe Presseerklärung wie zuvor.

> *anschrift eingetragen werden. Dies gilt auch für Aktiengesellschaften, Einzel-kaufleute, Personenhandelsgesellschaften sowie Zweigniederlassungen (auch von Auslandsgesellschaften). Wenn unter dieser eingetragenen Anschrift eine Zustel-lung (auch durch Niederlegung) faktisch unmöglich ist, wird die Möglichkeit ver-bessert, gegenüber juristischen Personen (also insbesondere der GmbH) eine öffent-liche Zustellung im Inland zu bewirken. Dies bringt eine ganz erhebliche Deregulierung für die Gläubiger der GmbHs, die bisher mit den Kosten und Proble-men der Zustellung (insb. auch Auslandszustellungen) zu kämpfen hatten.*
> - *Die Gesellschafter werden im Falle der Führungslosigkeit der Gesellschaft ver-pflichtet, bei Zahlungsunfähigkeit und Überschuldung einen Insolvenzantrag zustellen. Hat die Gesellschaft keinen Geschäftsführer mehr, muss jeder Gesellschaf-ter an deren Stelle Insolvenzantrag stellen, es sei denn, er hat vom Insolvenzgrund oder von der Führungslosigkeit keine Kenntnis. Die Insolvenzantragspflicht soll durch Abtauchen der Geschäftsführer nicht umgangen werden können.*
> - *Geschäftsführer, die Beihilfe zur Ausplünderung der Gesellschaft durch die Gesell-schafter leisten und dadurch die Zahlungsunfähigkeit der Gesellschaft herbeiführen, sollen stärker in die Pflicht genommen werden. Dazu wird das sog. Zahlungsverbot in § 64 GmbHG geringfügig erweitert.*
> - *Die bisherigen Ausschlussgründe für Geschäftsführer (§ 6 Abs. 2 Satz 3 GmbHG, § 76 Abs. 3 Satz 3 AktG) werden um Verurteilungen wegen Insolvenzverschlep-pung, falscher Angaben und unrichtiger Darstellung sowie Verurteilungen auf Grund allgemeiner Straftatbestände mit Unternehmensbezug (§§ 265b, 266 oder § 266a StGB) erweitert. Zum Geschäftsführer kann also nicht mehr bestellt wer-den, wer gegen zentrale Bestimmungen des Wirtschaftsstrafrechts verstoßen hat. Das gilt auch bei Verurteilungen wegen vergleichbarer Straftaten im Ausland.«*[3149]

dd) Geheimhaltungspflichtverletzung

§ 85 GmbHG, ein Antragsdelikt, betrifft die Geheimhaltungspflicht von **2157** Geschäftsführer, Aufsichtsrat und Liquidator.

Offenbart der Täter ein Geheimnis, indem er es einem außenstehenden Dritten **2158** mitteilt oder es einem Unbefugten in der Weise bekannt macht, dass diesem die Ausnutzung der geheim zu haltenden Tatsachen ermöglicht wird, droht ihm Geldstrafe oder Freiheitsstrafe bis zu einem Jahr.[3150]

3149 In dem Gesetzesentwurf heißt es dazu, auf den ersten Blick kryptisch: »§ 82 Abs. 1 wird wie folgt geändert: a) In Nummer 1 werden das Wort »Stammeinlagen« durch das Wort »Geschäfts-anteile« und die Wörter », Sacheinlagen und Sicherungen für nicht voll eingezahlte Geldeinlagen« durch die Wörter »und Sacheinlagen« ersetzt. b) In Nummer 5 wird das Wort »Geschäftsführer« durch die Wörter »Geschäftsleiter einer inländischen oder ausländischen juristischen Person« ersetzt. § 84 Abs. 1 wird wie folgt geändert: a) In Nummer 1 wird die Angabe »1.« gestrichen und das Wort », oder« durch einen Punkt ersetzt. b) Nummer 2 wird aufgehoben.«

3150 Erbs/Kohlhaas/Schaal, a.a.O., G 131, § 85 Rn. 8.

2159 Die Bekanntgabe kann auch durch schlüssiges Verhalten erfolgen, indem z. B. ein Schriftstück bewusst liegen gelassen wird und dadurch ein Unbefugter die Möglichkeit erhält, sich vom Inhalt Kenntnis zu verschaffen.

2160 Absatz 2 der Norm sieht sogar 2 Jahre Freiheitsstrafe vor, wenn der Täter gegen Entgelt oder mit Bereicherungsabsicht handelt oder wenn er das Geheimnis unbefugt verwertet.

2161 Das unbefugte **Verwerten**[3151] eines Geheimnisses liegt vor, wenn der Täter ein ihm unter den Voraussetzungen des § 85 Absatz 1 GmbHG bekannt gewordenes Geheimnis unbefugt für eigene oder fremde Zwecke nutzt. Ob darunter auch die praktische Verwendung zu einem gewerblichen Zweck zu verstehen ist, ist umstritten,[3152] wird aber überwiegend angenommen.[3153]

s) Außenwirtschaftsgesetz und Kriegswaffenkontrollgesetz

aa) Außenwirtschaftsstrafrecht

2162 Das Außenwirtschaftsgesetz[3154] regelt den Devisen- und Warenverkehr mit dem Ausland. Das Gesetz geht im **Grundsatz** von der **Freiheit des Außenwirtschaftshandels** aus, die nur Einschränkungen erfahren soll, wenn das Allgemeinwohl betroffen ist. Dieser Fall wird immer dann angenommen, wenn die Sicherheit der Bundesrepublik Deutschland beeinträchtigt wird, das friedliche Zusammenleben der Völker oder die auswärtigen Beziehungen der Bundesrepublik Deutschland erheblich gestört werden.[3155]

2163 Das **Außenwirtschaftsgesetz** – als **Rahmengesetz** – ermächtigt die Bundesregierung, den Außenwirtschaftsverkehr ganz nach den jeweiligen politischen und wirtschaftlichen Belangen des Staates per Verordnung[3156] zu regeln. Das Außenwirtschaftsgesetz selbst wurde 2006 neu gefasst,[3157] das gesamte Rechtsgebiet der Exportkontrolle unterliegt häufigen Änderungen. Aufgrund dessen und wegen der hohen Anzahl an straf- oder bußgeldbewehrten Beschränkungen und Pflichten ist anzuraten, sich bei allen Geschäften mit Auslandsbezug umfassend rechtskundig zu machen und die erforderlichen Genehmigungen einzuholen.[3158]

2164 Das Außenwirtschaftsrecht unterliegt diesen vielen Änderungen, um flexibel auf Veränderungen der weltpolitischen Lage reagieren zu können. Aus diesem Grunde ergeben sich die zu beachtenden Ausführungsbestimmungen nicht aus

---

3151 § 85 Abs. 2 GmbHG.

3152 RGSt 63, 205 ff. (206).

3153 Lutter/Hommelhoff, a.a.O., § 85 Rn. 6.

3154 AWG i. d. F. d. Bekanntmachung vom 26. 06. 2006 (BGBl. I S. 1386) aufgrund Art. 4 des 12. Gesetzes zur Änderung des AWG und der AWV v. 28. 03. 2006 (BGBl. I 574), geändert durch die VO v. 18. 12. 2006 (BAnz. 2006 Nr. 245 S. 7462); vgl. dazu Manfred **Möhrenschlager**, wistra 2006 Heft 6 S. V ff. und wistra 2006 Heft 8 S. V.

3155 § 7 AWG.

3156 § 27 AWG.

3157 Dazu auch Klaus **Bieneck**, Die Außenwirtschaftsstrafrechts-Novelle, in: NStZ 2006, 608 ff.

3158 So auch: Müller-Gugenberger/Bieneck/Bieneck, a.a.O., § 62 Rn. 4 unter Hinweis auf das Bundesamt für Wirtschaft und Ausfuhrkontrolle oder die Zollbehörden.

dem eigentlichen Gesetz, sondern aus der **Außenwirtschaftsverordnung**[3159] und der sich in ihrer Anlage befindlichen **Ausfuhrliste – AL –**. Darin sind diejenigen Waren und Dienstleistungen enthalten, die Ausfuhrbeschränkungen unterliegen.

Diese Beschränkungen sehen die Genehmigungspflicht für bestimmte Waren vor. **2165** Was unter dem Begriff **Ausfuhr** zu verstehen ist, bestimmt **§ 4 Absatz 2 Nr. 3 AWG.** Ausfuhr ist das Verbringen von Sachen, Gütern, Elektrizität, EDV-Programmen sowie technologischem Know-how aus dem Geltungsbereich des AWG in fremde Wirtschaftsgebiete.

Zur Erleichterung der Durchsetzbarkeit der einzelnen Ein- und Ausfuhrbeschränkungen sowie der Meldepflichten enthält das Außenwirtschaftsgesetz in Verbindung mit der Außenwirtschaftsverordnung verschiedene Ordnungswidrigkeiten- und Straftatbestände. Aufgrund der Vielzahl an Regelungen und der hohen Änderungsrate dürfen die Strafnormen als unübersichtlich und unsystematisch bezeichnet werden.[3160] Verfassungsrechtliche Bedenken gegen die Sanktionsnormen selbst haben sich aber bisher nicht durchgesetzt.[3161] **2166**

Im Überblick heißt das: **2167**

Die **Ordnungswidrigkeiten** im AWG sind in der Blankettvorschrift des § 33 AWG erfasst, die erst über viele Verweisungen mit Bedeutung ausgefüllt wird und Bußgelder bis zu einer Höhe von 500.000 Euro nach sich ziehen kann.[3162] **2168**

Strafbar ist gegenwärtig die **Ausfuhr oder Verbringung** der von bestimmten in der Ausfuhrliste bezeichneten Gütern **ohne Genehmigung** gemäß § 34 Absatz 1 AWG. Des Weiteren werden bestimmte Grundtatbestände des § 33 AWG zu Straftaten gemäß § 34 Absatz 2 AWG, wenn **durch Verstöße gegen die AWV** die äußere Sicherheit, die auswärtigen Beziehungen oder das friedliche Zusammenleben der Völker **gefährdet** werden.[3163] Mit Strafe bedroht ist auch das reine Fördern einer ungenehmigten Ausfuhr durch Zurverfügungstellung der betreffenden **2169**

3159 AWV i. d. F. d. Bekanntmachung v. 22. 11. 1993 (BGBl. I S. 1934, 2493), zuletzt geändert durch die VO v. 18. 12. 2006.

3160 Volk/Knierim/Wißmann, a.a.O., § 26 Rn. 130; »*Diese Verweisungstechnik erschwert das Erkennen der maßgeblichen Straftatbestände und die Zuordnung einer Tatsachenbeobachtung zu einem bestimmten Tatbestandsmerkmal…Besonders schwer zu erfassen sind die vorausgesetzten tatsächlichen Anhaltspunkte, wenn die Norm einen Verweis auf Ordnungswidrigkeitentatbestände genügen lässt, aber zusätzlich fordert, dass das Verhalten weitere Anforderungen erfüllt, die es zur Straftat werden lassen (§ 34 Abs. 2 AWG). Ein Mangel an Normenklarheit ist auch damit verbunden, dass auf weitere Rechtsgrundlagen verwiesen wird, deren maßgebender Inhalt nur mit Schwierigkeiten erfasst werden kann. Dies betrifft Verweise auf Anlagen sowie Genehmigungen und teilweise auch auf Verordnungen der Europäischen Gemeinschaften. Erreicht der Gesetzgeber das Festlegen des Normeninhalts aber – wie hier – nur mit Hilfe zum Teil langer, über mehrere Ebenen gestaffelter, unterschiedlich variabler Verweisungsketten, die bei gleichzeitiger Verzweigung in die Breite den Charakter von Kaskaden annehmen, leidet die praktische Erkennbarkeit der maßgebenden Rechtsgrundlage.*« BVerfG, 1 BvF 3/92 vom 03. 03. 2004, soweit allerdings nur zur Frage von Abhörmaßnahmen nach dem AWG, die für verfassungswidrig erklärt wurden.

3161 Müller-Gugenberger/Bieneck/Bieneck, a.a.O., § 62 Rn. 12 m. w. N.

3162 Zu den bedeutendsten OWi'en siehe auch die Übersicht bei Volk/Knierim/Wißmann, a.a.O., § 26 Rn.130, 132.

3163 Die Grundtatbestände sind: § 33 Abs. 1 AWG i. V. m. § 70 AWV; § 33 Abs. 4 i. V. m. § 70 Abs. 4, 5, 5 lit. a oder 5 lit. b AWV.

Güter, § 34 Absatz 3 AWG. Somit sind schon gewisse der Verbringung vorgelagerte Beihilfehandlungen erfasst.[3164] Ebenfalls mit Strafe bewehrt ist der **Verstoß gegen Embargomaßnahmen**, d.h. vom UN-Sicherheitsrat oder vom EU-Rat beschlossene wirtschaftliche Sanktionen, § 34 Absatz 4 AWG.

> Ein **Korruptionsbericht** der **Vereinten Nationen** brachte Ende 2006 beunruhigende Tatsachen ans Licht. In dem Bericht werden 2000 Firmen bezichtigt, für eine Beteiligung an den von der UN genehmigten humanitären Hilfsprogrammen *Oil for Food* Bestechungsgelder an irakische Ministerien zu Zeiten des ehemaligen irakischen Regimes von **Saddam Hussein** gezahlt zu haben. 63 deutsche Firmen[3165] sollen in diese Vorgänge verwickelt sein. Sie sollen Schmiergelder gezahlt haben, um an Hilfsprogrammteilen beteiligt zu werden und an Aufträge zu kommen. Solche Verstöße können als **Zuwiderhandlung gegen das Außenwirtschaftsgesetz** geahndet werden. Das *Oil for Food*-Programm umfasste ein Volumen von 64 Milliarden US-Dollar. Es erlaubte dem Irak zwischen den Jahren 1996 und 2003, also zur Zeit von Saddam Hussein, in kontrolliertem Rahmen Öl zu verkaufen und von den Einnahmen Lebensmittel und Medikamente zu erwerben.[3166]

2170 Alle aktuellen Straftatbestände des Außenwirtschaftsgesetzes sind **Vergehen**, die aber zu **Verbrechen** werden können, wenn eine der in § 34 Absatz 6 AWG genannten **Modalitäten** hinzutritt. Dann beträgt die Freiheitsstrafe mindestens zwei Jahre. Während die Herabstufung des § 34 Absatz 4 AWG a.F. von einem Verbrechenstatbestand zum Vergehen überwiegend begrüßt wird,[3167] stehen die Verbrechensalternativen des Absatz 6 in der Kritik.[3168] Diesen Tatbeständen ist eine erhebliche Unbestimmtheit vorzuwerfen,[3169] die zum Teil die gleichen Probleme mit sich bringt wie das Verbrechen der gewerbs- oder bandenmäßigen Steuerhinterziehung.[3170]

2171 An besonderer Bedeutung haben die Vorschriften des Außenwirtschaftsstrafrechts seit dem Jahr 1989 gewonnen, als Exporte nukleartechnischer und zur Kriegsführung geeigneter Materialien durch deutsche Unternehmen in Länder wie Pakistan, Indien, Südafrika oder Libyen bekannt wurden. So machten beispielsweise

- die Lieferung von Zubehörteilen für eine Giftgasfabrik nach Rhabta/Libyen[3171]

3164 Volk/Knierim/Wißmann, a.a.O., § 26 Rn. 111.

3165 Ermittelt wurde vornehmlich gegen kleinere Firmen, aber auch bekannte Unternehmen gerieten ins Visier der Fahnder, so etwa Siemens, DaimlerChrysler, FAG (heute Teil des Schaeffler-Konzerns), Linde und Fresenius Medical Care, vgl. SPIEGEL ONLINE v. 29. 12. 2006 u. 02. 01. 2007.

3166 Siehe HAZ Nr. 304 v. 30. 12. 2006, S. 11.

3167 Ebenso Bieneck, a.a.O., NStZ 2006, 608 ff. (609).

3168 Vgl. im Einzelnen Heiko **Ahlbrecht**, § 34 Abs. 4 AWG – vom Verbrechenstatbestand zum Vergehen, auch rückwirkend, in: wistra 2007, 85 ff.

3169 Insbesondere die Merkmale *»äußere Beziehungen der Bundesrepublik«* und *»der Völkerfrieden«*.

3170 § 370a AO, siehe Rdn. 2033 ff.

3171 Handelsblatt, Nr. 122 v. 28. 06. 1990, S. 17; bekannt als Hippenstiel-Imhausen-Affäre. Siehe dazu auch Rdn. 2885 (mit FN 4176).

- die Teillieferung von Bauplänen für U-Boote nach Südafrika[3172] und
- der Export von Teilen für das irakische Atom- und Raketenprogramm[3173]

Schlagzeilen. Die Lage hat sich seit 1989 nicht gebessert:[3174] **2172**

> Das Landgericht Mannheim hatte den Exportsachbearbeiter eines deutschen Unternehmens wegen Verstoßes gegen das Außenwirtschaftsgesetz rechtskräftig zu einer Bewährungsstrafe verurteilt. Verfahrensgegenstand waren Lieferungen von zur Herstellung großkalibriger Rohrwaffen bestimmten Bohrwerkzeugen an einen Rüstungsbetrieb im Iran. Das Bundesausfuhramt hatte die dafür erforderliche Genehmigung verweigert. Dennoch lieferte das Unternehmen an einen Käufer in Dubai. Von dort aus gelangten die maßangefertigten Güter mit Wissen des Sachbearbeiters an den ursprünglichen Besteller in Teheran. Dem Unternehmen war aus der Lieferung ein Betrag von 55.932,88 Euro zugeflossen. Der Gewinn betrug 11.261,11 Euro. Das Landgericht hat unter Anwendung der »Härteklausel« den Verfall von Wertersatz[3175] in Höhe von 27.966,44 Euro zu Lasten des Unternehmens angeordnet.

Der Bundesgerichtshof hat das Urteil des Landgerichts Mannheim aufgehoben **2173** und zurückverwiesen.[3176] Nach ständiger Rechtsprechung sind die Voraussetzungen des § 73c Abs. 1 Satz 1 StGB demnach nur erfüllt, wenn die Härte »ungerecht« wäre und das Übermaßverbot verletzen würde.[3177] Die Auswirkungen der Maßnahme müssen daher im konkreten Einzelfall außer Verhältnis zu dem vom Gesetzgeber damit angestrebten Zweck stehen:[3178]

> *»Es müssen dabei besondere Umstände vorliegen, aufgrund derer mit der Vollstreckung des Verfalls eine außerhalb des Verfallszwecks liegende zusätzliche Härte verbunden wäre, die dem Betroffenen auch unter Berücksichtigung des Zwecks des Verfalls nicht zugemutet werden kann (W. Schmidt in LK 11. Aufl. § 73c Rn. 7). Diese Voraussetzungen könnten zwar unter Umständen erfüllt sein, wenn die Entscheidungsträger der B. GmbH gutgläubig gewesen wären (vgl. oben zu II. 3.); dies scheidet jedoch – wie bereits dargelegt – nach den getroffenen Feststellungen aus. Vor dem Hintergrund der festgestellten Umsätze im Millionenbereich und der Konzerngebundenheit der B. GmbH kann ferner von einer zu dem Verfallszweck außer Verhältnis stehenden Existenzgefährdung des Unternehmens nicht die Rede sein. Auch sonstige tragfähige Gründe für die Annahme einer nicht zumutbaren Härte sind nicht ersichtlich. Insbesondere vermag die Erwägung, nur die Hälfte des erlangten Betrages für verfallen zu erklären, weil immerhin – wenn auch nach den Feststellungen der OFD nicht ausreichende – Bemühungen um eine Außenwirtschaftskontrolle erfolgt sei, die Entscheidung allein nicht zu tragen, zumal die Prüfung der OFD in Bezug auf den hier zugrunde liegenden Geschäftsvorgang deutliche Mängel hinsichtlich der außen-*

3172 »DER SPIEGEL«, Nr. 6 v. 04. 02. 1991, S. 30 f.

3173 DIE ZEIT, Nr. 10 v. 28. 02. 1992, S. 26.

3174 Siehe die interessante Aufstellung »Illegaler Rüstungsexport« bei Manfred **Möhrenschlager**, wistra 2006 Heft 4, S. VI f.

3175 Zum Verfall Rdn. 839 ff.

3176 BGH, Urteil vom 15. 09. 2004 – 1 StR 202/04.

3177 Vgl. nur BGH NStZ-RR 2002, 9.

3178 BGH, Urteil vom 15. 09. 2004 – 1 StR 202/04.

wirtschaftlichen Belange aufgedeckt hat. Die Frage der Höhe des Wertersatzverfalls bedarf daher neuer Entscheidung.«

2174 Doch **nicht nur Rüstungsgeschäfte** stellen einen Verstoß gegen das Außenwirtschaftsgesetz dar. Solche Verstöße sind schon bei weit alltäglicheren Geschäften möglich.

- Die Einfuhr ausländischer Währungen in das Gebiet der Bundesrepublik Deutschland kann ein nach § 34 Abs. 4 AWG strafbarer Embargoverstoß sein.[3179]
- Die Strafbarkeit entfällt nicht rückwirkend, sollte ein Embargo später aufgehoben werden. Vielmehr handelt es sich bei dem Straftatbestand um ein Zeitgesetz im Sinne von § 2 Abs. 4 Satz 1 StGB.[3180] Seine Regelung ist zwar nicht ausdrücklich befristet, nach ihrer Zielsetzung. und ihrem Inhalt jedoch erkennbar für die Dauer des Ausnahmezustands geschaffen worden.[3181]

2175 Die zunächst in den Jahren 1989 bis 2000 vorgenommene weitere Regulierung[3182] im Exportkontrollbereich hatte also ihre Gründe, ging aber nicht weit genug.

2176 Deshalb kam es 2000 zu einer wesentlichen Veränderung, die vor allem der Anpassung an europäisches Recht und der Verwirklichung des EU-Binnenmarktes zu schulden ist. Das hatte zur Folge, dass das Ausfuhrverfahren heutzutage durch den **Zollkodex** bzw. die **Zollkodexdurchführungsverordnung** geregelt ist. Außerdem ist das aktuelle Außenwirtschaftsrecht maßgeblich durch die **EG-Dual-Use-Verordnung**[3183] beeinflusst, die den Umgang mit Gütern mit doppeltem Verwendungszweck (zivil/ militärisch) betrifft. Diese Verordnung wurde 2000 durch die Verordnung (EG) 1334/2000[3184] ersetzt.[3185]

2177 Hervorzuheben seien an dieser Stelle noch zwei EG-Verordnungen, die als Maßnahmen der Terrorismusbekämpfung gedacht sind:

1. die Verordnung (EG) 881/2002 (so genannte »Taliban-VO«)[3186], die gezielt Kapital- und Zahlungsverkehr mit sowie die militärische Unterstützung von Personen verbietet, die der Gruppe Osama bin Ladens zugerechnet werden.[3187]
2. die Verordnung (EG) 2580/2001 (»Terrorismus-VO«)[3188], die in der Folge von »9/11« geschaffen wurde und das »Zurverfügungstellen« von Geld, Finanz-

---

3179 BGH, Urt. v. 19. 12. 2001 – 2 StR 358/01.
3180 Siehe BGHSt 40, 381 ff.; weiterhin BGHSt 41, 127 ff.; BGH wistra 1995, 346; siehe auch Dahs, WiB 1995, 723 und Meine, wistra 1996, 4.
3181 Vgl. BGH, Beschluss v. 14. 06. 1998 – 1 StR 110/98.
3182 Vgl. die Historie bei Wabnitz/Janovsky/Harder, a.a.O., K 21 Rn. 13 ff. sowie Volk/Knierim/Wißmann, a.a.O., § 26 Rn. 72 - 89.
3183 VO (EG) 3381/94 v. 19. 12. 1994 (ABl. d. EG Nr. L 367, S. 1).
3184 VO (EG) 1334/2000 v. 22. 06. 2000 (ABl. d. EG Nr. L 159, S. 1).
3185 Siehe hierzu auch: **Bieneck**, Gegenwärtige Lage und aktuelle Rechtsprobleme im Außenwirtschaftsstrafrecht, wistra 2000, 441 ff.
3186 ABl. EG Nr. L 139 v. 29. 05. 2002 S. 4.
3187 Müller-Gugenberger/Bieneck/Bieneck, a.a.O., § 62 Rn. 100, 96 ff.
3188 ABl. EG Nr. L 344 S. 70.

mitteln sowie Finanzderivaten an bestimmte Terrororganisationen und Personen verbietet, die in einer Liste festgelegt sind.[3189]

Ein Verstoß gegen diese beiden Verordnungen kann zu einer Strafbarkeit gemäß **2178** § 34 Abs. 4 AWG (Embargo-Verletzung) führen. **Beide Verordnungen sind nicht unproblematisch**, da die Listen, die eine Strafbarkeit begründen können, wiederum einer ständigen Aktualisierung unterliegen. Jedes Unternehmen weltweit läuft also Gefahr, an irgendeiner Stelle in einem Geschäftsablauf mit einer gelisteten Person oder Organisation in Kontakt zu kommen, was als Embargo-Verstoß gewertet werden könnte. Um diese Verbote also einzuhalten ist es nach Ansicht des Gesetzgebers **notwendig, zumutbare organisatorische Maßnahmen zu treffen**, die ausreichend sicherstellen, dass solche Verstöße nicht begangen werden. Diese Organisations- und Aufsichtspflichten treffen die Unternehmensführung. Ihr Umfang wird sich nach dem jeweiligen Einzelfall richten.[3190]

Das macht eine Beurteilung aus Sicht des Unternehmers nicht einfacher. Diese **2179** Verpflichtungen führen zu einem **nicht zu unterschätzenden Organisations- und Kostenrisiko** bei den betroffenen Unternehmen. Weil Lieferfristen unter diesen Umständen schlecht eingehalten werden können, besteht die Gefahr, vertragsbrüchig zu werden. Wer meint, aus diesen Gründen den Behördenweg besser umgehen oder eigene Exportkontrollpflichten nicht einhalten zu müssen, hat damit zu rechnen, bestraft zu werden.

bb) Praktische Aspekte der Exportkontrolle

Die Exportkontrollvorschriften der Europäischen Union und die von Außenwirt- **2180** schaftsgesetz und -verordnung regeln nicht nur Ausfuhrverbote, sondern auch **Genehmigungspflichten,** § 17 AWV. Zuständig für die Erteilung von solchen Genehmigungen ist das **Bundesamt für Wirtschaft und Ausfuhrkontrolle (BAFA)** in Eschborn.[3191] Ausnahmen von der Genehmigungspflicht ergeben sich aus der sehr umfangreichen Norm des § 19 AWV. Eine Befreiung von der Genehmigungspflicht für Ausfuhren nach § 19 Abs. 1 Nr. 8 AWV wirkt zugunsten sämtlicher Beteiligter des Ausfuhrvorgangs.[3192]

> Der Angeklagte baute in einer GmbH, deren alleiniger Gesellschafter und Geschäftsführer er war, Geländefahrzeuge zu gepanzerten Fahrzeugen um. Ihm war bekannt, dass für den Export gepanzerter Fahrzeuge eine Ausfuhrgenehmigung einzuholen war. Das zuständige Bundesamt für Wirtschaft und Ausfuhrkontrolle (BAFA), mit dem er anlässlich dieses Vorgangs in Kontakt kam, verlangte zudem die **Benennung eines Ausfuhrverantwortlichen** für die GmbH. Diese Funktion übernahm der Angeklagte selbst. Der Angeklagte konnte insgesamt 15 umgebaute Geländewagen an Regierungsstellen des Vereinigten Königreichs verkaufen. Eine Ausfuhrgenehmigung des BAFA holte der Angeklagte in keinem Fall ein.

3189 Volk/Knierim/Wißmann, a.a.O., § 26 Rn. 134.
3190 Volk/Knierim/Wißmann, a.a.O., § 26 Rn. 137 ff.
3191 Siehe auch: www.bafa.de.
3192 BGH Beschluss v. 28. 03. 2007 – 5 StR 225/06.

2181 Dies führte jedoch nicht zu einer Strafbarkeit, weil die Ausfuhr im Auftrag eines Mitgliedstaats der Europäischen Union zur Erledigung dienstlicher Aufgaben oder zur eigenen dienstlichen Verwendung erfolgte. Die Käufer der Geländefahrzeuge waren solche Regierungsstellen. Aus dem Gesamtzusammenhang hat der 5. Senat des Bundesgerichtshofes entnommen, dass wirtschaftlicher Auftraggeber der entsprechenden Lieferungen die jeweilige britische Regierungsstelle war. Das bedeutet, dass immer dann, wenn die wesentliche wirtschaftliche Entscheidung über den Transport der an sich genehmigungspflichtigen Güter durch einen Mitgliedstaat der Europäischen Union getroffen wird, dies die Befreiung von der Genehmigungspflicht nach sich zieht. Entfällt die Genehmigungspflicht für den eigentlichen Geschäftsherrn, kann für andere Personen, die an dem Ausfuhrvorgang beteiligt sind, nichts anderes gelten.

2182 Die Exportkontrolle und die damit verbundene Ermittlung und teils auch Ahndung von Verstößen obliegt im Wesentlichen den Zollbehörden. Die Zollverwaltung wendet Maßnahmen der zollamtlichen Überwachung bzw. der Außenwirtschaftsüberwachung an.[3193]

2183 Die Zollstellen überwachen den grenzüberschreitenden Güterverkehr (§ 46 AWG), die Hauptzollämter und die Zollfahndung (Zollfahndungsamt und Zollkriminalamt) sind für die Ermittlungsaufgaben zuständig. Die Oberfinanzdirektionen sind zuständige Verwaltungsbehörde und können Außenwirtschaftsprüfungen anordnen (§ 44 AWG).[3194]

2184 Das **Zollkriminalamt** ist allein zuständig für **präventive Maßnahmen** zur Verhütung von Straftaten nach dem Außenwirtschaftsgesetz. Die Durchführung von Vorfeldüberwachungsmaßnahmen im Außenwirtschaftsverkehr wurde durch das **Gesetz zur Neuregelung der präventiven Telekommunikations- und Postüberwachung durch das Zollkriminalamt (NTPG)**[3195] neu ausgestaltet. Gleichzeitig wurden die Regelungen vom Außenwirtschaftsgesetz in das die besonderen Befugnisse des Zollkriminalamts enthaltende Zollfahndungsdienstgesetz (§ 23a ff. ZFdG) verlagert. Damit wurde versucht, den vom Bundesverfassungsgericht[3196] dargelegten Anforderungen Rechnung zu tragen, das die Maßnahmen der §§ 39 ff. AWG für verfassungswidrig erklärt hatte.[3197] Auch die neuen Vorschriften sind auf Bedenken gestoßen. Gegen heftigen Widerstand,[3198] begründet mit der verfassungsrechtlichen Problematik, wurde die Regelung des § 23a ff. ZFdG nunmehr bis zum 31. 12. 2007, so § 47 ZFdG, befristet.

cc) Kriegswaffenkontrollgesetz

2185 Im Zusammenhang mit dem Außenwirtschaftsgesetz soll kurz auf das **Kriegswaffenkontrollgesetz** (KWKG)[3199] eingegangen werden. Obwohl es sich um ein Spe-

---

3193 Wabnitz/Janovsky/Harder, a.a.O., K 21 Rn. 50 ff.
3194 Volk/Knierim/Wißmann, a.a.O., § 26 Rn. 11 ff.
3195 NTPG v. 28. 12. 2004 (BGBl. I 2004 S. 3603).
3196 BVerfG, 1 BvF 3/92 vom 03. 03. 2004, s. o. Rdn. 2166 (mit FN 3118).
3197 Siehe dazu die 2. Aufl., S. 409. Die §§ 39 ff. AWG waren bis zum 31.12. 2004 befristet und existieren seitdem nicht mehr.
3198 So z. B. BT-Drs. 16/277 v. 14. 12. 2005.
3199 KWKG i. d. F. d. Bekanntmachung v. 22. 11. 1990 (BGBl. I S. 2506), zuletzt geändert durch Art. 10 der VO v. 25. 11. 2003.

zialgesetz handelt, bedeutet dies nicht, dass beim Außenwirtschaftsverkehr mit Kriegswaffen das AWG unberücksichtigt bleiben darf. Die Vorschriften beider Gesetze müssen nebeneinander beachtet werden.[3200] Während allerdings das AWG vom Grundsatz der Freiheit des Außenwirtschaftsverkehrs geprägt ist, handelt es sich bei den Regelungen des KWKG um repressive Verbote mit Erlaubnisvorbehalt.[3201]

Soweit es ABC-Waffen und Antipersonenminen betrifft, enthält das KWKG **absolute Verbote**. Neben Strafvorschriften gegen Atomwaffen,[3202] biologische und chemische Waffen[3203] wurde in § 20a KWKG im Jahre 1998 eine Strafvorschrift gegen Antipersonenminen aufgenommen. § 22a KWKG sanktioniert **weitere Taten**, die im Zusammenhang mit konventionellen Kriegswaffen stehen. Der Begriff der **Kriegswaffe** ist dabei in § 1 KWKG definiert, wobei sich eine Einordnung erst wieder über die im **Anhang** des Gesetzes angefügte **Kriegswaffenliste** ergeben kann.

2186

Ein Grund für die 1990 durchgeführte Änderung des KWKG war die Verstrickung deutscher Unternehmen in Waffenlieferungen nach Libyen.[3204] Das Interesse am Kauf von Massenvernichtungs- und konventionellen Waffen besteht ungebrochen weiter, wie das nachstehende Zitat aus einer Entscheidung des Bundesgerichtshofs belegt:

2187

> »*Der Iran betreibt den Einkauf von militärischen Ausrüstungsgegenständen, darunter Steuerungskomponenten für Flugkörper, Geräte zur Herstellung von Raketenteilen, Ersatzteile für das Kampfflugzeug F-14 »Tomcat«, Gewehrläufe, Funkgeräte verschiedener Bauarten und Nachtsichtgeräte. Der Beschuldigte war spätestens seit Mitte 2004 daran beteiligt, im Auftrag von Tarngesellschaften des iranischen Geheimdienstes VEVAK für den Iran konspirativ solche Rüstungsgüter zu beschaffen. Er trat dabei für ein Unternehmen mit der Bezeichnung »N.« bzw. »S.« auf. Der Beschuldigte agierte im Rahmen des Beschaffungsprogramms als Instrukteur des Mitbeschuldigten G und übermittelte diesem die iranischen Beschaffungswünsche. Dabei wirkte er jedenfalls an den Bemühungen um die Beschaffung von Schweißgeräten für die Herstellung von Raketenteilen und von 20 militärischen Funkgeräten der Marke R. & S. mit. Ferner erteilte er Ende 2005 dem Mitbeschuldigten G den Auftrag für die Beschaffung von 15 verschiedenen Waffenläufen unterschiedlichen Kalibers in Stückzahlen von 1.000 bis 40.000, von denen mehrere als Kriegswaffen dem Kriegswaffenkontrollgesetz unterliegen.*«[3205]

t)   Subventionsbetrug – § 264 StGB

Unter Subventionen sind **Leistungen aus öffentlichen Mitteln** zu verstehen, die nach Bundes- oder Landesrecht oder nach dem Recht der EU an Betriebe oder

2188

3200   Erbs/Kohlhaas/Steindorf, a.a.O., K 189, Vorbem. 7.
3201   Wabnitz/Janovsky/Harder, a.a.O., K 21 Rn. 55.
3202   § 19 KWKG.
3203   § 20 KWKG.
3204   Siehe oben Rdn. 2171.
3205   BGH StB 14/06 vom 18. 07. 2006.

Unternehmen ohne marktmäßige Gegenleistung gewährt werden und der Förderung der Wirtschaft dienen sollen.[3206]

2189 | **§ 264 StGB – Subventionsbetrug**

Mit Freiheitsstrafe bis zu fünf Jahren oder mit Geldstrafe wird bestraft, wer

1. einer für die Bewilligung einer Subvention zuständigen Behörde oder einer anderen in das Subventionsverfahren eingeschalteten Stelle oder Person (Subventionsgeber) über subventionserhebliche Tatsachen für sich oder einen anderen unrichtige oder unvollständige Angaben macht, die für ihn oder den anderen vorteilhaft sind,

2. einen Gegenstand oder eine Geldleistung, deren Verwendung durch Rechtsvorschriften oder durch den Subventionsgeber im Hinblick auf eine Subvention beschränkt ist, entgegen der Verwendungsbeschränkung verwendet,

3. den Subventionsgeber entgegen den Rechtsvorschriften über die Subventionsvergabe über subventionserhebliche Tatsachen in Unkenntnis lässt oder

4. in einem Subventionsverfahren eine durch unrichtige oder unvollständige Angaben erlangte Bescheinigung über eine Subventionsberechtigung oder über subventionserhebliche Tatsachen gebraucht.[3207]

2190 Der Subventionsbetrug stellt im Bereich der Unternehmenskriminalität eine **Spezialnorm** dar. Mit der im Jahre 1976 eingefügten Norm wird bezweckt, das Vermögen der öffentlichen Hand zum einen und das gesellschaftliche Interesse an einer effizienten Wirtschaftsförderung durch den Staat zum anderen zu schützen.[3208] Der **Schutzzweck** hat zur Folge, dass zumindest ein Teil der **Förderung der Wirtschaft** dienen muss. Ein lediglich ganz entfernter Bezug zur Wirtschaft reicht nicht aus.[3209] Bei Subventionen der EU verzichtet der Gesetzgeber auf das Kriterium der Wirtschaftsförderung, wohl um jegliche Form der Beihilfe nach EU-Recht zu erfassen. Unter dem Eindruck der **Bremer Vulkan**-Subventionsaffäre und in Umsetzung von EU-Richtlinien wurde im Jahr 1998 der Subventionsbegriff erweitert, in dem die unbefugte Verwendung einer Subvention oder eines subventionierten Gegenstands in die Vorschrift aufgenommen wurde.[3210]

2191 Die Subventionsvergabe (§ 264 Absatz 1 Nr. 1 StGB) wird vom Gesetzgeber als besonders schutzwürdig angesehen. Strafbar sind daher **unrichtige** oder **unvollständige** sowie **unterlassene** Angaben über subventionserhebliche Tatsachen

---

3206 Siehe die Legaldefinition des § 264 Abs. 7 StGB.

3207 § 264 Abs. 1 StGB.

3208 Laut dem am 21. 04. 2006 vorgelegten 20. Subventionsbericht der Bundesregierung beliefen sich im Zeitraum 2003 bis 2006 die Subventionen des Bundes auf 23,4 Milliarden Euro (Finanzhilfen 6,0 Milliarden Euro, Steuervergünstigungen 16,4 Milliarden Euro).

3209 Joecks, a.a.O., § 264 Rn. 4.

3210 § 264 Abs. 1 Nr. 2 StGB, der bereits den bloßen Verstoß gegen eine Verwendungsbeschränkung unter Strafe stellt. Zum Erschleichen ungerechtfertigter Subventionen ausführlich und mit zahlreichen Beispielfällen Wolfgang **Lührs**, Subventionen, Subventionsvergabepraxis und Strafverfolgung – Rechtliche und tatsächliche Probleme in den Neuen Bundesländern, in: wistra 1999, 89 ff.

gegenüber dem Subventionsgeber, die für den Täter oder den anderen vorteilhaft sind.[3211] Die einzelnen Handlungsakte, d. h. der auf den Bewilligungsbescheid gerichtete Antrag und derjenige auf Abrufen der Geldmittel, gehören inhaltlich zusammen. Stellen aber mehrere Handlungen im natürlichen Sinn eine sukzessive (fortlaufende) Tatausführung zur Erreichung eines einheitlichen Erfolges dar, ist eine **Bewertungseinheit** gegeben.[3212]

Nach § 264 Absatz 1 Nr. 3 StGB macht sich auch strafbar, wer eine ihm mögliche **2192** **Aufklärung des Subventionsgebers über** eine diesem **unbekannte Tatsache** unterlässt. Weiß der Subventionsgeber aber um die verschwiegene Tatsache, liegt ein strafloser Täuschungsversuch des Täters vor. Glaubt der Täter aber, der Subventionsgeber sei bereits in Kenntnis einer bestimmten, relevanten Tatsache, was jedoch nicht der Fall ist, und schweigt, dann handelt er ohne Vorsatz.

Unter den Begriff der **Angabe** fallen nicht nur alle äußeren und inneren Tatsa- **2193** chen, sondern auch Prognosen, Liquiditätsberechnungen, strategische Erwartungen, die kaufmännisch vertretbare Ziele umfasst etc.[3213]

Subventionserhebliche Tatsachen sind nach der **Legaldefinition** des Absatz 8 **2194** Nr. 1 solche, die der Subventionsgeber entweder durch Gesetz oder aufgrund eines Gesetzes als subventionserheblich bezeichnet hat oder – gemäß Absatz 8 Nr. 2 – »*von denen die Bewilligung, Gewährung, Rückforderung, Weitergewährung oder das Belassen einer Subvention gesetzlich*« abhängt.

- So macht sich ein Unternehmer strafbar, wenn er der entscheidenden Behörde gegenüber vorgibt, aus europäischen Lagerbeständen Rindfleisch zu exportieren, es aber später nach Erhalt der Subventionsgelder umdeklariert und reimportiert.
- Auch die Falschangaben auf Antragsformularen zur Erlangung von Investitionszulagen oder Sanierungsfördermitteln können ein Strafverfahren nach sich ziehen. Der Tatbestand des Subventionsbetrugs greift damit bereits bei einem Verhalten ein, das noch im Vorfeld des Betrugs liegt.

Die Tat ist schon durch eine **Täuschung** – begangen durch Handeln oder Unter- **2195** lassen – gegenüber dem Subventionsgeber vollendet.[3214] § 264 StGB begnügt sich zur Erfüllung des Tatbestands also mit nur **einem** Merkmal des Betrugs, nämlich der Täuschungshandlung.[3215] Allerdings wird nicht bestraft, wer tätige Reue beweist, also freiwillig verhindert, dass aufgrund der Tat die Subvention gewährt wird. Wird die Subvention ohne Zutun des Täters nicht gewährt, so wird er nur straflos, wenn er sich freiwillig und ernsthaft bemüht, das Gewähren der Subvention zu verhindern.[3216]

3211 Tröndle/Fischer, a.a.O., Rn. 14 mit LG Magdeburg, wistra 2005, 155 ff. (156): Bezeichnung als Rahmenplan nicht ausreichend.
3212 BGH, Beschluss v. 01. 02. 2007, StV 297 f.
3213 Siehe auch Joecks, a.a.O., § 264a Rn. 4 ff.
3214 Mit Ausnahme von Abs. 1 Nr. 2 – dieser ist als Erfolgsdelikt ausgestaltet, der eine unrechtmäßige Verwendung voraussetzt.
3215 § 263 StGB, dort sind es: Täuschung, Irrtum, Vermögensverfügung, Vermögensschaden, Bereicherungsabsicht.
3216 § 264 Abs. 5 StGB eingefügt aufgrund des 6. StrRG v. 26. 01. 1998.

2196 Der Vorwurf eines Subventionsbetrugs kann **auch gegenüber Kommunen** erhoben werden, wie das folgende Beispiel zeigt:

> Die Stadtwerke einer Gemeinde hatte die Förderung eines Heizkraftwerkbaus beantragt. Es ging um eine Förderung in Höhe von umgerechnet etwa 35,8 Millionen Euro. Bei Prüfung des Antrags hatte sich jedoch herausgestellt, dass es sich um das Vorhaben einer privaten Abschreibungsgesellschaft gehandelt hat. Nach – richtiger – Auffassung des zuständigen Ministeriums erfüllten die irreführenden Angaben der Gemeinde den Tatbestand des Subventionsbetrugs.[3217] Das Land erstattete Strafanzeige.

2197 Der Täter muss vorsätzlich handeln. In den Fällen der § 264 Absatz 1 Nr. 1–3 StGB genügt auch Leichtfertigkeit,[3218] § 264 Abs. 4 StGB. Dem Täter droht Freiheitsstrafe bis zu fünf Jahren oder Geldstrafe, in besonders schweren Fällen[3219] Freiheitsstrafe von sechs Monaten bis zu zehn Jahren.

2198 Im Verhältnis zum Betrug gemäß § 263 StGB ist der Subventionsbetrug eine Spezialvorschrift, die den Betrugstatbestand verdrängt. Allerdings kann bei Fehlen von Voraussetzungen für eine Strafbarkeit wegen § 264 StGB doch wieder ein Betrug in Frage kommen.[3220]

u) (Submissions-) Betrug

2199 Betrug in der Form des Submissionsbetrugs tritt insbesondere – jedoch keinesfalls ausschließlich – in der Baubranche auf. Jüngere Schätzungen gehen davon aus, dass durch **wettbewerbsrechtlich verbotene Preisabsprachen** die öffentliche Hand als größter Auftraggeber in Deutschland jährlich materielle Schäden in einer Höhe von ca. fünf Milliarden Euro erleidet.[3221] Das Ausschreibe- und Vergaberechtswesen hat im Wirtschaftsleben eine erhebliche Bedeutung erlangt, etwa in den Bereichen der Wasser- und Energieversorgung, des Öffentlichen Nah- und Fernverkehrs oder der Telekommunikation.[3222]

2200 Das Interesse an einer Bekämpfung dieser Missstände ist also groß. Dahingehende Bemühungen reißen nicht ab und werden intensiviert – zum Teil durch Schaffung neuer Tatbestände.

3217 HAZ Nr. 236 v. 09. 10. 1992, S. 5.

3218 Leichtfertigkeit entspricht grober Fahrlässigkeit, siehe dazu oben Rdn. 330. Wenn die Regelung des § 264 Abs. 4 StGB zutreffend wäre, dann muss es allerdings richtig nicht Subventionsbetrug heißen, sondern leichtfertige Subventionsgefährdung, da ein Betrug immer Vorsatz erfordert. Die Vorschrift ist verfassungsrechtlich bedenklich; vgl. Lackner/Kühl, a.a.O., § 264 Rn. 24 m.w.N.

3219 § 264 Abs. 2 StGB.

3220 Ausführlich Müller-Gugenberger/Bieneck/Bender, a.a.O., § 52 Rn. 42 ff. mit Beispielen.

3221 Schaupensteiner, ZRP 1993, 251 ff.; vgl. auch: Korruption in der öffentlichen Verwaltung, II. Georg-August Zinn-Forum für Rechtspolitik, 19. 09. 1992 im SPD-Parteihaus in Frankfurt a. M.; zusammenfassend MünchKomm/Hohmann, a.a.O., § 298 Rn. 20 m. w. N.

3222 MünchKomm/Hohmann, a.a.O., § 298 Rn. 13.

aa) § 298 StGB

---

§ 298 StGB – Wettbewerbsbeschränkende Absprachen bei Ausschreibungen   2201

(1) Wer bei einer Ausschreibung über Waren oder gewerbliche Leistungen ein Angebot abgibt, das auf einer rechtswidrigen Absprache beruht, die darauf abzielt, den Veranstalter zur Annahme eines bestimmten Angebots zu veranlassen, wird mit Freiheitsstrafe bis zu fünf Jahren oder mit Geldstrafe bestraft.

(2) Der Ausschreibung im Sinne des Absatzes 1 steht die freihändige Vergabe eines Auftrages nach vorausgegangenem Teilnahmewettbewerb gleich. ...

Im Rahmen des Gesetzes zur Bekämpfung der Korruption, das am 13. August **2202** 1997 in Kraft trat, wurde auch § 298 StGB neu in das Strafgesetzbuch aufgenommen.[3223] Die Norm stellt **wettbewerbsbeschränkende Absprachen bei Ausschreibungen** unter Strafe. Dies bedeutet, dass der freie Wettbewerb und das Vertrauen in diesen durch den Straftatbestand geschützt werden soll.[3224] Durch Ausschreibungen soll Wettbewerb und Markt eröffnet werden – schließen sich die Konkurrenten jedoch zusammen (Kartellbildung) wird die Freiheit des Marktes beeinträchtigt. Submissionsabsprachen führen zu Submissionskartellen, die wie oben dargestellt erhebliche Schäden durch die vorgenommene Marktbeeinträchtigung hervorrufen.

Hintergrund der Einführung des Tatbestandes war, dass die Schadensbeurteilung **2203** gemäß § 263 StGB beim so genannten Submissionsbetrug nach wie vor schwierig ist und mit § 298 StGB eine Strafbarkeit begründet werden kann, ohne dass ein Schaden festgestellt werden muss.[3225] Die Tat, ausgebildet als **abstraktes Gefährdungsdelikt**, tritt neben die Strafbarkeit als Betrug.[3226]

Ausschreibung im Sinne des Absatz 1 der Vorschrift sind **öffentliche und** **2204** **beschränkte Ausschreibungen sowie nichtoffene Verfahren**,[3227] nach Absatz 2 aber auch die **freihändige Vergabe nach einem Teilnahmewettbewerb**.[3228]

Die **Grundsätze der Auftragsvergabe** für öffentliche Auftraggeber sind in den **2205** §§ 97 ff. GWB geregelt. Neben der Vergabepraxis der öffentlichen Hand erfasst die Norm auch Ausschreibungen und Vergaben durch private Unternehmen, die nicht an die VOB/A, VOL/A und VOF gebunden sind. Voraussetzung ist die

---

3223 Dazu kritisch Dirk **Oldigs**, Die Strafbarkeit von Submissionsabsprachen nach dem neuen § 298 StGB – Notwendige Reform oder purer Aktionismus?, in: wistra 1998, 291 ff.

3224 Vgl. MünchKomm/Hohmann, a.a.O., § 298 Rn. 1. Allerdings ist umstritten, ob der Wettbewerb überhaupt geschütztes Rechtsgut eines Straftatbestand sein kann; vgl. dazu Harro **Otto**, Wettbewerbsbeschränkende Absprachen bei Ausschreibungen, § 298 StGB, in: wistra 1999, 41 ff. (dort vor allem S. 41 Fn. 4).

3225 Greeve/Leipold/Greeve, Handbuch des Baustrafrechts, a.a.O., S. 92 E, S. 94 Rn. 4.

3226 Tröndle/Fischer, a.a.O., § 298 Rn. 3a, 22.

3227 Tröndle/Fischer, a.a.O., § 298 Rn. 4, wobei im Bereich der EG-Koordinierungsdirektiven das Offene Verfahren der öffentlichen Ausschreibung entspricht.

3228 Tröndle/Fischer, a.a.O., § 298 Rn. 7; Schönke/Schröder-Heine, a.a.O., § 298 Rn. 2.

zumindest ähnliche Ausgestaltung des privaten Vergabeverfahrens.[3229] Der **Begriff »***Ausschreibung***«** bedeutet, dass der Veranstalter verschiedene Bieter zur Abgabe von Angeboten auffordert – meint aber unter Umständen auch das Verhandlungsverfahren[3230] nach vorheriger öffentlicher Teilnahmeaufforderung. Gänzlich freihändige Verfahren sind jedoch wie dargelegt nicht von dem Begriff umfasst.[3231] Die **Ähnlichkeit im Privatvergabeverfahren** bedeutet, dass Sinn, Zweck und essentielle Grundsätze des Vergabeverfahrens Beachtung finden müssen, das sind[3232] Der Grundsatz der Eignung der Bieter, Geheimhaltung, Erstellung eines Leistungsverzeichnisses, verbindliche Wertungskriterien, Ausschluss der **willkürlichen** Beendigung[3233] des Verfahrens.[3234]

2206 Erfolgt die Auftragsvergabe außerhalb von Ausschreibungsverfahren, ist keine Strafbarkeit möglich, selbst wenn gegen Vergabegrundsätze verstoßen wird.[3235] Problematisch ist, dass von einer Strafbarkeit sogar dann ausgegangen werden muss, wenn der Ausschreibende (auch **Veranstalter** genannt) das Ausschreibungsverfahren unter erheblichen Verstößen gegen das Vergaberecht durchführt.[3236] In diesem Bereich mangelt es auch noch an höchstrichterlicher Rechtsprechung, die zur Klarstellung beitragen könnte.

2207 Die **Ausschreibung muss über Waren oder gewerbliche Leistungen erfolgen**. Unter »*Waren*« fallen alle Gegenstände[3237] des Geschäftsverkehrs, also auch Immobilien, Rechte und »Know-how« sowie Unternehmen und Geschäftsbetriebe selbst.[3238] »*Gewerblich*« ist eine Leistung, wenn sie im geschäftlichen Verkehr erbracht wird. Hierzu zählen also alle Dienstleistungen, nicht nur die Leistungen eines Gewerbebetriebs.[3239]

2208 **Tathandlung** ist die **Abgabe eines Angebots**, wobei das abgegebene Angebot auf einer **rechtswidrigen Absprache** beruhen muss, also manipuliert ist.[3240] »*Rechts-*

3229 Tröndle/Fischer, a.a.O., § 298 Rn. 10; BGH NStZ 2003, 548.

3230 § 101 Abs. 4 GWB sowie die ähnlichen EU.Vergaberichtlinien.

3231 Greeve/Leipold/Greeve, a.a.O., S. 95 f. Rn. 9 ff.

3232 Gina **Greeve**, Anm. zum BGH, Beschl. v. 19. 12. 2003, in: NStZ 2003, 549 f., fordert eine eindeutige Verpflichtung des privaten Auftraggebers, wie ein öffentlicher Auftraggeber zu verfahren.

3233 Wobei die Beendigung dem Privaten im Gegensatz zur öffentlichen Hand grundsätzlich möglich ist.

3234 MünchKomm/Hohmann, a.a.O., § 298 Rn. 53 f.; ausführlich Greeve, NStZ 2003, 549; auch BGH NStZ 2002, 548.

3235 Greeve/Leipold/Greeve, a.a.O., S. 106 f. Rn. 38 ff.

3236 Greeve/Leipold/Greeve, a.a.O., S. 107 f. Rn. 40 f. sieht noch erheblichen Diskussionsbedarf unter Hinweis auf die wohl h.M., vgl. Schönke/Schröder-Heine, a.a.O., § 298 Rn. 21, der für eine Strafbefreiung das Vorliegen von wirksamen Freistellungsvoraussetzungen (§ 2 GWB) nebst dem dazugehörigen Antrag fordert.

3237 Im weiteren Sinne; Körperlichkeit ist nicht gefordert.

3238 MünchKomm/Hohmann, a.a.O., § 298 Rn. 58; Greeve/Leipold/Greeve, a.a.O., S. 109 Rn. 46.

3239 Schönke/Schröder-Heine, a.a.O., § 298 Rn. 5; Lackner/Kühl, a.a.O., § 298 Rn. 2. Nicht erfasst werden aber die ausschließlich dem privaten Verbrauch dienenden Tätigkeiten im geschäftlichen Verkehr.

3240 Dazu Hans **Schaller**, Maßnahmen öffentlicher Auftraggeber zur Verhütung von Manipulationen im öffentlichen Auftragswesen, in: LKV 2000, 289 ff.

widrig« ist eine Absprache, wenn sie gegen § 1 GWB verstößt. Ein Vertrag ist nicht notwendig[3241], zumal ein solcher verboten ist, § 1 GWB, und somit nichtig, § 134 BGB.

Umstritten ist nach der Reform des Gesetzes gegen Wettbewerbsbeschränkungen, **2209** ob die Absprache zwischen zwei im Wettbewerb miteinander stehenden Bietern erfolgen muss. Der Bundesgerichtshof[3242] hat seinerzeit die Anwendbarkeit des § 298 StGB auf diese so genannten **horizontalen Absprachen** beschränkt, wie dies in § 1 GWB a. F. ausdrücklich bestimmt war. Teilweise wird die Auffassung vertreten, die Beschränkung auf horizontale Absprachen gelte auch heute noch.[3243] Diese Meinung ist nach der GWB-Novelle nicht mehr haltbar. § 1 GWB n. F. umfasst nunmehr **alle Absprachen** zwischen Unternehmen, die den Wettbewerb beeinträchtigen. Der Wortlaut der Norm lässt keinen Raum mehr für die Deutung, dass die Beteiligten miteinander im Wettbewerb stehen müssen. Das hat zur Folge, dass nach dem 1. Juli 2005 auch vertikale Absprachen unter § 298 StGB zu subsumieren sind. Dann sind auch Absprachen zwischen einem Unternehmer und dem Veranstalter strafbar, wenn der Veranstalter selbst Unternehmer ist.[3244] Rechtsprechung ist zu der Neuinterpretation des Tatbestandes allerdings ersichtlich noch nicht ergangen.

Nicht erfasst sein sollen weiterhin so genannte Bietergemeinschaften.[3245] Der **2210** Begriff bezeichnet Vereinbarungen zwischen mehreren grundsätzlich im Wettbewerb stehenden Unternehmen, die darauf abzielen, **gemeinsam** als **ein Anbieter** in einem Ausschreibungsverfahren aufzutreten. Ein Verstoß gegen Wettbewerbsrecht unterbleibt, wenn keines der Unternehmen die Leistung alleine erbringt, der Zusammenschluss auf ökonomisch vernünftigen Überlegungen beruht und nicht dazu geeignet ist, den Wettbewerb spürbar zu verfälschen.[3246]

Die Absprache muss darauf abzielen, den Veranstalter zur Annahme eines **2211** **bestimmten Angebots** zu veranlassen.[3247] Dabei reicht es nach der herrschenden Meinung aus, wenn z. B. eine Preisuntergrenze ohne Bestimmung des niedrigsten Bieters abgesprochen wird, obwohl dies mit dem strengen Wortlaut der Norm kollidiert.[3248] Als Grundsatz kann man festlegen, dass eine Einigung erzielt wer-

---

3241 Müller-Gugenberger/Bieneck/Gruhl, a.a.O., § 58 Rn. 11.

3242 BGH StV 2004, 541 ff.

3243 Müller-Gugenberger/Bieneck/Gruhl, a.a.O., § 58 Rn. 12; Tröndle/Fischer, a.a.O., § 298 Rn. 9

3244 Ebenso MünchKomm/Hohmann, a.a.O., § 298 Rn. 84; Deutlich drückt dies auch der Bundestag aus: »*§ 1 enthält bisher das Verbot wettbewerbsbeschränkender horizontaler Vereinbarungen. Durch die Streichung der Wörter ›miteinander im Wettbewerb stehenden‹ wird die Vorschrift auch auf wettbewerbsbeschränkende vertikale Vereinbarungen erstreckt.*«, BT-Drs. 15/3640, S. 7, 44.

3245 Vgl. BT-Drs. 13/8079 S. 14; dazu schon Greeve/Leipold/Greeve, a.a.O., S. 121 ff. Rn. 78 ff. zur Rechtslage vor der Reform

3246 MünchKomm/Hohmann, a.a.O., § 298 Rn. 87 f. 7. w. N.

3247 Schönke/Schröder-Heine, a.a.O., § 298 Rn. 12.

3248 MünchKomm/Hohmann, a.a.O., § 298 Rn. 92; a. A. Tröndle/Fischer, a.a.O., § 298 Rn. 11: Hier wird zumindest die Festlegung auf einen bestimmten Angebotsinhalt gefordert. Dabei soll jedoch die Abgabe des Angebots freigestellt sein.

den muss, die Entscheidung des Veranstalters in eine bestimmte Richtung zu lenken.

2212 Umstritten ist, ob eine Absprache vorliegt, wenn diese auf Veranlassung des Veranstalters erfolgt. Denn hier können die Bieter den Auftraggeber nicht mehr veranlassen, ein Angebot anzunehmen.[3249] Demnach scheidet eine Strafbarkeit gemäß § 298 StGB in diesem Fall aus.[3250] In der Regel kommen dann aber andere Straftatbestände (Bestechung, Untreue) sowie Kartellordnungswidrigkeiten in Betracht.

2213 Nach Absatz 3 besteht für den Täter auch nach formeller Vollendung der Tat die **Möglichkeit der tätigen Reue**, die ihn straffrei stellt, wenn er sich freiwillig und ernsthaft bemüht, die Angebotsannahme durch den Veranstalter oder dessen Leistungserbringung zu verhindern oder diese tatsächlich verhindert.

2214 Neben der Bestrafung des Täters im Sinne des § 298 StGB ist die Verhängung **von Geldbußen gegen das Unternehmen** möglich.[3251] Submissionsabsprachen sind demnach auch als Ordnungswidrigkeiten zu sanktionieren. Diese Ahndung kann im Übrigen nicht nur das Unternehmen, sondern auch die beteiligten natürlichen Personen treffen. Die Geldbuße kann dabei bis zu einer Million Euro betragen.[3252] Einzelheiten sind den Ausführungen zum Kartellrecht zu entnehmen.

bb)   § 263 StGB

2215 Der objektive Tatbestand des Betruges enthält vier Merkmale – eine **Täuschung über Tatsachen** muss zu einem **Irrtum eines Dritten** führen, wobei der Irrtum eine **Vermögensverfügung** zur Folge haben muss, bei der sich eine **Vermögensschädigung** ergibt:[3253]

2216 | **§ 263 StGB – Betrug[3254]**

(1) Wer in der Absicht, sich oder einem Dritten einen rechtswidrigen Vermögensvorteil zu verschaffen, das Vermögen eines anderen dadurch beschädigt, dass er durch Vorspiegelung falscher oder durch Entstellung oder Unterdrückung wahrer Tatsachen einen Irrtum erregt oder unterhält, wird mit Freiheitsstrafe bis zu fünf Jahren oder mit Geldstrafe bestraft.

(2) Der Versuch ist strafbar.

(3) 1In besonders schweren Fällen ist die Strafe Freiheitsstrafe von sechs Monaten bis zu zehn Jahren. 2Ein besonders schwerer Fall liegt in der Regel vor, wenn der Täter

---

3249 Zweifelnd Greeve/Leipold/Greeve, a.a.O., S. 125 Rn. 94; Strafbarkeit bejaht MünchKomm/Hohmann, a.a.O., § 298 Rn. 94: § 298 StGB setze kein Verheimlichen voraus.

3250 Ebenso Lackner/Kühl, a.a.O., § 298 Rn. 3.

3251 §§ 30 Abs. 2 S. 3, 130 Abs. 3 S. 3 OWiG; §§ 81, 82 GWB 2005; dazu (noch nach dem GWB 1999) Hans **Achenbach**, Die Verselbständigung der Unternehmensgeldbuße bei strafbaren Submissionsabsprachen – ein Papiertiger?, in: wistra 1998, 168 ff.

3252 § 81 Abs. 4 GWB 2005; Vertiefend Greeve/Leipold/Greeve, a.a.O., S. 134 ff. Rn. 3 ff.

3253 Joecks, a.a.O., § 263 Rn. 19.

3254 § 263abs. 1 - 3; von einem Abdruck der Abs. 4 - 7 wurde abgesehen.

1. gewerbsmäßig oder als Mitglied einer Bande handelt, die sich zur fortgesetzten Begehung von Urkundenfälschung oder Betrug verbunden hat,

2. einen Vermögensverlust großen Ausmaßes herbeiführt oder in der Absicht handelt, durch die fortgesetzte Begehung von Betrug eine große Zahl von Menschen in die Gefahr des Verlustes von Vermögenswerten zu bringen,

3. eine andere Person in wirtschaftliche Not bringt,

4. seine Befugnisse oder seine Stellung als Amtsträger missbraucht oder

5. einen Versicherungsfall vortäuscht, nachdem er oder ein anderer zu diesem Zweck eine Sache von bedeutendem Wert in Brand gesetzt oder durch eine Brandlegung ganz oder teilweise zerstört oder ein Schiff zum Sinken oder Stranden gebracht hat.

aaa) Submissionsbetrug

§ 298 StGB und **§ 263 StGB** stehen zueinander in **Idealkonkurrenz**. Deshalb **2217** kann im Einzelfall mit der Verwirklichung des § 298 StGB zugleich auch der »einfache« **Betrugstatbestand** erfüllt sein, wenn ein **Vermögensschaden** nachweisbar ist.[3255] Denn im Falle von Submissionsabsprachen sind die übrigen Tatbestandsmerkmale des Betruges in der Regel erfüllt.[3256] Der Veranstalter wird über die Grundlagen der Preisbildung und der Angebote getäuscht. Der so entstandene Irrtum über die Modalitäten des »Wettbewerbs« führt zur Annahme eines der Angebote, was eine das Vermögen belastende Verfügung darstellt.[3257]

Vor Aufnahme des Tatbestands »**Wettbewerbsbeschränkende Absprachen bei** **2218** **Ausschreibungen**« als § 298 in das Strafgesetzbuch tat sich die Rechtsprechung lange schwer, Submissionsabsprachen als Betrugsdelikte unter § 263 StGB zu subsumieren, da die Bestimmung des – dem Ausschreibenden durch die Absprache – entstandenen Vermögensschadens meist sehr schwierig war.[3258] Den Gordischen Knoten zerschlug dann der Bundesgerichtshof mit seiner Entscheidung vom 8. Januar 1992,[3259] in der er bei folgendem Sachverhalt einen Eingehungsbetrug angenommen und einen Erfüllungsbetrug für möglich gehalten hat:[3260]

Das Wasser- und Schifffahrtsamt schrieb den Ausbau der Schiffahrtsrinne im Rhein öffentlich aus. Für die Ausführung der Arbeiten gaben drei Bietergemeinschaften Angebote ab. Die Angebotspreise beruhten auf einer gemeinsam vorab kalkulierten »Nullbasis« sowie der Absprache, dass die Angebote über

---

3255 Greeve/Leipold/Greeve, a.a.O., S. 132 Rn. 116.

3256 Volk/Witting, a.a.O., § 24 Rn. 280.

3257 Ähnlich MünchKomm/Hohmann, a.a.O., § 298 Rn. 27.

3258 Tröndle/Fischer, a.a.O., § 298 Rn. 3.

3259 BGHSt 38, 186 ff. (unvollständig) = NJW 1992, 921 ff. (mit Bespr. **Baumann** NJW 1992, 1661) = wistra 1992, 98 ff. mit Anm. **Joecks** wistra 1992, 247; siehe auch Otfried **Ranft**, Betrug durch Verheimlichung von Submissionsabsprachen – eine Stellungnahme zu BGHSt 38, 186, in: wistra 1994, 41 ff.

3260 Wegen seiner immer noch grundsätzlichen Bedeutung wird der Fall nachstehend ausführlicher dargestellt.

100, 104 und 106,5 % der Nullbasis abgegeben werden sollten. Gleichzeitig gab es eine Absprache, nach der das Unternehmen, das den Zuschlag erhielt, an die unterlegenen Bieter eine Präferenzvergütung zu zahlen hatte. In den offiziellen Angaben versicherten die Bietergemeinschaften jeweils, es seien keine Preisabsprachen mit anderen Anbietern getroffen worden.

2219 In dem Verfahren vor dem Landgericht Frankfurt a. M. wurden die Angeklagten freigesprochen, mit der Begründung, der beauftragenden Bundesrepublik sei kein Vermögensschaden entstanden. Diese Verneinung eines Betrugsschadens hielt der Bundesgerichtshof für nicht rechtmäßig:

> *»Das Landgericht hat den Wert der für das Bauvorhaben … angebotenen und erbrachten Leistungen fehlerhaft bestimmt.«*[3261]

2220 Der Bundesgerichtshof führte weiter aus, dass es für Waren und gewerbliche Leistungen keinen festen, auf einheitlichen Vorstellungen beruhenden Wert, also keinen allgemein gültigen abstrakten Maßstab gäbe. Für das Wasser- und Schifffahrtsamt sei der Wert der ausgeschriebenen Arbeiten erst unter Berücksichtigung des günstigen Angebots möglich gewesen. Aufgrund der Indizien hätte das Landgericht sich mit dem hypothetischen Marktpreis auseinander setzen müssen, der sich bei ordnungsgemäßer Durchführung des Ausschreibungsverfahrens gebildet hätte. Dieser sei zumindest um die Ausgleichszahlungen geringer gewesen, die an die übrigen Kartellmitglieder zu zahlen waren. Damit erweiterte der Bundesgerichtshof den Einzugsbereich des Submissionsbetrugs wesentlich. Während bis zur BGH-Entscheidung des Jahres 1992 Absprachen der Bieter nur kartellrechtlich bedenklich waren[3262] und strafrechtlich als Ordnungswidrigkeit mit einer Geldbuße bis zu einer Million DM und dem dreifachen Mehrerlös geahndet wurden, konnten Absprachen nunmehr den Tatbestand des Submissionsbetrugs erfüllen. In den Vertragsverhältnissen, in denen sich Leistungen und Gegenleistungen gegenüberstehen, war im Submissionsfall zunächst der Eingehungsbetrug zu prüfen, d. h. die Vermögenslage vor und deren Verschlechterung nach dem Eingehen der Verbindlichkeit.[3263] Lag dieser Tatbestand nicht vor, so war an das Vorliegen eines **Erfüllungsbetrugs** zu denken. Hierbei ergab sich der Vermögensschaden daraus, dass der Getäuschte weniger erhält, als sein Anspruch wert ist bzw. mehr als er zu zahlen verpflichtet wäre.[3264]

3261 BGHSt 38, 186 ff. = NJW 1992, 921 ff. (922); Mit dieser Entscheidung wurde die (Bau-)
Industrie von der Vergangenheit eingeholt. Im Rahmen des Gesetzgebungsprozesses zum
2. Gesetz zur Bekämpfung der Wirtschaftskriminalität war ursprünglich die Einführung
eines § 264a StGB (Ausschreibungsbetrug) geplant. Dieses Vorhaben wurde aber nicht verwirklicht; vgl. Helmuth **Schulze-Fielitz**, Theorie und Praxis parlamentarischer Gesetzgebung, Berlin 1988, S. 185 ff. Zur ganzen Historie und der BGH-Entscheidung
v. 08. 01. 1992 siehe auch (kritisch): Peter **Cramer**, Zur Strafbarkeit von Preisabsprachen
in der Bauwirtschaft (Der Submissionsbetrug), Heidelberg 1995.

3262 § 1 GWB.

3263 Schönke/Schröder-Cramer, a.a.O., § 263 Rn. 128.

3264 Schönke/Schröder-Cramer, a.a.O., § 263 Rn. 135.

Gegen diese Rechtsprechung ist erhebliche Kritik laut geworden.[3265] Zu Recht **2221** kann dagegen eingewendet werden, dass ein **hypothetischer Marktwert ein äußerst ungenaues Kriterium** für eine Strafbarkeit darstellt und der Wettbewerbspreis nicht das einzige entscheidungsbeeinflussende Moment einer Ausschreibung ist.[3266] Trotzdem setzte der Bundesgerichtshof seine Praxis fort.[3267] Dem entsprechend ist auch in Zukunft mit dieser Würdigung von Submissionsabsprachen zu rechnen. Es sei denn, der Bundesgerichtshof wendet sich – anders als bisher – verstärkt dem Tatbestand des § 298 StGB zu.

Indes bietet § 263 StGB dem Strafbedürfnis vielfältigere Möglichkeiten. Der Straf- **2222** rahmen ist unter Umständen auf bis zu 10 Jahre erweitert, da die Norm besonders schwere Regelfälle kennt.[3268] Zusätzlich ist gemäß § 263 StGB der Versuch strafbar.[3269]

bbb) Betrug und Korruption

Korruptionsverfahren berühren meist auch andere Deliktsgruppen.[3270] **Manipula-** **2223** **tionen** in einem **Vergabeverfahren** sind nicht selten von den **Betrugsvorschriften** und den Normen zur **Korruptionsbekämpfung** gleichzeitig betroffen.[3271]

Das ist insbesondere der Fall, wenn es den sich absprechenden Bietern gelingt, **2224** durch Zuwendungen an das Lager des Veranstalters Einfluss auf das Vergabeverfahren zu nehmen, der ihnen zusätzliche Vorteile verschafft.

Durch die Korruption kann dann ein Betrug zum Nachteil des Auftraggebers **2225** begangen werden. Dabei sind die im vorigen Abschnitt erörterten Grundsätze des Bundesgerichtshofes in Ansatz zu bringen. Oft sind die zuvor getätigten Zuwendungen an das Lager des Veranstalters großzügig in den Angebotspreis mit einberechnet, der dann auch noch für das schädigende Verhalten seiner Mitarbeiter bezahlen darf.[3272]

Ein Betrug in diesem Zusammenhang kann aber auch zum Nachteil eines Mitbie- **2226** ters begangen werden. Beim korruptiven Zusammenwirken einer Bietergruppe mit einem im Lager des Veranstalters stehenden Mitarbeiter kommt eine Strafbarkeit gemäß § 263 StGB in Betracht, wenn durch das Zusammenwirken erreicht wird, dass jemand aus dem Bieterkartell den Zuschlag erhält.[3273] Der Bietende mit dem (eigentlich) wirtschaftlichsten Angebot hat nämlich in einem geregelten Ausschreibungsverfahren eine vermögenswerte Aussicht auf Erteilung des

---

3265 Olaf **Hohmann**, Die strafrechtliche Beurteilung von Submissionsabsprachen – Ein altes Thema und noch immer ein Problem? – Ein Überblick, in: NStZ 2001, 566 ff. (568 ff.); Thomas **Rönnau**, Täuschung, Irrtum und Vermögensschaden beim Submissionsbetrug, JuS 2002, 545 ff.

3266 Ausführlich Volk/Witting, a.a.O., § 24 Rn. 284.

3267 Siehe nur BGH wistra 1994, 346 und wistra 2001, 384.

3268 § 263 abs. 3 StGB.

3269 § 263 abs. 2 StGB.

3270 Dazu schon ausführlich Rdn. 1891 ff.

3271 Greeve/Leipold/Greeve, a.a.O., S. 171 Rn. 26; Volk/Witting, a.a.O., § 24 Rn. 252.

3272 Volk/Greeve/Dörr, a.a.O., § 19 Rn. 257 ff.

3273 Müller-Gugenberger/Bieneck/Gruhl, a.a.O., § 58 Rn. 31.

Zuschlages.[3274] Dasselbe gilt natürlich für den Fall, dass lediglich ein Anbieter durch Zuwendungen einen anderen aussticht.

cc) Sonstige Betrugsdelikte, insbesondere Abrechnungsbetrug

2227 Geschütztes Rechtsgut des § 263 StGB ist nach fast einhelliger Ansicht das Vermögen.[3275] Der Betrug ist dabei ein **verhaltensbedingtes Erfolgsverletzungsdelikt**. Geschützt ist das durch eine täuschungsbedingt veranlasste Verfügung geschädigte **Vermögen**, wobei beim Täter die **Absicht der rechtswidrigen Bereicherung** auf Kosten des Geschädigten bestehen muss.[3276]

2228 Es genügt lediglich die Bereicherungsabsicht, so dass ein vollendeter Betrug auch dann vorliegen kann, wenn der Täter den Vermögensvorteil nicht erlangt. Der beabsichtigte Vorteil muss jedoch spiegelbildlich dem entsprechen, was als Vermögensschaden beim Opfer eintritt. Dabei kann der Betrug aber auch fremdnützig begangen werden. Täuschender und Begünstigter müssen also ebenso wenig identisch sein wie Verfügender und Geschädigter. Nur Getäuschter und Verfügender müssen eine Person sein. Als Schaden gilt bereits die schadensgleiche Vermögensgefährdung, also die hinreichend konkrete Gefahr eines Schadenseintritts.[3277]

- Beim Warenbetrug (Eingehungsbetrug) verspricht der Täter, Ware zu liefern, liefert diese wie geplant aber gar nicht oder in minderwertiger Qualität, während er die vollwertige Gegenleistung erhält. (Beispiel: Verkauf eines gefälschten Markenproduktes). Ähnlich gelagert ist der Leistungsbetrug (Erfüllungsbetrug), wenn der Täter eine solche verspricht und tatsächlich gar nicht oder anders erbringt oder zu der ordnungsgemäßen Leistung gar nicht in der Lage ist (auch: Anstellungsbetrug, also das Erschleichen einer Arbeitstelle mittels falscher Qualifikationen).
- Der Täter plant, durch arglistige Täuschung Waren oder Leistungen ohne Bezahlung, auf Anzahlung oder nach Eingehen eines Leih- oder Mietverhältnisses zu erlangen, verursacht durch sein Zahlungsversprechen. Der Täter ist jedoch nicht willens oder wissentlich nicht in der Lage, seine Verpflichtungen zu erfüllen (Stichwort: Zechpreller).
- Eine besonders aufwändige Form des kaufmännischen Warenbetruges wird bandenmäßig ausgeführt. Einzelne Mitglieder der Bande übernehmen die Rolle des Verkäufers, Vermittlers und des Käufers. Das Opfer wird durch Vorspiegelung von Gewinnaussichten verleitet, sich als Zwischenabnehmer in den Warenkette einzuschalten. Durch ein günstig verlaufendes Lockgeschäft verleitet wagt der zu Schädigende den Einsatz einer größeren Summe. Es wird ihm dann entweder minderwertige oder gar keine Ware geliefert, die »Geschäftspartner« sind nicht mehr auffindbar.
- Im Rahmen eines Zivilprozesses kommt ein Betrug zu Lasten der Gegenpartei insbesondere durch Benutzung falscher Beweismittel und durch falsche Zeu-

---

3274 St. Rechtsprechung, vgl. nur BGH NStZ 1997, 542 ff.
3275 Joecks, a.a.O., § 263 Rn. 1.
3276 MünchKomm/Hefendehl, a.a.O., § 263 Rn. 8 ff.
3277 Vgl. Lackner/Kühl, a.a.O., § 263 Rn. 36 ff. (40).

genaussagen oder Parteivernehmungen in Betracht, wenn der Gegner den Prozess dann unrechtmäßig verliert (kurz: Prozessbetrug).

Für den schwersten Fall von Wirtschaftsbetrug in der Geschichte der Bundesrepublik Deutschland steht das Unternehmen **FlowTex Technologie GmbH & Co. KG**. **2229**

> Die beiden Hauptverantwortlichen hatten 3.000 Horizontalbohrmaschinen verkauft, die zu 90 % nur auf dem Papier vorhanden waren. Die nicht existenten Bohrsysteme zum Stückpreis von seinerzeit rund 1,5 Millionen DM wurden an Leasingfirmen veräußert, die sich das Geld dafür von Banken kreditieren ließen. Die Leasingfirmen rechneten langfristig mit einem guten Geschäft, denn Scheinfirmen leasten die Systeme umgehend zurück und FlowTex überwies die Leasingraten. Die wenigen tatsächlich existierenden Bohrsysteme wechselten also nur auf dem Papier den Besitzer. Die meisten davon standen bei FlowTex selbst, ausgestattet mit immer neu gefälschten Typenschildern für jeweilige neuen Interessenten. Doch um die Leasingraten bezahlen zu können, mussten immer mehr Bohrsysteme verkauft werden. Der Markt war bald gesättigt, so dass dieses »Schneeballsystem« unweigerlich zusammenbrach, auch wegen der persönlichen Entnahmen durch die Täter. Dadurch war ein wirtschaftlicher Schaden in Höhe von mehr als zwei Milliarden Euro entstanden.[3278]

Die beiden Geschäftsführer der FlowTex wurden deshalb zu elfeinhalb beziehungsweise neuneinhalb Jahren Gefängnis verurteilt. Der Skandal zog aber noch weitere Kreise. Die Staatsanwaltschaft Mannheim wirft einem Finanzbeamten vor, von dem Betrug bereits früh gewusst zu haben. Am 2. November 2006 begann der Prozess. Im Einzelnen muss sich der Beamte wegen Beihilfe zum Betrug, Bestechlichkeit und der Verletzung des Dienstgeheimnisses verantworten. Er habe, so lautet der Vorwurf, das System bei seinen Prüfungen schnell durchschaut, die tatsächliche Sachlage aber aufgrund einer persönlichen Beziehung zu einem der Geschäftsführer des Unternehmens vor seiner Behörde verschwiegen. Als Gegenleistung soll der Geschäftsführer dem Betriebsprüfer ein neues Kraftfahrzeug vermittelt haben, nur gegen Inzahlungnahme des alten Wagens unter Ausgleich des Restbetrages durch die FlowTex. Des Weiteren geht es um einen Laptop, den der Angeklagte weit unter dem tatsächlichen Wert erhalten haben soll. Die Staatsanwaltschaft wirft dem Beamten außerdem vor, den Geschäftsführer der FlowTex im Januar 2000 in einem Telefonat vor dessen drohender Verhaftung gewarnt zu haben.[3279] **2230**

Parallel zu dem Strafverfahren prüft der 12. Senat des Oberlandesgerichts Karlsruhe in einem Zivilprozess eine Amtshaftungsklage gegen den Karlsruher Finanzbeamten. Dabei geht es auch um mögliche Ansprüche der FlowTex-Gläubiger gegen das Land Baden-Württemberg. Aus Sicht der Kläger hätte der Schaden durch den Zusammenbruch von FlowTex Anfang 2000 rechtzeitig abgewendet werden können. Eine erste Klage war 2005 vor dem Landgericht Karlsruhe gescheitert. Das Oberlandesgericht will sein Urteil am 15. Oktober 2007 verkün- **2231**

3278 Vgl. taz vom 19. 12. 2001, S. 13 und FAZ v. 30. 11. 2005, Nr. 279, S. 4.
3279 SPIEGEL ONLINE v. 27. 10. 2006.

den.[3280] Die 113 Gläubiger, die sich zu einer Rechtsverfolgungsgemeinschaft zusammengeschlossen haben, fordern eine Summe von 1,1 Milliarden Euro. In einer erstinstanziellen Sitzung[3281] gab der Finanzbeamte Manfed Seyfried Folgendes kund: »Bekanntlich besteuern wir ja praktisch alles, auch Umsätze aus strafbaren Handlungen wie z. B. Hehlereigeschäften. Es war aber zunächst einmal die Frage, ob es sich um einen Betrug handelte, bevor man Überlegungen anstellte, wie das zu besteuern war.«

2232 Während die Nachlese dieses – gemessen an dem verursachten Schaden – bisher größten deutschen Wirtschaftsstrafverfahrens bei Redaktionsschluss dieser Auflage noch andauert, macht der Fall doch eines deutlich: Betrug und Betrügereien kommen im heutigen Wirtschaftsleben in den unterschiedlichsten Ausprägungsformen und mit erheblichen Ausmaßen vor. Eine Zunahme von betrügerischem Fehlverhalten ist insbesondere im Gesundheitswesen zu beobachten. Diese unter den Oberbegriff »Abrechnungsbetrug« einzuordnende Form der Kriminalität hat in den letzten Jahren auch zunehmend für Schlagzeilen und eine öffentliche Diskussion gesorgt.

- Gegen 13 Ärzte einer früheren Großpraxis erließ das Amtsgericht Burgdorf Strafbefehle wegen mehrfachem Abrechnungsbetruges. Den Haftstrafen in Höhe von einem Jahr auf Bewährung stand ein Schaden in Höhe von 1,5 Millionen Euro gegenüber, der aber zum größten Teil zurückgezahlt worden war. Die Ärzte dürfen weiter praktizieren.[3282]
- Gemeinsam mit zwei Apothekern soll ein Arzt aus Coburg die Allgemeine Ortskrankenkasse AOK Bayern und die Kaufmännische Krankenkasse KKH Hannover mit Scheinrezepten um ca. 1,68 Millionen Euro betrogen haben. Dabei wurden unter anderem Patienten erfunden. Die Anklage umfasste 160 Fälle.[3283]

2233 Abrechnungsbetrug kommt in Betracht, wenn ein Kassenarzt, der zur Angabe tatsächlicher Kosten verpflichtet ist, falsche Beträge geltend macht und somit darüber täuscht, dass die abgerechneten Kosten nicht mit den abgerechneten übereinstimmen.[3284]

2234 Das geschieht durch Geltendmachung so genannter **Luftleistungen**, d. h. solcher Leistungen, die er gar nicht erbracht hat (z. B. Scheinbehandlungen für schon tote Patienten). Des Weiteren kommt es vor, dass Ärzte in der Gebührenordnung nicht anerkannte Leistungen einer dort genannten Gebührenordnungsnummer zuordnen und danach abrechnen. Beliebt ist auch das Unterlassen der Anrechnung erhaltener Rabatte oder das Abrechnen von allgemeinen Praxiskosten als erstattungsfähige Laborkosten.[3285]

3280 manager-magazin.de v. 25. 05. 2007.
3281 LG Karlsruhe, AktZ.: 2 0 60/03 – Braun u. a. gegen Land Baden-Württemberg wegen Staatshaftung, Sitzungsprotokoll v. 09. 06. 2005.
3282 HAZ Nr. 215 v. 14. 09. 2006, S. 1, 15.
3283 Ärzte Zeitung v. 13. 06. 2005.
3284 MünchKomm/Hefendehl, a.a.O., § 263 Rn. 97.
3285 Volk/Lesch, a.a.O., § 16 Rn. 38.

In vielen Fällen ist vorgeschrieben, dass der Arzt die **Leistung höchstpersönlich** 2235
erbringen muss. Oft lässt der Arzt die entsprechende Untersuchung aber durch
sein **Hilfspersonal** erledigen, was aber als persönliche Arztleistung gebucht wird.
Ähnlich gelagert sind die Fälle, in denen eine **bestimmte Behandlungsdauer** obli-
gatorisch ist, diese aber bei weitem nicht erreicht wird – abgerechnet wird natürlich trotzdem die vorgeschriebene Leistungszeit.[3286]

Auch sind dem Arzt **objektiv unwirtschaftliche Leistungen verboten.**[3287] Zuletzt 2236
sei der Arzt erwähnt, der vortäuscht, eine (medizinisch eigentlich nicht erforderliche) Leistung werde von den Kassen nicht bezahlt, um das Entgelt vom Patienten
direkt zu erlangen, dem die Behandlung als notwendig vorgegaukelt wird.[3288]

Umstritten sind Fallkonstellationen, die die **Abrechnung von Leistungen »in** 2237
freier Praxis« zum Gegenstand haben, wenn in Wirklichkeit ein Angestelltenver-
hältnis besteht oder **nicht genehmigte Assistenten** beschäftigt werden, die voll
abgerechnet werden.[3289] Der Bundesgerichtshof vertritt die gefestigte Auffassung,
dass in diesen Fällen ein Betrug gegeben sei, da ein Schaden rein nach dem
Gesichtspunkt des Bestehens eines Anspruchs nach der Kassenärztlichen Gebührenordnung zu beurteilen sei.[3290] Dem hält eine beachtliche, in der Praxis jedoch
nicht sehr aussichtsreiche Auffassung entgegen, dass bei korrekt erbrachter und
medizinisch notwendiger Versorgung ein lediglich formaler Mangel im Sinne des
Sozialversicherungsrechtes keinen Betrugsschaden zu Lasten der Krankenkassen
darstellen kann.[3291]

Zusammenfassend lässt sich sagen, dass der Arzt bei der Quartalsabrechnung 2238
gegenüber der Kassenärztlichen Vereinigung (zumindest konkludent) zusichert,
dass er die angegebenen Leistungen tatsächlich erbracht hat, dass die von ihm
erbrachten Leistungen unter die entsprechende Gebührenziffer fallen, dass die
entsprechende Leistung zum Katalog der kassenärztlichen Versorgungsleistungen
gehört und das diese nach den allgemeinen Bewertungsmaßstäben abgerechnet
werden dürfen.[3292]

- ›Globudent‹, eine Gesellschaft für Zahnarztbedarf, ließ für hunderte Zahn-
  ärzte in nach einem ausgeklügelten System billigen Zahnersatz in China her-
  stellen, um diesen nach deutschen Preisen abzurechnen. Dadurch entstand ein
  Schaden in mindestens zweistelliger Millionenhöhe.
- Die KKH erstattete Anzeige gegen Sanitätshäuser und Orthopäden in ganz
  Deutschland. Hintergrund war die vorschriftswidrige Verweisung von Patien-

---

3286 Wabnitz/Janovsky, a.a.O., K 11 Rn. 13, 15; insgesamt findet sich dort eine Übersicht über
»Die Typologie der Täuschungshandlungen«, Rn. 12 ff.; siehe auch Widmaier/Erlinger, a.a.O.,
§ 49 Rn. 124.
3287 MünchKomm/Hefendehl, a.a.O., § 263 Rn. 98.
3288 Wabnitz/Janovsky, a.a.O., K 11 Rn. 23.
3289 Dazu Widmaier/Erlinger, a.a.O., § 49 Rn. 125, 129.
3290 BGH NStZ 1995, 85; NStZ 2003, 313; gebilligt von BVerfG, NJW 1998, 810.
3291 Klaus **Volk**, Zum Schaden beim Abrechnungsbetrug, in: NJW 2000, 3385. Kritik an der
Rechtssprechung des BGH äußert auch Achenbach/Ransiek/Gallandi, a.a.O., S. 290 ff.;
Rn. 265 ff.: »Eine typische Kassenarztentscheidung« zum Themenkomplex Skonti-Weiter-
gabe.
3292 Ebenso Wabnitz/Janovsky, a.a.O., K 11 Rn. 28 ff.

ten an bestimmte Sanitätshäuser. Vermutet wird, dass den Ärzten im Gegenzug **Schmiergelder** oder andere Vergünstigungen zugute kamen. Dabei wird davon ausgegangen, dass die von den Sanitätshäusern verlangten Preise höher lagen als in unbeteiligten Läden.[3293]

- Ein renommierter Generika-Hersteller steht im Verdacht, bis zu 1.200 Mediziner bestochen zu haben. Die Ärzte sollen Geld dafür erhalten haben, wenn sie vermehrt Produkte dieses Herstellers verschrieben haben. Unter Umständen wollte die Firma so ihre Verkaufszahlen erhöhen. Dabei gehört dieses Pharma-Unternehmen zu den teureren Anbietern, entsprechend kommt ein bei den Krankenkassen entstandener Schaden in Betracht.[3294]

2239 Auch das Gesundheitswesen bleibt also nicht vor durch Gewinnstreben verursachte Straftaten verschont.[3295] Die Situation verschärft sich dabei wahrscheinlich durch die allgemein vorherrschenden Missstände in der deutschen Krankenversorgung sowie die angespannte Wirtschaftslage. Verkannt werden darf dabei nicht, dass die wenigen schwarzen Schafe das Ansehen der gesamten Branche zusätzlich gefährden. Deshalb ist die konsequente Bekämpfung dieser Form der Kriminalität im Interesse aller geboten. Falsch verstandene Standesklüngel sind fehl am Platz.

2240 Das Problem scheint – nicht zuletzt durch Verfahren wie im Fall ›Globudent‹ – erkannt worden zu sein. Allein geändert hat sich noch nicht viel.

2241 Die **Kassenärztliche Vereinigung** ist der erste Maßnahmeträger hinsichtlich Kontrollen und Sanktionen im Gesundheitsbereich. Das System hat sich jedoch als **wenig effizient** erwiesen. Einerseits ist das Prüfverhalten nicht sonderlich ausgeprägt, andererseits herrscht auch ein restriktives Anzeigeverhalten nach erkannten Missständen vor.[3296]

2242 Der Gesetzgeber hat deshalb Handlungsbedarf gesehen und die Krankenkassen mit § 197a SGB V verpflichtet, **Stellen einzurichten, die zur Bekämpfung der Missstände** eingerichtet werden müssen. Das ist nur konsequent, liegen doch den Kassen mehr Daten vor als den Kassenärztlichen Vereinigungen.[3297] Zudem haben die Krankenkassen als im Regelfall direkt Geschädigte ein ganz anderes Interesse, Straftaten aufzudecken als die ärztlichen Interessenverbände, die in erster Linie dem Schutz ihrer Mitglieder verschrieben sein werden:

2243 | **§ 197a SGB V – Stellen zur Bekämpfung von Fehlverhalten im Gesundheitswesen[3298]**

(1) Die Krankenkassen, wenn angezeigt ihre Landesverbände, und die Spitzenverbände der Krankenkassen richten organisatorische Einheiten ein, die Fällen und Sachverhalten nachzugehen haben, die auf Unregelmäßigkeiten oder auf rechtswidrige oder zweck-

---

3293 HAZ Nr. 273 v. 22. 11. 2006, S. 15; FTD v. 23. 11. 2006.
3294 HAZ Nr. 16 v. 19. 01. 2007, S. 1.
3295 Widmaier/Erlinger, a.a.O., § 49 Rn. 2 nennt Fallzahlen: 2000 wurden 17.368 Fälle von Abrechnungsbetrug festgestellt, bei 1.580 Tatverdächtigen, wobei die gesundheitlichen Berufe den Schwerpunkt darstellen.
3296 Dazu Wabnitz/Janovsky, a.a.O., K 11 Rn. 40 ff.; Widmaier/Erlinger, a.a.O., § 49 Rn. 121.
3297 Zu den einzelnen Kontrollinstrumentarien Wabnitz/Janovsky, a.a.O., K 11 Rn. 31 ff.
3298 § 197a Abs. 1, 2 SGB V.

widrige Nutzung von Finanzmitteln im Zusammenhang mit den Aufgaben der jeweiligen Krankenkasse oder des jeweiligen Verbandes hindeuten. Sie nehmen Kontrollbefugnisse nach § 67c Abs. 3 des Zehnten Buches wahr.

(2) Jede Person kann sich in Angelegenheiten des Absatzes 1 an die Krankenkassen und die weiteren in Absatz 1 genannten Organisationen wenden. Die Einrichtungen nach Absatz 1 gehen den Hinweisen nach, wenn sie auf Grund der einzelnen Angaben oder der Gesamtumstände glaubhaft erscheinen. ...

Die gesetzliche Verpflichtung geht dahin, **organisatorische Einheiten** einzurichten, die **Prüfungen auf Unregelmäßigkeiten** oder auf rechtswidrige Nutzung von Finanzmitteln im Zusammenhang mit den Kassenausgaben durchführen. Die eingerichteten Stellen sind Ansprechpartner für alle Bürger, wobei den Hinweisen nachzugehen ist, wenn diese glaubhaft sind – also gegebenenfalls auch anonymen Anzeigen (Grundsätzliche Prüfungspflicht). So hat z. B. die AOK Rheinland-Pfalz ein internetbasiertes Hinweissystem eingerichtet, dass Anonymität garantieren soll.[3299] Des Weiteren besteht eine Pflicht dahingehend, mit anderen Kassen sowie den Kassenärztlichen Vereinigungen zusammenzuarbeiten.[3300] Ein **Anfangsverdacht** über nicht nur geringfügige Straftaten führt zu einer **Unterrichtungspflicht** gegenüber den **Staatsanwaltschaften**.[3301] Zudem liegt eine Verpflichtung zur Berichtslegung durch den Vorstand der Kasse an den Verwaltungsrat vor, die alle zwei Jahre die Ergebnisse der Prüfungen mitteilt. Dieser Bericht ist der zuständigen Aufsichtsbehörde weiterzuleiten.[3302] **2244**

Letztlich wurde durch diese gesetzliche Regelung ein erster Schritt auf einem beschwerlichen Weg zu mehr Transparenz im Gesundheitswesen gemacht. Eine schon lange geforderte Überprüfung von ärztlichen Leistungen verbunden mit einer Anzeigepflicht ist nun Wirklichkeit. Allerdings beinhaltet diese Regelung eine **verfassungsrechtlich bedenkliche Verschiebung von Justizbefugnissen**. Denn Betrug ist ein Offizialdelikt. Was als geringfügig anzusehen ist liegt im falle des § 197a SGB V jedoch in der Entscheidungsbefugnis der jeweiligen Krankenkasse. Diese entscheiden insoweit, ob ein strafbares Handeln eines Mitgliedes der Gesundheitsberufe vorliegt, und nicht Staatsanwaltschaft oder Gesicht. **2245**

Deshalb werden **weitere Maßnahmen erforderlich** sein, um die Schwächen des Abrechnungssystems der Krankenkassen ausmerzen zu können, da dieses äußerst missbrauchsanfällig ist. Ein weiterer Schritt könnte in der Einführung eines Rechnungssystems liegen, dass jedem Patienten eine eigene Rechnung zukommen lässt – so wie es bei den privaten Krankenversicherungen schon lange üblich ist. **2246**

Das Rechnungslegungssystem bei **Privatpatienten** ist aber auch kein Allheilmittel. Auch in diesem Bereich kommt es zu Abrechnungsmanipulationen, die größtenteils denen der Kassenpatienten ähnelt.[3303] Die Problematik entsteht dabei haupt- **2247**

3299 www.aok.de/rlpf.
3300 § 197 Abs. 3 SGB V.
3301 § 197 Abs. 4 SGB V.
3302 § 197 Abs. 5 SGB V.
3303 Ausführlich Wabnitz/Janovsky, a.a.O., K 11 Rn. 49 ff.

sächlich, weil die dem Patienten gestellten Rechnungen für diesen nur eingeschränkt durchschaubar und überprüfbar sind, denn schließlich ist dieser in der Regel medizinischer Laie.

2248 Der Prozess zur Bewältigung der Missstände im Gesundheitswesen befindet sich seit längerem im Gang. In einem anderen Bereich des Betrugsstrafrechtes haben die Bemühungen zur Bekämpfung von Fehlverhalten dagegen erst begonnen: Der so genannte **Sportbetrug** ist erst seit kurzem wieder in den Focus der Strafverfolgungsbehörden und der Öffentlichkeit gerückt.

> Nach den Feststellungen des Landgerichts Berlin platzierte S. mehrere Wetten auf verschiedene Fußballspiele. Er bezahlte die Fußballschiedsrichter Hoyzer und Marks dafür, dass sie durch vorsätzliche Fehlentscheidungen den Ausgang der Spiele unter ihrer Leitung manipulierten, um so S Wettgewinne zu ermöglichen. In einem Fall half Hoyzer, den Schiedsrichter Marks für diese Manipulationen zu gewinnen. Zudem bestach S auch mehrere Spieler, darunter den Angeklagten K., um Einfluss auf das Spielgeschehen zu nehmen. Die beiden Brüder des S halfen bei der Organisation und Durchführung. In vier Fällen gewann S mit den Wetten ganz erhebliche Beträge (insgesamt etwa 2 Millionen Euro), verlor aber auch in sechs weiteren Fällen, weil diese Spiele trotz Manipulation anders als gewettet ausgingen.[3304]

2249 Der Bundesgerichtshof hat die Revisionen der Angeklagten durch zwei Urteile verworfen und die des Landgerichts im Ergebnis bestätigt.[3305] Zu **Sportwetten** hat der Bundesgerichtshof dabei klargestellt, dass bei Abschluss des Wettvertrages der Wettende schlüssig erklärt, dass er die gewetteten Spiele nicht manipuliert hat. Demnach bildet auch für den Wettvertrag – wie grundsätzlich bei allen Verträgen – die Erwartung eine unverzichtbare Geschäftsgrundlage, dass der Vertragspartner keine vorsätzliche sittenwidrige Manipulation des Vertragsgegenstandes vorgenommen hat.

2250 Deshalb hat der Bundesgerichtshof in allen angeklagten Fällen einen vollendeten Eingehungsbetrug zu Lasten der Wettveranstalter bejaht und den Vermögensschaden darin gesehen, dass durch die Manipulation das Wettrisiko ganz erheblich zu Ungunsten der Wettveranstalter verschoben wurde. Somit entsprach der von S gezahlte Wetteinsatz nicht mehr der eingeräumten Gewinnchance. In denjenigen Fällen, in denen S wie beabsichtigt zutreffend vorhergesagt gewettet hat, realisierte sich die zu Unrecht erlangte Gewinnchance zu Lasten der Wettanbieter, was zu deren Schaden von insgesamt etwa 2 Millionen Euro geführt hat.

2251 In der juristischen Fachdiskussion sind die beiden Urteile des Bundesgerichtshofes **umstritten**.[3306] So findet bereits die **Annahme der konkludenten Täuschung**

3304 Vgl. LG Berlin – Urteil vom 17. 11. 2005 – (512) 68 Js 451/05 Kls (42/05) und LG Berlin – Urteil vom 08. 12. 2006 – (512) 68 Js 451/05 Kls (25/05).

3305 BGH, Urteile v. 15. 12. 2006 – 5 StR 181/06 (= wistra 2007, 102 ff. = NStZ 2007, 151 ff.) und 5 StR 182/06.

3306 So auch Vogel, Fiktionen beim Betrug, a.a.O., Vortrag auf der 6. NStZ-Jahrestagung v. 22. 06. 2007, S. 1 ff.

nur zum Teil Zustimmung.[3307] Zuzugeben ist der Kritik, dass davon auszugehen ist, dass Redlichkeit im Geschäftsverkehr zwar gemeinhin erwartet wird. Es wird aber keine Erklärung über diese Redlichkeit verlangt. Demnach kann aus dem Verschweigen der Unredlichkeit eigentlich keine Täuschung angenommen werden.

Wenn man die konkludente Täuschung dennoch unterstellt, ist immer noch fraglich, ob und wie bei dem betroffenen Wettanbieter ein Vermögensschaden entstanden ist. Der Bundesgerichtshof hat dafür eine neue Schadensart entwickelt, den so genannten »**Quotenschaden**«,[3308] der bereits mit Abschluss des Wettvertrages eintritt. Dieser soll vorliegen, wenn der Wettschein gegen den Wetteinsatz des Täters ausgetauscht wird und der Wert des Einsatzes wegen der Manipulation dabei hinter dem Wert des Wettscheins zurückbleibt.[3309] Dass der Bundesgerichtshof diesen »Quotenschaden« in Zusammenhang mit dem angenommenen Eingehungsbetrug bringt, vermag nicht zu überzeugen. Ein **Eingehungsbetrug erfordert immer eine schadensgleiche Vermögensgefährdung**, dass heißt, die Möglichkeit des Schadenseintritts muss sich bei der Vermögensverfügung bereits konkret realisiert haben. Das ist aber bei Tausch von Wettschein gegen Wetteinsatz noch nicht der Fall.[3310] Dieser Tausch führt ja nur unter Hinzutreten erheblicher weiterer Umstände zu dem gewünschten Wettergebnis. Dieses Wettergebnis ist deshalb keineswegs hinreichend wahrscheinlich. Deshalb hätte der Bundesgerichtshof eigentlich einen Erfüllungsschaden annehmen müssen. **2252**

Dieser Umstand führt zu Folgeproblemen. Der 5. Strafsenat konstruiert den **Eingehungsschaden** nach den Regeln des Erfüllungsbetruges, in dem er vergleicht, was der getäuschte Wettanbieter geleistet hat und was er ohne Irrtum tatsächlich geleistet hätte. Dann **beruht der angebliche Schaden aber auf fiktiven Werten und Quotenverschiebungen, die in der Wirklichkeit nicht nach**vollziehbar sind. Ein solcher Quotenschaden kann nur dann vorliegen, wenn der Täter aufgrund seiner Manipulation Einsätze tätigt, die im Rahmen des Gesamtwettverhaltens aller Wetter so erheblich sind, dass sie die Festsetzung anderer Gewinnquoten gerechtfertigt hätten. Nur dann ist der Wettschein gemessen am Wettmarkt mehr wert, als der Wetteinsatz des Täters.[3311] Hinzu kommt, dass sich der »Quotenschaden« des Bundesgerichtshofes überhaupt nicht beziffern lässt, was Bedenken auch hinsichtlich der Strafzumessung erweckt. **2253**

Im Übrigen bereitet das Konstrukt weiterhin Schwierigkeiten, selbst wenn die Manipulation erfolgreich ist und nach Ansicht des Bundesgerichtshofes der »Quotenschaden« umschlägt in einen Schaden in Höhe der Differenz zwischen Wetteinsatz und Wettgewinn. Dies mag auf den ersten Blick überzeugen, kann aber nicht über die Tatsache hinweg täuschen, dass dieser Schaden nicht mehr in der **2254**

3307 Kritisch, aber im Ergebnis dem BGH in diesem Punkt zustimmend Frank **Saliger**/ Thomas **Rönnau**/ Claudio **Kirch-Heim**, Täuschung und Vermögensschaden beim Sportwettenbetrug durch Spielteilnehmer – Fall »Hoyzer«, in: NStZ 2007, 361 ff., m. w. N.

3308 So Vogel, a.a.O., Vortrag auf der 6. NStZ-Jahrestagung v. 22. 06. 2007, S. 10 ff.

3309 Vgl. BGH a.a.O., NStZ 2007, 151 ff. (154).

3310 Ähnlich Saliger/ Rönnau/ Kirch-Heim, Fall »Hoyzer«, a.a.O. in: NStZ 2007, 361 ff. (365).

3311 Saliger/ Rönnau/ Kirch-Heim, Fall »Hoyzer«, a.a.O. in: NStZ 2007, 361 ff. (367).

Vermögensverfügung, nämlich dem Abschluss des Wettvertrages, sein Gegenüber findet.

2255 Die Diskussion über Tatbestände unter der Überschrift des »Sportbetruges« (*Wettbewerbsverfälschung im Sport* sowie *Bestechung und Bestechlichkeit im sportlichen Wettkampf*)[3312] ist Ende 2007 noch nicht abgeschlossen.

v)   Kartellrecht

2256 Vornehmste Aufgabe des Unternehmers ist, sein Unternehmen wirtschaftlich erfolgreich zu führen. Die Umsetzung dieser Vorgabe stößt immer dann auf Schwierigkeiten, wenn der Markt eng wird, sei dies in Zeiten nachlassender Nachfrage (Rezession, Marktsättigung), weil die Produkte bzw. Dienstleistungen der Mitbewerber immer vergleichbarer werden oder weil der Markt von einem Mitbewerber beherrscht wird. Der Wettbewerb in einer freien Marktwirtschaft stößt aber dort an seine Grenze, wo die Interessen des Staates und der Gesellschaft beschnitten werden. Folgerichtig will das **Gesetz gegen die Wettbewerbsbeschränkungen (GWB 2005)**,[3313] das die Vorschriften des Kartellrechts enthält, die Gesellschaft vor dem sozialschädlichen Verhalten von Unternehmen schützen.[3314]

> *»EU-Gericht verschont deutsche Banken – Es bleibt dabei: Fünf deutschen Großbanken bleibt ein Brüsseler Strafgeld von insgesamt 100,8 Millionen Euro vollständig erspart. Ein EU-Gericht hat Kartellstrafen aufgehoben. Die EU-Kommission habe die angebliche Absprache zu Umtausch-Gebühren für Euro-Währungen nicht nachweisen können. ... Die EU-Kommission hielt es damals für erwiesen, dass die Kreditinstitute untereinander Gebühren für den Banknotentausch absprachen und damit Preissenkungen durch die Euro-Einführung nicht weitergaben.«*[3315]

2257 Im Kampf um den Erfolg im Markt kann sich der Unternehmer aus seiner Sicht der Dinge gezwungen sehen, am unteren Rand des gesetzlich Erlaubten zu operieren. Das ominöse Wort »Grenzmoral« – was immer auch damit gemeint sein mag – deutet auf das unternehmerische Tätigwerden im **Grenzbereich des sozialethischen Minimums** hin.[3316] Ein Handeln, dass offensichtlich **keine Branche ausspart**. So lesen sich denn auch die Verfahrensauflistungen in den Tätigkeitsberichten des Bundeskartellamts und der Landeskartellbehörden wie ein »*Gotha*« der deutschen Wirtschaft und deren Produkte. Von Arzneimitteln bis zur Zementherstellung: Alle geläufigen Buchstaben des Alphabets sind vertreten – Banken und Bauunternehmungen, Mülltonnenhersteller und Mineralölindustrie, Tabakwarenproduzenten wie Touristikunternehmen und Versicherungen.

2258 Obwohl 1998 beim **Bundeskartellamt** nur 46 Verfahren gegen Unternehmen eingeleitet und in vier Fällen ein Bußgeldbescheid erlassen wurde und bei den **Lan-**

3312 Dazu auch im Abschnitt Korruption Rdn. 1819, im Abschnitt Doping Rdn. 2598 f.; vgl. auch Vogel, a.a.O., Vortrag auf der 6. NStZ-Jahrestagung v. 22. 06. 2007, S. 13.
3313 Siehe oben Rdn. 1776 ff.
3314 So schon: Tiedemann, Kartellrechtsverstöße, a.a.O., S. 96 f.
3315 HANDELSBLATT v. 27. 09. 2006.
3316 Georg **Jellinek**, Die sozialethische Bedeutung von Recht, Unrecht und Strafe, 2. Aufl., Berlin 1908, S. 21 f.

deskartellbehörden von 253 Verfahren lediglich 47 mit einem Bußgeldbescheid endeten,[3317] ist die Gefahr, kartellrechtliche Vorschriften zu verletzen, relativ groß. In den Jahren 2003 und 2004 wurden 18 nationale Durchsuchungen in insgesamt 337 Unternehmen und 24 Privatwohnungen durchgeführt. Das Bundeskartellamt hat mehrere Kartellabsprachen aufgedeckt und diverse Bußgeldverfahren durchgeführt. Die Gesamtsumme der verhängten Bußgelder erreichte im Jahr 2003 die Rekordsumme von knapp über 717 Millionen Euro, im Jahr 2004 rund 58 Millionen Euro:[3318]

- Wegen verbotener Preisabsprachen hat das Bundeskartellamt gegen die drei führenden Hersteller von pyrotechnischen Erzeugnissen sowie deren Verantwortliche Geldbußen in Höhe von insgesamt 8,8 Millionen Euro verhängt. Das Bundeskartellamt hatte zusammen mit Ermittlungsbeamten der Staatsanwaltschaft im August 2002 mehrere Unternehmen und Privatwohnungen durchsucht. Nach den Feststellungen des Bundeskartellamtes hatten die Unternehmen über Jahre ihre Preise für Kleinfeuerwerksartikel und zwei Unternehmen auch ihre Preise für Leuchtsignal- und Simulationsmunition für die Bundeswehr abgesprochen.
- Im Mai 2004 verhängte das Bundeskartellamt gegen zwölf Unternehmen des Papiergroßhandels und 46 verantwortliche Personen wegen verbotener Preisabsprachen zwischen den Jahren 1995 und 2000 Geldbußen in Höhe von insgesamt 57,6 Millionen Euro. Das Bundeskartellamt hatte bereits im April 2000 Durchsuchungen bei Unternehmen des Papiergroßhandels durchgeführt und im Berichtzeitraum 2001/2002 gegen neun Unternehmen und mehrere Personen Beschuldigungsschreiben versandt. Insgesamt wurden zehn regionale Kartelle aufgedeckt. Das von den Preisabsprachen betroffene Umsatzvolumen betrug rund 1 Milliarden Euro. Der Erfolg der Ermittlungen beruhte auch darauf, dass eine Reihe kleinerer am Kartell beteiligter Unternehmen im Rahmen des Bonusprogramms mit dem Bundeskartellamt kooperierten und mehrere Einzelpersonen Geständnisse ablegten.
- Im Frühsommer 2006 ließ die Europäische Kommission im Kampf gegen zu hohe Gaspreise die Büros von 12 europäischen Gaskonzern durchsuchen. Die Versorger sollen durch langfristige Lieferverträge und Zugangsbehinderung zu Transport- und Lagerkapazitäten ihre marktbeherrschende Stellung illegal ausgenutzt haben – zum Nachteil der Mitbewerber, aber vor allem zum Nachteil der Verbraucher. Die Versorgungsunternehmen stehen auch im Verdacht, illegale Absprachen getroffen zu haben, um Wettbewerber auszuschalten und die Preise künstlich hochtreiben.[3319] Die Durchsuchung könnte in teures Nachspiel haben. Mitarbeiter eines der Versorger sollen zumindest fahrlässig ein offizielles Siegel beschädigt haben, dass im Rahmen der Durchsuchungen an einer Tür der Firmenräumlichkeiten angebracht worden war. Dafür könnte die EU eine Buße verhängen, die bis zu einem Prozent des Jahresumsatzes des

---

3317 Bericht des Bundeskartellamts über seine Tätigkeit in den Jahren 1997/98, wistra 8/1999, S. V.
3318 Kurzbericht des BKartA über seine Tätigkeit 2003/2004.
3319 Vgl. DER SPIEGEL v. 22. 05. 2006, S. 98.

verantwortlichen Unternehmens beträgt, in diesem Fall rund 243 Millionen Euro. Die Vorwürfe wurden zurückgewiesen.[3320]

2259 Durch die im Jahre 2005 verabschiedete **7. GWB-Novelle** wurde die größte sachliche Änderung in der Geschichte des Gesetzes durchgeführt.[3321] Durch das Änderungsgesetz wurden in erster Linie **Anpassungen an das europäische Recht** vollzogen, die durch die im Mai 2004 in Kraft getretene **EU-Verordnung (VO) Nr. 1/2003** erforderlich geworden waren. Über die Verfahrensvorschriften hinaus hat eine weitgehende Angleichung der materiellen deutschen Vorschriften an das europäische Kartellrecht stattgefunden. Auch im deutschen Recht wurde die bestehende grundsätzliche Anmelde- und Genehmigungspflicht für wettbewerbsbeschränkende Vereinbarungen durch das Prinzip der Legalausnahme ersetzt. Daneben erfasst das Kartellverbot zukünftig auch die vertikalen Wettbewerbsbeschränkungen, ehemalige Ausnahmebereiche wie Kredit-/ Versicherungswirtschaft, Urheberrechtsverwertungsgesellschaften und Sport wurden abgeschafft.[3322]

2260 Mit § 22 GWB wurde eine Regelung eingeführt, die dem europäische Recht Vorrang einräumt, so dass den deutschen Vorschriften (ohnehin jetzt weitestgehend harmonisiert) nur noch ergänzende Funktion zukommt.[3323] Die europäischen Wettbewerbsregeln sind damit direkt von der Europäischen Kommission in Zusammenarbeit mit den nationalen Kartellbehörden (Bundeskartellamt, Landeskartellämter) anzuwenden.[3324]

> *»Die EU-Kommission hat gegen 30 Kupfer-Unternehmen wegen illegaler Preisabsprachen ein Bußgeld von insgesamt knapp 315 Mio. Euro verhängt. Das ist die fünfthöchste Kartellstrafe in der Geschichte der EU. Die Firmen hätten von 1998 bis 2004 Preise für Kupferprodukte abgesprochen und wichtige Geschäftsinformationen ausgetauscht (...). Auch die deutsche Firmen Viegener und Sanha Kaimer hatten sich an dem Kartell beteiligt und müssen nun eine Strafe von 54,3 bzw. 7,97 Mio. Euro zahlen.«*[3325]

2261 **Artikel 23 EU-VO Nr. 1/2003** ist derzeit die zentrale Sanktionsnorm im europäischen Wettbewerbsrecht. Die EU verfolgt mit dieser Verordnung eine Dezentralisierung der Rechtsanwendung. Es wurde ein System paralleler Zuständigkeiten geschaffen, bei dem die Kartellbehörden der Mitgliedstaaten **Artikel 81 und 82 EGV** neben den nationalen Kartellvorschriften anwenden müssen.[3326] Artikel 23 EU-VO 1/2003 ist dabei die gemeinschaftsrechtliche Vorschrift für die **Bebußung von Unternehmen**. Die Kommission kann also keine Geldbußen gegen natürliche Personen verhängen:[3327]

3320 SPIEGEL ONLINE und manager-magazin.de v. 22. 11. 2006.
3321 Müller-Gugenberger, a.a.O., § 57 Rn. 65.
3322 Kurzbericht des BKartA über seine Tätigkeit 2003/2004.
3323 Müller-Gugenberger, a.a.O., § 57 Rn. 66.
3324 Volk/Wittig, a.a.O., § 24 Rn. 28.
3325 SPIEGEL ONLINE v. 21. 09. 2006; Vgl. HAZ Nr. 221 v. 21. 09. 2006, S. 13.
3326 Ausführlich auch Günter **Heine**, Quasi-Strafrecht, a.a.O., in: ZStR, Band 125, Heft 2/ 2007.
3327 Ebenso Heine, a.a.O., ZStR, Band 125, Heft 2/ 2007.

- Artikel 23 Absatz 2 lit. a stützt als eigenständiger Bußgeldtatbestand die in Artikel 81 und 82 EGV aufgestellten Verbote ab, macht also einen Verstoß gegen diese sanktionabel.
- Artikel 23 Absatz 2 lit. b und c dienen der Bebußung von Zuwiderhandlungen gegen Maßnahmen, die der Durchsetzung der Einhaltung der in Artikel 81 und 82 EGV festgehaltenen Verbote dienen (Zwangs- und Sicherungsmaßnahmen).
- Art. 23 Absatz 1 sichert die Durchführbarkeit der Kartellverwaltungsverfahren.

Es sind Zweifel laut geworden, ob die Verhängung von immer höheren Bußen **2262** gegen Unternehmen in Kartellverfahren tatsächlich den beabsichtigten – abschreckenden – Zweck erfüllen oder ob diese nicht gar kontraproduktiv seien. Unter der Überschrift »Haft für Manager gefordert« veröffentlichte SPIEGEL ONLINE am 19. Juni 2007 Auszüge eines Interviews, das Bo **Vesterdorf**, der Präsident des europäischen Wettbewerbsgerichts, dem ›Handelsblatt‹ gegeben hat.[3328] In diesem Artikel heißt es: »‹Bei schweren Kartellvergehen müssen die Manager meiner Ansicht nach strafrechtlich belangt werden.‹ ... Eine Anhebung der Bußgelder für Kartelle habe keine abschreckende Wirkung auf die beteiligten Unternehmen mehr, so Vesterdorfs Begründung. ›Die Summen sind bereits so hoch, dass ich nicht glaube, dass eine weitere Steigerung noch einen Unterschied macht.‹ ... ›Es besteht die große Gefahr, dass die Unternehmen die Geldstrafen auf ihre Preise aufschlagen und am Ende zumindest teilweise die Kunden die Buße bezahlen‹.«

Die Sanktionierung natürlicher Personen parallel zur Unternehmensbebußung ist **2263** den Mitgliedstaaten vorbehalten. Damit wäre auch eine kartellrechtliche Kriminalstrafe grundsätzlich möglich. Doch das deutsche GWB 2005 enthält **nach wie vor keinen Straftatbestand**. § 298 StGB bleibt in diesem Bereich ein Unikat.

Die Gesetzesnovelle GWB 2005 hat aber Auswirkungen auf das Bußgeldverfah- **2264** ren, das dort in § 81 ff. geregelt ist.[3329] Eine Übergangsbestimmung findet sich in § 131 GWB 2005. Verstöße gegen die Bestimmungen des Kartellrechts werden also weiterhin nur als Ordnungswidrigkeiten verfolgt.[3330] Eine Regelung, die umstritten ist.[3331] Zu Unrecht, wie ich meine. Strafe sollte nur für solche Tatbestände angedroht werden, bei denen weniger einschneidende Mittel den beabsichtigten Schutz gesellschaftlicher Interessen nicht erzielen können.[3332] Dies aber ist im Bereich des Kartellrechts nicht der Fall.

Durch die Anpassung an das europäische Recht wurde der **Ordnungswidrigkei- 2265 tentatbestand** des deutschen Kartellrechts, die zentrale Norm des **§ 81 GWB 2005**,

---

3328 URL: http://www.spiegel.de/wirtschaft/0,1518,489326,00.html.

3329 Zur alten Rechtslage vgl. die 2. Aufl. sowie Christoph **Arhold**, Das Geldbußenregime nach der Kartell-Verordnung, in: EuZW 1999, 165 ff. (167).

3330 Hans **Achenbach**; Neuigkeiten im Recht der Kartellordnungswidrigkeiten, in: wistra 2006, 1 ff.

3331 Die Forderung, das Kartellrecht zu kriminalisieren, wurde schon mehrfach und seit langem diskutiert; siehe bereits Wolfgang **Kartte**/Alexander von **Portatius**, Kriminalisierung des Kartellrechts, in: BetriebsBerater 1975, 1169 ff.; Tiedemann, Kartellrechtsverstöße, a.a.O., S. 95.

3332 Tiedemann, Kartellrechtsverstöße, a.a.O., S. 95 f.

weitgehend **neu formuliert**. Die Vorschrift ist auf nunmehr zehn Absätze ange-
wachsen und in Teilbereichen als Blankettnorm mit vielen Verweisungen ausgestaltet, was nicht gerade zur Nachvollziehbarkeit beiträgt.[3333]

2266 Grob gefasst lässt sich herausstellen, dass § 81 GWB 2005 gegenwärtig drei Formen von Zuwiderhandlungen sanktioniert:[3334]

- Verstöße gegen Auskunfts- und Meldepflichten, Abs. 2 Nrn. 2b, 3, 4, 6,
- Verstöße gegen vollziehbare Verfügungen von Behörden, Abs. 2 Nrn. 2a, 5,
- Verstöße gegen alle materiellen Kartellverbote, Abs. 1 (EU), Abs. 2 Nr. 1,
  Abs. 3 (National).

2267 Eine Vielzahl von Verfahren wird wegen unerlaubter **Preisabsprachen**[3335] eingeleitet. Auffällig ist, dass diese Absprachen sich häufig nicht nur auf das Inland
beschränken, sondern über die Grenzen hinaus wirken.

> Erinnert sei zunächst an das seinerzeit (1992/93) größte EG-Kartellverfahren.
> Es richtete sich gegen 76 europäische Zementproduzenten, denen die Bildung
> eines Kartells mit überhöhten Preisen vorgeworfen wurde wegen des Ver-
> dachts, sie hätten bis zu drei Viertel des EG-Markts unter sich aufgeteilt und
> die Zementpreise künstlich hochgehalten.[3336] Es ergingen Bußgeldbescheide in
> Höhe von umgerechnet einer halben Milliarde Euro.[3337] Gegen die deutschen
> Zementproduzenten verhängte das Bundeskartellamt wegen Preisabsprachen
> bereits 1989 Bußgelder in Höhe von 89 Millionen DM, also etwa 45,5 Millionen
> Euro.[3338]

2268 Es handelt sich nur zufällig um Beispiele aus der Baubranche. Anderen Wirt-
schaftsbereiche sind ähnlich betroffen.[3339]

- Das Bundskartellamt verhängte gegen die vier größten Pharmagroßhändler
  und sieben Verantwortliche Bußgelder in Höhe von insgesamt 2,6 Mio. Euro.
  Eines der beteiligten Unternehmen hatte versucht, mit Rabatten den Markt zu
  erobern und wollte die Rabattschlacht dann wieder mittels Absprachen beenden. Das Bußgeld fiel gering aus, da die Ahndung noch nach GWB 1999 vorgenommen werden musste. Seit 2005 sind höhere Bußgelder möglich. Die Unternehmen haben zum Teil Einspruch gegen die Kartellbußen angekündigt.[3340]
- Gegen mehrere europäische Fluggesellschaften hat die EU-Kommission
  Ermittlungen wegen illegaler Preisabsprachen bei der Luftfracht aufgenommen.[3341]

3333 Siehe aber die gelungene schematische Darstellung bei: Volk/Wittig, a.a.O., § 24 Rn. 174
bis 180.
3334 Müller-Gugenberger, a.a.O., § 57 Rn. 78.
3335 § 81 Abs. 2 Nr. 1 i.V.m. § 1 GWB 2005 (national) oder § 81 Abs. 1 GWB 2005 i.V.m.
Art. 81 Abs. 1 EGV (EU-Ebene).
3336 WirtschaftsWoche, Nr. 49 v. 27. 11. 1992, S. 201 ff. (201).
3337 »DER SPIEGEL«, Nr. 42 v. 12. 10. 1992, S. 166 ff.
3338 DIE WELT, Nr. 234 v. 07. 10. 1992, S. 16.
3339 Dazu auch Tiedemann, Kartellrechtsverstöße, a.a.O., S. 61 ff.
3340 Handelsblatt Nr. 171 v. 05. 09. 2006, S. 21; HAZ Nr. 205 v. 02. 09. 2006.
3341 HAZ Nr. 39 v. 15. 02. 2006.

Eine weitere Form kartellrechtlicher Vergehen betrifft so genannte **Gebietskar-** **2269** **telle**.[3342] Hier werden Vereinbarungen sanktioniert, die vorsehen, dass jedes einzelne Unternehmen nur in bestimmten geografisch festgelegten Bereichen tätig werden darf. Meist ist diese verbotene Form der Kartellbildung mit zusätzlichen Preisabsprachen verbunden.[3343]

Mengen- und Quotenkartelle[3344] bilden ebenfalls eine Gruppe kartellrechtlicher **2270** Verfahren. Es handelt sich um Fälle, in denen Unternehmen einer Branche verbindliche Absprachen treffen, welche Höchstmengen ihrer Produkte sie jeweils herstellen oder vertreiben wollen.

- Eine Geldbuße in Höhe von einer Million ECU (ca. eine Million Euro) verhängte die Kommission der Europäischen Gemeinschaft gegen die Internationale Vereinigung von Eisenbahngesellschaften. Sie hatte die Anzahl der Reise-Agenturen begrenzt, die mit ihrem Fahrscheinverkauf konkurrierten. Gleichzeitig sei für den Ticketverkauf eine einheitliche Vergütung gezahlt und deren Weitergabe an die Kunden verboten worden. Durch dieses Verhalten verhinderte die Vereinigung der Eisenbahngesellschaften unter den Agenturen sowie zwischen diesen und den eigenen Gesellschaften einen stärkeren Preiswettbewerb.[3345]
- Nach der bundesweiten Durchsuchung von 30 Unternehmen der Zementindustrie im Juli 2002 hat das Bundeskartellamt im Jahr 2003 gegen zwölf Unternehmen und deren Verantwortliche Bußgelder in Höhe von insgesamt 702 Millionen Euro verhängt. Dies war das bis dato höchste Bußgeld in der Geschichte des Bundeskartellamtes. Die beschuldigten Unternehmen hatten zum Teil seit den 70er Jahren wettbewerbswidrige Gebiets- und Quotenabsprachen praktiziert und bis zum Jahr 2002 fortgesetzt. Der Großteil der bebußten Unternehmen und Personen hat gegen die Bußgeldbescheide Einspruch eingelegt.[3346]

Neben Rabatt- und Anmeldekartellen spielen **Submissionsabsprachen** eine **2271** gewichtige Rolle. Die Unternehmen treffen Vereinbarungen, welches Unternehmen den Zuschlag für einen Auftrag erhalten soll und geben entsprechende Angebote ab.[3347]

Eine vierte Erscheinungsform der verbotswidrigen Kartellpraktiken ist das Ausüben von **Zwang und Lockung**.[3348] **2272**

So wurden gegen drei namhafte Bekleidungshersteller sowie deren Vorstandsmitglieder bzw. Geschäftsführer Bußgelder in Höhe von insgesamt 100.000 DM verhängt. Sie hatten in verbotener Weise versucht, auf die Preis-

---

3342 § 81 Abs. 2 Nr. 1 i. V. m. § 1 GWB 2005 (national) oder § 81 Abs. 1 GWB 2005 i. V. m. Art. 81 Abs. 1 EGV (EU-Ebene).

3343 Tiedemann, Kartellrechtsverstöße, a.a.O., S. 73.

3344 § 81 Abs. 2 Nr. 1 i. V. m. § 1 GWB 2005 (national) oder § 81 Abs. 1 GWB 2005 i. V. m. Art. 81 Abs. 1 EGV (EU-Ebene).

3345 FAZ Nr. 275 v. 26. 11. 1992, S. 18.

3346 Kurzbericht des BKartA über seine Tätigkeit 2003/2004.

3347 Siehe dazu die Ausführungen zum Submissionsbetrug, Rdn. 2201 ff.

3348 § 81 Abs. 3 Nr. 2 i. V. m. § 21 Abs. 2 GWB 2005.

bildung Einfluss zu nehmen. Textilgeschäfte sollten für Teile ihrer Sortimente feste Verkaufspreise akzeptieren.[3349]

2273 In einem fünften – gewichtigen – Aufgabenfeld beschäftigt sich das Bundeskartellamt mit **Zusammenschlüssen von Unternehmen**.[3350] Diese sind dem Amt zu melden, wenn eine gewisse Größe und Bedeutung der Unternehmen gegeben ist.[3351] Es muss dann überprüft werden, ob der Zusammenschluss gestattet werden kann oder ob er zu einer marktbeherrschenden Stellung führen würde und unzulässig ist. Kommt ein Unternehmen seiner Anzeigepflicht nicht nach, so begeht es eine Ordnungswidrigkeit. Gleiches gilt, wenn die Angaben unrichtig oder unvollständig waren und so eine Untersagung des Zusammenschlusses verhindert werden sollte.[3352]

2274 Nicht alle Formen der Kartellbildung sind unzulässig. Soweit bestimmte Verhaltensweisen von der Ausnahmevorschrift des § 2 GWB 2005 umfasst werden, entfällt die Möglichkeit einer Ahndung. Auch dürfen kleinere und mittlere Unternehmen Kooperationen vereinbaren.[3353]

2275 Zusätzlich zu den Kartellverstößen kennt das neue GWB noch Vorschriften gegen den Boykott, den **Marktmacht-Missbrauch** sowie gegen Diskriminierung und Behinderung, §§ 19 – 21 GWB 2005.

> Das Bundeskartellamt war der Auffassung, bei einer bekannten Drogeriekette seien Produkte des täglichen Bedarfs zu billig. Die Behörde verhängte gegen das Unternehmen ein Bußgeld in Höhe von 300.000 Euro, da Produkte anderer Hersteller unter dem eigenen Einkaufspreis verkauft worden seien. Ein solcher systematischer Verkauf unter Einstandspreis führt nach Auffassung der Wettbewerbshüter zur Verdrängung von leistungsfähigen Wettbewerbern, die als kleinere Unternehmen einer solchen Strategie finanziell nicht gewachsen seien. Das Unternehmen hat in dem Verfahren rechtliche Schritte eingeleitet und Einspruch erhoben.[3354]

2276 Das neue GWB unterscheidet auch weiterhin zwischen **leichten und schweren Verstößen**. Das hat Einfluss auf die Höhe der **Bußgelder, die angehoben wurden**. Nunmehr sind 100.000 Euro und 1.000.000 Euro möglich, § 81 Abs. 4 S. 3 und 1 GWB 2005. Bei schweren Verstößen besteht darüber hinaus ein Sonder-Bußgeldrahmen für Unternehmen, der sich nicht mehr wie früher am Mehrerlös orientiert, sondern eine Überhöhung der Buße von 1.000.000 Euro um 10 % des Gesamtumsatzes des jeweiligen Unternehmens im Vorjahr möglich macht.[3355] Die Vorschrift hat Vorteile gegenüber der alten Regel, da der durch die Tat erzielte Mehrerlös selten genau bestimmbar ist, muss sich aber noch in der Praxis bewähren.

3349 FAZ v. 14. 10. 1988, S. 13; SZ v. 14. 10. 1988, S. 32; HAZ v. 14. 10. 1988, S. 5.

3350 Vgl. § 24 GWB 2005.

3351 Vgl. § 24 GWB 2005.

3352 § 81 Abs. 2 Nr. 3 oder Nr. 4 i. V. m. § 39 Abs. 1 oder 6 GWB 2005.

3353 § 3 GWB 2005; siehe Hans **Achenbach**, Neuigkeiten im Recht der Kartellordnungswidrigkeiten, in: wistra 2006, 1 ff.

3354 Vgl. HAZ Nr. 34 v. 09. 02. 2007, S. 11; SPIEGEL ONLINE v. 08. 02. 2007 und v. 10. 03. 2007.

3355 § 81 Abs. 4 S. 2 GWB.

Eine erhebliche praktische Bedeutung bei der Bemessung haben dabei die **Leitli-** 2277
nien der Europäischen Kommission zur Festsetzung von Kartellgeldbußen. Diese
sind am 1. September 2006 durch Veröffentlichung im Amtsblatt der Europäischen Union in Kraft getreten.[3356] Sie finden Anwendung auf alle neuen sowie
unter bestimmten Umständen auch auf bereits laufende Verfahren.[3357] Die Leitlinien haben keinen Einfluss auf die zuvor angesprochenen Obergrenze, sondern
geben lediglich einen Anhalt, wie die Geldbußen zu berechnen sind. Dies
geschieht grundsätzlich in zwei Stufen. Zunächst wird ein Grundbetrag festgesetzt, danach wird dieser durch weitere Faktoren nach oben oder nach unten korrigiert. Der Grundbetrag richtet sich dabei nach dem Umsatz des Unternehmens.
Die Anpassung des Grundbetrages erfolgt durch erschwerende oder mildernde
Umstände. So kann z. B. bei **Wiederholungstätern** eine Erhöhung des Grundbetrages um bis zu 100 % stattfinden. Ein mildernder Umstand kann etwa die
aktive Zusammenarbeit mit der Kommission darstellen. Zu kritisieren ist, dass
die Bedeutung von *Compliance*-Programmen zur Verhinderung von Kartellverstößen keinen ausdrücklichen Eingang in die neuen Leitlinien erhalten hat. Dies kann
weiterhin Rechtsunsicherheiten zur Folge haben. Eine genaue Vorhersage eines
möglichen Bußgeldes wird aber sowieso auch in Zukunft nicht möglich sein, da
der Kommission auch jetzt ein nicht näher konkretisierter Ermessensspielraum
verbleibt.[3358] Das ist auch erforderlich, damit den Unternehmen keine Kosten/
Nutzen-Rechnung für Kartellverstöße ermöglicht wird.

Auch die **Bonusregelung** des Bundeskartellamtes hat sich zu einem bedeutsamen 2278
Faktor in dem Bereich gelöst Kartellordnungswidrigkeitenrechts herausgebildet:[3359]

> »Im Kampf gegen Preisabsprachen setzt das Kartellamt verstärkt auf Informationen
> ausstiegswilliger Insider. Wer die Behörde **als Erster** über ein wettbewerbswidriges
> Kartell informiere, könne künftig automatisch mit einem völligen Erlass des Bußgeldes
> rechnen, sagte Behördenpräsident Ulf Böge.«[3360]

Diese Art eines **Kronzeugenprogramms** geht auf ähnliche Mitteilungen der EU- 2279
Kommission aus den Jahren 1996/2002 zurück und wurde 2006 novelliert.[3361]
Danach kann die Geldbuße unter engen Voraussetzungen erlassen oder reduziert
werden.

Während die Krise um die Korruptionsaffäre bei Siemens noch andauerte,
brach Anfang 2007 eine weitere Schreckensmeldung über den Konzernen
herein. Wegen Preisabsprachen soll das Unternehmen eine Geldbuße in Höhe
von insgesamt 418 Millionen Euro zahlen. Die EU-Kommission sieht als erwiesen an, dass es 16 Jahre lang einer der Anführer eines Kartells von insgesamt

---

3356 ABl. 2006 C 210, S. 2.

3357 Im Einzelnen Klaus **Moosmayer**, Die neuen Leitlinien der Europ. Kommission zur Festset-
      zung von Kartellgeldbußen, in: wistra 2007, 91 ff.

3358 Vgl. insgesamt Moosmayer, a.a.O., wistra 2007, 91 ff.

3359 Ausführlich: PHilipp **Voet van Vormizeele**, Die neue Bonusregelung des Bundeskartellam-
      tes, in: wistra 2006, 292 ff.

3360 HAZ Nr. 64 v. 16. 03. 2006.

3361 Abzurufen unter www.bundeskartellamt.de (Bonusregelung 2006).

11 Herstellern von gasisolierten Hochspannungsschaltanlagen war. Das Kartell habe über diese lange Zeitspanne Preise sowie Angebote bei Ausschreibungen abgesprochen, Märkte aufgeteilt und Informationen über Kunden ausgetauscht. Insgesamt verhängte die Kommission Geldbußen von rund 750 Millionen Euro, die zweithöchste Summe, die bisher jemals verhängt wurde. Die auf Siemens entfallenden 418 Millionen Euro waren die höchste je für ein einzelnes Unternehmen verhängte Buße. Siemens hat Klage vor dem Europäischen Gericht erster Instanz angekündigt. Ein Schweizer Konzern, auch Teil des Kartells, muss keine Buße zahlen – er hatte die Ermittlungen durch eine Selbstanzeige ins Rollen gebracht und profitiert nun von der Kronzeugenregelung.[3362]

2280 Diese Kronzeugenregelung muss durchaus **kritisch betrachtet** werden. Nachvollziehbar ist, dass die Kartellbehörden sie gerne anwendet. Fraglich ist jedoch, ob Gerechtigkeitsgesichtspunkte genügend berücksichtigt werden. Immerhin kommt in diesen Fällen ein Unternehmen ohne weitere Konsequenzen davon, das zuvor zu den Profiteuren des wettbewerbswidrigen Verhaltens gehört hat. Es ist also möglich, sich zunächst mit anderen durch ein Kartell zu bereichern, um dann seine Konspiranten im Stich zu lassen, um selbst sanktionslos zu bleiben. Ein so vorgehendes Unternehmen könnte also doppelt profitieren.

2281 Welche Folgen die Kronzeugenregelung haben kann, zeigte sich bereits kurz nach Verhängung der Geldbuße gegen Siemens.

Die Kommission in Brüssel hatte nach jahrelangen Ermittlungen gegen die Aufzug-Hersteller Thyssen-Krupp, Kone (Finnland), Otis (USA) und die Schweizer Schindler-Gruppe Bußgelder in der neuen Rekordhöhe von 992 Millionen Euro verhängt. Den Unternehmen wird vorgeworfen, über einen Zeitraum von 10 Jahren Preise festgesetzt, Ausschreibungen manipuliert und vertrauliche Informationen ausgetauscht zu haben. Thyssen-Krupp soll eine Einzelstrafe in Höhe von 479 Millionen Euro zahlen, weil der Konzern früher schon wegen anderer Kartellverstöße belangt worden war.[3363]

2282 Aufgrund der erheblichen Höhe des Bußgeldes hat der Vorfall die gesamte Branche in Aufruhr gebracht. Nach Informationen der Fachpresse[3364] führte dies dazu, dass die Hersteller sich gegenseitig der unerlaubten Preisabsprachen bezichtigten, um zumindest vor den nationalen Kartellbehörden in den Genuss der Kronzeugenregelung zu kommen.

w)   Computerkriminalität

2283 Bundesinnenminister Wolfgang **Schäuble** (CDU) konstatierte vor einiger Zeit: »Deutschland ist noch längst nicht sicher im Netz.«[3365]

2284 Inzwischen setzt der Computer seinen Siegeszug in allen Bereichen des täglichen Lebens kontinuierlich fort. Aus dem Geschäftsleben ist er schon lange nicht mehr

---

3362 Siehe FAZ Nr. 21 v. 25. 01. 2007, S. 1; HAZ Nr. 20 v. 24. 01. 2007, S. 11.
3363 Handelsblatt Nr. 40 v. 26. 02. 2007, S. 13 und Nr. 41 v. 27. 02. 2006, S. 12.
3364 Handelsblatt Nr. 40 v. 26. 02. 2007, S. 13.
3365 Christian **Stöcker**, Der gekaperte Computer ist der Albtraum jedes Unternehmens, in: Das Parlament Nr. 34-35 v. 21. 08. 2006.

wegzudenken, selbst in Kleinstunternehmen ist er unverzichtbar. Nicht nur der Umfang der Nutzung von Computern nimmt stetig zu, sondern auch die **Verbreitung von unterschiedlichsten Formen von EDV-Anlagen.** Vor allem in der Geschäftswelt sind mittlerweile Geräte wie Smartphones,[3366] PDAs[3367] oder Notebooks üblich. Alle diese Geräte verfügen über Leistungsmöglichkeiten, die der eines bisher üblichen »Personal Computers« zumindest entsprechen. Besonders problematisch ist, dass nicht selten Gerätschaften über den Bedarf hinaus entwickelt werden, dieser Bedarf also oft erst noch geschaffen werden muss. In solchen Produktentwicklungsphasen hinkt die Systemsicherheit meistens den entsprechenden Einsatzmöglichkeiten hinterher. Durch die allgegenwärtigen Verwendung dieser als **Informationstechnologie**[3368] zu bezeichnenden Hilfsmittel steigt das Risiko für den Einzelnen, Opfer eines **schädigenden Ereignisses** zu werden.

Ein solches Ereignis kann natürlich schon aus dem jeweiligen System selbst oder **2285** einfach nur durch dessen Benutzung entstehen. Das sind jedoch nicht die direkt kritischen Bereiche. In Zeiten, in denen der Benutzer von Informationstechnologien einer permanenten Notwendigkeit von »Updates«[3369] ausgesetzt ist, darf es nicht verwundern, wenn **Datenverarbeitung** und **Datenschutz** vermehrt **Ziel krimineller Anstrengungen** werden. Dabei hat in den letzten Jahren offenbar ein Wandel stattgefunden. Stand bisher oft die Zerstörung möglichst vieler Daten mit einem Höchstmaß an Publicity im Vordergrund, so ist heute eine **Spezialisierung** zu bemerken, die auf den heimlichen **Datendiebstahl** und **finanziellen Gewinn** abzielt. Vermehrt geraten dabei nicht nur Privatpersonen, sondern gerade Unternehmen ins Fadenkreuz der professionellen Täter.[3370]

Im Jahre 2005 wurden 62.186 Fälle der Computerkriminalität erfasst. 2006 sank **2286** die Zahl sogar auf 59.149.[3371] Dabei ist der für die Statistik verwendete **Begriff der Computerkriminalität** unter Umständen etwas **willkürlich** gefasst. Ein einheitlicher Begriff der Computerkriminalität muss bisher jedenfalls vermisst werden. Die Polizeibehören haben sich mittlerweile auf den Terminus »**IuK-Kriminalität**« geeinigt – Kriminalität in Verbindung mit der Informations- und Kommunikationstechnologie.

Danach umfasst diese Kriminalitätsform:[3372] **2287**

- alle Straftaten, bei denen EDV in den Tatbestandsmerkmalen enthalten ist bzw. bei denen diese zur Planung, Vorbereitung oder Ausführung eingesetzt wird;
- Straftaten im Zusammenhang mit allen Datennetzen mit Ausnahme der Sprachübermittlung des herkömmlichen Telefondienstes;

3366 Eine neue Generation von Mobiltelefonen, auch immer noch neudeutsch als »Handy« bezeichnet.
3367 So genannte »Hand-Held-PCs« oder »Pocket-PCs«.
3368 Wobei der Begriff hier umfassend – im Sinne von Hard- und Software – gebraucht wird.
3369 Dies bezeichnet die regelmäßige – oft tägliche oder gar stündliche – Aktualisierung von Systemteilen, ohne die die Sicherheit nicht mehr gewährleistet werden kann. Auch diese »Updates« sind jedoch meist nur eine Reaktion auf vorangegangene Attacken.
3370 Harenberg, Aktuell 2007, S. 316.
3371 PKS 2006, S. 8; vgl. auch ebenda, S. 41, 45.
3372 So Wabnitz/Janovsky/Bär, a.a.O., K 12 Rn. 5.

- die Bedrohung der Informationstechnik durch widerrechtliche Handlungen, die geeignet sind, die Integrität, Verfügbarkeit und Authentizität von elektronisch, magnetisch oder sonst nicht unmittelbar wahrnehmbar gespeicherten oder übermittelten Daten zu beeinträchtigen.

2288 Grob umrissen kann also unterschieden werden zwischen **manipulatorischen Eingriffen** in den operativen Ablauf der EDV und **Angriffen auf die IT an sich**, sei es auf die Software oder die Hardware.[3373] Dabei ist zu berücksichtigen, dass die meisten Tathandlungen oft mehrere Straftatbestände gleichzeitig verletzten können, die dann nebeneinander zur Anwendung kommen.[3374] Die Darstellung befasst sich deshalb zunächst mit der zentralen Norm des § 263a StGB, die darauf folgenden Ausführungen betreffen aus Gründen der Verständlichkeit die jeweilige Art der Tatbegehung.

aa) Computerbetrug – § 263a StGB

2289 Viele IT-bezogene Straftaten bestehen aus Handlungen, die die Integrität der Hard- oder Software beeinträchtigen. Das trifft auf den Computerbetrug weniger zu, denn hier ist der **Computer** eigentlich **nur Tatmittel**. Die Tat besteht im Wesentlichen in einer unbefugten **Manipulation** der Datenein- oder Ausgabe bei einem EDV-Arbeitsvorgang, der das Arbeitsergebnis verfälscht und zu einer Vermögensschädigung beim Berechtigten führt.[3375]

2290 Diese Vorschrift schließt seit dem Jahre 1986 eine **Strafbarkeitslücke**. Die Betrugsnorm des § 263 StGB greift nur dann, wenn der rechtswidrige Vermögensvorteil des Täters das Ergebnis der Manipulation eines menschlichen Entscheidungsvorgangs (Täuschung à Irrtum à Vermögensverfügung) ist. Bei der Vermögensschädigung durch **Programm-, Input- und Ablauf-Manipulationen fehlt aber die menschliche Entscheidungskomponente**.

2291 Ursprünglich sollte die Strafnorm vor allem die schon angesprochenen Fälle der Geldautomatennutzung mit gestohlenen oder gefälschten EC-Karten erfassen, doch es gibt weitere Beispiele:[3376]

- Missbrauch von Zugangsdaten für das Internet, insbesondere für Online-Banking,
- Unberechtigte Umleitung von Internetzugängen auf Mehrwertdienstnummern (sog. Dialer),
- Manipulationen in der EDV-Buchführung, die zu unberechtigten Zahlungen an den Täter führen.

2292 2003 wurde der **Abs. 3** des § 263a StGB neu eingeführt, der die Bestrafung von Handlungen ermöglicht, die der **Vorbereitung zum Computerbetrug** dienen,

---

3373 Müller-Gugenberger/Bieneck/Gruhl, a.a.O., § 42 Rn. 7.

3374 Eine schematische Übersicht findet sich auch bei Wabnitz/Janovsky/Bär, a.a.O., K 12 Rn. 6 ff. (7).

3375 Achenbach/Ransiek/Heghmanns, a.a.O., K VI Rn. 175.

3376 Müller-Gugenberger/Bieneck/Gruhl, a.a.O., § 42 Rn. 56, mit weiteren, auch negativen Beispielen; wie das so genannte Leerspielen von Geldautomaten, das im Unternehmensbereich nicht von sonderlicher Bedeutung ist.

wenn der Täter zu diesem Zweck Software herstellt, sich oder einem Dritten verschafft, diese anbietet, verwahrt oder jemandem überlässt.

Das Strafmaß beträgt Geldstrafe oder Freiheitsstrafe bis zu fünf Jahren, im Fall **2293** des Abs. 3 bis zu drei Jahren.

bb) Hacking

Im Bereich der IuK-Kriminaltät spielt das **Internet** mittlerweile wohl die entschei- **2294** dende Rolle. Jüngsten Erhebungen zufolge betragen die durch Computer-Kriminalität im Unternehmensbereich in den USA verursachten Schäden jährlich ca. 67 Milliarden US-Dollar.[3377] Auch in Deutschland wird der Betrag die Milliardengrenze bei weitem überschritten haben. Die Analysten des IT-Beratungsunternehmens IDC befragten im Februar und März 2006 200 mittelständische Unternehmen in Deutschland. **82 Prozent der befragten Unternehmen haben bereits Erfahrungen mit Angriffen auf die IT-Infrastruktur machen müssen.**[3378]

Die somit relevanteste Tathandlung in diesem Bereich der Kriminalität ist das so **2295** genannte Hacking. Dabei bereitet nicht nur die strafrechtliche Erfassung dieser Begehungsform Probleme. Schon der Begriff des Hackings ist äußerst umstritten.[3379]

Sofern man davon ausgeht, dass Hacking im klassischen Sinne lediglich das Ein- **2296** dringen in fremde IT-Systeme auf elektronischem Wege bezeichnet, ist bereits streitig, ob allein das schon eine Strafbarkeit gemäß **§ 202a StGB – Ausspähen von Daten** – auslösen kann. Grundsätzlich wird man in einem solchen Fall, auch dem Willen des Gesetzgebers folgend, von einer Straflosigkeit ausgehen können.[3380]

Diese Form des Hacking ist aber weder wirtschaftsrechtlich relevant noch trifft **2297** eine solche Vorstellung den Kern der Realität. In der Regel wird der Täter, der in fremde Systeme eindringt, damit ein spezielles Ziel verfolgen. Somit ist von einer Betrachtungsweise des Hackers auszugehen, die sich am gesamten Spektrum der Computerkriminalität orientiert.

Wer in fremde Systeme eindringt, ist nämlich in der Lage, **2298**

* Daten zu kopieren oder sich zumindest deren Inhalt zu Eigen zu machen. Somit macht er sich des **Ausspähens von Daten**[3381] schuldig. Handelt es sich bei den Daten um Betriebsgeheimnisse und will der Täter diese irgendwie zu seinen Gunsten verwerten, kommt auch eine Bestrafung gemäß § 17 Abs. 2 UWG in Betracht;

3377 Grundlage der Schätzung ist eine Studie mit dem Titel *2005 FBI Computer Crime Survey.*
3378 Stöcker, a.a.O., in: Das Parlament Nr. 34-35 v. 21. 08. 2006.
3379 Andrea **Schnabl**, Strafbarkeit des Hacking – Begriff und Meinungsstand, in: wistra 2004, 211 ff.
3380 Müller-Gugenberger/Bieneck/Gruhl, a.a.O., § 42 Rn. 71. Gleiches gilt für den so genannten »Zeitdiebstahl«, also das bloße Ausnutzen fremder Rechenleistung für eigene Zwecke.
3381 § 202a StGB.

- Manipulationen an den fremden Daten oder fremder Software vorzunehmen. Dann macht er sich der **Datenveränderung**[3382] strafbar. Handelt der Täter mit Störungs- oder Zerstörungsabsicht hinsichtlich des IT-Systems, kann auch **Computersabotage**[3383] vorliegen. Will sich der Täter durch die Manipulation bereichern, kann ein **Computerbetrug**[3384] gegeben sein;
- durch Datenveränderung oder Computersabotage Täuschungen im Rechtsverkehr herbeizuführen. Will der Täter dies, begeht er (zusätzlich) eine **Fälschung beweiserheblicher Daten** oder eine **Täuschung im Rechtsverkehr bei Datenverarbeitung.**[3385]

2299 Der Gesetzgeber hat die Tatbestandslücke geschlossen. Am 11. August 2007 sind folgende Ergänzungen des Computerstrafrechts in Kraft getreten:[3386]

---

§ 202a Absatz 1 StGB (Ausspähen von Daten)

»*(I) Wer unbefugt sich oder einem anderen Zugang zu Daten, die nicht für ihn bestimmt und die gegen unberechtigten Zugang besonders gesichert sind, unter Überwindung der Zugangssicherung verschafft, wird mit Freiheitsstrafe bis zu drei Jahren oder mit Geldstrafe bestraft.*«

2300 Die Tatbestandserweiterung des § 202a Absatz 1 StGB soll nach Intention des Gesetzgebers[3387] dem **Schutz gegen gefährliche Hacking-Angriffe dienen. Unter ‹Computerdaten› versteht der entsprechende EU-Rahmenbeschluss**[3388]:

»*Die Darstellung von Tatsachen, Informationen oder Konzepten in einer für die Verarbeitung in einem Informationssystem geeigneten Form, einschließlich eines Programms, das die Ausführung einer Funktion durch ein Informationssystem auslösen kann.*«

2301 ### § 202b StGB – Ausspähen von Daten

Wer unbefugt sich oder einem anderen unter Anwendung von technischen Mitteln nicht für ihn bestimmte Daten (§ 202a Abs. 2) aus einer nichtöffentlichen Datenübermittlung oder aus der elektromagnetischen Abstrahlung einer Datenverarbeitungsanlage verschafft, wird mit Freiheitsstrafe bis zu zwei Jahren oder mit Geldstrafe bestraft, wenn die Tat nicht in anderen Vorschriften mit schwererer Strafe bedroht ist.

3382 § 303a StGB.
3383 § 303b StGB.
3384 § 263a StGB.
3385 §§ 269, 270 StGB.
3386 41. Strafrechtsänderungsgesetz zur Bekämpfung der Computerkriminalität (41. StrÄndG) v. 07. 08. 2007.
3387 Umsetzung von Art. 2 des am 01. 07. 2004 in Kraft getretenen Übereinkommens des Europarates über Computerkriminalität (EuR-Ü) v. 23. 11. 2001 und des Rahmenbeschlusses 2005/222/JI des EU-Rates vom 24. 02. 2005 über Angriffe auf Informationssysteme (ABl.EU Nr. L 69 vom 16. 03. 2005, S. 67, kurz: EU-RB) in deutsches Recht (näher dazu Regierungsentwurf – RegE, BT-Drucks. 16/3656, S. 11 ff.).
3388 wie zuvor Eu-RB 2005/222/JI, dort Art. 1.

§ 202c StGB – Vorbereiten des Ausspähens und Abfangens von Daten

(1) Wer eine Straftat nach § 202a oder § 202b vorbereitet, indem er

1. *Passwörter oder sonstige Sicherungscodes, die den Zugang zu Daten (§ 202a Absatz 2) ermöglichen, oder*
2. *Computerprogramme, deren Zweck die Begehung einer solchen Tat ist,*

herstellt, sich oder einem anderen verschafft, verkauft, einem anderen überlässt, verbreitet oder sonst zugänglich macht, wird mit Freiheitsstrafe bis zu einem Jahr oder mit Geldstrafe bestraft.

(2) § 149 Absatz 2 und 3 gilt entsprechend.

Mit § 202b StGB wurde ein »*elektronisches Pendant zu dem Abhören und Aufzeichnen von Telefongesprächen*«[3389] geschaffen. Tatobjekt sind nur **Daten**, die sich **in einem Übermittlungsvorgang** befinden, und solche aus Abstrahlungen. Erfasst werden in der neuen Vorschrift alle EDV-Formen (Telefon, Fax, E-Mail). Zum »*Abfangen*« soll der Erwerb einer Mitherrschaft (beim Fortbestehen der sich bewegenden Daten) genügen. Bei Telefonaten ist Mithören und bei E-Mails die Kenntnisnahme ausreichend.[3390] Dass der Empfänger die »Daten« versteht, ist nicht erforderlich. **2302**

§ 202c StGB wurde in das Strafgesetzbuch aufgenommen wegen der vermutet hohen Gefährlichkeit einschlägiger Vorbereitungshandlungen.[3391] Absatz 1 Nr. 2 der Norm zielt vor allem auf weit verbreitete und leicht verfügbare **Hacker-Tools** ab, welche aus dem Internet anonym geladen werden können und nach Art und Weise ihres Aufbaus darauf angelegt sind, illegalen Zwecken zu dienen. In weitgehender Anlehnung an § 263a Absatz 3 StGB will daher bereits der Tatbestand der Vorschrift grundsätzlich auf die Zweckbestimmung eines Computerprogramms abstellen. Die Einbeziehung allgemeiner Programmier-Tools, -Sprachen oder sonstiger Anwendungsprogramme soll dadurch ausgeschlossen werden.[3392] **2303**

Letztlich hat der Gesetzgeber den in § 303b StGB geregelten Straftatbestand der Computersabotage ausgedehnt und die Stafandrohung verschärft. Die Norm lautet seit dem 11. August 2007: **2304**

§ 303b StGB – Computersabotage **2305**

»(1) Wer eine Datenverarbeitung, die für einen anderen von wesentlicher Bedeutung ist, dadurch erheblich stört, dass er

1. *eine Tat nach § 303a Absatz 1 begeht,*

3389 so RegE/BT-Drucks. 16/3656, S. 11 ff. (15). Die Norm ergänzt §§ 201, 202a, 206 II Nr. 1 StGB und § 148 I Nr. 1 i.V. mit § 89 Satz 1 TKG.

3390 So Manfred Möhrenschlager, Bericht aus der Gesetzgebung, in: wistra 9/2007 S. V ff. (V), der ähnlich wie beim »*Verschaffen*« auch die Kenntnisnahmemöglichkeit genügen lassen will. Für nicht ausreichend hält Möhrenschlager zu Recht das Abfangen verschlüsselter, aber nicht entschlüsselbarer Daten.

3391 so RegE/BT-Drucks. 16/3656, S. 11 ff. (17 f.).

3392 RegE wie zuvor.

> 2. Daten (§ 202a Abs. 2) in der Absicht, einem anderen Nachteil zuzufügen, eingibt oder übermittelt oder
>
> 3. eine Datenverarbeitungsanlage oder einen Datenträger zerstört, beschädigt, unbrauchbar macht, beseitigt oder verändert,
>
> wird mit Freiheitsstrafe bis zu drei Jahren oder mit Geldstrafe bestraft.
>
> (2) Handelt es sich um eine Datenverarbeitungsanlage, die für einen fremden Betrieb, ein fremdes Unternehmen oder eine Behörde von wesentlicher Bedeutung ist, ist die Strafe Freiheitsstrafe bis zu fünf Jahren oder Geldstrafe.
>
> (3) Der Versuch ist strafbar.
>
> (4) In besonders schweren Fällen des Absatzes 2 ist die Strafe Freiheilsstrafe von sechs Monaten bis zu zehn Jahren. Ein besonders schwerer Fall liegt in der Regel vor, wenn der Täter
>
> 1. einen Vermögensverlust großen Ausmaßes herbeiführt,
> 2. gewerbsmäßig oder als Mitglied einer Bande handelt, die sich zur fortgesetzten Begehung von Computersabotage verbunden hat,
> 3. durch die Tat die Versorgung der Bevölkerung mit lebenswichtigen Gütern oder Dienstleistungen oder die Sicherheit der Bundesrepublik Deutschland beeinträchtigt.
>
> (5) Für die Vorbereitung einer Straftat nach Absatz 1 gilt § 202c entsprechend.

2306 Mit dem neu als Absatz 1 Nr. 2 eingeführten Tatbestand soll vor allem so genannten **Denial-of-Service-Attacken** begegnet werden. Für besonders schwere Fälle von Computersabotage gegenüber fremden Betrieben und Unternehmen sowie Behörden wird nunmehr eine Freiheitsstrafe bis zu zehn Jahren angedroht. Vorbereitungshandlungen für Straftaten im Sinne von Absatz 1 sind nach Absatz 5 strafbar.

cc) Phishing

2307 Mit der sich ausdehnenden Verfügbarkeit des Internet ist auch das **Online-Banking** immer beliebter geworden. Diese Form der Erledigung von Bankgeschäften ist bequem, kostengünstig und unter Privatanwendern ebenso verbreitet wie im Geschäftsleben.

2308 Das Online-Banking hat ein neues Phänomen im Bereich der Computerkriminalität erschaffen, das **Phishing**.[3393] Damit ist im Wesentlichen das **Abgreifen fremder Zugangsdaten** via Internet gemeint, um mit diesen Daten Kontobewegungen zu Gunsten des Täters zu erzeugen.

> Der Täter kreiert eine Website, welche der einer Bank zum Verwechseln ähnlich sieht. Unter einem Vorwand werden Bankkunden auf diese Website umgelenkt (meist durch Benachrichtigung per E-Mail) und dort zur Eingabe

---

3393 Ein Kunstwort aus *password* und *fishing*.

ihrer Daten aufgefordert. Somit erhalten die Täter Kenntnis von den Zugangsdaten, die sie dann für sich selbst nutzen können.

Beachtlich dabei ist, dass diese Praktik trotz ihres mittlerweile hohen Bekannt- **2309**
heitsgrades noch immer Opfer findet. Das mag daran liegen, dass das offensive
Phishing per E-Mail abgenommen hat. Mittlerweile gehen die Täter dazu über,
Opfer über heimlich eingeschleuste Schadprogramme bei Eingabe von Website-
Namen direkt auf die gefälschte Website umzuleiten.

Interessant ist auch die Feststellung, dass das reine Phishing an sich tatbestands- **2310**
und somit **straflos** ist.[3394] Die Täter wollen aber in der Regel mit den fremden
Daten die Online-Konten ihrer Opfer leeren. Damit machen sie sich des **Computerbetrugs** strafbar.[3395] Geschieht das Abgreifen der Daten mittels Schadprogram-
men, die heimlich auf dem Opfer-Rechner installiert wurden, kommt zusätzlich
eine **Datenveränderung** in Betracht.

dd) Computerviren

Die Vernetzung der Computerwelt hat viele betriebliche Tätigkeiten massiv **2311**
erleichtert, andere gar erst möglich gemacht. In gleichem Maße wie der Nutzen
des Internet hat sich aber auch das Gefährdungspotenzial erhöht. Eine wesentliche Gefahr für das einzelne IT-System im Zusammenhang mit dessen Vernetzung
stellen dabei **Computerviren** dar. Dieses Phänomen begleitet uns seit der Geburts-
stunde der vernetzten Welt.

Aktuell gibt es eine Vielzahl solcher Viren, die die gesamte Palette an Komplexität **2312**
und Angriffsrichtungen aufweisen.[3396]

- So gibt es Würmer, die sich selbst oder nutzlose Daten so sehr vervielfältigen,
  dass der betroffene Computer oder das Internet überlastet werden, was von
  der Verlangsamung bis zum völligen Stillstand des Systems führen kann.
  Hierzu gehören die Denial-of-Service-Attacken.
- Andere Viren löschen oder verändern Daten auf dem Zielrechner derart, dass
  die Funktion beeinträchtigt wird. Je nach Art und Dauer des Angriffs kann die
  Software des befallenen Computers insgesamt unwiederbringlich **beeinträch-
  tigt** werden. In Einzelfällen kann es zu **Hardwareschäden** kommen.
- Intelligentere Viren infizieren den Rechner gänzlich unbemerkt, um heimlich
  Daten an den Täter zu senden oder diesem die Möglichkeit zu eröffnen, von
  außen auf das System zuzugreifen oder dieses »fernzusteuern« (**Trojaner-,
  Backdoor-** oder **Keylogger-Programme**).
- Schließlich gibt es **Spam.** Darunter ist die massenweise Versendung unver-
  langter E-Mails zu verstehen, die auch zu einer Belastung des Netzes oder der
  einzelnen Rechnerkomponente führen kann. Nicht zuletzt ist das Löschen dieser (oft Werbe-) Mails äußerst zeitaufwendig. Zudem ist Spam nicht selten mit

---

3394 Zum Ganzen: Andreas **Popp**, Von »Datendieben« und »Betrügern« – Zur Strafbarkeit des
      so genannten »Phishing«, in: NJW 2004, 3517 ff.
3395 Andreas **Kögel**, Die Strafbarkeit des »Finanzagenten« bei vorangegangenem Computerbe-
      trug durch »Phishing«, in: wistra 2007, 206 ff.
3396 Stefan **Ernst**, Hacker und Computerviren im Strafrecht, in: NJW 2003, 3233 ff.

weiteren Viren gekoppelt. An die E-Mail-Adressen der Opfer gelangt der Täter häufig durch Viren, die auf den Zielrechnern die Adressbücher der Mail-Programme kopieren und weiterverschicken.

2313 Die Virenprogramme werden dabei in der Regel immer ausgefeilter und **kombinieren unterschiedliche Wirkungsweisen**. Dadurch vergrößert sich die Gefahr, Opfer mehrerer Schadensfälle gleichzeitig zu werden.

2314 Die Tatbestände, die durch die Verwendung dieser Viren erfüllt werden, ziehen sich wieder durch das gesamte dargestellte Computerstrafrecht. Ausgespähte Daten werden für Computerbetrug oder Industriespionage missbraucht. Die »Fernsteuerung« fremder Rechner eröffnet Hackern eine Vielzahl weiterer Möglichkeiten. Daten können verändert oder zerstört werden.

Spektakulär war der Fall eines in Deutschland ansässigen Ehepaares, das mit Hilfe eines so genannten Trojaners im Auftrag der Konkurrenz Dutzende von Unternehmen in Israel ausgespäht hatte. Der Haupttäter hatte CDs mit Geschäftsofferten und Projektvorschlägen gezielt an Führungskräfte verschickt. Auf den Datenträgern hatte er für Virenscanner nicht erkennbare Software versteckt, die die betroffenen Rechner infizierte. Dieser »Trojaner« verschickte dann unbemerkt Texte und Firmendaten an zuvor festgelegte Rechner. Sogar in die Tastatur Eingegebenes konnte die Software protokollieren (»Keylogging«).[3397]

2315 Gefährlich ist auch eine relativ neue Variante von Viren. Diese kann für Unternehmen mindestens ebenso schädigend sein wie die klassischen Virenattacken. **Ransomware** werden Schadprogramme genannt, die alle auf dem Zielrechner erreichbare Dateien verschlüsseln. Das Prinzip der Angreifer ist Erpressung: Nur gegen Geld wird ein entsprechender Schlüssel zur Verfügung gestellt, mit dem die Dateien wieder dekodiert werden können.

ee) Prophylaxe

2316 **Aktuelle Virenscanner** und eine **Firewall** stellen das **absolute Muss** dar. Aber rein technische Mittel bilden nur einen gerade ausreichenden Schutz, da sie selbst immer nur Reaktion auf ein schon aufgetretenes Risiko sind. Das kann sich durch Kombination und Weiterentwicklung der vorhandenen Schutzsysteme ändern. Dabei ist auch an **digitale Signaturen** (»elektronische Unterschrift«) und **biometrische Scanner** (Iris- oder Fingerabdrucklesegeräte) zu denken.[3398]

2317 Allerdings berücksichtigen alle diese Lösungen nicht das **Hauptproblem** direkt; denn das größte Sicherheitsloch befindet sich **vor** dem Bildschirm. In erster Linie muss der **Nutzer von IT** sensibilisiert werden. 81 Prozent der von IDC befragten mittelständischen Unternehmen in Deutschland beschränken sich nach wie vor auf »Sicherheitsanweisungen«. Systematische Kontrolle, ob Richtlinien auch ein-

---

3397 Nach Stöcker, a.a.O. in: Das Parlament Nr. 34-35 v. 21. 08. 2006
3398 Müller-Gugenberger/Bieneck/Gruhl, a.a.O., § 42 Rn. 85, unter Hinweis auf das Bundesamt für Sicherheit und Informationstechnik, das ein umfassendes Info-Portal anbietet: www.bsi.bund.de.

gehalten werden, gibt es selten. Damit aber wird jede Sicherheitsrichtlinie nutzlos. Zu beachten ist, das diese Problematik nicht nur Mitarbeiter in den unteren Etagen betrifft, sondern auch die Führungsebene. Deshalb ist Mitarbeiter-Schulung durch alle Ebenen hindurch die zentrale Komponente eines guten Sicherheitskonzeptes, darüber hinaus systematisches Nachkontrollieren der eigenen Richtlinien.[3399] Auch die Regelung von Verhaltensweisen in den Arbeitsverträgen der Mitarbeiter nebst einem Sanktionensystem bei Verletzung der Vorschriften kann ein angemessenes Mittel sein.[3400]

Zu vergessen ist zudem nicht, dass sich die Schutzmaßnahmen selbst auch im Rahmen des rechtlich Erlaubten halten müssen. **Nicht alle Abwehrmaßnahmen gegen IT-Kriminalität sind rechtlich unbedenklich.** So kann die völlige Blockade von bestimmten Mails oder die Filterung aufgrund einer Durchsuchung des Inhaltes einer E-Mail einen Eingriff in das Fernmeldegeheimnis bedeuten.[3401] **2318**

x) Telekommunikationsdelikte

Rechtliche Fragen, die sich aus den Besonderheiten durch das Angebot von Telekommunikationsdiensten ergeben, waren **zunächst** durch das Gesetz über die Nutzung von Telediensten – **Teledienstegesetz** (TDG) – geregelt.[3402] Die Bundesländer hatten die allgemeinen Verantwortlichkeiten im Staatsvertrag über Mediendienste – **Medien-Staatsvertrag** (MDStV)[3403] zusammengefasst, in dem versucht worden war, eine Abstimmung der Anwendungsbereiche beider Gesetze zu erreichen.[3404] Die – auch – strafrechtliche Verantwortlichkeit der Diensteanbieter war jeweils in den §§ 8-11 TDG bzw. § 6-9 MDStV geregelt.[3405] **2319**

Im Mai 1998 verurteilte das Amtsgericht München den Geschäftsführer der CompuServe GmbH Deutschland, die über ihre US-amerikanische Muttergesellschaft den Zugang zum Internet und dort auch zu kinderpornografischen Foren vermittelte, wegen Zugangsvermittlung und Verbreitung von kinderpornografischen Daten auf dem Newsserver der Muttergesellschaft.[3406] Die höchst umstrittene Entscheidung[3407] löste weltweit Proteste aus.[3408]

3399 Christian Stöcker, a.a.O., in: Das Parlament Nr. 34-35 v. 21. 08. 2006.

3400 Müller-Gugenberger/Bieneck/Gruhl, a.a.O., § 42 Rn. 85.

3401 Umfassend: Thomas **Hoeren**, Virenscanning und Spamfilter – Rechtliche Möglichkeiten im Kampf gegen Viren, Spams & Co., in: NJW 2004, 3513 ff.

3402 BGBl. I S. 1870; in Kraft getreten am 01. 08. 1997, zuletzt geändert durch Art. 1 und 4 Abs. 1 des Gesetzes vom 14. 12. 2001.

3403 GBl. S. 181, zuletzt geändert durch Art. 8 des Achten Staatsvertrages zur Änderung rundfunkrechtlicher Staatsverträge vom 8. bis 15. 10. 2004, (GBI. BW 2005 S. 197), in Kraft getreten am 01. 04. 2005.

3404 Sieber, a.a.O. Rn. 218; §§ 5 TDG und 5 MDStV aF.

3405 Siehe dazu die Darstellung von Eric **Hilgendorf**, Zur Anwendbarkeit des § 5 TDG auf das Strafrecht, in: NStZ 2000, 518 ff. (518 f.).

3406 AG München NJW 1998, 2836 (Das Urteil wurde nicht rechtskräftig.).

3407 Siehe Hans-Heiner **Kühne**, Strafbarkeit der Zugangsvermittlung von pornographischen Informationen im Internet, in: NJW 1999, 188 ff. m. w. N.

3408 Ulrich **Sieber**, Verantwortlichkeit im Internet, München 1999 Rn. 432.

2320 Die bisherige Rechtslage wurde allgemein als unzulänglich, kompliziert und wenig praxisrelevant aufgefasst. Am 18. Januar 2007 hat der Bundestag die nicht minder umstrittenen Pläne der Bundesregierung zur Neuordnung des Medienrechts im Rahmen des **Elektronischen Geschäftsverkehr-Vereinheitlichungsgesetzes** (ElGVG) verabschiedet. Das Kernstück bildet das **neue Telemediengesetz** (TMG), welches am 01. März 2007 in Kraft getreten ist.

2321 Absicht des Gesetzgebers ist, im Zusammenspiel mit dem 9. Rundfunkänderungsstaatsvertrag das gesetzlich verankerte Dickicht um die Mediendienste zu lichten. **Zweck des Gesetzes** ist, die wirtschafts- und datenschutzbezogenen Vorschriften für Tele- und Mediendienste zusammenzuführen. Betroffen davon sind das bisherige Teledienstegesetz, das Teledatenschutzgesetz und der zwischen den Ländern abgeschlossene Mediendienste-Staatsvertrag. Ziel ist, das Vertrauen der Nutzer in diese Dienste zu stärken. Beabsichtigt war auch, Abgrenzungsprobleme zu den Bereichen Rundfunk und Telekommunikation zu klären.[3409]

2322 Das Gesetz regelt, dass der herkömmliche Rundfunk und das Live-Streaming sowie das Webcasting, also das Übertragen herkömmlicher Rundfunkprogramme über das Internet, nicht zu den Telemediendiensten zählen. Auch die bloße Internet-Telefonie fällt nicht darunter.[3410]

2323 Zu den **Telemediendiensten** zählen **alle Informations- und Kommunikationsdienste**, die nicht ausschließlich dem Telekommunikations- oder Rundfunkbereich zuzuordnen sind,[3411] also etwa Online-Handel mit Waren und Dienstleistungen, so genanntes Video-On-Demand,[3412] Online-Suchmaschinen sowie E-Mail-Werbung.[3413]

2324 Das nunmehr vorliegende Regelwerk war von Beginn des Entstehungsprozesses an heftiger **Kritik** ausgesetzt.[3414] Trotzdem hat man darauf verzichtet, die Ergebnisse der Beratungen über die EU-Richtlinie zum elektronischen Handel (**E-Commerce-Richtlinie**) abzuwarten, um darauf aufbauen zu können. Stattdessen war es Wille des Gesetzgebers, das Gesetz zeitgleich mit dem Rundfunk-Staatsvertrag in Kraft zu setzen. Dies führte allerdings dazu, dass bereits ab März 2007 Beratungen über künftige Änderungen des Gesetzes begannen.[3415] Deshalb räumte der Gesetzgeber eine »*gewisse Unvollkommenheit*« des Gesetzes ein. Das hatte weitere

---

3409 Siehe BT-Drs. 16/3078, 16/3135, 16/4078.

3410 § 1 Abs. TMG.

3411 § 1 Abs. TMG.

3412 Ein Filmangebot jenseits einer Fernsehdienstleistung.

3413 Kommerzielle Verbreitung von Informationen über Waren und Dienstleistungen per elektronischer Post; dazu Volker **Kritz**, Kommerzielle Kommunikation per E-Mail im neuen Telemediengesetz, in: Der Betrieb 2007, 385 ff.

3414 Der Bundestag habe erneut die Chance verpasst, einen fortschrittlichen Rechtsrahmen für das Internet zu schaffen und eine Vorreiterrolle in Europa einzunehmen; die Welt des Internet sei weiter ohne die Nutzer gestaltet worden; das Gesetz sei jetzt schon überholt und in Teilen obsolet; dass der Reformbedarf bereits bei der Verabschiedung feststehe, diene nicht der Rechtssicherheit und dem Vertrauen in die Gesetzgebungsarbeit; dazu heise online v. 18. 01. 2007.

3415 Am 27. 04. 2007 leitete die Bundesregierung dem Bundesrat den »*Entwurf eines Gesetzes zur Neuregelung der Telekommunikationsüberwachung und anderer Ermittlungsmaßnahmen sowie zur Umsetzung der Richtlinie 2006/24/EG*« (BR-Drucks. 275/07) zu. Ziel des Gesetzeswerks,

Kritik dahingehend zur Folge, dass über Änderungen am Gesetz bereits beraten worden sei, ehe es in Kraft trat.[3416]

Anbieter von Telemedien müssen künftig für Zwecke der **Strafverfolgung**, zur   **2325** Erfüllung der gesetzlichen Aufgaben der Verfassungsschutzbehörden des Bundes und der Länder, des Bundesnachrichtendienstes oder des Militärischen Abschirmdienstes Bestandsdaten wie Name, Anschrift oder persönliche Nutzerkennungen herausgeben. Das gilt auch für Fälle der **Gefahrenabwehr** durch die Polizeibehörden der Länder.[3417] Demnach sind solcherlei Daten auch für Präventionszwecke herauszugeben. Das ist insbesondere aus datenschutzrechtlicher Sicht bedenklich, da ermittelnde Behörden ohne Vorliegen konkreter Voraussetzungen und ohne richterliche Anordnung vorgehen können. Zudem ist § 14 Abs. 2 TMG so unpräzise formuliert, dass selbst private Dritte Auskunft über die Daten verlangen können, sofern es zur Durchsetzung von Rechten am geistigen Eigentum notwendig sein sollte.

Das neue **Telemediengesetz** enthält **einen Ordnungswidrigkeitentatbestand:**   **2326**

---

§ 16 TMG   **2327**

(1) Ordnungswidrig handelt, wer absichtlich entgegen § 6 Abs. 2 Satz 1 den Absender oder den kommerziellen Charakter der Nachricht verschleiert oder verheimlicht.

(2) Ordnungswidrig handelt, wer vorsätzlich oder fahrlässig

1. entgegen § 5 Abs. 1 eine Information nicht, nicht richtig oder nicht vollständig verfügbar hält,

2. entgegen § 12 Abs. 3 die Bereitstellung von Telemedien von einer dort genannten Einwilligung abhängig macht,

3. entgegen § 13 Abs. 1 Satz 1 oder 2 den Nutzer nicht, nicht richtig, nicht vollständig oder nicht rechtzeitig unterrichtet,

4. einer Vorschrift des § 13 Abs. 4 Satz 1 Nr. 1 bis 4 oder 5 über eine dort genannte Pflicht zur Sicherstellung zuwiderhandelt,

5. entgegen § 14 Abs. 1 oder § 15 Abs. 1 Satz 1 oder Abs. 8 Satz 1 oder 2 personenbezogene Daten erhebt oder verwendet oder nicht oder nicht rechtzeitig löscht oder

6. entgegen § 15 Abs. 3 Satz 3 ein Nutzungsprofil mit Daten über den Träger des Pseudonyms zusammenführt.

(3) Die Ordnungswidrigkeit kann mit einer Geldbuße bis zu fünfzigtausend Euro geahndet werden.

---

das am 01. 01. 2008 in Kraft treten soll, ist die Schaffung eines harmonischen Gesamtsystems der strafrechtlichen Ermittlungsmethoden; vgl. dazu ausführlich: Manfred **Möhrenschlager**, Bericht aus der Gesetzgebung, in: wistra 6/2007, V ff.

3416 Zur vorgebrachten Kritik vgl. insgesamt Das Parlament, Nr. 04-05 v. 22. 01. 2007.
3417 § 14 Abs. 2 TMG.

2328 Künftig soll so also ein Bußgeld in Höhe von bis zu 50.000 Euro möglich sein, wenn **E-Mail-Werber** bestimmte **Informationspflichten** verletzen, ihre Aussendungen also etwa nicht als **Spam**[3418] kenntlich machen oder den Absender verschleiern.[3419]

2329 Weiterhin darf die Bereitstellung von Telediensten nicht davon abhängig gemacht werden, ob der Nutzer dem Anbieter erlaubt, seine persönlichen Daten zu verwenden. Der Anbieter muss außerdem den Nutzer über die **Art, den Umfang und den Zweck der Datenverarbeitung** unterrichten und dafür sorgen, dass Daten auch technisch geschützt werden. Werden Daten an einen anderen Anbieter weiter vermittelt, muss dies angezeigt werden. Erlaubt ist eine Übertragung der Daten an Dritte nur für Abrechnungszwecke. Zudem besteht die Möglichkeit der anonymen oder pseudonymen Nutzung von Telediensten. Ein Verstoß des Anbieters gegen die dargestellten Grundsätze kann jeweils mit Bußgeld geahndet werden.

2330 Es ist damit zu rechnen, dass bei der praktischen Anwendung der neuen Mediengesetze Probleme entstehen, die Kritik mithin ihre Berechtigung hat. Schon jetzt zeichnet sich ab, dass aufgrund vieler schwammiger Formulierungen eine jeweilige Einzelfallbetrachtung notwendig sein wird, die **wenig zur Rechtsicherheit beiträgt**. Äußerst unwahrscheinlich ist auch, dass insbesondere die zunehmende Flut von Spam-E-Mails mit dem Telemedienrecht bekämpft werden kann – bis zu 90 % dieser Nachrichten werden aus dem Ausland verschickt.

y) Kreditbetrug (§ 265b StGB); Bilanzdelikte

aa) Kreditbetrug

2331 § 265b StGB soll das Vermögen des Kreditgebers schützen[3420] und stellt den Kreditbetrug im Zusammenhang mit der Kreditgewährung an ein Unternehmen unter Strafe. Täter und Opfer können nach dem Wortlaut des Abs. 1 nur Betriebe und Unternehmen sein. Eine Definition dafür liefert Abs. 3 Nr. 1.

2332 Der sachliche Anwendungsbereich ist beschränkt auf einen Antrag auch Gewährung, Belassung oder Veränderung (der Bedingungen) eines Kredits. Eine Definition des Kreditbegriffs liefert wiederum Abs. 3 (Nr. 2). Zur Erfüllung des Tatbestands reicht die **Täuschung über die wirtschaftlichen Verhältnisse zugunsten des Kreditnehmers im Kreditantrag** durch Tun oder Unterlassen aus.

2333 Der Tatbestand ist eine **abstraktes Gefährdungsdelikt**, so dass eine Vermögensverfügung oder ein Vermögensschaden auf Seiten des Opfers nicht notwendig ist. Deshalb ist der § 265 StGB im Verhältnis zu § 263 StGB (Betrug)[3421] auch nur Auffangtatbestand. Gelangt der Kredit zur Auszahlung (Verfügung) und wird notleidend (Schaden), ist regelmäßig ein Betrug anzunehmen. Liegt auch nur ein

---

3418 Vgl. dazu oben Rdn. 2311.

3419 Kritz, a.a.O., Der Betrieb 2007, 385 ff. (387).

3420 So zumindest die Rspr., vgl. BGHSt 36, 130; die Frage nach dem Rechtsgut ist umstritten, ein Teil der Literatur geht vom Schutz auch des Kreditwesens aus.

3421 Zu den Einzelheiten des Betruges siehe dort, Rdn. 2199 ff.

versuchter Betrug vor, tritt der Kreditbetrug ebenfalls als subsidiär zurück. Deshalb hat § 265 StGB wenig praktische Bedeutung.[3422] Gerne greift die Staatsanwaltschaft auf den Betrug zurück, der auch die höhere Strafe ermöglicht. Das Strafmaß des § 265b StGB liegt zwischen Geldstrafe und Freiheitsstrafe bis zu drei Jahren.

Nicht selten steht eine Kreditgewährung im Zusammenhang mit der Vorlage unrichtiger Jahresabschlüsse.   **2334**

bb) Bilanzdelikte

Bereits die unrichtige oder verschleiernde Erstellung einer Eröffnungsbilanz, eines Jahresabschlusses, eines Lageberichts, eines Konzernabschlusses oder Konzernlageberichts, von Aufklärungen oder Nachweisen, ist für Mitglieder des vertretungsberechtigten Organs oder des Aufsichtsrats einer Kapitalgesellschaft mit **Geldstrafe oder Freiheitsstrafe bis zu drei Jahren** bedroht.[3423]   **2335**

Im Bereich der Bilanzdelikte wird zwischen **Bilanzfälschungen und Bilanzverschleierungen** unterschieden.   **2336**

Bilanzfälschungen verstoßen gegen das **Gebot der Bilanzwahrheit**; es handelt sich um die willkürliche, nicht mehr vertretbare Bewertung von Bilanzposten, häufig zur Verschleierung drohender Verluste und Zusammenbrüche sowie zur Bildung stiller Reserven (z. B. Ausweis nicht werthaltiger Forderungen, Nichtaufführen von Verbindlichkeiten).   **2337**

Gegen das **Gebot der Bilanzklarheit** richten sich Bilanzverschleierungen (z. B. Falschbezeichnungen, Missachtung der Bilanzgliederungsvorschriften, Ausweis aufgelöster stiller Reserven als Einnahmen aus laufendem Geschäftsbetrieb).   **2338**

> Die Staatsanwaltschaft Frankfurt a. M. ermittelte im Jahr 1990 gegen ca. 40 Vorstände und Aufsichtsratsmitglieder verschiedener Unternehmen in der so genannten coop-Affäre, da in Bilanzen der coop AG über bestimmte Beteiligungen unrichtige Angaben gemacht worden waren.[3424]Sieben ehemalige Manager des Handelsunternehmens mussten sich seit 1992 vor dem Landgericht Frankfurt a. M. wegen Bilanzfälschung, Betrug und Untreue in Milliardenhöhe sowie persönlicher Bereicherung verantworten.[3425]Der ehemalige Vorstandssekretär wurde am 9. November 1992 in fünf Fällen wegen Beihilfe zur Untreue in einem besonders schweren Maß zu zwei Jahren Freiheitsstrafe mit Bewährung verurteilt.[3426]

3422 Vgl. Müller-Gugenberger/Bieneck/Nack, a.a.O., § 50 Rn. 87, 89, 118.

3423 § 331 HGB, siehe vertiefend Müller-Gugenberger/Bieneck/Schmid, a.a.O., § 40 Rn. 52 ff.; § 400 AktG, dazu Geilen, a.a.O., § 400 Anm. 59 ff.

3424 Handelsblatt, Nr. 172 v. 06. 09. 1990, S. 1.

3425 SZ Nr. 178 v. 04. 08. 1992, S. 1, 3.

3426 HAZ Nr. 263 v. 10. 11. 1992, S. 6; »DER SPIEGEL«, Nr. 47 v. 16. 11. 1992, S. 156 f.

z) Weitere Delikte aus dem Betriebsstättenbereich

aa) Problembereich Kreditinstitute[3427]

2339 In den letzten Jahren haben die zahlreichen Presseberichte über Bankdurchsuchungen und Strafverfahren gegen Bankmitarbeiter und Bankkunden wegen des Verdachts der Steuerhinterziehung, begangen durch anonyme Vermögenstransfers ins Ausland[3428], die Berichte über Ermittlungsverfahren gegen leitende Bankmitarbeiter z. B. wegen Untreue bei der Kreditvergabe weitgehend in den Hintergrund gedrängt. Die Verfahren konzentrieren sich nicht nur auf kleinere, regional tätige Privatbanken.[3429] Experten sehen den Grund für diese Verschiebung in der deliktischen Auffälligkeit von Kreditinstituten einerseits in der schlechteren Ausbildung der leitenden Mitarbeiter im Kreditgeschäft, andererseits darin, dass kleinere Kreditinstitute mit der Begebung einiger weniger Großkredite ihr nach dem Kreditwesengesetz zulässiges Kreditvolumen voll ausschöpfen und sich so das unternehmerische Risiko des Kreditnehmers auch auf die Bank auswirkt.[3430] Natürlich erfüllt nicht jedes schlechte Management in einem Kreditinstitut den Tatbestand der Untreue; die Grenze zum strafbaren Handeln ist jedoch fließend.[3431]

2340 In diesem Zusammenhang ist darauf hinzuweisen, dass eine **falsche Liquiditätspolitik** (Nichtbeachtung der Fristen- und Summenkongruenz) neben dem Tatbestand der Untreue gegenüber dem Kreditinstitut und den Kapitaleignern auch den des Betrugs gegenüber den Anlegern erfüllen kann. Dies ist z. B. dann der Fall, wenn die Kundeneinlagen dadurch gefährdet werden, dass Kredite mit hohem Ausfallrisiko begeben werden.

bb) Kapitalanlagebetrug – § 264a StGB

2341 Der Bereich des so genannten **Kapitalmarktstrafrechts** hat in den letzten Jahren zunehmend Aufmerksamkeit erregt, obwohl es einen derartigen gesetzlich definierten Begriff gar nicht gibt. Umstritten und schwer greifbar ist vor allem die Bestimmung des Schutzzweckes dieses Kapitalmarktstrafrechts.[3432] Zudem zeichnet sich das Gebiet dadurch aus, dass es einem besonders starken Wandel unterliegt, der nicht immer der Präzision dienlich ist.

3427 Auf die ausführliche Darstellung der strafrechtlichen Problematik im Bankenbereich in Wabnitz/Janovsky/Knierim, a.a.O., K 8 Rn. 1 ff. sei verwiesen.

3428 Vgl. nur BGH wistra 2000, 340 ff.

3429 Vgl. Müller-Gugenberger/Bieneck/Nack, a.a.O., § 66 Rn. 3; Beck/Kappler/Bayer, Insidergeschäfte, in: Poerting (Hrsg.), Wirtschaftskriminalität Teil 2, Bundeskriminalamt Wiesbaden, 1985 S. 52; aber auch HAZ Nr. 161 v. 13. 07. 1998, S. 5: »Ermittlungen gegen Mitarbeiter der Hypo-Bank – Zwei Mitarbeiter stehen im Verdacht, Beihilfe zu einem millionenschweren Anlagebetrug geleistet zu haben.« oder: »O., Verbandspräsident des rheinland-pfälzischen Sparkassenverbandes in Mainz, ist vom Vorstand entlassen worden. Die Staatsanwaltschaft ermittelt gegen Verdachts auf Untreue« (WamS Nr. 35 v. 30. 08. 1998, S. 42).

3430 Vgl. Müller-Gugenberger/Bieneck/Nack, a.a.O., § 66 Rn. 3.

3431 Müller-Gugenberger/Bieneck/Nack, a.a.O., § 66 Rn. 4.

3432 So auch Tido **Park**, Kapitalmarktstrafrecht und Anlegerschutz, in: NStZ 2007, 369 ff.

Festzuhalten ist, dass die meisten der kapitalmarktstrafrechtlichen Normen nach **2342** dem Willen des Gesetzgebers zumindest mittelbar dem **Anlegerschutz** dienen sollen. Wenn jedoch schon der Schutzzweck umstritten ist, bereiten in der Regel die betroffenen Normen in der Praxis Anwendungsschwierigkeiten.[3433] Das hat auch die Konsequenz, dass ein Anlegerschutz durch das Kapitalmarktstrafrecht eher schwer zu gewährleisten ist.

Ein Teil des Kapitalmarktstrafrechts ist die Vorschrift des § 264a StGB. Auch **2343** wenn diese Norm relativ übersichtlich gefasst ist, kommt ihr nur eine geringe praktische Bedeutung zu.[3434]

---

§ 264a StGB – Kapitalanlagebetrug **2344**

(1) Wer im Zusammenhang mit

1. dem Vertrieb von Wertpapieren, Bezugsrechten oder von Anteilen, die eine Beteiligung an dem Ergebnis eines Unternehmens gewähren sollen, oder

2. dem Angebot, die Einlage auf solche Anteile zu erhöhen,

in Prospekten oder in Darstellungen oder Übersichten über den Vermögensstand hinsichtlich der für die Entscheidung über den Erwerb oder die Erhöhung erheblichen Umstände gegenüber einem größeren Kreis von Personen unrichtige vorteilhafte Angaben macht oder nachteilige Tatsachen verschweigt, wird mit Freiheitsstrafe bis zu drei Jahren oder mit Geldstrafe bestraft.

(2) Absatz 1 gilt entsprechend, wenn sich die Tat auf Anteile an einem Vermögen bezieht, das ein Unternehmen im eigenen Namen, jedoch für fremde Rechnung verwaltet.

(3) 1 Nach den Absätzen 1 und 2 wird nicht bestraft, wer freiwillig verhindert, dass auf Grund der Tat die durch den Erwerb oder die Erhöhung bedingte Leistung erbracht wird. 2 Wird die Leistung ohne Zutun des Täters nicht erbracht, so wird er straflos, wenn er sich freiwillig und ernsthaft bemüht, das Erbringen der Leistung zu verhindern.

Die Norm sanktioniert die **Gefährdung von Vermögen durch unrichtige Anga- 2345 ben**, z. B. über objektive Gewinnmöglichkeiten oder Steuervorteile, bzw. durch das **Verschweigen nachteiliger Sachverhalte** mit Geldstrafe oder Freiheitsstrafe bis zu drei Jahren. Geschütztes Rechtsgut der Strafnorm ist nicht nur das Vermögen der Anleger, sondern auch das Allgemeininteresse an der Funktionsfähigkeit des Kapitalmarkts.[3435]

Für den Bereich des Passivgeschäfts von Kreditinstituten kann dieses durch die **2346** Herausgabe eines inhaltlich täuschenden Prospektes über ein Anlageobjekt erfüllt

---

[3433] Insgesamt kritisch zur Effektivität des Strafrechts für den Anlegerschutz Park, a.a.O., NStZ 2007, 369 ff.

[3434] Vgl. Tröndle/Fischer, a.a.O., § 264a Rn. 2a.

[3435] Lackner/Kühl, a.a.O., § 264a Rn. 1.

sein, wie es z. B. bei der Börseneinführung der Puma-[3436] sowie der coop-Aktien[3437] oder in einer Pflichtpublikation zur Fusion seiner deutschen Tochtergesellschaften bei der Metro AG[3438] geschehen sein soll (**Prospektbetrug**).

cc) Kreditwesengesetz

2347 Aber auch das **Kreditwesengesetz enthält spezielle Straf- und Bußgeldvorschriften**. Bei diesen ist weniger von einem unmittelbaren Anlegerschutz auszugehen, da der Schutz überindividueller Rechtsgüter wie die Funktionsfähigkeit des Kapitalmarktes im Vordergrund stehen.[3439]

2348 In § 54 KWG finden sich zwei Vergehenstatbestände, die zum einen das Betreiben von nach § 3 KWG verbotenen Geschäften,[3440] zum anderen das Betreiben von Bankgeschäften[3441] bzw. das Erbringen von Finanzdienstleistungen[3442] ohne die erforderliche Erlaubnis[3443] unter Strafe stellen.

2349 § 55 KWG sanktioniert die Verletzung der Pflicht zur Anzeige der Zahlungsunfähigkeit oder der Überschuldung.

2350 § 56 KWG belegt eine Vielzahl von Verstößen gegen Pflichten nach dem KWG mit Geldbußen, die die BAFin gemäß § 60 KWG verhängen kann. Nach § 59 KWG können Geldbußen (entsprechend § 30 OWiG) u. a. auch gegen Kreditinstitute in der Rechtsform der juristischen Person oder einer Personenhandelsgesellschaft verhängt werden.

2351 Für Kreditinstitute, deren Geschäftsbetrieb das Pfandbriefgeschäft umfasst, gelten die entsprechenden Vorschriften des Pfandbriefgesetzes.[3444]

2352 Auch das **Börsengesetz**[3445] kennt Straf- und Bußgeldvorschriften. § 61 BörsenG 2002 pönalisiert als Vergehen die gewerbsmäßige Verleitung anderer unter Ausnutzung ihrer Unerfahrenheit zu Börsenspekulationsgeschäften oder zur Beteiligung an solchen Geschäften. Die zentrale Bußgeldnorm stellt aktuell § 62 BörsG 2002 dar.

3436 »DER SPIEGEL«, Nr. 37 v. 12. 09. 1988, S. 130 f. (131).
3437 SZ Nr. 264 v. 15. 11. 1988, S. 40.
3438 HAZ Nr. 255 v. 29. 10. 1996, S. 18.
3439 Vgl. Park, a.a.O., NStZ 2007, 369 ff.
3440 § 54 Abs. 1 Nr. 1 KWG.
3441 Im Sinne des § 1 Abs. 1 S. 2 KWG (z. B. Einlagen-, Kredit-, Diskont- und Investmentgeschäft).
3442 Gemäß § 1 Abs. 1 lit. a S. 2 KWG (u. a. Anlagenvermittlung, Finanzportfolioverwaltung, Sortengeschäft).
3443 Nach § 32 Abs. 1 S. 1 KWG.
3444 §§ 38, 39 PfandBG, Gesetz v. 22. 05. 2005 (BGBl. I S. 1373). Das PfandBG hat das Hypothekenbankgesetz abgelöst. Eine Übergangsregelung findet sich in § 50 PfandBG.
3445 BörsG 2002 v. 21. 06. 2002 (BGBl. I S. 2010), zuletzt geändert durch Art. 8 d. G. v. 16. 08. 2005 (BGBl. I S. 2437 (3095)).

dd) Insidergeschäft

Das **Wertpapierhandelsgesetz**[3446] wurde 2004 durch das **Anlegerschutzverbesse-** 2353
rungsgesetz[3447] grundlegend, auch hinsichtlich des Insiderrechts, weiterentwi-
ckelt.[3448]

Die Straf- und Bußgeldvorschriften finden sich in den §§ 38 und 39 WpHG, die 2354
Vorschriften gegen Insidergeschäfte sind in den §§ 12 bis 16b WpHG geregelt.
§ 20a WpHG enthält das **Verbot der Marktmanipulation.**

Obwohl die Insiderstraftat wohl prinzipiell kein Handeln in Ausübung einer 2355
betrieblichen Tätigkeit darstellt, soll nachstehend auf diese Delikte eingegangen
werden, da deren Bekanntwerden meist mit negativer Publizität für das betroffene
Unternehmen verbunden ist.[3449]

Insider sind Personen, die aufgrund ihrer Stellung früher als die Allgemeinheit
an Informationen gelangen, welche Aktienkurse beeinflussen können (**Primärinsi-**
der[3450]). Zu diesem Personenkreis zählen[3451] u. a. die Mitglieder der Geschäftsfüh-
rungs- und Aufsichtsorgane, Führungskräfte eines Unternehmens wie auch Berater, Wirtschaftsprüfer, Bankenvertreter, Steuerberater und Rechtsanwälte.

Zwei Vorstände des Augsburger **Software-Unternehmens Infomatec**[3452] wurden – in einem Fall auf Bewährung – zu Haftstrafen verurteilt. Sie hatten den
Aktienkurs des Unternehmens mit geschönten Mitteilungen über angebliche
Großaufträge in die Höhe getrieben. Die in Ad-hoc-Meldungen bekannt gegebenen Geschäftsabschlüsse hatten aber in Wahrheit gar nicht bestanden.

Der Infomatec-Unternehmensgründer und Ex-Vorstand musste 2005, ein Jahr
nach seiner Verurteilung, seine Haftstrafe antreten. Der Bundesgerichtshof
hatte die Revision verworfen. Das Augsburger Landgericht hatte ihn nach 57
Prozesstagen wegen Kursbetruges und Insiderhandels zu einer Freiheitsstrafe
von drei Jahren und neun Monaten verurteilt.[3453] Der zweite Infomatec-Mitbe-
gründer, der wegen derselben Vorwürfe angeklagt war, kam mit einer zwei-
jährigen Bewährungsstrafe davon. Er hatte nach 22 Prozesstagen ein Teilge-
ständnis wegen der unbegründeten Ad-hoc-Mitteilung über tatsächlich nicht
vorhandene Geschäftsabschlüsse abgelegt.[3454]

3446 BGBl. I S. 1749; in der Fassung v. 09. 09. 1998 (BGBl. I S. 2708), zuletzt geändert durch
      Art. 10 des Gesetzes vom 22. 05. 2005.
3447 Gesetz zur Verbesserung des Anlegerschutzes – AnSVG v. 28. 10. 2004 (BGBl. I S. 2630).
3448 Zur früheren Rechtslage vgl. noch die 2. Auflage.
3449 Man erinnere sich nur an Schlagzeilen wie: »Insider-Skandal um SAP-Aktien?« (HAZ
      Nr. 105 v. 06. 05. 1997, S. 1); »Aufsicht untersucht Fall Daimler/Chrysler« (HAZ Nr. 170
      v. 23. 07. 1998, S. 10; »Insider-Verdacht bei Dresdner« (HAZ Nr. 49 v. 28. 02. 2000,
      S. 24).
3450 Brenner, Kriminalität, a.a.O., Rn. 65.
3451 Siehe § 13 WpHG.
3452 Der Skandal hatte auch zivilrechtlich Konsequenzen, siehe Rdn. 526 ff.
3453 LG Augsburg v. 27. 11. 2003, NStZ 2005, 109 ff.
3454 Vgl. SZ Nr. 79 v. 07. 04. 2005, S. 25.

2356 Insider ist **auch** ein **Dritter**, der von einer Insidertatsache Kenntnis erhält (**Sekundärinsider**[3455]). Diesem[3456] ist es gleichfalls verboten, unter Ausnutzung dieser Kenntnis Insiderpapiere für eigene oder fremde Rechnung oder für einen anderen zu erwerben oder zu veräußern.

2357 Unter einem Insidergeschäft ist die Ausnutzung des Wissens um eine nicht öffentlich bekannte Tatsache, die sich auf ein zum Börsenhandel zugelassenes oder in den Freihandel in der Bundesrepublik einbezogenes Wertpapier[3457] oder ein anderes auf einem solchen Markt gehandeltes Finanzinstrument (Option, Termingeschäft) oder deren Emittenten bezieht und geeignet ist, bei ihrem öffentlichem Bekanntwerden den Kurs des Insiderpapiers erheblich zu beeinflussen.

2358 Das **Wertpapierhandelsgesetz verbietet Insidergeschäfte.**[3458] Dieses Verbot wird durch einen Pflichtenkatalog abgesichert, der Marktteilnehmer zu Meldung, Auskunft, Offenlegung und Veröffentlichung verpflichtet. So müssen börsennotierte Unternehmen alle kursrelevanten Entwicklungen und Daten sofort veröffentlichen.

2359 Der Verstoß gegen das Verbot von Insidergeschäften ist mit **Freiheitsstrafe bis zu fünf Jahren** strafbar, ein solcher gegen den Pflichtenkatalog wird als Ordnungswidrigkeit geahndet.[3459]

> Der Börsenanalyst Egbert Prior, Herausgeber eines Börseninformationsdienstes, Teilnehmer der Fernsehsendung »3-Sat-Börse« und selbst ernannter Börsenguru, hat Informationen über eigene Wertpapierempfehlungen im Voraus an Dritte weitergegeben. Das Landgericht Frankfurt[3460] verurteilte den Angeklagten wegen einer Straftat im Sinne eines Insidergeschäftes.

2360 Zu beachten ist, dass dieser Auffassung mittlerweile höchstrichterlich widersprochen wurde:

> O war Redakteur von Börsenfachzeitschriften, trat in einschlägigen Fernsehsendungen (3-sat-börse; n-tv usw.) auf und gab dort Anlagetipps, war aber auch als Anlageberater tätig. Dabei beriet er zwei Aktienfonds, die seine Empfehlungen in der Regel sofort umsetzten. Die in diesem Fall Angeklagten gingen davon aus, dass eine Empfehlung durch an die von ihm beratenen Fonds

---

3455 Brenner, Kriminalität, a.a.O. Rn. 70.

3456 Praktisch kann jeder Sekundärinsider sein: der Hotelgast, der eine Insidertatsache vom Nachbartisch aufschnappt, der Freund des Verlobten einer Mitarbeiterin, die Insiderin ist und ihrem Verlobten Vertrauliches aus dem Unternehmen erzählt, was dieser prompt weiter berichtet, der Taxifahrer ebenso wie der Schadensachbearbeiter bei einem D&O-Versicherer oder ein Finanzbeamter (HAZ Nr. 259 v. 05. 11. 1998, S. 15). Der Fantasie sind keine Grenzen gesetzt; vgl. auch die Beispielfälle bei Brenner, Kriminalität, a.a.O. Rn. 59 ff.

3457 Welche Wertpapiere als Insiderpapiere gelten, bestimmt § 12 WpHG.

3458 § 14 WpHG.

3459 Vgl. §§ 38, 39 WpHG.

3460 NJW 2000, 301 ff; dazu Martin **Weber**, Scalping – Erfindung und Folgen eines Insiderdelikts, in: NJW 2000, 562 ff. Unter »Scalping« ist nach dem LG Frankfurt a. M. zu verstehen, »der Kauf von Wertpapieren in Kenntnis der bevorstehenden Abgabe einer sie betreffenden Bewertung oder Empfehlung, um den dadurch verursachten Kursgewinn für sich auszunutzen.«

aufgrund der mit Sicherheit zu erwartenden Orders zu einem Kursanstieg führen würde. Um einen maximalen Gewinn zu erzielen, sollte sich selbst Aktien zulegen, den Kurs anschließend durch seine Empfehlung in die Höhe treiben und die Aktien nach dem erwarteten Kursanstieg wieder abstoßen.

Im Revisionsverfahren ging es vor allem um die höchstrichterlich bis dahin nicht **2361** geklärte Frage, ob dieses »**Scalping**« genannte Verfahren als verbotenes Insidergeschäft gemäß §§ 13, 14, 38 Abs. 1 WpHG oder als unzulässige Kursmanipulation nach dem zur Tatzeit geltenden § 88 Nr. 2 BörsenG a. F. (jetzt § 20a Abs. 1 Nr. 2 WpHG) einzustufen ist. Die Vorinstanz war der vom Landgericht Frankfurt im »**Fall Prior**« und der im Schrifttum verbreiteten Ansicht gefolgt. Der Bundesgerichtshof hat entschieden, dass hier die Vorschriften über eine verbotene Kursmanipulation anzuwenden sind. Um ein Insidergeschäft handele es sich demnach nicht. Die für § 88 Nr. 2 BörsenG a. F. erforderliche Täuschungshandlung sah der Bundesgerichtshof darin, dass die Empfehlungen an die Fonds mit dem Ziel der Kursbeeinflussung ausgesprochen wurden.[3461]

Keine Insiderinformation[3462] **ist** dagegen eine Bewertung, die ausschließlich auf **2362** öffentlich bekannten Tatsachen beruht, auch wenn sie den Kurs des Insiderpapiers erheblich beeinflussen kann.[3463]

Das Insiderstrafrecht war und ist seit jeher erheblicher Kritik ausgesetzt. Für die **2363** Kritiker spricht die Tatsache, dass Verurteilungen nach diesem Teil des Kapitalmarkstrafrechts sehr selten sind und sich auf eindeutige Fälle beschränken. In den Jahren 1995 – 2002 kam es in 230 Strafverfahren nur zu 19 Verurteilungen, 16 davon per Strafbefehl.[3464] Das offenbart, dass ein wirklich praktikabler Anleger- und Kapitalmarktschutz mit den Regeln des Insiderstrafrechts wohl kaum zu gewährleisten ist.

ee) Geldwäsche – § 261 StGB

Unter **Geldwäsche** ist die Einführung von illegal erworbenen Gegenständen in **2364** den legalen Kreislauf unter Verschleierung ihrer wahren Herkunft zu verstehen.[3465]

---

§ 261 StGB – Geldwäsche, Verschleierung unrechtmäßig erlangter Vermö- **2365**
genswerte[3466]

(1) Wer einen Gegenstand, der aus einer in Satz 2 genannten rechtswidrigen Tat
herrührt, verbirgt, dessen Herkunft verschleiert oder die Ermittlung der Herkunft, das
Auffinden, den Verfall, die Einziehung oder die Sicherstellung eines solchen Gegen-

---

3461 BGH, Urteil vom 06. 11. 2003 – 1 StR 24/03.
3462 Zur Unterscheidung der emittentenbezogenen Insidertatsache von der papierbezogenen
      vgl. Brenner, Kriminalität, a.a.O. Rn. 73 f.
3463 § 13 Abs. 2 WpHG.
3464 Dazu, nebst kritischer Würdigung, Park, a.a.O., NStZ 2007, 369 ff. (372) m. w. N.
3465 Lackner/Kühl, a.a.O., § 261 Rn. 2; Andreas **Fülbier**/Rolf R. **Aepfelbach**, GwG – Kommen-
      tar zum Geldwäschegesetz, 5. Aufl. Köln 2006, Einl. Rn. 14 ff.
3466 Von einem Abdruck der Abs. 4 bis 10 wurde abgesehen; § 261 Abs. 2 Nr. 1: Nach Maß-
      gabe der Entscheidungsformel mit GG (100-1) vereinbar gem. BVerfGE v. 30. 03. 2004 I
      715 (2 BvR 1520/01, 2 BvR 1521/01).

standes vereitelt oder gefährdet, wird mit Freiheitsstrafe von drei Monaten bis zu fünf Jahren bestraft. 2Rechtswidrige Taten im Sinne des Satzes 1 sind

1. Verbrechen,

2. Vergehen nach

a) § 332 Abs. 1, auch in Verbindung mit Abs. 3, und § 334,

b) § 29 Abs. 1 Satz 1 Nr. 1 des Betäubungsmittelgesetzes und § 29 Abs. 1 Nr. 1 des Grundstoffüberwachungsgesetzes,

3. Vergehen nach § 373 und, wenn der Täter gewerbsmäßig handelt, nach § 374 der Abgabenordnung, jeweils auch in Verbindung mit § 12 Abs. 1 des Gesetzes zur Durchführung der Gemeinsamen Marktorganisationen und der Direktzahlungen,

4. Vergehen

a) nach den §§ 152a, 181a, 232 Abs. 1 und 2, § 233 Abs. 1 und 2, §§ 233a, 242, 246, 253, 259, 263 bis 264, 266, 267, 269, 284, 326 Abs. 1, 2 und 4 sowie § 328 Abs. 1, 2 und 4,

b) nach § 96 des Aufenthaltsgesetzes und § 84 des Asylverfahrensgesetzes,

die gewerbsmäßig oder von einem Mitglied einer Bande, die sich zur fortgesetzten Begehung solcher Taten verbunden hat, begangen worden sind, und

5. Vergehen nach §§ 129 und 129a Abs. 3 und 5, jeweils auch in Verbindung mit § 129b Abs. 1, sowie von einem Mitglied einer kriminellen oder terroristischen Vereinigung (§§ 129, 129a, jeweils auch in Verbindung mit § 129b Abs. 1) begangene Vergehen.

Satz 1 gilt in den Fällen der gewerbsmäßigen oder bandenmäßigen Steuerhinterziehung nach § 370a der Abgabenordnung für die durch die Steuerhinterziehung ersparten Aufwendungen und unrechtmäßig erlangten Steuererstattungen und -vergütungen sowie in den Fällen des Satzes 2 Nr. 3 auch für einen Gegenstand, hinsichtlich dessen Abgaben hinterzogen worden sind.

(2) Ebenso wird bestraft, wer einen in Absatz 1 bezeichneten Gegenstand

1. sich oder einem Dritten verschafft oder

2. verwahrt oder für sich oder einen Dritten verwendet, wenn er die Herkunft des Gegenstandes zu dem Zeitpunkt gekannt hat, zu dem er ihn erlangt hat.

(3) Der Versuch ist strafbar.

…

2366 § 261 StGB wurde mit Wirkung zum 22. September 1992 in das Strafgesetzbuch aufgenommen,[3467] inzwischen aber mehrmals erweitert. Im Zuge der Bekämpfung der organisierten Kriminalität trat am 25. Oktober 1993 das **Geldwäschegesetz**

3467 BGBl. I S. 1301 ff. (1304). Vgl. dazu die erste ausführliche Darstellung der Vorschrift durch Franz **Salditt**, Der Tatbestand der Geldwäsche, in: StraFo 1992, S. 121 f.

(GwG)[3468] in Kraft, das zuletzt im Jahre 2003 eine Änderung erfahren hat. Mit dessen Hilfe soll dem Straftatbestand der Geldwäsche größere Schlagkraft verliehen werden. Durch das Geldwäschegesetz sind vor allem die Kreditinstitute[3469] gehalten, quasi als verlängerter Arm der Ermittlungsbehörden bei der Bekämpfung der organisierten Kriminalität mitzuwirken.[3470]

- Eines der spektakulärsten Strafverfahren, dessen Aufdeckung auf Anzeigen nach § 11 GwG zurückzuführen war, ist der Fall des European Kings Club (EKC), der bis zu seiner Zerschlagung rund 94.000 Anleger um circa zwei Milliarden DM (entspricht mehr als 1 Milliarde Euro) geprellt hatte.[3471]

Nach § 2 Absatz 2 GwG müssen Kredit- und Finanzinstitute bei Durchführung von einer oder mehreren Finanztransaktionen im Gesamtwert von 15.000 Euro oder mehr den identifizieren, der dem Institut gegenüber auftritt (**Identifizierungspflicht**). Die Identifizierungspflicht besteht gemäß § 3 GwG auch für andere Unternehmen und Personen.[3472]   **2367**

---

§ 3 GwG – Allgemeine Identifizierungspflichten für andere Unternehmen und Personen   **2368**

(1) 1 Den allgemeinen Identifizierungspflichten des § 2 Absatz 1 und 2, auch in Verbindung mit Absatz 3, unterliegen bei Ausübung ihrer beruflichen Tätigkeit auch:

1. Rechtsanwälte, Rechtsbeistände, die Mitglied einer Rechtsanwaltskammer sind, Patentanwälte und Notare, wenn sie für ihre Mandanten an der Planung oder Durchführung von folgenden Geschäften mitwirken:

a) Kauf und Verkauf von Immobilien oder Gewerbebetrieben,

b) Verwaltung von Geld, Wertpapieren oder sonstigen Vermögenswerten ihres Mandanten,

c) Eröffnung oder Verwaltung von Bank-; Spar- oder Wertpapierkonten,

d) Beschaffung der zur Gründung, zum Betrieb oder zur Verwaltung von Gesellschaften erforderlichen Mittel,

---

3468   BGBl. I S. 1770, zuletzt geändert durch Art. 11 d. G. v. 15. 12. 2003 (BGBl. I S. 2676).

3469   Nach § 1 Abs. 1 GwG sind dies Unternehmen i. S. des § 1 Abs. 1 KWG mit Ausnahme der in § 2 Abs. 1 Nr. 4, 7 und 8 KWG genannten Unternehmen. Nach § 2 Abs. 1 GwG trifft die Identifizierungspflicht weiter Finanzdienstleistungsinstitute, Finanzunternehmen und Versicherungsunternehmen, die Unfallversicherungsverträge mit Prämienrückgewähr oder Lebensversicherungsverträge anbieten.

3470   Dazu und zur Historie und Bedeutung Fülbier/Aepfelbach, a.a.O., Einl. Rn. 1 ff.

3471   Fülbier/Aepfelbach, a.a.O., § 261 StGB Rn. 27 ff. (35 ff.), die zahlreiche weitere Beispiele nennen.

3472   Seit 2001 ist klar, dass auch Strafverteidiger sich der Geldwäsche strafbar machen können, wenn sie wissentlich mit bemakeltem Geld verkehren. So erging es den Verteidigern im Prozess um den o. a. »EKC-Fall (Rdn. 2366)«, vgl. BGH, Urteil vom 04. 07. 2001 – 2 StR 513/00 und BVerfG v. 30. 03. 2004, 2 BvR 1520/01; zur Identifizierungspflicht beim Abschluss von Lebensversicherungen, § 4 GwG.

> *e) Gründung, Betrieb oder Verwaltung von Treuhandgesellschaften, Gesellschaften oder ähnlichen Strukturen,*
>
> *oder wenn sie im Namen und auf Rechnung ihrer Mandanten Finanz- oder Immobilientransaktionen durchführen,*
>
> *2. Wirtschaftsprüfer, vereidigte Buchprüfer, Steuerberater und Steuerbevollmächtigte,*
>
> *3. Immobilienmakler und*
>
> *4. Spielbanken gegenüber Kunden, die Spielmarken im Wert von 1.000 Euro oder mehr kaufen oder verkaufen; der Identifizierungspflicht kann auch dadurch nachgekommen werden, dass die Kunden bereits beim Betreten der Spielbank identifiziert werden.*
>
> *Sonstige Gewerbetreibende, soweit sie in Ausübung ihres Gewerbes handeln und nicht den Pflichten zur Identifizierung nach § 2 unterliegen sowie Personen, die entgeltlich fremdes Vermögen verwalten und nicht der Pflicht zur Identifizierung nach Satz 1 in Verbindung mit § 2 unterliegen, in Ausübung dieser Verwaltungstätigkeit, haben bei Annahme von Bargeld im Wert von 15.000 Euro oder mehr denjenigen zu identifizieren, der ihnen gegenüber auftritt. 3Dies gilt auch für die von diesen Unternehmen und Personen zur Entgegennahme von Bargeld Beauftragten, soweit sie in Ausübung ihres Berufes handeln.*
>
> *(2) Absatz 1 Satz 2 und 3 findet auf gewerbliche Geldbeförderungsunternehmen keine Anwendung.*

2369 Stellt ein Unternehmen Tatsachen fest, die darauf schließen lassen, dass die vereinbarte Finanzaktion einer Geldwäsche dient, besteht auch bei Unterschreiten des Schwellenwertes von 15.000 Euro eine Identifizierungspflicht.[3473] Unter »**Tatsache**« ist jede Auffälligkeit zu verstehen, die einen Bezug zu Geldwäscheaktivitäten erkennen lassen.[3474] Solche Tatsachen muss das Unternehmen unverzüglich den Strafverfolgungsbehörden anzeigen.[3475] Die **Anzeige** hat für das Institut die **Fristfolge**, dass die angetragene Transaktion grundsätzlich erst durchgeführt werden darf, »*wenn die Zustimmung der Staatsanwaltschaft übermittelt ist oder der zweite Werktag nach dem Abgangstag der Anzeige verstrichen ist, ohne dass die Durchführung der Transaktion strafprozessual untersagt worden ist.*«[3476] Das Unternehmen darf weder den Auftraggeber der Transaktion noch einen anderen außer den staatlichen Stellen über die Anzeige oder ein daraufhin eingeleitetes Ermittlungsverfahren informieren.[3477]

2370 Der Anzeigeerstatter ist für eine fehlerhafte Anzeige nicht verantwortlich zu machen, wenn er diese nicht vorsätzlich oder grob fahrlässig unwahr erstattet hat (§ 12 GwG).

3473 § 6 GwG.
3474 Fülbier/Aepfelbach, a.a.O., § 6 GwG Rn. 5 ff.
3475 § 11 Abs. 1 S. 1 GwG.
3476 So der Gesetzeswortlaut in § 11 Abs. 1 S. 2 GwG.
3477 § 11 Abs. 5 GwG.

Neben **Aufzeichnungs- und Aufbewahrungspflichten**[3478] treffen bestimmte **2371** Unternehmen[3479] die Verkehrspflicht, für Vorkehrungen zu sorgen, dass sie nicht zur Geldwäsche missbraucht werden. Diese **gesetzlich geforderten Vorkehrungen** entsprechen den üblichen Organisationspflichten im Unternehmensbereich (Aufsichts-, Auswahl-, Kontroll- und Aufklärungspflichten). Im Einzelnen ist vorgeschrieben:[3480]

- Bestimmung einer Führungskraft als Ansprechpartner der Strafverfolgungsbehörden, die Geldwäschedelikte verfolgt (Aufsichtspflicht)
- Verhinderung der Geldwäsche im und durch das Unternehmen durch Entwicklung interner Grundsätze, Verfahren und Kontrolle (Kontrollpflicht)
- Sicherstellung der Zuverlässigkeit solcher Mitarbeiter, die befugt sind, bare und unbare Finanztransaktionen durchzuführen (Auswahl- und Kontrollpflicht)
- Regelmäßige – nicht gelegentliche – Unterrichtung der betroffenen Mitarbeiter über die Methoden der Geldwäsche (Aufklärungs- und Informationspflicht)
- Die Unternehmen haben Sorge dafür zu tragen, dass die vorgenannten Verpflichtungen von ihren Zweigstellen im Ausland erfüllt werden (Organisationspflicht).[3481]

Erklärt der zu Identifizierende, nicht für eigene Rechnung zu handeln, gelten **2372** bestimmte **Feststellungspflichten** bezüglich der Person, für dessen Rechnung gehandelt wird (§ 8 GwG). Diese – in abenteuerlichem Deutsch abgefasste – Vorschrift trifft vor allem Rechtsanwälte, welche treuhänderisch Sammel-Anderkonten für Mandanten führen, und andere Berufsgeheimnisträger (wie Steuerbevollmächtigte).[3482]

Die Meinungen über das Kosten-Nutzen-Verhältnis des Geldwäschegesetzes **2373** gehen weit auseinander. Gerade hinsichtlich des Aufwands für die gesetzlich vorgeschriebenen Identifizierungs- und Aufzeichnungspflichten hält die Kreditwirtschaft auch nach Anhebung des Schwellenbetrags auf 15.000 Euro diesen für unverhältnismäßig.[3483] Kritisiert werden dabei auch die internen Sicherungsmaßnahmen, die gesetzlich vorgeschrieben sind.

---

§ 14 GwG – Interne Sicherungsmaßnahmen[3484]   **2374**

(1) Folgende Unternehmen oder Personen müssen Vorkehrungen dagegen treffen, dass sie zur Geldwäsche missbraucht werden können:

1. Kreditinstitute,

2. Versicherungsunternehmen im Sinne des § 1 Abs. 4,

3478 §§ 9, 10 GwG.
3479 § 14 Abs. 1 GwG. So z. B. Kreditinstitute, bestimmte Unfall- und Lebensversicherer, Versteigerer, Finanzdienstleister, Spielbanken u. a.
3480 § 14 Abs. 2 GwG.
3481 § 15 GwG.
3482 Dazu Fülbier/Aepfelbach, a.a.O., § 8 GwG Rn. 21 ff.
3483 Fülbier/Aepfelbach, a.a.O., Einl. Rn. 55 ff. (67 ff.).
3484 § 14 Abs. 1 und Abs. 2 GwG; vom Abdruck der Abs. 3 und 4 wurde abgesehen.

3. Versteigerer,

4. Finanzdienstleistungsinstitute,

4a. Investmentaktiengesellschaften,

5. Finanzunternehmen im Sinne des § 1 Abs. 3 Satz 1 Nr. 2 bis 5 des Gesetzes über das Kreditwesen.

6. Edelmetallhändler,

7. Spielbanken,

8. Unternehmen und Personen in den Fällen von § 3 Abs. 1 Satz 1 Nr. 2 und 3, und, wenn sie die dort genannten Geschäfte regelmäßig ausführen, in den Fällen von § 3 Abs. 1 Satz 1 Nr. 1 und Satz 2 und 3.

(2) Vorkehrungen im Sinne des Absatzes 1 sind

*1. die Bestimmung eines der Geschäftsleitung unmittelbar nachgeordneten **Geldwäschebeauftragten**, der Ansprechpartner für die Strafverfolgungsbehörden und das Bundeskriminalamt – Zentralstelle für Verdachtsanzeigen – sowie die nach § 16 zuständigen Behörden ist,*

2. die Entwicklung interner Grundsätze, angemessener geschäfts- und kundenbezogener Sicherungssysteme und Kontrollen zur Verhinderung der Geldwäsche und der Finanzierung terroristischer Vereinigungen,

3. die Sicherstellung, dass die Beschäftigten, die befugt sind, bare und unbare Finanztransaktionen durchzuführen, zuverlässig sind, und

4. die regelmäßige Unterrichtung dieser Beschäftigten über die Methoden der Geldwäsche und die nach diesem Gesetz bestehenden Pflichten.

2375 Der strafrechtliche **Tatbestand der Geldwäsche** sieht vor, dass derjenige bestraft wird, der Vermögensgegenstände, die aus einer Katalogtat des § 261 Absatz 1 StGB herrühren, für sich oder einen Dritten verwendet, entgegennimmt, annimmt, anlegt, verwahrt und zum Zeitpunkt des Erlangens die Herkunft des Gegenstands kannte oder leichtfertig nicht erkannt hat. Da die Geldwäsche regelmäßig nicht zur Tätigkeit eines seriösen Unternehmens zählt, muss hier nicht näher auf die Vorschrift eingegangen werden. Erwähnt werden soll nur noch, dass es dem Gesetzgeber neben der Möglichkeit der Gewinnabschöpfung darum ging, zu verhindern, dass die erlangten »*kriminellen Gelder*« Grundlage für die Begehung weiterer Straftaten bilden.[3485]

ff) Insolvenz-Straftaten[3486]

2376 Nach Mitteilung des Statistischen Bundesamtes lag im Jahr 2004 die Zahl der **Unternehmensinsolvenzen** mit 39.213 um 0,3 % geringfügig niedriger als 2003 (39.320). Die Insolvenzen von Personen- und Kapitalgesellschaften – und damit

---

3485 Grundlegend Ernst Günter **Winkler**, Bekämpfung der Geldwäsche, in: Versicherungswirtschaft 1992, 1238 f.

3486 Siehe dazu auch die Darstellung bei Wabnitz/Janovsky/Beck, a.a.O., K 6 Rn. 1 ff. und Wabnitz/Janovsky/Köhler, a.a.O., K 7 Rn. 1 ff.

der größeren Unternehmen – gingen um knapp 6 % auf 22.424 zurück. Dagegen nahmen die Insolvenzen von Einzelunternehmen, Freien Berufen und Kleinunternehmen, die wie alle natürlichen Personen von der Möglichkeit der Restschuldbefreiung und Stundung der Verfahrenskosten profitieren, um 8,4 % auf 16.299 zu.[3487]

Im Zusammenhang mit dem **Insolvenzrecht** hat die Bedeutung von Wirtschafts- **2377** straftaten erheblich an Bedeutung zugenommen. Eine genaue Bezifferung ist allerdings schwerlich möglich, da mit einem hohen Dunkelfeld zu rechnen ist.[3488] Frühere Schätzungen gingen von einer Quote an Straftaten von 80-90% bei Firmenzusammenbrüchen aus.[3489] 2005 wurden mit 15.093 Insolvenzdelikten geringfügig mehr Straftaten als im Jahr zuvor erfasst. Die Zahl der Unternehmensinsolvenzen (36.843) lag dabei 6 % unter der Anzahl des Vorjahres 2004. Die Schadenssumme sank in diesem Zeitraum von 2,87 Milliarden Euro auf 2,25 Milliarden Euro. Damit wird die Hälfte des als bekannt einzustufenden Schadens im Bereich Wirtschaftskriminalität durch Insolvenzdelikte verursacht.[3490]

Insolvenz setzt **Zahlungsunfähigkeit** des Unternehmens voraus. Diese bestimmt **2378** sich nach der Legaldefinition der §§ 17, 18 InsO, wonach der Insolvenzgrund der drohenden Zahlungsunfähigkeit dann vorliegt, »*wenn der Schuldner voraussichtlich nicht in der Lage sein wird, die bestehenden Zahlungspflichten im Zeitpunkt der Fälligkeit zu erfüllen*«.[3491] Die Festlegung des Tatbestandsmerkmals »drohende Zahlungsunfähigkeit« ist umstritten.[3492]

Insolvenzstraftaten sind in besonderem Maße davon bedroht, den Strafverfol- **2379** gungsbehörden bekannt zu werden. Aufgrund der **Anordnung über die Mitteilungen in Zivilsachen (MiZi)**[3493] teilt das Insolvenzgericht der örtlich zuständigen Staatsanwaltschaft die Entscheidung über die Eröffnung des Insolvenzverfahrens mit.[3494] Es liegt nun im Ermessen der Staatsanwaltschaft, die Insolvenzakten anzufordern, um zu prüfen, ob sich aus ihnen ein Anfangsverdacht auf Straftaten ergibt. Die Ermittlungen betreffen dann aber nicht nur die Insolvenzstraftaten. Geforscht wird nach Anhaltspunkten für alle Wirtschaftsdelikte.

Die Insolvenzstraftaten sind im 24. Abschnitt des StGB geregelt.[3495] Mit Aus- **2380** nahme des § 283b StGB (Verletzung der Buchführungspflicht) erfassen sie

---

3487 www.destatis.de; Stichwort »Insolvenzen 2004«.
3488 Vgl. Raimund **Weyand**/ Judith **Diversy**, Insolvenzdelikte – Unternehmenszusammenbruch und Strafrecht, 7. Aufl. Berlin 2006, S. 5.
3489 Nach Müller/Wabnitz/Janovsky, Wirtschaftskriminalität, 4. Aufl., München 1997, S. 143.
3490 Bundeslagebild Wirtschaftskriminalität 2005, S. 22.
3491 Ähnlich BGH (BGHR StGB § 283abs. 1 »Zahlungsunfähigkeit 2«), nach dem die Zahlungsunfähigkeit droht, wenn nach den Umständen des Einzelfalls ihr naher Eintritt überwiegend wahrscheinlich ist.
3492 Zur Zahlungsunfähigkeit siehe oben im Abschnitt Rdn. 2083 ff., 2152.
3493 Siehe z. B. **Kulturbuchverlag Berlin GmbH (Hrsg.)**, Anordnung über Mitteilungen in Zivilsachen, Berlin September 2006.
3494 Dazu auch Volk/Leipold, a.a.O., § 18 Rn. 26.
3495 Im Einzelnen: § 283 StGB: Bankrott, § 283a StGB: schwerer Fall des Bankrotts, § 283b StGB: Verletzung der Buchführungspflicht, § 283c StGB: Gläubigerbegünstigung, § 283d StGB: Schuldnerbegünstigung.

bestimmte wirtschaftlich verantwortungslose und damit pflichtwidrige Verhaltensweisen in einer wirtschaftlichen Krisensituation, in die ein am Wirtschaftsverkehr Beteiligter geraten ist, sowie die Herbeiführung einer solchen Krisensituation durch pflichtwidriges Verhalten. **Zusätzliches Erfordernis für die Strafbarkeit** ist in allen Fällen die **Zahlungseinstellung**, die **Eröffnung eines Insolvenzverfahrens** oder die **Abweisung des Eröffnungsantrags mangels Masse**. Die Vorschriften zielen zum einen darauf ab, die Gläubiger vor einer Beeinträchtigung ihrer Interessen an einer Befriedigung ihrer Ansprüche zu schützen. Zugleich dienen sie dem **Schutz der Gesamtwirtschaft**, die in der Regel durch Insolvenzstraftaten mitbetroffen ist.[3496]

2381   § 283 Absatz 5 StGB stellt bereits die fahrlässige Begehungsweise einiger im Katalog des § 283 Absatz 1 StGB genannten Delikte unter Strafe. So macht sich gemäß § 283 Absatz 1 Nr. 7, Absatz 5 StGB strafbar, wer fahrlässig eine mangelhafte Bilanz aufstellt, sofern diese entgegen den Handelsrechtsvorschriften erfolgt (§§ 242–256 HGB) und die Übersicht über den Vermögensstand des Täters erschwert.[3497] Hingegen handelt es sich bei § 283 Absatz 1 Nr. 7 lit. b StGB um **ein echtes Unterlassungsdelikt**. Bei diesem entfällt eine Strafbarkeit nur dann, wenn der Unterlassungstäter aus fachlichen oder finanziellen Gründen zur Erstellung einer Bilanz nicht in der Lage war.[3498] Als **Täter** kommen in diesem Zusammenhang **nur Vollkaufleute** in Betracht, da nur für diese im Rahmen des Handelsrechts die Pflicht zur Bilanzaufstellung besteht.[3499]

2382   Auch die Strafvorschriften zur **Insolvenzverschleppung**, §§ 401 Absatz 1 AktG, 84 Absatz 1 GmbH, 130b HGB sind von **besonderer Bedeutung**.[3500]

2383   Insolvenzstraftaten werden mit Geldstrafe oder Freiheitsstrafe bis zu zwei bzw. fünf Jahren bestraft. Liegt ein besonders schwerer Fall des Bankrotts vor, betritt der Strafrahmen Freiheitsstrafe von sechs Monaten bis zu 10 Jahren. Ein besonders schwerer Fall liegt in der Regel vor, wenn der Täter aus Gewinnsucht handelt oder wissentlich viele Personen in die Gefahr des Verlustes ihrer ihm anvertrauten Vermögenswerte oder in wirtschaftliche Not bringt.

2384   Eine rechtskräftige Verurteilung wegen einer Insolvenzstraftat hat die weitergehende automatische Folge, dass es den Verurteilten für die **Dauer von fünf Jahren untersagt ist**, Geschäftsführer einer GmbH oder Vorstandsmitglied einer Aktiengesellschaft zu werden.[3501] Das betrifft zwar eigentlich nur Personen, die *nach* einem Strafurteil ein solches Amt antreten wollen. Bereits aktive Geschäftsführer oder Vorstandsmitglieder können ihre Tätigkeit fortführen – es sei denn, dass ein Berufsverbot gemäß § 70 StGB durch das verurteilende Gericht verhängt wird.

3496   Schönke/Schröder-Stree, a.a.O., Vor § 283 Rn. 1.
3497   Schönke/Schröder-Stree, a.a.O., Vor § 283 Rn. 58.
3498   So auch KG (Beschl. v. 18. 07. 2007), NJW 2007, 3449 f. m.w.N.
3499   Schönke/Schröder-Stree, a.a.O., § 283 Rn. 44.
3500   Siehe im Einzelnen dort, Rdn. 2081 ff.
3501   § 6 Abs. 2 S. 2 GmbHG, § 76 Abs. 3 S. 2 AktG.

Exkurs: BaFin

Die **Bundesanstalt für Finanzdienstleistungsaufsicht** (BaFin)[3502] ersetzt seit 1. **2385**
Mai 2002 als Nachfolgerinstitution die ehemaligen Bundesaufsichtsämter für das
Kreditwesen (BAKred), für den Wertpapierhandel (BAWe) und für das Versiche-
rungswesen (BAV) auf der Grundlage des Gesetzes über die integrierte Finanzdienstleistungsaufsicht (FinDAG) vom 22. April 2002.

Seitdem erfolgt die Aufsicht über Banken, Finanzdienstleister, Versicherer und **2386**
den Wertpapierhandel durch diese selbstständige Anstalt des öffentlichen Rechts.
Die BaFin unterliegt gemäß § 2 FinDAG der Rechts- und Fachaufsicht des Bundesministeriums der Finanzen. Sie ist eine bundesunmittelbare, rechtsfähige
Anstalt des öffentlichen Rechts (§ 1 Abs. 1 FinDAG) und Teil der Bundesverwal-
tung. Der Präsident, Jochen Sanio, leitet die Anstalt.

Die BaFin hat ihren Sitz in Bonn und Frankfurt am Main und beaufsichtigt derzeit **2387**
rund 2.100 Banken, 700 Finanzdienstleistungsinstitute, 630 Versicherungsunternehmen, 25 Pensionfonds sowie 6.000 Fonds und 80 Kapitalanlagegesellschaften.
Ihr Hauptziel ist es, ein funktionsfähiges, stabiles und integres deutsches Finanz-
system zu gewährleisten.[3503]

Im Rahmen ihrer Solvenzaufsicht sichert die BaFin die Zahlungsfähigkeit von **2388**
Banken, Finanzdienstleistungsinstituten und Versicherungsunternehmen. Durch
ihre Marktaufsicht setzt die BaFin zudem Verhaltensstandards durch, die das Vertrauen der Anleger in die Finanzmärkte wahren. Zum Anlegerschutz gehört es
auch, dass die BaFin unerlaubt betriebene Finanzgeschäfte bekämpft.

Bankenaufsicht, Versicherungsaufsicht und der Bereich Wertpapieraufsicht/ **2389**
Asset-Management sind in drei verschiedene Aufsichtssäulen (Organisationseinheiten) eingeteilt. Übergreifende Aufgaben übernehmen dabei Querschnittsabtei-
lungen, die unter anderem für die Beschwerdebearbeitung und die Verfolgung
unerlaubter Finanzgeschäfte zuständig sind. Darüber hinaus bekämpft eine
Gruppe die Geldwäsche und die Terrorismusfinanzierung.

Die BaFin hat weit- und folgenreiche Befugnisse. Seit Mitte 2003 sind alle deut- **2390**
schen Kreditinstitute verpflichtet, ein **automatisiertes Abrufsystem für Konto-
stammdaten** zu führen:

---

§ 24c KWG   2391

*(1) Ein Kreditinstitut hat eine Datei zu führen, in der unverzüglich folgende
Daten zu speichern sind:*

*1. die Nummer eines Kontos, das der Verpflichtung zur Legitimationsprüfung im
Sinne des § 154 Abs. 2 Satz 1 der Abgabenordnung unterliegt, oder eines Depots
sowie der Tag der Errichtung und der Tag der Auflösung,*

*2. der Name, sowie bei natürlichen Personen der Tag der Geburt, des Inhabers und
eines Verfügungsberechtigten sowie der Name und die Anschrift eines abweichend*

3502 Siehe auch www.bafin.de.
3503 Vgl. HAZ Nr. 213 v. 12. 09. 2006, S. 9.

wirtschaftlich Berechtigten (§ 8 Abs. 1 des Gesetzes über das Aufspüren von Gewinnen aus schweren Straftaten).

(2) Die Bundesanstalt darf einzelne Daten aus der Datei nach Absatz 1 Satz 1 abrufen, soweit dies zur Erfüllung ihrer aufsichtlichen Aufgaben nach diesem Gesetz oder dem Gesetz über das Aufspüren von Gewinnen aus schweren Straftaten, insbesondere im Hinblick auf unerlaubte Bankgeschäfte oder Finanzdienstleistungen oder den Missbrauch der Institute durch Geldwäsche oder betrügerische Handlungen zu Lasten der Institute erforderlich ist und besondere Eilbedürftigkeit im Einzelfall vorliegt.

(3) Die Bundesanstalt erteilt auf Ersuchen Auskunft aus der Datei nach Absatz 1 Satz 1

1. den Aufsichtsbehörden gemäß § 9 Abs. 1 Satz 4 Nr. 2, soweit dies zur Erfüllung ihrer aufsichtlichen Aufgaben unter den Voraussetzungen des Absatzes 2 erforderlich ist,

2. den für die Leistung der internationalen Rechtshilfe in Strafsachen sowie im Übrigen für die Verfolgung und Ahndung von Straftaten zuständigen Behörden oder Gerichten, soweit dies für die Erfüllung ihrer gesetzlichen Aufgaben erforderlich ist,

3. der für die Beschränkungen des Kapital- und Zahlungsverkehrs nach dem Außenwirtschaftsgesetz zuständigen nationalen Behörde, soweit dies für die Erfüllung ihrer sich aus dem Außenwirtschaftsgesetz oder Rechtsakten der Europäischen Gemeinschaften im Zusammenhang mit der Einschränkung von Wirtschafts- oder Finanzbeziehungen ergebenden Aufgaben erforderlich ist.

Die Bundesanstalt hat die in den Dateien gespeicherten Daten im automatisierten Verfahren abzurufen und sie an die ersuchende Stelle weiter zu übermitteln. Die Bundesanstalt prüft die Zulässigkeit der Übermittlung nur, soweit hierzu besonderer Anlass besteht. Die Verantwortung für die Zulässigkeit der Übermittlung trägt die ersuchende Stelle.

2392 Dieses ermöglicht der BaFin und über diese auch den Strafverfolgungsbehörden, einen jederzeitigen Zugriff auf die Bankkundendaten, ohne dass die Kreditinstitute selbst davon erfahren, geschweige denn der Kontoinhaber.

2393 Ziel der **Wertpapieraufsicht** ist es, die Transparenz und Integrität des Finanzmarktes sowie den Anlegerschutz zu gewährleisten. Dies erfolgt im Wesentlichen durch:

- Bekämpfung von Insidergeschäften
- Überwachung von Ad-hoc-Publizität
- Überwachung des Bereiches *Directors Dealings*, also Wertpapiergeschäfte von Mitgliedern der Geschäftsführung eines Unternehmens in Aktien dieses Unternehmens
- Verfolgung von Kurs- und Marktpreismanipulation
- Schaffung von Markttransparenz durch Veröffentlichung von bedeutenden Stimmrechtsanteilen
- Überwachung von Unternehmensübernahmen bei börsennotierten Unternehmen.

Die Anstalt ist auch die **zentrale Hinterlegungsstelle für Wertpapierverkaufs-** 2394
prospekte. Grundlagen der staatlichen Aufsicht sind das Wertpapierhandelsgesetz (WpHG), das Wertpapiererwerbs- und Übernahmegesetz (WpÜG), das Wert-
papierprospektgesetz (WpPG) und das Wertpapier-Verkaufsprospektgesetz
(VerkProspG). Im Bereich Asset-Management beaufsichtigt die BaFin Finanzdienstleistungsinstitute und Kapitalanlagegesellschaften auf der Grundlage des
Kreditwesengesetzes (KWG) und des Investmentgesetzes (InvG).

Doch im Herbst 2006 geriet die Behörde in eine schwere Krise. Diese wurde ausge- 2395
löst, weil die BaFin selbst von einem Korruptionsskandal erschüttert wurde. Dabei
ging es um Millionenbeträge, die trickreich verschoben wurden:[3504]

- Ein Angestellter aus der IT-Abteilung hatte sich mithilfe von Scheinrechnungen ein ausschweifendes Doppelleben auf Kosten der Behörde finanziert. Die
  Missstände waren mehr als drei Jahre lang nicht aufgefallen.
- Zwischenzeitlich wurde auch gegen weitere Verdächtige ermittelt, wobei es
  um Vorwürfe der Untreue, der Beihilfe zur Bestechlichkeit und der Vorteilsannahme ging.

Der befürchtete Schaden für den Finanzplatz Deutschland ist ausgeblieben. Doch 2396
letzte Zweifel an der Effektivität der BaFin hinsichtlich ihres Aufgabenbereiches
hielten sich hartnäckig. Dieser Eindruck wurde durch eine Meldung aus dem
Januar 2007 verstärkt. Medienberichten zufolge hat die Behörde hunderte Fälle an
die zuständigen Staatsanwälte weitergereicht, von denen aber nur ein Bruchteil
vor Gericht gebracht wurde. Von den rund 550 durch die BaFin angeschobenen
Verfahren führten lediglich sieben Prozent der Fälle zu einer Verurteilung.[3505]

Exkurs Ende

6. Die dritte Hauptfallgruppe: das strafrechtliche Produktrisiko

Das Produktrisiko besaß lange Zeit fast ausschließlich für die zivilrechtliche Pro- 2397
dukthaftpflicht Bedeutung.

Das strafrechtliche Produktrisiko spielte lediglich vereinzelt eine Rolle. In den 2398
Fünfzigerjahren kam es wegen fahrlässiger Tötung zu einigen wenigen Verurteilungen von Herstellern unsicherer Elektrostecker.[3506] Andere einschlägige Entscheidungen auf dem Gebiet des Lebens- und Arzneimittelrechts wurden ebenfalls von Unternehmen und Wissenschaft wenig beachtet.[3507] Das erste
Strafverfahren aus dem Bereich der Produkthaftung, das in großem Umfang

---

3504 Vgl. DER SPIEGEL Nr. 37/2006, S. 124 ff.
3505 SPIEGEL ONLINE v. 26. 01. 2007.
3506 Vgl. Joachim **Schmidt-Salzer**, Produkthaftung: Entscheidungssammlung Strafrechtliche
      Entscheidungen Bd. IV, a.a.O., (Zwischenstecker) AG Berlin-Tiergarten IV. 34; zur straf-
      rechtlichen Produktverantwortung insgesamt siehe auch die Darstellung von Eberhard
      Goll/Wolfgang **Winkelbauer**, in: **von Westphalen** (Hrsg.), Produkthaftungshandbuch,
      Band 1: Vertragliche und deliktische Haftung, Strafrecht und Produkt-Haftpflichtversiche-
      rung, 2. Aufl., München 1997, S. 749 ff.
3507 Lothar **Kuhlen**, Fragen einer strafrechtlichen Produkthaftung, Heidelberg 1989, S. 3.

durch die Medien ging, war das **Contergan-Verfahren**.[3508] Es wurde am 18. Dezember 1970 eingestellt, nachdem das Ermittlungsverfahren 6 $^1/_2$ und die Hauptverhandlung 2 $^1/_2$ Jahre (mit 283 Verhandlungstagen) gedauert hatte. Das Landgericht Aachen verneinte das öffentliche Interesse an der weiteren Strafverfolgung angesichts der andauernden Belastung für die Angeklagten während des Verfahrens, ihrer Einsicht und ihres bewiesenen Kompensationswillens.[3509]

2399 Die **erste** medienträchtige **Verurteilung** auf dem Gebiet der Produkthaftung erfolgte 1978, als ein Abteilungsleiter eines Unternehmens wegen fahrlässiger Tötung verurteilt wurde, nachdem fehlerhaft hergestellte Stahlgürtelreifen zu tödlichen Unfällen geführt hatten **(Monza-Steel-Fall)**.[3510]

2400 Es folgte im Jahre 1988 die so genannte **Bienenstich-Entscheidung**, in der beide Geschäftsführer eines Kuchenlieferanten unter anderem wegen vorsätzlicher Körperverletzung zu einer Geldstrafe verurteilt wurden, da sie es unterlassen hatten, verdorbene Ware zurückzurufen.[3511] Die strafrechtliche Produkthaftung spielt nicht nur bei Tatbeständen eine Rolle, deren Ziel der Schutz von Leib und Leben ist. So verurteilten österreichische Gerichte die Verantwortlichen im so genannten **Glykol-Skandal** wegen Betrugs.[3512]

2401 Entscheidend verschärfte der Bundesgerichtshof das Risiko der strafrechtlichen Produkthaftung mit seinem **Erdal-Lederspray-Urteil** vom 6. Juli 1990.[3513]

> »Wer als Hersteller oder Vertriebshändler Produkte in den Verkehr bringt, die derart beschaffen sind, dass deren bestimmungsgemäße Verwendung für die Verbraucher – entgegen ihren berechtigten Erwartungen – die Gefahr des Eintritts gesundheitlicher Schäden begründet, ist zur Schadenabwendung verpflichtet (Garantenstellung aus vorangegangenem Gefährdungsverhalten). Kommt er dieser Pflicht schuldhaft nicht nach, so haftet er für dadurch verursachte Schäden strafrechtlich unter dem Gesichtspunkt der durch Unterlassung begangenen Körperverletzung.«

2402 Die Erdal-Lederspray-Entscheidung griff das Oberlandesgericht Frankfurt a. M. in seinem Beschluss vom 19. Dezember 1991 auf, als es den des Landgerichts in

---

3508 LG Aachen JZ 1971, 507 ff.

3509 **Eidam**, Das Persönlichkeitsbild der Führungskraft im Spiegel der Rechtsprechung, in: Adams/Eidam, a.a.O., S. 177 ff. (181 f.).

3510 LG München II **(Monza-Steel)** in: Schmidt-Salzer, Produkthaftung, Entscheidungssammlung Strafrechtliche Entscheidungen, Bd. IV, a.a.O., IV. 28.

3511 Siehe zum Fall Rdn. 2448 f. Die Darstellung bei Kuhlen, a.a.O., S. 4 ist nicht nachvollziehbar.

3512 Kuhlen, a.a.O., S. 4. Die Täter hatten Wein mit dem süß schmeckenden Frostschutzmittel Glykol vermengt und dieses die Gesundheit gefährdende Produkt vertrieben. Dieser Fall darf nicht verwechselt werden mit dem so gen. Glykol-Skandal, bei dem aufgedeckt wurde, dass eine deutsche Unternehmensgruppe in den Jahren 1978–1985 633 Partien gepanschten Weins, der nach den weinrechtlichen Bestimmungen verkehrsunfähig war, verkauft hatte. Vom BGH wurde der Freispruch von sechs Führungskräften aus fünf Hierarchieebenen aufgehoben, NJW 1995, 2933 ff.; dazu Joachim **Schmidt-Salzer**, Konkretisierung der strafrechtlichen Produkt- und Umweltverantwortung, in: NJW 1996, 1 ff.

3513 BGH NJW 1990, 2560 ff. = BGHSt 37, 106 ff.

einem **Holzschutzmittelverfahren** aufhob und die Eröffnung des Hauptverfahrens anordnete.[3514]

Diese exemplarische Aufzählung der Entwicklung strafrechtlicher Produkthaftung zeigt die Bedeutung, die dieser Bereich inzwischen gewonnen hat. Der Grund dafür liegt möglicherweise darin, dass der strafrechtlichen Produkthaftung bis zum Ende der Achtzigerjahre nur ein geringes gesetzgeberisches und rechtswissenschaftliches Interesse galt. Die »**strafrechtliche Produkthaftung**« wurde bis dahin nicht als ein besonderer Risikobereich mit spezifischen Problemstellungen verstanden.[3515] In der einschlägigen Strafrechtsliteratur, in Kommentaren und Entscheidungen der Strafgerichte suchte man Begriffe wie strafrechtliche »*Produkthaftung*« oder »*Produzentenverantwortung*« vergeblich.[3516] Diese Feststellung hing und hängt nicht zuletzt mit der Tatsache zusammen, dass man in der Strafrechtswissenschaft der Auffassung war und teilweise weiterhin ist, die Problematik der Arbeitsteilung in Unternehmen sei mit dem traditionellen Strafrechtsinstrumentarium zu bewältigen.[3517] Das **Kernproblem des Produktrisikos** (sowohl im Zivilrecht als auch im Strafrecht) liegt nun aber in der rechtlichen Erfassung von Arbeitsteilungen, also dem **Abgrenzen der einzelnen rechtlichen Verantwortungsbereiche** im Unternehmen und vor allem dem Herausarbeiten der verschiedenen Verknüpfungen, die zwischen den einzelnen Verantwortungsbereichen bestehen.[3518] **2403**

Dieses Problem ist deshalb so relevant, weil Unternehmen nach deutschem Recht selbst nicht straffähig sind[3519] und die Strafverfolgungsbehörden zu ermitteln haben, wer innerhalb des Unternehmens verantwortlich für das Inverkehrbringen des schadenursächlichen gefährlichen Produkts war. **2404**

Im Gegensatz zum Zivilrecht also ist das Unternehmen als solches strafrechtlich nicht haftbar. Die besondere Problemstellung des strafrechtlichen Unternehmensrisikos liegt also darin, dass die primäre Last auf den Mitarbeitern ruht, die ja eigentlich als Funktionsträger des Unternehmens handeln, aber ausschließlich als private Individuen strafrechtlich belangt werden.[3520] Die Anzahl jährlich neuein- **2405**

3514 OLG Frankfurt a. M. 1 Ws 206/90.

3515 Vgl. Schmidt-Salzer, Produkthaftung, Bd. I a.a.O. Rn. 1.017 m. w. N.

3516 Von der »strafrechtlichen Produkthaftung« spricht im Jahre 1981 erstmals **Maurach/Schroeder**, Strafrecht; ein Lehrbuch, Besond. Teil, Bd. 2, 5. Aufl., Heidelberg 1981, S. 57 (historisch); vgl. auch Schönke/Schröder-Cramer/Sterneberg-Lieben, a.a.O., § 15 Rn. 223.

3517 So noch 1993 Eric **Hilgendorf**, Gibt es ein »Strafrecht der Risikogesellschaft?« – Ein Überblick – in: NStZ 1993, 10 ff. (15 f.): anders bereits Bernd **Schünemann**, Strafrechtsdogmatische und kriminalpolitische Grundfragen der Unternehmenskriminalität, in: wistra 1982, 41 ff.

3518 Vgl. Schmidt-Salzer, Produkthaftung, Bd. I, a.a.O. Rn. 1.027; ders., Konkretisierung der strafrechtlichen Produkt- und Umwelthaftung, in: NJW 1996, 1 ff.

3519 Siehe Rdn. 460 ff.

3520 Auf die verwaltungsrechtliche Produktverantwortung, wie sie erstmals in §§ 22–24 KrW-/AbfG reglementiert worden ist, soll hier der Vollständigkeit halber hingewiesen werden. Aus dem Katalog der Adressaten dieser abfallrechtlichen Produktverantwortung, der nicht nur Hersteller, Be- und Verarbeiter sowie Vertreiber einschließt, sondern auch Forscher, Konstrukteure und andere Entwickler des Produkts, ergibt sich, dass auch verwaltungsrechtlich das ganze Rad der Produktgeschichte von der ersten Idee bis zum Ablauf der Nutzbarkeit des Produkts erfasst werden soll. Zur Durchsetzung der Produktverantwor-

geleiteter Strafverfahren aus dem Bereich des strafrechtlichen Produktrisikos ist beträchtlich. Sie liegt bei über 20.000 Verfahren.[3521]

a)   Produktrisiko

2406   Unter dem Begriff »**Produkt**« wird gewöhnlich[3522] die **anfassbare, die bewegliche Ware** verstanden, das Auto, der Kühlschrank, das Medikament, das Lederspray etc. Es handelt sich also um Erzeugnisse, die ein Unternehmen herstellt oder in den Verkehr bringt. Somit fallen auch Produkte unter diesen Begriff, die von Zulieferfirmen hergestellt, in einem anderen Unternehmen weiterverarbeitet werden. Unternehmen, die ausschließlich Fremdprodukte vertreiben, bringen diese ebenfalls in den Verkehr.

2407   Die Einschränkung des »Produkt«-Begriffs auf gegenständliche Waren ist zu eng. **Produkt ist auch die Software**, die ein EDV-Unternehmen herstellt, genauso wie die Police des Versicherers, die Pressemitteilung eines Verlagshauses usw. Betriebliches Produkt ist also jedes Erzeugnis/jede Leistung, die ein Unternehmen auf dem Markt feilbietet.

2408   Das »**Produktrisiko**« eines Unternehmens umfasst die Summe aller Gefahren, die vom Zeitpunkt des Inverkehrbringens an aufgrund von Mängeln/Fehlern von hergestellten Erzeugnissen bzw. erbrachten Leistungen eines Unternehmens ausgehen.

> »*Jojos mit einem Elastikband, das sich zur Schlinge wickeln und Kinder würgen kann, Quietschenten aus giftigen Bestandteilen und Teddybären, deren Plastikaugen Kinder verschlucken können – die Liste der im vergangenen Jahr von der Europäischen Kommission aus dem Verkehr gezogen Produkte ist lang. 924 Konsumgüter vom Kinderspielzeug bis zum Elektrogerät haben die Behörden in der EU beanstandet, die gefährlich waren, weil sie Verletzungen, Stromschläge, Vergiftungen, Verbrennungen oder Ersticken auslösen konnten. Das war knapp ein Drittel mehr als im Jahr zuvor.*«[3523]

2409   Das Produktrisiko kann eine Haftung für Schäden oder Gefährdungen begründen, die aus dem Inverkehrbringen von Produkten resultieren (Produkthaftung). In strafrechtlicher Hinsicht tragen die gesetzlichen Vertreter des Unternehmens und seine Mitarbeiter das Produktrisiko.

---

tung wird hinsichtlich der Rücknahme auf sogen. »freiwillige Selbstverpflichtungen« (§ 25 KrW-/AbfG) zurückgegriffen. (Bekannt wurde vor allem die Selbstverpflichtungserklärung der Automobilindustrie v. 06. 08. 1997 – BAnz. 1997, S. 10471.) Zur Produktverantwortung im Verwaltungsrecht siehe Heinrich **von Lersner**, Die abfallrechtliche Produktverantwortung, in: ZUR Sonderheft 2000, 105.

3521   Anders als beispielsweise beim strafrechtlichen Umweltrisiko gibt es keine offizielle Statistik. Zur Berechnung siehe Eidam, Industrie-Straf-Rechtsschutzversicherung, a.a.O., Rn. 1.5.30 ff. mit Verweis auf Rn. 0.1.12 mit Fn. 5.

3522   So besagt die Legaldefinition des § 2 ProdHaftG: »*Produkt im Sinne dieses Gesetzes ist jede bewegliche Sache, auch wenn sie einen Teil einer anderen beweglichen Sache oder einer unbeweglichen Sache bildet, sowie Elektrizität. Ausgenommen sind landwirtschaftliche Erzeugnisse des Bodens, der Tierhaltung, der Imkerei und der Fischerei (landwirtschaftliche Naturprodukte), die nicht einer ersten Verarbeitung unterzogen worden sind; Gleiches gilt für Jagderzeugnisse.*«

3523   FAZ Nr. 95 v. 24. 04. 2007, S. 19.

Bei der Sanktion strafrechtlicher Produkthaftungsfälle greift die Rechtsprechung **2410** auf allgemeine Straftatbestände zurück,[3524] weil es im Strafgesetzbuch keinen eigenständigen Straftatbestand für fehlerhafte Produkte gibt. Strafrechtlich berührt das Inverkehrbringen von Produkten in erster Linie die Tatbestände zum Schutz vor Gefahren für Leib und Leben.[3525] Das Gericht muss, wenn Gesundheitsschäden und/oder Todesfälle aufgetreten sind, feststellen, ob für den eingetretenen Schaden (Erfolg) das jeweilige fehlerhafte Produkt ursächlich gewesen ist. Insoweit kommt der Frage der Kausalität hinsichtlich Handlung und Erfolg im Produktbereich besondere Bedeutung zu.

Das Nebenstrafrecht kennt einige Spezialnormen, nach denen bereits das Inver- **2411** kehrbringen von fehlerhaften Produkten an sich strafbar ist. Ein Erfolgseintritt ist bei diesen so genannten abstrakten Gefährdungsdelikten nicht erforderlich.[3526]

b) Strafrechtliche Produktverantwortung und zivilrechtliche Produkthaftpflicht

Die zivilrechtliche Produkthaftpflicht hat, anders als die strafrechtliche Produkt- **2412** verantwortung, in der bundesdeutschen Rechtsprechung schon eine längere Tradition. Zum besseren Verständnis soll im Folgenden zunächst auf die **Entwicklung im Zivilrecht** eingegangen werden.

Während Ende der Sechzigerjahre das Produktrisiko beim unternehmerischen **2413** Handeln noch weitgehend im Verborgenen lag, wurde in den Jahren 1968 und 1970 durch zwei **Grundsatzurteile des Bundesgerichtshofs** eine Aufsehen erregende Wende eingeleitet.

Dabei ist eigentlich von folgendem Grundsatz auszugehen: Der Hersteller haftet, **2414** wenn er[3527]

- schuldhaft (vorsätzlich oder fahrlässig)
- eine Pflicht verletzt (mit der Folge eines Produktfehlers)
- und dadurch (Kausalität)
- ein Rechtsgut eines Anderen verletzt (durch § 823 Absatz 1 BGB geschützt)
- und dadurch (Kausalität)
- bei dem Anderen ein Schaden entstanden ist.

Nach den allgemeinen zivilrechtlichen Beweisregeln hätte der Geschädigte das **2415** Vorliegen all dieser Punkte zu beweisen, um den Produzenten in Anspruch neh-

---

3524 Goll/Winkelbauer, a.a.O., § 46 Rn. 21 (S. 755) rechnen – systemwidrig – Umweltdelikte (§§ 324–326, 330a StGB) wie auch Delikte des Betriebsstättenrisikos (wie die fahrlässige Brandstiftung) dem strafrechtlichen Produktrisiko zu. Siehe auch Kuhlen, a.a.O., S. 152 ff., der die §§ 319, 320 StGB als nur eingeschränkt anwendbar versteht.

3525 Also vorsätzlich oder fahrlässig herbeigeführte Tötungen (§§ 212, 222 StGB) oder Körperverletzungen (§§ 223 ff. StGB); vgl. Achenbach/Ransiek/Kuhlen, a.a.O., K 2 Rn. 17.

3526 Gemäß §§ 95 u. 96 (Arzneimittelgesetz), §§ 58, 59 LFBG (Lebensmittel-, Bedarfsgegenstände- und Futtermittelgesetzbuch), § 27 ChemG (Chemikaliengesetz).

3527 Vgl. Peter **Anhalt**, Die Haftung für fehlerhafte Produkte sowie für hierdurch verursachte Folgeschäden – Arbeitsunterlage … zur Produkt- und Produzentenhaftung, 2003, S. 157, 226.

men zu können. Im so genannten **Hühnerpest-Urteil**[3528] aber verschärfte der Bundesgerichtshof die Schadenersatzpflicht von Herstellern für fehlerhafte Produkte durch eine **Beweislastumkehr im deliktischen Haftungsbereich**. Der Hersteller eines Impfstoffs gegen Hühnerpest hatte ein fast wirkungsloses Präparat auf den Markt gebracht, wodurch mehrere Hühnerbestände erkrankten und später notgeschlachtet werden mussten. Mit dem **Bremsen-Urteil**[3529] bestätigte der Bundesgerichtshof erstmalig **für den vertraglichen Haftungsbereich** eine **Beweislastumkehr** zulasten des Produzenten.

2416 In den darauf folgenden Jahren setzte sich die **Tendenz** der Rechtsprechung fort, zunehmend **verbraucherfreundlich** zu urteilen und die Anforderungen, die an die Produzenten gestellt werden, konkreter, strenger und schärfer zu gestalten.[3530] Zuletzt hat der Bundesgerichtshof in seiner **Baugerüst-Entscheidung**[3531] betont, dass der Verletzte nur die objektive Fehlerhaftigkeit des Werkes sowie deren Ursächlichkeit für den Schadeneintritt zu beweisen hat, während der Hersteller zur Widerlegung der Vermutung seines Verschuldens darlegen und beweisen muss, dass er zum Zweck der Abwendung der Gefahr die im Verkehr erforderliche Sorgfalt beachtet hat.[3532]

2417 Neben der bis dahin erfolgten Unterteilung des Fehlerbegriffs – unter anderem in **Konstruktions-**,[3533] **Instruktions-**[3534] und **Fabrikationsfehler**[3535] – schufen die Gerichte **spezielle Organisations- und Verkehrssicherungspflichten**.

2418 So treffen den Hersteller bei der Produktentwicklung folgende **Konstruktionspflichten**: Er muss die zugänglichen technischen und wissenschaftlichen Möglichkeiten und Erkenntnisse nutzen, um Gefahren für Benutzer seines Produkts und Dritte auszuschließen. Er muss alle technisch möglichen Sicherheitsvorkehrungen treffen. Er hat Neuentwicklungen ihrer jeweiligen Besonderheiten entsprechenden Prüf- und Testverfahren zu unterziehen, und zwar unter Bedingungen, die einer

---

3528 BGHZ 51, 91 ff. = NJW 1969, 269 ff.

3529 BGH BB 1970, 1414 ff.

3530 Siehe nur BGHZ 116, 60 ff. (72) – Kindertee I: Die Beweislastumkehr bezüglich der Pflichtwidrigkeit und des Verschuldens gilt nicht nur bei Fabrikations- und Konstruktionsfehlern, sondern auch bei den so gen. ursprünglichen Instruktionsfehlern. Oder: BGH NJW 1999, 1228 ff. – Torfsubstrat: Wird bei bestimmungsgemäßer Verwendung eines Erzeugnisses eine Sache dadurch beschädigt, dass das Produkt fehlerhaft hergestellt wird, so muss der Hersteller beweisen, dass ihm hinsichtlich des Mangels keine objektive Pflichtwidrigkeit oder kein Verschulden zur Last fällt.

3531 BGH r+s 2000, 18.

3532 Der Hersteller muss nachweisen, »*bei Errichtung und Unterhaltung des Gerüsts alle aus technischer Sicht gebotenen und geeigneten Maßnahmen ergriffen zu haben, um der Gefahr eines Einsturzes auch bei starkem Sturm zu begegnen, oder aber er beweist, vor dem Unfall inhaltlich eindeutig und für etwaige Benutzer erkennbar zum Ausdruck gebracht zu haben, dass das Gerüst zurzeit nicht betreten werden darf.*« (BGHr + s 2000, 18)

3533 BGH BB 1972, 13 f.

3534 BGHZ 47, 312 ff. (315); 64, 46 ff. (49); vgl. die **Papierreißwolf**-Entscheidung des BGH (r+s 2000, S. 18 f.), Leitsatz: »*Der Hersteller eines Produkts ist auch zum Ersatz solcher Schäden verpflichtet, die dadurch eintreten, dass er die Verwender des Produkts pflichtwidrig nicht auf Gefahren hingewiesen hat, die sich trotz einwandfreier Herstellung aus der Verwendung der Sache ergeben.*«

3535 BGHZ 51, 91 ff. (105) = NJW 1969, 269 ff. (272).

realistischen Verbrauchersituation entsprechen. Er muss z. B. durch Vorgaben an seine Zulieferer sicherstellen, dass zugelieferte Produkte keine sicherheitsrelevanten Mängel aufweisen. Und er muss überprüfen, ob zugelieferte Teile bzw. Stoffe für den beabsichtigten Zweck geeignet sind oder den an sie zu stellenden Anforderungen entsprechen.

Die wichtigste Fabrikationspflicht für das Unternehmen bei der Produktherstellung lautet: Einführung eines Qualitätssicherungssystems, das mit seinen Kontrollen so unternehmensumfassend ist, dass bei der Produktion keine Bearbeitungs- und Fertigungsfehler eintreten. Dazu gehört eine sorgfältige Fertigungskontrolle aller eigenen Produkte ebenso wie die Überprüfung des Zulieferprodukts auf Fehlerfreiheit. **2419**

Hinsichtlich seiner Instruktionspflichten nach der Produktauslieferung wird von einem Hersteller erwartet, dass er die Benutzer seines Produkts ausreichend belehrt (Gebrauchs- bzw. Bedienungsanleitung, deutlich erkennbare Warnhinweise) über die möglichen Gefahrenquellen des Produkts, die Grenzen der Produktanwendung und über Risiken bei einer nahe liegenden missbräuchlichen Produktverwendung, die sich noch im Rahmen der allgemeinen Zweckbestimmung des Produkts hält.[3536] **2420**

Wurde das Produkt in den Verkehr gebracht, hat der Hersteller die Pflicht, die Entwicklung des Produktes hinsichtlich der praktischen Verwendung und Verwendbarkeit zu observieren. Diese **Produktbeobachtungspflicht** trifft ihn, da er für Fehler nicht haftbar gemacht werden kann, die zum Zeitpunkt der Auslieferung dem aktuellen Stand entsprachen und noch nicht erkannt werden konnten. Treten Fehler oder Gefahrenquellen aber später zu Tage und der Produzent versäumt dies pflichtwidrig, kommt erneut Haftung in Betracht. **2421**

Verkürzt und sehr vereinfacht lässt sich folgende **Faustregel** festhalten: Der Hersteller muss sich bei der Produktherstellung am neuesten **Stand von Wissenschaft und Technik** orientieren.[3537] Nach dem Inverkehrbringen des Produkts unterliegt er einer zusätzlichen **Produktbeobachtungspflicht**.[3538] **2422**

Das so genannte **Honda-Urteil**[3539] des Bundesgerichtshofs verschärfte im Jahr 1986 die Rechtsprechung weiter, indem es die Produktbeobachtungspflicht eines industriellen Herstellers **auch auf die Überprüfung fremder Zubehörteile** erstreckte, sofern das Zubehör in Verbindung mit dem eigenen Produkt den Verbraucher gefährden kann. **2423**

> In diesem Fall war ein Motorradfahrer verunglückt, da an seinem Fahrzeug eine nicht serienmäßige Lenkerverkleidung montiert war, die die Gesamtbodenhaftung bis zur Fahrinstabilität verringert hatte.

3536 Daraus ergibt sich, dass vom Hersteller keine Warnung gefordert werden kann bei einer Verwendung, welche mit dem Zweck, für den das Produkt geschaffen wurde, nichts mehr zu tun hat oder vor Gefahren, die für jeden Benutzer offensichtlich sind.
3537 BGH NJW 1981, 1603 ff. (1604).
3538 BGH NJW 1981, 1606 ff. (1608).
3539 BGHZ 99, 167 ff. = BB 1987, 717 ff.

2424 Der Bundesgerichtshof verlangte in seiner Honda-Entscheidung vom Hersteller **eine aktive Beobachtung** seines Produkts hinsichtlich aller allgemein gebräuchlichen Zubehör- und Kombinationsprodukte sowie die Überprüfung des notwendigen Zubehörs und von anderem Zubehör, wenn eine Gefährdung der Verwender seines Produkts konkret zu befürchten ist.[3540] Neben der aktiven Produktbeobachtung (regelmäßige Beobachtung der Produktentwicklungen der Konkurrenz, Studium von Fachseminaren und -literatur) steht eine **passive Beobachtungspflicht**, die dem Hersteller die Auswertung von Verwenderbeschwerden, Medienberichten und sonstigen ihm zugänglichen Informationen über eingetretene Schäden und Unfälle auferlegt.[3541] Aus der Produktbeobachtungsverpflichtung des Herstellers[3542] folgen je nach Gefährdungsgrad **Gefahrabwendungspflichten**.[3543] Das bedeutet, dass aus der Produktbeobachtungspflicht **Handlungspflichten** entstehen, wenn nach der Inverkehrgabe ein Fehler des Produktes erkannt wird. In Betracht kommen, je nach Einzelfall, Änderungen in der Konstruktion oder Herstellung, bessere Information (nachträgliche Instruktion, **Warnhinweise**)[3544], Produktionsstopp oder sogar der **Rückruf**[3545] des Produktes.[3546]

2425 Durch die sich weiterentwickelnde Rechtsprechung des Bundesgerichtshofs wurde die Haftung – unter bestimmten Umständen – sogar auf die Fälle ausgedehnt, in denen nicht geklärt werden kann, ob ein Produktfehler im Verantwor-

---

3540 Der BGH beschränkte diese – letztgenannte – Forderung zunächst auf den jeweiligen Marktführer.

3541 Zur Produktbeobachtung in zivil- und strafrechtlicher Hinsicht vgl. Michael **Molitoris**, Praktische Erfahrungen und rechtliche Überlegungen zur Produktbeobachtungspflicht, in: PHi 1999, 214 ff. (Teil 1) und 2000, 33 ff. (Teil 2), der die aktive Produktbeobachtungspflicht spätestens mit dem Ende der normalen Lebensdauer der Produkte enden lassen will, die passive dagegen spätestens 30 Jahre nach dem letzten Inverkehrbringen des Produkts (PHi 2000, 34 f.). Diese sehr weit gesteckte Beobachtungspflicht des Herstellers kann nur zivilrechtlich diskutiert werden, im Strafrecht würde sie die gesetzlichen Verjährungsregeln verletzen. Zuzustimmen ist Molitoris, wenn er fordert, dass im Zivil- wie im Strafrecht »bei der Erörterung der Gefahrabwendungspflichten der Grundsatz der Verhältnismäßigkeit *(Geeignetheit, Erforderlichkeit und Zumutbarkeit) ernst genommen werden*« muss.

3542 Die aber auch den vom Hersteller unabhängigen Importeur (wenn er das Produkt im Inland unter eigenem Firmenzeichen in Verkehr bringt; vgl. BGH NJW 1994, 517 ff. – Gewindeschneidmittel I – sowie BGH RR 1995, 324 f. – Gewindeschneidmittel II) unter bestimmten Umständen treffen kann (Passive Produktbeobachtungspflicht bejaht OLG Frankfurt a. M. r+s 1999, 369, wenn der Importeur einziger Repräsentant des ausländischen Herstellers ist.).

3543 So auch Molitoris, a.a.O., PHi 1999, 219; Müller-Gugenberger/Bieneck/Schmid , a.a.O., § 56 Rn. 5.

3544 BGH NJW 1994, 3349; Äußerst ausführlich v. Westphalen/Foerste, Produkthaftungshandbuch, a.a.O., § 24 Rn. 171 ff., 242 ff.

3545 BGH NJW 1990, 2560; v. Westphalen/Foerste, Produkthaftungshandbuch, a.a.O., § 24 Rn. 259. Nach der Legaldefinition des § 2 Abs. 17 GPSG: »*Rückruf ist jede Maßnahme, die auf Einwirkung der Rückgabe eines bereits in den Verkehr gebrachten Produkts durch den Verwender abzielt.*« (Wörtliche Übernahme aus der EU-Richtlinie 2001/95/EG).

3546 Dazu Müller-Gugenberger/Bieneck/Schmid, a.a.O., § 56 Rn. 5 m. w. N.

tungsbereich des Herstellers oder später entstanden ist – z. B. bei dem so genannten **Mineralwasserflaschen-Fall** aus dem Jahr 1988.[3547]

> Durch die Splitter einer explodierten Mineralwasserflasche war ein Kind fast erblindet. Die tatsächliche Ursache für das Platzen der Flasche konnte nicht mehr genau rekonstruiert werden, da die Glasscherben nicht mehr vorhanden waren.

Die genannten Beispiele spiegeln für den Bereich des zivilrechtlichen Produktrisikos eine Tendenz wieder, die auch vom Gesetzgeber **durch die Einführung des** den Verbraucherschutz weiter aufbauenden **Produkthaftungsgesetzes** vom 1. Januar 1990[3548] gestärkt wurde und die für eine **verschuldensunabhängige Haftung des Herstellers für fehlerhafte Produkte** gesorgt hat.[3549] **2426**

Strafrechtliche Produktverantwortung und zivilrechtliche Produkthaftung verlaufen nicht parallel. Das **Strafrecht** beschäftigt sich im Vergleich zum Zivilrecht erst seit zwei Jahrzehnten intensiver mit Fragen des Produktrisikos. Es ist jedoch zu erwarten, dass in absehbarer Zeit auch die strafrechtliche Verantwortung eine Bedeutung erhalten wird, wie sie das zivilrechtliche Produktrisiko bereits heute für sich beansprucht. **2427**

Auch wenn sich eine gewisse Akzessorietät des Produktstrafrechts vom zivilen Produkthaftungsrecht in Lehre wie Rechtsprechung nicht verleugnen lässt ist, so bestehen doch zwischen den beiden rechtlichen Verantwortungsbereichen – neben der zeitlich verschobenen Entwicklung – natürliche schematische Differenzen. Als Beispiel sei nur genannt: Anders als bei den über die allgemeinen Beweisregeln des Zivilrechts hinaus entwickelten Grundsätzen der Beweislastumkehr geht das Strafrecht weiterhin von der Nachweispflicht des Staates aus, auch wenn die durch den Bundesgerichtshof entwickelten Herstellerpflichten nicht ohne Auswirkungen auf die strafrechtlichen Sorgfaltsanforderungen geblieben sind.[3550] **2428**

Insbesondere mit der schon angesprochenen Erdal-Lederspray-Entscheidung[3551] hat der Bundesgerichtshof zentrale Fragen der strafrechtlichen Produkthaftung beantwortet.[3552] Das Gerichtsurteil ist geprägt von Grundsätzen zum Verhältnis der zivilrechtlichen Verkehrsicherungspflichten zu den strafrechtlich sanktionier- **2429**

3547 BGHZ 104, 323 ff. = NJW 1988, 2611 ff. Siehe u. a. auch BGHZ 129, 353 ff. (Mineralwasserflasche II: Beweislastumkehr, wenn der Hersteller sein Produkt einer elektronischen Prüfung unterzieht, dabei aber nicht alle Fehler entdeckt werden können und er dennoch auf eine menschliche Sichtkontrolle verzichtet.

3548 Produkthaftungsgesetz vom 15. 12 1989 (BGBl. I S. 2198), zuletzt geändert durch Art. 9 Abs. 3 des Gesetzes vom 19. 07. 2002 (BGBl. I S. 2674); siehe dazu Hans Josef **Kullmann**, Produkthaftungsgesetz, Kommentar, 5. Auflage, Berlin 2006; **ders.**, Die Rechtsprechung des BGH zum Produkthaftpflichtrecht in den Jahren 1998–2000, in: NJW 2000, 1912 ff.

3549 Der Gesetzgeber war zur Einführung dieses Gesetzes durch die Richtlinie v. 25. 07. 1985 des Rates der EG zur Angleichung der Rechts- und Verwaltungsvorschriften der Mitgliedstaaten über die Haftung für fehlerhafte Produkte (ABl Nr. L 210/29 v. 07. 08. 1985) verpflichtet.

3550 Vgl. Volk/Wessing II, a.a.O., § 4 Rn. 95, 96.

3551 BGH NJW 1990, 2560 ff.

3552 Dazu auch Achenbach/Ransiek/Kuhlen, a.a.O., K 2 Rn. 12.

ten Handlungspflichten, welche explizit aus der Zivilrechtsprechung abgeleitet wurden.[3553]

2430 Auch wenn dieser Ansatz nicht unumstritten war,[3554] muss derzeit davon ausgegangen werden, dass das Strafbarkeitsrisiko nur bei Einhaltung aller zivilrechtlich gebotenen Herstellerpflichten ausgeschlossen werden kann.[3555] Die Frage des Nachweises eines Verstoßes gegen eine Handlungspflicht darf nicht verwechselt werden mit dem Bestehen einer solchen Pflicht.

2431 Für die strafrechtliche Produktverantwortung bleibt festzuhalten: Der Pflichtenkreis hinsichtlich der Produkthaftung ist eng an das Zivilrecht angelehnt. **Anders als im Zivilrecht kann es im Strafrecht aber Beweiserleichterungen oder gar eine Beweislastumkehr nicht geben.** Vielmehr hat der Strafrichter in jedem Einzelfall individuelle Schuld festzustellen.[3556] **Eine verschuldensunabhängige Haftung** wie im Zivilrecht **ist dem Strafrecht fremd.** Voraussetzung jeder Strafbarkeit ist, dass das Gericht feststellt, dass zwischen der schädigenden Handlung und dem späteren Erfolg ein Kausalzusammenhang besteht.

c) Beispiele für Strafverfahren wegen Körperverletzung und/oder fahrlässiger Tötung

2432 Das Reichsgericht hatte bereits im Jahr 1929 im Rahmen des so genannten **Ziegenhaarpinsel-Urteils**[3557] über die Strafbarkeit eines Fabrikbesitzers wegen fahrlässiger Körperverletzung und Tötung zu entscheiden.

Der Fall: Der Inhaber einer Pinselfabrik verteilte an seine Arbeiterinnen chinesische Ziegenhaare zur Weiterverarbeitung. Die Haare waren zuvor nicht gegen Milzbrand desinfiziert worden. Traurige Folge: Die Arbeiterinnen erkrankten an Milzbrand, vier von ihnen verstarben.

Das Reichsgericht entschied: Ein Unternehmer hat als Arbeitgeber dafür einzustehen, dass seine Arbeitnehmer bei der Arbeit unversehrt bleiben. Aus dem Arbeitsverhältnis obliegt ihm die Rechtspflicht zur Gefahrenabwendung. Dieser **Garantenpflicht** kam der Inhaber der Pinselfabrik nicht nach. Deshalb wurde er wegen fahrlässiger Tötung in vier Fällen, begangen durch Unterlassen, verurteilt.

2433 Nach langen Jahren ohne spektakuläre Fallgestaltungen rückte das Problem der strafrechtlichen Produktverantwortung erstmals Anfang der Sechzigerjahre wieder in das Blickfeld der Öffentlichkeit.

3553 Das Urteil wird im Folgenden ausführlich besprochen, siehe Rdn. 2450 ff.

3554 Gegen eine allgemeine Übernahme – vor Erlass der Lederspray-Entscheidung – Kuhlen, a.a.O., S. 82 ff.; a.A. schon damals Schmidt-Salzer, Produkthaftung, Bd. I, a.a.O. Rn. 1.365.

3555 Vgl. insgesamt Volk/Wessing II, a.a.O., § 4 Rn. 97.

3556 Vgl. Art. 103 Abs. 2 Grundgesetz, § 1 StGB.

3557 RGSt 63, 211 ff.

aa) Contergan-Fall

Im **Contergan-Fall**[3558] waren neun Mitarbeiter der Herstellerfirma wegen Körper- **2434**
verletzung (§ 230 StGB a. F.) und fahrlässiger Tötung (§ 222 StGB) angeklagt. Es
handelte sich um die drei Mitglieder der Geschäftsführung, drei Ressortleiter der
Bereiche »Forschung und Produktion«, »medizinisch-wissenschaftliche Abteilung« sowie »Vertrieb«, zwei Abteilungsleiter und einen Sachbearbeiter.

Dem Ressortleiter »Forschung und Produktion« wurde zur Last gelegt, durch **2435**
einen **Instruktionsfehler**, nämlich durch die Bezeichnung des Mittels als »*atoxisch
und uneingeschränkt harmlos*«, schwangere Frauen nicht davor bewahrt zu haben,
dass Mittel einzunehmen und dadurch Missbildungen bei ungeborenen Kindern
verursacht zu haben.

Den übrigen Angeklagten wurden **Produktionsbeobachtungsfehler** vorgeworfen. **2436**
Sie hätten sich zwar bis zum Herbst 1960 auf den Forschungsleiter verlassen dürfen, danach hätten ihnen jedoch genügend eigene Möglichkeiten zur Verfügung
gestanden, sich über den Sachverhalt zu unterrichten. Spätestens seit Februar 1961
sei ihnen bekannt gewesen, dass die Einnahme des Wirkstoffs Thalidomid zu
schweren Nervenschäden führt. Dazu heißt es beispielsweise für die Person des
geschäftsführenden Gesellschafters in der Anklageschrift:[3559]

> »*Es erscheint auch nicht widerlegbar, dass der Angeklagte aufgrund nur bruchstück-
> hafter Kenntnisnahme von dem Inhalt der Schriftstücke damals den Ernst der Situa-
> tion nicht erkannt hat. Unter diesen Umständen ist ihm auch zuzugestehen, dass er
> bis etwa Anfang 1961 keine Veranlassung gesehen hat, persönlich in die Behandlung
> der Contergan-Angelegenheiten einzugreifen oder sich zumindest genauere Informa-
> tionen zu verschaffen. Für die Zeit ab spätestens Ende Februar 1961 kann sich der
> Angeklagte jedoch nicht mehr mit Erfolg darauf berufen, die Gesamtsituation nicht
> überblickt und sich ausschließlich auf seine leitenden Angestellten verlassen zu haben.
> Durch das Mitte Februar 1961 an ihn persönlich herangetragene Verlangen verschie-
> dener Ärzte seines Unternehmens, sofort die Rezeptpflicht für Contergan zu beantra-
> gen, und die ihm hierfür gegebene alarmierende Begründung, wurde der Angeklagte
> als geschäftsführender Gesellschafter unmittelbar mit dem vollen Ernst der Gesche-
> nisse konfrontiert. Er durfte es jetzt nicht allein bei seiner Zustimmung belassen. Er
> war vielmehr verpflichtet, nunmehr auch die weitere Entwicklung aufmerksam zu
> verfolgen. ... Unterschiedliche Auffassungen (seiner Mitarbeiter) hätten ihm Veran-
> lassung geben müssen, sich selbst ein eigenes Urteil im Rahmen seiner Möglichkeiten*

3558 LG Aachen JZ 1971, 507 ff. Zwischen dem 27. 05. 1968 und dem 18. 09. 1970 tagte die
Große Strafkammer des LG Aachen 283-mal im Kasino einer Bergbaugesellschaft in dem
kleinen Städtchen Alsdorf nahe der belgischen Grenze. Das Interesse der Öffentlichkeit an
dem Verfahren um das Schlafmittel war groß. Das Arzneimittel – zwischen den Jahren 1957
und 1961 vertrieben – hatte Nervenerkrankungen bei Erwachsenen und Missbildungen bei
Neugeborenen bewirkt. Allein in der damaligen Bundesrepublik Deutschland waren bei
Prozessbeginn 2.625 »Contergan-Kinder« bekannt. Das Verfahren wurde letztendlich
gemäß §153 StPo eingestellt, auch weil endgültige Verjährung drohte; vgl. dazu die Dokumentation von Gero **Gemballa**, Der dreifache Skandal, 30 Jahre nach Contergan, Ham-
burg/Zürich 1993.

3559 Anklageschrift der Staatsanwaltschaft beim LG Aachen v. 10. 03. 1967, in: Schmidt-Salzer,
Entscheidungssammlung Produkthaftung, a.a.O., Teil IV. 4.1.

zu bilden. Bereits das ab jetzt von einem verantwortungsbewussten Unternehmer zu fordern gewesene Lesen zumindest aller Contergan betreffenden Monatsberichte und deren Erläuterungen durch die einzelnen Abteilungsleiter hätten auch dem Angeklagten als medizinischen Laien ein zumindest annähernd zutreffendes Bild über den wirklichen Sachverhalt verschafft. Dass er von den gegebenen Möglichkeiten keinen Gebrauch gemacht hat, vermag ihn jedenfalls ab Ende Februar 1961 nicht zu entlasten.«

2437 Die weiteren – neben dem Ressortleiter »Forschung und Produktion« – Angeklagten wären nach Auffassung des Gerichts verpflichtet gewesen, entsprechende Gegenmaßnahmen (z. B. Rückruf, vorläufigen Vertriebsstopp) zu treffen. Ihr Unterlassen war insofern ursächlich für die eingetretenen Schäden. Das Landgericht Aachen ging also von einem Kausalzusammenhang zwischen der Einnahme des Medikamentes und den Missbildungen aus, stellte das Verfahren aber am 18. Dazember 1970 wegen geringer Schuld und fehlendem öffentlichen Interesse gemäß § 153 Absatz 2 StPO ein, nachdem die Herstellerfirma sich zu Millionenzahlungen (ca. 114 Mio. DM) an die Opfer verpflichtet hatte.

2438 Trotzdem entwickelte sich das Verfahren zu einem Meilenstein auf dem langen Weg, den die strafrechtliche Produkthaftung zurückzulegen hatte. Die Aussagen des Landgerichts unter anderem zur **Frage der Kenntnis von Gefahren** und der davon geprägte **Verantwortungsbegriff** waren für die weitere Entwicklung dieses Deliktsbereiches von besonderer Bedeutung. Danach kommt es – strafrechtlich – nicht darauf an, was ein Unternehmen und dessen Mitarbeiter wissen. Entscheidend ist, was sie hätten wissen können. Als bekannt vorausgesetzt wird alles, was irgendwann als (mögliches) Problem angesprochen wurde oder sich als Risiko abzeichnete.

2439 Zur Frage der Schuld der Angeklagten führte das Landgericht Aachen in seinem Einstellungsbeschluss vom 18. Dezember 1970[3560] (Die Hervorhebung stammt vom Verfasser) aus:

»Insgesamt gesehen war das Verhalten Außenstehender ... durchaus widersprüchlich. Für die Angeklagten war es in dieser Situation schwierig, das tatsächlich Gebotene zu erkennen.

Die persönliche Lage der Angeklagten erschwerte es ihnen noch, mit dieser nicht einfachen Situation fertig zu werden. Sie standen zusätzlich zu den schon aufgezeigten Schwierigkeiten in einem unvermeidlichen, von der Rechtsordnung hingenommenen Interessenkonflikt zwischen den Geboten wissenschaftlicher Gründlichkeit und ärztlicher Verantwortung einerseits sowie einem an sich durchaus legitimen und sogar wirtschaftlich notwendigen Gewinnstreben andererseits und sahen sich zudem durch die besonderen inneren Verhältnisse bei der Firma Chemie-Grünenthal behindert.

Soweit die Angeklagten Kaufleute sind, war ihnen naturgemäß in erster Linie die Wahrnehmung der wirtschaftlichen Interessen des Unternehmens übertragen. Hinzu kam eine durch den beruflichen Werdegang bedingte enge Bindung gerade an diese Firma und damit die Gefahr einer Einengung des Gesichtskreises. Die Versuchung, die vermeintlichen Interessen des Unternehmens gegenüber den Bedenken von meist

---

3560 JZ 1971, 507 ff. (519).

nachgeordneten Mitarbeitern mit ganz anderer und weitergehender Ausbildung durchzusetzen, war groß. Die Mediziner und Chemiker dagegen sahen sich in ein Unternehmen eingebunden, dessen Organisation und Zielrichtung wissenschaftlichen Mitarbeitern und ärztlichen Gesichtspunkten eine nachgeordnete Rolle zuwiesen. Der Kampf um eine angemessene Position verlangte die nachdrückliche Förderung der kaufmännischen Unternehmensziele. Die Möglichkeit, ärztliche Gesichtspunkte durch den Hinweis auf gesetzliche Bestimmungen und staatliche Kontrollen und die daraus resultierende Gefahr auch wirtschaftlicher Nachteile gewichtiger zu machen, fehlte... fast völlig.

Sämtliche Angeklagte waren vom Unternehmen wirtschaftlich abhängig. Der Entscheidungsspielraum eines jeden war, wenn auch im einzelnen verschieden groß, so doch begrenzt. Keiner trug uneingeschränkte Verantwortung. Alle waren der Gefahr ausgesetzt, unter bewusster oder unbewusster Zurückstellung von Bedenken eine Übereinstimmung auf der Linie des vermeintlichen, vorrangig wirtschaftlich bestimmten Firmeninteresses zu suchen und so die Sicherheit gruppeneinheitlichen Verhaltens zu gewinnen.

*Die Kammer hält es für geboten, darauf hinzuweisen, dass auch die zuletzt genannten Umstände die Schuld der Angeklagten keineswegs ausschließen. **Auch persönliche Schwierigkeiten führen nicht dazu, dass ihnen ein weitergehendes Handeln etwa nicht zumutbar gewesen wäre.** Angesichts der Bedeutung der einem zwar im Vergleich zum Verbrauch des Mittels relativ kleinen, gemessen an der absoluten Zahl aber doch nicht unerheblichen Personenkreis drohenden Gefahr schwerer Gesundheitsschäden war von ihnen zu verlangen, dass sie persönliche Schwierigkeiten notfalls in Kauf nahmen. Hierin liegt keine Überforderung. Die Gesundheit vieler Menschen würde anderenfalls straflos aufs Spiel gesetzt werden können. Die Gesamtwürdigung aller aufgezeigten Gesichtspunkte lässt aber doch das Verschulden der Angeklagten weniger schwerwiegend erscheinen, als es bei bloßer Berücksichtigung des Abweichens ihres Fehlverhaltens von dem Gebotenen zunächst den Anschein haben mag.*

Für die Bemessung der Schuld an der Verursachung von Missbildungen sind diese Erwägungen allerdings nur von untergeordneter Bedeutung. Die Schwere der möglichen Schäden hätte es hier insbesondere geboten, Gedanken an die wirtschaftliche Zukunft des Unternehmens und das persönliche Fortkommen völlig außer acht zu lassen. Die Angeklagten handelten insoweit jedoch ... in einem weitgehend erfahrungsarmen Bereich. ... Die Entdeckung der Teratogenität des Thalidomids kam für viele angesehene Wissenschaftler überraschend. Sie vorherzusehen war vielleicht aus den vorher dargelegten Gründen möglich, für die Angeklagten jedoch sehr schwierig ...«.

2440

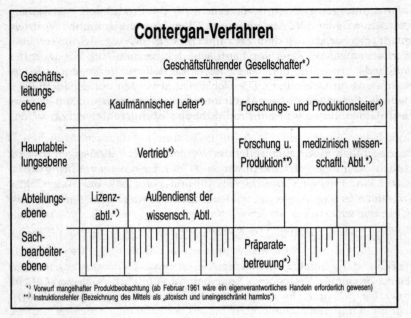

Contergan-Verfahren

Geschäfts- leitungs- ebene	Geschäftsführender Gesellschafter*)			
	Kaufmännischer Leiter*)		Forschungs- und Produktionsleiter*)	
Hauptabtei- lungsebene	Vertrieb*)		Forschung u. Produktion**)	medizinisch wissen- schaftl. Abtl.*)
Abteilungs- ebene	Lizenz- abtl.*)	Außendienst der wissensch. Abtl.		
Sach- bearbeiter- ebene	⎪⎪⎪⎪⎪⎪	⎪⎪⎪⎪⎪	Präparate- betreuung*)	⎪⎪⎪⎪⎪⎪

*) Vorwurf mangelhafter Produktbeobachtung (ab Februar 1961 wäre ein eigenverantwortliches Handeln erforderlich gewesen)
**) Instruktionsfehler (Bezeichnung des Mittels als „atoxisch und uneingeschränkt harmlos")

bb) Monza-Steel-Fall

2441 Weitere Konturen erhielt der Begriff der strafrechtlichen Produktverantwortung im so genannten **Monza-Steel-Verfahren**,[3561] das 1978 von dem Landgericht München II entschieden wurde.

2442 In diesem Verfahren, in dem der Vorstandsvorsitzende, zwei weitere Vorstandsmitglieder (zuständig für Technik bzw. Vertrieb) und ein Abteilungsleiter wegen fahrlässiger Tötung (§ 222 StGB) angeklagt waren, wurden die gleichen Anforderungen an die Verantwortung der Mitarbeiter gestellt wie im **Contergan**-Fall.

> Der Reifenhersteller hatte im März 1973 Stahlgürtelreifen in den Verkehr gebracht, bei denen sich aufgrund eines **Konstruktionsfehlers** nach längerer Fahrt mit hoher Geschwindigkeit die Laufflächen (Karkassen) ablösten, wodurch es zu zahlreichen schweren Unfällen kam. Sieben Menschen starben, 22 wurden z. T. schwer verletzt. Dem Vorstandsmitglied Technik und dem für die technische Entwicklung zuständigen Abteilungsleiter wurde vorgeworfen, die Serienfertigung des Höchstgeschwindigkeitsreifens freigegeben zu haben, obwohl die Voraussetzungen hierfür nicht gegeben waren; denn das Unternehmen hatte zwar Dauerlauf- und Hochgeschwindigkeitstests, aber keine Dauer-Hochgeschwindigkeitstests durchgeführt.[3562]

3561 LG München II, in: Schmidt-Salzer, Produkthaftung: Entscheidungssammlung Strafrechtliche Entscheidungen, Bd. IV, IV. 28.

3562 Im Hinblick auf die weitere Entwicklung der Rechtsprechung im Bereich des strafrechtlichen Produktrisikos ist es wichtig hier festzuhalten, dass im Monza-Steel-Fall zwar die Karkassenablösung bei längeren Fahrten mit Hochgeschwindigkeit als konkrete Schaden-

Ebenso wie im **Contergan**-Fall wurde den nicht für die Produktion zuständigen **2443**
Angeklagten, dem Vorstandsvorsitzenden und dem Vorstandsmitglied Vertrieb,
zugestanden, dass sie sich bis zu dem Zeitpunkt, in dem sich die Meldungen über
Unfälle aufgrund eines Ablösens der Lauffläche häuften, auf die Tätigkeit des
Vorstandsmitglieds Technik und des Abteilungsleiters verlassen durften.
Danach – spätestens im Dezember 1973 nach Bekanntwerden der Schadenfälle –
hätten sie jedoch die erforderlichen Maßnahmen ergreifen müssen, um weitere
Unfälle zu vermeiden. Ihnen wurden **Produktbeobachtungsfehler** vorgeworfen.

Der Abteilungsleiter wurde am 21. April 1978 vom Landgericht München II **2444**
wegen sieben rechtlich zusammentreffender Vergehen der fahrlässigen Tötung
mit 22 rechtlich zusammentreffenden Vergehen der fahrlässigen Körperverletzung zu einem Jahr Freiheitsstrafe mit Bewährung verurteilt. Ein Angeklagter
verstarb während des Prozesses, die beiden weiteren Angeklagten wurden für
prozessunfähig erklärt.

In seiner Urteilsbegründung[3563] legte das Landgericht die Messlatte für die Anforderung an das (individuelle) Pflichtbewusstsein einer Führungskraft sehr hoch,
indem es vorgab, dass Gefahren für andere in optimaler Weise zu vermeiden
seien (die Hervorhebung im folgenden Zitat stammt vom Autor dieses Werkes):

> »*Die Verpflichtung zur Vermeidung von Gefahren für strafrechtlich geschützte
> Rechtsgüter bestimmt sich am Optimum dessen, was in der konkreten Lebenssituation
> geleistet werden kann. Die* subjektive Sorgfaltspflicht *ist nicht eine irgendwie gear-
> tete Durchschnittsanforderung, wie sie gelegentlich mit dem Begriff der ‚im Verkehr
> erforderlichen Sorgfalt' (§ 276 BGB) umschrieben wird. Sie orientiert sich vielmehr
> daran, was ein Mensch eines bestimmten, durch Ausbildung und berufliche Kennt-
> nisse erlangten Leistungsvermögens tun kann, um in der betreffenden Situation* **in
> optimaler Weise Gefahren für andere zu vermeiden.** *Durchschnittsanforderungen
> haben insoweit Bedeutung, als sie das Mindestmaß dessen setzen, was jedermann an
> Sorgfalt zu erbringen hat, der ein bestimmtes riskantes Verhalten durchführen will ...
> An diesem Maßstab gemessen musste vom Angeklagten verlangt werden, dass er die
> von dem Reifen ausgehenden Gefahren erkannte und deren Freigabe für die Produktion
> vermied. Der Angeklagte war aufgrund seiner Fähigkeiten als Reifenfachmann dazu
> in der Lage.*«

Da der Angeklagte das Urteil annahm, wurde es rechtskräftig und damit einer
Überprüfung – auch hinsichtlich des individuellen Verantwortlichkeitsmaßsta-
bes – durch das oberste zuständige Gericht entzogen. Zur ersten Entscheidung

---

ursache feststand, der naturwissenschaftliche Kausalzusammenhang zwischen Dauerhoch-
geschwindigkeit und Karkassenablösung aber nicht hergestellt werden konnte. Mit diesem
Problem – Nichtklärung des naturwissenschaftlichen Zusammenhangs zwischen Produktverwendung und Schaden (Tod, Körperverletzung, Sachschaden) zulasten des Verwenders
bzw. Dritter – sah sich der Bundesgerichtshof auch im Erdal-Lederspray- und im Holz-
schutzmittel-Fall konfrontiert; vgl. dazu auch Joachim **Schmidt-Salzer**, Konkretisierung
der strafrechtlichen Produkt- und Umweltverantwortung, in: NJW 1996, 1 ff. (7 f.).
3563 LG München II, Urteil v. 21. 04. 1978 – IV KLs 58 Js 5534/76; siehe Schmidt-Salzer, Entscheidungssammlung Produkthaftung – Band IV: Strafrechtliche Entscheidungen, a. a. O.,
IV.28, S. 296 ff. (332).

des Bundesgerichtshofs in einem strafrechtlichen Produktrisikofall kam es erst zehn Jahre nach Beendigung des Monza Steel-Verfahrens.

2445

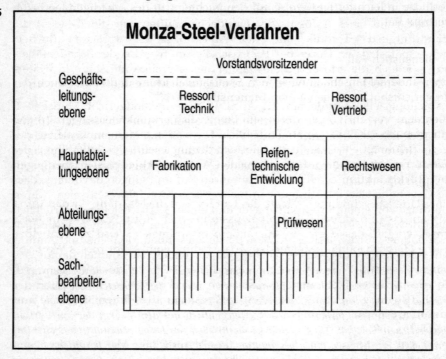

2446 Strafrechtliche Produktverantwortung war in den bisher geschilderten Fällen ausnahmslos eine **Frage fahrlässigen Verhaltens** – fahrlässige Körperverletzung und fahrlässige Tötung. Demgegenüber spielt die Schuldform Vorsatz in diesem Bereich nur eine untergeordnete Rolle.[3564]

2447 Der Grund dafür liegt häufig in der **Schwierigkeit**, in der strafprozessualen Praxis den Beweis zu erbringen, dass der für den schädigenden Erfolg Verantwortliche wenigstens mit der schwächsten Form des Vorsatzes, dem **bedingten Vorsatz**, gehandelt hat. Voraussetzung dafür wäre nämlich, dass der Verantwortliche die Möglichkeit des Erfolgseintritts vorausgesehen, dennoch gehandelt und den schädigenden Erfolg damit in Kauf genommen hätte.[3565] Gerade die **Feststellung des billigenden Inkaufnehmens** bereitet regelmäßig Probleme, da bei diesem Willensmoment die Gleichgültigkeit des Verantwortlichen gegenüber der möglichen Rechtsgutverletzung zum Ausdruck kommen muss.[3566] In einem Strafverfahren wird sich der Verantwortliche jedoch häufig in der Weise äußern, dass er zwar von der Gefährlichkeit seines Verhaltens gewusst, aber darauf vertraut habe, dass schon alles gut gehen und der negative Erfolg (sprich: Schaden) ausbleiben

---

3564 Zu den Abgrenzungsfragen Vorsatz/Fahrlässigkeit siehe auch Volk/Wessing II, a.a.O., § 4 Rn. 83 ff.

3565 Tröndle/Fischer, a. a. O, § 15 Rn. 9.

3566 Vgl. Schönke/Schröder-Cramer/Sternberg-Lieben, a.a.O., § 15 Rn. 72, 84.

werde.[3567] In einem solchen Fall kann kein Handeln mit bedingtem Vorsatz angenommen werden, sondern allenfalls bewusste Fahrlässigkeit; selbst wenn der Verantwortliche in leichtfertiger Weise auf den Nichteintritt des schädigenden Erfolges vertraut hat.[3568]

cc)   Bienenstich-Fall

Zu einer anderen Einschätzung kamen Staatsanwaltschaft und später auch der Bundesgerichtshof im so genannten **Bienenstichfall**.[3569]   **2448**

> Nach dem Verzehr von verdorbenem Bienenstich erkrankte eine Vielzahl von Patienten einer Klinik zum Teil erheblich. Die beiden Unternehmensleiter, der geschäftsführende Gesellschafter wie auch der angestellte Geschäftsführer, der Lieferfirma erfuhren von der verdorbenen Ware, **entschieden sich aber gegen eine Rückrufaktion**. Sie fürchteten um ihren Ruf und gingen davon aus, dass die Gesundheitsbeeinträchtigungen nicht sehr schwer gewesen seien, waren allerdings von einem Produktmanager und einem Vertriebsleiter ausdrücklich gewarnt worden. Die beiden Führungskräfte, die die Warnungen ausgesprochen hatten, wurden freigesprochen, da sie alles ihnen Mögliche und Zumutbare getan hatten, um weitere Gefahren abzuwenden. Sie konnten darauf vertrauen, dass ihre Vorgesetzten, die gesetzlichen Vertreter des Unternehmens, die erforderlichen Maßnahmen veranlassen würden. Mit der Information der Geschäftsleitung hatten die beiden Abteilungsleiter **alles ihnen Mögliche und Zumutbare** getan. »*Mehr war den Angeklagten, die nicht der Geschäftsführung angehörten und deren Weisungsbefugnis unterstanden, nicht zuzumuten. Insbesondere waren sie nicht verpflichtet, die von ihnen befürwortete Maßnahme gegen den erklärten Willen der Geschäftsführung selbst durchzuführen*«.
>
> Anders erging es den beiden Geschäftsführern. Der Bundesgerichtshof bestätigte die Verurteilungen wegen vorsätzlicher Körperverletzung, da sie sich der Gefahr bewusst waren und pflichtwidrig keinen Rückruf durchführten, wobei sie die zu erwartenden weiteren Erkrankungen billigend in Kauf nahmen.[3570]

Im Bienenstich-Urteil des Jahres 1988 wendete der Bundesgerichtshof erstmals den **Haftungsmaßstab des Möglichen und Zumutbaren** an. Zwei Jahre später nutzte er diese Formel, die heute üblich ist, erneut.   **2449**

dd)   Erdal-Lederspray-Fall

Für großes Aufsehen sorgte 1990 die richtungsweisende **Erdal-Lederspray-Entscheidung**,[3571] die ebenso wie der Bienenstich-Fall zum Teil auf dem Tatbestand der (vorsätzlichen) gefährlichen Körperverletzung basiert: **2450**

3567 Vgl. Schönke/Schröder-Cramer/Sternberg-Lieben, a.a.O., § 15 Rn. 72, 84.

3568 Schönke/Schröder-Cramer/Sternberg-Lieben, a.a.O., § 15 Rn. 106.

3569 BGH v. 04. 05. 1988, NStE Nr. 5 zu § 223 StGB mit Anm. von **Gorn** und **Peters,** ZLR 1988, 512 ff., 518 ff.; vgl. auch Rdn. 2400.

3570 Dazu auch Müller-Gugenberger/Bieneck/Schmid, a.a.O., § 56 Rn. 23.

3571 BGHSt 37, 106 ff. = NJW 1990, 2560 ff.; siehe dazu schon die Ausführungen Rdn. 652 ff. und Rdn. 1149 ff.

Angeklagt und später verurteilt wurden die Geschäftsführer der Herstellerfirma sowie die Geschäftsführer von zwei Tochterunternehmen, die für den
Vertrieb des Ledersprays verantwortlich zeichneten. Ihnen war vorgeworfen
worden, sich durch die Herstellung und den Vertrieb von Ledersprays der
fahrlässigen Körperverletzung und der gefährlichen Körperverletzung nach
§§ 230, 223 a StGB a. F.[3572] schuldig gemacht zu haben. Die Revision gegen
die entsprechende Verurteilung der Angeklagten durch das Landgericht
Mainz blieb hinsichtlich der Geschäftsleitungsmitglieder erfolglos, der Leiter
des Zentrallabors wurde freigesprochen.

2451 Der Fall: Bei einer größeren Zahl von Personen waren nach der Benutzung der
fraglichen Ledersprays zum Teil erhebliche gesundheitliche Beeinträchtigungen
aufgetreten. Viele der Verletzten mussten sich in stationäre Krankenhausbehand-
lung begeben; nicht wenige wurden wegen ihres lebensbedrohlichen Zustands
auf die Intensivstation gebracht. Nachdem die ersten Fälle gesundheitlicher
Beeinträchtigungen bei Lederspray-Anwendern der Konzernleitung bereits Ende
1980 bekannt geworden waren, fand im Mai 1981 eine Sondersitzung der
Geschäftsführer statt, in der der Leiter des Zentrallabors (Chefchemiker) über
die – erfolglose – Suche nach dem die Vergiftungen auslösenden Stoff berichtete.
So wurde weiter produziert und vertrieben. Tatsächlich erfolgte ein Rückruf des
Ledersprays erst Ende 1983. Unklar blieb in dem Verfahren, welche Substanz die
Schäden letztlich ausgelöst hatte. Die Richter hielten es für ausreichend, dass nach
ihrer Überzeugung die Erkrankungen durch das Lederspray ausgelöst worden
waren.

> *»Der Ursachenzusammenhang zwischen der Beschaffenheit eines Produktes und
> Gesundheitsbeeinträchtigungen seiner Verbraucher ist auch dann rechtsfehlerfrei fest-
> gestellt, wenn offen bleibt, welche Substanz den Schaden ausgelöst hat, aber auch
> andere in Betracht kommende Schadenursachen auszuschließen sind.«*[3573]

2452 Die Verantwortlichkeit der Geschäftsführer folgte zum einen daraus, dass sie sich
als gesetzliche Vertreter der GmbH deren Handeln als eigenes zurechnen lassen
müssen. Zum anderen ergab sie sich aus ihrer Rechtspflicht, die Verbraucher der
von dem Unternehmen produzierten, gesundheitsgefährdenden Artikel vor
Gesundheitsschäden zu bewahren. Dieser Pflicht waren sie nicht in dem erforderlichen Umfang nachgekommen.

2453 Für die nach Mai 1981 eingetretenen Schadenfälle wurde in der Urteilsbegründung ein vorsätzliches Handeln der Verantwortlichen angenommen, da spätestens von diesem Zeitpunkt an die bekanntermaßen schädlichen Sprays hätten
zurückgerufen werden müssen.[3574]

2454 Das Gericht hat diese **strafrechtliche Schadenabwendungspflicht direkt aus den
zivilrechtlichen Produkthaftungsgrundsätzen abgeleitet**. Die **Rechtsordnung
verbietet es grundsätzlich, Gefahrenquellen zu schaffen**, die zu körperlichen
Schäden bei Dritten führen, sofern nicht in den Lauf der Ereignisse eingegriffen

---

3572 Zur Tatzeit gültige Fassung des StGB, heute §§ 229, 224 StGB.
3573 BGH NJW 1990, 2560 ff. (2562).
3574 BGH NJW 1990, 2560 ff. (2566).

wird. **Wer eine solche Gefahrenlage schafft, nimmt eine Garantenstellung ein**, die ihn zu schadenverhütenden Maßnahmen verpflichtet. Wörtlich führte der BGH in dem entscheidenden Leitsatz aus:

>*Wer als Hersteller oder Vertriebshändler Produkte in den Verkehr bringt, die derart beschaffen sind, dass deren bestimmungsgemäße Verwendung für die Verbraucher – entgegen ihren berechtigten Erwartungen – die Gefahr des Eintritts gesundheitlicher Schäden begründet, ist zur Schadenabwendung verpflichtet. [Garantenstellung aus vorangegangenem Gefährdungsverhalten]. Kommt er dieser Pflicht schuldhaft nicht nach, so haftet er für dadurch verursachte Schäden strafrechtlich unter dem Gesichtspunkt der durch Unterlassung begangenen Körperverletzung.*«

Eine Abwägung zwischen der Gefährdung der Verbraucher und den Nachteilen **2455** für das Unternehmen (Gewinneinbußen, Imageverlust) ergab, dass nach Bekanntwerden der Vergiftungsfälle unverzüglich ein Rückruf der Ledersprays hätte erfolgen müssen.

Da die krisenhafte Situation und die Fragestellung, was aufgrund der gemeldeten **2456** Schadenfälle veranlasst werden sollte, alle Geschäftsbereiche des Unternehmens betraf, war eine Absprache über das weitere Vorgehen zwischen den Geschäftsführern notwendig. Auf eine abgegrenzte Ressortzuständigkeit konnten sich deshalb die Mitglieder der Geschäftsleitung nicht berufen. Jeder von ihnen wäre verpflichtet gewesen, **alles ihm Mögliche und Zumutbare zu unternehmen**,[3575] um einen entsprechenden Beschluss der Geschäftsführung herbeizuführen (Haftung bei so genannten Kollegialentscheidungen)[3576].

Der Erdal-Lederspray-Fall wirft ein zweites, gravierendes **Kausalproblem** auf: **2457** Wäre die gebotene Rückrufaktion selbst bei pflichtgemäßem Verhalten der Geschäftsführer zustande gekommen? War also die Untätigkeit jedes Einzelnen für den tatbestandlichen Erfolg kausal? Die Frage ist also, wie es um die **Bedeutung von Einzelvoten bei Kollegialentscheidungen** steht. Der Bundesgerichtshof[3577] geht davon aus, dass das Unternehmen durch die zahlreichen Verbraucherbeschwerden in eine **Ausnahmesituation** geraten war, die alle Einzelzuständigkeiten übergriff. Mangels abweichender Regelung im Gesellschaftsvertrag habe die Geschäftsführung daher eine ressortübergreifende Gesamtverantwortung getroffen. Dieser Gesamtverantwortung konnten die Geschäftsführer nach Auffassung des Senats nur durch einen Gesamtakt, einen gemeinsamen Rückrufbeschluss aller gerecht werden. Der einzelne Geschäftsführer sei daher nicht berechtigt gewesen, aus eigener Machtvollkommenheit den in Rede stehenden Rückruf anzuordnen. Er habe jedoch »*unter vollem Einsatz seiner Mitwirkungsrechte das ihm Mögliche und Zumutbare tun müssen, um einen Beschluss*

3575 BGH NJW 1990, 2560 ff. (2560).
3576 Vgl. Müller-Gugenberger/Bieneck/Schmid, a.a.O., § 56 Rn. 41 f., demnach der Grundsatz der Generalverantwortung und Allzuständigkeit eingreift, wenn aus besonderem Anlass das Unternehmen als Ganzes betroffen ist; ähnlich Achenbach/Ransiek/Kuhlen, a.a.O., K 2 Rn. 32, der darauf abstellt, dass u. U. konkrete Anhaltspunkte bestehen, dass das Vertrauen auf fehlerfreies Verhalten anderer nicht mehr gerechtfertigt ist.
3577 BGHSt 37, 106 ff. (126).

der Gesamtgeschäftsführung über Anordnung und Vollzug des gebotenen Rückrufs zustande zu bringen«.

2458 Für die **Kausalitätsprüfung** – so der Bundesgerichtshof weiter – sei also entscheidend, ob die Erfüllung der jeweiligen Handlungspflicht zu einem Beschluss über den Rückruf der gefährlichen Sprays geführt hätte. Werde diese Frage für jeden (der) Angeklagten gesondert gestellt, so könne ihre Beantwortung deshalb zweifelhaft sein, weil nicht auszuschließen sei, dass jeder Geschäftsführer mit dem Versuch, die erforderliche Entscheidung herbeizuführen, am Widerstand der übrigen, den Rückruf ablehnenden Geschäftsführer gescheitert wäre.[3578]

2459 In der Tat versagt im vorliegenden Fall die vorherrschend vertretene **Conditio-sine-qua-non-Formel**. Auch wenn man das jeweils pflichtgemäße Verhalten der einzelnen Geschäftsführer hinzudenkt, kann wegen der Erforderlichkeit einer Mehrheitsentscheidung nicht festgestellt werden, dass ein Beschluss über den Rückruf zustande gekommen wäre. Auf den ersten Blick scheint deshalb Kausalität auf dieser Prüfungsstufe nicht vorzuliegen – ein Ergebnis, das dem Rechtsgefühl eklatant widerspricht.[3579]

2460 Nun könnte man vom Nachweis der Kausalität des Unterlassens absehen, wenn man statt einer Kausalbeziehung nur eine **Risikoerhöhung**[3580] fordern würde. Denn dann könnte man sich darauf beschränken, jedem einzelnen Geschäftsführer vorzuhalten, dass jedenfalls schon das Risiko einer Schädigung stieg, als er es unterließ, auf einen Rückruf des schädlichen Produkts zu drängen. Aber die Risikoerhöhungslehre wird vom Senat richtigerweise ausdrücklich abgelehnt.[3581] Da diese Lehre nicht mit dem Grundsatz »Im Zweifel für den Angeklagten« vereinbar ist, bemüht der Bundesgerichtshof im Erdal-Lederspray-Urteil für die Fälle vorsätzlicher Körperverletzung durch Unterlassen die Rechtsfigur der **Mittäterschaft**. Deren Voraussetzungen seien beim unechten Unterlassungsdelikt dann erfüllt, wenn mehrere Garanten, die eine ihnen gemeinsam obliegende Pflicht nur gemeinsam erfüllen können, gemeinschaftlich den Entschluss fassen, dies nicht zu tun.[3582] Jeder Angeklagte müsse sich deshalb die Unterlassungsbeiträge der anderen zurechnen lassen und hafte mithin für das Unterbleiben des Rückrufs.

2461 Diese **Argumente des Bundesgerichtshofs** sind auf **wenig Zustimmung** gestoßen. Hauptsächlich wird gerügt, dass dem Gericht (»ergebnisorientiert«) der erforderliche Kausalitätsnachweis nur unter schmerzlicher Überdehnung der dogmatischen Grundprinzipien des Strafrechts gelungen sei.[3583] Auch die Annahme der Mittäterschaft wird kritisiert mit dem Hinweis, beim Begehungsdelikt bestehe

---

3578 BGHSt 37, 106 ff. (129).

3579 So auch Eric **Hilgendorf**, Fragen der Kausalität bei Gremienentscheidungen am Beispiel des Lederspray-Urteils, in: NStZ 1994, 561 ff. (562).

3580 Vgl. zur Risikoerhöhungstheorie: Günter **Stratenwerth**/Lothar **Kuhlen**, Strafrecht, Allgemeiner Teil I: Die Straftat, 5. Aufl. Köln u. a., 2004, § 8 Rn. 35 ff..; ablehnend statt vieler Schönke/Schröder-Stree, a.a.O., § 326 Rn. 13 m. w. N.

3581 BGHSt 37,106 ff. (127); vgl. auch Knut Amelung, a.a.O., S. 64 ff. (69); Kuhlen, a.a.O., NStZ 1990, 569.

3582 BGHSt 37, 106 ff. (129).

3583 Vgl. Hassemer, Produktverantwortung, a.a.O., S. 68; ders., Anmerkungen zu BGH, Urt. v. 06. 07. 1990, in: JuS 1991, 253 ff.

doch Einigkeit, dass derjenige Mittäter sei, der entscheiden könne, ob und wie die Tat durchgeführt werde. Diese Voraussetzung liege aber im Erdal-Fall gerade nicht vor; denn hätte sich einer von den Mitgeschäftsführern für die Durchführung der Rückrufaktion, also gegen das Unterlassen der gebotenen Handlung, entschlossen, dann wäre dies solange ohne Folgen geblieben, wie sich nicht die Mehrheit aller Geschäftsführer in gleicher Weise entschieden hätte. Vom einzelnen Geschäftsführer hänge also das »Ob und Wie« der Tat gerade nicht ab.[3584]

Diese **Kritik verkennt** jedoch, dass die Rechtsprechung der Täterlehre folgt, nach **2462** der vornehmlich subjektive Kriterien über die rechtliche »Qualität« eines Tatbeitrags entscheiden, und nicht der von der Literatur vertretenen objektiven Theorie oder Tatherrschaftslehre. Zu den wichtigsten (mit-)täterschaftsbegründenden Anhaltspunkten gehören nun aber der Täterwille, das Tatherrschaftsbewusstsein und der Grad des eigenen Interesses am Erfolg. Tatherrschaft und Umfang der Tatbeteiligung spielen dagegen als Merkmale objektiver Art nur eine begrenzte Rolle.[3585]

Viel bedenklicher sei jedoch – so ein Teil der Lehre – der Umstand, dass der **2463** Bundesgerichtshof die Mittäterschaft allein auf den gemeinsamen Unterlassungsentschluss gründe und diesen sodann als Ersatz für die Unterlassungskausalität ausreichen lasse.[3586] Zudem wird eingewendet, es sei zirkelschlüssig, über die Annahme der Mittäterschaft zur Kausalitätsfeststellung zu gelangen, weil die Mittäterschaft bereits einen kausalen Beitrag jedes einzelnen Mittäters zum Erfolg voraussetze.[3587]

Diese Argumente überzeugen dennoch nicht. Zwar muss auch bei der Mittäter- **2464** schaft das Verhalten der Beteiligten für den Eintritt des Erfolgs kausal sein, doch betrifft dies nur die Kausalität zwischen dem mittäterschaftlich konstituierten Verhalten insgesamt und dem Eintritt des Erfolgs. Ein Nachweis der Kausalität zwischen den Einzelbeiträgen der Mittäter und dem Gesamttaterfolg ist hingegen nicht erforderlich.[3588] Denn es ist gerade eine der wichtigsten Funktionen der Figur der Mittäterschaft, in Fällen zweifelhafter Kausalität aller einzelnen Beiträge der Mittäter dem Richter das Auseinandergliedern dieser Einzelbeiträge zu ersparen.[3589]

Trotz allem waren die Bemühungen des Bundesgerichtshofs vergeblich, durch **2465** den »Trick«[3590] mit der Mittäterschaft die »reine« Kausalitätsfrage zu umgehen.[3591]

3584 So auch: Erich **Samson**, Probleme strafrechtlicher Produkthaftung, in: StV 1991, 182 ff. (184); ebenfalls kritisch: Amelung, a.a.O., S. 64 ff. (70).
3585 Vgl. Johannes **Wessels (Begr.)**/ Werner **Beulke**, Strafrecht Allgemeiner Teil, 36. Aufl., Heidelberg 2006, Rn. 524 ff. (526); Stratenwerth/Kuhlen, a.a.O., § 12 Rn. 77 ff.
3586 Samson, a.a.O., StV 1991, 182 ff. (183 f.).
3587 Puppe, JR 1992, 30 ff. (32).
3588 Hilgendorf, a.a.O., NJW 1994, 561 ff. (563).
3589 Werner **Beulke**/Gregor **Bachmann**, Die »Lederspray-Entscheidung« – BGHSt 37, 106, in: JuS 1992, 737 ff. (743).
3590 Puppe, a.a.O., JR 1992, 30 ff. (32).
3591 Beulke/Bachmann, a.a.O., JuS 1992, 737 ff. (743).

2466 Eine ganz **ähnliche Problematik** findet sich im Übrigen in den so genannten »**Mauerschützen-Prozessen**«, in denen stets nur die unmittelbar Ausführenden wegen Totschlags verurteilt werden. Diejenigen, die dagegen in Schule, Massenorganisation und Politunterricht das Rechtsbewusstsein der Grenzsoldaten deformiert haben, konnten und können mangels Straftatbestands nicht zur Verantwortung gezogen werden.[3592] So bleiben Funktionsträger, die über einen größeren Überblick und über eine differenziertere Ausbildung verfügen, regelmäßig straffrei.[3593]

2467 Angesichts dieses zweifelsohne unbefriedigenden Umstands bemüht sich die Rechtsprechung umso intensiver, zumindest die unmittelbar Handelnden strafrechtlich zur Verantwortung zu ziehen. Dies geschieht, obgleich sie in der militärischen Hierarchie an unterster Stelle stehen und in gewisser Weise selbst Opfer des Grenzregimes geworden sind.

2468 In der Regel versuchen die Gerichte gar, sämtliche Mauerschützen als Mittäter dingfest zu machen. Dieses Bemühen findet sich selbst in Fällen, in denen eine gemeinschaftliche Tatbegehung im Sinne des § 25 Absatz 2 StGB nach herkömmlichen Grundsätzen ausscheidet. So nimmt der Bundesgerichtshof beispielsweise selbst dann mittäterschaftlichen Totschlag an, wenn der Schuss eines Grenzsoldaten den Flüchtigen zwar verletzt hat, für dessen Tod aber nachweislich nicht ursächlich war. Auch hier wird die mangelnde Kausalität durch Hinweis auf den gemeinschaftlichen Tatenschluss ersetzt.[3594] So stellt der Bundesgerichtshof fest:

> »*Die beiden Angeklagten handelten. ... unter dem Einfluss des gleichen Befehls mit gleicher Zielsetzung ... Mit ihrem jeweiligen Verhalten gaben sie dem anderen zu erkennen, dass sie das Ziel verfolgten, das ihnen beiden durch den Befehl vorgegeben war. ... Unter diesen Umständen muss sich der Angeklagte das Verhalten des Mitangeklagten, das zur tödlichen Verletzung führte, im Sinne* arbeitsteiliger Mittäterschaft *zurechnen lassen*«.[3595]

2469 Doch halt! Verbietet sich nicht der Vergleich Mauerschütze/Manager aus nahe liegenden Gründen? Der Bundesgerichtshof sieht dies anders. Er nennt das Regime der ehemaligen DDR, die Mafia und die Industrie in einem Atemzug, wenn er die strafrechtliche Haftung hoher Funktionäre für die Todesschüsse an der Mauer begründet. Für das Gericht ist mit überzeugenden Gründen der Täter hinter dem Täter (Todesschütze), der als »*Hintermann durch Organisationsstrukturen bestimmte Rahmenbedingungen ausnutzt, innerhalb derer sein Tatbeitrag regelhafte Abläufe auslöst*«. Und der Bundesgerichtshof weist darauf hin: »*Auch das Problem der Verantwortlichkeit beim Betrieb wirtschaftlicher Unternehmen lässt sich so lösen*«.[3596]

2470 Noch schwieriger gestaltet sich im Erdal-Lederspray-Fall die Bejahung der Kausalität für die beiden **Geschäftsführer der Tochter-Vertriebsgesellschaften** Erdal

---

3592 BGH NJW 1993, 1932 ff. (1937).

3593 BGH NJW 1993, 141; BGH NJW 1993, 1604.

3594 BGH NJW 1993, 141 ff. (148).

3595 Vgl. auch die ähnlich gelagerte Rechtsprechung zur Einfuhr von Betäubungsmitteln in Mittäterschaft: BGH NStZ 1993, 137; BGH NStZ 1993, 138.

3596 BGHSt 40, 219 ff. (237); vgl. Klaus **Volk**, Wirtschaftliches »Glatteis« für Unternehmer, in: BB Heft 25/2000 v. 22. 06. 2000, »Die erste Seite«.

und Solitär, die nicht unmittelbar an der Abstimmung beteiligt waren, davon jedoch im Anschluss an die Geschäftsführersitzung der Muttergesellschaft über die dort getroffene Entscheidung umfassend informiert wurden, diese billigten und sie sich jeweils für ihren Verantwortungsbereich zu Eigen machten.

Der **Bundesgerichtshof bejaht** auch hier unter bloßem Hinweis auf die subjektive **2471** Komponente die Voraussetzungen der **Mittäterschaft**. Zu deren Begründung bedürfe es insbesondere keiner vorherigen Verabredung; vielmehr genüge auch ein erst während der Tat entstandenes Einverständnis.[3597] Ergänzend führt das Gericht aus, die beiden Geschäftsführer hätten einen »*notwendigen Beitrag dafür*« geleistet, »*dass auch im Kreise der Geschäftsführer beider Vertriebsgesellschaften ein – durch ihre Billigung ›komplettiertes‹ – Einverständnis darüber erzielt wurde, keine Rückrufaktion anzuordnen*«.[3598]

Die Frage, ob diese »Komplettierung« des Einverständnisses notwendig war, um **2472** den Ablehnungsbeschluss zustande zu bringen, wirft der Bundesgerichtshof wohlweislich erst gar nicht auf. Aus den Urteilsgründen ist jedoch zu entnehmen, dass die Abstimmungsbeteiligten zugleich auch Geschäftsführer der beiden Vertriebsgesellschaften waren, sodass mit den vier bereits abgegebenen Stimmen die Ablehnung des Rückrufs auch für die beiden Tochterfirmen verbindlich beschlossen war. Angesichts dieser Umstände erscheint das Vorliegen sukzessiver Mittäterschaft, von dessen Voraussetzungen der Bundesgerichtshof auszugehen scheint, jedoch äußerst zweifelhaft.[3599] Schon im Jahre 1984 hatte der 1. Strafsenat in einem Grundsatzurteil zu derartigen Problemfällen entschieden:

> »*Ob Kenntnis und Billigung und mittäterschaftliches Eingreifen dazu führen, dass dem Eingreifenden auch bereits verwirklichte Tatumstände zuzurechnen sind, ist umstritten. ... Eine solche Zurechnung ist jedenfalls nur dann möglich, wenn der Hinzutretende selbst einen für die Tatbestandsverwirklichung ursächlichen Beitrag ... leistet. Kann der Hinzutretende die weitere Tatausführung dagegen gar nicht mehr fordern, weil für die Herbeiführung des tatbestandsmäßigen Erfolges schon alles getan ist und weil das Tun des Eintretenden auf den weiteren Ablauf des tatbestandsmäßigen Geschehens ohne Einfluss bleibt, kommt (eine) mittäterschaftliche Mitwirkung trotz Kenntnis, Billigung und Ausnutzung der durch einen anderen geschaffenen Lage nicht in Betracht. ...*«[3600]

Vergleichbar war die Ausgangslage im Erdal-Lederspray-Fall. Die beiden erst **2473** nachträglich befragten Geschäftsführer der Vertriebsgesellschaften konnten die Tat durch ihr Votum weder fördern noch verhindern. Denn die Mehrheit gegen eine Rückrufentscheidung stand seit der Sondersitzung mit Wirkung auch für die beiden Tochtergesellschaften verbindlich fest. Deshalb liegt auch der Hinweis des

---

3597 Dazu Wessels/Beulke, a.a.O. Rn. 526 ff.

3598 BGHSt 37, 106 ff. (130).

3599 Günther **Kohlmann**, Manager vor Gericht, in: Gerling/Obermeier, Risiko-Störfall-Kommunikation 1, a.a.O., S. 95 ff. (106); auch: Claus **Roxin**, Täterschaft und Tatherrschaft, 8. Aufl., Berlin 2006, S. 559 ff. (S. 578 ff.).

3600 BGH NStZ 1984, 548 ff.; zustimmend auch: Roxin, Täterschaft, a.a.O., S. 592 ff.; Schönke/ Schröder-Cramer, a.a.O., § 25 Rn. 91.

Bundesgerichtshofs[3601] darauf, dass die den Angeklagten als gefährliche Körperverletzung zugerechneten Schadensfälle noch ausstanden, die Tat also noch nicht vollendet war, neben der Sache.[3602]

2474 Einen recht interessanten und daher erwähnenswerten **Lösungsansatz** vertritt in diesem Zusammenhang Ingeborg **Puppe**. Ihrer Ansicht nach ist das Kausalitätsproblem nur zu lösen, sofern man darauf verzichtet, als Einzelursache nur solche Bedingungen anzuerkennen, die schlechthin für die Erfolgsherbeiführung notwendig sind. Als Einzelursache müsse ein Verhalten vielmehr schon dann genügen, wenn es ein notwendiger Bestandteil einer von mehreren hinreichenden Erfolgsbedingungen sei.[3603] Unter Zugrundelegung dieses dogmatischen Ansatzpunktes löse sich das Problem der Kausalität des Abstimmungsverhaltens eines Gremiumsmitglieds wie folgt: Die Stimmabgabe des einzelnen Mitglieds sei eine Einzelursache, weil sie in Verbindung mit jeweils so vielen anderen Stimmen, wie für die Mindestmehrheit erforderlich seien, einen notwendigen Bestandteil einer von mehreren hinreichenden Bedingungen für das Zustandekommen des rechtswidrigen Beschlusses bilde.[3604] So könne sich im Ergebnis keines der rechtswidrig abstimmenden Gremiumsmitglieder zu seiner Entlastung darauf berufen, dass der rechtswidrige Beschluss auch ohne seine Stimme zustande gekommen wäre. Zur Veranschaulichung dieses nicht ganz einfachen Gedankengangs mag folgendes Beispiel dienen: Ein Gremium, bestehend aus den drei Personen A, B und C, ist zur Beschlussfassung mit Stimmenmehrheit aufgerufen. Das Zustandekommen oder Unterbleiben dieses Beschlusses ist nun auf vierfache Weise möglich, und zwar mit den Stimmen von A und B oder A und C oder B und C oder A, B und C gemeinsam. Es sind also vier Kausalverläufe denkbar, die den Beschluss herbeiführen oder verhindern können. Diese vier Konstellationen entsprechen den vier »hinreichenden« Erfolgsbedingungen. Die **Einzelstimmen** sind dabei jeweils **»notwendige« Bestandteile** einer dieser mehreren **»hinreichenden« Erfolgsbedingungen**.

2475 Voraussetzung für die Kausalität der Einzelstimme sei aber – so Puppe weiter –, dass die Mehrheit bei Stimmabgabe noch nicht festgestanden habe. Würden einzelne Gremiumsmitglieder erst befragt, nachdem die Mehrheit bereits zustande gekommen sei, so könnten sie dafür nicht mehr kausal werden. Wenn man ihnen die Folgen des rechtswidrigen Beschlusses gleichwohl zurechne – so wie es der Bundesgerichtshof in der Erdal-Lederspray-Entscheidung getan habe –, so bedürfe es dafür der Neuentwicklung eines besonderen Zurechnungsmodus neben der Kausalität, einer Zurechnung kraft Wahrnehmung gleichberechtigter rechtlicher Kompetenz und Verantwortung.[3605]

2476 Das **Kausalitätsproblem** stellt sich schließlich auch **in den Fällen fahrlässiger Körperverletzung durch Unterlassen**. Auch hier vermag die Rechtsfigur der Mittäterschaft das Ergebnis des Bundesgerichtshofs nicht zu tragen, denn bei Fahrläs-

---

3601 BGHSt 37, 106 ff. (130).
3602 So auch Puppe, a.a.O., JR 1992, 32.
3603 Puppe, a.a.O., JR 1992, 32.
3604 Puppe., a.a.O., JR 1992, 33 f.
3605 Puppe, a.a.O., JR 1992, 34.

sigkeitsdelikten ist § 25 Absatz 2 StGB mangels gemeinsamen Tatentschlusses nach ganz herrschender Meinung unanwendbar.[3606]

Stattdessen zog der Bundesgerichtshof im Erdal-Lederspray-Fall eine Parallele **2477** zum **Phänomen der kumulativen Kausalität** bei Begehungsdelikten.[3607] Gemeint ist damit der Fall, dass erst mehrere für sich allein unzureichende Handlungsbeiträge einen Deliktserfolg herbeiführen. Zur Veranschaulichung sei das bekannte Lehrbuchbeispiel erwähnt, in dem zwei Personen unabhängig voneinander dem Opfer eine für sich allein unzureichende, in ihrer Gesamtheit aber tödliche Menge Gift beibringen, die zum Tod führt.[3608] Hier wird allgemein die Kausalität der für sich allein unzureichenden Tatbeiträge bejaht – deshalb meint der Senat auch im Erdal-Lederrspray-Fall die Kausalität bejahen zu können.

Diese Parallele ist aber nicht nachvollziehbar.[3609] In den Fällen der kumulativen **2478** Verursachung wird die **Kausalität anhand der Conditio-sine-qua-non-Formel ermittelt**: Denkt man sich eine nicht tödliche Giftbeigabe hinweg, so entfällt der Todeserfolg. Denkt man sich dagegen nach der für das Unterlassen umformulierten Conditio-sine-qua-non-Formel im Erdal-Lederspray-Fall ein Hinwirken auf den Rückruf hinzu, so ist noch keineswegs sicher, dass ein solcher auch tatsächlich erfolgt wäre. Offensichtlich erkannte der Bundesgerichtshof, dass eine Darlegung zur Begründung der Kausalität im Erdal-Lederspray-Fall nicht ausreichte, denn das Gericht besserte im Anschluss an die vorgenannten Ausführungen mit rein kriminalpolitischen Argumenten nach.[3610] Es betonte, nur eine Bejahung der Kausalität werde der gemeinsamen und gleichstufigen Verantwortung der Geschäftsführer gerecht. Würde man dies – so der Bundesgerichtshof – anders sehen, so könne in einer GmbH mit mehreren Geschäftsführern jeder einer strafrechtlichen Haftung einfach dadurch entgehen, dass er auf »die gleichartige und ebenso pflichtwidrige Untätigkeit der anderen« hinweise.[3611]

Der Sache nach etablierte der Bundesgerichtshof mit der Erdal-Lederspray-Ent- **2479** scheidung daher im Vorsatz- wie auch im Fahrlässigkeitsbereich eine **Haftung der gesetzlichen Unternehmensleiter für riskantes Unterlassen ohne Kausalitätsnachweis**.[3612] Der Risikoerhöhungslehre, die dieses Ergebnis am ehesten tragen könnte, weil sie vom Nachweis der Ursächlichkeit des Unterlassens absieht, erteilte er freilich eine Absage. Stattdessen bemühte der Senat höchst fragwürdige Hilfskonstruktionen wie die der (sukzessiven) Mittäterschaft oder kumulativen Kausalität. Wo auch diese das gewünschte Ergebnis nicht zu tragen vermochten, griff er gar zu allgemeinen kriminalpolitischen Erwägungen.

3606 Vgl. Amelung, a.a.O., S. 64 ff. (70); Achenbach/Ransiek/Kuhlen, a.a.O., K 2 Rn. 53 m. w. N.

3607 BGHSt 37, 106 ff. (131).

3608 Vgl. Beulke/Bachmann, a.a.O., JuS 1992, 737 ff. (743).

3609 Amelung, a.a.O., S. 64 ff. (70); so auch: Lothar **Kuhlen**, Strafhaftung bei unterlassenem Rückruf gesundheitsgefährdender Produkte, in: NStZ 1990, 566 ff. (570); Ransiek, a.a.O., S. 67.

3610 Vgl. Puppe, a.a.O., JR 1992, 30 ff. (32); Hilgendorf, a.a.O., S. 561 ff. (562).

3611 BGHSt 37, 106 ff. (132).

3612 So auch Amelung, a.a.O., S. 64 ff. (75).

2480 Vielleicht hätte der Bundesgerichtshof die geschilderten Probleme der Zurechnung des Erfolgs zum Unterlassen umgehen können, wenn er die Handlungspflichten der Geschäftsführer »rein strafrechtlich« bestimmt hätte. Er machte sie jedoch vom Inhalt des Gesellschaftsvertrags abhängig: Sieht dieser Einzelgeschäftsführung vor, so soll der einzelne Geschäftsführer zum Rückruf verpflichtet sein; besteht eine solche Regelung nicht, soll die Rückrufpflicht alle Geschäftsführer gemeinsam treffen.

2481 Seiner Linie treu geblieben ist der Bundesgerichtshof dagegen im Erdal-Lederspray-Fall bei der **Bewertung des Mitarbeiterverhaltens**. Hier entschied er nach dem Vertrauensgrundsatz und sprach den mitangeklagten Chefchemiker des Unternehmens frei.[3613] Er wäre nur dann schuldig gewesen, wenn er die Geschäftsführer über die in seinem Arbeitsbereich gefundenen Erkenntnisse falsch oder unvollständig unterrichtet und dadurch zu dem Unterlassen der Rückrufaktion beigetragen hätte. Ein solches Verhalten konnte jedoch nicht festgestellt werden. Als nicht kaufmännischer Angestellter hatte er nicht die Aufgabe, einen Rückruf vorzuschlagen und konnte daher auch nicht strafrechtlich belangt werden.

2482

Erdal-Fall

	gf. Gesellschafter A	Geschäftsführer B*)	Geschäftsführer C	Geschäftsführer D**)
Geschäfts-leitungs-ebene	Ressort Chemie	Ressort Technik Einkauf	Ressort Verwaltung	Ressort Absatzwesen
Haupt-abteilungs-ebene	Produktion / Forschung Entwicklung Zentrallabor***)		allg. Verwaltung / Rechts- und Versicherungswesen	Vertriebstochtergesellschaft E-GmbH Leitung: Gf. E + Gf.gremium der Obergesellschaft / Vertriebstochtergesellschaft S-GmbH Leitung: Gf. E + Gf.gremium der Obergesellschaft
Abteilungs-ebene		Technik / Einkauf / Lager / Spedition	Finanzwesen / Rechnungswesen / Personalwesen / Rechtswesen	
Sachbearbeiter-ebene				

*) Der vom Landgericht Mainz verurteile Geschäftsführer B verstarb im Laufe des Revisionsverfahrens.
**) Das Verfahren gegen den Mitangeklagten D wurde vom LG Mainz abgetrennt.
***) Der leitende Chemiker wurde vom Bundesgerichtshof freigesprochen.

2483 Abschließend bleibt zum Erdal-Lederspray-Urteil des Bundesgerichtshofes festzuhalten, dass trotz aller dogmatischen Einwände mit einer Fortsetzung dieser Rechtsprechung zu rechnen ist und das Urteil wegen seiner Begründung umfassender Risikoerweiterungen für Mitglieder von Kollegialorganen als das maßgeb-

---

3613 Siehe dazu oben Rdn. 1161 ff.

lichste im Rahmen der strafrechtlichen Produktverantwortung bezeichnet werden muss.[3614]

Verallgemeinernd lässt sich feststellen: **Wer den Weiterverkauf eines als gesund-** **2484** **heitsschädlich anerkannten Produkts nicht stoppt, obwohl er mit weiteren Schadensfällen rechnet, kann sich bei deren Eintritt nicht mehr glaubhaft darauf berufen, diese nicht gewollt zu haben.** Er nimmt die weiteren Schadensfälle vielmehr billigend in Kauf, handelt also mit bedingtem Vorsatz.

ee) Holzschutzmittel-Fall

Ebenfalls zum Bereich des Produktrisikos zählen die Fälle, bei denen den Betriebs- **2485** angehörigen **Konstruktionsfehler** vorgeworfen werden.

> So setzte das Amtsgericht Freiburg mit einem Strafbefehl gegen zwei Konstrukteure einer Baufirma Geldstrafen von je 20 Tagessätzen fest, weil sie Schweißnähte für einen Lkw-Ladekran nicht mangelfrei vorbereitet bzw. später nicht mangelfrei nachbehandelt hatten.[3615] Das Zusammenwirken dieser Mängel führte dazu, dass der Kranausleger beim Anheben eines Garagendachs abbrach und der vordere Teil des Kranauslegers beim Herabfallen einen Arbeiter traf. Die Konstrukteure der Baufirma wurden wegen fahrlässiger Körperverletzung verurteilt.

Weiter ist auf die Fälle hinzuweisen, die aufgrund gesteigerten Umweltbewusst- **2486** seins der Bevölkerung in der Zukunft besondere Bedeutung erlangen werden. Es handelt sich um all die Produkte, die in den vergangenen Jahren ohne Beanstandung hergestellt wurden, aufgrund von Erkenntnissen der Wissenschaft heute aber als gesundheitsgefährdende Mittel und Substanzen angesehen werden.

So wurde am 1. Juni 1992 vor der 26. Strafkammer des Landgerichts Frankfurt **2487** a. M. das Hauptverfahren gegen den technischen und den kaufmännischen Geschäftsführer eines Herstellerunternehmens für Holzschutzmittel eröffnet. Dem **Holzschutzmittel-Verfahren** lag folgender Sachverhalt zugrunde:

> Das Unternehmen hatte seit dem Jahr 1969 Holzschutzmittel hergestellt und vertrieben, die auch für die Behandlung von Holz in Innenräumen als geeignet deklariert waren. Die Mittel enthielten nach Sachverständigengutachten u. a. Pentachlorphenol (PCP) und Gamma-Hexachlorcyclohexan (Lindan), denen nach Meinung der Staatsanwaltschaft eine toxische Wirkung zukommt. Die bestimmungsgemäße Anwendung der Mittel in Innenräumen hatte nach den staatsanwaltlichen Ermittlungen bei einer Großzahl von Personen Vergiftungssymptome zur Folge. Die Staatsanwaltschaft warf den Angeklagten vor, sie hätten die Wirkungen der Mittel vorhersehen können. Spätestens seit 1979 hätten sie positive Kenntnis von der schädigenden Wirkung der Giftstoffe gehabt, jedoch keine Vertriebsstopp- und Abhilfemaßnahmen eingeleitet.[3616]

3614 Vgl. Achenbach/Ransiek/Kuhlen, a.a.O., K 2 Rn. 54; Volk/Wessing II, a.a.O., § 4 Rn. 116.
3615 AG Freiburg, Urteil v. 20. 08. 1980 – Az. 21 (Ls) AK 77/80 – (nicht veröffentlicht).
3616 LG Frankfurt a. M. NStZ 1990, S. 592 ff.

2488 Aus diesem Grunde hätten die Angeklagten zunächst fahrlässige und seit dem Jahre 1979 vorsätzliche gefährliche Körperverletzung z. T. durch Unterlassen begangen. Darüber hinaus erhob die Anklage auch noch in mehreren Fällen den Vorwurf der schweren Umweltgefährdung durch Freisetzung von Giften verbunden mit der Gefahr des Todes oder einer schweren Körperverletzung für die Opfer (§ 330a StGB).[3617]

2489 Das Landgericht Frankfurt a. M. hatte die Eröffnung des Hauptverfahrens zunächst mit der Begründung abgelehnt, dass eine Strafbarkeit nach § 330a StGB ausscheide. Es fehle das Tatbestandsmerkmal »unkontrollierbar«, da die Anwendung der biozidhaltigen Holzschutzmittel in Innenräumen beherrschbar sei; denn die Quelle der ausgasenden Giftstoffe sei zum einen bekannt bzw. bestimmbar, auch könne sie zum anderen kontrolliert, überwacht und wieder beseitigt werden. Darüber hinaus seien 123 der Fälle verjährt, in fünf Fällen sei eine Körperverletzung der Geschädigten nicht ersichtlich und in den weiteren 44 Fällen sei der Nachweis der Kausalität zwischen der Verwendung des Mittels und den Erkrankungen nicht zu erwarten. Außerdem hatte das Landgericht Zweifel daran, dass die toxischen Wirkungen für die Angeschuldigten vorhersehbar gewesen seien.[3618]

2490 Das Oberlandesgericht Frankfurt a. M. hob diesen Beschluss im Dezember 1991 aufgrund der sofortigen Beschwerde von Staatsanwaltschaft und Nebenkläger auf und entschied, dass das Verfahren vor dem Landgericht Frankfurt a. M. zu eröffnen sei.[3619] Das Oberlandesgericht führte dazu aus, die Angeschuldigten seien hinreichend wahrscheinlich verantwortlich für die Herstellung und den Vertrieb der Holzschutzmittel und hätten die toxische Wirkung der Holzschutzmittel vorhersehen können. Spätestens seit Anfang 1979 sei trotz Kenntnis der schädigenden Wirkung nichts unternommen worden, um die Anwender vor zum Teil akuter Lebensgefahr zu schützen.

Zur Frage der Kausalität zog das Oberlandesgericht die **Erdal-Lederspray-Entscheidung** des Bundesgerichtshofs heran:

> *»Ein anerkanntes naturwissenschaftliches Kausalgesetz, wonach die Aufnahme von aus behandeltem Holz diffundierenden Inhaltsstoffen von Holzschutzmitteln über einen längeren Zeitraum in geringen Dosen zu den von den Geschädigten geklagten Gesundheitsbeeinträchtigungen führt, existiert nicht, ebenso wenig allerdings wie ein allgemein anerkanntes naturwissenschaftliches Kausalgesetz, das den Ursachenzusammenhang generell ausschließt.«*[3620]

2491 Und an einer anderen Stelle des OLG-Beschlusses heißt es:

> *»Das Fehlen eines anerkannten naturwissenschaftlichen Kausalgesetzes führt allerdings nicht zu dem Ergebnis, dass damit die Ursächlichkeit zwischen dem Einwirken von Holzschutzmitteln und ihren Wirkstoffen und den geklagten Gesundheitsbeeinträchtigungen zwingend als nicht erwiesen angesehen werden muss. Im Anschluss an*

3617   Dazu Rdn. 1553 ff.
3618   LG Frankfurt a. M. NStZ 1990, S. 592 ff.
3619   OLG Frankfurt a. M., Beschluss v. 19. 12. 1991, 1 Ws 206/90.
3620   Beschluss OLG Frankfurt a. M. v. 19. 12. 1991, S. 14.

das so genannte Contergan-Verfahren hat sich die Rechtsprechung der Auffassung angeschlossen, wonach im Falle des Fehlens der wissenschaftlichen Anerkennung eines bestimmten Kausalgesetzes, auch bei fehlendem Konsens zur Frage genereller Kausalität innerhalb der maßgebenden Fachkenntnisse, die Annahme eines Ursachenzusammenhanges der freien richterlichen Überzeugungsbildung unterliegt.«[3621]

Auch das Fehlen eines wissenschaftlich allgemein anerkannten Kausalgesetzes **2492** **und der naturwissenschaftlich eindeutigen Klärung,** welcher der in den Holzschutzmitteln enthaltenen Wirkstoffe oder welche Kombination dieser Wirkstoffe für die gesundheitlichen Beeinträchtigungen verantwortlich ist, **lässt** demnach **die Annahme einer strafrechtlichen Kausalität zu.**

Das Landgericht Frankfurt a. M. verurteilte die beiden angeklagten Geschäftsfüh- **2493** rer am 25. Mai 1993 nach 66 Verhandlungstagen wegen fahrlässiger Körperverletzung und fahrlässiger Giftfreisetzung zu Freiheitsstrafen von jeweils einem Jahr mit Bewährung und einer Geldstrafe von jeweils 120.000 DM. Der Bundesgerichtshof hob das Urteil, gegen das die beiden Angeklagten wie auch die Staatsanwaltschaft Revision eingelegt hatten, wegen Verfahrensfehlern auf und verwies zur erneuten Verhandlung an eine andere Strafkammer desselben Landgerichts zurück.[3622] Am 6. November 1996 schließlich stellte das Gericht das Verfahren gegen die beiden angeklagten Geschäftsführer wegen geringer Schuld (§ 153 a StPO) gegen Zahlung von Geldbußen jeweils in Höhe von 100.000 DM ein. Die Muttergesellschaft des Unternehmens der beiden angeklagten Geschäftsführer stellte darüber hinaus umgerechnet 2 Millionen Euro zur Einrichtung eines Lehrstuhls für toxikologische Forschung auf dem Gebiet der Raumluftqualität an der Universität Gießen zur Verfügung.

Die Ausführungen des Bundesgerichtshofs in seiner Holzschutzmittel-Entschei- **2494** dung zur **Kausalität** sind von grundsätzlicher Bedeutung. Sie lassen sich wie folgt zusammenfassen:

Das erkennende Gericht ist bei seiner Entscheidungsfindung nicht beschränkt auf **2495** die Berücksichtigung naturwissenschaftlich geklärter Zusammenhänge. Es darf und muss sich vielmehr auch mit wissenschaftlich umstrittenen Meinungen auseinander setzen.

Aufgabe des erkennenden Gerichts ist nicht, neue naturwissenschaftliche Erkennt- **2496** nisse oder Erfahrungssätze zu entwickeln oder zu widerlegen, sondern nach den Regeln des Prozessrechts und mit den dafür vorgesehenen Beweismitteln bestimmte Sachverhalte zu ermitteln und zu beurteilen.

Die Feststellung der für das Strafverfahren bedeutsamen Tatsachen – wie hier der **2497** Nachweis der Kausalität – verlangt keine absolute, von niemandem anzweifelbare Gewissheit. Es genügt ein mit den Mitteln des Strafverfahrens gewonnenes, nach der Lebenserfahrung ausreichendes Maß an Sicherheit, das keine vernünftigen Zweifel bestehen lässt.

3621 Beschluss OLG Frankfurt a. M. v. 19. 12. 1991, S. 19.
3622 Urteil v. 02. 08. 1995; BGH NJW 1995, S. 2931 ff.; wistra 1995, S. 303 ff.; vgl. auch Anm. Ingeborg **Puppe**, JZ 1996, 318.

2498 Das Gericht ist nicht gehindert, sich nach Anhörung von Sachverständigen auf Untersuchungsergebnisse zu stützen, die Gegenstand eines wissenschaftlichen Meinungsstreits sind. Vielmehr kann es die Pflicht zu einer umfassenden Aufklärung sogar gebieten, dass sich das Gericht über Methoden und Verfahren unterrichtet, die noch nicht allgemein anerkannt sind.[3623]

2499 Bei der Beweiswürdigung hat das erkennende Gericht dann aber alle für und gegen die noch nicht allgemein anerkannten Methoden und Ergebnisse sprechenden Aspekte in besonderer Weise mit zu berücksichtigen. Dabei darf das Gericht auch zu Ergebnissen kommen, die in Fachkreisen als »Mindermeinung« gelten. Wörtlich sagt der Bundesgerichtshof hierzu:

> »Selbst wenn unter den Naturwissenschaftlern keine Einigkeit darüber besteht, ob und auf welche Weise die Gifte, denen die Geschädigten ausgesetzt waren, eine Gesundheitsschädigung verursachen, kann der Tatrichter aufgrund einer Bewertung aller relevanten Indizien und der wissenschaftlichen Meinungen rechtsfehlerfrei zu der Überzeugung gelangen, dass die Holzschutzmittel-Expositionen in bestimmten Fällen zu Gesundheitsschäden geführt haben. Ein Ursachenzusammenhang zwischen einer Holzschutzmittel-Exposition und einer Erkrankung ist nicht etwa nur dadurch nachweisbar, dass entweder die Wirkungsweise der Holzschutzmittel-Inhaltsstoffe auf den menschlichen Organismus naturwissenschaftlich nachgewiesen oder alle anderen möglichen Ursachen einer Erkrankung aufgezählt und ausgeschlossen werden.«

2500 Das vorstehende Zitat macht deutlich, dass der Bundesgerichtshof in der Holzschutzmittel-Entscheidung seine im Erdal-Lederspray-Urteil vertretene Ansicht zur Frage der Beweiswürdigung von Indizien bei naturwissenschaftlich nicht positiv erklärbaren Kausalzusammenhängen beibehalten, ja sie sogar noch präzisiert hat.

ff)   ICE-Zugunglück bei Eschede

2501 Einer der tragischsten Fälle aus dem Komplex der strafrechtlichen Produkthaftung ist das Zugunglück von Eschede.

Am 3. Juni 1998 brach am Intercity-Express ICE 884 »Conrad Wilhelm Röntgen« in der Nähe von Celle (Niedersachsen) ein so genannter Radreifen. Statt der sonst üblichen Räder »aus einem Guss« waren bei den Zügen der ersten ICE-Generation die inneren Radscheiben von einem Reifen mit Gummifederung umgeben. Durch diese Radkonstruktion sollte der Fahrkomfort verbessert werden. Der Zug entgleiste bei einer Geschwindigkeit von 200 Stundenkilometern und prallte gegen eine Brücke. 101 Menschen kamen ums Leben. Weitere mehr als 100 Fahrgäste wurden zum Teil schwer verletzt.

2502 Mitte Mai 2000 gab die zuständige Staatsanwaltschaft Lüneburg bekannt, konkrete Ermittlungen gegen zwei Bedienstete des ehemaligen Bundesbahn-Zentralamts (heute: Eisenbahn-Zentralamt) Minden und zwei Mitarbeiter der einstigen »Vereinigten Schmiedewerke GmbH« (VSG) in Bochum eingeleitet zu haben

---

3623 Wie z. B. aus dem Bereich der Alternativmedizin.

wegen des Verdachts der fahrlässigen Tötung in 101 Fällen und der fahrlässigen Körperverletzung in mehr als 100 Fällen.[3624]

Die Staatsanwaltschaft warf den beiden Bundesbahn-Angehörigen, einem damaligen Leitenden Bundesbahndirektor und einem seiner engsten Mitarbeiter, vor, sie hätten in verantwortlicher Position die **Entwicklung, Erprobung und Zulassung** der gummigefederten Räder betrieben und dabei versäumt, für die Räder »*einen dem Stand der Technik entsprechenden Sicherheitsnachweis zu Lebensdauer und Betriebsfestigkeit*« beizubringen. Untersuchungen zur Frage der Dauerfestigkeit nach dem damaligen Regelwerken hätten – so die Behauptung der Ermittlungsbehörde – den beiden Beschuldigten aufgezeigt, dass ein abgefahrener Radreifen bruchgefährdet ist, wenn sein äußerer Durchmesser weniger als 880 Millimeter beträgt. Die beiden Bundesbahn-Bediensteten hätten jedoch bei der Betriebszulassung ein Grenzmaß von 854 Millimeter vorgegeben. Das am Unglückstag zerbrochene Rad maß noch 862 mm.

2503

Der Abteilungsleiter »Konstruktion und Berechnung« sowie ein Konstruktionsingenieur des Radherstellers wurden von der Staatsanwaltschaft verdächtigt, gegen die ihnen obliegenden **Sorgfaltspflichten verstoßen** zu haben. Sie hätten die Bruchgefahr eines erheblich abgenutzten Rades erkennen müssen. Letztlich ermittelte die Staatsanwaltschaft weiterhin gegen mehrere Mitarbeiter des Bahninstandsetzungswerks München. Dort war der verunglückte ICE kurz zuvor auf Mängel und Schadhaftigkeit überprüft worden.

2504

Jedoch konnten selbst 13 Experten-Gutachten letztlich nicht klären, warum der Radreifen gebrochen war. Ein Verschulden konnte den Angeklagten somit nicht nachgewiesen werden.[3625] Das Verfahren wurde am 13. Mai 2003 gegen Zahlung einer Geldbuße in Höhe von 10.000 Euro gemäß § 153a StPO eingestellt.

2505

gg) Lipobay-Fall

1997 kam in Großbritannien unter dem Namen Lipobay ein Medikament gegen zu hohe LDL-Cholesterinwerte auf den Markt. Das Medikament wurde etwas später auch in Deutschland und den USA zugelassen. Weltweit nahmen zeitweise ca. sechs Millionen Patienten diese Arznei, die als unbedenklich eingestuft wurde.

2506

Erst Jahre später keimte der Verdacht, der Cholesterinsenker könne zu lebensgefährlichen Muskelschädigungen führen, der so genannten Rhabdomyolyse – eine heimtückische Krankheit, bei der Muskelgewebe abgebaut wird, zu viele Eiweiß ins Blut gelangt und schließlich die Nieren versagen. 1999 gab es 10 verdächtige Todesfälle im Zusammenhang mit dem Mittel, zwei Jahre später wurden schon 52 Fälle bekannt. Am 8. August 2001 setzte die Firma Bayer, Hersteller des Medikaments, die Vermarktung ihres Produkts vorsichtshalber aus.

Weiterhin werden über 50 Todesfälle mit Lipobay in Verbindung gebracht, davon 7 in Deutschland. Das Medikament war aber nicht allein ursächlich, sondern erst

2507

3624 Vgl. HAZ v. 19. 05. 2000.
3625 Vgl. Müller-Gugenberger/Bieneck/Schmid, a.a.O., § 56 Rn. 27.

in Kombination mit einem anderen Mittel. Trotzdem bestreitet Bayer, dass es keine ausreichenden Studien zu den Nebenwirkungen seines Produkts gegeben habe. Bereits der allererste Beipackzettel warnt vor der Gefahr schwerer Muskelschädigungen.

2508 Wohl deshalb hatte der Skandal in Deutschland keine strafrechtlichen Konsequenzen. Zwischenzeitlich wurde gegen bis zu 80 Mitarbeiter des Konzerns wegen Verstoßes gegen § 95 Absatz 1, 4 AMG und wegen fahrlässiger Körperverletzung ermittelt. Der Hauptvorwurf war in der Annahme begründet, dass das Bundesamt für Arzneimittel und Medikamente zu spät über die Gefahr informiert worden sei, nachdem diese angeblich im Konzern schon länger bekannt gewesen sein soll.[3626] Eine strafrechtlich vorwerfbare Pflichtverletzung konnte Bayer allerdings nicht zur Last gelegt werden.[3627]

2509 Bayer kämpft noch immer mit den Folgen des Lipobay-Skandals. Die Angelegenheit führte zu 14.600 Klagen, das Unternehmen zahlte rund 1,2 Milliarden $ für Vergleiche vor allem in den USA. Die meisten Sammelklagen wurden abgewiesen. Der Unterschied zu anderen Verfahren lag darin, dass sich der Konzern entschieden hatte, jeden Fall einzeln durchzufechten und nicht mit allen Klägern einer Sammelklage pauschal Abfindung zu vereinbaren. Bis heute sind immer noch 1.870 Fälle anhängig, sowohl Einzelfälle als auch Sammelklagen. In Deutschland gab es lediglich 20 Klagen, zwei davon stehen noch aus.[3628]

hh) Weitere Beispielfälle

2510 Alle bisher dargestellten Kernfälle haben sich im Wesentlichen mit der strafrechtlichen Verantwortung des Herstellers befasst. Nach der eingangs vorgenommenen Definition des Produktrisikos[3629] sind jedoch nicht nur die Hersteller, sondern auch die Vertreiber von Produkten strafrechtlich zur Verantwortung zu ziehen.[3630]

> Das Landgericht Lüneburg verurteilte die Inhaber eines Unternehmens, das Spielwaren importierte und vertrieb, zu einer Geldstrafe wegen fahrlässiger Körperverletzung. Die Angeklagten kauften anlässlich einer Geschäftsreise in Hongkong Geschossspielzeuge und verkauften diese in der Bundesrepublik über ihr Ladengeschäft. Ein siebenjähriges Kind verletzte sich beim Hantieren mit einer Spielzeugpistole und musste mehrfach in einer Klinik am Auge operiert werden. Das Landgericht warf den Importeuren des Spielzeugs vor, die Pistole in der Bundesrepublik Deutschland auf den Markt gebracht zu haben, obwohl sie den technischen Sicherheitserfordernissen nicht entsprach. In diesem Zusammenhang stellte das Gericht fest, dass die Importeure § 3 Absatz 1

3626 Vgl. Müller-Gugenberger/Bieneck/Schmid, a.a.O., § 56 Rn. 31, Fn. 65; Volk/Wessing II, a.a.O., § 4 Rn. 26 f.
3627 So DER SPIEGEL Nr. 17 v. 23. 04. 2007, S. 70 ff. (75).
3628 Vgl. insgesamt DER SPIEGEL Nr. 17 v. 23. 04. 2007, S. 70 ff.
3629 Vgl. Rdn. 2406 ff.
3630 Vgl. für die entsprechende zivilrechtliche Haftung § 4 Abs. 2, 3 ProdHG.

des Gesetzes über technische Arbeitsmittel[3631] nicht beachtet hatten, zu dem gemäß § 2 Absatz 2 Nr. 4 des Gesetzes auch Spielzeug als technische Arbeitsmittel zählt. Auch wurden Sicherheitsanforderungen für Spielzeug entsprechend der DIN-Norm 66070 missachtet.[3632]

In diesen Zusammenhang passt die Forderung des früheren Richters am Bundesgerichtshof Hans Josef **Kullmann**: **2511**

> *»Ein Vertriebshändler muss sicherstellen, dass gefährliche Stoffe oder Geräte nicht an Personen abgegeben werden, bei denen die Gefahr besteht, dass sie damit Unheil anrichten.«*[3633]

Ebenfalls nicht einen Hersteller, sondern einen **Händler** betraf ein vom Oberlandesgericht Karlsruhe entschiedener Fall.[3634] **2512**

> Grundlage des Verfahrens waren schadhaft hergestellte Reifen, die vom Hersteller zurückgerufen worden waren. Der Vertreiber dieser Reifen hatte keine Kenntnis von dem Rückrufschreiben des Produzenten erhalten. Wegen eines Materialfehlers löste sich an dem PKW eines Kunden die Lauffläche eines Hinterreifens, wodurch der Wagen während einer Autobahnfahrt ins Schleudern geriet und sich überschlug. Das Gericht stellte klar, dass auch denjenigen eine strafrechtliche Verantwortlichkeit trifft, der mit Gegenständen gewerbsmäßig Handel treibt, die bei auftretenden Serienfehlern mit Gefahren für Leib oder Leben der Erwerber oder Dritter verbunden sind. Händler haben danach die Pflicht, sich jederzeit darüber zu informieren, ob gegebenenfalls bestimmte Reifenserien zurückgerufen worden sind.

Noch auf seinen strafrechtlichen Abschluss harrt folgender, dem strafrechtlichen Produktrisiko zuzurechnender Fall, der **Bad Reichenhaller Eissporthallen-Fall**: **2513**

> Am 02. Januar 2006, gegen 16:00 Uhr stürzte das Flachdach der Eissporthalle in Bad Reichenhall nach starkem Schneefall ein. Bei dem Unglück kamen fünfzehn Menschen, meist Kinder, ums Leben, achtzehn Personen wurden zum Teil schwer verletzt.

Der am 20. Juli 2006 vom Leitenden Staatsanwalt in Traunstein herausgegebenen 1. Presseerklärung ist zu entnehmen, dass die beauftragten Sachverständigen mehrere Abweichungen von den Regeln der Technik bei Planung und Bau der Halle festgestellt haben. Zu den als Täter in Frage kommenden Personen heißt es in der Presseerklärung: **2514**

3631 Gesetz v. 24. 06. 1968 (BGBl. I S. 717), nunmehr das Geräte- und Produktsicherheitsgesetz vom 06. 01. 2004 (BGBl. I S. 2 (219)), zuletzt geändert durch Art. 3 Abs. 33 des Gesetzes vom 07. 07. 2005 (BGBl. I S. 1970).

3632 LG Lüneburg, in: Schmidt-Salzer, Entscheidungssammlung Produkthaftung Strafrecht, a.a.O., IV. 3.7. Nur so nebenbei bemerkt: Das LG Ravensburg hat die Anwendbarkeit des WaffenG (Schusswaffe i.S.v. § 1 Abs. 2 Nr. 1, Abs. 4 WaffG i.V.M. Anl. 1 Abschn. 1 Unterabschn. 1 Nr.1.1) auf so gen. Soft-Air-Waffen bejaht (Beschl. v. 28. 06. 2007 – 2 Qs 67/07; NJW-Spezial 2007, 553 f.). A.A: LG Konstanz (NStZ 2007, 295): Keine Anwendung des WaffG auf Soft-Air-Waffen mit einer Bewegungsenergie von unter 0,5 Joule.

3633 Herbert **Stelz**, Neue Waffen gegen Goliath, in: DIE ZEIT, Nr. 38 v. 11. 09. 1992, S. 26.

3634 OLG Karlsruhe NJW 1981, 1054.

>*Die Staatsanwaltschaft sieht nach den Feststellungen der Sachverständigen den Verdacht der fahrlässigen Tötung sowie der fahrlässigen Körperverletzung. Sie hat Ermittlungen gegen insgesamt acht der für die Planung, Genehmigung und Erstellung der Eishalle sowie für die Überwachung und den Unterhalt des Bauwerkes verantwortlichen Personen eingeleitet. Es handelt sich dabei um vier ehemalige Mitarbeiter der Stadt Bad Reichenhall, zwei frühere Beschäftigte von Firmen, die an der Erstellung der Dachkonstruktion beteiligt waren, sowie zwei Architekten bzw. Bauingenieure, welche mit der Errichtung und Überprüfung des Bauwerkes befasst waren. Weitere Mitverantwortliche sind bereits verstorben. ... Es muss betont werden, dass die Ermittlungen noch nicht abgeschlossen sind und eine andere Beurteilung der Sach- und Rechtslage bei Vorliegen neuer Erkenntnisse erforderlich sein kann.*«

2515 Einer weiteren Presseerklärung der Staatsanwaltschaft Traunstein vom 24. April 2007 zum Einsturz der Eishalle in Bad Reichenhall ist zu entnehmen, dass die Ermittlungen abgeschlossen sind und dass gegen fünf Personen wegen des hinreichenden Verdachts der fahrlässigen Tötung in 15 Fällen und der fahrlässigen Körperverletzung in 6 Fällen Anklage zum Landgericht Traunstein erhoben worden ist. Ihnen wirft die Staatsanwaltschaft Traunstein vor[3635]:

>*a. Ein heute 66jähriger Bauingenieur war für die Planung, Herstellung und Montage der Holzdachkonstruktion der Halle verantwortlich. Er erstellte sowohl die statische Berechnung des Eishallendaches als auch die Konstruktionspläne. Schließlich war er auch Fachbauleiter bei der Montage des Daches. Nach Abschluss der Ermittlungen werden ihm von der Staatsanwaltschaft drei schwerwiegende Fehler vorgeworfen: Die von ihm erstellte statische Berechnung wies zwei gewichtige Mängel auf, sodass die Tragfähigkeit der Deckenträger überbewertet wurde. Die notwendige rechnerische Bauwerkssicherheit von mindestens 100 % wurde deshalb nicht erreicht und belief sich nur auf etwa 50 %. Außerdem entsprach die bei der Dachkonstruktion verwendete Kämpf-Träger-Bauweise nicht den Festsetzungen des Zulassungsbescheides des Bayerischen Staatsministeriums des Innern vom 14. 07. 1970, weil die Träger im Hohlkastenquerschnitt gebaut wurden und die zulässige maximale Trägerhöhe von 120 cm mit einer tatsächlichen Höhe von 287 cm um mehr als das Doppelte überschritten wurde. Die deshalb erforderliche Zustimmung im Einzelfall durch das Innenministerium lag zu keiner Zeit vor. Schließlich hätte die statische Berechnung von einem anerkannten Prüfingenieur überprüft werden müssen. Dies ist jedoch nicht erfolgt, obwohl der Angeschuldigte als Fachbauleiter hierfür verantwortlich war.*

>*b. Ein jetzt 74jähriger Zimmerermeister war als Fertigungsleiter einer Baufirma für die Herstellung der Hauptdachträger verantwortlich. Ihm liegt zur Last, bei der Errichtung der Hohlkastenträger gegen die damals geltenden Regeln der Technik verstoßen zu haben. Die Verbindungen der Stegplatten waren zum Teil nicht ordnungsgemäß verklebt und das beidseitige Aufbringen der seitlichen Stegplatten auf die Gurte erfolgte in unzulässiger Blockverleimung. Diese Verbindungen wurden auch entgegen den damals geltenden Regeln der Technik mit einem Harnstoff-Formaldehyd-Klebstoff ausgeführt. Der angeschuldigte Zimmerermeister hätte die Hauptträger nicht in der beschriebenen Weise herstellen dürfen.*

3635 Presseerklärung der Staatsanwaltschaft Traunstein zum Einsturz der Eishalle in Bad Reichenhall – Teil II – v. 24. 04. 2007, S. 2 f.

c. Gegen einen weiteren Angeschuldigten hat die Staatsanwaltschaft Anklage erhoben, weil er als Sachgebietsleiter im Bauamt der Stadt Bad ReichenhalldenBau der Eissport- und Schwimmhalle auf Seiten der Stadt maßgeblich begleitet und überwacht hat und dabei ihm obliegende Kontrollpflichten nicht erfüllt haben soll. Der heute 70jährige Architekt steht im Verdacht, entgegen einer ausdrücklichen Auflage im Baubescheid vom 25. Mai 1971 nicht darauf geachtet zu haben, dass geprüfte statische Berechnungen für sämtliche Bauabschnitte der beiden Gebäude vorlagen. Bei sorgfältiger Wahrnehmung seiner Kontroll- und Überwachungspflichten hätte ihm auffallen müssen, dass für das Dach der Eissporthalle keine geprüfte Statik vorlag. Außerdem wirft ihm die Staatsanwaltschaft vor, dass er auch nach der Errichtung der beiden Gebäude hätte bemerken müssen, dass eine geprüfte Statik fehlt.

d. Ein Mitarbeiter des mit der Planung und Ausführung beauftragten Architekturbüros wird beschuldigt, entgegen seinen vertraglichen Verpflichtungen nicht dafür gesorgt zu haben, dass die Auflagen aus dem Baubescheid eingehalten wurden. Auch dieser heute 63jährige Architekt und damalige Projektleiter hätte verhindern müssen, dass mit der Errichtung des Hallendachs begonnen wurde, ohne dass eine geprüfte Statik vorlag. Die Staatsanwaltschaft wirft ihm darüber hinaus vor, das Fehlen der geprüften Statik nachträglich bemerkt und dennoch nichts unternommen zu haben.

In den Jahren nach der Inbetriebnahme der Eissporthalle wurden die mit Harnstoff-Formaldehyd-Klebstoff ausgeführten Leimverbindungen der Holzdachkonstruktion durch fortwährende Feuchtigkeitsbeanspruchung mehr und mehr geschädigt. Die Feuchtigkeitsbelastung ergab sich zum einen durch häufige Wechsel der Luftfeuchtigkeit sowie durch den immer wiederkehrenden Anfall von Tauwasser an der Unterseite der Hohlkastenträger infolge der Wärmestrahlung zwischen den Trägern und der deutlich kälteren Eisfläche. Dadurch kam es zu einem Eindringen von Wasser in die nach unten offenen Zinkengründe der Generalkeilzinkenstöße der Untergurte. Zum anderen erfolgten nach starken Regenfällen immer wieder Wassereinbrüche von oben durch das Dach infolge der unzureichend dimensionierten Dachentwässerung. Dies alles führte dazu, dass die Festigkeit der Klebeverbindungen ständig abnahm und sich damit die ohnehin zu geringe Tragfähigkeit der Dachkonstruktion mit den Jahren immer weiter verringerte. Diese zunehmende Schädigung des Daches der Eissporthalle blieb jedoch unbemerkt.

e. Der fünfte Angeschuldigte ist Bauingenieur und Statiker. Der 54jährige erstellte im März 2003 für die Stadt Bad Reichenhall eine Studie zum Bauzustand der Schwimm- und Eislaufhalle, die auch die Dachkonstruktion der Eishalle umfasste. Er stellte fest, dass die Tragkonstruktion – sowohl Holzkonstruktion als auch Stahlbetonkonstruktion – der gesamten Eislaufhalle sich in einem allgemein als gut zu bezeichnenden Zustand befände. In der Holzkonstruktion festzustellende Wasserflecke würden weder die Qualität noch die Tragfähigkeit des Tragwerkes beeinflussen. Es besteht der Verdacht, dass diese Einschätzung unrichtig war und der angeschuldigte Ingenieur dies bei sorgfältiger Durchführung seines Auftrages hätte erkennen können und müssen. Schon damals waren Risse in den Verklebungen zwischen Gurten und Stegen sowie offene Fugen in den Generalkeilzinkenverbindungen erkennbar. Die Staatsanwaltschaft wirft dem Bauingenieur vor, die Dachkonstruktion nur unzureichend untersucht zu haben. Weiter hätte ihm bei sorgfältiger Durchführung seines Prüfungsauftrages auffallen müssen, dass eine geprüfte Statik für das Eishallendach nicht vorlag. Diese Umstände hätten Anlass zu einer vertieften Überprüfung der ungeprüften Statik und der Dachkonstruktion gegeben. Dabei wären dann die weiteren Fehler in der Statik und die Schädigungen des Tragwerkes erkannt worden. Der Angeschuldigte hätte die Stadt Bad Reichenhall als Auftraggeberin ausdrücklich und eindringlich darauf hinweisen müssen, dass erhebliche Zweifel an der Standsicherheit bestehen.

Nach dem Ergebnis der Ermittlungen besteht ein hinreichender Verdacht, dass durch die Fahrlässigkeit der fünf Angeschuldigten der Einsturz der Eishalle verursacht wurde. Hätten sie ihre Pflichten ordnungsgemäß erfüllt, wären der Tod der bei dem Einsturz ums Leben gekommenen Personen und die Körperverletzungen weiterer Besucher verhindert worden.«

2516 Gegen einen der vorstehend von der Staatsanwaltschaft Traunstein Angeschuldigten wurde das Verfahren inzwischen aus gesundheitlichen Gründen eingestellt. Das Verfahren gegen die vier jetzt Angeklagten beginnt – nach Redaktionsschluss dieser Auflage – am 28. Januar 2008. Die Strafkammer des Landgerichts Traunstein hat zwölf Verhandlungstage terminiert. Das Urteil soll voraussichtlich am 24. April 2008 gesprochen werden.[3636]

2517 Schließlich gehören in diesen Haftungsbereich die Fälle, bei denen das jeweilige Unternehmen gegen die Pflicht, über ihre **Produkte aufzuklären**, verstoßen hat.

Ein Unternehmen des Fahrzeugbaus stellte Tiefladeanhänger her. Beim Hochklappen der Rampen an diesem Tieflader wurde ein Arbeiter von einem plötzlich hochschnellenden Rampenheber getroffen und tödlich verletzt. Den verantwortlichen Mitarbeitern der Herstellerfirma des Tiefladeanhängers wurde vorgeworfen, die Erwerber nicht genügend über die Gefahren beim Bedienen der Rampen hingewiesen und eine Rückrufaktion mangelhaft durchgeführt zu haben. Die Staatsanwaltschaft bejahte die Kausalität zwischen der fehlerhaften Aufklärung und dem späteren Tod des Arbeiters und leitete deshalb ein.

ii) Praktische Konsequenzen

2518 Die exemplarische Darstellung bisher hat gezeigt, dass sich in der Praxis das noch recht junge Gebiet der strafrechtlichen Produktverantwortung mittlerweile etabliert hat. Trotz der teilweisen Bedenken, die in dogmatischer Hinsicht an die Rechtsprechung zu richten sind ist dies eine Entwicklung, die im Ergebnis überwiegend begrüßt wird.[3637]

2519 Zusammenfassend ist damit festzustellen:[3638]

2520 Die strafrechtliche Produkthaftung bei einem erstmalig auftretenden Produktfehler kann sowohl in einem fehlerhaften aktiven Tun (Montage- oder Konstruktionsfehler, Falsche Anweisung, Abgabe des fehlerhaften Produktes, auch die verfrühte Freigabe) als auch in einem pflichtwidrigen Unterlassen (mangelnde Aufsicht,

---

3636 www.merkur-online.de/regionen/bayern v. 20. 11. 2007
3637 Dazu Achenbach/Ransiek/Kuhlen, a.a.O., K 2 Rn. 53 m. w. N.
3638 Siehe v. Westphalen/Goll/Winkelbauer, a.a.O., § 47 Rn. 5.

Überwachung, Produktbeobachtung; Vergessen von Benutzungshinweisen, Nichteinhaltung von Sicherheitsvorschriften)[3639] bestehen.

Des Weiteren kann sich eine Haftung ergeben aus einer unterlassenen Reaktion **2521** (gebotene Gegenmaßnahmen wie Warnung, nachgeschobene Benutzungshinweise, Produktionsstopp, Rückruf) auf eine Gefahrenquelle, die schon erkannt wurde oder hätte erkannt werden müssen, wenn weitere Schäden tatsächlich eintreten oder zu befürchten sind.

Damit kommt es in Produkthaftungsfällen nicht selten zu einem stark ausgepräg- **2522** ten Erfolgsunwert in Form einer großen Anzahl von Geschädigten oder gravierender Schäden bis hin zum Tod – andererseits ist die Fallkonstellation häufig geprägt durch einen geringen Grad an Handlungsunrecht beim einzelnen Täter, der sich aus der vertikalen und horizontalen Arbeitsteilung ergibt.[3640]

Daraus resultiert ein strafrechtliches Haftungsrisiko auch für dasjenige Mitglied **2523** eines Unternehmens, das kein persönliches Interesse an der Begehung einer Straftat hat und sich keiner oder kaum einer Schuld bewusst ist. Dabei richtet sich der Vorwurf strafbaren Handelns zunächst gegen die Verantwortlichen eines Unternehmens, also eigentlich gegen das Unternehmen als juristische Person. Erst danach wird das in Frage stehende Fehlverhalten einzelnen Personen aus dem Unternehmen zugerechnet. Bei den Organen und Leitungsbefugten steht in diesem Zusammenhang nicht ein individuelles Verhalten, sondern ihre Rolle in der Unternehmensorganisation im Vordergrund.[3641]

»Dem Unternehmen«, also allen Mitarbeitern, sei es in der Führung, Aufsicht oder **2524** im Bereich der Arbeiter, muss dieses strafrechtliche Produkthaftungsrisiko bewusst sein, um diesem aktiv entgegenzuwirken. Die der Rechtsprechung widersprechenden – beachtlichen – Stimmen aus der Literatur dürften dabei in der Praxis der Exekutive und Judikative kaum eine Rolle spielen, so dass grundsätzlich von einem sehr weit gefassten Risikobereich auszugehen ist. Wer sich als Verantwortlicher im Unternehmen darauf verlassen sollte, dass die vom Bundesgerichtshof entwickelte, mittlerweile als gefestigt zu betrachtende strafrechtliche Verantwortlichkeit nicht gerechtfertigt ist,[3642] setzt sich umso mehr einem Strafbarkeitsrisiko aus.

3639 Die Abgrenzung von Tun und Unterlassen ist im Einzelfall schwierig. So kann man die falsche Lagerung eines Produktes als Handlung – das Lagern – betrachten, aber auch als Unterlassen – Nichtbeachtung der notwendigen Lagerungsvorschriften; vgl. auch die Beispiele bei Müller-Gugenberger/Bieneck/Schmid, a.a.O., § 56 Rn. 45 f.

3640 Vgl. Volk/Wessing II, a.a.O., § 4 Rn. 30.

3641 Ebenso Volk/Wessing II, a.a.O., § 4 Rn. 29.

3642 Achenbach/Ransiek/Kuhlen, a.a.O., K 2 Rn. 16; Gegen die Entwicklung, die der BGH über die allgemeine Strafrechtsdogmatik versucht hat, spricht sich insb. Samson, a.a.O., StV 1991, S. 182 ff. aus: »So sehr der Bedarf für eine strafrechtliche Regelung im Bereich er Produkthaftung besteht, so deutlich ist doch, dass dieser Bedarf nur vom Gesetzgeber und nicht durch verbiegen der Strafrechtsdogmatik befriedigt werden kann.«

d) Beispielfälle aus dem Nebenstraf- und Ordnungswidrigkeitenrecht

2525 Der Gesetzgeber ist zusätzlich zur Rechtsprechung bemüht – nicht zuletzt in ausführendem Gehorsam hinsichtlich der Vorgaben auf Ebene der Europäischen Union – das strafrechtliche Produktrisiko zu erhöhen.

2526 Anders als die oben beschriebenen Tatbestände des Strafgesetzbuchs (Körperverletzung und Tötung) gehören **einige Bestimmungen des Nebenstrafrechts** systematisch zu den Vorschriften, nach denen eine Strafbarkeit bereits bejaht werden kann, ohne dass ein tatsächlicher Erfolg, z. B. ein Gesundheitsschaden, eingetreten ist. Derartige Straftatbestände werden als **so genannte abstrakte Gefährdungsdelikte** qualifiziert. Das bedeutet, dass bereits das Inverkehrbringen qualitativ minderer oder schädlicher Produkte zur Strafbarkeit genügt, da hierdurch die Gefahr eines Schadeneintritts bei Dritten vergrößert wird.[3643]

aa) Geräte- und Produktsicherheit

2527 Durch Erlass des Geräte- und Produktsicherheitsgesetzes (GPSG)[3644] wurde die europäische Produktsicherheitsrichtlinie 2001/95/EG in nationales deutsches Recht umgesetzt. Ziel des Gesetzes ist einerseits die Schaffung von europaweit vereinheitlichten Wettbewerbsbedingungen, andererseits die einheitliche Regelung des Schutzes von Arbeitnehmern und Verbrauchern. Schutz bieten soll das Regelwerk in erster Linie vor unsicheren Produkten,[3645] aber auch der Arbeitsschutz hinsichtlich Belegschaftsangehörigen und dritten Personen beim Betrieb von überwachungsbedürftigen Anlagen ist mit umfasst.[3646]

2528 Das Geräte- und Produktsicherheitsgesetz ersetzt die bisherigen Gesetze zur Gerätesicherheit (GSG) und zur Produktsicherheit (ProdSG), und gilt für das Inverkehrbringen ebenso wie für das Ausstellen von Produkten, sofern dies im Zusammenhang mit einer wirtschaftlichen Unternehmung steht.[3647] Dabei soll es immer dort Anwendung finden (Auffangfunktion), wo für das Inverkehrbringen[3648] von Verbraucherprodukten keine spezialgesetzlichen Regelungen[3649] existieren, die Anwendungsvorrang genießen.[3650]

3643 Dazu oben Rdn. 244 ff.

3644 Geräte- und Produktsicherheitsgesetz vom 06. 01. 2004 (BGBl. I S. 2 (219)), zuletzt geändert durch Art. 3 Abs. 33 des Gesetzes vom 07. 07. 2005 (BGBl. I S. 1970); vgl. dazu Thomas **Klindt**, Das neue Geräte- und Produktsicherheitsgesetz, in: NJW 2004, 465 ff.

3645 *Produkte* umfasst technische Arbeitsmittel, die allein für Arbeitszwecke verwendet werden, § 2 Abs. 2 GPSG, und Verbraucherprodukte, § 2 Abs. 1 GPSG.

3646 § 2 Abs. 7 GPSG und §§ 14 – 18 GPSG.

3647 § 1 Abs. 1 GPSG; vgl. auch Müller-Gugenberger/Bieneck/Schmid, a.a.O., § 56 Rn. 63 ff.

3648 Siehe die Legaldefinition in § 2 Abs. 8 GPSG.

3649 Z.B. ArzneimittelG, BauprodukteG, ChemikalienG, FleischhygieneG, Lebensmittel-, Bedarfsgegenstände- und FuttermittelG, MedizinprodukteG, PflanzenschutzG, SprengstoffG, StraßenverkehrsG, WaffenG oder WeinG.

3650 Vgl. Erbs/Kohlhaas/Ambs, a.a.O., Vorb. G 40 Rn. 2.

Das neue Gesetz kennt eigene Ordnungswidrigkeiten (§ 19 GPSG) und Straftaten **2529** (§ 20 GPSG).[3651] Die niedrigste Stufe der Sanktionsnormen stellen die minder schweren Ordnungswidrigkeitentatbestände[3652] des § 19 Absatz 1 GPSG dar, deren fahrlässige oder vorsätzliche Begehung mit Geldbußen bis zu 3.000 Euro geahndet werden kann.[3653] Aber § 19 Absatz 1 GSPG enthält auch als schwerwiegender eingestuften Ordnungswidrigkeiten, welche mit Geldbußen bis zu einer Höhe von 30.000,00 Euro geahndet werden.[3654] Gemeinsam mit den Ordnungswidrigkeiten nach § 19 GPSG bilden die Straftatbestände in § 20 GPSG so genannte Mischtatbestände.[3655] Die Einstufung als Ordnungswidrigkeit oder Strafdelikt hängt vom zusätzlichen Vorliegen der in § 20 GPSG genannten Merkmale ab, die aber in Beziehung zu Taten nach § 19 GSPG gesetzt sind:

---

§ 20 GPSG – Strafvorschriften

2530

Mit Freiheitsstrafe bis zu einem Jahr oder mit Geldstrafe wird bestraft, wer eine in **2531** *§ 19 Absatz 1 Nr. 1 Buchstabe a, Nr. 5 oder 6 Buchstabe a bezeichnete vorsätzliche Handlung beharrlich wiederholt oder durch eine solche vorsätzliche Handlung Leben oder Gesundheit eines anderen oder fremde Sachen von bedeutendem Wert gefährdet.*

Beachtlich an dem neuen Gesetz ist, dass es keine Sanktion für das Inverkehrbrin- **2532** gen gefährlicher Produkte *per se* gibt.[3656] Ursprünglich war eine solche Regelung vorgesehen, wurde jedoch aufgrund von Bestimmtheitsbedenken letztendlich nicht kodifiziert. Dieser Vorgang ist befremdlich – gegen die ähnliche Bestimmung des ehemaligen § 15 ProdSG waren solcherlei Bedenken nicht vorgebracht worden.[3657]

Das deutsche Strafrecht ist – wie schon mehrfach deutlich gemacht wurde – **2533** Schuldstrafrecht. Als Täter im Falle des Geräte- und Produktsicherheitsgesetzes kommen nur Personen in Frage, die nach diesem Gesetz verpflichtet sind und gegen diese Pflichten verstoßen können.[3658] Diese Personen sind in **§ 2 Absatz 10 ff. GPSG aufgeführt:**

3651 Zur Systematik siehe Gerd **Eidam,** Die Straf- und Bußgeldbestimmungen des neuen Geräte- und Produktsicherheitsgesetzes, in: NJW 2005, 1021 ff.

3652 Es gibt auch geringfügige Ordnungswidrigkeiten, die mit einer Verwarnung bis zu 35,00 Euro geahndet werden können, § 56abs. 1 OWiG.

3653 § 19 Abs. 2 Alt. 2 GPSG.

3654 § 19 Abs. 2 Alt. 1 GPSG.

3655 Vgl. dazu **Göhler/König,** a.a.O., Vor § 1 Rn. 33 ff.

3656 Das Inverkehrbringen von Produkten, welche gegen die Sicherheitsvorschriften von § 4 Abs. 1 Satz 1 bzw. § 4 Abs. 2 Satz 1 GPSG verstoßen, kann nicht geahndet werden, da dieser früher im ProdSG enthaltene Tatbestand nicht in den Bußgeldkatalog des § 19 GPSG übernommen wurde.

3657 Ebenso Klindt, a.a.O., NJW 2004, 465 ff (471).

3658 Ausführlich auch: Erbs/Kohlhaas/Ambs, a.a.O., G 40, § 19 Rn. 1 f.

2534 | **§ 2 GPSG – Begriffsbestimmungen (Auszug)**

...

(10) Hersteller ist jede natürliche oder juristische Person, die

1. ein Produkt herstellt oder

2. ein Produkt wiederaufarbeitet oder wesentlich verändert und erneut in den Verkehr bringt.

Als Hersteller gilt auch jeder, der geschäftsmäßig seinen Namen, seine Marke oder ein anderes unterscheidungskräftiges Kennzeichen an einem Produkt anbringt und sich dadurch als Hersteller ausgibt, oder der als sonstiger Inverkehrbringer die Sicherheitseigenschaften eines Verbraucherprodukts beeinflusst.

(11) Bevollmächtigter ist jede im Europäischen Wirtschaftsraum niedergelassene natürliche oder juristische Person, die vom Hersteller schriftlich dazu ermächtigt wurde, in seinem Namen zu handeln.

(12) Einführer ist jede im Europäischen Wirtschaftsraum niedergelassene natürliche oder juristische Person, die ein Produkt aus einem Drittland in den Europäischen Wirtschaftsraum einführt oder dieses veranlasst.

(13) Händler ist, wer geschäftsmäßig ein Produkt in den Verkehr bringt und nicht Hersteller im Sinne von Absatz 10, Bevollmächtigter im Sinne von Absatz 11 oder Einführer im Sinne von Absatz 12 ist. ...

2535 Bei einer juristischen Person sind die gesetzlichen Vertreter (Geschäftsführer, Vorstand) von der Verantwortung nach dem Geräte- und Produktsicherheitsgesetz getroffen. Dem Unternehmen selbst drohen selbständige Geldbußen nach § 30 Absatz 4 OWiG, welche außergewöhnlich hoch ausfallen können.[3659]

aaa) Ordnungswidrigkeiten – § 19 GPSG

2536 Die Aufzählung der Ordnungswidrigkeiten in § 19 GSPG ist abschließend. Bis auf einzelne Ausnahmen wurde der Tatenkatalog des § 16 GSG übernommen.

2537 Eine der wichtigsten Sanktionsnormen ist dabei § 19 Absatz 1 Nr. 1, eine **Blankettvorschrift**, die erst über **Rechtsverordnungen** gemäß der §§ 3 und 14 GSPG tatbestandlich ausgefüllt wird – eine aus Gründen der Bestimmtheit bedenkliche Tendenz, die leider immer häufiger festgestellt werden muss.[3660]

2538 Neu eingereiht in das Gesetz wurde die Ahndung der ungerechtfertigten Zuerkennung des **GS-Zeichens**[3661] durch eine GS-Stelle.[3662] Als Ordnungswidrigkeit

---

3659 Vgl. oben Rdn. 815 ff. und Gerd **Eidam**, Die Verbandsgeldbuße des § 30 Abs. 4 OWiG – eine Bestandsaufnahme, in: wistra 2003, 447 ff.

3660 Dazu Erbs/Kohlhaas/Ambs, a.a.O., G40, § 19 Rn. 9, wo auch eine Auflistung der entsprechenden RVOen zu finden ist.

3661 Dem vom Bundesministerium für Wirtschaft und Arbeit amtlich bekannt gemachten Zeichen »GS = geprüfte Sicherheit«, vgl. § 7 GSPG.

3662 § 19 Abs. 1 Nr. 7 i. V. m. § 11 Abs. 2 GPSG.

gilt auch die missbräuchliche Verwendung des GS-Zeichens[3663] oder der **CE-Kennzeichnung** sowie die Zuwiderhandlung gegen **vollziehbare Anordnungen**.[3664] Die Geldbuße für Fälle der missbräuchlichen Verwendung des GS-Zeichens wurde wegen der erheblich gestiegenen Zahl an Missbrauchsfällen erhöht.[3665] Das Zeichen kann bei der Vermarktung technischer Arbeitsmittel von hohem wirtschaftlichem Wert sein.

Eine **Unterrichtungspflicht**, die in § 5 GPSG ihre Regelung gefunden hat, kann sich für Unternehmen und deren Mitarbeiter in straf- wie auch in ordnungswidrigkeitenrechtlicher Hinsicht ebenfalls zu einem Risiko[3666] entwickeln. Es gilt der Grundsatz, dass nur sichere Verbraucherprodukte in Verkehr gebracht werden dürfen. Um diesen Grundgedanken zu flankieren, bestimmt **§ 5 Absatz 2 Satz 1 GPSG**:   **2539**

---

§ 5 GPSG – Besondere Pflichten für das Inverkehrbringen von Verbraucherprodukten (Auszug)   **2540**

…

(2) Der Hersteller, sein Bevollmächtigter und der Einführer haben jeweils unverzüglich die zuständigen Behörden nach Maßgabe von Anhang I der Richtlinie 2001/95/EG des Europäischen Parlaments und des Rates vom 3. Dezember 2001 über die allgemeine Produktsicherheit (ABl. EG Nr. L 11 S. 4) zu unterrichten, wenn sie wissen oder anhand der ihnen vorliegenden Informationen oder ihrer Erfahrung eindeutige Anhaltspunkte dafür haben, dass von einem von ihnen in Verkehr gebrachten Verbraucherprodukt eine Gefahr für die Gesundheit und Sicherheit von Personen ausgeht; insbesondere haben sie über die Maßnahmen zu unterrichten, die sie zur Abwendung dieser Gefahr getroffen haben.

Eine Unterrichtung nach Satz 1 darf nicht zur strafrechtlichen Verfolgung des Unterrichtenden oder für ein Verfahren nach dem Gesetz über Ordnungswidrigkeiten gegen den Unterrichtenden verwendet werden. …

Diese Unterrichtungspflicht gilt mangels einer spezialgesetzlichen Regelung anderen Inhalts auch für den Bereich der Automobilindustrie, die seit jeher zu den Branchen gehört, die aus den Risiken der Produkthaftung zu lernen hatte und die Konsequenzen wohl auch am ehesten verinnerlichen konnte.[3667] In diesem Zusammenhang lassen sich Parallelen zu den Vorschriften des US-amerikanischen *TREAD Act* erkennen.   **2541**

3663 § 7 GSPG.
3664 §§ 8 Abs. 4, 15 Abs. 1 GPSG.
3665 Bis zu 30.000.-- Euro; siehe §§ 19 Abs. 1 Nr. 5, Abs. 2 GPSG.
3666 § 19 Abs. 1 Nr. 2 GSPG.
3667 Siehe Volk/Wessing II, a.a.O., § 4 Rn. 255.

Exkurs: US Tread Act

2542 Der *TREAD Act* ist eine direkte Folge aus der Ford-Firestone/Bridgestone-Affäre, die im Sommer des Jahres 2000 bekannt wurde. Die Ereignisse bei den beteiligten Unternehmen,[3668] bei denen es aufgrund geplatzter Reifen oder Reifen, bei denen sich die Laufflächen abgelöst hatten, zu Autounfällen mit bis zu 270 Toten und 800 Verletzten gekommen war, erinnern gleichzeitig an den Monza-Steel-Fall.[3669] Angeblich verursachte ein Herstellungsfehler an den Reifen deren Platzen, doch über die Verantwortlichkeit entbrannte zwischen den beiden Unternehmen ein Streit, der schließlich zur Beendigung der Zusammenarbeit führte. Der Reifenhersteller warf dem Autokonzern vor, Kunden falsche Benutzungshinweise hinsichtlich der Reifen gegeben zu haben.[3670] Ford führte eine Reihe von Aktivitäten außerhalb der USA durch, wie zum Beispiel eine Serviceaktionen durch die Händler in Saudi Arabien, meldete diese aber nicht, weil eine solche Meldung nicht vorgeschrieben war, an die US-amerikanische Verkehrssicherheits- und -aufsichtsbehörde (NHTSA).

2543 Der Reifen-Skandal stellte für beide Konzerne ein Debakel dar. Alleine Ford sah sich letztendlich gezwungen, in zwei Wellen insgesamt 19,5 Millionen Reifen zurückzurufen, wodurch Kosten in Höhe von ca. 4,5 Milliarden US-Dollar entstanden. Über 1.500 Überschlagunfälle mit Ford-Fahrzeugen wurden geregelt. Die Verfahrenskosten belaufen sich bis jetzt für Ford auf geschätzte 600 Millionen US-Dollar. Im Oktober 2005 kam es zu einem Vergleich zwischen den Konzernen. Bridgestone erklärte sich bereit, 240 Millionen US-Dollar an Ford zu bezahlen, um einen Teil der Verantwortung zu übernehmen. Damit deckt die Vergleichssumme nur einen Teil der enormen Kosten, die dem Auto-Konzern entstanden waren. Sowohl die Konzeption der Reifen als auch die des Fahrzeuges wurden infolge des Skandals einer umfassenden Bearbeitung zur Verbesserung der Sicherheit unterzogen. Ford konnte 2004 wieder fast an die ursprünglichen Verkaufszahlen anknüpfen.[3671]

2544 Der Skandal veranlasste die US-amerikanische Behörde NHTSA[3672] noch im selben Jahr den *TREAD Act*[3673] anzustrengen, der im Eilverfahren vom Kongress verabschiedet und im November 2000 von Bill Clinton in Kraft gesetzt wurde. Die Ausführungsbestimmungen hierzu wurden am 10. Juli 2002 veröffentlicht und sind am 9. August 2002 in Kraft getreten. Inzwischen wurden zum Gesetz diverse *petitions for reconsideration* eingereicht. Die Aufsichtsbehörde hat teilweise

---

3668 Beispielhaft dazu US Today vom 10. 08. 2000, S. 1; dpa vom 10. 08. 2000; Financial Times Deutschland vom 11. 08. 2000; FAZ Nr. 185 v. 11. 08. 2000, S. 19; Handelsblatt v. 15. 08. 2000; FAZ Nr. 190 v. 17. 08. 2000; dpa v. 22. 08. 2000; FAZ Nr. 194 v. 22. 08. 2000.

3669 Siehe dazu bereits Rdn. 2441 ff.

3670 Vgl. SZ Nr. 287 v. 12. 12. 2000, S. 28; SZ Nr. 188 v. 16. 08. 2000; SZ Nr. 166 v. 21. 07. 2001, S. 24; SZ Nr. 184 v. 11. 08. 2001, S. 22.

3671 Los Angeles Times v. 13. 10. 2005.

3672 *National Highway Traffic Safety Administration*, die für die Sicherheit auf den US-amerikanischen Autobahnen zuständig ist. Ein Internetauftritt der Behörde findet sich auf www.nhtsa.dot.gov, wo auch der Gesetzestext des *TREAD Acts* abrufbar ist.

3673 Ein Wortspiel: *tread* bedeutet Lauffläche, Reifenprofil; *TREAD* ist aber auch die Abkürzung für *Transportation Recall Enhancement, Accountability and Documentation*.

auf diese Forderungen und Anregungen reagiert und Änderungen oder Auslegungen bekannt gegeben. Die regelmäßige Berichtspflicht für die Autohersteller begann mit dem dritten Quartal 2003 und umfasst die Fahrzeuge der letzten zehn Modelljahre.

Das US-amerikanische TREAD Act (Transportation Recall Enhancement, Accountability and Documentation Act[3674]) fordert von Herstellern und Importeuren von Kraftfahrzeugen, Anhängern, Reifen, Kindersitzen, Fahrzeugteilen und -zubehör eine regelmäßige Berichterstattung von internen Informationen und Dokumenten aus dem Markt USA und anderen Märkten an die amerikanische Verkehrssicherheitsbehörde NHTSA (National Highway Traffic Safety Administration). **Sinn und Zweck des TREAD Act** sind: **2545**

* die Installation eines Frühwarnsystems bezüglich sicherheitsrelevanter Mängel,
* die Beschleunigung von (Rückruf-) Aktionen durch die NHTSA[3675] und
* – als absolut übergreifendes Ziel – der Schutz der Konsumenten (also der US-amerikanischen Bevölkerung) vor einem neuen, Ford-Firestone-ähnlichen Fall in der Zukunft durch eine verbesserte Fahrzeugsicherheit.

Um das oberste Ziel des TREAD Act verwirklichen zu können, will die Aufsichtsbehörde wissen: Was macht das einzelne Unternehmen? Was geschieht in der Automobilbranche? **2546**

Aus den vorstehenden Hinweisen wird deutlich, dass das TREAD Act weder in den USA noch Deutschland eine völlig neue Schöpfung des Gesetzgebers ist. Das US-amerikanische Gesetz stellt vielmehr nur eine Verschärfung bereits vorhandener Regelungen dar. Das Gesetz soll der Verbesserung der Fahrzeugsicherheit dienen und enthält zahlreiche Anforderungen an Hersteller und Zulieferer der Automobilindustrie. Nunmehr bestehen Berichtspflichten (*Documentation and Accountability*) über Beschwerden, Rückrufaktionen (*Recall),* Produktentwicklungen sowie Kennzeichnungspflichten und – auf dem Markt USA – die Anzahl an Gewährleistungsfällen, Sachschäden, Kundenbeschwerden, Unfällen mit Todesfolge und/oder mit Verletzten, die ihre Verletzung auf einen Fahrzeugfehler zurückführen. Hinzukommt die Meldepflicht von weltweit geschehenen Unfällen mit getöteten Personen. Die Berichtabgabe erfolgt quartalsweise ab dem 1. Dezember 2003. Die Berichte müssen jeweils 60 Tage nach Quartalsende der NHTSA vorliegen. **2547**

Im Prinzip handelt es sich bei dem US-amerikanischen TREAD Act um eine Fortschreibung des seit vielen Jahren in Kraft befindlichen **Safety Act**, das ebenfalls Meldepflichten an die NHTSA beinhaltet. Es darf nicht übersehen werden, dass das deutsche Recht ähnliche Vorgaben kennt und kannte. So enthielten z. B. die verwaltungsrechtlichen Vorgaben des **Produktsicherheitsgesetz**es aus dem Jahre 1997 ebenfalls – wenn auch nicht sehr schlagkräftige – Bestimmungen zur Markt- **2548**

3674 Es handelt sich um ein Wortspiel. »Tread« hat im Amerikanischen auch die Bedeutung »Lauffläche« von Fahrzeugen.
3675 Härtestes Mittel: Stilllegung der Fahrzeuge eines Herstellers.
Ankündigungen / Final Rules der NHTSA und Kommentare von Firmen und Verbänden sind im Internet beispielsweise verfügbar.

überwachung. So verpflichtet schon § 4 Absatz 2 Produktsicherheitsgesetz den Hersteller, angemessenen Maßnahmen zu ergreifen, um von seinem Produkt ausgehende Gefahren zu erkennen und zu verhindern. Nach der EU-Produktsicherheitsrichtlinie 2001/95 aus dem Jahre 2001, die eigentlich bis zum 15. Januar 2004 von der Bundesrepublik Deutschland in geltendes Recht zu transformieren war, hatte der Staat Regeln auszuarbeiten, die eine so wirksame Marktbeobachtung durch die Behörden sicher stellen, dass ein hoher Verbrauchersicherheits- und -gesundheitsschutz gewährleistet ist. Für die Hersteller und Händler sieht die Produktsicherheitsrichtlinie 2001/95 Produktbeobachtungs- und Informationspflichten vor.[3676] Die Umsetzung der EU-Direktive erfolgte durch das Geräte- und Produktsicherheitsgesetz, das am 1. Mai 2004 in Kraft getreten ist.[3677]

2549 Das Risiko für Produkthaftpflichtfälle, »Class Actions« und »Lemon Law« – Klagen wird zu Lasten der Hersteller steigen. Ebenso ist abzusehen, dass die Anzahl von Anfragen von Staatsanwälten – was gleichbedeutend ist mit der Einleitung von strafrechtlichen Ermittlungen – zunehmen wird. Die an die NHTSA berichteten Daten ermöglichen modellreihen- oder herstellerübergreifende Produktvergleiche und erschweren dadurch die Verteidigung der Produzenten in Produkthaftpflichtfällen. Auch Ansprüche auf »Punitive Damages« können von den klagenden Parteien leichter belegt und unterstützt werden.

2550 Das TREAD Act sieht zum Teil drastische Sanktionen bei Verstößen gegen das Gesetz vor. **Zivilrechtlich** können Geldstrafen bis zu 15.000.000 US $ (5.000 US $ je Einzelfall[3678] und Tag) gegen das Unternehmen verhängt werden. **Strafrechtlich** können insbesondere bei vorsätzlicher Verschleierung von sicherheitsrelevanten Produktmängeln Geldstrafen bis zu 250.000 US $/ 500.000 US $ (Einzelperson / Unternehmen)[3679] und / oder bis zu 15 Jahren Freiheitsstrafe verhängt werden, falls folgende vier Voraussetzungen erfüllt sind:

- Es wurde gegen die im TREAD Act normierte Berichtspflicht verstoßen,
- und zwar mit der Absicht (Vorsatz) der Irreführung der Aufsichtsbehörde (NHTSA)
- hinsichtlich sicherheitsbezogener Produktfehler,
- welche zu Todesfällen oder schweren Verletzungen geführt haben.

2551 Nach dem gegenwärtigen Gesetzesstand müssen alle vier Tatbestandsvoraussetzungen erfüllt sein, damit eine strafrechtliche Folge eintreten kann. Vergleichbar den im deutschen Recht bekannten Rechtsinstituten »Tätige Reue« oder – in etwa – »Rücktritt« sieht das Gesetz die Möglichkeit vor, dass eine Falschaussage

---

3676 So lautet Art. 5 Abs. 3 der EU-Produktsicherheitsrichtlinie 2001/95: »*Wenn die Hersteller und Händler anhand der ihnen vorliegenden Informationen und als Gewerbetreibende wissen oder wissen müssen, dass ein Produkt, das sie in Verkehr gebracht haben, für den Verbraucher eine Gefahr darstellt, die mit der allgemeinen Sicherheitsanforderung unvereinbar ist, haben sie unverzüglich die zuständigen Behörden der Mitgliedstaaten nach Anhang I zu informieren; insbesondere informieren sie die Behörden über Vorkehrungen, die sie zur Abwendung von Gefahren für die Verbraucher getroffen haben.*«

3677 Siehe Rdn. 2557 ff.

3678 Pro Produkt, nicht je Produktstück.

3679 Vgl. Martin **Wagener**, Produkthaftung Deutschland/USA von A bis Z, 1. Aufl., München 2005, S. 113 f., 82 f.

innerhalb von 30 Tagen durch das Unternehmen/ den verantwortlichen Unternehmensangehörigen korrigiert/richtig gestellt werden kann.

Die **Zivilstrafen nach dem TREAD Act** sind nicht zu verwechseln mit Schadenersatzansprüchen, die z. B. der Fahrer eines mit einem Produktmangel versehenen Personenwagens für Sach- und Personenschäden geltend machen kann. Es handelt sich um eine reine Geldbuße für die Nichtbeachtung des Gesetzes. Daneben stehen die strafrechtlichen Folgen, die bei Vorliegen der vier vorgenannten Voraussetzungen verhängt werden können. **2552**

Im deutschen Recht herrschen noch andere Verhältnisse. Die Unterrichtungspflicht des § 5 Absatz 2 GPSG geht längst nicht so weit wie die ansatzweise vergleichbaren Regeln des US-amerikanischen Rechts Trotzdem ist die deutsche Regelung in Verbindung mit dem Bußgeldtatbestand des § 19 Absatz 1 Nr. 2 GSPG nicht unproblematisch und kann nicht zu Missverständnissen führen. Da eine juristische Person nicht straffähig ist, kann die Freistellung nur einem **Unternehmensangehörigen** zugute kommen. Das Unternehmen selbst kann nach dem Wortlaut – da es selbst nicht Unterrichtender ist – sehr wohl mit einer Geldbuße belangt werden! **2553**

In Form der Geldbuße droht dem gegen das Geräte- und Produktsicherheitsgesetz verstoßenden Unternehmen nach den allgemeinen Regeln des Ordnungswidrigkeitengesetzes die **Gewinnabschöpfung**: **2554**

---

§ 17 Absatz 4 OWiG – Höhe der Geldbuße[3680]   **2555**

Die Geldbuße soll den wirtschaftlichen Vorteil, den der Täter aus der Ordnungswidrigkeit gezogen hat, übersteigen. Reicht das gesetzliche Höchstmaß hierzu nicht aus, so kann es überschritten werden.

Verwendet ein Hersteller z. B. für sein Produkt rechtswidrig eine CE-Kennzeichnung und verbessert er durch diese Ordnungswidrigkeit die Marktposition seines Unternehmens, in dem er einen Mitbewerber ausschaltet oder in dessen Marktposition zurückdrängt,[3681] dann wird der erzielte wirtschaftliche Vorteil abgeschöpft. Dieser Vorteil muss nicht in Geld bestehen. Berechnet wird der erzielte Vorteil nach dem so genannten **Saldierungsgrundsatz**.[3682] Dabei erfolgt ein Abgleich der vermögensrechtlichen Gesamtsituation gemäß dem Schema Unternehmenslage nach Zuwiderhandlung – Unternehmenslage ohne Zuwiderhandlung. Entscheidend ist also der **Netto-Vorteil**.[3683] **2556**

3680   Siehe dazu näher Rdn. 888 ff.; des Weiteren ausführlich Wilhelm **Schmidt,** Gewinnabschöpfung im Straf- und Bußgeldverfahren, 1. Aufl., München 2006.

3681   BayObLG wistra 1998, 199 (200) m. w. N.

3682   Göhler, a.a.O., § 17 Rn. 41.

3683   Dazu KK OWiG/ **Mitsch**, a.a.O., § 17 Rn. 117 ff.

bbb) Straftaten – § 20 GPSG

2557 Die gravierendsten Straftaten der Produkthaftung werden wie schon dargestellt weiterhin vom Strafgesetzbuch erfasst. Doch schon der einstige § 17 GSG enthielt eigene **Straftatbestände**.[3684] Diese wurden leicht angepasst im Wesentlichen nach § 20 GPSG übernommen und zur verbesserten Durchsetzbarkeit erweitert. § 20 **qualifiziert** dabei bestimmte Bußgeldtatbestände des § 19 zu Straftaten.

2558 Nach § 20 GPSG macht sich zunächst strafbar, wer vorsätzlich **beharrlich und wiederholt** ein GS-Zeichen missbräuchlich verwendet oder missbräuchlich mit einem solchen Zeichen wirbt.

2559 Gleiches gilt für beharrliche und wiederholte Verstöße gegen Anordnungen der Marktaufsichtsbehörden sowie ein beharrliches und wiederholtes Zuwiderhandeln gegen bestimmte Rechtsverordnungen.[3685]

2560 Gesetzmäßig handelt es sich bei der Formulierung »beharrlich und wiederholt« um einen unbestimmten Rechtsbegriff, bei dessen Auslegung der Strafrichter einen gewissen Spielraum besitzt.[3686] Beharrliches Zuwiderhandeln setzt voraus, dass ein Verbot aus Missachtung oder Gleichgültigkeit immer wieder aufs Neue übertreten wird oder dass die Bereitschaft hierzu deutlich wird. Erforderlich, aber nicht genügend ist mindestens ein vorausgegangener Verstoß.[3687]

2561 Nach den Tatbeständen des § 20 2. Alternative GPSG wird strafrechtlich verfolgt, wer durch eine der beschriebenen Zuwiderhandlungen **Leben oder Gesundheit eines anderen** oder **fremde Sachen von bedeutendem Wert gefährdet**.

2562 Bei Verletzung dieser Tatbestände bedarf es also keines konkreten Schadeneintritts – es genügt die (konkrete) Gefährdung der aufgeführten Rechtsgüter. Die Tatbestandsalternative hat einen Gefährdungsvorsatz zur Voraussetzung (zumindest billigende Inkaufnahme), was aber nicht für den zugrunde liegenden Ordnungswidrigkeitentatbestand zutrifft.[3688] Die Gefährdung ist konkret, wenn die Zuwiderhandlung nach den Umständen des Einzelfalles nach allgemeinen Erfahrungsätzen die Möglichkeit des Schadenseintritts nahe legt.[3689] Bei diesen so genannten potentiellen Gefährdungsdelikten legen die Gerichte die *worst case*-Betrachtungsweise an, das heißt, es wird geprüft, was in Folge eines Verstoßes schlimmstenfalls hätte geschehen können. Es kommt also auf den Umfang des in der Gefahrenlage drohenden Schadens an.[3690]

2563 Auch in dieser Alternative des § 20 GPSG bemüht der Gesetzgeber zur Feststellung der Strafbarkeit einen unbestimmten Rechtsbegriff, den der fremden Sache von bedeutendem Wert. Nach der Rechtsprechung, wenn auch in anderem Zusammenhang, ist der objektive Verkehrswert einer Sache das entscheidende

---

3684 Das bisherige ProdSG kannte keine Strafbestimmung.
3685 Zu den betreffenden RVOen siehe oben Rdn. 2537.
3686 Ausführlich Eidam, a.a.O., NJW 2005, 1021 ff. (1023).
3687 Erbs/Kohlhaas/Ambs, a.a.O., G40, § 20 Rn. 3 m. w. N.
3688 Erbs/Kohlhaas/Ambs, a.a.O., G40, § 20 Rn. 8.
3689 Vgl. BGHSt 22, 67 ff.
3690 Z. B. OLG Celle MDR 1975, 949; BayObLG NJW 1998, 1966.

Kriterium.[3691] Derzeit lassen die meisten Gerichte den bedeutenden Wert bei einem Betrag von ungefähr 1.200 Euro beginnen.[3692]

bb) Lebensmittelrecht

Ende 2005 wurde während einer Welle von Lebensmittelskandalen der Begriff **2564** »**Gammelfleisch**« geprägt, als Umschreibung für verdorbene Fleisch- und Wurstwaren, die das Mindesthaltbarkeitsdatum überschritten haben und trotzdem in die Verwertungskette gelangen.

> »*Ranzig, muffig, alt – Der Gammelfleisch-Skandal in Bayern weitet sich aus: Ermittler haben nochmals bis zu 40 Tonnen verdächtiges Ekelfleisch entdeckt. Der Verdacht besteht, dass auch hier das Haltbarkeitsdatum lange überschritten und die Ware umetikettiert wurde.*«[3693]

Auch im Jahre 2006 haben Lebensmittelsskandale mit verdorbenen Fleischpro- **2565** dukten den Konsumenten immer wieder den Appetit verdorben. Dabei ist der Bereich der Nahrungsmittelprodukte seit jeher von zentraler Bedeutung für das Rechtsgebiet der Produkthaftung[3694] und hat mit einer Vielzahl von Entscheidungen dieses maßgeblich beeinflusst.[3695]

- Erinnert sei nochmals an den Mandel-Bienenstich-Kuchen, nach dessen Genuss 109 Personen an Übelkeit und Durchfall erkrankten,[3696]verursacht durch Staphylokokken. Das Landgericht verurteilte die beiden Geschäftsführer der Konditorei unter anderem wegen Inverkehrbringens verdorbener Lebensmittel. Ihnen wurde vorgeworfen, zumindest stillschweigend seine Zustimmung gegeben zu haben, keine umfassende Rückrufaktion durchzuführen, obwohl ihm die Verdorbenheit des Kuchens bekannt war.

- Ein Beschuldigter bot in seinem Verkaufsladen sechs Packungen Feigen an, die von Milben befallen waren.[3697]Das Amtsgericht warf dem Händler vor, seinen Überwachungspflichten nicht nachgekommen zu sein. Zu den besonderen Händlerpflichten gehöre es, dafür zu sorgen, dass Beschaffenheit und Bezeichnung eines Lebensmittels im Einklang mit den gesetzlichen Bestimmungen stehen. Gerade an einen Lebensmittelhändler seien besondere und strenge Anforderungen zu stellen. Das Oberlandesgericht bestätigte das Urteil der Vorinstanz, wonach sich der Händler einer fahrlässigen Ordnungswidrig-

---

3691 Ebenso Erbs/Kohlhaas/Ambs, a.a.O., G40, § 20 Rn. 9.

3692 Bei Delikten des unerlaubten Entfernens vom Unfallort, § 142 StGB; vgl. OLG Köln zfs 2002, 305; LG Berlin zfs 2002, 548; 1.250.-- Euro: LG Bielefeld NZV 2002, 48; LG Braunschweig DAR 2002, 469; LG Zweibrücken zfs 2003, 208; 1.300,-- Euro: LG Düsseldorf NZV 2003, 103.

3693 SPIEGEL ONLINE v. 01. 09. 2006.

3694 Interessanterweise werden bei den meisten Staatsanwaltschaften Verstöße gegen lebensmittelrechtliche Bestimmungen in den Abteilungen bearbeitet, welche auch für Umweltstrafverfahren zuständig sind.

3695 Vgl. Volk/Wessing II, a.a.O., § 4 Rn. 256 f.

3696 BGH, Urteil v. 04. 05. 1988, in: Schmidt-Salzer, Entscheidungssammlung Produkthaftung, a.a.O., IV. 1.13. (Bienenstich II), siehe Rdn. 2448 f.

3697 OLG Koblenz NStZ 1985, 34 f. (**Feigen-Urteil**).

keit gemäß (ehemals) §§ 17 Absatz 1 Nr. 1, 52 Absatz 1 Nr. 9, 53 Absatz 1 LMBG[3698] schuldig gemacht hatte.

2566 Es wird sogar teilweise davon ausgegangen, dass die Fälle aus der Nahrungs- und Genussmittelproduktion die Ermittlungsverfahren mit produktstrafrechtlichem Bezug weitgehend dominieren.[3699]

aaa) Die Skandale und das neue Lebensmittelrecht

2567 Aktuell wird die Diskussion fast vollständig beherrscht von Medienberichten, die im Zusammenhang mit der fleischverarbeitenden Industrie stehen. Der Ton in diesem Diskurs ist gewohnt scharf. Für die einen sind die Lebensmittelskandale der letzten Monate nur die Spitze eines Eisberges, der darauf hindeute, dass die Problematik von verdorbenen Fleischprodukten schon sehr lange und in erheblichem Ausmaß besteht – die andere Seite spricht von Einzelfällen und einigen wenigen schwarzen Schafen in der Branche.[3700] Schließlich: Der Verbraucher ist durch die Schreckensmeldungen aus der Branche, die im Jahr 2000 mit BSE-Warnhinweisen begannen, verunsichert. Der Verzehr von Fleisch ist rückläufig. Wenn der Preis kein Qualitätsmerkmal mehr ist – durch welche Kriterien soll sich der Einzelne zu einer Kaufentscheidung durchringen? Eine Chronologie an abschreckenden Beispielen:

- In Filialen einer Supermarktkette werden im März 2005 Mitarbeiter auffällig, die Hackfleisch mit abgelaufenem Haltbarkeitsdatum neu verpackt und mit neuem Datum wieder zum Verkauf angeboten hatten. Es gab Hinweise, dass diese Praxis auch in vielen anderen Supermärkten zumindest nicht unüblich ist.[3701]
- Bei einem Fleischhändler aus Gelsenkirchen finden Kontrolleure im Oktober 2005 60 Tonnen Roastbeef und Putenfleisch, dessen Haltbarkeitsdatum schon lange abgelaufen war und das mit neuem Datum versehen wurde. Aus dem gleichen Betrieb wurden auch 50 weitere Tonnen an Fleischverarbeitungsbetriebe geliefert, die das Material zu Würstchen und Nuggets verarbeitet haben sollen.[3702]
- Im November 2005 geraten Firmen im Landkreis Cloppenburg unter Verdacht, tiefgefrorenes Geflügel an der Luft aufgetaut und als Frischfleisch verkauft sowie Fleisch mit Wasser aufgespritzt zu haben, um dessen Gewicht zu erhöhen.[3703] Dem beschuldigten Fleischhändler gelang es mit einem Täuschungsmanöver, von den Ermittlungsbehörden bereits beschlagnahmtes Fleisch wieder zu erlangen und für 20.000 Euro doch noch zu verkaufen.

3698 Das ehemalige Lebensmittel- und Bedarfsgegenständegesetz v. 15. 08. 1974 (BGBl. I S. 1945 f.).

3699 Goll/Winkelbauer, a.a.O., § 46 Rn. 1.

3700 Vgl. SZ Nr. 280 v. 05. 12. 2005, S. 8:»*Wir leben seit Jahren mit Gammelfleisch*«; n-tv.de v. 04. 09. 2006: »*Harte Strafen gefordert...Die wenigen schwarzen Schafe machen die ganze Branche kaputt.*«

3701 SZ Nr. 57 v. 10. 03. 2005, S. 14.

3702 SZ Nr. 268 v. 21. 11. 2005, S. 12.

3703 SZ Nr. 255 v. 05. 11. 2005, S. 12.

- Im November/Dezember 2005 werden weitere Fälle mit verdorbenem Fleisch bzw. mit Fleisch- und Wurstwaren, welche die Mindesthaltbarkeitsdaten überschritten hatten, bekannt. Schlagwörter wie »Gammelfleisch« und »Ekelfleisch« finden, wie eingangs geschildert, den Weg in den allgemeinen Sprachgebrauch.

- Nachdem im Januar auch die Hersteller von teuren Delikatessen ins Visier der Fahnder geraten waren, wurde es im September 2006 unappetitlich, nachdem um die 400 Tonnen verdorbenes Fleisch im Kühlhaus eines Unternehmen im Großraum München gefunden wurden. In dem Betrieb, der 2.500 Kunden in ganz Europa beliefert hatte, von »Döner-Mafia« ist die Rede, lagerte Fleisch, dessen Haltbarkeit um vier Jahre überschritten war. Der vermutlich hauptverantwortliche Fleischgroßhändler hielt dem Ermittlungsdruck nicht stand und wählte den Freitod.[3704]

Ob nun mafiose Strukturen oder kriminelle Systeme mit Einzelfallcharakter – die **2568** Indizien sprechen dafür, dass die Wahrheit irgendwo dazwischen liegen dürfte – den Tätern wird es mit einer nur noch schwer überschaubaren Anzahl an sich ständig ändernden europäischen Regelungen, nationalen Vorschriften und diese ergänzenden Rechtsverordnungen leicht und schwer zu gleich gemacht. Einzelfragen können nur noch von Spezialisten beantwortet werden,[3705] so dass der fahrlässig Handelnde schnell Gefahr läuft, sich dem pönalen Risiko auszusetzen. Der Vorsatztäter hingegen kann sich hinter einer Flut von Regelungen und Kompetenzaufteilungen verstecken.

Vor dem Hintergrund dieser Problematik trat am 7. September 2005 das **Lebens-** **2569** **mittel-, Bedarfsgegenstände- und Futtermittelgesetzbuch** (Lebensmittel- und Futtermittelgesetzbuch – LFGB)[3706] in Kraft. Damit wurde die VO (EG) Nr. 178/ 02 des Europäischen Parlaments und des Rates zur Lebensmittelsicherheit (Grundsätze, Anforderungen, Verfahren, Errichtung einer Europäischen Behörde) in nationales Recht umgesetzt, welches somit eine grundlegende Neuordnung erfuhr.[3707]

§ 1 LFGB gibt sehr ausführlich Auskunft über den **Zweck des Gesetzes**, der im **2570** Wesentlichen darin besteht

- den Schutz der menschlichen Gesundheit
- den Schutz vor Täuschungen im Verkehr
- die Unterrichtung der Wirtschaftsbeteiligten
- den Schutz von Tieren
- den Schutz des Naturhaushalts

im Zusammenhang mit Lebens-, Futter- und kosmetischen Mitteln sowie Bedarf- **2571** gegenständen zu gewährleisten.

3704 Vgl. HAZ Nr. 204 v. 01. 09. 2006, S. 1; Handelsblatt Nr. 171 v. 05. 09. 2006, S. 14; SZ Nr. 206 v. 07. 09. 2006, S. 5

3705 Ebenso Müller-Gugenberger/Bieneck/Pfohl, a.a.O., § 72 Rn. 1.

3706 Lebensmittel- und Futtermittelgesetzbuch in der Fassung der Bekanntmachung vom 26. 04. 2006 (BGBl. I S. 945).

3707 Ausführlich dazu Müller-Gugenberger/Bieneck/Pfohl, a.a.O., § 72 Rn. 2 ff. m. w. N.

2572 Das Gesetz enthält im 10. Abschnitt eigene Straf- (§§ 58, 59 LFGB) sowie Ordnungswidrigkeitentatbestände (§ 60 LFGB), die aber nicht selbständig strafbarkeitsbegründend sind. Vielmehr handelt es sich um eine **Aneinanderreihung von Blankett-Tatbeständen**, die erst über Verweisungen auf andere Normen, Rechtsverordnungen, EG-Verordnungen, EG-Rechtsakte sowie vollziehbare Anordnungen Tatbestandscharakter erhalten. Bleibt so die Norm, wenn sie denn nicht verfassungswidrig ist, ein zahnloser Tiger?

bbb) Straftaten

2573 **§ 58 Absatz 1 Nr. 1-7 LFGB** ermöglicht in erster Linie die Sanktion von Verstößen gegen Vorschriften, die dem Schutz der Gesundheit dienen sollen. Besonders bedeutsam sind dabei die Verweise, die Zuwiderhandlungen gegen § 5 LFBG und Rechtsverordnungen gemäß § 13 Absatz 2 LFGB[3708] strafbar machen, also das Inverkehrbringen[3709] von Lebensmitteln[3710] unter Verstoß gegen bestimmte Verbote.

2574 Als betroffene Verordnungen kommen die Hackfleisch-, Eiprodukte-, Käse- und Speiseeisverordnung in Frage.[3711] Diese Verordnungen verweisen zum Teil noch auf das alte Lebensmittel- und Bedarfsgegenständegesetz (LMBG), das durch das Lebensmittel- und Futtermittelgesetzbuch abgelöst wurde. Diese Verordnungen enthalten aber selbst Straftat- und Bußgeldbestände, z. B. §§ 16, 17 HackfleischVO, 21, 22 EiprodukteVO.[3712] Wie diese Konstellation zu lösen ist, bedarf noch der Klärung und wurde soweit erkennbar bisher noch nicht diskutiert. Aufgrund des Analogieverbotes bleibt jedoch nur der Schluss zu ziehen, dass eine Strafbarkeit nach den Normen der jeweiligen Verordnung, die auf das ehemalige Lebensmittelrecht verweisen, zurzeit unmöglich ist.

2575 **§ 58 Absatz 1 Nr. 8-10 LFGB** erfasst Verstöße gegen futtermittelrechtliche[3713] Vorschriften strafrechtlich, Nr. 10-16 betrifft Kosmetika und sonstige Bedarfsgegenstände.

2576 Die Zuwiderhandlung gegen die VO (EG) 178/02 direkt sanktioniert § 58 Absatz 2 LFGB.[3714]

3708 In diesem Fall ist ein **gewerbsmäßiges** Inverkehrbringen notwendig.

3709 Legaldefinition § 3 Nr. 1 FFGB i. V. m. Art. 3 Nr. 8 der VO (EG) 178/02: »*das Bereithalten von Lebensmitteln oder Futtermitteln für Verkaufszwecke einschließlich des Anbietens zum Verkauf oder jeder anderen Form der Weitergabe, gleichgültig, ob unentgeltlich oder nicht, sowie den Verkauf, den Vertrieb oder andere Formen der Weitergabe selbst*«.

3710 Legaldefinition § 2 Abs. 2 LFGB i. V. m. Art. 2 der VO (EG) 178/02: »*alle Stoffe oder Erzeugnisse, die dazu bestimmt sind oder von denen nach vernünftigem Ermessen erwartet werden kann, dass sie in verarbeitetem, teilweise verarbeitetem oder unverarbeitetem Zustand von Menschen aufgenommen werden.*«.

3711 Dazu auch Müller-Gugenberger/Bieneck/Pfohl , a.a.O., § 72 Rn. 40.

3712 »*Nach § 51 Abs. 1 Nr. 2, Abs. 2 bis 4 des Lebensmittel- und Bedarfsgegenständegesetzes wird bestraft, ...*«.

3713 Futtermittel: Legaldefinition in § 3 Nr. 9-15 LFGB i. V. m. Art. 3 Nr. 3 VO (EG) 178/02: »*Stoffe oder Erzeugnisse, auch Zusatzstoffe, verarbeitet, teilweise verarbeitet oder unverarbeitet, die zur oralen Tierfütterung bestimmt sind*«.

3714 Vgl. Müller-Gugenberger/Bieneck/Pfohl, a.a.O., § 72 Rn. 42.

§ 58 LFGB erlaubt eine Bestrafung mit Freiheitsstrafe bis zu 3 Jahren oder Geld- 2577
strafe, wenn der Täter vorsätzlich handelt. Der Versuch ist strafbar.

Bei Fahrlässigkeit ist die Obergrenze reduziert auf 1 Jahr Freiheitsstrafe, § 58 2578
Absatz 6 LFGB. Dabei besteht eine so genannte Kettenverantwortung, d. h. jeder
Person von der Herstellung bis zur Abgabe an den Verbraucher obliegen gewisse
Sorgfaltspflichten, die je nach Stufe des Vertriebs oder der Vermarktung jedoch
verschieden sind und sich nach dem konkreten Einzelfall richten.[3715]

Neben der Fahrlässigkeitsstrafbarkeit sieht § 58 Absatz 5 LFGB auch die **beson-** 2579
ders schweren (Regel-) Fälle der Begehung vor, wenn Folge eines Verstoßes
gegen das Lebensmittelgesetzbuch die Gesundheit einer großen Zahl von Menschen gefährdet, einen anderen in die Gefahr des Todes oder einer schweren Schädigung an Körper oder Gesundheit bringt oder aus grobem Eigennutz für sich
oder einen anderen Vermögensvorteile großen Ausmaßes erlangt.[3716] In besonders schweren Fällen ist die Strafe Freiheitsstrafe von sechs Monaten bis zu fünf
Jahren.

§ 59 LFGB dagegen erfasst **leichtere Straftaten**, für die Geldstrafe oder Freiheits- 2580
strafe bis zu einem Jahr vorgesehen ist und die Vorsatz voraussetzen. Der Blan-
kett-Tatbestand enthält Verweise auf Normen des vorbeugenden Gesundheitsschutzes sowie der lebensmittelrechtlichen Täuschungsverbote. Hier sei
erwähnt[3717]

- das Inverkehrbringen von Lebensmitteln, die mit Pflanzenschutz behaftet sind,
  Absatz 1 Nr. 6
- das Verwenden unzulässiger Zusatzstoffe, Absatz 1 Nr. 1
- das Inverkehrbringen von Lebensmitteln unter Irreführung des Verbrauchers,
  Absatz 1 Nr. 7
- die Durchführung nicht zugelassener Bestrahlungen, Absatz 1 Nr. 4
- das Inverkehrbringen zum Verzehr nicht geeigneter Lebensmittel, Absatz 1
  Nr. 8

§ 59 Absatz 1 Nr. 21 LFGB regelt umfassend den Verstoß gegen Rechtsverord- 2581
nungen, während direkte Verstöße gegen die VO (EG) 178/02 wiederum in
Absatz 2 enthalten sind.

In § 59 ist keine Versuchsstrafbarkeit vorgesehen. 2582

ccc) Ordnungswidrigkeiten

§ 60 Absatz 1 LFGB stuft die in § 59 erfassten Tathandlungen zu Ordnungswid- 2583
rigkeiten herab, wenn dabei der Vorsatz entfällt und dem Täter Fahrlässigkeit
nachzuweisen ist.

3715 Müller-Gugenberger/Bieneck/Pfohl, a.a.O., § 72 Rn. 43 ff. m. w. N. zum Hersteller,
      Importeur, Großhändler und Einzelhändler.
3716 Mindestens 50.000 Euro, vgl. BGH NJW 2004, 169; ebenso Müller-Gugenberger/Bieneck/
      Pfohl, a.a.O., § 72 Rn. 49.
3717 Beachte auch die §§ 6 Abs. 1, 11 Abs. 2 LFGB; vgl. insgesamt Müller-Gugenberger/Bien-
      eck/Pfohl, a.a.O., § 72 Rn. 50 f.

2584　Des Weiteren enthält Absatz 2 eine erhebliche Anzahl an zusätzlichen Tatbeständen, die ein Bußgeld von bis zu 20.000 Euro zur Folge haben können.[3718] Erfasst sind unter anderem Verstöße gegen Informationspflichten und eine Vielzahl an Rechtsverordnungen, während § 60 Absatz 3 wiederum einige direkte Zuwiderhandlungen gegen die VO (EG) 178/02 regelt.

ddd) Praktische Konsequenzen

2585　§ 61 LFGB ermöglicht die **Einziehung**[3719] von Gegenständen, die im Zusammenhang mit einer lebensmittelrechtlichen Straftat stehen. Zusätzlich sind die Vorschriften über den **Verfall**[3720] anwendbar hinsichtlich dessen, was durch die Straftat erlangt wurde.

2586　Zu beachten ist auch im Lebensmittlerecht die Norm über **Duldungs-, Mitwirkungs- und Übermittlungspflichten**, § 44 LFGB. Das Gesetz legt den betroffnen Betriebsinhabern umfassende Informationspflichten auf, die leicht zu einer Falle werden können. Sind mehrere Betriebe an möglicherweise unsauberen Machenschaften beteiligt, kann es sein, dass die fragliche Vorgehensweise durch interne Hinweise ans Licht kommt. Der Hinweisgeber entgeht einer Strafverfolgung, wie sich aus Absatz 4 der Norm ergibt. Ähnliche, oft »Denunziantenklausel« genannte Regeln habe ich schon in anderem Zusammenhang aufgezeigt.

2587　Fraglich bleibt die Effizienz des neuen Lebensmittelrechts, sofern man nicht schon verfassungsrechtlichen Bedenken gegen die kaskadenartige Struktur der Blankett-Normen hat, die durch exzessive Verweisungstechnik geprägt ist (Stichwort: Bestimmtheitsgebot). Ein derart unübersichtliches und kaum verständliches Lebensmittel(straf)recht trägt kaum zu dem selbstgesteckten Ziel des umfassenden Verbraucherschutzes bei.[3721]

2588　Meines Erachtens ist das Gesetz nicht in der Lage, einem interessierten Unternehmer im Rahmen längeren Selbststudiums zu eröffnen, welche Regeln er zu beachten hat, um Strafbarkeitsrisiken zu vermeiden. Deshalb bleibt nur die Empfehlung an den betroffenen Verantwortlichen, sich frühzeitig und umfassend Rechtsrat von einem Spezialisten zu holen.

2589　Passend zu dieser kritischen Gesetzeslage geriet die Diskussion um Konsequenzen aus den so genannten Gammelfleischskandalen zur Farce. Mal wurden härtere Strafen, mal bessere Kontrollen gefordert, dann sollte die Information der Öffentlichkeit das Allheilmittel sein.[3722] »Wer schlechtes Fleisch in Umlauf bringt, soll

---

3718　§ 60 Abs. 5 LFGB.

3719　§ 74 StGB.

3720　§ 73 ff StGB; die Themen Einziehung und Verfall sind ausführlich oben behandelt, siehe Rdn. 839 ff.

3721　Ähnlich Müller-Gugenberger/Bieneck/Pfohl, a.a.O., § 72 Rn. 65 und 59 f. 9. w. N.

3722　Vgl. HAZ Nr. 207 v. 05. 09. 2006, S. 1: »Geiz ist gefährlich…die Kontrollen versagen… abschreckende Strafen nötig«; n-tv.de v. 04. 09. 2006: »Harte Strafen gefordert…außerdem müssten Namen und Firmenbezeichungen veröffentlicht werden…Berufsverbot für Betrüger«; SZ Nr. 271 v. 24. 11. 2005, S. 2: »Kontrollen allein genügen nicht…dafür läuft in der Branche viel zu viel schief«.

öffentlich genannt werden«,[3723] war eine verbreitete Forderung aus den Reihen der Politik.[3724] Die Diskussion kam aber zum Erliegen, ohne für die Unternehmen oder die Verbraucher Rechtssicherheit hervorgebracht zu haben:

- Das seit 2002 geplante deutsche Verbraucherinformationsgesetz soll die Verbraucherrechte stärken und entscheidend verbessern. Der Bundestag hat am 29. Juni 2006 ein Verbraucherinformationsgesetz (VIG) beschlossen, das vom Bundesrat in seiner Sitzung am 22. September 2006 bestätigt wurde.[3725] Am 8. Dezember 2006 verweigerte Bundespräsident Horst Köhler aufgrund verfassungsrechtlicher Bedenken die Ausfertigung.[3726]
- Der schon bestehende § 40 LFGB erlaubt (*»kann«*) den Behörden zwar, bei Lebensmittelgefahren die Öffentlichkeit zu warnen und gar Namen zu nennen. Dabei muss aber eine Abwägung getroffen werden zwischen dem öffentlichen Interesse und dem des Unternehmens. Nicht veröffentlicht werden darf, wenn davon auszugehen ist, dass das Produkt bereits verbraucht ist. Es ist nicht verwunderlich, dass das Gesetz kaum Wirkung zeigt – von Abschreckung ganz zu schweigen.

cc)   Arzneimittelrecht

Mit einem Fall aus dem Bereich der Pharma- und Medizinindustrie wurde der **2590** Startschuss für die Entwicklung der strafrechtlichen Produktverantwortung gegeben: die Contergan-Krise[3727] läutete den Beginn einer neuen Ära im Produkthaftrecht ein. Auch das aktuell brisanteste Beispiel für Produkthaftung – Lipobay/ Baycol – stammt aus diesem Risikoumfeld.[3728]

Ebenso wie die Herstellung von Lebensmitteln zählt die Produktion von Arznei- **2591** mitteln zu den besonderen Risiken. Auch im **Pharma-Bereich** kommt hinzu, dass die Sensibilität der Bevölkerung durch sich häufende Skandale und Meldungen über Arzneimittel mit zum Teil schwerwiegenden Nebenwirkungen in den vergangenen Jahren angestiegen ist.[3729]

> Der US-Pharmakonzern Merck & Co., Inc. hat das Schmerzmittel *Vioxx* im September 2004 nach Bekanntwerden von erhöhten Herzinfarkt- und Schlaganfallrisiken weltweit vom Markt genommen. Anwender des Arzneimittels halten dem Unternehmen vor, gesundheitliche Schäden durch die *Vioxx*-Ein-

---

3723   Verbraucherschutzminister Horst **Seehofer** in STERN 38/2006, S. 52 ff., (54).
3724   Beispielhaft HAZ Nr. 222 v. 22. 09. 2006, S. 1: *»Fleischbetrüger kommen künftig an den Pranger«*, vgl. auch HAZ Nr. 210 v. 08. 09. 2006, S. 1.
3725   HAZ Nr. 222 v. 22. 09. 2006.
3726   SPIEGEL ONLINE v. 08. 12. 2006.
3727   Dazu bereits Rdn. 2434 ff.
3728   Siehe Rdn. 2506 ff.
3729   SZ Nr. 229 v. 02. 10. 2004, S. 2: *»Das Risiko der Nebenwirkung – In der Pharma-Industrie kann der Rückruf eines Medikaments die Existenz eines Konzerns gefährden«*; SZ Nr. 81 v. 09. 04. 2005, S. 26: *»Patient Pharma – Todesfälle und die Rücknahme von Medikamenten verunsichern eine ganze Industrie«*; vgl. schon: *»DER SPIEGEL«*, Nr. 34 v. 19. 08. 1991, S. 211 zu rezeptfreien Schmerztabletten; zu den L-Tryptophanhaltigen Tabletten *»Kalma«* vgl.: HAZ Nr. 290 v. 13. 12. 1989, S. 16.

nahme erlitten zu haben, weil sie erst verspätet und nicht umfassend über die Risiken des Medikaments informiert worden seien. Auch soll *Vioxx* zahlreiche Todesfälle verursacht haben. In Deutschland war *Vioxx* das umsatzstärkste Produkt des Pharmakonzerns, der weltweit damit im Jahre 2003 noch einen Gesamtumsatz von 2,5 Milliarden Dollar erzielt hatte. Die Rechtsstreitigkeiten um *Vioxx* dauern noch an. Ein Verfahren verlor das Unternehmen in der ersten Instanz, es gewann aber die beiden folgenden Instanzen. Eine US-Richterin will im Januar 2007 mehrere Klagen zusammenfassen. Sie ist für die rund 15.000 *Vioxx*-Schadensersatzklagen zuständig, die in Atlantic City anhängig sind. Dieses Verfahren ist zudem bedeutsam für mehr als 20.000 weitere Klagen.

In Deutschland könnte es, so wird prognostiziert, zu mehreren hundert Schadenersatzklagen gegen das Unternehmen kommen, da in Kürze die dreijährige Verjährungsfrist abläuft.[3730] Ein Opferanwalt stellte im Jahre 2004 Strafanzeige gegen die deutsche Tochtergesellschaft MSD des US-Pharmakonzern Merck & Co., Inc. Mit der Begründung, es käme ein Anfangsverdacht wegen fahrlässiger Tötung und Körperverletzung durch das Inverkehrbringen des Medikamentes *Vioxx* in Betracht. Die Strafanzeige hatte, soweit ersichtlich, keine Konsequenzen. Der Fall *Vioxx* hatte erhebliche Auswirkungen in der gesamten Branche. Merck-Konkurrent Pfizer musste ein ähnliches Medikament 2005 vom Markt nehmen (*Bextra*), ein weiteres *Vioxx*-Pendant musste mit zusätzlichen Warnhinweisen versehen werden (*Celebrex*).[3731]

2592 Das **Arzneimittelgesetz (AMG)**[3732] soll Qualität, Wirksamkeit und Unbedenklichkeit von Medikamenten im Interesse einer ordnungsgemäßen Arzneimittelversorgung von Mensch und Tier sicherstellen.[3733] Der Begriff ›**Arzneimittel**‹ ist in § 2 Absatz 1 AMG legal definiert:

2593 | **§ 2 AMG – Arzneimittelbegriff (Auszug)**

(1) Arzneimittel sind Stoffe und Zubereitungen aus Stoffen, die dazu bestimmt sind, durch Anwendung am oder im menschlichen oder tierischen Körper

1. Krankheiten, Leiden, Körperschäden oder krankhafte Beschwerden zu heilen, zu lindern, zu verhüten oder zu erkennen,

2. die Beschaffenheit, den Zustand oder die Funktionen des Körpers oder seelische Zustände erkennen zu lassen,

3. vom menschlichen oder tierischen Körper erzeugte Wirkstoffe oder Körperflüssigkeiten zu ersetzen,

---

3730 FTD v. 09. 10. 2005, S. 10; SZ Nr. 236 v. 11. 10. 2006, S. 19; SZ Nr. 240 v. 15. 10. 2004, S. 33.

3731 SZ Nr. 81 v. 09. 04. 2005, S. 26; FTD v. 09. 10. 2005, S. 10.

3732 Arzneimittelgesetz in der Fassung der Bekanntmachung vom 12. 12. 2005 (BGBl. I S. 3394), geändert durch Art. 12 des Gesetzes vom 14. 08. 2006 (BGBl. I S. 1869).

3733 § 1 AMG. Gerade dem Kriterium »*Unbedenklichkeit*« hat der Gesetzgeber nach den schrecklichen Erfahrungen im Contergan-Falls sein besonderes Augenmerk geschenkt, vgl. Erbs/ Kohlhaas/Pelchen, a.a.O., A 188 Rn. 1 (Vorbem.).

> *4. Krankheitserreger, Parasiten oder körperfremde Stoffe abzuwehren, zu beseitigen oder unschädlich zu machen oder*
>
> *5. die Beschaffenheit, den Zustand oder die Funktionen des Körpers oder seelische Zustände zu beeinflussen. ...*

Dagegen enthält § 2 Absatz 3 AMG die Abgrenzung zu Produkten, die unter das **2594** Lebensmittel- und Futtergesetzbuch fallen und somit nicht vom Arzneimittelgesetz erfasst werden, wobei die objektive Zweckbestimmung ausschlaggebend ist.[3734]

Das Arzneimittelgesetz ist in mehrere Abschnitte gegliedert, die dezidiert den **2595** gesamten Umgang mit Arzneimitteln regeln – Herstellung, Zulassungspflicht, Abgabe, Ein – und Ausfuhr.[3735] Des Weiteren gibt es Sondervorschriften für Tierarznei sowie den 16. Abschnitt, wo die zivilrechtliche Gefährdungshaftung umfassend geregelt ist.[3736]

Das Gesetz enthält in §§ 95 f. Straf- und in §§ 97 f. Bußgeldvorschriften, die ähn- **2596** lich wie im Lebensmittel– und Futtergesetzbuch als Katalog gestufter Blankett– Tatbestände mit einer Vielzahl von Verweisungen ausgestaltet sind.

Mit Freiheitsstrafe bis zu drei Jahren oder Geldstrafe wird bestraft, wer vorsätzlich **2597** entgegen § 95 AMG in Verbindung mit einer der Verbotsnormen des Gesetzes handelt. Es sind hauptsächlich Verstöße erfasst, die ein **hohes Gesundheitsrisiko** bergen.[3737]

- Die Staatsanwaltschaft ermittelte gegen den verantwortlichen Leiter der Abteilung für Proteinchemie einer Arzneimittelfirma wegen des Inverkehrbringens bedrohlicher Arzneimittel gemäß § 95 Absatz 1 Nr. 1[3738] in Verb. mit § 5 AMG a. F.. Dieser war verantwortlich für die Herstellung und Auslieferung des Arzneimittels Immunglobulin G Anti-RG.[3739] Die Ermittlungen ergaben, dass der begründete Verdacht bestand, dass das Arzneimittel die Gesundheit zumindest mittelbar beeinflussen konnte.[3740]
- Das Landgericht Regensburg hatte einen Tierarzt in 861 Fällen u. a. wegen Verstoßes gegen das Arzneimittelgesetz zu einer Gesamtfreiheitsstrafe von zwei Jahren zur Bewährung verurteilt. Darüber hinaus hat es den Verfall des

---

3734 Zur Abgrenzung von Arzneimittel und Lebensmitteln BGH, Urt. v. 25. 04. 2001 – 2 StR 374/00 = BGHR AMG § 96 Nr. 5 Arzneimittel 1 (Vitaminpräparate).
3735 Im Einzelnen dazu Müller-Gugenberger/Bieneck/Pfohl, a.a.O., § 72 Rn. 94 ff.
3736 Das ProdHG ist demnach auf Mittel nach dem AMG nicht anwendbar; zum ProdHG siehe Rdn. 2426 ff.
3737 Erbs/Kohlhaas/Pelchen, a.a.O., A 188, 7. Abschn. (Vorbemerkung) Rn. 2.
3738 Die Regelung, dass § 95 Abs. 1 Nr. 1 AMG das Inverkehrbringen solcher Arzneimittel, die im Sinne von § 5 AMG bedenklich sind, unter Strafe stellt, ist nicht verfassungswidrig, da sie hinreichend bestimmt und daher mit Art. 103 Abs. 2 GG vereinbar ist; so BVerfG, Beschluss v. 26. 04. 2000 – 2 BvR 1881/99 u. 1892/99.
3739 Vgl.: LG Hamburg VersR 1987, 828; da durch die Einnahme des Medikaments zwei Menschen starben, wurde der Abteilungsleiter schließlich wegen fahrlässiger Tötung verurteilt.
3740 Bereits der »*begründete Verdacht einer Gesundheitsbeeinflussung*« genügt für die Strafbarkeit, vgl. hierzu: Erbs/Kohlhaas/Pelchen, a.a.O., A 188, § 5 Rn. 3 AMG.

Wertersatzes über einen Geldbetrag von 150.000 Euro angeordnet. Der Tierarzt hatte nach Feststellungen des Gerichts seine Praxis und seine tierärztliche Hausapotheke so organisiert, dass er einen möglichst großen Arzneimittelumsatz erzielte, da ihm von Pharmaunternehmen Rabatte in Form von unberechneten Zusatzlieferungen gewährt wurden. Seinen Anweisungen entsprechend wurden verschreibungspflichtige Arzneimittel daher auch an nicht bei ihm angestellte Tierärzte verkauft. Solche Medikamente wurden außerdem an Tierhalter weitergegeben, ohne dass deren Tiere ordnungsgemäß behandelt wurden. Schließlich wurden verschreibungspflichtige Arzneimittel – zum Teil unter irreführender Bezeichnung – vergeben, die nicht für die betroffene Tierart zugelassen waren. Der Bundesgerichtshof hat das Urteil in 306 Fällen bestätigt, den Fall jedoch komplex ausgebreitet, zum einem großen Teil zurückverwiesen und den Verfall aufgrund der Härteklausel aufgehoben.[3741]

2598 § 95 Absatz 1 Nr. 2 lit. a bedroht Verstöße gegen das **Dopingverbot** des § 6a Absatz 1 AMG, also das Inverkehrbringen, die Verschreibung und das Anwenden dieser Mittel.

- Diese Norm dürfte in einem Fall Bedeutung erlangen, in dem bei einer Razzia ein ganzes Netzwerk (eventuell Bildung einer kriminellen Vereinigung) von Anabolika-Händlern in der Bodybuilding-Szene zerschlagen wurde. In der Regel wird dort Doping mit Testosteron oder ähnlichen Mitteln betrieben – unter Einsatz und Umsatz von hohen Geldbeträgen.[3742]
- Auch der Bund Deutscher Radfahrer hat Strafanzeige gegen Personen erstattet, unter anderem einen Sportarzt, die in der Radrenn-Branche systematisch mit verbotenen Substanzen wie Epo, Andriol und Synacthen gearbeitet haben sollen. In diesen Fällen kommt auch der Straftatbestand des Betruges und der Körperverletzung in Betracht.[3743] Inwiefern das Arzneimittelgesetz in seiner bisherigen Form in der **Doping-Affäre** um eine Vielzahl von internationalen **Rad-Profis** eine Rolle spielt, muss sich noch erweisen. Die im Jahre 2006 weltweit aufgenommenen Ermittlungen zogen mehrere Bekenntnisse bekannter Sport-Stars zum Doping nach sich. Die personenbezogene Detail-Aufklärung ist im Sommer 2007 jedoch noch nicht abgeschlossen. Möglicherweise werden wieder einmal die berühmten *invisible hands* des Adam Smith durchgreifen müssen, sprich: der Boykottmaßnahmen der Wirtschaft bei sportlichen Veranstaltungen und/oder von Sportverbänden, um das Untier Doping zu bändigen.

2599 Eine Konsequenz aus den massenhaften Verdachtsfällen aus dem Profi-Sport wurde schon gezogen: Am 5. Juli 2007 wurde eine **Verschärfung des Arzneimittelrechts** im Bundestag verabschiedet, die voraussichtlich im Oktober 2007 in Kraft treten wird.[3744] Der Kernpunkt des neuen Gesetzes lautet, dass der Besitz bestimmter, noch per Verordnung zu benennender Doping-Mittel »in nicht geringen Mengen« unter Strafe gestellt wird. So drohen **bei gewerbsmäßigem Doping-**

3741 BGH 1 StR 453/02 – Urteil vom 03. 07. 2003, NStZ 2004, 457.
3742 HAZ Nr. 202 v. 30. 08. 2006, S. 8.
3743 FTD v. 10. 10. 2006, S. 37.
3744 Vgl. FAZ Nr. 154 v. 06. 07. 2007, S. 1.

handel künftig bis zu zehn Jahre Haft. Zudem kann bestraft werden, bei dem Dopingmitteln in einem Umfang festgestellt werden, die offenkundig den Eigenbedarf übersteigen. Das Gesetz sieht jedoch keine Strafe für gedopte Sportler per se vor.[3745] Ein solcher Tatbestand war unter anderem von Vertretern der Opposition gefordert worden, zugleich mit der – überzogenen – Forderung nach einem neuen Strafrecht für »**Sportbetrug**«.[3746]

§ 96 AMG sanktioniert bereits jetzt leichtere vorsätzliche Verstöße mit Geldstrafe oder Freiheitsstrafe bis zu einem Jahr,[3747] während § 95 Absatz 3 AMG besonders schwere Fälle[3748] erfasst und Freiheitsstrafen von einem Jahr bis zu 10 Jahren ermöglicht.   **2600**

Sofern den Betroffenen anstelle vorsätzlichen Handelns **Fahrlässigkeit** vorgeworfen wird, kommt gemäß § 97 Absatz 1 AMG ein Ordnungswidrigkeitenverfahren infrage. Das gleiche gilt für vorsätzliche oder fahrlässige Verstöße gegen die in **§ 97 Absatz 2 AMG** erfassten Vorschriften.[3749] Die Ordnungswidrigkeiten können mit einer **Geldbuße bis zu 25.000 Euro** geahndet werden.   **2601**

> Gegen zwei Mitarbeiter eines Pharma-Unternehmens wurde wegen Inverkehrbringens eines Arzneimittels unter irreführender Bezeichnung ein Bußgeldverfahren gemäß § 8 Absatz 1 Nr. 2 AMG eingeleitet. Das Unternehmen hatte einen Abführtee mit der Bezeichnung »Blutreinigungstee und Abführmittel« in den Verkehr gebracht. Diese Doppelbezeichnung hätte nach Auffassung der zuständigen Behörde zur Folge, dass beim Verbraucher ein falscher Eindruck erweckt werden könnte. Es seien zwei Anwendungsgebiete erfasst, obwohl der Beipackzettel lediglich auf Fragen der Darmträgheit und deren Bekämpfung einging. Daraus ergäbe sich eine Irreführung, da eine möglicherweise erhoffte Blutentgiftungswirkung nicht gegeben war. Das Bußgeldverfahren wurde eingestellt.

Schließlich gilt: Gegenstände, auf die sich eine Straftat nach § 95 oder § 96 oder eine Ordnungswidrigkeit nach § 97 bezieht, können eingezogen werden.[3750] Ebenso wie bei Verstößen gegen das Lebensmittel- und Futtergesetzbuch kommt, wie im Falle des Tierarztes, die Anordnung des Verfalls zumindest in Betracht.[3751]   **2602**

Im Zusammenhang mit dem Arzneimittelgesetz sei noch auf zahlreiche ergänzend erlassene Rechtsverordnungen hingewiesen, die zu Teil weitere Straf- und   **2603**

3745 Vgl. BT-Drs. 16/5526 v. 30. 05. 2007.

3746 Dazu FAZ Nr. 154 v. 06.0 7. 2007, S. 30; eingehender dazu Rdn. 2248 ff.

3747 Hier sind im Wesentlichen Normen zur Vorbeugung von Gesundheitsgefahren und zum Täuschungsschutz enthalten, vgl. Müller-Gugenberger/Bieneck/Pfohl, a.a.O., § 72 Rn. 102.

3748 Ein besonders schwerer Fall liegt in der Regel vor, wenn der Täter durch eine der in Abs. 1 bezeichneten Handlungen die Gesundheit einer großen Zahl von Menschen gefährdet, einen anderen in die Gefahr des Todes oder einer schweren Schädigung an Körper oder Gesundheit bringt, aus grobem Eigennutz für sich oder einen anderen Vermögensvorteile großen Ausmaßes erlangt oder im Falle des Abs. 1 Nr. 2a Arzneimittel zu Dopingzwecken im Sport an Personen unter 18 Jahren abgibt oder bei diesen Personen anwendet.

3749 Ausführlich Erbs/Kohlhaas/Pelchen, a.a.O., A 188, § 97 Rn. 2 ff.

3750 § 97 Abs. 3 AMG.

3751 Ausführlich dazu Rdn. 839 ff.

Bußgeldnormen enthalten.[3752] Auch das Medizinproduktegesetz (MPG)[3753] soll nicht gänzlich unerwähnt bleiben, dessen Sanktionsnormen in den §§ 40 – 43 MPG in Anlehnung an das Arzneimittelgesetz ausgebildet sind.[3754]

dd) Gentechnikgesetz

2604 Die Gentechnologie befasst sich als Teilgebiet der Biotechnologie mit der technischen **Nutzbarmachung biologischer Vorgänge**, in dem sie gezielt auf bestimmte genetische Erbinformationen zugreift, sie analysiert, einzelne Gene aus dem DNA-Verband herauslöst und zur Bildung neuer Kombinationen genetischen Materials auf andere Organismen überträgt.[3755] Eine besondere Bedeutung kommt der Technologie sowohl in der biomedizinischen Grundlagenforschung als auch in der Pharmazie zu. Vermehrt wird die so genannte **grüne Gentechnik** problematisiert, also die Anwendung gentechnischer Verfahren zur Pflanzenzüchtung, die Nutzung gentechnisch veränderter Pflanzen in der Landwirtschaft und in der Lebensmittelherstellung (**Agrar-Gentechnik**).

2605 Neben der Debatte um das Für und Wider einer Nutzbarmachung der Kernenergie hat wohl kein anderer Technikzweig eine so **kontroverse Diskussion** ausgelöst wie die Gentechnik. Soziale und ethische Fragen und Thesen prallen auf allen gesellschaftlichen, kirchlichen, politischen und wissenschaftlichen Ebenen aufeinander. Darf der Mensch in den göttlichen Schöpfungsakt eingreifen? Welche Folgen kann der Eingriff in das genetische Erbgut lebender Organismen hervorrufen? Wie kann ein möglicher Missbrauch an der Natur und am Menschen durch den Menschen verhindert werden?

2606 Aktuell wird der Streit um die recht neue, unter Umständen zukunftsträchtige Technologie vornehmlich im Bereich der Nutzpflanzen ausgetragen. Speziell betroffen ist so genannter Genmais.[3756] Die Befürworter der Gentechnik nehmen erhebliche ökonomische Perspektiven sowie Nutzen für den Menschen allgemein an[3757] – die Kritiker befürchten die Unkontrollierbarkeit der Folgen von in die Umwelt entlassener gentechnisch veränderter Materie.[3758] Zusätzliche Brisanz erhält die Auseinandersetzung durch das Gelangen von verbotenem Genmais aus den USA auf den europäischen und auch deutschen Markt[3759] sowie die Zulassung von drei Genmaissorten für Deutschland durch das Bundessortenamt.[3760] Fest steht, dass der deutsche Verbraucher Gentech-Nahrungsmitteln äußerst skep-

---

3752 Abgedruckt und kommentiert bei Erbs/Kohlhaas/Pelchen, a.a.O., A 188b – A 188o.

3753 Medizinproduktegesetz in der Fassung der Bekanntmachung vom 07. 08. 2002 (BGBl. I S. 3146), geändert durch Art. 145 der VO v. 31. 10. 2006 (BGBl. I S. 2407).

3754 Vgl. Müller-Gugenberger/Bieneck/Pfohl, a.a.O., § 72 Rn. 105 ff. m. w. N.

3755 Grundlegend **Hirsch/Schmidt-Didczuhn**, Gentechnikgesetz, München 1991, Einl. Rn. 2.

3756 Siehe SZ Nr. 83 v. 12. 04. 2005, S. 4: »*Die Saat des Misstrauens*«.

3757 Einerseits SZ Nr. 35 v. 12. 02. 2005: »*Nahrung muss nicht knapp werden/ Dividende verdoppelt*« – Ein Schweizer Agro-Konzern knüpft hohe Erwartungen an Designer-Saatgut.

3758 Andererseits SZ Nr. 282 v. 07. 12. 2005: »*Orientierungslos im Erbgut*« – Aktuelle Erkenntnisse sollen eine grundsätzliche Neubewertung der Risiken veränderter Pflanzen notwendig machen.

3759 SZ Nr. 119 v. 27. 05. 2005, S. 10; SZ Nr. 88 v. 18. 04. 2005, S. 6.

3760 Vgl. SZ Nr. 290 v. 16. 12. 2005, S. 11.

tisch gegenüber steht und Anwender von Gentechnologie nicht selten auch gewalttätigen Übergriffen von militanten Gegnern ausgesetzt sind.

Gegenwärtig sind die Regelungen zur Gentechnik in Deutschland streng, doch **2607** befinden sie sich in ständiger Entwicklung. In der Politik wird über Änderungen der bestehenden Gesetze nachgedacht.[3761] Der Meinungsstreit verläuft erneut argumentativ konträr. Er verweist einerseits auf die Gefahren der Gentechnologie, andererseits wird befürchtet, dass der Standort Deutschland bei der neuen Technologie ins Hintertreffen gegenüber anderen Staaten zu geraten drohe.[3762]

Vor dem Hintergrund dieser andauernden Kontroverse, mit dem vorrangigen Ziel **2608** des vorbeugenden Gesundheitsschutzes für Menschen, Tiere und Pflanzen sowie des Umweltschutzes, wurde das Gentechnikgesetz (GenTG)[3763] geschaffen.[3764]

Das Gesetz enthält Vorschriften über den Umgang mit und die Verwendung von **2609** Gentechnologie, umfasst also gentechnische Anlagen, gentechnische Arbeiten sowie die Freisetzungen von gentechnisch veränderten Organismen und das Inverkehrbringen von Produkten, die gentechnisch veränderte Organismen enthalten oder aus solchen bestehen.[3765] Diese Begrifflichkeiten werden umfassend definiert und erfahren eine Abgrenzung zu anderen biologischen Techniken.[3766]

Im zweiten Teil enthält das Gentechnikgesetz anlagenbezogene Regelungen. **Gen-** **2610** **technische Arbeiten außerhalb von zugelassenen gentechnischen Anlagen sind verboten**. Die Errichtung und der Betrieb solcher Anlagen bedürfen in der Regel einer Genehmigung. Voraussetzung dafür ist neben Zuverlässigkeit und Sachkunde des Betreibers auch die Sicherheit der Anlage. Sind die Voraussetzungen für eine Genehmigung erfüllt, ist diese zu erteilen.[3767] Für die Sicherheitsbewertung sind die Arbeiten in 4 nach Gefährlichkeit unterteilte Sicherheitsstufen eingeordnet.[3768] Bestimmte gentechnische Arbeiten der untersten Sicherheitsstufen bedürfen lediglich der Anmeldung.[3769]

Die **Freisetzung** und das **Inverkehrbringen** von gentechnisch veränderten Orga- **2611** nismen oder Produkten ist ebenfalls **genehmigungsbedürftig**.[3770] Wer solche Materie freisetzt, hat dies einem **Bundesstandortregister** zu melden, das öffentlich

---

3761 Vgl. BT-Drs. 16/430 v. 24. 01. 2006: Entwurf eines dritten Gesetzes zum Gentechnikrecht.

3762 Exemplarisch für eine umfangreiche Literatur sei verwiesen auf Klaus **Leisinger**, Biotechnologie, Ernährungssicherheit und Politik : zur »Politischen Ökonomie« der landwirtschaftlichen Biotechnologie für Entwicklungsländer, Basel 2001; eingehend schon **ders.**, Gentechnik für die Dritte Welt?: Hunger, Krankheit und Umweltkrise – eine moderne Technologie auf dem Prüfstand entwicklungspolitischer Tatsachen, Basel/Boston/Berlin 1991.

3763 Gentechnikgesetz in der Fassung der Bekanntmachung vom 16. 12. 1993 (BGBl. I S. 2066), zuletzt geändert durch Art. 1 des Gesetzes vom 17. 03. 2006 (BGBl. I S. 534).

3764 Vgl. § 1 GenTG.

3765 § 2 GenTG; Tiere gelten als Produkte im Sinne dieses Gesetzes.

3766 § 3 GenTG.

3767 § 10 – 12 GenTG, insb. § 11 GentG.

3768 § 7 GenTG.

3769 Vgl. insgesamt zur Genehmigungspflicht § 8, 9 GenTG, zusätzlich zur Anmeldung § 12 GenTG.

3770 §§ 14 – 16d GenTG.

zugänglich ist. **Ständige behördliche Überwachung** ist vorgesehen,[3771] ferner sind vorläufige Betriebseinstellungen und ergänzende Anordnungen möglich.[3772]

2612 Seit 2004 besteht innerhalb der Europäischen Union[3773] eine **Kennzeichnungspflicht** für gentechnisch veränderte Produkte,[3774] und zwar auch dann, wenn die Veränderung im Endprodukt nicht mehr nachweisbar ist. Eine Kennzeichnung muss nicht erfolgen, wenn der Anteil an genetisch verändertem Material unter 0,9 Gewichtsprozent liegt und zufällig oder technisch unvermeidbar ist.

2613 Das Gentechnikgesetz enthält im 5. Teil Haftungsvorschriften, die eine Gefährdungshaftung für Schäden vorsehen, die aus gentechnischen Arbeiten entstehen.[3775] Es ist auch Schmerzensgeld vorgesehen, jedoch gedeckelt durch einen Haftungshöchstbetrag von 85 Millionen Euro insgesamt.[3776] Um die Haftung abzusichern, ist eine Deckungsvorsorge vorgeschrieben, etwa in Form einer Haftpflichtversicherung.[3777]

2614 Neben diesen verwaltungsrechtlich ausgeprägten Abschnitten enthält das Gesetz auch Sanktionsnormen. Die eingangs erläuterten gesellschaftlichen Bedenken gegenüber der Gentechnologie werden dabei in den Bußgeld- und Strafvorschriften des Gentechnikgesetzes berücksichtigt.

2615 Die **Tatbestände der Ordnungswidrigkeiten des § 38 GenTG** befassen sich vornehmlich mit Verstößen gegen formale Pflichten, die in der Regel nicht unmittelbar zu einer Gefährdung oder Verletzung fremder Rechtsgüter oder der Umwelt führen können.[3778]

2616 Eine solche **Ordnungswidrigkeit** liegt z. B. vor, **wenn über die Durchführung gentechnischer Arbeiten keine Aufzeichnungen erstellt werden,**[3779] und gegen Meldepflichten, Auflagen oder Anordnungen verstoßen wird. Diese Zuwiderhandlungen können sowohl vorsätzlich als auch fahrlässig begangen werden. § 38 Absatz 2 GenTG sieht Geldbußen bis zu 50.000 Euro vor.

2617 Nach der Strafvorschrift des § 39 Absatz 2 GenTG kann das unerlaubte Betreiben einer gentechnischen Anlage ebenso mit Freiheitsstrafe bis zu 3 Jahren bestraft werden wie das Freisetzen von gentechnisch veränderten Organismen ohne Genehmigung. Absatz 3 der Norm enthält eine Verschärfung, die Freiheitsstrafe von drei Monaten bis zu fünf Jahren ermöglicht, wenn durch einen Verstoß gegen die Regeln des Gentechnikgesetztes Leib oder Leben eines anderen, fremde Sachen von bedeutendem Wert oder Bestandteile des Naturhaushalts von erheblicher ökologischer Bedeutung gefährdet werden.

3771 § 25 GenTG.
3772 § 26 GenTG.
3773 Vgl. Richtlinie 2001/18/EG.
3774 § 17b GenTG.
3775 § 32 GenTG.
3776 § 33 GenTG.
3777 Siehe Müller-Gugenberger/Bieneck/Pfohl, a.a.O., § 54 Rn. 96.
3778 Hirsch/Schmidt-Didczuhn, a.a.O., § 38 Rn. 1.
3779 § 38 Abs. 1 Nr. 1 lit. a i. V. m. § 6 Abs. 3 GenTG.

Der Versuch einer Straftat ist nach dem Gentechnikgesetz strafbar, die Absätze **2618** 5 – 7 des § 39 enthalten Konkretisierungen hinsichtlich fahrlässiger Taten. Es gibt Stimmen, die den Sanktionenkatalog des Gesetzes als inkonsequent und fragwürdig ausgewogen bezeichnen.[3780]

Abschließend ist noch auf die **Gentechnikkommission** hinzuweisen. Diese Zent- **2619** rale Kommission für die Biologische Sicherheit, eine gemäß § 4 GenTG gebildetes Sachverständigengremium mit beratender Funktion, prüft und bewertet sicherheitsrelevante Fragen der Gentechnik.[3781]

7. Die vierte Hauptfallgruppe: das Verkehrs- und Verkehrswirtschaftsrisiko

Der Europäische Binnenmarkt und die Öffnung der ehemaligen Ostblockstaaten **2620** ließen die **Bundesrepublik Deutschland** zur **Verkehrsdrehscheibe Europas** werden. Die erhebliche Zunahme des Verkehrsaufkommens, die Harmonisierung des Rechtes der europäischen Staaten wie die Auswirkungen der Normierung des Umweltschutzes auf den Verkehrsbereich lassen das verkehrs- und verkehrswirtschaftliche Risiko der Unternehmen und ihrer Mitarbeiter permanent wachsen. Das gilt nicht nur für die besonders exponierten Belegschaftsangehörigen (Berufskraftfahrer, Fuhrparkleiter, Disponenten, Gefahrgutbeauftragte), sondern ebenso für alle Arbeitnehmer, die mit Privat- oder Dienstwagen am Straßenverkehr teilnehmen. Doch auch die Unternehmen, die im Schienen-, Schiffs- und Luftverkehr tätig sind, wissen um die Bedeutung dieser Risikogruppe.

a) Abgrenzung Verkehr – Verkehrswirtschaft

Das unternehmerische Verkehrsrisiko umfasst ge- oder verbotswidrige Verhal- **2621** tensweisen von Unternehmensmitarbeitern im Rahmen ihrer beruflichen Teilnahme am Verkehr. Dabei kann es zu Verstößen gegen straf- bzw. ordnungswidrigkeitenrechtliche Bestimmungen kommen, die als verkehrsrechtliche Vorschriften unmittelbar der Sicherheit des Verkehrs dienen und Gefahren, Behinderungen und Belästigung von anderen Verkehrsteilnehmern abwenden oder mindern sollen.[3782]

Die für die Unternehmen relevanten **verkehrswirtschaftlichen Normen** hingegen **2622** beziehen sich nicht unmittelbar auf den Verkehr, sondern verfolgen in erster Linie wirtschaftliche, arbeits- und gewerberechtliche sowie sozial- und ordnungspolitische Ziele.[3783]

3780 Müller-Gugenberger/Bieneck/Pfohl, a.a.O., § 54 Rn. 291, 293 vor allem unter Hinweis auf die §§ 327, 330 StGB.
3781 Die Arbeit der Gentechnikkommission wird durch VO v. 05. 08. 1996 (BGBl. I. S. 1232) geregelt.
3782 BVerfGE 40, 371 ff. (372); ebenso BVerfG NJW 1985, 371 ff. (371).
3783 Harbauer, a.a.O., § 4 ARB 75 Rn. 209.

2623 Im Einzelfall können darüber hinaus auch Straftatbestände des Strafgesetzbuchs einschlägig sein, die nicht ausschließlich den Zweck haben, verkehrsrechtliche und verkehrswirtschaftliche Belange zu schützen. Den Straftatbeständen der fahrlässigen Körperverletzung[3784] und fahrlässigen Tötung[3785] kommt in diesem unternehmerischen Risikobereich besondere Bedeutung zu.[3786]

b) Der verkehrsrechtliche Bereich

aa) Straßenverkehrsrecht

2624 Das Straßenverkehrsrecht ist neben dem **Straßenverkehrsgesetz**[3787] insbesondere in der Straßenverkehrsordnung (StVO)[3788] und in der Straßenverkehrszulassungsordnung (StVZO)[3789] geregelt.

2625 Im Zusammenhang mit den verkehrsrechtlichen Vorschriften sind – bezogen auf die Unternehmensführung im umfassenden Sinne – **alle Risikovarianten denkbar, die im täglichen Straßenverkehr vorkommen** und unter Umständen ein Straf- bzw. Bußgeldverfahren nach sich ziehen können.

- Ein LKW-Fahrer gerät bei Eisglätte wegen überhöhter Geschwindigkeit ins Schleudern und verursacht einen Unfall, bei dem ein Fußgänger getötet wird.
- Ein PKW nähert sich auf der Autobahn einem Fahrzeug, das erheblich langsamer ist und fordert es mit der Lichthupe auf, die Spur zu wechseln.
- Ein Fahrer fährt auf der Landstraße zu dicht auf das vorausfahrende Fahrzeug auf, sodass es durch das plötzliche Bremsen zu einem Unfall kommt.
- Ein Kundendienstmitarbeiter biegt von der Neben- auf die Hauptverkehrsstraße ein, ohne die Vorfahrtsregeln zu beachten.
- Ein Angestellter muss einen Brief in den Briefkasten werfen und hält im absoluten Halteverbot.
- Ein LKW-Fahrer fährt ohne angelegten Sicherheitsgurt.
- Ein Bote überquert bei noch roter Ampel die Kreuzung.
- Ein Bierfahrer steigt trotz reichlichen Alkoholgenusses in den Wagen und fährt.

3784 §§ 229, 230 StGB.

3785 § 222 StGB.

3786 Auch Manipulationen am Fahrtenschreiber zählen hierzu. Sie können gemäß § 268 StGB (Fälschung technischer Aufzeichnungen) strafbar sein. Wer die Tachowelle eines Fahrzeugs losschraubt und so das Weiterlaufen des Kilometerzählers verhindert, verletzt nicht den Tatbestand des § 268 StGB (BGHSt 29, 204 ff.). Hier kann aber an Betrug oder Untreue gedacht werden. Siehe dazu auch unten Rdn. 2682 ff. (S. 480 f.)

3787 Straßenverkehrsgesetz– StVG in der Fassung der Bekanntmachung vom 05. 03. 2003 (BGBl. I S. 310, 919), zuletzt geändert durch Art. 2 des Gesetzes vom 14. 08. 2006 (BGBl. I S. 1958).

3788 Straßenverkehrsordnung StVO vom 16. 11. 1970 (BGBl. I S. 1565), zuletzt geändert durch Art. 474 der VO v. 31. 10. 2006 (BGBl. I S. 2407).

3789 Straßenverkehrszulassungsordnung – StVZO in der Fassung der Bekanntmachung vom 28. 09. 1988 (BGBl. I S. 1793), zuletzt geändert durch Art. 473 der VO v. 31. 10. 2006 (BGBl. I S. 2407).

Mit dem **Anwachsen des Verkehrsaufkommens**[3790] auf bundesdeutschen Straßen **2626** steigt der Kreis der Arbeitnehmer, die unmittelbar oder zumindest mittelbar aufgrund ihrer beruflichen Tätigkeit am Kraftverkehr teilhaben. Im Jahre 1999 überstieg der Bestand an Kraftfahrzeugen in Deutschland die 50-Millionen-Grenze,[3791] 2005 wurde schon die 60-Millionen-Grenze überschritten.[3792] Der Zuwachs bezieht sich aber mehr auf den Bereich der Personenkraftwagen,[3793] denn zumindest ein Trend ist rückläufig: Nach den ehemals erheblichen Steigerungsraten im Straßengüterfern- und -nahverkehr ist die Zahl der Gesamtgütermenge im LKW-Transportwesen rückläufig. Zwischen 1995 und 2005 sank diese Zahl um 12,6 %, allein 2005 um 0,7 % auf 3,043 Milliarden Tonnen.[3794] 2006 ist ein weiterer Rückgang um 2,1 % zu erwarten.[3795] Nach denselben Prognosen wird es jedoch eine Steigerung um 2,7 % bei der Transportleistung geben, auf 403,6 Milliarden Tonnenkilometer für LKW-Gütertransporte insgesamt. Zusätzlich wird es eine Zunahme der Verkehrsleistung im Personenverkehr auf 1048,3 Milliarden Personkilometer geben.[3796]

Auch wenn einige der Zahlen im Straßengüterverkehr rückläufig sind – das Verkehrsaufkommen insgesamt steigt. Mit diesen Steigerungsraten korrespondiert eine Zunahme des zu beobachtenden Fehlverhaltens im Straßenverkehr und damit die Anzahl derer, die aufgrund ihrer berufsbedingten Verkehrsteilnahme in der Gefahr stehen,[3797] strafrechtliche bzw. ordnungswidrigkeitenrechtliche Konsequenzen tragen zu müssen. **2627**

Daraus folgt auch, dass künftig noch mehr als bisher diejenigen, die in ihren **2628** Betrieben leitende oder überwachende Funktionen ausüben, auch im Straf- und Ordnungswidrigkeitenbereich zur Verantwortung gezogen werden.[3798]

Die Datenlage über Vorkommen und zeitliche Entwicklung der Straßenverkehrs- **2629** delikte ist im Vergleich zu anderen Deliktgruppen jedoch lückenhaft. Straftaten im Straßenverkehr werden schon seit 1963 nicht mehr in der Polizeilichen Kriminalstatistik aufgeführt. Die Strafverfolgungsstatistik hingegen weist entspre-

---

3790 Siehe hierzu schon: Johannes **Kremers**/Jan **Kutscher**, Fahren bis zum Infarkt, in: DIE ZEIT, Nr. 46 v. 08. 11. 1991, S. 54 ff.; Blüthmann, Fahrt zur Hölle, in: DIE ZEIT, Nr. 44 v. 26. 10. 1990, S. 41 f.

3791 01. 07. 1999: 50.609 100 Kfz. nach Auskunft des Statistischen Bundesamts, darunter 42.323.700 Pkw und 2.465.500 Lkw. Anfang 2007 waren beim Kraftfahrtbundesamt 46 Mio. Pkws registriert; Brigitte Zypries, Plenarvortrag: Das Verkehrsrecht, die Justiz und die deutsche EU-Ratspräsidentschaft: Freie Fahrt durchs vereinte Europa?, in: 45. VGT 2007, 29 ff. (29).

3792 Harenberg, Aktuell 2007, S. 124.

3793 Anstieg des PKW-Bestandes 2005 um 1,6 % im Verhältnis zum Vorjahr auf 46,06 Mio. PKW insgesamt, vgl. Harenberg, Aktuell 2007, S. 109.

3794 Laut Bundesverkehrsministerium, vgl., Harenberg, Aktuell 2007, S. 120.

3795 So die ProgTrans AG aus Basel, dazu Harenberg, Aktuell 2007, S. 120.

3796 Das entspricht etwa 30 km pro Person pro Tag, vgl. die Zahlen der ProgTrans AG in: Harenberg, Aktuelle 2007, S. 124.

3797 Die durchschnittlich täglich aus beruflichen Gründen zurückgelegte Entfernung beträgt aktuell laut Umweltbundesamt 15 km pro Kopf, siehe Harenberg, Aktuell 2007, S. 124.

3798 Ebenso bereits Dieter **Roßkopf**, Risiken des Berufskraftfahrers, Veröffentlichung des 27. Deutschen Verkehrsgerichtstages 1989, Hamburg 1989, S. 161 ff.

chende Entscheidungen aus.[3799] Demnach beträgt der Anteil der Verurteilungen wegen Straßenverkehrsdelikten an den insgesamt erfolgten Verurteilungen im Jahre 2004 ca. 25 %. Die Aufgliederung der Verurteilungen gibt aber nur grobe Anhaltspunkte für Delikthäufigkeiten, weil ein Großteil der Fälle bereits im Vorverfahren durch die Staatsanwaltschaft eingestellt wird. Aus der Strafverfolgungsstatistik entsteht somit der Eindruck einer sich stetig verringernden Zahl der Straßenverkehrsdelikte:

2630 Insgesamt erfolgten 196.484 Verurteilungen im Bereich der Verkehrsdelikte.[3800] Zusätzlich gab es 46.703 Verurteilungen wegen Verstoß gegen das Straßenverkehrsgesetz. Zwar stellt der Umfang des Deliktsfeldes für die Gerichte eine beträchtliche Arbeitsbelastung dar, doch werden etwa drei Viertel der Fälle per Strafbefehl erledigt. Würde man aufgrund der Verurteilungsdaten des Jahres 2004 ein Bild der Deliktstruktur zeichnen, bestünde Verkehrskriminalität bei der Gesamtheit der Verurteilten zu 51 % aus Verkehrsgefährdung (48 % Trunkenheit im Verkehr bzw. Verkehrsgefährdung durch Alkohol oder andere berauschende Mittel)[3801], zu 20 % aus Fahren ohne Fahrerlaubnis, zu 16 % aus Unfallflucht und zu 9 % aus fahrlässiger Körperverletzung. Fahrlässige Tötung, Nötigung und sonstige Verkehrsgefährdung etc. wären quantitativ vernachlässigbar.

2631 **Diese Verurteilungen wegen Straßenverkehrsdelikten betreffen** hinsichtlich des Berufskraftverkehrs[3802] zunächst den **jeweiligen Mitarbeiter des Unternehmens**

3799 Die folgenden Daten sind entnommen dem 2. Periodischen Sicherheitsbericht v. 15. 11. 2006, S. 319 ff., herausgegeben von den **Bundesministerien der Justiz und des Inneren.**

3800 Fahrerflucht 31.325, fahrlässiger Tötung 1.019, ebensolcher Körperverletzung 17.980, Vollrausch 707 und Verkehrsgefährdung 98.750 Delikte.

3801 § 316 StGB. Seit der Entscheidung des Bundesgerichtshofs v. 28. 06. 1990 (NJW 1990, 2393 ff.) liegt der **Grenzwert der absoluten Fahruntüchtigkeit** bei 1,1 Promille BAK, d. h., ab dieser Blutalkoholkonzentration ist jeder Kraftfahrer absolut fahruntüchtig, ohne dass ein Fahrfehler vorliegen muss und ohne die Möglichkeit eines Gegenbeweises; vgl. Gebhardt, a.a.O., § 37 Rn. 20 Der absolute Grenzwert gilt auch für den Bereich der Schifffahrt (AG Rostock NZV 1996, 124), nicht aber für Führer eines Schienenfahrzeugs (BayObLG NZV 1993, 239). Für Radfahrer hat der BGH einen Blutalkoholgrenzwert von 1,7 Promille angesetzt (BGHSt 34, 133). Die absolute Fahruntüchtigkeit für Radfahrer wird heute allerdings von der neueren Rechtsprechung bei Erreichen von 1,6 Promille angenommen, vgl. nur OLG Karlsruhe DAR 1997, 456, ausführlich auch Tröndle/Fischer, a.a.O., § 316 Rn. 24 ff. Die **relative Fahruntüchtigkeit** kommt ab einer Blutalkoholkonzentration von 0,3 Promille in Betracht; vgl. grundlegend BGHSt 31, 42 und Gebhardt, a.a.O., § 37 Rn. 30 ff. m. w. N. Es gibt derzeit noch keinen Grenzwert für Rauschmittel. Eine Verurteilung nach § 316 StGB kann demnach immer nur nach den gleichen Grundsätzen erfolgen, wie sie die Rechtsprechung zur relativen Fahrunsicherheit entwickelt hat, d. h. es müssen Umstände erkennbar sein, die über die allgemeine Drogenwirkung hinaus den sicheren Schluss zulassen, dass der Konsument in der konkreten Verkehrssituation fahrunsicher war; vgl. Gebhardt, a.a.O., § 37 Rn. 159 ff. m. w. N.

3802 Bei Lkw-Unfällen in Deutschland gab es 2005 8.836 Schwerverletzte und 1.158 getötete Personen, vgl. die Pressemitteilung des **Bundesverbandes Güterkraftverkehr Logistik und Entsorgung** (BGL) e. V. v. 11. 10. 2006. So ging die Zahl der bei Lkw-Unfällen Getöteten seit 1992 um 38,5 % zurück, die der Schwerverletzten um 33,8 %. Wurden 1992 in Deutschland pro 1 Milliarde Tonnenkilometer rechnerisch 7,5 Menschen getötet, so sank diese Größe in 2005 auf 2,9; im Jahre 1990 waren 32.612 Fahrzeuge des Güterkraftverkehrs

persönlich. Die Vielzahl der Fälle in diesem Bereich ist unüberschaubar und in allen Variationen denkbar:

- Fahren ohne Fahrerlaubnis,[3803]
- als Halter eines Kfz anzuordnen oder zuzulassen, dass ein anderer ohne Fahrerlaubnis ein Fahrzeug führt,[3804]
- Kennzeichenmissbrauch,[3805]
- überhöhte Geschwindigkeit,[3806]
- zu geringer Abstand,[3807]
- fehlerhaftes falsches Überholen,[3808]
- Nichtbeachtung der Vorfahrt,[3809]
- fehlerhaftes Abbiegen,[3810]
- Rotlichtvergehen.[3811]

In Verbindung mit Alkohol, Drogen[3812] oder mit grob verkehrswidrigem und rücksichtslosem Verhalten[3813] im Straßenverkehr können die genannten Ordnungswidrigkeiten zur Straftat werden, wenn durch das Verhalten entweder eine Gefährdung für Leib oder Leben anderer Verkehrsteilnehmer oder fremder Sachen von bedeutendem Wert[3814] eintritt. **2632**

Neben dem unmittelbar handelnden Kraftfahrer können auch im verkehrsrechtlichen Bereich weitere **Unternehmensangehörige zur Verantwortung gezogen werden.** **2633**

So wurde in einem Fall, in dem die Ladung auf einem Lkw nicht richtig befestigt war und deshalb bei starkem Bremsen herabrutschte, neben dem Fahrer

---

allein an Verkehrsunfällen mit Personenschäden beteiligt, so schon: Verkehrswirtschaftlichen Zahlen 1991, Hrsg. (der ehemalige) Bundesverband des Deutschen Güterfernverkehrs e. V., Frankfurt a. M. 1991, S. 62.

3803 § 21 Abs. 1 StVG.

3804 § 21 Abs. 2 Nr. 3 StVG.

3805 §§ 22, 22a StVG.

3806 § 3 StVO.

3807 § 4 StVO.

3808 § 5 StVO.

3809 § 8 StVO.

3810 § 9 StVO.

3811 § 37 StVO; Ordnungswidrigkeiten der StVO jeweils in Verb. mit §§ 49 StVO, 24 StVG.

3812 Vgl. § 316 StGB: »*andere berauschende Mittel*«.

3813 »*Die 7 Todessünden im Straßenverkehr*«, vgl.: § 315c Abs. 1 Nr. 2 lit. a – g; z. B. Nichtbeachtung der Vorfahrt, erhebliche Geschwindigkeitsüberschreitung (dazu BVerfG DAR 1999, 309), Wenden auf der Autobahn, Nichtkenntlichmachen von liegen gebliebenen Fahrzeugen, wenn dies zur Sicherung des Verkehrs erforderlich ist; dazu Schönke/Schröder-Cramer/Sternberg-Lieben, a.a.O., § 315c Rn. 15 ff.

3814 Die Grenze wird nach dem wirtschaftlichen Wert der gefährdeten Sache bestimmt. Derzeit lassen die meisten Gerichte den bedeutenden Wert bei einem Betrag in Höhe von 1.000 Euro beginnen, vgl. OLG Köln zfs 2002, 305; LG Berlin zfs 2002, 548; 1.250 Euro: LG Bielefeld NZV 2002, 48; LG Braunschweig DAR 2002, 469; LG Zweibrücken zfs 2003, 208; 1.300 Euro: LG Düsseldorf NZV 2003, 103. Inwiefern es mittlerweile eine Tendenz gibt, dass sich die Grenze weiter nach oben über die 1.300 Euro hinaus schiebt, bleibt abzuwarten; dazu Klaus **Himmelreich**/Wolfgang **Halm**, Überblick über neue Entscheidungen in Verkehrsstraf- und –bußgeldsachen, in: NStZ 2006, 380 (382) m. w. N.

auch der Werkmeister[3815] mit einem Bußgeld belegt, weil er verpflichtet gewesen wäre, die Ladung verkehrssicher zu verstauen.[3816]

2634 Insoweit hat nicht nur der Fahrzeugführer, sondern auch der **Kfz-Halter** die Pflicht, für die Einhaltung der zulässigen Achslasten und des zulässigen Gesamtgewichts zu sorgen.[3817]

- Das Oberlandesgericht Düsseldorf[3818] verurteilte in einer Entscheidung einen Unternehmensleiter als Halter eines Kfz wegen fahrlässigen Überschreitens des zulässigen Gesamtgewichts zu einer Geldbuße, weil er die Durchführung von entsprechenden Kontrollen unterlassen hatte.
- Dem Geschäftsführer einer GmbH, die eine Spedition mit 14 Lkw-Zügen betrieb, wurde vorgeworfen, er habe es zugelassen, dass ein Anhänger eines Lkws in Betrieb genommen wurde, dessen Handbremse nicht funktionstüchtig war. Sie saß fest. Dadurch war die Verkehrssicherheit des Fahrzeugs erheblich beeinträchtigt.

2635 Das Oberlandesgericht Hamm[3819] hob im letztgenannten Fall die Entscheidung des erkennenden Amtsgerichts, das den GmbH-Geschäftsführer u. a. wegen fahrlässigen Verstoßes gegen §§ 31 Absatz 2, 41, 69 a StVZO verurteilt hatte, auf und stellte fest, dass **Kfz-Halter** des fraglichen Lastzuges nicht der Geschäftsführer, sondern **das Unternehmen** ist. Das Gericht fährt fort:

»*Gleichwohl ist der Betroffene als Geschäftsführer der GmbH gemäß § 9 Absatz 1 Nr. 1 OWiG für die Verkehrssicherheit der Firmenfahrzeuge im Sinne des § 31 Absatz 2 StVZO verantwortlich. Er ist jedoch befugt, seine Verantwortlichkeit durch die Bestellung einer sachkundigen und zuverlässigen Hilfsperson einzuschränken. ... Eine Überwachungspflicht bleibt aber auch dann bestehen. ... Es liegt auf der Hand, dass ein Speditionsunternehmer mit einer Vielzahl von Fahrzeugen entweder mangels eigener technischer Sachkunde und/oder aus zeitlichen Gründen kaum in der Lage sein wird, die Verkehrssicherheit der Firmenfahrzeuge stets persönlich zu überprüfen. Er darf sich dazu, wie bereits ausgeführt, geeigneter und von ihm überwachter Hilfspersonen bedienen.*«

2636 **Halter** eines Fahrzeugs ist bei juristischen Personen und Personenhandelsgesellschaften also das Unternehmen selbst.[3820] Neben diesem sind dessen gesetzliche Vertreter Halter und als solche für die Verkehrssicherheit der Fahrzeuge verant-

---

3815 §§ 22, 49 Abs. 1 Nr. 22 StVO.

3816 Peter **Cramer**/Ulrich **Berz**/Alexander **Gontard**, Straßenverkehrsentscheidungen, a.a.O., Bd. 1, StVO § 22 Nr. 4.

3817 Vgl. §§ 31, 34 StVZO.

3818 VRS 72, 87; Ähnlich OLG Hamm, 2 Ss – OWi 277/03 v. 30. 04. 2003; zu weiteren Beispielen siehe: Roßkopf, a.a.O., S. 167.

3819 OLG Hamm DAR 1999, 415 mit Hinweis auf OLG Köln VRS 66, 157, OLG Naumburg NZV 1998, 41.

3820 OLG Hamm DAR 1999, 415 (juristische Personen); OLG Düsseldorf VRS 72, 118 (Personenhandelsgesellschaften).

wortlich.[3821] Im Übrigen ist Halter, wer das Fahrzeug für eigene Rechnung in Gebrauch hat und die Verfügungsgewalt besitzt, die ein solcher Gebrauch voraussetzt.[3822]

Der **Halter** muss für die Verkehrssicherheit seiner Fahrzeuge sorgen und seine **2637** **Aufsichtspflichten hinsichtlich** Auswahl, Instruktion und Kontrolle der **Fahrer** erfüllen.[3823] Hierzu gehört die Prüfung, ob ein Fahrer über die erforderliche uneingeschränkte Fahrerlaubnis[3824] verfügt.[3825] Geschieht dies bei der Einstellung,[3826] muss er grundsätzlich nicht ein weiteres Mal die Fahrerlaubnis überprüfen, es sei denn, es ergeben sich begründete Zweifel.[3827] Erfährt der Halter von Ermittlungen gegen einen Fahrer, die zu einem Fahrverbot oder zum Entzug seiner Fahrerlaubnis führen können, wird er kontrollpflichtig.[3828]

Eine **Überprüfungspflicht des Halters** besteht auch, wenn der Fahrer einen aus- **2638** **ländischen Führerschein** vorlegt. Ebenso hat er zu prüfen, ob der nach Einführung des EG-Führerscheins notwendige Gesundheitsnachweis für die Fortgeltung der nationalen Lkw-Führerscheine erbracht und die Fahrerlaubnis verlängert wurde.[3829] Seine Fürsorgepflicht als Arbeitgeber wie seine Verkehrssicherungspflicht als Halter fordern, dass der Unternehmer die Fahrt eines kranken, übermüdeten, alkoholisierten oder aus sonstigen Gründen fahruntüchtigen Mitarbeiters verhindert. Verstößt er gegen diese Pflichten, macht er sich für den vom Fahrer verursachten tödlichen Unfall strafrechtlich verantwortlich.[3830]

Das Landgericht Hannover hatte im Jahre 2006 in einem Verfahren wegen fahrlässiger Tötung und Körperverletzung zu entscheiden. Dem Angeklagten wurde vorgeworfen, als faktischer Geschäftsführer eines Busreiseunternehmens einen Fahrer bewusst entgegen den EU-Vorschriften über die Einhaltung der Fahrruhezeiten eingeteilt und wissentlich den übermüdeten Fahrer auf eine weitere Fahrt geschickt zu haben. In Folge einer insgesamt 44-stündigen Tätigkeit als Fahrer, Beifahrer und Servicekraft kam es am 17. 05. 2003 um 04:43 Uhr auf der Autobahn in der Nähe von Lyon, Frankreich, aufgrund eines Sekundeschlafes des Fahrers zu einem Unfall des voll besetzten Doppeldecker-

---

3821 Bei **AG** alle Vorstandsmitglieder bzw. bei **GmbH** alle Geschäftsführer; es sei denn, die Halterhaftung ist durch Gesellschaftsvertrag oder Geschäftsverteilungsplan auf ein Mitglied der Unternehmensleitung übertragen worden; OLG Koblenz VRS 39, 118. Bei einer **OHG** tragen alle Gesellschafter die Halterhaftung, wenn im Gesellschaftsvertrag keine andere Verantwortungsregelung enthalten ist, § 114 HGB. Bei einer **KG** haftet grundsätzlich der Komplementär; es sei denn, der Kommanditist ist im Unternehmen tätig und hat über die Fahrzeugverwendung mitzubestimmen, OLG Düsseldorf VersR 1971, 66.

3822 Allgemeine Auffassung, vgl. nur BGH DAR 1997, 108; zum Begriff des Fahrzeughalters insgesamt **Ludovisy**/Kuckuck, Praxis des Straßenverkehrsrechts, a.a.O., Teil 4 Rn. 57 – 65.

3823 Dazu Ludovisy/Enke-Grönefeld, a.a.O., Teil 6 Rn. 397 ff.

3824 § 21 StVG; siehe Helmut **Janker**, Straßenverkehrsdelikte, a.a.O. Rn. 231 ff.

3825 OLG Köln VersR 1969, 741.

3826 BGH VRS 34, 354.

3827 BayObLG DAR 1988, 387.

3828 Gebhardt, a.a.O., § 24 Rn. 36 f.

3829 Gebhardt, a.a.O., § 24 Rn. 35, 38.

3830 OLG Karlsruhe NJW 1980, 1859; BGHSt 18, 5; OLG Zweibrücken VRS 75, 292.

busses, bei dem insgesamt 28 Personen einschließlich des Fahrers ums Leben kamen und weitere 46 Personen verletzt wurden.[3831] Das Busunglück ist nach Rücknahme der Revision gegen den Freispruch des leitenden Mitarbeiters des Busunternehmens durch die Staatsanwaltschaft formell seit dem 3. Juli 2007 abgeschlossen.

2639 Es ist übliche Praxis, dass große und größere Unternehmen ihre Halterverantwortlichkeit auf Mitarbeiter delegieren. Die Rechtsprechung akzeptiert diese Handhabung.[3832] Sie gestattet die **Übertragung der Halterverantwortlichkeit** unter **Voraussetzungen** und Auflagen, die denen der Delegation von Unternehmensaufgaben und -pflichten auf Dritte (Subunternehmer) entsprechen.[3833] So muss der Beauftragte über Sachkunde, Erfahrung und nachgewiesene Zuverlässigkeit verfügen. Die Beauftragung muss ausdrücklich[3834] und zur Erfüllung in eigener Verantwortung übertragen werden.[3835]

2640 Die **Delegation** der Halterhaftung **auf mehrere Personen** ist zulässig. So kann einem **Disponenten** die Verantwortung für den Einsatz der Fahrzeuge und der Fahrer übertragen werden, während dem **Leiter der unternehmenseigenen Kfz-Werkstätte**[3836] bzw. den **Fahrern** die Verantwortung für die Verkehrssicherheit der von ihnen geführten Fahrzeuge übergeben wird.[3837]

2641 Die Übertragung der Halterverantwortlichkeit auf Mitarbeiter befreit das Unternehmen und dessen gesetzlichen Vertreter nicht von jeglicher Verantwortung.[3838] Die üblichen Organisationspflichten – **Auswahl-**[3839], **Kontroll-**[3840] **und Instruktionspflichten**[3841] – bestehen weiter und führen bei Verletzung zur Haftung.[3842] Anstelle des Halters kann aber nach diesen Grundsätzen auch derjenige strafrechtliche verantwortlich sein, der von diesem zur Leitung mit entsprechender Personal- und Führungsverantwortung bestimmt wurde.[3843] Auch der Beauftragte kann seine Pflichten weiter delegieren, wobei dieselben Regeln gelten wie bei der Delegation durch den Halter. So muss auch der Beauftragte z. B. durch gelegentli-

---

3831 HAZ Nr. 229 v. 27. 09. 2006, S. 1, 16. Der Prozess warf die Frage auf, ob Manipulationen bei Buslenkzeiten nicht sogar branchenüblich sind – mehrere Zeugen deckten während der Verhandlung Missbrauchstricks auf, vgl. HAZ Nr. 227 v. 28. 09. 2006, S. 17.

3832 OLG Hamm DAR 1999, 415.

3833 Siehe dazu oben Rdn. 1097 ff.

3834 Eine stillschweigende Übertragung genügt ebenso wenig wie die bloße Pflichtenwahrnehmung für das Unternehmen, OLG Köln DAR 1985, 325; OLG Düsseldorf VRS 72, 119.

3835 OLG Schleswig VRS 58, 384.

3836 OLG Hamburg VRS 46, 472 (Einstellung eines sachkundigen Kfz-Meisters zur Fuhrparkwartung).

3837 Gebhardt, a.a.O., § 24 Rn. 44, 45.

3838 Vgl. dazu Rdn. 1099 ff.

3839 BGH VRS 6, 477: erprobte, sachkundige und regelmäßig überwachte Personen.

3840 Gelegentliche, überraschende Kontrollen und Stichproben; OLG Düsseldorf NZV 1989, 244; dasselbe Gericht NZV 1996, 120: Einmaliges Fehlverhalten eines ansonsten zuverlässigen Mitarbeiters löst keine gesteigerte Überwachungspflicht aus.

3841 Anweisung, auftretende Mängel sofort beseitigen zu lassen, OLG Düsseldorf NZV 1989, 244; klare Anweisung, wann Gewicht der Ladung vom Fahrer zu prüfen ist, OLG Karlsruhe VRS 43, 461.

3842 §§ 130, 30 OWiG in Verb. mit § 14 Abs. 1 StGB bzw. § 9 Abs. 1 OWiG.

3843 Vgl. § 14 Abs. 2 StGB; dazu OLG Frankfurt, NJW 65, 2312.

che, überraschende Stichproben seine Überwachungspflichten erfüllen und insbesondere sicherstellen, dass seine Weisungen erfüllt werden.[3844]

Zu empfehlen ist, die Delegation der angesprochenen Pflichten schriftlich zu dokumentieren und immer gegenzeichnen zu lassen, da der ursprünglich nach dem Gesetz Verantwortliche im Krisenfall die Übertragung der Aufgaben zu beweisen hat.[3845] **2642**

Neben dem Halter ist auch der Fahrer eines Fahrzeugs für die Verkehrssicherheit seines Fahrzeugs verantwortlich.[3846] Er ist ebenfalls dafür verantwortlich, dass sein Fahrzeug den gesetzlichen Anforderungen an Bauart und Ausrüstung entspricht.[3847] Von **Berufskraftfahrern** wird eine **erhöhte Untersuchungspflicht** des von ihnen geführten Fahrzeugs gefordert.[3848] So hat er alle für die Sicherheit wichtigen und leicht überprüfbaren Fahrzeugteile (Bremsen, Reifen, Beleuchtung, Lenkung) **regelmäßig vor jedem Fahrtantritt** zu überprüfen.[3849] **2643**

Allerdings dürfen Fahrer und Halter von ordnungsgemäßen Wartungsarbeiten durch die betriebseigene Werkstätte[3850] und externe Kfz-Fachbetriebe[3851] ausgehen. Der Fahrer, der auch für die Sicherung der **Ladung**[3852] und die Einhaltung der zulässigen Höchstgewichte verantwortlich zeichnet, darf sich auch bei Übernahme eines bereits beladenen Lastzugs auf die **Angaben des Verladers** verlassen.[3853] Hat er jedoch Hinweise auf eine **Überladung**[3854], muss er unverzüglich reagieren.[3855] **2644**

Nur bedingt zu dem Risikobereich des Straßenverkehrsrechts ist der gefährliche Eingriff in den öffentlichen Straßenverkehr zu rechnen.[3856] Während bei § 315c StGB (Gefährdung des Straßenverkehrs) eine als Verkehrsteilnehmer handelnde Person ist, verlangt § 315b StGB einen Eingriff von außen in den Straßenverkehr. Insofern findet § 315b StGB Anwendung auf solche Verkehrsvorgänge, die der Sache nach verkehrsfremde Eingriffe darstellen.[3857] **2645**

An dieser Stelle weise ich noch auf zwei Normen hin, die zwar kein strafrechtliches Risiko begründen, jedoch ein **Haftungsrisiko**, das **finanzielle und organisatorische Konsequenzen** innerhalb eines Unternehmens haben kann. **2646**

3844 So auch Gebhardt, a.a.O., § 24 Rn. 51, 47 m. w. N.

3845 Gebhardt, a.a.O., § 24 Rn. 52.

3846 § 23 StVO.

3847 §§ 32–67 StVZO.

3848 OLG Koblenz VRS 51, 98 (Bremsprobe vor jedem Fahrtantritt).

3849 BGH DAR 1961, 341; BayObLG DAR 1978, 199.

3850 OLG Oldenburg VRS 13, 378.

3851 BGH NZV 1998, 23; OLG Frankfurt a.M. NZV 1999, 420.

3852 Zur Ladung vgl. Gebhardt, a.a.O., § 24 Rn. 5 f.

3853 OLG Düsseldorf NZV 1997, 192.

3854 OLG Celle zfs 1998, 235.

3855 OLG Stuttgart NZV 1996, 417; OLG Koblenz NZV 1997, 194.

3856 § 315b StGB. Es genügt aber die Freigabe eines privaten Geländes für die Öffentlichkeit, z.B. Kundenparkplatz eines Einkaufcenters.

3857 Schönke/Schröder-Cramer/Sternberg-Lieben, a.a.O., § 315b Rn. 8.

2647 Nach § 25a StVG muss der Halter oder sein Beauftragter die **Verfahrenskosten** wie auch seine Auslagen tragen, wenn in einem Bußgeldverfahren wegen eines **Halte- oder Parkverstoßes** der verantwortliche Fahrer nicht vor Eintritt der Verfolgungsverjährung ermittelt werden kann oder dessen Ermittlung einen unangemessen hohen Aufwand erfordern würde.[3858]

2648 Ein weiteres Problem für den Fahrzeughalter stellt die **Fahrtenbuchauflage** nach § 31a StVZO dar. Dem gemäß kann ihm die Verwaltungsbehörde für alle auf ihn zugelassen oder zuzulassenden Fahrzeuge die Führung eines Fahrtenbuchs anordnen. Voraussetzung ist, dass die Feststellung eines Fahrzeugführers hinsichtlich eines **erheblichen Verkehrsverstoßes** nicht möglich war.[3859]

bb) Schiffsverkehr

2649 Die Schifffahrt auf Bundeswasserstraßen sowie die Hochsee- und Küstenschifffahrt fallen ebenso wie der Straßenverkehr in die **konkurrierende Gesetzgebungszuständigkeit** des Bundes.[3860] Im Rahmen dieser Zuständigkeit sind die Gesetze über die Aufgaben des Bundes auf dem Gebiet der Seeschifffahrt – **Seeaufgabengesetz**[3861] – und der Binnenschifffahrt – **Binnenschifffahrtsaufgabengesetz**[3862] – ergangen.

2650 Verkehrsrechtliche Vorschriften für die Seeschifffahrt[3863] enthält die **Seeschifffahrtsstraßenordnung (SeeSchStrO)**.[3864]

2651 Das Befahren von Bundeswasserstraßen richtet sich nach den Vorschriften des **Bundeswasserstraßengesetzes**,[3865] das mit § 50 einen Bußgeldtatbestand enthält. Mit § 7 sanktioniert das **Binnenschifffahrtsaufgabengesetz** selbst bestimmte Verhaltensweisen. Darauf basierend existieren in der **Binnenschifffahrtsstraßen-Ordnung (BinSchStrO)**[3866] weitere **verkehrspolizeiliche Vorschriften** für die Binnenschifffahrt. Ebenso wie die Straßenverkehrsordnung enthält die **Binnenschifffahrtsstraßen-Ordnung** allgemeine Sorgfalts- und Verhaltenspflichten.

3858 Dazu Ludovisy/Schäpe, a.a.O., Teil 7 Rn. 182 ff.

3859 Ausführlich Janker, a.a.O. Rn. 756 ff. m.w.N.

3860 Artikel 74 Nr. 21, 89 GG.

3861 SeeAufgG in der Fassung der Bekanntmachung vom 26. 07. 2002 (BGBl. I S. 2876), zuletzt geändert durch Art. 319 der VO v. 31. 10. 2006 (BGBl. I S. 2407).

3862 BinSchAufgG in der Fassung der Bekanntmachung vom 05. 07. 2001 (BGBl. I S. 2026), zuletzt geändert durch Art. 313 der VO v. 31. 10. 2006 (BGBl. I S. 2407).

3863 Bei Schiffsunfällen von internationaler Bedeutung kann auch der von der UNO eingerichtete Internationale Seegerichtshof (International Tribunal for the Law of the Sea) zuständig werden, welcher am 18. 10. 1996 seinen Dienst mit Sitz in Hamburg aufnahm. Der Seeschiffsverkehr (incl. Hochseefischerei) ist also durch zahlreiche Vorschriften des internationalen Rechts (insb. EG-Normen) geregelt; Vgl. Müller-Gugenberger/Bieneck/Pfohl a.a.O., § 71 Rn. 20 m.w.N.

3864 Seeschifffahrtsstraßen-Ordnung in der Fassung der Bekanntmachung vom 22. 10. 1998 (BGBl. I S. 3209, 1999 I S. 193), zuletzt geändert durch Art. 1 der VO v. 28. 06. 2006 (BGBl. I S. 1417).

3865 WaStrG in der Fassung der Bekanntmachung vom 04. 11. 1998 (BGBl. I S. 3294), zuletzt geändert durch Art. 41 des Gesetzes vom 19. 09. 2006 (BGBl. I S. 2146).

3866 BinSchStrO vom 08. 10. 1998 (BGBl. I S. 3148 (Anlageband), 3317 (1999 I 159)), zuletzt geändert durch Art. 505 der VO v. 31. 10. 2006 (BGBl. I S. 2407).

Diese wasserstraßenrechtlichen Vorschriften[3867] dienen der **Sicherheit und Leichtigkeit des Wasserverkehrs**.[3868]

Gemäß § 1.04 BinSchStrO haben Schiffsführer alle Vorsichtsmaßregeln zu treffen, um Beschädigungen an anderen Fahrzeugen, am Ufer oder an Anlagen, Behinderungen der Schifffahrt und die Gefährdung von Menschenleben zu vermeiden. **Verstöße gegen diese Verkehrsvorschriften** werden gemäß § 7 Absatz 1 des Binnenschifffahrtsaufgabengesetzes als **Ordnungswidrigkeiten** verfolgt. Dem entsprechend ergeben sich Ordnungswidrigkeiten im Rahmen der Seeschifffahrt aus § 61 SeeSchStrO in Verbindung mit § 15 Absatz 1 Nr. 2 des Seeaufgabengesetzes. **2652**

Im Jahr 1988[3869] sind in der Berufsschifffahrt auf bundesdeutschen Binnenschifffahrtsstraßen insgesamt 1.141 Schiffsunfälle erfasst worden. In 60 % dieser Fälle konnte menschliches Fehlverhalten nachgewiesen werden – überwiegend Zusammenstöße mit anderen Schiffen bzw. ortsfesten Anlagen wie Schleusen und Brücken. Damals war nur in vier Fällen nachweislich Alkohol Ursache des Unfalls.[3870] **2653**

Kommen Alkohol oder andere Rauschmittel als Unfallursache in Betracht, kann sich das Sanktionsrisiko des Täters aus dem Strafgesetzbuch begründen. Entsprechend kommt gemäß § 315a Absatz 1 Nr. 1 StGB eine Straftat in Betracht, wenn der Schiffsführer infolge des Genusses alkoholischer Getränke nicht in der Lage ist, sein Fahrzeug sicher zu führen. Zu beachten ist aber, dass die von der Rechtsprechung bei Kraftfahrzeugführern entwickelten Grenzwerte hinsichtlich der Blutalkoholkonzentration (BAK) für den Schiffsverkehr nicht unmittelbar verwertet werden können.[3871] So hat der Bundesgerichtshof einen Rheinschiffer nur deshalb verurteilt, weil er bei einer BAK zwischen 1,35 bis 1,7 Promille sein Schiff im Zickzackkurs fuhr, das deshalb mit einem anderen Wasserfahrzeug kollidierte, welches daraufhin sank.[3872] **2654**

Sofern Verstöße gegen die oben genannten Schifffahrtsstraßenordnungen zu einer konkreten Gefahr für Leib oder Leben eines anderen oder für fremde Sachen von bedeutendem Wert werden, kann der Tatbestand des § 315a Absatz 1 Nr. 2 StGB gegeben sein. Da die genannte Norm an **grob pflichtwidriges Verhalten** anknüpft, werden Verstöße von geringerem Gewicht strafrechtlich nicht geahndet.[3873] **2655**

3867 Siehe die Verordnungsermächtigung des § 3 BinSchAufgG.
3868 Insoweit kann auf die Ausführungen zur StVO verwiesen werden; vgl. oben Rdn. 2624 ff.
3869 Eine aktuelle Datenlage ist derzeit nicht in Sicht.
3870 Walter **Schwenk**, Zum Spannungsfeld zwischen Berufs- und Sportschifffahrt im Binnenschiffsverkehr, in: Veröffentlichungen des 28. Deutschen Verkehrsgerichtstages 1990, Hamburg 1990, S. 309 ff. (316).
3871 Schönke/Schröder-Cramer/Sternberg-Lieben, a.a.O., § 315a Rn. 3.
3872 BGH VersR 1967, 449 f.
3873 Schönke/Schröder-Cramer/Sternberg-Lieben, a.a.O., § 315a Rn. 10.

cc) Bahnverkehr

2656 Gesetzliche Grundlage für den Eisenbahnverkehr bildet das **Allgemeine Eisenbahngesetz (AEG)**.[3874] Dieses Gesetz gilt für Eisenbahnen, nicht für andere Schienenbahnen wie Magnetschwebebahnen, Straßenbahnen, Bergbahnen und ähnliche Bahnen besonderer Art.[3875] § 3 AEG ermächtigt den Bundesminister für Verkehr, eine **Eisenbahnverkehrsordnung (EVO)**[3876] zu erlassen. Ordnungswidrigkeiten können sich aus § 28 AEG ergeben, sofern beim Betrieb von Eisenbahnen bestimmte Genehmigungsvoraussetzungen oder -auflagen nicht erfüllt werden. Des Weiteren entfaltet § 28 in Verbindung mit Verstößen gegen die EVO oder die **EBO**[3877] Wirkung.

2657 Diese Regelungen zur Durchführung des Eisenbahnverkehrs haben nur für wenige Unternehmen tatsächlich Bedeutung, doch auch in diesem Bereich zieht das zunehmende Verkehrsaufkommen die steigende Gefahr strafrechtlicher Sanktionen nach sich. Dieses Risiko geht aber mehr vom originären Strafrecht aus, insbesondere § 315 StGB, der auch auf Schwebebahnen[3878] anwendbar ist und somit weiter greift als das Eisenbahngesetz. Leider spielt häufig auch die fahrlässige Körperverletzung oder Tötung eine entscheidende Rolle in diesen Fällen:

- Menschliches Versagen führte beispielsweise im Februar 1990 in Rüsselsheim zu einem schweren S-Bahn-Unglück. Der Lokführer übersah ein rotes Haltesignal und stieß frontal mit einer anderen S-Bahn zusammen. Bei dem Unglück starben 17 Menschen, 103 Personen wurden zum Teil schwer verletzt.[3879] Das Landgericht Darmstadt verurteilte den Lokführer wegen fahrlässiger Tötung und gefährlichen Eingriffs in den Schienenverkehr[3880] zu einer zehnmonatigen Freiheitsstrafe.[3881]
- Auf die schweren Zugunglücke von Eschede und Brühl wurde schon hingewiesen.[3882]
- Auch der Unglücksfall der Wuppertaler Schwebebahn vom 12. April 1999, bei dem fünf Menschen ums Leben kamen und sich zahlreich Fahrgäste verletzten, wurde wegen den grundsätzlichen Ausführungen des Bundesgerichtshofs zur Garantenstellung[3883] bereits[3884] ausführlich behandelt.

3874 Allgemeines Eisenbahngesetz in der im Bundesgesetzblatt Teil III, Gliederungsnummer 930-1, veröffentlichten bereinigten Fassung, zuletzt geändert durch Art. 299 der VO v. 31. 10. 2006 (BGBl. I S. 2407).

3875 Vgl. § 1 AEG.

3876 Eisenbahn-Verkehrsordnung in der Fassung der Bekanntmachung vom 20. 04. 1999 (BGBl. I S. 782), zuletzt geändert durch Art. 2 der VO v. 15. 10. 2002 (BGBl. I S. 4046).

3877 Eisenbahn-Bau- und Betriebsordnung vom 08. 05. 1967 (BGBl. 1967 II S. 1563), zuletzt geändert durch Art. 499 der VO v. 31. 10. 2006 (BGBl. I S. 2407).

3878 Das sind insbesondere Magnetschwebebahnen sowie – technisch nicht ganz akkurat – Luftseilbahnen oder Hängebahnen darunter die wohl berühmtesten unter ihnen, die Wuppertaler Schwebebahn und die Schwebebahn Dresden, vgl. Tröndle/Fischer, a.a.O., § 315 Rn. 5.

3879 FAZ Nr. 30 v. 05. 02. 1990, S. 9.

3880 § 315 StGB.

3881 SZ Nr. 97 v. 26. 04. 1991, S. 52.

3882 Siehe dazu Rdn. 2501 ff. (Eschede) und Rdn. 3046 ff. (Brühl).

3883 BGHSt 47, 224 ff.

3884 Dazu oben Rdn. 680 ff.

Auch eines der ambitioniertesten heimischen Verkehrsprojekte erlangte nach **2658** gerade erst erzielten ersten Markterfolgen durch einen tragischen Unglücksfall traurige Berühmtheit.

Am 22. September 2006 verunglückte die Magnetschwebebahn *Transrapid* auf der Teststrecke bei Lathen im Emsland. Die Bahn fuhr mit ca. 170 km/h auf einen nicht magnetisch angetriebenen Werkstattwagen auf, der sich noch, vom zuständigen Personal vergessen, auf der Teststrecke befand. Bei diesem Zusammenprall kamen 23 Fahrgäste ums Leben, 10 Personen wurden schwer verletzt.

In Deutschland regelt die Magnetschwebebahn-Bau und Betriebsordnung (MbBO) **2659** den Bau und Betrieb von öffentlichen Magnetschwebebahnen. Die entsprechenden Genehmigungsregularien sind im **Allgemeinen Magnetschwebebahngesetz (AMbG)**[3885] enthalten. Das Eisenbahn-Bundesamt ist wie auch bei der herkömmlichen Eisenbahn Aufsichts- und Genehmigungsbehörde. Die Transrapid-Teststrecke unterliegt jedoch – nicht unumstritten –[3886] dem **Gesetz über den Bau und Betrieb von Versuchsanlagen zur Erprobung von Techniken für den spurgeführten Verkehr (SpurVerkErprG)**.[3887] Aufsichtsbehörde hierfür ist die Niedersächsische Landesbehörde für Straßenbau und Verkehr.

Die Behörden ermittelten nach der *Transrapid*-Katastrophe wegen fahrlässiger **2660** Tötung und Körperverletzung. Hinweise auf technische Ursachen für das Unglück wurden nicht festgestellt. Allerdings wird den Betreibern der Teststrecke ein veraltetes Sicherheitskonzept vorgeworfen. Deshalb wurde in der Folge des Unglücks eine Grundsatzdiskussion über die *Transrapid*–Technik begonnen, welche bei Redaktionsschluss noch nicht beendet war.[3888]

Nach der Darstellung der für die strafrechtlichen Ermittlungen zuständigen **2661** Staatsanwaltschaft Osnabrück in der Sitzung des Untersuchungsausschusses zur Aufklärung des Rapid-Unglücksfalles am 19. Juli 2007 ist eine Anklageerhebung wahrscheinlich.[3889] Der Kreis der Beschuldigten ist noch nicht bekannt. Als Angeklagte denkbar sind die beiden Fahrdienstleiter, der Betriebsleiter sowie der damalige Niederlassungsleiter der Betreiberanlage.gegen die Medienberichten zeichnen sich möglicherweise Organisations- wie Kommunikationsdefizite ab. Von **menschlichem Versagen** war bereits kurz nach dem Unglück die Rede, Anzeichen für technische Mängel gab es nicht. Jedoch sind dem Vernehmen nach Experten der Ansicht, die eingesetzten Wartungsfahrzeuge hätten mit einer Ortungstechnik ausgerüstet sein müssen. Dem **automatischen Sicherheitssystem** des *Transrapid* war ein sehr niedriges Risikoniveau bescheinigt worden. Der **Werkstattwagen** jedoch hatte nicht zum Magnetbetrieb gehört und war **nicht in**

3885 Allgemeines Magnetschwebebahngesetz vom 19. 07. 1996 (BGBl. I S. 1019), zuletzt geändert durch Art. 303 der VO v. 31. 10. 2006 (BGBl. I S. 2407).

3886 Fraglich ist, ob der Betrieb unter diesen Voraussetzungen überhaupt noch zulässig war, denn die Anlage wurde seit langem als eine Art Touristenattraktion genutzt.

3887 Gesetz über den Bau und den Betrieb von Versuchsanlagen zur Erprobung von Techniken für den spurgeführten Verkehr vom 29. 01. 1976 (BGBl. I S. 241), zuletzt geändert durch Art. 301 der VO v. 31. 10. 2006 (BGBl. I S. 2407).

3888 Vgl. HAZ Nr. 229 v. 30. 09. 2006, S. 5; HAZ Nr. 233 v. 06. 10. 2006, S. 1, 5.

3889 Nach HAZ Nr. 167 v. 20. 07. 2007, S. 9.

die **Warnautomatik integriert**.[3890] Werkstattwagen und *Transrapid* gehören offensichtlich zwei getrennten Funkkreisen an. So können die verschiedenen Arbeiter auf der Anlage nicht einmal den jeweils anderen Funkverkehr mithören.[3891] Deshalb haben die Experten schon früh betont: Wenn die Automatik den Menschen zwar unterstütze, aber eben nur in Teilbereichen, trage das Sicherheitssystem Mitschuld – und damit das Management. Risikoreich sei demnach, wenn innerhalb des automatischen Systems unterschiedliche Sicherheitsanforderungen und –voraussetzungen gelten. Die Entscheidung über diese Frage wird maßgeblich zur strafrechtlichen Beurteilung des Unglücksfalles beitragen.

dd) Luftverkehr

2662 Die grundlegenden Vorschriften des Luftfahrtrechts sind im **Luftverkehrsgesetz (LuftVG)**[3892] enthalten. **Straftatbestände** ergeben sich aus den §§ 59, 63 LuftVG (Luftverkehrsgefährdung) und dem Katalog des § 60 LuftVG.[3893]

2663 Mit Bußgeld bewehrte **Ordnungswidrigkeiten** sind vor allem in § 58 LuftVG in Verbindung mit den dort genannten Normen geregelt, insbesondere gemäß §§ 58 Absatz 1 Nr. 10, 32 LuftVG in Verbindung mit den Vorschriften der **Luftverkehrsordnung (LuftVO)**[3894] und denen der **Luftverkehrszulassungsordnung (LuftVZO)**.[3895]

2664 Diese Rechtsverordnungen sind ebenfalls als Rechtsvorschriften im Sinne des § 315a Absatz 1 Nr. 2 StGB (Gefährdung des Bahn-, Schiffs- und Luftverkehrs) anzusehen, sodass auch dieser Straftatbestand einschlägig werden kann,[3896] wenn ein grob pflichtwidriger Verstoß gegen eine Rechtsvorschrift zur Sicherung des Luftverkehrs vorliegt.

2665 Bezüglich des Führens eines Luftfahrzeuges unter Alkohol- oder Drogeneinfluss ist darauf hinzuweisen, dass die Grenzwerte für die Blutkonzentrationen wesentlich geringer angesetzt werden als in allen anderen bisher besprochenen Fällen – gefordert wird sogar ein absolutes Alkoholverbot für Flugzeugführer in Folge der erhöhten potentiellen Gefährlichkeit des Flugbetriebes.[3897]

3890 Dazu SPIEGEL ONLINE v. 26. 09 .2006; HAZ Nr. 224 v. 25. 09. 2006, S. 1.
3891 So SPIEGEL ONLINE v. 10. 01. 2006.
3892 Luftverkehrsgesetz in der Fassung der Bekanntmachung vom 27. 03. 1999 (BGBl. I S. 550), zuletzt geändert durch Art. 1 des Gesetzes vom 24. 05. 2006 (BGBl. I S. 1223).
3893 Näher Müller-Gugenberger/Bieneck/Pfohl, a.a.O., § 71 Rn. 21 – 25a.
3894 Luftverkehrs-Ordnung in der Fassung der Bekanntmachung vom 27. 03 1999 (BGBl. I S. 580), zuletzt geändert durch Art. 2 des Gesetzes vom 24. 05. 2006 (BGBl. I S. 1223).
3895 Luftverkehrs-Zulassungs-Ordnung in der Fassung der Bekanntmachung vom 27. 03. 1999 (BGBl. I S. 610), zuletzt geändert durch Art. 1 der VO v. 27. 07. 2005 (BGBl. I S. 2275).
3896 Schönke/Schröder-Cramer/Sternberg-Lieben, a.a.O., § 315 a Rn. 9; siehe auch Rdn. 2630 (mit FN 3748).
3897 So MünchKomm/Groeschke, a.a.O., § 315a Rn. 16; a. A. wohl Tröndle/Fischer, a.a.O., § 315a Rn. 6.

Um einen »wirksamen« Schutz vor Flugzeugentführungen und terroristischen **2666** Anschlägen im Zusammenhang mit dem Luftverkehr zu erreichen,[3898] wurde 2005 das **Luftsicherheitsgesetz** verabschiedet.[3899]

Das Gesetz ist äußerst umstritten. Am 15. Februar 2006 entschied das Bundesver- **2667** fassungsgericht, dass § 14 Absatz 3 des Luftsicherheitsgesetzes[3900] gegen das Grundrecht auf Leben[3901] und gegen die Menschenwürde[3902] verstößt und deshalb in vollem Umfang verfassungswidrig und nichtig ist. Auch ein neuer Entwurf hinsichtlich der beabsichtigten staatlichen »Abschusserlaubnis« wird aktuell kontrovers diskutiert. Abgesehen davon halten viele Piloten die umfangreichen Sicherheitsüberprüfungen, denen sie sich laut Gesetz nunmehr unterziehen müssen für unverhältnismäßig und rechtswidrig. So argumentieren auch die Flughafenbetreiber, die vermehrte Sicherheitskontrollen am Boden durchführen müssen, was einen erheblichen Kostendruck erzeugt.

c) Das Risiko im verkehrswirtschaftlichen Bereich

Die Verkehrswirtschaft ist ein Wirtschaftszweig, dessen Unternehmen in der **2668** Regel als Hauptgeschäftstätigkeit Dienstleistungen anbieten, die der Ortsveränderung von Gütern, Personen oder Nachrichten dienen.

Straf- und ordnungswidrigkeitenrechtliche Vorschriften aus dem verkehrswirt- **2669** schaftlichen Bereich sind über eine Reihe von Gesetzen verteilt.

aa) Straße

– *Stichwort: Fahrpersonalgesetz*

In September 2006 wurde eine bundesweite polizeiliche Aktion zur Kontrolle des **2670** gewerblichen Güterkraft- und Personenreiseverkehrs durchgeführt:[3903]

- Insgesamt haben die Polizeien der Länder und des Bundes 44.626 Lkw und Kraftomnibusse kontrolliert.
- Davon mussten 8.021 Fahrzeuge oder Fahrzeugführer beanstandet werden (knapp 18 %).
- Neben 3.587 Verstößen gegen die Lenk- und Ruhezeiten und der dazu gehörenden Ausrüstung wurden 1.528 Geschwindigkeitsverstöße festgestellt.
- 28 Fahrer standen unter Alkoholeinfluss, 4 Lkw-Fahrer unter Drogeneinfluss.
- 1.301 Fahrzeugen wiesen teils gravierende technische Mängel auf.

3898 Dazu Müller-Gugenberger/Bieneck/Pfohl, a.a.O., § 71 Rn. 25a m. w. N.

3899 Luftsicherheitsgesetz vom 11. 01. 2005 (BGBl. I S. 78), zuletzt geändert durch Art. 337 der VO v. 31. 10. 2006 (BGBl. I S. 2407).

3900 Es sollte die »*unmittelbare Einwirkung mit Waffengewalt*« gegen ein Flugzeug erlaubt sein, »*wenn nach den Umständen davon auszugehen ist, dass das Luftfahrzeug gegen das Leben von Menschen eingesetzt werden soll, und sie das einzige Mittel zur Abwehr dieser gegenwärtigen Gefahr ist*«.

3901 Art. 2 Abs. 2 GG.

3902 Art. 1 GG.

3903 Quelle: Bayerisches Staatsministerium des Inneren, Pressemitteilung 18/2006 vom 28. 09. 2006.

- In 966 Fällen musste die Weiterfahrt untersagt werden.
- Bei einem deutschen Lkw-Führer wurde eine ununterbrochene Lenkzeit von 17 Stunden festgestellt.
- Ein erheblicher Verstoß gegen die Sozialvorschriften in Verbindung mit Urkundenfälschung musste registriert werden; Ein ungarischer Fahrzeugführer hatte in einem Monat eine Strecke von 20.000 Kilometern gefahren. Die Tachoscheiben wurden von ihm mit Namen anderer Fahrer versehen, die Bescheinigungen über arbeitsfreie Tage hatte er sich selbst ausgestellt.
- Kontrolliert wurden auch über 924 Gefahrgutfahrzeuge, bei denen die Beanstandungsquote (ca. 21 %) leicht höher ausgefallen ist; z. B. wurde ein in mit 25 Tonnen Salzsäure beladener Gefahrgut-Lkw aus Belgien mit defekten Bremsen gestoppt. Einem deutschen Tankfahrzeug musste die Weiterfahrt wegen erheblicher technischer Mängel an der Bremsanlage, an einem Federbock, der Achsaufhängung und an der Bereifung untersagt werden.
- Beim gewerblichen Personenverkehr wurden 1.769 Omnibusse kontrolliert und davon 113 Fahrzeuge beanstandet (6 %). Die meisten Verstöße wurde hier im Bereich der Geschwindigkeitsüberschreitungen festgestellt.

2671 Dass Kontrollen des gewerblichen Güter- und Personenverkehrs weiterhin erforderlich sind, belegen die Unfallzahlen des Jahres 2005.[3904] Bundesweit wurden insgesamt 36.642 Unfälle mit Personenschaden polizeilich erfasst, an denen Lkw beteiligt waren. Dabei wurden 48.703 Personen verletzt und 1.158 getötet.[3905] Insgesamt bilden Lkw-Unfälle nach wie vor einen überproportionalen Anteil an den schweren Verkehrsunfällen in Deutschland. Verdeutlicht wird dies durch die Tatsache, dass die 1.158 getöteten Personen einem Anteil von knapp 20 Prozent aller bei Verkehrsunfällen getöteten Personen (5.842) entsprechen.

2672 Kraftomnibusse waren im Jahr 2005 in 5.387 Fällen an Verkehrsunfällen mit Personenschaden beteiligt.[3906] Die Zahl der bei Kraftomnibusunfällen getöteten Personen hat sich im selben Zeitraum im Vergleich zum Vorjahr 2004 von 111 auf 116 erhöht.

2673 Das Gesetz über das Fahrpersonal von Kraftfahrzeugen und Straßenbahnen **(Fahrpersonalgesetz)**[3907] gilt für Fahrer, Beifahrer und Schaffner dieser Fahrzeuge. Das Gesetz beinhaltet in erster Linie das Sozialrecht des angesprochenen Fahrpersonals, soll aber auch der Verkehrsicherheit dienen.[3908] Daneben sind durch die europäische Integration zu Lenkzeiten und Ruhephasen **EG-einheitliche Vor-**

3904 Quelle: Bayerisches Staatsministerium des Inneren, Pressemitteilung 18/2006 vom 28. 09. 2006.
3905 Während die Zahl der Unfälle mit Personenschaden bei Pkw von 2004 bis 2005 um 2,1 % zurückgegangen ist, musste im Bereich Güterschwerverkehr eine Zunahme um 0,3 % festgestellt werden. Die Zahl der dabei beteiligten Lkw-Fahrer ist sogar um 0,8 % angestiegen, während im gleichen Zeitraum die Zahl der an Unfällen mit Personenschaden beteiligten Pkw-Fahrer um 3,1 % rückläufig war.
3906 Gegenüber 5.406 Verkehrsunfällen unter Beteiligung von Kraftomnibussen 2004 bedeutet dies einen Rückgang um 0,35 %.
3907 FPersG in der Fassung der Bekanntmachung vom 19. 02. 1987 (BGBl. I S. 640), zuletzt geändert durch Art. 290 der VO v. 31. 10. 2006 (BGBl. I S. 2407).
3908 Ebenso Müller-Gugenberger/Bieneck/Pfohl, a.a.O., § 71 Rn. 17 und § 34 Rn. 56.

schriften ergangen.[3909] Zusätzlich gilt eine EG-Verordnung über die Einführung von Kontrollgeräten,[3910] wobei das Kontrollsystem 1998 sehr ausführlich modernisiert wurde.[3911] Die angeführten EG-Bestimmungen haben Eingang in das deutsche Fahrpersonalgesetz gefunden.[3912] Im Rahmen des § 2 Nr. 3 FPersG wird der Bundesminister für Verkehr ermächtigt, zur Gewährleistung der Sicherheit im Straßenverkehr oder[3913] zum Schutz der Gesundheit des Fahrpersonals Rechtsverordnungen über Lenk- und Ruhezeiten zu erlassen.

Das Fahrpersonalgesetz enthält in § 8 mehrere Ordnungswidrigkeitentatbestände, die Verstöße gegen Vorschriften des Gesetzes, aufgrund des Gesetzes erlassene Rechtsverordnungen oder vollziehbare Anordnungen und gegen die genannten EG-Verordnungen sanktionieren.[3914]   **2674**

Gemäß § 1 Absatz 1 der Verordnung zur Durchführung des Fahrpersonalgesetzes (FPersV)[3915] haben Kraftfahrer die **Lenkzeitvorschriften** gemäß der einschlägigen Artikel der EG/VO Nr. 561/2006 zu beachten. Der nationale Verordnungsgeber hat dabei auch die Fahrer von Kraftfahrzeugen (auch PKW) zwischen 2,8 und 3,5 t Gesamtgewicht in die Vorschriften miteinbezogen. Für Kraftfahrzeuge, die die 3,5 Tonnen überschreiten, gilt die EG-Verordnung direkt.[3916] Zusätzlich sind Fahrer von Fahrzeugen betroffen, die zur Personenbeförderung dienen und geeignet und dazu bestimmt sind, mehr als neun Personen einschließlich Fahrer zu befördern und die im Linienverkehr mit einer Linienlänge bis zu 50 Kilometern eingesetzt sind.   **2675**

Zwischenzeitlich war dem deutschen Gesetzgeber ein Fehler unterlaufen, indem er es versäumt hatte, das Fahrpersonalgesetz und die Fahrpersonalverordnung an die Ersetzung der alten VO (EWG) Nr. 3820/85 durch die VO (EG) 561/2006 anzupassen, die seit dem 11. April 2007 gilt. Das hatte zur Folge, dass für einen gewissen Zeitraum für Verstöße gegen Lenk- und Ruhezeiten in Deutschland keine Bußgelder verhängt werden konnten.[3917] Dieser Missstand wurde durch Änderung des Gesetzes über das Fahrpersonal von Kraftfahrzeugen und Straßen-   **2676**

3909 VO (EWG) Nr. 3820/85 des Rates über die Harmonisierung bestimmter Sozialvorschriften im Straßenverkehr v. 20. 12. 1985 (ABL. EG Nr. L 370/1), in Kraft seit dem 29. 09. 1986, abgelöst durch VO (EG) Nr. 561/2006 des Europäischen Parlaments und des Rates vom 15. 03. 2006 zur Harmonisierung bestimmter Sozialvorschriften im Straßenverkehr und zur Änderung der Verordnungen (EWG) Nr. 3821/85 und (EG) Nr. 2135/98 des Rates sowie zur Aufhebung der Verordnung (EWG) Nr. 3820/85 des Rates.

3910 VO (EWG) Nr. 3821/85 des Rates vom 20. 12. 1985 über das Kontrollgerät im Straßenverkehr (ABl. EG Nr. L 370 S. 8).

3911 VO (EG) Nr. 2135/98 des Rates vom 24. 09. 1998 zur Änderung der VO (EWG) Nr. 3821/85 und der Richtlinie 88/599/EWG (ABl. EG Nr. L 274 S. 1).

3912 Das nationale Fahrpersonalgesetz wurde also schon mehrfach grundlegend überarbeitet; siehe dazu Erbs/Kohlhaas/Häberle, a.a.O., F 30 Vorbem. Rn. 2.

3913 An der Formulierung »oder« wird deutlich, dass eine Abgrenzung verkehrsrechtlicher und verkehrswirtschaftlicher Normen nicht immer exakt vorgenommen werden kann. Vgl. oben Rdn. 2621 ff.

3914 So auch Müller-Gugenberger/Bieneck/Blessing, a.a.O., § 34 Rn. 61.

3915 Fahrpersonalverordnung vom 27. 06. 2005 (BGBl. I S. 1882), geändert durch Art. 472 der VO v. 31. 10. 2006 (BGBl. I S. 2407).

3916 Siehe Erbs/Kohlhaas/Häberle, a.a.O., F 30d, § 1 Rn. 3.

3917 Vgl. Verkehrsrecht aktuell 6/2007, 113.

bahnen (Fahrpersonalgesetz – FPersG) vom 6. Juni 2007 (BGBl. I S. 1270) wieder behoben.

2677 **Verstöße gegen die Lenkzeitvorschriften** können dann wieder als **Ordnungswidrigkeiten** mit einer Geldbuße bis zu 15.000 Euro geahndet werden.[3918] **Dabei trifft die Verantwortung ausdrücklich nicht nur den Fahrer, sondern auch den Unternehmer**, sofern dieser entgegen der Vorschriften nicht für die Einhaltung der Lenkzeiten Sorge trägt.[3919] Die Lenkzeitenregelung ist kompliziert und unübersichtlich geraten.[3920] Als Faustformel[3921] lässt sich sagen, dass

- ein Fahrer täglich **maximal 9 Stunden** ein Fahrzeug führen darf,
- dabei alle 4 ½ Stunden für die Dauer von 45 Minuten zu **pausieren** hat,
- nach den 9 Stunden regelmäßig 11 Stunden zu »**ruhen**« hat,
- eine Pause von 45 Stunden einzulegen hat, sofern er schon innerhalb von 6 mal 24 Stunden je 9 Stunden ein Fahrzeug geführt hat.

2678 Die wöchentliche Lenkzeit darf 56 Stunden nicht überschreiten. Verkürzungen oder Verlängerungen dieser Richtzeiten können sich durch eine Vielzahl von Verschiebungen ergeben sowie durch den Einsatz von mehreren Fahrern. Die **Gesamtlenkzeit** darf in einem **Zeitraum von zwei Wochen 90 Stunden nicht überschreiten**.[3922]

2679 Besteht die Pflicht zur Benutzung eines **Fahrtenschreibers**,[3923] ist der Fahrer vor Fahrtantritt verpflichtet, eine auf seinen Namen ausgefüllte Tachoscheibe in das Messgerät einzulegen und sich vom ordnungsgemäßen Zustand des Gerätes zu überzeugen.[3924] Betroffen sind diejenigen Fahrer und Fahrzeuge, für die auch die zuvor angeführten Lenkzeitenvorschriften gelten. Der Fahrer muss die Schaublätter der laufenden Woche und des letzten Tages der Vorwoche mit sich führen, § 1 Absatz 6, 7 FPersV. Das Unternehmen als Halter des Fahrzeugs wiederum muss die Schaublätter ein Jahr lang aufbewahren.[3925]

2680 Auf Verlangen der Polizei bzw. der Verwaltungsbehörde sind der Fahrer bzw. das Unternehmen verpflichtet, die Schaublätter vorzulegen,[3926] auch wenn sich aus einer Tachoscheibe – weitere – Verkehrsverstöße ergeben. Die Verwertung der Aufzeichnungen des Fahrtenschreibers zum Nachweis von Verstößen aus dem Verkehrsbereich soll zulässig sein,[3927] es wird jedoch vertreten, in der Praxis die Verwertung auf Verkehrsverstöße des Tattages und des diesem vorausgehenden Tages zu beschränken.[3928] Inwiefern sich diese Meinung durchsetzen kann, ist

---

3918 § 8 FPersG i. V. m. § 21 FPersV.

3919 Vgl. § 8 Abs. 1 und 2 FPersG, §§ 21 Abs. 1 und 2 FPersV.

3920 Vgl. die Art. 6, 7, 8 EG-VO 561/2006.

3921 Auf den Wortlaut der umfangreichen VO wird verwiesen.

3922 Ausführlich kommentiert sind die Lenkzeitregelungen bei Erbs/Kohlhaas/Schulz, a.a.O., F 30a, Art. 6, 7, 8.

3923 § 57a StVZO bzw. § 1 Abs. 6 FPersV.

3924 Erneute Kontrollen während der Fahrt sind grundsätzlich nicht erforderlich, OLG Karlsruhe NZV 1997, 51.

3925 Gebhardt, a.a.O., § 21 Rn. 63; Erbs/Kohlhaas/Häberle, a.a.O., F 30 d, § 2 Rn. 10.

3926 Diese Verpflichtung ist verfassungsgemäß (BVerfG VKBl. 1985, 303).

3927 BGH NJW 1993, 3083; OLG Düsseldorf NZV 1995, 503.

3928 Gebhardt, a.a.O., § 21 Rn. 64 ff. m. w. N.

nicht absehbar. Theoretisch könnten deshalb selbst weit zurückliegende, auf Schaublättern aufgezeichnete Ordnungswidrigkeiten bis zum erreichen der Verjährung verfolgt werden.

Eine **Verantwortung des Unternehmers** für Verstöße gegen Lenkzeit- und Aufzeichnungspflichten ist in der Rechtsprechung dann bejaht worden, wenn er seinem Fahrer aufgibt, zu einem bestimmten Termin seine Ladung abzuliefern, was ohne einen Verstoß gegen Lenkzeitvorschriften nicht möglich gewesen wäre.[3929] Insoweit muss aber eine Zuwiderhandlung des Unternehmers durch eigenes Tun oder pflichtwidriges Unterlassen vorliegen.[3930] Des Weiteren ist von einer Verantwortlichkeit des Unternehmers auszugehen, wenn er seine Überwachungspflichten hinsichtlich der Einhaltung der Vorschriften durch seine Fahrer nicht wahrnimmt oder es dem Fahrer pflichtwidrig nicht ermöglicht, seine eigenen Pflichten einzuhalten.[3931] **2681**

Die Pflicht zur Einhaltung von Lenkzeiten und zur entsprechenden Dokumentation enthält jedoch auch das Risiko, nach dem Strafgesetzbuch sanktioniert zu werden. Strafbar macht sich, wer **Schaublätter des Fahrtenschreibers manipuliert**, sei es durch **2682**

* Veränderung oder Anbringung von Gegenständen, die eine korrekte Aufzeichnung verhindern;[3932]
* falsche Eintragungen;[3933]
* Verwendung ungeeigneter Scheiben;[3934]

Kein Fall der Fälschung technischer Aufzeichnungen, § 268 StGB, ist der Austausch der Scheiben bei einem Zweifahrermessgerät.[3935] **2683**

Ein Fahrer fährt allein, legt aber zeitversetzt auch in das Beifahrer-Kontrollgerät ein Schaublatt ein in der Absicht, die Blätter nach einigen Stunden zu tauschen, um so seine tatsächliche Lenkzeit zu verschleiern. Dies stellt nur eine Ordnungswidrigkeit in Form des nicht ordnungsgemäßen Verwendens von Schaublättern nach dem Fahrpersonalgesetz dar.[3936]

Im Rahmen einer Unternehmerstrafbarkeit kommt eine Verantwortung hier insbesondere in Betracht, wenn dieser die Manipulationen selbst vornimmt oder diese Beeinträchtigungen seinem Fahrer ermöglicht (Beihilfe) oder befiehlt (Anstiftung). **2684**

Der Halter oder Beauftragte des Halters ist auch verantwortlich für Schäden, die durch einen Unfall entstehen, wenn der Unfall auf einen durch ihn zu vertretenen **2685**

3929 OLG Düsseldorf VRS 67, 390; ebenso OLG Köln VRS 59, 68.
3930 OLG Düsseldorf ZfS 1990, 107; OLG Düsseldorf ZfS 1990, 70.
3931 Vgl. Gebhardt, a.a.O., § 24 Rn. 69; zu den Auswahl-, Überwachungs- und Kontrollpflichten siehe bereits oben Rdn. 2641 f., 1089 ff.
3932 BayObLG NZV 1995, 287: Verfälschung technischer Aufzeichnungen bzw. Urkundenfälschung durch Verbiegen des Schreibstifts, Anbringung von Schwämmen u. ä.
3933 So die unzutreffende Angabe des Fahrers durch den Fahrzeughalter.
3934 Hier ist die Strafbarkeit umstritten, siehe Gebhardt, a.a.O., § 21 Rn. 76.
3935 OLG Stuttgart NZV 2000, 96.
3936 Gebhardt, a.a.O., § 21 Rn. 77 m. w. N.

Mangel des Fahrzeugs oder der Fahrtüchtigkeit des Fahrers beruht.[3937] Die **Nicht-beachtung der gesetzlichen Lenk- und Ruhezeiten** war deshalb auch Hintergrund eines Verfahrens vor dem Landgericht Stuttgart.[3938]

> Der Fahrer eines 36-Tonnen-Sattelzugs war für eine Fahrt von Stuttgart nach Paris eingesetzt worden, wobei sowohl er als auch die für die Einteilung der Touren zuständige Disponentin und Prokuristin des Unternehmens davon ausgegangen waren, dass diese Strecke in einer Zeit gefahren werden sollte, die nur bei Überschreitung der zulässigen Höchstgeschwindigkeit unter Nichtbeachtung der gesetzlichen Ruhezeiten einzuhalten war. Nachdem der Fahrer mittags in Paris eingetroffen war, wurde ihm gegen Abend telefonisch aufgegeben, schon bis zum Mittag des folgenden Tages mit seinem Sattelzug zurück nach Stuttgart zu kommen, wobei der Disponentin klar war, dass der Fahrer nicht genügend Zeit haben würde, sich völlig auszuruhen. Fahrer wie auch Disponentin gingen davon aus, dass die Rückfahrt ohne Geschwindigkeitsüberschreitung nicht termingemäß zu schaffen sein würde. Kurz vor dem Erreichen des Betriebsgeländes in Stuttgart am folgenden Tag fuhr der Fahrer mit seinem Sattelzug auf einen in der Innenstadt am Fahrbahnrand haltenden Lkw auf. Dieser wiederum wurde auf den Gehweg geschleudert und erfasste dort mehrere Fußgänger. Eine Frau und zwei kleine Kinder wurden getötet, drei weitere Personen verletzt.

2686 Das Landgericht Stuttgart verurteilte den Fahrer zu einer Freiheitsstrafe von einem Jahr und neun Monaten, die Disponentin der Spedition zu einer Freiheitsstrafe von einem Jahr und drei Monaten, jeweils ohne Bewährung.

2687 Das Gericht kam zu der Auffassung, dass sich auch die Disponentin der fahrlässigen Tötung und der fahrlässigen Körperverletzung schuldig gemacht hat, weil sie bei ihrer Anordnung der sofortigen Rückfahrt in Kauf nahm, dass der Fahrer infolge einer Übermüdung fahruntüchtig werden und in diesem Zustand einen Verkehrsunfall mit unübersehbaren Folgen verursachen könne. Ihr wurde eine Sorgfaltspflichtverletzung dahingehend vorgeworfen, dass sie alles in ihren Kräften Stehende hätte unternehmen müssen, um zu verhindern, dass der von ihr eingeteilte Fahrer in fahruntüchtigem Zustand am öffentlichen Straßenverkehr teilnimmt. Tatsächlich fuhr der Lkw-Fahrer innerhalb von 37 Stunden mehr als 1.300 Kilometer. Das Urteil des Landgerichts Stuttgart wurde vom Bundesgerichtshof in vollem Umfang bestätigt.[3939] Dabei billigte der Bundesgerichtshof ausdrücklich die Nichtaussetzung der Strafe zur Bewährung hinsichtlich der Verurteilung der Disponentin und verwarf insoweit die Revision.

– *Stichwort: Gewerbeaufsicht*

2688 Wie bereits dargestellt trifft den Halter oder dessen Beauftragten eine umfassende Sorgfaltspflicht für die Fahrzeuge und Fahrer seines Unternehmens. Diese Pflich-

---

3937 Siehe bereits oben Rdn. 2634 ff.
3938 Vgl. Richard **Spiegel**, Die Rechtsprechung des Bundesgerichtshofs in Verkehrsstraftaten und Bußgeldverfahren, in: DAR 1986, 186 ff. (187).
3939 Roßkopf, a.a.O., S. 169.

ten werden insbesondere durch das Sozialrecht der Fahrpersonalvorschriften konkretisiert.

Dabei werden Verstöße gegen die erläuterten Sozialvorschriften nicht in das Verkehrszentralregister eingetragen, haben also keine direkten verkehrsrechtlichen Konsequenzen. **2689**

Allerdings wird in einem solchen Fall die Gewerbeaufsicht eingeschaltet. Diese betreibt das Ordnungswidrigkeitenverfahren in Angelegenheiten des Arbeitsschutzes. **2690**

> So wurde in einem Fall das Ordnungswidrigkeitenverfahren gegen den Führer eines LKW mit mehr als 3,5 Tonnen zulässigem Gesamtgewicht (aufgrund eines Anhängers) wegen geringer schuld eingestellt, obwohl das erforderliche Gerät zur Aufzeichnung von Fahrt und Ruhezeiten nicht vorhanden war. Das Bußgeldverfahren gegen den Geschäftsführer jedoch wurde durch das Gewerbeaufsichtsamt weitergeführt – ihm wurde als Verantwortlichen gemäß § 9 Absatz 1 OWiG vorgeworfen, die Sozialvorschriften im Straßenverkehr nicht in vollem Umfang durchgesetzt zu haben. Das Verfahren wurde erst eingestellt, nachdem nachgewiesen werden konnte, dass der Geschäftsführer seine Pflichten ausdrücklich an einen Fuhrparkleiter delegiert hatte, dessen Arbeit zuvor nie Grund für Beanstandungen gegeben hatte.

Ab einer Geldbuße von 200 Euro droht der Eintrag des Verantwortlichen in das Gewerbezentralregister, vgl. § 149 Absatz 2 Nr. 3 GewO.[3940] Ein Unternehmer gegen den mehrfach rechtskräftige Bußgelder wegen des Verstoßes gegen das Fahrpersonalgesetz verhängt werden, kann als unzuverlässig im Sinne der Gewerbeordnung oder dem Güterkraftverkehrsgesetz.[3941] **2691**

– *Stichwort: Pflichtversicherungsgesetz*

Das Gesetz über die Pflichtversicherung für Kraftfahrzeughalter (Pflichtversicherungsgesetz (PflVG))[3942] verpflichtet den Halter eines Kraftfahrzeugs, eine Haftpflichtversicherung zur Deckung der durch den Gebrauch des Fahrzeugs verursachten Personenschäden, Sachschäden und sonstigen Vermögensschäden abzuschließen und auch aufrechtzuerhalten, sofern das Fahrzeug auf öffentlichen Wegen verwendet wird.[3943] Nach § 6 Absatz 1 und Absatz 2 PflVG machen sich sowohl **Fahrer als auch Halter des Fahrzeugs strafbar**, **wenn ein Haftpflichtversicherungsvertrag** gemäß § 1 PflVG **nicht besteht**. **2692**

3940 Der Inhalt des Gewerbezentralregisters ergibt sich aus § 149 Abs. 2 der Gewerbeordnung (GewO). Danach sind vier Gruppen von Eintragungen zu unterscheiden, nämlich Verwaltungsentscheidungen (Gewerbeuntersagungen, Rücknahme von Erlaubnissen, Konzessionen etc.), Verzichte auf eine Zulassung zu einem Gewerbe oder einer sonstigen wirtschaftlichen Unternehmung während eines Rücknahme- oder Widerrufsverfahrens, Bußgeldentscheidungen sowie bestimmte strafgerichtliche Verurteilungen wegen bei oder im Zusammenhang mit der Gewerbeausübung begangener Tathandlungen.

3941 Gebhardt, a.a.O., § 24 Rn. 65; zum Güterkraftverkehrsgesetz siehe die folgenden Ausführungen Rdn. 2693 ff.

3942 Gesetz v. 05. 04. 1965 (BGBl. I S. 213), zuletzt geändert durch Art. 296 der VO v. 31. 10. 2006 (BGBl. I S. 2407).

3943 § 1 PflVG.

– *Stichwort: Güterkraftverkehrsgesetz*

2693 Das Güterkraftverkehrsgesetz (GüKG)[3944] enthält **in erster Linie gewerberechtliche Regelungen** für die geschäftsmäßige oder entgeltliche Beförderung von Gütern mit Kraftfahrzeugen von über 3,5 Tonnen Gesamtgewicht.

2694 Das Gesetz wurde 1998 weitgehend neu gefasst und reduziert,[3945] somit wurde eine vollkommene Anpassung an die europäische Rechtsentwicklung vorgenommen. Das aktuelle Güterkraftverkehrsgesetz kennt nur noch eine einheitliche Erlaubnis, deren Erteilungsvoraussetzungen in der persönlichen Zuverlässigkeit, der finanziellen Leistungsfähigkeit und der fachlichen Eignung bestehen.[3946]

2695 Ebenfalls enthalten sind bestimmte Ausnahmen[3947] von der Anwendbarkeit des Gesetzes sowie eine Erlaubnisbefreiung für Werkverkehr.[3948] Vereinfacht lässt sich sagen, dass das neue Gesetz eine weit reichende Liberalisierung des Güterverkehrs zur Folge hatte, was nicht zuletzt in der wesentlichen Freigabe des EU-weiten Gütertransportes zum Ausdruck kommt.[3949] Zur näheren Ausgestaltung des Güterkraftverkehrs wurden mehrere Rechtsverordnungen erlassen, so die Verordnung über den grenzüberschreitenden Güterkraftverkehr und den Kabotageverkehr, die Kostenverordnung sowie die Berufzugangsverordnung.[3950]

2696 Trotz des zugrunde liegenden Liberalisierungsgedankens enthält auch das neue Güterkraftverkehrsgesetz einen Ordnungswidrigkeitentatbestand, jedoch keine Strafnorm. § 19 GüKG allerdings bedroht eine Vielzahl von Verstößen gegen die Ge- und Verbote des Gesetzes mit Bußgeldern. Die Höhe der Bußgelder richtet sich nach § 19 Absatz 5 GüKG. Die Ordnungswidrigkeiten können in bestimmten mit einer Geldbuße bis zu 200.000 Euro, in anderen Fällen mit einer Geldbuße bis zu 20.000 Euro, in den übrigen Fällen mit einer Geldbuße bis zu 5.000 Euro geahndet werden. Die Ahndungspraxis sollen die Buß- und Verwarnungsgeldkataloge GüKG einheitlich regeln.[3951]

2697 Erfasst wird u. a. das Betreiben von Güterkraftverkehr ohne Erlaubnis[3952] und das unterlassene Mitsichführen von vorgeschriebenen Papieren.[3953]

3944 Gesetz v. 22. 06. 1998 (BGBl. I S. 1485), zuletzt geändert durch Art. 295 der VO v. 31. 10. 2006 (BGBl. I S. 2407).

3945 Zur Historie Müller-Gugenberger/Bieneck/Pfohl, a.a.O., § 71 Rn. 1 ff.

3946 Erbs/Kohlhaas/Häberle, a.a.O., G 218 Vorb. Rn. 5.

3947 § 2 GüKG.

3948 § 9 GüKG; ausführlich Manfred **Martell,** Das neue Güterkraftverkehrsrecht – »Grundgesetz« des Straßengüterverkehrs, in: NJW 1999, 193 ff.

3949 So genannte Kabotage-Transporte; dazu Müller-Gugenberger/Bieneck/Pfohl, a.a.O., § 71 Rn. 2, 5; Martell, a.a.O., NJW 1999, 193.

3950 Einzelheiten sind der Kommentierung bei Erbs/Kohlhaas, a.a.O., G 218 a – d zu entnehmen.

3951 Siehe Müller-Gugenberger/Bieneck/Pfohl, a.a.O., § 71 Rn. 9 m. w. N.

3952 § 19 Abs. 1 Nr. 1b GüKG.

3953 § 19 Abs. 1 Nr. 1, 1a, 3 – 6e GüKG; vgl. insgesamt Erbs/Kohlhaas/Häberle, a.a.O., G 218, § 19 Rn. 4 – 32.

– *Stichwort: Maut*

In Deutschland ist die LKW-Maut eine am 1. Januar 2005 eingeführte entfernungs- **2698** abhängige Straßenbenutzungsgebühr. Sie wird erhoben auf Bundesautobahnen und einigen stark frequentierten Bundesstraßen für LKW ab 12 Tonnen zulässigem Gesamtgewicht.

Die Maut richtet sich nach dem Gesetz über die Erhebung von streckenbezogenen **2699** Gebühren für die Benutzung von Bundesautobahnen mit schweren Nutzfahrzeugen (**Autobahnmautgesetz für schwere Nutzfahrzeuge**)[3954] und wird ergänzt durch die Verordnung zur Erhebung, zum Nachweis der ordnungsgemäßen Entrichtung und zur Erstattung der Maut (**LKW-Maut-Verordnung**)[3955] sowie die Verordnung zur Festsetzung der Höhe der Autobahnmaut für schwere Nutzfahrzeuge (**Mauthöheverordnung**).[3956]

Die Maut beträgt zwischen 0,09 Euro und 0,14 Euro pro Kilometer und bestimmt **2700** sich nach der Anzahl der Achsen des betreffenden LKW sowie dessen Schadstoffklasse. Das Bundesamt für Güterverkehr überwacht die Einhaltung der Vorschriften, daneben dürfen dies auch die Zollbehörden im Rahmen von zollamtlichen Überwachungsmaßnahmen.[3957] Der Mautschuldner kann die Maut wahlweise über eine manuelle Einbuchung (Zahlstellen-Terminals an Tankstellen o. ä.), eine Interneteinbuchung (durch Anmeldung beim Betreiber *Toll Collect*) oder das automatische Mauterhebungssystem (OBU)[3958] entrichten.[3959]

Mit § 10 ABMG enthalten auch die Mautbestimmungen einen eigenen Ordnungs- **2701** widrigkeitentatbestand. So ist beispielsweise das Unterlassen der Entrichtung der Benutzungsgebühr mit einer Geldbuße von bis zu 20.000 Euro bedroht, § 10 Absatz 1 Nr. 1, Absatz 2 ABMG.

Ebenfalls bußgeldbedroht sind Verstöße gegen Pflichten nach den angeführten **2702** Mautvorschriften, etwa das Mitsichführen oder Aushändigen von Belegen oder Auskunftserteilungen.[3960]

– *Stichwort: Personenbeförderungsgesetz*

Das **Personenbeförderungsgesetz (PBefG)**[3961] regelt die entgeltliche und **2703** geschäftsmäßige Beförderung von Personen mit Straßenbahn, Oberleitungsomnibussen und Kraftfahrzeugen.

3954 ABMG in der Fassung der Bekanntmachung vom 02. 12. 2004 (BGBl. I S. 3122,), geändert durch Art. 35 des Gesetzes vom 19. 09. 2006 (BGBl. I S. 2146).

3955 LKW-MautV vom 24. 06. 2003 (BGBl. I S. 1003).

3956 MautHV vom 24. 06. 2003 (BGBl. I S. 1001).

3957 § 7 ABMG.

3958 *On Board Unit* – Das Fahrzeuggerät ist eine elektronische Einrichtung, mit der festgestellt wird, auf welchem mautpflichtigen Streckenabschnitt sich das Fahrzeug befindet, vgl. § 6 Abs. 1 LKW-MautV. Die Teilnahme am automatischen Mauterhebungssystem erfordert die Anmeldung bei *Toll Collect* und den fachgerechten Einbau eines OBU in das mautpflichtige Fahrzeug.

3959 § 4 i. V. m. §§ 5 und 6 LKW-MautV.

3960 Siehe Müller-Gugenberger/Bieneck/Pfohl, a.a.O., § 71 Rn. 10 m. w. N.

3961 Gesetz v. 08. 08. 1990 (BGBl. I S. 1690), zuletzt geändert durch Art. 292 der VO v. 31. 10. 2006 (BGBl. I S. 2407).

2704 § 2 PBefG bestimmt, dass der Personenbeförderer im Besitz einer entsprechenden Genehmigung sein muss. Im Rahmen der Ermächtigungsgrundlage[3962] hat der Bundesminister für Verkehr die **Verordnung über den Betrieb von Kraftfahrunternehmen im Personenverkehr (BOKraft)**[3963] erlassen. Die Berufsordnung regelt unter anderem Fragen der Sicherheit und Ordnung des Betriebs von Kraftfahrunternehmen im Personenverkehr.[3964]

2705 Der Betreiber des Kraftfahrunternehmens handelt ordnungswidrig, wenn er bestimmte Pflichten hinsichtlich der Auswahl des Fahrers, bzgl. des Kfz und notwendiger Genehmigungen verletzt.[3965]

–   *Stichwort: Gefahrgutbeförderungsgesetz*

2706 Das Gesetz über die Beförderung gefährlicher Güter (GGBefG)[3966] regelt deren **Beförderung auf Eisenbahn-, Straßen-, Wasser- und Luftfahrzeugen**.

2707 Unter Gefahrguttransporten versteht man Transporte von Stoffen oder Gegenständen, von denen wegen ihrer Natur, ihrer Eigenschaft oder ihres Zustands Gefahren für die öffentliche Sicherheit und Ordnung, insbesondere für die Allgemeinheit für wichtige Gemeinschaftsgüter, für Leben und Gesundheit von Menschen sowie für Tiere und Sachen ausgehen können.[3967] Welche **Stoffe** und **Gegenstände** unter die Gefahrgutverordnung fallen, ist nach einer im Rahmen der Vereinten Nationen vorgenommenen Klassifizierung international und für die einzelnen Verkehrswege im Wesentlichen einheitlich festgelegt.[3968]

2708 Im Rahmen der Ermächtigung des § 3 GGBefG ist die Verordnung über die innerstaatliche und grenzüberschreitende Beförderung gefährlicher Güter auf der Straße und mit Eisenbahnen **(Gefahrgutverordnung Straße und Eisenbahn)**[3969] erlassen worden.[3970] **Ordnungswidrigkeiten** ergeben sich aus § 10 GGBefG – im Zusammenhang mit Straßen- und Eisenbahntransport in Verbindung mit § 10 GGVSE. Die für Gefahrguttransporte wesentlichen Vorschriften sind dabei äußerst kompliziert, insbesondere die genannten Bußgeldtatbestände erschließen

---

3962 § 57 PBefG.

3963 VO v. 21. 06. 1975 (BGBl. I S. 1573), zuletzt geändert durch Art. 477 der VO v. 31. 10. 2006 (BGBl. I S. 2407).

3964 Vgl. entsprechend: Straßenbahn-Bau- und Betriebsordnung (BOStrab) v. 11. 12. 1987 (BGBl. I S. 2648), geändert durch Art. 28 des Gesetzes vom 19. 09. 2006 (BGBl. I S. 2146).

3965 § 45 Abs. 1 BOKraft in Verb. mit § 61 Abs. 1 PBefG.

3966 Gefahrgutbeförderungsgesetz in der Fassung der Bekanntmachung vom 29. 09. 1998 (BGBl. I S. 3114), zuletzt geändert durch Art. 294 der VO v. 31. 10. 2006 (BGBl. I S. 2407).

3967 § 2 GGBefG.

3968 Die *Accord européen relatif au transport international des marchandises Dangereuses par Route* (**ADR** – Europäisches Übereinkommen über die internationale Beförderung gefährlicher Güter auf der Straße). Das *Reglement concernant le transport international ferroviaire de marchandises Dangereuses* (**RID**) ist die Regelung über die internationale Beförderung gefährlicher Güter mit der Eisenbahn..

3969 GGVSE in der Fassung der Bekanntmachung vom 03. 01. 2005 (BGBl. I S. 36), zuletzt geändert durch Art. 484 der VO v. 31. 10. 2006 (BGBl. I S. 2407).

3970 Im Übrigen gibt es noch die GGVBinSch (Gefahrgutverordnung Binnenschiff), die GGVSee (Gefahrgutverordnung Seeschiff) sowie das Luftverkehrsgesetz (LuftVG) und die Luftverkehrszulassungsordnung (LuftVZO).

sich nur schwer. Im Einzelfall wird geraten, sich bereits im Vorfeld in Frage kommender Tätigkeiten professionellen Rechtsrat einzuholen, um von Beginn an strafrechtliche (und nicht zuletzt persönliche) Risiken für die Unternehmensleitung und alle Beschäftigten zu vermeiden.

Gefahrguttransporte haben heute einen **erheblichen Anteil am gesamten Güterverkehrsaufkommen**. Nach Schätzungen des statistischen Bundesamtes beträgt dieser Anteil 16-18 %.[3971] Davon entfällt der Großteil auf den Straßenverkehr. Bedauerlicherweise ist in diesem Bereich die Zahl der Behördenbeanstandungen hoch.[3972] Ordnungswidrigkeitenverfahren werden vor allem eingeleitet wegen fehlender Begleitpapiere, unvollständiger Beförderungspapiere bzw. Unfallmerkblätter, unvorschriftsmäßiger Schutzausrüstung wie fehlender Feuerlöscher, technischer und baulicher Mängel sowie wegen fehlerhafter Beladung.[3973] Betroffene sind neben dem Fahrzeugführer auch der befördernde Unternehmer, der Verlader, der Absender und die jeweils zuständigen Abteilungs- bzw. Fuhrparkleiter sowie die Sicherheits- oder Gefahrgutbeauftragten.[3974]   **2709**

Aus Sicht des Unternehmers bringt die Regelung des § 9 Absatz 2 GGBefG eine besondere **Verschärfung** mit sich. Danach sind die von der zuständigen **Überwachungsbehörde** beauftragten Personen **befugt**, ohne besondere Vorankündigung **Fahrzeuge zu untersuchen, Prüfungen und Besichtigungen vorzunehmen** und **geschäftliche Unterlagen einzusehen**. Dabei hat der jeweilige Auskunftspflichtige diese Maßnahmen zu dulden. **Verantwortlicher Unternehmer** ist derjenige, der gefährliche Güter verpackt, verlädt, versendet, befördert, entlädt, empfängt oder auspackt.[3975]   **2710**

Ergänzt werden die bisher besprochenen Gefahrgutverordnungen durch die **Gefahrgutbeauftragtenverordnung**.[3976] Unternehmer und Inhaber eines Betriebes, die an der Beförderung gefährlicher Güter mit Eisenbahn-, Straßen-, Wasser- oder Luftfahrzeugen beteiligt sind, müssen mindestens einen Gefahrgutbeauftragten schriftlich bestellen.[3977] Von dieser Pflicht sind Unternehmer und Inhaber eines Betriebes im Sinne des § 1b GbV befreit. Für Verstöße im Bereich der Pflichten des Gefahrgutbeauftragten[3978] enthält die Verordnung einen eigenen Ordnungswidrigkeitentatbestand, § 7a GbV.   **2711**

Wegen der erheblich gesteigerten Gefahrenquellen von Gefahrguttransporten können Verstöße gegen die dargestellten Ordnungsvorschriften mit höheren   **2712**

3971 Müller-Gugenberger/Bieneck/Pfohl, a.a.O., § 71 Rn. 26.
3972 Siehe oben Rdn. 2670 ff.
3973 Siehe dazu den Beispielsfall Rdn. 717.
3974 Vgl. den umfassenden Pflichtenkatalog des § 9 GGBefG im Zusammenhang mit den Begriffbestimmungen des § 2 GGVSE.
3975 Gemäß § 9 Abs. 5 GGBefG.
3976 GbV in der Fassung der Bekanntmachung vom 26. 03. 1998 (BGBl. I S. 648), zuletzt geändert durch Art. 481 der VO v. 31. 10. 2006 (BGBl. I S. 2407).
3977 § 1 Abs. 1 GbV.
3978 Dazu grundlegend Hans-Peter **Vierhaus**, Die neue GbV aus der Sicht des Straf-, Ordnungswidrigkeiten- und Umweltverwaltungsrechts, in: NStZ 1991, 466 ff.

Geldbußen geahndet werden als Verstöße im allgemeinen Straßenverkehr.[3979] Die Gefährdung, die von solcherlei Güterverkehr ausgeht, dürfte schließlich seit dem Vorfall von **Herborn** bekannt sein:

> Die Stadt erlangte am 07. Juli 1987 überregional traurige Berühmtheit. Nach einer Fahrt mit überhöhter Geschwindigkeit aufgrund defekter Bremsen raste ein mit mehr als 30.000 Litern Kraftstoff beladener Tanklaster in ein Haus, in dem sich eine Eisdiele und eine – geschlossene – Pizzeria befanden. Der Treibstoff floss in die Kanalisation, explodierte und setzte eine Häuserzeile sowie eine ca.500 m lange Baumreihe in Brand. Insgesamt kamen sechs Menschen ums Leben, 40 wurden verletzt.

2713 Doch auch der Transport von Gefahrgütern auf der Schiene ist nicht risikofrei. Auf diesem Verkehrsweg ereignen sich ebenfalls immer wieder folgenschwere Unfälle, was nicht selten in der großen Menge an befördertem Material begründet ist.

> Bei einem Gefahrgutunfall in Bad Münder waren am 9. September 2002 zwei Güterzüge zusammengestoßen. Dabei geriet ein mit der Chemikalie Epichlorhydrin beladener Eisenbahnwaggon in Brand und explodierte. 30 Tonnen des giftigen Stoffes traten aus. Die Rauchwolke bedeckte größere Teile des Stadtgebiets, was bei Anwohnern und Einsatzkräften Angst vor Gesundheitsschäden auslöste, die zu einem Streit über die Gefährlichkeit des Unfalls führte. So wurde den Behörden vorgeworfen, eine Giftbelastung vertuscht zu haben.[3980] Offiziellen Angaben zufolge kam es jedoch keinesfalls zu einer Vergiftung von Personen mit Epichlorhydrin.[3981] Der Ausgang dieses Falles ist noch nicht abzusehen.

2714 Eigene Straftatbestände enthält das originäre Gefahrgutrecht im Übrigen nicht. Hier ist auf § 328 Absatz 3 Nr. 2 StGB – **unerlaubter Umgang mit Gefahrgütern** – zu verweisen.[3982]

bb) Wasser

2715 Im Bereich des Schiffsverkehrs enthält das **Seemannsgesetz**[3983] Straftatbestände.[3984] Die strafrechtliche Verantwortung für den Reeder wegen der Nichteinhaltung von Arbeitszeiten und Arbeitsschutzvorschriften und hinsichtlich der Ausstattung des jeweiligen Schiffes ergibt sich insbesondere aus §§ 122, 123, 123 a SeemG.

3979 Siehe Müller-Gugenberger/Bieneck/Pfohl, a.a.O., § 71 Rn. 39 unter Hinweis auf OLG Düsseldorf, VRS 1990, 156.

3980 Vgl. HAZ Nr. 16 v. 19. 01. 2006.

3981 Presseinformation des Nds. Ministerium für Soziales, Frauen, Familie und Gesundheit v. 30. 01. 2006.

3982 Diese Norm ist dem Umweltstrafrecht zuzuordnen und wird daher an anderer Stelle ausführlich erläutert, siehe Rdn. 1511 ff.

3983 SeemG in der im Bundesgesetzblatt Teil III, Gliederungsnummer 9513-1, veröffentlichten bereinigten Fassung, zuletzt geändert durch Art. 324 der VO v. 31. 10. 2006 (BGBl. I S. 2407).

3984 §§ 115–123 a SeemG.

Entsprechend der oben genannten **Gefahrgutverordnung Straße** sind auch für   **2716**
den Bereich der Schifffahrt Gefahrgutverordnungen aufgrund des Gesetzes über
die Beförderung gefährlicher Güter ergangen, z. B. die **Gefahrgutverordnung-
Binnenschifffahrt**[3985] und die **Gefahrgutverordnung See**.[3986]

Auch für den Bereich der Schifffahrt gilt, dass gefährliche Güter nur transportiert   **2717**
werden dürfen, wenn sie zum Transport zugelassen sind.[3987] Eine entsprechende
Zulassung wird nur dann erteilt, wenn die Güter die Bedingungen der jeweiligen
Gefahrgutklassen erfüllen. Regelmäßig müssen diese gefährlichen Güter verpackt
befördert werden, wobei die Verpackung ihrerseits bestimmten, im Einzelnen
festgelegten Voraussetzungen genügen muss. Hinzu kommt eine **Kennzeichnungspflicht für die Verpackungen**, damit die Eigenschaft und Gefährlichkeit
des Gutes deutlich bezeichnet wird. Die Eigenschaft muss sich außerdem auch aus
den mitzuführenden Begleitpapieren ergeben. Verstöße gegen die umfangreichen
Sicherheitsvorschriften im Bereich des Gefahrguttransportes sind wiederum buß-
geldbewehrt.[3988]

cc)   Luftverkehr

Im Rahmen der Ermächtigung des § 32 LuftVG hat der Bundesminister für Ver-   **2718**
kehr die **Betriebsordnung für Luftfahrtgeräte (LuftBO)**[3989] erlassen.

Regelungen hinsichtlich der Arbeits- und Ruhezeiten der Flugbesatzungen enthält   **2719**
§ 55 LuftBO. In § 42 LuftBO sind beispielsweise die Anforderungen an die Flug-
erfahrungen von Piloten geregelt. Ordnungswidrigkeiten ergeben sich aus § 57
LuftBO in Verbindung mit § 58 LuftVG.

8.   Beispiele für übergreifende Risikobereiche

Im täglichen Betriebsleben ereignen sich immer wieder Straf- und Ordnungswid-   **2720**
rigkeitenverfahren, in denen die zuvor dargestellten vier Hauptfallgruppen in
unterschiedlichen Kombinationen betroffen sind. Zu diesen Kollisionen der
betrieblichen Risikobereiche kommt es, wenn die einzelnen Facetten eines Falles
verschiedenen Fallgruppen zuzuordnen sind, sei es, weil die Tat von einem Risikobereich auf einen anderen übergreift, sei es, weil Tathandlungen aus verschiedenen Risikogruppen, begangen durch unterschiedliche Personen, in einem Ereignis zusammentreffen. Die folgenden Beispiele aus der Praxis sollen diese
Interessenkollisionen exemplarisch verdeutlichen.

3985   GGVBinSch vom 31. 01. 2004 (BGBl. I S. 136), zuletzt geändert durch Art. 506 der VO
v. 31. 10. 2006 (BGBl. I S. 2407).

3986   GGVSee in der Fassung der Bekanntmachung vom 06. 01.2006 (BGBl. I S. 138), geändert
durch Art. 518 der VO v. 31. 10. 2006 (BGBl. I S. 2407).

3987   Dazu auch Lothar **Kuhlen**, Probleme des Umweltstrafrechts in der Binnenschifffahrt, in:
Eibe **Riedel**/Günther **Wiese** (Hrsg.), Probleme des Binnenschifffahrtsrechts VIII, Mannheimer rechtswissenschaftliche Abhandlungen, Band 22, 1997, S. 7 ff. (18).

3988   § 10 Abs. 1 GGBefG i. V. m. § 8 GGV BinSCH, § 10 GGVSee.

3989   VO v. 04. 03. 1970 (BGBl. I S. 262), zuletzt geändert durch Art. 6 der VO v. 17. 11. 2006
(BGBl. I S. 2644).

a)   Betriebsstätten- und Umweltrisiko

2721   In einem Chemieunternehmen füllten Arbeiter einen Katalysator in einen Reaktor. Aus ungeklärter Ursache wurde ein Spezialventil des Reaktors plötzlich undicht, wodurch sich eine Giftgaswolke bildete und mehrere Arbeiter zum Teil schwer verletzt wurden. Der für diesen Vorfall verantwortliche Mitarbeiter musste sich nicht nur wegen fahrlässiger Körperverletzung, sondern auch wegen Luftverunreinigung verantworten.

2722   Der Brand auf dem Betriebsgelände von Sandoz-Schweizerhalle in der Nähe von Basel, der im November 1986 durch eine einzige Betriebsstörung zu der bis heute größten Rheinverschmutzung führte,[3990] fällt ebenso in diese Rubrik wie der Rosenmontags-Störfall des Jahres 1993.[3991]

b)   Produkt- und Umweltrisiko

2723   Ein Säurebehälter wurde aufgrund eines Produktionsfehlers des Herstellers undicht, wodurch die Säure in einen in der Nähe des Betriebsgeländes fließenden Bach gelangte und so ein Fischsterben verursachte. Die eingeleiteten Ermittlungen der Staatsanwaltschaft richteten sich zunächst gegen einen Mitarbeiter des Chemieunternehmens, wurden dann jedoch auf den Hersteller des Behälters ausgedehnt.

2724   Dieser Mischform sind auch die **Holzschutzmittel-Verfahren** zuzurechnen.[3992]

c)   Verkehrs- und Umweltrisiko

2725   Bei einem Unfall auf der Autobahn München–Regensburg wurde ein Kraftfahrer getötet, der aufgrund von Lenkzeitüberschreitungen am Steuer einschlief, mit seinem Lastzug ins Schleudern geriet und eine 30 m hohe Böschung hinabstürzte. In dem Tanks des Lastzugs befanden sich 32.000 l leichtes Heizöl, wovon ca. 15.000 l das Erdreich verseuchten.[3993]

d)   Produkt- und Betriebsstättenrisiko

2726   Ein Metall verarbeitendes Unternehmen lieferte einer Baufirma einen Kran, den diese auf einer Großbaustelle einsetzte. Aufgrund falscher Angaben in der Betriebsanleitung wurde der Kran unsachgemäß montiert. Dieser Umstand war Ursache für das Herabstürzen des Auslegers, der drei Arbeiter erschlug. Der Bauunternehmer musste sich wegen Verletzung der Verkehrssicherungspflicht, der Kranhersteller wegen einer Instruktionspflichtverletzung der fahrlässigen Tötung in drei Fällen verantworten.

3990   Apitz, a.a.O., S. 154 ff.; siehe die Fallschilderung auf Rdn. 6 (mit FN 16).
3991   Siehe oben Rdn. 1289 ff.
3992   Vgl. oben Rdn. 2485 ff.
3993   FAZ Nr. 216 v. 17. 09. 1990, S. 9.

e) Betriebsstätten- und Verkehrsrisiko

Ein Spediteur hatte in mehreren Fällen bei ihm angestellte Fernfahrer dazu ange- **2727** stiftet, Manipulationen an den in seinen LKWs eingebauten Fahrtenschreibern vorzunehmen, um die Einhaltung der gesetzlichen Ruhezeiten vorspiegeln zu können. Die Manipulationen bestanden darin, dass die Aufzeichnungen der technischen Geräte jeweils bei Überschreiten der zulässigen Lenkzeit unterbrochen wurden, sei es durch Abschrauben der Tachowelle oder durch Einlegen einer zweiten Diagrammscheibe. Der Spediteur und einige Fahrer wurden verurteilt.[3994]

f) Verkehrs- und Produktrisiko

Wegen überhöhter Geschwindigkeit verursachte ein Lkw-Fahrer auf der Auto- **2728** bahn Hamburg–Bremen einen schweren Auffahrunfall. Zwei Menschen kamen ums Leben. Wie sich später herausstellte, war nicht nur die überhöhte Geschwindigkeit, sondern auch ein konstruktionsbedingter Defekt an der Lenkachsaufhängung Ursache für das Unglück. Gegen den Lkw-Hersteller sowie den Fahrer wurden Ermittlungsverfahren wegen fahrlässiger Tötung eingeleitet.

g) Verkehrs-, Umwelt-, Betriebsstätten- und Produktrisiko

Unter alle vier Hauptrisikobereiche lässt sich der schon angesprochene **Herbor-** **2729** **ner-Tanklastzug-Fall** einordnen, bei dem ein Treibstofflaster ungebremst in eine Stadt raste und bei einem Aufprall auf eine Haus explodierte.[3995]

Der Treibstoff verseuchte das Erdreich im Innenstadtbereich und drang in die **2730** Kanalisation ein. Im darauf folgenden Strafverfahren stellte sich heraus, dass die Bremsanlage und die Elektro-Pneumatische Schaltung (EPS) des Lkw mit gefährlichen Mängeln behaftet war. Diese Erkenntnis führte darüber hinaus zu einem Ermittlungsverfahren gegen den EPS-Hersteller, da vermutet worden war, dass ein Produktionsfehler ursächlich für die Mängel an der Schaltung gewesen sein könnte. Dieses Verfahren wurde jedoch später eingestellt.[3996]

Nicht nur der Lkw-Fahrer musste sich wegen des Vorwurfs der fahrlässigen **2731** Tötung, fahrlässiger Körperverletzung, fahrlässiger Brandstiftung und fahrlässiger Herbeiführung einer Explosion verantworten, sondern auch dem Geschäftsführer der Spedition wurden dieselben Straftaten zur Last gelegt. Dieser hatte geduldet, dass seine Fahrer regelmäßig die zulässige Höchstgeschwindigkeit überschritten. Auch habe er gewusst, dass der Auflieger des verunglückten Lastzugs mit gefährlichen Mängeln[3997] behaftet war, aber nichts dagegen unternommen.[3998]

3994 HAZ Nr. 137 v. 15. 06. 1989, S. 12; Handelsblatt, Nr. 230 v. 29. 11. 1989, S. 22; siehe dazu oben Rdn. 2712.
3995 LG Limburg, Urteil vom 17. 01. 1990 – 3 Js 6536.5/87 (nicht veröffentlicht); vgl. »DER SPIEGEL«, Nr. 4 v. 22. 01. 1990, S. 57 ff.; »DER SPIEGEL«, Nr. 10 v. 05. 03. 1990, S. 84 ff.; FAZ Nr. 15 v. 18. 01. 1990, S. 7; dazu schon oben Rdn. 2712.
3996 DIE ZEIT, Nr. 3 v. 12. 01. 1990, S. 29.
3997 Mängel am Druckluft- und Bremssystem des Tankwagens.
3998 Dazu Werner **Dahnz**, Manager und ihr Berufsrisiko – Die zivil- und strafrechtliche Haftung von Aufsichtsräten, Vorständen und Geschäftsführern, 2. Auflage, München 2002, S. 197.

2732 Der Geschäftsführer wurde wegen der oben genannten Straftaten zu einer Freiheitsstrafe von zwei Jahren und sechs Monaten verurteilt, der Fahrer zu einer 18-monatigen Freiheitsstrafe, welche zur Bewährung ausgesetzt wurde.[3999] Zwei in diesem Prozess ebenfalls Angeklagte, ein Werkstattleiter der Spedition und eine Disponentin, wurden freigesprochen. Der Bundesgerichtshof hat das Urteil bestätigt.[4000]

3999 DIE ZEIT, Nr. 3 v. 12. 01. 1990, S. 29.
4000 Dahnz, a.a.O., S. 197.

VIII. Die am Strafverfahren Beteiligten

1. Die Staatsanwaltschaft und ihre Ermittlungspersonen

a) Überblick

Als **Strafverfolgungsbehörde**[4001] obliegt der Staatsanwaltschaft die Leitung des 2733
Ermittlungsverfahrens, die Erhebung und die Vertretung der Anklage sowie die
Strafvollstreckung.[4002]

Wie jede Verwaltungsbehörde ist auch die Staatsanwaltschaft mehrstufig hierar- 2734
chisch gegliedert:

2735

Behörde	Behördeleiter (und Mitarbeiter)	Dienstaufsicht
Bundesanwaltschaft beim Bundesgerichtshof	Generalbundes- anwalt (und Bundesanwälte)	Bundesjustiz- ministerium
Generalstaats- anwaltschaft beim Oberlandesgericht	Generalstaats- anwalt (und weitere Staatsanwälte)	Landesjustiz- ministerium
Staatsanwaltschaft beim Landgericht	leitender Oberstaatsanwalt (und weiter Staatsanwälte)	Generalstaats- anwaltschaft
	(Staatsanwälte und Amtsanwälte vor dem Amtsgericht)	

Der einzelne Staatsanwalt handelt stets in Vertretung oder im Auftrag seines 2736
Behördenleiters und unterliegt dessen dienstlichen Weisungen.[4003] Jedoch schafft
die Masse der zu erledigenden Strafsachen faktisch einen erheblichen Freiraum
des handelnden Staatsanwalts bei der Verfahrensgestaltung.[4004]

4001 *»Die wichtigste Aufgabe der Staatsanwaltschaft ist zweifellos die Strafverfolgung.«* So lautet der
erste Satz in: Michael **Heghmanns**, Das Arbeitsgebiet des Staatsanwalts, 3. Aufl., Münster
2003 Rn. 1.
4002 Creifelds, a.a.O., Stichwort: Staatsanwaltschaft.
4003 §§ 146, 144 GVG. Weisungsbefugt sind nach § 147 Nr. 2, 3 GVG die Landesjustizverwal-
tungen (externes Weisungsrecht) und die Generalstaatsanwälte sowie die Behördenleiter
der Staatsanwaltschaften (internes Weisungsrecht). Kein Weisungsrecht besitzt der Generalbundesanwalt gegenüber den Staatsanwaltschaften; vgl. Heghmanns, a.a.O., Rz. 13 ff.
4004 Gerhard **Zuberbier**, Einführung in die staatsanwaltliche Praxis, Stuttgart/München/Han-
nover 1991, S. 17.

2737 Die Staatsanwaltschaft ist **der Siamesische Zwilling des Strafverfahrens**. Im Rahmen ihrer Ermittlungen muss die Staatsanwaltschaft **alles recherchieren, was für und gegen das Fehlverhalten eines Beschuldigten spricht**. Da jeder Mensch selbst dann, wenn er bestrebt ist, objektiv zu handeln, alles aus seiner Sicht, also subjektiv, unternimmt, lastet auf dem pflichtbewussten Ermittlungsbeamten eine schwere Bürde.[4005]

2738 »*Tatverdacht*« und »*Unschuldsvermutung*« dürfen für sich **nicht Gegensätze** sein, **sondern die beiden unzertrennlichen Hälften eines Ganzen**.[4006] Nicht alle Rechtsanwälte sind von dieser Unzertrennbarkeit überzeugt. Der Wirtschaftsanwalt Martin **Peltzer** behauptet, dass Staatsanwälte nicht bereit seien, einen einmal erhobenen Vorwurf fallen zu lassen, selbst dann nicht, wenn ein bestimmter Tatverdacht nicht gegeben ist.[4007] Sie würden vielmehr versuchen, das Verhalten unter eine andere Strafnorm zu subsumieren.[4008] **Peltzer** kritisiert daher die Strafprozessordnung mit folgenden Worten:

> »*Ich halte es für einen schweren Konstruktionsfehler, dass man zwar einen befangenen Richter, nicht aber einen befangenen Staatsanwalt ablehnen kann.*«[4009]

2739 Die Grundverantwortung für das Ermittlungsverfahren liegt allein bei der Staatsanwaltschaft.[4010] Die **Polizei ist** ihr insoweit **untergeordnet**.[4011] Die Staatsanwaltschaft führt die Fachaufsicht über die mit der Strafverfolgung befassten Polizeibeamten.[4012] Beide sind nach dem **Legalitätsprinzip** verpflichtet, **wegen aller strafbaren Handlungen einzuschreiten**, sofern »*zureichende tatsächliche Anhaltspunkte*« für eine Straftat vorliegen.[4013] An anderer Stelle spricht das Gesetz auch

---

4005 Siehe dazu die Ausführungen von Hans **Lilie**, Verwicklungen im Ermittlungsverfahren – Überlegungen zur Stellung der Staatsanwaltschaft im Ermittlungsverfahren, in: ZStW 111 (1999), 807 ff., dort vor allem die Anmerkungen zum Gesetz(esentwurf) zur Änderung und Ergänzung des Strafverfahrensrechts – Strafverfahrensänderungsgesetz (StVÄG 1999 v. 02. 08. 2000 (BGBl. I S. 1253 ff.), welches seit dem 01. 11. 2000 in Kraft ist. Vgl. zum StVÄG 1999 auch die Einführung von Manfred **Möhrenschlager**, wistra Heft 9/2000 v. 15. 09. 2000, V f.

4006 Michael **Heghmanns**, Die prozessuale Rolle der Staatsanwaltschaft, in: GA 2003, 433, zweifelt diesen Grundsatz an: »*Was das Gesetz von der Staatsanwaltschaft verlangt, kommt der Quadratur des Kreises gleich.*«

4007 Zum so genannten »Beharrungssinteresse« auch Minoggio, a.a.O., S. 46 Rn. 45 ff.

4008 Gerhart Hauptmann hat einmal – zu Recht – gemeint: »*Verallgemeinerungen sind Lügen.*«

4009 Zitiert bei Fischer, in: manager magazin 9/91, 207 ff. (223).

4010 BVerwGE 47, 255 ff. (261 ff.).

4011 So die h. M., siehe Meyer-Goßner, a.a.O., § 163 Rn. 3 m. w. N.; a. A. Franz Ludwig **Knemeyer**/Michael **Deubert**, Kritische Überlegungen zum Verhältnis Staatsanwaltschaft-Polizei/Polizei-Staatsanwaltschaft, NJW 1992, 3131 ff. (3131 f.), die den Funktionsbereich »Ermittlungen von Straftaten« Staatsanwaltschaft und Polizei gleichermaßen als originäre Aufgaben zuordnen. Sie leiten dies aus der Pflicht der Staatsanwaltschaft zur Sachverhaltserforschung (§ 160 Abs. 1 StPO) und der polizeilichen Pflicht zur Straftatenerforschung (§ 163 Abs. 1 StPO) ab, beides Aufgabenbereiche der Strafermittlung. Ein Weisungsrecht der Staatsanwaltschaft sehen die Autoren nur, wenn die Polizei in den Aufgabenbereich der Staatsanwaltschaft eingeschaltet wird (§ 161 S. 2 StPO). In der Praxis aber ist die Staatsanwaltschaft die Herrin des Verfahrens. Dazu auch Rdn. 2740; krit. Heghmanns, a.a.O., GA 2003, 433 ff. (434).

4012 Zuberbier, a.a.O., S. 25.

4013 § 152 Abs. 2 StPO.

von dem »*Verdacht*« einer Straftat.[4014] Dieser **Anfangsverdacht** ist die **Grundlage für die Einleitung und Durchführung eines Ermittlungsverfahrens**.

Sobald die Staatsanwaltschaft vom Verdacht einer Straftat erfährt, hat sie den **Sachverhalt zu erforschen**, soweit dieser für ihre Entschließung darüber, ob Anklage zu erheben oder das Verfahren einzustellen ist, von Bedeutung sein kann.[4015] Zu diesem Zweck werden Beschuldigte, Sachverständige und Zeugen vernommen, Durchsuchungen angeordnet, Beweismittel beschlagnahmt und alles zur Aufklärung Erforderliche veranlasst. **2740**

Anders als im Bereich der gewöhnlichen Kriminalität muss in Wirtschaftsstrafsachen die Staatsanwaltschaft oft erst die Tat suchen. Der Strafverteidiger Volkmar **Mehle** sagte dazu: **2741**

> »*Was beim Raubüberfall klar ist, wird bei der Bilanzfälschung oft bis zum Bundesgerichtshof hinauf diskutiert.*«[4016] »*Weil der dürre Verdacht Fleisch braucht, ordert der Staatsanwalt erst einmal einen Mannschaftswagen und sammelt Dokumente ein.*«[4017]

Dem Staatsanwalt obliegt im Rahmen seiner Fürsorgepflicht die Aufgabe, »*nicht nur die zur Belastung, sondern auch die zur Entlastung dienenden Umstände zu ermitteln.*«[4018] Dabei hat er ein **Auswahlermessen**, gegen welche der Tatbeteiligten Anklage zu erheben ist und welche als Zeugen gehört werden sollen.[4019] **2742**

Bei Produkt- bzw. Umweltstrafverfahren kann sie zugleich sowohl den Mitarbeiter, der die strafbare Handlung vorgenommen hat, als auch den Vorgesetzten anklagen, wobei die prozessuale Konsequenz hinsichtlich der Vernehmung nur das **Aussageverweigerungsrecht aller Angeklagten** sein kann. **2743**

Im **Monza-Steel-Verfahren**[4020] wurden nur drei Vorstandsmitglieder und der Abteilungsleiter **»Reifentechnische Entwicklung«** angeklagt, so dass die in der Firmenhierarchie nachgeordneten Unter-Abteilungsleiter »*Prüfwesen*« und Abteilungsleiter »*Fabrikation*« und »*Rechtswesen*« als Zeugen zur Verfügung standen. **2744**

Die Staatsanwaltschaft hat aber auch die Möglichkeit, die **Trennung in mehrere selbstständige Verfahren** vorzunehmen. Im **Sattelzug-Verfahren**,[4021] in dem sich das Gericht mit einem durch Übermüdung eines Lkw-Fahrers verursachten Unfalls zu beschäftigen hatte, wurde zuerst der Fahrer und nach dessen Verurteilung der Chef des Unternehmens angeklagt. In dem Verfahren wurde der jeweils Nichtangeklagte als Zeuge vernommen. **2745**

Die **Staatsanwaltschaft** ist, auch wenn sie einheitlich und schlagkräftig reagieren kann, bei der Aufklärung von Straftaten **auf die Hilfe anderer staatlicher Organi-** **2746**

4014 § 81 Abs. 2 StPO: Unterbringung zur Beobachtung; § 112 Abs. 1 StPO: Voraussetzungen der Untersuchungshaft.

4015 Zuberbier, a.a.O., S. 42.

4016 Fischer, a.a.O., S. 215.

4017 Fischer, a.a.O., S. 212.

4018 § 160 StPO.

4019 Joachim **Schmidt-Salzer**, Strafrechtliche Produktverantwortung – Das Lederspray-Urteil des BGH, in: NJW 1990, 2966 ff. (2969).

4020 Siehe Rdn. 2441.

4021 OLG Köln bei Schmidt-Salzer, Entscheidungssammlung Produkthaftung, a.a.O., IV. 2.23.

sationen angewiesen. Sie ist kein ausführendes Organ, sondern ein »*Kopf ohne Hände*«.[4022] Zur Unterstützung ihrer Aufgaben bei der Verfolgung stehen ihr die Beamten und Behörden der Polizei zur Verfügung.[4023]

2747 Die **Polizei** ist nach dem Polizei- und Ordnungsrecht mit **der Gefahrenabwehr** betraut.[4024] Die Aufrechterhaltung der öffentlichen Sicherheit und Ordnung obliegt nicht allein der Polizei (Schutz-, Verkehrs-, Wasser-, Kriminal- oder Bahnpolizei, Zollbeamten und -fahndungsstellen), sondern auch allgemeinen Verwaltungsbehörden wie z. B. dem Finanzamt, der Ausländerbehörde, dem Arbeitsamt, die im Wege der Amtshilfe die Polizeibehörde zur Vollzugshilfe heranziehen können. Die **Organisation der Polizei ist in den Bundesländern unterschiedlich geregelt**. In den Flächenländern ist sie regelmäßig hierarchisch in vier Stufen gegliedert. So wird z. B. in Bayern zwischen Polizeistationen, -inspektionen, -direktionen und -präsidien nach Art. 4 Absatz 2 Bayerisches Polizeiorganisationsgesetz (POG) unterschieden. Neben den **Landespolizeien** bestehen **Bereitschaftspolizeien als** »*Polizeireserve*«, daneben die **Kriminalpolizei** und schließlich die **Grenzpolizei** zum Schutz des Staatsgebiets.[4025]

2748 Aufgrund der in Art. 30 GG normierten **Verwaltungszuständigkeit der Länder** und der Bestimmungen in Art. 73 Nr. 5 GG (Zoll- und Grenzschutz), Art. 73 Nr. 6 und 6a GG (Bundeseisenbahn- und Luftverkehr) und Art. 73 Nr. 10 lit. a – c GG (kriminalpolizeiliche Zusammenarbeit) sind auch die Polizeien des Bundes wie die **Bundespolizei** (bis zum 30. Juni 2005: Bundesgrenzschutz),[4026] das Bundeskriminalamt, das Bundesamt für Verfassungsschutz und die Schifffahrtspolizei für die Gefahrenabwehr bzw. Verbrechensbekämpfung zuständig.

2749 **Wesentliche Aufgabenbereiche der Polizei** sind neben der **Gefahrenabwehr** und der **Erhaltung der öffentlichen Sicherheit und Ordnung (Präventivpolizei)** die Verfolgung von Straftaten und Ordnungswidrigkeiten, wobei die **Kriminalpolizei**

4022 Ebenso Heghmanns, a.a.O., GA 2003, 433 ff. (434), diese Bezeichnung geht wohl auf Roxin zurück.

4023 § 152 Abs. 1 GVG; in Umweltstrafverfahren zählen z. B. auch die Wasserbehörden und die Gewerbeaufsichtsämter zu den Hilfsbehörden der Staatsanwaltschaft. Hier ist Vorsicht angebracht; denn diese Behörden besitzen zwar Fachkompetenz in verwaltungsrechtlichen Fragen, aber – zumeist – nicht im Straf- und Strafprozessrecht.

4024 Es gibt **drei Polizeibegriffe**: Der **materielle** ist durch die Gefahrenabwehr gekennzeichnet und erfasst unter diesem Aspekt die Einheit von Polizei- und Sicherheits-(Ordnungs-)recht. Der **formelle Polizeibegriff** beinhaltet die der Polizei vom Gesetzgeber übertragenen Aufgaben im institutionellen Sinn unabhängig davon, ob diese präventiver oder repressiver Natur sind. Nach dem **institutionellen Polizeibegriff** gehören dazu die im Vollzugsdienst tätigen Dienstkräfte der Polizei, wobei einzelne Vollzugtätigkeiten auch auf Private übertragen werden wie z. B. Seeschifffahrtskapitäne, Jagdaufseher und Fischereiaufseher (vgl. Wolfgang **Kay**/Reinhold **Böcking**, Polizeirecht Nordrhein-Westfalen, München 1992 Rn. 9.

4025 Franz-Ludwig **Knemeyer**, Polizei- und Ordnungsrecht, 10. Aufl., München 2004 Rn. 27 ff. (29 ff.).

4026 Die Aufgaben und Befugnisse der Bundespolizei sind im Bundespolizeigesetz (BPolG) geregelt. Gesetzesgrundlage ist das zum 01. 07. 2005 durch Art. 1 des »Gesetzes zur Umbenennung des Bundesgrenzschutzes in Bundespolizei« vom 21. 06. 2005 (BGBl. I S. 1818) umbenannte »Bundesgrenzschutzgesetz« vom 19. 10. 1994 (BGBl. I S. 2978, 2979).

der Zweig der Polizei ist, der mit der **Aufklärung von Straftaten** beschäftigt ist. Sie wird **repressiv** tätig, verfolgt also bereits begangene Straftaten.[4027]

Im Gegensatz dazu obliegt der **Schutzpolizei** der **allgemeine Vollzugsdienst** **2750** nach dem institutionellen Polizeibegriff. Die Polizei wird in dieser Eigenschaft nur dann tätig, wenn es sich um eine unaufschiebbare Maßnahme handelt und die originär zuständige Verwaltungsbehörde nicht rechtzeitig eingreifen kann.

Gibt es jedoch eine Sondervorschrift wie z. B. die Straßenverkehrsordnung oder **2751** Gefahrgutvorschriften, so ist die Schutzpolizei unabhängig von einer Eilbedürftigkeit in jedem Fall zur Gefahrenabwehr verpflichtet.[4028] Eine solche Ausnahme ist auch für den Aufgabenbereich der **Wasserschutzpolizei** gegeben. Der Bundesminister für Verkehr und das Land Niedersachsen haben bereits 1955 eine Vereinbarung getroffen, nach der die Wasserschutzpolizei z. B. auch für die Bearbeitung von Verstößen gegen Umweltschutzvorschriften zuständig ist, soweit sie nicht im Zusammenhang mit Betrugs- oder Wirtschaftsdelikten stehen.[4029]

Die Behörden der **Kriminalpolizei** sind in den Ländern Kriminalpolizeistellen, **2752** Bezirkskriminalpolizeistellen und das Landeskriminalamt, im Bund das Bundeskriminalamt, dessen Aufgabe es ist, die Zusammenarbeit zwischen Bund und Ländern bzgl. der Bekämpfung der über die Landesgrenzen hinausgehenden Kriminalität sicherzustellen.

Neben den eigentlichen Kriminalbeamten können auch **andere Amtsträger**, die **2753** mit kriminalpolizeilichen Befugnissen ausgestattet sind, tätig werden **(z. B. Zoll- oder Steuerfahndungsdienste)**.

Aufgrund der Tatsache, dass die **Staatsanwaltschaft keinen eigenen Vollzugsapparat** besitzt, ist gesetzlich geregelt, dass sie **Ermittlungen jeder Art** durch die **2754** organisatorisch den Innenministerien unterstellten **Polizeibeamten** vornehmen lassen kann und die Beamten des Polizeidienstes verpflichtet sind, den Aufträgen der Staatsanwaltschaft Folge zu leisten (funktionale Zuordnung).[4030]

Darüber hinaus kann bzw. muss die Polizei tätig werden, ohne Aufträge der **2755** Staatsanwaltschaft abzuwarten.[4031] Ihr gesetzlicher Auftrag gleicht in diesem Rahmen dem der Staatsanwaltschaft. Die Behörden und Beamten des Polizeidienstes sind aber auch bei ihren selbstständigen Ermittlungen »verlängerter Arm« der Staatsanwaltschaft. Sie haben nur eine »Durchgangszuständigkeit«.[4032] Es ist ihre Aufgabe, bekannt gewordene Straftaten zu erforschen und unaufschiebbare strafprozessuale Maßnahmen zu ergreifen. Diese Aufgabe obliegt jedoch nicht ausschließlich der Polizei, sie können aufgrund spezieller Regelungen auch anderen Behörden zugewiesen werden. In Hessen ist z. B. die **untere Wasserbehörde** zur

---

4027 Creifelds, a.a.O., Stichwort: Kriminalpolizei.

4028 Günter **Schulze**, Beweissicherung, in: **Schulze/Lotz** (Hrsg.) Polizei und Umwelt Teil 1, BKA Wiesbaden 1986, S. 92 ff. (92)

4029 **Heemann**, Maßnahmen der Wasserschutzpolizei zum Schutz der Umwelt, in: **Schulze/Lotz** (Hrsg.), a.a.O., S. 335 ff. (336 f.); in den anderen Bundesländern gibt es entsprechende Vereinbarungen.

4030 § 161 Abs. 1 S. 2 StPO.

4031 § 163 Abs. 1 StPO.

4032 Vgl. Meyer-Goßner, a.a.O., § 163 Rn. 1 m. w. N.

akuten Gefahrenabwehr berechtigt und darf die Maßnahmen ergreifen, die zur Abwehr einer momentanen Gefahrensituation erforderlich sind.[4033] Auch das **Gewerbeamt**, die **Ausländerbehörde** und die **Ordnungsbehörde** können aufgrund spezieller Normen im Rahmen der Gefahrenabwehr tätig werden[4034] und die *»Aufgaben«* der Polizei ausüben.

2756　Die Strafprozessordnung unterscheidet die **Ermittlungspersonen**[4035] **der Staatsanwaltschaft** von den **übrigen Polizeibeamten**. Die entsprechenden Rechtsverordnungen der Bundesländer legen fest, welche Angehörigen der Polizei **Ermittlungsorgane der Staatsanwaltschaft** sind.[4036]

2757　Während die übrigen Polizeibeamten die **Zwangsmittel**

- vorläufige Festnahme[4037]
- Vornahme erkennungsdienstlicher Maßnahmen[4038]
- Identitätsfeststellung[4039]

2758　einsetzen können, stehen den staatsanwaltlichen Ermittlungspersonen unter bestimmten Voraussetzungen **weitere Befugnisse** zur Verfügung:[4040]

- die Anordnung einer Beschlagnahmung[4041]
- die Durchsuchung[4042]
- die Blutprobe oder die sonstige körperliche Untersuchung bei einem Beschuldigten[4043]
- die körperliche Untersuchung von Unverdächtigen[4044]
- die Einrichtung von Kontrollstellen.[4045]
- die Durchführung von computergestützten Fahndungsmaßnahmen[4046]
- die Anordnung von Sicherheitsleistungen[4047]

2759　Wegen des verhältnismäßig großen personellen Bestandes, des technischen Apparates und der Sachkunde der Kriminalisten ist die Polizei bei der Aufklärung unentbehrlich. Dadurch entstehen **Schwierigkeiten bei der Abgrenzung der Aufgabenbereiche von Polizei und Staatsanwaltschaft**, obwohl gemäß § 163

4033　Walter **Danielowski**, Einsatz und Funktion der unteren Wasserbehörde bei Gewässerschutzalarmfällen, in: Schulze/Lotz (Hrsg.) a.a.O., S. 357 ff. (371).

4034　Knemeyer, a.a.O. Rn. 469 ff. (514 ff.).

4035　Diese Ermittlungspersonen wurden bis 2004 »Hilfsbeamte« genannt, wodurch sich die Polizei herabgesetzt sah. Deshalb wurde dieses Wort mit dem ersten Justizmodernisierungsgesetz v. 24. 08. 2004 (BGBl. I S. 2198) ohne Änderung in der Sache durch »Ermittlungspersonen« ersetzt. Dazu Müller-Gugenberger/Bieneck/Niemeyer, a.a.O., § 11 Rn. 8.

4036　Entsprechend § 152 Abs. 2 GVG.

4037　§ 127 StPO.

4038　§ 81b StPO.

4039　§ 163 b, 163c StPO.

4040　Meyer-Goßner, a.a.O., § 152 GVG Rn. 1.

4041　§§ 98 Abs. 1, 111e Abs. 1 S. 2, 132 Abs. 3 S. 2 StPO.

4042　§§ 105 Abs. 1 S. 1, 111b Abs. 2 S. 2 StPO.

4043　§ 81a StPO.

4044　§ 81c StPO.

4045　§ 111 StPO.

4046　§ 163d StPO.

4047　§ 132 StPO.

Absatz 1 StPO der Polizei eine eindeutige Aufgabenstellung vorgegeben ist. In polizeilichen Schriften wird die Ermittlungstätigkeit vielfach als originäre polizeiliche Kompetenz angesehen.[4048] Im strafverfahrensrechtlichen Sinn wird die Auffassung vertreten, es handele sich um ein *»organisationsrechtliches Mandat«*.[4049] Trotz der eigenständigen Aufgabenzuweisung bildet die Ermittlungstätigkeit der Polizei mit der der Staatsanwaltschaft eine Einheit.[4050]

Die **Polizei** ist von Anfang an, d. h. ab dem Vorliegen tatsächlicher Anhaltspunkte **2760** für eine Ordnungswidrigkeit oder Straftat, **in das Ermittlungsverfahren eingebunden**. Nach § 158 StPO steht sie gleichwertig neben der Staatsanwaltschaft als **Adressat der Anzeige** von strafbaren Handlungen und Strafanträgen. Sie hat hierbei gemäß § 163 StPO das **Recht des ersten Zugriffs**, wobei sie tätig wird, ohne den Auftrag der Staatsanwaltschaft abzuwarten.[4051]

Nach § 163 a StPO ist sie auch befugt, Beschuldigte und Zeugen zu vernehmen. **2761** In Ausnahmefällen vernimmt die Staatsanwaltschaft den Beschuldigten selbst, z. B. wenn sie das Ermittlungsverfahren eingeleitet hat.[4052]

Im Bereich der kleinen und mittleren Kriminalität führt die **Polizei** unter Aus- **2762** nutzung der ihr durch § 163 StPO eröffneten Möglichkeiten die **Ermittlungen** aus ihrer Sicht **bis zur Abschlussreife** aus.[4053] Aufgrund ihrer spezifischen Fachkenntnisse und materiellen Ressourcen hat sie im Übrigen in den Bereichen der Spurenermittlung, kriminalistischen und kriminaltechnischen Untersuchungen, Observationen, polizeilicher Beobachtungen und bei der Vornahme verdeckter Ermittlungen ein faktisches Monopol,[4054] wobei ihr auch die Informationsverarbeitung und Recherche mittels der elektronischen Datenverarbeitung weitgehend vorbehalten ist.

Die Polizei ist allerdings angesichts der **steigenden Tendenz der Straftatenhäu- 2763 figkeit** personell oft nicht in der Lage, eine Gleichbehandlung der verschiedenen Taten in ihrer Ermittlungsarbeit vorzunehmen. So werden in Fällen, die eine hohe Aufklärungswahrscheinlichkeit haben, intensivere Ermittlungen durchgeführt als bei Taten mit wenigen Anhaltspunkten.[4055]

Die **polizeilichen Ermittlungskapazitäten reichen nicht aus**, um alle möglichen **2764** Maßnahmen zur Aufklärung von Straftaten zu ergreifen, es sei denn, es handelt sich um Kapitaldelikte oder Taten von herausragender Bedeutung. In diesen Fällen wird meist eine Sonderkommission (SOKO) eingerichtet. Die unzureichende

---

4048 Besonders kritische Stimmen behaupten, die Polizei habe *»die faktische Herrschaft im Ermittlungsverfahren übernommen«*, dazu Heghmanns, a.a.O., GA 2003, 433 ff. (434) m. w. N.

4049 Knemeyer, a.a.O. Rn. 401 ff.. Dazu oben Rdn. 2739 (FN 3958).

4050 Peter **Rieß**, in: Löwe/Rosenberg, Die Strafprozessordnung und das Gerichtsverfassungsgesetz, Kommentar, Bd. 3, 25. Aufl. Berlin 2004, § 163 Rn. 1 ff.; krit. Heghmanns, a.a.O., GA 2003, 433 ff. (434).

4051 Siehe oben Rdn. 2740.

4052 Meyer-Goßner, a.a.O., § 163a Rn. 2.

4053 Peter **Rieß**, Die Polizei im Strafverfahren, in: StraFo 1991, 58 ff. (60); Müller-Gugenberger/Bieneck/Niemeyer, a.a.O., § 11 Rn. 7.

4054 Rieß, a.a.O., StraFo 1991, 58 ff. (60); Heghmanns, a.a.O., GA 2003, 433 ff. (435).

4055 Siegfried **Hilbig**, Der Erste Zugriff/Der Erste Angriff der Polizei, in: StraFo 1991, 72 ff. (75).

Ausstattung mit Personal hat bei einem Anstieg der Kriminalität auf schwer wiegende Fälle mit hohem Unwertgehalt bzw. hohen Schäden eine Konzentration der Ermittlungen auf die Erfolg versprechenden, aussichtsreichen Fälle zur Folge.[4056]

2765 Die **Verringerung der Verfolgungsintensität** hat auch **Auswirkungen auf die Qualität der Tatortarbeit.** Im Bereich der leichten und mittleren Kriminalität unterbleiben häufig sorgfältige Tatortbesichtigungen, Spurensuche und -sicherung.

2766 Zusammenfassend lässt sich feststellen, dass Staatsanwaltschaft und Polizei organisatorisch und ressortmäßig voneinander getrennte, aber grundsätzlich gleiche Funktionsträger sind; ihre Aufgabenbereiche überschneiden sich.

2767 Während im **Mittelpunkt der polizeilichen Tätigkeit die Gefahrenabwehr** steht, sind die **Aufgaben der Staatsanwaltschaft**, neben der **Leitung des Ermittlungsverfahrens, Anklage und Strafvollzug.** Sie soll als Rechtspflegebehörde die polizeiliche Tätigkeit im rechtsstaatlichen Sinn lenken, kontrollieren und insbesondere **gewährleisten, dass bereits das Ermittlungsverfahren von** Beginn an als justizielles Verfahren unter rechtlichen Gesichtspunkten geführt wird. Dem gemäß ist die **Polizei** im Strafverfahren ein Ermittlungsorgan **der Staatsanwaltschaft.**

2768 Noch eine Bemerkung an dieser Stelle: Nirgendwo ist die Behauptung »*Auch der Staatsanwalt ist nur ein Mensch*« zutreffender als in Umweltstrafverfahren. Nirgendwo gibt es mehr »*faule*« Staatsanwälte als im Umweltbereich, die einschlägige Fälle mit dem Ersuchen um Stellungnahme an die zuständige Fachbehörde (z. B. das Gewerbeaufsichtsamt) weiterleiten. Wenn die Behörde ihre persönliche Sicht letzthin in Form der Anklageschrift abfasst, dann hat sie bei solchen Staatsanwälten gewonnenes Spiel. In keinem anderen Dezernat trifft man auf mehr Staatsanwälte, die ein Strafverfahren als Prestigeobjekt für die eigene Karriere verstehen oder es zum Anlass nehmen, zu einer Weiterentwicklung der Rechtsprechung beizutragen. Hier ist Vorsicht angebracht. Aus Angst vor negativer Publizität, deren Ausmaß der Staatsanwalt, wie er wohl weiß, beeinflussen kann, akzeptieren betroffene Unternehmensangehörige allzu leicht überhöhte Strafbefehle oder unverhältnismäßige Auflagen, um eine Verfahrenseinstellung nach § 153a StPO zu erhalten.

2769 Und trotz alledem: Rechtsanwälte, die als Verteidiger tätig sind, arbeiten in Umweltverfahren lieber mit Staatsanwälten als mit Richtern zusammen; denn Staatsanwälte zeigen aufgrund der vielen von ihnen bearbeiteten Fälle mehr Verständnis für die Probleme der Praxis als Richter, die meist nur in wenigen Fällen mit Umweltdelikten konfrontiert werden. Verfahrenseinstellungen sind vor diesem Hintergrund im Ermittlungsverfahren leichter zu erzielen als in Hauptverhandlungen.

4056 Hilbig, a.a.O., StraFo 1991, 72 ff. (76).

b) Spezialisierung und Konzentrierung

Zur **effektiveren Bekämpfung** der Wirtschaftskriminalität ist deren Strafverfol- **2770** gung unter Berücksichtigung der Konzentrationsmöglichkeit[4057] teilweise bei einzelnen Staatsanwaltschaften zusammengefasst worden.[4058] Tendenzen in diese Richtung gibt es schon seit Ende der sechziger Jahre, eine Ausweitungen der Bemühungen erfolgte Anfang der siebziger Jahre durch die Einrichtung spezieller **Wirtschaftsstrafkammern** bei den Landgerichten, die ihre notwendige gesetzliche Normierung[4059] in § 74c GVG gefunden hat.

Das System der **Schwerpunktstaatsanwaltschaften**[4060] beruht darauf, dass durch **2771** Rechtsverordnungen der Länder einem Landgericht für die Bezirke mehrerer Landgerichte Wirtschaftsstrafsachen zugewiesen werden können. Neben der **fachlichen Spezialisierung der Richter** wird also auch eine **lokale Zentralisierung** der Gerichtsbarkeit vorgenommen.[4061] Am Ort der Wirtschaftsstrafkammern ist die entsprechende Schwerpunktstaatsanwaltschaft ansässig, wobei die Zentralstellen für Wirtschaftrafrecht in den verschiedenen Bundesländern äußerst unterschiedlich entwickelt und ausgestattet sind.[4062]

In diesem Zusammenhang muss auf ein Problem hingewiesen werden, dass nicht **2772** unterschätzt werden darf. **Minoggio** nennt es den »**Regionalcharakter des Strafverfahrens**«.[4063] Damit ist gemeint, dass die gleiche Tat oder der gleiche Tatverdacht an unterschiedlichen Orten unterschiedliche Konsequenzen zeigt. Unterschiedliche Konsequenzen in Hinsicht auf das Ermittlungsverfahren im Sinne der **Vorgehensweise der Ermittlungsbehörden** ebenso wie in Hinsicht auf das **gerichtliche Verfahren** und die **Höhe und Art der zu erwartenden Strafe**. So kann eine Straftat in einem Bundesland zu einer Freiheitsstrafe führen, die nicht mehr zur Bewährung ausgesetzt wird, während eine gänzlich identische Tat in einem anderen Bundesland[4064] lediglich mit einer Geldstrafe sanktioniert wird, wenn nicht gar das Verfahren gegen Zahlung einer Geldbuße eingestellt wird. Diese Tatsache muss der jeweilige Betroffene und vor allen dessen Strafverteidiger bei der Entwicklung einer Verteidigungsstrategie mit einkalkulieren.

Trotz regionaler Unterschiede ist in der Regel davon auszugehen, dass die Staats- **2773** anwälte in den Schwerpunktabteilung über besondere Kenntnisse des Wirtschaftsrechts, der Buchhaltung und der Bilanzierung verfügen und in diesen

---

4057 Vgl. §§ 74c Abs. 3, 143 Abs. 1 GVG; vgl. ausführlich Meyer-Goßner, a.a.O., § 74c Rn. 1 ff.

4058 Zu den Schwerpunktstaatsanwaltschaften hinsichtlich der Bekämpfung der Korruption siehe Rdn. 2776 ff.

4059 Art. 101 Abs. 1 S. 2 GG: Verfassungsgrundsatz des gesetzlichen Richters.

4060 Dazu bereits äußerst umfassend Axel **Montenbruck**/René **Kuhlmey**/Uwe **Enderlein**, Die Tätigkeit des Staatsanwalts in Wirtschaftsstrafverfahren – Einführung in die Probleme, in JuS 1987, 713 ff., 803 ff., 967 ff.

4061 Ebenso Tiedemann, a.a.O. Rn. 87.

4062 So auch Wabnitz/Janovsky/Danneker, a.a.O., K 1 Rn. 125.

4063 Minoggio, a.a.O., S. 47 Rn. 53 ff.

4064 Minoggio, a.a.O., S. 48 Rn. 57 weist darauf hin, dass sogar noch auf Ebene der einzelnen Bundesländer Unterschiede bestehen.

Gebieten auch laufend fort gebildet werden.[4065] Dabei werden sie unterstützt von **Wirtschaftsreferenten**, die keine Juristen, sondern zumeist Betriebs- oder Volkswirte sind. Diese Wirtschaftsreferenten sind ebenfalls als Ermittlungspersonen der Staatsanwaltschaft einzustufen, obwohl sie in einer eventuellen Hauptverhandlung grundsätzlich als unabhängige Sachverständige zu hören sind.[4066] Dies ist möglich, da grundsätzlich Weisungsfreiheit dieser »Sachverständigen für Buchprüfung« gegenüber den Staatsanwälten besteht.[4067]

2774 Auch bei der **Polizei** gibt es eigene **Dienststellen zur Bekämpfung von Wirtschaftskriminalität**. Dazu werden die Beamten auf speziellen Lehrgängen ausgebildet und im Dienst durch so genannte Wirtschaftsprüfdienste unterstützt.

2775 In Bezug auf die **Ausbildung, Sachkenntnis und Motivation** der staatsanwaltlichen Schwerpunktabteilungen inklusive ihrer Ermittlungspersonen ist auf einen **weiteres Phänomen** aufmerksam zu machen. Nicht nur regionale Unterschiede beeinflussen Art und Intensität der Strafverfolgung, sondern Gründe, die in der Person des jeweiligen Ermittlers liegen,[4068] haben entscheidenden Einfluss auf Gang und Ergebnis des Strafverfahrens. Ebenso wie regionale Besonderheiten muss der Strafverteidiger diese **individuellen Eigenheiten** möglichst herausfinden und bei der Unternehmensverteidigung berücksichtigen. Damit ist ferner das Problem der Übermotivation von Schwerpunktstaatsanwälten gemeint. Auf diesen Punkt weist auch **Tiedemann** hin,[4069] der als Lösung vorschlägt, über die Vorschriften der §§ 146 ff. GVG zu versuchen, die **Ablösung des entsprechenden Staatsanwaltes** zu erreichen. Gegen überengagierte Richter gibt es das Institut der Ablehnung wegen Befangenheit.

c) Schwerpunkt: Korruption

2776 Trotz regionaler Eigenheiten: die Spezialisierung und Konzentration der Strafverfolgungsbehörden hat die Effektivität der Aufklärung und Verfolgung von Wirtschaftsdelikten maßgeblich gesteigert. Das gilt insbesondere für den Deliktsbereich der Korruption. Die folgende Aufstellung[4070] soll dabei zum einen die organisatorischen Maßnahmen verdeutlichen, die die einzelnen Bundesländer im Kampf gegen die Korruption vorgenommen haben; zum anderen ist wieder erkennbar, dass **große Unterschiede im Vergleich auf Länderebene** bestehenden.

4065 So Müller-Gugenberger/Bieneck/Niemeyer, a.a.O., § 11 Rn. 4; nur zum Teil überzeugt unter Hinweis auf evtl. Laufbahnerwägungen des entsprechenden Staatsanwaltes Tiedemann, a.a.O. Rn. 88.

4066 Vgl. Müller-Gugenberger/Bieneck/Niemeyer, a.a.O., § 11 Rn. 8.

4067 Ebenso Tiedemann, a.a.O. Rn. 88; Wabnitz/Janovsky/Dannecker, a.a.O., K 1 Rn. 125.

4068 Zur »*Personalisierung des Strafverfahrens*« auch Minoggio, a.a.O., S. 50 ff. Rn. 72 ff.

4069 Tiedemann, a.a.O. Rn. 89.

4070 Die Informationen sind entnommen: Martin G. **Löhe** (Red.), Ressourcen der Korruptionsbekämpfung in Deutschland – Schwerpunktstellen bei Staatsanwaltschaften, Polizei und Verwaltung – Eine Dokumentation von Transparency International Deutschland e. V., vollständig überarbeitete Ausgabe, Berlin, Dezember 2006, erstmalige Zusammenstellung durch Reinold E. Thiel für Transparency International.

aa)   Baden-Württemberg

Hinsichtlich polizeilicher Maßnahmen ist der »**Sondermeldedienst Korruption**« **2777** beim **Landeskriminalamt in Stuttgart** zu erwähnen, der entsprechende Ermittlungsverfahren bei Verfahrenseinleitung erfasst.

Es gibt aber **keine zentrale Staatsanwaltschaft für Korruptionsdelikte**. Solche Delikte sind zumeist speziellen Abteilungen oder Dezernaten der einzelnen staatsanwaltlichen Behörden zugewiesen.

Bei der **größten Staatsanwaltschaft** des Landes in **Stuttgart** besteht eine solche Abteilung, besetzt mit einem Abteilungsleiter und vier Dezernenten, die zudem für Vermögensabschöpfungen zuständig sind.[4071]

Für Wirtschaftskriminalität sind als Schwerpunktstaatsanwaltschaften die Staatsanwaltschaften in Stuttgart (für den Landesteil Württemberg) und **Mannheim** (für den Landesteil Baden) zuständig.

bb)   Bayern

Das **Landeskriminalamt in München** führt das Sachgebiet 625, Dezernat 62, spe- **2778** zialisiert auf Ermittlungen in Korruptionsfällen.

Im Polizeipräsidium München wird die gleiche Funktion vom Kommissariat 244, Dezernat 24, erfüllt. Daneben wurde in allen übrigen Präsidien der bayerischen Landespolizei mindestens eine Dienststelle der Kriminalpolizei mit der Bearbeitung von Delikten nach § 74c Absatz 1 GVG betraut.

Im Freistaat Bayern gibt es **keine zentrale Staatsanwaltschaft für Korruptionsdelikte**. Die größte Staatsanwaltschaft Bayerns, die Staatsanwaltschaft bei dem Landgericht **München I**, dort die Abteilung XII, ist für die Verfolgung von Korruptionsfällen im **Stadtgebiet** und im **Landkreis** München zuständig ist. Diese Abteilung umfasst 13 Referate, von denen am Jahresende 2006 10,75 Referatsstellen besetzt waren. Bei den übrigen Staatsanwaltschaften im Freistaat Bayern sind **einzelne Staatsanwälte** auf die Korruptionsverfolgung spezialisiert.

cc)   Berlin

In der Bundeshauptstadt gibt es **3 Kommissariate beim Landeskriminalamt** **2779** (LKA 343-345), die für die Strafverfolgung hinsichtlich Korruption zuständig sind.

Eine **Zentralstelle für Korruptionsbekämpfung bei der Generalstaatsanwaltschaft** nimmt Hinweise entgegen, erarbeitet Empfehlungen und schult spezialisierte Prüfgruppen (Innenrevisions- und Antikorruptions-Arbeitsgruppen) in der Verwaltung. Die Zentralstelle steht mittels eines Informationsnetzwerkes in direktem Kontakt mit dem Rechnungshof, der Senatsverwaltung für Stadtentwicklung, den Landeskartellbehörden und den Anti-Korruptions-Arbeitsgruppen.

Bei der **Staatsanwaltschaft** Berlin sind die fünf Staatsanwälte der **Abteilung 23 schwerpunktmäßig** mit Korruptionsbekämpfung befasst.

4071   Siehe dazu Rdn. 888 ff.

dd) Brandenburg

2780 Seit Juli 2002 besteht beim **Landeskriminalamt in Eberswalde** eine **Ermittlungskommission für Korruptionsdelikte** als Teileinheit einer »Gemeinsamen Ermittlungsgruppe Korruption«. Diese »**GEG Korruption**« bearbeitet ausschließlich Verfahren im Zusammenhang mit struktureller Korruption; mit der situativen Korruption befassen sich die örtlichen kriminalpolizeilichen Dienststellen.

Die Staatsanwaltschaft Neuruppin ist seit Dezember 2000 **Schwerpunktstaatsanwaltschaft für Korruptionsbekämpfung**.

Die »**GEG Korruption**« ist **ressortübergreifend** eingerichtet, mit **6 Staatsanwälten** und einem **Wirtschaftsreferenten** der Schwerpunktabteilung der Staatsanwaltschaft Neuruppin sowie den **12 Polizeibeamten** der »Ermittlungskommission Korruption« des Landeskriminalamtes. Im Einzelfall stehen der Ermittlungsgruppe auch zwei **Ingenieure** des Landesbetriebes für Straßenwesen zur Verfügung. Zusätzlich kann auf den **Wirtschaftsprüfdienst** des Landeskriminalamts zurückgegriffen werden.

Eine dauerhafte Einbindung von externen Fachkräften und damit die vollständige Umsetzung des ressortübergreifenden Bekämpfungsansatzes ist weiterhin beabsichtigt, da noch nicht vollständig umgesetzt. Weitere Aufgaben der »GEG Korruption« sind Informationssammlung/ -auswertung, Aufnahme/Bewertung von Hinweisen, Jahresberichterstattung, Fortentwicklung polizeilicher Bekämpfungsstrategien und Beratung/Unterstützung örtlicher Polizeidienststellen sowie weiterer Behörden.

ee) Bremen

2781 Im **Landeskriminalamt** werden Korruptionsstraftaten in der **Einheit K52** (Umwelt- und Wirtschaft) durch 3 Sachbearbeiter behandelt.

Außerdem gibt es bei der Ortspolizeibehörde das 6. Kommissariat, welches u. a. für Korruptionsstraftaten zuständig ist. Die Zuständigkeit für Korruption soll allerdings zukünftig in eine Zentralstelle ausgelagert werden.

In Bremen gibt es keine Schwerpunktstaatsanwaltschaft für Korruptionsdelikte. In der **einzigen Staatsanwaltschaft ist die Abt. 3 dafür zuständig**.

ff) Hamburg

2782 Zentrale Einheit ist das **Dezernat für Interne Ermittlungen (DIE)** der Kriminalpolizei, welches dem Staatsrat der Innenbehörde unterstellt ist. Hier sind auch Mitarbeiter der Steuerverwaltung tätig. Allerdings ist dieses Dezernat ausschließlich für Amtsträgerdelikte zuständig – neben Korruptionsdelikten (zwei Sachgebiete) auch für die Ermittlungen bei allen übrigen Amtsstrafverfahren (ebenfalls zwei Sachgebiete). Die DIE hat mehr als 50 Mitarbeitern.

Seit dem Jahre 1996 gibt es bei der **Hamburger Staatsanwaltschaft eine Schwerpunktabteilung (Abt. 57),** die derzeit mit sechs Planstellen ausgestattet ist.

gg) Hessen

Zentrale Korruptions-Ermittlungsstellen bei den zentralen Kriminalinspektionen 2783
(ZK 20) der hessischen Polizeipräsidien sind seit dem Jahre 2001 ausgewiesen.
Bereits zuvor hatte man im **Landeskriminalamt Wiesbaden** und im **Polizeipräsidium Frankfurt am Main spezielle Sachgebiete** eingerichtet. Nach diesem System sind derzeit insgesamt 77 Beamte mit polizeilichen Korruptionsermittlungen
befasst, davon 10 im Polizeipräsidium Frankfurt und im Landeskriminalamt.

Die für die **speziellen Ermittlungen** vorgesehenen und eingesetzten Beamten
werden an der Hessischen Polizeischule in besonders zugeschnittenen **Seminaren**
geschult. Bei den Ermittlungen werden auch interne und externe **Wirtschaftsprüfer** hinzugezogen. Das Landeskriminalamt erstellt jährlich ein **Lagebild** »Korruption in Hessen«, das auch Bekämpfungsansätze beinhaltet.

Zusätzlich nahm die »**Regionalstelle zur Bekämpfung der Kapitalmarktdelikte
am Börsenplatz Frankfurt am Main**« mit acht Mitarbeitern im Januar 2006 ihre
Arbeit auf.

Wie auch andere Bundesländer **verzichtet Hessen auf ein zentrale Schwerpunktstaatsanwaltschaft für Korruptionsdelikte.**

Bei der Staatsanwaltschaft **Frankfurt am Main** ist seit Anfang der 1990er Jahre
die **Abteilung »Organisierte Kriminalität/Korruption«** eingerichtet, zuständig
nur für den Bereich des Landgerichts Frankfurt. Dort wurden auch spezielle Strafkammern geschaffen. Die Abteilung der Staatsanwaltschaft Frankfurt besteht aus
einem Abteilungsleiter und 4 Dezernenten, es kann auf staatsanwaltschaftliche
Wirtschaftsprüfgruppe zurückgegriffen werden.

Im April 2000 wurde schließlich eine »**Staatsanwaltschaftliche Eingreifreserve**«
bei der **Generalstaatsanwaltschaft** Frankfurt angesiedelt, welche die Spezialabteilung der Staatsanwaltschaft bei besonders umfangreichen Korruptions- und Wirtschaftsstrafverfahren unterstützt. Die **Ermittlungen bei Korruptionsdelikten**
werden nicht nur durch die **Polizei**, sondern auch durch das regelmäßige Abstellen von **zwei Beamten der Steuerfahndung** unterstützt.

In **Darmstadt** verfügt die Staatsanwaltschaft über einen ausschließlich für Korrup- 2784
tionsverfolgung zuständigen Dezernenten. Bei den **weiteren hessischen Staatsanwaltschaften** erfolgt die Korruptionsbekämpfung im Rahmen von besonderen
Wirtschaftdezernaten. Auch diese Staatsanwaltschaften werden durch die »Staatsanwaltschaftliche Eingreifreserve« unterstützt. Es ist beabsichtigt, den Personalbe-
stand in diesem Bereich weiter auszubauen.

hh) Mecklenburg-Vorpommern

Zentrale Ermittlungseinheiten für Korruption gibt es nicht. Die Bearbeitung ein- 2785
schlägiger Verfahren erfolgt nach der Zuständigkeit für Wirtschaftskriminalität
durch das **Landeskriminalamt in Rampe** und die Kriminalpolizeiinspektionen.

Es gibt auch **keine Schwerpunktstaatsanwaltschaft**. Allerdings sind seit dem
Jahre 1996 Sonderdezernate für Korruptionsdelikte bei den einzelnen Staatsan-

waltschaften eingerichtet. Fallen Korruptionsdelikte mit Wirtschaftsstrafsachen zusammen, wird der Vorgang von der jeweiligen Wirtschaftsabteilung der zuständigen Staatsanwaltschaft bearbeitet.

ii)   Niedersachsen

2786   Seit dem 1. Dezember 2004 bestehen sechs Polizeidirektionen mit je einer **Zentralen Kriminalinspektion (ZKI),** die für strukturelle Korruption zuständig sind.

Außerdem wurde zum 01. Januar 2006 beim **Landeskriminalamt in Hannover ein eigenständiges Dezernat 37 (»Korruption/ Interne Ermittlungen«)** eingerichtet, was eine organisatorische Trennung der Ermittlungsbereiche Wirtschaftskriminalität und Korruption darstellt. Das Dezernat 37 besteht aus dem Sachgebiet »Analyse« zur operativen und strategischen Auswertung, Buchprüfung und Lageberichterstattung sowie dem Sachgebiet, »Ermittlungen« mit 3 Gruppen für schwierige, besondere und umfassende Einzelfällen.

Zum 1. Oktober 2005 hat das Landeskriminalamt eine »Richtlinie zur Intensivierung der Verfolgung der Korruptionsdelinquenz« herausgegeben. Ziel ist unter anderem die Ausleuchtung des erheblichen Dunkelfeldes.

Bereits seit dem 1. Oktober 2001 besteht bei der **Staatsanwaltschaft Hannover eine Zentralstelle zur Verfolgung von Korruptionsdelikten** für die Landgerichtsbezirke Hannover, Hildesheim und Bückeburg. Diese Zentralstelle ist u. a. mit drei Staatsanwälten ausgestattet.

Zum 1. September 2006 wurde bei der **Staatsanwaltschaft Verden** eine weitere **Schwerpunktstaatsanwaltschaft** für die Landgerichtsbezirke Verden, Lüneburg und Stade geschaffen. Weitere Schwerpunktdezernate (Braunschweig, Göttingen etc.) sollen eingeführt werden. Bis dies der Fall ist, werden einschlägige Verfahren in den diesen Staatsanwaltschaften in Abteilungen mit speziell geschulten Mitarbeitern arbeiten.

jj)   Nordrhein-Westfalen

2787   Beim **Landeskriminalamt in Düsseldorf** besteht seit dem 1. April 2004 in der **Abteilung 1** ein »**Fachdezernat 15: Korruptions- und Umweltkriminalität.**« Das Dezernat umfasst 26 Planstellen, 2 davon bestimmt für wirtschaftswissenschaftliches Fachpersonal. Das Dezernat ermittelt bei überörtlicher struktureller Korruption, auch durch Hinweisaufnahme, Informationsaufbereitung und Strategieentwicklung. Außerdem wird jährlich ein Lagebild herausgegeben.

Zusätzlich zu diesen Kräften beschäftigt sich **speziell wirtschaftkriminalistisch fortgebildetes Personal bei den 16 Kriminalhauptstellen** mit der Korruption. Die Anzahl an Planstellen für diesen Bereich wurde Anfang 2001 um 40 auf 263 erhöht. Herausragende Einzelfälle werden durch speziell zusammengestellte Ermittlungskommissionen bearbeitet.

Daneben haben die **Kreispolizeibehörden** Bochum, Dortmund, Köln und Wuppertal schwerpunktbezogene Kriminalkommissariate gebildet. Weiterhin sind besonders geschulte Experten mit der Gewinnabschöpfung aus Korruptionsdelikten betraut.

Seit 1. Januar 1999 existieren **vier Schwerpunktstaatsanwaltschaften** für Korruptionsbekämpfung, die das gesamte Bundesland bezirksmäßig abdecken: Bochum und Bielefeld (OLG-Bezirk Hamm), Köln (Köln) und Wuppertal (Düsseldorf). Die durchschnittliche, nach Bedarf variable Personalausstattung sieht für Bielefeld vier Stellen sowie zwei Buchhalter vor, für Bochum 26 Stellen und 8 Wirtschaftsreferenten (für die gesamte Schwerpunktabteilung »Wirtschaftskriminalität und Korruption«), für Köln bis zu sieben Stellen nebst Fachpersonal für Wirtschaftsstrafsachen (nach Bedarf), schließlich für Wuppertal fünf Stellen sowie einen Wirtschaftsreferenten.

kk) Rheinland-Pfalz

Das dortige **Landeskriminalamt in Mainz** verfügt im Fachdezernat 41 (Wirtschaftskriminalität) über ein **Sachgebiet Korruption, Zentralstelle** seit dem 1. August 2006, zuständig für Grundsatz-, Beratungs- und Unterstützungsarbeit sowie für die Ermittlung struktureller überregionaler Sachverhalte. Jährlich wird ein »Lagebild Korruption in Rheinland-Pfalz« erstellt. **2788**

Die **Polizeipräsidien** haben bei den **Fachkommissariaten K 14 (Wirtschaftskriminalität)** Sachbereiche eingerichtet, die in erster Linie in Fällen **struktureller Korruption** im regionalen Bereich ermitteln. Bei den **Fachkommissariaten K 4 (Vermögensdelikte)** werden Fälle **situativer Korruption** bearbeitet.

Nach Bedarf im Einzelfall werden Ermittlungsgruppen mit Fachpersonal besetzt. Eine frühzeitige enge Zusammenarbeit besteht mit den zuständigen Stellen für Vermögensabschöpfung.

Das Justizministerium und die Generalstaatsanwaltschaft in Koblenz halten die **Einrichtung einer Schwerpunktstaatsanwaltschaft** für Korruptionsdelikte für **entbehrlich.** Aus diesem Grund werden Korruptionsdelikte situativ bei den Zentralstellen für Wirtschaftsstrafsachen bearbeitet. Die örtlich zuständigen Staatsanwaltschaften bearbeiten wegen angeblicher Vorteile der räumlichen Nähe und besserer Kenntnisse der örtlichen Verhältnisse die übrigen Verfahren.

ll) Saarland

Beim **Landeskriminalamt in Saarbrücken** ist seit dem 1. Juli 1997 ein für **Korruption zuständiges Sachgebiet** (Dezernat 01) eingerichtet. Dies ist unmittelbar der Behördenleitung zugeordnet und mit 13 Beamten besetzt. **2789**

Die Bearbeitung von entsprechenden Fällen erfolgt seit dem 1. Januar 2000 **bei der einzigen Staatsanwaltschaft** in Saarbrücken **im Sonderdezernat** »Korruption, OK-Verfahren und Gewinnsabschöpfung«. In der Abteilung, ein Oberstaatsanwalt und vier Staatsanwälte, bearbeiten zwei Sachbearbeiter Korruptionsverfahren.

mm) Sachsen

2790 Seit März 2004 besteht im Freistaat Sachsen die »**Integrierte Ermittlungseinheit Sachsen (INES)**« zur Korruptionsbekämpfung. Sie ist angesiedelt bei der **Staatsanwaltschaft Dresden** (Abt. IX). INES verfügt über neun staatsanwaltschaftliche Planstellen (davon besetzt: 6,75) sowie Fachpersonal für Wirtschaft, Vergabe, Bau und Steuern. Zudem gehören ihr 27 Polizeibedienstete an. INES ist für das gesamte Bundesland zuständig.

nn) Sachsen-Anhalt

2791 Die Bearbeitung von Korruptionsdelikten erfolgt grundsätzlich im **Fachkommissariat 5 (Wirtschafts- und Umweltkriminalität)** der jeweiligen **Polizeidirektion** sowie im **Landeskriminalamt in Magdeburg**. In diesen Kommissariaten sind bis zu 90 Mitarbeiter eingesetzt. Im Bedarfsfall werden Ermittlungsgruppen gebildet. Das Landeskriminalamt erstellt jährlich einen Lagebericht.

Korruptionsfälle werden von den **örtlich zuständigen Staatsanwaltschaften** und bei den **Schwerpunktstaatsanwaltschaften für Wirtschaftskriminalität** in Halle und Magdeburg bearbeitet. Eine spezielle Korruptionsschwerpunktstaatsanwaltschaft existiert in Sachsen-Anhalt nicht.

oo) Schleswig-Holstein

2792 Am 1. Juni 1999 nahm eine »**Ständige Ermittlungsgruppe Korruption**« die Arbeit auf, deren Zuständigkeit sich seit dem 01. August 2002 auf **ganz Schleswig-Holstein** erstreckt. Die Ermittlungseinheit dient der Bekämpfung der strukturellen Korruption und steht in Verantwortung von Landeskriminalamt und Staatsanwaltschaft in **Kiel**.

Die Staatsanwaltschaft Kiel kann Verfahren aus anderen Bezirken an sich ziehen. Neben Staatsanwälten und Beamten des Landeskriminalamtes sind auch Finanzbeamte, Rechnungsprüfer, Bauingenieur- und Buchhaltungsfachkräfte dauerhaft in die Ermittlungseinheit eingebunden. Personalstärke: 9,5 Staatsanwälte, 21 Polizeivollzugsbeamte, 4 Fachkräfte externer Ressorts, 3 Buchhaltungsfachkräfte, 1 Rechtspfleger.

Bei zwei der vier Staatsanwaltschaften des Landes gibt es **Schwerpunktabteilungen für Wirtschaftsstrafsachen**, nämlich in **Kiel** und **Lübeck**. Korruptionsfälle sind aber ausschließlich der Staatsanwaltschaft Kiel zugewiesen, wo sieben Staatsanwälte tätig sind.

Darüber hinaus besteht seit dem 10. September 1996 eine »**Zentrale Stelle Korruption**« bei der **Generalstaatsanwaltschaft Schleswig**. Dort werden Erkenntnisse aus einschlägigen Verfahren gesammelt, Strafverfolgungs- und Verwaltungsbehörden beraten sowie Fortbildungen durchgeführt.

pp)   Thüringen

Die »**Ermittlungsgruppe Korruption**« beim **Landeskriminalamt in Erfurt** ist als   **2793** zentral eingerichtete Stelle im Dezernat »Wirtschaftskriminalität« für die Bekämpfung einschlägiger Kriminalität zuständig.

1998 wurde bei der **Staatsanwaltschaft Erfurt** eine **Schwerpunktabteilung** (Abteilung 5) eingerichtet. Diese ist mit fünf Staatsanwälten und einem Buchprüfer **landesweit für Korruptionsfälle** zuständig.

qq)   Bundeskriminalamt

Auch auf Bundesebene hat man sich dem Thema Korruption schwerpunktmäßig   **2794** gewidmet. Beim **Bundeskriminalamt**, (Noch-)Hauptsitz in **Wiesbaden,** ist nach einer Reorganisation Anfang 2006 in der Abteilung »Schwere und Organisierte Kriminalität (SO)« das Referat SO 31 (Auswertung Wirtschaftskriminalität, Korruption, Umwelt-/Verbraucherschutzdelikte) für Korruptionsdelikte zuständig. Die Personalstärke des Referats ist unbekannt.

d)   Steuer- und Zollfahndung

Im **Steuerstrafverfahren** gelten hinsichtlich der Ermittlung von Straftaten beson-   **2795** dere Regeln. Übergeordnete Ermittlungsbehörde kann hier die Staatsanwaltschaft oder die Finanzbehörde sein.[4072]

Dabei ist die **Regelkompetenz der Finanzbehörde** zugewiesen, wenn die Ermitt-   **2796** lungen ausschließlich eine Steuerstraftat[4073] betreffen oder die Tat zugleich andere Strafgesetze verletzt und deren Verletzung Kirchensteuern oder andere öffentlich-rechtliche Abgaben betrifft, die an Besteuerungsgrundlagen, Steuermessbeträge oder Steuerbeträge anknüpfen.[4074] Dann nimmt die Finanzbehörde diejenige Stellung ein, welche bei Verfahren in allgemeinen Strafsachen der Staatsanwaltschaft zukommt. Ihr obliegen alle Rechte und Pflichten, die der Staatsanwaltschaft im Ermittlungsverfahren zustehen.[4075] Sie kann somit auf Polizeikräfte als Ermittlungspersonen der Staatsanwaltschaft zurückgreifen.[4076]

Die **Regelkompetenz** der Finanzbehörde **entfällt**, sobald gegen den Beschuldigten   **2797** wegen der Tat ein **Haftbefehl** oder ein **Unterbringungsbefehl** ergangen ist.[4077] Dann ist die Staatsanwaltschaft leitende Ermittlungsbehörde. Zudem kann die **Staatsanwaltschaft** auch ein **Steuerstrafverfahren** jederzeit **an sich ziehen**[4078] – im Übrigen bleibt der Finanzbehörde die Möglichkeit, ein Steuerstrafverfahren an

---

4072   Siehe dazu bereits den Überblick auf Rdn. 1995 ff.
4073   Zum Begriff siehe Rdn. 1990 ff.
4074   § 386 Abs. 1 S. 1, Abs. 2 AO.
4075   § 399 Abs. 1 AO.
4076   Ebenso Volk/Bohnert, a.a.O., § 30 Rn. 157.
4077   § 386 Abs. 3 AO.
4078   So genanntes Evokationsrecht; dazu Dietrich **Quedenfeld**/ Markus **Füllsack**, Verteidigung in Steuerstrafsachen, hrsg. von Werner **Beulke**/ Hans-Ludwig **Schreiber**, 3. Aufl., Heidelberg 2005, Rn. 171 ff.

die Staatsanwaltschaft abzugeben.[4079] Obliegt der sonst zuständigen Finanzbehörde nach diesen Grundsätzen nicht die Leitung eines Ermittlungsverfahrens, ist sie Ermittlungsorgan der Staatsanwaltschaft. In diesem Fall hat sie die Rechte und Pflichten der Polizeibehörden gemäß der Strafprozessordnung.[4080] Die **Beamten der Finanzbehörde** sind dann also selbst **Ermittlungspersonen** der Staatsanwaltschaft.[4081]

2798 Eine Finanzbehörde im Sinne des 3. Abschnitts der Abgabenordnung ist das **Hauptzollamt**, das **Finanzamt**, das **Bundeszentralamt für Steuern**[4082] und die **Familienkasse**. So genannte Fahndungsdienste sind die **Zollfahndungsämter** und die **Steuerfahndung**. Die Finanzbehörde, mit der es die Beteiligten eines Steuerstrafverfahrens in der täglichen Arbeit zu tun haben, ist in erster Linie das Finanzamt.[4083]

2799 Ist das Finanzamt Ermittlungsbehörde, tritt auch nur das Finanzamt nach außen auf. Die Fahndungsdienste sind niemals eigene Ermittlungsbehörden, sondern nur Ermittlungsorgane der Finanzbehörde im Sinne des eindeutigen Wortlauts des § 386 AO, unabhängig davon, wie die Ermittlungskompetenz in den einzelnen Bundesländern geregelt ist. Das gilt auch für die Zollfahndungsämter, die eigentlich als eigenständige Finanzbehörden[4084] ausgebildet sind.[4085] Andernfalls wären die §§ 404 AO, 26 ZFdG nicht zu verstehen.

2800 Die Finanzämter sind Landesbehörden, wobei die einzelnen Länder unterschiedliche Regelungen getroffen haben, wie die Verfolgung von Steuerstraftaten organisiert ist. Übereinstimmung besteht in allen Bundesländern insofern, dass die sachliche Zuständigkeit für Steuerstraftaten durch Rechtsverordnung[4086] auf **Strafsachen- und Bußgeldstellen**[4087] sowie **Steuerfahndungsstellen**[4088] in bestimmten Finanzämtern konzentriert wurde, die für den Bereich mehrerer Finanzämter zuständig sind. Niedersachsen, Nordrhein-Westfalen und Berlin haben in diesem Rahmen eigene Finanzämter eingerichtet, die jeweils aus Bußgeld- und Strafsachenstelle, die **BuStra**, sowie Steuerfahndung bestehen. Die

---

4079 § 386 Abs. 4 AO.

4080 § 402 AO; vgl. dazu oben Rdn. 2753.

4081 § 399 Abs. 2 StPO.

4082 Das Bundeszentralamt für Steuern (BZSt) ist eine seit dem 01. 01. 2006 bestehende Bundesoberbehörde, die dem Bundesfinanzministerium unterstellt ist. Die Behörde ist aus dem Bundesamt für Finanzen hervorgegangen, übt die fachliche Aufsicht über verschiedene nachgelagerte Behörden aus und verwaltet einen Teil der Bundessteuern, z. B. hinsichtlich Erstattung, Vergütung und Freistellung von Kapitalertragsteuer, Körperschaftsteuer und Umsatzsteuer.

4083 So auch Wabnitz/Janovsky/Kummer, a.a.O., K 18 Rn. 152; vgl. § 387 Abs. 1 AO, § 17 FVG.

4084 § 6 Ziff. 5 AO.

4085 So auch Volk/Bohnert, a.a.O., § 30 Rn. 202 f.; a.A. wohl Streck/Spatschek, a.a.O. Rn. 1274 ff., unter Hinweis auf parallele Zuständigkeiten des Zollkriminalamts und der Zollfahndungsämter. Laut § 1 ZFdG sind die ZFA jedoch dem ZKA untergeordnet.

4086 Gemäß § 387 Abs. 2 AO.

4087 »StraBu«.

4088 »Steufa«.

anderen Bundesländer haben die Stellen für Fahndung und Strafsachen als unselbstständige Dienststellen bei »normalen« Finanzämtern eingegliedert.[4089]

Die Aufgaben der Fahndungsdienste bestimmen sich nach § 208 AO, ihre Rechte **2801** und Pflichten sind in § 404 AO geregelt. Danach sind der Steuerfahndung sowohl steuerstrafrechtliche als auch steuerliche Ermittlungsfelder zugewiesen.[4090] Diese Doppelfunktion steht insbesondere in der Kritik[4091] für den Fall der Ermittlung der Besteuerungsgrundlagen, die erst nach zehn Jahren verjähren und steuerstrafrechtlich bereits verjährter Zeiträume (5 Jahre). Im Steuerverfahren verfügt die Steuerfahndung über die Ermittlungsrechte des Finanzamts. Ansonsten sind die Fahndungsdienste Ermittlungsorgane der jeweiligen Finanzbehörde.

Auch die **Außenprüfer** der Finanzämter können zu **Ermittlungspersonen** im **2802** Strafverfahren werden. So ist es möglich, dass die Steuerfahndung auf Ersuchen des zuständigen Finanzamts eine Außenprüfung bei dem Verdächtigen durchführt.[4092] Die Außenprüfung[4093] ist aber zunächst ein spezielles Werkzeug des Besteuerungsverfahrens. Sie dient dazu, die steuerlichen Verhältnisse des Steuerpflichtigen bei diesem selbst zu ermitteln. Sinn und Zweck der Außenprüfung ist in erster Linie die Steigerung der **Effizienz im Besteuerungsverfahren**. Außenprüfungen sind also nicht davon abhängig, ob gegen den Steuerpflichtigen der Verdacht eines Steuerdeliktes besteht. Der **Außenprüfer** hat jedoch auch die **Pflicht**, bei Verdacht einer Steuerstraftat die **Strafverfolgung aufzunehmen** und ein Verfahren einzuleiten.[4094] Dabei sind die Vorschriften über die **Außenprüfung**[4095] zu beachten, auch wenn die Steuerfahndung diese durchführt – und dass der Steuerpflichtige alle Rechte im Strafverfahren erhält, sobald ein solches schon während der Außenprüfung eingeleitet wird.[4096] Insbesondere kann nunmehr die Mitwirkung des Steuerpflichtigen im Besteuerungsverfahren nicht mehr durch Zwangsmittel erzwungen werden.[4097]

Auch die Staatsanwaltschaft kann das Steuerstrafverfahren betreiben. Die Effekti- **2803** vität von den schon behandelten **Schwerpunktstaatsanwaltschaften**[4098] in der Steuerstrafverfolgung wird jedoch **kritisch betrachtet**. Zum Teil geht man mit guten Argumenten davon aus, dass die Staatsanwälte zu wenig Ausbildung im Steuerrecht erhalten haben.[4099] Das kann zu Lasten des von den Ermittlungen Betroffenen gehen, wenn die Staatsanwaltschaft die Ergebnisse der Steuerfahndung ohne weiteres übernimmt und nicht in der Lage ist, auch entlastende Tatsa-

---

4089 Vgl. Wabnitz/Janovsky/Kummer, a.a.O., K 18 Rn. 153.

4090 Vgl. Quedenfeld/Füllsack, a.a.O. Rn. 141.

4091 Zur Kritik Flore/Dörn/Gillmeister/Dörn, a.a.O., S. 401 m. w. N.; siehe auch Streck/Spatschek, a.a.O. Rn. 15 – die Kritik sei zwar nicht unberechtigt, jedoch mit geltendem Recht nicht vereinbar.

4092 Krit. Streck/Spatschek, a.a.O. Rn. 12 (Fn. 2).

4093 Die »Außenprüfung« wird immer noch gerne Betriebsprüfung genannt; dazu Quedenfeld/ Füllsack, a.a.O. Rn. 132 (Fn. 195).

4094 Quedenfeld/Füllsack, a.a.O. Rn. 134.

4095 4. Abschnitt der AO.

4096 Ebenso Wabnitz/Janovsky/Kummer, a.a.O., K 18 Rn. 184.

4097 § 393 Abs. 1 S. 2, 3 AO.

4098 Siehe oben Rdn. 2770 ff.

4099 So Quedenfeld/Füllsack, a.a.O. Rn. 174.

chen auf der steuerlichen Tatbestandseite zugunsten des angeblichen Täters herauszuarbeiten.

2804 Ermittlungsbehörde ist in diesem Fall die Staatsanwaltschaft selbst, wobei die Aufgaben und Kompetenzen sich zunächst aus der StPO ergeben, aber aufgrund der steuerrechtlichen Besonderheiten ergänzt oder modifiziert werden. Jedenfalls ist die Staatsanwaltschaft Herrin des Verfahrens. Das Finanzamt ist unter diesen Umständen nicht mehr Ermittlungsbehörde, sondern wird weisungsgebunden tätig. Die Finanzbeamten sind also Ermittlungsperson der Staatsanwaltschaft und deshalb nur mit deren eingeschränkten Kompetenzen ausgestattet. Aufgaben und Kompetenzen der Fahndungsdienste werden allerdings durch eine Ermittlungszuständigkeit der Staatsanwaltschaft nicht tangiert, da diese auch bei Ermittlungskompetenz der Finanzbehörden niemals selbstständige Ermittlungsbehörden sind. Entsprechendes gilt für die anderen Ermittlungsorgane wie zum Beispiel die Außenprüfer.[4100]

2. Verdächtiger, Beschuldigter, Angeschuldigter, Angeklagter, Betroffener

2805 Nach deutschem Recht sind Organisationseinheiten wie Unternehmen, Behörden oder Gemeinden als solche nicht straffähig. Eine **juristische Person** kann sich **nicht strafbar** machen, sie kann aber sehr wohl gemäß § 30 OWiG Adressat einer Geldbuße sein.[4101] Das gilt auch für Steuerordnungswidrigkeiten, für die gemäß § 377 AO auch § 30 OWiG anwendbar ist.

2806 Polizeiliche bzw. staatsanwaltliche **Ermittlungen** wegen des **Verdachts** einer strafbaren Handlung müssen daher **gegen natürliche Personen** gerichtet sein. In Betracht kommen je nach der Art des Vorwurfs die Verantwortlichen des Unternehmens (die Geschäftsleitung), bei einer Behörde in der Regel die Behördenleitung, bei der Gemeinde zumeist der Rat der Kommune – oder jeweils Mitarbeiter der unteren Hierarchiestufen.[4102]

2807 An einem Strafverfahren ist beteiligt, wer vom Gesetz eine Rolle zugewiesen bekommt. Das sind alle, die sich freiwillig oder unfreiwillig aktiv gestaltend im Verfahren betätigen oder passiv von Maßnahmen des Verfahrens betroffen sind. **Hauptbeteiligte** eines Strafverfahrens sind der **Beschuldigte** oder **Angeklagte**, sein **Verteidiger**, die **Staatsanwaltschaft**, der **Nebenkläger** und **Privatkläger**.[4103] Eventuelle **Zeugen** sind **nicht Verfahrensbeteiligte**, da sie nur mittelbare Aufgaben im Verfahren haben.[4104] Daneben kennt das Gesetz[4105] auch noch den **Verdächtigen**.

4100 Vgl. Volk/Bohnert, a.a.O., § 30 Rn. 206 – 210.

4101 Vgl. Rdn. 771 ff.

4102 Näher dazu »*Top-down*« und »*Bottom-up*«-Betrachtungsweisen, Rdn. 3042 ff.

4103 Minoggio, a.a.O., S. 79 Rn. 3.

4104 Zum »Beweismittel Zeuge« als Prozesssubjekt mit Rechten und Pflichten Widmaier/Lesch, a.a.O., § 54 Rn. 9.

4105 Vgl. §§ 102, 163b StPO.

Abhängig vom Stand der Sachverhaltsaufklärung werden im Rahmen eines **2808** Ermittlungsverfahrens innerhalb des betroffenen Unternehmens von den Beamten **gezielt Gespräche** mit konkreten Personen geführt, die zunächst neutral als Zeugen bezeichnet werden. Auch kann es sein, dass lediglich ein erstes Informationsgespräch geführt wird, durch das sich Anhaltspunkte ergeben können, um die für den betreffenden Verdachtsfall Verantwortlichen oder die Mitverantwortlichen zu identifizieren.[4106] Bei dem Kreis der möglichen Täter oder Teilnehmer handelt es sich dann zunächst um die »*Nur*«-**Verdächtigen**.[4107]

Sobald sich die **Ermittlungen konkret gegen einen bestimmten Verdächtigen** **2809** richten, also ein Ermittlungsverfahren gegen diese Person betrieben wird, wird dieser zum **Beschuldigten**.

Zur Begründung der Beschuldigteneigenschaft hat der Bundesgerichtshof kürz- **2810** lich[4108] ausführlich ausgeführt:

>*Der § 136 StPO zu Grunde liegende Beschuldigtenbegriff vereinigt subjektive und objektive Elemente. Die Beschuldigteneigenschaft setzt – subjektiv – den Verfolgungswillen der Strafverfolgungsbehörde voraus, der sich – objektiv – in einem Willensakt manifestiert.[4109] Wird gegen eine Person ein förmliches Ermittlungsverfahren eingeleitet, liegt darin ein solcher Willensakt. Andernfalls beurteilt sich dessen Vorliegen danach, wie sich das Verhalten des ermittelnden Beamten nach außen, insbesondere in der Wahrnehmung des davon Betroffenen darstellt .... Dabei ist zwischen verschiedenen Ermittlungshandlungen wie folgt zu differenzieren:*
>
>*Strafprozessuale Eingriffsmaßnahmen, die nur gegenüber dem Beschuldigten zulässig sind, sind Handlungen, die ohne weiteres auf den Verfolgtmgswillen der Strafverfolgungsbehörde schließen lassen .... Aber auch Eingriffsmaßnahmen, die an einen Tatverdacht anknüpfen, begründen grundsätzlich die Beschuldigten ei genschaft des von der Maßnahme betroffenen Verdächtigen, weil sie regelmäßig darauf abzielen, gegen diesen wegen einer Straftat strafrechtlich vorzugehen; so liegt die Beschuldigtenstellung des Verdächtigen auf der Hand, wenn eine Durchsuchung nach § 102 StPO dazu dient, für seine Überführung geeignete Beweismittel zu gewinnen.[4110].Anders liegt es bei Vernehmungen. Bereits aus §§ 55, 60 Nr. 2 StPO ergibt sich, dass im Strafverfahren auch ein Verdächtiger im Einzelfall als Zeuge vernommen werden darf, ohne dass er über die Beschuldigtenrechte belehrt werden muss[4111]. Der Vernehmende darf dabei auch die Verdachlslage weiter abklären; da er mithin nicht gehindert ist, den Vernommenen mit dem Tatverdacht zu konfrontieren, sind hierauf zielende Vorhalte und Fragen nicht zwingend ein hinreichender Beleg dafür, dass der Vernehmende dem Vernommenen als Beschuldigten gegenübertritt. Der Verfolgungswille kann sich*

4106 Schmidt-Salzer, Produkthaftung, Bd. I, a.a.O. Rn. 1566.

4107 Vgl. Bernhard **Kramer**, Ermittlungen bei Wirtschaftsdelikten: Rechtsfragen aus der Praxis des Wirtschaftsstrafverfahrens, Stuttgart/Berlin/Köln/Mainz 1987 Rn. 77.

4108 BGH (Urt. v. 03. 07. 2007 – 1 StR 3/07) wistra 2007, 433 ff. (434).

4109 Vgl. BGHSt 38, 214, 228; BGH NJW 1997, 1591; Rogall in SK-StPO, 41. Lfg. vor § 133 Rdn. 33; vgl. auch § 397 Abs. 1 AO.

4110 Vgl. BGH NJW 1997, 1591, 1592; Hanack in Löwe/Rosenberg, StPO 25. Aufl. § 136 Rdn. 4.

4111 Vgl. BGHSt 10, 8, 10; 17, 128, 133; Hanack aaO.; Rogall aaO. Rdn. 11; ferner BVerfG [Kammer], Beschl. vom 08. 12. 2005 -2 BvR 1513/05).

jedoch aus dem Ziel, der Gestaltung und den Begleitumständen der Befragung ergeben.

Ergibt sich die Beschuldigteneigenschaft nicht aus einem Willensakt der Strafverfolgungsbehörden, kann - abhängig von der objektiven Stärke des Tatverdachts - unter dem Gesichtspunkt der Umgehung der Beschuldigtenrechte gleichwohl ein Verstoß gegen die Belehrungspflicht nach § 136 Absatz 1 Satz 2 StPO vorliegen. Ob die Strafverfolgungsbehörde einen solchen Grad des Verdachts auf eine strafbare Handlung für gegeben hält, dass sie einen Verdächtigen als Beschuldigten vernimmt, unterliegt ihrer pflichtgemäßen Beurteilung. Im Rahmen der gebotenen sorgfältigen Abwägung aller Umstände des Einzelfalls kommt es dabei darauf an, inwieweit der Tatverdacht auf hinreichend gesicherten Erkenntnissen hinsichtlich Tat und Täter oder lediglich auf kriminalistischer Erfahrung beruht. Falls jedoch der Tatverdacht so stark ist, dass die Strafverfolgungsbehörde andernfalls willkürlich die Grenzen ihres Beurteilungsspielraums überschreiten würde, ist es verfahrensfehlerhaft, wenn dennoch nicht zur Beschuldigtenvernehmung übergegangen wird.[4112]

Andererseits kann der Umstand, dass die Strafverfolgungsbehörde ... erst bei einem konkreten und ernsthaften Tatverdacht zur Vernehmung des Verdächtigen als Beschuldigten verpflichtet ist, für ihn auch eine schützende Funktion haben. Denn der Vernommene wird hierdurch nicht vorschnell mit einem Ermittlungsverfahren überzogen, das erhebliche nachteilige Konsequenzen für ihn haben kann.«

Der Beschuldigte ist also nicht verpflichtet, bei der Aufklärung des Tatvorwurfs aktiv mitzuwirken; selbst eine Lüge hat keine prozessuale Konsequenz.[4113] Ob gegen den Betroffenen tatsächlich ein **förmliches Ermittlungsverfahren** eingeleitet worden ist, spielt **aber keine Rolle** für seine Eigenschaft als Beschuldigter,[4114] da es sonst allzu willkürlich den Strafverfolgungsbehörden obliegen würde, ob sie einer bestimmten Person die Beschuldigtenrechte gewähren wollen oder nicht. Der Beschuldigte darf nämlich **nicht mehr als Zeuge** vernommen werden – er hat ein Recht, zu erfahren, was ihm zur Last gelegt wird sowie das Recht, zu den Vorwürfen zu schweigen und über seine Rechte und Pflichten belehrt zu werden.[4115] Also ist der Beschuldigte grundsätzlich schon im Vorverfahren von Polizei, Staatsanwalt bzw. Ermittlungsrichter über seine Rechte zu belehren. Wird gegen diese Hinweispflicht verstoßen, darf die Aussage in einem Strafprozess nicht gegen den Willen des Angeklagten verwertet werden.[4116]

2811 Dieses **Verwertungsverbot**[4117] ist die konsequente Umsetzung des rechtsstaatlichen Grundsatzes, dass niemand dazu gehalten ist, sich selbst anzuklagen oder

---

4112 Vgl. BGHSt 37,48, 51 f.; 38, 214, 228; BGH NJW 1994, 2904, 2907; 1996, 2663; 1997,1591; NStZ-RR 2002, 67 [bei *Becker);* 2004, 368; Beschl. vom 25. 02. 2004 - 4 StR 475/03

4113 Zuberbier, a.a.O., S. 27 m. w. N.

4114 Ebenso Müller-Gugenberger/Bieneck/Niemeyer, a.a.O., § 11 Rn. 14 f.

4115 § 136 StPO; vgl. auch § 163a StPO. Der Rechtssatz »nemo tenetur se ipsum accusare« räumt dem Beschuldigten, Angeschuldigten usw. das Recht ein, frei zu entscheiden, ob und ggf. in welchem Umfang er sich verteidigen oder selbst belasten will. Der Grundsatz gilt für das gesamte Strafverfahren, nicht nur für die gesetzlich geregelte richterliche Vernehmung, vgl. Meyer-Goßner, a.a.O., Einl Rn. 29a m. w. N.

4116 BGH NJW 1992, 1463 ff.

4117 Umfassend zum Beweisverwertungsverbot Meyer-Goßner, a.a.O., § 136 Rn. 20, zu den Beweisverboten insgesamt ebenda, Einl Rn. 50 ff.

zu belasten.[4118] Es greift aber dann nicht, wenn der Beschuldigte die Aussage in Gegenwart seines Verteidigers macht. Hier wird unterstellt, dass der Anwalt um seine Verantwortung für den Mandanten weiß.[4119]

Im Gegensatz zum Schweigerecht hat der Beschuldigte aber auch einen **Anspruch auf rechtliches Gehör**, der Verfassungsrang genießt.[4120] Dieser Anspruch äußert sich in mehreren strafprozessualen Einzelregelungen. Demnach hat der Beschuldigte sowohl im Ermittlungsverfahren als auch in der Hauptverhandlung das Recht, sich zur Sache zu äußern sowie Beweisanträge und Fragen zu stellen.[4121] Hierzu gehört auch das Recht auf Anwesenheit in der Hauptverhandlung[4122] und der Anspruch darauf, sich in jedem Stadium des Verfahrens des Beistandes eines Strafverteidigers zu bedienen.[4123] **2812**

Die Staatsanwaltschaft erhebt gegen den Beschuldigten öffentlich Anklage,[4124] wenn sie der Meinung ist, dass ein hinreichender Tatverdacht besteht. Dabei hat der Beschuldigte insgesamt das Recht, das so schnell wie möglich eine Klärung des Tatvorwurfs erreicht wird. Dieses Beschleunigungsgebot ist dem Beschuldigten durch das Recht auf eine angemessene Verfahrensdauer gewährt.[4125] **2813**

Vom Zeitpunkt der Anklageerhebung an wird der Beschuldigte **Angeschuldigter** genannt.[4126] Das zuständige Gericht entscheidet daraufhin, ob gegen den Angeschuldigten das Hauptverfahren zu eröffnen ist.[4127] Nach der Eröffnung des Hauptverfahrens bezeichnet man den Angeschuldigten als **Angeklagten**.[4128] **2814**

Im Bußgeldverfahren gibt es diese Abstufungen nicht. Der Verdächtige ist generell der **Betroffene**,[4129] unabhängig davon, in welchem Stadium sich das Verfahren befindet. **2815**

Aus dem Voranstehenden ergibt sich, dass gemäß der Strafprozessordnung ein **Wirtschaftsunternehmen niemals Hauptbeteiligter** eines Strafverfahrens sein kann. Das hat Vorteile, wenn man die fehlende Strafrechtsfähigkeit bedenkt. Indes ist diese Tatsache auch mit Nachteilen verbunden. Unternehmen sind einer zunehmenden Gefahr ausgesetzt, Ziel strafrechtlicher Ermittlungen und Sanktio- **2816**

4118 Vgl. bereits Rdn. 2000 ff.;
4119 So auch **Kiehl**, Verwertungsverbot für Beschuldigtenvernehmung ohne vorherige Belehrung: Der BGH korrigiert sich – überzeugend? in: NJW 1993, 501 ff. (502).
4120 Art. 103 Abs. 1 GG.
4121 Vgl. Müller-Gugenberger/Bieneck/Niemeyer, a.a.O., § 11 Rn. 18.
4122 § 230 Abs. 1 StPO.
4123 § 137 StPO.
4124 § 170 StPO.
4125 Art 6 Abs. 1 EMRK; dazu Michael **Heghmanns**, Das Arbeitsgebiet des Staatsanwaltes, 3. Aufl., Münster 2003, Rn. 327.
4126 § 157 StPO.
4127 § 203 StPO.
4128 § 157 StPO.
4129 Göhler/König a.a.O., Vor § 59 Rn. 49.

nen zu werden[4130] – ohne jedoch die Rechte zugebilligt zu bekommen, die den Hauptbeteiligten zustehen.[4131]

2817 Deshalb gibt es nach der Strafprozessordnung die **Rechtsstellung des Nebenbeteiligten**. Nebenbeteiligt sind Personen, die im allgemeinen Interesse oder zur Abwehr eigener Rechtsnachteile am Verfahren teilnehmen oder sich beteiligen dürfen.[4132]

2818 Zu den Nebenbeteiligten gehört in erster Linie der **Verletzte**, wenn er nicht Privat- oder Nebenkläger ist.[4133] Hier ist an den Fall zu denken, dass ein Wirtschaftsunternehmen durch einen Mitarbeiter geschädigt wurde, der z. B. Firmeneigentum für eigene Zwecke entwendet hat oder durch Manipulation Firmengelder auf eigene Konten geschleust hat.

2819 Eine **Nebenbeteiligung** kann sich für ein Unternehmen aber auch daraus ergeben, dass ihm droht, **Adressat** einer **Verfalls- oder Einziehungsanordnung oder einer Verbandsgeldbuße**[4134] zu werden.[4135] Dann ist das Unternehmen förmlich an dem Strafverfahren zu beteiligen.[4136]

2820 Ist ein Wirtschaftsunternehmen in einem Strafverfahren nicht förmlich beteiligt, können ihm trotzdem eigene Rechte zustehen. Das allerdings nur insoweit, als das Strafverfahren in den Interessenbereich des Unternehmens eingreift.[4137] Hier sei exemplarisch auf die Betroffenheit eines Wirtschaftsunternehmens z. B. von einer Durchsuchungs- oder Beschlagnahmemaßnahme[4138] auf dem Firmengelände hingewiesen.

3.   Der Verteidiger

2821   *»Wer sie kennt, macht sich verdächtig, wer sie braucht, hat die Karriere schon verspielt; Strafverteidiger gehören nicht zu den bevorzugten Managerkontakten. Das aber könnte sich bald ändern.«*[4139]

Es ist eine zunehmende Verrechtlichung der Wirtschaft zu beobachten. *»Was früher noch Geschäftstüchtigkeit war, wird heute als Straftatbestand interpretiert.«*[4140] Das

---

4130   Siehe auch Handelsblatt Nr. 41 v. 27. 02. 2007, S. 18: *»Die Gefahr wächst, erwischt zu werden – Rechtliche Fallen lauern an jeder Ecke – Unternehmen kämpfen mit einer Flut neuer Gesetze.«* Demnach müssen Firmen heute mehr Gesetze und Vorschriften den je beachten. Dabei ist jeder Geschäftsbereich betroffen, von der obersten Kontrollinstanz Aufsichtsrats bis hin zum Vertrieb.

4131   Dazu auch Minoggio, a.a.O., S. 79 Rn. 1 f.

4132   Meyer-Goßner, a.a.O., Einl Rn. 73.

4133   Vgl. §§ 403 ff, 406d ff. StPO.

4134   Siehe dazu Rdn. 771 ff.

4135   Meyer-Goßner, a.a.O., Einl Rn. 73, 91 ff.

4136   Für Einziehung, Verfall, Vernichtung, Unbrauchbarmachung und Beseitigung eines gesetzeswidrigen Zustandes §§ 431 ff. StPO; für die Verbandsgeldbuße § 444 StPO.

4137   Ausführlich Minoggio, a.a.O., S. 82 ff. Rn. 17 ff.

4138   Siehe unten Rdn. 2977 ff. und Rdn. 3162 ff.

4139   **Fischer**, Aufstieg der Nothelfer, in: manager magazin, 9/1991, S. 207 ff. (207).

4140   So der Saarbrücker Strafrechtsprofessor Egon Müller, zitiert in: Fischer, a.a.O., S. 209.

Wirtschaftsleben wird daher für den Staatsanwalt immer interessanter und professioneller Rat für jede Führungskraft existenznotwendig.[4141]

In vielen Unternehmen findet sich noch heute die Einstellung, es bestehe keine Notwendigkeit, sich mit dem Strafrecht zu befassen. Ausgehend von dem Bild des »*ehrbaren Kaufmanns*« und dem allgemeinen Verständnis vom Geschäftsgebaren eines seriösen Geschäftsmanns scheint der Gedanke, mit dem Strafrecht konfrontiert zu werden, völlig fern liegend zu sein.

Jedoch ist **spätestens seit** der Grundsatzentscheidung des Bundesgerichtshofs im **2822** **Erdal-Lederspray-Fall**[4142] ein **Umdenken** erforderlich geworden: Die strafrechtliche Produktverantwortung sowie der strafrechtliche Umweltschutz im Allgemeinen und die Verantwortung von Mitgliedern der Geschäftsleitung im Besonderen haben erheblich an Bedeutung gewonnen.[4143] Zum einen hat sich dadurch die Wahrscheinlichkeit strafrechtlicher Aufarbeitung entsprechender Sachverhalte beträchtlich erhöht, zum anderen erfuhr die seit den Achtzigerjahren zunehmend erkennbare **Tendenz zur Konzentration der Strafverfolgung auf die Geschäftsleitung** durch das Urteil eine Bestätigung.[4144] **Schmidt-Salzer** bezeichnet die strafrechtliche Produkthaftung plastisch als »*4. Dimension*« des unternehmerischen Risikos,[4145] ein Risiko, das für die Unternehmensmitarbeiter im Vergleich zu zivilrechtlichen Haftungsrisiken ganz neuartig war.[4146] Uwe H. **Schneider** spricht von einer »*Kriminalisierung des Managements*«[4147] und **Keller** meint, dass das Strafgesetzbuch »*auf die Schreibtische der in den Chefetagen Verantwortlichen*« gehört.[4148]

Dem steten Risiko, überraschend in ein Strafverfahren verwickelt zu werden, sind **2823** nicht nur die Leiter von Wirtschaftsunternehmen ausgesetzt. Dieses Damoklesschwert hängt gleichermaßen drohend über allen Amtsträgern in kommunalen Institutionen.[4149]

Vor diesem Hintergrund wird der »*Strafverteidiger – Der wichtigste Berater des* **2824** *Managers*«, so eine Schlagzeile auf dem Titelblatt einer Ausgabe des *manager magazins*.[4150] Der Strafverteidiger wird zum »*Nothelfer*«.[4151]

4141 Fischer, a.a.O., S. 207.

4142 BGHSt 37, 106 ff. = NJW 1990, 2560 ff.; dazu oben Rdn. 2450 ff.

4143 Joachim **Schmidt-Salzer**, Strafrechtliche Produkt- und Umweltverantwortung von Unternehmensmitarbeitern: Anwendungskonsequenzen, in: PHi 6/90, 234 ff. (236 f.).

4144 Schmidt-Salzer, a.a.O., PHi 6/90, 237.

4145 Schmidt-Salzer, Produkthaftung, Bd. I, a.a.O. Rn. 1.670.

4146 Kuhlen, a.a.O., S. 7.

4147 In: Festschrift 100 Jahre GmbH-Gesetz, a.a.O., S. 475. Schneider begründet dies: »*Wer ein Chemieunternehmen oder eine kerntechnische Anlage leitet, wer Lebensmittel in den Verkehr bringt oder Pharmazeutik herstellt, muss ständig fürchten, in ein Strafverfahren verwickelt zu werden. Dabei steht nicht nur eine strafrechtliche Verurteilung infrage. Vielmehr hat sich auch herumgesprochen, dass die Strafanzeige gegen Unternehmen und deren Organmitglieder ein vorzügliches politisches Kampfmittel ist, angewendet nicht nur durch selbst ernannte Umweltschützer, sondern auch – was besonders problematisch ist – durch Funktionsträger auf allen Ebenen.*«

4148 Die Justiz 1988, 439.

4149 Dazu nur Bernd **Schünemann**, Die Strafbarkeit von Amtsträgern im Gewässerstrafrecht, wistra 1986, 235 ff. und die Ausführungen oben Rdn. 1610 ff.

4150 manager magazin, 9/1991; ausführlich zu diesem Thema Jürgen **Taschke**, Verteidigung von Unternhemen – Die wirtschaftsstrafrechtliche Unternehmensberatung, in StV 2007, 495 ff.

4151 Fischer, a.a.O., S. 207.

2825 Die **Bezeichnung »Strafverteidiger«** trifft auf Rechtsanwälte zu, die sich (vorwiegend) mit dem Arbeitsgebiet Strafrecht und Strafverteidigung befassen. Sie ist jedoch keine offizielle Fachanwaltsbezeichnung der Rechtsanwaltskammern und darf daher nicht geführt werden.[4152] In einem Urteil hat das OLG Karlsruhe jedoch entschieden, dass der Zusatz »Strafverteidigungen« als Tätigkeitshinweis zulässig ist.[4153]

2826 Offiziell ist die Bezeichnung »**Fachanwalt für Strafrecht«,** welche 1997 eingeführt wurde. Die Berechtigung zur Führung des Titels setzt den Nachweis spezieller theoretischer Kenntnisse[4154] und besonderer praktischer Erfahrung[4155] voraus.

2827 Sofern man es wagt, eine **Typologie des Strafverteidigers** beschreiben zu wollen, begibt man sich mitten hinein in eine große Kontroverse. Zur **Rechtsstellung** dieses Organs werde ich hier nur wenige Worte verlieren, da dieses Feld trotz seiner Weite schon mehrfach beackert wurde.[4156] Vielmehr soll versucht werden, eine Charakterisierung dieses Typus vorzunehmen.

2828 Der klassische Strafverteidiger ist eher »**Einzelkämpfer«,** was sich bereits in gewissem Sinne aus der Strafprozessordnung ergibt.[4157] Seine Stärken liegen in der eigenen forensischen Erfahrung vor den Strafgerichten und im Umgang mit Behörden. Er ist die Konfrontation mit den Strafverfolgungsorganen gewohnt und kann sich in deren Psyche hinein versetzten. Die hartnäckige Auseinandersetzung steht bei seiner Arbeit im Vordergrund, der Strafverteidiger ist weniger der zurückgezogene Denker und Lenker.[4158]

2829 Den Strafverteidiger für alle Fälle wird es eher nicht geben. Das ist zum einen in der anwaltlichen Spezialisierung begründet, hat andererseits aber noch weitere Ursachen, von denen insbesondere eine spezielle Lebenserfahrung sowie die Kenntnis bestimmter Szenen und Szenarien zu nennen ist. Nicht selten entscheidet aber auch die Mentalität, so dass der **strafverteidigende Allrounder** eher zum **Ausnahmefall** gehören dürfte.[4159]

2830 So bestehen auch Unterschiede zwischen dem bereits skizzierten Strafverteidiger und dem Verteidiger in **Unternehmensstrafrechsachen.** Auf diesem Gebiet offenbart der Anwalt in Gestalt des klassischen Strafverteidigers unter Umständen Schwächen.

2831 Der Wirtschaftsstrafverteidiger ist nämlich weniger auf die offene Konfrontation ausgerichtet. Vielmehr besteht ein Großteil seiner Arbeit gerade darin, im Hintergrund zu agieren und jegliche Form von **Aufsehen zu vermeiden.**

4152 BGH AnwBl. 1992, 34.

4153 OLG Karlsruhe, AnwBl. 1992, 390 f.

4154 § 4 in Verb. mit § 13 FAO.

4155 § 5 lit. f FAO.

4156 Zuletzt sehr ausführlich dargestellt und reflektiert von Widmaier/Salditt, a.a.O., § 1 Rn. 1 ff.

4157 Stichwort: Verbot der Mehrfachverteidigung, dazu unten Rdn. 2896 ff.

4158 Siehe Minoggio, a.a.O., S. 90 ff. Rn. 18 ff.

4159 Vgl. Widmaier/Richter II/Tsambikakis, a.a.O., § 2 Rn. 6.

Ein zusätzlicher Nachteil des »Einzelkämpfers« kann sein, dass ihm die Zusam- **2832**
menarbeit mit anderen schwer fällt. Das könnte dazu führen, dass es zu **Konflikten** mit anderen Rechtsanwälten bei der so genannten **Sockelverteidigung**[4160]
kommt, bei der zwischen mehreren Strafverteidigern einer Mehrzahl von Angeklagten eine – im Rahmen des gesetzlich Erlaubten – gemeinsame Verteidigungsstrategie im Rahmen der grundsätzlich individuellen Verteidigung des eigenen
Mandanten abgesprochen wird. Ein weiteres Problem kann sich aus der mangelnden Bereitschaft zur **Kooperation mit der Rechtsabteilung oder eventuellen Syndizi** des betroffenen Wirtschaftsunternehmens ergeben.[4161]

Auch die Spezialisierung auf den Bereich der Strafverteidigung im klassischen **2833**
Sinne kann dazu führen, dass Verteidigungsressourcen nicht abgerufen werden
können. Denn im Wirtschaftstrafrecht ist fast immer von Bedeutung, auch die
Rechtsgebiete zu kennen, die nicht dem originären Strafrecht zuzuordnen sind,
aber im Wirtschaftsleben eine nicht wegzudenkende Rolle spielen.[4162]

Deshalb ist auch im Wirtschaftsstrafrecht auf der anwaltlichen Seite ein Trend zur **2834**
Spezialisierung zu erkennen. Das betrifft den Strafverteidiger, der sich umfassend wirtschaftsrechtlich weiterbildet – oder den Wirtschaftsrechtler, der eine
Vorliebe für Wirtschaftsstrafverteidigung entwickelt. In der Spezialisierung liegt
die Chance, die vorgenannten –eventuellen – Defizite auszugleichen. Des Weiteren ist die Variante erfolgversprechend, die **Unternehmensverteidigung** im Strafverfahren einer **größeren Kanzlei** anzuvertrauen, die mit verschiedenen Dezer-
nate (Zivil-, Verwaltungs-, Steuer- und Strafrecht) eine **umfassenden Betreuung**
aller denkbaren Aspekte des betreffenden Sachverhalts anbieten kann.[4163]

Der **Strafverteidiger** hat allgemein die **Aufgabe**, die Interessen seines Mandanten **2835**
zu vertreten, sei es nun prophylaktisch als Berater oder in Straf- bzw. Bußgeldverfahren. Ihm obliegt es, **über die Gesetzlichkeit des Verfahrens zu wachen sowie
alle den Beschuldigten entlastenden Umstände zur Geltung zu bringen.**[4164] Als
Beistand des vom Strafverfahren Betroffenen muss er einseitig zum Schutz seines
Mandanten tätig werden, gleichzeitig ist er **Organ der Rechtspflege**, wie es für
ihren Teil Richter, Staatsanwalt und Polizist sind.[4165] Strafverteidigung heißt also
nicht »Strafvereitelung« um jeden Preis. Im Spannungsverhältnis Polizei – Verteidiger erscheint der Strafverteidiger in den Augen der Polizei aber trotzdem oft

---

4160 Dazu ausführlich unten Rdn. 2904 ff.

4161 Minoggio, a.a.O., S. 90 f. Rn. 23 ff.

4162 Die Darstellung der 4 großen strafrechtlichen Risikobereiche in diesem Buch hat gezeigt:
Es gibt heutzutage kaum ein Gesetz – und somit Rechtsgebiet – das nicht über eine Sanktionsnorm verfügt.

4163 Ähnlich Minoggio, a.a.O., S. 91 ff. Rn. 27 ff., 32 ff., der aber auch Risiken sieht: Wenn im
Falle der Großkanzlei das plötzlich vom Strafverfahren betroffene Unternehmen schon vor-
her Mandant war, könnte der Strafverteidiger ja der Einheit angehören, die durch falsche
Beratung das Fehlverhalten des Unternehmens erst verursacht hat.

4164 Hans **Dahs**, Handbuch des Strafverteidigers, 7. Aufl. Köln 2005 Rn. 3; BGHSt 7, 375 ff.
(378).

4165 Dahs, a.a.O. Rn. 7. Dazu auch Eberhard **Kempf**, Der Rechtsanwalt als Strafverteidiger, in:
Brüssow/Gatzweiler/Krekeler/Mehle (Hrsg.), Strafverteidigung in der Praxis, 4. Aufl.
Bonn 2007, § 1 Rn. 27 ff. und Jan **Bockemühl (Hrsg.)/** Rolf **Köllner**, Der Rechtsanwalt als
Strafverteidiger, Handbuch des Fachanwalts Strafrecht, 3. Aufl. Neuwied 2006, K 1 Rn. ff.

als »*eine Institution, die mit allen Mitteln zu verhindern sucht, dass einem ermittelten Täter die tatangemessene Strafe zuteil wird.* «[4166] Ihm wird seit jeher vorgeworfen, »*Bremser am Wagen der Gerechtigkeit zu sein*«.[4167]

2836 Staatsanwaltschaft und Verteidiger stehen sich aber nicht wie Parteien mit prinzipiell gegensätzlicher Interessenlage gegenüber. Während der Staatsanwalt allein an der Wahrheitsfindung und der gerechten Lösung des Falls interessiert sein muss,[4168] kommt es **für den Verteidiger entscheidend** darauf an, mit zulässigen Mitteln zu erreichen, dass sein Mandant, unabhängig davon, ob er schuldig oder unschuldig ist, möglichst wenig belastet wird.[4169] **Im Einzelfall** können **Staatsanwalt und Verteidiger** durchaus **dasselbe Ziel** verfolgen: So werden z. B. beide auf Freispruch hinwirken, wenn die Beweisaufnahme nicht zur sicheren Überführung des Angeklagten geführt hat.[4170]

2837 Während der Beschuldigte seinen gesetzlichen Richter[4171] und den ermittelnden Staatsanwalt[4172] grundsätzlich akzeptieren muss, hat er **bei der Bestimmung seines Verteidigers freie Wahl**. Er kann neben den bei einem deutschen Gericht zugelassenen Rechtsanwälten Rechtslehrer an deutschen Hochschulen, mit Genehmigung des Gerichts aber auch andere Personen wählen.[4173]

4166 Peter **Frerichs**, Der Verteidiger aus der Sicht der Polizei, in: StraFo 1992, 67 ff. (67).

4167 Frerichs, a.a.O., StraFo 1992, 67 ff. (67).

4168 BGHSt 15, 155 ff. (159): »*Der Staatsanwalt ist im Verfahren nicht Partei.*« Die Wirklichkeit vermittelt leider nur zu oft genau den gegenteiligen Eindruck. Dazu Heghmanns, a.a.O., GA 2003, 433 ff. (442 ff.).

4169 Zuberbier, a.a.O., S. 29 m. w. N.

4170 Zuberbier, a.a.O., S. 29.

4171 Vgl. Art. 101 Abs. 1 S. 2 GG; § 16 GVG. Lässt **der gesetzliche Richter** die gebotene Unvoreingenommenheit vermissen, kann er von Amts wegen ausgeschlossen werden (vgl. §§ 22, 23 StPO). Jeder der Verfahrensbeteiligten, so auch der Beschuldigte, hat das Recht, das Gericht zu zwingen, diese gesetzliche Ausschließung zu prüfen (§§ 24 Abs. 1, 26 Abs. 2 StPO). Das **Ablehnungsrecht des Beschuldigten** stützt sich auf die **Besorgnis der Befangenheit**. Sie wird immer dann bejaht, wenn ein Grund vorliegt, der geeignet ist, Misstrauen zu rechtfertigen. So kann beispielsweise eine rechtsfehlerhafte, unangemessene bzw. unsachliche Verhandlungsführung des Richters zu dieser Annahme berechtigen; vgl. Meyer-Goßner, a.a.O., § 24 Rn. 17.

4172 Die StPO enthält für den **befangenen Staatsanwalt** keine Vorschriften. Eine analoge Anwendung der §§ 22 ff. StPO wird im Hinblick auf eine fehlende planwidrige Regelungslücke überwiegend verneint. § 145 GVG gibt dem ersten Beamten der Staatsanwaltschaft aber auch das **Substitutionsrecht** (das Recht, den Staatsanwalt durch einen anderen zu ersetzen, vgl. auch § 59bBG). Der Angeklagte (bzw. sein Verteidiger) kann jederzeit den Dienstvorgesetzten zur Ausübung seines Weisungsrechts ersuchen. Auch nach dem »fair trial«-Grundsatz besteht für den vorsitzenden Richter die Verpflichtung, beim Dienstvorgesetzten des Staatsanwalts auf eine Ablösung hinzuwirken. Ansonsten besteht u. U. ein Revisionsgrund. Teilweise werden die §§ 7 ff. NdsAGGVG bzw. § 11 BWAGGVG Baden-Württemberg, die bestimmte Ausschlussgründe für Staatsanwälte regeln, als »allgemeine Richtlinien« angeführt; dazu Heghmanns, Arbeitsgebiet des Staatsanwalts, a.a.O., Rn. 42 ff. Diese Theorie der »allgemeinen Richtlinien« lässt jedoch über die jeweiligen Länder hinaus jeglichen gesetzlichen Ansatz vermissen. Schon gar nicht können »Richtlinien« einen Anspruch des Angeklagten auf Ablehnung des Staatsanwalts begründen; ähnlich Meyer-Goßner, a.a.O., Vor § 22 Rn. 3-5 und Frank **Arloth,** Die Ablehnung und der Ausschluss des Staatsanwaltes, in: NJW 1983, 207 ff.

4173 § 138 Abs. 1, 2 StPO.

In Ermittlungsverfahren wegen Steuerdelikten können auch **Angehörige steuer-** 2838
beratender Berufe (Steuerberater, Steuerbevollmächtigte, Wirtschaftsprüfer und
vereidigte Buchprüfer) zu Verteidigern gewählt werden, wenn die zuständige
Finanzbehörde das Verfahren nach § 386 Absatz 2 AO selbstständig durchführt.
In allen anderen Strafverfahren können sie nur gemeinsam mit einem Rechtsanwalt oder Hochschullehrer verteidigen.[4174]

Ein Rechtsanwalt eines anderen EU-Mitgliedstaates, eines anderen Vertragsstaates 2839
des Abkommens über den Europäischen Wirtschaftsraum und der Schweiz darf
nach den Vorschriften des Gesetz über die Tätigkeit europäischer Rechtsanwälte
in Deutschland (EuRAG)[4175] ebenda tätig werden.[4176]

Die **Frage der Verteidigerwahl und der Verteidigungsstrategie** ist nicht erst im 2840
Ermittlungsverfahren von entscheidender Bedeutung für eine wirksame Strafverteidigung. **Je früher** eine Verteidigungsstrategie einsetzt, **desto effektiver** können
die Interessen des von dem Strafverfahren Betroffenen geschützt werden.

Nach der Strafprozessordnung kann der Betroffene in jeder Lage des Verfah- 2841
rens einen Rechtsbeistand hinzuziehen.[4177] Bereits im Ermittlungsverfahren
besteht somit die Möglichkeit, dass der Strafverteidiger auf Entlastungsmaterial
hinweist[4178] und auf den Verfahrensverlauf Einfluss nimmt. Schließlich ist er
berechtigt, an den richterlichen Vernehmungen seines Mandanten teilzuneh-
men.[4179] Ihm wird Einsicht in die Strafakten gewährt[4180] und unbeschränkt
erlaubt, zu dem Betroffenen in Untersuchungshaft Kontakt zu halten.[4181]

Die **Hauptaufgabe** des Strafverteidigers ist also immer noch der Beistand in einem 2842
bereits angelaufenen Straf oder Ordnungswidrigkeitenverfahren. Die entscheidenden **Weichenstellungen** für den (Aus-)Gang eines **Strafverfahrens** finden im
Ermittlungsverfahren statt.[4182] Das gilt nicht nur, aber umso mehr in der Praxis
des Wirtschaftsstrafverfahrens und der Unternehmensverteidigung. Die Ein-
flussmöglichkeiten eines Staatsanwaltes liegen in vielen Fällen über denen eines
Richters. Die Verantwortlichen im betroffenen Unternehmen können nicht verurteilt oder der Verband von einer belastenden Nebenfolge (Geldbuße, Einziehung,
Verfall)[4183] getroffen werden, wenn vom Staatsanwalt nicht angeklagt wird.[4184]
Deshalb muss der Strafverteidiger frühzeitig selbst Einfluss auf den Staatsanwalt

---

4174 § 392 AO; vgl. Meyer-Goßner, a.a.O., § 138 Rn. 5; dazu auch Karsten **Randt**, Der Steuer-
fahndungsfall, München 2004 Rn. A 46.

4175 Gesetz über die Tätigkeit europäischer Rechtsanwälte in Deutschland vom 09. 03. 2000
(BGBl. I S. 182, 1349), zuletzt geändert durch Artikel 4 des Gesetzes vom 07. 12. 2006
(BGBl. I S. 2814; zukünftig in Kraft).

4176 Ausführlich Elke Werner, Der dienstleistende europäische Rechtsanwalt (auch als Strafverteidiger), in StraFo 2001, 221 ff.

4177 § 137 StPO.

4178 Vgl. die Ausführungen zur Durchsuchung, Rdn. 2977 ff.

4179 §§ 168 c, d; 224 StPO.

4180 § 147 StPO.

4181 § 148 StPO.

4182 Unter Praktikern ganz einhellige Auffassung, siehe nur Widmaier/Schlothauer, a.a.O., § 3
Rn. 1.

4183 Dazu Rdn. 771 ff.

4184 Vgl. Minoggio, a.a.O., S. 44 ff. Rn. 39 ff., 43 f.

nehmen – im Gegenzug muss der **Betroffene** natürlich auch **rechtzeitig mandatieren**.

2843　Da Ermittlungsfehler zulasten des Beschuldigten aus dem Ermittlungsverfahren regelmäßig später nicht mehr zu korrigieren sind, sollte bereits in der Anfangsphase staatsanwaltlicher Ermittlungen[4185] der spezialisierte Strafverteidiger eingeschaltet werden. Solange aber noch niemand im Unternehmen formell beschuldigt wurde, sollte er aber nicht nach außen, d. h. gegenüber der Kriminalpolizei oder der Staatsanwaltschaft, in Erscheinung treten.[4186]

2844　Der Verteidiger hat sich bei seiner nach diesen Grundsätzen aufzunehmenden Tätigkeit streng am **Mandanteninteresse** zu orientieren. Das klingt einfacher als es ist: **Maßstab** kann nicht allein **das Gewünschte**, sondern **insbesondere das Erreichbare** sein.[4187]

2845　Der rechtzeitig eingeschaltete Rechtsanwalt wird sogleich prüfen, mit welcher optimalen Zielsetzung die Verteidigung aufgenommen werden kann. So wie ein richtig geführtes Unternehmen den Markt für seine Produkte bzw. Dienstleistungen analysiert, seine Ziele formuliert und daraus kurz-, mittel- und langfristige **Strategien** entwickelt, so wird auch der Anwalt bei seiner »*Unternehmung Verteidigung*« zunächst den erhobenen Tatvorwurf analysieren.[4188] Er wird alsdann – teilweise mithilfe des Unternehmens – die im Einzelfall wesentlichen **Vorfragen** klären bzw. sich erklären lassen. Sei es, dass es sich dabei beispielsweise um technische, geologische, biologische, medizinische oder buchhalterische Fragen handelt, die ihm Mitarbeiter oder externe Sachverständige erläutern, oder dass es um besondere rechtliche (zivil-, steuer-, wirtschafts- oder verwaltungsrechtliche) Problemstellungen geht, die sich der Verteidiger von Hochschullehrern oder spezialisierten Kollegen aufbereiten lassen wird. Auch wird der Anwalt das informelle Gespräch mit Staatsanwaltschaft und (im Zwischen- und Hauptverfahren) Gericht suchen, um deren Einstellung zu diesem Fall zu eruieren.

2846　Am Ende der **Einarbeitungsphase** steht die **Bewertung**: Sind alle objektiven Tatbestandsmerkmale der vorgeworfenen Strafvorschrift verwirklicht? Wie steht es mit den subjektiven Tatbestandsmerkmalen (Vorsatz/Fahrlässigkeit)? Liegen Verfahrenshindernisse vor (wirksamer Strafantrag, Verjährung)?

2847　Aufgrund der Bewertung kann der Verteidiger seine Verteidigungsstrategie konzipieren. Dabei wird er sich von dem seiner Ansicht nach für seinen Mandanten optimal machbaren Verfahrensausgang leiten lassen. Die wichtigsten Verfahrensabschlüsse sind:

- Verfahrenseinstellung mangels Tatverdacht[4189]

4185　Solange die Verfolgungsbehörde allgemein gegen »*Verantwortliche der Fa.*« ermittelt, also noch kein bestimmter Mitarbeiter beschuldigt wird. Die hohe Zeit der Firmenstellungnahme!

4186　Schmidt-Salzer, Produkthaftung, Bd. I, a.a.O. Rn. 1.617.

4187　Darauf weisen Widmaier/Richter II/Tsambikakis, a.a.O., § 2 Rn. 77, ferner Rn. 57 ff., zu Recht hin.

4188　Dazu ist erforderlich, dass sich der Verteidiger durch Einsicht in die Ermittlungsakten unterrichtet. Vgl. auch die Ausführungen Rdn. 2875;

4189　§ 170 Abs. 2 StPO: Der Anfangsverdacht hat sich nicht bestätigt.

- Verfahrenseinstellung wegen geringer Schuld[4190]
- Verfahrenseinstellung nach Erfüllung von Auflagen[4191]
- Erlass eines Strafbefehls[4192]
- Anklageerhebung beim niederen Gericht[4193]
- Freispruch
- Geldstrafe[4194] – möglichst unter der »*Schallmauer*« von 90 Tagessätzen[4195]
- Haftstrafe auf Bewährung
- der Höhe nach begrenzte Haftstrafe.

Bedauerlicherweise wissen immer noch viel zu wenige Unternehmen um die Bedeutung eines strafrechtlichen Risikomanagements – oder aber sie scheuen vor dieser Maßnahme zurück. So beklagen denn die Strafverteidiger, meist erst gerufen zu werden, wenn ein Mitarbeiter des Unternehmens in Haft und die Katastrophe vollendet ist.[4196] **2848**

Wer sich all dies ersparen will, hat nur mit Prävention eine Chance. Das vorsorgliche Gespräch mit einem Anwalt über all das, was strafrechtliche Konsequenzen haben kann, sollte genauso zum Unternehmensalltag gehören wie die Vertragsprüfung durch den Zivilanwalt. Und ein Vorstand, der bei den ersten Anzeichen einer Krise im Unternehmen nicht sofort den Kontakt zum Strafverteidiger sucht, handelt für Strafverteidiger Reinhard **Birkenstock** »*schlicht pflichtwidrig*«.[4197] **2849**

Die Maxime bei der Verteidigung und Vertretung eines Unternehmens lautet: **So früh wie möglich**. »*Der kluge Mann baut vor!* «[4198] So empfiehlt sich die **prophylaktische Beratung des Unternehmens** durch einen spezialisierten Rechtsanwalt, der das Unternehmen im Rahmen des »*Riskmanagements*« unterstützt, bevor überhaupt ein konkretes Ermittlungsverfahren im Raum steht. **Der versierte Strafrechtler kann dazu beitragen, das strafrechtliche Unternehmensrisiko so gering wie möglich zu halten.** Auf die Notwendigkeit und die wachsende Bedeutung der **strafrechtlichen Präventivberatung** wird dabei an dieser Stelle nur kurz eingegangen. Dieses Themenfeld hat bereits im Zusammenhang mit den Erläuterungen zu *Corporate Governance* und *Compliance* eine Würdigung erhalten.[4199] Als **2850**

4190 § 153 Abs. 1 StPO: Die Staatsanwaltschaft verneint das öffentliche Interesse an der Strafverfolgung.

4191 § 153 a StPO: wohl die häufigste Verfahrensbeendigung vor Erhebung (Abs. 1) und nach Erhebung einer Anklage (Abs. 2); vgl. dazu Rdn. 3087 ff.

4192 §§ 407–412 StPO: quasi die letzte Chance für Unternehmen und Mitarbeiter ohne die mit einer Hauptverhandlung verbundene negative Publizität das Verfahren zu beenden. Siehe die Ausführungen Rdn. 3110. Ebenso Verwarnung mit Strafvorbehalt, § 59 StGB, § 407 Abs. 3 Ziff. 1 StPO.

4193 Z. B. beim Amtsgericht statt beim Landgericht

4194 Evtl. mit Zahlungserleichterung, § 42 StGB.

4195 Bis zu dieser Tagessatz-Grenze *kann* von einer Eintragung der Geldstrafe in das Führungszeugnis abgesehen werden – muss aber nicht. So erfolgt ein Eintrag, wenn der Täter bereits vorbestraft ist. Siehe dazu oben Rdn. 359 (§ 32 BZRG). Bei Nichteintrag kann sich der Verurteilte weiterhin als nicht vorbestraft bezeichnen (§ 51 BZRG).

4196 Fischer, a.a.O., S. 207.

4197 Fischer, a.a.O., S. 218.

4198 Gertrud in Schillers Drama »Wilhelm Tell«, 1. Akt, 2. Szene.

4199 Siehe Rdn. 1936 ff.

Fazit sei hier hervorgehoben: »Strafverteidigung« kann bereits im **Vorfeld einer Deliktsverwirklichung** beginnen, z. B. wenn ein Mandant vor Ausführung einer zweifelhaften Handlung um Rechtsberatung ersucht – Stichwort: **Strafbarkeitsvermeidung**.[4200] **Vorsicht ist geboten**: gerade bei der präventiven Beratung muss der Strafverteidiger stets die ihm durch Straftatbestände und Berufsrecht gebotenen Grenzen beachten.[4201]

2851 Trotzdem verbleibt ein **breites Spektrum** an Handlungsmöglichkeiten für den prophylaktisch tätigen Rechtsanwalt.

2852 Im **Produktbereich** ist er in der Lage zu überprüfen, ob die Abfassung von Gebrauchs- und Bedienungsanleitungen den gesetzlichen Bestimmungen entspricht. Ist das Produkt für den Export bestimmt, bietet die Einhaltung der inländischen Gesetze noch keine Gewähr dafür, dass eine Haftung aufgrund der ausländischen Gesetze und Rechtsprechung ausgeschlossen ist.

2853 Der **Umweltaspekt**[4202] »*Altlasten*« verlangt in der Bundesrepublik Deutschland geradezu nach unternehmerischen – juristischen – Präventivmaßnahmen. Erwirbt ein Unternehmen ein anderes, das auf einem alten Industriestandort angesiedelt ist, dann stellt sich für den Käufer die Frage: »*Was ist zu veranlassen, damit mir später nicht die Verletzung einer Strafvorschrift vorgeworfen werden kann?* « Liegt eine vorsorglich eingeholte Expertise vor, die von Sachverständigen und fachkundigen Strafverteidigern am besten in Abstimmung mit der zuständigen Verwaltungsbehörde erstellt wurde, kann der Leitung des Unternehmens bei zutreffendem Sachverhalt in einem Strafverfahren schlimmstenfalls ein entschuldbarer und somit straffreier Verbotsirrtum vorgeworfen werden.

2854 Der Strafrechtsspezialist kann in Zusammenarbeit mit dem Unternehmen vorsorglich **Verhaltensmaßregeln für die Mitarbeiter im Fall bestimmter Betriebsstörungen erarbeiten**. Ein solches Verhaltensschema, das festlegt, wer wen in welchem Fall zu benachrichtigen und wer was zu veranlassen hat, ist für jedes Unternehmen auch bei Betriebs- und Hausdurchsuchungen im Rahmen strafrechtlicher Verfahren von großer Bedeutung.[4203]

4. Verteidigung durch Justitiare und Syndizi

2855 In der Anfangsphase staatsanwaltlicher Ermittlungen, in der meist innerhalb des Unternehmens noch keine Beschuldigten identifiziert sind, wird – auch von Unternehmen der Großindustrie – selten auf die Beratung durch spezialisierte

---

4200 Siehe dazu auch Volk/Knierim, a.a.O., § 7 Rn. 15 ff.

4201 Einerseits gilt die Verschwiegenheitspflicht (vgl. § 203 Abs. 1 Nr. 3 StGB) – andererseits besteht die Möglichkeit einer Strafbarkeit wegen Nichtanzeige geplanter Straftaten (§§ 138 f. StGB), Begünstigung, Strafvereitelung (§§ 257 f. StGB) und Geldwäsche (§ 261 StGB).

4202 Im Umweltbereich bereitet die Auswahl des Strafverteidigers oftmals Probleme, weil Strafverfahren hier aufgrund der Akzessorietät des Umweltstrafrechts eng mit dem Verwaltungsrecht verknüpft sind. Es gibt derzeit noch viel zu wenige Rechtsanwälte in der Bundesrepublik Deutschland, die beide Rechtsgebiete gleichermaßen gut beherrschen.

4203 Eidam, in: Adams/Eidam, a.a.O., S. 175; vgl. unten Rdn. 2977 und Rdn. 3216 ff. sowie das Kapitel »Compliance«, Rdn. 1936 ff.

Strafverteidiger zurückgegriffen. Regelmäßig bearbeitet die unternehmenseigene Rechtsabteilung, der **Syndikus-Anwalt**, der das Unternehmen im Allgemeinen berät oder – bei kleinen Unternehmen – der externe Hausanwalt, den Vorgang.[4204]

Die Unternehmensjuristen **(Justitiare)** der Rechtsabteilung und die Syndikus-Anwälte stehen in einem ständigen Dienst- oder ähnlichen Beschäftigungsverhältnis zum Unternehmen. Der Unterschied der Syndizi gegenüber den Justitiaren besteht darin, dass sie nebenberuflich als Rechtsanwälte zugelassen und tätig sind.[4205]   **2856**

Gegenüber einem externen Rechtsanwalt haben beide – Syndikus und Justitiar – den Vorteil, dass sie bereits **Einblicke in die betriebsinternen Vorgänge**, Organisationsstrukturen, Entwicklungs-, Konstruktions- und Produktionswege im Unternehmen, in Arbeitsweisen und Gepflogenheiten gewonnen haben.   **2857**

Wie Jens Neumann richtig vorträgt, sollte die Rechtsabteilung eine »*Art Mittler- oder Dolmetscherrolle*« zwischen den externen Rechtsanwälten und dem betroffenen Unternehmensangehörigen übernehmen. Der Syndikus   **2858**

> *»kann dazu beitragen, dass der Sachverhalt lückenlos geklärt, aufbereitet, dokumentiert und rechtlich durchdrungen wird; er kann dem externen Rechtsanwalt die notwendigen Kenntnisse über das Unternehmen im Allgemeinen und in Bezug auf die spezielle Fragestellung vermitteln und ihm die richtigen Gesprächspartner aus dem Unternehmen benennen und zuführen; er kann das Interesse des Unternehmens an einem Prozess und an seiner etwaigen vergleichsweisen Beendigung in juristischen Kategorien deutlich machen und entsprechende prozesstaktische Schritte gemeinsam mit dem externen Anwalt festlegen; und er kann umgekehrt Überlegungen und Strategien zur Prozessführung oder Prozessbeendigung dem Management in geeigneter Weise an geeigneter Stelle zum rechten Zeitpunkt nahe bringen.*«[4206]

So nahe liegend die Unterstützung durch die Unternehmensjuristen im Ermittlungs- und Strafverfahren auch zu sein scheint: Es ist doch zu beachten, dass es ihnen in der Regel an der notwendigen Spezialisierung im Strafrecht sowie allgemein an spezifischem Fach- und Erfahrungswissen eines Strafverteidigers mangelt, denn üblicherweise liegt der Aufgabenschwerpunkt der Rechtsabteilung auf zivilrechtlichem Gebiet.[4207]   **2859**

Zu den fachlichen Bedenken kommen unter Umständen **formalrechtliche Hindernisse**. Soll ein **fest angestellter Volljurist ohne Zulassung zur Anwaltschaft** zum Verteidiger ausgewählt werden, ist eine entsprechende **Genehmigung des Gerichts erforderlich**.[4208] Ad hoc wird diese Genehmigung nicht erteilt. Es können daher Schwierigkeiten auftreten, wenn das schnelle Tätigwerden als Verteidiger geboten ist, der angestellte Jurist aber noch nicht über die entsprechende gerichtliche Bestätigung verfügt. Er hat dann z. B. noch kein Akteneinsichtsrecht nach § 147 StPO und darf nicht als Verteidiger vor Gericht auftreten.   **2860**

4204   Schmidt-Salzer, Produkthaftung, Bd. I, a.a.O. Rn. 1.616.
4205   § 46 BRAO.
4206   Jens **Neumann**, Die Rechtsabteilung im Unternehmen, in: AnwBl. 1991, 630 ff. (630).
4207   Schmidt-Salzer, Produkthaftung, Bd. I, a.a.O. Rn. 1.616.
4208   § 138 Abs. 2 StPO.

2861 Beauftragt das Unternehmen dagegen seinen **Syndikus-Anwalt**, erübrigt sich eine zusätzliche Genehmigung. Aufgrund seiner anwaltlichen Zulassung kann dieser zunächst ohne weiteres auch Strafverteidigungen von Unternehmensmitarbeitern übernehmen und dann sämtliche Strafverteidigerrechte in Anspruch nehmen.[4209]

2862 Zu den Rechten zählt auch das Zeugnisverweigerungsrecht eines Anwalts. Immer, wenn der Syndikusanwalt für sein beauftragendes Unternehmen als Anwalt im Sinne des Berufsbilds der Bundesrechtsanwaltsordnung tätig wird, kann er sich auf sein Zeugnisverweigerungsrecht[4210] berufen.[4211]

2863 Die Rechte des Syndikus werden aus dem Wortlaut des Gesetzes[4212] abgeleitet. Es heißt, der Syndikus-Anwalt dürfe für seinen Auftraggeber »vor Gerichten oder Schiedsgerichten nicht in seiner Eigenschaft als Rechtsanwalt tätig werden«. Aus dieser Vorschrift ergibt sich, dass er für seinen ständigen Auftraggeber grundsätzlich als Strafverteidiger tätig werden darf.[4213] Allerdings verbietet das Berufsrecht dem Syndikus-Anwalt eben auch, für seinen Arbeitgeber, dem er aufgrund eines ständigen Dienst- oder ähnlichen Beschäftigungsverhältnisses seine Arbeitszeit und -kraft überwiegend zur Verfügung stellt, vor Gericht tätig zu werden.[4214]

2864 Während § 46 Absatz 1 BRAO[4215] für den Syndikusanwalt ein **Verbot des Auftretens für seinen Dienstherrn vor Gerichten** und Schiedsgerichten postuliert, verbietet dessen Absatz 2 die Tätigkeit als Rechtsanwalt, wenn er in derselben Angelegenheit als sonstiger Berater bereits rechtsbesorgend tätig geworden ist ebenso wie die Tätigkeit als sonstiger Berater, wenn er mit derselben Angelegenheit bereits als Rechtsanwalt befasst war.

2865 Nach einhelliger Ansicht wird von diesem Verbot im Strafrecht auf jeden Fall die Tätigkeit in der **Hauptverhandlung**, aber auch im **Zwischenverfahren** nach Anklageerhebung umfasst. Der klare Wortlaut der Norm untersagt dabei dem Syndikusanwalt das Auftreten für seinen Arbeitgeber vor den Gerichten generell und unterscheidet nicht, in welcher Art und Weises Gericht tätig wird (z. B. richterliche Vernehmung). Unzulässig ist daher **im strafrechtlichen Ermittlungsverfahren** jedes Tätigwerden des Syndikusanwaltes für seinen Dienstherrn gegenüber Gerichten, auch dem Ermittlungsrichter.[4216]

2866 Ein **Syndikusanwalt darf also die Verteidigung von** Vorstandsmitgliedern, Geschäftsführern und persönlich haftenden Gesellschaftern (als **Repräsentanten des Arbeitgebers**) des Unternehmens, bei dem er tätig ist, **vor Gericht nicht**

4209 § 138 Abs. 1 StPO; dazu Schmidt-Salzer, Produkthaftung, Bd. I, a.a.O. Rn. 1.591.

4210 Zeugnisverweigerungsrechte können sich aus § 53 Abs. 1 Nr. 2, 3 StPO, § 383 Abs. 1 Nr. 6 ZPO und entsprechenden Regelungen ergeben. Dazu unten Rdn. 2928, Rdn. 2940 ff.

4211 Claus **Roxin**, Das Zeugnisverweigerungsrecht des Syndikusanwalts, in: NJW 1992, 1129 ff. (1136).

4212 § 46 BRAO.

4213 Roxin, a.a.O., NJW 1992, 1130.

4214 § 46 BRAO.

4215 Bundesrechtsanwaltsordnung in der im Bundesgesetzblatt Teil III, Gliederungsnummer 303-8, veröffentlichten bereinigten Fassung, zuletzt geändert durch Artikel 42 des Gesetzes vom 19. 04. (BGBl. I S. 866).

4216 Vertiefend Minoggio, a.a.O., S. 99 f. Rn. 73 ff. m. w. N. und Rn. 77 f.

übernehmen.[4217] Danach hat der Syndikus-Anwalt besonders darauf zu achten, dass er keine Bindungen gegenüber seinem ständigen Dienstherrn eingeht, die seine berufliche Unabhängigkeit als freier Rechtsanwalt gefährden könnten.

In Betracht kommt aber, dass der Syndikusanwalt seinen Dienstherrn im Ermittlungsverfahren gegenüber den Ermittlungsbehörden anwaltlich vertritt. Von Gesetzes wegen hat er dabei nur das Verbot des schon erwähnten § 46 Absatz 2 Nr. 1 BRAO zu berücksichtigen. Fraglich ist jedoch, ob eine solche Tätigkeit aus rein praktischen Gesichtspunkten sinnvoll ist. War der Syndikus vorher nicht mit einer Angelegenheit befasst und übernimmt er die anwaltliche Vertretung seines Dienstherren etwa gegenüber der Staatsanwaltschaft, so ist er für die Zukunft daran gehindert, seinen Auftraggeber in dieser Angelegenheit noch zu beraten. Kommt es später dann noch zu einem Gerichtsverfahren, kann der so mit dem Mandat befasst gewesene Syndikusanwalt nicht auftreten, es greift § 46 Absatz 1 BRAO.[4218] Ein anderer Strafverteidiger wird also notwendig – der Syndikus darf aber aufgrund des vorangegangen Mandats trotzdem nicht mehr beratend beistehen, auch nicht zivil- oder verwaltungsrechtlich. **2867**

Unternehmen und Syndikusanwalt sind daher gut beraten, wenn gegenüber den Ermittlungsbehörden auf ein Auftreten des Syndikusanwalts als Firmenvertreter vollständig verzichtet wird.[4219] Vor dem Hintergrund der mangelnden forensischen Erfahrung eines Syndikus-Anwalts in Strafverteidigungen und der fehlenden Praxis im Umgang mit den Strafverfolgungsorganen empfiehlt Hans **Dahs**[4220] weitergehend, auch von der Verteidigung von Unternehmensangehörigen, die auf Hierarchiestufen unterhalb der gesetzlichen Vertreter angesiedelt sind, abzusehen. Eine solche Tätigkeit wäre zwar grundsätzlich möglich, birgt indes zusätzlich das Risiko, dass der Syndikus in einen Interessenkonflikt gerät. Das wäre dann der Fall, wenn das Mandanteninteresse des Unternehmensangestellten im Gegensatz zum Interesse des Unternehmens als Dienstherren des Syndikus steht. **2868**

Der Syndikus sollte sich daher auf die Organisation einer externen Verteidigung sowie deren interne Information und Beratung beschränken.[4221] Dieser Anregung ist grundsätzlich zuzustimmen. Allerdings muss auf den damit verbundenen Pferdefuß hingewiesen werden: Ist der Syndikusanwalt in einem Strafverfahren nicht als Verteidiger bestellt, unterliegen die sich in seinem Besitz befindlichen Unterlagen des Strafverfahrens grundsätzlich nicht der Beschlagnahmefreiheit.[4222] Ein Punkt, der gründlich bedacht werden muss, hält er doch auch für die externen Verteidiger eine tickende Zeitbombe bereit. **2869**

4217 Dazu bereits Werner **Kalsbach**, Bundesrechtsanwaltsordnung, Köln 1960, 46 Anm. 3 III d. und Kurt **Jessnitzer/Blumberg**, Bundesrechtsanwaltsordnung, Kommentar, 9. Aufl. Köln 2000, § 46 Rn. 1 ff.

4218 Siehe Minoggio, a.a.O., S. 100 f. Rn. 83 ff., der eine solche Vorgehensweise treffend »Verbrennen« des Syndikusanwaltes nennt.

4219 Ebenso Minoggio, a.a.O., S. 101 Rn. 88.

4220 Dahs, Handbuch, a.a.O., Rn. 142 f.

4221 Dahs, Handbuch, a.a.O., Rn. 142; Minoggio, a.a.O., S. 102 Rn. 95.

4222 § 97 StPO; Meyer-Goßner, a.a.O., § 53 Rn. 15; Volk/Kempf, a.a.O., § 10 Rn. 55 ff.

a) Funktion der Rechtsabteilung im Strafverfahren

2870 Auch die Rechtsabteilungen der Unternehmen sehen sich in letzter Zeit zunehmend der Notwendigkeit ausgesetzt, sich mit strafrechtlichen und strafprozessualen Fragen zu befassen, um gegen die Konfrontation mit Kriminalpolizei und Staatsanwaltschaft gewappnet zu sein.

2871 Soweit das **Ermittlungsverfahren** noch nicht gegen bestimmte Personen, sondern allgemein »*gegen die Verantwortlichen der … AG*« geführt wird, muss sich die Rechtsabteilung darauf einrichten, dass praktisch jeder Mitarbeiter des Unternehmens zunächst als Zeuge vernommen werden, diese Vernehmung jedoch unter Umständen zu einer Beschuldigtenvernehmung führen kann.

2872 In diesem Stadium kann die Rechtsabteilung die betroffenen Mitarbeiter über ihre Rechte und Möglichkeiten belehren. Dabei ist allerdings Vorsicht geboten. Leicht entsteht der Eindruck, das Unternehmen wolle auf das Aussageverhalten Einfluss nehmen, um die Wahrheitsaufklärung zu vereiteln. Aber wenn die Juristen der Rechtsabteilung **die betroffenen Mitarbeiter eindringlich vor falsch verstandener Loyalität gegenüber dem Unternehmen warnen**, dann können, dürfen und müssen sie diese auch darüber belehren, unter welchen Voraussetzungen die Mitarbeiter ein Recht zum Schweigen haben.

2873 Der Mitarbeiter sollte darauf hingewiesen werden, dass er

- als Zeuge zur Wahrheit verpflichtet ist,
- auch zum Nachteil des Unternehmens aussagen muss,
- gegenüber anderen Mitarbeitern keine Äußerungen zur Sache machen soll, die das Risiko einer Untersuchungshaft für ihn heraufbeschwören.[4223]

2874 In dem Verfahrensabschnitt »*gegen die Verantwortlichen der Fa.*« wird es für das betroffene Unternehmen meist sinnvoll sein, einen externen Rechtsanwalt mit der Anfertigung einer **Firmenstellungnahme** zu den im Raum stehenden Vorwürfen zu beauftragen. Mit der Mandatierung eines in Strafsachen erfahrenen Rechtsanwalts sollte keinesfalls gewartet werden, bis bestimmte Mitarbeiter beschuldigt werden.

2875 Will das Unternehmen aber zunächst auf die Einschaltung eines Rechtsanwalts verzichten, dann sollten folgende **Faustregeln** berücksichtigt werden:

- *Gegenüber der Strafverfolgungsbehörde weder mit Informationen klotzen noch Anfragen abblocken:* Ersteres kann die Verteidigungsposition der betroffenen Mitarbeiter grundsätzlich nur belasten, da voreilige Auskünfte später nicht mehr berichtigt werden können. Letzteres, weil ein nicht kooperatives Verhalten den Eindruck erweckt, das Unternehmen habe etwas zu verbergen, und das löst nur intensivere Ermittlungen aus. Verweigerte Kooperation provoziert regelmäßig Reaktionen wie erneute Einvernahme von Mitarbeitern, Beschlagnahme von wichtigen Geschäftsunterlagen, wiederholte Durchsuchungen von Betriebsstätten usw.

4223 Verdunklungsgefahr! § 112 Abs. 2 StPO.

- *Vor Einsicht in die Ermittlungsakten keine Stellungnahme des Unternehmens abgeben:* Wenn das Unternehmen sein berechtigtes Interesse darlegt, wird dem Gesuch um Akteneinsicht oft stattgegeben.[4224] Erst **nach Kenntnisnahme** des Akteninhalts ist der Gegenstand der Ermittlungen bekannt, weiß man im Unternehmen, welche Vorwürfe, Behauptungen und Beschuldigungen in welche Unternehmensrichtung erhoben werden. Wer sich vor Akteneinsicht äußert, kann Fehler begehen: Mehr sagen, als der Ermittlungsbehörde bislang bekannt ist, dadurch ungewollt den Kreis der möglichen Täter im Unternehmen ausdehnen. Deshalb sollten auch nie voreilig und ohne Not »denkbare« Verantwortungsträger benannt werden.

- *Vorsicht im Umgang mit Verwaltungsbehörden:* In Umweltstrafverfahren kann es erforderlich sein, schon in einem früheren Stadium des Ermittlungsverfahrens die zuständige (Genehmigungs-) Behörde einzuschalten. Das Berücksichtigen von speziellen Behördenkenntnissen (z. B. Was weiß/meint die Umweltbehörde, das Gewerbeaufsichtsamt, die untere Wasserbehörde?) kann wichtige Hilfe bei der Erarbeitung der Firmenstellungnahme leisten. Ebenso könnte beispielsweise im Rahmen von Sanierungsmaßnahmen der Hinweis auf eine – rechtfertigende – Duldung durch die Behörde dem von der Staatsanwaltschaft »geprüften« Betriebsablauf die entlastende, also eine entscheidende Rolle spielen. Unternehmen neigen nun meist dazu, gegenüber den Behörden besondere Rücksichtsmaßstäbe anzuwenden. Regelmäßig sind hier Aussagen zu hören wie: »*Wir müssen weiter mit dieser Behörde leben!* « oder »*Wir sind auch künftig auf den Goodwill der Behörde angewiesen!*« Dies führt oft dazu, dass von den Unternehmen Aspekte unterdrückt werden, die Behördenbedienstete belasten – auch wenn diese Rücksichtsmaßnahme auf Kosten der eigenen Mitarbeiter stattfindet. Eine zu enge Kooperation in einem Strafverfahren mit den Behörden kann darüber hinaus problematisch sein. Verwaltungsbehörden sind, und dies ist vielen Unternehmen nicht bekannt, hierarchisch wesentlich weisungsabhängiger als es die Staatsanwaltschaften sind. Diese Abhängigkeit zeigt sich – mit für das Unternehmen unangenehmen Folgen – oft dann, wenn Verwaltungsbeamte in vorauseilendem Gehorsam die vermutete Einstellung ihres Regierungspräsidenten gegenüber dem betroffenen Unternehmen oder dem infrage stehenden Vorgang zur Grundlage des eigenen Verhaltens machen.

Gerade vor dem Hintergrund der vorstehenden Ausführungen und in Anbetracht **2876** der Tatsache, dass in vielen Straf- und Ordnungswidrigkeitenverfahren ein intensives Zusammenwirken von Staatsanwaltschaft und Verwaltungsbehörde stattfindet, kann es dem Unternehmen nur noch einmal dringendst ans Herz gelegt werden, so früh als möglich einen fähigen Anwalt einzuschalten.

4224 .§ 475 Abs. 1, 4 StPO: »*(1) Für eine Privatperson und für sonstige Stellen kann, unbeschadet der Vorschrift des § 406e, ein Rechtsanwalt Auskünfte aus Akten erhalten, die dem Gericht vorliegen oder diesem im Falle der Erhebung der öffentlichen Klage vorzulegen wären, soweit er hierfür ein berechtigtes Interesse darlegt. 2Auskünfte sind zu versagen, wenn der hiervon Betroffene ein schutzwürdiges Interesse an der Versagung hat; (4) Unter den Voraussetzungen des Abs. 1 können auch Privatpersonen und sonstigen Stellen Auskünfte aus den Akten erteilt werden.*«

2877 Trotz aller guten Argumente und berechtigten Bedenken, die von Unternehmens-vertretern vorgetragen werden können, meine **Empfehlung** heißt: **in jedem Fall einen externen Rechtsanwalt einschalten**! Bei dessen Auswahl sollte die Rechts-abteilung (bei kleineren Unternehmen der angestellte Jurist bzw. der externe Rechtsberater) das entscheidende Wort haben. Denn regelmäßig besitzt dieser Personenkreis dank seiner fachlichen Vorkenntnisse den besten Überblick, wel-cher Anwalt für den speziellen Fall geeignet ist.

2878 Auch sollte die **Rechtsabteilung** dem externen Anwalt zuarbeiten und ihm so die (für den aktuellen Sachverhalt) erforderlichen **Insiderkenntnisse** verschaffen. Beispielsweise kann es in einem Umweltverfahren sehr nützlich sein, wenn dem Anwalt kurzfristig mitgeteilt wird, welche betrieblichen Sanierungsmaßnahmen das Unternehmen in der jüngsten Vergangenheit durchgeführt und was es zur Verbesserung des betrieblichen Umweltschutzes getan hat. Es kann auch positive Konsequenzen für den weiteren Verlauf des Strafverfahrens haben, wenn auf Empfehlung des Rechtsanwalts Mitarbeiter ausgetauscht bzw. Anlagen saniert werden, die im Brennpunkt der staatsanwaltlichen Kritik stehen.

2879 Schließlich hat es Aufgabe der Rechtsabteilung zu sein, unter **Beachtung des Ver-bots der Mehrfachverteidigung**[4225] den oder die geeigneten Spezialisten als Ver-teidiger für den oder die betroffenen Mitarbeiter auszuwählen und zu verpflich-ten. Wie schwierig diese Aufgabe sein kann, belegt exemplarisch ein Fall aus dem Ruhrgebiet, in dem über 200 Belegschaftsangehörige eines Unternehmens in ein und demselben Ermittlungsverfahren involviert waren.[4226] Jeder betroffene Mitar-beiter hat Anspruch auf »seinen« Rechtsanwalt.

2880 **Inhalt des zivilrechtlichen Vertrags mit dem Rechtsanwalt** sollte neben der Honorarvereinbarung stets die eindeutige Feststellung sein, dass der Verteidiger ausschließlich für seinen Mandanten da ist und nur dessen persönliche Interessen in dem Strafverfahren wahrnimmt.

2881 Die Rechtsabteilung hat auf dieser Basis dann die Möglichkeit, eine für alle Betei-ligten gleichermaßen gültige Strategie – aber nur diese – mit den Verteidigern abzusprechen und zu koordinieren.

b) Verfahrensbeendende Absprachen – Der »Deal«

2882 Es gibt noch einen anderen gewichtigen Grund, gerade in Strafverfahren einen externen Rechtsanwalt einzuschalten. Freie Rechtsanwälte wissen durch den häu-figen Umgang mit Justizbeamten regelmäßig mehr über deren Eigenarten und Ansichten als die in einem Unternehmen beschäftigten Juristen. Die umfangrei-chen Erfahrungen mit Richtern und Staatsanwälten erleichtern ihnen die Prozess-führung. Insbesondere die Kunst der Verhandlungsführung, die den Prozessaus-gang entscheidend mitbeeinflussen kann, profitiert hiervon.

> »Doch auch gewiefte Strafverteidiger können nicht immer verhindern, dass der Staats-anwalt auf der Suche nach einer Tat immer neue Aktenberge um sich häuft und damit

---

4225 § 146 StPO; siehe dazu Rdn. 2896 ff.
4226 WirtschaftsWoche, Nr. 21 v. 17. 05. 1991, S. 38.

eine besondere Eigendynamik in Gang setzt: »Bei 120 Ordnern«, stellt Strafverteidiger Gerhard Strate fest, »fällt es dem Staatsanwalt schwer, wegen Geringfügigkeit einzustellen.«»Und wenn dann,« ergänzt Kollege Rainer Hamm, »nach Jahren die 700 Seiten dicke Anklage kommt, sei der nicht mehr justitiable Fall erreicht: ›Um nicht aufklären zu müssen, werden Geld- oder Bewährungsstrafen angeboten.‹«[4227]

Bereits nach der 1990 veröffentlichten Studie des anerkannten Rechtswissenschaftlers Bernd **Schünemann** aus dem Jahr 1988 wurden **Urteile in Strafprozessen immer öfter** »ausgehandelt«.[4228] Dieser aus dem amerikanischen Verfahrensrecht inoffiziell übernommenen Vorgehensweise des *»plea bargaining«*[4229] liegt ein Handel, neudeutsch *»Deal«*, zwischen Gericht, Staatsanwaltschaft, Angeklagtem und Verteidiger zugrunde. Nach der **Devise: Geständnis gegen milde Strafe** sprechen sich die Prozessbeteiligten informell ab, bevor ein Urteil gefällt wird. Hierzu muss der Verteidiger eine Vorleistung erbringen, die für eine Verkürzung, zumindest für eine Erleichterung des Verfahrens sorgt.   **2883**

Nach der damals von Bernd **Schünemann** durchgeführten **Repräsentativ-Befragung** von Richtern, Staatsanwälten und Rechtsanwälten kommt es insbesondere bei Vorliegen unklarer Beweissituationen, nicht eindeutiger Rechtslagen und der Erwartung langwieriger Beweisaufnahmen zu Urteilsabsprachen.[4230] Sollte es zu einer Absprache gekommen sein, erweist sich das Gericht im Gegenzug als »gnädig«, verzichtet beispielsweise auf die Verhängung einer Freiheitsstrafe oder setzt sie zur Bewährung aus. Gegenseitig verzichten die Beteiligten auf Rechtsmittel, sodass höhere Instanzen im Nachhinein keinen Einfluss ausüben können. Nach der genannten Umfrage wurden bereits vor 20 Jahren über **80 % aller Wirtschaftsstrafsachen** aufgrund einer solchen informellen Verständigung abgewickelt.[4231] Daran wird sich bis heute nicht viel geändert haben. Es ist davon auszugehen, dass in nahezu keinem anderen Deliktsbereich die verfahrensbeendende Absprache eine wichtigere Rolle spielt.[4232]   **2884**

Auf diese Weise wird den Beteiligten eine oft schwierige und langwierige Beweisaufnahme erspart, das Unternehmen und der Angeklagte werden schnell von der   **2885**

4227 Fischer, a.a.O., S. 215.

4228 Bernd **Schünemann**, Absprachen im Strafverfahren? Grundlagen, Gegenstände und Grenzen, in: Verhandlungen des 58. DJT in München, Bd. I, B 1 ff., München 1990, B 13, m. w. N.

4229 Zu der seit langem bestehenden Kontroverse siehe bereits **Schumann**, Der Handel mit der Gerechtigkeit, Funktionsprobleme der Strafjustiz und ihre Lösungen – am Beispiel der amerikanischen *plea bargaining*, Frankfurt a. M. 1977, sowie die umfangreiche Literatur, die im Rahmen des 58. DJT in München entstand.

4230 Schünemann meinte, dass aufgrund der immer mehr in den Vordergrund tretenden Verfahrensabsprachen von einem eigenen Funktionstyp ausgegangen werden müsse. Bei der Initiierung einer Urteilsabsprache sei statt der völligen Gewissheit des Vorliegens einer strafbaren Handlung des Täters nur die bloße Wahrscheinlichkeit im Sinne des hinreichenden Tatverdachts ausreichend; Schünemann, Absprachen im Strafverfahren?, a.a.O., B 20, m. w. N.

4231 Schünemann, Absprachen im Strafverfahren?, a.a.O., B 18.

4232 Ebenso Anne **Wehnert**, Die tatsächliche Ausgestaltung der Absprachepraxis in staatsanwaltschaftlichen Wirtschaftsermittlungsverfahren aus anwaltlicher Sicht, in: StV 2002, 219 ff. (219).

Berichterstattung der Medien befreit und der Angeklagte erhält **als Gegenleistung einen »Abschlag«** von der sonst zu erwartenden Strafe. Diese Abmachungen außerhalb der Hauptverhandlung sind zwar nicht im Sinne des geltenden Strafprozessrechts, aber in der Praxis weit verbreitet.

- Spektakuläres Beispiel für eine solche Absprache war das Verfahren vor dem Landgericht Mannheim wegen Steuerhinterziehung und Verstoß gegen das Außenwirtschaftsgesetz gegen den ehemaligen Geschäftsführer der Imhausen-Chemie, Jürgen Hippenstiel-Imhausen. Gegenstand des Verfahrens waren u. a. die Lieferungen von Zubehör für eine Giftgasfabrik im libyschen Rhabta. Am 27. Juni 1990 endete der Prozess bereits nach nur zweiwöchiger Dauer aufgrund eines überraschenden Geständnisses des Angeklagten mit einer Verurteilung zu fünf Jahren Freiheitsstrafe .[4233]
- Im Mittelpunkt des öffentlichen Interesses stand nicht zuletzt der nicht abgeurteilte Untreueverdacht gegen Altkanzler Helmut Kohl. Das Landgericht Bonn[4234] stimmte der Einstellung des Verfahrens gemäß § 153a StPO zu, nachdem sich der Beschuldigte zur Zahlung einer Geldauflage von 300.000 DM (ca. 153.000 Euro) bereit erklärt hatte und auch die Staatsanwaltschaft der Verfahrensbeendigung zustimmte.[4235]
- Jüngste Exempel für aufsehenerregende verfahrensbeendende Absprachen sind die Verfahrenseinstellungen des so genannten Vodafone/Mannesmann-Prozess gegen Zahlung von Geldauflagen[4236] und die Bewährungsstrafe gegen Peter Hartz in der Volkswagen-Affäre, die auf ein nicht detailliertes, aber umfassendes Geständnis erging.

2886 Ob und unter welchen Voraussetzungen eine Absprache im Strafprozess zulässig ist, darüber bestanden in der rechtswissenschaftlichen Diskussion seit jeher erhebliche Meinungsverschiedenheiten.[4237] In den Focus der Öffentlichkeit rückte diese Form der Absprache erstmals 1982, danach herrschte lange Zeit eine diffuse Rechtslage.[4238] Durch eine **Grundsatzentscheidung** vom 28. August 1997[4239] hatte der Bundesgerichtshof der Diskussion um die Zulässigkeit einer Verständigung im Strafverfahren zunächst ein Ende bereitet.[4240] Die Leitsätze dieses Urteils lauten:

4233 HAZ Nr. 136 v. 14. 06. 1990, S. 12; »DER SPIEGEL«, Nr. 25 v. 18. 06. 1990, S. 22; DIE ZEIT, Nr. 42 v. 12. 10. 1990, S. 22.

4234 LG Bonn, NJW 2001, 1736 ff.

4235 Dazu auch Wehnert, a.a.O., StV 2002, 219 ff. (220).

4236 Siehe Rdn. 2102 ff.

4237 Vgl. auch Werner **Schmidt-Hieber**, Absprachen im Strafprozess – Privileg des Wohlstandskriminellen?, in: NJW 1990, 1884 ff. und Karl-Heinz **Koch**, ZRP 1990, 249; vgl. Schünemann, Absprachen im Strafverfahren?, a.a.O., B 1 ff.; zuletzt Wolfgang **Schuller**, Geheimprozessordnung – Die Verständigung im Strafverfahren ist ein Rückschritt, in: FAZ Nr. 181 v. 07. 08. 2007, S. 33.

4238 U. a. zur Historie Lutz **Meyer-Goßner**, Die Rechtsprechung zur Verständigung im Strafprozess, in: StraFo 2001, 73 ff.

4239 BGHSt 43, 195 ff.

4240 Vgl. dazu aber Michael **Kruse**, Urteilsabsprachen in der neuesten Rechtsprechung des BGH, StraFo 2000, 146 ff., der aus der Sicht der Wissenschaft in der gegenwärtigen Handhabung der Prozessabsprache durch die Prozessparteien »einen gefährlichen Stillstand« meint erkennen zu können.

>»1. *Eine Verständigung im Strafverfahren, die ein Geständnis des Angeklagten und die zu verhängende Strafe zum Gegenstand hat, ist nicht generell unzulässig. Sie muss aber unter Mitwirkung aller Verfahrensbeteiligten in öffentlicher Hauptverhandlung stattfinden; das schließt Vorgespräche außerhalb der Hauptverhandlung nicht aus.*

>2. *Das Gericht darf vor der Urteilsberatung keine bestimmte Strafe zusagen; es kann allerdings für den Fall der Ablegung eines Geständnisses durch den Angeklagten eine Strafobergrenze angeben, die es nicht überschreiten werde. Hieran ist das Gericht nur dann nicht gebunden, wenn sich in der Hauptverhandlung neue (d. h. dem Gericht bisher unbekannte) schwer wiegende Umstände zulasten des Angeklagten ergeben haben; eine solche beabsichtigte Abweichung ist in der Hauptverhandlung mitzuteilen.*

>3. *Das Gericht hat ebenso wie bei der später im Urteil erfolgenden Strafbemessung auch bei der Zusage des Nichtüberschreitens einer Strafobergrenze die allgemeinen Strafzumessungsgesichtspunkte zu beachten; die Strafe muss schuldangemessen sein.*

>4. *Dass ein Geständnis im Rahmen einer Absprache abgelegt wurde, steht dessen strafmildernder Berücksichtigung nicht entgegen.*

>5. *Die Vereinbarung eines Rechtsmittelverzichts mit dem Angeklagten vor der Urteilsverkündung ist unzulässig.*«

Nach der grundsätzlichen Anerkennung des »Deals« durch den Bundesgerichtshof hat sich in den letzten Jahren ein neuer Schwerpunkt der Kontroverse eröffnet. Ging es in der Vergangenheit mehr um das »Ob« der verfahrensbeendenden Absprachen, wurde jüngst vermehrt Kritik über die praktische Durchführung (»Wie«) geäußert. Noch im Jahre 2004 hat der Deutsche Juristentag in seinen Beratungen eine gesetzliche Regelungen abgelehnt.[4241] **2887**

Diese Ablehnung wurde durch eine erneute Entscheidung des Bundesgerichtshofes überholt. In den Leitsätzen wurden die **Voraussetzungen** umrissen, unter denen eine **Absprache** im Strafverfahren zulässig ist:[4242] **2888**

>»1. *Das Gericht darf im Rahmen einer Urteilsabsprache an der Erörterung eines Rechtsmittelverzichts nicht mitwirken und auf einen solchen Verzicht auch nicht hinwirken.*

>2. *Nach jedem Urteil, dem eine Urteilsabsprache zugrunde liegt, ist der Rechtsmittelberechtigte, der nach § 35a Satz 1 StPO über ein Rechtsmittel zu belehren ist, stets auch darüber zu belehren, dass er ungeachtet der Absprache in seiner Entscheidung frei ist, Rechtsmittel einzulegen (qualifizierte Belehrung). Das gilt auch dann, wenn die Absprache einen Rechtsmittelverzicht nicht zum Gegenstand hatte.*

>3. *Der nach einer Urteilsabsprache erklärte Verzicht auf die Einlegung eines Rechtsmittels ist unwirksam, wenn der ihn erklärende Rechtsmittelberechtigte nicht qualifiziert belehrt worden ist.*«

4241   Vgl. Helmut **Satzger**, Chancen und Risiken einer Reform des strafrechtlichen Ermittlungsverfahrens, in: Verhandlungen des 65. DJT Bonn 2004, Bd. 1, C 95 ff. sowie die Nachweise dort in Bd. 2.1, O 7 ff.

4242   BGH GSSt NStZ 2005, 389 ff. mit Anm. Hans Dahs NStZ 2005, 580 ff.; mit Anm. Gunther **Widmaier**, NJW 2005, 1985.

2889 Der Große Senat für Strafsachen hat über die Praxis entschieden, dass die Verfahrensbeteiligten ein Urteilsergebnis einschließlich der Strafobergrenze absprechen, wobei häufig zugleich auch der Rechtsmittelverzicht vereinbart wird. **Urteilsabsprachen** sind nach dieser Entscheidung **grundsätzlich zulässig**, müssen aber die durch Verfassung und Strafprozessordnung gesetzten Grenzen einhalten:

- Grundsatz des fairen Verfahrens
- Gebot bestmöglicher Sachaufklärung
- Schuldangemessenheit der Strafe.

2890 Das Instanzgericht muss demgemäß die Anklage und das Geständnis des Angeklagten sorgfältig prüfen. Absprachen über den Schuldspruch sind grundsätzlich unzulässig. Der Angeklagte darf auch nicht dadurch zu einer Absprache gedrängt werden, dass ihm bei einem Verzicht eine unangemessen hohe Strafe angekündigt wird (Drohung mit der »Sanktionsschere«).

2891 Der Große Senat hat bei seinem Beschluss hervorgehoben, dass dieser an die Grenzen richterlicher Rechtsfortbildung stößt. Deshalb erfolgte zugleich ein **Appell an den Gesetzgeber**, die Zulässigkeit und in der Folge gegebenenfalls die wesentlichen rechtlichen Voraussetzungen und Begrenzungen von Urteilsabsprachen gesetzlich zu regeln.[4243]

2892 Dieser Aufforderung wird nun nachgekommen. Der **Bundesrat** hat am **15. Dezember 2006** einen **Gesetzentwurf** beschlossen, um Absprachen im Strafprozess erstmals gesetzlich zu regeln. Auf Initiative von Niedersachsens Justizministerin Elisabeth Heister-Neumann hat der Bundesrat dem Bundestag einen Gesetzentwurf vorgeschlagen, der die Gratwanderung zwischen dem Bedürfnis der Praxis nach effizienter Verfahrenserledigung, bestmöglicher Sachaufklärung, Beachtung rechtsstaatlicher Verfahrensgrundsätze sowie der Wahrung der Rechte von Angeklagten und Opfern bewältigen soll. Der Entwurf sieht für die Strafprozessordnung einen § 243a vor, der explizit Voraussetzungen und Verfahren der Urteilsabsprache regeln soll. Beabsichtigt ist, entsprechende Vereinbarungen lediglich hinsichtlich der Rechtsfolgen der Tat zu erlauben, diese in der Hauptverhandlung zu manifestieren und auch im Urteil transparent zu machen. Absprachen über Maßregeln der Besserung und Sicherung seien demnach unzulässig. Geregelt werden soll auch, inwieweit das Tatgericht an die Absprache gebunden ist und welche Rechtsmittel nach Abschluss des Verfahrens weiterhin zur Verfügung stehen.[4244]

2893 Es muss beobachtet werden, wie sich das Gesetzesvorhaben weiter entwickelt und wie sich diese Entwicklung auf die praktische Realität des Strafverfahrens auswirkt[4245]. Die **weitere Rechtsbildung darf vom Strafverteidiger aber nicht untätig abgewartet werden**. Vielmehr ist er weiterhin auch ohne ausdrückliche

---

4243 Eigene Vorschläge unterbreitet Stefan **Braun**, Vorschlag für eine Abspracheregelung im Strafverfahren, in: StraFo 2001, 77 ff.

4244 Siehe die Pressemitteilung des Bundesrates v. 15. 12. 2006 sowie den Entwurf eines Gesetzes zur Regelung von Absprachen im Strafverfahren (Drucksache 235/06 (Beschluss) v. 15. 12. 2006).

4245 Zu dem Gesamtkomplex auch Kay **Nehm**, Die Verständigung im Strafverfahren auf der Zielgerade?, in: StV 2007, 549 ff.

gesetzliche Grundlage aufgerufen, nach den von der Rechtsprechung herausgearbeiteten Möglichkeiten die verfahrensbeendende Absprache zu suchen,[4246] wenn sie im Interesse des Mandanten liegt.

Die Absprache im Strafverfahren ist Realität. Sie findet täglich in den unterschiedlichsten Stadien des Strafverfahrens statt – im Ermittlungsverfahren, vor der Hauptverhandlung, während der Hauptverhandlung.[4247] Der Strafverteidiger darf sich nicht davor verschließen, mangels gesetzlicher Regelungen unter Umständen vorteilhafte Absprachen zugunsten seines Mandanten zu verspielen. **2894**

Absprachen zwischen Verteidigung und Staatsanwaltschaft sind dabei insbesondere im **Ermittlungsverfahren** nicht unüblich. Diese Kooperation hat, wie Generalstaatsanwalt **Schaefer** zu Recht betont,[4248] nichts mit Mauschelei oder Klüngel zu tun. Die Möglichkeit, im Rahmen der vorgegebenen rechtsstaatlichen Grenzen gerade in Unternehmensstrafsachen – besonders in Korruptions- und Umweltstrafverfahren – miteinander reden und kooperieren zu können, beruht hauptsächlich auf zwei Ursachen: Die im Vergleich zu den Strafrichtern naturgemäß wesentlich größere Anzahl einschlägiger Fälle führt zu einer größeren Praxisnähe der Staatsanwälte; zudem ergeben sich naturgemäß häufigere Begegnungen mit den mit Unternehmens- und Wirtschaftsstrafsachen befassten Rechtsanwälten. **2895**

c) Verbot der Mehrfachverteidigung

Die Strafprozessordnung verbietet dem betroffenen Mitarbeiter, sich im Strafverfahren offiziell von einer Armada von Rechtsanwälten verteidigen zu lassen. **Höchstens drei Strafverteidiger pro Beschuldigtem sind erlaubt.**[4249] Auf der anderen Seite dürfen sich **aber auch nicht mehrere Betroffene**, denen verschiedene Taten vorgeworfen werden, in einem Verfahren gleichzeitig von einem Verteidiger vertreten lassen oder bei einem einheitlichen Tatvorwurf einen **gemeinsamen Verteidiger** bestellen.[4250] Vertritt ein Anwalt mehrere Beschuldigte, obwohl die Gefahr der Interessenkollision besteht, dann sind Anwaltsverträge mit den betroffenen Unternehmensangehörigen wegen Verstoßes gegen das gesetzliche Mehrfachverteidigungsverbot nichtig.[4251] Der Interessenwiderstreit wird bei Mehrfachverteidigungen unwiderleglich vermutet. Ob konkret ein Interessenwiderstreit besteht, ist daher unerheblich.[4252] Untersagt ist nur die gleichzeitige Verteidigung von mehr als einem Beschuldigten. Nacheinander darf der Verteidiger mehrere Personen, die derselben Tat beschuldigt sind, verteidigen.[4253] **2896**

4246 Ähnlich Volk/Knierim, a.a.O., § 7 Rn. 196.
4247 Siehe auch Minoggio, a.a.O., S. 262 ff. Rn. 709 ff., der zugleich aber auch auf die bedenklichen Aspekte von Absprachen hinweist.
4248 Hans Christoph **Schaefer**, Kooperation im Ermittlungsverfahren, in: AnwBl. 1998, 67 f.
4249 § 137 Abs. 1 S. 2 StPO.
4250 § 146 StPO.
4251 § 134 BGB.
4252 Brüssow/Gatzweiler/Krekeler/Mehle, a.a.O., § 4 Rn. 29.
4253 Brüssow/Gatzweiler/Krekeler/Mehle, a.a.O., § 4 Rn. 35.

2897 Das **Verbot der Mehrfachverteidigung** kann im Unternehmen die Frage aufwerfen, wer von den beschuldigten Mitarbeitern von welchem Anwalt verteidigt werden soll.

2898 Joachim **Schmidt-Salzer** schlägt vor, den besten Strafverteidiger für den am meisten gefährdeten Unternehmensmitarbeiter zu bestellen.[4254]

2899 Eine Aussage, die auf den ersten Blick schlüssig klingt. Doch welcher Anwalt ist im konkreten Fall der beste? Nach welchen Kriterien lässt sich eine solche Klassifizierung bestimmen? Und: Was könnte ein Unternehmen veranlassen, in einem Strafverfahren gegen mehrere seiner Mitarbeiter, Anwälte mit deutlich abgestufter Qualifikation zu beauftragen? Es ist doch als solches in dem Verfahren involviert und muss darauf bedacht sein, insgesamt ohne größeren Ansehensverlust in der öffentlichen Meinung den Fall zu beenden. Andererseits geht für den Verteidiger eines Mitarbeiters die größte Gefahr in einem Verfahren, in dem mehrere Betriebsangehörige verwickelt sind, nicht von Staatsanwaltschaft, Verwaltungsbehörde und Gericht aus, sondern von dem »unerfahrenen« Kollegen.

2900 Auch das **Einschalten eines so genannten Starverteidigers** kann für das betroffene Unternehmen ein zweischneidiges Schwert sein. Zum einen verstärkt der »Star« den für das Unternehmen unangenehmen Medienrummel, zum anderen kann sein Auftreten zu einem Prozessausgang führen, der diametral zu dem mit der Beauftragung erhofften Ergebnis steht. So ist es schon vorgekommen, dass der prominente Anwalt aus der Großstadt als Verteidiger vor dem Amtsgericht spürbar, aber nicht beweisbar, auf Misstrauen und Ablehnung stieß. Gedanken des Richters und des Staatsanwalts wie »*Wenn der Angeklagte tatsächlich unschuldig ist, für was benötigt er dann den Star? Er soll uns hier wohl über den Tisch ziehen?*« können zu besonders peniblen Verhandlungsabläufen führen. Deshalb ist die Mandatierung eines ortsansässigen Rechtsanwalts, der »*seine*« Richter und Staatsanwälte kennt und sie zu nehmen weiß, u. U. für den angeklagten Mitarbeiter und dessen Unternehmen zweckdienlicher.[4255]

2901 Richtig verstandene Strafverteidigung heißt für den Verteidiger auch, im Interesse seines Mandanten regelmäßig jedes Medienspektakel zu vermeiden. Starallüren sind den Interessen des Mandanten abträglich. Jeder Rechtsanwalt, der regelmäßig Unternehmen und deren Angehörige in Strafsachen vertritt, wird bemüht sein, seine Mandantschaft – und sich – aus dem Medienrummel herauszuhalten.

2902 Unterstellt man mit Joachim **Schmidt-Salzer**, dass in einem Verfahren einer der tätigen Verteidiger erkennbar der fachlich beste ist, dann stößt seine Empfehlung, diesen dem am meisten gefährdeten Mitarbeiter zur Seite zu stellen, dennoch auf Bedenken. Denn dies hätte im Fall der Beschuldigung von Mitarbeitern und Mitgliedern der Geschäftsleitung zur Folge, dass, wenn der Geschäftsleitung »*nur*« ein Aufsichtsverschulden vorgeworfen wird, einem ausführenden Mitarbeiter dagegen ein konkretes Handlungsverschulden zur Last gelegt wird, Letzterer den höher qualifizierten Anwalt zur Seite gestellt bekäme.

[4254] Schmidt-Salzer, Produkthaftung, Bd. I, a.a.O. Rn. 1.621.
[4255] Das geschilderte Phänomen tritt allerdings in Unternehmensstrafsachen seltener auf. Dort ist der mandatierte Verteidiger regelmäßig Experte und nicht »Star«.

Angesichts der besonderen Stellung der Mitglieder der Geschäftsleitung, die in **2903** dem Bewusstsein der Öffentlichkeit das *»Unternehmen«* verkörpern, sollte auch der Vorwurf bloßer Aufsichtspflichtverletzungen äußerst sensibel behandelt werden. Unter Umständen kann die Medienwirksamkeit von Verfahren gegen Manager dem Unternehmen größeren Schaden zufügen, als es die strafrechtlichen Vorwürfe anfangs erkennen lassen.

Strategisch geschickter ist es, den besten Strafverteidiger als *»Koordinator«* für die **2904** weiteren Strafverteidiger einzusetzen, so wie es Pressemitteilungen zufolge[4256] im **Münchner Klärwerk II-Fall**[4257]geschehen ist: Hier agierte ein renommierter Rechtsanwalt zwar vordergründig nicht unmittelbar als Verfahrensbeteiligter, aber offensichtlich war er auch nicht als neutraler Prozessbeobachter an den Verhandlungstagen im Gerichtssaal zugegen, sondern als **Berater** des Konzerns, dessen Mitarbeiter vor der Gerichtsschranke standen.

Dieser *»verdeckte«* Verteidiger kann beratend helfen, aber er kann, da er nicht **2905** zum Verteidiger bestellt ist, nicht das Gespräch mit dem Staatsanwalt suchen. **Der verdeckte Verteidiger** kann besonders in einem Fall, in dem mehrere Mitarbeiter beschuldigt werden, zusammen mit der Rechtsabteilung des Unternehmens die Gesamtstrategie der Verteidigung koordinieren. Bei dieser Vorgehensweise ist darauf zu achten, dass es nicht zu Kollisionen der Interessen der Betroffenen kommt.[4258] Am besten lässt sich eine solche **Interessenkollision** vermeiden, wenn die Fragen der Tatbestandserfüllung und der Rechtswidrigkeit – solange, wie es

---

4256 DIE ZEIT, Nr. 9 v. 21. 02. 1992, S. 25.

4257 Aufgrund der Anklageschrift vom 11. 12. 1991 wurden in einem spektakulären *»Schmiergeldprozess«* Angehörige der Siemens AG aus dem unteren bis hohen Management angeklagt, einen städtischen Angestellten im Baureferat mehrfach mit hohen Summen bestochen zu haben. In einem Fall hatte dieser verraten, welche Konkurrenten zu welchen Preisen bei den Ausschreibungen für zwei kommunale Bauprojekte (technische Ausrüstung zweier großer Kläranlagen im Wert von etwa 25 Millionen €) mitboten. (DIE ZEIT, Nr. 9 v. 21. 02. 1992, S. 25; SZ Nr. 43 v. 21. 02. 1992, S. 16; Nr. 36 v. 13. 02. 1992, S. 16; FAZ Nr. 37 v. 13. 02. 1992, S. 4; Nr. 30 v. 05. 02. 1992, S. 1, 2) Das Landgericht München I verhängte gegen acht aktive bzw. ehemalige Belegschaftsangehörige wegen Bestechung bzw. Beihilfe zur Bestechung und Betrugs Freiheitsstrafen zwischen 15 Monaten und drei Jahren vier Monaten. In fünf Fällen wurde die Strafe gegen Zahlung von Geldbußen zwischen 75.000 (= 37.000 €) und 120.000 DM (= 60.000) zur Bewährung ausgesetzt. Der Bundesgerichtshof hob das Urteil des Landgerichts München I teilweise auf (dazu BGHSt 43, 96 ff.), da die angeklagten Manager nach dem zur Tatzeit geltenden Strafrecht nicht wegen Bestechung verurteilt werden konnten. Er bestätigte jedoch ihre Verurteilung wegen Ausschreibungsbetrugs. Das Gericht stellte fest, dass der freiberufliche und von der Stadt München beauftragte Prüfingenieur, an den Schmiergelder in Höhe von rund 150.000 € geflossen sein sollen, kein Amtsträger war. (Nach dem bis zum 19. 08. 1997 geltenden Strafrecht. BGHSt 43, 96 ff. (106): *»Weil der werkvertraglich beauftragte Prüf- und Planungsingenieur nicht öffentlich-rechtlich zum Amtsträger bestellt worden war, erfüllen die Schmiergeldzahlungen an ihn nicht den Tatbestand der Bestechung nach § 334 StGB.«* Der geschilderte Bestechungsskandal hat weite Kreise gezogen. So wurden in diesem Zusammenhang gegen eine Vielzahl anderer Unternehmen ebenfalls Ermittlungsverfahren wegen des Verdachts der Bestechung eingeleitet. (DIE ZEIT, Nr. 9 v. 21. 02. 1992, S. 25).

4258 Das Damoklesschwert für den verteidigenden Rechtsanwalt heißt hier: Parteiverrat! Siehe dazu die Entscheidung des OLG Stuttgart, Beschluss v. 25. 04. 1990, NStZ 1990, 542 ff. mit einer Anmerkung von Klaus **Geppert**.

der Verfahrensablauf zulässt – quasi »*vor die Klammer*« der individuellen Verteidigung gezogen werden (Stichwort: **Sockelverteidigung**).[4259] Die Behandlung der persönlichen Schuldzuweisung muss natürlich allemal der Verteidigung des einzelnen beschuldigten Mitarbeiters vorbehalten bleiben. Es ist die alleinige Entscheidung eines Betroffenen, ob er meint, zu seiner eigenen Entlastung andere Betriebsangehörige belasten zu müssen, auch wenn dies den Interessen des Unternehmens widerspricht.

2906 Das Unternehmen (meist die Rechtsabteilung) und der Koordinator sollten im Interesse einer erfolgreichen Verteidigung mit Fingerspitzengefühl und einer gehörigen Portion Menschenkenntnis an die Zusammensetzung des Verteidigerteams herangehen. Dabei sind neben Person und Wesen der einzelnen Beschuldigten **und** der Verteidiger auch deren Teamfähigkeit in der Krise, die ein Strafverfahren allemal darstellt, zu berücksichtigen. Die Auswahl eines Verteidigerteams als notwendiges Übel und lästige Aufgabe zu verstehen – das ist kein Ausnahmefall –, kann für ein Unternehmen und die betroffenen Mitarbeiter zum peinlichen Eigentor werden.[4260]

5. Die Bedeutung des Sachverständigen[4261]

2907 Jedes Strafverfahren hat seine Besonderheiten. Häufig werden Fragen aufgeworfen, auf die der reine Gesetzestext keine klare Antwort gibt. Als Beispiel sei an die Technik-Standards erinnert,[4262] bei deren Beurteilung sich das Gericht aufgrund fehlender eigener Sachkenntnis der Hilfe von Sachverständigen bedient. Dadurch ist die Rechtsprechung unkalkulierbar geworden, was als echtes Unternehmensrisiko zu werten ist. Oft ist es dem Richter aus eigener Sachkenntnis nicht möglich, ohne die Hilfe eines oder mehrerer Sachverständiger verfahrenserhebliche Fragen zu beantworten. Der Richter muss dann die Auskunft des Gutachters als richtig unterstellen. Er wird bei seiner Urteilsfindung abhängig von Aussagen Dritter, deren Zielrichtung sich oft deutlich von der seinen unterscheidet. Der Wissenschaftler sagt, was ist; der Techniker, was sein kann; der Richter aber, was sein soll.[4263] Diese prägnante Gegenüberstellung der unterschiedlichen Intentionen und Denkweisen deutet auf die Problematik hin.

2908 Die durch die Expertenabhängigkeit der Gerichte entstehende Situation hat Ernst **Benda**, der ehemalige Präsident des Bundesverfassungsgerichts, beschrieben:

4259 Dazu grundlegend Christian **Richter II**, Sockelverteidigung, Voraussetzung, Inhalte und Grenzen der Zusammenarbeit von Verteidigern verschiedener Beschuldigter, in: NJW 1993, 2152 ff.; Dahs, Handbuch, a.a.O., Rz. 68, 237, 464 und Minoggio, a.a.O., S. 103 ff. Rn. 97 ff.

4260 Zur Koordination und Abstimmung im Verteidigerteam, vor allem in den so gen. Banken-Strafverfahren siehe auch Alfred **Locklair**, Das Management von Strafverfahren gegen Führungskräfte und Mitarbeiter, in: StraFo 2000, 37 ff. (39).

4261 Zur Rolle des Sachverständigen als »*Beweismittel*« siehe auch Rdn. 2974 ff.

4262 Siehe Rdn. 224 ff.

4263 Günter **Frieling**, Der gerichtliche Sachverständige, 12. Aufl. 2007.

»So ist es dem Richter aus eigener Sachkenntnis regelmäßig nicht möglich, ohne die Hilfe von Sachverständigen die Frage zu beantworten, ob etwa beim Reaktorbau die nach dem Stand von Wissenschaft und Technik erforderliche Vorsorge gegen Schäden durch die Errichtung und den Betrieb der Anlage getroffen ist (§ 7 Absatz 2 Nr. 3 AtG). Damit verlagert sich die Entscheidung von dem demokratisch legitimierten Gesetzgeber über den Richter auf den technischen Sachverständigen. «[4264]

Eine solche Verlagerung widerspricht dem Grundgesetz, ist also verfassungswidrig! Die Tatsache, dass jedes Gerichtsgutachten der freien richterlichen Beweiswürdigung gemäß §§ 286, 261 StPO unterliegt, kann diese Schieflage kaum ausgleichen. Das geltende Recht geht wohl zu optimistisch davon aus, dass der idealtypische Richter auch außerhalb des Rechts in vielfältiger Hinsicht fachlich interessiert ist und über eine gute Allgemeinbildung und einen Intellekt verfügt, der es ihm erlaubt, sich über den Wert oder Nennwert eines Sachverständigengutachtens ein eigenes verantwortbares Urteil zu bilden.[4265] **2909**

Zum Sachverständigen im Einzelnen: **2910**

Die **Bezeichnung »Sachverständiger«** beschreibt eine Person mit Sachkenntnis. Sachverständiger im Strafverfahren ist zunächst, wer **im Auftrag** des Gerichts, der Staatsanwaltschaft oder der Polizeibehörden **aufgrund seiner Sachkunde** Erfahrungssätzen mitteilt, Tatsachen ermittelt oder aus bestimmten, vorgegebenen Tatsachen Schlussfolgerungen zieht.[4266] Er begutachtet aufgrund seines besonderen Fachwissens entscheidungserhebliche Tatsachen und vermittelt anschließend auf der Basis dieses Wissens den Juristen, die nicht immer wahrhaben wollen, dass es ihnen an Sachkunde mangelt,[4267] die fehlende Kenntnis. **2911**

Um diese Sachkenntnis geht es auch im Ermittlungs- bzw. Strafverfahren gegen Unternehmensangehörige. Wenn sie sich wegen eines strafbaren Verstoßes aus dem Bereich ihrer beruflichen Tätigkeit verantworten sollen, dann muss die ermittelnde Behörde überprüfen, ob das Verhalten des Mitarbeiters in der bestimmten Situation mit der typischen erforderlichen Sorgfalt übereinstimmt. Je komplizierter das Fachgebiet ist, desto schwieriger wird es für den Laien – und das sind die Strafverfolger hinsichtlich der betroffenen Fachgebiete nicht selten –, den Vorgang nachzuvollziehen und über die Anforderungen an ein ordnungsgemäßes Verhalten des Ausübenden zu werten. **2912**

Die **außerordentliche Entwicklung von Wissenschaft und Technik** macht es also erforderlich, Sachverständige in das Verfahren einzubeziehen. **2913**

»Mit der richtigen Auswahl und Leitung des Sachverständigen steht und fällt der Sachverständigenbeweis.«[4268]

4264 Ernst **Benda**, Von der Ambivalenz des technischen Fortschritts, in: **v. Weizsäcker**, Das Ende der Geduld, München 1987, S. 91 ff. (94).

4265 Vgl. Walter **Bayerlein**, Praxishandbuch, Sachverständigenrecht, 3. Aufl. 2002 § 12 Rn. 1 ff.; siehe auch BGHSt 8, 113 ff.

4266 Vgl. Müller-Gugenberger/Bieneck/Niemeyer , a.a.O., § 12 Rn. 29.

4267 Vgl. Dahs, Handbuch des Strafverteidigers, a.a.O. Rn. 609 ff.

4268 Axel **Hagedorn**, Die Bestellung des Sachverständigen im Strafverfahren wegen Wirtschaftskriminalität, in: StV 2004, 217 ff. (217) unter Hinweis auf **Dippel**, Die Stellung des Sachverständigen im Strafprozess, 1986, S. 82.

2914 Die Auswahl der hinzuzuziehenden Sachverständigen und die Bestimmung ihrer Anzahl erfolgt grundsätzlich durch den Richter.[4269] In der Hauptverhandlung wird aber in aller Regel auf den Sachverständigen zurückgegriffen, der bereits im Ermittlungsverfahren tätig war.[4270] Das birgt für die Verteidigung schwer kalkulierbare Risiken. Zum einen ist festzustellen, dass bestimmte Gutachter immer wieder gerne von bestimmten Staatsanwälten beauftragt werden[4271] – zum anderen läuft nicht selten der Grundsatz leer,[4272] dem Strafverteidiger die Gelegenheit zu geben, sich vor der Sachverständigenauswahl zu dieser zu äußern.[4273] Ergeben sich auf Seiten des Strafverteidigers Bedenken gegen die Auswahl des Sachverständigen, empfiehlt es sich, diese unmittelbar aktenkundig zu machen. Dabei ist sorgfältig zu prüfen, welche Anhaltspunkte gegen den Sachverständigen sprechen. Diese müssen herausgearbeitet werden, um sich die Möglichkeit zu eröffnen, einen anderen Gutachter in das Verfahren einzubringen.[4274]

2915 Besonderes Augenmerk ist auf Gutachten zulegen, bei denen die Staatsanwaltschaft den eigenen Wirtschaftsreferenten[4275] zum Sachverständigen des Verfahrens gemacht hat. Diese Vorgehensweise ist grundsätzlich zulässig, aber äußerst bedenklich und umstritten, da bei derartigen Sachverständigen die Unabhängigkeit bezweifelt werden kann. Die Neutralität eines Wirtschaftsreferenten steht insbesondere dann infrage, wenn dieser gleichzeitig in derselben Sache Ermittlungs- und Strafverfolgungsaufgaben übernommen hat.[4276] Ein Ablehnungsrecht insbesondere für befangene Sachverständige gibt ist in gleichem Maße wie es auch für befangene Richter besteht.[4277]

2916 **Schon im Ermittlungsverfahren** obliegt es also der Verteidigung, auf Fehler und Defizite in der Begutachtung sowie der Person des von der Staatsanwaltschaft beauftragten Sachverständigen hinzuweisen und zu dessen Überprüfung, Ablösung oder zum Gegenbeweis eigene Gutachter auszuwählen.

2917 Gute Sachverständige sind in den meisten Strafverfahren, in die Unternehmensangehörige verwickelt werden können, eine wertvolle Stütze der Verteidigung. Gute Sachverständige sind aber auch rar. Aus diesem Grund wird jeder erfahrene Verteidiger frühzeitig mit der Suche nach – für die speziellen Verfahrensprobleme – geeigneten Gutachtern beginnen. Hier kann das Unternehmen mit seinem Knowhow, aber auch durch Anfragen bei seinem Interessenverband wichtige Hilfe leisten. Der Verteidiger wird die empfohlenen Sachverständigen anschreiben und fragen, ob sie zur Mitarbeit im laufenden Verfahren bereit sind. Getreu dem Motto *»Wer zuerst kommt, mahlt zuerst! «* werden die Sachverständigen durch diese Anfrage für die Gegenseite *»gesperrt«*.

4269 § 73abs. 1 StPO.
4270 Minoggio, a.a.O., S. 178 Rn. 313.
4271 Besonders kritisch sind Gutachter, die quasi »hauptberuflich« für die Staatsanwaltschaft tätig sind, vgl. Minoggio, a.a.O., S. 179 Rn. 319.
4272 Nach Nr. 70 Abs. 1 RiStBV.
4273 Hagedorn, a.a.O., StV 2004, 217 ff. (219).
4274 Ähnlich Volk/Wessing II, a.a.O., § 11 Rn. 172.
4275 Zu dessen Rechtsstellung auch Rdn. 2773.
4276 Dazu auch Minoggio, a.a.O., S. 179 f. Rn. 323 ff.
4277 § 74 StPO.

Im Ermittlungsverfahren hält es die Staatsanwaltschaft wegen der ihr vorliegenden Verdachtsmomente oft für überflüssig, vor der Anklageerhebung ein Sachverständigengutachten anzufordern, weil die vorhandenen Beweismittel ausreichend und die daraus gezogenen Schlussfolgerungen konsequent erscheinen. Falls jedoch die Sachkunde der Staatsanwaltschaft nicht ausreicht, kann sie im Ermittlungsverfahren ein **Sachverständigengutachten** einholen. Dem Sachverständigen ist dann ein klar umgrenzter Auftrag zu erteilen, wobei nach Möglichkeit bestimmte Fragen zu stellen sind.[4278]   **2918**

Folglich tut die Verteidigung gut daran, bereits im Ermittlungsstadium mit eigenen Recherchen ein Pendant zu den polizeilichen Untersuchungen zu schaffen. Die Einholung eines Sachverständigengutachtens bietet die Möglichkeit, die Schlussfolgerungen der Ermittlungsbeamten infrage zu stellen.[4279] Es ist denkbar, dass die Beweislage zulasten des Mitarbeiters durch das Gutachten derart dürftig wird, dass die Staatsanwaltschaft das Verfahren einstellt.[4280]   **2919**

Auch wenn die Staatsanwaltschaft ein erstes Gutachten vorweist und die Verteidigung die Ergebnisse bezweifelt, sollte bereits vor der Hauptverhandlung von Unternehmensseite ein zusätzliches **Privatgutachten** eingeholt werden. Es besteht dann immer noch die Chance, dass sich die ermittelnde Behörde durch das entlastende Material von der Unschuld des **Betroffenen** überzeugen lässt. Selbst wenn die Staatsanwaltschaft die Eröffnung des Hauptverfahrens beantragt hat, ist das Lenken durch den Verteidiger noch nicht ausgeschlossen. Vor der Entscheidung des zuständigen Gerichts über die Eröffnung der Hauptverhandlung fordert es den Angeschuldigten auf, hierzu Stellung zu nehmen.[4281] Die Vorlage eines Gutachtens vonseiten der Verteidigung kann unter Umständen bewirken, dass das zuständige Gericht den Sachverhalt in einem anderen Licht sieht und von der Eröffnung des Hauptverfahrens ablässt.[4282]   **2920**

Vorsicht ist bei dem Vorschlag der Staatsanwaltschaft geboten, zu Beginn der Ermittlungen einen **gemeinsamen Sachverständigen** mit Klärung technischer Fragen zu betrauen. Dieses Angebot ist Teil des so genannten **Saarbrücker Modells**, das die **Kooperation zwischen Staatsanwaltschaft und Verteidigung** zur Aufklärung von Umweltstrafsachen fördern soll.[4283]   **2921**

Nach meiner Auffassung kann diese gemeinsame Bestellung eines Sachverständigen nur der Staatsanwaltschaft dienlich sein, weil ihr dadurch – nicht nur unter Kostengesichtspunkten – die Ermittlungsarbeit erleichtert wird. Dem betroffenen Unternehmensangehörigen bringt eine solche Verbindung wenig ein, sie schwächt im Grunde seine Verteidigung, denn regelmäßig wird sie der Absicht des Verteidigers zuwiderlaufen, dem Ermittlungsverfahren durch die Beteiligung eines   **2922**

4278   Bayerlein, a.a.O., § 14 Rn. 6 ff. (8 ff.).
4279   § 160 StPO. Der Rechtsanwalt kann übrigens bei der Abfassung des Gutachtens mitwirken, in dem er den Sachverständigen auf rechtlich relevante Punkte hinweist.
4280   § 170 Abs. 2 StPO.
4281   § 201 StPO.
4282   §§ 109, 204 StPO.
4283   Staatsanwalt Jülich, Saarbrücken, sprach sich bereits auf dem 1. Saarbrücker Umweltkongress am 09. 06. 1989 unter Hinblick auf § 73 StPO für dieses Modell aus.

eigenen Sachverständigen eine von dem Mandanten und dessen Unternehmen gewünschte Entwicklung zu geben. Der Sachverständige hat bei einer gemeinsamen Beauftragung zwei Herren zu dienen. Eine prägnante Darstellung im Sinne des beschuldigten Mitarbeiters wird nicht mehr möglich sein.

2923 Riskant ist es, wenn der Verteidiger mit der Beauftragung eines Sachverständigen zur Erstellung eines Zweitgutachtens bis zur Hauptverhandlung abwartet. Das Gericht kann nämlich diesen in der Hauptverhandlung gestellten Antrag mit der Begründung[4284] ablehnen, die Sachkunde oder Folgerungen des von der Staatsanwaltschaft beauftragten Erstgutachters stünden nicht in Zweifel.[4285]

2924 Schließlich weise ich noch auf ein Problem hin: Es ist umstritten, ob dem durch die Verteidigung oder vom Unternehmen selbst beauftragten Sachverständigen ein Zeugnisverweigerungsrecht gemäß § 53 StPO zukommt. Der eindeutige Wortlaut des § 53 StPO spricht, trotz aller Kritik die man daran äußern kann, dagegen.[4286] Deshalb ist anzuraten, dass der Gutachter vom Strafverteidiger – nicht vom Unternehmen – beauftragt wird, da sich nach zutreffender, freilich ebenfalls streitiger Ansicht[4287] der Sachverständige dann auf das Zeugnisverweigerungsrecht des Berufshelfers gemäß § 53a StPO berufen kann.

2925 Im Übrigen ist vor einem allzu bescheidenen Gebrauchmachen von Privatgutachten zu warnen. Der häufig fallende Hinweis, die Strafjustiz sehe die eigenen Ermittlungen der Verteidiger äußerst kritisch und die anwaltlichen Ermittlungsergebnisse würden nur unter Vorbehalt zur Kenntnis genommen,[4288] darf nicht zu der voreiligen Einstellung führen, Privatgutachten seien überflüssig. Immerhin müssen die im Raum stehenden Erkenntnisse des Verteidigers erst einmal von der Strafjustiz widerlegt werden, bevor sie als bedeutungslos abgetan werden.

6. Die Rechte und Pflichten des Zeugen[4289]

2926 Ein weiteres »lebendes Beweismittel« ist der Zeuge. Er hat in dem gegen einen anderen geführten Verfahren die Funktion, eine persönliche Wahrnehmung über einen zurückliegenden Vorgang zu bekunden.[4290] Im Unterschied zum Sachverständi-

---

4284 Zu den Anforderungen an die Begründung Stefan **Conen**/Michael **Tsambikakis**, Strafprozessuale Wahrheitsfindung mittels Sachverständiger im Spannungsfeld zwischen Aufklärungspflicht und Beweisantragrecht, in: GA 2000, 373 ff. (insb. 376 ff.).

4285 § 244 Abs. 4 S. 2 StPO.

4286 Dazu Minoggio, a.a.O., S. 181 ff., 330 ff.

4287 Meyer-Goßner, a.a.O., § 53a Rn. 2 m. w. N. spricht gegen ein Zeugnisverweigerungsrecht aus. Wie hier Minoggio, a.a.O., S. 182 Rn. 334; Volk/Wessing II, a.a.O., § 11 Rn. 174, der erwähnt, im Extremfall den Gutachter in ein festes Arbeitsverhältnis beim Verteidiger einzustellen.

4288 Vgl. Gerhard **Decker**/Peter **Kotz**, Erfolg in Strafsachen durch aktive Verteidigerstrategien, Bd. I, Augsburg (Stand Nov. 1991), 4/2.3.4. sowie Volk/Wessing II, a.a.O., § 11 Rn. 173: »Mir persönlich ist nie richtig klar geworden, warum ein von der Staatsanwaltschaft gestelltes Gutachten weniger Partei sein soll, als dasjenige, was ein Beschuldigter veranlasst hat;« – mit dieser Tatsache auseinander setzen müsse man sich aber trotzdem.

4289 Zur Rolle des Zeugen als »Beweismittel« siehe auch Rdn. 2958 ff.

4290 Meyer-Goßner, a.a.O., Vor § 48 Rn. 1.

gen ist der **Zeuge nicht austauschbar**, denn die von ihm gemachten persönlichen Beobachtungen dürften sich kaum wiederholen lassen.

Grundsätzlich ist jedermann dazu verpflichtet, als Zeuge auszusagen.[4291] Nur **2927** die Personen, die ein **Zeugnisverweigerungsrecht** geltend machen können, sind hiervon ausgeschlossen. Aus persönlichen Gründen sind vorrangig der oder die **Verlobte des oder der Beschuldigten**, der **Ehegatte** und diejenigen, die mit dem Beschuldigten **in gerader Linie verwandt oder verschwägert** sind, berechtigt, die Aussage zu verweigern.[4292]

Aus beruflichen Gründen sind die so genannten **Berufsgeheimnisträger** zur **2928** Zeugnisverweigerung berechtigt.[4293] So ist weder der **Verteidiger des Beschuldigten** verpflichtet, über die ihm anvertrauten Informationen zu berichten, noch der **Wirtschaftsprüfer** oder **Steuerberater** über entsprechende Geschäftsgeheimnisse. Nur wenn derjenige, zu dessen Gunsten die Schweigepflicht besteht, den Geheimnisträger hiervon entbindet, darf dieser als Zeuge aussagen.[4294]

Neben den Pflichten, vor Gericht zu erscheinen, wahrheitsgemäß auszusagen und **2929** die Aussage gegebenenfalls zu beeiden,[4295] hat der Zeuge auch Rechte. So kann er einen Rechtsbeistand seines Vertrauens zu den Vernehmungen hinzuziehen, wenn er dies für erforderlich hält.[4296]

In Strafverfahren gegen Unternehmen pflegen die Strafverfolgungsbehörden die **2930** ersten Ermittlungsphasen bewusst zeitlich auszudehnen. Der Grund für diese Vorgehensweise ist einfach: Im Verfahrensabschnitt »*Ermittlungen gegen Verantwortliche der Fa.* « wird noch kein Unternehmensangehöriger beschuldigt, folglich können noch alle Mitarbeiter als Zeugen vernommen (ausgeforscht) werden. Mitarbeiter als Zeugen zu nutzen ist mittlerweile alltäglich. Mangels Aussageverweigerungsrecht muss der Mitarbeiter bis an die Grenze der Selbstbelastung aussagen und gerät nicht selten in einen Gewissenskonflikt, wenn er gegen Kollegen oder Vorgesetzte Zeugnis ablegen soll. Die hohe Zeit des Verteidigers als **Zeugenbeistand**.[4297] Der Ausschluss eines Rechtsanwalts als Zeugenbeistand ist mangels einer gesetzlichen Grundlage unzulässig.[4298]

Gerade vor diesem Hintergrund zeigt sich, wie wichtig es für ein Unternehmen **2931** ist – sowohl unter dem Fürsorgeaspekt als Arbeitgeber wie auch im betrieblichen Gesamtinteresse – seine Mitarbeiter rechtzeitig umfassend über ihre Rechte und Pflichten in einem Straf- und Ordnungswidrigkeitenverfahren zu instruieren.[4299]

4291 Eine Ausnahme gilt für Exterritoriale (§§ 18, 19 GVG); vgl. Roxin, a.a.O., S. 280 ff.
4292 § 52 StPO.
4293 § 53 Abs. 1 StPO.
4294 § 53 Abs. 2 StPO.
4295 Sonst drohen Zwangsmittel, vgl. § 70 StPO, oder Straftatbestände, vgl. §§ 258, 145, 164, 153 ff. StGB.
4296 Brüssow/Gatzweiler/Krekeler/Mehle, a.a.O., § 4 Rn. 43 ff.
4297 Jeder Zeuge ist berechtigt, »*einen Rechtsbeistand seines Vertrauens zu der Vernehmung hinzuziehen, wenn er das für erforderlich hält, um von seinen prozessualen Bedürfnissen selbstständig und seinen Interessen entsprechend sachgerecht Gebrauch zu machen.*« So BVerfGE 38, 105 ff.; vgl. auch Michalke, a.a.O., Rz. 499 ff.
4298 BVerfG NStZ 2000, 434 f.
4299 So auch Michalke, a.a.O., Rz. 501 ff.

Rechtzeitig, das meint, nicht erst wenn der unerwünschte strafrechtliche Störfall eingetreten ist. Die vorbeugende Information sollte einer der vornehmsten Aufgaben der Rechtsabteilung oder des externen Hausanwalts des Unternehmens sein.

7. Der Ermittlungsrichter

2932 Die Staatsanwaltschaft ist zwar Herrin des Ermittlungsverfahrens; es gibt jedoch eine Reihe von besonders einschneidenden Maßnahmen, die dem Staatsanwalt verwehrt sind. Das Gesetz sieht für die Fälle des so genannten Richtervorbehalts[4300] die **Institution des Ermittlungsrichters** vor.[4301]

Sollte seitens der Staatsanwaltschaft eine bestimmte Untersuchungshandlung erforderlich sein, so beantragt die Staatsanwaltschaft die Entscheidung[4302] über diese Maßnahme grundsätzlich bei dem zuständigen Strafrichter am Amtsgericht, in dessen Bezirk die Handlung zu vollziehen ist.[4303] Der Richter hat dann die rechtliche Zulässigkeit der beantragten Maßnahme zu prüfen, nicht jedoch deren Zweckmäßigkeit.[4304] Eine von der Staatsanwaltschaft beantragte richterliche Vernehmung darf also nicht vom Ermittlungsrichter mit der Begründung abgelehnt werden, dass diese überflüssig sei und von der Staatsanwaltschaft selbst durchgeführt werden könne.

Der Ermittlungsrichter wird **auf Antrag der Staatsanwaltschaft** u. a. zur Sicherung von Beweismitteln, zur eidlichen Wahrnehmung von Zeugen und Sachverständigen, zur Anordnung der Untersuchungshaft und im Normalfall zur Anordnung der Beschlagnahme, des Arrests und der Durchsuchung herangezogen.[4305]

Auf eigene Initiative wird der Ermittlungsrichter **nur bei Gefahr im Verzug tätig**. Er hat dann als **Notstaatsanwalt**[4306] alle unaufschiebbaren Untersuchungshandlungen von Amts wegen vorzunehmen und kann auch Haftbefehle erlassen.

4300 Zum Richtervorbehalt dazu siehe die grundlegende Darstellung von **Rabe von Kühlewein**, Der Richtervorbehalt im Polizei- und Strafprozessrecht (Diss.), Frankfurt a.M. 2001 und ders., Normative Grundlagen der Richtervorbehalte, in: GA 2002, 637 ff.

4301 Vgl. Heinrich **Kintzi**, Die Tätigkeit des Ermittlungsrichters im Ermittlungsverfahren und Richtervorbehalt, in: DRiZ 2004, 83 ff.

4302 Z. B. Durchsuchungs- oder Beschlagnahmebeschluss.

4303 § 162 Abs. 1 S. 1 StPO; zu beachten ist die Ausnahme des Abs. 1 S. 2: Hält die StA die richterliche Anordnungen für die Vornahme von **Untersuchungshandlungen in mehr als einem Bezirk** für erforderlich, so stellt sie ihre Anträge bei dem Amtsgericht, in dessen Bezirk sie ihren Sitz hat.

4304 § 162 Abs. 3 StPO.

4305 Vgl. zur Durchsuchung und Beschlagnahme §§ 102 ff., 94 ff. StPO, zur Untersuchungshaft §§ 112 ff. StPO.

4306 § 165 StPO.

IX. Das strafprozessuale Szenario im Ermittlungsverfahren

1. Vorladung zur Vernehmung

Gesetzt den Fall, die Staatsanwaltschaft hält zur Aufklärung des Sachverhalts die **2933** Vernehmung eines Mitarbeiters im Steuerstrafverfahren bzw. Strafverfahren für erforderlich, dann kann sie ihn vorladen. Dabei gibt es unterschiedliche, von der jeweiligen Verfahrensstellung der Beteiligten abhängige Vorgehensweisen.

Beschuldigter, Zeugen und Sachverständige sind gleichermaßen verpflichtet, auf **2934** die Ladung des Ermittlungsrichters, der Staatsanwaltschaft oder der Finanzbehörde, die in einer Steuerstrafsache das Ermittlungsverfahren selbstständig durchführt, zu erscheinen.[4307] Gegenüber der Anordnung der Polizei besteht dagegen keine Erscheinenspflicht.[4308]

Die **Ladung eines Zeugen** ist **nicht formgebunden.**[4309] Sie kann schriftlich, tele- **2935** grafisch oder mündlich erfolgen. Aus der Ladung muss hervorgehen, dass der Empfänger als Zeuge vernommen werden soll. **Belehrungen** zu Zeugnis- und Auskunftsverweigerungsrechten[4310] enthält die Ladung nicht. Sie muss jedoch den Hinweis einschließen, dass bei Nichterscheinen die Auferlegung der durch das Ausbleiben entstandenen Kosten sowie Ordnungsgeld, -haft oder zwangsweise Vorführung drohen.[4311]

Die Ladung des **Beschuldigten** erfolgt **regelmäßig schriftlich.**[4312] Sie kann zwar **2936** auch mündlich vorgetragen werden, doch wenn der Beschuldigte ihr dann nicht folgen sollte, kann er nicht, wie sonst möglich, zwangsweise der Staatsanwaltschaft vorgeführt werden.[4313]

Vor der Vernehmung sollte der Geladene aufklären, in welchem Rahmen seine **2937** Vernehmung erfolgt und ob er nur rein informatorisch befragt oder als Zeuge, Beteiligter oder Beschuldigter bzw. Betroffener[4314] vernommen werden soll. Nach der jeweiligen Stellung im Verfahren richten sich die **Mitwirkungspflichten des Vernommmenen**.

Plant die Behörde **lediglich** eine **informatorische Befragung**, besteht **keine Aus-** **2938** **kunftspflicht** des Betroffenen, weil es sich in strafprozessrechtlicher Sicht weder

---

4307 Vgl. § 162 Abs. 1 StPO zum Ermittlungsrichter, § 161a StPO für Zeugen und Sachverständige; § 163a Abs. 3 S. 1 StPO für Beschuldigte; dazu Heghmanns, Arbeitsgebiet des Staatsanwaltes, a.a.O., S. 138 Rn. 382.
4308 Meyer-Goßner, a.a.O., § 163 Rn. 36, 37.
4309 Sie erfolgt in der Regel durch einfachen Brief, Heghmanns, a.a.O., s. 138 f. Rn. 383 f.; vgl. auch Meyer-Goßner, a.a.O., § 48 Rn. 1.
4310 §§ 52 Abs. 3 S. 1, 55 Abs. 2, 57 StPO.
4311 § 51 StPO.
4312 § 133 Abs. 1 StPO.
4313 Meyer-Goßner, a.a.O., § 133 Rn. 3.
4314 Was ist der Unterschied? Beschuldigter heißt der, gegen den in einem Strafverfahren ermittelt wird; Beschuldigter ist der, dem in einem Ordnungswidrigkeitenverfahren ein Vorwurf gemacht wird.

um eine Beschuldigten- noch um eine Zeugenvernehmung im eigentlichen Sinne handelt.[4315] Der Befragte sollte sich dieses Recht gut merken, denn im Falle eines informatorischen Gesprächs muss der vernehmende Beamte nicht auf etwaige Auskunftsverweigerungsrechte hinweisen.[4316] Spricht der Betroffene nun unvoreingenommen über einen Tathergang, kann der Beamte später selbst als Zeuge über die von ihm geführte Befragung gehört werden.[4317]

2939 Eine Befragung des Beamten als Zeuge ist nach der Rechtsprechung des Bundesgerichtshofs dann aber nicht zulässig, wenn der Beschuldigte vor der Vernehmung nicht über sein Aussageverweigerungsrecht belehrt wurde, obwohl dies erforderlich war.[4318] Zur Begründung hat der Bundesgerichtshof ausgeführt, dass der Zweck der Belehrungsvorschrift vereitelt würde, wenn auf diese Art und Weise der Angeklagte selbst als Zeuge gegen sich – in Gestalt des Beamten – auftreten würde.[4319]

2940 Zur **Belehrung** des Zeugen über den Umfang seiner Rechte gehören der Hinweis auf die Möglichkeit der **Zeugnisverweigerung** (§ 52 StPO) **und** eine Erläuterung seines **Auskunftsverweigerungsrechts** (§ 55 StPO). Jeder Zeuge hat das Recht, die Auskunft oder Antwort auf bestimmte Fragen zu verweigern, deren Beantwortung ihn selbst oder einen seiner Angehörigen[4320] in Gefahr bringen würde, wegen einer Straftat oder Ordnungswidrigkeit verfolgt zu werden. Der Zeuge hat somit schon den Anspruch auf das Auskunftsverweigerungsrecht, wenn seine wahrheitsgemäße Beantwortung einer gestellten Frage ihn der **Gefahr** aussetzen kann, dass gegen ihn ein Ermittlungsverfahren eingeleitet wird – unabhängig davon, ob er tatsächlich eine Straftat oder Ordnungswidrigkeit begangen hat

2941 Im Gerichtsalltag bereitet das Auskunftsverweigerungsrecht, das »*Schutzrecht des gefährdeten, möglicherweise strafrechtlich kontaminierten Zeugen*«, wie es Hans **Dahs** trefflich bezeichnet,[4321] relativ wenig Schwierigkeiten. Anders steht es um die polizeiliche Belehrungspflicht als solche, auch wenn eine neue Überprüfung des einschlägigen Verhaltens der Ermittlungsbehörden vielleicht (?) freundlichere Ergebnisse aufzeigen würde, als die nachstehenden – deprimierenden – Werte der Belehrungspraxis bei der Vernehmung von Beschuldigten vom Beginn der 1980er dies tun[4322]:

- Nur in 9 % der Vernehmungen wurde der Beschuldigte richtig belehrt.
- Nur bei 2 von 46 Festnahmen (weniger als 5 %) waren die Belehrungen korrekt.

4315 Meyer-Goßner, a.a.O., Einl. Rn. 79.
4316 Meyer-Goßner, a.a.O., § 163a Rn. 24.
4317 OLG Düsseldorf NJW 1968, 1840.
4318 BGH StraFo 1992, 3 ff.; vgl. auch BGH NStZ 1997, 502.
4319 BGH StraFo 1992, 13 ff. (15).
4320 Zum Kreis der »Angehörigen« im Sinne des § 52 Abs. 1 StGB zählen nach der gesetzlichen Definition des § 11 Abs. 1 StGB auch Verlobte; siehe auch Rdn. 2927.
4321 So Hans **Dahs**, Das Auskunftsverweigerungsrecht des § 55 StPO – immer wieder ein Problem, in: NStZ 1999, 386 ff. (387).
4322 Nach Peter **Wulf,** Strafprozessuale und kriminalpraktische Fragen der polizeilichen **Beschuldigtenvernehmung** auf der Grundlage empirischer Untersuchungen, Heidelberg 1984.

- Bei 80 % der Vernehmungen fand ein informatorisches Vorgespräch statt – ohne vorherige Belehrung des Beschuldigten.
- In 71 % der Fälle erfolgte die Belehrung zu spät oder gar nicht.
- In fast 51 % der Fälle wurde den Beschuldigten der Tatvorwurf nicht eröffnet.
- In über 80 % der Fälle erfolgte der Hinweis auf Verteidigungsmöglichkeiten gar nicht oder nur mangelhaft.
- In 75 % der Fälle wurde der Beschuldigte nicht über sein Recht, einen Verteidiger zu befragen, aufgeklärt.
- Nur bei 1 von 100 Vernehmungen wurde auf Beweiserhebungsantragsrecht hingewiesen.

Ingo **Minoggio** weist auch heute noch »auf einen wohl nicht ausrottbaren Misstand« hin, »nämlich die überwiegend anzutreffende unrichtige Belehrung über das Auskunftsverweigerungsrecht gemäß § 55 StPO«.[4323] **2942**

Damit besteht ein Grund mehr, erneut festzustellen, wie **wichtig** das Rechtsinstitut des **anwaltlichen Zeugenbeistands**[4324] sein kann. Lässt der Zeuge (oder Beschuldigte) sich vor und während einer Vernehmung über Inhalt und Bedeutung der ihm zustehenden Rechte und Pflichten anwaltlich beraten, könnte man den Fehlern in der Belehrungspraxis entgegentreten – insbesondere mit Rücksicht auf die aus einer falschen Belehrung resultierenden negativen Konsequenzen für den weiteren Verlauf des Verfahrens. **2943**

Aufgrund dieser Tatsachen lässt sich vielleicht auch eine Entwicklung nachvollziehen, die bedenklich stimmt. Die Strafverfolgungsbehörden sehen es in der Regel mit einigem Misstrauen, wenn nichts über unverhohlener Feindseligkeit, wenn der vorgeladene Zeuge in Begleitung eines Rechtsanwalts zum Vernehmungstermin erscheint. Nicht selten wird versucht, den lästigen Rechtsanwalt mit der Argumentation einer Interessenkollision von der Vernehmung auszuschließen, wenn dieser Zeugenbeistand etwa aus der gleichen Kanzlei stammt wie der Strafverteidiger eines etwaigen Beschuldigten.[4325] Ein auf diese Weise erlangter Ausschluss des Zeugenbeistands ist jedoch rechtswidrig.[4326] Ein Zeugenbeistand kann nur ausgeschlossen werden, wenn er seine Anwesenheit zur Störung oder Vereitelung der Beweisaufnahme missbraucht.[4327] Darüber hinaus ist der Ausschluss eines Zeugenbeistand ist aber nichts zulässig.[4328] Für eine solche Zurückweisung fehlt es nämlich an der erforderlichen Rechtsgrundlage. **2944**

4323   Minoggio, a.a.O., S. 211 Rn. 469 ff.
4324   Siehe dazu bereits Rdn. 2930 (mit FN 4240).
4325   Dieses Problem schildert ausführlich Jens **Adler**, Für die Zurückweisung eines anwaltlichen Zeugenbeistands wegen angeblicher Interessenkollision gibt es keine Rechtsgrundlage, in: StraFo 2002, 146 ff.
4326   LG Wiesbaden v. 31. 08. 2001 – Az. 16 AR 2/00.
4327   Vgl. §§ 164 StPO, 177 GVG; dazu Meyer-Goßner, a.a.O., Vor § 48 Rn. 11.
4328   BVerfG NStZ 2000, 434 und Adler, a.a.O., StraFo 2002, 146 ff. (156).

2945 »Vernehmung als Zeuge«

– Allgemeine Hinweise in Kurzform –

Wenn die Ermittlungspersonen Ihnen
Fragen stellen
:

I.   **Fragen zur Person** müssen beantwortet werden, § 111 OWiG.
Dazu gehören:
–   Vor-, Familien- und (eventuell) Geburtsname
–   Ort und Tag der Geburt
–   Familienstand
–   Beruf (*nicht* Ihre Position im Unternehmen)
–   Wohnort und Wohnanschrift
–   Staatsangehörigkeit

II. Wenn Sie in einem Strafverfahren **zur Sache** befragt werden,
dann gilt für Ihre Befragung/Vernehmung:
–   Geben Sie Erklärungen *nur* ab, wenn Sie ausdrücklich befragt werden.
–   Erteilen Sie die Auskünfte *nur* in Gegenwart eines Anwalts oder – Teilen
Sie *nur* Fakten mit – *niemals* Vermutungen.
–   Äußern Sie sich *nur* zu Fragen, die in Ihren Zuständigkeitsbereich fallen.
–   Bei komplexen Fragen erklären Sie, nach Durchsicht Ihrer Unterlagen
schriftlich antworten zu wollen.

2.   Die Beweismittel

2946 Im Strafprozess gibt es vier Beweismittel, auf die sich die Ermittlungstätigkeit der Staatsanwaltschaft stützt. Dies sind der Augenschein, der Zeuge, der Sachverständige und die Urkunde.[4329]

a)   Augenschein

2947 Die Möglichkeit der Staatsanwaltschaft einer **Augenscheinseinnahme** besteht **in jedem Stadium des Verfahrens**. Gegenstand dieses Beweismittels kann all das sein, was mit den Sinnesorganen wahrgenommen werden kann und nicht zum Zeugen-, Sachverständigen- oder Urkundenbeweis gehört.[4330] In erster Linie betrifft die Augenscheinseinnahme die **sinnliche Wahrnehmung der Existenz, Lage oder Beschaffenheit** eines Objektes.[4331] Eine Einnahme eines Augenscheins

---

4329   Creifelds, a.a.O., Stichwort: Beweis; auch Widmaier/Krause, a.a.O., § 7 Rn. 139.
4330   Ulsamer, Lexikon des Rechts, a.a.O., Stichwort: Beweisrecht, S. 162 f.
4331   So auch Widmaier/Krause, a.a.O., § 7 Rn. 344 ff.

kann daher z. B. Tatwaffen, Lichtbilder, das Abhören von Tonbandaufnahmen, aber auch eine Ortsbesichtigung betreffen.[4332] Grundsätzlich muss hierüber ein Protokoll angefertigt werden.

Die richterliche Augenscheinseinnahme ist in § 86 StPO geregelt. Sie liegt **2948** grundsätzlich im richterlichen Ermessen und erfolgt durch Anordnung des vorsitzenden Richters. Wird ein richterliches Protokoll gefertigt, so kann dieses in der Hauptverhandlung verlesen und so in das Verfahren eingeführt werden.[4333] Diese Durchbrechung des Unmittelbarkeitsprinzips wird damit begründet, dass die Gefahr eines Beweisverlustes sehr groß sein kann, oder, dass es während der Hauptverhandlung für die Prozessbeteiligten zu umständlich und kostspielig sein kann, einen entfernt liegenden Tatort aufzusuchen.[4334]

Der Richter ist im Umgang mit diesem Beweismittel sehr frei. Beabsichtigt der **2949** Verteidiger eine Augenscheinseinnahme zum Beweis, so muss er in seinem Antrag schon erschöpfend darlegen, warum die allgemeine Aufklärungspflicht dies gebietet. Der Antrag kann vom Gericht schon dann abgelehnt werden, wenn dieser Beweis nach dem pflichtgemäßen Ermessen des Gerichts zur Erforschung der Wahrheit nicht erforderlich ist.[4335]

b) Urkundsbeweis

Bei Urkunden beweist die Augenscheinsnahme nur ihre äußere Beschaffenheit **2950** bzw. Existenz. Soll über den Inhalt der Urkunde Beweis erhoben werden, muss der Urkundenbeweis geführt werden.[4336] Dieser Beweis ist in § 249 StPO geregelt. Er **dient der Ermittlung des gedanklichen Inhalts eines Schriftstücks**.

Im strafprozessualen Sinn kommt es nicht darauf an, dass es sich um eine echte **2951** Urkunde z. B. im Sinne des § 267 StGB handelt.[4337] Vielmehr werden unter diesem Sammelbegriff alle **entscheidungserheblichen Schriftstücke** jeglicher Art zusammengefasst.[4338]

Urkunden werden durch Verlesen in die Hauptverhandlung eingeführt und wir- **2952** ken durch ihren Gedankeninhalt auf die richterliche Überzeugungsbildung ein. Ein **Urkundenbeweis** liegt nicht mehr vor, wenn es z. B. um die Frage geht, ob an einem Schriftstück radiert wurde. Es handelt sich dann um einen Augenscheinbeweis.[4339]

Grundsätzlich ist der Beweis durch Urkunden das sicherste Beweismittel. Von **2953** dem förmlichen **Verlesen** einer Urkunde ist der schlichte **Vorhalt** einer Urkunde zu unterscheiden. Dieser kann einem Zeugen als Erinnerungsstütze dienen. Im

---

4332 Bernd **Weiland**, Einführung in die Praxis des Strafverfahrens, 2. Aufl. München 1996, S. 143.
4333 §§ 168, 168a, 249 Abs. 1 StPO.
4334 Roxin, Strafverfahrensrecht, a.a.O., § 28 A, S. 161.
4335 § 244 Abs. 5 StPO; Weiland, a.a.O., S. 143.
4336 Widmaier/Krause, a.a.O., § 7 Rn. 346.
4337 Ulsamer, a.a.O., Stichwort: Beweisrecht, S. 162.
4338 Meyer-Goßner, a.a.O., § 249 Rn. 1.
4339 Roxin, Strafverfahrensrecht, a.a.O., § 28 B, S. 162.

Strafprozess gilt jedoch der Grundsatz der Unmittelbarkeit der Beweisaufnahme. Aus diesem Grund ist es nur in wenigen Fällen möglich, frühere Aussagen von Angeklagten oder Zeugen als Urkunde in das Verfahren einzuführen.[4340] Die §§ 251 ff. StPO regeln die Fälle, in denen Protokolle entgegen § 250 StPO verlesen werden dürfen. Dies ist möglich, wenn

1. der Zeuge, Sachverständige oder Mitbeschuldigte verstorben oder in Geisteskrankheit verfallen ist oder wenn sein Aufenthalt nicht zu ermitteln ist;
2. dem Erscheinen des Zeugen, Sachverständigen oder Mitbeschuldigten in der Hauptverhandlung für eine längere oder ungewisse Zeit Krankheit, Gebrechlichkeit oder andere nicht zu beseitigende Hindernisse entgegenstehen;
3. dem Zeugen oder Sachverständigen das Erscheinen in der Hauptverhandlung wegen großer Entfernung unter Berücksichtigung der Bedeutung seiner Aussage nicht zugemutet werden kann;
4. soweit die Niederschrift oder Urkunde das Vorliegen oder die Höhe eines Vermögensschadens betrifft;
5. der **Staatsanwalt**, der **Verteidiger** und der **Angeklagte** mit der Verlesung **einverstanden** sind.

2954 Die Aussage eines vor der Hauptverhandlung vernommenen Zeugen, der erst in der Hauptverhandlung von seinem Zeugnisverweigerungsrecht Gebrauch macht, darf nicht verlesen werden.[4341]

2955 Ferner regelt § 254 StPO die Fälle, in denen vorherige Erklärungen des Angeklagten verlesen werden dürfen. Die **Verlesung eines vor dem Richter gemachten Geständnisses** des Angeklagten ist zulässig. Richterliche Protokolle dürfen auch dann verlesen werden, wenn ein in der Hauptverhandlung auftretender Widerspruch zwischen dieser früheren Aussage mit der jetzigen Vernehmung nicht auf andere Weise ohne Unterbrechung der Hauptverhandlung geklärt werden kann.

2956 Polizeiliche Vernehmungsprotokolle sind nicht zum Zweck der Beweisaufnahme verlesbar. Zulässig ist jedoch die Vernehmung des Vernehmungsbeamten, wenn sich der Angeklagte nicht zur Sache äußert oder den Inhalt des Protokolls bestreitet. Zu diesem Zweck darf dem Beamten das polizeiliche Vernehmungsprotokoll vorgelesen werden, um das auf diesen Vorhalt bekundete zum Gegenstand der Beweiserhebung zu machen – es sei denn der Beamte erinnert sich überhaupt nicht mehr an den Inhalt der Vernehmung.[4342]

2957 Da die Verlesung von derartigen Geständnisprotokollen für den Angeklagten weit reichende Konsequenzen haben kann, muss der Verteidiger umfassend prüfen, ob die Rechte seines Mandanten bei der früheren richterlichen oder polizeilichen Vernehmung eingehalten worden sind.[4343]

4340 Weiland, a.a.O., S. 138.
4341 § 252 StPO.
4342 BGH StV 2001, 386.
4343 Vgl. insgesamt Widmaier/Krause, a.a.O., § 7 Rn. 336 f.

c) Zeuge[4344]

Das in der Praxis bedeutsamste Beweismittel im Strafprozess ist der Zeuge,[4345] **2958** obwohl dieser als unsicheres Beweismittel zu betrachten ist.[4346] Hans Peter **Brause** zitiert zu Beginn seines Aufsatzes zum Zeugenbeweis[4347] den zutreffenden Satz aus Bender/Nack »*Als Zeuge ist der Mensch eine ›Fehlkonstruktion‹*«.

Zeuge ist, wer ohne durch eine andersartige Verfahrensrolle von dieser Position **2959** ausgeschlossen zu sein, »*vor dem Richter seine Wahrnehmung über Tatsachen und Aussagen kundgeben soll.* «[4348] Zeugnisfähig ist grundsätzlich jeder, also auch Verwandte und Bekannte des Angeklagten, Kinder, Geisteskranke oder wegen Meineides Vorbestrafte.[4349] Erst im Rahmen der Beweiswürdigung stellt sich die Frage nach der Glaubwürdigkeit der Aussagen.

Sachverständige Zeugen werden darüber befragt, was sie über Tatsachen oder **2960** Zustände aufgrund ihrer besonderen Sachkunde wahrgenommen haben.[4350] Sie sind in jedem Fall Zeugen und nicht **Sachverständige**, wenngleich die **Abgrenzung im Einzelfall problematisch** sein kann.

Ein Arzt berichtet in der Hauptverhandlung, dass er anlässlich einer routinemäßigen Untersuchung in einem Chemieunternehmen bei verschiedenen Arbeitnehmern Auffälligkeiten in den Atmungswegen festgestellt hat (Aussage eines sachverständigen Zeugen) und diese krankhaften Veränderungen auf den Umgang mit einer bestimmten Chemikalie zurückzuführen sind (in Auftrag gegebenes Sachverständigengutachten).

Maßgeblich für eine Unterscheidung ist unter anderem der Anlass der Wahrneh- **2961** mungen, die der Zeuge mit besonderer Sachkunde ohne behördlichen Auftrag (als sachverständiger Zeuge) oder ohne besondere Sachkunde mit behördlichem Auftrag (sog. **Augenscheinsgehilfe**)[4351] gemacht hat. Der Sachverständige handelt mit besonderer Sachkunde aufgrund behördlichen Auftrags.

Die **Zeugenstellung ist mit der Verfahrensrolle des Beschuldigten unvereinbar**: **2962** Dieser kann nicht als Zeuge vernommen werden, da er in keinem Abschnitt des gegen ihn geführten Strafverfahrens in einen Zwiespalt zwischen Aussagepflicht

---

4344 Zu den Rechten und Pflichten des Zeugen, vgl. Rdn. 2958 ff. Grundsätzlich Christoph **Rückel**, Strafverteidigung und Zeugenbeweis, Heidelberg 1988.
4345 §§ 48–71 StPO, zu den Rechten und Pflichten des Zeugen, siehe Rdn. 2958 ff.
4346 Statt vieler Weiland, a.a.O., S. 122.
4347 Hans Peter **Brause**, zum Zeugenbeweis in der Rechtsprechung des BGH, in NStZ 2007, 505 ff. m. w. N.
4348 RGSt 52, 289 f. (289).
4349 Roxin, a.a.O., § 26 A I.
4350 § 85 StPO.
4351 § 86 StPO; Die »*Einnahme eines richterlichen Augenscheins*« (das Gericht schafft sich mittels sinnlicher Wahrnehmung einen Eindruck von der Beschaffenheit oder Existenz eines Menschen, Körpers oder einer Sache) kann das Gericht auch nicht richterlichen Personen als sog. Augenscheinsgehilfen übertragen. Für diese gelten die Sachverständigungsvorschriften über Auswahl, Ablehnung wegen Befangenheit und Pflicht zum Tätigwerden. Über ihre Wahrnehmungen werden sie als Zeugen vernommen.

und seinem Recht zur Aussageverweigerung und Verteidigung[4352] gedrängt werden soll.[4353]

2963 Ebenso wenig kann ein **Mitbeschuldigter als Zeuge** über den Tatbeitrag eines anderen vernommen werden, da das betreffende Verfahren auch gegen ihn betrieben wird.[4354] Anders, zumeist in den Folgen für das Unternehmen unangenehm, liegt der Fall, wenn es der Staatsanwaltschaft gelingt, einen von mehreren beschuldigten Mitarbeitern aus dem Kreis der Betroffenen herauszubrechen, indem sie das Verfahren gegen den Mitarbeiter einstellt[4355] und dieser dafür als »Kronzeuge« aussagt.

2964 Häufige Zeugen in Strafverfahren sind **Polizisten**. Eine Berufsgruppe, deren Aussagen, wie **Goecke** bedauerlicherweise richtig festgestellt hat,[4356] die Gerichte regelmäßig überzeugen, obwohl sie nicht selten mit Vorsicht zu genießen wären. Und **Meyer-Mews**[4357] zitiert die Feststellung einer Diplompsychologin, die erklärt,

> »sie kenne keinen Berufszweig, in dem so viel gelogen werde, gelogen werden müsse, wie bei der Polizei, bei der es viele graue, einige schwarze und so gut wie keine weißen Schafe gäbe«.

Trotzdem, so fährt Meyer-Mews fort,

> »wird Polizeibeamten vor Gericht öfter als anderen Zeugen geglaubt, es entsteht der Eindruck als entspräche der Polizeibeamte am ehesten dem Zeugen-Ideal der Gerichte«.[4358]

2965 Nun könnte man denken, diese triste Sicht des Polizisten als Zeuge sei Ausdruck der Gemütsverfassung eines frustrierten Strafverteidigers, wenn es da nicht die Feststellung von Birgit **Benesch** gäbe, Richterin am Amtsgericht München, in einem Strafverfahren gegen vier Polizisten wegen Körperverletzung, Freiheitsberaubung und Verfolgung Unschuldiger.[4359] Die Richterin sagte laut Süddeutscher Zeitung,

> »sie selbst habe inzwischen ein »ausgesprochen ungutes Gefühl«, da sich Verurteilungen in vielen Fällen allein auf die Aussagen von Beamten stützen würden. »Ich möchte gar nicht wissen, wie viele Unschuldige ich verurteilt habe, nur weil Beamte Anzeigen erstattet haben, um eigene Übergriffe zu vertuschen. «

4352 § 136 StPO.

4353 Roxin, a.a.O., § 26 A III.

4354 BGHSt 10, 8 ff. (11).

4355 Es sollte dann aber eine Einstellung des Verfahrens gemäß § 153 oder § 153a StPO sein. Eine Einstellung nach § 170 Abs. 2 StPO zu akzeptieren, wäre unklug, da dann das Verfahren jederzeit wieder aufgenommen werden kann, § 55 StPO.

4356 Gerald **Goecke**, Der Polizeibeamte als Zeuge, in: StraFo 1990, S. 76 ff. (76).

4357 Hans **Meyer-Mews**, Die »In-dubio-contra-reo«-Rechtsprechungspraxis bei Aussage-gegen-Aussage-Delikten, in: NJW 2000, 916 ff. (916 f.).

4358 Wie zuvor.

4359 SZ Nr. 164 v. 19. 07. 2000, S. L 1 unter der Überschrift: »Haftstrafen für Prügel-Polizisten – Oktoberfest-Prozess: Vier Beamte wegen Körperverletzung im Amt verurteilt«.

Auch **Richter und Staatsanwälte** können **als Zeugen** vernommen werden. Soll **2966**
ein **Richter** aussagen, ist er kraft Gesetzes von der Ausübung seines Amtes ausgeschlossen. Um die missbräuchliche Benennung eines Richters als Zeugen zu verhindern, darf das Gericht unter Mitwirkung des Betroffenen den Beweisantrag ablehnen, wenn dieser dienstlich erklärt, ihm sei über die zu beweisende Tatsache nichts bekannt.[4360] Der **Sitzungsstaatsanwalt**, der als Zeuge in der Hauptverhandlung vernommen wurde, darf seine Aufgaben noch insoweit wahrnehmen, als sie sich von der Erörterung und Bewertung seiner Zeugenaussage trennen lassen.[4361]

Auch der **Verteidiger** kann **als Zeuge** vernommen werden[4362] und – wie der **2967**
Staatsanwalt – nach seiner Aussage wieder als Verteidiger auftreten. Ein Ausschluss von der weiteren Mitwirkung am Verfahren ist nicht zulässig.[4363] Ist die Verteidigung notwendig,[4364] muss dem Angeklagten während der Vernehmung seines Verteidigers grundsätzlich ein anderer Rechtsanwalt beigeordnet werden.[4365]

Auch der **Nebenkläger** kann als **Zeuge** auftreten,[4366] da er nur Streithelfer des **2968**
Staatsanwalts ist.[4367]

Im Gegensatz dazu gibt es **keine Möglichkeit**, den **Privatkläger als Zeugen** zu **2969**
hören.[4368] Wegen seiner parteiähnlichen Rolle im Strafverfahren darf er weder in eigener Sache noch über einen anderen Privatkläger des gleichen Verfahrens als Zeuge vernommen werden.[4369]

Vor ihrer Vernehmung sind die Zeugen zur Wahrheit zu ermahnen und darauf **2970**
hinzuweisen, dass sie gegebenenfalls ihre Aussage zu beeiden haben. Dabei müssen sie über die Bedeutung des Eides sowie über die strafrechtlichen Konsequenzen einer unrichtigen oder unvollständigen Aussage belehrt werden.[4370]

4360 BGHSt 7, 330 f.
4361 BGHSt 21, 85 ff. (88 ff.).
4362 Vgl. § 53 Abs. 1 Nr. 2 StPO. Er hat aber u. U. ein Zeugnisverweigerungsrecht, siehe oben Rdn. 2928. Der Verteidiger kann aber auch selbst Zeugen schon im Ermittlungsstadium des Verfahrens befragen, wenn er dies im Rahmen seiner Verteidigungsstrategie für opportun hält. Natürlich muss er die Zeugen, bevor er mit seiner Befragung beginnt, über ihre Rechte gründlich belehren.
4363 § 138 a StPO regelt die Ausschließungsgründe abschließend.
4364 »Notwendig« in Sinne des § 140 Abs. 1 StPO ist die Verteidigung z. B., wenn das Verfahren zu einem Berufsverbot führen kann, dem Beschuldigten ein Verbrechen zur Last gelegt wird, der bisherige Verteidiger von der Mitwirkung in dem Verfahren ausgeschlossen ist, der Beschuldigte blind, taub oder stumm ist oder die Hauptverhandlung 1. Instanz vor dem Landgericht oder dem Oberlandesgericht stattfindet.
4365 BGH NJW 1953, 1601.
4366 BGHSt 21, 85 ff. (88 ff.).
4367 Meyer-Goßner, a.a.O., Vor § 48 Rn. 23.
4368 Bei bestimmten Delikten, insb. bei Beleidigung, Körperverletzung, Sachbeschädigung, Hausfriedensbruch, Bedrohung, besteht für den Verletzten ein selbstständiges Strafklagerecht (Privatklage), § 374 StPO, das dieser ausüben kann, ohne zuvor den Staatsanwalt angehen zu müssen.
4369 Meyer-Goßner, a.a.O., Vor § 48 Rn. 23.
4370 § 57 S. 2 StPO; siehe dazu auch Rdn. 2926 ff.

2971 Sie sind einzeln und in Abwesenheit der anderen zu vernehmen.[4371] Eine Gegenüberstellung mit dem Beschuldigten oder anderen Zeugen im Vorverfahren ist zulässig, wenn es geboten erscheint.[4372]

2972 Die Befragung beginnt mit den **Angaben des Zeugen zur Person**.[4373] Bei der Vernehmung zur Sache ist dieser zu einem zusammenhängenden Bericht über die ihm bekannten Tatsachen zu veranlassen.[4374] Einzelfragen sind nur dann zu stellen, wenn dies nötig erscheint.[4375]

2973 Die **Vereidigung** erfolgt einzeln nach der Vernehmung.[4376] Zur Eidabnahme, wie es so hässlich heißt, ist im Strafverfahren nur der Richter befugt, nicht dagegen ein Vertreter der Staatsanwaltschaft.[4377]

d) Sachverständige[4378]

Er hilft dem Gericht kraft seiner Sachkunde bei der Beurteilung einer Beweisfrage. Der Sachverständige ist dabei »*Gehilfe des Gerichts*«[4379] und muss streng von dem Beweismittel des Zeugen getrennt werden. Für den Sachverständigenbeweis gibt es drei Möglichkeiten:

- Der Sachverständige stellt Tatsachen fest, die nur aufgrund »besonderer Sachkunde wahrgenommen oder erschöpfend verstanden und beurteilt werden können«.[4380]
- Der Sachverständige teilt dem Gericht allgemeine Erfahrungssätze mit.
- Der Sachverständige zieht aus Tatsachen, die nur kraft seiner Sachkunde ermittelt werden können unter Berücksichtigung wissenschaftlicher Regeln Schlussfolgerungen.[4381]

2974 In der Regel wird ein Gutachten des Sachverständigen zunächst schriftlich erstattet. Im Strafverfahren muss es aber dennoch in der Hauptverhandlung mündlich vorgetragen werden.[4382]

2975 Wird der Sachverständige von der Verteidigung und nicht vom Gericht in das Verfahren eingeführt, ist es ratsam, ihn auf »*das Gericht*« vorzubereiten. Die fachlichen Qualitäten des Experten sagen allein noch nichts über sein Auftreten vor Gericht aus. So bringt es für den Angeklagten wenig, wenn die »Kapazität« verpflichtet wird, die vor Gericht ohne Fallbezug theoretische Höhenflüge – oder Nichtigkeiten – verbreitet bzw. die Richter durch arrogantes Verhalten und

---

4371 § 58 Abs. 1 StPO.
4372 § 58 Abs. 2 StPO.
4373 § 68 StPO.
4374 § 69 Abs. 1 S. 1 StPO.
4375 § 69 Abs. 2 StPO.
4376 § 59 S. 1 StPO.
4377 Vgl. § 161 a Abs. 1 S. 3 StPO.
4378 Zur Bedeutung des Sachverständigen in Strafverfahren auch Rdn. 2907 ff.
4379 BGHSt 9, 292 ff. (293).
4380 BGHSt 9, 292 ff. (293).
4381 Roxin, a.a.O., § 27, S. 155.
4382 Creifelds, a.a.O., Stichwort: Sachverständiger.

andere Diva-Allüren verärgert und damit unbewusst gegen den Angeklagten aufbringt. Der Sachverständige sollte vielmehr die Verfahrenshoheit des Verteidigers akzeptieren, damit er die Position des Angeklagten verbessert und nicht das Gegenteil bewirkt.

Wurde ein Gegengutachter benannt, muss der Verteidiger mithilfe der Unternehmensvertreter (Rechtsabteilung) vor dessen Einvernahme in der Hauptverhandlung eine Reihe Vorfragen klären. Wer ist der Sachverständige? Welche berufliche Herkunft besitzt er (Theoretiker oder Praktiker)? Welchen Ruf genießt er in der Fachwelt? Welche Meinungen vertritt er (etwa Mindermeinungen)? **2976**

3. Durchsuchung

Durchsuchung und Beschlagnahmung[4383] dienen vornehmlich dazu, Beweismittel zu beschaffen oder sicherzustellen sowie Beschuldigte zu ergreifen. **2977**

Nicht zuletzt seit der Entscheidung des Bundesverfassungsgerichts[4384] zu den verfassungsrechtlichen Anforderungen an Durchsuchungsbeschlüsse im Zusammenhang mit Durchsuchungen bei einer deutschen Großbank ist die Diskussion um den Umfang derartiger Durchsuchungen von und in Unternehmen neu entfacht worden. Das Bundesverfassungsgericht hat ausgeführt, dass keine verfassungsrechtlichen Bedenken gegen solche Durchsuchungsbeschlüsse vorliegen, wenn Mitarbeiter des Geldinstituts in Verdacht der systematischen Beihilfe zur Steuerhinterziehung stehen. Teilweise hat der Beschluss dazu geführt, die Behörden, insbesondere die Steuerbehörden, dazu aufzufordern, von dem Mittel der Durchsuchung stärker als in der Vergangenheit Gebrauch zu machen. **2978**

Die Strafprozessordnung kennt **zwei Formen der Durchsuchung**, zum einen die Durchsuchung bei einem Verdächtigen mit dem Ziel, diesen zu ergreifen und/oder Beweismittel aufzufinden (§ 102 StPO), und zum anderen die Durchsuchung der Räume und Sachen von Tatunverdächtigen (§ 103 StPO). **2979**

Die Zulässigkeit einer Durchsuchung ist in den §§ 102 ff. StPO geregelt. **Grundvoraussetzung jeder Durchsuchung** ist die Einleitung eines Ermittlungsverfahrens[4385] und damit das Vorliegen eines Anfangsverdachts hinsichtlich einer beliebigen Straftat. Dieser Verdacht darf nicht ganz vage, muss aber weder hinreichend noch dringend sein. Bloße Vermutungen, die sich nicht auf tatsächliche Anhaltspunkte oder kriminalistische Erfahrungen stützen können, reichen jedoch nicht aus.[4386] **2980**

Des Weiteren richtet sich die Zulässigkeit einer Durchsuchungen danach, ob sie bei einem Tatverdächtigen oder bei einer anderen Person durchgeführt werden soll. **2981**

4383 Siehe dazu auch die Rechtsprechung und Literatur unten Rdn. 3269 ff.
4384 BVerfG NJW 1994, 2079 ff.
4385 Vgl. Meyer-Goßner, a.a.O., § 102 Rn. 1.
4386 Wilhelm **Krekeler**/Thomas **Schütz**, Die Durchsuchung von bzw. in Unternehmen, in: wistra 1995, 296 ff.

2982 Bei einem als Täter oder Teilnehmer einer Straftat, der Begünstigung, Strafvereitelung oder Hehlerei **Verdächtigen** kann eine Durchsuchung der Wohnung, anderer Räume, seiner Person sowie seiner Sachen dann vorgenommen werden, wenn
zu vermuten ist (Anhaltspunkte genügen also), dass sie zur Auffindung von
Beweismitteln führt.[4387]

2983 Die Voraussetzungen sind bei anderen – **nichtverdächtigen** – **Personen** enger.
Dann ist eine Durchsuchung nur zulässig zur Ergreifung eines Beschuldigten,
zur Verfolgung von Spuren einer Straftat oder zwecks Beschlagnahme bestimmter
Gegenstände, also nicht, um nach noch unbestimmten Beweismitteln allgemein
zu suchen. Dazu müssen Tatsachen vorliegen, die darauf schließen lassen, dass
der oder das Gesuchte sich am Ort der Durchsuchung befindet.[4388] Wird jedoch
der Beschuldigte in den Räumen eines Nichtverdächtigen ergriffen oder hat er sie
während einer Verfolgung betreten, gelten die Voraussetzungen, die ansonsten
für den Verdächtigen gelten.[4389]

2984 **Zur Nachtzeit**[4390] sind Durchsuchungen **nur in Eilfällen** zulässig, also bei Verfolgung auf frischer Tat, bei Gefahr im Verzug oder zwecks Ergreifung eines entwi-
chenen Gefangenen. Diese Einschränkung gilt nicht für Räume, die nachts allgemein zugänglich sind.[4391]

2985 Durchsuchungen werden grundsätzlich durch den zuständigen Richter angeordnet. Nur bei Gefahr im Verzug kann der Richtervorbehalt durch die Staatsanwaltschaft und ihre Ermittlungspersonen umgangen werden, die dann selbst zu
Anordnung befugt sind, wenn es sich um die Durchsuchung bei einem Tatverdächtigen handelt. Geht es um die Anordnungen der Durchsuchung bei einer
nichtverdächtigen Personen, kann diese auch bei Gefahr im Verzug lediglich der
Staatsanwalt anordnen.[4392]

2986 In Steuerstrafsachen kann auch eine Anordnungszuständigkeit des zuständigen
Finanzamtes in Betracht kommen.[4393] Liegt der Verdacht einer Steuerhinterziehung vor, können auch die Mitarbeiter der Steuerfahndung die Aufgaben von
Polizei und Staatsanwaltschaft übernehmen.[4394] Nur in schwer wiegenden Fällen
schaltet die Steuerfahndung die Staatsanwaltschaft ein, in unterstellt einfachen
und minder schweren Vorgängen leiten die Finanzbeamten die Strafverfahren

---

4387 § 102 StPO.

4388 § 103 Abs. 1 S. 1 StPO; vgl. dazu BGHSt 28, 57 ff. (59).

4389 § 103 Abs. 2 StPO; Darüber hinaus ist die Durchsuchung von Gebäuden zwecks Ergreifung eines darin vermuteten dringend Tatverdächtigen zulässig wegen Zugehörigkeit zu
einer terroristischen Vereinigung nach § 129a StGB oder wegen einer der dort bezeichneten schweren Straftaten, § 103 Abs. 1 S. 2 StPO.

4390 Die Nachtzeit umfasst in den Monaten vom 01. 04. bis 30. 09.eines Jahres die Zeit von 21:00
bis 4:00 Uhr;
In den Monaten vom 01. 10. bis 31. 03. eines Jahres die Zeit von 21:00 bis 6:00 Uhr.

4391 § 104 StPO; die Einschränkung gilt ebenfalls nicht für Orte, die der Polizei bekannt sind
als Zusammenkunftsräume Vorbestrafter, Hehlerwarenlager, Schlupfwinkel der Prostitu-
tion, des Rauschgift- oder Waffenhandels oder des Glücksspiels.

4392 § 105 Abs. 1 StPO.

4393 § 105 Abs. 1 StPO, §§ 399, 402 AO.

4394 Siehe dazu oben Rdn. 2795 ff.

und Durchsuchungen nach eigenem Ermessen. Eine rechtlich bedenkliche Vorgehensweise, zumal die Kontrollstation »Richter«, welche die von den Steuerfahndern beantragten – und vorformulierten – Durchsuchungsmaßnahmen im Beschlusswege zu genehmigen hat, nicht immer erkennbar die Berechtigung der Maßnahme (Ist der behauptete Anfangsverdacht begründet?) überprüft, sondern lediglich als Routinevorgang unterzeichnet.[4395]

> Unvermittelt treffen Ermittlungsbeamte auf dem Betriebsgelände einer Firma ein, um Nachforschungen anzustellen. Sie beabsichtigen, im Unternehmen nach möglichen Beweismitteln für einen vermuteten Verstoß zu suchen.

Grundsätzlich müssen die Beamten einen **amtlichen Durchsuchungsbeschluss** **2987** mitbringen. Den Beschluss erhalten sie von dem zuständigen Ermittlungsrichter des Amtsgerichts, in dessen Bezirk die Durchsuchung stattfindet.[4396] Die Anordnung muss prinzipiell schriftlich abgefasst und präzise sein. Die Durchsuchung darf nur angeordnet werden, nachdem der Richter sich davon überzeugt hat, dass der erforderliche Anfangsverdacht vorliegt und die beantragte Durchsuchungsmaßnahme dem **Grundsatz der Verhältnismäßigkeit** entspricht. Unter Beachtung der **grundrechtsschützenden Funktion des Richtervorbehaltes** ist bei der Anordnung der Durchsuchung für eine angemessene Begrenzung der Maßnahme zu sorgen.

Die Durchsuchungsmaßnahme muss geeignet und erforderlich sein. Geeignet **2988** bedeutet, dass die betreffende Maßnahme ein brauchbares Mittel ist, das angestrebte Ziel zu erreichen. Die beschlagnahmten Gegenstände müssen geeignet sein, den erwarteten Beweis auch tatsächlich zu erbringen. Die Durchsuchungshandlung entspricht dem **Grundsatz der Erforderlichkeit**, wenn der mit der Maßnahme verfolgte Zweck nicht durch andere, die Rechtssphäre des Betroffenen (des Unternehmens) weniger belastende Maßnahmen erreicht werden kann.

- So kann eine Durchsuchung oder Beschlagnahme unzulässig sein, wenn die Aussage eines Zeugen den gleichen Ermittlungszweck erfüllt.
- Die Durchsuchung sämtlicher Räume eines Unternehmens ist in der Regel nicht erforderlich, wenn bestimmte Akten der Personalabteilung gesucht werden.
- Genauso wenig bedarf es der Beschlagnahme aller Kontounterlagen, wenn eine bestimmte Auskunft über eine spezielle Kontobewegung den Ermittlungszweck ebenso erfüllt.

Als Kontrollorgan der Strafverfolgungsbehörden obliegt dem Richter in der Regel **2989** die Pflicht,[4397] mithilfe einer geeigneten Formulierung des Durchsuchungsbeschlusses sicherzustellen, dass der mit der Maßnahme verbundene Eingriff in die Grundrechte messbar und kontrollierbar bleibt.[4398]

4395 Stefanie **Kunz**, Durchsuchung und Beschlagnahme in Steuerstrafverfahren, in: BB 2000, 438 ff.
4396 § 162 StPO.
4397 BVerfG NStZ 2000, 601.
4398 BVerfGE 42, 212 ff. (220); BVerfG StV 2001, 207 ff. (209).

2990 Die Durchsuchung greift nämlich in das Grundrecht der Unverletzlichkeit der Wohnung ein.[4399] Ist ein Unternehmen betroffen, ist das Recht am eingerichteten und ausgeübten Gewerbebetrieb zu berücksichtigen, da eine Durchsuchung in die verfassungsrechtlich geschützte wirtschaftliche Betätigungsfreiheit eingreift. Sie verletzt den Eigentumsschutz in Bezug auf den Geschäftsbetrieb[4400] ebenso wie das Grundrecht auf Schutz der betrieblichen Daten[4401] und auf Schutz des Unternehmen/Kunden-Vertrauensverhältnisses[4402].

2991 Deshalb ist bei der Umgehung des Richtervorbehalts der Begriff **Gefahr im Verzug** eng auszulegen.[4403] Eine solche Gefahr liegt vor, wenn die richterliche Anordnung nicht eingeholt werden kann, ohne dass der Zweck der Maßnahme gefährdet wird. Ob und wann dies der Fall ist, entscheidet der Beamte nach pflichtgemäßem Ermessen.[4404]

> Die Gefahr *»muss mit Tatsachen begründet werden; eine Spekulation, hypothetische Erwägungen oder lediglich auf kriminalistische Alltagserfahrung gestützte, fallunabhängige Vermutungen reichen nicht aus.«*[4405]

2992 Die richterliche Anordnungen der Durchsuchung sollte eigentlich die Regel, die nichtrichterliche die Ausnahme sein, um einen Schutz der Grundrechte möglichst umfassend zu gewährleisten. Dabei muss aber die Reichweite dieser Grundregel bezweifelt werden. Wenn keine Konsequenzen bei einem Verstoß drohen, ist wahrscheinlich die Hemmschwelle niedrig, den Richtervorbehalt zu unterlaufen. In der Praxis überwiegt wohl die Auffassung, mit strafprozessualen Konsequenzen bei rechtswidrigen Durchsuchungen zurückhaltend umzugehen. So wird etwa ein **Verwertungsverbot** erst dann in Betracht gezogen, wenn die Durchsuchung grob fehlerhaft war, also etwa dann, wenn offensichtlich kein Tatverdacht vorlag oder die Gefahr im Verzug von den Strafverfolgungsbehörden willkürlich bejaht wurde, so dass die Annahme nahe liegt, gegen den Richtervorbehalt sei bewusst oder unter grobem Ermessensmissbrauch verstoßen worden.[4406] Ein tatsächlicher oder rechtlicher Irrtum über das Vorliegen von Gefahr im Verzug hat also für die Durchsuchung nicht die Folge der Unwirksamkeit der Anordnung. Das bei einer solchen Durchsuchung Gefundene kann später als Beweis verwertet werden.

2993 Spätestens nach einem halben Jahr verliert ein richterlicher Durchsuchungsbeschluss seine rechtfertigende Kraft.[4407] Der früheren Hamstermentalität mancher

---

4399 Art. 13 GG.
4400 Art. 14 Abs. 1 GG.
4401 Art. 2 Abs. 1 GG in Verb. mit Art. 1 Abs. 1, 14 Abs. 1 GG .
4402 Art. 12 Abs. 1 S. 1 GG.
4403 BVerfGE 103, 142.
4404 Bedenklich stimmt die Tatsache, dass in der Praxis die Begründung einer Durchsuchung mit »Gefahr im Verzug« längst zum Regelfall geworden ist.
4405 BVerfGE 103, 142.
4406 Dazu Andreas **Ransiek**, Durchsuchung, Beschlagnahme und Verwertungsverbot, in: StV 2002, 565 ff. (566).
4407 BVerfG StV 1997, 394.

Staatsanwälte hat das Bundesverfassungsgericht mit der zeitlichen befristeten Wirksamkeit von Durchsuchungsbeschlüssen eine Absage erteilt.[4408]

Das **Recht auf Durchsuchung von Geschäftsräumen,** die in Deutschland liegen, **2994** steht nicht nur den bundesdeutschen Ermittlungsbehörden zu, sondern auch der **EU-Kommission durch eigene Ermittlungspersonen**, wenn es z. B. um den Verdacht verbotener Preisabsprachen auf internationaler Ebene geht.[4409]

- So hat der Europäische Gerichtshof in Luxemburg am 21. September 1989 in dem Rechtsstreit zwischen einem bundesdeutschen Chemieunternehmen und der EG-Wettbewerbskommission entschieden, dass Kartellbeamte der EG-Kommission, die über die Wettbewerbsregeln im gemeinsamen Markt wachen, Nachprüfungen in den verdächtigen Unternehmen vornehmen dürfen.[4410]
- Anfang August 2000 kam es im so genannten **Buchpreisbindungsstreit**[4411] zur Durchsuchung von mehreren Verlagen und einer Organisation in Deutschland sowie einer Handelskette in Österreich wegen des dringenden Verdachts einer illegalen Kartellbildung und des unzulässigen Lieferboykotts.[4412]

Durchsuchungen, die durch die EU-Kommission veranlasst werden, sind heute **2995** keine Besonderheit mehr, Berichte über derartige Vorfälle sind fast an der Tagesordnung.[4413]

Die EU-Wettbewerbshüter haben mehrfach deutsche Stromunternehmen wegen des Verdachts von Kartellverstößen durchsucht. Die Unternehmen wurden verdächtigt, ihre marktbeherrschende Position missbraucht oder andere Unternehmen behindert zu haben. Das Bundeskartellamt war an den Durchsuchung beteiligt. Die Schuld der durchsuchten Unternehmen ist nicht

---

4408 Dazu Wolfgang **Dunke**/Thomas **Marx**, Steuerstrafrecht, Hamburger Kompendium 1990, Freiburg 1990, S. 98.

4409 Dies richtet sich nach europäischem Kartellrecht, insbesondere der KartVO (1/2003) zur Durchsetzung der Art. 81/82 EGV. Diese Regelung setzt in erster Linie die Entscheidung des EuGH, v. 21. 09. 1989, Slg. 1989, 2589 ff. (Hoechst) um.

4410 Vgl. Handelsblatt, Nr. 184 v. 22. 09. 1989, S. 1; FAZ Nr. 221 v. 23. 09. 1989, S. 15 sowie Fn. 4409.

4411 Der Streit war Teil einer Entwicklung, die in der Schaffung eines **Buchpreisbindungsgesetzes** gipfelte – BuchPrG v. 02. 09. 2002 (BGBl. I S. 3448), zuletzt geändert durch das Gesetz v. 14. 07. 2006 (BGBl. I S. 1530); vgl. dazu BT-Drs. 14/9196 v. 03. 06. 2002: »*Die Preisbindung von Verlagserzeugnissen ist bisher in Deutschland von den Marktteilnehmern durch den Abschluss vertikaler Verträge geregelt worden. ... Dieses System der auf freiwilligen Absprachen der Marktteilnehmer beruhenden Preisbindung wird bei Büchern auf europäischer Ebene unter EU-kartellrechtlichen Gesichtspunkten sehr kritisch gesehen. Daher besteht ein dringendes Bedürfnis, dieses System durch eine zwingende gesetzliche Regelung zu ersetzen, der keine kartellrechtlichen Bedenken entgegenstehen. Die vertraglich vereinbarte Preisbindung für Zeitungen und Zeitschriften stößt dagegen auf europäischer Ebene auf keine EU-kartellrechtlichen Bedenken und wird daher beibehalten.*«.

4412 Harald **Schwarz**, Neuauflage eines alten Streits – Die Buchpreisbindung, in: SZ Nr. 178 v. 04. 08. 2000, S. 23.

4413 Siehe dazu auch den Abschnitt über das Kartellrecht Rdn. 2256 ff.

bewiesen. Auch Unternehmen in Österreich, Italien, Frankreich und Belgien wurden durchsucht.[4414]

2996 Für alle Durchsuchungsfälle gilt folgendes Procedere:

2997 Vor Beginn hat nur der Unverdächtigte einen Anspruch auf Bekanntmachung des richterlichen Beschlusses.[4415]

2998 Findet die Durchsuchung bei verdächtigten Personen statt, können diese nicht verlangen, dass ihnen der Zweck der Maßnahme im Voraus mitgeteilt wird.[4416]

2999 Lautet die Anordnung auf Durchsuchung der Geschäftsräume, so kann sich der Eingriff durchaus auf das gesamte Betriebsgelände, von den Büros bis zu den Lagerplätzen, beziehen. Entscheidendes Kriterium der räumlichen Begrenzung ist die Beherrschbarkeit durch die Betroffenen.

3000 Wird der Inhaber eines kleinen Unternehmens einer Straftat verdächtigt, ist anzunehmen, dass Beweismittel in der gesamten Betriebsstätte auffindbar sind, weil er das gesamte Betriebsgelände in Gewahrsam hat. Ob sich dagegen auch der räumliche Herrschaftsbereich eines Geschäftsführers oder Vorstandsmitglieds eines großen Unternehmens auf die gesamten Betriebseinrichtungen bezieht, ist zweifelhaft. In einem solchen Fall geben das Organigramm, das die Stellung des Betroffenen in der Unternehmenshierarchie verdeutlicht, sowie die Häufigkeit des Betretens der Räumlichkeiten Hinweise über das Ausmaß seines Zugriffs.[4417]

3001 Schon die Vorstellung, dass unter Umständen das gesamte Betriebsgelände nach Beweismitteln abgesucht wird, gibt einen Eindruck von der möglichen Störung betrieblicher Abläufe, ganz zu schweigen von den zu erwartenden wirtschaftlichen Schäden, die eine Durchsuchung nicht zuletzt durch die Beeinträchtigung des Rufs des betroffenen Unternehmens verursacht.[4418] Häufig wird der Richter dem bereits besprochenen Grundsatz der Verhältnismäßigkeit und dem Übermaßverbot dadurch gerecht, dass er eine Abwendungsbefugnis in seinen Beschluss einfügt. Diese sieht den Verzicht der Durchsuchung vor, wenn die gesuchten Beweismittel vorab vom Unternehmen freiwillig herausgegeben werden.

3002 Ob der richterliche Durchsuchungsbeschluss im Ermittlungsverfahren vollstreckt wird, entscheidet die Staatsanwaltschaft. Ein zeitlicher Aufschub kann erforderlich sein, um sicherzustellen, dass die Durchsuchung an verschiedenen Stellen zur

---

4414 So der stern v. 12. 12. 2006. und HAZ Nr. 304 v. 31. 12. 2007, S. 11: »*Kartellamt setzt Spezialisten auf Energiepreise an*« und auf derselben Seite steht: »*Kartellstrafen füllen die Kassen der EU - Spezialabteilung treibt mehr als 3 Milliarden Euro ein … das war fast doppelt so viel wie 2006, als 1,8 Milliarden Euro Strafgeld zusammen kamen. … Die Strafen liegen auch deshalb so hoch, weil sie für ‚Wiederholungstäter' nach oben geschraubt wurden. So bekam ThyssenKrupp im Februar einen Aufschlag von 50 Prozent, weil das Unternehmen vor knapp zehn Jahren schon einmal wegen Absprachen im Edelstahlsektor Buße leisten musste. Auf der anderen Seite können ‚Kronzeugen', die ihre Verstöße als erste beichten, auf Schonung hoffen. Bayer entging so einer Strafe von 201 Mio. Euro wegen Preisabsprachen bei Kautschuk. …*«.
4415 § 106 Abs. 2 StPO.
4416 §§ 106 Abs. 1, 107 S. 1 StPO.
4417 Vgl. Kramer, a.a.O. Rn. 82.
4418 Vgl. dazu BVerfGE 44, 353 ff. (362) **(Teestuben-Fall)**.

gleichen Zeit erfolgen kann. Die Vollstreckung kann der Staatsanwalt als Herr des Ermittlungsverfahrens den Polizeibeamten überlassen.[4419] Er kann aber auch selbst an der Durchsuchung teilnehmen. Die Anwesenheit des Staatsanwalts hat zur Folge, dass er Zeugen vor Ort form- und fristlos laden und vernehmen kann. Die Zeugen sind zur Aussage verpflichtet.[4420] Auf diese Weise sammeln die Ermittlungsbehörden in kürzester Zeit wichtige Informationen, ohne dass die Unternehmensangehörigen Zeit für Überlegungen über ihre weitere Vorgehensweise gewinnen können.[4421]

Der Gewahrsamsinhaber der zu durchsuchenden Räumlichkeiten oder sein Vertreter dürfen bei der Polizeiaktion anwesend sein.[4422] Dem Beschuldigten steht kein Anwesenheitsrecht zu.[4423] Er ist nur dann dazu berechtigt, wenn er zugleich Inhaber der betroffenen Räume ist.[4424] **3003**

Ist der Gewahrsamsinhaber nicht anwesend, so ist – wenn möglich – sein Vertreter, ein erwachsener Angestellter, Hausgenosse oder Nachbar hinzuzuziehen.[4425] Handelt es sich um Geschäftsräume und ist nur die Chefsekretärin zugegen, gilt diese nicht als Vertreterin im Rechtssinne.[4426] Durchsuchungszeugen sind nicht erforderlich, wenn der Staatsanwalt vor Ort mitwirkt. **3004**

Zur bloßen Durchsicht der im Rahmen der Maßnahme im Unternehmen aufgefundenen Papiere muss der Staatsanwalt nicht mehr selbst vor Ort an einer Durchsuchung teilnehmen. Seit 1. September 2004[4427] können auch Ermittlungspersonen gemäß § 110 StPO aufgefundene Akten und sonstige Papiere durchsehen, wenn der zuständige Staatsanwalt dies *zuvor* angeordnet hat. Dies kann auch telefonisch oder mündlich geschehen. (Und wer will eine solche Anordnung nachweisen?) Fehlt die entsprechende Anordnung, sind die Ermittlungsbeamten zur Durchsicht aufgefundener Papiere nur dann befugt, wenn der Inhaber die Durchsicht genehmigt. Anderenfalls müssen die Unterlagen, wenn die Betroffenen die Durchsicht seitens der Polizeibeamten nicht gestatten, verschlossen bei der Staatsanwaltschaft abgeliefert und dem Richter zur Beschlagnahme vorgelegt werden. Dies kann in der Praxis aber zu einer Betriebsstilllegung führen. Dieser Umstand sollte bei der Entscheidung berücksichtigt werden, ob man als Betroffener die Erlaubnis zur Durchsicht erteilt oder nicht. **3005**

Der Begriff Papiere ist weit auszulegen. Dazugehört zunächst alles, was wegen seines Gedankeninhalt bedeuten hat und auf Papier geschrieben ist. Verschlossene Briefe dürfen geöffnet und gelesen werden, soweit dies für den Durchsuchungszweck erforderlich erscheint. Als Papiere gelten aber auch Unterlagen, bei denen statt Papier ein anderes Material oder System verwendet worden ist, also auch **3006**

4419 § 161 StPO.
4420 § 161a Abs. 1 StPO. Gegenüber der Polizei besteht keine Erscheinungs- bzw. Aussageverpflichtung des Zeugen.
4421 Vgl. Kramer, a.a.O. Rn. 96, 113.
4422 § 106 Abs. 1 StPO.
4423 OLG Stuttgart NStZ 1984, 574.
4424 §§ 102, 106 Abs. 1 StPO.
4425 § 106 Abs. 1 S. 2 StPO.
4426 Dunke/Marx, a.a.O., S. 109.
4427 Dazu Rdn. 3311.

alle elektronischen Datenträger und Datenspeicher.[4428] Die Ermittlungspersonen können generell sachkundige Mitarbeiter beiziehen, die zur Aufklärung des Sachverhalts beitragen könnten, insbesondere dadurch, dass sie Spezialisten für das zu sichtende Material sind.[4429]

3007 Noch nicht abschließend geklärt ist die Kompetenz der Strafverfolgungsbehörden zur so genannten »Online-Durchsuchung«. Derzeit liegen zwei jüngere höchstrichterliche Entscheidungen vor, die jedoch zu unterschiedlichen Ergebnissen kommen:

> »Die Durchsuchung der auf einem PC gespeicherten Datenbestände ist auch im Wege eines heimlichen Online-Zugriffs auf den Computer als Durchsuchungsmaßnahme zulässig.«[4430]

3008 Diese Entscheidung des Ermittlungsrichters am Bundesgerichtshof ist ein Beispiel für die besorgniserregende Tendenz, strafprozessuale Eingriffsbefugnisse möglichst ermittlungsfreundlich auszulegen. Die Tatsache, dass das Gesetz und insbesondere die Strafprozessordnung Schwierigkeiten haben, mit der rasanten Entwicklung der Telekommunikations- und Computertechnik mitzuhalten, sowie die damit verbundenen Kriminalitätsrisiken und Ermittlungsdefizite dürfen jedoch nicht dazu führen, geltendes Recht voreilig unzulässig auszuweiten.[4431] Das rechtlich Erlaubte muss sich immer noch am Gesetz orientieren und nicht daran, was technisch möglich ist. Deshalb ist auch der zweite –jüngere – Beschluss des Bundesgerichtshof zu dieser Ermittlungsmethode zu begrüßen:

> »Die ›verdeckte Online-Durchsuchung‹ ist mangels einer Ermächtigungsgrundlage unzulässig. Sie kann insbesondere nicht auf § 102 StPO gestützt werden. Diese Vorschrift gestattet nicht eine auf heimliche Ausführung angelegte Durchsuchung.«

3009 Demnach ist die **heimliche Durchsuchung** der im Computer eines Beschuldigten gespeicherten Dateien mit Hilfe eines Programms, das ohne Wissen des Betroffenen von außerhalb über das Internet auf dessen Computer aufgespielt wurde (Stichwort: »Bundestrojaner«) nach der Strafprozessordnung **unzulässig**. Das hat der 3. Strafsenat des Bundesgerichtshofs auf die Beschwerde des Generalbundesanwalts gegen einen Beschluss entschieden, mit dem der Ermittlungsrichter des Bundesgerichtshofs einen entsprechenden Antrag abgelehnt hatte.[4432] Nach der Entscheidung ist die Durchsuchung in der Strafprozessordnung als eine offen durchzuführende Ermittlungsmaßnahme ausgestaltet. Dies ergäbe sich zum einen aus mehreren Vorschriften des Durchsuchungsrechts zu Gunsten des Gewahrsamsinhabers,[4433] deren Befolgung als zwingendes Recht nicht zur Disposition der Ermittlungsorgane steht. Zum anderen folge dies aus einem Vergleich mit

---

4428 Das sind u. a. Ton- und Magnetbänder, Disketten, Festplatten, CDs, DVDs, aber auch ganze EDV-Anlagen, insbesondere Notebooks, vgl. Meyer-Goßner, a.a.O., § 110 Rn. 1.

4429 Beispielsweise EDV-Experten, Dolmetscher, Betriebsingenieure, Sicherheitsbeauftragte etc.; Siehe Heghmanns, Arbeitsgebiet des Staatsanwaltes, a.a.O. Rn. 492.

4430 BGH StV 2007, 60 ff. mit abl. Anm. von Werner **Beulke**/Florian **Meininghaus**.

4431 Ähnlich Beulke/Meininghaus, a.a.O., StV 2007, 63 ff.

4432 BGH StV 2007, 115.

4433 Die zuvor schon behandelten Anwesenheitsrechte (§ 106 Abs. 1 Satz 1 StPO) und die Zuziehung von Zeugen (§ 105 Abs. 2, § 106 Abs. 1 Satz 2 StPO).

anderen heimlichen Ermittlungsmaßnahmen wie der **Überwachung der Tele-kommunikation** oder der **Wohnraumüberwachung**[4434], an die aber deutlich höhere formelle und materielle Anforderungen gestellt sind.

Dieser Entscheidung ist zuzustimmen.[4435] Hoffentlich wird sich diese Rechtsan-sicht auf Dauer durchsetzen. Trotz der vorläufigen Aussetzung von Online-Durchsuchungen will der derzeitige Bundesinnenminister Wolfgang **Schäuble** an diesem Instrument grundsätzlich festhalten, wenn die rechtlichen Rahmenbedingungen erneut geprüft sind.[4436] Begründet wird diese Auffassung hauptsächlich mit der Bedrohung durch den internationalen Terrorismus. Ende April 2007 war bekannt geworden, dass aufgrund einer internen Dienstanweisung unter Führung des ehemaligen Innenministers Otto **Schily** verdeckte Online-Durchsuchungen durch deutsche Geheimdienste stattgefunden hatten. Die Dienstvorschrift war zunächst auch nach dem ablehnenden Urteil des Bundesgerichtshofes in Kraft geblieben. **3010**

Eine Durchsuchung der Firmenräume stellt ein Unternehmen und seine Mitarbei-ter immer eine hohe Belastung dar. Deshalb möchte ich an dieser Stelle noch einige grundsätzliche Hinweise geben. Für Einzelheiten wird auf den Abschnitt »Vorbeugende Maßnahmen« verwiesen.[4437] **3011**

Sind Ermittlungsbeamte auf der Suche nach Indizien im Unternehmen tätig, ist es ratsam, einen Verteidiger hinzuziehen. Seine Bestellung hat jedoch keine auf-schiebende Wirkung auf die bevorstehende Durchsuchung, der Fortgang wird sich nicht verhindern lassen. Dem **Rechtsbeistand** steht auch **kein Anwesenheits-recht bei der Durchsuchung** zu.[4438] Trotzdem sollte der Rechtsanwalt versuchen, der Aktion beiwohnen zu dürfen. Die Teilnahme ermöglicht ihm, auf **Entlas-tungsmaterial** hinzuweisen, das ansonsten vielleicht von den ermittelnden Beam-ten nicht beachtet würde. Ferner kann der Verteidiger frühzeitig auf die **Aushän-digung eines Verzeichnisses der in Verwahrung genommenen Beweisstücke** hinwirken,[4439] sich anhand der eigenen Eindrücke schnell ein Bild vom Ausmaß **3012**

4434 Diese besonders grundrechtsintensiven Ermittlungsmaßnahmen sind in §§ 100a bis 100 i StPO geregelt. Es gelten hohe formelle (vgl. § 100b Abs. 2, Abs. 6 Satz 2, § 100c Abs. 5 Satz 4, § 100d Abs. 1 – 4 StPO) und materielle Anforderungen, insbesondere der Verdacht bestimmter schwerer Straftaten, wenn andere Erfolg versprechende Aufklärungsmittel nicht vorhanden sind und sie nicht in den unantastbaren Kernbereich privater Lebensge-staltung eingreifen (vgl. § 100a Satz 1, § 100c Abs. 1, 2 und 4, § 100f Abs. 1 und 2 StPO). Die einzelnen Befugnisnormen regeln maßnahmespezifisch, unter welchen Voraussetzun-gen Dritte betroffen sein dürfen (vgl. § 100a Satz 2, § 100c Abs. 3 und 6, § 100f Abs. 3 und 4 StPO) und enthalten ausführliche Regelungen über den Abbruch, die Verwertung und die Vernichtung personenbezogener Informationen (vgl. § 100a Abs. 4 – 6, § 100c Abs. 5 – 7, § 100d Abs. 5 und 6, § 100f Abs. 5 StPO).
4435 A. A. noch Heghmanns, a.a.O. Rn. 496 ff. m. w. N.
4436 Das vermeldete die FAZ Nr. 99 v. 28. 04. 2007, Titelseite. Zum Gesetzesvorhaben siehe Telekommunikationsgesetz, Rdn. 2319 ff.
4437 Siehe Rdn. 3216 ff.
4438 Das ergibt sich wohl im Umkehrschluss aus § 106 StPO; vgl. Dahs, Handbuch des Strafver-teidigers, a.a.O. Rn. 348; OLG Stuttgart NStZ 1984, 574.
4439 §§ 107, 109 StPO.

des strafrechtlichen Vorwurfs machen und auf die Einhaltung von Verfahrensvorschriften achten.

3013 **Der Beschuldigte selbst braucht auch bei einer Durchsuchung an der Aufklärung des Sachverhalts nicht mitzuwirken.** Er wird mit der Bekanntgabe des Durchsuchungsbeschlusses belehrt, dass er nicht zur Mithilfe verpflichtet ist.[4440] Handelt es sich um die Durchsuchung in einem Unternehmen, so können aber Mitarbeiter im Rahmen der allgemeinen Zeugnispflicht zur Mitwirkung herangezogen werden. Sie sind z. B. verpflichtet, Fragen nach dem Aufenthaltsort der Buchführung oder einer bestimmten Korrespondenz wahrheitsgemäß zu beantworten.[4441]

3014 Häufig taucht die Frage auf, was mit Gegenständen geschieht, die »*bei Gelegenheit einer Durchsuchung*« gefunden werden. Generell besteht das Verbot, planmäßig nach im Beschluss nicht benannten Beweismitteln zu suchen. Dies gilt auch, wenn die Polizeiaktion als bloßer Vorwand für eine systematische Suche nach Gegenständen genutzt wird.[4442]

3015 Handelt es sich tatsächlich um einen »*bei Gelegenheit*« gefundenen Gegenstand, so darf dieser beschlagnahmt werden, wenn er eine allgemeine Straftat betrifft und die Durchsuchung bei dem Betroffenen selbst durchgeführt wurde.[4443]

4. Beschlagnahme

3016 Werden bei einer **Durchsuchung Beweisstücke gefunden**, die von dem Betroffenen nicht freiwillig an die Ermittlungsbeamten herausgegeben werden, kann die Sicherstellung der Gegenstände im Wege der **Beschlagnahme** durchgesetzt werden.[4444] Bei einer Weigerung der Herausgabe kann eine zwangsweise Wegnahme und amtliche Aufbewahrung der Beweismittel erfolgen, wenn dies nach Ansicht der Staatsanwaltschaft erforderlich ist.[4445] Der Betroffene ist auf die Möglichkeit der Abwendung von Beschlagnahme- und Zwangsmaßnahmen durch freiwillige Herausgabe hinzuweisen.

3017 Die Beschlagnahme wird auf Antrag der Staatsanwaltschaft von dem örtlich zuständigen Amtsrichter bzw. nach Erhebung der Anklage vom Tatrichter[4446] angeordnet.

3018 Aber **kein Grundsatz ohne Ausnahme**: Wenn **Gefahr im Verzug** ist, dürfen auch der Staatsanwalt und die Polizeibeamten die Beschlagnahme anordnen.[4447] Die

---

4440 § 136 Abs. 1 S. 2 StPO.

4441 Siehe auch Dunke/Marx, a.a.O., S. 116.

4442 LG Berlin NStZ 2004, 571; OLG Karlsruhe StV 1986, S. 16.

4443 § 108 StPO; weitere Hinweise zum richterlichen Verhalten bei Durchsuchungen werden im Rahmen der Prophylaxemaßnahmen auf Rdn. 3346 ff. gegeben.

4444 § 94 Abs. 2 StPO.

4445 §§ 94, 95 StPO.

4446 Vgl. Zuständigkeit bei Durchsuchungsanordnung, oben Rdn. 2932 (mit FN 4243), Rdn. 2977 ff. und Rdn. 3324 ff.

4447 § 98 Abs. 1 StPO.

Behörden sollen jedoch **innerhalb von drei Tagen** die richterliche Bestätigung nachholen, wenn der davon Betroffene nicht anwesend war oder Widerspruch erhoben hat.[4448] Die **Einlegung von Rechtsbehelfen hat keine aufschiebende Wirkung.**

Die Staatsanwaltschaft beantragt in der Regel die Sicherstellung der Beweismittel (die sie zu finden hofft) zusammen mit der Durchsuchung.[4449] **3019**

Werden die Beweisstücke im Verfahren nicht mehr gebraucht, müssen sie an den Mitarbeiter, in dessen Gewahrsam sie sich bei der Beschlagnahme befanden, zurückgegeben werden. Dies gilt jedoch nicht, wenn die Gegenstände dem Verletzten durch die Straftat entzogen worden sind.[4450] **3020**

Haben Staatsanwaltschaft oder Polizei die Anordnung getroffen, sind diese auch für die Freigabe zuständig. Eine richterliche Beschlagnahme muss dagegen durch einen Beschluss aufgehoben werden. Für bestimmte Gegenstände (z. B. schriftliche Mitteilungen zwischen Beschuldigten und Personen, denen ein Zeugnisverweigerungsrecht zusteht; ärztliche Untersuchungsbefunde) besteht ein **Beschlagnahmeverbot**,[4451] damit die Zeugnisverweigerungsrechte der §§ 52, 53, 53 a StPO nicht umgangen werden können.[4452] **3021**

5.   Untersuchungshaft

Nach § 127 Absatz 2 StPO sind Staatsanwalt und Polizei bei Gefahr im Verzug zur **vorläufigen Festnahme** des Beschuldigten befugt, falls die Voraussetzungen eines Haftbefehls vorliegen.[4453] Auch ohne vorläufige Festnahme kann ein Haftbefehl beantragt werden. Die Anordnung der Untersuchungshaft durch den Richter setzt als schwerer Eingriff in die Rechte des Beschuldigten voraus, dass dieser einer **Tat dringend verdächtig** ist, ein **Haftgrund** besteht und die Haft **nicht außer Verhältnis** zur Bedeutung der Sache und der zu erwartenden Sanktion steht.[4454] **3022**

»Die Untersuchungshaft ist das trostloseste Kapitel der Strafverteidigung! In keinem anderen Verfahrensbereich treten die Allmacht des Staates und die Ohnmacht der Verteidigung so deutlich hervor. Anträge auf Erlass von Haftbefehlen scheinen nahezu ›Selbstgänger‹, wenn es nur um das »richtige« Delikt und den ›passenden‹ Beschuldigten geht. Dabei wird nicht übersehen, dass wohl in der Mehrzahl der Fälle die Untersuchungshaft wegen Flucht- oder Verdunklungsgefahr tatsächlich am Platze ist. Es gibt aber daneben einen erheblichen Anteil von Haftverfahren, in denen man nicht

---

4448 § 98 Abs. 2 S. 1 StPO.
4449 Dazu Heghmanns, a.a.O. Rn. 431 f.; Klaus **Marquardt**/Klaus **Göbel**, Strafprozess, 6. Aufl. München 2005, Rn. 21.
4450 § 111 k StPO.
4451 § 97 StPO, der auch Ausnahmen des Verbotes vorsieht.
4452 Konkrete Verhaltenstipps unter dem Aspekt prophylaktischer Maßnahmen finden sich auf den Rdn. 3216 ff.
4453 Darüber entscheidet der Richter, § 128 StPO.
4454 Vgl. insgesamt Heghmanns, a.a.O. Rn. 553 ff.

nur an der Notwendigkeit des Freiheitsentzuges zweifeln, sondern an der richterlichen Prüfungskompetenz geradezu verzweifeln muss. «[4455]

3023 Wie wahr! Den am meisten gefürchteten **Eingriff in die Privatsphäre** eines Betroffenen während des gegen ihn laufenden Ermittlungs- bzw. Strafverfahrens stellt die Untersuchungshaft dar. Sie ist – nach dem Verständnis der Rechtsgelehrten – **keine Strafe im Sinne des geltenden Rechts**, sondern dient lediglich als Sicherungsmaßnahme für die ordnungsgemäße Prozessdurchführung.

3024 Bei Führungskräften, die regelmäßig noch keine Erfahrung mit der deutschen Strafjustiz gemacht haben,[4456] wird die Untersuchungshaft, wie unter der Hand zugegeben wird, gerne als **Druckmittel** eingesetzt, um den Betroffenen »weich zu kochen«. Sehr häufig mit großem Erfolg. Eine Inhaftierung am Freitagnachmittag hat nicht selten bereits bis Montagfrüh die Bereitschaft des betroffenen Managers erbracht, ein – wie auch immer geartetes – Geständnis abzulegen, sondern auch eine schwer wiegende Persönlichkeitsveränderung des Betroffenen zur Folge. Er, der gewohnt ist, im ansehnlichem Büro zu entscheiden, findet sich unversehens der Freiheit beraubt in meist altem Gemäuer wieder, wo er ohnmächtig Regeln zu befolgen hat, die er nicht nachvollziehen kann. Ein psychischer und physischer Albtraum.[4457]

3025 Diese rechtswidrigen so genannten »apokryphen Haftgründe«[4458] sind im Wirtschaftstrafrecht immer wieder Gegenstand engagierter – berechtigter – Kritik.[4459] Über die gesetzlich geregelten Haftgründe der Strafprozessordnung hinaus darf es keine heimlichen Haftgründe wie etwa die Förderung der Geständnisbereitschaft durch Inhaftierung geben.

3026 Dass die Untersuchungshaft vom Inhaftierten als Strafe empfunden wird, braucht nicht weiter ausgeführt zu werden. Angesichts der **Beschneidung der Persönlichkeitsrechte** kann die Anordnung der Untersuchungshaft nur rechtens sein, wenn gegen den Beschuldigten ein **dringender Tatverdacht** besteht. Ein solcher Verdacht wird unterstellt, wenn nach dem Ermittlungsstand mit großer Wahrschein-

---

[4455] Mit diesen Worten beginnt Hans **Dahs** eindrucksvoll seine Ausführungen zur Untersuchungshaft; vgl. Handbuch, a.a.O. Rn. 331 ff.

[4456] Siehe dazu die Darstellung des durchschnittlichen Unternehmensstraftäters auf Rdn. 3203 f.

[4457] In einem Bericht von Felix **Kurz**/Barbara **Schmid** über die Staatsanwaltschaft Bochum (»Mentalität von Großwildjägern«, in: DER SPIEGEL, Nr. 32 v. 07. 08. 2000, S. 44 ff.) heißt es: »*Den dortigen Staatsanwälten werde von Kritikern gern vorgehalten, ›zu schnell zu verhaften*«, klagt Hans Görg Dürrfeld, Vize-Chef der Behörde. Sein Oberstaatsanwalt Bernd Bieniossek wehrt sich gegen den »Vorwurf der Erzwingungshaft«, mit der schnelle Geständnisse erpresst werden sollen. Solche Attacken seinen Unfug, sagt er, kein Gericht würde einen Haftbefehl ohne triftige Gründe wie Flucht- oder Verdunklungsgefahr erlassen. – Anwälte sehen das naturgemäß ganz anders. »In der Hitliste der ehrgeizigsten, brutalsten und rigidesten Staatsanwaltschaften ist Bochum ein absoluter Spitzenplatz sicher«, tadelt der renommierte Heidelberger Steuerstrafrechtler Alexander Keller. Der Verteidiger bescheinigt den Staatsanwälten der Abteilung Wirtschaftskriminalität »die Mentalität von Großwildjägern«.

[4458] Apokryph = verborgen.

[4459] Ausführlich Dirk **Lemme**, Apokryphe Haftgründe im Wirtschaftstrafrecht, in: wistra 2004, 288 ff.

lichkeit davon auszugehen ist, dass der Verdächtige schuldiger Täter oder Teilnehmer der Tat ist. Außerdem muss ein **Haftgrund** vorliegen.[4460]

Die allgemeinen Haftgründe sind **Flucht sowie Flucht- oder Verdunklungsgefahr** des dringend Verdächtigen.[4461] **3027**

Die **Fluchtgefahr** wird bejaht, wenn aufgrund bestimmter Tatsachen festgestellt wird, dass bei Würdigung der Umstände des Einzelfalls die Gefahr besteht, der Beschuldigte werde sich dem Strafverfahren entziehen.[4462] Die Erwartung einer hohen Strafe allein kann in der Regel keine Fluchtgefahr begründen, es müssen weitere Anhaltspunkte hinzutreten, die sich insbesondere aus den Lebensverhältnissen des Beschuldigten ergeben können, wenn z. B. sozialen Bindungen fehlen (keine Angehörigen, Arbeits- oder Wohnungslosigkeit) oder wenn soziale oder finanzielle Kontakte gerade ins Ausland bestehenden, die eine Flucht erleichtern könnten. **3028**

Auch die Annahme der **Verdunklungsgefahr** kann zur Untersuchungshaft führen. Sie setzt voraus, dass konkrete Tatsachen für die Absicht des Beschuldigten vorliegen, Beweismittel zu vernichten oder mögliche Zeugen zu beeinflussen und deshalb die Gefahr droht, dass die Wahrheitsermittlung erschwert werde.[4463] Bloße Vermutungen genügen an dieser Stelle nicht. **3029**

Ist die Tat nur mit Geldstrafe bis zu 180 Tagessätzen oder Freiheitsstrafe bis zu sechs Monaten bedroht, darf Untersuchungshaft wegen Verdunklungsgefahr generell nicht[4464], wegen Fluchtgefahr nur, wenn dafür spezielle im Gesetz genannte Gründe in der Person des Beschuldigten vorliegen, verhängt werden.[4465] Dies ist Ausfluss des Grundsatzes der Verhältnismäßigkeit. **3030**

Als besondere Haftgründe gelten die Vermutung, dass wegen der Schwere der Tat ohne Festnahme die alsbaldige Aufklärung und Ahndung der Tat gefährdet sein könnte[4466] und die **Wiederholungsgefahr**,[4467] die jedoch nachrangig im Verhältnis zu den allgemeinen Haftgründen sind.[4468] **3031**

Sind die **Voraussetzungen für die Untersuchungshaft erfüllt**, beantragt der Staatsanwalt **Haftbefehl**. Bis zur Anklageerhebung prüft der örtlich zuständige Amtsrichter die Sache und erlässt gegebenenfalls Haftbefehl.[4469] Wurde bereits Anklage erhoben, ist das mit der Sache befasste Gericht zuständig.[4470] **3032**

In dem **schriftlich auszustellenden Haftbefehl** muss der Beschuldigte benannt werden. Weiterhin sind **Tatverdacht, Haftgrund und Verhältnismäßigkeit der** **3033**

4460 § 112 StPO.
4461 § 112 Abs. 2 Nr. 1, 2 StPO.
4462 § 112 Abs. 2 Nr. 2 StPO.
4463 § 112 Abs. 2 Nr. 3 StPO.
4464 § 113 Abs. 1 StPO.
4465 Siehe dazu § 113 Abs. 2 StPO (Besondere Fluchtgefahr, Wohnungslosigkeit, Ausweislosigkeit).
4466 § 112 Abs. 3 StPO.
4467 § 112a Abs. 1 StPO.
4468 § 112a Abs. 2 StPO.
4469 §§ 125 Abs. 2, 126 Abs. 1 StPO.
4470 §§ 125 Abs. 2, 1. Alt., 126 Abs. 2 StPO.

Untersuchungshaft zu begründen. Der Betroffene erhält hiervon bei der Verhaftung eine Abschrift.[4471] Einer seiner Angehörigen oder eine Vertrauensperson sind unverzüglich von der Maßnahme zu benachrichtigen.[4472]

3034 Weiterhin ist der **Beschuldigte** – unter Aufnahme in das Protokoll – über sein **Beschwerderecht** nach § 304 StPO sowie auf die Rechtsbehelfe der §§ 117, 118 StPO zu belehren.

3035 Nach seiner Verhaftung muss der Betroffene unverzüglich dem den Haftbefehl ausstellenden Richter vorgeführt und spätestens am darauf folgenden Tag vom zuständigen Richter vernommen werden. Dabei ist dem Verhafteten Gelegenheit zu geben, die gegen ihn erhobenen Verdachts- und Haftgründe zu entkräften.[4473] Der für das Verfahren zuständige Richter entscheidet dann, ob unter den gegebenen (ihm bekannten!) Umständen die Untersuchungshaft aufrechterhalten werden soll oder nicht.

3036 Hat die Untersuchungshaft bereits **drei Monate** gedauert, ohne dass der Beschuldigte die Haftprüfung beantragt oder Haftbeschwerde eingelegt hat, so findet die **Haftprüfung von Amts wegen** statt, es sei denn, dass der Beschuldigte einen Verteidiger hat.[4474] **In der Regel dürfen sechs Monate Untersuchungshaft nicht überschritten werden**.[4475] Eine längere Haftzeit ist nur zulässig, wenn die besondere Schwierigkeit oder der außerordentliche Umfang der Ermittlungen ein Urteil noch nicht ermöglicht und die Haft rechtfertigt.[4476] Über die Fortdauer entscheidet das jeweils zuständige Oberlandesgericht.[4477] Kommt es zur Verurteilung des Betroffenen, wird die vollstreckte Untersuchungshaft auf die verhängte Strafe angerechnet.[4478]

3037 Für den **Vollzug der Untersuchungshaft** ist zunächst § 119 StPO maßgeblich. Demnach darf Verhaftete nicht mit anderen Gefangenen in demselben Raum untergebracht werden. Er ist auch sonst von Strafgefangenen, soweit möglich, getrennt zu halten. Ihm dürfen nur solche Beschränkungen auferlegt werden, die der Zweck der Untersuchungshaft oder die Ordnung in der Vollzugsanstalt erfordert. Ansonsten darf er sich Bequemlichkeiten und Beschäftigungen eigene Kosten verschaffen.

3038 Die nach diesen Vorschriften erforderlichen Maßnahmen ordnet der Richter an. In dringenden Fällen kann der Staatsanwalt, der Anstaltsleiter oder ein anderer Beamter, unter dessen Aufsicht der Verhaftete steht, vorläufige Maßnahmen treffen. Sie bedürfen der Genehmigung des Richters. Ergänzend dazu gilt die **Unter-**

4471 § 114a StPO.
4472 § 114b StPO.
4473 § 115 StPO.
4474 § 117 Abs. 5 StPO.
4475 § 121 StPO.
4476 § 121 StPO.
4477 § 121 Abs. 2 StPO.
4478 § 51 StGB.

suchungshaftvollzugsordnung[4479] als Verwaltungsvorschrift für die Haftanstalten.

Unter den Voraussetzungen des § 116 StPO kann durch richterlichen Beschluss **3039** die **Aussetzung des Vollzuges eines Haftbefehls** angeordnet werden., wenn weniger einschneidende Maßnahmen die Erwartung hinreichend begründen, dass der Zweck der Untersuchungshaft auch durch sie erreicht werden kann (z. B. Meldepflicht, Aufenthaltsbeschränkung, Sicherheitsleistung (»Kaution«), Kontaktverbot).

4479 UVollzO vom 12. 02. 1953 in der Fassung vom 15. 12. 1976; zum Schrift- und Besuchsverkehr sowie Hafturlaub Heghmanns, a.a.O. Rn. 572; zu den Besuchsmöglichkeiten des Rechtsanwalts Minoggio, a.a.O., S. 222 ff. Rn. 520 ff.

X. Vorgehensweisen der Ermittlungsbehörden

Ein ganz normaler Arbeitstag. 8.00 Uhr früh auf dem Firmengelände der x-AG. Es **3040**
herrscht Betriebsamkeit. Im Verwaltungsgebäude klingeln Telefone, Drucker laufen.
Auf dem Firmenhof werden Fahrzeuge rangiert, Lkws be- und entladen. Alles ist wie
an jedem Morgen – bis auf eine Ausnahme. Auf dem Parkplatz des Betriebsleiters
steht ein fremder Wagen. Die Kriminalpolizei ist im Haus. Es soll ein Hinweis einge-
gangen sein. Mit der Abwassereinleitung gäbe es Unregelmäßigkeiten. Unruhe und
Unsicherheit machen sich breit. Was und von wem will die Kripo etwas? Keiner im
Betrieb weiß so recht Rat. Große Erfahrungen hat niemand in diesen Sachen. Mit
einem Strafzettel an der Windschutzscheibe hat man wohl schon mal Bekanntschaft
gemacht, aber dabei blieb es dann auch. Was tun?

Um festzustellen, wer innerhalb eines Unternehmens für eine bestimmte Tat strafrechtlich verantwortlich ist, gibt es unterschiedliche Ermittlungsmethoden. Die
zwei üblichen Vorgehensweisen sind unter den Schlagworten »Bottom-up-« und
»Top-down«-Betrachtungsweise bekannt geworden.[4480] Beide Methoden nutzen
die Organisations- bzw. Hierarchiestrukturen des Unternehmens.

Wird die strafrechtliche Verantwortlichkeit von dem Mitarbeiter ausgehend über- **3041**
prüft, der der Betriebsstörung am nächsten ist, so liegt eine Ermittlung »Bottom-
up« vor. Die Ermittlung beginnt auf der untersten Hierarchiestufe, beim unmittelbaren Handlungstäter. Anschließend wird geprüft, ob Vorgesetzte ihre Aufsichtspflichten verletzt haben oder ob Führungskräfte als Mittäter infrage kommen.[4481]

Erstmals dargestellt wurde diese Ermittlungsform von Bernd **Schünemann**, der **3042**
zwischen primären Garantenpflichten des innerbetrieblich zur Fehlverursachung
Sachnächsten sowie verschiedenen Stufen der Garantenpflicht der Vorgesetzten
unterscheidet.[4482] Zu den Garantenpflichten zählen z. B. Aufsichts-, Kontroll- und
Koordinationspflichten. Die verschiedenen Abstufungen der Garantenstellung
innerhalb einer Unternehmenshierarchie soll die folgende Darstellung am Beispiel
eines Falles aus dem Bereich des Umweltrisikos verdeutlichen:[4483]

– *Stichwort: Ermittlungsmethode »Bottom-up«*

1. Stufe   primäre Garantenstellung (Sachnächster: der Mitarbeiter, der die
                  unmittelbare Herrschaft ausübt), z. B. Arbeiter mit geringen
                  Umweltkenntnissen

4480 Schmidt-Salzer, Produkthaftung, a.a.O., Bd. I Rn. 147.
4481 Eidam, in: Adams/Eidam, a.a.O., S. 164 ff. (164 f.).
4482 Bernd **Schünemann**, Unternehmenskriminalität und Strafrecht, Köln 1979, S. 47 ff.; ders.,
      Strafrechtsdogmatische und kriminalpolitische Grundfragen der Unternehmenskriminali-
      tät, in: wistra 1982, S. 41 ff. (44).
4483 Vgl. Franzheim/Pfohl, Umweltstrafrecht, a.a.O. Rn. 502 ff.; Die Zahl der Hierarchiestufen
      hängt von der Struktur des jeweiligen Unternehmens ab. Gab es im Jahr 1993, also z. Z.
      der ersten Auflage von ›Unternehmen und Strafe‹, noch Unternehmen der Großindustrie
      mit bis zu elf Hierarchiestufen, so sind heute Unternehmen mit mehr als fünf Hierarchie-
      stufen die seltene Ausnahme.

2. Stufe	sekundäre Garantenstellung 1. Grades (unmittelbar auf die Sache bezogene Befehlsgewalt), z. B. Meister mit besseren Umweltkenntnissen
3. Stufe	sekundäre Garantenstellung 2. Grades (mittelbar auf die Sache bezogene Befehlsgewalt), z. B. Ingenieur mit noch besseren Umweltkenntnissen
4. Stufe	sekundäre Garantenstellung 3. Grades (mittelbar auf die Sache bezogene Befehlsgewalt), z. B. Betriebsleiter mit bester Umweltkenntnis

3043 Die andere Vorgehensweise bei Ermittlungen wird als »Top-down«-Betrachtung bezeichnet. Für den Bereich der strafrechtlichen Produkthaftung wird diese von Joachim **Schmidt-Salzer** vorgeschlagen.[4484] Er ist der Ansicht, dass aufgrund von gesellschaftsrechtlichen, arbeitsrechtlichen und organisationssoziologischen Gründen von der Geschäftsleitung ausgehend ermittelt werden müsse, denn diese schaffe den Rahmen, innerhalb dessen sich das betriebliche Geschehen abspielt.[4485] Bildlich kann diese Vorgehensweise im Ermittlungsverfahren wie folgt dargestellt werden:

– *Stichwort: Ermittlungsmethode »Top-down«*

1. Stufe	Ermittlung gegen Betriebsleiter
2. Stufe	Ermittlung gegen Ingenieure
3. Stufe	Ermittlung gegen Meister
4. Stufe	Ermittlung gegen Arbeiter

3044 In der Praxis und innerhalb der einzelnen Ermittlungsverfahren werden je nach Sachverhalt die Top-down- und/oder die Bottom-up-Methode genutzt. Hat ein Arbeitnehmer z. B. beim Abfüllen von Säure unaufmerksam gehandelt, sodass sie über die Oberflächenentwässerung ungeklärt in den Vorfluter gelangt, wäre die Top-down-Betrachtung unpassend, wenn seine Verantwortung unzweifelhaft feststeht. In diesem Fall müsste nur geprüft werden, ob der Vorgesetzte für die Tat mitverantwortlich ist (Bottom-up).

3045 Handelt es sich jedoch um einen Fall der strafrechtlichen Produkthaftung, ist zweckmäßigerweise mit der Ermittlung beim Management und nicht bei einem Arbeiter der untersten Stufe zu beginnen. Gleiches gilt für Fälle unterlassener Investitionen zum Schutz der Umwelt und bei illegaler Ablagerung von Sonderabfällen, da die wesentlichen Entscheidungen in den oberen Hierarchiestufen getroffen werden. Auch in Fällen der vermuteten Steuerhinterziehung bevorzugen die Ermittlungsbehörden regelmäßig aus verständlichen Gründen die Top-down-Methode.[4486]

3046 Wer die **Presseberichterstattung von Unfällen und Strafverfahren** hinsichtlich der Vorgehensweise der Ermittlungsbehörden aufmerksam verfolgt, kann auch

---

4484 Schmidt-Salzer, Produkthaftung, Bd. I, a.a.O., Rn. 1.147.
4485 Schmidt-Salzer, Produkthaftung, Bd. I, a.a.O., Rn. 1.147.
4486 Dazu für den Bereich Hinterziehungsfelder in der Baubranche PStR 2000, 40 ff.

als Laie oft die gewählte Ermittlungsmethode erkennen, wie nachstehend am Beispiel **Brühler Zugunglück** für die Bottom-up-Methode belegt werden soll. Zunächst der Fall:

Am 6. Februar 2000 entgleiste der Nachtexpress D203 im Bahnhof Brühl bei Köln mit überhöhter Geschwindigkeit. Bei dem Unglück starben neun Menschen, fast hundert Reisende wurden verletzt. Aus der Presse war in den folgenden Tagen über die Ermittlungen zu erfahren:

»*Nach den bisherigen Ermittlungen ist der 28 Jahre alte deutsche Lokführer kurz nach Mitternacht mit 122 Stundenkilometern deutlich zu schnell über eine Weiche gefahren, berichtete Granitzka.*[4487] *Zwar habe er zwei Kilometer vor dem Unglücksort in einem Baustellenbereich vorschriftsmäßig auf unter 40 Kilometer heruntergebremst. Anschließend hat der Lokführer den Zug jedoch wieder auf 122 km/h beschleunigt, obwohl die Geschwindigkeitsbegrenzung nicht aufgehoben war.*«[4488]

»*Der Münchner Fernsehsender N24 hatte gemeldet, der Lokführer des Unglückszuges habe lediglich eine verkürzte Ausbildung von sieben Monaten gehabt und sei überdies neu auf der Strecke gewesen. Der Vorstandsvorsitzende der Deutschen Bahn AG, Hartmut Mehdorn, hatte die Vorwürfe zurückgewiesen. Niemand, der schlecht ausgebildet sei, dürfe einen Zug fahren, sagte er im ZDF-Morgenmagazin.*«[4489]

»*Fuhren viele zu schnell? Weiche rückt ins Blickfeld der Fahnder ... Der ›Kölner Stadt-Anzeiger‹ beruft sich auf Angaben eines Lokführers. In der Unglücksnacht sei im Bahnhof – offenbar entgegen den Erwartungen des 28-jährigen Lokführers – die Weiche zur Einfahrt auf das Nebengleis umgestellt gewesen. Der Sprecher des Eisenbahn-Bundesamtes wollte den Bericht nicht kommentieren. Falls dies aber zutreffe, wäre dies eine strafbare Handlung.*«[4490]

»*Die Signale seien eindeutig gewesen, behauptet die Bahn. ... Doch am Freitag vergangener Woche bestätigte das Eisenbahn-Bundesamt, dass auch falsche und verwirrende Signale sowie weitere fehlerhafte Hinweise den Lokführer ... durchaus irritiert haben könnten. Es handele sich zwar nicht um Verstöße gegen gesetzliche Vorschriften, aber um Abweichungen vom ›unternehmenseigenen Regelwerk und Schreibfehler‹*«.[4491]

»*Ist der Funkverkehr gestört, so die Vorschriften der Bahn, müsste der Zug eigentlich gestoppt und dem Lokführer ein schriftlicher Befehl übergeben werden. Weil beides*

4487 Der Einsatzleiter der Polizei.
4488 Gelnhäuser Tageblatt, Nr. 31 v. 07. 02. 2000, S. 1 (Die Ermittlungen konzentrierten sich auf den Lokführer als Handlungstäter.).
4489 HAZ Nr. 32 v. 08. 02. 2000, S. 8 (»Am Sicherheitsstandard der Bahn nagt der Zweifel«) – Die Medien schließen ein Auswahl- und Instruktionsverschulden nicht aus.
4490 HAZ Nr. 36 v. 12. 02. 2000, S. 8 – Organisationsverschulden werden nicht mehr ausgeschlossen.
4491 Wolfgang **Bittner**, Unklare Signale – Wer ist schuld am Unglück von Brühl – die Bahn oder der Lokführer, in: »DER SPIEGEL«, Nr. 8 v. 21. 02. 2000, S. 100 – Informations- und Kontrollfehler werden vermutet

unterlassen wurde, ermittelt die Staatsanwaltschaft nun auch gegen eine Fahrdienst-leiterin im Stellwerk Brühl.«[4492]

»Außerdem ist unklar, ob die Baustelle im Bahnhof Brühl überhaupt ordnungsgemäß abgesichert oder sogar falsch beschildert war. Denn die dort aufgestellte Langsamfahr-scheibe galt nur für die Hauptgleise. Es war ein dreieckiges gelbes Zeichen mit der Zahl Neun. Diese Zahl signalisiert den Lokführern, dass der zehnfache Wert als Höchstgeschwindigkeit erlaubt ist, also Tempo 90. Tatsächlich erlaubt war aber nur Tempo 40, denn seit den Signalen am Güterbahnhof gab es kein weiteres Hauptsig-nal. ... Die Langsamfahrscheibe wurde wieder entfernt, nachdem etliche Züge über die ausgewechselte Weiche gefahren sind. Deshalb kam in der vergangenen Woche der Verdacht auf, die Unfallstelle sei falsch beschildert gewesen – und die Bahn hätte die Beweise nach dem Unglück beseitigt.«[4493]

»Die ›Tatsachenermittlung‹ zum Zugunglück von Brühl ... ist weitgehend abge-schlossen. Und sie hat erhebliche Sicherheitsmängel im Bahnbetrieb ans Licht gebracht. Mark Wille, Sprecher des Bonner Eisenbahnbundesamtes, bestätigte Recherchen dieser Zeitung: Es seien ›Widersprüche in den schriftlichen Anweisungen‹ für den 28-jähri-gen Lokführer ... Doch möglicherweise gab es noch andere Ursachen für das Zugun-glück: Ein Sicherheitsbremssystem, das den Zug wegen seiner stark überhöhten Geschwindigkeit eigentlich automatisch hätte stoppen müssen, war an der Unglücks-stelle überhaupt nicht installiert. In der Bau- und Betriebsanleitung für den Bereich ... wird diese so genannte punktförmige Zugbeeinflussung jedoch vorgeschrieben. ... Nach Auffassung (der GDL – Gewerkschaft Deutscher Lokführer) ist das fehlende Notbremssystem jedoch nicht das einzige belastende Detail ... So fehle die ... vorge-schriebene Änderung der Anweisung zur langsamen Fahrt im Risikobereich. Offenbar ein Versäumnis der Fahrdienstleitung, in deren Zuständigkeit diese Anweisung falle. Noch verwirrender sei, dass die Unterlagen Anweisungen enthalten hätten, die für den Lokführer ... gar nicht galten. ... Kritik übt Gewerkschafter H. an der mangelhaften Qualifikation des Lokführers ...Warum er von der Bahn als Lokführer eingestellt wurde, sei unklar. ... »Wer hat den Mann überhaupt geprüft?« Der GDL sei bekannt, dass von seiner Einstellung abgeraten worden sei. ...«[4494]

3047 Tatnächster, Verletzung der Organisationspflichten: Auswahl-, Instruktions-, Kontroll- und Investitionsverschulden – eine wilde Fahrt vom Tat-, besser Unglücksnächsten steil aufwärts durch die Hierarchieebenen der Deutschen Bahn AG zeichnet sich in dem vorstehenden Pressespiegel ab. Für die Medien sind die »bad news« von Vorgestern keine »good news« mehr. Sie stehen unter Zeitdruck. Nachrichten sind arg verderbliche Waren. Also muss der investigative Journalist

---

4492 Wie zuvor: »DER SPIEGEL«, Nr. 8 v. 21. 02. 2000, S. 100 – Die behauptete Verletzung von Aufsichtspflichten wird zur Begründung des unechten Unterlassungsdelikts herange-zogen.

4493 Wie zuvor: »DER SPIEGEL«, Nr. 8 v. 21. 02. 2000, S. 100 – Die vorgeworfenen Organisa-tionsmängel häufen sich. Instruktionsverschulden werden erneut behauptet. Jetzt jedoch hinsichtlich aller auf dieser Bahnstrecke eingesetzten Lokführer.

4494 HAZ Nr. 48 v. 26. 02. 2000, S. 8 (Ermittlungen belegen unklare Anweisungen. Hinzu kommt: Die vorgetragenen Investitionsversäumnisse (fehlendes Notbremssystem) deuten auf die Ausweitung der Ermittlungen auf weitere Hierarchieebenen des Unternehmens hin.

schnell recherchieren und – wenn die Indizien nicht ausreichend sind – spektakulär ergänzen, oft zum Leidwesen der betroffenen Unternehmen und Personen.

Die Mühlen der Justiz mahlen langsam, aber meist gründlicher. Das Strafverfahren im Brühler Unglücksfall vor dem Landgericht Köln endete nach 23 Verhandlungstagen, 20 Monate nach dem Unglück, mit einer Einstellung wegen geringer Schuld der Angeklagten. Dem Lokführer sowie drei weiteren Bahnangestellten wurden Geldzahlungen zwischen seinerzeit 7.000 und 20.000 DM auferlegt. Gericht und Staatsanwaltschaft verwiesen erneut auf Versäumnisse bei der Bahn, die möglicherweise zu dem Unglück beigetragen hätten. Angesichts der vergleichsweise geringen persönlichen Schuld der Angeklagten und der zwischenzeitlich von der Bahn eingeleiteten Verbesserungen im Technik- und Ausbildungsbereich gäbe es jedoch keine weiteres öffentliches Interesse an einer Fortsetzung des Verfahrens.[4495] **3048**

Die zuständige Ermittlungsbehörde steht regelmäßig nicht unter dem Zeitdruck, dem der Journalist ausgesetzt ist. Unabhängig von der im Einzelfall gewählten Vorgehensweise ist es ihre Aufgabe, zu prüfen, ob eine Straftat vorliegt und ob sich ein Anfangsverdacht bestätigt. Wenn sie diese Fragen bejaht, hat sie den oder die Täter zu ermitteln. **3049**

Egal, welche Betrachtungsweise für Ermittlungen herangezogen wird, von Bedeutung ist immer, wie das Unternehmen organisiert ist[4496] und ob die geplante Organisation im Zeitpunkt der vermuteten Straftat auch tatsächlich eingehalten worden ist. Stellt die Ermittlungsbehörde während eines Verfahrens fest, dass gegen einen bestehenden Organisationsplan verstoßen wurde, erfolgen die weiteren Ermittlungen so, als ob es zur Tatzeit keinen Organisationsplan im Unternehmen gegeben hätte. **3050**

Vielleicht ist in dieser Sichtweise der Grund zu sehen, dass in **jüngerer Zeit verstärkt eine Top-down-Betrachtung** im Sinne einer Verantwortungszuweisung vor allem zu Entscheidungsträgern an Stelle unmittelbar Handelnder praktiziert wird,[4497] während bis zur Erdal-Lederspray-Entscheidung[4498] des Bundesgerichtshofs vorrangig das Bottom-up-Prinzip verfolgt wurde, wonach strafrechtliche Verfolgung vor allem die unmittelbar handelnden Person traf. Infolgedessen setzten strafrechtliche Ermittlungen heute in erster Linie bei der Geschäftsleitung und dem mittleren Management an.[4499] Aus Sicht der Strafverfolgungsbehörden ergibt das durchaus Sinn, wenn zunächst vor dem Hintergrund einer komplexen Organisationsstruktur eine eindeutig erkennbare individuell handelnde Person nicht ausfindig zu machen ist. **3051**

4495 SZ Nr. 247 v. 26. 10. 2001, S. 16.
4496 Dazu die Ausführungen oben Rdn. 1036 ff.
4497 So Volk/Wessing II, a.a.O., § 4 Rn. 143.
4498 Siehe Rdn. 2450 ff.
4499 Ebenso v. Westphalen/Goll/Winkelbauer, a.a.O., § 48 Rn. 2.

XI. Der Ablauf eines typischen Ermittlungs- bzw. Strafverfahrens

1.   Das Ermittlungsverfahren

Mit dem Ermittlungsverfahren, in der Strafprozessordnung als »*Vorbereitung der* **3052** *öffentlichen Klage*«[4500] bezeichnet, beginnt jedes Strafverfahren. Mittlerweile enden auch mehr als drei Viertel aller Strafverfahren in diesem Verfahrensabschnitt.[4501] Sie unterfallen also der Sanktionskompetenz der Staatsanwaltschaft. Zurecht fordert daher der Ausschuss Justizreform – StPO des Deutschen Anwaltsvereins schon lange eine verstärkte Beteiligung der Verteidigung am Ermittlungsverfahren sowie – was heute schon eine Selbstverständlichkeit für jeden Verteidiger sein sollte –, dass die Verteidigung bereits im Ermittlungsverfahren einsetzen und von Anfang an eine Aufklärung auch entlastender Tatsachen gefördert werden soll.[4502]

Nach dem so genannten **Legalitätsprinzip** sind die Ermittlungsbehörden zur **3053** Erforschung und Verfolgung von Straftaten verpflichtet. Die **Erforschungspflicht** der Staatsanwaltschaft ergibt sich aus § 160 Absatz 1 StPO, die der Polizei folgt aus § 163 Absatz 1 StPO. Der **Verfolgungszwang** von Straftaten durch die Staatsanwaltschaft beruht auf der Regelung des § 152 Absatz 2 StPO.

Zuständig ist grundsätzlich die Staatsanwaltschaft des Landgerichtsbezirks, in **3054** dem der Tatort gelegen ist. Auslösendes Moment für die Einleitung eines strafrechtlichen Ermittlungsverfahrens ist die Kenntnis von Umständen, die »*zureichende tatsächliche Anhaltspunkte*«[4503] für eine Straftat bilden. Es wird in diesem Fall vom **einfachen Anfangsverdacht** gesprochen.[4504]

Eine ausdrückliche Regelung, wie ein Strafverfahren eröffnet wird, findet sich in **3055** der Strafprozessordnung nicht. Nur § 397 Absatz 1 AO enthält einen Anhaltspunkt für die Festlegung eines Zeitpunkts:

4500   §§ 158 ff. StPO – eine überaus fragliche Formulierung, wie die Erledigungsquoten in Fn. 4501 belegen.

4501   Nach Heinz, a.a.O., S. 461 ff. (473) führten im Jahr 1997 lediglich 24,5 % aller anklagefähigen Ermittlungsverfahren zur Anklageerhebung. Im Jahr 1981 betrug die entsprechende Rate noch 43,2 %. Die restlichen, 1997 im Ermittlungsabschnitt erledigten Strafverfahren (75,5 %) endeten durch Strafbefehl (28,5 %) oder durch Einstellung (47,1 %, davon ohne Auflage 36,3 % und 10,8 % unter Auflagen).

4502   AnwBl. 2000, 600.

4503   So die Formulierung in § 152 Abs. 2 StPO.

4504   Dazu ein Zitat aus der SZ Nr. 283, v. 07. 12. 1999, S. 2, Aktuelles Lexikon: Anfangsverdacht: »*Liegt ein solcher Anfangsverdacht vor, muss ermittelt, das heißt ein Verfahren eingeleitet – also ein roter Aktendeckel mit einem Aktenzeichen angelegt werden. Die gängigen Kommentarwerke versuchen, den Anfangsverdacht näher zu umschreiben. Das heißt es zum Beispiel, dass die kriminalistische Erfahrung es als möglich erscheinen lassen müsse, dass eine Straftat vorliegt. Dieser Anfangsverdacht muss weder dringend sein (dies ist die Voraussetzung für einen Haftbefehl), noch hinreichend (das ist nötig für die Eröffnung des Hauptverfahrens). Bei alltäglichen Straftaten wird der Anfangsverdacht nicht lange geprüft: Die Staatsanwaltschaft legt eine Akte an und schließt sie dann, wenn nichts dran ist, schnell wieder. Bei heiklen Sachen ist man vorsichtiger.*«

»Das Strafverfahren ist eingeleitet, sobald die Finanzbehörde, die Polizei, die Staatsanwaltschaft, einer ihrer Hilfsbeamten oder der Strafrichter eine Maßnahme trifft, die erkennbar darauf abzielt, gegen jemanden wegen einer Steuerstraftat strafrechtlich vorzugehen ...«.

3056 Als Faustregel ist davon auszugehen, dass ein Ermittlungsverfahren mit dem Eintrag in das Tagebuch der zuständigen Polizeidienststelle beginnt.

3057 Meist liegt dieser Maßnahme eine Anzeige (bei der Polizei oder einer anderen zuständigen Verwaltungsbehörde) durch einen Bürger, eine Umweltorganisation, eine Behörde oder einen Mitarbeiter zugrunde. Eins von zwei Strafverfahren gegen Angehörige eines Wirtschaftsunternehmens wird von aktiven bzw. ehemaligen Mitarbeitern ausgelöst.[4505] Daneben werden Zuwiderhandlungen gegen Straf- und Bußgeldvorschriften auch bei regelmäßigen Kontrollen oder bei Stichprobenuntersuchungen festgestellt (z. B. Abwasseruntersuchungen, Fahrzeitenkontrollen, Lebensmittelproben u. a.), die dann Ermittlungsverfahren in Gang setzen.

3058 Liegt möglicherweise ein Umweltdelikt vor, so muss die Strafverfolgungsbehörde tätig werden, da es sich um Offizialdelikte handelt und die Ermittlungen von Amts wegen durchzuführen sind.[4506] Das ist der Unterschied zum Zivilprozess, in dem alle erforderlichen Tatsachen von den Parteien in das Verfahren eingeführt werden müssen.

3059 Das Ermittlungsverfahren lässt sich in mehrere Abschnitte unterteilen, die nachstehend verdeutlicht werden sollen. Der Einfachheit halber greife ich auf den bereits geschilderten typischen Fall einer angeblichen (oder tatsächlich begangenen) Abwassereinleitung zurück.[4507]

1. Schritt: Tatsachenfeststellung

3060 Eine Pressenotiz oder eine Strafanzeige löst die Aufnahme der Ermittlungen aus. Die Ermittlungsbeamten stellen sichtbare Umweltbelastungen wie Fischsterben, Wasserverfärbung, Schmutzfahnen usw. fest, oder aufgrund von Gewässer- und Luftüberprüfungen nicht sichtbare Belastungen.

2. Schritt: Eingrenzung des Tatorts

3061 Zunächst wird gegen Unbekannt ermittelt. Der Tatort muss eingegrenzt werden. Naturgemäß ist bei sichtbaren Stoffen die räumliche Eingrenzung eher möglich, indem z. B. auch Hubschrauber zur optischen Überprüfung eingesetzt werden.

3062 Zwar kann die Gewässeraufsicht Proben entnehmen und durch Emissionsmessungen auch nicht sichtbare Schadstoffe feststellen, aber wenn diese Messwerte nicht unmittelbar von der Emissionsstelle stammen, ist eine räumliche Zuordnung schwierig.

3063 Wenn sich also durch den emittierten Stoff nicht eindeutige Hinweise auf den Tatort ergeben, müssen Ermittlungen von der Emissionsstelle in Richtung des

---

4505 Eidam, in: Adams/Eidam, a.a.O., S. 174.
4506 Legalitätsprinzip; vgl. dazu oben Rdn. 3053, Rdn. 236.
4507 Die Fallschilderung findet sich auf Rdn. 3040.

»tatsächlichen Verursachers« durchgeführt werden. Und dies gestaltet sich zumeist sehr mühsam.

Zu denken ist an den Fall, dass in einem Kanal die Abwässer mehrerer Betriebe **3064** zusammenfließen. Immerhin sind mehr als 50 % der Unternehmen in der alten Bundesrepublik Indirekteinleiter, d. h. sie leiten ihre betrieblichen Abwässer in die gemeindliche oder städtische Kanalisation ein.[4508]

3. Schritt: Feststellung der Verantwortlichen im Unternehmen

Unterstellt, die Ermittlungsbehörde kann das Gelände eines Unternehmens als **3065** Tatort feststellen, so beginnen die Ermittlungen nach den Verantwortlichen im Unternehmen.

Je größer und verwinkelter das Gelände eines Unternehmens ist, umso mehr wird **3066** der Staatsanwalt auf eine eventuelle Unterstützung durch die Firmenverantwortlichen angewiesen sein. Eine zumutbare Unterstützung abzulehnen wäre falsch. Ein solches Verhalten stimmt den Staatsanwalt misstrauisch mit der Folge, dass er den Ermittlungsaufwand verstärkt, und das bedeutet: tief greifende Störungen der Betriebsabläufe im Unternehmen! Dass hierunter die Produktivität leiden wird, braucht nicht gesondert erwähnt zu werden.

Zum Auffinden von Beweismitteln kann eine Durchsuchung der Geschäftsräume, **3067** des Betriebsgeländes und der Privatwohnungen von Unternehmensangehörigen erfolgen,[4509] Gegenstände (auch Papiere) können beschlagnahmt werden.[4510]

Das Ermittlungsverfahren hat für das gesamte Strafverfahren eine große Bedeu- **3068** tung. Es ist daher wichtig, dass der Beschuldigte seine Rechte wie Schweigerecht, Anspruch auf rechtliches Gehör und Informationsrecht kennt. Der juristisch nicht vorgebildete Mitarbeiter ist in einer solchen Situation für jede Hilfe dankbar. Diese kann zunächst von der unternehmenseigenen Rechtsabteilung kommen.[4511]

Im Rahmen der Aufklärung des Sachverhalts und der Feststellung der Ursachen **3069** des Vorfalls wird von der Ermittlungsbehörde nachgeforscht, welcher Mitarbeiter zur Tatzeit die Sachherrschaft innehatte bzw. in wessen Zuständigkeitsbereich die fragliche Handlung fiel. Dabei werden sowohl die ausführenden Mitarbeiter als auch deren Vorgesetzte und ggf. ein Betriebsbeauftragter in die Untersuchung der Behörde mit einbezogen.

Wenn die Staatsanwaltschaft keinen Anfangsverdacht gegen bestimmte Personen **3070** ermitteln kann, wird sie regelmäßig an dieser Stelle ihre Ermittlungen beenden müssen.

Im Januar 1999 starben im belgischen Löwen zwei zu früh geborene Säuglinge, weil sie statt einer Zuckerlösung das gefährliche Kaliumchlorid verabreicht erhielten – vermutlich war das Medikament des deutschen Pharma-Herstellers

---

4508 Michael **Pfohl**, Strafbarkeit von unerlaubten Einleitungen in öffentliche Abwasseranlagen, in: wistra 1994, 6 ff.

4509 Vgl. nähere Darstellungen auf Rdn. 2977 ff.

4510 § 94 StPO.

4511 Vgl. ausführliche Darstellung Rdn. 2855 ff. (2871 ff.)

.

falsch etikettiert.[4512] Ein Jahr später stellte die Ermittlungsbehörde das Strafverfahren ein:

»Eine ›Eingrenzung des Täterkreises‹ sei ›nicht möglich‹, ›Fehler bei der Herstellung‹ lägen nicht vor. Mit dieser Begründung stellte die Berliner Staatsanwaltschaft jetzt die Ermittlungen wegen des Verdachts der fahrlässigen Tötung und des Verstoßes gegen das Arzneimittelgesetz gegen den Pharma-Hersteller B. Braun/Melsungen ein. … Vier Ampullen mit Kaliumchlorid gerieten in eine Charge Glucose-Lösung. Ob ›irrtümlich‹ oder ‹bewusst›, jeder Mitarbeiter kommt für den Ampullen-Austausch infrage, resümierte die Justiz.«[4513]

4. Schritt: Rechtswidrigkeit

3071 Nachdem der Tatort festgestellt wurde, muss als Nächstes überprüft werden, ob dem Täter die Tat in objektiver und subjektiver Hinsicht nachgewiesen werden kann. Dies ist erforderlich, da sich nur derjenige strafbar macht, der eine tatbestandsmäßige, rechtswidrige und schuldhafte Handlung begeht.

3072 Im Beispiel der Umweltbelastung, die den objektiven Tatbestand der Gewässerverunreinigung erfüllt, handelt es sich um eine rechtswidrige Tat, wenn sie nicht von der zuständigen Verwaltungsbehörde gestattet ist.[4514]

5. Schritt: Schuld[4515]

3073 Neben der beweismäßigen Darstellung der Tat muss diese dem oder den hierfür Verantwortlichen persönlich nachgewiesen werden. Bei den hierzu erforderlichen Nachforschungen geht die Staatsanwalt von der Frage aus, wer im Unternehmen zur Tatzeit die Sachherrschaft innehatte, d. h., wer für den Emissionsvorgang verantwortlich war.

3074 Zunächst einmal ist immer derjenige persönlich verantwortlich, der durch aktives Handeln eine Ursache für eine Umweltbeeinträchtigung gesetzt hat, also der Handlungstäter. Sei es, dass er ein Ventil öffnet, eine defekte Dichtung ins Abflusssystem einsetzt oder sonst fehlerhaft die Anlage bedient.

3075 Daneben ist derjenige strafrechtlich verantwortlich, der eine Garantenstellung und damit eine Handlungspflicht im Unternehmen innehat, also die Führungskraft, die dem Täter gegenüber weisungsbefugt ist. In der Regel wird dies der Betriebsleiter sein. Diesen trifft auch grundsätzlich die strafrechtliche Eigenverantwortlichkeit, da ihm die auf dem gesamten Unternehmen liegende Verpflichtung, kein Gewässer unbefugt zu verunreinigen, obliegt.

3076 Das gilt aber nur unter der **Voraussetzung**, dass er **Entscheidungsbefugnis** besitzt. Er muss berechtigt sein, Umweltschutzinvestitionen zu tätigen, zum Beispiel eine Kläranlage zu erweitern oder zu modernisieren. Hat er diese Möglichkeit und unterlässt er die Ausübung, wodurch später eine Umweltbeeinträchtigung eintritt, dann muss er sich wegen Unterlassens verantworten.[4516]

4512 FAZ Nr. 14 v. 18. 01. 1999, S. 9; FAZ Nr. 15 v. 19. 01. 1999, S. 12.
4513 Focus v. 08. 02. 2000.
4514 Vgl. ausführliche Darstellung Rdn. 1319 ff.
4515 Vgl. Rdn. 304 ff.
4516 Vgl. nähere Darstellung auf Rdn. 607 ff.

Nun ein Lichtblick: Nicht jede Herbeiführung eines unerwünschten Zustands ist **3077** schlechthin verboten, sondern nur eine solche Verhaltensweise, die das Maß an Sorgfalt außer Acht lässt, das im Zusammenleben innerhalb der Rechtsgemeinschaft billigerweise erwartet werden darf. Dies setzt voraus, dass

1. ein bestimmter Schaden oder eine konkrete Gefährdung eingetreten ist und dass
2. dieser Schaden oder die Gefährdung vermeidbar war.[4517]

Die Verwirklichung eines bestimmten Tatbestands muss vermeidbar sein. Ver- **3078** meidbar aber ist die Tatbestandsverwirklichung nur, wenn sie voraussehbar ist. Welcher Maßstab ist nun für die Vorhersehbarkeit und Vermeidbarkeit anzulegen? Gilt ein »*optimaler*«, »*durchschnittlicher*« oder »*individueller*« Maßstab?[4518]

Grundsätzlich muss von den branchenüblichen Durchschnittsanforderungen aus- **3079** gegangen werden. Danach ist jedermann verpflichtet, bei der Durchführung oder Übernahme einer Tätigkeit diejenige Sorgfalt aufzubieten, zu der ein einsichtiger Mensch des Berufs- und Gewerbekreises in der Lage des Täters fähig ist.[4519] In der »**Monza-Steel**«-**Entscheidung**[4520] hat das Landgericht in seinem Urteil dazu Folgendes ausgeführt:

> »*Die Verpflichtung zur Vermeidung von Gefahren für strafrechtlich geschützte Rechtsgüter bestimmt sich am Optimum dessen, was in der konkreten Lebenssituation geleistet werden kann. Die subjektive Sorgfaltspflicht ... orientiert sich vielmehr daran, was ein Mensch eines bestimmten, durch Ausbildung und berufliche Kenntnisse erlangten Leistungsvermögens tun kann, um in der betreffenden Situation in optimaler Weise Gefahren für andere zu vermeiden. Durchschnittsanforderungen haben insoweit Bedeutung, als sie das Mindestmaß dessen setzen, was jedermann an Sorgfalt zu erbringen hat, der ein bestimmtes riskantes Verhalten durchführen will.*«[4521]

Musste der Verantwortliche die Anlage oder Verfahrensweise nach objektiven **3080** Gesichtspunkten für so gefährlich halten, dass mit einem plötzlichen Störfall über kurz oder lang zu rechnen war? Auch in diesem Zusammenhang kann erneut auf die **Erdal-Lederspray-Entscheidung** eingegangen werden. Dort heißt es:

> »*Der Verantwortliche muss unter vollem Einsatz seiner Mitwirkungsrechte das ihm Mögliche und Zumutbare tun.*«[4522]

Die Frage lautet also an dieser Stelle für den Staatsanwalt: Musste der Verantwort- **3081** liche im laufenden Ermittlungsfall eine Anlage oder Verfahrensweise (nach objektiven Gesichtspunkten) für so gefährlich halten, dass er mit einem plötzlichen Störfall über kurz oder lang rechnen musste?

4517 Tröndle/Fischer, a.a.O., § 13 Rn. 14.
4518 Schönke/Schröder-Cramer/Sternberg-Lieben, a.a.O., § 15 Rn. 126.
4519 Schönke/Schröder-Cramer/Sternberg-Lieben, a.a.O., § 15 Rn. 135.
4520 Vgl. Schilderung Rdn. 2441 ff.
4521 LG München II, in: Schmidt-Salzer, Entscheidungssammlung Produkthaftung, a.a.O., IV. 28.
4522 BGH, NJW 1990, 2560 ff. (2676); zur *Worst-case*-Betrachtungsweise vgl. Rdn. 263 ff.

3082 Wenn ja, dann konnte der Verantwortliche den Ausgang nach dem objektiven Sorgfaltsmaßstab vorhersehen und war zur Vorsorge verpflichtet. Unterließ er diese, dann hat er schuldhaft gehandelt.[4523]

3083 Hierzu Hinweise:

Setzt ein Betriebsführer ungeschultes oder minder qualifiziertes Personal an Aufgaben, die nicht ungefährlich sind, oder unterrichtet er die eingesetzten Mitarbeiter nicht über die Gefahren, die von den Handlungsabläufen ausgehen, dann muss er mit dem menschlichen Versagen rechnen. Die Untätigkeit des Betriebsführers ist dann durchaus vorwerfbar im Sinne von fahrlässig und damit schuldhaft.

Jeder muss sich seiner betrieblichen Verantwortung bewusst sein. Der Gruppenleiter oder Meister muss darauf achten, dass die ihm unterstellten Mitarbeiter sorgfältig arbeiten. Er darf nicht zulassen, dass beispielsweise in der Produktion beim Umfüllen gefährlicher Chemikalien ein Teil achtlos verschüttet wird.

Betriebsingenieure bzw. Betriebsführer müssen darauf achten, dass die eigene Verfahrenstechnik dem branchenmäßigen Sicherheitsstandard entspricht. Fehlen ihnen die nötigen Mittel, um den branchenüblichen Sicherheitsanforderungen gerecht zu werden, dürfen sie nicht schweigen und resignieren. In diesem Fall muss der Vorgesetzte unter Hinweis auf die drohenden Gefahren davon unterrichtet werden, damit zusätzliche Mittel bewilligt werden.

Im Fall der Einbeziehung des Vorgesetzten wird die strafrechtliche Verantwortung auf diesen übertragen.[4524] Er steht nun in der Pflicht, für Abhilfe zu sorgen oder muss für seine Untätigkeit strafrechtlich haften.

Ist der Verantwortliche zu überdurchschnittlichen Leistungen imstande, so hat er seine individuellen Kenntnisse und Fähigkeiten einzusetzen, um schädliche Erfolge zu vermeiden.

Bei einer einmaligen plötzlichen Betriebsstörung dürfte in der Regel keine Vorhersehbarkeit der Tatbestandsverwirklichung vorliegen (Stichwort: Produktionsausreißer). Im Fall einer fortdauernden Grenzwertüberschreitung kann die Staatsanwaltschaft von der Kenntnis durch den Leiter der nicht vorschriftsmäßig betriebenen Anlage ausgehen. Insoweit ergibt sich der Verdacht vorsätzlichen Handelns.

6. Schritt: Die Strafbarkeit der Geschäftsleitung z. B. bei Dauereinleitung

3084 Bei der Kenntnis von einer unbefugten Dauereinleitung wird darüber hinaus auch eine Strafbarkeit von Mitgliedern der Geschäftsleitung zu prüfen sein.[4525] Ihnen oblag die Auswahl- und Kontrollpflicht des Anlagenleiters sowie die Entscheidung, ob unter den gegebenen Umständen die Produktion aufrechterhalten werden durfte oder wegen der Umweltbeeinträchtigung hätte eingestellt werden müssen (Eingriffspflicht).

4523 Vgl. Schönke/Schröder-Cramer/Sternberg-Lieben, a.a.O., § 15 Rn. 144 ff. (147).
4524 § 14 Abs. 2 Nr. 1 StGB.
4525 § 14 Abs. 1 StGB; dazu oben Rdn. 694 ff.

7. Schritt: Nachgeordnete Organisationsverantwortlichkeit bei vorsätzlichen Taten

Eine andere rechtliche Lage besteht bei einer vorsätzlichen Einleitung von Schad- **3085** stoffen in den Vorfluter. Über diesen Einleitungsvorgang hat der Leiter der Klär- anlage keine Sachherrschaft. Er ist strafrechtlich nicht verantwortlich; es sei denn, er hatte Kenntnis von der Einleitungsabsicht seines Mitarbeiters und diese gebil- ligt.

Verantwortlich ist in erster Linie derjenige Betriebsangehörige, der die Schadstoffe in den Kanal gegeben hat. Er ist Täter. Sollte dieser von einem Vorgesetzten dazu angehalten worden sein, dürfte Handeln in Mittäterschaft vorliegen.

8. Schritt: Verantwortlichkeit bei Betriebsunfällen

Ein noch anderes Bild ergibt sich bei einem Betriebsunfall in einer Produktions- **3086** stätte, der zu einer Einleitung von Schadstoffen über den werkseigenen Kanal (und die Kläranlage) in den Vorfluter führt. Zu denken ist etwa an den Brand bei Sandoz/Schweizerhalle im November 1986.[4526]

Strafrechtlich verantwortlich ist in einem solchen Fall nach deutschem Recht zunächst derjenige, der den Unfall in tatsächlicher Hinsicht bewirkt hat. Verant- wortlich können daneben aber auch noch der direkte Vorgesetzte und sogar wei- tere Vorgesetzte sein.[4527]

Dies gilt dann, wenn sie ihren Anweisungs- und Eingriffspflichten bzw. ihren Aufsichtspflichten nicht nachgekommen sind. Eine Delegation der Verantwortung ist in Krisen- und Störfällen grundsätzlich nicht möglich.[4528]

9. Schritt: Abschluss des Ermittlungsverfahrens

In dem abschließenden Verfahrensabschnitt prüft der Staatsanwalt, ob strafrechtli- **3087** che Sanktionen wie Anklage, Strafbefehl oder eine mit Geldzahlung bewehrte Verfahrenseinstellung erforderlich werden. Bejaht er dies, sendet er die Anklage- schrift gemeinsam mit den Ermittlungsakten an das zuständige Gericht.

Wenn die Ermittlungen keine genügenden Anhaltspunkte für ein strafbares Ver- **3088** halten eines Betriebsangehörigen erbringen, stellt die Staatsanwaltschaft das Ver- fahren ein.[4529]

Andernfalls wird sie Anklage erheben[4530] oder den Erlass eines Strafbefehls bean- **3089** tragen.[4531] Damit ist das vorbereitende Verfahren, für das der Rechtsanwalt eine Gebühr gemäß dem Rechtsanwaltsvergütungsgesetz erhält, abgeschlossen.

4526 Siehe oben Rdn. 6 (mit FN 16).
4527 § 14 Abs. 2 StGB.
4528 Dazu oben Rdn. 1136 ff.
4529 § 170 Abs. 2 StPO.
4530 § 170 Abs. 1 StPO.
4531 § 407 StPO.

3090 Auch ohne Zustimmung des zuständigen Gerichts kann auch die Staatsanwalt-schaft unter bestimmten Voraussetzungen das Verfahren mit oder ohne Weisun-gen bzw. Auflagen einstellen[4532] oder von der Anklageerhebung absehen.[4533]

3091 So ist eine Einstellung des Verfahrens nach §§ 153, 153a StPO durch die Staatsan-waltschaft auch dann ohne richterliche Zustimmung möglich, wenn es sich um ein Vergehen handelt, das nicht mit im Mindestmaß erhöhter Strafe bedroht ist. Weitere Voraussetzung für die Anwendung des § 153 StPO ist: Die durch die Tat verursachten Folgen müssen gering sein (Kriterium: Geringfügigkeit).

3092 Bei einer beabsichtigten Einstellung gegen Auflagen und Weisungen nach § 153a StPO[4534] darf die Staatsanwaltschaft dann allein handeln, wenn diese »Maßnah-men« geeignet sind,

- das öffentliche Interesse an der Strafverfolgung zu beseitigen und
- der Einstellung nicht die Schwere der Schuld entgegensteht.

3093 Damit fällt ein Großteil der Fälle leichter und mittlerer Kriminalität in den aus-schließlichen Entscheidungsbereich der Staatsanwälte. Diese vom Gesetzgeber gewollte Verlagerung im Interesse einer Entlastung der Gerichte ist verfassungs-rechtlich nicht unbedenklich. Der Beschuldigte kann Vorliegen und Umfang sei-ner »nicht schweren« Schuld nicht auf dem gerichtlichen Strafrechtsweg überprü-fen lassen.

3094 Für die Unternehmen und ihre betroffenen Mitarbeiter stellt die Regelung »Ein-stellung ohne richterliche Zustimmung« vermutlich eine Besserstellung dar, weil sie ein Weniger an negativer Publizität erwarten lässt. Ich vermute, dass künftig noch mehr Strafverfahren vorgerichtlich, also ohne medienträchtige Hauptverfah-ren beendet werden. Dafür spricht die Praxisnähe der Staatsanwälte.[4535]

3095 Nach dem Wortlaut des § 153 StPO – durch die Tat verursachte geringe Folgen – kann nunmehr die Staatsanwaltschaft beispielsweise in erheblichem Umfang in Umweltstrafverfahren alleine entscheiden; denn neben der Einstellungsentschei-dung bei geringfügigen Gewässer- und Abfalldelikten hat sie auch wegen der fehlenden »Folgen« die Hoheit bei allen abstrakten und potenziellen Gefähr-dungsdelikten.[4536]

3096 Ich kann mir nicht vorstellen, dass der Gesetzgeber diese für die Praxis so gewich-tige Weiterung beabsichtigt hatte.[4537] Doch hat sie sich als eine – auch für die betroffenen Unternehmensangehörigen – positive Neuerung erwiesen.

4532 §§ 153 ff. StPO. Mit einer Verfahrenseinstellung vor Eröffnung des Hauptverfahrens enden beispielsweise mehr als 80 % der zur Industrie-Straf-Rechtsschutzversicherung gemeldeten und ausgewerteten Straf- und Bußgeldverfahren im Umweltbereich; vgl. Eidam, Industrie-Straf-Rechtsschutzversicherung, a.a.O.
4533 § 153 b StPO.
4534 Im praktischen Regelfall die Zahlung eines Geldbetrags an eine wohltätige Institution oder einen ideellen Verein.
4535 Vgl. Rdn. 2769.
4536 Siehe oben Rdn. 244 ff.
4537 Siehe bereits Peter **Rieß**, Das Gesetz zur Entlastung der Rechtspflege – Ein Überblick, in: AnwBl. 1993, 51 ff. (55).

Damit endet der Abschnitt »Ermittlungsverfahren«. Herr der Handlung ist von **3097** nun an das Strafgericht. Nach einer Anklageerhebung hat das Gericht zunächst über die Eröffnung des Hauptverfahrens zu entscheiden.

2. Das Zwischenverfahren

Nachdem die Staatsanwaltschaft Anklage erhoben hat, beginnt das Zwischenver- **3098** fahren **(Eröffnungsverfahren)**.[4538] Dieses erstreckt sich von der Anklageerhebung bis zur Entscheidung des Gerichts über die Eröffnung des Hauptverfahrens.

Entsprechend der Strafprozessordnung steht dem Gericht ein eigenständiges Prü- **3099** fungsrecht[4539] zu, um zu einer Entscheidung zu gelangen. Dem Angeschuldigten und seinem Verteidiger wird die Anklageschrift zugestellt und eine Erklärungsfrist eingeräumt. Innerhalb dieser Frist kann der Angeschuldigte beantragen, dass bestimmte Beweiserhebungen vor Entscheidung über die Eröffnung des Hauptverfahrens durchgeführt werden sollen.[4540] Dazu müssen bestimmte Tatsachen und Beweismittel angegeben werden.[4541] Ein solcher Verteidigungsschriftsatz ergibt aber nur dann Sinn, wenn tatsächlich begründete Chancen für eine Ablehnung der Eröffnung des Hauptverfahrens durch das Gericht bestehen.[4542]

Dabei soll nicht verschwiegen werden, dass vielleicht in **einem von hundert Zwi-** **3100** **schenverfahren die Eröffnung des Hauptverfahrens abgelehnt** wird. Regelmäßig verfügt das Gericht per Vordruck die Zulassung zur Hauptverhandlung.

Um auf die **Eröffnungsentscheidung** einzuwirken, ist es möglich, dass Gutachten **3101** oder Gegengutachten beim Gericht vorgelegt werden.[4543] Weiterhin können Einwendungen gegen die Eröffnung des Hauptverfahrens erhoben werden. Dabei handelt es sich um die Geltendmachung von Verfahrenshindernissen wie z. B. Form- oder Inhaltsfehlern der Anklageschrift.[4544] Ein Fehler liegt u. a. vor, wenn sich der Anklagevorwurf nicht aus der Anklageschrift unter Hinzuziehung des Akteninhalts bestimmbar entnehmen lässt.[4545] Ein Hindernis kann auch darin bestehen, dass es wegen der Tat, die Gegenstand des Verfahrens ist, bereits ein vollständig abgeschlossenes Verfahren gibt.

4538 §§ 199–212b StPO; das beschleunigte Verfahren kennt kein Zwischenverfahren; vgl. dazu oben Rdn. 35.

4539 Kritisch Minoggio, a.a.O., S. 249 Rn. 645: Eine eigenständige Vorprüfung würde in der Praxis kaum durchgeführt.

4540 Dies kann neue Ermittlungen zur Folge haben; vgl. Heghmanns, Arbeitsgebiet des Staatsanwaltes, a.a.O., Rn. 871 ff.

4541 Meyer-Goßner, a.a.O., § 201 Rn. 6.

4542 Siehe dazu Lutz **Meyer-Goßner**, Theorie ohne Praxis und Praxis ohne Theorie im Strafverfahren, in: ZPR 2000, 345 ff., der sich ablehnend mit der Forderung nach einem »Eröffnungsrichter« für das Zwischenverfahren auseinander setzt (a.a.O., 347).

4543 Dahs, Handbuch, a.a.O., Rn. 414 ff.

4544 Dazu Müller-Gugenberger/Bieneck/Niemeyer, a.a.O., § 12 Rn. 12 f.

4545 Dahs, Handbuch, a.a.O., Rn. 417.

3102 Bereits in diesem Stadium kann ein Verteidiger auch die Prüfung der **Verhandlungsfähigkeit** seines Mandanten beantragen. Fehlt sie, so kann eine vorläufige oder dauernde Einstellung des Verfahrens erreicht werden.[4546]

3103 Das Zwischenverfahren endet entweder mit der Eröffnung des Hauptverfahrens[4547] oder mit dem Beschluss, das Verfahren nicht zu eröffnen.[4548]

3104 Auch wenn mit höchster Wahrscheinlichkeit die Anklage der Staatsanwaltschaft zur Hauptverhandlung zugelassen wird, so bietet dieser Verfahrensabschnitt doch für den Verteidiger vielfache Möglichkeiten, auf den weiteren Verlauf des Strafverfahrens Einfluss zu nehmen.[4549] Der Prozess als solcher – sein Beginn, die Dauer, wie viele Verhandlungstage pro Woche, welche Wochentage, welche Sachverständige – schafft zahlreiche Gelegenheiten für Gespräche mit den Vertretern der Staatsanwaltschaft und dem Gericht. Diese Kontakte geben dem Verteidiger, wenn er es richtig angeht, auch die Chance, den Verhandlungsrahmen zu erkennen, den sich die Staatsanwaltschaft als Ziel ihrer Anklage gesteckt hat.

3105 Aufgrund der Erkenntnisse, die der Verteidiger aus seinen Gesprächen mit Richtern und Staatsanwälten gezogen hat, und mit dem zusammengestellten Entlastungsmaterial kann die **Verteidigungsstrategie** erarbeitet werden. Welches Verfahrensziel kann realistisch erreicht werden (Freispruch, Verfahrenseinstellung oder Verurteilung zu Geldstrafe)? Wie kann eine zu erwartende Haftstrafe begrenzt werden? Welche Zeugen und Sachverständige will die Verteidigung selbst zur Entlastung laden? Welche Beweisanträge sollen wann wie gestellt werden?

3106 Im Zeitraum zwischen Zulassung und Beginn der Hauptverhandlung sieht sich der Verteidiger regelmäßig einer weiteren Verpflichtung ausgesetzt: Er muss den Angeschuldigten, der in aller Regel persönlich strafprozessual unerfahren ist und deshalb unter einem ungeheueren **psychischen Druck** steht, betreuen und auf das Verfahren vorbereiten. Eine Zeit voller Spannungen, Vorwürfe, manchmal Unehrlichkeiten, die das erforderliche Vertrauensverhältnis zwischen Mandant und Verteidiger erheblich belasten können. Viele Mandate, gerade mit Vertretern der obersten Hierarchieebene, haben in diesem Verfahrensabschnitt ihr Ende gefunden. Meist, weil die Angeschuldigten nicht bereit waren, einzusehen, dass in einem Strafverfahren der Anwalt und nicht der Angeklagte auf der Seite der Verteidigung »*Chef im Ring*« sein muss.

3107 Das Zwischenverfahren hat schon durch das Gesetz zur Entlastung der Rechtspflege weiter an Bedeutung gewonnen. Seit 1993 kann **durch Strafbefehl eine Freiheitsstrafe bis zu einem Jahr** verhängt werden.[4550]

3108 Diese Regelung ist an zwei Voraussetzungen geknüpft: Erstens muss die Strafe zur Bewährung ausgesetzt sein und zweitens muss der Angeschuldigte einen Verteidiger haben.

4546 Dahs, Handbuch, a.a.O. Rn. 419.
4547 Der Staatsanwalt kann aber auch die Anklage zurücknehmen; Heghmanns, a.a.O. Rn. 876.
4548 Näher Heghmanns, a.a.O., Rn. 877 ff. Dieser Fall ist, wie gesagt, äußerst selten.
4549 Ebenso Widmaier/Wehnert, a.a.O., § 5 Rn. 10 ff. (12).
4550 § 407 Abs. 2 S. 2 StPO.

Ist der Angeschuldigte unverteidigt,[4551] muss der Richter einen Verteidiger bestel- **3109**
len,[4552] wenn er »erwägt«, dem Antrag auf Freiheitsstrafe zu entsprechen. Verneint der Richter den hinreichenden Tatverdacht oder hat er Bedenken, ohne
Hauptverhandlung zu entscheiden (z. B. weil er die Notwendigkeit einer Freiheitsstrafe als solche oder deren Aussetzungsmöglichkeit bezweifelt), dann bedarf
es keiner Verteidigerbestellung.[4553]

Das Hinwirken auf Erlass eines Strafbefehls ist eine weitere Möglichkeit für den **3110**
Verteidiger, im Interesse seines Mandanten und dessen Unternehmen das Strafverfahren auf stille Weise zu beenden.

Auch in Zukunft ist damit zu rechnen, dass die Bedeutung des Zwischenverfahrens weiter zunimmt. Darauf weist insbesondere die rechtspolitische Entwicklung
hinsichtlich der **verfahrensbeendenden Absprachen**[4554] hin. Die Diskussion trägt
der Tatsache Rechnung, dass Urteilsabsprachen in der Regel in Gesprächen außerhalb der Hauptverhandlung vorbereitet werden.[4555] Sollte es also zu einer Kodifizierung der verfahrensbeendenden Absprachen kommen, wird eine Einbeziehung
des Zwischenverfahrens kaum umgangen werden können.

3. Das Hauptverfahren

Der Eröffnungsbeschluss leitet vom Zwischenverfahren in das Hauptverfahren **3111**
über. Das **Kernstück des Hauptverfahrens** ist die **Hauptverhandlung**.[4556] Hier
werden unabhängig von den vorangegangenen Ermittlungen noch einmal sämtliche Beweise erhoben.[4557] Allein die in der Hauptverhandlung gewonnenen Ergebnisse sind die Grundlage für die Entscheidung des Strafgerichts.[4558]

In diesem Verfahrensabschnitt kommen besondere Verfahrensprinzipien zum **3112**
Tragen: Dies sind die **Grundsätze der Öffentlichkeit** des Strafverfahrens, der
Mündlichkeit (nur der mündlich vorgetragene und erörterte Prozessstoff darf
dem Urteil zugrunde gelegt werden), **der Unmittelbarkeit der Beweisaufnahme**
(ein Gericht, welches das Urteil fällt, darf die Beweisaufnahme nicht anderen Personen überlassen. Außerdem muss es den Angeklagten und die Zeugen persönlich vernehmen) und **das rechtliche Gehör** des Angeklagten.[4559] Aufgabe des Ver-

---

4551 Was wohl in Fällen aus dem Unternehmensbereich selten vorkommt.
4552 § 408 b StPO. Wenn die Staatsanwaltschaft dies beantragt, auch schon vor Stellung des
 Strafbefehlantrags.
4553 Vgl. § 408 StPO.
4554 Zum so genannten »Deal« siehe oben Rdn. 2882 ff.
4555 Zu den rechtspolitischen Überlegungen siehe auch Widmaier/Wehnert, a.a.O., § 5
 Rn. 152 ff.
4556 Siehe dazu umfassend Frank **Schellenberg**, Die Hauptverhandlung im Strafverfahren, 2.
 Aufl., Köln/Berlin/Bonn/München 2000.
4557 § 261 StPO; Roxin, Strafverfahrensrecht, a.a.O., § 42 A I, S. 236; Creifelds, a.a.O., Stichwort: Hauptverhandlung; vgl. hierzu auch die Übersicht über den Ablauf des Strafverfahrens Rdn. 381.
4558 § 261 StPO; Roxin, Strafverfahrensrecht, a.a.O., § 43, S. 252.
4559 Roxin, Strafverfahrensrecht, a.a.O., § 43, A II S. 237.

teidigers ist es, im Interesse des Angeklagten für die konsequente Einhaltung dieser Verfahrensrechte zu sorgen.

3113 Das Gericht ist nach dem **Grundsatz der umfassenden Beweisaufnahme** verpflichtet, zur Erforschung der Wahrheit die Beweisaufnahme von Amts wegen auf alle Tatsachen und Beweismittel zu erstrecken, die für die Entscheidung bedeutend sein könnten.[4560] In der Praxis beschränken sich die Gerichte allerdings häufig darauf, die aus den Akten ersichtlichen Beweise zu erheben, also die bereits von den Ermittlungsbeamten gehörten Zeugen und Sachverständigen zu vernehmen. Nach allgemeiner Auffassung endet ihre Aufklärungspflicht dort, wo die gerichtsbekannten Tatsachen keine weiteren Beweiserhebungen nahe legen.[4561]

3114 Es ist daher Sache des Verteidigers, Tatsachen und Beweismittel, die jenseits dieser Grenzen liegen, in das Verfahren einzubringen. Diese Erklärungen und Anträge müssen rechtzeitig vor der Überzeugungsbildung des Gerichts vorgetragen werden.[4562] Ebenso wie der Staatsanwalt hat auch der Angeklagte das Recht, Beweisanträge zu stellen[4563] und damit selbst zur Wahrheitsfindung – und zu seiner Entlastung – beizutragen. Zulässige Beweismittel dieses wichtigsten Verteidigungsinstruments sind Zeugen, Sachverständige, Urkunden- und Augenscheineinnahme.[4564]

3115 **Nach Abschluss der Beweisaufnahme** entscheidet das Gericht in freier Beweiswürdigung aufgrund seiner aus der Verhandlung gewonnenen Überzeugung.[4565] Mit der Verkündung des Urteils, das auf Freispruch, Verurteilung, Anordnung einer Maßregel der Besserung und Sicherung oder auf Einstellung des Verfahrens lauten kann,[4566] wird das Verfahren abgeschlossen.

3116 **Der Angeklagte und die Staatsanwaltschaft können gegen das Urteil Rechtsmittel einlegen.** Rechtsmittel gegen Urteile sind Berufung und Revision, Beschlüsse können mit der Beschwerde angefochten werden. Über Rechtsmittel entscheidet die nächsthöhere Instanz. Berufung und Revision sind nur zulässig, wenn sie innerhalb einer Woche nach Verkündung des Urteils zu Protokoll der Geschäftsstelle oder schriftlich eingelegt werden.[4567] Die Revision muss zusätzlich form- und fristgerecht begründet werden.[4568] Die Beschwerde ist nicht fristgebundenen, aber schriftlich oder zu Protokoll der Geschäftsstelle einzulegen.[4569]

3117 Die **Berufung** ist gegen **amtsgerichtliche Strafurteile** des Strafrichters und des Schöffengerichts zulässig.[4570] Über Berufungen entscheidet beim Landgericht die

---

4560 § 244 Abs. 2 StPO.
4561 Meyer-Goßner, a.a.O., § 244 Rn. 12 m.w.N.
4562 Vgl. § 245 Abs. 2 StPO; die Möglichkeit besteht schon während der Vorbereitung der Hauptverhandlung, Müller-Gugenberger/Bieneck/Niemeyer, a.a.O., § 12 Rn. 19.
4563 §§ 244, 245 StPO.
4564 Siehe dazu Rdn. 2946 ff.
4565 § 261 StPO.
4566 § 260 StPO.
4567 §§ 314, 341 StPO.
4568 §§ 344, 345 StPO.
4569 § 306 StPO; davon zu unterscheiden ist die **sofortige Beschwerde**, die ebenfalls innerhalb einer Woche ab Bekanntmachung des Beschlusses einzulegen ist, vgl. § 311 StPO.
4570 § 312 StPO; siehe dazu die Übersicht unter Rdn. 51.

kleine Strafkammer,[4571] die mit einem Berufsrichter und zwei ehrenamtlichen Richter besetzt ist.

In der **Berufungsinstanz** wird das ganze Verfahren in rechtlicher und tatsächlicher Hinsicht noch einmal geprüft.[4572] Damit das geschehen kann, muss die Berufung bei dem erstinstanzlichen Gericht innerhalb einer Woche nach Urteilsverkündung schriftlich oder zu Protokoll bei der Geschäftsstelle eingelegt werden.[4573] Richtet sich die Berufung gegen eine verhängte Geldstrafe oder eine Verwarnung mit Strafvorbehalt einer Geldstrafe von nicht mehr als fünfzehn Tagessätzen oder eine Geldbuße, so ist sie nur zulässig, wenn sie angenommen wird (Annahmeberufung). Eine Annahme durch – unanfechtbaren – Beschluss des Berufungsgerichts muss dann erfolgen, wenn es die Berufung nach Aktenlage für nicht offensichtlich unbegründet hält.[4574]

3118

Gegen **Landgerichtsurteile** (Strafkammer, Schwurgericht) sowie gegen die im ersten Rechtszug ergangenen Urteile des **Oberlandesgerichts** ist keine Berufung möglich, hier ist die **Revision** zum Bundesgerichtshof das zulässige Rechtsmittel.[4575]

3119

Allerdings kann mit der Revision nicht der Tatsachenvortrag überprüft werden. Sie ist auf das **Beheben von Rechtsfehlern** begrenzt.[4576] Rechtsfehler liegen vor, wenn Rechtsnormen nicht oder unkorrekt angewendet worden sind. Das ist beispielsweise bei der nicht vorschriftsmäßigen Besetzung des vorgeschalteten Gerichts der Fall, sei es, dass das Gericht nicht mit der vorgeschriebenen Zahl von Berufs- und Laienrichtern versehen war oder nach dem Geschäftsverteilungsplan die unrichtigen Schöffen mitgewirkt haben. Auch wenn die vorangegangene Beweiswürdigung gegen Denk- und allgemeine Erfahrungssätze verstößt, weil physikalische Gesetze unbeachtet blieben, technische Vorgänge missverstanden wurden, Begriffsverwechslungen und Argumentationsfehler vorliegen, kann das Verfahren wegen Rechtsfehlern in der Revision überprüft werden.[4577]

3120

4571   Ggf. die Wirtschaftsstrafkammer, vgl. §§ 74abs. 3, 74c Abs. 1, 76 Abs. 1, 3 GVG.

4572   § 318 StPO.

4573   § 314 StPO.

4574   § 313 Abs. 2 S. 1 StPO; die Regelung ist aus Gründen der – verfassungswidrigen? – Beschneidung der Verteidigungsmöglichkeiten des Betroffenen nicht unumstritten, vgl. Meyer-Goßner, a.a.O., § 313 Rn. 2 m. w. N.

4575   § 333 StPO.

4576   § 337 StPO.

4577   Vgl Meyer-Goßner, a.a.O., § 337 Rn. 27.

XII. Auswirkungen eines Ermittlungs- oder Strafverfahrens auf Mitarbeiter und Unternehmen

Die Einleitung polizeilicher oder staatsanwaltschaftlicher Ermittlungen gegen **3121** Verantwortliche des Unternehmens führt in der Regel nicht nur zu Unsicherheiten hinsichtlich des zweckmäßigsten Verhaltens in der konkreten Situation. Die Verunsicherung kann sich als Folge des Verfahrens auch allgemein durch sinkende Risiko- und Innovationsbereitschaft bemerkbar machen.

Die **Angst, Fehlentscheidungen zu treffen**, nimmt mit der rasanten technischen **3122** Entwicklung, den immer unüberschaubareren gesetzlichen Anforderungen (»*Paragraphendickicht*«, »*Normenflut*«) und dem häufig vorhandenen Zeitdruck zu.[4578] Mangelnde Entscheidungsfreudigkeit wirkt sich wiederum negativ auf die Entwicklung neuer Produkte und Ideen und ganz allgemein auf die für die Wettbewerbsfähigkeit notwendige Flexibilität, Initiative und Kreativität des Unternehmens aus, weil diese Faktoren immer das Risiko von Fehlentscheidungen beinhalten.

Verunsicherung im Unternehmen kann im Extremfall die so genannte »*innere* **3123** *Kündigung*« oder »*berufliche (innere) Emigration*« von Mitarbeitern auslösen.

Für die alten Bundesländer haben Untersuchungen schon vor längerer Zeit erge- **3124** ben, dass in den Großbetrieben 40 Prozent – in den neuen Bundesländern sogar mehr als 50 Prozent – der Mitarbeiter einen so genannten »*Dienst nach Vorschrift*« leisten.[4579] Es handelt sich dabei um unauffällige Mitarbeiter, die versuchen, jedes Verhalten zu vermeiden, das negative Konsequenzen nach sich ziehen könnte.[4580]

Die **Stimmung** bei den Beschäftigten deutscher Unternehmen hat sich bis heute **3125** **wahrscheinlich nicht verbessert**. Das Gegenteil könnte der Fall sein. Der Anteil derer, die sehr unglücklich mit ihrem Job sind, ist angeblich gestiegen. Das belegen zumindest die aktuellen Ergebnisse einer Befragung von Angestellten durch die *Gallup Organisation*,[4581] einem internationalen Beratungsunternehmen. Demnach hat fast ein Fünftel der Beschäftigten keine emotionale Bindung an ihren Arbeitgeber. Sie arbeiten aktiv gegen die Interessen des Unternehmens, haben die innere Kündigung vollzogen oder sind mit der Arbeitssituation unglücklich. Zur Gruppe der Arbeitnehmer mit geringer emotionaler Bindung gehören diejenigen, die zwar nicht aktiv sabotieren, aber nur Dienst nach Vorschrift leisten (68 %). Diese beiden Gruppen würden demnach 87 % der Beschäftigten darstellen. Nur 13 % der Arbeitnehmer in Deutschland zählen folglich zur Gruppe derer mit

---

4578 Gerd **Eidam**, Unternehmen, Umwelt und Strafe, Umwelt-Aussagen zum strafrechtlichen Risiko der Unternehmen und ihrer Mitarbeiter, in: Eidam/Leisinger/Rohlinger, a.a.O., S. 20 m.w.N.
4579 Martin **Hilb** (Hrsg.), Innere Kündigung – Ursachen und Lösungsansätze, Zürich 1992.
4580 Blick durch die Wirtschaft, Nr. 189 v. 30. 09. 1992, S. 1.
4581 So Cornelia **Geißler**, Motivation – Frustfaktor Job, in: Harvard Business Manager 09/2006 v. 11. 09. 2006; siehe auch Rdn. 1774 (mit FN 2487).

hoher emotionaler Bindung und können als produktiv für die Unternehmen eingeschätzt werden.[4582]

3126 Folge ist, dass jegliches **Engagement für die berufliche Tätigkeit eingestellt** wird, was die Entwicklung des Unternehmens – insbesondere, wenn es sich um Führungskräfte handelt – in verschiedener Hinsicht behindert.

3127 Diese offensichtlich seit Jahren anhaltende Entwicklung kann nur als bedenklich bezeichnet werden. Im Zusammenspiel mit anderen Forschungsergebnissen entsteht eine äußerst kritische Gemengelage.

3128 Eine weitere Studie nämlich, diesmal durchgeführt vom Kreditversicherer *Euler Hermes* zusammen mit dem Zentrum für Insolvenz und Sanierung an der Universität Mannheim (ZIS), hatte das Ziel herauszufinden, welches die Gründe für die anhaltend hohe Zahl an Unternehmensinsolvenzen sind.[4583] Das Ergebnis: Normalerweise bestimmt nicht ein Faktor über den Zusammenbruch eines Unternehmens, sondern ein Zusammentreffen mehrerer Gründe. **Hauptursache** sind jedoch **Managementfehler.**[4584] An erster Stelle stehen nach Meinung von 79 % der Befragten »fehlendes Controlling«, gefolgt von »Finanzierungslücken« (76 %), einem »unzureichenden Debitorenmanagement« (64 %) und einer »autoritären, rigiden Führung« (57 %). Dazu kommen »ungenügende Transparenz und Kommunikation« (44 %), »Investitionsfehler« (42 %) und eine »falsche Produktionsplanung« (41 %).[4585]

3129 Unmotivierte Arbeitnehmer, kombiniert mit Fehlentscheidungen in den Führungsebenen – eine gefährliche Mischung.

3130 Und doch: In der Mehrzahl werden Mitarbeiter darauf vertrauen, dass mögliche Fehler von ihrem Vorgesetzten kontrolliert, entdeckt und korrigiert werden. Die Kontrolle entlastet die Mitarbeiter, sie machen sich bei Zweifeln über die Richtigkeit ihrer Handlung nicht lange Gedanken. Problematisch wird dieses Verhalten insbesondere dann, wenn der Mitarbeiter die Zusammenhänge der Einzelhandlungen nicht mehr nachvollziehen kann und so den Überblick verliert, welche Auswirkungen sein Fehlverhalten auf die Gesamtleistung hat.

3131 Eine Behinderung der Entwicklung des Unternehmens ist auch dann gegeben, wenn die Mitarbeiter glauben, der Einsatz von unlauteren Mitteln oder eine erhöhte Risikobereitschaft wären gerechtfertigt, um einen angestrebten Erfolg des Unternehmens zu erreichen. Eine solche Denkweise ist meist nur für einen begrenzten Zeitraum förderlich: Denn schädliche Begleiteffekte wie negative Presseberichte beeinträchtigen irgendwann die Unternehmensergebnisse.

3132 Diesen Tendenzen muss entschieden entgegengetreten werden. Die Menschen erwarten von Unternehmen in einem ständig steigenden Umfang, dass sie der **gesellschaftlichen Verantwortung** gerecht werden. Zu der gesellschaftlichen Verantwortung zählt auch die **Beachtung der ökologischen Belange.** Werden diese

---

4582 Geißler, a.a.O., Harvard Business Manager 09/2006 v. 11. 09. 2006.

4583 Bundesweit wurden insgesamt 125 führende deutsche Insolvenzverwalter nach den wichtigsten Insolvenzursachen befragt.

4584 Dazu auch HAZ Nr. 227 v. 28. 09. 2006, S. 15.

4585 Vgl. insgesamt Presseinformation Euler Hermes/ZIS (Hrsg.), Hamburg, 27. 09. 2006.

berücksichtigt, so kann das Unternehmen von einer größeren Akzeptanz in der Bevölkerung ausgehen.[4586] Aktuelles Beispiel ist gerade der Umweltschutz: Nach Jahren der relativen Gleichgültigkeit in Gesellschaft, Wirtschaft und Politik ist das Thema Ökologie durch die Klimawandeldebatte seit dem Herbst 2006 plötzlich wieder Chefsache.

Wie sich dies auswirken kann, hat schon früh beispielsweise die **Handelskette Tengelmann** demonstriert, die aufgrund eines Boykottaufrufs gegen Islands Walfänger sämtliche isländischen Fischereiprodukte aus dem Warenangebot genommen hat. Das Verantwortungsbewusstsein der einzelnen Mitarbeiter wurde so nach eigenen Angaben des Unternehmens gefördert oder zumindest angeregt.[4587] **Soziales Engagement** stärkt das Ansehen des Unternehmens in der Gesellschaft. Dies bewirkt wiederum, dass sich die Mitarbeiter stolz, also positiv motiviert, zu ihrem Unternehmen bekennen. Tengelmann ging seiner Zeit mit gutem Beispiel voran, heute ist bei den Konzernen *Corporate Social Responsibility* zu einem der Schlüsselwörter geworden, was die Zukunft einer guten, nachhaltigen und verantwortungsvollen Unternehmensführung betrifft.[4588] **3133**

Diese Entwicklung ist unter den Gesichtspunkten der Aufgabenteilung und des Teamworks besonders begrüßenswert. Auch im Zeichen des *Lean Management*[4589] muss sich jeder auf die korrekte Arbeit des anderen verlassen können. Gegenseitig müssen sich alle Unternehmensangehörigen zu Sorgsamkeit und Wachsamkeit vor Gefahren verpflichten. Diesen Ansprüchen werden nur gut ausgebildete und motivierte Mitarbeiter gerecht. Allein sie bieten – z. B. in der Produktion – Gewähr dafür, dass die zum Teil hochkomplexen technischen Systeme sicher gehandhabt werden. Dieses **Motivationssystem** funktioniert überraschend gut bei der Verwendung und Durchsetzung von vorbildlichen Ordnungsprinzipien im Unternehmen, Mitarbeiterführungskonzepten also, die geeignet sind, die Wahrscheinlichkeit des Eintritts von Straftaten im Unternehmen zu verringern. Nach Kenneth R. **Andrews**[4590] trägt letztlich die Unternehmensspitze die Verantwortung für das moralische Verhalten der Mitarbeiter. Sie kann durch geeignete Vorgaben (unternehmerische Ziele), die sie selbst lebt, und durch die ihr eigene Vorbildfunktion moralische Maßstäbe in allen Abteilungen einbringen.[4591] **3134**

Und wie steht es mit der Vorbild- und Führungsfunktion des Managements im Angesicht der stetig drohenden Krise? Ein Strafverfahren setzt die Betroffenen besonderen Belastungen aus. Die Fürsorgepflicht des Unternehmens muss diesen Umstand besonders berücksichtigen. Einerseits kommt in Betracht, dass das **3135**

4586 Siehe dazu auch den Abschnitt »Compliance/ Corporate Governance«, Rdn. 1936 ff.

4587 Pressemitteilungen der Unternehmensgruppe »*Tengelmann*« v. 18. 04. 1990.

4588 Vertiefend Ruter/Sahr, Soziale Verantwortung – Ein Thema für den Aufsichtsrat?, a.a.O., Der Aufsichtsrat 2007, 54 ff. sowie Alexander **Bassen**/ Sarah **Jastram**/ Katrin **Meyer**, Corporate Social Responsibility. Eine Begriffserläuterung, in: Zeitschrift für Wirtschafts- und Unternehmensethik 2005, Heft 2, 231 ff.

4589 Rdn. 1083 ff.

4590 Kenneth R. **Andrews**, Moral fängt ganz oben an – Charakter und Wertsystem der Topmanager prägen gute wie schlechte Sitten im Betrieb, Havardmanager 1990, Nr. 2, S. 26 ff.; Vgl. auch Lucas **Zeise**, Ethik für Anfänger, in: FTD v. 23. 01. 2007.

4591 Vgl. Eidam, Die Angst vor dem Risikofall, a.a.O., S. 70 f.

Unternehmen Geldstrafen, Geldbußen und Verfahrenskosten des Arbeitnehmers erstattet.[4592] Das **Vertrauen der Belegschaft in ihr Unternehmen** kann auch durch den Abschluss einer Straf-Rechtsschutzversicherung gefördert werden. Verdeutlicht doch schon der Abschluss einer solchen Versicherung die Einstellung des Unternehmens gegenüber dem Mitarbeiter: »*Auch in einem Strafverfahren werden wir dich nicht im Stich lassen!* «[4593]

1. Negative Publizität – ein Kapitel für sich

3136 Hinter der Überschrift »*Negative Publizität*« verbirgt sich Diskriminierung und Vorverurteilung des von einem öffentlich gewordenen Strafverfahren Betroffenen durch die Medien. Schon der Jurist und Publizist Kurt **Tucholsky** hat 1914 gesagt:

> »*Wenn der Angeklagte in einem deutschen Gerichtssaal vorgeführt wird, dann mag er sich sagen, dass seine Hauptgegner nicht der gefürchtete Staatsanwalt ist, nicht der Vorsitzende, nicht die Richter. Die Meute lauert anderswo. Sie hockt an langen Bänken, lässt die zitternden Federn spielen und wartet, wen sie zerreißt. Wehe Dir: Hier wird nicht geschont. Du wirst gesperrt gedruckt, du wirst fett gedruckt und du wirst mit einem brühwarmen Schmutz übergossen.*«[4594]

3137 Unter Berücksichtigung aller gerichtlichen Verfahren ist es besonders auffällig, dass der **Strafjustiz** von den **Massenmedien** eine erhöhte **Aufmerksamkeit** geschenkt wird. Die Untersuchung einer Tageszeitung ergab, dass 95 % der Berichterstattung über die Justiz Berichte über gerichtliche Verfahren und davon wiederum 80,2 % Strafverfahren betrafen.[4595] Gleichzeitig wurde festgestellt, dass die kriminelle Wirklichkeit überwiegend verzerrt dargestellt wird.[4596] Handelt es sich um Straftäter aus höheren sozialen Schichten, so wurde die Darstellung wesentlich umfangreicher, als wenn es sich um einen Täter mit einem niedrigen sozialen Status handelte.[4597]

a) Ausgangslage

3138 Eine der Aufgaben der Medien ist es, über Verfahren und Prozesse zu berichten. Fernseh-, Rundfunk-, Internet- und Presseberichterstattung sind in einer Demokratie sowohl Instrument als auch Faktor für die politische und gesellschaftliche Meinungs- und Wertebildung.[4598] Insoweit bewirkt die Prozessberichterstattung

---

4592 So Minoggio, a.a.O., S. 309 ff. Rn. 31 mit ausführlicher Darstellung der damit verbundenen Risiken.

4593 Eidam, Industrie-Straf-Rechtsschutzversicherung, a.a.O.; eine solche Versicherung für alle Mitarbeiter empfiehlt auch Dahnz, Manager und ihr Berufsrisiko, a.a.O., S. 285.

4594 Zitat aus Wilhelm **Krekeler**, Justiz und Medien aus der Sicht eines Anwalts, in: StraFo 1992, 28 ff. (29).

4595 Frauke **Höbermann**, Der Gerichtsbericht in der Lokalzeitung: Theorie und Alltag, Baden-Baden 1989, S. 158 f.; Krekeler, a.a.O., StraFo 1992, 29.

4596 Krekeler, a.a.O., StraFo 1992. 29.

4597 Höbermann, a.a.O., S. 163; Krekeler, a.a.O., StraFo 1992, 29.

4598 So auch Widmaier/Lehr, a.a.O., § 20 Rn. 1 unter Hinweis auf ein Urteil des BVerfG.

regelmäßig auch eine Kontrolle der Justiz und leistet einen Beitrag zum Walten von Gerechtigkeit.[4599]

Das gilt indes nur für die Teile der Medien, die über ein Selbstverständnis im **3139** dargestellten Sinne verfügen und sich deshalb ihrer Fremdverantwortung bewusst sind, wie das nachstehende Zitat belegt:

> »… *niemals zuvor wurden die Medien von der Wirtschaft so dreist instrumentalisiert wie während der Münchner Chaostage. Der Machtkampf bei Siemens ist der vorläufige Höhepunkt einer Fehlentwicklung, in der die Medien zur Billardkugel der Topmanager werden. Man spielt über Bande. Und die Wahrheit – ein großes Wort – wir zur Quantité négligeable. Flächendeckend versuchen PR-Strategen, Spezialagenturen und persönliche Berater, die Redaktionen in ihrem Sinn zu beeinflussen. Medienberatersorgen für Desinformationen. Unternehmenschefs lassen bei unbotmäßigem Verhalten schon mal mit Anzeigenboykott drohen. Und wenn wirtschaftlicher Druck allein nicht hilft, setzen sie Presseanwälte in Marsch. So gelingt es der Wirtschaft immer häufiger, positive Geschichten zu ermauscheln und kritische Analysen zu unterdrücken. …*
>
> *Verliert die Vierte Gewalt, wie die Presse auch genannt wird, den Kampf um die Aufklärung? Degeneriert sie zu einem Werbekanal der Mächtigen? Hat der Qualitätsjournalismus, der glaubwürdig informieren und analysieren will, ausgedient? …*
>
> *Immerhin 33 Prozent der 2004 von Mainzer Publizistikprofessoren befragten 260 deutschen Tageszeitungsredakteure gaben an, sie hätten mindestens ein- bis zweimal erlebt, dass eine wichtige Nachricht gegen ihren Willen zurückgehalten wurde. 23 Prozent meinten, dies sei aus Rücksicht auf Anzeigenkunden geschehen. …*«[4600]

Im Marksegment der Massenmedien findet – neben dem Kampf um das Anzei- **3140** gengeschäft – zudem ein Konkurrenzkampf um den Käufer statt, der zunehmend schärfer wird und sich durch die Errungenschaften des multimedialen Zeitalters exponentiell verstärkt. Fraglich ist, ob bei diesem (Welt-)Krieg um die Quote auf Dauer nicht zwangsweise die Eigenverantwortung zum Vorteil des eigenen Überlebens am Markt über die Fremdverantwortung zu Gunsten des an Tatsachen orientierten demokratischen Willensbildungsprozesses obsiegt.[4601] Die Folge beider Schlechtentwicklungen ist, dass die Jagd nach der absoluten Sensation wie das Klammern am Anzeigenkunden zu vorschnellen, im Vorfeld nicht ausreichend recherchierten Schlagzeilen führen kann.

Das Problem wird seit geraumer Zeit lebhaft diskutiert. Generalbundesanwältin **3141** Monika **Harms** erinnerte 2007 auf einer Tagung vor Strafverteidigern[4602] daran, dass Ermittlungsverfahren eigentlich heimlich geführt werden sollten, da ein zu frühes Bekanntwerden der Ermittlungen die Aufklärung störe und zu vorschneller Meinungsbildung in der Bevölkerung über Schuld oder Unschuld führe. Diese rein theoretische Betrachtungsweise habe allerdings heute kaum noch eine Bedeu-

---

4599 Gunther **Widmaier**, Gerechtigkeit – Aufgabe von Justiz und Medien?, in: NJW 2004, 399.

4600 Martin **Noé**/Ursula **Schwarzer**, Halt die Presse – Wie Manager die Medien manipulieren – Lehren aus dem Fall Siemens, in: Manager Magazin 06/2007, S. 40 ff. [41 f.].

4601 Ähnlich kritisch äußert sich Rüdiger **Zuck**, Glanz und Elend der deutschen Justizberichterstattung, in: NJW 2001, 40 ff.

4602 Kongress »…semper aliquid haeret« des DAV in Gemeinschaft mit der Stiftung Pro Justitia.

tung. Dies sei auch der Bedeutung der Medien in der Demokratie geschuldet, wo zum Teil ein Anspruch auf Informationen besteht.[4603] Doch das Thema provoziert auch andere Ansichten. Zum Teil wird ein »*Ende der Verdachtsberichterstattungen*« gefordert. Demnach dürften die Behörden in Zukunft keinen Namen oder sonstige Informationen mehr über die Identität von Verdächtigen nennen. »*Das Ansehen, die Ehre und das Persönlichkeitsrecht eines Menschen steht bei einer Vorverurteilung auf dem Spiel*«, warnte der frühere Vizepräsident des Bundesverfassungsgerichts Ernst Gottfried Mahrenholz.[4604]

3142 Tatsächlich steht zu befürchten, dass der Anteil der Berichterstattung in den Medien allgemein abnimmt, der einen Sachverhalt voll und zutreffend schildert. Im Gegensatz dazu wird die Realität verzerrt, indem über Regelfälle gar nicht, über Extrembeispiele jedoch ausufernd und dazu noch übersteigert berichtet wird. Eine solche Vorgehensweise kann gegebenenfalls legitim sein. Medien müssen auch polarisieren dürfen, um Einfluss nehmen zu können. Mit einem Beitrag zum Herbeiführen von Gerechtigkeit, vor allem in der Breite, hat das aber häufig weniger zu tun.

3143 Dieser Status Quo der Medienlandschaft, als Ausdruck einer sich abzeichnenden Tendenz, kann für den Betroffenen besonders **gravierende Auswirkungen** haben. Für ihn, der sich dem Verdacht einer Straftat oder eines sonstigen Fehlverhaltens ausgesetzt sieht, steht die Frage nach den Kriterien einer zulässigen Verdachtsberichterstattung im Vordergrund. Die **Verdachtsberichterstattung** ist ein aus Art. 5 Absatz 1 GG abgeleitetes Privileg der Medien. Diese dürfen grundsätzlich dann über den bloßen Verdacht einer Straftat oder eines sonstigen Vorfalls berichten, wenn dieser **Sachverhalt von einem besonderen öffentlichen Informationsinteresse** ist.[4605]

3144 Bei der Annahme des besonderen öffentlichen Informationsinteresses ist die Rechtsprechung großzügig, die Verdachtsberichterstattung muss sich jedoch einer Vorverurteilung des Betroffenen enthalten. Der Unschuldsvermutung muss inhaltlich und formal dadurch Rechnung getragen werden, dass die Verdachtslage als offenen dargestellt wird. Sensationslüsterne, verfälschte oder einseitige Berichterstattung unter Missachtung der Tatsachen ist verboten.[4606]

3145 Über die Verdachtsberichterstattung hinaus gibt es noch ein einschneidenderes Problem. Aufgrund von Berichterstattungen über Tatumstände und Angaben zum Täter ist es häufig möglich, diesen zu identifizieren. Da Strafverfahren zum Zeitgeschehen gehören und es die Aufgabe der Medien ist, dieses zu vermitteln, treten die Bestimmungsrechte des Täters über seinen Privatbereich unter bestimmten Umständen hinter dem Informationsinteresse der Öffentlichkeit zurück.[4607]

4603 Es berichtete die FAZ Nr. 96 v. 25. 04. 2007, S. 21 unter dem Stichwort »*Missachtete Unschuldsvermutung*«.

4604 Zitiert nach FAZ a.a.O. v. 25. 04. 2007, S. 21.

4605 Widmaier/Lehr, a.a.O., § 20 Rn. 15.

4606 Ausführlich BGH, NJW 2000, 1036 ff.

4607 BGH NJW 2000. 1036 ff.; BVerfG NJW 1993, 1463.

Am 19. März 2007 begann vor dem Landgericht Münster die Verhandlung gegen 18 Bundeswehrausbilder, die ihre Untergebenen in einer Kaserne im westfälischen Coesfeld misshandelt haben sollen. Im Vorfeld der Verhandlung ordnete das Gericht den Ausschluss von Foto- und Fernsehteams aus dem Sitzungssaal für einen Zeitraum von 15 Minuten vor Prozessbeginn und 10 Minuten nach Prozessende an. Dagegen richtete sich eine Verfassungsbeschwerde des ZDF, das eine Fernsehberichterstattung beabsichtigt. Zugleich hatte der Fernsehsender den Antrag gestellt, im Wege des vorläufigen Rechtsschutzes die Anfertigung von Filmaufnahmen bis zum Einzug des Gerichts in den Sitzungssaal zu ermöglichen.

Der Eilantrag des ZDF war weitgehend erfolgreich. Zwar gilt ein generelles Verbot von Ton- und Filmaufnahmen während einer Hauptverhandlung.[4608] Außerhalb dieser greift das Verbot jedoch nicht ein.[4609] Vielmehr obliegt die Entscheidung über die Zulassung der Aufnahmen in den Zeiten unmittelbar vor Beginn und nach Schluss der Verhandlung der Entscheidung des vorsitzenden Richters.[4610] Dabei hat er eine Güterabwägung zwischen dem Persönlichkeitsschutz der Verfahrensbeteiligten und der Presse- und Rundfunkfreiheit zu treffen.[4611] Das **Bundesverfassungsgericht**[4612] hat den Vorsitzenden angewiesen, dem ZDF zu ermöglichen, vor Beginn und am Ende der Verhandlungen Filmaufnahmen zu fertigen. Die Fernsehbilder dürfen jedoch nur nach Anonymisierung der Angeklagten veröffentlicht werden. Die besonderen Umstände der Straftat sowie die über diese konkrete Straftat hinausreichende aktuelle öffentliche Diskussion über das Verhalten von Militärangehörigen begründen ein gewichtiges Informationsinteresse der Öffentlichkeit. auch an einer Bildberichterstattung über die beteiligten Personen. Demgegenüber sind Beeinträchtigungen des allgemeinen Persönlichkeitsrechts der Richter und Schöffen durch die Aufnahmen von diesen hinzunehmen, da sie kraft des ihnen übertragenen Amtes anlässlich einer öffentlichen Verhandlung ohnedies im Blickfeld der Öffentlichkeit unter Einschluss der Medienöffentlichkeit stehen. Die Rechtsanwälte haben in ihrer Funktion als Organ der Rechtspflege grundsätzlich Aufnahmen hinzunehmen, soweit sie als Beteiligte in einem Verfahren mitwirken, an dessen bildlicher Darstellung ein öffentliches Informationsinteresse besteht. Bei den Angeklagten handelt es sich um Unteroffiziere der Bundeswehr und damit um einen Personenkreis, bei dem die Fähigkeit vorausgesetzt werden darf, sich der öffentlichen Aufmerksamkeit auch in ungewohnten Situationen gewachsen zu zeigen. **3146**

In Fällen von Strafverfahren wegen des **Vorwurfs größer Kriminalität** (wie z. B. erheblichen Wirtschaftsstraftaten) handelt es sich bei den Betroffenen nicht selten um relativ bekannte Personen der **Zeitgeschichte**, über die eine **identifizierende Berichterstattung grundsätzlich eher zulässig** ist. Dabei kommt es auf die Bedeu- **3147**

4608 § 169 S. 2 GVG.
4609 BVerfGE 91, 125 ff. (136).
4610 Vgl. § 176 GVG.
4611 Näher Widmaier/Lehr, a.a.O., § 20 Rn. 54 ff.
4612 BVerfG, Beschluss vom 15. 03. 2007 – BvR 620/07.

tung der Straftat für die Bevölkerung oder auch ihre Beispiel für gesellschaftliche Entwicklungen an.[4613]

3148 So kommt es vor, dass sich die Ermittlungen der Staatsanwaltschaft noch im Anfangsstadium befinden, die Medien aber bereits in großen Umfang über einen (angeblichen) Vorfall berichten.[4614]

> In einer Lokalausgabe berichtete der »Südkurier« aus Konstanz von einem Korruptionsfall. In diesem Artikel wurde namentlich eine Sachbearbeiterin des Straßenbauamts Säckingen genannt, gegen die ein Korruptionsverdacht bestand. Die Staatsanwaltschaft hatte gegen die Frau ein Ermittlungsverfahren eingeleitet, nachdem bei der Durchsuchung eines Straßenbauunternehmens ein Überweisungsbeleg mit ihrem Namen gefunden worden war. Das Strafverfahren wurde wenig später mangels Tatverdacht eingestellt.

3149 In dem vorstehenden Fall hat der Bundesgerichtshof entschieden,[4615] dass die Presse bei staatsanwaltlichen Ermittlungen gegen Amtsträger deren Namen im Einzelfall auch dann nennen darf, wenn diese Person nicht einer schweren Straftat verdächtigt wird. Die Namensnennung ist dann zulässig, wenn durch die Stellung des Beschuldigten und durch die Art der Tat ein besonderes Interesse der Öffentlichkeit an der Namensnennung besteht.

3150 Diese Rechtsprechung wird recht konsequent weitergeführt, wie ein aktuelles Urteil des Bundesgerichtshofes zeigt.

> Die Beklagte brachte über ihre Nachrichtenagentur im Landesspiegel Berlin-Brandenburg unter namentlicher Nennung des Klägers folgende Pressemeldung heraus:

> *»Der Geschäftsführer der Klinikum N. GmbH in S., H.-W. I. [Anonymisierungen durch den Senat], ist mit sofortiger Wirkung beurlaubt worden. ... Das Vertrauensverhältnis zwischen I. und einem Großteil der Mitarbeiter im Klinikum sei nachhaltig gestört. Mitarbeiter werfen I. Beleidigungen, massive Bedrohungen, Lügen, Verleumdungen und Diffamierungen vor. Die Belegschaft hatte in einem offenen Brief die sofortige Entlassung I. gefordert.«*

3151 Der Betroffene ging auf dem Klageweg vor und beantragte, die Beklagte unter Androhung der gesetzlichen Ordnungsmittel zu verurteilen, es zu unterlassen, in identifizierender Weise im Zusammenhang mit seiner Abberufung die Pressemeldung wörtlich oder sinngemäß zu verbreiten.

> Dazu der Bundesgerichtshof wörtlich:

> *»Das Berufungsgericht ist zwar im Grundsatz zutreffend davon ausgegangen, dass das allgemeine Persönlichkeitsrecht das Recht beinhaltet, in gewählter Anonymität zu bleiben und die eigene Person nicht in der Öffentlichkeit dargestellt zu sehen (vgl. BVerfGE 35, 202, 220 – Lebach; 54, 148, 155 – Eppler). Dieses Grundrecht wird jedoch auch in dieser Ausprägung nicht grenzenlos gewährt. Vielmehr können im*

4613 Siehe Widmaier/Lehr, a.a.O., § 20 Rn. 45.
4614 Krekeler, a.a.O., StraFo 1992, 30.
4615 BGH WRP 2000, 310 ff.

Einzelfall das Informationsinteresse der Öffentlichkeit und die Pressefreiheit Vorrang haben. Dies ist hier der Fall.

Es geht um eine namentliche Berichterstattung der Beklagten über die berufliche Tätigkeit des Klägers, an der die Öffentlichkeit nach Lage des Falles ein beträchtliches Interesse hat. Dass es sich bei der beruflichen Tätigkeit des Klägers um seine »Sozialsphäre« handelt, hat das Berufungsgericht im Ansatz zwar nicht verkannt. Es legt aber bei der auch hier erforderlichen Abwägung zwischen Persönlichkeitsrecht und den Grundrechten aus Art. 5 GG Maßstäbe an, die dem Informationsinteresse der Öffentlichkeit nicht gerecht werden, zumal diese durch Vorgänge im Gesundheitswesen angesichts der aktuellen Diskussion über dieses Thema unmittelbar berührt wird.

Äußerungen zu der Sozialsphäre desjenigen, über den berichtet wird, dürfen nur im Falle schwerwiegender Auswirkungen auf das Persönlichkeitsrecht mit negativen Sanktionen verknüpft werden, so etwa dann, wenn eine Stigmatisierung, soziale Ausgrenzung oder Prangerwirkung zu besorgen sind. **Tritt der Einzelne als ein in der Gemeinschaft lebender Bürger in Kommunikation mit anderen, wirkt er durch sein Verhalten auf andere ein und berührt er dadurch die persönliche Sphäre von Mitmenschen oder Belange des Gemeinschaftslebens, dann ergibt sich aufgrund des Sozialbezuges nach ständiger Rechtsprechung des Bundesverfassungsgerichts eine Einschränkung des Bestimmungsrechts desjenigen, über den berichtet wird** *(vgl. BVerfGE 35, 202, 220 – Lebach; 97, 391, 406; BVerfG, Beschluss vom 23. Februar 2000 – 1 BvR 1582/94 – NJW 2000, 2413, 2414; BVerfG Beschlüsse vom 17. Dezember 2002 – 1 BvR 755/99 und 756/99 – AfP 2003, 43, 46). ...*

Wer sich im Wirtschaftsleben betätigt, setzt sich in erheblichem Umfang der Kritik an seinen Leistungen aus (vgl. BGH, Urteil vom 10. November 1994 – I ZR 216/92 – AfP 1995, 404, 407 f. – Dubioses Geschäftsgebaren – und Senatsurteil BGHZ 138, 311, 320 m.w.N.). Zu einer solchen Kritik gehört auch die Namensnennung. Die Öffentlichkeit hat in solchen Fällen ein legitimes Interesse daran zu erfahren, um wen es geht und die Presse könnte durch eine anonymisierte Berichterstattung ihre meinungsbildenden Aufgaben nicht erfüllen. ...«[4616]

Es herrscht weitgehend Einigkeit, dass eine verantwortungsbewusste Medienberichterstattung[4617] zusammen mit einer professionellen Öffentlichkeitsarbeit[4618] der Justiz und der Strafverfolgungsbehörden in einer Demokratie notwendig sind. Vor dem geschilderten Hintergrund ist es aber erforderlich, dass strafverfolgungsbehördliche Informationen **nur in eingeschränktem Maß an die Medien** weitergegeben werden,[4619] sollen nicht Unschuldige an den Medienpranger gestellt werden – nach deutschem Strafrecht währt die Unschuldsvermutung bis zum Zeitpunkt der rechtskräftigen Verurteilung.[4620] Dieser Umstand ist insbesondere deshalb bedeutsam, da ca. 60 % der Ermittlungsverfahren eingestellt werden, **3152**

4616 BGH Urteil v. 21. 11. 2006 – VI ZR 259/05.

4617 An dieser zweifelt Zuck, a.a.O., NJW 2001, 40 ff. 42.

4618 Dazu Martin W. **Huff**, Notwendige Öffentlichkeitsarbeit der Justiz, in: NJW 2004, 403 ff.

4619 Claus **Roxin**, Strafrechtliche und strafprozessuale Probleme der Vorverurteilung, in: NStZ 1991, 153 ff. (159).

4620 Carl-Friedrich **Stuckenberg**, Die normative Aussage der Unschuldsvermutung, in: ZStW 111 (1999), 421 ff.

weil ein hinreichender Tatverdacht nicht festgestellt werden kann.[4621] In diesen Fällen hat eine Vorverurteilung die schlimmsten Konsequenzen. Deshalb warnte schon Alt-Bundespräsident Roman **Herzog** in seiner Zeit als Präsident des Bundesverfassungsgerichts:

> »*Es darf in einem Rechtsstaat doch eigentlich nicht vorkommen, dass ein Mensch, gegen den ein Strafverfahren anhängig ist, am Ende gesellschaftlich und wirtschaftlich am Ende ist, obwohl ihn das Gericht nachher wegen erwiesener Unschuld freigesprochen hat.*«[4622]

3153 Das Problem der öffentlichen Vorverurteilung lässt sich jedoch nicht durch neue Gesetze und Verbote lösen, meint Gunther **Widmaier**. Die freiheitliche Demokratie müsse den Konflikt aus der Kollision von Persönlichkeitsrechten des Betroffenen und der Meinungs- und Informationsfreiheit aller aus eigener Kraft bewältigen. Den Betroffenen stehen Abwehrrechte zur Verfügung, bei erheblicher Verletzung ihrer Persönlichkeitsrechte hilft zivilgerichtlicher Rechtsschutz – nicht nur gegen privatwirtschaftliche Medien. Auch staatsanwaltschaftliche Rechtsgutverletzungen durch Fehlinformation haben schon Schadensersatz nach sich gezogen. Ansonsten verweist **Widmaier** auf das **Prinzip der demokratischen Eigenverantwortung** (insbesondere der Medien-Selbstkontrolle), auch wenn deutlich wird, dass es in der Natur der Sache liegt, dass Grenzüberschreitungen unvermeidbar sind und immer wieder vorkommen werden.[4623]

3154 Das dokumentieren die in den folgenden Fällen geschilderten Konsequenzen. Die Durchführung eines Ermittlungs- oder Strafverfahrens gegen das Unternehmen selbst, einzelne Führungskräfte oder sonstige Belegschaftsangehörige beeinträchtigt den Betriebsablauf unmittelbar, und zwar nicht nur durch die Bindung von Arbeitszeit und Arbeitskraft, sondern in viel stärkerem Maß durch die negative Publizität, die dem Unternehmen durch die Berichterstattung der Medien über das – angebliche – Fehlverhalten seines Mitarbeiters widerfährt. Eine negative öffentliche Meinung von dem betroffenen Unternehmen wird sich regelmäßig auf dessen Umsatz auswirken und erhebliche wirtschaftliche Einbußen zur Folge haben.

> Dem Nudelhersteller *Birkel* entstand durch die fehlerhafte Pressemitteilung des Regierungspräsidiums Stuttgart, wonach die dort hergestellten Nudeln durch verdorbenes Flüssigei verunreinigt gewesen seien, nach eigenen Angaben ein Schaden in Höhe von umgerechnet 22,1 Millionen Euro (so genannter **Flüssigei-Skandal**).[4624]

4621 Krekeler, a.a.O., StraFo 1992, 30.

4622 Zitiert nach **Bouffier**, Symposium des Hessischen Ministeriums der Justiz am 12. 02. 1990, S. 3.

4623 Widmaier, a.a.O., NJW 2004, 399 ff. (402).

4624 Aufgrund von Presseberichten im August 1985 (vgl. »*Die verlorene Ehre des Klaus Birkel*«, FAZ Nr. 290 v. 13. 12. 1988, S. 15), zu denen u.a. auch die Schlagzeile »*Millionenfache Körperverletzung*« gehörte, sank der Umsatz des Nudelherstellers um fast 50 Prozent. Von 1.300 Mitarbeitern des Unternehmens mussten 500 entlassen werden.

Der entsprechenden Schadenersatzklage gegen das Land Baden-Württemberg ist **3155** dem Grunde nach stattgegeben worden.[4625] Anschließend einigten sich die Verfahrensbeteiligten auf eine Summe von 12,7 Millionen DM (entspricht mit ca. 6,5 Millionen Euro rund einem Drittel des veranschlagten Schadens).[4626] Auch aufgrund der massiven Umsatzeinbußen wurde das Unternehmen im Jahr 1989 verkauft.[4627]

Das geschilderte Risiko negativer Publizität lastet nicht nur auf der Lebensmittel- **3156** branche, sondern auf jedem anderen Industriezweig, dessen Verkaufszahlen durch **Imageverlust** aufgrund ungünstiger Fernseh- und Presseberichte zurückgehen können. Da wir heute aber in einer Zeit leben, in der die Produkte der Mitbewerber einer Branche sich immer mehr ähneln, bekommt für ein Unternehmen der Aspekt »*Ansehen im Markt*« einen immer größeren Stellenwert, denn Ansehen ist gleichbedeutend mit Kompetenz. Kompetente Produzenten oder Dienstleister werden bereitwilliger von der jeweils umworbenen Zielgruppe akzeptiert. Negative Publizität ist für ein Unternehmen Gift. Sie schadet der vormals zugebilligten Kompetenz und beeinträchtigt die angestrebte Akzeptanz.[4628]

So wie im so genannten »*Timotei-Fall*«: **3157**

> »*Im Herbst 1986 hatte die Elida-Gibbs GmbH aufgrund eines Berichtes des ARD-Fernsehmagazins ›Monitor‹ über Dioxangehalte in Haar-Shampoos Umsatzeinbußen von ca. 30 % hinnehmen müssen. Zunächst reagierte die Elida-Gibbs GmbH auf die ›Monitor‹-Sendung und eine anschließende kritische Berichterstattung in einem Umweltmagazin äußerst defensiv. Mit dem Ziel, weitere Umsatzeinbußen zu verhindern, sollten die Journalisten mit Hilfe einer Unterlassungsklage daran gehindert werden, weiterhin über das – als krebserregend in Verdacht stehende – Dioxan zu berichten. Die Klage wurde jedoch kurzfristig zurückgezogen. Neben spürbaren Umsatzeinbußen hatte dieser Vorfall persönliche Betroffenheit der Mitarbeiter bis hin in das Top-Management der Elida-Gibbs GmbH ausgelöst. Daraufhin wurde eine offensive Umweltschutzstrategie aufgegriffen. ›Wir wollen gesellschaftliche Kritik wahrnehmen und akzeptieren bzw. nach innen integrieren.‹ Es sollte ein offener Informationsfluss realisiert werden, durch einen derartigen Dialog lassen sich auch wichtige Informationen von außen gewinnen, die für umwelt- und verbraucherbewusstes Handeln genutzt werden können.*«[4629]

4625 Entscheidung des Stuttgarter Oberlandesgerichts v. 21. 03. 1990; vgl. Handelsblatt, Nr. 58 v. 22. 03. 1990, S. 19.

4626 Lt. Auskunft eines Unternehmensvertreters v. 08. 05. 1992.

4627 Handelsblatt, Nr. 40 v. 26. 02. 1991, S. 17.

4628 Dazu auch die Anmerkungen Rdn. 9 (mit FN 29).

4629 Umweltorientierte Unternehmensführung: Möglichkeiten zur Kostensenkung und Erlössteigerung – Modellvorhaben und Kongress –, Berlin 1991 (Berichte/Umweltbundesamt; 11/91) S. 144 m. w. N.

b)   Öffentlichkeits- und Medienarbeit

»Die Plage der Vorverurteilung ist mit der Freiheit der Presse untrennbar verbunden.«[4630]

3158   Das Problem lässt sich so einfach beschreiben – allein: Wie ist damit umzugehen? Im Rahmen einer Pauschalbetrachtung wird man **Widmaier** Recht geben, der auf den Kontrollmechanismus der Demokratie und der Medien selbst setzt.

3159   Dagegen wird sich das einzelne Unternehmen und der einzelne Strafverteidiger *in concreto* nicht auf allgemeine Prinzipien verlassen dürfen. Ein individuelles Unternehmen und ein individueller Sachverhalt erfordern ein **spezifisches Konzept der Öffentlichkeits- und Medienarbeit.** Dies muss ein Unternehmen schon berücksichtigen, bevor ein Krisenfall eintritt. Ist der Krisenfall aufgekommen, wird auch der dann zu konsultierende Rechtsanwalt eine spezielle Medienstrategie entwerfen müssen, um den Imageschaden für den Mandanten einzugrenzen. Er darf nicht den Kopf in den Sand stecken und auf ein reinigendes Gewitter der Medienschelte hoffen. Ein solches Gewitter wird – wie im Abschnitt zuvor eindrucksvoll zu erkennen war – schwer behebbare Schäden zurücklassen.

3160   Für die **Prophylaxe** gilt deshalb: Von Zeit zu Zeit sollte mit Wirtschaftsjournalisten so genannte *»Off-the-record*-Gespräche« geführt werden. Diese sind ein probater Weg, um Verständnis für die gegenseitige Arbeit zu erzielen. Unternehmen, die eine generelle Abneigung gegen die Zusammenarbeit mit Journalisten haben, laufen Gefahr, dass sich die Presse mit Bekanntwerden einer Fehlleistung in ihrem Haus manchmal rücksichtslos, häufig aber unwissend und dann übertreibend verhält.[4631] Die Unternehmen sollten deshalb den Kontakt zu den Medien pflegen (jedoch nicht übertreiben!) und deren Vertreter über das wesentliche Geschehen in der Gesellschaft (Bemühungen um eine verbesserte Sicherheit der Produktionsabläufe, Bedeutung von Produktionsentwicklungen, Schwierigkeiten bei der Umsetzung von Umweltauflagen etc.) auf dem Laufenden halten. Wer um Betriebsabläufe weiß, kann sie im Krisenfall eigentlich nicht falsch darstellen.

3161   Auf der anderen Seite wird es zumeist ein schwer wiegender Fehler sein, wenn das Unternehmen oder dessen Rechtsanwalt versucht, mithilfe der Medien auf ein schwebendes Verfahren Einfluss zu nehmen. Es gilt als Faustregel: Wer der Presse den kleinen Finger reicht, läuft Gefahr, den ganzen Arm zu verlieren. Zudem ist es für den Mandanten (und auch für den Anwalt!) letztendlich immer abträglich, wenn ein Richter den Eindruck gewinnt, über die Medien werde versucht, ihn in seiner Entscheidungsfindung zu beeinflussen. Der Vertrauensverlust ist irreversibel.

3162   Generell empfiehlt es sich für jedes Unternehmen, einen Maßnahmenkatalog »Wie verhalte ich mich nach einem Störfall gegenüber den Medien«, kurz »**Notplan**

4630   Widmaier, a.a.O., NJW 2004, 399 ff (403)
4631   Eidam, in: Adams/Eidam, a.a.O., S. 162

Medien«[4632] genannt, griffbereit zu haben. Aus diesem muss sich eindeutig ergeben,

- welcher Vertreter des Unternehmens
- beim Eintritt welcher Störung
- wann, wie und wo
- welche Pressevertreter zu unterrichten hat.

Das Management einer Krise ist stets Aufgabe der Unternehmensspitze. Der **3163** Umgang mit Stör- und Katastrophenfällen kann nicht delegiert werden.[4633] Liegt eine Krisensituation vor, dann müssen die Spitzenmanager persönlich »*an die Medienfront*«. Die Öffentlichkeit erwartet nach einem Störfall keine Lösung, sondern kurzfristig ein Bekenntnis, das möglichst glaubwürdig zu sein hat. Manager müssen deshalb lernen, schlechte Nachrichten medien-, am besten fernsehgerecht zu präsentieren. Ein spezielles *Mediatraining* ist empfehlenswert.

Ist ein Manager samt seinem Stab auf die Krisensituation und den damit verbun- **3164** denen Medienkontakt vorbereitet, bleibt ihm und dem Unternehmen einiges erspart. Zu einer richtig verstandenen Risikoprophylaxe gehört auch für ein noch nicht negativ präsentiertes Unternehmen, dass es seinen Mitarbeitern sagt, wie man sich während und nach einem Vorfall richtig verhält. Hektik oder unglaubhafte Reaktionen werden vermieden. Fragen der Journalisten sowie besorgter Konsumenten oder Bürger können beantwortet, den betroffenen Unternehmensabteilungen konkrete Anweisungen erteilt werden. Das falsche, weil unvorbereitete Verhalten dagegen bewirkt neben dem eigentlichen Schaden einen zusätzlichen Imageverlust verbunden mit all den unerwünschten wirtschaftlichen Folgen.[4634]

Oft jedoch erinnert die von Unternehmen nach einem Störfall betriebene Informa- **3165** tionspolitik an das Verhalten japanischer Kamikaze-Flieger. Die angewendete Methode lässt sich am drastischsten anhand der so genannten »**3-Hunde-Theorie**« verdeutlichen:

> Auf seine blutende Wade zeigend beschwert sich ein Mann bei einem anderen: »Ihr Hund hat mich gebissen. « Der andere weist dies entrüstet von sich: »Ich habe keinen Hund! « Kaum gesprochen kommt der Hund herbeigelaufen und springt schwanzwedelnd an seinem Herrchen hoch. Das veranlasst diesen zu bemerken: »Falls ich einen Hund haben sollte, dann beißt dieser nicht! « Prompt schlägt der Hund dem Verletzten die Fänge in die gesunde Wade. Der Hundebesitzer kommentiert diesen Vorgang: »Sollte ich einen Hund haben und sollte dieser tatsächlich beißen, dann tut es nicht weh! «

4632 Der mit dem Alarmplan »*Was tun, wenn der Staatsanwalt kommt*« abgestimmt sein sollte, vgl. Rdn. 3216 ff., und natürlich auch mit dem nach der StörfallVO vorgeschriebenen Alarm- und Maßnahmenplan. Dazu (aber auch für alle anderen Fälle der Betriebsstörung lesenswert) Frank **Claus** u. a. (Hrsg.), Handlungsempfehlungen zur Information der Öffentlichkeit (nach § 11 a Störfall-Verordnung) Berlin/Dortmund 1999.

4633 Siehe Rdn. 1136 ff.

4634 Dazu Gabriele **Walkhoff**, Eine offene Informationspolitik hilft im Ernstfall, in: Blick durch die Wirtschaft, Nr. 221 v. 30. 10. 1992, S. 7.

3166 Die Negativfolgen der angewendeten 3-Hunde-Theorie für ein Unternehmen (Misstrauen, Vertrauensverlust, mangelnde Glaubwürdigkeit, verminderte Akzeptanz) zeigten sich im November 1986 auch im Falle des Brandes in Schweizerhalle bei Basel. Das Unternehmensmanagement informierte die Öffentlichkeit nach diesem Muster: leugnen, verniedlichen, verzögern bzw. unter Faktendruck eingestehen.[4635]

3167 Die Vorgehensweise zeitigte einen Vertrauensverlust in die gesamte Chemieindustrie nicht nur in der Schweiz, sondern auch in Deutschland. Als sich kurz nach dem Brand bei Sandoz[4636] kleine Störfälle in Werken anderer Chemieunternehmen ereigneten, die ebenfalls zu Schadstoffeinleitungen in den Rhein führten, mochte die verunsicherte und misstrauisch gewordene Öffentlichkeit die Zufälligkeit dieser Ereignisse nicht glauben. Von »günstiger Gelegenheit«, von »ausnutzen« wurde geredet. Das Ansehen der Chemiebranche sank von zuvor 62 % auf 39 % nach dem Sandoz-Brand.[4637]

3168 Auch das unternehmensseitige Verhalten im **Rosenmontag-Fall** trägt die Handschrift der 3-Hunde-Theorie. Zunächst wurde der gelbe Regen, der am Morgen des 22. Februar 1992 als Folge einer Betriebsstörung über bewohnten Stadtteilen niederging, als »mindergiftig«, deklariert. Es wurde von 2,5 t ausgetretenen Chemikalien und drei Stoffen gesprochen. Später waren es 10 t Chemie und zumindest elf Stoffe, wovon das ortho-Nitroanisol krebsauslösende Wirkungen haben kann. Die Korrekturen kamen nach Ansicht der Öffentlichkeit zu spät. Der »*durch die verheerende Informationspolitik*« entstandene Image- und Vertrauensverlust sei für das Unternehmen »*und die gesamte Chemieindustrie unermesslich*«, meinte DIE ZEIT.[4638]

3169 Gerade die ersten drei bis vier Stunden nach dem Eintritt eines Störfalls sind dafür entscheidend, wie die Öffentlichkeit den Vorfall aufnimmt. Haben sich Behörden, Öffentlichkeit und Medien erst eine negative Meinung über das Ereignis gebildet, dann ist es sehr schwer, diese zu korrigieren. Doch diese unangenehme Erkenntnis muss offensichtlich von den Unternehmen erst selbst erfahren werden.[4639] Unter Krisenberatern kursiert deshalb die Faustregel:

4635 Zitat Wicke/Haasis, a.a.O., S. 579 »*Häufig verlieren Betriebe ihre Glaubwürdigkeit durch eine ungeschickte, meist defensive Umweltinformationspolitik. Ein warnendes Beispiel lieferte die durch das Chemieunglück bei Basel über Nacht in negative Schlagzeilen geratene Konzernleitung der Sandoz AG. Versperren erst einmal Misstrauen oder gar Feindseligkeiten den Weg zu normalen Beziehungen zwischen Unternehmen und Öffentlichkeit und sind die Betriebe nicht bereit, ihre traditionelle Industrieposition zugunsten eines vorbehaltlosen Bekenntnisses zur Umwelt aufzugeben, droht die Gefahr einer gesellschaftspolitischen Isolierung mit all ihren (finanziellen) Folgen.*«

4636 Siehe Fallschilderung Rdn. 6 (mit FN 16).

4637 Die chemische Industrie erreichte den Ansehensstand von 1986 (über 60 %) erst wieder im Juni 1990. **Sihler**, Vortrag: »Information und Umweltschutz aus der Sicht der Praxis«, im Rahmen der wissenschaftlichen Tagung »Information und Umweltschutz« der Heinrich-Heine-Universität Düsseldorf, 13./14. 11. 1992.

4638 Nr. 10 v. 05. 03. 1993, S. 25.

4639 Im sogen. **Rosenmontag-Fall**, Darstellung siehe Rdn. 1289 ff., erklärten Firmensprecher, die vierstündige Informationslücke nach dem Störfall sei »nicht entschuldbar, ein Fehler«; vgl. DIE WELT, Nr. 51 v. 02. 03. 1993, S. 3.

»Es gibt nur zwei Arten von Unternehmen; diejenigen, die eine Krise durchgemacht haben, und solche, die eine durchmachen werden.«[4640]

Deshalb beauftragen manche Unternehmen mangels eigener praktischer Erfahrung externe Krisenberater mit der Erstellung eines unternehmensinternen Notplans *»Medien«*, um keine Problemstellung außer Acht zu lassen. Darin sollten auch **die gefährlichsten Verhaltensfehler** genannt werden, die da sind: **3170**

- Schweigen
- *No-comment*-Antworten geben
- Zögern
- Sich verteidigen
- Untertreibungen und Geheimnistuereien
- Im guten Glauben handeln
- Mit Insiderkauderwelsch antworten
- Die Unwahrheit sagen.

Es empfiehlt sich, die Ratschläge eines renommierten Wirtschaftsblattes zu beherzigen, welches den Unternehmen schon vor zwei Jahrzehnten folgende Tipps gab: **3171**

»Es ist viel besser,

- völlig offen zu sein,
- die Informationsflut zu zentralisieren,
- das Schlimmste zu planen,
- alle, die interessiert sein können, einzubinden,
- die einfachste Sprache zu verwenden,
- vorbereitet zu sein,
- zu agieren, nicht zu reagieren,
- und das richtige Verhalten gegenüber den Medien zu trainieren, immer wieder zu trainieren. «[4641]

Die Aufstellung eines Medien-Verhaltensplans lohnt sich, denn wo Menschen zusammenarbeiten, da wird selbst bei größter Vorsorge und Sorgfalt ein Störfall nicht gänzlich auszuschließen sein. Diese Tatsache sollten die Verantwortlichen nie aus dem Auge verlieren. Das Unternehmen, das einmal im Mittelpunkt einer Medien-Treibjagd stand, weiß, warum – Schlechtes bleibt hartnäckig haften, Gutes gilt als selbstverständlich und wird bald vergessen. Das Pharma-Unternehmen, das Ende der 1950er ein Medikament namens *»Contergan«* produzierte, hat bis heute viele andere, hilfreiche Arzneimittel hergestellt. Aber dennoch: Es bleibt für die Medien *»das Contergan-Unternehmen«*.   **3172**

Wer einmal negative Publizität am eigenen *»Firmenleib«* erlebt hat, wird, aus dem Schaden klug geworden, unverzüglich eine Checkliste *»Medien«* erstellen.   **3173**

4640 Reicherzer, a.a.O., S. 21; dazu auch Alfred **Lambeck**, Die Krise bewältigen. Management und Öffentlichkeitsarbeit im Ernstfall. Ein praxisorientiertes Handbuch, Frankfurt a. M. 1992.

4641 The Economist vom 31. 01. 1987.

2. Schutzinstrumente gegen Mediendruck

3174 Eine journalistische Berichterstattung, wie ich sie bereits geschildert habe,[4642] hat nichts mehr mit der pflichtgemäßen Ausübung des stellvertretend für die Bürger übernommenen Wächteramtes zu tun. Es scheint, als würde die Journaille ihre Kompetenzen, die ihr die Bezeichnung »*Vierte Gewalt*« im Staat eingetragen hat,[4643] überschätzen.

3175 Karl **Kraus** hat im April 1917 einer seiner Glossen in »*Die Fackel*« die Überschrift »*Mörderin Presse*« gegeben. Folgendes Geschehnis lag dieser Glosse zugrunde: Eine Budapester Zeitung hatte von einer »*Verführungsaffäre*« unter Nennung der vollen Namen und Anschriften der Beteiligten berichtet. Aus Scham begingen drei der Genannten Selbstmord, weil sie – so Karl **Kraus**:[4644]

> »*zwischen die Puffer jener Mächte geraten (waren), die einander in alle Ewigkeit fliehen sollten: Moral und Presse. Dass die Menschheit erbärmlich genug ist, sich des Drucks der Moral nicht erwehren zu können, verzeiht ihr das Mitleid. Wie lange aber wird sie sich geduldig von der Moral des Drucks ins Herz treten lassen?* «

3176 Im **Salzsäure-Fall**[4645] hat die Staatsanwaltschaft beim Landgericht Frankfurt a. M. ziemlich unverblümt ihrer Auffassung Ausdruck verliehen, dass die Erwähnung eines Unternehmens im Zusammenhang mit einer Straftat genug Strafe sein kann und hat in der Einstellungsverfügung ausgeführt:

> »*Weiterhin konnte berücksichtigt werden, dass im Hinblick auf die wiederholten Presseanfragen nach dem Stand der Ermittlungen im Zusammenhang mit den umweltrelevanten Vorwürfen gegen die Aktiengesellschaft, auf die bisher die Auskunft verweigert werden konnte, nunmehr nach § 3 Hess.-PresseG die Verpflichtung besteht, und es deshalb auch beabsichtigt ist, die Öffentlichkeit umfassend über die zugrunde liegenden Vorwürfe zu unterrichten; auch diese Unterrichtung ist geeignet, das öffentliche Interesse an der weiteren Strafverfolgung zu beseitigen.*«[4646]

3177 Die Unterrichtung der Öffentlichkeit über einen Tathergang kann also auch Strafe für ein Unternehmen sein, denn **negative Publizität** ist fast immer mit **Imageverlust** und damit mit **Umsatzeinbußen** verbunden.

3178 Außerdem sind die Auswirkungen auf die Personen, gegen die ermittelt wird, nicht zu verkennen. So hat der Berliner **Sonnenschein-Fall** seit seiner Aufdeckung im Jahr 1984 immer wieder für Schlagzeilen gesorgt.

Jahrelang wurden Bleiabfälle in der Berliner Batteriefabrik Sonnenschein unsachgemäß behandelt. Die Förderbänder wurden nicht abgedeckt, Mitarbeiter liefen häufig mit Bleiablagerungen an den Stiefeln über den Hof, die Gabelstaplerreinigung erfolgte ebenfalls nicht immer entsprechend den Sicherheits-

---

4642 Rdn. 58 ff.
4643 Vgl. »*Vielleicht vierte Gewalt, aber nicht letzte Instanz*«, HAZ Nr. 279 v. 01. 12. 1987, S. 7.
4644 Karl **Kraus**, Widerschein der Fackel, Glossen, S. 231 f., 2. Aufl., München 1956.
4645 Natur + Recht 1982, 114 ff., siehe oben Rdn. 1094 ff.
4646 Natur + Recht 1982, 114 ff. (117).

anforderungen. Boden und Grundwasser wurden durch diesen sorglosen Umgang mit dem Blei massiv verseucht.

Der in den Jahren 1983 bis 1987 tätige Leiter B der Gesellschaft war nach übereinstimmenden Zeugenaussagen bemüht, die jahrelange Praxis zu ändern und die Sicherheitsbestimmungen einzuhalten. Trotzdem wurde gegen ihn Anklage erhoben. Gegen die eigentlich verantwortlichen Vorgänger wurde zwar ermittelt, aber im Gegensatz zu B keine Anklage erhoben. Zum Teil, weil bereits Verjährung eingetreten war, zum Teil, weil sich erst im Gerichtsverfahren gegen B die Dimension der früheren Vorgänge herausstellte. B wurde im Mai 1988 freigesprochen. Bis dahin hatte er insgesamt vier Jahre quasi als Sündenbock im Blickpunkt der Öffentlichkeit gestanden.[4647] **3179**

a) Standesrechtliche Beschränkungen

Damit die Medien nicht zur letzten Instanz werden, überwacht der **Deutsche Presserat** als **Organ der freiwilligen Selbstkontrolle** ihre Arbeit.[4648] Verleger und Journalisten bewerten gemeinsam nach standesrechtlichen Gesichtspunkt die Aktivitäten der Presse. Umstrittene Artikel und Arbeitsweisen werden am Anspruch des Berufsethos gemessen. Die wichtigsten publizistischen Grundsätze hat der Deutsche Presserat schriftlich niedergelegt.[4649] Unter **Ziff. 13 des Pressekodex** heißt es zunächst: **3180**

> Die Berichterstattung über Ermittlungsverfahren, Strafverfahren und sonstige förmliche Verfahren muss frei von Vorurteilen erfolgen. Der Grundsatz der Unschuldsvermutung gilt auch für die Presse. **3181**

Der **Pressekodex** enthält auch recht detaillierte Richtlinien zur Berichterstattung bei schwebenden Verfahren: **3182**

> **Richtlinie 8.1 – Nennung von Namen/Abbildungen** **3183**
>
> Bei der Berichterstattung über Unglücksfälle, Straftaten, Ermittlungs- und Gerichtsverfahren (s. auch Ziffer 13 des Pressekodex) veröffentlicht die Presse in der Regel keine Informationen in Wort und Bild, die eine Identifizierung von Opfern und Tätern ermöglichen würden. Mit Rücksicht auf ihre Zukunft genießen Kinder und Jugendliche einen besonderen Schutz. Immer ist zwischen dem Informationsinteresse der Öffentlichkeit und dem Persönlichkeitsrecht des Betroffenen abzuwägen. Sensationsbedürfnisse allein können ein Informationsinteresse der Öffentlichkeit nicht begründen.

4647 DIE ZEIT, Nr. 21 v. 20. 05. 1988, S. 31.
4648 Vgl. Minoggio, a.a.O., S. 248 Rn. 641.
4649 Siehe Publizistische Grundsätze (Pressekodex), Richtlinien für die publizistische Arbeit nach den Empfehlungen des Deutschen Presserats, Novellierte Fassung, Ausgabe November 2006.

Richtlinie 13.1 – Vorverurteilung

Die Berichterstattung über Ermittlungs- und Gerichtsverfahren dient der sorgfältigen Unterrichtung der Öffentlichkeit über Straftaten und andere Rechtsverletzungen, deren Verfolgung und richterliche Bewertung. Sie darf dabei nicht vorverurteilen. Die Presse darf eine Person als Täter bezeichnen, wenn sie ein Geständnis abgelegt hat und zudem Beweise gegen sie vorliegen oder wenn sie die Tat unter den Augen der Öffentlichkeit begangen hat. In der Sprache der Berichterstattung ist die Presse nicht an juristische Begrifflichkeiten gebunden, die für den Leser unerheblich sind. Ziel der Berichterstattung darf in einem Rechtsstaat nicht eine soziale Zusatzbestrafung Verurteilter mit Hilfe eines »Medien-Prangers« sein. Zwischen Verdacht und erwiesener Schuld ist in der Sprache der Berichterstattung deutlich zu unterscheiden.

Richtlinie 13.2 – Folgeberichterstattung

Hat die Presse über eine noch nicht rechtskräftige Verurteilung eines Betroffenenberichtet, soll sie auch über einen rechtskräftig abschließenden Freispruch bzw. über eine deutliche Minderung des Strafvorwurfs berichten, sofern berechtigte Interessen des Betroffenen dem nicht entgegenstehen. Diese Empfehlung gilt sinngemäß auch für die Einstellung eines Ermittlungsverfahrens.

3184 Als Anmerkung zu dieser Richtlinie sei hier in Übereinstimmung mit Martin **Löffler** erwähnt, dass Zukunftschancen der Betroffenen als Einschränkung identifizierender Berichterstattung nicht nur bei Jugendlichen ins Gewicht fallen. Das berechtigte Interesse sämtlicher Betroffener auf Anonymität ist tiefer begründet als der Deutsche Presserat es mit Hinweis auf die »*Zukunft*« andeutet. Nicht die Entsozialisierung, sondern der Schutz der Persönlichkeit ist betroffen.[4650]

3185 Wird gegen die standesrechtlichen Grundsätze verstoßen, sind die **Sanktionsmöglichkeiten des Selbstkontrollorgans** jedoch auf die Abgabe öffentlicher Erklärungen und Erteilung von Rügen beschränkt. Von diesen Instrumenten ist insbesondere im Zusammenhang mit der Berichterstattung in der **Barschel/Pfeiffer-Affäre**[4651] und im **Gladbecker Geiseldrama**[4652] Gebrauch gemacht worden.

3186 In den Augen der Betroffenen mögen diese Sanktionsmöglichkeiten des Presserats der »*Abschreckungskraft eines zahnlosen Löwen*« gleichen,[4653] auch wenn diese Medienselbstkontrolle mittlerweile sogar von Strafverteidigern als etabliert angesehen wird.[4654] Trotzdem wird eher den zivil- und strafrechtlichen Abwehrmaßnahmen Bedeutung beigemessen. Auf Letztere soll nachstehend kurz eingegangen werden.

4650 Vgl. insgesamt Martin **Löffler**, Handbuch des Presserecht, 5. Aufl. München 2005, S. 215 ff. (217 f.).

4651 Vgl. »*Der Presserat rügt STERN und SPIEGEL*«, in: HAZ Nr. 275 v. 26. 11. 1987, S. 9.

4652 Vgl. SZ Nr. 208 v. 09. 09. 1988, S. 4.

4653 So die SZ Nr. 208 v. 09. 09. 1988, S. 4; a. A. Minoggio, a.a.O., S. 248 Rn. 641, der es als nützliches Mittel »im Kampf« mit einer Zeitung bezeichnet.

4654 Widmaier, a.a.O., NJW 2004, 399 ff. (402).

b)   Strafrechtliche Sanktionsnormen

– *Stichwort: Bloße Veröffentlichung eines Dienstgeheimnisses*

»*Die bloße Veröffentlichung eines Dienstgeheimnisses im Sinne des § 353b StGB* **3187**
*durch einen Journalisten reicht im Hinblick auf Artikel 5 Absatz 1 GG nicht aus, um
einen den strafprozessualen Ermächtigungen zur Durchsuchung und Beschlagnahme
genügenden Verdacht der Beihilfe des Journalisten zum Geheimnisverrat zu
begründen.*«[4655]

Das so genannte ‚**Cicero'-Urteil** des Bundesverfassungsgerichts gilt als richtungweisend für die vierte Gewalt im Staat. Es bestärkt die freiheitliche demokratische
Grundordnung der Bundesrepublik Deutschland, für welche die Freiheit der
Medien und insbesondere auch die der Presse konstituierend ist, einmal mehr.
Dem Urteil lag folgendes Geschehen zugrunde:

In dem Politikmagazin ‚Cicero' erschien im April 2005 ein Artikel mit dem Titel
»Der gefährlichste Mann der Welt«, in dem aus einem streng geheimen Auswertungsbericht des Bundeskriminalamtes zitiert wurde. Die Zitate waren so detailliert, dass davon ausgegangen werden konnte, der Auswertungsbericht habe dem
den Artikel verfassenden Journalisten vorgelegen.

Die Staatsanwaltschaft Potsdam leitete daraufhin zum einen Ermittlungsverfahren
gegen den Journalisten sowie gegen den Chefredakteur des Politmagazins ‚Cicero'
wegen Beihilfe zur Verletzung des Dienstgeheimnisses (§§ 353b, 27 StGB) ein,
zum anderen wurde ein Ermittlungsverfahren gegen den unbekannten Informanten wegen Verletzung des Dienstgeheimnisses (§ 353b StGB) eingeleitet.[4656]

Im Rahmen des Ermittlungsverfahrens wurden Redaktionsräume des Cicero wie
Wohnräume des Journalisten durchsucht. Bei der Durchsuchung der Redaktions-

---

4655 BVerfG, 1 BvR 538/06 v. 27. 02. 2007, (2. Leitsatz). Das Urteil ist auch abgedruckt in wistra
2007, 177 ff.

4656 »*Die Tat des § 353b StGB kann nur durch einen Geheimnisträger begangen werden und ist mit der
Mitteilung der geheimen Information an den Außenstehenden vollendet. Die daran anschließende
Veröffentlichung eines Dienstgeheimnisses in der Presse ... erfolgt notwendig zeitlich nach der
Vollendung der Straftat. Nach der in der Rechtspraxis herrschenden Auffassung ist die Tat des
Amtsträgers dann, wenn es ihm um die Veröffentlichung des Geheimnisses geht, zwar mit der
Offenbarung an den Journalisten vollendet, aber erst mit der - planmäßigen Veröffentlichung beendet; so lange kann nach dieser Auffassung durch den Journalisten eine so genannte sukzessive
Beihilfe geleistet werden. ...Die Strafbarkeit einer sukzessiven Beihilfe ist umstritten. ... In der
höchstrichterlichen Rechtsprechung ist diese Rechtsfigur seit langem anerkannt. ... Allerdings wird
sie in der Literatur im Hinblick auf Art. 103 Abs. 2 GG angezweifelt, soweit die Beihilfeleistung
keine Unrechtsintensivierung bewirke. ...Über ihre Anwendbarkeit speziell auf den Fall einer Veröffentlichung eines Dienstgeheimnisses durch Journalisten ist höchstrichterlich noch nicht entschieden worden. Die überwiegende Meinung in der Literatur lehnt die Konstruktion der sukzessiven
Beihilfe zum Dienstgeheimnisverrat durch Journalisten im Falle einer bloßen Veröffentlichung des
Geheimnisses ab ... Dabei wird in erster Linie darauf verwiesen, dass der Gesetzgeber infolge der
Aufhebung des § 353c Abs. 1 StGB a.F. durch das Siebzehnte Strafrechtsänderungsgesetz
v. 21. 12. 1979 Straffreiheit für die bloße Veröffentlichung eines Dienstgeheimnisses habe schaffen
wollen; diese Vorschrift hatte die unbefugte Veröffentlichung geheimhaltungsbedürftiger Gegenstände unabhängig vom Bestehen einer dienstlichen oder sonstigen Geheimhaltungspflicht des
Täters unter Strafe gestellt.*« (BverfG, wie zuvor, Abs.-Nr. 58 u. 59).*

räume wurde u. a. eine Festplatte beschlagnahmt, von der das Landeskriminalamt Brandenburg eine Kopie anfertigte. Die gegen die Durchsuchungsanordnung des Amtsgerichts Potsdam eingelegte Beschwerde wegen eines verfassungswidrigen Eingriffs in die Pressefreiheit lehnte das Landgericht Potsdam ab. Auch die Beschwerde gegen die Beschlagnahmeanordnung des Amtsgerichts Potsdam hinsichtlich der Festplattenkopie wies das Landgericht Potsdam als gegenstandslos bzw. erledigt zurück, da das Landeskriminalamt die Datenträgerkopie zwischenzeitlich gelöscht hatte und sich die Beschwerde ja gerade gegen die Beschlagnahme der Festplatte bzw. deren Kopie richtet hatte.Gegen die beiden Beschlüsse des Landgerichts Potsdam legte der Chefredakteur des ‚Cicero' Verfassungsbeschwerde ein.

Das Bundesverfassungsgerichts entschied am 27. Februar 2007, dass die Durchsuchungsordnung des Amtsgerichts Potsdam von 31. August 2005 einen schwerwiegenden, verfassungswidrigen Eingriff in die in Artikel 5 Absatz 1 Satz 2 GG verankerte Pressefreiheit dargestellt habe. Demzufolge hätte das Landgericht der Beschwerde gegen die Durchsuchungsordnung richtigerweise stattgeben und die Durchsuchungsordnung aufheben müssen. Da das Landgericht dies nicht getan hatte, hob das Bundesverfassungsgericht zunächst diesen Beschluss des Landgerichts Potsdam als verfassungswidrig auf. Das Bundesverfassungsgericht stellte klar, dass die Pressefreiheit auch den Schutz vor dem Eindringen des Staates in die vertraulichen Presseräume umfasse. Zudem stelle die Durchsuchung der Presseräume eine Störung der redaktionellen Arbeit dar. Dies könne einschüchternd wirken, und sei schon deshalb ein verfassungswidriger Eingriff in die Pressefreiheit.[4657]

Hinsichtlich der Verfassungsbeschwerde gegen den zweiten Beschluss des Landgerichts Potsdam stellte das Bundesverfassungsgericht in seinem Urteil fest, dass die Entscheidung des Landgerichts einen verfassungswidrigen Verstoß gegen das im Artikel 19 Absatz 4 GG gewährleistete Grundrecht des Rechtschutzes darstelle. Es sei die Pflicht des Landgerichts gewesen wäre, die Beschwerde als begründet anzuerkennen und diese nicht einfach als erledigt zu erklären; denn das Grundrecht des Rechtschutzes gewährleiste ausdrücklich, dass eine Person, die durch öffentliche Einrichtungen (z. B. Gerichte) in einem Grundrecht beeinträchtigt wird, hiergegen auf dem »normalen« Rechtswege vorgehen kann. Das Landgericht Potsdam hätte also die Beschwerde als begründet ansehen müssen und den Beschluss des Landgerichts hinsichtlich der Konkretisierung der Durchsuchungsanordnung aufheben müssen. Dadurch, dass das Landgericht die Beschwerde aber einfach als erledigt und gegenstandslos erklärte, habe es den Beschwerdeführer quasi »leer laufen«[4658] lassen. Dies stelle einen verfassungswidrigen Eingriff in das Grundrecht des Rechtschutzes dar.

4657 »Die Anordnung ermöglichte dem Staat den Zugang zu den Arbeitsunterlagen der Redaktion und damit Einblick in die Inhalte redaktioneller Arbeit, darunter gegebenenfalls auch in vertrauliche Informationen. Schließlich ist zu berücksichtigen, dass eine solche Anordnung Einschüchterungseffekte auslösen kann.«; so BverfG, wie zuvor, Abs.-Nr. 79.

4658 »... Art. 19 Abs. 4 GG gewährleistet dem Bürger die Effektivität des Rechtsschutzes im Sinne eines Anspruchs auf eine wirksame gerichtliche Kontrolle ... Das Rechtsmittelgericht darf ein in der jeweiligen Rechtsordnung eröffnetes Rechtsmittel daher nicht ineffektiv machen und für den Beschwerdeführer ‚leer laufen' lassen. ... Hiervon muss sich das Rechtsmittelgericht auch bei der Antwort auf die Frage leiten lassen, ob im jeweiligen Einzelfall für ein nach der Prozessordnung statthaftes Rechtsmittel ein Rechtsschutzinteresse besteht. ...«; BverfG, wie zuvor, Abs.-Nr. 68.

– *Stichwort: Verbotene Mitteilungen über Gerichtsverhandlungen*

Journalisten,[4659] die die Anklageschrift oder andere amtliche Schriftstücke eines **3188** Straf-, Bußgeld- oder Disziplinarverfahrens ganz oder in wesentlichen Teilen wörtlich öffentlich wiedergeben, bevor sie in öffentlicher Verhandlung erörtert worden sind oder das Verfahren beendet ist, machen sich nach § 353d Nr. 3 StGB strafbar. Mit diesem **Publikationsverbot** verfolgt der Gesetzgeber den Zweck, die Unbefangenheit der Verfahrensbeteiligten zu gewähren und den Betroffenen vor öffentlicher Bloßstellung zu schützen.[4660]

Bei § 353d StGB handelt es sich um ein Vergehen, das mit Geldstrafe oder der Freiheitsstrafe von bis zu einem Jahr sanktioniert werden kann.

– *Stichwort: Nötigung*

Öffentliche Vorverurteilungen durch die Medien können als Nötigung[4661] straf- **3189** bar sein.[4662] Die Nötigung ist eine Straftat gegen die Freiheit der Willensbildung und Willensbetätigung.

Presseveröffentlichungen können dazu führen, dass andere rechtswidrig zu einem fremden Willen, gemeint ist der journalistische Wille, gezwungen werden. Die Medien haben grundsätzlich das **Recht der freien Berichterstattung**. Wenn Sie aber für einen sensationsträchtigen Kriminalfall derartige Meinungsmache in der Öffentlichkeit betreiben, dass davon nicht die freie Entscheidungsfindung der Staatsanwaltschaft und des Strafgerichts ausgenommen bleibt sowie die Zeugen beeinflusst werden, dann wird auf die Willensbildung und Betätigung der Verfahrensbeteiligten eine beeinflussende Gewaltanwendung (vis compulsiva) ausgeübt.[4663] In diesem Fall beschneiden die Medien dem Beschuldigtem bzw. Angeklagten das Recht auf einen fairen Prozess.

Die Nötigung wird mit Geldstrafe oder Freiheitsstrafe bis zu drei Jahren, in besonders schweren Fällen mit Freiheitsstrafe von sechs Monaten bis zu fünf Jahren geahndet.

– *Stichwort: Beleidigung*

Berichten die Medien in ehrverletzender Weise über eine Person, so kann diese **3190** einen Antrag auf Strafverfolgung wegen Beleidigung stellen.[4664]

Die Beleidigung setzt voraus, dass der Täter seine eigene Missachtung über den Betroffenen kundgibt. Das heißt, dem Betroffenen muss der sittliche, personale oder soziale Geltungswert durch Zuschreibung negativer Qualitäten ganz oder teilweise öffentlich abgesprochen werden.

4659 Aber jeder andere auch, der solche Informationen veröffentlicht.
4660 Vgl. Tröndle/Fischer, a.a.O., § 353 d Rn. 6.
4661 § 240 StGB.
4662 Vgl. Hassemer, a.a.O., NJW 1985, 1927.
4663 Vgl. Löffler, a.a.O., S. 291.
4664 §§ 77, 185 StGB.

Anders formuliert, es muss ihm seine Minderwertigkeit oder Unzulänglichkeit unter einem der genannten Gesichtspunkte attestiert werden.[4665] Das ist beispielsweise der Fall, wenn von Bankiers als »*mafia-vergleichbare Gestalten*« gesprochen wird.[4666] Für die Bestrafung des Täters ist nicht erforderlich, dass er den Betroffenen kränken wollte.

Es genügt, wenn in dem Bewusstsein, dass die Äußerung nach ihrem objektiven Erklärungswert einen beleidigenden Inhalt hat,[4667] gehandelt wurde.

Die Straftat wird mit Geldstrafe oder Freiheitsstrafe bis zu zwei Jahren sanktioniert.

– *Stichwort: Üble Nachrede*

3191 Werden von den Medien anstelle der abwertenden Urteile oder ehrverletzenden Meinungsäußerungen **ehrenrührige Tatsachenbehauptungen** über den Betroffenen verbreitet, die dazu geeignet sind, ihn verächtlich zu machen oder in der öffentlichen Meinung herabzuwürdigen, kommt die Straftat der üblen Nachrede in Betracht.[4668] Tatsachenbehauptungen sind beispielsweise: »*A hat schon wegen Betruges gesessen*« oder »*A hat Konkurs gemacht*«. Im Interesse eines wirksamen Ehrenschutzes wird bis zum Beweis des Gegenteils vermutet, dass die Behauptungen nicht zutreffen.[4669] Wird also nicht festgestellt, dass die Tatsachenbehauptungen richtig sind, muss der Journalist mit einer Verurteilung rechnen.

In diesem Fall kann eine Geldstrafe oder Freiheitsstrafe bis zu zwei Jahren in Betracht kommen.[4670]

– *Stichwort: Verleumdung*

3192 Behauptet oder verbreitet jemand **wider besseres Wissen** eine unwahre Tatsache in Bezug auf einen anderen, die dazu geeignet ist, den Betroffenen verächtlich zu machen oder in der öffentlichen Meinung herabzuwürdigen, muss sich der Täter wegen der Verleumdung strafrechtlich verantworten.[4671]

Der **Unterschied zur üblen Nachrede** besteht darin, dass der Journalist wider besseres Wissen eine unwahre Tatsache mitteilt. Die Tat, die eine besonders üble Gesinnung offenbart, wird demzufolge auch bei öffentlicher Verbreitung der falschen Behauptung mit Geldstrafe oder Freiheitsstrafe bis zu fünf Jahren versehen. Es kann aber nur dann zur Bestrafung kommen, wenn der doppelte Nachweis geführt wird, nämlich dass

- die behauptete oder verbreitete Tatsache unwahr ist und
- der Täter dieses wusste.

4665 Vgl. Schönke/Schröder-Lenckner, a.a.O., § 185 Rn. 2.
4666 Vgl. Schönke/Schröder-Lenckner, a.a.O., § 185 Rn. 13.
4667 Vgl. z. B. BGHSt 1, 288 ff. (291); 7, 129 ff. (134).
4668 § 186 StGB; dazu auch Jürgen **Veith**, Öffentlichkeit der Hauptverhandlung und üble Nachrede, in: NJW 1982, 2225 ff.
4669 Schönke/Schröder-Lenckner, a.a.O., § 186 Rn. 1.
4670 §§ 186, 194 StGB (Antragsdelikte).
4671 § 187 StGB.

Auch bei der Verleumdung handelt es sich grundsätzlich um ein Antragsdelikt.[4672] Eine Qualifikation des Tatbestandes stellt die Verleumdung gegen Personen des politischen Lebens dar, eine Norm, die zugleich auch die üble Nachrede gegen solche Personen mit Strafe bedroht.[4673]

— *Stichwort: Rechtfertigung der Medien*

Es gibt für die Strafbarkeit der Verantwortlichen in den Medien jedoch eine Ausnahme. Die Schutznorm des § 193 StGB enthält besondere Rechtfertigungsgründe für die Ehrverletzungsdelikte,[4674] wenn sich die Verleger und Redakteure auf die **Wahrnehmung berechtigter Interessen** berufen können.   **3193**

Sie nehmen ein berechtigtes Interesse wahr, wenn sie im Rahmen ihrer Aufgabe, die in den meisten Bundesländern gesetzlich verankert ist,[4675] die Öffentlichkeit unterrichten oder Kritik üben.[4676] Unterlaufen der Presse bei der Nachrichtenverbreitung falsche Tatsachenbehauptungen, können sich die Verantwortlichen rechtfertigen, wenn sie bei ihrer Berichterstattung nicht leichtfertig gehandelt haben.[4677]   **3194**

Der Strafrichter muss daher im Zusammenhang mit der **Überprüfung von Rechtfertigungsgründen** von Amts wegen klären,[4678] ob das Recht der persönlichen Ehre oder das Recht auf Pressefreiheit Vorrang hat.   **3195**

Ein **Eingriff in fremde Rechtsgüter** (Ehre, Persönlichkeitsrechte) ist **nur dann gerechtfertigt, wenn** der Angriff auf die fremde Ehre **das angemessene Mittel zum richtigen Zweck** ist.[4679] Wo Mängel in Staat und Wirtschaft ersichtlich werden, sollen die Medien eine scharfe und offene Sprache führen dürfen.[4680]   **3196**

Vor allem bei öffentlichen Diskussionen über Fragen von allgemeinem Interesse oder gegenüber Politikern, die Anlass zu Kritik gegeben haben, dürfen die Journa-   **3197**

4672 § 194 StGB.
4673 § 188 StGB.
4674 § 193 gilt grundsätzlich nur für beleidigende Äußerungen im Sinne der §§ 182 , 186, 188 Abs. 1 StGB. Unanwendbar ist es die Norm bei § 187 StGB: die Verfolgung eines berechtigten Zwecks ist unvereinbar mit der Verleumdung, außer in speziellen Ausnahmefällen; vgl. Schönke/Schröder-Lenckner, a.a.O., § 193 Rn. 2.
4675 Vgl. z. B. § 3 LPrG BW, Bayern, Berlin, Bremen, Niedersachsen, Rheinland-Pfalz, Schleswig-Holstein; Landespressegesetz Nordrhein-Westfalen, § 3 Öffentliche Aufgabe der Presse: »*Die Presse erfüllt eine öffentliche Aufgabe insbesondere dadurch, dass sie Nachrichten beschafft und verbreitet, Stellung nimmt, Kritik übt oder auf andere Weise an der Meinungsbildung mitwirkt.*« Landespressegesetz Bayern, § 3 Öffentliche Aufgabe der Presse:»*1) Die Presse dient dem demokratischen Gedanken*« 2) *Sie hat in Erfüllung dieser Aufgabe die Pflicht zu wahrheitsgemäßer Berichterstattung und das Recht, ungehindert Nachrichten und Informationen einzuholen, zu berichten und Kritik zu üben.* 3) *Im Rahmen dieser Rechte und Pflichten nimmt sie in Angelegenheiten des öffentlichen Lebens berechtigte Interessen im Sinne des § 193 des Strafgesetzbuches wahr.*«
4676 Vgl. Tröndle/Fischer, a.a.O., § 193 Rn. 33; BVerfGE 10, 118 ff. (121).
4677 Schönke/Schröder-Lenckner, a.a.O., § 193 Rn. 11 und 15, 18.
4678 Vgl. Art. 5 Abs. 1 und 2 GG.
4679 Vgl. BVerfGE 24, 278 ff. (286); OLG Hamm NJW 1971, 1852 ff. (1853).
4680 Vgl. Löffler, a.a.O., S. 283 m. w. N.

listen einseitig und abwartend Stellung nehmen.[4681] In der öffentlichen Auseinandersetzung mit einem harten Gegner kann gegebenenfalls auch ein »*Gegenschlag*« gerechtfertigt sein.[4682]

3198 Das **Prinzip der Verhältnismäßigkeit** erfordert jedoch von der Presse, vor jeder Veröffentlichung abzuwägen, ob für die beabsichtigte Meldung ein ausreichender Öffentlichkeitswert gegeben ist.[4683] Eine beleidigende Äußerung darf nur zum Zweck der Wahrung berechtigter Interessen gemacht werden, nicht aber zum Zweck eigener Rachsucht, Konkurrenzneid oder Sensationsgier erfolgen.[4684]

3199 Außerdem muss die Presse bei ihrer Berichterstattung besondere Sorgfalt walten lassen.[4685] Im Hinblick auf die »*unberechenbare*« und »*tief greifende*« Wirkung,[4686] die von den Publikationen durch die modernen Massenmedien ausgehen, hat sie besonders auf den Wahrheitsgehalt ihrer Aussagen zu achten. Diese Anforderung ist beispielsweise im bayerischen Landespressegesetz[4687] und im nordrhein-westfälischen Landespressegesetz aufgenommen worden.[4688]

3200 Gerade im Umgang mit den Medien zeigt sich einmal mehr, wie wichtig es für ein Unternehmen sein kann, einen fachkundigen Rechtsanwalt mit der Wahrnehmung seiner Interessen zu beauftragen. Dafür steht diese ironische Aussage von Dr. Joachim **Wagner**, dem stellvertretenden Chefredakteur Fernsehen im ARD-Hauptstadtstudio:

> »*Meine liebsten, weil ungefährlichsten Kritiker sind die Staatsanwälte. Gegenüber Journalisten sind sie, die Vertreter der Staatsmacht, auf fast rührende Weise machtlos. Meine unangenehmsten, weil gefährlichsten Kritiker sind Rechtsanwälte, die das Gegendarstellungsrecht beherrschen. Unser Glück: Die meisten Rechtsanwälte versagen, weil sie die komplizierten Formulierungstechniken der Gegendarstellung nicht beherrschen und sie falsch abfassen. Dann verlieren sie vor Gericht.* «[4689]

4681 Vgl. Löffler, a.a.O., S. 283 m. w. N.

4682 Vgl. Löffler, a.a.O., S. 283

4683 Vgl. Löffler, a.a.O., S. 283

4684 Vgl. BGHSt 18, 182 ff. (186).

4685 Vgl. Löffler, a.a.O., S. 283

4686 Vgl. BGHZ 3, 279 ff. (285); 39, 124 ff. (129).

4687 § 3 Abs. 2: »*Sie hat in Erfüllung dieser Aufgabe die Pflicht zur wahrheitsgemäßen Berichterstattung.* «

4688 § 6: »*Die Presse hat alle Nachrichten vor ihrer Verbreitung mit der nach den Umständen gebotenen Sorgfalt auf Inhalt, Herkunft und Wahrheit zu prüfen. Die Verpflichtung, Druckstücke von strafbarem Inhalt freizuhalten (§ 21 Abs. 2), bleibt unberührt.*«

4689 Joachim **Wagner**, »Sie verschwenden meine Zeit! «, in: DAS ERSTE, Die Zeitschrift über Fernsehen und Radio, Nr. 6, November 1990. Seinerzeit war Wagner noch stellvertretender Chefredakteur in der Hauptabteilung Zeitgeschehen und zugleich Chef und Moderator des politischen ARD-Magazins »Panorama«.

3. Innerbetriebliche Auswirkungen

»Der durchschnittliche Beschuldigte in einem Wirtschaftsstrafverfahren lebt sozial **3201**
anerkannt, ist noch nicht mit dem Gesetz in Konflikt gekommen und wird von Familie
und Umwelt geachtet.«[4690]

Die Einleitung eines Ermittlungsverfahrens wirkt sich nicht nur negativ auf den
Betriebsablauf und die Entwicklung des Unternehmens aus. Strafrechtliche
Ermittlungen im Unternehmen bringen insbesondere für den direkt Betroffenen
mannigfache Probleme mit sich.

Zwar verbietet es die Vielfältigkeit der Wirtschaftsstraftaten, generalisierende **3202**
Charakteristika von Wirtschaftsdelinquenten zu benennen. Aus den wenigen For-
schungen, die vorliegen, ergeben sich aber einige allgemeine Konturen:[4691]

Wirtschaftskriminalität wird überdurchschnittlich häufig von **erwachsenen** **3203**
Deutschen verübt. Vier von fünf Tätern sind **männlich**. Die Täter sind meist **gut**
ausgebildete Angehörige der oberen oder mittleren Mittelschicht. Sie füllen
höhere Berufspositionen aus, die entsprechende Tatgelegenheiten bieten. Drei
Viertel aller Täter sind der Altersgruppe der 30- bis 60-Jährigen zuzurechnen.
Bei Untersuchungen hat sich herausgestellt, dass von den Tätern bis zu 40 %
strafrechtlich vorbelastet waren. Insofern handelt es sich bei Wirtschaftsstraftätern
nicht notwendig, wie häufig vermutet wird, um Einmaltäter. Auch könnten die
Unterschiede im Sozialprofil zu »normalen« Straftätern geringer sein als vielfach
angenommen. Zu den Unterschieden zählen insbesondere relativ große Selbstkontrolle in Verbindung mit starkem Selbstbewusstsein, ferner Neigungen zu Rück-
sichtslosigkeit und ein starkes Bedürfnis, die Konkurrenz mit anderen Wirt-
schaftsteilnehmern für sich zu entscheiden.

Daraus ergibt sich folgendes – grobes – Bild vom Verdächtigen, der sich der Straf- **3204**
verfolgung in Wirtschaftssachen ausgesetzt sieht:

Der durchschnittliche Unternehmensstraftäter	
Staatsangehörigkeit:	deutsch
Geschlecht:	männlich
Alter:	40–60 Jahre
Wohnhaft:	in Gemeinden bis zu 20.000 Einwoh-nern
Familienstand:	verheiratet
Finanzielle Verhältnisse:	regelmäßiges Einkommen
Schul- und Berufsausbildung:	überdurchschnittlich
Polizeiliche Führung:	nicht vorbestraft
Besondere Merkmale:	hohe Planungs- und Entscheidungs-kompetenz, starke Profitorientierung

---

4690 Minoggio, a.a.O., S. 58 Rn. 114.
4691 Die Erkenntnisse entstammen dem 2. Periodischen Sicherheitsbericht der Bundesministerien für Inneres und für Justiz (Hrsg.), 2006, S. 233 m. w. N.

3205 Jahrelang hat man Legislative, Judikative und Exekutive vorgeworfen, in Wirtschaftsstrafsachen nach dem Motto »*Die Kleinen hängt man, die Großen lässt man laufen*« zu verfahren. Die Anzeichen mehren sich jedoch, dass sich dies geändert hat.[4692] Dem entsprechend wird schon seit längerer Zeit davon ausgegangen, dass in ca. **70 % der Ermittlungsverfahren die Beschuldigten der Geschäftsleitungs- oder der oberen Führungsebene des Unternehmens** angehören.[4693]

3206 Wie bereits dargestellt[4694] ergeben sich für die Leiter von Wirtschaftsunternehmen sowohl aus den Gesetzen als auch aus den von der Rechtsprechung – vor allem im Bereich der unechten Unterlassungsdelikte – entwickelten Organisations-, Aufsicht-, Informations-, Kontroll- und Entscheidungsanforderungen gesteigerte strafrechtliche Verantwortlichkeiten.

3207 Wegen der besonderen strafrechtlichen Haftung der Führungskräfte sowie aus Zweckmäßigkeitsgründen wird die Suche nach dem oder den Schuldigen mit zunehmender Tendenz in der obersten Hierarchieebene begonnen und dann nach unten in Richtung der ausführenden Mitarbeiter, also vom Aufsichtspflichtigen zum Handelnden, fortgesetzt.[4695]

3208 Hinzu kommt, dass die gegen Führungskräfte wegen Aufsichtspflichtverletzungen[4696] festgesetzten Geldbußen oft höher ausfallen, als die Strafen gegen diejenigen Mitarbeiter, die die Tat letztlich begangen haben. Beispielsweise reicht das mögliche Strafmaß für eine Gewässerverunreinigung gemäß § 324 Absatz 1 StGB bis zu fünf Jahren Freiheitsstrafe, tatsächlich hat jedoch der ausführende Betriebsangehörige im Allgemeinen »*nur*« mit einer Geldstrafe zwischen 20 und 30 Tagessätzen zu rechnen.[4697] Die Geldbuße gegen den Vorgesetzten für die Aufsichtspflichtverletzung kann dagegen bis zu einer Million Euro betragen.[4698] Ihre Höhe soll sich zwar im Einzelfall an der Schwere der im Betrieb begangenen Zuwiderhandlung orientieren, häufig jedoch wird die verhängte Geldstrafe gegen den ausführenden Arbeitnehmer übersteigen.[4699]

3209 Neben den drohenden Sanktionen stellt aber die bloße Tatsache eines anhängigen Ermittlungsverfahrens für den Betroffenen eine »Strafe eigener Art« dar.[4700] Der hohe Bekanntheitsgrad von Unternehmen und Topmanagern und das daraus

---

4692 So auch Dahnz, a.a.O., Manager und ihr Berufsrisiko, a.a.O., S. 193.

4693 Aufgrund einer Schadenfall-Auswertung in der Industrie-Straf-Rechtsschutzversicherung; vgl. Eidam, in: Adams/Eidam, a.a.O., S. 164; siehe auch Eidam, Industrie-Straf-Rechtsschutzversicherung, a.a.O.; Untersuchungen für den Bereich der Umweltdelikte Ende der 1980er kamen zu ähnlichen Ergebnissen, siehe Heine/Meinberg, a.a.O., S. D 89, Fn. 88 und Meinberg/Möhrenschlager/Link, a.a.O., S. 232.

4694 Rdn. 1111 ff.

4695 Ebenso Dahnz, Manager und ihr Berufsrisiko, a.a.O., S. 160; Dazu auch Schmidt-Salzer, Umwelthaftpflicht und Umwelthaftpflichtversicherung, a.a.O., S. 127; vgl. Rdn. 3041 ff.

4696 § 130 OWiG.

4697 Vgl. Rdn. 726 ff.

4698 § 130 Abs. 3 OWiG.

4699 Zumal nicht nur bei Geldbußen gegen das Unternehmen, sondern auch im Übrigen der wirtschaftliche Vorteil, den der Täter aus der Ordnungswidrigkeit gezogen hat, gemäß § 17 Abs. 4 OWiG abgeschöpft werden soll; man beachte auch § 73d StGB; vgl. Rdn. 833 ff.

4700 Ähnlich Minoggio, a.a.O., S. 58 Rn. 114, 117.

resultierende besondere Interesse der Öffentlichkeit an den diese betreffende Vorgänge[4701] löst regelmäßig eine intensive Befassung der Medien mit sämtlichen Umständen aus, die im Zusammenhang mit dem eingeleiteten Ermittlungs- bzw. Strafverfahren eine Rolle spielen könnten. Dies führt zu Spannungen im Verhältnis zwischen Managern und Journalisten und zu gegenseitigem Misstrauen.

Neben den Massenmedien kontrolliert das soziale Umfeld die Führungskräfte in erhöhtem Maß. Ihr hoher sozialer Status trägt dazu bei, dass deren Handeln mit besonderer Aufmerksamkeit verfolgt wird, während deren materieller Wohlstand nicht selten Missgunst und Neid wecken (Stichwort: Neidgesellschaft). Es ist ein Fakt: Berichte über betriebliche Unregelmäßigkeiten finden in der breiten Masse überdurchschnittliche Beachtung. **3210**

Diese Umstände[4702] wirken sich nicht nur auf den Manager selbst, sondern auch auf dessen Angehörige aus, die ebenfalls an **den Pranger gestellt** wird. Es beginnt für die betroffene Familie ein – oft monatelanges – gesellschaftliches Spießrutenlaufen. Kinder werden auf dem Schulhof gehänselt, die Ehefrau z. B. auf der Straße oder beim Einkauf belästigt. Manche Ehefrau traute sich für Wochen nicht, das Haus zu verlassen, vor dem Reporter lungern. Kollegen des Managers und Bekannte der Familie distanzieren sich aus Furcht, irgendwie in den erhobenen Vorwurf verwickelt zu werden. Wie lautet doch das bereits erwähnte Sprichwort? Mitgegangen, mitgefangen, mitgehangen. **3211**

Die mit Verhören, möglichen Hausdurchsuchungen, Haftandrohung und dem ungewissen Verfahrensausgang verbundene Anspannung führt zu einem individuellen »**Psychoterror**«.[4703] Die wachsende finanzielle Belastung trägt mit zunehmender Verfahrensdauer das ihre dazu bei. **3212**

Verstärkt wird dieser persönliche Albtraum durch die **Unerfahrenheit der betroffenen Führungskraft**, denn, in der Regel nicht einschlägig vorbelastet, selten juristisch ausgebildet, fühlt sie sich gegenüber den Ermittlungsmechanismen der Justiz ohnmächtig.[4704] Eine Situation, die oftmals auch das erforderliche Vertrauensverhältnis Mandant/Verteidiger gefährdet. Gerade Manager der obersten Etage, die es gewohnt sind, in ihren Unternehmen das »*Sagen*« zu haben, können sich häufig schlecht damit abfinden, dass in einem (Straf-)Verfahren, welches sie persönlich betrifft, ein anderer (ihr Verteidiger) das letzte Wort besitzen muss, wenn es um Aufstellung und Durchführung der Verteidigungsstrategie geht. **3213**

Auch die **beruflichen Auswirkungen** eines Strafverfahrens können gravierend sein. Eher als andere Mitarbeiter werden sie kritisch beurteilt. *Quidquid haeret –* Etwas bleibt immer an ihrem Ruf haften. Und das ist für das Image des Unternehmens abträglich. Selbst der später nicht bestätigte Anfangsverdacht wirft einen merklichen Schatten auf die Karriere der – wenn auch nur kurzfristig mit negati- **3214**

4701 »*Das Unternehmen als Objekt des Ermittlungsinteresses*«, vgl. Volk/Wessing II, a.a.O., § 11 Rn. 75 f.; »*Unternehmen als Personen sind Nachrichten*«, meinte schon Claudia **Mast**, Kampf um Marktanteile auf dem »*Markt der Meinungen*«, in: Blick durch die Wirtschaft, Nr. 177 v. 13. 09. 1991, S. 7 .

4702 Minoggio, a.a.O., S. 58 Rn. 117 nennt dies die »*Verfahrensstrafe*«.

4703 Eidam, in: Adams/Eidam: a.a.O., S. 161.

4704 Sommer, StraFo 2005, 257 f.; Meinberg/Möhrenschlager/Link, a.a.O., S. 232.

ver Medienpräsenz belasteten – Führungskraft. Sie gelten eher unauffälligen Manager als nicht vertrauenswürdig und – unausgesprochen – nur bedingt zur Tragung von Verantwortung geeignet. Ihre Chancen für eine Beförderung verschlechtern sich.

3215 Das Risiko, in ein Ermittlungsverfahren hineinzugeraten, beinhaltet schließlich immer die Gefahr, dass die Innovationsbereitschaft gefährdeter Mitarbeiter verloren geht. Diese könnten versuchen, Verantwortung möglichst zu delegieren und ihr Engagement für das Unternehmen generell zu senken.

XIII. Vorbeugende Maßnahmen

1. Aus Unternehmenssicht

Er zieht sich wie ein roter Faden durch dieses Buch, der warnende Hinweis, dass **3216** Strafverfahren abträglich sind für Ansehen und Reputation eines Unternehmens, und damit auch für seinen wirtschaftlichen Erfolg.[4705] Also gilt es, schon den Anfängen zu wehren.[4706] Doch selbst das beste Risikomanagement kann den unerwünschten »Ausreißer« nicht verhindern. Auch für diese Eventualität gilt es, vorbereitet zu sein.

- Manager X kommt spät in der Nacht von einer Auslandskonferenz zurück. Morgens um 7.00 Uhr klingelt es an der Haustür. Drei Herren stehen draußen, die sich als Vertreter der Staatsanwaltschaft vorstellen. Sie zeigen einen Durchsuchungsbeschluss und erklären, dass sie das Haus nach Geschäftsunterlagen untersuchen müssen.
- Szenenwechsel: Der Geschäftsführer Y fährt morgens wie gewohnt zur Arbeit. Sein Parkplatz ist besetzt. Etwas ist anders als sonst. Beim Betreten des Bürogebäudes empfängt ihn der aufgeregte, ratlose Pförtner. Die Kriminalpolizei ist im Haus. Was tun?

Um im Fall der Einleitung eines strafrechtlichen Ermittlungsverfahrens möglichst **3217** rasch und wirkungsvoll reagieren zu können, sind verschiedene, vorbeugende Maßnahmen nötig, die Kardinalfehler zu Verfahrensbeginn verhindern können. **Unvorbereitet sein heißt hilflos sein!**[4707] Wer unvorbereitet ist, kann leicht überrumpelt werden!

Durch präzise Stellenbeschreibungen und ein eindeutiges Organigramm kann das **3218** Unternehmen für klare Strukturen im Betrieb sorgen. Wir haben an anderer Stelle[4708] gesehen, dass das Organigramm geeignet ist (zu diesem Zweck wurde es ja eigentlich auch geschaffen), die unternehmenseigenen Zuständigkeitsstrukturen zu dokumentieren. Kommt es zu strafrechtlichen Ermittlungen im Unternehmen, so dient ein Organigramm den Strafverfolgungsbehörden als Beleg für die strafrechtliche Verantwortung der Mitarbeiter. Wird der Organisationsplan innerbetrieblich eingehalten, dann scheiden Mitarbeiter, die nach dem Organisationsge-

---

4705 von Westphalen/Goll/Winkelbauer, Produkthaftungshandbuch, a. a. O, § 49 Rz. 1: »*ein strafrechtliches Ermittlungsverfahren (ist) in besonderem Maße geeignet, dem Ansehen eines Unternehmens Schaden zuzufügen*«.

4706 Diese Erkenntnis hat sich in den vergangenen Jahren zunehmend unter den deutschen Managern durchgesetzt. Richtig ist aber auch, dass manche Manager nach bester Vogel-Strauß-Manier bestehende strafrechtliche Risiken verdrängen.

4707 Siehe auch Gerd **Eidam**, Ruhe bewahren... – Verhaltensregeln bei Durchsuchungen, in: ANWALT 7/2003, S. 8 ff.

4708 Siehe Rdn. 1195 ff.

füge nicht mit dem strafbewehrten Vorfall in Verbindung gebracht werden können, als Verantwortliche aus.[4709]

3219 Die Mitarbeiter als juristische Laien sollten über ihre Rechte und Pflichten aufgeklärt werden. Sie müssen wissen, dass sie sich als Beschuldigte oder Zeugen nur im Beisein eines Rechtsanwalts vernehmen lassen sollten. Der beigezogene Anwalt erkennt eher die Gefahr, der sich ein Mitarbeiter durch Auskünfte aussetzt, die ihn selbst oder das Unternehmen belasten.

3220 Der Rechtsvertreter des Unternehmens im Strafverfahren muss feststehen. Nicht irgendein Rechtsanwalt, sondern ein erfahrener Strafverteidiger sollte es sein, denn allein beim Fachmann haben die Betroffenen die beruhigende Gewissheit, dass er das zur erforderlichen Verteidigung notwendige Geschick beweist.

3221 Eine **schriftliche Verhaltensregelung (Alarmplan)**[4710] für den Fall, dass der Staatsanwalt kommt, sollte erstellt und an alle Mitarbeiter herausgegeben werden, die im weitesten Sinne von einem Strafverfahren im Unternehmen berührt werden können.[4711]

3222 Die Begründung ist einleuchtend: Da die modernen Unternehmen arbeitsteilig organisiert sind, muss sich jeder Mitarbeiter auf den anderen verlassen können. Aus diesem Grund ist es wichtig, dass alle, die es angeht, gleichermaßen über die strafrechtlichen Risiken unterrichtet und für den Fall der Fälle instruiert sind. Das beginnt beim Pförtner am Haupttor. Wenn sich die Ermittlungsbeamten anmelden, dann muss der Pförtner wissen, was er dann zu tun hat.

3223 Ein solches Informationsblatt sollte Anweisungen für folgende Punkte enthalten:

3224 *1. Welche innerbetriebliche Ansprechstelle ist unverzüglich vom Erscheinen der Ermittlungsbeamten zu informieren?*

Begründung: Durch eine interne Festlegung, die unabhängig von einem tatsächlichen Ermittlungsverfahren erfolgt, wird erreicht, dass die Ermittlungsbehörde nicht selbst den Verantwortlichen suchen muss.

Kommt es schon zu diesem Zeitpunkt zu Untersuchungen, besteht die Gefahr von Widersprüchen, die zu einer Ausdehnung des Verfahrens führen können.

Ansprechstelle ist üblicherweise bei großen Unternehmen der Leiter der Rechtsabteilung oder der Mitarbeiter, der den unmittelbaren Kontakt zu dem Anwalt des Unternehmens unterhält. Ist es nicht mehr möglich, die Ermittlungsorgane an die Ansprechstelle zu verweisen, so muss sie dennoch unverzüglich informiert wer-

---

4709 Wie problematisch also auch unter strafrechtlichen Aspekten das unter deutschen Managern und Führungskräften so beliebte »*Durchregieren*« ist, zeigt sich hier. Stellt die ermittelnde Staatsanwaltschaft fest, dass in einem anderen Vorgang das betriebliche Organigramm nicht beachtet wurde, dann kann sie dies auch in dem von ihr geprüften Fall unterstellen. Die Folgen für das Unternehmen und seine Mitarbeiter können höchst unangenehm sein.

4710 Dieser Alarmplan sollte mit dem Notplan »*Medien*« – siehe oben Rdn. 3162 – abgestimmt sein bzw. koordiniert werden.

4711 Eidam, in: Adams/Eidam, a.a.O., S. 17 ff. (Checkliste für den Fall der Fälle).

den, damit die entsprechenden Mitarbeiter ebenfalls den Ort der Ermittlungstätigkeit aufsuchen können.[4712]

Wichtig ist, dass bei aller Nervosität im Unternehmen, die eine so ungewohnte und nicht alltägliche Durchsuchung mit sich bringt, Maßnahmen ruhig abgewogen werden. In den meisten Fällen ist Kooperation mit der Staatsanwaltschaft – natürlich bei eindeutiger Wahrung der Unternehmensinteressen – der beste und erfolgversprechendste Weg.

2. Die Ermittlungsbeamten müssen nach Möglichkeit vom Pförtner/Werkschutz so lange festgehalten werden, bis sie von dem zuständigen Mitarbeiter abgeholt werden. **3225**

Eine schwere Aufgabe, die viel Diplomatie und Fingerspitzengefühl verlangt.

Begründung: Die bis zum Eintreffen der Beamten gewonnene Zeit sollte nicht zur Aktenbereinigung genutzt werden. Ein solcher Versuch wird regelmäßig zum Bumerang. Ein warnendes Beispiel ist der **Erdal-Lederspray-Fall**. Die Durchsuchungsbeamten fanden keine Protokolle aus dem entscheidenden Jahr 1981, obwohl auch in diesem Jahr nach Aussage einer Zeugin (Sekretärin) regelmäßig Sitzungen der Geschäftsführer stattgefunden hatten.[4713]

Gewinnen die Ermittlungsbeamten den Eindruck, dass sie hingehalten werden sollen, kann es getreu dem Motto »Man merkt die Absicht, ist verstimmt« zum »Durchsuchungs-GAU« kommen. Es soll auch nicht verschwiegen werden, dass es (Ober-)Staatsanwälte gibt, die beim Erkennen einer Hinhaltetaktik besonderen sportlichen Ehrgeiz entwickeln.

3. Die durch die Abholung gewonnene Zeit kann dafür genutzt werden, dass die Ansprechstelle die Schlüsselstellen im Haus informiert und einen vertrauten Strafverteidiger herbei bittet. **3226**

Begründung: Ein guter Verteidiger kann am ehesten erkennen, was die Beamten überhaupt wollen. Er bekommt unter Umständen sofort Akteneinsicht und kann feststellen, in welche Richtung die Verdachtsmomente zielen. Dann kann er auch auf entlastendes Material hinweisen.

4. Mit Ermittlungsbehörden sollen nach Möglichkeit keine informativen Gespräche geführt werden. **3227**

Begründung: Damit wird die Gefahr vermindert, dass durch unüberlegte Angaben Widersprüche entstehen und der Kreis der Tatverdächtigen ausgeweitet wird. Kommt es dennoch zu Gesprächen, so muss bedacht werden, dass der Ermittler mehr Hintergrundkenntnisse haben kann, als angenommen wird.[4714]

Selbst die scheinbar unverfänglichste Antwort kann für das Verfahren von großer Bedeutung sein, da der Ermittlungsbeamte später als Zeuge vernommen werden kann und so die Auskunft Gegenstand des Verfahrens wird.[4715] Dies gilt aller-

---

4712   v. Westphalen/Goll/Winkelbauer, Produkthaftungshandbuch, a.a.O., § 49 Rn. 5.
4713   LG Mainz, – Az. 8 Js 3708/84-W-5K/s –, S. 173 f.
4714   So auch Minoggio, a.a.O., S. 198 Rn. 415.
4715   Meyer-Goßner, a.a.O., Einleitung Rn. 79.

dings nur dann, wenn der Unternehmensmitarbeiter über seine Aussagerechte vom Ermittlungsbeamten aufgeklärt wurde.[4716]

Dazu ein Zitat:

>»Bestrebt, seine Ehrbarkeit zu unterstreichen, hat sich der Manager mit wirren Erklärungen um Kopf und Kragen geredet. ›Das interessiert Sie bestimmt nicht‹, ist noch die mildeste Form der Dummheit. Gespräche ›ganz im Vertrauen‹ gelten bei Verteidigern als vollendetes Harakiri. Schweigen, nichts unterschreiben, sich mit nichts einverstanden erklären, das ist die Grundregel. Souveränes Schweigen ist ebenso wichtig, wie die Unterdrückung des Impulses, sich durch vorauseilende Freundlichkeit das Wohlwollen der Strafverfolger zu sichern. Das aber ist für den Kölner Strafverteidiger Reinhard Birkenstock vergebliche Liebesmüh: ›Staatsanwälte sind Profis, die Fakten suchen, keine Sympathie.‹«[4717]*

Damit das Unternehmen von den geführten informativen Gesprächen Kenntnis erhält, sind die Beamten auf dem Betriebsgelände ständig von dafür benannten Mitarbeitern zu begleiten.

3228 *5. Es soll frühzeitig geklärt werden, worum es geht, wer als Verantwortlicher und wer als Zeuge in Betracht kommt.*

Begründung: Durch diese Informationen kann verhindert werden, dass Antworten gegeben werden, deren Inhalt über den des Ermittlungsgegenstands hinausgehen und eine Ausweitung des Verfahrens bewirken.[4718] Das Unternehmen sollte aus diesem Grund auch darauf achten, dass genügend Anwälte als Zeugenbeistände hinzugezogen werden.

3229 *6. Unter Beachtung der Informationen der Ermittlungsbehörde muss intern der Kreis der möglichen Verantwortlichen geklärt werden. Auch innerhalb des Unternehmens ist der Kreis der in Verdacht Geratenen möglichst klein zu halten.*

Begründung: Die intern ermittelten Personen sind von dem Verdacht zu informieren, damit sie später nicht »auf dem falschen Fuß« erwischt werden, sondern auf den Vorwurf vorbereitet sind.

3230 *7. Bei mehreren Verdächtigen sollte eine gemeinsame Verteidigungslinie angestrebt werden!*[4719]

Begründung: Im Allgemeinen ist es im Interesse des Unternehmens und der betroffenen Mitarbeiter, »mit einer Zunge zu sprechen« (Sockelverteidigung). Auch nur scheinbare Widersprüche oder Abweichungen in Schriftsätzen einzelner verdächtigter Unternehmensangehöriger geben der Staatsanwaltschaft Anlass zu Misstrauen und Nachforschungen. Die Verteidigungsinteressen des einzelnen Mitarbeiters haben aber grundsätzlich Priorität vor den Interessen des Unternehmens.

4716 BGH StraFo 1992, S. 13 ff.
4717 Fischer, a.a.O., S. 212, 215.
4718 v. Westphalen/Goll/Winkelbauer, a.a.O., § 49 Rz. 8.
4719 Vgl. dazu oben Rdn. 2904 ff. und Minoggio, a.a.O., S. 186 ff. Rn. 357 ff.

8. Während der einzelnen Abschnitte des Ermittlungsverfahrens stets anstreben, schriftli- **3231**
che Anfragen zu erhalten und ebensolche Antworten abgeben zu dürfen.

Begründung: Bei mündlichen Befragungen besteht die Gefahr, dass ein Wort das andere Wort gibt. Auch wenn kein Anspruch auf ein schriftliches Verfahren besteht,[4720] sollte dieser Weg geprüft werden.

Eine hohe Wahrscheinlichkeit, dass diese Vorgehensweise akzeptiert wird, ist gegeben, wenn gegenüber den Ermittlungsorganen rechtzeitig und glaubhaft eine Kooperationsbereitschaft signalisiert wurde. Im schriftlichen Verfahren hat das Unternehmen den Vorteil, genau und in Ruhe überlegen zu können, was mitgeteilt werden soll. Gleichzeitig kann das Verfahren besser kontrolliert werden, da es nachvollziehbar und transparent bleibt.[4721]

9. Bei Zeugen- und Beschuldigtenvernehmungen stets einen Rechtsanwalt hinzuziehen. **3232**

Begründung: Dieser kann eher beurteilen, ob der befragte Mitarbeiter Auskünfte geben würde, die ihn selbst belasten können. Durch Hinweise des Rechtsanwalts auf Zeugnis- oder Auskunftsverweigerungsrechte würde der Mitarbeiter geschützt.[4722] Natürlich dauert es etwas, bis der Anwalt im Unternehmen eintrifft.[4723] Dieser Zeitgewinn kann für die Betroffenen nur von Vorteil sein.

Der Vorbehalt »Ich möchte darauf nur in Gegenwart meines Anwalts antworten« schafft einen Puffer, um sich auf eventuelle Fragen vorzubereiten.

10. Bei einer Durchsuchung stets den Durchsuchungsbeschluss vorlegen lassen. Die **3233**
Dienstausweise der Beamten sollten überprüft werden und die Identität der einzelnen
Personen festgehalten werden.

Begründung: Auf diese Weise kann später einzelnes Verhalten bestimmten Personen zugeordnet werden.[4724]

Die Überprüfung der Dienstausweise ist keine einmalige Angelegenheit, sondern sie muss in jedem betroffenen Unternehmensbereich durchgeführt werden. Nach Möglichkeit den Beginn der Durchsuchung solange verzögern, bis ein externer Rechtsanwalt anwesend ist. Notfalls die Versiegelung der betroffenen Räume anbieten. Der hinzugezogene Anwalt wird dann die Rechtmäßigkeit der Durchsuchungsmaßnahme überprüfen und dabei hinterfragen,

---

4720 Meyer-Goßner, a.a.O., § 163 a Rn. 11.
4721 v. Westphalen/Goll/Winkelbauer, a.a.O., § 49 Rz. 11.
4722 v. Westphalen/Goll/Winkelbauer, a.a.O., § 49 Rz. 12.
4723 Der verständigte Verteidiger sollte sich unverzüglich zum Ort der Durchsuchung begeben. Ist er verhindert (z.B. weil er gerade einen Termin in einer anderen Strafsache wahrnimmt), so sollte er einen anderen erfahrenen Kollegen bitten, die Betreuung seines Mandanten während der Durchsuchung zu übernehmen.
4724 Verschiedentlich konnten Unternehmensangehörige bei der Prüfung der Dienstausweise überrascht feststellen, dass sich unter den Beamten ein Vertreter der Steuerfahndung befand. Dies ist zulässig, da laut § 404 AO die Beamten der Steuerfahndung zu den Hilfsbeamten der Staatsanwaltschaft zählen. Gleiches gilt selbstverständlich nicht für Medienvertreter, die immer mal wieder bei Durchsuchungsmaßnahmen unter den Durchsuchenden ertappt werden.

- ob der Durchsuchungsbeschluss überhaupt noch gültig ist,[4725]
- ob der Tatvorwurf genügend durch Tatsachenangaben belegt ist (Wegen welcher Delikte wurde die Maßnahme angeordnet?),
- auf welche Räume sich der Durchsuchungsbeschluss erstreckt,[4726]
- nach welchen Gegenständen bei der Durchsuchung gesucht werden soll,
- wer in dem Beschluss mit der Durchführung der Maßnahme beauftragt ist und
- ob der betriebene Untersuchungsaufwand in einem angemessenen Verhältnis zum erstrebten Zweck steht. In diesem Zusammenhang muss berücksichtigt werden, dass Eingriffe in den betrieblichen Ablauf nicht nur die Arbeitsproduktivität mindern, sondern auch für negative Publizität sorgen.

3234 Ist die angeordnete **Durchsuchung offensichtlich rechtmäßig**, sollten die **gesuchten Beweismittel vollständig herausgegeben** werden, da der Durchsuchungsbeschluss dann erschöpft ist und die Durchsuchung beendet werden muss. Dieses Verhalten hat zur Folge, dass die Gefahr von Zufallsfunden vermieden wird, und die Position des Beschuldigten nicht weiter verschlechtert wird. Auch wenn die Unterlagen herausgesucht werden, sollte das Unternehmen sie beschlagnahmen lassen, also nicht freiwillig herausgeben. Aufgabe des Verteidigers ist auch, während der Durchsuchung darauf zu achten, dass nur solche Unterlagen beschlagnahmt werden, die tatsächlich als Beweismittel infrage kommen, dass keine nach § 97 StPO beschlagnahmefreien Gegenstände mitgenommen werden[4727] und dass der Rahmen des Durchsuchungsbeschlusses nicht überschritten wird. Nicht selten neigen die Durchsuchungsbeamten dazu, systematisch nach »Zufallsfunden« zu suchen. Dies ist unzulässig.[4728]

Geeignete Mitarbeiter begleiten die Beamten während der gesamten Durchsuchung und achten darauf, dass sich die Befragung der in den durchsuchten Räumen Beschäftigten nur auf technische Details der Durchsuchung beschränken. Andernfalls muss der Betroffene auf eine förmliche Vernehmung bestehen.[4729]

3235 *11. Unterlagen grundsätzlich nur aufgrund eines Beschlagnahmebeschlusses herausgeben.*

Begründung: Liegt dieser nicht vor, so sollte der Beschlagnahme in jedem Fall höflich, aber bestimmt widersprochen werden.[4730]

Unabhängig vom Grund der Mitnahme alle Gegenstände mit dem Firmenstempel versehen oder versiegeln, damit sie später nicht herrenlos werden.

4725 Nach BVerfG wistra 1997, 223 ff. verliert die Durchsuchungsanordnung spätestens nach sechs Monaten ihre Gültigkeit.

4726 BVerfG StV 1992, 9 (Konkrete Bezeichnung der Räumlichkeiten, die durchsucht werden sollen. »*Und andere Räume des Beschuldigten*« ist nicht bestimmt genug.).

4727 Dazu die Darstellung bei Meyer-Goßner, a.a.O., § 97 Rn. 40 und Wabnitz/Janovsky/Gürtler, a.a.O., K 23 Rn. 17 ff.

4728 Vgl. OLG Karlsruhe StV 1986, 10.

4729 v. Westphalen/Goll/Winkelbauer, a.a.O., § 49 Rz. 19.

4730 v. Westphalen/Goll/Winkelbauer, a.a.O., § 49 Rz. 17 f.

12. Von allen mitgenommenen Unterlagen kann das Unternehmen eine Auflistung[4731] **3236**
sowie Kopien der Unterlagen (auf eigene Kosten!) verlangen oder selbst anfertigen.

Begründung: Immer aus Nachweisgründen ein möglichst präzise formuliertes Sicherstellungsverzeichnis verlangen. Schwammige oder allgemeine Beschreibungen wie »Akten 1999« bemängeln. Auf ein Sicherstellungsverzeichnis hat der Betroffene, wie § 107 StPO belegt, einen Anspruch.

Wenn das Unternehmen wie vorgeschlagen verfährt, sichert es sich denselben Akten-(Wissens-) stand wie die Strafverfolgungsbehörde. Darüber hinaus bleibt es arbeitsfähig.[4732] Weigern sich die Beamten, drohen sie ihnen, dass andernfalls ein Mitarbeiter im Büro der Staatsanwaltschaft sitzt, um die Unterlagen in erforderlicher Art und Weise weiterzubearbeiten.

13. Nach Abschluss der Durchsuchung um ein Protokoll sowie eine Abschlussbesprechung bitten. **3237**

Begründung: Das Protokoll – ein gelbes Formular (meist mit der Formular-Vordruck-Nr. 381) auf NCR-Papier – wird allgemein üblich ausgehändigt. Es gibt eine Basis für das weitere Verteidigungsvorgehen. In der Schlussbesprechung kann die Stimmung und Einstellung der Ermittlungsbeamten zu Strafvorwurf und dem Verfahren allgemein erfragt, zumindest aber »erfühlt« werden.

14. Jeweils nach Abschluss einer Durchsuchung intern noch einmal den Verlauf rekapitulieren und Notizen fertigen. **3238**

Begründung: Gleiches erfolgt bei den Ermittlungsbeamten und dient später bei einem möglichen Strafverfahren als Gedächtnisstütze. Widersprechen sich die Aufzeichnungen des Mitarbeiters und des Ermittlungsbeamten, so hat im Falle einer Gerichtsverhandlung der Richter die Pflicht der freien Beweiswürdigung. Die eigenen Notizen dürfen jedoch nur den tatsächlichen (inhaltlich, zeitlich und rechtlich korrekten!) Verlauf wiedergeben. Keine unsachlichen Bemerkungen und kein triumphierendes Geschrei! Also sachlich die **sieben W-Regel** befolgen: Welcher Ermittlungsbeamte hat welchen Unternehmensangehörigen wann, wo, weshalb, wie, in welcher rechtlichen Form (belehrt oder nicht) gesprochen! Warum?

Es ist möglich, dass bei einer zweiten Durchsuchung diese Notizen von den Beamten eingesehen werden.

4731 Ein Rechtsanspruch ergibt sich aus § 107 StPO. Ein Formulierungsvorschlag für ein solches Schreiben findet sich bei v. Westphalen/Goll/Winkelbauer, a.a.O., § 49 Rz. 18 mit Fn. 17. Ob dann tatsächlich gegen die Beschlagnahmung der Unterlagen Beschwerde eingelegt wird, muss dem Ergebnis einer Prüfung im konkreten Einzelfall vorbehalten bleiben; denn die Beschwerde kann zum Bumerang für den Beschwerdeführer werden. Gibt das zuständige Landgericht letztendlich der Beschwerde nicht statt, entsteht der für die Staatsanwaltschaft dienliche Eindruck, auch das Gericht sähe den Verdacht einer Straftat. Die Erfahrung lehrt, dass kaum Erfolgsaussichten für Beschwerden in großen Strafverfahren aus dem Unternehmensbereich bestehen.

4732 Siehe auch Minoggio, a.a.O., S. 201 Rn. 429.

2. Überlegungen des Staatsanwalts zur Durchführung einer Durchsuchungshandlung

»Zeitgleich um neun Uhr dreißig stürmten 500 Polizisten und zehn Staatsanwälte am Donnerstag vergangener Woche 118 Gebäude in fast allen Bundesländern. Sie nahmen sieben Personen fest und beschlagnahmten 8000 Aktenordner. Die müssen nun ausgewertet werden.«[4733]

3239 Nachrichten von Durchsuchungsaktionen finden sich – wenn auch nicht in der Extremform des vorstehenden Beispiels – wöchentlich in den Tageszeitungen.[4734] Kein Wunder; denn nach den Schätzungen erfahrener Strafverteidiger kommt es jährlich zu mehr als zwei Millionen Durchsuchungsmaßnahmen in Deutschland,[4735] natürlich nicht alle im Unternehmensbereich. Es lohnt sich also zu wissen, mit welchen Denkansätzen und Strategien die Ermittlungsbehörden diese Maßnahmen vorbereiten und durchführen.

3240 Welche Überlegungen stellt ein Staatsanwalt nun vor und während der Durchsuchungsmaßnahme an?

1. Ermittlung möglichst präziser Informationen über die Struktur des betroffenen Unternehmens (etwaige relevante Tochtergesellschaften, z. B. für Vertrieb/Transport u. Ä.) sowie der örtlichen Verhältnisse in und um die durchsuchenden Gebäude (z. B. über bei den zuständigen Einsatzzentralen der Polizei einliegende Alarm-/Katastrophenpläne bzw. das zuständige Katasteramt).

Begründung: Diese Fakten sind wichtig

- zur Festlegung der bedarfsgerechten personellen Einsatzstärke für die Durchsuchungsmaßnahme sowie
- zur Erwirkung von Durchsuchungsbeschlüssen für alle rechtlich selbstständigen Organisationseinheiten, bei denen Beweismittel vermutet werden; und um
- Durchsuchungsbeschlüsse für die Arbeitsplätze und sämtliche Wohnanschriften bereits eingetragener Beschuldigter erwirken zu können.

Zum einen erspart diese Informationsermittlung später, gegebenenfalls selbst (unter Umständen in größerem Umfang) Durchsuchungen und Beschlagnahmen wegen *»Gefahr im Verzug«* anordnen zu müssen. Derartige Maßnahmen führen in aller Regel zu spontanen (rechtlichen) Auseinandersetzungen mit dem Betroffenen und setzen die Staatsanwaltschaft darüber hinaus unter Zeitdruck (Vorlagefrist beim Ermittlungsrichter in diesen Fällen: drei Tage).[4736]

Die geschilderte Vorgehensweise sichert in aller Regel die Zuständigkeit des Ermittlungsrichters am Sitz der Staatsanwaltschaft. Diese Folge besitzt wiederum

---

4733 Herbert **Stelz**, Einfach weg damit – Ermittler haben den bislang größten deutschen Giftmüllskandal aufgedeckt, in: DIE ZEIT, Nr. 45 vom 01. 11. 1996, S. 16. Das Strafverfahren selbst endete zwei Jahre später mit einem höchst bescheidenen Erfolg für die Staatsanwaltschaft.

4734 So beispielsweise Rdn. 3269 (mit FN 4691).

4735 Es gibt keine verbindlichen, offiziellen Erfassungen.

4736 Vgl. Rdn. 3256 ff.

den Vorteil, dass der zuständige Richter der Staatsanwaltschaft persönlich bekannt ist, sowie dass die Gefahr eines »Durchsickerns« verringert werden kann.

2. Im Antrag auf Erlass der Durchsuchungsbeschlüsse die vermuteten Beweismittel nicht **3241** *zu präzise benennen! Stattdessen sollten in Antrag und Beschluss Beweismittelgruppen aufgeführt werden (z. B.: »alle Unterlagen über Produktion und Vertrieb des Produktes XY, insbesondere Rezepturen, Produktionsprotokolle, Unterlagen der Qualitätskontrolle, Reklamationen usw. «).*

Begründung: Eine solch globale Umschreibung sichert der Staatsanwaltschaft einen größeren Handlungsspielraum.

3. Genaue Vorplanung der Durchsuchung: Aufteilung der Verantwortlichkeiten, d. h. **3242** *Einteilung je eines Staatsanwalts für jeden für die Ermittlungen relevanten Bereich im Unternehmen (z. B. Rechtsabteilung, Qualitätskontrolle, Entwicklung, Produktion). Muss auf örtliche Polizeikräfte zurückgegriffen werden, soll bei Anforderung dieser Kräfte eine Information über Einsatzort und -grund unterbleiben.*

Begründung: Die jeweiligen Verstrickungen zwischen dem betroffenen Unternehmen und den dortigen Ermittlungsbehörden sind nicht bekannt. Diese Vorsichtsmaßnahme gilt auch für die Anforderung von Sachverständigen oder Sachbearbeitern der jeweils zuständigen Kontrollbehörde (Verwaltung).

4. Bestimmung eines Protokollführers, der den Einsatzleiter (in der Regel der Staatsan- **3243** *walt, der die Ermittlungen verantwortlich leitet) begleitet und alle relevanten Informationen und Spontanäußerungen protokolliert.*

Begründung: Durch diesen taktischen Schritt soll verhindert werden, dass der Staatsanwalt/Einsatzleiter in einem etwaigen späteren Prozess als Zeuge benannt werden kann oder muss und damit als Sitzungsvertreter ausscheidet.

5. Bei Durchsuchung ausschließlich Privat-Pkw und Fahrzeuge der Kriminalpolizei ein- **3244** *setzen.*

Begründung: Die Maßnahme erfolgt, um Aufsehen (und mögliche Schadenersatzprozesse wegen Rufschädigung usw.) zu vermeiden.

6. Eine ausreichend bemessene personelle Einsatzreserve ist bereitzuhalten. **3245**

Begründung: Dies geschieht für den Fall, dass die Untersuchung nicht einvernehmlich mit dem Unternehmen durchgeführt werden kann.

7. Anmeldung beim Werkschutz/Pförtner/Empfang des Unternehmens lediglich unter **3246** *Vorlage des Dienstausweises mit der Bitte, ein Mitglied der Geschäftsleitung sprechen zu können.*

Begründung: Die Vorlage des Durchsuchungsbeschlusses bereits hier sollte nur erfolgen, wenn der Eindruck entsteht, dass die Handlungen des Werkschutzes/Pförtners/Empfangs (vermeintlich wahl- und erfolgsloses Herumtelefonieren o. Ä.) Bestandteil einer Verzögerungstaktik sind Nach Vorlage des Durchsuchungsbeschlusses ist u. U. auch das gewaltsame Betreten des Betriebsgeländes geboten und statthaft.

3247 *8. Bei dem Gespräch mit der Geschäftsleitung sollte lediglich der einschlägige Durchsuchungsbeschluss vorgelegt werden sowie eine grobe Unterrichtung über den Verfahrensgegenstand erfolgen.*

Begründung: Das Unternehmen ist lediglich »*Dritter*« im Sinne der Strafprozessordnung,[4737] d.h., die Informationsweitergabe ist nur sehr eingeschränkt zulässig (und opportun). Daher sollte eine ausufernde Diskussion über den Verfahrensgegenstand nicht zugelassen werden. Besser von Anfang an klarstellen, dass ein richterlicher Beschluss vollstreckt werden soll, der lediglich nachträglich überprüft werden kann, und dass eine Mitwirkungspflicht des Unternehmens besteht (§ 95 StPO).

3248 *9. Versuchen, ein kooperatives Klima zu schaffen, z. B., in dem man deutlich macht, dass man bereit ist, auf die Belange des Unternehmens (Arbeitsabläufe, anwesende Kunden oder Geschäftspartner) Rücksicht zu nehmen.*

Begründung: Ein kooperatives Klima ist auch im Sinne der Staatsanwaltschaft, da für sie die Durchsuchung eines großen Firmenkomplexes ansonsten ein fast aussichtsloses Unterfangen darstellt.

3249 *10. Erbitten eines Unternehmensorganigramms sowie einer entscheidungsbefugten Begleitperson.*

Begründung: Durch die Begleitperson besitzt die Staatsanwaltschaft eine gesicherte Zutrittsmöglichkeit zu allen interessierenden Bereichen. Die Bitte um einen Mitarbeiter mit Weisungsbefugnis erfolgt, um nicht mit jedem Mitarbeiter erneut Auseinandersetzungen über die Zulässigkeit von Durchsuchung und Beschlagnahme führen zu müssen. Insoweit ist häufig die Anwesenheit eines kompetenten Firmenjuristen hilfreich, der die Diskussionen versachlichen und die in aller Regel verunsicherten Betroffenen beruhigen kann.

3250 *11. Im Zeitraum zwischen Bekanntgabe des Durchsuchungsbeschlusses und Beginn der eigentlichen Durchsuchung unkontrolliertes Telefonieren unterbinden.*

Begründung: Eine Gefährdung des Durchsuchungsergebnisses soll aus verständlichen Gründen verhindert werden.

3251 *12. Alle Personen, die sich in den zu durchsuchenden Bereichen aufhalten, frühestmöglich als Zeugen sowie zusätzlich gemäß § 55 StPO belehren.*

Begründung: Spontanäußerungen sollen verwertet werden können. Aussageunlust kann der Staatsanwalt in relevanten Punkten mit dem Hinweis, bei einer weiteren Weigerung erfolgt die Sistierung vor den Ermittlungsrichter, begegnen.

3252 *13. Grundsätzlich alles Material, das nach einer Grobsicherung interessant erscheint, beschlagnahmen.*

Begründung: Da eine Nachschau erfahrungsgemäß in aller Regel erfolglos ist, wird die Staatsanwaltschaft bei der Beschlagnahmung eher großzügig verfahren. Diskussionen über die Mitnahme einzelner Unterlagen werden oft von dem

---

4737 Meyer-Goßner, a.a.O., Einl. Rn. 75; § 33 Rn. 4.

Beamten mit dem Hinweis, dass über die Zulässigkeit dieser Maßnahme letztlich der Ermittlungsrichter zu entscheiden habe, unterbunden.

Wird dennoch von Unternehmensseite erbeten, die Unterlagen genauer sichten zu dürfen, er folgt regelmäßig der Hinweis, dass man bemüht ist, die Betriebsabläufe nicht zu stören. Eine genauere Prüfung der Unterlagen vor Ort könne jedoch erforderlich machen, die Durchsuchungshandlung auf mehrere Tage mit zwischenzeitlichen Versiegelungen zu erstrecken.

Andererseits wird aber zumeist zugesagt, dass das beschlagnahmte Material innerhalb einer bestimmten Frist gesichtet wird, sowie, dass über die Rückgabe genau bezeichneter Unterlagen schnellstmöglich entschieden wird.

14. Nach einer Beschlagnahme grundsätzlich die Anfertigung von Kopien noch im Betrieb **3253**
nicht gestatten.

Begründung: Die Integrität der Beweismittel soll nicht gefährdet werden. Üblicherweise wird von den Ermittlungsbeamten darauf verwiesen, dass bei der Staatsanwaltschaft später die – kostenpflichtige – Überlassung von Kopien beantragt werden kann.

15. Letztlich ein Abschlussgespräch mit der Geschäftsleitung anstreben, in dem das wei- **3254**
tere Procedere (Rechtsmittel gegen die Durchsuchung bzw. Beschlagnahme, Dauer der
Entscheidung über diese Rechtsmittel, Dauer der Auswertungen, Verfügbarkeit der
Unterlagen, Schutz von Geschäftsgeheimnissen, Fragen der jeweiligen Ansprechpartner
usw.) geklärt wird.

Begründung: Die Schlussbesprechung beendet die Durchsuchungsmaßnahme. Für eine anschließende, weitere Durchsuchung benötigt die Staatsanwaltschaft einen neuen Durchsuchungsbeschluss.

16. Jeder der eingesetzten Staatsanwälte hat ein Protokoll über die von ihm veranlassten **3255**
Maßnahmen sowie die gewonnenen Erkenntnisse zu verfassen.

Begründung: Es besteht die Möglichkeit, dass der Beamte in einem etwaigen Prozess als Zeuge zur Verfügung zu stehen hat. Auch will die Staatsanwaltschaft für eventuelle Dienstaufsichtsbeschwerden gewappnet sein.

3. Rechtsbehelfe gegen Durchsuchungs- und Beschlagnahmemaßnahmen

a) Rechtsbehelfe bei der Durchsuchung

Wurde die Durchsuchungsmaßnahme von einem Richter angeordnet, so kann **3256**
gegen dessen Beschluss mit dem Rechtsbehelf der **Beschwerde**[4738] vorgegangen werden.

Die Beschwerde muss beim zuständigen Amtsgericht eingereicht werden. Solange **3257**
die Durchsuchung andauert, kann mit der Beschwerde die Aufhebung des Durch-

---

4738 §§ 304, 306 StPO.

suchungsbeschlusses beantragt werden. Die angeordnete Durchsuchung dauert bis zum Abschluss der endgültigen Durchsicht aller gefundenen und beschlagnahmten Papiere.[4739] Nach Abschluss der Durchsuchung ist eine Beschwerde gegen die Maßnahme nicht mehr zulässig. Beschwerdeberechtigt ist jede Person, die durch die Durchsuchungs- bzw. Beschlagnahmemaßnahme in ihren Rechten verletzt worden ist. Begründet ist eine Beschwerde, wenn sich die Durchsuchungsanordnung als rechtswidrig herausstellt.

3258 Wurde eine Durchsuchung von der Staatsanwaltschaft oder deren Hilfsbeamten angeordnet, was nur bei Gefahr im Verzug zulässig ist, kann gegen diese Maßnahme **Antrag auf richterliche Entscheidung** gestellt werden.[4740]

3259 Gefahr im Verzug liegt vor, wenn eine richterliche Anordnung der Durchsuchung von Staatsanwaltschaft oder Polizei nicht eingeholt werden kann, ohne dass der Zweck der Maßnahme gefährdet würde.[4741] Lag keine Gefahr im Verzug vor, so ist von einem Verwertungsverbot der beschlagnahmten Papiere auszugehen, wenn das Vorgehen unter keinem Gesichtspunkt vertretbar war. Gegen die negative Entscheidung des zuständigen Amtsgerichts kann wiederum Beschwerde eingereicht werden.

3260 Die Art und Weise, mit der die Durchsuchung durchgeführt wurde, kann mithilfe eines Antrags auf gerichtliche Entscheidung gemäß den Regeln der §§ 23 EGGVG gerügt werden. Eine andere Möglichkeit, die jedoch gegenüber den Rechtsmitteln der Strafprozessordnung lediglich subsidiär zum Zuge kommt, ist die Verfassungsbeschwerde.

3261 Die **Entscheidung**, ob Beschwerde oder ein anderes **Rechtsmittel** gegen die Anordnung einer Durchsuchung eingelegt wird, muss dem Einzelfall vorbehalten bleiben und will **gut abgewogen** sein. Die Gefahr ist groß, sich auf strafprozessuales Glatteis zu begeben, wenn z. B. das über die Beschwerde entscheidende Gericht in seinen Entscheidungsgründen einen Anfangsverdacht festschreibt, auf den die Staatsanwaltschaft im weiteren Verfahren mit Gewissheit hinweisen wird.

3262 Es gilt die Faustregel: Je gewichtiger das Strafverfahren ist, desto sorgfältiger werden Staatsanwaltschaft und Gericht den Antrag auf Anordnung der Durchsuchung auf dessen Geeignetheit, Erforderlichkeit und Bestimmtheit geprüft haben. In Wirtschaftsstrafverfahren sind fehlerhafte Durchsuchungsbeschlüsse nicht die Regel. Im Gegenteil.

3263 Beschwerde kann beispielsweise eingelegt werden, wenn

- der Durchsuchungsbeschluss den Tatverdacht gar nicht oder nur schlagwortartig bezeichnet, ohne tatsächliche Angaben über die aufzuklärende Straftat zu enthalten;
- ein Anfangsverdacht nicht ersichtlich ist. Für den Anfangsverdacht als Voraussetzung einer Durchsuchung müssen zureichende tatsächliche Anhaltspunkte

---

4739 Als »Papiere« im Sinne von § 110 StPO werden auch alle Datenträger (Computer-Festplatten, Disketten, CDs), Tonträger, Filme, Lochkarten und Magnetbänder gewertet; vgl. Meyer-Goßner, a.a.O., § 110 Rn. 1.
4740 § 98 Abs. 2 Satz 2 StPO; dazu der ausführlich begründete Beschluss BGH NJW 2000, 84 ff.
4741 Allgemeine Auffassung, vgl. nur Wilhelm **Krekeler**, NJW 1977, 1419.

dafür bestehen, dass nach kriminalistischen Erfahrungen eine Straftat möglich erscheint. Bloße Vermutungen reichen nicht aus. Die Durchsuchung darf nicht zur Ausforschung genutzt werden;

- der Durchsuchungsbeschluss keine angemessene Begrenzung der Maßnahme enthält. Die Art und der Inhalt der zu suchenden Beweismittel müssen möglichst konkret erkennbar sein;[4742]
- die Durchsuchung unverhältnismäßig ist;
- die Umstände, aus denen zu schließen ist, dass die gesuchte Spur oder Sache sich in den zu durchsuchenden Räumen befindet, nicht durch bestimmte, bewiesene Tatsachen bezeichnet sind;
- von vorn herein anzunehmen ist, dass nur Beweismittel aufgefunden werden, die nicht der Beschlagnahme unterliegen.

Beschwerde gegen eine Durchsuchung sollte hingegen stets eingelegt werden, **3264** wenn zwischen Erlass des Durchsuchungsbeschlusses und dessen Vollzug mehr als sechs Monate verstrichen sind. Dann nämlich ist die Durchsuchung mangels rechtfertigender Kraft rechtswidrig, jede Beschlagnahme oder Sicherstellung unwirksam.[4743]

Ein besonderes Problem der Verteidigung stellen die so genannten **Zufallsfunde** **3265** dar, die, wie Hans **Dahs** richtig feststellt, oft das eigentliche Ziel der Durchsuchung sind.[4744] Die gezielte Suche nach Unterlagen (Papieren), auf die sich die Durchsuchungsanordnung nicht bezieht, ist beliebt[4745], unzulässig[4746] und schwierig nachzuweisen. Hat der Verteidiger vor Ort jedoch den »massiven« Eindruck, die Durchsuchung diene weitgehend nur zur **Ausforschung** seines Mandanten, dann muss er die Maßnahme natürlich beanstanden.

b) Rechtsbehelfe bei Beschlagnahmemaßnahmen

Hat ein Richter eine Beschlagnahme angeordnet, so kann gegen diese Maßnahme **3266** solange Beschwerde[4747] eingelegt werden, wie die Anordnung noch nicht erledigt ist. Wurden Unterlagen zunächst nur zur Durchsicht mitgenommen, so handelt es sich nicht um eine Beschlagnahme, sondern um einen Teil der Durchsuchungs-

---

4742 Formulierungen wie »Geschäftskorrespondenz 1999« sind nicht ausreichend; vgl. z. B. BVerfG 1981, 971.

4743 BVerfG wistra 1997, 223 ff.

4744 Siehe dazu Dahs, Handbuch, a.a.O. Rn. 376 (379) und die Ausführungen oben Rdn. 3283.

4745 Der Präsident der Oberfinanzdirektion Düsseldorf, Peter **Meyer**, erklärte in einem dpa-Gespräch: »*Bei jeder der großen Bankdurchsuchungen habe es Zufallsfunde außerhalb des eigentlichen Auftrages gegeben, die zu erheblichen Steuernachforderungen führten. Meyer erinnert sich an ein Beispiel, das dem Fiskus mehr als 20 Millionen Mark brachte.*« So die Frankfurter Rundschau, Nr. 224, v. 26. 09. 1997, S. 13 unter der Überschrift: »›*Kommissar Zufall hilft oft mit – Ein OFD-Chef plaudert aus der Praxis der Steuerfahndung*«. Siehe dazu auch Heinrich **Thies**, »*Steuerfahndung, bitte öffnen*« – Albtraum Hausdurchsuchung: Nicht nur Großverdiener, die ihre Millionen nach Luxemburg verschieben, sondern auch so genannte kleine Leute geraten in das Visier der Steuerfahnder. Die Finanzpolizei agiert in rechtlicher Grauzone, in: HAZ Nr. 54 v. 04. 03. 2000; 11.

4746 LG Baden-Baden wistra 1990, 118 f.; Meyer-Goßner, a.a.O., § 108 Rn. 1.

4747 §§ 304, 306 StPO.

maßnahme. Ein Zusammenhang zwischen der Rechtmäßigkeit der Beschlagnahme und der Durchsuchung besteht nicht zwingend, sondern nur, wenn es sich um einen besonders schwer wiegenden Verstoß handelt.

3267 Unter anderem ist ein Beschlagnahmebeschluss rechtswidrig, wenn

- er keine tatsächlichen Anhaltspunkte oder konkreten Tatsachen enthält, die einen vertretbaren Schluss auf eine verfolgbare Straftat zulassen. In einem solchen Fall fehlt bereits der Anfangsverdacht;
- dem beschlagnahmten Material nicht wenigstens potenzielle Beweisbedeutung zukommt;[4748]
- die beschlagnahmten Gegenstände nicht so exakt bezeichnet sind, dass Zweifel daran bestehen, ob sie von dem Beschlagnahmebeschluss umfasst werden;[4749] der Beschlagnahmebeschluss im Übrigen unverhältnismäßig ist;[4750]
- die beschlagnahmten Gegenstände einem Beschlagnahmeverbot unterliegen.[4751]

3268 Handelt es sich um eine Beschlagnahmeanordnung der Staatsanwaltschaft oder der Polizei, so ist gegen diese Maßnahme wie bei der entsprechenden Durchsuchungsmaßnahme ein Antrag auf richterliche Entscheidung[4752] gegeben, gegen die gegebenenfalls anschließend noch Beschwerde eingelegt werden kann.

4. Durchsuchung und Beschlagnahme im Unternehmen – Überblick der Eckdaten und aktuellen Rechtsprechung

1. Häufigkeit

3269 Nach Schätzungen deutscher Strafverteidiger (es gibt keine offizielle Erfassung) kommt es pro Jahr zu zwei bis drei Millionen Durchsuchungsmaßnahmen, von denen ein ansehnlicher Anteil im Zusammenhang mit gegen Angehörige von Organisationen eingeleiteten Strafverfahren stehen.[4753] Eine gigantische Zahl. Die

---

4748 BVerfG wistra 1995, 139 ff. (140).
4749 BVerfG NJW 1992, 351 ff. (352).
4750 BVerfG wistra 1995, 139 ff. (140).
4751 § 97 StPO. Darunter fallen z. B. Schriftstücke zwischen dem Beschuldigten und einer Person, die ein Zeugnisverweigerungsrecht besitzt.
4752 § 98 Abs. 2 StPO.
4753 Es kommt häufig in einem Strafverfahren zu diversen Durchsuchungsmaßnahmen. Beispiele: a) HAZ, Nr. 11, vom 14. 01. 2000, S. 9: *Staatsanwalt durchsucht Holzmann-Zentrale – Wirtschaftsprüfer KPMG im Verdacht der Testatfälschung: Die Frankfurter Staatsanwaltschaft hat im Zuge ihrer Ermittlungen gegen frühere Manager des angeschlagenen Baukonzerns PHilipp Holzmann auch die Wirtschaftsprüfer ins Visier genommen. In einer umfangreichen Durchsuchungsaktion haben am Donnerstag bundesweit mehr als 22 Beamte von Polizei, Bundeskriminalamt und Staatsanwaltschaft die Holzmann-Zentrale, 31 weitere Standorte des Konzerns sowie die Zentrale der Wirtschaftsprüfungsgesellschaft KPMG in Frankfurt und mehrere Privatwohnungen ehemaliger Holzmann-Beschäftigter unter die Lupe genommen und mögliches Beweismittel gesichert. Auch bei verschiedenen Banken wurden die Ermittler vorstellig, um sich Einblick in Akten zum Fall Holzmann zu sichern..... Ausgangspunkt der spektakulären Aktion war eine Anzeige der PHilipp Holzmann AG vom 16. November vergangenen Jahres gegen frühere Vorstandsmitglieder und leitende Angestellte des Baukonzerns. — b) SPIEGEL ONLINE –*

aber noch gesteigert wird, wenn man die Millionen – durchsuchungsähnlicher – Betriebsprüfungen der Finanzbehörden hinzuzählt, welche jährlich Auslöser von Steuerstrafverfahren sein können – und sind.

2. Grundsätze der Durchsuchung

Es muss immer ein Anfangsverdacht hinsichtlich einer Straftat vorliegen. Dieser Tatverdacht muss weder hinreichend noch dringend sein! [Siehe Rdn. 3273 ff.] **3270**

Die Durchsuchung muss den Grundsatz der Verhältnismäßigkeit beachten (BVerfGE 20, 162, 186 f.) [Dazu Rdn. 3299 ff.]

Die Durchsuchungsanordnung darf grundsätzlich nur durch den zuständigen Richter erfolgen. [Dazu Rdn. 3322 f.]

Eine Durchsuchungsanordnung muss präzise formuliert sein. [Siehe dazu Rdn. 3303.]

Ob ein Beweisverwertungsverbot vorliegt, wenn Durchsuchung und vorläufige Beschlagnahme fehlerhaft sind, ist umstritten. [Rdn. 3343 ff.]

3. Das deutsche Strafverfahrensrecht kennt zwei Formen der Durchsuchung:

a) Die **Durchsuchung der Wohnung des Tatverdächtigen** mit den Zielen Ergreifung des Verdächtigen und/bzw. Auffindung von Beweismitteln (§ 102 StPO)
b) Die **Durchsuchung der Räume und Sachen von Tatunverdächtigen** (§ 103 StPO). Da Unternehmen, auch juristische Personen wie Aktiengesellschaften und GmbHs, nach dem deutschen Schuldstrafrecht nicht straffähig sind, handelt es sich bei Unternehmensdurchsuchungen grundsätzlich um Maßnahmen gemäß § 103 StPO (Durchsuchung beim Tatunverdächtigen). Durchsuchungen im Betrieb gegen Mitglieder der Geschäftsleitung aber sind regelmäßig Maßnahmen nach § 102 StPO (Durchsuchung beim Tatverdächtigen), da die Faustregel gilt: Die Wohnung des Vorstandes ist das Unternehmen.

Bei Durchsuchungen der Räume und Sachen von Tatunverdächtigen (§ 103 StPO) muss grundsätzlich die Einwilligung des Hausherrn zu dieser Maßnahme eingeholt werden. **3271**

---

11. 09. 2003, 12:53 Uhr: *Müll-Monopoly – Kartellamt vermutet Preisabsprachen bei Grünem Punkt*: *Ein Großaufgebot der Polizei hat am Donnerstag 120 Unternehmen der Müllbranche durchsucht. Nach Angaben des Bundeskartellamtes stehen die Firmen im Verdacht, im Rahmen des Dualen Systems Deutschland illegale Preisabsprachen getroffen zu haben. – c) HAZ, Nr. 296, vom 19. 12. 2006, S. 9: *Großrazzia bei Ratiopharm-Vertretern* – Staatsanwälte durchsuchen 400 Wohnungen/Generika-Hersteller soll Ärzte bestochen haben: Die Staatsanwaltschaft Ulm hat am Montag bei einer Großrazzia bundesweit knapp 400 Wohnungen früherer und aktiver Außendienstmitarbeiter des Ulmer Pharmaunternehmens Ratiopharm durchsuchen lassen. Sie stehen nach Angaben der Ermittlungsbehörde im Verdacht, Ärzte durch Geld- und Sachleistungen zur Verschreibung von Ratiopharm-Produkten angehalten zu haben. Dies wäre Anstiftung oder Beihilfe zur Untreue.*

3272 **Gemeinsame Anordnung in einem Beschluss sind rechtens.**

»Durchsuchungen nach § 102 StPO dürfen gemeinsam mit einer Durchsuchung nach § 103 StPO in einem Beschluss angeordnet werden.«

(BVerfGE PStR 2003, 242)

3273 **4. Anfangsverdacht – Was ist das?**

- Ein solcher Anfangsverdacht liegt vor, wenn »zureichende tatsächliche Anhaltspunkte« für eine »verfolgbare Straftat« vorhanden sind (§ 152 Absatz 2 StPO).
- Es müssen konkrete Tatsachen (Indizien) vorliegen.
- Bloße Vermutungen genügen nicht.

3274 **Bloße Vermutungen**

»Auf der Grundlage von bloßen Vermutungen oder nur vagen Verdachtsgründen darf eine Durchsuchung nicht angeordnet werden.«

LG Hildesheim (Beschl. v. 27. 07. 2006 -), wistra 2007, 399 f.

3275 **Anfangsverdacht**

»Ein auf konkreten Tatsachen beruhender Anfangsverdacht als Voraussetzung für die strafprozessualen Maßnahmen liegt vor, wenn nach kriminalistischer Erfahrung die Möglichkeit einer verfolgbaren Straftat gegeben sind.«

(BVerfGE vom 08. 03. 2004 – PStR 2004, 218 f. = NStZ-RR 2004, 206)

3276 **Anfangsverdacht – Voraussetzungen[4754]**

»Für einen Anfangsverdacht, wie er gemäß § 102 StPO für die Durchsuchungsanordnung erforderlich ist, ist ... nicht erforderlich, dass eine der in § 261 Absatz 1 StGB [*Geldwäsche-Delikte*] genannten Vortaten ›sicher feststeht‹. Ausreichend ist vielmehr, dass eine auf kriminalistische Erfahrungen gestützte Vermutung dafür spricht, dass eine verfolgbare Straftat begangen wurde und die Durchsuchung zur Auffindung von Beweismitteln führen wird. ... Hierbei ist nicht einmal erforderlich, dass der Verdacht schon so weit konkretisiert werden

---

[4754] Zu den Voraussetzungen eines Anfangsverdachts zur Begründung einer Durchsuchungsanordnung siehe auch: LG Mühlhausen wistra 2005, 473 ff.

kann, dass er die Beschuldigteneigenschaft der Durchsuchungsbetroffenen begründet. ...«

(LG München I, Beschluss v. 13. 07. 2005, wistra 2005, 398 f. (399))

Verdeckte Online-Durchsuchungen eines Computers 3277

»Die ‚verdeckte Online-Durchsuchung' ist mangels einer Ermächtungsgrundlage unzulässig. Sie kann insbesondere nicht auf § 102 StPO gestützt werden. Siese Vorschrift gestattet nicht eine auf heimliche Ausführung angelegte Durchsuchung.«

BGH (Beschl. v. 31. 01. 2007), NStZ 2007, 279 ff.; dazu Anm. (auch zu den polit. Bestrebungen) Gerhard **Fezer**, NStZ 2007, 535 f.

---

5. Auslöser von Strafverfahren

Auslöser von Strafverfahren im Unternehmensbereich sind: 3278

- zu 50 % aktive und ehemalige Beschäftige (vielfach lautet das einschlägige Stichwort hier ›**Anonyme Anzeige**‹),
- zu 25 % Konkurrenten und Kunden sowie
- zu 25 % polizeiliche Ermittlungen (inkl. **Kommissar Zufall**)

a) Zum Anzeigeverhalten von Unternehmensangehörigen

»Deutsche wie auch ausländische Unternehmen machten dieselbe unangenehme Erfahrung, dass etwa die Hälfte der Täter aus dem Kreis der Mitarbeiter und des Topmanagements stammten.« 3279

(aus: PriceWaterhouseCoopers, Wirtschaftskriminalität 2005)

„Knapp jeder zweite Täter in Deutschland ist im geschädigten Unternehmen beschäftigt. Wenn externe Personen an der Straftat beteiligt sind, stehen sie in der Regel als Kunde, Lieferant oder Geschäftspartner in Kontakt mit dem betroffenen Unternehmen. Insgesamt werden Wirtschaftsdelikte folglich nur selten durch Unbekannte begangen... .

Etwa jede dritte entdeckte Straftat wird von deutschen Unternehmen nicht angezeigt, sondern intern geregelt. Bei Korruption schalten Unternehmen sogar nur in jedem zweiten Fall die Staatsanwaltschaft ein. Dabei ist die Sorge um den Ruf des Unternehmens wohl ein wichtiger Grund für die Zurückhaltung, zumal nur die Hälfte der angezeigten Täter tatsächlich verurteilt wird.

Auffällig ist, dass Täter aus dem Topmanagement in Westeuropa deutlich seltener mit einer Strafanzeige rechnen müssen (40 % der Deliktfälle) als Beschäftigte unterhalb der Führungsebene (61 %). In Deutschland ist eine derartige Behandlung zwar nicht zu beobachten, allerdings geben 23 % der deutschen Unternehmen an, dass sie gegen Täter aus der oberen Führungsebene in gut jedem fünften Fall sowohl auf Anzeige und Klage als auch auf interne Sanktionen wie Abmahnung, Kündigung oder Versetzung verzichtet haben. Kriminelle Handlungen des mittleren Managements und anderer Beschäftigter blieben demgegenüber nur in 5 % bzw. 3 % der Fälle für den Täter folgenlos.

Vor Gericht können Führungskräfte allerdings keineswegs auf ein leichteres Strafmaß hoffen. Vielmehr wurden Freiheitsstrafen deutlich häufiger gegen Senior- und Topmanager verhängt (62 %) als gegen andere Beschäftigte (31 %)."

(aus PriceWaterhouseCoopers, Wirtschaftskriminalität 2007)

b) Zur Problematik »Anonyme Anzeige«

3280 Die **Anzeige eines Arbeitnehmers** gegen seinen Arbeitgeber führt »regelmäßig« nicht zu einer Verletzung der arbeitsvertraglichen Pflichten. Sie rechtfertigt keine darauf gestützte Kündigung.

(BVerfGE, NJW 2001, 3474)

»Knapp jeder zweite Täter in Deutschland ist im geschädigten Unternehmen beschäftigt. Wenn externe Personen an der Straftat beteiligt sind, stehen sie in der Regel als Kunde, Lieferant oder Geschäftspartner in Kontakt mit dem betroffenen Unternehmen. Insgesamt werden Wirtschaftsdelikte folglich nur selten durch Unbekannte begangen. ...

Etwa jede dritte entdeckte Straftat wird von deutschen Unternehmen nicht angezeigt, sondern intern geregelt. Bei Korruption schalten Unternehmen sogar nur in jedem zweiten Fall die Staatsanwaltschaft ein. Dabei ist die Sorge um den Ruf des Unternehmens wohl ein wichtiger Grund für die Zurückhaltung, zumal nur die Hälfte der angezeigten Täter tatsächlich verurteilt wird.

Auffällig ist, dass Täter aus dem Topmanagement in Westeuropa deutlich seltener mit einer Strafanzeige rechnen müssen (40% der Deliktfälle) als Beschäftigte unterhalb der Führungsebene (61%). In Deutschland ist eine derartige Behandlung zwar nicht zu beobachten, allerdings geben 23% der deutschen Unternehmen an, dass sie gegen Täter aus der oberen Führungsebene in gut jedem fünften Fall sowohl auf Anzeige und Klage als auch auf interne Sanktionen wie Abmahnung, Kündigung oder Versetzung verzichtet haben. Kriminelle Handlungen des mittleren Managements und anderer Beschäftigter blieben demgegenüber nur in 5% bzw. 3% der Fälle für den Täter folgenlos.

Vor Gericht können Führungskräfte allerdings keineswegs auf ein leichteres Strafmaß hoffen. Vielmehr wurden Freiheitsstrafen deutlich häufiger gegen Senior- und Topmanager verhängt (62%) als gegen andere Beschäftigte (31%).«

(aus PriceWaterhouseCoopers, Wirtschaftskriminalität 2007)

Eine anonyme Anzeige ist keine Durchsuchungsgrundlage. (LG Karlsruhe, Beschluss vom 22. 08. 2005, StraFo 2005, 420 f.)	3281

Arbeitnehmer hat grundsätzlich das Recht, Missstände im Unternehmen auch per Strafanzeige aufzudecken. **Grenze:** Die Anzeige darf weder leichfertig sein noch wissentlich falsche Angaben enthalten. *Und:* Regelmäßig muss der Arbeitnehmer einen *Abhilfeversuch*[4755] unternommen haben, bevor er zur Anzeige greift. *Denn:* Anzeige provoziert Ermittlungsverfahren »in das Unternehmen hinein«. Dadurch kann ein Schaden entstehen, der durch einen Abhilfeversuch vermeidbar gewesen wäre. (siehe dazu: Bundesarbeitsgericht, NJW 2004, 1547)	3282

c) Zum Thema »Zufallsfund«

Zufallsfund bei Durchsuchungen **a) Gesetzestext (§ 108 Absatz 1 Satz 1 und 2 StPO):** »Werden bei einer Durchsuchung Gegenstände gefunden, die zwar in keiner Beziehung zu der Untersuchung stehen, aber auf die Verübung einer anderen Straftat *hindeuten*,[4756] so sind sie einstweilen in Beschlag zu nehmen. Der Staatsanwaltschaft ist hiervon Kenntnis zu geben.« **b) Rechtsprechung (BGHSt 19, 374 ff.):** »§ 108 geht davon aus, dass sich die Staatsanwaltschaft, der von der einstweiligen Beschlagnahme Kenntnis zu geben ist, in angemessener Frist darüber schlüssig macht, ob ein neues Strafverfahren einzuleiten und für dieses die Beschlagnahme aufrechtzuerhalten ist, und dass sie insoweit rechtlich etwa erforderliche Entscheidungen des für das neue Verfahren zuständigen Richters herbeiführt. ... Unterlässt es die Staatsanwaltschaft aufgrund des neuen Tatverdachts in angemessener Frist ein Verfahren einzuleiten, so ist die Beschlagnahme aufzuheben.«	3283

4755 Meint die Information von Vorgesetztem bzw. Geschäftsleitung von einer strafbarer Handlung

4756 »Hindeuten«: Nicht einmal das Vorliegen der Voraussetzungen eines Anfangsverdachts ist erforderlich.

3284 **6. Durchsuchungen in einem Unternehmen sind im Verlauf eines Strafverfahrens immer möglich.**

Hauptsächlich aber finden sie im Verlauf der folgenden beiden Ermittlungsabschnitte statt:

a) Ermittlungen gegen »**Verantwortliche der Fa.**«, also während der Suche nach der Person bzw. den Personen aus dem Kreis der Belegschaftsangehörigen, welche eine Straftat begangen haben (können)

b) Nach Ermittlung des Handlungstäters im Rahmen der Prüfung, ob ein **Fehlverhalten in vorwerfbarer Form** vorliegt

3285 **7. Intentionen der Zwangsmaßnahmen »Durchsuchung« und »Beschlagnahme« sind:**

- Verhaftung des Verdächtigen
- Sicherstellung (Beschlagnahme) von Beweismitteln, die für die Untersuchung (= jede Tätigkeit im Strafverfahren) von Bedeutung sind (§ 94 StPO). Beweismittel sind hierbei alle körperlichen Gegenstände (Akten, Bargeld, Computerausdrucke, Datenträger, Führerschein, Grundstücke, Leichenteile etc.)

3286 **Beschlagnahme von Datenträgern**

(BVerfG, Beschluss vom 12. 04. 2005, wistra 2005, 295 ff. – Leitsatz 1)

»Die Strafprozessordnung erlaubt die Sicherstellung und Beschlagnahme von Datenträgern und hierauf gespeicherten Daten als Beweisgegenstände im Strafverfahren.«

3287 **8. Herausgabepflicht (§ 95 StPO)**

- Die Pflicht zur Vorlage und Herausgabe (Auslieferung) hat grundsätzlich jeder Gewahrsamsinhaber.
- Der Beschuldigte ist nicht herausgabepflichtig! (Verbot des Selbstbelastungszwangs)
- Zeugnisverweigerungsberechtigte können zur Herausgabe aufgefordert werden. Diese ist aber nicht durchsetzbar. (§ 95 Absatz 2 StPO)

3288 **9. Durchsuchung und Verfassung**

Durchsuchung greift vor allem in die Grundrechte

- Recht auf informationelle Selbstbestimmung, Art. 1 Absatz1; 2 Absatz 1 GG,
- Unverletzlichkeit der Wohnung, Art. 13 GG,
- Berufsausübung, Art. 12 GG und
- Eigentumsrecht, Art. 14 GG

ein.

Aus der Rechtsprechung: 3289

Art. 2 Absatz 1 GG: Persönlichkeitsrecht 3290

»Art. 2 Absatz 1 GG schützt nicht nur den Kernbereich der Persönlichkeit. Erfasst ist vielmehr jedes menschliche Verhalten. Art. 2 Absatz 1 GG ist ein Grundrecht des Bürgers, nur auf Grund solcher Vorschriften mit einem Nachteil belastet zu werden, die formal und materiell der Verfassung gemäß sind (vgl. BVerfGE 29, 402 ff. [408]. Da nach der Art der geschützten Tätigkeit nicht differenziert wird, sind von Art. 2 Absatz 1 GG auch wirtschaftliche (vgl. BVerfGE 10, 89 ff. [99] und berufliche Tätigkeiten erfasst. Geschützt werden natürliche und juristische Personen sowie Personenmehrheiten (vgl. BVerfGE 10, 89 ff. [99]; 23, 12 ff. [30].«

(zitiert nach BVerfG, Beschluss vom 12. 04. 2005, wistra 2005, 295 ff. [298])

Art. 13 GG: Unverletzlichkeit der Wohnung 3291

»Die Durchsuchung greift in der Regel in die durch Art. 13 GG geschützte Unverletzlichkeit der Wohnung ein. ...

Die Beschlagnahme oder Maßnahmen nach § 110 StPO, die nur mittelbar aus der Durchsuchung der Wohn- und Geschäftsräume folgen, unterfallen nicht mehr dem Schutzbereich des Art. 13 GG (vgl. ... BVerfG NStZ 2002, 377 ...).«

(zitiert nach BVerfG, Beschluss vom 12. 04. 2005, wistra 2005, 295 ff. [298])

Verhältnismäßigkeit der Durchsuchung einer Wohnung 3292

(LG Mülhausen wistra 2005, 473 ff.)

»Danach ist die Durchsuchung einer Wohnung zum Auffinden von Beweismitteln nur verhältnismäßig, wenn sie

1. zur Beweismittelerlangung geeignet ist,

2. kein milderes, gleich geeignetes Mittel zur Verfügung steht, um Beweismittel zu erlangen

und

3. verhältnismäßig im engeren Sinne, d. h. angemessen ist.«

3293   **Art. 13 GG: Bundesverfassungsgericht rügt vorschnelle Wohnungsdurchsuchung bei unzureichender Verdachtsgrundlage**

(BVerfG, Beschluss vom 03. 07. 2006 – 2 BvR 2030/04); dazu Wiese, PStR 2006, 191 f.

»Die gegen den Beschwerdeführer gerichteten Verdachtsgründe reichten allenfalls sehr geringfügig über bloße Vermutungen und vage Anhaltspunkte hinaus. ...

Selbst wenn man von einem Verdacht der Steuerhinterziehung ausginge, war die angeordnete Durchsuchung jedenfalls unverhältnismäßig. ...

Es mag für die Ermittlungsbehörden mühevoller sein, durch Auskunftsersuchen beim Grundbuchamt oder der Bank und durch Zeugenvernehmungen die Hinweise auf ein strafbares Verhalten zu überprüfen; der hohe Wert der Integrität der Wohnung verlangt jedoch diese Müherwaltung, bevor ein empfindlicher Eingriff in das Grundrecht auf Unverletzlichkeit der Wohnung zulässig sein kann.«

3294   **Art. 12 GG: Berufsausübung**

»Art. 12 Absatz 1 GG gewährleistet die Freiheit der beruflichen Betätigung. Der Schutz dieses Grundrechts ist einerseits umfassend angelegt, wie die ausdrückliche Erwähnung von Berufswahl, Wahl von Ausbildungsstätte und Arbeitsplatz und Berufsausübung zeigt. Andererseits schützt es aber nur vor solchen Beeinträchtigungen, die gerade auf die berufliche Betätigung bezogen sind.

Es genügt also nicht, dass eine Rechtsnorm oder ihre Anwendung unter bestimmten Umständen Rückwirkungen auf die Berufstätigkeit entfaltet.

Art. 12 Absatz 1 GG entfaltet seine Schutzwirkung nur gegenüber solchen Normen oder Akten, die sich entweder unmittelbar auf die Berufstätigkeit beziehen oder die zumindest eine objektiv berufsregelnde Tendenz haben (vgl. BVerfGE 95, 267 ff. [302]; 97, 228 ff. [253f.].«

(zitiert nach BVerfG, Beschluss vom 12. 04. 2005, wistra 2005, 295 ff. [299])

3295   Zur Durchsuchung von Redaktionsräumen

Art. 5, 13 GG; §§ 27, 353b StGB; § 102 StPO

»1. Durchsuchungen und Beschlagnahmen in einem Ermittlungsverfahren gegen Presseangehörige sind verfassungsrechtlich unzulässig, wenn sie ausschließlich oder vorwiegend dem Zweckdienen, die Person des Informanten zu ermitteln (Bestätigung von BVerfGE 20, 162 ff. [191 f., 217]).

2. Die bloße Veröffentlichung eines Dienstgeheimnisses im Sinne des § 353b StGB durch einen Journalisten reicht in Hinblick auf Art. 5 Absatz 1 Satz 2 GG nicht aus, um einen den strafprozessualen Ermächtigungen zur Durchsuchung und Beschlagnahme genügenden Verdacht der Beihilfe des Journalisten zum Geheimnisverrat zu begründen.«

(zitiert nach BVerfG, Urt. vom 27. 02. 2007, wistra 2007, 177 ff. (so gen. Cicero-Entscheidung; siehe dazu Janique Brüning, Der Schutz der Pressefreiheit im Straf- und Strafprozessrecht, in: wistra 2007, 333 ff.)

Zur Durchsuchung einer Anwaltskanzlei **3296**

- im Rahmen eines Ordnungswidrigkeitenverfahrens

Art. 2, 3, 12, 13, 103 GG; §§ 102, 105 StPO **3297**

»Richtet sich eine strafrechtliche Ermittlungsmaßnahme gegen einen Berufsgeheimnisträger in der räumlichen Sphäre seiner Berufsausübung, so bringt dies regelmäßig die Gefahr mit sich, dass unter dem Schutz des Art. 2 Absatz 1 GG in Verbindung mit Art. 1 Absatz 1 GG stehende Daten von Nichtbeschuldigten, etwa den Mandanten eines Rechtsanwalts, zur Kenntnis der Ermittlungsbehörden gelangen, die die Betroffenen in der Sphäre des Berufsgeheimnisträgers gerade sicher wähnen durften. Dadurch werden nicht nur die Grundrechte der Mandanten berührt. Der Schutz der Vertrauensbeziehung zwischen Anwalt und Mandant liegt auch im Interesse der Allgemeinheit an einer wirksamen und geordneten Rechtspflege (vgl. BVerfGE 113, 29 ff. [46 ff.]). Diese Belange verlangen eine besondere Beachtung bei der Prüfung der Angemessenheit einer strafprozessualen Zwangsmaßnahme.«

BVerfG, Beschluss vom 07. 09. 2006, wistra 2006, 457 ff. (458)

- im Rahmen eines Strafverfahrens

Art. 2, 3, 12, 13, 103 GG; §§ 102, 105 StPO **3298**

»Die herausgehobene Bedeutung der unkontrollierten Berufsausübung eines Rechtsanwalts (vgl. BVerfGE 110, 226 ff. [251 ff.]) gebietet bei der Anordnung der Durchsuchung von Kanzleiräumen (vgl. BVerfGE 44, 353 ff [371]) die besonders sorgfältige Beachtung der Eingriffsvoraussetzungen und des Grundsatzes der Verhältnismäßigkeit. Ein Verstoß gegen diese Anforderungen liegt vor, wenn sich sachlich zureichende plausible Gründe für eine Durchsuchung nicht mehr finden lassen (vgl. BVerfGE 44, 353 ff. [371 f.]; 59, 95 ff. [97]).«

BVerfG, Beschluss vom 07. 09. 2006, wistra 2006, 459 f.

3299 10. Grundmaxime der Durchsuchung ist deren Verhältnismäßigkeit

- Die Durchsuchungsweise muss den Grundsatz der Verhältnismäßigkeit beachten (BVerfGE 20, 162, 186 f.). Die Durchsuchung muss also angemessen sein. Angemessen, das heißt, sie muss geeignet und erforderlich sein.
- Die Staatsanwaltschaft muss demnach das mildeste (Zwangs-) Mittel anwenden.

3300 Aus der Rechtsprechung:

3301 Verhältnismäßigkeit

Verhältnismäßigkeit

(BVerfG, Beschluss vom 29. 11. 2004, wistra 2005, 135 ff. – Leitsätze nicht amtlich)

»1. Der Durchsuchungsbeschluss als Zwischenentscheidung im Strafverfahren kann mit der Verfassungsbeschwerde angegriffen werden.

2. Die Durchsuchung bedarf einer Rechtfertigung nach dem Grundsatz der Verhältnismäßigkeit. Gerade diese Zwangsmaßnahme muss zur Ermittlung und Verfolgung der Straftat erforderlich sein. Weiterhin muss der jeweilige Eingriff in angemessenem Verhältnis zu der Schwere der Straftat und der Stärke des Tatverdachts stehen.«

Verhältnismäßigkeit

(BVerfG, Beschluss vom 12. 04. 2005, wistra 2005, 295 ff. (301) Leitsatz I)

»Der jeweilige Eingriff muss in einem angemessenen Verhältnis zu der Schwere der Straftat und der Stärke des Tatverdachts stehen (vgl. BVerfGE 96, 44 ff. (51)).

Hierbei sind auch die Bedeutung des potentiellen Beweismittels für das Strafverfahren sowie der Grad des auf verfahrenserhebliche Daten bezogenen Auffindeverdachts zu bewerten.

Im Einzelfall können die Geringfügigkeit der zu ermittelnden Straftat, eine geringe Beweisbedeutung der auf dem Datenträger vermuteten Informationen sowie die Vagheit eines Auffindeverdachts einer Sicherstellung des Datenbestandes entgegenstehen.«

Verhältnismäßigkeit

(BVerfG, Beschluss vom 12. 04. 2005, wistra 2005, 295 ff. (301) Leitsatz II)

»Bei Durchsuchung, Sicherstellung und Beschlagnahme von Datenträgern und darauf vorhandenen Daten muss der Zugriff auf für das Verfahren bedeutungslose Informationen im Rahmen des Vertretbaren vermieden werden.«

Verhältnismäßigkeit

(BVerfG, Entsch. vom 03. 07. 2006 – 2 BvR 2030/04); dazu Wiese PStR 2006, 191 f.

»Eine Durchsuchung ist schließlich nur dann zulässig, wenn gerade diese Zwangsmaßnahme zur Ermittlung und Verfolgung der in Frage stehenden Straftat erforderlich ist. Dies ist nicht der Fall, wenn andere, weniger einschneidende Mittel zur Verfügung stehen (vgl. BVerfGE 96, 44 ff. [51]).«

Verhältnismäßigkeit

(BVerfG, Beschluss vom 07. 09. 2006 – 2 BvR 114/05-, wistra 2006, 457 ff. (458); siehe dazu auch oben Ziffer 9

»Es erscheint evident sachfremd und daher grob unverhältnismäßig und willkürlich, wegen einiger Verkehrsordnungswidrigkeiten, für die Geldbußen von je 15 Euro festgesetzt wurden, die Kanzleiräume eines Rechtsanwalts zu durchsuchen.«

11. Inhalt des Durchsuchungs- und Beschlagnahmebeschlusses

3302

- Der Inhalt des Beschlusses muss konkret sein (BVerfG StV 1992, 49).
- Dem Anordnungsbeschluss muss zudem zu entnehmen sein:

1. der Umriss des Lebenssachverhaltes,
2. Zweck, Ziel und Ausmaß der Durchsuchung (Welcher Betriebsteil? Welche Räume?) sowie
3. annäherungsweise die unmissverständliche Angabe der gesuchten Beweismittel (BVerfG PStR 2000, 244; BGH PStR 2002, 31; BVerfG NStZ-RR 2004, 206);
4. wobei die Angabe der Gattung des gesuchten Beweismittels genügt (BGH wistra 2000, 29).

Weitere Rechtsprechung:

3303

EuGH, Roquette-Urteil vom 22. 10. 2002

3304

(NJW 2003, 35 ff. – Auszüge)

Mitwirkung nationaler Gerichte bei EU-kartellrechtlichen Durchsuchungen und Beschlagnahmen – Grundsätze

»Kommission ist nach dem Gemeinschaftsrecht verpflichtet, dafür zu sorgen, dass das nationale Gericht über alle Mittel verfügt, deren es zur Ausübung der ihm obliegenden Kontrolle bedarf. ...«

Dazu gehören grundsätzlich folgende Informationen:

« ...

– die Beschreibung der wesentlichen Merkmale der behaupteten Zuwiderhandlung ...

– Erläuterungen zu der Art und Weise, wie das von den Zwangsmaßnahmen betroffene Unternehmen in diese Zuwiderhandlung verwickelt sein soll; ...

Weiter sind grundsätzlich anzugeben:

«...

Erläuterungen, in denen substantiiert dargelegt wird, dass die Kommission über ernsthafte Informationen und Indizien verfügt, die sie veranlassen, das betroffene Unternehmen einer solchen Zuwiderhandlung zu verdächtigen;

die möglichst genaue Angabe dessen, wonach gesucht wird, und der Punkte, auf die sich die Nachprüfung beziehen soll, sowie die Angabe, welche Befugnisse die Kontrolleure der Gemeinschaft haben, ...«

Hinreichende Bestimmtheit des gesuchten Beweismittels

(BGH, Beschluss vom 21. 11. 2001 – StraFo 2002, 54)

»Die Durchsuchungsanordnung bei einem Dritten setzt voraus, dass hinreichend individualisierte Beweismittel gesucht werden.

Ist weder für den Betroffenen noch für die vollziehenden Beamten erkennbar, auf welche zumindest gattungsmäßigen konkretisierten Gegenstände die Durchsuchung beschränkt sein sollte, so ist die Durchsuchungsanordnung nicht rechtmäßig.«

3305 **12. Gerichtlich angeordnete Durchsuchung ohne anwesenden Richter oder Staatsanwalt**

- Kommt die Polizei alleine, so hat sie Durchsuchungszeugen hinzuzuziehen, wenn dies möglich (Regelfall)
- Durchsuchungszeugen sind nach dem Gesetz (§ 105 Absatz 2 StPO):
  - ein Gemeindebeamter oder
  - zwei Gemeindemitglieder (keine Polizeibeamte), die aus dem Bezirk stammen, in dem durchsucht wird.

13. Anwesenheitsrecht (§ 106 StPO)

3306 Der Inhaber der durchsuchten Räume oder Gegenstände darf der Durchsuchung beiwohnen.

3307 In Abwesenheit des Inhabers ist, wenn möglich, hinzuziehen (in der Reihenfolge):

- sein Vertreter
- ein erwachsener Angehöriger
- ein Hausgenosse
- ein Nachbar

3308 Auf die Wahrnehmung des Anwesenheitsrechts kann der Inhaber verzichten.

Bei der Hinziehung von Zeugen handelt es sich um eine wesentliche Förmlichkeit:

3309

»Ist bei einer Durchsuchung davon abgesehen worden, Zeugen hinzuziehen, obwohl die Voraussetzungen dafür nicht gegeben waren, kann die Rechtswidrigkeit der Durchsuchung festgestellt werden.«

(Leitsatz AG Cottbus, Beschluss vom 21. 01. 2005, StraFo 2005, 198)

Die Hinziehung von Zeugen bei der Durchsuchung ist eine wesentliche Förmlichkeit (Meyer-Goßner, a.a.O., § 105 Rn. 10 m. w. N.), deren Verletzung die Rechtswidrigkeit der Art und Weise der Durchsuchung zur Folge haben kann (LG Koblenz, Beschluss vom 16. 12. 2003, ... zitiert nach juris Rspr. Nr.: KORE547462004).«

14. ACHTUNG! Änderung der Rechtslage seit dem 1. September 2004 bei der Durchsicht von Unterlagen!

Es besteht kein prinzipielles Anwesenheitsrecht des Inhabers bzw. dessen Vertei- **3310** digers mehr. Doch sieht das Bundesverfassungsgericht Ausnahmen.

Anwesenheitsrecht des Inhabers bei einer Durchsicht von Unterlagen nach § 110 StPO?

3311

»Die Regelung eines Anwesenheitsrecht des Inhabers der durchsehenden Papiere und Daten in § 110 Absatz 3 StPO a. F. wurde durch das 1. Justizmodernisierungsgesetz vom 24. August 2004 (BGBl. I S. 2198) – in Kraft getreten am 1. September 2004 – zwar – ohne Begründung – ersatzlos gestrichen. Gleichwohl kann es zur Sicherung der Verhältnismäßigkeit des Eingriffs im Einzelfall geboten sein, den Inhaber des jeweiligen Datenbestandes in die Prüfung der Verfahrenserheblichkeit sichergestellter Daten einzubeziehen. »

(BVerfG, Beschluss vom 12. 04. 2005, wistra 2005, 295 ff. (301 f.)

15. Bei der Mitnahme von Unterlagen, die die Ermittlungspersonen bei der Durchsuchung gefunden haben, handelt es sich regelmäßig um eine vorläufige Maßnahme.

Zunächst erfolgt eine Durchsicht der Unterlagen.   **3312**

»Die Durchsicht gemäß § 110 StPO bezweckt die Vermeidung einer übermäßi- **3313** gen und auf Dauer angelegten Datenerhebung und damit eine Verminderung der Intensität des Eingriffs in das Recht auf informationelle Selbstbestimmung.«

BVerfG, Beschluss vom 12. 04. 2005, wistra 2005, 295 ff. (301)

16. Es muss also unterschieden werden zwischen Durchsicht und endgültiger Beschlagnahme. Zur Abgrenzung führt das Bundesverfassungsgericht aus:

3314 »Das Verfahrensstadium der Durchsicht gemäß § 110 StPO ist in jedem Fall der endgültigen Entscheidung über den Umfang der Beschlagnahme vorgelagert (vgl. BVerfGE 77, 1 ff. [55]). Es entspricht dem Zweck des § 110 StPO, im Rahmen des Vertretbaren lediglich diejenigen Informationen einem dauerhaften und damit vertiefenden Eingriff zuzuführen, die verfahrensrelevant und verwertbar sind.«

»Während das Verfahren der Durchsicht auf der Grundlage einer vorläufigen Sicherstellung zum Zwecke der Feststellung der potenziellen Beweiserheblichkeit und -verwertbarkeit auf die Vermeidung eines dauerhaften und umfassenden stattlichen Zugriffs nebst den hiermit verbundenen Missbrauchsgefahren abzielt, würde bei einer endgültigen, bis zum Verfahrensabschluss wirkenden Beschlagnahme des Datenträgers und aller darauf vorhandenen Daten der staatliche Zugriff zeitlich perpetuiert und damit erheblich intensiviert.«

BVerfG, Beschluss vom 12. 04. 2005, wistra 2005, 295 ff. (301)

17. Beschlagnahme (Definition)

3315 **Meyer-Goßner, a.a.O., Vor § 94 Rn. 3:**

»Beschlagnahme bedeutet die förmliche Sicherstellung eines Gegenstandes durch Überführung in amtlichen Gewahrsam oder auf andere Weise, aber auch die Anordnung dieser Sicherstellung.«

3316 **Beschlagnahme eines Mobiltelefons**

(BVerfG, Beschluss vom 04. 02. 2005, wistra 2005, 219 ff. – Leitsatz nicht amtlich)

»Besteht die begründete Vermutung, dass den Ermittlungen dienliche Verbindungsdaten bei dem Beschuldigten aufgezeichnet oder gespeichert sind, etwa in Einzelverbindungsnachweisen der Rechnungen des Telekommunikationsdienstleisters oder in elektronischen Speichern der Kommunikationsgeräte, so darf eine Beschlagnahme dieser Datenträger, der Rechnungen und Geräte, nur unter den Voraussetzungen der §§ 100g, 100h StPO erfolgen.«

3317 Art. 10 Absatz 2 GG schützt vor dem unfreiwilligen Offenbaren von Telekommunikationsverbindungsdaten. §§ 100g und § 100h StPO regeln die Kenntnisnahme von solchen Daten im Strafverfahren. Der Eingriffszweck muss für die Ermittlung einer Straftat von erheblicher Bedeutung sein, das vorgeschriebene Verfahren muss eingehalten worden sein, soll der Eingriff verfassungsgemäß sein.

18. Rückholungspflicht beschlagnahmter Sachen durch den Betroffenen?

Bei vielen Staatsanwaltschaften findet man Räume und Gänge zugestellt mit **3318** Umzugskisten – voll mit bei Durchsuchungen mitgenommenen Unterlagen, oft aus längst abgeschlossenen Strafverfahren, die von den Eigentümern nicht abgeholt worden sind.

Der Bundesgerichtshof hat bis heute die Frage nicht entschieden, ob der Betrof- **3319** fene zur Rücknahme beschlagnahmter Sachen analog § 696 BGB verpflichtet ist. Dabei besitzt diese Frage erhebliche praktische Bedeutung, wie das folgende Zitat belegt:

> »Zunehmend ergibt sich nämlich die Schwierigkeit, dass die in großem Umfang **3320** sichergestellten Unterlagen nach Abschluss des Verfahrens von niemandem mehr zurückgenommen werden wollen.«
>
> [So NJW-Spezial 2005, 185]

19. Ort der Rückgabe beschlagnahmter Sachen

a) Rechtsprechung **3321**

»Die Rückgabe einer in einem Strafverfahren beschlagnahmten Sache hat an dem Ort zu erfolgen, an welchem diese aufzubewahren war.«

[BGH, Urteil vom 03. 02. 2005, NJW 2005, 988 = wistra 2005, 271 f., bestätigt LG Hamburg, NJW 2004, 2455; dazu NJW-Spezial 2005, 185]

b) Schrifttum

Wie die Rechtsprechung spricht auch die überwiegende **zivilrechtliche Literatur** in analoger Anwendung von § 697 BGB (Rückgabe am Verwahrungsort) von einer Holschuld des Eigentümers der Unterlagen.

Dagegen vielfach **strafrechtliches Schrifttum** (z. B. Hoffmann/Knieriem, NStZ 2000, 461 m. w. N.), das die Ansicht vertritt, es sei am Ort der Beschlagnahme oder gar am Wohnsitz des Betroffenen herauszugeben.

20. Wer darf Durchsuchungen anordnen?

Durchsuchungen dürfen grundsätzlich nur durch den (Ermittlungs-)Richter ange- **3322** ordnet werden (BVerfGE v. 20. 02. 2001, BVerfGE 103, 142 ff. = NJW 2001, 1121 ff. = StV 2001, 207 ff.)[4757] Vor der Grundsatzentscheidung des Bundesverfassungsgerichts erfolgten in der Praxis rund drei viertel aller Durchsuchungen ohne richterliche Vorabkontrolle, allein durch Anordnung durch Staatsanwälte bzw. deren Hilfspersonen unter Hinweis auf eine ihrer Meinung nach bestehenden

---

4757 Zum Richtervorbehalt siehe die grundlegende Darstellung von Rabe von **Kühlewein**, Normative Grundlagen der Richtervorbehalte, in: GA 2002, 637 ff.

»Gefahr im Verzug«-Situation.[4758] Eine gesetzlich mehr als bedenkliche Kompetenzanmaßung.[4759]

3323 **a) Bundesverfassungsgericht (03. 07. 2006 – 2 BvR 2030/04), dazu Wiese, PStR 2006, 191 f.**

»Damit die Unverletzlichkeit der Wohnung durch eine vorbeugende richterliche Kontrolle gewahrt werden kann, hat der *Ermittlungsrichter* die Durchsuchungsvoraussetzungen *eigenverantwortlich zu prüfen*. Erforderlich ist eine konkret formulierte, formelhafte Wendungen vermeidende Anordnung, die zugleich den Rahmen der Durchsuchung abstecken und eine Kontrolle durch ein Rechtsmittelgericht ermöglichen kann (vgl. BVerfGE 42, 212 ff. [220 f.]; 96, 44 ff. [51]; 103, 142 ff. [151 f.]).«

b) Bundesverfassungsgericht (07. 09. 2006 – 2 BvR 1219/05), wistra 2006, 459 f.

»Dass der Ermittlungsrichter diese Eingriffsvoraussetzung selbstständig und eigenverantwortlich geprüft hat (vgl. BVerfGE 103, 142 ff. [151 f.]), muss in dem Beschluss zum Ausdruck kommen. Dazu ist zu verlangen, dass ein dem Beschuldigten angelastetes Verhalten geschildert wird, das – wenn es wirklich begangen worden sein sollte – den Tatbestand eines Strafgesetzes erfüllt. Die Schilderung braucht nicht so vollständig zu sein wie die Formulierung eines Anklagesatzes (vgl. § 200 Absatz 1 Satz 1 StPO) oder gar die tatsächlichen Feststellungen eines Urteils (vgl. 267 Absatz 1 Satz 1 StPO). Aber die wesentlichen Merkmale des gesetzlichen Tatbestandes, die die Strafbarkeit des zu substantiierenden Verhaltens kennzeichnen, müssen berücksichtigt werden. Es müssen ein Verhalten oder sonstige Umstände geschildert werden, die – wenn sie erwiesen sein sollten – diese zentralen Tatbestandsmerkmale erfüllen.«

21. Welcher Richter ist für die Anordnung zuständig?

3324 Grundsätzlich zuständig ist der Ermittlungsrichter, in dessen Bezirk die Durchsuchungsmaßnahme durchgeführt werden soll (§§ 105 Absatz 1, 162, 169 StPO).

22. Eine Ausnahme gilt bei Gefahr im Verzug. Dann kann unter bestimmten

3325 Voraussetzungen eine Durchsuchung auch durch die Staatsanwaltschaft und ihre Ermittlungspersonen (bis 31. August 2004: »ihre Hilfsbeamte« = Aufwertung der eingesetzten Polizeibeamten!) erfolgen (§ 105 Absatz 1 StPO).

4758 Detlef **Burhoff**, Durchsuchung und Beschlagnahme – Bestandsaufnahme zur obergerichtlichen Rechtsprechung, in: StraFo 2005, 140 ff. (141) spricht von der Durchführung von »mehr als 2/3 aller Wohnungsdurchsuchungen wegen vermeintlicher ›Gefahr im Verzug‹ ohne richterliche Vorabkontrolle«.

4759 Burhoff, a.a.O., wie zuvor m.w.N.

a) Definition   3326

»Gefahr im Verzug« liegt vor, wenn die richterliche Anordnung der Durchsuchungsmaßnahme nicht eingeholt werden konnte, ohne dass der Zweck der Durchsuchung gerade dadurch gefährdet wird«

Bundesverfassungsgericht vom 4. 02. 2005, 2 BvR 308/04, PStR 2005, 127

b) Voraussetzungen für Gefahr im Verzug

Konkrete, Einzelfall bezogene Tatsachen erfordern ein sofortiges Tätigwerden der Behörde zur Verhinderung eines Beweismittelverlustes.

c) Nicht zur Begründung einer Gefahr im Verzug ausreichend sind:

- die bloße Vermutung eines Beweismittelverlustes (BVerfG StV 2003, 205)
- reine Spekulationen
- hypothetische Erwägungen
- auf kriminalistische Alltagserfahrung gestützte Vermutungen (vgl. PStR 2003, 52)
- wenn die richterliche Anordnung der Durchsuchung ohne weiteres[4760] hätte beantragt werden können. Zumindest telefonische Kontaktaufnahme mit dem zuständigen Richter muss erfolgt sein (so Brandenburgisches Verfassungsgericht StV 2003, 207 = NStZ–RR 2003,303; OLG Koblenz NStZ 2002, 660; LG Cottbus StV 2002, 535).

Daraus folgt der Grundsatz: 3327

Die Ermittlungsbehörde muss regelmäßig versuchen, eine richterliche Anordnung   3328
zu erlangen, bevor sie mit der Durchsuchungsmaßnahme beginnt *(OLG Koblenz NStZ 2002, 660)*. Sie muss sich auch unverzüglich um eine Erlangung der Durchsuchungsanordnung bemühen![4761]

Grundsatzentscheidung des Bundesverfassungsgericht   3329

(Urteil vom 20. 02. 2001 – wistra 2001, 137 ff.):

»Die richterliche Anordnung einer Durchsuchung ist der Regelfall.

Gerichte haben im Rahmen des Möglichen tatsächliche und rechtliche Vorkehrungen zu treffen, damit die Regelzuständigkeit des Richters gewahrt bleibt.

4760 Kriterium für »ohne weiteres«: Es muss genügend Zeit zwischen Anordnung der Durchsuchung und deren Durchführung liegen (BVerfG PStR 2005, 127: 2 Stunden; LG Cottbus, StV 2002, 535: 3 Stunden; LG Osnabrück, StV 1991, 152: 45 Minuten).

4761 Vgl. BVerfGE 103, 142 ff. (155). Dazu Rabe von Kühlewein, a.a.O., GA 2002, 637 ff. (655): *»Das BVerfG hat ferner zu Art. 13 II GG festgestellt, dass Gefahr im Verzug im Rechtssinne nicht dadurch entstehen kann, dass die Behörden mit dem Antrag an den Richter so lange zuwarten, bis Gefahr im Verzug durch das Warten eingetreten sei. In der Tat stellt dies ein unzulässiges Unterlaufen der richterlichen Regelzuständigkeit dar, welches nicht mehr vom taktischen Spielraum der Behörden gedeckt ist.«*

»Gefahr im Verzuge« ist eng auszulegen.

Sie muss mit Tatsachen begründet werden, die auf den speziellen Einzelfall bezogen sind.«

23. Dokumentation der Anordnung einer Durchsuchung (§ 105 Absatz 1 StPO)

3330 »Eine richterlich angeordnete oder gestattete Durchsuchung wird nicht dadurch rechtswidrig, dass sie unzureichend dokumentiert worden ist.

Eine unzureichende Dokumentation der richterlichen Entscheidung führt nicht zu einem Beweisverwertungsverbot.«

(BGH, Beschluss v. 13. 01. 2005, wistra 2005, 182 f.)

3331 **Gerichtlicher Durchsuchungs- oder Abhörbeschluss muss Mindestmaß am Darlegungsanforderungen erfüllen.**

(BVerfG, Beschluss vom 04. 07. 2006 – 2 BvR 950/05)

»In einem Abhör- bzw. Durchsuchungsbeschluss muss zum Ausdruck kommen, dass der *Ermittlungsrichter die Eingriffsvoraussetzungen selbständig und eigenverantwortlich geprüft* hat. Dazu muss der Richter ein dem Beschuldigten angelastetes Verhalten schildern, das die Voraussetzungen eines Strafgesetzes erfüllt. Die Schilderung braucht nicht so vollständig zu sein wie die Sachverhaltsschilderung in einer Anklage oder einem Urteil. Es müssen aber ein Verhalten oder sonstige Umstände geschildert werden, die alle wesentlichen Merkmale des Straftatbestandes erfüllen. …

Nur wenn der zur Kontrolle des Eingriffs berufene Richter sich den in Frage kommenden Straftatbestand vergegenwärtigt, kann die Verhältnismäßigkeit vollständig geprüft werden, weil die Zumutbarkeit des Eingriffs auch von der Schwere der vorgeworfenen Tat abhängt, für die die Strafdrohung von wesentlicher Bedeutung ist.«

24. Anordnungsformen

3332 Der Richter kann eine Durchsuchung schriftlich (Regelfall), mündlich oder telefonisch (Brandenburg. VerfG StV 2003, 207 m. w. N. (h. M.); a. A. Meyer-Goßner, a.a.O., § 105 Rn. 3) anordnen.

25. Was, wenn der Richter die Durchsuchungsanordnung verweigert?

3333 Die Richterentscheidung darf keine reine Formsache sein.

3334 Der Richter muss eigenverantwortlich prüfen, ob eine Durchsuchung erforderlich ist. Damit der Richter prüfen kann, hat er Anspruch auf umfassende Kenntnis des Akteninhalts. Auch kann der Richter Informationen von den Ermittlungspersonen einholen, wenn noch keine Akte vorliegt.

> »Die Anordnung einer Durchsuchung ist dem Richter vorbehalten. Seine Einschaltung soll dafür sorgen, dass die Interessen des Betroffenen angemessen berücksichtigt werden. Dies verlangt eine eigenverantwortliche richterliche Prüfung der Eingriffsvoraussetzungen und dient dazu, die Durchführung der Eingriffsmaßnahme mess- und kontrollierbar zu gestalten.«
>
> BVerfG vom 08. 03. 2004, NStZ-RR 2004, 206

3335

Lehnt der Richter den Erlass des Durchsuchungsbeschlusses ab, dann stellt sich die Frage, ob Gefahr im Verzug vorliegt (so h. M.). Meiner Ansicht nach kann nur dann Gefahr im Verzug vorliegen, wenn die Ermittlungspersonen nachweislich alles ihnen Mögliche und Zumutbare versucht haben, den Richter von der Notwendigkeit der Durchsuchung zu überzeugen.[4762]

3336

26. Die Gerichte müssen einen richterlichen Bereitschaftsdienst (§ 22c GVG) vorhalten (BVerfGE NJW 2002, 3161; PStR 2005, 127; Hofmann NStZ 2003, 230)

3337

Die Vorgabe des Bundesverfassungsgerichts gilt für jede Tageszeit.

Zur Nachtzeit muss dann ein Richter zumindest erreichbar sein, wenn für einen richterlichen Bereitschaftsdienst ein praktischer Bedarf besteht; vgl. BVerfG NJW 2004,1442; PStR 2005, 127.

27. Anordnung einer wiederholten Durchsuchung (herrschende Meinung)

3338

§ 105 Absatz 1 StPO spricht von »Durchsuchungen«. Daraus ist nicht eindeutig abzuleiten, dass die Anordnung mehrerer Durchsuchungen gegen einen Beschuldigten zulässig bzw. unzulässig ist. Die einzelne Durchsuchung ist in einem Zuge durchzuführen. Sie ist mit ihrem Vollzug abgeschlossen. Wiederholungen erlaubt die herrschende Ansicht (LG Bielefeld, 18. 03. 1993, Qs 128/93; LG Bochum, 21. 12. 1999, 13 Qs 41/99 u. 13 Qs 43/99; LG Münster 05. 02. 2003, PStR 2003, 125).

Anderer Ansicht ist das Landgericht Hamburg:

3339

Anordnung einer wiederholten Durchsuchung

3340

> »Die Anordnung einer Durchsuchung in der Form, dass Beamte des Finanzamtes regelmäßig für einen Zeitraum von drei Monaten die Geschäftsräume des Beschuldigten aufsuchen dürfen, um die tatsächlichen Tageseinnahmen zu überprüfen und die entsprechenden Aufzeichnungsbelege sicherzustellen, ist von der StPO nicht gedeckt.«
>
> LG Hamburg, 05. 05. 2003, 620 Qs 29/03, PStR 2004, 158

Kritik: Die StPO sieht die beantragte Dauermaßnahme nicht vor. Alleiniger Zweck einer Ermittlungsdurchsuchung ist das Auffinden von Beweismitteln, die

---

4762 Zur Gefahr im Verzug siehe oben Rdn. 3326.

für die Aufklärung einer regelmäßig in der Vergangenheit liegenden Straftat von Bedeutung sind. Die Durchsuchungsanordnung berechtigt zu einer einmaligen einheitlichen Durchsuchung, die in einem Zuge durchgeführt wird. Eine Durchsuchung ist nach ihrem Vollzug abgeschlossen. Damit ist die Anordnung verbraucht.

3341 28. Zeitliche Gültigkeit einer Durchsuchungsanordnung

Eine richterliche Durchsuchungs- und Beschlagnahmeanordnung verliert »spätestens nach einem halben Jahr« ohne weiteres ihre rechtfertigende Kraft, vgl. BVerfG wistra 1997, 223 ff. = NJW 1997, 2165 ff. [2166].

Nach sechs Monaten ist der zeitliche Abstand von dem ursprünglichen Prüfungszeitraum so groß, dass die richterliche Anordnung die dann maßgeblichen Verhältnisse nicht mehr mit der erforderlichen Zuverlässigkeit widerspiegelt (LG Köln, 23. 01. 2004, 109 Qs 452/03; vgl. PStR 2004, 180).

3342 »Die vom Bundesverfassungsgericht gezogene Höchstfrist bedeutet aber nicht, dass die Ermittlungsbehörden grundsätzlich bis zum Ablauf von 6 Monaten zuwarten können, bis der Durchsuchungsbeschluss ausgeführt wird. Tatsächlich ist die Befugnis der Ermittlungsbehörde, anch ihrem Ermessen von der einmal erteilten Durchsuchungsanordnung Gebrauch zu machen, für jeden Einzelfall zu bestimmen und abhängig von … objektiven Merkmalen, wie Art des Tatverdachts, Schwierigkeit der Ermittlungen insbesondere im Hinblick auf die Zahl der Beschuldigten und der Beweismittel und sonstigen Besonderheiten des Falles.«

LG Braunschweig, Beschluss v. 21. 02. 2007 – 6 Qs 23/07 –, StraFo 2007, 288

29. Beweisverwertungsverbot

3343 Die Strafprozessordnung enthält *keine ausdrückliche Regelung* zur Frage, ob bei einer fehlerhaften Durchsuchung erlangte Beweisgegenstände verwertbar sind.

Nach der wohl noch vor*herrschenden Ansicht* kann ein Beweisgegenstand grundsätzlich auch dann verwertet werden, wenn er auf Grund einer fehlerhaften Durchsuchung erlangt worden ist (BGHSt 36, 119). *Der Rechtsfehler darf aber nicht besonders schwerwiegend sein* (BVerfG NJW 1999, 273; Meyer-Goßner, a.a.O., § 94 Rn. 21, auch § 98 Rn. 7; a. A. Literatur, vgl. von Briel, Effektive Strafverteidigung versus intensive Steuerfahndung – Beweisgewinnung und Verwertungsverbote im Steuerstrafverfahren, in: StraFo 2002, 37 ff.

3344 (Keine) Unverwertbarkeit beschlagnahmter Gegenstände im Falle fehlerhafter Durchsuchung (§§ 94, 98, 102, 105 StPO)

»Das Gesetz stellt kein Beschlagnahmeverbot für Fälle fehlerhafter Durchsuchung auf, die zur Sicherstellung von Beweisgegenständen führen. Wird mit einer Verfassungsbeschwerde ein Verwertungsverbot außerhalb des geschriebenen Rechts geltend gemacht, muss substantiiert dargelegt werden, ob ein geltend gemachter formaler Fehler bei der Durchsuchung die Beweiserlangung bei hypothetisch rechtmäßiger Vorgehensweise gehindert hätte und ob dies verfassungsrechtlich zu beanstanden wäre.«

BVerfG, Beschluss v. 08. 11. 2001, StV 2002, 113 f.

Bei besonders schwerwiegenden **Verstößen** bedarf es – so die Rechtsprechung – **3345** einer Abwägung der Interessen des Staates und des Betroffenen bei der Klärung der Frage, ob ein Verwertungsverbot gegeben ist (BVerfG NJW 1999, 273). *Kriterien hierbei sollen sein:* Gewicht der Tat, Schwere des Rechtsverstoßes für den Betroffenen sowie die Antwort auf die Frage, ob das Beweismittel – hypothetisch – auch auf gesetzlichem Weg hätte erlangt werden können.

Verletzung des Grundsatzes der Verhältnismäßigkeit bei Beschlagnahme von Datenträgern   **3346**

»Zumindest bei schwerwiegenden, bewussten oder willkürlichen Verfahrensverstößen ist ein Beweisverwertungsverbot als Folge einer fehlerhaften Durchsuchung und Beschlagnahme von Datenträgern und darauf vorhandenen Daten geboten.«

BVerfG, Beschluss vom 12. 04. 2005, wistra 2005, 295 ff. – Leitsatz 3

Kritik: Während Meyer-Goßner (a.a.O., § 94 Rn. 21) wohl die von der Rechtspre- **3347** chung vertretenen Meinung neigt, gibt Burhoff (Durchsuchung und Beschlagnahme, a.a.O., S. 146) seine Zurückhaltung auf, wenn er – richtig – feststellt:

> *»Anmerken möchte ich zu der in den obergerichtlichen Rechtsprechung vertretenen Berücksichtigung hypothetischer Ermittlungsabläufe nur, dass die StPO dies nicht vorsieht. Die Berücksichtigung hypothetischer Kausalverläufe führt im Übrigen auch dazu, dass die Strafverfolgungsbehörden ihre Befugnisse mit dem Hinweis auf die ggf. mögliche richterliche Anordnung sanktionslos überschreiten können. Vielleicht ist das ein Grund dafür, dass man manchmal den Eindruck hat, dass auch nur wenig Bemühungen unternommen werden, die gesetzlichen Vorgaben einzuhalten.«*

Eine hypothetische Beweismittelerlangung sieht das deutsche Strafverfahrens- **3348** recht nicht vor. Was das Recht aber nicht vorsieht, darf auch nicht sein. Das hat besonders in all den Fällen mit Vorrang zu gelten, wo der Staat besondere Machtmittel wie Strafe, Haft oder eben Durchsuchung und Beschlagnahme anwendet. Hier, im Bereich der Ausübung staatlicher Macht, ist zur Absicherung vor Missbrauch auf eine besonders strenge Beachtung gesetzlicher Normen und Regeln wert zu legen. Die über viele Jahre von den Ermittlungsbehörden – ohne eigentliche Rechtsgrundlage – betriebene nichtrichterliche Anordnung von Durchsuchungsmaßnahmen[4763] sollte Warnung genug sein. Eine hypothetische Rechtmäßigkeit von eigentlich nichtrechtmäßigen Durchsuchungen auf dem Wege der Auslegung darf es nicht geben.

4763 Siehe oben Rdn. 3326.

3349 Von Briel[4764] betont:

> »*Auf die hypothetische Möglichkeit einer rechtmäßigen Durchsuchung darf es nicht ankommen, da sonst den Verfahrensvorschriften, die die Zuverlässigkeit und das Maß staatlicher Eingriffe gegenüber dem Bürger regeln, Hohn gesprochen würde. Dies muss ausnahmslos in allen Fällen gelten, in denen die Ermittlungsbehörde nicht zuständig ist, eine Eingriffsbefugnis fehlt,, die Eingriffsbefugnis der Ermittlungsbehörden nicht eindeutig konkretisiert ist, die Ermittlungsbehörden die Einschränkungen eines Durchsuchungsbeschlusses missachten oder bewusst nach ›Zufallsfunden‹ suchen. In all diesen Fällen hat der Staat sein Recht zu strafen verwirkt. Die Rechtswirklichkeit zeigt, dass nur eine solche ›Disziplinierung‹ die Beachtung der Form zu gewährleisten mag.*«[4765]

3350 Auch **Ransiek**, Durchsuchung, Beschlagnahme und Verwertungsverbot, in: StV 2002, 565 ff. (567), spricht sich grundsätzlich für den Bereich der Durchsuchung von Wohn- und Geschäftsräumen gegen eine Heilung von Formfehlern aus. Er fragt sich zu Recht:

> »*Ist nicht auch der vom Bundesverfassungsgericht herausgestellte Richtervorbehalt eine Formalie, die die materielle Rechtfertigung der Durchsuchung und damit das Recht des Staates, sich Informationen auf diesem Weg zu beschaffen, unberührt lässt? Was bleibt von der notwendigen Konkretisierung der zu suchenden Gegenstände oder zu durchsuchenden Räume im Beschluss, wenn hinterher geltend gemacht werden kann, die gefundenen Gegenstände wären auch bei der gebotenen Konkretisierung gesucht und gefunden worden? Warum sollte ein Durchsuchungsbeschluss genau gefasst sein, wenn doch nur grobe Fehler ein Verwertungsverbot zur Folge haben?*«

3351 Ransiek kommt nach einer gründlichen Prüfung der für ein Beweisverbot vorgetragenen Argumente ›Disziplinierung der Strafverfolgungsbehörden‹, ›strafrechtliche Verfolgung von Beamten der Strafverfolgungsbehörden und Ermittlungsrichter nach § 123 bzw. § 339 StGB sowie von disziplinarischen Folgen‹ und der ›Möglichkeit zivilrechtlicher Schadensersatzansprüchen gegen den genannten Personenkreis geltend zu machen, zu dem Ergebnis, dass zum Ausschluss aller Zweifel an einer Wirksamkeit »*ein Verwertungsverbot als einzige Rechtsfolge (bleibt), die die Einhaltung der Vorgaben des Art. 13 GG vollständig sichern kann.*«

4764 Effektive Strafverteidigung, a.a.O., S. 43.

4765 Dagegen bricht **Schoreit**, Bestimmtheit einer Durchsuchungsanordnung, in: NStZ 1999, 173 ff.(176)) als ehemaliger Bundesanwalt eine Lanze für die Praxis der Ermittlungsbehörde: »Auf völliges Unverständnis müssen Forderungen stoßen, bei anscheinend unvollständig formulierten bzw. begründeten Durchsuchungsanordnungen *Beweisverbote* hinsichtlich der aufgefundenen Beweismittel anzunehmen. Erweist sich die Maßnahme im Ergebnis als berechtigt, weil nämlich Beweismittel gefunden wurden, und liegen ordentliche Beschlagnahmebeschlüsse vor, ist der Fehler geheilt. Den Satz, dass fehlerhaft gefundene Beweismittel ihrerseits fehlerhaft sein müssten, gibt es in unserer Rechtsordnung nicht. … Im *Ergebnis* ist festzustellen, dass die Praxis sich bemüht, auf die Forderungen des BVerfG hinsichtlich der Konkretisierung von Durchsuchungsanordnungen einzugehen, dass aber andererseits den Schwierigkeiten der Strafverfolgungsbehörden, sich in einem so frühen Verfahrensstadium in dem gewünschten Maße festzulegen, mehr Verständnis entgegengebracht werden muss. … Beweisverbote sind hier ungeeignet, unverhältnismäßig und unzulässig.«

Zu dieser Auffassung tendiert auch der Bundesgerichtshof :

Annahme eines Verwertungsverbots hinsichtlich bei rechtswidriger Wohnungsdurchsuchung sichergestellter Beweismittel (§§ 105, 261 StPO; Art. 13 Absatz 2 GG) 3352

»Eine bewusste Missachtung oder gleichgewichtig grobe Verkennung des für Wohnungsdurchsuchungen bestehenden Richtervorbehalts kann die Annahme eines Verbots der Verwertung bei der Durchsuchung gewonnener Beweismittel rechtfertigen.«

BGH, Urteil v. 18. 04. 2007 – 5 StR 546/06 – StV 2007, 337 ff. (Leitsatz)

---

30. Rechtsbehelfe gegen Durchsuchungs- und/oder Beschlagnahmeanordnung, hier: Beschwerde nach § 304 StPO 3353

- Richterliche Durchsuchungsanordnungen können mit der Beschwerde gemäß § 304 StPO angegriffen werden.
- Mit der Beschwerde kann die Aufhebung des Durchsuchungsbeschlusses beantragt werden.
- Der Rechtsbehelf der Beschwerde ist zulässig, solange die Durchsuchung andauert.
- Aber: Es empfiehlt sich gründliche Abwägung, ob Beschwerde durchgeführt wird oder nicht.

Negative Auswirkung bei Erfolglosigkeit der Beschwerde: Die Ermittler wie entscheidende Gerichte fühlen sich in ihrer Position gestärkt.

Positive Auswirkung bei erfolgreicher Beschwerde: Position des Beschuldigten und dessen Verteidigers wird bestärkt.

31. Rechtsbehelfe gegen Durchsuchungs- und/oder Beschlagnahmeanordnung, hier: Antrag auf richterliche Entscheidung nach § 98 Absatz 2 Satz 2 StPO analog 3354

- Gegen Durchsuchungsanordnungen der Staatsanwaltschaft oder von Ermittlungspersonen (nur bei Gefahr im Verzug zulässig), ist der Antrag auf (amts-)richterliche Entscheidung zulässig (siehe BGH NJW 1978, 1013).
- Die Stellung dieses Antrags ist auch noch *nach* Erledigung Durchsuchungsmaßnahme möglich (vgl. BGHSt 37,79; NJW 1998, 3653).
- Gegen die Entscheidung des Amtsgerichts ist wiederum die Beschwerde gemäß § 304 StPO möglich.

»Für das Beschlagnahmeverbot für Unterlagen nach § 97 Absatz 1 StPO ist es unerheblich, ob der Steuerberater durch eine Privatperson oder ein Organ einer juristischen Person in Anspruch genommen worden ist.« 3355

[LG Hamburg, Beschluss v. 04. 07. 2005, wistra 2005, 394 ff. – 1. Leitsatz (nicht amtlich)]

3356 **32. Beschwerde begründet, wenn die Anordnung (der Durchsuchung bzw. Beschlagnahme) rechtswidrig ist, wenn diese also z. B. nicht erhält:**

- plausible Gründe eines bestehenden Anfangsverdachts;
- möglichst exakte Beschreibung des Tatvorwurfs;
- wenigstens annäherungsweise Umschreibung der Beweismittel, die gefunden werden sollen;
- nur Beweismittel nennt, die nicht der Beschlagnahme unterliegen;
- Verhältnismäßigkeit der angeordneten Maßnahme (Schwere des Eingriffs angemessen zu Schwere des Vorwurfs);
- konkrete Angabe der Wohnungen und Räume, die durchsucht werden sollen;

(Bei Geschäftsräumen: Nachweis nicht geführt, dass der Verdächtige Gewahrsamsinhaber ist.)

3357 **33. Verfassungsbeschwerde**

- Die Verfassungsbeschwerde ist *ultima ratio*.
- Mit der Entscheidung des Landgerichts über die nach § 304 StPO eingelegte Beschwerde gegen die Durchsuchungs- bzw. Beschlagnahmemaßnahme sind die üblichen Rechtsbehelfsmöglichkeiten ausgeschöpft.
- Bei deutlich erkennbarer Verletzung von Verfassungsrecht durch AG und LG bestehen jedoch, wie die Rechtsprechung der letzten Jahre belegt, gute Erfolgsaussichten für eine Verfassungsbeschwerde.

3358 **34. Das betriebliche Muss: Der Verhaltensplan für den »Fall der Fälle«**

Nach dem 1. Axiom von Isaak Newton gilt in der Physik: actio = reactio (Handlung = Gegenhandlung). Dieses naturwissenschaftliche Grundgesetz findet leider auf Durchsuchungsmaßnahmen in Strafsachen keine Anwendung. Hier agiert der Staatsanwalt. Er hat die Macht. Der Durchsuchte hat zu dulden.

Zudem kommt der Staatsanwalt mit seinen Ermittlungspersonen meist wohl vorbereitet. Das Unternehmen und seine Mitarbeiter werden regelmäßig von diesem Staatsbesuch überrascht. Das ist auch so beabsichtigt. **Nichts ist in einem solchen Fall sträflicher als die Frage: »Und was machen wir jetzt?«**

Wohl dem Unternehmen, das wenigstens über einen Verhaltensplan für Durchsuchungen verfügt! Einen Verhaltensplan, der das richtige Verhalten der Mitarbeiterinnen und Mitarbeiter

- **bei Durchsuchungen**
- **bei Beschlagnahmen**
- **bei Fragen im Rahmen der Maßnahme**

sicher stellt. Der Verhaltensplan beinhaltet keine verbotenen Hinweise oder Tipps! Er ist legal; auch wenn er von Staatsanwälten und anderen Ermittlungspersonen nicht gerne gesehen wird. Er ist sowohl Ausdruck der Fürsorgepflicht des Arbeitgebers wie auch kaufmännischer Vorausschau; denn Strafverfahren sind für ein Unternehmen regelmäßig neben einem spürbaren Verlust an Arbeitskraft und – zeit mit negativer Publizität durch Medienberichte verbunden. In einer Zeit, in der die Produkte der Mitbewerber immer vergleichbarer werden, hat aber das

Unternehmen die besten Erfolgschancen, welches von seiner Zielgruppe wegen seiner Kompetenz und Seriosität akzeptiert wird.

XIV. Schlussbetrachtung

»Unternehmen und Strafe« soll verdeutlichen, dass das strafrechtliche Risiko **3359** heute nicht mehr aus dem Alltag eines Unternehmens hinweggedacht werden kann, mag es noch so gut geführt sein.

»*Klüngel, Korruption, schwarze Kassen*«[4766] – diese Schlagworte sind symptomatisch **3360** für die derzeit herrschende Schieflage im Bild der deutschen Unternehmenskultur in der Öffentlichkeit. Die Medien produzieren Meldungen wie »*Ermittlungen gegen Manager aus dem Handel*«[4767], schon fast im Wochenrhythmus. Immer häufiger geraten Führungsverantwortliche von Unternehmen ins Fadenkreuz der Staatsanwaltschaft:

- 19. Juni 2007: »*Insiderhandel – Ermittlungen gegen Air-Berlin-Boss*«[4768]
- 25. Juni 2007: »*Untreue-Verdacht – Anklage gegen Ex-WestLB-Chef Senger*«[4769]
- 07. Juli 2007: »*Preisgeschacher – Villenkauf bringt Linde-Chef Reitzle unter Druck.*«[4770]

Dies sind Beispiele für eine Entwicklung, die bereits zu Beginn unseres gegenwär- **3361** tigen Jahrtausends in einem Artikel des Wochenmagazins »DER SPIEGEL« Beachtung fand.[4771] Unter der Überschrift »*Mentalität von Großwildjägern*« hieß es dort:

> »*So sind in den vergangenen Jahren ungewöhnlich viele Prominente, Reiche und Mächtige ins Visier der Ankläger geraten: Fritz Ziegler etwa, der frühere Chef des Stromproduzenten VEW und langjährige Schatzmeister der NRW-SPD, dazu gleich mehrere Vorstände des Mischkonzerns Veba. Die Fahnder griffen sich auch Spitzenleute der Ruhrkohle, der Krupp-Stahl AG und aus dem Management von Opel. Einige sitzen noch immer saftige Strafen wegen Betrugs, Steuerhinterziehung oder Bestechlichkeit ab. ... ›Wir behandeln alle gleich, ob Vorstandsvorsitzende oder Hilfsarbeiter‹, wird eine Staatsanwältin zitiert.*«[4772]

Eine allzeit lobenswerte Zielsetzung der Staatsanwaltschaft. Doch hinsichtlich der **3362** Umsetzung dieses Vorhabens sind seit jeher Zweifel angebracht. Ist es möglich, die behauptete Gleichbehandlung tatsächlich zu gewährleisten? Wahrscheinlich nicht. Denn das Vorgehen der Ermittlungsbehörde kann nie isoliert ohne den Ein-

---

4766 SPIEGEL ONLINE v. 31. 03. 2007.
4767 Die HAZ Nr. 12 v. 15. 01. 2007, S. 22 berichtet über einen Korruptionsverdacht bei Aldi, Tengelmann und Metro.
4768 SPIEGEL ONLINE – 19. 06. 2007.
4769 SPIEGEL ONLINE – 25. 06. 2007.
4770 SPIEGEL ONLINE – 07. 07. 2007.
4771 »DER SPIEGEL«, Nr. 32 v. 07. 08. 2000, S. 44 ff.; der Trend ist indes schon länger erkennbar, vgl. »*Mit einem Zeh im Knast*« (DIE ZEIT Nr. 36 v. 31. 08. 1990, S. 29), »*Manager im Fadenkreuz*« (WirtschaftsWoche Nr. 34 v. 15. 08. 1996) und »*Strafverteidiger, Nothelfer der Manager*« (Gabriele **Fischer**, Aufstieg der Nothelfer, in: manager magazin 9/1991, 207 ff.); so äußerte sich auch Hans-Olaf Henkel, ehemaliger Hauptgeschäftsführer des BDI, dass Staatsanwälte »*heutzutage nicht gerade zimperlich mit Wirtschaftsbossen umgehen*« (Interview im »stern«, Nr. 49 v. 29. 11. 1996, S. 216 ff.).
4772 »DER SPIEGEL«, Nr. 32 v. 07. 08. 2000, S. 44 ff. (44).

fluss durch die Öffentlichkeit gesehen werden. An einem Strafverfahren aus dem Unternehmensbereich – bleiben wir bei dem zitierten Beispiel –, in dem allein ein Hilfsarbeiter verdächtigt wird, finden die Medien selten etwas Berichtenswertes. Die Allgemeinheit zeigt grundsätzlich wenig Interesse an derlei Ereignissen.

3363 Ganz anders ist es um Neugierde und Informationsinteresse bestellt, wenn gegen Topmanager bekannter Unternehmen ermittelt wird. Dabei scheint es oft ohne Belang, ob die erhobenen Vorwürfe überhaupt begründet sind. Regelmäßig wird in den Veröffentlichungen das Unternehmen genannt, dem der von dem Verfahren Betroffene verbunden scheint. Dies selbst dann, wenn dieser bei Bekanntwerden der Vorwürfe längst nicht mehr dort tätig ist. Je prominenter das Unternehmen, desto größer die Schlagzeile.

3364 Die renommierten Unternehmen stehen im Mittelpunkt des medialen Interesses. *Siemens, Mannesmann, Volkswagen, DaimlerChrysler* – die Liste ließe sich beliebig fortsetzten. Die großen Namen werden aber häufig nicht mehr im Zusammenhang mit ihrer wirtschaftlichen Betätigung und den damit verbundenen Erfolgen genannt. Viele bekannte Marken stellen derzeit in der öffentlichen Wahrnehmung Synonyme dar für Massenentlassungen, Misswirtschaft und kriminelle Machenschaften. Dieser Zustand ist maßgeblich bedingt durch die Art der medialen Darstellung.

3365 Unter den Folgen solcher Veröffentlichungen haben nicht nur die direkt betroffenen Personen zu leiden, sondern alle aktiv im Unternehmen Tätigen. Unternehmensangehörige, Einzelpersonen oder Abteilungen geraten in den Fokus meist negativer Berichterstattung und zerren dabei unweigerlich das gesamte Unternehmen mit ins Rampenlicht. Die (wirtschaftlichen) Folgen der negativen Publizität unterscheiden dann nicht mehr zwischen den Guten und den Bösen, sie treffen regelmäßig alle im Unternehmen Tätigen gleichermaßen. In letzter – wenn auch nicht strafrechtlicher – Konsequenz wird somit schon seit längerer Zeit das Unternehmen als solches bestraft.

3366 Was in diesem Zusammenhang mehr als nachdenklich stimmt, ist die schlechte Reputation der deutschen Unternehmensleiter in der urteilenden Öffentlichkeit.

3367 Bekanntestes Beispiel ist der beruflich unbestreitbar höchst erfolgreiche Vorstandsvorsitzende der Deutschen Bank, Joseph **Ackermann**, der durch eine nicht bedachte Verlegenheitsgeste, das V(ictory)-Zeichen, zu Beginn der ersten Hauptverhandlung im so genannten Vodafone/Mannesmann-Verfahren, zum umstrittenen Manager wurde. »*Der Buhmann*«[4773] eines ganzen Berufsstandes wurde er bezeichnet. Von wem?! Auch das Agieren von Klaus **Kleinfeld,** des Vorstandsvorsitzenden der Siemens AG, warf in den von den Medien »*Skandal*« genannten Ermittlungsverfahren einen unguten Schatten[4774] auf die deutsche Konzernlandschaft.[4775]

4773 So titelte die Wirtschafswoche Nr. 22 v. 29. 05. 2006.

4774 DER SPIEGEL Nr. 4 v. 22. 01. 2007.

4775 Kleinfelds Person wurde durch die Schmiergeld-Affäre beim Siemens-Konzern derartig streitbar, dass er im April 2007 trotz erheblicher Gewinnsteigerung seines Unternehmens bekannt gab, er stehe für eine weitere Amtszeit als Vorstandsvorsitzender nicht zur Verfü-

Ist die vermeintliche ›Beute‹ erlegt, erlahmt umgehend das Interesse der Medien. **3368**
Der tatsächliche Ausgang eines Verfahrens wird selten mitgeteilt. Topmanager
stehen im Rampenlicht. Die kleinste Ungeschicklichkeit wird pointiert notiert und
kritisiert, Erfolg dagegen ignoriert. Victory-Zeichen und ›peanuts‹ stehen als
Belege für die angebliche Arroganz eines ganzen Unternehmens.

Schon die wenigen genannten Beispiele verdeutlichen, dass weite Teile der Bevöl- **3369**
kerung keine besonders hohe Meinung von den Großunternehmen samt ihren
Führungskräften hat – oder haben will.[4776] Die jüngsten Ergebnisse der Wertestu-
die »*Ethik-Monitor*«[4777] belegen, dass die Allgemeinheit den großen deutschen
Wirtschaftsunternehmen noch weniger vertraut als Bundestag und Bundesregierung. Erfragt man die Ursachen des Vertrauensdefizits, findet sich die Antwort
im Argwohn gegenüber den führenden Wirtschaftsakteuren: 79 % der befragten
Bürger sind der Ansicht, dass die Manager vor allem im eigenen Interesse han-
deln. 42 % meinen sogar, die meisten Wirtschaftsführer seien korrupt. Dagegen
glauben nur 13 %, es ginge den Spitzenkräften auch um das Gemeinwohl. 77 %
sind überzeugt, dass es in erster Linie um die Steigerung des Aktienkurses auf
Kosten der Mitarbeiter gehe. Die Studie legt nahe, dass das Vertrauen in »*die
Wirtschaft*« stark davon abhängt, wer als Repräsentant derselben angesehen wird:
Während mittelständische Unternehmen das Vertrauen von immerhin 43 % der
Befragten genießen, schenken nur etwas mehr als 11 % den großen Wirtschaftsun-
ternehmen ihr Vertrauen.[4778]

Topmanager haben also ein Problem: Die Bundesbürger vertrauen ihnen nicht.[4779] **3370**
Sogar in einer Befragung unter Führungskräften selbst verloren die deutschen
Spitzenkräfte an Ansehen.[4780] Eine Imagekampagne scheint erforderlich. Dafür
spricht auch:

---

gung, vgl. DER SPIEGEL Nr. 18 v. 18. 04. 2007, »*Chronik einer Katastrophe*«, S. 90 ff. Ebenfalls im April 2007 gab Heinrich **von Pierer** seinen Posten als Siemens-Aufsichtsratsvorsit-
zender auf; vgl. DER SPIEGEL Nr. 18 v. 18. 04. 2007, »*Chronik einer Katastrophe*«, S. 90 ff.

4776 Diese Tendenz ließ bereits eine Allensbach-Studie aus dem Jahre 2000 erkennen. Danach
galt »der Manager« zwar als energisch (57 %), als guter Organisator (54 %), als fleißig
(50 %), tüchtig (49 %) und ideenreich (44 %), aber nur 44 % der Befragten standen ihm
das Positivmerkmal »Verantwortungsbewusstsein« zu. Auf der anderen Seite wurde der
Unternehmer jedoch negativ beschrieben als rücksichtslos (40 %), ohne Verständnis
(37 %), ausbeuterisch (36 %), verschlagen (34 %), raffgierig (33 %), korrupt (25 %), egois-
tisch (24 %), gewissenlos (21 %), tyrannisch (18 %) und unmoralisch (7 %). Eigenschaften,
die auch einen Straftäter charakterisieren könnten. Alle Unfragewerte der Allensbach-Studie entstammen dem Artikel von **Bolke/Behrens**, Zu wenige Gesichter, in: Wirtschaftswoche Nr. 46 v. 09. 11. 2000, S. 185 ff.

4777 Durchgeführt als repräsentative Emnid-Umfrage mit 1.003 Bundesbürgern im Auftrag der
gemeinnützigen Hamburger Stiftung »Wertevolle Zukunft«.

4778 Vgl. insgesamt die Pressemitteilung der Stiftung »Wertevolle Zukunft«, Hamburg,
20. 11. 2006.

4779 Ähnliches belegt eine Studie des Marktforschungsunternehmens GfK Ad Hoc Research:
Danach misstrauten 82 % der Bundesbürger den Topmanagern; dazu SZ Nr. 281
v. 06. 12. 2003, S. V1/15.

4780 Laut der Beratungsfirma Marketing Corporation, zitiert in SZ Nr. 152 v. 05. 07. 2004,
S. 21.

3371 Die Wahrnehmung eines Unternehmens im Außenverhältnis beruht auf einer Reihe von Unternehmenseigenschaften, von denen die Qualität des Managements an erster Stelle steht, gefolgt von Unternehmensstrategie und Unternehmenskommunikation.[4781] Die Rangfolge der erwarteten Unternehmenseigenschaften belegt, dass eine der wichtigsten Aufgaben der Unternehmenskommunikation die Außendarstellung des Topmanagements sein muss. Dass bedeutet zugleich, dass die entscheidenden Faktoren in der Wahrnehmung eines Unternehmens durch Dritte die Führungsfähigkeiten, das Geschäftsverständnis, die Kompetenz sowie das persönliche Erscheinungsbild der Manager sind.[4782]

3372 Dies wissend scheinen Unternehmensleiter selbst oft zu wenig bemüht, das in der Bevölkerung bestehende Bild einer »*Entzauberten Kaste*«[4783] zu korrigieren. Das ist gefährlich. Ist die Schmerzgrenze – woraus diese auch immer bestehen mag – bei den Bürgern erst einmal erreicht, droht auch die Politik, die ja regelmäßig zeitversetzt die in der Gesellschaft vorherrschende Meinung nachvollzieht, als Gesetzgeber zu reagieren.

3373 Aus diesem Grunde sollte Imagepflege und Verbesserung des eigenen Sozialprestiges originäres Interesse der Manager sein, dies schon im Interesse des jeweiligen Unternehmens. Die Forderung nach sozialer und ökologischer Verantwortung[4784] ist keine Randerscheinung mehr.[4785] Zwar ist es nach wie vor nicht Aufgabe eines Unternehmers, von allen gleichermaßen geliebt zu werden, doch »*wollen und müssen wir darum kämpfen, vor allem um unserer Aufgaben willen, respektiert zu werden.*«[4786]

3374 Hier sind sowohl die Manager selbst als auch die Überwachungsorgane der Unternehmen in der Pflicht. Durch die Maßnahmen und Einflüsse der *Corporate Governance* wurde die Verantwortung des Aufsichtsrates sowie seine Überwachungspflicht verstärkt. Diese Entwicklung ist der Öffentlichkeit gegenüber zu kommunizieren. Es muss vor den Toren des Unternehmens erkennbar werden, dass es eine Unternehmensstrategie gibt, die soziale, ökologische und ökonomische Aspekte vereint, und die sowohl vom Management des Unternehmens, wie auch von dessen Belegschaft und Überwachungsorganen mitgetragen wird.[4787]

3375 Vertrauensverlust kann ökonomisch schaden. Einer solchen fatalen Entwicklung gilt es – frühzeitig – entgegenzuwirken.

4781 Das ergab eine Studie des Instituts für Medien- und Kommunikationsmanagement der Universität St. Gallen auf Basis einer Befragung von mehr als 60 Analysten und Investoren, vgl. Miriam **Meckel**/ Christian **Hoffmann**, Wahrnehmung und Unternehmensbewertung, in: FAZ Nr. 122 v. 29. 05. 2007, S. 22. Weitere Faktoren sind demnach: Entwicklung, Corporate Governance, Kundenbeziehung, Unternehmenskultur und öffentliche Beziehungen.
4782 Ähnlich Meckel/Hofmann, a.a.O., FAZ Nr. 122 v. 29. 05. 2007, S. 22.
4783 SZ Nr. 128 v. 07. 06. 2005, S. 4.
4784 Auch bezeichnet als Nachhaltigkeit bzw. *Corporate Social Responsibility*.
4785 Ebenso Rudolf **Ruter**/Karin **Sahr**, Soziale Verantwortung – Ein Thema für den Aufsichtsrat?, in: Der Aufsichtsrat 04/2007, S. 54 f. (55).
4786 Manfred **Lennings**, ehemals Ehrenpräsident des Instituts der deutschen Wirtschaft, zitiert nach Bolke/Behrens, a.a.O., WirtschaftsWoche Nr. 46 v. 09. 11. 2000, S. 185 ff. (186).
4787 Vgl. Ruter/Sahr, a.a.O., Der Aufsichtsrat 04/2007, S. 54 f. (55).

Hierbei werden die Führungskräfte ihre Hoffnungen nur bedingt auf den Gesetz-geber setzen. Die Signale sind eindeutig: Die hohe Verfolgungsdichte von Wirt-schaftsdelikten durch Schwerpunktstaatsanwaltschaften, die Erhöhung der Kapa-zitäten der Strafverfolgungsorgane sowie die Ausbildung und Schulung von Staatsanwälten im Bereich der Gewinnabschöpfung zeigen, dass nicht nur gegen einzelne Personen, sondern auch gegen die Unternehmen verstärkt vorgegangen wird. **3376**

Allein: Die Legislative scheut sich, den Drang nach Bestrafung des »Straftäters« Unternehmen durch originäre Rechtssetzung konkret festzuschreiben. Die »Kom-mission zur Reform des strafrechtlichen Sanktionensystems« hat bereits das Bedürfnis nach einer Unternehmensstrafe im eigentlichen Sinne abgelehnt.[4788] Eine äußerst merkwürdige Entscheidung. Schließlich wird die entsprechende Dis-kussion anhand aller damit verbundenen Fragestellungen seit den 1950ern mit zunehmender Heftigkeit geführt. Die Kommission aber ist der Auffassung, unser Strafrecht sei ohnehin überlastet und echte Sanktionslücken bestünden nur in Ein-zelfällen. Ein Verbesserungsbedarf wurde lediglich hinsichtlich einer Verschär-fung der §§ 30, 130 OWiG gesehen.[4789] **3377**

Klaus **Volk** hat das Problem so beschrieben: **3378**

> *»Das strafrechtliche Risiko des Unternehmers steigt. Der Gesetzgeber erweitert und verschärft die Strafdrohungen gegen ›unlauteres‹ Wirtschaften weltweit. Die Gerichte sind dabei, die Kriterien der individuellen Strafbarkeit des Unternehmers so auszule-gen, dass daraus praktisch eine Strafbarkeit des Unternehmens wird. Und die Staats-anwaltschaften sind ›global player‹ geworden, die Chinesische Mauern mühelos über-steigen und durch das fundamentale Recht, sich nicht selbst belasten zu müssen, in ihrer Arbeit nicht behindert werden.«*[4790]

Und er fährt weiter fort:

> *»Was nun schließlich das Recht betrifft, sich nicht selbst belasten zu müssen, so ist diese hehre rechtsstaatliche Garantie längst zu einer höflichen Geste verkümmert. ... Denn der Unternehmer ist durch zahlreiche wirtschaftsrechtliche Vorschriften gezwungen, Unterlagen aufzubewahren, Dokumentationen anzufertigen etc. Im straf-rechtlichen Ernstfall wird er bemerken, dass er damit nichts anderes getan hat, als Material gegen sich selbst zu sammeln. Der Unternehmer muss sein Risikomanage-ment nicht nur planen, sein Frühwarnsystem nicht nur einrichten, sondern all das auch zu Papier bringen ... So kann die Staatsanwaltschaft dann herauslesen, wenn etwa aus einer ›Schieflage‹ Ernst geworden ist und – vor allem – wie ernst das Risiko genommen wurde. Mehr noch: Selbst das sonst schwer beweisbare ›innere Tatgesche-hen‹ ist aufgezeichnet. De facto ist das Schweigerecht entwertet ... .De jure wird es den Unternehmen ohnehin dort nicht gewährt, wo es, wie in den USA und vielen europäischen Staaten, eine Strafbarkeit des Unternehmens gibt. So weit aber sind wir*

4788 Siehe oben Rdn. 907.

4789 Kommission zur Reform des strafrechtlichen Sanktionensystems, Abschlussbericht, Hrsg. Bundesministerium der Justiz, S. 199 ff.; siehe ebenfalls Rdn. 907.

4790 Klaus **Volk**, Wirtschaftliches »Glatteis« für Unternehmer, in: BB 2000, Heft 25 v. 22. 06. 2000, Die erste Seite

in Deutschland noch nicht. Oder eben doch, auf die hier skizzierte indirekte Art und Weise? «

3379 Der ablehnenden Empfehlung der Kommission zum Trotz wird die Kontroverse bald wieder voll entfacht sein, nicht zuletzt aufgrund rechtlicher Impulse durch ausländische Rechtsordnungen und wegen der zumindest gefühlten Zunahme spektakulärer Wirtschaftsstraftaten. Dazu beitragen könnte auch das im Vorwort zitierte *obiter dictum* des Bundesgerichtshofes.

3380 Die Argumente gegen eine strafrechtliche Haftung der Unternehmen sind zumeist dogmatischer Natur.[4791] Alle bisherigen Versuche, ein Strafrecht für Verbände in unser traditionelles Schuldstrafrechtssystem zu implementieren, scheiterten an diesen Dogmen. Letztlich ist ein Verbandsstrafrecht mit unserer individualitätsbezogenen Zurechnungslehre nie vollständig zu vereinbaren. Für die konsequente Umsetzung einer Unternehmensstrafe wären neue Zurechnungskriterien notwendig, die die komplexe Struktur großer Organisationen berücksichtigen und der bisherigen einzelhandlungstheoretischen Sichtweise des Strafrechts eine Abkehr erklären.

3381 Man möge nun einwenden, mit einer (Weiter-)Entwicklung dessen, was sich unter dem Dach der englischen Schlagwörter *Corporate Governance* und *Corporate Compliance* zusammenfassen lässt, sei ein Schritt in die richtige Richtung getan. Unternehmensethik zielt vorrangig präventiv auf den Verband als Ganzes ab und weniger auf das Individuum als solches. Können vor diesem Hintergrund Lösungsansätze der Wirtschaftsethik hilfreich sein für die Entwicklung eines handhabbaren Unternehmensstrafrechts?

3382 Unabhängig davon bleibt eine weitere Frage ungeklärt: Ist es überhaupt adäquat, wirtschaftliche Fehlentwicklungen mit strafrechtlichen Mitteln korrigieren zu wollen? Es gibt Meinungen, die vortragen, dass die Gefahr von Rechtsverstößen für Unternehmen und Organmitglieder zu einem operationellen, sprich kaufmännischen Risiko geworden seien.[4792] Diese Ansicht scheint mir für seriöse Unternehmen unzutreffend. Welcher Topmanager, welcher Unternehmensangehöriger setzt sich selbst sehenden Auges dem Risiko eines gegen seine Person gerichteten Strafverfahrens – und der damit regelmäßig verbundenen Medientreibjagd aus? Richtig erkennt Ingo **Minoggio**:

> »*Um sich in straf- oder ordnungsrechtliche Verantwortlichkeit zu verstricken und sich erheblichen Sanktionsrisiken auszusetzen ›beschließen‹ Unternehmensverantwortliche in der heutigen Zeit nicht kriminelles Verhalten, um es in die Tat umzusetzen.*«[4793]

4791 Dazu wiederum Rdn. 907.

4792 Minoggio, a.a.O., S. 316 Rn. 6, unter Hinweis auch auf U. **Schneider**, Compliance als Aufgabe der Unternehmensleitung, in: ZIP 2003, 645 ff.

4793 Minoggio, a.a.O., S. 316 Rn. 8. Gegenteilige Ansicht vgl. Pressenachricht in HAZ, Nr. 1 v. 02. 01. 2008, Seite 11:»***Manager sehen Gesetzestreue als Nachteil** - Auch große Korruptionsskandale lassen deutsche Manager vielfach kalt. Sie pochen auf Gewohnheitsrechte und sehen Nachteile für gesetzestreue Firmen. Zu diesen Ergebnissen kommt eine bundesweite Managerbefragung der auf Führungskräfte spezialisierten Münchener Personalberatung CGC. Demnach halten 56 Prozent der deutschen Manager die Berichterstattung in den Medien für imageschädlicher als die Korruption selbst. Die Hälfte aller Führungskräfte ist zudem weiterhin der Meinung, dass Korruption speziell im Ausland ein Mittel zum Zweck im Kampf um Aufträge und Arbeitsplätze*

Eine abgewogene **Kombination aus Prävention** nach den Grundsätzen der *Corpo-* **3383**
rate Governance **und** den **Sanktionsandrohungen eines Unternehmensstrafrechts**
wäre ein hilfreiches und faires Instrumentarium. Fast alle anderen Staaten dieser
Erde, deren nationales Strafrecht ebenfalls Schuldstrafrecht ist, haben mittlerweile
diesen Weg eingeschlagen. Wollen wir Deutschen es wirklich noch länger besser
wissen?

Die Vorauflage dieses Buches endete mit einer eindeutigen Aufforderung: Es ist **3384**
an der Zeit, dass der Gesetzgeber endlich für klare Verhältnisse sorgt. Daran hat
sich in den vergangenen Jahren lediglich der Grad der Dringlichkeit geändert.

---

ist. 44 Prozent sehen ohne Schmiergeld für gesetzestreue Firmen Nachteile im Konkurrenzkampf.
'Unternehmer und Manager fordern mehr Verständnis für ihre Situation und eine aktive Mitarbeit durch Politik, Gesellschaft und Finanzmärkte', lautet ein Fazit von CGC-Gesellschafter Claus
Goworr. Deutsche Unternehmen sähen speziell im Ausland eine zunehmende Bestechung von Auftraggebern, weil dies dort gewohnheitsrechtlich anerannte Geschäftspraxis sei. Fast die Hälfte aller
befragten Manager hält Geschenke im Wert bis zu 500 Euro nicht für fragwürdig. Immerhin ein
Viertel empfindet das so bei Bargeldzahlungen ohne vorgegebene Begrenzung. Fast ein Fünftel
sieht sogar Angebotsabsprachen bei Ausschreibungen als legitim an. 44 Prozent der Führungskräfte
machen ausdrücklich einen ethischen Unterschied zwischen privater Bereicherung durch Korruption
und »geschäftsfördernden Maßnahmen zur Sicherung von Aufträgen«. Die deutschen Gesetze
gegen Korruption halten 40 Prozent der heimischen Manager für zu schwammig. Kein Befragter
empfand sie als geschäftsschädigend oder zu streng. Einige Führungskräfte hätten hierzulande für
die Einführung einer Kronzeugenregelung für Informanten plädiert, schreibt CGC. Befragt hat
CGC Führungskräfte und Personalentscheider heimischer Betriebe jeder Größenordnung.«

Sachregister

Die Ziffern verweisen auf die Randnummern des Werkes.

Besprochene Rechtsfälle

Die Ziffern verweisen auf die Randnummern des Werkes.